NOUVELLE COLLECTION

DES

MÉMOIRES

POUR SERVIR

A L'HISTOIRE DE FRANCE.

—

DEUXIÈME SÉRIE.

IX.

NOUVELLE COLLECTION

DES

MÉMOIRES

POUR SERVIR

A L'HISTOIRE DE FRANCE,

DEPUIS LE XIIIe SIÈCLE JUSQU'A LA FIN DU XVIIIe;

Précédés

DE NOTICES POUR CARACTÉRISER CHAQUE AUTEUR DES MÉMOIRES ET SON ÉPOQUE;

SUIVIS DE L'ANALYSE DES DOCUMENTS HISTORIQUES QUI S'Y RAPPORTENT;

PAR MM. **MICHAUD** DE L'ACADÉMIE FRANÇAISE ET **POUJOULAT**.

TOME NEUVIÈME.

MEMOIRES DU CARDINAL DE RICHELIEU.

ARNAULD D'ANDILLY, L'ABBÉ ARNAULD, LA DUCHESSE DE NEMOURS,
GASTON, DUC D'ORLÉANS.

A PARIS,

CHEZ L'ÉDITEUR DU COMMENTAIRE ANALYTIQUE DU CODE CIVIL,

RUE DES PETITS-AUGUSTINS, N° 24.

IMPRIMERIE DE FIRMIN DIDOT FRÈRES, RUE JACOB, N° 56.

1838.

8.25 4 O 2 (e)

MÉMOIRES

DU

CARDINAL DE RICHELIEU,

SUR LE RÈGNE DE LOUIS XIII,

DEPUIS 1610 JUSQU'A 1638.

MÉMOIRES

DU

CARDINAL DE RICHELIEU.

LIVRE XXVII (1636).

Conduite de l'électeur de Saxe envers les Suédois. — Négociations entre le chancelier Oxenstiern et le sieur de Saint-Chamont. — Les Espagnols sollicitent les Suédois et les princes d'Allemagne de s'accommoder avec l'Empereur. — Le landgrave de Hesse conclut un traité avec le sieur de Saint-Chamont. — Celui-ci obtient du roi de Danemarck qu'il gardera la neutralité avec les Suédois. — Bataille de Vistoc gagnée par le général suédois Bannier. — La tête de Saint-Chamont est mise à prix par les Espagnols. — Instructions envoyées par le Roi à ses ambassadeurs extraordinaires en Hollande sur le projet de négociation entre les États-Généraux et l'Espagne. — Observations particulières sur le lieu le plus convenable pour tenir les conférences relatives à la paix. — Les Espagnols refusent de traiter conjointement avec les États et le roi de France. — La prise du fort de Schenck relève le courage des Hollandais. — Les Espagnols essaient en vain de détacher la France des Hollandais. — Le Pape est reconnu pour médiateur entre les puissances belligérantes. — Cologne est choisi pour le lieu des conférences. — La diète de l'Empire élit le roi de Hongrie pour roi des Romains; vices et nullité de cette élection. — Le comte d'Arundel est envoyé à la diète par le roi d'Angleterre pour demander la restitution du Palatinat à son neveu. — Condition qu'on lui propose pour cette restitution. — Projet de paix présenté par l'Empereur. — Le roi de France se décide à gagner par la force des armes ce qu'il ne peut obtenir de la justice de ses ennemis. — Il donne au duc de Savoie le commandement de ses troupes en Italie; prend le duc de Parme sous sa protection; soutient le maréchal d'Estrées son ambassadeur auprès du Pape. — Voyage du duc de Parme en France. — Accueil qu'il y reçoit. — Il est renvoyé en Italie avec un commandement de douze mille hommes de pied. — Les États de ce prince sont envahis par les Espagnols. — Plaisance est assiégée. — Mésintelligence entre le duc de Parme et celui de Modène. — Le duc de Savoie, sur les instances du Roi, marche au secours du duc de Parme. — Dissentiment entre le duc de Savoie et le maréchal de Créqui sur les opérations de la guerre. — Bataille du Tésin, où les Espagnols sont vaincus. — Soulèvement des Grisons contre le duc de Rohan. — Le Roi arrête le cours des rigueurs du Pape envers le duc de Parme, et s'entremet pour apaiser le différend élevé entre Sa Sainteté et les Vénitiens. — Le Pape approuve la décision de l'assemblée du clergé à l'égard du mariage de Monsieur. — Le cardinal de Savoie quitte la protection de la France et accepte celle de l'Empire. — Succès du cardinal de La Valette et du duc de Weimar en Alsace. — Troubles dans la Franche-Comté. — Siége de Dôle par le prince de Condé. — Les Espagnols entrent en Picardie. — Manifeste du cardinal Infant. — Le Roi demande des secours aux Hollandais. — Les Espagnols s'emparent de La Capelle et de Corbie. — Terreur dans Paris. — Le Roi fait un appel à tous ses sujets. — Mesures prises pour la défense de Paris. — Fermeté du cardinal. — Sévérité du Roi envers le parlement. — Sa Majesté va visiter tous les passages de la rivière de l'Oise. — Nouveau traité conclu avec le prince d'Orange et les États-Généraux. — Une armée de trente mille hommes de pied et de douze mille chevaux part de Paris pour la délivrance de la Picardie. — Faute de Monsieur commise à Roye. — Le cardinal soutient la proposition du maréchal de Châtillon d'attaquer Corbie de force. — Les Espagnols rendent cette place par capitulation. — Opposition de M. le comte de Soissons pendant la campagne de Picardie. — Ses discours, ses fausses insinuations. — Opérations de M. le prince de Condé dans la Bourgogne. — Saint-Jean-de-Losne est bloqué par les troupes de l'Empereur qui sont forcées de s'éloigner avec perte. — Succès du cardinal de La Valette et du duc de Weimar. — Gallas, commandant de l'armée impériale, se retire en Allemagne. — Monsieur et M. le comte de Soissons abandonnent l'armée et s'en vont, le premier à Blois, le second à Sedan. — Efforts du Roi pour ramener l'un et l'autre à leur devoir. — Négociations à ce sujet. — Sa Majesté promet à Monsieur de consentir à son mariage avec la princesse de Lorraine. — Le prince d'Orange et les États-Généraux refusent de donner un asile à M. le comte de Soissons. — Le cardinal conseille au Roi de fermer à Monsieur tous les passages pour prévenir sa sortie du royaume. — Ordres du Roi envoyés à cet effet aux gouverneurs de provinces. — Le cardinal conseille au Roi de composer une armée navale assez puissante pour empêcher les Espagnols de ravitailler les îles de Sainte-Marguerite et de Saint-Honorat, et pour les en chasser. — Plan proposé à cet effet. — Les Espagnols forment le projet d'assiéger Bayonne. — Ils entrent dans le royaume par Fontarabie. — Manifeste du Roi catholique. — Les Basques arrêtent les progrès de l'ennemi.

[1636] La guerre, qui étoit de long-temps non publiée, mais commencée et continuée par les Espagnols en la chrétienté, en laquelle ils s'avantageoient sur les princes et États particuliers, les uns après les autres, ne fut pas plutôt déclarée par le Roi pour les exciter à se réunir

1.

et joindre toutes leurs forces pour s'opposer à leur ennemi commun, que lesdits Espagnols, suivant leur ruse ordinaire, commencèrent à mettre en avant des traités de paix, pour, sous ce saint nom, ralentir le courage des confédérés, et tromper ceux d'entre eux qui seroient les plus faciles à se laisser surprendre. Ils ne désiroient pas la paix, mais bien plutôt de continuer une plus cruelle guerre que celle qu'ils avoient faite jusques alors. Ils la proposoient néanmoins, mais telle que ceux qui eussent été si simples que de l'accepter se fussent ruinés, et souvent avec des circonstances si honteuses que ceux mêmes qui manquent de courage, s'ils s'y fussent laissés aller, eussent été empêchés par la honte de s'y soumettre. La paix qu'ils proposoient étoit avec les Etats et les princes particuliers, lesquels ne pouvoient avoir aucune assurance en tels traités, d'autant que l'observation d'iceux eût dépendu de la bonne foi d'Espagne, en laquelle on en a peu remarqué jusques ici, vu qu'aucun d'entre eux n'étoit seul assez puissant pour lui faire garder sa parole, ses autres confédérés n'étant pas intéressés avec lui en ce qui lui auroit été promis. La paix générale, traitée avec tous les princes ensemble, qui est la seule qui peut être sûre et véritable, et que le Roi proposoit, étoit rejetée d'eux; et lorsque, par quelque instance de Sa Sainteté, ils y furent conviés, ils y procédèrent avec tant de ruses, de défaites et de remises, comme nous verrons ci-après, qu'ils témoignèrent bien qu'ils ne vouloient aucune paix que mal assurée, afin de pouvoir, sous l'apparence de son nom, exercer les fureurs de leur rage et de leur ambition; en quoi ils espéroient de se faciliter le chemin en séparant d'avec le Roi ses alliés, les uns après les autres, et l'attaquant lors avec toutes leurs forces.

Ils faisoient traiter avec les Suédois par le duc de Saxe, l'accommodement duquel avec l'Empereur les avoit étonnés, et Oxenstiern particulièrement, qui, comme nous avons vu l'année dernière, dit au sieur de Saint-Chamont, qui lui fut envoyé de la part de Sa Majesté, qu'il étoit d'avis que chacun se tirât de ce naufrage comme il pourroit; mais l'orgueil et la malice des Espagnols montèrent à un tel point, que, quand ce vint au joindre, ils ne purent s'empêcher de les faire paroître. Car les Suédois demandèrent que le roi d'Espagne entrât en ce traité, et rétablît l'ancien commerce entre les Suédois et ses sujets; ce qui, après beaucoup de remises, leur fut refusé, sous ombre que Sa Majesté catholique n'étoit qu'assistante en cette guerre, et, partant, sa déclaration non nécessaire. Quant à la récompense que lesdits Suédois croyoient avoir lieu de demander pour l'assistance et service qu'ils avoient rendus au duc de Saxe et autres princes d'Allemagne, bien qu'on leur en fît au commencement espérer, on les en refusa enfin tout-à-fait, hormis une si petite somme qu'elle n'étoit pas considérable. Ledit électeur de Saxe refusoit aussi toute alliance avec eux à l'avenir, et enfin il les vouloit obliger à rendre tout ce qu'ils tenoient auparavant les ratifications du traité par l'Empire et la reine de Suède, sous ombre qu'il se perdroit trop de temps en attendant lesdites ratifications. Toutes ces choses offensèrent tellement les Suédois, qui voyoient bien par là qu'on les vouloit tromper, et qui avoient encore jusques alors plus perdu de leur courage que de leur puissance, qu'ayant accordé en leur diète les mêmes contributions pour continuer la guerre en Allemagne, lesquelles ils donnoient durant celle de Pologne, ils résolurent de se défendre et de se laisser plutôt arracher par force les armes en la main, que de rendre lâchement ce qu'ils avoient acquis avec tant de gloire et tant de sang qu'ils avoient généreusement épandu. L'électeur de Saxe offensé fit lors publier contre les Suédois une ordonnance peu convenable à un prince qui avoit été tant assisté d'eux, par laquelle il commandoit au général de ses armes qu'il les poursuivît à feu et à sang par tous actes d'hostilité, comme ennemis de l'Empire. La reine et la couronne de Suède y fit réponse par une déclaration publique, que l'électeur de Saxe, oubliant ce qu'il devoit au feu roi de Suède son libérateur, ayant fait une paix honteuse avec les ennemis communs sans en avoir donné avis à ladite dame Reine et couronne, s'étoit encore obligé de leur dénoncer la guerre, et, au lieu de traiter avec le respect convenable, avoit voulu commander en maître au sieur Oxenstiern de rendre toutes les places qu'il occupoit et de faire sortir son armée de l'Empire; que ladite dame Reine et couronne, considérant outre cela le peu d'assurance qu'il y a aux promesses dudit duc, sont résolues de défendre leur dignité et leur réputation, et commandent audit Oxenstiern d'y employer leurs troupes qui sont en Allemagne. Ensuite ils se font une rude guerre; mais l'avantage en demeure aux Suédois, qui emportent plusieurs victoires sur les Saxons, et entre autres une à Kyritz, où tout le bagage et l'artillerie saxonne demeura, et tous les chariots chargés des femmes des chefs de l'armée; l'autre à Ferbelin, où lesdits Suédois taillèrent en pièces cinq régimens de cavalerie, et contraignirent l'armée saxonne et impériale, que Maracini commandoit, de se retirer en grande hâte dans leurs États ; ce qui fit que le duc de Saxe renouvela lors, avec une grande bassesse de cœur, la poursuite qu'il avoit faite vers eux de la paix particulière qu'il leur avoit offerte, leur présentant des conditions bien éloignées des premières; mais, et les bons succès qu'ils avoient eus leur avoient élevé le courage, et le peu de foi qu'ils avoient remarqué en son premier traité, les fit demeurer fermes et refuser ses recherches; à quoi servit beaucoup le soin que le Roi apporta à les encourager et à les empêcher de se laisser décevoir.

Le sieur de Saint-Chamont étoit, de la part du Roi, à Hambourg, pour traiter avec Oxenstiern et les princes confédérés, et envoyoit, de jour à autre, de ses gentilshommes vers eux pour interrompre les traités de paix particulière qui, de jour à autre, leur étoient offerts de la part de l'Empereur. Oxenstiern, qui avoit été le premier à perdre l'espérance de l'heureux succès de leurs affaires, ne put être ramené qu'après qu'il vit que le duc de Lunebourg et le landgrave de Hesse avoient promis de se remettre tout-à-fait dans le parti des confédérés. Lors il donna avis audit sieur de Saint-Chamont que le roi de Danemarck lui ayant offert sa médiation pour la paix de la couronne de Suède avec l'Empereur, il n'avoit pu lui refuser de consentir à envoyer des députés à Lubeck pour entendre ses propositions, de quoi il avoit bien voulu l'avertir afin qu'il s'y trouvât s'il le jugeoit utile au service du Roi ; et, quoique ledit Saint-Chamont se persuadât que c'étoit un artifice pour renouer quelque négociation avec lui, néanmoins, y allant de la ruine entière du parti, il renvoya aussitôt audit chancelier pour le conjurer de prolonger le temps de cette assemblée jusques à ce qu'il eût pu avoir sur icelle les ordres de Sa Majesté ; mais en même temps il fit donner avis sous main à l'Empereur, par le sieur Mansilius, son résident à Hambourg, qu'il avoit gagné, et à l'électeur de Saxe, par des personnes qui lui étoient confidentes et lui étoient assurées, que ledit chancelier avoit promis de faire épouser la reine de Suède à l'archevêque de Brème, second fils dudit roi de Danemarck, s'il favorisoit cette couronne-là au traité de la paix, et que ledit Roi s'y étoit engagé par serment. Il alla aussi trouver ledit Roi à Hadersleben, dans le pays de Sleswick, et, n'ayant pu le porter à se déclarer pour la cause commune, vu son âge de soixante ans et qu'il aimoit extraordinairement le repos, il obtint de lui qu'il continueroit à être neutre, qu'il n'entreprendroit aucun traité de paix particulier sans y comprendre la France, et qu'il prolongeroit l'assemblée de Lubeck jusques à ce que le Roi en auroit été averti. Mais il lui manqua de parole aussitôt qu'il fut parti d'auprès de lui ; car il continua toujours ses instances en Suède par son agent, et auprès du chancelier par des gentilshommes qu'il y envoyoit exprès, pour avancer le traité, disant que, comme roi voisin d'Allemagne, et comme prince de l'Empire à cause de sa duché d'Holstein, il étoit obligé d'en procurer le repos, et ne s'attendoit pas d'y trouver aucune difficulté du côté de l'électeur de Saxe, qui avoit plein pouvoir de l'Empereur, à cause de l'étroite alliance qui étoit entre eux, le fils aîné dudit Roi, nommé pour succéder à ses royaumes, ayant épousé la fille dudit Electeur. Mais il se trouva bien trompé, parce que ledit Electeur entra en si grande méfiance de lui, sur l'avis que ledit Saint-Chamont lui avoit fait donner, que, appréhendant qu'il ne voulût faire avoir par la paix la Poméranie ou le Meckelbourg aux Suédois, ce qui les approcheroit trop de ses Etats, il demanda lui-même la prolongation de l'assemblée de Lubeck jusques à ce qu'il auroit eu des ordres plus exprès de l'Empereur, auquel il avoit dépêché, non pour les lui apporter, mais bien pour l'avertir de ne se fier plus audit Roi; ensuite de quoi l'Empereur rejeta entièrement cette médiation, et ainsi cette assemblée fut dissipée avant qu'être commencée.

Cependant ledit sieur de Saint-Chamont pressa le chancelier de revenir à Wismar, afin qu'il l'y pût voir, ce qu'il obtint avec grande difficulté et après plusieurs remises : ils y furent trois semaines ensemble, conférant tous les jours quatre ou cinq heures, et s'attendant l'un l'autre sur le renouvellement de l'alliance entre les deux couronnes, parce que Saint-Chamont l'avoit reconnu d'humeur de reculer d'autant plus qu'on le pressoit; et puis il vouloit traiter les affaires avec dignité, et lui faire connoître qu'il devoit désirer cette union plus que nous, le royaume de France étant bien plus puissant que celui de Suède. Il lui allégua, pendant ce temps-là, toutes les raisons qui devoient empêcher la Reine sa maîtresse d'entrer de nouveau dans cette alliance, et entre autres que c'étoit engager la couronne de Suède à la continuation d'une longue et pénible guerre, dont les événemens étoient incertains, et desquels néanmoins il se rendroit responsable envers tout le royaume s'il avoit donné ce conseil ; que les Allemands ne méritoient pas qu'on les assistât; qu'ils haïssoient les étrangers, quelques obligations qu'ils leur eussent; que la France étoit éloignée de la Suède, et partant la pouvoit peu assister, et qu'enfin il seroit nécessaire que le Roi, au préalable, déclarât nommément la guerre à l'Empereur et à la ligue catholique, afin que, les deux couronnes étant unies en une même guerre formelle, eussent aussi les mêmes pensées pour le bien de la paix. Mais quand le sieur de Saint-Chamont lui eut représenté qu'il auroit bien moins à craindre d'être blâmé d'avoir été d'avis de continuer une guerre glorieuse, que non pas de se relâcher à rendre, de gaîté de cœur, les conquêtes de la couronne de Suède pour avoir la paix; que si la France étoit éloignée de la Suède, l'alliance en étoit d'autant plus assurée que la jalousie d'ordinaire la trouble entre les États plus voisins, et n'en étoit pas moins utile, d'autant que, par la grandeur de ses forces, elle occupoit, par des diversions puissantes, les troupes ennemies, et les empêchoit de fondre sur ses confédérés; que la légèreté et brutalité des Allemands n'étoit pas une raison suffisante pour abandonner cette guerre, puisqu'on ne l'avoit pas tant entreprise pour leur avantage particulier que pour combattre l'ennemi commun, et l'empêcher de s'agrandir au préjudice de toute la république chrétienne; que s'ils vouloient obliger le Roi de déclarer nommément la guerre à l'Empereur, et à la ligue catholique, aussi auroit-il raison de demander de lui que la couronne de Suède la déclarât formellement au roi d'Espagne, ce que néanmoins lesdits sieurs de Saint-Chamont et Oxenstiern n'avoient pas pouvoir de résoudre, outre qu'il étoit inutile, attendu que la France ayant la guerre déclarée contre les Espagnols et leurs adhérens, l'avoit ensuite contre l'Empereur, et les Suédois, faisant la guerre à la maison d'Autriche, l'avoient par conséquent contre le roi d'Espagne : ledit Oxenstiern condescendit enfin à faire un nouveau traité avec le Roi, et se chargea d'en dresser le projet, ce qu'ayant fait trop glorieusement à son avantage, ledit sieur de Saint-Chamont rejeta ce qui lui sembla être hors de raison, et convinrent de certains articles qu'ils promirent d'envoyer chacun aux rois leurs maîtres, avec obligation réciproque d'en rapporter leurs résolutions dans le premier août : cependant ils s'obligèrent de publier dès lors que tout étoit conclu entre eux, et de n'entendre aucune proposition de paix l'un sans l'autre; mais le sieur de Saint-Chamont fut toutefois contraint de lui donner 90,000 risdales pour lui faire passer ledit accord, et le détacher des engagemens où les ennemis tâchoient en même temps à le porter. Il insista surtout à empêcher ledit sieur de Saint-Chamont d'armer (1), le menaçant de rompre ouvertement en ce cas-là avec lui et de faire sa paix particulière, ce

(1) C'est-à-dire de lever une armée en Allemagne pour le compte de la France.

qui l'obligea de le lui accorder, sur la promesse qu'il lui fît de marcher à l'avenir de bon pied dans les affaires, tant pour ne le perdre pas et pour épargner au Roi la dépense des levées et de l'entretènement des troupes qui auroient excédé de beaucoup le fonds de 100,000 risdales qui lui restoient, que pour lui donner moyen de grossir son armée, où il y avoit quantité de bons officiers et vieux soldats, et laquelle produisoit les mêmes avantages au parti que celle qu'il auroit levée; et il se prévalut de ce qu'il lui accordoit sur ce point-là pour le faire relâcher aux choses plus importantes, ce qu'il n'auroit jamais fait autrement.

Saint-Chamont eut à combattre en cette négociation le duc de Meckelbourg l'aîné, qui y vint en personne de la part de l'électeur de Saxe, et le roi de Danemarck, qui y envoya en même temps le sieur Seistet, tous avec des propositions extrêmement plausibles et avantageuses en apparence à la couronne de Suède, qui ne le visitèrent ni l'un ni l'autre. Il l'acheva néanmoins nonobstant les artifices et traverses qu'ils y apportèrent, et dépêcha un gentilhomme audit roi de Danemarck pour se plaindre des mauvais offices que sondit envoyé lui avoit faits, au préjudice des paroles qu'il lui avoit données; sur quoi il lui fit de très-mauvaises excuses; et il s'en revint à Hambourg, où il reçut commandement de Sa Majesté de passer le traité qu'il avoit déjà fait, et, peu de temps après, son ordre de consentir aux demandes du chancelier et sa ratification sur ledit traité; mais le chancelier n'en fit pas de même de la reine de Suède, et lui manda, lorsque le terme fut expiré, que les régens du royaume avoient désiré d'en conférer avec lui de vive voix, et que, partant, il les alloit trouver, espérant de la rapporter lui-même dans trois mois, et feroit cependant qu'on continueroit la guerre et maintiendroit toutes choses au même état que si elle avoit déjà été passée. Cette affaire étant sue attira audit Chamont la haine et les menaces des Impériaux, qui commencèrent à dire entre eux qu'ils auroient bien mieux fait de le tuer quand il alla en Allemagne, que de se moquer de ce qu'il y alloit faire, jugeant impossible qu'il y pût réussir; et l'Empereur en fut si offensé qu'il commanda absolument aux députés de Hambourg, qui poursuivoient près de lui la cassation du péage de Gluckstadt, d'écrire à leurs maîtres de le chasser de leur ville, puisqu'il n'y étoit que pour négocier contre son service et la tranquillité de l'Empire, sur peine qu'il ne les écouteroit plus, et qu'il favoriseroit le roi de Danemarck contre eux; mais il avoit si bien gagné les principaux, qu'encore que cette affaire leur fût très-importante et sensible, ils ne laissèrent pas de souffrir son séjour et d'user très-bien en toutes choses avec lui, s'excusant envers l'Empereur sur leur neutralité et la crainte qu'ils avoient d'offenser le Roi, dans les royaumes duquel ils avoient de grands biens et leur principal commerce. En haine de cela, l'Empereur leur envoya demander le *rommerzous* ou contribution qu'ils devoient par la paix de Prague qu'ils avoient acceptée; et sur ce qu'ils lui remontrèrent qu'ils ne le pouvoient payer que conjointement avec les autres villes anséatiques, il les fit assembler deux fois, la première à Hambourg, et la seconde à Lubeck; mais le sieur de Saint-Chamont sollicita si bien les députés, qu'ils alléguèrent leur pauvreté et la ruine que la guerre leur avoit apportée, et payèrent en cette monnoie-là 1,000,000 de risdales, à quoi montoit leur cote : aussi est-il bien plus aisé d'empêcher les peuples de bailler de l'argent que d'en tirer d'eux.

Comme les Espagnols faisoient solliciter les Suédois de s'accommoder avec l'Empereur par un accord particulier, ainsi en faisoient-ils à ceux des princes d'Allemagne qui n'étoient encore confédérés ; leurs plus grands efforts étoient vers le landgrave de Hesse, le plus brave et généreux prince de toute l'Allemagne. Il entra en quelque pourparler avec eux ; mais son courage et les avantages qu'il avoit eus en cette guerre lui faisoient demander des conditions honorables. Il vouloit récompense pour les places qu'il tenoit en la Westphalie, et retenir celles qui avoient autrefois appartenu à ses devanciers. Ces conditions ne lui ayant pas été accordées, et par excuses étant libre de la parole qu'il avoit donnée, le traité susdit fait à Wismar avec Oxenstiern facilita le moyen audit sieur de Saint-Chamont d'en faire un pareil avec lui, qui ne s'y étoit pas jusque-là voulu engager, désirant auparavant être assuré de l'appui des Suédois en Allemagne ; et bien que, sur l'avis de l'entrée des Espagnols en notre frontière de Picardie, il demandât trois semaines de temps auparavant que de le ratifier, pour voir durant ce temps quel train nos affaires prendroient, il commença néanmoins dès lors de l'effectuer, en rompant la trêve qu'il avoit avec l'Empereur, se joignant à l'armée suédoise de Westphalie, et allant secourir Hanau qui étoit réduit à l'extrémité. Il ne tint qu'à lui de rendre le même office au château d'Hermestein, comme il s'y étoit obligé ; mais il eut des considérations qui le firent revenir dans ses Etats, et ne put jamais depuis recouvrer l'occasion qu'il perdit lors. Le comte de Hanau, que le Roi avoit employé vers le landgrave par l'entremise du maréchal de Brezé et du sieur de Charnacé, fut celui qui gagna davantage sur l'esprit dudit Landgrave, et le fit absolument résoudre à faire un nouveau traité avec le Roi, par lequel il promettoit de demeurer ferme avec les princes confédérés jusques à la fin de la guerre. On le sollicita fort, durant toute l'année, d'entreprendre de secourir Hermestein, en quoi on lui promettoit assistance d'argent et d'hommes ; mais au commencement il le refusa, sur ce qu'il étoit en trève et en traité avec l'Empereur, duquel il attendoit la ratification ; et depuis que le traité fut rompu, et qu'il en eut pris la charge, il ne le put exécuter, pource que le général Gœutz entra dans ses Etats, que ses irrésolutions l'avoient affoibli, lui ayant fait séparer ses troupes d'avec les suédoises, qui s'étoient éloignées de lui, et que les Hollandais, qui vouloient entretenir la neutralité avec l'Empereur, lui refusèrent les troupes qu'il leur demandoit pour le fortifier, mettant en avant que le Landgrave étant avancé et fort éloigné des frontières de ce pays, ils n'y pouvoient envoyer pour peu de troupes, de crainte qu'elles fussent battues, ni aussi y envoyer beaucoup pour ne laisser leur pays ouvert aux Espagnols, qui ne manqueroient pas d'entrer dedans les provinces de Gueldre et Over-Yssel ; qu'outre cela ils étoient incertains si M. le Landgrave voudroit ou pourroit faire cette entreprise, et qu'ainsi il seroit inutile d'envoyer leurs troupes sans en être assuré, et avant que cela fût et qu'on en eût réponse, la place seroit perdue ; et enfin qu'il leur seroit impossible de mettre cet été en campagne, dont le Roi les pressoit, en quoi il reçut un grand désavantage, pource que cette place étoit la meilleure d'Allemagne, la plus importante au parti et à lui, la plus considérable, étant la meilleure porte qu'il pût tenir ouverte pour recevoir secours du Roi, laquelle enfin par ce manquement se perdit l'année suivante, Coblentz ayant été abandonné par les gens du Roi dès celle-ci.

Le duc de Lunebourg avoit solennellement promis au sieur de Beauregard, qui avoit été vers lui de la part du Roi, de demeurer dans le parti des confédérés; mais il fut tant sollicité de la part de l'Empereur, que les promesses et les menaces eurent plus de pouvoir sur lui que sa foi et ses paroles, et consentit de remettre quelques-unes de ses places entre ses mains, et particulièrement Minden, qui est une place de grande importance ; mais le sieur de Saint-Chamont le prévint et assura cette place au parti des confédérés, et fit que le colonel Wolf en demeura toujours gouverneur pour les Suédois, et en chassa un régiment dudit duc de Lunebourg qui y tenoit garnison avec le sien. Cette action offensa grandement ce prince, mais son impuissance modéra ses ressentimens. Il refusa toutefois de voir chez lui ledit sieur de Saint-Chamont, où il lui offrit d'aller pour lui faire donner contentement sur l'offense qu'il prétendoit avoir reçue desdits Suédois.

En même temps une nouvelle ruse des Espagnols obligea ledit sieur de Saint-Chamont de rebrousser chemin et de retourner à Hambourg, pource qu'ils fortifioient un tiers parti du roi de Danemarck et des ducs de Meckelbourg l'aîné, de Lunebourg et de Holstein, lesquels devoient offrir aux Suédois certaines conditions de paix, et, sur leur refus, se joindre aux ennemis pour les chasser de l'Empire. Cet avis étonna si fort lesdits Suédois, qu'ils ne savoient quel conseil prendre, outre que depuis peu ils avoient perdu la ville de Magdebourg, qui avoit été prise par la négligence que Bannier, qui n'en étoit qu'à dix lieues, avoit apportée de la secourir, ce qui fut un effet de son nouveau mariage, qui l'avoit tellement occupé à faire l'amour et des festins, qu'il sembloit y avoir arrêté toutes ses pensées. Il ne lui restoit plus au long de l'Elbe que Devick et Werben, qui n'étoient pas places à pouvoir résister long-temps, et il appréhendoit, en les perdant, de se voir encore contraint d'abandonner cette rivière, qui est l'une des plus belles et des plus grandes d'Allemagne, et de se retirer dans la Poméranie, qu'il avoit toujours gardée et conservée pour un pressant besoin, et qui étoit le chemin de s'en retourner en Suède avec moins d'honneur qu'il ne lui en étoit dû pour toutes les grandes et généreuses actions qu'il avoit faites. Il avoit néanmoins une très-bonne et très-grande armée ; mais l'étonnement dans lequel il étoit faisoit qu'il la laissoit inutile. Le sieur de Saint-Chamont le sollicita, et tous ses conseillers, d'entreprendre quelque chose, soit de se saisir des places sur l'Elbe pour y assurer son poste, soit de se mettre en campagne et de tenter le hasard d'une bataille ; mais il lui fit connoître que deux choses l'en empêchoient : l'une, faute de munitions de guerre, et lui demanda 10,000 risdales pour en acheter ; l'autre, l'appréhension où le tenoit ce tiers parti, qui étoit capable de l'accabler dans la conjoncture des affaires qui étoient lors, s'il se joignoit aux ennemis ; et partant il le pria de travailler à l'interrompre, et obtenir assurance du roi de Danemarck qu'il demeureroit en neutralité avec la couronne de Suède ; ce qui étant, il lui promettoit de faire des merveilles, et de réparer la perte de Magdebourg. Ledit sieur de Saint-Chamont fit délivrer aussitôt au sieur Gruben, secrétaire d'état de Suède, l'argent qu'il désiroit pour des munitions, à condition de le précompter sur la somme qu'il lui avoit promis de fournir après la ratification du traité de Wismar, et alla trouver le roi de Danemarck à Gluckstadt, où il y avoit un ambassadeur du duc de Lunebourg près de lui pour conclure ce tiers parti, dont il avoit pris la résolution avec le duc d'Holstein, qui y avoit été en personne trois jours auparavant ; mais ledit Saint-Chamont lui fit tant de remontrances sur les intérêts de la France, sur la contravention aux paroles qu'il lui avoit données en son premier voyage vers lui, et sur le tort qu'il se faisoit, et à tous les princes de l'Empire, de vouloir accroître et autoriser la grandeur de la maison d'Autriche, qu'il lui promit de ne se mêler d'aucun traité particulier, et de conserver soigneusement sa neutralité avec les Suédois ; mais, parce qu'il lui avoit déjà manqué de parole, il lui fit donner sa résolution par écrit, scellée de son sceau, et l'obtint d'autant plus facilement, que ses sujets de Danemarck et des duchés d'Holstein et de Sleswick lui avoient refusé l'argent qu'il leur avoit demandé pour lever une armée. A quoi ledit Saint-Chamont avoit bien travaillé, car il avoit envoyé en leurs assemblées diverses personnes de Hambourg, qui avoient étroite connoissance avec les principaux de la noblesse, pour les empêcher d'y consentir, et même il porta le sénat dudit Hambourg à y faire des brigues, faisant connoître audit sénat que le roi de Danemarck ne vouloit armer que contre leur ville, bien qu'il prît d'autres prétextes. Il avertit incontinent Bannier du succès de son voyage, et il (1) se mit aussitôt en campagne, joignit l'armée de Westphalie à la sienne, prit la ville et le château de Lunebourg, Winsen et Ultzen, donna ensuite et gagna la bataille de Vistoc, qui redressa le parti : elle fut donnée le 4 octobre.

L'armée impériale commandée par Maracini, étoit jointe à celle de l'électeur de Saxe, qui y étoit en personne, et toutes deux ensemble faisoient seize mille hommes de pied et quatorze mille chevaux. Il demeura sur la place plus de six mille de la part de l'Empereur, et entre autres plusieurs personnes d'autorité, quarante pièces de canon et près de deux cents chariots de munitions, tout le bagage, et entre autres celui de l'Electeur, et toute son argenterie. Bannier, ensuite de cette bataille, assiégea et prit Erfurt,

(1) Bannier.

Torgau et plusieurs autres places, et ruina entièrement le pays de l'électeur de Saxe. Saint-Chamont le convia lors instamment d'aller secourir Hermenstein, puisqu'ayant fait cent lieues en la poursuite de sa victoire, il s'en étoit approché de vingt ; mais il s'en excusa sur la grande fatigue de ses troupes et le besoin qu'elles avoient de se reposer, et s'en revint dans le pays de Saxe, où il brûla et prit tout ce qu'il put, et demeura maître de la campagne jusqu'à ce que l'Empereur eût rassemblé toutes ses forces pour les envoyer contre lui.

Ces négociations de Saint-Chamont le rendirent si odieux à l'Empereur, que les Espagnols firent mettre sa tête à prix de 40,000 risdales. On fit ensuite quelques entreprises sur sa personne pour le venir tuer jusque dans son logis, qui étoit à Hambourg, dans la nouvelle ville, séparé des autres, et n'avoit clôture que de simples planches de sapin, à la mode du pays ; et l'un des chefs, qui avoit été commissaire de l'Empereur pour y venir demander les contributions, fut pris, convaincu et condamné à avoir la tête tranchée. Cela l'obligea d'augmenter son train de douze soldats, auxquels il ne donna point la qualité ni la casaque de garde, mais ils le suivoient par la ville et aux champs, avec la carabine sous le manteau et le pistolet à la poche, et veilloient la nuit dans son logis ; il arma aussi tous ses gens et se garantit, par ce moyen, de leurs attentats. Et ayant su que le Landgrave étoit allé à La Haye en Hollande, demander des munitions de bouche et de guerre à messieurs les États pour munir ses places et pour entrer en alliance avec eux, il lui dépêcha un courrier, voyant qu'il n'avoit encore passé la ratification du traité qu'il avoit fait avec ses commissaires, et le convia de lui donner le moyen de le voir à Wesel, dans le pays de Clèves, lorsqu'il s'en retourneroit chez lui ; ce qu'il lui accorda. Il s'y achemina incontinent, nonobstant les embuscades des ennemis, desquelles les comtes d'Eldembourg et d'Ostfrise le garantirent avec de puissans convois, et trouva qu'il avoit fait un traité à La Haye avec M. de Charnacé, ensuite de celui qu'il avoit déjà fait avec lui pour le secours d'Hermenstein, et qu'il avoit touché 20,000 écus de l'argent du Roi pour acheter les grains, chairs salées, beurres, draps, linges, onguents et médicamens qu'il étoit nécessaire de mettre dans cette place. Mais arrivant à Wesel il se trouva, non-seulement dans l'impossibilité de l'exécuter, mais encore dans celle de pouvoir aller en ses États, parce que les Impériaux, pendant son séjour en Hollande, avoient pris Paderborn et presque toutes les places qu'il tenoit sur les rivières de Lippe et la Roure, les unes pour n'avoir pas été bien fortifiées, et les autres par la lâcheté des gouverneurs. Saint-Chamont ne laissa de faire un nouveau traité avec lui, non-seulement pour continuer à l'obliger de secourir Hermeinsten quand il le pourroit, mais encore pour l'attacher absolument au parti. Il demanda 200,000 risdales, dont ledit Saint-Chamont lui en paya la moitié comptant, avec une année de sa pension, qui étoit de 15,000 risdales. Cela fait, voyant que le Landgrave étoit trop foible pour entreprendre seul le secours d'Hermenstein, Saint-Chamont lui conseilla d'aller lui-même en l'armée suédoise pour essayer de l'attirer et l'engager à cette belle action. Il partit aussitôt pour s'y acheminer, et ne la joignit que deux mois après, avec toute sorte de périls, à cause que la plupart des passages étoient gardés par les ennemis ; mais tout cela fut inutile, parce que les Suédois le refusèrent absolument. Ce que ledit Saint-Chamont voyant, il s'adressa à divers marchands, qui s'obligèrent, moyennant 10,000 risdales qu'il leur donna, d'y conduire par le Rhin des bateaux chargés de grains et autres provisions, sous prétexte de les mener de Cologne à Francfort-sur-le-Mein où il y en avoit grande disette ; il fit encore faire divers partis à pied et à cheval pour aller prendre les bateaux chargés de vivres qu'ils trouveroient sur le Rhin, et les mener audit Hermenstein ; mais les Impériaux tenoient si bon ordre aux environs de la place que rien n'y pût entrer, et ils pendirent et rouèrent des bateliers et tous ceux qu'ils purent prendre qui y portoient de ses lettres, car il écrivoit souvent pour encourager les assiégés, et les avertir qu'il travailloit à leur secours. Il s'adressa enfin aux Hollandais, et écrivit sur ce sujet au sieur de Charnacé, le suppliant de faire rendre complets et en bon état les régimens de Waldembourg et Mulard, qui étoient en Hollande à la solde de Sa Majesté, et de leur faire bailler pour cela de l'argent qu'il avoit pour le Landgrave, qui y avoit consenti. Il lui fit réponse qu'il ne pouvoit toucher à ces deniers sans ordre du Roi, et ces troupes qu'il lui demandoit étoient si défaites, que les colonels n'eussent su les rendre complètes de plus de deux mois : il lui envoya le sieur de Radouet avec lettre au sieur Barroloti, d'Amsterdam, pour faire donner auxdits colonels de l'argent que Sa Majesté lui avoit mis ès mains, et pria ledit sieur de Charnacé de l'employer à bon escient en cette affaire, qu'il connoissoit aussi bien que lui très-importante et pressée, et d'obtenir de messieurs les États trois ou quatre mille hommes de leurs troupes, qu'ils pouvoient donner sans rompre avec l'Empereur, en les joignant auxdits régimens; mais ledit de Charnacé ne fut pas d'avis que Le Radouet donnât de l'argent à ces colonels, parce qu'encore qu'ils ne demandassent que deux montres pour sortir de leurs garnisons, ils prétendoient leur en être dues dix, et quand ils eussent touché les deux, ils eussent voulu avoir les autres, et eussent dit qu'il leur étoit bien permis de manquer à leur parole, puisque le Roi ne leur avoit pas tenu la sienne, ni observé les capitulations qu'ils avoient faites avec lui, outre qu'il n'étoit pas en leur puissance de refaire leurs régimens, et que le sieur de Saint-Chamont ne s'y devoit pas attendre. Quant aux quatre mille hommes qu'il demandoit de messieurs les Etats, ils lui furent refusés absolument, quoique la conservation d'Hermenstein leur dût être assez considérable, et que toute leur armée étant en garnison le long du Rhin, il ne leur falloit qu'un ordre du prince d'Orange pour l'en faire sortir, et huit ou dix jours au plus pour faire cette exécution. Voilà ce qui se passa pour cette année en Allemagne, et le soin que le Roi eut que les Suédois et les princes particuliers, qui restoient encore dans la confédération, ne se laissassent abuser par des traités particuliers qui leur ôtassent le moyen et l'assurance d'une vraie paix.

Si les Espagnols sollicitoient les Suédois et les Allemands d'entendre à une paix particulière, ils en sollicitoient encore avec bien plus de violence les Hollandais, qu'ils y avoient portés si avant dès l'année précédente, que, sans en donner avis au Roi, ils les avoient écoutés, et après plusieurs conférences seulement en avoient averti Sa Majesté, qui leur avoit fait la réponse et la plainte de leur procédé, que nous avons fait connoître l'année précédente. Sa Majesté, connoissant combien cette affaire lui étoit importante et désirant y procéder avec toute la modération qui lui étoit possible et convenable, manda, dès le commencement de janvier, au maréchal de Brezé et au sieur de Charnacé, ses ambassadeurs extraordinaire et ordinaire près desdits Etats, et auxquels elle avoit donné tout pouvoir pour intervenir en cette négociation, qu'ayant considéré et fait examiner en son conseil les diverses dépêches qu'ils lui avoient faites sur le sujet desdites propositions d'accommodement qui avoient été mises en avant entre lesdits Espagnols et lesdits Etats, et les conférences qui avoient été faites par un député desdits sieurs les Etats avec ceux du cardinal infant d'Espagne, sans l'intervention des ministres de Sa Majesté, et ayant conféré le contenu en leursdites dépêches avec ce qui avoit été dit de bouche et donné par écrit de deçà par l'ambassadeur extraordinaire desdits sieurs les Etats, Sa Majesté avoit estimé à propos, outre ce qu'elle avoit mandé auxdits sieurs maréchal de Brezé et de Charnacé par sa dépêche du 11 décembre 1635, de leur faire savoir plus amplement ses intentions, pour leur apprendre comme ils se devoient conduire sur les points principaux de l'affaire qui se présentoit, que Sa Majesté jugeoit la plus importante que la France pût avoir de long-temps à démêler, et par conséquent où il falloit apporter plus d'adresse et de prudence, tant pour être bien avertis de tout ce qui se passeroit par le moyen de ceux du pays qui aiment le bien public et les intérêts de la France, que pour se garantir des surprises et mauvais desseins de ceux qui, par un trop grand désir de repos et par quelqu'autre intérêt, pourroient être mal affectionnés, sans toutefois faire paroître ouvertement des soupçons et des méfiances qui pussent offenser et aliéner davantage les esprits pour les obliger à faire pis, essayant au contraire, par toutes sortes de soins et d'artifices, de confirmer les premiers à se prévaloir de leur bonne disposition, et de ramener doucement ou décréditer les autres.

Elle leur manda que, pour conduire la négociation qui se présentoit avec ordre et dignité, il falloit entièrement séparer ce que l'on devoit traiter avec messieurs les Etats de la part du Roi, d'avec les points que l'on auroit à traiter avec les Espagnols, en cas qu'on entrât en conférence avec leurs députés pour l'établissement d'une paix sûre et honorable; que, pour ce qui se pouvoit présenter entre le Roi et messieurs les Etats, il étoit absolument nécessaire, avant toutes choses, d'être bien éclairci de leurs intentions; que, pour cet effet, il falloit considérer, ou qu'ils avoient dessein de traiter, à quelque prix que ce fût, avec les Espagnols, sans l'intervention ni le consentement de Sa Majesté; ou que leur but étoit de traiter conjointement avec le Roi, suivant le traité, jusques à ce qu'ils eussent trouvé leur compte, duquel ils sembloient n'être pas éloignés, pour après cela passer outre, encore que Sa Majesté n'y trouvât pas le sien; ou bien que leur pensée étoit, en subtilisant sur l'explication des traités, de dire qu'ils n'étoient obligés qu'aux intérêts du Roi, et non à ceux de ses alliés, desquels ils ne voudroient pas qu'on parlât dans la négociation; ou qu'ils consentiroient que l'on y traitât des intérêts des alliés de la France, pourvu que ce fussent les ministres du Roi qui en parlassent et qui en fussent chargés, et qu'on ne fût pas obligé d'attendre ceux desdits alliés; ou qu'ils approuveroient que l'on parlât desdits alliés, et que l'on les appelât à la conférence, pourvu que Sa Majesté ne prétendît pas d'y comprendre les Suédois et ses autres alliés d'Allemagne, et se contentât de traiter des intérêts des princes d'Italie, dont on ne pouvoit nier que la jonction n'eût été utile pour la guerre de Flandre; ou, à toute extrémité, qu'on traitât seulement des intérêts spécifiés dans l'écrit qui fut donné lors du traité du 15 avril 1634 : qu'il n'étoit pas croyable que lesdits sieurs les Etats pussent avoir la pensée de traiter sans l'intervention du Roi, puisqu'ils avoient fait donner nouvelle assurance par leur ambassadeur qu'ils ne le feroient jamais que conjointement avec Sa Majesté et de son consentement, et qu'ils y étoient obligés par les traités de La Haye du 15 avril 1634, et par celui de Paris de janvier 1635, si clairement qu'ils ne pouvoient y manquer sans une infidélité manifeste qui les ruineroit de réputation s'ils l'avoient commise; qu'il étoit dit au quatrième article du traité de La Haye, que nul traité ne pourroit être fait sans l'intervention de Sa Majesté, et que les Etats déclareroient en tel cas à leurs ennemis par écrit que le traité qu'ils pourroient faire lors avec eux ne pourroit préjudicier au traité de La Haye ; qu'il étoit dit au huitième article que si Sa Majesté venoit à être attaquée ou inquiétée à l'occasion des intérêts qu'elle avoit à démêler avec l'Espagne, lesquels intérêts étoient désignés et spécifiés par écrit, en sorte que Sa Majesté vînt à rompre ouvertement avec l'Espagne, en ce cas lesdits sieurs Etats-Généraux étoient obligés aussi de rompre et continuer la guerre contre les Espagnols, et de ne faire ni paix ni trêve que conjointement avec Sa Majesté et de son consentement ; donc lesdits sieurs les Etats ne pouvoient, sans violer leur traité, faire paix ou trêve avec les Espagnols, si, par ledit traité, le Roi ou lesdits Espagnols ne demeuroient d'accord sur le sujet des intérêts de la France, spécifiés audit traité, tant parce que le Roi ne consentiroit point audit traité que lesdits Etats ne pouvoient faire sans son consentement, que parce que quand même lesdits sieurs les Etats auroient fait un traité de paix ou de trêve, ils étoient obligés de le rompre et entrer en guerre avec l'Espagne, si le Roi y entroit sur le sujet de sesdits intérêts : que, par l'article neuvième du susdit traité, il étoit dit que si l'Empereur ou autres princes de sa maison et dépendans d'icelle, venoient, après le traité de paix ou de trêve qui ne pouvoit être fait sans le consentement du Roi, à attaquer directement ou indirectement, sous quelque prétexte que ce fût, Sa Majesté ès pays, terres et places qu'elle tenoit au jour du traité, qui est le 15 avril 1634, en sorte que Sa Majesté rompît avec eux, lesdits sieurs Etats feroient de même, sans pouvoir par après faire la paix ou trêve que conjointement avec le Roi et de son consentement; donc lesdits sieurs les Etats ne pouvoient, sans violer leur traité et leur foi, faire aucun traité, Sa Majesté demeurant en guerre avec l'Empereur pour la Lorraine et autres places qu'elle possédoit en avril 1634 : que, par l'article onzième, il étoit dit que si le Roi aimoit mieux rompre avec l'Espagne que de fournir auxdits sieurs les Etats l'argent porté par ledit traité, messieurs les Etats feroient de même, sans pouvoir par après traiter que conjointement avec le Roi, et de son consentement ; donc, la rupture étant arrivée, ils ne pouvoient, sans violer leur foi et leur traité, faire la trêve ou la paix, tant que Sa Majesté n'y consentiroit pas particulièrement, si le déni de son consentement étoit fondé en l'inexécution de ce à quoi messieurs les Etats étoient obligés envers Sa Majesté par leurdit traité : que, par l'article quatorzième du traité de Paris, il étoit porté expressément que ledit traité ne dérogeroit en aucune façon à celui de La Haye, qui demeureroit en son plein et entier effet, et seroit exécuté en tous ses points, fors en ce en quoi il pourroit être contraire audit traité de Paris ; or, tant s'en faut que ledit traité de La Haye eût quelque chose de contraire à celui de Paris en ce qui concernoit de ne pouvoir faire ni la paix ni la trêve sans le consentement de Sa Majesté, qu'ils étoient en cela du tout conformes, comme le justifioit l'article neuvième du traité de Paris, qui disoit en termes exprès qu'on ne pourroit ni conclure ni entendre à aucun traité de paix, de trêve ou de suspension d'armes, que d'un commun consentement; que cela étoit si clairement convenu, que par ledit article neuvième et par le suivant il y avoit obligation réciproque de recommencer la guerre conjointement, et rompre ouvertement avec les Espagnols et leurs adhérens, si, après quelque traité fait avec eux, ils y contrevenoient, ou eux, ou l'Empereur, ou quelque autre prince de leur maison, ou qu'ils voulussent entreprendre d'inquiéter le Roi pour tous les pays, terres et places qu'il tenoit au mois de janvier 1635, avec promesse réciproque, après ladite rupture nouvellement faite, de n'entendre aucun accommodement que conjointement et d'un commun consentement; et d'autant que lors du traité de La Haye on jugea qu'il pourroit arriver des considérations qui ne permettroient pas au Roi de traiter avec les ennemis dans le pays desdits sieurs les Etats, et par conséquent que la négociation ne pourroit pas être faite conjointement, lesdits sieurs les Etats ne pouvant traiter hors de leur pays, il fut convenu par un article secret qu'en ce cas on ne laisseroit pas de demeurer réciproquement obligés de ne traiter point que du consentement les uns des autres, ce qui faisoit voir combien on voulut demeurer unis, et comme on se voulut obliger de ne rien faire que d'un mutuel consentement, encore même que l'on fût contraint de traiter en divers lieux; qu'après cela on ne laissa pas de régler par les mêmes articles secrets la forme qu'il faudroit tenir au cas que l'on traitât conjointement, comme l'on devoit faire aujourd'hui, et fut convenu que les ministres du Roi et ceux desdits sieurs les Etats se trouveroient ensemble avec ceux des ennemis dans le lieu qui seroit choisi pour traiter, ce qu'il falloit fidèlement observer si la négociation continuoit, et s'abstenir des conférences secrètes qui avoient été faites jusques ici, lesquelles pouvoient jeter de la division parmi les amis, et donner beaucoup d'avantages aux ennemis; que lesdits sieurs maréchal de Brezé et de Charnacé pourroient à ce propos faire remarquer en passant la malice des Espagnols, lesquels, dès la première conférence que leurs députés avoient eue avec celui desdits sieurs les Etats, avoient fait dire partout (les avis en ayant été donnés de très-bon lieu à Sa Majesté) que leur accommodement étoit presque fait avec lesdits sieurs les Etats, et qu'ils espéroient bientôt, ou de les détacher de la France par un traité particulier, ou de faire naître parmi eux tant de partialités et de divisions, qu'en quelque façon que l'affaire succédât il leur en reviendroit beaucoup d'avantages; que peut-être même n'y auroit-il point de mal de faire entendre doucement au prince d'Orange qu'ils n'avoient pas épargné sa réputation, ayant voulu faire croire qu'il étoit favorable à leurs desseins, ce qu'il falloit toucher si délicatement (si toutefois lesdits sieurs ambassadeurs jugeoient sur les lieux le devoir faire), qu'il ne crût pas qu'on y ajoutât foi, mais plutôt qu'on jugeoit que c'étoit un artifice des Espagnols pour refroidir les amis de la France, duquel on avoit estimé lui devoir donner avis confidemment; que si, au préjudice de tant de raisons démonstratives qui avoient été touchées ci-dessus, lesdits sieurs les Etats persistoient à vouloir traiter sans l'intervention et consentement de Sa Majesté, comme toutes les prévoyances dont l'on avoit usé dans tous les traités précédens pour se garantir de cette tromperie n'auroient de rien servi, il ne faudroit pas espérer que des raisons ni des persuasions les en pussent divertir aujourd'hui, et par conséquent il faudroit songer à d'autres remèdes. Mais d'autant qu'après les nouvelles assurances qu'ils avoient fait donner à Sa Majesté de ne le faire pas, il n'y avoit pas lieu de croire qu'ils voulussent se porter à une infidélité si manifeste, il faudroit plutôt appréhender qu'ils ne prissent le second parti, c'est-à-dire que leur dessein ne fût, suivant les traités et leurs protestations nouvelles, de traiter conjointement avec le Roi, mais avec intention de passer outre et conclure quand ils trouveroient leur compte pour leurs intérêts, encore que Sa Majesté ne l'y trouvât pas pour les siens, cherchant quelque prétexte pour se séparer de Sa Majesté, et pour justifier leur manquement; les conférences qu'ils avoient déjà faites avec les ennemis sans le su et le consentement de Sa Majesté et intervention de ses ministres, les propositions qui avoient été faites d'accommoder les principaux différends, les moyens et conditions qui sembloient en avoir déjà été concertés avant que les communiquer au Roi, et tout cela dans des entrevues clandestines, donnoient grand sujet de croire que c'étoit leur dessein, qui seroit d'autant plus dangereux qu'il donneroit quelque sorte de moyen aux partisans d'Espagne, et mal affectionnés dudit pays, de se défendre contre les raisons de ceux qui aiment le bien public et les intérêts de la France, et peut-être facilité de les attirer à leur parti, par la croyance qu'ils pourroient donner à leurs peuples qu'ils auroient gardé la foi promise par les traités, quoiqu'en effet il n'y eût pas moins de contraventions aux traités et d'infidélité, après avoir appelé les ministres du Roi dans la négociation, de la conclure sans leur consentement, que si, dès le commencement, on avoit arrêté le traité sans leur intervention, parce que les traités de La Haye et de Paris n'obligent pas moins à ne traiter point sans le consentement les uns des autres, que sans l'intervention et présence des ministres de France et desdits sieurs les Etats.

Donc, pour remédier à cet inconvénient, le Roi entendoit qu'avant que lesdits sieurs maréchal de Brezé et de Charnacé s'engageassent et intervinssent dans aucune négociation avec lesdits Espagnols, conjointement avec lesdits sieurs les Etats, ils déclarassent de la part de Sa Majesté, aux personnes et aux lieux qu'ils le jugeroient nécessaire, qu'ils étoient prêts d'y intervenir, qu'ils avoient ordre et pouvoir suffisant pour cela, que Sa Majesté désiroit véritablement la paix, et feroit tout ce qui seroit en son pouvoir pour en accélérer la conclusion; qu'elle entendoit et souhaitoit seulement qu'elle fût traitée avec dignité, tant en la forme qu'en la substance, c'est-à-dire, pour la forme, que les ministres de France et desdits sieurs les Etats ne traitassent que conjointement, et pour la substance, en sorte que chacun réciproquement y pût avoir satisfaction pour ses intérêts, suivant ce qui est porté par les traités; qu'après cela il protestassent hautement que jamais, quoi qui arrivât, Sa Majesté ne traiteroit que de cette sorte, et qu'ils essayassent d'obtenir desdits sieurs les Etats une assurance suffisante, et telle qu'on y pût prendre confiance, qu'ils feroient le même de leur côté; que, s'ils accordoient ladite assurance, il faudroit si bien prendre ses précautions et régler ensemble la forme avec laquelle on traiteroit avec les ennemis, qu'il ne pût rien arriver pendant la négociation qui pût donner de la méfiance aux uns ni aux autres; que si lesdits sieurs les Etats refusoient de donner cette assurance, et de régler leur conduite en sorte que l'on s'y pût confier, et qu'ils ne voulussent pas s'obliger nettement à ne faire aucun traité sans la décision des intérêts que la France pouvoit avoir à démêler avec les ennemis, et satisfaction sur iceux, puisque les deux traités de La Haye et de Paris obligent lesdits sieurs les Etats expressément à ne traiter jamais sans cela, et que même, après un traité fait, ils seroient obligés de recommencer la guerre avec la France, au cas qu'elle vînt à être inquiétée pour les intérêts qu'elle avoit à démêler au mois de janvier 1635, il n'y avoit point de doute que, refusant d'y satisfaire de bonne foi, et de faire décider ledits intérêts avec les leurs par une même négociation, ils donneroient à connoître que les paroles qu'ils avoient fait donner à Sa Majesté de ne traiter point sans elle, étoient des apparences qu'ils cherchoient seulement pour sauver leur foi et mettre leur honneur en quelque façon à couvert, et partant, qu'il falloit essayer de prévenir autant que l'on pourroit leurs artifices. C'est pourquoi Sa Majesté trouvoit beaucoup meilleur en ce cas de n'entrer point en négociation avec les Espagnols conjointement avec eux que d'y entrer, afin de faire paroître plus évidemment leur infidélité, et que personne ne pût ignorer que, contre leur foi et deux traités solennellement faits, ils se fussent engagés à traiter sans le consentement de Sa Majesté et sans l'intervention de ses ministres; ce qui vraisemblablement produiroit un meilleur effet pour tenir les mal affectionnés dudit pays en considération, donner moyen aux autres d'agir vigoureusement pour le bien public, et pour ramener les esprits des peuples, que si on s'engageoit une fois dans ladite négociation, et qu'après on s'en voulût retirer, parce que lors on n'auroit pas lieu de les convaincre d'une infidélité si manifeste, et qu'ils en auroient plus de couverture aux mauvaises intentions qui les auroient portés à se séparer de la France.

Mais, au cas qu'on fût forcé de venir à cette résolution, il falloit si bien déduire les raisons qu'on avoit de le faire, qu'elles pussent être approuvées par les gens de bien du pays qui n'étoient point partisans d'Espagne, et par ce moyen les attirer au parti de Sa Majesté; que, pour cet effet, il ne falloit pas laisser lieu de croire qu'elle voulût empêcher ou retarder la paix; au contraire il falloit, comme il a été dit, protester toujours qu'elle la désiroit ardemment, pourvu que ce fût aux termes des traités, et déclarer qu'ils avoient ordre et pouvoir d'intervenir aux conférences qui seroient faites pour cet effet; mais que si on les y vouloit attirer pour être spectateurs d'une négociation en laquelle, après que lesdits sieurs les Etats auroient ajusté leurs intérêts, ils ne laisseroient pas de conclure, quoique Sa Majesté n'eût pas satisfaction pour les siens, c'étoit chose qu'ils ne pouvoient faire; qu'ensuite de cela il falloit ajouter que, pour faire voir que le Roi, par un tel procédé, ne vouloit rendre la paix ou la trève impossibles, Sa Majesté déclaroit qu'elle ne vouloit autre chose que ce dont lesdits sieurs les Etats étoient convenus par les traités de La Haye et de Paris, qui les obligeoient de n'avoir ni trève ni paix avec les Espagnols ou Impériaux, si Sa Majesté ne demeuroit en repos hors de guerre, et de toute inquiétude sur le sujet de ses intérêts, dont les principaux étoient spécifiés par articles particuliers aux traités de La Haye, si, en un mot, le traité qui pourroit être fait ne portoit, suivant l'article dixième du traité de Paris, que le Roi ne pourroit être attaqué ni inquiété en la possession des lieux, terres et places que Sa Majesté tenoit en avril 1634 et en janvier 1635; que si, après cela, il se trouvoit encore de la difficulté à ce que dessus, qui est évidemment raisonnable, il falloit dire hautement que le Roi mourroit plutôt que de traiter avec ses ennemis, sans garder la foi religieusement auxdits sieurs les Etats, et observer tout ce à quoi il étoit obligé envers eux par les traités qu'ils avoient faits avec Sa Majesté; mais que, s'ils vouloient manquer à ce qui lui avoit été promis, elle attendroit l'infidélité tout entière, se promettant que Dieu lui feroit la grâce, en conservant sa parole par sa fidélité, de conserver aussi ses Etats par ses forces, et qu'après elle seroit très-excusable si, lesdits sieurs les Etats lui ayant manqué ouvertement, elle demeuroit dégagée de l'amitié qu'elle leur avoit toujours portée, déchargée de tous les traités qu'elle avoit faits avec eux, et en état et liberté de prendre tel parti que bon lui sembleroit; que lesdits sieurs ambassadeurs devoient remarquer que, si l'on étoit forcé de venir à cette extrémité, l'intention de

Sa Majesté n'étoit pas en effet de rompre entièrement avec lesdits sieurs les Etats, mais de les mettre en appréhension de cette rupture, et par cette crainte les obliger de prendre résolution parmi eux de se réunir au point qu'ils devoient avec Sa Majesté; que, pour cet effet, lesdits sieurs ambassadeurs ne devoient rien omettre, si cela arrivoit pendant le temps qu'ils auroient donné sujet de craindre par leurs déclarations que Sa Majesté fût contrainte par leur mauvais procédé de se détacher d'avec eux, pour faire agir les gens de bien qui aimoient la France, et gagner les autres par dons, persuasions, menaces ou autres voies que Sa Majesté remettroit à leur discrétion; que si après tout cela il n'y avoit pas lieu de s'assurer qu'ils ne traitassent point sans le Roi, et qu'ils fissent toujours paroître un désir de faire un traité particulier sans Sa Majesté, elle jugeoit beaucoup plus à propos, comme il a été dit, de n'entrer point en traité avec eux que d'y entrer pour être abandonnée en un temps où elle n'auroit pas une si évidente raison de se plaindre; que lesdits ambassadeurs devoient encore observer si le désir que lesdits sieurs les Etats avoient de la trève étoit si immodéré qu'ils fussent résolus de l'acheter par le manquement de leurs promesses et par toute sorte d'infidélités, auquel cas il n'y avoit point de remède, ou si la résolution qu'ils voudroient prendre de faire un traité particulier auquel le Roi ne fût point compris, étoit causée seulement par l'appréhension qu'ils pouvoient avoir que les intérêts que la France avoit contre l'Espagne, auxquels lesdits sieurs les Etats étoient obligés, ne fussent si difficiles à démêler dans un traité de paix, qu'elle devînt ou extraordinairement longue à traiter, ou impossible, auquel cas on leur pouvoit faire doucement comprendre qu'il ne s'y rencontreroit peut-être pas tant de difficulté que l'on pensoit, puisque les Espagnols leur avoient témoigné, à ce qu'ils disoient, en la conférence qu'ils avoient eue ensemble, qu'il s'y pourroit trouver des accommodemens de leur part, et que Sa Majesté étoit disposée de s'accommoder à ce qui seroit juste et raisonnable; que si lesdits sieurs les Etats, vaincus par les raisons susdites et par l'appréhension des accidens qui leur pourroient arriver si en offensant Sa Majesté par leur manquement ils l'avoient obligée à les abandonner, demeuroient d'accord de ne traiter point que conjointement avec Sa Majesté et de son consentement, après la décision des intérêts qui importoient aux uns et aux autres, mais soutenoient de n'être obligés que de comprendre dans le traité les intérêts de la France, et non point ceux de ses alliés, qui étoit le troisième parti qu'ils pourroient prendre et celui où ils penseroient avoir un peu plus d'apparence de raison, il falloit représenter vivement qu'en effet il n'y avoit point de différence entre ne vouloir pas admettre l'intervention du Roi dans la négociation, et ne vouloir pas que les intérêts de ses alliés y fussent traités; que l'on ne pouvoit pas ignorer qu'un grand et puissant roi, ayant nombre d'amis et d'alliés, n'avoit pu les joindre à lui que par divers traités et alliances, dont l'honneur obligeoit nécessairement d'observer les conditions; que, lorsque Sa Majesté étoit entrée en guerre conjointement avec lesdits sieurs les Etats, elle avoit tâché, à leur instance même, d'engager avec elle plusieurs princes, pour occuper les forces d'Espagne en divers endroits, et favoriser par plusieurs diversions l'entreprise de Flandre : avec quelles raisons pourroit-on aujourd'hui les abandonner, et surtout ceux dont la jonction avoit été si utile qu'ils avoient arrêté le secours que l'Italie et l'Espagne avoient accoutumé de fournir pour la Flandre? Ne seroit-ce pas demander au Roi la ruine de sa réputation que de lui vouloir faire manquer aux promesses qu'il leur avoit faites? que, quand lesdits sieurs les Etats ne reconnoîtroient pas la justice et la nécessité de ces devoirs envers ses alliés, ils étoient trop entendus en affaires d'État pour n'avoir pas remarqué que la plus grande sûreté des traités dépend du nombre des alliés qui y sont compris pour être comme garans de l'exécution; que l'Espagne depuis un siècle avoit donné tant de preuves du peu de compte qu'elle faisoit de l'observation des traités qui avoient été faits avec elle, et du peu de scrupule qu'elle faisoit de les rompre lorsqu'elle y trouvoit le moindre avantage, qu'il falloit par nécessité chercher d'autres sûretés plus solides en traitant avec elle que celle de sa foi; que lesdits sieurs les Etats y avoient voulu prendre jusques à présent si peu de confiance, qu'ils n'avoient jamais voulu conclure aucune trève que le Roi n'eût promis d'en demeurer garant; qu'il n'étoit pas croyable maintenant qu'ils voulussent s'éloigner si fort de leurs anciennes maximes, qu'ils ne fussent bien aises qu'un grand nombre d'intéressés rendît l'exécution du traité qui seroit fait plus sûre, ce qui ne s'entendoit pas seulement de ceux qui étoient présentement unis avec Sa Majesté, mais se pouvoit étendre jusqu'à ceux que les Espagnols et Impériaux croyoient plus attachés avec eux; car il étoit certain que tous les princes d'Italie et d'Allemagne, à qui la grandeur de la maison d'Autriche étoit suspecte, ne demandoient pas mieux que d'entrer dans un traité, où, sous prétexte d'y être insérés comme ses confédérés et partisans, ils y fussent comme garans de tout ce qui seroit convenu pour la sûreté publique, en sorte qu'à l'ombre de cette garantie ils prissent liaison avec la France, et pussent tirer quelque sûreté de son assistance, laquelle on savoit assurément qu'ils désiroient ardemment, et partant ce seroit perdre un grand avantage que de perdre l'occasion de les séparer des attachemens qui ne les tenoient que par force; qu'outre la honte et le préjudice qu'il y auroit d'abandonner les alliés, méprisant leurs intérêts, ils se trouveroient la plupart compris dans ceux auxquels lesdits sieurs les Etats étoient expressément obligés par les traités de La Haye et de Paris, où l'engagement des alliés fut reconnu si utile, que, par le deuxième article de celui de La Haye, lesdits sieurs les Etats obligèrent le Roi de faire agir les Suédois en Allemagne et les empêcher de traiter avec l'Empereur, et Sa Majesté forma le dessein de la guerre d'Italie, principalement sur les instances qu'elle reçut, de la part de messieurs les Etats et de M. le prince d'Orange, de faire une diversion de ce côté-là; qu'en troisième lieu les intérêts des alliés ne pouvant de beaucoup allonger la négociation et la pouvant rendre beaucoup meilleure, plus sûre et plus honorable, ce seroit agir contre son propre bien que de ne les y appeler pas, et, pour l'espérance incertaine d'un petit avantage présent que l'on penseroit rencontrer en concluant plus promptement un traité particulier, se priver des solides avantages pour l'avenir que l'on trouveroit infailliblement si tous les alliés demeuroient bien unis ensemble contre les Espagnols, tant pour obtenir une paix honorable et trouver sûreté dans l'exécution, que pour continuer généreusement la guerre si on y étoit forcé; qu'on pouvoit dire, en quatrième lieu, que, par les traités faits avec lesdits sieurs les Etats, le Roi étoit bien obligé de ne traiter pas sans eux, ce qu'il ne feroit aussi jamais, mais non pas de traiter conjointement avec eux sans y appeler ses autres alliés; au contraire, outre qu'en général lesdits sieurs les Etats étant obligés de ne traiter que conjointement avec le Roi, cela se devoit entendre tant pour Sa Majesté que pour ses alliés, la personne de Sa Majesté ne pouvant être considérée qu'avec les dépendances de la royauté, dont les alliés du royaume faisoient partie, lesdits sieurs les Etats étant expressément obligés aux intérêts de Sa Majesté, étoient tacitement obligés d'y faire intervenir les princes qui y avoient part; qu'en cinquième lieu, quel plus grand honneur pouvoient souhaiter lesdits sieurs les Etats, que de voir leur pays, qui avoit été depuis tant d'années l'école des soldats et le théâtre où s'étoient représentés les plus glorieuses actions de la guerre, servir aujourd'hui à la conclusion d'une paix générale qui devoit assurer le repos de toute la chrétienté? qu'en sixième lieu, l'on pouvoit demander auxdits sieurs les Etats comme ils entendoient que la paix pût être faite et exécutée, si l'on ne faisoit une paix générale, en laquelle non-seulement tous les alliés, mais tous les intéressés à la guerre fussent compris: car, outre qu'il y avoit une telle liaison entre tous les intérêts pour raison desquels on étoit maintenant en guerre en tant d'endroits, qu'il étoit bien difficile d'en décider une partie et laisser les autres indécis, il étoit à craindre que les uns, obligeant à demeurer en armes ou de les reprendre, n'engageassent aussi les princes, qui penseroient avoir acheté le repos par un traité particulier, de rentrer en guerre pour satisfaire aux devoirs qui les obligeoient d'assister leurs amis s'ils venoient à être inquiétés: seroit-ce pas servir selon leurs désirs les Espagnols, lesquels pouvant difficilement soutenir la guerre en tant de différens endroits, avoient nécessairement besoin de se reposer en un lieu pour mieux agir aux autres? Si l'on décidoit avec eux seuls, sans que l'Empereur y intervînt, les différends pour la Lorraine, la Valteline et Pignerol, qui étoient tous des intérêts auxquels lesdits sieurs les Etats étoient expressément obligés, seroit-ce pas leur donner moyen de pratiquer leurs artifices ordinaires, et de faire recommencer, comme ils avoient déjà fait plusieurs fois en semblable occasion, sous le nom et par les armes de l'Empereur dont ils disposoient à leur fantaisie, la même guerre que l'on viendroit d'assoupir? qu'alors, quand une armée impériale, assistée de l'argent et des forces d'Espagne, se mettroit en campagne pour attaquer la Lorraine ou les Grisons, quelle pourroit être la résolution desdits sieurs les Etats? on ne sauroit croire qu'ils voulussent manquer à leur devoir et leur promesse pour abandonner le Roi; il falloit croire plutôt que, se souvenant des obligations anciennes qu'ils avoient à Sa Majesté, et des nouvelles qui étoient portées par les traités de La Haye et de Paris, ils reprendroient les armes et déclareroient de nouveau la guerre aux Espagnols. Quel avantage auroient-ils reçu, en ce cas, d'avoir fait une paix avec eux, qui, selon les apparences, ne pouvoit durer qu'un moment?

Donc il falloit conclure que, pour faire une paix honorable et de durée, il falloit, par nécessité, que tous les princes alliés et intéressés en la présente guerre y fussent appelés et compris; que si l'on alléguoit que les Espagnols ayant en leur disposition les intérêts de l'Empire, on pouvoit traiter avec eux de ceux que l'Empereur pouvoit avoir à démêler avec la France et lesdits sieurs les Etats, sur la procuration de l'Empereur que lesdits Espagnols promettroient de faire venir, ou sur l'assurance qu'ils donneroient d'en fournir la ratification, si l'intention desdits Espagnols étoit bonne, ils pouvoient presque aussitôt faire trouver au lieu de la conférence les commissaires de l'Empereur chargés de bons pouvoirs pour traiter, que faire venir des procurations et des ratifications dont les premières étoient sujettes à désaveu, les autres à venir tard et à recevoir la limitation qu'on y voudroit ajouter quand l'on avoit dessein de tromper, joint que, si les commissaires de l'Empereur y assistoient, étant naturellement plus francs et plus ouverts que ceux d'Espagne, on en pourroit tirer de grands avantages pour la conclusion de la paix; que si lesdits sieurs les Etats représentoient qu'ayant à satisfaire les peuples qui désiroient le repos, ils craignoient la longueur qu'il y auroit à faire venir tous les alliés au lieu de la conférence, et qu'en tout cas il faudroit que les ministres du Roi fussent chargés des intérêts desdits alliés pour en traiter en même temps que des autres points qui touchoient Sa Majesté en particulier, sans qu'on fût obligé d'y faire venir leurs députés, qui étoit le quatrième parti qu'ils pouvoient prendre, on pouvoit répondre qu'il n'étoit pas croyable que leurs peuples, qui étoient depuis tant d'années accoutumés aux périls et fatigues de la guerre, voulussent acheter la paix au prix d'une infidélité qu'il faudroit commettre en traitant sans le Roi, Sa Majesté ne le pouvant faire sans ses alliés; que d'ailleurs il falloit craindre que les Espagnols, qui étoient patiens et adroits en leurs négociations, n'en voulussent profiter excessivement s'ils reconnoissoient que l'on voulût s'accommoder avec précipitation, dont ils ne manqueroient pas d'être avertis par les partisans qu'ils avoient dans ledit pays, ce qui rendroit la conclusion du traité plus difficile au lieu de l'avancer, par les demandes injustes que cette espérance leur feroit faire; qu'après tout, le temps n'étoit pas considérable à l'égal de la réputation, ni une commodité présente comparable à une sûreté plus grande pour l'avenir, et qu'en tout cas il ne faudroit guère moins de temps pour envoyer chercher des mémoires pour s'instruire des intérêts des alliés, que pour faire venir leurs députés; que néanmoins, si lesdits sieurs ambassadeurs reconnoissoient que lesdits sieurs les Etats se portassent à ce parti de bonne foi, et qu'il n'y eût que la longueur qui les épouvantât, pourvu qu'on pût tirer assurance d'eux qu'on ne passeroit point outre à la conclusion du traité, sans y comprendre les intérêts desdits alliés, de même que ceux du Roi et desdits sieurs les Etats, il n'y auroit point de mal d'entrer en négociation pour ébaucher les principales difficultés qui concernoient les uns et les autres, en attendant que lesdits alliés envoyassent, ou leurs députés bien instruits et munis de pouvoirs pour intervenir en la négociation, ou des instructions contenant les différends qu'ils pouvoient avoir avec l'Empereur ou le roi d'Espagne, ce qu'ils seroient conviés de faire le plus promptement qu'il seroit possible; que le cinquième parti que lesdits sieurs les Etats pouvoient prendre, étoit de consentir que les princes d'Italie, alliés de Sa Majesté, fussent appelés à la négociation et compris dans le traité, pourvu que Sa Majesté ne prétendît pas d'y appeler et comprendre les Suédois et ses autres alliés d'Allemagne, dont l'intervention pourroit rendre la négociation de la paix trop longue et trop difficile; sur quoi on leur pouvoit représenter, outre ce qui étoit touché ci-dessus, que les avantages qu'on pourroit recevoir à l'avenir en faisant subsister, par un traité de paix, un parti formé dans l'Allemagne contre celui de la maison d'Autriche, seroient de grande considération, parce que ledit parti se payoit par le Roi; lesdits sieurs les Etats et les alliés d'Italie auxquels il demeureroit attaché par le traité de paix qui seroit fait conjointement, pourroient toujours balancer les forces de la maison d'Autriche, et par conséquent mieux assurer la paix, en rendant les entreprises d'une nouvelle guerre douteuses et incertaines; au lieu que si on abandonnoit toute l'Allemagne à la discrétion de l'Empereur, comme elle y demeureroit si les Suédois s'en retiroient, il ne falloit point douter que la plupart des princes et des grandes villes, ayant été ruinés ou perdu le cœur pendant la longueur de la guerre passée, cette belliqueuse nation, autrefois si jalouse de sa liberté, ne devînt aussi sujette que toutes les autres, et ne rendît la puissance de la maison d'Autriche plus absolue qu'elle n'avoit jamais été; que cela étant, il seroit bien difficile d'éviter un jour, après qu'elle auroit pris un peu de repos, que l'ambition, qui lui étoit si naturelle, ne lui fît reprendre les armes pour employer l'or des Indes que lesdits sieurs les Etats étoient sur le point de lui rendre, et les hommes d'Allemagne qu'ils lui laissoient assujettir à la conquête des Etats de ses voisins, et qu'ils ne commençassent par ceux qu'ils prétendoient leur appartenir: c'est pourquoi il seroit beaucoup plus utile et plus sûr pour lesdits sieurs les Etats en particulier, aussi bien que pour le public, de prolonger un peu la négociation pour les y comprendre, que de traiter sans eux, seulement pour avoir un peu plus tôt fait; que néanmoins, si lesdits sieurs ambassadeurs reconnoissoient que lesdits sieurs les États eussent si grande aversion de les y comprendre qu'on ne la pût surmonter par tous les efforts que Sa Majesté désiroit qu'ils fissent pour cela, Sadite Majesté, se réservant de demeurer unie avec lesdits alliés d'Allemagne et de Suède, et de faire un autre traité avec l'Empereur conjointement avec eux pour leurs intérêts communs, ne trouveroit pas mauvais que lesdits sieurs ambassadeurs entrassent en négociation, encore qu'on n'y parlât point d'eux, à la charge qu'ils ne témoigneroient point avoir eu cette permission, et qu'ils feroient semblant de s'en être relâchés d'eux-mêmes, sur la croyance qu'ils avoient eue que Sa Majesté ne leur refuseroit pas ce moyen de faciliter l'avancement de la paix, que lesdits sieurs les États désiroient si ardemment; que ce n'étoit pas en effet que Sa Majesté voulût que les choses demeurassent en cette sorte, et son désavantage seroit trop évident; mais elle vouloit laisser ce moyen auxdits sieurs ambassadeurs d'arrêter, par ce tempérament, l'impétuosité avec laquelle lesdits sieurs les États pourroient se porter à la trêve, pour empêcher que la crainte de ne la pouvoir faire, y comprenant le Roi et ses alliés, ne les fît résoudre à la conclure sans les uns ni les autres; que pour cet effet Sa Majesté désiroit que, s'ils étoient forcés de proposer ledit tempérament, ils évitassent de s'y engager de telle sorte qu'ils ne pussent, sur nouvel ordre, prendre d'autres expédiens et donner vie et temps aux affaires par leur bonne conduite; que Sa Majesté ne croyoit pas au moins que lesdits sieurs les États pussent refuser d'y comprendre l'électeur de Trèves, puisqu'il étoit encore prisonnier dans les Pays-Bas, que sa personne et sa ville avoient été prises par les armes d'Espagne, et que, dans la déclaration qui fut publiée lorsque la rupture fut faite entre les deux couronnes, sa détention et l'hostilité qui lui avoit été faite un peu auparavant, fut alléguée comme un des principaux sujets de l'ouverture de la guerre, qui faisoit que maintenant on ne pourroit, sans honte, ne le comprendre pas dans le traité de paix qui seroit conclu dans le pays même où il étoit détenu, joint que ses intérêts n'apporteroient ni longueur ni difficulté à l'accommodement, puisqu'il n'étoit question que de lui donner liberté, et de laisser librement posséder ses États; qu'il y avoit une sixième difficulté que lesdits sieurs les États pourroient faire, disant que, s'il falloit comprendre dans leur négociation de la paix quelques intérêts par-dessus ceux qui touchoient la France en son particulier, on ne devoit parler que de ceux qui étoient spécifiés dans l'écrit qui en fut donné lors du traité de La Haye, lesquels on ne devoit point étendre à tous les princes d'Italie, aux intérêts desquels lesdits sieurs les États n'étoient point obligés; mais outre que, comme il avoit été dit ci-dessus, il seroit injuste d'abandonner les intérêts de ceux que l'on avoit fait entrer en guerre pour favoriser celle de Flandre, et dont on ne pouvoit nier que la jonction aux armes de Sa Majesté n'eût été très-utile, comme elle pourroit être encore dans un traité de paix, lesdits sieurs les États n'en sauroient faire instance avec raison, puisqu'eux-mêmes avoient désiré que Sa Majesté les sollicitât et engageât à prendre les armes pour faire une diversion en Italie; d'ailleurs, leurs intérêts ne consistant qu'à établir une assurée liberté dans l'Italie, laquelle n'y pouvoit être qu'autant que Pignerol demeureroit entre les mains du Roi, et que la Valteline demeureroit au pouvoir des Grisons, on pouvoit conclure que lesdits sieurs les États étant expressément obligés pour ce qui touchoit Pignerol et la Valteline, étoient tacitement obligés aussi aux intérêts des princes qui avoient pris les armes pour ce sujet; qu'en un mot Sa Majesté ne voudroit pour rien du monde abandonner messieurs les ducs de Savoie, de Mantoue et de Parme, non plus que les Grisons; et si au préjudice des raisons qu'elle avoit de ne le faire pas, lesdits sieurs les États persistoient à l'en presser, ils donneroient sujet de croire qu'ils cherchoient un prétexte pour se séparer d'elle, puisqu'elle offroit de faire trouver leurs députés au lieu qui seroit choisi dans le temps que l'on conviendroit, et qu'elle assuroit que leurs intérêts ne rendroient point la négociation plus longue, ni la conclusion plus difficile, mais plutôt serviroient à la rendre plus sûre et plus honorable.

Que Sa Majesté croyoit avoir suffisamment expliqué ses intentions auxdits sieurs ambassadeurs sur toutes les difficultés qu'ils pourroient rencontrer en leur négociation avec lesdits sieurs les États, avant qu'entrer en celle qui devoit être introduite avec les Espagnols : ils savoient ce qu'ils devoient faire si lesdits sieurs les États refusoient absolument les choses raisonnables, soit en voulant exclure tous les alliés de la négociation, à quoi Sa Majesté ne pouvoit consentir, soit en faisant connoître qu'ils avoient dessein de traiter sans Sa Majesté, ce qu'il valoit mieux prévenir en n'y assistant pas du commencement que d'attendre plus avant; il falloit seulement ajouter qu'en ce cas d'extrémité, et non autrement, lesdits sieurs ambassadeurs devoient penser aux moyens de retirer sûrement l'armée de Sa Majesté, et demander des vaisseaux et du temps pour la faire revenir, cependant qu'ils donneroient avis à Sa Majesté de ce qui se seroit passé; que ce n'étoit pas que le Roi entendît qu'aussitôt que lesdits sieurs ambassadeurs reconnoîtroient que lesdits sieurs les États voulussent traiter sans Sa Majesté, ils devoient ramener son armée en France; au contraire elle désiroit seulement en ce cas qu'ils ménageassent que lesdits sieurs les États, venant à s'accommoder avec les Espagnols, demeurassent obligés, quoi qu'il arrivât, de faire reconduire en France l'armée de Sa Majesté sûrement et sans aucun péril, soit du consentement des Espagnols ou autrement, ce qui n'étoit pas croyable que lesdits sieurs les États pussent refuser, ni que pour obliger leurs nouveaux amis ils voulussent contribuer, quelqu'autre manquement qu'ils pussent commettre envers leurs anciens amis, à la perte d'une armée qui avoit été envoyée dans leur pays pour leur conservation; que de cette sorte Sa Majesté, ayant eu la patience d'y laisser son armée pendant le cours de toute une négociation à laquelle elle n'auroit point eu de part, auroit plus de moyen, lorsque tout seroit conclu sans elle, d'accuser leur infidélité et de les en convaincre en tous lieux, que si, en retirant d'abord son armée, elle leur avoit laissé le prétexte de pouvoir dire qu'ils avoient passé outre à un accommodement particulier parce que la France les avoit abandonnés, joint que ce procédé pourroit peut-être servir par le moyen des gens de bien du pays à ramener tous les autres à la connoissance de leur devoir; que lesdits sieurs ambassadeurs savoient encore que Sa Majesté désiroit la paix, et qu'elle fût conclue en peu de temps, pourvu que l'impatience de l'obtenir ne donnât point d'avantage aux ennemis; qu'elle consentoit qu'on la traitât dans le pays desdits sieurs les États; que par ce moyen l'entremise du Pape n'y pouvoit être employée au grand regret de Sa Majesté, qui voyoit que les Espagnols l'avoient voulu exclure par cet artifice, parce qu'elle eût pu être avantageuse à la France et au public; que Sa Majesté ne faisoit traiter en aucun autre lieu, et n'avoit encore donné pouvoir à personne qu'à eux; qu'elle ne traiteroit jamais, quoi qu'il en arrivât, que conjointement avec lesdits sieurs les États et ses autres alliés, particulièrement ceux d'Italie, et qu'elle désiroit avoir assurance certaine que lesdits sieurs les Etats en feroient de même avant que d'entrer en négociation avec eux; qu'après cela il restoit encore à prescrire auxdits sieurs les ambassadeurs ce qu'ils auroient à faire pendant l'incertitude de la guerre ou de la paix, et comme ils se devroient conduire au cas que, lesdits sieurs les États se portant à la raison, il fallût se préparer conjointement à une conférence avec les députés d'Espagne; qu'au premier cas, le meilleur conseil qu'on pût prendre étoit de se préparer à la guerre tout de même, voire avec plus de vigueur que s'il n'y avoit eu aucune proposition, tant parce que la prudence le requéroit ainsi, que parce que c'étoit le meilleur moyen de ranger les Espagnols à la raison, soit que la négociation succédât, soit qu'il fallût rompre et rentrer en guerre; que pour cet effet lesdits sieurs ambassadeurs presseroient M. le prince d'Orange de projeter les desseins qui pourroient être faits l'année prochaine, tant de son côté que de celui de Sa Majesté, de faire les préparatifs nécessaires de son côté comme le Roi feroit du sien sans intermission; qu'on pourroit faire valoir sur ce sujet les grandes levées que Sa Majesté avoit fait faire de nouveau en divers lieux, et le nouveau traité qu'elle avoit fait avec le duc de Weimar, pour entretenir à son service six mille chevaux et douze mille hommes de pied, sans diminuer ses autres armées; et au cas qu'ils jugeassent que, pour bien faire la guerre l'année prochaine, lesdits sieurs les Etats aimassent mieux être secourus d'argent que des troupes de Sa Majesté, pourvu que lesdits sieurs les Etats proposassent eux-mêmes qu'on les retirât, et qu'on fût assuré de faire quelque entreprise considérable au printemps, Sa Majesté s'engageroit de bon cœur à faire quelque attaque signalée de son côté, après avoir retiré ses troupes de Flandre, et ne trouveroit pas mauvais que lesdits ambassadeurs promissent jusqu'à 2,000,000 de livres, lesquels Sa Majesté tiendroit très-bien employés, si, étant accordés à propos, ils empêchoient qu'on ne fît à présent ni à l'avenir aucun traité sans son gré, ou qu'ils donnassent moyen de faire quelque dessein notable, n'étant pas juste qu'on se reposât si fort sur les discours de trêve, que les Espagnols faisoient souvent avec artifices et mauvais desseins, que l'on ne fût prêt d'agir avec les armes si le traité venoit à se rompre; que lesdits sieurs ambassadeurs ne devoient pas oublier de considérer M. le prince d'Orange comme le plus puissant mobile de toutes les résolutions dudit pays, soit pour la guerre, soit pour la paix : s'ils reconnoissoient qu'il eût quelque mécontentement, ou de la France en général, ou de la mauvaise conduite des gens de guerre de Sa Majesté qui avoient été dedans ledit pays, qui se pouvoient être laissés emporter à quelques discours licencieux, ils tâcheroient d'en découvrir la cause pour lui donner toute la satisfaction qui seroit en leur pouvoir, sans épargner ni les promesses qu'ils jugeroient à propos, ni le châtiment de ceux de l'armée qui pourroient l'avoir offensé, essayant par tous les moyens possibles de redonner à lui et à sa femme (1) l'affection de la France, et les divertir de celle d'Espagne; que surtout ils ne manqueroient de donner assurance que les troupes de Sa Majesté seroient mieux payées, et plus réglément l'année prochaine qu'elles n'avoient été celle-ci, où l'arrivée de toutes les forces d'Allemagne sur les frontières du royaume, et le commencement de la guerre en tant de divers endroits, où, grâces à Dieu, elle avoit prospéré, avoient retardé parfois l'effet des bonnes résolutions qui avoient été prises, à quoi l'expérience du passé obligeroit de remédier plus soigneusement à l'avenir, s'il falloit continuer la guerre : que, si lesdits sieurs ambassadeurs voyoient que tous les soins et les complaisances qu'ils pourroient apporter fussent inutiles, et que ledit prince fût résolu de favoriser les Espagnols, ou en quelque autre façon d'agir contre les intérêts de la France, le Roi laissoit à leur prudence d'employer tous les moyens possibles pour lui diminuer le pouvoir de nuire à Sa Majesté, agissant en sorte parmi les gens de bien de messieurs les Etats, qu'ils ne servissent pas les passions qu'il pourroit avoir pour favoriser l'Espagne : que, quant à la conduite que lesdits sieurs ambassadeurs auroient à tenir après qu'ils auroient reconnu certainement que lesdits sieurs les États ne voudroient point conclure de trêve sans que Sa Majesté fît la paix par le même traité, et que tous ses intérêts y fussent compris et décidés raisonnablement, il seroit nécessaire premièrement de convenir ensemble quels étoient les intérêts des uns des autres, et jusqu'à quel point on les vouloit porter, être assurés réciproquement que, comme Sa Majesté appuieroit de tout son pouvoir ceux desdits sieurs les États, ils feroient le même pour les siens, qui n'étoient autres que ceux qui avoient été spécifiés par le traité de La Haye, en y comprenant les princes d'Italie, la plupart desquels étoient relatifs au bien et à l'utilité particulière desdits sieurs les États, comme la possession des principales places de la Lorraine, et le rétablissement de la Valteline entre les mains des Grisons; qu'après cela ils devoient savoir si les députés d'Espagne avoient pouvoir suffisant et en bonne forme pour traiter, si dans ledit pouvoir il étoit expressément porté de traiter la trêve avec lesdits sieurs les États et la paix avec la France, ce qui étoit absolument nécessaire, et sans quoi lesdits sieurs ambassadeurs ne

(1) Amélie, fille de Jean Albert, comte de Solens.

pouvoient entrer en négociation, ni consentir que lesdits sieurs les États y entrassent; que, pour cet effet, ils devoient tâcher d'avoir copie dudit pouvoir, afin de l'examiner et considérer, et, au cas qu'ils y trouvassent quelques défauts considérables, ou en la forme ou en la substance, se servir de cette occasion pour faire remarquer le mauvais dessein des Espagnols, et pendant qu'ils renverroient en Espagne pour y remédier, gagner un peu de temps pour empêcher que rien ne se fît avec précipitation, empêchant surtout que l'on ne traitât point jusqu'à ce que ledit pouvoir fût arrivé en bonne forme; qu'ils devoient encore savoir, au cas qu'on fût obligé d'entrer en traité sans que les commissaires de l'Empereur y intervinssent, à quoi néanmoins il ne se falloit relâcher qu'à l'extrémité, comme il avoit été dit ci-dessus, quelle sûreté donneroient les Espagnols, pour faire voir que ce qui seroit fait avec eux pour les intérêts dépendans de l'Empire seroit valable, et quel pouvoir ils auroient de l'Empereur pour cela, sans quoi la conférence ne serviroit qu'à leur faire découvrir et pénétrer les sentiments de Sa Majesté et des sieurs les États, dont ils pourroient tirer avantage pour l'avenir; qu'il falloit encore bien prendre garde si les députés d'Espagne avec lesquels on devroit entrer en conférence auroient la qualité d'ambassadeurs, et s'ils le seroient du roi d'Espagne ou seulement du cardinal Infant, parce qu'il y avoit diverses façons de traiter avec eux, selon les qualités différentes qu'ils pourroient avoir; qu'il ne falloit pas oublier aussi d'obliger lesdits sieurs les États à ne faire plus aucune conférence avec les députés d'Espagne, que les ministres de Sa Majesté n'y assistassent, suivant ce qui étoit porté par l'article secret du traité de La Haye; que d'ailleurs il falloit être assuré que les ministres de Sa Majesté auroient partout la préséance qui leur appartenoit sur ceux d'Espagne, et que les expédiens qui seroient pris pour les conférences seroient tous à l'avantage et contentement de Sa Majesté, et que lesdits sieurs les États demeureroient toujours joints aux intérêts de Sa Majesté sur ce sujet, sans quoi Sa Majesté auroit grand sujet d'être offensée contre eux, s'ils vouloient être plus retenus dans leur pays que le Pape, les Vénitiens et tous les princes d'Italie, qui donnoient sans difficulté dans leurs États la préséance aux ambassadeurs de France; que Sa Majesté, reconnoissant combien apporteroit de préjudice à la négociation l'exclusion de l'entremise du Pape, d'autant que sur les moindres difficultés ou contestations qui se présenteroient il n'y auroit point d'entremetteur pour réunir les esprits et proposer de nouveaux expédiens, avoit remarqué qu'il seroit extrêmement périlleux de souffrir que les députés desdits sieurs les États fissent en cette rencontre la fonction d'entremetteurs, non-seulement parce que prenant la qualité de juges, qui en quelque façon accompagne celle de médiateur, ils se refroidiroient en celle de parties qu'ils devoient toujours avoir dans les intérêts de la France, mais parce que, sous prétexte d'entremise, ils pourroient prendre des liaisons avec l'Espagne, qui seroient préjudiciables à la France. Toutes choses étant concertées comme il étoit dit ci-dessus, lesdits sieurs ambassadeurs pourroient convenir d'un lieu dans le pays desdits sieurs les États pour y établir la conférence, et tâcheroient de prendre le temps de s'y rendre un peu long, afin que l'on pût avertir les intéressés et y appeler ceux que l'on auroit arrêté d'y faire venir; que Sa Majesté avoit cru de prescrire auxdits sieurs ambassadeurs la conduite qu'ils auroient à tenir lorsqu'ils entreroient en conférence avec les ministres d'Espagne, et ce qu'ils auroient à faire particulièrement sur tous les points de la négociation; mais, outre qu'elle n'avoit pas voulu retarder davantage cette dépêche, elle avoit estimé bien à propos d'apprendre auparavant les propositions et les demandes que feroient les Espagnols, sur lesquelles elle enverroit ses ordres en toute diligence, lorsqu'on lui en donneroit avis, et cela pourroit être fait à l'avenir sans beaucoup de longueur, puisque, dès l'ouverture de la conférence, on présupposoit qu'il y auroit liberté pour le passage des courriers de Sa Majesté par la Flandre, pareille à celle que Sa Majesté offroit de donner par ses Etats pour les courriers d'Espagne.

Le cardinal, par commandement du Roi, écrivit aussi au prince d'Orange que les divers jugemens qui se faisoient des intentions de Sa Majesté, de messieurs les États et des siennes, sur le sujet de la trève et de la paix, l'obligeoient à l'éclaircir de celles de Sa Majesté, et le supplier de faire le même de celles de messieurs les Etats et des siennes; qu'il le pouvoit assurer que le Roi n'avoit entendu parler d'autre proposition de paix que de la générale, qui lui fut faite il y avoit quelque temps par Mazarin, lorsque Sa Majesté l'en fit avertir; qu'il ajoutoit ensuite que, pour rien du monde, elle ne voudroit entrer en aucun traité sans le su et le consentement de messieurs les Etats et le sien, et sans que leurs intérêts y fussent décidés à leur contentement, et qu'elle agiroit en tout traité qui se pût proposer, avec si entière sincérité qu'il ne la pourroit désirer plus grande; qu'il se promettoit que cette assurance, qu'il lui donnoit en termes si précis qu'ils ne pouvoient l'être davantage, feroit qu'à l'avenir il rejetteroit tout ce qui se pourroit dire au contraire, comme faussetés et artifices tendant à rompre la bonne intelligence et union qui étoit entre la France et messieurs les États, pour, par leur division, affoiblir les uns et les autres; qu'ensuite il ne lui pouvoit céler que, comme on avoit tâché de lui donner des ombrages, on n'oublioit rien de ce qui se pouvoit pour nous faire croire qu'il se faisoit de sa part beaucoup de négociations secrètes avec les Espagnols, et qu'on ne vouloit faire intervenir la France au traité qu'il projetoit que pour l'apparence; que nos ennemis communs témoignoient assez ouvertement avoir commencé quelque traité de cette nature, qu'il croyoit certainement que c'étoit un pur artifice, mais qu'il le tiendroit pour chose infaillible, quand il lui auroit plu l'en assurer en termes aussi clairs comme il lui faisoit connoître les intentions du Roi; qu'il savoit que, quand les intérêts de messieurs les Etats et les siens ne se trouveroient point à garder inviolablement les conditions de nos traités, la seule réputation l'y porteroit assurément; et partant, étant chose claire que, quelque avantage qu'il pût obtenir des ennemis par une infraction des traités qu'il avoit faits avec la France, la suite ne pouvoit qu'être très-mauvaise pour beaucoup de raisons qu'il jugeoit aussi bien que lui, il ne doutoit point que le Roi ne reçût de lui et de messieurs les États tout le contentement qu'il devoit attendre en une occasion où il leur étoit avantageux de faire ce qu'il désiroit. Le prince d'Orange fit une réponse au cardinal, mais non si précise qu'il désiroit, se contentant de l'assurer que les États avoient intention de traiter conjointement avec Sa Majesté, et que ce qu'ils avoient traité jusqu'alors avec les Espagnols n'avoit été que pour savoir s'ils avoient un pouvoir d'Espagne suffisant pour cela. Mais il ne promettoit pas nommément que les Etats ne concluroient jamais aucune paix que le Roi ne fût content sur les choses qui le concernoient.

Ensuite de ces ordres les ambassadeurs agirent, et représentant aux Etats leur propre bien, et l'intérêt qu'ils avoient, et pour leur réputation et pour leur conservation, de ne pas se départir de ce qu'ils avoient si solennellement promis en leurs traités, de l'infraction desquels Sa Majesté auroit beaucoup de sujet de ressentiment, ils leur répondirent enfin qu'ils ne désiroient autre paix que conforme aux traités qu'ils avoient avec le Roi, hors lesquels ils reconnoissoient qu'elle ne pouvoit être ni sûre ni honorable pour eux. Sa Majesté manda lors à ses ambassadeurs qu'elle trouvoit bon qu'ils eussent parlé fermement comme ils avoient fait; qu'ils pourroient continuer si l'on ne changeoit de conduite, et qu'ils l'estimassent à propos, mais avec tel jugement, comme ils sauroient bien faire, que cela ne produisît pas en certains esprits un autre effet que celui que l'on désiroit; en sorte que, par l'opinion d'une trop grande contrainte qu'on leur voudroit faire, ils ne se résolussent à montrer par effet que leur traité ne dépendoit point de la France; que le principal soin que lesdits sieurs ambassadeurs devoient avoir, étoit de faire connoître au général des Etats et à toutes les provinces particulières les bonnes intentions du Roi, qui n'étoient point éloignées du repos qu'elles souhaitoient, pourvu que l'on y parvînt selon ce qui étoit porté si expressément par les derniers traités; qu'ils avoient bien fait de publier leurs écrits pour cet effet, ce qu'ils feroient encore dorénavant, lorsqu'ils le jugeroient à propos, avec prudence et adresse, et si les affaires alloient à l'extrémité, ils pourroient même demander à parler en l'assemblée de la province de Hollande, qui étoit puissante et qui donnoit grand branle aux autres; qu'en ce cas ils sauroient bien faire entendre de vive voix à ladite province les bonnes intentions de Sa Majesté, et l'exhorter à y correspondre, lui faisant vivement connoître, outre le blâme qui seroit donné auxdits sieurs Etats de contrevenir à leur foi si solennellement engagée par deux traités, le préjudice qu'ils se feroient de donner à Sa Majesté un si grand et si juste sujet de mécontentement, après en avoir reçu si notables bienfaits et assistances, jusqu'à être venue à la rupture et guerre ouverte avec leurs ennemis; que ce n'étoit point chose nouvelle de s'adresser à ladite province de Hollande en telle occasion, le même s'étant pratiqué en d'autres qui ne pouvoient être plus importantes; qu'ils ne devoient intervenir en aucune assemblée qu'ils ne fussent assurés de deux choses: la première, que les Etats vinssent de bonne foi à traiter conjointement avec le Roi, faisant décider avec autant de justice les intérêts de Sa Majesté comme les leurs; la seconde, sans savoir et avoir vu le pouvoir d'Espagne en bonne forme, pour traiter conjointement avec la France et lesdits sieurs les Etats: ces deux choses présupposées, ils se pouvoient trouver en l'assemblée qui seroit tenue à Ostro ou autre lieu, et sans cela Sa Majesté jugeoit qu'ils ne le devoient faire, pour les raisons portées par leurs dépêches; que, s'il arrivoit que lesdits sieurs ambassadeurs jugeassent nécessaire, selon qu'il est dit ci-dessus, de se trouver en l'assemblée d'Ostro, Sa Majesté jugeoit à propos qu'auparavant que de passer plus outre, et devant toutes choses, ils fissent entendre au prince d'Orange et aux sieurs les Etats qu'ils désiroient avoir une ample communication du plein pouvoir de ceux qui seroient députés de la part d'Espagne, et d'en voir l'original, dans lequel ils remarqueroient si le roi Catholique donnoit une suffisante autorité et un ordre à ses députés de traiter et conclure avec ceux de Sa Majesté en termes aussi clairs et formels qu'il convenoit en une matière de telle conséquence, ce qui étoit d'autant plus à considérer que les Espagnols avoient coutume de dresser des piéges, et se réserver des prétextes de rompre leur foi, se fondant sur des paroles ambiguës et des pouvoirs sujets à des explications à leur mode; que sur ce sujet il y avoit lieu de croire que l'on n'auroit pas envoyé d'Espagne un pouvoir exprès pour comprendre la France en ce traité, duquel ils la vouloient exclure; qu'il pourroit être que pour cela ils feroient voir quelque ordre du cardinal Infant, avec promesse de faire ratifier en Espagne ce qu'on auroit montré; sur quoi il n'y avoit nulle apparence de prendre fondement, d'autant plus que, s'il y avoit un pouvoir du roi Catholique pour traiter avec les sieurs les Etats, et que celui d'y comprendre la France ne fût que du cardinal Infant, le désavantage pour Sa Majesté y seroit manifeste, et tel que ce seroit exposer les ambassadeurs du Roi à voir conclure en leur présence une paix certaine entre les Espagnols et les Hollandais, sans aucune assurance de Sa Majesté, ce qui ne seroit pas traiter conjointement et d'un commun consentement, ainsi qu'il étoit porté par l'alliance; qu'il pourroit être que, dans le pouvoir d'Espagne, il seroit permis à ses députés de traiter avec les Etats et leurs alliés, ce qui pourroit suffire entre des gens de bonne foi, laquelle on ne devoit attendre des Espagnols après tant d'expériences contraires; qu'à cela on devoit ajouter que la dignité de la France requéroit que le pouvoir d'Espagne donnât expresse autorité de traiter avec elle; lesdits sieurs les États ne devoient trouver mauvais si le Roi cherchoit ses sûretés, ce qui même leur importoit que pour ne les engager avec Sa Majesté en de nouvelles guerres; que les Hollandais avoient d'autres confédérations qu'avec la France; qu'ils en avoient eu avec les Vénitiens qui pouvoient continuer; qu'ils étoient alliés d'Angleterre et autres princes, que lesdits sieurs ambassadeurs sauroient mieux étant sur les lieux; de plus, quand bien le pouvoir desdits députés d'Espagne comprendroit la France, ils pourroient dire quand il leur plairoit que cela s'entendoit des intérêts des deux couronnes; Sa Majesté n'en avoit point directement avec l'Espagne pour son chef, et ceux qu'il falloit terminer regardoient principalement ses alliés, ce qui méritoit une spéciale et expresse déclaration que le roi Catholique donnoit pouvoir de traiter et décider avec la France, pour tous les différends qu'il pouvoit avoir avec cette couronne, tant pour son regard que pour ses alliés; que, si les Espagnols mettent en avant qu'en ce traité ils vouloient comprendre l'Empereur et ses alliés, comme étoient maintenant plusieurs princes de l'Empire, cette proposition donnoit d'autant plus de lieu d'insister à faire le même pour Sa Majesté et ses confédérés; en laquelle proposition il ne suffit pas que le roi d'Espagne se fît fort pour l'Empereur et ses alliés, mais il falloit aussi que chacun d'eux envoyât nommément son pouvoir à ses ambassadeurs, en forme authentique, ainsi que Sa Majesté prétendoit que feroient les princes qui seroient unis avec elle, ce qui étoit très-juste et nécessaire pour ôter toutes les menées de divisions et de troubles, n'étant pas une chose si difficile ni où il fût requis tant de longueur que l'affaire dont il s'agissoit ne valût bien la peine d'y apporter toutes ces précautions; que les pouvoirs de la part d'Espagne, en la forme qu'il falloit, comme il a été dit ci-devant, ne seroient pas plus tôt venus que ceux des confédérés; que les sieurs les Etats ne se pouvoient plaindre qu'on voulût retarder ou rompre le traité par ces formalités qui étoient essentielles, et qu'on ne pouvoit omettre sans témoigner que l'on mendiât la paix avec telle foiblesse et nécessité que c'étoit convier les ennemis à ne la faire pas, ou ne la pas garder quand elle seroit faite, avec des gens préparés à souffrir toutes sortes d'affronts et de violences; à quoi Sa Majesté ne croyoit pas que lesdits sieurs les Etats se voulussent exposer, étant bien résolue de ne le pas faire de sa part; que si lesdits sieurs les Etats pressoient qu'en attendant la venue des pouvoirs on commençât à traiter, il est à craindre qu'étant convenus à peu près de leurs intérêts, ils ne vinssent à conclure auparavant que l'on pût avoir la réponse et les pouvoirs des alliés, et qu'étant demeurés d'accord avec les Espagnols de se contenter de leur déclaration de se rendre garans pour leurs confédérés, ils ne pressassent les ambassadeurs de faire le semblable de ceux de la France pour éviter les longueurs dont ils ne manqueroient pas de représenter le préjudice; que sur cela on pouvoit remontrer que les Espagnols tenant en leurs mains, comme ils faisoient, tous les princes de la maison d'Autriche et ceux qui en dépendoient, ils ne feroient point de difficulté de répondre pour eux, joint que si lesdits princes n'étoient pas obligés en leurs personnes et de leur chef, les Espagnols se serviroient volontiers de ce moyen pour leur ouvrir le chemin à recommencer la guerre, ce qui donneroit lieu auxdits Espagnols de porter leurs armes où il leur plaira, et de molester leurs voisins sous le nom desdits princes, lesquelles considérations cessoient en ce qui regardoit Sa Majesté, qui ne vouloit agir avec les alliés d'une autorité absolue et sans leur plein consentement, et laquelle n'avoit autre dessein que d'établir une sûre et durable paix; que, si toutefois lesdits sieurs ambassadeurs reconnoissoient au vrai que les sieurs les Etats n'étoient proche de conclure pour les choses qui les concernoient et qu'ils ne voulussent point se séparer de Sa Majesté, elle remettoit à la prudence desdits sieurs ses ambassadeurs, après avoir vu les pouvoirs d'Espagne en la forme qu'il convenoit, selon qu'il a été dit ci-dessus, de commencer à entendre les propositions des Espagnols, tant à l'égard de Sa Majesté que desdits sieurs Etats, protestant toujours de ne point conclure sans l'intervention des alliés de la France, et que l'on n'entendoit lesdites propositions que pour leur en donner part, et savoir sur cela leurs volontés; que l'on pourroit penser que les Espagnols ne voudroient pas proposer les premiers, disant qu'ils n'étoient préparés que sur les articles qui regardoient les sieurs les Etats; cela étant, ce seroit perdre le temps que d'entrer avec eux en matière jusques à ce qu'ils fussent plus amplement instruits et autorisés; et d'autant qu'il étoit impossible de prévoir toutes les difficultés qui se rencontreroient dans la suite de ce traité, et qu'il étoit nécessaire que Sa Majesté en fût informée selon les occurrences, ce qui pouvoit être aussi à l'égard du roi Catholique, il seroit à propos que les sieurs les Etats proposassent aux Espagnols, si l'on ne pouvoit faire avec adresse que cela vînt d'eux-mêmes, de donner de part et d'autre sûretés aux courriers en France et en Espagne; que lesdits sieurs ambassadeurs feroient entendre aux sieurs les Etats qu'il étoit bien plus à propos de tenir l'assemblée à Liége, comme un lieu neutre, qu'en un autre qui dépendît d'Espagne, où la sûreté ne pouvoit être si grande, ni même la bienséance et la réputation, tant de la part de Sa Majesté que de ses alliés, et même desdits sieurs les Etats, la ville de Liége étant si proche d'eux qu'ils n'avoient sujet d'alléguer aucune raison de ne la pas accepter, Sa Majesté se remettant toutefois à la prudence desdits sieurs ambassadeurs de commencer le traité à Ostro, s'ils le jugeoient nécessaire pour le bien des affaires.

Et, pour plus grand éclaircissement de tous ces ordres que Sa Majesté leur donnoit, elle leur envoya encore, le 30 janvier, quelques observations particulières sur ce sujet; que, touchant le lieu qu'ils désignoient pour la conférence, lequel, n'étant qu'un simple bourg situé dans un pays neutre, n'étoit pas propre pour y faire trouver tous les députés des princes intéressés, ni pour la tenue d'une assemblée telle que devoit être celle qu'il falloit convoquer pour conclure une paix si importante à toute la chrétienté, et que partant lesdits sieurs ambassadeurs devoient faire toutes sortes d'instances pour en faire nommer un autre. La ville de Liége sembloit être le plus commode; mais, si l'on n'y pouvoit disposer messieurs les États, il faudroit pour le moins obtenir, s'il étoit possible, que ce fût plutôt dans une ville qui leur appartînt que dans un lieu neutre comme le bourg d'Ostro, dans lequel, outre que la sûreté n'y seroit pas pour tous les députés, il ne sera pas si honorable aux ambassadeurs du Roi de s'y trouver que si c'étoit dans le propre pays de ses amis et de ses confédérés; que lesdits ambassadeurs prendroient soin de procurer ce changement à condition que, s'ils n'en pouvoient venir à bout, ils ne laisseroient pas de passer outre, pourvu qu'ils fussent bien assurés des précautions qu'on leur avoit prescrites, la principale desquelles étoit celle du pouvoir qui devoit être donné en bonne forme aux députés d'Espagne; que ledit pouvoir pouvoit être donné en trois façons, ou par le roi d'Espagne pour traiter avec la France et lesdits sieurs les États, auquel cas, la chose étant bien claire et sans équivoque, il n'y auroit rien à dire; ou par le cardinal Infant, simplement en vertu du pouvoir général qu'il avoit apporté de faire la paix ou la guerre; que lesdits sieurs les ambassadeurs ne devoient onques entrer en aucune conférence pour la paix, ni consentir que lesdits sieurs les États y entrassent sur un semblable pouvoir, mais devoient attendre que le cardinal Infant eût fait venir d'Espagne celui qui avoit été promis aux conférences qui avoient été faites avec le greffier Musch; que, si l'on faisoit voir un pouvoir du roi d'Espagne pour traiter avec les Hollandais, et que celui de traiter avec la France ne fût que du cardinal Infant, il seroit encore plus désavantageux pour Sa Majesté de souffrir cette inégalité, tant pour l'intérêt de la réputation que parce qu'il n'y auroit pas une égale sûreté, et que ce qui seroit conclu avec les Hollandais pourroit être valable, comme fait en vertu d'un pouvoir authentique, au lieu que ce qui seroit terminé avec la France en vertu d'un pouvoir subalterne, seroit sujet à désaveu et à révocation; qu'il falloit donc encore, en ce cas, que lesdits sieurs ambassadeurs se gardassent bien d'entrer en aucune conférence, ni souffrir que lesdits sieurs les États y entrassent sur un semblable pouvoir; qu'on n'estimoit pas pourtant que lesdits sieurs ambassadeurs dussent s'abstenir d'entrer en négociation si le pouvoir qui seroit envoyé d'Espagne ne donnoit, en termes spécifiques, autorité de traiter avec la France conjointement avec ses alliés; car, outre que cette déclaration si expresse des alliés n'avoit pas accoutumé d'être mise dans les pouvoirs que l'on donne aux ambassadeurs, mais est plutôt une condition de la négociation qu'une clause d'un pouvoir, messieurs les États pourroient croire qu'on cherchoit des subtilités pour rompre la négociation de la paix, laquelle désirant ardemment comme ils faisoient, ils pourroient être conviés, par ces difficultés, à passer outre sans l'intervention du Roi : ce seroit bien assez si l'on pouvoit obtenir d'eux que la paix ne seroit point conclue sans y comprendre les alliés de Sa Majesté, principalement ceux d'Italie, qui avoient été engagés à la guerre par Sa Majesté sur l'instance que messieurs les États lui en avoient faite; si l'on vouloit s'opiniâtrer à faire insérer cette clause dans le pouvoir des députés, on tomberoit apparemment en deux inconvéniens : l'un, que le roi d'Espagne voudroit savoir auparavant quels alliés la France prétendroit comprendre, ce qu'il semble qu'on ne lui pourroit refuser, et en ce cas il faudroit passer beaucoup de temps pour faire admettre les uns, et pour se disposer à exclure les autres au cas qu'on y fût contraint; l'autre, que si le Roi prétendoit d'y comprendre ses alliés, tant d'Allemagne que d'Italie, le roi d'Espagne demanderoit la même déclaration de Sa Majesté, et prétendroit peut-être, en conséquence, de comprendre dans le traité non-seulement le duc de Lorraine, comme son allié, mais encore la Reine-mère, M. d'Elbeuf et autres semblables, qui, par raison, ne peuvent être compris dans le traité d'une paix générale, pour beaucoup de considérations très-justes qu'on expliquera en temps et lieu.

Nos ambassadeurs étant si particulièrement éclaircis de la volonté du Roi en cette affaire importante, et de tout ce qu'ils avoient à faire en ce qui y pourroit survenir, les choses prirent un autre train; car, comme ceux qui étoient les plus portés à la trève, et s'étoient engagés aux Espagnols d'y faire consentir les États-Généraux, avoient été premièrement déçus en la créance qu'ils avoient de faire facilement résoudre lesdits États à traiter sans le Roi, ils le furent encore davantage en ce que les Espagnols ne voulurent jamais consentir à traiter conjointement avec eux et Sa Majesté, et, quoiqu'ils ne le refusassent pas de parole, ils le refusoient par effet; car, les remettant de jour à autre et tirant l'affaire en longueur, ils ne comparoissoient point au lieu et au jour assignés. Le sieur Musch retourna à Bois-le-Duc au commencement de février pour se trouver à Turnhout avec don Martin d'Aspe, et recevoir de lui la réponse sur la déclaration qu'il lui avoit faite à sa dernière conférence, que les États ne pouvoient entrer en traité que le cardinal Infant ne consentît qu'il se fît conjointement avec la France et eux, et qu'il ne lui eût fait voir un plein pouvoir d'Espagne valable pour cela. Depuis, Musch étant arrivé à Bois-le-Duc, Martin d'Aspe, ayant pris deux délais de se trouver à l'assignation, lui envoya enfin un billet non signé, par lequel il assuroit de lui apporter dans peu de jours le plein pouvoir qu'il avoit désiré, sans faire aucune mention ni de la France ni du traité conjoint : ce que Musch ayant mandé aux États, ils lui envoyèrent ordre de faire savoir audit Martin d'Aspe par billet, aussi non signé, qu'il n'étoit point besoin de venir s'il ne l'assuroit de lui apporter contentement sur sa déclaration ; ensuite de quoi Martin d'Aspe se rendit à Turnhout le 6, d'où il envoya encore à Musch un autre billet non signé, par lequel il le convioit de venir, et l'assuroit qu'en ce cas ils s'ajusteroient bien ensemble sans en rien s'expliquer, ni sur le pouvoir ni sur l'intention de traiter conjointement ; ce que messieurs les États ayant su, ils ordonnèrent à Musch de revenir sans voir Martin d'Aspe. Il ne laissa pas de s'avancer jusques à Ostro, joignant Bréda, où il séjourna plusieurs jours sans leur ordre, à à ce qu'ils disoient : y étant, l'envie qu'il eut de faire venir Martin d'Aspe, lui fit écrire et signer une lettre, par laquelle il manda que, s'il vouloit venir, il le trouveroit avec un plein pouvoir des États pour traiter avec lui. Cette hardiesse étoit bien grande pour un homme qui vit en une république, où nulle faute d'État n'est pardonnée, et cette lettre étoit bien importante, comme étant capable, si elle venoit à la connoissance de nos alliés, de leur faire croire qu'on les abandonnoit ; mais le retour dudit Musch, qui fut très-bien reçu et du prince d'Orange et des États, témoigna assez qu'il n'avoit rien fait que par ordre. Martin d'Aspe, pour s'excuser de ce qu'il ne s'étoit pas trouvé avec le greffier Musch, et tenir toujours les États en espérance, dépêcha, de Bruxelles à La Haye, le sieur de Witenhorst pour demander de sa part la prolongation de son passe-port pour deux mois, et savoir quand l'on voudroit se rassembler ; ce qu'ayant été mis en délibération par les députés des États-Généraux, il fut résolu que l'on lui manderoit par billet non signé, ainsi qu'ils avoient fait par delà, que s'il lui plaisoit de répondre au mémoire que lui avoit donné le greffier, il y avoit deux mois et demi, et déclarer si le cardinal Infant avoit plein pouvoir de traiter avec le Roi et cet État conjointement, les États-Généraux aviseroient à donner la prolongation dudit passe-port, mais non autrement. Avec cela ledit Witenhorst s'en retourna le 23 février à Bruxelles. Depuis, le même Witenhorst revint encore, le 16 mars à La Haye, et fut rencontré le jour de devant par Musch à Roterdam ; ils traitèrent avec lui fort secrètement, mais il leur dit nettement que le cardinal Infant avoit un pouvoir suffisant de traiter avec eux seuls, mais qu'il ne l'avoit pas de traiter conjointement avec nous. Ce procédé des Espagnols les mit en défiance qu'ils ne les voulussent séparer d'avec le Roi pour les forcer par après à accepter des conditions honteuses, outre qu'en ce même temps il leur vint de bonnes nouvelles du fort de Schench, savoir est la prise de Grithouse et de Speu, qui étoient les deux seuls lieux qui restoient au prince d'Orange pour environner entièrement ledit fort, qui se pouvoit lors dire perdu, n'étant pas possible, si les Espagnols ne reprenoient Speu, qu'ils pussent plus mettre des vivres dans le fort ni y tenir même de bateau, s'ils n'y amenoient une armée de quinze mille hommes pour assiéger ces forts-là. Ils en avoient commencé un audit Speu, qui est l'embouchure du canal qui vient de Clèves dans le Rhin, lequel étoit déjà bien avancé ; le prince d'Orange se résolut de le faire continuer en diligence : l'entreprise fut la nuit du 15 au 16 mars ; il y avoit six cents hommes qui se rendirent à composition ; l'on devoit aussi attaquer Clèves, mais ils furent avertis. Toutes ces choses ralentirent leur ardeur à traiter avec les Espagnols, et donnèrent loisir au Roi de les remettre en l'assiette en laquelle ils devoient être pour le commun bien, et leur faire perdre entièrement la pensée qu'il y eût autre sûreté pour eux qu'en la paix générale. Néanmoins, le sieur de Charnacé leur ayant représenté que tant de pourparlers d'accommodement avec les ennemis, les conférences particulières et tout ce qui s'étoit passé sur ce sujet, avoient donné des ombrages en France, et été interprétés de plusieurs à une contravention au traité, qui obligeoit, en termes exprès, de ne conclure aucun traité de paix, ni y entendre sinon conjointement et d'un commun consentement, et, pour lever tous les soupçons qui pourroient avoir été conçus pour les choses susdites, réunir les volontés plus étroitement que jamais, et confirmer la bonne intelligence qui devoit être entre le Roi et eux, il sembloit très à propos de renouveler cet article et s'obliger derechef, les uns vers les autres, de ne point traiter d'accommodement, entendre, recevoir, ni écouter aucunes propositions de paix, trêve ni suspension d'armes, que conjointement et d'un commun consentement, conformément au traité de février 1635. Il n'y put jamais faire consentir lesdits sieurs les États, soit qu'ils fussent encore prêts à faire la même chose qu'ils avoient faite si l'occasion s'en présentoit, soit que véritablement l'excuse qu'ils mettoient en avant les en empêchât, qui étoit que cela feroit croire qu'ils auroient manqué à leur parole et contrevenu au traité, auquel ils se vouloient tenir purement et simplement. La prise du fort de Schench suivit bientôt après et leur releva le courage ; la garnison espagnole en sortit le 30 avril ; ils y avoient encore assez de munitions de guerre et de bouche, mais ils avoient nécessité de médicamens et de personnes propres à les administrer.

Comme les Espagnols essayoient par tous moyens de séparer nos alliés de nous, leur offrant de traiter avec eux en particulier, ils faisoient le même de notre côté, et tâchoient de nous séparer d'eux en nous faisant la même offre. Le sieur Frangipani manda au cardinal de La Valette que le comte de Monterey, vice-roi de Naples, lui avoit écrit plusieurs fois que les Espagnols désiroient fort la paix avec le Roi, et qu'il avoit plein pouvoir du Roi son maître de la traiter : ce qu'il désiroit fort qui se fît en Italie. Le général des jacobins écrivit le même de deçà au père Carré, prieur du noviciat de Paris. Ledit général parla au sieur de Noailles, notre ambassadeur à Rome, qui, reconnoissant la proposition de cette négociation être plutôt une embûche et un artifice pour nous faire perdre nos alliés et éluder un traité général, qu'un effet d'une bonne intention, répondit qu'il n'avoit point de charge, et qu'il falloit qu'il en écrivît au Roi ; et le cardinal dit, à Paris, au père Carré, qui lui en parla, qu'il falloit butter à une paix universelle et non pas particulière ; et partant, qu'on ne pouvoit entendre à traiter à Rome, vu que tous nos alliés n'y traiteroient pas, et que cela ne serviroit qu'à les faire perdre, par de faux ombrages qu'on leur voudroit donner et ceux qu'ils pourroient prendre à juste sujet.

Cette paix générale, qui étoit poursuivie par Sa Sainteté, étoit en effet, bien que non de paroles, rejetée de la part d'Espagne ; mais, en même temps, appréhendant que le sieur Mazarin, que Sa Sainteté avoit envoyé nonce extraordinaire en France, et qu'ils savoient être porté avec passion à avancer la paix selon les ordres de Sa Sainteté, n'y employât son ministère avec le même succès qu'il avoit fait quelques années auparavant en Italie, et ne hâtât le traité plus qu'ils ne désiroient, ils firent instance vers Sa Sainteté qu'elle le retirât et l'envoyât résider en Avignon, où il étoit vice-légat, prenant pour prétexte qu'il étoit partial et trop affectionné à la France, dont jusques alors ils ne l'avoient jamais accusé, les ayant servis à leur contentement à la paix de Casal. Bien que cet artifice des ennemis du repos public parût clairement, et qu'il fût évident que ce n'étoit pas peu d'avantage à Sa Sainteté, pour l'avancement de la paix, d'avoir un ministre auprès du Roi en qui Sa Majesté eût confiance, Sa Sainteté néanmoins, voyant l'opiniâtreté des Espagnols en ce sujet, n'y voulut pas résister, et leur accorda le rappel dudit sieur Mazarin, avec d'autant plus de regret qu'elle vit bien qu'ils faisoient passer pour trop grande affection vers la France celle qu'il avoit témoignée pour l'avancement de la paix, laquelle ne désirant point, ils n'avoient pas aussi le zèle qu'il y avoit apporté.

Depuis que l'Empereur eut déclaré à Sadite Sainteté qu'il étoit prêt d'entendre à la paix, y comprenant les alliés de part et d'autre, il se passa plusieurs mois jusqu'à ce que les Espagnols lui donnassent une parole assurée de leur volonté, pour, tandis qu'ils parloient de paix, à laquelle ils ne s'engageoient point par parole formelle, s'accommoder partout avec les protestans confédérés, leur abandonnant les intérêts de l'Eglise pour avancer les leurs, comme ils avoient fait ci-devant en la paix qu'ils firent conclure à l'Empereur avec le roi de Danemarck pour favoriser leur usurpation sur les Etats du duc de Mantoue, et depuis en la paix de Pirna (1), en laquelle on remit aux protestans les biens ecclésiastiques, pourvu qu'ils fissent la guerre à la France ; ayant encore depuis peu tenté le même en Hollande, s'étant servis comme d'un piège pour les désunir de la poursuite que Sa Sainteté faisoit de la paix, qu'ils disoient que le Roi vouloit conclure sans eux, et de la publication même qu'elle avoit faite d'un légat, leur voulant faire croire qu'elle n'en seroit pas venue si avant sans être bien assurée de la France, ce qui lui avoit porté beaucoup de préjudice, plusieurs s'étant manifestement distraits de son alliance, et les autres en ayant été sur le point, si Sa Majesté n'eût pris le soin de les faire détromper.

Après beaucoup de sollicitations de la part de Sa Sainteté, ils lui donnèrent parole qu'ils y vouloient entendre. Le Roi eut peine à y faire consentir les Etats, lesquels lui représentoient que, puisque les Espagnols consentoient de traiter avec eux sans l'entremise du Pape, ils dési-

(1) Avec l'électeur de Saxe.

roient aussi que Sa Majesté, y intervenant, ne les obligeât pas à le prendre pour médiateur. Mais Sa Majesté leur ayant fait représenter que cette médiation étoit nécessaire pour faciliter les affaires, que s'il n'intervenoit au traité que les parties intéressées les moindres difficultés arrêteroient la conférence, et qu'il falloit un médiateur pour proposer des expédiens, et pour rassembler et renouer les entrevues si on les avoit rompues; enfin ils y consentirent. Les Espagnols cependant dilayoient de nommer leurs députés, le lieu et le temps de la conférence. Enfin les instances de Sa Sainteté furent telles qu'ils furent obligés de les lui nommer, et elle les publia au prochain consistoire, avec ceux de l'Empereur et du Roi, sans faire aucune mention qui de ces princes avoit le premier nommé ses députés, savoir est pour l'Empereur, l'évêque de Bamberg, premier député, le comte Jean-Georges Foucari, président au conseil aulique de l'Empereur et son conseiller, qu'ils appellent secret, second député, et le sieur Ferdinand-Maximilien Kurtz, gentilhomme de sa chambre et son conseiller aulique, le troisième. Les députés du roi d'Espagne furent le duc d'Alcala, don Francisco de Melo, ambassadeur en Allemagne, et don Antonio Ronquillo, chancelier de Milan. Et ceux du Roi furent le maréchal de Brezé, les sieurs de Charnacé, d'Avaux et de Feuquières; le premier desquels seroit infailliblement député, et les trois autres le seroient, ou tous ou partie d'eux, conformément au nombre de ceux qui seroient nommés par l'Empereur et le roi d'Espagne.

Le Roi néanmoins depuis, voulant employer ailleurs le maréchal de Brezé, nomma, au lieu de lui, le cardinal de Lyon. Il n'y eut pas moins de peine à convenir du lieu; ils firent proposer par l'Empereur Spire, Francfort, Augsbourg et Constance, qui étoient des villes dont nos alliés ne vouloient pas convenir, et particulièrement les Hollandais désiroient absolument que le traité se fît chez eux, à raison de la difficulté qu'ils ont de faire entendre les affaires qui se présentent à toutes leurs provinces, lesquelles refusoient donner à leurs députés pleine puissance d'arrêter les conditions de la paix, sans les leur avoir fait savoir auparavant pour en délibérer. Mais Sa Sainteté ayant d'elle-même proposé Cologne, et Sa Majesté l'ayant fait agréer aux Suédois et à ses autres alliés, elle fit représenter aux Hollandais que le lieu étoit si proche d'eux qu'ils ne le devoient pas refuser, tous le trouvant à propos, et n'y ayant que les Impériaux et les Espagnols qui ne le vouloient point. A quoi lesdits Hollandais s'étant relâchés, Sa Majesté manda à son ambassadeur à Rome qu'elle l'avoit agréable; et enfin, Sa Sainteté fit convenir les parties dudit lieu de Cologne, où son légat s'achemina et y arriva le 24 octobre. Il ne restoit plus qu'à savoir le temps de ladite assemblée, dont il y eut tant de peine à convenir, et tant de difficultés sur les passe-ports et autres incidens, que cela ne se put terminer cette année, les Espagnols cherchant de jour à autre des prétextes d'amuser, et tenant les esprits en balance entre la paix et la guerre pour essayer de prendre leurs avantages et faire pencher les affaires du côté qu'il leur seroit plus utile.

Ils vouloient gagner le temps pour, à la diète que l'Empereur avoit indite à Ratisbonne, essayer de faire jurer à tous les princes la guerre contre le Roi et ses alliés, après avoir fait élire le roi de Hongrie roi des Romains. Ladite diète succéda à leur contentement en l'un de ces deux points, qui fut l'élection du roi des Romains, mais non pas en l'autre. Ils élurent roi des Romains Ferdinand, fils de l'Empereur, le 22 décembre, contre toutes les lois de l'Empire. Les Espagnols savoient bien que cette élection, extorquée contre toutes les formes, étoit nulle; mais il leur suffisoit d'avoir un titre quel qu'il fût, ne pouvant mieux, espérant faire valoir par la puissance ce qui étoit défectueux par la raison, et de mater tellement par la longueur de la guerre ceux qui s'y voudroient opposer, qu'ils les feroient enfin condescendre à l'approuver. Tout leur procédé en cette action fut du tout contraire à ce qui est expressément ordonné par la bulle d'or, qui est considérée comme la loi fondamentale de l'élection des empereurs d'Allemagne.

Cette bulle est une constitution impériale qui fut surnommée bulle d'or, et après beaucoup de troubles en l'Empire, et pour empêcher qu'à l'avenir la dignité impériale, qui n'est due qu'à la vertu et non pas au sang, fût usurpée par les plus puissans, fut faite à Nuremberg avec le consentement de tous les princes et ordres de l'Empire par Charles IV, en l'an 1356; et comme son principal sujet fut l'établissement d'une loi fondamentale et immuable qui devoit servir à l'avenir de règle en tout ce qui pourroit concerner la conservation de l'Empire et l'élection de son chef, elle a depuis été jurée par tous les Empereurs, qui protestent à leur avénement, par une expresse capitulation, de n'y rien changer, ajouter ou diminuer sans le commun consentement des électeurs (1). On peut dire, et avec

(1) Sleidan *in Capitul. Car.* 5. *Capitula Ferdinandi* n, *art.* 2, *et omnes qui ab omnibus fiunt.* (Cette note est du manuscrit).

bonne raison, que par ladite bulle il n'est permis de procéder à l'élection du roi des Romains ou de l'Empereur que le siége vacant; il est vrai qu'il peut vaquer ou par la mort de l'Empereur ou par son inhabileté à gouverner; mais ni l'une ni l'autre de ces conditions ne se trouvoit en cette occasion, et bien qu'il y ait quelques exemples d'élection de roi des Romains l'Empereur vivant, néanmoins lesdites élections ont été contestées, et les électeurs ont témoigné que lesdites élections étoient contre la justice et contre le serment des Empereurs, qui jurent d'observer ladite bulle d'or.

Charles-Quint ne pouvant faire passer l'Empire à son fils parce qu'il étoit encore trop jeune, le fit passer à Ferdinand son frère, et le fit élire roi des Romains à Cologne, l'an 1531 (1). L'électeur de Saxe et autres princes s'y opposèrent puissamment, et soutinrent que telle élection, faite du vivant de l'Empereur, étoit contre la loi de la bulle d'or; et l'exemple que l'on pourroit apporter de Charles IV, qui étoit l'auteur même de la bulle d'or, et qui nonobstant icelle ne laissa pas de son vivant de faire élire son fils Venceslas roi des Romains, fait contre eux, pource que, outre que ledit Charles IV est taxé d'avoir corrompu les électeurs en cette action, ainsi qu'il les avoit déjà corrompus auparavant à son élection pour les faire rebeller contre le duc de Bavière, comme Cuspinianus remarque en la vie dudit Charles IV, et fut ledit Venceslas son fils, après la mort de son père, déposé pour ce sujet; et les électeurs en cette dernière élection reconnoissant bien cette nullité, ont protesté dans la réponse qu'ils ont faite à l'Empereur, que ledit acte d'élection qu'ils faisoient ne préjudicieroit en aucun temps à ladite bulle d'or, qui est un témoignage certain de la contravention qu'ils reconnoissent qu'ils y faisoient.

Et cette loi est bien juste, car comment les électeurs se pouvoient-ils conserver la liberté d'élire celui qui seroit le plus digne de l'Empire, s'ils pouvoient être obligés de le faire durant la vie de l'Empereur, l'autorité duquel les contraindroit toujours facilement, par sollicitations et promesses plus fortes que les commandemens, à donner leurs suffrages à leurs enfans ou à leurs plus proches héritiers. Mais bien que cette raison de nullité soit et valable et prégnante, néanmoins pource qu'il y a quelques exemples d'empereurs qui, bien qu'injustement, ont passé par-dessus, Maximilien Ier ayant été élu du vivant de Frédéric III son père, et Maximilien II du vivant de Ferdinand, passons à d'autres raisons, lesquelles non-seulement ne peuvent pas raisonnablement être révoquées en doute, mais que nulle injustice ni témérité ne s'est jamais trouvée qui ait osé entreprendre de le faire. La première et la plus essentielle condition qui doit être en toute élection, est qu'elle soit libre, et que tous ceux qui traitent ou contractent aient une égale liberté, les uns de demander, les autres de refuser; et s'il y intervient quelque contrainte, l'acte est de nulle valeur, et la contrainte n'est pas simplement quand on met ouvertement le poignard à la gorge pour faire consentir à ce qu'on veut, mais quand on donne un juste sujet de crainte si on n'obéit pas. C'est pourquoi la loi prononce qu'il n'y a rien si contraire au consentement, qui soutient les actes de bonne foi, que la force et la crainte, qu'il est contre les bonnes mœurs d'apporter en telles occasions. Or il est évident que les électeurs avoient un très-grand sujet d'être intimidés en leurs suffrages; non-seulement ils voyoient l'Empereur puissamment armé, mais toutes les forces de l'Empire sous le commandement de son fils même dont il s'agissoit, qui en étoit le généralissime. Entre les raisons pour lesquelles ils l'éconduisirent doucement, l'an 1630, de la même chose, ils en apportèrent une semblable, qui étoit que ledit Empereur ayant une grande armée sous le commandement de Walstein, s'ils traitoient lors de l'élection du roi des Romains, ils donneroient sujet à la calomnie de dire qu'il auroit extorqué leur consentement. Encore ajoutèrent-ils une plainte, qu'il avoit de son autorité, sans le consentement des ordres de l'Empire, donné cette charge audit Walstein, lequel ensuite fut déposé.

Maintenant il y a bien davantage, en ce que c'est celui même qui doit être élu qui est chef des armes, et toutefois ils n'osent parler : mais ils témoignèrent bien néanmoins qu'ils eussent volontiers fait la même réponse; car l'Empereur prétextant la sollicitation qu'il leur faisoit de son grand âge, de ses infirmités et des troubles de l'Empire, ils répliquèrent qu'il étoit à espérer que Dieu, qui l'avoit fait sortir de toutes les difficultés passées, lui feroit vaincre celle-ci et affermiroit sa santé, et ainsi qu'on n'auroit point de besoin de tant précipiter l'élection du roi des Romains, mais qu'on la remettroit en un temps auquel l'Empire jouiroit de plus de repos. Par laquelle réponse ils montroient que ce n'étoit pas lors le temps de faire ladite élection, qu'ils eussent volontiers remise s'ils eussent osé, et si la liberté de leurs suffrages n'eût été empêchée par les armes de l'Empereur, qui s'en tenoit si fort, que, pour leur faire encore davantage de peur, il faisoit passer au même temps près de Ratisbonne l'électeur de Trèves, un de leur

(1) Goldast, *pars* 2, *folio* 136; Sleidan, *lib.* 5, 7, 8, 15.

corps, qu'il avoit fait prendre prisonnier sans aucune forme de justice, et enfin, pour comble de violence, on fit massacrer dans Ratisbonne même, par des gens masqués, le syndic de Cologne, pour avoir dit en soupant que ce seroit un plus grand bien à l'Empire de faire la paix que de penser à une élection. Qu'eût-on donc fait à celui qui eût osé dire qu'il la falloit faire tomber en une autre personne que celle du roi des Romains ?

Mais il y eut bien d'autres nullités encore en cette élection outre celle-là; car la bulle d'or, qui est une loi fondamentale de l'Empire, et laquelle partant l'Empereur ne peut changer (1), bulle qui passe en force de contrat, et qu'en qualité duquel l'Empereur l'a jurée (2), auxquelles sortes de constitutions le prince ne peut déroger, a été violée en cette action presque en tous ses points. La ville de Francfort est le lieu particulièrement désigné par la bulle pour l'élection. C'étoit de toute ancienneté le lieu où ordinairement elle se faisoit, et celle dudit Charles IV fut, sur ce fondement, accusée et déclarée nulle par les électeurs. Mais la bulle réduit cette coutume aux termes d'un droit bien étroit et immuable, de sorte que depuis la liberté n'est plus restée à l'archevêque de Mayence de convoquer l'assemblée autre part qu'en ladite ville, et il ne se trouve que les seuls Rodolphe II et Maximilien II qui aient depuis été élus à Ratisbonne; ce qui ne peut pas préjudicier à la loi de ladite bulle, qui ne peut être abrogée que par une autre loi aussi authentique qu'elle, et qui soit du consentement de tous les ordres de l'Empire. Mais cette contravention a bien montré la violence de la maison d'Autriche, qui, par son ambition, méprisa les plaintes peu devant faites par le duc de Saxe et plusieurs princes de l'Empire à Charles-Quint, de ce qu'il avoit fait élire Ferdinand Ier roi des Romains à Cologne, et qu'il fallut que ledit Ferdinand fût derechef élu empereur à Francfort à la démission que fit ledit Charles-Quint de l'Empire entre les mains des électeurs (3), et que lorsque le duc de Saxe, après avoir long-temps, pour la susdite raison, combattu de nullité la première élection dudit Ferdinand Ier, vint à la ratifier, il obligea ledit Ferdinand Ier de promettre qu'à l'avenir ladite bulle seroit observée en ce point particulièrement, et qu'il s'y obligeoit et y feroit de nouveau obliger les électeurs (4). Il est vrai qu'à plusieurs personnes il sembleroit de prime abord

que le lieu seroit une circonstance légère et non nécessaire à être observée; mais il faut considérer premièrement que toutes fois et quantes que la loi nous ordonne par paroles de commandement d'observer quelque forme ou circonstance en une chose, nous la devons précisément observer, ou autrement l'acte est nul, bien que cette circonstance-là consistât en une chose de fort peu de considération (5). Et d'autre part, le lieu en cette action si importante n'est point une circonstance si légère qu'elle pourroit sembler, pource qu'elle peut souvent contribuer beaucoup à la liberté des suffrages. En l'an 1630, les électeurs alléguèrent cette raison entre les autres, pour s'excuser de procéder à l'élection du roi des Romains, que l'assemblée devoit être convoquée à Francfort, non à Ratisbonne où ils étoient (6); et à la vérité, comme la sentence d'un juge n'oblige pas lorsqu'elle est prononcée hors du lieu ordinaire où il doit rendre la justice, ainsi l'élection faite hors du lieu précisément désigné par la loi pour la faire est nulle, si ce n'est que, par quelque nécessité publique et importante au bien commun, on ait été contraint de le changer, ce qui ne s'est pas rencontré en cette occasion, car ni peste, ni guerre, ni autre semblable chose ne les a pressés, mais les seuls intérêts particuliers qu'ils avoient de l'y tenir.

Pour montrer encore davantage la mauvaise foi avec laquelle ils y ont procédé, c'est qu'ils ne se sont pas simplement contentés de choisir un autre lieu que celui auquel ils devoient tenir l'assemblée, mais même ont fait une citation frauduleuse et contre ce qui est expressément commandé par la bulle d'or. Ladite bulle oblige par exprès commandement que l'électeur de Mayence, indiquant l'assemblée, avertisse un chacun des électeurs qu'il les assemble pour traiter et résoudre de l'élection d'un roi des Romains ou Empereur, ce que l'électeur de Mayence, pour les surprendre, n'a pas fait en celle-ci, mais l'a seulement causée pour la nécessité qu'il y avoit en l'Empire de pourvoir à son repos et remédier aux maux qui les menaçoient. Il en fit de même en l'assemblée de Ratisbonne, en 1630, qu'il fit à même dessein et sous un semblable prétexte de penser aux moyens d'acquérir une bonne paix en l'Empire, ou de s'armer puissamment pour s'opposer à ses ennemis. Les électeurs, qui n'étoient pas encore lors gagnés, représentèrent n'avoir pas été légitimement convoqués pour avoir autorité de traiter de ladite élection en ladite diète; en celle-ci ils n'ont pas osé parler si formellement, mais

---

(1) Goldast *in Capitul. Car. Mag.*
(2) *Capit. Ferdin.* II, *in Stat. germ.*
(3) Goldast, *De abdic. Car. sancti.*
(4) Sleidan, liv. 9, fol. 224.

(5) *L. Sancta C. de Leg.*
(6) *Exempla de conventu Ratisbonensi.* Lond. 1631.

après avoir simplement témoigné qu'ils eussent bien désiré remettre cette affaire en un autre temps, ils cédèrent à la violence, d'où il s'ensuit que puisque la forme de la citation prescrite précisément pour la loi n'a pas été observée, ce qui a été fait ensuite est entièrement nul.

Ladite bulle ordonne encore précisément que tous les électeurs, sans en oublier un seul, doivent être appelés par lettres expresses, et en vertu d'icelles comparoître en personne ou par leurs plénipotentiaires. Celle-là est la principale des conditions de l'élection, et doit être si exactement observée, que tous les auteurs tiennent que s'il y a un seul électeur qui n'ait pas été dûment appelé, lui seul peut annuler l'élection, de sorte qu'ils ont pour maxime que plus peut nuire le mépris ou l'oubli d'un seul électeur qui n'aura pas été appelé, que la contradiction de plusieurs qui s'y opposeroient; c'est pourquoi les histoires d'Allemagne sont pleines d'exemples en cette matière. Henri de Bavière et le duc de Saxe s'opposèrent à l'élection de Conrad III, et la déclarèrent nulle pource qu'ils n'y avoient pas été appelés. Les électeurs ecclésiastiques en firent autant de celle de Louis de Bavière, et menacèrent Albert Ier de le traiter de la sorte, si, après la mort d'Adolphe de Nassau, il ne leur eût point déclaré qu'il ne vouloit point se servir de la première élection qui avoit été faite de sa personne, l'estimant nulle pource que l'électeur de Trèves et le Palatin n'y avoient pas assisté. Le comte Palatin soutint pour cette même raison à Charles IV, que son élection n'avoit pu être valable en son absence. Et en ces derniers temps, le roi de Bohême, Ladislas, ayant été méprisé et oublié en l'élection de Maximilien, protesta si hautement et maintint si puissamment que l'élection étoit nulle à ce sujet, que quelque temps après il ne la voulut jamais ratifier et valider.

Or en cette élection-ci, il y a d'une part quelque chose à dire de ce que le Palatin n'y a pas été appelé; car, bien qu'il ait été condamné par l'Empereur, il l'a été contre les formes, ne pouvant être dépouillé ni de ses Etats ni de sa dignité que par le consentement des électeurs; et d'autre part, l'électeur de Trèves n'y a point été appelé, et sa voix a été entièrement méprisée, il n'est point condamné et a son droit entier. Les électeurs se sont bien avisés de cette faute, et pour cet effet, en la réponse qu'ils firent à l'Empereur, ils lui dirent qu'ils désiroient que l'élection fût différée jusques à ce que l'Empire fût en repos, et ce tant plus que le collège des électeurs n'étoit pas en son entier par l'absence de celui de Trèves; et quand ils consentirent à ladite élection, ils essayèrent d'annuler la raison qui leur pouvoit être apportée d'invalidité à cause de l'absence dudit électeur de Trèves. Ils mirent en avant plusieurs raisons frivoles, lesquelles ils tâchoient de faire convenir audit électeur de Trèves: la principale desquelles étoit qu'il étoit porté par la bulle que si quelqu'un d'entre eux ne vouloit accomplir les conditions des lois de l'Empire et s'y opposer, il fût privé de sa voix; ce qui ne se peut véritablement attribuer à l'électeur de Trèves, qui n'y a fait aucune opposition, mais simplement s'est mis en la protection du Roi contre les ennemis de l'Eglise en Allemagne, lorsque les armes de l'Empereur n'étoient pas capables de le défendre. Et aussi pour montrer que les électeurs ne l'ont point cru coupable, ils n'ont point traité avec lui comme tel, car ils ont avoué que le collège n'étoit pas en son entier à cause de son absence, ce qui néanmoins n'eût pas été s'il eût été reconnu coupable; car dès lors il eût été privé de voix, et partant il n'eût point été besoin de dire que le collège n'eût point été entier; et quand bien il eût été coupable, il devoit premièrement être jugé pour tel par le collège des électeurs; ce qui manquant, les électeurs se devoient excuser, comme ils firent lors de l'élection de Maximilien Ier, pour l'absence du roi de Bohême. Ils l'accusèrent d'avoir donné sa voix à un prince étranger *extrà collegium*, ce qui ne le peut exclure, attendu que la voix ainsi donnée n'a point de force, pource que le droit est collégial, outre que la plupart des autres électeurs étoient en ce point plus coupables que lui, s'étant engagés de paroles et par écrit, les uns à l'Empereur, les autres au roi d'Espagne. Le remède que l'empereur Ferdinand II y apporta est pire que le mal; car il trouva bon que les électeurs ordonnassent ce qu'il rechercha d'eux, qui étoit que le chapitre de Trèves s'obligeât de ratifier ladite élection, ce qui n'étoit point nécessaire si l'archevêque de Trèves eût été destitué de sa voix, car en ce cas les autres six électeurs eussent eu droit d'élire; outre que le chapitre n'a point le droit d'élire, lequel étant indivisible ne se peut séparer de la personne qui le possède; et bien que cette transmission de droit eût force aux choses de l'Eglise, elle n'en peut avoir au fait de l'élection d'un roi des Romains, ainsi qu'il fut décidé contre les états de Bohême lors de l'élection de Ferdinand II. Enfin elle ne peut avoir lieu qu'au cas de vacance de siége, ce qui n'est pas ici.

A toutes ces raisons on en ajoute une autre, qui est autant essentielle que celle ci-dessus, et ne peut être combattue; c'est que le serment des électeurs porte qu'ils donneront leurs voix sans aucun pacte d'aucune récompense ou prix de leur élection, soit promis, soit touché par eux; de sorte que s'il y a aucun pacte, soit exprès, soit tacite, leur serment est violé et l'élection est nulle, quand même celui en faveur de qui ils auroient fait le pacte l'auroit ignoré.

Or, en l'élection dont il est question, il est certain que les électeurs ont été gagnés par sermens ou promesses; il est clair, aux yeux de tout le monde, que l'électeur de Mayence a fait un traité avec l'Empereur et le roi d'Espagne, par lequel ledit Roi lui a promis de le nourrir et de l'entretenir jusques à ce qu'il fût entièrement remis en ses États; et lui s'est obligé de convoquer l'assemblée pour l'élection du roi des Romains lorsque l'Empereur le désireroit, et de donner sa voix et son suffrage au roi de Hongrie; et par effet il a reçu jusques ici la pension d'Espagne, et a protesté publiquement que ses inclinations étoient pour la maison d'Autriche. Pour ce qui est des électeurs de Cologne et de Bavière, il n'y a personne qui ne sache le pacte fait entre l'Empereur et eux, à ce que la dignité électorale fût conservée à jamais dans la maison de Bavière; à quoi ledit Empereur s'est obligé, moyennant que ses deux frères donnassent leurs suffrages à son fils. L'électeur de Brandebourg a fait aussi la même promesse à l'Empereur, moyennant celle de l'investiture de la Poméranie. Et en ce qui concerne l'électeur de Saxe, on peut dire qu'effectivement il a refusé sa voix, et n'y a consenti que comme celui de Trèves fit à l'élection de Charles-Quint, à cause de la pluralité des suffrages contraires, ou que véritablement il s'y étoit déjà obligé à condition que la paix de Prague fût conservée; et par effet ses députés continuant en leur protestation un peu plus longuement que l'Empereur n'eût désiré, on leur fit voir une lettre écrite de la main dudit Électeur, par laquelle il s'obligeoit de nommer le roi de Hongrie; en sorte que de quelque façon qu'on interprète la protestation, elle se trouve préjudiciable et nuisible à l'élection, et les voix de tous les autres sont plutôt des moyens de l'annuler que de l'autoriser (1).

Enfin la bulle d'or oblige que les électeurs soient appelés à comparoître en personne, et s'ils ne le peuvent et qu'ils soient obligés d'y envoyer des députés, il faut qu'ils soient pourvus d'une instruction suffisante, non limitée ni réglée pour une certaine famille ou personne (2); et si les députés ne sont suffisamment instruits, la députation est déclarée nulle, et le députant perd sa voix pour cette fois-là. Or il est manifeste que lesdits députés avoient ordre de n'élire aucun autre que le roi de Hongrie, qu'ils nomment Ferdinand III.

Nonobstant toutes ces raisons, les sollicitations de l'Empereur furent si grandes, les intérêts du duc de Bavière, qui se vouloit conserver la dignité électorale et le Palatinat, lui furent si chers, la passion du duc de Saxe nouvellement ligué avec la maison d'Autriche, la lâcheté de quelques-uns, et le découragement des autres, causé par l'avantage que les Espagnols se vantoient d'avoir emporté sur nous en la frontière de Picardie, où ils prirent quelques places, comme nous dirons ci-après, firent que, passant par-dessus toutes considérations, contre la justice et leur propre bien, ils condescendirent à cette élection.

Le comte d'Arundel fut envoyé de la part du roi de la Grande-Bretagne à cette diète pour demander la restitution du Palatinat à son neveu, en vertu de la promesse qu'il prétendoit lui en avoir été faite, et souvent réitérée par l'Empereur; mais il en reçut de nouvelles, accompagnées de belles paroles. On traita et conféra avec lui, et lui donna-t-on des commissaires pour cet effet, feignant de lui vouloir donner contentement; mais enfin il fut contraint d'en partir en novembre, ne remportant pour fruit de son ambassade que du vent. L'Empereur lui dit premièrement qu'il avoit fait cession et transport de la dignité électorale-palatine au duc de Bavière et aussi à l'électeur de Cologne et au duc Albert, frères dudit duc, et aux deux fils dudit duc Albert, et qu'il en avoit disposé de même du haut Palatinat, où est Amberg, proche de la Bohême. Et quant au bas Palatinat, situé deçà et delà le Rhin, où sont les villes de Heidelberg, Franckendal, Kreutznach et Oppenheim, qu'il en avoit délaissé la meilleure part sous titre d'hypothèque au roi d'Espagne et audit duc de Bavière, à cause des frais par eux faits en la guerre d'Allemagne où ils l'avoient assisté, le reste dudit bas Palatinat ayant été distribué à l'électeur de Mayence, aux évêques de Spire et Worms, au landgrave de Darmstadt et autres; et que le tout en avoit été confirmé par le traité de Prague avec l'électeur de Saxe, et ainsi que cela avoit passé en loi, et n'étoit plus loisible d'y toucher. Néanmoins, pour contenter en quelque manière le roi de la Grande-Bretagne, afin de le détourner de se confédérer avec le Roi, la reine de Suède et les Etats des Provinces-Unies des Pays-Bas, pour le recouvrement desdits Palatinat et dignité électorale, après avoir amusé et entretenu d'espérance par un long temps ledit comte d'Arundel, il lui fit enfin donner à entendre qu'usant, à ce qu'il disoit,

---

(1) *Si unus solus pecuniam acceperit, tota electio nulla est.*

(2) Reink, f. 109.

d'une singulière grâce et clémence, il consentoit de rétablir ledit Électeur en la dignité de prince qu'il avoit perdue, et davantage qu'il lui feroit rendre une partie assez considérable des seigneuries tenues par feu l'électeur Palatin son père, à condition que ledit roi de la Grande-Bretagne feroit ligue offensive et défensive avec ledit Empereur et toute la maison d'Autriche contre tous les ennemis de cette maison ; que ledit électeur Palatin lui demanderoit pardon en toute humilité, et reconnoîtroit les crimes et fautes de son père élu roi de Bohême, qui avoit accepté ladite élection ; qu'il laisseroit jouir le roi d'Espagne et l'électeur de Bavière du revenu des seigneuries qui lui seroient rendues, jusqu'à ce qu'ils soient satisfaits de ce qui leur est dû, ce qu'ils firent monter sans doute à plus que ces seigneuries ne valent ; qu'il renonceroit à toutes les confédérations et alliances faites par ledit électeur Palatin son père, et par lui, avec quelconques rois et États que ce fût, tant au dedans de l'Allemagne que dehors ; et s'allieroit ainsi que le roi de la Grande-Bretagne avec l'Empereur, le roi d'Espagne et toute la maison d'Autriche ; outre les autres conditions qu'il y pourroit ajouter lors de la délivrance desdites seigneuries : ce qui en effet non-seulement étoit ne rien rendre au Palatin, mais, qui pis est, étoit asservir honteusement le roi d'Angleterre et ses neveux à la maison d'Autriche.

On demanda fort instamment à l'Empereur le rétablissement du duc de Wurtemberg en ses Etats ; mais il s'en défendit, et remit à résoudre cette affaire au traité de la paix générale, de laquelle il fut sollicité par tous les électeurs et autres princes d'Allemagne, et particulièrement par l'archevêque de Mayence, qui se jeta à ses pieds, le suppliant de la hâter auparavant que les affaires de l'Empire et de la chrétienté fussent réduites en plus mauvais termes qu'elles n'étoient.

L'Empereur, entièrement gouverné par le comte d'Ognate, ambassadeur d'Espagne, ne voulant en effet point faire la paix, et d'autre part ayant honte de le faire paroître, leur donna le 15 décembre un projet des conditions auxquelles il la vouloit faire, qui étoient si extravagantes et si injustes, qu'elles faisoient clairement voir le contraire de ce qu'il disoit. Il dit que, s'il faisoit un traité avec la France, il recevroit la ratification de ladite élection par l'électeur de Trèves, et si cet électeur décédoit auparavant, le chapitre de Trèves procéderoit à l'élection d'un autre archevêque et électeur, qui s'obligeroit de ratifier la même élection ; qu'il ne seroit rien conclu contre le traité de paix de Prague, fait avec l'électeur de Saxe ; que, pour l'amnistie et oubli du passé, il n'entendoit se remettre à l'arbitrage des potentats étrangers, et que le traité de Ratisbonne, fait avec le Roi en 1630, seroit renouvelé et confirmé ; que pour les frais et dépens de la guerre, l'instruction qu'il en bailloit à ses députés portoit ce qu'il prétendoit en avoir ; qu'il étoit d'avis de continuer le traité de paix avec les Suédois, et de donner satisfaction en argent à la couronne de Suède et aux gens de guerre dudit royaume ; qu'il ne sauroit traiter de paix à Cologne conjointement avec les Suédois et les Français, ains séparément avec les uns et les autres, et qu'à la conférence avec les Suédois, ses députés prendroient conseil des députés des électeurs ; que le traité ne seroit point conclu par ses députés, si premièrement ils n'en avoient son avis et résolution sur chaque article ; que pour la surséance d'armes, il en prendroit l'avis des généraux des armées et des princes du pays ; que le Roi rendroit toutes les villes et places fortes qu'il tenoit dans l'Empire, avec les canons, munitions et autres choses qui y étoient, en quelque manière qu'il s'en fût rendu le maître, et sans y faire aucun dommage, ni qu'il pût à l'avenir y avoir aucune prétention ; que Sa Majesté assureroit l'Empire et tous les membres d'icelui de ne leur faire aucun dommage à l'avenir, soit qu'ils eussent été contre la France au commencement de la guerre, ou que, premièrement ils eussent été du parti de France, et depuis ils s'en fussent séparés et eussent voulu être compris au traité de Prague ; que les confédérations et alliances d'aucuns Etats de l'Empire avec la couronne de France seroient déclarées nulles, et les originaux des traités et obligations seroient rendus ; et le même seroit observé pour les lettres de garde et protection du Roi à aucuns princes dudit Empire ; que ledit Empereur n'entendoit aucunement se départir de ce qui concernoit l'entière restitution du duc de Lorraine, ains suivre ce qui étoit contenu au traité de paix à Prague ; que considérant le roi d'Espagne comme prince, membre et vassal de l'Empire, et qui a assisté en cette guerre ledit Empire, on devoit avoir considération à ce que la couronne de France n'exerçât dorénavant contre lui aucune hostilité ; que pour le regard des différends des Hollandais avec Espagne, il s'en résoudroit selon l'occurrence des affaires ; et pour celui de l'assurance et sûreté du côté de la couronne de France, il estimoit qu'il en falloit avoir une caution réelle, qui est à dire des places fortes par hypothèque, ou bien que le Pape comme entremetteur en répondît. Pour ce qui touchoit les enfans du feu électeur Palatin, il s'en remettoit à ce qui en avoit été traité avec la couronne d'Angleterre, et qui en avoit été communiqué auxdits électeurs.

Ces conditions étoient bien éloignées de l'égalité requise et nécessaire à l'accord mutuel d'une bonne paix; car premièrement il protestoit ne vouloir souffrir que le Roi traitât conjointement avec ses alliés : ce qui eût été bon à dire par un prince à ses vassaux qui lui auroient fait la guerre, mais non à son égal, qui, ayant droit de faire des alliances avec d'autres souverains, s'oblige à ne traiter point l'un sans l'autre pour faire la guerre avec plus de force et poursuivre la paix avec plus de vigueur. Puis de mettre en avant qu'il falloit que le Roi donnât une caution réelle de ce qu'il promettroit, n'est-ce pas une audace inouïe, et qui ne fût jamais tombée en la pensée d'un homme raisonnable? Ceux-là peuvent être contraints de donner caution, qui sont si foibles qu'ils ne se peuvent défendre, et on a sujet de la demander à ceux-là dont la perfidie a taché la foi. Or, en ce dernier siècle, l'infidélité s'est toujours trouvée du côté des ennemis du Roi, qui n'a eu guerre que pour défendre ses Etats ou ses alliés des invasions ou des injustes attentats des Espagnols. N'est-ce pas une autre chose bien éloignée de raison qu'il demandât que le Roi ne se pût allier avec les princes et Etats de l'Empire, pour la sûreté et conservation de leurs personnes, droits et seigneuries (ce qu'il fît néanmoins insensiblement et couvertement insérer dans le traité de Ratisbonne en l'an 1630), et qu'il osât même proposer que le Roi rendît les originaux desdites confédérations et alliances comme nuls, et qu'il en fût usé de même pour les lettres de garde et protection données par Sa Majesté à l'électeur de Trèves et autres princes? et néanmoins c'est un droit dont les Rois, non-seulement de France, mais d'Angleterre, de Danemarck, de Suède, de Pologne et d'Espagne, et plusieurs autres princes et républiques, ont joui de toute ancienneté, de pouvoir se confédérer avec les princes et Etats de l'Empire en Allemagne et en Italie, contre l'Empereur même s'il les veut opprimer. Et les ministres d'Espagne, se plaignant du Roi lorsqu'il envoya son armée à Trèves pour y rétablir l'Electeur, prétendoient que le Roi avoit fait injure à leur maître, d'autant que Trèves étoit en la protection du roi d'Espagne comme duc de Luxembourg. Donc ni les alliances ni les protections ne sont contre les droits de l'Empire. Et comment le Roi eût-il pu accorder cet article sans déclarer les princes et Etats de l'Empire criminels de lèse-majesté, pour l'alliance qu'ils avoient faite avec lui en implorant son assistance, et leur porter préjudice au droit qu'ils ont de se pouvoir confédérer et allier avec les princes étrangers? et l'Empereur s'élit sous cette condition de conserver les princes et autres Etats de l'Empire en leurs droits, priviléges et anciennes coutumes. Il vouloit que le traité de Prague, que la lâcheté de l'électeur de Saxe avoit fait conclure, eût lieu. Ce traité entre autres choses porte que les traités de la maison d'Autriche seront entretenus, par lesquels l'Empire et le royaume de Hongrie leur doivent être héréditaires, bien qu'ils soient électifs, et de plus que les traités particuliers que l'Empereur a faits avec plusieurs princes, républiques et Etats de l'Empire, soient valables, bien qu'ils soient au préjudice de leurs droits et de leurs libertés. Mais ce qui montroit bien l'aveuglement ou la passion de la maison d'Autriche contre le Roi, étoit qu'il mettoit en avant de le condamner aux frais de la guerre; car c'étoit l'instruction qu'il avoit donnée à ses députés. Avec quel front pouvoit-il avancer une telle proposition? Il demandoit récompense pour le roi d'Espagne, qui avoit, dit-il, servi l'Empire, pource qu'il avoit assisté le parti de l'Empereur; il l'accordoit aux Suédois, qui étoient descendus en Allemagne pour la défense du parti contraire. Le Roi étoit pour les uns ou pour les autres, et manifestement il étoit, je ne dirai pas pour les Suédois, mais pour ceux qui prenoient prétexte de défendre, qui étoit pour les princes, villes et Etats opprimés en leurs droits, libertés et priviléges par l'ambition espagnole, qui abusoit de la facilité et de la parenté de l'Empereur pour parvenir à ses fins. A quel titre donc pouvoit-il prétendre que le Roi dût payer les frais de la guerre, sinon à titre d'envie contre la grandeur et générosité de la France, qui, ne déniant jamais son assistance aux foibles et aux oppressés, manque peu souvent de sujet de s'opposer à la violence d'Espagne et arrêter le cours de ses usurpations? Il vouloit que le Roi rendît au duc de Lorraine tous ses Etats et seigneuries. D'où lui venoit ce zèle ardent de justice envers ce prince, étant en même temps si refroidi envers le duc de Wurtemberg, l'électeur Palatin et autres alliés de Sa Majesté? Il renvoyoit le jugement de leurs plaintes aux électeurs intéressés contre eux, en sorte qu'il étoit évident qu'ils ne leur feroient jamais aucune raison, et feignoit avoir traité avec le roi d'Angleterre touchant le Palatin; ce qu'il n'avoit fait, sinon en lui refusant toutes les demandes qu'il lui avoit faites. Puis en un autre article, qu'il ne se remettroit jamais de ces différends à l'arbitrage d'aucun prince étranger quel qu'il pût être, même il n'exceptoit pas le Pape; ce qui montroit le peu de sincérité avec laquelle il agissoit, puisqu'en même temps il faisoit instance que le Roi rendît toute la Lorraine, sans considérer premièrement s'il la possédoit avec justice et si le droit de la guerre la lui donnoit, sans excepter le Barrois qui n'étoit pas de la souveraineté de l'Empire, sans parler de la plupart des places que le duc ne possédoit que par usurpation qu'il en avoit faite sur les évêchés, et auxquels partant il étoit plus juste de les rendre. Et il vouloit que le Roi ne pût démolir les fortifications de Nancy, sans faire néanmoins aucune mention de l'assurance qu'il étoit juste que le Roi prît du duc Charles, pour accomplir ce à quoi il étoit obligé envers lui par plusieurs traités, ni permettre qu'aucun prince de la maison d'Autriche n'auroit jamais garnison dans les places fortes de la Lorraine, après que le Roi les auroit rendues; et enfin, pour comble d'injustice, il vouloit que le Roi n'eût plus aucunes prétentions sur aucun desdits Etats et seigneuries de Lorraine, combien que les droits du Roi sur le Barrois, le marquisat de Pont-à-Mousson, Neufchâtel sur Meuse, Passavant en Vosges, La Motte et autres seigneuries, fussent clairs comme le jour et indubitables, et que l'un des traités avec ledit duc Charles portât que le Roi pourroit faire raser lesdites fortifications. Sous la proposition générale qu'il faisoit que le Roi rendroit toutes les villes et places fortes de l'Empire, il prétendoit comprendre Pignerol, que les Espagnols ne voient qu'à regret entre les mains de Sa Majesté, bien que, par plusieurs titres qui sont en la possession du Roi, il paroisse clairement qu'il ne relève point de l'Empire; et quand il en relèveroit, quel droit l'Empereur auroit-il de le revendiquer, laissant entre les mains d'Espagne le duché de Milan et tant d'autres grandes seigneuries qu'elle usurpe en Italie, en Allemagne, en Flandre et de tous côtés? Il demandoit des précautions pour obliger le Roi à n'user d'aucune hostilité contre le roi d'Espagne, et ne parloit point que le roi d'Espagne en dût donner de n'offenser point le Roi. Et en dernier lieu, ce qui montroit absolument que son ostentation de désirer la paix n'étoit que feinte et simulée, c'est, premièrement, qu'il ne vouloit traiter du différend des Hollandais que selon, disoit-il, qu'il jugeroit à propos, suivant l'occurrence des affaires, ce qui n'étoit rien dire de déterminé en une affaire aussi importante qu'elle étoit essentielle au traité de la paix, puisque le Roi n'y pouvoit entrer sans eux. Puis il refusoit d'accorder pendant la conférence aucune surséance d'armes, mais simplement disoit qu'il s'en conseilleroit avec ses généraux d'armée, qui étoit à dire qu'il l'accorderoit selon que le roi d'Espagne et lui y trouveroient leur utilité. Or comment peut-on traiter la paix tandis qu'on se bat des deux côtés, et que les avantages qu'un parti remporte de jour à autre sur son contraire changent les conditions du traité? Et enfin il ne donnoit pouvoir à aucun de ses députés de conclure aucune chose s'il n'en voyoit lui-même la résolution, ce qui étoit réduire la conférence à une longueur infinie; au lieu que s'il en eût désiré une bonne et prompte conclusion, il falloit, auparavant que d'envoyer les députés, être d'accord des points principaux, ainsi qu'il fut observé avant la conférence de Vervins en l'an 1598, que le feu roi Henri-le-Grand voulut être assuré de la restitution de ses villes et places fortes occupées par le roi d'Espagne, premier que d'y envoyer ses députés.

Le Roi, qui avoit bien prévu toutes ces choses, et savoit que les Espagnols ne recherchoient la paix qu'en apparence et pour n'acquérir pas la haine de toute la chrétienté, crut que pour leur faire croire à bon escient, il les y falloit contraindre par la force des armes, y disposa ses affaires, et sollicita ses alliés de faire le même. Pour cet effet il anime, comme nous avons dit, les Suédois et les princes confédérés en Allemagne, il assiège avec une grande armée la ville de Dôle, il en envoie une plus puissante en Italie, deux autres considérables en la Lorraine et en Alsace, assiste les Hollandais de son armée pour reprendre le fort de Schenck, les presse d'en mettre une en campagne, leur accorde 2,000,000 à cette fin, compose une grande armée navale pour la défense de la Provence et la reprise des îles, et n'oublie rien de tout ce qui humainement se pouvoit pour faire ressentir aux Espagnols que c'étoit en vain qu'ils espéroient, par la continuation de la guerre, de surmonter les forces de la France.

La levée du siège de Valence avoit enorgueilli les Espagnols dans le Milanais, et fait perdre à nos alliés quelque chose de l'estime qu'ils avoient des armes du Roi, encore qu'à bien considérer ce qui se passa, il y ait eu plus de gloire à Sa Majesté d'avoir avec une armée de dix mille hommes seulement assiégé et réduit à l'extrémité une ville en laquelle il y avoit six mille hommes en garnison, qu'il n'y eut de déshonneur à lever ce siège, lorsque le secours y fut entré par l'intelligence des gens du duc de Savoie qui étoient joints à l'armée du Roi. Le cardinal eut grand soin d'encourager lesdits alliés, leur représentant qu'avoir manqué à prendre une ville n'étoit pas une chose qui dût grandement étonner ceux qui savent que les succès des entreprises ne correspondent pas toujours à l'attente et à l'espérance que l'on en a, et que d'autant qu'il est certain qu'il n'y a rien qui contribue davantage à faire réussir les grands desseins que la constance et la fermeté, et que plus les affaires sont difficiles, plus il y a de gloire à les soutenir, le Roi étoit résolu de n'omettre aucune chose pour rétablir celles d'Italie. Le duc de Savoie manda à Sa Majesté que, pourvu qu'elle eût agréable de lui entretenir vingt mille hommes de pied et deux mille cinq cents chevaux en Italie, lui payant la solde desdites troupes, moitié en argent de temps en temps, et l'autre en assignations qu'il lui demanda sur les recettes des provinces les plus voisines de ses Etats, il auroit de sa part en campagne huit mille hommes de pied et deux mille quatre cents chevaux; et supplioit Sa Majesté de se reposer sur lui de la guerre en Italie, et qu'il lui en répondroit en cette année-là. Sa Majesté accorda sans difficulté sa demande, bien qu'elle allât beaucoup au-delà de ce qu'elle étoit obligée par le traité, désirant du duc de Savoie que toutes ces troupes-là, qui, jointes à trois mille hommes de pied et trois cents chevaux qu'entretenoit le duc de Mantoue, et à quatre mille hommes de pied et quatre cents chevaux entretenus par le duc de Parme, feroient toutes ensemble trente-cinq mille hommes de pied et cinq mille sept cents chevaux, fussent divisées en deux armées, l'une commandée par le duc de Savoie, comme général de toutes les armées du Roi en Italie, l'autre par le duc de Parme, dont le commandement dépendroit du duc de Savoie. Elle accorda aussi que le maréchal de Toiras servit près du duc de Parme qui l'avoit désiré (1). Cependant il y eut quelques combats où les gens du Roi eurent toujours l'avantage, et donnèrent terreur de leurs armes à leurs ennemis, ses troupes ayant pris None, Felissan, Roque et La Roquette, et depuis encore, aux premiers jours de janvier, le château de la Stradelle, et peu de jours après celui de Belveder dans le Milanais, faisant honteusement fuir le marquis de Léganez qui étoit parti d'Alexandrie pour le défendre.

Le duc de Parme étoit un peu travaillé de la part du Pape, qui lui avoit envoyé deux brefs qu'il paroissoit qui servoient de préparatifs à quelque fâcheuse déclaration au préjudice dudit duc, ces brefs étant fondés sur ce qu'il avoit pris les armes et étoit sorti de ses Etats, selon l'obligation de la ligue qu'il avoit faite avec Sa Majesté, qui ne pouvoit qu'elle ne se ressentit extrêmement de ce procédé de Sa Sainteté, laquelle ne pouvoit douter que cette ligue n'avoit autre but que de maintenir la liberté de l'Italie, ainsi que Sa Majesté lui avoit fait souvent entendre ses bonnes intentions par le cardinal de Lyon et le comte de Noailles; et pource que le Pape alléguoit que les Etats du duc de Parme relevant du Saint-Siége, il ne vouloit pas que les Espagnols lui reprochassent de n'avoir pas averti ledit duc, et ensuite rejetassent son interposition, s'il arrivoit que ledit duc en eût besoin, pour empêcher que les Espagnols le ruinassent, ou qu'en ce cas ils ne voulussent consentir de remettre lesdits Etats, s'ils l'en avoient dépouillé, entre les mains de Sa Sainteté; Sa Majesté envoyant, dès le commencement de l'année, le maréchal d'Estrées pour être son ambassadeur extraordinaire près Sadite Sainteté, lui commanda de lui dire de sa part qu'elle estimoit que ces prévoyances, qui étoient plutôt des augures de malheur ou des menaces contre ce prince, étoient hors de temps et donnoient trop d'avantage aux Espagnols, qui ne manqueroient pas de s'en servir pour faire croire que le Pape désapprouvoit tellement les desseins de Sa Majesté et de ses alliés, qu'il étoit prêt de leur courir sus, Sadite Majesté ne pouvant aussi comprendre la raison alléguée par les ministres de Sadite Sainteté à son ambassadeur et au résident du duc de Parme à Rome, qu'elle vouloit par ses monitions appuyer son droit de pouvoir reprendre sur les terres du duc Parme les dépenses qu'elle seroit obligée de faire pour l'assister contre les Espagnols, étant certain que c'étoit tout ce qu'elle pourroit proposer si le duc l'en requéroit, et que quand même il le feroit, il seroit libre à Sa Sainteté de lui dénier ce secours s'il ne lui plaisoit de l'assister gratuitement, comme les princes amis, et spécialement les plus puissans à l'égard des inférieurs, ont accoutumé de faire; que la protection de Sa Majesté, l'obligation qu'elle avoit de secourir ledit duc étoit assez considérable, après les autres effets que ses alliés en avoient reçus, pour mettre le Pape hors de cette peine. Et enfin, Sa Majesté chargea ledit maréchal de faire entendre à Sa Sainteté, et particulièrement au cardinal Barberin, dans les termes de la discrétion requise, et néanmoins avec la vigueur que ce fait méritoit, que Sadite Majesté prendroit toutes les offenses qui seroient faites audit duc, tant sur ce sujet qu'en tout autre, autant ou plus que si elles étoient faites à sa propre personne et à ses Etats, et qu'elle seroit contrainte d'en témoigner les mêmes ressentimens à ceux qui en seroient les auteurs; sur quoi Sa Majesté se confioit en la prudence et en l'affection dudit maréchal, qui sauroit tellement s'exprimer sur cette matière, qu'essayant d'apporter au Pape et au cardinal Barberin la retenue nécessaire par la considération de ne point venir aux extrémités avec

---

(1) Le maréchal n'était pas revenu en France depuis sa mission en 1631, pas même pour y recevoir l'ordre du Saint-Esprit qu'il avait obtenu en 1633. Il croyait ne pas y être en sûreté.

la France, il éviteroit de les aigrir jusques au point de les rendre plus disposés à favoriser l'Espagne, et leur feroit entendre la justice de la ligue de Sa Majesté avec les ducs de Savoie, Mantoue et Parme, pour les garantir du mauvais dessein d'Espagne et maintenir la liberté de l'Italie; Sa Sainteté connoissant mieux que nul autre que les Espagnols n'ayant rien plus à cœur que d'opprimer la puissance spirituelle et temporelle dans l'Italie, ils le feroient au même instant qu'ils verroient que le Roi et ses alliés auroient détourné leurs pensées de prévenir et réprimer leurs entreprises. Mais les offices dudit maréchal d'Estrées ne firent pas tout l'effet que Sa Majesté désiroit, d'autant que Sa Sainteté avoit une telle aversion de sa personne, à cause des choses qui s'étoient passées les années précédentes en la Valteline (1), qu'après qu'il fut arrivé à Rome elle demeura long-temps sans le vouloir voir; de sorte qu'il fut nécessaire que le cardinal en écrivît avec quelque liberté à Sa Sainteté, la suppliant de trouver bon que, comme passionné pour les intérêts de l'Église et des siens, il lui représentât que ce sujet étoit capable de produire des suites de très-dangereuse conséquence, à quoi il la supplioit d'avoir égard par sa prudence; que si les actions passées dudit maréchal lui avoient été désagréables, c'étoit de Sa Majesté et non de lui qu'il se devoit plaindre, mais que néanmoins Sa Majesté n'avoit point eu intention de lui déplaire en tout ce qui s'étoit passé, mais bien de la servir, et empêcher que ceux qui autrefois avoient exécuté de mauvais desseins contre le Saint-Siège, ne pussent pendant son règne se mettre en tel état qu'on eût sujet de craindre de semblables événemens à ceux qui étoient arrivés en autre temps; que Sa Sainteté ayant, depuis deux ans, envoyé en France un nonce extraordinaire sur un sujet aussi contraire aux intérêts de Sa Majesté que favorable à ceux des Espagnols (2), et l'ayant rappelé lorsqu'ils publioient ouvertement n'avoir pas sa personne agréable (3), et qu'il sembloit qu'ils appréhendassent qu'il servît à la paix contre leur intention, s'il arrivoit que Sa Sainteté persistât à s'opposer à l'emploi du maréchal d'Estrées, en la personne duquel il se rencontroit beaucoup de qualités du tout contraires à ce que les ennemis de cette couronne pouvoient désirer, il n'y avoit personne qui ne crût, quoique faussement, que l'Espagne porteroit insensiblement, par artifices,

sa bonté à ce qu'elle souhaiteroit le plus; que cette pensée n'auroit jamais lieu dans son esprit, mais qu'il étoit du tout important qu'il plût à Sa Sainteté empêcher qu'elle ne prît pied dans celui de beaucoup d'autres qui auroient bien de la peine à s'en garantir, si elle continuoit à ne pas traiter le Roi en cette occasion comme tous les autres princes qui avoient des ambassadeurs auprès d'elle; qu'elle devoit témoigner la différence qu'elle faisoit entre ceux qui l'honoroient d'une révérence cordiale et continue, et ceux qui en rendoient seulement des témoignages extérieurs quand leurs affaires le requéroient; que la piété du Roi l'y convioit, que sa personne l'en supplioit, que le temps présent sembloit l'y obliger, puisque rien ne pouvoit être plus contraire à la paix que de faire paroître de la division entre sa personne et celui de tous les rois qui avoit toujours plus désiré une étroite union avec elle; que, comme il étoit aisé à Sa Béatitude, il lui seroit aussi glorieux de conserver le pouvoir absolu qu'elle avoit sur ce grand prince, et qu'il osoit lui répondre que le maréchal d'Estrées n'auroit point de plus grand soin que de la servir, et considérer les intérêts de toute sa maison pour s'y rendre utile au nom de son maître; que, s'il en arrivoit autrement, il consentoit que Sa Sainteté s'en prît à lui, qui recevroit à sensible que nouvelle obligation si elle daignoit faire état de sa très-humble supplication, non considérée par elle-même, mais en tant qu'elle étoit jointe aux prières de Sa Majesté, qui n'avoient et n'auroient jamais d'autre fin que ce qui étoit le plus avantageux à Sa Sainteté et à toute sa maison. Enfin Sa Sainteté se laissa vaincre, et commença à traiter avec lui, reconnoissant en elle-même avoir eu tort de s'être si long-temps laissée aller aux persuasions du cardinal Barberin, qui l'avoit, par passion et sans prudence, fait embarquer en cette affaire. Elle sollicitoit néanmoins toujours le Roi de le rappeler, et en fit même écrire par Mazarin comme de lui-même, et comme si c'étoit l'avis du cardinal Antoine; mais on lui manda que ce seroit témoigner une trop grande légèreté de le faire revenir, et faire voir au cardinal Antoine même, que nous avions voulu favoriser par son envoi, que nous étions aussi peu capables de fermeté comme on nous estimoit légers par tout le monde, et que nos amis et nos ennemis ne croiroient pas que nous pussions résister à quelque forte résolution qu'on pût prendre contre nos desseins, et qu'il n'étoit pas à propos de faire savoir au Roi cet avis-là de leur part, d'autant que le cardinal et lui, ayant conseillé à Sa Majesté de l'y envoyer, il ne feroit pas grand état des avis qu'on lui donneroit

---

(1) On se rappelle que le maréchal d'Estrées, alors marquis de Cœuvres, avait, en 1624 et 1625, repris les forts occupés en ce pays par les troupes du pape.
(2) La réintégration du duc de Lorraine.
(3) C'est de Mazarin qu'il s'agit.

3.

de son rappel, et mépriseroit non-seulement ceux qui lui en porteroient la parole, mais encore ceux par l'avis desquels la résolution de son envoi avoit été prise; qu'il n'étoit bon, ni pour ledit Mazarin ni pour nous, de changer ainsi du blanc au noir, étant certain que quelque grâce qu'il pût acquérir par son rappel, elle ne sauroit lui être si avantageuse comme la connoissance qu'on prendroit par là, qu'étant puissant à l'éloigner il auroit eu grande part à son envoi (ce qu'il devoit toujours nier), lui pourroit nuire; que c'étoit à lui de se gouverner en sorte que le cardinal Barberin ne pût penser qu'il eût jamais rien entrepris contre ses désirs; que le maréchal d'Estrées se gouverneroit avec tant de modestie que le Pape et ses neveux auroient sujet de s'en louer, étant bien croyable qu'ils ne voudroient pas prétendre avoir occasion de s'en plaindre quand il soutiendroit fortement les intérêts de la France.

Le duc de Parme, ayant un extrême désir de venir en France voir le Roi, prit la saison de l'hiver en laquelle il voyoit qu'on ne mettroit pas en campagne, partit de Verceil en poste, le 28 janvier, avec dix gentilshommes seulement, et, arrivant à Paris le 16 février, fut reçu de Sa Majesté avec magnificence. Les ducs et pairs firent quelque difficulté de l'aller visiter, ce que le cardinal représenta au Roi être hors de raison et de saison, n'y ayant aucune apparence que des gens élevés en un jour par sa seule grâce osassent disputer, dans la maison de Sa Majesté, la préséance avec un prince souverain d'illustre et ancienne maison, qui ne venoit en France que pour se donner à elle, se voulant servir de l'honneur que le Roi leur avoit fait au préjudice de Sadite Majesté; que c'étoit une chose honteuse que les champignons voulussent disputer de profondeur de racine avec les vieux chênes; que le chancelier, qui n'avoit jamais pensé à présenter la main aux ducs en sa propre maison, n'avoit point fait difficulté d'y aller; enfin qu'il estimoit que le bien des affaires présentes de Sa Majesté et son autorité requéroient qu'elle parlât vertement et hautement en cette occasion, par laquelle, en obligeant le duc de Parme, elle s'obligeroit elle-même en humiliant ceux qui prétendoient s'élever contre leur devoir et son service, et qu'il protestoit que, s'il étoit seulement duc et non cardinal comme Sa Majesté l'avoit fait, il ne seroit pas si outrecuidé d'avoir cette prétention. Sa Majesté eut cet avis agréable, et leur commanda de l'aller visiter et lui rendre toutes sortes de respects, ce qu'ils firent. Il reçut de Sa Majesté un pouvoir pour commander, en qualité de lieutenant général de Sa Majesté, l'armée qui lui seroit donnée par le duc de Savoie, commandant en qualité de capitaine général en Italie, en l'absence et sous l'autorité de Sa Majesté, toutes les armées qu'elle y avoit fait et feroit ci-après passer, et celles de ses alliés et confédérés qui y seroient jointes. Il désiroit le maréchal de Toiras avec lui, mais, pource qu'il le vouloit commander, et que Sa Majesté s'estima intéressée, pour la réputation de sa charge, qu'il commandât un maréchal de France, elle ne put lui donner contentement d'autre façon qu'en faisant servir sous lui deux maréchaux de camp, plutôt que de satisfaire au désir qu'il avoit d'emmener avec lui ledit maréchal de Toiras, pour lui commander comme à un maréchal de camp. Sa Majesté ne voulut pas s'engager à lui donner aucun nombre déterminé de gens de guerre, mais promit seulement d'écrire à M. de Savoie qu'il formât le corps d'armée qu'auroit ledit duc de Parme le plus puissant qu'il pourroit, ce que Sa Majesté fit, et lui manda qu'il lui sembloit qu'il ne lui pouvoit donner un moindre corps que de douze mille hommes de pied, composé de cinq mille Français, des quatre mille dudit duc et des trois mille du duc de Mantoue, et de deux mille chevaux, savoir est douze cents du Roi, des cinq cents dudit duc et des trois cents du duc de Mantoue; que ledit duc de Savoie se devoit porter à lui donner un corps d'armée considérable, et de plus grand nombre que celui qui est dit ci-dessus s'il se pouvoit, puisqu'étant une fois entré dans ses Etats, il n'y auroit pas tant de facilité à lui envoyer des recrues qu'audit duc de Savoie de qui les Etats sont conjoints avec la France. Ayant reçu ce pouvoir, il partit dès le 18 mars, très-satisfait de Sa Majesté, qui lui envoya une chaîne de diamans de 60,000 écus et deux cassettes pleines de galanteries, tant pour lui que pour la duchesse sa femme.

En ce temps-là nous manquâmes une entreprise sur Alexandrie-de-la-Paille, que l'on conduisoit il y avoit plus de deux mois. Celui qui en étoit l'auteur demeuroit en ladite ville, et avoit mis son frère et un de ses enfans en dépôt au château d'Ast, et les avoit fait prendre dans une terre de l'Alexandrin par les troupes de son altesse, comme si c'étoit des prisonniers de guerre, afin que leur prison ne le rendît point suspect dans la ville. On tenoit l'affaire tout assurée; tout l'équipage des pétards et échelles étoit au rendez-vous, et nous avions déjà fait descendre les bateaux au lieu où l'on se devoit embarquer, qui étoit à deux milles d'Alexandrie. Nos troupes se mirent en campagne le 18 mars avec un temps favorable; le lendemain celles qui étoient destinées pour cette exécution devoient se détacher de notre gros, qui étoit à Vales proche de Brême; mais il survint la nuit une si forte pluie, qu'il nous fut impossible de tenir notre entreprise, car le Pô et la Sesia s'enflèrent de sorte qu'ils n'étoient pas navigables, ce qui dura plusieurs jours, durant lesquels le marquis de Léganez, ayant pris l'alarme de nous voir avancés et avoir fait cet amas de bateaux si proche d'Alexandrie, où il n'y avoit lors que trois cents hommes de guerre en garnison, le reste n'étant que milice, eut loisir d'envoyer attaquer nos bateaux, et s'avancer vers nous avec quinze cents chevaux et huit mille hommes de pied. Nous regagnâmes Brême, et à sa faveur fîmes repasser le Pô à nos troupes sur des bateaux, notre pont ayant été emporté par la violence de l'eau; ce qui fit voir que les entreprises par eau sont incertaines, et principalement en un pays proche des montagnes, où, lorsqu'on y pense le moins, elle s'enfle de sorte que l'on ne sauroit passer.

Incontinent après, le duc de Parme arriva en Piémont. Il ne put faire si peu de séjour en France qu'il ne lui fût préjudiciable, comme l'ambassadeur de France lui avoit prédit avant son départ d'Italie; mais il témoignoit une si grande ardeur de faire ce voyage, qu'il n'osa pas s'opposer avec opiniâtreté à son désir, craignant qu'il lui semblât que le Roi n'eût pas agréable de le voir. Il ne fut pas plutôt parti que les Espagnols entrèrent dans ses Etats. Le duc de Parme leur en donna lui-même l'occasion sans y penser, à la fin de l'année dernière, renvoyant ses troupes en son pays. Il désira qu'on les fortifiât des régimens de Saint-Pol et de Savines, et de trois cents chevaux français; et, pource qu'il étoit à craindre que les ennemis les combattissent en passant, M. de Savoie les fit accompagner par douze cents chevaux des siens, commandés par le marquis de Ville, jusques au-delà de la rivière du Tanaro. Les ennemis les attaquèrent sur le chemin, mais ils furent reçus et repoussés avec très-grande perte de leur part, bien qu'ils fussent deux fois en plus grand nombre que les nôtres. Dès le premier avis qui fut donné au duc de Savoie que les ennemis s'avançoient pour aller au-devant desdites troupes, il fit sortir d'Ast deux mille hommes de pied et quatre cents chevaux pour attaquer Belvais et faire diversion. Elles prirent ce château, mais en même temps les ennemis vinrent à eux et faillirent à les tailler en pièces. Elles se retirèrent néanmoins à Ast avec beaucoup de perte; mais ce qui fâcha le plus le duc de Savoie fut que sa cavalerie, qu'il n'avoit donnée que pour escorter les troupes jusques au-delà du Tanaro, fut contrainte de passer jusques à Plaisance, pource que les ennemis étoient entre elle et sa retraite. Et ce qui apporta plus de préjudice fut que le duc de Parme, au lieu de laisser la cavalerie du duc de Savoie logée au bourg de Castel-Saint-Jouan et aux environs, défendant par ce moyen l'entrée du Plaisantin aux ennemis, voulut décharger son pays du logement de ladite cavalerie, et voulut absolument qu'on l'envoyât loger sur les Etats du duc de Modène; et, quoiqu'on lui remontrât que les Espagnols, qui étoient en gros à la tête de ses Etats, s'il dégarnissoit ce poste-là, y entreroient, et par la facilité qu'ils y rencontreroient, n'y ayant point de troupes pour s'opposer à eux, et pour venger le duc de Modène, et principalement en son absence, on ne put vaincre le désir qu'il avoit de conserver son pays; mais le voulant, hors de propos, soulager des troupes amies, les ennemis le ruinèrent.

Le marquis de Ville mena le 30 janvier sa cavalerie sur les Etats du duc de Modène, lequel ramassant incontinent ce qu'il put de troupes d'ordonnance et de milice, qu'il tira de la Carfaguana, d'où il en sort de fort bons soldats, fit un gros à Reggio. Les Espagnols, de l'autre côté, firent un gros dans le Crémonais, à Casal-Majeur, composé de mille à douze cents chevaux et sept mille hommes de pied, moitié de troupes d'ordonnance, et l'autre moitié de milice, et faisoient état de passer le Pô à Berselle. Le marquis de Ville, se trouvant entre un corps d'infanterie qui étoit à Berselle et l'autre à Reggio, demanda secours au sieur de Saint-Pol, qui lui envoya cinq cents hommes; mais, voyant les ennemis de jour à autre se grossir, il fut contraint de se retirer, mais ne put pas reprendre son premier poste, dont les Espagnols se saisirent et y logèrent et aux environs six à sept mille hommes de pied et mille chevaux, et fortifièrent la place à dessein d'assiéger Plaisance, et tirèrent de Pavie dix-huit canons qu'ils firent descendre par le Pô pour ce sujet, ayant laissé le marquis de Léganez, avec le reste de leurs troupes espagnoles et allemandes, aux environs de Pavie pour faire tête à l'armée du Roi qui étoit dans le Piémont. Ils n'eussent pas eu assez de troupes pour cela sans le renfort qui leur arriva de trois mille cinq cents Espagnols naturels, quatre mille Allemands et mille chevaux, qui étoient embarqués à Trieste, avoient passé le golfe de Venise, et de là étoient descendus dans le Milanais. Dès que le duc de Savoie eut avis de la descente des troupes espagnoles dans les Etats du duc de Parme, il se résolut de faire diversion de son côté, et commanda au maréchal de Créqui de s'avancer avec toutes les troupes qu'il avoit, et de s'aller loger à Vespola, entre Novarre et Mortara. Le marquis de Léganez, qui étoit avec un corps d'armée pour s'opposer à nous, vint loger à Vigevano, et, pour fortifier ses troupes, rappela une partie de celles qui étoient à Castel-Saint-Jouan, et fit un corps de douze mille hommes de pied, dix-huit cents chevaux et huit cents dragons. Le jeudi 28 février le maréchal de Créqui prit neuf cents à mille chevaux et cinq cents mousquetaires pour aller voir les ennemis, et laissa les cinq cents mousquetaires en un mauvais passage à deux milles de Vespola, pour favoriser sa retraite. Il s'avance avec la cavalerie en un village nommé Saran, à un mille et demi du Tesin ; mais, soit que ce dessein n'eût pas été assez secret, ou par quelque autre rencontre, les ennemis se trouvèrent à côté dudit village avec deux mille chevaux et trois mille hommes de pied, cachés à la faveur d'un bois. Nos troupes furent mises en deux corps : l'un de quatre cents chevaux commandés par le comte du Plessis-Praslin, l'autre, de cinq cents, par le maréchal de Créqui. Les ennemis avoient avancé deux ou trois escadrons de cavalerie, qui firent mine de fuir et se retirèrent jusques à leur gros; en même temps leur cavalerie, qui couvroit l'infanterie qui étoit derrière, s'ouvrit, et l'infanterie fit sa décharge sur les nôtres, qui furent si surpris de cette embuscade qu'en même temps tout prit la fuite sans se mêler, les seuls chefs étant restés, auxquels il fut impossible de rallier leurs soldats. Le maréchal de Créqui, qui avoit le reste de la cavalerie, fit ferme. Les ennemis firent contenance de venir à lui, et demeurèrent en présence pour le moins une demi-heure sans s'attaquer, après quoi ledit maréchal se retira au petit pas, sans désordre et sans combat, jusques au lieu où il avoit laissé ses mousquetaires. Le marquis de Leganez et Spinola avançant avec toute l'armée, le maréchal de Créqui jugea à propos, comme il étoit, de se retirer de Vespola et s'en aller à Brême. Le duc de Savoie fut au-devant de l'armée, et la fit toute loger à Palestre, afin de faire tête aux ennemis et de voir leur contenance. Cette action, bien que le succès du combat eût été à notre désavantage, donna néanmoins grande réputation au maréchal de Créqui, et terreur de lui aux ennemis, qui surent qu'avec une si petite poignée de gens de guerre, et qui n'étoient point soutenus, il avoit eu la hardiesse de les attendre, et la résolution de les combattre s'ils l'eussent attaqué.

Les Espagnols cependant, qui, ne se contentant pas d'être entrés dans le Plaisantin, avoient fait le même dans le Parmesan, se saisirent de Colorno, qui est proche de Parme, et le fortifièrent, y laissant quatre cents chevaux et mille hommes de pied. Le duc de Modène se saisit aussi de la rivière de Lensa et de Rozane, qui étoit un fief impérial qui avoit été autrefois en dispute entre Parme et Modène, jugé néanmoins, en la cour de l'Empereur, en faveur du duc de Parme, mais duquel lors le duc de Modène, pour essayer d'en avoir plus facilement l'investiture de l'Empereur, acheta la propriété d'un des sujets du duc de Parme. Par le moyen de ces postes ils empêchoient le trajet du Ferrarais et du Mantouan, et tenoient la ville de Parme bloquée. Le marquis Ville, avec sa cavalerie, s'y étoit retiré ; mais les sujets étoient peu affectionnés à leur duc, comme étant Espagnols dans le cœur, de sorte que la duchesse de Parme fut contrainte d'en faire emprisonner six ou sept soupçonnés de trahison. Il y avoit une grande nécessité de vivres dans la ville, et un effroi extraordinaire parmi tous les habitans ; mais les Espagnols furent contraints de quitter bientôt ledit Parmesan, sous prétexte d'obéir au bref du Pape qui les obligeoit à retirer leurs armes des fiefs de l'Eglise, et ainsi ils abandonnèrent Colorno, et le duc de Modène se retira dans ses Etats, retenant seulement Rozane, qu'il prétendoit au titre que nous avons dit ci-dessus ; mais ce qu'ils en firent fut à cause de la jalousie que nous leur donnions du côté de la Savoie, et de la diversion que le duc de Rohan faisoit dans la Valteline, où il étoit tous les jours aux portes du fort de Fuentes, brûloit les corps-de-garde qu'ils avoient au dehors, leur enleva, le 20 février, deux compagnies d'infanterie et une de cavalerie, et prit une fort bonne tour sous la coulevrine dudit fort, au commencement d'avril, entra dans le Milanais, nonobstant que les Espagnols gardassent les passages par quatre mille hommes commandés par le comte de Guasco, en l'absence du comte de Cerbelon, brûla une galère qu'ils avoient sur le lac, à la portée de la carabine du fortin, et, entrant dans le Milanais, brûla plusieurs villages en échange de pareils incendies dont ils avoient usé dans le Parmesan.

Notre ambassadeur envoya incontinent acheter pour 20,000 écus de blé à Mantoue, qu'il fit passer à Parme, où ils en avoient nécessité ; et pource que les Espagnols étoient demeurés devant Plaisance, qu'ils disoient n'être point fief de l'Eglise, le marquis Ville y passa avec sa cavalerie, de sorte qu'il y avoit trois mille hommes de guerre dans la place, où notre ambassadeur fit porter des blés aux dépens de Sa Majesté. Il y avoit grande difficulté à secourir cette place. Le duc de Savoie proposoit divers moyens qui tendoient à ce que l'on fortifiât le duc de Rohan en la Valteline pour faire une plus puissante diversion, espérant que par ce moyen l'armée du Roi qu'il commandoit ne se présenteroit pas plutôt dans le Milanais, que les Espagnols, de peur de diviser leurs troupes et d'envoyer un corps trop foible contre le duc de Rohan, s'ils laissoient une partie de leurs gens de guerre dans le Plaisantin, le quitteroient absolument; ce qu'étant, ledit duc de Savoie ne passeroit pas outre, et ne seroit pas obligé de s'éloigner de ses Etats, ce qu'il craignoit infiniment. Mais enfin il fut jugé plus à propos pour le bien de la cause commune, que le duc de Rohan, demeurant simplement avec les troupes qu'il avoit, qui étoient de treize mille hommes de pied effectifs et de six cents chevaux, laisseroit un tiers de ses troupes pour la garde des forts de la Valteline, et s'avanceroit avec le reste au long de la rivière d'Adda, pour obliger les ennemis à lui opposer quelque corps, et qu'en même temps ledit duc de Savoie partiroit avec trois mille cinq cents chevaux et vingt-cinq mille hommes de pied effectifs, pour aller à force ouverte secourir Plaisance, allant droit à Castel-Saint-Jouan, et de là à ladite ville, avec résolution de combattre les ennemis s'ils se présentoient. Le duc de Savoie ne consentit que mal volontiers à cette résolution, pource qu'il disoit que s'il mésarrivoit de cette armée, son pays étant vide de gens de guerre seroit ouvert aux ennemis, et partant il insistoit qu'on y devoit laisser un corps de douze mille hommes de pied et quinze cents chevaux, ce qu'il savoit bien être impossible, vu qu'il eût fallu que pour cela le Roi eût eu une armée de cinquante mille hommes. Mais on lui représenta que Casal, Brême, La Vilatte, Verceil, étant garnis comme ils étoient, il n'y avoit rien à craindre, à quoi enfin il se rendit. Mais comme c'étoit à regret, il trouva bien moyen d'en empêcher l'effet sans qu'il parût que cela vînt de sa part; car il continua les difficultés qu'il nous avoit jusqu'alors faites de loger les troupes du Roi sur ses terres, quoiqu'on lui fît voir à l'œil que le Montferrat ne les pouvoit plus nourrir, et particulièrement la cavalerie, pource qu'il n'y avoit plus de foin, et que la disette étoit venue à un tel point que tous les paysans avoient été contraints de tuer les bœufs dont ils labouroient la terre par faute de fourrage, et par cette nécessité nos compagnies dépérissoient tous les jours, leurs chevaux mouroient, et partie des cavaliers quittoient, et ainsi toutes les dépenses que le Roi avoit supportées pour les faire passer étoient perdues. On ne le put néanmoins jamais porter à leur accorder logement, ce qui obligea de faire retourner en France partie de nos troupes qui étoient déjà passées, et arrêter les autres delà les monts jusques au 15 mai, qu'ils pourroient trouver les herbes; ce dont le maréchal de Créqui eut tant de déplaisir qu'il ne pouvoit s'en consoler, ne sachant pas si les Etats du duc de Parme pourroient permettre d'attendre un si long temps.

Dès que ledit duc fut de retour en Italie, qui fut au commencement d'avril, il se voulut précipiter, à l'honneur (1) des armes du Roi, pour le secours de ses Etats, voulant absolument, sans attendre que toutes les troupes du Roi fussent passées, que l'on allât, avec ce que l'on avoit de gens de guerre, trouver les ennemis; mais les nouvelles qui vinrent de toutes parts que ses places de Parme et de Plaisance étoient en très-bon état, et ne manquoient ni de gens ni de vivres, et que les sieurs de Saint-Pol et marquis Ville, qui étoient à Plaisance, étoient maîtres de la campagne, qu'il y avoit eu grande division en l'armée espagnole, entre le duc d'Alcala et les marquis de Léganez et Spinola, ce qui, avec la nécessité de vivres et le tracas qu'ils avoient donné à leur armée tout l'hiver sans effet, avoit fait débander une grande partie de leur armée, remirent son esprit en quelque repos, et lui firent attendre avec patience l'union de toutes les armes du Roi. Il le fit encore plus volontiers quand il sut que le gros des ennemis avoit quitté ses Etats, et qu'ils n'avoient laissé que cinq cents hommes dans Rottofreno, et autant dans le Castel-Saint-Jouan, s'étant cependant avancés à Tortone et à Castel-Novo de Scrivia, avec intention de faire un retranchement de l'une à l'autre place pour obliger les armes du Roi qui voudroient aller secourir sesdits Etats à les forcer dans leurs retranchemens auparavant que d'y arriver, ce qu'il ne doutoit point qu'elles ne pussent faire quand elles seroient toutes ensemble. Une seule crainte travailloit les ministres du Roi en Italie, qui étoit l'animosité que le duc de Parme avoit contre celui de Modène, de l'accommodement avec lequel il ne vouloit point ouïr parler, bien qu'on lui représentât qu'il lui étoit très-utile pour le passage des blés dans le Parmesan, et que ledit duc de Modène se montroit disposé à un bon accommodement, après lequel il demeureroit comme neutre, s'excusant d'être trop foible pour se mettre d'un parti, et se laissa même entendre qu'il ne feroit pas difficulté de rendre Rozane, dont il n'avoit pas poursuivi l'investiture de l'Empereur. Les affaires du Roi étoient encore traversées par la jalousie que ledit duc de Parme avoit conçue contre celui de Mantoue, qui lui faisoit avoir désagréable que le sieur de La Tour, qui commandoit les armes du

(1) Au risque de l'honneur.

Roi dans le Mantouan, eût fait deux mille hommes pour aider à défendre non-seulement le pays, mais particulièrement Sabionette, que les Espagnols muguettoient, et qui n'étoit pourvue que de milice du pays et d'un gouverneur qui n'avoit jamais été en aucune occasion. Il craignoit que ledit sieur de La Tour s'entendit avec le duc de Mantoue, et lui voulût mettre cette place entre les mains. Il tenoit les Vénitiens pour suspects parce que le marquis d'Est étoit à leur service, et vint même jusqu'à soupçonner que le Roi pourroit bien être de l'intelligence, et donner cette place au duc de Mantoue en échange de Casal, ce qui nous obligea de procéder avec lui adroitement, et lui faire bien, malgré qu'il en eût, par les moyens les plus éloignés de soupçon qui se pouvoient trouver, car en ce sujet il n'étoit point capable ni de raison ni de conseil. Sans faire donc aucun semblant qu'on s'aperçût qu'il eût aucune méfiance des ministres du Roi, ils firent acheter quantité de blés, de farines et de munitions de guerre qu'ils y firent porter, et donnèrent ordre au sieur de La Tour de mander au gouverneur que s'il avoit besoin de gens de guerre il lui en enverroit.

Cette place étoit de six bastions ; il y avoit quatre-vingt-dix Français du régiment de La Rochette et quatre cent cinquante soldats de milice choisis dont il ne falloit pas faire grand cas. Elle n'étoit munie que pour un mois, sans les grains que les ministres du Roi y firent porter : place de si grande importance qu'elle couvre le Crémonais, et si elle tomboit entre les mains des Espagnols, elle mettroit à la cadène tous les princes voisins. Le fossé n'en étoit pas bon, et pour tous dehors il n'y avoit qu'une demi-lune au-devant d'une porte ; et ce qui étoit le plus fâcheux étoit que les habitans étoient mal affectionnés, et avoient voulu traiter pour se rendre au prince de Bossolo, qui y prétendoit quelque droit, et ne la voulut pas accepter pour n'être pas obligé d'y recevoir les Espagnols entre les mains desquels vraisemblablement elle fût tombée sans le secours du Roi, si on eût suivi l'opiniâtreté dudit duc ; car premièrement on fit accorder par le duc de Mantoue passage au duc de Modène pour mille sacs de froment qu'il avoit tirés des Etats du Pape, à la charge qu'il permettroit aussi le passage de ceux qu'on tireroit de Mantoue pour porter au Parmesan, ce qui commençoit à ouvrir le commerce entre eux, et devoit faciliter le consentement du duc de Parme à l'accord avec celui de Modène, qui recherchoit cet accommodement. En second lieu, on ne laissa pas de donner ordre au sieur de La Tour de joindre les deux mille hommes qu'il avoit levés à autres mille que le marquis de Rangon avoit levés pour le duc de Savoie, lesquels trois mille hommes étoient suffisans d'empêcher les Espagnols de pouvoir rien entreprendre contre lui, car le sieur de Saint-Pol et le marquis Ville avoient encore dans le Plaisantin deux mille hommes de pied et douze cents chevaux effectifs, outre deux mille hommes de milice que le duc de Parme pouvoit mettre sur pied : tout cela composoit un corps de six ou sept mille hommes de pied et de douze cents chevaux, qui pouvoient chasser tout ce qu'il y avoit d'Espagnols dans ses Etats ; mais tout cela ne contentoit point ledit duc ; il avoit suspects et La Tour et Rangon, et le marquis Ville, et les troupes du duc de Savoie, et vouloit passer lui-même avec l'armée qu'on lui avoit fait espérer, en effet pour s'aller venger du duc de Modène, mais en apparence pour empêcher, disoit-il, que les ennemis tinssent la campagne entre Parme et Plaisance, en laquelle néanmoins il n'y avoit lors personne : c'étoit un prince courageux et affectionné à la France, mais de peu d'expérience, soupçonneux et avare, ce que le peu de moyens qu'il tiroit de son Etat, et les grandes dépenses qu'il étoit contraint de faire, l'obligeoient peut-être d'être.

Le Roi, étant averti de l'impatience en laquelle il étoit, fit partir en diligence, le 16 avril, le sieur de Grave, pour solliciter le duc de Savoie de hâter le secours de ses Etats, lui témoignant qu'il ne lui pourroit faire paroître en une occasion plus importante et qui lui fût plus sensible, l'affection qu'il avoit au bien de la cause commune, qu'en se portant lui-même en personne à ce secours, ce qui donneroit entière satisfaction au duc de Parme, et étoit le meilleur et le plus puissant moyen pour tirer de grands effets de l'armée qui y étoit destinée, étant bien certain qu'il n'y auroit officier ni soldat qui ne se tînt heureux d'exposer sa vie en ce rencontre, pour se signaler en la présence et à la vue dudit sieur duc par quelque action de courage et de gloire ; que chacun conspireroit de meilleur cœur à l'avancement d'un dessein, voyant que ledit sieur duc en prendroit lui-même la conduite ; et au contraire, s'il se contentoit d'en laisser le commandement à un autre, chacun estimeroit que ce seroit ou pour n'y avoir pas beaucoup d'affection, ou pour avoir peu d'opinion du succès, ce qui feroit que les plus résolus et mieux intentionnés ralentiroient de leur chaleur ; d'ailleurs qu'il y auroit peu d'union et concert parmi ceux qui auroient l'autorité dans l'armée en son absence, chacun voulant la partager et tirer les avantages de l'honneur et du commandement de son côté, si bien que non-seulement les esprits et les cœurs, mais encore les forces se trouveroient divisées au grand préjudice du service du Roi et de la cause commune ; qu'il sembloit qu'il ne se pût offrir d'occasion où l'honneur dudit sieur duc fût plus intéressé qu'en celle-ci, d'autant que tous les princes d'Italie, les Etats desquels sont exposés à l'ambition des Espagnols, pourroient, avec raison, n'attendre pas plus grande assistance des armes du Roi s'ils les imploroient, que celle qui auroit été donnée au duc de Parme en une si pressante occasion ; que l'heureux événement en étoit presque certain ; que les armes d'Espagne n'avoient jamais pu soutenir le choc de celles du Roi en semblable rencontre, où la force et la prudence avoient été unies, et que Sa Majesté étoit d'avis qu'il tentât ce secours à force ouverte, composant un corps d'armée si puissant que les ennemis ne s'y pussent opposer ; que pour ce sujet, outre les troupes qu'elle lui avoit promises, elle faisoit encore tirer six à sept mille hommes des régimens qui devoient passer en la Valteline, pour remplacer au double le défaut que l'on pourroit objecter de quelques troupes qui ne feroient pas toute la diligence que l'on s'étoit promise pour se trouver au rendez-vous dans le temps qui leur auroit été prescrit, priant ledit duc de Savoie de donner ordre que les troupes de Sa Majesté venant de France passassent et fussent reçues avec facilité en ses Etats, et les vivres nécessaires leur fussent fournis par étapes, faisant cesser les difficultés qui avoient été faites jusques alors par ses officiers, qui avoient causé la ruine de ses meilleures troupes ; ce que Sa Majesté ne pouvoit souffrir qu'avec grande impatience, vu les soins et tant de dépenses qu'elle supportoit et qu'elle faisoit souffrir à son peuple pour le passage desdites troupes. Ce néanmoins, quelques compagnies de chevau-légers venant de Provence, et celles de gendarmes du sieur d'Alincour, avoient été contraintes de rebrousser chemin, étant déjà fort avancées vers la Savoie. Le duc de Parme fut très-satisfait de l'envoi dudit sieur de Grave, mais le duc de Savoie ne goûtoit point la proposition qui lui étoit faite d'aller en personne à ce secours ; néanmoins il s'y résolut, et ensuite d'être à toutes les occasions, sans jamais abandonner l'armée, à cause d'un réglement que le Roi envoya par ledit sieur de Grave, sur le différend qui étoit entre le maréchal de Créqui et celui de Toiras pour le commandement. Ledit sieur de Grave eut charge de leur faire entendre à tous deux, chacun en particulier, que l'intention de Sa Majesté étoit que, tout ainsi que le sieur de Créqui devoit, en qualité de lieutenant général pour Sa Majesté en son armée d'Italie, reconnoître le duc de Savoie comme capitaine général de ladite armée, aussi ledit sieur de Toiras, qui en cette occasion n'étoit que comme lieutenant dudit duc de Savoie, devoit reconnoître ledit maréchal de Créqui, en sorte que, quand ledit duc de Savoie seroit présent en l'armée, ledit sieur de Créqui auroit l'avant-garde, et ledit sieur de Toiras l'arrière-garde, et toujours en sorte que le lieu d'honneur demeurât audit sieur de Créqui à l'égard dudit maréchal de Toiras ; que si, par une nécessité urgente, et pour un sujet extraordinairement pressé, le duc de Savoie jugeoit nécessaire de diviser l'armée en deux corps, Sa Majesté entendoit que ledit sieur maréchal de Créqui choisît celui que bon lui sembleroit, laissant l'autre audit maréchal de Toiras, et qu'aussitôt que les troupes seroient réunies en corps, le commandement de l'armée revînt audit sieur de Créqui, comme il est dit ci-dessus.

Le jour du départ pour aller secourir les Etats du duc de Parme, selon la volonté du Roi, fut pris, et fut résolu que le lieu de l'assemblée seroit sur le bord du Tanaro et du Milanais, au-devant d'Ast. Toutes les troupes du Roi n'étoient pas encore passées en Piémont, mais la nouvelle qu'ils eurent de la descente de trois mille Allemands, au passage desquels les Suisses n'apportoient résistance que pour rendre leur paiement meilleur, plus prompt et plus avantageux, et celle qu'ils reçurent de Gênes, qu'il y étoit arrivé deux galères de Naples qui y avoient déchargé quelques autres Allemands qui avoient passé en l'Abruzze par le golfe de Trieste, en quoi la cause commune expérimentoit le peu qu'il y avoit à espérer des Vénitiens, et que quatre mille Napolitains y devoient arriver au premier jour, et que douze cents chevaux étoient prêts d'en partir encore pour venir au Milanais ; toutes ces choses les firent résoudre à laisser derrière les trois ou quatre régimens et autant de compagnies de cavalerie qui leur manquoient, afin de n'avoir pas sur les bras toutes ces troupes ennemies qui n'étoient pas encore arrivées, et principalement à cause de la cavalerie, dont les ennemis avoient grand nombre et nous manquions, joint que, si nous ne passions bientôt dans les Etats du duc de Parme et que nous permissions que les ennemis y fissent le dégât, ses places périroient d'elles-mêmes. L'armée du Roi étoit composée de quinze à seize mille hommes de pied effectifs et treize cents chevaux français. Le duc de Savoie se faisoit fort que, laissant ses places garnies, il y joindroit six mille hommes de pied et treize cents chevaux, outre sept cents carabins que nous avions et trois cents mousquetaires à cheval, dix pièces de canon et des biscuits pour un mois. Les ennemis avoient à nous opposer seize mille hommes de pied et trois mille chevaux.

Une grande difficulté survint sur le sujet du duc de Parme : il vouloit qu'on divisât de nos troupes, dès le jour du partement de l'armée, six mille hommes de pied et mille chevaux, qu'il vouloit commander lui-même et mener en ses Etats. M. de Savoie s'y opposoit, prétendant que cela alloit contre son autorité et la charge que le Roi lui avoit donnée, et que l'on ne devoit point séparer l'armée que lorsqu'il faudroit laisser ledit duc dans ses Etats, auquel cas on lui donneroit ce qu'il auroit de besoin de gens de guerre, lesquels demeureroient sous son commandement, le corps d'armée dudit duc de Parme ne pouvant commencer que lorsqu'on le mettroit en ses Etats pour y agir comme il voudroit; mais, étant avec lui, il ne devoit ni ne pouvoit avoir d'autre corps d'armée que le sien, joint que ledit duc de Savoie disoit qu'on ne pouvoit lui laisser ce nombre de troupes, parce qu'il seroit défait au retour, et que Sa Majesté avoit ordonné ce nombre, prétendant que toute l'armée seroit en corps, ce qui n'étoit à cette heure, les troupes n'étant pas toutes venues. Ce qui obligeoit le duc de Parme à faire cette instance, c'est que le maréchal de Créqui ne vouloit pas qu'il passât devant lui, tenant en l'armée du Roi la qualité qu'il y avoit; enfin ce différend s'accommoda, le duc de Parme se soumettant à ce que le duc de Savoie désiroit; et, pour éviter celui qu'il avoit avec le duc de Créqui, il se résolut de demeurer toujours avec le duc de Savoie à la bataille. Mais il apprit des nouvelles qui le mirent incontinent en inquiétude : il sut que les ennemis avoient fortifié Rozane et Gardamille, qu'ils avoient fait de même de Castel-Saint-Jouan, qu'ils avoient environné le château de Rottofreno de quatre bastions, quatre demi-lunes et d'un bon fossé, outre laquelle ceinture le château étoit déjà bon, flanqué de quatre tours et d'un beau fossé plein d'eau, que les bastions étoient déjà bien élevés, et les parachevoient avec grande diligence, qu'ils avoient muni cette place de toutes sortes de munitions de bouche et de guerre, et y avoient mis une forte garnison de gens de pied et de cheval, et qu'ils faisoient aussi un fort au bourg Validi-Tare, qui ne pouvoit être attaqué que du côté du Taro où il y avoit un côté du château tombé, où ils avoient fait une palissade de poutres, et aux portes et flancs des demi-lunes, ayant dessein de faire un fort royal sur un haut qui domine la ville et n'est point dominé. Ledit duc de Parme dit aussi qu'on l'avoit averti que le duc de Modène assembloit toutes ses milices, et qu'il attendoit douze cents chevaux qui venoient de Naples, et qu'il étoit assuré que don Francisco de Melos, ambassadeur du roi d'Espagne, disoit tout ouvertement que ledit duc de Modène lui avoit promis de sortir en campagne contre lui, et que si les troupes espagnoles qui étoient dans le Crémonais pouvoient s'y joindre, il pourroit entreprendre contre ses Etats avec quelque effort considérable; qu'il étoit aussi nécessaire que, pendant que l'on agiroit d'un côté, l'autre ne fût point tout-à-fait dégarni; que toutes ces raisons l'obligeoient à insister qu'on lui donnât les troupes qu'il demandoit.

Il falloit attendre que celles qui venoient de France fussent arrivées, pource que nous demeurerions trop foibles, et principalement de cavalerie, n'ayant que treize cents chevaux français, si ce n'étoit qu'il se contentât de retenir cinq compagnies italiennes de celles que le duc de Savoie avoit dans ses Etats, ou qu'il fît lever au comte Ascanio Scoti, fils du comte Fabio, quatre compagnies que Sa Majesté paieroit, lesquelles compagnies, avec un peu des nôtres, monteroient à mille chevaux. Il ne voulut point entendre à ces conditions, ne se fiant pas en celles du duc de Savoie, et n'estimant pas les nouvelles qu'on lèveroit en Italie. On lui représenta lors qu'il étoit meilleur qu'il demeurât en sa première résolution, qui étoit de se tenir avec l'armée, afin de ne point différer le secours de ses Etats, auquel Sa Majesté témoignoit le grand intérêt qu'elle prenoit, consommant, pour cet effet, la meilleure partie de l'été et de ses troupes. Il ne vouloit ni attendre l'arrivée de toutes les troupes, auquel cas on lui offroit de lui fournir le nombre que Sa Majesté avoit commandé et qu'il désiroit, ni se contenter de ce qu'on lui proposoit. Il partit néanmoins avec le duc de Savoie le 18 mai, auquel jour l'armée alla en corps à None. Le 20 le maréchal de Créqui partit pour conduire l'armée à Félissan, qui étoit un lieu qu'ils jugèrent le plus propre pour tenir les deux bords du Tanaro, où le maréchal de Créqui fit le premier pont pour leur passage. Le duc de Savoie alla à Ast. On sut là que les ennemis avoient logé leurs troupes en trois corps, l'un à Novarre et Mortare, le deuxième à Pavie, et le troisième à Alexandrie, Tortone et Voghera, tous trois se pouvant communiquer par un pont qu'ils avoient sur le Pô à La Girole. Chacun croyoit qu'on alloit droit pour forcer leurs retranchemens; mais le duc de Savoie, dès que l'armée fut arrivée à Félissan, demanda aux ducs de Parme et de Créqui ce qu'ils croyoient être à faire pour le secours : chacun d'eux opinant des lieux par lesquels il étoit plus aisé de forcer les ennemis, le duc de Savoie dit lors à notre ambassadeur que ce n'étoit pas son intention; qu'il y avoit six semaines qu'ils y étoient logés avantageusement, avec liberté de combattre ou ne pas combattre, ainsi qu'ils verroient bon être; que ce seroit hasarder l'armée de Sa Majesté en une exécution dont le succès étoit si douteux, que si les ennemis étoient tant soit peu capitaines, il y avoit mille fois plus à craindre qu'à espérer, et quand il y auroit à espérer quelque chose, ce n'étoit que passer à Plaisance, y laisser trois ou quatre mille hommes de pied, et s'en retourner; que, si l'armée trouvoit quelque difficulté à passer ou à repasser, les affaires de Sa Majesté en Italie étoient perdues entièrement; qu'il y avoit beaucoup plus de péril à retourner qu'à aller, à cause que l'on seroit plus foible, que l'armée seroit diminuée, et par les forces qu'on laisseroit à Plaisance et par celles qui dépériroient en ce voyage; qu'il y avoit si peu de nécessité à présent de secourir les Etats de M. le duc de Parme, que le marquis de Ville et M. de Saint-Pol étoient les maîtres de la campagne, qui avoient repris Castel-Saint-Jouan, et reprendroient Rottofreno et Borgo-Val-di-Tare quand M. de Parme voudroit; que rien ne pouvoit les en empêcher, les Espagnols n'étant pas en état. Il ajouta que nous consommerions l'été et les forces pour passer et secourir Plaisance, qui étoit plutôt un roman qu'un dessein, Plaisance n'étant ni assiégé, ni investi, ni pressé, ni sans nécessité ni d'hommes ni de vivres; qu'il n'y avoit que trois moyens pour aller aux ennemis, ou prendre depuis Tortone jusques aux montagnes, et que ce chemin étoit impossible, pour ne pouvoir ni les chars ni nos canons, ni nos vivres y passer, ou bien prendre depuis Castel-Novo jusqu'à la rivière, qui n'étoit pas expédient, pour être trop étroit et trop avantageux aux ennemis; qu'il ne restoit qu'à aller droit aux retranchemens des ennemis, qui étoient depuis Castel-Novo jusques à Tortone; qu'il ne croyoit pas que cette action fût de capitaine, de hasarder une armée sans nécessité; que son dessein étoit de faire croire aux ennemis, par le logement de Félissan, qu'il s'en alloit à leurs retranchemens pour les attirer deçà le Pô, qu'il vouloit passer à Brême; de là il vouloit aller au Tesin y faire un pont, et que les ennemis n'étant ni au-delà du Pô, ni au-deçà du Tesin, il feroit passer M. de Parme avec les troupes qu'on lui vouloit donner, en toute sûreté, jusque vis-à-vis de Plaisance, où M. de Parme avoit un pont pour se rendre en ses Etats; qu'il feroit en outre que le marquis de Ville viendroit à sa rencontre, et qu'après avoir fait ferme deux ou trois jours pour conserver son pont, de là il vouloit passer à Olegio, et y suivre le dessein que Sa Majesté avoit témoigné désirer avec affection, comme le seul utile à son service et pour la ruine du Milanais; qu'en faisant ces choses il obligeroit les ennemis à venir à lui, et lui donner un combat dans lequel ils n'auroient point d'avantage sur lui, ou que s'ils ne venoient point à lui il se rendroit maître de tout le pays.

Le dessein d'Olegio dont il parloit avoit été proposé par le duc de Rohan, et avoit manqué d'être exécuté, dès le mois de janvier, par les difficultés que nous avons dit ci-devant que le duc de Savoie avoit apportées au logement de nos gens de guerre, ce qui avoit empêché qu'ils n'étoient passés sitôt. Ledit duc proposoit de s'avancer de son côté dans le Milanais, et aller prendre Lecco au même temps que le duc de Savoie partiroit du Piémont, et s'avanceroit, par Romagnan, jusques à Olegio, où il feroit un pont sur le Tesin, et au-delà du pont un fort pour sa conservation; que les ducs de Savoie et de Rohan, se fortifiant en ces deux postes, se pourroient donner la main l'un à l'autre pour combattre les Allemands qui descendroient des passages des cantons catholiques, et qu'il étoit à croire qu'il les empêcheroit facilement, pource qu'ils viennent à la file, et on les combattroit à la descente des montagnes auparavant qu'ils pussent être assemblés en corps d'armée, de sorte qu'il ne leur resteroit plus que le mont Saint-Gothard, lequel encore on leur pourroit fermer si on se pouvoit rendre maître de Côme, pource qu'il faut qu'ils viennent par le lac de Lugano droit à Côme, ou par le Lac-Majeur, lesquels deux passages il estimoit être facile d'empêcher, si nous avions occupé les susdits lieux. Le duc de Savoie dit qu'il vouloit poursuivre ce dessein, qu'il avoit donné ordre au pont de Brême et aux bateaux qu'il falloit porter; qu'il feroit passer avant lui le maréchal de Créqui avec six mille hommes de pied et mille chevaux pour aller prendre et rompre le pont des ennemis à La Girole, et qu'il le suivroit avec la bataille et arrière-garde pour faire le pont sur le Tesin; qu'il enverroit un corps de quatre mille hommes et cinq cents chevaux droit aux retranchemens des ennemis, qui seroit commandé ou par M. de Parme ou le comte Fabio, pour leur persuader qu'il vouloit passer par là; que si les ennemis venoient à lui pour l'empêcher, que ce dernier corps passeroit par leurs retranchemens; s'ils demeuroient fermes, qu'il passeroit sans difficulté au Tesin.

Chacun fut surpris de sa proposition; l'ambassadeur du Roi lui dit que si on eût commencé la guerre par là il n'y eût rien eu à dire, le secours de Plaisance ne pressant pas ; qu'il ne doutoit point du secours des Etats du duc de Parme, laissant comme il proposoit un corps considérable aux tranchées des ennemis, et nous en allant à Olegio nous joindre au duc de Rohan qui étoit en campagne, et faisant d'autre part agir le marquis Ville dans le Lodesan ; mais qu'il trouvoit de grands inconvéniens à suivre ce conseil, maintenant qu'on avoit publié vouloir secourir à force ouverte les États du duc de Parme ; qu'il sembleroit que l'armée de Sa Majesté n'avoit osé tenter ce passage, joint que Sa Majesté avoit espéré d'attirer les ennemis à un combat, et que c'étoit le fuir plutôt que le chercher. Le duc de Savoie ne trouva pas bonne son opposition, et lui dit qu'il entendoit être le maître de ses desseins, et que si on ne les vouloit pas exécuter il s'en retourneroit chez lui. Le 23, il s'en alla à Félissan et en parla au maréchal de Créqui, et le 25 tint un conseil général où étoit le duc de Parme, qui approuva son dessein : à la séparation de ce conseil les ordres furent donnés pour partir. Le corps qui devoit aller aux retranchemens des ennemis fut commis aux sieurs Dauriac et Scoti, et ce corps passa le Tanaro le même jour dimanche. Le lundi au matin, le maréchal de Créqui partit de Félissan et s'en vint coucher sur le bord du Pô avec six mille hommes de pied et mille chevaux. Il survint une si cruelle pluie et une telle inondation d'eau, qu'il fut impossible au maréchal de Créqui de passer. Tous nos ponts se rompirent, et notre armée fut divisée en trois ; le corps de M. Dauriac demeura au-delà du Tanaro, celui de M. de Créqui sur le Pô, et le reste à Félissan. Nos biscuits étoient distribués, nous fûmes contraints de demeurer jusqu'au vendredi ensuivant 30 mai à regarder les rivières sans nous pouvoir secourir les uns les autres, et ainsi nos provisions périssoient sans effet ; cela devoit faire connoître aux ennemis ce dessein, et obliger M. de Savoie à le changer, consistant particulièrement en surprises. A la fin, à force d'argent et d'ouvriers on fit un pont sur le Pô, pour lequel il fallut cent cinquante barques. L'armée passa dans Brême, l'avant-garde le samedi 31 mai, et le reste le dimanche premier juin.

Avant que de passer le Pô, le duc de Savoie dit au sieur d'Emery, ambassadeur du Roi, qu'il avoit encore un autre dessein, qui étoit qu'en cas que les ennemis empêchassent de faire un pont sur le Tesin, de prendre les bateaux destinés pour le pont, et embarquer quatre mille hommes sur lesdits bateaux pour les envoyer à Plaisance, de s'en aller à Vigevano l'assiéger et le prendre, ce qu'il feroit en quatre jours, dégarni comme il l'étoit de gens de guerre ; qu'il le feroit accommoder en cinq ou six jours, y laisseroit deux mille hommes pour être maître absolument, comme il seroit par le moyen de cette place et de Brême, depuis le Tesin jusqu'au Pô, et de là qu'il s'en iroit à Olegio. L'ambassadeur lui répondit que ce dessein d'embarquement n'étoit point celui qu'il avoit dit, et qu'il n'étoit point honorable ; qu'il ne falloit point y commettre la personne de M. de Parme, et qu'occuper et fortifier Vigevano c'étoit nous affoiblir ; qu'il nous suffisoit de prendre un poste sur le Tesin sans en avoir deux, Olegio étant mille fois plus utile pour la communication de M. de Rohan, et pour l'empêchement du passage des Allemands : il se trouva encore offensé de ce qu'il lui contredisoit en cela. Cependant M. de Créqui avoit déjà pris le poste de La Girole, et pouvoit passer le Pô et nous attendre pour nous faire passer. Toute cette affaire avoit été si secrète entre le duc de Savoie et le maréchal de Toiras, qu'ils n'avoient donné ordre à rien quand nous eûmes passé le Pô ; les bateaux pour porter ces gens de guerre, ni les chars pour porter les bateaux, n'étoient pas en état. M. de Savoie s'étoit voulu charger du pont qui devoit suivre l'armée, quelque instance que l'ambassadeur lui fît de lui en laisser le soin, pour lequel pont il lui avoit donné 4000 écus et depuis 200 pistoles, croyant que c'étoit un pont à suivre. Mais, soit que M. de Savoie eût dessein de faire porter les hommes par les bateaux, non pas de faire un pont, ou qu'il eût quelque autre dessein, il voulut son argent et faire faire les bateaux pour le pont, sous prétexte que peut-être feroit-il faire des bateaux trop petits. Ce manquement nous fit perdre plus de quatre jours, du jour du rendez-vous jusqu'à l'embarquement, et nous avions été vingt jours entiers depuis le rendez-vous jusque-là, et n'étoit une provision extraordinaire de pain et de biscuit, nous étions perdus. Notre ambassadeur commença à se défier que l'on nous vouloit perdre, mais nous en avions encore pour dix jours, et les officiers de M. de Savoie furent si peu prévoyans, et lui aussi, qu'il fallut qu'il fît donner cinquante mille biscuits à ses troupes qui n'avoient pas un pain après avoir passé le Pô, et au lieu qu'il nous devoit nourrir, il fallut qu'il fît que notre munitionnaire nourrît ses troupes, autrement elles eussent péri. Notredit ambassadeur lui représenta lors que ce n'étoit pas là le moyen de remettre M. de Parme en ses États, à quoi M. de Savoie répondit qu'il suffisoit d'assurer son pays, et qu'il pouvoit ou demeurer avec eux ou s'en aller à la Valteline, passer sur l'État de Venise, et de là en son pays aussi assurément comme s'en aller à Paris, la sûreté y étant; mais cela n'étoit pas honorable; M. de Savoie se moqua de cet honneur.

Cependant il faisoit continuer à porter ces barques sur le Pô, et rien n'étant prêt, il nous fit demeurer quatre jours sur la rivière, pendant lesquels les ennemis vinrent à notre tête et à celle de M. de Créqui à La Girole. Le mardi 3 juin, M. de Savoie fit commencer à embarquer trois à quatre mille hommes; il ne se trouva pas de bateaux pour la moitié : le séjour que nous avions fait de deux ou trois jours à mettre cela en état avoit fait connoître notre dessein aux ennemis, et ainsi nos gens eussent été perdus, car nous eûmes avis, par un homme de M. de Parme, que les ennemis filoient au-dessous du Tesin, et qu'ils y faisoient un pont. Cela obligea notre ambassadeur à dire à M. de Savoie et à M. de Toiras que jusques à présent il leur avoit laissé conduire toutes choses, ainsi que Sa Majesté l'avoit commandé; mais qu'il voyoit qu'il y avoit vingt jours que nous étions en campagne, aussi avancés que le premier jour, que nos biscuits se mangeoient, que notre armée se consommoit sans effet; que hasarder ces gens sur la rivière c'étoit les perdre, et qu'en les perdant on perdoit l'honneur des armes du Roi et les États de M. de Parme; que Plaisance n'étoit point pressée ni investie, et n'avoit besoin d'aucune chose; mais que s'il arrivoit que ses gens fussent défaits, comme ils le seroient assurément (les ennemis étant maîtres des deux bords du Pô comme ils étoient), que Parme et Plaisance étoient perdues, parce que les peuples, qui étoient peu affectionnés à leur prince et craintifs, voyant leur prince absent et leur secours défait, se croiroient perdus; que les Espagnols en tireroient des avantages et renoueroient des pratiques, et ainsi qu'on perdroit ses États, et qu'ils y fissent considération. Cela ne fit rien sur eux; mais le mauvais ordre que M. de Savoie avoit donné, le manquement de barques, de bateliers et de rames, et les avis qu'ils reçurent des ennemis, les obligèrent d'eux-mêmes à faire ce à quoi ils refusoient de condescendre. Le duc de Savoie étant tout éperdu, et le maréchal de Toiras comme privé de jugement, dirent à l'ambassadeur du Roi qu'ils se résolvoient d'exécuter le dessein qu'il avoit proposé premièrement, savoir, d'essayer de faire un pont à La Girole. Les sieurs de Toiras, Castelan et Graves allèrent trouver le maréchal de Créqui pour savoir de lui si c'étoit chose que l'on pût espérer; ledit maréchal répondit que le premier et deuxième jours de son arrivée cela pouvoit être facilement exécuté; mais qu'après les ennemis avoient envoyé des troupes de leurs tranchées à son opposite et que cela lui étoit lors

impossible; qu'il croyoit néanmoins le pouvoir faire au-dessous de Pavie, sur le Tesin, s'il ne le pouvoit faire à La Girole, ainsi que l'on désiroit. M. de Savoie ne crut pas qu'il en pût venir à bout, premièrement pour être le Tesin en cet endroit trop large, et parce que les ennemis avertis seroient sur le bord de la rivière, et ainsi que ce seroit tenter sans effet cette action, et mande audit maréchal de Créqui de s'en revenir.

Depuis le mardi jusques au jeudi les choses furent en une telle confusion, que ceux qui la savoient croyoient l'armée perdue. Notre ambassadeur l'alla trouver et lui dit que nous périssions, et qu'il le supplioit de prendre, avec le maréchal de Créqui, une résolution et la lui dire, afin qu'il pourvût à la subsistance des troupes qu'il falloit conserver. Il lui demanda ce que nous ferions; il lui dit que si les affaires de Sa Majesté étoient réduites à son avis pour les exploits de la guerre elles étoient en très-mauvais état, que le Roi s'en étoit confié à lui. Il lui proposa l'affaire de Vigevano, à quoi il répondit que Sa Majesté avoit commandé deux choses, le secours de Plaisance et l'affaire d'Olegio; qu'il ne voyoit point que l'on suivît les intentions du Roi; que Vigevano étoit peu considérable pour ne donner pas le passage du Tesin; que pour cela il falloit faire un siége et fortifier une place, qui consommeroit et l'été et nos troupes; que l'armée ne pourroit tirer ses vivres ni cette place être conservée qu'en y passant dessus Mortare, et ayant à côté Novarre; que Brême nous rendoit aussi bien maîtres de la Lommeline, en y logeant deux cents chevaux. Il lui répondit ce qu'il vouloit donc qu'on fît. M. de Créqui arriva là-dessus, qui opina qu'il falloit faire un corps puissant à l'opposite du retranchement des ennemis et nous en aller à Olegio, et tâcher à passer le Tesin pour nous joindre à M. de Rohan, et faire passer avec toute l'armée ou une partie M. de Parme à Plaisance, car, si nous prenions le bord delà du Tesin, nous rappellerions l'armée de Nice, et en laissant à Olegio une partie de notre armée pour garder le passage, nous traverserions tout le Milanais. Suivant cet avis, on proposa à M. de Parme d'envoyer un corps de six mille hommes de pied et six cents chevaux effectifs aux tranchées, et avec le reste de l'armée s'en aller à Olegio, afin de faire les deux desseins en un même temps, ayant en ce moment reçu des lettres de M. de Rohan comme il s'étoit avancé. Ledit duc, qui s'impatientoit avec raison de ce retardement de son secours, voulut le commandement de cette armée, à laquelle M. de Toiras s'offrit d'aller et prendre l'ordre de lui, et de se rendre garant du passage, pourvu qu'en même temps on allât à Olegio. Ledit duc ne le voulut pas, croyant que M. de Savoie ne vouloit pas secourir ses États, que M. de Toiras l'éloignoit, et dit à notre ambassadeur qu'il avoit des raisons particulières pour cela dont il ne pouvoit s'expliquer. Ainsi donc ledit duc de Parme s'en alla au corps de Nice; on lui donna les régimens de Vernatel, Féron, Puy-Saint-Martin, Castreville, Urfé, et les compagnies de chevau-légers de Féron, Saint-Bouages, La Bruyère, Saint-Benoît, Scoti, Dauriac, Sauvebœuf, Ligondy, Saint-Oler et Montcara, et nous nous acheminâmes à Olegio pour voir si nous nous pourrions rendre maîtres des deux bords du Tesin, qui feroient notre jonction avec le duc de Rohan, et nous ouvriroient le secours de Plaisance, qui passeroit sans difficulté au Leuxel, d'un côté le duc de Rohan étant en campagne, M. de Parme de l'autre, nous à Olegio, et le marquis de Ville ayant ordre de faire un pont sur le Pô et un fort vis-à-vis de Plaisance pour donner jalousie à Lodi.

L'armée s'achemina donc vers Olegio; le duc de Savoie commanda au maréchal de Créqui de s'en aller saisir et se loger sur le bord du Tesin. Le maréchal envoya, le samedi 14 juin, sur la minuit, quatre cents chevaux vers Novarre, et le sieur de Corvou avec trois cents vers le Tesin. Cependant, avec le reste des troupes qu'il avoit avec lui, il arriva sur les huit heures à Olegio, qui se rendit à lui, et poursuivit son chemin vers le Tesin, où il trouva que le sieur de Corvou s'étoit saisi du fort, bien que les ennemis fussent logés à l'autre bord de l'eau, et l'avoit envoyé pour se saisir des bateaux qui s'y rencontreroient, et, avec ceux qui y devoient suivre, passer et faire un logement au-delà dudit Tesin, et, cela fait, rompre le navile du Boufalore, qui va à Milan. Ce navile est un canal que les Français, étant autrefois seigneurs du Milanais, firent creuser depuis le Tesin jusques à Milan pour y porter avec facilité les provisions nécessaires à l'usage de la vie. Quand le sieur de Corvou y arriva, les bateaux étoient du côté de delà, mais il s'avisa d'un stratagème qui réussit. Il fit prendre des écharpes rouges aux carabins montferrins qu'il avoit envoyés devant lui afin de faire venir les bateaux à eux, comme si c'eût été des troupes du Roi d'Espagne poursuivies par les Français, ce qui fut fort bien exécuté. Le maréchal, avec ces bateaux, et douze que le duc de Savoie avoit fait suivre, fit passer le Tesin à sept ou huit cents hommes, qui se retranchèrent au-delà. Ils y rencontrèrent quelque milice qui commençoit à s'assembler pour empêcher ce passage, dans lequel les Espagnols n'avoient point eu le loisir d'y envoyer des gens de guerre. Ledit maréchal les en chassa avec cinquante mousquetaires et deux petites pièces qu'il avoit avec lui, et à l'heure il passa l'eau sur le pont, où, en plusieurs voyages, il mit mille hommes avec des outils, lesquels, en dépit des ennemis, et soutenus de ses mousquetaires et de ses pièces, firent en quatre heures un retranchement d'où l'on ne le pouvoit déloger sans canon, et à la faveur duquel il fit faire dans deux heures un pont et passa de l'autre côté. Cependant le comte de Saulx, qu'il avoit envoyé avec les sieurs de Boissise, de L'Etang et de Veitevol du côté de Novarre, défirent trois cents chevaux allemands et italiens, et les poussèrent jusque dans les portes de Novarre. En même temps le duc de Savoie s'achemina à Fontanette pour l'assiéger et le prendre, et envoya quelques petites pièces de son corps à Romagnan pour s'assurer de ce lieu. Romagnan se rendit sans se faire battre : elle assuroit nos vivres qui y venoient de Gattinare, et de ce lieu-là partoient deux naviles, l'un pour Mortare et l'autre pour Novarre, dont toute la Lommeline tiroit grand avantage, tant pour les moulins que pour les rizières, lesquelles naviles nous rompîmes; ce qui porta préjudice au Milanais de plus de 300,000 ducatons. On y a laissé quatre cents hommes. Ledit duc fit en même temps investir Fontanette par le maréchal de Toiras, qui se rencontra bien meilleur que l'on avoit cru; le régiment de Chamblay en fit les approches si courageusement, que d'abord ils se logèrent près du fossé, à la faveur des ruines de quelques maisons. La nuit même M. de Toiras fit mettre quatre pièces de canon sur le bord du fossé; le lendemain au point du jour il commença à les faire tirer, et comme il en eut vu l'effet, s'en retournant de la batterie y reçut une mousquetade dans les reins qui lui perça le cœur, dont il mourut sur-le-champ sans parler (1); M. de Savoie avoit été plus de trois quarts d'heure avec lui à cette batterie, et avoit passé par le même lieu où M. de Toiras fut tué, il n'y avoit pas un quart d'heure. La batterie continua, et pressant ceux qui étoient dedans, qui n'étoient que la garnison ordinaire, les Espagnols ayant été surpris de ce côté-ci se rendirent. L'assiette de cette place est extrêmement importante, pour être la seule qui est entre le Tesin et la Sesia, et de soi elle est fort bonne : pource que c'étoit notre retraite et notre sûreté, nous y fîmes travailler en grande diligence; on y laissa le sieur Destouches pour dix ou douze jours, afin de donner ordre à cela; on y laissa un régiment et une compagnie de carabins afin d'assurer le chemin et nos vivres.

(1) Le 14 juin.

Cette place étant prise, ledit duc se vint joindre avec son corps d'armée au maréchal de Créqui. Cet exploit réussit par une particulière providence de Dieu : car les ennemis, croyant premièrement qu'on vouloit passer par le Tanaro, et depuis sur le Pô, abandonnèrent tous ces quartiers-là et tout le Tesin, et nous facilitèrent cette expédition, qui étoit la plus préjudiciable qui se pouvoit faire contre le Milanais, et tous les tours que nous fîmes par nos irrésolutions un mois durant, les ennemis les prirent pour stratagèmes de guerre. On séjourna en ce poste jusqu'au 20 du mois, le maréchal de Créqui étant logé au-delà du Tesin, et le duc de Savoie avec le reste de l'armée à l'autre bord dudit Tesin. On employa tout ce temps-là à résoudre le moyen de renvoyer le duc de Parme en ses États, et si nous devions fortifier ce poste-là, ou si l'on en iroit prendre un autre plus aisé à fortifier et garder, qui étoit à l'embouchure de ladite rivière dans le Lac-Majeur. Le duc de Savoie dépêcha le sieur de La Cliete au duc de Parme, pour lui dire que le seul but des armes du Roi ayant été de secourir ses États et y ramener sa personne avec gloire, on avoit jugé que le moyen le plus honorable étoit celui du passage du Tesin, qui ayant succédé heureusement, il le convioit de le venir trouver, afin qu'avec toute l'armée on le conduisît au travers de l'État de Milan glorieusement, jusque vis-à-vis de Plaisance, où nous croyions que le fort et pont qu'il avoit promis de faire faire seroient faits, ainsi que son passage s'exécuteroit et avec gloire et avec sûreté ; que nous avions avis certain que les ennemis avoient quitté leurs retranchemens, et avoient seulement mis à Tortone quelque milice, ayant mis toutes leurs autres troupes ensemble, qui avoient déjà passé le Tesin pour venir à nous ; que cela étant, il lui étoit aisé d'aller droit par lesdits retranchemens avec les six mille hommes de pied et huit cents chevaux que nous lui avions laissés ; mais pource qu'il pourroit avoir quelque crainte que les avis que nous avions reçus du délogement des ennemis ne fussent pas certains, et qu'il rencontrât en son passage de la résistance qu'il ne pût forcer, ledit duc de Savoie le convioit de le venir trouver avec ses troupes, pour, toute l'armée du Roi jointe ensemble, lui ouvrir le chemin de son retour : ce qui étoit si facile à faire, que sans l'assistance de ses troupes nous n'avions pas de crainte d'attendre les ennemis, et de leur donner bataille s'ils nous en présentoient l'occasion. Le duc de Parme, du commencement, accepta ce parti et se résolut d'aller. On fit incontinent distribuer à ses troupes, pour nous joindre, des biscuits qui étoient à Aqui, pour cinq ou six jours ; et les poudres nécessaires pour son passage, portées par cinquante mulets, étoient sur son chemin pour aller à lui, quand à l'instant il changea d'opinion. Il envoya prier le duc de Savoie de trouver bon qu'il passât par les retranchemens. Le duc de Savoie lui mande derechef qu'il lui en laisse le choix ; lors il rentre dans de nouvelles incertitudes ; premièrement il veut passer par la tranchée ; le sieur Dauriac, maréchal de camp du Roi, le prioit de passer par la montagne, qui étoit le plus sûr ; puis quand il se fut rendu à son opinion, il voulut que ce fût dès le lendemain, et ne lui voulut jamais donner deux jours de temps pour avoir sa poudre et ses biscuits, que l'on avoit fait détourner sur la créance qu'il viendroit à l'armée, et que dans deux jours il eût eus ; mais il prit résolution de s'en aller inconnu, lui cinquième, par Gênes, et renvoyer ses troupes au duc de Savoie, mettant en avant que ses États étoient pressés, bien qu'ils fussent si libres que la duchesse de Parme ayant mandé aux sieurs marquis Ville et de Saint-Pol qu'ils allassent à la rencontre de son mari avec ses troupes, ils allèrent jusqu'à Castel-Novo de Scrivia sans trouver aucune résistance, où n'ayant point de nouvelles de l'armée dudit duc, mais au contraire qu'il s'en étoit allé par Gênes et avoit renvoyé ses troupes, le marquis Ville s'en vint avec les siennes à Ast, et le sieur de Saint-Pol retourna à Plaisance ; et d'autre part il y avoit si peu de danger à aller avec les troupes qu'il avoit dans ses États, que, deux jours auparavant qu'il partît, il n'étoit resté aucunes troupes ennemies pour la défense des retranchemens, et ils avoient eu tant de crainte de notre passage au Tesin, qu'ils avoient ramassé tout ce qu'ils avoient de bon et de mauvais pour s'opposer à nous : ce qu'on ne peut attribuer qu'à une crainte trop grande, assez ordinaire à un prince foible qui se défie de tout, pource qu'il a peu de ressources et peut être facilement ruiné. Il avoit peu d'expérience ; il recevoit de continuelles plaintes de ses sujets, qui étoient épouvantés parce qu'ils n'avoient jamais vu de guerre. Le comte Fabio Scoti, qu'on estimoit être celui qui l'avoit porté dans le parti du Roi, craignoit tous les mauvais événemens, desquels il savoit bien qu'il seroit chargé entièrement, et étoit étonné de voir que, s'étant imaginé que toute la guerre se feroit dans le Milanais, il s'en faisoit une partie dans l'État de son maître.

Cependant notre armée rompit tant de portes du navile de Boufalore, que nous le mîmes presqu'à sec, et le rendîmes incapable de porter aucuns bateaux ; et trouvant beaucoup de difficultés de nous fortifier en ce lieu-là, et ayant fait visiter le long du Tesin les lieux les plus commodes pour cet effet, on s'en rapporta à l'avis du sieur Le Camus, homme d'expérience en ce métier pour l'avoir long-temps pratiqué, et du sieur de La Rôque-Servières aussi, aide de camp, qui furent tous deux d'accord qu'à cause de l'éminence d'une petite colline qui commandoit d'assez proche la rivière, et par conséquent le pont, il ne seroit guère assuré, même que la nature du terrain étoit fort mouvante et presque tout gravier; que tout ce qu'on y feroit seroit dépense perdue, mais qu'il falloit aller prendre un autre poste sur la même rivière à Castelet, y faire le pont et s'y fortifier. L'ordre étant donné de partir, le maréchal de Créqui, avec sa brigade, marcha du côté de la rivière où il étoit logé, et le duc de Savoie avec le reste de l'armée, qui étoit de huit mille hommes de pied et de mille cinq cents chevaux de l'autre côté, cheminant vis-à-vis l'un de l'autre jusqu'à leur logement, qui fut à Somo pour l'avant-garde, et a Varal de Piombo pour la bataille, pour aller le lendemain à Castelet et à Sestri, où étoit fort proche le lieu qu'il falloit fortifier vis-à-vis dudit Castelet; les bateaux pour faire le pont suivoient non sans beaucoup de peine, à cause du courant de l'eau qui est fort rapide. Dès le soir l'ordre fut donné pour partir le lendemain au point du jour, et déjà le comte du Plessis-Praslin étoit parti avec les maréchaux des logis et fourriers pour aller faire le quartier au lieu où l'on vouloit fortifier, quand l'ambassadeur du Roi ayant été visiter le lieu du Castelet, et ne l'ayant pas trouvé à son gré, fit envoyer toute la nuit un commandement du duc de Savoie au maréchal de Créqui de retourner sur ses pas. Ledit duc lui commandoit de ne faire que deux milles, et l'aller attendre au bord dudit Tesin, où il prétendoit de faire un pont et se joindre avec lui, afin qu'avec toute l'armée du Roi ensemble ils pussent reprendre le poste de l'embouchure du navile, que ledit maréchal avoit quitté avec regret le jour auparavant. Mais ayant eu nouvelles que le marquis de Léganez avec toute l'armée du roi d'Espagne le venoit prendre en diligence, il se résolut de le prévenir, faisant savoir à son altesse qu'il fît descendre son pont audit navile, où il espéroit d'arriver avant les ennemis. Le maréchal de Créqui mit l'armée en bataille, et s'en revint en très-bon ordre sur le même chemin qu'elle avoit fait le jour précédent. Celle de son altesse en fit le même de son côté. Le duc de Créqui, sans s'arrêter à quantité d'avis qu'il eut par le chemin, suivit sa résolution de prendre le poste quitté de la Casa de la Camera. Il envoya devant lui Bouillac avec ses dragons pour apprendre nouvelles des ennemis, et peu après détacha Courvou avec son escadron, qui partit accompagné du marquis de Hautefort pour se saisir d'un poste qui étoit fort avantageux pour nous faciliter à reprendre notre logement. Comme il aborde ce poste, les coureurs de l'ennemi y arrivent d'un autre côté, mais les trouvant foibles et éloignés de leur avant-garde, ils le quittèrent sans grand combat.

Le duc de Créqui, averti par Courvou, fait avancer le comte du Plessis-Praslin suivi de deux escadrons, donne ordre au comte de Saulx de s'avancer avec le reste des troupes ; le tout fut exécuté avec telle diligence, que ledit maréchal se saisit du logis avec quatre cents chevaux à même temps que huit escadrons des ennemis parurent en une grande plaine, à moins de deux milles de lui ; le voyant arrivé, ils s'arrêtèrent et se logèrent à deux mille pas de lui en deux villages, l'un nommé Casten, et l'autre Vensague. Son altesse au même temps arriva avec ses bateaux, et fit travailler au pont avec tant de diligence, qu'au point du jour il fut achevé; mais, soit que ses troupes fussent lasses ou campées un peu loin, aucun ne passa pour se joindre au maréchal de Créqui, de trois heures. Cependant les ennemis, sur les six heures du matin, le vinrent attaquer de deux côtés avec quatorze mille hommes de pied, quatre mille chevaux et quatre canons, et se passa le plus rude et le plus sanglant combat que l'on eût fait il y avoit cent ans. L'armée ennemie, ayant été en bataille à la pointe du jour, eût surpris les nôtres sans la grande diligence qu'apporta le maréchal de Créqui à donner les ordres nécessaires aux comtes du Plessis et de Saulx pour la mettre en bataille : ce qu'ils exécutèrent avec une extrême vigilance. Le bord du Tesin est fort relevé en cet endroit; entre le bord et le cours de la rivière il y a un espace de mille pas de pays; de l'éminence de ce bord où étoit logée notre infanterie jusqu'à Vensequel, logement des ennemis, il y a un quart de lieue de plaine où il n'y a ni haies ni fossés ; depuis ledit Vensequel jusqu'à notre camp, à la main gauche, il y a un grand fossé, lequel ils avoient à la main droite, au long duquel le duc de Créqui fit sortir le régiment de Lyonnais, commandé par le chevalier d'Alincour, qui soutint en cet endroit le premier effort des ennemis. Les troupes du Roi étoient logées sur un haut à l'opposite du navile, excepté les régiments de Pierregourde et Florinville, les gendarmes d'Alincour et l'escadron de L'Estang, que l'on envoya en bas pour empêcher que les ennemis ne vinssent rompre le pont, comme ils en avoient le dessein. Les ennemis s'avancèrent en bataille, en fort bel ordre, au nombre de treize mille hommes de pied et quatre mille cinq cents chevaux, avec cinq pièces de canon. Le combat commença à sept heures du matin par une furieuse escarmouche, où le canon des ennemis, logé à l'avantage, incommodoit extrêmement nos troupes, lesquelles accablées du nombre des ennemis plièrent un peu. Lors le comte du Plessis-Praslin mena l'escadron de Boissac, soutenu de celui du baron de Palluau, s'opposer au grand effort des ennemis; ils les arrêtèrent pour un temps, mais à la fin il fallut que le foible cédât au plus fort. Boissac, après avoir eu trois chevaux tués sous lui, et trente-cinq ou quarante hommes de son escadron tués ou démontés, fut pris par les ennemis, et recouru par Palluau et Roquetaillade, cornette de Boissac, jusque dans le milieu des ennemis, lesquels ayant soutenu trois attaques qui leur furent faites par le régiment de Chamblay, mené au combat par le comte du Plessis-Praslin, suivi de Castellan, sergent de bataille, et Roque-Servières, aide de camp, qu'ils n'en bougèrent tant que le combat dura, et ayant tué et blessé la plus grande part des officiers dudit régiment; et par ce moyen ne trouvant qu'une foible résistance en cet endroit, descendirent le coteau, au pied duquel ils trouvèrent Pierregourde et Florinville, qui firent une si grande résistance dans leurs retranchemens, que les ennemis se résolurent de les prendre par derrière, ce qui obligea les nôtres à quitter leur poste, et Pierregourde à rallier ce qu'il put des deux régimens (Florinville étant demeuré dans son poste, blessé de deux mousquetades, sans l'abandonner), pour s'en revenir, l'épée à la main, le faire quitter aux ennemis, ce qu'il exécuta assisté de l'escadron de L'Estang, soutenu des gendarmes d'Alincour; et tous ensemble, après un grand combat, chassèrent les ennemis, tant cavalerie qu'infanterie, qui s'étoient saisis de la prairie qui tient au navire. Ils furent à même temps secourus de son altesse par les régimens de Senantes et des Cevennes, et tous ensemble repoussèrent les ennemis sur la cime de la montagne, où Senantes et Cevennes se logèrent. Comme ils se virent chassés du bas, ils se résolurent de faire un effort à la tête d'en haut, et pour cet effet envoyèrent sept cornettes allemandes, soutenues du reste de leur cavalerie, charger la main droite de notre infanterie, qui fut contrainte de ployer après une signalée résistance. Mais le comte du Plessis-Praslin les fit charger sur ce temps par Boissac et Palluau, qui avoient rallié vingt-cinq ou trente maîtres de leurs escadrons, et Bouillac avec cinq ou six de ses dragons, et par Courvou sur la gauche, avec trente maîtres des siens, qui les repoussèrent si vivement et avec tant de perte des leurs, que leur cavalerie n'osa plus paraître. En ce temps, le duc de Créqui et le comte de Saulx s'avancèrent sur notre gauche avec le reste de la cavalerie, pour faire tête à celle des ennemis qui soutenoient lesdits Allemands, lequel duc, ayant l'œil partout, alloit souvent à la tête voir ce qui s'y passoit, faisoit rafraîchir les troupes qui combattoient sous l'ordre du comte du Plessis, tant de celles de l'avant-garde que du régiment de cavalerie du chevalier de Souvray et des escadrons de Savoie, que des régimens de Cauvisson, de Lorraine, de Maroles, Bois-David, La Tour, La Ferté, qui servirent tous avec tant de courage, que souvent ils repoussèrent les ennemis des postes les plus avantageux. L'infanterie des ennemis, voyant leur cavalerie rebutée, voulut faire un autre effort contre la nôtre; comme elle avançoit pour cet effet, l'escadron de Venterol et Couvet, avec la compagnie de Saint-Benoît, les chargea si vivement qu'il leur fit perdre l'envie de s'y plus jouer. Le combat ne laissa pas de continuer toujours avec plus de violence, tant d'une part que d'autre, jusqu'à la nuit, et les ennemis, voulant faire un dernier effort sur Enrichemont et Roquefeuille, qui avoient relevé le régiment de Saulx de son poste, qu'il avoit conservé contre deux ou trois attaques furieuses, avec perte quasi de tous leurs officiers, ils trouvèrent une si grande résistance, qu'avec perte de beaucoup des leurs ils furent repoussés rudement, l'épée à la main, jusque dans leurs retranchemens, le prince d'Enrichemont étant à la tête de son régiment. Il seroit malaisé de dire combien de fois ils vinrent à nous, et combien de fois ils furent repoussés, encore plus de particulariser les exploits des uns et des autres. Le combat dura quinze heures sans aucun relâche. Son altesse, avec le duc de Créqui et les maréchaux de camp, ayant résolu de parachever le combat et la victoire aussitôt que le jour paroîtroit, ils apprirent par lui la fuite des ennemis. Leur ruse pour la couvrir fut de laisser cinq cents piques plantées en terre, et autant de mèches allumées, rangées sur leurs retranchemens, et deux cents dragons qui tirèrent tous jusques au jour. Ils laissèrent sur le champ la plupart de leurs morts, quantité d'armes, chariots et munitions de guerre; ils perdirent, tant de morts que de blessés, trois mille cinq cents hommes de pied et trois ou quatre cents chevaux, entre autres le général de la cavalerie Gambe, comte, et plus de cent cinquante officiers de leur infanterie, par-

H. C. D. M. T. IX.

ticulièrement des Espagnols et Allemands ; les dragons allemands y ont perdu presque tous leurs chefs ; Gildas, don Martin d'Aragon, le marquis de Mortare et Spadin furent blessés ; ils laissèrent deux ou trois cents prisonniers, entre autres don Louis Gaëtan, blessé à mort, don Thomas d'Angelo et don Francisco de Cordonxe. Nous perdîmes quatre à cinq cents hommes de pied, tant de morts que blessés, cent ou six-vingts chevau-légers et plus de quatre-vingts capitaines, tant d'infanterie que de cavalerie. Le maréchal de Créqui, qui courut tous les hasards de cette journée, n'y fut néanmoins point blessé, ni le duc de Savoie, qui s'y comporta avec beaucoup de cœur.

Cette journée nous devoit faire espérer de grands avantages pour les armes du Roi; mais tout notre bonheur s'arrêta là, soit que le duc de Savoie ne sût pas se servir d'une telle victoire, soit par quelque secret de la providence de Dieu. Il espéroit que le duc de Rohan le devoit joindre ; mais ledit duc, qui étoit parti le 29 mai, pour ce sujet, avec cinq mille hommes de pied et deux mille chevaux, et qui avoit courageusement forcé plusieurs lieux et passages que Cerbelon avoit fortifiés, et ayant mis le feu en plusieurs de leurs corps-de-garde et villages, s'étoit avancé jusques à Girola, et après plusieurs combats étoit arrivé à Lecco le 31, ne voulut pas passer plus avant, et manda au duc de Savoie qu'il ne pouvoit aller jusques à Gravedonne, comme il avoit fait quelques mois auparavant, parce que Cerbelon avoit fortifié les passages. Le duc de Savoie au contraire lui mandoit qu'il s'avançât jusque-là, et que dès qu'il approcheroit de la plaine, il lui enverroit deux mille chevaux pour le fortifier, et fourniroit de vivres nécessaires à son armée. Mais le duc de Rohan, qui croyoit avoir acquis quelque honneur en cette guerre, ne voulut rien hasarder, et offrit seulement de venir à Lagde, si le duc de Savoie vouloit aussi, de son côté, s'avancer pour prendre Lecco. Mais quand ils se fussent joints, ils n'eussent pu faire grand'chose pour le service du Roi : car il étoit assez fort pour empêcher le passage des Allemands par les Grisons ; pour faire des conquêtes, ses troupes jointes aux nôtres étoient trop foibles ; et pour s'avancer et s'en retourner, cela ne produisoit aucun solide avantage aux affaires du Roi. Il s'en retourna à la Valteline, voyant qu'on ne vouloit pas aller jusques à lui, où peu après arrivèrent de grands soulèvemens contre lui par les Grisons, sur le sujet de leur accommodement avec les Valtelins.

Sa Majesté avoit, dès l'année précédente, commandé audit duc de trouver moyen de leur en faire passer quelque traité qui pût être au contentement des deux parties intéressées ; mais la piété de Sa Majesté l'obligeoit à lui recommander deux choses étroitement : l'une qu'il n'y eût exercice en la Valteline et deux comtés, d'autre religion que de la catholique ; l'autre, que l'administration de la justice fût accordée aux Valtelins. Le duc de Rohan, ayant avec beaucoup de peine traité cette affaire l'espace de quatre mois, finalement conduisit l'affaire à ce point-là, qu'il fit conclure et ratifier en bonne et authentique forme un traité à Rozane, où non-seulement il fit passer les deux articles ci-dessus mentionnés, mais même obtint plus qu'il ne lui étoit ordonné, les protestans se trouvant exclus par ledit traité de l'habitation de la Valteline. Ensuite de cela il dépêcha vers Sa Majesté pour avoir la ratification dudit traité; on la lui envoya avec quelques modifications que le conseil de Sa Majesté jugea à propos. Le duc ne voulut pas présenter ladite ratification ainsi modifiée, craignant, comme il disoit, qu'ils ne la voulussent pas recevoir. Cependant il tomba malade, ce qui retarda quelque temps cette affaire. Les officiers grisons dépêchèrent en France en ce temps-là un député, pour conjointement solliciter le paiement de ce qui leur étoit dû, qui arrivoit à près de 900,000 livres. Le député s'en retourne, croyant avoir obtenu 120,000 livres, comme il prétendoit lui avoir été déclaré par les ministres de Sa Majesté, dont ledit député rendit compte, à son arrivée, auxdits officiers, qui témoignèrent en être contens, attendant que Sa Majesté pût satisfaire au reste avec plus de commodité. Quand il fallut venir à l'exécution de ce que dessus, il se trouva que l'ordonnance que le sieur Lanier avoit reçue pour cet effet n'étoit que 100,000 livres, prenant encore 20,000 livres pour les Suisses, de sorte qu'en rabattant le pain qui avoit été donné aux Grisons l'espace de six semaines, il se trouva qu'ils n'avoient reçu qu'environ 36,000 livres au lieu de 120,000 qui leur étoient ordonnées. La faction espagnole prit cette occasion de faire mutiner leurs peuples ; les troupes grisonnes abandonnent leurs postes, s'assemblent en corps au val Tomiasco, s'emparent du pont Riqueveau, et mettent garnison dans la ville de Coire. Le sieur Lanier les voulant reprendre, ils sortirent des bornes du respect. Il fait assembler les députés de toutes les communes, pour faire interposer l'autorité des chefs des ligues, et faire cesser ledit soulèvement ; mais la chose réussit tout autrement, car les chefs des ligues se joignirent aux colonels, et les colonels aux chefs, demandant conjointement la restitution de la Valteline et le paiement de ce qui étoit dû aux troupes, et commencèrent à ne reconnoître plus ledit duc de Rohan, qui donna avis au Roi de la légèreté et ingratitude de ces peuples, qu'il avoit peu d'espérance de faire rentrer en leur devoir, sinon avec une grande dépense.

Au même temps que les troupes du duc de Rohan retournèrent du Milanais à la Valteline, le duc de Savoie retourna avec son armée en Piémont; car après avoir demeuré quelque temps au navile pour achever de le rompre, et en ôter toute l'eau, et aussi pour attendre le sieur Dauriac qui amenoit les troupes qui avoient été données au duc de Parme, partit le 4 juillet pour s'en retourner à Castelet et à Sestri. Le sieur Dauriac s'en alla avec trois mille hommes et cinq cents chevaux à Castelet, et le duc de Savoie avec le reste de l'armée alla au-delà du Tesin à Sestri, à dessein de faire deux forts deçà et delà le Tesin pour nous en assurer le passage; mais, soit qu'ils ne trouvassent pas les lieux propres pour y faire les forts qu'ils pensoient, la situation des bords du Tesin y étant telle que l'on n'y peut construire aucune bonne place, ni trouver lieu où l'on puisse assurer un pont des deux côtés; soit que le duc de Savoie vît de jour à autre dépérir notre armée, et au contraire celle des ennemis se renforcer, notre armée quitta le 23 juillet ledit Tesin, que nous avions gagné et conservé au prix de tant de sang, et vint camper à Borgomanero, sur quelque avis que le duc de Savoie reçut que les ennemis vouloient venir loger à Romagnan, entre lui et ses vivres. L'armée ennemie étoit renforcée de cinq mille Napolitains qui avoient passé par Gênes, et de plusieurs levées qu'ils avoient faites dans le Milanais, où quelques personnes de qualité avoient fait des troupes à leurs dépens, croyant les affaires être réduites à l'extrémité. La nôtre n'étoit pas si forte de nombre d'hommes, mais ils étoient meilleurs et encouragés par les succès passés. Elle arriva à Romagnan devant celle des ennemis, et leur présenta la bataille, laquelle ils refusèrent; puis s'en alla à Candie, et en partit le 10 août pour se mettre en garnison et remettre un peu notre infanterie et notre cavalerie, qui étoient en mauvais état pour la quantité de malades qui étoit parmi eux.

Les ennemis, à quelques jours de là, passèrent le Tanaro avec dix mille hommes de pied et trois mille chevaux, s'approchèrent du côté d'Ast, avec contenance de vouloir attaquer Nice-de-la-Paille, pour nous ôter la communication du Montferrat à Gênes. Le duc de Savoie en étant averti, va droit à Ast, donne ordre au maréchal de Créqui, qui étoit à Casal, d'assembler les troupes du Roi, qui obéirent au commandement avec grande alégresse, espérant de combattre les Espagnols; mais ils ne les osèrent attendre, et se retirèrent à l'approche de nosdites troupes, après avoir brûlé et saccagé cinq ou six villages du Piémont, et fait passer quelques troupes le long de la marine pour garantir Final, qu'ils appréhendoient d'être attaquée par l'armée navale du Roi.

Voilà ce qui se passa cette année entre nos armées de Piémont et celles du Milanais; mais le duc de Parme; peu après son arrivée en ses États, y reçut beaucoup de dommages et de ruines par les Espagnols, qui y entrèrent le 15 août avec quarante et une cornettes de cavalerie, quatre mille cinq cents hommes de pied et deux canons. L'armée étoit commandée par don Martin d'Aragon; elle partit de Castel-Novo de Scrivia, et alla au castel de Saint-Jouan. Le sieur de Saint-Pol ayant avis de leur arrivée, mais ne sachant pas qu'ils étoient en si grand nombre, et ayant toujours, tandis qu'ils n'avoient été qu'une fois plus forts que lui, emporté de l'avantage sur eux, les alla reconnoître; mais il fut poussé avec tant de violence, qu'il fut contraint de se retirer à Plaisance, avec perte de cent cinquante soldats et de quelques officiers. Les ennemis ensuite ravagèrent tous les environs de Rottofreno, brûlèrent tous les pays au-delà Trebia, et le 19 août entrèrent dans le pays qui est entre Parme et Plaisance, où ils exercèrent toutes sortes de cruautés et d'inhumanités. Le duc de Parme commença lors à reconnoître sa faute de s'être plaint des troupes du marquis de Ville qui étoient dans son pays, et de n'avoir pas voulu recevoir le secours qui lui avoit été offert par notre ambassadeur de la part du Roi, et le tout par avarice, de crainte que ses sujets en fussent foulés. La république de Gênes nous avoit accordé le passage pour cet effet; mais, quelque sollicitation qu'on pût faire auprès de lui, il avoit refusé l'assistance que nous lui avions voulu donner. Lors il la demanda aussi ardemment qu'avec opiniâtreté il l'avoit refusée auparavant; mais ce qui étoit auparavant aisé s'étoit lors rendu difficile : les ennemis étoient maîtres de la campagne, de Fiorenzola et du bourg de Saint-Donin, et ôtoient la communication de Parme à Plaisance, où le duc se trouvoit engagé; ils assiégèrent et prirent Saint-Stephano, de sorte qu'il ne pouvoit plus entrer de secours de notre côté.

La même difficulté étoit du côté de M. de Rohan, les ennemis étant maîtres de la campagne, joint que les Vénitiens feroient difficulté d'accorder le passage à nos troupes à cause de la contagion; d'en faire lever sur l'État du Pape,

4.

et le lui envoyer, le duc n'en vouloit point, se défiant des sujets de Sa Sainteté, qui avoit depuis peu fait publier à Rome un monitoire contre lui ; enfin on lui envoya, du côté de Mantoue, sept cents hommes. Sabionette étoit la seule place qui couroit du péril, car Parme et Plaisance étoient munies de tout ce qu'il leur falloit ; mais Sabionette, comme nous avons dit, n'étoit pas en si bon état, car le duc en avoit chassé les Français qu'on y avoit fait entrer auparavant, et les ennemis fortifioient plusieurs postes à l'entour ; mais le sieur de La Tour la secourut et y jeta deux cent cinquante hommes de pied et cinq cents mousquetaires à cheval, et quantité de farines, poudres et toutes autres nécessités. Le marquis de Léganez, qui, avec plusieurs chefs de l'armée espagnole, étoit à Crémone, ayant quelque dessein de surprendre cette place, se retirèrent quand ils eurent avis du secours qui y étoit entré. Le mal étoit qu'il falloit soutenir et rafraîchir ce secours de temps en temps, ce que nous ne pouvions faire que de ce côté-là, et que le duc de Parme vivoit si mal avec celui de Mantoue, qu'il ne vouloit plus l'assister. Toutes ces difficultés firent qu'enfin le Roi prit résolution de lui envoyer quatre ou cinq mille hommes par son armée navale, et de passer sur les terres de Gênes, à quoi Sa Majesté ne croyoit pas trouver opposition.

Cependant elle manda à Sa Sainteté qu'il lui sembloit que le traitement qu'elle faisoit au duc de Parme étoit bien rude, et du tout contraire aux fins d'une bonne paix ; que si Sa Sainteté avoit fulminé excommunication aussi bien contre les Espagnols qui étoient dans ses États à main armée, comme il faisoit contre lui au cas qu'il ne posât pas les armes dans un certain temps, il nous auroit ôté, au jugement de ceux qui ne seroient passionnés pour les uns ni pour les autres, tout sujet de plainte ; mais d'user de l'extrémité de la rigueur contre M. de Parme, et ne rien dire contre les Espagnols, c'étoit, à proprement parler, les exciter à envahir ses États, et donner lieu de croire à tout le monde que Sa Sainteté étoit d'accord avec eux pour partager la dépouille de ce pauvre prince, ce qui rendroit l'entremise d'un légat au traité de la paix entièrement suspecte à tous ceux qui ne seroient pas partisans de la maison d'Autriche ; que cette affaire touchoit tellement au cœur de Sa Majesté, que si le Pape ne prenoit une résolution qui empêchât les Espagnols de ruiner ce prince, avec prétexte de son approbation, beaucoup estimeroient que la France n'ayant plus rien à espérer de Sa Sainteté, n'auroit aussi plus rien à craindre de ce côté-là. Les offices si pressans que Sa Majesté fit vers le Pape en faveur du duc de Parme, arrêtèrent le cours de la rigueur avec laquelle Sa Sainteté avoit commencé à procéder contre lui, en partie pour l'intérêt de l'Église dont Parme est un fief, mais plus encore pour favoriser les Espagnols, avec lesquels, bien que peut-être elle ne les aimât pas en son cœur, néanmoins elle vouloit être bien en ce temps auquel elle avoit différend avec les Vénitiens, d'autant qu'elle espéroit qu'en cas de rupture les Espagnols l'assisteroient contre eux. C'étoit le bien des Espagnols de le faire, tant pource que la cause de Sa Sainteté seroit apparemment et universellement approuvée en Italie par l'intérêt de l'Église, que parce que ses États sont sans comparaison plus avantageux que ceux des autres princes d'Italie pour y faire des levées de gens de guerre, et en tirer des vivres pour la subsistance du Milanais. Or, Sa Sainteté n'avoit pas la même créance de nous, d'autant qu'il étoit utile au Roi, en cas de rupture, d'assister les Vénitiens nos anciens alliés, et intéressés pour leur propre conservation à l'aversion de l'Espagne ; que l'union faite avec eux est plus solide et de plus de durée, comme faite avec une république qui ne meurt point, que n'est pas celle que l'on contracte avec un pape dont l'extrême vieillesse fait à tout moment appréhender le changement ; outre que, le Roi ayant la Valteline, ils peuvent ouvrir ou fermer le passage d'Allemagne en Italie, tant par mer que par terre, fermant lequel ils incommoderoient le Milanais, et l'ouvrant, ils donnent le moyen aux Espagnols de le secourir puissamment ; et eux-mêmes, s'ils s'unissoient à eux, le pourroient faire fortement, comme au contraire, unis au Roi, ils y pourroient faire une grande diversion, le pays étant ouvert de leur côté ; leur désunion d'avec nous feroit perdre la Valteline, leur union confirmeroit beaucoup de princes intéressés en la ligue du Roi, et y en appelleroit plusieurs autres, d'autant que l'on sait que, craignant moins la dépense et regardant moins l'intérêt particulier que des neveux du Pape, leur union et leur puissance sont plus solides, d'où il arrive aussi que leur réputation l'est aussi davantage parmi les princes d'Italie. Le Pape, pour ces considérations, favorisoit un peu le parti des Espagnols, et supportoit ou feignoit de ne pas voir beaucoup de choses qu'ils avoient faites depuis plusieurs années contre son honneur et son consentement ; ainsi ils profitoient de ce différend qu'ils fomentoient tant qu'ils pouvoient, car, comme ils en tiroient quelque avantage de la part de Sa Sainteté, ils n'en avoient pas moins de celle des Vénitiens, qui, bien qu'ils ne permissent pas que leurs gens de guerre allemands qu'ils envoyoient pour secourir le Milanais, passassent par le Tyroi ouvertement, leur ouvroient néanmoins le passage par Trieste, et donnoient libre passage par leurs États aux vivres qu'ils faisoient venir, n'osant pas leur refuser absolument ni l'un ni l'autre, pour se ménager et ne les avoir pas entièrement contre eux en leur différend avec Sa Sainteté. C'étoit un des sujets les plus pressans qui obligeoient le Roi à employer tous ses offices pour faire terminer leur mésintelligence ; mais les uns et les autres étoient fermes et opiniâtres en leurs prétendus intérêts.

Le changement de l'inscription du tableau d'Alexandre III recevant la soumission de Frédéric Ier, dont nous avons parlé l'année précédente, avoit tellement aigri les esprits, que les uns ni les autres ne pouvoient ouïr parler de ce différend sans entrer incontinent en colère ; et si le Pape ne vouloit point fléchir, les Vénitiens n'étoient pas plus condescendans, et avoient une telle jalousie que le Roi, qui se montroit neutre en cette affaire, ne penchât du côté de Sa Sainteté, que le sieur de La Thuillerie, ambassadeur du Roi près d'eux, manda au sieur de Noailles à Rome qu'il appréhendoit qu'ils ne s'échappassent, et qu'ils étoient capables de porter leur ressentiment contre le Roi même, que les Espagnols faisoient courir le bruit ne porter pas leurs intérêts comme ils eussent désiré. Le sieur de Noailles fit quelques propositions à Sa Sainteté sur le sujet des confins et sur celui de ladite inscription ; mais il la trouva si éloignée de tout moyen d'accommodement, qu'elle ne voulut recevoir aucune des propositions qu'il lui faisoit, disant qu'elle n'avoit point offensé la République, et qu'il ne falloit point penser à la prier de refaire ce qu'elle avoit défait. Ses ministres tenoient le même langage, donnoient la négative absolue à tout ce qu'on leur proposoit. Le Pape et eux soutenoient qu'il n'y avoit point de rupture entre l'État ecclésiastique et les Vénitiens ; que le rappel qu'ils avoient fait de leur secrétaire n'en étoit pas une marque, puisqu'il n'avoit agi en ladite cour que comme une personne privée, et sans se faire reconnoître pour résident, ni demander les audiences en cette qualité ; qu'ainsi la République pouvoit envoyer son ambassadeur comme si les choses étoient au même état qu'auparavant, et qu'enfin la République feroit bien de ne se plaindre pas d'un accident dans lequel elle auroit de la peine à faire croire qu'elle se trouvât offensée. Le cardinal de Lyon prit lors expédient avec nos ambassadeurs de proposer que le Pape donnât ce différend au Roi, et mît en sa liberté, s'il le trouvoit juste, de rétablir l'inscription rayée après que les Vénitiens auroient donné parole à Sa Majesté de ne l'en presser pas, moyennant quelque déclaration qu'elle leur pourroit faire, dont les termes seroient arbitrés. Sa Sainteté eut peine de leur laisser faire toute leur proposition sans les interrompre, tant elle étoit hors de la douceur et tranquillité ordinaire qu'elle a en traitant d'autres affaires, et ne pouvoit ouïr parler de celle de cette inscription sans colère. Elle dit que chacun devoit être maître en sa maison ; qu'il avoit eu sujet de changer une chose qui n'étoit pas véritable ; que ce n'étoit pas la première fausseté qui avoit été corrigée dans l'histoire, et qu'il étoit honteux pour l'Église de dire que le Pape se fût vu réduit à cette extrémité, et qu'il n'eût recouvré sa dignité que par le secours des Vénitiens ; que Charlemagne ne lui avoit pas été moins utile autrefois, et que pour tout cela on n'en parloit pas de la sorte et avec tant d'avantage ; qu'il avoit changé des choses plus importantes aux princes, comme d'ôter le titre d'excellence à leurs ambassadeurs, que ses prédécesseurs leur avoient toujours donné, sans que pourtant on y eût trouvé à dire : sur quoi ledit ambassadeur l'ayant supplié qu'au moins, comme les Vénitiens avoient demandé que l'inscription fût rétablie, il lui plût de son côté faire quelque ouverture, il répondit qu'il n'en avoit point d'autre à faire que celle qu'il avoit déjà faite, savoir que la République, à la prière du Roi, renvoyât un ambassadeur près de lui, et que l'on traitât comme auparavant que la République se prétendît offensée, ajoutant qu'il ne mettroit jamais cette affaire en compromis pour quoi que ce fût ; et, pour conclusion, pria ledit sieur ambassadeur de ne lui en plus jamais parler s'il lui vouloit faire plaisir. Il ne laissa pas néanmoins depuis de lui proposer un autre expédient, qui fut qu'il lui plût d'agréer que le Roi en fût juge, avec promesse que, quant à l'inscription, elle ne seroit point rétablie, mais que Sa Sainteté diroit à l'ambassadeur de la République quelques raisons de celles qu'elle avoit eues pour la changer, et y mêleroit des paroles de civilité et de témoignage de bonne affection, de quoi le Roi pourroit obliger la République à se contenter, et quant aux confins, que Sa Sainteté trouvât bon que la négociation pour le fond fût continuée par son nonce à Venise, et par l'ambassadeur de la République à Rome, et cependant que toutes choses fussent remises en l'état qu'elles étoient auparavant les troubles survenus sur cette matière, comme il se pratique toujours en pareil cas, et est de la disposition de la loi en matière de nouvel œuvre ; que ce qui étoit de nouveau étoient les forts et les troupes avancées sur la frontière, et la digue ou levée qui restoit ; toutes lesquelles choses pourroient être démolies en faisant retirer les troupes, sans préjudice du droit des parties; en quoi faisant, le Pape vivroit avec ses voisins comme avoient fait ses prédécesseurs, et comme il avoit vécu lui-même depuis son avénement au pontificat, et la République auroit sujet d'être contente, puisqu'elle ne s'étoit remuée qu'au sujet des trois digues, qui, par l'expédient proposé, ne seroient plus. Elle ne refusa pas entièrement cette proposition, mais répondit qu'elle la vouloit examiner; ce qui tira tant de longue, que l'année s'écoula sans aucun avancement en cette affaire.

On ne put aussi rien avancer en celle des bénéfices de Lorraine qui avoient vaqué par le mariage du prince François de Lorraine, ci-devant cardinal, Sa Sainteté ne se voulant pas relâcher à en pourvoir ceux que Sa Majesté lui avoit recommandés à cette fin, quoique son ambassadeur lui représentât que c'étoit une chose juste, étant important au Roi qu'en un pays de nouveau soumis à son obéissance, ceux qui posséderoient les bénéfices fussent personnes fidèles et affectionnées à son service, Sa Sainteté disant qu'elle en vouloit disposer pleinement comme elle prétendoit lui appartenir. Ainsi les choses demeurant indécises, les économes commis par le Roi continuèrent à en percevoir les fruits.

L'évêque de Montpellier, qui étoit l'un des députés de la dernière assemblée du clergé, fut dès l'année passée envoyé par le Roi à Sa Sainteté, pour lui représenter les raisons de la nullité du mariage de Monsieur, et lui faire entendre que l'assemblée, en l'avis qu'elle avoit donné, n'avoit rien fait qu'il eût sujet de trouver mauvais, comme les Espagnols et leurs suppôts essayoient de lui faire croire, et arriva à Rome au commencement de l'année. Sa Sainteté reçut une entière satisfaction quand il lui eut rendu un compte particulier de ce qui s'étoit passé en cette affaire. Il lui dit en premier lieu qu'il avoit charge, de la part du Roi, d'assurer Sa Sainteté de sa dévotion et révérence filiale envers elle, qu'elle conserveroit religieusement toute sa vie, non-seulement pour l'honneur qu'elle devoit au Saint-Siége, mais aussi par la considération de sa personne. En second lieu, qu'il étoit venu pour l'informer en particulier des raisons et des motifs que Sa Majesté avoit de sa conduite jusqu'à présent, pour le regard du mariage prétendu de M. d'Orléans, son frère unique, avec la princesse Marguerite de Lorraine; que ce n'étoit point que Sa Majesté doutât que Sa Sainteté ne sût déjà assez d'elle-même tout ce qu'on lui pourroit dire des suites d'un tel mariage, mais que l'entière confiance qu'elle prenoit en sa bonté et affection paternelle, l'avoit obligée de lui en faire donner une particulière information de sa part, comme aussi de ce qui s'étoit passé en l'assemblée du clergé, afin de lui faire connoître évidemment la justice de ses mouvemens en une affaire qui regardoit son honneur, la réputation de sa couronne et le salut de son Etat, et de fermer la bouche à la calomnie, et arrêter les mauvais discours de ses ennemis, toujours occupés à blâmer les actions d'autrui, pensant éviter par ce moyen de répondre au public de leurs injustices ordinaires, et des troubles qu'ils excitent dans la chrétienté; qu'il étoit certain que dans le royaume de France les rois ont un pouvoir absolu, que l'amour naturel des sujets envers eux agrandissoit tous les jours, d'où venoit aussi que les Français reconnoissoient une loi salique aussi ancienne que leur monarchie, laquelle excluoit tous les princes étrangers de la succession de la couronne, afin de n'en avoir point d'autres que de leur nation, qui sauroient recueillir et cultiver cette tendre et sincère affection sans abuser de la candeur et docilité de leur naturel; que la même raison fondamentale qui avoit écrit cette loi dans le cœur de tous les Français, en avoit introduit une autre entre eux, par une pratique et coutume très-ancienne, pour le regard des mariages de leurs princes du sang, qui pouvoient naturellement parvenir à la royauté, lesquels avoient toujours été nuls et de nul effet quand ils avoient été contractés sans le consentement, et à plus forte raison contre la défense de leur souverain; c'étoit pourquoi cette coutume, à proprement parler, étoit une extension de la loi salique, par la considération d'une commune et même nécessité; car, encore que les alliances de nos princes du sang n'appelassent point leurs épouses ni leurs parens au trône royal, néanmoins personne n'ignoroit quel étoit bien souvent le pouvoir des reines, selon la rencontre des temps et des affaires, et combien périlleux quand elles étoient choisies dedans des familles entreprenantes, appuyées de la force et raisonnablement suspectes au Roi; car alors cette loi salique seroit défectueuse et inutile aux Français, si l'autre coutume, qui regarde les mariages, n'y avoit suffisamment pourvu pour le salut de tous; ce qui avoit été si bien reconnu par le Saint-Siège, que plusieurs papes avoient déféré, en plusieurs occasions, en cette coutume, pour l'amour qu'ils portoient à la France, comme à une maxime fondamentale et nécessaire à sa subsistance; que la grandeur du péril préparé à la France par l'alliance de Monsieur à la maison de Lorraine étoit évidente; que cette maison, non contente d'offenser à tous momens, tant qu'elle peut, la réputation de Sa Majesté, et de faire profession publique d'inimitié contre sa personne, avoit suborné les affections de son frère, et jeté la discorde dedans sa maison, et, après avoir suscité plusieurs potentats contre elle, finalement les armes à la main lui faisoit ouvertement la guerre, de quoi tous les ordres du royaume avoient été tellement troublés par la juste crainte de son entière dissipation, qu'ils se seroient portés à des remèdes extrêmes pour tâcher à prévenir un si grand mal, s'ils n'eussent été assurés, par la coutume pratiquée de tout temps et autorisée du su et consentement du Saint-Siége, qui défend et rend nulles telles alliances contractées contre la volonté de celui qui possède la couronne; que, sur ce fondement, l'assemblée générale du clergé de France avoit formé son avis, après avoir eu celui de soixante docteurs théologiens, tant séculiers que réguliers, de diverses communautés de Paris, pour répondre à la proposition que Sa Majesté lui avoit fait faire par deux de ses conseillers d'Etat sur le sujet de ce mariage; qu'elle avoit considéré d'un côté l'horrible confusion d'une longue suite de malheurs, dedans laquelle cette alliance précipitoit la France, et de l'autre la coutume qu'elle n'avoit pu ignorer, autorisée du consentement du Saint-Siége, et d'une très-ancienne, raisonnable et légitime prescription; qu'en cela elle n'avoit point eu intention de rien ordonner, mais simplement de déclarer son sentiment, n'y avoit rien entrepris par autorité, mais seulement avoit répondu à la proposition ce qu'elle en savoit et ce qu'elle en croyoit, selon les lumières de sa connoissance et les mouvemens de sa conscience. Il ajouta qu'il avoit charge expresse de Sa Majesté d'assurer Sa Sainteté qu'elle ne feroit jamais rien en ce fait ni en toute autre chose qui pût raisonnablement lui déplaire; qu'elle s'étoit adressée au clergé de son royaume convoqué pour un autre sujet, afin d'avoir son avis en une matière de tel poids et de telle conséquence, suivant l'exemple de ses devanciers, et avoit cette parfaite confiance que Sa Sainteté présumeroit toujours bien de ses intentions, et comme nulle occasion ne l'éloigneroit jamais de la dévotion et révérence filiale qu'elle devoit au Saint-Siége, elle croyoit aussi que Sa Sainteté lui seroit toujours bon père, jaloux de sa réputation, et ami de sa couronne et de la paix et salut de son royaume. Sa Sainteté fut très-contente du respect et de la déférence que Sa Majesté lui rendoit en cette action; et, reconnoissant avoir été informée de la vérité par les ennemis de la France au contraire de la vérité, témoigna être contente du procédé qui avoit été tenu en cette affaire; et à quelques mois de là ledit sieur évêque partit de Rome le 6 octobre, et s'en retourna en France. Le sieur de Noailles, ambassadeur ordinaire de Sa Majesté, en partit le 8, laissant à Rome le maréchal d'Estrées ambassadeur extraordinaire de Sa Majesté.

Le 23 dudit mois, le cardinal de Savoie déclara à Rome qu'il quittoit la protection de la France, et qu'il avoit accepté celle de l'Empire. Les Espagnols lui donnèrent 100,000 écus comptant et une pension de 40,000 ducats sur l'évêché de Séville. Quoique l'année précédente, sur le soupçon que les ministres du Roi eurent qu'il vouloit faire ce changement, il leur eût protesté du contraire et eût exercé sa charge préconisant les églises vacantes, on ne laissa pas néanmoins de reconnoître en ses actions une telle mutation, que la méfiance que l'on avoit de lui augmentoit de jour à autre. Le duc de Savoie ayant avis qu'on en murmuroit à Rome, lui dépêcha un des siens pour savoir ses intentions. Il donna de bonnes paroles, et écrivit audit duc, lui protestant de ne se départir jamais de son service; mais cependant il envoya à l'évêque de Mondovi des lettres pour son altesse, à laquelle il lui commanda de les présenter le même jour 23, qu'il faisoit sa déclaration à Rome. Il mandoit audit duc qu'il avoit pris cette résolution à cause des avantages qu'il trouvoit en ce changement, du peu de confiance que les ministres du Roi avoient eu en lui à Rome, et du peu de soin que l'on avoit eu de ses intérêts en France. A quoi il ajoutoit la défiance que son altesse même avoit eue de lui, en lui donnant si peu de part aux affaires, que les étrangers (en nommant le maréchal de Toiras) en avoient eu plus de connoissance que lui, et le peu de soin aussi qu'elle avoit eu de ses intérêts, la poursuite que l'on faisoit contre un nommé Masserati, son domestique, détenu prisonnier au château de Turin, et plusieurs mécontentemens qu'il prétendoit avoir reçus du président Caude. La plupart de ces raisons n'étoient que des prétextes; la raison primitive de son changement prenoit naissance de lui, qui de son naturel étoit inquiet, irrésolu, difficile, étant mal à Rome, même dès son arrivée, avec tout le monde, avec son frère, avec son ambassadeur, avec le cardinal Antoine, et enfin avec lui-même. La seconde étoit la haine qu'il avoit conçue contre Madame et ses enfans, qui lui ôtoient l'espérance qu'il avoit eue de succéder à son frère lorsqu'il n'avoit point d'enfans; en quoi le prince Thomas, avec lequel il s'étoit attaché, et qui avoit la même passion, l'avoit confirmé par plusieurs lettres qu'il lui avoit écrites, et les continuelles sollicitations qu'il lui faisoit; à quoi on peut encore ajouter l'aversion qu'il avoit au président Caude, qu'il croyoit être auteur du procès qu'on faisoit audit Masserati, dans lequel il estimoit qu'on le vouloit embarrasser lui-même. Le duc de Savoie reçut un extrême déplaisir de cette action, commanda à son ambassadeur à Rome de rompre toutes visites et toutes sortes de civilités avec lui, manda à Sa Majesté, et pria son ambassadeur qui résidoit près de lui d'en être caution, qu'il la supplioit de croire qu'autant d'infidélité et de légèreté qu'on avoit trouvée en ses frères, autant de fidélité et de fermeté trouveroit-on en lui, qui se sentoit par leur manquement obligé à redoubler la passion qu'il avoit à son service.

Voilà les choses qui se passèrent en Italie, et l'ordre que le Roi mit en ces quartiers-là pour se défendre de ses ennemis.

Il pourvut d'autre côté en Alsace, où il envoya une armée sous la conduite du cardinal La Valette et du duc de Weimar. Gallas étoit à Saverne, et avoit mis ses troupes hiverner à l'entour de lui, depuis Oppenheim vers les Deux-Ponts, et toute l'Alsace, jusqu'au comté de Montbelliard. Il tenoit assiégées, ou plutôt bloquées de loin, les villes de Haguenau, Colmar et Schelestadt, lesquelles Sa Majesté prit soin de faire ravitailler afin qu'elles ne tombassent pas en la puissance de ses ennemis. Colloredo avoit déjà, dès l'année dernière, levé le siége de devant Porentruy; les ennemis, pour fermer le chemin aux troupes du Roi pour aller à Colmar, croyant qu'il étoit nécessaire de se saisir de la ville de Kayserberg, s'en rendirent maîtres avec l'intelligence des habitans à la fin de l'année précedente. Les soldats françois qui étoient dedans se retirèrent dans le château, où étant assiégés, et les ennemis ayant fait venir du canon de Rufack, le sieur de Manican, gouverneur de Colmar, en ayant eu avis, partit dudit Colmar, et attaqua les assiégeans avec tant de courage qu'il prit leur canon, et peu de jours après le cardinal de La Valette y arrivant avec ses troupes leur fit lever le siége, et ensuite ravitailla toutes les places de l'Alsace, et se rendit maître de plusieurs petits lieux que les ennemis tenoient, et desquels ils incommodoient lesdites places, bien qu'ils fussent forts de vingt-deux compagnies de cavalerie polonaise nouvellement arrivée, qui faisoient plus de trois mille chevaux, outre les Croates de Gallas et de Picolomini, et les Hongrois qui étoient en plus grand nombre. Le premier convoi fut introduit dans Colmar, et le cardinal de La Valette, ayant su que l'armée pouvoit subsister quelque temps dans le pays, renvoya quérir un second convoi à Épinal, lequel vint heureusement. Outre cela, il fit acheter seize cents réaux de blé de Benfeld, qu'il fit jeter dans les deux places de Schelestadt et Colmar, de sorte qu'au lieu de mille réaux qu'il avoit charge de porter, il en mit près de quatre mille, qui pouvoient nourrir la garnison plusieurs mois. Pendant le temps qu'on attendit le retour du convoi il fit attaquer Guémarck par le sieur de Manican : c'est une petite place située auprès de la rivière de l'Isle, entre Schelestadt et Colmar, laquelle se rendit après avoir enduré le canon un jour. Pour favoriser ledit siége, après les approches faites et que les dehors furent pris, ledit cardinal s'avança jusques à Schelestadt, et envoya le sieur Rantzau à Benfeld avec cinq cents chevaux du duc de Weimar, lesquels enlevèrent un quartier des ennemis, tuèrent quatre-vingts ou cent hommes, et huit de leurs régimens se retirèrent d'effroi jusques à Saverne. Le sieur d'Hocquincourt, ayant eu charge d'attaquer Dambach, et se préparant à en faire le siége, comme le sieur de Manican avoit fait celui de Guémarck, les ennemis le quittèrent comme ils avoient fait auparavant les ponts qu'ils avoient sur la rivière de l'Isle, entre Schelestadt et Benfeld, lorsque ledit sieur d'Hocquincourt alla pour les en chasser, lequel s'en saisit en même temps. Ils firent la même chose de celui de Erstein, qui est entre Benfeld et Strasbourg, de sorte que, depuis Ensisheim jusques audit Strasbourg, ils étoient maîtres de la rivière de l'Isle. Cela convia le cardinal de La Valette à s'avancer jusque vers Benfeld et à envoyer à Strasbourg, pour savoir si de là il pourroit tirer les choses nécessaires à mettre dans Haguenau. Il reçut d'eux quelque blé, en payant, qu'il leur envoya, et y fit aussi introduire des poudres et de l'argent, la ville étant munie jusques au mois de mai; ce qui fut fait sans grande difficulté, Gallas s'étant, ensuite du secours de Colmar et Schelestadt, retiré jusques à Landau. Cela fait, le cardinal de La Valette retourna à Épinal le 16 février, et de là passa jusques à la cour.

Le duc de Weimar avoit aussi en même temps défait les Croates que Gallas avoit laissés en Lorraine pour assister l'évêque de Verdun qui s'étoit soulevé contre le Roi, et sept régimens impériaux qui étoient avec eux, dont les ennemis ayant eu avis, et envoyé audit évêque un secours d'Espagnols et de Polacres, le comte de Soissons, que le Roi avoit envoyé avec une armée volante à Sainte-Menehould, sur la frontière de Lorraine, envoya des troupes audit duc de Weimar pour lui donner moyen de leur résister; et pource que la plupart des officiers de son armée étoient absens, selon la liberté ordinaire qu'ils ont accoutumé de prendre en ce royaume, Sa Majesté fit une ordonnance, par laquelle elle les privoit de leurs charges s'ils ne s'y rendoient dans huit jours au plus tard, à quoi ils obéirent promptement.

Le duc de Weimar peu après vint trouver le Roi, et arriva près de Sa Majesté le 8 de mars. Il fut reçu de Sa Majesté avec une grande magnificence, non-seulement pour son extraction, mais pour la réputation de sa valeur, et lui permit, à sa prière, que, pour l'honneur de la maison de Saxe dont il étoit issu, il se couvrît la première fois qu'il parleroit à Sa Majesté, sans tirer à conséquence, et que les autres fois il se tiendroit découvert comme il étoit accoutumé, ce qu'il observa depuis; et après avoir traité avec le Roi des choses qui étoient nécessaires à faire pour le bien de son service, il partit le 25 mai.

Cependant le vicomte de Turenne ravitailla le château de Sancy près de Longwy, que les Impériaux avoient assiégé il y avoit long-temps; ce qu'il ne put faire sans combattre les ennemis, dont il tua trois cents sur la place. Le marquis de La Force aussi, en l'absence du maréchal son père, qui, avec le duc d'Angoulême, commandoit une autre armée que Sa Majesté tenoit en la Lorraine, défit deux mille chevaux et trois mille hommes de pied commandés par Colloredo, qui, quittant le comté de Montbelliard, marchoit vers la Moselle pour aller joindre le duc Charles à Sierck. Le comte de La Suse, gouverneur pour le Roi à Montbelliard, en donna avis audit marquis, qui, avec quinze cents chevaux et deux mille hommes de pied, alla au-devant d'eux droit à Baccarat; Gassion s'y rendit le premier le 16 du mois de mai. Colloredo, croyant qu'il étoit seul, se hâtoit de l'aller combattre, et s'avança vers Raon; ce dont ledit Gassion donna avis au marquis afin qu'il se hâtât d'arriver sitôt à Baccarat, avec le reste des troupes, que l'ennemi pût être attaqué avant qu'il eût avis de son arrivée; ce qu'il fit si à propos qu'il le défit près ledit Raon, tua mille hommes sur la place, prit dix cornettes, et ledit Colloredo prisonnier, et délivra le colonel Hamilton que les ennemis avoient pris il y avoit long-temps, et gardoient soigneusement dans leur camp.

Le comte de Soissons étant à Mouzon, ayant avis que quatre mille Polonais à cheval étoient logés entre ladite ville et Tury, les alla charger avec douze cents chevaux et quatre mille hommes de pied, en tua quatre cents sur la place, prit trois étendards et cinq de leurs timbales, la perte desquelles ils estiment entre eux à très-grande honte; mais cependant les Impériaux prirent le château de Coblentz, où le sieur de Bussy ne pouvant plus tenir se retira dans Hermenstein.

Le duc de Weimar, étant parti d'auprès du Roi pour retourner vers ses troupes, reçut commandement de Sa Majesté de les joindre à celles du cardinal de La Valette pour aller ravitailler les places de l'Alsace que les troupes de Gallas tenoient toujours bloquées, et entre autres, elles avoient commencé à attaquer avec un siége formé Haguenau. Le sieur d'Aiguebonne, qui en étoit gouverneur pour le Roi, ayant peu de gens pour conserver la place, qui est grande et remplie de nombre d'habitants tous affectionnés à ceux de la maison d'Autriche, leurs naturels seigneurs, afin de se défendre par adresse de la multitude des habitants, et empêcher les entreprises qu'ils eussent pu faire contre lui, envoya querir dans la maison de ville les principaux d'entre eux, leur témoigna le commandement qu'il avoit reçu du Roi, et le désir qu'il avoit de les conserver sans qu'il leur fût méfait; qu'il craignoit que quelques esprits factieux voulussent faire quelque soulèvement dans la place, ce qu'étant il y auroit grande effusion de sang. Pour à quoi obvier, il lui sembloit qu'il n'y avoit point de meilleur moyen que de retenir dans ledit hôtel un bon nombre des plus notables d'entre eux, auxquels on apporteroit de leurs maisons tout ce dont ils auroient besoin pour leur entretènement, et qui étant comme autant d'otages de la fidélité publique, ils empêcheroient par leur respect tout le reste du peuple d'oser commencer aucune sédition; ce qui réussit audit sieur d'Aiguebonne ainsi qu'il avoit désiré, et contint les habitants en leur devoir durant le siége. Le cardinal de La Valette envoya un convoi de blés à Colmar, mais les ennemis en ayant avis l'envoyèrent attaquer près d'Epinal par quatre régimens de Croates qui le défirent, et prirent deux cents chevaux, des vivres et de l'artillerie; mais le sieur de La Suse, qui avoit été envoyé pour l'escorter, et ne l'avoit pu joindre le soir précédent, s'étant mis en campagne dès la pointe du jour, et étant arrivé au lieu du combat tôt après qu'il fut achevé, chargea les ennemis si courageusement et si à propos qu'il les poussa deux bonnes lieues, regagna les deux cents chevaux qu'ils avoient pris, avec plusieurs prisonniers qu'ils emmenoient, en prit vingt-cinq des leurs, tua trente ou quarante hommes sur la place, et conduisit sûrement le convoi jusques à Epinal et de là à Colmar.

Le cardinal de La Valette entreprit d'aller lui-même à Haguenau pour en faire lever le siége et y mettre des vivres; il alla droit à Epinal, et en partit le 3 juin pour aller à Benfeld. Le duc de Weimar partit en même temps d'Epinal avec le reste de sa cavalerie et de son infanterie, qui étoit de deux mille cinq cents hommes de pied, pour s'acheminer vers Sarrebruck, afin que si Gallas, selon qu'on en donnoit avis, assembloit ses troupes vers Haguenau pour empêcher leur dessein, il pût s'avancer aussi et s'y acheminer, pour, en cas de besoin, joindre ledit cardinal et combattre ledit Gallas, et, cela n'étant point, se rendre maître des villes qui étoient sur la Sarre. Le comte de Guiche eut à cette fin commandement de s'avancer avec deux mille cinq cents hommes de pied et six cents chevaux vers Saint-Avold; le reste du gros du cardinal de La Valette et des troupes destinées audit Weimar demeurèrent dans le quartier, pource que tous les chevaux d'artillerie et autres munitions étant avec lui, ils eussent difficilement trouvé de quoi vivre sans avoir lesdits chariots et provisions nécessaires pour leur subsistance. Le cardinal de La Valette arriva à Sainte-Marie-aux-Mines le 5, et chassa six régimens de Croates qui étoient logés sur son chemin; les quatre passèrent dans l'Alsace avec beaucoup d'épouvante, et les deux autres se retirèrent dans la Lorraine. Il fit quitter aussi Saint-Dié aux ennemis, et y laissa une garnison du régiment de Ley; il en partit le 7 pour s'avancer entre Schelestadt et Benfeld, et envoie quant et quant le colonel Heberon avec huit cents chevaux et quelques dragons vers Haguenau, avec ordre de passer jusques à ladite ville, s'il pouvoit, et d'entreprendre sur quelque quartier des ennemis; ce qu'il fit heureusement, car, s'informant de leurs nouvelles, et apprenant le lieu où ils étoient, il se hâta de sorte qu'il trouva, sur les cinq heures du soir, quatre régimens de Croates, qui faisoient mille hommes, en leur quartier, près de Dachstein; ils se défendirent fort bien et repoussèrent par trois fois les Suédois, lesquels eussent été infailliblement défaits si Basilles ne fût arrivé, lequel les chargea si courageusement avec cent cinquante chevaux, qu'il déût entièrement lesdits mille Croates; ils perdirent tout leur équipage. Lodoïe, qui commandoit les quatre régimens, fut blessé; il se sauva, feignant d'être Suédois, après avoir été pris par un des cavaliers de Basilles. Le colonel Heberon fut long-temps parmi les ennemis, qui perdirent trois cents chariots et tout ce qu'ils avoient pillé en Lorraine; les troupes de M. le duc de Weimar eurent le butin, et s'amusèrent à piller, pendant que Basilles rompoit les ennemis et les poursuivoit; messieurs de Strasbourg députèrent vers ledit cardinal les principaux de leur ville, et lui firent toutes sortes d'offres de service pour le Roi. Gallas étoit allé à Nordlingen pour trouver le roi de Hongrie et donner ordre de faire venir du blé d'Autriche pour ses troupes, n'en pouvant recouvrer plus près. Le cardinal arriva à Haguenau le 12; il mit dans la place le blé et les munitions qu'il y avoit fait conduire, et de plus encore mille réaux que ceux de Strasbourg lui fournirent en payant.

Le duc de Weimar de son côté nettoya la Sarre, prit Sarrebruck et assiégea Saverne, dont il prit la citadelle en trois heures. Le cardinal de La Valette vint à Pfaffenhofen, qui est entre Haguenau et Saverne, pour le garantir des ennemis qui le pouvoient venir secourir, et lui donner le moyen de prendre la ville, étant quant et quant entre Gallas et la Bourgogne pour la défendre. Le Roi envoya le sieur Aligre pour achever de fournir de blés et de munitions nécessaires à toutes les places de l'Alsace, lui faisant bailler l'argent qu'il falloit pour acheter le blé. Cependant le siège de Saverne continuoit toujours, et le duc de Weimar y trouvoit plus de difficultés qu'il ne s'étoit imaginé au commencement, la principale desquelles étoit qu'il désiroit avoir seul l'honneur de la prise de la place. Sur les avis qu'il avoit que les ennemis avoient besoin de vivres et se rendroient de jour à autre, il y donna deux assauts, auxquels nos gens furent repoussés; la première ville fut prise trois jours après le premier assaut, la seconde ville soutint le second; cette attaque néanmoins donna moyen au landgrave de Hesse de secourir la ville de Haguenau glorieusement. Le duc de Weimar, voyant qu'il ne pouvoit prendre la place avec ses troupes, pria le cardinal de La Valette de faire entrer à la garde de la tranchée celles qu'il commandoit pour relever les siennes, et leur donner plus de repos qu'elles n'avoient eu jusqu'alors. Sa prière et la considération qu'il eut pour l'infanterie que le comte de Guiche lui avoit menée, qui se ruinoit, l'obligea à faire faire quelque garde à part par l'infanterie qu'il avoit. On prit incontinent la seconde ville, et la troisième ne dura guères et se rendit le 13 juillet. Le duc de Weimar vouloit que le Roi la remît entre ses mains; mais la considération que c'étoit un siège épiscopal empêcha que le cardinal de La Valette y pût consentir, outre que c'étoit la principale place de l'Alsace, et qu'il étoit important de la fortifier. Ce siège fut désavantageux au Roi par la perte qu'il y fit du colonel Heberon, qui y fut tué au premier assaut que l'on y donna. Gallas étoit à Drusenheim près de Haguenau, où il se retranchoit, et ne s'osa avancer pour empêcher de prendre la place.

Le château de Hautbac se rendit quant et quant, qui est une place qui ne se peut prendre s'il y a des vivres, et partant, la conservation de laquelle étoit très-importante au service de Sa Majesté. Haguenau étant bien muni de toutes provisions nécessaires et notamment de cavalerie, et Saverne pareillement, incommodoient si fort Gallas qu'il ne pouvoit long-temps garder son poste. Manican, gouverneur de Colmar, et celui de Benfeld, prirent presque au même temps Oberhenheim, ville impériale. Le roi de Hongrie vint avec cinq cents chevaux à Drusenheim pour accommoder les chefs de son armée qui étoient en fort mauvaise intelligence, le duc Charles, Colloredo, Jean de Wert et Ysolany, ne voulant pas reconnoître Gallas ni Piccolomini, et pour empêcher aussi ceux de Strasbourg d'assister notre armée; il ne put empêcher la récolte de Haguenau ni de Saverne, ni moins encore un nouveau convoi de vivres que le comte de Guiche mena à Haguenau. Celui qui avoit défendu Saverne, nommé Alilhein, étoit dans un passage avec quatorze cents cuirasses, qui fit mine au commencement de vouloir combattre; mais aussitôt que les premières troupes qui soutenoient les coureurs allèrent aux ennemis, ils lâchèrent le pied avec grande foiblesse: une partie se jeta d'épouvante dans le marais, abandonna ses chevaux et quitta ses cuirasses; les autres se retirèrent en confusion; de sorte que cette cavalerie, qui avoit été choisie pour empêcher notre convoi, fut rompue et chassée sans faire résistance. On prit force chevaux, un capitaine croate qui en commandoit deux cents, et quelques officiers; le reste s'enfuit en très-grande diligence, et si le cardinal eût eu 20,000 écus, il eût fait dissiper la plus grande partie de ces troupes. Il se débanda plus de trois mille hommes de son infanterie; et un colonel à qui il avoit donné une commission, leva six cents hommes du débris de son infanterie, et ne lui avoit donné que 2,000 écus de sa levée. Le duc de Weimar, vers la fin de juillet, prit Blamont, et fit pendre celui qui étoit dedans pource qu'il avoit fait brûler la ville et les provisions en la rendant. Il prit incontinent après la ville de Rambervillers, et le roi de Hongrie ni Gallas n'osèrent jamais sortir de leurs retranchemens, et la seule fois qu'ils envoyèrent des cuirassiers vers eux, nos premiers escadrons en rompirent quinze cents qui s'enfuirent sans jamais oser attendre les nôtres. Nous tenions tous les passages de l'Alsace; le château de La Petite-Pierre fut remis, le 15 août, entre les mains du duc de Weimar. Le roi de Hongrie attendoit trois mille chevaux polonais qu'il faisoit venir dans son camp; mais ils n'arrivèrent pas à temps, et il fut contraint de s'en retourner en Allemagne. Et cependant les affaires du Roi en la Bourgogne obligèrent Sa Majesté d'y appeler la meilleure partie des troupes dudit cardinal de La Valette et du duc de Weimar.

Sa Majesté avoit fait assiéger la ville de Dôle avec une puissante armée sous la conduite de M. le prince, et y avoit été nécessairement obligée par les mauvais comportemens des Comtois, espérant, par le moyen de la prise de cette place, les obliger de conserver fidèlement à l'avenir la neutralité, ladite ville demeurant entre les mains du Roi pour caution de leur parole. Sa Majesté, pour la considération de l'ancien traité de neutralité, renouvelé en septembre 1610, entre ses États et ladite Comté, et pour celle des Suisses, en l'alliance et protection desquels est ladite Comté, avoit souffert depuis long-temps plusieurs infractions par eux commises audit traité, espérant que sa patience et les plaintes amiables que de temps en temps elle leur en faisoit faire, leur feroient reconnoître leur faute et rentrer en leur devoir; mais quand elle vit au contraire qu'ils s'en enorgueillissoient et interprétoient à foiblesse la magnanimité de sa clémence, elle se résolut d'y pourvoir par la force des armes; et afin que la justice de son procédé fût connue à tout le monde, elle fit publier une déclaration, le 7 mai, par laquelle elle représenta tous les griefs qu'elle avoit reçus desdits Comtois; qu'il y avoit cinq ans qu'aucuns des sujets de Sa Majesté s'étant soustraits de son obéissance, lesdits Comtois ne s'étoient pas contentés de leur donner retraite sans lui en avoir donné aucun avis, mais leur avoient fourni tout ce qui pouvoit aider à pousser plus avant les pensées qu'ils avoient contre son service; que depuis, le duc Charles, qui n'étoit pas moins connu pour avoir attenté contre Sa Majesté une insigne félonie comme son vassal, que par sa mauvaise volonté contre la France, ayant rompu les traités par lesquels Sadite Majesté avoit voulu réparer son premier crime, avoit reçu dans ladite Comté toute l'assistance qu'il en avoit désirée, et ensuite qu'ayant repris les armes contre Sa Majesté par l'impatience de son propre bien, ils l'avoient accueilli, armé et augmenté ses forces, lui avoient fourni des vivres, des munitions, hommes et argent, et en toutes occasions l'avoient traité comme le meilleur ami; et pour lui donner moyen de se servir contre Sadite Majesté des garnisons de Brisach et Porentruy, ils n'avoient point fait de difficulté d'y envoyer trois mille hommes de leur milice, afin de remplacer les soldats qui en avoient été tirés pour joindre aux troupes dudit duc, et assurer en leur absence la garde de ces places, continuant tous les jours de nouvelles assistances, tant à ce duc, qu'à tous ceux qui s'étoient armés contre nous; et au même temps qu'ils alloient au-devant de nos ennemis pour leur offrir et porter des vivres et des armes, ils avoient refusé celles qui appartenoient aux sujets de Sadite Majesté, ainsi qu'il avoit été pratiqué en la personne du chevalier de Treilly, auquel ils avoient dénié celles qu'il avoit laissées chez eux, en passant au service du Roi; le munitionnaire général de nos armées, appelé Rozes, n'y avoit pas trouvé plus de courtoisie lorsqu'il leur avoit demandé des blés pour le service de Sa Majesté en payant; et que depuis peu, en ayant acheté de gré à gré des marchands, ils n'avoient pas eu plutôt contracté avec lui, qu'il leur avoit été fait défense, à peine de la vie, de lui délivrer aucun grain; que plusieurs Français, étant allés parmi ceux de ladite Comté pour trafiquer de blés, vins et autres denrées dont le commerce étoit permis, y avoient été non-seulement troublés et empêchés au préjudice de la liberté du trafic, mais encore avoient souffert publiquement des outrages et excès, et n'en avoient pu tirer aucune raison ni réparation, pour quelques poursuites qu'ils en eussent faites par-devant les juges des lieux; qu'ils avoient volé et pillé plusieurs villages du duché, pris des prisonniers qu'ils avoient détenus jusqu'à ce qu'ils eussent payé rançon, dont les informations juridiquement faites, à la requête des villages de Fay-Billot, de Foucheran et de plusieurs autres du comté d'Auxone, faisoient amplement foi; qu'ils avoient porté leurs attentats jusqu'à l'encontre des officiers du Roi sur les deniers de ses recettes, ayant rompu les coffres du receveur des droits de Sa Majesté au bureau de Saint-Seine, enlevé l'argent qui s'y étoit trouvé, emprisonné et rançonné lesdits officiers, et en un mot commis plusieurs actes d'hostilité, exerçant ainsi trop audacieusement toutes sortes d'entreprises contre ses sujets, sans avoir eu aucun égard aux instances qu'elle leur avoit fait faire par des personnes envoyées exprès, de tenir une meilleure conduite, s'imaginant que dans les grandes affaires qu'elle soutenoit, ses ressentimens de tant d'infractions ne passeroient pas jusques aux effets; que, les choses étant ainsi, Sa Majesté, pour protéger ses sujets et tirer raison du mauvais procédé desdits Comtois, repoussant leur injure par la force, déclaroit qu'elle vouloit envoyer une armée pour ôter aux ennemis les moyens qu'ils avoient eus jusqu'alors de se prévaloir contre elle de tant de commodités qu'ils avoient tirées dudit pays de la Franche-Comté, par la malice de leurs adhérens et la facilité des peuples. Sa Majesté donna le commandement de cette armée à M. le prince, en qualité de général de ladite armée, et en son absence au sieur de La Meilleraie, grand-maître de l'artillerie de France, comme lieutenant général de Sadite Majesté, lui envoya la copie de sa déclaration, et lui donna charge de faire connoître à un chacun que, bien qu'il entrât dans le pays avec une des plus puissantes armées qui de long-temps eût été mise sur pied, et qu'avec les forces qu'il commandoit il pût vraisemblablement se rendre maître de quelques places du pays, néanmoins l'intention de Sa Majesté n'étoit point de prendre leurs villes pour les garder et en accroître ses Etats, mais, en conservant les peuples en leur liberté, empêcher les ennemis d'abuser de leur facilité, et de tirer d'eux les avantages de la retraite assurée, de l'assistance d'hommes, de vivres et de munitions dont ils s'étoient jusqu'alors prévalus au désavantage de la France; qu'il demandoit, au nom de Sa Majesté, le même traitement qu'ils avoient fait aux ennemis qu'ils avoient reçus dans leurs villes, et assistés des commodités de leur pays; qu'ils lui permissent de recouvrer des blés chez eux, et autres vivres nécessaires pour ravitailler Montbelliard, Colmar, Schelestadt et Haguenau, qui s'étoient mises sous la protection de Sa Majesté; que s'ils offroient audit sieur le prince l'entrée dans leurs villes, il l'accepteroit, à condition d'y être reçu avec les forces requises pour la sûreté de sa personne; s'ils lui refusoient, comme il est bien probable, et que, sous prétexte de pourparlers et négociations suspectes, ils voulussent gagner temps pour se fortifier, l'intention de Sa Majesté étoit qu'il s'allât présenter à Dôle et se mettre en devoir de l'attaquer puissamment avec un corps de quinze cents chevaux et neuf mille hommes de pied, desquels l'on pouvoit faire trois gardes de trois mille hommes chacune, faisant en même temps avancer six mille hommes de pied et deux mille chevaux vers Béfort et Ensisheim, pour faire une tête vers l'ennemi qui pourroit venir au secours, tant du côté de Brisach que par Remiremont du côté de Thionville; que si d'abord les ennemis jetoient cinq ou six mille hommes dans Dôle, au lieu de l'attaquer de force, il falloit voir s'il y auroit lieu d'attaquer Gray, se ressouvenant des sièges de Valence et de Louvain (1); qu'attaquant ces places, il falloit voir s'il y auroit lieu de traiter avec ceux qui seroient dedans, faisant entendre au peuple et aux principaux de ceux qui auroient le crédit et l'autorité parmi eux, que le dessein du Roi n'étoit pas de prendre leurs villes pour les garder et accroître ses Etats, et que l'on entreroit volontiers en traité avec

(1) Où on avait perdu son temps et ruiné ses armées.

eux, pourvu qu'ils voulussent donner quelque place pour sûreté de maintenir mieux leur parole à l'avenir qu'ils n'avoient fait par le passé. Sa Majesté commanda aussi audit sieur le prince que lorsqu'il se trouveroit en état d'entrer dans la Franche-Comté, il envoyât aux Suisses et cantons alliés de Bourgogne, pour leur donner compte des infractions que lesdits Comtois avoient faites au traité de neutralité, et leur témoignât que le Roi ne vouloit point leur faire la guerre, mais seulement les obliger à réparer lesdites infractions faites au traité de neutralité, par les mêmes assistances à ses armes qu'ils avoient rendues à celles de ses ennemis; qu'il dépêchât semblablement vers l'archevêque de Besançon, à toutes les villes de ladite Comté et à celles qu'il assiégeroit, pour leur faire entendre le même, et le déclarer par écrits publics qui pussent être vus de tout le monde.

Et parce que Sa Majesté avoit donné rendez-vous aux environs de Langres à la plupart de ses troupes, tant de cavalerie que d'infanterie dont ladite armée étoit composée, elle avoit envoyé sur les lieux, dès le 10 avril, le sieur Lambert, un des maréchaux de camp qu'elle avoit destinés pour servir en ladite armée, afin de recueillir lesdites troupes et en avoir la conduite en attendant qu'elles en eussent joint le corps. Et pource que la plupart des logemens desdites troupes qui se rendroient vers Langres, se devoient faire dans le gouvernement de M. le comte, ledit Lambert prit son chemin par Grandpré, où étoit à présent mondit sieur le comte, pour recevoir ses ordres touchant lesdits logemens, et savoir de lui comme il jugeroit à propos qu'il s'y conduisît, en sorte qu'il ne fût pas obligé de lui envoyer demander à toute heure ce qu'il auroit à faire, et que le service de Sa Majesté ne pût être aucunement retardé, et qu'en cas qu'il survînt quelque difficulté imprévue pour lesdits logemens dans la Champagne, il en prît les ordres de mondit sieur le comte, où la nécessité du peuple étoit assez connue dudit sieur Lambert, à ce qu'il ne fût pas besoin de lui recommander d'avoir soin de son soulagement, et de tenir les troupes qu'il commanderoit bien policées, afin qu'il n'en ressentît point d'oppression. Mais, comme il ne seroit pas juste d'obliger les gens de guerre à payer jusqu'à ce qu'ils eussent reçu leur montre, Sa Majesté entendoit qu'en attendant qu'ils la reçussent, les vivres leur fussent fournis par étapes par les habitans des lieux où ils seroient logés, et que ledit sieur de Lambert eût l'œil qu'il ne fût rien baillé qu'aux effectifs, et seulement ce qui seroit nécessaire pour leur subsistance, et qu'il réglât l'équipage des chefs et officiers, en sorte que le peuple ne fût pas foulé d'un train inutile, et qu'aucun particulier ne profitât à son dommage, cet ordre étant le seul moyen d'exempter les troupes des extrêmes incommodités qu'elles souffrent dans un pays ruiné. Il feroit sur ce que dessus observer exactement le réglement nouvellement fait par Sa Majesté pour la fourniture des vivres par étapes; et néanmoins Sa Majesté, se confiant particulièrement en la prudence dudit sieur Lambert, elle se remettoit sur lui de traiter avec les habitans desdits lieux comme il jugeroit plus à propos, eu égard à la pauvreté et au besoin des gens de guerre, en sorte que les uns étant conservés par ses soins, les autres ne fussent pas dissipés par le manquement des choses qui leur seroient absolument nécessaires. Et parce qu'elle ne vouloit pas donner sujet de mécontentement ni de jalousie à ses voisins, elle entendoit que ledit sieur Lambert empêchât exactement que lesdites troupes ne fissent aucunes courses ni entreprises sur la Franche-Comté.

En même temps M. le prince tint les États de Bourgogne, et le 26 avril les convia d'assister le Roi de quelque secours extraordinaire, ne croyant pas qu'ils voulussent entrer dans le blâme qu'avoient encouru quelques peuples anciens, auxquels on avoit reproché que le secours qu'ils avoient dénié à leur prince l'avoient vaincu plutôt que les forces ennemies. Le Roi envoya aussi le sieur de Mayola à Verdun, pour essayer de retirer à son service quelques troupes polonaises qui s'étoient mutinées contre l'Empereur; mais les ennemis le prévinrent, et, les voyant sur le point de se donner au Roi, leur donnèrent contentement.

M. le prince entra avec son armée dans la Comté le 27 mai, et suivant les ordres du Roi, et se ressouvenant des maux qui étoient arrivés en Flandre l'année précédente pour avoir permis le pillage aux soldats, lesquels, quand on leur donne toute licence, n'observent plus aucune discipline, fit publier qu'aucun n'eût à vivre dans la Comté autrement qu'on vivoit dans les terres du Roi; qu'un chacun se contentât de vivre chez son hôte sans le piller, rançonner ni lui faire aucun outrage, et que le Roi recevoit en sa protection spéciale les personnes ecclésiastiques et leurs biens, défendant très-expressément d'entrer dans les églises et maisons ecclésiastiques pour y prendre chose quelconque ou y fourrager, et ce à peine d'en répondre. Le cardinal écrivit à M. le prince, dès le 29 mai, qu'il le prioit de considérer que la cause du peu de progrès que l'armée du Roi avoit fait en Flandre étoit que, bien qu'il y eût lors peu d'ennemis devant les forces de Sa Majesté et celles de ses confédérés, on les avoit néanmoins considérés de telle sorte, et avoit-on marché si lentement au lieu de les presser avec vigueur, qu'on leur avoit donné temps de se fortifier et se reconnoître, ce qui les avoit encouragés de telle sorte, que ce qui étoit facile au commencement fut impossible à la fin; que les grands desseins du roi de Suède lui avoient tous réussi, en profitant du grand étonnement qu'il donnoit d'abord à tous ses ennemis, et se portant à ce à quoi on ne s'attendoit pas lorsqu'on pensoit qu'il fût attaché ailleurs ; qu'il ne prétendoit pas de le convier à entreprendre avec témérité ce qui n'avoit été fait qu'avec grand jugement, mais bien lui dire que la raison et la prudence vouloient qu'on profitât du temps, et qu'on se servît avec promptitude du premier étonnement, qui surprenoit toujours d'abord ceux qu'on attaquoit ; surtout qu'il estimoit qu'il devoit, par courses de cavalerie, empêcher les levées des gens de guerre et unions de noblesse et de peuple, qui se pourroient faire aux lieux éloignés de lui pour par après lui tomber sur les bras ; qu'il estimoit aussi qu'il devoit donner grand ordre à ramasser les blés, pour s'en servir pour son armée, et qu'il valoit mieux donner quelque prix raisonnable à ses soldats qui lui en apporteroient que de les laisser dissiper. Il croyoit encore qu'il devoit avoir un grand soin de faire amasser le plus grand nombre de chevaux dans le pays, qui en étoit tout plein, qu'il pourroit, tant parce que nous en manquions en France pour l'artillerie et pour les vivres, et que c'étoit le lieu seul où on en pouvoit recouvrer pour rafraîchir toutes nos armées, que parce aussi par ce moyen on empêcheroit les ennemis d'espérer de s'y remonter et mettre en équipage avec grande facilité quand ils y viendroient ; qu'il lui avoit déjà mandé que, quelques avis qui lui fussent donnés de la cour, le Roi lui laissoit toute liberté de faire ce qu'il jugeroit plus à propos ; que cela faisoit qu'il lui écriroit ses pensées plus librement, vu que si elles ne lui pouvoient servir, au moins ne lui sauroient-elles nuire. Au reste, qu'il ne mît pas sa personne en danger sans nécessité absolue, et qu'il se tînt bien avec Dieu, afin de contribuer ce qui dépendroit de lui à la bénédiction que Dieu avoit donnée aux armes de Sa Majesté.

L'armée du Roi, entrant dans la Comté, prit, dès le 27 mai, les châteaux de Beintre et de Massey, et, deux jours après le château de Chevigny et les places d'Orchelange, Autune, Montreland, Mosnières, Foucheran, Sainte-Hélie, et les châteaux de Pesmes et de Rochefort. Saint-Hélie n'étant distant que d'un quart de lieue de Dôle, M. le prince commanda au grand-maître de l'artillerie d'aller reconnoître la place au-delà du Doubs, où ils faisoient un fort sur une éminence, entre les Minimes et Capucins, au bout de leur pont. Il ne le put faire, voyant de trop loin, et se contenta de reconnoître la place du côté de Rochefort, et voir le lieu le plus commode pour faire une attaque. Le sieur Lambert alla avec deux régimens à ce fort, leur fit quitter leur travail, et les repoussa jusque dans la ville, où Gassion rassura quelques soldats qui branloient, et fut obligé, avec Lambert, de pousser les ennemis à coups de pistolet et d'épée jusque dans leur barricade, qu'ils abandonnèrent peu de temps après. Ledit sieur le prince fit le tour de la place et la reconnut fort exactement ; et ayant trouvé que l'on avoit rapporté au Roi toutes choses au contraire de ce qu'elles étoient, la jugea plus forte qu'on ne l'avoit cru. On avoit dit qu'elle étoit commandée, ce qui n'étoit point, si ce n'étoit de si loin qu'on ne leur pourroit nuire qu'aux maisons ; elle étoit environnée de sept bastions revêtus, mais petits, et d'une fort bonne contrescarpe, de sorte que ce n'étoit pas une affaire de peu de conséquence, car tout le parlement et l'archevêque étoient dedans. Il y avoit quelque six à sept cents hommes de guerre, et le reste milice ; ils avoient force canon, avec lequel ils pouvoient traverser notre travail. On commença à travailler à la circonvallation. Les assiégés firent quelques sorties où ils furent bien reçus et maltraités. Les villes de Lons-le-Saunier et autres petites places se rendirent au Roi le 6 juin.

La ville étoit pressée, mais la haine naturelle que les Comtois portent aux Français leur redoublèrent le cœur. On fit une attaque à leur contrescarpe, à une demi-lune qui étoit devant la porte d'Aran ; on la prit sans résistance, et on tua tout ce qui y étoit des ennemis, à quelques-uns près, qui, s'enfuyant dans le fossé, les nôtres les poursuivirent jusque dans leurs casemates ; ce que la mousqueterie, qui les devoit soutenir, ayant aperçu, ils donnèrent sans ordre et furent demi-heure maîtres de leur travail ; mais, comme ils s'amusèrent plus à la poursuite des fuyards qu'à se loger, les ennemis sortirent dans leur fossé, et, jetant quelques grenades, mirent avec beaucoup de facilité tous les soldats en fuite, et ne trouvant que quelque sept ou huit officiers, les repoussèrent facilement. Rantzau y fut lui-même et y fit merveilles, et fut légèrement blessé de coups de pierres. Le sieur de La Meilleraie alloit dans la tranchée à main gauche de l'attaque, avec tous les volontaires, en lieu pour couper chemin s'ils eussent voulu sortir ; d'où voyant ce désordre, le sieur de Beaumont, qui avoit été nourri page du cardinal, lui demanda congé d'y aller pour faire avancer quelques mousquetaires, et y fut tué après avoir fait tout ce qu'on pouvoit attendre d'un homme de courage. Il tua l'un des ennemis à coups d'épée, et, après avoir ôté la pique à un autre, fut accablé de la foule des assiégés. Notre armée pâtissoit, pource que tous les paysans avoient abandonné les villages et étoient retirés dans les villes, étant impossible à M. le prince d'empêcher les désordres que commettoient les Suédois, desquels il ne pouvoit pas prendre les mêmes punitions qu'il eût fait des Français. Ils espéroient de jour à autre secours du côté de l'Allemagne, mais les armées du Roi le retardoient, d'autant que le cardinal de La Valette empêchoit ceux qui pouvoient venir de l'Alsace, et M. le comte avoit ordre de suivre les troupes des ennemis qui se présenteroient vers le Luxembourg, et de fortifier notre armée en sorte qu'on ne pût empêcher la continuation du siége. Quant aux forces qui eussent pu se réunir dans la Comté, on y remédioit en envoyant souvent des partis de cavalerie en divers endroits du pays pour leur en ôter le moyen. Le comte de La Suse ayant avis que les troupes de l'Empereur avoient ordre de s'assembler à Béfort pour aller au secours de Dôle, fit une entreprise sur ladite ville de Béfort, et l'emporta par pétards et escalade le 28 juin; le sieur Frédéric de Brandebourg, qui en étoit gouverneur, s'étant retiré au château, se rendit le 29, après que ledit comte de La Suse eut, toute la nuit, fait tirer quatre canons qu'il avoit avec lui, lesquels brisèrent les portes et les ponts dudit château, et les barricades qu'ils avoient faites derrière; ledit comte y mit bonne garnison, comme il fit aussi dans les châteaux de Roup et de Grandvilliers, qu'il prit en même temps.

Le 21 juin, M. le prince ayant avis qu'ils s'assembloient près de la ville de Quingey, entre Besançon et Salins, il envoya le marquis de Villeroy avec mille chevaux, douze cents hommes de pied et quatre pièces de campagne, et les trouva retranchés sur une montagne de difficile accès; et, bien qu'ils eussent jeté quatre cents hommes dans Quingey avec ordre d'y tenir, les nôtres l'attaquèrent, la prirent de force, tuèrent tout ce qu'ils trouvèrent dedans, et se retirèrent sans aucune perte. Quatre jours après nous détournâmes la rivière du Doubs qui faisoit moudre les moulins de la ville, ce qui leur donnoit beaucoup d'incommodité, comme faisoient aussi les bombes qu'on jetoit dans la ville; mais ils se défendirent courageusement, et faisoient de fréquentes sorties. Les gens de guerre du pays commencèrent aussi à s'amasser; mais ils se tenoient dans les montagnes, attendant les troupes du côté de Saint-Claude et de la Franche-Montagne, lesquelles, jointes ensemble, pouvoient faire quatre à cinq mille hommes de pied et cinq cents chevaux. Dès le commencement de juillet il leur arriva quelque secours de l'armée du roi de Hongrie, qui détacha de ses troupes quinze cents Croates pour leur envoyer, lesquels prirent un grand tour par-delà le Rhin pour passer à Brisach, de sorte qu'il fut hors de la puissance du Cardinal de La Valette et du duc de Weimar de les en empêcher et de les suivre sans abandonner l'Alsace, qui avoit lors encore besoin de leur présence.

L'arrivée de ce peu de gens donna courage aux assiégés de supporter les dernières extrémités avant que de se résoudre à se rendre, et ralentit en quelque manière la chaleur des nôtres; mais le Roi leur manda qu'il n'entendoit point, quoi qu'il arrivât, qu'on levât le siége sans son ordre exprès, ou qu'il survînt telle nécessité de le faire, que tous les officiers de l'armée le jugeassent ainsi sans contradiction d'aucun; que les grandes affaires de réputation ne se faisoient point sans difficulté; qu'il se falloit bien garder de quitter les entreprises d'importance par trop de considération et de prévoyance; que le Roi entendoit que M. de Thianges continuât, en toute diligence, la levée de la milice de Bresse, Bugey, Valromey ou Gex, pour s'en servir à fortifier l'armée; que s'ils voyoient quelque grande difficulté dans les résolutions de leurs affaires et de la suite du siége, le Roi trouvoit bon que, sans relâche ni aucune discontinuation dudit siége, M. le prince envoyât vers Sadite Majesté quelque principal officier, comme seroit le marquis de Villeroy, pour l'en informer, sans que son partement pût donner aucun témoignage à l'armée que l'on doutât de l'événement et succès dudit siége; que pour ce qui est de la cavalerie polonaise et Croates, dont le secours des ennemis étoit composé, qu'ils en savoient bien la foiblesse, et que deux mille bons chevaux français en déferoient toujours six mille de cette qualité. Ensuite il nous arriva un renfort de cavalerie que M. le comte leur envoya, et des régimens de La Meilleraie, de La Motte et de Rossignac, et les communes de la Bresse, ce qui les rendoit assez puissans pour s'opposer aux ennemis s'ils vouloient secourir la ville; et le Roi se promettoit que tout iroit comme il le pouvoit souhaiter, s'ils faisoient un corps puissant de leur cavalerie avec l'infanterie, pour attendre les ennemis en un lieu non trop éloigné de Dôle, qui seroit jugé le plus propre à cet effet.

Cela remit le courage à nos soldats, qui attaquèrent la contrescarpe par mine, laquelle ayant mal succédé, ils l'emportèrent néanmoins deux jours après à la sape, ouvrirent leur travail et s'épaulèrent des deux côtés, et mirent force sacs; de sorte qu'en une heure les ennemis se virent un logement de quatre toises qui avoit l'éminence sur leur travail; ils vinrent à l'instant à coups de de pierres et de piques, les grenades leur manquant, et rompirent tout le milieu; mais à l'instant on leur jeta plusieurs grenades, ce qui les intimida d'abord, et, revenant néanmoins par plusieurs fois, ils furent contraints de céder, étant extrêmement étonnés de nos grenades et pots à feu, qui seuls, avec le soin qu'y apportèrent les sieurs d'Espenan, Lucinet et du Bourg, les firent abandonner. Le grand-maître de l'artillerie y étoit; le régiment du prince de Conti y agit fort bien; les officiers avec grand cœur et grand soin; d'Espenan y fut blessé. Ce fut une œuvre de Dieu de ce qu'elle n'étoit pas faite le jeudi (1), car nous y eussions perdu plus de gens sans doute. Nous tirâmes lors des sapes à droite et à gauche. Ils espéroient ensuite passer le fossé et s'attacher bientôt au bastion; mais les ennemis avoient fait une traverse sur la contrescarpe, en forme de redoute, qui nous incommodoit, et dans le fond du fossé, où nous voulions passer, il y avoit des trous dans le roc où l'on avoit tiré de la pierre, qui nous retardèrent deux ou trois nuits. On surprit une de leurs lettres, par laquelle ils mandoient aux leurs qu'il étoit temps de les secourir, leur répétant par trois fois qu'il étoit temps. Nous achevâmes le dimanche 20 juillet notre galerie, passâmes le fossé et nous attachâmes au bastion, et pensions avoir achevé nos travaux, et avions tout préparé pour lundi matin, mettre les mineurs en besogne sous le bastion; mais la nuit du dimanche au lundi, comme nous travaillions pour assurer notre logement, il fit un orage de pluie de deux heures, après lequel les ennemis firent une grande sortie, où ils blessèrent, dans le régiment de Conti, un capitaine, un ou deux lieutenans et un enseigne, brûlèrent et ruinèrent notre galerie, puis enfin furent repoussés dans un grand combat à la main, où il demeura sur la place vingt-cinq des nôtres et plus de quarante des leurs : cela nous recula de trois jours, car, pour refaire et assurer notre galerie avant que mettre les mineurs en besogne, il nous fallut ce temps-là, dans lequel nous fîmes deux autres mines pour faire sauter les ennemis dans leur chemin s'ils faisoient une autre sortie pour rompre notre galerie; mais

(1) Le jour où elle avait manqué, ce qui met au samedi le fait qu'on vient de raconter.

l'espérance qu'ils avoient du secours qui se grossissoit toujours, et l'aversion incroyable de la nation française, leur faisoient souffrir avec patience les incommodités qui à tous autres eussent été insupportables, et nous ne pouvions aller attaquer le secours qui se formoit de jour à autre, pource qu'il étoit logé dans les montagnes, villes et bourgs fermés, au milieu des bois, et n'approchoit point de notre armée.

Ils envoyoient néanmoins faire des courses d'autre côté dans la Bourgogne, où ils ruinèrent quelques-uns de nos villages, et entre autres Pontaillier qui appartenoit à M. le prince, les brûlèrent et y tuèrent jusqu'aux femmes et enfans. Clinchan, que nous avons dit ès années précédentes, après que le Roi lui eut fait grâce de plusieurs crimes, s'être rebellé contre son service, étoit un des principaux de ces boute-feu. Cependant les ennemis se défendoient toujours courageusement dans la ville, quoique tous leurs prisonniers et les lettres qu'on leur surprenoit nous apprirent que la ville étoit pleine de blessés, et qu'ils étoient sur le point d'être contraints de se rendre; mais l'extrémité en laquelle ils étoient réduits les excitoient à faire plusieurs sorties, èsquelles on perdoit force gens de part et d'autre. Ils avoient eu beaucoup d'espérance à l'intervention des Suisses près du Roi, qui tinrent pour ce sujet une diète à Bade en juin, comme firent aussi les Grisons de leur part. Mais les ambassadeurs du Roi leur firent voir si clairement les justes occasions que Sa Majesté avoit eues de les attaquer, qu'ils ne purent obtenir autre chose, sinon qu'ils députeroient vers Sa Majesté pour moyenner quelque accommodement. Mais le député qu'ils envoyèrent à Dôle pour leur déduire les raisons pour lesquelles ils n'avoient pas cru devoir se résoudre à prendre les armes pour eux contre le Roi, fut si mal reçu d'eux, qu'en sortant de leur ville pour s'en retourner sous la foi publique, ils le tuèrent d'une mousquetade, étant encore près de leur muraille, à la fin de juillet. Le siège cependant continuoit toujours, notre mine s'avançoit sous le bastion; mais pource que c'étoit un roc très-dur, le travail étoit plus long qu'il n'eût été à désirer. M. le prince et les autres chefs de l'armée assuroient par toutes leurs dépêches le Roi et le cardinal de la prise de la ville, avec des paroles si expresses qu'il étoit impossible de croire le contraire; car ils leur mandoient que, quand bien Gallas y viendroit, il ne la pourroit empêcher, qu'à moins d'une terreur panique on n'en pouvoit douter. Ils parloient déjà de choisir un gouverneur pour mettre dans la place. Toutes lesquelles choses portèrent un très-grand préjudice aux affaires du Roi; car sur cette assurance il ne rappela pas son armée pour l'envoyer en Picardie, dès que les ennemis y entrèrent, afin de s'opposer à eux, mais attendit jusqu'à l'extrémité, après que la mine eut joué sans aucun effet.

Le Roi n'avoit point de corps d'armée puissant sur les frontières de Picardie, s'assurant que ses places étoient si bien pourvues de tout ce qu'il y falloit, que, dès que l'ennemi qui n'en avoit point s'approcheroit de ce côté-là, il grossiroit si bien les troupes qu'il y avoit qu'il les empêcheroit d'y entrer; outre que les avis qu'il recevoit de jour à autre de l'espérance que l'on avoit de la prise de Dôle lui donneroient moyen de se servir de l'armée qui étoit occupée à ce siége. Sa Majesté avoit néanmoins en toutes ses places de fortes garnisons, qui faisoient tous les jours des partis contre les ennemis, sur lesquels elles remportoient beaucoup d'avantages. Le duc de Chaulnes, en janvier, partit de Péronne et alla brûler les faubourgs de Bapaume, où il défit quatre cents hommes irlandais, en revanche de ce que les ennemis, contre l'accord qu'ils avoient fait avec lui, avoient brûlé deux villages à trois lieues de Péronne. Le sieur de Rambures prit revanche sur eux de semblables embrasemens, brûla le 24 janvier Auchy-le-Château, et y mit au fil de l'épée une compagnie de cent chevau-légers espagnols, et quatre jours après défit deux compagnies d'infanterie qui étoient logées au bourg d'Aubigny, à deux lieues d'Arras, où il gagna beaucoup de butin. Les ennemis eurent une entreprise sur Honnecourt en ladite province au commencement d'avril, laquelle ne leur réussit pas, et y perdirent deux cent cinquante hommes. Ledit sieur de Rambures prit peu après le bourg d'Avesnes et défit deux cents ennemis; et en mai tailla en pièces la plupart de la garnison de Saint-Pol. Les ennemis faisoient quelques courses de leur côté, mais avec peu d'effet.

Sa Majesté, dès long-temps, avoit prié les Hollandais de lui renvoyer le reste de son armée, laquelle il destinoit pour joindre aux troupes qu'il avoit en Picardie pour la défense de la province, sur laquelle il jugeoit que les ennemis avoient quelque dessein, plusieurs entreprises qu'ils avoient sur diverses places ayant été découvertes. Un nommé Vercour, gentilhomme du pays, fut condamné à être tiré à quatre chevaux pour leur avoir voulu livrer Rue; et quelques autres, pour avoir été complices de ce dessein, et même avoir entreprise sur Abbeville, furent condamnés à divers genres de mort et exécutés. Cela donnoit sujet au Roi de vouloir retirer ses troupes de Hollande, pour munir cette frontière davantage qu'elle n'étoit; mais les Hollandais lui ayant témoigné en avoir besoin pour la reprise du fort de Schench, il ne les en voulut pas presser, sinon après que le fort fut remis en leur obéissance, qui fut le 30 avril. Ils y apportèrent beaucoup de difficultés et de longueurs; toutefois elles furent surmontées, et par leur permission lesdites troupes furent embarquées à Roterdam le 31 mai, et s'y trouva encore huit mille hommes de pied et deux mille six cents chevaux, dont il y avoit près de deux mille de premiers chevaux. Ils furent traités en leur passage avec toute sorte de rigueur, ayant payé deux fois davantage que l'on n'avoit accoutumé, et il fallut trouver des marchands dans le pays qui répondissent du paiement; ce qu'il fut difficile de faire sans beaucoup de perte. Le Roi leur laissa les régimens de Meulart et Wurdenbourg, et donna aux États 1,500,000 livres, moyennant qu'ils les employassent à l'entretènement de dix mille hommes de pied et deux mille chevaux en échange de ces troupes, et qu'ils se missent en campagne deux mois après, pour divertir une partie des forces des ennemis; ce qu'ils ne firent pas néanmoins.

Une partie des forces impériales et espagnoles au Pays-Bas avoient été jusqu'alors employées à forcer la ville de Liége à se déclarer de leur parti, ou s'en rendre maîtres. L'archevêque de Cologne, qui étoit aussi leur évêque, pour les y obliger fit expédier des lettres du 11 février, par lesquelles il leur commandoit de recevoir en garnison une partie des troupes impériales qui avoient leur quartier dans le pays de Cologne, et donna charge à Jean de Wert de s'y en aller loger et faire entretenir ces troupes : ceux de Liége s'y opposèrent. Il y fit toutes sortes de ravages, et sous ombre de bonne foi tailla en pièces plusieurs d'eux qui étoient capables de se défendre contre lui; ce qui anima de sorte ceux de la ville de Liége, que leur bourgmestre La Ruelle, qui tenoit pour la liberté de la ville, chassa de la ville à main armée, le 10 avril, tous ceux qui étoient du parti espagnol. Ce dont Jean de Wert, qui, durant leur différend, s'étoit approché de leurs portes, fut tellement animé, qu'il brûla plusieurs villages d'alentour et tenoit la ville bloquée; ce qui n'empêcha pas qu'elle ne levât sept à huit mille hommes, avec résolution de se défendre jusqu'à l'extrémité, et commencèrent à bâtir quatre forts hors de la ville, pour tenir les ennemis éloignés quand ils voudroient venir à un siége formé, faisant souvent des sorties dans lesquelles ils tuoient force gens à Jean de Wert. Le Roi sollicita en vain plusieurs fois messieurs les États de les secourir et de commencer à mettre leur armée ensemble, pour entreprendre d'un commun consentement le secours de Liége, messieurs les États marchant à jour nommé par leur pays du côté de Maestricht droit aux ennemis, et nous par le Luxembourg; ce que nous demeurions d'accord de faire le premier d'août, s'ils en vouloient convenir; mais il ne les trouva pas disposés à faire aucune entreprise, s'excusant sur ce que le siège de Schench leur avoit consommé quantité d'argent, et qu'ils avoient besoin de se reposer cette année.

Le cardinal Infant, voyant n'avoir rien à craindre de leur côté, que la plus grande partie des forces de Sa Majesté étoit occupée au siège de Dôle, et ne croyant pas de cette année venir à bout de cette grande ville de Liége, crut avoir l'occasion à propos d'entreprendre quelque chose sur nos frontières de Picardie, fit quitter à l'imprévu le siège de Liége à Piccolomini et à Jean de Wert, les appelle à soi, et les joignant à ses autres troupes, en composa une puissante armée, avec laquelle il vint assiéger La Capelle le 3 juillet. Le cardinal Infant fit en même temps publier un manifeste, en date du 5 dudit mois, par lequel, selon le style ordinaire du conseil d'Espagne, il protestoit que, suivant le pouvoir qu'il avoit de l'Empereur, il faisoit entrer ses armes dans le royaume à dessein seulement d'obliger le Roi à venir à une bonne paix, espérant que ses sujets contribueroient non-seulement leurs remontrances, mais leurs forces mêmes, pour le porter à chasser les auteurs de la guerre, par lesquels il entendoit le cardinal, et qu'il protégeroit et traiteroit comme amis tous les Français qui seconderoient ses desseins, et garderoit la neutralité avec ceux de la noblesse et des villes qui la demanderoient, et refuseroient assistance à ceux qui s'opposoient au bien de la chrétienté et du leur propre, et qu'il ne poseroit jamais les armes que la Reine-mère ne fût contente. Ce manifeste, par lequel il étoit évident qu'il en vouloit à la personne du cardinal, fit d'autant moins d'impression en l'esprit de tous les peuples, que, voyant un ennemi entré à main armée dans l'héritage du Roi, attaquer entre tous ses sujets le seul cardinal, il leur étoit aisé à juger qu'il l'estimoit le plus utile et le plus fidèle de ses serviteurs. Le Roi, ayant avis du siège de La Capelle, se prépare à la secourir, dépêche un courrier en Hollande à messieurs les États pour leur donner avis de l'entrée des Espagnols en France, et les convier de se servir de cette occasion pour mettre promptement en campagne, et faire une si puissante diversion dans la Flandre, qu'ils pussent emporter de grands avantages sur lesdits Espagnols, comme il leur étoit fort aisé s'ils vouloient agir de bon pied, particulièrement étant puissamment assistés d'argent par Sa Majesté comme ils étoient. Ils avoient peu auparavant donné parole déterminée au sieur de Charnacé que, si les ennemis étoient puissamment divertis du côté de France, ils assiégeroient Gueldres, Juliers, Hulst ou Bréda. Sur cela il avoit répondu au prince d'Orange que Hulst ou Bréda étoient bien sièges de considération, mais non pas les deux autres, desquels le prince d'Orange l'avoit laissé en grande espérance, sans toutefois s'obliger qu'à un des quatre. Maintenant l'affaire étoit en plus forts termes que ce que ledit sieur prince d'Orange le proposoit lors, puisque les ennemis s'étoient taillé eux-mêmes de la besogne en nos frontières, et qu'ils avoient attaqué une de nos places. La parole dudit sieur prince, l'alliance qui étoit entre nous, et leurs intérêts plus que tout, les obligeoint à ne perdre pas le temps, qui leur fournissoit une belle occasion d'attaquer et prendre une grande place. Si la perte de La Capelle, qui étoit assiégée, donnoit lieu à messieurs les États d'en prendre quelqu'une d'importance, nous la tiendrions bien employée, vu que, quand La Capelle seroit perdue, nous n'en serions pas moins considérables. Nous espérions qu'elle nous donneroit le temps de ramasser et joindre les armées du maréchal de Chaulnes, de M. le comte et celle qui étoit revenue de Hollande; si cela étoit, peut-être sauverions-nous la place en combattant les Espagnols; mais en tout cas si nous la perdions, nous prendrions assurément revanche de leur entreprise, qui étoit la moins importante qu'ils pouvoient faire à notre préjudice. Ledit sieur de Charnacé (1) ajouta qu'ils y étoient obligés par leur honneur, pour convaincre de calomnie leurs ennemis, qui publioient jusque dans la cour de l'Empereur, et en plusieurs autres lieux d'Allemagne et d'Italie, qu'ils demeureroient les bras croisés et seroient simples spectateurs de la guerre cette année. A quoi il ajouta que les mêmes ennemis, usant de leurs artifices ordinaires, faisoient semblant de remettre en avant des pratiques et négociations secrètes pour former des amusemens, et donner des jalousies s'ils en étoient capables, au préjudice de la créance tout entière que l'on devoit avoir de la bonne foi et sincérité de leurs seigneuries, et par ce moyen empêcher le fruit d'une bonne et ferme paix générale en essayant de détacher les alliés les uns d'avec les autres, et ruiner leurs affaires particulières en les séparant de la liaison commune, dans laquelle consiste leur seule et unique sûreté.

(1) Suppl. *qui leur représenta tout ce que dessus.*

Le prince d'Orange se comporta bien en cette occasion, et fit résoudre les États d'assembler promptement leur armée et quantité de vaisseaux en autre lieu, pour donner jalousie aux ennemis de plusieurs côtés; et quelques-uns étant assez hardis pour lui dire qu'il falloit tirer du Roi les 2 millions promis, outre les services, et plus s'il se pouvoit, ou déclarer que l'on ne feroit rien, il repartit avec grande aigreur que tant s'en falloit que cela se dût et qu'il y consentît, qu'il seroit d'avis, si les affaires de leur État le pouvoient permettre, que l'on ne prît rien, mais que l'on en offrît à Sa Majesté si elle en avoit besoin; que leur nécessité les en empêchant comme elle faisoit, du moins ne devoient-ils pas exiger de Sa Majesté aucune chose, ni moins parler du traité qu'il ne fût en campagne. Mais leurs divisions et leur nécessité les empêcha de le faire si puissamment et si promptement qu'il eût été à désirer, les Espagnols ayant laissé le comte de Feria avec forces suffisantes pour s'opposer à leur foible diversion.

Sa Majesté, ayant dépêché en Hollande pour ce sujet, fit aussi partir, dès le 4, le maréchal de Brezé, pour aller assembler les troupes qui étoient revenues de Hollande et les conduire en Picardie, afin de les joindre aux troupes qui y étoient déjà sous le commandement de M. de Chaulnes, et s'opposer aux Espagnols, ne doutant point que ceux qui étoient dans la Capelle ne lui donnassent loisir de ce faire. La garnison étoit bonne, outre laquelle plus de quatre cents soldats, habitans du bourg, y étoient entrés. Mais un tel effroi surprit le sieur de Vardes, gouverneur, à qui le Roi avoit donné le gouvernement en récompense de ce qu'il avoit aidé à sauver cette place de l'entreprise que la Reine-mère y avoit eue à la faveur de son aîné (1), quand elle sortit du royaume, que, sans attendre aucune extrémité, il se rendit dès le 10 du mois, qui fut le septième jour après être investi : son fossé étoit encore plein d'eau, les officiers et les habitans étoient disposés à leur devoir; mais il leur fit signer par force la capitulation, avec menace, s'ils ne la signoient, de les mettre, sans espérance de quartier, entre les mains des ennemis; aussi, après cette lâcheté, n'osa-t-il pas venir trouver le Roi, craignant de recevoir la punition qu'il avoit méritée.

Après la prise de cette place, les ennemis se présentèrent devant Guise, qu'ils envoyèrent sommer de se rendre; mais le comte de Quincé, qui étoit dedans avec quantité de gens de guerre, les reçut si courageusement qu'il leur fit perdre l'espérance de se pouvoir rendre maîtres de cette place sans perdre beaucoup de temps et de gens, ce qui fit qu'ils se retirèrent et marchèrent vers Fonssommes, tirant du côté du Castelet. Le Roi avoit, le long de la rivière de Somme, un corps d'armée composé des troupes qui étoient revenues de Hollande et de celles du maréchal de Chaulnes; et, à la nouvelle de la prise de La Capelle, Sa Majesté avoit envoyé ordre à M. le comte de s'avancer, avec tout ce qu'il avoit de gens de guerre, en Picardie, et aux sieurs de Chaulnes et de Brezé d'y joindre leurs autres troupes et obéir audit sieur le comte. Sa Majesté aussi, pour assurer entièrement ces places, envoya M. de Montbazon à Soissons, M. le comte d'Alais à Abbeville, M. de Vignoles à Péronne, M. de Brigueil et M. d'Humières son fils, qui étoit prisonnier au bois de Vincennes pour s'être battu en duel, à Compiègne, M. le marquis de La Force à Laon, M. de Belzunce à Reims, et M. de Venves à Noyon et à Chauny, pour, par leur exemple, exciter tout le monde à faire son devoir si on étoit attaqué. Incontinent après la prise de La Capelle, M. le comte se mit à côtoyer les ennemis pour leur empêcher le passage de ladite rivière : ayant avis qu'ils s'avançoient vers Fonssommes, il assembla le conseil pour savoir ce qu'il avoit à faire en cette occasion. Tous généralement furent d'avis de prendre la rivière de Somme près de Ham, les ennemis étant de ce côté-là; les uns furent d'opinion de marcher dès le lendemain, les autres d'attendre un peu, pour, ayant plus de certitude de ce que feroient les ennemis, ne démarcher ni légèrement ni avec péril. Lorsqu'un chacun eut parlé, M. le comte, après avoir commandé le silence et qu'on les eût écoutés attentivement, dit qu'il étoit d'un autre avis, et qu'il falloit marcher droit à Guise. Le maréchal de Brezé lui représenta les inconvéniens de ce poste-là : lui fit voir que ce pays-là étoit absolument ruiné par le séjour des ennemis; que les moulins ne pouvoient pas même suffire pour nourrir ceux qui y étoient; qu'il se mettoit derrière les ennemis au lieu de leur faire tête; que s'ils revenoient entre Somme et Oise, ils se mettroient entre l'armée et la France, et qu'il nous faudroit aller en Champagne pour vivre; que nous laissions le pays d'entre les deux rivières tout ouvert, et abandonnions quantité de villes où il n'y avoit point de garnison, d'autres où il y en avoit peu, et toutes dans la nécessité de quelque chose, et dans une très-grande épouvante; et que, les ennemis tournant vers Le Castelet, son avis étoit qu'il falloit faire tête à la rivière de Somme, pour couvrir la province, assurer toutes les places et empêcher les passages; et que s'ils retournoient vers La Capelle, qu'il

---

(1) Ceci nous apprend qu'il s'agit ici du plus jeune fils du marquis de Vardes.

falloit reprendre le poste de La Fère ; et s'ils couloient plus à notre main droite, qu'il falloit, le long de la rivière d'Aisne, faire tête au poste de Rethel, et en un mot être toujours à leur tête dans des lieux avantageux, et jamais à leur queue ; et qu'il croyoit qu'avec des rivières devant nous, des pics, des pales, de la patience et des vivres, il se falloit opposer à eux tandis qu'ils étoient les plus forts, et que c'étoit dans notre pays. Ce que M. le comte ayant entendu répondit qu'il avoit ouï leurs opinions, mais que c'étoit à lui, qui commandoit, de faire ce qu'il lui plairoit, et à l'instant commanda à Descure de faire les ordres pour aller à Guise. Le maréchal, avec respect et humilité, lui dit qu'il ne croyoit pas que l'intention du Roi fût que les opinions de ceux qui étoient au conseil de guerre fussent comptées pour rien ; et voyant que M. le comte s'échauffoit, il se retira, comme firent tous les autres peu après. Le sieur de Saint-Ibal, sage gentilhomme (1) et son serviteur, s'approcha lors de lui, le fit revenir, et alla trouver le maréchal de Brezé pour lui faire civilités de sa part ; lesquelles ledit maréchal lui dit être superflues parce qu'il étoit serviteur de M. le comte, mais qu'il le supplioit très-humblement d'avoir agréable de lui faire savoir que s'il prétendoit faire les choses de son autorité privée, qu'en ce cas il trouvât bon qu'il envoyât au Roi pour supplier Sa Majesté de lui permettre de servir près de sa personne, pendant que les ennemis seroient en présence, comme volontaire, d'autant qu'il ne vouloit pas avoir part dans l'événement des choses, n'en ayant point dans les résolutions. M. le comte depuis fut beaucoup plus déférent, et pesa davantage les opinions des uns et des autres.

Les ennemis cependant prirent sans résistance Fonssommes et Fervaques au-dessus de Saint-Quentin. Ils donnoient jalousie à beaucoup de places, ce qui fit que M. le comte envoya le régiment de Lusignan dans Doulens, et depuis jusques à quinze cents hommes, le régiment de Calonge à Calais, où le gouverneur craignoit le siége, bien qu'il en demandât beaucoup davantage ; mais il ne jugeoit pas que l'armée ennemie fût en état d'attaquer une telle place que Calais, ayant l'armée du Roi en tête, laquelle, bien qu'elle ne fût pas encore suffisante de tenir la campagne, s'affoiblissant comme elle faisoit par la nécessité d'envoyer des garnisons en diverses places, étoit néanmoins bastante de l'empêcher de prendre des places capables de faire une notable résistance. Aussi les ennemis s'attaquèrent-ils au Castelet, dont un nommé Saint-Léger (2) étoit gouverneur. L'armée du Roi s'avança et prit le poste de Saint-Quentin pour voir ce qu'elle pourroit entreprendre pour en différer la prise. M. le comte fit entrer dans le Castelet le sieur de Nargonne, estimé homme de cœur, pour encourager ceux de dedans, les assurant que l'armée de Sa Majesté les secourroit promptement ; mais ses exhortations furent inutiles, parce qu'à peine les ennemis eurent-ils paru devant la place que le gouverneur la rendit. Il fut assiégé le dimanche, fit cessation d'armes dès le mercredi ensuivant, fit sa capitulation lui seul, et se rendit sans brèche, ses défenses mêmes n'étant pas toutes abattues ; mais comme il avoit suivi l'exemple du gouverneur de La Capelle en sa lâcheté, il le suivit encore en l'appréhension qu'il eut de la justice du Roi, se sentant coupable d'un crime qu'il ne pouvoit excuser. Le comte de Soissons envoya promptement quatre cents mousquetaires à Corbie, conduits par la Neuville, fit hâter M. de Longueville d'amener la noblesse de Normandie le plus tôt qu'il pourroit, envoya dans Guise le régiment de Saint-Luc pour achever les deux mille hommes que le Roi lui avoit commandé d'y mettre, envoya six cents hommes à Montreuil et à Rue, et se campa au grand Roye, logeant la cavalerie aux villages proches le poste, étant entre Ham et Péronne, lieu où il pouvoit garantir avec l'armée les places qui étoient sur la Somme, pour peu de temps qu'elles lui donnassent de les secourir.

Le 30 il eut avis que les ennemis marchoient vers Péronne ; il fit le même et vint camper à Frise. La marche des ennemis le laissoit en soupçon de Doulens, de Corbie et de Bray, qui est un passage à une lieue et demie dudit Frise, auquel il envoya le jour même cinq cents mousquetaires. Le sieur de Fontenay y étoit allé auparavant avec cinq cents chevaux ; le maréchal Brezé l'alla visiter et le trouva difficile de soi, mais aisé à gagner à cause qu'il est fort commandé ; les ennemis néanmoins l'attaquèrent le 31 juillet. A huit heures d'abord ils se saisirent de la ville, qu'on ne pouvoit défendre, et les paysans ayant manqué à y mettre le feu comme on leur avoit commandé, le maréchal de Brezé pour de l'argent y fit glisser des soldats qui l'y mirent. Les ennemis tirèrent par diverses batteries plus de cinq cents coups de canon ce jour-là, sans pouvoir faire quitter aux nôtres un moulin à eau à cinquante pas près de leur bord ; ledit sieur maréchal se logea en un poste fort

---

(1) C'est pourtant celui qui figure dans les complots avec le comte de Montrésor.

(2) Le nommé Saint-Léger était l'oncle paternel du duc de Saint-Simon.

avantageux, et qui étoit en cavalier sur la rivière en ce lieu, afin que s'ils gagnoient le passage, comme il étoit difficile de le défendre à la longue, ils pussent avec leur petit nombre recevoir les ennemis et les combattre s'ils venoient à eux. Le lendemain premier août, ils battirent encore de furie le passage cinq heures durant, avec douze canons en trois batteries pour faire une fausse attaque; mais le maréchal de Brezé voyant que vers le soir, au lieu de redoubler leurs efforts, ils s'alentissoient, il eut peur qu'ayant reconnu leur faute ils ne se résolussent à la réparer en nous amusant là en présence devant eux, et cependant par des hommes commandés tenter quelque autre passage; ce qui le fit résoudre d'en parler à M. le comte, et faire qu'il envoyât cinq cents mousquetaires pour se jeter dans Corbie, et ordre à La Neuville qui étoit dedans de se saisir d'un bourg fortifié, qui est un passage entre Corbie et Amiens, nommé le Bas d'Ours, et de plus qu'il envoyât de l'infanterie dans de petits passages entre là et Corbie, et des batteurs d'estrade, et divers petits partis à la guerre, et un gros de deux cents chevaux commandés par Moulinet, afin qu'à tous momens il pût avoir nouvelle des ennemis, pour remédier à ce qu'ils pourroient entreprendre; ce que ledit seigneur le comte eut agréable. Le lendemain, qui étoit le lundi, les ennemis firent deux attaques, l'une fausse au lieu nommé Monts-à-Moulin, l'autre au grand Sully. Le maréchal de Brezé s'en alla audit Monts-à-Moulin en toute diligence avec quatre cents chevaux et les régimens de Vaubecour et Saintonge. D'abord les ennemis s'étoient saisis d'un moulin qu'il étoit impossible de défendre, d'autant qu'il est si près de la montagne qu'en roulant des pierres nul homme du monde n'y sauroit demeurer. Mais, d'autant que de là ils faisoient un logement qui nous incommodoit fort, il commanda qu'on fît effort de le reprendre pour le brûler, ce qui fut exécuté si heureusement que nous n'y perdîmes pas un soldat.

Sully fut défendu par le comte de Tonnerre tout le jour fort courageusement, et ne fut jamais emporté. L'avis des deux attaques étant apporté au comte de Soissons, il envoya le régiment de Piémont pour les soutenir; peu après ses coureurs l'avertirent qu'entre ces deux attaques les ennemis faisoient des batteries et préparoient des ponts pour passer. Il envoya le maréchal de Brezé pour charger avec quatre cents chevaux qui étoient en garde, les premiers passés; il y fut vite et trouva déjà l'infanterie passée à la faveur de leur batterie, et leur retranchement fait de gabions qu'ils portoient avec eux. La situation du lieu leur donna un avantage, parce que la rivière étant étroite en ce lieu, les éminences proches de leur côté où étoient leurs batteries, les hauteurs coupées naturellement avec un espace entre deux, assez grand pour y mettre un corps en bataille pour aller aux deux ponts qu'ils firent du côté de deçà, ils trouvèrent la terre ferme, et puis un fossé qui s'y rencontra, sur lequel ils mirent leurs gabions. Pour aller à eux, il y avoit une prairie tout unie et fort large, et cinquante pas au delà il y avoit des mouillières où la cavalerie enfonçoit si fort, qu'elle n'y pouvoit passer deux chevaux qu'on ne fût embourbé, comme il parut par ceux qui essayèrent d'y passer, tellement que ledit sieur maréchal ayant connu ces difficultés, ne put donner avec sa cavalerie; et voyant que les ennemis détachoient de leurs retranchemens des bataillons qui gagnoient le terrain, il considéra un petit bois par le moyen duquel on les pouvoit empêcher de se mettre en ordre au sortir de leur pont; car il étoit impossible de tenir leur poste quand on les en eût pu chasser. Il y mena Piémont, qui y fit des merveilles; mais enfin il fallut que le foible cédât au fort, nos mousquetaires à leurs canons qu'ils avoient en batterie. Il fit ferme toutefois assez long-temps pour donner loisir à M. le comte de venir avec la plupart de l'armée; mais du canon ou du mousquet ils lui tuèrent trois cents soldats et tuèrent ou blessèrent vingt-sept officiers. Sabost y fut tué sur la place, Menneville, les deux Monsolens blessés à mort, Grange, Puységur, Pradel et beaucoup d'autres. Enfin, ayant tiré jusqu'au dernier coup, voyant que dans la plaine nos troupes étoient en bataille, et que les ennemis ne pouvoient plus passer et se mettre en bataille à notre vue, il fit retirer ce peu qui restoit d'un des plus braves régimens du monde, avec un regret extrême d'être contraint de laisser sur le lieu les corps de tant de braves gens. M. le comte, qui étoit arrivé avec toute l'armée, voyant que l'armée ennemie paroissoit toute au-delà de la rivière, fit venir les gardes françaises et suisses, Champagne, La Marine, Saintonge, Rochegiffard et toute la cavalerie, le reste étant aux postes que nous gardions, et tous les officiers de l'armée, à la réserve des sieurs de Charost et de Bellefons, qui étoient aux postes de Bray: il fut mis en délibération ce qui étoit à faire; il y eut différens avis; mais enfin celui qui fut suivi fut de ne pas hasarder mal à propos tant de braves gens, qui étoient en si petit nombre en comparaison des ennemis, se retirer la nuit: ce que nous fîmes après que l'armée fut demeurée tout le jour en présence, afin de combattre ceux qui sortiroient de leurs retranchemens.

On mit le régiment de Saintonge dans Amiens, M. de Chaulnes ayant représenté n'avoir personne dans la ville et fort peu dans la citadelle ; dans Corbie dix compagnies bien fortes de Biron y entrèrent, et le régiment de Chambret et Verniacour aussi ; à Péronne furent mises quatre compagnies d'Aubeterre que l'on avoit tirées des garnisons de Champagne, deux de Saucour et deux du Vigan qui gardoient les passages, et notre armée se retira à Roye et de là à Noyon, faisant tirer les fers des moulins, et en faisant brûler autant que nous pûmes en notre retraite. Dès le lendemain qu'ils eurent passé la rivière, ayant envoyé des partis à la guerre, quelques troupes de cavalerie se présentèrent devant la ville de Roye sans dessein de l'attaquer, n'ayant aucune infanterie ; mais ceux qui étoient dans la ville leur ouvrirent les portes, par lâcheté, intelligence ou autrement, bien que la place eût pu aisément se défendre contre toute l'armée dix ou douze jours, s'il y eût eu des gens courageux : les ennemis y mirent garnison. M. le comte envoya fortifier les bois d'Oise, aux lieux où étoient les gués, et enrôler tous les paysans qui vouloient prendre les armes pour garder la rivière. Le sieur de Fontenay étant demeuré proche de la ville avec les derniers escadrons de l'arrière-garde, cependant que l'armée filoit le long des murailles, eut avis qu'un aide de camp qui étoit demeuré derrière l'armée pour empêcher les soldats de s'écarter, étoit assiégé dans Magny de quelques coureurs ; il envoya quérir cent mousquetaires de Champagne pour l'aller dégager. M. de Beaufort, étant près d'entrer dans la ville, et voyant ces mousquetaires commandés, les suit ; et comme ledit sieur de Fontenay marcha, il trouva six cents chevaux de l'ennemi, et plus loin deux mille ; ils chargèrent les premiers, et la plupart des chevau-légers ayant lâché le pied, M. de Beaufort donna avec les officiers et quelques volontaires, et lui le premier se mêla et tua un officier au milieu de tous ; ils firent plusieurs charges, jusques à ce qu'enfin Ozonville, arrivant avec son escadron, donna, et le sieur de Fontenay aussi, et poussèrent les ennemis ; il y en eut plus de quarante tués sur la place. L'armée étant à Noyon, on jugea à propos qu'elle vînt à Compiègne, et se mit en lieu où, par une course soudaine des ennemis, elle ne pût être empêchée de couvrir Paris, et se logeant entre les ennemis et la ville. Toute l'infanterie ennemie, le canon et partie de la cavalerie étoient fort éloignés, et, selon les avis qui leur venoient et le bruit des canons, ils jugèrent, dès le 8, que Corbie étoit assiégé. Il leur sembloit que huit ou dix mille chevaux qu'avoit Piccolomini, et Jean de Wert proche d'eux, ne devoient pas faire lâcher le pied à leur armée, et que le poste de Noyon assuroit toutes les places de là autour ; que notre marche étonneroit entièrement et ôteroit le cœur au peuple, et ne donneroit pas d'assurance aux soldats, qui n'en ont ordinairement guère quand on lâche le pied, outre qu'il étoit préjudiciable à la réputation des affaires que de la cavalerie seule obligeât à un abandonnement semblable ; et que, s'approchant de Paris, il sembloit qu'on y feroit aussi avancer les ennemis plutôt qu'ils ne feroient nous sachant derrière eux, pource qu'ils craindroient de s'y avancer ; et enfin que, si l'on ne faisoit quelque action résolue et hors de l'étonnement que ces retraites donnent, il ne resteroit plus de hardiesse à tous les soldats. Néanmoins la nécessité de couvrir Paris sembla devoir prévaloir à toutes ces raisons, et leur fit prendre le poste de Compiègne. M. le comte mit La Rochegiffard dans Ham, avec son régiment, et laissa à Noyon le régiment de Saint-Luc et les étrangers, et mit Bellefons dans Chauny.

Le bruit de l'arrivée des ennemis en Picardie avec une puissante armée et forte en cavalerie avoit surpris et étonné les Parisiens ; mais l'étonnement fut bien plus grand quand ils virent en si peu de jours Le Castelet et La Capelle emportés ; lorsque l'armée espagnole eut passé la Somme, l'effroi fut si grand dans la ville, que le Roi fut contraint de les venir assurer par sa présence ; il partit de Saint-Germain, où il étoit, vint à Madrid, d'où il alloit et venoit souvent à Paris. En même temps il employa avec un soin et une diligence incroyable tous les moyens qui se pouvoient pratiquer pour assembler promptement une armée si puissante, qu'elle pût non-seulement arrêter à coup le progrès des ennemis, mais les rechasser dans leur pays, avec autant de crainte qu'ils étoient entrés avec hardiesse dans le sien. Il envoya, dès le 4, à toutes les compagnies du parlement, chambre des comptes, cour des aides, grand conseil, trésoriers de France et les sept corps des marchands et artisans de Paris, pour leur demander, à chacune d'elles, l'assistance que de leur franche volonté ils voudroient contribuer pour aider à Sa Majesté à lever et soudoyer les gens de guerre dont elle auroit besoin. A quoi la plupart d'elles satisfirent franchement, et particulièrement les sept corps des métiers, qui allèrent dès le lendemain trouver le Roi, qui les reçut dans sa grande galerie, et lui firent offre de leurs personnes et de leurs biens avec une si grande gaîté et affection, que la plupart d'eux lui embrassoient et baisoient les genoux ; ensuite ils dressèrent un rôle du nombre d'hommes que chacun d'eux pouvoit lever et soudoyer, et le mirent entre les mains du lieutenant civil, comme aussi le rôle et les noms des hommes d'entre eux propres à porter les armes, afin que le Roi s'en servît selon qu'il en auroit besoin. La même ordonnance fut envoyée à tous colléges, communautés, fabriques, monastères rentés, à laquelle tous obéirent avec un très-grand zèle, de sorte qu'en moins de dix jours le Roi eut de quoi lever et entretenir trois mois durant douze mille hommes de pied et trois mille chevaux. Les autres villes du royaume contribuèrent depuis à proportion, avec une grande promptitude.

Sa Majesté fit une ordonnance que tous les hommes portant armes, qui étoient sans condition, s'allassent enrôler chez le maréchal de La Force dans vingt-quatre heures; enjoignit à tous les privilégiés et exempts de tailles de se trouver dans six jours à Saint-Denis en France, montés et armés le mieux qu'il leur seroit possible, sur peine de déchoir de leurs priviléges et être imposés à la taille : enjoignant aussi, le 6, aux prévôt des marchands et échevins de Paris de faire faire dans toutes les maisons le rôle des laquais capables de porter les armes, et de les envoyer enrôler. Et, pour avoir plus grand nombre d'hommes de cette qualité, il fut commandé que tous les ateliers de Paris seroient rompus, et de faire cesser tous les bâtimens, et enjoint aux maçons, tailleurs de pierre et charpentiers de s'aller faire enrôler en l'hôtel de ville, pour servir où il leur seroit ordonné. Et, pource que le Roi ne pouvoit pas sitôt faire fournir ce qui seroit nécessaire pour l'attirail de son artillerie et pour monter sa cavalerie, il fut ordonné que l'on prendroit un cheval de chacun qui auroit un carrosse avec un laquais ou cocher; que chaque maître de poste fourniroit un cheval avec un de ses postillons. Et, afin qu'en cette nécessité pressante on ne se servît des chevaux des laboureurs ou des bouchers, et autres qui amenoient des vivres à Paris, ce qui y eût dans peu de jours causé la famine et redoublé la terreur que l'on avoit des ennemis, Sa Majesté fit expresse défense de ne toucher à aucun des chevaux de personnes de cette nature, et ordonna que les greniers des communautés de ladite ville seroient ouverts à tous ceux qui y apporteroient des blés, même sa propre galerie du Louvre, sans qu'ils fussent obligés de payer aucune chose pour le louage, et qu'ils y pourroient vendre leursdits blés à qui les voudroient, et en conviendroient de prix de gré à gré, comme si c'étoit en un marché public. Il fut ordonné à tous les maîtres d'hôtel et gentilshommes servans de Sa Majesté, hors de quartier, de se rendre dans huit jours en son armée de Picardie, montés et armés. Il fut ordonné encore que tous les propriétaires et locataires de chaque maison seroient tenus de fournir un homme avec une épée et un baudrier seulement, auquel Sa Majesté fourniroit la solde. Et pource que plusieurs par lâcheté esquivoient de servir le Roi, se rendant sous les maîtres artisans, servant en leurs boutiques, il fut défendu à eux tous de retenir en leurs maisons plus d'un serviteur, soit apprenti ou compagnon, excepté aux maîtres boulangers, selliers, lormiers, éperonniers, armuriers, ceinturiers, fourbisseurs et arquebusiers, auxquels il fut permis de retenir en leurs maisons et boutiques et se servir de tel nombre de compagnons, apprentis et serviteurs qu'ils verroient bon être. Mais d'autant que les armuriers et quincailliers, abusant de la nécessité publique, vendoient les armes à un prix excessif, Sa Majesté les modéra à un qui fut raisonnable. Et pour subvenir à l'abondance du pain, il fut permis à toutes personnes de faire construire des moulins à blé sur la rivière de Seine, dans la ville, faubourgs et environs de Paris, à condition que, la nécessité présente étant passée, il en seroit donné titre à ceux qui en auroient fait l'avance, tant de Sa Majesté que de la ville, pour en jouir à perpétuité. Et tous les bourgeois furent avertis de faire faire des moulins à bras pour s'en servir dans leurs maisons. Et afin que la ville de Paris ne demeurât pas sans défense en une extrémité, Sa Majesté, y voulant faire quelques fortifications, ordonna que le tiers des habitans des bourgs et villages circonvoisins se rendroient aux lieux qui leur seroient ordonnés pour cet effet, excepté trente-deux villages que Sa Majesté ordonna pour travailler aux fortifications nécessaires qu'elle faisoit faire à Saint-Denis. Et, afin que les vivres que l'on a accoutumé d'amener à Paris par les rivières d'Aisne et Oise s'y rendissent avec plus de sûreté, il fut commandé que les bateaux qui en seroient chargés fussent armés de gens de guerre, pour se défendre des coureurs qui les voudroient attaquer. Sa Majesté fit aussi une déclaration, par laquelle elle exempta de tailles pour trois années les habitans des frontières de Picardie, Champagne et Bourgogne, qui seroient employés dans ses armées ou ailleurs à son service.

Tous ces ordres furent donnés, depuis le 4 août jusques au 12, et reçurent bénédiction de Dieu, par les prières publiques qu'on fit en même temps pour détourner son ire et implorer le secours de sa bonté. Le Roi envoya ledit jour quérir M. d'Angoulême, qui avoit toujours demeuré à Gros-Bois, depuis son retour de Lorraine, où Sa Majesté l'avoit envoyé commander son armée conjointement avec M. le maréchal de La Force, et lui donna non-seulement la charge de faire diligenter les levées qui se faisoient dans Paris et aux environs, mais aussi la lieutenance générale de son armée. Et, pource que la grandeur de la ville de Paris donne la liberté d'y entrer et d'en sortir indifféremment à tout le monde comme on veut, afin que les ennemis n'en pussent profiter, et y envoyer tous les espions qu'ils voudroient au préjudice du service du Roi, il fut commandé de faire garde aux portes. On eut avis en même temps de plusieurs succès glorieux que les armes du Roi eurent en Italie et en l'Alsace; on sut la prise de Saverne, le ravitaillement de Haguenau et autres places de l'Alsace, la bataille gagnée en Italie, au navile dont nous avons parlé ci-devant. Mais tous ces bons événemens ne rassuroient pas les esprits dans la ville de Paris, dans laquelle beaucoup de personnes, et de condition, soit qu'ils fussent malintentionnés, intéressés, ou abusés, prenant occasion des mauvais succès, sans les balancer avec les meilleurs que Dieu nous donnoit, pestoient contre le Roi et le gouvernement; et les principaux d'entre eux étoient le parlement, lesquels, au lieu d'appuyer l'autorité royale que Sa Majesté leur avoit confiée, l'affoiblissoient tant qu'ils pouvoient, décriant la conduite des affaires publiques.

Ils s'étoient, dès le commencement de l'année, emportés contre le Roi, sur le sujet d'un édit par lequel Sa Majesté créoit quelques officiers entre eux; ils murmurèrent, s'assemblèrent et obligèrent Sa Majesté d'interdire quelques-uns d'entre eux, et les envoyer à Amboise et à Angers. Sa Majesté commanda à son chancelier de leur représenter que l'autorité qu'elle avoit communiquée à son parlement n'étoit pas pour l'élever au-dessus de lui, mais pour se servir des officiers d'icelui, comme d'organes pour expliquer à ses peuples la justice de ses lois et les faire observer avec vénération; que c'est piété aux rois de céder à Dieu, parce que c'est lui qui établit leur puissance; c'est sagesse de céder à la raison, parce que c'est elle qui affermit les sceptres; mais de céder à la force de leurs ennemis ou aux attentats de leurs sujets, ce seroit foiblesse et lâcheté; qu'ils ne devoient pas entreprendre de lui commander, puisqu'ils n'étoient établis que pour le faire obéir; que s'ils oublioient ce qu'ils étoient, Sa Majesté n'oublieroit pas qu'il étoit leur maître. Elle envoya aussi le sieur de La Ville-aux-Clercs leur défendre d'assembler les chambres, et leur déclarer qu'elle ne vouloit pas entendre les remontrances qu'ils lui vouloient faire sur le retour de ceux qu'il avoit

jugé devoir être éloignés, que premièrement ils n'eussent obéi et reçu les officiers nouveaux qu'il avoit créés par son édit. Cette juste sévérité de Sa Majesté les retint en leur devoir, et fit qu'après avoir obéi, lorsqu'ils la vinrent supplier, le 17 mars, de pardonner à leurs confrères, Sa Majesté oublia volontiers ce qui s'étoit passé, et leur accorda leur retour, à la charge qu'ils seroient plus sages à l'avenir.

Mais le feu de leur mauvaise volonté, plutôt couvert qu'éteint, se ralluma à la vue des ennemis entrant en France; car alors, fomentant les mécontentemens que la crainte et les incommodités que la guerre attire nécessairement après elle, donnent aux peuples, ils commencèrent à faire de nouvelles assemblées, lorsque le Roi étoit au fort de ses affaires et y cherchoit les remèdes les plus pressans. A quoi Sa Majesté s'opposa vigoureusement, et les envoya querir le 11 août, leur témoignant que ce n'étoit pas à eux à se mêler des affaires de son Etat; que s'ils continuoient, elle prendroit la punition que méritoient la malice et l'envie de quelques-uns d'entre eux; et, pour conclusion, qu'elle leur défendoit de continuer leurs délibérations, et d'entreprendre d'être ses tuteurs et se mêler de ses affaires.

En même temps la nouvelle arriva à Paris que les ennemis avoient assiégé Corbie, place forte et bien munie de tout ce qui étoit nécessaire pour se défendre; mais le sieur de Soyecourt, lieutenant général de la province, qui étoit dedans, ayant, dès le commencement du siége, réputation de la défendre peu courageusement, le sieur de Saint-Preuil s'y jeta à la nage le 18, pour l'encourager. Mais, quoi qu'il pût faire, et que les gens de guerre, tant Français que Suisses, s'offrissent de faire leur devoir, on ne put l'empêcher de se rendre peu de jours après, quoiqu'il eût vu l'exemple de la punition que le Roi avoit prise des gouverneurs de La Capelle et du Castelet, qu'il avoit fait condamner, par arrêt de son conseil de guerre du 14 août, à être tirés à quatre chevaux, leurs têtes mises à prix parce qu'ils étoient absens, leurs biens confisqués, et eux et leur postérité déclarés roturiers, lequel traitement il reçut lui-même, comme il avoit mérité. Et à la vérité, si les fautes doivent être estimées grandes par le préjudice qu'elles apportent, ceux qui, par la lâche reddition d'une place confiée à leur foi, donnent entrée à l'ennemi dans l'Etat, et ouverture aux pilleries, violemens et autres excès qui s'en ensuivent, quelle punition ne méritent-ils point? Outre que, d'autant que la charge qu'ils exercent est plus importante, la faute qu'ils commettent doit être plus rigoureusement punie, ils sont comme des sentinelles opposées à la tête de l'ennemi, non-seulement pour les découvrir et donner avis de leur venue, mais pour s'opposer à eux et leur empêcher l'entrée. Ce que sont les gardes du corps à l'égard du Roi, ils le sont à l'égard de l'Etat; quand ils ouvrent les portes de leurs places à l'ennemi, ils mettent, en tant qu'en eux est, le royaume en ses mains, lui en livrant une des clefs qui leur a été donnée en garde. Aussi les histoires étrangères des siècles passés nous enseignent-elles que l'infamie de telles gens étoit toujours suivie d'une peine de mort, et en ce royaume même il en a été usé de la sorte. La naissance, la qualité et l'autorité du maréchal du Biez, ne purent pas empêcher qu'il ne fût privé de sa dignité et condamné à une prison perpétuelle, pour avoir, par faveur, donné la garde de la ville de Boulogne à Jacques de Coucy, sieur de Vervins, son gendre, qui fut aussi condamné à avoir la tête tranchée, et exécuté à Paris, pour avoir lâchement rendu ladite ville de Boulogne aux Anglais; et il n'y eut personne qui trouvât à redire à ce jugement, vu que telles fautes commises par la lâcheté ne sont pas moins préjudiciables que celles qui se commettroient par trahison; et si quelques peuples en la Grèce punissoient d'une ignominie perpétuelle ceux qui fuyoient dans une bataille, et les Romains châtioient de la vie ceux qui étoient les premiers à lâcher le pied devant les ennemis, parce que par leur exemple ils attiroient la déroute de l'armée, il est bien plus juste de châtier ceux qui, étant dans une forteresse bien munie, capable de se défendre, la rendent par faute de courage, et jettent l'effroi des ennemis dans tout le pays.

Sa Majesté, qui ne fut point étonnée, mais au contraire portée avec plus de courage contre ses ennemis, alla visiter tous les passages de la rivière d'Oise, et voir ceux qu'il étoit à propos de fortifier pour empêcher que les ennemis ne s'en saisissent pour passer ladite rivière. Elle avoit auparavant fait rompre tous les ponts qui étoient sur icelle, et même fait commencer la fortification de Saint-Denis et plusieurs camps retranchés par delà la rivière de Seine qui passe près de Saint-Denis, afin d'être en état de repousser les Espagnols. La nouvelle arriva en même temps que les ennemis avoient pris les faubourgs de Verdun en Bourgogne, et les avoient brûlés. C'est une place qui est de forte situation, mais non fortifiée, et qui se pourroit faire excellente en fortifiant la ville, le faubourg et l'île : mais comme c'est une affaire de longue haleine à cause du voisinage des troupes du Roi, ils la quittèrent, et nous en ressaisîmes incontinent. Le cardinal de La Valette et le duc de Weimar, par ordre du Roi, s'avancèrent vers Épinal et Mirecourt, pour de là prendre leur marche telle que les affaires du Roi le requéroient en la Bourgogne, et M. le prince fit, sur la parole du cardinal de Richelieu, lever cinq ou six régimens nouveaux en ladite Bourgogne et en la Bresse, la Bourgogne s'aidant en cette occasion, et contribuant à se sauver elle-même. Cependant on ne laissa pas la Lorraine dégarnie; mais le cardinal de la Valette y laissa mille chevaux au grand-prévôt qui étoit à Nancy, afin d'y agir contre les troupes de l'évêque de Verdun, qui étoient épouvantées, parce que jusques alors nous avions toujours été maîtres de la campagne, et que, quoique le roi de Hongrie se fût rendu en personne dans son camp, il ne s'étoit osé présenter pour nous combattre. Ledit cardinal mit encore onze cent cinquante réseaux de blé dans Hagueneau, et, ayant ôté tout le blé qui restoit sur la terre, les ennemis ne pouvoient plus trouver de quoi subsister dans l'Alsace.

Pour aider à faire tête aux ennemis du côté de Picardie, Monsieur arriva de Blois à Paris le 19, avec huit cents maîtres de la noblesse de l'étendue de son apanage, qu'il avoit convoquée par ordre de Sa Majesté pour aller à l'armée. Le 22 un espion, natif de Dieppe, fut condamné à la mort pour avoir été trouvé sondant la rivière d'Oise auprès de Verberie; et le même jour le sieur de Vignoles, qui avoit été envoyé par le Roi à Péronne, défit soixante chevaux qui accompagnoient le comte de La Motterie de Bapaume à Corbie, et tous les jours toutes nos garnisons remportoient beaucoup d'avantages sur les ennemis. Cependant les ennemis fortifioient Corbie avec grande diligence, ayant avec eux quantité de paysans de Flandre qui y travailloient; et, pource que les habitans des villages d'alentour les avoient abandonnés, ce qui apportoit beaucoup d'incommodité aux ennemis, ils firent publier qu'ils prenoient en leur protection ceux qui y retourneroient; mais ceux qui s'y fièrent furent traités avec toute sorte de barbarie; quelques-uns des soldats qui les maltraitoient disant être à Piccolomini si on leur montroit des sauvegardes du prince Thomas, et les autres être au prince Thomas s'ils avoient sauvegardes de Piccolomini, ce qui fit bientôt connoître au peuple qu'ils ne pouvoient non espérer d'eux que ruine et désolation.

Le Roi manda en ce temps-là au prince d'Orange qu'il devoit entreprendre quelque chose de sa part. Il correspondoit au désir de Sa Majesté par sa générosité; mais la foiblesse des Etats, ou plutôt la division qui étoit entre eux, l'empêchoit de faire ce qu'il désiroit. Néanmoins il ne laissa pas de l'emporter, et mettre ensemble quelque armée considérable; mais, la saison étant avancée, et l'humeur des Hollandais lente et irrésolue, cela ne produisit guère de fruit, les Etats ne promettant autre chose, sinon que, si le comte de Feria s'avançoit vers la France et quittoit leurs frontières, ils feroient avancer leur cavalerie dans le pays ennemi. Le cardinal, d'autant que le greffier des Etats, nommé Musch, étoit homme agissant, qui, outre l'autorité de sa charge, donnoit, par son esprit, un grand poids à ses opinions, manda à l'ambassadeur du Roi (1) que, nonobstant que ledit Musch se fût montré diamétralement opposé aux intérêts de Sa Majesté et de son Etat, et se fût ci-devant porté avec passion au traité de la trève avec le roi d'Espagne, il ne laissât pas de lui donner 30,000 écus qu'il avoit en ses mains, à la charge de contenter les sieurs Norduic, Plouets et Riberdas ; que s'il croyoit que l'argent seroit perdu, que, perdu pour perdu, il vaut mieux hasarder cette partie pour tâcher à gagner cet homme, que non pas de le laisser en un mécontentement qui procédoit de n'avoir son compte en cette affaire comme il l'avoit pensé; qu'au reste ledit ambassadeur se souvînt qu'il avoit à se garder d'être trop obstiné en son sens, et qu'il étoit quelquefois meilleur de déférer au jugement d'autrui que de suivre le sien, ce qu'il lui disoit seulement sur le sujet de cette affaire, s'assurant bien de sa bonne conduite en tout le reste; qu'il se souvînt, en outre, que le plus souvent on faisoit mieux réussir les affaires, en les traitant avec douceur et ménageant les esprits de ceux avec lesquels l'on avoit à agir, que l'on ne faisoit par autre voie, et partant qu'il devoit, auparavant que de se servir de l'autorité que lui donnoit son emploi, tenter la voie de la douceur et de la modération dans les choses qu'il auroit à négocier avec les Etats, dont la plupart aimoient beaucoup mieux être flattés que traités autrement. Le prince d'Orange, à cause qu'un nommé Fopius traitoit d'accommodement entre les Hollandais et l'Empereur, lui envoya un ordre exprès des Etats de ne se mêler plus, sous quelque prétexte que ce fût, des affaires d'Espagne et des Pays-Bas, mais de demeurer purement dans les termes de ses instructions touchant l'Empereur, et que, pour empêcher qu'on ne lui en parlât plus, il eût à déclarer à l'Empereur, aux électeurs et à tous les ambassadeurs qui étoient là, que les Etats-Généraux, ayant eu l'honneur d'entrer en confédération étroite avec Sa Majesté, ils étoient résolus de ne s'en séparer jamais, pour quelque considération que ce fût, et

(1) Charnacé.

ne faire jamais de traité avec leurs ennemis sans son consentement. Il fit cela pource que ledit Fopius avoit écrit que l'Empereur leur offroit la trève très-avantageuse de la part du roi d'Espagne, dont il seroit le garant, et il craignoit qu'à cette prochaine assemblée les fauteurs d'un nommé Aisma, tous trévistes (2), n'en fissent la proposition, qui n'eût pu avoir que de très-mauvaises suites et conséquences, ce qui servoit beaucoup à avancer la paix générale telle qu'on la pouvoit procurer. En reconnoissance de quoi le Roi depuis descendit volontiers à lui donner le titre d'altesse au lieu de celui d'excellence qu'on avoit donné à ses prédécesseurs et à lui jusques alors, ce dont il témoigna au Roi avoir un très-grand ressentiment. Et pource que la grande liberté des républiques permet toutes choses indifféremment, et qu'ensuite on imprimoit en Hollande librement tous les libelles qui se faisoient dans les pays ennemis, tant contre eux que contre le Roi et ses ministres, ils firent défenses, sous grandes peines, qu'il s'en imprimât ni vendît en leur Etat aucun exemplaire; mais tout cela étoit un foible secours à nos affaires. Sa Majesté fit un traité avec eux le 6 septembre, par lequel elle promettoit 1,500,000 livres, payables en trois termes dudit jour en un an, à la charge qu'ils emploieroient ledit argent effectivement à l'entretien des gens de guerre qui pourroient être levés, ou pour faire des recrues ou autre renforcement des compagnies qui étoient lors à leur service, en sorte que ladite somme de 1,500,000 livres ne pourroit être divertie à aucun autre usage.

Sa Majesté, avant la fin du mois d'août, ayant assemblé une armée si puissante qu'elle étoit composée de trente mille hommes de pied et douze mille chevaux, partit de Paris le premier septembre, et, avant partir, établit la Reine gouvernante de Paris, avec tout le pouvoir qui y étoit nécessaire, et fit faire commandement à tous les officiers de ses armées de se rendre en leurs charges dans vingt-quatre heures, à peine de privation d'icelles, et à tous les soldats à peine de la vie. De là Sa Majesté alla droit à Senlis pour y faire avancer toutes ses troupes, dont elle donna le commandement à Monsieur, son frère, qui le lui avoit demandé avec grande instance, et, sous lui, à M. le comte et à messieurs les maréchaux de Châtillon et de La Force. Elle donna ordre d'aller droit aux ennemis, et que la première marche qu'ils devoient faire étoit de s'avancer à Roye, qui seroit abandonné à la vue de l'armée; que de là il falloit aller droit

(2) Partisans de la trève; il y avait déjà plusieurs années que cette qualification de trévistes et anti-trévistes désignait les deux partis en Hollande.

aux ennemis auparavant qu'ils eussent repassé la Somme, ce que si on faisoit, on les déferoit entièrement; mais que, s'ils l'avoient déjà repassée, il la falloit aussi faire passer à notre armée en diligence, et aller prendre un campement le plus proche des ennemis qu'il se pourroit, avec les avantages que les raisons de guerre devoient faire considérer en pareille occasion, étant certain que par ce moyen il seroit difficile qu'on n'emportât quelque notable avantage sur les ennemis, parce qu'ayant les vivres plus commodément qu'eux, ils seroient contraints de décamper les premiers, et qu'il leur seroit impossible de le faire devant une grande armée sans laisser de leurs plumes, si les ailes n'y demeuroient entièrement. Les ennemis étant, ou défaits, ou retirés, ou chassés dans leur pays, ce qui apparemment devoit arriver à la fin de septembre, Monsieur les devoit pousser le plus avant qu'il pourroit dans leur pays, et venir prendre ses quartiers d'hiver, en sorte que Corbie en fût investi, laquelle place le Roi vouloit faire tous les efforts imaginables pour la reprendre cette année.

Le 15 dudit mois, Monsieur partit de Senlis pour aller joindre ladite armée, laquelle il fit marcher droit à Roye, où, au lieu de laisser sept à huit mille hommes de pied pour prendre cette place, et passer outre avec le reste de l'armée, et envoyer, qui plus est, un parti de quatre ou cinq mille chevaux pour poursuivre les ennemis qui repassoient la rivière de Somme en désordre, ce que la raison de la guerre requéroit, et dont le maréchal de La Force fit grande instance, toute l'armée demeura au siége de cette place, où il n'y avoit que trois cents coquins dedans, et laissa par ce moyen sauver les ennemis, qui n'étoient pas encore tous passés la rivière le samedi, et ladite place fut rendue le jeudi 18. On apprit des prisonniers que, lorsqu'on tira le premier coup de canon au siége de Roye, Jean de Wert, avec toute sa cavalerie et la plupart de celle de Piccolomini, étoit encore à Guillancourt, qui n'est qu'à deux lieues et demie de Roye, d'où ils partirent avec grand effroi et désordre au bruit du canon qu'ils entendirent. Le Roi en reçut un extrême déplaisir, et manda à Monsieur qu'il ne devoit pas avoir reçu à capitulation cette garnison, qui n'étoit que de trois cents hommes de pied et cinquante chevaux, et avoit eu la hardiesse de résister à une si grande armée; et, pour être plus proche d'elle et faire agir les chefs avec plus de promptitude, elle partit de Senlis pour aller à Roye. La jalousie entre les chefs et l'ambition qui domine la jeunesse, empêchèrent le fruit que l'on pouvoit tirer de cette occasion si on l'eût ménagée, car aussitôt qu'on proposoit de faire un parti, M. le comte le vouloit commander, et Monsieur, ne voulant pas qu'il eût l'honneur de chasser les ennemis, y vouloit aller; et par conséquent il falloit mener toute la cavalerie et quatre mille mousquetaires, qui eût été proprement ne rien faire du tout et harasser extrêmement les troupes. Ainsi on n'entreprit rien, et les ennemis se retirèrent à leur aise. Il y avoit davantage, que si Monsieur et M. le comte n'alloient point à la guerre, qu'on parlât de faire un parti qui passât mille chevaux, M. de Beaufort y vouloit aller, pas un maréchal de camp ne se vouloit joindre à lui, parce qu'il ne lui vouloit pas obéir; de sorte que, ou il ne falloit point faire de parti fort, ou il falloit que M. de Beaufort le commandât, qui véritablement avoit beaucoup de courage et d'ardeur, mais pas un poil de barbe. Depuis, Sa Majesté fit arrêter le maïeur que les Espagnols avoient établi à Roye, et quelques autres, accusés d'avoir intelligence avec eux, qui depuis furent punis selon que les crimes des uns et des autres le méritoient.

Après cette faute signalée que l'armée de Monsieur avoit commise à Roye, qui ôta l'honneur d'une victoire entière au Roi sur ses ennemis, ils prirent une bonne résolution, qui fut d'aller à Péronne, pour leur couper chemin en se retirant en leur pays, ce que le Roi leur commanda d'exécuter en diligence, et que, dès qu'ils seroient passés à Péronne, ils envoyassent se saisir du passage de Bray et rompre celui de Cerisy; que si les ennemis avoient entièrement passé l'eau, comme on disoit, peu de gens se saisiroient desdits passages par deçà, et, rompant le dernier, se mettroient sans difficulté en état de ne pouvoir être forcés au dernier en cette saison; si aussi les ennemis n'avoient pas encore passé la Somme, et qu'il y en eût encore de deçà, la meilleure entreprise que Monsieur pût faire, seroit d'envoyer un corps puissant pour se saisir desdits passages, après quoi il seroit aisé de faire périr la cavalerie ennemie qui demeureroit deçà : au reste, qu'il eût soin d'envoyer des gens entendus de Péronne rompre les gués qui seroient sur la rivière, jusques à Bray et Cerisy, quand ils seroient maîtres des deux passages. Mais l'armée du Roi, au lieu de suivre cette résolution avec diligence, mit trois jours à aller audit Péronne, et là ils demeurèrent quatre jours, sous prétexte de n'avoir point de pain, qui en effet manqua un jour et demi. Comme le pain fut prêt, au lieu de s'avancer et suivre cette résolution, M. de Châtillon vint trouver le Roi à Roye, où il arriva le 24, pour lui proposer, de la part de Monsieur et de M. le comte, de faire revenir l'armée sur ses pas au lieu de l'avancer, pour venir passer à Amiens par derrière la rivière de Somme, disant que la cavalerie manqueroit de fourrages en poursuivant les ennemis par delà la rivière. Sa Majesté et son conseil estimèrent cette proposition si préjudiciable à ses affaires et à la réputation de ses armes, qu'elle commanda de passer outre, nonobstant toutes les incommodités qui furent représentées. Cet ordre donné par le Roi fut trouvé fort mauvais; M. le comte y fit beaucoup de difficultés, et dit à Monsieur qu'il ne devoit pas hasarder sa réputation, et qu'il devoit avoir auparavant un état signé de l'artillerie et des munitions qu'on disoit qui y étoit, comme s'il l'eût révoqué en doute; cependant le grand-maître ne fit point de difficulté d'en donner un signé de lui, qui portoit trente canons, cinquante milliers de poudre, dix mille outils, et tout le reste à proportion. Après cet ordre reçu, on demeura encore deux jours à Péronne devant que de l'exécuter. Cependant Saint-Preuil surprit le château de Moreuil qui servoit de retraite aux ennemis, et dont la garnison ravageoit tout le pays jusqu'à Clermont, empêchant les commodités que la ville de Clermont recevoit auparavant par la rivière de Moreuil : de cent cinquante hommes qui y étoient en garnison, cinquante furent mis au fil de l'épée et soixante-dix prisonniers, nonobstant que les ennemis ne fissent point de quartier avec nous. Sa Majesté, pour cette action et pour celle de s'être jeté dans Corbie, lui donna grâce du combat qu'il avoit fait avec le fils du sieur de Fléchelles, qu'il avoit tué en duel.

Sa Majesté, ayant appris le 27 que l'armée ne partoit point encore de Péronne, dépêcha à Monsieur pour le prier de la faire avancer autant qu'il pourroit. Et, parce qu'il craignoit que la diligence ne fût pas assez grande, Sa Majesté désiroit que M. le comte s'avançât vers Corbie, où le Roi ayant eu quelque dessein, dont il avoit donné la conduite au marquis de La Force, il avoit réussi si heureusement qu'il s'étoit logé à la porte de la ville, ayant pris les trois bras de rivière et la demi-lune que les ennemis avoient faite à cinquante pas de la muraille de la ville. C'étoient tous les dehors que les ennemis avoient faits au-deçà de la rivière de Somme, à la tête de Corbie, au-deçà de la chaussée, laquelle étant remise ès mains du Roi, toute la province de Picardie étoit à couvert; nous mîmes au fil de l'épée tout ce qui se trouva dans la demi-lune. Il restoit à Monsieur à pourvoir au côté de delà, moyennant quoi tout iroit bien, si l'affaire alloit aussi chaudement de son côté qu'elle avoit été et iroit de celui de Sa Majesté. Peu d'heures après cette dépêche, un gentilhomme de Rambures arriva, qui assura la retraite des ennemis avec une grande précipitation, et que la plus grande partie étoit déjà passé la rivière d'Authie, et qu'ils avoient laissé plus de six cents chariots, par la seule alarme qu'ils avoient de l'armée du Roi. Le Roi ayant appris en ce moment que Monsieur partoit de Péronne avec l'armée, Sa Majesté jugea que, cela étant, la marche du corps de ladite armée couvriroit Corbie en suivant sa route, et que, partant, il n'y avoit pas de danger que M. le comte s'avançât avec un corps puissant de cavalerie pour charger des gens qui s'en alloient en déroute, et qui n'avoient la hardiesse de les attendre que parce qu'ils croyoient qu'on ne laisseroit pas de les attaquer, et envoya incontinent le commandement qui étoit sans danger à exécuter; car, sans doute, l'armée que commandoit Monsieur étoit assez puissante pour faire deux choses : l'une pour investir Corbie, et l'autre pour, avec un corps puissant de cavalerie, aller tâcher de charger les ennemis en leur retraite. On estimoit que six mille hommes de pied et deux mille chevaux pouvoient prendre le poste de Corbie; ce à quoi la rivière d'Ancre étoit extrêmement favorable, et qu'avec le reste on pourroit poursuivre les ennemis; ce qui empêcheroit que ceux qui demeureroient devant Corbie n'eussent rien à craindre. Aucun de ces deux ordres de Sa Majesté ne fut suivi; on y trouva de grandes difficultés dans le conseil de Monsieur, lesquelles, encore qu'elles fussent imaginaires, ne laissèrent pas d'apporter un préjudice réel, nous faisant perdre tous les avantages que Dieu nous mettoit entre les mains; notre armée seulement s'avança, et vint en quatre jours se loger à deux lieues d'Amiens, pour ensuite prendre les postes d'alentour de Corbie.

L'armée étant arrivée près d'Amiens, M. le comte et tous les chefs vinrent trouver le Roi qui s'y rendit le 2 octobre, où l'on tint un grand conseil, dans lequel Sa Majesté, ayant vu la confusion et le désordre qui arrivoit de la multiplicité des chefs dans une armée, estima qu'il étoit à propos de diviser les forces, et destina Monsieur, son frère, pour vaquer au blocus de Corbie sous son autorité, selon l'instante prière qu'il lui en avoit fait faire. Il destina aussi M. le comte au commandement d'une autre armée, composée de treize mille hommes de pied et de sept mille chevaux, avec ordre d'aller trouver les ennemis, et, les poussant devant lui, mettre leur pays en même état qu'ils avoient mis notre frontière, faisant brûler et ruiner tous les bourgs et villages, pour leur ôter le moyen de plus user en ce royaume de pareilles inhumanités à celles qu'ils avoient pratiquées cet été; en l'exécution de quoi Sa Majesté désiroit que l'on apportât le meilleur ordre qu'il se pourroit pour faire que les lieux sacrés fussent exceptés, et qu'on s'abstînt de tous violemens et autres pareilles impiétés. Mais depuis cet ordre fut changé, parce qu'on trouva qu'on n'avoit pas assez de force pour empêcher absolument que les ennemis ne vinssent s'opposer au blocus de Corbie; et il fut résolu que toute l'armée y demeureroit jusqu'à ce que les travaux dudit blocus fussent en bonne défense, et qu'il pût subsister par lui-même. Durant ce temps-là le sieur de Beaufort, un des gentilshommes du cardinal-duc qui avoit été envoyé à Amiens, sur l'avis que l'on eut que les ennemis avoient peu de moulins dans Corbie, et que le plus grand secours qu'ils tiroient étoit de celui qui étoit le long de la chaussée du Fouilloy, forma un dessein de le brûler; ce qu'il fit le 27 avec tant d'effroi des ennemis qu'il en tua soixante, et donna jusque dans la porte de Corbie, qui n'étoit qu'à deux cents pas dudit moulin, y mit le feu et brûla quantité de farines qui y étoient; ce qui fit beaucoup renchérir le pain dans la ville. Le Roi donna exemption de tailles à jamais à six paysans qui servirent à cette entreprise.

Le 2 octobre les ennemis enlevèrent la nuit le quartier des régimens d'Aiguefeld, Plancy, Miche et Gassion, défirent tout celui de Plancy, démontèrent celui d'Aiguefeld; mais celui de Miche, qui étoit au quartier le plus éloigné, monta à cheval et couvrit celui de Gassion, de sorte que ni l'un ni l'autre ne fit aucune perte. Aiguefeld avoit prévu cet accident; et voyant qu'au contre de tout ce qui s'observoit dans les armées, il n'y avoit rien de réglé en la nôtre touchant le commandement et autres choses; que l'on ne se gouvernoit point aux gardes, partis et autres factions de guerre, comme la règle de la guerre ordonnoit et devroit être exécutée sans nouvelles dispositions des choses, et que sur un même ordre quelquefois un régiment marchoit, l'autre demeuroit dans le quartier, le troisième ne se rendoit point du tout au lieu qui lui étoit assigné, et tout se faisoit avec grande confusion, il donna avis de toutes ces confusions au maréchal de Châtillon, s'offrant d'obéir à un chacun, pourvu que celui qui avoit à commander fût nommé, que ledit réglement fût fait, et par conséquent le Roi mieux servi. Le maréchal de Châtillon trouva bon cet avertissement, et lui promit d'en parler aux généraux. Voyant que les promesses dudit maréchal n'étoient suivies d'aucun effet, il réitéra la même instance à M. le comte, et depuis à Monsieur même, qui témoigna avoir un grand désir de faire régler en diligence une affaire si importante. Mais cela ne s'étant fait, le quartier demeurant sans commandement, le régiment d'Aiguefeld faisant la garde devant Corbie, et les autres, au lieu de loger dans un village, étant logés dans trois; les fourrageurs courant devers les quartiers de l'ennemi sans aucune escorte ni partis envoyés, et n'y ayant point d'accord touchant les gardes, mais toutes les susdites confusions s'augmentant de jour à autre; à la fin, Jean de Wert, se trouvant logé à quatre heures de chemin de nous, et prenant tous les jours et quasi à toutes les heures de nos fourrageurs, ayant tiré d'aussi bonnes informations de tous nos quartiers comme nous en pouvions avoir nous-mêmes, se rendit, sur les dix heures de nuit, avec quarante-trois cornettes et sept enseignes de dragons, à une heure et demie de chemin du quartier dudit Aiguefeld, où il fit halte. Combien qu'il eût donné commandement de sonner boute-selle environ la minuit, pour mettre ses troupes en campagne devant le jour; que la garde du quartier eût été posée et ordonnée le mieux que l'on eût pu faire; qu'il eût recommandé lui-même au lieutenant, nommé La Jeunesse, du régiment de Plancy, qui la commandoit, que tous les postes, patrouilles et endroits pour battre l'estrade, et autres choses lui eussent été montrées, et que les batteurs d'estrade, ayant découvert l'ennemi à une lieue et demie du quartier, lui en donnassent avis, l'exhortant d'en avertir le quartier, il les renvoya néanmoins non-seulement la première fois, mais lorsqu'ils revinrent encore lui dire la même chose la seconde et la troisième, et ne se mit en peine de monter à cheval, ni n'en avertit ni Aiguefeld, ni qui que ce fût dans le quartier, où ils n'avoient point aperçu l'ennemi qu'il n'eût investi ledit quartier qui étoit ouvert partout: l'ennemi étant entré y mit le feu en quatre endroits, de sorte qu'il n'y eut presque aucun cavalier qui pût monter à cheval, ni pas un qui pût joindre son officier ou l'étendard d'Aiguefeld, et le prier qu'il se trouvât auprès de lui; ce qui fit qu'ils se sauvèrent par force, l'épée à la main, au travers des ennemis. Cette perte ne fut pas grande et n'empêcha pas que, travaillant avec soin et diligence à la circonvallation de Corbie, tous les forts, les lignes de communication et autres travaux ne fussent en bonne défense dans la fin du mois, le cardinal ayant pris à son soin une partie desdits travaux, et le reste ayant été distribué aux principaux de ceux qui commandoient l'armée.

Les ennemis se préparèrent en vain pour faire un effort de ravitailler la place, et ramassèrent inutilement tous les chevaux qu'ils avoient dans le pays, et leur arriva pour néant un renfort de nouvelle infanterie. Leur dessein nous fit fortifier de plus en plus les gardes de cavalerie, et faire en sorte qu'elle ne s'écartât point la nuit dans divers quartiers, d'où on ne la pût rassembler quand on voudroit. Nous fîmes regorger le ruisseau d'Ancre dans le pré qui est autour de la ville, étant certain que les ennemis trouvant ce côté-là en autre état qu'ils ne l'auroient pensé, ils ne sauroient, quand même ils auroient préparé des ponts pour jeter sur la rivière, en quel lieu les mettre; et nous plaçâmes quantité de canons, tant pour défendre la tête du retranchement où Monsieur faisoit travailler, que le côté du marais ; ce qui se fit avec grand avantage, d'un lieu qui fut reconnu par le maréchal de La Force : et le Roi estimant que, quelque travail que l'on fît, la raison et la nécessité obligeoient, si les ennemis venoient, de s'opposer à leur dessein, s'avançant en lieu commode et avantageux pour les combattre, il commanda qu'on le fît.

Le 25 octobre, le Roi étant allé à Amiens pour aviser avec messieurs de son conseil, non-seulement ce qui étoit à faire concernant la Picardie, mais, en outre, ce qui touchoit le général des affaires courantes de la chrétienté, y tint conseil l'après-dînée, où il jugea les sieurs de Soyecourt et de Mailly, gouverneurs de Corbie, et ensuite se résolut, à la prière du cardinal, de changer d'air pour quinze jours et aller à Chantilly, pour donner moyen de nettoyer son quartier, où il étoit mort force gens de la peste. Le lendemain 26, le maréchal de Châtillon, qui s'étoit rendu en ladite ville d'Amiens le jour d'auparavant, proposa au Roi d'attaquer Corbie de force, maintenant que la circonvallation étoit parfaite ; ce que Sa Majesté approuva, et donna, auparavant son partement pour Chantilly, les ordres nécessaires pour faire ladite attaque. Cette proposition, qui sembla étrange à beaucoup de gens à cause de la saison, fut appuyée si fortement du cardinal, que Sa Majesté, dont la solidité du jugement ne sauroit être assez estimée, s'y résolut et y demeura ferme, nonobstant les sentimens contraires de beaucoup de personnes qui ne pouvoient goûter cet avis, à cause, disoient-ils, de l'avancement de la saison, de la diminution de l'armée du Roi, qu'on faisoit beaucoup plus foible qu'elle ne s'est trouvée en effet, et du hasard auquel on mettroit force braves gens d'être tués. Le maréchal de Châtillon disoit, au contraire, qu'il ne lui falloit qu'un mois pour prendre cette place; qu'il en répondoit dans ce temps, moyennant qu'il eût quatorze mille hommes effectifs et vingt-cinq canons, et toutes munitions nécessaires, et que d'ordinaire, en cette contrée, la saison étoit belle tout le mois de novembre. Outre ces considérations particulières, qui furent grandement exagérées et augmentées par le cardinal, il passa aux générales ; ce qui fortifia tellement Sa Majesté en sa première pensée, que, suivant les traces du feu Roi son père, qui commença à la Toussaint le siége de La Fère, qui lui succéda heureusement, et la coutume qu'elle avoit de passer par-dessus les saisons, comme le voyage de Suse le témoigna bien, elle ordonna ladite attaque de force, et ne put en être depuis détournée par l'improbation qui en fut faite de diverses personnes. Le Roi, étant à Roye, avoit commandé à M. le premier (1) de s'éloigner de lui, sur l'avis de quelques cabales dans lesquelles il s'étoit engagé, qui n'étoient pas de son service, et de se retirer à Blaye dont il lui avoit donné le gouvernement. Ceux qui étoient de cette cabale improuvèrent fort la résolution que Sa Majesté avoit prise de faire attaquer Corbie par force (2) ; de sorte que Sa Majesté même, touchée des raisons qu'ils apportoient au contraire, entra en quelque crainte que cette attaque ne causât la ruine entière de son armée ; néanmoins elle continua en son dessein.

Le cardinal alla au camp le 5, pour voir en quel état étoient les préparatifs de l'attaque de force de la place, et convier ces messieurs les maréchaux de France de hâter cette entreprise ; ce qu'il fit avec tant d'effet, que la même nuit on ouvrit la tranchée. Ce qui fut une merveilleuse diligence, car en quatre jours les préparatifs furent faits, la tranchée ouverte la nuit du 5 novembre, et les travaux de ladite attaque avancés de telle sorte en quatre nuits, que les ennemis, voyant qu'on étoit à cinquante ou soixante pas de la contrescarpe de la place, demandèrent à traiter. La capitulation fut accordée le 10, à la charge qu'ils sortiroient dans trois jours, pendant lesquels le gouverneur pourroit donner avis de l'état de la place au cardinal Infant, laissant des otages pour sûreté ; que si durant ce temps le secours leur arrivoit et les retranchemens étoient forcés, leurs otages leur seroient rendus ; mais si dans le vendredi 14, à la pointe du jour, ils n'étoient secourus, ils sortiroient à dix heures du matin sans remise ; ce qui fut exécuté. Si le Roi n'eût attaqué cette place de force, le siège en eût duré jusques à la fin de mars, car le nombre de leurs hommes, qui eût diminué de jour à autre, eût fait durer

(1) Le duc de Saint-Simon.
(2) Ici il y a une ligne inintelligible que le premier éditeur a imprimée ainsi : « et Lesche, son oncle, en étoit un des principaux. » Or, l'oncle de Saint-Simon était le sieur de Saint-Léger, gouverneur du Catelet, condamné à mort pour l'avoir rendu. Il se gardait donc bien d'être là. Pour traduire au plus près des mots ci-dessus, il faudrait lire : « et la lâcheté de son oncle en étoit une des principales causes. »

davantage leurs vivres; et dès que les ennemis virent qu'on les attaquoit de force ils commencèrent à perdre courage, d'autant qu'ils ne pouvoient supporter tant d'attaques qui leur furent faites tout à la fois; ils étoient si fatigués de tirer qu'ils n'en pouvoient plus; ils n'avoient point de repos pour leurs gardes, auxquelles ils faisoient même entrer leur cavalerie du côté de Navarre où il y eut brèche; mais ils la firent réparer parce qu'on leur en donna le loisir. Leur plus foible endroit étoit l'attaque de M. du Hallier, puis celle de Picardie, et le plus fort vers Champagne; que, si on ne les eût attaqués, le blocus ne les eût pas empêchés de tenir tout l'hiver, comme aussi sans le blocus ils eussent été secourus si on les eût assiégés. Lorsque le Roi arriva ils furent trompés, et au blocus et au siége, croyant que l'on se contenteroit de fortifier du côté de la chaussée, et qu'on laisseroit ce côté de deçà libre; ce qu'étant ainsi, ils eussent fortifié la ville cet hiver, et en eussent fait une très-bonne place, laquelle on eût munie de tout. Ils se repentirent de n'avoir pas fortifié la chaussée, et, sans que le Roi fît surprendre la demi-lune, ils se préparoient de faire merveilles de ce côté-là. Il n'y entra de moulins, mais de l'argent par deux fois la nuit, à pied, et passèrent par le milieu de nos troupes, et reçurent jusques à 3,000 pistoles; le vicomte de Lubeck, fils du comte de Boss, y entra habillé en laquais en plein midi; ils manquoient surtout de médicamens et de toutes sortes de rafraîchissemens. Le Roi fit faire montre à toute son armée lors de la prise, et elle se trouva encore de plus de vingt mille hommes effectifs et de neuf mille chevaux, tant devant Corbie qu'ès environs d'Abbeville, de Guise, de Marle et de Vervins. Sa Majesté avoit encore pour rafraîchir son armée de Corbie, lorsqu'il en seroit besoin, huit ou neuf mille hommes de pied, composés de deux régimens du duc de La Trimouille, avec une compagnie de gendarmes, de ceux de Poitou, d'Anjou, d'Anevoux, Duménil, Landieu et du maréchal de Brezé. Cet événement fait bien connoître que la générosité est la vertu principale qui fait réussir les affaires des rois.

Après que le Roi eut résolu d'attaquer Corbie de force, ce qu'il fit à Amiens le 24 octobre, un jour devant que partir pour aller à Chantilly, lorsqu'il fut retourné en son quartier, M. le comte, qui ne s'étoit pas trouvé à ce conseil, l'improuva de telle sorte, que Sa Majesté fut portée à réduire la résolution qu'elle avoit prise à faire faire seulement des batteries, et voir comme cela réussiroit, ce qu'elle manda au cardinal par le duc d'Angoulême. M. le comte condamna ensuite ce conseil ouvertement dans toute l'armée, et son avis fut porté avec soin jusques à Paris, pour se disculper de l'événement : son opinion prit tel pied en l'esprit de plusieurs par contagion, que M. de Châtillon, qui étoit auteur de l'avis contraire, dit que plusieurs tâchèrent de le détourner de sa proposition, et que cela découragea toute l'armée. Le cardinal, étant revenu d'Abbeville, où il alla le jour que le Roi partit pour aller à Chantilly, apprenant que les travaux des batteries et de l'attaque de force n'étoient pas allés si vite en son absence qu'il eût bien désiré, envoya prier M. le comte, et messieurs les maréchaux de France et de camp, de se vouloir trouver en la hutte du sieur Lambert, où il se trouveroit aussi, pour voir tous ensemble ce qui seroit meilleur de faire; auparavant il envoya le sieur de Bautru vers mondit sieur le comte, pour le détourner autant qu'il pourroit de l'improbation générale qu'il faisoit du conseil donné au Roi d'attaquer Corbie de force. Comme il fut venu chez Lambert, où étoit le cardinal, il lui fit valoir civilement la déférence qu'il rendoit à son opinion, disant que quand il seroit averti de ses sentimens, il s'y conformeroit toujours. Le cardinal l'échauffa autant qu'il put en cette conférence à l'exécution du dessein proposé, et tous promirent d'y faire merveilles. Le lendemain, après qu'on eut fait plus de quatre cents pas de tranchée la nuit, M. le comte dit au sieur de Coislin que s'il eût trouvé le cardinal capable d'être dissuadé de ce dessein, il auroit de bonnes raisons pour ce faire; mais qu'il l'avoit vu si affermi dans cette pensée qu'il n'avoit pas cru lui en devoir parler. Une autre fois, mondit sieur le comte, tenant conseil de guerre, où étoient messieurs les maréchaux de la Force et de Châtillon, et les maréchaux de camp, ne put s'empêcher de dire à M. de Châtillon, improuvant sa proposition, que cette attaque de force ne se pouvoit continuer, qu'on seroit contraint de la quitter, et ensuite le blocus tout ensemble; qu'il devoit bien prendre garde à ce qu'il faisoit, parce que, cet avis venant de lui, il seroit garant de l'événement, et que pour lui il protestoit qu'il n'avoit point été de cette opinion, qui seroit peut-être cause de la ruine de la France. M. le comte parla ensuite conformément à M. de Chartres (1), lui disant, en termes exprès, que M. de Châtillon ne viendroit point à bout de sa proposition, qu'il n'avoit point de jugement, qu'il ne savoit ce qu'il faisoit, que cette entreprise étoit la perte de l'État, et qu'il faudroit lever le siége et le blocus. Ledit sieur de Châtillon dit que M. le comte lui

(1) L'évêque de Chartres, Valençay.

ayant parlé ainsi qu'il est porté ci-dessus, il prit la hardiesse de lui dire en particulier qu'il s'étonnoit comme étant jeune et généreux, il blâmoit les conseils hardis, et qu'il sembloit qu'il étoit de sa réputation qu'on ne crût pas dans l'armée qu'il fût contraire à tels conseils; mais que nonobstant tels discours il demeura dans son opinion. Un jour devant qu'on capitulât, le grand-maître de l'artillerie étant allé, par l'avis du cardinal, trouver, conjointement avec M. le maréchal de La Force, M. le comte pour lui proposer l'attaque qu'il falloit faire au côté du Fouilloy, qui étoit le lieu par lequel on a reconnu depuis qu'on eût assurément, avec l'aide de Dieu, emporté la place, il traita ledit grand-maître aigrement, se fâcha sans sujet, et mit cette proposition (qui devoit être secrète) en plein conseil, et par ce moyen à la connoissance de beaucoup de gens qui, n'étant pas officiers principaux, pouvoient la divulguer. Quelques jours auparavant qu'on parlât de la capitulation, ledit sieur le comte se mit en tête que le cardinal avoit intelligence secrète dans la place, et qu'on entreprenoit l'attaque de force sur ce fondement; il le dit à plusieurs personnes, et entre autres à M. de Chartres, ajoutant même que Beaufort avoit mené à Abbeville ceux qui traitoient cette affaire pour y traiter. Sur quoi ledit sieur de Chartres s'étant enquis si Beaufort avoit été à Abbeville, et ayant su que non, il manda à M. le comte qu'il l'assuroit, comme il avoit fait dès le commencement, que l'avis qu'on lui avoit donné étoit sans fondement, et que Beaufort n'avoit pas seulement été à Abbeville. Le cardinal, ayant su ces bruits à son retour, lui envoya le sieur de Bautru pour s'en plaindre civilement, et l'assurer qu'il ne seroit pas homme à user de ce procédé, lui dissimulant une chose qu'il n'y eût pas eu lieu de cacher si elle eût été véritable, et qui sans doute lui avoit été suggérée par des gens malicieux ou de peu de jugement. Aucuns crurent avoir remarqué que lorsque M. le comte sut que les ennemis demandoient à capituler il parut fort interdit. Saint-Ibal, un des principaux d'auprès de lui, et qui avoit plus de part en sa confiance, non-seulement devant la capitulation, mais depuis, improuva toujours fort la résolution de l'attaquer de force, et dit entre autres au marquis d'Alluye qu'on eût été contraint de la quitter et lever le blocus sans le bonheur qui étoit arrivé. Et M. de Châtillon dit avoir remarqué que plusieurs personnes, et de qualité dans l'armée, eussent bien voulu que sa proposition n'eût pas réussi, et qu'ils étoient fâchés d'en voir l'événement. Les otages que M. le comte garda, et qu'il voulut avoir lorsqu'il sut que M. de Châtillon les vouloit envoyer à Amiens, lui dirent ouvertement qu'ils n'eussent point pensé à se rendre sans l'attaque de force, et ce en présence de Bautru, et que sachant bien qu'ils avoient affaire à des gens de guerre, ils croyoient bien aussi qu'ils seroient attaqués de la sorte. L'ingénieur lorrain, nommé Daguest, qui fut celui qui conduisit tous les travaux dans la place, dit encore à M. le comte que sans l'attaque de force ils eussent tenu plus de six mois, qu'ils n'avoient point d'incommodité qui les fît penser à se rendre. Tous généralement parlèrent ainsi; et il est vrai que Dieu se voulut servir de la peur qu'ils eurent de cette attaque et des fatigues qu'elle leur donnoit, pour les disposer à se rendre selon sa volonté, la prise de cette place étant un effet de sa main; l'instinct que le maréchal de Châtillon eut de proposer cette attaque, et le désir passionné que le cardinal en avoit toujours eu, venant assurément de lui, qui dispose d'ordinaire ce qui est arrêté à sa providence, par moyens humains convenables aux fins qu'il se propose. Tout ce que dessus n'empêcha pas que M. le comte ne continuât, depuis la reddition de la place, dans les mêmes discours qu'il avoit faits auparavant, d'un traité secret qu'il disoit être intervenu en cette affaire devant qu'on se résolût à l'attaquer. Tenant ce langage au maréchal de Châtillon, il lui dit qu'étant son serviteur comme il étoit, il étoit obligé de lui dire qu'il ne devoit pas tenir ce langage, parce que par icelui il diminuoit la gloire des armes du Roi, en attribuant l'heureux succès à un traité plutôt qu'à leurs forces. Sur quoi ledit sieur comte lui répondit qu'il savoit bien ce qu'il disoit, qu'il étoit informé de la vérité et des particularités du traité, que l'on avoit donné 100,000 livres à celui qui commandoit dans la place. En quoi est à remarquer que ledit sieur comte prenoit plaisir à tenir tels langages contre sa propre créance, vu qu'ayant affecté particulièrement d'avoir les otages chez lui, il avoit bien pu savoir qu'il n'y avoit aucun traité secret, et que la vraie cause de la reddition de la place étoit, ou la nécessité, ou la lâcheté des assiégés. L'inclination qu'on avoit à bien juger des intentions de M. le comte, donna lieu de croire que le fondement d'un tel procédé étoit plutôt la suggestion des mauvais esprits qui l'abordoient, que manque d'affection qui fût en lui. Cependant il est difficile de donner une bonne interprétation à la lettre qu'il écrivoit à M. de Longueville, laquelle tomba par hasard ès mains du Roi. Outre le dégoût qu'il témoignoit avoir par icelle des grands emplois qu'il recevoit du Roi, qu'il appeloit commissions ruineuses, son discours tendoit à improuver le voyage dudit sieur de Longueville en Champagne, et qui plus est à le ralentir et le retarder honnêtement. Si l'on ajoute à cela que lui et les siens avoient toujours affecté de faire croire les forces du Roi beaucoup moindres qu'elles n'avoient été, et celles des ennemis beaucoup plus grandes, qu'on ne pouvoit faire aucun dessein qui lui fût agréable, et qu'il trouvoit à redire à tout ce qu'on proposoit, il seroit impossible de n'estimer pas que les intentions de ceux qui lui donnoient ces conseils soient mauvaises, et de ne croire pas que ces messieurs avoient deux fins en même temps, l'une de voir toujours M. le comte commander de grandes armées, et tâcher d'y acquérir la bonne volonté des gens de guerre en se plaignant souvent pour eux sans sujet, et l'autre de ne rien faire de considérable avec les forces du Roi, et en rejeter le blâme sur ceux qui gouvernoient, comme s'il lui manquoit toujours quelque chose nécessaire à bien agir.

Il sortit de la ville cent maîtres et mille deux cent vingt hommes de pied, outre six cents malades et quatre cents femmes. Sa Majesté manda à M. le comte qu'il prît un soin très-exact de faire observer tous les points de la capitulation; qu'il ne souffrît point qu'il sortît avec les ennemis aucun des habitants déguisés, ni aussi des soldats français, lesquels il devoit faire arrêter s'il en trouvoit aucuns sortant avec ladite garnison; que l'on n'emportât point les meubles des habitants ni les trésors de l'Église; qu'il fît faire un ban portant défenses de commettre aucuns excès dans la ville, ni de ruiner aucunes des fortifications, fraises, palissades et barrières, tant du dedans que du dehors de la place; et enfin qu'il se donnât bien de garde de retirer son armée hors de la circonvallation, qu'il n'eût fait abattre tous les travaux qui avoient été faits, tant pour ladite circonvallation que pour l'attaque de force, pource qu'autrement la place seroit en mauvais état. Sa Majesté en donna le gouvernement au baron de Nanteuil-Boan, mestre de camp d'un régiment, qui avoit toujours bien servi le Roi. Aussitôt que la capitulation fut faite, le temps se rendit si mauvais, que Dieu parut visiblement en cette occasion; aussi Sa Majesté lui en fit rendre action de grâces, et chanter le *Te Deum* à Notre-Dame de Paris. Huit jours après, deux des principaux habitants de Corbie, qui avoient beaucoup contribué à la reddition de la ville aux Espagnols, furent exécutés dans la ville d'Amiens, et les biens desdits habitants et de quelques autres (qui voulurent assassiner le sieur de Saint-Preuil lorsqu'il se jeta dans la place durant le siège, pour empêcher M. de Soyecourt de se rendre) furent donnés à ceux qui demeurèrent dans la fidélité et affection qu'ils devoient à Sa Majesté, et qui donnèrent de bons avis à ceux qui commandoient l'armée. Et, pour empêcher le mauvais exemple que l'impunité de ceux qui avoient conivé avec les ennemis eût apporté à la ruine de l'État, Sa Majesté déclara tous ceux qui se trouveroient avoir adhéré aux ennemis et les avoir favorisés en la prise de ladite ville, criminels de lèse-majesté, confisquant tous leurs biens pour être employés aux fortifications de ladite ville, laquelle elle déclara déchue de tous ses priviléges; et ordonna aussi que ceux d'entre les religieux de Saint-Benoît de ladite ville, qui, contre leur profession et la fidélité que Dieu leur commande de rendre au prince sous l'obéissance duquel ils vivent, avoient refusé l'absolution aux soldats français s'ils ne leur promettoient de se rendre aux ennemis, seroient compris dans ledit crime de lèse-majesté, et comme à tels leur procès leur seroit fait et parfait par les voies ordinaires contre les personnes religieuses.

Nous avons dit ci-devant que le Roi, à la nouvelle du siège que les ennemis avoient mis à Corbie, commanda à M. le prince de lever celui de Dôle et lui envoyer la plupart de son armée, ce qu'il fit. Gallas avoit en même temps envoyé au duc de Lorraine, qui étoit dans la Comté, un secours de mille chevaux, en trois régimens, et de cinq cents dragons, avec lesquels ledit duc pouvoit faire quatre mille chevaux, sans la milice du pays, et quinze cents hommes de pied. Avec ces gens de guerre il fit beaucoup de courses dans la Bourgogne dès que le siège de Dôle fut levé, et y exerça toutes sortes de cruautés. M. le prince s'y opposoit avec les troupes qui lui étoient restées, celles qu'il avoit levées de nouveau et la milice du pays; mais la Bourgogne étant un pays ouvert, il lui étoit impossible d'empêcher les désordres que la cavalerie allemande faisoit aux villages non fermés, dans aucun desquels les ennemis n'eurent la hardiesse de l'attendre, mais seulement y faisoient des courses si promptes, qu'auparavant que l'on pût aller à eux ils étoient retirés; outre que M. le prince ne put pas lever tant de gens de guerre qu'il eût bien désiré, à cause que le parlement ne voulut pas vérifier les édits dont il espéroit tirer de l'argent; et, semblant même s'enhardir de l'état où étoient lors les affaires du Roi en Picardie, refusa même d'en lire quelques-uns qu'il avoit auparavant désiré de voir, ce qui fit que mondit sieur le prince leur signifia qu'en vertu du pouvoir qu'il avoit du Roi, il entreroit au parlement et y vérifieroit les édits par l'autorité de Sa Majesté, et leur laissa son pouvoir sur le bureau. A quoi pour toute réponse ils arrêtèrent entre eux que toute la compagnie s'absenteroit à son arrivée au palais; ce qu'elle fit, et dont M. le prince donna avis au Roi, et lui manda que la chambre des comptes, trésoriers de France et autres privilégiés qui étoient plus obligés à son service, et à montrer l'exemple au peuple, n'étoient pas plus affectionnés à son service que ledit parlement, décrioient les affaires, et ne vouloient rien contribuer pour la défense publique. Sa Majesté néanmoins ne voulut pas qu'il usât de rigueur contre eux, mais lui manda qu'il eût patience avec eux, qu'il espéroit chasser bientôt ses ennemis de Picardie, et que lors ils reviendroient d'eux-mêmes en leur devoir.

Le duc Charles, depuis le siége de Dôle levé, ne faisoit pas seulement des courses dans la Bourgogne, il en fit dans le Bassigny vers Bourbonne, au commencement de septembre; mais le cardinal de La Valette et le duc de Weimar allèrent droit à lui, et le firent retirer sans qu'il les osât combattre, pource qu'il attendoit Gallas qui le devoit venir joindre avec toutes les troupes de l'Empereur, en dessein d'entrer et d'hiverner dans la France. Ledit Gallas passa le Rhin avec treize mille hommes, prit son chemin entre Montbelliard et Béfort, sans rien entreprendre, et arriva dans la Franche-Comté le 10 septembre. Le comte de La Suse l'incommoda fort en son passage, ayant fait rompre la plupart des ponts, et l'entretenant de perpétuelles escarmouches, avec perte de beaucoup des siens et de plusieurs chevaux. Il avoit en passant fait assiéger Grandvilliers; mais, bien qu'il fût déjà maître du bourg, ils se défendirent si bien dans le château qu'il fut contraint de lever le siége. Peu de jours avant qu'il eût joint le duc Charles, soixante chevaux de Batilly et de Huns rencontrèrent cent chevaux commandés par Clinchant, lesquels ils chargèrent et défirent; et, entre autres prisonniers, ils prirent Chevillon, écuyer et confident du duc Charles, Clinchant, qui savoit bien que s'il étoit pris il n'y auroit point de pardon pour ses crimes, s'étant des premiers sauvé à la fuite. L'armée de Gallas et la nôtre s'approchèrent. Gallas se logea le 16 septembre à Champlitte, et nous à Montsaujon, à deux heures de chemin dudit Champlitte. Les Croates brûloient tous les villages, tant de la Franche-Comté que de la Champagne, les nôtres faisoient le même dans ladite Franche-Comté. M. le prince envoya une partie de ses troupes au cardinal de La Valette pour fortifier notre armée, qui étoit composée de si bons hommes que Gallas n'avoit pas dessein de la combattre qu'il ne lui fût encore venu du secours. Le marquis de Grane, qu'il avoit laissé en l'Alsace, lui amena douze cents hommes; mais il ne s'estimoit pas encore assez fort. Le vicomte de Turenne fit un parti la nuit du 18 avec quinze cents chevaux, donna jusque dans le quartier dudit Gallas, défit la compagnie de cavalerie de sa garde, prit la plupart de leurs chevaux, et mit une grande épouvante dans son camp. Rantzau enleva un autre quartier de Croates, mais ils ne laissèrent pas de le suivre dans la retraite et de le charger par diverses fois, de sorte que s'il eût été homme à s'étonner, il se fût trouvé en peine; mais il en sortit courageusement. Le 9 octobre, le cardinal La Valette enleva le quartier d'Ysolani et le brûla entièrement; il y eut quatre cents prisonniers et plus de mille chevaux pris. L'effroi fut si grand dans le camp de Gallas, que, bien que nos troupes passassent fort près de son camp, il n'osa détacher aucune cavalerie pour les suivre; mais enfin il lui arriva de grands secours, toutes les troupes que l'Empereur avoit en Silésie le vinrent joindre sous le commandement de Bouflers; elles étoient composées de six mille hommes et de quinze canons. Gallas, se voyant lors une armée de trente mille combattans, six canons de batterie et trente-six autres pièces de divers calibres, crut qu'il ne pouvoit différer plus long-temps d'entrer en France, et essayer de se rendre maître de quelque place qui lui pût donner moyen d'hiverner chez nous. Le duc Charles l'y animoit, et quasi l'y contraignoit, par sollicitations et par menaces s'il tenoit inutiles de si grandes forces, devant lesquelles le Roi n'en avoit pas lors, disoit-il, d'assez puissantes pour le combattre.

Il partit donc de Champlitte le 22, passa la rivière de Vigeanne, et son avant-garde, commandée par le duc Charles, vint camper le même jour devant Mirebeau. Nos généraux, dès qu'ils eurent connoissance de la marche des ennemis, s'avancèrent du même côté; et, ayant su que leur canon tiroit du côté de Mirebeau, ils firent ce qu'ils purent pour y arriver tôt après eux, jugeant bien que le bourg étoit si foible que l'ennemi le prendroit sans beaucoup de résistance. Il fut assiégé dès le matin 23, ou plutôt attaqué, pource que ledit bourg n'avoit ni fossé ni pont-levis, ni parapets en ses murailles, n'y ayant seulement que quelques légers retranchemens qui y avoient été faits par les habitans et les compagnies de milice qui y étoient en garnison. Aussi les ennemis s'attachèrent-ils incontinent à rompre les palissades à coups de hache, brûlèrent la porte, et dressèrent des échelles contre la muraille. Ceux de dedans se défendirent courageusement plus de douze heures, avec perte de beaucoup d'ennemis, puis se retirèrent au château qui n'avoit non plus de fortifications; et, après avoir tenu un jour et enduré quelques volées de canon, se rendirent à capitulation le 24. Notre armée n'en étoit pas lors à une demi-lieue; s'ils eussent résisté un demi-jour davantage, ils eussent été secourus, et l'armée ennemie se fût ruinée, d'autant qu'elle manquoit de vivres. Nous ne laissâmes pas d'avancer jusqu'à un quart de lieue dudit Mirebeau, et de paroître à la vue de l'avant-garde de l'armée des ennemis; mais nos généraux, voyant la place prise, crurent devoir aller prendre un poste du côté de Dijon; ce qu'ils firent, et se logèrent sur la rivière de Tille : trois cents Croates des ennemis s'avancèrent vers eux, croyant qu'ils se retiroient; mais ils furent chassés, et deux capitaines de Ludovic y demeurèrent prisonniers. Gallas joignit incontinent son avant-garde avec le corps de l'armée, et employa les 25, 26 et 27 à passer les rivières d'Ouche, de Baie et de Tille; ce qu'il fit avec des incommodités infinies. Durant ce passage, ceux de l'armée du Roi firent plusieurs partis sur eux; et entre autres Batilly, qui alla à la guerre le 26 avec deux cents chevaux, tua cent des ennemis, prit trente prisonniers et gagna cent chevaux. Rantzau, avec vingt-cinq ou trente maîtres, prit aussi des prisonniers; de sorte que nous en eûmes quasi de toutes leurs troupes, et entre autres un quartier-maître du duc de Florence et un gentilhomme. Le rapport des prisonniers étoit que leur armée se défaisoit fort, et que, s'ils ne nous combattoient, ils ne savoient où donner de la tête; ce qui faisoit croire qu'ils étoient incommodés, et que la plupart des leurs prennent parti avec nous, même les Croates. Schomberg vint avec quinze cents chevaux joindre le cardinal de La Valette, qui lors crut être assez fort pour combattre, s'il s'en offroit une occasion avantageuse, et croyoit, si les ennemis étoient résolus de venir à lui, qu'il faudroit donner bataille, pource qu'elle nous devoit être avantageuse, tant à cause de la bonté de nos vieilles troupes que de la situation du lieu où l'armée du Roi étoit logée. Ce qui le mettoit plus en peine étoient les désordres des troupes du duc de Weimar, qui n'étoient pas moindres que ceux des Croates, et quelque chose qu'on fît, il étoit impossible de les empêcher.

Les ennemis passèrent la Saône, et, venant à trois lieues en deçà, se logèrent à une heure et demie de Dijon ; notre armée vint camper entre Dijon et eux. Nos généraux étoient assurés que, si les places ne se rendoient point d'effroi, les ennemis courroient fortune de se perdre; mais ils n'osoient répondre des places, dans toutes lesquelles ils ne pouvoient mettre garnison sans affoiblir leur armée; la saison étoit si mauvaise pour lui et pour nous, qu'ils étoient en une raisonnable créance qu'il auroit de la difficulté de se servir de son canon et de son infanterie. Néanmoins la saison avancée, et la honte que recevroit Gallas s'il n'entreprenoit rien, le firent résoudre d'attaquer Saint-Jean-de-Losne, pour avoir un passage sur la Saône ; il s'y avança, et le 28 il fit sommer la place de se rendre, avec grandes menaces. Nos généraux y envoyèrent le sieur de Cousture avec le régiment de Conti, qui conduisit deux milliers de poudre, autant de plomb et autant de mèches, et notre armée s'avança par-delà Dijon, et prit un poste entre Auxonne, Saint-Jean-de-Losne et Dijon. Il y avoit à Saint-Jean-de-Losne huit compagnies du régiment de Conti, qui étoient peu complètes à cause de la peste qui avoit emporté la plupart d'eux, mais fort bons soldats qui ne demandoient qu'à combattre, et étoient secondés d'habitans si résolus, qu'ils déterminèrent que le premier qui parleroit de se rendre seroit jeté dans la rivière, et qu'à l'extrémité ils mettroient le feu dans la ville, pour brûler les provisions de blé qui pourroient servir aux ennemis, et essaieroient de se sauver par eau dans Bellegarde. Nos généraux résolurent d'envoyer le colonel Rantzau pour les secourir avec la compagnie de gendarmes du duc d'Enghien, les chevau-légers du prince de Condé et les sept compagnies de chevau-légers du régiment de cavalerie du duc d'Enghien, avec la cavalerie dudit colonel Rantzau. On mit trois mille hommes dans Nuits avec la cavalerie du duc de Weimar, et on laissa le reste de l'infanterie à Dijon et à Talant, où l'on pouvoit faire un retranchement, et logea-t-on la cavalerie française dans la montagne. Cette séparation de nos troupes nous empêcha d'attaquer les ennemis dans leurs postes, qui de leur part aussi se tenoient en des lieux avantageux, afin que nous ne les y puissions forcer. Les ennemis cependant avoient bloqué Saint-Jean-de-Losne, et après diverses sommations commencèrent à battre la place. Le colonel Rantzau partit le premier novembre avec les troupes qui lui avoient été ordonnées, passa la rivière de Tille avec grande incommodité et non moindre courage des soldats, chassant devant lui tout ce qu'il trouva d'ennemis en son chemin. Le 2 dudit novembre, dès la pointe du jour, l'ennemi commença à tirer en batterie, et pressèrent l'attaque de la place sur l'avis qu'ils eurent du passage des troupes dudit colonel, de sorte que, sur les trois heures après midi, ils jetèrent deux grands bataillons d'infanterie dans la prairie, qui s'avancèrent, l'un à la brèche, et l'autre à une terrasse qui étoit au-devant de la porte appelée de Dijon, et qui n'étoit ni fossoyée ni palissadée, mais qui avoit seulement été un peu escarpée et taillée en demi-lune par la garnison qui y étoit, et n'avoit autre parapet que de barriques. La brèche fut attaquée fort courageusement, et aussi courageusement défendue par une partie des soldats de la garnison, une partie des habitans et soixante hommes venus de Bellegarde; et ne fut pas jusques aux femmes qui n'y fissent des merveilles à jeter des pierres et porter du rafraîchissement aux soldats; mais comme elle n'étoit pas encore bien raisonnable, étant la muraille encore haute de douze pieds, le fossé n'étant pas comblé, y ayant beaucoup d'eau dedans, et une palissade tout entière que le canon n'avoit pu voir, laquelle les ennemis essayèrent de rompre à coups de hache, ils n'y purent pas beaucoup avancer, et tout ce qui s'y présenta fut tué ou blessé, outre qu'ils étoient vus en flanc tout à découvert de la demi-lune qui étoit au-devant de la porte. Le combat fut plus douteux en la demi-lune, laquelle étoit défendue par Bréquigny, enseigne de la mestre de camp de Conti, avec cent soldats et quelques habitans, d'autant qu'étant sans fossé et sans palissades, les ennemis y montoient et venoient aux mains de tous côtés, et s'y opiniâtrèrent tellement qu'ils renversèrent plusieurs des barriques, et donnoient d'autant plus de peine aux nôtres, qu'ils étoient renforcés de moment à autre de ceux qui étoient rebutés de la brèche, qui accouroient tous à la demi-lune; et néanmoins ils en furent repoussés aussi bien que de la brèche, et si fort malmenés, que sur la fin ceux que l'on envoyoit pour les rafraîchir fuyoient de tous côtés au lieu de s'approcher, quoique les chefs les y poussassent à coups d'épée. Les ennemis perdirent en ces deux attaques plus de quatre cents hommes morts sur la place, et ne purent faire autre chose que se loger au pied de la contrescarpe ruinée qui autrefois avoit été faite aux environs du fossé de la ville. Tous ceux qui y furent présens, ou qui entendirent la mousqueterie, dirent que cette attaque avoit été aussi rude qu'il s'en soit faite il y a long-temps. Gallas en fut spectateur en personne, et fit avancer ce jour-là toute son armée, avec résolution d'emporter la place, à perte d'hommes, à quelque prix que ce fût. Le même jour 2 dudit mois, Rantzau entra dans la ville, lui dixième, à neuf heures du soir; il fut à l'instant visiter la brèche, et la trouvant en bon état, il la fit quitter aux soldats pour la bailler à garder aux habitans, et mena les soldats qui étoient à ladite brèche pour renforcer la garde de la demi-lune. Peu après entrèrent les troupes qu'il avoit amenées audit secours; il fit reposer ses troupes la nuit, et le lendemain au point du jour, après avoir fait conduire cinq petites pièces sur la demi-lune, il fit faire une sortie de quatre cents hommes sur un logement qui étoit tout proche de ladite demi-lune, au coin d'une levée qui aboutit à icelle, où étoient quelque quatre cents hommes des ennemis en garde, lesquels ayant aperçu les nôtres firent leur décharge tous à la fois, et après prirent la fuite aux batteries, qu'ils ne purent si promptement gagner qu'il n'en demeurât plus de deux cents sur la place, trente cavaliers des nôtres, qui étoient sortis en même temps (la situation du lieu n'ayant pas permis d'y employer plus de cavalerie), s'étant mêlés parmi eux, et donné loisir à l'infanterie de les tailler en pièces. En même temps trois escadrons de cavalerie des ennemis vinrent recueillir leurs gens; et s'étant avancés pour charger nos trente maîtres, l'on leur décocha les cinq pièces de la demi-lune, qui firent tomber beaucoup de gens de leurs escadrons. Parmi ces trente maîtres étoit le lieutenant-colonel dudit sieur de Rantzau, qui y fit des merveilles, et eut un coup d'épée au bras gauche après avoir perdu son cheval sous lui.

Les ennemis se voyant si maltraités, hors d'espérance de prendre la place, tant par le courage des nôtres que par le mauvais temps et les pluies qui continuoient, commencèrent dès la nuit à retirer leurs canons des batteries et à faire filer leurs troupes; ce dont Rantzau ayant avis, commanda que toute la cavalerie repût pour se mettre à la suite des ennemis. La cavalerie ayant repu, partit de la ville sous la conduite dudit sieur de Rantzau, et suivit les ennemis jusqu'à la nuit, tuant tout ce qui se rencontra écarté, et faisant prendre la fuite plusieurs fois aux escadrons qui faisoient la retraite, desquels il y eut plus de cent vingt hommes tués, et plus de cent prisonniers.

En cette poursuite parut un cavalier fort bien monté, l'épée à la main, lequel, s'étant détaché d'un escadron, s'avança tout seul, appelant à lui ledit sieur de Rantzau; ce qu'entendant, il partit à l'instant de son escadron, après avoir remis son pistolet dans le fourreau : il s'avança l'épée à la main audit cavalier, qui le voyant venir laissa tomber son épée, laquelle étoit attachée à son bras avec un ruban, et prit son pistolet qu'il décocha sur ledit sieur de Rantzau, et regagna à toute bride son escadron, sans que ledit sieur de Rantzau en pût avoir autre raison que de lui reprocher sa lâcheté : tous les prisonniers assurèrent que ce cavalier étoit le duc Charles. La nuit ayant fait cesser les poursuites dudit sieur de Rantzau, il se retira à Saint-Jean-de-Losne, et le lendemain se remit encore à la suite des ennemis qu'il poursuivit continuellement, tuant de tous côtés ceux qui s'écartoient, jusques au nombre de quatre à cinq cents, prit près de deux cents prisonniers, et, traversant entre l'avant-garde et l'arrière-garde de l'ennemi pour gagner Dijon et venir joindre l'armée, afin de s'y trouver si l'on attaquoit celle des ennemis au passage des rivières de Tille, il arriva à Dijon à neuf heures du soir. Cette première attaque fit perdre courage aux ennemis, qui se virent repoussés à l'entreprise qu'ils avoient faite sur une petite ville qui n'étoit pas composée de trois cents feux, n'étoit fermée que d'une simple muraille, n'avoit aucune fortification, et ils y perdirent un grand nombre de soldats, dont il se trouva plus de huit cents morts à mille pas de la ville ; et l'importance de cette place étoit telle, que la prise apportoit une perte infaillible de la plus grande partie de la province, et donnoit entrée aux ennemis par un pont sur la rivière de Saône, au milieu d'icelle et dans le meilleur pays, laissant peu d'espérance de la pouvoir reprendre qu'avec grande peine, à cause du voisinage de la Comté à laquelle elle touche, et n'est distante de Dôle que de deux lieues et demie. Gallas perdit en cette expédition plus de cinq mille hommes, et nous reçûmes des siens en nos troupes plus de quinze cents hommes de pied, sans ceux qui moururent de maladie. Ils quittèrent Mirebeau et se retirèrent tous à Gray ; ils laissèrent en leur retraite trois pièces de canon et deux mortiers.

Le 9 novembre on leur fit quitter le passage du pont de Tille, dont ils s'étoient saisis pour empêcher les nôtres d'aller à eux. Le 10 nous passâmes en partie ledit pont, et envoyâmes le reste de l'armée du côté de Langres, les poursuivant et tuant en leur retraite, et principalement au passage de la Vigeanne, qui sépare la Comté du duché de Bourgogne, où plusieurs des leurs furent défaits, quatre cents chariots de munitions pris, et un grand nombre de prisonniers, dont partie prit parti avec le duc de Weimar. La Tour, l'un des capitaines de nos carabins, prit le fils du comte de Salenauve, de la Franche-Comté. Lembois se sauva par le plus grand hasard du monde ; il étoit dans un carrosse ; son valet se fit prendre, et donna son cheval à son maître ; c'étoit la troisième personne de l'armée de Gallas, et l'homme le plus estimé qui y fût. Ledit comte de Salenauve étoit cousin proche de M. le comte. Peu après, le général major Toubadel rencontra, le 22 novembre, dans Jussey, le régiment de cavalerie du colonel Mercy, le meilleur qui fût dans l'armée du duc Charles, tua quelques officiers et reitres à l'abord, les ayant tous surpris dans leur lit, et prit prisonniers plusieurs autres officiers, le lieutenant colonel et les capitaines, avec tous les chevaux et le bagage dudit régiment. Le duc de Weimar, assisté des troupes du cardinal de La Valette, attaqua la ville de Jonvelle, qui est un passage important sur la Saône en la Franche-Comté, où Gallas avoit pour ce sujet mis ses magasins quand il voulut passer en Bourgogne. La place fut battue de trois pièces de batterie, le 28 et le 29 du mois, et y ayant brèche raisonnable, et les nôtres étant prêts d'aller à l'assaut, la garnison, qui étoit de mille hommes, demanda à parlementer et se rendit à composition. L'armée ennemie parut pour venir à leur secours, mais elle n'osa rien entreprendre, ce qui étoit un témoignage évident de leur foiblesse, et qu'ils avoient perdu beaucoup d'hommes en leur retraite de Saint-Jean-de-Losne.

Le duc de Weimar avoit promis au cardinal de La Valette de prendre ses quartiers d'hiver pour ses troupes dans la Franche-Comté, s'il lui aidoit à emporter cette place. Mais, quand il l'eut prise, il le pria de lui faire accorder, par Sa Majesté, Neufchâteau et Veselise, ce qu'il lui refusa, d'autant que ses troupes, pour peu qu'elles demeurassent en un lieu, le ruinoient entièrement. Le cardinal craignoit de le perdre, étant très-important au service du Roi ; mais, après avoir considéré qu'il étoit difficile qu'il s'en séparât, d'autant qu'il ne pouvoit espérer de l'Empereur que la jouissance de son bien, qui ne se pouvoit monter qu'à quarante ou cinquante mille livres de rente tout au plus, les choses étant paisibles, et qu'abandonnant le parti de Sa Majesté il perdroit un avantage bien plus considérable que celui-là, soit durant la guerre, soit après la paix, il crut qu'il pouvoit sans crainte lui retrancher l'espérance d'avoir aucun quartier d'hiver en France, et lui faire connoître que, s'il y en prenoit, il faudroit qu'il payât selon les termes de son traité. Gallas se logea avec ses troupes vers Port-sur-Saône, et le duc Charles avec les siennes à Faverney, et fit quelque parti sur les troupes du duc de Weimar, qui étoient séparées du cardinal de La Valette ; et le 18 décembre, prenant occasion des eaux basses qui rendoient la Tille guéable partout, il envoya, avec son avant-garde, composée de trois mille cinq cents chevaux, quinze cents dragons et deux mille mousquetaires, attaquer trois de ses quartiers en même temps, qu'il eût entièrement enlevés sans que Weimar se trouva en campagne, et arrêta le cours de ses armes. Craignant néanmoins que Gallas le suivît avec toute son armée, il délogea de Jonvelle et s'en alla à Neufchâteau où il crut trouver l'armée du cardinal de La Valette; mais Gallas ne le poursuivit point, ains au contraire, laissant seulement à la Comté trois mille hommes de pied, quinze cents chevaux allemands et tous les Croates, avec les troupes du duc Charles et les milices du pays, il commença à se retirer vers l'Allemagne, ce qui donna moyen au cardinal de La Valette d'aller assiéger Saint-Avold, à six lieues de Metz, pour empêcher les courses de l'ennemi dans le pays Messin. Il fit battre la place, et, ayant fait brèche, la prit à composition le 28 décembre, à condition toutefois qu'ils lui rendirent encore le château d'Inguezange. Il y laissa en garnison le colonel Schomberg avec son régiment de quinze cents hommes, et alla assiéger Créange, qu'il prit le 30. Ces trois places furent trouvées pleines d'une grande quantité de blés, de vins et de bestiaux, nous rendirent le chemin de l'Alsace libre, et incommodèrent fort aux ennemis celui du Luxembourg à la Franche-Comté. Cela fait, ledit cardinal s'approcha du duc de Weimar, puis passa au Barrois où étoit le reste de son armée en garnison.

Le Roi avoit reçu un grand contentement quand il apprit que Gallas, avec son armée, s'étoit retiré en Allemagne; mais en même temps que cette bonne nouvelle lui fut donnée, il en reçut une autre qui lui apporta beaucoup d'affliction, qui fut que Monsieur et M. le comte s'étoient retirés mécontens de la cour, son altesse à Blois et M. le comte à Sedan, prenant l'un et l'autre pour prétexte de leur retraite quelques avis qu'ils disoient leur avoir été donnés, que Sa Majesté les vouloit faire arrêter. Il y avoit long-temps que Sa Majesté reconnoissoit que M. le comte écoutoit plusieurs personnes mal-intentionnées contre son service, et qui, pour leur intérêt particulier, lui parloient contre son propre bien. Nous avons vu ci-devant l'aversion qu'il avoit de l'attaque de Corbie, tout ce qu'il fit pour l'empêcher, et beaucoup de discours qu'il faisoit pour décrier le conseil qui en avoit été donné au Roi, qui le remarquoit bien, mais néanmoins ne le faisoit pas connoître, afin de ne donner pas lieu aux mauvais esprits qui étoient à l'entour de lui, d'en prendre occasion de le porter à quelque extrémité. Il savoit bien aussi qu'il s'appuyoit de l'autorité de Monsieur, auquel il essayoit de donner les mêmes impressions qu'il avoit. Le Roi avoit eu avis que lorsque Monsieur, s'ennuyant au siége de Corbie, en étoit parti le 22 octobre pour aller à Blois, il dit chez la Choisy : « Ils en tiennent, ils ne prendront point Corbie; » et que, lorsque Le Boullay lui porta la nouvelle de la prise, il demeura fort pâle et fort étonné, et demanda au Boullay : « Combien en pendront-ils maintenant? combien en mettront-ils à la Bastille? » Néanmoins il vint incontinent à Paris, pour venir, disoit-il, se réjouir avec le Roi de ladite prise; mais M. le comte y étant arrivé le fit bientôt changer d'avis.

Ledit sieur le comte, après avoir fait ruiner tous les travaux et fortifications qui avoient été faits au siége de Corbie, vint trouver le Roi le 18 novembre, lui demanda s'il avoit fait le projet des garnisons esquelles il vouloit envoyer son armée, et le supplia d'avoir agréable qu'il conduisît les troupes qui alloient en Champagne. Sur quoi Sa Majesté lui répondant que cela ne méritoit pas qu'il y allât, et que s'il y avoit quelque chose à faire, ce seroit du côté de la Bourgogne, où un maréchal de camp suffiroit pour mener les troupes à M. le prince, pour les causes qu'il pouvoit bien penser, à raison du commandement, il fit grande instance à Sa Majesté de lui permettre de retourner en l'armée, et ensuite en Champagne, disant qu'il n'y vouloit être que quinze jours, et que sa présence y étoit nécessaire pour faire recevoir les garnisons dans les grandes villes; mais enfin, Sa Majesté persistant à lui témoigner que ce n'étoit pas son avis, il lui repartit, mais d'un ton qui témoignoit un esprit offensé, qu'il n'avoit point d'équipage, et qu'il s'alloit cacher à Paris pour deux ou trois jours, en attendant que son train fût venu; ce qui fit que Sa Majesté lui bailla de ses chevaux pour le conduire. Dès le lendemain au soir, qui fut la nuit du 19 au 20, Monsieur et lui partirent de Paris; et, ce qui montre que c'étoit un complot fait entre eux, c'est que Monsieur étant arrivé à Paris en même temps, et étant allé voir Mademoiselle sa fille, la dame de Saint-Georges lui dit que M. le comte en venoit de sortir. Il se mit la tête contre une cheminée, demeura long-temps pensif, puis dit, et répéta plusieurs fois : « Quoi ! M. le comte est ici ? Quoi ! il n'est pas allé en Champagne ? » Ce qui montroit bien un complot fait. Aussi Piccolomini avoit-il dit à Desroches-Baritaud, dès qu'il arriva prisonnier auprès de lui, qui fut dès le siége de Roye, en septembre, qu'il verroit arriver quelque chose en France qui n'étoit pas prévu ni pensé de personne, et qui apporteroit un grand changement. M. de

Créqui écrivit du 8 novembre, de Turin, au sieur Bonnet, son secrétaire, lui reprochant qu'il l'avertissoit si mal des choses qui se passoient, qu'il étoit le dernier à les savoir. Ensuite de quoi il ajoutoit qu'il ne l'avertissoit pas du mécontentement de Monsieur et de M. le comte, qu'on disoit là s'en être allés de la cour. M. de Charnacé écrivoit, du 10 novembre, qu'il avoit fait grande instance à messieurs les Etats de ne pas mettre leur armée en garnison, et s'étoit particulièrement servi d'un bruit commun d'Amsterdam et de La Haye, venu de Brabant, qui disoit qu'il éclateroit une menée en France, que le Roi seroit bien habile s'il la pouvoit démêler. Cizé écrivit d'Angleterre en Savoie, du 20 novembre, que le bruit de la sortie de Monsieur et de M. le comte étoit venu en ce pays-là, et cependant il ne l'eût pu savoir, puisque la sortie de Monsieur fut le même 20 de Paris. Dès que Monsieur fut à Blois, Fiesque, qui étoit avec lui, dit que la partie étoit si bien faite que le cardinal ne s'en pourroit jamais relever. Ce qui offensa davantage le Roi en cette action fut que M. le comte la déguisoit, sous un faux prétexte que Sa Majesté avoit eu intention de les retenir, et le lui osa bien écrire, et le manda même aux villes, prétextant sa retraite sur ce sujet, bien qu'il fût peu vraisemblable, puisque Sa Majesté pouvoit bien facilement l'arrêter quand il la vint trouver seul sans son train.

Ils partirent cachant leurs Ordres pour n'être pas connus; Monsieur étoit accompagné de La Rochepot, de Saint-Remi, des comtes d'Aubigeoux et de Fiesque, et d'un nommé Grammont. Le Roi fit dire à Chaudebonne qu'il allât à Blois en diligence, s'assurant qu'il serviroit à ramener Monsieur dans le bon chemin. M. le comte étoit accompagné de Saint-Ibal, Sardini et du jeune duc de Retz. Le Roi dépêcha incontinent, par toutes les places de Champagne, aux cardinal de La Valette, maréchal de Brezé, duc d'Epernon, aux sieurs de Grammont et de Brassac, pour leur en donner avis, et particulièrement au sieur de Lamont, afin qu'il ne se laissât pas surprendre en cas qu'ils eussent dessein de délivrer le sieur de Châteauneuf. Le sieur de Chavigny écrivit en particulier à M. le premier à Blaye, et le sieur de Liancourt à M. de La Rochefoucault, son beau-frère. La plus grande appréhension qu'eut le Roi en cette occasion, fut qu'ils allassent droit en Picardie pour entreprendre contre la personne du cardinal, et lui en donna avis; mais il fut bientôt hors de peine, sachant que Monsieur étoit allé à Blois, et M. le comte à Sedan. Le cardinal arriva de Picardie à Ruel le 24. Incontinent après que Monsieur fut arrivé à Blois, il envoya au Roi, le 21, le sieur de Rames, avec une lettre fort soumise, qui arriva près de Sa Majesté le 23. Sa Majesté lui envoya, dès le 25, le sieur de Bautru avec ledit sieur de Rames, et lui manda par lui que la façon avec laquelle il avoit toujours vécu avec lui depuis son retour de Flandre, et la vraie amitié qu'il lui portoit, faisoient qu'il ne se pouvoit assez étonner de la facilité avec laquelle il avoit ajouté foi aux mauvais avis qui lui avoient été donnés; qu'il se louoit cependant de ce que lui ayant été suggérés avec beaucoup d'artifice, ils n'avoient fait autre effet en lui que de le porter à l'en avertir, pour lui donner lieu par ce moyen de lui faire savoir qu'il avoit plus de bonne volonté pour lui que jamais frère n'en eut pour un autre, et que jamais il n'avoit pensé à ce qu'on avoit voulu lui persuader; qu'il le considéroit non-seulement comme son frère, mais comme il feroit un fils unique; qu'il le traiteroit toujours de même, sans désirer autre chose de lui qu'autant de vraie amitié qu'il recevroit de tendresse de Sa Majesté; au reste, qu'il avoit beaucoup de déplaisir de la faute qu'avoit faite le comte de Soissons, l'humeur duquel il savoit n'avoir pas trop de rapport à la sienne, mais qu'il le pouvoit assurer qu'il n'avoit jamais pensé qu'à le bien traiter, et seroit bien aise qu'il lui donnât lieu, par sa conduite, de demeurer en ces termes.

Le cardinal, auquel Monsieur avoit auparavant fait beaucoup de protestations d'amitié, lui manda, avec la liberté que la modestie lui pouvoit permettre, que s'il avoit l'honneur d'être auprès de son altesse, il avoueroit ingénument que les grands et continuels témoignages qu'il avoit reçus de l'affection du Roi, lui ôtoient tout lieu de douter de sa bonté, et les preuves que ses serviteurs lui avoient rendues en toutes occasions de la passion qu'ils avoient à son bien ne pouvoient souffrir qu'il crût qu'ils fussent autres qu'ils avoient été par le passé; que son altesse seroit telle qu'il lui plairoit; mais il la pouvoit assurer que le Roi ne seroit jamais autre que plein d'affection paternelle pour lui, et le cardinal que rempli de zèle et de passion pour son avantage; après tout, qu'il osoit lui répondre à lui-même qu'il seroit tel que la France le désiroit, que ses intérêts le requerroient, et que l'excessif amour que le Roi avoit pour lui l'y obligeroit toujours; qu'il étoit bon, mais qu'il falloit faire banqueroute à une certaine facilité qui le rendoit quelquefois aussi susceptible des mauvais que des bons avis. Pour bien faire, il ne falloit plus parler du passé, et qu'il répondoit à son altesse sur sa vie que non-seulement le Roi n'avoit point eu de pensée contraire à son contentement, mais qu'il n'en auroit jamais que de lui bien faire.

Bautru étant arrivé à Blois fut très-bien reçu de Monsieur, qui désira qu'il retournât trouver le Roi, disant que les lettres ne pourroient pas satisfaire à tant de réciproques réponses qui étoient nécessaires, en agitant tant de questions importantes qui étoient entre le Roi et lui. Ce que Sa Majesté ayant eu agréable, Monsieur lui dit en partant : « Voilà ce qu'a produit la passion que le Roi a eue contre M. le comte, et le plaisir qu'il a pris à en parler librement; » reconnoissant ingénument par ce mouvement que c'étoit M. le comte qui l'avoit porté à se retirer de la cour. Auparavant qu'il fût parti de Blois, le comte de Guiche, que le Roi avoit dépêché le premier décembre, y arriva. Le cardinal mandoit à Monsieur par lui que, ledit comte ayant désiré lui aller rendre son devoir, Sa Majesté avoit joint à son désir l'envoi de sa personne pour lui témoigner de plus en plus son affection, et lui faire voir qu'elle n'oublieroit rien de ce qui dépendroit d'elle pour empêcher que le voyage qu'il avoit fait sans son su ne lui préjudiciable; que si son altesse se considéroit elle-même, il lui seroit impossible de ne reconnoître pas clairement la bonté de Sa Majesté, et le chemin qu'il devoit prendre pour son propre bien. Mais si d'autre part il prêtoit l'oreille à certains flatteurs qui étoient capables de chercher leurs avantages sans considérer le sien, c'étoit le vrai moyen de se priver du contentement et du bonheur qui lui étoit assuré dans la bienveillance du Roi qui est très-sincère pour son altesse.

M. le comte, étant arrivé à Sedan, écrivit aussi au Roi, non pas avec le même style qu'avoit fait Monsieur, mais lui reprochant qu'après l'avoir servi avec affection il se trouvoit contraint, pour assurer sa liberté, de se retirer chez un de ses amis, et manda quant et quant aux villes de Reims, Saint-Dizier, Langres, Vitry, Sens, Troyes, Châlons, Meaux, Château-Portien et autres villes de son gouvernement, qu'après avoir servi le Roi toute la campagne de cette année comme chacun savoit, on lui avoit ôté le commandement de l'armée, et avoit reçu ordre de Sa Majesté d'aller à Paris, et qu'ayant trouvé là Monsieur qu'on y avoit fait venir en même temps, et y ayant reçu des avis très-certains de la résolution qu'on avoit prise de leur ôter la liberté à tous deux, ils s'étoient résolus de se retirer, ce qu'il avoit fait chez un de ses amis pour sa sûreté; qu'il souhaitoit la paix et le repos du royaume, et particulièrement de la province dont il étoit gouverneur; qu'il tiendroit sa vie bien employée pour y en donner une entière, et que le seul déplaisir qui lui restoit étoit de ne pouvoir servir à leur soulagement ainsi qu'il eût désiré; au reste qu'ils considérassent le traitement qu'il recevoit. Il écrivit aussi au duc de Longueville son beau-frère, et lui manda que les avis que Monsieur et lui avoient reçus du dessein que l'on avoit de les arrêter tous deux aussitôt que les gardes seroient arrivés, que l'on avoit envoyé quérir le plus vite que l'on avoit pu pour assurer cette action, qui autrement ne le pouvoit être dans Paris, les avoit fait résoudre de s'en aller de la cour en différens lieux, pour des raisons qu'il ne pouvoit dire. Bien que ces lettres, qui furent toutes envoyées au Roi, fussent bien insolentes et témoignassent beaucoup de mauvaise volonté, Sa Majesté néanmoins, les voulant prendre en la meilleure part qu'il se pouvoit, aima mieux les attribuer à la crainte qu'à dessein formel de lui déplaire. Et premièrement ne voulut pas faire sortir de Paris la comtesse de Soissons, sa mère, qui y étoit lors, et y avoit apparence qu'elle n'y demeureroit pas sans fomenter les desseins qu'avoit son fils. Puis encore lui envoya le sieur de Liancourt le 5 décembre, lui mandant que les emplois qu'il lui avoit donnés au commandement de ses armées en ces dernières occasions, témoignoient la confiance qu'il avoit eue en lui, d'autant plus grande qu'elles étoient destinées pour s'opposer aux forces de l'Espagne et de l'Empire commandées par le prince Thomas, son beau-frère; que tant s'en faut que Sa Majesté eût eu dessein de le faire arrêter, que même elle n'avoit pas pensé en avoir sujet, et ne l'avoir pas fait lui doit être une preuve évidente qu'il ne l'avoit pas voulu, principalement puisqu'il le pouvoit faire sans difficulté lorsqu'il le vint trouver à Ecouen; qu'il excusoit volontiers sa retraite si elle n'avoit autre fondement que l'appréhension, et qu'il la tiendroit telle s'il lui nommoit ceux qui lui avoient donné les mauvais avis qu'il disoit en avoir été la cause; que si Sa Majesté eût su qu'il n'eût pas estimé être en sûreté en son royaume, elle lui eût volontiers permis d'en sortir pour lui mettre l'esprit en repos; qu'il lui seroit aisé de le croire, puisque, encore qu'il s'en fût retiré à son insu, il l'assuroit de sa protection, pourvu que sa conduite fût telle que Sa Majesté la devoit attendre d'un bon et fidèle sujet.

Sa Majesté commanda au sieur de Liancourt de lui dire de sa part que puisqu'il avoit mandé à Sa Majesté que les avis qu'on lui avoit donnés étoient de lieu certain, Sa Majesté avoit tant d'intérêt à éclaircir cette calomnie, qu'elle l'avoit envoyé expressément pour le prier d'en déclarer les auteurs; que Sa Majesté tiendroit l'action qu'il avoit faite pour bien fondée, et ne lui en sauroit aucun mauvais gré, pourvu qu'il lui donnât connoissance de ceux qui lui avoient fait prendre une telle résolution, par l'importance des avis qu'ils lui avoient donnés. Mais néanmoins elle donna charge audit sieur de Liancourt que s'il refusoit de les lui vouloir découvrir après lui avoir fait toutes sortes d'instances raisonnables sur ce sujet, il lui dît que la bonté de Sa Majesté étoit telle, qu'elle lui avoit commandé de lui dire que, nonobstant que ce procédé d'un sujet envers un grand roi fût un peu étrange, elle ne laissoit pas de lui vouloir témoigner sa bonté, pourvu qu'il lui en donnât lieu; que s'il étoit sorti de la cour par pure appréhension, Sa Majesté auroit compassion de sa méprise et de sa faute, et trouveroit bon qu'il demeurât hors du royaume, et qu'il y jouît de son bien et même de ses pensions et appointemens, pourvu qu'il se conduisît comme un bon et fidèle sujet; que Sa Majesté eût pu par ses lettres le convier à revenir auprès de lui, mais que c'eût été justement prendre le chemin de le jeter dans le crime, par la désobéissance qu'il eût faite à un tel ordre; ce que Sa Majesté avoit non-seulement voulu éviter pour ne le faire pas tomber en un tel inconvénient, mais en outre avoit voulu lui donner moyen de se tirer de la faute qu'il avoit faite, agréant le séjour qu'ensuite il feroit hors du royaume, pourvu qu'elle fût assurée qu'il s'y conduisît comme un bon et fidèle sujet. Le Roi commanda aussi audit sieur de Liancourt de dire à madame de Bouillon qu'il ne trouvoit point mauvaise la retraite imprévue qu'elle avoit donnée audit sieur le comte, ni le séjour qu'il feroit, pourvu qu'il n'y fît, méditât ou procurât aucune chose contre le repos de son État, ce que le Roi s'assuroit bien qu'elle ne voudroit pas souffrir.

Bautru, partant de Blois d'auprès de Monsieur le 5 décembre, arriva le 7 auprès du Roi, et lui présenta une lettre de son altesse, pleine de protestations de fidélité et d'actions de grâces du bon traitement qu'il recevoit de Sa Majesté, mais principalement de celui qu'elle lui témoignoit vouloir faire à M. le comte, pour le sujet duquel Monsieur écrivoit encore fort affectionnément et avec témoignage de ressentiment au cardinal, se remettant du surplus au sieur de Bautru à qui il avoit donné charge de représenter à Sa Majesté ses intentions, la principale desquelles étoit qu'il désiroit d'avoir une place dans le royaume. Le comte de Guiche mandoit par lui au cardinal qu'on avoit voulu alarmer Monsieur sur le passage de quelques régimens qu'on disoit vouloir prendre leur chemin vers Blois, et qu'il lui sembloit à propos de leur faire prendre une autre route; que l'esprit de Monsieur lui sembloit embarrassé et douteux de ce qu'il devoit faire, et qu'en cette irrésolution le soin que l'on prendroit de le choyer le pourroit faire pencher du bon côté. Sa Majesté dépêcha incontinent en diligence le sieur de Chavigny à Blois vers son altesse; il partit le 7, et à son arrivée dit à Monsieur que le principal sujet de son voyage étoit pour voir avec lui les moyens qu'il y auroit d'établir une bonne confiance entre le Roi et lui, le but des mauvais conseillers duquel étant de lui faire croire que cela ne se pouvoit; il l'assura de la continuation de l'affection de Sa Majesté, qui ne la diminueroit pas en cette occasion, où il n'avoit fait qu'une simple équipée, puisqu'il l'avoit toujours eue égale lors même qu'il avoit voulu faire le plus de mal à la France. Son altesse répondit audit sieur de Chavigny avec beaucoup de respect, lui témoigna le déplaisir qu'elle avoit eu d'être obligée de partir de Paris sans avoir vu le Roi, que l'appréhension qu'on se saisît de sa personne, comme quelques-uns avoient voulu dire, ne l'en avoit point fait sortir, mais que la seule raison qui lui avoit fait prendre cette résolution étoit qu'ayant entretenu M. le comte toute la veille qu'il partit de Paris, il eut crainte que le Roi le soupçonnât avec raison d'avoir su le dessein de M. le comte, qu'il ne le pressât de dire beaucoup de choses contre sa volonté, et qu'ensuite il ne lui fît une réprimande; que son dessein d'abord n'avoit été que de se retirer à Limours, mais que M. le comte l'avoit fait aller jusques à Blois. Monsieur dit ensuite audit sieur de Chavigny qu'il étoit vrai que M. le comte avoit eu plusieurs avis qu'on le vouloit arrêter, et même qu'il lui en étoit venu de Versailles; et lorsqu'il le pressa pour savoir si son sentiment étoit qu'ils eussent été bien fondés, il lui dit ingénument qu'il en doutoit, mais que tout le désordre qui étoit arrivé venoit de ce que le Roi n'ayant pas inclination pour M. le comte, l'avoit fait trop éclater et en avoit fait des plaintes à tout le monde. Ledit sieur de Chavigny lui dit qu'il paroissoit par là que c'étoit la seule considération de M. le comte qui lui avoit fait faire cette équipée. Sur quoi il répondit qu'il avoit eu encore d'autres sujets; qu'on l'avoit traité rudement en beaucoup de choses, et qu'on lui avoit fait signer un papier par force sur le fait de son mariage, qui étoit contre la promesse qu'on lui avoit donnée. Le sieur de Chavigny lui répondit que ce n'avoit pas été une grande violence, puisqu'il avoit signé ledit papier chez lui avec toute sorte de liberté, et qu'on lui avoit seulement représenté les raisons qui le lui devoient faire faire, et qu'on en avoit usé avec telle sincérité et franchise que jamais on ne s'en étoit voulu servir ni auprès du Pape ni auprès des prélats de France qui devoient connoître de son mariage, et qu'il se pouvoit souvenir qu'il y avoit eu occasion de le faire voir lorsque Sa Sainteté lui écrivit pour savoir quel étoit son sentiment sur son prétendu mariage. Ledit sieur de Chavigny lui donna part ensuite de l'envoi de M. de Liancourt vers M. le comte, et des grâces que le Roi lui faisoit en considération de son altesse, et la supplia de lui dire si Sa Majesté ne le traitoit pas avec une bonté extraordinaire, et si M. le comte ne devoit pas être content. Il répondit qu'il ne savoit pas les choses qu'il pouvoit désirer, mais qu'il lui sembloit que le Roi le traitoit aussi favorablement qu'il se pouvoit. Ledit sieur de Chavigny lui dit ensuite qu'il n'y avoit pas d'apparence que M. le comte désirât d'aller en son gouvernement après la boutade qu'il avoit faite, et qu'encore que Monsieur l'aimât et portât ses intérêts, que ledit sieur de Chavigny le supplioit néanmoins de lui déclarer quel seroit son sentiment si le Roi lui demandoit son conseil sur ce sujet. Il dit qu'il ne croyoit pas que M. le comte voulût aller en Champagne, ni que le Roi le lui dût permettre. Ledit sieur de Chavigny témoignant à Monsieur l'étonnement qu'il avoit eu de ce qu'il avoit pris si promptement résolution avec M. le comte de sortir de Paris sans voir le Roi, et qu'il y avoit apparence qu'ils avoient noué ensemble depuis quelque temps une étroite intelligence, et formé quelque dessein, son altesse avoua que dans l'armée de Picardie M. le comte s'étoit lié entièrement à elle, qu'ils étoient demeurés d'accord qu'il iroit en son gouvernement de Champagne sans venir à la cour, qu'elle feroit le plus de séjour qu'elle pourroit à Blois, et qu'enfin ils ne s'abandonneroient point l'un autre quand ils auroient sujet de défiance ou de mauvaise satisfaction. Ledit sieur de Chavigny lui dit que c'étoit une chose bien étrange qu'ils eussent parlé de semblables choses, lorsque le Roi leur donnoit une marque si essentielle de sa confiance et de l'estime qu'il faisoit d'eux, en leur mettant entre les mains la plus puissante armée de son royaume et même de l'Europe, pour s'opposer aux ennemis de la France. Ledit sieur de Chavigny pressa fort Monsieur pour savoir si son intention étoit véritablement de s'accommoder du cœur avec le Roi ; il lui jura qu'oui.

Et d'autant que ledit sieur de Chavigny fut averti que Montrésor, La Rochepot et Fiesque essayoient de mettre en l'esprit de Monsieur qu'il n'étoit pas venu pour le contenter, mais pour l'amuser de discours généraux, jusques à ce que le Roi eût pris ses résolutions, ce qui prenant pied en l'esprit de Monsieur lui eût pu faire faire le saut, ledit sieur de Chavigny crut qu'il étoit à propos, pour lui lever ce doute, qu'il s'en retournât trouver promptement le Roi, afin que Monsieur vît qu'il cherchoit l'expédition et non la prolongation de l'affaire. Monsieur l'ayant eu agréable, ledit sieur de Chavigny lui demanda, pour assurance des bonnes intentions qu'il lui avoit témoignées avoir pour le service du Roi, un écrit de sa main qui portât ce qu'il désiroit de la bonté de Sadite Majesté. Il lui en donna un signé de lui et contresigné par son secrétaire Goulas, en date du 11 décembre, par lequel il supplioit très-humblement le Roi d'avoir agréable de vouloir terminer tous les sujets qui pouvoient lui donner quelque sujet de soupçon et de défiance, et qui consistoient à demeurer d'accord de toutes les choses qui regardoient son mariage, soit que Sa Majesté voulût y donner présentement son consentement, ou bien qu'elle voulût qu'il fût jugé s'il étoit valable ou non. En ce dernier cas, que son altesse demandoit une place de sûreté à Sa Majesté, et s'il lui plaisoit de demeurer d'accord dudit mariage, tout sujet de défiance étoit ôté à son altesse et la confiance seroit entièrement rétablie, demeurant très-contente, très-satisfaite et très-obligée à l'extrême bonté de Sa Majesté, à laquelle il demandoit aussi un traitement favorable et raisonnable pour M. le comte, suivant ce qu'elle en avoit dit plus particulièrement à messieurs de Chavigny et comte de Guiche, auxquels sadite altesse voulut donner ledit écrit, pour témoigner à Sa Majesté la sincérité de ses intentions. Donnant ledit écrit au sieur de Chavigny, il promit en homme d'honneur de ne prendre aucune résolution, ni d'avoir intelligence avec personne jusques à ce qu'il eût reçu réponse de Sa Majesté. Ledit sieur de Chavigny étant revenu en cour, le Roi le renvoya le 16 vers Monsieur, auquel il manda qu'il oublioit de bon cœur la méprise en laquelle étoit tombé le comte de Soissons, se retirant sans sujet d'auprès de Sa Majesté, qui trouveroit bon qu'il demeurât au lieu où il étoit, tandis qu'il ne pourroit aussi bien garantir son esprit d'appréhension, comme Sa Majesté sauroit toujours bien garantir sa personne de mal dans son royaume, et qu'elle le laisseroit jouir des émolumens de ses charges et des pensions qu'il lui donnoit, pourvu qu'il y vécût comme un bon et fidèle sujet devoit faire au respect de son souverain, sans intelligence et pratique qui fût contraire à son État. Sa Majesté donna aussi audit sieur de Chavigny un écrit signé de sa main, et contresigné par un secrétaire d'Etat, pour donner à Monsieur, par lequel elle déclaroit que la véritable affection qu'elle avoit toujours portée à Monsieur son frère et à son Etat, avoit fait qu'elle n'avoit pu s'empêcher jusqu'alors de lui faire savoir plusieurs fois qu'il ne pouvoit approuver la convention du mariage qu'il avoit faite avec la princesse Marguerite de Lorraine, comme étant directement contre les formes du royaume et contre son propre bien. Cependant, que mondit seigneur ayant fait savoir à Sa Majesté que c'étoit la seule chose d'où pouvoit dépendre son contentement, et qu'outre que, s'il lui plaisoit la consentir, elle ne seroit plus contre les lois du royaume, il l'obligeroit, par ce moyen, à n'avoir jamais autre pensée que de lui plaire, et à s'attacher à toutes ses volontés; ce qu'il feroit très-religieusement; sur ce fondement, Sa Majesté promettoit à monseigneur son frère consentir à son mariage, s'il le désiroit ainsi, le rendant dès à présent si libre en cette action, qu'il dépendroit de lui d'avoir ou n'avoir pas ladite princesse pour épouse, Sa Majesté désirant seulement que, s'il en prenoit la résolution, il n'épousât pas les prétentions de la maison de ladite princesse, ni les passions du duc Charles de Lorraine contre sa personne, mais demeurât inséparablement lié aux justes intérêts de la couronne, et n'eût aucune intelligence qui pût lui être préjudiciable. Et, afin que Sa Majesté eût la même assurance de ce que lui promettroit Monsieur, son frère, qu'il la lui donnoit de la grâce qu'elle lui accordoit, elle désira qu'au-dessous de la copie de la promesse ci-dessus, il écrivît et signât que, rendant grâces très-humbles au Roi de celle qu'il lui accordoit pour la liberté de son mariage, il déclaroit sincèrement ne prétendre la recevoir qu'aux conditions ci-dessus exprimées, et particulièrement que, bien qu'il eût ladite princesse Marguerite de Lorraine pour épouse, il ne laisseroit pas d'épouser tous les intérêts de l'Etat et du Roi contre le duc Charles de Lorraine et tous ceux de cette maison qui pourroient prétendre quelque chose au préjudice de l'un ou de l'autre; qu'il jureroit ce que dessus sur les saints Evangiles, et s'obligeoit à l'observer très-religieusement, et n'avoir à l'avenir aucune intelligence qui pût être préjudiciable au repos du royaume.

Quand ledit sieur de Chavigny eut présenté à Monsieur les choses ci-dessus, son altesse les trouva parfaitement bien, et témoigna qu'il recevoit ce que le Roi lui envoyoit, et consentoit à ce qu'il désiroit avec grande joie; qu'il sous- signeroit ce que Sa Majesté vouloit qu'il signât au bas de la copie de l'écrit de Sadite Majesté, et qu'il n'y faisoit nulle difficulté; que par là toutes les défiances étoient ôtées, et qu'il pouvoit dès lors aller à Ruel quand le Roi y seroit, sans craindre qu'on le pressât de faire des choses contre son sentiment. Il trouva aussi que la lettre que le Roi lui écrivoit sur le sujet de M. le comte étoit très-raisonnable; mais néanmoins il dit qu'il ne pouvoit rien faire qu'il ne lui en eût premièrement donné avis, et qu'il feroit seulement par forme; qu'il lui écriroit de bonne encre, et qu'il lui feroit connoître que sa pensée étoit qu'on s'accommodât avec le Roi.

Nous avons dit ci-devant que le Roi avoit envoyé dès le 5 décembre le sieur de Liancourt vers M. le comte à Sedan, avec des offres plus civiles que sa faute ne sembloit requérir. Ledit sieur de Liancourt y étant arrivé, et lui ayant représenté ce que le Roi lui avoit commandé, il lui dit sur le premier point, qui étoit de déclarer ceux qui lui avoient donné les avis qu'il disoit tenir de lieu certain, qu'il ne lui en pouvoit dire autre chose, sinon que le dernier avis étoit venu de Monsieur; sur ce que Sa Majesté l'assuroit de lui vouloir donner tous les témoignages de sa bonté qu'il pouvoit désirer, pourvu qu'il lui en donnât lieu, se conduisant comme un bon et fidèle sujet, il répondit qu'il remercioit très-humblement le Roi, qu'il étoit engagé à Monsieur, lui ayant donné sa parole; et sur ce que Sa Majesté, pour ne pas l'engager dans le crime de la désobéissance, ne lui vouloit pas donner commandement de la venir trouver, mais trouvoit bon qu'il demeurât au lieu où il étoit, pourvu qu'il s'y comportât comme il devoit, il répondit qu'il voyoit bien qu'on lui donnoit la clef des champs. Et, à ce que ledit sieur de Liancourt lui ajouta qu'il avoit pourtant charge de lui dire, au cas qu'il voulût revenir, qu'il seroit le bienvenu et qu'il y avoit toute sûreté pour lui, il ne fit aucune réponse précise, mais dit seulement qu'il remercioit Sa Majesté; qu'il la supplioit, si elle désiroit l'accommodement, d'y faire travailler avec Monsieur sans perdre temps, et qu'il croyoit que Monsieur ne se contenteroit pas de paroles; qu'il ne croyoit pas qu'il terminât cette affaire sans lui, et de plus encore que, s'il se trouvoit des intéressés pour eux, il croyoit que Monsieur ne les oublieroit pas, et qu'il voudroit, par son accommodement, avoir sûreté pour eux, et que si l'on faisoit du mal au comte de Fiesque ou à Montrésor, ce seroit vouloir rompre l'accommodement. Sur quoi le sieur de Saint-Ibal dit audit sieur de Liancourt qu'il falloit quelque place de sûreté; il lui dit aussi que le prince Thomas, son beau-frère, lui avoit envoyé un gentilhomme lui faire des offres fort avantageuses; que Piccolomini et Jean de Wert avoient eu ordre de lui donner toutes les troupes qu'il voudroit, et qu'il y avoit de l'argent dans le Luxembourg pour lui s'il en désiroit, et lui dit toutes ces choses en présence dudit sieur le comte, qui témoigna avoir refusé toutes ses offres. Mais néanmoins deux lettres tombèrent entre les mains du Roi, l'une du prince Thomas, et l'autre de son secrétaire Piochet, adressantes au baron de Pujols, auquel ledit Piochet mandoit que ledit sieur le comte avoit envoyé visiter le prince Thomas, et lui avoit fait dire qu'ils s'entreverroient bientôt; que la partie étoit bien liée, et qu'à ce coup on délivreroit la France de la tyrannie en laquelle elle étoit; et le prince Thomas lui écrivoit qu'il lui mandât ses avis sur ladite lettre que Piochet lui avoit écrite de sa part. Saint-Ibal dit aussi au sieur de Liancourt que si M. le comte eût voulu il eût fait tailler en pièces les garnisons les plus proches de Sedan; que les ennemis avoient beaucoup de cavalerie, et que si ledit sieur le comte se vouloit mettre à la tête, il pourroit entrer en Champagne et venir jusqu'auprès de Paris. Et sur ce que le sieur de Liancourt lui répondit qu'il s'étonnoit donc bien qu'ils n'y vinssent sans lui s'ils en avoient le pouvoir, il lui repartit que, s'il n'y étoit avec eux, ils n'y trouveroient pas la nappe mise.

Mais quand le sieur de Liancourt le pressa de lui dire les sujets de mécontentement qu'il prétendoit avoir eus du Roi, afin que Sa Majesté les sachant y pût remédier par sa bonté ordinaire, il ne lui en put apporter aucun qui fût vraisemblable, mais lui apporta seulement, pour cause de ses plaintes, les précautions que le Roi avoit été obligé de prendre, par sa prudence, à la mauvaise volonté qu'il avoit déjà témoignée contre l'État et le gouvernement; qu'il avoit, disoit-il, été maltraité de Sa Majesté en un conseil tenu à Amiens, qui fut celui auquel Sa Majesté résolut l'attaque de Corbie contre son sentiment, et les difficultés qu'il se figuroit y avoir de venir à bout de ce dessein; que le Roi lui avoit promis qu'il remèneroit son armée en garnison en Champagne, et depuis lui avoit commandé de demeurer à Paris (ce que Sa Majesté avoit été contrainte de faire afin qu'il ne pût abuser de ses troupes, ou se saisir de quelqu'une de ses places en ladite province, se témoignant être mécontent comme il faisoit); que le Roi, au lieu de lui savoir gré de ses services, ne lui avoit parlé que de ceux de M. le prince, comme si le témoignage que Sa Majesté rendoit de la satisfaction qu'elle avoit de la fidélité avec laquelle M. le prince l'avoit servie, lui eût donné lieu de s'offenser vers elle de ce que, ne s'étant pas comporté de la sorte, elle ne lui témoignoit pas avec flatterie avoir le même sentiment de ses comportemens; qu'il savoit bien que les gardes du corps avoient ordre de se rendre à Versailles; que le régiment des gardes se hâtoit aussi d'y arriver, et qu'on préparoit deux chambres à la Bastille, ce qui ne pouvoit être que pour lui : qui étoient des raisons bien foibles, les gardes étant toujours nécessaires près du Roi, et aucun ne pouvant prendre juste soupçon qu'elle les rappelle près de sa personne; et quant aux chambres de la Bastille, n'étant pas croyable, si on eût eu ce dessein, qu'on l'eût voulu publier, y envoyant préparer des chambres que chacun eût facilement jugé devoir être pour y mettre des hôtes; mais n'ayant pas de meilleures raisons, il payoit de ces prétextes frivoles, pensant par là couvrir le dessein que de long-temps il avoit fait former à Monsieur de faire cette équipée, et étant expressément allés en des lieux séparés l'un de l'autre pour donner jalousie au Roi de plus de côtés. Il envoya vers le prince Thomas dès qu'il fut à Sedan, comme il paroît par les lettres dont nous avons fait mention ci-dessus et d'autre part, pour avoir plusieurs retraites assurées; il dépêcha au duc de Bouillon à Maestricht pour l'y recevoir, et moyenner envers messieurs des Etats qu'ils lui donnassent une sûre retraite en leur pays. A quoi le duc de Bouillon satisfit, nonobstant les assurances que lui et sa femme donnoient au Roi du contraire, et envoya au prince d'Orange le sieur Golstein son confident principal, sous qui les prisonniers de la bataille d'Avein, qu'on avoit mis dans Maestricht, se sauvèrent, pour en prier ledit prince, lequel, au contraire, par ordre des Etats auxquels il le conseilla, lui manda qu'il fît comme de soi-même tout ce qu'il pourroit pour divertir ledit sieur le comte de se retirer dans leurs provinces, et, s'il ne le pouvoit faire par cette voie, d'y employer ouvertement leur nom, et lui déclarer que, s'il y venoit du consentement du Roi, il n'y avoit point de respects et d'honneurs qu'ils ne lui rendissent; mais que si aussi c'étoit contre la volonté de Sa Majesté qu'il étoit sorti du royaume, l'honneur qu'ils avoient d'être en une si étroite alliance avec Sa Majesté, et les grâces qu'ils en recevoient tous les jours, ne leur pouvoient permettre de l'y retenir contre sa volonté, et que, s'ils recevoient d'elle quelque ordre sur ce sujet, ils le supplioient d'en excuser les inconvéniens, ou plutôt les prévoir, d'autant que puis après il ne seroit plus temps de s'en plaindre. Ils trouvèrent un peu mauvais que ledit sieur de

Bouillon ne leur eût pas envoyé l'original ou la copie de la lettre que ledit sieur comte lui avoit écrite, et que ledit Golstein, pendant la demeure qu'il fit à La Haye, ne vit point le sieur de Charnacé, ambassadeur du Roi, mais fût en perpétuelles conférences avec Bellingant et Douchant, et s'en étoit allé par Leyde chez le sieur de Hauterive, toute leur cabale épandant que l'éloignement dudit sieur le comte étoit la veille d'une longue guerre civile, à laquelle au contraire les vrais serviteurs du Roi publioient que le bonheur continuel et la bénédiction dont Dieu avoit accoutumé d'accompagner la justice et les actions de Sa Majesté, et l'assistance qu'il donnoit à ses conseils, apporteroient un prompt remède.

Comme ledit sieur le comte méditoit une retraite hors du royaume, Monsieur faisoit le même, et, dès qu'il fut arrivé à Blois, manda au duc de Retz, par le sieur d'Ormoi, qu'il lui envoyât un vaisseau pour le porter hors de France, ou au moins le reçût dans Belle-Ile, en attendant qu'il eût trouvé un navire, quand il n'eût été que de cinquante tonneaux. A quoi le duc de Retz fit réponse qu'il seroit bien marri d'avoir jamais contribué à le retirer hors de l'Etat, ce qui ne pouvoit être qu'au grand désavantage de son altesse, outre qu'il étoit obligé, par devoir et par bienfaits, de ne rendre pas ce desservice à Sa Majesté. Cette étroite liaison de Monsieur avec M. le comte apportoit une grande difficulté à l'accommodement, et le sieur de Chavigny fut à bon droit étonné quand Monsieur, à son premier voyage, s'étant montré si bien intentionné à condescendre à ce que le Roi désiroit de lui, avoit ajouté cette queue à son second voyage, de ne vouloir rien terminer que, premièrement, il ne lui en eût donné avis; néanmoins il ne lui en osa faire difficulté. Le comte de Fiesque y ayant été envoyé de la part de son altesse, dès que le Roi en eut avis, il lui fit expédier un passe-port, afin qu'il y pût aller et revenir en toute sûreté, ce qui fut un procédé bien contraire à celui de Monsieur; car le bruit étoit tout commun en la cour dudit seigneur, et la comtesse de Fiesque ne feignit point de dire ouvertement à M. et à madame Bouthillier, que son fils lui avoit dit que les sieurs de Chavigny et le comte de Guiche seroient retenus à Blois jusques à son retour pour la sûreté de sa personne; ce que Monsieur, néanmoins, ne leur témoigna pas, bien, leur dit-il, qu'il seroit bien aise qu'ils demeurassent près de lui jusques à ce que la réponse de M. le comte fût venue. Ils lui dirent doucement que c'étoit une chose un peu étrange qu'il eût donné avis à M. le comte qu'on le vouloit arrêter, et que cela étoit dans la lettre que M. le comte écrivoit au Roi. D'abord il le voulut nier, et après il leur dit qu'il ne lui en avoit parlé qu'à Amiens, comme étant seulement un bruit qui couroit. Et sur la grâce qu'ils lui dirent que Sa Majesté lui faisoit de consentir qu'il remît auprès de lui ceux qui en avoient été éloignés, et accordoit la liberté au sieur de La Rivière, il dit qu'il espéroit que Sa Majesté lui feroit la grâce entière, mettant hors de la Bastille les sieurs du Fargis et du Coudray. A quoi ils lui répondirent que, comme jusques alors il n'avoit pas paru se vouloir arrêter à obtenir la liberté de ceux-là, et que ce n'étoit pas une chose essentielle pour le remettre bien avec le Roi, lorsqu'il seroit uni avec Sa Majesté comme il le devoit être, il la pourroit supplier de choses semblables, et qu'il seroit lors plus de saison que maintenant; ce qu'ils lui répondirent prudemment, afin de ne le pas tout-à-fait désespérer de venir à bout de cette grâce en l'état auquel ils voyoient son esprit, qui étoit tel que la moindre chose le pouvoit perdre; car il paroissoit en tous ses discours interdit et plein d'anxiété, comme une personne qui est près de prendre une résolution dangereuse qu'elle appréhende. Montrésor et les autres de leur cabale l'animoient toujours, et disoient tout haut que, sans qu'on lui donnât une place, il n'y avoit pas de moyen de trouver sûreté. Ce que les sieurs de Chavigny et le comte de Guiche lui ayant dit, et l'ayant supplié de leur déclarer son intention, ce qu'il pouvoit faire dès lors, pouvant disposer de M. le comte, à qui il leur avoit dit ne vouloir écrire que par forme, il leur répondit froidement qu'il étoit content, mais qu'il l'eût été au dernier point si on lui eût accordé une place, qui étoit ce qu'il désiroit pardessus toutes choses, et que, lorsqu'il avoit donné l'alternative au Roi, il avoit cru certainement qu'on ne lui accorderoit jamais son mariage. Ils lui demandèrent s'il aimoit mieux donc qu'il fût rompu; il leur dit avec un grand embarras que non, insistant toujours qu'une place il eût contenté tout-à-fait. Ils supplièrent ensuite de leur dire s'il ne vouloit pas demeurer dans les termes de son écrit; il leur dit qu'il le falloit bien puisqu'il l'avoit signé, mais d'une façon qui leur donnoit à connoître qu'il avoit une toute autre pensée. Il envoya un gentilhomme à la princesse Marguerite pour lui donner avis de ce qui se passoit, lesdits sieurs lui ayant dit qu'il le pouvoit faire, et qu'il ne seroit point arrêté.

Le cardinal voyant par toutes les choses qui ont été déduites que l'intention de Monsieur, dont l'esprit en toutes ses réponses paroissoit embarrassé, étoit mauvaise; jugeant aussi que le voyage du comte de Fiesque ne la rendroit pas meilleure, et que M. le comte, qui ne vouloit point le mariage de Lorraine, et qui se voyoit par sa faute exclu de la cour et des emplois, aigriroit plus les choses que de les porter à la douceur; que Monsieur et lui et leurs gens parloient d'une façon qui témoignoit qu'ils avoient une grande cabale; ayant aussi avis que depuis peu de jours la cour de Monsieur étoit grossie, le marquis de Vardes, sa femme, Verderonne, La Vaupot, Charinzé et tous ceux qui étoient à Puylaurens y étoient arrivés; qu'ils parloient tous insolemment, ayant la hardiesse de dire que, bien que Monsieur, par son écrit, n'eût point demandé de place de sûreté au Roi au cas que Sa Majesté eût consenti son mariage, il n'étoit point obligé de tenir sa parole, puisqu'on lui en avoit, disoient-ils, manqué en la prise de Puylaurens; et enfin, le cardinal connoissant, outre tout cela, que Monsieur, soit naturellement, soit par les accidens de sa vie, étoit très-dissimulé, crut que c'étoit une chose très-assurée que les bonnes paroles qu'il donnoit lors aux sieurs de Chavigny et comte de Guiche, et les promesses qu'il leur faisoit de leur donner contentement au retour du comte de Fiesque, n'étoient que des feintes à dessein de les amuser, de crainte qu'on ne le poussât avant qu'il eût pris ses mesures avec M. le comte, de ce qu'il devoit faire et du lieu où il se devoit retirer; et, pource qu'il ne lui voyoit que trois lieux de retraite, ou Sedan qui étoit fort éloigné, ou la Bretagne pour avoir la mer libre, ou la Guienne pour passer en Espagne, il lui sembla devoir conseiller au Roi de lui fermer le passage de ces trois lieux. Le Roi étoit assuré, par lettres seulement, de la bonne volonté de M. et de madame de Bouillon, comme des ducs d'Epernon et de La Valette, le sieur de Biscarat étant retourné de Guienne, d'où il avoit apporté au Roi toute apparence de contentement. Mais les assurances de paroles étoient trop foibles en une affaire de telle importance; il étoit nécessaire d'employer des moyens plus forts. Le Roi, pour lui couper le chemin de Sedan, envoya promptement des garnisons de cavalerie le long de la rivière d'Yonne: le sieur du Hallier à Montereau-sur-Yonne, le sieur de Launay, son oncle, à Cravant, qui est quasi à la tête de ladite rivière; le comte de Saligny à Digoin, pour garantir d'un autre côté; et, bien qu'il n'y eût point d'apparence qu'il voulût passer à la tête de ladite rivière, parce que c'étoit le gouvernement de M. le prince, le Roi, à tout événement, lui envoya des ordres pour y prendre garde en toute l'étendue de sondit gouvernement. Pour lui fermer le chemin de Bretagne, le Roi se contenta de mander au maréchal de Brezé que, si Monsieur vouloit passer à Saumur, il le reçût sous les ponts, ou en tel autre lieu qu'il aviseroit, et l'entretînt avec tout respect à Saumur jusques à ce qu'il eût ordre plus particulier de Sa Majesté; et au sieur de La Meilleraie, qui tenoit lors les Etats de la province dans la ville de Nantes, qu'il eût l'œil ouvert à ce que Monsieur ne sortît point du royaume par ladite province, et que s'il passoit il l'entretînt dans l'appartement de son château de Nantes avec tout respect, jusques à ce que Sa Majesté y fût arrivée. Et, pour l'empêcher d'aller en Guienne, on donna ordre aux sieurs de Brassac et de Brezé, dans leurs gouvernemens, se tenant prêts avec leurs amis pour lui couper le chemin, ce qui leur seroit aisé, ne pouvant se retirer qu'avec vingt hommes au plus. Et afin que tous ces conseils ne fussent inutiles, le Roi n'oublia pas d'avoir près de Monsieur quelques personnes qui prenoient exactement garde au dessein qu'il prendroit de partir, pour au moins, à point nommé de son départ, aller avertir à tire-cheval ceux qui étoient ordonnés par le Roi à toutes les trois routes pour leur donner moyen de l'arrêter.

Le Roi, outre ce que dessus, craignant qu'il prît celle de Normandie pour aller s'embarquer à Cherbourg, mit ordre à ce que, s'il prenoit ce dessein, il ne pût l'effectuer. Il ordonna toutes ces choses d'autant plus facilement, qu'outre qu'elles sembloient devoir assurément empêcher le mal de sa sortie s'il s'y résolvoit, elles ne pouvoient retarder l'accommodement s'il s'y vouloit résoudre, n'y ayant personne qui pût trouver à redire à une telle résolution, les choses étant bien entendues, puisque Monsieur avoit ouvertement manqué de parole au Roi, au préjudice de son propre écrit, et que Sa Majesté ne le vouloit empêcher de brouiller dans le royaume ou en sortir, que pour son propre bien. Le cardinal cependant n'oublioit pas de lui écrire souvent, pour lui représenter le danger auquel il s'exposoit plus que nul autre, et qu'il ne pouvoit s'empêcher de croire qu'il ne connût enfin ce qui lui étoit plus utile, et qu'il ne vît clairement que toute sa grandeur ne consistoit qu'en celle de cet Etat et en la bienveillance du Roi qui lui étoit entièrement assurée; pour lui, qu'il lui sembloit que son altesse ne pouvoit douter de sa très-humble servitude, puisqu'il n'avoit jamais eu autre but que de contribuer ce qui dépendoit de lui pour le tirer des mauvais pas où les mauvais conseils qu'il avoit reçus quelquefois l'avoient porté. Cette affaire étoit en ce point-là à la fin de la présente année: le comte de Fiesque ne revint point de devers M. le comte, et cette grande affaire ne fut terminée qu'en l'année suivante, en laquelle nous remettons à en parler.

Il est temps que nous parlions des îles de Sainte-Marguerite et de Saint-Honorat, dont les Espagnols s'emparèrent l'année dernière, et que nous représentions les ordres que le Roi donna pour les retirer d'entre leurs mains. Il n'est point besoin de faire voir ici l'intérêt que le Roi avoit de les en chasser, ni l'importance de laquelle elles étoient aux Espagnols, pource que c'est chose manifeste à tout le monde. Dès que les Espagnols y furent, ils commencèrent à s'y fortifier, et avoient porté pour cet effet toutes sortes de matériaux et d'outils; ils en apportoient de nouveau, et rafraîchissoient leurs troupes presque tous les mois par le moyen de leurs galères, auxquelles ils avoient ajouté plusieurs vaisseaux ronds en Italie. Le Roi, pour ne pas leur donner de loisir d'achever les fortifications qu'ils y vouloient faire, et les attaquer auparavant, commanda de faire équiper tous les vaisseaux qu'il avoit dans ses ports de la mer océane, fit armer et équiper ses galères en Provence, et y en fit ajouter quelques nouvelles, et envoya l'évêque de Nantes en Provence pour faire arrêter tous les vaisseaux, tant français qu'étrangers, qu'il jugeroit propres à faire équiper en guerre, pour les joindre aux vaisseaux qui viendroient de Ponant, et composer une armée si puissante qu'elle pût empêcher les Espagnols de ravitailler les îles, et les en chasser. Le cardinal fit voir au Roi le projet de tout l'armement et supplia Sa Majesté de résoudre si elle voudroit approuver tous les capitaines et officiers qui y étoient désignés, ou y en changer quelques-uns, afin que, selon le choix de Sa Majesté, on leur donnât des commissions de sa part, et non-seulement de celle de l'amiral, ainsi que l'on faisoit du temps du duc de Montmorency. Sa Majesté ordonna le comte de Harcourt pour commander ledit armement, et l'archevêque de Bordeaux et l'évêque de Nantes pour porter qualité de chefs du conseil dans les deux armemens de Ponant et de Levant, tenir la main à l'exécution des volontés de Sa Majesté, et faire subsister l'armée par les moyens plus expédiens, selon que les occasions s'en présenteroient. Sa Majesté ordonna aussi les sieurs du Plessis-Besançon et Lézart, pour conduire les travaux de terre s'il étoit question d'y faire des descentes. Cette armée navale de la mer océane étoit divisée en trois escadres, de Bretagne, Normandie et Guienne, composée de trente-huit vaisseaux de guerre, dont l'amiral étoit de mille tonneaux, et le vice-amiral de six cents, six brûlots et vingt-quatre grands navires et flûtes pour porter les vivres pour la nourriture de l'armée, et quelques-unes garnies de tout ce qui étoit nécessaire pour recevoir et traiter les malades.

Sa Majesté ordonna que lesdites trois escadres de Bretagne, Guienne et Normandie, étant jointes ensemble à la rade de Saint-Martin-de-Ré, les deux mille hommes du régiment des îles, avec les victuailles nécessaires pour leur subsistance pendant huit mois, l'artillerie de terre, avec son train et officiers, étant chargés à bord des douze flûtes et autres vaisseaux qu'elle avoit ordonnés être frétés pour les porter, et les six brûlots avec les deux frégates étant préparés, l'armée feroit trois corps, auxquels le sieur Desgouttes, commandant le vaisseau amiral sur lequel seroit le général, commanderoit aussi en l'absence dudit général, ou d'autre à qui Sa Majesté auroit donné pouvoir; que l'armée étant ainsi disposée, la revue générale en étant faite, elle se mettroit à la voile, et si, passant le détroit, elle rencontroit quelques vaisseaux, et qu'il se pût faire effet sur eux, soit qu'ils fussent sous voiles, soit qu'ils fussent en rade, elle tenteroit de les prendre ou de les brûler, envoyant des brûlots pour ce faire, si l'on jugeoit facilité en cette exécution; qu'approchant des îles d'Hyères elle enverroit une patache à Marseille donner avis de sa venue, et iroit donner sonde en la rade de Provence que l'on jugeroit la mieux parée, afin que l'escadre des vaisseaux qui se préparoit à Marseille et des galères la vinssent joindre, pour de là donner dans les îles de Sainte-Marguerite et Saint-Honorat, si on le jugeoit à propos; que tous les vaisseaux armés en Levant, qui feroient une quatrième escadre, étant tous joints à l'armée, ne feroient qu'un même corps, sous un seul pavillon, commandé par le général, et en son absence par tel autre qui en auroit pouvoir de Sa Majesté; que les galères se joindroient aussi à l'armée, et reconnoîtroient le comte d'Harcourt, dont ils recevroient et suivroient les ordres, comme représentant la personne du grand-maître, chef et surintendant du commerce, et en vertu du pouvoir que Sa Majesté lui en avoit donné, scellé du grand sceau; ce qu'ils ne feroient, en cas d'absence dudit comte d'Harcourt, de quelque autre personne que ce pût être, si elle n'étoit pareillement fondée en un pouvoir semblable, scellé du grand sceau. S'il se trouvoit si peu de vaisseaux et galères d'Espagne dans le canal qui est entre lesdites îles de Sainte-Marguerite et Saint-Honorat, ou aux environs, qu'apparemment on jugeât qu'il pût encore y avoir au dehors un corps d'armée solide et suffisant pour s'opposer aux desseins qu'on pourroit avoir ailleurs, avant que d'aller chercher ladite armée ni faire aucune entreprise, l'on attaqueroit par toutes voies possibles, selon les résolutions prises dans le conseil de guerre, lesdits vaisseaux et galères qui seroient à la garde desdites îles, en telle sorte qu'on pût rendre facile la descente des troupes qui étoient en Provence dedans lesdites îles, lesquelles troupes seroient favorisées et aidées du plus grand nombre de gens de guerre qui se pourroit tirer des vaisseaux, avec telle précaution néanmoins qu'ils ne fussent point trop dégarnis de gens, et que les équipages demeurassent toujours assez forts pour rendre combat si les ennemis se présentoient pour les secourir; que l'armée se tiendroit autour d'icelles îles, aux meilleurs parages qu'il y auroit, et, envoyant de petits vaisseaux à la mer pour apprendre des nouvelles des ennemis, elle tiendroit toujours une partie de ses vaisseaux sous voile pour empêcher que, par surprise de nuit ou de jour, à force ouverte ou autrement, les ennemis ne pussent secourir, en façon du monde, lesdites îles d'hommes ni de vivres, non-seulement lors de la descente, mais encore jusques à ce que les forts qui avoient été faits au dedans fussent pris, les ennemis chassés, et qu'on eût fortifié et muni lesdites îles, en sorte qu'il n'y eût à craindre ni à désirer pour leur sûreté. S'il se présentoit quelque armée des ennemis pour les secourir, après avoir assemblé le conseil de guerre pour avoir l'avis de tous les chefs sur l'ordre du combat, on lui donneroit bataille s'il étoit jugé expédient, et on n'oublieroit aucune chose possible pour empêcher que lesdites îles fussent secourues. Mais s'il se trouvoit auxdites îles de Sainte-Marguerite et de Saint-Honorat si grand nombre de galères et de vaisseaux des ennemis, que par là on jugeât qu'il n'y en pût plus avoir au dehors nombre suffisant pour empêcher l'exécution des desseins qu'on auroit, et qu'il y eût apparence qu'ils eussent dégarni leurs places de gens pour les jeter sur leursdits vaisseaux, qu'en ce cas, tous les vaisseaux et galères joints ensemble, feignant de se préparer pour aller attaquer les ennemis, embarqueroient jusqu'à quatre mille hommes desdites troupes de Provence, pour faire, avec le régiment des îles, six mille hommes de pied, et, au lieu d'aller à eux, l'armée feroit voile à l'instant, et s'en iroit pour tâcher de surprendre Cailleri ou Porte-Comte, ou, si on trouvoit, par l'avis des chefs, qu'il y eût plus de facilité à entreprendre sur les autres terres du roi d'Espagne, ce qui auroit été résolu au conseil de guerre pour cet effet seroit exécuté, tout ainsi que si le Roi l'avoit lui-même ordonné. Si, pour faciliter l'exécution des desseins, ou pour faire aiguade, radouber quelques vaisseaux blessés de coups de canon, ou chercher quelques rafraîchissemens, on jugeoit qu'il fût nécessaire d'entrer dans les ports de la république de Gênes, soit à Gênes, soit à Savone, ou en l'île de Corse, l'on enverroit demander aux Génois l'entrée desdites ports et les mêmes assistances qu'ils rendoient aux Espagnols; que le même se feroit pour les ports qui étoient au Grand-Duc, et en cas de refus on leur feroit savoir que, bien qu'on n'en eût aucun ordre du Roi, qui n'avoit pu prévoir un tel refus, on exerceroit tout acte d'hostilité contre leurs vaisseaux et leurs sujets, si l'on en trouvoit à la mer, s'assurant que Sa Majesté ne sauroit que trouver bon qu'on prît raison d'un tel procédé; qu'on se serviroit aussi des ports de Sa Sainteté, étant très-assuré que, comme père commun, il donneroit la même retraite et assistance à nos vaisseaux qu'il avoit accoutumé de donner à ceux d'Espagne; qu'on useroit semblablement des ports du duc de Savoie, lié particulièrement avec nous en la guerre présente, pour l'intérêt commun de la chrétienté; que si l'on se rendoit maître de quelque place on la fortifieroit le plus diligemment qu'il seroit possible, et pour ce faire, les troupes qui auroient été menées de Provence y seroient laissées, avec quelques petits vaisseaux et tartanes pour servir à leur porter des vivres et tenir la mer libre; et, après avoir établi toute la sûreté requise, l'armée reviendroit aux îles Sainte-Marguerite et Saint-Honorat, où, après avoir pris de nouvelles troupes en Provence, si l'armée y étoit encore, elle l'iroit attaquer et combattre, afin qu'il ne restât, s'il se pouvoit, aucuns vaisseaux ni galères qui pussent empêcher qu'on ne se rendît maître de la mer et mît autant de troupes à terre que l'on voudroit pour reprendre lesdites îles, lesquelles étant recouvrées et assurées comme il est dit ci-dessus, toute l'armée s'en iroit ranger la côte de Barberie depuis Tunis jusques à Alger, et enverroit demander auxdites villes de Tunis et d'Alger tous les esclaves français qu'ils détenoient au préjudice des traités de paix qu'ils avoient faits avec nous, offrant de leur rendre les Turcs qui étoient à Marseille; à faute de quoi la guerre leur seroit déclarée, tous les hommes et vaisseaux desdites villes pris ou brûlés, s'il s'en trouvoit à la mer; même on s'efforceroit de brûler ceux qui sont dans le port d'Alger, sans néanmoins s'engager trop. Comme aussi en cas que l'armée, faisant ses routes, rencontrât des vaisseaux desdites villes de Tunis, Alger et Tripoli de Barberie, elle les chasseroit et prendroit s'il se pouvoit, et retiendroit les hommes et vaisseaux jusques à ce qu'ils eussent rendu tous les Français, entretenant néanmoins avec les sujets du Grand-Seigneur la paix et bonne intelligence que nous avons avec lui; que l'armée, approchant du détroit, se diviseroit en deux, afin qu'une partie, savoir, tous les vaisseaux ronds, tant de Ponant que de Levant, repassassent le détroit, excepté six dragons qui seroient renvoyés à Marseille ou Toulon avec les galères sous la charge du baron d'Allemagne, chef d'escadre de Levant. Tous lesdits vaisseaux ronds ayant passé le détroit, ceux qui auroient été frétés anglais, hollandais et autres, appartenans à des marchands français, à la réserve de ceux qui serviroient à porter les victuailles et l'infanterie, seroient renvoyés, si, dans le conseil de guerre, il étoit jugé qu'on n'en eût pas besoin; que si les équipages qui seroient sur les vaisseaux de Ponant étoient encore assez forts, l'on renverroit en Provence toutes les troupes qui y auroient été prises, ce sur les galères et dragons qui retourneroient en Provence, et s'ils étoient trop foibles on les fortifieroit desdites troupes, en sorte qu'ils pussent encore souffrir l'effort d'un autre combat en cas de nécessité; que l'armée, ayant repassé le détroit, s'en iroit (si la saison et le temps le permettoient) mouiller devant Salé, au royaume de Maroc; feroit savoir au roi de Maroc que le Roi désiroit absolument tenir le traité de paix fait avec lui, le priant de le faire entretenir par tous ses sujets, et particulièrement par ceux de Salé, qui avoient, au préjudice du traité général passé avec ledit roi de Maroc, fait payer l'achat de trois cents esclaves qu'ils devoient rendre gratuitement, ainsi qu'on avoit rendu les leurs, et qui en retenoient encore trois cents, que non-seulement ils ne vouloient pas rendre sans argent, mais dont ils demandoient un prix excessif sans fondement ni apparence quelconque, puisque celui avec qui ils avoient traité sur ce sujet n'avoit aucun pouvoir de nous de ce fait, mais seulement de porter la ratification de la paix faite en l'an 1631, et en demander l'exécution qui obligeoit à la restitution des esclaves gratuitement, laquelle nous avions ainsi fait faire en France; qu'après cet envoi vers le roi de Maroc, dont on obtiendroit réponse s'il se pouvoit, on enverroit sommer ladite ville de Salé d'exécuter et entretenir lesdits traités de paix, et en conséquence rendre tous les esclaves français qui y étoient détenus; et, en cas de refus, la guerre leur seroit déclarée de la part du Roi, et tous actes d'hostilité exercés contre eux, leurs vaisseaux pris et brûlés partout où ils seroient trouvés, protestant toujours que, quoi qu'il arrivât, le Roi ne vouloit point rompre la paix et le traité fait entre le Roi et le roi de Maroc; que de là, si le temps le permettoit ainsi, l'armée s'en iroit chercher les Açores, et, louvoyant d'un bord à un autre à la hauteur du trente-huitième jusqu'au quarante-deuxième degré, elle y demeureroit jusqu'à la fin d'octobre, pour attendre la flotte d'Espagne qui revient des Indes occidentales, et tenter sur elle quelque effet. Si l'on jugeoit qu'on pût entreprendre sur l'île de Saint-Michel, ou sur quelque autre où il y a des ports et des vivres suffisans pour y faire hiverner nos vaisseaux, l'on tâcheroit de l'exécuter, afin de pouvoir toujours tenir une escadre à la mer pour attendre le retour de ladite flotte, durant qu'on se fortifieroit en terre, pour dorénavant faire de là des courses à la mer sur ladite flotte, s'efforcer de la prendre, ou l'incommoder tellement qu'elle fût contrainte de faire une autre route. Le conseil de guerre seroit tenu selon les nécessités, où il n'entreroit que le général, le général des galères, les quatre chefs d'escadre, le lieutenant des galères, le sergent de bataille et le commissaire général, si ce n'étoit qu'on eût besoin d'y appeler quelques capitaines particuliers pour prendre leur avis, ou pour leur faire exécuter quelque chose, ou que quelqu'un desdits capitaines se rencontrant par hasard on l'y appelât.

Ces ordres étoient bien donnés, mais les divers accidens qui survinrent éludèrent l'effet qu'on en devoit espérer; car le comte d'Harcourt et l'archevêque de Bordeaux étant arrivés le 11 mai à La Rochelle, ils y trouvèrent bien tous les vaisseaux destinés à l'armement, les plus beaux et les mieux équipés que l'on pouvoit désirer, et les capitaines et soldats avec une passion incroyable de bien servir; mais l'argent nécessaire pour l'armée ne se trouva pas prêt, et ensuite ils ne trouvèrent que la moitié de la poudre qu'il falloit, encore étoit-elle si mauvaise qu'elle ne pouvoit servir, en sorte qu'on fut contraint de la faire raffiner et la réduire encore à moins; ce dont ledit sieur de Bordeaux s'étant plaint, on lui envoya des assignations qui ne se trouvèrent pas bonnes, de sorte que le cardinal fut contraint de faire avancer l'argent sur son crédit, et prendre les assignations en paiement. Ils envoyèrent néanmoins, durant leur séjour, quelques vaisseaux battre la côte, qui firent quelques prises sur les Espagnols et ceux de Salé. L'armée navale partit le 9 juin et alla à Belle-Ile; ils firent partir avec eux la flotte du sel, de sorte qu'ils sortirent quatre vingts voiles d'entre les terres, ce qui fit que les espions, qui portèrent de leurs nouvelles, donnèrent un grand effroi en Espagne. Ils arrivèrent au détroit le 14 juillet, d'où ils dépêchèrent les capitaines Renier et La Treille pour porter de leurs nouvelles au Roi. Ils croyoient que l'armée espagnole s'opposeroit à eux au détroit, mais il ne parut aucun vaisseau, les Espagnols n'osant se montrer devant eux. Approchant de Marseille, ils envoyèrent avertir de leur venue le général des galères et l'évêque de Nantes. Ils mouillèrent aux îles d'Hyères le 12 août, et là, reçurent des avis de Sa Majesté, qui leur ordonnoit plusieurs entreprises, croyant qu'ils trouveroient en la Provence les choses préparées selon qu'elle l'avoit commandé. Mais, par la mésintelligence de ceux auxquels les ordres avoient été donnés, et principalement par la mauvaise volonté du maréchal de Vitry, qui, non-seulement par la vanité qui lui faisoit trouver mauvais que le Roi eût donné à beaucoup de personnes les divers commandemens que lui seul n'eût pas été capable d'exécuter, mais plus encore par la crainte qu'il avoit que, les îles étant reprises, il perdît le moyen de continuer le profit excessif qu'il tiroit, tant sur le nombre des gens de guerre qui étoient dans la province, que sur les autres dépenses qu'il supposoit à ce sujet, faisoit naître tous les jours de nouvelles difficultés pour empêcher qu'on ne vînt à aucun bon effet, ledit sieur de Vitry entra en contestation avec le comte d'Harcourt, auquel il ne vouloit pas obéir en la descente qu'on feroit aux îles. Sur quoi ayant été nécessaire d'écrire à la cour, et la réponse étant venue, par laquelle il lui fut ordonné d'obéir audit comte d'Harcourt, ledit sieur de Vitry, qui devoit s'aider des troupes de la province, refusa d'y aller en personne, et ensuite en offrit si peu, que l'attaque ne pouvoit être faite que foiblement et en apparence à notre désavantage. Il fit le semblable en toutes les entreprises que, selon les ordres du Roi, on vouloit faire sur les terres d'Espagne, disant ne pouvoir les assister des forces qu'ils demandoient, ains en avoir besoin pour garantir la province des descentes que les ennemis y pourroient faire, lesquelles néanmoins n'étoient point à craindre. L'archevêque de Bordeaux, qui voyoit cependant dépérir l'armée, manger les victuailles, et l'argent du Roi se consommer inutilement, le pressant avec affection, il ne put retenir sa passion, mais en un conseil où étoient le comte d'Harcourt et le premier président du parlement de Provence, lui donna insolemment un coup de la canne qu'il portoit en la main, sans qu'il se fût ni lors ni auparavant passé aucune chose, ni dit aucune parole qui lui en pût donner la moindre occasion. Ainsi cette grande armée, qui avoit porté l'étonnement à l'Espagne et à l'Italie, ne fit, durant cette année, autre effet que de montrer la puissance du Roi, et, en quelques légers combats qui se passèrent, donner aux Espagnols un présage du mal qu'ils en devoient recevoir à l'avenir.

Le 9 septembre, étant à la rade de Menton où les calmes l'avoient retenue deux jours, les galères d'Espagne parurent avec celles de Florence et celles de Doria du côté de Vintimille, d'où elles étoient parties. D'abord les nôtres, suivant l'ordre qui leur en avoit été donné, remorquèrent quelques-uns de nos grands vaisseaux dont l'amiral étoit le premier, et, après les avoir placés en des postes propres à tirer sans s'entre-nuire, la capitane avec six autres des plus avancés se mit un peu au-devant des vaisseaux pour soutenir la première décharge des ennemis et faire la leur, qui réussit si heureusement qu'elles blessèrent trois de leurs galères, savoir la réale d'Espagne, la capitane de Florence et celle de Doria. Il y eut de la première volée de canon six trompettes du duc de Ferrandine emportés avec une partie de sa troupe; la capitane de Florence et celle de Doria furent touchées dans le suif bien avant à l'eau, et il y eut de leur côté quatre-vingts ou cent hommes en tout de tués, tant officiers que soldats, matelots et forçats; et du nôtre, un sergent et un pilote dans la Mareschalle. Se voyant d'abord si maltraitées, elles se servirent de leur légèreté et du calme pour se retirer et s'aller radouber à la rade de San-Remo. Lors nos galères reprirent les vaisseaux pour les remorquer, afin de les suivre autant que nous le pouvions, ou plutôt pour faire fanfare à la vue de toute la côte, qui voyoit leur fuite et l'effort que nous faisions pour les joindre et les inviter à un second combat; mais nous n'avions garde de les pouvoir atteindre. Leurs galères étant arrivées à San-Remo, notre amiral, jugeant que peut-être le nombre de nos vaisseaux les étonnoit, et désirant les convier à se laisser approcher, fit remorquer le lendemain 10, sur les trois heures du matin, douze de nos meilleurs vaisseaux par douze galères; mais, dès qu'ils nous virent approcher d'eux, ils quittèrent encore et s'allèrent ranger à la rade de Bourdigières, à trois ou quatre milles de là; mais, le soir étant venu, et nous voyant dans un calme profond, ils partirent en ordre de bataille pour venir à nous, se tenant toujours à la mer. Nos galères remorquèrent en diligence six de leurs grands navires, pour aller à eux et couvrir le reste de l'armée qui ne se pouvoit remuer dans le calme. Les ennemis se voyant encore maltraités, une de leurs galères ayant été si endommagée qu'elle eût coulé à fond si quatre autres galères ne l'eussent secourue, ils nous quittèrent et allèrent à Monaco. Ces rencontres apportoient bien quelque honte aux Espagnols et gloire aux armes du Roi; mais il nous fut néanmoins peu honorable qu'une si grande armée, pleine de tant de gens de cœur, et qui pouvoit tout entreprendre, fit si peu, ou par la mésintelligence, ou par la mauvaise volonté des principaux officiers.

Dès le commencement de cette année les Espagnols avoient fait de grands préparatifs de guerre du côté de Biscaye et de celui de Roussillon. Le Roi, en ayant avis par les gouverneurs de ses provinces, leur donna ordre de munir leurs places et lever des troupes suffisantes pour résister aux ennemis, et donner loisir à Sa Majesté, au cas qu'ils entrassent dans son État, de s'opposer à eux avec une plus grande puissance et les rechasser dans leur pays. On eut avis que l'amiral de Castille étoit parti de la cour d'Espagne et venu à Vittoria en Navarre, où il avoit conféré huit jours durant avec le marquis de Valparaiso, vice-roi de Navarre, et le duc de Ciudad-Real, gouverneur de Guipuscoa, et avoient résolu de lever six mille hommes de pied dans les provinces d'Alava, la Rioxa, Bureva et Biscaye, pour, avec les troupes qui étoient déjà enrôlées depuis trois mois et deux mille chevaux levés en Castille, faire un corps d'armée capable d'assiéger Bayonne, qu'ils croyoient dépourvu de vivres et de munitions de guerre. Pour cet effet, ils firent descendre de la citadelle de Pampelune et monter sur roues quatorze canons, dont ils firent faire le rouage étroit pour s'accommoder aux chemins des montagnes, firent amas de grand nombre de pelles, hottes, sacs, torches de cire et résine; ils firent aussi monter quantité de canons à Saint-Sébastien et au Port-du-Passage, où ils avoient fait fabriquer cent petits vaisseaux plats, pour, s'il en étoit de besoin, entrer plus facilement dans la rivière de Bayonne. Sur ce bruit qui court dans toute la province de Béarn, les ducs d'Epernon et de La Valette son fils viennent à Bayonne pour rassurer les peuples et assister de leurs conseils et des forces de la Guienne le comte de Grammont, gouverneur de Béarn, s'il en avoit besoin. De Bayonne ils vont à Saint-Jean-de-Luz, ordonnent quelques travaux pour y attendre l'ennemi, et donnent commandement aux mille hommes du pays de Labour, qui sont obligés à en défendre l'entrée aux ennemis, et à trois mille hommes encore du pays, de secourir ceux de Saint-Jean-de-Luz s'ils étoient attaqués, attendant qu'il vînt du secours de Bayonne. Mais tandis qu'ils délibèrent des remèdes et exécutent peu, les ennemis les préviennent, et le 23 octobre entrent par Fontarabie dans le royaume, et font quant et quant publier un manifeste par lequel, représentant les affaires publiques tout autrement qu'elles n'étoient, ils essayoient de détourner les volontés des sujets du Roi de la fidélité qu'ils lui doivent et les attirer à leur parti.

Ledit manifeste, portant en tête qu'il étoit de la part du roi Catholique, supposoit premièrement, faussement et malicieusement, que le Roi, violant le droit des gens, avoit outragé ses ambassadeurs, chose néanmoins dont on n'a jamais ouï parler, mais au contraire on les a laissés retourner librement, eux et leurs secrétaires, dans les terres de son obéissance, les nôtres n'ayant pas reçu pareil traitement en Espagne, où l'on tient encore le secrétaire de notre ambassadeur arrêté; violence assez accoutumée à la maison d'Autriche, Charles-Quint ayant une fois fait tuer deux ambassadeurs du roi François Ier, et la reine de Hongrie depuis ayant outrageusement retenu prisonnier l'ambassadeur du roi Henri II. Suivant le même style calomnieux, il se plaignoit que le Roi avoit usurpé Pignerol, fief impérial, comme s'il y avoit quelque bien qui fût plus légitimement à nous que celui que l'on a acheté de celui à qui il appartenoit, et comme si quelqu'un le pouvoit plus justement retirer que celui qui l'avoit donné gratuitement au feu duc son père, et si nous, qui l'avions pu donner sans que l'Empereur s'en mêlât, ne pouvions pas le racheter de celui à qui nous l'avions donné sans en demander l'avis et le consentement dudit Empereur. Il imposoit encore faussement à Sa Majesté qu'il l'avoit pris par corruption du capitaine et gouverneur qui y commandoit et l'avoit depuis retenu par tromperie contre le duc de Savoie, ayant honte d'avouer qu'il fût pris par les armes du Roi commandées par le cardinal, à la barbe des trois armées de l'Empereur, du roi d'Espagne et du duc de Savoie, et qu'il fût depuis retenu par le consentement dudit duc et de toute l'Italie, pour servir à l'avenir de contre-poids à l'outrageuse puissance d'Espagne, et arrêter le cours de ses usurpations. Il ajoutoit la prise de Moyenvic, qu'il qualifioit une forteresse appartenante à l'Empereur, comme s'il appartenoit à l'Empereur, par les lois de l'Empire auxquelles il est sujet, de bâtir des forts sur les terres des électeurs et autres princes, qui doivent être non esclaves, mais libres, en la liberté desquels consiste la république de l'Empire romain; et si le Roi fut contraint de reprendre cette place en faveur de l'évêque de Metz, la première offense fut faite par l'Empereur qui l'avoit bâtie. Il ajoutoit encore une grande plainte de ce que le Roi s'étoit rendu maître de la Lorraine, en laquelle ses serviteurs le faisoient parler avec une fureur si peu séante à un grand prince envers un autre égal à lui, qu'il étoit aisé à voir que la chose le

7.

touchoit sensiblement, et que les Lorrains et les Espagnols étoient une même chose ; car, outre qu'il attribuoit au Roi une violence étrange et horrible avec tromperies et injures incroyables, il ajoutoit qu'il avoit usé d'une férocité inouïe, jusqu'à dire que Sa Majesté ne seroit jamais contente qu'elle n'eût bu du propre sang du duc Charles, qui sont paroles pleines d'un si grand excès de passion, que d'elles-mêmes elles se condamnent ; et la suite de l'histoire des années précédentes montre les infidélités continuelles du duc Charles, la douceur avec laquelle le Roi l'a traité, et les moyens que Sa Majesté avoit employés pour regagner son amitié, le retenir dans son devoir, et le garantir de la ruine dans laquelle par ses mauvais conseils il se précipitoit. Il n'avoit point de honte ensuite de se plaindre que le Roi avoit enfreint le traité de Monçon, l'entretènement duquel Sa Majesté avoit continuellement désiré, et à l'observation duquel il n'avoit jamais pu faire consentir les ministres d'Espagne. Pour farder davantage ses mauvais procédés, il ajoutoit qu'il avoit désiré un sincère accommodement avec le Roi, avoit commandé à son ambassadeur en France de le traiter en 1634, et supplié Sa Sainteté d'envoyer un légat en France pour ce sujet, ne refusant aucun cardinal que Sa Sainteté y pût envoyer, pourvu qu'il fût de réputation et d'âge convenables à une affaire de telle importance ; ce qui néanmoins aux yeux de la chrétienté étoit faux, Sa Majesté depuis plusieurs années n'ayant demandé autre chose, et les Espagnols au contraire ayant toujours éludé ses poursuites, et essayé par tous moyens de séparer les princes confédérés pour la liberté chrétienne, afin de les pouvoir opprimer les uns après les autres, et venir à bout du dessein qu'ils ont de longue main de se rendre maîtres de l'Europe. Après toutes ces suppositions malicieuses et fausses, il protestoit n'envoyer son armée dans le royaume de France que pour le bien de la chrétienté et des vassaux du Roi comme des siens, promettant de bien traiter tous les sujets du Roi qui se joindroient à lui pour la cause, qu'il disoit commune, de la religion, et leur persuadant de ce faire.

Ce manifeste ne fit pas grand effet, Dieu ayant gravé bien avant depuis plusieurs siècles, dans le cœur des sujets de ce royaume, l'obéissance qu'ils doivent à leur prince. Néanmoins cela servit de quelque chose, à faire que les villages qui n'étoient point fermés et avoient plus de crainte d'être forcés que d'espérance de leur résister utilement, se rendirent à eux sans faire aucune résistance. Ils entrèrent ensuite par Fontarabie le 23 d'octobre, et en deux jours, se saisirent des lieux d'Andaye, Urrugne, de Socoa, de Sibourre et de Saint-Jean-de-Luz, places ouvertes et sans défense, auxquelles néanmoins, si l'on eût pourvu comme on pouvoit faire, on les eût pu arrêter plusieurs jours, et donner loisir aux troupes des provinces voisines de s'assembler et de chasser les ennemis. La terreur fut grande dans la ville de Bayonne, qui attendoit un siége ; mais leur fidélité envers le Roi, et la haine qu'ils portent à l'Espagnol, les firent résoudre à l'attendre, à se bien défendre, et à se munir avec toute la diligence possible de tout ce qui étoit nécessaire pour cet effet. Leur résolution arrêta les Espagnols, et fit qu'ils se contentèrent de fortifier les lieux qu'ils avoient occupés sans penser pour lors à passer plus avant. Les ducs d'Epernon et de La Valette s'en retournèrent en Guienne dès le 30 octobre, laissant au comte de Grammont le soin de se défendre. Il mit quatre mille hommes de garnison dans la ville de Bayonne, entre lesquels étoient les régimens de Calonges et de Lusignan, outre douze cents habitans portant armes, et capables de servir dans la ville. Il fit construire deux forts du côté de l'avenue de France au bord de la rivière de l'Adour, sur deux collines qui la commandent aussi bien que le port et la ville, en sorte que l'attaque de la ville étoit impossible aux ennemis, qu'auparavant ils ne se fussent rendus maîtres desdits forts, pource que, par leur moyen, leur secours étoit infaillible. On y fit aussi entrer pour quatre mois de blé et quantité de poudres, et outre cela on fit un magasin de blé en la ville de Dax, pour, en cas de besoin, la ravitailler. D'autre côté les ennemis, manquant de vivres, s'affoiblissoient de jour à autre, et en peu de temps ne furent plus capables de donner de crainte à ladite ville. Les Basques du pays faisoient tant de partis contre eux qu'ils n'osoient sortir de leurs retranchemens, et le comte de Grammont eut beaucoup d'avantages sur eux en plusieurs rencontres ; ce qui commença à ralentir leur chaleur et à faire perdre l'espérance de faire tant de progrès qu'ils s'étoient imaginés. Le Roi, qui en même temps avoit glorieusement repris sur les ennemis la ville de Corbie, envoya au duc d'Épernon, et fit lever tant de troupes pour s'opposer à eux, que, si elles eussent été employées selon son intention, ou qu'elles le pouvoient être, on les eût pu dès cette année chasser des postes qu'ils avoient occupés. Le comte de Grammont prit sur eux un fort qu'ils avoient bâti sur une côte près d'une église nommée de Sainte-Barbe, par le moyen duquel ils étoient maîtres de tout le vallon dans lequel sont situés Socoa et Bourdaguain. Ceux de dedans se défendirent courageusement ; mais les nôtres opiniâtrèrent tellement le combat qu'ils forcèrent la place, et tuèrent tout ce qu'ils y trouvèrent, à la réserve de quinze qui tirent les morts, et, dès qu'ils en eurent le moyen, se jetèrent dans l'église, dans laquelle quelques-uns des leurs se défendoient encore ; mais ils y furent forcés, et on fit main-basse sur eux ; deux pièces de canon qui étoient dedans furent jetées dans la mer et le fort fut démoli. Le vice-roi de Navarre et l'amiral de Castille tentèrent deux ou trois fois de se saisir du pas de Pied-de-Port, mais le marquis de Poyanne avoit mis si bon ordre à tous les passages qu'ils furent toujours repoussés avec grande perte.

L'entrée des ennemis en ce royaume donna lieu à des esprits brouillons et méchans de persuader à une partie des peuples de Saintonge et Angoumois qu'ils se pouvoient impunément soulever et refuser de payer les tailles au Roi, supposant qu'il n'étoit pas en état de les y pouvoir contraindre. Le Roi, par sa prudence, apaisa aucunement ces mouvemens, qui recommenceront néanmoins l'année suivante, comme nous le verrons lors.

LIVRE XXVIII [1637].

Continuation des négociations avec Monsieur et M. le comte de Soissons. — Opinion du cardinal dans le conseil du Roi, sur les mesures à prendre envers eux. — Le Roi envoie des troupes vers Blois, et se rend lui-même à Fontainebleau. — Monsieur prend la résolution d'aller trouver le Roi, et congédie ses mauvais conseillers. — Le cardinal se rend auprès de Monsieur, qui vient ensuite joindre le Roi à Orléans. — M. le comte de Soissons demande la permission de sortir du royaume. — Dépêches interceptées entre M. le comte et le cardinal Infant. — Avis du cardinal au Roi sur cette affaire. — M. le comte accepte les conditions offertes par Sa Majesté, et renonce à tous les traités faits avec la Reine-mère. — Progrès des Suédois en Allemagne. — Belle retraite du général Bannier. — Diversion opérée par les armées du Roi en Flandre, en Bourgogne, en Alsace et en Lorraine. — Le sieur de Saint-Chamont obtient des rois de Pologne et de Danemarck qu'ils resteront neutres. — Honorable capitulation des sieurs de Bussy et de La Saludie. — Saint-Chamont parvient à détourner les Suédois de traiter séparément avec l'Empereur. — Assurances données par le Roi qu'il ne traitera jamais sans ses alliés. — Le landgrave de Hesse reste constamment fidèle au Roi. — Sa mort donne une fausse espérance au parti impérial. — Le roi d'Angleterre propose vainement aux Suédois de se liguer avec lui. — Les Allemands sont forcés d'abandonner le siège de Montbelliard. — Le duc de Rohan fait un traité honteux avec les chefs de la sédition des Grisons. — Détails à ce sujet. — Il se retire à Genève. — Il reçoit ordre de s'en aller à Venise. — Réflexions sur la conduite du duc de Rohan. — Succès du duc de Weimar dans la Bourgogne et sur le Rhin. — Bataille livrée près de Brisach, où les Impériaux sont défaits. — Nouveau combat près du fort Capelle, où Jean de Wert est mis en fuite. — Le Roi envoie des secours d'hommes et d'argent au duc de Weimar. — Succès du maréchal de Châtillon dans la Lorraine. — Siége de Damvilliers. — Le maréchal reçoit cette place à discrétion. — Succès en Flandre. — Capitulation de Cateau-Cambrésis, de Landrecies, de Maubeuge, du château d'Aimeries et autres. — Désagrément qu'éprouve la Reine-mère à Bruxelles. — Le cardinal de La Valette assiège La Capelle. — Mécontentement du Roi contre ce cardinal. — Excuses de ce dernier, qui rejette la cause de son inaction sur le grand-maître de l'artillerie. — Le grand-maître se justifie. — La Capelle capitule. — Le cardinal de La Valette, attaqué par le cardinal Infant, le repousse et le force à se retirer à Mons ; lui-même abandonne Maubeuge malgré les ordres du Roi. — Les Hollandais se rendent maîtres de Bréda. — Le duc de Savoie demande qu'on examine s'il seroit plus avantageux de faire une guerre offensive ou défensive, ou une suspension d'armes en Italie, où seroient compris tous les princes. — Le Roi, après avoir tout bien examiné, se décide à continuer l'offensive. — Le duc de Parme fait son accord avec l'Espagne. — Le Roi demande aux Vénitiens qu'ils veillent à la conservation de Mantoue. — Il fortifie Casal. — Le duc de Savoie montre un violent désir d'obtenir le titre de roi. — Le jésuite Monot, son ambassadeur en France, emploie tous ses soins à cet effet. — Le duc de Savoie désavoue ensuite sa conduite. — Monot se mêle dans les intrigues de cour ; il se lie avec le père Caussin, confesseur du Roi. — Succès en Italie. — Combats particuliers où les troupes du Roi ont le dessus. — Mort du duc de Savoie ; caractère de ce prince. — Mort du duc de Mantoue ; sa reconnoissance envers le Roi. — Difficultés qu'éprouve Sa Majesté pour maintenir la Savoie et le duché de Mantoue dans son alliance. — Intrigues du père Monot auprès de Madame, veuve du duc de Savoie. — Instructions adressées à l'ambassadeur d'Hémery. — Le cardinal de Savoie part de Rome, et, malgré les instances de la belle-sœur, se rend en Piémont. — Elle se décide à le voir, et, nonobstant les observations de l'ambassadeur de France, elle consent à ce que le cardinal revienne en Savoie. — Intrigues du prince Thomas pour détacher la duchesse du parti de la France. — Sur les instances du Roi, la duchesse éloigne d'auprès d'elle le père Monot, et défend à ses frères de venir dans ses États. — Le maréchal d'Estrées fait consentir le Pape à ce que le cardinal Antoine reçoive la comprotection de France, malgré les oppositions de l'ambassadeur d'Espagne. — Le cardinal de Richelieu est élu grand général de Cîteaux. — Le Pape, à la sollicitation des Espagnols, refuse les bulles de confirmation, et renvoie pour la décision de cette élection à la congrégation des affaires consistoriales. — Il refuse également de nommer cardinal le père Joseph. — Artifices des Espagnols pour éluder le traité de paix que Sa Sainteté poursuit, et celui d'une suspension d'armes ou trêve générale. — Les Suédois consentent à recevoir les Vénitiens comme médiateurs de la paix. — Ceux-ci acceptent, non sans peine, la médiation — Les Suédois ne veulent point traiter à Cologne. — Difficultés élevées par les Espagnols sur la délivrance des passeports et saufs-conduits des députés à l'assemblée de Cologne. — Négociations infructueuses à cet égard. — Nouvelles difficultés au sujet d'un projet de trêve générale. — Efforts du Roi pour y arriver. — Sa Majesté met sa personne, ses États et sa couronne, sous la protection de la Vierge ; elle ordonne des prières dans tout le royaume et se décide à poursuivre la guerre. — Libelle publié contre le cardinal par les Espagnols. — Réfutation de ce libelle. — Les îles de Sainte-Marguerite et de Saint-Honorat sont reprises et enlevées par l'armée navale de France. — Le maréchal de Vitry est mis à la Bastille pour sa conduite dans cette expédition. — Les Espagnols font le siège de Leucate. — Le duc d'Halluin les force à l'abandonner après un combat très-meurtrier. — Il est fait maréchal et prend le nom de Schomberg qu'avoit eu son père. — Soulèvement de quelques paysans du Périgord apaisé. — Les Espagnols quittent la Biscaye où ils s'étoient emparés de plusieurs postes. — Le Roi réduit le parlement à l'obéissance. — Le père Caussin, confesseur du Roi. — Découverte d'une correspondance de la Reine épouse du Roi, avec madame de Chevreuse, le cardinal Infant et autres ennemis de la France. — Le Roi pardonne à la Reine. — Conduite du père Caussin dans cette affaire. — Il est éloigné de la cour. — Le père Sirmond est choisi pour le remplacer. — Le cardinal trace lui-même la règle des devoirs dans laquelle un confesseur du Roi doit se renfermer. — Son avis sur la conduite à tenir envers madame de Chevreuse. — Cette dame quitte furtivement la France. — La Reine-mère s'adresse à plusieurs princes pour obtenir du Roi sa rentrée en France. — Le Roi refuse de l'accorder.

[1637] Comme Dieu, par sa providence, régit tout le monde, les rois par leur prudence, qui est la vraie vertu royale, gouvernent leurs États. Cette vertu est appelée divine, pource que par elle il semble que les princes devinent l'avenir, ce qui n'est propre qu'à Dieu, qui est appelé de ce nom-là pource qu'à lui seul sont présentes toutes les différences des temps. Mais la prudence divine n'est sujette à aucuns accidens fortuits; elle atteint certainement à la fin qu'elle se propose. La prudence humaine, quelque parfaite qu'elle puisse être, n'est pas assurée; plusieurs choses imprévues en peuvent empêcher l'effet : toutefois elle est enfin maîtresse de la fortune, et, si elle ne peut surmonter toutes les disgrâces, elle en affoiblit et arrête le cours, ou les fait changer en mieux. Le Roi ne pouvoit humainement avoir ordonné ses affaires avec plus de conduite qu'il avoit fait l'année précédente. Il avoit mis ses armées sur pied avant que ses ennemis eussent fait le même; avoit donné ordre que leurs forces fussent arrêtées en Italie et en Alsace par ses armes, et en Allemagne par celles des Suédois fortifiées de son assistance; avoit fait assiéger la ville de Dôle, que les ennemis mêmes n'espéroient pas pouvoir soutenir le siège six semaines; avoit des troupes sur la frontière de Picardie, auxquelles l'armée qu'il avoit en Hollande, et que les États lui devoient renvoyer, se devoit joindre : il fit même un traité avec eux, par lequel il les assista de grandes sommes pour leur aider de mettre promptement en campagne, et divertir encore les ennemis de ce côté-là. Mais, bien que les choses lui succédassent heureusement en Alsace, en l'Allemagne et en Italie, néanmoins en la Bourgogne il arriva, contre toute apparence, que, bien que de jour à autre on lui mandât de son armée que la ville de Dôle étoit prête à se rendre, on ne put néanmoins s'en rendre maître. Ses troupes ne lui furent renvoyées que si tard par les Hollandais qu'elles lui furent inutiles; les États étant épuisés par les dépenses qu'ils firent à la reprise du fort de Schenck, ne mirent en campagne sitôt qu'ils avoient promis; ce qui donna le loisir et le moyen aux ennemis d'entreprendre à leur aise sur notre frontière, et venir assiéger La Capelle, le Castelet et Corbie, trois places qui, par la lâcheté de ceux qui y commandoient, ne tinrent pas plus de jours qu'ils devoient tenir de mois. Mais, bien que le Roi fût surpris pas ces accidens, et que les ennemis, enflés par ces prises, vinssent faire des courses jusque sur les bords de la rivière de l'Oise, le Roi néanmoins, ne perdant pas courage, y pourvut avec tant de sagesse, qu'assemblant de tous côtés avec une promptitude incroyable une grande armée, en moins de trois semaines il repoussa ses ennemis de vive force jusque dans la Flandre, attaqua à leur barbe la principale et la seule importante des trois places qu'ils avoient prises, et l'emporta en automne, d'autant plus glorieusement qu'il n'eut pas moins de peine à combattre la rigueur de la saison que ses ennemis.

Au milieu du bonheur de cette victoire, il lui arrive une disgrâce que nulle prudence humaine ne lui devoit faire craindre; car Monsieur et M. le comte, que cet heureux succès devoit lier plus étroitement à la personne du Roi, qui leur avoit donné part à cette glorieuse action, les ayant honorés du commandement de son armée, écoutèrent les mauvais conseils de ceux qui n'étoient ni les plus sages ni les plus gens de bien de leurs serviteurs, et, prenant ou prétexte ou créance légère de quelque refroidissement de Sa Majesté vers eux, s'éloignèrent de la cour, à dessein d'attirer les plus grands du royaume à leur suite; et, pour faire plus de mal, étant séparés en divers lieux, se retirèrent, l'un à Blois, l'autre à Sedan, en intention l'un et l'autre de passer outre, selon qu'ils en auroient le moyen et le jugeroient à propos pour leur entreprise. Cela releva l'espérance des Espagnols, qui croyoient déjà voir le feu dans le royaume, et le Roi si empêché à éteindre celui de la rébellion qui étoit dans le cœur de l'État, qu'il n'auroit pas le moyen de s'opposer à eux. Mais la sagesse et prudence du Roi, assistée de la protection de Dieu, à laquelle il a toujours eu une particulière confiance, le fait démêler cette année si heureusement de cette affaire si importante, qu'après avoir donné tous les ordres qui se pouvoient apporter aux mauvais événemens qui en pouvoient arriver, et remontré à Monsieur et à M. le comte que ce qu'on leur faisoit entreprendre étoit plus contre leur honneur et leur avantage que contre le bien même de ce royaume, il surmonte enfin toutes les mauvaises impressions que les méchans avoient mises en leur esprit, et les fait rentrer en leur devoir, et si à temps, que les préparatifs qu'il fait contre ses ennemis n'en sont point affoiblis, mais au contraire sont plus puissans que les années précédentes, ce qui est une chose que l'on peut dire émerveillable. Le Roi a contre lui l'Empereur et le roi d'Espagne, qui attirent avec eux tant d'autres États de la chrétienté, qui les assistent de leurs forces à leurs dépens; il n'a que son seul royaume qui est bien moindre en étendue que ni l'Espagne ni l'Allemagne, et est entièrement environné de leurs Etats; il n'est secouru de ses alliés qu'au prix de sommes immenses qu'il est obligé de leur donner pour fournir aux frais de la guerre; il a plusieurs de ses sujets, grands et petits, qui ne font pas leur devoir; les peuples se mutinent et refusent de payer ses tailles; quelques grands connivent avec ses ennemis; et néanmoins il résiste aujourd'hui à toute cette maison d'Autriche, avec tant de vigueur et de puissance, par le sage conseil que l'esprit de Dieu lui donne, que non-seulement ne peuvent-ils attaquer son État par tant d'endroits qu'il ne leur oppose autant d'armées qui empêchent leurs desseins, mais en outre le champ de la guerre a toujours été dans leur propre pays, en Italie, dans le Milanais, en Allemagne, dans l'Alsace et en Flandre, et, s'ils sont entrés en France, c'a été comme un éclair, vu qu'ils en ont été incontinent chassés (1).

Nous avons dit l'année passée que Monsieur reçut du Roi, par messieurs de Chavigny et le comte de Guiche, une réponse favorable à tout ce qu'il avoit désiré de Sa Majesté, qui lui avoit même envoyé par eux un écrit signé de sa main, par lequel elle promettoit, sous quelques conditions, consentir à son mariage, ce que Monsieur accepta lors même par écrit signé de lui. Mais depuis on lui fit changer de pensée; il refusa de demeurer dans les mêmes termes avec le Roi, et il envoya le comte de Fiesque à M. le comte, à dessein de faire de nouvelles demandes à Sa Majesté. Ledit comte de Fiesque lui apporta la réponse et le confirma en cette humeur; lors il se résolut d'envoyer Chaudebonne pour faire ses demandes nouvelles. Les sieurs de Chavigny et de Guiche partirent avant lui pour retourner trouver Sa Majesté, à laquelle ils rapportèrent l'écrit qu'elle avoit signé, puisque Monsieur n'avoit pas voulu accomplir ce qui y étoit contenu, bien qu'il l'eût du commencement promis et même signé de sa main. Chaudebonne arriva près du Roi incontinent après eux, au commencement de janvier, et lui apporta des lettres de Monsieur en créance sur lui.

(1) Il peut y avoir en tout ceci quelque exagération de paroles, mais les faits sont exacts.

Il supplia le Roi, de la part de Monsieur, de vouloir lui accorder le gouvernement de la ville et château de Nantes et du comté Nantais, et celui de Verdun, ou au moins de Mézières pour M. le comte, et tout cela avec force belles paroles pleines de respect et de soumission, et force protestations d'assurance de son affection et de sa fidélité. Sa Majesté, après l'avoir écouté patiemment, renvia d'abord toutes les civilités de Monsieur par des paroles les plus pleines d'affection qu'il se pouvoit imaginer, et, après lui avoir témoigné la grande et sincère amitié qu'il portoit à Monsieur, son frère, et le déplaisir qu'il avoit de la conduite qu'on lui faisoit prendre, lui répondit qu'il étoit bien fâché de ne pouvoir lui accorder les deux supplications qu'il lui faisoit, mais qu'il avoit ce contentement que le refus que le bien de son État l'obligeoit de lui faire, étoit fondé sur tant de raisons, qu'il ne pourroit qu'il ne l'approuvât lui-même. Les raisons que Sa Majesté lui représenta furent premièrement que Monsieur, depuis son retour de Bruxelles, lui avoit dit plusieurs fois que, lorsque étant en Flandre il avoit demandé Bellegarde ou Châlons, c'étoit en intention de recommencer après son raccommodement une nouvelle brouillerie, et avoit hautement loué la fermeté avec laquelle Sa Majesté avoit refusé lesdites places, parce qu'en ce faisant on lui avoit ôté le moyen de mal faire, et donné lieu de revenir à son devoir; en second lieu, que telles gratifications ne se méritant que par bonne conduite, il n'y avoit point d'apparence de les accorder en suite d'une faute semblable à celle que lui et M. le comte avoient faite en se retirant sans sujet de la cour; en troisième lieu, que Sa Majesté ayant déjà accordé diverses grâces à Monsieur, et rendu beaucoup de témoignages de sa bonté, qui n'avoient pas été suivis d'effets correspondans aux promesses de Monsieur, il étoit bien plus raisonnable que Monsieur se confiât en Sa Majesté, qui avoit trop d'intérêt en sa conservation pour procurer du mal à sa personne, que Sa Majesté en Monsieur, qui jusqu'à présent n'avoit pas témoigné, en diverses occasions, prendre grande part aux intérêts de l'État, lesquels avoient souvent été traversés par les mauvais conseils qu'on lui avoit donnés; en quatrième lieu, que Monsieur ne pouvant se rendre utile à l'État qu'en témoignant être étroitement uni à Sa Majesté, elle ne pouvoit en aucune façon lui accorder une place, tant parce que les plus grossiers verroient clairement que Monsieur ne l'auroit demandée que par défiance, que parce aussi que ce lui seroit un sujet d'être toujours éloigné de la cour, en lieu où ses mauvais conseillers croiroient avoir lieu d'écouter impunément toutes sortes de propositions contre le bien et le repos de ce royaume ; en cinquième lieu, que Monsieur lui ayant envoyé, par les sieurs de Chavigny et comte de Guiche, un papier signé de lui, portant que si Sa Majesté vouloir consentir à son mariage, il demeureroit entièrement satisfait et auroit une pleine confiance en elle ; puisque Sa Majesté avoit consenti de le contenter à ce sujet et le lui avoit envoyé offrir, il n'étoit plus question d'autres conditions, mais bien de l'exécution des promesses de Monsieur ; à quoi il étoit d'autant plus obligé que son propre mouvement en étoit la source, et qu'il les avoit faites et signées dans Blois, où il ne pouvoit s'excuser sur aucun prétexte de contrainte ; que n'ayant pas une autre foi que celle qu'il avoit il y avoit quinze jours, s'il manquoit aux paroles qu'il avoit données en ce temps-là, Sa Majesté n'avoit pas lieu d'espérer aucun effet de toutes celles qu'il lui pourroit donner à l'avenir ; mais que s'il se conduisoit comme il devoit, Sa Majesté prendroit toujours les occasions qui se présenteroient de lui procurer tout avantage, comme aussi de témoigner par effet sa bonne volonté à M. le comte lorsqu'il lui en donneroit sujet, comme elle vouloit l'espérer, par une meilleure conduite que celle qu'il avoit prise en se retirant de la cour sans sujet ; que plût à Dieu qu'il eût les dispositions qu'il vouloit avoir, il lui bailleroit volontiers plus de gouvernemens qu'il n'en voudroit. Chaudebonne voulant faire valoir à Sa Majesté que Monsieur lui offroit le gouvernement d'Auvergne pour le comté Nantais, le Roi lui répondit qu'il y avoit bien de la différence ; que l'Auvergne étoit un gouvernement digne de Monsieur, auquel il pouvoit témoigner son affection au Roi et à la France, s'y conduisant bien, et que le comté Nantais n'étant pas de sa portée, il ne pouvoit le désirer qu'avec mauvaise intention ; en un mot, qu'il n'y avoit personne au monde qui pût faire faire à Sa Majesté une telle faute ; que si Monsieur le vouloit croire, ils vivroient avec la même familiarité qu'ils avoient fait par le passé ; il n'auroit jamais sujet de se plaindre de Sa Majesté, ains toute occasion de s'en louer, et il réparerait la légèreté qu'on lui avoit fait faire, en témoignant son affection à l'État en l'occasion présente. Le sieur de Chaudebonne dit que Monsieur prétendoit que le Roi lui eût manqué lorsqu'il arrêta Puylaurens prisonnier ; Sa Majesté s'offrit de justifier tout de nouveau à Monsieur les contraventions notables que Puylaurens avoit faites aux grâces que Sa Majesté lui avoit accordées. Après que Sa Majesté eut ouï à loisir Chaudebonne, et considéré les choses qu'il lui représentoit de la part de son maître, qui lui donnoient à bon droit sujet de douter de l'événement de cette affaire, elle envoya un ordre aux gouverneurs et lieutenans généraux de plusieurs provinces, par lesquelles Monsieur se retirant d'Orléans eût pu passer aux pays étrangers, et leur manda qu'étant avertie qu'il étoit porté par des personnes mal affectionnées à son service et à l'État, et à son propre bien, à se retirer en Espagne ou ailleurs, avec les ennemis déclarés de la France, sans mettre en considération les bons traitemens qu'il avoit reçus d'elle et qu'elle lui avoit fait savoir être en résolution de lui continuer, Sa Majesté leur commandoit de faire défense en tous les lieux de passage des rivières et autres endroits où ils estimeroient à propos, dans l'étendue de leurs charges, de laisser passer ledit seigneur, et, en cas qu'il se présentât, commander à ceux qu'ils chargeroient de la garde des passages, de le retenir avec les respects convenables à sa naissance et qualité, jusqu'à ce que Sa Majesté s'avançât en personne au lieu où il seroit, pour approuver elle-même l'action, et obliger ledit seigneur à se tenir en son devoir par tous les témoignages possibles d'une chère et sincère affection ; et, en cas de besoin, Sa Majesté leur ordonnoit de se joindre avec leurs amis à ceux à qui Sa Majesté avoit donné pareil ordre, laquelle entendoit que tous ceux auxquels ils feroient savoir sa volonté, fussent suffisamment chargés et autorisés pour l'exécution d'icelle.

Cela fait, Sa Majesté tint un conseil dès le 11 dudit mois de janvier, auquel le cardinal lui représenta que l'affaire de Monsieur ne pouvoit aboutir qu'à l'une des quatre fins : ou à accommodement sincère et véritable, ou à la détention de la personne de Monsieur, ou à sa sortie du royaume, ou à accommodement simulé ; que le premier étoit le meilleur, et celui auquel il falloit tendre si la sincérité s'y pouvoit trouver, mais qu'il ne croyoit pas qu'on pût trouver assurance en sa dissimulation, quelque expédient qu'on pût prendre ; que le second étoit dangereux et on n'y vouloit point penser ; que le troisième étoit mauvais pour la France, mais particulièrement pour Monsieur, qui s'exposeroit à sa perte s'il se mettoit entre les mains des ennemis de l'État, et qui ne pourroit nuire beaucoup s'il ne s'y mettoit pas ; qu'il étoit vrai que la paix pouvoit être retardée par la sortie de Monsieur, mais peut-être que sa personne ne seroit pas si considérable que les Espagnols voulussent rendre une guerre éternelle à son égard, vu principalement que le Roi offriroit toujours à Monsieur d'oublier sa faute, et que les ennemis n'étoient pas si imprudens, ni si aveuglés que de prétendre que, par leur moyen, on lui donnât des établissemens dans le royaume dont il les pût assister; qu'ainsi le retardement de la paix étoit à appréhender de la sortie de Monsieur; dans ce malheur on retireroit ce fruit, qu'il n'y auroit rien à craindre au dedans, étant certain qu'en cet état Monsieur ne seroit considéré de personne, et qu'il ne faudroit qu'une même armée pour combattre les ennemis et Monsieur; qu'il étoit à craindre que Monsieur et M. le comte, étant avec les ennemis, leur facilitassent la prise de quelques places dont ils connoissoient la foiblesse, et èsquelles ils pouvoient pratiquer quelque intelligence, et que certainement ce seroit le principal but des Espagnols, pour armer la France contre elle-même et former un parti dans l'Etat, et que Monsieur et M. le comte n'auroient point d'autre dessein pour se tirer des mains des Espagnols. Mais, supposé qu'on ne pût prendre assurance en la parole de Monsieur, ce que ses fréquentes et incroyables rechutes et la légèreté de son naturel rendoient très-certain, sa demeure pouvoit causer des inconvéniens plus préjudiciables à l'Etat que sa sortie. Il lui seroit plus aisé, demeurant au dedans, de faire des pratiques et des menées, qu'étant au dehors ou si on le voyoit à la tête des Espagnols; ceux qui même seroient mal affectionnés à l'Etat seront retenus en cette occasion, de peur d'avantager les ennemis du royaume. Quant à ce qui étoit de la facilité qu'ils pourroient apporter à la prise de quelques places, il étoit certain qu'ils n'en sauroient tant faire prendre par la force qu'ils en pourroient pratiquer demeurant au dedans, outre que, s'ils rendoient les ennemis plus considérables par leur présence, le Roi seroit plus puissant à s'y opposer, ses forces n'étant point divisées; que la quatrième étoit le pire de tous et celui qu'il falloit éviter à quelque prix que ce fût, pour plusieurs raisons; que la présence de Monsieur, avec mauvaise intention, mettoit en certains cas la sûreté du Roi et de ses serviteurs plus confidens en compromis; elle diminuoit les forces du royaume pour le dehors, parce qu'il les faudroit diviser pour contenir Monsieur au dedans; elle empêcheroit Sa Majesté d'être absolue et troubleroit la levée de ses deniers, parce que quiconque voudroit désobéir trouveroit un asile; qu'elle exciteroit les mal affectionnés à tenter ce qu'ils n'oseroient penser si Monsieur étoit au dehors, et qu'il seroit bien difficile d'éviter qu'il ne corrompît à la longue quelque personne considérable, principalement s'il arrivoit quelque mauvais événement; qu'enfin en cet état le Roi n'oseroit rien entreprendre de considérable, ni au dehors ni au dedans. Que pour ces raisons il falloit tenter tous les moyens possibles pour parvenir à un accommodement sincère avec Monsieur; mais que, quelque résolution qu'on prît, il en falloit voir la fin dans huit jours, parce que la saison commençoit à nous presser, et que telles personnes pourroient bien se déclarer au printemps qui ne l'oseroient faire maintenant qu'ils craignoient qu'on n'eût assez de temps pour les châtier, avant que les armées ennemies fussent en campagne; que pour se disculper devant Dieu et devant le monde, le Roi verroit s'il vouloit, auparavant que venir aux extrémités, qu'on tentât cette voie d'accommodement : savoir est, que Monsieur ayant désiré pour sa satisfaction que le Roi voulût consentir à son mariage, et promettant moyennant ce être guéri de toutes sortes de défiance et demeurer très-satisfait; et M. le comte prétendant n'être pas en assurance dans la cour, et assurant ne vouloir faire aucune chose contre le service du Roi; Sa Majesté, bien qu'elle n'eût donné aucun sujet de plainte, ni à Monsieur ni à M. le comte, auroit néanmoins une telle bonté vers eux, que pour contenter l'un et délivrer l'autre de ses appréhensions, bien qu'elles n'eussent point de fondement, elle auroit agréable de consentir au mariage et permettre que M. le comte demeurât en son gouvernement; en sorte qu'il n'eût pas lieu d'y rien appréhender, pourvu que Monsieur et M. le comte promissent par écrit de ne rien entreprendre contre le service du Roi, de favoriser ses affaires en tout ce qu'il leur seroit possible, et de n'avoir aucune intelligence, dedans ni dehors le royaume, qui dût être suspecte à Sa Majesté, et que tous deux promissent séparément que, si l'un manquoit à sa parole et sortoit de son devoir, il ne l'assisteroit ni favoriseroit directement ni indirectement, ains serviroit le Roi de tout son pouvoir. Enfin que si cette négociation ne réussissoit, et promptement, il falloit faire avancer quelques troupes vers Etampes et vers Chartres, renvoyer le marquis d'Alluye à Orléans, et donner assez d'ombrage à Monsieur à ce qu'il s'en allât d'effroi, sans qu'il pût dire qu'on l'ait voulu chasser, dont le contraire paroîtroit en ce que le Roi avoit fait garder les passages pour l'en empêcher. S'il ne s'en alloit point et qu'il ne voulût point s'accommoder, en ce cas il le falloit pousser plus ouvertement et le faire sortir du royaume, le repos de l'Etat étant préférable à tout.

Sa Majesté n'agréa pas le délai que le cardinal proposoit, et vouloit partir sur-le-champ pour aller droit à Monsieur; mais enfin le cardinal ramena son esprit, la suppliant d'avoir agréable d'adoucir les affaires en sorte que l'aigreur n'éloignât pas la paix; que les événemens de cette affaire, de quelque façon qu'on les regardât, sembloient et étoient si incertains, qu'il n'y avoit personne qui pût dire déterminément quelle voie étoit la meilleure pour en sortir heureusement; qu'il se soumettoit d'autant plus volontiers au sentiment de Sa Majesté, qu'il ne voyoit point de certitude à quelque chemin qu'on pût prendre; que Sa Majesté se souviendroit, s'il lui plaisoit, que, quelque proposition qu'on lui eût faite d'accommodement, elle n'avoit pas retardé un seul jour les préparatifs qu'il falloit faire pour prendre une autre voie; qu'on avoit garni les passages que Sa Majesté avoit commandés, et ensuite il avoit fallu faire venir de la cavalerie pour suivre telle résolution qu'il lui plairoit, laquelle n'étoit pas encore arrivée; que l'on continueroit à exécuter ponctuellement et diligemment les ordres que Sa Majesté donneroit pour suivre sa première pointe; qu'il n'étoit donc plus question que de savoir ses volontés, et cependant, pour mettre les choses au chemin que Sa Majesté désiroit, l'on donneroit, dès le lendemain matin, au sieur de Chaudebonne les dépêches pour s'en retourner à Blois; qu'il étoit du tout nécessaire qu'il plût à Sa Majesté nommer quelques personnes de capacité et fidélité pour envoyer à Rocroy, Charleville et Mouzon, pour donner ordre à la sûreté de ces places, qui avoient besoin de personnes affectionnées et intelligentes pour les assurer, faire munir et fortifier; qu'il y avoit tant de difficultés en ce temps à trouver des personnes fidèles, qu'en vérité il n'en connoissoit point à lui nommer, tout ce qui étoit de meilleur étant employé; qu'il tenoit si important de pourvoir à toute cette frontière, qu'on venoit de dresser une dépêche à M. de Châtillon, par laquelle Sa Majesté lui mandoit d'aller tenir son siège à Mézières et visiter toutes ces places : cependant l'on ne la feroit point partir que l'on n'eût la réponse de Sa Majesté; qu'on estimoit qu'il devoit mener avec lui une couple de bons régimens, pour distribuer dans les places qui en auroient le plus de besoin; Sa Majesté prendroit, s'il lui plaisoit, la peine de les désigner; qu'il la supplioit de croire qu'il suivroit avec joie ses volontés, et que s'il voyoit quelque chose de certain, il ne laisseroit pas de lui dire, quoiqu'il fût contraire à ses pensées. Et, pource que Monsieur demandoit avec grande instance qu'on mît en liberté La Rivière (1), son aumônier, qui avoit été mis à la Bastille l'année précédente, le cardinal supplia le Roi de lui mander s'il vouloit que l'on hasardât de lui renvoyer sondit aumônier, qui promettoit merveille sans que l'on en espérât beaucoup; que le seul fondement qui portoit à le laisser sortir étoit qu'il ne sauroit mettre les choses en pire état qu'elles étoient; et que peut-être prendroit-il avec le temps, par son intérêt plus que par celui de l'Etat, dont à son avis il ne se soucieroit guère, le contre-pied de Montrésor et des autres de cette faction. Sa Majesté se rendit à ses avis, et commanda qu'on délivrât La Rivière, et avec lui encore le chevalier de Grignan.

Au même temps le père de Gondren, confesseur de Monsieur, arriva de Blois, où il avoit été envoyé de la part du Roi le 24 décembre, croyant qu'il pourroit avoir plus de pouvoir qu'un autre sur son esprit, pour lui faire voir ce qui étoit de son devoir et de son bien, et le ramener au point que l'on désiroit. Il fit au Roi, le 14 janvier, à peu près les mêmes propositions qu'avoit faites Chaudebonne, demandant à Sa Majesté, outre le consentement pour son mariage, une place de sûreté, laquelle il désiroit être, ou Blaye, ou Nantes, ou Boulogne, au lieu de l'une desquelles places Monsieur rendroit le gouvernement d'Auvergne; et que ce qui le portoit à préférer une place maritime ou proche de la mer à une de terre, étoit qu'en celle de mer il pouvoit se retirer et s'embarquer quand bon lui sembleroit, au lieu qu'il ne pouvoit sortir d'une place de terre qu'en passant chez le prince voisin, avec lequel par conséquent il seroit obligé d'avoir toujours intelligence, ce qui le rendroit suspect. Il ajouta un autre moyen, qui étoit qu'il plût au Roi donner une place à M. le comte, et que Monsieur demeurât à Blois, le Roi lui continuant ses apanages et entretènemens ordinaires, à la charge que M. le comte seroit caution de Monsieur, et qu'ils s'obligeroient, sous toutes sortes de sacremens et de sermens, non-seulement de s'abandonner l'un à l'autre si l'un d'eux venoit à manquer à la fidélité qu'il devoit au Roi, mais d'agir contre celui qui sortiroit de son devoir comme contre un ennemi, avec toute l'ardeur que devoit un bon et fidèle sujet; ou que le Roi trouvât bon que Monsieur se retirât hors du royaume, comme seroit en Avignon ou autres terres du Pape, ou en Savoie ou en Angleterre; et que, si on convenoit d'un de ces partis, Monsieur et M. le comte écrivissent telles lettres que le Roi commanderoit, tant dedans que dehors le royaume, pour faire savoir partout leur obéissance et leur satisfaction; mais que, quelque accord qui se fît, Monsieur demandoit une déclaration par laquelle le Roi assureroit, lui et M. le comte, de ne rechercher aucun de

---

(1) Louis Barbier, abbé de La Rivière, mis à la Bastille le 6 mars 1636. Tous les mémoires le représentent comme un homme de basse condition et de mauvaises mœurs.

leurs gens ni de ceux qui les auroient suivis.

Sa Majesté avoit une grande aversion de M. le comte, le procédé duquel lui sembloit orgueilleux; et pour ce sujet elle avoit peine à se résoudre à le rechercher par l'envoi de plusieurs personnes l'une après l'autre; elle se portoit à le pousser jusques au bout, et à tirer raison du mépris qu'elle lui sembloit qu'il faisoit de son autorité; mais le cardinal adoucissoit son esprit tant qu'il pouvoit, et particulièrement en ce temps qu'il ne jugeoit pas propre à prendre tels conseils, si ce n'étoit à l'extrémité, et fit enfin résoudre Sa Majesté d'envoyer encore vers lui le sieur de Bautru, auquel elle commanda de lui témoigner que son voyage étoit un pur effet de la bonté du Roi, qui vouloit voir, avant que les choses allassent à l'extrémité, si on pouvoit empêcher ledit sieur le comte de se précipiter à sa perte; qu'on ne vouloit point le séparer de Monsieur, mais bien, en les contentant tous deux raisonnablement, tirer parole de l'un et de l'autre qu'ils ne s'assisteroient plus, en cas que l'un d'eux sortît de nouveau de son devoir; que ce qu'on lui promettroit lui seroit tenu réellement; que le cardinal, par commandement du Roi, s'y obligeroit s'il vouloit, mais qu'il désiroit aussi avoir pareille assurance de lui. Ledit sieur de Bautru eut charge de ménager le fond de sa créance, ainsi qu'il estimeroit plus à propos, l'exposant plus tôt ou plus tard selon la disposition qu'il rencontreroit : laquelle créance consistoit en un effet de bonté que M. le comte n'attendroit pas, puisque le Roi trouvoit bon de lui donner Mouzon pour sa demeure, afin de guérir son esprit des appréhensions qu'on lui avoit données, quoiqu'elles fussent sans fondement. Sa Majesté, usant de cette bonté, ne désiroit autre chose dudit sieur le comte qu'une promesse juste et raisonnable, par laquelle il déclareroit qu'ayant plu au Roi, par sa bonté, entendre à la très-humble supplication qu'il lui avoit faite de lui permettre de demeurer dans Mouzon, il promettoit à Sa Majesté qu'il y vivroit comme un bon et fidèle sujet doit faire, sans avoir aucune pratique ni intelligence avec les étrangers ni qui que ce fût qui pût être suspect à Sa Majesté; et s'il arrivoit qu'après qu'il auroit plu à Sa Majesté recevoir Monsieur et lui en ses bonnes grâces, son altesse se voulût départir de l'obéissance qu'il devoit à Sa Majesté, ce qu'il croyoit assurément qu'il ne feroit jamais, il juroit et promettoit à Sa Majesté, non-seulement de ne l'assister ni adhérer à ses desseins, ni directement ni indirectement, en quelque façon que ce puisse être, mais d'agir contre lui et ceux qui le suivroient, en exécution des ordres du Roi; comme aussi il supplioit Monsieur de faire le même à son égard, s'il s'oublioit jamais jusques à tel point de se départir de l'obéissance et de la fidélité qu'il devoit à Sa Majesté, ce qui n'arriveroit jamais. Ledit sieur de Bautru eut aussi commandement, au cas que ledit sieur le comte lui demandât s'il ne rentreroit pas dans la fonction de son gouvernement, de lui dire que c'étoit ce que désiroit le Roi, et que s'il donnoit de telles assurances que Sa Majesté n'eût pas lieu d'en douter, il lui en laisseroit volontiers l'administration, mais que peut-être seroit-ce prudence à M. le comte de ne la pas désirer si promptement. Que s'il parloit du commandement des armées, ce qu'il ne pouvoit faire avec prudence et sans donner sujet, en l'état présent où étoient les choses, de soupçonner quelque continuation de dessein, il lui représenteroit que, par raison, il ne devoit pas avoir cette pensée, puisqu'il n'y en avoit point qui pût permettre au Roi d'en user ainsi présentement. En un mot que, comme le Roi vouloit bien donner cette place à M. le comte, il vouloit aussi voir si clair en sa volonté, qu'après avoir pris la place il ne pût se forger un nouveau mécontentement sur aucun prétexte; que le premier effet qu'on désiroit de M. le comte étoit l'assurance de la sincérité de ses intentions; le deuxième qu'il disposât Monsieur, sur lequel il avoit tout pouvoir, à ce qu'il devoit dans les conditions que Monsieur lui-même avoit demandées par écrit, en termes si exprès qu'il n'y avoit pas lieu d'y rien ajouter, et qu'ensuite le Roi pût être assuré que Monsieur ni lui ne fissent point les tribuns du peuple, et qu'au contraire ils contribueroient tout ce qu'ils pourroient à seconder les intentions du Roi; le troisième étoit son seing et sa promesse, en termes si clairs qu'il n'y eût pas lieu d'y gloser : que le Roi désiroit avoir réponse de tout ce que dessus dans huit jours au plus tard; et, afin de rendre la diligence que le Roi désiroit, possible audit sieur de Bautru, il emportoit dès lors un passe-port en blanc pour celui que M. le comte voudroit envoyer vers Monsieur avec ledit Bautru, et qui prieroit ledit sieur le comte de lui faire connoître ses intentions si clairement qu'il ne fallût point avoir recours à un nouveau voyage pour en tirer éclaircissement, et en tel cas le Roi tiendroit toute longueur pour un refus de sa bonté.

Cependant Sa Majesté renvoya incontinent après M. de Léon à Monsieur, pour lui dire que Sa Majesté ne pouvant souffrir que son éloignement d'auprès d'elle tînt plus longuement les esprits en suspens, tant dedans que dehors le royaume, elle avoit voulu, après avoir ouï tout ce que le révérend père Gondren et le sieur de

Chaudebonne lui avoient représenté de sa part, lui faire savoir sa dernière résolution, qui consistoit en deux points : le premier, que Sa Majesté demeuroit dans la proposition que Monsieur lui avoit envoyée par les sieurs de Chavigny et comte de Guiche touchant son mariage, et trouvoit bon d'y consentir aux conditions de l'écrit que Sa Majesté lui avoit envoyé par lesdits sieurs de Chavigny et comte de Guiche, et qu'elle remettroit entre les mains dudit sieur de Léon ; le second, que M. le comte, ayant fait supplier le Roi qu'il lui plût lui désigner quelque lieu où il pût demeurer dans son gouvernement de Champagne, Sa Majesté lui avoit accordé la ville de Mouzon aux conditions portées par la promesse que mondit sieur le comte devoit signer en acceptant cette faveur, de laquelle promesse étoit baillée copie audit sieur de Léon. Moyennant ce, Monsieur se contenteroit de demeurer dans Blois, avec la jouissance de ses revenus, pensions et entretènemens ordinaires, et de promettre au Roi, par un écrit signé de sa main, qu'il y vivroit comme un bon frère et fidèle sujet devoit faire, sans avoir aucune pratique ni intelligence, tant dedans que dehors le royaume, avec qui que ce fût qui pût être suspect à Sa Majesté, et de favoriser de tout son pouvoir les desseins de Sa Majesté, et faciliter en tout et partout l'exécution de ses ordres ; et s'il arrivoit, qu'après qu'il auroit plu à Sa Majesté recevoir sa personne et celle du comte de Soissons en ses bonnes grâces, ledit sieur comte vînt à se départir de son devoir et de la fidélité et obéissance qu'il doit à Sa Majesté, ce que l'on croyoit assurément qu'il ne feroit jamais, il juroit et promettoit sur les saints Evangiles, non-seulement de n'adhérer à de si mauvais desseins directement ni indirectement, en quelque façon que ce pût être, mais d'agir contre lui et ceux qui le suivroient, en exécution des ordres du Roi ; comme aussi il prioit ledit sieur le comte de faire le même à son égard, s'il s'oublioit jamais jusques à tel point de se départir de la fidélité qu'il devoit à Sa Majesté, ce qui n'arriveroit jamais, moyennant laquelle promesse Sa Majesté trouvoit bon de lui en donner une autre aussi signée de sa main, par laquelle elle lui promettoit, pourvu qu'il demeurât dans la fidélité et obéissance qu'il lui avoit jurée par sa promesse susdite, et accomplît le contenu en icelle, sans avoir aucune pratique contraire au bien de l'Etat et de son service, d'avoir même soin de sa personne et de ses intérêts que des siens, et qu'il vivroit dans le royaume et à la cour avec autant de sûreté que sa propre personne ; ce que Sa Majesté lui promettoit en foi et parole de roi. Le sieur de Léon eut ordre de dire qu'ensuite de ces choses, Sa Majesté expédieroit une déclaration d'amnistie en faveur des gens qui l'avoient suivi depuis le 15 novembre, dont il feroit délivrer la liste. Il partit le 18 (1) de Paris. Sa Majesté renvoya aussi, incontinent après, le père Gondren à mondit seigneur pour le même sujet, lequel arriva à Blois quelques heures avant ledit sieur de Léon, et vit Monsieur avant lui.

Cela fait, Sa Majesté partit de Paris le 21 pour aller à Fontainebleau et s'approcher de Monsieur, duquel elle vouloit avoir absolument et promptement une résolution dernière, le bien de son service ne souffrant pas un plus long délai. Elle laissa à Paris M. le prince, qui l'étoit venu trouver quelques jours auparavant, et lui donna charge et autorité d'empêcher qu'en son absence il ne s'y passât rien contre son service. Monsieur donna audience au sieur de Léon le 21, et, après avoir entendu ce qu'il avoit à lui dire de la part de Sa Majesté, qui étoit qu'elle persistoit à lui accorder ce qu'il avoit désiré d'elle, par le sieur de Chaudebonne, et qu'ensuite il signât la promesse qu'elle avoit requise de lui, laquelle serviroit de marque de ses bonnes intentions, comme on jugeroit le contraire par le refus qu'il en feroit, et qu'il étoit nécessaire, en l'état présent des affaires, de donner promptement ce contentement au Roi, pour faire cesser les jalousies que l'état auquel il se trouvoit faisoit concevoir de lui, il demanda à voir à loisir lesdites promesses, desquelles le père Gondren l'entretint auparavant pour lui en faire comprendre la substance, et la justice qu'il y avoit à les signer, puis les lui bailla afin qu'il les examinât particulièrement ; mais, remettant d'heure en heure à donner sa réponse, enfin ledit sieur de Léon lui dit que s'il ne la donnoit promptement il s'en retourneroit trouver Sa Majesté. Cependant il arriva des nouvelles à Blois que quelques troupes du Roi s'avançoient en ce quartier-là, et que Sa Majesté étoit arrivée à Fontainebleau. Ceux qui avoient le plus de part en son esprit, au lieu de prendre de là occasion de le persuader de donner, sans plus de délai, une si raisonnable satisfaction à Sa Majesté, prenoient sujet, au contraire, de le solliciter de s'enfuir et de sortir hors du royaume, si quelques-uns d'entre eux, et entre autres le père Gondren et le sieur Goulas, ne l'eussent courageusement fortifié contre ces pernicieux conseils. Ils ne le purent toutefois pas encore faire résoudre à signer lesdites promesses, mais il dépêcha au Roi, le 23 le sieur du Boulay, frère dudit sieur de Léon, qui arriva le 24 vers

(1) Janvier.

Sa Majesté, et lui porta quelques demandes de la part de Monsieur: outre ce que ledit sieur de Léon avoit eu charge de lui promettre, il demandoit au Roi l'acquittement de ses dettes après la paix générale; ce que le Roi promit de faire en ce temps-là, pourvu qu'elles ne montassent qu'à la somme de 500,000 liv.; qu'on feroit valoir toutes les assignations qu'on lui avoit données, ce que Sa Majesté trouva bon; que Sa Majesté lui feroit don dès maintenant de la somme de 300,000 livres, ce qu'elle lui refusa à cause de la guerre; que Sa Majesté accorderoit une pension à Madame, laquelle Sa Majesté promit de lui accorder volontiers quand elle seroit venue en France et que le mariage seroit célébré; que la liberté seroit donnée aux sieurs du Fargis, Coudray, Gouille et La Motte-Massas, ce que Sa Majesté refusa; l'exemption pour les villes de son apanage et celle de Tours, et ensemble leur continuer leurs octrois qu'on leur vouloit ôter, ce que le Roi leur refusa pour la conséquence. Quant aux passe-ports nécessaires pour le retour des siens, et la déclaration de l'amnistie générale de Sa Majesté, elle promit de leur pardonner à tous, Monsieur, son frère, se remettant en son devoir, et à ceux de M. le comte, s'il faisoit aussi le même; comme aussi de donner à Monsieur la liberté de demeurer en ses maisons, et d'aller où bon lui sembleroit dans le royaume: Sa Majesté répondant à cet article qu'il avoit toujours eu et auroit dans son royaume autant de liberté et de sûreté que lui-même. Cette réponse si favorable de Sa Majesté témoignoit la franchise avec laquelle elle procédoit avec Monsieur, son frère, et lui donnoit tout sujet de revenir à lui sans plus dilayer.

Le même jour 24, le sieur de Bautru arriva à Fontainebleau d'auprès M. le comte, où le Roi l'avoit envoyé. Il rapporta à Sa Majesté que quelque adresse avec laquelle il eût pu agir avec lui, pour lui faire recevoir à grâce très-singulière les offres de Sa Majesté, qui alloient au-delà de ce qu'il pouvoit raisonnablement prétendre, il les avoit néanmoins refusées, ne se voulant pas contenter de la ville de Mouzon pour sa demeure.

Le cardinal, sur ce sujet et sur celui du voyage du sieur du Boulay, représenta à Sa Majesté que le voyage du sieur de Bautru lui justifioit que le conseil qu'on lui avoit donné de l'envoyer vers ledit sieur le comte étoit bon, puisque le refus que M. le comte avoit fait des ordres de Sa Majesté le mettoit beaucoup plus en son tort; cependant, considérant la peine que Sa Majesté eut à consentir auxdites offres, et l'inclination qu'elle avoit à pousser l'affaire vertement, sans tant de retours, après avoir cherché, comme un aveugle, à tâtons les moyens qu'on avoit pensé convenables pour calmer cet orage intestin, et avoir, en ce faisant, plus de facilité de parvenir à une bonne paix avec les étrangers, qui sans doute seroient plus difficiles lorsqu'ils penseroient que la France seroit divisée en elle-même, il supplia Sa Majesté de faire savoir à son conseil précisément ce qu'elle trouvoit plus à propos en cette occasion, sur cette assurance que si son conseil jugeoit qu'il y eût quelque chose à redire, il le lui représenteroit librement; que, voyant la fierté de M. le comte, il seroit à désirer qu'on pût séparer Monsieur de lui, pour le pouvoir pousser comme il le méritoit; mais comme c'étoit chose dont on voyoit les utilités, sans connoître les moyens de la faire réussir, c'étoit au Roi à faire un coup de maître, prenant de son propre mouvement la résolution qu'il lui plairoit, avec cette confiance qu'elle seroit fidèlement et courageusement suivie de ses serviteurs; qu'il lui avoit plu en user ainsi lorsqu'il fut question de résoudre la guerre contre l'Espagne, et que Dieu voulut que ses résolutions et les pensées de ses serviteurs se trouvèrent du tout conformes; qu'il sembloit qu'on pourroit envoyer Bautru vers Monsieur, pour lui rapporter les difficultés de M. le comte, et lui faire connoître comme sa dureté changeoit l'affaire, et pénétrer s'il y auroit moyen de le séparer d'avec ledit sieur comte; qu'au même temps il falloit continuer le voyage du Roi à Orléans, sans retardement d'un moment, et lier les mains aux sieurs de Léon et de Bautru, pour ne pouvoir rien faire que selon les nouveaux ordres que le Roi donneroit après que Sa Majesté auroit vu le père Gondren, qu'il falloit faire venir de Blois en diligence, et que ledit sieur Bautru seroit de retour; que par ce moyen on ne retardoit en aucune façon le dessein que prendroit le Roi, et on se mettoit de plus en plus en droit aux yeux du monde, qui jugeroit sans difficulté que Sa Majesté désiroit passionnément l'accommodement, puisqu'après avoir été refusée de M. le comte, elle renvoyoit encore vers lui Monsieur, pour tâcher à le disposer en son particulier à la raison; qu'il ne doutoit pas que Sa Majesté ne dît que Monsieur promettra tout ce qu'on voudra en l'état auquel il étoit, mais que ce seroit en intention de n'en rien tenir, comme il fit à Béziers; que c'étoit en quoi consistoit toute la difficulté de l'affaire; mais ne donnant point de pouvoir aux sieurs de Léon et de Bautru de conclure aucune chose, leur entremise donneroit réputation et ne sauroit être préjudiciable.

Le Roi, suivant cet avis, commanda à Bautru de partir en diligence et accompagner M. de

Chavigny, que Monsieur avait témoigné au Roi désirer qu'il lui envoyât, pour porter à mondit seigneur toutes les assurances qu'il pouvoit souhaiter de la bonté de Sa Majesté. Mais, pource que la réponse de M. le comte changeoit l'état des affaires, il fut aussi besoin de changer le projet de la promesse que le Roi désiroit que Monsieur signât, s'accommodant avec Sa Majesté. Ledit sieur de Chavigny eut ordre de le représenter à Monsieur, et lui faire concevoir qu'il étoit convenable qu'elle portât que, sur ce qu'il avoit plu au Roi lui faire connoître que le refus que le comte de Soissons avoit fait des offres qu'il avoit plu à Sa Majesté lui faire à la très-humble supplication de mondit seigneur, le mettoit en quelque doute de la sincérité de son affection, et de la fidélité avec laquelle il vouloit être inséparablement attaché, non-seulement aux intérêts de l'Etat, mais au service de sa personne, ledit seigneur, de son propre mouvement, protestoit que rien ne seroit jamais capable de le séparer des intérêts et volontés de Sadite Majesté, et qu'il y demeureroit non-seulement perpétuellement uni, mais près de sa personne quand il le jugeroit à propos; qu'il ne feroit aucune pratique ni aucune intelligence qui lui pût être suspecte, tant dedans que dehors le royaume; qu'il favoriseroit de tout son pouvoir les desseins de Sa Majesté, et faciliteroit en tout et partout l'exécution de ses ordres; suppliant ensuite Sadite Majesté de vouloir oublier la faute du comte de Soissons, le remettre en sa bonne grâce, et le laisser librement jouir de ses biens, pensions, émoluments et revenus de ses charges; et, s'il arrivoit que ledit comte, après cette grâce, vînt à se départir de la fidélité et obéissance qu'il doit à Sa Majesté, ce qu'il croyoit qu'il ne feroit jamais, en ce cas il promettoit de n'adhérer directement ni indirectement à ses desseins, mais de se porter en cette occasion ainsi que le service de Sa Majesté le requéroit, et selon les ordres qu'il lui plairoit lui en donner, et qu'il juroit et promettoit sur les saints Évangiles de garder et observer religieusement tout le contenu ci-dessus, sans y contrevenir en quelque façon que ce pût être. Messieurs de Chavigny et Bautru partirent le 26 avec les ordres. Dès le lendemain 27 le Roi envoie ses gardes vers Orléans, part de Fontainebleau et s'y achemine à petites journées.

Dès que Monsieur a avis de l'arrivée des gardes du Roi à Orléans, il en entre en un grand soupçon, et est sur le point de s'en aller de Blois, car il ne s'étoit pas encore jusques alors absolument déterminé à ce qu'il vouloit faire, et se voyoit obligé, par le voisinage de Sa Majesté, à prendre une prompte résolution. Les malintentionnés le sollicitoient de partir; les autres, au contraire, lui disoient que, s'il avoit volonté de s'accommoder sincèrement avec le Roi, il ne devoit rien craindre. Enfin il promit de s'arrêter jusques au retour du comte de Brion, qu'il dépêcha dès le 29 à Sa Majesté pour la supplier de faire retirer son régiment des gardes d'Orléans, et ne plus faire avancer de troupes vers lui, qui étoit disposé avec passion à rendre à Sa Majesté la satisfaction entière qu'elle pouvoit désirer de lui. Ledit sieur de Brion trouva le Roi à deux lieues d'Orléans, qui le renvoya de là même, et manda à Monsieur que s'il n'eût été si proche de la ville il se fût arrêté à sa supplication et sur les assurances qu'on lui donnoit de son affection au bien de cet État; au reste, qu'il ne devoit avoir non plus d'appréhension de lui étant à Orléans que s'il eût été encore à Fontainebleau, étant en la disposition qu'on lui mandoit. Sa Majesté renvoya avec lui le père de Gondren pour lever toute crainte de son esprit. Quelques-uns d'auprès de Monsieur proposèrent au sieur de Chavigny qu'il devoit demander à Monsieur qu'il allât à la cour, et qu'ils ne désespéroient pas qu'il ne le fît, particulièrement quand le père de Gondren seroit arrivé. Ledit sieur de Chavigny lui en parla, à quoi il ne se résolut pas de prime abord; mais il n'en montra pas aussi entière aversion, mais demanda quelque temps pour s'y résoudre; ce qui fit que ledit sieur de Chavigny et autres qui étoient là supplièrent Sa Majesté qu'elle ne fît point de trois ou quatre jours avancer ses troupes davantage. À quoi Sa Majesté consentit, et ne les fît point loger même delà la rivière pour ne donner aucune alarme à mondit seigneur. Cependant le comte de Brion et le père de Gondren arrivent, qui assurent entièrement l'esprit de Monsieur, qui sur la parole du Roi résout de ne partir point de Blois; et au lieu que les mauvais esprits qui étoient près de lui le persuadoient d'aller droit à Venise, et d'en demander la permission au Roi, qui à l'extrémité, bien qu'avec grand regret, ne s'en fût pas éloigné à des conditions raisonnables, il ne se parla plus que de contenter Sa Majesté et de faire voir à tout le monde qu'il étoit bien avec elle, et par conséquent l'aller trouver, puisqu'elle le désiroit, pourvu seulement qu'il lui plût assurer son altesse, par une de ses lettres, que si, après l'être venu saluer, il vouloit sortir du royaume, elle le lui permettroit.

Il dépêcha pour ce sujet le sieur de **Chavigny** au Roi le 31 janvier, le suppliant d'ajouter quelques autres petites grâces qu'il demandoit à Sa

Majesté, laquelle le renvoya dès le 2 février, muni de tout ce qui étoit nécessaire pour lui donner contentement, car, en cas qu'il persistât à vouloir sortir du royaume, il lui portoit le projet de la grâce que Sa Majesté lui vouloit accorder, qui étoit que Sadite Majesté n'ayant point de plus grand désir que d'employer tous les moyens possibles pour affermir le repos de ses sujets et pour établir la tranquillité publique, et sachant comme l'union et l'intelligence parfaite entre Sa Majesté et Monsieur, son frère, y pouvoient beaucoup contribuer, Sa Majesté avoit reçu en bonne part les instances que mondit sieur lui avoit faites par plusieurs de ses lettres et par diverses personnes qu'il lui avoit envoyées, pour la supplier très-humblement d'oublier la faute qu'il avoit faite, s'étant retiré à Blois au mois de novembre dernier sans sa permission, et de le recevoir en sa bonne grâce. Et, bien qu'elle n'eût jamais donné sujet à mondit sieur de croire qu'elle eût eu aucune pensée préjudiciable à sa personne ni à ses intérêts, néanmoins, voulant lui ôter toute occasion d'ombrage et faire cesser toutes les fausses appréhensions que l'on pourroit lui avoir données, Sa Majesté déclaroit que si mondit sieur ne vouloit déférer à la prière qu'elle lui faisoit pour la troisième fois, de venir demeurer près de sa personne, où il seroit en toute sûreté et liberté, au moins elle le conjuroit d'y venir faire un tour, sur l'assurance qu'elle lui donnoit que si, après qu'il y auroit reçu tout le témoignage de sa bonne volonté, il persistoit à vouloir sortir hors du royaume, qu'il ne pouvoit faire sans causer un extrême déplaisir à Sa Majesté, en ce cas elle lui permettroit de se retirer en toute sûreté, avec ceux de sa maison, dans les États de la république de Venise, où elle le laisseroit librement jouir de ses pensions, revenus, entretènemens et charges, ainsi qu'il faisoit avant le mois de novembre dernier ; ce à quoi Sa Majesté s'engageoit en foi et parole de roi, et sur son honneur et réputation, qui lui sont plus chers que sa propre vie ; que si mondit sieur, prévenu par mauvais conseils, ne vouloit pas encore condescendre à cette proposition, Sa Majesté consentoit, quoiqu'avec beaucoup de regret, qu'il se retirât dès cette heure en l'État de Venise avec ceux de sa maison, fors et excepté quelques-uns que chacun savoit être capables de parachever de le porter à sa perte. Sadite Majesté promettoit en ce cas l'y laisser jouir de ses états, pensions, entretènemens et charges, ainsi qu'il est dit ci-dessus, pourvu que mondit sieur jurât sur les saints Évangiles, entre les mains du père Gondren, son confesseur, et en présence des sieurs de Léon, de Chavigny et Bautru, et des principaux de sa maison, qu'étant hors du royaume il n'auroit point d'intelligence avec aucunes personnes qui pussent être suspectes à Sa Majesté ; qu'il ne feroit directement ou indirectement aucunes pratiques contre son service et le bien de son État ; qu'il ne recevroit point M. le comte de Soissons auprès de lui, et qu'il se soumettroit, en cas de contravention à ce que dessus, à encourir l'indignation de Sa Majesté, à la perte de son honneur et de tous ses biens. Et en cas qu'on le pût faire résoudre de venir trouver le Roi et demeurer près de sa personne, et y vivre comme il avoit accoutumé, Sa Majesté, en premier lieu, lui accordoit son mariage s'il le désiroit, à la charge qu'il seroit célébré dans le royaume, et qu'entre ci et là il se comportât comme il devoit ; puis lui accordoit 150,000 liv., pour être effectivement employées en ses bâtimens ; et entre les prisonniers qui étoient dans la Bastille, desquels il demandoit la liberté, le Roi lui promit celle du Fargis après la paix, à condition qu'il demeureroit au lieu qui lui seroit ordonné. Et Sa Majesté lui écrivoit par lui une lettre du 2 février, par laquelle elle lui mandoit qu'encore que la façon avec laquelle elle avoit toujours vécu avec lui ne lui laissât aucun lieu de craindre qu'elle pût avoir des pensées qui lui fussent préjudiciables, si-est-ce toutefois que, pour prévenir toutes les fausses appréhensions qu'on lui pourroit donner, le conviant comme elle faisoit de le venir trouver pour faire voir à toute la chrétienté la bonne intelligence qui étoit entre eux deux, il lui promettoit en foi et parole de roi, et sur peine de perdre l'honneur et la réputation qui sont plus chers que sa propre vie, que si, étant auprès de Sadite Majesté, il persistoit à vouloir sortir hors du royaume, il le lui permettroit avec toute la sûreté qu'il désireroit ; que si, après lui avoir accordé cette assurance, il n'effectuoit ce que Sa Majesté désiroit, il feroit voir à tout le monde qu'il avoit des desseins tout autres que Sa Majesté ne vouloit penser, et qui ne pouvoient avoir autre fin que sa propre perte, que Sa Majesté empêcheroit toujours autant qu'il lui seroit possible, et qu'il s'assurât qu'elle l'aimoit comme son fils. A quoi le cardinal ajouta mille protestations, et lui engagea sa vie et son honneur que ce qui lui étoit promis par Sa Majesté seroit fidèlement exécuté. Et enfin Sa Majesté lui envoya aussi le projet de la déclaration de sa réconciliation et du comte de Soissons avec Sadite Majesté, par laquelle elle témoignoit le contentement qu'elle recevoit que Monsieur eût reconnu le tort qu'il s'étoit fait s'étant séparé d'elle, et eût pris soin de lui faire savoir qu'il désiroit à l'avenir demeurer inviolablement attaché à son service, et l'eût suppliée d'oublier sa faute et le recevoir en sa bonne grâce, et avec lui ceux qui l'avoient suivi et servi en cette occasion, et eût donné à Sa Majesté toutes les assurances qui humainement se pouvoient donner qu'il vivroit à l'avenir comme un bon et fidèle sujet devoit. A raison de quoi, pour montrer l'estime qu'elle faisoit de ses paroles, elle oublioit ses fautes susdites et le recevoit en sa grâce, et vouloit qu'il jouît à l'avenir de tous ses biens, apanages et appointemens. Elle pardonnoit aussi pour l'amour de lui à tous ceux qui l'avoient suivi ou servi en cette occasion; comme aussi oublioit les fautes du comte de Soissons, tant pour s'être retiré à Sedan sans prendre congé de Sa Majesté, que pour la mauvaise conduite qu'il avoit tenue depuis, et ce en considération de l'honneur qu'il avoit de lui appartenir, et pour les instantes supplications que lui en avoit faites mondit seigneur, qui avoit promis de s'employer près ledit sieur comte, pour l'obliger, lui et les siens, à rendre à Sa Majesté l'obéissance et la fidélité qu'ils lui devoient, et qu'en ce faisant elle vouloit que ledit sieur comte jouît de tous ses biens, appointemens et émolumens de ses charges, et pardonnoit à tous ceux qui l'avoient suivi, servi et assisté en ces occasions, à condition qu'ils se mettroient tous en leur devoir quinze jours après la publication de ladite déclaration, et abolissoit en ce cas les crimes commis par ceux qui auroient suivi Monsieur et M. le comte, pour avoir fait des voyages et des pratiques au dedans et au dehors de ce royaume, au préjudice de son service, avec les étrangers, ennemis de Sa Majesté ou autres.

Moyennant toutes ces choses, l'esprit de Monsieur fut enfin entièrement regagné; il prit résolution d'aller trouver le Roi pour vivre avec lui comme il devoit, et, de lui-même, voulut éloigner les mauvais esprits qui l'avoient porté à ces mauvais conseils, entre lesquels étoient Montrésor et l'abbé d'Obazine, qu'il congédia peu de jours après. Il commanda aussi au comte de Fiesque d'aller trouver M. le comte pour ne plus retourner vers lui, dépêcha en même temps le comte de Brion pour lui dire les grâces que le Roi lui faisoit, l'exhorter à s'en servir comme il devoit, et, s'il ne le faisoit, lui déclarer qu'il étoit tout-à-fait accommodé avec le Roi, et qu'il ne se sépareroit jamais des intérêts de Sa Majesté, de laquelle il désira seulement qu'elle envoyât vers lui le cardinal de La Valette, qui étoit peu de jours auparavant revenu de l'Alsace, pour témoigner à tout le monde, par la qualité de celui qu'elle lui envoyoit, l'amitié cordiale de Sa Majesté, le désir qu'elle avoit de le voir, et l'estime qu'elle faisoit de lui. Sa Majesté fit partir ledit cardinal le 5 février, qui fut reçu avec une extrême joie de Monsieur, lequel ensuite vint le 8 à Orléans trouver le Roi, qui le reçut avec autant de tendresse que s'il eût été son fils, et dès le lendemain reprit le chemin de Paris, où Monsieur ne demeura guère à se rendre après lui.

L'affaire de M. le comte reçut beaucoup plus de difficulté; le Roi, partant de Fontainebleau pour aller à Orléans, envoya le sieur du Bois-de-Kergrois à Maestricht vers le duc de Bouillon, pour lui témoigner que Sa Majesté n'avoit point désagréable la retraite de M. le comte à Sedan, pourvu qu'il ne s'y passât aucune chose contre le service de Sa Majesté, et que ledit duc n'y retînt personne de ses sujets rebelles ou autres contre sa volonté, et qu'il n'engageât sa personne au service d'aucun sans sa permission. Il eut charge aussi de reconnoître s'il auroit inclination ou pourroit facilement se résoudre à remettre sa place entre les mains du Roi pour quelque somme notable, évitant toutefois de lui donner sujet de croire que le Roi eût dessein de le contraindre à s'en défaire contre sa volonté, et qu'au cas que Sa Majesté se pût assurer que ledit duc fît tout ce que dessus, elle l'honoreroit de la charge de maréchal de France. Ledit duc répondit positivement qu'il rendroit une obéissance aveugle à Sa Majesté, en tous lieux et en toutes choses, et qu'il ne se passeroit aucune chose à Sedan contre son service, et que si Sa Majesté lui commandoit de l'aller trouver, il partiroit à l'heure même. Mais ledit Bois-de-Kergrois ne lui parla pas de l'accommodement de sa place, parce qu'il n'y trouva pas jour; aussi ne lui donna-t-il pas assurance, mais simplement espérance de la charge de maréchal de France, au cas qu'il donnât cette satisfaction à Sa Majesté. Le duc de Bouillon, qui avoit intelligence secrète avec M. le comte, lui donna avis de tout ce qui s'étoit passé; madame la comtesse sa mère lui manda au même temps qu'elle étoit hors de Paris, parce que le Roi, lorsqu'il eut avis que M. le comte avoit refusé l'offre qu'il lui faisoit de lui donner la place de Mouzon pour sa demeure, Sa Majesté, dès lors, se défiant absolument de lui, manda à madame la comtesse sa mère qu'elle se retirât de Paris en sa maison de Dreux, qui n'en étoit pas si éloignée qu'elle eût grande peine à y aller. Elle fut surprise de ce commandement, manda au Roi que sa santé ne lui permettoit pas de lui pouvoir obéir sans une très-grande incommodité; mais Sa Majesté lui manda, le 6 février, qu'elle pouvoit bien juger elle-même que l'état auquel étoit son fils, et le peu d'état qu'il avoit fait de recevoir des effets de sa bonté, ne permettoient pas qu'elle demeurât à Paris, et que la ville de Dreux qu'il lui assignoit pour le lieu de sa demeure, étant une de ses maisons, lui seroit un séjour où elle n'auroit pas d'incommodité. Cette nouvelle étant arrivée audit sieur le comte ne fut pas reçue par lui comme il devoit, car il crut que le procédé du Roi lui étoit injurieux, au lieu de reconnoître qu'il avoit usé d'une modération bien extraordinaire. Le comte de Brion, que Monsieur lui avoit dépêché, étant peu de jours après arrivé vers lui, il ne manda à Monsieur pour réponse, le 14 février, sinon qu'il souhaitoit l'entier contentement de Monsieur, et ne plaignoit point sa mauvaise fortune, puisque Monsieur, qui l'avoit rendue telle, l'avoit bonne.

Mais il donna un mémoire particulier au comte de Brion pour présenter à Monsieur, par lequel il disoit que, n'étant sorti de la cour que pour les intérêts de son altesse et pour sa propre sûreté, maintenant que Monsieur étoit content, il n'avoit plus rien à désirer que sadite sûreté, et que M. de Bouillon pût jouir des offres de la bonne volonté du Roi, comme il avoit appris que Sa Majesté lui en avoit fait donner des assurances par le Bois-de-Kergrois. Il se plaignoit aussi de la déclaration du Roi, par laquelle il lui pardonnoit une faute qu'il soutenoit n'avoir point faite, Sa Majesté, disoit-il, ayant par ses propres lettres approuvé sa retraite à Sedan. Enfin, il exagéroit le mauvais traitement qu'il prétendoit avoir été fait à madame sa mère, le Roi lui ayant commandé de se retirer hors de Paris, et celui qu'on lui faisoit, disoit-il, pour son gouvernement et en ses charges, états et appointemens, qui ne lui laissoit pas lieu d'espérer mieux pour l'avenir. Sa Majesté fut étonnée de voir ce mémoire, et que M. le comte fût si aveuglé en sa passion qu'il ne sût pas apercevoir la faute qu'il avoit commise. Pour la lui faire reconnoître, et essayer par tous moyens de le retirer de sa perte, elle trouva bon de lui renvoyer encore ledit comte de Brion, par lequel elle lui fit savoir qu'elle lui avoit bien, par une extraordinaire bonté, témoigné que, si rien ne l'avoit fait retirer à Sedan que l'appréhension qu'il avoit pour sa personne, elle vouloit approuver sa sortie, pourvu qu'il s'y comportât comme un bon et fidèle sujet doit faire ; mais qu'ayant vu depuis les lettres qu'il avoit écrites aux villes de son gouvernement, qui ne pouvoient être soutenues pour plusieurs raisons, et particulièrement pour n'être pas exemptes de calomnies contre Sa Majesté ; ayant su de plus tant les sollicitations qu'il avoit faites devant sa sortie à diverses personnes pour les détourner de leur devoir, que celles qu'il avoit fait faire depuis à même fin ; les envois et négociations qu'il avoit fait faire vers les étrangers ennemis déclarés de cette couronne ; les conférences qu'il avoit eues en personne avec eux, elle ne pouvoit comprendre sur quel fondement il pouvoit prétendre sa conduite être exempte de fautes, vu que le crime en étoit apparent. Cependant la bonté de Sa Majesté étoit si grande qu'elle vouloit bien encore, en considération de Monsieur, son frère, lui pardonner, pourvu qu'il reconnût sa faute, et protestât de l'amender à l'avenir, et vivre, en quelque lieu qu'il seroit, comme un bon et fidèle sujet doit faire. Quant à la sûreté que ledit sieur comte demandoit, tous les sujets de Sa Majesté qui gardoient la fidélité qu'ils lui doivent, et vivoient selon leur devoir, l'ayant auprès d'elle, ledit sieur comte ne pouvoit douter qu'il ne la trouvât entière, comme il avoit fait par le passé, pendant lequel Sa Majesté n'avoit pas eu seulement pensée de lui faire du mal ; que si toutefois ledit sieur comte aimoit mieux présentement être hors du royaume que revenir à la cour, Sa Majesté le trouveroit bon, pourvu qu'il fût en lieux non suspects, et qu'il déclarât et jurât sur les saints Évangiles qu'il y vivroit comme un bon et fidèle sujet doit faire, sans faire aucune pratique et négociation qui pût être contraire au repos de l'État, ni préjudiciable ou suspecte à Sadite Majesté ; qu'elle ne savoit aussi comme ledit sieur comte se pouvoit plaindre du traitement de madame sa mère, vu l'usage ordinaire du royaume en pareille rencontre, et que Sa Majesté a usé de plus grande bonté en cette occasion qu'elle n'avoit fait en pas une autre, n'ayant envoyé ladite dame qu'en la plus proche de ses maisons, et en celle qu'elle avoit voulu choisir. Enfin, pour ce qui étoit des intérêts de M. de Bouillon, Sa Majesté ne doutoit pas que mondit sieur le comte ne fût plein de bonne volonté pour lui, mais qu'il prenoit un mauvais chemin pour lui en faire recevoir des effets, puisqu'il savoit bien que ce n'étoit pas en sa considération que le Roi lui en vouloit faire, et que la retraite qu'il lui avoit donnée dans Sedan n'étoit pas le sujet pour lequel il en devoit espérer.

Ce voyage fut aussi infructueux que les autres ; Monsieur récrivit au Roi par lui, en créance, le 9 mars, et sa créance étoit qu'il demandoit la place de Stenay en Lorraine pour sa sûreté, ce dont le Roi fut infiniment offensé, et déclara à Monsieur, qui lui rendoit raison de ladite créance, qu'il ne la lui accorderoit jamais. En quoi Monsieur approuva le refus de Sa Majesté, et blâma fort M. le comte, qui se voyant, par les lettres de ses plus affidés mêmes, condamné en son procédé, commença un peu à rentrer en lui-même, et fit parler avec plus de raison par le comte de Brion et le père Hilarion, semblant se vouloir réduire à se contenter que Sa Majesté lui donnât simplement permission de demeurer à Sedan, lui pardonnât le passé, et eût agréable de le laisser jouir de son bien et de ses appointemens. Sa Majesté se résolut de lui accorder ces conditions, et commanda qu'on renvoyât vers lui lesdits comte de Brion et père Hilarion. Le cardinal lui écrivit par eux qu'il étoit très-aise de ce que, prenant le chemin de se remettre entièrement dans les bonnes grâces du Roi, il prenoit aussi celui de se garantir de sa perte, et donnoit le moyen à ceux qui l'honoroient, comme il faisoit, de le servir ainsi qu'ils désiroient. On leur donna aussi une minute de la promesse que le Roi désiroit que M. le comte fît rentrant en sa bonne grâce, par laquelle Sa Majesté vouloit qu'il reconnût que Sadite Majesté ayant agréable de le recevoir en sa grâce par sa bonté, et de le faire jouir de l'effet de sa déclaration d'amnistie du mois de février dernier, comme ceux qui l'avoient assisté, et Sa Majesté lui ayant permis de pouvoir librement demeurer en la ville de Sedan, il protestoit qu'il ne se départiroit jamais de la fidélité, obéissance et service qu'il devoit à Sa Majesté, et qu'il ne feroit aucune pratique ni auroit aucune intelligence qui lui pût être suspecte, tant dedans que dehors ce royaume; qu'il serviroit de tout son pouvoir à l'exécution de ses desseins, et faciliteroit en tout et partout l'accomplissement de ses volontés et commandemens, ce qu'il juroit et protestoit sur les saints Évangiles de garder et observer, sans y contrevenir en quelque façon que ce pût être. Moyennant laquelle promesse Sa Majesté lui en feroit une autre, par laquelle elle s'obligeroit que, pourvu qu'il demeurât dans la fidélité et obéissance qu'il lui avoit jurée par la promesse ci-dessus, elle le feroit jouir des grâces contenues en sa déclaration d'amnistie du mois de février dernier, trouvant bon qu'il demeurât dans la ville de Sedan le reste de ladite année, et qu'il jouît librement à l'avenir de tous ses biens, pensions, revenus et émolumens de ses charges.

Ils partirent le 28 avec cette dépêche, et revinrent le 6 avril avec lettres de M. le comte fort soumises, mais avec charge de faire des demandes au Roi qui ne portoient pas témoignage d'un esprit si soumis qu'étoient ses paroles, car ils demandèrent de sa part à Sa Majesté qu'il lui plût mander à M. de Bouillon qu'elle avoit agréable sa demeure à Sedan, et qu'à l'occasion d'icelle il ne seroit point privé des effets de la bienveillance de Sa Majesté, laquelle ensuite il supplioit de faire avancer cent mille livres, qui seroient mises entre les mains du gouverneur de Sedan, pour la subsistance de la garnison de ladite ville; qu'il n'y auroit aucun temps préfix ni limité pour sa demeure à Sedan, de laquelle il ne pourroit être obligé de sortir si bon ne lui sembloit, sans que cela lui pût être imputé à crime, et qu'il jouiroit de tous ses biens, charges, états, pensions et appointemens, qui lui seroient payés, tant pour le passé que pour l'avenir, ainsi qu'ils étoient auparavant, comme aussi feroit les fonctions de ses charges, desquelles choses lui seroit donné ample déclaration, avec celles qui seroient nécessaires, tant pour sa sûreté que de tous ceux qui l'avoient suivi et servi. Et d'autant que la peste qui étoit déjà, ce disoit-il, dans Sedan, pourroit tellement augmenter qu'il seroit impossible d'y demeurer sans un manifeste danger, il supplioit très-humblement Sa Majesté de lui vouloir accorder Rocroy, avec la subsistance nécessaire pour la garnison de ladite place. Le Roi fut d'abord si offensé de ce mémoire, qui lui fut présenté par le comte de Brion, qu'il l'envoya au cardinal, après avoir écrit au dos d'icelui qu'il le trouvoit très-déraisonnable, et qu'il n'avoit rien à ajouter aux propositions que le comte de Brion lui avoit portées de sa part, dans lesquelles il demeuroit ferme, sans y vouloir rien ajouter; qu'il les acceptât, s'il vouloit, ou non, et que, si la peste augmentoit à Sedan, il allât à Neufchâtel en Suisse ou à Venise. Le cardinal depuis, voyant le Roi, adoucit son esprit, et le fit condescendre à quelque chose de plus qu'il ne vouloit se relâcher au commencement, et renvoya, de la part de Sa Majesté, le 23 avril, ledit comte de Brion à M. le comte, et lui manda que le Roi ne lui pouvoit accorder les demandes qui lui avoient été faites de sa part par ledit comte de Brion, parce qu'elles étoient préjudiciables à l'autorité de Sa Majesté et à M. le comte même; mais que Sa Majesté continuoit en la bonne volonté que le comte de Brion lui avoit fait connoître qu'elle avoit pour lui; que pour cet effet, s'il vouloit envoyer à madame sa mère les papiers qu'il avoit vus, qu'il devoit signer et dont il avoit retenu la copie, Sa Majesté feroit donner aussi à madame la comtesse ceux qui étoient nécessaires pour sa sûreté; qu'on comprendroit dans la déclaration tous ceux qui l'avoient suivi; qu'on écriroit à M. et à madame de Bouillon que le Roi trouvoit bon qu'il demeurât à Sedan dix-huit mois, si bon lui sembloit; si la peste y augmentoit, il pouvoit aller à Neufchâtel, à Venise ou autres pays étrangers non suspects au Roi, puisqu'il ne vouloit pas présentement revenir à la cour; qu'il se pouvoit assurer que, s'il se conduisoit comme il devoit, il recevroit de plus en plus des témoignages de la bonté du Roi, qui désiroit avoir réponse définitive dans la fin de ce mois.

Dès qu'il eut su par le comte de Brion la volonté du Roi, il dépêcha le sieur Campion (1) à Sa Majesté pour lui faire instance à ce que le temps de sa demeure à Sedan ou hors du royaume ne lui fût point limité, et qu'elle le remît dès lors dans l'absolue fonction de ses charges. Sur quoi le cardinal lui manda qu'il étoit de sa prudence de ne marchander pas avec le Roi, et principalement en chose dont la seule prétention étoit odieuse, en tant qu'elle alloit à la diminution de l'autorité royale, qu'il le conjuroit d'en user ainsi pour son propre bien. Ledit sieur comte néanmoins persista toujours en ses demandes. Madame de Longueville sollicitoit pour lui, et proposoit au Roi des moyens pour essayer de le contenter ; Sa Majesté condescendit à lui donner l'exercice de sa charge de grand-maître, à condition que les maîtres d'hôtel et gentilshommes servans à qui elle avoit promis quartier pour juillet et octobre, les eussent, et servissent lesdits quartiers. Quant à son gouvernement, il ne vouloit point qu'il en fît aucune fonction. Enfin le Roi trouva bon qu'on lui renvoyât, le 6 juin, le père Hilarion, capucin, avec prière de lui dire que Sa Majesté le remettoit en ses charges, se contentant pour celle de grand-maître de deux choses l'une, ou que les quartiers qu'en avoit faits Sa Majesté pour toute cette année demeureroient, ou que M. le comte commenceroit à faire le quartier d'octobre, en usant avec le même respect qu'il avoit toujours fait, présentant au Roi les états avant que de les résoudre, pour savoir s'il n'y trouveroit rien à redire. Quant aux gouvernemens, on demeuroit d'accord de ce que M. le comte avoit toujours dit au père Hilarion, qu'il n'en vouloit pas faire la fonction tant qu'il seroit à Sedan, pourvu qu'il en donnât sa parole sur les saints Evangiles audit père Hilarion ; et en ce cas, outre l'écrit que le Roi donnoit présentement à M. le comte, par lequel il le rétablissoit en ses charges, Sa Majesté ne feroit pas difficulté d'écrire encore, en octobre, aux villes de son gouvernement qu'il l'avoit rétabli en ses bonnes grâces. Quant à l'abolition qu'il désiroit pour ses gens, Sa Majesté n'en faisoit point difficulté. Et d'autant qu'il craignoit ou feignoit craindre que l'armée commandée par le cardinal de La Valette, ou quelqu'autre de celles que Sa Majesté avoit sur pied, allât contre lui, le cardinal signa une déclaration par laquelle il l'assuroit qu'aucune desdites armées ni leurs généraux n'avoient charge, pou-

(1) Frère de celui qui a écrit des mémoires.

voir ni intention d'entreprendre aucune chose au préjudice de sa personne ni des siens, et qu'étant remis dans les bonnes grâces du Roi, ni lui ni les siens n'avoient aucune chose à craindre de la part de Sa Majesté.

Il n'y avoit personne qui ne crût que le père Hilarion, partant avec ces ordres, et muni de toutes ces assurances pleines de tant de condescendance de la part du Roi à ce qu'il avoit désiré, ne rapportât une entière satisfaction de son voyage ; mais l'opiniâtreté de M. le comte, la fierté de son esprit, la malice des siens, et l'astuce et les sollicitations des ennemis du Roi, lui fit avoir un effet tout contraire ; car, au lieu de reconnoître l'obligation qu'il avoit à Sa Majesté de la bonté qu'elle exerçoit envers lui, il s'estima offensé à outrance, et méprisé de ce qu'elle modéroit en quelque chose ses demandes, selon que la sûreté publique et le service de Sa Majesté le requéroient. Ledit père arriva à Sedan le 10, dit à M. le comte qu'il lui apportoit par écrit, de la part du Roi, tout ce qu'il lui demandoit ; qu'il étoit rétabli en ses charges, que Sa Majesté écriroit aux gouverneurs qu'elle l'avoit rétabli en ses bonnes grâces, et qu'elle lui permettoit de demeurer pour deux ans à Sedan. A quoi il répondit qu'on ne lui parloit point du paiement de la garnison que le Roi entretenoit à Sedan, laquelle n'avoit point reçu d'argent depuis qu'il y étoit arrivé. A quoi ledit père répondit que le sieur Campion avoit dit à Paris, en présence de plusieurs personnes de qualité, que quand on ne le feroit point il croiroit que cela n'empêcheroit pas un bon accommodement, lequel Campion ayant été appelé, l'avoua en sa présence. Il se plaignit encore de ce qu'on ne lui accordoit pas le temps qu'il désiroit pour demeurer à Sedan. Sur quoi ledit père s'offrant d'envoyer promptement à la cour, s'il le vouloit, pour proposer ces difficultés, et toutes les autres qui se pourroient rencontrer, il n'y voulut point consentir, lui disant qu'il étoit averti qu'on ne lui vouloit pas donner contentement sur ces choses ; ce qui fit qu'après deux audiences ledit père, jugeant bien qu'il n'en pouvoit pas espérer d'autre résolution, le supplia de trouver bon qu'il s'en revînt dès le lendemain, qui étoit le 13, ce qu'il lui accorda.

M. le comte envoya un des siens, nommé Mezières, à madame sa mère, pour essayer de colorer son procédé de quelques vaines apparences, la principale raison duquel étoit que le prince Thomas, dès le commencement de sa retraite, l'avoit sollicité de se mettre entre les mains d'Espagne, à quoi il avoit entendu, et qu'il étoit lors sur le point de conclure un traité contre le Roi,

8.

sous le nom de la Reine-mère, auquel, bien qu'il ne parût pas, il seroit néanmoins le principal agent. Ce traité fut conclu le 28 juin, qui étoit à peu de jours de là, et signé à Bruxelles par la Reine-mère et le cardinal Infant, comme ayant pouvoir du roi Catholique. Par icelui il étoit convenu entre eux, que le roi d'Espagne ne feroit ni paix ni trêve avec la France sans obtenir un établissement pour la Reine-mère et le comte de Soissons dans le royaume, avec les satisfactions qu'ils pouvoient raisonnablement désirer; qu'en cas qu'ils recussent satisfaction pour eux et pour ceux qui les auroient suivis, ce que ladite dame Reine entendoit ne pouvoir jamais être que le cardinal ne fût mort ou disgracié et hors du service du Roi, en ce cas, bien que les intérêts de l'Empereur et des deux couronnes ne fussent pas encore ajustés, dès que ladite dame Reine auroit mandé qu'elle seroit satisfaite et ceux qui dépendent d'elle, elle seroit en neutralité avec eux, et auroit quatre mois de temps pour travailler à terminer les différends d'entre les deux couronnes, et dès lors aussi commenceroit une trêve qui dureroit quinze jours, durant laquelle il ne se feroit aucun acte d'hostilité par les armées du roi Catholique contre la France; que ledit cardinal Infant délivreroit présentement 500,000 florins; que le roi d'Espagne récompenseroit M. de Bouillon de la perte qu'il souffriroit à cause de la non jouissance des biens qu'il a en France; donneroit au comte de Soissons de quoi subsister selon sa qualité hors du royaume, en cas qu'il fût obligé d'y demeurer, et le recevroit en sa protection, et enfin qu'il entretiendroit la garnison de Sedan, qui est de huit cents hommes de pied et de cent chevaux. Il y avoit aussi un mémoire à part du prince Thomas, par lequel il déclaroit que le comte de Soissons ne comprenoit pas en ce traité la personne de Monsieur; ni aussi ne promettoit de maintenir les troupes avec l'assistance qu'on lui donnoit, sinon jusques à la fin de la campagne de l'année présente, ce qui montroit que les 500,000 florins dont il est fait mention dans le traité étoient pour lui.

Ensuite de tout cela le cardinal Infant écrit au roi d'Espagne dès le lendemain 29, et lui mande qu'il avoit cru devoir passer ce traité, afin que le comte de Soissons pût promptement former son parti sous le nom de la Reine-mère, pour s'opposer au gouvernement présent de la France; qu'il y avoit été porté par l'importance de l'affaire qui divisoit le royaume en soi-même, divertissoit à sa propre défense les armes qu'il employoit contre Espagne, et leur étoit une aide plus prompte et plus certaine que tous les secours qui leur pouvoient venir d'Allemagne. Outre que des ordres qu'il avoit reçus du roi d'Espagne, tant auparavant l'accommodement de Monsieur que depuis, il jugeoit qu'il entendoit qu'il ne laissât pas perdre cette occasion, principalement étant chose certaine que si le cardinal pouvoit contraindre le comte de Soissons de rentrer en son devoir, le Roi seroit assez puissant pour tenir en son obéissance tout le dedans de son royaume; joint qu'il y avoit en ce traité beaucoup plus à attendre et à espérer pour l'Espagne qu'elle ne hasardoit du sien, attendu qu'encore qu'à la suite du temps la Reine et le comte vinssent à manquer à quelque chose de ce qu'ils promettoient, la simple déclaration du comte contre le Roi seroit dès le commencement d'une importance incroyable pour l'Espagne, pource qu'elle hâteroit d'allumer le feu de la rebellion naissante des Croquans (1), feroit peut-être naître de nouvelles pensées au roi d'Angleterre, et ce qui étoit plus certain, c'est qu'elle redonneroit le courage aux armées impériales pour entrer dans le royaume, et que leurs sujets des Pays-Bas reprendroient espérance, de laquelle ils avoient beaucoup de besoin; joint qu'il s'étoit encore senti obligé à prendre ce parti, vu l'état présent auquel il se trouvoit, et le manquement qu'il avoit de gens de guerre pour s'opposer à l'invasion pressante avec laquelle les Français et les Hollandais unis et séparés menaçoient ses provinces. Outre que c'étoit un grand point qu'ils se fussent obligés à ne se raccommoder jamais avec le Roi tant que le cardinal demeureroit sur pied, lequel venant à manquer il étoit certain que toutes choses seroient faciles; et si le comte de Soissons n'étoit pas bien expressément entré en ce traité, il y étoit néanmoins effectivement entré, en ce que la Reine s'y étant obligée pour lui, il falloit que son consentement suivît, ce qui seroit à la première délivrance des deniers. Ce traité n'empêcheroit pas aussi le progrès de la conférence de Cologne, si toutefois il y avoit espérance qu'il pût aller en avant tandis que le Pape vivroit, pource qu'il étoit vraisemblable que le cardinal, qui ne vouloit pas la paix, seroit obligé de la désirer par ce nouveau traité. Que le prince Thomas lui avoit dit que le comte de Soissons, son beau-frère, l'assuroit d'accomplir ponctuellement les articles du mémoire séparé qu'il lui envoyoit, encore qu'ils ne fussent pas exprimés dans ceux que la Reine-mère et lui Infant avoient signés. Pour toutes lesquelles choses ledit cardinal finissoit en demandant de l'argent au roi d'Espagne.

C'étoit beaucoup d'honneur au **cardinal de**

(1) Paysans insurgés dont il sera parlé **à la fin de cette** année.

Richelieu que ceux qui haïssoient la personne du Pape lui voulussent du mal, et ceux qui désiroient la mort du chef de l'Eglise recherchassent la sienne en sa ruine. Le Pape ne vouloit pas la paix, disoient-ils, non véritablement, parce qu'il la vouloit comme père commun et non pas comme partial de la maison d'Autriche, pource qu'il vouloit une paix véritable et durable en la chrétienté, et non pas un nom vain et frivole de paix qui fût occasion et cause certaine d'une nouvelle guerre, à laquelle les parties reviennent toujours quand les conditions de paix ne sont pas équitables. Le cardinal, disoit l'Infant, ne la vouloit pas : il avoit raison de le dire; il ne la vouloit pas à l'avantage d'Espagne, qui est la seule qu'elle appelle paix ; et peut-être, s'il eût été mort ou disgracié, comme ils désiroient, ils l'eussent absolument faite selon leur désir. Toutes ces dépêches furent par bonheur interceptées, et tombèrent entre les mains du Roi qui s'en aigrit justement contre M. le comte, et persista à ne vouloir en rien se relâcher davantage, croyant qu'il n'avoit que de la mauvaise volonté, et qu'il ne pouvoit renforcer les ennemis que de son train.

Mais le cardinal représenta au Roi, entre plusieurs raisons, deux principales qui le pouvoient porter à accorder audit sieur le comte le surplus de ce qu'il désiroit : la première étoit qu'ayant bon pied, bon œil, il ne pouvoit arriver en l'étendue de cet été aucun inconvénient à l'Etat des grâces qu'on accorderoit audit sieur le comte ; la seconde, qu'on pouvoit par ce moyen se délivrer de beaucoup d'embarras présens et de mauvaises suites pour l'avenir ; que le seul nom dudit sieur le comte joint aux ennemis ne donneroit pas peu de cœur aux mal affectionnnés du royaume, et ledit M. le comte, se voyant pour jamais perdu en France, donneroit grande chaleur aux ennemis d'entreprendre tout ce qu'ils pourroient contre elle; qu'au moins sa jonction reculeroit-elle la paix, si on ne la vouloit faire à des conditions honteuses et tout-à-fait ruineuses à la France, en donnant un établissement à lui et à la Reine-mère, ce qui seroit finir la guerre pour la recommencer par après ; que M. le comte se mettant avec les Espagnols, le Roi perdroit certainement M. de Bouillon, comme il paroissoit par le traité susdit de la Reine-mère avec le cardinal Infant; qu'il étoit à craindre ensuite qu'on ne perdît aussi le prince d'Orange, étant clair que M. de Bouillon ne s'engageoit point en cette affaire sans que ledit sieur prince d'Orange en fût sous main, comme même on en étoit averti de plusieurs lieux ; qu'à la vérité le sieur de Charnacé avoit mandé de La Haye, du 2 février, que les Etats avoient ordonné à Maestricht que si M. le comte y venoit, on lui dit qu'ils le prioient de ne point passer outre qu'ils n'eussent su de Sa Majesté si elle le trouveroit bon, et que le prince d'Orange avoit fait commander de son chef que tous ceux qui y viendroient de la part dudit sieur comte ne lui feroient pas plaisir de le faire, et mandé à M. de Bouillon, voyant que Saint-Ibal le venoit souvent trouver, qu'il feroit bien de s'ôter de là et venir à La Haye pour lever tout ombrage à la cour, et qu'il avoit aussi fait défendre, à la moindre réquisition que ledit Charnacé en avoit faite, de laisser sortir pour France aucunes munitions de guerre qu'il ne les eût demandées de la part du Roi. Mais néanmoins que M. de Bouillon persistant à donner retraite audit sieur le comte, et dépendant du prince d'Orange, comme il faisoit, il y avoit apparence qu'il ne faisoit rien en cela que de son consentement; qu'il étoit encore à considérer que M. de Rohan, jouant le personnage qu'il jouoit, pourroit remettre avec M. de Bouillon quelque parti de huguenots en jeu ; que le parti des dames brouillonnes de la cour ne devoit pas être aussi de petite considération en cette occasion, à raison que M. le comte et M. de Rohan y avoient de grandes intelligences par le moyen de leurs parentes, et que par le passé elles avoient bien taillé de la besogne ; et concluoit que ces considérations-là lui faisoient conseiller à Sa Majesté de donner contentement audit sieur le comte pour avoir la paix, ensuite de quoi elle pourroit plus facilement démêler tous ces partis.

Le Roi se rendit à ces raisons, et envoya à Sedan, le 11 juillet, le sieur de La Croisette, gentilhomme qui étoit à M. de Longueville, qui lui porta tout ce qu'il demandoit, savoir est une déclaration par laquelle le Roi oublioit les fautes qu'il avoit commises en sa retraite et depuis qu'il étoit à Sedan, le rétablissoit en ses charges, vouloit qu'il jouît de tous ses biens, appointemens et émolumens de ses charges, pardonnoit à tous ceux qui l'avoient servi, et abolissoit les crimes par eux commis à ce sujet ; une promesse particulière du Roi, signée de Sa Majesté et d'un secrétaire d'Etat, par laquelle il promettoit que, moyennant qu'il demeurât dans la fidélité et obéissance qu'il étoit convenu de jurer sur les Evangiles, comme nous avons dit ci-devant, Sa Majesté feroit jouir lui et les siens de l'effet de ladite déclaration, trouvant bon qu'il demeurât encore quatre ans consécutifs dans la ville de Sedan, si bon lui sembloit, et lui accordoit son rétablissement dans ses charges, dont il donneroit avis par ses lettres aux villes de son gouvernement, et lui feroit donner des assignations de ce qui lui étoit dû de ses pensions, états et appointemens, tant du passé que pour l'avenir, ainsi qu'il étoit accoutumé; qu'après qu'il auroit signé l'acte de l'obéissance et fidélité qu'il doit à Sa Majesté, comme on le lui demandoit, il feroit payer à madame la duchesse de Bouillon 75,000 livres sur ce qui lui pouvoit être dû pour l'entretènement de la garnison de Sedan, et feroit traiter à l'avenir ladite garnison tout ainsi qu'elle l'avoit été par le passé.

Sa Majesté lui donna aussi des lettres pour ladite dame et le duc de Bouillon, son fils, par lesquelles elle leur donnoit avis du rétablissement dudit sieur le comte en sa bonne grâce, et qu'il trouvoit bon qu'ils continuassent à lui donner retraite dans Sedan pendant quatre années, s'il le désiroit, leur promettant qu'il leur donneroit à l'avenir, comme il l'avoit fait par le passé, tous les effets qui se pouvoient attendre de sa protection. Mais ledit La Croisette eut ordre de faire entendre à mondit sieur le comte qu'encore que, par les actes publics que Sa Majesté, pour l'honneur de M. le comte lui avoit donnés pour lui porter, Sa Majesté lui fit connoître qu'elle le rétablissoit dans ses charges et gouvernemens, néanmoins son intention étoit de ne rien faire contre les lois, l'usage et la pratique du royaume, qui ne permettoient pas aux gouverneurs des provinces, de quelque qualité qu'ils fussent, de faire aucune fonction de leurs charges, tandis qu'ils sont hors de l'étendue d'icelles, et moins encore lorsqu'ils sont hors du royaume; mais qu'elle lui accordoit bien que, toutes fois et quantes qu'il voudroit revenir dans le royaume et en l'étendue de son gouvernement, il en feroit les fonctions tout ainsi qu'il avoit fait auparavant, après toutefois qu'il auroit donné avis à Sa Majesté du dessein de sondit retour.

M. le comte en demeura d'accord, comme aussi de toutes les autres choses que Sa Majesté désiroit de lui, et fut satisfait de ce qu'elle lui avoit envoyé : ce dont Sa Majesté étant informée, lui envoya le sieur de Bautru pour faire prendre le serment de lui sur les saints Evangiles entre les mains du sieur de La Ferté, aumônier du Roi, qui fut envoyé avec lui pour ce sujet. Ce que M. le comte fit le 26 juillet, en la même manière que le Roi désiroit, transcrivant de sa main et signant le mémoire qui lui en avoit été envoyé, par lequel non-seulement il promettoit de ne se départir jamais de la fidélité et obéissance qu'il devoit au Roi, ni avoir aucune pratique ni intelligence qui lui pût être suspecte, tant dedans que dehors le royaume, mais encore qu'il serviroit de tout son pouvoir à l'exécution de tous ses desseins, et faciliteroit en tout et partout l'accomplissement de ses volontés et commandemens; ce qu'il jura sur les saints Evangiles, et au bas de son serment ledit sieur aumônier attesta qu'il l'avoit fait en ses mains.

Ainsi cette affaire, en laquelle il y avoit eu tant de difficulté et d'irrésolution de la part dudit sieur le comte, fut enfin parachevée par l'excès de la bonté du Roi et par la sagesse de son conseil, qui surmontèrent la jeunesse, l'inexpérience et la fierté dudit sieur le comte, qui sont de très-mauvaises conseillères, et le tirèrent presque malgré lui de sa ruine et des mains de ses enuemis. Il est à remarquer en cette affaire que, six semaines auparavant, il avoit refusé de s'accommoder à beaucoup meilleure condition que celle qu'il reçut depuis, vu que lors on proposoit de lui donner la ville de Mouzon pour demeure. Mais le feu de sa colère, qui étoit encore en sa violence, lui offusquoit le jugement et l'empêchoit de voir le précipice dans lequel il se jetoit; d'autre part on le lui faisoit mépriser, et lui faisoit-on espérer d'obtenir des choses que, s'il eût eu l'esprit bien remis, il eût reconnu que le Roi ne lui pouvoit accorder; ou bien il faut avouer qu'il y a certains esprits de la nature de ceux des femmes qui estiment quand on leur offre des conditions raisonnables qu'ils en auront davantage, et par après sont contens d'en prendre moins. Davantage, qu'il fut nécessaire d'apporter une conduite bien délicate pour venir à bout de cet accommodement, d'autant plus considérable qu'il étoit plus difficile pour diverses raisons : la première étoit qu'on avoit affaire à une personne de grande présomption et de peu de raisonnement; la seconde, que Sa Majesté sembloit aimer mieux que mondit sieur le comte demeurât en l'état qu'il étoit, qu'il eût lieu de revenir proche de sa personne par un accommodement; et la troisième, que l'Espagne, du tout ignorante des affaires de la France, quoiqu'on pense le contraire, pensant que ledit sieur comte pouvoit révolter une partie des forces que le Roi avoit sur pied, traitoit volontiers avec lui, et lui proposoit des conditions assez avantageuses pour l'embarquer à sa ruine, et force mauvais esprits l'y portoient; mais enfin le sieur de La Croisette, gentilhomme de M. de Longueville, fut comme les médecins qui arrivent au déclin des maladies; il lui fit si bien connoître son mal, qu'il le porta à renoncer à tous les traités que la Reine-mère avoit avec lui.

Durant que ce traité se faisoit, **Monsieur** entra en une jalousie de laquelle le cardinal le délivra bientôt : on lui dit qu'il faisoit traiter par le père Hilarion le mariage de madame de Combalet avec M. le comte, dont on avoit parlé long-temps auparavant. Le cardinal en ayant avis, prit une déclaration du père Hilarion, écrite et signée de sa main, par laquelle il assuroit que ni le cardinal ni autre de sa part ne lui avoit jamais donné charge de parler dudit mariage, et qu'il n'en avoit jamais fait la proposition. Le cardinal donna par écrit à Monsieur qu'il tenoit à grand honneur la jalousie qu'il lui plaisoit avoir des pensées qu'on lui avoit voulu donner qu'il étoit disposé de consentir audit mariage, et déclaroit que, depuis la première demande que M. le comte lui en avoit fait faire publiquement à Fontainebleau par le sieur de Senneterre, et quelques autres propositions secrètes qui lui en furent faites ensuite par personnes affectionnées à sa maison, il n'avoit pas eu lieu de témoigner quelles avoient été ses pensées sur ce sujet, et qu'ayant connu depuis certain temps l'état auquel ledit sieur comte étoit auprès du Roi, il n'auroit voulu pour rien du monde recevoir l'honneur de son alliance, quand même il auroit été aussi bien en son pouvoir de porter madame de Combalet au mariage, comme il savoit certainement que rien n'étoit capable de l'y disposer. Si quelqu'un avoit mis en avant qu'il eût jamais fait autre chose en cette affaire que de répondre aux ouvertures qui lui en avoient été faites, ainsi qu'il étoit porté ci-dessus, il déclaroit sur son honneur que c'étoient pures suppositions, et assuroit ensuite mondit seigneur, frère unique du Roi, que, sachant la répugnance qu'il avoit à cette alliance, il n'y entendroit en aucune façon, ni en cette rencontre ni en aucune autre qui pût arriver ci-après; ce qu'il lui promettoit d'autant plus volontiers qu'il tenoit à faveur singulière qu'il ne la désiroit pas.

Voilà comme furent terminées ces deux affaires si importantes au Roi et à son État, de la réconciliation de Monsieur et de M. le comte avec Sa Majesté; et le dessein que les Espagnols avoient de tourner nos armes contre nos propres entrailles fut dissipé. Voyons maintenant les efforts notables que nous et nos alliés par notre assistance firent contre eux en cette année. Toutes les armes de la maison d'Autriche ayant été, l'année passée, employées contre la France, les Suédois eurent plus de facilité non-seulement de se maintenir, mais de faire des progrès en Allemagne. Le général Wrangel prit Francfort sur l'Oder, qu'il pilla, et ensuite ravagea toute la marche de Brandebourg, et les généraux Gnœutz et Hasfeld étant entrés en la Hesse en décembre, furent rechassés avec grande perte de partie de leurs troupes et de leurs canons, par le landgrave de Hesse et Bannier, qu'il appela à son secours, lequel de là s'en alla hiverner dans la Thuringe, et se rendit maître de la ville d'Erfurt, qui en est la capitale. Les Impériaux, voyant tous ces progrès, non-seulement rappelèrent, comme nous avons dit l'année dernière, Gallas de la Bourgogne, mais mirent ensemble toutes leurs forces pour empêcher le cours de leurs victoires. Bannier cependant, ménageant le temps, qui est trésor de la guerre, et ne voulant laisser passer le fort de l'hiver inutilement, part d'Erfurt le 10 janvier, et s'en va attaquer le duc de Saxe dans le cœur de son pays. Ledit duc qui étoit à Torgau, ne s'y tenant pas en sûreté, se retira à Dresde. Bannier, prenant plusieurs places, s'avance jusques à Torgau, qu'il prit le 15, ses troupes ayant passé la rivière d'Elbe à glace, et s'étant aisément emparées du fort qui étoit devant leur pont; ensuite de quoi la ville se rendit à composition, mais les soldats à discrétion : il y gagna cinquante-six, tant enseignes que cornettes, et quelques pièces de canon, qui étoit tout ce que le duc de Saxe avoit pu sauver en la déroute de la bataille de Witstock. Wrangel de son côté surprit, à la fin de janvier, la ville de Lansberg, et, s'étant assuré de quelques passages sur la rivière de l'Oder, envoya sept régimens de renfort à Bannier, et il demeura pour faire une puissante diversion dans la Silésie. Bannier se voulut, à la fin de janvier, rendre maître de la ville de Leipsick; mais il y avoit dedans une si forte garnison qu'il n'en put venir à bout ; principalement pource qu'elle fut encouragée par les armes impériales, lesquelles toutes tournèrent tête de ce côté-là. Bannier avoit mis son armée en bataille, et étoit prêt à donner l'assaut, quand il eut avis que tous les généraux de l'Empereur avoient passé la Sale et s'avançoient vers lui à grandes journées; la crainte qu'il eut de ne pouvoir pas emporter la ville du premier assaut et de perdre beaucoup de ses soldats, qui étoient déjà en moindre nombre que les ennemis, le retint, et lui fit ramener son armée dans son camp; le jour suivant, qui étoit le 17, il leva le siége et mena son armée vers Torgau, où il prit un poste fort avantageux près de ladite ville, et s'y retrancha fortement; les généraux Lesle et Stalkans le joignirent. L'armée ennemie se vint camper proche de lui; mais il se fortifia si bien sur deux coteaux, entre l'Elbe et la Moldau, qu'il ne pouvoit être forcé de combattre contre son gré, et munit son camp, qui étoit très-grand, de tous les vivres et fourrages qu'il avoit trouvés dans les petites villes de tout le pays et dans la campagne. Il leur présenta néanmoins la bataille peu de jours après que les deux camps furent en présence l'un de l'autre; mais la mort de l'Empereur, qui arriva le 15 février, leur servit d'excuse à ne pas l'accepter, disant avoir reçu ordre exprès de ne point hasarder sitôt le combat; cependant il ruina toutes les maisons de plaisance du duc de Saxe qu'il avoit là autour.

Les ennemis le voulurent environner des deux côtés de la ville et l'attaquer de toutes parts, mais leurs entreprises leur tournèrent à grande perte; au contraire, ledit Bannier les voyant séparés, fit des partis contre eux dont il remporta de grands avantages; néanmoins, étant resserré dans son camp, tout le pays étant aux ennemis, et leurs troupes trois fois plus grandes en nombre que les siennes, après avoir résisté quatre mois à toutes les forces de l'Empire, il se résolut de faire sa retraite, et aller vers la Poméranie, ce qu'il fit avec d'autant plus de regret qu'ils conservoient le pays comme un lieu de refuge, qu'ils possédoient entièrement et dont ils pouvoient tirer assistance en leurs nécessités; outre que pendant l'hiver les ennemis auroient derrière eux tout l'Empire, dont ils pourroient tirer leurs vivres, et les Suédois seroient contraints de subsister dans un seul coin. Cette retraite n'étoit pas un ouvrage d'un petit capitaine, et qui n'eût que de médiocres et ordinaires difficultés; les ennemis qui l'environnoient avoient soixante mille hommes, et il n'en avoit que quatorze en son armée; ils avoient fait faire des ponts sur l'Elbe au-dessous et au-dessus de lui; leurs troupes étoient campées deçà et delà la rivière; et prévoyant bien qu'il ne pouvoit tenir ferme en ce poste si long-temps qu'eux, ils avoient envoyé en tous les passages par lesquels il se pouvoit retirer, afin de les lui couper: Maracini étoit allé pour lui empêcher celui de Lansberg, et Klising celui de l'Oder; mais tout cela ne lui fit pas perdre courage. Il fit croire aux ennemis qu'il étoit résolu de secourir la ville d'Erfurt en Thuringe, et, pour leur persuader, l'écrivit aux gouverneurs, s'assurant bien que ses messagers seroient pris, comme ils furent; ce qui fit que les ennemis envoyèrent la plupart de leurs forces de ce côté-là pour l'en empêcher. Cependant, le matin 28 juin, il envoie quatre mille chevaux à la guerre en divers lieux, comme pour quelque entreprise, fait semblant aux bourgeois de vouloir faire faire de nouvelles fortifications à la ville pour la mieux défendre, obtient d'eux une contribution de 40,000 risdales, et, sur les neuf heures du soir, fait passer son infanterie et son bagage sur le pont avec quatre-vingt-dix pièces d'artillerie, et le lendemain 29 la suit avec sa cavalerie, brûlant à Torgau tout ce qui pouvoit servir aux ennemis, et alla passer la rivière d'Elster à Hertzberg, celle de Sprée à Lubben, celle d'Oder à Furstemberg, et de là à Lansberg, où son avant-garde trouvant Maracini qui battoit ladite place pour s'emparer du passage de la rivière de Warta, le défit le premier juillet, tuant une partie de ses troupes et menant l'autre prisonnière dans Lansberg. Gallas ne fut averti de sa retraite que douze ou quinze heures après qu'il fut parti; néanmoins, allant par le droit chemin, il le devança de sorte qu'il sembloit qu'il ne pût passer plus avant que Lansberg, pource qu'il s'étoit logé entre son armée et celle du général Wrangel, et étoit fort de quarante mille hommes. Bannier ne s'étonne point; il supplée par adresse à la foiblesse de ses troupes, et, joignant la peau de renard à celle de lion, il prend le chemin vers la Pologne, et fait semblant de s'y sauver. Gallas, croyant le tenir en ses mains, s'avance de ce côté-là; mais lors Bannier retourne sur ses pas, repasse l'Oder à gué au-dessus de Custrin, et arrive le 14 à Neustadt, près du fort de Suved, où Wrangel le vint joindre, et les nouvelles levées de Suède, qui augmentèrent ses forces jusques à vingt-cinq mille hommes. Cette retraite est à comparer aux plus glorieuses dont l'histoire fasse mention, car il passa cinquante lieues d'Allemagne, et traversa plusieurs grandes rivières avec quatorze mille hommes, quatre-vingt-dix canons et tout son bagage, devant une armée de soixante mille hommes, sans avoir perdu que quelques fuyards et peu de malades qui ne purent suivre.

Le Roi cependant donnoit de grandes diversions aux troupes ennemies, pour les contraindre de retirer une grande partie de leurs forces qu'ils employoient contre les Suédois, et les employer à se défendre contre celles avec lesquelles il les attaquoit. Il les travailloit en Italie, du côté des Grisons et du duc de Savoie. Il les attaquoit par ses armes en Flandre, en la Bourgogne, en l'Alsace et en la Lorraine, et leur donnoit de l'exercice de tous côtés, outre qu'il fit un concert avec les Etats pour les faire agir puissamment cette année; et, pour le regard de l'Allemagne, outre l'assistance qu'il donna à la couronne de Suède, suivant le traité de Wismar, qui montoit à douze cent cinquante mille livres, il assista le landgrave d'autres sommes considérables, outre l'emploi de ses propres forces en ladite Allemagne, où il fit passer le duc de Weimar au-delà du Rhin, avec ses troupes et un corps de Français, ce qui composoit ensemble une bonne armée, avec charge d'agir de concert avec ledit landgrave, et l'un et l'autre avec Bannier, afin que les desseins qui tendoient au bien commun se soutinssent, et que l'exécution en fût facilitée par une telle correspondance. Sa Majesté fit aussi traiter par le sieur de Charnacé, son ambassadeur en Hollande, à ce que les Etats occupassent les Dunkerquois, pour les divertir d'aller contre Suède, ou, s'ils s'avançoient vers la mer Baltique, ils les suivissent, et assistassent les Suédois en cette guerre navale : toutes lesquelles attaques, en tant de lieux différens, et spécialement dans la Flandre, non-seulement ôtèrent le moyen au roi d'Espagne de pouvoir envoyer de l'argent au roi de Hongrie (1), mais au contraire firent qu'il lui demanda secours avec telle presse, que ledit roi de Hongrie, pour ne perdre du tout l'appui d'Espagne, fut contraint de lui envoyer ses meilleures troupes, ce qui donna la campagne libre à Bannier. Sa Majesté fit aussi office, par ses ambassadeurs, envers les rois de Pologne et de Danemarck, pour divertir le premier de rien entreprendre directement ni indirectement contre la trève qu'il avoit nouvellement jurée avec la Suède, et l'autre au préjudice d'une couronne amie et voisine, qui vivoit en bonne intelligence avec lui, leur induisant, par plusieurs raisons solides et sensibles, que l'un et l'autre feroient mieux pour leur propre grandeur de contribuer à une bonne paix, par laquelle les puissances seroient mises en quelque balance, et à laquelle le Roi et les Suédois avoient bonne disposition, que non pas d'élever sur les ruines de la Suède la puissance d'Autriche, qui étoit déjà trop grande d'elle-même. Le roi de Danemarck, par une ancienne jalousie contre la Suède, n'ayant pas laissé d'essayer à porter ses duchés de Holstein et de Sleswick à consentir la guerre et lui donner de l'argent pour la faire, les ambassadeurs du Roi envoient sous main à Hambourg, en leurs assemblées, les mêmes personnes qui en avoient détourné l'effet l'année précédente, qui firent le même celle-ci, et ledit Roi ne put obtenir que 50,000 risdales, à condition de n'entrer en aucune rupture avec les Suédois, et n'eut pas de meilleure réponse des Etats de ses royaumes qu'il assembla depuis.

Sa Majesté, outre cela, eut grand soin de secourir la forteresse d'Hermenstein, qui étoit très-importante; il en avoit donné un ordre bien particulier au marquis de Saint-Chamont, son ambassadeur extraordinaire en Allemagne, qui se trouvoit, dès la fin de l'année dernière, à Wesel, et y envoya encore depuis expressément, le 6 mars, le sieur de Rantzau, auquel elle fit délivrer 100,000 écus pour lever un corps de troupes allemandes de quatre mille hommes de pied, trois mille chevaux et mille dragons, pour servir à ce dessein, et puis après l'employer à ce qui seroit le plus avantageux à la cause commune, Sa Majesté lui donnant à cet effet le pouvoir de lieutenant général d'armée pour commander ses troupes et les faire agir ainsi qu'il l'estimeroit plus à propos, pour faire diversion en l'endroit qui seroit plus convenable, ou donner assistance à telle des armées de ses alliés où elles seroient plus nécessaires et pourroient servir plus utilement, faisant valoir partout l'affection de Sa Majesté pour le bien et la liberté des princes et États d'Allemagne, et faisant espérer la jonction de ses troupes à ceux qui lui témoigneroient la désirer, sans qu'il s'engageât à aucun, l'intention de Sa Majesté étant que, s'il trouvoit occasion d'agir seul, il en profitât le plus avantageusement qu'il lui seroit possible, sans rien entreprendre dont ses alliés se pussent plaindre justement, et qu'il se tînt toujours le plus libre qu'il pourroit de se joindre à telle armée en Allemagne qu'il seroit plus à propos, ou de passer en France, selon qu'il lui seroit commandé par Sa Majesté, qui, néanmoins, trouvoit bon et désiroit que, s'il estimoit se devoir unir à quelqu'un, il le fît plutôt avec le landgrave de Hesse qu'avec tout autre, pour servir ensemble à toutes les entreprises qu'ils jugeroient pouvoir être plus avantageuses à la cause commune, entre lesquelles Sa Majesté lui recommandoit surtout la délivrance entière d'Hermenstein, comme la plus glorieuse et utile qu'ils pussent faire. Le sieur de Saint-Chamont, qui étoit sur le lieu dès le commencement de l'année, essaya premièrement d'obtenir quelques troupes des Hollandais, qui avoient une grande partie de leur armée en garnison au long du Rhin, sur la frontière la plus proche d'Hermenstein, n'étant besoin que d'un ordre du prince d'Orange pour l'en faire sortir, et huit ou dix jours au plus pour faire cette exécution; mais les Hollandais, craignant que leur armée leur fît besoin dans leur propre pays, l'en refusèrent. Il eut en même temps avis que les troupes impériales qui étoient aux environs de Wesel s'assembloient, sous les comtes Hasfeld et Gnœutz, pour aller joindre le duc de Saxe que Bannier menoit rudement dans ses Etats. Il envoya reconnoître les passages jusques à Hermenstein, et quelles forces les ennemis y avoient laissées. On lui rapporta qu'ils avoient tout emmené avec eux, et qu'il n'étoit demeuré que quelques garnisons dans les places aux environs du château, qui ne montoient pas à plus de deux cents chevaux,

---

(1) La France, ne voulant pas reconnaître l'élection du fils de Ferdinand II au titre de roi des Romains, et par suite à l'Empire, affecta longtemps de ne l'appeler que roi de Hongrie.

lesquels battoient l'estrade le jour et se reposoient la nuit; que Jean de Wert étoit arrivé à Coblentz avec quinze cents chevaux, mais si fatigués qu'il les avoit logés au long de la Moselle jusques à Trèves, pour se refaire dans ces bons quartiers-là; que pour les rivières et passages, ils étoient tous gelés et fort bons, parce que c'étoit au mois de janvier, et qu'encore que le dégel arrivât, il n'y avoit aucun lieu où l'on ne passât librement. Il communiqua ce rapport et le dessein qu'il avoit d'aller secourir Hermenstein au sieur Hortzappel, dit Melander, général de l'armée du landgrave, qui étoit demeuré avec lui à Wesel, en attendant de pouvoir avec sûreté joindre son maître, et lui demanda ce qu'il pourroit faire sortir de ses garnisons pour l'exécuter. Il lui dit n'avoir que trois cents chevaux et autant d'hommes de pied, et lui rapporta beaucoup de difficultés, fondées principalement sur l'approche de Jean de Wert. Il lui remontra que nous n'avions que vingt-quatre lieues de chemin, que nous pouvions faire aisément en quarante-huit heures; que quand même nous y en ajouterions encore vingt-quatre pour les repues et les rhabillages des charrettes, nous y arriverions toujours en trois jours, et, tenant notre départ secret, nous serions vis-à-vis de Cologne, qui étoit la moitié du chemin, avant qu'être découverts, et par ce moyen Jean de Wert, qui s'y marioit, n'auroit pas le temps d'assembler ses troupes pour nous empêcher d'y arriver, bien pourroit-il passer le Rhin pour nous enfermer dans la place et nous faire tant plus tôt consommer les vivres que nous y aurions portés, mais que nous avions deux sorties, l'une en passant le Rhin la nuit, au-dessous du château, dans les pontons et bateaux du pont de Mayence, que ceux de dedans avoient conservés, et ainsi, mettant la rivière entre les ennemis et nous, nous pourrions revenir sans aucun péril de ce côté-là, qui étoit aussi facile que l'autre, ou bien essayer d'enlever un quartier, et nous retirer dans le pays de Hesse, qui n'est qu'à dix lieues de là, où les Impériaux n'avoient aucune troupe. Melander trouvoit ces expédiens bons, mais non pas sans grand hasard. Enfin néanmoins il se résolut de donner cette entreprise à exécuter à son lieutenant colonel avec ses troupes, à condition que ledit sieur de Saint-Chamont lui promettroit par écrit de dédommager le landgrave de tous les hommes et chevaux qui s'y perdroient, comme aussi les charretiers, et de payer toutes les rançons des prisonniers, ce qu'il lui accorda facilement, tant parce que le sieur de Charnacé en avoit autant promis dans son traité avec le landgrave que parce qu'il n'estimoit pas qu'il y dût avoir aucun péril, l'affaire étant bien et diligemment conduite, comme il l'assuroit que ledit lieutenant colonel en étoit très-capable. Le sieur de Saint-Chamont y vouloit aller lui-même; mais le sieur Melander dit qu'il lui tourneroit à blâme d'avoir hasardé un ambassadeur avec si peu de gens, et que lui-même n'y voudroit pas aller, pource qu'il n'y auroit point de quartier pour lui, et qu'on l'accuseroit partout d'avoir fait un trait d'ignorance au métier. Ledit sieur de Saint-Chamont, pour plus d'assurance, donna audit lieutenant le sieur Violle d'Athis pour veiller ses actions et le solliciter diligemment.

Ce convoi partit de Dorsten le 23 janvier, avec quatre-vingts charrettes chargées et dix haut-le-pied. Il passa devant Cologne avant que les ennemis en fussent avertis (1); mais au lieu de trois jours, ledit lieutenant colonel en employa huit, et séjourna encore toute la dernière nuit à une lieue d'Hermenstein, quoiqu'il eût assez de jour pour y arriver le soir auparavant, n'y ayant plus d'empêchement ni de mauvais passage; il s'excusoit sur ce qu'il ne savoit pas le chemin, qu'il avoit perdu les guides, et qu'il ne sortoit personne du château pour venir au-devant de lui comme il en avoit prié les gouverneurs. Le sieur d'Athis lui offrit, puisqu'il vouloit camper là cette nuit, de mener tous les chariots dans la place, n'y ayant pas apparence qu'ils se pûssent beaucoup détourner du chemin en suivant la rivière du Rhin; mais il ne lui voulut permettre, et se fâcha rudement contre lui. Cependant Jean de Wert passa ladite rivière à Andernach sur la minuit, et défit ce convoi le lendemain matin, sans que ceux de dedans s'en prévalussent que d'un peu de blé et de quinze chevaux, lesquels ils salèrent et en vécurent long-temps, ménageant parfaitement bien leurs vivres, et y apportant un très-grand ordre. Ledit lieutenant colonel y fut pris prisonnier. Le sieur Violle d'Athis, qui le fut aussi, l'accusa de trahison à son retour; le sieur Melander, au contraire, l'excusoit tant qu'il pouvoit; mais il étoit bien certain que, s'il se fût voulu entendre avec les ennemis, il n'auroit su mieux faire qu'il fit pour perdre ce qui étoit sous sa conduite. Le sieur de Saint-Chamont ne laissa pas de payer tous les frais et pertes de ce voyage, suivant sa promesse, pour ne pas désobliger le landgrave et Melander. Mais, non contens du dédommagement, ils prétendoient qu'ils devoient donner aux officiers du landgrave 50,000 risdales, qui leur avoient été promises de récompense si ledit

(1) Après ces mots se trouvoient ceux-ci, qui ont été biffés dans le manuscrit : *comme je l'avois prédit;* ce qui prouve qu'on copiait un rapport.

ravitaillement réussissoit, dont ledit sieur de Saint-Chamont eut peine à se défendre, nonobstant le mauvais procédé dudit lieutenant colonel, et qu'ils n'y avoient pas employé tel nombre de troupes que l'on jugeoit nécessaire; outre qu'il étoit porté par le traité que ladite somme seroit payée audit landgrave sur la déclaration que celui qui commandoit dans Hermenstein donneroit d'avoir reçu les choses portées par icelui; et partant l'entreprise ayant été vaine il ne lui étoit rien dû. Ledit sieur de Saint-Chamont, ne se rebutant point de ce que cette entreprise n'avoit pas réussi, donna avis aux sieurs de Bussy et de La Saludie, qui étoient dans Coblentz et Hermenstein, qu'ils pouvoient être secourus de la ville de Hanau par la rivière du Mein. Ils y envoyèrent le chevalier de Pichon, un de leurs capitaines, qui y acheta du blé, du riz et des chairs salées pour l'argent qui lui avoit été donné. Le sieur Ramsay, Écossais, général major sous le duc de Weimar, qui étoit gouverneur de ladite ville, leur ayant donné deux barques pour charger ce qu'ils avoient acheté, et quelques mousquetaires pour les conduire, les fait partir à telle heure qu'ils passèrent la nuit sous le pont de Francfort, et arrivèrent en vingt-quatre heures le 13 avril à Hermenstein. Ils y voulurent renvoyer une autre fois, mais cette entreprise ne réussit pas comme la première, et l'argent qu'ils avoient donné pour cet effet fut perdu.

Mais tous ces secours étant foibles et ne leur servant que pour peu de temps, Sa Majesté fit délivrer de l'argent au landgrave, pour le secourir pour un an; mais bien qu'il l'eût promis, il ne l'osa entreprendre, nonobstant que la conservation de cette place lui fût de très-grande importance. Rantzau aussi n'y réussit pas, quoiqu'il témoignât désirer passionnément cette gloire. Ne pouvant obtenir des troupes du landgrave, Sa Majesté, pour y obliger ledit landgrave, et entreprendre d'autant plus promptement le secours de ladite place, manda audit Rantzau qu'il se joignît à lui avec les levées qu'il devoit faire, jugeant qu'autrement le landgrave n'étant pas assez fort ne la pouvoit secourir; comme d'autre part il n'y avoit pas aussi d'espérance que, les ennemis étant devant avec bon nombre de troupes, ledit Rantzau seul, avec celles qu'il mettroit sur pied, pût faire cet effort; outre qu'il étoit important de donner moyen à ce prince de se conserver, étant le seul en Allemagne qui demeuroit constant dans le parti, et qui pour cette raison se trouvoit en assez mauvais état. Rantzau fit quelques difficultés: ils ne s'accordèrent pas bien ensemble; cependant la place se rendit le 21 juin, après que les sieurs de Bussy, maréchal de camp, et de La Saludie, gouverneur, et tous ceux qui étoient dedans avec eux se furent défendus et eurent souffert jusques à l'extrémité. Encore ne voulurent-ils pas rendre la place entre les mains des Espagnols ni des Impériaux, mais la remirent en dépôt en celles de l'électeur de Cologne, pour être rendue puis après à l'électeur de Trèves ou à son successeur légitime; et, bien qu'ils fussent réduits au point où ils étoient, ils firent une capitulation la plus honorable qu'ils pouvoient désirer.

Cependant les Suédois donnoient beaucoup de peine au Roi, car, nonobstant que par l'entremise dudit sieur de Saint-Chamont ils eussent fait le traité de Wismar avec Sa Majesté, par lequel ils s'étoient obligés de ne point traiter sans elle, et de continuer la guerre à la maison d'Autriche, moyennant de grandes sommes de deniers dont le Roi les assistoit, ils n'envoyoient néanmoins point la ratification dudit traité, laquelle ils avoient promise, et qui devoit être donnée par les régens de Suède, selon la résolution qui en devoit être prise aux États de Suède, qui pour ce sujet avoient été assemblés au commencement de cette année à Stockholm. Le sieur de Saint-Chamont en écrivoit souvent en Suède au chancelier Oxenstiern qui y étoit; mais il n'en recevoit point de réponse, non plus qu'aux lettres que Sa Majesté lui écrivoit sur ce sujet; ce qui lui sembloit d'autant plus étrange, que ledit Oxenstiern avoit accoutumé de lui écrire auparavant, et souvent le prévenoit selon les affaires qui survenoient, mais il gardoit le silence en celle-ci et ne lui répondoit point. Il en parloit souvent au sieur Salvius, chancelier de la reine de Suède, qui résidoit audit Hambourg, et au baron Stenobielk, ambassadeur de ladite Reine en Poméranie, et qui avoit la principale direction des affaires en l'absence dudit Oxenstiern; mais comme ils n'avoient aucun pouvoir de rien résoudre sur cette affaire, ils se chargeoient seulement d'en avertir les régens, desquels nonobstant tout cela il ne venoit aucune réponse. Nos ambassadeurs ne savoient à quoi en attribuer la cause; ils savoient assez que, comme les particuliers, ainsi les républiques cherchent ce qui leur est le plus avantageux, et que si bien quelques-unes d'entre les personnes privées n'estiment rien leur être utile que ce qui est à leur honneur, la plupart des États mesurent leur honneur à leur utilité. Ils avoient reconnu qu'Oxenstiern pratiquoit cette maxime, et dès le commencement de la guerre leur avoit témoigné qu'il falloit que chacun des princes alliés cherchât son avantage et s'accommodât le mieux qu'il pourroit. Ils eurent aussi avis qu'on négocioit un traité particulier entre l'Empereur et eux, pour lequel colorer ils se plaignoient hautement que le Roi ne faisoit rien pour eux, et que ses armées ne les assistoient point, mais que Sa Majesté laissoit tomber toutes les forces de l'Empire contre eux; outre qu'ils savoient bien que le Roi étoit bien avant en traité, par l'entremise du Pape, avec la maison d'Autriche, et qu'il y avoit déjà une trève secrètement résolue entre eux pour l'Allemagne; ce que, encore qu'ils savoient bien qui étoit faux, ils mettoient néanmoins en avant pour excuser leur infidélité. Le résident de l'Empereur à Hambourg avoua, ou à dessein ou par foiblesse, au sieur de Saint-Chamont, que Salvius l'avoit prié de moyenner une paix particulière avec son maître, pourvu que ce fût si secrètement que ledit sieur de Saint-Chamont n'en pût rien découvrir, et il montra audit Saint-Chamont la lettre que Salvius lui en avoit écrite. Ledit Salvius fit la même semonce au fils de Fopius, qui étoit résident de Hollande à Hambourg; ledit fils l'écrivit à son père, qui étoit de la part des Etats près de l'Empereur, et qui les y trahissoit en faveur des Espagnols; le père le communiqua au conseil de l'Empereur, qui, étant ravi de voir que les Suédois se séparoient du Roi, envoya aussitôt, dès le mois d'avril, un plein pouvoir à l'électeur de Brandebourg, comme le prince plus voisin et plus intéressé, pour convenir avec les Suédois du temps et du lieu de traiter la paix; et cela fut cause qu'il fut conclu en la diète de Ratisbonne qu'on traiteroit avec la France et la Suède en lieux séparés. Ledit Electeur fit savoir à Stenobielk la commission qu'il avoit reçue, et le convia d'en obtenir une pareille de la Reine sa maîtresse. Peu de temps après ils envoyèrent des subdélégués de part et d'autre en la ville de Schwedt, pour visiter et reconnoître leursdits pleins pouvoirs. Il étoit bien étrange qu'ils reçussent la médiation de l'électeur de Brandebourg, qui leur devoit être suspect pour être principale partie en la prétention qu'ils avoient sur la Poméranie. Mais ils étoient bien aises de ne rejeter aucun de ceux qui se présentoient, tant pour avoir toujours un traité en main et s'en servir aux occasions, que pour voir si quelqu'un leur offriroit ladite Poméranie ou partie d'icelle. Saint-Chamont en ayant eu avis se plaignit de cette procédure à Salvius, et lui remontra combien l'entremise dudit Electeur devoit être suspecte à la couronne de Suède, puisqu'elle prétendoit de se conserver la Poméranie qui appartenoit en propre audit Electeur, et qu'il devoit bien croire qu'il ne consentiroit jamais à la perte d'une si belle province, et moyenneroit plutôt toute autre chose que la paix à cette condition-là. Il lui répondit qu'il avoit bien fait cette même considération, et que partant il ne se devoit pas mettre en peine de ce traité, qui n'étoit qu'un amusement comme les précédens, et l'assuroit qu'il ne s'y concluroit rien. Il savoit bien néanmoins qu'il ne tiendroit qu'aux intérêts de Suède, le sieur Oxenstiern étant de tout temps porté à de semblables traités, espérant trouver dans un traité particulier plus de facilité à conserver ses prétentions que dans un général dans lequel les intérêts de plusieurs princes seroient disputés, et faudroit, les uns pour l'amour des autres, que chacun se relâchât de quelque chose qu'il désiroit, et que les prétentions non bien fondées et qui n'auroient appui que sur une ambition imaginaire, seroient les premières rejetées. Toutefois il falloit pour cela que Oxenstiern fût présent, car il avoit difficulté de confier ses prétentions à un tiers, et il savoit bien que personne ne les défendroit avec tant d'affection que lui-même, et qu'on n'y auroit pas tant d'égard en son absence que s'il y étoit présent et que la conclusion dépendît de lui. C'est pourquoi, ne pouvant pas sitôt aller en Allemagne, il voulut retarder l'exécution du traité sans le rompre toutefois, et, pour ce faire, envoya bien un plein pouvoir de la part des régens à Stenobielk et audit Salvius pour traiter conjointement de la paix, mais avec le feu empereur Ferdinand II, duquel ils savoient la mort en Suède deux mois avant que ledit pouvoir eût été expédié. Saint-Chamont, pour éloigner ce traité et obtenir que s'il se faisoit les députés du Roi y fussent appelés, envoya le sieur de Saint-Roman à Stenobielk, qui lui manda que, si les choses alloient en avant, il l'en avertiroit afin de s'y trouver, et ne feroient rien sans lui. Tous les conseillers lui confirmèrent la même chose de vive voix; mais peu après ledit traité se dissipa sur le défaut de plein pouvoir des Suédois, qui n'étoit, comme nous avons dit, que pour traiter avec l'Empereur défunt, ce que l'électeur de Brandebourg trouva ridicule et prit pour une moquerie.

Sa Majesté avoit, dès le 16 février, dépêché le sieur de Beauregard vers le général Bannier, pour le détourner de telles résolutions. Beauregard étant arrivé vers le sieur de Saint-Chamont, il le fit passer en diligence vers ledit Bannier, qu'il trouva à Torgau, environné et contraint par les forces impériales de s'en retirer. Il lui porta de la part du Roi deux beaux présens pour lui et pour sa femme, et lui représenta le tort que la Suède se feroit si elle entendoit à un traité particulier, et que l'Empereur reconnût tant de foiblesse aux ministres de Suède (ce que Sa Majesté ne pouvoit croire), qu'il se promit de les pouvoir amuser par un traité particulier, et les séparer de la France et des alliés communs, pour après tourner toutes ses forces contre les seuls Suédois; le conseil d'Espagne, qui gouverne l'Empereur, n'ayant pas faute d'inventions et de prétextes pour rompre la foi d'un traité, et ôter aux Suédois ce qui leur auroit été accordé dans la Poméranie ou ailleurs; ce qu'en effet ils ne sauroient conserver sans la confédération de la France, étant au milieu de tant d'ennemis. Ledit Beauregard, arrivant près de lui, demeura quelque temps sans lui pouvoir parler, pource qu'il (1) fut ivre quatre jours entiers. Il le reçut avec peu de civilité à son ordinaire, et avec beaucoup de plaintes qu'on l'abandonnoit et qu'on lui laissoit toutes les forces de l'Empire sur les bras. Néanmoins, après qu'il eut fait la glorieuse retraite dont nous avons parlé, et que son esprit fut remis en une meilleure assiette, il l'assura que son avis étoit et seroit toujours que la couronne de Suède ne devoit faire aucun traité particulier sans la France. Saint-Chamont envoya aussi au même temps le sieur de Rorté en Suède, pour représenter aux régens le désavantage que tels secrets pourparlers leur apportoient, tant pour les raisons que nous avons ci-devant dites, que pource qu'il savoit que l'Empereur ne leur offroit que 2,000,000 de livres, qu'ils recevoient du Roi en moins de deux ans, et que Sa Majesté étoit bien avertie, tant par ses ambassadeurs en divers lieux que par plusieurs dépêches de Vienne en Espagne, et d'Espagne à Bruxelles par la mer, qui avoient été surprises sur les côtes de Normandie et de Bayonne, que le dessein de la maison d'Autriche étoit de s'accommoder avec les Suédois, pour tourner toutes ses forces contre la France, afin de lui donner sujet de s'accommoder avec elle sans blâme de réputation, comme y ayant été obligée par le délaissement de ses principaux alliés, et qu'aussitôt qu'ils (2) auroient traité avec elle, et qu'elle auroit posé les armes sous d'honnêtes conditions qu'ils se proposoient de lui offrir, ils exécuteroient la résolution qu'ils avoient prise de joindre tous leurs intérêts avec ceux des rois de Pologne et de Danemarck, et toutes les forces de l'Allemagne, non-seulement pour ôter aux Suédois ce qu'ils auroient conservé dans l'Allemagne, mais pour favoriser contre eux jusque dans leur pays les prétentions desdits rois de Pologne et de Danemarck, ce qu'ils n'oseroient entreprendre et ne pourroient exécuter si la paix étoit faite par un accommodement général, avec la commune garantie de tous les alliés; que le Roi leur promettoit de ne faire jamais la paix sans eux; que quoique les ennemis, par leurs astuces ordinaires, fissent courir le bruit qu'ils étoient d'accord avec Sa Majesté, tantôt d'une suspension d'armes en Italie, en France et en Flandre, tantôt d'une trève, cela n'étoit pas véritable; que la preuve s'en voyoit en ce que les armes de Sa Majesté les attaquoient partout, et que, dès que semblables propositions lui avoient été faites, elle leur avoit répondu n'y pouvoir entendre seule, et en avoit incontinent averti tous ses alliés, pour en prendre avec eux la résolution qui seroit avantageuse à la cause commune; que les États des Provinces-Unies, qui avoient reconnu cette vérité, marchoient de bon pied et étoient en campagne avec une grande armée; ce qui devoit d'autant plus convier lesdits Suédois de se servir des belles occasions qui leur étoient présentées, pour retirer l'avantage qu'ils méritoient de leur travail durant cet hiver, auquel temps Sadite Majesté et lesdits sieurs États eussent désiré de les pouvoir assister, si l'extrême besoin qu'avoient eu leurs troupes de reposer et le manquement de fourrages ne leur eût empêché de mettre en campagne; que le vrai moyen de parvenir à la paix étoit de continuer puissamment la guerre : ce que la maison d'Autriche, par les offres particulières qu'elle leur faisoit, essayoit de détourner; que l'électeur de Brandebourg avoit depuis peu écrit au Roi, pour le prier de porter ses intérêts en la Poméranie et en la Prusse contre les Suédois : ce qui faisoit voir le peu de sûreté qu'ils se pouvoient promettre de tous les frais passés et futurs, sans l'assistance de leurs amis; que Sa Majesté leur promettoit de porter leurs intérêts en la Poméranie contre ledit Brandebourg, tant pour leur considération particulière et la mémoire du roi de Suède que pour le mécontentement qu'elle avoit reçu dudit Électeur, de ce qu'il avoit abandonné le parti contre la parole qu'il avoit donnée par écrit, et n'avoit fait aucune difficulté de donner sa voix en l'élection du roi des Romains, après que Sa Majesté avoit soutenu ses intérêts si puissamment et avec tant d'affection, soit en la paix de Pologne ou vers les Hollandais.

Le roi de Danemarck, bien qu'on lui eût fait reconnoître que son propre intérêt l'obligeoit à ne pas poursuivre une paix particulière pour aucun des princes confédérés, ne laissa pas de s'en entremettre par le moyen d'Arnheim, sous une

---

(1) Le Suédois, bien entendu.
(2) Ceux d'Autriche.

couleur feinte de vouloir essayer de réunir les électeurs de Saxe et de Brandebourg, et le duc de Lunebourg, avec les Suédois contre la maison d'Autriche; mais les Suédois, ayant reconnu peu après la tromperie avec laquelle Arnheim procédoit, le firent prendre et l'envoyèrent en Suède. La principale raison que les ennemis représentoient aux Suédois pour les porter à une paix particulière, étoit que les intérêts de la France étoient d'un difficile accommodement, et qu'ils retarderoient long-temps la conclusion de la paix générale; mais Sa Majesté leur fit savoir qu'elle étoit résolue de préférer la paix publique, la sûreté de ses alliés et leur contentement au sien propre; que les points qui étoient à vider à l'égard de la France ne rencontreroient aucune difficulté qui approchât de celles qui se trouveroient à la décision des intérêts des autres princes; que le Roi tenoit plusieurs places en Alsace qu'il étoit prêt de rendre par la paix pour le bien commun; il en tenoit deux en Italie, Brême et La Villate, dont il étoit prêt de faire le même; qu'il tenoit les passages des Grisons fortifiés, qu'il vouloit bien encore restituer; le tout sans autre intérêt que ceux que ses alliés y auroient: ainsi n'ayant point le dessein de s'agrandir en tout ce que dessus, tant s'en falloit que les intérêts de la France rendissent la paix plus difficile, qu'au contraire la disposition en laquelle étoit Sa Majesté la pouvoit beaucoup faciliter. Pignerol, que le Roi avoit acheté de M. de Savoie, ne pouvoit trouver aucune difficulté, puisqu'il avoit déjà été autrefois possédé par la France, et que M. de Savoie demandoit la ratification du contrat qu'il avoit fait, aussi bien que le Roi. La conservation de messieurs de Mantoue et de Parme étoit si juste, et tous les princes souverains y avoient tant d'intérêt, qu'il ne s'y pouvoit pas trouver difficulté; que si les Espagnols avoient grande jalousie de la garnison française qui étoit dans Casal, le Roi étoit tout prêt de consentir à tout autre bon expédient qui se pourroit trouver d'assurer cette place au contentement de toute l'Italie qui y avoit intérêt. Ainsi la seule difficulté qui se pouvoit trouver à la paix à l'égard de la France, ne pouvoit consister qu'en ce qui étoit de la Lorraine dont on demanderoit la restitution. Si la France n'avoit que les raisons générales qui se trouveroient semblables aux intérêts de beaucoup d'autres princes, elle les estimeroit suffisantes pour se garantir de cette prétention; mais en ayant de particulières, elle ne croyoit pas (quelque animosité qu'eussent ses ennemis) qu'ils pussent faire de grandes instances sur ce point quand ils les auroient connues; qu'il faudroit avoir une grande impudence, et plus qu'imaginable, pour que les ennemis voulussent retenir beaucoup de choses qu'ils avoient déjà partagées entre eux, et demander la restitution, soit à la France de la Lorraine, soit à la Suède de beaucoup de choses justement conquises et par les uns et par les autres. Cependant, outre ces considérations générales qui touchoient tous les princes qui étoient embarqués en cette guerre, Sa Majesté avoit des droits tout particuliers, qui consistoient, tant aux traités qu'elle avoit faits avec M. de Lorraine qu'en ce qu'il étoit sujet et vassal du Roi; ce qui rendoit sa rebellion d'autant plus considérable et plus punissable, par la privation de ce qu'il avoit perdu. Qu'après tout ce que dessus, pour montrer la bonne amitié que le Roi vouloit entretenir avec la Suède, Sa Majesté consentoit que ses intérêts, en ce qui étoit de la restitution de la Lorraine, marchassent de même pied que ceux que ladite couronne de Suède avoit en la restitution de la Poméranie, en sorte que si la Poméranie ne pouvoit demeurer en propriété auxdits Suédois, le Roi vouloit bien que la Lorraine ne lui demeurât pas aussi, mais seulement en la même façon que ladite couronne de Suède pourroit conserver ce qui lui demeureroit de ses conquêtes. Par exemple, si ce qui seroit décidé devoir demeurer à la couronne de Suède ne lui étoit laissé que jusques à ce qu'on l'eût remboursée des frais de la guerre, Sa Majesté consentiroit la même chose pour la Lorraine, bien que, comme il étoit représenté ci-dessus, elle eût d'autres droits que celui des armes.

Et, pource que le chancelier Oxenstiern étoit le premier mouvant des affaires de Suède, Sa Majesté, désirant, pour le bien commun et pour l'avantage de la France, de se l'acquérir, elle commanda au sieur de Saint-Chamont de se faire informer par le sieur de Rorté, le plus certainement qu'il lui seroit possible, des moyens que Sa Majesté pouvoit tenir pour le fortifier en la résolution de ne se point séparer de la France pour la continuation de la guerre ou pour le traité de paix, et de se rendre plus facile à porter les intérêts de Sa Majesté; et pource qu'elle croyoit que l'un des plus puissans moyens seroit de lui promettre d'insister au traité de la paix à ce qu'il lui fût accordé par ledit traité, pour lui et les siens, de jouir de quelque notable domaine dans l'Empire, elle commanda audit Saint-Chamont de reconnoître en quel lieu cela pouvoit être, ce que Sa Majesté auroit bien agréable, pourvu qu'il se rencontrât que ce fût sur le pays des protestans, pour ne point apporter dommage à la religion; que si ledit sieur de Saint-Chamont jugeoit qu'il fût nécessaire, pour arrêter le cours d'un traité particulier des Suédois avec l'Empereur, de promettre par écrit, et d'obliger Sadite Majesté à maintenir les intérêts des Suédois sur la Poméranie, à la charge qu'ils feroient le même pour ceux du Roi sur la Lorraine, selon les termes et conditions ci-dessus, Sa Majesté lui en donnoit pouvoir, comme aussi d'appuyer les prétentions dudit chancelier, lesquelles il y avoit apparence de pouvoir faire réussir; que si toutefois l'on se pouvoit passer d'un engagement qui rendoit la paix plus difficile, le sieur de Saint-Chamont y agiroit avec la circonspection requise, ayant toujours pour son but principal de faire que la couronne de Suède s'obligeât de ne point s'accommoder sans le Roi, selon le traité de Wismar.

Sa Majesté leur fit aussi représenter qu'elle n'approuvoit pas l'élection précipitée du roi des Romains, et ne le reconnoissoit pas en cette qualité-là, tant parce qu'il avoit été élu contre les constitutions de l'Empire, l'Empereur étant encore vivant, que pource que l'électeur de Trèves n'avoit pas donné sa voix, étant détenu violemment prisonnier durant la diète. Sa Majesté l'avoit premièrement fait représenter au Pape par son ambassadeur, qui ensuite n'avoit pas voulu prendre audience après le prince de Bossolo, ambassadeur extraordinaire dudit roi de Hongrie, et n'avoit point voulu faire arrêter son carrosse devant lui, ni faire aucune action par laquelle on pût dire que le Roi ou ses ministres l'eussent reconnu pour empereur, et Sa Sainteté étoit conviée d'y condescendre par le désir qu'elle devoit avoir de la paix, laquelle par ce moyen les Espagnols eussent été obligés de prouver, par l'espérance qu'ils auroient eue de voir, au moyen du traité de paix, la dignité impériale confirmée audit roi de Hongrie, et par la crainte que, dans la continuation de la guerre, les affaires venant à changer par quelque mauvais succès, l'élection dudit roi de Hongrie fût unanimement reconnue pour nulle, et qu'il fût procédé à l'élection d'un autre empereur. Mais le cardinal Barberin détourna Sa Sainteté de ce bon dessein, et dit à l'ambassadeur du Roi que les nullités de l'élection du roi des Romains qu'il avoit alléguées ne se trouvoient pas dans la bulle d'or, en laquelle, au contraire, il se trouve qu'il n'est fait aucune mention d'élection d'un roi des Romains du vivant d'un empereur, de sorte que, selon ladite bulle, et de droit, elle étoit absolument nulle, telles élections étant seulement fondées en exemples, qui se sont introduits par abus et par le désir que les empereurs ont eu de faire passer la dignité impériale à leur postérité. L'élection d'un roi des Romains étant donc une action anticipée de pure grâce, il étoit nécessaire que le consentement unanime de tous les électeurs y intervint, d'autant qu'elle ne subsiste que par ledit consentement unanime et que pas un ne réclame; au contraire, que s'il se rencontre quelqu'un desdits électeurs qui n'en soit pas d'accord, comme il arrive en ce fait ici, sa seule contradiction suffit pour empêcher l'effet de ladite élection, comme étant déjà nulle de droit. Sa Majesté fit la même déclaration aux Etats des Provinces-Unies, que l'élection du roi des Romains étant nulle de droit, elle demeuroit nulle nonobstant le décès de l'Empereur, qui ne l'avoit pas rendue plus valable, et les exhorta que, s'ils ne vouloient faire aucune démonstration de ne reconnoître point ledit roi de Hongrie pour roi des Romains ou empereur, au moins ils fissent-ils rien qui pût faire croire qu'ils le tenoient pour tel. Le Roi fit le même envers la couronne de Suède, et donna commandement au sieur de Saint-Chamont de lui représenter l'intérêt qu'elle avoit à ne pas reconnoître le roi de Hongrie pour empereur, et lui envoya un manifeste pour l'envoyer à tous les princes d'Allemagne, pourvu qu'ils eussent agréable de se porter à la même résolution de ne pas le reconnoître, sans laquelle il ne vouloit pas qu'il leur fût envoyé, leur donnant néanmoins avis qu'ils n'en devoient point faire de difficulté, puisque non-seulement pour l'intérêt des Etats d'Allemagne, qui devoient reconnoître qu'ils avoient besoin de se prévaloir des armes de la France et de la Suède, pour, conjointement avec eux, ou dans la guerre, ou par le traité de la paix, mettre de fortes barrières au dessein que la maison d'Autriche pousseroit jusques au bout d'établir cette fois sa monarchie héréditaire, et d'espérer à son gré des Allemands, quand ils seroient réduits à sa discrétion et abandonnés justement, ou faisant de leurs amis, si maintenant ils les méprisoient, qu'ils se soumissent à ce qu'ils désireroient par leur ambition démesurée; mais que lors même qu'il seroit question d'un traité de paix, l'on se porteroit aux expédiens qui seroient aisés à trouver, afin que, si elle se faisoit, le roi de Hongrie demeurât empereur, et que jusque-là il sembloit à propos que cette qualité lui fût contestée; que si toutefois les Suédois croyoient que cela pût empêcher un bon et prompt accommodement, Sa Majesté étoit si désireuse du repos de la chrétienté, et si disposée à se conformer à ce que ses alliés estimeroient convenable au bien public ou au leur particulier, qu'elle se porteroit volontiers à ce que lesdits Suédois jugeroient pour le mieux, bien entendu qu'il y eût apparence avec fondement de pouvoir obtenir une bonne paix, et que les ennemis procédassent de bonne foi en cette affaire, avant que de traiter avec le roi de Hongrie en qualité d'empereur.

Bien que Sa Majesté ne les pût pas induire par toutes ces raisons véritables et solides à faire tout ce qu'elle désiroit, néanmoins elles eurent cet effet que les Etats de Suède, assemblés à Stockholm, reconnurent qu'ils ne pouvoient faire une plus grande faute que de se séparer du Roi, pour se commettre à la mauvaise foi de leurs ennemis, fermant la porte à une paix glorieuse que la jonction du Roi leur devoit faire espérer. Ils ratifièrent le traité qui avoit été fait à Wismar entre le sieur de Saint-Chamont et Oxenstiern, et envoyèrent au commencement de juillet ladite ratification à Salvius pour la mettre entre les mains des ambassadeurs du Roi, après qu'ils lui auroient fourni l'argent qu'ils prétendoient leur avoir été promis par Sa Majesté par ledit traité, duquel, bien qu'ils n'eussent envoyé la ratification dans le temps, mais trois mois plus tard qu'il n'avoit été convenu, ils voulurent néanmoins que l'argent leur fût payé aux mêmes termes qu'il avoit été promis si ladite ratification fût venue en son temps. A quoi enfin Sa Majesté fut obligée de condescendre à la fin de l'année, tant pource que sur cette difficulté ils prenoient prétexte de continuer leur traité particulier avec l'Empereur, et en commencer toujours de nouveaux, entre lesquels celui de Salvius et Mitovius et le comte Curts étoient bien avancés, que pource qu'elle reconnoissoit les Suédois, les Allemands et tous les peuples du Nord être d'une humeur si mercenaire, et si esclaves de leur profit, qu'il n'y a promesse, pour solennelle qu'elle pût être, à laquelle ils ne manquent pour de l'argent; ce qu'ils avoient depuis peu fait connoître manifestement à l'arrivée des ambassadeurs que, incontinent après la paix de Prague, Sa Majesté avoit envoyés en Allemagne, lesquels, bien qu'ils eussent trouvé ladite paix conclue et acceptée de tous les princes et villes anséatiques, n'avoient pas laissé néanmoins de les remettre dans le trouble par le moyen de l'argent du Roi, et les y maintenir deux ans entiers; ce qui avoit déchargé nos frontières du ravage de plusieurs armées qui se firent la guerre dans l'Empire, et se fussent unies ensemble contre ce royaume si l'Empereur, selon les articles de la paix de Prague, eût été paisible dans l'Empire, où il n'avoit fait accord avec aucuns qu'à condition d'avoir ses troupes pour s'en servir contre ses ennemis.

Sa Majesté avoit aussi eu grand soin de maintenir le landgrave Guillaume de Hesse, prince courageux qui avoit gagné beaucoup de villes et de pays sur les ennemis, sur lesquels il tenoit vingt-trois places importantes, et qui seul étoit demeuré constant dans le parti des confédérés. Il désiroit fort entrer en une ligne défensive avec les États de Hollande, et pria Sa Majesté de l'y assister, ce qu'elle fit, commandant à son ambassadeur de lui aider de son autorité en sa poursuite, représentant auxdits sieurs les Etats que cette alliance défensive avec ledit landgrave leur seroit utile, la conservation du pays dudit landgrave étant importante auxdits sieurs les Etats, d'autant qu'il couvroit le leur du côté de l'Allemagne, d'où, nonobstant leur neutralité prétendue avec l'Empereur, ils devoient toujours craindre qu'à la première occasion propre pour la rompre il n'employât ses forces contre eux pour le roi d'Espagne; qu'ils avoient des preuves bien certaines de cette intention de l'Empereur, puisqu'ils avoient eu autrefois sur les bras l'armée que Papenheim commandoit, et qu'ils avoient vu l'année dernière des troupes de l'Empereur et de la ligue catholique, jointes à celles d'Espagne, dans les Pays-Bas. De plus, que Sa Majesté avoit eu avis que leur résident à Ratisbonne ayant fait instance pour la continuation de la neutralité avec l'Empire, il n'avoit pas eu bonne réponse; ce qui leur faisoit voir clairement le peu d'état que l'Empereur faisoit de cette neutralité, et les devoit obliger à prendre des sûretés contre ce qu'il pourroit entreprendre à leur préjudice, n'y ayant point de doute qu'il n'observeroit ladite neutralité que jusques à ce qu'il pût les attaquer à son avantage. Ledit landgrave étoit fort recherché de l'Empereur et du duc de Saxe par le moyen de son cousin le landgrave de Darmstadt. Il étoit quelquefois entré en traité par son entremise avec l'Empereur, et il y avoit eu quelque trêve entre eux; mais l'Empereur vouloit faire le traité à son avantage, à quoi le landgrave avoit peine à consentir. Les Suédois, qui tenoient plusieurs places auprès de lui, l'assistoient; mais le secours qu'il recevoit d'eux n'étoit pas suffisant si Sa Majesté ne lui en eût donné un d'argent; ce qu'elle fit libéralement, selon qu'elle s'y étoit obligée par le traité de Minden, par lequel elle lui promit 500,000 l., qu'elle lui fit délivrer à point nommé cette année, aux termes portés par ledit traité. Et, non contente de cela, elle donna commandement au sieur de Rantzau, auquel elle avoit fait délivrer commission et argent pour lever des troupes en Allemagne, de les joindre audit landgrave s'il en avoit besoin; mais ledit Rantzau, soit pour quelque dispute particulière qu'il eut avec Ozonville, commissaire député pour recevoir ses troupes et viser ses ordonnances, soit qu'il prétendît que Sa Majesté lui dût quelque argent pour les services qu'il lui avoit rendus les années précédentes, soit qu'il eût envie de se retirer dans son pays, fit des levées fort foibles et qui n'arrivoient pas au tiers de ce qu'il avoit promis, et encore, les ayant faites, eut-on de la peine à les faire joindre à celles dudit Landgrave. Ledit Rantzau enfin demanda congé au Roi, et le supplia l'excuser s'il ne le pouvoit plus servir, se plaignant du baron d'Ozonville, duquel il le supplioit lui permettre de tirer raison. Néanmoins, le peu de troupes qu'il joignit au Landgrave l'aidèrent à se maintenir avec avantage contre les ennemis, étant maître de la campagne en la Westphalie, où il avoit pris Weert et plusieurs autres places considérables, et y continuoit la guerre avec d'heureux progrès, quand une fièvre l'emporta en quatorze jours, le premier octobre, à la trente-septième année de son âge. Sa mort donna grande espérance au parti impérial; mais sa veuve, assistée de Melander, lieutenant général de son armée, et des bons conseils des ministres du Roi en Allemagne, mit un si bon ordre à ses affaires, qu'elle apporta tout le remède qui se pouvoit à la perte qu'elle avoit faite. Elle fit incontinent prêter le serment de fidélité à tous ses sujets, tant de Hesse que de ses pays conquis, à son fils aîné âgé de 9 ans; ce qui se fit avec un applaudissement universel. Le landgrave Herman, frère du défunt, se jeta incontinent après sa mort dans Zigenheim; mais peu de jours après il consentit à l'hommage que l'on rendit à son neveu, auquel Sa Majesté continua les charges et pensions qu'elle avoit accordées à feu son père, l'assista de nouvelles sommes d'argent, et entretint avec lui la même alliance qu'elle avoit avec le défunt, moyennant quoi la veuve promit solennellement de ne faire jamais aucun traité particulier sans le consentement du Roi. Le père, en mourant, avoit laissé la charge de général de ses armées à Melander; le landgrave Frédéric, frère du défunt du second lit, partit de La Haye où il étoit, incontinent qu'il sut la nouvelle de la mort de son frère, et s'en vint à l'armée en intention de la commander conjointement avec ledit Melander; mais la veuve le détourna de ce dessein, lui ayant montré le testament de feu son mari et l'hommage fait à son fils aîné, lui témoignant que, s'il vouloit commander quelques troupes sous ledit général Melander, il y seroit le bienvenu, et non autrement. Le roi de Hongrie, sans perdre temps, fit écrire audit Melander par l'archevêque de Cologne que, s'il vouloit être son serviteur et quitter le jeune Landgrave, il érigeroit en comté une terre qu'il avoit au pays de Juliers, lui donneroit 10,000 risdales de rente, et l'honoreroit de la charge de l'un des généraux de ses armées. Il montra incontinent la lettre à la Landgrave, l'assura qu'il demeureroit fidèle à son service, et qu'il s'estimeroit plus glorieux d'être seul général de l'armée hessienne qu'un de ceux des armées de l'Empire; que vingt-six comtés que l'Empereur avoit faits depuis dix ou douze ans, n'avoient pas tous ensemble 26,000 risdales de rente; qu'ils étoient riches de titres et non de biens, n'en ayant point d'autres que ceux qu'ils voloient sur les peuples, et que l'Empereur ayant vingt-huit généraux à récompenser en ses armées, auparavant qu'un chacun eût trouvé son compte il ne resteroit plus rien pour lui. Sa Majesté trouva bon de le reconnoître de la fidélité avec laquelle il procédoit, et doubla les appointemens qu'elle avoit accoutumé de lui donner. Rantzau prétendoit avoir dans l'armée de Hesse la même charge qu'avoit ledit Melander, et se mécontenta de ce que Sa Majesté ne l'avoit pas agréable. Il demanda à ce défaut que le Roi l'honorât d'une charge de maréchal de France; mais les diverses personnes de qualité que Sa Majesté avoit en ses armées ne lui permettoient pas de lui donner autre emploi que celui de maréchal de camp, pource qu'autrement elles les eussent quittées; mais enfin elle lui promit de lui faire valoir ses appointemens 12,000 écus tous les ans, afin de ne manquer à rien de tout ce qui étoit en lui pour le conserver à son service. L'électeur Palatin envoya le colonel Hornec à la Landgrave, pour, après lui avoir rendu l'office de condoléance sur la mort de son mari, lui proposer que, suivant l'intention de son mari, elle eût agréable de lui remettre entre les mains les places qu'il avoit conquises sur les ennemis, et lui laisser la charge de commander l'armée hessienne; dont elle se sentit fort offensée, et lui répondit qu'en cas que le roi d'Angleterre le voulût assister d'un secours notable pour ravoir ses Etats que les Espagnols lui avoient usurpés, elle lui donneroit volontiers passage sur le pays des ennemis et joindroit ses troupes aux siennes, mais que de remettre ses Etats et ses armées en ses mains, c'étoit une chose incivile à demander, vu qu'il y avoit grande différence de l'état auquel elle se trouvoit avec le sien, son fils ne possédant pas seulement ses terres héréditaires, mais quatre fois autant de pays, que son père avoit conquis sur ses ennemis, et partant pouvoit quand il lui plairoit obtenir une paix avantageuse du roi de Hongrie, où lui au contraire étoit si entièrement dépouillé de tous ses Etats, qu'il n'en possédoit pas un pouce de terre. Elle en écrivit au Roi qui trouva sa réponse très-équitable, vu principalement le peu d'assistance qu'il y avoit à espérer du roi d'Angleterre, qui se devoit préalablement obliger de lui donner et entretenir un bon nombre de cavalerie et infanterie jusqu'à la paix générale, avec promesse expresse que ledit Roi ni le Palatin ne feroient aucun traité avec le prétendu Empereur et le roi d'Espagne jusqu'à ladite paix générale.

Ledit Palatin étoit enhardi à faire cette demande sur un pourparler de traité, qui commença dès le commencement de l'année, entre le Roi et celui de la Grande-Bretagne, par lequel ledit Roi se devoit obliger à déclarer la guerre au roi d'Espagne, et assister de ses forces les confédérés qui s'obligeroient aussi à ne point faire la paix sans la restitution du Palatinat à ses neveux. Les choses en allèrent assez avant; les projets du traité en furent faits, le Roi convia par ses ambassadeurs la couronne de Suède, le roi de Danemarck et les Etats des Provinces-Unies, à l'agréer et y entrer; mais ce dessein reçut tant de difficultés qu'il ne put être effectué, tant pource que naturellement les Anglais trouvent à chaque moment des obstacles qui arrêtent toutes les affaires que l'on traite avec eux, que pource qu'il est croyable qu'ils n'avoient véritablement autre intention que de donner jalousie à la maison d'Autriche, pour la porter par la crainte à donner quelque satisfaction à ses neveux, laquelle il voyoit bien qu'elle ne lui donneroit jamais volontairement, car le profit, bien que honteux, que ledit Roi et ses Etats tiroient de la France et d'Espagne, se tenant pacifique entre ces deux puissances, en attirant à soi tout le commerce et le transport des marchandises, et recevant des lingots d'or et d'argent que l'Espagne envoie en Flandre, et les faisant mettre en monnoie avec avantage, étoit de telle force en son esprit, qu'il le préféroit à la gloire du rétablissement des enfans de sa sœur en leur Etat. Ledit roi d'Angleterre envoya, suivant ce projet, exhorter les Suédois à se liguer avec lui, et leur demander les conditions auxquelles ils trouveroient bon de le faire. Les régens lui répondirent qu'ils avoient la ligue agréable, à condition qu'il les assistât d'hommes et d'argent, ou qu'il fît la guerre de son chef en Allemagne, dont pour lui faciliter le moyen ils lui abandonneroient toutes leurs places qu'ils tenoient dans la Westphalie, entre le Rhin et le Weser, afin que de là il se pût jeter dans le Palatinat. Mais tout cela ne produisit aucun effet; c'étoit un prince en l'esprit duquel aucun des siens n'avoit particulière créance (1), mais qui suivoit ses propres sentiments qui étoient adroitement portés par ses ministres du côté d'Espagne, dont la commune opinion étoit qu'ils recevoient des bienfaits, ou au moins ils le détournoient de prendre des résolutions contraires à l'Espagne, adoucissant toutes les pensées et desseins que la raison, l'honneur et la réputation lui pouvoient donner contre la maison d'Autriche; en quoi ils trouvoient facilité pour la jalousie naturelle de l'Angleterre contre la France, laquelle particulièrement il ne pouvoit sans envie et sans crainte voir se rendre puissante sur la mer, non-seulement pource que, par cette seule voie, son royaume peut être attaqué, mais pour la vaine et présomptueuse prétention que les Anglais ont d'être maîtres de la mer. Ce qui donna plus de peine à la Landgrave (2), fut la prétention que le landgrave de Darmstadt eut, selon les lois de l'Empire, d'avoir, comme plus proche parent, l'administration du pays durant la minorité du prince. Il envoya menacer les Etats dudit pays que, s'ils ne rendoient hommage au roi de Hongrie, ne lui délivroient les forteresses de Cassel et de Zigenheim, et ne lui donnoient, à lui, l'administration du pays, ils seroient mis au ban impérial. La veuve fut encore sollicitée, sous la même peine, d'accepter la paix de Prague, joindre son armée à celle de l'Empire, et restituer les places qu'elle tenoit hors de la Hesse. Elle s'en défendit avec courage, non moins par la force que par la justice de sa cause.

Le Roi, pour soulager ses confédérés en Allemagne et leur donner moyen d'agir plus puissamment, avoit force troupes sur les frontières de ladite Allemagne, lesquelles faisoient la guerre dans les Grisons, le Montbelliard, l'Alsace, le comté de Bourgogne et la Lorraine. Il avoit l'armée du duc de Weimar, à laquelle il avoit joint le sieur du Hallier, avec un corps de cavalerie et infanterie françaises, avec ordre de prendre quelques postes sur le Rhin et le passer; l'armée du duc de Longueville, qui ravageoit la Franche-Comté; celle du duc de Rohan qui occupoit le pays des Grisons et de la Valteline, et en ôtoit le passage aux Espagnols; une autre sous le commandement du cardinal de La Valette, laquelle étoit destinée pour la Lorraine et l'Alsace et qui, depuis que ledit cardinal fut employé dans la Flandre, fut donnée au maréchal de Châtillon qui l'employa dans le Luxembourg.

Le duc de Weimar, se préparant à passer le Rhin, pour ne perdre pas le temps, employa le commencement de l'année dans la Franche-Comté. Gallas, étant rappelé en Allemagne par le roi de Hongrie pour s'opposer aux efforts de Bannier, avoit laissé dans la Comté quelques nota-

---

(1) Ce reproche fait à Charles Ier par le cardinal de Richelieu est certainement à remarquer.

(2) De Hesse.

bles troupes de cavalerie et infanterie, sous le commandement du baron de Suys et du colonel Mercy, qui n'empêchèrent point que le comte de Thianges n'emportât, le premier janvier, un grand avantage, et ne prît la ville de Chavanes par escalade et par pétard, en laquelle il y avoit, outre l'infanterie, deux compagnies de chevau-légers en garnison. Les susdites troupes que Gallas avoit laissées s'avançant dans le Montbelliard, assiégèrent Héricourt, avec dessein de faire le même à Porentruy et Béfort, et ensuite bloquer Montbelliard. Héricourt étoit une place peu fortifiée, mais munie d'une garnison à laquelle commandoit La Lande, homme de cœur, et qui étoit assisté de soldats qui le secondoient et qui reçurent les ennemis avec tant d'ardeur, qu'ils leur firent perdre d'abord une partie de l'espérance qu'ils avoient de les emporter. Le baron d'Annevoux, mestre de camp du régiment dans lequel ledit La Lande avoit une compagnie, et qui commandoit dans Montbelliard en l'absence du comte de Grancé, depuis la mort du comte de La Suse, bien qu'il y eût quatre lieues d'Allemagne de Montbelliard à Héricourt, y vint, dès le lendemain 5 janvier, pour le secourir; et bien qu'en si peu de temps les ennemis eussent tant travaillé à la terre que leurs retranchemens fussent déjà parachevés, il les força, tua trois cents ennemis sur la place, secourut ladite place assiégée, et leur donna moyen de se défendre quelque temps. Mais les ennemis nonobstant s'étant opiniâtrés à ce siége, il les secourut encore en plein jour si abondamment de tout ce qui leur étoit nécessaire, que le 26 dudit mois les ennemis, après avoir perdu quantité d'hommes et partie de leur canon, furent contraints de se retirer, le baron de Suys allant retrouver Gallas en Allemagne, et le colonel Mercy retournant en la Comté pour servir près le duc Charles. Le comte de Grancé, les ennemis s'étant retirés, envoya acheter des blés en la Suisse, et ravitailla Héricourt, Montbelliard et toutes les places voisines. Et afin de se faciliter le chemin pour les convois, assiégea la ville de Sainte-Ursanne le 7 de mars, et nonobstant la résistance que put faire la garnison qui étoit forte, il emporta ladite ville et le château en trois jours, les nôtres allant courageusement à l'assaut avec des échelles par une brèche à passer quatre hommes, que deux coulevrines, que ledit sieur de Grancé avoit fait traîner avec lui à force de bras, avoient faite en un jour ; les officiers montèrent les premiers avec chacun une grenade en main, pour écarter les ennemis qui les voudroient recevoir à la descente. Quasi en même temps le duc Weimar surprit et défit, dans la ville de Montrel-sur-Saône, le régiment du colonel Maillard, en tua la plupart et encloua le canon; dont les ennemis voulant prendre revanche, entrèrent en France, non du côté du duc de Weimar, mais dans la Bresse, et assiégèrent les châteaux de Cornaud et de Vaugreneuse; mais ils y furent si maltraités par le marquis de Thianges, lieutenant du Roi dans le pays, qu'ils furent contraints de lever le siége avec perte de quinze cents hommes des leurs demeurés morts sur la place, et de tout l'équipage et papiers du marquis de Conflans, commandant les armes du roi d'Espagne dans la Franche-Comté, leur canon pris et leurs munitions, tant de guerre que de bouche.

Cependant l'armée du Roi, commandée par le duc de Longueville, s'assemble en mars, Sa Majesté commandant par ordonnance expresse à tous les capitaines et officiers ordonnés pour y servir, de s'y trouver en personne avec leurs compagnies complètes, sous de grandes peines, tant à eux qu'aux soldats qui y étoient enrôlés; ce qui fit que dès le commencement d'avril ledit duc de Longueville entra dans la Franche-Comté, prit la ville de Saint-Amour, où il y avoit un fort château que les ennemis s'efforcèrent de secourir; mais ils furent contraints de se retirer avec grande perte. Cette prise fut suivie de celle du château de Dortan, et peu après de celui de Chevreaux, qui étoit un des plus forts dudit pays, assis sur une montagne de difficile accès, bien terrassé dedans et dehors, et y ayant en tout temps garnison espagnole; il fut emporté dans quatre jours, nonobstant que le duc Charles fût à Lons-le-Saulnier, qui n'en est distant qu'à deux lieues, et leur eût promis de les secourir dans peu de temps. Aussi ne se rendirent-ils point, mais furent pris par assaut de vive force; tout ce qui se trouva en armes fut taillé en pièces, et le gouverneur pendu à une fenêtre pour les excès barbares qu'il avoit commis en plusieurs courses qu'il avoit faites en France, où, encore que les armes du Roi eussent toutes sortes d'avantages dans le comté de Bourgogne, les ennemis ne laissoient pas d'entrer souvent, faisant passer au fil de l'épée tout le peuple qui ne se pouvoit pas sauver de vitesse devant eux, et mettant le feu partout où ils passoient. Ils furent néanmoins arrêtés par les troupes nouvelles qui vinrent joindre le duc de Longueville : savoir est la moitié de l'armée du duc de Rohan, qui fut contraint de se retirer de la Valteline et des Grisons, non par la force des ennemis de Sa Majesté, mais par sa propre faute.

Il y avoit long-temps que les armées du Roi, tant françaises que grisonnes, étoient en la Valteline; elles n'y pouvoient pas séjourner sans donner quelque oppression au pays, quelque bon

9.

ordre qu'on y pût apporter ; mais le mauvais gouvernement des nôtres redoubloit le mal de plus en plus, car le duc de Rohan prenoit pour sa personne, et laissoit prendre aux autres chefs qui étoient sous lui, des contributions extraordinaires d'argent, outre les vivres qu'il faisoit fournir pour la nourriture des gens de guerre, et refusa les offres faites par les principaux de la Vallée, de fournir la subsistance à toute l'armée, tant de gens de pied que de cheval ; et le profit qu'il y faisoit étoit si grand, qu'il le remettoit en France par le moyen du sieur Garnier, qui fournissoit l'argent pour l'entretènement de l'armée. Tout cela néanmoins ne fut pas cause principale d'aucun soulèvement, mais bien la faute de paiement aux officiers des troupes grisonnes, qu'il pouvoit faire s'il eût voulu ménager l'argent du Roi, et décomptant aux gens une partie de la subsistance qu'ils recevoient, en profiter pour subvenir à ce manquement de fonds qu'il y avoit pour parfaire le paiement desdits officiers des troupes grisonnes, qui enfin, lassés de ce mauvais traitement, ou sollicités sans cesse de la maison d'Autriche sous des promesses avantageuses, prennent ce prétexte pour quitter absolument le parti de Sa Majesté dès la fin de l'année dernière. Le colonel Genatz, l'un d'entre eux, fut chef de la sédition, et se fit députer avec quelques autres vers l'archiduchesse Claude à Inspruck, pour traiter avec la maison d'Autriche au préjudice de la France. Il eut facilité d'attirer plusieurs à sa cordelle, sous couleur que pour le maintien de la religion catholique en la Valteline, le Roi n'avoit pas voulu jusque-là remettre les Grisons en la possession de la souveraineté de ladite Vallée, bien qu'ils en fissent plusieurs demandes à Sa Majesté. Le duc de Rohan, qui étoit lors à Coire, où il étoit allé en juillet l'année dernière pour changer d'air après une grande maladie qu'il avoit faite à Sondrio, ayant avis de cette menée, pour la divertir, demande aux Ligues la convocation d'une assemblée générale pour accommoder les différends qui étoient survenus entre les Grisons et la France, touchant la restitution de la Valteline, qu'ils prétendoient absolument sans aucunes conditions ni réserves. Les chefs des trois Ligues promettent ladite assemblée, et en déterminent la convocation immédiatement après le retour de leurs députés d'Inspruck. Ce retour est dilayé de jour en jour, ce qui étoit un témoignage certain de leur mauvaise volonté, et qu'ils poursuivoient quelque chose d'important à Inspruck. Le sieur de Lèques, maréchal de camp, qu'il avoit laissé seul en la Valteline pour y commander l'armée, le sollicitoit instamment d'y retourner, non-seulement lui, mais encore tous les Grisons affectionnés à la France ; et plusieurs du côté de Venise lui avoient donné avis, plusieurs mois auparavant, que les factieux des Grisons tramoient une révolte, laquelle seroit incontinent dissipée qu'il auroit rejoint ladite armée, n'en étant leur principal fondement que sur sa détention, et que l'ayant arrêté, ils feroient par après ce qu'ils voudroient de ladite armée. Mais tous ces avis ne le mouvoient point ; le sieur de Lèques l'assura enfin que le traité entre eux et la maison d'Autriche étoit conclu, et que s'il lui faisoit l'honneur de suivre son conseil, il quitteroit le séjour de Coire et s'en viendroit en la Valteline, ou du moins à Chiavenne, où il pouvoit faire convoquer l'assemblée pour y être en plus de sûreté pour sa personne, et pour donner plus d'autorité aux intentions et volontés du Roi, et de bienséance au procédé de cette affaire ; qu'étant proche de l'armée et dans un lieu commandé par un château qui dépendoit de lui, cela donneroit à penser aux Grisons, et les pourroit divertir de la trahison qu'ils couvoient, et en tous cas rendroit inutiles leurs desseins. Mais quel que fût le dessein dudit duc, il ne voulut jamais partir de Coire, et s'arrêta aux protestations que lui faisoient les officiers des troupes mutinées, que moyennant qu'il leur baillât 130,000 livres qui étoient arrivées nouvellement, ils remettroient toutes choses en leur premier état. Il se résolut de les leur faire délivrer, en donna son ordonnance et sollicita par tous moyens le sieur Lasnier, intendant de la justice et des finances en son armée, de la vouloir viser, lui représentant que c'est le service de Sa Majesté, qui leur envoyoit cette somme pour apaiser l'émeute de ces peuples, qui n'avoient été animés que par lesdits colonels. Ledit duc de Rohan ayant arrêté avec les Grisons quelque traité il y avoit déjà quelques mois, le Roi n'avoit pas jugé devoir le ratifier, sinon sous quelques modifications. Les Grisons n'en furent pas contens, ni ledit duc qui en étoit convenu avec eux. Sa Majesté craignant néanmoins qu'il en arrivât quelque inconvénient, leur en envoya la ratification pure et simple avec ledit argent, afin de les contenter en quelque manière que ce fût. Le duc de Rohan aima mieux qu'on donnât l'argent aux colonels susdits, que non pas on l'employât à faire agréer les modifications sus déclarées, ou qu'en donnant la ratification du Roi pure et simple, on conservât une partie de cet argent pour la subsistance de l'armée, ou pour quelques-uns des Grisons les plus puissans et affidés, pour s'en fortifier contre ceux desquels raisonnablement il ne pouvoit prendre assurance. Le sieur Lasnier refusant de viser cette ordonnance, le duc de Rohan envoya rompre les coffres du trésorier et leur fit délivrer l'argent.

En ce même temps le duc de Parme ayant fait son accord avec Espagne, comme nous dirons en parlant des affaires d'Italie, les Espagnols incontinent après publient hautement qu'ils s'en viennent chasser les Français de la Valteline, avec l'assistance des Grisons, et qu'ils sont d'accord avec eux ; et de fait, les troupes espagnoles s'approchent de la Valteline. D'autre côté les députés grisons reviennent d'Inspruck. Le duc de Rohan, ne croyant rien de tous les avis qu'on lui donnoit, fit tenir une assemblée, et conclut un accord avec lesdits Grisons, après lequel il mande audit sieur de Lèques que maintenant il étoit assuré desdits Grisons, et qu'il crût pour-certain que les Espagnols ne sauroient être sitôt à lui qu'il ne le joignît avec deux mille hommes, et davantage s'il en étoit besoin. Le sieur de Lèques ne s'endort point sur l'assurance de ce prétendu traité, mais continue, comme il avoit commencé de long-temps, à jeter des vivres dans les forts de Mantel et de La Rivé, et à les réparer diligemment aux endroits qui en avoient le plus de besoin, redouble la garnison, fait préparer tous ses gens, et porter tous les fourrages des quartiers pour en faire des magasins à Trahonne pour servir pendant le temps que l'armée seroit ensemble, et dépêcha aux Vénitiens pour lui faire fournir des vivres pour la subsistance de son armée, ce qu'ils firent sous son obligation particulière. Tandis que le duc de Rohan demeure seul des serviteurs du Roi en assurance des Grisons, les Espagnols d'un côté viennent au lac de Côme, le comte de Cerbelon vient prendre son poste au Trépianne avec son infanterie, et la cavalerie dans le val Suzena, et en même temps les Grisons lèvent le masque, font avancer douze ou quinze cents hommes droit à Coire, pour s'assurer de la personne dudit sieur duc de Rohan, et de là se saisir du fort de France, qu'ils savoient être extrêmement dépourvu de gens de guerre. Ledit sieur duc de Rohan, revenant ce jour-là par hasard dudit fort de France, rencontre sur son chemin un de ses valets de pied qui lui porte avis que les Grisons étoient en armes, qu'ils avoient été en son logis, et, ayant déjà passé Coire, s'en venoient droit au fort ; cela l'oblige à tourner bride et se jeter dans ledit fort, où il fait venir le régiment de Schmidt, qui étoit en garde au Steig, composé de huit à neuf cents hommes effectifs ; les Grisons s'avancent jusqu'à Malaus, à demi-heure dudit fort ou environ, envoient saisir le pont du Rhin, et menacent d'une armée allemande, qui devoit venir à leur assistance avec canon et toutes choses nécessaires du côté du Tyrol.

Quelques jours se passent de cette sorte, pendant lesquels les habitans des quatre villages et ceux de la vallée de Partance envoient dire audit sieur duc de Rohan qu'ils étoient prêts à faire ce qu'il leur ordonneroit, et prendroient volontiers les armes contre ces mutins, le procédé desquels ils n'approuvoient en aucune façon. Ledit sieur duc de Rohan les remercie, et ne trouve point à propos de rien faire contre cette émotion ; mais dans quelques jours, qui étoit le 26 de mars, il fait venir les députés des Ligues, et conclut avec eux un traité par lequel il s'oblige de remettre la Valteline et les deux comtés de Chiavenne et de Bormio, avec les forts qui y ont été construits, aux Grisons, et d'en faire sortir les troupes françaises, en sorte qu'elles seroient entièrement hors de leur pays dans le 5 de mai, auquel jour il remettroit le fort de France auxdits Grisons ; toutes lesquelles choses il promettoit exécuter ponctuellement, nonobstant tous ordres contraires qui lui pussent venir de la cour, et que pendant ce temps il resteroit dans la ville de Coire avec le sieur de Saint-Simon et toute sa cour. Le duc de Rohan mande incontinent après, qui fut le 28 mars, au sieur de Lèques ce dont il est convenu, et lui ordonne d'y obéir, et que c'est le service du Roi, auquel il dépêche pour avoir l'argent nécessaire pour le passage de ses troupes ; qu'il a aussi promis que l'on ne commettroit aucun acte d'hostilité contre les Espagnols, vers lesquels il envoyoit un des siens avec un passe-port pour avoir pareille assurance de leur côté, et les faire retirer d'autour du lac de Côme. Le sieur de Lèques dit au sieur de Vérigny, qui étoit celui que le duc de Rohan lui avoit envoyé, qu'il ne pouvoit s'imaginer que ledit duc de Rohan fût en sa liberté lorsqu'il avoit fait ce traité, et lui avoit envoyé l'ordre de le faire exécuter, étant chose trop honteuse, et ledit sieur de Rohan trop généreux et trop bon serviteur du Roi pour y avoir apporté son consentement, hors d'une tyrannie extraordinaire que les Grisons avoient sans doute exercée sur lui ; qu'il croyoit que ledit sieur duc n'avoit fait ce traité et ses ordres que pour amuser les Grisons et avoir loisir de se tirer de leurs mains, pour leur faire connoître, par un sujet contraire à leur attente, comme Dieu n'autorise jamais les trahisons et les perfidies ; fait voir audit Vérigny les réparations et augmentations qu'il avoit fait faire au fort de Mantel, les magasins fournis de vins, farines, biscuits, millet et châtaignes pour trois mois à mille hommes de garnison, avec des munitions de guerre à suffisance, le retranchement de l'armée à l'épreuve du canon, depuis le pied de la montagne de Rogolo jusqu'à la grande redoute, et d'icelle tout le travers du marais jusque proche du fort, d'une épaisseur raisonnable, avec bons ravelins pour le flanquer, le tout bien gazonné et en défense, le marais tout couvert d'eau, par le moyen de la rivière de Delebio qu'il y avoit fait venir à force de travail ; lui fait voir l'armée composée de trois mille hommes de pied sous les armes, les garnisons fournies et six cents chevaux ; lui montre les lettres du sieur de La Thuillerie, ambassadeur à Venise, avec les assurances de la République qu'elle ne l'abandonneroit pas, et qu'outre les vivres qu'il en recevoit sous ses obligations, il espéroit encore un secours d'hommes conduits par le chevalier de La Valette ; charge ledit Vérigny de rapporter toutes ces choses à son maître, afin qu'il connoisse que tout est en bon état, et qu'il ne marchande point à revenir dans l'armée, l'assurant qu'il l'ira recevoir bien avant avec deux mille hommes de pied et quatre cents maîtres ; que s'il trouvoit de trop grandes difficultés à prendre cette route ou que son dessein ne fût pas tel, il le prie de passer le Rhin et se retirer en Suisse, et qu'il l'assure qu'il se démêlera bien de cette affaire, n'ayant autre peine que de la voir entre les mains de ces traîtres ; mais que si son dessein est de tenir ce traité, qu'il le prie de s'en venir lui-même le faire exécuter, que pour lui il le trouve si hors de raison et si honteux, qu'il n'y consentira jamais. Et pour donner prétexte audit sieur duc de passer en Valteline sans donner soupçon aux Grisons, lui écrit que toute l'armée croyoit qu'il fût détenu prisonnier, et que chacun faisoit difficulté de reconnoître ses ordres, et que, appréhendant de n'avoir pas le pouvoir de faire exécuter ponctuellement les choses qu'il lui ordonnoit, même qu'il n'arrivât quelque grand désordre de pillage et de feu dans le pays, il croyoit très-nécessaire qu'il prît la peine de venir jusque-là, pour amortir cette émotion et faire suivre le traité qu'il avoit fait avec les Grisons.

Vérigny part pour retourner à Coire, disant qu'il n'y avoit point d'apparence que cette affaire se passât de la sorte, les choses étant en si bon état, que sans doute lorsque son maître entendroit le rapport qu'il avoit à lui faire, il ne marchanderoit point à prendre un autre parti que celui du traité. Arrivant à Coire, après s'être acquitté de sa commission, ledit sieur duc de Rohan rejette toutes ces choses comme frivoles, et dépêche de nouveau ledit sieur de Saint-Simon vers ledit sieur de Lèques le 8 d'avril, avec une lettre par laquelle il lui mande qu'ayant appris par le retour de Vérigny que, sur le soupçon qu'il n'étoit pas libre et que l'on pouvoit extorquer des ordres de lui préjudiciables au service du Roi, ledit de Lèques avoit appréhension de faillir en y obéissant, il avoit prié le sieur de Saint-Simon de l'aller ôter de ce doute, ayant toujours été auprès de lui en tout ce qui s'étoit passé en cette affaire ; qu'il étoit certain qu'il eût été à désirer que les Grisons eussent requis plus civilement, et en autre forme qu'ils n'avoient fait, leur rétablissement dans La Valteline et ès comtés ; néanmoins, sachant que la volonté de Sa Majesté n'étoit autre que de les remettre en possession de ce qui leur appartenoit, il avoit volontiers condescendu au traité dont il envoyoit copie, lequel il le prioit faire exécuter ponctuellement, suivant l'ordonnance qu'il lui en envoyoit, qui lui serviroit de toute décharge envers Sa Majesté, à laquelle il savoit qu'il ne pouvoit rendre un plus agréable service, pource qu'elle se déchargeroit d'une dépense immense pour le présent et pour l'avenir, et fortifieroit ses autres armées de celle-ci qui ne lui servoit plus de rien en ce pays, depuis que le passage du Saint-Gothard étoit libre aux Espagnols et aux Allemands ; que, s'il n'avoit pas été en la Valteline pour exécuter ledit traité, il avoit cru être plus nécessaire à Coire pour pourvoir au passage des troupes de Sa Majesté jusqu'en France, l'assurant qu'il avoit été libre en son traité, qu'il l'étoit lors pour aller où il lui plairoit, et qu'il n'avoit désiré demeurer audit Coire que pour donner ordre aux affaires, afin qu'il ne se fît rien au passage des troupes que bien à propos. Ledit sieur de Saint-Simon presse ledit sieur de Lèques d'exécuter les ordres dudit duc de Rohan, protestant, à faute de ce faire, qu'il rendra compte au Roi, en son propre et privé nom, de tous les maux qu'il en pourroit arriver. Lèques eut tant de peine d'obéir à un ordre si lâche, qu'après avoir montré les troupes et les places du Roi audit Saint-Simon, qui étoient en état de ne point craindre les forces qui les menaçoient, promit néanmoins d'obéir si ledit duc faisoit voir par écrit au sieur de Gaillan, major de son régiment, qu'il lui envoyoit exprès pour ce sujet avec ledit Saint-Simon, que l'intention du Roi fût conforme à ce qu'il lui commandoit.

Cependant arrive encore le sieur de Vérigny, qui lui porte un nouvel ordre du duc de Rohan du 11 avril, par lequel il le presse de commencer à faire filer la cavalerie dès le 15, et ensuite toute l'infanterie, que le comte de Cerbelon promettoit aussi de se retirer dès qu'il auroit pris jour pour faire filer lesdites troupes. Lèques tient pour suspect tout ce qui lui vient de la part dudit duc, demeure en sa première résolution, et fait partir ledit Gaillan avec le sieur de Saint-Simon. Le Roi, dès qu'il eut avis de cette révolte, avoit mandé, le 30 mars, au duc qu'il employât tout son courage et son adresse afin de pourvoir promptement à cette mauvaise affaire; que, s'il n'y avoit plus de moyen d'y remédier ou de l'adoucir, au moins traitât-il en sorte qu'il pût ramener les troupes du Roi par la Suisse, les conduisant par le chemin ordinaire des étapes, qui seroient préparées par l'ordre du sieur Méliand, selon l'avis qui lui en seroit donné à temps par ledit sieur duc. Il montra et fit lire ledit article au sieur de Gaillan, et en envoya par lui la copie au sieur baron de Lèques le 16 avril, ajoutant que Gallas étoit près de Lindau, qu'il y avoit d'autres troupes allemandes dans le Tyrol, qu'il restoit bien un moyen de périr honorablement, mais non pas de conserver l'armée et l'alliance avec les Grisons, dont, par ce moyen, la maison d'Autriche se rendroit maîtresse, ayant occasion d'y entrer à main armée; et partant, puisqu'il n'avoit pas commencé à faire filer les troupes le 15, selon qu'il lui avoit ordonné, il le fît le 19 sans aucune faute, autrement il mettroit sa liberté et sa vie en compromis, pource qu'il s'y étoit engagé de foi et de parole, et feroit contre l'intention de Sa Majesté, à laquelle il dépêchoit Prioleau, son secrétaire, afin que les troupes trouvassent une montre sur les frontières de France, et les ordres de Sa Majesté de ce qu'elles avoient à devenir. Mais il n'envoya pas audit sieur de Lèques la lettre qu'il avoit pareillement reçue de Sa Majesté pour lui, ni celle du sieur des Noyers, secrétaire d'État, d'autant qu'il se doutoit bien, par ce que le Roi lui mandoit, que Sa Majesté convioit ledit sieur de Lèques de faire tout ce qu'un homme d'honneur et de sa valeur et expérience pouvoit faire pour les armes du Roi; ce qui fut cause que ledit sieur de Lèques se rendit enfin, bien que contre son gré, à la lâcheté des commandemens dudit duc de Rohan: car les principaux officiers de l'armée et lui ne crurent pas avoir lieu d'y apporter de nouvelles résistances, attendu que non-seulement aucun d'eux n'avoit ordre contraire du Roi, ni témoignage qu'à la cour on doutât de la conduite dudit duc, mais même aucunes nouvelles de France, où, au contraire, les dépêches qui portoient la volonté du Roi étoient adressées audit duc comme auparavant, et à lui seul.

Ayant obéi, livré ses forts aux Grisons, et une partie des troupes étant déjà hors du pays, on rendit audit sieur de Lèques, qui étoit déjà hors de la Valteline, une lettre du sieur des Noyers, par laquelle il l'exhortoit à faire toutes les résistances possibles pour maintenir les armes du Roi en ce pays-là, et ne souffrir point qu'elles perdissent en un moment la gloire et la réputation qu'elles y avoient acquises par tant de combats. Lèques, surpris de cette lettre, après les ressentimens d'un désespoir, fait perquisition du retardement qu'il y avoit eu à lui rendre ladite lettre, et de qui en pouvoit venir la faute, et trouva que ledit duc de Rohan l'avoit retenue exprès, de peur qu'il ne sût que la volonté du Roi n'étoit pas telle qu'il lui avoit figurée, sachant bien qu'il n'obéiroit jamais aux ordres qu'il lui avoit donnés d'exécuter le traité qu'il avoit fait avec les Grisons, et que par ce moyen il couroit fortune de la vie, se trouvant en leur pouvoir, leur ayant promis absolument l'exécution dudit traité; même ledit duc retint la lettre du Roi écrite audit de Lèques sur ce même sujet, et ne la lui rendit jamais. Ladite lettre l'obligeant à chercher les moyens possibles à réparer ce mal, et qui ne se pouvoit plus que par quelque exécution extraordinaire, il se diligenta de gagner la tête de l'infanterie pour s'en pouvoir servir avant qu'elle sortît du pays des Grisons. En même temps les sieurs d'Étampes, maître des requêtes, et de Guébriant, maréchal de camp, arrivèrent à Coire où le Roi les avoit dépêchés, dès le 7 avril, avec ordre, instructions, argent, et toutes choses nécessaires pour remettre, en quelque manière que ce fût, les affaires du Roi en meilleur état qu'elles n'étoient dans les Grisons. Le sieur de Guébriant fit une telle diligence qu'il arriva dans six jours à Ragatz, pays de Suisse, frontière desdits Grisons, distant de quatre heures de Coire où étoit ledit duc; mais, s'étant présenté pour passer au pont du Rhin, le passage lui fut refusé par lesdits Grisons qui l'occupoient; mais il trouva moyen de donner avis audit duc de sa venue, lui écrivit, lui fit rendre copie de ses ordres et de ceux dudit sieur d'Étampes, et les lettres que l'on lui avoit données pour le sieur de Lèques, maréchal de camp, seul commandant, et étant pour lors en ladite vallée de la Valteline. Le sieur d'Étampes, qui n'alla pas si vite, rencontra près de Soleure Prioleau, secrétaire du duc de Rohan, qui alloit en cour, qui lui dit qu'il n'y avoit plus rien à faire ni à espérer aux Grisons; qu'on ne le laisseroit pas passer au pont du Rhin, non plus qu'on n'avoit fait le sieur de Guébriant ni lui-même, qui, venant de la cour, y avoit été arrêté et contraint d'envoyer au duc de Rohan les lettres de la cour dont il étoit porteur. Néanmoins ledit sieur d'Étampes persistant à vouloir continuer son voyage, et désirant qu'il rebroussât chemin avec lui, il y condescendit, et même alla devant pour donner avis audit duc de sa venue. Ledit duc d'Étampes reçut ensuite à

Zurich une lettre dudit duc par les mains du sieur Ulrich, ministre audit lieu, son particulier ami, par laquelle il lui mandoit que, sur l'avis qu'il avoit eu de sa venue par ledit sieur de Guébriant, il le convioit de demeurer audit lieu, et lui dissuadoit fort d'aller plus avant, et que, s'il avançoit davantage, il gâteroit plutôt les affaires que de les accommoder, et qu'il le verroit bientôt audit lieu de Zurich. Il ne laisse pas de passer outre, et par le chemin il ruminoit souvent les termes de cette lettre, *qu'il gâteroit plutôt les affaires que de les accommoder;* car il ne voyoit pas qu'elles pussent être mises en plus mauvais état qu'elles étoient, et crut qu'il n'avoit pas envie qu'il en eût si particulière connoissance qu'il pourroit avoir allant sur le lieu. Étant proche de Wallenstadt, Prioleau vint au-devant de lui, lui apporta une lettre dudit duc, pareille à la précédente, par laquelle il le prioit de s'arrêter audit lieu de Wallenstadt; ce que n'ayant voulu faire, il reçut proche de Ragatz une autre lettre de teneur contraire à la première, par laquelle le duc lui témoignoit être bien aise qu'il le vînt trouver, lui envoyoit à cet effet son carrosse et une haquenée, craignant qu'il fût harassé du long voyage, et écrivoit audit Prioleau (qui n'avoit pu encore pour cette seconde fois passer jusques à Coire) qu'il étoit bien aise de sa venue, afin qu'il fût témoin de ses actions : ce qui sembloit montrer que ce qu'il avoit déconseillé auparavant sa venue étoit pource qu'il craignoit qu'il en fût un trop véritable témoin ; et enfin, passant à Ragatz, apprit que le sieur de Guébriant n'avoit eu permission d'aller à Coire que le jour auparavant, de sorte qu'il s'y rendit un jour après lui.

Le duc de Rohan, dès qu'il le vit, le menant dans son cabinet avec ledit sieur de Guébriant, leur dit tout ce qu'il put pour essayer de justifier son procédé, représentant qu'il n'avoit pu faire autre chose que ce qu'il avoit fait, étant investi dans le fort de France où il n'y avoit pas de vivres pour huit jours, n'étant pas assuré des cantons suisses ni du régiment du colonel Schmidt, qui étoit dans ledit fort pour lors, et y ayant des Allemands sur la frontière vers le Steig pour venir audit fort, et à Colico des troupes espagnoles et italiennes commandées par Cerbelon pour entrer dans ladite Valteline ; et que tout ce qu'il avoit pu en cette extrémité, c'avoit été de sauver les troupes de Sa Majesté et de ne pas aigrir ce peuple davantage, qui pourroit faire entrer les ennemis dans leur pays, d'où on ne les sortiroit pas aisément, et que, leur fureur étant passée, on pourroit encore les ménager à l'avenir; qu'il avoit fait, à son avis, un très-grand service au Roi, et pris un terme de quinze jours pour en avertir Sa Majesté, et aussi qu'elle avoit approuvé ledit traité, lui ayant mandé que s'il ne pouvoit mieux faire que ce qu'il avoit fait, qu'il sauvât sesdits troupes qu'elle destinoit ailleurs, puisqu'elles étoient très-bonnes pour un bon emploi. Ils lui repartirent que s'il n'avoit pu mieux faire il en étoit le juge, mais qu'on eût désiré à la cour qu'il eût mieux fait s'il y eût eu moyen, le Roi et ses ministres étant fort fâchés de ce désordre, et qu'après avoir tant dépensé d'argent et levé de gens pour occuper ces passages, que cela fût réduit à rien, et à une honte que son armée se retirât de la sorte, selon que le portoit ledit traité qu'il avoit fait; que pour le temps qu'il avoit pris d'en avertir Sa Majesté, il étoit inutile, puisqu'au même instant il avoit quitté ledit fort de France, et ensuite faisoit exécuter ce qu'il avoit promis avant qu'on pût être à lui et sans attendre aucune réponse du Roi; que pour l'approbation de Sa Majesté qu'il alléguoit, contenue au mémoire que lui avoit apporté le sieur Prioleau, étant bien entendue, elle étoit au contraire, d'autant que, par ledit mémoire assez ample, et par les instructions que lui avoit fait tenir ledit sieur de Guébriant, il étoit assez aisé à connoître qu'elle ne désiroit rien tant qu'on fît tous les efforts possibles pour rétablir les choses audit pays; mais que, si l'on ne le pouvoit, Sa Majesté avoit déclaré qu'elle aimoit mieux sauver ses troupes du naufrage que de les perdre : ainsi qu'ils l'exhortoient de faire encore tout ce qu'il pourroit à cette fin. Il leur dit qu'il n'y avoit plus de moyen, qu'il avoit donné sa parole, qu'il la vouloit exécuter; que le sieur de Guébriant et lui étoient venus trop tard; que si on eût remédié à ces affaires, comme par plusieurs fois il en avoit averti, ce malheur ne fût point arrivé. Et, après plusieurs redites de part et d'autre l'espace de près de deux heures, ce ne fut que la même conclusion que dessus, et seulement sur la fin il dit qu'il falloit voir avec les principaux de la révolte, qui étoient Genatz, Roserolle, Travers et autres, ce que l'on pourroit faire avec eux. Le lendemain on s'employa avec Genatz et autres de la faction, leur faisant entendre qu'ils étoient venus pour donner toutes sortes de contentemens à ceux qui se plaignoient. Leur réponse fut que, si on leur eût parlé de la façon un mois auparavant, il y eût eu moyen de faire quelque chose, mais que lors il étoit trop tard. Le duc, voyant que Prioleau n'avoit point continué son voyage, dépêcha en cour Cirois, qui étoit auprès de lui de la part du sieur des Noyers, et manda qu'il n'y avoit plus rien à faire avec les Grisons, et qu'on lui fît savoir ce qu'on vouloit faire desdites troupes, et qu'en attendant cette résolution ledit sieur de Guébriant marcheroit avec elles et se hâteroit d'en prendre la tête pour les loger à mesure qu'elles arriveroient dans le bailliage de Gex, et en empêcher le mieux qu'il pourroit le débandement, leur promettant de leur faire toucher une montre sitôt qu'elles seroient toutes passées et jointes ensemble audit pays.

Ce qui fut fait, et ledit sieur de Guébriant partit le lendemain pour attraper la tête desdites troupes. Il se passa quelques jours de temps qu'on employa à divers desseins : l'un fut à voir si on pourroit regagner ledit Genatz, chef principal de la révolte : mais ce fut en vain ; un autre fut à leur faire entendre que le sieur d'Etampes avoit quelque créance à leur expliquer de la part de Sa Majesté. Ils dirent qu'ils en feroient rapport en leur assemblée : de fait, le jour d'après, ils députèrent trois d'entre eux, le colonel Florin, Travers et un troisième, vers le sieur duc et d'Etampes, pour leur témoigner que ladite assemblée auroit toujours très-agréable d'entendre ce que le dernier voudroit dire de la part du Roi ; mais, de crainte de quelque rencontre fâcheuse, ils avoient député vers eux les susnommés pour savoir ce qu'il avoit à leur proposer, et en faire rapport auparavant à leurdite assemblée. Le duc de Rohan prit la parole, et leur dit que le Roi, qui étoit toujours bon envers ses alliés, dont il ne désiroit rien davantage que leur maintien et leur conservation, avoit cru que mettant à part son intérêt de voir sortir son armée de leur pays de la sorte, après leur avoir envoyée avec de grandes peines, entretenue avec grande dépense, il ne laissoit pas de leur représenter le malheur où ils se plongeoient d'avoir fait un traité avec la maison d'Autriche, leurs perpétuels ennemis, de laquelle ils n'auroient autre garant que la foi de ceux qui les avoient toujours trompés ; et que s'ils eussent eu patience, leur traité eût été compris dans la paix générale avec tous les autres alliés de Sa Majesté; ils eussent été rétablis en la possession et souveraineté entière de la Valteline ; et que le mécontentement de quelques-uns, auxquels on pouvoit donner satisfaction, ne devoit pas être cause de la ruine de leur pays ; qu'ils pensassent mûrement à cela pendant qu'il étoit encore temps d'y remédier. Ils dirent qu'ils en feroient rapport à leurdite assemblée. Ces députés, le lendemain, leur firent réponse que le sieur d'Etampes étoit venu trop tard, que ses raisons étoient très-fortes, qu'ils eussent voulu qu'il fût arrivé un mois plus tôt, qu'ils avoient signé leur traité et qu'ils ne s'en pouvoient plus dédire. Néanmoins, s'il lui plaisoit de donner sa proposition par écrit, ils en délibéreroient en leur assemblée. Ils prirent avis le duc et lui ; et sur ce qu'ils leur avoient dit qu'ils avoient signé leur traité, et qu'il n'y avoit plus de remède, ils crurent leur devoir dire, comme ils firent, qu'ils n'avoient aucune charge, et que, puisqu'ils étoient incapables d'écouter aucune raison, ils n'avoient point de proposition à leur donner. Ils jugèrent pareillement qu'ils ne leur devoient pas donner la lettre du Roi que ledit sieur d'Etampes avoit apportée pour eux, afin qu'eux ni les Espagnols ne s'en prévalussent pas. Tandis qu'on traitoit avec eux, l'on considéroit, d'autre part, s'il y avoit moyen d'entreprendre quelque chose sur la ville de Coire, quand notre infanterie viendroit à y passer, d'autant que les habitans laissoient entrer les compagnies de cavalerie dans la ville ; mais cette résolution fut ralentie par une délibération que Genatz fit prendre aux Grisons de n'y pas laisser passer notre infanterie, qui y devoit passer en corps de quatre à cinq cents à la fois.

Lors arriva le sieur de Lèques qui, après avoir fait au duc de Rohan beaucoup de plaintes de ce qui s'étoit fait contre les intentions de Sa Majesté, lui propose que toute cette révolte n'étoit fondée que sur l'artifice des colonels grisons joints avec les trois chefs des Ligues, lesquels tous ensemble se trouvent dans ledit Coire, n'ayant pour leur sûreté et pour la garde de la place que quatre ou cinq cents hommes au plus qu'ils y avoient fait entrer pendant que les troupes françaises fileroient, à cause qu'elles passoient au pied de la muraille, et couchoient, en passant, à une lieue de là seulement, que cette ville étoit extrêmement aisée à pétarder, que la garnison n'étoit que de paysans ramassés, que la plus grande partie des habitans étoient affectionnés pour la France, que ce jour-là son régiment logeoit à Tremis, composé de huit cents bons hommes ; celui de Montausier, qui faisoit la tête de toute l'infanterie, composé de mille hommes, se rencontroit à trois lieues, n'ayant point encore passé le Rhin, et celui de Serres couchoit à trois lieues derrière ; qu'il y avoit déjà plus de cent cinquante gentilshommes ou officiers français dans la ville ; que les choses étant en cet état, s'il le trouvoit bon, la nuit ensuivant il feroit pétarder ledit Coire par son régiment, aux endroits qu'il avoit reconnus à ce dessein, avec six pétards qu'il avoit fait porter quant et lui de la Valteline, chargés et prêts à faire exécution, et que, pendant que le pétard s'appliqueroit, il s'en iroit avec les Français qui étoient dans la ville saisir les colonels et chefs de la mutinerie, qui étoient tous dans un même logis, et les feroit poignarder, se rendant maître de la ville; qu'il ne faisoit aucun doute que cela ne donnât telle épouvante aux Grisons, voyant les chefs de la sédition morts et toute l'infanterie française encore dans leur pays, qu'ils ne criassent *vive France!* et toutes choses ne se rétablissent en leur premier état, et les forts de la Valteline seroient aisés à reprendre, pource qu'il n'y avoit encore personne dedans. Le duc lui dit qu'il en demeuroit d'accord; qu'on avisât ce que l'on pourroit faire. L'avis du sieur de Lèques étoit d'entreprendre la nuit; celui du duc le jour, à cause qu'ils avoient jusques alors laissé la porte de devers le pont du Rhin ouverte lorsque les troupes passoient; que la nuit, ceux qui seroient affectionnés pour la France craindroient que ce ne fût un pillage et un sac de ville, et qu'au lieu d'être pour nous ils seroient contre; et qu'aussi difficilement la nuit pouvoit-on contenir les soldats, et les empêcher de voler, brûler et violer; et, sur ce que le sieur de Lèques repartit qu'au fond il falloit essayer d'avoir des gens dans la ville qui fussent informés de notre résolution et qui criassent en même temps, en langage du pays: « Liberté! » le duc lui dit qu'on ne pouvoit s'assurer de personne, que tous les ministres étoient de la cabale, et que les affectionnés à la France n'osoient paroître. L'après-dînée on fut étonné qu'un autre corps de notre infanterie passant la porte de la ville, au contraire du jour précédent, fût fermée par les soldats mis au dehors et au dedans d'icelle, et encore sur les remparts; ce qui fit manifestement connoître qu'ils avoient eu avis de notre dessein, qui étoit néanmoins secret entre le duc de Rohan et son secrétaire, et les sieurs d'Etampes et de Lèques, lequel prit sujet de persister en son opinion, qu'il falloit faire cette exécution de nuit; qu'il feroit reconnoître ladite ville par quelques-uns des capitaines de son régiment moins connus que lui, et qu'aussi bien dans deux jours les deux plus forts corps devoient passer; qu'on feroit marcher le premier lentement et hâter le second, pour être tous deux en même temps assez proches de ladite ville, et qu'il falloit pendant ces deux jours gagner quelqu'un de ladite ville pour crier, en même temps que l'entreprise se feroit, « Liberté! » Prioleau dit franchement au sieur d'Etampes qu'il n'étoit pas d'avis qu'on différât si long-temps que ledit sieur de Lèques vouloit, et que son maître pourroit changer d'opinion si on ne le prenoit au mot: ce qui fit soupçonner que l'avis qui avoit été donné aux Grisons venoit de sa part. Le sieur de Lèques dit aussi en confiance, sur ce sujet, au sieur d'Etampes, qu'il(1)

(1) Le duc de Rohan.

ne feroit rien du tout, qu'il le connoissoit bien, qu'il craignoit trop sa personne, et ne vouloit pour rien du monde retourner à la Valteline; qu'il l'avoit supplié par plusieurs fois d'y aller, et l'avoit même averti desdites menées qui se faisoient; que Genatz le trompoit, et qu'il n'avoit moyen de s'en garantir que de venir à ladite armée; mais que sa seule pensée étoit de sortir dudit pays, auquel il craignoit d'y mourir, y ayant été malade à l'extrémité.

Enfin il fallut partir. Ils allèrent le 5 au fort de France pour en voir sortir le régiment du colonel Schmidt, qui étoit de huit cents hommes sous les armes; il y entra un régiment desdits Gisons d'environ cinq cents hommes. Ledit sieur duc étoit accompagné desdits Genatz, Florin, Travers et autres Grisons, qui le conduisirent jusques audit fort. En leur présence il donna l'ordre de l'Accolade audit Schmidt, en vertu des lettres-patentes de Sa Majesté et du pouvoir à lui adressé. Il dit tout haut qu'il avoit fait payer ledit régiment de la plus grande partie de ce qui lui étoit dû; que le Roi ne manquoit jamais à récompenser ceux qui le servoient bien, et qu'il y en avoit autant pour les autres s'ils ne s'en fussent rendus indignes et ne se fussent point précipités en cedit malheur; qu'ils avoient chassé les troupes du Roi après leur avoir reconquis leur pays et battu en quatre combats principaux et en toutes rencontres les ennemis. Si les Espagnols leur mettoient bientôt le pied sur la gorge, qu'ils s'en prissent à eux-mêmes et ne crussent pas avoir des armées de France toutes et quantes fois qu'ils le voudroient, et qu'ils gémiroient sous le faix de leur usurpation. Comme ils étoient à Zurich, il reçut ordre du Roi d'aller servir en Piémont avec ladite armée de la Valteline, et le sieur d'Etampes de l'y accompagner; mais, ne désirant pas servir avec le duc de Créqui, il fit faire tant de sollicitations à la cour qu'on lui accorda de servir au Comté avec le duc de Longueville; mais, parce qu'on ne pouvoit entièrement frustrer le duc de Savoie de l'espérance qu'on lui avoit donnée du secours de ladite armée, et qu'il falloit lui en donner partie, tant de l'infanterie que de la cavalerie, on dit à Prioleau qu'il choisît les meilleures compagnies de cavalerie et les meilleurs régimens, et des amis dudit duc: ce qu'il fit. En même temps on fit payer une montre aux troupes destinées pour le Piémont, que le sieur de Lèques y conduisit; les autres ne la purent pas recevoir, parce que le duc avoit emprunté 10,000 écus qu'on ne put retirer de lui. Il étoit demeuré à Genève, feignant d'être malade; mais, en effet, c'étoit parce qu'il n'avoit nul dessein de servir le Roi en quelque lieu que ce fût dans le royaume. Le sieur de Guébriant ne laissa pas de faire avancer ce corps-là par la Bresse et la Franche-Comté, pour y joindre le duc de Longueville. Il donna avis au Roi de sa maladie, sur laquelle il rejetoit la cause de son retardement audit Genève, mais donnoit, en passant, assez à entendre qu'elle l'affoiblissoit si fort, qu'il avoit sujet de supplier Sa Majesté de lui accorder quelque temps pour le rendre plus propre à la servir. D'autre côté, il faisoit représenter par sa femme, à la cour, qu'il avoit appréhension de M. le prince, et qu'il ne tiendroit pas sa personne en sûreté dans la Franche-Comté. Enfin il fit proposer par elle-même qu'on lui permît d'aller à Venise : ce que le Roi lui ayant accordé, et ayant mis entre les mains de ladite dame une lettre du sieur de Chavigni, secrétaire d'Etat, au sieur de La Thuillerie, par laquelle il lui faisoit savoir que Sa Majesté agréoit ce voyage, il ne partoit point pour cela de Genève, mais dilayoit son départ de jour à autre, et ladite dame fit savoir qu'il ne pouvoit sitôt se mettre en chemin. Elle demandoit aussi que le Roi lui donnât quelque négociation à faire ; mais, après avoir fait connoître à ladite dame que Sa Majesté ne s'y pouvoit résoudre pour le présent, à cause de la conduite qu'il avoit prise depuis sa sortie des Grisons, et que la meilleure résolution qu'il pût prendre étoit de s'en aller promptement audit Venise, pource qu'il venoit déjà des bruits à la cour qui eussent pu faire croire à la longue qu'il n'eût pas été où il étoit sans dessein de négocier aux lieux de son voisinage ; enfin Sa Majesté fut contrainte, sur la fin de l'année, de dépêcher vers lui le sieur de Varennes, l'un de ses ordinaires, par lequel elle lui écrivit que, lui ayant permis d'aller à Venise selon sa demande, et voyant qu'il ne se disposoit pas sitôt à faire ce voyage, elle lui envoie ledit Varennes pour lui faire savoir son intention, laquelle il eut charge de lui déclarer être qu'il partît incontinent, accomplissant en ce sujet, le plus tôt qu'il pourroit, ce qu'il avoit désiré lui-même. Varennes reçut commandement que si ledit duc lui répondoit qu'il étoit tout prêt de partir, mais qu'il désireroit avoir une lettre du Roi par laquelle Sa Majesté lui donnât permission d'aller à Venise, ledit sieur de Varennes lui répliquât qu'il devoit se contenter de ce que Sa Majesté faisoit pour lui, et non pas attendre les mêmes faveurs de sa bonté que s'il lui avoit donné entière satisfaction de sa conduite ; qu'au contraire il savoit combien elle avoit eu de sujet de le blâmer dans les dernières occasions qui s'étoient passées aux Grisons ; qu'il devoit néanmoins reconnoître combien étoit grande la bonté de Sadite Majesté, qui ne désiroit autre chose de lui sinon qu'il allât présentement en un lieu où il l'avoit fait supplier souvent de lui permettre de se retirer, et lui donnoit, par son secrétaire d'Etat, témoignage qu'il le trouvoit bon ; que ledit sieur de Varennes lui ajouteroit que si, après tout ce qu'il lui auroit dit de la part du Roi, il s'opiniâtroit à demeurer à Genève, que Sa Majesté ne lui souffriroit en aucune façon, et qu'elle prendroit tous les moyens convenables pour l'en faire sortir ; qu'enfin il lui demanderoit dans quel temps il pensoit partir, et feroit en sorte qu'il ne prît pas un terme plus long que de huit ou dix jours ; après quoi il reviendroit, en la plus grande diligence qu'il pourroit, rendre compte au Roi de ce qui se seroit passé en son voyage. Et, bien qu'il n'y eût pas sujet de croire qu'il fût si malavisé de dire qu'il ne vouloit pas sortir de Genève, néanmoins, à tout événement, le Roi donna audit sieur de Varennes une lettre de créance aux magistrats de ladite ville, avec charge de la leur rendre en ce cas, et de leur dire que Sa Majesté craignant que les intentions dudit duc ne fussent pas conformes à celles qu'ils avoient de bien vivre avec Sa Majesté, elle les prioit de le convier et lui faire exécuter un dessein que lui-même avoit proposé à Sa Majesté, savoir, d'aller à Venise, ledit sieur de Varennes ayant charge de leur représenter que c'étoit leur bien d'en user ainsi ; et s'ils en faisoient difficulté, de leur faire connoître que Sa Majesté auroit grand sujet de se plaindre s'ils ne satisfaisoient à ce que Sa Majesté désiroit. Le duc de Rohan, entendant cette nouvelle, mit fin à toutes ces difficultés imaginaires, écrivit à Sa Majesté qu'il obéiroit à son commandement, et pour toutes préfixions il partiroit de Genève le 4 du mois de janvier ensuivant (1).

Il est certain qu'il avoit jusques alors porté à un haut point glorieusement les affaires du Roi en la Valteline ; mais sa dernière action, non-seulement ruina en un instant tout ce qu'il avoit fait de bien ès années précédentes, mais apportoit plus de déshonneur aux armes de Sa Majesté que tout le passé ne leur avoit causé de gloire. Cette honte étoit telle qu'elle ne pouvoit être réparée, et quelque excuse qu'il pût donner à sa faute et le plus favorable nom qu'elle pût recevoir de ceux même qui seroient plus ses amis, étoit celui de manque de cœur. D'alléguer qu'ayant avis de la trahison qui se brassoit, de laquelle il ne pouvoit se garantir qu'en se retirant à la Valteline, il ne l'avoit pas fait néanmoins parce qu'il avoit été extrêmement malade, cela ne seroit pas

(1) Tout ce récit est défavorable au duc de Rohan. Il faut lire dans les mémoires de celui-ci comment il raconte les mêmes faits à son avantage ou à sa décharge.

à propos, parce qu'un homme qui a charge doit préférer son devoir à sa santé. Il ne serviroit non plus de dire que les nécessités étoient grandes dans l'armée, qu'il les avoit fait savoir à Sa Majesté et à ses ministres, et que si on n'y pourvoyoit il ne vouloit plus aller à la Valteline, car outre que cette seconde raison est contraire à la première, après qu'on a mandé les nécessités d'une armée, si on n'y pourvoit, nous ne devons pas laisser de faire de notre part ce que nous sommes obligés et d'obéir; mais les nécessités n'y avoient pas été si grandes qu'on les avoit voulu représenter, et si l'argent qu'on avoit envoyé eût été bien ménagé, il eût pu fournir beaucoup plus loin, principalement à la solde des colonels grisons, qu'il ne fit, et ces gens-là, faute de paiement, tramèrent la révolte. Et quant à la solde des troupes françaises, il se peut dire que la cavalerie, à cause des contributions dudit pays de la Valteline, avoit plus gagné que perdu; pour l'infanterie, si elle étoit logée par force en des postes ruinés pour la garde des forts, il falloit tellement ménager ledit pays que les uns ne fussent pas si à leur aise et les autres si mal; mais en effet il se peut dire que l'infanterie y vécut soit du pain de munitions du Roi, soit de celui que le pays leur fournissoit de quelque subsistance qu'elle tiroit dudit pays. Mais que pourroit apporter ledit duc pour sa défense, de ce qu'étant bien averti que Genatz, colonel grison à la solde du Roi, étoit le principal ou plutôt l'unique auteur de ladite révolte, il devoit se saisir de lui par quelque voie que ce pût être, et tant s'en faut qu'il le fît, qu'il n'y en avoit pas un avec qui ledit duc et son secrétaire Prioleau eussent plus grande correspondance et union? Davantage, le jour de la sédition, ledit duc s'étant retiré au fort de France sur le bord du Rhin, et fait entrer en icelui le régiment du colonel Schmidt, suisse du canton de Zurich (qui gardoit le Steig, autre fort proche vers l'Allemagne), pour s'y défendre avec la garnison du sieur de Saint-Simon, commandant dans ledit fort, lequel régiment étoit plus de sept cents hommes sous les armes, et ladite garnison guère moins de cent cinquante hommes, devoit-il rendre ce fort au bout de deux fois vingt-quatre heures auxdits Grisons, sans y être aucunement forcé, et faire la capitulation honteuse qu'il y fit, car lesdits séditieux ne l'y pouvoient forcer, n'ayant point de canon? D'alléguer qu'il n'y avoit point de vivres, c'étoit sa faute ou celle dudit sieur de Saint-Simon; de plus, les habitans des quatre villages qu'on appelle les Voisinances de Coire, et ceux de la vallée de Partance, aussi voisins, lui offrirent tous secours et assistance d'armes, d'hommes et de vivres; les Suisses, principalement le canton de Zurich et ceux des protestans, celui d'Appenzel et la communauté de Saint-Gall, voisins, ne lui eussent pas aussi manqué; les Engadines hautes et basses, qui est une des premières et des plus puissantes communautés, se fussent déclarées, et ensuite beaucoup d'autres, et toutes les personnes affectionnées à la France, et y avoit des vivres dans ledit fort pour quelques jours; et si Genatz eût trouvé tant soit peu de résistance il étoit perdu et sa faction dissipée, étant homme de néant, qui n'avoit nul support, avoit force envieux, et par son audace s'étoit fait plusieurs ennemis. Ce seroit mal à propos de répondre qu'on craignoit deux armées, l'une d'Allemands par le passage du Steig abandonné, l'autre du duché de Milan par Colvo, conduite par Cerbelon : car, de la première, c'étoit une imagination ; de la seconde, les troupes de la Valteline, retranchées dans leurs forts que le sieur de Lèques avoit fait achever, n'étoient que trop suffisantes pour s'y opposer et la combattre, et le Roi n'eût pas manqué de secourir d'hommes et d'argent ledit sieur duc, l'ayant assez témoigné par l'envoi des sieurs de Guébriant, maréchal de camp, et d'Etampes, et ayant des troupes en la Franche-Comté qu'il y eût pu faire promptement marcher, les Suisses étant obligés, par leurs traités d'alliance, de donner le passage libre en telles rencontres. Cela rend plus signalée la faute qu'il commet de faire une capitulation si honteuse pour l'honneur de la France et des armes du Roi, sans avoir pris aucun terme d'envoyer vers Sa Majesté, portant que l'armée de Sa Majesté quitteroit lesdits forts et repasseroit toute en France, commenceroit à filer le 20 avril 1637, en sorte qu'au 5 mai il n'y auroit plus aucun homme de guerre dans ladite vallée et pays des Grisons, et que dès lors, pour sûreté de sa parole, il remettroit et consigneroit ledit fort de France au colonel Schmidt qui le garderoit comme en dépôt jusqu'audit jour 5 mai, pour le restituer auxdits Grisons, avec une clause tacite qu'on dit qu'il leur avoit promis (ce qu'il ne pouvoit faire), que, quoi que le Roi lui mandât, il exécuteroit ladite capitulation, et, pour plus grande assurance d'icelle, s'alla indignement mettre comme en captivité en leurs mains en la ville de Coire, au lieu de se retirer à Ragatz ou Zurich, pays de Suisse : car il devoit plutôt mourir que de faire ledit traité ; et ceux sont indignes d'emploi et des honneurs que le Roi leur fait, s'ils pensent préférer leur liberté, leurs biens et leurs vies, à l'honneur de leur maître et de leur pays. Et comme s'il eût su que ce qu'il faisoit étoit contre l'intention de Sa

Majesté, il retint une lettre de Sadite Majesté adressée au sieur de Lèques, et ne lui en envoya pas en diligence une autre du sieur des Noyers, secrétaire d'Etat, qui avoient été apportées avec toutes les diligences imaginables par ledit sieur de Guébriant qui les lui fit tenir à Coire, ayant été empêché de passer par lesdits Grisons au pont du Rhin, par laquelle lettre du sieur des Noyers ledit sieur de Lèques étoit exhorté de faire tout ce qu'un homme d'honneur pouvoit faire pour se conserver en la Valteline; et néanmoins il ne la reçut que lui et la plus grande partie desdites troupes étant déjà hors de la Valteline, quoique ledit sieur duc l'eût reçue, par le moyen dudit sieur de Guébriant, comme il a été dit, plus de huit jours avant qu'aucunes troupes commençassent à filer, et que pour la lui faire tenir il ne fallût pas plus de deux jours; mais la raison pour laquelle ledit sieur duc le retenoit, étoit de peur que ledit sieur de Lèques ne fît quelque difficulté d'obéir aux ordres qu'il lui avoit envoyés, et qu'y ayant du manquement à sa parole, les Grisons ne le retinssent prisonnier, ou le livrassent aux Espagnols pour garantie de la leur envers eux. La faute fut bien encore plus grande d'avoir forcé et comme violenté ledit sieur de Lèques d'obéir à ses commandemens pour sortir les troupes de la Valteline, auxquels n'ayant point voulu, par une et deux fois, obéir sans un exprès commandement de Sa Majesté, ne croyant pas le devoir plus reconnoître pour son général et lui obéir puisqu'il n'étoit plus en liberté, il lui fit réponse qu'il étoit en pleine liberté (ce qui n'étoit pas), et que c'étoit la volonté du Roi (chose fausse), lui envoyant pour couleur de son dire trois mots d'une instruction de Sa Majesté, que ledit Prioleau, son secrétaire, lui avoit apportée peu auparavant la venue dudit sieur de Guébriant à Ragatz, par laquelle instruction Sadite Majesté lui mandoit, pour dernière conclusion, que s'il n'y avoit aucun moyen de remédier à cette affaire ou l'adoucir, ledit sieur duc traiteroit en sorte qu'il pût au moins ramener les troupes du Roi par la Suisse. En quoi il tronqua les intentions de Sa Majesté au sieur de Lèques, qui étoient de faire auparavant tous les efforts possibles pour ne pas exécuter cedit traité, et on eût pu désirer au sieur de Lèques un peu plus de difficulté à croire en une chose de si grande importance et ne se contenter pas de faire lire par quelques personnes affidées quelque partie de l'instruction, mais demander qu'on la lui envoyât toute entière pour la voir et la considérer à loisir. On pourroit encore noter qu'après que ledit duc eut appris, par les sieurs d'Étampes et de Guébriant, que le Roi étoit mal satisfait de son traité, il devoit se résoudre à tenter quelqu'une des entreprises dont nous avons parlé ci-dessus sur la personne de Genatz ou sur la ville de Coire, qui, bien qu'elles ne fussent pas entièrement certaines, devoient néanmoins problablement réussir, qui est tout ce qu'on peut désirer en semblables entreprises, dans lesquelles la hardiesse de la générosité doit tempérer la circonspection de la prudence. Il vouloit rejeter le premier malheur de cette affaire sur quelques paroles un peu promptes que le sieur Lasnier, ambassadeur ordinaire du Roi aux Grisons, dit à quelques-uns d'entre eux; mais Sa Majesté l'ayant rappelé, ils en étoient satisfaits; outre que cela ne purge pas les fautes que ledit duc commit depuis, qui ruinèrent les affaires. Il vouloit encore faire croire que c'étoit le bien du service du Roi d'avoir abandonné le pays, qui coûtoit tant de gens et d'argent à Sa Majesté, puisque les Espagnols avoient leur passage libre par le mont Saint-Gothard : mais qui ne sait que ce n'est pas au serviteur d'être par-dessus les conseils du maître?

Il est donc certain, ou que ledit sieur duc, qui étoit habile homme et connu pour tel, avoit l'esprit troublé, ou qu'il y eut trop de timidité en son fait, ou beaucoup de malice; et ce qui le condamne, c'est de s'être retiré du service du Roi, de n'être point venu commander l'armée en la Franche-Comté, et d'être demeuré à Genève: car s'il n'avoit point failli et qu'il n'eût pu mieux faire ainsi qu'il disoit, pourquoi feindre d'être malade à Genève, puis dire que l'armée qu'on lui donnoit à commander étoit trop foible? après, que M. le prince étoit son ennemi, qu'il s'étoit déclaré contre lui, et avoit dit qu'il ne souffriroit point qu'il commandât dans son gouvernement, et qu'il lui feroit déplaisir s'il venoit en ladite armée, en laquelle ledit sieur prince étoit ou devoit être comme général sur toutes les deux de M. le duc de Longueville et de la sienne. Et enfin, pourquoi ne vouloir absolument point venir en ladite armée? Il n'y en peut avoir autre raison, sinon qu'il craignoit qu'on ne se saisît de sa personne : c'étoit sa conscience qui le jugeoit. D'alléguer qu'on lui avoit mandé de Paris qu'on le vouloit arrêter, c'étoit un dire, lequel, s'il étoit public, n'étoit pas vrai ; s'il étoit secret, il ne l'avoit pu savoir. Que Sa Majesté fît réflexion sur les troubles passés des huguenots rebelles dont il étoit le chef, il n'y avoit nulle apparence, car elle lui avoit pardonné, et il étoit venu depuis à Paris; que M. le prince fût maintenant trop puissant, l'on savoit que ledit seigneur le prince ne vouloit ni n'entreprenoit aucune chose au-dessus des volontés du Roi. Bref, c'étoit lui-même qui se jugeoit coupable; ce que nous avons marqué pour fautes, passoient pour crimes d'État en son opinion, qui, ayant de très-grandes lumières des choses du monde, savoit assez connoître ce qui étoit bien ou mal. Après toutes ces fautes, celle qu'il commit de ne vouloir pas aller en Bourgogne y commander les troupes qu'il avoit ramenées de la Valteline, ne fut pas d'un petit préjudice au service du Roi, d'autant que le duc de Longueville lui eût déféré beaucoup, le connoissant expérimenté au fait de la guerre, et n'eût pas perdu temps comme, par désir de bien faire et crainte de faillir, il faisoit bien souvent, et n'eût pas eu l'appréhension qu'on lui donnoit parfois d'armées imaginaires des ennemis, qui l'empêchoit de faire les entreprises qu'il pouvoit tenter sûrement, et eût eu espérance d'être secouru du duc de Weimar, qui étoit lié d'amitié avec ledit duc de Rohan, tant pour leur secte commune que pource qu'ils s'étoient vus devant Constance, lorsque le maréchal Horn l'assiégea, et ledit Weimar faisoit beaucoup d'estime de lui.

Ce manquement fut cause que l'armée considérable qu'avoit ledit duc de Longueville, fortifiée desdites troupes de la Valteline, ne fit pas l'effet que Sa Majesté s'en étoit promis. Néanmoins, dès qu'elle fut arrivée, elle servit à la prise de la ville et du château de Lons-le-Saunier, en laquelle les ennemis, à mesure qu'ils étoient forcés par les nôtres, mettoient le feu, et brûlèrent premièrement un couvent de capucins où ils avoient tenu fort, puis le faubourg, et enfin la ville même, en se retirant au château qui se rendit peu de jours après. Ils firent le même de la ville et châteaux de Montaigu, de Chavigny, Crèvecœur, Chailly et L'Etoile, Château-Châlons, Saint-Laurent de La Roche qui étoient places assez considérables. Mais il n'y en eut point de considération telle que la ville de Bletterand, qui est une des bonnes du comté, située en un marais, et que la seule sécheresse qu'il faisoit lors rendit accessible au canon, lequel ayant fait en quelques jours vingt-cinq pas de brèche, les ennemis ne s'étant pas voulu rendre, s'assurant sur trois cents Allemands qu'ils avoient en leur garnison, qui étoient de ceux qui avoient autrefois si bien défendu Saverne, la place fut emportée d'assaut, ce qui se trouva en armes taillé en pièces, la ville pillée et l'honneur des femmes conservé avec beaucoup de soin.

Le duc de Weimar, de son côté, fit encore beaucoup de dégâts dans le comté de Bourgogne, auparavant que d'aller essayer de prendre un poste sur le Rhin et le passer, à quoi le Roi l'avoit non-seulement destiné, mais le pressoit sans cesse de s'acheminer : ce qu'il fit dès que les troupes françaises, commandées par le sieur du Hallier, l'eurent joint; mais, en passant, il prit audit comté, auparavant le 16 juin, le château de La Romagne, et le 21, la ville et le château de Champlitte, qui se rachetèrent du pillage moyennant 30,000 écus. De là, ayant dessein d'aller investir Ray, et s'étant, avec ses troupes et son canon, acheminé pour cet effet, il eut avis que le duc Charles, avec cinq mille chevaux et mille dragons qu'il avoit assemblés pour secourir Champlitte, étoit en bataille près de Ray, sur le bord de la Saône, pour lui en empêcher le passage; lors il choisit un lieu avantageux pour faire passer son canon, d'où il commença à tirer sur les ennemis qui étoient dans une prairie, et faisant un grand effet sur eux, qui néanmoins leur disputèrent le passage deux heures entières; mais enfin ils furent contraints de lâcher le pied avec grande perte d'hommes et de chevaux. Lors ledit duc de Weimar fit passer ses régimens, par ordre l'un après l'autre, par des gués qui se trouvèrent dans la rivière. Puis, voyant l'ennemi loin des passages en pleine campagne, il se résolut de s'attacher à leur gros avec sa cavalerie et leur rendre la retraite difficile, bien qu'ils eussent déjà gagné deux lieues devant lui par divers chemins; mais quelques corps détachés des siens les ayant contraints de tourner tête en deux lieux avantageux pour lui, il les chargea ensuite de toutes ses forces, les rompit entièrement, et les poursuivit de telle sorte qu'il leur fut impossible de se remettre en gros, mais se sauvèrent à la fuite à la faveur de la nuit; mais payèrent pourtant d'un grand nombre de morts qui demeurèrent sur la place, de plus de mille prisonniers, deux mille bons chevaux, tout le bagage et vingt-six étendards, que ledit duc envoya au Roi par le sieur Rothenan. Mercy fut blessé de deux coups de pistolet, le comte de Rus pris prisonnier, deux lieutenans colonels, vingt capitaines, deux paires de timbales et même quelques dames de qualité qui se trouvèrent parmi eux. Ledit duc, croyant que le reste des fuyards s'étoit sauvé à Gis, l'envoya assiéger, le prit le 26, et moyennant 10,000 écus l'exempta de pillage.

De là il envoya le sieur du Hallier prendre le pont de Lentagny, sur la rivière de Lagnant, et lui cependant assiégea le château de Saint-Loup, lequel ayant battu de trois canons, il prit le jour même à discrétion, fit pendre celui qui y commandoit et passer au fil de l'épée tous ceux qui étoient dedans; il prit quelques autres petits lieux en passant, d'où il tira quantité de vivres, et assiégea Marnay, dont il emporta la ville d'emblée; mais le château faisant résistance, il leva le siége, sur l'avis qu'il eut que le marquis de Saint-Martin, gouverneur de la Franche-

Comté, s'avançoit vers Montbelliard et avoit pris le pont de Vaugicourt : ce qui l'obligea à tourner tête vers lui; mais il se sauva à Besançon. De là passant toujours en avant, il assiégea, le 7 juillet, la ville de Baume-les-Dames, sur la rivière du Doubs, laquelle ne s'étant pas défendue racheta son pillage moyennant 50,000 livres. Dès le lendemain il s'achemina à Clerval où sa cavalerie étant déjà arrivée, les habitants, espérant avoir plus raisonnable traitement des Français que dudit duc, envoyèrent traiter avec le comte de Gransey, gouverneur de Montbelliard, qui les reçut, et y envoya l'abbé de Gransey, son frère : ce qui fut cause d'un grand différend entre le duc et ledit gouverneur, le duc soutenant que les armes du Roi sous son commandement, attaquant une place, ledit gouverneur ne devoit pas entreprendre d'y envoyer des gens de guerre et s'en rendre maître; ledit gouverneur au contraire se défendant que, puisqu'ils étoient au Roi, celui qui s'en emparoit le premier pour son service la devoit conserver. L'action néanmoins dudit gouverneur ne fut pas approuvée, et il fut obligé, par l'avis des sieurs du Hallier et de La Mothe Houdancourt, de remettre la place entre les mains dudit duc, qui, le lendemain 9, sur l'avis qu'il eut que le reste de l'armée du duc Charles étoit retranché proche de Besançon, au-delà de la rivière du Doubs, au nombre de quatre mille hommes de pied, le régiment de cavalerie du marquis de Saint-Martin et quelques troupes de cavalerie des débris de son armée, se résolut de les forcer dans leur camp, et pour cet effet prit trois mille chevaux et douze cents mousquetaires choisis dans son armée, tant français qu'allemands, passa la rivière à Baume et marcha en diligence vers eux; mais il les trouva partis du soir auparavant, ayant passé la rivière à Besançon. Néanmoins, arrivant auprès de leur camp, il fit rencontre de trois compagnies de cavalerie du duc Charles, qui avoient été plus paresseuses que les autres à se retirer, les tailla en pièces, et s'alla mettre en bataille à la portée du canon de la ville, et y demeura l'espace de deux heures, sans que le duc Charles qui étoit dedans, ni aucun des ennemis, fissent mine de vouloir sortir. En s'en retournant à son quartier, les sieurs de Linville, Contenant et du Repaire Brassat, avec quinze ou seize officiers français, étant à la retraite et faisant collation, aperçurent deux cents mousquetaires comtois, sortant d'un bois pour se jeter dans la ville; ils les chargent sans reconnoître : ce que voyant un escadron de Suédois qui faisoient la retraite, ils fondent aussi dessus ces pauvres malheureux, qui furent tous tués, à la

réserve de cinquante-quatre ou cinquante-cinq que les Français sauvèrent, les faisant prisonniers; leur colonel fut tué et son fils pris prisonnier, qui étoient des seigneurs qualifiés du comté. Le 13 du mois il assiégea Montmartin, place appartenant au marquis de Saint-Martin, laquelle, après avoir soutenu cent vingt coups de canon, se rendit à discrétion et racheta son pillage moyennant 10,000 livres, excepté les vins et les blés qui servirent pour la subsistance de l'armée. De là il prit plusieurs autres petites places pleines de vivres, qui servirent et pour la nourriture de l'armée et pour faire des magasins dans le Montbelliard, en partie desquelles Gallas avoit laissé garnison, retournant en Allemagne. Entre les autres il prit la ville de Grange, place qui est importante, en laquelle il y a ville et château, et en une situation avantageuse. Il y avoit dedans une garnison de cavalerie et d'infanterie qui étoit forte, qui faisoient des courses vers Montbelliard et troubloient la communication de cette ville avec les autres, esquelles Sa Majesté avoit des garnisons; les murailles en étoient très-bonnes, et le canon n'y pouvoit faire effet qu'avec un long temps. Mais le duc ayant trouvé moyen de s'avancer jusqu'à la muraille et y faire commencer une mine, ceux dedans furent obligés de se rendre le cinquième jour du siége, qui étoit le 23 juillet. Le lendemain il assiégea Lure, que le marquis de Grane, avec toute l'infanterie et canon de Gallas, avoit pris l'année précédente, après un siége de six semaines. Il y avoit dedans deux cents soldats, outre les habitans. Il y fit une batterie de six canons qui firent brèche d'un côté de la ville, tandis qu'en même temps il faisoit aussi presser vivement l'abbaye, qui se rendit avec la ville dès qu'ils virent les soldats dans le fossé, les défenses abattues et point d'espérance de salut. Trouvant cette place assez bonne, outre l'importance dont elle est pour le passage et communication, il y laissa en garnison quelque infanterie et un régiment de cavalerie.

Deux jours auparavant le siége de Grange, le duc de Weimar trouva bon de partager l'armée, afin qu'elle pût vivre plus commodément, et donna au sieur du Hallier, outre les troupes françaises qu'il avoit avec lui, trois régimens de cavalerie et quelque train d'artillerie; de sorte que, comme ledit Weimar marchoit vers Lure pour tomber après dans la vallée de Belfort, du Hallier s'acheminoit à Porentruy pour descendre en même temps dans l'Alsace par Pfirth et Valtigoffen. Weimar, ayant dessein sur la ville d'Ensisheim, croyoit prendre en passant celle de Dam; mais, la nuit avant qu'il y arrivât, trois cents hommes de renfort y étant entrés, il n'osa pas s'engager en cette entreprise, de peur de retarder le dessein principal qu'il avoit de passer le Rhin. Il ne laissa pas de retourner vers Ensisheim qu'il fit investir, et cependant se rendit le premier août près de Mulhausen, pour conférer avec le sieur du Hallier et avec les principaux de ses capitaines de ce qu'ils devoient faire pour faciliter ledit passage. La résolution fut qu'il étoit à propos que le sieur du Hallier continuât la marche du côté des Suisses, où ledit duc lui donna les habitudes qu'il avoit, quelques bateaux et autres commodités qu'il put, tandis que ledit duc d'autre côté s'en iroit vers Benfeld, jugeant que cette diversion troubleroit les ennemis et faciliteroit le passage du Rhin. Cependant on ne laissa pas de continuer le siége d'Ensishein, qui fut pris d'assaut; tout ce qui fut trouvé dedans en armes mis au fil de l'épée; ceux qui s'étoient retirés dans le château s'étant rendus à discrétion, les officiers furent mis à rançon et les soldats prirent parti avec ledit duc. Le sieur de Manican lui ayant amené le 5 août, à Benfeld, cinq cents hommes des garnisons de Colmar et de Schelestadt, ledit duc envoya le colonel Schomberg avec quelques soldats et bateaux reconnoître l'état du Rhin, et, bien que ce fût contre deux forts de l'ennemi, La Capelle et Altaink, le lieu lui sembla si avantageux qu'il se résolut de n'en point chercher d'autre. Il commanda audit colonel de prendre trois cents hommes, la plupart desquels étoient Français, pour tenter ledit passage; Schomberg arriva à l'autre bord, le 6 août à huit heures du matin, en un lieu nommé Rhinau; le sieur de Manican suivit avec le reste des troupes, de sorte qu'ils passèrent ce jour-là près de quinze cents hommes avec l'aide de quelques bateaux de l'ennemi dont ils se saisirent en passant. Les ennemis s'étoient fiés sur leurs forts en ce lieu-là, et n'y avoient laissé que trois compagnies de cavalerie qui ne pouvoient pas résister au grand nombre d'infanterie que Weimar fit passer. Il s'y fortifia tellement en vingt-quatre heures qu'il n'étoit plus possible de l'en déloger. Le 7 il fit passer le régiment de Rose, continuant toujours à se fortifier, et envoya sur le soir quelques partis en campagne qui amenèrent des prisonniers, lesquels assurèrent que Jean de Wert devoit arriver le lendemain avec un corps d'armée, qui fit que Weimar fit encore avancer le régiment de Calembak, lequel achevant encore de passer le 8 sur le midi, Jean de Wert parut, qui poussa d'abord la garde de cavalerie fort vivement et entra dans un passage fort étroit, croyant assurément que Weimar n'auroit pas encore fait passer si grand nombre de soldats et qu'ils n'étoient pas retranchés. Mais sa force ne consistant qu'en cavalerie et dragons, qui furent toutefois assez résolus pour passer un fossé que les nôtres avoient devant leur retranchement, Weimar fit avancer le sieur de Manican avec les cinq cents Français qu'il commandoit, qui les reçut si courageusement et les repoussa de telle sorte qu'ils commencèrent doucement leur retraite, laquelle ils firent en assez bon ordre. Weimar les suivit près d'une heure pour reconnoître leur cavalerie, qui consistoit en deux mille chevaux, outre les dragons; il prit quelques prisonniers qui lui dirent que Jean de Wert s'étoit retiré là auprès pour y attendre son infanterie et canon, afin de le venir attaquer avec toutes ses forces sitôt qu'il les auroit reçues. Le duc de Weimar fit travailler cette nuit et le lendemain à élargir son retranchement pour y mettre sa cavalerie à couvert, croyant assurément que l'ennemi viendroit le lendemain sur le midi; mais, n'ayant rien paru, il envoya à la guerre pour apprendre de ses nouvelles; quelques-uns rencontrèrent la marche du général Reinak, gouverneur de Brisach, qui avoit joint le même jour Jean de Wert avec trois compagnies de cavalerie de Piccolomini, le reste de sa cavalerie, qui étoit toujours aux environs de Brisach, trois compagnies de dragons et quelque cent hommes de pied commandés, qu'il avoit retirés d'un fort près de Bâle où ils avoient attendu son passage, avec cinq pièces de canon, qui n'étoient logées qu'à une lieue de là. Cet avis lui donna sujet de bien travailler à assurer ses postes. Dès le lundi matin, sur les huit heures, l'ennemi commença à marcher vers nous avec toutes ses forces; le duc de Weimar fut au-devant de lui pour voir sa contenance, et le rencontrant, il s'assura de sa marche contre lui, dont il fit donner le signal par un coup de canon, afin qu'un chacun des siens fût prêt à son poste. Cependant il se retira tout bellement deux heures durant, faisant toujours entretenir les escarmouches, jusqu'à ce que, voyant tout le gros arrivé, il rentra dans ses retranchemens que l'ennemi attaqua furieusement de toutes parts avec son infanterie et canon, et fut aussi très-bien reçu de tous ceux auxquels il s'adressa, qui soutinrent leur poste fort courageusement. En cette attaque, qui dura demi-heure, Jean de Wert put connoître la posture où les nôtres se trouvoient, et, voyant que le grand nombre d'hommes que nous avions fait passer ne lui permettoit pas de s'élargir, il rassembla toutes ses forces et fit un grand effort à l'endroit auquel le sieur de Manican avoit son poste, et l'attaquèrent si vaillamment pendant trois heures, que Weimar fut obligé d'envoyer aussi en ce lieu la plupart de ses forces, afin de rafraîchir et changer souvent les soldats qui, tant Français qu'Allemands, firent très-bien leur devoir. Weimar fit souvent en ce temps-là des sorties avec cavalerie et infanterie, et faisoit jouer sans cesse seize canons qu'il avoit fait passer, lesquels incommodoient grandement l'ennemi, qui enfin fut contraint de se retirer en confusion jusques auprès de sa cavalerie qui étoit dans son camp, lequel il quitta entièrement peu après, laissant sur la place quelques chariots de munitions, quantité d'armes et près de deux cents morts ou blessés, outre plus de huit cents blessés qu'ils avoient retirés pendant le combat, entre lesquels il y avoit plusieurs lieutenans-colonels, majors, capitaines et autres officiers. Ils perdirent en cette attaque près de mille hommes; nous y eûmes cent trente, tant officiers que soldats, morts ou blessés. Ce combat fut un des plus opiniâtres dont on ait ouï parler; si l'attaque fut vigoureuse, la défense ne fut pas moindre. La créance commune dans le camp étoit que Jean de Wert avoit fait enivrer ses gens pour les rendre plus courageux, et il étoit à présumer qu'à moins de cela ils n'eussent pas demeuré si long-temps à découvert à la merci des canonnades et mousquetades. Quant aux nôtres, il n'y avoit point d'espérance pour eux de se pouvoir retirer, le duc de Weimar ayant exprès renvoyé les bateaux de l'autre côté de l'eau : le Rhin qu'il falloit boire, ou mourir, étoit, s'il est permis de dire, un bon sergent pour empêcher de reculer ceux qui eussent manqué de courage. Les colonels Tubatel et Colombak sortirent plusieurs fois de leurs retranchemens pour aller affronter les ennemis qui s'en approchoient et les repousser, et les soldats du régiment de Normandie, qui avoient vu les guerres des huguenots, sortoient aussi souvent de leurs barricades pour aller donner des coups d'épée aux ennemis. Le duc de Weimar visitoit de moment en moment tous les postes, les faisoit de temps en temps rafraîchir d'hommes et de munitions de guerre, et étoit toujours dans le plus grand bruit pour donner courage aux soldats, quoiqu'ils n'en eussent point de besoin. Les forces de la ligue catholique, que ledit Jean de Wert commandoit, ne semblant pas suffisantes pour s'opposer à Weimar, le roi de Hongrie manda aux ducs Savelly, marquis de Grane, et au général Gœutz, qu'ils quittassent les Suédois et autres confédérés en Allemagne, contre lesquels ils combattoient, et allassent tous joindre ledit Jean de Wert; lequel, comme il ne se rebutoit pas pour avoir été mal reçu en ces deux premières attaques, le duc de

Weimar ne se contentoit pas aussi des avantages qu'il avoit eus sur lui, et recherchoit les occasions d'en emporter de nouveaux : ce qui lui étoit difficile, pource que ledit Jean de Wert se tenoit resserré, attendant les nouveaux renforts de gens de guerre qui lui arrivoient tous les jours.

Weimar, pour le faire venir en campagne, alla mettre le siége devant Kentzingen, s'assurant bien qu'il voudroit venir secourir cette place qui n'étoit pas mauvaise et étoit très-importante, pource qu'elle coupoit le passage de Brisach au camp de l'ennemi. La chose réussit comme il l'avoit pensé; Jean de Wert s'y voulut incontinent opposer, assembla toutes ses forces qui avoient été le jour précédent augmentées de onze régimens de Croates, qu'Isolany lui avoit amenés, vint au-devant du duc de Weimar, et le rencontra près d'un ruisseau qui, sortant au-dessus d'Ettenheim, se va rendre au fort de Capelle dans la rivière d'Ely. Le duc prend un poste assez avantageux en deçà, pendant que l'ennemi, étant en bataille au-delà, attaquoit de force avec son infanterie et canon le passage dudit ruisseau, qu'il lui quitta à dessein, le voyant dans cette ardeur de combattre, feignant même de se retirer pour lui en accroître l'envie. Mais sitôt qu'il vit deux corps de son infanterie passés, quatre régimens de cuirassiers avec tous les Croates et dragons, il fit tourner son avant-garde composée de quatre régimens de sa cavalerie, et deux d'infanterie française commandés par le sieur du Hallier, qui les mena avec tant de prudence et de courage, qu'ils repoussèrent les susdits ennemis avec désordre et confusion dans l'eau, où ils tuèrent un très-grand nombre d'officiers et soldats, et prirent quelques prisonniers; de sorte qu'ils étoient entièrement perdus sans la nuit qui survint, laquelle ne permettant à Weimar de passer par ce même endroit, il monta avec le reste de son armée une lieue plus haut pour y prendre un autre passage et poursuivre sa victoire. Il se trouva au point du jour entre leur camp et le lieu où ils étoient le soir précédent; mais ayant eu avis de sa marche par leurs coureurs, ils se retirèrent en toute hâte dans un vallon où ledit duc de Weimar trouva encore l'arrière-garde, qu'il fit pousser avec l'infanterie que conduisoit le sieur de La Mothe Houdancourt, qui les mit de nouveau en désordre; mais ceux qui étoient en haut, faisant tête, leur donnèrent temps de se retirer. Il fit néanmoins avancer son canon, dont il avoit bon nombre, et les entretint trois heures durant en leur retraite qu'ils firent avec confusion, les suivant presque jusques à leur camp; ce qu'ayant fait, et son armée étant harassée par un travail de quatre jours, il retourna à son premier poste sans continuer le siége de Kentzingen, qu'il n'avoit entrepris que pour attirer l'ennemi au combat.

Le Roi reçut avec grand contentement les nouvelles de ses heureux succès que ledit duc lui manda; et parce qu'il lui demandoit un prompt secours d'hommes dont il avoit perdu beaucoup depuis son passage de la Saône, aux siéges qu'il avoit faits, combats et rencontres, convois et autres continuels travaux ; joint que, passant par le Montbelliard, partie des troupes du sieur du Hallier s'étoient débandées, et d'autres l'avoient été par les garnisons du pays, Sa Majesté, afin que cette belle action ne fût point rendue inutile et que ledit duc se pût maintenir delà le Rhin, et prendre ses quartiers d'hiver pour passer plus avant l'année suivante, pensa aux moyens de l'assister promptement d'un bon corps de troupes françaises, et écrivit incontinent en Lorraine, en l'Alsace et à Montbelliard, donnant ordre de tirer des garnisons desdits pays jusqu'à trois mille hommes de pied, et commanda aussi que l'on composât quatre ou cinq cents chevaux, tant des compagnies de cavalerie qui étoient lors vers Langres que de celles qui étoient dans ladite province, qui se pourroient mettre à la campagne. On donna rendez-vous à Lunéville à tout ce qui étoit tiré de la Lorraine et de la Champagne, pour marcher de là où il seroit nécessaire. Manican les y vint recevoir ; l'évêque de Mende, qui avoit eu soin de les assembler, les accompagna jusques au lieu où étoit le duc de Weimar. Mais celles du Montbelliard manquèrent ; et, au lieu que Sa Majesté avoit commandé au comte de Grancey d'envoyer au sieur du Hallier deux mille hommes de pied et deux cents chevaux qui ne lui étoient point nécessaires pour la conservation de Monbelliard, ledit comte, par le ressentiment de l'injure qu'il prétendoit avoir reçue du duc de Weimar à son passage, non-seulement n'obéit pas promptement au commandement du Roi, mais encore fut accusé de n'être pas marri de les voir débander. Sa Majesté, voyant ce défaut, donna ordre au duc de Longueville, sur les continuelles instances du duc de Weimar, de le joindre avec les troupes qu'il avoit ; mais divers empêchemens et délais survenant de jour à autre, enfin le duc de Weimar se trouva n'avoir reçu, dans la fin de septembre, qu'un secours si éloigné de celui que le Roi lui avoit ordonné, que n'ayant pas aussi de sa part les troupes que le Roi lui payoit, et qu'il lui avoit promis d'entretenir, il étoit en état de voir périr son armée pour n'avoir pas, à raison du petit nombre de soldats dont elle étoit composée, le moyen de l'employer et de la faire subsister, d'autant que le défaut des vivres pour ses gens et de fourrages pour une si grande quantité de chevaux ne lui permettoit pas de se tenir dedans ses retranchemens. Cela lui fit prendre résolution de repasser le Rhin et se retirer en deçà, ayant laissé quelque infanterie allemande à la garde du fort et des retranchemens qu'il avoit faits devant son pont. L'ennemi ne sut pas plutôt qu'il avoit fait repasser son armée, qu'il vint le 12, avec toute son armée, cavalerie, infanterie et canon, attaquer les forts qui étoient devant son pont et celui de dedans l'île. Mais ledit duc de Weimar y fut incontinent avec le reste de son infanterie, rembarra les ennemis, les fit retirer et laisser plus de trois cents morts sur la place, outre un plus grand nombre de blessés qu'ils emmenèrent, entre lesquels furent plusieurs des principaux officiers de Jean de Wert, et lui-même qui y fut blessé d'une mousquetade au visage. Le combat fut opiniâtre onze heures durant. Jean de Wert se retira vers la vallée de Kentzingen ; et, de peur d'être suivi, fit rompre le gué de la rivière par où il avoit passé. Ce dernier combat, qui faisoit connoître au duc de Weimar qu'il n'auroit plutôt éloigné son armée de son pont qu'il seroit de nouveau attaqué par ses ennemis, ne le put néanmoins faire résoudre d'y demeurer depuis, se plaignant que le long séjour qu'il lui avoit fallu faire au bord du Rhin, dans l'attente d'un grand secours, avoit ruiné ses troupes et lui avoit fait perdre la plus grande partie des chevaux de son artillerie et de ses reîtres, tellement qu'il étoit obligé d'aller chercher un lieu plus propre pour remettre son armée et la remonter. Pour ce sujet le sieur du Hallier ayant contremandé quelques troupes du Roi qui s'étoient acheminées vers eux, ils partirent le 15 ou 16 octobre, ayant laissé la garde des forts et du pont au sieur de Manican, gouverneur de Colmar, auquel le sieur du Hallier donna les hommes qu'il lui demanda pour ce sujet ; subsistances de pain pour six semaines, et 20,000 livres pour continuer les travaux qui étoient commencés, lesquels étant parachevés comme ils le pouvoient être dans peu de jours, les forts se pouvoient dire très-bons et être capables d'endurer un siége réglé, auquel il étoit très-certain que les ennemis ne s'attacheroient pas, étant fort foibles d'infanterie. Le duc de Weimar prit la route de la Franche-Montagne (1) qu'il avoit destinée pour ses quartiers d'hiver, mais il y trouva de la difficulté. Jean de Wert attaqua les forts et le pont du Rhin tout ensemble. Manican en étoit absent à raison de quelque maladie, et

(1) Partie du Jura, vers l'évêché de Bâle.

ceux qu'il y avoit laissés ne les défendirent pas avec telle résolution qu'il eût fait (1). Jean de Wert ensuite s'avança vers Bâle et se logea avec quelques troupes dans la seigneurie de Rotelen, d'où il pouvoit les faire passer à Rhinfeld qui n'étoit qu'à trois lieues des premiers quartiers du duc de Weimar. D'autre côté, le duc Charles se sentant favorisé de ceux du pays, se jeta dans la Franche-Montagne et en occupa les passages, de sorte que Weimar ne pouvoit entrer et s'étendre dans les quartiers qu'il s'étoit proposé de prendre; et bien qu'il fût resserré dans un petit pays où il y avoit peu de subsistance, les paysans ayant tout emporté dans la Suisse, encore étoit-il travaillé des petits cantons qui lui mandèrent assez insolemment que, s'il ne se retiroit, ils le feroient retirer : ce qui fit qu'il supplia Sa Majesté de l'assister de quelques troupes et de son autorité vers les petits cantons, sans laquelle il craignoit qu'ils entreprissent quelque chose contre lui : ce que Sa Majesté fit incontinent, et lui donna moyen d'entrer dans ladite Franche-Montagne. Car, outre que par son autorité elle empêcha les Suisses de l'attaquer, elle lui envoya un renfort de deux mille hommes que le marquis de Bourbonne lui mena, outre le régiment d'infanterie étrangère du jeune Batilly, celui de cavalerie de Vatronville qui étoit ci-devant à l'aîné Batilly, et les compagnies de cavalerie de Sirres, de Rosières, de Sainte-More, et de quelques autres, avec lesquelles troupes il fut en état d'élargir ses quartiers dans ladite Franche-Montagne et d'en faire retirer le duc Charles; et bien que les troupes dudit Weimar fussent si affaiblies et si éloignées du nombre qu'il devoit avoir par le traité qu'il avoit fait avec le Roi qu'elles n'en approchoient pas du tiers, néanmoins Sa Majesté ne laissa pas de lui faire payer comme si les troupes eussent été complètes, encore que si elles l'eussent été elles eussent été suffisantes de garder son poste de Rhinau sur le Rhin, et de passer au-delà, et afin de lui donner plus entier sujet de satisfaction, elle lui fit payer comptant tout ce qui lui avoit été promis, bien que le tiers ne lui en fût dû qu'en assignations. Ensuite elle lui envoya, le 11 novembre, le sieur de Feuquières, pour lui remontrer qu'elle avoit fait dès le commencement de cette année des efforts incroyables pour lui fournir des sommes immenses, vu l'état où la guerre avoit réduit toutes choses, afin de lui donner moyen de fortifier et accroître son armée, et que même Sa Majesté y avoit joint un bon nombre de troupes françaises entretenues à sa solde, sous le sieur du Hallier, afin de mettre

(1) Il faut ajouter : De sorte qu'ils furent pris par l'ennemi.

ledit duc en état de passer le Rhin et de faire quelques considérables progrès en Allemagne, et même dans les pays patrimoniaux de la maison d'Autriche où il devoit entrer, afin que n'ayant pu jusqu'ici être rendu sensible aux maux des autres princes chrétiens, elle le pût devenir aux siens propres et commencer à entendre aux conditions d'une bonne et juste paix; que ce n'étoit rien d'avoir paru sur les bords du Rhin pour retourner sitôt en arrière, vu que ce n'étoit qu'un éclair sans foudre, qui ne faisoit point de mal aux ennemis; qu'il le conjuroit de renforcer les troupes qu'il étoit obligé d'avoir et continuer sa pointe, étant assisté de celles que Sa Majesté lui avoit envoyées; que si les troupes de Sa Majesté s'étoient diminuées auparavant que de l'avoir joint, celles que l'Empereur avoit fait passer vers le Rhin n'en avoient pas fait moins; qu'elles n'étoient pas plus fortes que les siennes, et qu'allant à elles avec bonne résolution, il en emporteroit de grands avantages; qu'au fort, s'il jugeoit ne pouvoir pas présentement retourner sur ses pas, il établît maintenant ses troupes et celles de Sa Majesté dans la Franche-Montagne, qui est une partie de la Comté, et au voisinage, et surtout qu'elles n'approchassent en façon quelconque des confins de la France, afin qu'elles eussent moyen de vivre avec plus de liberté, l'expérience des deux hivers passés ayant donné une telle haine et animosité aux sujets de Sa Majesté contre ses troupes, qu'il n'y avoit pas d'apparence de les y faire retourner. Ledit duc manda au Roi que ses troupes allemandes étoient si ruinées, et particulièrement de chevaux, qu'il étoit impossible qu'il se remît à la campagne avant que de les avoir remontées; mais que dès le commencement de l'année prochaine, auparavant même le printemps, il espéroit se remettre aux champs et entreprendre le siége de Rhinfeld, ou se saisir de quelque autre passage sur le Rhin plus commode et de plus facile garde que celui de Rhinau, avec l'espérance d'aller jusque dans les pays patrimoniaux de la maison d'Autriche, et pousser les armes du Roi jusque dans le cœur de l'Allemagne; ce qu'il reconnoissoit être le seul moyen de remettre les Suédois en état de relever leurs affaires, et par conséquent de se donner liberté à lui-même, et à tous les alliés, princes et Etats intéressés en la cause commune, de faire le semblable. Le Roi lui promit de l'y assister d'un corps de troupes considérable, outre celles qu'il lui avoit envoyées, et prépara dès lors celles qu'il lui destinoit, auxquelles il donna ordre de s'avancer vers lui, en attendant que la saison de faire marcher les armées à la campagne arrivât, afin de maintenir et accroître de sorte le nombre des troupes françaises qu'il y avoit, qu'il ne fût pas moindre que les siennes, dont nous verrons l'effet l'année suivante.

Du côté de la Lorraine, l'armée que commandoit le cardinal de la Valette fut mise sous la charge du maréchal de Châtillon, qui commença à nettoyer la Meuse, prenant plusieurs places que les ennemis avoient le long d'icelle, à la faveur desquelles ils faisoient des courses dans la Champagne. Il fit ensuite le même de la rivière du Chier; il prit le château de Villeaune, entre Verdun et Stenay, qu'il fit démolir; celui de Dinant, entre Mouzon et Stenay; de Murvaux, Loupy, Brouenne, Chauvancy, qui sont toutes places qui endurent le canon. Le jour que cette dernière place fut prise, qui fut le 26 juillet, le maréchal de Châtillon eut avis que Piccolomini étoit arrivé sur le bord de la Moselle avec six mille hommes de pied et deux mille chevaux; mais il passa en si grande diligence, tirant vers Neufchâtel en Ardennes pour aller à Mons, que ledit maréchal n'eut pas loisir ni de le combattre ni de se disposer à lui empêcher le passage. De là il entra dans le Luxembourg et y prit La Ferté le 3 août, puis s'avança à Tuvy le 4, qui étoit une place fortifiée régulièrement et dans laquelle il y avoit plus de deux mille hommes de guerre, tant bourgeois que soldats; mais il l'attaqua si vigoureusement, qu'il contraignit le colonel Bronze, qui en étoit gouverneur, de se rendre le 14; pource que la place étoit de grande garde, il eut commandement du Roi de la faire démolir, et au contraire faire fortifier La Ferté qui étoit plus facile à défendre. Le lendemain, ayant avis que Dary, capitaine de cavalerie du régiment du colonel Mercy, faisoit des levées pour le duc Charles, et qu'avec deux compagnies qu'il avoit il faisoit des courses jusques à Verdun, il envoya les sieurs Dupin et de Sainte-More, avec chacun leur compagnie de cavalerie, qui arrivèrent à minuit à Saint-Telin, qui étoit le lieu de l'assemblée de ses élus, où ils étoient déjà plus de deux cents, et firent main-basse sur eux; et apprenant que Dary étoit proche de là avec cent quarante maîtres, ils poussèrent jusques à lui, et le défirent entièrement, ses gens ayant quasi tous été tués ou faits prisonniers. Dary ne s'y rencontra pas, mais son lieutenant fut tué sur la place. Ledit sieur maréchal prit aussi le château de Cheny, situé sur la rivière de Semoy, qui étoit bien fortifié et gardé par deux cents hommes; mais la prise qu'il avoit faite de tant d'autres places leur avoit ôté le courage, et les fit rendre dès qu'ils furent assiégés, les soldats sortant avec le bâton blanc à la main, et les officiers l'épée au côté. Les ennemis firent une entreprise sur un de nos quartiers à Olizy, où les compagnies de chevau-légers d'Angoulême, Paulié et Buzancy, étoient logés, et les surprirent pource qu'ils n'avoient point de corps-de-garde au dehors, ni n'envoyèrent personne sur leurs avenues; mais ils s'amusèrent si long-temps au pillage, que le comte de Lignon, qui étoit logé à Villy à demi-lieue de là, eut loisir d'aller à eux auparavant qu'ils en fussent tous partis, fit passer au fil de l'épée ce qu'il y trouva, puis allant après les autres, les attrapa au gué de Mouillé, les poussa et mena battant jusques auprès de Montmédi, et leur reprit les prisonniers qu'ils emmenoient, et la plupart du bagage qu'ils avoient pillé. Le maréchal de Châtillon envoya, dès le 16 août, le sieur de Feuquières avec une partie des troupes pour investir Damvilliers, qui est une place très-forte et d'art et de situation, et de la plus grande importance qui soit dans le Luxembourg. On eut quelque pensée d'assiéger Thionville, pource que la garnison étoit foible; il y avoit force canons et toutes sortes de munitions de guerre et de bouche à Metz et à Nancy, d'où on pouvoit tout mener par eau jusques à Thionville, les bois même nécessaires pour faire les ponts s'y trouvoient préparés; mais le maréchal de Châtillon représenta qu'il étoit plus à propos de remettre ce dessein jusques au printemps prochain, et qu'il estimoit Damvilliers plus important pour le présent, d'autant que, l'assiégeant, il couvroit la Champagne et le Barrois; au lieu que s'il alloit à Thionville, les ennemis, s'ils étoient bien conseillés, pourroient entrer en France; que l'automne pouvoit être sec, et par ce moyen la Meuse demeureroit basse, et les ennemis la pourroient guéer aisément et entrer dans la province, au lieu qu'il n'y avoit point de rivière à Damvilliers considérable, de sorte que les quartiers seroient plus serrés; que pour attaquer Thionville il faudroit nécessairement un plus grand corps d'infanterie qu'il n'avoit, à cause de la Moselle qui séparoit nos quartiers, joint que la saison étoit bien avancée; qu'au dessus et au dessous de la rivière il faudroit faire des ponts de bateaux liés de bonnes planches, ce qui seroit bien long à faire, et qu'auparavant que l'on eût fait toutes ces choses on auroit bien avancé le siége de Damvilliers, auquel il avoit la commodité de faire venir le canon, et toutes les munitions de guerre dont il auroit besoin, de Metz, de Toul et de Châlons.

Sa Majesté ayant agréé ces raisons, ledit maréchal alla joindre, avec le reste de l'armée, ledit sieur de Feuquières le 30 dudit mois. Il avoit déjà gagné des logemens très-avantageux, et si bien posé les corps-de-garde de cavalerie et d'infanterie que personne ne pouvoit entrer ni sortir de ladite place. A peine fut-il arrivé à ce siége qu'il reçut la nouvelle de la reprise d'Yvoy, que les ennemis surprirent par escalade sans aucune résistance, trouvant toute la garnison endormie; ils n'y tuèrent que douze ou quinze soldats, et prirent tout le reste prisonnier : ce qui lui apporta un double déplaisir, et de ne s'être pas hâté de la démolir, car il en avoit le commandement, et d'en avoir commis la garde à un gouverneur qui en avoit eu si peu de soin. Il ne laissa pas de continuer courageusement le siége de Damvilliers; les ennemis firent quelques sorties, mais ils furent toujours repoussés avec perte. Les pluies furent si grandes qu'on ne put commencer à ouvrir la tranchée que la nuit du 19 au 20 septembre. On la commença à deux cent cinquante toises de la place, en fit-on cent toises dès la première nuit, et cent pas la nuit d'après, sans avoir perdu que trois soldats ni aucun officier blessé, et ledit maréchal continua avec si peu de perte de temps, qu'il se rendit maître de la contrescarpe dans la fin du mois, à la faveur d'une batterie de quatorze gros canons et d'une autre de cinq. Cependant don André Cantelina, général du roi d'Espagne, étoit à Arlon dans le Luxembourg, où il assembloit toutes les troupes des garnisons pour essayer de secourir cette place. Il tâta nos gardes, et fit reconnoître nos retranchemens de tous côtés; et n'y trouvant aucun jour ni défaut, il en perdit l'espérance. Le maréchal de Châtillon étant maître de la contrescarpe, il fit descendre dans la fosse pour faire voie aux mineurs pour s'attacher à un bastion; la mine fit son effet le 24 octobre, qui fut si grand que les assiégés furent contraints, dès le lendemain matin, de demander la permission d'entrer en capitulation, qui fut parachevée et signée le jour même. Ils promirent de sortir le 27, demandant un jour pour se préparer à la sortie. Cantelina, sachant que ladite capitulation étoit signée, et désespéré de voir qu'avec une petite armée on lui emportât une place de si grande importance, en présence de ses troupes qui étoient plus fortes que celles du Roi, hasarda le 27, qui étoit le jour auquel ils devoient sortir, cinq cents hommes choisis et de fort bons officiers, auxquels ils commanda d'entrer à quelque prix que ce fût dans la place, ou mourir ou être prisonniers. Ils vinrent, à la faveur des bois de la forêt de Montgienne, jusques auprès de nos gardes, à une montagne où les Ecossais qui y étoient les laissèrent passer sans donner l'alarme entre eux et les corps-de-garde de Belle-Brune. Cent cinquante maîtres allemands du quartier du sieur de Feuquières, qui étoient en garde au pied de la montagne derrière le quartier de Belle-Brune, voyant les ennemis qui avoient déjà passé la montagne et gagné une prairie à la portée d'une demi-mousquetade de la ville, les chargèrent en queue et en tuèrent huit ou dix seulement; tout le gros se jeta dans la contrescarpe de la ville; mais le gouverneur, qui avoit donné sa parole et livré des otages pour sortir le jour même, ne voulut pas leur ouvrir la porte, ou, pour mieux dire, ne l'osa pas faire, jugeant qu'un tel secours ne l'empêcheroit pas d'être forcé par assaut, et voyant aussi que le maréchal venoit avec l'infanterie de son quartier pour les forcer, en cas qu'ils fissent quelque action contraire à la capitulation. Il faisoit marcher devant lui le sieur de Treville, avec la compagnie de cavalerie qui étoit en garde en son quartier, et un autre avec cent mousquetaires, pour aller droit aux ennemis le long de la contrescarpe de la ville, et lui-même les suivoit de près à la tête du régiment de Navarre. On avoit déjà donné l'ordre de les tailler en pièces; mais, ayant jeté les armes et demandé la vie, il les reçut à discrétion; de sorte qu'il eut trois cent dix soldats d'élite, six capitaines, dix alfiers et quantité de sergens prisonniers, ce qui récompensa la perte de ceux d'Yvoy, et nous donna moyen de les ravoir des ennemis sans payer rançon. Le maréchal de Châtillon eut loisir de faire tous ces siéges à son aise, par la grande diversion que le Roi donnoit en même temps aux forces de Flandre et de Piccolomini, qui étoient les seules qui se pouvoient opposer aux siennes.

Sa Majesté étoit convenue avec les Hollandais, dès l'année précédente, qu'elle et eux mettroient de si bonne heure en campagne qu'ils pussent prévenir l'ennemi. Elle désiroit d'eux qu'ils entreprissent le siége de Hulst, d'Anvers, de Dunkerque, et particulièrement Dunkerque, à cause qu'ils n'ont, dans tous les Pays-Bas, que ce seul bon port, duquel, par leurs pirateries, ils incommodent tout notre commerce. Le Roi eut de la difficulté à les y faire résoudre, pource qu'ils avoient peur, et particulièrement ceux de Gueldre et d'Over-Yssel, de mener leur armée si avant dans le pays de l'ennemi, et s'éloigner de leurs places. Ils vouloient aussi qu'ayant pris cette place elle demeurât en leur puissance. Ils demandoient que le Roi, de son côté, assiégeât Mons, ou Namur, ou Thionville; mais il n'étoit pas raisonnable d'obliger Sa Majesté, qui avoit tant d'affaires en tant de lieux différens, à faire des siéges pareils à ceux-là. Ils voulurent aussi qu'elle les assistât de quatre mille hommes de pied et cinq cents chevaux effectifs, qu'ils vouloient qui fussent à Calais auparavant que de commencer ce siége : ce fut ce en quoi elle eut plus de peine à se résoudre, parce qu'elle avoit affaire de ses gens de guerre en ses armées. Mais le prince d'Orange s'y arrêta absolument, représenta que ce ne seroit que pour peu de temps, que les ennemis n'en pourroient avoir grand ombrage, puisque Sa Majesté les pourroit tirer comme en un moment de Calais et autres places frontières, où il y a d'assez fortes garnisons pour former ce corps promptement ; ajoutant que, lorsqu'il seroit avec son armée à Flessingue pour y faire son embarquement, il dépêcheroit de là un exprès à Calais pour en donner avis à celui que Sa Majesté voudroit commettre pour le commander, afin qu'il les fît assembler, et que, lorsqu'il auroit mis pied à terre, il dépêcheroit un autre exprès pour faire marcher ledit secours, et enverroit toute sa cavalerie au-devant pour assurer son passage ; que cela étoit absolument nécessaire, parce qu'autrement il y auroit de la peine et de l'inconvénient à jeter des troupes de son armée de l'autre côté du canal de Dunkerque, pour attaquer et enlever d'abord le fort de Mardik, qui étoit par où il falloit commencer ; enfin, que ce seroit un déplaisir indicible à Sa Majesté et à tous ses alliés, si un si beau dessein étoit laissé, faute de ce petit secours. Sa Majesté y consentit pour ne manquer à rien de tout ce qu'elle pouvoit, et particulièrement pour contenter les provinces de Hollande et de Zélande, qui s'étoient portées avec plus grande franchise que toutes les autres en ce dessein, et témoignoient qu'elles tiendroient à une grâce singulière cette assistance volontaire de Sa Majesté. Ainsi les Etats s'obligèrent par écrit d'assiéger ladite place, à condition que Sa Majesté feroit entrer une grande armée dans les provinces du Pays-Bas obéissantes à l'Espagnol, et de mettre le siége devant Namur, Thionville ou Mons en Hainaut, ou pour le moins approcher de quelqu'une desdites places, et entrer si avant dans le pays ennemi que les meilleures forces des Espagnols fussent obligées de se tirer des frontières desdits Etats : Sa Majesté leur promettant en outre de les assister desdits quatre mille cinq cents hommes. Que si toutefois, par quelque accident imprévu, il leur étoit humainement impossible de faire ledit siége, ils attaqueroient Anvers, Hulst, ou quelque autre place de grande importance.

Sa Majesté satisfit de son côté à tout ce qu'elle avoit promis. Le cardinal de La Valette et le grand-maître de l'artillerie mirent en campagne dès le 12 juin, et les quatre mille cinq cents hommes furent à Calais au même temps ; mais cinq compagnies de Suisses, qui avoient jusques alors rendu témoignage d'affection au service de Sa Majesté, et s'étoient portées en toutes occasions avec beaucoup de cœur, jusqu'à l'entrée que l'armée du Roi fit dans le Hainaut, firent difficulté de l'y accompagner, les sieurs Ridola qui commandoit auxdites compagnies, et Siffer, lieutenant de celle de Sonneberg, représentant au sieur de La Meilleraie qu'en conséquence de l'alliance que leurs supérieurs avoient avec l'Espagne et la maison d'Autriche, il ne leur étoit pas permis de faire la guerre dans leurs Etats contre eux. Les ennemis, voyant l'armée du Roi entrée en leur pays, fortifièrent les garnisons de La Capelle et d'Avesnes, qui étoient les places qu'ils croyoient que nous avions dessein d'attaquer, et eurent moins de soin de munir Landrecies, que ledit cardinal de La Valette investit le 19. C'est une place entre la Sambre et la Meuse, fortifiée de quatre bastions et de deux demi-lunes. Le duc de Candale (1) détacha quelques troupes de l'armée, et alla attaquer Cateau-Cambresis, où il y avoit trois cents hommes en garnison, dont les deux cents étoient Espagnols naturels ; et néanmoins ce nombre, quoique fort et qu'il y eût encore quantité d'habitants qui étoient de défense, se rendit foiblement en peu de jours. Cette place leur étoit assez importante, tant pour le siége de Landrecies que pour incommoder les ennemis durant l'hiver. Gassion, d'autre côté, défit, le 24, vingt-sept cornettes de cavalerie des ennemis, prit trois étendards et don Alvaro de Viveros, frère du lieutenant général de la cavalerie de Flandre. Nos généraux, sans perdre temps, commencèrent leurs travaux et séparèrent leurs troupes en deux, les unes deçà, les autres delà la rivière, le duc de Candale commandant d'un côté, et le cardinal de La Valette de l'autre. Le sieur de La Meilleraie en même temps, avec un autre corps de troupes, alla forcer Bohain, puis vint joindre l'armée le 10 juillet, pource qu'on avoit avis que les troupes ennemies s'assembloient entre Valenciennes et Condé, en un lieu qu'on appelle Saint-Sauve, sur l'Escaut, et que Piccolomini les devoit bientôt joindre. Cependant on faisoit force courses dans le pays ennemi ; les sieurs de Rambures et Gassion défirent cinq cents chevaux et huit cents hommes de pied des garnisons de Cambrai et de Valenciennes, qui escortoient un grand convoi de munitions, qu'ils amenèrent dans notre camp. Et pource que la diligence à faire leur circonvallation étoit ce qui les pouvoit assurer d'emporter la place, tandis que l'armée ennemie n'étoit pas encore assemblée, le comte de Quincey, qui commandoit dans Guise, amena deux mille paysans d'autour de ladite

(1) Frère du cardinal et du duc de La Valette ; il avait enfin obtenu de servir en France.

place, qui vinrent servir au lieu de pionniers pour faire ladite circonvallation et un fort de cinq bastions sur le rivage de Sambre.

La tranchée fut ouverte la nuit du 11 au 12 juillet, elle fut conduite jusques au fossé, et le fossé commencé à percer le 16, et le 22 trois mines furent prêtes à jouer aux trois attaques du cardinal de La Valette, du duc de Candale son frère, et du grand-maître de l'artillerie. On en fit jouer une dès le 22, qui emporta plus de trente pas de muraille et renversa la terre, en sorte que l'on eût pu monter sur le bastion à cheval; néanmoins, après qu'un sergent eut reconnu la brèche, l'on ne jugea pas à propos de donner. Il y avoit un fort bon retranchement à la gorge du bastion, fait en tenaille, avec un grand fossé et un cavalier derrière, qu'ils avoient aplani et accommodé en forme de redoute, lequel flanquoit le retranchement et voyoit absolument depuis le haut de la brèche jusques à son fossé, de sorte que l'on n'essaya seulement que de faire un logement au bas de la brèche, à la faveur duquel les mineurs pussent travailler pour aller au retranchement des ennemis par fourneaux. Le régiment de Longueval avoit la garde ce jour-là; les premières barriques furent posées assez aisément, et nos soldats se logèrent sans grande peine; mais, les ennemis commençant à jeter des grenades du haut de la brèche, la chaleur prit aux nôtres qui s'en sentoient incommodés. De s'avancer pour les déloger, la chose ne réussit pas, le vicomte de Ville, lieutenant colonel, et Landy-Fay, lieutenant de la mestre de camp, y furent tués et six ou sept soldats; Dort, lieutenant de M. de Coislin, qui y alla volontaire, eut le bras droit cassé, et quelques autres officiers de blessés. Le soir même, à la garde d'Effiat et de Bussy, le logement fut fait et les mineurs attachés, sans perte d'un seul homme que d'un des nôtres qui fut pris pour un ennemi comme il passoit dans le fossé. Une heure après le sieur de Hénin, gouverneur, demanda à voir le sieur de Longueval, qu'il avoit autrefois connu dans le service d'Espagne, et la nuit se passa en pourparlers entre eux. Le lendemain les otages furent donnés de part et d'autre, et la capitulation signée, par laquelle, entre autres choses, l'on permit aux assiégés d'envoyer à Bruxelles donner avis de l'état de leur place, et eux promirent de sortir le dimanche 26, si dans ce temps il ne leur venoit un tel secours que l'armée du Roi fût forcée de lever le camp. Le même jour, sur le soir, le sieur de Rambures partit du camp avec deux mille cinq cents chevaux pour aller prendre langue des ennemis; il marcha toute la nuit et une partie du vendredi 24 jusqu'à un village nommé Gœury,

où il reput et laissa la moitié de sa cavalerie, et, s'étant avancé avec l'autre droit à Mons, il rencontra à mille pas du faubourg une garde des ennemis de six vingts chevaux qui fut poussée par la brigade du cardinal-duc, qui avoit ce jour-là l'avant-garde, jusque dans la barrière, quoique ces gens-là eussent fait ferme sur un passage et que pour aller à eux il y eût deux ou trois défilés. Mont-Bas y fut blessé d'un coup de pistolet, mais assez légèrement. Le sieur de Rambures après cela remarcha vers Gœury, où ayant rejoint ses troupes, il vint repaître et passer une partie de la nuit dans un champ assez près de Maubeuge, qu'il reconnut le 25 au matin, et se rendit le même jour au camp de Landrecies, ayant ramené un butin de plus de douze cents bœufs ou vaches, quatre mille moutons, cinq ou six cents chevaux, et quantité de paysans prisonniers qui étoient tous dans les villages. En toute cette cavalcade il n'y eut pas une maison brûlée. Le 26 la garnison de Landrecies sortit comme elle avoit promis; elle étoit de quatre cents hommes, sans les bourgeois et les paysans retirés de pareil nombre, et la compagnie de cuirassiers du comte de Buquoy, commandée par son cornette, d'environ cinquante maîtres. Cette garnison fut escortée par le régiment de cavalerie du cardinal de La Valette jusqu'à la vue du Quesnoy, et les cent charrettes qui leur avoient été accordées par le traité pour porter leurs bagages allèrent jusqu'à Valenciennes. Des compagnies des gardes françaises et suisses entrèrent dès le matin dans la place, qui furent relevées le soir même par quatre cents hommes du régiment de Vaubecourt, auquel le Roi avoit donné le gouvernement. Le reste du mois et le 1er d'août furent employés à raser les tranchées des approches, lignes et forts de la circonvallation, et lors le corps entier du régiment de Vaubecourt y entra pour y demeurer en garnison.

Le sieur de La Meilleraie envoya le sieur de La Ferté-Imbault avec quinze cents hommes de pied, mille chevaux, et quelques pièces pour prendre la tour de Busigny qui incommodoit fort le chemin de Saint-Quentin à Guise et le passage des convois; elle se rendit sans attendre le canon. Le 2 août, sur l'avis que l'on eut du sieur de Geoffreville, gouverneur de Rocroy, que Piccolomini avoit passé la Meuse à Gure le 28 juillet, et prenoit sa marche par Philippeville droit au pont de Lou sur la Sambre, l'on commanda cinq mille hommes de pied des deux armées, trois mille cinq cents chevaux et dix petites pièces de campagne pour aller au-devant de ce secours. Ils marchèrent droit vers Beaumont, laissant Avesnes à main droite et la Sambre à gauche. En passant, le château d'Eclèbe appartenant au prince de Chimay se rendit : il y avoit quantité de paysans dedans, et vingt soldats de la garnison d'Avesnes. Ce château avoit un bon fossé, et étoit flanqué de quatre tours avec deux ou trois pièces de fonte en chacune montées sur leurs roues, et dans des embrasures faites exprès. L'on fit cinq grandes lieues ce jour-là par un fort mauvais temps, et les troupes logèrent à deux villages qui ne sont séparés que d'un ruisseau, nommés Damonsies et Obrechies. Carquois ayant été commandé dès le matin avec cent cinquante chevaux pour aller prendre langue des ennemis, donna jusqu'aux portes de Beaumont, où il prit des prisonniers, et revint la nuit à Obrechies. L'on n'apprit rien de certain de la marche de Piccolomini, et les paysans d'autour de Beaumont rapportèrent qu'ayant quitté leurs maisons sur le bruit de l'approche de ses troupes, le gouverneur les y avoit fait retourner, les assurant que lesdites troupes passeroient loin d'eux; cela fit croire qu'elles avoient déjà passé la Sambre, comme elles avoient eu assez de temps pour cela, n'y ayant pas plus de neuf lieues de Givet au pont de Lou, et prendre résolution de tourner au plutôt à Maubeuge, de crainte que les ennemis ne jetassent des gens dedans pour faire perdre la commodité de ce poste pendant qu'on s'amusoit à les suivre inutilement. Cette même nuit l'officier qu'on avoit laissé dans l'Eclèbe surprit une lettre du gouverneur d'Avesnes à celui qui y commandoit de sa part, par laquelle il lui donnoit avis du secours de Piccolomini, lui ordonnoit de tenir, et lui promettoit des gens en cas qu'il fût attaqué. Mais on sut deux jours après que Piccolomini, ayant eu avis de notre marche vers Beaumont par le gouverneur d'Avesnes, avoit hâté la sienne, fait passer la Sambre à ses troupes à Marchiennes, au pont, dès le mardi 4, et marché toute la nuit suivante vers Mons, si bien qu'à l'heure qu'on les croyoit rencontrer entre la Sambre et Binch, elles étoient déjà arrivées à Mons; ce qui fit que dès le même jour le cardinal de La Valette, ayant fait passer la Sambre à ses troupes, vint joindre celles de La Meilleraie, et tous deux ensemble investirent Maubeuge, qui est une grande ville non fortifiée, mais située sur la rivière de Sambre qui la traverse et sur le grand chemin de Mons en Hainaut, dont il n'est distant que de trois lieues, et firent les approches. Ceux de dedans qui le soir précédent avoient refusé de parler, voyant les nôtres logés, battirent une chamade, et une heure après la capitulation fut signée; il n'y eut qu'un soldat de tué et un de blessé, et l'on tira trois volées de canon que le gouverneur demanda par grâce. L'on prit à même temps deux petits châteaux, l'un que les soldats forcèrent; l'autre appartenant au comte de Buquoy, et tout contre Maubeuge, se rendit. La garnison de Maubeuge qui étoit de deux compagnies allemandes du régiment d'Augustin Spinola fut conduite à Mons.

Le duc de Candale qui étoit demeuré au camp de Landrecies avec le reste de l'armée, l'artillerie et le bagage, en partit en même temps, et avec lui le comte de Guiche, et vint loger à Barlaimont, où ayant reçu nouvelles de la reddition de Maubeuge, il prit résolution d'attaquer le château d'Aimeries qui est sur la Sambre, et fort important pour assurer le chemin de Landrecies et le passage des convois : c'étoit une masse de briques avec quatre tours et un fossé fort large, et tout autour il y avoit un rempart à l'épreuve du canon, et un second fossé où la rivière de Sambre passoit des deux côtés; le soir même M. de Candale le fut reconnoître avec le comte de Guiche, et choisit le lieu pour mettre la batterie. Le 6 à la pointe du jour il fit faire les approches par Piémont et Champagne, qui se logèrent d'abord fort proche du fossé à la faveur d'une église et d'un cimetière, duquel on perça la muraille pour servir d'embrasures à quatre pièces qui furent mises en batterie à l'heure même. Quelque temps après M. de La Ferté arriva avec les troupes du sieur de La Meilleraie, lesquelles faisant corps à part étoient parties de Landrecies après celles du duc de Candale, et n'avoient pu le jour précédent aller si avant que Barlaimont. Le régiment des gardes qui étoit de cette armée demanda de prendre le poste de Piémont qui avoit la droite, alléguant ses priviléges et les exemples; au contraire les officiers de Piémont et de Champagne soutenoient qu'ayant fait les approches de la place et pris leurs postes, on ne pouvoit sans injustice les déloger; que si les gardes vouloient prendre part en ce siége, ils devoient attendre de les relever quand leur garde seroit achevée. Pour accommoder ce différend, que le duc de Candale ne voulut pas juger, l'on résolut que les troupes du sieur de La Meilleraie relèveroient les siennes et achèveroient le siége : ce qui fut fait à l'heure même. Gribloval releva La Fosse de Piémont, et les Suisses, Champagne. L'on tira ce jour-là plus de deux cents coups de canon qui rompirent le pont des dehors du château, et firent brèche à la porte. La nuit les gardes firent un logement par où l'on alloit à couvert jusque sur le bord du fossé, et l'on mit deux autres pièces en batterie à la gauche des autres pour tirer dans la porte du donjon. On continua à tirer le 27, et le lendemain ils se rendirent; la garnison fut conduite à Avesnes, et étoit de deux cents hommes commandés du régiment de Fresin. Les châteaux de Solre et de Neufville furent pris par des soldats débandés de l'armée; dans le premier, il y avoit quelques paysans réfugiés, l'autre étoit abandonné; et ensuite celui de Bussière se rendit à un parti de Hongrois du régiment d'Espenan : l'on y mit cinquante mousquetaires en garnison pour garder le château qui assuroit le passage de la Sambre, et rend la communication libre de Maubeuge à Thuin et au pays de Liége. En même temps Saint-Preuil, gouverneur d'Ardres, pour ne pas laisser inutiles les troupes qu'on avoit envoyées à Calais et à Boulogne pour le siége de Dunkerque, en prit cinq cents chevaux et douze cents mousquetaires, et alla attaquer le fort d'Audruick, tandis que le sieur de Charost, gouverneur de Calais, amusoit les ennemis par quatre cents mousquetaires et quelques chevau-légers à une mousquetade du fort de Gravelines. Ledit fort se rendit le lendemain 3 août, et celui qui conduisoit la garnison en lieu de sûreté surprit en passant la porte du fort de Polincone, et s'en rendit maître. De là ledit Saint-Preuil alla attaquer Zukerque, qui se rendit à discrétion; voyant que la brèche étoit faite il fit raser les deux derniers forts et mit bonne garnison dans celui d'Audruick. Du côté de Corbie, le comte de Nanteuil, qui en étoit gouverneur, voyant les armes du Roi prospérer partout sur la frontière, et qu'il n'y avoit d'armée ennemie prête pour s'y opposer, prit ce qu'il put ramasser de gens de guerre à l'entour de son gouvernement, partit le 6 de Corbie avec deux pièces de canon, et alla attaquer le fort de Buterne proche d'Arras et celui de Fouviler près de Bapaume, lesquels empêchoient notre cavalerie de faire des courses dans le pays ennemi, et, s'en étant rendu maître, revint avec quantité de prisonniers et de butin dans Corbie.

Cependant Piccolomini n'osoit paroître en campagne, attendant à Mons le renfort du cardinal Infant; Balançon se joignit à lui dès le commencement d'août : ils ne faisoient pas tous deux ensemble plus de deux mille cinq cents ou trois mille chevaux et huit mille hommes de pied; il fortifia puissamment Saint-Gilain qu'il croyoit que nous avions volonté d'attaquer; il avoit logé son infanterie entre la ville de Mons et le marais sur le bord du fossé, et sa cavalerie sur la rivière de Haine, qui passe à une petite lieue derrière la ville et donne le nom au pays. Le cardinal de La Valette eut dessein de fortifier Maubeuge et d'y faire un grand camp retranché, d'où l'on eût pu extrêmement incommoder les ennemis et leur ôter toute la Sambre jusque proche du pays de Liége, afin d'ouvrir la communication entre la France et ladite ville, dont les Liégeois avoient plus d'impatience que nous, car ils étoient en très-mauvais termes avec leur prince et toute la maison d'Autriche. Ils avoient soupçon depuis plusieurs années qu'on vouloit entreprendre sur leur liberté, et se défioient et de leur prince et plus encore de ladite maison d'Autriche; mais cette année ils en eurent une assurance très-certaine, car ils surent de bonne part que l'Empereur étoit fort pressé des Espagnols, avec le consentement de l'électeur de Cologne, de faire que leur ville et pays relevassent désormais de la Flandre, en récompensant ledit Electeur, et que pour parvenir à cette fin ils avoient résolu de continuer à leur envoyer des troupes de l'Empereur pour les ruiner peu à peu, et quant et quant les diviser, sous prétexte de diverses négociations. Ensuite de ce dessein, l'Electeur et les Espagnols, reconnoissant le bourgmestre La Ruelle homme de cœur, affectionné à son pays et incorruptible, résolurent de s'en défaire, et en donnèrent charge au comte de Varfusée, qui, ayant fait venir secrètement en sa maison trente ou quarante soldats de Nevagne, convie à dîner ledit La Ruelle, et au milieu du festin, fait entrer ses assassins, qui se saisissent de sa personne, le mènent dans une chambre, et, après l'avoir fait confesser, le tuent de douze ou quinze coups d'épée et de poignard. Le bruit de ce meurtre étant épandu dans la ville, le peuple s'amasse et vient en sa maison pour la forcer; il paroît à la fenêtre pour vouloir déduire ses raisons, mais il n'eut pas plutôt commencé à parler qu'il fut tué d'une arquebusade qui lui donna au travers du corps; sa maison fut forcée, pillée, tout ce qui étoit dedans mis au fil de l'épée, et ses filles, à grande peine sauvées de la fureur de la sédition, furent menées en la prison de la maison de ville; le corps du défunt fut traîné par les rues, mutilé en plusieurs de ses parties et pendu par les pieds; mais celui de La Ruelle fut enterré solennellement : la ville donna 25,000 florins à la veuve et à ses enfans. Le sieur Bertel fut élu par le peuple pour leur chef, et lui donnèrent vingt-cinq gardes aux dépens de la ville pour la sûreté de sa personne, et peu après fut élu pour bourgmestre en la place de La Ruelle, duquel il imita le courage et la générosité. Cette action les anima si fort contre les Espagnols, qu'ils n'avoient pas moins de désir que nous que l'on ouvrit un passage de la France à eux; ce qui faisoit approuver à Sa Majesté l'entreprise du cardinal de La Valette d'essayer à se rendre maître de la Sambre jusques auprès dudit pays du Liége : pour parvenir à quoi il falloit qu'il eût soin de fortifier promptement Maubeuge. Il lui étoit aisé, en ce faisant, de se rendre aussi maître des places moins importantes qui étoient entre Maubeuge et la France, par le moyen de quoi il estimoit tirer la subsistance de notre armée et incommoder Avesnes. Il fit pour ce sujet commencer audit Maubeuge trois ouvrages de cornes, une demi-lune et un réduit de quatre bastions; mais ce fut une entreprise peu considérée, parce qu'il le défendit fort foiblement puis après. Le duc de Candale assiégea, le 21 août, la ville de Beaumont, flanquée de plusieurs tours, ayant quelques demi-lunes et étant gardée par une bonne garnison; elle se rendit le 23, et incontinent après le bourg de Solre, situé entre Maubeuge et ledit Beaumont, et soutenu par un fort château, dans lequel sept ou huit cents hommes s'étoient retirés, lesquels on reçut à composition.

Nonobstant tous ces progrès des armes du Roi, les Hollandais furent en grande peine pour les avis que des espions rapportèrent aux ennemis que notre armée n'étoit que de huit à neuf mille hommes de pied. Cet accident venoit de ce que les commissaires qui faisoient les revues ne comptoient que les simples soldats et non pas le capitaine, le lieutenant, l'enseigne, les deux sergens, les tambours et le fifre, ni le fourrier, ni, qui plus est, trois valets qu'on peut passer, par indulgence, aux trois grands officiers, à faute desquels il y auroit d'autres soldats quand leur bagage marche. Ainsi, ne comptant point en chaque compagnie onze hommes qui s'y trouvoient effectivement, sur un régiment de vingt compagnies ce déchet revient à deux cent vingt hommes. Par ce moyen les ennemis, ayant toujours des espions dans une armée et sachant qu'on la comptoit pour peu de gens, ils estiment qu'elle est encore moindre, ce dont il arrive beaucoup d'inconvéniens. Lesdits sieurs les Etats témoignoient vouloir prendre excuse sur ce sujet pour ne pas faire les merveilles que l'on attendoit d'eux; et nous avions beau leur mander la vérité, qui étoit que le Roi avoit sous les armes devant Landrecies dix-huit mille hommes de pied et huit mille chevaux, ils croyoient plutôt ces faux bruits que les assurances que nous leur donnions au contraire. Toutefois, après avoir su certainement ce qui en étoit, ils se rassurèrent, et après avoir embarqué leur armée à Ramkens et y avoir attendu vingt jours le beau temps, ils furent enfin contraints par le mauvais temps de la désembarquer; et ainsi, ne pouvant mieux, ils tournèrent leur pensée au siége de Bréda, et s'y attachèrent le même jour que Landrecies capitula, envoyant cependant faire force plaintes à Sa Majesté de ce que le cardinal de La Valette, disoient-ils, n'entroit point dans le pays ennemi et demeuroit simplement à l'entour de Landrecies, bien que les ennemis n'eussent aucuns gens de guerre en campagne pour s'opposer à eux, et que le cardinal Infant, le prince Thomas, le comte Jean de Nassau, le comte de Feria et toute leur meilleure infanterie et cavalerie, excepté sept régimens et trente-deux cornettes, étoient allés en Flandre pour empêcher la descente desdits Hollandais, qui avoient espéré que Sa Majesté les feroit suivre par ledit cardinal de La Valette ou qu'il entreroit dans le cœur du pays avec son armée. Mais ils avoient tort de se plaindre, car le Roi fut en campagne six semaines avant eux, et si les ennemis ne se virent opposer à notre siége, ce n'étoit pas qu'ils fissent peu de compte de la place qui leur étoit en grande considération, mais parce qu'ils n'avoient pas encore leurs troupes assemblées, et quand elles commencèrent à l'être, il n'étoit plus temps de tenter ce secours. Néanmoins Sa Majesté, qui vouloit, et donner entière satisfaction auxdits Hollandais, et que son armée ne perdît le temps d'incommoder ses ennemis autant qu'elle pourroit, donna avis de ces plaintes audit cardinal, et qu'elle auroit à contentement qu'il entrât plus avant dans le pays.

Il est vrai que les prises de toutes ces petites villes et châteaux étoient quelque chose pour la réputation des armes du Roi, et qu'elles donnoient de l'effroi aux ennemis, et tel que plusieurs se retirèrent de la ville de Bruxelles, n'y croyant pas être en sûreté; le peuple épouvanté se persuada que les Français de la suite de la Reine-mère vouloient surprendre la ville, dont ils firent plusieurs enquêtes secrètes; et, non contens de cela, allèrent trouver le magistrat, assemblèrent leurs compagnies, avertirent le chancelier d'y prendre garde, menaçant de se jeter sur les Français, et de n'épargner pas la Reine-mère ni aucun des siens; envoyèrent leurs officiers chez elle prendre les noms de tous ceux qui lui appartenoient et leur demeure; elle commanda qu'on les menât partout; ils allèrent jusques aux caves y visiter les tonneaux, les perçant pour voir s'il n'y avoit point de poudre; mais ils n'y trouvèrent que de quoi boire. La Reine voulut qu'ils défissent même les piles du bois qui étoit en sa maison, afin qu'il ne demeurât aucun lieu qui ne fût visité; d'autres allèrent semblablement visiter les maisons de tous les Français dehors la ville, où n'ayant rien trouvé qui donnât sujet d'offense, la sédition cessa, non sans qu'il en restât un sensible déplaisir dans l'esprit de la Reine, qui ne se pouvoit pas apaiser si promptement, considérant à combien d'indignités elle s'étoit assujétie pour n'avoir pas voulu vivre avec le Roi, son fils, comme elle devoit. Mais, bien que les ennemis eussent été si épouvantés par les avantages que les armées du Roi avoient emportés sur eux, Sa Majesté n'étoit pas satisfaite qu'une armée si puissante et si florissante que la sienne, et qui n'avoit en tête aucune armée considérable, eût fait de si foibles progrès. Elle en écrivit au cardinal de La Valette, et du mécontentement qu'elle avoit de ce que depuis la prise de Landrecies il avoit perdu tant de temps et n'avoit pas poussé ses armes jusque dans le cœur de la Flandre. Il lui manda avis certain du prince d'Orange, que la plupart des villes étoient dégarnies de munitions de guerre, et qu'il n'y auroit jamais d'occasion plus favorable d'entreprendre un siège bien avant dans leur pays; que l'on avoit surpris une lettre du cardinal (1), écrite depuis la prise de Landrecies, par laquelle il se plaignoit de Piccolomini, qu'il tenoit ses affaires irréparables si les Français, usant de leur victoire, s'avançoient davantage en leur pays; qu'il ne pouvoit mettre en campagne contre les Hollandais que treize mille hommes de pied et cinq mille chevaux, et opposer aux Français que Belançon, qui n'avoit que cinq mille hommes de pied et trente cornettes de cavalerie, avec ce qu'amenoit Piccolomini, qui n'avoit pas mille huit cents chevaux et cinq mille hommes de pied, quoiqu'il voulût faire passer ses troupes pour être plus grandes; que toutes ces choses étant ainsi, il ne devoit pas perdre une opportunité si belle d'entrer dans le pays des ennemis; et afin qu'il vît précisément ce qu'il pouvoit entreprendre, Sa Majesté lui donnoit avis qu'elle pouvoit le fortifier de quinze cents chevaux, composés de mille que menoit le sieur de Bussy et cinq cents qui étoient auprès de Doulens; des régimens de Picardie, Navarre et des deux Brezés, qui étoient aussi proches dudit Doulens, et qui, en comptant les officiers, faisoient assurément quatre mille hommes effectifs; des régimens de Bellenave, Saintonge, Bacheviliers, Castelnau et Montmege, qui faisoient encore quatre mille hommes; que c'étoit à lui à voir si ayant ce renfort, comme il en pouvoit faire état, il ne pouvoit former deux corps, l'un de sept mille chevaux et de dix mille hommes de pied pour s'opposer aux ennemis, et l'autre de deux mille chevaux et du reste de son infanterie pour attaquer telle place qu'il estimeroit plus à propos; qu'outre ce que dessus Sa Majesté lui pouvoit donner, dans le mois de septembre, six

(1) Infant.

régimens, savoir est, Sauvebœuf, Rochegiffard, Nissey, Saint-Aubin, Aubeterre, Langeron, lesquels se remettoient depuis deux mois de nouveau sur pied avec les vieux officiers. Sa Majesté croyoit qu'il étoit en état de pouvoir conserver un corps considérable dans le bon pays qui étoit autour de Maubeuge, et prendre Avesnes avec un corps moindre de cavalerie et un nombre non excessif d'infanterie, et qu'il devoit se souvenir quand il voudroit faire attaquer ledit Avesnes, de se servir du même stratagème qui lui avoit heureusement réussi à Landrecies, c'est-à-dire de feindre si à propos qu'il vouloit attaquer une autre place, qu'on ne pût augmenter de nouveau la garnison dudit Avesnes; qu'on lui pouvoit proposer le siége de Cambrai, qui étoit de bien plus grande importance, mais qu'il étoit à craindre que la saison fût déjà bien avancée et qu'on n'eût pas tous les préparatifs requis, principalement de gens pour rafraîchir l'armée, autant que divers accidens, qui arrivent souvent inopinément, le pourroient requérir. Quant à celui d'Avesnes, outre qu'il étoit plus facile, il sembloit être plus convenable à l'état des affaires présentes; il s'accordoit avec la conservation des postes pris sur la Sambre, la garde desquels étoit une espèce de circonvallation pour ledit siège, de façon qu'en se rendant maître de Beaumont, de Solre et de Chimay, la place seroit circonvallée sans l'être. Pendant ce siège, la plus grande part de la cavalerie du Roi étant retranchée à Maubeuge avec quatre mille hommes de pied, feroit telle tête aux ennemis qu'ils n'oseroient penser seulement à la regarder, et on feroit diverses entreprises sur eux par partis; que ce qui étoit plus important pour l'exécution de ce dessein, étoit de ne perdre pas un seul moment de temps de destiner les troupes qui y devroient aller, et donner les ordres nécessaires pour qu'elles se joignissent à jour préfix au lieu susdit. Cependant qu'il y avoit, ce sembloit, trois choses à faire : à assurer la tête de Maubeuge, soit en fortifiant toute la ville, soit en faisant un bon réduit capable de maintenir le logement de cavalerie qui seroit dans la ville; à faire faire le plus grand amas de vivres et de fourrages audit Maubeuge qu'il seroit possible; et conserver autant qu'il se pourroit le derrière de la Sambre jusques à la France et à la Meuse, pour y faire prendre des quartiers d'hiver à la plupart de nos gens; qu'après tout ce que dessus, le Roi laissoit à l'option dudit cardinal de La Valette d'entreprendre lequel des deux desseins il estimeroit plus à propos. Si cependant il se trouvoit quelque occasion d'entreprises par pétard, il seroit bon de les tenter. Le grand-maître de l'artillerie, qui avoit fait un voyage en cour pour quelques jours, reçut encore les mêmes ordres de Sa Majesté, et de faire toutes sortes d'instances au cardinal de La Valette pour les exécuter.

Ledit grand-maître étant arrivé à Maubeuge en pressa ledit cardinal, qui, par crainte de faire quelque entreprise de laquelle il ne vînt pas à son honneur, en avoit grande aversion; néanmoins il alla, à la fin d'août, reconnoître ladite place d'Avesnes, laquelle se trouvant toute située sur un roc, excepté d'un côté où il y a une prairie en laquelle la rivière passe, et ayant avis qu'elle étoit bien munie de canons et d'hommes, et partant, qu'à raison de sa situation et du nombre de gens de guerre qu'il y avoit dedans, il étoit difficile d'y avancer les travaux qu'avec une extrême peine et grande longueur, que la circonvallation étoit très-difficile à faire, parce que de tous côtés il n'y avoit pas plus d'un pied de terre, après lequel on trouvoit le marbre vif; que tout à l'entour il n'y avoit point de fourrages pour la cavalerie; outre que, pour la bien investir, il falloit au moins quatre quartiers, qui eût été beaucoup séparer nos troupes; il crut que, la saison étant si avancée comme elle étoit, il n'y avoit pas apparence qu'il entreprît ce siège, et aima mieux se résoudre à attaquer La Capelle, laquelle étoit moins munie de gens de guerre, n'y ayant que quatre cents hommes dedans, et l'autre ayant vingt-huit compagnies de gens de pied et trois de cavalerie, qui faisoient quinze cents hommes et cent cinquante chevaux, outre cinq cents paysans ou habitans armés, bien que La Capelle fût mieux fortifiée, les Espagnols y ayant fait faire quatre demi-lunes, toutes les contrescarpes à la perfection et l'esplanade tout autour, n'y restant autre manquement que la petitesse de la place, qu'il espéroit incommoder beaucoup avec les bombes. Le cardinal fut fort affligé de cette nouvelle, et leur manda qu'ils ne pouvoient prendre un pire conseil que celui-là, tant pource que nos ennemis, qui craignoient nos forces, n'avoient rien tant à désirer que de nous voir occupés hors de leur pays, que pource que nos alliés, qui demandoient que nous fissions quelque grande diversion dans le cœur du Hainaut, ou même dans la Flandre vers Dunkerque, recevroient assurément un terrible dégoût quand ils verroient que nous nous amusions à chose de si peu de conséquence, d'où ils tireroient de deux conséquences l'une, ou que nous serions extrêmement foibles, ou que nous aurions intelligence avec les Espagnols, ce qui étoit capable de produire d'étranges effets dans des corps qui sont composés de diverses têtes; qu'il eût été bien à désirer que Sa Majesté eût su cette résolution quatre jours plus tôt, ayant mandé, par un courrier exprès, au prince d'Orange qu'ils assiégeroient Avesnes, et le maréchal de Châtillon, Damvilliers; qu'on redépêcheroit pour dire les raisons du changement, puisque la situation du lieu n'avoit pas permis l'attaque de cette place en cette saison; cependant qu'il étoit bien à craindre que, par un tel changement, il jugeât mal de nos intentions, quoique sans raison; qu'au moins le conjuroit-il de hâter les fortifications de Maubeuge, pour lesquelles il lui envoyoit encore de l'argent, celles de Landrecies, de Cateau-Cambresis et d'autres lieux qu'il étoit important de garder pour établir des quartiers d'hiver, et particulièrement Maubeuge.

Sa Majesté, qui ne recevoit pas pour excuse valable l'avancement de la saison dans lequel ledit cardinal se trouvoit, d'autant qu'il avoit perdu près de six semaines sans rien entreprendre de correspondant à ses forces, ne put celer le mécontentement qu'elle avoit de l'échange qu'il avoit fait du siège de l'une des places qu'elle lui avoit commandé, dont le cardinal de La Valette fît, par ses secrètes intelligences, entendre adroitement au Roi (bien que faussement (1)) que le grand-maître de l'artillerie en étoit la cause, ce qui porta Sa Majesté à faire quelques plaintes dudit grand-maître. Le cardinal de Richelieu en ayant avis, et jugeant que cela redondoit sur lui, supplia Sa Majesté de considérer que l'altération que chacun connoissoit en son humeur pour ce sujet étoit de plus grande conséquence qu'on ne pouvoit lui représenter; qu'il ne mettoit point en ligne de compte que, privant ses serviteurs de contentement par le déplaisir qu'ils avoient de ne pouvoir lui plaire, elle les privoit encore de santé; mais qu'il prioit bien à considérer qu'elle étoit capable de nuire beaucoup à celle de Sa Majesté, qui leur étoit plus chère que leur propre vie, et, qui plus est, qu'elle ruinoit le cours de ses affaires; que Sa Majesté recevroit, s'il lui plaisoit, cet avis de la passion la plus sincère que jamais serviteur eût eue pour maître, et pour lui témoigner que nulle autre considération que le bien de son service ne le portoit à lui représenter ce qu'il faisoit, comme il étoit sûr que sa bonté et sa justice ne pouvoient permettre qu'aucun de ceux qui le servoient passât pour criminel s'il étoit innocent, le zèle qu'il avoit à ses intérêts lui faisoit dire qu'il n'étoit pas raisonnable que le sieur de La

(1) On voit ici les deux grands amis se brouiller, et la cause suit immédiatement. Le cardinal de Richelieu prend le parti de son cousin contre son collègue.

Meilleraie demeurât impuni s'il étoit coupable; qu'il n'y avoit rien si aisé que d'éclaircir ce qui en étoit, par l'envoi d'une personne telle que Sa Majesté voudroit choisir en son armée de Picardie, laquelle lui rapporteroit non-seulement la façon avec laquelle la résolution de ce qui se faisoit s'étoit prise, mais en outre la vérité ou fausseté des raisons, lesquelles le cardinal de La Valette écrivoit avoir obligé à quitter la pensée du siége d'Avesnes pour attaquer La Capelle; que si Sa Majesté avoit en l'esprit quelque autre expédient, il contribueroit à l'exécuter tout ce qui dépendroit de lui; qu'elle étoit si prudente et si avisée qu'il ne doutoit point qu'elle ne considérât que, pour faire la paix, il étoit du tout important qu'on ne crût pas qu'il pût arriver aucune altération en la bienveillance qu'elle portoit à ceux dont il lui plaisoit se servir en ses affaires; qu'il savoit bien qu'il n'y en pouvoit avoir en l'honneur qu'il lui plaisoit lui faire en son particulier, et se tenoit très-assuré, ce qu'il lui avoit ouï dire plusieurs fois, que, dans ses plus grandes colères, il n'y avoit point de témoignage de tendresse qu'elle ne lui rendît si l'occasion s'en présentoit, mais que diverses personnes pourroient croire le contraire, sur la façon avec laquelle il lui plaisoit de parler au tiers et au quart en la rencontre présente; que c'étoit ce qui le faisoit la conjurer, et par la bonne fête qui étoit alors de la Nativité de la Vierge (1), et par l'affection qu'elle portoit à ses affaires, de vouloir tempérer le déplaisir auquel elle étoit, et prendre la voie qu'elle estimeroit plus raisonnable pour faire recevoir au sieur de La Meilleraie le traitement qu'elle jugeroit, par l'éclaircissement de ses actions, qu'il auroit mérité; que son châtiment, s'il en méritoit, ne donneroit aucune occasion de croire que ledit cardinal fût si malheureux que d'avoir part à sa disgrâce, puisqu'en effet c'est lui qui supplioit Sa Majesté d'en user ainsi, et s'il se trouvoit avoir failli, sa peine empêcheroit que d'autres ne tombassent en pareilles fautes; que telles étoient ses pensées sincères et affectionnées sur ce sujet; ensuite de quoi il se conformeroit entièrement à tout ce qu'il plairoit à Sa Majesté, l'assurant que, comme elle lui avoit souvent commandé de penser plutôt à lui rendre ses services utiles qu'agréables, il n'auroit jamais plus grand soin que de lui plaire quand il l'estimeroit que sa complaisance ne lui seroit point préjudiciable, son dessein ayant toujours été d'employer toute sa vie à son service; il espéroit que ce ne seroit pas inutilement si elle lui continuoit l'honneur de sa bienveillance et donnoit lieu à tout le monde de croire qu'en ce point elle n'étoit point capable de changement; que si elle trouvoit quelque chose à redire en sa conduite, elle ne le lui auroit pas plutôt fait connoître, qu'il ne le changeât tout ainsi qu'il lui plairoit l'ordonner et le prescrire, n'ayant jamais eu et ne pouvant avoir autre fin que les intérêts de sa personne et de son État sur toutes choses, et ensuite son contentement. Le grand-maître, de son côté, éclaircit Sa Majesté de la vérité de l'affaire, et fit connoître clairement qu'il s'étoit rendu le dernier de tous les chefs de l'armée à cette résolution, tous les autres refusant de faire les autres siéges, et le voulant rendre responsable envers le Roi, la France et l'armée, de tous les mauvais événemens qui en pourroient arriver si on les entreprenoit.

Mais le déplaisir qu'ils eurent du mécontentement de Sa Majesté les encouragea à attaquer si vigoureusement La Capelle, qu'ils la pussent emporter plus tôt que le Roi ne le pouvoit espérer; ils l'investirent le premier septembre. Le cardinal de La Valette avoit mené de Maubeuge avec lui quatre mille hommes de pied et une grande partie de sa cavalerie avec les troupes du sieur de La Meilleraie; mais ayant jugé qu'ils pouvoient faire le siége de ladite Capelle avec moins de gens, il les renvoya à Maubeuge, afin qu'ils s'opposassent aux troupes de Piccolomini et de Balançon, et que le Roi eût par ce moyen une armée libre pour tourner au côté où le besoin l'appelleroit, et n'attaqua La Capelle qu'avec les troupes dudit sieur de La Meilleraie et celles que les sieurs de Bussy et de Rambures lui avoient amenées, ayant laissé l'autre armée campée dans le pays des ennemis, et le duc de Candale pour la commander, qui se chargea de faire travailler promptement au fort qu'on s'étoit résolu de faire audit Maubeuge, pour le grand avantage qu'on jugea que ce seroit au Roi de conserver ce lieu-là, d'autant qu'avec cela prenant La Capelle et gardant Beaumont, Solre et tout ce que nous tenons sur la Sambre, et de plus prenant Chimay comme ils avoient dessein de faire et firent du depuis, le pays d'entre Meuse et Sambre demeuroit au Roi et aux Liégois, et il ne restoit que Charlemont, Marienbourg et Philippeville aux Espagnols, qui sont des lieux incapables de grandes garnisons; pour Avesnes, il seroit bien difficile qu'elle subsistât lorsque tous ces lieux seroient entre les mains du Roi, pource que par ce moyen elle demeureroit comme investie, pourvu que nous conservassions Maubeuge, ce qui ne se pouvoit faire qu'en faisant diligemment le fort qu'on avoit désigné. Beaucoup avoient été d'avis de fortifier la ville, mais

(1) Le 8 septembre.

enfin on le crut impossible; quand elle eût été fortifiée, il eût toujours fallu pour la garder y faire un fort, afin qu'on la pût conserver avec moins de gens, et que ladite ville étant hors de surprise, servit de couvert à un grand corps de cavalerie pour tourmenter les ennemis, et mettre quasi tout le Hainaut en contribution, pource qu'elle n'est qu'à quinze lieues de Bruxelles, et rien ne pût empêcher de faire des courses dans le pays. On fit deux attaques à ladite place de La Capelle, l'une du cardinal de La Valette, l'autre du sieur de La Meilleraie; et encore que le temps qui étoit un peu mauvais les retardât, néanmoins ils ouvrirent les tranchées dès le 8 septembre, ce qui se passa heureusement dans lesdites deux attaques, étant arrivés jusqu'à cent cinquante pas de la contrescarpe sans perdre que peu de soldats; mais le lendemain ils en firent une sortie sur le quartier du cardinal de La Valette, où ils tuèrent le sieur de Bussy (1), blessèrent de sept coups le sieur de Rambures, tuèrent un enseigne des gardes, deux sergens et deux soldats seulement, la tête ayant toute pliée, et ceux-ci étant demeurés seuls; le sieur de Castelnau y arriva, lui troisième; il eut ses deux soldats blessés, et ensuite le reste revint, qui repoussa les ennemis et reprit la tête du travail. Ce qui fut un terrible malheur que trente hommes des ennemis, car ils n'étoient pas davantage, et la terreur panique de nos soldats nous causassent une perte si signalée. Le Roi accorda toutes les charges du sieur de Bussy à son fils; il accorda aussi au sieur de Castelnau la même grâce qu'il avoit accoutumé de faire aux capitaines des gardes quand ils perdent leurs enseignes; car Sadite Majesté voulut choisir celui qui devoit remplir cette place, en fit donner quatre mille écus au sieur de Castelnau, qui étoit le même prix qu'en avoient reçu les autres capitaines des gardes; et le sieur de Rambures s'étant quelques jours après fait couper le bras qu'il avoit rompu d'une mousquetade, ne laissa pas de mourir, au grand regret de Sa Majesté et de tous les gens de guerre, parmi lesquels il avoit signalé son courage en plusieurs occasions.

Il se faisoit souvent des partis contre les ennemis, èsquels nous avions toujours avantage. Piccolomini avec quatre mille hommes de pied et deux mille chevaux s'avança jusqu'à Maubeuge; mais voyant la bonne contenance des nôtres, il se contenta d'envoyer à l'escarmouche, ne les osant pas attaquer, et le duc de Candale envoya Aiguefeld à la guerre, qui rencontra les ennemis le 10 de ce mois, lesquels il surprit tellement qu'il prit nonante maîtres, le capitaine, le lieutenant et le cornette, sans qu'il s'en sauvât un seul. La circonvallation (2) fut parachevée le 10 par le secours de mille paysans que le comte de Quincey amena de son gouvernement. Ils se rendirent maîtres de la contrescarpe le 13, nonobstant qu'il y eût encore une demi-lune à prendre et un fossé plein d'eau, et que le temps fût si mauvais que les soldats étoient dans la tranchée jusques à mi-jambe dans l'eau et dans la fange : ils usèrent néanmoins d'une si grande diligence, que le grand-maître commença le 18 à faire passer un mineur sur un batardeau attaché à la courtine entre deux bastions, et celui du cardinal de La Valette s'y attacha dès le lendemain aussi. Cependant ils eurent avis que le cardinal Infant venoit avec toutes ses forces se joindre avec Piccolomini pour secourir cette place.

Ledit cardinal Infant, après la prise de Landrecies, s'étoit acheminé avec ce qu'il avoit de troupes pour secourir Bréda, que le prince d'Orange avoit commencé d'assiéger le 23 juillet avec dix-huit mille hommes de pied, six mille chevaux et un grand attirail d'artillerie; il avoit fait venir huit à neuf mille paysans pour faire travailler à ses retranchemens, étant assuré que le cardinal Infant demeureroit peu de temps sans tâcher à faire effort pour venir secourir cette place. Les assiégés lui avoient mandé, dès qu'ils furent investis, que leur place étant fortifiée en perfection, mais de grande garde, ils n'avoient besoin que d'hommes et de munitions pour la défendre, et que pourvu qu'il leur en envoyât, ils ne se rendroient jamais avec la vie; cela fit que pour les secourir il tourna ses forces de ce côté-là, mena son armée vers Anvers, et le 31 se vint présenter devant le camp hollandais vers le fort de Stelhouen, où, après avoir demeuré quelques jours et tenté quelques efforts en vain, il commença le 2 à retrancher son camp à Risbergue, à trois quarts de lieue de celui du prince d'Orange. Il envoya plusieurs fois reconnoître les retranchemens, mais d'assez loin, écrivant aux assiégés par plusieurs voies qu'il les secourroit ou périroit. Il fit la même chose plusieurs jours de suite, demeurant chaque jour huit et dix heures en bataille comme pour donner; enfin il s'avança plus près, divisant son armée en deux, s'approche des retranchemens de si près que les assiégeans les voient facilement dans la bruyère. Mais enfin le prince d'Orange avançoit toujours à sa vue, malgré lui, sa circonvallation et ses retranchemens. Ledit cardinal Infant délogea le 14 août, vint camper à Marcel, à Alfed, puis à Indone, prenant le

(1) Bussy-Lamet.

(2) De la Capelle.

chemin de Grave, Venloo, et de Ruremonde ou Maestricht. Le prince d'Orange ayant avis de son délogement, commanda au colonel Pinsen d'aller avec dix-sept compagnies dans l'île de Hemert, afin de couvrir Heukelum, et fit aussi partir le sieur de Stackenbrock avec quarante-quatre compagnies d'infanterie pour observer la marche des ennemis, mettant toujours la rivière entre deux. Le cardinal Infant envoya à Grunde mille chevaux et deux mille hommes de pied pour empêcher que les Hollandais ne jetassent quelque renfort de garnison en la ville de Grave; mais ils n'en avoient point de dessein, d'autant que s'ils estimoient cette place une des plus importantes à leur État, ils la connoissoient aussi pour une des meilleures, et qui avoit cet avantage que, si elle n'étoit prise dans la fin de septembre, la seule crue des eaux, qui inonde en ce temps tout le pays d'alentour, feroit lever le siége sans autre secours. Ledit cardinal Infant eut une entreprise qu'il faillit sur le fort de Voorn, qui eût donné entrée aux Espagnols en l'île de Bommel et du Thiels; mais le gouverneur se tenoit si bien sur ses gardes, et les bourgeois avec les soldats se défendirent si courageusement, que les Espagnols furent contraints de se retirer avec honte et perte. Ils allèrent attaquer Venloo, dont la garnison ne se défendit pas si bien, mais se rendit lâchement le 25 : ce qui leur donna la hardiesse d'investir le jour même Ruremonde, qu'ils commencèrent à battre le 29, et le prirent le 5 septembre à composition, onze cents hommes de garnison qui en sortirent sains en dix-sept compagnies n'ayant pas eu le courage de défendre cette place plus de dix jours devant une armée qui n'étoit que de dix mille hommes de pied et trois mille chevaux, entre lesquels il y en avoit plusieurs de malades.

Ledit cardinal Infant mit dans ces deux places quatre mille hommes de garnison, et incontinent après fit tourner tête à son armée pour secourir La Capelle, laquelle il espéroit pouvoir se défendre plus long-temps qu'elle ne fit. Il tira tous les soldats qu'il put des garnisons, et y mit de la milice au lieu, et s'en alla droit à Mons joindre Piccolomini, et arriva à Noyelles le 15, laissant en doute si, pour faire diversion, il prendroit le chemin de Charlemont ou de Cambrai, ou s'il viendroit tout droit affronter l'armée que nous avions au siége, et se loger entre elle et celle de Maubeuge. Le cardinal de La Valette en ayant donné avis au cardinal-duc, il lui manda que de peur que l'ennemi prît le chemin de Charlemont, Sa Majesté avoit pourvu en diligence à Rocroy et aux places de la Meuse, ayant donné charge au maréchal de Châtillon d'y envoyer renfort de garnison; que s'il avoit avis qu'il prît le chemin de Cambrai, il devoit avoir le soin d'envoyer au moins six cents hommes de pied et trois cents chevaux dans Saint-Quentin, et autant dans Péronne, et la cavalerie de Rambures dans Doulens, moyennant quoi il n'y auroit rien à craindre; qu'il devoit être assuré que le cardinal Infant ne pouvoit venir à lui avec plus de quatre mille hommes de pied et deux mille chevaux, la nécessité l'ayant obligé de laisser le reste de son armée, partie dans la garnison de Venloo et Ruremonde, partie pour s'opposer aux courses que les Hollandais pourroient faire après la prise de Bréda; que cela étant, Piccolomini et Balançon n'ayant en cavalerie et infanterie que neuf à dix mille hommes tout au plus, dont la plupart étoient désarmés, ils ne sauroient faire un corps de plus de quinze ou seize mille hommes en tout; que par raison ils n'abandonneroient pas le poste de Mons, parce qu'ils laisseroient le cœur de leur pays ouvert, et donneroient moyen au duc de Candale de leur couper chemin derrière; que si donc ils laissoient quelque chose à Mons, ils n'y sauroient laisser moins que quatre ou cinq mille hommes, et ainsi ils ne sauroient mettre une armée à la campagne de plus de dix mille hommes : auquel cas il suffiroit de laisser mille chevaux et quatre mille hommes dans Maubeuge avec M. de Turenne; et que ledit cardinal de La Valette pourroit aussi se passer dans son siége, dont la circonvallation étoit faite, de mille chevaux et huit mille hommes de pied, et ainsi il lui resteroit toujours plus de six mille chevaux pour mettre à la campagne, et neuf à dix mille hommes de pied que le duc de Candale pourroit commander, jusques à ce que le siége lui permît d'y être; outre que Sa Majesté, dès le lendemain, pour ne point affoiblir les forces dudit cardinal de La Valette, le déchargea du soin de pourvoir à Saint-Quentin et à Péronne, et y envoya quatre compagnies des gardes et le régiment de La Rochegiffard, et manda audit cardinal qu'il pouvoit encore, à un besoin, lever toute la milice des environs de Guise et de Thiérache, que les sieurs de Longueval et de Quincey lui pourroient amener pour garder sa circonvallation, et lui donna charge expresse que si les ennemis passoient vers Rocroy, et que La Capelle fût déjà prise, il les suivît avec toute son armée, laissant à Maubeuge ce qu'il y falloit pour le garder; mais, en cas qu'elle ne fût pas prise, le duc de Candale, au lieu de lui, suivît les ennemis avec un corps de dix mille hommes de pied et six mille chevaux, qui rencontreroient le sieur de Vaubecour vers Aubigny, avec douze cents chevaux et toute la milice de Champagne. Le cardinal Infant, sachant que le Roi avoit donné ordre aux places de sa frontière, n'osa pas s'avancer pour les attaquer, mais alla droit à Maubeuge le 19 septembre; puis sachant que La Capelle étoit fort pressée, s'avança jusques aux environs d'Avesnes, pour faire un effort et tâcher à la secourir. Il fit savoir au gouverneur qu'il le feroit le 20 ou le 21 au plus tard, lui commandoit de se défendre; mais, nonobstant cela, ledit gouverneur voyant nos mineurs déjà attachés à ses bastions, notre canon et nos bombes ayant mis sa place au pire état auquel elle pût être, et ne lui restant pas un seul lieu où un soldat se pût mettre à couvert, demanda à capituler le 20, et la capitulation étant signée, il promit de sortir le lendemain avec sa garnison, ce qu'il fit avec six cents hommes effectifs, dont le cardinal Infant reçut un extrême regret, tourna vers Barlemont et Aymeries, qu'il prit en un même jour, et s'en alla droit à Maubeuge, en dessein de forcer le camp du cardinal de La Valette; mais il fut reçu si courageusement, qu'il fut contraint de se retirer à Mons.

Le même jour le sieur de La Meilleraie envoya trois cents chevaux à la guerre, commandés par le sieur de Lenoncourt, du côté de Valenciennes, lesquels trouvèrent un convoi qui alloit à l'armée du cardinal Infant : il étoit de deux cent cinquante chariots ou charrettes, assistés par deux cents chevaux, lesquels furent entièrement défaits et le convoi pillé. Il demeura quarante-deux des ennemis morts sur la place, cinq prisonniers, et plus grand nombre mis en état de ne pouvoir nuire au service du Roi le reste de cette année : les chariots étoient chargés de pain, de fromage, de bière et de bagage qu'on portoit à leur armée; tout fut pillé, le pain jeté à l'eau, la bière renversée et le fromage pris par les cavaliers. Les nôtres avoient fait dessein de garder tous les postes qu'ils avoient pris entre la Sambre et l'Escaut, et y faire leurs quartiers d'hiver; mais, en partie, l'ennui, qui est assez coutumier au Français, de demeurer en un lieu, et la crainte d'y trouver peu de quoi subsister l'hiver, attendu qu'ils avoient tout ruiné à la campagne d'alentour, leur fit naître à tous l'envie de le quitter et de se retirer dans notre frontière. Cet avis ne fut pas agréable à Sa Majesté, qui, au contraire, avoit mandé au cardinal de La Valette que, le siége de La Capelle fini, il attaquât quelque petite place pour donner lieu aux ennemis de venir à lui et les combattre, mais surtout qu'il conservât Maubeuge et prît des quartiers d'hiver le long de la Sambre. Le cardinal duc représenta à Sa Majesté qu'il n'y avoit rien de si difficile que de faire entreprendre à des gens de guerre des desseins qui n'étoient pas goûtés d'eux; mais quand le dégoût de telles entreprises n'étoit que dans les communs officiers, la honte et le châtiment que les chefs leur pouvoient faire les faisoient résoudre à ce qu'ils vouloient; que le fait dont il s'agissoit n'étoit pas peu difficile à résoudre; que, si on entreprenoit des choses fort difficiles à soutenir, il étoit bien à craindre que les troupes, que nous laisserions cet hiver dans un pays avancé, périssent, et qu'au printemps nos principales forces demeurassent sans pouvoir faire aucun effet; que d'autre part aussi, si on quittoit les lieux avancés, les ennemis auroient une partie de ce qu'ils prétendoient, et il étoit à craindre que les Hollandais, qui nous mandoient qu'après avoir pris Bréda (ce qui à leur compte seroit le 12 octobre), ils feroient encore quelque chose de considération, se dégoûtassent tout-à-fait; qu'il sembloit qu'il étoit bon de prendre Chimay par un parti, pour faire un quartier d'hiver qui pouvoit être excellent pour de la cavalerie étrangère, mais que cet effet ne pouvoit servir de monnoie pour contenter le monde sur la démarche de l'armée; que la conservation de Beaumont étoit très-avantageuse, pourvu qu'un corps d'infanterie et de cavalerie étrangère s'y pût maintenir; qu'il falloit absolument reprendre Aymeries pour tenir tout l'hiver un poste au-dessus de Landrecies sur la Sambre, pour n'être pas si resserré, comme on seroit sans cela dans Landrecies, dont il falloit redoubler promptement les fortifications, écrivant au sieur de Quincey qu'il menât deux cents paysans pour promptement dépêcher les dehors de cette place; que si on se vouloit retirer de Maubeuge, il falloit en rapporter tous les vivres, s'en retirant en gens de guerre pour un grand dessein, et démanteler la place autant qu'on le pourroit; qu'avant que se résoudre à la quitter ou conserver, il faudroit attaquer Aymeries, joignant les deux armées ensemble, à la réserve du moins qu'il se pourroit laisser dans Maubeuge pour le conserver durant cette action, pendant laquelle il ne pouvoit courir aucune fortune, comme la suite de ce qui sera dit ci après l'éclaircira, d'autant que, ou les ennemis laisseroient prendre Aymeries sans le vouloir secourir, ou ils viendroient au secours, ou apparemment ils iroient pour tâcher d'incommoder Maubeuge : s'ils venoient au secours, on auroit occasion de les combattre avec apparence de succès, étant aisé de prendre un poste avantageux; s'ils alloient à Maubeuge, on pouvoit aller à eux sans s'arrêter à Aymeries, et ce d'autant plus aisément qu'on avoit à choisir le côté de la rivière qui seroit le plus favorable. De dire qu'au même temps qu'on attaqueroit Aymeries ils iroient à Cateau-Cambresis, cela n'étoit pas considérable, parce qu'on pouvoit encore en ce cas aller à eux, et que s'il falloit quitter Maubeuge la recherche d'une bataille étoit un prétexte honorable; que dans le temps qui étoit nécessaire aux exécutions des propositions ci-dessus touchant Aymeries le mois d'octobre se passeroit, dans lequel les ennemis seroient contraints de se retirer, soit pour entrer en garnison, soit pour aller au-devant des Hollandais, qui auroient pris Bréda au plus tard le 12 du mois d'octobre, et qui étoient résolus de faire quelque chose de nouveau, auquel cas il étoit impossible qu'il ne nous arrivât quelque avantage, soit que nos alliés fissent quelques progrès, soit que partie des ennemis allant contre eux, nous donnassent moyen d'entreprendre contre ce qui resteroit; qu'il sembloit que l'excuse des fourrages ne pouvoit pas empêcher de garder Maubeuge jusqu'à la fin d'octobre, puisqu'il n'étoit pas possible qu'ils n'en puissent prendre entre Sambre et Meuse où ils n'auroient pas grand obstacle; que le duc de Weimar, qui avoit partie de ses troupes delà le Rhin, prenoit le plus souvent son fourrage au-deçà dans l'Alsace, et que surtout, quelque dessein que l'on prît, il ne falloit point mettre en garnison que l'ennemi n'eût quitté la campagne.

Le Roi, ayant ouï ces choses, se résolut et commanda qu'on donnât ordre au cardinal de La Valette, que s'il jugeoit qu'il y eût trop de difficulté à hiverner à Maubeuge, il trouvoit bon qu'il le quittât, mais seulement quand on voudroit mettre en garnison, le démantelant premièrement autant qu'on pourroit; qu'il reprît Aymeries et le conservât tout l'hiver; qu'il gardât aussi Beaumont en y mettant un homme bien éveillé et bien résolu; comme aussi qu'il fît un quartier d'hiver à Chimay qu'il falloit faire prendre par un parti, et qu'on employât l'argent destiné aux fortifications de Maubeuge à celles qu'il faudroit faire à Beaumont, Aymeries et Cateau-Cambresis, désirant qu'on travaillât en tous ces lieux avec plus d'activité qu'on n'avoit fait jusqu'alors; que surtout il étoit question d'agir en sorte que le mauvais temps ne nous surprît pas avant que d'avoir fait ce que l'on vouloit faire. Nonobstant tous ces ordres de Sa Majesté, auparavant que le sieur de Chavigny, qui partit le 5 d'octobre pour les porter au cardinal de La Valette et au duc de Candale, fût arrivé devers eux, ils avoient déjà commandé d'abandonner Maubeuge, sans attendre les volontés du Roi sur ce sujet, bien qu'ils les eussent envoyées querir et qu'ils sussent que ledit sieur de Chavigny leur portoit l'intention de Sa Majesté. Ils ne manquèrent pas de raisons pour pallier, excuser ou justifier leur procédé, lesquelles on ne s'arrêta pas à examiner, étant inutiles après qu'une chose est faite; leur principale étoit la difficile garde de la place, à laquelle ils disoient avoir peu de temps à remédier, vu la proximité de l'hiver, le peu d'hommes qu'ils avoient pour remuer la terre, et la grande quantité de travaux qu'il y avoit à faire. Mais leur seule négligence leur ôta le moyen de surmonter toutes ces difficultés, ayant à peine commencé à y travailler lorsqu'ils devoient avoir achevé leurs fortifications, et n'ayant néanmoins point eu manque d'argent, que le cardinal, avec grand soin, leur fit avancer du sien propre, afin que ce défaut n'y pût apporter aucun retardement. Il est vrai que la place étoit en très-mauvais état, et tel que le cardinal Infant, quand nous l'eûmes abandonnée, y ayant voulu envoyer une garnison de cinq cents hommes de pied et trois cents chevaux, après avoir vu le lieu, ils s'en retournèrent sans en avoir ordre, celui qui y commandoit disant librement qu'il quitteroit plutôt sa charge que de demeurer là; aussi tous nos gens de guerre qui y étoient étoient-ils résolus de l'abandonner, quelque ordre contraire qu'ils pussent recevoir de nos généraux; mais la faute étoit à ceux qui n'avoient pas pourvu de bonne heure à la mettre en état qu'une garnison y pût subsister.

Notre armée quitta ledit Maubeuge le 8 octobre, sur ce que Piccolomini envoya quatre mille chevaux et quatre mille hommes de pied prendre les postes de Pont-sur-Sambre et Pont-de-Vaux, entre Maubeuge et Longueville, où le cardinal de La Valette étoit logé avec son armée, avec dessein d'affamer Maubeuge, empêchant les convois qui lui devoient être menés de Landrecies. Et pource que les ennemis se fortifioient en ces deux postes, et que si on leur eût donné temps, il eût été difficile de les en chasser, le cardinal de La Valette et le duc de Candale, qui se trouvoit lors avec lui, ayant mandé au vicomte de Turenne, qui, comme maréchal de camp, commandoit lors l'armée de Maubeuge, qu'il en partît de bonne heure avec toute son armée pour faire la jonction de toutes les troupes, partirent la nuit du 8 au 9, et allèrent attaquer les retranchemens des ennemis, qui, après s'être défendus vaillamment jusqu'à l'obscurité de la nuit, avec perte néanmoins de plusieurs postes de leurs susdits retranchemens, firent le lendemain leur retraite vers Barlemont et Aymeries. Notre armée, après les avoir un peu suivis, retourna à Longueville, d'où elle partit le lendemain, s'avançant vers Cateau-Cambresis, et suivoit l'ennemi, essayant à l'obliger de combattre. Elle se vint loger à Prémont; le cardinal Infant se retira au Quesnoy, ayant force ruisseaux devant lui et une ville derrière; nous ne pouvions pas aussi nous éloigner fort de notre frontière à cause des vivres, de sorte qu'on ne le pouvoit forcer au combat. Dès que nos troupes furent parties de Maubeuge, le comte de Bucquoi alla attaquer Beaumont, qui est une place si mauvaise, que le vicomte de Turenne avoit commandé à celui qui y étoit de ne se laisser pas forcer, mais d'attendre seulement que le canon eût tiré à faire sa composition, de peur de perdre les troupes et les malades qui étoient dans la place; ce qu'il fit en partie, ne se rendit qu'après avoir vu le canon dudit comte de Bucquoi, mais non attendu qu'il eût tiré. Les nôtres en échange prirent Chimay pour y faire un quartier d'hiver, et quelque commandement que le Roi pût faire au cardinal de La Valette de tenter quelque siége, bien que sans espérance de succès, pour faire plus facilement comprendre aux alliés de Sa Majesté, qui trouveroient à redire à l'abandonnement de Maubeuge, qu'il avoit été plus à propos de le faire pour donner lieu à une entreprise plus importante que l'on auroit eue; néanmoins ledit cardinal ayant toujours l'armée ennemie en tête, il ne trouva pas jour pour le faire.

Les Hollandais, de leur côté, depuis qu'ils furent délivrés de l'armée du cardinal Infant, qui nous vint sur les bras au temps de la prise de La Capelle, avancèrent tout à loisir leurs travaux devant Bréda, et s'en rendirent maîtres le 7 octobre, n'ayant pas demeuré plus de semaines devant que le marquis de Spinola avoit employé de mois pour la prendre. Ils se défendirent bravement pour le petit nombre de gens de guerre qu'il y avoit dans la place, n'y ayant que onze cents hommes sains qui en sortirent. La réjouissance de la prise de cette place fut merveilleuse en tous les lieux de l'obéissance des Hollandais, mais elle leur pensa coûter la perte de Rimbergue, qui eût ensuite fait courir hasard aux villes de Vezel et Orsoy. Les Espagnols y firent une entreprise le 25, et avoient déjà passé le fossé sur un pont de joncs et de fascines, et étoient montés en une demi-lune en laquelle ils avoient tourné et tiré deux pièces de canon contre la ville, en laquelle ils entroient tous à la foule et en étoient certainement les maîtres, s'il ne fût venu en l'esprit d'un soldat hollandais d'abattre la herse, ce qui donna loisir aux habitans et soldats, qui s'amusoient à faire bonne chère et des feux de joie, de courir aux armes et rechasser les ennemis, dont une grande partie se noya. Le prince d'Orange, après la prise dudit Bréda, quoiqu'il eût fait dessein auparavant de continuer ses conquêtes et incommoder l'ennemi, entrant en son pays ou entreprenant quelque siége, ne se trouva pas en avoir le moyen ni le temps, non plus que les généraux de l'armée du Roi n'en avoient eu depuis la prise de La Capelle; et bien que toutes les forces espagnoles fussent lors opposées à l'armée du Roi, néanmoins le prince d'Orange se disposa de mettre son armée en garnison auparavant les Espagnols et nous qui prîmes nos quartiers d'hiver les derniers.

En Italie les armes du Roi prospérèrent autant qu'on le pouvoit espérer dans la froideur et la crainte du duc de Savoie. Il fut proposé de sa part s'il étoit plus avantageux de faire une guerre offensive ou défensive, ou une suspension d'armes en Italie, en laquelle entrassent tous les princes d'icelle pour la défensive. Il n'y avoit point de doute qu'il n'y avoit point de guerre dont les Espagnols reçussent plus d'incommodité, tant pour la difficulté d'y envoyer et d'y maintenir des troupes, que pour le peu d'affection qu'avoient leurs peuples, surchargés et peu accoutumés à la guerre. Il n'y avoit point de guerre dont les Espagnols eussent plus d'appréhension, ni qui les pût plutôt obliger à une paix, ni de laquelle on pût espérer plus d'avantages si elle étoit puissamment soutenue, outre que c'étoit faire la guerre en leur pays; mais il falloit pour cela, ou tenter le dessein du Tésin, dont le chemin étoit aussi ouvert qu'en l'année dernière, (ce dessein exécuté partageoit l'État de Milan, mettoit aux portes de la principale ville, empêchoit le passage des Allemands, joignoit aux Valaisans et à Genève, en sorte qu'on pouvoit conserver les conquêtes sans l'aide du Piémont. Ce dessein, en y pensant de bonne heure, pouvoit être exécuté avec le même nombre de troupes que les autres; il n'y avoit point de siége à faire dont l'événement fût douteux;) ou il falloit, en se servant de Brême, occuper Vigevano, qui étoit une place à être emportée en douze ou quinze jours si les ennemis n'y travailloient point, et après il falloit assiéger Mortare, qui étoit une place régulièrement fortifiée; et ce dessein rendoit maître d'un grand pays, portoit les armes du Roi sur le bord du Tésin, et donnoit toute l'Omeline, sans laquelle l'État de Milan ne pouvoit subsister; et en ce dessein Casal et Brême étoient les places de sûreté et de retraite, et les vivres pouvoient être difficilement coupés par les ennemis, et empêchés même par M. de Savoie quand il le voudroit; ou il falloit occuper Tortone, Serravalle, et fortifier Castellazzo. Le fruit de ce dessein étoit d'empêcher le trajet de Gênes à Milan, d'où venoient les troupes d'Espagne et de Naples, l'argent comptant dans l'État de Milan, et bien souvent des blés de Sicile. Pour l'exécution de ces trois desseins il falloit autant de troupes en l'un qu'en l'autre, et pour tous les trois il falloit deux corps d'armée : l'un qui assiégeât ou qui fît des forts, l'autre qui conservât les vivres, qui fût à la tête des ennemis, ou qui couvrît un côté du pays pendant qu'on agiroit de l'autre. Pour cela il falloit de la part de Sa Majesté, outre ce qu'avoit M. de Savoie et ce qu'on lui entretenoit, quinze mille hommes de pied effectifs et deux mille chevaux, avec cinq cents dragons; et pour rafraîchir ce corps il en falloit un autre de six mille hommes de pied effectifs et six cents chevaux, qui entrassent en Italie six semaines après que le premier seroit en campagne. Pour avoir quinze mille hommes de pied effectifs et deux mille chevaux, il falloit payer vingt-deux mille hommes et deux mille cinq cents chevaux, et pour toute la guerre de cette année il falloit (sans l'artillerie) 5,000,000 de livres ou environ, en ce compris les garnisons de Pignerol, Casal, Brême et Nice-de-la-Paille, qu'il falloit payer cette année par prêt, et ce que l'on donnoit à M. de Savoie. Pour faire ce nombre de gens de guerre, de ceux qui avoient fait des troupes en Italie cette année on en pouvoit avoir une bonne partie. Il falloit qu'on donnât un des drapeaux blancs anciens et quatre ou cinq régimens; et quant à la cavalerie il falloit vingt compagnies : cela s'entendoit pour le premier corps. Pour celui du rafraîchissement, on fourniroit encore trois ou quatre régimens et quatre compagnies de cavalerie, en sorte qu'il falloit du côté de l'Italie huit ou neuf régimens, et vingt-quatre compagnies de cavalerie, outre ce qu'on pouvoit tirer des corps qui étoient en Italie, et leur donnant quartier et recrue. Quant à la guerre défensive, il falloit garnir Casal, Pignerol, Brême et Nice-de-la-Paille, de plus fortes garnisons que si on avoit une guerre offensive, et les faire payer par prêt. Outre cela, il falloit que Sa Majesté entretînt un corps de six à sept mille hommes à la campagne, et quinze cents chevaux. Pour composer ce nombre de six à sept mille hommes et quinze cents chevaux, il falloit que les trois mille hommes et les douze cents chevaux que l'on entretenoit à M. de Savoie en fissent partie, pour plusieurs raisons : la première étoit qu'il les logeoit sur ses États; la deuxième, que si on ne lui entretenoit pas ce nombre de gens de guerre, il demanderoit de l'argent d'ailleurs, disant que toutes ses fermes, daces et une partie de ses tailles ne venoient point, qu'il étoit obligé de fortifier ses places, en augmenter les garnisons, et avoir des troupes pour défendre ses États en cette guerre, où il n'avoit que les intérêts de Sa Majesté. M. de Savoie, donc, desdits sept mille hommes en fournissant les trois mille que l'on lui entretenoit et les douze cents chevaux, il ne restoit à Sa Majesté qu'à trouver le surplus. Pour quoi faire il ne falloit que les régimens d'Alincourt, Urfé, Pierre Gourde, Cauvisson et Rourre; et pour la cavalerie, Créqui, Alincourt, Boissac, Courvou, Couvet, Dezimyeu, chevalier de Maugeron et Bussy : ces troupes se pouvoient loger au Montferrat, en faisant quelques légères gratifications aux ministres de M. de Mantoue qui étoient au Montferrat. Ainsi il n'y avoit plus de troupes à chercher, ni le logement, et cela se pouvoit facilement faire. Quant à l'argent qu'il falloit pour Pignerol, Casal, Brême et Nice, ce qu'on entretenoit à M. de Savoie, et les troupes qu'il falloit avoir à la campagne, il faudroit 3,000,000 de livres depuis le premier janvier jusqu'au dernier décembre.

Les avantages ou inconvéniens de cette résolution étoient ceux-ci : pour les avantages, il en coûtoit moins d'argent, il falloit moins d'hommes, et on maintiendroit mieux les places que l'on avoit en Italie, y ayant peu de chose à faire, que si on se chargeoit de beaucoup de dépenses, lesquelles peut-être on ne pourroit pas supporter. Les inconvéniens étoient que les Espagnols ne sachant pas quels étoient les desseins de Sa Majesté, le Milanais leur étant extrêmement important comme il étoit, ils feroient un grand corps d'armée, lequel fait seroit peut-être si puissant que les troupes que l'on auroit en Italie ne les pourroient pas empêcher de se jeter sur les États de M. de Savoie, lequel au même temps demanderoit pressamment secours à Sa Majesté, qui ne lui pourroit peut-être pas fournir au temps qui lui seroit nécessaire, et ce refus de secours et sa crainte pourroient apporter quelque changement en son esprit; néanmoins il y avoit apparence que le nombre ci-dessus, et les places bien garnies et entretenues comme l'on supposoit, seroit suffisant, et même que M. de Savoie s'en contenteroit ou s'en devoit contenter. L'autre inconvénient étoit que M. de Savoie, se voyant réduit à une défensive, peut-être se ménageroit avec les Espagnols en sorte qu'ils ne l'attaqueroient pas; mais aussi ils n'auroient point de jalousie du côté de l'Italie, et par conséquent y feroient peu d'efforts, et les feroient très-grands du côté de la Picardie et de la Champagne. A quoi répondoit que, quelque assurance verbale que donnât M. de Savoie aux Espagnols de ne les point inquiéter de ce côté-là, ils étoient si fort jaloux du Milanais, et il y avoit tant de facilité à faire passer promptement des troupes de France en Italie, qu'ils tiendroient toujours le Milanais garni comme s'ils devoient être attaqués. Or, de croire que M. de Savoie

11.

leur en donnât quelque assurance par écrit, il n'y avoit pas d'apparence. Le troisième inconvénient étoit de faire une dépense de 3,000,000 en Italie, inutile pour la défensive, qui ne pouvoit produire aucun avantage. On répondoit néanmoins que c'étoit un assez grand avantage que de consommer des armées aux ennemis comme on avoit fait par le passé, ayant fait passer plus de quarante mille hommes en Italie depuis le siége de Valence. La suspension d'armes en Italie étoit bien celle qui seroit la moins onéreuse à Sa Majesté et à ses finances, parce qu'il ne faudroit ni entretenir des gens à M. de Savoie, ni en la campagne, et l'on pourroit même affoiblir les garnisons des places que l'on avoit en Italie, outre qu'on sauveroit M. de Parme sans troupes. Mais le premier inconvénient étoit de savoir si les Hollandais et autres alliés de Sa Majesté, à l'imitation de l'Italie, ne voudroient point faire de trêve ou suspension, et si cela ne les refroidiroit point. L'autre étoit que assurément cela porteroit M. de Savoie dans une neutralité, et le réconcilieroit aux Espagnols. Le troisième étoit qu'il y avoit sujet de douter si on pourroit venir à bout d'une suspension, quoique le Pape la sollicitât, pour arrêter le cours de la guerre de Parme, et pour apaiser l'Italie : les princes d'Italie la souhaiteroient ; mais s'il étoit à craindre que les Espagnols ne la voulussent pas, quoiqu'ils eussent toujours extrêmement aimé le repos en Italie, l'espérance de prendre Parme, Plaisance ou Sabionnette, les empêcheroit d'y penser sitôt, et ils tireroient de longue cette négociation, qui étoit pourtant ce que souhaitoit plus M. de Savoie. Sa Majesté, ayant bien considéré toutes ces choses, se résolut à continuer l'offensive qu'elle avoit commencée, et ordonna des troupes suffisantes pour former une armée capable de le faire.

Mais auparavant qu'elles pussent ni dussent être sur pied, le duc de Parme fit son accord avec Espagne. Le Roi n'eut point de sujet de s'en plaindre, bien qu'il eût fait de sa part l'année dernière tout ce que ledit duc pouvoit désirer de lui, et qu'il eût donné tous les ordres nécessaires pour le secourir dès le commencement de l'année présente, ayant envoyé en Provence plusieurs troupes pour être embarquées dans son armée navale pour ce sujet; mais le peu d'étendue des Etats dudit duc, attaqués de toutes les forces du Milanais, lui donnèrent une juste crainte dans le retardement du secours du Roi. Sa Sainteté traitoit avec Sa Majesté quelques mois auparavant sur son sujet, et faisoit instance vers le Roi et le roi d'Espagne d'apporter ce qui dépendoit d'eux en sa considération pour le soulagement des Etats dudit duc de Parme, comme étant terres du Saint-Siége, et que pour cet effet elle désiroit que Sa Majesté consentît que le duc de Parme pût entrer en neutralité à l'égard du roi d'Espagne, en sorte qu'il promît de ne point commettre ci-après aucun acte d'hostilité contre les Etats dudit Roi, ni même contre le duc de Modène, nonobstant l'obligation qu'avoit ledit duc de Parme en conséquence de la ligue faite ci-devant avec Sa Majesté et ses alliés ; qu'en ce cas le roi Catholique promettroit de ne point molester la personne ni les Etats dudit duc de Parme, ce que ledit duc de Modène promettroit aussi, en sorte que ledit duc de Parme demeureroit en la pleine et libre possession de ses places, villes et châteaux, et de tous les lieux de ses Etats, et jouiroit paisiblement de tous les droits ordinaires et terres qu'il avoit eues ci-devant sur ses Etats, sans qu'il fût fait aucune vexation ni incursion de gens de guerre par les gens qui dépendent d'Espagne, en tous ses pays et sur les terres de ses sujets. Et afin que les Espagnols ne différassent à consentir ou effectuer ce que dessus, et qu'ils ne prissent sujet de tirer les affaires en longueur pour se rendre maîtres desdits Etats, au préjudice du Saint-Siége et de la paix publique, Sa Majesté représenta à Sa Sainteté que, venant à consentir à ce que l'on désiroit d'elle, pour son obéissance et bonne affection vers le Saint-Siége, il étoit aussi raisonnable et nécessaire que le Pape fît une démonstration vigoureuse de ne permettre pas que les Espagnols vinssent à bout de ce dessein, se mettant en état de les empêcher par force, et mettant sur pied des troupes considérables, comme Sa Majesté feroit aussi de sa part, et ne perdroit aucun temps de faire avancer les secours requis pour le duc de Parme, par toutes les voies qui lui seroient possibles. Sa Majesté n'écoutoit ces propositions de Sa Sainteté qu'en donnant part au duc de Parme, ne voulant autoriser cet expédient que pour son bien, et l'assurant de plus que son intention n'étoit pas de l'abandonner, mais de proposer ce remède au cas que le secours ne pût passer si promptement que son besoin le requéroit, et que Sa Majesté ne laisseroit de redoubler ses soins et ses efforts pour sa conservation, au cas que les Espagnols vinssent à manquer de parole, et qu'il porteroit ses intérêts en l'assemblée de Cologne comme les siens propres, et n'oublieroit chose quelconque qui le pût garantir après la paix contre la mauvaise volonté des Espagnols, et que cela n'empêcheroit que le secours que Sa Majesté avoit destiné pour ledit duc ne se hâtât le plus qu'il seroit possible. Ce traité su d'Espagne, et que les troupes ordonnées pour son secours étoient prêtes d'être embarquées, obligea ses ministres à accorder audit duc des conditions si raisonnables qu'il s'y rendit, et en donna avis au Roi dès le 4 février, lui protestant qu'il demeureroit toujours de cœur ami de la France, et qu'il s'étoit conservé en neutralité avec Sa Majesté, laquelle ayant eu un soin particulier de le secourir et envoyer, dès le commencement de l'année, le sieur de Baume pour faire cesser toutes les difficultés et retardemens que l'on apportoit à son secours, dont le sieur Fabio Scoti, qui étoit demeuré en Provence pour en recevoir l'effet, étoit témoin, eut cette satisfaction que ledit Scoti, ayant avis du duc son maître de son accommodement avec les Espagnols, donna un certificat que les troupes du Roi étoient toutes prêtes de s'embarquer, et faire voile si ledit avis ne fût arrivé.

Ensuite le Roi, jugeant que toutes les forces d'Espagne se tourneroient contre les Etats des ducs de Mantoue et de Savoie, manda à la république de Venise qu'elle devoit soigneusement veiller à la conservation de la ville de Mantoue, et fortifier à cet effet et tenir complète la garnison qui y étoit, aider M. de Mantoue pour les réparations des fortifications qui étoient en mauvais ordre, et mettre toutes choses en état que lesdits Espagnols, voyant que l'on prenoit soin de cette place, n'y portassent point leurs desseins; qu'il étoit aussi et du bien général de la chrétienté et de leur avantage particulier de ne se rendre pas difficiles en l'accommodement avec Sa Sainteté, afin qu'il se pût faire entre eux une ligue pour procurer la paix générale, qui étoit le vœu commun de tous les gens de bien. Sa Majesté, sans perdre temps, prit un soin très-grand de munir de sa part la ville de Casal, et la mettre en état que les ennemis perdissent l'espérance de s'en pouvoir rendre maîtres. Du côté du duc de Savoie elle fit le même, le sollicita de mettre promptement en campagne, de peur que les forces ennemies ne se tournassent contre ses Etats, et lui offrit de faire passer promptement les siennes dans le Piémont, afin d'être en état de porter le premier dommage à l'ennemi, et non de le recevoir. Le duc de Savoie, qui vouloit ménager son pays, et n'y recevoir que le plus tard qu'il pourroit les troupes qui venoient de France, et lors seulement qu'il étoit nécessaire pour empêcher le ravage de celles d'Espagne, donna lieu à leur retardement, tant pource qu'il ne fit point presser le Roi de les lui envoyer de bonne heure, que pource même qu'il faisoit tant de difficulté au maréchal de Créqui de leur donner logement, que ledit maréchal, étant à Lyon en s'en retournant, écrivit à tous les gouverneurs qu'on ne fît point partir les troupes qu'on n'eût de nouveaux avis de sa part; et, conformément à cela encore, le sieur d'Hémery, ambassadeur du Roi, leur en fit écrire par le sieur des Noyers, secrétaire d'Etat; laquelle faute il y avoit une preuve indubitable qu'elle provenoit de la seule Savoie, qui étoit (1) qu'on avoit fait en France le fonds pour les troupes, à commencer dès le printemps; ce qui présupposoit qu'il falloit qu'elles fussent en Italie en ce temps-là, où elles eussent été si le retardement n'en fût venu de leur part; outre que le père Monot (2), jésuite, qui fut envoyé de la part du duc de Savoie en France, ne prit soin de presser ni lesdites troupes ni l'argent pour leur solde, qui étoient les choses solides et nécessaires, mais s'arrêta simplement à faire des instances violentes et hors de saison pour de simples vanités, auxquelles il employoit tout son soin, comme si le duc son maître n'eût eu pour lors aucune nécessité de recevoir l'assistance des armes du Roi.

La maison de Savoie est une des plus anciennes de la chrétienté, et depuis quelque temps que quelques maisons nouvelles de princes s'y sont élevées, elle est entrée en jalousie, et a souhaité d'être traitée avec quelque témoignage d'estime plus grande que celles-là, jusque-là qu'elle a désiré et tenté par tous moyens que les rois de la chrétienté lui voulussent communiquer leur dignité, et l'associer au titre de leur grandeur. Madame, qui est de la maison de France, en a le courage, et les sœurs de laquelle sont reines, bien que l'une soit cadette, ne diminuoit pas ce désir au duc son mari, mais au contraire l'enflammoit encore davantage, et même en prenoit occasion du service que ledit duc son mari rendoit au Roi au hasard de ses Etats, au péril de sa personne, et en un temps auquel il y avoit peu de princes qui demeurassent fidèles en leur alliance avec Sa Majesté. Elle sollicita qu'elle envoyât à la cour ledit père Monot, qu'elle estimoit homme d'esprit et affectionné à la grandeur de la maison de Savoie, espérant que, par son ministère, elle remporteroit quelque avantage pour ladite maison de son mari, traitant avec les ministres du Roi de ces choses après qu'il auroit résolu des essentielles, qui consistoient en l'armée que Sa Majesté, selon le traité, devoit tenir prête pour la faire passer en Italie et, sans donner loisir aux Espagnols d'entreprendre sur les alliés du Roi, commencer à faire quelque entreprise sur le Mi-

(1) La preuve.
(2) Presque tous les auteurs du temps écrivent Monod.

lanais. Ledit père, dont l'esprit étoit plus vain que solide, et qui mettoit à plus haut prix les choses de la possession desquelles il étoit privé par sa profession que les choses les plus nécessaires et essentielles, s'arrêta à la poursuite de ses prétentions frivoles avec une extrême passion et violence, et ne parloit des autres, qui étoient les principales, que froidement et par manière d'acquit, comme si elles eussent été simplement accessoires. Il leur représenta que de tout temps le grand-duc (1) cédoit la main aux ambassadeurs des rois chez lui, qu'il les alloit rencontrer dehors la ville, que lesdits ambassadeurs ne donnoient point de l'altesse aux frères dudit grand-duc, et qu'il n'y avoit aucun autre prince en Italie, hormis le duc de Venise, que le seul duc de Savoie qui fût en possession de traiter avec les ambassadeurs des empereurs et des rois sans leur donner la main ni les rencontrer, pas même jusqu'à la porte de la chambre; que non-seulement lui, mais non pas même ses frères, ne sortoient point de leur chambre, et n'y avoit qu'eux seuls de tous les frères des princes d'Italie qui fussent traités d'altesse; que les ministres du Roi avoient fait perdre cette prérogative aux enfans de Madame depuis qu'elle étoit mariée, ayant donné la main au grand-duc et au duc de Mantoue chez lesdits ducs, traité d'altesse leurs frères et leurs enfans, et permis que le grand-duc se laissât visiter dans le lit, pour n'aller au rencontre des ambassadeurs du Roi, comme il avoit accoutumé; que depuis que Madame étoit mariée, on avoit permis aux ambassadeurs de Gênes de se couvrir devant le Roi, ce qu'ils n'avoient jamais fait auparavant; qu'on avoit accordé le même à ceux de Mantoue, ce qui ne s'étoit non plus auparavant pratiqué, et même que, pour le respect de la Reine-mère, on avoit commencé de faire honneur à ceux de Florence; que les gardes du Roi se mettoient sous les armes, et battoient le tambour quand ils sortoient de l'audience de leur congé; que le Roi avoit, dès la fin de l'année dernière, donné le titre d'altesse au prince d'Orange, et même auroit fait office avec Leurs Majestés de la Grande-Bretagne afin qu'elles fissent le même, ce qu'elles avoient fait, nonobstant que Lesdites Majesté témoignassent quelque étonnement de ce que parmi ces nouveautés on ne parloit point du duc de Savoie; qu'il avoit accordé à la république de Venise que ses ambassadeurs seroient traités d'excellence, et honorés comme les autres royaux, et ce en faveur de la neutralité observée par eux en ces dernières guerres, en quoi la maison de Savoie rece-

(1) De Florence.

voit un notable désavantage, parce que jusqu'alors la maison d'Autriche l'avoit maintenue en égalité avec Venise, voire en préséance, comme on pouvoit voir dans le traité de Cambrai en 1559, ce qu'elle venoit à perdre parce que son altesse servoit de sa personne et de tous ses Etats le Roi; que les nonces du Pape, les ambassadeurs d'Angleterre, de Pologne, de Suède, et généralement de tous les autres princes chrétiens, ne faisoient aucune sorte de différence, ni pour le titre d'excellence ni pour les autres honneurs des ambassadeurs de Savoie avec ceux de Venise, qu'il n'y avoit que l'ambassadeur du Roi à Rome qui en cela le traitât différemment: qu'il n'étoit pas raisonnable que la seule maison de Savoie demeurât en arrière, mais qu'il étoit juste que Sa Majesté l'avançât en honneurs, et la fît traiter avec de nouvelles prérogatives, attendu le service qu'elle lui rendoit. Il ne poursuivoit au commencement autre chose, sinon que Sa Majesté eût agréable que, lorsque le comte de Saint-Maurice partiroit d'auprès d'elle, on lui fît le même honneur qu'à l'ambassadeur de Florence, avec promesse de ne demander aucune autre innovation jusqu'à la fin de la guerre, auquel temps le Roi auroit égard aux services que le duc de Savoie lui auroit rendus. Mais, dès que Sa Majesté lui eut accordé cette condition, il fit incontinent de nouvelles demandes, prétendant que le Roi fit traiter à Rome et partout les ambassadeurs de Savoie comme ceux des têtes couronnées; ce qu'il poursuivit avec tant de violence, qu'il faisoit consister en cette affaire tout le contentement du duc, ne parlant d'aucune autre, comme si tout le reste lui eût été indifférent, et disant assez impudemment que le duc son maître agiroit sans affection en ces occasions, puisqu'on en témoignoit si peu envers lui.

Le duc de Savoie en étant averti, et en ayant reçu plainte par notre ambassadeur, désavoua ledit père Monot, et confessa ingénument que cette poursuite étoit hors de saison, et, étant faite en la rencontre présente des affaires, ressembloit plutôt une menace qu'une prière; néanmoins qu'il étoit vrai que ce lui étoit une chose bien sensible que Sa Majesté eût donné de l'altesse tout nouvellement au prince d'Orange et l'eût égalé à lui, mais qu'il lui étoit insupportable que l'ambassadeur de Hollande eût voulu disputer le rang à ses ambassadeurs, et qu'ayant demandé qu'il plût à Sa Majesté s'expliquer là-dessus, l'on n'avoit fait que des réponses générales au père Monot, quoique cela ne lui eût jamais été contesté. Il exagéra fort ce point-là, comme lui pressant l'esprit, et ajouta que si Venise n'eût point pris depuis peu la couronne royale, et eût donné le titre d'éminence aux cardinaux, si on eût laissé Florence, Mantoue, Gênes et Orange dans leur ancien rang, si l'Empereur ne faisoit aucune nouveauté pour les ambassadeurs de Venise, il n'eût demandé pour lui aucune chose; enfin qu'au roi d'Espagne il ne demandoit rien, parce qu'en Espagne l'on n'innovoit pour personne, que depuis cinquante ans l'on n'avoit point changé les titres ni les manières de traiter avec les princes, et que si en France on faisoit de même, il en useroit aussi de la sorte, et qu'il sembloit qu'il y eût une résolution particulière d'empêcher l'élèvement de sa maison; toutefois que la satisfaction ou le mécontentement du père Monot ne faisoient point le sien, qu'il savoit bien que ce n'étoit pas la saison de demander de semblables choses; que le Roi savoit bien qu'il avoit toujours cela dans l'esprit, que cela seroit capable de l'obliger beaucoup, et qu'il jugeroit bien quand il seroit temps de lui accorder ces grâces. Ledit père Monot, sachant qu'on n'avoit pas trouvé bon son procédé, au lieu de le corriger redoubla ses impertinences, paroissant être allé à la cour plutôt pour quereller que pour négocier, faisoit tous les jours des conférences avec toutes sortes de personnes qui donnoient lieu de se méfier de lui, pource qu'il sembloit avoir intelligence avec des personnes mal affectionnées à Sa Majesté. Il se mêla même dans les intrigues de cour, et y ayant vu une des filles de la Reine, nommée La Fayette (1), qui se laissoit conduire par des esprit malintentionnés, et qu'il étoit expédient que, suivant la vocation que Dieu lui en avoit donnée, elle se fît religieuse, il fut si mal-avisé de dire au père Caussin, jésuite, qui étoit lors confesseur du Roi, qu'il devoit bien prendre garde comme il agiroit en cette affaire, et qu'il lui importoit d'en prolonger l'exécution tant qu'il pourroit, pource que, s'il la finissoit bientôt, on n'auroit plus affaire de lui, au lieu que, s'il la laissoit long-temps indécise, il seroit long-temps nécessaire. Et pource qu'il voyoit qu'il avoit peine de faire entrer ledit duc son maître en créance certaine que le cardinal ne l'affectionnât et ne traitât avec lui avec confiance, il supposa qu'un gentilhomme nommé Senantes, qui étoit venu de Savoie avec lui, avoit été soupçonné à la cour d'avoir dessein d'attenter sur la personne du cardinal, et le renvoya, sur ce prétexte, en toute diligence en Piémont, afin de persuader par ce moyen audit duc que ledit cardinal étoit en méfiance de lui jusques à (2) attenter à sa vie, et partant qu'il

(1) Ce qui concerne cette demoiselle se trouvera vers la fin de cette année.
(2) Suppl. *à croire qu'il voulût.*

ne devoit attendre de lui aucun bon office près de Sa Majesté. Le cardinal, en ayant avis, fit savoir, avec un soin particulier, au duc qu'il répondroit lui-même pour ce gentilhomme qu'il n'étoit point capable d'une telle imagination, et, davantage, qu'il savoit certainement que si ledit duc connoissoit quelques-uns qui en eussent de telles, il seroit le premier à l'en avertir et à les faire châtier.

Cependant que ledit père embarrassoit son esprit en toutes ces intrigues à la cour, il ne sollicitoit l'envoi des troupes du Roi au duc son maître, et n'en parloit non plus que si pour ladite année il n'en eût aucun besoin; ce qui donna loisir aux Espagnols de le prévenir et se tourner avec toutes leurs forces contre lui dès le mois de mai, menaçant tout ensemble Brême, Nice-de-la-Paille et Casal. Nice étoit recherchée des Espagnols, comme étant facile à être emportée et sans aucune fortification, au reste importante pour prendre le logement du Montferrat et nous l'ôter, et s'approcher de la mer par la prise d'Albe, qu'ils espéroient emporter après celle-là, faire désespérer le duc de Mantoue et le Montferrat, et nous restreindre dans le Piémont, qui seroit le sujet d'une grande querelle entre nous et le duc de Savoie. Ils firent trois corps d'armée : ils envoyèrent l'un vers Nice; l'autre, que le marquis de Leganez commandoit, vint à la vue de Brême; le troisième, commandé par don Martin d'Aragon, s'avança jusques aux frontières de Piémont du côté de Gattinara. Ils avoient en ces trois corps vingt mille hommes de pied et cinq mille chevaux, ayant retiré de leurs places toutes les garnisons qu'ils remplacèrent de milice. Ils firent entreprise de prendre Nice par escalade au commencement de juin; mais elle leur manqua, parce que leur avant-garde fut rencontrée par hasard de quelques carabins que le duc de Savoie y envoyoit; mais, ne perdant pas cœur pour cela, ils y forment le siège le 10, et elle fut si mal défendue que ceux qui étoient dedans se rendirent le 14, partie par leur lâcheté, partie par l'intelligence des habitants. L'autre corps, commandé par le marquis de Leganez, fit semblant en même temps d'attaquer Brême; mais, comme ce n'étoit qu'une feinte, il tourna tête vers Nice dès qu'il sut qu'elle étoit assiégée, et se joignit aux troupes qui l'assiégeoient, et après qu'elle fut prise, tous les corps s'unirent ensemble et tournèrent tête vers Albe, pour y attirer les forces de Savoie, et avoir le moyen d'attaquer Astie ou le château d'Aillant, qui est situé sur une colline assez haute en une assiette avantageuse. Le capitaine Renato-Rovero, qui en étoit gouverneur, s'y défendit courageusement et avec tant de résolution, que les ennemis, après une attaque en laquelle ils avoient perdu plusieurs officiers, l'ayant requis d'accorder quelques heures de trève pour leur donner loisir d'emporter leurs morts, il la leur refusa, de peur qu'ils en abusassent pour reconnoître sa place, et arbora un étendard noir, pour leur donner à entendre qu'ils étoient tous résolus de se défendre jusques à la mort ; mais néanmoins, la partie n'étant pas tenable, le château étant foible, et l'armée qui l'assiégeoit grande, après qu'une mine eut joué, et qu'ils eurent soutenu quelques assauts ensuite, ils furent contraints de se rendre à composition.

Le duc de Créqui, qui avoit été faire un tour en France, et s'y étoit arrêté jusques alors pource que le duc de Savoie avoit retardé le passage de l'armée du Roi, arriva lors à Turin avec les premières troupes de ladite armée qui continuoit à passer les monts ; et, voyant que les Espagnols attaquoient ouvertement le Montferrat, pourvut avec soin aux places de Brême, Moncalve, Casal, Rosignagno et Pondesture. Le duc de Savoie pourvut Albe, qu'il crut courir fortune d'être attaqué, y jeta deux mille Français de ses troupes et six cents Italiens ; on résolut de faire un pont sur la même rivière, vis-à-vis de la place, au bout duquel il faisoit état de se retrancher avec tout le reste de ses troupes. Mais, après qu'ils eurent donné jalousie à plusieurs de ces places, et particulièrement mugueté Brême et la citadelle de Casal, où ils avoient quelque intelligence qui fut découverte, ils n'osèrent entreprendre aucun siège ; mais, passant le Tanaro avec toute leur armée, se contentèrent de se venir camper à la vue d'Asti sous None, qui étoit une de leurs places, d'où ils faisoient des courses dans le Montferrat, qu'ils brûloient et saccageoient inhumainement. Le duc de Savoie s'alla jeter dans Asti avec peu de troupes, et, y trouvant une assiette fort assurée, se résolut d'y faire camper les troupes qu'il avoit, et y attendre celles qui lui venoient de France. Ils demeurèrent les uns et les autres chacun en leur poste, les ennemis faisant cependant travailler aux fortifications de Nice et d'Aillant. De là ils détachèrent quatre mille hommes de pied et quelque cavalerie, qu'ils envoyèrent du côté des Langues, pour prendre quelques châteaux qui leur rendoient le chemin de Gênes à leurs Etats peu assuré. Le duc de Savoie envoya des forces pour s'y opposer. Le reste de nos troupes étant arrivé, et le Montferrat bien assuré, le maréchal de Créqui quitte Casal et va trouver le duc à Asti, pour voir si l'on pouvoit entreprendre quelque chose sur les ennemis, lesquels, étant avertis de sa venue, délogent la nuit d'après, et s'en allèrent vers Valence où ils s'arrêtèrent quelques jours, faisant semblant de vouloir attaquer Brême. Ledit maréchal retourna soudain à Casal, et eux, quatre ou cinq jours après, passèrent le Pô, firent avancer toute leur cavalerie jusques à la vue dudit Brême, et se campèrent sur les bords de la Sesia.

Le duc de Savoie, voyant ses Etats menacés, envoya les sieurs de Verrue et de Castelan, avec partie de ses troupes et de celles du Roi, pour chasser les ennemis des Langues, et reprendre quelques châteaux dont ils s'étoient emparés. Il s'en alla avec le reste de son armée à Pondesture, où il avoit donné rendez-vous au maréchal de Créqui, qui, y étant arrivé le premier, et ayant avis que les ennemis avoient passé la Sesia, ne jugea pas devoir attendre l'arrivée dudit duc, mais s'alla en diligence saisir de Moran, qui étoit un fort logement, de crainte que les ennemis le prissent. Les ennemis se campèrent à deux lieues de là, brûlant tout ce qui étoit à l'entour d'eux, tant du Piémont que du Montferrat ; ils prirent le château de Besolas, également distant des deux camps, que nous reprîmes incontinent sur eux. Enfin, le duc envoya le marquis Ville avec douze cents hommes à Verret, pour entrer dans le pays des ennemis et y faire le même ravage qu'il faisoient dans le sien ; manda aux sieurs de Verrue et de Castelan qu'ayant achevé de nettoyer les Langues, ils assiégeassent La Roque-d'Aran, mauvaise place qu'ils avoient nouvellement fortifiée ; et cependant, avec le reste de l'armée, il demeura toujours dans le même camp, jusques à nouvelle démarche des ennemis. L'envoi du marquis Ville fut si à propos, qu'arrivant à Verceil le jour même, qui fut le premier août, il trouva les ennemis qui avoient fait un parti, et retournoient avec le butin de bestiaux qu'ils emmenoient du Vercelois. Le marquis passé la Sesia, charge lesdites troupes, qui se mirent en fuite et se retirèrent derrière le fort de Sandoval ; ledit marquis, ne jugeant pas les devoir poursuivre davantage à cause du canon et de la mousqueterie de la place, à la faveur de laquelle ils étoient, s'en retourna vers la Sesia, où, arrivant, un gros de seize cents chevaux parut ; et, bien qu'ils fussent beaucoup plus forts, il ne laissa pas de les charger, et si à propos qu'il les mit en déroute, en tua trois cents sur la place, et fit beaucoup de prisonniers, entre lesquels étoit le neveu de Monterei, vice-roi de Naples, et Spadin ; les fuyards portèrent un grand effroi dans leur camp, dans lequel ils se retirèrent. Le comte de Verruc, de son côté, ayant repris les châteaux des Langues, assiégea La Roque, ainsi qu'il lui étoit commandé, à dessein de forcer les Espagnols de retourner chez eux pour défendre leurs places, et les faire désister de ravager le Piémont, pour empêcher la ruine de leur propre pays. Ce dessein produisit l'effet que le duc s'étoit proposé ; le marquis de Leganez décampa de nuit, et vint, à la faveur de None, qui étoit vis-à-vis de La Roque, de l'autre côté du Tanaro, secourir ladite place. Le duc, ayant une partie de son infanterie engagée à ce siége, ne crut pas, avec sa cavalerie et trois ou quatre mille hommes de pied qui lui restoient, devoir hasarder un combat général, mais laissa secourir la place ; toutefois ce secours ne se fit pas si facilement par les ennemis qu'il ne s'y passât un combat très-rude le 11 août, où nous eûmes trois cents des nôtres, tant morts que blessés ; mais les ennemis y en perdirent beaucoup davantage. Le duc de Savoie ayant levé le siége, les ennemis s'allèrent camper au-delà du Tanaro entre leurs deux places, et nous au-deçà, en notre premier campement, où, après avoir demeuré quelques jours, sachant qu'ils avoient envoyé rafraîchir leur cavalerie en divers quartiers, joint aussi que la nôtre pâtissoit de fourrage, il fut résolu au conseil de guerre que le duc de Créqui s'en iroit avec toute la cavalerie française et quelques régimens dans le Montferrat, le comte de Verrue avec la moitié de la cavalerie du duc dans le Vercelois, le marquis Ville avec l'autre demeureroit entre Asti et Albe, et le surplus de l'infanterie avec les autres maréchaux de camp iroit camper sous ledit Albe, et que les troupes s'étant rafraîchies en ces lieux-là cinq ou six jours, chacun par son côté entreroit dans le pays ennemi, pour prendre revanche de leurs pillages et brûlemens.

C'étoit tout le mal que notre armée étoit lors capable de faire aux ennemis, car de les combattre ils ne nous en donnoient pas le moyen ; d'assiéger une de leurs places nous ne le pouvions entreprendre, ayant une armée en tête aussi forte que la nôtre. Ainsi cette campagne se passa en courses et en dégâts dans le pays les uns des autres, et en quelques combats particuliers, dans tous lesquels les armes du Roi eurent le dessus. Il y en eut un entre autres très-signalé le 9 septembre, auquel le duc de Savoie et le maréchal de Créqui étoient en personne. Ledit duc ayant eu avis que le marquis de Leganez, qui étoit lors à Valence avec le gros de son armée, en avoit détaché six mille hommes de pied, quinze cents chevaux et six pièces de canon, commandés par don Martin d'Aragon, Gilles d'Assi et le prince de Modène, pour aller dans les Langues, résolut de faire partir ce qu'il avoit de troupes, tant de cavalerie que d'infanterie, aux environs d'Asti, pour les aller rencontrer ; et ayant appris à Besolas qu'ils avoient dessein d'assiéger le château de Cenchio, et que même ils l'avoient déjà investi, il fit avancer son infanterie jusques à Salicetto, distant dudit Cenchio de trois milles. Etant là, il apprit que les ennemis, sur le bruit de sa venue, commençoient leur retraite, retournoient par le même chemin par lequel ils étoient venus ; mais, comme ils menoient six pièces de canon avec eux, ils ne purent faire une telle diligence, que par une plus grande il ne les joignît au passage de la rivière la Bormida, au-dessous de Montbaldon, où ils furent si vivement attaqués par le maréchal de Créqui, tant par notre cavalerie qu'infanterie, qui alla droit à eux l'épée à la main, qu'après quelque légère résistance ils furent contraints de lâcher pied et d'abandonner leur canon et toutes leurs munitions de guerre ; on les suivit trois milles, le duc de Savoie ne voulant pas qu'on les poursuivît davantage, sur quelque avis qu'il eut que le marquis de Leganez s'avançoit de ce côté-là avec quarante compagnies de cavalerie. Ils perdirent en ce combat la meilleure partie du corps d'armée qu'ils avoient aux Langues ; car, encore qu'on n'eût trouvé que trois cents morts dans le champ de bataille, et qu'on ne leur eût pris qu'autant de prisonniers, on eut avis qu'un grand nombre de leurs soldats qui se sauvèrent par les montagnes, se retirèrent par l'État de Gênes, d'où ils ne voulurent point revenir ; plusieurs des autres furent démontés ou assommés par les paysans, et tous furent tellement dispersés par leur fuite qu'il n'en retourna que fort peu dans les troupes des ennemis. Le marquis de Leganez, après cette déroute, sembloit venir droit à nous, et sa démarche, avec toutes ses troupes, nous faisoit croire qu'il vouloit à quelque prix que ce fût retirer son canon, et que nous aurions un second combat ; mais quand il sut que l'armée du Roi lui alloit au rencontre, il se retira à Nice-de-la-Paille.

Le duc de Savoie envoya les canons qu'il avoit pris sur les ennemis à Ceva, et commanda aux troupes qui l'escortoient d'attaquer Roquevignal en passant, qui est un fort château appartenant au marquis de Grana qui prétendoit ledit lieu relever de l'Empereur et non du duc de Mantoue : il se rendit à discrétion après avoir souffert trente volées de canon, bien que le maréchal de Toiras eût autrefois demeuré quinze jours devant ce château (1). Notre armée se logea

(1) On voit que la mauvaise volonté du cardinal ne laissait pas même reposer la mémoire des morts.

aux environs d'Albe pour se reposer un peu des courses qu'elle avoit faites : elle étoit belle et florissante; car, bien que nous eussions passé la mi-septembre, elle étoit encore de dix mille hommes de pied et quatre mille chevaux effectifs, dont on devoit espérer beaucoup de choses, car ils étoient tous lestes et en volonté de combattre, et l'armée espagnole au contraire étoit fort dissipée et délablée. Cette considération fit prêter l'oreille à M. de Savoie aux remontrances que le duc de Créqui et d'Hémery lui faisoient, qu'il seroit trop honteux et préjudiciable de perdre le reste de cette campagne, et qu'il falloit employer ses forces à quelque entreprise qui donnât entrée à faire quelque chose de considérable dans le Milanais. De tous les desseins qui s'y pouvoient faire, on s'arrêta enfin à celui-là, de prendre un poste nommé Burgomenin, qui n'est qu'à deux lieues de chemin d'Aronne ou du Tésin, et qui tient le val de Sesia et autres vallées qui aboutissent aux Valaisans, et de là à Genève. De là on pouvoit facilement prendre Aronne ou fortifier Sestri, qui est au-delà du Tésin et à cinq heures de chemin de Milan, tout cela se faisant sans siége et étant de facile exécution, de peu de dépense et de grand fruit; et le Milanais ne se pouvoit plus utilement attaquer que par là, et par ce moyen l'on ôtoit toujours le navile à Milan. Le duc de Savoie, au commencement, en fit grande difficulté, non pas tant pource qu'il ne jugeât la chose bien faisable, car, bien que les ennemis eussent quelques troupes, néanmoins le grand nombre de cavalerie que nous avions nous assuroit les vivres; non pas aussi qu'il ne secondât et ne servît lors fidèlement le Roi, mais pource qu'il appréhendoit surtout d'être obligé à combattre, craignant que la moindre déroute qu'il recevroit pourroit causer l'entière ruine de ses États. Néanmoins, enfin il s'y rendit, et, après avoir fait tous les préparatifs nécessaires à cette exécution, et pourvu avec un grand soin à toutes choses, il se mit en campagne avec toute l'armée, à dessein d'aller prendre Fontenay et se fortifier, comme nous avons dit, à Burgomenin; mais le maréchal de Créqui étant arrivé le jeudi 21 septembre à Verceil, avec toute l'armée du Roi, et, le samedi 23, le duc y étant aussi arrivé, prêt à donner les ordres le lundi, un accès de fièvre double-tierce, qui le saisit le jour même, rompit tous nos desseins, car son mal accroissoit de jour à autre. On crut à propos de ne commencer pas la guerre en l'extrémité où on le voyoit, tant parce que sa personne, ses forces et le secours de ses Etats étoient absolument nécessaires pour entreprendre un dessein, quelque facile qu'il fût, que pource que Madame et tout le conseil de Savoie demandoient avec instance que l'on pourvût à la sûreté de leurs Etats, plutôt que de tendre à une nouvelle conquête, et envoyèrent leurs troupes dans toutes leurs places frontières; la cavalerie ensuite fut renvoyée dans le Montferrat, et l'infanterie en lieu qui pût couvrir le Piémont. Ledit duc mourut le 7 octobre, âgé de cinquante-un ans, étant demeuré en la force de son jugement jusques à la mort, à laquelle, quand il se vit condamné des médecins, il ordonna Madame tutrice de ses enfans, et supplia le Roi d'en être protecteur.

Il fut plus regretté en Italie que son père, qui en avoit été un boute-feu perpétuel durant quarante et tant d'années qu'il fut duc. Il étoit prince auquel on remarquoit beaucoup de vertus peu ordinaires aux personnes de sa condition. Il étoit juste, ne prêtoit point l'oreille aux médisances ni aux flatteries de ceux qui l'environnoient; chaste et ennemi de tout ce qui pouvoit ressentir la déshonnêteté; employoit son temps à l'étude de son état et à la lecture et connoissance des choses qui étoient utiles à cette fin, ne donnant aux exercices du corps et autres divertissemens que ce qui étoit nécessaire pour sa santé et la bienséance. Son père tenoit plus que lui de la gentillesse françaíse, mais sondit père s'en servoit pour couvrir son infidélité et la fraude perpétuelle avec laquelle il traitoit; au lieu que celui-ci, s'il avoit moins de courtoisie extérieure, avoit plus de foi en ce qu'il promettoit, et affectoit d'être tenu en cette réputation. Il fut tardif à entrer dans la confiance avec le Roi et le cardinal, pource que le maréchal de Toiras et le père Monot, outre plusieurs autres, lui avoient jeté dans l'esprit tant de défiances de la bonne volonté de Sa Majesté qu'il ne s'en pouvoit assurer. Son père, qui étoit inquiet, et avoit plus de mercure que de plomb, hasardoit plus librement ses Etats. Celui-ci, qui avoit plus de solidité, y étoit plus retenu, considérant la petitesse de sesdits Etats, situés entre deux si grands princes, que la moindre échec qu'il pouvoit recevoir le mettoit en danger de les perdre entièrement; ce qui l'obligeoit à se ménager, mais lui donnoit un extrême regret quand il voyoit qu'on en prenoit sujet de se méfier de lui, et qu'on attribuoit à infidélité ce qu'il faisoit par prudence nécessaire. Étant lié avec les Espagnols à la mort de son père, il n'en put jamais être détaché, quelque intérêt qu'il semblât avoir à le faire, ni n'écouta jamais Mazarin qui lui en parloit, qu'il ne se vit premièrement abandonné d'eux, lorsqu'au secours de Casal ils le laissèrent sans troupes à la merci des armes du Roi; ce qui montroit en lui une générosité aussi véritable que celle de son père étoit apparente. Néanmoins, étant d'humeur d'entretenir des jalousies, et ne l'étant pas de hasarder ses Etats ni sa personne mal à propos, il en reçut ce désavantage qu'il étoit suspect à tout le monde, qui croyoit qu'il faisoit toutes choses à autre dessein que ce qui paroissoit; de sorte que, même au commencement de sa maladie, le bruit étoit qu'elle étoit simulée; et lorsqu'il ne vouloit point ouïr parler d'affaires, on disoit que c'étoit pour gagner l'arrière-saison, et s'excuser par ce moyen de l'exécution du dessein qu'en apparence il avoit pris. Il avoit la vraie libéralité que doit avoir un grand prince, qui est celle que ses finances pouvoient porter, afin de n'être pas obligé à réparer, par rapines et exactions sur son peuple, les brèches que la prodigalité fait à l'épargne des princes moins considérés que lui. On peut dire de lui, sans vanité, qu'il fut bon maître envers ses serviteurs, bon mari envers sa femme, bon fils envers son père, bon père envers ses enfans, et bon prince envers ses sujets, dont il affectionnoit autant le soulagement et la conservation que son père l'avoit méprisé. Étant un prince si accompli, sa mort ne fut pas une perte peu considérable à Sa Majesté, outre qu'elle lui fut d'autant plus sensible qu'elle étoit déjà affligée de celle du duc de Mantoue, qui étoit arrivée peu de jours auparavant (1), et avoit donné à Sa Majesté, jusques à sa mort, tous les témoignages de reconnoissance qu'elle pouvoit désirer de lui.

Le Roi, étant averti que tous les Montferrins, las des charges de la guerre qu'ils étoient contraints de supporter, ne désiroient rien plus que se défaire des Français, auxquels ils attribuoient la cause de leurs maux, bien qu'ils en fussent le remède, et que, seuls, ils les eussent jusques alors garantis de l'extrémité de leur ruine, désira du duc de Mantoue qu'il trouvât bon qu'il fît entrer encore dans la citadelle de Casal quelques compagnies du régiment de Nérestan, afin qu'en cas de quelque entreprise ou mauvais dessein des ennemis les Français y fussent les plus forts, et eussent moyen de conserver la place audit duc. Il se montra si facile à ce que Sa Majesté requéroit de lui, s'assurant en sa parole royale, qu'il en donna incontinent le commandement, ayant plus de confiance aux Français qu'en ses propres sujets; et depuis, les Espagnols le faisant solliciter, peu de temps avant sa mort, de l'échange du Montferrat avec le Crémonais, il en donna avis au sieur de La Tour qui étoit près de lui pour le service de Sa Majesté, et lui témoigna que, s'il avoit à l'échanger, il désiroit

(1) Le 21 septembre, comme il va être dit.

plutôt que ce fût avec Sa Majesté qu'avec les Espagnols, reconnoissant que cet échange pouvoit être utile à la France, tant pource que peut-être par ce moyen ne rencontreroit-elle pas en la paix les difficultés que Casal lui donneroit, que pource qu'il pourroit servir pour élargir le finage de Pignerol, ou pour avoir la Savoie, comme il avoit été proposé autrefois. Cette reconnoissance que le duc montroit envers le Roi des extrêmes obligations qu'il lui avoit, et en laquelle Sa Majesté prévoyoit qu'il ne seroit pas suivi de la princesse sa belle-fille (2), lui redoubla le déplaisir de la mort de ce prince, qui arriva le 21 septembre, avec moins de regret de ses sujets qu'il ne méritoit; mais les maux continuels et les désolations qu'ils souffrirent depuis son avènement à l'État, leur firent perdre le sentiment naturel d'affection qu'ils lui devoient. Il fit un testament par lequel il laissa la princesse, l'évêque de Mantoue et le grand-chancelier Guiscardi, tuteurs du duc son petit-fils.

Ce fut un prince généreux et de grands desseins, mais plus accompagnés de hardiesse que de prudence, et auxquels sa puissance étoit moins proportionnée que son courage. Dès sa jeunesse il alla chercher la guerre en Hongrie, n'y en ayant point en France; et, y concevant une haine pieuse contre les ennemis de la foi, il entreprit à son retour l'institution d'un ordre dont il se fit le chef, pour les aller combattre, ne considérant pas que c'étoit le dessein d'un grand monarque, et non d'un petit prince et sujet comme lui, et qui devoit être fondé sur de grandes forces présentes, et non sur la foiblesse des espérances vaines. Il poursuivit néanmoins si ardemment ce dessein, qu'il y fit entrer plusieurs princes et seigneurs de France, d'Allemagne, de Pologne et d'Italie, et y fit des dépenses plus grandes que ses biens ne pouvoient porter; mais le cours de cette glorieuse entreprise fut arrêté par la succession des États de Mantoue et du Montferrat, qui lui échurent par la mort du duc Vincent; et au lieu que la prudence humaine eût cru que les grands biens qui lui arrivoient eussent dû lui donner le moyen d'exécuter ses pensées, non-seulement, par un secret jugement de la Providence divine, ils le lui diminuèrent, mais le lui ôtèrent entièrement, d'autant que tant et de si puissans ennemis se déclarèrent contre lui, qu'au lieu qu'étant personne privée il étoit capable de faire quelque chose de considération contre les étrangers, dès qu'il fut devenu souverain il n'eut pas assez de force pour défendre les Etats qui lui appartenoient. Le Roi,

(2) Fille du feu duc de Mantoue et de Marguerite de Savoie, dont la mère était infante d'Espagne.

dont il étoit né sujet, entreprit sa défense et le maintint contre ses ennemis, mais avec de si grands efforts et si préjudiciables à l'Etat, qu'on peut dire avec vérité qu'il étoit le vrai successeur du nom de Nevers, si fatal à ce royaume. Le Roi étant attaché au siége de La Rochelle, où il employoit les principales forces de son Etat, et le reste contre la rebellion de l'hérésie qui étoit embrasée dans le Languedoc, l'Espagne, se servant de cette occupation du Roi, attaque ce duc. Le Roi, dès que Dieu a remis cette place rebelle en son obéissance, au lieu qu'il sembloit être obligé d'accourir pour éteindre le feu qui étoit allumé en sa maison, sursoit de le faire pour aller premièrement en Italie délivrer les Etats dudit duc, qui ne pouvoient attendre davantage. L'année suivante, l'Espagne et l'Empire s'étant joints ensemble, contre la foi publique, pour lui faire une nouvelle guerre, prenant l'occasion des cabales pernicieuses qui divisoient lors la maison royale, le Roi méprise le mal qu'il voyoit naître dans le cœur de son Etat, pour accourir encore au secours dudit duc, qu'il fit heureusement, avec la bénédiction que méritoit le dessein qu'il avoit de défendre un prince que la seule foiblesse exposoit en proie à l'ambition de la maison d'Autriche. Néanmoins ce secours a été la semence de tous les maux et de toutes les guerres que souffre aujourd'hui la chrétienté, et dont il a souffert le premier la plus grande peine; car ayant, au fort des victoires du Roi dans le Montferrat, laissé perdre, par sa négligence, la ville de Mantoue, il s'est vu, quoique encore plein de biens en France, exilé dans une terre étrangère, vivre aux dépens d'autrui, lui qui avoit abondamment, jusques alors, donné à vivre à un grand nombre de personnes; et lorsque, par la puissance des armes du Roi, Mantoue lui fut rendue, il la trouva si misérable, et lui participant tellement à sa misère, qu'au lieu qu'il étoit auparavant le plus magnifique en meubles exquis qui fût en toute la chrétienté, il se trouva réduit à tel point qu'il demeura long-temps sans tapisserie en sa chambre, et ne pouvoit entretenir son Etat qu'en recourant à l'assistance d'autrui, avec ce regret qu'étant un des plus riches princes sujets en la chrétienté, lorsqu'il fut élevé au degré de la souveraineté, il se vit, peu de temps après, déchoir en cette bassesse d'être mendiant entre les souverains; et peut-être, d'autant que s'étant toujours si superbement comporté tandis qu'il fut en la condition de sujet en laquelle Dieu l'avoit fait naître, il avoit été cause, par son ambition, de plusieurs guerres civiles et funestes en ce royaume, contre son souverain, Dieu ne permit pas qu'il jouît en paix des fruits de la souveraineté quand elle lui fut échue.

Le duc de Savoie, en mourant, n'avoit laissé que des enfans mineurs, celui de Mantoue de même; la veuve de Savoie étoit Française, et celle de Mantoue Espagnole, comme fille de l'infante Marguerite; mais toutes deux femmes, et partant foibles et enclines à se rendre au parti qu'elles verroient le plus fort.

La même perte que le Roi avoit faite en Italie en la mort de ces deux princes, il la reçut en même temps, savoir est, le premier jour d'octobre, en la mort du landgrave de Hesse, dont nous avons déjà parlé, prince généreux, qui avoit non-seulement succédé à ses pères en leurs Etats, mais à l'affection héréditaire de cette maison envers la France. Il laissa aussi à son décès ses enfans mineurs, mais une femme, leur mère, courageuse, qui surmontoit l'infirmité de son sexe par sa vertu.

La mort de ces trois grands et généreux princes, alliés de Sa Majesté, ne fut pas d'un léger préjudice à ses affaires, à quoi elle fut obligée de remédier par beaucoup de soin, de prudence et de dépense. Nous avons dit ce qu'elle fit pour maintenir les choses dans la Hesse en la même splendeur qu'elles avoient été jusqu'alors. Elle eut plus de peine à Mantoue, parce que la princesse tutrice étoit espagnole d'affection; néanmoins, le duc défunt ayant ordonné qu'elle ne pourroit rien faire au gouvernement de l'Etat qu'avec l'avis de l'évêque de Mantoue et du grand-chancelier Guiscardi, qui étoit mantouan, et non français ni espagnol, et par conséquent plus français qu'espagnol, puisque le Roi avoit autant d'intérêt à la conservation de cet Etat que les Espagnols à sa ruine, Sa Majesté, par le moyen dudit chancelier, apporta le tempérament nécessaire dans la conduite de cet Etat, se rendit absolument maître de Casal pour ôter la pensée aux Espagnols de s'en emparer contre leur prince naturel, fit tous les offices qu'elle pût envers la princesse pour rétablir les officiers qui avoient été mis par le prince défunt, et qu'elle avoit ôtés après sa mort, essaya d'éloigner d'elle ceux qui l'éloignoient du parti de la France, et n'oublia rien de ce qui la pouvoit maintenir en état qu'elle fût capable de recevoir de Sa Majesté la protection qu'elle en devoit attendre. Sa Majesté apporta le même ordre au Piémont, et non avec moindre peine; car les Piémontais croyant que les Français les obligeoient à la guerre, et étoient cause de leurs souffrances, outre qu'ils parloient quelquefois, non sans sujet, contre ladite nation piémontaise, et les méprisoient et blâmoient leur lâcheté, commencèrent à s'élever contre eux dès qu'ils surent que leur prince étoit hors d'espérance de guérison, et firent incontinent courir le bruit entre eux que le maréchal de Créqui, qui, en la compagnie de l'ambassadeur du Roi et des maréchaux de camp de son armée, avoit dîné avec le duc de Savoie le jour qu'il tomba malade, l'avoit empoisonné, et ensemble le comte de Verrue et le marquis Ville, qui tous trois étoient tombés malades en un même jour; que les deux premiers en étoient morts, mais que le marquis Ville s'étoit conservé par du contre-poison; dont le peuple fut tellement ému, que ledit maréchal de Créqui ayant envoyé un de ses gens à Turin pour quelques affaires particulières, il eut peine à se sauver de la ville, et s'il n'eût désavoué son maître et dit qu'il étoit à don Maurice on le tuoit. D'autre part, quatre mauvais esprits et de faction espagnole, savoir est les marquis Baube, Ville, Pianesse et le père Monot, vinrent incontinent jeter malicieusement des défiances dans l'esprit de Madame, et lui dirent que les Français se vouloient saisir de sa personne et surprendre Verceil; qu'on parloit ouvertement en l'armée des avantages que le Roi recevroit de la mort du duc de Savoie, si le Roi se vouloit rendre maître de ses États, et qu'il y avoit grande apparence que ces discours publics étoient une suite de la résolution prise par les chefs de l'armée.

Madame, comme femme, et fille d'une princesse italienne et soupçonneuse (1), se laissa persuader, bien qu'au même temps notre ambassadeur lui donnât beaucoup de sujets du contraire; car, dès qu'il sut que le duc, qui avoit eu un si grand désir de guérir et une si grande crainte de mourir qu'il n'avoit voulu ouïr parler des affaires, ni de son État, ni de l'armée, ni des ennemis, ni de sa famille, ni de sa conscience même, étoit près de mourir sans avoir pensé à aucune de ces choses-là que fort sobrement, il se rendit incontinent chez Son Altesse, quoique ledit ambassadeur se trouvât lors au lit, attaqué d'une fièvre tierce dont il avoit eu deux accès; et, selon qu'il étoit convenu quelques jours auparavant avec Madame, que dès aussitôt que les médecins auroient jugé à propos de le faire confesser il lui feroit parler par son confesseur de son testament, par lequel il la devroit instituer tutrice de ses enfans, incontinent après que Son Altesse fut confessée, il le sollicita de faire son testament qu'il ne pût faire; mais il trouva cet expédient, que son confesseur lui dit qu'il avoit toujours témoigné vouloir remettre à Madame le soin de ses enfans et de son État, et qu'il lui avoit dit qu'il vouloit faire un testament, s'il ne demeuroit pas en cette même volonté. On voulut ouïr qu'il dit en italien *si*, mais c'étoit un soupir plutôt qu'une réponse; l'on prit occasion pour en dresser un testament, signé de neuf des principaux de ladite cour; et ceux qui se font en cette sorte sont authentiques audit pays. Madame, néanmoins, se rendit facile aux soupçons qu'on lui donnoit contre la France, et commença dès lors à faire glisser des gens de guerre dans ladite ville de Verceil, pour la conserver contre les desseins que le maréchal de Créqui y pourroit avoir; ce qui obligea ledit maréchal et ledit ambassadeur de l'aller trouver pour s'en plaindre; mais sa réponse les scandalisa bien encore davantage, car elle leur dit qu'elle vouloit conserver sa liberté; ce qui fit que ledit maréchal lui dit qu'il alloit faire retirer l'armée du Roi puisqu'elle en avoit défiance, bien qu'elle ne fût là que pour son service. Le duc de Savoie n'étoit pas lors encore mort; dès qu'il le fut, la ville fut toute en armes. Nous avions dans la ville plus de cinq cents officiers et plusieurs soldats de l'armée dont on faisoit le paiement, qui, voyant qu'on vouloit égorger les Français, proposèrent et presque résolurent de s'en aller à la porte qui étoit fermée et gardée par deux cents hommes, pour faire main basse, et s'en saisir pour faire entrer notredite armée; mais le maréchal de Créqui et le sieur d'Hémery sortirent aussitôt de chez M. de Savoie, et non-seulement arrêtèrent cette proposition, mais firent sortir tous les Français qui étoient dans la ville. Néanmoins la place ne laissa d'être gardée jusques à ce que notre armée se fût retirée de là, qui ne pût être que le lendemain de la mort, à cause de la distribution du pain et de l'argent; et si on eût eu intention de se saisir de Verceil, comme ces méchans esprits dirent à Madame, nous avions eu assez tôt l'avis pour nous en rendre maîtres, parce que leurs gens de guerre n'y entrèrent pas plus de deux heures après.

Le maréchal de Créqui se retira avec toute l'armée, et jugea à propos de laisser passer tous les faux bruits semés par la faction espagnole, auparavant que de revenir à la cour, joint que sa présence étoit lors bien nécessaire à l'armée pour contenir un chacun, dans la division que toutes ces rencontres apportoient; car la méfiance de Madame alla si avant envers nous, que l'entrée de toutes les villes fut interdite aux Français en même temps, ce qui nous apporta un grand scandale et donna un mécontentement général à toute l'armée. Quant à notre ambassadeur, il vit, dès la nuit même de la mort du duc, le comte Philippe (2), et lui remontra que Madame se per-

(1) On ne se douterait guère qu'il s'agit de la mère du roi.

(2) D'Aglie, fort lié avec la duchesse.

droit si elle changeoit la face des affaires, et prenoit confiance en d'autres personnes qu'en celles en qui son mari en avoit; en quoi il n'eut pas beaucoup de peine à le persuader, car il craignoit que ces changemens retombassent enfin sur lui, qui étoit envié jusques à l'extrémité. Ils convinrent ensemble qu'il étoit à propos que Madame appelât le comte Ludovico et le marquis de Saint-Maurice pour leur donner l'administration des affaires de son Etat; qu'il falloit marier le marquis de Saint-Germain avec la fille du marquis de Saint-Maurice pour les unir; qu'il étoit nécessaire qu'il se raccommodât avec le père Monot, pour ne s'opposer pas à cette exécution, et lui promettre part en ce ministère; qu'il falloit que ledit comte raccommodât aussi notredit ambassadeur avec lui; que Madame envoyât un gentilhomme au prince cardinal de Savoie, pour lui donner part de la mort du duc son frère, avec instruction particulière de l'empêcher de venir en ses Etats; qu'elle en envoyât un autre au prince Thomas pour le même effet, et qu'elle envoyât le marquis de Pianesse ambassadeur à Rome, et le comte de Morette en France, qui faisoit profession d'être français. Il se chargea de voir Madame en particulier, ce qu'il ne pouvoit faire facilement, le père Monot l'obsédant depuis son réveil quasi toutes les heures du jour, afin de lui représenter toutes ces choses et les raisons importantes pour lesquelles elle les devoit avoir agréables.

Elle les approuva, et désira que l'ambassadeur les lui proposât en présence même du père Monot, lorsqu'elle lui demanderoit ses sentimens sur ce qu'elle devroit faire en cette occasion, ce qui fut fait; et le père Monot même n'ayant que dire au contraire, et avouant qu'elle ne pouvoit être mieux conseillée, le tout fut résolu, et particulièrement que le comte de La Monta, cousin du comte Philippe, iroit à Rome pour y arrêter (1) le cardinal, et afin de lui ôter tout sujet de plainte, lui dire que Madame lui vouloit rendre ses biens, et, au cas qu'il opiniâtrât de venir en Piémont, lui dire que Son Altesse, à sa mort, avoit chargé Madame de ne changer rien aux choses qu'il avoit ordonnées pour ce regard, et de lui faire savoir qu'il n'y seroit pas reçu favorablement, et, s'il passoit outre, sûrement qu'un nommé Pisieu, gentilhomme de Savoie, iroit trouver le prince Thomas avec pareille charge, et prendroit ordre du cardinal (2), en passant en France, comme il auroit à s'y conduire. Le père Monot prit occasion de proposer à Madame qu'elle devoit donner part de cet accident au roi

(1) C'est-à-dire l'empêcher de venir en Savoie.
(2) De Richelieu.

d'Espagne, comme cousin germain du feu duc son mari, et lui allégua plusieurs exemples où on en avoit ainsi usé, nonobstant qu'il y eût rupture. Notre ambassadeur, au contraire, représenta que ce qui avoit ruiné les affaires du feu duc en la cour de France, étoit les soupçons que feu son mari avoit voulu toujours donner de son procédé, et l'opinion qu'il avoit eue que ces jalousies le rendoient plus recommandable; que si elle vouloit tenir cette conduite, elle dégoûteroit le Roi et ruineroit ses affaires; qu'outre que le procédé du défunt n'avoit jamais été bon en ce regard, le changement qui arrivoit par sa mort lui devoit bien faire changer sa manière d'agir, et que ceux mêmes qui lui donnoient mal à propos des ombrages du Roi, ne lui devoient point conseiller de donner à Sa Majesté ces défiances, parce que c'étoit lui donner des occasions justes de se plaindre d'elle; qu'elle ne devoit donner aucun sujet au Roi de penser qu'elle entretint aucune intelligence en Espagne, et qu'il suffisoit que le nonce résidant auprès d'elle écrivît à celui qui résidoit en Espagne, pour faire ses excuses envers la Reine sa sœur; à quoi Madame se résolut, nonobstant toutes les instances du père Monot, qui se servit même, pour porter son esprit à ce qu'il désiroit, de ce qu'il étoit venu avis que ladite reine d'Espagne avoit fait chasser de Madrid la princesse de Carignan (3), pour quelques mauvais discours qu'elle avoit tenus d'elle (4), ce qu'il lui représentoit l'obliger de dépêcher quelqu'un exprès vers elle en cette occasion.

Sa Majesté approuva le procédé dudit ambassadeur, et les conseils qu'il avoit donnés à Madame, et manda audit sieur d'Hémery, ambassadeur, qu'il lui devoit sérieusement faire connoître que le duc son mari l'ayant, à sa mort, rendue tutrice de ses enfans, elle étoit obligée, et par honneur et par conscience, de n'oublier rien de ce qui dépendroit d'elle pour faire voir à son État et à toute la chrétienté qu'elle sauroit bien user du pouvoir qu'il lui avoit laissé; qu'après qu'elle auroit reçu le serment de fidélité de tous les principaux officiers de son Etat, et bien considéré s'il n'y avoit personne dans ses places qui lui fût suspect, elle ne sauroit penser à aucune chose qui lui fût plus utile et nécessaire qu'à former un bon conseil, dont la réputation donnât grande espérance de son gouvernement; qu'il falloit qu'ensuite elle eût pour principale visée qu'aucun de messieurs ses beaux-frères ne revînt dans son État, ni n'y pût faire aucune cabale en leur absence; que pour les convier à en

(3) Femme du prince Thomas de Savoie.
(4) La duchesse veuve.

user ainsi par la douceur, Madame avoit eu raison de se relâcher de la juste rigueur que M. de Savoie leur tenoit pour ce qui étoit de leurs biens, et, sur ce fondement, leur faire savoir la résolution qu'elle prenoit de les en laisser jouir librement; mais qu'en outre elle devoit les faire prier, par même moyen, de ne prétendre pas en jouir en autres lieux que ceux où ils étoient maintenant; qu'il étoit à croire que si elle délivroit le domestique du cardinal de Savoie, que feu Son Altesse avoit fait mettre prisonnier, et qu'elle le lui renvoyât porter cette nouvelle, ce seroit une double obligation qui l'obligeroit sans doute à ce que Madame devoit désirer de lui; qu'il seroit très-important qu'elle pût soulager les peuples de ses Etats, mais que si c'étoit chose impossible durant la guerre, il étoit du tout nécessaire qu'elle leur fît entendre qu'elle n'attendoit autre chose que la paix pour leur faire ressentir la douceur de sa conduite; que la force de l'esprit de Madame faisoit croire qu'elle ne voudroit pas se laisser surpasser à aucune autre personne du sexe qui eût jamais eu l'administration d'Etats. Et partant, après avoir témoigné sa bonté à tous ses sujets, comme elle le devoit faire, il étoit du tout nécessaire qu'elle fît paroître force et vigueur contre ceux qui contreviendroient à ses volontés, et qui commettroient quelques fautes préjudiciables à l'État. Par exemple, si quelqu'un de messieurs ses beaux-frères se présentoit pour entrer dans ses Etats, il falloit hardiment lui faire fermer les portes en tous lieux, et absolument ne le recevoir point, la sûreté de la personne de Madame, celle de messieurs ses enfans, le repos et tranquillité de son Etat, dépendant si absolument de ce point, que si, sous quelque prétexte que ce pût être, on manquoit à l'observer, on ne pouvoit rien prévoir que de funeste de la suite d'une telle faute; que s'il se trouvoit quelques-uns des gouverneurs ou principaux officiers qui fussent reconnus adhérens à ces messieurs, il falloit les changer sans leur donner délai de mettre en effet leur mauvaise volonté, et, au cas que quelqu'un manquât, le faire châtier sévèrement; qu'en un mot, d'autant plus qu'on estimoit le sexe des dames avoir quelque foiblesse, d'autant plus Madame devoit-elle gouverner avec force et vigueur, pour faire que toutes choses se maintinssent en discipline pendant son administration; qu'il ne lui parloit point de la déférence qu'elle doit avoir aux avis du Roi, parce qu'elle étoit trop sage pour ne connoîre pas qu'après Dieu de là dépendoit son seul salut. Comme elle devoit avoir un soin particulier de se conformer aux conseils qui lui seroient donnés d'une personne si intéressée à son bien, ceux qui seroient auprès d'elle de la part de Sa Majesté n'avoient quasi autre pensée que de se gouverner avec tant de modestie, que tout le monde connût que le seul but de Sa Majesté n'étoit que d'assister purement et simplement Madame pour l'amour d'elle et de messieurs ses enfans, sans autre prétention que leur avantage et la conservation de leurs Etats; que cette circonspection étoit absolument nécessaire pour ôter tout prétexte à ceux qui, étant partisans d'Espagne, voudroient faire semblant que le propre intérêt de Madame et de messieurs ses enfans, les obligeroit à chercher de ce côté-là un contre-poids, pour opposer aux prétentions que pourroit avoir la France à leur préjudice; que Sa Majesté ne remarquoit point le soin que l'on devoit avoir de plaire à Madame, parce que c'étoit une chose si connue qu'il n'étoit pas croyable que personne qui pût être employé auprès d'elle de la part de Sa Majesté, pût manquer à ce devoir; que n'y ayant rien qui aliénât plus les esprits que la violence, il étoit aussi du tout nécessaire que ceux que Sa Majesté tiendroit auprès de Madame, agissent avec tant de retenue, qu'au lieu d'aigrir les esprits de ceux avec lesquels ils auroient à vivre et à traiter, ils les gagnassent par la douceur; que Madame devoit avoir un soin particulier de donner un gouverneur à M. son fils qui fût du tout à elle, et qui eût l'affection française, afin qu'elle n'y fût pas trompée, et que le Roi, qui seroit contraint de faire beaucoup de dépenses pendant son bas âge pour sa conservation, ne fût pas payé d'une méconnoissance. Enfin qu'il étoit besoin d'avoir un soin particulier de la bouche de Madame, étant en un pays proche de ceux auxquels on savoit donner certains mets dont la digestion n'étoit pas bonne. Pour le père Monot, qu'il étoit nécessaire de le gagner s'il se pouvoit, et en chercher tous les moyens qui pouvoient convenir à sa profession et compatir à son humeur.

L'ambassadeur suivit ces ordres en son procédé avec Madame, laquelle, bien qu'elle fût très-défiante, capable d'impressions, et environnée de personnes qui lui en donnoient beaucoup au préjudice de la France, la principale desquelles étoit le père Monot, se rendoit enfin à ces raisons, et, bien qu'avec difficulté et doute du contraire, faisoit ce qu'il lui avoit conseillé; mais l'inclination de son esprit, et les incertitudes ès quelles par son irrésolution elle étoit à l'égard de la France, et l'affection plus naïve et confiance plus grande qu'elle témoignoit aux Piémontais, produisirent ce bon effet, que cela la fit reconnoître sans aucune difficulté tutrice et administratrice de l'Etat, et l'institution de son mari fut enregistrée au sénat, quoique quelques-uns murmurassent entre les dents de ce testament, fait en la manière que nous avons dite ; mais, bien que son procédé causât ce bon effet, la cause néanmoins en étoit mauvaise, vu que c'étoit un manquement d'entière confiance aux Français, et partant au Roi, qui néanmoins étoit le seul en la protection duquel elle pouvoit avoir asssurance pour elle et ses enfans. Le marquis de Leganez, encouragé de cette apparence de mauvaise intelligence entre les Piémontais et nous, partit de Valence le 16 octobre avec huit mille hommes de pied et trois mille chevaux, entra dans le Montferrat, et vint assiéger le château de Pomar, qui ne tint que six heures, quoiqu'il pût tenir plus de deux jours, pendant lesquels on l'eût été secourir ; mais la prise dudit château fut néanmoins à la honte des ennemis, car, le même jour 16, le duc de Créqui mit quatre mille hommes de pied et mille chevaux de l'armée du Roi ensemble, le marquis de Ville se joignit à lui avec sept cents chevaux et deux régimens, et marchèrent le lendemain droit aux ennemis, qui, ayant nouvelles d'eux, partirent ledit jour de devant soleil levé, et se retirèrent à Valence. Peu d'heures après ledit château fut battu et repris par ledit duc de Créqui, ayant toute l'armée des ennemis à une lieue de lui, qui s'étoit logé à Monté, qui est du Milanais, pour couvrir ceux qui faisoient le siège, résolu de combattre les Espagnols s'ils venoient pour secourir la place, ce qu'ils n'osèrent faire. A quelques jours de là les pluies firent retirer les uns et les autres, et le duc de Créqui s'en alla à Turin pour aider à assurer l'esprit de Madame, et la conseiller aux affaires présentes, et plus encore pour faire perdre l'opinion aux peuples qu'il y eût aucune division entre la Savoie et la France. Mais il arriva une difficulté imprévue, qui fut que Madame témoigna à notre ambassadeur qu'elle ne vouloit plus que M. de Créqui la saluât à l'accoutumée, s'étant résolue de ne plus baiser personne depuis la mort de son mari. Le duc de Créqui, qui jugeoit bien que cela regardoit tous les grands du royaume, trouva expédient que Madame lui diroit qu'étant dans les quarante jours de la mort de son mari, il la dispenseroit de le baiser pour cette heure, et que lui aussi ne se baisseroit pas pour la saluer, et que pendant ce temps l'on en écriroit au Roi, qui, quand il en fut averti, le trouva mauvais, tant pource qu'un tel changement en ce temps-là faisoit connoître manque de respect vers le Roi et d'intelligence avec la France, que pource qu'apparemment le père Monot étoit auteur de ce conseil, pour exciter quelques riotes entre Madame et les ministres du Roi. Néanmoins Sa Majesté manda qu'on laissât cette affaire en suspens, jusques à ce qu'on vît quel train prendroient les affaires. Le père Monot et ceux de sa cabale la voulurent persuader de mettre ses Etats en neutralité, et laisser les Français et les Espagnols se battre en autre lieu, ce qui étoit un dessein très-pernicieux pour la France. Le cardinal manda à l'ambassadeur qu'il lui fît connoître qu'elle s'en devoit détourner pour son propre intérêt, et que sa ruine et ce projet étoient une même chose ; qu'elle seroit bien aveugle si elle ne voyoit pas que, quand les Espagnols lui proposeroient maintenant des conditions les meilleures du monde, ce ne seroit que pour la détacher de la France, et la ruiner en fin de compte plus aisément ; qu'il étoit nécessaire qu'elle déclarât qu'elle ne veut ni paix ni guerre qu'avec le Roi, se sentant trop obligée à suivre les intentions de feu Son Altesse pour s'en séparer ; que par ce moyen elle auroit plus tôt la paix, et si elle prenoit un autre chemin, comme il lui seroit moins honorable, il lui seroit moins sûr, et délieroit le Roi par force de ses intérêts, où la nature, son inclination et toutes sortes de considérations l'attachoient avec grande chaleur. Il lui enjoignit aussi fort particulièrement de voir avec le duc de Créqui s'ils pourroient faire quelque entreprise sur les ennemis, en continuation des premiers desseins qu'ils avoient durant la vie du feu duc, et s'ils ne pourroient pas prendre quelques postes vers Burgomenin et aux environs, pour faire voir que la mort dudit duc n'affoiblissoit point leurs entreprises, ce qui sembloit être du tout nécessaire pour faciliter la paix. Mais le duc de Créqui lui manda que cela ne se pouvoit, et que les affaires de la guerre avoient entièrement changé de face par la mort dudit duc, d'autant qu'il mettoit ses milices dans les places pour les garder, et tiroit ses troupes d'ordonnance en la campagne ; mais qu'il étoit maintenant impossible, dans les défiances que les ministres de Madame lui avoient données en ce commencement, et dans la crainte qu'elle avoit de hasarder ses places si elle les dégarnissoit, qu'on la pût obliger de retirer son infanterie. Elle craignoit, et elle vouloit témoigner à ses sujets qu'elle les vouloit conserver. Pour la cavalerie, elle pouvoit donner deux mille chevaux seulement ; ce qui n'étoit pas suffisant avec les troupes que le Roi avoit de delà pour faire aucun siège ou entreprise considérable sur les ennemis, mais bien pour être sur la défensive, et empêcher l'ennemi de nous nuire, quoi qu'il nous pût arriver.

Le cardinal de Savoie et le prince Thomas cependant ne perdirent pas l'occasion de la mort du duc leur frère, et pour avantager le service du roi d'Espagne en ses Etats, et pour leur propre intérêt, les Espagnols, entre les mains desquels ils s'étoient abandonnés, les y sollicitant. Ils espéroient beaucoup du cardinal de Savoie, s'il pouvoit entrer dans le Piémont; ils n'attendoient pas moins du prince Thomas dans la Savoie, où ils savoient qu'il étoit fort aimé; mais ils croyoient devoir faire sonder le gué par ledit cardinal, et à raison de sa qualité, et qu'il étoit le plus âgé des deux frères, et qu'il partoit de Rome, lieu non suspect, et que le Piémont étoit la plus importante et le chef des provinces de l'État de Savoie, et que le père Monot étoit son partisan, qui, par son artifice, avoit beaucoup de poids dans l'esprit de Madame, jusqu'alors destituée de conseillers auxquels elle eût confiance. Nonobstant donc que Madame lui eût mandé qu'il ne bougeât de Rome et ne vînt point en ses Etats en cette grande révolution, il ne laissa pas de s'y acheminer, couvrant son mauvais dessein contre elle d'un spécieux prétexte, que c'étoit pour son service et pour son bien. Madame avoit grande occasion d'éloigner sa venue, tant pource qu'au commencement de son gouvernement elle ne pouvoit pas se garantir de donner mécontentement à plusieurs personnes, qui envieroient ceux qu'elle auroit choisis pour se conduire suivant leur conseil (ce que le cardinal ne manqueroit pas de fomenter et en augmenter le mal s'il pouvoit), que pource qu'elle savoit la mauvaise volonté dudit cardinal vers les princes ses enfans, en la place desquels il eût désiré succéder à l'État; ce qu'ayant long-temps espéré pource que Dieu ne lui avoit pas donné des enfans sitôt qu'elle en pouvoit attendre, il avoit long-temps, par une malice italienne, prémédité de faux et abominables prétextes (1) pour essayer quelque jour, si l'occasion s'en présentoit, de leur ôter la succession que la nature leur acquéroit; car s'il avoit eu l'impudence de vouloir parler au préjudice de sa réputation durant la vie du feu duc de Savoie, que ne feroit-il point maintenant? Notre ambassadeur eut ordre de représenter ces raisons à Madame; ce qu'il fit et si utilement, qu'il fît qu'elle lui envoya trois ou quatre gentilshommes pour le prier de ne point entrer dans ses États, lui déclarant qu'elle ne pouvoit lui répondre d'aucune chose, les troupes du Roi étant dans le Piémont les plus fortes comme elles y étoient, et l'ambassadeur le tenant pour ennemi de Sa Majesté, lié aux intérêts d'Espagne, ne pouvant souffrir qu'il fût en sa cour, où il avoit à traiter avec elle les affaires du Roi; et partant, que n'étant pas maîtresse en ses États, où les armes

(1) Ces prétextes étaient tout simplement que les enfants de sa belle-sœur n'appartenaient pas à son frère.

II. C. D. M. T. IX.

du Roi son frère étoient les plus fortes, elle le convioit pour la sûreté de sa personne de ne pas venir; outre que, pour ne se rendre pas suspecte envers Sa Majesté, elle seroit obligée d'obéir au Roi, au regard de sa personne, en ce qu'il lui plairoit lui commander. Elle lui manda aussi qu'elle le prioit de ne pas s'avancer dans l'État de Milan pour y demeurer, pource qu'en ce cas il se déclareroit ennemi d'elle et de ses enfans; et partant, bien qu'elle eût résolu de restituer, à lui et au prince Thomas, les apanages que le feu duc son mari leur avoit arrêtés avec connoissance de cause et justice, néanmoins elle ne le feroit pas s'il prenoit ce dessein, d'autant qu'elle ne pourroit croire qu'il le fît sinon pour assister les Espagnols à lui faire du mal, et pour former des factions dans son État, sur les confins duquel il séjourneroit pour être plus prêt à les faire éclore, outre qu'il la contraindroit de mettre les François dans Asti, Verceil et Trino, pour se délivrer de la crainte qu'il pût gagner quelques-uns de ses gouverneurs. Nonobstant tout cela, le cardinal ne laissa pas de partir de Rome dès le 14 octobre, et de s'acheminer en Piémont, et envoya devant l'abbé Soldati, avec lettres de sa part à Madame, par lesquelles il lui protestoit qu'il n'entreprenoit ce voyage que pour lui rendre service.

Un de ceux que Madame dépêchoit audit cardinal rencontra ledit abbé près de Quiérasque, et lui avoit fait rebrousser chemin une journée, quand de nouveaux avis, qui lui furent envoyés de Turin, le firent retourner sur ses pas. Il arriva le 24 octobre à Turin, où la porte lui étant refusée, il se retira au monastère des Capucines, d'où il demanda à voir le père Monot, qui, l'ayant vu, disposa Madame à lui parler, et, quoi que notre ambassadeur pût faire pour l'en dissuader, il n'en put venir à bout; elle voulut le voir, à la charge toutefois qu'il partiroit la même nuit. Mais, au lieu de cela, ledit abbé, avec l'aide du père Monot, qui fut seul présent à cette entrevue, gagna si bien l'esprit de Madame, qu'il la fit consentir au retour dudit cardinal, avec cette condition néanmoins que l'ambassadeur du Roi y consentiroit. Et, pour faire la chose avec plus de couleur, ils résolurent que le nonce en parleroit à Madame et audit ambassadeur, afin qu'elle se pût excuser envers la France que ce qu'elle en avoit fait étoit pour obéir au Pape, qui y prenoit intérêt. Le nonce vint voir l'ambassadeur, et lui dit qu'ayant jugé que la venue du prince cardinal pourroit apporter du bien et aux affaires présentes, et au service même de Madame, il avoit cru le devoir convier à porter son esprit à le recevoir à Turin, et qu'il

12

donnoit assurance que ledit cardinal n'y feroit rien qui lui fût désagréable, d'autant qu'il ne vouloit être ni français ni espagnol, mais bon piémontais. L'ambassadeur, qui se trouva surpris de cette sollicitation, lui demanda s'il lui parloit de la part de Sa Sainteté ou de quelque autre. Il lui dit que l'abbé Soldati l'avoit prié de faire ces offices en la faveur de son maître. Lors l'ambassadeur lui dit qu'il s'opposeroit toujours à l'entrée dudit cardinal dans ledit Etat, pour l'intérêt du service de Madame. A quoi ledit nonce lui ayant reparti que, s'il n'y alloit plus que de celui-là, il lui feroit bientôt connoître qu'il n'étoit point intéressé en ce retour, et qu'il espéroit qu'elle se rangeroit aux raisons qu'il lui en apporteroit, il fut obligé de lui dire que quand même elle oublieroit son intérêt, et se laisseroit porter à une si mauvaise résolution, que l'intérêt du service du Roi ne lui pouvoit permettre de voir en cette cour (où se traitoient les principales affaires de Sa Majesté en Italie) un homme qui s'étoit déclaré ennemi du Roi et du royaume, qui en faisoit, lui et les siens, une profession publique, et, qu'en quelque lieu qu'il fût, les armes du Roi le poursuivroient tout ainsi qu'elles feroient le marquis de Leganez; qu'il n'y avoit non plus de sûreté pour l'un que pour l'autre, et que Madame ne le pouvoit recevoir, étant ennemi déclaré du Roi comme il étoit; que Madame savoit qu'on étoit bien averti qu'il venoit sur une lettre que le marquis de Leganez lui avoit écrite sur les sollicitations que lui avoit faites le marquis de Castel Rodrigo à Rome, et sur les instances de ses partisans en Piémont, et le tout pour troubler les affaires de Sa Majesté et la succession du prince son neveu; que quand il n'y auroit autre sujet d'empêcher sa venue, que parce qu'elle avoit été désirée et sollicitée par les ennemis du Roi, il ne le souffriroit pas, outre le mauvais dessein que l'on savoit qu'il avoit, et dont on ne pouvoit douter, puisque le comte Ludovico l'avoit prié à Rome, de la part de Madame, de n'entreprendre point ce voyage, lui avoit déclaré qu'il ne seroit point reçu en cet Etat, et qu'il étoit soupçonné d'en avoir fait espérer aux Espagnols de grands avantages par les pratiques qu'il feroit en ladite cour. Enfin ledit ambassadeur protesta qu'il en écriroit au maréchal d'Estrées à Rome, pour en faire des plaintes à Sa Sainteté. Le nonce, au sortir de là, alla prendre le père Monot, et tous deux allèrent trouver Madame, à laquelle ils dirent les réponses de l'ambassadeur; et, pour trouver un accommodement, lui firent trouver bon de permettre au cardinal de venir pour un jour seulement, après lequel il s'en retourneroit, lui représentant que cela suffiroit pour adoucir l'esprit dudit prince, et éteindre l'inimitié qu'il avoit contre elle. Notre ambassadeur lui remontra le tort qu'elle se faisoit de se montrer si foible et si changeante en ses résolutions; qu'incontinent après la mort de son mari, elle avoit jugé nécessaire au repos de son Etat que ses beaux-frères n'y missent point le pied pour quelque temps, et avoit fait défendre l'entrée de la ville à l'abbé Soldati; puis, en un jour, elle avoit tellement oublié ses résolutions premières, qu'elle avoit non-seulement vu ledit abbé, et lui permettoit de demeurer à Turin, mais, en outre, lui vouloit accorder la venue dudit cardinal; qu'elle devoit juger qu'il étoit évident que c'étoit des factions qu'on vouloit établir contre elle; que les déplaisirs dudit cardinal provenant de ce qu'elle avoit des enfans, qu'elle en étoit tutrice et qu'elle ne vouloit point qu'il eût de part dans le gouvernement, il ne pouvoit être guéri d'une simple entrevue; qu'on l'abusoit quand on lui disoit que ce ne seroit que pour un jour; qu'elle pouvoit bien considérer, par la peine qu'elle avoit d'empêcher qu'il n'entrât en son Etat, celle qu'elle auroit après de l'en faire sortir; qu'elle voyoit déjà l'abbé Soldati suivi, quand il alloit par Turin, de quarante et cinquante personnes, et que la plupart de sa cour se rangeoient du côté du prince cardinal; que ce grand applaudissement que l'on avoit pour le prince cardinal étoit un témoignage de la haine que l'on avoit contre elle, et que, femme étrangère et peu affermie, comme elle étoit, dans le gouvernement de cet Etat, elle vouloit appeler de nouvelles factions contre elle, qui causeroient sa ruine et celle de ses enfans; outre qu'elle-même étoit si facile et si obsédée des partisans de ses beaux-frères, qui étoient puissans en discours et qui l'accabloient de raisons apparentes, qu'ils la feroient consentir à sa propre ruine, et permettre la demeure perpétuelle audit cardinal, qui se feindroit même être malade pour avoir occasion de gagner temps et la persuader; qu'elle se trouveroit bien empêchée quand elle verroit les peuples crier après lui comme après leur libérateur, non par la seule affection qu'ils lui portoient, mais par la haine qu'ils avoient contre les Français, pour lesquels ils n'y auroit désormais plus de sûreté dans le Piémont, pource que les incommodités que la guerre entraîne nécessairement avec elle, avoient fait monter jusques à tel point leur aversion contre les Français, que, pour peu qu'ils fussent animés, il étoit impossible qu'il n'arrivât pas un étrange scandale; que ledit cardinal fomenteroit sans doute leur aliénation; qu'il étoit impossible de le gagner, pource que c'étoit son jeu de tenir les uns avec les autres en mauvaise intelligence, et qu'enfin la vie ni d'elle, ni de ses enfans, ne pouvoit être assurée durant son séjour. Ces raisons la gagnèrent absolument, et firent qu'elle assembla son conseil, dans lequel il fut résolu qu'on ne permettroit point audit cardinal l'entrée dans l'Etat, qu'on feroit sortir l'abbé Soldati de Turin, et qu'on dépêcheroit un courrier au Roi pour savoir ses volontés sur ce sujet.

En ce temps-là, le comte de Saint-Maurice manda les obsèques solennelles que le Roi avoit fait faire en l'église cathédrale de Paris, pour le feu duc de Savoie; dont Madame se sentant très-obligée à Sa Majesté, le père Monot lui mit en avant que les apparences de cette pompe funèbre étoient fort belles, mais que, dans le fond, la maison de Savoie y étoit fort blessée, puisque l'on n'avoit point mis sur les armoiries de Savoie la couronne fermée, comme ils le pratiquent à présent, ni même l'écusson du Montferrat, que M. de Savoie portoit depuis le traité de Quiérasque; que dans les titres l'on n'y avoit pas mis aussi celui de roi de Chypre, ni de duc de Montferrat, dont il avoit l'investiture de l'Empereur, et qu'il prend depuis le même traité de Quiérasque, et, au lieu de mettre comte de Genève, on n'avoit mis que comte de Genevois; et là-dessus exagéra la continuation des sentimens de la France, d'arrêter le cours de l'avancement de la maison de Savoie. Il mit encore en considération à Madame le refus qu'on lui faisoit de lui permettre d'envoyer en Espagne, disant qu'on la tenoit par-là suspecte, et que si elle avoit à présent des gentilshommes en la cour de l'Empereur et du roi d'Espagne, peut-être détourneroient-ils les résolutions que l'on prendroit en l'une et en l'autre cour contre elle, sur les dépêches qu'y avoit faites le cardinal de Savoie en suite du refus qu'avoit fait Madame de lui donner entrée en son Etat. Mais notre ambassadeur représenta à Madame que ceux qui lui mettoient ces choses dans l'esprit, lui vouloient imprimer contre la France des dégoûts qui lui causeroient sa ruine, et que, pour ses titres, son mari n'espéroit pas que la France lui donnât ni celui de roi de Chypre, ni de duc de Montferrat, ni de comte de Genève, en lui représentant les conséquences, et qu'il falloit qu'elle se désabusât de ces chimères; que les ducs Charles-Emmanuel et son mari n'y avoient pu donner atteinte (1), et que ce seroit beaucoup si elle pouvoit conserver pour ses enfans l'Etat au point où elle le trouvoit, et que dans la protection du Roi et du royaume contre tant de maux qui la menaçoient, dont les plus difficiles n'étoient pas passés, elle recevroit assez d'avantages

(1) Atteindre.

sans demander d'autres choses de la France; et si ces pompes funèbres qu'on avoit faites pour feu M. de Savoie n'étoient pas capables de l'obliger, que le Roi ne pouvoit attendre que des méconnoissances de son côté.

Cependant l'abbé Soldati, en suite de la résolution que Madame avoit prise de ne permettre au cardinal de Savoie l'entrée en ses Etats, fut renvoyé à Gênes où étoit le cardinal de Savoie, et avec lui le comte de Cumiane, par lequel Madame lui manda sa résolution et les raisons qu'elle avoit eues de la prendre. Il ne s'y voulut pas rendre, mais insista toujours à avoir l'honneur de la voir, et lui manda qu'il s'approchoit de Savone pour recevoir là la permission qu'il en espéroit; mais, y étant, elle lui écrivit la même chose, et qu'il savoit combien il avoit été préjudiciable au feu duc Charles-Emmanuel son beau-père et à son mari d'avoir désobligé le Roi. Mais, nonobstant toutes ces choses, il s'opiniâtra encore davantage à y demeurer, y étant poussé par ses partisans, et particulièrement par le père Monot. Il voulut renvoyer l'abbé Soldati à Turin, sous ombre de traiter et négocier de ses intérêts avec Madame, mais en effet pour renouer ses intelligences: le père Monot sollicitoit Madame de le permettre, et dit au comte Philippe qu'il l'y devoit porter, et qu'il feroit plaisir au prince cardinal qui lui en sauroit gré, et le lui rendroit quelque jour. Mais enfin Madame se résolut de lui envoyer le comte de Druent pour traiter avec lui, dont le père Monot, qui vouloit que ce fût l'archevêque de Turin, qui étoit bon Espagnol, fit un grand bruit par la ville, disant que si elle s'abandonnoit ainsi à tous les conseils de France, il falloit donc qu'elle chassât tous ses sujets de son service; ce qu'il faisoit pour rendre les Français odieux en Piémont; mais l'envoi dudit Druent n'empêcha pas que l'on ne continuât toujours les premières pratiques. Ils envoyèrent Gabaleon vers notre ambassadeur, pour lui persuader que l'abbé Soldati pouvoit être gagné pour le service du Roi, et croyoit avoir moyen de le faire. On lui fit dire d'autre côté, par l'abbé Vibault, que ledit cardinal se vouloit remettre au service du Roi, et même ledit cardinal le manda à Madame par le comte de Druent, et quant et quant faisoit toujours instance pour ledit abbé Soldati; mais l'ambassadeur l'empêcha, craignant les négociations de cet homme, et même qu'il vînt pour corrompre quelque médecin ou officier de Madame et de ses enfans pour les empoisonner; lesquels desseins ledit cardinal n'eût osé confier à autre des siens, parce que c'étoient tous Piémontais, qui avoient leurs biens et familles en Piémont; et qui n'eussent jamais voulu travailler à une si damnable exécution. Ainsi tous les desseins dudit cardinal avortèrent; et, comme il étoit venu contre la volonté de Madame, il fut contraint de s'en retourner avec honte contre la sienne; car le Roi manda à Madame, par le gentilhomme qu'elle lui avoit envoyé, le tort qu'elle se faisoit si elle lui donnoit entrée en son Etat, et la sage résolution qu'elle avoit prise de la lui défendre.

Le prince Thomas, de son côté, ne demeura pas oisif, mais écrivit à Madame une lettre, en apparence de condoléance de la mort de son frère, mais en effet d'une malicieuse sollicitation contre son propre bien et le service du Roi, auquel il lui disoit qu'elle devoit avoir d'autant moins égard en la guerre présente, qu'elle étoit moins pour l'agrandissement de la gloire de Sa Majesté et de son royaume, que pour la conservation du cardinal de Richelieu. Il lui envoya un gentilhomme qui passa par l'Allemagne et le Milanais, et vit à Milan le marquis de Leganez. Arrivant aux portes de la ville de Turin, Madame commanda qu'on le laissât entrer; mais elle le mit entre les mains d'une personne confidente qui ne le laissa parler à personne. On le trouva chargé de lettres, toutes contre la France, c'est-à-dire contre Madame, qui n'a point d'autre appui. Il essayoit par elles de donner créance que, sous prétexte de protection, on vouloit envahir l'Etat, et promettoit à quelques-uns de ses amis qu'il viendroit bientôt. Peu de jours après il écrivit au marquis de Leganez et au prince cardinal son frère, qu'il viendroit volontiers à Milan quand le roi d'Espagne le lui commanderoit, mais qu'il vouloit savoir auparavant quelle armée les Espagnols auroient dans le Milanais, et quel rang il y tiendroit. Un nommé père Thesauro (qui avoit été auparavant jésuite, et avoit quitté leur société par l'animosité que le père Monot et lui avoient eue l'un contre l'autre) fut aussi envoyé de sa part, mais demeura auprès du prince cardinal pour conférer avec lui et avec les Espagnols. Il fit proposer à Madame qu'elle eût agréable de le voir, et qu'il ménageroit, si elle vouloit, la neutralité entre les Espagnols et elle; mais le père Monot étoit un bon et ardent sollicitateur pour empêcher Madame de lui accorder sa demande.

Cependant les poursuites des deux frères étoient fort préjudiciables au bien de son Etat, car on surprit une lettre du marquis d'Ogliane, gouverneur de Verceil, par laquelle il écrivoit au marquis Ville son beau-père, sur le sujet de la lettre que lui avoit envoyée le prince Thomas, dont il lui envoyoit la copie, qu'il voyoit bien que le temps viendroit auquel ils seroient considérables. On en surprit une autre du médecin du duc son fils, qui écrivoit au prince cardinal de venir en Piémont, où tout le peuple le désiroit. Et néanmoins elle ne s'assuroit point de la personne ni de l'un ni de l'autre, ni ne pensoit à leur ôter leurs charges, soit par crainte qu'elle eût de ses beaux-frères, soit que par quelque sorte d'aveuglement elle n'eût défiance aucune de nous. Cela fut cause qu'enfin le Roi se sentit obligé de lui mander nettement, en vrai frère et fortement, ce qu'elle devoit faire pour son bien, et que Sa Majesté la désirant protéger de toute sa puissance, la première assistance qu'il pouvoit et croyoit lui devoir rendre, étoit de lui dire qu'elle devoit prendre en son conseil des gens de bien, désintéressés, affectionnés à son Etat, et, avec leurs avis, de bonnes et fortes résolutions, importantes pour le bien et conservation de ses enfans; que si elle faisoit ainsi, après avoir eu quelques peines au commencement de son établissement, lesquelles étoient inévitables, elle jouiroit d'un grand repos, et seroit assurée pour le reste de ses jours; qu'il savoit ce qu'il lui disoit par expérience, ayant pratiqué ce qu'il lui conseilloit, avec tel succès, qu'il n'avoit pas eu plutôt éloigné les personnes suspectes et les mauvais esprits de sa cour, qu'il s'étoit acquis le repos, et avoit mis son Etat en sûreté; qu'elle avoit déjà bien sagement résolu de ne permettre que ses beaux-frères la vinssent troubler en ses Etats, trouvant bon que, s'ils y vouloient venir contre sa volonté, le Roi les fît arrêter et amener à Pignerol, et de là en France, où ils seroient traités comme hommes de leur qualité; mais que ce n'étoit rien fait si elle n'en éloignoit encore ceux qui avoient intelligence avec eux, fomentoient et augmentoient l'inclination du peuple à les désirer, et étoient même si hardis que de lui en oser à toutes occasions parler ouvertement; que le père Monot étoit le principal et le plus impudent de tous ceux-là; qu'il avoit eu la hardiesse d'écrire au cardinal de Savoie qu'il vînt, de conseiller à Madame de recevoir l'abbé Soldati, seulement pour lui parler, puis l'y avoit fait demeurer davantage; et enfin l'avoit sollicitée de permettre que ledit cardinal y vînt, et, pour la persuader, s'étoit osé servir de menaces, lui disant que si elle le désespéroit il feroit des manifestes contre elle, comme si déjà il n'avoit pas dit contre Son Altesse tout ce que la rage peut faire vomir contre l'innocence, où (1) leur entrevue de peu d'heures pouvoit satisfaire au désir qui l'allumoit d'être maître des Etats; qu'il n'étoit point affectionné à Madame, puis-

(1) Tandis que.

qu'il moutroit avoir une aversion si grande de la nation française; que tout ce qu'on faisoit en France à l'honneur et à l'avantage de Madame il le tournoit en venin; Sa Majesté ayant fait faire en l'église cathédrale de Paris les obsèques les plus solennelles qui eussent jamais été faites pour aucun prince de la chrétienté, il avoit essayé de les faire tourner à injure contre la maison de Savoie, jetoit mille défiances en l'esprit de Madame, suivant en cela le train qu'il avoit commencé dès le temps du feu duc, avoit été si malicieux que de vouloir faire croire à Madame que le Roi ne l'aimoit point et avoit aversion contre elle, et, pour rendre son imposture plus puissante, l'avoit fait jurer sur l'Evangile qu'elle n'en parleroit point; qu'elle-même reconnoissoit qu'il étoit un méchant esprit, se défioit de lui, craignoit ses ruses, avouoit que le feu duc son mari l'avoit voulu chasser, et que, pour l'en garantir, elle s'étoit jetée à ses pieds pour le lui demander en grâce; que s'il appréhendoit un si mauvais esprit, elle devoit le redouter au double, et s'imaginer qu'il entreprendroit d'autant plus hardiment contre elle, que ceux qui devroient venger ses crimes seroient ceux qui l'en pourroient récompenser; qu'en telles occasions il faut tout craindre, et se représenter que tous les remèdes de prévention sont toujours doux au respect de ceux qu'il faut apporter aux maux quand ils sont arrivés, joint qu'il y en a beaucoup en matière d'Etat qui ne sont pas plutôt nés qu'ils sont incurables; et que, pour toutes ces raisons, il étoit absolument nécessaire qu'elle l'éloignât d'elle, le faisant arrêter, ou en son nom ou au nom de Sa Majesté, pour l'envoyer à Pignerol et de là en France, où il seroit en lieu d'où il ne lui pourroit faire de dommage; qu'elle n'eût point de crainte d'user d'un peu de vigueur ou plutôt de fermeté en cette affaire; que si elle y trouvoit de la difficulté il se trouveroit bien plus d'inconvénient à ne la faire pas, puisque cet homme demeurant en pied, il susciteroit lui-même le cardinal de Savoie à faire les manifestes dont il menaçoit, et en donneroit sous main les mémoires, et n'auroit jamais de patience qu'il ne l'eût fait entrer dans le Piémont, sachant que, s'il y étoit une fois, l'affection du pays et la foiblesse du sexe de Madame la contraindroient à l'y laisser, d'où il s'ensuivroit que la vie, ni de Madame, ni de ses enfans, ni de ses créatures, ne seroit plus en sûreté, dont elle ne pouvoit douter, puisqu'elle avoit fait savoir à Sa Majesté par le comte de Saint-Maurice, son ambassadeur, qu'elle avoit surpris une lettre du secrétaire dudit cardinal de Savoie qu'il écrivoit en Piémont, par laquelle il paroissoit que les desseins dudit cardinal étoient contre la personne d'elle et de sesdits enfans. Madame ayant reçu ces avis du Roi, vraiment fraternels et nécessaires à sa conservation, se trouva néanmoins l'esprit si empoisonné d'une fausse inclination d'esprit à ce père, que, bien qu'elle le haït, le soupçonnât jusques à lui faire des affronts publics, et composer même des chansons sur des amours qu'elle croyoit qu'il avoit en sa cour, néanmoins elle ne put se résoudre de le faire arrêter cette année, mais seulement trouva bon que l'ambassadeur lui proposât de faire un voyage à la cour avec lui pour se remettre bien dans l'esprit du Roi et celui de ses ministres; mais Madame ayant parlé de ce dessein à un des siens qui l'en avertit, il refusa d'y aller, et devint ennemi plus irréconciliable de la France que jamais; de sorte que le Roi fut contraint, au commencement de l'année prochaine, de mander absolument à Madame qu'il désiroit qu'elle l'éloignât de sa cour, ou autrement qu'il lui seroit impossible de croire qu'elle voulût vivre avec lui avec l'intelligence qui étoit nécessaire entre eux. Madame, ayant empêché le cardinal de Savoie de venir en ses Etats, désirant faire aussi le même du prince Thomas, donna commandement au sieur de Pezieu, qu'elle envoya en Flandre pour donner part à la Reine sa mère et audit prince de la perte qu'elle avoit faite du duc son mari, de rendre compte audit prince de ce qui s'étoit passé sur le sujet du cardinal son frère, y ayant apparence que, le sachant, il ne se voudroit pas hasarder à recevoir un pareil traitement, et en cas qu'il reconnût qu'il eût néanmoins encore inclination de venir, il l'en divertît par les mêmes raisons qui avoient été alléguées audit prince cardinal; et si, nonobstant ces remontrances, il persistoit encore en son dessein, il lui dît que les Français avoient protesté qu'ils le tiendroient pour leur ennemi, et qu'en vertu des traités que le Roi avoit faits avec feu Son Altesse, Madame ne pouvoit permettre qu'il vînt dans ses Etats sans les rompre; tellement que, voyant qu'il n'y auroit point de sûreté pour sa personne, ni de paix dans l'Etat s'il y venoit, elle le prioit de ne donner point sujet à de nouveaux troubles, et de se disposer à continuer dans le service où il étoit, vivant en bonne intelligence avec elle, comme de son côté elle essaieroit de lui donner toute satisfaction.

Si le Roi eut tant à faire à établir l'autorité et le gouvernement de Madame de Savoie sous la minorité de son fils, elle n'en eut pas moins à Mantoue, où la princesse étoit espagnole, laquelle ôta la conduite de son fils au marquis de Cabrian, donnant à entendre qu'elle le haïssoit pource qu'elle croyoit qu'il avoit été ministre des amours de feu son beau-père; mais le choix qu'elle fit du comte d'Arigon, qui étoit espagnol déclaré, montra bien qu'elle y avoit été mue par un autre sujet. Elle fit aussi gouverneur de Portes, qui est le château de Mantoue, le prince Alphonse Guerrière, qui étoit aussi de faction espagnole, et envoya pour ambassadeur au Roi l'évêque de Casal, qui étoit du même parti, désirant, à son retour, prendre occasion de le faire entrer dans son conseil afin d'en éloigner le grand-chancelier Guiscardi, qu'elle jugeoit bien qui ne voudroit pas y assister avec lui, d'autant qu'il seroit obligé de lui céder. Guiscardi conseilla qu'on ne fît pas d'instance près de ladite duchesse d'ôter le gouverneur qu'elle avoit donné à son fils, pourvu qu'elle eût agréable qu'il eût un sous-gouverneur français, d'autant que, la contentant en ce chef, on pourroit faire donner le gouvernement de Portes au sieur de Vauguerin. Et, pour empêcher qu'il ne mésavînt de Casal, et que les Espagnols s'en saisissent au préjudice dudit duc, le Roi s'en assura entièrement, faisant trouver bon au comte Mercurin, qui étoit gouverneur de la citadelle, que des Français achetassent trois compagnies italiennes qu'il avoit en son régiment, que l'on ôtât le major de ladite citadelle, et que l'on donnât sa charge au lieutenant de la compagnie qui étoit français, ou que le premier capitaine de son régiment, qui étoit français, la feroit, et que son régiment tirât au sort avec celui de Nérestan la garde des portes et des bastions. Quant au château, le sieur de Montel, qui en étoit gouverneur, trouva bon de ne tenir que des soldats français en sa compagnie, et de prendre un lieutenant français, et que deux compagnies de Nérestan entrassent dans le château. Pour la ville, Rivar trouva bon qu'un Français achetât son régiment qui gardoit les portes. Cela fait, la place étoit assurée, et le Roi étoit hors de crainte qu'elle fût livrée entre les mains des ennemis. Le Roi lui fit savoir aussi, comme il avoit fait à madame de Savoie, qu'il n'auroit pas agréable qu'elle envoyât des ambassadeurs en Allemagne et en Espagne sur le sujet de la mort du feu duc son beau-père, vers lesquels ceux qui étoient près d'elle, du parti espagnol, la sollicitoient d'envoyer, afin d'avoir plus de facilité à commencer secrètement, par ce moyen, quelque traité particulier avec la maison d'Autriche.

Tandis que ces choses se passoient en Savoie et à Mantoue, notre ambassadeur extraordinaire, le maréchal d'Estrées, à Rome, poursuivoit toujours vers Sa Sainteté qu'il eût agréable que le cardinal Antoine reçût la protection de France, qui lui avoit été donnée par le Roi et que ledit cardinal avoit acceptée, mais qu'il étoit empêché d'exercer par l'opposition de Sa Sainteté, et la défense expresse qu'elle lui en avoit faite sous grande peine, comme nous avons dit l'année précédente. Ledit cardinal en vouloit bien faire la fonction, mais le Roi ne désiroit pas que ce fût que du consentement de Sa Sainteté. On n'avoit au commencement parlé que de la comprotection, laquelle il avoit acceptée; mais le cardinal de Savoie, qui étoit protecteur de France, ayant reçu la protection de l'Empire et abandonné celle de France, le Roi la donna audit cardinal. Néanmoins il ne lui en envoya pas le brevet, de peur que la chaleur de la jeunesse ne le portât à exercer cette charge contre le gré de Sa Sainteté, nonobstant qu'il en fît instance à notre ambassadeur, lequel enfin manda à Sa Majesté, le 11 mars, qu'il y avoit grand sujet de craindre que Sa Majesté le perdît si elle le tenoit plus long-temps en suspens; qu'il avoit été et étoit encore sollicité et recherché des Espagnols avec des propositions fort avantageuses, qu'ils avoient continuées sans qu'il les eût jamais voulu écouter; que peut-être croiroit-il qu'ayant offert et offrant encore, comme il faisoit, d'accepter l'honneur que Sa Majesté lui avoit promis, et de rompre avec le Pape et son frère, quand Sa Sainteté ne lui voudroit pas permettre d'en faire la fonction et renoncer à toutes espérances et prétentions pour s'attacher aux intérêts de Sa Majesté, il seroit justifié devant tout le monde, quelque résolution qu'il pût prendre, si Sa Majesté continuoit à ne lui vouloir pas bailler ledit brevet; ce qui, en l'état présent des affaires, pouvoit porter un notable préjudice au service de Sa Majesté, le changement de ce personnage étant bien plus important et de plus grand éclat que celui du cardinal de Savoie; que le cardinal de Bagni et Mazarin lui faisoient connoître qu'il se perdroit d'honneur s'il quittoit le service de la France, s'étant déclaré ouvertement pour elle comme il avoit fait; mais qu'ils croyoient infailliblement, si on ne lui donnoit satisfaction en ce point-là, qu'ils ne seroient pas capables de le pouvoir retenir. Sa Majesté, ayant reçu cette dépêche, délibéra sérieusement de cette affaire, qui n'étoit pas de peu de poids, afin d'y prendre une résolution convenable, et qui fût de son service et de l'honneur et de l'avantage de la France. Il est certain, généralement parlant, qu'il est honorable et utile que la protection de France soit exercée par un cardinal prince, ou neveu du Pape, ou puissant et riche, pource que ces personnes-là sont d'éclat et apportent avec eux plusieurs sujets qui entrent dans le service du Roi : de princes, il n'y avoit que ceux de Savoie et de Médicis, le premier desquels ne méritoit plus que le Roi le recherchât d'être son serviteur, et le second ne pouvoit être dégagé des intérêts de la maison d'Autriche : des neveux du Pape, Barberin affectoit de ne se vouloir lier à aucune des deux couronnes, bien qu'il fût et d'inclination et d'affection espagnol; il restoit le cardinal Antoine, qui franchement se donnoit au Roi, mais il se présentoit une difficulté très-grande, qui étoit que le Pape, dont ledit cardinal tiroit toute sa grandeur, ne le vouloit pas, et rompoit avec lui s'il acceptoit la protection, et en faisoit aucune démonstration ou fonction publique. Personne ne doute que nous ne prenons pas simplement un cardinal protecteur pour proposer un évêché, mais pour embrasser avec chaleur et affection tous les intérêts de Sa Majesté, et qu'il ne paroît pas que ce soit un grand avantage que, le cardinal de Savoie quittant la protection des affaires de France, le cadet des Barberin l'accepte, sans en oser toutefois faire déclaration publique que sous un autre pontificat; auquel temps il reçut tous les avantages que la protection d'un si grand roi lui pût apporter, sans en avoir rendu aucun à son service au temps de son autorité. D'autre part, s'il rompoit avec son oncle pour en faire dès maintenant la fonction, le Roi couroit fortune de perdre entièrement l'amitié de Sa Sainteté; et y a apparence que ledit cardinal perdroit tous ses amis, lesquels il ne conserve que par le seul crédit qu'il a envers le Pape, bien qu'il soit moindre que celui de son frère. Mais aussi il nous étoit honteux, après une si longue instance que nous avions faite de l'avoir pour protecteur, de n'en pas venir à bout : on eût attribué cette affection à légèreté de notre part, ou à crainte, ou à foiblesse, outre que nous savions que le cardinal Antoine étoit considérable en sa personne, et quoiqu'il rompît avec Sa Sainteté attireroit toujours huit ou dix cardinaux, que par son moyen on pourroit conserver affectionnés et dépendans de la France; qu'au pis aller il affoibliroit le cardinal Barberin qui ne nous étoit pas favorable, et cette division en sa maison lui ôteroit le moyen de nous pouvoir faire le dommage qu'il désireroit; outre que les Espagnols, qui recherchoient ledit cardinal Antoine, lui représentoient que nous l'amusions d'espérances, pour, après la mort de son oncle, nous moquer de lui; qu'il étoit glorieux et se sentoit merveilleusement fort de ces raisons-là; que si nous le perdions, il ne nous restoit personne qu'avec honneur nous pussions désirer et rechercher pour protecteur. Toutes ces choses considérées, Sa Majesté trouva bon de lui donner contentement, mais avec toutes les précautions possibles à ce que Sa Sainteté n'en fût point offensée, et le tînt toujours en ses bonnes grâces, tant pour conserver le crédit dudit cardinal vers Sa Sainteté, ensuite vers ses créatures, que pour ne pas altérer la bonne intelligence de Sa Majesté avec elle; c'est pourquoi elle se résolut de lui envoyer le brevet, et de faire auparavant toutes sortes d'efforts afin que Sa Sainteté eût agréable de le trouver bon, et consentir qu'il en fît dès lors toutes les fonctions. Mais on ne la put jamais vaincre en ce point; de sorte que Sa Majesté se contenta qu'il acceptât ladite protection, quoiqu'il ne l'exerçât pas présentement, jusques à ce que Sa Sainteté le consentît, avec obligation néanmoins de ne la quitter jamais, pour quelque respect que ce pût être. Sa Majesté eut quelque désir de donner la comprotection au cardinal Spada; mais le cardinal Antoine ne le jugea pas à propos, pour ne pas dégoûter le cardinal Bichi, ce que Sa Majesté approuva, et aima mieux gagner ledit cardinal Spada par pension. Ledit cardinal Antoine reçut ledit brevet avec un extraordinaire ressentiment, non-seulement à raison de la faveur, mais de la manière encore avec laquelle elle lui avoit été faite, Sa Majesté ayant eu égard à ménager tous les intérêts dudit cardinal, comme si c'eût été les siens propres. L'ambassadeur d'Espagne fit lors des instances très-pressantes à Sa Sainteté de lui promettre qu'elle ne permettroit point de son vivant que ledit cardinal Antoine exerçât cette charge, et se vanta que Sa Sainteté lui avoit promis; dont le maréchal d'Estrées ayant fait plainte, le cardinal Barberin l'assura qu'il n'étoit pas véritable, que Sa Sainteté ne s'étoit engagée ni pour ni contre, et avoit usé de paroles indéterminées, dans lesquelles elle avoit conservé sa liberté; qu'il assuroit de la fidélité de son frère vers le Roi, la lui ayant promise; que rien ne le pouvoit détacher de son service, que de se voir négligé et méprisé; que c'étoit chose qui étoit souvent arrivée de la part de France à Rome; que si le cardinal de Richelieu, qui avoit affection au service du Roi en Italie, vivoit toujours, il n'auroit point de crainte; mais que le passé le faisoit douter de l'avenir.

Et pour fortifier l'autorité du cardinal Antoine au service de Sa Majesté, il fut envoyé une lettre de change de 100,000 livres au maréchal d'Estrées, pour les distribuer à divers cardinaux pour les acquérir au Roi, laquelle arriva bien à temps, parce que le Pape tomba malade en même temps, qui fut vers la fin d'avril, et le bruit de cette remise d'argent, qui ne put être si secrète que plusieurs n'en eussent connoissance, releva beaucoup les affaires de Sa Majesté en cette cour-là, et leur fit perdre la pensée qu'elle la négligeât. Elle manda au maréchal d'Estrées qu'il essayât, en cette occasion, d'unir, s'il pouvoit, toute la maison Barberin pour l'élection d'un sujet favorable à la chrétienté, qui fût capable de prendre de fortes résolutions pour en procurer le bien; que si aussi le cardinal Barberin embrassoit tout-à-fait les intérêts d'Espagne, il vît à réunir en ce cas tout ce qu'il pourroit pour s'opposer aux desseins des Espagnols, et particulièrement le cardinal Antoine, avec le plus de créatures qu'il seroit possible, le cardinal Magaloti et tous ceux qui auroient juste sujet de craindre la domination tyrannique des Espagnols; que le sujet que le Roi désiroit le plus pour pape étoit le cardinal Bagni, à l'élection duquel il falloit tendre par tous moyens raisonnables et possibles, s'y gouvernant cependant avec telle discrétion et adresse, que, si l'on soupçonnoit le dessein du Roi, personne n'en pût avoir la connoissance; que si ledit sieur cardinal de Bagni ne pouvoit parvenir au pontificat, on remettoit audit maréchal, sur la connoissance qu'il auroit par lui-même, et les bons avis qu'il pourroit avoir des cardinaux Antoine, Bagni, Bichi et du sieur Mazarin, de se porter au sujet qu'il estimeroit plus à propos, et où il penseroit qu'on pût trouver plus de résolution et plus de sûreté; que Sa Majesté ne lui prescriroit point aussi d'exclure nommément aucun sujet, mais lui laissoit le pouvoir de le faire par l'avis des susnommés, si l'occasion et le bien public le requéroient, et se promettoit qu'il agiroit d'autant plus sagement et fortement tout ensemble, qu'elle lui laissoit pleine liberté de se conduire selon qu'il jugeroit le devoir faire par les diverses occurrences qui se pouvoient rencontrer. Il distribua quelque partie de son argent pour gagner les cardinaux Verospi, Scaglia et Brancas, qui étoient tous sujets capables de très-bien servir; et particulièrement Verospi s'offrit qu'en cas que le cardinal Antoine ne voulût point paroître dans une exclusion, et que nous n'estimerions pas à propos que le nom du Roi y fût mêlé, qu'il entreprendroit et se rendroit lui-même auteur et chef de toutes les exclusions qu'on voudroit, pourvu qu'on lui donnât des personnes pour les fortifier et soutenir. Durant trois mois et davantage que dura la maladie du Pape, l'ambassadeur d'Espagne témoigna un extrême contentement de l'espérance qu'il avoit que Dieu le retireroit du monde, croyant que le parti espagnol étoit assez puissant pour porter au pontificat un sujet à leur dévotion. Et pource qu'il y avoit quantité de places de cardinaux vacantes, lesquelles il étoit bien aise qui ne fussent pas remplies, il essayoit par artifice d'éloigner le Pape de faire une promotion durant sa vie; et pour parvenir à sa fin plus adroitement, il le pressoit de la faire, mais quant et quant de mettre dans le nombre des cardinaux, à la recommandation du Roi son maître, l'abbé Perreti, qui faisoit profession ouverte d'inimitié contre la maison Barberin. Notre ambassadeur, au contraire, essayoit de persuader le cardinal Barberin, et par lui Sa Sainteté, de remplir ledit nombre, lui représentant sagement, sur la crainte qui retenoit Sa Sainteté qu'on ne le blâmât d'avoir, en l'état de maladie où il se trouvoit, fait une promotion, que l'on ne considéroit point le temps de sa bonne ou mauvaise santé auquel il la feroit, mais bien la qualité des sujets qu'il choisiroit pour les élever à cette dignité, selon laquelle son action seroit louée ou blâmée de tout le monde, et que s'il choisissoit des personnes éminentes pour remplir ces places vacantes, il satisferoit tout ensemble à sa conscience et à sa réputation, et fermeroit la bouche à tous ceux qui en voudroient parler; qu'au reste, il savoit combien les Espagnols désiroient la ruine de sa maison; que s'il laissoit cette promotion à faire dans un autre pontificat, et que le conclave arrivât promptement en la saison d'été où l'on étoit, il y avoit apparence qu'il pourroit mourir trois ou quatre cardinaux, et qu'avec les places qu'ils laisseroient, un nouveau neveu du Pape se trouveroit en quatre jours avec autant de suite et d'amis que la maison Barberin en auroit fait en plusieurs années, et qu'il savoit bien qu'en une seconde occasion de conclave, les cardinaux ne conservoient pas la mémoire de ceux qui les avoient élevés à cet honneur comme à la première. Mais le cardinal Barberin demeurant dans ses irrésolutions accoutumées, entre le désir et la crainte, on n'en pressa pas Sa Sainteté, et on ne le put obtenir.

Cependant, pource qu'il couroit quelque bruit que les Espagnols vouloient faire entrer quelques troupes sur les frontières de l'Etat ecclésiastique, à dessein de faire remplir le siége apostolique d'un sujet, non le plus propre au bien de l'Eglise, mais à porter leurs passions injustes, et se servir aussi de l'occasion de la querelle des Colonne et des Cajetan, pour y envelopper la maison Barberin, notredit ambassadeur dit au cardinal Antoine que son palais étant réputé la maison du Roi, il seroit le premier à s'y trouver pour l'assister, et s'opposer à tous les desseins de ses ennemis; qu'il avoit des lettres pour faire venir des gens du côté de Venise, et que, pourvu que le cardinal l'avertît de bonne heure, il remédieroit facilement à tout, et empêcheroit l'effet des menaces de ceux qui ne l'aimoient point; comme aussi ne seroit-il pas difficile dans un conclave de s'opposer à l'élection d'un pape ennemi de sa maison et peu affectionné au Roi; que si de bonne heure nous n'eussions pensé à nos affaires dans celui de Grégoire XV, la faction de Borghèse et des Espagnols étant jointe ensemble, ils eussent fait une partie de ce qu'ils eussent voulu; mais bien que nous fussions beaucoup moindres en nombre, la bonne union, la prudence et l'expérience de ceux qui s'y trouvèrent, prévalurent contre la puissance et le nombre de la faction espagnole et de Borghèse, et qu'aujourd'hui nous ne ferions pas moins que l'autre fois, ce qui dépendoit principalement du bon concert qu'il auroit avec son frère et les créatures de ce pontificat, et se tenant ferme une fois qu'il auroit pris une bonne résolution. Le différent procédé des ambassadeurs de France et d'Espagne en cette occasion donnoit un grand sujet au cardinal Barberin d'abandonner de cœur les Espagnols, et se lier d'affection au Roi; mais sa timidité lui fit reprendre avec les Espagnols, dès que le Pape se porta mieux, le même train qu'il avoit commencé auparavant; car, incontinent après, ils le reflattèrent, et il se remit dans leurs intérêts, au lieu qu'il devoit vivre avec eux avec la même dissimulation qu'ils vivoient avec lui, conserver secrètement la mémoire des obligations qu'il avoit au Roi, et la reconnoître aux occasions. Il y avoit quelque temps que le cardinal de Richelieu avoit été élu abbé général de Cîteaux; la jalousie des Espagnols les fit secrètement opposer à ce que Sa Sainteté agréât cette élection, et le cardinal Barberin se laissa aller à leurs inductions, bien que ce fût avec un préjudice notable de l'Église; car le sieur de Nivelle, son prédécesseur, tandis qu'il fut abbé général de Cîteaux, n'eut point de pensée plus forte en son esprit que de remettre cet ordre en son ancienne splendeur, par la parfaite observation de sa règle; et voyant que toutes ses peines étoient inutiles, et que, pour l'exécution d'un si grand et si pieux dessein, il falloit une autorité plus puissante que la sienne, il se résolut enfin, au mois de novembre de l'année 1635, de se démettre de sa dignité d'abbé général, et représenta au chapitre assemblé que, pour l'élection d'un nouveau prélat, il étoit nécessaire, pour le bien de l'ordre, d'élire quelque personne éminente qui pût par sa piété, fortifiée d'une autorité puissante, le rétablir en sa première pureté; ajoutant qu'après avoir invoqué le Saint-Esprit de lui inspirer un successeur capable d'une si religieuse entreprise, il ne lui en avoit point suggéré d'autre qui la pût heureusement achever que le cardinal de Richelieu, qu'il reconnoissoit avoir beaucoup de zèle pour la réforme des anciens ordres déchus, et qui, après les exhortations charitables, pouvoit employer l'autorité souveraine de Sa Majesté pour ranger tous les réfractaires à l'exacte observation de leur ancienne règle. Cette pensée ayant été reçue du chapitre général avec un applaudissement universel, on procéda à l'élection selon les formes prescrites, tant par les constitutions canoniques que par celles du même ordre, et, tout d'une voix, *nemine discrepante*, élurent le cardinal de Richelieu pour leur abbé général. Quand il en eut l'avis, il se conseilla avec quelques religieux de ses amis pour savoir si, dans les grandes affaires èsquelles il étoit employé, il devoit accepter cette élection : lesdits religieux l'obligeant à la recevoir comme une occasion qui, sans avoir été par lui recherchée, lui étoit offerte de rendre un service signalé à Dieu en cet ordre, il demanda, et Sa Majesté pour lui, la confirmation de cette élection et Sa Sainteté, laquelle ne pouvoit être refusée justement, pource qu'il est permis aux religieux, par les saints canons, d'élire pour abbé une personne qui n'est pas de l'ordre, si telle élection se fait pour une bonne cause, et qu'il n'y en peut avoir de meilleure que celle de la réformation, et qu'autre que lui ne sembloit être capable de ce faire, tant pour la bonne volonté que pour l'autorité qu'il en avoit; outre qu'il avoit été élu sans qu'il en eût fait aucune recherche envers lesdits religieux, qui est la condition requise pour la validité de telles élections. Quant aux exemples semblables, il y en avoit beaucoup : Alexandre VI, en 1496, donna dispense au cardinal Guillaume Brissonet, de tenir l'abbaye de Grandmont, qui est un chef d'ordre régulier; Léon X fit la même grâce au cardinal Jean de Lorraine, l'an 1518, pour l'abbaye de Cluny, qui est pareillement chef d'ordre; Clément VII permit, l'année 1530, au cardinal François de Tournon de conserver, avec le chapeau, le généralat de Saint-Antoine de Vienne. Et de fait, tant s'en faut que la dignité de cardinal soit incompatible avec celle d'abbé général, qu'au contraire Pie V, dans un bref adressé à Jérôme Socher, cardinal et abbé général de Cîteaux, dit expressément que le cardinalat aidera à faire la charge avec plus grande autorité, et subvenir avec plus de puissance à la nécessité des monastères. Sa Majesté approuva non-seulement la démission dudit sieur de Nivelle, mais le pourvut de l'évêché de Luçon, au moyen de quoi cette abbaye demeuroit sans chef, et l'ordre même, si Sa Sainteté n'approuvoit l'élection dudit cardinal. Sa dignité ne pouvoit servir d'empêchement, puisqu'à Rome et par toute la chétienté les cardinaux sont en possession de posséder les bénéfices séculiers et réguliers. La qualité de l'abbaye, qui est chef d'ordre, ne le pouvoit non plus, puisque cette difficulté n'avoit point servi d'obstacle lorsque le même cardinal avoit été élu chef de Cluny, qui est aussi chef d'ordre. Quant aux ordonnances de France, qui veulent que les abbayes chefs d'ordre soient remplies de religieux profès desdits monastères, le roi qui a fait les ordonnances y déroge quand il lui plaît, comme le pape fait aux siennes; car l'opposition formée par un certain père Hilarion n'étoit pas considérable, puisqu'il ne faisoit paroître aucunes procurations de personnes qui pussent contredire cette élection, qui de tout temps a dépendu des religieux de Citeaux, qui, par concessions apostoliques observées depuis quatre cents ans, ont seuls droit d'élire et de donner un général à tout l'ordre, sans que les étrangers, ni même les autres religieux de France, se soient jamais mêlés d'y contredire ou porter leurs suffrages; ce qui donnoit sujet très-manifeste de croire que la procuration qu'avoit ledit père étoit de personnes qui non-seulement n'avoient point de droit en l'élection, mais en outre appréhendoient la réforme à laquelle ils voyoient que le cardinal les obligeroit. Ce qu'il mettoit en avant pour ce qui étoit du scrutin, qu'il étoit nul à cause que des personnes séculières y étoient présentes, cette objection étoit frivole, pource qu'en telles élections solennelles en France, il y intervient quelquefois des commissaires pour le Roi, comme simples spectateurs, pour empêcher qu'il n'y soit fait aucune violence, ainsi que l'on a souvent entrepris d'y en faire, outre que nulle présence d'autres personnes n'eût pu infirmer ladite élection, puisqu'elle avoit passé tout d'une voix. Enfin, si Sa Sainteté refusoit ses bulles, elle contrevenoit directement au concordat, outre qu'elle donneroit sujet de refuser en France de reconnoître les chefs d'ordre qui seroient élus hors du royaume. Ces raisons représentées à Sa Sainteté firent beaucoup d'impression en son esprit; mais les craintes du cardinal Barberin, et les oppositions puissantes de la maison d'Autriche y eurent plus de pouvoir; de sorte que Sa Sainteté, ne pouvant et n'osant ouvertement refuser une chose si juste, la renvoya en la congrégation des affaires consistoriales, pour lui en faire faire le refus, en laquelle, quelques sollicitations que pût faire notre ambassadeur, il n'en put venir à bout. Le cardinal, aussi de son côté, n'abandonna pas la poursuite qu'il en faisoit, mais la continua toujours, selon que le bien de l'ordre et la sollicitation perpétuelle que les religieux lui en faisoient l'obligeoient, et ce d'autant plus qu'il voyoit que Sa Sainteté n'en étoit pas éloignée par son propre mouvement, mais par les brigues et menées des Espagnols. Il eut grand désir de réformer l'ordre de Cluny, qui s'étoit beaucoup relâché de sa pureté depuis quelques années. Il crut y être particulièrement obligé en étant abbé, et n'estima pas qu'il y en eût un meilleur moyen que de l'unir à la réforme de la congrégation de Saint-Maur. Il poursuivit cette affaire à Rome avec grandes instances; mais il y trouva tant de difficultés, bien que sans aucun solide fondement, qu'il n'y put obtenir de Sa Sainteté le consentement pour ladite union, bien que notre ambassadeur lui fît adroitement entendre que la procédure qu'il y tenoit pourroit enfin obliger les religieux, qui demandoient la justice en cette affaire sans qu'elle leur fût rendue, à ne la chercher pas si loin; de quoi les parlemens en France ne seroient pas fâchés. Ils se servoient ainsi en toutes accusations, avec quelque sorte d'insolence, à Rome, du malheur de la guerre de la France avec la maison d'Autriche.

Il y avoit quatre ans qu'au chapitre général de l'ordre de Saint-Antoine, un religieux de cet ordre, nommé Marchier, ayant été élu général par quelques-uns de ses amis particuliers, il fut fait opposition par d'autres à son élection, dont il survint procès au parlement de Grenoble, et de là, par évocation, au conseil du Roi, du consentement des parties, et arrêt s'ensuivit, par lequel Marchier fut déclaré mal élu, et qu'il seroit procédé à nouvelle élection d'un autre général; ce qui fut fait, et élurent un autre général, mais pour trois ans seulement, au lieu de l'élire à vie selon ce qui étoit accoutumé, espérant ôter ou retrancher par ce moyen, à l'avenir, les brigues qui se faisoient pour parvenir à cette dignité. Ledit Marchier en ayant appelé à Rome, où par le concordat telle affaire ne pouvoit être jugée, quoique Sa Majesté fît représenter à Sa Sainteté que, du regard du changement qui y avoit été apporté, faisant l'élection triennale au lieu de la faire à vie, elle pouvoit en ordonner comme elle le jugeroit pour le mieux; mais ne devoit point, selon les concordats, toucher au reste; que quant à l'arrêt du conseil qui avoit été donné sur ce sujet, l'on ne pouvoit douter que le Roi ne fît une action digne de sa piété et justice, appuyant de son autorité une élection faite avec les formes ordinaires, en ayant été assuré par un de ses commissaires, qui y avoit assisté pour tenir la main à ce qu'il ne s'y passât rien par violence ou monopole, ce qui se faisoit souvent en semblables occasions, sans quoi les mieux intentionnés succomberoient souvent aux factions et entreprises qui se faisoient en semblables élections; néanmoins ledit Marchier sut si bien, contre la justice et le respect dû au Roi, y faire valoir sa cause, en l'appuyant de la puissante recommandation des ambassadeurs de l'Empereur, d'Espagne et de Savoie, qu'à son instance l'on séquestra tous les biens de Saint-Antoine à Rome, ceux qui sont à Florence, et tous autres qui sont en Italie dépendans dudit ordre; le déclarant, dans les actes publics qui en furent envoyés, général dudit ordre, quoique ci-devant, en une congrégation tenue à Rome par ordre même de Sa Sainteté, et avec l'intervention de deux cardinaux, il eût été jugé que son élection et celle de l'autre général ne valoient rien, et qu'il falloit procéder à une troisième.

Il ne se commit pas une moindre injustice en une autre affaire du même ordre, mais qui étoit mue du temps de Paul V : c'étoit pour une commanderie de Saint-Antoine, qui est dans la ville de Naples, de revenu de 5 à 6,000 écus, et de la collation de laquelle dépendent plus de trois cents petits bénéfices épars en plusieurs endroits de ce royaume-là. Par concordat fait entre le Pape et Charles VIII, elle fut annexée à la mense abbatiale du général de Saint-Antoine de Vienne, et en sorte, comme la bulle porte, qu'elle n'en pût jamais être détachée pour quelque cause que ce fût, ni par aucun autre pape. Paul V néanmoins, ayant trouvé quelque prétexte d'en disposer, en pourvut un de ses neveux; sur quoi les religieux de l'ordre intentèrent un procès à Rome, pour la conservation de ce bénéfice-là, fondés en une bulle et concordat si authentiques, durant lequel procès le pourvu étant mort, le pape d'à présent fit don dudit bénéfice au cardinal Magalotti, contre lequel les poursuites ayant été continuées, avec offres néanmoins audit cardinal, et au Pape même, de la part du Roi et de tout l'ordre de Saint-Antoine, que s'il en vouloit quitter audit abbé le titre, on lui paieroit pension, sa vie durant, de la valeur du revenu, ou qu'on lui en laisseroit l'entière jouissance; ce procès étant près d'être jugé en la rote, il intervint un *motu proprio* de Sa Sainteté, défendant à ce tribunal d'en plus connoître, et à tous autres de s'en mêler, et confirmant ledit cardinal Magalotti en sa possession, nonobstant toutes bulles ou concordats qui pourroient ci-devant avoir été faits au contraire; si bien que l'ordre de Saint-Antoine fut dépouillé de ce beau bénéfice-là.

Un semblable procédé parut en une affaire d'autres religieux, où la France étoit obligée de s'intéresser. Au dernier chapitre général tenu à Gênes par les pères Minimes, les Espagnols ayant élu un général sans l'intervention des religieux français (auxquels, pour les surprendre et empêcher de se trouver audit chapitre, on fit entendre qu'il avoit été reculé de deux ou trois mois), cela obligea lesdits religieux français de s'y opposer, comme ils firent par commandement du Roi; et Sa Majesté ordonna en même temps à son ambassadeur à Rome d'empêcher la confirmation de cette élection. L'affaire ayant été mise en congrégation de prélats, et les raisons des uns et des autres y ayant été vues et disputées contradictoirement, il se trouva que ladite élection étoit nulle, comme faite contre les bulles des papes, les statuts de l'ordre, et au préjudice des droits et raisons des Minimes français; mais il ne fut jamais possible, quelque instance qui en pût être faite par ledit ambassadeur, d'avoir le décret de cette résolution-là. Cependant l'on permettoit à ce prétendu général de jouir et exercer la charge avec toute autorité, sans avoir égard au déni de justice que l'on faisoit au Roi et aux religieux de cet ordre ses sujets, ni à l'entremise du nom de Sa Majesté et de son ambassadeur, en une chose si juste et de si grande conséquence.

Ce procédé de Sa Sainteté sembloit bien étrange et peu convenable à un père commun; mais plus étrange étoit l'opiniâtre refus qu'elle faisoit à Sa Majesté d'agréer la nomination qu'elle lui avoit faite de la personne du père Joseph au cardinalat. Il y avoit quelque apparence au refus que Sa Sainteté en faisoit, à raison de la renonciation que ceux de cet ordre font à toutes les dignités ecclésiastiques; mais il y avoit assez d'exemples de dispenses pour croire que Sa Sainteté devoit passer par-dessus cette considération à la recommandation de Sa Majesté, qui affectionnoit ce bon père, tant pour sa piété singulière entre les religieux mêmes de son ordre, que pour les services qu'il avoit rendus à Sa Majesté auprès de la personne du cardinal. Pour le même sujet, elle refusa au Roi d'accorder un chapeau de cardinal pour en gratifier celui qu'elle avoit destiné d'envoyer résider continuellement à Rome, suivant l'urgente nécessité qu'avoient ses affaires d'y en tenir un, jusques à le lui avoir demandé en grâce de ce que Sa Majesté avoit rendu un si signalé service à l'Eglise et à la religion, que d'avoir exterminé l'hérésie en son royaume, par la réduction en son obéissance de La Rochelle, et de tant d'autres villes qu'avoient les huguenots, tant Sa Sainteté avoit d'aversion en la promotion dudit père Joseph. Les Espagnols y faisoient une opposition extraordinaire, par une animosité particulière qu'ils avoient contre lui, à cause de l'emploi qu'il avoit dans les affaires; et, pour obliger Sa Sainteté à l'exclure du cardinalat, ils lui nommèrent de leur part l'abbé Perreti, qu'ils savoient être ennemi déclaré de sa maison; et bien que ce fût un Italien, ils se contentoient néanmoins qu'il passât pour un sujet espagnol; ce qui tint Sa Sainteté tellement en suspens, que, pour ne désobliger ni l'une ni l'autre couronne, elle aima mieux ne faire aucune promotion durant le cours de cette année.

Mais toutes ces choses étoient légères au prix des artifices que lesdits Espagnols apportèrent pour éluder le traité de la paix que Sa Sainteté poursuivoit, selon le devoir de sa dignité, et celui de la suspension d'armes ou trève générale, qu'elle jugea depuis être un moyen nécessaire pour y parvenir. Sa Majesté, qui n'avoit en cette guerre autre dessein que la manutention et défense des princes et Etats de la chrétienté contre l'ambition d'Espagne, avoit, dès le commencement de ladite guerre, déclaré qu'elle n'y entroit que pour arriver à une bonne paix générale, en laquelle nous ne vissions plus les petits Etats détruits les uns après les autres par la maison d'Autriche, sans que pas un, de crainte, se remuât du mal de son compagnon, non plus que s'il ne le touchoit point; et néanmoins il étoit certain qu'il venoit incontinent après lui, comme un grand embrasement qui va bientôt d'une extrémité à l'autre. Elle agit en ce rencontre selon cette protestation; elle ne se rendit point difficile aux propositions qui furent faites de la part de Sa Sainteté pour parvenir à un accommodement général, y procédant avec une entière franchise, mais néanmoins avec la retenue qui étoit nécessaire traitant avec les Espagnols; ce qui fit qu'informant le maréchal d'Estrées à Rome de ses intentions et intérêts sur le sujet de ladite paix, il lui donna ordre que si le général des Dominicains, ou autre ayant charge d'Espagne, se laissoit entendre des prétentions du roi d'Espagne avec bonne intention, il pourroit connoître si les affaires se pourroient ajuster, et se laisser aussi entendre avec prudence, discrétion et grande retenue des prétentions du Roi; évitant surtout de donner sujet aux ennemis de publier qu'il entrât de la part du Roi en négociation particulière, comme aussi de faire connoître que l'on eût en France impatience de savoir ce qui se pourroit faire avec Espagne, et même qu'il seroit mieux d'essayer de pénétrer les intentions des Espagnols, sans parler de celles de Sa Majesté, que généralement et seulement autant qu'il seroit nécessaire. Les Espagnols prirent un chemin tout contraire; car, comme nous avons vu aux années précédentes, ils trouvent ou feignent des difficultés sur toutes les choses qui sont proposées; il se passe un long temps auparavant qu'ils conviennent de députer des plénipotentiaires pour traiter, puis avant qu'ils les nomment et avant qu'ils demeurent d'accord du lieu où se doit faire le traité, et tout cela pour, gagnant du temps, essayer de séparer tous les princes intéressés, et les obliger, ou par force, ou par ruses et tromperies, à faire chacun son traité en particulier; ce qui ne seroit pas blâmé en un prince qui, se voyant attaqué de plusieurs ennemis, essaieroit de les séparer pour se garantir plus facilement de tous les uns après les autres, mais ne peut être loué ni interprété à bonne foi en un roi qui, s'étant proposé la destruction de tous les princes qu'il a contraints de se liguer ensemble pour conserver chacun le sien, les veut désunir les uns des autres (en quoi seulement consiste leur conservation), pour, traitant avec chacun d'eux séparément, sans la garantie de tous, les pouvoir puis après attaquer chacun à part, et les dépouiller impunément de leurs Etats.

Nous avons vu jusques ici le long temps qui s'est écoulé pour convenir de la ville de Cologne, et pour la nomination des plénipotentiaires; maintenant toute cette année se consomme en des difficultés imaginaires qu'ils font sur le sujet des passeports. En la première, ils tirent subtilement à leur avantage une cérémonie de Sa Sainteté, qui a quelque apparence, mais néanmoins peu solide, et toutefois est de quelque considération à Sa Sainteté pour l'amour d'eux, d'autant qu'elle en attend toutes sortes de surprises pour lui nuire, et faire mal interpréter ses actions aux peuples qui, par simplicité, leur adhèrent en la chrétienté. Sa Sainteté, à cause des plaintes injustes que les Espagnols avoient faites d'elle, pource que, lui demandant effrontément qu'il devînt leur partial en la guerre d'Allemagne, elle ne l'avoit pas jugé à propos, pour conserver l'effet ainsi que le nom de père commun, non-seulement n'osa s'entremettre à convier les princes et Etats protestans alliés de Sa Majesté d'envoyer à Cologne leurs députés, mais fit même encore défense à ses ministres d'agir avec eux en ladite assemblée. Les Espagnols en prirent occasion de dissuader nos alliés protestans d'envoyer en ladite assemblée de Cologne. Nous fîmes voir bientôt leurs ruses aux Hollandais, qui sont nos plus proches voisins, et les rendîmes incontinent capables de la raison pour laquelle il leur étoit d'autant plus avantageux d'y envoyer, que moins les Espagnols, qui étoient nos ennemis communs, le désiroient. Mais nous eûmes plus de difficultés avec les Suédois : Sa Majesté les sollicitoit, par toutes les raisons possibles et qui les pouvoient persuader de mépriser, comme faisoient les Hollandais, tous les ombrages qu'ils avoient, d'envoyer leurs députés en l'assemblée de Cologne, leur faisant entendre qu'elle avoit déclaré ne prétendre y envoyer les siens qu'elle ne fût assurée du temps que les leurs y pourroient être, pour demeurer dans la résolution qu'elle avoit prise d'agir conjointement avec eux en toutes choses, et notamment en ce qui regardoit la continuation de la guerre ou le traité de paix, et qu'elle ne se porteroit jamais à aucun accommodement particulier, et se promettoit la même correspondance d'eux, qui étoit et juste et nécessaire pour le bien commun, et à laquelle ils étoient obligés par le traité de Wismar. Ils reconnoissoient bien que la chose étoit véritable, mais ils ne se trouvoient conviés de personne à assister à l'assemblée, en quoi ils s'estimoient méprisés ; et la médiation du Pape leur étoit suspecte à raison de sa dignité, et plus encore pource qu'il témoignoit vers eux une si mauvaise volonté, qu'il ne vouloit pas même que ses ministres agissent avec les protestans. Cela obligea Sa Majesté de lui faire entendre que, s'il continuoit à négocier la paix comme il avoit commencé, on ne verroit jamais la fin de sa négociation, ni le commencement du traité qu'il vouloit faire ; que pour faire que le traité de la paix se pût commencer, il étoit nécessaire que tous les députés s'y trouvassent ; que pour faire qu'ils s'y trouvassent, il étoit besoin qu'ils y fussent conviés, et qu'ils eussent sûreté pour y aller, et que les entremetteurs ne leur fussent point suspects ; que les Suédois n'y étoient conviés de personne, et n'y vouloient pas aller, tant pour cette raison que pource que le procédé de Sa Sainteté le leur rendoit suspect, et ensuite le légat aussi, et, qui de plus est, incapable d'agir avec tous les protestans, puisque Sa Sainteté ne le lui permettoit pas, et partant qu'il étoit clair qu'en continuant à parler de la paix comme on faisoit, on n'en verroit jamais la conclusion ; que le vrai remède seroit que Sa Sainteté voulût se dépouiller de l'imagination qu'elle avoit prise que ses ministres ne devoient pas traiter avec les protestans, et qu'elle trouvât bon de leur faire savoir qu'elle s'y conduiroit sans autre mouvement que celui de la raison et de la justice des intérêts d'un chacun ; qu'il étoit certain que les offices de ses ministres sur ce sujet ne seroient pas considérés comme étant faits en faveur des protestans, mais pour le bien et le repos de l'Eglise, qu'il importoit n'être point agitée par de continuelles guerres dans lesquelles les hérétiques eussent les armes en main ; qu'il n'étoit point question de traiter avec eux d'un point de doctrine, mais d'agir pour le repos public ; qu'il étoit avantageux au Pape que ladite paix se fît en l'asssemblée de Cologne, tant à l'égard des catholiques que des protestans, par la médiation de Sa Sainteté ; ce qui seroit une marque éternelle que son autorité étoit en vénération à ceux mêmes qui sont séparés du Saint-Siége ; outre que Sa Sainteté devoit considérer que si la paix se faisoit particulière avec lesdits protestans, les intérêts de l'Eglise y seroient moins considérés, de sorte que Sa Sainteté leur devoit ôter tout sujet de n'envoyer point leurs députés en ladite assemblée ; de quoi la maison d'Autriche seroit très-aise, et prendroit sans doute de là occasion de faire des traités particuliers avec lesdits protestans, sans avoir grand égard à ce qui seroit de la religion, pour employer ensuite toutes ses forces contre les princes catholiques, et spécialement contre la France et l'Italie ; ce qui paroissoit assez dans les recherches qui se faisoient de la part de l'Empereur et des Espagnols près des Suédois et Hollandais, en même temps que lesdits Empereur et Espagnols se montroient si froids pour ce qui étoit de l'assemblée de Cologne, sans faire la considération qu'il convenoit sur la diligence que Sa Sainteté avoit apportée pour l'envoi du légat à Cologne, ni sur la bienséance, qui ne comportoit pas qu'il y fît long séjour en attendant les députés des parties intéressées en la paix ; et partant que le bien de l'Eglise même obligeoit Sa Sainteté à convier les protestans d'envoyer à ladite assemblée de Cologne, pour y procurer la paix avec les conditions les plus avantageuses qui se pourroient pour la religion catholique ; qu'il lui seroit glorieux d'en user ainsi, et de leur procurer une paix temporelle, par laquelle il prendroit tel pied dans leurs esprits, qu'il pourroit leur en procurer avec le temps une éternelle; que les exemples des prédécesseurs de Sa Sainteté la devoient porter à cette conduite; cependant, s'il ne la vouloit pas prendre, au moins devroit-il convier les autres princes catholiques de suppléer à son défaut ; à faute de quoi on lui pourroit dire nettement que toutes les peines qu'il pourroit prendre pour la paix, n'aboutiroient à autre fin qu'à parler inutilement de la chose du monde qu'il désiroit le plus.

Toutes ces choses ayant été représentées à Sa Sainteté, elle trouva bon enfin que la république de Venise fît cet office, et l'Empereur, le roi d'Espagne et leurs adhérens l'agréèrent, et Sa Majesté y consentit volontiers par la connoissance qu'elle avoit de la sincérité de ladite république vers le bien public, et spécialement vers Sa Majesté et ses alliés. L'ambassadeur de ladite république qui résidoit près de Sa Majesté, ayant écrit pour ce sujet au résident qu'elle tenoit près de l'Empereur, pour lui demander et retirer de lui les saufs-conduits requis pour les députés de la couronne de Suède, afin de se trouver avec la sûreté nécessaire en l'assemblée de Cologne, à laquelle le Roi étoit résolu de n'envoyer point les siens sans eux, Sa Majesté, jugeant bien qu'il étoit nécessaire que ladite couronne fût invitée par lettres formelles et expresses de ladite république, commanda à son ambassadeur qui résidoit à Venise, de convier avec instance la seigneurie d'envoyer au plus tôt faire cet office vers la reine et couronne de Suède, le plus solennellement qu'il se pourroit, par l'envoi de quelqu'un exprès de la part de la république, avec ordre de communiquer auparavant avec le sieur de Saint-Chamont, ambassadeur extraordinaire du Roi en Allemagne, l'un des députés pour traiter de la paix générale au nom de Sadite Majesté, lequel étoit à Hambourg; que si la république refusoit entièrement d'envoyer en Suède, ce qui ne se pouvoit croire sans se faire un tort notable et manquer à l'honneur et devoir de sa médiation en une affaire si importante et glorieuse, il fît au moins en sorte que ladite république envoyât ses lettres par un courrier exprès au sieur de Saint-Chamont à Hambourg ; lequel courrier, sous le nom de la république, pourroit passer facilement pour les affaires de la paix ce qui ne se pourroit pas faire au nom du Roi ; qu'il ne sembloit pas qu'ils pussent apporter difficulté à y envoyer un ambassadeur exprès, s'excusant sur ce qu'il ne pourroit pas faire la diligence requise, pource qu'en une occasion si pressée il ne seroit pas besoin d'y faire une députation si solennelle ; toutefois qu'en cas qu'ils n'y voulussent envoyer qu'un courrier, il prît garde que les lettres d'invitation fussent bien exprimées et affectionnées au bien public, en sorte que les Suédois ne pussent avoir lieu de s'excuser. Et d'autant que le lieu de l'assemblée pourroit changer selon les diverses occurrences de la peste ou d'autres événemens imprévus, il seroit bon que l'invitation qui se feroit auxdits Suédois, d'envoyer leurs députés pour la paix générale, fût pour Cologne ou autres lieux, et qu'elle portât formellement l'offre de la médiation de la république, avec assurance de sa bonne volonté vers ladite couronne; qu'il étoit nécessaire d'user de diligence en cette affaire, pour le seul intérêt que le Roi prenoit au repos de la chrétienté, et afin que les mauvais esprits ne pussent alléguer aucune excuse pour rejeter le retardement sur la France et ses alliés.

Sa Majesté aussi prit cette occasion pour convier le Pape et la république d'accommoder leurs différends, et s'unir ensemble pour plus fortement et efficacement procurer le bien de la chrétienté et y obliger avec plus d'efficace ceux qui s'en voudroient éloigner; outre que par ce moyen le Pape et sa maison seroient peut-être délivrés de la crainte qu'ils avoient des Espagnols, ce qui leur donneroit moyen d'agir avec plus de liberté pour le bien et le repos de la chrétienté ; mais ils étoient les uns et les autres si animés en leur querelle, que les efforts de Sa Majesté furent vains pour ledit accommodement.

La république, pour plusieurs considérations assez foibles qu'elle eut, ne voulut pas se résoudre d'envoyer un ambassadeur exprès vers les Suédois, mais crut qu'il suffisoit de leur écrire, mettant en avant que l'envoi exprès d'un ambassadeur ou ministre de la république pour cet office, eût été long et fait perdre beaucoup de temps, à cause de la longueur du chemin qu'il devoit tenir; outre que le Pape ni ladite république n'avoient point envoyé d'ambassadeur exprès au Roi, à l'Empereur ni aux autres pour offrir leur médiation, mais s'étoient seulement servis de leurs lettres, comme ladite république faisoit à l'égard de la reine de Suède; outre qu'il eût semblé que si elle eût envoyé pour ce sujet en Suède un ambassadeur exprès, c'eût été une démonstration trop pressante de solliciter les Suédois à la paix, ne sachant pas si, dans l'état présent de leurs affaires, cet office leur eût été agréable. Ils se contentèrent donc d'en écrire à la reine et aux régens de Suède. Le Roi appuya de son autorité cet office de la république, fit remontrer en Suède qu'ils avoient occasion d'accepter l'entremise de la république, tant pour le traité de la paix générale, que pour la convocation de l'assemblée, puisqu'elle avoit été acceptée de tous les princes intéressés ; mais la fierté naturelle à ces peuples du Nord les fit cabrer de ce qu'ils croyoient être méprisés de la république, ne recevant d'elle qu'une simple lettre en une affaire si importante, comme si ce qu'elle en faisoit procédoit moins d'un désir ardent de la république à la paix, en laquelle elle étoit intéressée, que d'une commisération de la Suède, dont elle estimât les affaires être en mauvais état : cela fit qu'ils épiloguèrent sur tous les termes de la lettre de ladite république. Premièrement, ils trouvèrent mauvais que ladite lettre les convioit à l'assemblée de Cologne nommément, auquel lieu ils avoient peu de disposition de traiter, à cause principalement que par l'entremise du Pape ce lieu avoit été désigné, et qu'en icelui il avoit son légat. Sur quoi Sa Majesté leur fit représenter, d'une part, que la république n'ayant pu juger d'abord que leur intention fût autre que de traiter audit lieu, elle n'avoit pu faire son office d'autre manière qu'elle avoit fait; mais que lorsqu'elle seroit avertie qu'ils ne le jugeroient pas convenable au bien de leurs affaires, il y avoit apparence qu'elle seroit très-aise de contribuer au repos public au lieu où la couronne de Suède députeroit, si la médiation de ladite république lui étoit agréable, et d'y envoyer un ambassadeur. Et d'autre part, que, par l'intervention de la république, tout sujet de se méfier du Pape ou de ses ministres à Cologne leur étoit ôté, puisqu'il leur avoit montré être éloigné en ce traité de toute intention de leur mal faire, n'ayant pas voulu les astreindre à sa médiation, mais ayant consenti que la république de Venise entrât en cet office, laquelle avoit nommé le sieur de Pezaro pour se trouver en ladite assemblée, personnage de mérite, bien intentionné, qui avoit été ci-devant ambassadeur en France; Sa Sainteté même ayant déclaré ne vouloir prendre aucune part aux affaires des protestans, pour ne leur donner point de soupçons. En second lieu, ils trouvèrent à redire en la suscription de la lettre, ne leur semblant pas contenir tous les titres qui leur appartenoient. En quoi Sa Majesté leur fit représenter qu'ils n'avoient point de fondement de plainte, la chose n'étant arrivée par aucun mauvais dessein ni mépris, mais étant fondée en l'usage ordinaire que ladite république tient écrivant à tous les autres souverains et au Roi même; enfin qu'il étoit à propos qu'ils agréassent ladite république pour médiatrice, ou qu'ils convinssent de quelque autre, et de la forme qu'ils désiroient observer au traité de paix pour ce regard, à quoi Sa Majesté s'accommoderoit volontiers, préférant la substance des choses à l'apparence; mais qu'il lui sembloit qu'ils avoient bien plus de sujet d'agréer son entremise que celle ni de Danemarck, ni de Pologne, puisque non-seulement elle n'avoit aucun intérêt qui leur fût contraire, mais leur étoit encore très-affectionnée pour la part qu'elle prenoit en leur avantage contre la maison d'Autriche, dont elle redoutoit la puissance et le voisinage; au lieu que les deux rois portoient envie à leur prospérité, tant pour les prétentions de l'un d'eux sur le royaume de Suède que pour le voisinage de tous les deux; qu'ils devoient soupçonner qu'ils se pussent facilement accorder avec l'Empereur, pour fondre avec toutes leurs forces en leur Etat, et qu'il étoit même croyable que l'Empereur et le roi de Pologne souffroient en ce temps beaucoup d'injures des Turcs, pour n'entrer point en guerre avec eux, et avoir lieu de la leur faire si la ligue des princes intéressés venoit à être séparée par les traités particuliers. La plus grande difficulté qui se rencontroit en ce sujet, étoit que le roi de Hongrie sollicitoit les Suédois avec tant d'instance de faire un traité particulier avec lui, comme nous avons dit qu'ils y avoient inclination, et d'ailleurs que le lieu de Cologne leur sembloit trop éloigné et suspect, et qu'ils espéroient tirer plus d'avantage de l'Empereur de traiter à Hambourg ou à Lubeck. Quant à ce traité, Sa Majesté leur fit voir si clairement que c'étoit leur ruine, qu'elle les en dégoûta; car aux raisons elle fit ajouter (avec modestie néanmoins) de véritables menaces; et, leur promettant de nouveau de ne faire point la paix sans eux, leur fit entendre que s'il se voyoit abandonné, il sauroit bien faire son parti bon, et le maintenir avec autant de sûreté dans l'union de ses autres alliés, que les Suédois seuls pourroient faire, lesquels en ce cas ne jouiroient pas long-temps de la tranquillité qu'ils se promettroient, étant certain que si le Roi ne continuoit à entretenir les Polonais dans la résolution de maintenir la trêve avec eux, elle ne durcroit pas long-temps; et que Sa Majesté, pour cet effet, étoit résolue de tenir exprès un ambassadeur en Pologne, pour faire que ceux qui étoient au bon parti s'opposassent aux desseins que la maison d'Autriche pourroit avoir de porter ce Roi à la rupture, par l'accès que leur donnoit le nouveau mariage. Quant à l'assemblée de Cologne, il leur fit représenter le tort qu'ils se faisoient de vouloir tenir une autre assemblée que celle dudit Cologne, en quoi ils se soumettoient au mal que la maison d'Autriche prétendoit faire aux uns et aux autres, en les exposant en plusieurs soupçons de division et de partialité, soit entre eux-mêmes, soit en l'opinion de leurs amis. Qu'on lui avoit aussi donné avis que Salvius avoit déjà fait savoir à l'Empereur la disposition qu'ils avoient à traiter la paix ailleurs qu'audit Cologne; ce que Sa Majesté ne pouvoit croire, pource que c'étoit rompre les traités anciens, et que la facilité que l'Empereur avoit eue de leur envoyer des saufs-conduits pour ce sujet, leur faisoit voir que c'étoit son avantage. Quant à ce que les régens de ladite couronne de Suède disoient, qu'il étoit besoin qu'ils fussent informés si l'Empereur vouloit traiter avec eux à Cologne, ils ne devoient point douter qu'il n'y donnât les mains, quand les entremetteurs de la paix lui demanderoient le consentement de leur part. Au reste, qu'ils ne devoient point craindre que les intérêts de ladite couronne ou de quelques particuliers ne fussent considérés à Cologne comme un traité qu'ils feroient à part, Sa Majesté s'obligeant à soutenir leurs intérêts à Cologne, et ceux même d'Oxenstiern, ainsi qu'ils les voudroient proposer, à condition qu'ils feroient la même chose pour les intérêts du Roi, ce qui leur feroit bien plus tôt obtenir des conditions telles qu'ils désireront, que s'ils traitoient à part. Quant à la dignité de la reine et couronne de Suède, Sa Majesté en seroit aussi jaloux dans une assemblée générale que de la sienne propre; comme Sa Majesté se promettoit aussi le même de ladite Reine et couronne, c'est-à-dire que les députés de l'une l'autre, étant unis, contribueroient à l'envi à ce que la couronne fût considérée, par les parties adverses et les médiateurs, comme il convient. Que Sa Majesté ne croyoit pas qu'ils fussent éloignés de traiter à Cologne, pour dessein qu'ils eussent de se laisser aller aux grandes promesses que le roi de Hongrie leur faisoit, s'ils vouloient faire une paix particulière avec lui; qu'il leur avoit offert 2,000,000 de livres, et des places dans la Poméranie jusques à l'entier paiement; mais que ce seroit vendre à bon marché la mort de leur roi, avec tant de travaux qu'ils avoient soufferts, et ravaler bien bas le prix de leurs victoires; que Sa Majesté leur bailleroit en deux ans les 2,000,000, et leur donneroit lieu par la guerre, si les ennemis ne venoient à raison, d'affermir bien mieux leurs conquêtes, et les mettre à un plus haut point. Mais enfin, s'ils demeuroient fermes à vouloir traiter en un autre lieu que Cologne, au moins devoient-ils aussi envoyer des députés en l'assemblée de Cologne, et ne point traiter qu'avec ceux que le Roi y enverroit pareillement, avec ordre d'agir toujours conjointement en chaque lieu, et de ne rien conclure en l'un des deux lieux sans la participation et consentement des deux couronnes.

Mais les Suédois trouvant difficulté d'envoyer des plénipotentiaires en ces deux lieux, Sa Majesté leur fit savoir qu'il ne suffiroit pas, si celui qu'ils enverroient à Cologne, comme aussi celui que le Roi enverroit à l'assemblée qui se feroit à Hambourg ou à Lubeck, n'avoient un pouvoir en qualité de députés, et s'ils n'y étoient seulement que pour prendre garde à ce qui s'y passeroit; ce qui seroit pour témoigner plutôt de la défiance qu'un mutuel concours et union convenable entre les deux couronnes; que l'union du Roi avec la couronne de Suède étoit à l'égard de l'Empereur et de ses adhérens, qui étoient considérés par l'une et l'autre couronne comme leurs ennemis communs, si bien que la couronne de Suède ne pouvoit en aucune façon refuser qu'il fût traité conjointement avec elle des intérêts du Roi avec l'Empereur, contre lequel Sa Majesté étoit en guerre pour la même cause de ladite couronne, en suite de l'alliance que Sa Majesté avoit avec elle, qui étoit au reste obligée, comme le Roi, à ne point traiter avec ledit Empereur et ses adhérens, que conjointement et d'un commun consentement entre Sa Majesté et ladite couronne; qu'il n'y avoit point de doute qu'il seroit avantageux, et pour le Roi et pour la couronne de Suède, et pour leurs alliés, que les intérêts de tous, et même de messieurs les Etats et des princes d'Italie, fussent discutés et ajustés au même lieu avec l'Empereur, le roi d'Espagne et autres; en sorte que, puisqu'ils ne vouloient pas envoyer leurs plénipotentiaires à Cologne, l'assemblée générale fût transférée au lieu où ils se résoudroient de les faire trouver, ce qui empêcheroit les longueurs qui interviendroient à la paix, et les soupçons et jalousies qui seroient presque inévitables si elle se traitoit en deux endroits, comme aussi la diligence qu'il sembleroit que chacun affecteroit pour avoir conclu le premier, y ayant apparence que le dernier à conclure n'obtiendroit pas de si bonnes conditions; que Sa Majesté désireroit que les choses se pussent réduire à ce point; mais que la ville de Cologne ayant été si solennellement acceptée par l'Empereur, le roi d'Espagne, messieurs les États et les alliés de Sa Majesté en Italie, et même quelques-uns des députés y étant déjà arrivés, et le légat s'y étant rendu il y avoit si long-temps, il ne seroit pas sans doute dans l'approbation publique que le Roi s'excusât d'y envoyer ses députés, et empêchât ainsi l'assemblée qui s'y devoit tenir; joint qu'il étoit très-difficile d'attirer les députés du roi d'Espagne et de messieurs les États ailleurs : ce qui étant ainsi, il sembloit être nécessaire, pour maintenir l'union entre les deux couronnes et tous leurs alliés, que la couronne de Suède envoyât un député à Cologne, comme le Roi à Hambourg, afin de faire connoître à tout le monde la sincérité de leur procédé, ne voulant rien traiter ni conclure en aucun desdits lieux, sans la participation et consentement l'un de l'autre; qu'il seroit besoin qu'en cette assemblée, qu'ils voudroient qui se tînt à Hambourg ou Lubeck, la paix se traitât entre le Roi, la reine de Suède, et leurs alliés en Allemagne, et l'Empereur et les siens, desquels sont les Electeurs et autres; que pour y parvenir, les intérêts du Roi pour la Lorraine y devroient être décidés, puisque le duc Charles étoit, pour la plupart de ses terres, vassal de l'Empire, et qu'il tenoit des villes, places et lieux de l'évêché de Metz, que l'évêque reprend dudit Empire; qu'il seroit nécessaire que la couronne de Suède fît en sorte que le roi de Hongrie obligeât les députés d'Espagne, ou quelqu'un d'eux, de se trouver en ladite assemblée, pour intervenir au traité qui s'y feroit, et le signer, d'autant qu'après que les intérêts du Roi seroient décidés avec l'Empereur ou roi de Hongrie en cette assemblée, il pourroit se servir du roi d'Espagne pour les révoquer en doute et les disputer, à quoi il seroit bon d'obvier par cette voie; que même il ne seroit pas inutile à ladite couronne, pour la sûreté des choses qui lui seroient promises, et aux alliés communs en Allemagne, que ledit traité fût signé au nom du roi d'Espagne, vu la part qu'il prend aux affaires de l'Empire; que l'affaire de Pignerol se devroit agiter en ladite assemblée, pour ne laisser aucune semence de troubles à l'avenir; et que s'il n'y avoit point de député d'Espagne pour signer le traité, et convenir pour le roi son maître de ce qui seroit arrêté pour Pignerol et la Lorraine, le roi de Hongrie, les Electeurs et autres ses alliés, se devroient obliger à la garantie de ce qui auroit été convenu sur ces deux affaires, et se faire fort d'y faire consentir le roi d'Espagne par ses députés à Cologne; que le Roi s'obligeroit de faire garantir tout ce qui auroit été accordé aux Suédois par ledit traité, c'est-à-dire recommenceroit la guerre conjointement avec eux s'il y étoit contrevenu; comme les Suédois aussi feroient le même pour ce qui auroit été promis au Roi par le roi de Hongrie, et s'obligeroient à recommencer la guerre contre lui, au cas qu'il reprît les armes contre Sa Majesté, sous quelque prétexte que ce fût, quand même ce seroit pour chose qui fût à décider entre le Roi et ses alliés d'une part, et le roi d'Espagne, pource qu'autrement il seroit aisé audit roi de Hongrie, après avoir fait la paix avec les Suédois, de faire commencer une querelle au Roi ou à ses alliés par le roi d'Espagne, et ainsi attaquer la France avec toutes les forces de la maison d'Autriche, pour se venger de la part que le Roi auroit prise, avec la couronne de Suède, aux affaires d'Allemagne; que les intérêts des alliés communs en Allemagne y devroient être ajustés, et le traité de Prague annulé ou modifié ainsi qu'il seroit avisé; que le rétablissement de l'électeur de Trèves y devroit être aussi traité; et pource que les Espagnols ont quelque part en cette affaire, à cause de Trèves qu'ils lui occupent, et de quelques autres places, s'il n'y avoit point de députés d'Espagne en ladite assemblée, l'Empereur et ses alliés devroient se porter fort que lesdits Espagnols quitteroient ladite ville de Trèves et autres lieux et poste qui se trouveroient entre leurs mains, appartenans audit Electeur.

Le roi commanda au sieur d'Avaux, son ambassadeur extraordinaire en Allemagne, que si les Suédois faisoient difficulté qu'il fût traité de toutes ces affaires ci-dessus en ladite assemblée, sous prétexte de celle de Cologne, il leur fît entendre que Sa Majesté prétendoit que ses intérêts avec l'Empereur seroient ajustés en leurdite assemblée, puisque Sadite Majesté étoit entrée en guerre avec lui, ainsi qu'il est dit ci-dessus, en suite de l'alliance qu'elle avoit avec les Suédois, confirmée de nouveau à Wismar; leur donnant à entendre qu'à Cologne elle traiteroit facilement des intérêts qu'elle avoit communs entre elle et messieurs les Etats et ses alliés en Italie, à l'égard de l'Empereur ou roi de Hongrie, du roi d'Espagne et de leurs alliés; enfin que les affaires alloient là, que les intérêts du Roi qui étoient à démêler avec l'Empereur, et la paix à faire avec lui et ses alliés, fussent traités principalement en l'assemblée où les Suédois auroient leurs députés, et ce qui étoit à faire avec le roi d'Espagne, conjointement avec les alliés de Sa Majesté en Italie et messieurs les États, fût principalement traité à Cologne; ou, s'ils se résolvoient de n'envoyer qu'un agent pour être simple spectateur de ce qui s'y passeroit, et prétendoient obliger le Roi à faire le même en l'assemblée où ils feroient trouver leurs députés, il leur remontrât que, ne voulant pas prendre part (comme le Roi seroit très-content qu'ils fissent) à ce que Sa Majesté, messieurs les États, et ses alliés d'Italie, conjointement avec elle, avoient à traiter à Cologne, ils pouvoient n'y envoyer qu'un simple agent, quoique Sa Majesté auroit très-agréable qu'ils y envoyassent des députés; mais que Sadite Majesté ayant à traiter de la paix avec l'Empereur, conjointement avec ses députés, ils se devoient trouver et traiter au même lieu que ceux de l'Empereur ou roi de Hongrie et de la couronne de Suède; et enfin, que s'il y avoit moyen de convenir avec eux de ne point conclure et signer de traité qui seroit fait, de concert et du consentement mutuel des deux couronnes, avec l'Empereur ou roi de Hongrie et ses alliés, que l'on n'eût avis que celui qui négocieroit à Cologne ne fût aussi prêt d'être conclu ou signé, comme il seroit fait réciproquement à Cologne par les députés du Roi et de ses alliés, cela seroit très à propos, et sembloit même nécessaire, afin que l'on ne se hâtât ni d'un côté ni d'autre, et que l'on se donnât le loisir d'obtenir de bonnes et sûres conditions. Sa Majesté ne voulant pas que l'apparence et la va-

II. C. D. M. T. IX. 13

nité empêchassent le bien solide de la chrétienté, et reconnoissant l'humeur altière du jeune Oxenstiern pour la considération de son père, commanda au sieur d'Avaux, son ambassadeur, de se servir de son adresse ordinaire pour l'apprivoiser, en conservant néanmoins ce qui étoit dû à la charge dont il étoit honoré, et que si ledit Oxenstiern ne vouloit céder volontairement à la France, ils convinssent ne se trouver jamais en lieu public pour traiter d'affaires, et qu'il fît contenter ledit Oxenstiern de vivre avec lui comme avoit fait le sieur Feuquières avec son père en l'assemblée de Francfort, évitant de se trouver en même lieu, sinon en se rendant les visites où chacun donne la main chez soi; et quand il faudroit mettre quelque chose par écrit, l'on y observeroit ce qui s'étoit déjà pratiqué dans les traités entre les deux couronnes, où chacune parle de soi la première.

Cependant on travailloit continuellement à retirer de l'Empereur et du roi d'Espagne tous les passeports nécessaires, et principalement pour les députés ou agens des Suédois, et pour les villes et États alliés du Roi en Allemagne, et pour messieurs les États, car en ceux-là particulièrement gisoit toute la difficulté. Le nonce près de l'Empereur devoit envoyer au nonce de France les passeports pour les députés du Roi, et pour ceux de ses alliés catholiques; et le résident de Venise près ledit Empereur devoit aussi envoyer à l'ambassadeur de Venise résidant près Sa Majesté, les passeports pour les Hollandais, les Suédois et autres alliés protestans. L'Empereur et le roi d'Espagne feignoient du commencement de les vouloir donner, néanmoins remettoient de jour à autre à les expédier; puis, quand ils les expédioient, c'étoit de manière qu'on ne les pouvoit accepter; car premièrement, ils firent délivrer ceux du Roi, qui ne les put recevoir sans ceux de ses alliés, ne pouvant et ne voulant envoyer ses députés à Cologne qu'en même temps que ses alliés ayant leurs passeports y enverroient les leurs, de crainte que si Sa Majesté y envoyoit les siens sans eux, on fît entendre à sesdits alliés que ce seroit pour y traiter quelque chose à leur déçu. Puis l'Empereur en délivra quelques autres qui étoient encore moins recevables, pource qu'il y avoit des clauses ambiguës et injurieuses, s'en étant vu un qui étoit sur la fin conditionné en ces termes: *Dummodò civiliter et modestè agant, et abstineant à perniciosis machinationibus;* et d'autre part il astreignoit les députés, lorsqu'ils voudroient dépêcher quelqu'un de Cologne vers leurs princes; à prendre de ceux de l'Empereur qui seroient à Cologne copie dudit passeport signé d'eux; ce qui eût été très-dangereux, et eût donné moyen de prendre et intercepter les dépêches ou d'empêcher l'envoi desdits courriers. Tous les jours ils usoient de semblables ruses pour retarder le traité de paix, et empêcher l'envoi des députés; et néanmoins, sur ce qu'artificieusement ils avoient envoyé un de leurs députés à Cologne, ils se plaignoient hautement que le retardement venoit de la part du Roi; ce qui obligea le Roi d'écrire en mai au nonce qui résidoit près de lui, qu'il avoit beaucoup de déplaisir de voir que les bonnes intentions de Sa Sainteté, et les diligences que lui et ses autres ministres avoient apportées pour les seconder, fussent jusqu'alors infructueuses à l'avancement de la paix; qu'il savoit bien qu'il y avoit près d'un an qu'il attendoit les passeports nécessaires à ses ambassadeurs, et à ceux de ses confédérés, pour se trouver à l'assemblée de Cologne, sans que jamais ils eussent été envoyés tels qu'ils devoient être par raison, bien que le maréchal d'Estrées eût délivré à Rome, en son nom, ceux que les ambassadeurs des princes de la maison d'Autriche avoient désirés; et qu'il y eût six mois que Sa Majesté lui en eût encore fait mettre entre les mains pour les susdits princes et leurs alliés, lesquels il avoit envoyés à Ratisbonne lorsque la diète s'y tenoit, afin que, s'ils manquoient à les recevoir par une voie, ils les eussent par une autre; qu'il avoit beaucoup de regret que ceux qu'on lui avoit envoyés depuis quinze jours, de la part du cardinal Infant, pour ses ambassadeurs et ceux du duc de Savoie, Mantoue et Parme, étoient du tout inutiles, pour n'être pas accompagnés de ceux qui étoient nécessaires à ses autres alliés; que l'ambassadeur de Venise qui les poursuivoit, ayant fait savoir à Sadite Majesté qu'il n'avoit pu encore les obtenir à Bruxelles pour les États des Provinces-Unies des Pays-Bas, non plus que le résident de la République à Vienne ceux qui étoient nécessaires à plusieurs princes d'Allemagne; auxquels Sadite Majesté connoissoit bien qu'on cherchoit divers prétextes de les refuser, à dessein particulier de séparer les alliés les uns des autres, les ruiner plus aisément, et perpétuer la guerre au lieu de faire une bonne paix, il le prioit de le représenter à Sa Sainteté, afin qu'elle sût qu'il ne tenoit ni à lui, ni à ses alliés, que la chrétienté ne jouît d'un assuré repos, mais que les princes de la maison d'Autriche, refusant les sûretés nécessaires et préalables pour pouvoir commencer le traité de la paix, n'en vouloient ni le commencement ni la fin; ains en cherchoient seulement la réputation, par l'envoi qu'ils faisoient de leurs ambassadeurs à Cologne, qui ne pouvoit avoir autre fin qu'amuser le monde par de vaines apparences de ce qu'ils désiroient le moins, et que Sadite Majesté souhaitoit avec tant de passion pour le bien de la chrétienté, qu'elle sauroit toujours très-grand gré à tous ceux qui en faciliteroient les moyens. Sa Majesté manda aussi au sieur Contarini, ambassadeur de Venise résidant en sa cour, qu'il le prioit de dépêcher encore de nouveau un courrier à Vienne, et un autre en Espagne, pour obtenir les passeports nécessaires aux princes protestans ses alliés, pour se trouver à Cologne; qu'elle s'assuroit qu'il se souvenoit bien que, lorsqu'elle avoit nommé le cardinal de Lyon pour un des plénipotentiaires qu'elle vouloit envoyer à Cologne, il fut dit, de la part de l'Empereur défunt, au sieur Galarini, résident que la République tenoit à Vienne, que si Sadite Majesté vouloit changer cette nomination, on enverroit tout aussitôt les passeports qu'il poursuivoit pour ses alliés protestans; que bien que Sa Majesté eût choisi ledit cardinal pour avancer d'autant plus le traité de paix qui étoit proposé que sa personne lui étoit plus chère et sa dignité plus grande, pour faire voir que Sadite Majesté ne vouloit mettre aucun obstacle à l'avancement d'un si bon œuvre, elle changea aussitôt sa nomination, tant à la prière qu'il lui fit lui-même, qu'à celle qui lui en fut faite par le cardinal de Richelieu son frère; qu'il savoit encore que Sadite Majesté avoit accordé le passage des courriers par son royaume, à la prière qui lui en avoit été faite par le sieur Bologneti, nonce de notre saint père le Pape, et selon même ses instances, afin que plus aisément on pût envoyer d'Espagne en Flandre les ordres nécessaires à l'avancement de la paix. Bien que tous ces soins, et les facilités que Sa Majesté avoit pu apporter jusques alors à une si bonne fin y eussent été inutiles, elle ne laissoit pas de continuer à la désirer; mais, parce qu'il ne seroit pas raisonnable que Sa Majesté et ses alliés y contribuant tout ce qui dépendoit d'eux, ceux de qui viennent les obstacles pussent les leur imputer, et faire croire qu'ils étoient cause du retardement d'un si grand bien, dont ils feignoient de désirer l'avancement, ledit sieur nonce lui feroit plaisir de vouloir envoyer lesdits courriers à Vienne et en Espagne, afin d'obtenir lesdits passeports nécessaires pour travailler à la paix, ou au moins à ce que Sadite Majesté pût faire voir qu'elle et ses alliés n'étoient pas cause du retardement d'un si bon œuvre, mais bien ceux qui, témoignant le vouloir en paroles, retranchent les moyens qui dépendoient d'eux, sans lesquels il est impossible d'y pouvoir parvenir.

Cependant Sa Majesté craignant que le légat (1) fût circonvenu par les Espagnols, et qu'il lui attribuât leur manquement, elle dépêcha vers lui le sieur de La Garde, auquel elle commanda de passer à La Haye, afin que le sieur de Charnacé fît entendre aux Etats que son voyage n'étoit que pour faire savoir au légat que le Roi n'envoyoit pas à Cologne ses plénipotentiaires, pource que tous ses alliés, et spécialement messieurs les Etats, n'avoient pas les saufs-conduits nécessaires de la part du roi de Hongrie et du roi d'Espagne pour y envoyer les leurs, sans quoi Sa Majesté étoit résolue de n'y point faire trouver les siens. Et pour faire connoître plus exactement auxdits Etats que Sa Majesté ne vouloit, non-seulement rien faire en ce qui regardoit la paix, mais non pas même passer aucun office avec ceux qui s'en devoient entremettre, sans la participation desdits Etats, il avoit ordre de les prier d'envoyer homme exprès avec ledit sieur de La Garde, pour porter ordre au sieur de Bidelberg, leur résident audit Cologne, de correspondre avec lui, et de recevoir de lui l'entière communication qu'il lui donneroit de tout ce qu'il feroit audit Cologne, qui ne seroit autre chose que de témoigner ce que dessus audit légat, et de ce qui lui seroit répondu; qu'il seroit à propos qu'ils donnassent charge audit Bidelberg, par un courrier exprès, de témoigner en même temps à un chacun dans Cologne que les Etats étoient prêts à y envoyer leurs plénipotentiaires avec ceux de Sa Majesté, aussitôt qu'ils auroient les saufs-conduits nécessaires pour leursdits plénipotentiaires de la part du roi de Hongrie et du roi d'Espagne, ou, s'ils ne lui vouloient pas envoyer un exprès, au moins devoient-ils lui donner l'ordre susdit, par une dépêche dont le sieur de La Garde seroit porteur. Sa Majesté, pour ôter encore plus pleinement tout sujet de soupçon aux Etats, donna ordre audit de La Garde de faire entendre audit Bidelberg (qu'il verroit le premier arrivant à Cologne) tout ce qu'il auroit à dire au légat, et le convier d'agir selon l'ordre qu'il auroit reçu desdits Etats, et même de l'accompagner s'il vouloit chez ledit légat, afin qu'il fût témoin de ce qui se passeroit lorsqu'il le verroit. Et si ledit légat faisoit difficulté de recevoir ledit Bidelberg, il paroîtroit au moins que le Roi auroit apporté toutes les précautions qui étoient en son pouvoir, pour faire voir sa sincérité à ses alliés. Sa créance au légat fut de lui dire que Sa Majesté ne désiroit rien tant que de voir une bonne et sûre paix établie dans la chrétienté; que tous les plénipotentiaires des rois et princes s'assemblassent pour la traiter; qu'aussitôt qu'elle avoit été conviée par no-

(1) A Cologne.

13.

tre saint père le Pape de délivrer ses saufs-conduits pour les plénipotentiaires de l'Empereur, du roi d'Espagne et de leurs alliés, Sa Majesté n'avoit pas fait difficulté de les faire expédier et mettre entre les mains du sieur Bologneti, nonce de Sa Sainteté près d'elle, en la forme qu'elle avoit estimée la plus sûre et convenable, sans rechercher des termes dont les princes de la maison d'Autriche pussent prendre dégoût ou sujet de défiance; mais que lesdits princes, au lieu de correspondre à cette sincérité et promptitude de Sa Majesté, avoient été long-temps sans mettre ès mains de ceux qui s'étoient entremis desdits saufs-conduits, ceux qu'ils leur demandoient pour le Roi et ses alliés; et enfin, après plusieurs remises et longueurs, ils en avoient donné quelques-uns qui demeureroient inutiles, pource que le cardinal Infant, au nom du roi d'Espagne, en avoit délivré pour les plénipotentiaires du Roi, de la couronne de Suède, et autres alliés de Sa Majesté en Italie et Allemagne, et non pas pour ceux des Etats, pour lesquels un sauf-conduit d'Espagne ou dudit cardinal Infant étoit spécialement requis. Et pour ce qui étoit du roi de Hongrie, qu'il avoit délivré des saufs-conduits pour les plénipotentiaires du Roi et de ses alliés en Italie, mais non pour la couronne de Suède et les alliés protestans de Sa Majesté en Allemagne, ni même pour lesdits sieurs Etats, ce qui n'étoit pas le moyen de faire la paix, Sa Majesté étant résolue, comme elle avoit fait savoir, long-temps y avoit, à notre Saint-Père, et partout ailleurs, de n'y entendre, et de ne la faire et conclure que conjointement avec tous ses alliés, tant catholiques que protestans; que c'étoit donc ce qui empêchoit le Roi d'envoyer sesdits plénipotentiaires à Cologne, étant prêt au reste de les y faire acheminer aussitôt que Sa Majesté auroit des saufs-conduits en bonne forme pour les plénipotentiaires de tous ses alliés aussi bien que pour elle, afin que les siens et les leurs pussent s'acheminer à Cologne au même temps.

Ledit nonce et l'ambassadeur de Venise redoublèrent leurs offices en Espagne et en Allemagne pour cet effet; mais ledit ambassadeur n'eut d'autre réponse de l'Empereur, sinon qu'il ne devoit pas pour son honneur presser si fort cette affaire, ou qu'il en recevroit la négative; en un mot, que ledit Empereur ne pouvoit donner les passe-ports aux princes protestans sans se faire tort, et que la grâce leur étoit ouverte d'entrer dans le traité de Prague. D'Espagne on témoigna ne pouvoir donner de passe-port aux États, de peur de les reconnoître libres, comme ils avoient fait aux traités passés; mais ils proposoient de donner des passe-ports en général à tous les Hollandais particuliers qui voudroient aller à Cologne, sans exprimer aucune qualité en iceux, ni sans dire pour quel sujet ils iroient; disant que lesdits passe-ports étoient plus que suffisans, attendu qu'il n'en étoit du tout point de besoin, pource que Cologne étoit un lieu assuré par la foi publique de l'Empereur et des deux couronnes pour l'assemblée de la paix, et même que les Hollandais n'étoient point obligés de passer par-dessus les terres d'Espagne pour y aller. Ils sembloient désigner un autre expédient dans leurdite réponse, qui étoit que les Impériaux et les Espagnols passassent un acte solennel, par lequel ils promettroient, avec toutes sortes de circonstances requises, que tous ceux qui viendroient à Cologne sur le sujet du traité de la paix, soit Allemands, Hollandais, Suédois, Anglais ou Français, y auroient entière sûreté. Le Roi le manda à Charnacé en Hollande, afin qu'il sût du prince d'Orange et de messieurs les Etats ce qu'ils estimeroient plus à propos en cette affaire, à quoi Sa Majesté se conformeroit; mais qu'il sembloit cependant qu'on se pourroit contenter du dernier expédient. Le Roi en ayant fait donner avis aux Etats, ils acceptèrent le dernier expédient, pourvu que les saufs-conduits pour les députés du Roi fussent de même; outre que, sous le mot de Hollande, les autres provinces unies ne vouloient pas être comprises, et que la Hollande eût cette prérogative. Depuis, leur ayant été mandé un troisième expédient, qui étoit que, le roi de Hongrie ou prétendu Empereur accordant sauf-conduit aux députés de messieurs les Etats, le roi d'Espagne ratifiât tous les saufs-conduits donnés par ledit roi de Hongrie ou prétendu Empereur, ils approuvèrent ce dernier expédient plus que l'autre, pourvu que le Roi se contentât du même expédient pour ses députés. A quoi Sa Majesté n'eût point fait de difficulté, si déjà les saufs-conduits d'Espagne et du roi de Hongrie pour ses députés n'eussent été expédiés et envoyés à Paris au nonce du Pape; de sorte qu'étant chose faite, la nouveauté que l'on eût proposée sur ce sujet eût apporté de la longueur: outre que le roi d'Espagne fondoit sa difficulté, pour le regard du sauf-conduit pour les Etats, en ce que leurs députés n'avoient point à passer sur ses terres, mais seulement par celles de l'Empire; donnant néanmoins intention de confirmer, en tant que de besoin, la sûreté que le roi de Hongrie ou Empereur leur donneroit; au lieu que les députés du Roi ont à passer par le milieu des provinces qui lui sont sujettes. Et néanmoins Sa Majesté leur manda que si les saufs-conduits pour les députés de Sa Majesté n'étoient expédiés, et si la nouveauté qui seroit proposée sur ce sujet n'apportoit point de longueur à l'affaire, elle se conformeroit volontiers audit expédient, la sûreté y étant égale. Cependant l'archevêque de Cologne, qui les sollicitoit, leur manda, par une supposition indigne de sa naissance et de sa dignité, que le Roi avoit reçu il y avoit long-temps un passe-port du roi d'Espagne, en bonne forme, pour eux, lequel il leur recéloit. Les Etats firent la réponse qu'ils devoient, et non-seulement n'ajoutèrent pas de foi à ses paroles, mais reconnurent qu'après une si impudente et effrontée menterie, il n'y avoit plus rien à attendre de telles gens; et Sa Majesté s'en plaignit au nonce, le priant de considérer ceux à qui elle avoit affaire, et le sujet qu'il pouvoit avoir de se fier en leur parole, puisqu'en une occasion si importante ils usoient d'une si infâme supposition, que Sa Majesté désiroit qu'il fît savoir à Sa Sainteté et au légat, et fît foi de ce qu'il savoit sur ce sujet. A quelque temps de là ils répondirent, aux instances de l'ambassadeur de Venise, que les Hollandais ne demandoient point lesdits passe-ports, et n'en vouloient point, et que ce n'étoit que le Roi qui les requéroit, à la sollicitation duquel il n'étoit pas raisonnable qu'ils les accordassent. Sa Majesté en donna avis aux Hollandais, qui en furent étonnés; et, sachant qu'un nommé Fopius, qu'ils tenoient en Allemagne, faisoit le pis qu'il pouvoit contre la France, n'oublioit rien de ce qui dépendoit de lui pour faire entrer les Suédois en traité particulier avec nos ennemis communs, et faisoit entendre à l'Empereur que les Hollandais étoient disposés à faire le même, les Etats envoient un commissaire exprès à Hambourg pour le faire revenir de gré ou de force.

Cependant les Espagnols, abusant de la liberté qu'ils avoient du passage de leurs courriers par la France, en envoyoient si souvent, que le Roi fut contraint de mander au nonce résidant près de lui, qu'il le prioit de considérer qu'on n'avoit accordé la liberté desdits courriers que pour faciliter le traité de la paix; que partant, puisque l'Empereur refusoit tout-à-fait les passe-ports nécessaires à ce que les protestans d'Allemagne pussent se trouver à Cologne avec sûreté, et le roi d'Espagne et le cardinal Infant, ceux de messieurs les États-Généraux de Hollande aux mêmes fins, la France pouvoit avec toute raison prétendre n'être plus obligée à ladite liberté des courriers; que la seule considération de Sa Sainteté et dudit nonce, qui avoit obtenu cette permission, empêchoit d'en user ainsi: mais aussi étoit-il plus que raisonnable que les Espagnols usassent en sorte de cette liberté que, outre que l'avantage qu'ils en recevoient étoit bien plus grand que celui que nous en pouvions tirer, nous n'en reçussions pas un insupportable préjudice; ce qui arriveroit s'ils envoyoient toujours autant de courriers extraordinaires qu'ils avoient fait depuis ladite licence. Pour cet effet, Sa Majesté désiroit de lui, ou qu'il consentît que ledit commerce des courriers fût interrompu, ou au moins qu'il fît que les Espagnols se contentassent d'envoyer leurs courriers ordinaires, de temps en temps, ainsi qu'ils l'avoient accoutumé, dix-huit fois par an. Pendant la guerre, les courriers extraordinaires ne se pouvoient supporter, parce que ce sont autant de sujets naturels d'Espagne qui passent par la France, et tâchent d'exciter des mécontentemens dans les peuples, et emportent de fausses espérances en Espagne, qui ne peuvent produire autre effet que d'éloigner la paix par de vaines imaginations des troubles de la France, qui, grâce à Dieu, se trouvoit calme lorsqu'on la pensoit la plus agitée.

Après toutes les difficultés que nous avons dit ci-dessus que les princes de la maison d'Autriche formoient pour éloigner ou éluder l'expédition des passe-ports nécessaires, ils s'avisèrent à Vienne d'une autre ruse, qui fut de dire que le prétendu Empereur donneroit un passe-port aux députés des Etats s'ils en demandoient, c'est-à-dire qu'il lui en fût fait instance sans l'interposition du nom du Roi, dont Sa Majesté ne fit pas difficulté pour son regard; mais elle insista qu'il n'étoit pas nécessaire que lesdits Etats demandassent eux-mêmes ledit sauf-conduit au roi de Hongrie, et qu'il suffisoit qu'il fût demandé au nom de la République(1), comme médiatrice en cette part; que ladite République pouvoit bien désirer savoir si lesdits Etats auroient à gré les instances qu'elle faisoit pour ledit sauf-conduit, dont l'ambassadeur d'icelle, qui étoit à La Haye, se pouvoit aisément éclaircir; que Sa Majesté avoit de temps en temps averti les Etats par le sieur de Charnacé, son ambassadeur, des offices que les ministres de ladite République faisoient continuellement sur ce sujet, les induisant à en témoigner agrément en bons termes à l'ambassadeur de ladite République qui étoit auprès d'eux. Elle donna charge, en septembre, au sieur d'Etampes, qu'elle y envoya succéder au sieur de Charnacé qui fut tué au siége de Bréda, d'essayer de faire en sorte que les Etats priassent ledit ambassadeur de Venise d'écrire au résident de ladite République à Vienne qu'il continuât ses instances pour leursdits passe-ports, et qu'il les demandât au roi de Hongrie en leur nom; et qu'il ne sembloit pas même hors de pro-

(1) De Venise.

pos que, pour lui ôter tout sujet de retardement, ils se portassent, ou à en écrire audit résident de Venise à Vienne, ou au moins à donner cela par écrit à l'ambassadeur de Venise résidant auprès d'eux; lesquelles choses n'étoient point hors de bienséance, étant en neutralité avec ledit roi de Hongrie comme ils étoient. Mais pource qu'il y avoit apparence qu'ils condescendroient plus difficilement d'écrire au résident à Vienne qu'audit ambassadeur qui étoit auprès d'eux, le cardinal leur fit proposer un moyen facile pour le faire, qui étoit que ledit ambassadeur de Venise près d'eux leur donneroit part des offices que ledit résident avoit faits près dudit roi de Hongrie (conformément aux lettres de l'ambassadeur d'ici, qui en avoit été sollicité de la part du Roi) touchant les saufs-conduits pour les députés desdits sieurs Etats. A quoi il auroit été répondu par ledit roi de Hongrie que, si lesdits sieurs Etats les désiroient et qu'ils les demandassent, comme ils pouvoient faire, n'étant pas en guerre avec lui, il les accorderoit volontiers. Sur quoi ledit sieur ambassadeur auroit jugé à propos de savoir leurs intentions, s'offrant que ledit résident demanderoit lesdits passe-ports en leur nom, puisqu'ils n'avoient personne près dudit Empereur qui le pût faire, pourvu qu'ils donnassent moyen audit résident de faire connoître à l'Empereur prétendu, ou roi de Hongrie, qu'ils l'avouoient de cela, fût-ce par une lettre ou par la réponse par écrit qu'ils donneroient audit sieur ambassadeur. A quoi lesdits sieurs Etats répondroient qu'ils prioient ledit résident de ce faire, n'ayant personne à Vienne qui pût demander lesdits saufs-conduits. Mais tous ces soins furent rendus inutiles par la mauvaise volonté des princes de la maison d'Autriche; car, quand ils voyoient n'avoir plus que répondre, ils donnoient espérance aux entremetteurs de délivrer lesdits passe-ports, puis leur donnoient à entendre les avoir envoyés, et, lorsqu'ils en étoient convaincus de mensonge, ils recouroient à dire que lesdits Suédois et Hollandais avoient fait témoigner à l'Empereur qu'ils n'en avoient point de besoin. Enfin, l'ambassadeur de Venise en Espagne écrivit du 12 novembre à celui qui étoit près du Roi qu'il lui avoit été dit, de la part de Sa Majesté Catholique, par le comte-duc que, pourvu que le Roi donnât quelque assurance au cardinal Infant que, la difficulté des passe-ports pour les Hollandais étant surmontée, le Roi enverroit ses plénipotentiaires à Cologne, le cardinal Infant se trouveroit garni de tout pouvoir pour ajuster cette affaire de sorte que chacun seroit content. L'Empereur, quelque temps après, qui fut en décembre, envoya à ses ministres à Cologne lesdits passe-ports pour les Hollandais et Suédois, avec ordre de les délivrer à qui Sa Majesté ordonneroit, mais à condition que Sadite Majesté envoyât ses plénipotentiaires à Cologne, et qu'elle eût au préalable aussi de sa part fait expédier les passe-ports pour ses ministres, sous le nom de Ferdinand III, Empereur, en la même forme que Sa Majesté les avoit fait expédier aux ministres de feu Ferdinand II son père.

Mais toutes ces actions, qui avoient quelque apparence de condescendance à la raison, n'en avoient point en effet, et étoient pleines de fraude; car, par leur moyen, ils vouloient gagner deux avantages très-essentiels, et que le Roi ne pouvoit souffrir : l'un, que le roi de Hongrie vouloit que, par ce moyen, le Roi l'avouât et le reconnût empereur, ce qu'il étoit important aux princes alliés de ne faire pas; l'autre, qu'ils vouloient obliger le Roi d'envoyer les députés à Cologne, sans que ses alliés eussent liberté d'y envoyer les leurs. Quant à la première difficulté, il est certain que son élection étoit nulle. Sa Majesté toutefois, ni ses alliés, ne prétendoient pas absolument se roidir à ne point faire la paix qu'il ne fût procédé à l'élection d'une autre personne, ou que de nouveau il ne fût élu par les formes accoutumées, l'élection qui avoit été faite de sa personne ne pouvant subsister. Mais aussi le plus grand intérêt que le roi de Hongrie pût avoir en la paix étant son établissement dans l'Empire, il n'y avoit pas d'apparence de lui accorder ce qu'il prétendoit assez injustement lui appartenir, avant que de voir s'il feroit raison à chacun. On demeureroit bien d'accord dès lors que si chacun trouvoit raisonnablement son compte en la paix, on ne vouloit point lui contester l'Empire; mais qu'il étoit raisonnable que tout se fît en un même temps, en sorte que, si tous les princes n'amélioroient point leurs conditions par un bon traité de paix, ils ne les empirassent pas en cédant à leur partie adverse ce qu'elle prétendoit. En cela il se rencontroit une grande difficulté, qui étoit que les députés du roi de Hongrie ne voudroient et diroient ne devoir entrer en aucune négociation que la qualité de leur maître ne fût reconnue, disant que, supposé que leur maître ne fût pas roi des Romains et Empereur, leur députation n'étoit pas seulement inutile, mais nulle. A cela le cardinal proposoit deux expédiens, ou que, les protestations mutuelles étant faites de part et d'autre, le roi de Hongrie se contenteroit de la qualité de roi de Hongrie dans la négociation qui se feroit, ou que les princes, ayant fait lesdites protestations, consentiroient à le qualifier roi des Romains, sans préjudice, à cause des protestations qu'ils auroient faites. Il en ajouta un troisième, qui étoit que les ministres du roi de Hongrie et de ses partisans parlant de lui l'appelleroient toujours roi des Romains, et leurs adverses parties roi de Hongrie, déclarant, dès cette heure, verbalement, lesdits députés qui l'appelleroient roi de Hongrie, qu'au cas que le traité vînt à se conclure ils ne feroient nulle difficulté de reconnoître sa qualité de roi des Romains, ou que si tous ces expédiens ne plaisoient, on en pouvoit proposer un autre, qui étoit de qualifier les députés du roi de Hongrie, députés de l'Empire. Quant à la seconde difficulté, elle étoit bien plus grande; car l'Empereur, envoyant ses passeports, avoit mandé qu'il n'en enverroit point pour les villes et princes d'Allemagne, pource qu'ils étoient ses sujets; et le légat, qui voyoit bien ce défaut, mandoit que les ambassadeurs du Roi pourroient mener avec eux quelques-uns de la part des alliés de Sa Majesté, et informés de tous leurs intérêts, qui seroient assurés sur leur sauvegarde, et qui seroient auprès d'eux sous titre de leurs familiers, comme avoit fait le comte d'Arondel, qui avoit mené à Vienne avec lui, y étant ambassadeur du roi d'Angleterre, un serviteur du Palatin, pour l'informer particulièrement de ses intérêts. Mais, outre que cela n'étoit pas convenable à l'honneur de Sa Majesté, de mener en cachette et déguisés ceux qui devoient informer ses ambassadeurs des prétentions de ses alliés pour en entreprendre la défense, il n'étoit pas aussi assez sûr, et l'ambassadeur de Sa Majesté couroit fortune d'y recevoir affront en leurs personnes qui pouvoient être arrêtées ou offensées, étant en la puissance des ennemis de Sa Majesté qui ne manquoient pas de volonté de les outrager. L'Empereur mettoit en avant que le Roi n'avoit aucun droit de prétendre la protection des villes ou États d'Allemagne vassaux de l'Empire, non plus que l'Empereur n'en avoit de prétendre celle des sujets du Roi; mais il y avoit beaucoup de différence, car l'Empire est une monarchie mixte, en laquelle il y a beaucoup de la république, qui s'est réservé l'élection de son chef, et à laquelle, savoir est aux diètes électorales, la plupart des grandes affaires est rapportée, ce qui n'est pas aux royaumes où toute la puissance réside en un seul, d'où vient que, de tout temps et par une coutume immémoriale, les princes et villes de l'Empire ont des alliances avec les princes étrangers, ce que n'ont pas les sujets d'un royaume, laquelle liberté le roi de Hongrie prétendoit maintenant d'abolir; ce que le Roi fit représenter en Allemagne où il fut de besoin, au roi de Danemarck qui est membre de l'Empire à cause de son duché de Holstein, et principalement en fit donner part, par le moyen de Rome, au duc de Bavière, et que les Espagnols employent tout leur crédit vers le roi de Hongrie pour lui mettre en la pensée de réduire l'Allemagne en forme de royaume absolu, et se servir de lui sous l'apparence de cette vanité pour l'affoiblir, la ruiner et l'assujétir entièrement sous la domination de leur maison; qu'il étoit clair aux yeux de tout le monde que les États d'Allemagne avoient droit de tout temps de faire des alliances avec un prince voisin, en affaires concernant ou la paix ou la guerre, ce qu'étant, ils pouvoient par même raison entrer conjointement avec lui en un traité d'accommodement; que la liberté des princes d'Allemagne étoit intéressée, si on leur imputoit à crime d'avoir des alliances avec les rois voisins, et spécialement avec celui de France, catholique et ami de l'Empire d'un temps immémorial; ledit duc sachant bien que ses ancêtres n'avoient point fait ces difficultés, et que lui-même n'avoit pas été arrêté par ces considérations de passer un traité avec la France, dont l'exécution n'avoit été divertie que par le malheur du temps, et pour des choses survenues contre la volonté dudit Roi et dudit duc; qu'il étoit aisé à connoître que la maison d'Autriche vouloit, en ce point comme en tous autres, renverser les immunités des princes d'Allemagne, et que Sa Majesté étoit louable du soin qu'elle prenoit de les maintenir; ce qu'elle feroit pour le duc de Bavière, si l'occasion s'en présentoit, aussi volontiers que pour aucun autre, et qu'elle étoit si inclinée à procurer le repos public, et faisoit tant d'estime des bons conseils dudit duc que, s'il jugeoit à propos que Sa Majesté fît instance auprès desdits princes et communautés de l'Empire qui étoient en sa confédération, de se contenter que Sa Majesté traitât pour eux par des députés en l'assemblée de Cologne, sur l'assurance qu'elle leur donneroit de ne point conclure la paix sans leurs justes intérêts, elle le feroit volontiers, pourvu qu'encore que lesdits princes n'eussent pas des passeports formels pour des plénipotentiaires de leur part, il pût y avoir quelques-uns des leurs auprès des plénipotentiaires de Sa Majesté et des autres confédérés, pour faire entendre leurs intérêts, et qu'il y eût assurance qu'ils y seroient avec toute sûreté.

Ce qui fit que Sa Majesté pria tous ses confédérés d'Allemagne que, pour faire voir plus clairement à toute la chrétienté l'injustice de la maison d'Autriche, et leur ôter tout prétexte d'éloigner la paix à l'infini, ils voulussent agréer que les plénipotentiaires des deux couronnes, au nom et selon les mémoires de tous lesdits alliés, traitassent de leurs intérêts en l'assemblée selon les mémoires et les avis qui leur en seroient donnés par les députés de leur part qu'ils tiendroient auprès d'eux et pour lesquels ils auroient assurance du roi de Hongrie et du roi d'Espagne; et, pour faire connoître au duc de Bavière le sujet qu'il avoit de considérer ce que Sa Majesté lui demandoit, elle lui fit savoir qu'elle étoit conviée de toutes parts à soutenir les droits du prince palatin contre lui; qu'elle avoit toujours différé de s'y engager pour l'estime qu'elle faisoit de la personne dudit duc, et pour la mémoire qu'elle avoit du traité qu'elle avoit eu ci-devant agréable de faire avec lui, combien que diverses occurrences l'eussent rendu inutile jusques à présent ; qu'il étoit temps que ledit duc contribuât ce qui dépendoit de lui pour établir la paix dans l'Empire, ce qui ne pouvoit être pendant que la maison d'Autriche tiendroit les Allemands dans une oppression telle qu'ils souffroient, et leurs voisins dedans une si grande et juste jalousie ; que ledit duc ne devoit pas se reposer sur l'alliance qu'il avoit avec ladite maison d'Autriche, qui n'avoit eu en cela autre but que de se garantir de l'opposition que ledit sieur duc pourroit apporter aux desseins que les Espagnols avoient d'assujétir l'Empire et le réduire en monarchie, et se servir ensuite des forces de l'Allemagne pour molester les princes chrétiens et usurper leurs Etats ; que le moyen d'éviter ce mal étoit qu'il usât de sa prudence et autorité pour agir vers le roi de Hongrie, à ce qu'il se portât promptement à une paix équitable, et qu'il commençât à faire connoître qu'il étoit plus affectionné aux intérêts de l'Empire et de la chrétienté qu'à ceux d'Espagne; mais néanmoins elle commanda expressément à ses ministres de se conduire en sorte que les Anglais ne pussent prendre ombrage de l'intelligence qu'on voudroit avoir avec ledit duc, ou que ledit duc par artifice ne leur en donnât pour les brouiller avec nous, et qu'ils pouvoient laisser espérer audit duc que Sa Majesté feroit pour lui selon qu'il agiroit pour la France; en quoi s'il se conduisoit en sorte que sa majesté eût sujet d'en être contente, ce seroit un puissant motif pour remettre le duc Charles en ses bonnes grâces avec des conditions raisonnables.

Ensuite Sa Majesté fit réponse au nonce, sur le sujet de la lettre du légat en ce point, que les passe-ports du roi de Hongrie pour les Suédois et Hollandais étoient inutiles, si quant et quant ils n'en envoyoient aussi pour le landgrave de Hesse et le duc de Weimar, et une déclaration générale par laquelle il donneroit sûreté à tous les autres alliés de la France en Allemagne de pouvoir envoyer librement à Cologne, et y tenir des personnes près les plénipotentiaires du Roi pour les informer de leurs intérêts, comme aussi il étoit nécessaire que le roi d'Espagne en envoyât d'autre part pour les Hollandais, en bonne et due forme; en quoi il ne se trouvoit aucune véritable difficulté, puisque par le passé la couronne d'Espagne étoit déjà entrée en pareille négociation avec lesdits sieurs les Etats, et que lors lesdits princes de la maison d'Autriche avoient fait expédier lesdits passe-ports tels qu'ils devoient être, et Sa Majesté enverroit incontinent ses ambassadeurs à Cologne, ne le pouvant faire autrement, pource qu'elle ne vouloit point abandonner ses alliés, auxquels elle s'étoit obligée de ne traiter que conjointement avec eux.

Bien que Sa Majesté procédât avec tant de sincérité et avec de si solides témoignages du désir qu'elle avoit de la paix, les ministres d'Espagne ne laissoient pas de publier partout qu'il ne tenoit qu'au Roi que le traité se commençât; et sur ce que le Roi persistoit justement de n'envoyer pas ses députés à Cologne sans ceux de Hollande et de Suède, ils avoient donné ordre au chancelier de Milan, l'un de leurs députés, qui seul des trois étoit à Cologne, de se retirer et de faire que le légat se retirât aussi, pour jeter, partie sur le Pape, partie sur la France, le blâme de la rupture de l'assemblée; mais, n'ayant pu obtenir dudit sieur légat ce qu'il désiroit, il fut contraint de se résoudre d'y demeurer. Tous les délais qu'ils apportèrent durant le cours de cette année, n'étoient que pour essayer de tromper le Roi et séparer de lui ses confédérés ; il n'y eut artifice dont ils ne se servissent pour y attirer les Suédois, comme nous avons dit. Ils firent le même avec les Etats; et, pour en venir plus facilement à bout, ils supposoient que le Roi les sollicitoit de faire un traité particulier avec lui, et qu'il avoit envoyé un capucin nommé père Basile en Espagne pour faire des négociations secrètes sur ce sujet, ce qui étoit une pure invention. Le fait étoit qu'ayant été rapporté à la Reine par une de ses femmes, au commencement de cette année, qu'il y avoit un saint Isidore en Espagne qui faisoit de grands miracles quand on avoit recours à son intercession pour avoir des enfans, la Reine, qui en étoit extrêmement désireuse, fit faire entre plusieurs voyages celui-là (1). Elle envoya à Notre-Dame de Lorette, où déjà le Roi avoit envoyé une autre fois de sa part l'évêque de Grenoble; elle envoya encore à Notre-Dame-des-Ardiliers, et supplia le Roi de trouver bon qu'elle envoyât aussi en Es-

---

(1) Fait très-curieux par sa date ; le voyage de ce religieux eut lieu au mois de mars 1637.

pagne pour demander ouvertement des reliques dudit saint Isidore. Tout le conseil fut de cet avis, le cardinal en fut aussi comme les autres, afin que la Reine ne pensât qu'il s'opposât à ce que ses femmes lui proposoient être utile à lui donner lignée. Les Espagnols prirent incontinent cette occasion pour donner soupçon du Roi à ses alliés. Ils en firent le même de la liberté que Sa Majesté donna au comte de Salazar, par laquelle elle espéroit obliger les Espagnols à nous rendre le sieur Peny, secrétaire de notre ambassadeur à Madrid, qu'ils retinrent contre la foi publique lorsque la rupture se fit entre les deux couronnes, et que ledit Salazar promettoit qu'il ne seroit pas plutôt là qu'on le renverroit; néanmoins Salazar eut moyen d'y demeurer un an entier, et d'y mourir sans que notre secrétaire nous ait été rendu pour cela.

Du côté d'Italie leurs ruses furent continuelles pendant cette année sur ce sujet : le cardinal de Savoie fit entendre au duc son frère, en janvier, que s'il se vouloit réconcilier avec l'Empereur il lui accorderoit le titre de Roi, que de long-temps il désiroit; et, pour se fortifier du cardinal Barberin, il lui fit entendre que ledit Empereur contenteroit le Pape touchant la préfecture; mais le duc de Savoie pressentit bien que ce n'étoit qu'un artifice de la maison d'Autriche pour le détacher de la France, à dessein de prendre ci-après, ou de faire naître les occasions de lui nuire, ou de le ruiner s'il lui étoit possible. Depuis la mort du duc, ils continuèrent encore, et en firent secrètement solliciter Madame, ou au moins d'entrer en une neutralité avec eux; mais tout cela fut inutilement, et, nonobstant leurs poursuites, le duc de Savoie, le duc de Mantoue, les Etats, les princes et villes alliées d'Allemagne, et la couronne de Suède, demeurèrent unis avec le Roi pour traiter conjointement une paix générale avec les princes de la maison d'Autriche, d'autant qu'ils voyoient que le Roi traitoit sincèrement en cette matière, et pour le bien commun de la chrétienté.

Le sieur Celio Bichi fit, comme de lui-même, à Rome une ouverture au maréchal d'Estrées d'une suspension d'armes en Italie entre le Roi et le roi d'Espagne, y comprenant les princes d'Italie et messieurs les Etats. Le Roi n'estima pas à propos d'y entendre; toutefois il commanda au maréchal d'écouter ce qui lui seroit proposé sur ce sujet, afin de connoître quelle étoit l'intention des Espagnols, et tirer par là quelque lumière de leur disposition à la paix, et de la nécessité qu'ils pouvoient avoir de la faire. Il lui commanda de dire audit Bichi, lorsqu'il lui parleroit de ladite suspension, que Sa Majesté se porteroit toujours avec contentement à tout ce qu'elle jugeroit pouvoir acheminer les affaires à une bonne paix; mais qu'en tout ce qu'on lui proposoit pour ce regard, elle observoit de ne se laisser surprendre par les artifices des Espagnols, dont elle savoit l'intention être de séparer ses alliés d'avec elle, et de leur donner à cet effet des ombrages qu'elle faisoit des négociations à part; de sorte que, pour éviter qu'ils en usassent ainsi en cette rencontre, et qu'ils n'introduisissent celle-ci à cette fin seulement, il ne pouvoit rien écouter touchant ladite suspension d'armes qu'il ne fût éclairci de la volonté et du pouvoir de l'ambassadeur d'Espagne. Sa Majesté lui ordonna que, cela étant, il écoutât tout ce qui lui seroit proposé touchant ladite suspension, soit pour l'Italie seulement, ou entre le Roi et le roi d'Espagne, y comprenant messieurs les Etats et les princes d'Italie, afin de découvrir les sentimens desdits Espagnols et leurs intentions, mais sans consentir à rien.

Et enfin Sa Majesté, voyant que la maison d'Autriche avoit tant d'aversion d'une paix générale, les propositions qu'elle faisoit faire partout de traités particuliers, et même quelques trèves particulières qu'elle proposa en plusieurs lieux, principalement en Italie, où le sieur Celio Bichi, comme nous venons de dire, en fit ouverture au maréchal d'Estrées à Rome, et le nonce qui étoit en Savoie la proposa et sollicita ardemment près dudit duc, et le sieur Bologneti même, nonce en France, en parla avec affection à Sa Majesté et à ses ministres, pour donner entrée au repos de la chrétienté, elle prit adroitement occasion de mander audit maréchal d'Estrées qu'il fît savoir audit Celio et audit cardinal Barberin que les trèves particulières étoient des moyens si propres à ne faire jamais la paix, que le Roi n'y entendroit pour rien du monde; mais que ledit maréchal n'en diroit pas autant d'une trève générale et longue, qui étoit peut-être le seul moyen qu'il y eût de parvenir promptement à une bonne paix, au contentement de toutes les parties et de tous les alliés des couronnes, Sa Majesté ne se voulant jamais séparer des siens. Mais, pour ne pas engager le Roi, le cardinal crut qu'il étoit bon que ledit maréchal fît en sorte que Mazarin avec Celio Bichi, ou quelque autre, résolussent entre eux de faire proposer cette trève au Pape et au cardinal Barberin, Mazarin s'offrant de tâcher à la faire agréer à la France, et Celio Bichi, ou le général des Jacobins, ou quelque autre que l'on y jugeroit propre, de la faire désirer par les Espagnols et Impériaux; mais que si l'on pouvoit faire que les Espagnols et les Impériaux vinssent à en faire la demande eux-mêmes, ce seroit encore le meilleur ; que les conditions de ladite trève universelle pourroient être les suivantes : qu'elle fût pour dix ans entre toutes les parties, chacune demeurant en possession de ce qu'elle possèderoit lorsque ladite trève commenceroit ; en sorte toutefois que les conquérans donnassent quelque provision aux princes dépouillés jusques à ce que le fond des différends fût jugé. Et afin que ce fond ne demeurât pas à juger éternellement, ce qui seroit préjudiciable aux dépouillés qui prétendent rentrer en leur bien, il faudroit qu'il fût dit par la trève que, sans délai ni intermission, on procéderoit à vider le fond, soit à Cologne, soit en autre lieu choisi à cet effet. Le maréchal pouvoit écouter parler assez librement de cette trève, parce que M. de Savoie nous ayant fait savoir, par son ambassadeur, que le nonce lui en avoit proposé une particulière en Italie, on répondit au comte de Saint-Maurice conformément à ce que dessus, et le Roi lui dit qu'il feroit faire même réponse au nonce qui en parloit aussi, et avertiroit ledit maréchal d'Estrées de parler à Rome conformément à cela ; de façon que cette proposition de la trève particulière et le refus d'icelle étant chose publique, on pouvoit écouter ensuite, par occasion, parler de la trève générale, sans donner sujet de prendre créance qu'on la recherchât. Il falloit néanmoins s'y gouverner avec beaucoup de précaution, afin que nos ennemis, qui étoient artificieux, ne pussent prétendre qu'en répondant sur une ouverture de la trève nous voulussions traiter de la paix sans nos alliés. Cette proposition nous pouvoit éclaircir si ceux de la maison d'Autriche avoient l'intention qu'ils vouloient faire croire pour la paix ; car, s'ils faisoient difficulté d'entendre à ladite trève, qui étoit l'unique moyen de venir promptement à la paix, c'étoit un témoignage assuré qu'ils ne la vouloient pas. Et afin qu'ils n'en fussent détournés par le seul soupçon que la proposition en venoit de nous, le Roi commanda au maréchal d'éviter de voir en personne le général des Dominicains, mais d'agir avec lui par le sieur Frangipani, qui tireroit premièrement serment solennel dudit général que si la malice des Espagnols les portoit à vouloir faire croire qu'ils eussent été recherchés par la France, alléguant pour auteur ledit père, il déclareroit librement par écrit qu'il n'avoit jamais ouï parler de chose pareille. La proposition en fut faite au Pape et au cardinal Barberin, ainsi qu'elle avoit été désignée, et, dès le 26 mai, Celio Bichi vint trouver le maréchal d'Estrées de la part du cardinal Barberin, pour savoir les sentimens de Sa Majesté sur une suspension générale, ayant charge, disoit-il, de voir aussi les ministres de la maison d'Autriche pour le même sujet. Notre ambassadeur lui répondit qu'il ne lui pouvoit rien dire de certain de la volonté de Sa Majesté ; mais que si les autres ministres avoient pouvoir de leurs maîtres, et qu'ils voulussent faire quelques propositions, elles pourroient être telles et si raisonnables, qu'il se chargeroit de dépêcher un courrier exprès à Sa Majesté et leur en rendre réponse dans trois semaines ; ce qu'eux ne pouvoient pas faire de deux ou trois mois, pour la grande distance des lieux, et pource qu'aussi la lenteur à se résoudre en Espagne et en Allemagne est plus grande qu'elle n'est pas en France, et ainsi qu'il lui sembloit que c'étoit à eux à parler les premiers ; mais il se trouva que les ministres d'Espagne n'avoient point pouvoir d'en traiter, ni ne savoient rien de la volonté de leur maître sur ce sujet, ce qui fit que le cardinal Barberin dépêcha à l'Empereur et au roi d'Espagne pour savoir leur intention. Le Pape désiroit qu'elle se traitât à Rome, et que le Roi eût pouvoir de tous ses alliés, attendu qu'il ne faudroit dire qu'en peu de mots que les choses demeureroient comme elles étoient, et que cependant le commerce seroit ouvert. Le Roi y eût bien consenti ; mais, de crainte que ses alliés ne l'eussent pas agréable, il répondit à Sa Sainteté qu'il lui sembloit qu'elle se traiteroit mieux à Cologne, où les députés de tous les intéressés seroient assemblés. Le nonce promit d'en écrire, mais désira que cela fût secret, craignant que, si les Espagnols savoient que le Roi voulût que ce fût à Cologne, ils se roidissent pour faire que ce fût à Rome. Sa Majesté le manda incontinent à tous ses alliés, et particulièrement aux Suédois et aux Etats, et leur fit savoir que le Pape, qui étoit le premier et principal médiateur de la paix, considérant les grandes difficultés qui se pourroient rencontrer à ajuster les intérêts de tous les princes qui se trouvoient intéressés à la paix générale, avoit estimé que le vrai moyen de faire cesser promptement le mal que recevoit toute la chrétienté par la continuation de la guerre, étoit de faire une suspension et trève générale entre tous les princes intéressés, sans omission d'aucun, pendant laquelle on pût plus à loisir et incessamment parvenir à la paix ; que, d'autant que, si ladite suspension générale étoit courte, ceux qui auroient maintenant quelque avantage par les armes s'y pourroient trouver intéressés, et ceux qui seroient en autre état pourroient aussi en tirer profit, Sa Sainteté avoit estimé que, pour éviter tous ces inconvéniens, ladite suspension devoit être pour le moins pour cinq ou six années, temps plus que suffisant pour éclaircir et terminer heureusement toutes sortes de différends, sans aucun préjudice des parties; que la proposition ci-dessus alloit à laisser toutes choses en l'état auquel elles sont maintenant, et à faire une longue trève par peu de discours et de paroles, puisqu'il ne seroit besoin d'autre chose que chacun demeureroit, pendant la durée de ladite trève, en possession de ce qu'il a, avec ouverture de commerce entre tous les sujets des divers princes; que les ministres du Pape désireroient que le Roi eût pouvoir de ses alliés, particulièrement de la couronne de Suède et de messieurs les Etats, de conclure cette trève à Rome; que le Roi avoit répondu qu'il ne croyoit pas pouvoir l'obtenir d'eux, et que même cela pourroit leur donner de l'ombrage; cependant qu'il leur en feroit la proposition, sans les presser d'y consentir; que, quant à la proposition de la trève générale et longue, le Roi et son conseil jugeoient que c'étoit le seul moyen de venir à la paix, et le plus avantageux qu'on puisse avoir. Pour ce qui est du lieu, le Roi avoit dit au nonce que Cologne sembloit le seul où l'on pût exécuter la proposition qu'il avoit faite, parce que toutes les parties y pouvoient être présentes, et y agir chacune pour soi; que ledit sieur nonce avoit reconnu cette pensée si raisonnable qu'il a désiré qu'on ne témoignât point de la part de la France qu'on y inclinât plus qu'à celle de traiter à Rome, afin que les Espagnols y vinssent d'autant plus volontiers qu'ils ne la croiroient pas désirée de la France; qu'en effet c'étoit la seule chose qu'on estimoit pouvoir être praticable, et que le Roi désiroit le plus afin de n'être point sujet aux soupçons de ses alliés, dont il désiroit le contentement et les intérêts plus que les siens. Enfin, Sa Majesté ajouta que, comme cette proposition pouvoit avoir son effet cet hiver si on faisoit une bonne et heureuse campagne, il n'en falloit espérer aucun fruit si on ne faisoit cet été des progrès de considération; et partant, qu'il étoit nécessaire de faire un effort plus grand qu'on n'avoit fait jusques alors; que Sa Sainteté avoit aussi proposé de commencer par une suspension d'armes générale dès à présent, ce que Sa Majesté avoit absolument rejeté, et soutenu qu'il falloit faire ou la paix ou la trève générale à longues années, l'épée à la main, d'autant qu'assurément les Espagnols n'y pourroient être induits que par la nécessité de leurs affaires. Pour ce qui regardoit les Suédois, Sa Majesté commanda au sieur d'Avaux d'y procéder avec beaucoup de circonspection, d'autant que ce sont peuples soupçonneux, et qu'il falloit leur ôter toute apparence que Sa Majesté leur proposât quelque chose de laquelle elle eût désir pour son intérêt, plutôt que pource que ce fût une chose qui lui eût été mise en avant par le Pape pour l'intérêt public de la chrétienté. Il leur fit représenter qu'elle leur étoit avantageuse, attendu qu'ils demeureroient cependant en possession de la meilleure part de la Poméranie, dont ils étoient possesseurs, laquelle possession, étant garantie par la France et ses alliés, non-seulement s'affermiroit beaucoup à l'avenir, mais leur donneroit force et appui d'entrer ci-après plus avant par cette porte dans le pays des ennemis communs, s'ils en donnoient nouveau sujet, ce que leur ambition immodérée ne leur permet jamais de demeurer long-temps sans donner; que Sa Majesté étoit d'avis que le terme de six ans pour la durée de ladite suspension étoit trop court; mais qu'il falloit au moins convenir de dix années, lequel terme seroit peut-être plus certain que celui d'une paix, que l'on fait d'ordinaire moins de difficulté de rompre peu après qu'elle est conclue, qu'une trève limitée à certain temps. Au reste, qu'ils ne devoient point entrer en soupçon que le Roi voulût condescendre à ladite suspension sans leur consentement, puisqu'il n'avoit pas même voulu parler de la paix sans en être premièrement convenu avec eux, et qu'il avoit toujours persisté à ne vouloir pas envoyer ses députés à Cologne qu'ils n'eussent auparavant été d'accord d'y envoyer les leurs.

Comme Sa Majesté donnoit ces avis à la couronne de Suède, elle ne manquoit pas de faire le même aux États de Hollande. Le prince d'Orange fut d'abord surpris quand on lui en parla, et demeura long-temps sans répondre au sieur de Charnacé, l'interrogeant, auparavant de dire son avis, si cette proposition venoit de lui ou de la cour. Il lui repartit qu'il étoit indifférent d'où elle venoit, pourvu qu'elle lui plût. A quoi il lui répondit que cela ne lui étoit point indifférent, pource que, si elle venoit de la part de Sa Majesté, il falloit absolument tâcher de s'accommoder à sa volonté; si de lui, il y falloit penser, et si des ennemis il la falloit appréhender et en tout cas tenir secrète, d'autant qu'assurément, si les peuples en avoient connoissance, ils la désiroient si fort d'une part et la fuyoient de l'autre, que les uns pour l'empêcher, et les autres pour l'avoir, brouilleroient tout. Il lui dit à cela que la proposition ne venoit ni du Roi, ni de lui, ni des ennemis, mais des médiateurs, notamment du Pape, qui en avoit écrit partout, et que Sa Majesté protestoit n'en vouloir ouïr parler que conjointement avec eux. Il l'arrêta alors, et le pria que cela n'allât donc pas plus avant, et que personne n'en eût connoissance; et, passant plus outre, lui dit que le terme de six ans étoit trop court, ne soulageant aucunement les États de leurs dépenses, outre qu'il s'y trouveroit toujours des difficultés pour le commerce, si on ne disoit qu'à leur égard et des Espagnols ladite suspension seroit en la même forme que celle de 1609, et au moins pour dix ou douze ans; en quoi il faudroit savoir comme ils l'entendroient pour les Indes, et si elles y seroient comprises ou non, et la mer aussi; que si les États y avoient voulu entendre seuls ils l'auroient eue bien plus avantageuse; néanmoins qu'il y falloit penser, et aviser comment il en faudroit parler aux États, qui sans doute craindroient infiniment qu'à la fin de la trève, si elle ne se pouvoit prolonger ni terminer en la paix, le Roi ne voulût pas rentrer en la guerre avec eux. Sur quoi le Roi fit dire audit prince qu'il y auroit moyen de faire ladite trève plus longue que de six ans, et que le roi de Hongrie avoit témoigné au résident de Venise à Vienne qu'il se porteroit à une trève de quinze ou vingt années. Quant aux autres difficultés pour le commerce des Indes et la mer, elles seroient à ajuster lorsque l'on traiteroit de ladite trève, et le Roi tiendroit la main que ce fût au contentement desdits sieurs les États. Pour le regard de ce que les États pouvoient entrer en doute si le Roi, à la fin de ladite trève, rentreroit en guerre conjointement avec eux, le traité satisfaisoit à cette difficulté, parce qu'il n'y avoit pas de doute que, dans lesdites six années, ou la paix générale seroit faite, et ainsi il ne seroit pas besoin de rentrer en guerre, ou bien, si elle ne se concluoit, on seroit dans les mêmes termes et obligations de la continuer qu'alors; que l'on ne voyoit pas quel sujet il pouvoit avoir eu de s'étonner de la communication qui lui avoit été donnée de la proposition de ladite trève générale, cette proposition ayant telle liaison avec celle de paix qui avoit été longtemps auparavant, que l'on avoit dû supposer par delà que la négociation de paix ne se pouvoit commencer à Cologne que par une telle trève générale, n'y ayant point de doute qu'il faudroit beaucoup de temps pour ajuster tant de différens intérêts que l'on avoit à discuter pour y parvenir; qu'il falloit remarquer que ladite trève proposée étoit seulement préparatoire à la paix, et qu'il seroit stipulé par icelle que l'on y travailleroit incessamment; de sorte que, quand même elle ne seroit que de cinq ou six années, il étoit comme certain que dans ce temps on conviendroit des conditions de ladite paix, et ainsi messieurs les États en auroient le même soulagement que d'une longue trève. Le prince d'Orange, après avoir pesé toutes ces raisons, trouva bonne cette suspension, pourvu qu'elle pût être de dix ou douze années, n'étant pas à propos que les États demeurassent en paix un plus long temps que cela; que si la paix se faisant entre les alliés à Cologne, elle ne pût être conclue entre le roi d'Espagne et lesdits États, on conviendroit avec ledit Roi et eux d'une longue trève, ou bien il se feroit d'abord une longue trève de dix ou douze années. Ledit prince trouva bon que le sieur de Charnacé proposât ladite trève à messieurs les États, qui ne s'en éloignèrent pas, ni même qu'elle se traitât à Rome, croyant qu'on y pouvoit plus facilement convenir qu'en aucun autre lieu.

Mais toutes ces peines étoient inutiles, car les Espagnols n'y voulurent jamais consentir, et l'esquivèrent toujours sous divers prétextes, sous lesquels ils cachoient leur mauvaise volonté. Premièrement, ils demandèrent que, puisque Sa Sainteté vouloit qu'elle se traitât à Rome, ils désiroient que Sa Majesté envoyât tout pouvoir au maréchal d'Estrées pour en traiter, et déclarât le traitement qu'elle entendoit qui fût fait aux princes dépouillés de leurs États. Il étoit aisé à Sa Majesté de satisfaire au premier point, mais non au second, qui ne dépendoit pas d'elle seule, mais bien plus de l'Empereur, qui avoit envahi les États de plusieurs princes : savoir est du Palatin, du duc de Wurtemberg, du duc de Weimar, et autres princes d'Allemagne, au lieu que le Roi ne tenoit que la seule Lorraine; aussi feignoient-ils de jour en jour des excuses nouvelles les unes après les autres. Sa Majesté néanmoins, pour montrer qu'elle ne manquoit à rien de sa part envoya tout pouvoir au maréchal d'Estrées pour faire ladite suspension en son nom et celui de ses alliés, à la charge que ladite trève et suspension générale seroit ratifiée de part et d'autre, tant par Sa Majesté et ses alliés d'une part, que par les princes de la maison d'Autriche et les leurs d'autre, six mois après la conclusion d'icelle; mais elle lui défendit de faire connoître à personne qu'il eût ledit pouvoir, qu'à Sa Sainteté seule, à laquelle il pourroit faire entendre que, quand elle auroit vu les pouvoirs des princes de la maison d'Autriche, et qu'elle auroit lieu de croire qu'ils voulussent traiter sincèrement, il ne tiendroit pas à Sa Majesté, ni à ses ministres, que la chrétienté ne jouît d'un prompt repos; que si lesdits ambassadeurs des rois de Hongrie et d'Espagne disoient qu'ils avoient lesdits pouvoirs, il ne communiqueroit point le sien que le Pape n'eût vu les autres, et que Sa Sainteté ne les lui eût fait voir, qui lors mettroit le sien entre les mains du Pape pour le faire voir auxdits ambassadeurs, avec promesse et assurance certaine de Sa Sainteté qu'il n'en seroit baillé copie à qui que ce fût. Elle lui commanda d'avoir égard que si l'on vouloit traiter sincèrement, il le falloit faire en peu de temps, dans lequel les articles de ladite trève se pouvoient facilement résoudre, remettant à la paix la décision de tous les intérêts particuliers; qu'il suppliât Sa Sainteté de prendre soin que la négociation se fît par des personnes secrètes et fidèles, avec grande injonction de secret, n'étant pas raisonnable que ledit maréchal traitât avec lesdits ambassadeurs, ni aucuns de leur part, y ayant beaucoup à se prendre garde des artifices des Espagnols; qu'il plût aussi à Sa Sainteté de défendre expressément à ses nonces de mettre entre les mains des princes de la maison d'Autriche et de ses ministres aucun papier par lequel ils pussent faire voir que le Roi consentoit de traiter de la trève à Rome ou ailleurs : lesdits nonces pourroient bien les en assurer de vive voix ; mais Sa Sainteté devoit au Roi cette bonne foi de ne donner par elle, ni par ses ministres, sujet aux Espagnols de mettre des soupçons dans l'esprit des alliés de Sa Majesté, contre ses bonnes intentions, et au préjudice de la trève et paix générale que le Roi ne feroit jamais sans eux. Le pouvoir que le Roi envoya au maréchal d'Estrées ne fut pas suivi de ceux que les rois de Hongrie et d'Espagne devoient envoyer à leurs ambassadeurs, où parut l'injustice de leur procédé à tous ceux qui n'étoient pas aveuglés de passion ; et on connut qu'ils crioient la paix de tous côtés, et ne faisoient aucune des choses qui dépendoient d'eux pour y parvenir. Il est vrai que si Sa Sainteté eût poursuivi avec plus d'égalité la paix ou la suspension générale, il en eût pu venir à bout plus facilement ; mais il la traitoit inégalement, demeurant deux ou trois mois sans en parler, puis en faisant trois dépêches coup sur coup, ce qui n'étoit pas un moyen de vaincre la mauvaise volonté des Espagnols.

Sa Majesté, sachant bien que la commisération qu'elle a de son peuple attire celle de Dieu, déchargea, dès le commencement de l'année, tous ses sujets contribuables aux tailles de la moitié de ce qu'ils devoient porter en ladite année des tailles, crues et autres levées ordinaires, et rejeta l'autre moitié par forme de prêt et emprunt, pour ladite année seulement, sur les villes et bourgs les plus forts de son royaume, à la charge qu'ils seroient par après remboursés par Sa Majesté du principal et intérêts dudit emprunt. Et enfin voyant tous les moyens humains ou foibles d'eux-mêmes, ou agissant plus foiblement qu'ils ne devoient, pria et convia tous les évêques de son royaume, qui pour diverses affaires, qui plus qui moins nécessaires, étoient à la suite de la cour, de se retirer dans leurs diocèses, et y faire des prières et des processions générales, pour demander à Dieu sa bénédiction pour la paix de la chrétienté, afin qu'il fît la grâce à ceux qui la moyennoient de s'y porter avec plus d'affection et de suite, et de bénir leur travail, et avoir pitié des soupirs des peuples qui gémissoient sous le faix de tant de calamités publiques et particulières.

Et, quant et quant, reconnoissant que depuis son avénement à la couronne, et particulièrement ès mouvemens présens, Dieu avoit daigné prendre un soin si spécial de sa personne et de son Etat, que tout le cours de son règne étoit plein d'effets merveilleux de sa bonté; que sa divine Majesté, dès qu'il étoit entré au gouvernement, avoit conservé la foiblesse de son âge contre les mauvais esprits qui en vouloient troubler la tranquillité; qu'en divers autres temps, l'artifice des hommes et la malice du diable ayant suscité et fomenté des divisions non moins dangereuses pour sa couronne que préjudiciables au repos de sa maison, il lui avoit plu en détourner le mal avec autant de douceur que de justice; que la rebellion de l'hérésie ayant aussi formé un parti dans l'Etat, qui n'avoit autre but que de partager son autorité, il s'étoit servi de Sadite Majesté pour en abattre l'orgueil, et avoit permis qu'il eût relevé ses saints autels en tous les lieux où la violence de cet injuste parti en avoit ôté les marques; que s'il avoit entrepris la protection de ses alliés, il avoit donné des succès si heureux à ses armes, qu'à la vue de toute l'Europe, contre l'espérance de tout le monde, il les avoit rétablis en la possession de leurs Etats dont ils avoient été dépouillés; que si les plus grandes forces des ennemis de sa couronne s'étoient ralliées pour conspirer sa ruine, il avoit confondu leurs ambitieux desseins, pour faire voir à toutes les nations que, comme sa providence avoit fondé son Etat, sa bonté le conservoit et sa puissance le défendoit; Sadite Majesté crut qu'elle seroit coupable vers sa divine justice, si elle différoit davantage la reconnoissance de tant de grâces qu'elle avoit reçues de sa divine bonté; et partant, sans attendre la paix qu'elle espéroit lui devoir venir de la même main dont elle avoit reçu tant de biens, et qu'elle désiroit avec ardeur pour en faire sentir les fruits aux peuples qui lui étoient commis, Sa Majesté, se prosternant aux pieds de la Majesté Divine que nous adorons en trois personnes, à ceux de la sainte Vierge et de la sacrée Croix, où nous révérons l'accomplissement des mystères de notre rédemption, par la vie et la mort du Fils de Dieu en notre chair, se consacra à la grandeur de Dieu par son Fils rabaissé jusques à nous, et à ce Fils par sa Mère élevée jusques à lui, en la protection de laquelle il mit particulièrement sa personne, son Etat et sa couronne, et tous ses sujets, pour obtenir par ce moyen celle de la Sainte-Trinité par son intercession, et de toute la Cour céleste par son autorité et son exemple. Et, reconnoissant que ses mains n'étoient pas assez pures pour présenter ses offrandes à la pureté même, il crut que celles qui ont été dignes de la porter les rendroient hosties agréables, étant chose bien raisonnable qu'ayant été médiatrice des bienfaits que Sadite Majesté avoit reçus de Dieu, elle le fût de ses actions de grâces (1). Pour cet effet, elle fit publier une déclaration qu'elle prenoit la très-sainte et très-glorieuse Vierge pour protectrice spéciale de son royaume, lui consacrant particulièrement sa personne, son Etat, sa couronne et ses sujets, la suppliant de vouloir lui inspirer une si sainte conduite, et défendre avec tant de soin ce royaume contre les efforts de tous ses ennemis, que, soit qu'il souffrît le fléau de la guerre, ou jouît de la douceur de la paix, qu'il demandoit à Dieu de tout son cœur, il ne sortît point des voies de la grâce qui conduisent à celles de la gloire. Et, afin que la postérité ne pût manquer de suivre ses volontés en ce sujet, pour monument et marque immortelle de la consécration présente qu'il faisoit, il résolut de faire construire de nouveau le grand autel de l'église cathédrale de Paris, avec une image de la Vierge, qui tiendroit entre les bras celle de son précieux Fils descendu de la croix, et se faire représenter aux pieds du Fils et de la Mère, comme leur offrant sa couronne et son sceptre, et convia tous les évêques de son royaume de faire à l'avenir tous les ans commémoration au jour de l'Assomption, à la grand'messe, de ce vœu de Sa Majesté, et de faire, après les vêpres dudit jour, une procession solennelle en leurs églises cathédrales, et commander que le même fût observé en toutes les églises, tant paroissiales que celles des monastères de leurs diocèses; et d'autant qu'il y a plusieurs églises épiscopales qui ne lui sont point dédiées, elle convia lesdits archevêques et évêques, en ce cas, de lui dédier la principale chapelle desdites églises, pour y être fait ladite cérémonie, et d'y élever un autel avec un ornement convenable à une action si célèbre, et d'admonester tous les peuples d'avoir une dévotion particulière à la Vierge, d'implorer en ce jour sa protection, afin que, sous une si puissante patronne, le royaume fût à couvert de toutes les entreprises de ses ennemis, qu'il jouît longuement d'une bonne paix, que Dieu y fût servi et révéré si saintement, que Sa Majesté et ses sujets pussent arriver heureusement à la dernière fin pour laquelle nous avons tous été créés (2).

Les Espagnols cependant, qui, d'autant moins qu'ils vouloient la paix, essayoient d'autant plus d'en rejeter l'empêchement sur le Roi, firent faire à Rome un livre sanglant contre le gouvernement présent de l'état de France, et, n'osant pas directement accuser le Roi, attaquoient le cardinal, et, pour rendre leurs calomnies plus croyables, empruntèrent le nom du sieur du Nozet, auditeur de rote, pour, sous quelque prétexte d'ancienne amitié entre eux, faire couler plus doucement les calomnies qu'ils mettoient en avant, sous ombre de la franchise et de la liberté qui est accoutumée entre les amis. Le sieur du Nozet, voyant ce libelle publié sous son nom, écrit au cardinal, le désavoue, accuse sa mauvaise fortune, et qu'on se soit méchamment servi de son nom à un si détestable office, et plus encore qu'il n'en puisse découvrir l'auteur, afin de le faire châtier selon qu'il le méritoit. Cet auteur ne met rien en avant de nouveau contre le cardinal; ce sont les mêmes suppositions et les mêmes mensonges qui avoient été déjà publiés par divers calomniateurs, excepté qu'il les étale avec ordre et paroles différentes. Il veut faire paroître qu'il n'a pas traité Monsieur avec le respect qui lui est dû, l'ayant fait revenir de Flandre pour être esclave en France, servant de gage à la foi qu'il a promise à Sa Majesté. Imputation bien inconsidérée; car à quel homme sensé pourroit-il faire croire qu'il fût convenable à Monsieur d'être à Bruxelles pour y vivre en liberté, et non plutôt en France où il tient le rang qui est dû à sa naissance? Qui le peut avec apparence feindre être prisonnier, quand il est à Paris dans les terres de son apanage, révéré comme l'héritier présomptif de la couronne? et qui le peut avec sagesse représenter comme libre lorsqu'il étoit à Bruxelles, d'où il se retira par la prudence du cardinal, recouvra avec adresse la liberté qui avec ruse lui avoit été ôtée, et d'un même art abusa les maîtres mêmes de la trom-

(1) C'est ici le préambule à peu près littéral de la déclaration qui va suivre.

(2) Quoique la déclaration du vœu de Louis XIII n'ait été publiée que le 10 février 1638, elle est ici parfaitement à sa place. Elle fut conçue, faite et résolue dès le commencement de l'année 1637. Grotius en parloit au mois de novembre suivant comme d'une chose déjà communiquée au parlement de Paris.

perie, lesquels, d'autant qu'ils ne purent l'attraper pour l'arrêter, protestèrent de ne l'avoir jamais gardé, et de lui avoir laissé sa pleine liberté? Le cardinal, disoit-il, avoit excité les guerres étrangères qui étoient en la chrétienté, pour divertir les Français d'entreprendre contre sa grandeur et de susciter des guerres civiles en l'Etat. Il étoit cause, à son compte, des désolations de l'Allemagne et de la descente des Suédois en l'Empire; il vouloit faire tomber au Roi la couronne impériale; il sollicitoit le Turc de descendre en Hongrie; il détournoit Fridland du service de l'Empereur; enfin il endormoit, disoit-il, le Pape, et l'abusoit, l'empêchant de croire aux Espagnols, et étoit le seul obstacle opposé à l'accommodement des princes chrétiens, et retardoit la paix que les soupirs de l'Eglise demandoient à Dieu, ennemi de la dissension entre ses enfans qui professent sa religion. Mais quelle apparence de raison à ces choses? Premièrement, nous avons éteint nos guerres civiles ou les avons réduites à l'extrémité, auparavant que d'être venus aux guerres étrangères, et partant nous n'avons pas suscité les étrangères pour nous garantir des civiles. En second lieu, quelle est la guerre étrangère laquelle étant suscitée nous ait donné sujet de ne plus craindre une guerre civile, ou laquelle éteinte nous ait donné sujet de l'appréhender? Quand la faction de l'hérésie s'arma contre le Roi en 1624, la guerre étrangère que nous fîmes en Italie en 1625, ne fut pas un moyen de l'éteindre, mais plutôt une occasion de l'allumer davantage, nos hérétiques voyant les forces du Roi divisées et détournées d'eux pour être employées contre les Espagnols; mais nous l'entreprîmes courageusement, pource que les raisons de l'Etat ne permettoient pas que nous souffrissions que les Espagnols, se prévalant de nos dissensions domestiques, achevassent de ruiner et d'anéantir nos alliés. Et partant, cette guerre étrangère ne nous donna pas lieu de nous prévaloir contre nos rebelles, mais au contraire diminuoit au Roi le moyen de le faire avec toute la puissance qu'il l'eût fait sans cela. De dire aussi que nous entreprenons la guerre au dehors de peur qu'il n'en naisse au dedans du royaume, ce sont pensées d'hommes peu intelligens; car tant s'en faut que cela les détourne, qu'au contraire cela leur donne un faux jour pour croire qu'ils la peuvent entreprendre avec avantage, et au lieu de l'assoupir la font naître, d'autant que les sujets rebelles sont d'eux-mêmes foibles à l'égard du prince, et ne peuvent d'ordinaire faire la guerre avec apparence de succès, qu'ils ne soient assistés d'étrangers plus puissans qu'eux;

ce que le roi d'Espagne nous a bien fait expérimenter en France, où, pour nous empêcher de lui faire la guerre, il ne s'est pas contenté de donner secours d'argent à nos rebelles, mais, tandis que nous étions empêchés à La Rochelle, suscita la guerre de Casal, croyant que nous n'aurions pas la hardiesse ou le moyen de défendre ce prince, en étant empêchés par les troubles du duc de Rohan. D'accuser le Roi des désolations de l'Allemagne, c'est aussi sans aucune apparence de raison à ceux qui sans passion considéreront l'histoire de ce qui s'y est passé: au contraire le Roi est si religieux, que lorsque le roi d'Espagne animoit les Rochelois par de fausses espérances à résister à son autorité, et envoyoit Gonzalès à Casal pour dépouiller le duc de Mantoue, Sa Majesté, prévoyant les maux qui s'en ensuivroient en la chrétienté, ne voulut pas entreprendre de secourir ce prince, que premièrement les théologiens ne lui eussent déclaré que Dieu l'y l'obligeoit, et que les misères de cette guerre ne lui seroient point imputées puisqu'il n'en étoit pas la cause, mais entroit simplement en la défensive du prince qui étoit injustement attaqué.

De cet injuste attentat d'Espagne en Italie, sont provenues toutes les désolations en Allemagne; c'est à lui, non au Roi, que doit être attribuée la venue du roi de Suède, qui, de long-temps appelé par les protestans d'Allemagne, et balançant entre le désir et la crainte d'une si glorieuse et si dangereuse entreprise, se résolut d'y venir lorsqu'il vit toutes les forces d'Allemagne non-seulement diverties, mais péries en Italie, et crut pouvoir prendre avec avantage cette occasion de descendre en la Poméranie. Le Roi pourroit-il être blâmé quand il l'auroit fait venir, sous prétexte que ledit Roi étoit hérétique? Le Roi ne pouvoit-il avoir d'alliance avec lui, comme l'Empereur, qui se disoit si grand catholique, a fait la paix de Prague avec les protestans, à la charge qu'il ne sera parlé de quarante ans de la religion? article qui est bien encore pire que celui de l'intérim, lequel, bien que par quelque violence qui lui ait été faite jusques ici n'ait pu mourir, néanmoins défailloit de soi-même par manque de vertu, et l'Empereur le pouvoit déclarer fini quand il l'eût voulu, s'il ne lui eût point prolongé un nouveau terme. Cette paix est faite déterminément pour faire la guerre au Roi, fils aîné de l'Église, qui a tant fait de bien au Saint-Siége, outre que l'Empereur s'oblige de secourir les hérétiques, s'ils en ont besoin; ce qui est un témoignage de l'amitié qui est entre eux, et qui fait qu'on ne peut pas accuser de peu de révérence vers l'Église ceux qui ne risquent pas leur vie pour la défense des hérétiques, mais bien celle des hérétiques pour la leur, et non pour autre sujet que pour défendre le bien et l'État de leur ami. Si la maison d'Autriche se sert d'hérétiques contre le Roi, pourquoi ne s'en serviroit-il pas contre eux? Charles-Quint ne commença-t-il pas d'amener en France ses bandes noires, qui étoit le nom qu'il donnoit aux protestans qu'il conduisoit pour faire la guerre au Roi? Que la maison d'Autriche fasse encore maintenant la revue de toutes ses armées, et en casse tous ceux qui ne font pas profession de la religion catholique, et nous verrons quelles troupes leur demeureront, et quelle conquêtes ils pourront faire avec cela? Quelle différence y a-t-il de se servir d'hérétiques qui sont nos voisins ou nos sujets, ou d'hérétiques qui sont appelés des provinces les plus éloignées de nous, sinon que c'est une plus grande gloire au Roi d'avoir aperçu jusqu'aux parties les plus reculées du soleil une puissance hérétique qui ait pu délivrer l'Italie d'une si cruelle guerre que l'Espagnol lui avoit suscitée, et, comme un Archimède, tirer, d'entre les peuples qui habitent sous une étoile immobile, un prince qui ait aidé à détourner par force les armes espagnoles de l'injuste invasion des Etats de Mantoue qu'elles avoient injustement entreprise; d'avoir guéri la chrétienté d'un mal qui alloit détruisant, en purgeant l'Allemagne de ses humeurs malignes par un remède recherché de si loin, et d'avoir tiré, non d'une pierre froide, mais d'un climat glacé, un feu salutaire qui, consumant la maison de nos ennemis, ait délivré celle de nos amis?

Quand donc il seroit vrai que le Roi auroit appelé le roi de Suède en Allemagne, il n'en pourroit être blâmé, et principalement par la maison d'Autriche, qui s'est servie des mêmes armes contre lui; mais c'est l'ambition espagnole qui l'y a appelé, et l'entreprise des Etats de Mantoue qui lui en a donné le moyen, le Roi n'ayant fait alliance avec ledit roi de Suède, comme nous avons vu aux années précédentes, qu'il ne fût déjà descendu en la Poméranie; et, s'il n'eût passé la mer, l'Italie seroit encore aujourd'hui consommée par les armes allemandes qui, en ayant goûté les richesses, s'y trouveroient encore: comme un ambassadeur que l'Empereur envoya aux princes d'Italie pour avoir secours contre les Suédois, dit à l'un d'eux, le prenant pour un autre auquel il avoit charge peut-être de parler ainsi pour lui avoir promis quelque part dans les conquêtes imaginaires d'Italie, que les armes impériales y seroient encore, si la nécessité ne les avoit obligées d'en partir; qu'ainsi ne soit, dès la diète de Ratisbonne, les Suédois parurent en Allemagne, et ensuite de leurs exploits seulement suivit la paix de Quiérasque et la sortie des Allemands hors d'Italie. De dire que le Roi ait suscité cette guerre en Allemagne pour se faire élire empereur, c'est une accusation bien mal fondée, tant pource qu'il est certain que ce n'est pas Sa Majesté qui l'a excitée, que pource qu'elle n'a pas sujet d'envier rien à l'Empire, et que cette dignité non-seulement lui seroit inutile et ne serviroit de rien à la grandeur de la France, mais au contraire la dépouilleroit de ses richesses pour en enrichir l'Allemagne. Si le Roi en eût eu le dessein, et qu'il lui eût plu, après la bataille de Leipsick, entrer avec une armée en Allemagne, qu'eût fait l'Empereur, où se fût-il retiré, où eût-il eu lieu pour assembler des troupes, et que lui fût-il resté, que la honte et le souvenir de ce qu'il avoit été? Cela est si clair qu'il est impossible d'y faire aucune réponse. Aussi peu est-il véritable que le Roi ait sollicité le Turc de venir en Hongrie, et qu'il ait voulu faire soulever Fridland contre l'Empereur. Car, quant au Turc, on pourroit dire que le traitement qui avoit été fait à notre ambassadeur qui étoit en Turquie, montroit le peu d'intelligence qu'il y avoit entre lui et nous pour faire une telle entreprise; mais, outre cela, la Perse occupoit toutes les forces de ce grand empire, qu'on n'a depuis trois cents ans jamais vu entreprendre deux guerres à la fois. Et tant s'en faut que le Roi sollicitât le Turc à la guerre contre la maison d'Autriche, qu'au contraire nous ayant souvent offert ses galères, et particulièrement depuis la prise des îles de Sainte-Marguerite et Saint-Honorat, le Roi les a toujours refusées, estimant ses armes, secondées de la bénédiction de Dieu, assez puissantes pour se défendre de ses ennemis. Et les Espagnols, non peut-être avec un dessein louable pour la chrétienté, ont fait cette année, par le résident de l'Empereur à Constantinople, de grandes instances vers le Turc pour entrer en alliance et confédération avec lui.

Pour Fridland, il étoit si ennemi de notre nation, qu'il n'étoit pas capable de traiter avec nous quand nous l'eussions voulu; outre qu'on n'est pas d'accord qu'il ait eu aucune intention de desservir son maître, mais seulement d'avoir loisir de lui faire entendre ses raisons, lorsqu'il s'est vu réduit à l'extrémité par la machination des Espagnols. De dire que le Roi ait endormi le Pape et sillé ses yeux, obligés à veiller pour le bien de la chrétienté, lui déguisant les maux qui étoient faits par les hérétiques à notre sollicitation, en lui persuadant qu'il lui seroit plus aisé de feindre de ne les voir pas que non pas, en donnant quelque témoignage de les voir, dissimuler l'obligation qu'il avoit d'y remédier, d'autant qu'il se seroit ôté par ce moyen l'autorité médiatrice entre les princes de faire office pour la paix, n'étant plus capable d'apaiser une colère irritée parce qu'il ne se seroit pas opposé à celui qui l'auroit émue; c'est, en faisant semblant d'accuser le Roi et le cardinal, jeter ses calomnies contre Sa Sainteté même, et c'est encore avec une malice non moindre vouloir faussement excuser les Espagnols du peu de compte qu'ils ont fait de Sa Sainteté pour la paix, en rejetant sur elle le blâme de leur crime. Car, quand ont-ils vu le Pape non-seulement endormi, mais non pas même sommeillant pour le repos de la chrétienté? L'ont-ils trouvé endormi, lorsque Ferdinand II, lui demandant de l'argent pour maintenir la guerre qu'il prétendoit être contre les hérétiques, il l'en assista incontinent avec plus de libéralité que peut-être le médiocre revenu de l'Église ne le requéroit? Ou l'étoit-il lorsque le roi d'Espagne lui demanda une subvention sur le clergé, laquelle il lui accorda jusques à 600,000 écus de rente? Mais il nous seroit peut-être pardonnable de dire qu'ils l'ont véritablement trouvé dormant, lorsque l'armée impériale, au siége de Mantoue, étant réduite à telle extrémité qu'elle mouroit de faim, il défendit, bien apparemment sous de grandes peines, la traite des blés hors de ses États, mais ne laissa pas néanmoins d'en laisser passer par Ferrare une si grande abondance, que leur armée, qui se défaisoit sans cela, en fut maintenue; et le Roi, par respect de Sa Sainteté, ne s'en plaignit pas. Ou lorsque Sa Sainteté, au lieu d'user de l'autorité paternelle, avec ce que l'amour de père peut porter de rigueur, se contenta de lui représenter simplement, auparavant et après qu'il eut envoyé une armée en Italie, la raison et la justice du duc de Nevers, pour le convier à la lui faire, et, ne le pouvant obtenir, ne témoigna pas d'indignation du peu de compte que l'on avoit fait de ses offices paternels; ce que nous devons attribuer à ce qu'il savoit bien que le cœur de l'Empereur étoit assez porté à accorder toutes les grâces qu'il lui demanderoit, et plus encore à satisfaire à son devoir; mais qu'il étoit environné de plusieurs suppôts d'Espagne, qui, comme autant de têtes de Méduse, l'endurcissoient.

Si quelqu'un se pouvoit plaindre de cette neutralité du Pape, c'étoit le Roi, car il avoit pris en main une cause juste, recommandée par Sa Sainteté même; laquelle, sachant la différence de la justice d'une part et d'autre, néanmoins demeuroit indifférente entre les deux : en quoi elle se montroit plus partiale de la maison d'Autriche que de lui. Mais il ne s'en voulut point offenser, d'autant qu'aux services que ses prédécesseurs avoient rendus au Saint-Siége, il désira ajouter celui-ci, de croire que, comme il est vicaire de Dieu en terre, il lui ressemble en sa conduite, et ne faisant rien qu'à dessein de notre bien, il nous est favorable et bienfaisant alors même que nous en recevons du mal. Enfin cet auteur se plaignoit de Sa Sainteté, voulant faire croire qu'elle ne faisoit pas ce qu'elle pouvoit pour la paix, d'autant qu'elle ne se déclaroit pas absolument contre le Roi; au lieu qu'il eût été plus raisonnable de dire qu'elle ne le faisoit pas, pource qu'elle ne se déclaroit pas contre l'Espagne, qui en étoit le seul empêchement; ce qui est évident, non-seulement par les difficultés déraisonnables qu'ils ont fait et font naître tous les jours sur le sujet des passeports, mais principalement par le refus qu'ils ont fait du cardinal de Lyon, que le Roi avoit élu plénipotentiaire en l'assemblée de Cologne. En quoi ils ont fait paroître manifestement l'esprit trompeur avec lequel ils y vouloient agir, ayant désiré traiter avec un homme qu'ils savoient être hors d'apparence de pouvoir être gagné ou surpris.

Après avoir représenté l'ordre que le Roi a mis durant cette année aux affaires du dehors de son royaume, il est raisonnable que nous montrions celui qu'il a apporté à celles du dedans, tant contre les ennemis étrangers que contre les rebellions de ses sujets. Les Espagnols avoient surpris l'année dernière les îles de Sainte-Marguerite et de Saint-Honorat. Cette année, enhardis par ce succès, ils entreprennent le siége de Leucate : le Roi remédie à l'un et à l'autre. Quelques cabales se font dans son État, quelques-uns de ses sujets se rebellent contre lui, et refusent de contribuer aux nécessités de l'État; Dieu lui fait la grâce de pourvoir à tout. Nous parlerons premièrement de la bénédiction que Dieu lui donne de chasser les ennemis du dehors, qui sont la première cause des troubles du dedans; puis nous dirons comme il dissipe facilement les désordres du dedans de l'État.

Nous avons vu ci-devant comme les Espagnols s'étoient saisis des îles de Sainte-Marguerite et de Saint-Honorat en l'année 1635; et bien qu'ils en pussent être dès le commencement facilement chassés, néanmoins, par le peu de devoir qu'y rendit le maréchal de Vitry, ils eurent loisir de s'y fortifier si puissamment, que le Roi fut contraint de faire équiper une grande armée navale, en l'année précédente, pour les en chasser. Cette armée, pour les raisons que nous avons déduites en l'année précédente, n'ayant pu faire cet effet, eût ordre précis de l'entreprendre cette année, ce qu'elle fit heureusement; et n'eût pas si long-temps tardé, n'eût été qu'elle fut long-temps occupée pour charger les gens de guerre que le Roi vouloit envoyer au secours du duc de Parme. Comme ils étoient embarqués au commencement de février, et prêts à faire voile, le sieur Fabio Scoti, qui étoit là de la part dudit duc pour hâter ce secours, leur déclara qu'il venoit de recevoir des nouvelles de son maître; que ses affaires n'ayant pu souffrir une si longue attente, il s'étoit accordé avec le roi d'Espagne. Ils prirent un dessein sur-le-champ d'aller employer leurs vivres à quelque entreprise sur la Sardaigne, attendant l'ordre du Roi sur cet avis inopiné. Ils mettent l'armée à la voile le 13 février, et mouillèrent le 21 dans la baie d'Oristan, défendue d'une tour de vingt-quatre toises en carré, et d'une épaisseur incroyable de murailles, bien munie de canons et de mousqueterie. L'étonnement que causa notre venue fut néanmoins si grand, qu'une sentinelle sur la tour ayant été tuée d'un coup de canon, ils l'abandonnèrent sans défense; le comte d'Harcourt y mit garnison, et mena les troupes en bataille droit à Oristan, qui est une grande ville des meilleures de l'île, distante d'une lieue et demie de la mer. Sur le chemin les députés de la ville arrivèrent, qui demandèrent quelque temps à se résoudre à ce qu'ils auroient à faire; ce que n'ayant pu obtenir parce qu'on ne vouloit pas donner le temps au secours de s'assembler, ils retournèrent à la ville, qui fut dès le jour même abandonnée de tous les habitans. On y trouva une très-grande quantité de meubles, de blés et de vins, que l'archevêque de Bordeaux voulut faire charger dans ses vaisseaux; mais la négligence que l'on y apporta nous en ôta le temps et en empêcha l'effet. Cependant le comte d'Harcourt alla avec le gros des troupes s'opposer aux ennemis, qu'il fit fuir devant lui deux ou trois jours durant en toutes les rencontres; mais enfin toute l'île s'étant assemblée pour les combattre, et n'y étant pas allés pour la prendre, mais seulement pour y faire quelque ravage, ils mirent le feu à la ville, et se rembarquèrent le 26, escarmouchant toujours à leur retour avec les ennemis, et se retirant courageusement en leur présence.

A peu de jours de là, ayant reçu commandement du Roi de faire l'attaque des îles (1) à quelque prix que ce fût, ils firent voile le 28 février, et s'en allèrent mouiller au Gourjan, proche de Cannes, où ayant aperçu dans le Frioul un vaisseau de huit à neuf cents tonneaux, qui avoit apporté du rafraîchissement aux îles, lui envoyèrent un brûlot qui le réduisit en cendres, avec la mort presque de tous les hommes qui étoient dedans; et ce qui porta plus de préjudice aux ennemis, c'est que leur port de Frioul étoit par ce moyen empêché, et leurs galères n'y avoient plus la descente libre. Le sieur de Beaufort (2) arriva lors de la cour, qui avoit ordre du Roi de voir séparément le comte d'Harcourt et le maréchal de Vitry, afin de leur dire en particulier, au déçu l'un de l'autre, que Sa Majesté, ayant su le retour de l'armée navale de Sardaigne sans y avoir produit aucun effet, avoit conçu de nouveaux désirs de voir réussir le dessein de l'attaque des îles, et l'avoit envoyé exprès pour apprendre d'eux quand ils espéroient, au vrai et sans remise, le pouvoir exécuter. S'ils lui disoient qu'ils étoient tout prêts d'accepter ce dessein, il les supplieroit de lui dire par quelle voie ils espéroient parvenir à une si digne et si glorieuse entreprise, dans quel jour ils faisoient état de l'exécuter, et les moyens qu'ils avoient pour cet effet; dont il ne se contenteroit pas d'être instruit de paroles, mais prendroit connoissance du détail, et verroit lui-même tous les préparatifs et la disposition qu'ils donneroient à cette entreprise, soit pour les munitions de guerre ou de bouche, armes, bateaux, canons, victuailles, et vaisseaux pour porter les gens de guerre, et généralement tout ce qui étoit nécessaire; que s'étant satisfait lui-même, et ayant reconnu au vrai que l'un ou l'autre pourroit exécuter ce dessein, ou qu'ils le pourroient l'un et l'autre, il reconnoîtroit bien certainement lequel des deux desseins seroit en état d'exécuter le premier, et auquel il verroit le plus d'apparence de bon succès, selon les règles de la prudence, il conféreroit secrètement de tout avec les sieurs de Baumes et de Fremicourt, les prieroit de lui dire leurs sentimens avec la sincérité qu'ils sont obligés en leur conscience, lequel ils estimeroient le plus capable, dudit comte ou du maréchal, et le plus en état de faire réussir ce dessein, afin que, suivant leurs avis, il leur fît savoir la volonté du Roi, dont il leur feroit voir l'ordre qu'il en avoit; Sa Majesté désirant que ledit sieur de Beaufort se conformât à ce qu'il auroit concerté sur ce sujet avec lesdits sieurs de Baumes et de Fremicourt; que la résolution étant prise entre eux, il iroit trouver celui qui devroit faire l'exécution, soit ledit comte d'Harcourt ou ledit maréchal, et lui feroit voir la seconde lettre de Sa Majesté, qui étoit pour obliger celui qui ne seroit pas prêt à cette exécution d'en laisser la conduite à l'autre qui en seroit chargé; lui disant qu'il avoit commandement exprès du Roi de le prier, non-

(1) Françaises.

(2) On a vu que c'était un gentilhomme du cardinal.

seulement de ne point troubler une entreprise si importante par les effets que peut produire une mauvaise intelligence, mais d'assister celui-là qui se trouveroit prêt à attaquer de tout son pouvoir; le conjurant par l'affection qu'il auroit au bien de l'Etat, et autant qu'il désiroit plaire à Sa Majesté, de lui donner tout ce qu'il désireroit de lui avec la même chaleur que si c'étoit lui qui conduisît cette attaque; l'assurant que Sa Majesté ne lui en sauroit pas moins de gré que si en personne il reprenoit les îles, et qu'il témoigneroit à son retour la bonne volonté avec laquelle il se seroit comporté en cette rencontre; et s'il avoit charge de celui qui exécuteroit le dessein de demander à l'autre des hommes, vivres, munitions, artillerie, poudre, et généralement ce qui étoit en l'étendue de son pouvoir, il feroit tant d'instance auprès de lui qu'il les fît fournir ponctuellement, y employant son adresse, et même le nom et l'autorité du Roi s'il étoit besoin. Ledit sieur de Beaufort effectua ces ordres, et, trouvant le comte d'Harcourt en plus d'état et de disposition de servir le Roi en cette attaque que le maréchal de Vitry, il convia ledit maréchal, au nom de Sa Majesté, selon qu'il en avoit le commandement, d'assister de l'autorité du Roi, de son crédit et des forces du pays ledit comte d'Harcourt, ce dont néanmoins il s'acquitta très-mal; mais le bonheur de Sa Majesté et le courage de ses fidèles serviteurs surmontèrent toutes les difficultés qui s'y rencontrèrent.

Notre armée navale attaqua les îles le 24. L'archevêque de Bordeaux écrivit en cour que c'avoit été de son avis, et contre celui du comte d'Harcourt. Ledit comte, au contraire, manda que c'étoit suivant le sien, et contre celui dudit archevêque. Quoi qu'il en soit, ce fut en suivant le commandement absolu du Roi que Dieu fit réussir heureusement ce dessein; car ladite armée alla mouiller à la pointe du levant de l'île Sainte-Marguerite, battit, depuis cinq heures du matin jusques à sept heures du soir, les retranchemens des ennemis, les abattit en partie, et fit brèche à un fort qu'ils appeloient le fortin; mais comme ils vouloient donner, il s'éleva une si grande tempête qu'elle dissipa toute l'armée, avec perte d'une partie des préparatifs qu'ils avoient faits pour la descente et l'attaque. Ils réparèrent toutes choses dès que la tourmente fut passée, et le 20 retournèrent au même poste; et après avoir battu de nouveau les retranchemens que les ennemis avoient refaits, ils descendirent avec telle furie, à la merci de toutes les mousquetades des ennemis, qui étoient tous sortis de leurs forts pour s'opposer aux nôtres, qui ne les attaquoient que de ce côté-là, qu'ils se rendirent maîtres de leurs retranchemens, où ils allèrent l'épée à la main, ayant quitté leurs mousquets dès qu'ils en eurent tiré un coup. Etant descendus en terre, ils prirent d'abord le fortin qui étoit à la pointe du levant et toutes les redoutes jusques au fort de Montereï, auquel étant prêts le lendemain de donner l'assaut par escalade, les ennemis le quittèrent en si grande hâte, qu'ils le laissèrent garni de toutes sortes de provisions, de quatre canons et de poudre; mais ils avoient mis sur lesdites poudres des mèches allumées pour faire tout sauter; ce que nous empêchâmes, parce que nous y arrivâmes sitôt après eux qu'elles n'eurent pas loisir de faire leur effet. Nous pointâmes à l'heure même contre eux le canon que nous leur avions pris. En même temps nous commençâmes à avancer nos travaux vers le fort de Saint-Martin, où il y avoit un bon puits, de là au fort d'Aragon, qui est au ponant, et à la tour de Batignier, afin que, nous étant rendus maîtres de ces places, nous enfermassions la grande forteresse qu'ils avoient nommée *Sainte-Marguerite*, du nom de l'île. Nous allâmes jusques audit fort d'Aragon, de redoute en redoute, pour aller sûrement à l'Espagnol, d'autant que nous eûmes avis que les Espagnols avoient embarqué six mille Napolitains et cinq cents Espagnols naturels sur quatorze galères et deux brigantins de Naples et de Gênes. Elles vinrent en présence, et firent leur premier effort de mettre leur secours en terre dans l'île Sainte-Marguerite le 15 avril; elles en firent encore quatre ou cinq autres les jours suivans, mais elles furent maltraitées et contraintes de se retirer; car six de nos galères, séparées dans les deux escadres de nos vaisseaux, les remorquoient tous les soirs autour de l'île, et y faisoient une estacade avec de grandes amarres, dont les intervalles étoient gardés par quantité de petits vaisseaux et chaloupes, comme on avoit fait au siège de La Rochelle. Cette garde soigneusement continuée fit perdre aux ennemis l'espérance de pouvoir secourir la place; ils se retirèrent à Morgues pour raccommoder leurs galères blessées, et en même temps nos redoutes arrivèrent jusques à Aragon; et ayant mis six canons en batterie et un mortier qui jetoit des bombes de trois livres, ceux qui étoient dedans demandèrent à capituler, et furent reçus à composition le 20 avril.

Les nôtres s'avancèrent à la tour de Batignier, située entre la grande forteresse et le fort d'Aragon sur le bord de la mer, et se logèrent, et le lendemain s'avancèrent à la fontaine qu'ils leur ôtèrent, et ensuite ladite tour se rendit le jour même. Il ne restoit plus que la grande forteresse, que l'on attaqua vivement sans perdre temps.

14.

Les batteries des Espagnols qui étoient dans Saint-Honorat incommodant nos tranchées, le général des galères tourna ses galères contre lesdites batteries, rasa toutes leurs défenses, démonta la plupart de leurs canons, et rendit toutes lesdites batteries inutiles. Ensuite nous nous rendîmes maîtres d'une fontaine qui étoit à cent pas de ladite forteresse, et la seule eau vive qu'ils avoient; et après avoir fait brèche à un de leurs bastions, étant prêts à donner l'assaut, ils capitulèrent et se rendirent à composition, et sortirent de ladite forteresse le 12 mai.

Dès le lendemain nous allâmes attaquer Saint-Honorat, où les nôtres firent descente le 14, nonobstant la résistance des ennemis; ils avoient ordre de se retrancher dès qu'ils seroient à terre, mais le courage les emporta si avant qu'ils donnèrent jusque sur la contrescarpe du fort où ils se logèrent; plusieurs des nôtres y furent tués du canon et de la mousqueterie des ennemis, qui furent si étonnés de cette furie française, qu'ils demandèrent trève pour deux heures, laquelle leur fut accordée, et ensuite une composition par laquelle il leur fut permis de sortir la vie sauve, avec leurs armes et bagage, sans qu'il leur fût permis d'emporter aucunes munitions, drapeaux, ni autres armes que celles que les soldats porteroient sur eux.

La reprise de ces îles fut d'autant plus glorieuse pour le Roi, que les Espagnols avoient mis deux ans à les fortifier, les avoient munies de tout ce qui leur étoit nécessaire pour se défendre, et que le maréchal de Vitry avoit, sous divers prétextes, tellement dénié toutes sortes d'assistances à cette entreprise, que le nombre des assaillans étoit moindre que celui qui défendoit ces îles; outre que la maxime attribuée aux Espagnols, de ne pouvoir jamais être forcés par aucune puissance d'abandonner ce qu'ils ont acquis, fut montrée être fausse devant le courage et les armes de France, qui leur ont arraché de force ces îles qu'ils possédoient, et dans lesquelles ils vouloient en France faire une nouvelle Espagne. Nous n'avions que six galères armées, et les ennemis en avoient quatorze pour ravitailler lesdites îles; c'étoit un temps de calme où les vaisseaux ronds ne pouvoient se remuer; néanmoins, par courage et par adresse, nous empêchâmes le secours qui ne venoit pas de loin, mais de Monaco qui est tout contre; et ce qui est de plus émerveillable est que la division entre ceux qui commandoient notre armée étoit si grande, que, bien que chacun d'eux eût un grand désir que le service du Roi se fît, néanmoins leur jalousie étoit telle, que sans mauvais dessein elle pensa produire un effet tout contraire à ce qu'ils souhaitoient eux-mêmes pour la gloire des armes de Sa Majesté et leur honneur particulier. Cette mésintelligence entre eux, et bien plus avec le maréchal de Vitry, qui ne marchoit pas du même pied qu'ils faisoient, retarda le secours nécessaire au duc de Parme; qui le contraignit de s'accommoder avec les Espagnols, ôta le moyen au duc de Savoie d'exécuter un dessein infaillible qu'il avoit de prendre Final, s'il eût été secondé de l'armée navale du Roi, et qui pis est empêcha toutes les entreprises que le cardinal avoit projetées cette année, soit en Alger pour remédier aux prises continuelles qu'ils font des sujets du Roi, soit sur les côtes des pays de l'obéissance du roi d'Espagne. Ce dernier mauvais procédé du maréchal de Vitry en une affaire si importante, joint aux plaintes que tous les ordres et le parlement de la province avoient faites au Roi dès l'année précédente contre lui, qu'ils taxoient de concussions inouïes, obligèrent Sa Majesté de lui commander de la venir trouver et de l'envoyer prisonnier à la Bastille, le 27 octobre.

Le Roi, ayant repris glorieusement ces îles, croyoit n'avoir plus affaire à ses ennemis dans son royaume qu'en la Biscaye, contre lesquels il avoit apporté un ordre très-puissant; mais il fut étonné qu'il eût avis, en octobre, d'une nouvelle et non moins folle entreprise des Espagnols dans la frontière de Languedoc. On nous menaçoit depuis trois ans en Espagne d'une descente en Languedoc, dont ils commencèrent à en faire les préparatifs dès le commencement de la guerre. Le Roi avoit toujours tenu des troupes prêtes en cette province pour s'y opposer; et parce qu'il eut avis cette année de quelques amas de gens de guerre en Roussillon, il commanda au duc d'Halluin d'assembler toutes les forces de son gouvernement et ne se laisser pas surprendre; mais quand elles eurent été quelque temps ensemble, sans que l'ennemi, qui n'avoit encore que cinq ou six mille hommes, fît semblant de venir à eux, elles se séparèrent croyant que cette alarme étoit fausse comme les autres, et qu'en vain ils ruinoient le pays, déjà assez affligé de la grande quantité de troupes qui y avoient été levées cette année et envoyées dans les armées de Sa Majesté. A peine chacun fut retourné chez soi, que les Espagnols, fortifiés de quelques troupes qui leur vinrent, les unes de Barcelonne et les autres par la mer, s'avancèrent le 29 août à Leucate et l'investirent, faisant état de l'emporter en moins de huit jours. Leur armée, commandée par Cerbelon, étoit de dix mille hommes de pied, mais mauvais, la plupart jeunes gens que l'on menoit par force à la guerre, et de deux mille chevaux et vingt-quatre canons. Ils voulurent faire passer leur artillerie par le Malpas, mais ils y rencontrèrent tant de difficultés qu'ils furent contraints de l'embarquer sur l'étang, ce qui leur fit perdre du temps à cause des vents contraires; car ils ne passèrent que deux petites pièces avec eux. Ils prirent La Palme et le port de Nouvelle, et se logèrent en une pointe de l'île de Sainte-Lucie; ils fortifièrent ledit lieu de La Palme, et Cerbelon fit son logement aux cabanes dudit La Palme. On crut d'abord à Narbonne qu'ils la venoient assiéger, et qu'ils se contenteroient de bloquer ledit Leucate. Le duc d'Halluin remit incontinent sur pied les communes des diocèses de Narbonne et de Saint-Pons, lesquelles se rendirent dans deux jours dans ladite ville de Narbonne, avec quatorze compagnies du régiment de Languedoc et trente maîtres de sa compagnie de gens d'armes, de sorte qu'il y avoit deux mille hommes dans les dehors de ladite ville, et dedans lesdits trente maîtres et mille habitans armés. Et peu de jours après, ils reçurent même dans la ville lesdites quatorze compagnies, et tous les volontaires qui y vinrent pour la défendre, ce qu'ils n'avoient voulu faire jusques alors à cause des jalousies qu'ils ont de tout temps qu'on se saisisse de leur ville pour y bâtir une citadelle; mais ils montrèrent lors une si ardente affection pour le service du Roi, qu'ils oublièrent tous les soupçons passés, et s'abandonnèrent à tout ce qu'on désiroit d'eux. La ville étoit en parfaitement bon état. Quelques plate-formes qu'on avoit estimées nécessaires pour sa défense étoient parachevées, et toute l'artillerie sur ses grands remparts; et ce qui étoit de meilleur encore étoit que le sieur de Persy, gouverneur, avoit une affection et une vigilance incroyable pour se préparer à la défendre, et étoit secondé de l'archevêque de Narbonne qui l'assistoit en tout ce qui dépendoit de lui, et le peuple étoit bien résolu; de sorte qu'il n'y avoit pas d'apparence qu'une armée médiocre osât entreprendre le siège : aussi n'y pensèrent-ils pas, mais s'arrêtèrent à Leucate, qui n'est pas en mauvais état ni mal munie de munitions de guerre et de bouche, mais l'étoit mieux encore de gouverneur, le sieur de Bari qui en avoit la charge étant résolu de la garder jusqu'à la dernière extrémité, et ayant promis qu'on ne le verroit jamais signé dans une capitulation. Il y avoit une seule chose à craindre, que la place n'avoit point de dehors, étoit petite et n'avoit qu'une petite garnison. Le sieur de Bari y vouloit mettre davantage de gens des villages circonvoisins dont il s'étoit assuré, mais il fut surpris et peut-être trompé par ses espions, qui lui avoient rapporté le matin qu'il fut investi que le duc de Cardonne, vice-roi de Barcelonne, alloit faire une visite au long de la frontière, et que de dix jours ils ne viendroient à lui. Le duc d'Halluin ne perdit pas une heure de temps; il remanda incontinent les communes, fit avancer la compagnie de Boissac et le régiment de Vitry qui étoient plus avant dans la province, écrivit à toute la noblesse, envoya à ses amis particuliers pour lui faire ce qu'ils pourroient de troupes réglées, et à quelques autres du haut Languedoc pour lui faire de la cavalerie, et se servir des régimens de La Tour, de Castelan et de Saint-André, et fit hâter celui de Saint-Aunais, laissant néanmoins les officiers pour lever toujours, afin que s'il venoit un second commandement de passer en Italie où le Roi avoit lors des affaires, ils en fussent en état; il fit aussi arrêter les deniers des recettes pour l'urgente nécessité, et le manda à Sa Majesté qui l'eut agréable. Il est incroyable avec quelle joie toute la province offrit tous ses biens et ses vies pour le service du Roi en cette occasion. Les catholiques et les huguenots faisoient à qui mieux mieux à l'envi les uns des autres, de sorte qu'il y avoit apparence qu'on pourroit être encore assez à temps aux ennemis pour leur faire lever le siège aussi promptement qu'ils l'avoient hardiment commencé. La lenteur avec laquelle ils y procédoient nous aidoit beaucoup; car ils entreprirent la circonvallation de la place avant que d'y faire leurs approches, et leur canon qu'ils avoient embarqué ne leur arriva pas sitôt à cause des vents contraires; ce qui nous donna lieu de reprendre sur eux le château de La Fueille, et de mettre des gens dans Sigean et Sainte-Lucie pour les défendre, et de commencer à fortifier Sainte-Lucie, afin que s'il mésavenoit de Leucate les ennemis ne s'y pussent loger, les laissant par ce moyen resserrés dans la plaine de Fitou, et dans leur circonvallation à laquelle ils travailloient avec diligence.

Le cardinal en ayant avis, envoya promptement le sieur de Mayola, lieutenant de ses gardes, pour animer un chacun et être témoin du service qu'on rendroit au Roi en cette occasion. Ils commencèrent, le 5 septembre, à vouloir faire leurs tranchées d'approches; mais ceux de dedans tiroient et se défendoient avec tant de vigueur qu'ils n'avançoient pas beaucoup, et leur gros canon arriva si tard, outre que sur le bruit de l'assemblée de nos troupes ils s'appliquoient si entièrement à fortifier les avenues par lesquelles ils croyoient que nous les devions attaquer, qu'ils donnèrent loisir au sieur de Bari de respirer et d'encourager les siens, de sorte qu'il les rendit invincibles, et au duc d'Halluin de se mettre en état d'aller forcer les retranchemens des ennemis et faire lever le siége de cette place. Les galères eurent ordre d'y aller, mais tous les pilotes s'y opposèrent disant qu'il n'y avoit aucun port où elles pussent être en sûreté en cette saison-là. La place n'étoit attaquée par tranchées que de deux côtés, quoiqu'il y eût cinq batteries différentes. La tranchée plus avancée étoit attachée à la fausse braie, du côté du bastion Saint-Pierre, par deux lignes à trois toises l'une de l'autre, et en l'une desdites lignes les ennemis avoient voulu commencer une mine. La muraille de la fausse braie étoit rasée à coups de canon, le bas de la brèche du bastion aboutissoit quasi au haut de la ruine qu'elle avoit faite, dont ils prétendoient se servir par l'assaut; néanmoins lesdites brèche et ruine étoient si droites, que pour ébouler le bastion jusques au point de le rendre accessible, il eût fallu encore plus de six jours de batterie continuelle, et la place qui ne manquoit de rien en eût encore pu tenir dix ou douze sans peine. Les ennemis étoient retranchés parfaitement, et la forme de leurs retranchemens étoit, selon l'ordinaire, composée de forts, redoutes, lignes, tenailles et lignes droites. Quant à celles des forts, il y en avoit de fort irrégulières, parce qu'ils s'étoient assujétis au peu d'espace de quelques éminences, qu'ils avoient voulu occuper d'autres carrés et d'autres barlongs, selon que le terrain le permettoit; la hauteur de ce travail étoit telle que même où ledit terrain alloit en haussant par dedans, les banquettes étoient d'un pied, si bien que lesdits retranchemens qui étoient sur le bord du penchant de la montagne avoient environ de sept à huit pied de haut par le dehors, tantôt plus tantôt moins, selon que les lieux étoient plus ou moins accessibles. Les Espagnols étoient renfermés dans ces retranchemens avec dix mille hommes de pied et seize cents chevaux effectifs, et y avoit quantité de petites pièces de canon, tant pour tirer au loin que pour flanquer les lignes. Les raisons de la guerre ne pouvoient pas permettre de les aller attaquer en cet état-là; mais les excès de courage qui passent au-delà des lois de la raison, nous firent faire ce qui n'étoit pas imaginable qu'on osât entreprendre.

Nous nous rendîmes à Sigean le 24 septembre, avec dix mille hommes de pied et neuf cents chevaux. Le lendemain 25, le sieur d'Argencourt en partit avec sept mille cinq cents hommes de pied et quatre cents chevaux pour aller camper au-dessous de Deferre-Caval et Roquefort, près du col de Lagrède et celui de Saint-Jean. Il envoya sommer le château de Rochefort, qui se rendit. Après avoir posé la garde sur le haut de ladite montagne, il fit faire six feux pour signal à Leucate de son arrivée, laquelle fît réponse. Le jour ensuivant, étant arrivé quelques troupes de cavalerie et d'infanterie au duc d'Halluin, il partit de grand matin pour l'aller joindre, et trouva qu'il mettoit l'armée en bataille au-dessus de Deferre-Caval, à quoi il ajouta les troupes que menoit ledit duc d'Halluin, si bien que l'armée étoit de onze mille hommes et mille chevaux. Ils furent de là reconnoître les ennemis, et virent leurs retranchemens où il se passa quelques escarmouches assez légères; de là ils vinrent camper aux cabanes de La Palme et tenir conseil sur ce sujet, où presque tout le monde s'accorda dans ce sentiment, que la chose étoit si difficile pour toutes les raisons alléguées, qu'elle pouvoit passer pour impossible. Il fut donc résolu que les principaux officiers des corps d'infanterie et cavalerie iroient reconnoître encore une fois, ce qui fut fait le lendemain; mais comme toute cette reconnoissance ne produisoit autre chose que de nouvelles raisons pour appuyer les difficultés, le duc d'Halluin, outré de déplaisir de voir que d'heure en heure, la difficulté d'attaquer les ennemis paroissant plus grande, le courage des siens se ralentissoit, et ne pouvant souffrir qu'une si grande levée, à laquelle tout le pays avoit contribué avec tant d'affection, ne pût produire aucun effet signalé pour le service du Roi, prit à part le sieur d'Argencourt, et lui dit qu'il valoit beaucoup mieux périr ayant tenté quelque action généreuse en une nécessité si urgente, que de se défaire soi-même par sa propre lâcheté. Le sieur d'Argencourt, qui de soi-même étoit assez animé, s'échauffa néanmoins encore davantage par le discours dudit duc d'Halluin, et pensa à l'ordre qui pouvoit être tenu à l'attaque des retranchemens des ennemis pour les forcer, si aucune force humaine étoit capable d'en venir à bout. Le duc d'Halluin lui aida en ce qu'il publia hautement que c'étoit une affaire à ne plus délibérer, qu'elle étoit résolue, et qu'il falloit travailler dès l'instant même à préparer toutes les choses nécessaires à attaquer l'ennemi pour l'emporter ou mourir. Il fut ordonné qu'on donneroit par divers endroits; Saint-Aunais, fils dudit sieur de Bari, demanda que l'on fît une attaque qu'il commanderoit entre le pont et l'étang, laquelle on ne jugea pas qu'il pût faire réussir; néanmoins elle lui fut accordée. Il en fut ordonné quatre autres; chacun des corps qui faisoient la tête des attaques étoit fourni de fascines, d'échelles et d'outils pour combler le fossé et passer le retranchement, avec ordre quand ils seroient attachés de démolir un espace capable d'y faire entrer la cavalerie en bataille. Il y eut une grande contestation du temps et de l'heure que se devoit faire l'attaque, si elle se devoit faire le jour ou la nuit. La confusion des ténèbres étoit bien importune; car, empêchant de se reconnoître les uns les autres, elle mettoit ceux d'un même parti à la merci l'un de l'autre; mais aussi étoit-ce une chose inouïe de se présenter en plein jour contre les ennemis parfaitement retranchés, munis de forts réguliers garnis d'artillerie, et les vouloir emporter dans tous ces avantages avec un moindre nombre qu'eux. On se résolut néanmoins enfin de les attaquer sur la nuit, afin qu'ayant tant d'avantages sur nous ils eussent moins de moyens de s'en servir, que leur canon leur fût inutile, ne sachant pas où ils devroient tirer sur nous, que notre petit nombre ne les encourageât pas, qu'ils ne sussent pas précisément où ils avoient plus de nécessité d'accourir, et enfin pource que tout le monde sait que les Espagnols sont courageux le jour, et les Français autant dans les ténèbres que dans la lumière, et que si par malheur il arrivoit quelque désordre contre notre espérance, l'obscurité servît à nous retirer et empêchât les ennemis de nous suivre.

Ce dessein, fortifié de la bénédiction de Dieu, réussit heureusement: on ordonne cinq attaques, l'une du côté du pont, qui étoit la main droite, au sieur de Saint-Aunais avec son régiment soutenu des communes de Narbonne, de Béziers et du diocèse de Castres, de la compagnie de volontaires commandée par le sieur de Lairan, et d'une de mousquetaires à cheval de Toulouse, commandée par le sieur de Calvet, trésorier de France audit Toulouse. A la main gauche, près la mer, vers un port nommé La Franquine, le régiment de Languedoc donna, soutenu par le sieur de Jonquières, Cauvisson et le baron de Mirepoix, avec chacun un corps d'infanterie qu'ils avoient amené, qui étoit soutenu par M. le marquis d'Ambre, lieutenant du Roi en Languedoc, avec une troupe de ses amis particuliers au nombre de cent cinquante gentilshommes qu'il avoit amenés, soutenu par le sieur de Lastrongle, guidon des gens d'armes de M. le comte de Cramail qui avoit amené cinquante maîtres de sa compagnie. A la main droite du régiment de Languedoc donna le sieur de Saint-André, à la tête de son régiment, soutenu par les communes de Nîmes et de Castres, soutenues par la compagnie de gens d'armes du duc d'Halluin commandée par le comte de Bioule; après marchoit le sieur de Clermont-Sessac à la tête de cinquante ou soixante gentilshommes de qualité, volontaires, soutenus par le sieur de Magalasse. A la main droite de Saint-André donna le régiment de Castelan, soutenu par un bataillon des communes de Montpellier et un de celles de Carcassonne, soutenues par le comte d'Aubijoux qui commandoit la cornette blanche avec cent gentilshommes, après lesquels marchoit le marquis de Mirepoix avec quelque cinquante de ses amis, les sieurs de Monssolens avec même nombre de leurs parens et amis, et après le sieur de Mauléon avec même nombre. A la main droite de Castelan donna le régiment de Vitry, à la tête duquel étoit le sieur de Clermont-Verpilliard, mestre de camp d'un régiment, et six officiers de La Tour qui étoient venus faire des recrues, dont trois furent tués et les autres blessés; lequel régiment étoit soutenu d'un corps d'infanterie commandé par le sieur de Merveille, et celui-ci par un autre commandé par le sieur de Vallac, soutenu par les gardes du duc d'Halluin commandées par le sieur Dandonville; une autre compagnie de mousquetaires à cheval de Toulouse, commandée par le sieur de Casel, soutenus par la compagnie de chevau-légers du sieur de Boissac, à la tête de laquelle étoit le duc d'Halluin, laquelle étoit soutenue par le sieur de Sainte-Croix à la tête de sa compagnie; après marchoient le sieur de Saussan et le sieur de Malves avec deux autres de quarante maîtres. Sur la main droite de tous ces corps fut laissé un corps de réserve des communautés de Lodève, de Ganges et des Cevennes, soutenus par le sieur de Spondillan avec une compagnie de cinquante maîtres. Le signal de quatre coups de canon donné, les cinq attaques commencèrent; celle de la main droite faite par le sieur de Saint-Aunais fut repoussée, ayant été blessé d'un coup de mousquet à la tête, de huit coups de pique et d'épée, son lieutenant colonel tué et quelques autres officiers. Tous ces corps d'infanterie lâchèrent le pied: aussi avoit-on bien cru que cette attaque serviroit plutôt de diversion que de voie pour emporter ce retranchement. Les quatre autres attaques réussirent, de sorte que les quatre régimens qui faisoient tête ne se contentèrent pas de faire passage à la cavalerie et de déloger à coups de piques et d'épées les ennemis de leurs retranchemens, mais les poussèrent jusqu'à ce qu'ils eussent trouvé les divers bataillons et escadrons qui les soutenoient; lors la cavalerie arrivant, le combat fut opiniâtre de part et d'autre l'espace de deux heures, et la clarté de la lune sembloit avoir une lueur extraordinaire pour favoriser la justice de la cause du Roi. Le régiment de Languedoc qui étoit à la gauche, força à coups de piques et d'épées, non-seulement la ligne qu'il attaquoit, mais aussi deux forts à la main gauche. Le régiment de Saint-André entra aussi, ayant son mestre de camp à la tête, qui fut blessé de deux coups et fit aussi très-généreusement. Les autres corps entrèrent ensuite, les uns par les mêmes lieux, les autres par quelques endroits qu'ils avoient trouvés plus accessibles. Lors le sieur d'Argencourt qui étoit à cheval à la tête des enfans perdus, dès qu'il y eut quelque nombre de soldats passés en forme de petites troupes, poussa avec eux les ennemis qui se présentèrent, pour donner moyen à nos gens de faire l'ouverture des retranchemens qu'ils firent quitter aux ennemis après un très-long combat de main à main. Enfin lesdits régimens ayant un peu gratté et éboulé quelque chose des retranchemens, le sieur de Mayola, qui étoit aussi à cheval avec les enfans perdus, assura le duc d'Halluin qu'il avoit vu que la cavalerie pouvoit passer le retranchement, ce qui lui fut confirmé par un soldat que le sieur de La Clotte, mestre de camp du régiment, et premier consul de Montpellier, lui envoya; mais, comme la cavalerie des ennemis se présenta en cet instant, quelques soldats de milice et autres, jusques au nombre de deux mille, se renversèrent sur lui qui étoit au pied de la colline prêt à monter, si bien qu'il demeura quelque temps à les vouloir rallier, mais inutilement. Craignant donc que ladite cavalerie ennemie ne poussât le reste de notre infanterie, il fit monter ses gardes, qu'il fit soutenir par la cavalerie qui se trouva là; et comme il avoit séparé sa compagnie de gens d'armes et celle de Boissac aux deux extrémités de droite et de gauche, il fut contraint de se servir des volontaires. Le comte d'Aubijoux avec ses amis soutint donc sesdites gardes, et les fit soutenir par le marquis de Mirepoix, qui entrèrent avec leurs amis fort vigoureusement, chargèrent quelque troupe de cavalerie qui se présenta. Sesdites gardes, conduites par le sieur Dandonville et d'Essignac, firent leur salve de dix pas, et se mêlèrent en même temps dans l'escadron, où ils furent soutenus par lesdits comte d'Aubijoux et marquis de Mirepoix, lesquels, à cause de la nuit et de la vigueur avec laquelle ils suivirent les ennemis, s'égarèrent sans pouvoir retrouver le chemin du Passage pour se rallier à nous. Sur ce temps-là le duc d'Halluin, voyant que le désordre continuoit à l'infanterie, entra à la tête de la compagnie dudit sieur de Boissac qu'il mit à sa main gauche, et fut suivi de quelques gentilshommes qui faisoient un fort petit escadron derrière. A l'instant une troupe de quatre à cinq cents chevaux, commandée par Terrasse, s'avança à lui; il tourna, et ledit sieur de Boissac et lui le chargèrent avec environ soixante-dix maîtres, en sorte qu'ils la renversèrent tout-à-fait. Sur ce temps-là le marquis d'Ambres, qui étoit entré par sa main gauche, trouva cette même troupe à sa retraite sur le temps de son ralliement, et la chargea si vertement avec le sieur de Spondeillant, qu'ils la défirent entièrement, sauf quelque parti qui voulut retourner à eux et qui ne leur fit pas grande résistance. Ledit Terrasse étoit un renommé mestre de camp liégeois. Le comte Jean Cerbelon vint à un fort au-dessus du pont pour s'opposer à nous; il n'avoit de bien bonnes troupes en son armée que le régiment du Comte-duc, qui étoit composé de toute noblesse d'Espagne et de personnes choisies dans tous leurs royaumes. Il fit sortir dudit fort deux mille cinq cents hommes dudit régiment qui vinrent en bataille, tirant par rang à notre infanterie qui étoit encore dans le désordre de la première attaque, et les corps entremêlés les uns avec les autres. Le duc d'Halluin appréhenda avec raison qu'ils ne branlassent, ce qui l'obligea à les aller charger avec ledit sieur de Boissac et quelques autres volontaires; il y réussit en sorte qu'il repoussa ledit régiment jusque dans le fort d'où il sortoit un feu continuel. Le duc d'Halluin, se trouvant peu accompagné, manda au sieur d'Argencourt qu'il lui envoyât des troupes qu'il ralloit d'autre côté le mieux qu'il lui étoit possible. Cependant il fit avancer des pelotons de son infanterie, soutenus par un corps de piques, pour déloger les ennemis d'un lieu d'où ils faisoient des salves continuelles qui estropioient force monde, ne pouvant pas s'apercevoir, à cause de l'obscurité, que ces gens fussent logés dans un fort; mais d'abord qu'ils virent avancer notre infanterie de Vitry et de Languedoc, ils vinrent au devant d'eux par pelotons de mousqueterie, tout de même que les nôtres soutenus de piques; et, comme les Espagnols tirent infiniment mieux que nous, ils tuèrent quelques officiers et quelques soldats. Le duc d'Halluin, assisté du sieur de Boissac, retourna lors à la charge où ils tuèrent quantité d'Espagnols de coups d'épées, lesquels le lendemain matin se trouvèrent tous les uns sur les autres, sans avoir reculé d'un pas. Et il ne faut pas céler l'action de sept de leurs piquiers qui soutinrent douze des nôtres tout un temps, criant toujours vive Espagne! jusques à ce qu'enfin les nôtres se résolurent de les enfoncer et les mirent au fil de l'épée. Ensuite de cela le capitaine Philippe Marine qui commandoit un escadron, vint aux nôtres fort serré, au petit pas, et les obligea d'aller au devant de lui avec ce qui restoit de Boissac, la compagnie de gens d'armes du duc d'Halluin et force volontaires, parmi lesquels étoient tous ces braves gens de la race des Monssolens, messieurs d'Annibal, de Pérault, de Clermont de Lodève, Morangé, de Mirepoix, d'Aubijoux, de Montbrun, Mense, de Bioule et le comte de Merinville qui fit merveilleusement bien. Nous nous jetâmes parmi eux avec un peu de confusion, qui nous réussit néanmoins, en sorte qu'après que les ennemis eurent fait la décharge de carabines et pistolets qu'ils portent, M. de Boissac dit au duc d'Halluin qu'il alloit tuer le capitaine, à quoi il ne manqua pas; en même temps l'escadron voulant tourner, le duc d'Halluin le prit par le flanc et le rompit entièrement. Ce régiment du Comte-duc fit une résistance inouïe; car étant percé, débandé en bande par les escadrons de Boissac et Sainte-Croix, à la tête desquels étoit le duc d'Halluin, se rallièrent huit ou dix fois à la faveur de leur fort, et le duc d'Halluin ralliant tout autant de fois sa cavalerie pour les défaire, de sorte que cinq heures durant la victoire fut indécise, tantôt l'infanterie des ennemis se retirant rompue par notre cavalerie, tantôt notre infanterie pliant à partie de la cavalerie, poussée par le feu de ce bataillon, de telle sorte qu'il faisoit croire que c'étoit plutôt toute l'infanterie ennemie en divers bataillons qu'un seul corps. Le combat dura cinq heures entières avec un feu de mousqueterie qui ne cessa jamais. Le sieur de Malves, à qui le Roi avoit fait l'honneur d'accorder une compagnie de chevau-légers, fit aussi une fort belle charge à ce même régiment qui ressortit jusques à six fois; et le combat fut si opiniâtre, que le duc d'Halluin, le sieur de Boissac, M. de Sainte-Croix et les gardes du duc d'Halluin, avec quelques volontaires, firent jusqu'à neuf charges contre leur infanterie et cavalerie. L'archevêque de Bordeaux, qui étoit venu au bruit de la descente des ennemis en la province, alla prendre le régiment de Saint-Aunais, qui n'avoit point réussi à son attaque, et les communes de Béziers et de Castres, et vint au duc d'Halluin criant tout haut qu'il lui amenoit quatre mille hommes de pied et quatre cents chevaux tout frais. Peut-être que ces paroles étant entendues des ennemis les étonnèrent; car, depuis ce temps-là, ils se contentèrent de continuer leur feu, sans plus faire paroître de cavalerie ni d'infanterie aux lieux d'où l'on pouvoit aller à eux; Cerbelon se retira alors avec la plupart de ses drapeaux. Ce qui fut de plus remarquable en cette occasion, fut que nos gens firent une vingtaine de ralliemens contre la coutume des Français, et la compagnie du sieur de Boissac, au sortir du combat, se rassembla en un instant au premier mot dudit sieur de Boissac et de son lieutenant.

Un chacun étant demeuré tout le reste de la nuit sur ses armes et en ordre de bataille, l'obscurité depuis que la lune fut couchée étant si grande, que non-seulement on ne pouvoit voir les ennemis, mais on ne s'apercevoit pas soi-même, quand le jour vint à poindre on discernoit les ennemis fuyant, la campagne couverte de leurs corps morts et de leurs chevaux, l'étang tout couvert de gens qui se sauvoient et se noyèrent, et les diverses batteries pleines de canons dont les retranchemens étoient fournis. Le duc d'Halluin marcha droit au camp de Cerbelon avec sa cavalerie, où il ne fut trouvé que sa vaisselle d'argent dans sa tente, et auprès celle de deux autres chefs, et l'argent de l'armée qui fut bientôt séparé, dix drapeaux et deux cornettes de cavalerie, qui furent les seuls qu'ils arborèrent, les tranchées vides, les batteries de l'attaque et les parcs de l'artillerie, et tout ce qui étoit des munitions des ennemis en si bon ordre, qu'il étoit facile à juger qu'ils n'avoient pas eu grand temps à se retirer, trente-deux pièces de fonte, quatre mortiers, trois cents quintaux de poudre, cinq ou six cents de plomb, sept ou huit cents de mêches, cinq ou six mille boulets, autant d'outils pour la terre, cent chariots attelés de mulets et bœufs, et une prodigieuse provision de chevilles et divers bois, témoignant bien que leur audace leur faisoit penser à de plus grands desseins que leurs forces ne purent entreprendre. Nous y perdîmes beaucoup de noblesse et de soldats; mais les ennemis, sans comparaison, beaucoup davantage; il en demeura des leurs deux mille cinq cents et près de mille qui se noyèrent dans l'étang; on en trouva plus de treize cents morts sur le terrain, entre lesquels il y en avoit un très-grand nombre de qualité. Sa Majesté remporta cette gloire, que ses armes renversèrent en six heures trois années de projets d'Espagne, gagnèrent une bataille, secoururent une place, et forcèrent des ennemis en plus grand nombre dans des retranchemens avantageux au-delà de la créance humaine. Voilà le principal de ce qui s'y est passé; on y peut mettre toute la relation imprimée (1). Quand Cerbelon avec ses troupes fuyardes arriva à Perpignan (2), la ville eut peine à le recevoir : l'effroi étoit si grand, qu'il leur sembloit que l'armée du Roi les suivoit en queue pour les attaquer partout où elles se retireroient; néanmoins, parce qu'elle étoit presque toute composée de communes, elle ne passa pas outre, chacun étant si content de la victoire que Dieu leur avoit donnée, que la plus grande partie se dissipèrent et se retirèrent chez eux. Le duc d'Halluin eut soin de combler les tranchées et les travaux des ennemis, de réparer Leucate et la munir d'hommes et de tout ce dont elle avoit besoin pour la défendre. Sa Majesté récompensa

---

(1) Ceci est évidemment une note pour le rédacteur.
(2) Alors ville d'Espagne.

libéralement le sieur de Barry gouverneur, et le sieur de Lermont qui l'avoit courageusement secondé en cette place; et, pour reconnoître le service signalé que le duc d'Halluin lui avoit rendu en cette occasion, il lui envoya quelques jours après le bâton de maréchal de France; et comme il succédoit à la valeur de son père et au bonheur qu'il avoit eu en l'île de Ré, à Casal et à Castelnaudary, il voulut qu'il en reprît le nom et qu'il fût dorénavant appelé le maréchal de Schomberg; et pour témoigner que sa générosité ne s'élevoit non plus dans la bonne fortune qu'elle ne s'abaissoit dans la mauvaise, elle poursuivit la paix avec plus d'instance qu'elle n'avoit fait auparavant, et fit dire à Sa Sainteté que, tant s'en falloit que cet avantage et tout autre qui pût arriver à Sa Majesté la détournât de la paix, qu'au contraire elle s'y porteroit de plus en plus; mais qu'elle conjuroit Sa Sainteté de la faire réussir à conditions raisonnables, ou au moins de déclarer ouvertement ceux qui étoient cause qu'elle ne se faisoit pas; dont les Espagnols ne se pouvoient laver, puisque, jusques à présent, ils n'avoient voulu entendre à donner les passeports nécessaires à toutes les parties intéressées pour se trouver au lieu désigné par Sa Sainteté, auquel son légat attendoit il y avoit si long-temps. Davantage, Sa Majesté offrit pour une croisade contre les Turcs dix mille hommes de pied et la cavalerie qui seroit jugée nécessaire, à la charge que les Espagnols en fourniroient autant, et l'Empereur et les princes catholiques d'Allemagne autant que tous deux, pour, avec le secours des autres princes chrétiens, faire la guerre au Turc, et non-seulement arrêter ses entreprises, mais l'éloigner de nos frontières; et afin qu'un tel dessein ne fût pas infructueux, elle s'offrit de s'obliger à continuer cette dépense autant d'années que Sa Sainteté le prescriroit. Mais le comte-duc (1) avoit cette défaite si à cœur, d'autant qu'il craignoit qu'elle fût capable de le ruiner auprès du Roi son maître, qu'il n'en voulut pas prendre occasion de le porter à la paix, parce que cette entreprise ayant été conduite depuis plusieurs années, y ayant employé un capitaine expérimenté et tous les vieux soldats qu'il avoit en Italie, et ayant pris le temps de l'exécuter lorsque les armes de Sa Majesté étoient occupées en divers lieux, le mauvais succès faisoit paroître qu'il ne pouvoit attribuer ni au Pape duquel il se plaignoit, ni à aucune cause étrangère, le manquement de ses desseins, mais au seul courage des Français, à la puissance du Roi et à la prudence du cardinal, dont il avoit fait peu de compte à son maître, lui faisant concevoir des espérances vaines de se rendre maître de la chrétienté par une guerre injuste, et l'éloignant par ce moyen de toutes conditions raisonnables de paix. Cependant le Roi ne laissa pas d'en faire de grandes réjouissances, en rapporter toute la gloire à Dieu, et en faire chanter le *Te Deum* en l'église cathédrale de Paris et en toutes les autres de son royaume.

Le duc d'Halluin, maintenant maréchal de Schomberg, ayant donné une si grande preuve de son courage et de sa fidélité, suivie de tant de bonheur pour le service du Roi, Sa Majesté manda aux ducs d'Epernon et de La Valette son fils qu'elle lui donnoit charge de s'en aller en Guienne pour, avec le même bonheur de ses armes, chasser les ennemis de Saint-Jean-de-Luz et autres postes qu'ils avoient pris dans la Terre-de-Labourd en Biscaye (1), puisque l'armée que le Roi leur avoit donnée à commander n'en avoit pu venir à bout. Sa Majesté, dès l'année passée, avoit ordonné quantité de troupes pour les en chasser, et leur en avoit donné le commandement, pource qu'encore que lesdites places ne fussent pas du gouvernement de Guienne, néanmoins le principal secours en devoit venir, et qu'elle croyoit que le duc d'Epernon y employant les forces de la province, qui est la première ou la seconde du royaume, les ennemis ne pourroient pas subsister devant lui. Elle donna la lieutenance générale de l'armée sous le père et le fils au comte de Grammont; mais, sur les plaintes qu'ils lui en firent sur le sujet de quelques différends qu'ils avoient avec ledit comte, elle trouva bon de la lui ôter, et ledit comte y consentit : néanmoins ils n'y avancèrent rien, et les ennemis s'y fortifioient tous les jours, nonobstant que les Basques, selon le petit nombre qu'ils sont, fissent plusieurs exploits contre les ennemis, qui montroient que s'ils eussent été assistés et conduits, ils les eussent bientôt fait retirer des lieux qu'ils occupoient. Le duc de La Valette prit sujet du soulèvement de quelques paysans dans le Périgord (2), qui s'épandit dans le reste de la Guienne, de quitter ce dessein pour les aller combattre, ce qu'il fit aisément et les dissipa, reprenant la ville de Sauvetat et depuis celle de Bergerac, à l'aide même de La Motte-la-Forêt, leur général, qui témoigna n'avoir accepté cette charge que par force sur les menaces qu'ils lui firent de le tuer, sa femme et ses enfans (3). Cepen-

---

(1) D'Olivarès.

(1) L'année précédente.
(2) C'est ce qu'on nomme par dérision la révolte des croquants; ces paysans avaient cru devoir prendre pour chef un gentilhomme, et n'en trouvant pas de bonne volonté, ils en forcèrent un, qu'ils firent prisonnier chez lui; à les commander. On va voir son nom.
(3) Le passage suivant est biffé dans le manuscrit.

dant les ennemis se fortifioient en la Terre-de-Labourd, à la honte du Roi et de ses armes. Le cardinal n'oublia rien de ce qui se pouvoit pour animer les ducs d'Epernon et de La Valette, et les convier à agir avec tant de courage qu'ils témoignassent qu'ils étoient dignes de la confiance que le Roi prenoit en eux, d'avoir commis à eux seuls cette action qui étoit si importante, que les mauvais bruits qui couroient de l'intelligence qu'ils avoient eue avec Monsieur n'étoient pas véritables, et que le choix que le cardinal avoit fait du duc de La Valette pour le recevoir en son alliance, lui donnoit encore une affection plus grande au service de Sa Majesté; mais, voyant que tout cela ne produisoit aucun effet, il prit occasion, premièrement du glorieux exploit des îles, puis de celui de Leucate, pour l'encourager à faire son devoir par l'exemple de ceux dont on ne devoit pas attendre davantage que de lui. Toutes ces considérations, bien que très-puissantes, ne produisant pas en eux le fruit qu'on avoit lieu d'en désirer et espérer, les ennemis, par la seule crainte qu'ils eurent par la défaite de Leucate, et le bruit que le maréchal de Schomberg venoit avec ses troupes victorieuses pour leur faire le même traitement qu'ils y avoient reçu, se retirèrent d'eux-mêmes, le 25 octobre, de Vrugne, de Socoa, de Saint-Jean-de-Luz, de Bourdagain, de Sibourre et de toutes les places qu'ils avoient prises et fortifiées sur nous, et de tous les nouveaux forts qu'ils y avoient faits au nombre de quatre mille hommes. Les maladies, et l'incroyable mortalité qui les avoient travaillés durant leur séjour, furent des motifs puissans à les fortifier au dessein de cette retraite, qui leur fut d'autant plus honteuse qu'ils avoient employé à cette entreprise plus de 3,000,000 d'or, et principalement qu'il paroissoit évidemment en cette fuite une singulière bénédiction de Dieu sur la France. Le duc de La Valette manda au Roi qu'il étoit sur le point de les aller attaquer de force quand ils se retirèrent; mais ce lui fut un grand désavantage que leur fuite précipitée lui eût ravi la gloire de les y avoir forcés.

« Quelques autres communes, par contagion des premières
« rebelles, s'élevèrent dans le Poitou, mais furent mises
« à la raison par des Roches Baritaut, lieutenant général
« du Roi au bas Poitou, qui y fut envoyé par Sa Majesté,
« laquelle fit expédier une abolition à tous ceux qui, ayant
« participé audit soulèvement, s'étoient remis sous son
« obéissance; et pource que quelques-uns d'entre eux tar-
« dèrent plus long-temps à rentrer dans leur devoir, elle
« déclara criminels de lèse-majesté tous ceux des provinces
« soulevées qui, après la publication de ses lettres de dé-
« claration, ne porteroient pas leurs armes ès lieux qu'elle
« destina pour ce sujet, à quoi ils obéirent tous inconti-
« nent après. »

Les ennemis qui étoient venus de dehors le royaume, furent en partie mis en fuite et chassés par les armes du Roi, et en partie se retirèrent d'eux-mêmes par la terreur qu'ils eurent d'elles; mais les ennemis domestiques du Roi furent plus dangereux et plus difficiles à découvrir et chasser. Le parlement, qui est le bras de la justice du Roi et de sa puissance (1), s'élève contre son autorité, ou par l'imprudence des jeunes conseillers, ou par l'avarice des anciens, ou par la vanité des uns et des autres, et s'oppose formellement à l'exécution des édits de nouvelle création de quelques conseillers et de clercs du greffe, sous prétexte que ce qu'ils en faisoient étoit pour le bien public, auquel néanmoins refusant de contribuer en leur particulier, ils ne laissoient au Roi aucun autre moyen de subvenir de leur part aux nécessités présentes et pressantes de son Etat. Ils résolurent, pour la forme, de faire au Roi sur ce sujet des remontrances par écrit, dont Sa Majesté ayant avis elle leur commanda de le venir trouver; ce qu'ayant fait elle leur ordonna de lui apporter leurs remontrances dans trois jours, attendu que depuis trois semaines qu'ils avoient fait ladite résolution ils avoient eu assez de loisir d'y penser. S'étant retirés et voulant de jour à autre gagner temps, Sa Majesté les manda, et dit au premier président, qui étoit un des députés, que son parlement ne devoit pas ordonner que très-humbles remontrances lui seroient faites s'il jugeoit qu'elles fussent inutiles; qu'il voyoit bien que ce n'étoit qu'un prétexte qu'ils avoient pris pour empêcher l'exécution de ses édits; qu'il étoit mécontent de ce procédé; qu'ils étoient des impudens de traiter avec si peu de respect avec lui, et qu'ils se retirassent; ce qu'elle répéta deux fois. Le cardinal prit la parole et supplia le Roi de trouver bon que les députés dudit parlement se retirassent de sa chambre, pendant que Sa Majesté prendroit résolution de ce qu'elle devoit leur commander. Les députés dudit parlement s'étant retirés, le Roi, avec son conseil, résolut que le chancelier feroit entendre au parlement ses intentions. Les députés étant rentrés dans la chambre, le Roi leur dit que le chancelier leur feroit entendre sa volonté. Le chancelier, prenant la parole, leur dit que le Roi lui avoit commandé de leur dire qu'il trouvoit fort étrange qu'après qu'ils avoient arrêté de lui faire des remontrances, ils refusassent de les lui présenter lorsqu'il le leur ordonnoit, et que Sa Majesté jugeoit bien que tous ces délais qu'ils avoient appor-

(1) Ceci est encore une suite et non la fin des difficultés élevées par le parlement depuis le mois de décembre 1635, sur la création des nouveaux offices. Talon ne parle pas de cet incident en ses mémoires.

tés étoient autant de fuites affectées pour éluder l'exécution de ses édits ; qu'elle étoit résolue de ne plus souffrir ce procédé qui étoit injurieux à son autorité ; qu'il vouloit être obéi et leur commandoit, toutes affaires cessantes, d'assembler dans deux jours les chambres et faire résoudre l'exécution de ses édits. Le Roi, prenant lors la parole, dit au premier président qu'il lui commandoit de retirer la feuille des délibérations et de la lui apporter dès le lendemain, afin qu'il pût reconnoître ceux qui auroient manqué à lui obéir pour les traiter comme ils méritoient. Le chancelier, par ordre de Sa Majesté, leur dit qu'il y avoit deux ans que les édits étoient vérifiés, et néanmoins qu'ils n'avoient point eu jusques alors d'exécution véritable; que les officiers qui étoient reçus étoient traités avec mépris et injure, et ceux qui étoient à recevoir étoient retenus de s'y présenter par des menaces secrètes qu'on leur faisoit ; qui leur donnoit plus de crainte que l'autorité du Roi ne leur donnoit d'assurance ; que Sa Majesté entendoit que les conseillers de nouvelle création fussent traités avec les mêmes avantages et prérogatives que les anciens, et que s'ils étoient troublés en la fonction de leur charge, que l'on s'en prendroit aux présidens des enquêtes ; que le Roi leur commandoit de tenir la main en leurs chambres que l'ordre qu'il leur donnoit présentement fût exécuté, autrement qu'il s'en prendroit à eux-mêmes, si du moins ils ne lui donnoient avis de ceux qui n'obéiroient pas. Le vendredi après dîner, le premier président avec les députés se rendirent à Madrid, où il donna compte au Roi de l'obéissance de son parlement, et qu'ils avoient arrêté, suivant son commandement, que l'édit des clercs seroit exécuté. Sa Majesté demanda la feuille, qui lui fut présentée par ledit sieur premier président, ensuite de quoi elle leur témoigna avoir satisfaction de l'obéissance que son parlement lui avoit rendue, ajouta que ce n'étoit pas assez de la promettre, mais qu'il falloit l'exécuter, ce qui étoit le seul moyen de mériter ses bonnes grâces. Sa Majesté ayant reçu cette obéissance de son parlement leur accorda la continuation des grâces qu'ils désiroient de lui, savoir est le franc salé, le privilége qu'ont les secrétaires du Roi pour les lods et ventes des acquisitions qu'ils feroient dans son domaine, et le droit de chauffage aux sept anciens conseillers qui vont aux eaux et forêts, comme juges en dernier ressort.

Le Roi trouva d'autres de ses sujets plus fâcheux et plus opposés à son autorité que ceux-là ; et s'il ne fut pas de besoin d'y employer des armées, il fut nécessaire d'y apporter un soin armé d'une prudence extraordinaire, pour se garantir des attentats d'autant plus dangereux qu'ils entamoient non-seulement le cœur, mais la conscience, et la conscience encore la plus tendre de tous les princes qui furent jamais au monde. Le cardinal avoit en la maladie du père Gordon, écossais jésuite, confesseur du Roi, jeté les yeux sur le père Caussin de la même compagnie, pour le présenter au Roi comme capable d'exercer cette charge importante pendant l'indisposition de l'autre. Il avoit conseillé à Sa Majesté de le choisir, sur la réputation de piété que l'on croyoit être en lui, à cause de son livre *De la Cour Sainte*, qui avoit eu quelque vigueur parmi les personnes dévotes. Dès qu'il fut entré en cette fonction, il donna témoignage d'un esprit actif, et qu'il étoit plus plein de soi-même que de l'esprit de Dieu ; car, bien qu'il n'eût été appelé que pour être confesseur par intérim, il demanda de l'être définitivement, marchant sur les talons de son frère qui n'étoit pas encore dans le tombeau. Il voulut aussi, dès le lendemain, avoir pleine connoissance des bénéfices contre ce qui avoit été pratiqué par ses prédécesseurs ; et bien qu'il fût averti que ce n'étoit ni la raison ni la pratique, et que son provincial même lui conseillât de ne le faire pas, néanmoins il s'y ingéra et se mit en la possession de ses prétentions, jusqu'à ce que le Roi lui fit connoître que sa volonté n'étoit pas telle, ce qui le fit en apparence déporter de telle entreprise, l'affection de laquelle lui demeura toujours dans le cœur. Il voulut aussi s'ingérer de confesser les dames, et trouva mauvais qu'on l'en détournât. Le cardinal, étant averti de toutes ces choses, les attribua plutôt à simplicité qu'à malice, et à manque de jugement qu'à mauvaise volonté ; cependant ce bon père passa plus avant, et des prétentions particulières vint à celles de l'Etat ; et, pour y parvenir avec plus de facilité, commença à médire du cardinal de Richelieu.

Le Roi, entre les filles de la Reine, témoignant plus de bonne volonté à la demoiselle de La Fayette qu'aux autres, il fut si malicieux qu'il dit au Roi que le cardinal la haïssoit et la demoiselle de Vieux-Pont, parce qu'elle étoit sa confidente ; et néanmoins ledit père si double disoit d'autre côté au cardinal qu'il étoit étonné de la créance que le Roi avoit que son éminence voulût mal à ladite de La Fayette ; que la Vieux-Pont lui donnoit ces impressions, et qu'il avoit été brouillé avec le Roi pour empêcher telle malice. D'autres fois, parlant du cardinal au Roi, il lui disoit qu'il n'y avoit pas d'apparence qu'une seule tête gouvernât un Etat, et qu'il devoit écouter tout le monde ; et, par tels et semblables discours, il fit, ou sembla faire, tant d'impression dans l'esprit du Roi, qu'on disoit assez publiquement que ce bon père se vantoit d'avoir tout crédit ; qu'on épandoit dans le monde que le Roi étoit en soupçon et en jalousie de ses créatures ; qu'on lui vouloit persuader qu'on lui faisoit faire par autorité tout ce à quoi on le portoit par raison, et par la seule considération de ses intérêts, et ainsi lui rendre son conseil odieux et les meilleurs avis inutiles par de faux ombrages ; qu'on publioit faussement que Sa Majesté avoit défendu à tous ses domestiques particuliers de communiquer non-seulement avec le cardinal, mais avec ceux qu'elle croyoit lui être affidés, et qu'on disoit encore qu'elle avoit fait défense au frère (1) de ladite demoiselle de La Fayette d'entrer en aucun engagement avec ledit cardinal, et qu'on avoit fait croire à Sadite Majesté qu'on vouloit faire mal à ladite demoiselle de La Fayette, et qu'on la vouloit enlever. Cette fille étant appelée de Dieu à se faire religieuse, le bon père voulut tirer l'affaire en longueur pour se rendre long-temps nécessaire, et n'étoit pas d'avis qu'elle y allât sitôt, et proposa au Roi faire différer son entrée dans la religion si Sa Majesté le vouloit, dont cette jeune fille sembla souffrir quelque peu de pudeur pour lui. Il trouva fort mauvais que le père de Varenne eût plus avancé cette affaire qu'il ne vouloit ; et quand il vit qu'il ne la pouvoit retarder davantage, la fille désirant aller au couvent du faubourg Saint-Jacques pour être plus retirée, il la fit mettre au couvent de la rue Saint-Antoine pour être plus proche de lui. Le père Monot, qui étoit lors à Paris, le fortifioit en son dessein, sous espérance que la fille demeurant dans le monde, ce seroit un embarras au cardinal, lequel rendroit ledit père Caussin nécessaire ; au lieu que si elle entroit promptement en religion on n'auroit besoin de lui qu'une fois, de sorte que ce que le Roi imputoit à foiblesse audit père de ce qu'il lui faisoit paroître tant de passion pour elle, qu'il cherchoit tous les moyens d'éloigner l'exécution de son dessein d'entrer en religion, étoit l'effet d'un dessein formé qu'il avoit pour prolonger son emploi en une affaire que Sa Majesté affectionnoit, et trouver moyen de nuire au cardinal. Quand elle eut pris l'habit, la Vieux-Pont alla jusqu'à ce point d'impudence, de dire que si elle ne se fût mise en religion sa vie n'étoit pas assurée. Toutes ces choses sembloient si ridicules, que la connoissance qu'on avoit qu'il étoit impossible de s'en imaginer quelques-unes, empêchoit qu'on en pût croire aucune ; et le cardinal eut patience jusques à ce que la folie ou la malice de ce petit père allât si avant, qu'elle passa de l'intérêt de la personne du cardinal jusques à attenter à la ruine des affaires publiques et au bouleversement de tout l'Etat (2) ; dont le cardinal ne fut averti que bien tard, car les mauvais offices d'un confesseur vers un prince sont si secrets, que personne n'en peut rien découvrir si le prince n'en donne connoissance lui-même.

Le Roi eut divers avis qu'un nommé La Porte (3), porte-manteau de la Reine sa femme, faisoit divers voyages dont on ne savoit pas la cause, et étoit en confiance assez étroite, pour un valet, avec elle. Il se résolut de le faire prendre lorsqu'il pourroit soupçonner apparemment qu'il auroit des lettres de ladite dame Reine. Pour cet effet, le 11 août, Sa Majesté donna charge que, la Reine étant partie pour aller à Chantilly trouver Sadite Majesté, ledit La Porte fût arrêté par le sieur Goulard, enseigne de mousquetaires du Roi. En le prenant, on le trouva saisi d'une lettre de la Reine pour madame de Chevreuse (4), qui faisoit connoître que ladite dame de Chevreuse vouloit venir trouver la Reine déguisée ; à quoi Sa Majesté n'inclinoit pas trop, pource qu'elle avoit fait éloigner ladite dame de Chevreuse de sa cour, pour les continuelles et malicieuses menées qu'elle faisoit contre son service, bien que plusieurs fois il les lui eût pardonnées. Le sieur de La Poterie, maître des requêtes, eut ordre du Roi d'aller chez le duc de Chevreuse, où ledit La Porte se retiroit, pour faire ouverture de ses coffres et description des papiers qui y seroient ; et, de crainte que ledit sieur de La Poterie ne trouvât quelque difficulté, le chancelier y alla auparavant lui, et ayant donné audit duc de Chevreuse une lettre que le Roi lui écrivoit sur ce sujet, et fait entendre sa volonté, il commanda qu'il montrât la chambre dudit La Porte audit sieur de La Poterie, qui exécuta ce qui étoit commandé, et y trouva quelques lettres et quelques chiffres, qu'il retint pour les faire connoître audit La Porte, savoir de lui de qui ils étoient, et à qui s'adressoient les lettres, et la signification des chiffres. Au même temps Sa Majesté commanda à M. le chancelier d'aller au Val-de-Grâce (5), et écrivit à l'archevêque de Paris que, le bien de son Etat ne lui permettant pas de souffrir davantage un désordre qui étoit dans la maison du Val-de-Grâce de Paris, où se faisoit plusieurs dépêches qui

---

(1) Elle en avait quatre ; l'aîné fut le mari de l'auteur de Zayde ; il est probable que c'est celui dont il s'agit ici.

(2) Le père Caussin a lui-même donné la date de l'ouverture qu'il fit au roi sur la nécessité de renvoyer le cardinal. Ce fut le 8 décembre 1637. Le surlendemain 10, le confesseur reçut son congé.

(3) L'auteur des Mémoires.

(4) Reléguée depuis quatre ans à Tours.

(5) Où la reine allait faire ses retraites.

pouvoient apporter grand préjudice à ses affaires, il le prioit de se transporter en ladite maison avec ledit sieur chancelier, et tâcher par toutes voies de tirer de la supérieure la vérité de ce qui s'y étoit passé (laquelle, grâce à Dieu, Sa Majesté savoit d'ailleurs), et que, pour remédier à l'avenir à pareil mal, il le prioit d'envoyer au couvent de La Charité, qui est du même ordre, ladite prieure et telle autre religieuse qu'il estimeroit à propos avec M. le chancelier, accompagnées d'un bon ecclésiastique, et établir ensuite un si bon ordre en ladite maison du Val-de-Grâce de Paris que la vraie discipline y pût être mieux gardée que jamais, et surtout que Sa Majesté désiroit qu'il défendît, sur peine de désobéissance, à la supérieure qu'il enverroit à La Charité, de faire savoir dorénavant, directement ou indirectement, de ses nouvelles à la Reine, ni de recevoir des siennes.

Le chancelier étant entré dans le monastère avec l'archevêque (1), qui commanda qu'on lui ouvrît la porte, ils montèrent en la cellule de la mère supérieure, où ledit sieur archevêque lui déclara qu'il avoit ordre du Roi de lui commander, en vertu de sainte obéissance et sur peine d'excommunication, de dire la vérité sur ce qui lui seroit demandé par ledit sieur chancelier, et que de fait il lui commandoit sous lesdites peines de dire la vérité lorsqu'elle seroit par lui interrogée. Le chancelier là-dessus l'interrogea si elle savoit que la Reine eût écrit en Flandre au marquis de Mirabel et à madame du Fargis et à madame de Chevreuse, et si elle n'avoit point vu de chiffre de la Reine. Mais elle répondit, niant savoir rien de ce qu'on lui demandoit, qu'elle savoit bien que la Reine écrivoit quelquefois en son monastère, mais qu'elle ne savoit pas ce que c'étoit. L'archevêque ensuite de cela l'envoya au monastère de La Charité, qui est de leur ordre, avec trois religieuses qui l'y accompagnèrent; puis, faisant assembler la communauté dans leur chapitre, leur enjoignit de procéder à l'élection d'une nouvelle supérieure, ce qu'elles firent.

La Porte étant interrogé de son côté par plusieurs fois par ledit sieur de La Poterie, il avoua que la Reine lui avoit donné souvent des lettres pour madame de Chevreuse, lesquelles il lui avoit envoyées, mais qu'il n'en avoit jamais envoyé ni en Flandre ni en Espagne, ni porté à aucuns ambassadeurs étrangers ni à leurs secrétaires; et bien que l'on fût assuré par la Reine même que la lettre qu'il avoit lorsqu'il fut arrêté

(1) Toutes les histoires, les mémoires, romans et tableaux historiques font la reine présente à cette visite; on vient de voir, et c'est la vérité, qu'elle était à Chantilly.

étoit pour la donner au sieur de La Thibaudière qui la devoit porter à madame de Chevreuse, et que la Reine eût avoué que c'étoit ledit La Porte qui portoit et envoyoit les lettres qu'elle écrivoit en Flandre par la voie d'Auger, secrétaire de l'ambassade d'Angleterre, et qu'elle lui eût donné un chiffre pour écrire au marquis de Mirabel, néanmoins il ne voulut rien avouer, excepté ce qui étoit de La Thibaudière, qu'il dit qu'il avouoit puisque la Reine l'avoit dit : ce qui obligea le chancelier de mander au Roi que, s'il ne plaisoit à la Reine le décharger en découvrant véritablement de qui elle s'étoit servie en toutes ces choses, ledit La Porte ne pouvoit éviter la question ordinaire et extraordinaire. D'abord que la Reine sut qu'il étoit pris, elle envoya le sieur Le Gras, son secrétaire, vers le cardinal de Richelieu pour savoir ce que c'étoit, et l'assurer cependant qu'elle ne s'étoit servie dudit La Porte que pour écrire à madame de Chevreuse, protestant n'avoir écrit en aucune façon ni en Flandre ni en Espagne, soit par son moyen ou par quelque autre voie que ce pût être. Le jour de l'Assomption étant arrivé, la Reine, ayant communié, fit appeler le sieur Le Gras, et lui jura de nouveau sur le Saint-Sacrement qu'elle avoit reçu qu'elle n'avoit point écrit en pays étranger, et lui commanda d'en assurer de nouveau ledit cardinal sur les sermens qu'elle avoit faits; elle envoya même quérir le père Caussin pour lui parler de toutes ces affaires-là, et lui fit les mêmes sermens qu'elle avoit faits au sieur Le Gras, en sorte que le bon père, qui ne savoit pas ce que le Roi savoit, en demeura persuadé par raison. Deux jours après, la Reine, étant assurée par le sieur Le Gras qu'on savoit davantage qu'elle ne disoit, commença à parler audit sieur Le Gras, et lui en avoua une partie, niant toujours le principal, et commanda audit sieur Le Gras de dire au cardinal qu'elle désiroit lui parler et lui dire ce qu'elle savoit. Le lendemain le cardinal la fut trouver par l'ordre de Sa Majesté. D'abord, après lui avoir rendu plus de témoignage de sa bonne volonté qu'il n'en osoit attendre, elle lui dit qu'il étoit vrai qu'elle avoit écrit en Flandre à M. le cardinal Infant, mais que ce n'étoit que de choses indifférentes, pour savoir l'état de sa santé, et autres choses de pareille nature. Le cardinal lui disant qu'à son avis il y avoit plus, et que si elle se vouloit servir de lui il l'assuroit que, pourvu qu'elle lui dit tout, le Roi oublieroit tout ce qui s'étoit passé, mais qu'il la supplioit de ne l'employer point si elle vouloit user de dissimulation, étant pressée par sa bonté et sa conscience, elle dit à madame de Sennecé, messieurs de Chavigny et des Noyers, qui étoient présens, et avoient été appelés par le cardinal pour être témoins de l'offre qu'il lui faisoit, de la part du Roi, d'oublier tout le passé, qu'ils se retirassent pour lui donner lieu de dire en particulier au cardinal ce qu'elle lui vouloit dire : alors elle confessa au cardinal qu'elle avoit écrit plusieurs fois au cardinal Infant, au marquis de Mirabel et à Gerbier en Flandre, et avoit reçu souvent de leurs lettres contre ce qu'elle avoit promis au Roi; qu'elle avoit écrit les susdites lettres dans son cabinet, se confiant seulement en La Porte, son porte-manteau ordinaire, à qui elle donnoit sesdites lettres pour les porter à Auger, secrétaire de l'ambassadeur d'Angleterre, qui les faisoit tenir à Gerbier, et que ledit La Porte avoit été celui à qui elle s'étoit confiée de porter ses lettres et recevoir les réponses; qu'entre autres choses elle avoit témoigné quelquefois des mécontentemens de l'état auquel elle étoit, et avoit écrit et reçu des lettres du marquis de Mirabel, qui étoient en des termes qui devoient déplaire au Roi ; qu'elle avoit donné avis du voyage d'un minime en Espagne, pour qu'on eût l'œil ouvert à prendre garde à quel dessein on l'envoyoit; avoit donné avis au marquis de Mirabel qu'on parloit ici de l'accommodement de M. de Lorraine, et qu'il y prît garde; qu'elle avoit témoigné être en peine de ce qu'on disoit que les Anglais s'accommodoient avec la France, au lieu de demeurer unis avec l'Espagne, et que la lettre dont La Porte s'étoit trouvé chargé devoit être portée à la dame de Chevreuse par le sieur de La Thibaudière, et que ladite lettre faisoit mention d'un voyage que ladite dame de Chevreuse vouloit faire comme inconnue devers elle. Elle dit toutes ces choses au cardinal, avec beaucoup de déplaisir et de confusion d'avoir fait les sermens contraires à ce qu'elle confessoit. Pendant qu'elle fit ladite confession au cardinal, sa honte fut telle qu'elle s'écria plusieurs fois : « Quelle bonté faut-il que vous ayez, monsieur le cardinal ! » et protestant qu'elle auroit toute sa vie la reconnoissance et l'obligation qu'elle pensoit avoir à ceux qui la tiroient de cette affaire, elle fit l'honneur de dire au cardinal : « Donnez-moi la main, » présentant la sienne pour marque de la fidélité avec laquelle elle vouloit garder ce qu'elle promettoit; ce que le cardinal refusa par respect, se retirant par le même motif au lieu de s'approcher. La Reine ayant dit tout ce qu'elle vouloit dire, le cardinal l'alla dire au Roi, qui trouva bon qu'elle l'écrivît, et promit de l'oublier entièrement.

Ensuite, le 17 août, il fut fait un écrit de la part de la Reine, qui portoit que sur l'assurance que le cardinal duc de Richelieu, qui l'étoit venu trouver à sa prière, lui avoit donnée que le Roi lui avoit commandé de lui dire qu'ainsi qu'il avoit déjà oublié diverses fois quelques-unes de ses actions qui lui avoient été désagréables, et notamment ce qui s'étoit passé sur le sujet de la dame du Fargis ès années 1631 et 1632, il étoit encore disposé à faire le même, pourvu qu'elle lui déclarât franchement les intelligences qu'elle pouvoit avoir eues depuis, à l'insu et contre l'intention de Sa Majesté, tant au dedans qu'au dehors du royaume, les personnes qu'elle y avoit employées, et les choses principales qu'elle avoit sues ou qui lui avoient été mandées. Elle avouoit librement, sans contrainte aucune, avoir écrit plusieurs fois au cardinal Infant, et tout le reste de ce qu'elle avoit avoué au cardinal. A la fin de laquelle déclaration, elle ajouta de sa main qu'elle avouoit ingénument tout ce qui étoit écrit dessus, comme chose qu'elle confessoit franchement et volontairement être véritable; qu'elle promettoit de ne retourner jamais en pareille faute, et de vivre avec le Roi son seigneur comme une femme qui ne vouloit avoir autres intérêts que ceux de sa personne et de son Etat.

Le Roi agréa ledit écrit, et mit au bas qu'après avoir vu la franche confession que la Reine sa très-chère épouse avoit faite de ce qui lui avoit pu déplaire en sa conduite depuis quelque temps, et l'assurance qu'elle lui donnoit de se conduire à l'avenir selon son devoir envers lui et son Etat, il déclaroit qu'il oublioit entièrement tout ce qui s'étoit passé, n'en vouloit jamais avoir souvenance, ains vouloit vivre avec elle comme un bon roi et bon mari devoit faire avec sa femme. Ensuite de tout cela Sa Majesté monta dans la chambre de la Reine; elle lui demanda pardon, il le lui accorda volontiers, et ils s'embrassèrent tous deux à la supplication du cardinal.

A quelques jours de là, qui fut le 22 août, la Reine manda au cardinal, par le sieur de Chavigny, qu'elle se souvenoit qu'elle avoit véritablement donné un chiffre à La Porte pour écrire au marquis de Mirabel les choses qu'elle avoit déclarées par son écrit le 17 du mois, mais que ledit La Porte le lui avoit rendu il y avoit quelque temps, et qu'elle l'avoit brûlé; qu'elle savoit que le duc de Lorraine avoit envoyé un homme à madame de Chevreuse; ne savoit si c'étoit pour traiter avec ladite dame de Chevreuse pour affaires générales ou particulières; qu'elle n'entendoit charger ni décharger ladite dame de Chevreuse de la négociation dudit envoyé par

M. de Lorraine ; ne voulant que, si ladite dame de Chevreuse devoit être chargée, que ce fût par elle, laissant à La Porte à dire sur ce sujet ce qu'il savoit ; que madame de Chevreuse étoit venue trouver deux fois Sadite Majesté dans le Val-de-Grâce, lorsqu'elle étoit reléguée à Dampierre, et qu'elle avoit reçu quelques lettres de ladite dame de Chevreuse dans le Val-de-Grâce, et que même, depuis peu, un homme lui étoit venu apporter des nouvelles dans le Val-de-Grâce ; que Montaigu l'étoit venu trouver une fois au Val-de-Grâce, et qu'elle avoit reçu quelques lettres de lui par la voie d'Auger, tant pour elle que pour madame de Chevreuse, qui n'étoient que complimens, et que, lorsqu'elle écrivoit de Lyon à la supérieure du Val-de-Grâce, et qu'elle mettoit pour suscription : *Donnez ces lettres à votre parente qui est dans le comté de Bourgogne*, c'étoit à dire qu'elle les donnât à madame de Chevreuse.

Ensuite de ces déclarations de la Reine, dont la supérieure du Val-de-Grâce avoit eu avis à La Bussière, qui est sur le chemin de La Charité, elle avoua les choses qui s'étoient passées en son couvent, qu'elle avoit déniées auparavant, et que Sa Majesté avoit dites, et supplia le chancelier de lui pardonner si de prime-abord elle n'avoit pas reconnu la vérité. Le seul La Porte restoit opiniâtre, à son malheur, si la clémence du Roi n'y eût remédié : il ne vouloit rien confesser de tout ce que l'on savoit manifestement, et fallut que la Reine lui envoyât un nommé La Rivière, qui lui fit entendre de sa part, avec la permission du chancelier, qu'elle lui commandoit de reconnoître ingénument la vérité, ainsi qu'elle lui avoit déjà écrit, autrement qu'elle l'abandonneroit. Ledit La Porte se mit lors à genoux, et dit que puisque la Reine le vouloit, qu'il diroit la vérité de tout ce qu'il savoit, et que le commandement qu'elle lui faisoit lui serviroit d'excuse. Et ensuite il avoua que depuis huit mois, par l'ordre de la Reine, il avoit porté quatre ou cinq petits paquets chez un nommé Auger, demeurant au faubourg Saint-Germain, et qu'il avoit été recevoir au même logis des lettres pour la Reine, qu'il donnoit les lettres au premier venu et les recevoit de même. Il avoua aussi le chiffre qu'elle lui avoit donné, et toutes autres choses qu'elle avoit dit lui avoir confiées.

Le sieur Patrocle, écuyer de la Reine, et qui avoit particulière obligation au cardinal, qui l'avoit fait sortir de plusieurs mauvais pas où son indiscrétion l'avoit engagé, parla fort indiscrètement de cette affaire auparavant que la Reine en eût déclaré la vérité, et disoit que telle accusation étoit un effet de la mauvaise volonté du cardinal, qui lui vouloit mal parce qu'elle n'avoit pas fait arrêter son carrosse devant le sien au Cours, et que déjà autrefois on l'avoit traitée de la sorte, lui supposant des lettres de la dame du Fargis, qu'elle avoit été contrainte d'avouer. Cela fut cause que lorsque la Reine fit la confession susdite, on lui demanda s'il étoit vrai que les lettres de ladite dame du Fargis lui eussent été supposées : mais elle reconnut de nouveau qu'elles étoient véritables, ainsi qu'il étoit clairement vérifié au procès de ladite du Fargis. Et cependant ledit Patrocle ne pouvoit apparemment avoir ouï dire ce qu'il disoit qu'à la Reine, qui, auparavant cette découverte, prenoit plaisir de faire croire ou laisser croire à diverses personnes dans le monde, qu'elle avoit à souffrir du cardinal, pour des raisons semblables, et pires que celles que disoit Patrocle, toutes fausses comme celles qu'il mettoit en avant, ainsi qu'il plut à ladite dame Reine le reconnoître par une lettre écrite au cardinal, sur la permission qu'il lui fit demander par M. de Chavigny de se pouvoir justifier des calomnies qu'on lui mettoit à sus. Le Roi trouva si mauvais le procédé dudit Patrocle, qu'il commanda au cardinal de le faire mettre à la Bastille ; mais il supplia Sa Majesté de se contenter qu'on l'éloignât de la cour de la Reine, étant assez qu'on lui ôtât le moyen de faire mal à l'avenir.

De tous ceux qui se comportèrent mal en cette affaire, et témoignèrent mauvaise volonté au gouvernement présent, il n'y en eut point qui allât si avant que le petit père Caussin, qui eut bien la hardiesse, l'imprudence ou la folie de dire au Roi, quelques mois après, que l'emprisonnement de La Porte, et la découverte qui avoit été faite des lettres et intelligences que la Reine avoit en Flandre, en Espagne et avec le duc de Lorraine, l'étonnoient infiniment, d'autant qu'il ne savoit comme il étoit possible que le cardinal la traitât si mal, puisqu'il l'avoit toujours aimée, et avoit encore beaucoup d'affection pour elle (1).

Cette parole justifioit la plus noire et damnable malice qui pût entrer jamais en esprit de moine, tant pource que le cardinal n'étoit point en cause au fait de La Porte, que le Roi avoit voulu faire prendre de son mouvement, que parce qu'il n'étoit pas en la puissance du cardinal d'empêcher qu'on ne trouvât mauvaises les lettres de la Reine ; et enfin qu'il accusoit ledit cardinal d'une chose fausse, et ce, sur la simple relation d'une personne (2) qui étoit convaincue

(1) C'est là ce qui a été dit si souvent et ce qu'il est bien difficile d'accorder avec le traitement sévère que la reine éprouva toujours du cardinal.
(2) C'est évidemment de la reine qu'il s'agit.

de plusieurs faux sermens en ce fait-là propre, où elle avoit reconnu la fausseté de plusieurs choses qu'elle avoit jurées sur le Saint-Sacrement. Et ce qui montra une particulière protection de Dieu sur le cardinal, c'est que ceux qui n'avoient jamais osé vomir cette infâme calomnie, l'avoient toujours fait dans les occasions auxquelles il avoit été évident aux yeux de tous qu'il n'avoit point craint de fâcher tout le monde pour servir le Roi. Ce qui se passa à Lyon en étoit une preuve aussi certaine qu'en cette dernière occurrence. Aussi Sa Majesté eut-elle à contre-cœur ces paroles, comme semblablement les autres accusations qu'il lui faisoit souvent contre le cardinal; lesquelles enfin elle découvrit au sieur de Chavigny le 9 décembre (1), et manda par lui au cardinal que ce bon père ne lui étoit pas agréable, pource qu'il essayoit de mettre sa conscience en trouble par des scrupules déraisonnables, déguisés sous une apparence vaine de piété; qu'il essayoit de la mettre en peine des désordres qui s'étoient commis en la guerre des Suédois en Allemagne, d'autant, disoit-il, qu'elle les y avoit appelés; ce que Sa Majesté lui niant absolument avoir fait, il avoit insisté que, quoiqu'elle ne lui avouât pas, il étoit véritable : chose nouvelle et bien étrange à un confesseur, qui n'est là que pour entendre ce qu'avec simplicité et vérité on lui expose devant Dieu, de vouloir forcer et contraindre le pénitent de lui dire ce qui est contraire à sa connoissance; qu'il avoit soutenu impudemment à Sa Majesté qu'elle vouloit faire venir le Turc en la chrétienté, quoiqu'elle l'assurât du contraire; sur lequel sujet il l'avoit tellement pressée, qu'enfin Sa Majesté fut contrainte de lui dire que, bien qu'elle n'eût jamais eu cette pensée, il eût peut-être néanmoins été expédient que le Turc eût été dans Madrid pour obliger les Espagnols à faire la paix, et puis tous les chrétiens se joindre à eux pour lui faire la guerre. Sur quoi ce bon père s'écriant comme un grand blasphème, Sa Majesté lui dit qu'il ne la pressât pas davantage en ces affaires publiques, puisqu'elle n'y entreprenoit rien sans l'avoir bien fait consulter auparavant. A quoi il avoit répondu que pour faire ces consultations on choisissoit des personnes qui étoient gagnées. Et Sa Majesté lui répliquant que c'étoient ses propres pères et des docteurs savans, il dit que pour gagner des consultans entre ces pères on donnoit des écus, voulant secrètement mal interpréter la libéralité du cardinal, qui avoit donné 2,000 écus pour commencer le grand autel de Saint-Louis (2) : en quoi il faisoit paroître non-seulement de la folie, mais de la fureur, puisqu'il se portoit contre sa compagnie, et par conséquent contre soi-même. Puis il ajouta que si Sa Majesté vouloit faire consulter quelque chose, il falloit que ce fût par lui, qui choisiroit en secret des gens qu'il jugeroit les plus propres; voulant par ce moyen attirer à soi la conduite des plus importantes affaires publiques. Sa Majesté ajouta encore qu'il lui avoit remontré qu'il ne devoit rien lever sur le peuple; qu'il se devoit fier en l'affection de ses sujets, qui le sauroient bien défendre d'eux-mêmes quand il en auroit de besoin; et que Sadite Majesté lui témoignant combien cette proposition étoit ridicule, il lui avoit dit qu'il n'y avoit plus après cela qu'à se faire moine et quitter son État, mais qu'il valoit mieux pays gâté que pays perdu : sur quoi ledit père lui avoit dit que tout le monde disoit cela ; qu'il lui avoit ensuite proposé de faire entremettre la Reine régnante de la paix, et que les étrangers se défioient du cardinal : sur quoi Sa Majesté avoit répondu qu'il étoit bien mal averti, et qu'au contraire il étoit certain que le crédit qu'il donnoit au cardinal auprès de lui, étoit le principal fondement de la confiance que les étrangers avoient de traiter avec lui; qu'enfin ledit père, pour n'oublier rien de ce qu'il pouvoit dire au blâme de Sa Majesté en toutes ses actions, lui avoit parlé en faveur du retour de la Reine-mère en France, dont il s'étoit cette année traité quelque chose, comme nous dirons maintenant, et que Sa Majesté lui ayant témoigné une aversion entière de son retour présent, il avoit bien osé aller jusque-là de lui dire s'il la vouloit donc laisser mourir de faim en Flandre.

Ce procédé du père étoit bien étrange en une personne, non-seulement de long-temps nourrie en la société de Jésus, mais qui, y ayant fait son quatrième vœu, étoit informée de toutes leurs lois particulières et de leurs secrets; et bien qu'il n'y ait aucune congrégation en laquelle on se mêle davantage d'affaires, néanmoins il n'y en a aucune en laquelle il y ait plus de précaution pour cela, soit pource que l'esprit de Dieu qui gouverne les communautés religieuses prévit ce défaut qui devoit être en celle-ci, et les incitât à y porter remède, soit pource que les propres remèdes les conviassent à s'y porter davantage par l'imperfection de la nature, qui nous porte avec plus de violence aux choses qui nous sont défendues plus puissamment. Dans le canon XII de leur cinquième congrégation générale, il est défendu,

(1) Cette date se rapporte très-bien avec une lettre du P. Caussin, qui dit s'être ouvert au roi le jour de la conception de la Vierge, le 8 décembre.

(2) Église des jésuites à Paris. Ainsi le père, par une exception bien rare, trahissait même son ordre.

sous les plus étroites peines auxquelles les défenses se peuvent étendre, qu'aucun d'entre eux s'ingère en affaires d'Etat auxquelles il n'est pas appelé, et que s'il le fait son supérieur le fasse changer de maison afin de lui en ôter le moyen; et le canon XIII de leur septième congrégation générale, expliquant ce que dessus, dit que sous cette règle sont comprises toutes les choses qui concernent les alliances des princes, les droits et les successions de leurs royaumes, et les guerres, tant civiles qu'étrangères. Et descendant plus bas aux confesseurs des rois et des princes, leurs lois leur défendent expressément de se mêler en affaires où ils ne sont pas appelés, de fréquenter trop la cour, d'y aller sans y être mandés, ou si quelque grande nécessité ou office de piété n'y oblige, et de s'ingérer de recommander les affaires des uns ni des autres; et si la piété les oblige d'en recommander quelqu'une, qu'ils fassent que lesdits princes les envoient recommander par un autre que par eux. Et ce qui est essentiel, c'est qu'il leur est ordonné qu'encore qu'un confesseur doive avoir la liberté de dire au prince ce que sa conscience lui dicte, néanmoins, s'il arrivoit difficulté en quelque chose dont il fût d'opinion de laquelle le prince, pour s'éclaircir, voulût qu'il fût fait consultation avec deux ou trois théologiens, ledit confesseur, déposant sa propre conscience, seroit obligé d'acquiescer à ce qui auroit été par eux ordonné contre son propre sens. Mais il faut bien dire que toutes ces sages constitutions de la société de Jésus, ou ne furent pas sues ou avoient été oubliées par ce bon père, puisqu'il les pratiqua si mal. Il montra une forte passion d'entrer et être en cette charge, comme nous avons remarqué, et avoit tant de peur de n'y être pas maintenu, qu'il dit au sieur de Chavigny qu'il savoit bien que le sieur des Noyers avoit destiné d'y mettre le père Binet pour confesseur, et qu'il avoit tourné tout court lorsqu'il avoit vu que le Roi, par l'avis du cardinal, étoit résolu de lui donner cette charge; mais que néanmoins il ne laisseroit pas de bien vivre avec ledit sieur des Noyers, et que, quant au sieur de Chavigny, il croyoit qu'il lui avoit obligation, et le remercioit de l'assistance qu'il lui avoit donnée.

Ses actions répondirent à ce commencement : il se glorifia incontinent de son crédit, et se faisoit de fête mal à propos. Le sieur de Chavigny étant mal avec le Roi par quelque faux rapport qui lui avoit été fait de lui, ledit père fut assez léger de lui dire qu'il ne s'en mît point en peine, qu'il le raccommoderoit aisément, et n'eut point de honte de le solliciter de signer des lettres patentes pour l'établissement de son ordre à Troyes (1), sans en parler au Roi ni au cardinal, et, pour l'obtenir de lui, lui disoit qu'il le servit en cette affaire comme il voudroit qu'il le servit à le remettre bien auprès du Roi; en quoi il montroit et ostentation et imprudence et audace; ostentation de son crédit, de mettre bien dans l'esprit du Roi qui bon lui sembleroit; imprudence, de vouloir, sans le consentement ni de l'évêque ni de la ville, établir son ordre à Troyes contre les ordonnances royales et l'ordre tenu par ses prédécesseurs, qui ne l'ont jamais désiré qu'en ménageant ledit consentement, et encore au fort de la guerre, qui est un temps où il est moins à propos de mécontenter les villes; et son audace, en ce qu'il a bien osé poursuivre cette chose très-importante au nom du Roi, et toutefois à son déçu et celui du cardinal. Sa Majesté, après avoir beaucoup supporté et excusé d'actions semblables dudit père Caussin, non-seulement contre les règlemens de sa compagnie, mais contre tout droit et raison, et absolument contraires aux fonctions d'un bon confesseur; enfin, n'en pouvant plus supporter davantage, résolut de le changer; et, pour ne pas découvrir l'entière honte de ce père, dit seulement qu'à raison de la hantise qu'il avoit avec toutes sortes de personnes, et la résolution et la fermeté avec laquelle il avoit voulu la continuer, nonobstant les avis qu'on lui avoit donnés au contraire, d'où il arrivoit qu'étant simple et ignorant des choses du monde comme il étoit, toutes sortes d'esprits lui imprimoient telles créances que bon leur sembloit, et en effet lui en avoient donné quelquefois de si extravagantes qu'il n'étoit pas possible de plus, Sa Majesté avoit été contrainte de le prier de s'éloigner d'elle, pource qu'ensuite de ce que nous avons dit ci-dessus il venoit souvent trouver Sa Majesté, et lui vouloit persuader qu'elle faisoit beaucoup de choses à quoi elle ne pensoit pas; et s'y opiniâtroit de sorte qu'il passoit les règles non-seulement d'un confesseur, mais d'un homme sage, n'y ayant personne tant soit peu avisé qui eût voulu procéder de la sorte, n'étant pas permis aux confesseurs d'en user ainsi, pource qu'ils doivent croire ce que leur pénitent leur dit touchant l'état de la conscience, et non le violenter pour tirer de lui confession de ce qu'ils pensent savoir d'ailleurs, en quoi souvent ils se peuvent tromper; qu'ensuite ce père s'arrêtoit tellement aux opinions qu'on lui mettoit dans l'esprit, qu'il disoit même des choses au Roi pour rendre son ordre suspect, en ce en quoi il savoit bien que ses supérieurs le condamneroient, puisqu'il disoit qu'on leur donnoit des autels pour les gagner. Elle avoit été avertie, de

(1) Cette ville l'avait déjà refusé sous la régence.

la part de deux princes souverains, qu'il avoit intelligence avec quelques personnes qui étoient hors du royaume; qu'ensuite de ces avertissemens qu'on avoit toujours voulu taire, on avoit vu de temps en temps ledit père s'échauffer de plus en plus à prendre les opinions favorables aux ennemis de l'Etat, et tâcher de les faire réussir avec violence, au préjudice du royaume, que le Roi eût assurément ruiné s'il eût voulu suivre les bons avis de ce bon petit père; que ledit père avoit si peu de discrétion et de secret, que les choses que le Roi lui disoit hors de confession, il les redisoit aux parties intéressées; que Sa Majesté, ayant eu diverses expériences de ce que dessus, les avoit communiquées à son conseil et lui avoit dit comme elle ne pouvoit plus confier les secrets de son ame à un tel homme, ce qui fut approuvé de tous; ensuite de quoi elle prit la résolution la plus douce qu'il pouvoit prendre en une telle occasion, qui fut de l'éloigner de lui, et, afin qu'il ne pût pas continuer ses intelligences dans sa maison royale, ou les étrangères, l'envoyer à Rennes en une maison de son ordre, éloignée de tout commerce de la cour. Il y avoit un grand collége en cette maison-là, qui qui est un des plus célèbres de France; il y pouvoit passer doucement le temps en la conversation des personnes plus doctes de son ordre, et y faire une seconde *Cour Sainte*, illustrée par exemples des choses qu'il avoit vues et pratiquées en la cour. Mais la douleur qu'il avoit ressentie en se séparant de ce à quoi il avoit eu plus d'attachement que sa profession ne requéroit, l'empêchoit d'estimer la grâce qu'il recevoit d'un éloignement ordonné en un lieu si favorable, qui le lui faisoit représenter comme un lieu de supplice : il en écrivit avec témoignage de grande douleur à ses supérieurs, qui, au contraire, témoignèrent au cardinal par leurs lettres lui avoir beaucoup d'obligation d'avoir adouci ses fautes et lui avoir procuré pour quelque temps un éloignement si favorable.

Bien que Sa Majesté eût beaucoup de peine en son esprit, à cause de sa douceur, d'éloigner de lui ledit père Caussin, nonobstant toutes les raisons qui l'y obligeoient, bien qu'il n'eût commencé à le confesser que du jour de la Notre-Dame de mai de la même année, néanmoins la plus grande difficulté ne fut pas celle-là, mais d'en trouver un autre non moins homme de bien et plus sage : plusieurs proposoient d'en prendre un qui ne fût d'aucune congrégation, soit un évêque, soit un docteur ou simple prêtre, homme de bien, qui ne fût engagé à aucune loi d'ordre particulier, qui quelquefois pourroient peut-être n'être pas toutes convenables à la direction de la conscience d'un prince, qui, pour le bien de son Etat, doit avoir une conduite fort dégagée des règles particulières; mais le long temps qu'il y avoit que Sa Majesté, à l'exemple du Roi son père, avoit remis sa conscience entre les mains de ces bons pères (bien qu'il (1) eût pris le père Cotton plutôt pour un gage de leur foi que pour un dépositaire de sa conscience), qui eussent pensé que la réputation de leur ordre eût été flétrie si on les eût changés, fit que Sa Majesté jeta les yeux sur quelqu'un d'entre eux qui se pût acquitter de cette charge à son contentement. Elle choisit entre eux le père Sirmond, homme de grandes connoissances, d'âge mûr et de piété singulière, et qui ayant été employé parmi eux dans les premières charges de leur ordre, avoit quelque teinture des affaires du monde; et afin de le retenir dans la cour dans les mêmes dispositions avec lesquelles il y entreroit, le cardinal crut qu'il étoit à propos de lui prescrire quelques bornes, et représenta à Sa Majesté que, lorsque les médecins ont tiré quelque personne d'importance d'une grande maladie, ils ont soin de lui faire considérer le péril passé pour la porter à l'observation d'un bon régime, pour prévenir semblables maux à l'avenir; qu'il étoit impossible de concevoir la grandeur du péril où le père Caussin avoit mis non-seulement la France, mais la chrétienté, et ce par une simplicité et ignorance inexcusable, ou par un dessein de faction et une malice si étrange qu'on n'eût su la prévoir; que les avis que feu M. de Savoie avoit donnés d'une mauvaise intelligence formée entre ce bon père et le père Monod, n'avoient pas été capables de faire soupçonner l'ombre de la vérité qui s'étoit enfin trouvée; qu'aussi peu ceux qui avoient été apportés d'Allemagne par homme exprès, qu'on tenoit si éloignés de toute apparence qu'on les avoit toujours crus faux; que ceux que depuis peu l'ambassadeur de Venise avoit dits et au cardinal et au père Joseph plus ouvertement en ce qui touchoit ledit cardinal, étoient tenus pour si mal fondés en ce qui concernoit sa disgrâce, que, contenant que les Espagnols ne vouloient point de paix sur l'attente qu'ils avoient, ou de la fin du Roi, ou de la mort du cardinal, ou du changement de son crédit auprès de Sa Majesté, on jugeoit que les deux premiers chefs étoient autant à craindre que le troisième étoit impossible; que bien qu'on apprît de tous côtés les grandes allées et venues, et entrevues fréquentes de Saint-Ange et de son beau-frère avec ce bon père, on n'avoit jamais pensé qu'il pût être assez méchant pour avoir les pensées qu'on avoit déjà découvertes;

(1) Henri IV.

qu'on savoit bien cependant que la Reine désiroit qu'on parlât au Roi contre le cardinal, et beaucoup d'autres choses semblables auxquelles on ne s'arrêtoit point, tant pour l'atrocité de la menée qui la rendoit incroyable, que pour la simplicité que l'on pensoit être au père, et la fausseté des sujets qui étoient pris pour prétexte de cette machination; que tout cela obligeoit le Roi et son conseil à tout prévoir pour l'avenir, et faire tout ce qui pourroit servir à prévenir semblables maux qui pouvoient arriver et qu'on devoit craindre, que la folie ou au moins une extraordinaire foiblesse d'esprit ayant été un des principes qui avoient porté ce pauvre homme à ces mauvais desseins, Sa Majesté y avoit déjà remédié en choisissant un bien sage pour mettre en sa place; mais que l'ambition et le prurit de se mêler d'affaires, et particulièrement du choix des abbés et des évêques, ayant été aussi une des causes du bouleversement qu'il vouloit faire pour venir à ses fins, il falloit déclarer à celui-ci qu'il n'étoit point appelé pour s'en mêler, et lui prescrire les limites de ses fonctions; qu'il ne devoit point passer en matières bénéficiales l'examen de la capacité des curés et chanoines qui se trouvoient en la collation du Roi, telles personnes qui avoient toujours été nourries dans l'innocence d'une vie religieuse, étant peu propres à distinguer l'artifice de la sincérité des hommes du monde, dont la malice est telle que pour ignorant que soit un prétendant à quelque charge, il est savant à couvrir ses défauts; que Sa Majesté s'étant bien trouvée de l'ordre qui a été jusques à présent gardé en telles élections, la prudence avoit voulu qu'on le continuât, principalement puisqu'on étoit plus soigneux de ne s'y tromper pas qu'on n'avoit jamais été; que la connoissance que ledit père Caussin avoit eue quelquefois des fâcheries de Sa Majesté, ayant été encore une des causes qui lui avoient fait penser qu'il pourroit renverser les personnes qui avoient plus de pied dans son affection, il seroit bon qu'il plût à l'avenir à Sa Majesté de ne prendre plus de mécontentemens sans un fondement bien avéré, et si cela arrivoit ne s'en découvrir pas à personne qui en pût abuser; qu'enfin la grande fréquentation qu'avoit ce petit bonhomme avec toutes sortes de personnes, et le peu de capacité qu'il avoit à discerner la malice de ceux qui lui parloient, ayant été une des causes de son achoppement, il étoit encore du tout nécessaire, pour éviter un tel inconvénient, que Sa Majesté ne lui donnât pas (1) grand accès à sa personne, pource qu'autrement il faudroit qu'il eût une sagesse et une prudence infuse pour ne s'exposer pas par ce

(1) A son successeur.

moyen à être trompé de diverses gens. Mais que bien que toutes ces précautions fussent celles qui se pouvoient prendre pour éviter semblables maux à celui qui avoit cuidé arriver, si falloit-il avouer qu'elles ne seroient point suffisantes sans une cinquième qui étoit la prudence du Roi, qui devoit avoir l'œil ouvert pour discerner les mouvemens et les pensées de telles gens, et être prêt à apporter remède aux desseins qu'ils pourroient prendre aussitôt qu'il les pénétreroit; que sans cela, quoi qu'on pût faire serviroit de peu, étant impossible de connoître les gens avant que de les avoir vus en besogne.

Or, afin que ledit père Sirmond ne pensât pas qu'en ne lui laissant pas la liberté de mal faire on lui voulût ôter celle de faire bien, on l'avertit que s'il trouvoit quelque chose à redire à la conduite qui s'observoit dans l'Etat, Sa Majesté trouvoit bon qu'il en demandât l'éclaircissement à ceux de son conseil; et, au cas que les raisons qu'ils apporteroient ne le satisfissent pas, que tous ensemble en parleroient à Sa Majesté pour prendre par son ordre résolution d'en faire une bonne consultation avec des gens des plus capables du royaume, en présence des uns et des autres. Après quoi ledit père, comme bon et sincère religieux, seroit obligé, non-seulement par prudence, mais par conscience, de soutenir par ses actions et par ses paroles la conduite de Sa Majesté et de son conseil. Le cardinal remontra à Sa Majesté que, ce que dessus étant bien observé, un confesseur ne sauroit se priver de sa fonction par sa mauvaise conduite, et qu'on n'auroit pas aussi sujet de craindre qu'il pût troubler les affaires, et les ennemis de l'Etat ne sauroient fonder leurs espérances sur ses négociations; que Sa Majesté se devoit ressouvenir, s'il lui plaisoit, que ce petit père sembloit croire que Sa Majesté fût bien aise qu'il n'eût point d'intelligence avec ceux de son conseil, ce qui étoit de très-grande conséquence et très-dangereux, puisque c'étoit donner toute occasion d'improuver la conduite des ministres de l'Etat, sous prétexte d'ôter à Sa Majesté l'opinion d'une bonne correspondance de son confesseur avec eux; que Sa Majesté devoit choisir les plus gens de bien qu'elle pouvoit pour mettre en l'administration de ses affaires et de sa conscience; après quoi elle devoit désirer qu'ils marchassent de même pied, et qu'un prince devoit plutôt se résoudre à éloigner les uns et les autres qu'à les diviser, l'expérience faisant connoître qu'il arrivoit d'ordinaire en de telles divisions que les plus forts qui voyoient n'avoir pas à craindre, demeurant dans leur devoir, les plus foibles d'ordinaire tomboient dans des factions qui, bien qu'elles semblassent n'avoir autre but que d'être contraires aux autres, étoient en effet contraires à leur maître et à l'Etat; qu'un prince qui se fie des grandes choses en ses principaux conseillers ne peut par raison s'en méfier ès petites, et qu'il devoit être soigneux d'empêcher qu'on crût qu'il s'en méfiât en quoi que ce pût être; qu'autrement il attireroit sur eux une grêle de calomnies, dans l'épaisseur de laquelle il auroit peine à discerner le vrai du faux; ce qui le mettroit en manifeste péril de perdre ses meilleurs et plus affidés serviteurs, et de tomber entre les mains de ceux qu'il devoit craindre; qu'il étoit certain que depuis quelque temps on avoit été en cet état, et que tous ceux qui avoient quelque habitude dans la cour et dans le monde le savoient; que c'étoit à la prudence de Sa Majesté d'apporter à tels inconvéniens des remèdes qu'elle estimeroit plus à propos, et qu'elle pouvoit être assurée que ceux en qui elle se confioit de ses affaires ne prendroient jamais d'intelligence avec ceux avec lesquels ils connoîtroient qu'elle ne vouloit pas qu'ils en eussent. Ainsi, il suffisoit qu'ils sussent les intentions de Sa Majesté sans qu'elles fussent connues à d'autres qui étoient moins capables de les ménager, et qui les divulguant donnoient ouverture à beaucoup de mauvais desseins contre l'Etat. Sa Majesté fut très-satisfaite de ce que le cardinal lui représenta sur toutes les choses ci-dessus, et déclara au père Sirmond qu'il ne devoit point se mêler des affaires publiques, mais seulement de ce qui concernoit sa conscience, suivant les règles que nous avons exprimées ci-dessus.

Et les pères jésuites, reconnoissant la grâce qu'ils recevoient du Roi d'avoir daigné choisir un d'entre eux pour confesseur, après la faute signalée que son prédécesseur avoit commise, déclarèrent audit père Sirmond que l'accident qui étoit arrivé à leur ordre par la mauvaise conduite dudit père Caussin les devant rendre plus considérés (1) que jamais, et les obligeant à ne rien oublier de ce qui dépendroit d'eux pour réparer le passé par l'avenir, ils avoient estimé lui devoir déclarer que la première chose qu'il devoit suivre étoit de lire souvent les instructions contenues dans leurs règles pour ceux qui étoient employés en pareilles fonctions; qu'ensuite eux, ayant reconnu que rien n'avoit perdu le père Caussin et ne pouvoit perdre aucun autre en telle charge, que trois choses, la première, la trop grande conversation qu'il avoit avec toutes sortes de personnes indifféremment, et la facilité qu'il avoit à croire toutes sortes d'avis; la seconde, le prurit qu'il avoit de se mêler des affaires du monde, et la troisième d'être continuellement à la cour, bien que sa charge ne l'y obligeât qu'à certains jours; ils l'exhortoient de vaquer plus à la prière et à ses livres qu'à la fréquentation du monde; de ne se mêler d'aucune affaire, et particulièrement des poursuites et sollicitations d'abbayes et évêchés pour le tiers et pour le quart, tant parce qu'il étoit difficile à un religieux qui n'avoit pas la pratique du monde de connoître les mœurs et conditions des hommes qui n'avoient autre soin que de les déguiser pour parvenir à ce qu'ils prétendoient, que parce aussi que l'expérience faisoit voir à un chacun, au grand avantage de l'Eglise, qu'on n'avoit jamais pourvu aux charges et dignités ecclésiastiques avec tant de soin qu'on le faisoit maintenant; et de se contenter de voir Sa Majesté lors seulement qu'il seroit question de la confesser, ou que quelque occasion importante le requerroit; que par ce moyen il se réserveroit plus de temps pour lui-même qu'il n'en donneroit au public, il garantiroit la compagnie de la fausse accusation d'ambition que ses envieux lui mettoient à sus, et seroit d'autant plus considéré de Sa Majesté que moins la verroit-il souvent; que si cependant il voyoit quelque chose en quoi il estimât qu'il y eût à redire en la conduite de l'Etat, il pourroit s'adresser à monseigneur le cardinal, ou autres qui auroient emploi dans les affaires publiques, à qui le fait pourroit toucher, pour leur déclarer ses pensées et écouter leurs raisons sur ce dont il s'agiroit.

Les fautes des hommes particuliers sont singulières et ne tirent point de suites après elles; mais celles de ceux qui sont dans les charges publiques et dans les principales familles des consequences si grandes en nombre, et si importantes, qu'on ne le peut juger que par les effets qui suivent long-temps après : l'imprudence du père Caussin lui avoit fait appuyer les secrètes intelligences de la Reine, dans lesquelles madame de Chevreuse étoit mêlée bien avant; cela produisit à la fin sa fuite (2) hors du royaume, ce qui ne fut pas de peu de préjudice au service du Roi; car comme Philippe de Commines a remarqué il y a long-temps, les plus grandes et les plus importantes menées qui se fassent en ce royaume sont ordinairement commencées et conduites par des femmes. Sa Majesté, qui depuis quelque temps avoit commandé à ladite dame de s'éloigner de la cour, étant avertie en avril, par le sieur du Dorat, qu'elle avoit dessein de passer en Angleterre, le cardinal représenta à Sa Majesté qu'elle étoit liée avec le duc de Lorraine, avec les Anglais, avec la Reine, avec Châteauneuf, avec le chevalier de Jars, avec la Fargis

(1) Circonspects.

(2) De madame de Chevreuse.

à cause de la Reine, et généralement avec tous les brouillons; que si elle étoit hors du royaume, elle empêcheroit le duc de Lorraine de s'accommoder, tant par elle-même que parce que la Reine, qui favorisoit le parti d'Espagne, le désireroit; qu'elle donneroit grand branle aux Anglais à ce à quoi elle les voudroit porter; qu'elle feroit solliciter de nouveau pour Jars et ensuite pour Châteauneuf, et seroit susceptible de toutes les impressions des brouillons. Partant, qu'il concluoit à ne la laisser pas sortir hors du royaume; ce qui se pouvoit empêcher par deux voies, l'une de civilité, l'autre de violence; qu'il trouvoit divers inconvéniens à celle de violence, qui seroit suivie de beaucoup de sollicitations importunes, et auxquelles difficilement résisteroit-on avec le temps; et partant, qu'il estimoit qu'il faudroit plutôt prendre la voie de civilité, qui pourroit être telle: que le cardinal lui manderoit avoir appris son dessein, qui ne pouvoit avoir que deux causes, la nécessité ou la satisfaction de son esprit; qu'il s'estimeroit heureux, si la première raison étoit celle qui la mouvoit, d'y remédier en la servant; si c'étoit la seconde, qu'il n'y avoit rien à dire, mais qu'elle devoit considérer qu'elle laissoit toute sa famille en perdition; que pour pratiquer ce conseil, il faudroit lui envoyer en secours de la part du Roi ou du conseil, et qu'il croyoit qu'il le vaudroit mieux faire ainsi que de laisser exécuter sa sortie ou l'empêcher par violence; auquel cas il la faudroit nourrir, étant arrêtée, aux dépens du Roi, et ce pour long-temps, au lieu que ce qu'on lui bailleroit ne seroit que jusques à la paix; que cet esprit étoit si dangereux que, étant dehors, il pouvoit porter les affaires à de nouveaux ébranlemens qu'on ne pouvoit prévoir, et que ce fut lui qui fit recevoir Monsieur dans la Lorraine après qu'il en eut été repris, et ce fut ce même esprit avec d'autres qui fit la guerre des Anglais. Le Roi approuvant cet avis, le cardinal lui envoya quelque secours d'argent, qu'elle fît beaucoup de cérémonie de recevoir, et néanmoins enfin accepta, conjurant le cardinal de l'assister à la faire séparer de biens d'avec le duc de Chevreuse son mari; ce qu'ensuite elle obtint par arrêt de la cour du parlement de Paris.

Mais toutes ces grâces qu'elle recevoit du Roi ne lui changeant point son mauvais esprit, et Sa Majesté ayant avis de la Reine qu'elle avoit dessein de la venir voir déguisée, Sadite Majesté lui envoya les sieurs abbé du Dorat et de Cinq-Mars (1) pour savoir si elle avoit eu le dessein de voir la Reine, quand et où, comment elle pensoit faire pour l'exécuter, et à quelle fin étoit ce voyage, la conviant de dire franchement ce qui en étoit; ce qu'étant, le cardinal s'offriroit de la servir près de Sa Majesté, comme il avoit fait lorsqu'il l'avoit tirée d'affaires plus importantes que non pas celle-ci. Il la pria de vouloir dire quelles nouvelles elle avoit reçues du duc de Lorraine depuis qu'elle étoit hors de la cour, et notamment depuis quelques mois, par qui elle lui avoit fait savoir des siennes, si elle en avoit reçu lettres, si elle lui avoit écrit, ou si seulement elle avoit reçu de ses nouvelles et fait savoir des siennes par personnes confidentes, comme s'appeloit celui qui auroit été entremetteur entre elle et ledit sieur de Lorraine pour lui en faire savoir; que si elle nioit tout, comme elle n'y manqueroit pas, ils lui fissent pareille exhortation que dessus, et lui disent que le cardinal avoit parole du Roi de tout oublier, pourvu qu'elle dît franchement ce qu'elle sauroit, mais ledit cardinal la prioit, en cas qu'elle ne le voulût pas faire, de trouver bon qu'il ne se mêlât point de ses affaires; qu'après cela ils lui représentassent pourquoi elle auroit dit à M. l'abbé du Dorat, il y avoit quelques mois, qu'elle n'étoit point si misérable que, si le cardinal vouloit qu'elle s'employât envers M. de Lorraine, elle n'eût bien moyen de ce faire; pourquoi elle auroit dit la même chose en substance au sieur de La Meilleraie passant par Tours; et si depuis quelque temps, nonobstant toutes ces belles paroles, elle ne s'étoit pas employée par quelques personnes confidentes pour porter M. de Lorraine à demeurer ferme dans le parti où il étoit, et ne s'accommoder pas avec la France; et si elle n'avoit pas eu assurance dudit duc qu'il le feroit ainsi; que, si elle disoit que non, ils la suppliassent d'y bien penser, et sussent ensuite si elle s'en vouloit rapporter à une dépêche, surprise en Bourgogne, dudit duc et de quelques ministres d'Espagne qui étoient auprès de lui; que, si elle disoit que non, ils lui représentassent encore une fois que M. le cardinal les avoit envoyés tous deux expressément, comme étant son ami et son serviteur, pour savoir la vérité et l'empêcher d'en être en aucune peine; mais que, si le Roi avoit cette connoissance d'ailleurs, elle devoit trouver bon que ledit cardinal, ne pouvant plus ajouter foi à aucune de ses paroles, ne se mêlât plus de ses affaires en façon du monde, et ne s'engageât plus au Roi pour elle.

Ils la trouvèrent à Tours, et ne purent recevoir autre réponse d'elle sur toutes ces choses qu'ils lui demandèrent, sinon qu'à la vérité elle avoit eu désir de voir la Reine, mais ne s'en étoit confiée à aucun des siens, et n'avoit point encore

---

(1) Le second fils du maréchal d'Effiat; c'est la première fois qu'il paraît dans ces mémoires, et comme chargé de mission par le cardinal. Il avait 17 ans.

formé de dessein du moyen qu'elle devoit tenir pour la voir, d'autant que la Reine lui avoit témoigné qu'il n'étoit pas à propos qu'elle l'entreprît, et que la fin de son voyage n'étoit, premièrement, que pour avoir l'honneur de la voir, et, en second lieu, pour ses propres affaires, tant pour la séparation de biens d'avec son mari, et retirer de lui quelques pierreries, que pource que, l'abbé du Dorat lui ayant mandé que la Reine ne témoignoit pas au cardinal la reconnoissance des services qu'il avoit rendus au Roi et à elle, elle désiroit lui faire connoître qu'il étoit et de l'équité et de son service qu'elle vécût autrement avec lui; quant au duc de Lorraine, elle nia d'avoir aucune intelligence avec lui, et plus encore d'avoir jamais eu pensée de le porter à ne pas s'accommoder avec le Roi; que ce qu'elle avoit dit à l'abbé du Dorat et à M. de La Meilleraie n'étoit que généralement parlant, et par créance qu'elle avoit que, M. de Lorraine témoignant faire quelque estime d'elle, elle pourroit rendre vers lui quelque service au Roi; quant à la dépêche surprise en Bourgogne, elle ne savoit que c'étoit. Elle leur donna ladite réponse par écrit le 24 août, mandant au cardinal qu'elle n'avoit rien à ajouter à ce qui y étoit contenu; mais en même temps, se sentant coupable, et craignant d'être si manifestement convaincue qu'elle n'eût plus de déguisemens vraisemblables à apporter pour excuse, elle prit résolution de sortir du royaume, quoique l'abbé du Dorat lui eût dit tout ce qui s'étoit pu imaginer pour assurer son esprit, et que les demandes qu'il lui avoit faites n'étoient que pour connoître sa sincérité, et non pour en tirer aucune conséquence à son préjudice, ayant charge particulière de l'assurer que, quelque mal qu'elle pût avoir fait, le Roi le lui pardonneroit volontiers: ledit du Dorat même, depuis être arrivé à Paris, lui écrivit encore la même chose par ordre exprès qu'il en avoit reçu du cardinal; mais nonobstant cela, sa conscience ne lui permettant pas de prendre confiance en toutes ces promesses, le 6 septembre elle alla trouver l'archevêque de Tours, et lui dit, tout effarée, qu'elle étoit tourmentée d'une si grande appréhension qu'elle se résolvoit de s'enfuir hors de France. Il lui conseilla d'y penser bien auparavant, et lui offrit pour retraite, si elle vouloit, la maison d'Echaux, qui appartenoit à un sien neveu, distante de Bayonne de sept lieues, et d'une demie seulement de la frontière d'Espagne.

Elle part le jour même, va à Cousières dans son carrosse, et dès neuf heures du soir monte à cheval habillé en homme, et alla coucher le lendemain à Coubé, distant de trente lieues de là, et huit par delà Poitiers. Le lendemain 7, elle arriva dès neuf heures du matin à Ruffec, envoya à Verteuil, qui n'est qu'à demi-lieue de là, emprunter le carrosse du prince de Marsillac (1), pour aller, disoit-elle, à Saintes où elle avoit une affaire passée; et celui qu'elle y envoya eut charge de l'empêcher de l'aller trouver avec son carrosse, lui disant tout ce qui se put sur ce sujet, et même que, s'il y alloit, il la désobligeroit et lui nuiroit en son affaire; ce qui fit qu'il se contenta de lui envoyer son carrosse par un valet de chambre, lequel, de crainte qu'il revînt dire à son maître l'équipage où elle étoit, elle emmena avec elle, et, ne séjournant davantage audit Ruffec, mena sondit carrosse jusques à une lieue au-delà de Mucidan, où elle remonta à cheval, et, une lieue au-delà dudit Mucidan, renvoya ledit valet. On dit que le prince de Marsillac la vit dans les Landes, par delà Ruffec, et la mena à La Terne, envoyant devant un homme exprès pour faire sortir tout le monde de la maison d'un Basque nommé Pontet, afin qu'elle ne pût être connue de personne, et lui ayant fait faire collation audit lieu et donné deux chevaux frais, lui donna ledit Basque pour la conduire, lequel, sachant bien les chemins, la mena par un autre lieu qu'Echaux droit en Espagne, où elle fut très-bien reçue dès le premier lieu où elle arriva, bien que ce ne fût qu'un hôpital assez proche de Notre-Dame de Garaison, où les prêtres qui ont la direction dudit hôpital avoient charge de la régaler. Le duc de Chevreuse étant averti du partement de sa femme en donna incontinent avis à Sa Majesté, qui fut étonnée de cette fuite si précipitée, et commanda à Boispilé, intendant de la maison dudit sieur de Chevreuse, de s'en retourner à Tours et faire toutes les diligences possibles pour la trouver, et lui donner toutes sortes d'assurances que Sa Majesté oublioit toutes ses fautes passées, même la dernière de sa sortie, si elle vouloit revenir en sa maison, avec espérance même de lui permettre de se rapprocher de la cour jusques à Dampierre. Mais, quelque diligence que pût faire ledit Boispilé, elle arriva en Espagne avant qu'il eût su la route qu'elle avoit prise.

Sa Majesté ayant avis de son évasion, et ladite dame lui ayant témoigné, au milieu de sa fuite, avoir regret de sa mauvaise conduite, fit expédier des lettres patentes, par lesquelles elle déclara qu'elle lui remettoit et pardonnoit, et, en tant que besoin seroit, abolissoit tout ce qu'elle pourroit avoir fait contre son service, imposant, sur ce fait, silence à tous ses officiers. Quelques

---

(1) Depuis duc de la Rochefoucauld l'auteur des Maximes et des Mémoires.

jours après le duc de Chevreuse, son mari, lui avoit donné avis que, bien que le bruit commun fût que sa femme fût passée en Espagne, néanmoins elle étoit demeurée à Cabusac sur la rivière de Garonne, où il seroit facile de l'arrêter, s'il plaisoit à Sa Majesté y envoyer en diligence quelque personne capable et fidèle à son service. Elle en donna la charge au président Vignier, auquel il commanda de l'empêcher de passer outre s'il la trouvoit encore audit lieu, et de la mener à Tours avec tout l'honneur et le respect dû à son sexe et à sa condition, où il la remettroit entre les mains du duc son mari, et de là s'en iroit au lieu où seroit le prince de Marsillac pour informer de ses déportemens en cette occasion. Ledit Vignier ne trouva pas la duchesse parce qu'elle étoit passée en Espagne, mais interrogea le prince de Marsillac, qui ensuite fut mis dans la Bastille, pour les fortes apparences qu'il y avoit qu'il avoit eu connoissance de son dessein et qu'il l'y avoit assistée; mais, à peu de jours de là, la bonté du Roi fut telle qu'il lui pardonna et le fit remettre en liberté.

La Reine mère du Roi fît en ce même temps traiter de son retour en France par le roi de la Grande-Bretagne; elle l'avoit déjà fait tenter par le duc de Savoie, ce qui ne lui avoit pas réussi; elle avoit aussi fait savoir au prince d'Orange, par le moyen de Fabroni, que maintenant que Chanteloube n'étoit plus auprès d'elle, elle souhaitoit avec grande passion de se remettre bien auprès du Roi. Ledit prince, qui étoit très-sage et se défioit de ses propositions, ne s'en voulant pas mêler auparavant que de savoir la volonté du Roi, dit à notre ambassadeur ce qui se passoit, et le pria de savoir de Sa Majesté si elle auroit agréable qu'il s'en mêlât. Le sieur de Charnacé lui témoigna le mauvais dessein qui pouvoit être caché sous ce traité-là, qui ne se faisoit point sans le su des Espagnols, ni à autre fin qu'avantageuse pour eux, ce qui fit qu'il s'en déporta. Le duc de Florence donna d'autre côté quelque témoignage qu'il eût eu à contentement et à honneur de la tenir en ses États: le Roi y consentit volontiers, mais la Reine-mère, contre toute apparence de raison, rejeta cette proposition. Enfin elle s'adressa audit roi de la Grande-Bretagne, auquel elle fit entendre qu'elle désiroit se réconcilier avec Sa Majesté et revenir en ses États. Il donna ordre au comte de Leicester, son ambassadeur extraordinaire, de faire savoir au cardinal s'il s'en entremettroit volontiers si Sa Majesté l'avoit agréable; auquel cas il désiroit savoir à quelles conditions elle agréeroit son retour, se promettant qu'étant remise en l'honneur de ses bonnes grâces, elle ne se mêleroit d'aucunes affaires d'État ni du gouvernement, vivroit en telle façon que Sa Majesté voudroit ordonner, et n'auroit aucune personne auprès d'elle que Sa Majesté n'eût agréable. Ledit Roi demanda aussi à quelles personnes de la suite de ladite dame Reine il plairoit au Roi de donner abolition, soit en général, soit en particulier, et si Sa Majesté la voudroit accorder aux duc d'Elbeuf, marquis de La Vieuville, Sourdeac, président Le Coigneux, Saint-Germain, Monsigot et Fabroni. A peine avoit-il donné cet ordre à son ambassadeur, que Sa Majesté, en étant avertie d'Angleterre, commanda au sieur de Bullion de le prévenir, et, l'allant voir comme par visite particulière, lui dire que l'on avoit avis en France que la Reine-mère alloit en Angleterre, et qu'il avoit peur que ce fût une occasion de refroidissement entre Leurs Majestés (1), étant certain qu'étant toute espagnole comme elle étoit, elle tâcheroit par tous moyens de brouiller et empêcher l'union des deux couronnes au dessein du bien public; que son accommodement avec Sa Majesté étoit une affaire domestique, de laquelle il sembloit qu'il n'étoit pas bienséant qu'aucun s'entremît pour elle; que lorsqu'elle se soumettroit au Roi son fils comme elle devoit, elle trouveroit qu'il auroit toujours les bras ouverts pour lui donner tous les témoignages d'affection qu'il devoit à sa mère. L'ambassadeur fut étonné de voir que l'ordre qu'il venoit de recevoir, et dont il ne s'étoit encore ouvert à personne, fût déjà su, et, sans faire semblant de l'avoir, répondit que, si la réconciliation de la Reine-mère étoit, comme disoit ledit sieur de Bullion, une affaire domestique, on ne pouvoit nier que le Roi ne fût libre de recevoir ceux qu'il voudroit dans ses États, et que, quand il se voudroit entremettre pour elle, il s'assuroit qu'il le feroit avec toute civilité et les témoignages d'affection que le Roi pourroit désirer et espérer. De là à deux jours il va trouver ledit sieur de Bullion, et lui fait l'ouverture dont il avoit charge, le priant d'en parler au Roi et au cardinal; ce qu'ayant fait, Sa Majesté lui commanda, le 16 octobre, de répondre audit ambassadeur qu'ayant vu et considéré le mémoire qui lui avoit été présenté sur ce sujet de la part du roi de la Grande-Bretagne son frère, elle avoit été très-contente d'apprendre qu'il ne vouloit pas sans le consentement de Sa Majesté entreprendre de se mêler du raccommodement de Sadite Majesté Très-Chrétienne et de la Reine sa mère, comme aussi étoit-ce une chose qui ne pourroit être agréable à Sadite Majesté, l'affaire étant toute particulière et domestique, et qui ne sauroit être traitée par l'entremise de qui que

(1) Les deux rois.

ce fût, Sa Majesté ayant néanmoins cette intention de traiter favorablement ladite Reine sa mère, lorsqu'elle n'auroit que des prétentions qui pussent convenir avec la sûreté de son Etat; ce que Sadite Majesté avoit déjà bien témoigné, lorsqu'ayant pressenti que le duc de Florence eût bien désiré l'avoir dans ses Etats, Sa Majesté lui avoit fait offrir ce qui étoit convenable pour s'y entretenir selon sa dignité. Le roi d'Angleterre ne reçut pas cette réponse avec la sincérité avec laquelle le Roi la donnoit, prétendant que, puisqu'il s'en mêloit, le Roi ne devoit avoir aucun doute des intentions de ladite dame Reine, et que sa parole suffisoit pour ôter au Roi tout soupçon qu'elle se voulût gouverner en France autrement qu'il ne pourroit désirer, et, d'autre part, que le Roi estimoit son amitié bien peu certaine, s'il croyoit que la Reine, étant en Angleterre, fût capable de l'ébranler; mais qu'après tout il vouloit être libre de la recevoir ou non en Angleterre, comme bon lui sembleroit, et ne trouveroit pas bon qu'on l'instruisît de ce qu'il devoit faire, ni comment il se devoit gouverner en ses Etats. Ce qu'étant représenté à Sa Majesté, elle répondit que les dernières paroles du mémoire qui lui avoit été présenté de la part du roi de la Grande-Bretagne contenoient la réponse que le Roi avoit à lui faire, que ledit Roi disoit qu'il vouloit être libre et ne vouloit pas souffrir qu'on lui prescrivît comme il se devoit gouverner en ses Etats; ce qui étoit chose très-juste et à quoi on n'avoit jamais pensé, la France sachant trop bien que la raison veut que les rois soient jaloux de leur autorité; que c'étoit ce qui faisoit aussi que Sa Majesté, suivant la même trace, désiroit qu'on la laissât résoudre seule ce qu'elle avoit à faire au sujet de la Reine sa mère, auquel son bon naturel et son bon jugement, lui faisant balancer ce qu'elle doit à son Etat aussi bien qu'à elle, feroient qu'elle seroit toujours prête de lui rendre tout ce qu'elle pouvoit désirer d'elle par raison; qu'il y avoit des considérations particulières qui empêchoient le Roi de pouvoir entendre au retour de la Reine sa mère en France; Sa Majesté étant bien avertie que les Espagnols, n'ayant pu se servir du prétexte de sa personne si utilement qu'ils avoient espéré le faire l'ayant entre leurs mains hors du royaume, ne désiroient rien davantage que de tâcher de la remettre au dedans pour voir si leurs desseins réussiroient mieux par ce nouveau moyen, il faudroit qu'elle fût privée de jugement pour ne se garantir pas, en l'état auquel sont les choses, d'un artifice si grossier que celui desdits Espagnols; mais que si la Reine n'avoit autre dessein que de se tirer de leurs mains, ainsi qu'elle le disoit, elle ne sauroit se retirer en lieu plus honorable que celui de sa naissance, où le Roi, par son bon naturel, lui donneroit beaucoup plus tous les ans qu'elle ne recevoit d'Espagne au lieu où elle étoit. L'ambassadeur d'Angleterre, voyant cette réponse, proposa au sieur de Bullion la ville d'Avignon, espérant que, si elle étoit une fois en France, elle y pourroit demeurer, et, bien qu'éloignée d'abord, s'approcheroit après plus facilement, ou au moins espéreroit l'emporter par ses continuelles sollicitations auprès du Roi; ce que ledit sieur de Bullion prévoyant, lui répondit sur-le-champ qu'on entendoit qu'Avignon étoit la France, et que sous cette couleur-là on ne pouvoit entendre à son retour. Le roi d'Angleterre en parla au sieur de Bellièvre, ambassadeur ordinaire du Roi, qui se chargea volontiers d'écrire en France ce qu'il lui diroit sur ce sujet et lui en faire avoir la réponse, dont ledit Roi fut bien aise pour dégager son ambassadeur de son entremise, qu'il jugeoit bien ne pouvoir pas réussir, ayant déjà été vainement tentée par d'autres princes auxquels le Roi, pour les raisons susdites, ne l'avoit pu accorder.

LIVRE XXIX [1638].

Le Roi envoie un secours extraordinaire d'argent au duc de Weimar, et réunit des troupes dans la Franche-Comté. — Il fait un nouveau traité avec les Suédois. — La reine de Suède accepte la médiation des Vénitiens. — Siége de Saint-Omer par les troupes françaises. — La lenteur du maréchal de Châtillon en empêche le succès. — L'armée levée en Guienne fait le siége de Fontarabie. — La mauvaise conduite du duc de La Valette fait manquer cette entreprise. — Perte qu'y éprouve l'armée du Roi. — Le prince de Condé demande que le duc de La Valette soit éloigné de l'armée et le duc d'Epernon de la Guienne. — La flotte française remporte une grande victoire sur les galères d'Espagne entre Savone et Vado. — La Meilleraie, grand-maître de l'artillerie, assiége et prend Renty. — Le Castelet est emporté d'assaut. — Le prince d'Orange entreprend le siége de Gueldres qu'il est forcé de lever. — Grands progrès du duc de Weimar le long du Rhin. — Le vicomte de Turenne repousse le duc Charles de Lorraine de la frontière de Bassigny, et reprend les places tenues en Lorraine par les ennemis. — Le duc de Weimar bat le duc Charles et le met en fuite. — Il défait les troupes de Gents et de Lamboy, et se rend maître de Brisach. — Succès du duc de Longueville en Bourgogne et en Lorraine. — Le Roi refuse aux cantons suisses la neutralité qu'ils lui demandent pour la Bourgogne. — Obstacles aux succès des armes du Roi en Italie, causés par la légèreté et la foiblesse de la duchesse de Savoie. — Aveuglement de cette princesse pour le père Monot qui la trompe et qu'elle ne peut renvoyer. — Plaintes du Roi à sa sœur. — Le marquis de Leganez assiége le château de Moncalve. — Le maréchal de Créqui est tué d'un coup de canon en arrivant au secours de cette place. — Le Roi envoie pour le remplacer le cardinal de La Valette. — La princesse de Mantoue abandonne le parti de la France. — Trahison de Monteil, gouverneur du château de Milan. — Vains efforts du Roi pour retenir la princesse dans son alliance. — Le marquis de Leganez publie un manifeste par lequel il déclare que le roi d'Espagne prend sous sa protection le jeune duc de Savoie et sa maison. — Il assiége Verceil et s'en rend maître. — Le cardinal de Savoie refuse de se ranger du parti de la France, et entreprend de régner à Turin. — Complot tramé contre sa belle-sœur. — Démêlés du Roi avec la cour de Rome au sujet de la vacance des évêchés, de la réunion de Cluny à la congrégation de Saint-Maur, et des plaintes des capucins. — Démêlés du roi de Hongrie avec la même cour. — Le roi d'Angleterre poursuit avec instance l'alliance de mademoiselle de Rohan avec le prince Robert, frère du prince Palatin. — Négociations à ce sujet. — Le comte d'Alais, gouverneur de Provence, fait prisonnier le prince Casimir, frère du roi de Pologne. — Louis XIII approuve cette détention. — Le roi d'Angleterre sollicite l'élargissement de ce prince et la liberté du chevalier de Jars. — Révolte en Ecosse au sujet de la religion. — La Reine-mère s'ennuyant à Bruxelles passe en Angleterre. — Détails sur cet événement. — Comment elle est reçue à Londres. — L'ambassadeur de France a ordre de la saluer une fois et de ne plus la revoir. — Rapport du cardinal sur la conduite du duc de La Valette à Fontarabie. — Ce duc refuse de venir rendre compte au Roi de ses actions et passe en Angleterre. — Continuation des négociations pour la paix. — Nouvelles difficultés pour les passe-ports et les saufs-conduits. — Nouvelles ruses des Espagnols pour éloigner le traité de paix. — Ils amusent le roi d'Angleterre par l'espoir de rendre le Palatinat à son neveu. — Grandes réjouissances en France à l'occasion de la naissance du Dauphin. — Sévérité du Roi envers le parlement.

[1638] Si les rois pouvoient donner à ceux à qui ils commandent toute la capacité qu'il faut pour exécuter leurs commandemens, il est certain que leurs projets seroient toujours heureux, puisqu'ils seroient toujours suivis de l'événement qu'ils s'en promettroient; mais comme il n'appartient qu'à Dieu seul de commander, et en même temps de rendre capables de lui obéir les créatures dont il veut se servir, aussi les rois ne doivent-ils pas s'étonner si leurs plus sages conseils ne produisent pas toujours les effets qu'ils en pouvoient, ce semble, avec raison espérer. C'est assez, et pour leur satisfaction particulière, et pour celle du public, que ne pouvant pas, comme Dieu, rendre leurs sujets capables d'exécuter leurs entreprises, ils aient choisi ceux qu'ils ont reconnus l'être davantage. C'est aussi ce que fit le Roi au commencement de l'année 1638. Sa Majesté résout, cette année, deux attaques principales contre le roi d'Espagne : l'une dedans l'Espagne même, qui est le cœur de ses Etats; l'autre dans la principale de ses provinces, qui est la Flandre, où il doit être secondé par le prince d'Orange, qui y doit faire un siège considérable de son côté.

Sa Majesté dispose à cette fin ses affaires de toutes parts, et, pour arrêter les forces de l'Empire et ôter le moyen à ses ennemis de les venir faire fondre dans ses Etats, elle veut assister le duc de Weimar, dont l'armée n'étoit pas une des moins importantes, et de laquelle son royaume et ses affaires pussent recevoir le moins d'avantage, d'autant que c'étoit celle-là qui devoit éloigner ses ennemis de la Bourgogne et arrêter le débord des Allemands dans la Champagne et autres frontières de la France. Le Roi lui envoya, dès la fin de l'année précédente, le sieur de Feuquières, pour l'assurer de plus en plus au service de Sa Majesté, et conférer avec lui des desseins qu'il devoit prendre pour la prochaine campagne, qui aboutissoient tous à avoir un passage sur le Rhin, et tenter par tous moyens de se rendre maître de Brisach. Cet envoi fut bien à propos; car quelques-uns, ou par légèreté et inconsidération, ou par les ruses ordinaires de nos ennemis, lui avoient donné à entendre que Sa Majesté étoit mécontente de sa conduite. Il s'en plaignit audit sieur de Feuquières, qui en ayant donné avis au Roi, Sa Majesté l'assura du contraire, et que les effets qu'il avoit reçus de sa bonne volonté devoient non-seulement avoir empêché que ces mauvais discours ne fissent impression sur son esprit, mais qu'il y donnât la moindre créance, et que Sa Majesté le prioit qu'en pareille rencontre, où l'éloignement pourroit causer des défiances, il n'ajoutât pas foi à de semblables bruits, qui venoient de personnes ou malintentionnées ou mal informées, et qui, pour croire de léger, étoient capables de prendre et de donner des opinions sans aucun fondement; qu'au reste Sa Majesté l'aimoit cordialement, et avoit une confiance entière que toutes ses actions répondroient toujours comme elles avoient fait jusques alors aux assurances qu'il lui avoit données de ses bonnes intentions. Ledit Weimar, satisfait de cette lettre de Sa Majesté, et échauffé par les sollicitations qui lui furent faites de sa part, ne perdit point de temps; mais, dès le mois de janvier, un chacun le croyant occupé à faire subsister ses troupes le reste de l'hiver, il fait une entreprise sur la ville de Lauffenbourg, qui lui donnoit un pont sur le Rhin, part de Delemont le 28 avec une petite partie de ses troupes, accompagné de pétards, échelles, et autres choses nécessaires pour la surprise d'une place, et se rend maître dudit Lauffenbourg et de la ville de Sekingen, qui est de l'autre côté du Rhin, et marche en diligence contre celle de Waldshut, dont il s'empara aussi. Ce sont trois villes forestières et libres, lesquelles néanmoins étoient sous la protection de la maison d'Autriche. Les troupes qui alloient audit Waldshut rencontrèrent sur le chemin et défirent deux compagnies de cavalerie qui se venoient jeter dans Lauffenbourg, ne croyant pas encore qu'il fût pris, et un régiment d'infanterie qui venoit du côté du lac de Constance pour le même sujet. Il commanda aux siens de s'avancer le plus qu'ils pourroient vers le pays de Souabe, pour obliger les ennemis de prendre les places pour l'assemblée de leurs troupes les plus éloignées de lui, et le plus avant dans leurs Etats qu'il se pourroit, et en même temps envoya trois cents chevaux audelà du Rhin, pour commencer à bloquer la ville de Rhinfeld, et en empêcher l'entrée aux ennemis, qui reçurent une si grande alarme de la prise de ces places et du blocus de celle-ci, que de tous côtés ils s'assembloient pour l'en chasser. Mais, s'ils faisoient des troupes, Weimar en ramassoit aussi d'autres en divers lieux ; à quoi Sa Majesté l'assista par un secours extraordinaire d'argent, outre la somme très-notable qu'elle lui donnoit tous les ans, et en outre elle occupa une bonne partie des forces ennemies dans la Franche-Comté, où dès le commencement de l'année elle dépêcha le comte de Guébriant, et lui commanda de faire assembler un corps de quatre mille hommes de pied et sept ou huit cents chevaux, et marcher avec pétards et échelles comme pour enlever quelque quartier des ennemis, ou pour prendre quelques châteaux de la frontière, puis retomber sur quelque place pour tâcher de l'emporter d'emblée, et si l'entreprise ne réussissoit, de la battre et l'attaquer s'il le jugeoit à propos, afin que par ce moyen il attirât de ce côté-là les forces du duc Charles, et en déchargeât le duc de Weimar, empêchant qu'il ne se joignît aux autres généraux de l'Empereur qui s'opposoient à ses desseins ; et ledit sieur de Guébriant ensuite étant entré dedans ladite Franche-Comté, l'effet désiré du Roi s'en ensuivit au grand avantage dudit Weimar.

Sa Majesté pourvut encore en Allemagne, du côté des Suédois, pour arrêter les principales forces de l'Empire, et fit en sorte que premièrement ils acceptèrent avec honneur la médiation de la république de Venise pour la paix générale. Ils prirent, en l'assemblée de leurs Etats tenue à Stockholm, une courageuse résolution de faire une puissante contribution pour l'assistance de leurs armées en Allemagne ; puis ils envoyèrent à Hambourg, entre les mains du sieur Salvius leur ambassadeur, la ratification du traité de Wismar, passé avec le sieur de Saint-Chamont l'année 1636, pour la livrer au sieur d'Avaux à quelques conditions qu'ils désiroient de lui ; laquelle ledit Salvius lui délivra le 10 mars, moyennant 500,000 risdales qu'il prétendoit être dues aux Suédois, et qui lui furent payées comptant. Et pource que ladite ratification avoit été envoyée si tard, et ce au préjudice des affaires générales, que le terme dudit traité expiroit au 20 mars 1639, ledit sieur d'Avaux et l'ambassadeur de Suède Salvius firent un nouveau traité pour trois ans, à commencer au 15 mars 1638, et le soumirent au bon plaisir de Leurs Majestés, dont ils promirent la ratification de part et d'autre dans deux mois. Par ce traité, le Roi s'obligeoit de donner 1,000,000 de livres par an à la reine de Suède pour les frais de la guerre ; et pource que la religion et la piété nous invitent à la paix, il fut dit que, bien que l'un et l'autre roi ne voulussent refuser aucunes conditions raisonnables de paix générale ou de trêve à longues années, néanmoins qu'ils ne traiteroient de ladite paix ou trêve que conjointement, et que si on commençoit à en traiter, les intérêts de l'une et l'autre couronne seroient en même temps mis en avant et résolus ; que l'une et l'autre couronne feroient solliciter les médiateurs des traités pour la paix ou trêve générale, d'obtenir des rois de Hongrie et d'Espagne les passeports nécessaires à leurs alliés ; que si tous les intéressés pouvoient convenir d'un même lieu pour traiter, les ambassadeurs de France et de Suède s'y trouveroient avec pleine puissance pour y agir conjointement ; sinon ils traiteroient en lieux séparés, mais en effet conjointement, et, quant à la résolution et quant au temps, le Roi à Cologne, la reine de Suède à Lubeck ou à Hambourg, le Roi ayant un agent à Hambourg ou Lubeck, et la reine de Suède un à Cologne, lesquels seroient avertis de tout ce qui se traiteroit aux lieux où ils ne seroient point, et ne se concluroit rien sans le consentement mutuel des plénipotentiaires des deux rois et de leurs confédérés, sans qu'un traité se pût commencer en un lieu qu'il ne se commençât en l'autre, ni finir en un lieu qu'il ne finît en l'autre, pour témoigner l'étroite union des deux couronnes ; desquelles l'une, savoir est la France, seroit pleige de ce qui seroit arrêté à Hambourg, et la Suède de ce qui seroit arrêté à Cologne, et déclareroit la guerre à celui qui violeroit ce qui auroit été promis ; promettant ladite reine de Suède, particulièrement, d'entretenir ce qui avoit été arrêté sur le fait de la religion par le traité de Wismar. Le roi de Hongrie apporta toutes les oppositions qu'il put à ce renouvellement d'alliance, faisant beaucoup de promesses aux Suédois ; mais ce fut en vain. Et enfin il envoya encore à Hambourg deux commissaires, le duc Jules-Henri de Lavenbourg, et le docteur Metottius ; mais on se moqua de leurs propositions, bien qu'elles portassent des soumissions étranges pour l'orgueil avec lequel la maison d'Autriche a accoutumé de traiter. Au contraire, la reine et tout le royaume de Suède témoignèrent au Roi tant de bonne volonté, qu'ils acceptèrent avec honneur la médiation de Venise pour la paix, et ladite Reine en écrivit à la République; et écrivant au cardinal sur le renouvellement d'alliance, elle voulut, pour témoignage de bonne volonté, lui donner le titre d'*éminence,* quoiqu'elle sût que les rois en étoient exempts. Les Impériaux, cherchant tous moyens de renouer la négociation d'une paix particulière avec son ambassadeur Salvius, et apportant toutes les raisons vraies ou fausses qui se peuvent imaginer, pour persuader que le nouveau traité de renouvellement d'alliance avec la France ne lioit point les mains à la Suède et n'empêchoit point que l'on ne commençât à traiter avec elle à Lubeck avant que l'assemblée générale de Cologne se fît, ils ne purent pas emporter cela sur lesdits Suédois; lesquels même, bien qu'ils fissent au commencement instance que Sa Majesté déclarât par écrit formellement la guerre au roi de Hongrie, se contentèrent enfin de ce que son ambassadeur représenta que Sa Majesté étoit actuellement en guerre avec lui, et qu'il n'étoit pas besoin que Sa Majesté en fît davantage de déclaration. Il est vrai que l'intérêt qu'avoit la couronne de Suède de demeurer unie avec la France étoit grand; car si le Roi, par ce moyen, faisoit une diversion de la plus grande partie des forces de l'Empire, qui fussent venues toutes fondre en son royaume, les Suédois aussi faisoient, aux dépens de Sa Majesté, une guerre et glorieuse et avantageuse aux pays d'autrui; car, sans mettre au hasard les terres de leur obéissance, dans lesquelles ils ne craignoient pas (quelque événement qui leur arrivât) que l'Empereur pût faire passer une armée, ils couroient fortune d'entrer bien avant dans l'Allemagne, et se rendre maîtres de villes et de provinces plus belles et plus florissantes que celles de leur Etat. Mais ce qui affermissoit davantage cette union, c'étoit l'intérêt de ceux qui gouvernoient, et particulièrement des tuteurs de la Reine et administrateurs du royaume, qui ne trouveroient pas si bien leur compte dans la paix comme ils faisoient dans la guerre, dans laquelle ils s'enrichissoient, et par les contributions dont ils retenoient pour eux la principale part (1), et par des pensions et les présens des princes leurs alliés; ce qui faisoit que, bien que, pour essayer de tirer du Roi des sommes plus grandes qu'il ne leur donnoit par le traité qu'il avoit fait avec eux, ils fissent quelquefois semblant d'être las de la guerre et d'incliner à écouter les propositions particulières qu'on leur faisoit de la paix de la part de l'Empereur, ils ne s'y étoient jamais néanmoins voulu résoudre jusques alors.

Or, en même temps que le Roi pourvoyoit avec tant de soin à fortifier les Suédois et Weimar, il mit une grande armée en campagne de si bonne heure, qu'elle prévint ses ennemis et assiégea Saint-Omer. Sa Majesté ne croyant pas que pour entreprendre ce siége une seule armée fût suffisante, elle en assembla trois : l'une, qui étoit la plus grande, composée de quinze mille hommes de pied et cinq mille chevaux, commandée par le maréchal de Châtillon; l'autre de huit mille hommes de pied et trois mille chevaux, par celui de La Force; la troisième par le maréchal de Brezé. Il prévient donc les ennemis, et fait assiéger Saint-Omer par le maréchal de Châtillon, ville de grande considération, belle, grande et riche, et qui domine presque tout l'Artois et une grande part de la Flandre. L'armée du maréchal de La Force demeuroit libre pour secourir le siége s'il en étoit besoin, ou pour s'opposer à l'ennemi s'il le vouloit faire lever, ou l'empêcher d'assiéger une autre place en France. L'armée du maréchal de Brezé, qui étoit assemblée vers Rethel, donnant encore jalousie aux ennemis de ce côté-là, étoit destinée pour s'opposer au passage de Piccolomini, lequel il croyoit apparemment qu'il viendroit par Givry, et pour cet effet ledit sieur de Brezé avoit ordre de prendre un poste sur son chemin où il le pût combattre avec avantage. Le sieur de Châtillon partit de Dourlens le 23 de mai, le 25 vint coucher à Saint-Pol, qui se rendit sans faire aucune résistance; de là il alla prendre le logement de Perne, qui est une petite ville meilleure que Saint-Pol, et bien fournie de vivres. De Perne il s'avança vers Térouane, distante d'une lieue et demie de la ville d'Oire, et lui fallut forcer tous les villages qu'il rencontra sur le chemin, pource qu'ils s'étoient fortifiés; et le 28 l'armée arriva devant Saint-Omer, où ils furent si surpris qu'ils laissèrent les ponts et les moulins hors la ville tout entiers, ce qui nous servit beaucoup pour nos vivres. Le maréchal de Châtillon envoya sommer et attaquer, dès le lendemain, un bon château nommé Docque, qui ne tint qu'un jour. Puis, allant reconnoître le tour de la ville du côté du marais, à mille pas du camp, il rencontra les ennemis, qu'il estimoit être des gens qui se voulussent jeter dans la ville, si bien qu'à l'instant il fit avancer ses troupes pour leur couper chemin, et découvrir s'il en passeroit quelques-uns; mais par la suite il apprit que ce n'étoit pas leur dessein, mais de garder une digue qui sépare l'Artois de la Flandre, qui dure trois à quatre lieues, que la milice du pays est obligée de

---

(1) C'était là tout juste ce qu'on disait en France du cardinal de Richelieu.

garder, à la moindre alarme, à la faveur de quantité de forts qui sont faits exprès pour la défense de cette digue, qui est relevée et fossoyée, avec chemin couvert à l'épreuve tout du long. Au même temps on fit halte, envoyant quelques coureurs reconnoître ce que c'étoit, qui rapportèrent qu'il y avoit cinq à six mille hommes, ce qui obligea d'envoyer au quartier pour amener des troupes et deux petites pièces de campagne pour faire rompre le passage et attaquer au même temps un fort qui servoit pour le défendre, dedans lequel il y avoit quatre-vingts soldats avec un alfier qui les commandoit. Au quatrième coup de canon il fit donner les enfans perdus commandés par le sieur de Castelnau et le baron de Melon, qui d'abord passèrent le fossé qui étoit sans eau, et firent retirer les ennemis dans des bois fort proches, où ils furent suivis par deux cents cavaliers qui en tuèrent ou prirent plus de six cents, d'autant que lesdits bois étoient bas et ne s'y pouvoient pas cacher aisément ; ensuite on attaqua le fort qui en avoit un autre de terre pour dehors, qui pouvoit tenir dans sa place d'armes mille hommes en bataille ; ceux qui étoient dans ledit grand fort firent peu de résistance, et s'allèrent faire assommer par les nôtres qui tenoient les avenues des bois. Le fort principal, qui étoit bien fossoyé et avoit de l'eau dans son fossé, revêtu de briques et bien terrassé par derrière, endura quelques volées de nos petites pièces, qui étoit plutôt pour leur faire peur que mal, d'autant que ledit fort étoit très-bon et de difficile abord, et nous eût pu obliger à nous servir de nos gros canons si l'humeur de se rendre n'eût pris au gouverneur, qui, se voyant abandonné de ceux qui l'étoient venus secourir, demanda la vie et les armes, ce que le maréchal de Châtillon lui accorda, le faisant toutefois garder dans sa place et ses soldats, de crainte qu'il ne les jetât dans la ville avant qu'on eût pu les emmener. Il ne fut tué là des nôtres que dix ou douze soldats, et un lieutenant de Navarre blessé.

Le 27, à quatre heures du matin, ledit sieur maréchal monta à cheval, et alla achever le dessein qu'il avoit commencé le jour précédent, et l'acheva vers une abbaye nommée Clairmarais, belle au possible, laquelle on n'abattit point ; mais on s'en servit pour l'un des principaux quartiers, et ne pouvoit-on passer pour reconnoître les susdits marais sans être maître de ladite abbaye. Nous y trouvâmes cinq capitaines avec deux cents soldats wallons qui la défendirent environ une heure. On fit mettre des sentinelles à toutes les avenues pour conserver l'église et les lieux claustraux ; et s'étant trouvé qu'un sergent, qui avoit été commandé pour prendre garde à ce que rien ne fût gâté, lui-même avoit rompu quelques portes, le sieur maréchal le fit pendre à celle de l'abbaye avec un autre soldat qui fut trouvé saisi de deux chandeliers d'église : cela étonna tellement les religieux qui étoient dans cette abbaye, qu'ils croyoient être parmi leurs amis, et protestoient de publier partout que les troupes de leur pays les avoient plus maltraités que celles du Roi. Il continua les jours suivans à se saisir le plus promptement qu'il lui fut possible de tous les passages par lesquels il pouvoit entrer du secours dans la ville, et envoya le sieur de La Ferté-Imbaut prendre tous les forts qui étoient entre Ardres et ladite ville, afin de rendre le chemin libre pour nos vivres ; mais ledit La Ferté fut incontinent rappelé, de manière que les deux plus importans, savoir Dumenghen et Ennuin, restèrent, à la faveur desquels, si on s'en fût saisi, on eût pu voiturer par eau de Calais et d'Ardres toutes les choses nécessaires jusque dans un de nos quartiers, et qui, n'ayant été pris, tinrent toujours depuis l'armée de M. de La Force occupée à maintenir le commerce des vivres, et hors de pouvoir de donner aucun autre secours. Les ennemis se voyant tout de bon assiégés, et craignant que les nôtres vinssent prendre et se loger dans le faubourg du Haut-Pont, qui est du côté de Gravelines, mirent le feu à un moulin qui étoit à l'entrée dudit faubourg qu'ils pillèrent et brûlèrent en partie, et se retirèrent parce qu'ils l'estimoient perdu et se sentoient hors de pouvoir d'empêcher qu'on ne s'en saisît à l'heure même, si on y fût allé ainsi que la raison le vouloit. Si on l'eût pris, on se fût par ce moyen rendu maître de tous les canaux, lesquels aboutissoient généralement audit faubourg, et quoique les sieurs de La Barre, de Manican et Le Rasle, s'en étant bien avisés dès lors qu'on se saisit du Bac, le fissent proposer au maréchal de Châtillon comme une chose absolument nécessaire, il ne fit autre réponse sinon qu'il ne falloit jamais rien hasarder lorsque le succès d'une entreprise étoit infaillible, et qu'il répondoit que la ville étoit prise sans ressource ; que c'étoit à lui à juger des choses les plus certaines et les meilleures pour faire réussir son dessein. Il n'y avoit dans la ville que sept compagnies espagnoles, qui étoient............., et quatre (1)............, sans comprendre la compagnie du gouverneur qui étoit de trois cents hommes et quatre compagnies de cavalerie. Il y avoit un régiment anglais qui étoit logé à l'abbaye d'Oast où étoit le comte de........, lequel se vouloit jeter dans la place avec ledit régiment ;

(1) Les noms manquent.

mais le maréchal de Châtillon lui coupa chemin, en s'allant saisir du passage du Bac qui est à demi-lieue de la ville. Les ennemis le prirent et s'y retranchèrent ; mais leur travail n'étoit pas en bonne défense : ils se retirèrent en grand désordre, passant l'eau et se jetant à corps perdu dans des bateaux et dans leur grand bac, pour passer de l'autre côté de la rivière et se retirer en diligence. Les ennemis ayant été si surpris et étant si foibles dans la ville, un heureux succès ne pouvoit manquer à ce siége, pourvu qu'on ne perdît point de temps et qu'on suivît de près la bonne fortune qui alloit devant nous. Le cardinal, qui connoissoit la lenteur du sieur de Châtillon, qui, autant que la vivacité de son courage l'animoit, étoit autant retenu et alenti par la pesanteur de son corps, lui avoit envoyé dès le commencement l'évêque d'Auxerre, pour faire près de lui la charge que lui-même cardinal n'avoit pas dédaigné de faire à Corbie, c'est-à-dire d'être chasse-avant. Il lui mandoit tous les jours qu'il hâtât les travaux, quoi qu'ils pussent coûter pour être faits plus diligemment, qu'il pressât le sieur de Châtillon, de sa part, d'avancer son attaque autant que la raison le pourroit permettre, et lui représentât que les bons succès viennent d'ordinaire de la diligence, et que quand même les sollicitations qu'il lui feroit de sa part lui seroient importunes, qu'il l'en remercieroit par après quand il en verroit l'utilité ; qu'il sollicitât le sieur de Sève de faire mettre quantité de farines dans la circonvallation, des fourrages et de l'avoine, des vins, bières et bestiaux, afin que si les ennemis venoient à eux, ils les trouvassent en état de se moquer d'eux ; et, à la première demande que le sieur de Châtillon fît au Roi que l'armée du sieur de La Force le vînt favoriser et prendre le logement de Térouane, Sa Majesté, bien qu'elle eût destiné ladite armée à quelque autre entreprise, lui envoya incontinent ordre de s'avancer audit Térouane selon son désir.

Mais auparavant qu'il y fût arrivé, il survint une grande disgrâce au maréchal de Châtillon ; car le 8 de juin six mille hommes de pied et quinze cents chevaux des ennemis parurent à la pointe du jour auprès du fort du Bac, à dessein de jeter des hommes dans la place par le moyen de bateaux que ceux de la ville leur devoient envoyer. Le sieur de Genlis, qui commandoit dans ledit fort du Bac, en donna avis au sieur du Hallier, qui le manda au galop au sieur de Châtillon, lequel n'en crut rien, se fondant sur ce que des prisonniers qu'il avoit des ennemis, qui étoient le jour de devant partis d'Aire pour surprendre la garde du marquis de Praslin, ne disoient rien de ce dessein desdits ennemis, n'y ayant aucun d'entre eux qui voulût dire autre chose, sinon qu'ils étoient venus par l'ordre du gouverneur d'Aire pour surprendre ladite garde de nos fourrageurs ; mais depuis, plusieurs officiers ayant vu défiler le nombre susdit des ennemis, et passer dans un vallon proche dudit fort du Bac, ledit sieur du Hallier renvoya un des siens au galop vers ledit maréchal pour l'en avertir, et qu'il n'y avoit aucun moyen d'empêcher que les ennemis secourussent la place qu'en les combattant. Ledit maréchal, ou par malheur ou par lenteur, n'en voulut encore rien croire ; et ce qui aida à le tromper, fut qu'au premier avis il donna commandement aux régiments de Pagny et de Fouquezoles, qui devoient aller loger ce jour-là audit fort du Bac, et à quatre-vingts chevaux dont il les accompagna, d'aller faire la découverte, leur ordonnant, s'ils voyoient que ce fussent des ennemis, de se retirer et de lui en envoyer donner avis ; mais ils allèrent avec si peu de soin et d'adresse qu'ils n'entendirent point parler des ennemis que lorsqu'ils se trouvèrent au milieu d'eux, de sorte que ce qu'ils purent faire ce fut de se mettre dans un champ fermé de haies, où durant une heure ils combattirent, et, se voyant sans espérance de secours, traitèrent à la vie sauve. Le sieur de Saligny leur avoit fait laisser leurs drapeaux au quartier. Ainsi l'incrédulité trop opiniâtre fit perdre toute la journée, et le soir venu ceux de la ville envoyèrent aux ennemis treize ou quatorze bateaux dans lesquels ils firent durant la nuit entrer ce qu'ils voulurent ; le lendemain matin le maréchal de Châtillon les pensant aller combattre, ils s'étoient retirés. Ce secours étonna notre armée, mais l'approche du maréchal de La Force la consola et la remit dans l'espérance de prendre la place en peu de temps. On fait un fort en diligence dans une petite île qui étoit entre le Bac et Clairmarais, et à laquelle aboutissoient tous les canaux par lesquels les ennemis étoient entrés, qui fermoient absolument ces passages ; on fit encore des embarras dans lesdits canaux avec des pieux et des chandeliers, de sorte qu'il sembloit qu'il n'y eût plus rien à craindre par cet endroit. On fit une ligne qui donnoit communication depuis le fort jusques audit Clairmarais avec des redoutes de distance en distance ; mais tout cela, qui devoit être fait le premier, fut commencé si tard par l'obstination du maréchal de Châtillon, qui avoit toujours soutenu que les ennemis ne pouvoient venir par les marais, et que ce côté-là étoit inaccessible, qu'il ne put être fait à temps ; et ce qu'il fit encore fut si mal gardé, qu'il ne servit enfin qu'à lui faire honte. Cependant il retardoit de jour en jour d'ouvrir les tranchées, dont le Roi étoit en une merveilleuse impatience. Le cardinal lui manda qu'il ne savoit plus quelles excuses apporter au Roi des longueurs et variétés qu'on remarquoit en ses dépêches ; que déjà il avoit mandé trois ou quatre fois qu'il ouvroit les tranchées, et cependant elles étoient encore à ouvrir ; que tel procédé étoit si préjudiciable aux affaires de Sa Majesté, en ce qu'il donnoit temps aux ennemis de faire leurs corps puissans et troubler non-seulement cette entreprise, mais toutes les autres du Roi, qu'il étoit impossible de s'en taire.

Cependant le 23 juin, le prince Thomas, qui tenoit son armée près celle du maréchal de La Force, pour surprendre l'abbaye d'Oast qui est le chemin de venir au Bac, attaqua et prit avec canon une redoute que le sieur de Lermont, gouverneur d'Ardres, avoit faite pour empêcher les courses des ennemis dans le pays. Le maréchal de La Force envoya le comte d'Arpajoux la reprendre ; mais, au lieu d'y aller avec diligence, il attendit au lendemain qu'il n'étoit plus temps, et l'attaqua avec aussi peu de prudence et de conduite qu'il y avoit apporté de promptitude le jour précédent ; car il y alla par escarmouches, ne considérant pas que cette place avoit derrière soi une armée qui la rafraîchissoit d'hommes de moment en moment : aussi reconnut-il bien la vérité, mais trop tard, puisque, après avoir perdu force gens, il fut contraint de se retirer. Incontinent après, le maréchal de Châtillon manda à Sa Majesté qu'il lui sembloit nécessaire que l'armée du maréchal de La Force se joignît à la sienne, et prît une attaque pour parachever le siége. Le Roi fut surpris de cette demande, pource que peu auparavant il avoit demandé les régimens de Gassion et de La Ferté, à condition qu'il ne demanderoit point d'autre armée pour empêcher que les ennemis ne lui tombassent sur les bras. Depuis il avoit désiré que M. de La Force s'approchât à quatre lieues de lui ; le Roi l'avoit volontiers accordé, parce qu'il avoit cru qu'en assurant son siége il seroit toujours en état de faire tête aux ennemis, quelque marche qu'ils pussent faire pour entrer en France et y faire quelque diversion ; mais la dernière proposition qu'il faisoit lors de le faire attacher à son siége lui en eût ôté tout-à-fait le moyen, et par conséquent mis les affaires du Roi en mauvais état. Sa Majesté écrivit au maréchal de La Force qu'il lui envoyât des soldats commandés de divers corps pour lui aider à parachever sa circonvallation ; que c'étoit tout ce qu'il en devoit désirer, y allant trop du sien d'en demander davantage. Il ouvrit enfin les tranchées la nuit du 29 au 30 juin, ayant gagné une hauteur qui n'étoit qu'à quatre cent cinquante pas de la contrescarpe, de laquelle il mandoit au Roi qu'il seroit maître dans dix jours ; et à la vérité il y travailloit avec une si grande diligence, que cela eût été si les deux armées ennemies du prince Thomas et de Piccolomini ne se fussent jointes ensemble pour venir secourir la place, ce que encore n'eussent-elles pu faire s'il eût fortifié et gardé le côté du marais comme il devoit.

Il avoit eu jusque-là si beau jeu qu'un plus diligent que lui fût déjà venu à bout de son siége ; car une partie seulement des forces ennemies qui étoient foibles, s'étoit opposée à lui, la plupart de leurs forces étant occupées par le prince d'Orange, qui leur donnoit jalousie d'assiéger Anvers, s'étoit mis de bonne heure en campagne, et tenant son armée vers Berg-op-Zoom, envoya le 13 juin cinquante petites barques à dessein, ce sembloit, de passer ès pays inondés ; mais la nuit il tourna vers Lillo, mit des hommes à terre de l'autre côté de la rivière vers Kildreck, et attaqua sur les onze heures le fort de Calloo, situé en triangle des forts appelés la Perle et Sainte-Marie, ayant dessein sur le dernier pour pouvoir couper les digues et inonder le pays aux environs d'Anvers du côté de la Flandre. Le capitaine qui commandoit dans Calloo, nommé Maes, se trouva surpris, se sauva et demeura parmi les Hollandais pour sauver sa vie. Calloo étant pris le 14, les Hollandais s'y fortifièrent, coupant en trois endroits les digues qui mènent au fort Sainte-Marie pour noyer le pays ; mais cela ne réussit pas, parce qu'elles furent trouvées trop hautes et que les marées vinrent plus basses que de coutume, le canon dudit fort Sainte-Marie tirant fort sur les Hollandais qui l'attaquoient, et les escarmouches continuelles de part et d'autre se faisant sur les digues entre Calloo et ledit fort, qui furent plusieurs fois gagnées et reperdues. On pourvoyoit ledit fort de Sainte-Marie de munitions d'hommes et de vivres par la rivière ; les Hollandais, de leur côté, faisoient le même à Calloo, et prirent le 16 les dehors de Sainte-Marie, mais en furent repoussés par les Allemands la nuit du 17. Piccolomini, qui marchoit vers Valenciennes pour se joindre à l'armée de Saint-Omer, fut prié de retourner avec son armée de quatre mille hommes de pied et trois mille chevaux vers Bruxelles, ce qu'il fit, et s'avança vers Anvers où le cardinal Infant alla aussi, et mit don Philippe de Sylva pour gouverneur de la citadelle, et Grobendonc de la ville, et manda encore au marquis de Leyda, qui étoit avec ses troupes près de la Meuse, de les y amener. Les Hollandais, se rendant maîtres de Calloo, avoient aussi en passant gagné la redoute de Steeland et ensuite emporté le fort de Weerdick, à demi-lieue dudit Calloo; mais le 18, le fils unique du comte Guillaume de Nassau, âgé de vingt-un ans, ayant été tué, son père en fut tellement transporté de regret qu'il n'étoit plus lui-même, et au lieu que la douleur anime le courage des autres, elle remplit son esprit d'étonnement; de sorte que les Espagnols les ayant attaqués, le 20 sur la minuit, du fort Sainte-Marie par le comte de Fuenclara avec deux mille hommes, de la digue de Beveren par le marquis de Leyda avec trois mille hommes, et de Warbrok par don Andrez Cantelina avec trois mille hommes, bien que l'assaut durât jusques à dix heures du matin, et qu'il y fût demeuré plus de mille des Espagnols avec fort peu de perte des Hollandais, cette attaque ne laissa pas de les épouvanter; et les Espagnols, l'après-dînée du 21, ayant envoyé vingt barques chargées de fagots et de gros bois pour remplir les ouvertures que les Hollandais avoient faites aux digues, les Hollandais, s'imaginant que c'étoient toutes les troupes de Piccolomini qui venoient au fort de Sainte-Marie pour leur donner un second assaut, bien qu'elles ne bougeassent d'auprès d'Anvers, du côté de la terre, prirent résolution de se retirer, ce qu'ils firent en l'obscurité de la nuit avec tant de confusion et d'effroi qu'ils se défirent d'eux-mêmes; car les ennemis tirant sur eux, et voyant qu'ils ne répondoient point, envoyèrent quelques gens de guerre pour savoir ce que ce pouvoit être. Ceux-là s'approchant peu à peu allèrent jusques à la place, dont ils trouvèrent les portes ouvertes et personne dedans, ce dont les ennemis ayant avis, ils y envoyèrent des troupes, lesquelles trouvèrent lesdits Hollandais derrière Calloo, fuyant en désordre dans le marais et dans l'eau, où plusieurs furent étouffés et noyés; autant en firent ceux qui étoient à Steeland et Weerdick, aucuns d'eux n'ayant pourvu à leur retraite; au contraire l'eau étant basse, les barques à sec, et le pont pour aller à Deel étant rompu, il fut tué cinq ou six cents hommes, et plus de deux mille faits prisonniers.

Les Espagnols, délivrés de la crainte dernière par une victoire si inespérée, tournèrent lors toutes leurs armes contre Saint-Omer, et sachant avec quelle longueur on l'avoit attaqué, menaçoient hautement qu'ils feroient lever le siége dans six jours, dont nos généraux tout esfoiez mandèrent au Roi qu'ils n'avoient point de peur. Piccolomini ne fut pas plutôt arrivé devant Saint-Omer, que nous eûmes des alarmes du côté de Clairmarais dès le premier juillet. On eut en même temps divers avis du sieur de Charost, que les ennemis avoient dessein sur le côté du Bac. L'évêque d'Auxerre ayant ensuite été visiter tout ce côté-là, et trouvé que la digue qui donnoit la communication du Bac au quartier du sieur du Hallier n'étoit point gardée, le pria au moins d'y mettre la nuit trois ou quatre cents hommes de garde, ce qu'il ne voulut faire, disant que c'étoit au maréchal de Châtillon à les y mettre. Toutefois ledit évêque lui répliquant qu'étant de son quartier c'étoit à lui à y prendre garde, et qu'au moins lui donnât-il vingt soldats qu'il mettroit en trois ou quatre bateaux, pour essayer de prendre quelqu'un de ceux qui alloient de la ville à l'ennemi et de l'ennemi à la ville, il les lui donna, et la nuit même ils prirent deux hommes déguisés qui alloient dans la ville, vraisemblablement pour leur donner avis qu'ils se tinssent prêts. Ces deux hommes étant envoyés au maréchal de Châtillon, lui faisant voir la facilité qu'il y avoit de passer par là dans la ville, il ordonna que le sieur de Manican iroit avec cinq cents hommes pour conserver cette digue, et y couchèrent dès la nuit même. Mais la nouvelle de cet emploi donné audit sieur de Manican étant venue au camp de M. de La Force, on dit qu'il n'avoit pas approuvé le procédé de M. de Châtillon en cette occasion, disant que ce n'étoit à lui d'envoyer des hommes pour commander qui n'avoient point de caractère ni le pouvoir de Sa Majesté; ce qui étant venu aux oreilles de mondit sieur de Châtillon, il changea cet ordre, et commanda au sieur du Hallier d'y envoyer en sa place le sieur de La Ferté-Imbault; ce qu'il ne fit pas, de sorte que personne n'alla coucher à la digue. Le sieur du Hallier depuis s'excusa sur ce qu'il ne lui avoit été donné ordre, disoit-il, d'y envoyer qu'au cas qu'il arrivât alarme, et non pas précisément. La même nuit ladite digue fut attaquée par les ennemis, et emportée sans résistance, n'y ayant personne, et la redoute aussi qui étoit au bout, mais qui étoit gardée d'une enseigne de Bellefons et de soixante soldats; ce qui ôta le moyen tout d'un coup d'aller au Bac pour le secourir en cas qu'il fût attaqué, comme il le fut incontinent après. Au même temps qu'une partie des ennemis attaquèrent et prirent cette digue, ils en envoyèrent une autre (1) du côté de Clairmarais, afin de couper tous les chemins pour aller au Bac et lui ôter tout espoir de secours : ces deux nouvelles arrivées en même temps surprirent les généraux. Le maréchal de Châtillon envoya le sieur de La Barre avec cinq

(1) Partie.

cents hommes de Navarre et cinq cents de Molandin pour secourir le Bac; mais il y fut tué et plusieurs officiers, sans effet, et lui s'en alla sur le bord du marais du côté du sieur du Hallier, et, voyant les ennemis aller et venir librement dans la ville, pria l'évêque d'Auxerre d'aller au quartier de M. de La Force qui étoit à Zouazq pour le supplier de s'approcher de lui; mais il le trouva qui montoit à cheval pour aller aux ennemis qui avoient paru dans une plaine voisine au-delà de Polincoue, passant la digue de Hanuin qui traverse le marais de Bourbours, au nombre de quatre mille chevaux. Il alla droit à eux en si bon ordre et les attaqua si vigoureusement qu'il les défit à plate couture, les renversant dans la rivière de Ruminghen et dans les fossés et le marais, où il y en eut huit à neuf cents de noyés, autant de tués et grand nombre de prisonniers; mais cependant les ennemis firent ce qu'ils désiroient faire, qui étoit d'empêcher qu'il vînt à temps pour secourir le maréchal de Châtillon; car il n'y put arriver que le lendemain à neuf heures, où le conseil étant assemblé des officiers des deux armées, le maréchal de Châtillon, remontrant la honte que ce leur étoit de laisser perdre à leur vue deux mille hommes qui étoient dans le fort du Bac, fut d'avis de prendre l'infanterie et cavalerie des deux armées, à la réserve de quatre mille cinq cents hommes de pied et de quinze cents chevaux qu'il laisseroit pour garder tous les quartiers, le canon, les vivres et tous les bagages, et d'aller droit à l'ennemi pour le combattre ou le faire retirer de devant le Bac. Cette opinion ne plut pas à tout le monde, néanmoins il fut résolu qu'on l'exécuteroit, ce qui fut remis au lendemain, et ce après midi; en quoi M. de Châtillon fit une grande faute, vu qu'en la guerre il n'y a point de lendemain, et il l'éprouva à son dommage; car, par ce moyen, ayant donné loisir d'y penser à ceux qui n'y avoient consenti que contre leur gré, ils vinrent le jour suivant, et proposèrent tant de difficultés et de périls en cette entreprise, qu'ils firent changer de résolution et rappeler les troupes qui étoient déjà passées de l'autre côté de la rivière; joint qu'il leur donna jour à combattre vraisemblablement son opinion, en ce qu'opiniâtrément il voulut garder les tranchées et tous les quartiers, ce qu'un chacun jugeoit très-périlleux, pource que les ennemis, qui eussent infailliblement été avertis de la marche de notre armée, et qui même la pouvoient voir, eussent pu venir, et par la ville et Ruminghen, pour enlever ce qu'on laissoit dans les quartiers, ce qui leur eût été facile, sans craindre qu'on pût retourner à eux à temps, à cause de la longueur du chemin qu'on avoit à faire, et ne voulut jamais condescendre à la proposition que faisoit du Hallier de retirer tout l'attirail, le canon, les munitions au quartier du Roi, et qu'avec quatre mille hommes de pied et mille chevaux il promettoit de garder le tout et le passage d'Arcq. Mais la plus grande faute fut en ce qu'il se laissa vaincre à changer la résolution qui avoit été prise; car il devoit bien se laisser aller aux raisons de M. de La Force, pour donner ordre à la sûreté de ce qu'on laissoit, mais non pas à consentir à ne pas rechercher le bien qu'on devoit espérer de l'heureux succès du combat, si les ennemis nous eussent attendus, ou au moins celui de retirer glorieusement les troupes qui étoient dans le Bac, puisque aussi bien tenoit-il dès lors le siége levé, et dit lors tout hautement qu'il n'étoit pas possible d'emporter cette place, à moins d'avoir deux armées et une troisième pour appuyer les convois. Le lendemain 11, ils s'assemblèrent encore sur une lettre qu'ils reçurent du sieur de Manican, qui leur demandoit secours, et avoit déjà soutenu trois assauts; mais, après avoir bien délibéré, ils ne résolurent autre chose sinon de lui mander qu'il se rendît à la meilleure composition qu'il pourroit, et que cependant, parce que le Roi avoit défendu de lever le siége sans son ordre exprès, l'armée demeureroit devant la place; mais qu'on commenceroit à ôter les canons et les faire voiturer à Ardres avec le reste des munitions, d'autant que n'ayant pas de charrois à suffire pour tout mener en un jour, ce seroit gagner le temps et être plus prêts d'aller à quelque nouveau dessein. Le sieur de Manican, de son côté, ayant reçu du maréchal de Châtillon ordre de capituler, et ne pouvant aussi tenir davantage, demanda à capituler aux ennemis, qui savoient qu'il ne pouvoit être secouru et qui étoient prêts de lui donner assaut, lequel ne pouvant soutenir, il se pressa de se rendre, et accepta une capitulation du baron de Suiz au nom de Piccolomini, non signée ni de l'un ni de l'autre, mais appuyée seulement sur leur parole. Ledit Manican soutenoit qu'il lui avoit promis, au nom dudit Piccolomini, que rendant les forts du Bac il sortiroit avec tous ses gens de guerre, armes et bagages, et seroient tous conduits avec escorte droit en France dans deux fois vingt-quatre heures. Ledit baron de Suiz disoit au contraire. Aussi ne leur tint-on pas cela; car, dès la sortie du Bac, ils furent pillés et plusieurs d'eux assassinés, quelque ordre que Piccolomini y voulut mettre, et furent encore plus maltraités par le reste du chemin qui fut long; car on les promena vingt-huit jours durant par toute la Flandre, le Hainaut, le comté de Namur, pays de Luxembourg et celui de Trèves, avec toutes les incommodités qu'on peut faire souffrir à des hommes qu'on veut faire périr, la plupart du temps sans pain et sans logement, pour faire mourir les soldats, lesquels ils ne pouvoient débaucher. Ils assommèrent aussi tous les malades qui ne pouvoient suivre, et arrêtèrent prisonnier le sieur de Bellefons et quelques officiers à Valenciennes, d'où ils furent néanmoins renvoyés au cardinal par Piccolomini sur la plainte qu'il lui en fit. Ledit Manican fut arrêté prisonnier à Amiens à son retour, pour avoir, de crainte de l'assaut qu'il pouvoit encore soutenir, fait une si précipitée et extraordinaire capitulation. Les armes du Roi reçurent tout ce désavantage en ce siége par le peu de prévoyance, la paresse et la présomption du maréchal de Châtillon, les ennemis mêmes avouant que s'il eût gardé la digue et pourvu ses fortifications de munitions et de vivres, il eût pris la place nonobstant toutes les grandes fautes qu'il avoit faites depuis le commencement du siége. Et lorsqu'on dit au prince d'Orange qu'il rejetoit la cause de ce mauvais succès sur la retraite ou fuite de Calloo, il en demeura bien d'accord, mais dit aussi que six semaines de temps sans avoir aucuns ennemis, étoient à son avis suffisantes pour faire une circonvallation, et empêcher les armées de Piccolomini et prince Thomas, qu'il soutenoit n'avoir pas en tout, les deux ensemble, plus de douze mille hommes de pied et cinq mille chevaux, de la forcer. Les maréchaux de La Force et de Châtillon envoyèrent, selon la résolution qui avoit été prise au conseil de guerre, le 11 juillet, au Roi le sieur Pagan, pour lui dire qu'il n'y avoit point à douter qu'il falloit lever le siége, et que leur avis étoit uniforme en ce point, que de là il falloit aller assiéger Hesdin. Le Roi, suivant les avis de ces messieurs, leur manda que, puisqu'on ne pouvoit faire mieux, il adhéroit à leur proposition ; et pour leur donner plus de moyen de l'exécuter, se résolut de s'avancer jusqu'à Amiens.

Incontinent après que le siége de Saint-Omer commença, le Roi eut en Guienne une grande et florissante armée. Les Espagnols nous étoient venus voir les années précédentes, avoient pris Saint-Jean-de-Luz et autres places, et bâti quelques forts qu'ils abandonnèrent depuis ne les pouvant garder. Il étoit raisonnable qu'on en prît revanche, et que l'on fît entreprise sur quelques-unes de leurs places, dont la prise fût apparemment assurée, selon que la prudence humaine le pût porter, et que nous ne fussions pas obligés d'abandonner après les avoir prises, comme ils avoient fait les nôtres dont ils s'étoient emparés. Le cardinal jugeant Fontarabie propre à cette fin, fait résoudre au Roi de la faire attaquer par une armée royale. Et d'autant que pour faciliter ce dessein trois choses étoient nécessaires, le secret, faire contribuer à cette entreprise toutes les forces de la province de Guienne, et donner à cette armée un chef de tant d'autorité que le duc d'Epernon ne pût se plaindre qu'il eût le commandement des armes dans son gouvernement ; le Roi choisit la personne de M. le prince, de la fidélité et affection duquel il étoit assuré ; lui enjoignit le secret du dessein à tel point qu'il n'en donnât part à personne, mais au contraire feignît à un chacun avoir une pensée tout autre que celle qu'il avoit. Et pour empêcher les ducs d'Epernon et de La Valette de porter préjudice à ses armes par envie ou malice, laquelle il avoit éprouvée en eux l'année précédente, il essaya premièrement de les gagner par bienfaits et témoignages d'estime et d'amitié. Il délivra le duc de La Valette de la punition qu'il craignoit et qu'il avoit méritée, pour avoir été, au rapport de Monsieur, le principal boute-feu qui l'avoit porté à l'escapade qu'il fit au retour du siége de Corbie, et non-seulement le renvoya de la cour en Guienne, mais encore lui donna la charge de lieutenant général de son armée sous M. le prince, et peu après envoya en Italie ses deux autres frères généraux de l'armée qu'il y avoit ; de toutes lesquelles grâces les ducs d'Epernon et de La Valette témoignoient au cardinal avoir des ressentimens si vifs, qu'il n'y a personne qui, sans les connoître, eût pu soupçonner qu'il y eût eu de la fraude en leurs paroles. Et pource qu'il étoit dangereux que le duc d'Epernon demeurât cependant dans ce gouvernement, pource qu'on savoit bien qu'il ne se fût pas abstenu de donner des ordres tout contraires à ceux de M. le prince, de le traverser sous main pour ruiner les affaires du Roi, et faire croire à un chacun qu'il les auroit conduites bien plus avantageusement si on lui en eût donné le commandement, bien qu'il se fût lâchement et malicieusement comporté à l'entrée des Espagnols en Biscaye, comme nous avons vu les années précédentes, le Roi lui commanda de se retirer, pendant cette expédition, en sa maison de Plassac, qui est hors, mais proche de son gouvernement. M. le prince se hâte ; les assignations pour l'argent et les ordres pour toutes les munitions lui sont donnés. Il part pour aller à Bordeaux, et y arrive au mois d'avril ; mais toutes choses ne suivent pas si promptement qu'elles sont destinées. Tous les officiers de l'armée, et particulièrement le marquis de La Force, ne s'y rendent pas à jour nommé ; les assignations qui lui sont données ne sont pas payées aux termes auxquels elles le devoient être. Il est contraint d'en écrire au cardinal qui se plaint à lui de ces délais, et de le prier d'y mettre ordre. Il se plaint de M. d'Epernon qui ne se hâte point d'aller à Plassac, et proteste que sa demeure dans la province tient tout le monde en telle crainte qu'il n'y a quasi personne qui ose venir voir ledit sieur prince, tant ils craignent de déplaire audit duc d'Epernon. Il donne le rendez-vous de son armée, le 8 juin, à Condom, qui est une ville qui est au milieu de notre frontière, et regarde toutes les parties de celle d'Espagne. Pour cacher son dessein, il entretient le comte de Grammont et autres qui sont avec lui du dessein de Pampelune, lui donne ordre d'envoyer du blé à Saint-Jean-Pied-de-Port, qui est le passage pour y aller ; quant et quant il va à Toulouse, qui approche du Roussillon, où les ennemis envoyèrent incontinent des forces, craignant qu'il y dût faire descente ; de là vient à Condom, d'où il donne ses ordres pour faire marcher son armée sur la frontière d'Espagne, ce qu'il fit par divers chemins, afin de donner jalousie de tous côtés.

Cependant le cardinal, impatient de ce que par des délais si longs il donnoit le temps aux ennemis d'assembler des troupes, lesquelles il leur seroit aisé d'envoyer d'un lieu à un autre quand ils sauroient celui où on les attaqueroit, lui envoie le sieur de La Houdinière, capitaine de ses gardes, pour échauffer un chacun à faire son devoir, et pour lui dire que l'attaque qu'il faisoit étoit si importante, que, s'il pouvoit être en deux lieux, il iroit lui-même pour l'assister, tant elle étoit nécessaire pour avoir la paix, à laquelle tous les autres chemins étoient fermés, que celui d'avoir avantage sur les Espagnols et dans leur propre pays, où il semble que l'on attaque les ennemis au cœur, et par conséquent que toutes les atteintes qu'on leur donne sont plus vives et de plus grand effet que toutes celles qu'ils peuvent recevoir d'ailleurs ; enfin, qu'il se souvînt qu'après la bénédiction de Dieu, tout le bon succès de la guerre est dû à la diligence et à la fermeté. M. le prince fait ce qu'il peut ; mais le duc d'Epernon le traverse sous main, empêche les gentilshommes volontaires de l'aller trouver, leur ayant mandé qu'il les vouloit mener lui-même, ce qu'ils prennent pour une défense d'y aller, avec le peu d'envie qu'ils en avoient. Il ne trouve point d'obéissance parmi les magistrats populaires, par les mêmes secrets artifices dudit duc, qui cependant est le premier à se plaindre du peu d'obéissance qu'il dit qu'il trouve en son gouvernement, et que leurs esprits sont en telle disposition, que, n'ayant nul soin du service du Roi, il n'y a que la seule crainte qui les puisse retenir, essayant par là de prévenir les justes accusations que l'on pouvoit faire contre lui, et colorer les excuses qu'il pourroit apporter touchant les maux qu'il avoit procurés lui-même ; car il ne pouvoit s'abstenir de faire paroître sa colère contre ceux qui rendoient honneur à M. le prince ; et la chambre de l'édit de Castres ayant député vers ledit sieur prince le sieur de Briet, et quelques anciens conseillers, pour lui faire la révérence, ledit duc prit occasion de quelque sujet frivole d'offense qu'il prétendoit avoir contre ledit Briet, pour lui faire savoir qu'il ne vouloit point être vu par lui ni ses associés en qualité de députés. Et ensuite ayant dit à M. le prince que s'il le rencontroit il l'étendroit sur le carreau, il leur conseilla de se retirer incontinent ; ce qu'ils firent. Aussi les plaintes de la province étoient universelles contre lui, et le parlement, députant quelques-uns de leur corps vers le Roi, leur donna charge de représenter à Sa Majesté l'abus qu'il commettoit de l'autorité trop grande qu'il lui avoit donnée ; qu'il étoit gouverneur de la province et lieutenant de roi, gouverneur de Bordeaux et de ses deux châteaux, et maire de la ville, et qu'il faisoit seul les magistrats populaires dans toute la province ; qu'il employoit toutes ces autorités-là contre les plus fidèles sujets du Roi, auxquels elles devoient servir de refuge ; qu'il avoit en riant, et sans agir, souffert l'année précédente la rebellion des peuples, à laquelle il ajoutoit encore des maux infinis que ses gardes faisoient dans les terres des principaux de la province, des deniers de laquelle étant payés exactement, ils ne laissoient pas encore d'y vivre à discrétion ; que, juge de ses intérêts et exécuteur de ses vengeances, il emprisonnoit, de son autorité particulière, qui bon lui sembloit, tenant l'autorité de la justice et la liberté des peuples dans les liens d'une même captivité ; qu'après avoir souffert de gaîté de cœur les ennemis du Roi jouir un an entier d'une profonde paix dedans le sein de la province, quand ils s'étoient retirés, non par son soin, mais peut-être contre sa volonté, il avoit la veille de leur retraite, pour dernier exploit de sa malignité, logé ses gens de guerre dans les maisons de ceux du parlement de la ville de Bordeaux. Nonobstant toutes ces indignités qu'il commettoit en sa charge, il ne laissoit pas d'aller la tête haute, protester fidélité envers le Roi, soumission à M. le prince, et reconnoissance envers le cardinal, duquel il ne pouvoit nier ni cacher les obligations qu'il lui avoit des grâces et faveurs qu'il en avoit reçues.

M. le prince se plaint de son procédé envers

16.

lui à l'archevêque de Bordeaux qui le vit à Condom, il lui propose l'évêque d'Aire, homme actif, diligent et adroit, et qui sauroit bien faire exécuter ses ordres : il s'en sert, et prie le cardinal de lui faire commander par le Roi de l'assister durant toute cette campagne ; mais quant et quant il dit à l'archevêque de Bordeaux qu'il a besoin d'être assisté de son armée navale pour son entreprise de Fontarabie, et que sans elle il n'en sauroit venir à son honneur. L'archevêque lui remontra que, quand ses vaisseaux seroient à la côte, ils ne pourroient rader à l'entrée de la rivière, et le fit résoudre d'équiper trente pinasses, auxquelles il enverroit six vaisseaux pour les soutenir, qui se retireroient dans le port du Passage quand ledit sieur prince auroit pris un petit château appelé le Figuier, qui étoit entre le Passage et Fontarabie. Ledit sieur le prince ne laissa pas de continuer cette instance envers le cardinal, qui lui manda qu'il étoit fort étonné de sa demande, et de ce qu'il fondoit une bonne partie du bon succès du siége qu'il devoit faire sur l'assistance que M. de Bordeaux lui pourroit donner par mer ; qu'il se souvint qu'il l'avoit plusieurs fois prié, comme il faisoit encore, de ne se reposer pas là-dessus, mais de faire son entreprise comme s'il étoit tout seul ; qu'il le lui répétoit pource qu'encore que Sa Majesté voulût bien que ledit sieur de Bordeaux contribuât ce qu'il pourroit à son dessein, s'il se trouvoit prêt assez à temps, cela n'empêchoit pas qu'il n'eût une tâche distincte de la sienne, et que les forces qu'il avoit étoient plus que suffisantes seules pour exécuter ce qu'il avoit entrepris.

Cette armée navale que le Roi faisoit équiper étoit grande, et devoit être composée de cinquante-huit vaisseaux de guerre, dont la Couronne, qui étoit l'amiral, étoit du port de deux mille tonneaux. Sa Majesté y faisoit embarquer le régiment de La Meilleraie et trente compagnies d'infanterie, et de l'artillerie pour la terre avec son équipage et tout ce qui en dépendoit, et donna le commandement de cette armée à l'archevêque de Bordeaux, tant pource qu'il avoit une grande intelligence en la marine, que pource qu'il avoit très-bien fait l'année précédente en la reprise des îles de Saint-Honorat et de Sainte-Marguerite, et qu'il obéissoit ponctuellement aux ordres qui lui étoient donnés. Il eut commandement d'aller attaquer le Passage et Saint-Sébastien si M. le prince attaquoit Fontarabie, ou d'aller chercher l'armée navale d'Espagne et l'attaquer, soit à la mer, soit dans les ports, si le conseil de guerre jugeoit qu'il y eût apparence que l'on en dût avoir un heureux succès ; et si ledit sieur le prince s'étoit rendu maître de Fontarabie et n'avoit plus besoin de toute son armée, il tâcheroit d'obtenir de lui deux ou trois mille hommes de pied avec un maréchal de camp pour charger sur les vaisseaux, et retourner à la côte de Biscaye et en celle de Galice tenter quelques desseins sur les ports de Saint-Ander, La Redde ou Bilbao, et même sur la Corogne, s'il voyoit qu'il y eût lieu d'y pouvoir réussir. Et d'autant que les Portugais s'étoient soulevés sur le sujet de quelques nouveaux subsides établis sous prétexte de reprendre Fernambouc et les autres places du Brésil dont les Hollandais s'étoient emparés les années précédentes, et que cette émotion s'étoit étendue jusques aux Algarves, et s'augmentoit de jour à autre, il eut ordre, si les Portugais se saisissoient de quelque port de mer, ou qu'ayant quelques desseins à exécuter ils lui envoyassent demander secours, de leur envoyer cinq ou six vaisseaux avec des forces à proportion du besoin qu'ils en auroient ; et, en cas qu'ils voulussent lui consigner entre les mains, de port en port, Setubal, La Tourbe, Belin, ou quelque autre port de mer propre à faire descente, il tirât profit de l'occasion, et mît des gens à terre pour s'en assurer et pour assister lesdits Portugais aux occurrences qui se pourroient offrir ; que s'il étoit averti que les ennemis eussent dessein de venir ou fussent déjà aux côtes de France, il revînt avec toute l'armée pour les combattre, si ce n'étoit qu'il fût déjà attaché à quelque entreprise, laquelle, en ce cas, Sa Majesté entendoit qu'il continuât, mais qu'il en pressât l'exécution le plus qu'il pourroit, afin qu'étant achevée il vînt chercher les ennemis pour leur donner combat ; que si ledit archevêque faisoit descente en quelque lieu où M. le prince fût, ou bien dans le voisinage, il recevroit les ordres de mondit sieur le prince, et lui obéiroit ; et, pource qui étoit de tous autres commandans des armes du Roi, ils auroient à assister ledit sieur archevêque, selon qu'il les en requerroit pour le service de Sadite Majesté. S'il faisoit rencontre d'une armée navale d'Angleterre, les deux armées pourroient passer sans se saluer ; mais si l'armée anglaise vouloit contraindre l'armée du Roi au salut, qu'il hasardât plutôt tout que de faire ce préjudice à l'honneur de la France. Mais quant et quant Sa Majesté pourvut à ce que, de la part de Rome, il ne fût fait quelque chose contre ledit archevêque, et commanda à son ambassadeur de supplier Sa Sainteté d'agréer qu'il eût la conduite de ses forces maritimes, et que, pour peu de temps, il pût être, avec ses bonnes grâces, absent de son évêché. Sa Majesté fit aussi demander pour lui une dispense *à sœvis*, de laquelle il pouvoit avoir affaire en la charge en laquelle il étoit employé; mais Sa Sainteté y trouva difficulté, et pria le Roi de ne lui en pas faire d'instance. Ledit archevêque, ayant reçu ces ordres, se hâtoit de se mettre en mer le plus tôt qu'il lui étoit possible; mais il ne pouvoit être sitôt prêt que l'étoit M. le prince, lequel, nonobstant tout ce que le cardinal lui avoit pu mander, faisoit difficulté d'entrer en Espagne que ladite armée navale ne fût premièrement à la côte, et vouloit attendre jusque-là.

Enfin néanmoins, il fut pressé, et par tant de raisons, et par tant d'ordres qui lui vinrent de la cour, que le 30 juin il se rendit avec son armée près de Saint-Jean-de-Luz, et en ayant fait revue, encouragé un chacun, s'avança dès ce jour-là jusque sur la rivière de Bidassoa, qui sépare la France d'avec l'Espagne. Le duc de La Valette protestoit de bien faire, et chacun ajoutoit foi à ses paroles, bien qu'il montrât son mauvais cœur au mépris qu'il faisoit de sa femme (1), et en ce qu'il querella l'archevêque de Bordeaux dès qu'il le vit auprès de M. le prince; car, l'ayant voulu visiter, il lui fit dire, par M. le prince, qu'il ne lui donneroit pas la main chez lui, non plus qu'il ne faisoit, disoit-il, aux sieurs archevêque d'Auch, de Grammont et le marquis de La Force, ce qui est néanmoins une chose hors de toute règle : de sorte que ledit sieur archevêque ne désiroit pas assister au conseil, ne devant pas, comme archevêque et dans sa province, céder au duc de La Valette gouverneur d'icelle, ni comme lieutenant du cardinal chef de la marine, céder à celui de M. le prince; car, comme ledit archevêque étoit lieutenant général du Roi en son armée navale sous ledit cardinal, ledit duc étoit lieutenant général de Sa Majesté en son armée sous M. le prince. L'armée étant arrivée le 30 juin sur le bord de ladite rivière, dès le lendemain, qui étoit le premier juillet, on attaque les gués de ladite rivière où les ennemis s'étoient retranchés après les avoir rompus; les nôtres les attaquèrent si vigoureusement qu'ils leur firent lâcher le pied : ils s'enfuirent à Irun où ils les suivirent, et entrant pêle-mêle dans la place s'en rendirent maîtres, conservant l'église et l'honneur des femmes, et ne permettant point de brûler. M. le prince, sans perdre temps, dépêcha dès la nuit le sieur d'Espenan avec quelques troupes au port du Passage, où les Espagnols préparoient une grande armée pour les Indes, et quant et quant aussi envoya le comte de Grammont avec quelques régimens pour se rendre maître du fort du Figuier, qu'il emporta le même jour. Les ennemis, à la vue de nos troupes, s'étant retirés en telle confusion que plusieurs se noyèrent, le capitaine se rendit la vie sauve. On y trouva quelques canons de fonte et de fer, et cette place assura tous nos vaisseaux en la rivière de Bidassoa. La prise du port du Passage ne fut pas si facile; le chemin pour y aller étoit plus long, et il y avoit sur le chemin beaucoup de lieux où les ennemis avoient coupé des arbres, et s'étoient retranchés en quelques-uns : ils ne faisoient que paroître et fuyoient incontinent; mais néanmoins cela retardoit toujours nos troupes. Espenan passa dans un petit bourg, nommé Renterie, que les ennemis avoient abandonné avec tant de hâte qu'ils l'avoient laissé plein de vivres et de meubles. Il y mit deux cents hommes en garnison, et arriva, dès le 2 de juillet, au port du Passage, qui est proche d'un bourg fermé qui porte le même nom, et de deux forts où ils tiennent toujours garnison. Il s'empara de tout cela sans combattre, les ennemis fuyant de tous côtés à l'approche de nos troupes. Le sieur Espenan garnit les deux forts de soldats, fit braquer les canons, partie sur le port pour s'assujétir les vaisseaux qui y étoient, partie sur l'embouchure, pour empêcher l'entrée aux ennemis. Ils trouvèrent dans ce port six grands galions et six grands navires neufs prêts à mettre en mer, et deux vieux galions tout équipés, artillés et chargés de diverses marchandises qu'ils préparoient pour les Indes. On y prit cent canons de fonte verte, portant tous les armes du roi d'Espagne, plus de cent canons de fer et six mille mousquets. M. le prince y alla dès le lendemain 3, donna ordre de faire venir des vaisseaux de Bayonne pour emporter ces canons, et manda à M. l'archevêque de Bordeaux qu'il lui envoyât promptement des matelots pour retirer les vaisseaux qu'il avoit pris, et écrivit avec instance au cardinal qu'il ne pouvoit assurer la conquête s'il ne donnoit ordre audit sieur de Bordeaux qu'il lui menât l'armée navale qu'il commandoit, sans laquelle aussi, disoit-il, il ne pouvoit avec succès attaquer Fontarabie, pource que les ennemis y feroient entrer autant de secours qu'ils voudroient.

En même temps il alla avec les principaux officiers de son armée reconnoître Fontarabie; ils résolurent le siége et deux attaques, puis vinrent faire les quartiers devant la place et reconnoître les approches, lesquelles ensuite ils firent, et ouvrirent les tranchées sans perdre un homme, et en cinq jours les tranchées alloient déjà jusqu'à cinquante pas du fossé. Il n'y en a aucun qui vit cela qui ne crût déjà la place prise, principalement étant petite comme elle étoit et n'ayant point de dehors, et sa situation fort

(1) Parente du cardinal de Richelieu.

avantageuse pour y jeter des bombes. Mais la prise du Passage y nuisoit un peu, non tant pour trois ou quatre mille hommes qu'il y falloit mettre, que parce qu'ils occupoient nos pinasses qui devoient être au détroit de la mer qui alloit à Fontarabie, pour empêcher le secours qui y pouvoit entrer toutes les nuits par mer en haute marée : aussi y en entra-t-il dès le 6 juillet, et encore vers le 12 ; mais ces deux secours ensemble ne faisoient pas quatre cents hommes; si bien qu'en comptant la vieille garnison, ils ne faisoient pas état qu'il y eût plus de huit ou neuf cents hommes en tout, ce qui ne pouvoit pas empêcher la prise de la place si elle étoit courageusement attaquée, puisqu'ils étoient déjà sur le bord du fossé le 15 dudit mois. Néanmoins ils avoient peur de cinq ou six mille hommes de milice qui étoient déjà à Saint-Sébastien où ils se fortifioient, et des nouvelles qu'ils apprenoient qu'on s'assembloit de toutes parts en Espagne pour venir à eux, ce qui étoit un mauvais présage du succès de cette entreprise. Les ennemis néanmoins, en toutes les sorties qu'ils faisoient sur les nôtres, étoient toujours repoussés, et le furent aussi bravement en une attaque qu'ils firent au Passage le 19, où les sieurs d'Espenan et de Serignan les reçurent si courageusement, qu'ils furent contraints de se retirer avec grande perte. L'archevêque de Bordeaux, dès qu'il sut la prise du Passage, envoya huit vaisseaux de guerre pour assister les nôtres, chargés de six cents matelots extraordinaires, avec voiles et apparaux, pour amener du Passage les vaisseaux qu'ils avoient pris, avec ordre aux capitaines qui étoient sur les petits vaisseaux de monter sur les grands, et de faire des brûlots des leurs. Il manda aussi à M. le prince que, s'il lui plaisoit, il lui amèneroit ce qu'il avoit d'infanterie, pour s'attacher à Saint-Sébastien tandis qu'il seroit à Fontarabie. Il l'exécuta, mais il arriva un peu tard, car il ne leva l'ancre à la rade de Saint-Martin que le 25 du mois, et arriva à Fontarabie le premier août, où il releva le courage des nôtres, qui étoient résolus de brûler dans le port du Passage tous les vaisseaux qui y étoient, perdant l'espérance de le pouvoir conserver. Le sieur de Saint-Étienne, capitaine de l'un des vaisseaux du Roi, avec Piguesier, maître d'équipage, empêchèrent seuls cet incendie et cette honteuse retraite, s'étant opiniâtrés à les garder et les gréer contre tout le monde. Et en outre ils étoient étonnés de la défense vigoureuse des ennemis, lesquels, bien que la ville fût presque toute ruinée des bombes, et qu'ils eussent été contraints de se retirer dans un bastion avancé en mer du côté d'Andaye, faisoient toujours bonne contenance et ne parloient point de se rendre. L'arrivée dudit archevêque rafraîchit l'armée du Roi de quatre ou cinq mille hommes, et empêcha le lendemain qu'un secours de huit pataches avec vingt-sept chaloupes chargées d'infanterie et munitions de guerre, commandées par don Alonze, pour secourir la place, n'y entrassent ; car il avoit commandé à quatre vaisseaux de se tenir sous voile, et nos chaloupes étoient préparées, qui donnèrent chasse au secours, de sorte que tout ce qu'ils purent faire, ce fut de gagner Saint-Sébastien, la plupart par terre et à nage, les vaisseaux qui étoient sous voile les ayant obligés, les uns à quitter leurs barques qui furent prises, les autres ayant été coulées bas par le canon. Les prisonniers rapportèrent que l'amirante de Castille étoit arrivé à Saint-Sébastien avec deux mille hommes de pied et soixante ou quatre-vingts chevaliers, lesquels n'avoient point voulu manger de ce convoi, et que l'infanterie embarquée étoit au nombre de quatre ou cinq cents hommes, moitié Irlandais et moitié Castillans. Il en entra un peu le 5, et par la terre, du côté du duc de La Valette, il y en entra encore davantage au bout de deux jours; ensuite de quoi ils firent une sortie, où quelques-uns de nos officiers furent tués.

Dès le jour où ledit archevêque de Bordeaux fut arrivé, le duc de La Valette ne voulut plus se trouver au conseil, d'autant que, sur le différend qui s'étoit mû à Condom entre ledit sieur de Bordeaux et lui pour la préséance dans le conseil, M. le prince en ayant écrit au Roi pour savoir sa volonté, Sa Majesté avoit réglé ce différend, ordonnant que lorsque l'armée navale seroit jointe à la sienne, M. de Bordeaux précéderoit, ce que le cardinal écrivit audit duc de La Valette ; mais il ne voulut point obéir, et poussa ce ressentiment particulier contre le bien des affaires du Roi; car, quoiqu'il eût l'honneur du principal commandement, et qu'il n'eût pu souffrir que les sieurs de La Force et Grammont eussent d'autorité que dépendante de la sienne, toutefois, dès lors que ledit sieur archevêque fut en l'armée, il ne voulut plus se trouver en aucun conseil de peur de lui céder; ce que M. le prince supporta pour n'effaroucher et aigrir son esprit. Nous étions logés sur le fossé que nous avions percé dès le 20 juillet, et nous pouvions le passer par de bonnes traverses, et même à l'épreuve du canon; mais la divison qui étoit entre tous les officiers, que le duc de La Valette causoit et fomentoit, plutôt que l'ignorance du métier de la guerre, faisoit qu'on s'amusoit avec lenteur à passer par dessous le fossé avec des mines, de peur de quelque flanc qui n'étoit pas encore ruiné ; à quoi on perdoit inutilement le temps, on refroidissoit le courage des nôtres, et on l'augmentoit à l'ennemi. L'archevêque de Bordeaux offrit, dès son arrivée, de faire mettre pied à terre à ses gens, et de passer le fossé avec de bonnes traverses ; mais la jalousie des officiers de l'armée empêcha que M. le prince le permît. Il lui commanda seulement d'envoyer son infanterie au Passage pour en retirer la sienne, ce qu'il fit, et campa ses troupes entre le Passage et Saint-Sébastien, pour tenir tête à l'amirante de Castille, qui étoit retranché à la tête dudit Saint-Sébastien avec six mille hommes et quelque cavalerie. M. le prince lui commanda aussi de mettre deux batteries à terre à Fontarabie pour l'assister, lesquelles il falloit qu'il fournît de poudre et de balles, ce qui (quand il n'eût point eu d'autre raison) lui ôtoit le moyen de rien entreprendre contre Saint-Sébastien ; de sorte qu'il se contenta de laisser six vaisseaux dans le port du Passage, et six en garde devant Saint-Sébastien, six sous voile, et le reste, avec le pavillon, à la rade du Figuier. Cependant le siége alloit si lentement qu'au 10 août, y ayant trois semaines qu'on étoit au fossé, il n'y avoit pas encore une pierre ôtée de la muraille ; on s'étoit seulement amusé à tirer aux parapets de peur de la mousqueterie, et on n'avoit pas encore commencé à ruiner les flancs et à faire brèche. L'attaque se faisoit à une tour qui étoit vue d'un flanc d'un bastion, et si on se fût attaché à la face du bastion, on n'eût été vu que de la tour. Il y avoit plus grand nombre de ceux qui commandoient que de ceux qui obéissoient ; l'artillerie étoit changée à toute heure : elle avoit tiré six mille coups de canon, et elle n'avoit abattu que des maisons et des éminences inutiles ; ce que l'archevêque de Bordeaux ayant représenté à M. le prince, il fit commencer, par celle de la marine, à battre les flancs qui voyoient la tour, et tirer aux batteries des ennemis qu'on n'avoit pas encore ruinées, et, dès le lendemain, le flanc qui voyoit la tour fut rasé, les pièces démontées, deux autres batteries défaites, et le lieu où ils n'avoient jusques alors osé poser de galerie fut la promenade des soldats, de sorte que, dès le 12, on commença à y poser la galerie. Incontinent les mineurs s'attachèrent à la muraille du côté de M. le prince ; mais au même temps il eut avis que les ennemis étoient en corps d'armée à deux lieues de lui, fit donner commandement, le 15 août, à l'archevêque de Bordeaux de quitter le Passage, et fortifier son armée des six mille hommes qu'il y avoit, n'estimant pas le Passage pouvoir être gardé si l'on manquoit de prendre Fontarabie, ni qu'on pût empêcher que nous le reprissions si Fontarabie tomboit entre nos mains.

Il obéit, bien que cette contre-marche lui semblât de mauvais présage, et tira quatre galions du port, dont il envoya trois en France ; il retint le quatrième en l'armée, et brûla le cinquième qui n'étoit pas encore mâté. C'étoit une grande inadvertance aux nôtres, je n'ose pas dire lâcheté, de n'avoir pas osé attaquer les ennemis lors qu'ils commençoient encore à s'assembler à Saint Sébastien, et leur avoir donné le loisir de joindre toutes leurs forces, qui leur venoient de divers endroits et à si petites troupes, qu'il nous étoit aussi aisé de les défaire que de les attaquer, ne considérant pas que contre les Espagnols il faut hardiesse et entreprendre, et qui se gouverne avec eux autrement, n'en remporte pas les avantages qui sont faciles en suivant cette méthode. Ledit archevêque, ayant quitté le Passage, ramène en l'armée de M. le prince l'infanterie qu'il y avoit, dont il avoit bien de besoin, car les communes du Béarn avoient bien fait quatre mille hommes qui étoient venus joindre son armée, mais il n'avoit pu tirer aucun secours du mandement fait à la noblesse de Guienne de la venir trouver, ni de l'assemblée des communes, d'autant que le sieur de La Valette, qu'il avoit prié d'en prendre le soin et donner les commissions en son nom, l'avoit refusé ; et il étoit assuré que M. d'Epernon, qui étoit venu, contre l'ordre du Roi, de Plassac à Cadilac, retardoit et maltraitoit ceux qui se vouloient avancer.

L'archevêque, partant du Passage, envoya le sieur de Montigny avec douze vaisseaux le long de la côte, pour prendre langue d'une armée qu'on lui disoit venir de devers Cadix ; ledit Montigny rencontra le 17 sur les hauteurs de Gatary quatorze galions d'Espagne, et dépêcha une patache audit archevêque pour lui en donner avis. Il assemble le conseil pour savoir ce qu'il falloit faire ; on résout qu'on mettroit promptement à la voile avec dix vaisseaux de guerre et six brûlots pour aller joindre ledit Montigny ; ce qu'ils firent sans délai ; mais les calmes commencèrent de telle sorte que peu s'en fallut que tous nos vaisseaux ne donnassent à la côte. Enfin, ayant joint ledit Montigny, un petit vent d'est nord-est, qui est celui qui charge en cette côte, s'étant levé le 22, l'archevêque de Bordeaux envoya les sieurs de Montigny et de Cangé avec leurs vaisseaux, assistés de douze autres et six brûlots, attaquer les ennemis, qui faisoient un continuel feu et de leurs vaisseaux et de la terre, où ils avoient des batteries qui nous incommodoient beaucoup, mais n'empêchèrent pas les nôtres d'aller mouiller l'ancre à la longueur d'un câble d'eux, et leur envoyèrent leurs brûlots qui mirent en feu tous leurs vaisseaux, n'en restant qu'un qui étoit échoué, mais fut si maltraité de coups de canon qu'il ne pouvoit plus être que difficilement mis en état de servir; et le feu qui prenoit aux poudres des galions ennemis fit un si grand effet qu'il brûla tous les vaisseaux qui étoient dans le môle. Cette perte fut grande, pource qu'ils portoient trois mille hommes à Saint-Sébastien, et qui furent tous brûlés avec le corps desdits vaisseaux et les autres soldats et matelots qui étoient dedans, faisant les uns et les autres jusques à sept ou huit mille hommes. Si ledit archevêque eût eu lors son infanterie qu'il avoit laissée à Fontarabie, il eût pu faire quelque chose de considérable en cette côte-là. Cette grande victoire abattit plus le courage des ennemis qu'il ne releva celui des nôtres, quoiqu'il leur fût venu des poudres de Brouage, et qu'il ne leur manquât rien de ce dont ils avoient besoin.

L'armée des ennemis parut le 22, divisée en trois corps, à la vue de la nôtre, et se campèrent et se passèrent plusieurs jours qu'aucun de notre armée ne les allât reconnoître : le seul lieutenant colonel de la Couronne y alla et y fut blessé d'une mousquetade dans le corps. Il y eut dès lors apparence que Fontarabie ne se pouvoit prendre que par un grand combat; mais les nôtres n'en vouloient point tâter, et nous n'avions néanmoins ni camp retranché ni redoute qui le favorisât; de sorte que si nous n'attaquions point de notre côté nous ne pouvions pas empêcher de l'être par les ennemis; et bien que tout le monde sache par expérience qu'un Français attaquant vaut mieux que trois attaqués, nos gens ne voulurent point néanmoins se résoudre à les aller combattre, bien que de jour à autre nous eussions avis que leur armée étoit moindre qu'on ne l'avoit rapporté, et n'étoit composée pour la plupart que de canailles qu'il fallut lier deux à deux pour les retenir, les prisonniers nous rapportant que plus de deux mille d'entre eux s'en étoient déjà fuis, et que tous les hidalgos eussent voulu être chez eux. Tout cela ne nous animoit point, mais nous essayâmes seulement de presser le siége par mines, dont l'une ayant joué le 18 en une tour, et n'ayant pas fait l'effet qu'on espéroit, on commença depuis une autre mine du côté du duc de La Valette, sous le bastion de l'attaque de Guienne, laquelle fut en peu de jours chargée et mise en état de jouer par les soins extraordinaires de M. le prince, contre les empêchemens qu'y apportoient publiquement M. de La Valette et les siens, qui n'en pouvoient souffrir l'avancement, ou par leur mauvaise volonté, ou parce qu'on l'appeloit la mine de M. de Grammont. On y mit le feu le premier septembre, et l'effet s'en ensuivit fort grand pour faire un logement dans icelle ; mais elle ne nous donna pourtant pas encore l'entrée dans la ville, parce que le bastion se trouva contre-miné par une fort grande voûte qui faisoit le tour dudit bastion, dans lequel nous fîmes néanmoins un logement pour trois cents hommes, et en chassâmes les ennemis à coups d'épée. Le marquis de Gesvres y fut légèrement blessé, mais l'on temporisa bien à faire ce logement, et fallut que le marquis de Gesvres et autres personnes de condition, commandées par M. le prince, se missent en devoir de le faire. M. de La Valette qui commandoit à la tranchée n'y donnoit aucun ordre. Ce logement fait, on résolut de faire une seconde mine dans ledit bastion, en laquelle on réussit si heureusement que dans trois jours on eut fait trois grands fourneaux. L'ordre fut donné à M. de La Valette qu'aussitôt après l'effet de cette mine, ou il se logeât sur le bastion s'il ne pouvoit faire davantage, ou fît donner un assaut si la brèche étoit raisonnable. A l'heure même que la mine eut joué, M. de La Valette l'envoya reconnoître par le sieur de Landresse, domestique du sieur de Grammont, lequel on savoit qu'il n'aimoit ni n'estimoit, et voulut donner plus de créance à ce qu'il lui dit, qu'elle étoit aucunement difficile, qu'à ce qui lui en fut rapporté par La Roche, capitaine de ses gardes, et deux de ses domestiques qui, l'un après l'autre, le vinrent trouver en présence du sieur de La Houdinière, et lui dirent que la brèche étoit raisonnable, et qu'il falloit promptement donner, les ennemis étant dans l'effroi, et pas un ne paroissant sur le bastion. La même chose lui est dite par les sieurs de La Houdinière et d'Espenan, lequel, encore que blessé et malade, se rendit auprès de lui, et lui représenta qu'il se faisoit grand tort de ne pas faire donner, la brèche étant si grande, et de manquer à rendre un si grand service au Roi et acquérir beaucoup de réputation. Mais il rejeta tous ces avis, et maltraita de paroles ses domestiques, temporisa inutilement, et, sans ordonner quoi que ce fût, ni pour donner l'assaut ni pour faire un logement, il s'en vint chercher M. le prince, et lui proposa mille difficultés avec des froideurs non pareilles ; il lui dit qu'il n'avoit point fait donner l'assaut, ni ne s'étoit logé sur la brèche, parce que, l'ayant fait reconnoître par Landresse, il ne l'avoit pas jugée raisonnable. M. le prince lui répondit qu'il ne devoit pas avoir laissé perdre une occasion si importante pour le service du Roi, et de laquelle dépendoit la prise de Fontarabie ; qu'il devoit avoir obéi à son ordre, et qu'il étoit bien étrange qu'il eût maintenant créance en Landresse, lequel, quelques jours auparavant, il lui avoit dit ne vouloir souffrir en l'armée, et que, sans le respect de Sa Majesté, il lui donneroit de l'épée dans le corps, parce qu'en l'affaire de Socoa il avoit fait à Sa Majesté des rapports qui ne lui étoient point avantageux; qu'il avoit appris que La Roche, capitaine de ses gardes, un nommé Le Réal, et autres ses domestiques, l'avoient reconnue, et lui avoient rapporté qu'elle étoit raisonnable, ce que même ledit de La Roche lui soutint en sa présence, après y avoir été envoyé une seconde fois pour la bien reconnoître avec le sieur Du Bourg, gouverneur de Socoa, lequel témoigna la même chose, qu'il les devoit croire plutôt que Landresse. Cependant les ennemis, voyant que l'on n'alloit pas à eux et que l'on les marchandoit, prennent cœur, viennent sur le bastion, s'approchent de la brèche, la réparent, et commencent à y faire un retranchement à notre vue. M. le prince, après avoir témoigné audit duc de La Valette du ressentiment de son mauvais procédé, lui commanda sur-le-champ d'aller faire un logement, puisqu'il avoit tant tardé à donner un assaut, et ce par l'avis de tout le conseil.

Il part en cette résolution, et M. le prince le fait assister des officiers de l'armée plus propres à cette exécution, entre autres du chevalier de La Rochette, fort intelligent en de pareilles entreprises; l'on commence à faire ce logement dans la brèche, pour, de là, faire encore un fourneau, par le moyen duquel on pût abattre le retranchement des ennemis que ses longueurs leur avoient donné loisir de faire. Et comme le chevalier de La Rochette y eut donné commencement avec fort bon succès, ayant besoin de travailleurs pour continuer incessamment, M. de La Valette ne lui en donnoit ni faisoit donner aucun; il en donna avis sur la minuit à M. le prince, qui envoya à l'heure même un de ses gardes lui commander d'y pourvoir, et lui faire reproche de cette négligence. Il fut satisfait à cet ordre avec une telle froideur, que le matin M. le prince, sachant, par le chevalier de La Rochette et par deux de ses gardes qui avoient couché au travail, le peu d'avancement qui s'y faisoit, et considérant que, par les longueurs et désobéissances dudit duc de La Valette, qui commandoit à la plus grande partie de l'armée, la prise de Fontarabie, qui étoit infailliblement s'il n'eût pas perdu l'occasion de donner, étoit empêchée; et que, d'autre part, s'il s'opposoit à ses mauvaises volontés ouvertement par l'autorité de sa charge, cela pourroit nous diviser encore plus et donner de l'avantage aux ennemis, il prit résolution d'employer le zèle et les troupes de l'archevêque de Bordeaux pour exécuter ce que ledit duc n'avoit pas voulu faire; et l'ayant proposé audit sieur duc de La Valette, afin de l'échauffer et animer par cette émulation, il dit que cela l'offensoit trop, et promit d'employer tout et sa propre vie pour l'exécution de ce dessein. Mais comme les sieurs de La Houdinière et Landresse avec trente soldats d'Enghien eurent, par occasion, étant allés voir le travail de La Rochette, fait un logement sur la brèche qu'une chute de pierre gâta à demi, ledit duc de La Valette changea soudain sa première résolution, et fit dire à M. le prince, par Le Plessis-Besançon, et lui dit lui-même qu'il employât ledit archevêque de Bordeaux, qui accepta de le faire, puis même que ledit sieur duc de La Valette y consentoit, et commença à disposer toutes choses pour l'exécution de ce dessein. Comme il y travaille, ledit sieur de La Valette, changeant encore de résolution, retourne aux prières et conjurations envers M. le prince pour le laisser faire, et promet d'emporter le bastion par logement ou par assaut, sans épargner sa propre personne pour en venir à bout. Bien que ses actions passées et ses irrésolutions marquassent sa mauvaise volonté, estimant néanmoins qu'il étoit revenu par honte à son devoir, M. le prince lui donne toute l'assistance qu'il peut et de soldats et d'outils pour travailler, lesquels furent fournis par l'archevêque de Bordeaux. On travaille par les ordres dudit sieur de La Valette le reste du jour et la nuit suivante aux préparatifs, ouverture de chemins et autres choses nécessaires pour l'exécution dudit ordre, et il demeure résolu que l'on l'exécutera une heure avant le jour. Le lendemain, en plein jour, il l'entreprend, et avec tant de foiblesse, si peu d'ordre et une si mauvaise conduite, que les uns ayant commandement de donner un assaut, les autres seulement de se loger, les chefs embarrassés de ces diversités d'ordres ne firent ni l'un ni l'autre, et ne laissèrent pas, par diverses allées et venues pleines de confusion, de perdre plus de cent soldats tués ou blessés, ce qui abattit le cœur des nôtres. Pendant que cela se passoit, le sieur de La Vallette étoit dans la tranchée, ayant auprès de lui les officiers de l'armée, sans s'avancer ni les faire avancer en lieu d'où ils pussent animer les soldats, et sans faire donner aucuns de ses gardes, ni employer personne qu'il eût en quelque estime, et même ne fit donner ni ses gardes, ni ses chevau-légers qui devoient donner armés, ses volontaires, ni fit qu'aucun officier major donnât; et un capitaine de La Meilleraie nommé La Voulte, étant logé sur la brèche avec huit ou dix soldats, envoyant demander du secours, on lui manda qu'il revînt. Ce mauvais procédé fit revenir M. le prince aux premières propositions de M. de Bordeaux, qu'il fut résolu que l'on suivroit; que les sieurs de La Force et de Grammont agiroient en cela avec lui, et que le sieur de La Valette seroit prié de prendre le quartier du sieur de La Force, où les ennemis faisoient le plus grand front, et où probablement ils pourroient entreprendre quelque chose, qui étoit sur le haut de la montagne de Gadeloupe; il lui en envoya faire le commandement deux fois par écrit, estimant que puisqu'il avoit les principales troupes, et que le gros des ennemis paroissoit là, il le falloit placer en lieu auquel, pendant qu'on donneroit l'assaut, il pût repousser les ennemis.

Il consentit, après quelque résistance, à ce que les propositions de M. de Bordeaux fussent suivies, mais il refusa absolument d'exécuter le dernier ordre, qui étoit d'aller garder le poste où premièrement le marquis de La Force avoit été mis, s'attachant opiniâtrément à ne bouger du lieu où il étoit, et à garder un poste où il n'y avoit aucune chose à faire ni à craindre rien; ce que M. le prince fut contraint de souffrir encore pour l'y retenir et ne donner pas connoissance de sa désobéissance, et par là de l'avantage aux ennemis. M. le prince, sur son refus, et ne pouvant faire mieux, fut contraint de changer ses ordres et de lui donner un écrit par lequel il le prioit, et, en tant que besoin seroit, commandoit de lui remettre les tranchées et faire le surplus contenu audit ordre. L'archevêque de Bordeaux envoie audit sieur de La Valette savoir s'il désiroit qu'il prît la charge qu'on lui offroit, d'autant qu'il ne vouloit rien faire qui le pût choquer; il lui répond qu'il le prie de prendre l'attaque et qu'il n'en vouloit plus : l'archevêque accepte lors ce commandement, à la charge que ce seroit le marquis de La Force qui agiroit et qu'il lui fourniroit de tout; il le refusa et lui dit qu'ayant été ruiné l'année précédente par M. d'Epernon en toutes ses terres, il ne les vouloit point choquer. La nuit fermante, la tranchée est prise par huit compagnies de La Meilleraie et six de la Couronne; la nuit le sieur de Buquoy commence à travailler avec deux ingénieurs à faire un petit logement sur la brèche; le soir on met ordre à faire porter des fascines et des barriques pour faire le logement de l'attaque; le lendemain, avant le jour, ledit archevêque avec les sieurs du Plessis-Besançon, La Rochette et Buquoy vont à la tranchée, la font nettoyer (parce qu'on ne passoit plus par dedans, tant elle étoit gâtée), font continuer le logement de la brèche, font travailler à faire trois ouvertures pour entrer dans le fossé, à faire faire deux logemens de soixante mousquetaires chacun, pour voir sur la brèche où les ennemis venoient tirer à découvert, dont Senantes en entreprend un et Saint-Étienne l'autre; font travailler à raccommoder la tête de la tranchée, d'où on ne pouvoit tirer, et font raccommoder la batterie, y ajouter deux pièces, remettent des mortiers et des bombes en état de tirer, font préparer des mantelets et les échelles nécessaires pour donner en deux autres lieux pour faire diversion; on travaille à tout en même temps pour donner le lendemain matin; il fit aussi descendre des vaisseaux quantité de gentilshommes volontaires et d'officiers pour lesquels il fit apporter des plastrons, rondaches et hallebardes. Les choses étant en cet état, et nous donnant espérance d'un prompt et heureux succès, les ennemis, qui, après avoir demeuré quatorze jours campés à notre vue, s'étoient éloignés de nous et avoient repris leur premier poste près du Passage, croyant Fontarabie perdu et hors d'espérance de pouvoir être secouru ni par mer ni par terre, ayant appris le grand effet qu'avoit fait notre mine et le peu de courage que nous avions montré, n'osant donner l'assaut ni nous loger sur la brèche, mais ayant donné aux assiégeans tout le temps qu'il leur falloit pour la réparer, et sachant aussi que l'attaque du duc de La Valette avoit été ordonnée à l'archevêque de Bordeaux, qui s'y comporteroit avec plus de courage, d'affection et de diligence, se résolurent de venir à nous, et avec une si grande hâte qu'ils ne voulurent pas attendre quatre mille Napolitains de leurs meilleurs hommes qui étoient à quatre lieues de là, lesquels ils attendoient et arrivèrent le lendemain; et le 7 à midi parurent devant nos retranchemens, du côté des sieurs de La Force et de Grammont, qui en envoyèrent incontinent avertir M. le prince.

Notre armée étoit disposée en cinq quartiers différens qui gardoient les avenues principales par où les ennemis pouvoient venir : le premier étoit celui de la montagne de Gadeloupe, lequel, étant de plus facile accès, avoit aussi été fortifié avec soin et grandes redoutes et de bons retranchemens, et même muni de deux bâtardes et deux autres petites pièces de canon tirées des vaisseaux, et le commandement en avoit été donné à M. le marquis de La Force; le second étoit commandé par M. de Grammont, le troisième par M. de La Valette, et les quatrième et cinquième par M. le duc de Saint-Simon. En tous les quartiers il y avoit infanterie et cavalerie, et ordre, si tous étoient attaqués, de se défendre de leurs propres forces, et si les ennemis s'attachoient seulement à quelques-uns, que les autres les secourussent, ayant pour cet effet toute communication les uns avec les autres. De cela il y eut ordre résolu en plein conseil, qui fut expédié par écrit et porté au sieur de La Valette par le sieur de La Houdinière, après la lecture duquel il s'emporta de dire que cet ordre étoit captieux, que pour lui il ne vouloit répondre que de son quartier, sans donner secours aux autres ni en recevoir de personne : ce qui fit juger mal à tout le monde de ses intentions, et croire qu'il avoit certitude de ne rien appréhender de son côté. M. le prince, ne s'attachant à aucun quartier, se réserva de porter sa personne à ceux qui seroient attaqués, selon le besoin; et, pour ne pas dégarnir les postes, n'en voulut détacher aucune troupe pour la sûreté de sa personne. Au premier avis qu'il reçoit de l'approche des ennemis du côté du sieur de La Force, il s'y achemine en diligence, et dispose toutes choses pour les recevoir, animant les troupes par sa présence, qui témoignoient une résolution sans pareille. Cependant l'orage vint fondre du côté dudit sieur de La Force; les ennemis y accoururent de toutes parts, jusques au nombre de sept à huit mille hommes choisis, et gagnent une grande éminence au-dessus du quartier, et, comme ils y sont arrivés, ils s'arrêtent comme à considérer le campement. Quelque temps après ils y viennent pour forcer les retranchemens, et sont repoussés avec telle vigueur que les nôtres, sortant du retranchement, se mêlent parmi eux l'épée à la main et les font retirer. La cavalerie est commandée de donner par les sorties faites à cet effet aux retranchemens. A pleincourt, lieutenant des gendarmes de M. d'Enghien, est d'abord blessé de trois mousquetades; Beaujeu, lieutenant des chevau-légers d'Enghien, est tué en sortant, et les ennemis sont éloignés du retranchement par cette sortie. Comme ils se rapprochent, le reste de la cavalerie qui étoit en ce quartier donne à son tour, mais fort mollement, et jamais la compagnie de chevau-légers d'Épernon ne voulut donner, quelque commandement qui lui fût fait, et quelques prières qu'en fit à celui qui la commandoit le sieur de La Houdinière, qui y fut à diverses fois l'épée à la main pour les encourager. Dans ce temps un officier des gardes de M. le prince est envoyé porter ordre au sieur de La Valette de renforcer le quartier du sieur de Grammont de cinq cents hommes de pied et d'une compagnie de cavalerie, afin de pouvoir tirer dudit quartier quelque renfort pour celui du sieur de La Force dont il étoit le plus voisin, ce qu'il refusa d'exécuter. Cependant le combat s'échauffant, et les ennemis, descendant de la montagne, attaquant sans ordre ni bataillons notre retranchement, notre cavalerie, qu'on croyoit devoir défaire ces gens épars, ayant ployé, les ennemis les suivent; et auparavant qu'ils fussent arrivés à notre infanterie qui étoit dans ledit retranchement, elle l'abandonna lâchement, les officiers étant contraints de payer de leur personne. Les ennemis entrèrent pêle-mêle : M. le prince veut rallier sa cavalerie, mais inutilement; car elle se renversa en un instant sur le régiment de la Couronne qu'elle mit en déroute. Les Français et les Espagnols descendirent pêle-mêle de la montagne jusqu'au quartier du Roi, où l'on croyoit trouver en bataille ce qui restoit du corps de l'armée; mais l'effroi étoit si grand que tout fuyoit et se jetoit dans la mer, ou se sauvoit au quartier du duc de La Valette, d'où les ennemis n'approchèrent point. Six compagnies du régiment de la Couronne et huit de La Meilleraie avec les cent mousquetaires de l'amiral, gardèrent leurs tranchées jusques à ce que les ennemis ayant tout saisi, et même les autres tranchées étant abandonnées, ils furent commandés par le sieur de Gesvres de se retirer au quartier de Grammont, et à cet instant cinq cents hommes sortent en bataille de la ville par la brèche, si bien qu'étant attaqués de tous côtés, et obéissant au commandement qui leur étoit fait, en voulant gagner le quartier qui leur étoit commandé, ils se trouvèrent suivis des ennemis, lesquels en passant ils taillèrent en pièces, et n'y trouvant personne des nôtres, allèrent jusques au quartier de La Valette, où ils trouvèrent toutes les troupes déjà défilées sans avoir été attaquées; celui d'Irun fit le même, et ainsi tout sortit des terres d'Espagne dès le soir. M. le prince, voyant sur le soir qu'il ne pouvoit plus apporter de remède à ce désordre, se mit sur une chaloupe pour traverser la rivière à Andaye, et y aller prendre ses gendarmes qui avoient leurs quartiers audit lieu, pour, avec iceux, aller joindre les autres quartiers de l'armée par Irun. Il traversa la rivière, et ayant été mis sur le sable, il trouva que le canal de Hurtebie, qu'il falloit passer à gué pour arriver audit Andaye, étoit si profond à cause que la marée ne faisoit que commencer à se retirer, qu'il étoit impossible de le passer, deux de ses gardes s'y étant noyés avec leurs chevaux en essayant d'y passer : il retourne pour se faire porter au plus prochain vaisseau, où étant, il trouva M. de Bordeaux par les chemins qui s'y faisoit aussi conduire. Ils arrivèrent au premier vaisseau avec beaucoup de difficultés, les vagues étant extrêmement grandes pour des chaloupes, et firent embarquer dans les autres vaisseaux douze à quinze cents hommes de ceux qui s'étoient ralliés et retirés au Figuier. Au point du jour

M. le prince se fait mettre à terre pour s'acheminer à Irun, croyant que l'armée y seroit; mais il fut fort étonné de la trouver au-deçà de l'eau du côté de France, où le sieur de La Valette faisoit retirer et lever le siége, laissant les batteries sans ordre ni commandement, bien que, pour le moins, quatre parties de l'armée, les cinq faisant le tout, fussent entières sans avoir ni tiré ni reçu une mousquetade. Le quartier de Grammont fut le premier abandonné et son artillerie, et se retira en celui de La Valette, que tous les deux quittèrent en déroute, se retirant au quartier d'Irun, où tous ensemble lâchent et repassent la rivière, sans qu'aucun des trois quartiers eût vu l'ennemi. Tous les autres étant tristes, le seul duc de La Valette avoit la joie peinte en son visage et en ses actions. Le sieur de La Houdinière en étant scandalisé et lui en faisant reproche, il lui fit réponse que s'il rioit c'étoit de peur que les soldats ne s'étonnassent, mais que cela n'empêchoit pas qu'il n'eût dans le cœur la douleur qu'il devoit avoir.

M. le prince avoit une telle espérance de l'heureux succès de ce siége, quelque empêchement qu'on y apportât, qu'il laissa toujours en son quartier tout son équipage, vaisselle d'argent et argent monnoyé, qui furent exposés au pillage des ennemis. Le duc de La Valette fut bien plus prévoyant; car, plus de quinze jours auparavant cet accident, il avoit, contre toute sorte de raison, envoyé tout son bagage et ce qu'il avoit de meilleur à Bayonne, ce qui étoit un témoignage de la connoissance qu'il avoit de ce qui devoit arriver. Et, le lendemain, M. le prince ayant avis qu'il y avoit deux canons qui étoient demeurés deçà la rivière, il donna charge au duc de La Valette de les envoyer retirer, et d'y envoyer, pour cet effet, des troupes de bœufs, pource qu'il n'y avoit point de chevaux en l'artillerie; et, après le conseil, l'évêque de Nantes, qui étoit arrivé peu de jours auparavant ce désastre, lui disant qu'il devoit envoyer de ses gardes chercher des bœufs pour les amener, il lui répondit que ses gardes n'étoient point sur l'état du Roi, et qu'il ne les y enverroit pas; de sorte qu'y envoyant, par manière d'acquit, des troupes sans bœufs, ils revinrent sans rien faire. Le lendemain M. le prince lui ayant, en colère, commandé d'y renvoyer, et de faire avoir par ses gardes des bœufs à Vrugne, pource qu'il ne s'en pouvoit trouver sans lui, à cause qu'il a tout pouvoir en la Terre-de-Labourd, enfin il en fit trouver, et ordonna de bouche des hommes pour aller avec ces bœufs quérir ces canons, mais si malignement et avec si mauvais ordre, que les bœufs allèrent par un chemin et les gens de guerre par un autre; et, sur ce que le cheval du sieur de Mariu qui les conduisoit eut peur d'un cheval mort, tous les soldats s'enfuirent, quittèrent les armes, et s'en revinrent sans rien faire. Le lendemain il y envoya Boissac, des bœufs et tout en meilleur ordre; mais c'étoit si tard, que déjà l'ennemi en haute marée avoit chargé le canon, et l'avoit mené en la ville. En cette défaite nous perdîmes force drapeaux et bagage : peu d'hommes furent tués, parce qu'ils fuirent tous lâchement; il y en eut cinq ou six cents prisonniers. M. le prince ne savoit comment il devoit donner avis au Roi de cette déroute, en laquelle il y avoit eu beaucoup de malheur, mais point de faute de courage, d'affection et de vigilance de sa part, mais beaucoup de la part de ceux qui l'assistoient; car nos prisonniers, à leur retour, témoignoient qu'ils avoient vu les ennemis, à pied et à cheval, entrer par la brèche dans la ville, et qu'il n'y avoit point lors d'autre lieu pour y entrer que celui-là.

Après cette défaite, l'archevêque de Bordeaux s'en alla avec son armée navale le long de la côte d'Espagne, pour voir si les escadres dont on l'avoit menacé s'y rencontreroient, ou s'il leur restoit encore quelques vaisseaux, et pour tâcher, par la jalousie de notre vue, à les empêcher de rien entreprendre sur la frontière, et de pousser nos troupes, qui étoient si épouvantées qu'elles eussent pu facilement tourner le dos si on les eût attaquées; mais n'ayant point trouvé de vaisseaux ennemis, et n'ayant pas assez d'infanterie pour faire quelque effet de considération par terre, il s'en alla le long de l'eau à Belle-Ile, et y attendit les commandemens de Sa Majesté, qui furent de mettre ses vaisseaux dans les ports et les désarmer, à la réserve de quatre qui iroient dans la Manche pour escorter la flotte du sel et nos marchands, et demeureroient depuis Parlau jusques aux Sorlingues tout le mois de novembre, six qui demeureroient le long de la côte de Bretagne et rivière de Bordeaux, pour escorter les marchands, jusques à la fin de novembre, et surtout qu'il pourvût aux ordres et choses nécessaires pour mettre en mer de bonne heure l'année suivante.

Cependant M. le prince, qui étoit demeuré avec l'armée sur la frontière, envoya à Sa Majesté la relation de ce qui s'étoit passé, signée de sa main, en laquelle il accusoit le duc de La Valette d'avoir agi avec peu de fidélité. Sa Majesté lui manda qu'elle étoit autant satisfaite de lui qu'il le pouvoit désirer; qu'elle savoit que si tous les principaux officiers de son armée eussent servi avec autant de courage, de soin et d'affection que lui, le mauvais succès qu'avoient eu ses armes ne seroit pas arrivé, et le convia de demeurer en Guienne pour donner ordre à la province, et empêcher que les ennemis n'y pussent rien entreprendre. Il manda à Sa Majesté que, selon son commandement, il donneroit tous les ordres nécessaires à l'armée, à la frontière, aux quartiers d'hiver et à la province, et qu'il espéroit lui rendre cette armée belle et florissante pour l'année suivante ; mais que, si ledit duc de La Valette y demeuroit, ayant des troupes à lui, il n'y avoit nulle sûreté en rien pour son service ; qu'il falloit aussi éloigner le duc d'Épernon de la province, et prendre garde qu'il n'y eût de mauvais desseins de révolte, pource que l'impunité l'avoit rendu si hardi à mal faire, qu'il en étoit redouté en la Guienne, de sorte qu'il n'y avoit personne qui osât entreprendre de faire aucune chose qui ne lui fût agréable.

Mais en même temps que, par la mauvaise ou malicieuse conduite de ceux qui commandoient l'armée du Roi devant Fontarabie, elle fut mise en fuite par une terreur panique, et le siége honteusement levé, Dieu, pour contre-poids de cette mésaventure, donna au Roi une glorieuse victoire contre les mêmes Espagnols sur la mer du Levant. Sa Majesté, estimant qu'il ne suffisoit pas qu'elle eût une armée navale sur l'Océan, mais qu'il lui en falloit encore nécessairement une en la mer du Levant, tant pour la défense de ses côtes que pour rendre à ses ennemis la communication de l'Espagne avec l'Italie plus difficile, fit armer quinze galères et dix-huit vaisseaux ronds et trois brûlots, donnant le commandement desdits vaisseaux au comte d'Harcourt ; et, afin que le général des galères et lui vécussent en bonne intelligence, et qu'il ne survînt aucun différend entre eux pour le fait de leurs charges qui portât préjudice au service de Sa Majesté, elle eut agréable de faire un réglement qui leur en ôtât le moyen, et ordonna sur toutes les armées navales que Sa Majesté feroit dresser en ses mers de Levant et de Ponant, composées de navires, vaisseaux ronds et galères, lorsque le grand-maître(1) n'y pourroit être en personne pour y commander, selon les prérogatives de sa charge, le général des galères y commanderoit en son absence, si ce n'étoit que le lieutenant général du grand-maître eût pouvoir du Roi, en vertu duquel il eût autorité de commander ledit armement, ainsi que feroit ledit grand-maître s'il y étoit en personne. Mais que si, ayant composé une armée de vaisseaux ronds et de galères, il arrivoit que lesdites galères se fussent retirées, ou par nécessité ou par ordre, en ce cas le lieutenant général du grand-maître auroit le commandement, quand même le général des galères y seroit en personne, encore que ledit lieutenant n'eût point de commission particulière du Roi. De plus, que le lieutenant du grand-maître commanderoit en cette qualité tout armement composé de vaisseaux et galères, lorsque le général des galères n'y seroit pas en personne. Quant aux prises qui seroient faites sur les mers de Ponant et de Levant, soit par les navires ou galères de Sa Majesté ou des particuliers, le dixième en appartiendroit au grand-maître de la navigation, et seroient lesdites prises par lui jugées après que l'instruction en auroit été faite en la manière accoutumée par ses officiers, auxquels l'exécution des jugemens seroit renvoyée ; et que pour convier d'autant plus les capitaines des navires et galères de Sa Majesté d'attaquer et combattre ses ennemis, les pirates et gens sans aveu, comme aussi de prendre ceux qui portent des vivres, munitions de guerre et armes aux ennemis, ou des marchandises de contrebande, Sa Majesté leur accordoit le tiers desdites prises, le dixième du grand-maître de la navigation préalablement levé sur le tout, lequel tiers seroit distribué ainsi qu'il seroit ordonné par le grand-maître de la navigation pour les prises faites par les navires, et par le général des galères pour les prises faites par les galères. Et quant à la justice que le grand-maître de la navigation et le général des galères ont droit d'exercer en ce qui dépend chacun de sa charge, Sa Majesté vouloit et entendoit que le réglement fait le 8 décembre 1564, entre le comte de Tende, amiral des mers de Levant, et le marquis d'Elbeuf, général des galères, fût exécuté. Ce réglement fait entre eux, ils eurent tous le commandement, à la fin de février, de partir pour se rendre en leurs charges : l'ordre qu'ils reçurent en partant de Sa Majesté, fut de se tenir prêts pour se mettre en mer le plus tôt qu'ils pourroient, et que les vaisseaux et galères, étant équipés, iroient mouiller aux îles d'Hyères pour former un corps d'armée auquel ledit comte d'Harcourt commanderoit, et là attendroit le vent favorable pour faire voile en Barbarie ; que d'autant que les galères qui ne peuvent pas porter des victuailles pour six mois, ainsi que les vaisseaux ronds, seroient obligées de rentrer souvent dans le port pour en faire de nouvelles, s'il n'y étoit autrement pourvu, ce qui non-seulement retarderoit, mais interromproit entièrement l'exécution des desseins qu'on pourroit avoir, le général des galères pourvoiroit, avant que de se joindre aux vaisseaux, que chaque capitaine portât ce qui lui seroit nécessaire pour sa subsistance, dans quelques barques ou navires qui seroient pris et frétés par lesdits

---

(1) Le cardinal de Richelieu.

capitaines à cette fin, lesquels suivroient toujours lesdites galères, et dès que l'armée seroit en état de faire voile, elle s'en iroit de conserve et de droite route en Alger; et en cas que toutes les galères ne fussent prêtes, ledit comte ne les attendroit point, pourvu qu'il en pût avoir seulement cinq ou six bien fournies de chiourmes et d'officiers, et arriveroit, s'il se pouvoit, sur le déclin du jour ou au commencement de la nuit au cap de Matifou, pour ôter la connoissance de sa venue à ceux d'Alger, afin de les surprendre, s'il se pouvoit, dans la nuit, brûler les galères et vaisseaux qui seroient dans la darse, et se saisir des canons qui seroient sur les quais à l'entrée du port, les faire porter à bord des vaisseaux s'il y avoit moyen, sinon les faire renverser dans la mer ou enclouer, pour les rendre inutiles à la défense des ports et des vaisseaux; que, si cette exécution ne se pouvoit faire de nuit, il ne falloit pas laisser, avec telle prudence pourtant que l'on ne hasardât rien, de la tenter de jour à la faveur du canon dont ils essaieroient d'incommoder de sorte la ville, à cause de la proximité des maisons, que les habitans fussent obligés de demander la paix et se repentir de l'insolence qu'ils avoient commise au bastion de France contre leur foi et les traités ci-devant faits avec eux; que s'ils témoignoient en avoir regret, et arboroient la bannière blanche et recherchoient la paix les premiers, Sa Majesté donnoit pouvoir en ce cas audit sieur comte d'Harcourt de la traiter avec eux, aux conditions portées par une instruction particulière qu'il lui avoit donnée; que de là ils essayassent d'aller faire le même à Tunis, n'exécutant et ne faisant rien qu'avec l'avis du conseil de guerre, qui seroit composé du général des galères et de trois ou quatre des plus anciens capitaines des vaisseaux qui seroient appelés au conseil, du lieutenant général des galères et conservateur général de la marine, et que s'il pouvoit aussi entreprendre quelque chose sur les ports et les places du roi d'Espagne, qu'il le fît avec l'avis du conseil, et conférât auparavant de tous lesdits desseins avec le comte d'Alais, afin qu'il l'assistât des troupes qui étoient sous sa charge, et que, conjointement ou séparément, par mer et par terre, selon qu'ils en conviendroient entre eux, il se fît quelque effet avantageux au service du Roi, et que Sa Majesté reçût le contentement qu'elle se promettoit de l'exécution de quelques-uns de ses desseins; mais que, parmi tout cela, il eût un soin particulier d'empêcher que les ennemis n'entreprissent rien sur la Provence ni sur le Languedoc par mer, et de tenir correspondance avec le gouverneur à cette fin, afin de se rendre incontinent avec l'armée au lieu où les ennemis auroient dessein, ou y envoyer partie de ladite armée si le tout n'y pouvoit aller. Ces ordres furent donnés, mais ils ne furent pas suivis, ou manque d'argent ou manque de diligence, ou par quelques autres accidens qui survinrent; l'armée tarda tant à faire voile, que le temps ne permit plus d'exécuter le dessein de Barbarie.

Dieu donna néanmoins quelque autre occasion qui réussit à la gloire des armes du Roi. Le général des galères, ayant mandé au cardinal, au mois de juin, que l'argent que le Roi avoit fait ordonner pour donner moyen aux capitaines des galères de les mettre en mer, ne leur avoit point été fourni, et quant et quant lui témoignant que l'indisposition de sa personne lui ôtoit le moyen de s'embarquer cette année, il envoya en diligence Le Picard, trésorier de la marine, avec 200,000 livres, pour lui fournir ce dont il auroit besoin; et pource qu'il se doutoit que le mécontentement qu'il avoit d'obéir au comte d'Harcourt dans l'armée lui faisoit feindre l'indisposition dont il lui écrivoit, il lui manda que, si sa mauvaise santé l'empêchoit de s'embarquer, il n'avoit qu'à plaindre son malheur; mais, si quelque humeur particulière le portoit à en faire difficulté, elle le devoit porter à se retirer en même temps en lieu où il fût caché dans le monde; que c'étoit à lui à se consulter lui-même, et prendre une résolution correspondante à sa santé et à son courage. Ledit général des galères, touché par cette lettre, hâta le plus qu'il put l'armement de ses galères, s'y embarqua, et vint joindre au mois d'août le comte d'Harcourt, qui étoit, il y avoit quelque temps, aux îles d'Hyères avec ses vaisseaux; et ayant reçu avis que vingt-huit vaisseaux espagnols étoient sortis du Port-Mahon pour aller à Barcelonne, il fit dessein de les aller surprendre sur les ancres, et tâcher de gagner quelque avantage sur eux. Et pource que cette fin de lune étoit sujette à de grandes tourmentes, il pria le général de demeurer pour la conservation des côtes, outre qu'il avoit avis qu'il y avoit des galères d'Espagne en mer, auxquelles il étoit bon qu'il demeurât avec les siennes, pour s'opposer aux entreprises qu'ils pourroient faire sur nous. Le comte d'Harcourt, à cause des vents contraires, ne put rien exécuter de ce qu'il avoit projeté; le général des galères fut plus heureux, car ayant eu avis, incontinent après, que quinze galères d'Espagne étoient passées en Italie, chargées de trois mille trois cents Espagnols naturels, la plupart vieux soldats, qu'ils envoyoient en Italie au marquis de Leganez, il se résolut de les suivre; et pour cet effet fait sa partance le

26 août du golfe Saint-Tropez, et afin de n'être point découvert, et de pouvoir surprendre lesdites galères dans les ports où elles seroient, ils s'éloignèrent de plus de quatre-vingts milles large de terre, et, découvrant des voiles qu'ils estimèrent de loin être des galères, ils leur donnèrent la chasse, et s'en étant approchés reconnurent que c'étoient vaisseaux ronds, et à cause d'un gros vent qui s'éleva tout à coup, furent contraints de relâcher à Villefranche, où ayant avis que les galères d'Espagne étoient dans le port de Vado, où elles n'avoient pas encore déchargé leur infanterie, ils se résolurent d'aller à eux terre à terre pour y arriver plus tôt, puisque aussi bien étoient-ils découverts : ils y arrivèrent qu'il étoit presque nuit. Les galères d'Espagne, les apercevant, sortirent du port de Vado en bataille, et s'allèrent mettre entre Savone et Vado. Notre général, doutant s'il les devoit attaquer dès l'heure même, fut conseillé d'attendre au lendemain ; se tint en joli toute la nuit à la vue des ennemis, qui cependant faisoient rembarquer quelques compagnies d'infanterie qu'ils avoient commencé de mettre à terre sur la pointe du jour. Le mercredi, premier septembre, nos galères commencèrent à faire voile pour tirer vers Gênes et tâcher à gagner le vent ; ce que les galères d'Espagne voyant, elles commencèrent aussi d'aller terre à terre et faire passe-vogue pour aussi prendre le vent ; l'on navigua de cette sorte plus de trois heures toujours à côté l'une de l'autre ; à soleil levant elles se trouvèrent sur le cap d'Aransane, séparées d'environ trois milles, sans aucun avantage de chemin ; la nôtre étoit plus haute en mer et l'espagnole plus proche de la terre ; ainsi toutes deux, espérant de gagner du vent, naviguèrent à force de rames jusques à trois milles de Gênes, dont les habitans s'étoient déjà tous épandus sur les murailles pour être spectateurs d'une si grande action, en ayant été avertis par un signal fait de la tour du phare, que l'on appelle vulgairement la Lanterne : environ les neuf heures et demie, nos galères, ayant outrepassé les autres de quelques milles, retournèrent les proues contre elles ; nous avions pris notre poste, avec le soleil, du côté d'orient, favorisés d'une douce haleine de vent que nous respiroit le siroc, comme applaudissant à la prochaine victoire que nous devions bientôt remporter ; nos galères étoient toutes d'un front, la capitane au milieu, sept galères d'un côté et sept de l'autre ; les galères d'Espagne marchoient en même ordre, la capitane de Sicile, qui portoit le principal étendard, et le chef de toutes les galères, tant de l'escadre d'Espagne que de celle de Sicile, étant au milieu, et sept galères de chaque côté d'elle ; de sorte que chacun devoit aborder la sienne. Mais, pource qu'on savoit bien que les Espagnols étoient plus forts d'hommes que nous, et que s'ils pouvoient jeter leurs hommes dans nos galères, elles seroient remises incontinent, notre pilote royal, vieux et expérimenté, donne avis qu'il falloit que chacune de nos galères attaquât celles des ennemis par proue, afin que, par ce moyen, le plus grand nombre ne pût prévaloir sur le plus petit ; et pource qu'il jugeoit bien que les ennemis n'étoient pas si peu pratics qu'ils n'essayassent de nous en empêcher, il fut d'avis de passer vogue quand on approcheroit les ennemis, afin qu'elles n'osassent nous présenter le côté, de peur que la violence avec laquelle nos galères les aborderoient les mît à fond. Cet avis fut trouvé très-bon, car la capitane des ennemis et les autres ensuite nous voulant prêter le côté, quand elles virent les nôtres aller à elles d'une si grande force, furent contraintes de tourner sur-le-champ et leur présenter la proue ; la capitane de France alloit d'une si grande impétuosité, que sa proue entra si avant dans le corps de la galère ennemie, que quand il les fallut séparer il la fallut couper. Le canonnier de notre capitane, nommé Dubec, qui n'avoit pas voulu charger son canon de boulet, d'autant qu'il disoit n'en être de besoin, se battant de près, mais l'avoit chargé de balles de mousquets, de clous et de chaînes, fut plus diligent que celui de la capitane de Sicile, et tira le premier si à propos qu'il emporta toute la rambade de ladite capitane, et la nettoya toute jusques à l'arbre, mettant, entre les autres, hors de combat cinq canonniers de ce coup-là. Le général espagnol ramena deux ou trois fois des soldats à la proue, mais autant de fois furent-ils emportés par notre canon, il y fut lui-même blessé à mort et ensuite sa galère prise ; la cardinale, après un rude combat, remit la patronne réale d'Espagne. Ce combat étoit si acharné, et par la haine des deux nations, et par la honte qu'avoient les Espagnols d'être vaincus, nous surmontant en nombre comme ils faisoient, et par le courage des nôtres, qui vouloient vaincre ou mourir, que plusieurs fois ils s'abordèrent, s'investirent, se retirèrent et retournèrent toujours aux prises avec la même ardeur, n'ayant point horreur de la mer qu'ils voyoient toute teinte de leur sang, ni de leurs galères qui n'étoient presque plus que des troncs, ayant la plupart des antennes rompues, les timons coupés, et les poupes brisées et emportées dans la mer, ni de voir la plupart d'entre eux étendus morts dans leurs galères, et les autres blessés et hors de combat : l'animosité et l'ardeur de combattre

passant jusques aux forçats, un des nôtres, ayant demandé un mousquet, abattit plusieurs ennemis, et un autre, ayant été déchaîné, sauta le coutelas à la main dans une galère ennemie, et en tua plus de vingt. La victoire demeura toujours incertaine jusques à ce que notre pilote royal donnât avis d'envoyer abattre l'étendard de la capitane espagnole, que nous avions gagnée; car les ennemis jugeant de là qu'elle étoit prise perdirent le courage, et deux de leurs galères, qui avoient perdu leur capitaine et tous leurs officiers, se débandèrent et s'enfuirent vers le port de Gênes : leur fuite encouragea encore davantage les nôtres, qui les menèrent si rudement qu'enfin elles se retirèrent vers le port de Gênes avec perte de la capitane de Sicile, dans laquelle fut défaite la plus grande chiourme qu'on n'eût point encore vue, et trois cents vieux soldats, tous officiers réformés, tous les mariniers, qui étoient plus de cent cinquante, de la patronne réale d'Espagne, de la patronne de Sicile et de trois autres galères; les ennemis en gagnèrent de leur côté trois des nôtres qui ne suivirent pas l'ordre qui leur avoit été donné. Avec ces trois et les neuf restantes, ils se retirèrent dans le port de Gênes, mais si malmenées qu'elles n'eussent pu faire dix milles en mer sans être coulées à fond. Nos galères se tinrent, après le combat, quatre heures sur le lieu de la bataille en pompe et en fanfares, attendant si les ennemis voudroient venir chercher leurs prisonniers, et à l'entrée de la nuit firent voile vers la France avec leurs prises; mais il s'éleva cette nuit-là une grande tempête qui donna lieu à faire échapper la patronne réale d'Espagne, car ceux de la galère d'Epernon, qui la remorquoient, dirent que le câble s'étoit rompu, y ayant plus d'apparence qu'ils l'avoient coupé pour faire sauver la galère et partager le butin d'argent qui étoit dedans; les Français qui étoient sur ladite patronne furent contraints de la conduire au port d'Arache, où ils croyoient être en sûreté, parce qu'il est dans l'État des Génois qui sont en neutralité avec le Roi; mais les habitans du lieu la violèrent, maltraitèrent nos gens et se saisirent de la galère, qui fut incontinent amenée au port de Gênes par une autre galère que l'ambassadeur d'Espagne envoya pour la remorquer.

Le comte d'Harcourt, qui, ayant su que les vaisseaux espagnols qu'il alloit chercher au Port-Mahon avoient passé le détroit, étoit revenu chercher nos galères pour se rejoindre à elles, eut avis que ladite patronne étoit à Arache, fit voile incontinent vers le lieu pour s'y rendre en diligence; mais, y étant arrivé, il y trouva quelques Français qui lui racontèrent comme elle avoit été relevée par ceux de Final et de Louan, par l'assistance que leur avoient donnée ceux d'Araissy, lesquels non-seulement l'avoient pillée, mais encore avoient aidé à la relever, et repoussé à force d'armes les Français qui, auparavant l'arrivée des ennemis, étoient venus par l'ordre du général des galères pour l'emmener, et qu'elle avoit été conduite dans le port de Gênes. Il s'en alla devant Gênes, où, étant sur les bords, il dépêcha un gentilhomme à la République pour lui demander de sa part cette galère; cependant, pource qu'il se doutoit bien qu'on ne lui feroit pas une prompte réponse, et que le sieur Bidaut, qui avoit charge des affaires du Roi dans Gênes, l'avertit qu'il y avoit quatre galères à Porto-Fino, savoir, deux de celles que les ennemis avoient prises sur nous et deux des leurs, il résolut d'y aller pour tâcher à les surprendre dans ce port, qui étoit de nulle défense; et pource qu'en même temps il fut averti que les galères d'Espagne, qui étoient dans la darse et dans le port de Gênes depuis le combat qu'elles avoient eu contre les nôtres, avoient envie d'en sortir avec une des nôtres et leur patronne, qui étoit celle que nous demandions, il donna ordre au sieur de Beaulieu-Persac d'aller mouiller dans ledit port de Gênes avec sept navires, et de n'en laisser sortir aucune galère des ennemis sans la couler à fond. Cela fait, il prit la route de Porto-Fino avec le reste des vaisseaux; mais, durant quatre jours entiers, il eut le vent si contraire qu'il lui fut impossible de doubler le cap de Porto-Fino; le calme survint, durant lequel les quatre galères qui y étoient se sauvèrent à Livourne, de sorte qu'il lui fallut revenir à Gênes, où il fut deux jours sans recevoir aucune réponse de la République. Le troisième jour, ils lui envoyèrent le seigneur Augustini Centurioni, qui avoit été ambassadeur extraordinaire en France, qui fit réponse que la République ne se mêloit ni ne se pouvoit mêler des affaires qui se passoient entre les deux couronnes pour être neutre entre elles; qu'elle n'avoit eu aucune part dans la bataille qui s'étoit donnée, ni n'avoit voulu donner aucune assistance à l'Espagne, quelque instance que lui en eût faite son ambassadeur, et que plusieurs de leurs citoyens souffrissent de grandes pertes en la prise des galères espagnoles, dans lesquelles ils avoient beaucoup de biens; que la République n'avoit non plus de part au recouvrement qui avoit été fait de la patronne d'Espagne; mais que, se trouvant dans son port, entre les mains des Espagnols, qui l'y avoient amenée et s'y étoient retirés sous la foi publique, la République se trouvoit obligée de la leur conserver, n'étant pas assez puissante pour la leur ôter, ni capable de juger à qui de droit elle appartenoit ; que, si quelques-uns de leurs officiers ou sujets avoient eu part en cette affaire et maltraité ceux du Roi, elle avoit établi un commissaire pour en informer et châtier ceux qui se trouveroient criminels. Le comte d'Harcourt ne se contentant pas de cela, la République lui envoya le même Centurioni, avec promesse de la République par écrit de faire emprisonner tous ses ministres et sujets d'Araissy qui étoient accusés d'avoir donné assistance, ou connivé avec les sujets du roi d'Espagne pour le recouvrement de la galère patronne d'Espagne, qui étoit dans la plage ou port dudit Araissy, prise par les galères de France, comme aussi ceux qui avoient maltraité audit Araissy les Français qui étoient sortis de ladite galère et s'étoient réfugiés audit Araissy, lesquels elle promettoit faire châtier, et outre de donner au Roi toute autre satisfaction juste et raisonnable sur le sujet de ladite galère : cela fait, il se retira et s'en revint à nos côtes. Le cardinal, ayant eu avis de cette action, lui manda qu'il avoit ou trop ou trop peu fait, étant certain qu'il ne falloit pas pousser les affaires si avant avec la république de Gênes comme il avoit fait, ou qu'ayant eu commodité de brûler huit galères d'Espagne dans le port, comme il le mandoit aux secrétaires d'État, il le devoit faire ; que le papier qu'ils lui avoient donné étoit une honnête défaite pour le convier à se retirer, puisqu'il ne disoit autre chose, sinon qu'ils satisferoient le Roi ainsi qu'il se trouveroit raisonnable. Le Roi reçut un si grand déplaisir de l'évasion de cette galère patronne, qu'il commanda de châtier sévèrement ceux qui s'en trouveroient coupables, et que la rigueur de la condamnation fût même exercée sur le bois de la galère Epernonne, si ses officiers étoient convaincus d'y avoir contribué ; mais la connivence trop ordinaire à notre nation se trouva telle entre plusieurs capitaines qui étoient des juges, qu'on n'enfonça pas davantage cette affaire-là.

Le cardinal fut si content du courage et du jugement que le général des galères avoit témoignés en cette occasion passée, qu'il lui donna son droit d'amiral de tout le butin qui y avoit été fait ; mais la générosité dudit général fut telle, qu'il supplia ledit cardinal d'agréer que les capitaines qui avoient eu part à la gloire de cette action partageassent également avec lui le profit, et eussent part à l'obligation qu'il avoit à la libéralité de son éminence. Le comte d'Harcourt et lui, après avoir mis dans le port, l'un ses vaisseaux, l'autre ses galères, revinrent à la cour, le général pour y recevoir l'applaudissement de sa victoire, et le comte d'Harcourt pour épouser la fille du baron de Pontchâteau, veuve du duc de Puylaurens.

Mais retournons trouver le Roi à Amiens, où il s'étoit avancé de Paris, et où nous l'avons laissé à la levée du siége de Saint-Omer. Saligny l'y vint trouver de la part des généraux, et lui dit qu'ils étoient d'avis qu'on assiégeât une place, mais étoient en doute seulement si ce seroit Arras ou Hesdin. Sa Majesté estima qu'Arras requéroit une trop grande circonvallation pour un retour d'armée, et qu'il y avoit trop de difficulté à y porter des vivres. Néanmoins, pour plusieurs considérations, et de l'avis des mêmes généraux, on changea depuis de dessein, et on assiégea Renty, qui étoit une place de quatre bastions royaux, qui incommodoit fort notre frontière vers Montreuil. Elle fut investie par lesdits généraux, le sieur de La Meilleraie, grand-maître de l'artillerie, y faisant sa charge, le dernier de juillet au soir ; la tranchée fut ouverte dès le 5 d'août, et le 9 la place se rendit, dont il sortit trois cents soldats et six cents paysans armés. Le Roi commanda que cette place fût démolie, ce que le grand-maître commençoit à faire ; puis la charge en fut donnée au sieur de Villequier, qui promit d'en venir à bout dans huit jours, tenant sur pied cependant toute la cavalerie et infanterie boulonnoise, et les gens de guerre dont les gouverneurs de Calais et de Montreuil les purent assister ; car les ennemis étoient si proche, qu'il étoit à craindre qu'ils revinssent se saisir de ce poste dès que notre armée s'éloigneroit. La réputation de Sa Majesté requéroit qu'après ce malheur de Saint-Omer on le réparât glorieusement ; la considération de sa personne, qui jusqu'alors n'avoit paru en aucun lieu sans effet, sembloit aussi le désirer. Le désir de la paix, qui ne pouvoit arriver si nos affaires n'alloient bien, y obligeoit absolument, comme aussi l'engagement auquel le Roi étoit avec ses alliés, qui attendoient de lui qu'il fît quelque chose d'important pour leur donner moyen de faire le même, ce qui étoit tellement nécessaire, que si les uns et les autres ne faisoient rien, il arriveroit infailliblement de deux choses l'une, ou que nous n'aurions jamais la paix universelle, ou que, quelques-uns de nos alliés la faisant sans nous, la France auroit une guerre éternelle avec tous les désavantages qu'on devoit prévoir à un royaume qui seroit obligé de soutenir seul les efforts de toute la maison d'Autriche, c'est-à-dire de toute l'Allemagne, l'Espagne, la Flandre et l'Italie ; mais il falloit aussi d'autre part autant prendre garde à ne s'embarquer pas à un dessein manifestement impossible, comme à n'entreprendre pas ceux qui seroient possibles pour être difficiles; c'est pourquoi Sa Majesté ayant pris Renty, et désirant faire quelque autre effet encore dans le reste de cette campagne, manda aux sieurs de La Force et de Châtillon qu'ils considérassent le nombre de gens de guerre que leurs deux armées pouvoient faire, que Sa Majesté estimoit à vingt mille hommes; qu'ils fissent compte de celle du maréchal de Brezé pour huit mille hommes; qu'ils fissent état de quatre mille cinq cents hommes qui, avec le corps de Saint-Preuil, étoient avec le Roi; que Sa Majesté faisoit lever dix mille hommes de recrues, mais qu'ils ne devoient être tirés en ligne de compte que pour six mille; qu'il y avoit abondance de munitions de guerre, de vivres et de tout ce qui étoit nécessaire pour un dessein; que Sa Majesté ne faisoit pas état que les ennemis ayant garni certaines places, comme on le représentoit, pussent avoir à la campagne plus de quinze mille hommes; que là-dessus ils jugeassent ce qu'ils étoient d'avis que le Roi pût entreprendre avec espérance de succès. Après y avoir bien pensé, ils furent d'avis que le Roi ne pouvoit rien de mieux entreprendre que le siége du Castelet. Le Roi commanda au maréchal de Brezé de l'investir, mais une grande maladie qui lui survint lui ôta cette gloire, et la donna au sieur du Hallier, qui servoit sous lui en son armée. Cependant le temps des couches de la Reine approchant (1), le Roi désira l'aller trouver pour être près d'elle en ce temps-là, et partit d'Abbeville le 16 août, laissant le cardinal en Picardie pour suppléer en son absence.

Le sieur du Hallier investit le Castelet la nuit du 21 au 22 août, et les maréchaux de Châtillon et de La Force prirent un poste entre ledit Castelet et Cambray pour faire tête aux ennemis qui étoient proche de là, et n'osoient néanmoins s'avancer de peur d'être contraints d'en venir à la bataille. Quelques jours avant que le Castelet fût investi, ils firent le 15 une entreprise sur Rocroy, dont un bon religieux avoit averti le gouverneur auparavant, et vinrent à deux heures après minuit avec pétards et échelles pour surprendre la place; mais ils furent empêchés de tenter leur dessein. Sur ce, ayant trouvé un mousquetaire des leurs assez loin de la contrescarpe, ils crurent que c'étoit une sentinelle avancée des nôtres, et le tuèrent, et, croyant qu'au bruit du coup de mousquet dont il fut tué la place avoit pris l'alarme, ils se retirèrent. Le 20, croyant que l'armée du Roi fût déjà délogée, sur l'avis que quelque espion leur avoit donné de la résolution que l'on en avoit prise, ils vinrent avec quatre mille chevaux et deux mille dragons pour charger l'arrière-garde. Gassion se trouva lors visitant sa garde, et ayant découvert les Croates, il les chargea et les défit; mais faisant sa retraite il se trouva enveloppé de mille ou douze cents chevaux, où étoit en personne de Piccolomini, d'où il étoit en peine de se développer si Praslin et La Ferté, qui survinrent bien à propos avec partie de leurs régimens, ne l'eussent soutenu et dégagé. Ils firent fort bien en cette occasion. Sur l'alarme, le maréchal de Châtillon monta à cheval avec ce qu'il put ramasser de cavalerie, qui revenoit au nombre de douze cents chevaux, et alla aux ennemis avec le grand-maître de l'artillerie. Les ennemis, les voyant venir en bon ordre, se retirèrent quoiqu'ils fussent six fois autant qu'eux. On fut à eux jusqu'à un certain lieu, au-delà duquel on ne put passer à cause de trois ravines qu'ils avoient devant eux. Le maréchal de La Force venoit pour être de la partie, mais il fut contre-mandé aussitôt. Le Roi jugea de là que les ennemis vouloient tenter beaucoup de choses, mais n'en hasarder pas une avec péril, et, sur ce fondement, commanda que désormais on ne les marchandât point où on les rencontreroit. Le Castelet étoit la seule place que les ennemis avoient à nous : pour cette raison nous l'attaquions avec d'autant plus de courage, et ils la défendoient avec d'autant plus d'opiniâtreté. Ils l'avoient fortifiée au dernier point, et y avoient mis abondance de toutes sortes de munitions de guerre et de bouche avec une garnison de six cents hommes, partie Allemands, partie Espagnols naturels; ils se défendirent vingt-deux jours durant avec grand courage. Les nôtres avoient fait jouer deux fourneaux et une mine sous un bastion qui avoient fait peu d'effet, mais y en ayant deux autres prêtes à jouer, le 14 on les envoya sommer de se rendre, ce que le gouverneur refusant de faire, les mines jouèrent, et on alla à l'assaut avec tant de courage que les nôtres entrèrent dans la place nonobstant la résistance des ennemis, et firent main basse sur tout ce qui se trouva sous les armes; principalement tous les Espagnols y demeurèrent, à la réserve de peu d'officiers dont les soldats espéroient rançon. Le gouverneur fut pris, comme il tâchoit à coups d'épée de rallier ceux qui fuyoient. Ce fut une grande honte aux Espagnols, et grande gloire aux armes du Roi, que les armées de Sa Majesté tinssent cinq mois durant la campagne dans le milieu de leur pays, le traversassent deux ou trois fois de bout à autre à la barbe de leurs armées, sans qu'elles nous le pussent faire quitter, et sans même que jamais

---

(1) Il ne nous souvient pas que la grossesse de la reine ait encore été annoncée dans ces Mémoires. Elle avait été déclarée au mois de février.

elles osassent venir à nous, souffrant qu'à deux lieues de leur campement nous prissions Renty et le Castelet à coups de canon, oyant eux-mêmes nos batteries tous les jours; et si les places n'étoient de grande importance en elles-mêmes, le Castelet l'étoit, comme nous avons dit, en ce que c'étoit la seule qu'ils eussent à nous, et laquelle ils avoient fortifiée comme une place avancée, qu'ils la tenoient contre nous, et qu'ils la destinoient pour leur servir d'une porte en leurs invasions contre la France. Quant à Renty, la bataille qui avoit été autrefois donnée pour sa défense le rendoit assez mémorable. Que si Sa Majesté ne fût venue visiter sa frontière, les affaires y auroient pris une mauvaise suite au lieu de ces heureux succès qu'elles eurent; et l'on peut dire que si, lorsqu'elle retourna aux couches de la Reine, elle n'eût commandé de son propre mouvement au cardinal d'y demeurer, peut-être n'eût-on pas empêché si facilement les désordres des divisions, et remédié au débandement des troupes qui avoient été retenues par le respect de Sa Majesté, et l'avoient pu encore être par celui de son ombre Il peut arriver en un instant de bons succès qu'on ne peut prévoir, et on peut empêcher étant sur les lieux ce qu'on ne peut prévenir étant éloigné; joint que tout étoit à craindre de nos gens si on n'étoit proche d'eux pour les garantir du naufrage.

Le cardinal reconnut, étant là, qu'en la direction des finances les ministres (1) ayant plus de soin de trouver de l'argent que de considération des moyens préjudiciables au service du Roi d'en avoir, traitoient mal les villes frontières, et ne leur tenoient point de parole: il leur en écrivit, et que si dorénavant ils ne prenoient garde aux établissemens qu'ils faisoient èsdites villes frontières, sans considérer leurs nécessités et les paroles que le Roi leur donnoit, ils les désespéreroient jusqu'à tel point que si on n'y apportoit remède il en pourroit arriver de grands inconvéniens; que ceux d'Abbeville avoient consenti, pour leurs fortifications, un redoublement de droit sur leurs vins, à la charge qu'ils en seroient fermiers; cependant que, devant que leur ferme eût été échue, on les en avoit privés, et avoit-on établi à perpétuité le droit qu'ils n'avoient consenti que pour un temps; que ceux de Saint-Quentin se plaignoient avec raison d'un doublement de droit de vin qu'on avoit mis sur eux, nonobstant les grandes charges qu'ils avoient, et la somme de 50,000 livres qu'ils avoient avancée et fournie pour leurs fortifications, à la charge d'être déchargés du droit qu'on

(1) On voit là que depuis longtemps Richelieu ne se regardait plus comme l'un d'eux.

leur imposoit; que ces choses étoient de telle considération qu'elles devoient être bien pesées avant que d'être faites; que le Roi perdroit la réputation de sa parole, les habitans le cœur et l'affection, les villes leur sûreté, et conséquemment le royaume, et le tout pour la satisfaction d'un Barbier ou autre partisan; qu'il savoit bien qu'on diroit que sans argent on ne pouvoit faire subsister les affaires, mais que ce n'étoit pas des pauvres villes frontières, qui portoient beaucoup de dépenses pour leur conservation, que venoit la subsistance du royaume, et que c'étoit chose bien assurée que de la perte de l'une d'icelles viendroit la perte de l'Etat, ajoutant qu'il avoit souvent ouï dire au sieur de Bullion qu'il n'y avoit que la parole des surintendans qui leur fît trouver de l'argent, et que si cela étoit, ce qu'il tenoit très-véritable, messieurs du conseil devoient connoître qu'il n'y avoit rien si nécessaire, pour que le Roi pût avoir le cœur de ses sujets, que l'observation de la sienne, à laquelle ledit cardinal n'oublieroit rien de ce qui dépendoit de lui, usant de plus grande civilité qu'ils ne faisoient pas, en ce qu'il les avertiroit des changemens qu'il étoit nécessaire de faire à leurs résolutions, au lieu que jamais ils ne lui disoient mot des traités et partis qu'ils faisoient au préjudice des promesses du Roi.

Il ne se passa rien de mémorable le reste de cette campagne. Le cardinal eut soin de retirer, par échange ou rançon, nos prisonniers, principalement ceux des régimens d'Espagny et de Fouquezoles. Il y eut de la peine avec le prince Thomas, qui traita fort incivilement, ce que ne fit pas Piccolomini, qui s'y portoit avec toute la courtoisie qu'on sauroit désirer d'un général d'armée; il lui renvoya Aigueberre et quelques autres sur sa parole, pour lesquels ledit cardinal lui envoya la rançon à son contentement. Cependant le prince d'Orange tenta aussi quelque chose de son côté. Le cardinal, après la retraite de Calloo, l'avoit consolé et encouragé à faire quelque autre entreprise, et à employer le reste de cette campagne le mieux qu'il lui seroit possible, lui témoignant néanmoins que Sa Majesté ne désiroit de lui autre chose que ce qu'il pourroit plus commodément, et que Sa Majesté, de sa part, feroit le semblable; et ayant pris Renty qu'elle assiégeoit, feroit quelque autre dessein qui incommoderoit les ennemis, et que, quoi qui arrivât, Sa Majesté lui donnoit parole de ne faire pas mettre ses troupes en garnison devant le mois d'octobre, ainsi qu'il le désiroit, et que même, si ledit sieur prince étoit embarqué en quelque chose d'importance, Sa Majesté différeroit à faire prendre les quartiers d'hiver jusques à la fin du

17.

dit mois, pour lui donner lieu de faire son entreprise plus commodément, voire même elle différeroit davantage s'il en avoit besoin. Cela lui donna la hardiesse d'entreprendre le siége de Gueldres : il envoya devant le comte Henri Casimir de Nassau pour l'investir et le suivre avec toute son armée. Cinq jours après, dès que le cardinal Infant en eut avis, il s'avança pour le secourir avec seize mille hommes, tant de ceux qui restoient près de lui, que de ceux qu'il tira des garnisons, et cinq mille du colonel Lamboy, qui les menoit de Neufville à Piccolomini contre nous ; mais en cette nécessité il les joignit audit cardinal Infant, bien que ce fussent troupes impériales, et qu'il y eût neutralité entre l'Empereur et les Etats ; le prince d'Orange, envoyant s'en plaindre, eut pour réponse qu'il l'avoit pu faire, puisque le prince Palatin avoit joint ses troupes aux siennes ; ce qui étoit faux, n'y ayant à ce autre raison de cette jonction que la nécessité de leurs affaires, à laquelle ils méprisèrent le droit et l'équité. Si le cardinal Infant eût tardé deux jours davantage, le prince d'Orange fût venu à son honneur de ce siége, car il étoit prêt d'arrêter la rivière, ce qui eût noyé la ville, et le comte Henri avoit fait faire un fort sur un canal qui détournoit l'eau des moulins de ladite ville ; mais tous ces ouvrages n'étant encore que commencés, et la circonvallation n'étant pas encore parachevée, ledit cardinal ayant fait attaquer le fort susdit que ledit comte Henri faisoit bâtir, le contraignit de le quitter avec perte de deux compagnies de cavalerie qui devoient soutenir l'infanterie, et de quatre pièces de canon : le comte Georges-Frédéric de Nassau y fut fait prisonnier, et le fils du prince de Portugal, qui, quelque temps auparavant, s'étoit échappé des Carmes de Bruxelles, où il avoit fait profession, et s'étoit allé rendre aux Hollandais ; mais dès qu'il se vit prisonnier il désira rentrer en son ordre, où la charité le fit recevoir avec applaudissement. Le prince d'Orange, se voyant hors d'espoir de prendre la ville, leva le siége, et se retrancha d'un côté de ladite ville, le cardinal Infant étant de l'autre côté, et en ayant l'entrée libre. Le premier septembre, ledit prince d'Orange se retira en bataille à la vue des ennemis, sans qu'ils osassent attaquer son arrière-garde, et eut quelque dessein d'attaquer Genep ; mais les Espagnols s'en doutant, et ayant jeté dedans trois régimens, il ne l'osa entreprendre, et se contenta de tenir son armée en campagne jusques à la fin d'octobre, donnant jalousie aux ennemis. Nous n'entreprîmes aussi rien de notre côté depuis la prise du Castelet, pource que les ennemis ayant peur de nos armes, et le prince d'Orange étant foible, Lamboy avec ses troupes vint joindre Piccolomini, qui étoit lors assez fort pour nous empêcher de rien entreprendre de considérable, et d'autre part ne nous donnoit pas lieu de le pouvoir combattre, pource qu'il se campoit toujours auprès d'une bonne ville, ou mettoit quelque ruisseau ou rivière entre lui et nous. Ainsi, le mois d'octobre fini, on mit de part et d'autre les troupes dans les quartiers d'hiver.

Tandis que ces choses se passoient en Flandre, où nous et les Hollandais arrétions les forces d'Espagne et une partie de celles de l'Empereur, Weimar faisoit de grands progrès le long du Rhin. Dès qu'il eut pris Lauffenbourg, et partant eut un passage libre sur le Rhin, il mit un siége formé devant Rhinfeld, et s'y porta avec tel courage et diligence, que, dès le 18 février, il se rendit maître d'un bastion, et se logea dans une tour qui étoit sur la dernière muraille de la ville. Les ennemis, sachant que ce siége étoit si avancé, firent tout devoir d'y remédier, et, dès le matin du 28, parurent auprès du quartier de Weimar avec cinq bons régimens d'infanterie, et toute la cavalerie et dragons qu'ils avoient contre lui en la dernière campagne. Il les chargea d'abord heureusement, et s'il eût eu toutes ses troupes, dont une partie continuoit le siége de la place, il les eût entièrement défaits ; mais plusieurs de ses cavaliers, s'amusant au butin et à prendre des prisonniers, donnèrent avantage aux ennemis, qui lui prirent quatre pièces de canon et trois cornettes, avec perte néanmoins d'un bon nombre de leurs officiers et de leurs meilleurs soldats, et, s'étant assemblés à la faveur de leur infanterie, se rangèrent le soir près de la ville, et, y ayant mis des hommes et des munitions, se retirèrent, bien que confusément, par les bois, et s'allèrent reposer aux environs de Fribourg, pour y attendre un renfort qui leur venoit de trois régimens de cavalerie, quatre de gens de pied et de tous les Croates ; ce qui obligea ledit Weimar de lever le siége et de rejoindre toutes ses forces à Lauffenbourg, pour les aller chercher et tâcher de les combattre avant que leur secours fût arrivé. Le duc de Rohan, qui étoit allé voir le duc de Weimar, se trouva à cet exploit, où, ayant été légèrement blessé, y fut prisonnier quelque temps, et délivré par des officiers du duc de Weimar qui le reconnurent. Ledit Weimar assura en même temps le château de Hohentwiel, dans le Wurtemberg, au service de la cause commune, gagnant le gouverneur par le moyen du duc Rodrigue de Wurtemberg, colonel de cavalerie en son armée, et lui faisant jurer de garder cette forteresse pour les alliés et toute la maison de Wurtemberg ; ce qui fut un coup de grande importance, d'autant que le roi de Hongrie promettoit au duc de Wurtemberg de le remettre en possession d'une partie de son duché, pourvu qu'il lui livrât ladite forteresse en ses mains ; ce qu'ayant été par ce moyen empêché de faire, ledit traité avec le roi de Hongrie n'eut point d'effet. Cependant Weimar, ayant assemblé toutes ses troupes dans la ville de Lauffenbourg, se mit en chemin d'aller, au-delà du Rhin, chercher les ennemis, qui ne s'attendoient à rien moins qu'à cela ; mais, ayant reconnu à leur contenance en l'action précédente que, s'il les rencontroit en campagne avec forces pareilles, il auroit sur eux l'avantage qu'il se pouvoit promettre, il alla à eux courageusement, et les ayant rencontrés, le 3 mars sur les neuf heures du matin, proche de Rhinfeld, campés en lieu assez avantageux, il fit avancer son canon près de leur infanterie, et, après quelques coups tirés heureusement, il fit sonner la charge, où tous les siens donnèrent si vigoureusement, qu'en moins d'une heure il remporta le gain de la bataille, prit prisonniers les quatre généraux Savelly, Jean de Wert, Enkenfort et Speeroutter, un très-grand nombre de toutes sortes d'officiers, défit l'infanterie entièrement, et gagna tous leurs drapeaux, excepté ceux qui furent brûlés ou jetés dans le Rhin, et fit quantité de prisonniers, dont dix-huit cents prirent parti dans ses troupes. La cavalerie ayant pris la fuite fut poursuivie le reste du jour avec grand meurtre et prise de leurs cornettes, que Weimar envoya, avec les drapeaux, au Roi, et lui manda que douze cents de leurs cavaliers s'étoient mis à son service. Il envoya les généraux prisonniers en divers lieux pour les garder ; mais Savelly s'étant sauvé quelque temps après, le Roi désira qu'il lui envoyât Jean de Wert et Enkenfort, lesquels seroient plus assurément au bois de Vincennes, laissant Speeroutter, que Weimar avoit dessein de faire châtier, comme ayant abandonné le service du roi de Suède et s'étant mis en celui de l'Empereur, à quoi Weimar condescendit volontiers. Il prit ensuite de cette bataille plusieurs petites places, mais imprenables, et entre autres Labelon, Tribung et Brisgans, et tira de grandes contributions des pays voisins de toutes ces places pour l'entretènement de ses troupes.

Le Roi en ayant avis lui envoya, pour renforcer son armée, le sieur de Guébriant avec quatre mille hommes de pied qui le joignirent, et le sieur La Motte Houdancourt en la frontière de Bassigny, pour y servir en sa place, et donner jalousie aux ennemis de ce côté-là, avec ordre bien exprès que s'il recevoit quelque avis de la part dudit Weimar, qui l'obligeât de se mettre en campagne, il l'exécutât ponctuellement, et qu'il fît savoir audit duc la charge qu'il en avoit. Il n'eut pas plutôt gagné cette bataille qu'il ne retournât au siége de Rhinfeld, dont les ruines qu'il y avoit faites étoient si grandes, qu'elles ne pouvoient pas être beaucoup réparées pour le peu d'interruption qu'il avoit faite au siége ; et quelque devoir que Gœutz, l'un des généraux d'armée de l'Empereur, fît pour la secourir, il s'en rendit maître le 23 mars, par composition si désavantageuse aux assiégés, qu'ils furent contraints d'y laisser dix de leurs drapeaux. La prise de cette place lui donna espérance de venir à bout de celle de Brisach, laquelle il bloqua incontinent ; et, désespérant de l'emporter par force, essaya de l'avoir par famine, lui ôtant tous les moyens de pouvoir être ravitaillée. Gœutz y fit entrer quelques provisions au mois de mai, mais non suffisantes pour leur donner beaucoup de rafraîchissement. D'autre part, Weimar prit le fort de Hartin, qui n'en étoit distant que d'une lieue, et étoit situé dans une île du Rhin, par le moyen duquel, et d'autres places qu'il tenoit le long de ladite rivière, il les affama ; et sachant que la ville de Strasbourg, intimidée par les Impériaux, vouloit donner passage pour une grande quantité de blé qu'ils y vouloient faire conduire, il leur en écrivit avec tant de menaces qu'il leur fit changer de résolution, de sorte que les assiégés ne recevoient aucune assistance, que si rare et si foible qu'elle n'étoit d'aucune considération ; outre que ceux qui la leur rendoient étoient si maltraités de Weimar, qui étoit incontinent à leurs trousses et les combattoit toujours, qu'ils n'osoient l'entreprendre que difficilement.

Le Roi avoit commandé au duc de Longueville de l'aller joindre avec la plupart des troupes qu'il commandoit dans la Comté ; mais n'y ayant pu aller à cause de l'opposition que lui faisoit le duc Charles, dont les troupes fussent tombées sur les bras dudit duc de Weimar, Sa Majesté lui envoya, à la fin de juin, le vicomte de Turenne avec un corps assez considérable, composé pour la plus grande partie de Liégeois qu'il avoit fait lever à Liége ; car Sa Majesté voulant rendre ses armées plus puissantes, et augmenter ses forces de plus en plus pour les rendre capables de continuer les progrès dont il a plu à Dieu de bénir ses armes, et de contraindre ses ennemis à se ranger sous les conditions d'une bonne et juste paix ; et considérant qu'elle ne le peut faire plus avantageusement qu'en se fortifiant des troupes étrangères levées en pays affectionné à la France et abondant en soldats, duquel, par cette raison, les ennemis pourroient tirer des troupes s'ils n'étoient prévenus par Sa Majesté, qui leur causeroit aussi en ce faisant un notable affoiblissement, envoya, dès la fin de l'année précédente, le sieur d'Aigueberre, aide de ses camps et armées, à Liége, pour, avec l'abbé de Mouzon, y résidant pour son service, y faire levée de vingt-six cornettes de chevau-légers, dix de mousquetaires à cheval, toutes de cent hommes chacune, et de quarante compagnies d'infanterie de cent cinquante hommes chacune, pour faire six mille hommes de pied et trois mille six cents chevaux, et envoyer la cavalerie par terre en France, en tenant le dessein secret, pour ne pas donner lieu aux ennemis d'entreprendre sur eux, et l'infanterie par mer par voie de Hollande. La levée se commença heureusement; le lieu de leur assemblée fut auprès de Maestricht, à l'abri du canon de ladite place, en un lieu qu'on avoit retranché pour ce sujet depuis la porte de Saint-Martin jusques à la Meuse; mais à peine une partie desdites troupes y fut-elle arrivée, que les troupes de Piccolomini les vinrent attaquer, la nuit du 18 de mars, dans leur quartier, où elles n'étoient que depuis un jour. Aigueberre, qui y commandoit, fit tout ce que pouvoit faire un homme de cœur, et, quoique abandonné de ses nouveaux soldats, qui n'avoient pas encore eu loisir de se reconnoître, ne se voulut jamais retirer; mais essayant par tous les moyens de rassembler les fuyards et leur faire tourner tête contre l'ennemi, y fut blessé et pris prisonnier. Le vicomte de Turenne, que Sa Majesté y envoyoit pour les commander et conduire en France lorsqu'elles seroient en état de marcher, y arriva incontinent après qu'elles eurent reçu cet échec, et fit faire la revue de ce qui restoit, qu'il ramena au commencement de mai en France, avec ceux qui furent encore levés depuis, qui tous ne montèrent qu'à trois mille hommes. Sa Majesté avoit résolu de l'envoyer au maréchal de La Force; mais elle changea cet ordre-là, et lui commanda de les mener en la frontière de Bassigny, où le duc Charles étoit entré avec quantité de gens de guerre; ce qu'il fit, et repoussa ledit duc incontinent. Ce qu'ayant fait, et les ennemis s'étant retirés, Sa Majesté l'envoya avec lesdites troupes et celles qui étoient dans la Champagne, pour reprendre les places qui étoient en la Lorraine tenues par les ennemis, et les châteaux d'Ely et de Bourbonne, dont le duc Charles s'était emparé en la course qu'il venoit de faire sur notre frontière. De là, Sa Majesté le fit passer devers le duc de Weimar, et, par le moyen de ce renfort, rompit tous les desseins des Impériaux, qui ne purent rien entreprendre où ils n'eussent du désavantage.

Gœutz reçut commandement bien exprès du roi de Hongrie de faire la moisson dans l'Alsace, et y perdre le blé ou le mettre dans ledit Brisach: voulant exécuter cet ordre, le général Maur Taupadel, en juillet, lui enleva le quartier des Croates, gagna treize cornettes, six cents chariots de bagage, mille chevaux et quatre timbales, et prit un grand nombre de prisonniers; et à un mois de là, Gœutz et Savelly s'étant joints ensemble pour tenter encore le secours, et escortant, avec toute leur armée le long du Rhin, des bateaux chargés de blé qu'ils vouloient conduire dans Brisach, Weimar les alla attaquer lui-même près de Wiltzenheim; et après un combat de huit heures, opiniâtré de part et d'autre, demeura maître des deux champs de bataille, du canon, vivres, munitions et de la plus grande part du bagage des ennemis, qui s'estimoient si forts, qu'ils avoient dessein, après le ravitaillement dudit Brisach qu'ils tenoient pour tout certain, d'enlever quelqu'un des postes dudit Weimar sur le Rhin, pour, entrant en la Comté, se joindre aux troupes du duc Charles et passer plus avant: Taupadel fut pris prisonnier en ce combat, ce qui fut une grande perte pour Weimar. Mais, voyant qu'ils ne pouvoient venir à bout de leurs desseins par la force, ils eurent recours à l'artifice qui leur est ordinaire, mais qui leur réussit aussi peu; car, sous ombre de faire visiter Weimar au nom de ses frères, le duc de Saxe demanda un passeport à l'Empereur pour un des anciens serviteurs de la maison dudit Weimar, qui lui proposa quelque accommodement avec la maison d'Autriche, et en même temps ils firent courir le bruit, par toutes leurs armées, qu'un ambassadeur l'étoit venu trouver pour le mettre bien avec l'Empereur. Mais ils ne trouvèrent pas Weimar disposé à faire chose qui fût contre son honneur et sa parole, ni ils n'eurent pas moyen de faire que le Roi conçût aucun soupçon de lui; car il envoya à Sa Majesté toutes les lettres et les papiers qu'on lui donna, à l'heure même qu'il les eut reçus, et Sa Majesté fut contente de la réponse qu'il donna, qui fut qu'il n'y avoit point d'autre voie d'accommodement que la paix générale, à laquelle, en son particulier, il contribueroit tout ce qu'il pourroit, et enverroit ses députés à Hambourg avec les ambassadeurs du Roi, lorsque l'on auroit envoyé à Sa Majesté les passeports nécessaires à cet effet. Cependant le roi de Hongrie, sachant l'extrémité où étoient réduits ceux de Brisach, employa toutes ses forces pour les secourir. Gœutz mit ensemble quatre mille hommes de pied, deux mille chevaux, cinq cents dragons et cinq cents Croates; il envoya les Croates du côté de deçà du Rhin, avec telle diligence qu'auparavant qu'on en eût avis, ils entrèrent dans la place le 20 septembre, ayant chacun un petit sac de deux mesures de blé, qui étoit pour huit ou dix jours seulement, pendant que Gœutz s'avançoit delà le Rhin avec toutes ses forces, auxquelles se devoient joindre cinq régimens d'infanterie qui venoient de Bohême ou de Franconie, outre trois autres, qui faisoient en tout, avec ce que Gœutz avoit déjà, sept mille cinq cents hommes de pied; le frère de Gœutz, outre cela, lui amenoit deux régimens d'infanterie, qui faisoient seize cents hommes, et deux mille quatre cents chevaux en six régimens; et, outre cela, Lamboy, qui étoit allé joindre l'armée du cardinal Infant pour faire lever le siége de Gueldres, l'ayant fait lever, se retiroit et amenoit un corps de quinze cents chevaux et deux mille hommes de pied, et un autre de deux mille chevaux qu'ils attendoient d'Italie, que le marquis de Leganez, qui n'en avoit plus de besoin en Piémont, leur devoit envoyer, sans compter Savelly et le duc Charles qui avoient des troupes assez considérables. Weimar, ne pouvant résister à toutes ces forces étant assemblées, avoit dessein de les combattre séparées; encore s'estimoit-il trop foible, tant de rencontres et de prises de places en cette campagne ayant diminué ses troupes et de soldats et d'officiers. Pour cet effet, il envoya en grande diligence représenter au Roi l'état auquel il étoit, et lui demander renfort de six mille hommes de pied et de quatre mille chevaux; lequel secours ne pourroit, disoit-il, venir trop tôt, quand il auroit des ailes, et prioit qu'on ne lui promît rien que l'on n'exécutât promptement, parce que si on le flattoit d'espérance on perdroit tout en effet. Le Roi y mit ordre avec grand soin. Mais auparavant que ce secours fût arrivé, Weimar, ayant avis que Gœutz, de l'autre côté du Rhin, et le duc Charles s'avançoient vers Brisach, se résolut d'aller au-devant d'eux et les prévenir. Et pource que Gœutz étoit encore loin et attendoit Lamboy, il va attaquer le duc Charles, prend l'élite de ce qu'il avoit de troupes, et se rend, le 14 octobre, à un bourg nommé Sainte-Croix, d'où il partit incontinent, faisant porter son infanterie en croupe par la cavalerie, et arriva à la pointe du jour à Seines où étoient les ennemis, qui n'avoient eu aucun avis de lui. Néanmoins, dès qu'ils le virent, leurs déroutes passées leur ayant donné mauvaise espérance d'heureux succès à l'avenir, ils renvoyèrent six cents chariots chargés de blé dans la ville de Tann, craignant d'avoir du pire en ce combat, bien qu'ils fussent la moitié plus forts que ledit Weimar. La mêlée fut rude, et la cavalerie, de part et d'autre, se rallia plusieurs fois; mais enfin l'avantage demeura du côté dudit duc, qui mit en déroute toutes les troupes de Lorraine, le duc Charles s'étant sauvé, lui quinzième, de vitesse à Tann, perdant son bagage, son canon, et la plupart des siens étant demeurés morts sur la place, d'autant que Weimar avoit défendu à ses gens de s'arrêter à piller ni à prendre des prisonniers, à raison de leur petit nombre au regard de leurs ennemis. Tandis que l'on faisoit main basse dans le combat, on ne laissa pas néanmoins de prendre prisonniers Bassompierre (1) et quelques autres officiers de considération qui furent reconnus.

Le duc de Weimar envoya les canons pris sur l'ennemi à Brisach, et y retourna avec autant de gloire pour lui que de honte et d'étonnement pour les ennemis. Il trouva son camp en fort bon état, les forts et autres travaux qu'il avoit commandés ayant été bien avancés par les soins du comte de Guébriant, qui, durant son absence qui avoit été de six semaines pendant lesquelles il avoit été malade, y avoit fait travailler diligemment. Weimar avoit dessein de faire d'autres fortifications encore au-delà du Rhin, et avoit déjà donné ordre à toute sa cavalerie même d'y mettre la main. Mais Dieu lui donna un moyen par lequel il épargna cette peine, et beaucoup d'argent et de temps. Un soldat, qui avoit été des siens, retenu long-temps prisonnier dans Brisach, et contraint d'accepter condition, ayant pris son temps, échappa, et le vint avertir qu'il n'y avoit dans un grand fort à cornes avec une demi-lune, ouvrage parfait, que douze hommes, et qu'à la faveur de la nuit par une escalade on le pourroit surprendre. Weimar commanda au colonel Schombeck avec quelques gens triés, et au colonel Smitsberg avec trois cents hommes de son régiment, de tâcher de s'emparer de ce poste, ce qui fut fait sans perdre un seul homme : ceux de la ville s'en étant aperçus, bien que trop tard pour leur malheur, tirèrent d'un autre fort qui étoit sur une île, sur lequel aboutissoit le pont qui alloit jusqu'à la ville, et en tuèrent quelques-uns; mais cela n'empêcha pas qu'on ne mît le feu au pont, ce qui étoit le plus important, et qu'on n'en ruinât quatre arcades; de sorte que, par ce moyen, ceux de Brisach demeuroient renfermés et resserrés dans leurs murailles sans en pouvoir plus sortir, et on ne les pouvoit plus même secourir du côté de la terre, le passage du pont leur étant ôté. Le même jour qu'on donna la ba-

(1) Neveu du maréchal détenu à la Bastille.

taille contre le duc Charles, Gœutz parut à l'autre rive du Rhin, envoya cinq cents chevaux reconnoître nos retranchemens; mais Guébriant les reçut si courageusement qu'ils n'osèrent pas l'enfoncer. Gœutz s'étant joint à Lamboy, ils se résolurent de forcer lesdits retranchemens et de mourir ou secourir la ville. Weimar les attendit en bonne résolution; mais auparavant que de laisser voir leurs forces, ils firent le soir, sur une montagne, trois ou quatre mille feux, et le lendemain on voyoit leurs escadrons devant nos retranchemens de tous les côtés; tantôt ils faisoient marcher leurs troupes vers le camp des Français, tantôt vers les Allemands et sans que Weimar pût juger ce qu'ils vouloient faire jusqu'au 23, que Weimar eut trois avis consécutifs que leur dessein étoit de l'attaquer par trois endroits : la nuit toutefois se passa sans rien faire; mais, à la pointe du jour, ayant reconnu la rivière fort basse au bout de l'île où il y avoit un fort, ils l'attaquèrent si vivement qu'ils l'emportèrent de haute lutte, et, encouragés par cet avantage, attaquèrent un autre fort qui étoit près du pont où étoient les Écossais commandés par le colonel Leslé, qui ne firent pas devoir de combattre, mais lâchèrent le pied incontinent.

Le colonel Schombeck avec cent mousquetaires voulut reprendre ce fort, mais il fut repoussé et blessé d'une mousquetade à l'épaule; lors le duc de Weimar ayant deux régimens français auprès de lui, où étoient le vicomte de Turenne et le comte de Guébriant, leur commanda de donner, ce qu'ils firent; en sorte qu'ils chassèrent les ennemis, qui se retirèrent en leur armée, laquelle étoit en bataille proche de là. Ils renvoyèrent cinq cents hommes pour le regagner, et après ceux-là cinq cents autres, jusques à trois ou quatre fois, de sorte que les Français qui les avoient plusieurs fois repoussés, commencèrent à s'étonner, quand le colonel Hertstin survint avec son régiment, qui les soutint si fermement que les ennemis furent contraints de se retirer : ils perdirent ce jour-là à toutes ces attaques plus de quinze cents hommes, et il y en eut plus de cinq cents de prisonniers. Weimar croyoit qu'ils ne se rebuteroient pas pour cela, et que la nuit ils l'attaqueroient de nouveau; mais il fut étonné qu'on lui rapporta le soir qu'ils avoient abandonné l'autre fort qui étoit à la pointe de l'île, et qu'ils se retiroient. Les uns disent que ce fut à cause de quelque différend qui se mut entre Gœutz et Lamboy; les autres, qu'ils avoient été épouvantés d'un avis qu'on leur avoit donné d'un renfort de quatre mille Français qui étoit arrivé, et néanmoins ce n'étoit qu'un régiment qui arriva avec cinq bateaux de vivres qui descendoient de Bâle. S'ils se fussent bien servis de l'avantage qu'ils avoient, de s'être saisis des deux forts que Weimar avoit dans cette île, et du petit pont qui conduisoit de là dans son camp, et qu'ils eussent rompu ce pont, Weimar n'eût pu envoyer, comme il fit, des gens de guerre pour les chasser desdits forts, et même ils se pouvoient rendre maîtres d'un grand pont de bateaux dudit duc qui traversoit le Rhin; mais Dieu les aveugla. Lamboy rejetoit la faute de toutes leurs disgrâces et leur honte sur Gœutz, qui n'avoit pas, disoit-il, voulu suivre ses avis, qui étoient de faire une attaque générale aux retranchemens de Weimar. Gœutz disoit n'avoir osé l'entreprendre sans un ordre exprès du roi de Hongrie, pource qu'il y avoit plus de sujet de craindre la ruine entière de son armée, que d'espérance de pouvoir secourir la place. Ils avoient néanmoins intention de tenter encore la fortune, et se renforçoient de nouvelles troupes autant qu'ils pouvoient, tandis que Savelly passoit le Rhin à Spire, pour se joindre au duc Charles, qui avoit rassemblé aussi de sa part de nouvelles troupes. Tout cela fit que Weimar, travaillant avec d'autant plus de vigueur qu'il avoit d'ennemis en tête, fit attaquer le 27 octobre, par le vicomte de Turenne, la dernière redoute que les ennemis tenoient au-dessus de Brisach, laquelle il emporta courageusement dans quatre heures; et pource que le duc Charles avoit par intelligence surpris la ville d'Ensisheim et attaqué le château, il envoya le colonel Rose pour assister les siens; mais le duc Charles en ayant eu avis, il donna commandement à ses troupes de se retirer. Le colonel Rose les rencontra le premier novembre, et les chargea si brusquement qu'il en tua plus de quatre cents, et ne prit pas moins de prisonniers.

D'autre côté, le duc Savelly fut aussi maltraité par le duc de Longueville, qui, ayant avis de sa marche, envoya contre lui le sieur de Feuquières, qui rencontra ses troupes à Richecourt-le-Château, les attaqua courageusement, et les ayant mises en fuite et une partie d'elles s'étant retirées à Blamont, il les poursuivit si chaudement, qu'il entra pêle-mêle avec eux dans la ville et jusques en la basse-cour du château dont il se rendit maître le lendemain, et y fit quatre cents chevau-légers prisonniers. Il y trouva force armes que Savelly y avoit fait amasser, lesquelles furent distribuées aux nôtres; et Weimar reçut avec grand contentement cette nouvelle, et plus encore le grand renfort d'infanterie et de cavalerie que le duc de Longueville lui envoya, l'ayant fait escorter jusques au passage de Sainte-Marie-aux-Mines, où ils ne manquèrent que de trois heures à rencontrer deux mille chevaux qui alloient joindre le duc Charles; ils en défirent néanmoins soixante ou quatre-vingts de ceux qui furent plus négligens à suivre leurs compagnons. Toutes ces choses faisoient perdre le courage aux ennemis, et le redoubloient aux nôtres, de sorte que, quelque résistance que Reynach, gouverneur de Brisach, pût faire, il fut enfin contraint de se rendre le 19 décembre, l'Empereur n'ayant d'autre consolation de cette perte si importante que de rejeter la faute sur ses généraux, et faire prendre Gœutz prisonnier pour lui faire faire son procès de n'avoir pas été assez heureux. Weimar, par cette action étant le plus glorieux général d'armée de ce temps-là, en rendit au Roi la reconnoissance qu'il devoit, avouant à Sa Majesté, par l'avis qu'il lui donnoit de cette prise, qu'il devoit aux puissantes assistances que Sa Majesté lui avoit données la reddition d'une place de telle considération.

Car, après que Sa Majesté eut fait passer devers lui le sieur de Guébriant avec quatre mille hommes, le retirant de la Franche-Comté où il arrêtoit les forces des ennemis, Sa Majesté sans perdre temps y envoya incontinent à sa place La Motte Houdancourt, puis assembla une armée royale sous le commandement du duc de Longueville, que dès le mois de mai elle fit entrer dans ladite comté de Bourgogne où elle prit quelques places, desquelles, bien qu'une partie ne fût pas de grande considération, elles incommodoient néanmoins les ennemis, parce qu'elles nous donnoient moyen de vivre et le leur ôtoient. Il prit Navailly à discrétion ; quelques-uns de ceux qui étoient dedans furent pendus, et les autres prisonniers de guerre. On renvoya les femmes avec beaucoup de soin dans Rahon, qu'on prit quatre jours après à la même condition, et quelques autres petites places de là alentour, et entre autres Fontenoy, le château de Chaussin, qui étoit bon et avoit été surpris sur nous il y avoit deux ans. Celui qui y commandoit étant Français fut pendu ; les autres furent destinés aux galères, mais à la recommandation du gouverneur de Dôle ils furent faits prisonniers de guerre. Le duc de Longueville mena de là, le 18 juin, l'armée droit à Poligny en intention de l'assiéger, ayant avec lui deux pièces de batterie, deux bâtardes et deux moyennes. Ceux de la ville ayant fait une sortie sur les nôtres, qui les rembarrèrent et prirent quelques prisonniers, on sut d'un d'entre eux que le duc Charles étoit au-dessus de ladite ville avec dix mille hommes en un camp bien retranché et fortifié de redoutes. Notre armée alla droit à lui, et pour arriver plus tôt on laissa tout le bagage à Fontenoy ; on arriva à eux le lendemain, et se campa-t-on devant leur armée, y ayant entre les deux une grande ravine, et sur notre main droite un taillis fort épais qui nous empêchoit d'aller à eux, et un rocher qui commandoit non-seulement le bois, mais encore leur camp, où ils avoient un grand corps-de-garde : bien que ce poste fût si avantageux, nous ne laissâmes pas de les en chasser à la première attaque jusques à une barricade d'arbres qu'ils avoient mise au travers du chemin, et garnie de mousquetaires, laquelle les nôtres gagnèrent. Semblablement, d'autre côté, notre infanterie força un retranchement où il y avoit deux petites pièces de canon qu'ils prirent ; et trois escadrons des ennemis venant pour leur donner en flanc, notre cavalerie les mit en déroute. Après cela, notre infanterie marcha droit aux retranchemens, dans lesquels étoit l'infanterie des ennemis, environnée des chariots attachés l'un à l'autre, chargés de bagages ; mais, se voyant abandonnés de la cavalerie qui avoit été défaite, et la nôtre venir à eux l'épée à la main, ils lâchèrent le pied et se retirèrent en d'autres retranchemens derrière eux, car ils en avoient de deux en deux cents pas, proches les uns des autres, la longueur d'une lieue.

Ce combat, qui fut très-opiniâtre, dura depuis midi jusques à la nuit, qui les sépara, et à la faveur de laquelle le duc Charles se retira vers Arbois avec perte de huit ou neuf cents hommes. Notre armée demeura dans tous les postes qu'elle avoit gagnés jusques à ce qu'elle sût sa retraite, de laquelle étant assurée elle emmena les deux canons gagnés sur lui, avec une cornette et un drapeau, et vint mettre le siège devant Poligny, qui, après avoir été battu deux jours, fut emporté d'assaut le 28, et ensuite le château se rendit à composition. Le duc de Longueville envoya en même temps La Motte-Houdancourt attaquer l'abbaye de Baume, en une situation fort avantageuse et de difficile accès, et où les ennemis avoient quantité de gens de guerre qui nous incommodoient. Tous ces exploits secouroient par réputation le duc de Weimar, et lui donnoient assurance qu'on le secourroit encore de nouveau par effet s'il en avoit besoin, comme on fit puis après. Après la prise de la Baume et de Poligny, notre armée s'en alla à Arbois, qui se rendit le 9 après quelques volées de canon. De là elle alla attaquer le château de Vadans, situé entre Poligny et Arbois, qui se rendit semblablement après quatre-vingts ou cent volées de canon, les ennemis y ayant perdu quatre cents hommes et cent quarante prisonniers. Le duc de Longueville, voyant qu'il n'y avoit pas apparence d'aller à Salins, parce que le duc Charles étoit retranché au-dessus de la montagne, alla assiéger le château de Sevigny, qui se rendit à composition; on y mit le feu, comme à celui de Moissay et d'Autray, le premier août, et depuis à celui de Pesme. De là il assiégea la ville de Champlitte, qu'il prit par force le 25 à la vue du duc Charles, qui n'en étoit qu'à une lieue avec son armée, et prit le château le 26, qu'il fit brûler et la ville aussi. Le duc Charles, pour divertir nos forces, alla assiéger Lunéville en Lorraine, et s'en rendit maître. Le duc de Longueville y fut incontinent pour la reprendre, et tandis qu'il étoit à ce siége, ayant avis que le duc Savelly devoit joindre ses troupes et aller contre le duc de Weimar, il envoya le sieur de Feuquières pour le défaire avant cette jonction, ce qu'il fit le 7 novembre, et ensuite le duc de Longueville prit la ville et le château de Lunéville, où il tua plus de six cents hommes et en prit autant de prisonniers, et entre autres le sieur de Ville, principal conseiller et ministre du duc Charles. De là il envoya au duc de Weimar un secours de deux mille hommes de pied et de mille chevaux, qui fut le dernier et le plus utile secours qu'il reçut pour prendre la ville de Brisach.

Le duc Charles, au contraire, durant toute cette campagne, n'entreprit rien sur les nôtres qu'à son déshonneur. Il assiégea en juin le château d'Aigremont, où il fut battu et contraint de lever le siége. Il fit une autre entreprise sur la ville de Lure, où il n'eut pas meilleur succès; et s'il prit Lunéville il fut bientôt repris sur lui, et les efforts qu'il fit à la dérobée contre Weimar pour ravitailler Brisach, furent si foibles qu'ils furent tous à sa honte.

Quant aux Suisses, ils étoient ardemment sollicités par les Impériaux de presser le Roi de rendre la neutralité au comté de Bourgogne, laquelle ils avoient par leur infidélité obligé le Roi de rompre de sa part les années précédentes, comme ils avoient fait de la leur. Les Cantons en écrivirent à Sa Majesté dès le commencement de l'année, tant à raison de l'alliance qu'ils ont avec ledit comté que pour l'intérêt qu'ils prétendoient y avoir à cause du sel qu'ils tiroient de la ville de Salins; mais Sa Majesté détourna cet orage, leur faisant représenter par le sieur Meliand, son ambassadeur vers eux, qu'elle ne pouvoit consentir à cette neutralité, d'autant qu'elle lui eût fait perdre les avantages qu'elle avoit acquis avec beaucoup de dépenses et de peine dans ledit comté; que ce n'étoit pas que Sa Majesté fût ennemie de la paix et du repos, qu'au contraire elle n'a autre but dans la présente guerre que de procurer une tranquillité générale, à quoi ce qu'elle tenoit dans ledit comté de Bourgogne devant être utile lors d'un traité de paix universelle, Sa Majesté ne s'en pouvoit dessaisir; qu'il ne s'agissoit pas en cette affaire de l'intérêt particulier des duché et comté de Bourgogne, mais que cette affaire étoit tellement connexe au général de celles que le Roi avoit à démêler avec l'Empereur prétendu et le roi d'Espagne, elle ne pourroit en être séparée sans que Sa Majesté en reçût grand préjudice; que si le Roi n'avoit la guerre que contre le comté de Bourgogne, l'instance des Cantons pourroit porter Sa Majesté à un accommodement; mais la constitution des affaires joignant celle-ci avec les autres, lesdits Cantons devoient souhaiter la paix générale pour voir le repos en même temps de tous côtés, et n'insister pas près du Roi sur une chose qui lui seroit préjudiciable; qu'enfin, ayant lieu d'espérer la paix dans quelque temps, si le roi d'Espagne et le roi de Hongrie s'y portoient avec la même sincérité que Sa Majesté faisoit conjointement avec ses alliés, il étoit bien à propos qu'ils prissent un peu de patience; que cependant Sa Majesté auroit un soin particulier que les Cantons ne reçussent aucune incommodité de ses armées, dont elle donneroit ordre bien exprès à ceux qui les commanderoient; que pour le regard du commerce qu'ils avoient au comté de Bourgogne, ils doivent considérer qu'ils tiroient des États de Sa Majesté presque tout ce qui leur étoit nécessaire; et ainsi la cessation de leur commerce, causée par la guerre, ne leur étoit pas de grande conséquence; quant à ce qui étoit de la ville de Salins si elle venoit à tomber entre les mains de Sa Majesté, ils ne laisseroient pas d'en tirer du sel à même, voire à meilleure condition qu'alors; ce que Sa Majesté leur faisoit dire pour éluder la proposition de ceux de Berne, qui désiroient que le Roi consentît au dépôt de ladite ville entre leurs mains; au reste, que ceux dudit comté ne se mettoient pas en devoir d'obtenir de Sa Majesté la grâce qu'ils désiroient, laquelle ils ne pouvoient espérer qu'en lui faisant des propositions telles qu'elles pussent porter Sa Majesté à la leur départir; que, selon qu'ils procédoient, il sembloit que ce fût un traité à faire entre parties égales en dignité et même en constitution d'affaires; que celles de Sa Majesté étoient en un état, à l'égard du roi d'Espagne, et spécialement de ceux dudit comté, qui ne comportoit pas qu'ils se conduisissent en cette affaire comme ils faisoient; que, lorsque les Cantons leur avoient ci-devant offert leur entremise pour le rétablissement de ladite neutralité, ils avoient apporté des longueurs et des délais, et ne s'étoient résolus qu'avec cérémonie à l'accepter; que ci-devant ils l'avoient refusée, portés du même esprit selon lequel, par peu de respect et d'observance vers Sa Majesté, ils avoient rompu ladite neutralité; de sorte que, si le Roi ne voyoit pas des preuves certaines qu'ils ne la recherchassent qu'à des conditions convenables, lesdits Cantons ne pouvoient qu'approuver que Sa Majesté ne s'avançât pas davantage en cette affaire; que si Sa Majesté se portoit à faire aucun accord avec lesdits du comté, ce seroit en la seule considération des Cantons, pour laquelle Sadite Majesté feroit toujours tout ce qui lui seroit possible; mais qu'elle se promettoit aussi de leur affection vers elle, qu'ils ne voudroient pas la requérir de chose qui ne se fît selon sa dignité et le bien de ses affaires et service; et qu'outre tout cela, les choses étoient maintenant en tel état audit comté, que cette affaire-là ne pouvoit plus être séparée du général de celles qui devoient être ajustées pour parvenir à la paix universelle, sans un trop notable préjudice de Sa Majesté. Par ce moyen Sa Majesté se délivra de l'importunité que les Cantons lui faisoient pour la neutralité, et les empêcha d'employer leurs forces à éloigner les armes du duc de Weimar et de leurs alliés, et qui plus est leur fit encore, sur la fin de l'année, résoudre une levée de six mille hommes pour son service.

Tous les efforts que Sa Majesté faisoit de deçà si courageusement et avec tant de dépense contre le roi de Hongrie, et la bénédiction que le Roi y donnoit particulièrement sous la conduite du duc de Weimar, soutinrent de l'autre côté d'Allemagne les Suédois qui n'en pouvoient plus, et leur firent reprendre nouveaux avantages sur l'ennemi commun. Les Impériaux avoient, dès la fin de l'année précédente, pris sur les Suédois, outre plusieurs autres places, celle de Wolgast, l'île d'Usedom, la ville de Gartz et celle de Demmin, et les avoient réduits au petit pied; mais les progrès de Weimar, qui parurent vers le mois de janvier, et suivirent continuellement, ayant contraint lesdits Impériaux d'envoyer la plupart de leurs forces contre lui, Banier eut moyen de tirer son armée des quartiers d'hiver, et de l'employer à reprendre de nouveaux avantages sur son ennemi. Il reprit sur lui la ville et château de Wolgast, et en mai suivant la ville de Gartz, qui étoit très-forte, et en laquelle les meilleures troupes de l'électeur de Brandebourg étoient en garnison, et ensuite la forte place de Demmin, et plusieurs autres places dans la Poméranie et le Mecklenbourg, et s'en alla droit à Gallas, pour le contraindre s'il pouvoit à lui donner la bataille; mais Gallas, destitué de toutes les forces qui en tant de rencontres avoient été défaites par le duc de Weimar, se voyant foible, fuyoit le combat. Les artifices et les ruses du duc de Saxe, ni ses menaces ne purent ramener la ville d'Erfurt, capitale de la Thuringe, au service de l'Empereur, et leur faire abandonner le parti suédois; mais la ville de Hanau fut remise en son obéissance, Rampsay, qui en étoit gouverneur, ayant été arrêté prisonnier dans la ville par le comte, qui avoit fait son accord avec le roi de Hongrie.

En Italie les affaires n'eurent pas un si favorable succès, pource qu'elles dépendoient particulièrement du Piémont, qui étoit le lieu où les forces du Roi s'assembloient, et d'où elles s'avançoient pour faire la guerre dans le Milanais, de l'avantage ou désavantage de laquelle dépendoient toutes les affaires générales et particulières du Roi à Rome. Or le Piémont n'étoit pas gouverné par le duc, parce que la foiblesse de son âge ne le rendoit pas encore capable; il l'étoit par Madame, qui étoit sa mère, sa tutrice et régente de l'Etat, jusqu'à ce que son âge plus mûr lui permît de prendre lui-même les rênes du gouvernement: conduite de femme, peu souvent heureuse et rarement estimée des sujets, pource qu'elle est peu solide, la vivacité de leur esprit, dénué de jugement, les livrant, et leurs Etats, à toutes sortes de mauvais conseils et de disgrâces qui les suivent ordinairement. Les Espagnols, qui s'en vouloient prévaloir, se fortifièrent de bonne heure pour entreprendre sur le Montferrat, et étonner madame de Savoie auparavant que nous fussions assez forts en Italie pour leur résister; et, dès le 29 décembre, attaquèrent Pouzzon dans le Montferrat, croyant y trouver peu de munitions et ensuite moins de résistance : ils surprirent le bourg et assiégèrent le château ; mais le sieur d'Hémery y ayant fait mettre peu auparavant des munitions de guerre et de bouche achetées à Gênes, les Montferrins appelèrent quantité de gens qui se jetèrent dedans, et, après avoir soutenu trois assauts, firent une si heureuse sortie qu'ils obligèrent les ennemis de se retirer le premier jour de l'an. C'étoit une mauvaise place, et qui étoit néanmoins très-importante, parce qu'elle ouvroit le passage du Piémont et du Montferrat à Gênes; et autrefois l'un des prédécesseurs du cardinal la défendit contre une armée de l'Empereur, et les armes de la maison de Richelieu étoient encore sur la porte du château. Mais les Espagnols ne perdirent pas courage pour cela; ils espéroient trop d'avantage pour eux du gouvernement de Madame, et se pouvoir prévaloir des frères du feu duc, qu'ils estimoient avec raison pouvoir, par leurs cabales, faire des révoltes dans le Piémont et la Savoie, capables au moins, s'ils n'en pouvoient tirer autre profit, de porter la guerre hors de leurs Etats, où nous l'avions toujours glorieusement entretenue, outre que si, pour quelques raisons, ils n'attaquoient le Piémont, ils pourroient en peu de temps, après avoir pris Pouzzon, se rendre maîtres de Rosignan, Moncalve et Pondesture, et mettre Casal et Brême en mauvais état; ce qui fit qu'ils attaquèrent de nouveau, à la fin de janvier, ledit Pouzzon avec sept mille hommes de pied, quinze cents chevaux et sept pièces de canon; et le duc de Créqui, n'ayant pas assez de troupes pour le secourir, d'autant que Madame n'avoit pas voulu donner des quartiers d'hiver à celles du Roi dans ses terres, et que les siennes étoient fort peu de chose, il fut pris dans peu de jours, les Espagnols ayant dessein d'aller nettoyer les Langues jusques à Final, pour avoir le passage libre dudit Final jusques au Milanais, sans avoir besoin de passer par l'Etat de Gênes. Le Roi, en ayant avis, hâta le passage de ses troupes en Italie, et fit commandement, sous grandes peines, à tous les officiers de son armée de se rendre à leurs charges incontinent; mais ce qui apportoit plus d'empêchement et de préjudice aux affaires de Sa Majesté en Italie, étoit que Madame ayant l'esprit assez vif pour entendre celles qui lui étoient proposées, mais n'ayant pas assez de lumières pour discerner la sincérité ou l'artifice de ceux qui les lui proposoient, ses beaux-frères avoient beaucoup de serviteurs auprès d'elle, qui, trompés ou trompeurs, lui faisoient paroître les choses tout au contraire de ce qu'elles étoient, et la mettoient en défiance du Roi, sous prétexte qu'il étoit prince étranger, qui pouvoit avoir dessein d'envahir ses Etats, et, au contraire, bonne opinion de ses beaux-frères, sous ombre qu'ils étoient de la maison de Savoie, ne considérant pas que le Roi avoit intérêt, et d'honneur et d'Etat, à sa conservation, et ces frères l'avoient à sa perte, et que l'intérêt est d'ordinaire le premier mobile de toutes les actions humaines, outre que Sa Majesté étoit son frère propre, participant à sa grandeur et à sa ruine; ce que ses beaux-frères n'étoient pas, qui avoient des pensées bien différentes, contre toute sorte de bienséance et de raison.

Le principal des agens de ces frères, et qui par adresse et sous ombre de piété s'étoit le plus insinué, étoit le père Monot, jésuite, homme entrant et s'ingérant dans les affaires sans y être appelé, et qui autrefois avait été en quelque estime auprès du feu duc son beau-père et de son mari, mais que ce dernier, l'ayant reconnu violent et brouillon, avoit éloigné, et dont Madame même s'étoit voulu défaire avec passion pource qu'il étoit son confesseur, et avoit supplié le Roi de l'y aider afin qu'il ne semblât pas que cela vînt d'elle. Cet homme fut envoyé en France en 1637, plus pour nouer une étroite intelligence entre le cardinal et lui que pour autre sujet : la vanité qu'il eut de paroître meilleur négociateur que le marquis de Saint-Maurice, ambassadeur dudit duc, lequel il disoit être un ignorant et sans habitude, le porta à faire mille pratiques avec ceux qu'il croyoit être les moins affectionnés à la France; et, comme il étoit peu judicieux, il se laissa persuader mille sottises, et contre les principaux ministres de l'Etat, et au préjudice des affaires générales; et, voyant que le temps étoit favorable, il commença, sans ordre du duc, à faire des instances sur les honneurs de la maison de Savoie, demandant que le Roi honorât le duc du titre de roi, et y embarqua le nom et le consentement du duc à tel point, qu'il donnoit à entendre qu'il se porteroit facilement à une révolte si on ne lui donnoit satisfaction. Cette affaire ayant manqué, il en conçut une telle indignation, qu'il voulut engager son maître en sa querelle, lui donnant à entendre que les Suédois et les Hollandais traitoient, que la France faisoit le même, et qu'il se verroit abandonné s'il ne prenoit garde à ses affaires; ce qui donna lieu à introduire la négociation de la suspension particulière dont nous avons parlé l'année dernière. Jusqu'où l'ambition ne va-t-elle pas quand elle s'est rendue maîtresse d'un esprit religieux (1)? Il passa outre, et pour mettre le duc en une défiance perpétuelle du cardinal, il lui écrivit qu'on avoit persuadé audit cardinal que Senantes étoit allé de sa part à la cour pour faire quelque mauvais coup (2). Le sieur d'Hémery étant lors sur son partement de la cour pour retourner à Turin, ce père le prévint et gagna le devant, et infecta de tant de faux rapports l'esprit du duc, que ledit sieur d'Hémery eut peine de le ramener. Le duc connoissant son impertinence et le lui témoignant, il essayoit de se remettre en son esprit par le moyen de Madame; mais tout ce qu'elle faisoit étoit indifférent au duc, parce qu'il le prenoit comme étant inspiré du père Monot : il eut un jour la hardiesse de presser le duc de se révolter contre la France, parce

(1) Cette exclamation est curieuse, et il est à remarquer qu'elle est juste de la part du cardinal. Ses plus grands ennemis furent de la robe : l'abbé Scaglia, le père Monod, tous deux de Savoie; en France, Bérulle et Chanteloube.
(2) Tout ceci a déjà été raconté avec plus de détails dans l'année qui précède.

qu'on ne lui donnoit pas tout ce qu'on lui avoit promis. Le duc lui commanda de se retirer, et le chassa d'une grande salle en un coin de laquelle étoit aussi le sieur Camus, ingénieur de Pignerol, que ledit duc aimoit particulièrement, auquel il s'adressa, et lui dit que le père Monot étoit un plaisant homme, qui le vouloit embarquer en sa passion, et le vouloit obliger à se révolter contre la France parce qu'on lui manquoit en quelque chose, et qu'il n'étoit pas assez judicieux pour savoir qu'il falloit que les petits princes prissent la loi des grands. Ensuite de cela il le voulut éloigner, et commanda qu'on ne lui communiquât plus les affaires ni les dépêches. Mais ce que le cardinal, pour essayer de ramener l'esprit dudit père, avoit dit au comte de Saint-Maurice, qu'il prioit Madame de les remettre bien ensemble, donna lieu à Madame de le rétablir auprès du duc son mari : au lieu de se sentir obligé de cette grâce il devint pire, et se voyant sans crédit en l'esprit du duc, il se mit du côté des frères, et commença à porter l'esprit de Madame à faire rendre à ces frères leur apanage, et obligea le cardinal de Savoie à envoyer l'abbé Soldati pour en faire la demande : il poursuivoit et faisoit poursuivre cette affaire si chaudement par Madame, que le duc, qui n'en vouloit rien faire, demanda à notre ambassadeur s'il trouveroit bon qu'il se servît de son nom pour s'en défendre, dont étant demeuré d'accord et s'étant excusé envers Madame sur la France, elle lui répondit par la suggestion de ce père qu'il ne devoit point s'arrêter au contentement de la France ni à ce que l'ambassadeur lui disoit, que le bien de la maison de Savoie étoit qu'il fût uni avec ses frères, et que la France seroit bien aise que la maison fût en désordre par son intérêt, et afin qu'il dépendît plus d'elle. Dès la mort du duc, il commença à essayer par suppositions de nous rendre odieux, faisant croire que nous nous voulions emparer de Verceil, et en faisant défendre l'entrée à nos troupes; et quand le duc de Créqui et notre ambassadeur s'en plaignirent à Madame, étant auprès d'elle, il fut si impudent qu'il dit que nous avions voulu faire tuer la sentinelle de la citadelle, et donna à entendre à Madame que nous la voulions prendre prisonnière. Sur quoi l'ambassadeur lui ayant répondu qu'il ne pouvoit avoir encore des nouvelles de France pour entreprendre cela, il répondit insolemment que l'usurpation seroit toujours avouée. Ce qui étoit le plus étrange, c'est que même il parloit méchamment contre Madame, et, nonobstant cela, elle ne s'en pouvoit détromper. Il écrivit au père Silvio, jésuite, confesseur du cardinal de Savoie, que le comte Philippe faisoit le maréchal d'Ancre, et le père Silvio dit hautement à Rome que le cardinal de Savoie étoit le vrai duc; ce dont Madame fut avertie par le comte Martinozi, beau-frère du sieur Mazarin, qui étoit envoyé vers elle de la part du cardinal Antoine, et n'ignoroit même pas qu'il aimoit ses beaux-frères à son préjudice; car, voyant les moyens qu'il cherchoit pour faire venir ledit cardinal en Piémont, les soins qu'il avoit pris de faire entrer l'abbé Soldati, les artifices dont il avoit usé pour faire entrer ledit cardinal un jour seulement, la violence avec laquelle il portoit ses intérêts, la correspondance qu'il entretenoit avec lui, elle dit à notre ambassadeur que ledit père l'eût voulu voir étouffer, elle et ses enfans, pour mettre ledit cardinal à sa place, et prit résolution de l'envoyer en France l'y faire arrêter; et néanmoins, ou par un secret jugement de Dieu, ou par une irrésolution assez ordinaire en l'esprit des femmes, ou par un aveuglement assez accoutumé à ceux qui présument d'eux-mêmes et suivent leurs sentimens, elle se venoit toujours remettre en sa puissance, et non-seulement ne le pouvoit éloigner, mais suivoit aveuglément tout ce que sa passion lui faisoit conseiller.

Cela étoit si préjudiciable et au bien de Madame et aux affaires publiques, que le Roi ne le pouvoit souffrir; il n'oublioit aucune occasion de nuire aux affaires de Sa Majesté; il décrioit les honneurs qu'on avoit rendus à la mémoire de M. de Savoie en ses obsèques; il essaya de persuader Madame de ne plus voir les ambassadeurs et ministres du Roi que par audience, parce qu'étant à la cour ils étoient trop savans de ce qu'elle faisoit, de n'aller plus au-devant d'eux, ni les accompagner plus comme il étoit accoutumé; lui fit refuser de saluer tous les grands du royaume, et attenta plusieurs autres nouveautés semblables depuis la mort du duc; il l'éloignoit de vouloir continuer ou renouveler le traité de la ligue avec le Roi, afin qu'elle pût prendre le parti de la neutralité si l'occasion s'en offroit; la faisoit procéder avec grande froideur envers les Français, fortifier les places qu'elle avoit près de la France, y mettre des gouverneurs de faction espagnole; essayoit de se défaire de tous les Français qui étoient auprès d'elle; lui faisoit de grandes instances de convier la Reine-mère de venir en Piémont, et commença à nouer une intelligence entre elle et le marquis de Leganez; ce qu'il fit adroitement par le moyen du commandeur Affiaci, milanais, qui, avec passeport dudit marquis et d'elle, lui vint rendre la foi et hommage des biens qu'il avoit dans le Vercelois, et sous ce prétexte, par l'entremise du nonce et du père Monot, lui parla d'un accommodement avec les Espagnols, comme avoit fait peu auparavant le père Rovida, dominicain, adressé au nonce par le provincial des dominicains à Milan. Pour toutes ces raisons le Roi étoit obligé, et pour le bien public et pour le service particulier de Madame, d'éloigner, à quelque prix que ce fût, ce démon d'auprès d'elle. Sa Majesté avoit un sujet de presser son éloignement, auquel Madame ne pouvoit s'opposer, pource que, quelque temps auparavant, lorsqu'elle étoit en mauvaise humeur contre lui, et voyant que notre ambassadeur étoit refroidi en cette affaire pour les inégalités et changemens qu'il voyoit en son esprit sur ce sujet, elle lui envoya le comte Philippe pour lui dire qu'elle enverroit ledit père en France, et qu'on l'y fît arrêter sous prétexte de la pernicieuse part qu'il avoit prise dans les intrigues du père Caussin; et pource que ce père soutenoit qu'il étoit très-bien avec le cardinal, elle écrivit encore au marquis de Saint-Maurice qu'il le vît pour savoir ce qui en étoit, afin que, sur la réponse du cardinal, laquelle elle prévoyoit déjà bien devoir être contraire aux intentions dudit père, elle prît sujet de s'excuser envers lui. Elle pria d'abondant le sieur d'Argenson, intendant de la justice en l'armée du Roi en Piémont, de savoir en secret de son éminence s'il tenoit le père Monot pour son ennemi, auquel cas elle ne le garderoit pas. Ainsi, ayant fait rompre notre ambassadeur avec ledit père, et fait déclarer Sa Majesté et le cardinal contre lui, elle n'en pouvoit demeurer là sans donner lieu de croire qu'elle protégeoit ce mauvais homme, non par inclination raisonnable qu'elle eût pour lui, ni par crainte qu'il médit d'elle, mais pource qu'il y avoit quelque mauvaise affaire sur le tapis qu'elle avoit peur qu'il découvrît et où elle avoit besoin de lui, ou par une pure volonté de déplaire à la France. Sa Majesté prit non tant ce prétexte que cette juste cause d'envoyer vers Madame le sieur de Vignoles, pour la prier, si elle l'aimoit, d'éloigner d'elle ledit père Monot, et qu'après qu'elle l'avoit fait déclarer contre lui, il n'étoit pas juste que le démenti lui en demeurât. Madame reçut la lettre du Roi le 10 janvier, se trouva surprise de n'en avoir point été avertie par son ambassadeur, et contredit néanmoins, mais assez légèrement, à ce que le Roi désiroit d'elle, et au conseil que le cardinal lui donnoit sur ce sujet. Mais quand elle eut fait lecture de ces lettres au père Monot, elle fut bien plus animée; cet homme rusé s'offrit d'abord à s'éloigner, lui disoit-il, pour détourner l'orage qu'il voyoit bien qu'on vouloit faire fondre sur elle par d'autres considérations que la sienne, et qu'ainsi que son intérêt n'en étoit point la cause il ne vouloit pas que son nom servît de prétexte; qu'en cela il ne plaignoit que le malheur de la condition de Madame, qui seroit tous les jours forcée à faire des nouveautés en sa cour, quand les avis de ses serviteurs ne se rencontreroient pas avec les desseins de la France; et, commençant à la piquer de générosité, s'offrit à répondre par un écrit aux impostures dont on le vouloit noircir, afin que, les ayant détruites, elle connût que la France en vouloit à ses serviteurs, pour après venir à elle et à son Etat, qui étoit une suite de mauvais desseins qu'il avoit connus, il y avoit long-temps, que l'on avoit contre cette maison. Il ajouta que la cabale pour sa ruine avoit été formée à Turin, dont il savoit les auteurs; qu'il ne craignoit pas le coup, mais le contre-coup sur Madame et ses enfans. Philippe, qui y étoit présent, voyant que ce discours s'adressoit à lui, l'en fit expliquer, et entre eux les choses s'étant aigries au dernier point, cet homme artificieux lui dit qu'après tant d'obligations qu'il lui avoit, il ne croyoit ni n'entendoit parler de lui, son bon ami et protecteur, mais de l'abbé de La Monta; et, se sauvant par là, il laissa toujours les mêmes impressions dans l'esprit de Madame que c'étoit ledit comte Philippe, cet abbé étant son cousin et son confident. Madame, qui étoit déjà mal affectionnée à la France par l'artifice et les faux avis du père Monot qu'on avoit dessein d'usurper ses Etats, de son naturel assez légère, et qui se piquoit de générosité, mais qui souvent ne savoit pas en quoi elle consistoit, pour n'avoir pas assez de jugement pour distinguer le temps et les occasions, et qui enfin n'avoit devant les yeux que son intérêt et sa passion, et affectoit la réputation d'être bonne Piémontaise, et d'être bonne maîtresse, étant encore animée par le discours de ce père, qui lui avoit donné encore de plus un abrégé par écrit de la réponse qu'elle devoit faire audit Vignoles, s'opposa bien plus fortement à lui à la deuxième audience qu'elle n'avoit fait à la première. Elle en parla au marquis d'Aglié, à don Félix et au comte Philippe, qui lui dirent qu'ils seroient très-glorieux d'offrir leur propre fortune pour détourner celle qu'elle encourroit si elle prenoit un si mauvais conseil que celui qu'elle témoignoit de vouloir suivre. Le lendemain, Philippe entrant dans sa chambre, elle l'en chassa, l'appela traître, lui défendit de la voir, le traita de criminel de voir en conférence des ministres des princes étrangers. Le pauvre homme, qui étoit foible, se crut perdu. Cette division entre elle, Philippe et le marquis d'Aglié même, dura deux jours, et, s'ils eussent été capables de résolution, leur réconciliation eût fini l'affaire du père Monot; mais la maladie de notre ambassadeur, qui étant malade ne les put voir, et leur foiblesse rendirent cette affaire plus longue, laquelle ayant été jusque-là secrète s'éventa. Toute cette cour étoit aux écoutes. Madame, tenant suspects le marquis d'Aglié, Philippe et don Félix, prit le marquis Boba pour son conseiller en cette affaire: c'étoit un bonhomme sans intérêt, qui faisoit profession de piété, d'être désintéressé et grand Piémontais, homme fort et résolu, et qui avoit des défiances italiennes, étoit aimé du feu duc, et avoit été son favori; il fut contraire à l'éloignement dudit père Monot, disant qu'il étoit étrange, dès qu'un ministre ne seroit pas agréable à la France, qu'il le fallût chasser, et que cela étant il falloit que tous ses serviteurs l'abandonnassent pour suivre l'intérêt de la France, et conseilla à Madame d'envoyer au Roi un gentilhomme pour le supplier d'avoir agréable qu'il demeurât, et qu'elle attendroit sa réponse pour renvoyer ledit sieur de Vignoles, qu'elle arrêteroit cependant sur de belles espérances.

Elle fait choix du comte de Cumiane, chargé d'une apologie des bonne vie et mœurs dudit père, et d'un libelle qu'il avoit fait contre notre ambassadeur, auquel elle envoya donner part de cet envoi, et le prier de trouver quelque expédient en cette affaire. Il répondit qu'elle eût beaucoup mieux fait de suivre ses premières résolutions, et ensuite condescendre à ce que le Roi désiroit d'elle, que de lui envoyer des gentilshommes pour s'en excuser. Quant aux moyens d'accommodement qu'elle lui demandoit, il n'en savoit point, et qu'elle avoit mis l'affaire en tel état qu'elle ne pouvoit être accommodée. Elle lui renvoya de nouveau les marquis d'Aglié et Boba et le comte Philippe, auxquels, afin d'informer particulièrement ledit Boba de toute la suite de l'affaire, il fit entendre que la connoissance des maux faits par le père Monot étoit venue à nous par Madame même, et que ses plaintes avoient obligé ledit ambassadeur de lui conseiller comme de lui-même, sans y employer le nom de Sa Majesté, d'éloigner un si mauvais homme pour son bien propre, dont elle étoit impatiente elle-même; que depuis, y ayant par son irrésolution trouvé quelque résistance, il en avoit donné avis à Sa Majesté, et qu'il falloit laisser faire au temps un si bon effet, dont ses sollicitations seroient plutôt capables d'arrêter le cours que de l'avancer; que depuis le comte Philippe l'alla trouver de la part de madite dame pour lui faire savoir qu'elle avoit mieux pensé à l'affaire dudit père Monot, et qu'elle avoit découvert de nouvelles menées qu'il faisoit contre elle et ses enfans qu'il voudroit avoir vu étouffer, pour mettre le cardinal de Savoie en sa place; et partant qu'elle étoit résolue de s'en défaire en cette façon, qui seroit que notredit ambassadeur le conduiroit en France, et que là, s'entremettant de l'affaire de la Reine-mère, nous surprendrions une lettre qui donneroit sujet au Roi de le faire arrêter sans qu'elle y fût mêlée; que cette proposition venant d'elle, notredit ambassadeur se crut obligé à se déclarer ouvertement contre ledit père, avec lequel auparavant il vivoit en intelligence, que ledit ambassadeur avoit lui-même recherchée par l'entremise de Madame à Verceil; que néanmoins, trahie par son chancelier, auquel elle disoit avoir confié une partie de ce secret, et emportée par les persuasions du père Monot, elle avoit encore de nouveau changé cette nouvelle résolution, quoiqu'il se fût déclaré par son conseil; ce qu'écrivant à Sa Majesté, il la supplia de ne point considérer son intérêt, et de suivre plutôt la douceur, et qu'ainsi on n'en avoit point parlé en France; que depuis elle avoit encore changé, et avoit désiré, pour parvenir à l'éloignement de ce bon père, de faire que le Roi déclarât son intention sur ce sujet; auquel effet elle avoit écrit au marquis de Saint-Maurice de voir Sa Majesté et le cardinal; que cette lettre avoit donné lieu à la dépêche de Vignoles, et à la déclaration ouverte que le Roi et ledit cardinal avoient faite contre cet homme; qu'après cela il ne voyoit point de moyen d'accommodement qui fût, ni à l'honneur du Roi, ni à celui de Madame; que le Roi étant en l'intelligence en laquelle il étoit avec Madame, s'étant à sa sollicitation déclaré contre ce père, et l'ayant priée de l'éloigner, il lui étoit difficile qu'elle fît souffrir cet affront à Sa Majesté après en être venue si avant; qu'il étoit à elle bien honteux d'avoir si peu de fermeté en son esprit que de changer sans sujet si souvent de résolution en une affaire si importante que celle-là, et que, si elle le retenoit auprès d'elle ou différoit de l'éloigner, elle obligeroit le Roi à prendre ses résolutions. Sur cela l'ambassadeur lui fit cette réponse, pource que s'il eût proposé quelque expédient, elle eût cru qu'il eût eu ordre de le faire et en eût espéré davantage; et le comte de Cumiane eût poursuivi son voyage avec créance de faire évanouir cette affaire.

Ce qui y faisoit plus opiniâtrer Madame, étoit, outre les raisons que nous avons dites ci-dessus, qu'elle croyoit que le Roi ne voudroit pas pousser cette affaire à l'extrémité, de peur de l'obliger à se mettre entre les mains des Espagnols qui l'en recherchoient, et qu'elle savoit qu'il avoit été donné ordre, en cas qu'elle refusât absolument de satisfaire le Roi, que les armes et les ministres de Sa Majesté se retirassent du Piémont; mais elle pensoit s'en être bien garantie, ayant, par l'entremise dudit père, tiré parole du marquis de Leganez qu'il n'entreprendroit rien sur ses Etats, pourvu qu'elle ne s'abandonnât point aux conseils des Français, et qu'elle les sortît de ses places et de son Etat si elle pouvoit; ce que faisant, non-seulement il ne l'attaqueroit pas, mais empêcheroit le prince Thomas de venir en Piémont, et feroit retourner le cardinal à Rome, comme en effet il y retourna dès le 24 janvier, avec participation des Espagnols : aussi faisoit-elle de sa part tout ce qu'il demandoit, mettant les Suisses dans la plupart de ses places au lieu des Français qui y étoient, faisant de nouvelles levées de Suisses, et réformant ses régimens français. Les Espagnols faisoient passer auprès d'elle pour un grand office l'éloignement de ses beaux-frères, et ils ne le faisoient que pour leur propre intérêt; car le cardinal de Savoie nuisoit, et ne servoit pas à leurs affaires à Gênes, n'ayant pu entrer dans le Piémont, et il ne faisoit que donner des jalousies à Madame, par lesquelles les Espagnols croyoient qu'elle étoit attachée davantage à nous. Ils ne vouloient point aussi que le prince Thomas vînt encore au Milanais contre le Piémont, pource que dans le désordre dans lequel Madame mettoit ses affaires, se tenant mal avec le Roi, ils avoient dessein d'attaquer et espérance de faire progrès dans son Etat, d'autant plus qu'elle se tenoit assurée du contraire, et continuoient toujours à traiter avec elle par le moyen du père Rovida, dont nous avons parlé ci-devant, lequel au lieu de venir à Turin ne passoit plus Verceil, et de là traitoit à Turin par le moyen du confesseur du feu duc, qui étoit du même ordre, et qui étoit lors confesseur des enfans de Madame; et par le moyen du commandeur Asiati, dont nous avons parlé. Notre ambassadeur dit à Madame qu'il la supplioit de perdre la coutume des ducs de Savoie, d'avoir toujours des négociations en campagne; que cette méthode ne leur avoit été jamais avantageuse, et le seroit encore moins à elle à cause des défiances que tel procédé donnoit à Sa Majesté, et de la fausse assurance qu'elle y prenoit; mais il n'y gagna rien, et, tant s'en faut, elle se mit en la fantaisie de fortifier Turin, au lieu de penser à Ast et à Verceil, comme se défiant du Roi et non des Espagnols, et disoit que le feu duc son mari avoit raison de vouloir toujours balancer entre la France et l'Espagne, ne considérant pas qu'il y avoit grande différence entre la force du gouvernement d'un homme et la foiblesse de celui d'une femme. Cependant, non-seulement elle continuoit toujours à défendre de paroles le père Monot, mais avoit la hardiesse de vouloir faire passer l'office que le Roi en avoit fait pour une violence, et comme si c'eût été une affaire dont elle n'eût jamais ouï parler : néanmoins, doutant du succès du voyage du comte de Cumiane, elle dit au père Monot que c'étoit lui-même qui s'étoit procuré le mal qu'il recevoit, tant par ses déportemens à Paris que par la lettre qu'il avoit désiré qu'elle écrivît au marquis de Saint-Maurice, croyant que le cardinal manderoit que le Roi n'avoit point de mécontentement de lui; au lieu de quoi, on avoit fait une réponse toute contraire; ce qui avoit donné lieu à la dépêche du sieur de Vignoles pour poursuivre son éloignement.

Le comte de Cumiane peu après arriva devers le Roi, et n'oublia rien de ce qu'il put apporter de sollicitations et de raisons pour essayer de persuader au Roi d'abandonner cette affaire; mais Sa Majesté demeura ferme en sa résolution que Madame l'avoit portée à prendre contre cet homme, lui faisant connoître, et la mauvaise volonté qu'il avoit pour la France, et celle qu'il avoit pour sa propre personne et pour ses enfans, avec tant de particularités de ce qu'elle avoit à craindre dudit père, que Sa Majesté n'avoit pu n'être pas vivement touchée de ses appréhensions, l'aimant comme il faisoit; qu'il avoit dit en France et mandé à Rome des choses qui lui étoient si désavantageuses qu'il n'avoit pu n'y prendre pas un notable intérêt, et cette seule considération l'avoit porté à concourir au dessein qu'elle avoit fait de se défaire d'un si dangereux esprit. Sa Majesté se plaignit aussi à lui de ce que Madame avoit voulu faire passer la sollicitation qu'il lui avoit faite d'exécuter ses premières pensées, pour une violence; dont il ne pouvoit assez s'étonner, vu que, comme il lui avoit déjà dit, c'étoit elle seule qui lui avoit donné avis des mauvais desseins dudit père; qu'on ne le pouvoit accuser de violence pour un tel procédé, mais bien de vouloir empêcher, par une raisonnable fermeté, sa sœur de se laisser aller à une légèreté qui lui coûteroit cher; qu'en un mot il prioit Madame sa sœur de suivre ses premières pensées contre ledit père Monot, lequel, non content d'agir mal au lieu où il étoit, avoit tâché d'allumer dans la cour de France un feu que Sa Majesté avoit grâce à Dieu étouffé; qu'il étoit question de voir si elle voudroit préférer un mauvais moine son ennemi, à un roi son frère, qui ne s'étoit déclaré contre un tel homme qu'après qu'elle avoit témoigné le désirer, et choisir le parti d'Espagne, qui étoit celui dudit moine, ou celui de la France et de Sa Majesté. Ne se contentant pas d'avoir donné cette réponse au comte de Cumiane, il dépêcha encore vers elle, le 14 février, le baron de Paluau pour le même sujet, qui lui dit de la part de Sa Majesté que le père Monot, qui l'avoit fait opiniâtrer en cette affaire sur de fausses raisons, ne devoit point espérer que le Roi pût consentir qu'il demeurât plus long-temps près d'elle; que Sa Majesté avoit trop d'affection pour elle et pour ses enfans, pour n'être pas touchée d'une vive appréhension que, faute d'exécuter ce qu'elle avoit résolu avec grande prudence touchant ledit père, eux et elle demeurassent en péril, vu la facilité que cet homme avoit de la desservir, ayant tant de part en ses conseils; qu'elle ne devoit pas avoir oublié en si peu de temps les particularités qu'elle avoit dites des mauvais desseins de cet homme, et que si, n'ayant pu réussir à faire entrer dans le Piémont le cardinal de Savoie, il les avoit cachés pour un temps, elle ne devoit point douter que son dessein ne fût de les faire éclater à la première occasion, et lorsqu'il seroit impossible ou très-difficile d'y remédier; qu'ayant poussé elle-même cette affaire si avant, il n'y avoit point d'apparence qu'elle se laissât persuader de la laisser imparfaite sous prétexte des impressions qu'on lui donnoit; que c'étoit une ouverture qui donneroit lieu au Roi de demander l'éloignement des ministres de Son Altesse qui ne se conduiroient pas selon les sentimens de Sa Majesté, puisque ce n'étoit pas le Roi qui avoit proposé ce que Madame avoit résolu touchant ledit père, mais elle s'y étoit portée de son propre mouvement, voulant même que la chose s'exécutât en France; qu'enfin Sa Majesté, jugeant que le bien des affaires de Madame ne permettoit plus aucun retardement à l'exécution de cette affaire, elle l'avoit envoyé vers elle pour lui en faire connoître la nécessité.

Enfin Madame se rendit : elle l'envoya sans dilayer davantage à Coni, qui n'étoit qu'à deux journées de Turin; mais nous craignions que, si on l'envoyoit en Savoie ou au comté de Nice, il y eût passé comme un vice-roi, et se fût rendu nécessaire auprès de Madame qui ne le pouvoit oublier : quant à le chasser hors de l'État, ce n'étoit ni le service du Roi ni celui de Madame. Avant de partir il n'oublia rien de ce qu'il pouvoit faire pour ne pas quitter la cour : il alla voir le comte Philippe tout botté, pour lui donner, lui dit-il, un avis de frère, et pour se revancher des faveurs qu'il avoit autrefois reçues de lui. Cet avis étoit de n'aller jamais en France, et de ne se point laisser persuader à cela, comme un coup de sa ruine, pour être très-mal en France, et en danger de n'en plus revenir s'il y alloit, et ne lui dit autre chose. Cette action de ce père fut pource qu'il jugeoit bien que si le comte Philippe voyoit le cardinal, qu'il se lieroit d'affection pour la France à ne la jamais perdre, et qu'on parleroit de lui et de ses menées et pratiques, non-seulement contre la France, mais contre le cardinal même. C'est pourquoi il craignoit cette entrevue, et confirma Madame tant qu'il put dans le dessein de la neutralité qu'il lui avoit fait prendre, et de s'abstenir de continuer le traité de ligue offensive avec le Roi, et de se servir du traité de Pignerol, par lequel nous devions défendre le Piémont en cas qu'il fût attaqué des Espagnols.

Il lui avoit donné ces pensées dès la mort du duc son mari; et ses ministres, qui désiroient tant la paix, estimoient qu'il leur eût là révélé un grand secret : ils lui demandèrent, si le Roi vouloit absolument la continuation du traité, ce qu'il falloit que Madame fît; il répondit que Sa Majesté, ni par sa propre réputation, ni par son propre intérêt, n'oseroit faire la guerre à Madame, et qu'il falloit bien fortifier et munir ses places d'hommes et de vivres, comme elle fit depuis, et qu'on auroit toujours les Espagnols prêts pour se défendre, sans leur permettre l'entrée dans les places; et de là on résolut la levée des Suisses dont j'ai parlé ci-dessus, que l'on poursuivit jusques à quatre mille cinq cents hommes, et on commença la négociation avec le marquis de Leganez, pour lui faire savoir qu'on s'en tiendroit avec la France à ce point seulement, de les recevoir pour secourir le Piémont, et le père Rovida commença d'y être employé et depuis le commandeur Asiati. Il proposa ledit père Rovida, pource que, du temps de M. de Savoie, il avoit fait quelques allées et venues pour la trêve particulière : il falloit le faire venir, ce disoit-il, pour l'ouïr seulement, et tenir les affaires en état d'avoir support contre l'oppression de France; et pour parvenir à cette neutralité, il fut donc résolu que le confesseur du duc écriroit à ce père Rovida, qui étoit et demeuroit à Milan, qu'il vînt à Turin; ce qu'il fit, et cela fut dès le mois de novembre 1637. Ledit père Rovida, en ce voyage, fut chargé de propositions à faire au marquis de Leganez pour cette neutralité, et partit de Turin et s'en alla à Pavie voir ledit marquis de Leganez; il retourna à Verceil au mois de décembre, d'où il écrivit au confesseur du feu duc que c'étoit de son ordre qu'il alla à Verceil lui porter les réponses. Ledit Rovida retourna lors vers ledit marquis à Milan, et revint au commencement de février à Verceil : on n'osa pas le faire venir à Turin, mais à Quiers, où il demeura caché long-temps, faisant tous les jours de grandes instances de voir Madame et de lui pouvoir parler, puisqu'il lui rapportoit, comme il faisoit par écrit, toutes les satisfactions qu'elle pouvoit attendre du marquis de Leganez, signées de lui, qui étoient qu'elle promit de ne point mettre ni ses Etats ni ses places entre les mains des Français, et qu'elle pourroit donner passage pour la défense du Montferrat, conformément au traité de Suse; et que, si les Français le vouloient attaquer, le marquis de Leganez viendroit à son secours avec quinze cents hommes de pied et quatre mille chevaux, et qu'il n'entreroit point dans ses places. Elle assemble son conseil le 22 février; on examine le bien et le mal de cette neutralité, où le père Monot insista effrontément et hautement qu'il falloit se tenir à la neutralité ou au traité de Pignerol, et se ranger du côté des Espagnols pour soutenir ladite neutralité; et il avoit fait venir le chancelier et le marquis Boba en ce conseil, et Madame même aussi étoit gagnée par lui; mais le comte Philippe représenta si bien les raisons du contraire, que la résolution du conseil fut qu'on traiteroit avec le Roi : il fit toutefois encore arrêter ledit père Rovida à Quiers, représentant qu'il ne le falloit pas congédier jusques à ce que le traité avec le Roi fût parachevé; et, pour tenir toujours ce traité en longueur, il mit dans l'esprit de Madame que le pouvoir qui avoit été envoyé audit ambassadeur pour achever ledit traité n'étoit pas bon, d'autant qu'il n'étoit que pour continuer le traité fait par le feu duc aux mêmes conditions, et qu'il falloit pour son honneur qu'elle en fît un nouveau au nom de tutrice de ses enfans et administratrice de son Etat, et qu'elle devoit envoyer un pouvoir au marquis de Saint-Maurice pour le passer de par delà aux mêmes conditions, réservé celle qui regardoit le nombre de troupes qu'elle devoit fournir, lequel il falloit diminuer. L'ambassadeur demanda qu'on l'informât des conditions avec lesquelles elle vouloit traiter avec Sa Majesté avant qu'elle envoyât le pouvoir au marquis de Saint-Maurice d'en traiter : elles furent communiquées; on lui fit voir l'avis par écrit des ministres de Madame, par lequel ils étoient d'avis qu'elle devoit faire une ligue défensive avec Sa Majesté pour la défense du Piémont et du Montferrat, mais qu'elle ne pouvoit s'engager à une offensive contre l'Etat de Milan, d'autant qu'elle en pouvoit recevoir beaucoup de dommage et nul avantage, l'Etat de Milan étant pourvu d'hommes et de places, en sorte qu'il n'y avoit nulle espérance de conquêtes. L'ambassadeur fit connoître à elle et à ses ministres que cette proposition étoit si déraisonnable, qu'elle ne pouvoit avoir été portée que par des personnes ou peu intelligentes ou très-malicieuses, et leur demanda quels avantages auroit le Roi d'une telle ligue; ils lui répondirent que Sa Majesté auroit le passage et les commodités du Piémont pour la conservation de ce qui nous resteroit du Montferrat, ou pour recouvrer ce que nous y avions perdu : à quoi il repartit que le duc de Savoie étoit obligé à cela par les traités de Suse et de Pignerol, et que ce nouveau traité ou cette nouvelle ligue ne nous sauroit rien donner de nouveau qu'une nouvelle obligation et nouvelle dépense au Roi pour la défense des Etats de Madame, et que c'étoit revenir à la neutralité ou à l'exécution du traité de Pignerol, auquel il avoit appris dès long-temps que le bon père Monot conseilloit Madame de s'en tenir et de n'en sortir point, et l'avoit embarquée à rechercher des appuis étrangers pour faire valoir cette résolution. Lesdits ministres lui ayant lors demandé quels avantages Madame et ses Etats pouvoient recevoir de cette ligue offensive, il leur répondit que premièrement elle demeuroit unie en tout et partout avec Sa Majesté, ce qui ne lui étoit pas un petit avantage pour être garantie des maux qui la menaçoient et qu'elle devoit attendre de ceux qui lui promettoient de l'en défendre, mais à dessein seulement de la faire rompre avec Sa Majesté, pour après plus facilement la ruiner et envahir son Etat. En second lieu, que par cette guerre offensive, puissante comme le Roi la destinoit, on jetoit les armes de Sa Majesté et les siennes hors du Piémont, dont il demeuroit soulagé, couvert et défendu, en cas que les Espagnols voulussent l'attaquer. En troisième lieu, que cette guerre offensive d'Italie apportant aux affaires générales une grande diversion, et à l'Espagne de grandes dépenses, qu'elle obligeroit à la fin les Espagnols de se porter plus tôt à une paix générale, dont Madame et ses Etats jouiroient paisiblement. En quatrième lieu, qu'elle y trouvoit les mêmes avantages qu'avoit trouvés feu Son Altesse, qui s'étoit engagé à cette ligue quoiqu'il aimât autant la paix et qu'il haït autant la guerre que Madame même, et enfin que les affaires générales vouloient que le Piémont ne pût demeurer neutre, comme Madame le savoit par les exemples du passé; ainsi qu'elle avoit à examiner où elle trouvoit plus d'avantage, ou à suivre le parti de France, ou d'Espagne, considérant néanmoins la foi et les assurances qu'elle avoit données à Sa Majesté, par plusieurs lettres qu'elle avoit écrites au commencement de son gouvernement, qu'elle ne vouloit que guerre ou paix avec les Espagnols, et telle que Sa Majesté voudroit, et que le Roi vouloit avoir le Piémont ami à tout faire, ou bien ennemi. Ils lui offrirent lors que le nom du traité portât *guerre défensive*, et qu'après, selon les occasions, elle se rendroit offensive, ne voulant pas irriter l'Espagne par le nom de guerre offensive. A quoi il répondit que le Roi vouloit et le nom et l'effet, et que si nous étions obligés à faire la guerre au Milanais sans que le Piémont fût entièrement lié avec le Roi, que cela ne se pourroit faire que nous n'y eussions des sûretés pour notre passage et pour notre retraite, et qu'on donneroit sujet au Roi de faire à Madame de mauvaises propositions, pour lesquelles éviter et mille autres maux, Madame se devoit porter à suivre les volontés de Sa Majesté, et envoyer un pouvoir au marquis de Saint-Maurice de faire ce que Sa Majesté jugeroit à propos et de son bien. Madame n'ayant pas pour tout cela changé les ordres qu'elle avoit donnés au marquis de Saint-Maurice, et ledit marquis ayant voulu traiter selon iceux avec les ministres du Roi, il les trouva fort éloignés de son compte. Le cardinal écrivant à Madame la satisfaction que le Roi avoit reçue du bon commencement qu'elle avoit donné à l'établissement de ses affaires par l'éloignement du père Monot, la suppliant de croire qu'elle n'eût su faire rien de plus important, la malice de ce personnage étant si grande et ses artifices si cachés, qu'il lui eût indubitablement préparé quelques pièges pour la perdre, lorsque par de belles apparences il eût semblé plus soigneusement travailler à son salut, ajouta qu'il n'y avoit plus lors rien à souhaiter pour le bon succès de ses affaires, sinon qu'il lui plût se servir si bien de l'esprit que Dieu lui avoit donné pour les bien considérer, qu'elle reconnût que le Roi ne pouvoit avoir autre intérêt que sa conservation, et que ses serviteurs ne pouvoient avoir autre pensée que de travailler à l'affermir et à l'augmenter de plus en plus; ce qu'il étoit obligé de lui représenter, pource que les ordres qu'elle avoit donnés au marquis de Saint-Maurice pour le renouvellement du traité avec le Roi, sembloient ne procéder pas d'un tel principe. Ensuite le parachèvement du traité fut remis à Turin, entre notre ambassadeur et les ministres de Madame qui y avoient peu d'inclination par le désir général de la paix, et embarrassoient son esprit dans diverses propositions et offres qui lui étoient faites de la part des Espagnols, qui essayoient de lui persuader qu'ils étoient contens d'elle si elle se tenoit à la ligue défensive, espérant que cela nous la rendroit suspecte et la perdroit à la fin; mais, durant ces irrésolutions, elle donnoit jour à plusieurs disgrâces qui survinrent.

Les Espagnols, ne nous voyant pas soutenus d'elle, et nos troupes, à cause de ses irrésolutions, non encore passées en Italie, quittèrent le dessein qu'ils avoient de se rendre les Langues libres jusques à Final, pour ne pas attaquer des places que Madame y avoit, faciles à emporter et utiles à leur dessein, et par ce moyen la retenir dans le pourparler d'accommodement avec eux, et firent dessein sur Rosignan, Moncalier et Pondesture, auxquelles places le maréchal de Créqui, prévoyant qu'elles pourroient être attaquées, avoit fait travailler jour et nuit depuis la prise de Pouzzon, et avoit jeté dans Moncalve, qui étoit la plus menacée, le sieur de La Frezelière avec quinze cents hommes; ce que les ennemis ayant su ils ramassèrent toutes les troupes qu'ils avoient à Mortare, Vigevano et Lumel, et le 12 mai à la nuit, et à la faveur d'un ruisseau qui étoit auprès de Brême, ils le vinrent investir avec cinq mille hommes effectifs et quinze cents chevaux, et donnèrent trois assauts à une demi-lune, d'où ils furent repoussés, et attaquèrent une corne, à la tête de laquelle ils firent un logement le 14. A même temps que le marquis de Leganez faisoit cette exécution, Gillesdart partit des environs de Moncalve avec quatre ou cinq mille hommes de pied, et se rendit à Valence où il passa le Pô, et se joignit au siége, le Pô étant extrêmement bas, et s'étant en sorte retiré de la place, que Gillesdart se logea entre Brême et la rivière, qui étoit une chose imprévue et un logement qu'il ne pouvoit soutenir, si dans six semaines seulement il pleuvoit deux fois. Cette place étoit de réputation, mais ne valoit rien, le corps de ladite place n'étant pas achevé, les remparts n'étant pas en quelques endroits à la moitié de leur épaisseur, et les fossés n'étant pas vidés ni en quelques lieux commencés; et ce qui étoit le pis, c'étoit que le gouverneur qu'on y avoit mis avoit plus de réputation et apparence extérieure de courage que d'effet. Dès qu'il eut donné l'avis au maréchal de Créqui qu'il étoit assiégé, ledit sieur de Créqui, qui étoit à Casal, fit embarquer huit cents hommes des régimens d'Auvergne et de Chamblay dans dix bateaux pour essayer de les faire entrer dans la place; don Martin d'Aragon s'étant logé à l'embouchure de la Sesia et du Pô pour empêcher le secours, il y eut un grand combat en ce premier passage, et ne passa que huit bateaux des dix; les hommes qui étoient sur les deux autres prirent terre et ne furent pas perdus, mais bien les munitions qui s'y trouvè-

18.

rent; les huit autres bateaux, ayant franchi ce passage, abordèrent vis-à-vis de Brême à trois heures de nuit, et trouvèrent les ennemis en armes; ceux qui étoient sur sept bateaux, qui étoient le régiment d'Auvergne, favorisés par une sortie de ceux de la place, entrèrent l'épée à la main; ils étoient six cents hommes effectifs des meilleurs soldats de toutes les troupes que nous avions. Quant au huitième bateau, commandé par un nommé Stuart, capitaine au régiment de Chamblay, il fut pris et les soldats qui étoient dessus taillés en pièces. Avec ce secours ils avoient dans Brême dix-huit ou dix-neuf cents hommes de guerre, dont il y avoit trois ou quatre cents malades et quinze cents combattans. Le marquis de Leganez hâtoit ce siège et faisoit la circonvallation en grande diligence : il leur ôta tous les moulins qu'ils avoient dehors, mais il y en avoit quatre à cheval dans la place, douze cents sacs de farine, cinquante milliers de poudre, et de la mèche et du plomb à proportion; les ennemis avoient dix mille hommes de pied et cinq mille chevaux, et y firent venir quinze pièces de canon pour la battre. Le maréchal de Créqui se promettoit qu'elle lui donneroit loisir de la défendre et de faire lever le siége; mais il fut étonné que Montgaillard lui envoyât un gentilhomme fort effrayé pour lui témoigner qu'il étoit pressé, et que, s'il n'étoit secouru promptement, il ne pouvoit tenir davantage; qu'ils avoient fait de grandes sorties pour éloigner les ennemis, dans lesquelles ils avoient perdu beaucoup d'hommes, et qu'il ne leur en restoit que neuf cents de sains. Le maréchal de Créqui part incontinent de Casal avec quelques troupes de cavalerie, et s'en va sur le bord du Pò, du côté de ladite place, pour se faire voir aux assiégés et considérer les moyens de les secourir. Les ennemis les ayant aperçus leur tirèrent quelques coups de deux petites pièces, de plus de douze cents pas; un boulet, ayant donné sur le sable, donna du bond dedans le bras et dans le corps du maréchal de Créqui qui tomba mort sur la place, et n'y eut que lui seul de blessé en cette occasion. Il s'étoit, par un instinct de sa mort prochaine, voulu confesser ce jour-là, disant qu'encore qu'il semblât qu'il n'y eût pas grand danger, néanmoins à la guerre on est souvent surpris alors qu'on y pense le moins. Sa perte ne fut pas sur-le-champ si regrettée de Madame que les effets ont fait paroître depuis qu'elle le devoit être. Le cardinal, qui reconnoissoit la valeur et le prix de ce grand capitaine, en reçut un sensible déplaisir, et conseilla au Roi d'envoyer promptement en Italie quelque personne de grande considération pour y soutenir le poids de ses affaires; et n'y jugeant personne plus propre que le cardinal de La Valette, à cause de son adresse qui sauroit entretenir l'esprit de Madame, et de sa qualité qui seroit respectée des Italiens, on lui donna commandement d'y aller.

Et, parce que le Roi n'avoit point d'assurance au cardinal Barberin, qu'il reconnoissoit favoriser les Espagnols, et qu'il craignoit qu'il ne fît porter le Pape à quelque chose qui pût préjudicier à son service et audit cardinal de La Valette, Sa Majesté donna avis au nonce de la résolution qu'elle avoit prise; à quoi elle avoit été obligée, n'ayant pu jeter les yeux, en son royaume, sur une personne qui eût plus éminemment la valeur, la prudence et l'expérience qui étoient requises pour un emploi de si grande importance, Sa Majesté ne voulant pas seulement lui confier la conduite de ses armes, mais celle des plus importantes affaires qu'elle avoit à traiter dans ces quartiers-là, et lui donner le commandement dans Pignerol et Casal. Le nonce déclara par avance qu'il croyoit que le Pape auroit peine d'approuver l'emploi dudit cardinal de La Valette; mais Sa Majesté lui fit représenter que Sa Sainteté avoit bien approuvé auparavant le commandement qui lui avoit été donné d'une armée dans le Pays-Messin, d'où il l'avoit même conduite jusques à Mayence et jointe avec le duc Bernard de Weimar; qu'elle n'avoit point aussi improuvé l'emploi qu'il avoit eu l'année dernière en Flandre, où il étoit aussi éloigné de son gouvernement, qui est le Pays-Messin, que la Savoie et le Piémont; joint que, lui donnant le commandement de Pignerol et de Casal, il agiroit bien plus dans l'étendue de son gouvernement qu'il n'avoit fait les années précédentes; que le cardinal Infant d'Espagne portoit la qualité de capitaine général des Pays-Bas, titre qui étoit purement militaire, et qu'il y commandoit actuellement les armées d'Espagne, et qu'il seroit étrange que Sa Majesté fût traitée, en ce qui regardoit le cardinal de La Valette, différemment de ce qui se faisoit à l'égard du roi d'Espagne touchant ledit cardinal Infant; que le cardinal avoit commandé ci-devant les armes de Sa Majesté en Italie, lorsqu'elle l'y avoit laissé en l'année 1630, avec pouvoir et autorité entière sur ce qui étoit de ses affaires en ces quartiers-là, et depuis encore quand il eut pris Pignerol, sans que Sa Sainteté eût témoigné le désapprouver; qu'il sembloit que le Pape ne devoit pas trouver mauvais que ses cardinaux, se tenant toujours prêts de s'acquitter vers Sa Sainteté et le Saint-Siége de ce à quoi ils pouvoient être obligés, contribuassent d'ailleurs au bien public et à celui des affaires des rois dont ils étoient nés sujets, selon les talens que Dieu leur avoit donnés, et ainsi étant dans les plus grands emplois qui seuls pouvoient convenir à la dignité qu'ils soutenoient, il étoit impossible que les divers temps de paix et de guerre ne les engageassent dans des fonctions militaires aussi bien que dans les autres, et particulièrement que cet emploi-ci devoit agréer à Sa Sainteté, d'autant qu'en icelui ledit cardinal pouvoit utilement servir le Saint-Siége, et contribuer au bien et repos de la chrétienté, et qu'entre les ordres qu'il avoit reçus de Sa Majesté, elle ne lui en avoit point envoyé un plus précis que de faire les choses qui pourroient être les plus agréables à Sa Sainteté. Mais après toutes ces raisons, on lui donna à entendre que, nonobstant la mauvaise humeur de Sa Sainteté, le Roi ne se relâcheroit en façon du monde, et qu'il étoit souvent de la prudence d'approuver les choses que l'on ne pouvoit empêcher. En même temps Sa Majesté donna avis de tout ce que dessus à son ambassadeur à Rome, et lui commanda d'en donner part à Sa Sainteté. Elle ne jugea pas à propos de lui envoyer des lettres pour le Pape et les cardinaux Barberin, de peur qu'elles n'engageassent Sa Sainteté à faire réponse à Sa Majesté, par laquelle elle eût peut-être désapprouvé l'emploi susdit, au lieu que le maréchal d'Estrées lui donnant seulement avis au nom du Roi, Sa Sainteté se pourroit contenter de lui faire entendre de vive voix si elle y trouvoit à redire, et l'affaire en demeureroit là; mais il eut ordre de Sa Majesté, si le Pape ne se vouloit rendre à toutes les raisons susdites, et qu'il voulût procéder contre ledit cardinal de La Valette comme contre une personne désobéissante au Saint-Siége, et qu'il prît résolution de faire quelque chose contre son honneur et réputation, de lui déclarer nettement et au cardinal Barberin que Sa Majesté tiendroit cette offense comme faite à sa propre personne, et qu'elle en auroit tel ressentiment qu'ils auroient sujet de regretter d'avoir offensé un grand roi, par la suscitation et malice des Espagnols, qui ne désiroient rien tant au monde que de les voir brouillés avec Sa Majesté, laquelle ne souffriroit point ce déplaisir de voir que ledit cardinal fût maltraité pour avoir obéi à ce qu'il lui avoit commandé. Ces paroles si précises, dites au nonce et par notre ambassadeur à Sa Sainteté, empêchèrent que la poursuite que les Espagnols faisoient contre le cardinal de La Valette eût lieu.

Le Roi lui donna pour maréchal de camp en son armée le comte de Guiche; et pource qu'il lui falloit du temps pour se préparer en son voyage, il envoya devant en diligence ledit comte qui partit incontinent, mais ne put arriver si diligemment qu'il ne trouvât déjà la place de Brême prise, en laquelle Montgaillard se comporta si lâchement, que, sans avoir soutenu aucun assaut au corps de la place, et sans qu'aucune des brèches fût raisonnable, il fit sa composition et se rendit : aussi fut-il incontinent arrêté prisonnier, et peu de jours après son procès lui fut fait par le sieur d'Argenson, intendant de la justice de l'armée, comme à un muet, parce qu'il ne voulut jamais répondre devant lui, mais demanda toujours son renvoi en un parlement, et fut exécuté à mort devant la place du château de Casal. Le sieur d'Hémery et le comte de Guiche prirent soin de fortifier et munir de tout ce qui étoit nécessaire Rosignan, Moncalve, Pondesture, places qui assiégeoient Casal, et firent hâter les troupes qui leur venoient de France, lesquelles commençoient déjà à filer; et pource que les ennemis étoient avec sept ou huit mille hommes en Alexandrie, s'étoient avancés jusqu'à Brême, et sembloient menacer Pondesture, le comte de Guiche s'arrêta dedans; La Frezelière, qui étoit dans Rosignan, promettoit d'en rendre bon compte. Ils munirent bien Moncalve et mirent deux mille cinq cents hommes dans Casal; ce qui fit que le marquis se retira à Milan, laissant néanmoins ses troupes logées où elles étoient.

Or, comme le marquis nous attaquoit et à force ouverte et par secrètes menées et factions, après nous être pourvus contre la force ouverte, il nous fallut pourvoir contre les trahisons qu'il nous tramoit dedans Casal; car il les avoit conduites jusqu'à un tel point, que cette place étoit perdue si par une grâce particulière de Dieu nous n'en eussions eu connoissance. On avoit bien connu, dès l'année précédente, que la princesse de Mantoue étoit tout-à-fait espagnole, et on voyoit quelque changement qu'elle vouloit faire à Casal qui ne plaisoit point; elle envoya l'évêque dudit lieu à Sa Majesté pour se justifier de ce qu'on lui imputoit, et convint avec les ministres du Roi de ne rien innover avant d'avoir eu la réponse dudit évêque. Le sieur d'Hémery néanmoins ne laissa pas de découvrir que ladite princesse avoit donné un ordre secret au sieur Roland de Laval, qui étoit le père de Monot de Mantoue, de s'en aller à Casal; ce que ledit ambassadeur soupçonna et bien à propos être pour tramer quelque chose mauvaise; car il avoit épousé la veuve du marquis de Rivare et avoit son régiment, qui depuis plusieurs années en çà étoit toujours dans Casal. L'ambassadeur manda au sieur de Nerestan qu'il ne souffrît point cette innovation, au préjudice de la parole que la princesse avoit donnée, et qu'il ne reçût point cet homme dans Casal, dont il appréhendoit les desseins. A quelque temps de là Sa Majesté a avis de plusieurs lieux qu'il se trame dans Casal, avec la participation de la princesse, une trahison qui devoit bientôt éclore ; ce qui lui fit donner ordre au cardinal de La Valette, à son départ de Paris, de mettre ordre à cette place, et mander à son ambassadeur les avis qu'elle en avoit reçus, afin d'y pourvoir ; ce qu'il devoit faire par deux voies, l'une ôtant les personnes qui y pouvoient être suspectes et qui étoient assez considérables pour pouvoir être utiles aux desseins des ennemis ; l'autre, d'y mettre des troupes s'il n'y en avoit suffisamment, pour être maîtres de la place et pour résister aux Espagnols ; que pour ce qui regardoit le premier point, il vît soigneusement avec les sieurs de Nerestan et chancelier Guiscardi, s'il jugeoit qu'on se dût fier en lui, qui étoient ceux qui devoient donner justement de l'ombrage, et qu'il ne fît nulle difficulté de les faire sortir de la ville ; qu'il pourroit prendre pour prétexte la mauvaise volonté qu'ils avoient contre la France et l'attachement qu'ils avoient à l'Espagne, et que c'étoit pour le service de madame la princesse de Mantoue que cela faisoit, afin qu'il ne parût pas que le Roi agît contre elle en faisant les choses qui importoient pour le bien de ses affaires ; que cela se devoit exécuter avec diligence ; mais qu'il prît garde de n'ôter de Casal que le moins de personnes que l'on pourroit, se restreignant à ceux qui étoient les plus malintentionnés et qui pouvoient le plus faire de mal, afin de ne pas donner un mécontentement général, et qu'il ne parût pas que le Roi voulût tout-à-coup se rendre maître de cette place ; ce qu'il seroit pourtant nécessaire de faire avec le temps, la princesse de Mantoue continuant dans ses mauvaises intentions, dont la réception de l'ambassadeur d'Espagne à Mantoue étoit un signe très-évident ; mais surtout qu'il falloit tenir le dessein de Sa Majesté extraordinairement secret. En même temps que le Roi lui écrivoit ce que dessus, les serviteurs du Roi qui étoient à Casal, écrivirent audit ambassadeur qu'il se rendît promptement dans ladite place, où ils se doutoient d'une entreprise, du consentement même de leur princesse, par le moyen du gouverneur du château et de quelques particuliers de la ville, le gouverneur, sous prétexte d'une querelle particulière et de l'approche du marquis de Leganez à Brême, s'étant retiré dans le château ; ce qu'il n'avoit point fait jusqu'alors. Cet avis, joint aux apparences, obligea ledit ambassadeur à prier ce gouverneur de lui donner le logement du château pour le cardinal de La Valette et, sous ce prétexte, l'en fit déloger, comme aussi les soldats italiens qui restoient encore dans sa compagnie, ainsi qu'il lui avoit promis, pour faire toute la compagnie française ; outre cela, il y fit entrer encore cinquante Français, en sorte qu'il se mit hors d'appréhension de ce côté-là. Il dépêcha en même temps au sieur de La Thuilerie, ambassadeur du Roi près de la princesse de Mantoue, pour l'informer des raisons de cette action, et l'avertir que, si la princesse lui en parloit, il lui répondit que les cinquante soldats qu'il avoit fait entrer dans le château y avoient été mis pour assurer la garde de Montgaillard, que l'on disoit que ceux de son régiment vouloient enlever ; et quant aux Italiens qu'il avoit fait sortir de la compagnie du gouverneur, que c'étoit une convention faite entre ledit gouverneur et lui il y avoit fort long-temps, moyennant que l'on fît payer sa compagnie à la française comme on faisoit ; il manda la même chose à sa Majesté, afin que, si l'évêque de Casal s'en plaignoit, on lui parlât de la même sorte. Peu de jours après il reçut la dépêche du Roi dont nous avons parlé ci-devant, et une autre du sieur du Houssay, ambassadeur de Sa Majesté à Venise, qui lui donnoit le même avis, qui lui étoit confirmé par quelques lettres de Milan, que le marquis de Leganez vouloit surprendre la ville. Il avoit déjà fait de soi-même une partie de ce qui lui étoit ordonné par le Roi pour y remédier, ayant fait sortir du château le sieur de Monteil, gouverneur d'icelui, et les Italiens qui y étoient créatures de la princesse, et fait sortir de la citadelle le dernier capitaine italien qui y restoit, et mis dans la ville deux mille cinq cents soldats ; mais lors il fit davantage, car il fit fermer la porte de la ville qui étoit du côté de Valence ; et pource que le régiment de Rivare, composé pour la plupart d'Italiens, gardoit de tout temps les portes de la ville à l'exclusion des autres, et qu'il craignoit la trahison de quelques Italiens qui étoient aux portes, il fit tirer de là ledit régiment, et pria le comte de Guiche de faire encore entrer huit cents hommes dans la ville qui étoient venus de France ; il trouva à propos de différer quelque temps de faire sortir de la ville trois ou quatre personnes qui nous étoient suspectes, de peur que tous ces changemens faits à coup ne nous attirassent la haine et le soupçon d'une usurpation, quoique le Roi n'eût autre dessein que de conserver l'Etat au duc son maître ; lui semblant qu'ayant le château et la citadelle assurés, le grand-chancelier, Prast, Porre et encore le major de la ville à nous, il étoit malaisé qu'au dedans de la ville se format aucun parti que nous ne le sussions, ces gens étant plus ennemis des Espagnols et plus intéressés que nous.

Cependant ledit Monteil ne manqua pas d'envoyer un courrier à la princesse pour lui donner avis de tous ces changemens; et en même temps la trahison qu'il tramoit fut découverte par un Français, nommé Destulau, sergent-major du régiment Mercurin, qui en avoit eu avis par son aide, italien, nommé Gaya, auquel on s'étoit adressé. Nerestan en donne avis à l'ambassadeur qui se rend à Casal la même nuit, où le chancelier Guiscardi lui dit la même chose qu'il avoit apprise du comte Mercurin son gendre, auquel ledit Gaya s'étoit découvert. Gaya est interrogé, il dépose contre ledit Monteil; on assemble, tant le conseil d'État que de la justice de Casal; on leur donne à entendre ce qui se passoit : ils furent si surpris de cette nouvelle, et si animés contre cette trahison, qu'ils décrétèrent contre Monteil, ordonnèrent que deux de leurs sénateurs, avec M. d'Argenson, se transporteroient en sa maison pour faire l'inventaire de ses papiers, que Gaya seroit recolé et confronté en sa déposition, et Monteil ouï et les complices arrêtés. Il falloit que l'arrêt de la personne de Monteil fût fait en cette sorte, et la cause de sa détention fût publique, afin qu'on ne dît point que ce fût une fausse querelle pour nous rendre maîtres de Casal; ce qui nous eût rendus odieux à ce peuple et à toute l'Italie. Ayant été mis prisonnier dans la prison du château de Casal le 2 mai, ses papiers furent lors saisis par un député par le conseil souverain de Casal. On l'interroge, et enfin il avoue, après avoir demandé pardon à la princesse de Mantoue, bien qu'il n'eût, disoit-il, rien à dire contre elle, ayant appris ses volontés par une personne qui peut-être la trompoit, que le sieur Ferro, lieutenant de la forteresse de Portes de Mantoue, dont le marquis Guerrière étoit gouverneur, l'étoit venu trouver avec une lettre de créance dudit marquis, qui la lui avoit donnée en présence de ladite princesse, lui dit que sa créance étoit de savoir de lui de la part de ladite princesse s'il ne lui obéiroit pas comme étant son sujet, et s'il n'admettroit pas de l'infanterie espagnole dans son château par le pont du Secours, pource que le roi d'Espagne se contenteroit en ce cas de mettre garnison dans la ville, et laisseroit la citadelle et le château entre les mains de ladite princesse; mais que, si les Espagnols la prenoient par autre voie, ils en useroient comme d'une place conquise sur les ennemis, et que si ledit Monteil étoit homme à ne rien révéler aux Français et à reconnoître les ordres de sa maîtresse, elle lui écriroit. Ledit Monteil ajouta que Ferro l'assura que le dessein des Espagnols étoit, dès qu'ils seroient dans le château, de faire prisonniers le sieur de Nerestan, le grand-chancelier Guiscardi et ses enfans, et la femme du comte Mercurin, gouverneur de la citadelle, pour les y mener tous devant les murailles, et les menacer de les faire mourir s'ils ne la faisoient rendre; et pource qu'il se pouvoit rencontrer quelques difficultés à exécuter ce dessein, à cause de la quantité de Français qui étoient dans le château et de la bonne garde qu'on y faisoit, et que le pont du Secours étoit demeuré rompu depuis le siége, ledit Ferro lui proposa de se rendre maître de la citadelle, afin que si l'un des desseins manquoit l'autre ne manquât pas; que le projet de cette seconde entreprise étoit de mettre un autre gouverneur dans la citadelle que le comte Mercurin, qu'ils savoient qu'il n'eût pas consenti à un si méchant et si perfide dessein, et par le moyen dudit gouverneur fortifier les Italiens dans la citadelle et en chasser les Français; ou bien, en cas que Mercurin fît difficulté de quitter son gouvernement, l'empoisonner et, par le ministère et intelligence de quelque Italien, se saisir de la porte de la citadelle avec l'assistance de gens ajustés qui eussent été dans une maison prochaine, et soutenus des troupes du Milanais qui se fussent trouvées proche; les Espagnols en même temps se fussent saisis du château et de la ville, pour, en tout cas, attaquer la citadelle à l'improviste, y donner l'escalade pour l'emporter, partie par surprise et partie par force. La première de ces deux entreprises ne fut communiquée à personne par ledit Monteil, et on ne la sut que par lui-même; mais la seconde, qui étoit sur la citadelle en laquelle il n'étoit pas, il fut obligé de la communiquer; il choisit Gaya pour cela, duquel n'ayant pas reçu la satisfaction qu'il désiroit, premièrement il essaya de l'intimider, lui disant qu'il tînt cette affaire secrète, ou autrement qu'il n'y auroit point de salut pour lui en aucun lieu du monde, fût-ce en Turquie; puis, à quelques jours de là, il l'envoya sur la place où étoit ledit Gaya, son alfier, accompagné de cinq ou six assassins qui l'entouroient, dont ledit Gaya soupçonna qu'ils avoient dessein sur sa personne; ce qui le fit retirer et l'obligea à révéler ce qui se passoit au sieur Destulau, son sergent-major, afin qu'il en avertît les ministres français, et alla lui-même avertir le comte Mercurin qu'il trouva malade au lit. On lui trouva des chiffres qu'il avoua lui avoir été envoyés par le marquis Guerrière, pour correspondre avec lui et avec le sieur Roland de Laval sur cette affaire, et que les Espagnols avoient promis à la princesse de la marier avec le cardinal Infant, moyennant qu'elle fît tomber Casal entre leurs mains. Tous les gens de bien à Casal, et particulièrement le chancelier Guiscardi, et tous les officiers au Monferrat, et même le peuple, témoignèrent grand ressentiment et indignation d'un tel dessein, qui les eût assujétis à l'Espagne, et ledit chancelier dit tout haut que la princesse ne devoit plus être reconnue pour tutrice de son fils, vu ce qu'elle faisoit et entreprenoit contre son bien.

De fait, la raison et la sûreté des Etats de Mantoue et du Montferrat, et particulièrement du duc, requéroient que la tutelle et administration de sa personne et de ses Etats fût ôtée à ladite princesse, qui, par sa mauvaise conduite, se portoit à des résolutions qui les lui eussent fait perdre si elles eussent été suivies des effets; il y avoit même péril pour la personne du duc, en ce que l'on ne doutoit point que ladite princesse n'eût promesse du prétendu Empereur et d'Espagne d'avoir en son nom l'investiture desdits Etats en faisant le mariage d'elle et du cardinal Infant, afin de les faire tomber en la maison d'Espagne. Le Roi donna avis par son ambassadeur à la république de Venise de tous ces mauvais desseins, et lui fit savoir que pour y remédier il étoit à propos que ladite République prît résolution de rendre ses troupes si fortes dans Mantoue, qu'elle pût empêcher la princesse d'exécuter tout ce qu'elle avoit projeté au préjudice de son fils, de ses Etats et du bien public, et même la chasser de Mantoue s'il étoit nécessaire, pourvoyant le prince de tuteurs et d'administrateurs pour le Mantouan, soit de gentilshommes vénitiens, avec procuration et pouvoir de la République, ou de personnes bien intentionnées du Mantouan, la République ayant un continuel égard à telle administration et tutelle, ce que le Roi feroit aussi de sa part pour le Montferrat; qu'il faudroit commencer par renforcer la garnison vénitienne à Mantoue, puis faire avancer des troupes de la République, afin de se rendre maître de Portes, sans quoi toute autre chose seroit inutile, vu que celui qui y commandoit étoit entièrement espagnol et avoit le plus de part en l'affaire de Casal avec la princesse; que Casal étoit assuré par le bon ordre que le Roi y avoit donné, mais que Mantoue étoit sans doute en grand danger, étant en la puissance de la princesse, par le moyen de la citadelle de Portes, d'introduire les Espagnols dans la ville et d'obliger la garnison vénitienne à se retirer; que c'étoit pour ce dessein que la princesse avoit opiniâtrément maintenu le comte Alphonse Guerrière dans ladite citadelle, à l'instance des Espagnols, et n'avoit jamais voulu consentir que le sieur de Vauguérin, ci-devant lieutenant dans Portes, en eût le gouvernement lorsqu'il vaqua, ainsi que le feu duc de Mantoue lui avoit promis, non pas même mettre dans ladite place un de ses sujets affectionné à la patrie; mais elle y avoit maintenu opiniâtrément, et contre les sentimens du Roi, ledit Alphonse Guerrière; que les pensées de ladite princesse étoient maintenant claires, et que personne ne pouvoit douter que ce n'étoit pas une fausse impression qu'elle eût prise que le Roi se voulût rendre maître du Montferrat au préjudice du duc son fils, qui l'avoit portée à vouloir éloigner les armes de Sa Majesté de Casal et du Montferrat, puisqu'elle avoit voulu en même temps en rendre les Espagnols maîtres, entre les mains desquels l'on savoit assez que si Casal étoit tombé, jamais il n'en sortiroit; mais qu'il étoit certain que son intention étoit de se faire investir des Etats de Mantoue et du Montferrat, dont elle avoit eu promesse moyennant le mariage du cardinal Infant et d'elle, auquel les Espagnols se portoient afin de s'agrandir de ces deux Etats en Italie, ou au moins d'y introduire des troupes sous cette espérance qu'ils donnoient à la princesse, et puis ne lui tenir pas parole, mais se rendre maîtres d'elle et de son fils et de ses Etats, pour en disposer comme ils voudroient; que la princesse ayant consenti à ce mariage du cardinal Infant, voulant avoir l'investiture du Mantouan et du Montferrat, la personne du duc son fils n'étoit non plus en sûreté que ses Etats; que ladite République devoit pourvoir à la conservation dudit duc et du Mantouan, au moins en se rendant tellement forte dans Mantoue, que ladite princesse ne pût y introduire les Espagnols pour en faire retirer les troupes de Venise; auquel effet même il seroit nécessaire que les Vénitiens fussent maîtres de la citadelle de Portes; enfin, que ce que l'ambassadeur du prétendu Empereur à Venise avoit dit à l'ambassadeur de Mantoue, que ledit prétendu Empereur envoyoit un décret à la princesse par lequel il lui donnoit le titre de duchesse de Mantoue et du Montferrat, faisoit voir clairement les desseins de la maison d'Autriche et d'elle, et devoit faire résoudre la République à les prévenir, sans donner temps à la princesse de les exécuter, et mettre pour cet effet la garnison vénitienne hors de Mantoue. Ce que le Roi fit savoir à ladite République, la priant de tenir secrets les avis qu'il lui donnoit sur ce sujet, afin que ladite princesse ne se hâtât pas de lever le masque et de se déclarer ouvertement espagnole, mettant la garnison vénitienne hors de Mantoue, et que Sa Majesté, à cette occasion, n'avoit rien voulu faire témoigner à ladite princesse de la connoissance que Sa Majesté avoit que l'entreprise de Casal se conduisoit par son ordre, de peur de l'alarmer si elle voyoit que l'on sût certainement sa liaison avec Espagne, et lui donner sujet de faire actuellement à Mantoue ce qu'elle a manqué à Casal.

Sa Majesté, en même temps, donna charge au sieur de La Thuilerie, son ambassadeur auprès de ladite princesse, de se conjouir avec elle au nom de Sadite Majesté de ce que, grâce à Dieu, Casal étoit en sûreté, et que sa divine bonté, qui connoissoit la sincérité de Sa Majesté en toutes ses actions, lesquelles étoient estimées, louées et admirées des gens de bien, n'avoit pas permis que la perfide et traîtreuse entreprise qui avoit été brassée pour faire tomber cette place entre les mains des ennemis, réussît selon le projet des entrepreneurs; qu'elle avoit aussi été très-aise d'apprendre combien l'affection des officiers et habitans du Montferrat vers leur prince avoit paru en cette occasion, par l'indignation qu'ils avoient conçue contre cette entreprise, qui l'eût privé d'une partie de son État, et les eût assujétis à l'Espagne; et que l'on ne pouvoit punir assez sévèrement les auteurs et participans d'une si méchante action, afin que cela servît d'exemple à l'avenir. Les ministres du duc à Casal envoyèrent aussi le sieur Porre à ladite princesse pour l'informer de tout ce qui s'étoit passé. Ladite princesse désavoua toute l'affaire et de bouche au sieur de La Thuilerie, et par lettre au sieur d'Hémery, et protesta de vouloir demeurer toujours en la protection du Roi; mais sous main néanmoins elle faisoit, par ses serviteurs et les amis de Monteil, imprimer dans l'esprit des peuples que l'emprisonnement dudit Monteil étoit une persécution et un prétexte pour parvenir à une usurpation; et de plus encore, pressentant quelque chose de la confession qu'il avoit faite de toute l'affaire, ils firent dessein et cherchèrent les moyens de l'empoisonner, pour interrompre le cours des preuves qu'on en pouvoit encore tirer à l'avenir : ce qui obligea le sieur d'Hémery de poursuivre auprès des ministres de la princesse un second interrogatoire, afin qu'il y eût une preuve judiciaire et authentique de cette affaire qui désabusât le peuple, et qui fût publique et valable pour s'en servir ainsi que l'on en auroit de besoin. Dans cet interrogatoire, dont le sieur d'Hémery eut copie, il reconnut véritables ses dépositions premières, et ajouta quelque chose en ses informations, qui étoient une preuve indubitable et irréprochable contre elle-même; car elles étoient plus précises que celles qui avoient été faites le passé, et c'étoient les commissaires qu'elle avoit elle-même envoyés de Mantoue qui les avoient faites; outre cela on trouva une lettre que ledit Monteil écrivoit à la princesse, par laquelle il déduisoit toute l'affaire et imploroit son secours comme s'étant mis en l'état où il étoit pour son service et par son commandement. La princesse, étonnée qu'on vouloit avoir et qu'on avoit une si grande lumière de cette affaire, et qu'on faisoit si extraordinairement le procès audit Monteil, lui fit savoir qu'il eût à se dédire de tout ce qu'il avoit avoué, et insister avec plus d'opiniâtreté à nier qu'elle eût eu aucune connoissance de ces desseins, et en même temps elle prit résolution de faire juger son procès à Mantoue pour prévenir et empêcher le jugement qu'on rendroit contre lui à Casal; ce qui fut cause qu'on se hâta de le faire juger audit Casal dans le conseil de guerre où ses officiers étoient présens et avoient la plupart des voix, et lequel Monteil ne pouvoit décliner, étant pensionnaire et à la solde de Sa Majesté, outre qu'il étoit nécessaire que par ce jugement et la condamnation du coupable la vérité de la trahison fût reconnue dans toute l'Europe : toutefois on n'y alla pas si vite qu'on ne donnât loisir à la princesse de revenir à elle s'il se pouvoit.

Le Roi, en premier lieu, accorda des lettres de naturalité au duc son fils, afin qu'il pût recueillir les biens de la succession du duc de Nevers en France, sans lesquelles lettres il n'y avoit point de droit, et les deux sœurs de son père présentèrent requête au parlement, où elles eurent arrêt contre lui; mais Sa Majesté évoqua la cause en son conseil, et donna à ladite princesse tout sujet de satisfaction pour ce regard. Mais cette bonté du Roi ne l'ayant point obligée, Sa Majesté crut devoir éprouver si la crainte de perdre le Montferrat et lesdits biens de France, qui étoient toujours au pouvoir de Sa Majesté, la pourroit détromper, et commanda aux sieurs de La Thuilerie et de La Tour, général des armées dans le Mantouan, de prendre pour ce sujet civilement congé d'elle pour s'en aller à Venise ou à Padoue, comme par divertissement et changement d'air, sans dire s'ils reviendroient à Mantoue ou non, mais laissant plutôt lieu de croire qu'ils y retourneroient, sans y retourner néanmoins qu'ils n'en eussent auparavant reçu ordre de Sa Majesté. La princesse, à leur départ, pressa le sieur de La Thuilerie de lui faire savoir la volonté du Roi, afin qu'elle pût aviser à ce qu'elle auroit à faire. Cette procédure étoit hardie et sentoit plutôt la menace de se séparer entièrement de la France, qu'aucune disposition à donner satisfaction à Sa Majesté sur le fait de Casal; et cela lui fut sans doute suggéré par ses ministres affectionnés à l'Espagne pour causer une rupture entre la France et elle. Mais l'intention de Sa Majesté n'étoit pas d'en venir là, parce que cela eût été inutile; et, ne voulant point désespérer ladite princesse par un procédé trop ferme qui eût pu la porter à s'engager ouvertement avec les Espagnols, en se séparant entièrement de la France, elle jugea à propos d'essayer doucement de lui faire connoître, par l'exemple du passé, combien son appui et assistance royale lui étoit nécessaire, et à son fils, combien volontiers Sa Majesté la leur départiroit en toutes occasions, et ainsi l'induire à ne laisser pas Sa Majesté dans un sujet de mécontentement si manifeste que celui qu'elle avoit pour l'entreprise de Casal. A cette fin, Sa Majesté commanda au sieur de La Thuilerie d'aller incontinent retrouver ladite princesse, et lui déclarer que la volonté de Sa Majesté n'étoit autre, sinon que, ladite princesse demeurant dans le train des obligations auxquelles défunt M. le duc de Mantoue s'étoit lié avec la France pour le bien de ses Etats, Sa Majesté l'assistât et la protégeât de toute sa puissance et en toutes occasions, voulant faire autant pour les intérêts de ladite princesse et du duc son fils, que pour les siens propres; que Sa Majesté désiroit de ladite princesse la correspondance convenable à de si bons sentimens et intentions qu'elle avoit pour elle, de laquelle ayant été divertie par ses ministres en ce qui étoit de l'affaire de Casal, ladite princesse pouvoit et devoit juger elle-même ce que la raison requéroit d'elle sur ce sujet, et s'il n'étoit pas juste qu'elle fît connoître au public, par quelque action proportionnée à la faute de ceux qui avoient eu part en cette affaire, qu'elle improuvoit une si pernicieuse entreprise contre le service du duc son fils et contre l'honneur et réputation des armes de Sa Majesté, qui avoit depuis long-temps empêché les desseins continuels que les ennemis avoient eus sur cette place. Ensuite, qu'il lui demandât doucement, en la convainquant par la force de la raison et de la justice, qu'elle ne laissât pas cette faute sans châtiment ou sans démonstration de son ressentiment vers les personnes de Laval et Guerrière, soit qu'ils y eussent agi de leur mouvement seul, ou qu'ils eussent extorqué le consentement tacite ou formel de ladite princesse, ce qui ne pouvoit avoir été fait que par de fausses impressions qu'ils lui auroient données de la sincérité des intentions de Sa Majesté sur Casal et le Montferrat; chose qui n'avoit aucun fondement que celui que leur artifice pouvoit y avoir donné dans l'esprit de ladite princesse, pour la porter à consentir à leur méchant dessein, dont le succès eût fait tomber cette place entre les mains des Espagnols, desquels chacun sait assez qu'elle ne sortiroit jamais que par la force et la puissance qu'on emploieroit pour les en chasser; qu'il sembleroit à propos à Sa Majesté qu'elle les éloignât d'auprès d'elle, ce que le Roi ne désiroit pas tant par le ressentiment de la part qu'ils avoient eue à l'entreprise de Casal, qui alloit contre son honneur et sa réputation, que par la considération du bien de ladite princesse et de son fils, qui n'en seroient pas servis utilement, étant ces personnes-là engagées à l'Espagne, et voulant y attacher ladite princesse, qui pouvoit juger si c'étoit son bien, et si c'étoit la raison que la maison de Mantoue, ayant reçu tant d'assistance de la France, qui étoit prête à la continuer en toutes occasions, s'en séparât comme lesdits Laval et Guerrière le désiroient; qu'il étoit aussi raisonnable qu'elle approuvât formellement, et témoignât tenir à grande obligation vers Sa Majesté, le soin qu'elle continuoit de prendre pour la conservation de Casal, comme aussi l'ordre qu'elle avoit mis pour la sûreté de la place, pour le bien d'elle et de son fils, et qu'elle désistât de vouloir faire passer Monteil pour innocent, contre les informations de ses propres commissaires, qu'elle avoit envoyés exprès de Mantoue à Casal, qui avoient si clairement avéré toute cette affaire, laquelle, si elle persistoit à ne pas vouloir reconnoître son obstination, feroit croire qu'elle avoit des desseins cachés, et plus contraires qu'elle ne faisoit paroître à ce que Sa Majesté avoit sujet d'attendre d'elle; que Sa Majesté demeuroit d'accord de donner la vie à Monteil, si elle vouloit reconnoître la vérité de cette affaire, trouvant bon néanmoins qu'elle rejetât toute la faute sur Laval et Guerrière, auquel cas elle auroit agréable ou de les éloigner pour toujours, ou pour quelque temps, ou au moins qu'elle leur fît une sévère réprimande, et qu'elle eût agréable de ne leur vouloir pardonner qu'après qu'ils auroient déclaré, en la présence dudit sieur de La Thuilerie, que ce qui leur avoit fait conseiller à ladite princesse l'entreprise contre Casal, et travailler eux-mêmes à l'exécution de cette affaire, avoit été l'opinion qu'on leur avoit donnée que le Roi eût dessein de s'approprier Casal; mais que, voyant avec quelle sincérité Sa Majesté (bien qu'après cette entreprise découverte lui eût grand sujet de mécontentement) témoignoit à la princesse sa bonne et ferme intention de conserver cette place à elle et au duc son fils, ils reconnoissoient qu'ils avoient été trompés en leur opinion, et lui avoient donné le conseil de ladite entreprise sur un faux fondement, avouant au contraire que ladite princesse ne sauroit mieux faire que de continuer dans la même confiance vers Sa Majesté, que faisoit défunt M. de Mantoue, particulièrement pour le regard des places du Montferrat, dont Sa Majesté avoit entrepris la défense et conservation; qu'ils demandoient pardon à la princesse de lui avoir conseillé (préoccupés ainsi que dessus) une chose contre son bien et celui de son fils, et au Roi de s'être rendus susceptibles d'une mauvaise impression contre la sincérité de ses intentions.

Bien que ces ordres du Roi fussent si civils et si raisonnables, la princesse ne voulut condescendre à aucun des expédiens qui y étoient proposés pour donner quelque contentement à Sa Majesté; mais, au contraire, elle fit encore un coup d'aigreur bien extraordinaire, qui fut que, sur le prétexte de l'absence du sieur de La Tour, elle lui ôta la charge de général des armées, publiant néanmoins qu'elle prenoit sur soi ladite charge à cause de son absence, bien qu'elle eût pu en user plus civilement; car, si elle eût désiré que cette charge ne fût plus entre ses mains, elle eût pu le faire témoigner au Roi par son ambassadeur résidant en sa cour, auquel Sa Majesté eût mieux aimé donner contentement que de laisser cette affaire en état que ladite princesse la lui eût pu ôter contre le gré de Sadite Majesté, étant chose que l'on ne doutoit point qu'elle pût faire; mais elle n'eût pu trouver personne non passionnée, ou malintentionnée, qui eût approuvé la procédure qu'elle y tint. Le Roi ne voulut pas pour cela rompre avec elle; mais voulut tenir l'affaire en négociation, commandant néanmoins au sieur d'Hémery de faire hâter le jugement dudit Monteil, puisqu'elle agissoit ainsi, et qu'elle persistoit à soutenir que son accusation étoit une supposition, et demandoit l'original du procès qui lui avoit été fait, et de toutes les pièces qui vérifioient son crime, pour juger cette affaire à Mantoue, c'est-à-dire donner l'impunité à ce perfide, et supprimer tout ce qui l'a convaincu; qu'il étoit nécessaire de faire un exemple dans Casal, qui donnât de la crainte à ceux qui avoient de mauvais sentimens et qui pourroient être portés au même crime dont Monteil étoit coupable, de faire juger son procès et exécuter le jugement qui interviendroit contre lui, et que la mauvaise volonté de la princesse étoit de plus en plus vérifiée par une commission qu'elle avoit donnée de lever quatre mille Montferrins à la solde du marquis de Leganez, outre que, ne pouvant faire empoisonner Monteil, elle avoit fait empoisonner Ferro, qui étoit celui dont elle s'étoit servie en cette trahison. Il fut jugé et condamné à mort, mais son exécution sursise quelque temps, pour voir si la princesse pourroit revenir à soi, ce que ne voulant pas, il fut exécuté au contentement universel de tout le Montferrat. Le sieur d'Hémery proposa une seule difficulté en son exécution, qui fut que pour lui faire avouer la vérité il lui avoit promis la vie; mais Sa Majesté lui manda qu'il ne laissât pas de passer outre, tant pource qu'il ne l'avoit pas toute

découverte, comme il paroissoit par les lettres que l'on avoit de lui, par lesquelles il mandoit à un prêtre qu'il avertit un nommé Galon de ne point révéler un discours fait entre eux, d'autant que ce seroit leur perte commune, que pource que les juges ont accoutumé, en pareilles rencontres, de se servir de cette adresse pour tirer la vérité de la bouche des criminels (1); mais, comme ils n'ont aucun pouvoir de tenir leur parole, elle n'est aussi d'aucune considération, et que c'eût été autre chose s'il l'eût donnée par ordre du Roi, ce qui n'étant pas, le manque de pouvoir de la part de Sa Majesté faisoit qu'elle n'avoit pas pu être valablement donnée. Les ministres du Roi avérèrent si bien le crime dudit Monteil, et le justifièrent si clairement à toute l'Italie, que personne ne trouva étrange sa punition ni le changement qui ensuite fut fait à Casal, dont on fut obligé d'éloigner tous ceux qui avoient part à la trahison dudit Monteil. Sa Majesté récompensa aussi libéralement, et le sieur Gaya qui l'avoit découverte, et toutes les personnes de qualité qui s'étoient, en cette occasion, montrées affectionnées au service du duc de Mantoue; mais, voyant que le sieur de La Thuilerie ne pouvoit rien avancer avec ladite princesse, il lui commanda de le venir retrouver; ce qu'il fit au commencement de l'année suivante.

Et, pource que les Espagnols traitoient avec le duc de Modène de l'échange du Modenois avec la Sardaigne, il lui commanda de donner au sieur du Houssai la correspondance d'un cavalier modenois, qui étoit de leurs amis, afin que, s'il voyoit lieu d'empêcher le dessein dudit échange, il y pût travailler par l'intelligence dudit cavalier, et essayer de ménager en sorte l'aversion que les nobles et le peuple modenois avoient des Espagnols, qu'on les portât à avoir recours à la république de Venise, pour se mettre en sa protection au cas que leur duc les voulût mettre en l'obéissance des Espagnols, faisant préalablement une déclaration publique de ne vouloir avoir autre seigneur que leur duc, avec prière à tous les princes d'Italie de les assister s'il les vouloit contraindre d'obéir aux Espagnols, ensuite de quoi ils pourroient se mettre en la protection de ladite République; qu'il passât aussi à Parme pour le même sujet, mais qu'il ne se départît point de l'honneur de la préséance que le duc de Parme doit donner chez lui aux ambassadeurs du Roi; et toutefois, que pour ne dégoûter ce prince qui témoignoit tant d'affection pour la France, Sa Majesté trouvoit bon que ledit sieur de La Thuilerie prît quelque expédient, comme de

(1) Voilà, certes, une odieuse franchise.

voir ledit prince en lieu tiers, ainsi que l'avoit fait le sieur de Bellièvre ci-devant ambassadeur extraordinaire en Italie, ou qu'il se tînt au lit quand ledit sieur de La Thuilerie l'iroit visiter ; que le duc de Parme ayant intérêt à cet échange, tant pour raison d'État qu'à cause de la duchesse de Modène sa sœur et de ses neveux, il se pouvoit raisonnablement employer à l'en divertir, soit directement, ou par le moyen de sa sœur ; que les raisons qui le devoient empêcher de faire cet échange étoient si fortes, que si ledit duc les considéroit attentivement, il n'y avoit point d'apparence qu'il s'y pût porter ; que le Modenois lui étoit venu par succession de père en fils, et lui étoit assuré par une longue possession, au lieu qu'il entreroit en un nouvel État et auroit de nouveaux sujets, en l'obéissance et affection desquels il n'auroit pas grand sujet de se fier ; qu'outre cela cette île étoit un fief de l'Église, dont Pierre III, roi d'Aragon, avoit été premièrement investi avec des conditions assez onéreuses, sur quoi ledit duc devoit se souvenir de l'État de Ferrare que Clément VIII avoit ôté à sa maison. Pour ce qui est du titre de roi, ce seroit une pure vanité audit duc de s'y arrêter, et d'autant plus que celui qui possédoit cette île ne pouvoit que faussement s'en qualifier roi, puisqu'il en rendoit foi et hommage lige aux papes, et ainsi qu'il n'étoit pas plus souverain qu'un duc de Modène, et même moins, sans mettre en ligne de compte que les Espagnols conserveroient assez d'intelligences dans cette île pour ne laisser audit duc qu'un pouvoir et autorité qui, bien qu'absolu en apparence, dépendroit d'eux en effet, et autres inconvéniens qui pouvoient faire connoître audit duc de Modène qu'il ne sauroit s'établir solidement et sûrement dans cette île ; mais qu'il se conduisît en tout ce que dessus de sorte que ledit duc jugeât qu'il n'avoit point d'ordre du Roi de lui en parler, et comme si l'occasion de son passage à Parme lui donnoit sujet de l'entretenir sur les occurrences présentes d'Italie. De là à quelque temps, ledit sieur de La Thuilerie, voyant ne pouvoir rien gagner sur l'esprit de la princesse de Mantoue, en partit suivant l'ordre susdit.

Mais tandis que ces affaires se passoient avec la princesse de Mantoue, qui se montroit si éloignée de la qualité de mère et de tutrice de son fils, il s'en passoit d'autres dans le Piémont qui n'étoient pas beaucoup éloignées de celles-là, mais qui étoient d'autant plus étranges que si la princesse de Mantoue étoit inclinée d'affection aux Espagnols, elle étoit petite-fille d'Espagne ; mais la duchesse de Savoie, qui étoit fille de France et sœur du Roi, s'éloignoit de Sa Majesté tant qu'elle pouvoit, et se vouloit unir aux Espagnols fauteurs de ses beaux-frères, qui étoient tous ses ennemis mortels. Elle l'éprouva à son grand dommage ; car, tandis qu'elle traitoit avec les Espagnols, et demeuroit en ses irrésolutions accoutumées de renouveler la ligue avec le Roi, ayant encore un des siens auprès du marquis de Leganez, lequel marquis lui promettoit que, tandis qu'elle demeureroit dans la neutralité, il n'attaqueroit point ses États, et l'ambassadeur d'Angleterre qui étoit en la cour de Madame, faisant auprès d'elle des offices très-pressans pour ce même effet, et tels qu'il lui avoit engagé sa parole (l'ayant du marquis de Leganez) qu'autant qu'elle demeureroit sans signer le traité avec le Roi, autant elle ne seroit point attaquée ; ledit marquis assemble toute son armée, publie un manifeste le 25 mai, par lequel il déclare que le Roi s'étant par violence, sous prétexte d'un traité fait avec le duc de Savoie, saisi de Pignerol, et ayant forcé ledit duc à faire une ligue avec lui contre les Espagnols, laquelle il avoit depuis peu renouvelée avec Madame, n'ayant autre dessein que d'envahir tous les États du prince, pupille de la maison de Savoie, le Roi son maître prenoit en protection ledit pupille et sa maison, et envoyoit ses armées dans le Piémont, non pour s'en rendre maître, mais pour empêcher que les Français s'en saisissent, et les conserver à leur prince naturel pour les rendre toutes fois et quantes que le Roi rendroit Pignerol. C'est pourquoi il admonestoit tous les peuples de Piémont de se joindre à son armée, et à ceux qui sont dans les villes de lui ouvrir les portes, puisqu'elle n'y entroit que pour les défendre et faire rendre aux Français ce qu'ils y avoient usurpé. Ce manifeste étoit assez manifestement faux à qui n'eût point été entièrement aveuglé de passion ; car, premièrement, Madame n'avoit point encore signé et ne signa de dix jours après, qui fut le 3 de juin, et encore avec peine, le renouvellement de la ligue avec le Roi, mais flottoit toujours en ses incertitudes ordinaires ; puis le sujet de Pignerol étoit une raison bien éloignée pour servir de couverture à son dessein ; et ce qu'il disoit même que ce que les armes du roi d'Espagne prendroient dans le Piémont, ce n'étoit pas à dessein de le retenir, mais de le rendre quand le roi restitueroit Pignerol, étoit une preuve évidente et certaine de la malice de leur procédé ; car comme le Roi est juste possesseur de cette place, aussi est-il certain qu'il ne la rendra jamais, et partant qu'ils prétendoient toujours conserver ce qu'ils prendroient du Piémont. Mais l'aveuglement des peuples, par le désir passionné qu'ils avoient de la paix, le doux nom de laquelle leur étoit artificieusement proposé, et celui du cardinal de Savoie, par une ambition excessive, faisoit qu'il ne se soucioit pas que son neveu fût entièrement dépourvu de son Etat, pourvu qu'il en fût revêtu d'une partie. Et celui de Madame, qui étoit environnée des serviteurs de ses beaux-frères, auxquels elle se fioit et qui ne l'aimoient point, faisoit qu'eux seuls n'apercevoient point les ruses assez grossières dudit marquis dans ce manifeste.

En même temps qu'il publie ce manifeste, il vient investir Verceil avec seize mille hommes de pied, cinq mille chevaux et seize pièces de canon. A cette nouvelle Madame est fort étonnée et tous ses conseillers, et ils commencent à voir que les assurances dudit marquis n'étoient que pour la tromper plus facilement. Ils se repentent lors, mais trop tard, de s'être amusés à fortifier Turin, se défiant de nous, et n'avoir voulu munir les places du côté des Espagnols desquels elle pensoit être assurée; mais ce qui leur donna le plus de honte, fut que lorsque les ennemis eurent passé la Sesia, ils ne purent encore croire que ce fût pour entreprendre quelque chose contre le Piémont, mais s'imaginoient que c'étoit pour attaquer Pondesture par le côté de deçà le Pô, et tout le 25 et le 26 mai, le marquis Ville, le gendre duquel étoit gouverneur de Verceil, y avoit pu jeter des Français, mais ne l'avoit pas voulu, ne s'osant fier d'y faire entrer les troupes du Roi qu'à l'extrémité. Il y avoit bien quelques Français dedans, en deux régimens, qui étoient ceux de Marolles et de Saint-Martin, mais à la solde de Madame, et faisoient douze cents hommes; avec cela il y avoit huit cents hommes de milice, mais cela étoit peu pour une si grande place, et qui avoit de grands dehors qui avoient été faits nouvellement par feu M. de Savoie. Les ennemis savoient ce manquement, qui étoit grand; car, tandis que Madame traitoit avec eux, et vouloit être comme neutre entre les deux couronnes, ils faisoient ouverture du commerce du Piémont avec le Milanais, pour, sous ombre de ces civilités, visiter les places et reconnoître la force des garnisons, de sorte que se voyant trompés au dessein qu'ils avoient fait d'assiéger la citadelle de Casal, croyant avoir la ville et le château par trahison, ou d'assiéger les autres places du Montferrat, dans lesquelles, comme nous avons dit, nous jetâmes cinq ou six mille hommes de guerre, ils tournèrent leur dessein sur le Piémont, et commencèrent par l'attaque de Verceil où ils savoient qu'il n'y avoit pas garnison suffisante pour la défendre, outre que le marquis d'Ogliane qui en étoit gouverneur étoit un homme sans courage, très-affectionné au cardinal de Savoie, peu fidèle à Madame, de laquelle et ses serviteurs il parloit assez licencieusement, et fut celui qui, joint au père Monot, donna, après la mort du feu duc de Savoie, une injuste jalousie de nous à Madame à Verceil. Le sieur d'Hémery l'avoit peu de temps auparavant pressée et fait résoudre de l'ôter de cette place; mais bien qu'elle l'eût promis elle ne tint pas sa parole. Dès qu'ils eurent investi la place, ils travaillèrent sans intermission à la circonvallation, laquelle nous ne pûmes empêcher par l'opiniâtreté de Madame; car, dès que les ennemis eurent mis leurs troupes ensemble, le cardinal de La Valette se voulut mettre en gros auprès de Turin, pour observer les ennemis et la place qu'ils voudroient attaquer, afin de la secourir avant qu'ils pussent faire leur circonvallation, pouvant mettre ensemble, tant des troupes du Roi que de celles de Madame, neuf à dix mille hommes, trois mille chevaux et cinq pièces de canon, qui étoient des forces suffisantes pour empêcher que les ennemis ne pussent faire un siége en leur présence. Mais Madame s'y opposa, ne voulut point fournir les troupes qu'elle étoit obligée; et ainsi notre armée, qui ne commença à s'assembler qu'après le commencement du siége, donna dix jours de temps aux ennemis, durant lesquels ils l'avancèrent beaucoup; car ils avoient déjà fait leur circonvallation deçà et delà la Sesia, quand le cardinal de La Valette assembla ses troupes autour de Crescentin, pour de là tâcher d'aller secourir la place : ce qu'il fit assez heureusement; car ayant fait passer la Sesia à son armée le 15 de juin, et s'étant allé camper à la vue des ennemis et de la ville, il détatacha, le 19, deux mille hommes de son armée tirés de tous les corps, commandés par Saint-André, et desquels il en entra dix-huit cents à la faveur de la nuit dans la place, et les autres étant repoussés regagnèrent le camp. Ce secours étant entré, on crut le siége levé, et que les ennemis perdroient l'espérance de s'en rendre maîtres; et quoique le sieur de La Frezelière, maréchal de camp, représentât qu'il étoit nécessaire d'aller attaquer les ennemis, qu'il craignoit qu'ils eussent quelque intelligence dans la place, ou que le peu de courage du gouverneur la fît rendre, et que nous ne pouvions hasarder pour une chose de plus grande importance que le salut de cette ville, et que nous avions autant et plus d'avantage à combattre qu'en rase campagne, parce que leurs attaques garnies l'armée du Roi étoit plus forte que la leur, et que s'ils avoient des retranchemens, ils n'avoient qu'un rang ou deux d'hommes à les défendre, où l'armée pouvoit marcher à eux en bataille à la faveur de ses canons et de tous ceux de la ville, et qu'enfin il ne voyoit pas pourquoi toute l'armée ensemble ne pourroit faire ce qu'avoient bien fait deux mille hommes; que différer davantage ne serviroit qu'à faire dépérir l'armée qui manquoit déjà de vivres, à rassurer les ennemis et leur donner temps de faire des travaux nouveaux, et que, pour ces raisons, son avis étoit qu'on ne tardât plus long-temps à donner que ce qu'il en falloit pour mettre l'armée en bataille; néanmoins la créance que l'on avoit que le secours qui étoit entré la mettoit hors de péril, empêcha qu'on suivît ce bon avis, auquel quelques-uns de ceux qui avoient déjà opiné étoient revenus, et entre autres les sieurs d'Argenson, de Courcelles et de Castelan; mais le duc de Candale, prenant la parole, dit qu'on n'étoit plus du temps des paladins et Amadis, où l'on jetoit le gantelet pour dénoncer la bataille, que c'étoit parler roman que de faire des propositions de combat hors de temps et de saison, qu'il falloit buter au solide, que le but de l'armée étoit de secourir Verceil, et l'ayant fait si heureusement il ne croyoit pas qu'il y eût plus rien à faire que de se bien fortifier, assurer les vivres et les couper aux ennemis; à quoi le cardinal de La Valette acquiesça. Ainsi se passèrent cinq ou six jours, pendant lesquels non-seulement les vivres ne furent point coupés aux ennemis, mais au contraire ceux de l'armée manquèrent, et n'y eut que demi-ration de pain deux ou trois jours durant; ce qui fit que le conseil fut assemblé de nouveau, où la plupart des Français revenant alors à l'opinion ci-dessus déduite du sieur de La Frezelière, et tous les Italiens se tenant constamment à celle de ne point combattre, le cardinal de La Valette y apporta cette modification, qu'on mettroit toute l'armée en bataille, qu'on feroit semblant de donner par divers endroits pour faire diversion, et que néanmoins on ne donneroit que par le gué susmentionné à la faveur d'une batterie de seize pièces qui se feroit la nuit même, et qu'on se contenteroit de jeter encore deux mille hommes dans la place, tirés des divers corps de l'armée.

Tout se dispose à ce dessein pour le lendemain, chacun croyant que, voyant le jour beau, on enfonceroit les ennemis avec toute l'armée; la batterie fut faite avec une diligence prodigieuse, dont ceux de la ville s'apercevant tournèrent toutes leurs pièces du même côté. Les sieurs comte de Guiche et de Castelan commandoient l'aile droite, les sieurs de La Frezelière et marquis Ville commandoient la gauche, et M. le cardinal de La Valette avec M. de Candale et le sieur du Plessis-Praslin qui étoit de jour, le corps du milieu qui devoit faire l'effet; l'artillerie jouoit son jeu de part et d'autre quand les assiégés commencèrent le leur par une grande sortie qu'ils firent de toutes parts, à laquelle, de notre côté, s'opposèrent quelques escadrons de cavalerie qui, caracolant plus vite que le trot, les obligèrent à se retirer, et firent eux-mêmes le semblable tout soudain, étant extrêmement incommodés des canons de la ville, qui ne leur permirent jamais de tenir un moment en place : le jeu sembloit le plus beau du monde, lorsque les Piémontais murmurant hautement de ce qu'on alloit ainsi hasarder par un combat douteux tous les Etats de son Altesse, le cardinal de La Valette, avant de donner, voulut assembler de nouveau le conseil, où furent appelés tous les officiers généraux, hors le sieur de La Frezelière qui étoit demeuré à son poste, et où parut toujours la cavalerie des ennemis. Dans ce conseil, les Piémontais remontrèrent les choses ci-dessus, et ajoutèrent que de jeter deux mille hommes dans la place ne se pouvoit point faire sans risquer toute l'armée, que les difficultés s'étoient accrues par une palissade que les ennemis avoient faite au-devant de leurs travaux, bien qu'en effet ce ne fût qu'une barrière plantée dans le gravier qu'un homme seul pouvoit renverser. Sur quoi chacun ayant opiné, il fut résolu, par un consentement universel, de ne rien tenter à force ouverte, mais de s'aller loger au-dessous de Verceil, de l'autre côté de la Sesia, dont ayant les vivres assurés qui manquoient de ce côté, on travailleroit par courses continuelles à les ôter aux ennemis; que le comte de Guiche, partant pour cet effet la nuit même avec toute la cavalerie légère du Roi, s'en iroit battre les chemins de Novarre et de Mortare, jusqu'à l'arrivée du reste de l'armée qui s'en iroit tourner par l'autre côté, afin de trouver ses vivres en chemin et ne point présenter de si près le flanc en défilant à l'armée des ennemis. Cette résolution prise fut exécutée de même; on employa quatre jours pour se rendre à Prarolle, lieu distant de trois milles de Verceil, d'un demi-mille de la Sesia, et choisi du cardinal pour y camper l'armée. Par le chemin au lieu de Dezane, il se vint rendre un sergent sorti six jours devant de Verceil, et envoyé par le sieur de Saint-André sans aucun écrit, pour dire au cardinal que la ville étoit en bon état, sans aucune nécessité, et que le meilleur endroit pour les secourir étoit celui par où étoit entré le secours, et que par là il forceroit sans difficulté les ennemis; ce qui n'apporta aucun changement à la résolution prise : à Prarolle se joignit le comte de Guiche, sans avoir pu couper aucun convoi aux ennemis. Deux ou trois jours se passèrent à fortifier le camp, pendant lesquels les ennemis donnèrent deux assauts généraux à la place, où ils furent rudement battus et repoussés ; mais le dernier assaut, qui fut donné le 2 juillet, leur donna lieu de se loger sur un bastion ; ce qu'ils eussent fait difficilement, attendu la brave résistance des nôtres, si la poudre et le plomb ne nous eussent manqué, quoique le gouverneur n'eût jamais donné avis auparavant qu'il y en eût faute. Nous nous défendîmes encore deux jours après à la pique et à l'épée, et nous nous voulions à l'extrémité jeter dans le château ; mais la lâcheté du gouverneur fut telle qu'il aima mieux rendre la ville par composition, ce qu'il fit le 5. Et pource qu'on faisoit courir dans tout le royaume et ailleurs un faux bruit de la prise de Verceil, comme si ce mauvais événement eût été causé par le manquement que le Roi eût fait d'envoyer en Piémont l'argent qu'il avoit promis, et que Sa Majesté n'y eût fait fournir, depuis le commencement de l'année jusqu'à la fin de juillet, que 600,000 livres, bien que ce qui y avoit été déboursé effectivement jusques audit temps montât à plus de 1,900,000 liv., comme il se justifioit par l'état signé du trésorier ; Sa Majesté, sachant que ces discours étoient au préjudice de ses affaires, et le décréditoient parmi ses alliés, en écrivit avec sentiment au cardinal de La Valette, et lui ordonna qu'étant, comme il étoit, instruit de toutes choses, il fermât la bouche à ceux qui voudroient dire le contraire.

Cependant notre armée étoit à Prarolle sans avoir aucune nouvelle de ce qui se passoit : lorsqu'ils commencèrent à n'entendre plus le bruit des canons ni des mousquets, tant des assiégés que des assiégeans, ils crurent que c'étoit une trêve pour retirer les corps de ceux qui étoient morts aux assauts ; mais le même silence continuant le lendemain, et se trouvant tel des prisonniers qui affirmoit la ville avoir capitulé, et tel autre les ennemis décampés, le conseil fut assemblé. Tous les premiers qui opinèrent furent d'avis qu'on envoyât de nouveau prendre langue de l'état au vrai du siége, et que cependant on tînt l'armée en bataille, pour agir suivant les nouvelles qu'on apprendroit. Les sieurs de La Frezelière et d'Argenson alléguèrent, au contraire, que tout dilayement étoit préjudiciable en cette conjoncture, et furent d'avis qu'on marchât, sans différer, droit aux retranchemens des ennemis, et que là où les yeux seroient juges de toutes choses, on prendroit le parti qui seroit estimé le plus à propos ; et bien que de ce côté l'entreprise fût plus épineuse qu'elle n'étoit de celui d'où l'on étoit parti, ce n'étoit pas chose nouvelle qu'on forçât des retranchemens, dont Leucate tout récemment fournissoit l'exemple, et que, l'armée ayant à dépérir certainement avant qu'il fût trois mois, il valoit mieux la risquer généreusement pour le salut d'une place, que la voir périr sans se mouvoir. Le sieur Fabert, qui avoit aussi sa part dans les conseils, prit après ceux-ci la parole, et dit que c'étoit avoir une terreur panique de s'imaginer que cette place courût hasard ; que le sergent sorti de la place devoit être le plus croyable, et que les signaux qui n'avoient point été faits, du moins celui de la fumée, confirmoient son dire ; que d'aller, sans autre certitude, donner de la tête contre un retranchement, étoit plutôt agir en désespérés qu'en gens de cœur, et qu'il falloit prendre langue premier que se mouvoir. A ce sentiment se conformèrent les sieurs du Plessis-Praslin et comte de Guiche, puis enfin M. de Candale et le cardinal même, le sieur comte de Guiche s'étant obligé de prendre, dans deux ou trois heures, tant de prisonniers, qu'ils pourroient donner tout l'éclaircissement qu'on voudroit. Tout le jour s'étant passé néanmoins, et perdu, sans plus grande certitude, vers le soir arrivèrent les sieurs d'Hémery et comte Philippe, et le lendemain matin il fut tenu nouveau conseil, où les Piémontais et quelques Français furent d'avis de ne rien tenter comme désormais trop périlleux ; les sieurs d'Hémery et de Castelan, de passer la Sesia à ce lieu même, et d'aller tenter le secours au même endroit du premier ; les sieurs d'Argenson et de La Frezelière persistant en leurs mêmes sentimens, ayant eu ce dernier quelques paroles sur ce sujet avec M. de Candale. Tous se débattirent inutilement, parce qu'on apprit au vrai, sur l'heure même, que la place étoit rendue, et que les ennemis y entrèrent le matin même sur les huit heures, et n'y eut autre conseil à prendre qu'à se retirer aux lieux où l'armée pût vivre commodément, et de là s'opposer aux nouveaux desseins des ennemis.

En quoi il paroît combien un bon chef est nécessaire en une armée ; car rien que l'incapacité et l'irrésolution n'apporta le désavantage de la prise de cette place aux armes du Roi : les soldats et les capitaines étoient braves, l'armée étoit assez puissante, les généraux avoient bonne volonté ; mais la lenteur du duc de Candale, et l'inexpérience du cardinal de La Valette, leur firent perdre le temps en délibérations inutiles, et toutes les occasions qu'ils avoient de battre les ennemis, et leur firent recevoir de la honte de leur entreprise. La mauvaise volonté ou insuffisance du gouverneur y aida beaucoup, car il ne donna jamais avis de ce qui lui manquoit, fit sortir de la place un alfier de la compagnie de chevau-légers du marquis de Pianez, qui demandoit un secours de deux mille hommes dedans le même jour que celui qui y fut envoyé y entra, autrement qu'il se rendroit ce jour même ; mais aussi que, moyennant ce secours de deux mille hommes, il répondroit de la place. Depuis le secours entré, ledit marquis d'Ogliane envoya un sergent, qui disoit que la ville étoit pourvue d'hommes et de munitions, qu'on ne se devoit point hâter de la secourir ; lesquelles personnes furent adressées par le marquis d'Ogliane au marquis Ville, qui les produisit. Les officiers mêmes de Madame, ensuite de ces avis, s'opposoient à toutes les entreprises qu'on faisoit d'y jeter nouveau secours après le dernier assaut qu'ils soutinrent avec les épées et les pierres. Lorsqu'ils en voulurent encore soutenir un troisième, le marquis d'Ogliane les assembla dans l'église, et leur dit qu'il n'avoit plus qu'un baril de poudre, et qu'il n'y avoit pas lieu de se hasarder à vouloir tenir plus long-temps avec cela. Quand notre secours entra dans la ville, les Espagnols, doutant de ne la prendre pas, firent courir le bruit qu'ils la vouloient remettre entre les mains du cardinal de Savoie, qu'ils firent passer à Milan ; mais quand ils en furent maîtres ils n'en parlèrent plus. Cette perte, à qui jugeoit des choses par la raison, sembloit devoir attirer un abandonnement entier de Madame entre les bras du Roi ; mais elle produisit au contraire tous les effets que la crainte est capable d'imprimer en des esprits foibles, et qui désirent le repos et la paix avec tant d'impatience, qu'ils s'estiment trop heureux de l'acheter par quelque perte que ce soit, et, pour y parvenir, hasardent ce qui leur reste après ce qu'ils ont déjà perdu. Madame, qui traitoit avec le marquis de Leganez auparavant le siège de Verceil, continue durant le siège, et encore plus depuis la prise ; et ne considérant pas qu'elle a été attaquée au milieu de sa négociation avec les Espagnols, et contre la parole qu'ils lui avoient donnée, elle rejette sur le Roi la cause de sa perte, qu'elle ne souffre néanmoins que par sa propre faute, ayant, par sa froideur envers le Roi, enhardi les Espagnols de l'attaquer, leur en ayant donné jour par des négociations hors de saison, ayant arrêté le passage des troupes du Roi, s'étant défiée des Français et non des Espagnols, n'ayant pas voulu permettre que le cardinal de La Valette assemblât notre armée quand les Espagnols assemblèrent la leur, et enfin ayant voulu opiniâtrement maintenir le comte d'Ogliane dans le gouvernement de cette place, contre l'avis qu'on lui avoit donné qu'il étoit plus à ses beaux-frères qu'à elle.

Elle traite cependant toujours la neutralité avec Espagne, et, pour le faire plus secrètement, elle fait évader de prison le commandeur Pazer, faisant semblant d'en être bien marrie, personne d'esprit et de grande réputation en Italie, de faction espagnole, capable de négocier avec eux, tant pour être très-intelligent comme parce que le comte-duc auroit grande créance en lui pour l'avoir autrefois fidèlement servi. Lorsque le Roi fit le traité de Pignerol avec feu M. de Savoie, il le vouloit faire mettre prisonnier, par la seule appréhension qu'il avoit qu'il ne découvrît cette affaire, et qu'il n'en donnât part aux Espagnols. Depuis, tant pour être connu de son maître d'inclination espagnole, comme pour s'être mêlé en une certaine affaire qui fut lors brassée contre le président Code, favori du feu duc, par le cardinal de Savoie, il fut mis prisonnier au château de Turin, et, pendant la vie de M. de Savoie, il avoit été fort étroitement gardé : après sa mort il fut mis au château de Saluces ; là il avoit beaucoup de liberté, son affaire s'accommodoit, le sujet pour lequel il avoit été mis prisonnier étant assez léger, et l'on n'attendoit plus que le saint-office de Rome eût prononcé, comme il étoit sur le point de le faire, pour ensuite faire juger sa liberté au sénat de Turin, de laquelle il étoit assuré de Madame dans fort peu de mois. Néanmoins, les choses étant en cet état, cet homme s'est sauvé de Saluces le même jour qu'un autre nommé Masserati, homme de pareille farine, s'échappa aussi de Turin : ces deux personnages se retirèrent à Saint-Pierre-d'Arennes et de là à Louan, et tous deux, avec l'abbé Soldati, négocioient tous les jours avec l'ambassadeur d'Espagne qui étoit de Gênes. Cette ruse de Madame étoit assez aisée à connoître, outre qu'il n'étoit pas croyable que Pazer, qui étoit homme d'esprit, fort riche, qui avoit sa famille et ses biens en ces pays, sur lesquels jusques alors on n'avoit point mis la main, près de sortir avec honneur de sa prison, en ayant même les assurances de Madame, eût voulu s'enfuir, et, par cette fuite, se rendre coupable et exposer ses biens. Et, sur ce que notre ambassadeur pressoit Madame de châtier ledit Pazer pour avoir rompu sa prison et pour avoir négocié avec l'ambassadeur d'Espagne, comme elle le fit prier par ses ministres de trouver bon qu'elle lui pardonnât et qu'il revînt dans la prison d'où il s'étoit sauvé, ce qu'il lui accorda, le jour d'après elle-même le pria de trouver bon qu'elle le fît revenir en sa cour et en sa charge ; à quoi il s'opposa, cet homme étant notre ennemi, jugé tel par feu M. de Savoie, bien plus à craindre que le père Monot : cela a donné une preuve certaine du doute qu'on avoit de sa négociation. Le cardinal, en ayant avis, fut étonné de la grande légèreté de Madame, pria notre ambassadeur de n'oublier aucun soin pour tenir éloigné ledit Pazer, et faire, s'il pouvoit, cesser ses négociations, desquelles pource qu'il voyoit que ledit ambassadeur étoit en grande peine, il lui manda qu'il falloit bien prendre garde à un esprit si changeant, mais qu'il devoit éviter de le tourmenter et se tourmenter lui-même ; que la connoissance qu'on lui donnoit des soupçons qu'on prenoit d'elle la désespéroit, et qu'à moins que d'être tout-à-fait privée de sens, elle ne pouvoit se résoudre, ni à se mettre tout-à-fait du côté des Espagnols, ni à se porter à une neutralité, qui seroit une même chose, vu qu'elle étoit obligée à demeurer en une ligue offensive et défensive avec le Roi, et que jamais Sa Majesté ne consentiroit qu'elle s'en départît, tant pour l'intérêt de Madame, laquelle, si elle entroit en neutralité, seroit la proie des deux parties, que pour l'impossibilité à notre égard pour plusieurs raisons, et entre autres celle du refus du passage pour aller au Montferrat, que les Espagnols voudroient exiger d'elle ; et l'exemple que ses conseillers apportoient des Suisses, qui étoient en neutralité entre les Espagnols et les Suédois, et ne laissoient pas d'assister sous main le duc de Weimar, n'étoit pas à propos, le secours de Casal ne pouvant être fait par le Roi qu'ayant un passage libre et continu dans le Piémont ; ce qui ne pouvoit être dissimulé par Madame aux Espagnols, comme pouvoit être quelque secours de blés que donnoient les Suisses à Weimar, qui pouvoit être prétexté de l'assistance de quelques particuliers de l'État sans la participation de la République ; que, pour ce sujet donc, Sa Majesté ne le pouvoit consentir ; que si Madame pouvoit entrer en ladite neutralité avec les Espagnols sans le consentement du Roi on le devroit craindre, mais que ce consentement étant nécessaire, et étant certain que le Roi ne le donneroit pas, elle ne pouvoit traiter sans nous avec les Espagnols qu'en se portant tout-à-fait de leur côté et se privant de la protection de la France ; ce qu'elle ne feroit jamais, ne pouvant ignorer qu'en ce cas elle seroit perdue. Et partant, qu'il concluoit encore une fois qu'il n'y avoit autre chose à faire qu'à lui laisser faire les équipées naturelles à un esprit si vif comme le sien, et pourvoir du reste à nos affaires le mieux qu'il nous seroit possible, essayant de réparer les fautes qu'elle feroit puisque nous ne les pouvions empêcher. Cependant le père Monot, s'ennuyant à Coni, demande à Madame qu'elle l'envoie à Rome, ce qu'elle n'est pas conseillée de faire, et lui écrit tous les jours des lettres pernicieuses contre son propre bien en faveur des Espagnols. Le Roi, pour couper le chemin à toutes ses menées, et essayer de rassurer l'esprit de Madame, envoie le sieur Bautru vers elle, pour la persuader d'envoyer en France ledit père Monot dont le Roi s'assureroit : il arriva près de Madame le 22 août, lui remontra le tort qu'elle se faisoit par ses négociations avec Espagne sans la participation du Roi, et lui parla adroitement du père Monot ; mais il ne la put faire résoudre à l'envoyer en France ; elle assura toujours de sa fidélité, et que le Roi avoit été faussement informé contre lui.

Cependant les Espagnols, qui n'osoient entreprendre un siège d'importance, à cause que le marquis de Leganez avoit été contraint, par trois courriers venus d'Espagne l'un après l'autre, d'envoyer cinq mille vieux soldats pour le secours de Fontarabie, assiégent le château de Pomart dans le Montferrat le 14 septembre ; le cardinal de La Valette essaya de le secourir et ne le put, pource que ceux qui commandoient les troupes de Madame refusèrent de le venir joindre promptement, et lui firent perdre deux jours, durant lesquels il fut pris et incontinent après démoli. Peu de jours après le jeune duc de Savoie tomba malade d'une fièvre double-tierce qui l'emporta (1), laissant héritier de ses États Charles-Emmanuel son frère, et donnant par sa mort une juste nécessité à la princesse sa mère de s'assurer si bien des principales places d'iceux, qu'elle ôtât par ce moyen l'envie à ses ennemis d'oser rien entreprendre à son préjudice, et de se mettre en tel état qu'ils ne pussent s'avantager du malheur qui lui étoit arrivé, s'unissant plus fortement que jamais au Roi, de l'appui duquel seul dépendoit son bonheur ; ce qui par conséquent la devoit porter à vivre avec Sa Majesté en sorte qu'elle eût entière satisfaction de son affection et de sa conduite, ce qui lui étoit d'autant plus aisé à faire qu'il ne la désiroit que pour l'utilité de ladite dame. Le cardinal en parla particulièrement à l'abbé de La Monta son ambassadeur, et lui dit que si elle ne prenoit des résolutions fortes, et si au même temps elle ne les exécutoit avec la prudence requise, quelque protection qu'elle pût avoir du Roi, elle lui seroit enfin inutile, et que si elle se vouloit aider comme il falloit, elle pouvoit mettre ses affaires en fort bon état ; qu'il n'étoit plus question de marchander, qu'elle devoit s'assurer des principales places de son État, c'est-à-dire principalement de la citadelle de Turin, de Nice et de

(1) Le 4 octobre.

Montmélian ; qu'il ne falloit pas oublier la citadelle de Suse, le château de Veillane, Caours et autres lieux qui conservent l'entrée des vallées ; car, encore que ces dernières places ne fussent pas de grande importance par elles-mêmes, elles ne laisseroient pas de l'être pour conserver une entière communication avec la France, de laquelle seule devoit dépendre le salut de Madame et de M. son fils. Elle devoit avoir un grand soin de sa personne et de l'unique héritier qui lui restoit ; car l'Italie étant dangereuse pour prendre quelquefois de mauvais morceaux, elle ne sauroit avoir trop soin de la bouche de M. son fils et de la sienne ; que ce point étoit si important qu'il le prioit de le lui bien recommander de sa part, et que si on la voyoit bien assurée des principales places, on penseroit beaucoup moins à entreprendre sur sa personne et sur celle de M. son fils, qu'on ne feroit si on pensoit pouvoir s'assurer tout d'un coup et d'eux et de l'État ; que cependant il falloit qu'elle trouvât bon que le Roi fît mettre un bon nombre d'infanterie en garnison dans le Piémont et le Montferrat en bien payant, que les ennemis ne pussent plus à l'avenir prendre les mêmes avantages qu'ils avoient fait en nous prévenant à la campagne, et que, cela étant, on donneroit si bon ordre aux recrues pour l'année suivante qu'on pourroit de bonne heure faire quelque siége d'importance. Ces avis servirent de quelque chose, mais ils ne firent pas l'effet qu'ils devoient dans son esprit défiant, quoiqu'elle fût en une grande inquiétude de ce que le cardinal de Savoie avoit intention de venir en ses États, pour soulever ses peuples contre son obéissance. Le cardinal de La Valette envoya aux Langues et à Mondovi de la cavalerie françoise, comme on avoit fait l'année précédente, pour l'empêcher d'entrer dans l'État ; et Madame fut d'avis que, s'il y entroit, on essayât de se saisir de sa personne pour l'envoyer à Pignerol. Elle ne voulut point entendre aux propositions de mariage qu'on lui fit de sa part, craignant les inconvéniens de ce mariage, qui la regardoient, son fils et ses créatures. Les Espagnols lui firent aussi parler de la marier au cardinal Infant ; mais la même appréhension l'en éloigna aussi.

Cependant Sa Majesté, considérant que le bien des affaires communes en Italie ne subsistoit plus que sur la vie d'un prince qui étoit encore enfant, et que pour l'établir plus solidement, il seroit bien à propos d'essayer de ramener le cardinal de Savoie à l'affection de la France, et l'attacher aux intérêts de Sa Majesté, se souvint de ce que le cardinal Bagny avoit dit autrefois au maréchal d'Estrées, son ambassadeur à Rome, qu'il croyoit que ledit cardinal de Savoie ne seroit pas fort éloigné de se raccommoder avec la France, s'il voyoit jour à être remis aux bonnes grâces de Sadite Majesté, et manda à sondit ambassadeur que le premier entremetteur pour cette affaire devoit être ledit cardinal Bagny ou le sieur Mazarin, tous deux ayant grande habitude avec lui, et qu'il étoit nécessaire que ni le Pape ni le cardinal Barberin, ni même quelque personne que ce fût n'en sût rien, et que la chose fût tenue extraordinairement secrète pour les traverses que l'on y pourroit apporter ; que lesdits sieurs cardinal Bagny et Mazarin pourroient représenter audit cardinal de Savoie que, maintenant qu'il étoit si proche de la succession des États de Savoie et de Piémont qu'il n'y avoit plus qu'un enfant qui le précédât, il devoit penser à se préparer une voie pour y parvenir paisiblement, s'il advenoit faute du jeune duc son neveu ; que la contiguité desdits États avec la France, et les forces que le Roi avoit deçà les monts, lui devoient bien faire connoître qu'il ne pouvoit entrer en la possession d'iceux ou s'y maintenir qu'avec de grandes difficultés, s'il ne se remettoit bien avec le Roi pour être appuyé de son assistance et protection ; et partant qu'il devoit essayer de bonne heure de rentrer en ses bonnes grâces, sans faire état de la faveur et aide qu'il pourroit espérer en ce cas du côté d'Espagne, par le moyen de laquelle, s'il se mettoit en possession desdits États, il ne les pourroit posséder qu'en guerre, et en misère par conséquent, au lieu que par la France il les posséderoit d'abord en pleine paix ; que cette affaire se devoit négocier en sorte que le cardinal de Savoie priât celui desdits sieurs cardinal Bagny ou Mazarin qui s'en entremettroit, de la tenter et traiter pour lui avec ledit sieur ambassadeur, et qu'ainsi ledit cardinal de Savoie fût recherchant, et qu'outre les considérations générales ci-dessus représentées de son établissement futur, il falloit lui proposer un état présent où il trouvât son compte ; qu'il faudroit à cette fin qu'il tirât un bon partage de sa maison, en quoi Madame l'obligeroit, et qu'il se mariât en France, ce qu'on pourroit faire avec mademoiselle de Bourbon (1), M. le prince lui donnant quelque belle et grande terre proche de Paris, qui lui pourroit servir de divertissement, et que le Roi, pour le bien traiter, lui donneroit une pension égale à celle de ses princes du sang, auxquels il donnoit 50,000 écus à l'un, et 40,000 écus à l'autre ; qu'on pourroit même encore lui donner quelque gouvernement de province, comme le Maine ou la Touraine, qui sont les plus beaux lieux de

(1) Fille du prince de Condé.

royaume. Toutes ces choses furent inutiles ; le désir de commander souverainement, et l'espérance qu'il avoit d'y parvenir par le moyen des Espagnols, lui firent fermer l'oreille à tout ce qui lui étoit proposé, et partit de Rome au déçu de toute la cour romaine, et contre la parole qu'il avoit fait donner au maréchal d'Estrées ; et, s'étant joint aux troupes espagnoles, s'avança, le 6 novembre, dans les frontières du Piémont, pour essayer d'intimider ou gagner quelques-uns des gouverneurs des places de ses Etats pour les y recevoir.

Le cardinal de La Valette assembla incontinent le peu d'infanterie qui lui restoit, avec la cavalerie de Madame, pour s'opposer à eux. Ledit cardinal de Savoie, pour se concilier les peuples et nous les rendre ennemis, manda à Madame que la paix et la suspension générale n'étant pas si prompte qu'il espéroit, il étoit venu en l'État de Milan pour travailler à une trêve particulière en Italie, et qu'il la prioit de concourir à ce dessein, qui étoit à son bien et de ses Etats. Cette venue fit résoudre Madame à s'assurer de la ville de Turin. Elle mit en la citadelle un de ses régimens français, et fit entrer ses gardes dans la ville, et incontinent après elle découvrit la plus infâme trahison dont on a jamais ouï parler, tramée par le cardinal de Savoie contre sa personne et celle du duc son fils, et les villes de Turin et de Carmagnole. L'entreprise de Carmagnole se devoit exécuter le 17 novembre. Le cardinal de Savoie, pour en faciliter l'exécution, vint à Quiers inconnu, ne sachant pas encore que la chose étoit découverte. Le cardinal de La Valette étoit lors par malheur allé, avec une partie de la cavalerie de Madame et dix compagnies de celle du Roi, pour essayer de combattre ceux qui devoient favoriser l'entreprise de Carmagnole, qui étoient deux mille chevaux des Espagnols ; de sorte que, ne s'étant pas trouvé à Turin, il ne put arriver à Quiers qu'après qu'il (1) s'en fut retourné ; ce qu'il fit la nuit même avec une grande appréhension. L'entreprise sur Carmagnole étoit la chose du monde la plus aisée, car on n'y faisoit pas de garde ; pour Turin et pour la personne de Madame et celle du duc, la chose étoit plus difficile, à cause des gens de guerre qui étoient entrés dans la citadelle, comme nous avons dit. Le dessein fut tramé par le commandeur Pazer, et le sieur Masserati, deux hommes dont nous avons parlé ci-dessus, par lesquels elle traitoit avec les Espagnols, niant toujours à notre ambassadeur que cela fût véritable. Ces deux méchans hommes joignirent à eux plusieurs de

(1) Le cardinal de Savoie.

leurs amis, sous prétexte d'en vouloir tirer assistance particulière, pour quelque inimitié qu'avoit ledit Pazer, qui gagna même une trentaine des gardes du duc, et attira à son parti le gouverneur de la citadelle de Turin, et un nombre considérable d'autres personnes. Quelqu'un à qui il avoit confié son véritable dessein, vint découvrir toute la conspiration deux jours avant qu'elle dût exécuter. Madame fit saisir les coupables et faire leur procès, et les fit punir exemplairement. Le dessein étoit de se saisir de la personne de Madame, de ses enfans et de tous les ministres du Roi.

Quand cette nouvelle fut donnée à Sa Majesté, elle fut bien étonnée de la mauvaise volonté de ces peuples, qui se soulevoient contre leur prince légitime, pupille, et de l'excès de la malice du cardinal de Savoie. Le cardinal manda lors, de la part du Roi, à Madame de Savoie, que c'étoit à ce coup qu'elle devoit se réveiller de la léthargie en laquelle elle trouveroit bon qu'il lui dît qu'elle avoit été jusques alors, puisque, si elle ne le faisoit promptement, son mal seroit enfin irrémédiable ; que c'étoit une extraordinaire bonté à Dieu d'avoir permis que ses propres ennemis la forçassent à ce dont sa bonté l'avoit détournée jusques alors, bien que la raison et ses intérêts l'y portassent ; que Dieu ne feroit pas toujours des miracles semblables à ceux qu'il avoit faits pour la conserver en cette occasion ; qu'il vouloit qu'on se servit, au cours des affaires humaines, de la prudence qu'il donnoit, et partant que c'étoit à elle à se prévaloir du bon esprit que Dieu lui avoit donné à son avantage ; que la nature l'y convioit, puisqu'elle ne pouvoit conserver son fils autrement, et l'intérêt de sa conservation et de son honneur l'y obligeoit, ne pouvant lui céler que les calomnies de ses ennemis, qui pourroient aisément être éclaircies à son contentement durant sa vie, passeroient pour des vérités par la force de leurs artifices, s'ils l'avoient fait mourir ; qu'à ne lui point dissimuler, ses peuples ne la respectoient pas comme ils devoient, tant parce que le gouvernement des femmes n'est jamais si désiré que celui des princes, que par leur propre malice ; qu'outre qu'elle savoit bien ce que c'est que de prétendre une souveraineté en Italie, elle connoissoit l'esprit du cardinal de Savoie si foible, qu'il étoit aussi aisé de le porter au mal qu'au bien ; qu'il ajoutoit qu'en laissant le père Monot en l'état qu'il étoit, et ayant souffert que ledit Pazer fût sorti de prison, elle lui avoit donné les plus cruels conseillers qu'il pût avoir contre elle-même, et qu'agissant foiblement comme elle avoit fait jusques alors, en refusant tous les avis que le Roi lui avoit donnés, elle avoit

19.

pris pour elle les plus mauvaises résolutions qui se pouvoient prendre, et les plus favorables pour le cardinal de Savoie. Parce qu'il seroit inutile de lui représenter le mal qui la pressoit si on ne venoit aux remèdes, il osoit l'assurer qu'en quelque état qu'elle fût, il lui seroit aisé de se garantir de ses ennemis, d'assurer sa personne, celle de son fils et son Etat, et, qui plus est, de mettre à couvert sa réputation, qu'elle devoit considérer à l'égard de tout le reste, si elle vouloit suivre les conseils qui lui seroient donnés de la part de Sa Majesté, lesquels ne seroient jamais autres que ceux que la nature et la raison lui devoient inspirer. Elle devoit maintenant, sans marchander davantage, s'assurer de la personne du père Monot, faire châtier promptement et sévèrement tous ceux qui seroient trouvés avoir trempé dans cette abominable conspiration, faire condamner le Pazer et Masserati, mettre leurs femmes et leurs enfans en lieu de sûreté, et ne laisser en ses Etats aucun de ceux qui seroient reconnus de la faction du cardinal de Savoie. La sûreté de son fils et la sienne requéroient qu'ensuite elle pourvût à toutes les places importantes de son Etat, en sorte que les gouverneurs et les garnisons dépendissent d'elle; qu'elle renforçât les régimens d'infanterie et de cavalerie auxquels elle pourroit prendre entière confiance, et qu'elle ne confiât la conservation de sa personne et de celles de ses enfans qu'à ses anciennes créatures, et à celles qu'elle pourroit faire de nouveau par beaucoup de bienfaits, qui étoit le seul moyen d'en acquérir en cette occasion. Par ce moyen elle ne remédieroit pas seulement au mal présent, mais préviendroit ceux qui pourroient arriver de nouveau; ce qui étoit d'autant plus nécessaire, que le moindre redoublement la mettroit hors d'état et de conseil et de remèdes. Que si elle prenoit cette conduite, il osoit (avec l'aide de Dieu) lui répondre d'un bon succès, à quoi il contribueroit sa propre vie s'il en étoit besoin. Si au contraire son indulgence lui faisoit prendre un autre chemin, il lui étoit impossible de ne lui prédire pas le malheur qui lui en arriveroit; la suppliant au même temps de le dispenser de se mêler davantage de ce qui la touchoit, pour n'être pas, en adhérant à ses irrésolutions, complice d'un mal qui lui étoit inévitable si elle ne s'en garantissoit par des moyens aussi forts qu'ils étoient justes et raisonnables. Toutes ces peines furent inutiles; elle pourvut à quelques petites choses pour s'assurer, mais elle ne voulut pas toucher aux choses principales, n'ayant jamais pu se résoudre à s'assurer du père Monot, parce qu'elle craignoit d'offenser cet homme, qui, à son avis, avoit moyen de lui rendre du desservice, et c'étoit la raison pour laquelle elle devoit plutôt s'y porter, et le mettre en lieu tel que sa mauvaise volonté fût impuissante de nuire; mais l'irrésolution, qui est la compagne inséparable d'un esprit foible, ne lui permettoit pas de faire mieux, outre que lorsque Dieu nous veut châtier pour nos fautes, il commence par nous ôter l'entendement.

Ces désavantages, que les affaires du Roi reçurent en Italie par l'ambition de la princesse de Mantoue et la légèreté de la duchesse de Savoie, firent grand tort à celles de Sa Majesté à Rome, où l'on ne considère que celle des deux couronnes qui a puissance de nuire ou donner une protection puissante aux princes et États d'Italie. Nous nous en aperçûmes bientôt; car si le cardinal Barberin n'étreignit plus étroitement son union avec Espagne, en laquelle il étoit déjà par l'intérêt de sa maison affermi, au moins en prit-il hardiesse de faire paroître en toutes occasions sa partialité, et refuser par Sa Sainteté à notre ambassadeur les choses les plus justes qu'il désiroit au nom du Roi et de Sa Sainteté. Il y avoit long-temps qu'on n'expédioit point de bulles à Rome pour les évêchés, parce qu'il n'y avoit personne qui y fît la fonction de protecteur de France. Le cardinal de Savoie, qui avoit été pourvu de cette charge, avoit été long-temps sans l'exercer, et puis l'avoit remise entre les mains du Roi, qui, comme nous avons dit l'année précédente, en honora le cardinal Antoine et lui en envoya le brevet, mais à condition qu'il ne l'exerçât pas que Sa Sainteté ne l'eût agréable, pour les raisons que nous en avons déduites alors. Cependant il vaquoit tous les jours des évêchés en France, qui demeuroient sans pasteurs au préjudice des églises; notre ambassadeur fit instance à Sa Sainteté d'y apporter remède. Elle répondit qu'il dépendoit seulement de ce que le Roi nommât un autre protecteur que le cardinal Antoine qui les proposeroit. L'ambassadeur lui repart qu'il n'étoit pas raisonnable, et que Sa Majesté ne changeroit point le choix qu'elle avoit fait de sa personne; que Sa Sainteté savoit que d'abord elle et cardinal Barberin avoient consenti que ledit cardinal Antoine acceptât la comprotection; que depuis, sur les plaintes des Espagnols, ils avoient changé d'avis; que le cardinal Barberin, par collusion avec eux, avoit renoncé à la protection de Portugal, parce que c'étoit un exemple formel de neveu du Pape qui avoit une charge de protecteur, et que depuis le commencement de cette affaire Sa Majesté avoit eu patience, et avoit souffert une conduite continuellement mauvaise de leur part à son égard, pour ne dire mépris, injure et offense. Semblablement on ne pouvoit venir à bout de l'union de Cluny à la réforme de la congrégation de Saint-Maur, quoique le bien de cet ordre le requît de soi-même sans autre sollicitation de la part de Sa Majesté, aussi peu de l'élection que l'on avoit faite de la personne du cardinal à l'abbaye et généralité de l'ordre de Cîteaux, quoiqu'à la requête dudit cardinal Sa Sainteté eût envoyé ordre au sieur de Bolegueti son nonce de s'informer de cette affaire et en envoyer les informations à Rome, afin que l'on y répondît aux raisons de nullité qui y pourroient être apportées. L'abbaye de Prémontré recevoit le même retardement, avec aussi peu de raison et autant de silence que la première. Le cardinal Barberin continuoit pareillement à protéger Marchier élu abbé de Saint-Antoine contre tout ordre de justice, comme nous avons dit l'année précédente, et écrivit au nonce de Florence pour établir dans la maison de cet ordre de ladite ville des religieux envoyés par ledit Marchier, et le sieur Maraldi tint de mauvais discours sur cette affaire, accusant le maréchal d'Estrées mal à propos, ce qui donnoit un grand mécontentement à Sa Majesté. On continuoit à refuser le père Joseph capucin, nommé par le Roi au cardinalat, et pour l'en priver on reculoit la promotion. A même fin, on refusoit d'envoyer Mazarin nonce extraordinaire en France pour l'y faire arrêter ordinaire, et ensuite le promouvoir au cardinalat, comme on a accoutumé de faire d'autres nonces.

Le Roi voyant toutes ces choses, et ayant avis de son ambassadeur à Rome que difficilement se mettroient-ils à la raison en aucune affaire, si ce n'étoit par la crainte, et qu'il seroit à propos que Sa Majesté ou fît déclarer au Pape qu'elle ne vouloit plus traiter avec le dataire et Maraldi qui témoignoient une trop ouverte aversion à la France, ou fît faire défense à ses banquiers à Rome de plus poursuivre et lever aucune expédition; Sa Majesté, prenant un milieu entre ces deux avis, fit expédier un arrêt en son conseil par lequel « défenses étoient faites d'aller plus à Rome chercher des expéditions ni d'y envoyer plus d'argent » (1). Dès que le nonce en eut avis il en vint faire plaintes; on lui remontra le grand sujet qu'on avoit d'en user ainsi, et qu'on ne l'avoit fait qu'à l'extrémité après une longue patience; mais il fit de si grandes instances qu'il plût au Roi en surseoir l'exécution, jusques à ce que Sa Majesté sût en quelle disposition le Pape seroit de la contenter sur les points mentionnés audit arrêt, que Sa Majesté le lui accorda pour six semaines, afin de faire connoître d'autant plus à Sa Sainteté que c'étoit avec regret qu'elle

(1) Cet extrait de l'arrêt est celui que donne Bassompierre; le manuscrit l'avait laissé en blanc.

en venoit à ces termes sur les plaintes générales que l'on faisoit dans ses Etats, tant du mauvais traitement que ses sujets recevoient en ce qui étoit des expéditions des bénéfices, que pour voir tant de diocèses sans pasteurs, outre qu'il étoit très-sensible à Sa Majesté de voir un témoignage si important de son affection vers la maison Barberine comme étoit la protection des affaires de France, si peu considéré par Sa Sainteté et le cardinal Barberin. Le Roi lui fit aussi entendre quelque chose touchant une assemblée qui peut-être se pourroit faire de prélats et officiers des parlemens, pour aviser aux moyens de rendre ceux qui avoient été nommés par Sa Majesté aux évêchés vacans, capables de faire les fonctions épiscopales sans bulles, attendu qu'ils ne les pouvoient obtenir à Rome. Cela avança un peu la proposition des évêchés; car le cardinal Bagny mit en avant un expédient pour cela, qui étoit que le Pape les proposât lui-même; et, peu après, le sieur Le Bret vint à Paris, qui dit de la part du cardinal Antoine, en octobre, que si le Roi vouloit consentir que Sa Sainteté les préconisât elle-même, elle le feroit sans difficulté et sans délai. Le conseil du Roi ne pouvoit concevoir sur quel fondement on révoquoit cette proposition en doute, puisque le Pape en avoit déjà préconisé et qu'il lui étoit libre ; mais, afin qu'il ne pût prétendre aucun doute sur ce sujet, Sa Majesté manda qu'il ne consentoit pas seulement, mais prioit le Pape de le faire jusques à ce qu'il trouvât bon que telles préconisations fussent faites par le cardinal Antoine, et commanda à son ambassadeur de faire des instances si pressantes sur ce sujet, qu'elles fussent suivies de l'effet qu'elle désiroit pour le bien des ames de ses sujets; et en cas que Sa Sainteté ne voulût pas acquiescer à la susdite proposition faite par Le Bret, il déclarât publiquement le procédé de Sa Majesté, et dît franchement à Sa Sainteté que le Roi se déchargeoit sur sa personne de tout le mal qui pouvoit arriver d'un retardement si important au bien des ames ; ce qui enfin émut Sa Sainteté à en proposer quelques-uns, comme nous dirons l'année suivante. Sa Majesté désiroit qu'il se résolût de les proposer jusques à la paix, après laquelle le cardinal Antoine feroit la fonction de protecteur, et cependant feroit toutes les démonstrations convenables, comme, entre autres, de mettre les armes de la France sur la porte de son palais, et ne discontinuoit les instances pressantes qu'il en avoit fait faire par son ambassadeur, ni de leur faire appréhender l'exécution de l'arrêt susdit, l'ambassadeur se laissant dextrement entendre au cardinal Barberin qu'il n'y avoit que le sieur Mazarin qui pût accommoder cette affaire, essayant par ce moyen d'engager le Pape à l'envoyer en France, où étant, le Roi n'eût pas discontinué encore à Rome la même poursuite, jusqu'à ce que Sa Majesté eût eu assurance que ledit Mazarin demeureroit auprès d'elle nonce ordinaire, et qu'elle auroit contentement dans une prompte promotion. Mais tout cela fut en vain, parce que le cardinal Barberin s'étoit engagé aux Espagnols que Sa Sainteté n'enverroit ledit Mazarin en France ; et il ne se fit point de promotion de cette année-là, bien que néanmoins Sa Sainteté se fût enfin relâchée à agréer la nomination du père Joseph, qu'elle avoit toujours, sous prétexte de l'opposition des capucins, refusée jusques alors.

Il y avoit long-temps que les capucins ultramontains, et principalement les françois, se plaignoient, en leurs chapitres généraux, du tort notable qu'ils y recevoient, en ce que plusieurs provinces d'Italie s'attribuoient le droit d'envoyer audit chapitre un beaucoup plus grand nombre de custodes et vocaux que celles de France ; ce qui évidemment troubloit l'ordre de la justice et de l'égalité, sans laquelle le bon ordre et la paix dans les communautés religieuses ne peut subsister ; ce qui étoit d'autant plus considérable en ce sujet, que, par le moyen de ce plus grand nombre de custodes et de vocaux dont quelques provinces jouissoient, les autres, qui n'avoient pas ce privilége, demeuroient toujours en un soupçon raisonnable que, dans les chapitres généraux où se faisoit l'élection du général et des principaux supérieurs qui décident et ordonnent toutes les affaires, leur droit n'y étoit conservé, d'où venoit que les provinces de France et les autres ultramontains, qui souffroient ce même dommage, n'alloient ni n'assistoient qu'à regret aux chapitres généraux, et n'en recevoient les ordonnances avec le commun consentement et la satisfaction requise ; ce qui ne pouvoit enfin que porter à l'extrémité beaucoup de grands maux, dont partie s'étoient déjà ensuivis. Il y avoit vingt ans que Sa Majesté, pour l'affection qu'elle portoit à cet ordre, et pour le soin qu'elle prenoit à veiller au bien de ses sujets, connoissant le grand mal que ce désordre apportoit aux capucins de son royaume, avoit commandé successivement à tous ses ambassadeurs à Rome de faire toutes sortes d'offices et d'instances pour y obtenir un remède convenable. Mais, voyant que ces instances n'avoient eu aucun effet, elle crut enfin être obligée de commander aux capucins de ne point sortir de son royaume pour aller à leur chapitre général, de peur que Sa Majesté ne reçût le déplaisir de voir que ses offices en leur faveur y eussent été aussi inutilement employés qu'aux précédens chapitres, et, depuis, résolut de ne plus permettre aux pères généraux de venir en France, jusques à ce que Sa Majesté fût satisfaite, et supplier Sa Sainteté de pourvoir par quelque autre moyen à la conduite de cet ordre en France. Toutefois Sa Majesté, auparavant que de demeurer ferme en cette résolution, jugeant à propos de tenter des moyens plus doux, révoqua sa lettre au père général des capucins, par laquelle elle lui mandoit de ne point entrer en France, et lui écrivit depuis qu'elle désiroit qu'il se trouvât en une assemblée des provinciaux de France et de ceux qui avoient exercé cette charge avant eux, qu'elle avoit convoquée en sa ville de Paris, afin d'aviser aux moyens plus propres pour faire cesser les troubles qui agitoient les esprits desdits capucins, et qui pourroient apporter plusieurs inconvéniens pour les causes susdites, s'il n'y étoit remédié. Lesdits pères, en cette assemblée, proposèrent quelques points au père général, sur lesquels il répondit qu'il n'avoit aucun pouvoir d'y satisfaire ; ce qui donna beaucoup de mécontentement à Sa Majesté, et augmenta le déplaisir des capucins, se voyant frustrés de leur attente après tant d'années, et que toutes les voies que Sa Majesté prenoit pour les plus douces et les plus efficaces ne servoient de rien ; joint qu'il étoit bien raisonnable que le père général, qui savoit de long-temps les plaintes des François, et qui n'étoit point reçu ici sans ordre de Rome, en eût apporté avec lui le pouvoir d'apaiser tous ces différends. Cela fut cause que Sa Majesté résolut de ne point permettre la visite audit père général dans son royaume, et de tenter tous moyens possibles pour ne point recevoir l'affront du mépris de ces longues instances en cette affaire, et du peu de justice qu'on rendoit à ses sujets. Toutefois, pour ne réduire dès lors ces choses aux extrémités, elle trouva bon que ledit père général fît sa visite en la province de Paris, sans y tenir le chapitre, ni poursuivre les visites aux autres provinces, jusques à ce que Sa Majesté eût satisfaction en ses demandes, qui n'étoient que pour le bien de cet ordre, et pour fermer la porte au mal que cette dénégation de justice feroit infailliblement dans les provinces ultramontaines, au préjudice de cette religion (1), contre l'intention de Sa Majesté, qui n'en désiroit que la conservation et l'avancement. Sa Majesté commanda à son ambassadeur d'en parler au cardinal de Saint-Onuphre, frère de Sa Sainteté, autrefois capucin, et maintenant protecteur dudit ordre, mais de lui en parler avec tant de douceur, et après avoir préparé son esprit, tant par le cardinal Antoine, le sieur Mazarin et par lui-même

(1) Cet ordre religieux.

ambassadeur, que cet homme, austère de sa nature et par l'esprit de son ordre, au lieu de s'offenser par la créance qu'on le voudroit forcer et violenter, se piquât plutôt de l'honneur qu'il auroit de contenter un si grand roi qui le prenoit pour médiateur, et d'empêcher la discorde et désordre qui pouvoit arriver en la religion des capucins. Le père général écrivit aussi avec sincérité, lui faisant connoître où seroient les choses si on n'y remédioit ; et ledit ambassadeur lui représenta qu'en France il y avoit grande disposition, pour plusieurs raisons et intérêts divers, de ne se pas contenter de Rome, et que ce seroit un grand mal de mécontenter ce grand ordre, auquel on avoit beaucoup de créance, et qui s'employoit fort utilement à retenir les esprits en l'obéissance et l'affection du Saint-Siége; et que si les capucins français se portoient à quelque chose d'extrême, les Espagnols étoient encore plus disposés à cela ; qu'il seroit de la prudence de ne point ouvrir la porte à tels exemples en ce temps-ci, voulant maintenir l'inégalité des vocaux pour quelques provinces qui même ne voudroient être cause du grand mal que ce trouble apporteroit, et que l'on ne feroit point de tort auxdites provinces de les rendre égales aux autres, n'ayant autre raison à alléguer que leur antiquité par dessus les autres, qui n'apportoit point de préférence jusques à un tel point d'inégalité, contre laquelle on avoit toujours déclamé et que l'on n'avoit soufferte que par force. Le cardinal de Saint-Onuphre s'y opposoit opiniâtrément, disant qu'il étoit injuste d'ôter les priviléges qu'avoient quelques provinces, d'envoyer plus de gardiens aux chapitres que les autres, sans les ouïr ; ce qui ne se pouvoit faire qu'en un chapitre général. Or, cette proposition d'un chapitre général n'étoit que pour allonger et perdre l'affaire, continuant à se moquer des ultramontains ; que, depuis plusieurs années, on remettoit ainsi de chapitre en chapitre inutilement. Néanmoins Sa Majesté condescendit à remettre toutes les autres prétentions audit chapitre général, s'arrêtant seulement à ce point de l'égalité des custodes, qui étoit celui que Sa Majesté avoit toujours le plus pressé depuis vingt ans, et dont le délai devoit blesser davantage sa réputation par le refus à ses sujets d'une justice si évidente, joint que ce point ne se pouvoit remettre audit chapitre général, auquel jamais il n'avoit pu être déterminé ; et, demeurant indécis, ils tenoient les esprits ultramontains en une continuelle occasion de rumeur et d'inquiétude, et pourroient être cause que Sa Majesté empêcheroit que ses sujets n'allassent au chapitre général. Ledit cardinal de Saint-Onuphre opposa encore qu'au dernier chapitre général le Pape avoit déclaré par un bref qu'il ne vouloit plus qu'on parlât de cette affaire, et, dans ce bref, il étoit porté qu'il étoit donné *parte audita*. Néanmoins ledit cardinal savoit bien qu'il avoit été donné de puissance absolue à son instigation, sans que les parties eussent été ouïes suffisamment, et qu'il s'étoit passé un long temps avant que ce bref fût publié, n'étant venu à la connoissance de la religion qu'audit chapitre, où les Français n'y étoient pas pour s'y opposer, et sur lequel les Espagnols et ultramontains avoient fait de grandes plaintes, tant audit cardinal qu'ailleurs, sur lesquelles ils n'avoient reçu aucune raison, lequel procédé les avoit justement irrités. Sa Majesté, voyant toutes ces longueurs, fit savoir par son ambassadeur à Rome que, si la justice lui étoit plus long-temps déniée, il seroit à craindre qu'elle ne fût enfin contrainte de se résoudre, ou à ne permettre plus à ses sujets d'aller au chapitre général, ou à ne permettre plus l'entrée et la visite en France aux pères généraux ou autres envoyés de leur part, ou à ordonner, par un arrêt de son conseil, que les mandemens et brefs de Rome sur le sujet des capucins n'auroient point de lieu en son royaume, s'ils n'étoient examinés et approuvés en son conseil ; ce que Sa Majesté avoit déjà fait sur le sujet des pères de l'observance et des récollets, pour empêcher le dérèglement extrême qui étoit arrivé parmi eux, à cause du peu d'ordre que les supérieurs majeurs y avoient tenu. Ces poursuites, si pressantes et si justes de Sa Majesté, obtinrent enfin du Pape qu'il trouvât bon que cette cause fût remise à une congrégation de cardinaux bien informés de l'état de la France, comme étoient ceux qui y avoient exercé la charge de nonce, et quelques autres bien intentionnés, n'étant pas à propos qu'elle fût remise à la congrégation des religieux, tant pource qu'il ne s'y fût pas trouvé des personnes favorables et informées pour la France, que parce qu'elle avoit toujours entre les mains plusieurs autres affaires, au lieu qu'une congrégation tenue exprès pouvoit en peu de temps terminer ce différend. Sa Sainteté eut aussi agréable de révoquer son bref touchant ledit différend, ou au moins de le suspendre jusqu'à ce que, par l'avis de la congrégation, il en fût fait un autre par lequel il seroit ordonné que, désormais aux chapitres généraux, chacune province n'enverroit que deux pères ou custodes, pour y donner la voix avec les pères provinciaux. Sa Majesté cependant déclara, à la fin d'octobre, au père général qui avoit presque fait la visite de la province de Paris, qu'il fît à loisir le reste de la visite jusqu'à ce qu'on eût des nouvelles de Rome, pour savoir l'issue de ladite congrégation des cardinaux, et qu'il eût cependant à suspendre son chapitre et le différer, afin que, les esprits étant plus apaisés après la réponse de Rome, il se pût tenir plus utilement.

A ce soin que Sa Majesté avoit de maintenir en paix les ordres religieux de son royaume, elle trouva bon d'ajouter celui qu'elle voulut prendre des autres ecclésiastiques qui y étoient; et voyant dès long-temps la vie un peu libre de quelques-uns des évêques de son royaume (ce qui tournoit à d'autant plus de scandale que les huguenots qui y restoient devoient être édifiés par eux, pour être d'autant plus incités à retourner au giron de l'Eglise de laquelle ils s'étoient séparés), elle désira un bref de Sa Sainteté, à l'instar de celui qu'elle lui avoit accordé en l'an 1632 contre les évêques de Languedoc, qui étoient accusés d'avoir trempé dans la rebellion du duc de Montmorency, gouverneur de la province, par lequel Sa Sainteté nommât six évêques de son royaume pour ouïr les plaintes qui se feroient contre eux, et en juger selon la rigueur des canons. Les six évêques qu'elle lui proposa étoient ceux de Lisieux, Senlis, Séez, Chartres, Meaux et Auxerre, trois desquels elle désiroit qui pussent travailler en l'absence des autres, et nommoit ceux-là pource que leurs diocèses étant proches de Paris, leur résidence ne seroit pas interrompue par cette commission. Et si Sa Sainteté n'en vouloit nommer que quatre, Sa Majesté y condescendoit, lui proposant néanmoins en ce cas que les plus expéditifs eussent été les évêques de Chartres, Senlis, Séez et Auxerre. Le pape fit beaucoup de difficulté sur ce sujet, et particulièrement pource que Sa Majesté lui demandoit ledit bref en blanc, et sans nommer les personnes qui devoient être accusées; ce que Sa Sainteté disoit être demander un bref contre tous les évêques du royaume à la fois; bien que ce que Sa Majesté en faisoit fût pour ne pas scandaliser plusieurs des coupables, qui se remettroient peut-être en leur devoir par la seule appréhension qu'ils auroient d'être châtiés. Sa Majesté commanda néanmoins à son ambassadeur d'en continuer les instances, et représenter que c'étoit faire tort à Sa Majesté de soupçonner qu'elle en voulût abuser, ayant la puissance souveraine en main comme elle avoit, et pouvant les mettre à la raison quand elle voudroit par d'autres voies; que Sa Sainteté, au contraire, devoit louer le zèle que Sa Majesté avoit pour le bien de l'Eglise, et demeurer satisfaite du respect qu'elle lui rendoit de ne vouloir agir que sous son autorité, de laquelle elle se pouvoit passer en ce fait, ayant la voie de ses parlemens pour châtier ceux qui vivoient mal en son royaume; que Sa Majesté auroit sujet de trouver étrange que si, lorsque Sa Sainteté fit expédier, en octobre 1632, le bref pour faire le procès aux évêques et autres ecclésiastiques rebelles du Languedoc, ils n'y avoient point été nommés, elle lui refusât maintenant ce qu'elle lui avoit accordé en ce temps-là, et qu'enfin il proposât au Pape d'envoyer le bref à son nonce, en la façon que Sa Majesté le désiroit, avec ordre de ne point le délivrer que Sa Sainteté ne lui mandât, ce qui cependant ne seroit pas inutile pour contenir lesdits évêques en leur devoir par la crainte qu'ils auroient, sachant que ledit bref seroit arrivé. Après plusieurs instances réitérées, Sa Sainteté fit expédier ledit bref et l'envoya à son nonce, non toutefois en la même façon que le Roi le désiroit, mais portant plutôt admonition aux coupables de bien vivre à l'avenir que commission de leur faire leur procès.

Le Roi ne fut pas seul qui, durant cette année, reçut des mécontentemens de la cour de Rome; le roi des Romains, qui y étoit plus favorisé, en reçut de son côté, soit qu'il y prétendit, comme il est vraisemblable, des choses déraisonnables, soit que Sa Sainteté se servît de nos différends pour s'établir en plus grande autorité. Le roi de Hongrie, comme nous avons vu en l'année 1636, s'étoit fait élire roi des Romains en la diète de Ratisbonne, par force, par corruption d'argent, sans l'intervention de tous les électeurs et contre toutes les autres formes prescrites par les bulles des papes, par la bulle d'or et par les constitutions impériales: l'on eut alors peine à croire que Sa Sainteté fût pour acquiescer à ladite élection, vu les nullités susdites. Néanmoins, soit par une bonté naturelle qui est en elle, ou par son inclination de ne prendre les affaires du monde à la rigueur, l'on sut qu'en la réponse qu'elle fit aux lettres que lui écrivirent le père et le fils sur cette élection, elle ne laissa de donner à celui-ci la qualité de roi des Romains, mais sans vouloir consentir que le mot d'approbation, ou de confirmation, fût inséré dans son bref, quelques instances et prières qu'en fissent les ministres d'Espagne et de la maison d'Autriche (quoique l'on dise que les électeurs prétendent que les papes n'ont pas ce droit-là), Sa Sainteté remettant à s'en déclarer lorsque ledit Ferdinand lui enverroit l'ambassade solennelle d'obédience, pour l'obliger à le faire tant plus tôt. Il y envoya l'année 1638, et choisit le prince Ekemberg pour cet effet; il arriva à Rome le 9 mai, avec un train de plus de trois cents personnes. Après avoir été reçu à son débarquement à Ancône, et défrayé lui et sa suite fort honorablement tout le long du chemin par les officiers du Pape, et rencontré trois milles hors la ville par les cardinaux de Savoie, Pie et Caetan, nonobstant un décret fort rigoureux fait en plein consistoire dès le commencement de son pontificat, par lequel Sa Sainteté défendoit très-expressément à tous cardinaux de ne plus aller au-devant des ambassadeurs des princes, même de têtes couronnées, ni de les aller attendre dans leur logis, comme l'on avoit accoutumé à leur arrivée (et cela ayant été fort religieusement observé jusqu'à la venue dudit Ekemberg, obligea Sa Sainteté de leur en faire, comme elle fit, de grands reproches); dès que ledit ambassadeur fut arrivé, il fit faire d'abord quatre demandes impertinentes et fort déraisonnables : la première, que le cardinal Barberin l'allât trouver en son logis, pour le mener et accompagner la première fois qu'il iroit vers elle, ce qui n'avoit jamais été fait par aucun neveu de pape; la seconde, que le préfet l'accompagnât aussi à sa cavalcade; la troisième, qu'il eût séance en capelle au-dessus dudit préfet; et la quatrième de rendre l'obédience en la salle des Rois qui est au Vatican, en temps qu'il savoit que Sa Sainteté n'y pouvoit aller sans grand péril de sa vie après une fâcheuse maladie dont elle venoit de sortir; toutes lesquelles demandes elle lui refusa aussi absolument.

Elle s'offensa encore bien fort quand elle sut que cet homme prétendoit le titre d'altesse, et se le faisoit donner dans Rome par ses domestiques; qu'il disoit n'être point ambassadeur d'obédience, les empereurs n'en rendant point au pape, mais seulement des complimens; que prenant le titre de vicaire général de l'Empereur en Italie, il faisoit porter à ses gens, jour et nuit, à pied et à cheval, les pistolets et carabines, nonobstant les défenses très-rigoureuses à qui que ce fût d'en user ainsi dans Rome; et ce qui montroit encore un plus grand mépris, que ses gens disoient, quand on leur en parloit, qu'ils étoient au roi des Romains, qui étoit le maître et seigneur de Rome, et partant qu'ils y pouvoient porter telles armes qu'il leur plaisoit. A ces causes publiques du mécontentement qu'avoit Sa Sainteté dudit Ekemberg, il en faut ajouter une secrète qui lui étoit bien plus sensible, et dont peu de gens avoient connoissance, ni que ce fût celle-là principalement qui la mut à lui faire un affront à sa première audience : elle désiroit passionnément que le préfet son neveu se trouvât à la première visite qu'il lui feroit, que là il lui cédât la préséance en présence de tous les cardinaux qui s'y devoient trouver, afin qu'après cela ledit préfet s'en mît en possession partout ailleurs, et qu'ainsi il acquît insensiblement ce droit sur tous les autres ambassadeurs; mais, quelques instances et prières qui en fussent faites à celui-ci durant plusieurs jours, il ne fut pas possible de l'y faire consentir.

Depuis le 9 mai jusqu'au 18 juin, il demeura dans Rome inconnu; ledit jour il fit son entrée publiquement en ladite ville, suivi, selon la coutume, des carrosses de campagne des cardinaux et ambassadeurs, excepté de celui de France, et dès le soir même fut mené au Pape par les cardinaux de Savoie, Pie, Aldobrandin et Borghèse, qui en trouvèrent dix autres près de Sa Sainteté, qu'elle y avoit fait venir à l'instance dudit Ekemberg et des autres ministres d'Espagne, qui voulurent, en toutes façons, avoir cet honneur-là, quoiqu'il n'eût été ci-devant fait à aucun autre ambassadeur d'obédience; et ceux-là furent Barberin, Saint-Onuphre, Antonio, Verospi, Bentivoglio, Panfilio, Palotta, La Cueva, Albornos et Caetan.

La coutume est qu'en cette première visite les ambassadeurs d'obédience ne tiennent autre discours à Sa Sainteté, après lui avoir baisé les pieds, que de simples complimens, durant lesquels les papes leur font signe de se lever, et à leur maître des cérémonies de leur présenter un escabeau, sur lequel étant assis ils font leursdits complimens; mais en cette entrevue-ci il en est arrivé tout autrement, aussi bien de la part du Pape que de celle dudit Ekemberg. Le Pape, un peu avant que ledit ambassadeur l'allât trouver, ayant su qu'il refusoit de consentir que le préfet se trouvât à son audience, et auquel il cédât la préséance, fit par grande colère ôter à l'heure même par son majordome l'escabeau que le maître des cérémonies avoit mis dans la chambre pour ledit ambassadeur, et se résolut alors de ne le faire lever ni asseoir; dont le cardinal Barberin ayant été aussitôt averti, il monta en grande hâte, et devant l'arrivée dudit ambassadeur, en la chambre du Pape pour lui dire quelque chose là-dessus; mais sitôt que Sa Sainteté s'en aperçut, elle se mit en une si grande colère contre lui, qu'après plusieurs paroles de ressentiment et même d'injures, elle le fit sortir de la chambre, dont ledit cardinal fut si affligé qu'il en demeura malade cinq ou six jours. L'ambassadeur étant arrivé et s'étant mis à genoux, n'ayant point eu le signe du Pape de se lever, et ne lui ayant point été présenté d'escabeau, demeura toujours à genoux, et le prince de Bozzolo, ambassadeur ordinaire du feu Empereur, en même état avec lui, et fit tout son discours en latin, non de complimens comme il devoit faire, mais des mots et propres termes dont l'on a accoutumé d'user quand on rend l'obédience dans le consistoire public, en la sorte qui s'en-

suit : « Ferdinandus (1) ab Austria Romanorum
« imperator, ad ea obedientiæ et humilitatis ob-
« sequia Sanctitati Vestræ præstanda quæ præ-
« decessores sui prædecessoribus Sanctitatis Ves-
« træ præstare consueverunt, me mittit. Ego
« igitur ante pedes Sanctitatis Vestræ prostratus
« illos humiliter deosculando, regnum, opes,
« imperium invictissimi principis mei Sanctitati
« Vestræ et sanctæ sedi apostolicæ offero et dico. »
Réponse du Pape. « Princeps tuus, rex Roma-
« norum et futurus imperator, ad obsequia illa
« te mittit nobis præstanda quæ prædecessores
« sui prædecessoribus nostris præstare solent;
« sed quia longo itinere defessum te video, quieti
« indulgendum est. Negotia opportuniori tempo-
« re tractabimus. Interim vale. » Après lesquelles
paroles le Pape se leva de sa chaise, et, lui
donnant la bénédiction sans lui dire autre chose,
passa en une autre de ses chambres, le laissant
avec tous les cardinaux susmentionnés.

Cet ambassadeur avoit été invité par le cardinal de Savoie d'aller ce soir-là souper en son logis, où quelques autres cardinaux et les deux ambassadeurs d'Espagne l'attendoient à son retour du palais, duquel devant que sortir il visita aussi les cardinaux frères et neveux de Sa Sainteté, sans leur faire paroître d'avoir aucun mécontentement de ce qui se venoit de passer près d'elle; et de fait l'on dit qu'il ne pensoit pas d'y avoir été offensé, mais on remarqua bien qu'il étoit étonné et fâché d'avoir si mal joué son personnage, et qu'en faisant le discours susdit il faillit à demeurer tout court quoiqu'il eût si peu de chose à dire; ce qui lui dut être tant plus honteux qu'il avoit le Pape et quatorze cardinaux spectateurs de sa mauvaise contenance. Ce déplaisir fut tôt après suivi d'un autre bien plus sensible, quand, étant arrivé chez le cardinal de Savoie, ceux qui l'y attendoient lui dirent le grand sujet qu'il avoit de se plaindre que le Pape ne l'eût point reçu en la forme accoutumée des autres ambassadeurs, le laissant toujours à genoux, et sans lui faire donner un siège; sur

(1) Ferdinand d'Autriche, empereur des Romains, m'envoie pour rendre à Votre Sainteté l'hommage d'obédience et d'humilité que ses prédécesseurs ont toujours rendu aux vôtres. Donc, prosterné aux pieds de Votre Sainteté et les baisant humblement, j'offre et consacre à Votre Sainteté et au saint-siège apostolique, le royaume, les biens et le pouvoir de mon invincible maître.

Réponse.

Votre prince, roi des Romains et futur Empereur, vous a envoyé pour nous rendre les hommages que ses prédécesseurs ont toujours rendus aux nôtres; mais, comme je vous vois fatigué d'un long voyage, il faut vous reposer. Nous parlerons d'affaires en temps plus opportun. Cependant portez-vous bien.

quoi ayant fait quelque réflexion, et passant de sa première fâcherie en celle-ci bien plus importante, il se mit en grande furie devant lesdits cardinaux et ambassadeurs, et, après avoir bien juré et battu du pied en terre, dit qu'il s'en vouloit aller dès le lendemain pour faire ses plaintes à son maître de ce tort qu'on lui avoit fait, sans considérer qu'il en étoit en partie cause, de ne s'être pas de lui-même levé, de n'avoir pas demandé son siége, et, ne l'ayant, de n'être parti à l'heure même d'auprès de Sa Sainteté sans lui rien dire, comme un plus habile homme que lui n'eût pas manqué de faire. Son mécontentement et sa résolution de s'en aller ayant été aussitôt rapportés au palais, quelques-uns de cette part-là, et d'autres affectionnés à la maison d'Autriche, s'entremirent sous main pour l'apaiser, sous l'espérance qu'en recommençant cette visite-là on le feroit lever et asseoir devant qu'il parlât à Sa Sainteté, ces entremetteurs s'étant imaginé qu'elle y consentiroit volontiers; mais la proposition lui en ayant été faite, elle s'en offensa au contraire grandement, et dit de n'en vouloir absolument rien faire pource que ce seroit montrer qu'il y auroit eu quelque manquement de son côté; sur quoi l'on fut obligé de lui dire les menaces que cet homme faisoit de s'en vouloir aller; ce qui la mit encore tant plus en colère. On ne laissa pourtant de faire d'autres propositions en plusieurs assemblées tenues avec quelques ministres de Sa Sainteté pour tâcher de rhabiller ce malentendu, mais elles n'eurent autre effet que d'avoir arrêté le partement dudit Ekemberg; car en toutes ces assemblées, ne s'étant rien proposé qui fût de commune satisfaction, les esprits s'aigrirent tellement, que les uns et les autres se résolurent de dépêcher des courriers audit Ferdinand, chacun pour faire valoir sa cause près de lui; et aussitôt après leur partement, le Pape, pour mettre tant plus ledit Ekemberg en son tort, et peut-être son maître même, lui fit demander le pouvoir qu'il avoit de venir rendre cette obédience, et la copie de la bulle de cette élection faite à Ratisbonne; dont celui-ci se tint encore plus offensé que de tout ce qui s'étoit passé jusque-là, lui semblant que c'étoit vouloir tout-à-fait mettre les choses au criminel, et au point de pouvoir à un besoin dénier à son maître la qualité de roi des Romains, et d'en annuler l'élection.

On représentoit à Sa Sainteté que si elle vouloit, comme en bonne conscience elle l'eût dû, pousser les choses jusque-là, il ne lui eût pas manqué de légitimes moyens et de raisons plus que suffisantes pour en venir à bout, à l'imitation de quelques papes ses prédécesseurs, qui, pour de beaucoup moindres sujets que les susnommés, avoient déposé des empereurs ; et si, pour l'échauffer et l'humeur timide du cardinal Barberin, il étoit besoin que l'ambassadeur d'un grand prince lui fît des promesses bien assurées de l'assistance de son maître en la poursuite et exécution d'une si louable et généreuse résolution, l'ambassadeur du Roi suppléeroit à cela, refusant manifestement de lui céder, et protestant de ne pas souffrir qu'il mît le pied au *solio*, en faisant néanmoins une protestation authentique que ce qu'il en faisoit étoit pour ce que le Roi ne pouvoit encore reconnoître le roi de Hongrie pour empereur. Davantage, il y avoit de bons théologiens qui disoient encore à Sa Sainteté que ledit Ferdinand étant excommunié, *ipso facto*, pour la rétention de l'archevêque de Trèves, de ses biens et de ses Etats, après tant d'instances et sommations qui lui avoient été faites de la part de Sa Sainteté de le mettre et tout ce qu'on lui retenoit en liberté, ou de l'envoyer à Rome (comme l'on avoit fait du cardinal Klezel (1) avec les procès que l'on pouvoit avoir faits contre lui, pour y juger cette cause-là, qui ne le pouvoit être ailleurs sans violer l'immunité ecclésiastique et tomber dans les censures, il ne pouvoit être reçu à rendre cette obédience que premièrement il n'eût été absous, à l'exemple de Henri-le-Grand qui, nonobstant qu'il l'eût été par tous les évêques de son royaume, eut besoin d'une autre bénédiction de Rome devant qu'il pût être admis à rendre au Saint-Siége son obédience. De toutes lesquelles raisons l'on concluoit que cette entreprise seroit tant plus glorieuse à Sa Sainteté et utile à toute la chrétienté, qu'il faudroit de nécessité que des deux choses dont elle avoit alors le plus de besoin, l'une arrivât : ou que ledit Ferdinand fût contraint de quitter cette qualité qu'il prétendoit d'empereur (qui étoit une des principales causes de la présente guerre), se voyant pressé des menaces de Sa Sainteté et peut-être de ses censures, et si puissamment attaqué comme il étoit lors de tous côtés, et ses affaires au mauvais état qu'elles étoient, ou que pour le moins il s'obligeât de contribuer, tant de son chef que près les Espagnols, tout ce que Sa Sainteté jugeroit dépendre de lui pour l'accommodement des troubles présens de la chrétienté, et pour la conclusion d'une paix universelle, après laquelle ledit Ferdinand eût pu espérer de Sadite Sainteté non-seulement la confirmation de son élection, mais aussi la qualité d'empereur, qu'il ne pouvoit prendre lors, non plus que celle de roi des Romains, que par pure violence et usurpation. Mais le cardinal Barberin, qui, depuis qu'il étoit neveu de pape et en autorité, avoit toujours montré une fort particulière affection à la maison d'Autriche, et avoit tous ses intérêts et un grand désir que cette ambassade-là se terminât au contentement de ladite maison, ne voulut prêter l'oreille à toutes ces considérations, ni permettre qu'elles fussent bien remontrées à Sa Sainteté, de peur que cela n'empêchât ou retardât le dessein qu'il avoit qu'en toutes façons cette affaire-là ne vînt point en rupture.

Les courriers dont a été parlé ci-dessus étant retournés d'Allemagne vers le mois de septembre, le bruit courut aussitôt que ledit Ekemberg avoit ordre de son maître de s'en aller ; et de fait peu de jours après l'on vit plusieurs de ses gens partir de Rome : sur quoi les cardinaux et ambassadeurs dépendans d'Espagne et de la maison d'Autriche ayant fait plusieurs consultations ensemble, jugèrent à propos, soit que cela vînt du palais comme on le soupçonna, ou qu'ils crussent en devoir user ainsi pour le bien de l'affaire, de dépêcher encore un courrier audit Ferdinand pour tâcher de gagner quelque chose sur lui, dont on pût moyenner un accommodement avec Sa Sainteté ; et cependant les cardinaux de Savoie et Barberin firent tant auprès dudit ambassadeur, qu'il leur promit d'en attendre le retour et les réponses. Quatre et près de cinq mois s'écoulèrent durant ces contestations et ces allées et venues, sans que ledit ambassadeur osât paroître en public, vivant toujours dans Rome comme inconnu, et ne laissant pourtant d'y faire voir ses gens par les rues, portant à cheval, en troupes de quinze et vingt, chacun deux pistolets à l'arçon de la selle, nonobstant qu'il leur fût dit que le Pape l'avoit expressément défendu. Vers la fin du mois d'octobre, un courrier dépêché de Vienne apporta des commandemens encore plus précis audit Ekemberg de partir sitôt qu'il auroit présenté au cardinal Ginnasio, doyen du collége, une dépêche dudit Ferdinand, adressée à tous les cardinaux en général, par laquelle il déclaroit qu'il seroit toujours fidèle et obéissant au Saint-Siége, mais que de l'être maintenant à Urbain VIII il ne le pouvoit pour beaucoup de justes raisons ; peu après laquelle dépêche donnée, ledit Ekemberg fit ôter de nuit tous les ornemens et peintures qui avoient été mis sur la porte de son palais lorsqu'il espéroit de rendre l'obédience, et faisoit emballer ses tapisseries et tout son bagage, si bien que chacun crut alors qu'il s'en alloit assurément, ayant aussi licencié tous les estafiers et autres Italiens qui avoient été pris à son service. Et de fait, il fût parti alors

(1) Ministre de l'empereur Mathias, enlevé par Ferdinand, comme on l'a vu en 1618.

si le cardinal Savelli (qui s'intéressoit grandement en tout ce qui touchoit les affaires de la maison d'Autriche pour être la sienne entièrement attachée de ce côté-là, et auquel ledit ambassadeur avoit toujours eu aussi grande créance) n'eût gagné sur lui, après plusieurs conjurations, qu'il demeureroit encore à Rome quelques jours, attendant le retour d'un autre courrier qui avoit été sous main (et disoit-on de la part du palais) dépêché à Vienne; et de ce dernier retardement s'ensuivit enfin l'accommodement de cette fâcheuse affaire : car le nonce résidant à Vienne sut si dextrement agir et gagner l'esprit de l'évêque de Vienne, auquel il fit espérer le chapeau à la première promotion, qu'ayant un grand ascendant sur les volontés du roi de Hongrie, il lui fit prendre une résolution diamétralement contraire aux précédentes, et ordonner à Ekemberg, son ambassadeur, de s'accommoder au désir du Pape nonobstant tout ce qu'il lui avoit prescrit auparavant, et qu'en toutes façons il ne partît point de Rome qu'il n'eût rendu son obéissance. Tant il y a peu de fermeté dans les commandemens d'un prince qui se gouverne à l'appétit et par les volontés d'autrui. Cette dépêche lui étant venue au commencement de novembre, il fit remettre sur la porte de son palais les ornemens qui en avoient été ôtés, remit sus son équipage; et le 7 de novembre lui ayant été préfix pour ladite cérémonie, il s'en alla dès le matin de ce jour en la vigne du pape Jules, hors la porte *d'el Populo*, comme font les autres ambassadeurs d'obédience, et là reçut l'après-dînée tous ceux qui le devoient accompagner, et entre autres les officiers et gardes du Pape, les familles des cardinaux et des ambassadeurs d'Espagne, de Savoie et Florence, et plusieurs gentilshommes romains, mais pas un des quatre principaux seigneurs ni le prince Borghèse, pource qu'il s'étoit déclaré ne leur vouloir donner de l'excellence; tous lesquels étant montés à cheval firent une cavalcade depuis ladite vigne jusqu'en son logis, au nombre environ de trois cents personnes, sans autre éclat en toute cette assemblée-là que de soixante couvertures de mulets dudit Ekemberg qui furent trouvées assez belles; mais il s'y remarqua une chose qui ne s'étoit jamais vue à Rome en telle action, qui étoit que ses gardes à cheval, au nombre de vingt, portèrent tous (outre deux pistolets qu'ils avoient à l'arçon de la selle) leurs carabines hautes, leur lieutenant tenant le pistolet à la main, comme s'ils eussent marché devant leur prince souverain, quoiqu'il eût été convenu avec quelques ministres du Pape qu'entrant dans la ville ils baisseroient lesdites carabines, et ne les porteroient que pendantes, les gardes du Pape qui marchoient derrière eux ayant les pistolets dans le fourreau. Les officiers du Pape firent semblant qu'ils l'avoient souffert pource qu'il leur avoit dit que le duc de Créqui en avoit usé de la sorte, bien qu'ils sussent le contraire, et qu'il fût très-véritable que les gardes dudit duc avoient porté leurs carabines baissées dedans et dehors la ville durant ces cavalcades; mais la vérité étoit qu'ils avoient voulu favoriser ledit Ekemberg de cette tolérance pour flatter et apaiser ses mécontentemens passés. Ce fut néanmoins une action qui tirera à conséquence, et qui donnera sujet aux rois de prétendre le même à l'avenir. Le 16 novembre, ledit Ekemberg ayant eu assurance du consistoire public pour ce jour-là, au lieu accoutumé de Saint-Pierre où Sa Sainteté s'en alla exprès, il fit une autre cavalcade depuis son logis jusqu'audit lieu, qui ne parut pas plus que la première (et toutes deux beaucoup moins que celle du défunt duc de Créqui). Dans ce consistoire public il ne se trouva que quatorze cardinaux, la plupart des vieux n'y étant allés, soit (comme aucuns veulent dire) pour n'approuver pas cette action-là, ou pour quelque indisposition qui leur fût survenue. Un évêque allemand y fit une si mauvaise harangue, qu'ayant su que tout Rome s'en moquoit, il ne la voulut donner au public, comme avoient fait devant lui tous les autres orateurs d'obédience; et, après ce consistoire, ledit Ekemberg dîna avec Sa Sainteté, mais à une table plus basse, séparée de la sienne de deux pas, tous ses gens ayant aussi été traités au même temps à Saint-Pierre, selon la coutume vers tous les ambassadeurs d'obédience. Depuis ce temps-là, il employa le reste du temps qu'il fut à Rome à la poursuite de quelques grâces qu'il avoit ordre de demander à Sa Sainteté au nom du Roi son maître, la principale desquelles étoit de pouvoir lever une décime sur les ecclésiastiques d'Allemagne, laquelle ne lui pouvoit être refusée, le Pape de son mouvement en ayant permis une depuis peu de jours aux Vénitiens, et de laquelle il espéroit que son maître tireroit en peu de jours plus de deux millions d'or.

Tandis qu'en Italie, en Allemagne, en Alsace, en Flandre, en Espagne et en France, les armes paroissent de tous côtés, et par mer et par terre, toute la chrétienté étant un théâtre de Mars, la seule Angleterre, bien que très-intéressée en cette guerre, demeuroit en paix, et les bras croisés nous regarde faire. Leur roi donnoit un misérable secours au prince Palatin, son neveu, plutôt pour le faire languir et le mettre en état d'être battu de ses ennemis, que pour l'assister et lui donner moyen de rétablir ses affaires. Ledit Palatin s'accorda avec les Suédois pour la ville de Meppen, sur la rivière d'Ems, moyennant quatre-vingt mille risdales; ils la lui cédèrent le 12 avril, et tirèrent dehors la garnison qu'ils y avoient, de laquelle fort peu voulurent prendre parti avec lui, tant ils l'estimoient peu; il y assigna le rendez-vous du peu de troupes qui lui venoient d'Angleterre et de Hollande : il étoit assuré par le voisinage de Melander et des Suédois dans l'Ost-Frise, et, ne distinguant pas la force ouverte de la surprise, se tint si mal sur ses gardes, que, jour pour jour, un mois après que la place lui fut livrée, elle lui fut enlevée une nuit par les Impériaux, quelques soldats de la garnison, qui étoient du parti du roi de Hongrie, s'étant rendus maîtres d'une porte par laquelle ils donnèrent entrée aux ennemis. Cela contraignit ledit Palatin de traiter avec les Suédois pour une autre place, et convinrent de celle d'Osnabruck, qui lui fut livrée le 24 septembre, après qu'il eut passé et signé un traité avec King, écossais de nation, mais au service des Suédois sur le Weser, pour la conjonction de leurs troupes, auxquelles le Palatin devoit commander quand il y seroit en personne, et King en son absence. Par cette union il crut être assez fort pour faire des progrès sur les ennemis, et alla assiéger la ville de Lemgow; Hasfeld l'alla secourir, et leur fit honteusement lever le siége, avec perte de leur canon et de leur bagage, et prit le prince Robert, frère du Palatin, prisonnier. Les foibles secours ont d'ordinaire semblables événemens, et ceux qui les donnent tels sont plus ennemis que les ennemis mêmes; car ils sont cause d'une seconde perte, de celle de l'honneur après celle du bien. Le roi d'Angleterre n'eut point de honte de faire prier le Roi qu'il l'assistât d'un secours pécuniaire comme il faisoit la couronne de Suède, le landgrave de Hesse en Allemagne et les Hollandais; mais on lui fit réponse qu'il n'étoit pas raisonnable, et que le Roi ne le pouvoit; qu'étant neveu d'un grand roi comme étoit le roi d'Angleterre, qui étoit en pleine paix, et dans le royaume duquel fondoient toutes les richesses de la chrétienté, il ne devoit avoir recours à aucun autre, et que les grandes sommes que Sa Majesté fournissoit à ses alliés ne lui devoient pas être un sujet d'en demander pour lui, pource qu'elles ôtoient au Roi le moyen de lui en pouvoir accorder; joint que le roi de Hongrie ayant déclaré qu'il ne donneroit point de passe-port aux alliés du Roi en Allemagne, qu'à condition que la cause du Palatin ne se traiteroit pas à Hambourg, Sa Majesté, pour ne rendre pas plus difficile le traité de paix, ne devoit pas se mêler si avant dans les affaires du Palatin que de leur donner assistance d'argent. Le duc de Rohan étant mort (1), il poursuivit instamment et opiniâtrément ici, tout le long de l'année, le mariage de mademoiselle de Rohan avec le prince Robert, frère dudit Palatin. L'ambassadeur s'adressa premièrement au sieur de Bullion, pour dire au cardinal, de la part de son maître, que, l'estimant son ami, il s'adressoit à lui pour le prier de faire trouver bon au Roi que ladite demoiselle de Rohan épousât le prince Robert son neveu. Le sieur de Bullion en ayant parlé au cardinal, il répondit qu'il tenoit à grâce et obligation particulière que ledit Roi lui eût fait l'honneur de se vouloir servir de lui, ce qu'il feroit très-sincèrement en toutes occasions, et qu'il s'estimoit malheureux qu'en celle-ci il ne lui en pouvoit donner de preuve, pource qu'étant ecclésiastique et en la dignité de cardinal en laquelle il étoit, il lui seroit messéant de se mêler de mariage, et particulièrement entre personnes de la religion prétendue; qu'il ne croyoit pas que le Roi eût beaucoup d'inclination à consentir ce mariage, et partant, ou qu'il en seroit refusé, ou qu'il faudroit qu'il le gagnât par importunité; ce qui feroit parler ses ennemis contre lui, et le blâmer en apparence d'avoir poursuivi avec ardeur une affaire si disproportionnée à sa profession, et qu'ils feroient de nouveaux livres contre lui en Italie et en Allemagne, par lesquels ils le feroient passer pour un fauteur de la religion protestante. L'ambassadeur, sur cette réponse, conseilla à son maître d'en faire la demande au Roi même, qui difficilement l'oseroit refuser, ou, s'il le faisoit, le Roi son maître se serviroit un jour à son avantage de ce refus; mais ledit Roi ne vouloit pas s'exposer à être refusé, et lui commanda de s'adresser à la mère (2), en la disposition de laquelle devoit être sa fille, et qui étoit celle qui plus raisonnablement pouvoit paroître en cette affaire. Ladite dame reçut et embrassa cette demande avec une grande passion; mais elle refusa d'en parler à Sa Majesté, d'autant que peu de temps auparavant l'ambassadeur de Savoie l'étoit venu trouver, et lui avoit demandé solennellement, de la part de madame de Savoie, sadite fille pour le duc de Nemours, que quelques-uns des ministres, disoit-elle, lui étoient venus demander pour le duc Bernard de Weimar, et que, pour se défaire de tous, elle leur avoit répondu qu'elle ne penseroit d'un an au mariage de sa fille, et que pour cette raison elle s'étoit privée du moyen d'oser parler au Roi d'un an sur ce sujet. Ils lui

(1) En Suisse, des suites de sa blessure au premier combat de Rhinfeld, le 13 avril.
(2) La veuve du duc de Rohan.

proposèrent le sieur de Béthune, oncle de la fille (1), pour en parler, mais de son chef; dont ledit sieur de Béthune s'excusa. Sa Majesté favorisa la recherche du duc de Nemours, et le sieur Bouthillier dit à la demoiselle que le Roi y étoit résolu; auquel elle répondit, comme étant nourrie dans l'hérésie, qu'elle n'auroit jamais de mari qui ne fût de sa religion. L'ambassadeur d'Angleterre ne laissa pas de poursuivre sa pointe, et dit au sieur Bouthillier qu'il en avoit fait la demande à la mère et à la fille, non qu'il eût rien désiré conclure sans la volonté du Roi, mais pource qu'il avoit jugé qu'il falloit commencer par là, afin de ne demander pas au Roi son consentement en vain; qu'il les y avoit trouvées disposées pourvu que Sa Majesté l'eût agréable; à quoi il espéroit qu'elle n'apporteroit point de difficulté. Ledit sieur Bouthillier lui répondit qu'il ne savoit pas ce que le Roi feroit, mais qu'il étoit assuré qu'il étoit engagé pour le duc de Nemours, et que difficilement retireroit-il la parole qu'il en avoit donnée à madame de Savoie sa sœur. Cependant le prince Robert est pris prisonnier, ce qui refroidit un peu et la mère et la fille, qui dirent à l'ambassadeur que tant qu'il seroit en prison cette affaire ne se pouvoit achever. En cette recherche, avec autant d'ardeur que le roi d'Angleterre se portoit pour en venir à bout, avec autant d'ardeur s'exemptoit-il de vouloir rien donner à son neveu. La mère demanda 20,000 écus de rente en fonds, et la continuation d'une pension de 7 ou 8,000 écus, et qu'il lui érigeât quelque terre en duché; ce que l'ambassadeur ne lui accorda point, lui refusa l'érection d'une terre en duché, sur-ce que ce n'étoit pas la coutume d'Angleterre, où il étoit bien vrai qu'il n'y avoit point d'autres titres ni d'autres rangs entre les gentilshommes que ceux que le Roi donnoit; et que quand il en estimoit les personnes dignes, il les leur conféroit, à eux et à leurs enfans, sans les attacher à aucunes terres. Quant aux biens en fonds et aux pensions, elle s'en devoit remettre au bon naturel et à la magnificence dudit Roi, qui donneroit à son neveu moyen de vivre selon sa qualité. D'autre part, le roi d'Angleterre, pour le délivrer sans mettre la main à la bourse, fit faire de grandes instances au Roi pour donner le prince Casimir, frère du roi de Pologne, en échange de lui.

Ce prince étoit parti de Pologne pour aller en Espagne, où on lui promettoit de lui donner un grand emploi (2); il passa par Milan et de là à Gênes, où il fut reçu superbement; de là il s'embarqua sur une galère pour faire son voyage, et vint descendre à Saint-Tropez au commencement de mai, cachant sa qualité et feignant que le comte de Konopasquy, abbé de Vokos, qui étoit avec lui, étoit le maître de la troupe, et prenoit le nom d'ambassadeur; de Saint-Tropez il alla par terre à Marseille, passe à Toulon, y visite la place, le port et les vaisseaux du Roi très-exactement, fait le même à Marseille, où il employa quatre jours entiers à cet exercice; et, après avoir vù ces places, il passa au château d'If, et de là au port de Bouc, qui est le dernier port de la Provence, et vit exactement avec quelques-uns des siens la situation de cette place, et les villes de Martigues et leurs fortifications; ce dont le comte d'Alais, gouverneur de Provence, ayant avis, et considérant qu'il s'est fait connoître à Milan et à Gênes, où il a été reçu magnifiquement, passe en France, déguisé et ayant peur d'être connu, en dessein d'aller en Espagne, qu'il y doit être employé, qu'il a déjà porté les armes pour la maison d'Autriche en Allemagne contre les alliés du Roi, après toutes ces choses visite nos places exactement, et particulièrement nos ports de Provence, sur lesquels nous avons avis que les Espagnols ont des desseins formés, crut être obligé de se saisir de sa personne, et en donner avis au Roi; il en envoie donner l'ordre au sieur de Nargonne, gouverneur de ladite tour de Bouc. Ce commandement étoit assez difficile à exécuter, car le prince et les siens étoient embarqués sur la galère, et la galère au port, à laquelle il étoit aisé de se retirer; mais il en vint à bout par adresse, car, après avoir mis six canons en batterie contre la galère, tenant néanmoins les embrasures bouchées afin qu'elle ne prît pas l'épouvante, il alla seul au bas de la contrescarpe du rivage, et manda au capitaine de la galère qu'il avoit un avis des galères de Biserte, et qu'il le prioit de le venir trouver, parce qu'il avoit choses à lui dire qui étoient importantes à la sûreté de son voyage. Le capitaine, après un peu de difficulté, vint, que Nargonne retint, et demanda à parler à Konopasquy et au prince Casimir même; et ainsi il se saisit de lui et de tous les siens, qu'il mit entre les mains du capitaine des gardes du comte d'Alais, qui le conduisit dans le château de Salon, qui appartient à l'archevêque d'Arles. Sa Majesté, en ayant avis, avoua sa détention, manda au comte d'Alais qu'il le fît traiter le plus courtoisement et honorablement qu'il pourroit, et le défrayât et lui et son train, mais qu'il n'omît rien de ce qui étoit nécessaire pour le tenir en la sûreté convenable; quant au capitaine de la galère et tous ceux qui étoient auprès de lui, qu'il les renvoyât et leur fît connoître qu'il n'auroit donné aucune interruption à

---

(1) Le frère du duc de Sully.
(2) La vice-royauté de Portugal.

leur voyage s'il n'eût eu fondement d'en user ainsi ; les avertissant néanmoins que Sa Majesté attendoit de leur république (1) qu'elle ne conduiroit ni favoriseroit à l'avenir les personnes qui pourroient, par leur qualité ou par leurs actions, être soupçonnées d'avoir des entreprises contre la France. Dès que le roi de Pologne a avis de l'arrêt de son frère, il dépêche un secrétaire vers le Roi avec une lettre pleine de plaintes peu raisonnables, comme si on eût en cela commis une action contre le droit des gens, et que son frère n'eût point donné juste sujet de recevoir le traitement qu'on lui faisoit, disant qu'il ne croyoit pas qu'il lui eût été fait par ordre de Sa Majesté. Sa Majesté, ayant reçu la copie de cette dépêche avant l'arrivée dudit secrétaire, ne le reçut pas si bien qu'il eût été sans cela ; elle le redépêcha néanmoins à quelque temps de là, et manda au roi de Pologne que, bien que son frère eût été arrêté sans son commandement, il avoit néanmoins approuvé l'action quand on lui eut donné avis de ce qui s'étoit passé, et que, hors la juste occasion que lui et ceux de sa suite avoient donnée de douter de leurs desseins, non-seulement Sa Majesté n'auroit-elle pas voulu qu'il eût été empêché en son voyage, mais elle l'auroit fait honorer, recevoir et assister par tous les endroits de son passage, et lui auroit témoigné qu'il n'y auroit pas de lieu au monde où il pût être mieux reçu, et où il eût été plus libre qu'en tous ses Etats ; mais qu'en l'état où il se trouvoit, on ne pouvoit parler de sa liberté qu'avant toutes choses Sa Majesté n'eût une assurance authentique par écrit dudit Roi et de la république de Pologne, par laquelle ils assurassent que ledit prince Casimir ne porteroit jamais les armes contre le service de Sa Majesté. En même temps la république de Venise est sollicitée de s'entremettre envers le Roi pour sa délivrance ; leur ambassadeur présente à Sa Majesté une lettre de sa République sur ce sujet, et montre que ladite République étoit prête d'envoyer un ambassadeur extraordinaire pour en faire une plus grande instance. Mais Sa Majesté leur fit savoir que, bien qu'elle ne trouvât rien à redire à l'office que leur ambassadeur avoit passé pour la liberté dudit prince, et que tout ce qui venoit de leur part ne lui pouvoit déplaire, pource qu'elle savoit que ses intentions leur seroient toujours en plus particulière recommandation que celles de ses ennemis, elle ne pouvoit approuver que cet office fût suivi de l'envoi d'un ambassadeur extraordinaire ; que le roi de Pologne lui en avoit écrit, qu'il avoit demandé de lui quelque sorte d'assurance, et que, l'affaire étant en cet état, leur

(1) Gênes.

ambassadeur ne leur pourroit remporter la satisfaction qu'ils auroient pu espérer, outre que Sa Majesté auroit lieu de trouver à redire à une déclaration si précise pour la maison d'Autriche et ses adhérens contre son Etat, et même qu'un tel procédé en faveur des rois de Pologne et de Hongrie, donneroit un juste sujet aux Suédois de soupçonner ladite République de partialité, et ainsi rétracter l'acceptation qu'ils avoient faite de sa médiation ; ce qui lui ôteroit le moyen de contribuer à la paix de la chrétienté, qui est la chose du monde qui lui étoit le plus à cœur ; Sa Majesté ne pouvant en ce cas alléguer aucune raison qui pût démouvoir les Suédois d'une telle résolution, puisqu'elle-même s'y trouveroit intéressée. Mais, entre toutes les sollicitations qui furent faites pour ce prince, la plus importune fut celle du roi d'Angleterre, prétendant que Sa Majesté lui devoit accorder la liberté de ce prince pour l'échange de son neveu, ne considérant pas qu'excepté la guerre ouverte, tous les mauvais offices qu'on peut recevoir d'un prince voisin, on les recevoit de lui, et en la cause publique et en choses particulières de ce royaume. Néanmoins il faisoit faire une grande instance vers Sa Majesté sur cela. Elle eut peine à s'en défaire et à lui faire connoître qu'ayant renvoyé le secrétaire de Pologne vers le Roi son maître, pour savoir quelle sûreté il voudroit donner que ledit prince ne servît point contre la France ni ses alliés, Sa Majesté craignoit qu'on prétendît que cette diligence fût une espèce d'engagement à délivrer le prince Casimir par cette voie, en cas que Sa Majesté y trouvât ses sûretés, quoiqu'en effet elle n'eût donné aucune parole déterminée ; mais qu'en considération de la bonne amitié qui étoit entre Leurs Majestés, si Sa Majesté ne se trouvoit point engagée à délivrer ledit prince Casimir sur les simples assurances du roi de Pologne, comme en effet elle ne croyoit pas l'être, elle ne délivreroit point ledit prince sans faire de fortes et efficaces instances pour la liberté dudit prince Robert.

Le roi d'Angleterre avoit fait, peu auparavant, une autre sollicitation vers le Roi, qui, comme elle n'étoit guère juste, ne fut aussi guère agréable à Sa Majesté ; ce fut la liberté du chevalier de Jars, que nous avons dit ès années précédentes avoir été condamné à avoir la tête tranchée (2) pour les intrigues qu'il avoit faites, tant dedans que dehors le royaume. Ledit Roi ne voulut pas qu'on se servît de son nom en cette sollicitation-là, mais qu'on mît en avant celui de la Reine sa femme, qui en écrivit au cardinal avec une grande affection, et l'en fit solliciter instamment par le

(2) En 1633.

sieur de Montaigu, qui étoit de la part du Roi son mari en France, lui disant, de la part de ladite dame Reine, qu'elle désiroit avoir cette obligation au cardinal, qui, lui remontrant les difficultés que cette affaire rencontreroit en l'esprit du Roi, lui dit que le vrai temps où il en devoit parler avec espérance de succès, étoit lorsqu'il y auroit un bon traité signé entre les deux couronnes, et encore que ce seroit à condition que ledit chevalier ne pourroit demeurer ni en France ni en Angleterre, mais seulement à Malte. Cette réponse étoit faite à dessein, afin que la Reine sollicitât avec plus de soin la conclusion du traité entre la France et l'Angleterre que le Roi désiroit; mais cela fut sans effet, car le roi d'Angleterre ne voulut point s'y résoudre, et la Reine pressa encore davantage la liberté dudit chevalier, qu'elle vouloit présupposer qu'on lui avoit promise; et néanmoins on ne la lui avoit fait espérer qu'en suite de la signature du traité; ce que, lorsqu'on lui eut fait reconnoître, elle fit solliciter par le sieur Digby le cardinal, et le prier que, si elle lui étoit en quelque considération, il voulût non-seulement procurer la liberté dudit chevalier de Jars, mais abréger le terme auquel on la lui avoit fait espérer; et pource qu'elle lui avoit écrit, quelque temps auparavant, une lettre en laquelle elle le taxoit de lui avoir manqué de parole, ce qui n'étoit pas, elle lui en écrivit une plus honnête, mais avec la même ardeur qu'auparavant; ce qui enfin obligea le Roi pour ne la pas mécontenter de lui donner la liberté; ce qu'il fit de très-bonne grâce, l'envoyant tirer de la Bastille et conduire par le sieur de Chavigny au logis du sieur Digby, auquel il dit qu'il n'étoit plus prisonnier de Sa Majesté, mais de la reine d'Angleterre, et partant que ledit Digby disposeroit de lui et en répondroit au nom de ladite dame Reine. Il pria le sieur de Chavigny de le remettre entre les mains de l'ambassadeur; ce qu'il ne voulut faire, lui disant n'avoir autre ordre que de lui mettre entre les mains, et qu'il en feroit maintenant ce que bon lui sembleroit. La reine d'Angleterre reçut la grâce du Roi avec un extrême ressentiment, et le témoigna peu après en la demande que Sa Majesté fit au Roi son mari de lui accorder la levée de deux régimens écossais; car elle rendit au Roi son frère, en cette occasion, tous les offices qu'il pouvoit désirer d'elle.

Elle avoit toujours témoigné auparavant à notre ambassadeur ne vouloir aucunement s'employer en ces affaires-là, lesquelles elle savoit que le Roi son mari estimoit lui être de grande conséquence; mais quand notre ambassadeur ajouta aux autres raisons qu'il lui avoit alléguées pour l'y convier, la part que le cardinal prendroit à cet office rendu à la France, elle lui dit nettement qu'il l'avoit obligée de si bonne grâce en l'affaire du chevalier de Jars, qu'il ne s'offriroit jamais occasion de lui témoigner le gré qu'elle lui en savoit qu'elle ne le fît avec joie; qu'elle en parleroit au Roi son mari; que l'ambassadeur ne lui en parlât point encore jusques à ce qu'elle lui dît; qu'elle vouloit gouverner cette affaire à sa mode, et qu'elle espéroit que les troubles d'Écosse seroient en tel état dans peu de jours, qu'elle obtiendroit cette grâce du Roi son mari. Il y avoit en Écosse une grande révolte sur le sujet de la religion, laquelle le feu roi Jacques avoit essayé d'approcher un peu de celle d'Angleterre, et y avoit pour cet effet établi des évêques que les Écossais, qui sont puritains, reçurent mal volontiers; mais le respect dudit Roi, qui les avoit long-temps gouvernés, les retint en devoir. Maintenant, sur quelques légères occasions survenues, ils s'étoient élevés, faisoient plusieurs demandes au roi d'Angleterre concernant la religion et l'État, mais insistoient particulièrement qu'on leur ôtât lesdits évêques, et étoient tous en armes à cette fin, publiant que le Roi leur maître vouloit établir des cérémonies en leurs églises, qui étoit un acheminement à la religion catholique de laquelle il vouloit faire profession à l'avenir. Ces inconvéniens faisoient que le roi d'Angleterre avoit peine à consentir qu'on fît des levées de gens de guerre dans ce pays, pource qu'il disoit que les personnes de qualité en Écosse étoient contre lui, les uns ouvertement, les autres sous main, et que, dans le menu peuple seulement, il pouvoit espérer de trouver des serviteurs, et que sans doute les mutins ne s'enrôleroient point, mais ceux-là seulement qui, pour ne prendre point de part aux désordres de leur pays, seroient bien aises d'aller dans un autre. Notre ambassadeur, au contraire, mettoit en avant qu'il étoit avantageux au roi de la Grande-Bretagne de tirer des Écossais d'Écosse en ce temps où il y avoit des troubles en ce royaume, et quoiqu'on pût penser que c'étoient les catholiques qui sortoient en telles levées, il étoit certain que la plupart étoient protestans; outre que la continuation de la guerre étant avantageuse au roi d'Angleterre, c'étoit le moins qu'il pût faire que de permettre en ses Etats la levée de quelques gens nécessaires pour la maintenir, autrement il donneroit lieu de penser moins à ses intérêts, lorsqu'il sera question de conclure un traité de paix. L'ambassadeur informoit la Reine de ces raisons-là; elle les représentoit au Roi son mari, et y ajoutoit tant d'affection qu'elle se pensa brouiller avec lui sur ce sujet, et dit à l'ambassadeur qu'elle avoit fait ses derniers efforts et n'avoit rien obtenu, mais qu'elle croyoit avoir mis l'affaire en tel état, que s'il la poussoit fortement il en tireroit contentement : ce qu'il fit, et remporta de lui ce qu'il désiroit, après une conférence de trois heures avec ledit Roi (1).

Outre la difficulté que cette révolte d'Ecosse nous apporta pour la permission de cette levée, elle en fit naître une autre bien grande pour la religion, qui est que le roi d'Angleterre, pour se montrer bon protestant, estima à propos de faire renouveler les proclamations contre la religion catholique, par lesquelles il est défendu aux Anglais d'en faire aucune fonction. La Reine, ayant fait son possible pour l'empêcher, trouva bon que l'ambassadeur fît son effort envers lui. Après avoir fort agité cette affaire, ledit Roi lui donna sa parole qu'en sa considération il modéreroit les termes de la publication qu'il vouloit être faite, puisque l'état de ses affaires ne lui permettoit pas de la supprimer; que les Anglais qui viendroient chez lui à la messe n'en seroient point en peine, et que s'il y avoit exemple à faire, ce seroit aux dépens de l'ambassadeur d'Espagne ; de plus, qu'il connoîtroit, lorsqu'il lui parleroit pour des particuliers qui seroient en peine à ce sujet, l'estime qu'il faisoit de sa recommandation ; mais qu'il le prioit aussi qu'il le voulût obliger de ne point permettre que chez lui l'on prêchât en anglais, ni qu'on y donnât retraite aux prêtres du pays, moins aux condamnés à mort qu'aux autres, et, entre les condamnés, moins au nommé Musquet qu'à pas un; que cela étant, son conseil ne pourroit rien trouver à redire aux grâces qu'il feroit aux catholiques par son intercession. Ce fut un grand bien pour la religion et une grande bénédiction à la Reine, la considération de laquelle nous donna lieu de remporter cet avantage.

Nous eûmes quelque différend à démêler avec le roi d'Angleterre sur le sujet d'un vaisseau que nous avons dit, les années précédentes, avoir été combattu à Salé et pris par le sieur du Chalart ; car, bien que le vaisseau eût été déclaré de bonne prise par le conseil de la marine, néanmoins les Anglais, selon leur opiniâtreté ordinaire, poursuivirent toujours qu'on le leur rendît ; et cette année, se servant de l'occasion du temps, ils obtinrent du roi de la Grande-Bretagne des lettres de marque, en vertu desquelles ils arrêtèrent plusieurs de nos vaisseaux, qu'ils menèrent avec leurs marchandises vendre en Angleterre.

(1) Pour bien juger ce trait il faut savoir que le cardinal excitait les turbulents d'Écosse à la révolte, et les deux régiments qu'il levait étaient autant de défenseurs ôtés à l'autorité royale.

H. C. D. M. T. IX.

Le Roi, en ayant avis, fait aussi saisir tous les vaisseaux anglais qui étoient dans nos ports ; on en fait un grand bruit en Angleterre qui vient aux oreilles de leur Roi, qui en fait faire de grandes plaintes par son ambassadeur, auquel on représente que le tort est de leur côté, et que le Roi n'a fait que se défendre. Enfin le roi d'Angleterre, tirant un soir à part notre ambassadeur, qui étoit chez la Reine sa femme, lui dit qu'il avoit connoissance de quelle considération lui étoit pour son honneur, et de quelle importance pour son revenu, de donner à ses marchands satisfaction sur ce sujet, et assurance qu'ils ne tomberoient plus à l'avenir en semblables inconvéniens ; qu'il le prioit de ménager avec le Roi son maître qu'il pût sortir de cette affaire à son honneur, et qu'il lui donnoit sa parole que, cela étant, la France recevroit une satisfaction entière à tout ce qu'elle pourroit désirer de lui. Sa Majesté, pour ne rien oublier de sa part à tout ce qui pourroit contribuer à une plus étroite amitié avec ledit Roi, commanda au cardinal de terminer cette affaire le plus favorablement qu'il se pourroit. On rendit ce vaisseau, et donna-t-on quelques récompenses pour les marchandises. Ils rendirent aussi le vaisseau de Toiras, qui avoit été pris par eux au port du Texel lorsque nous avions guerre avec eux, et les vaisseaux français et anglais qui avoient été arrêtés dans les ports de France et d'Angleterre furent relâchés de part et d'autre.

A peu de temps de là la Reine, mère du Roi, par un changement bien soudain, et qui surprit tout le monde, s'ennuya à Bruxelles et passa à Londres. Et si le manifeste qui courut sous son nom peu après est véritable, car elle le désavoua, mais assez long-temps depuis, le mépris et les injures qu'elle rencontra à Bruxelles depuis la mort de l'Infante, au lieu de l'honneur et de l'estime qu'elle y prétendoit recevoir, en furent la cause ; se voyant tous les jours en perpétuelles craintes d'émotion populaire contre sa vie ou celle des siens, et n'y pouvant plus vivre contente, ni les siens en sûreté, puisque les ministres d'Espagne, bien loin de remédier à ces désordres, témoignoient assez par leur connivence qu'ils les approuvoient, et augmentoient l'audace du peuple par le mépris qu'ils en faisoient, et disoient ou souffroient, pour la rendre encore plus odieuse, qu'on dit publiquement que l'extrême dépense qu'on faisoit pour son sujet empêchoit qu'on pût fournir au paiement de l'armée, tenoient pour coupables les seigneurs qui la visitoient, et sa recommandation pour qui que ce fût étoit une condamnation assurée. Or, qu'elle se soit retirée pour ces raisons-là, comme ledit

20

manifeste le met en avant, c'est une chose incertaine : bien est-il certain qu'elle a reçu tout ce mauvais traitement-là, comme on a vu les années précédentes, et il est bien difficile de croire qu'elle y ait été si insensible de nature, ou si patiente par vertu, qu'elle n'ait point eu de désir de se retirer d'un lieu où elle étoit si maltraitée, quoi qu'on en puisse dire l'auteur du second manifeste, qui l'a fait publier sous son nom pour désavouer le premier. Reconnaissant, dit-il, que la Flandre étoit un lieu qui lui fermoit les avenues à la réconciliation avec le Roi, elle prit résolution d'en sortir ; et, pource que c'étoit le temps auquel on buvoit des eaux de Spa, elle avoit pensé d'aller faire quelque petit séjour dans la terre des Liégeois, sans rien déterminer de son retour en Flandre, ce qui l'empêcha de communiquer les particularités de ce dessein au cardinal Infant ; joint que le temps de la campagne le tenoit lors éloigné d'elle, et ne lui permit pas de lui pouvoir dire adieu elle-même : s'y étant acheminée, elle eut peine, dit-il, d'y assurer sa demeure, et prévit beaucoup de difficultés qui pouvoient empêcher sa sortie, si elle eût voulu se retirer ailleurs ; de sorte que, voyant son passage libre par la Hollande, elle estima y devoir aller, pour de là passer en Angleterre.

Voilà des raisons bien légères et mal tissues, et qui montrent bien le peu de solidité d'esprit de celui qui les a inventées. Cette connoissance que les terres de l'obéissance du roi d'Espagne n'étoient pas un lieu propre pour la réconciliation avec le Roi, leur seroit-elle venue comme une révélation en un instant ? Leur avoit-il pas été déclaré par assez d'actes publics dès leur éloignement des États du Roi ? et cette lumière les auroit-elle surpris de telle sorte, que, sans feindre d'aller prendre les eaux à Spa, ils n'eussent pu attendre le retour du cardinal Infant pour lui communiquer leur dessein, lequel ils savoient bien ne lui pouvoir être désagréable, puisqu'il avoit éprouvé que leur mauvaise volonté contre la France ne lui produisoit autre fruit qu'une dépense inutile et fâcheuse : outre qu'il dit que ledit cardinal Infant n'avoit jamais trouvé mauvais que ladite dame Reine eût cherché tous les moyens possibles de se réconcilier avec le Roi. Mais la raison de leur soudain partement fut qu'après une longue souffrance de mépris et d'injures elle perdit la patience et, sans pouvoir même attendre que le cardinal Infant fût de retour, elle se résolut en un instant de partir, et, étant incertaine où elle devoit aller, proposa de passer aux terres de Liége, qui étoient les plus proches, sous ombre d'aller à Spa, où étant, de nouvelles craintes la surprirent, qui la firent passer en Hollande et de là en Angleterre, vu que l'indignation ou la crainte sont les seuls motifs des conseils aveugles et précipités.

Or, quelle qu'ait été la cause de sa sortie de Flandre, elle en partit le 10 août, s'en alla à Louvain, de là à Saint-Tron, entre ledit Louvain et Liége, où les bourgmestres la vinrent trouver, et la prièrent de leur dire le temps qu'elle vouloit entrer dans leur ville, afin qu'ils la reçussent avec tous leurs habitans en armes : elle leur dit qu'elle s'y en alloit incontinent, qu'ils allassent toujours devant et qu'elle les suivroit ; mais, dès qu'ils furent partis, elle prit la route de Bois-le-Duc, et envoya prier le prince d'Orange de l'y faire recevoir et au reste de la Hollande, d'où elle vouloit passer en Angleterre. Cette nouvelle venue à Bruxelles étonna tout le monde, et particulièrement le sieur Gerbier, résident d'Angleterre, qui écrivit incontinent à Fabroni, et se plaignit qu'il l'avoit trompé, l'ayant assuré que ladite dame Reine n'avoit nul dessein d'aller en Angleterre, étant raisonnable que ledit Roi en fût premièrement averti, attendu la conjoncture des affaires présentes avec la France, joint que peut-être en seroit-il rendu moins capable de contribuer à son contentement, outre que ledit Fabroni lui avoit dit qu'ils avoient des lettres du roi d'Espagne qu'ils gardoient comme des reliques, par lesquelles il promettoit à ladite dame Reine de ne faire jamais la paix avec le Roi à l'exclusion d'elle ; de sorte que son retour en France devoit être certain puisque le Roi, à ce que disoit ledit Fabroni, seroit contraint au plus tôt de faire la paix, et que le retour de ladite dame Reine et de la somme d'argent qui lui seroit délivrée pour payer ses dettes et retirer ses bagues engagées, seroit le premier article du traité, et partant qu'elle ne pouvoit avoir pensée de se retirer de Flandre et perdre la protection d'un tel roi et l'obligation de ses promesses si favorables, et concluoit en disant beaucoup de mal de l'évasion de Monsieur, dont ladite dame Reine aimeroit mieux mourir que de suivre l'exemple. Il est vrai que les plus sages, voyant tous ses gens vendre leurs meubles, et qu'elle portoit tous les siens, ses tableaux, cabinets et curiosités, se doutoient bien que ce ne pouvoit être pour un simple voyage de Spa. Le prince d'Orange fut surpris de sa venue, pource qu'elle avoit auparavant envoyé demander un passeport pour aller boire des eaux de Spa, et dit à l'archer qu'elle lui envoya, qu'il n'y avoit rien qui l'empêchât de venir dans les villes de messieurs les États, et qu'il n'estimoit pas qu'elle voulût penser à rien qui pût altérer la bonne intelligence qui étoit entre la France et eux. L'archer lui répondit qu'elle contribueroit plutôt à l'entretenir. Les Etats prièrent le prince d'Orange de lui rendre de leur part tout l'honneur qui lui étoit dû, et la princesse d'Orange de lui aller tenir compagnie. Ils chargèrent leurs députés au camp de lui rendre toutes sortes de civilités de leur part, s'assurant que le Roi l'auroit agréable, ne désirant jamais manquer au service qu'ils devoient à la France et au Roi. Ils eussent bien désiré qu'elle se fût allée promener dans le pays, sans aller à La Haye, jusques à ce qu'ils eussent reçu avis de leur ambassadeur en France si elle venoit en leur pays avec participation du Roi, et comme il lui plairoit qu'ils se gouvernassent envers elle, et députèrent les comtes de Culembourg et de Brederode pour l'accompagner en son voyage ; mais elle vouloit aller droit à La Haye, après avoir seulement passé à Bois-le-Duc, Berg-op-Zoom, Dordrecht et Roterdam ; elle fut reçue partout avec grand respect, les habitans en armes et le canon tirant.

Le prince d'Orange alla au-devant d'elle, à deux lieues par-delà Bois-le-Duc, et, en l'abordant, lui baisa le bas de la robe. Elle ne fit pas abattre la portière de son carrosse ni se démasqua. La princesse d'Orange lui baisa pareillement le bas de sa robe en l'abordant, sans que la Reine la baisât, de quoi ledit prince ni sa femme ne furent pas satisfaits. Les Etats députèrent un d'entre eux de chacune de leurs provinces pour aller au-devant d'elle jusques à Delft. Les ambassadeurs de Suède et de Venise lui envoyèrent leurs carrosses vides jusque-là. Lesdits Etats lui faisoient servir une table à part pour elle dans sa chambre, et une de seize couverts pour sa suite, et, témoignant reconnoissance des bienfaits qu'ils avoient reçus de la France pendant sa régence, ils n'eussent pas été marris qu'elle eût fait quelque demeure chez eux jusques à ce qu'elle s'y fût réconciliée avec le Roi. Le sieur d'Etampes, notre ambassadeur, se laissa entendre qu'il ne lui pouvoit rendre aucuns honneurs sans avoir eu auparavant ordre du Roi pour savoir comme il se devoit comporter envers elle, lequel il ne pouvoit encore avoir reçu, Sa Majesté n'ayant pu prévoir une telle résolution. Cela lui fit entreprendre un voyage à Amsterdam, pour laisser passer une semaine, pendant laquelle il lui pourroit venir ordre de la cour de la voir, et ce conseil fut pris de concert avec la princesse d'Orange qui l'accompagna à son voyage ; mais quand à son retour ils virent que l'ambassadeur ne la voyoit point, ils commencèrent lors à se détromper de l'opinion qu'ils avoient qu'elle fût allée en Hollande avec la participation de Sa Majesté. Elle ne céloit point qu'elle sortoit d'un lieu où elle avoit bien reçu des afflictions depuis la mort de l'Infante ; ses ministres aussi se laissoient aller à parler de ce même style-là, Le Coigneux et Fabroni n'ayant point de honte de dire qu'on avoit eu dessein de se saisir de sa personne, et que cela les avoit fait retirer en Hollande, ce qui avoit peu d'apparence par toutes sortes de respects. Ce dont le cardinal Infant ayant été averti, il le trouva d'autant plus étrange qu'ils l'avoient assuré d'agir tout autrement, et que Le Coigneux lui avoit mandé depuis sa sortie que dans peu de jours il essaieroit de donner à l'Espagne la satisfaction qu'elle se promettoit, et avoit écrit à la dame du Fargis que la conférence qu'il avoit eue à Bois-le-Duc avec le prince d'Orange lui faisoit espérer d'agir si bien sur le plan qu'elle savoit, qu'ils y trouveroient tous leur compte ; ce qui étoit touchant la trêve que le médecin Riolant écrivoit en même temps qu'ils avoient promis de moyenner entre l'Espagne et la Hollande. Ledit cardinal Infant fit publier une déclaration du 6 octobre, par laquelle il commandoit à tous ses officiers de faire sortir tous les Français de ses provinces de Flandre, et particulièrement ceux qui avoient suivi la cour de la Reine-mère, attendu que, depuis la déclaration de la guerre, il ne leur avoit donné à tous permission d'y demeurer qu'à raison de la demeure que la Reine-mère y feroit. Cet ordre fut exécuté avec une grande rigueur ; le duc d'Elbeuf, Chanteloube et Saint-Germain, furent exceptés, pourvu qu'ils n'eussent point de serviteurs français avec eux, ayant été permis audit duc d'en pouvoir retenir un seulement ; et, non contens de cela, ils mirent sus une noire calomnie contre quelques dames françaises qu'ils mirent prisonnières, les accusant d'avoir voulu empoisonner le cardinal Infant, ce qui fut fait ou avec trop de précipitation, ou par une malice trop grande par le président Rose, qui fut contraint de les mettre en liberté, reconnoissant leur innocence. Tels mauvais traitemens sont toujours enfin la récompense que reçoivent ceux qui, contre leur devoir, quittent le service qu'ils doivent à leur prince naturel pour recourir à celui d'un prince étranger.

La Reine-mère reçut et donna quelque petit mécontentement en Hollande. Le menu peuple craint qu'on ne le paie pas bien de ce qu'il fournira pour elle : le bruit étoit d'ailleurs parmi eux qu'elle avoit laissé force dettes à Bruxelles ; et à son abord à La Haye, ses gens y ayant été logés par bulletins, ils ne les voulurent pas recevoir, et la plus grande part couchèrent comme ils purent ; ce qui donna beaucoup de déplaisir à la Reine, bien qu'en effet ce désordre ne vint que de la jalousie de deux magistrats qui exerçoient la police, en partie aussi de la liberté de ce peu-

20.

ple-là ; car peu après ils y mirent ordre. Les États se trouvèrent offensés de ce qu'elle n'avoit point fait couvrir leurs députés quand ils l'allèrent voir de leur part ; et le jour de son entrée il pleuvoit si fort qu'ils furent bien mouillés et incommodés. Ils alléguoient pour raison de leurs prétentions qu'on faisoit bien couvrir leurs ambassadeurs, lesquels n'étoient pas plus que leurs députés, puisque ce sont eux qui les envoyoient. La Reine de Bohême (1) eut aussi quelque mécontentement de ce que la Reine, à la visite qu'elle lui fit, ne l'avoit reçue qu'à la porte de sa chambre et reconduite jusque-là ; elle lui fit donner une chaise à bras à sa gauche, pareille à la sienne, l'appela toujours sa fille, celle de Bohême la traitant de Majesté. Ce qui la surprit davantage, fut qu'elle ne baisât point ses deux filles aînées qui l'accompagnoient ; mais cela avoit été manié par Donchamp pour satisfaire la princesse d'Orange, qui s'étoit, comme nous avons dit, offensée de n'avoir pas aussi été baisée de la Reine ; mais quand ladite dame Reine lui rendit sa visite, elle eut sa revanche ; car elle n'alla recevoir ladite dame Reine-mère qu'à la porte de son antichambre, qui, selon la situation de son appartement, aboutissoit sur le degré de son logis, et ne la conduisit pas plus avant. Il fut remarqué que la Reine-mère en descendant le degré tourna la tête pour voir si elle ne l'accompagnoit point. Davantage, la reine de Bohême ne baisa pas les marquises de Sourdeac et de Fabroni, quand elles l'allèrent visiter à part, et baisa en leur présence une dame du pays de moindre qualité qu'elles. La princesse d'Orange, de son côté, avoit plusieurs déplaisirs : elle avoit trouvé mauvais que la Reine-mère ne l'avoit point fait manger à Amsterdam avec elle quand elle y mangea en public ; car, bien que sa naissance ne lui donnât pas cette prérogative, la qualité que son mari avoit dans les Etats lui donnoit assez de vanité pour prétendre y avoir un rang approchant ou semblable à celui qu'avoit l'Infante aux Pays-Bas. Elle se lassoit fort de se voir si éloignée de ce degré-là auprès de la Reine, et d'être presque comme suivante à la vue de ce peuple. Mais elle dissimuloit par le commandement de son mari, qui, quoiqu'il lui semblât n'avoir pas été assez considéré par ladite dame Reine, vouloit bien demeurer avec elle à tout événement. Ladite princesse lui disoit néanmoins, et faisoit dire souvent à dessein les incommodités que l'on recevoit de l'air de ce pays-là en hiver, et qu'il étoit dangereux pour sa santé, ce qu'elle connoissoit bien qui lui étoit dit pour la convier honnêtement à se retirer, et

(1) Veuve de l'électeur palatin.

lui redoubloit le désir de passer bientôt en Angleterre selon son premier dessein. L'ambassadeur de cette couronne s'absenta à sa venue, sous le prétexte d'une indisposition simulée ; puis, à quelque temps de là, le 10 septembre, visita la Reine-mère, disant qu'il n'avoit encore reçu ordre du Roi son maître sur cela, mais qu'il s'assuroit bien qu'il ne l'auroit pas désagréable, bien qu'il fût et croyable et certain qu'il l'avoit reçu, ayant eu assez de temps pour ce sujet ; ledit ambassadeur dit à celui du Roi qu'il ne lui avoit fait qu'un compliment en termes généraux.

Cependant, dès que ladite dame Reine fut entrée dans le pays des Etats, tous les siens, à dessein d'émouvoir à pitié ces peuples, et leur rendre la justice du Roi sur son éloignement moins favorable, publioient tout haut que ladite dame n'étoit sortie de Bruxelles que pour venir en un pays ami du Roi ou neutre, pour s'éloigner de tout soupçon, et donner lieu de l'assister ; qu'elle n'avoit autre pensée que de retourner en France, non pour se mêler du gouvernement et des affaires, dont elle ne vouloit pas même ouïr parler, mais simplement pour aller demeurer à Moulins ou ailleurs où le Roi lui prescriroit, sans désirer même aller à Paris, ne demandant autre chose que de pouvoir jouir de son bien et de passer le reste de ses jours en repos, pour être après sa mort inhumée avec le feu Roi son mari, comme si ce n'eût pas été elle-même qui, contre tout ce que le Roi lui avoit fait représenter pour son bien, étoit sortie du royaume, et comme si sa maison de Moulins et toute autre qu'il lui eût plu choisir, ne lui eût pas été cent fois offerte sans qu'elle y eût jamais voulu consentir, outre que les siens mêmes témoignoient un esprit bien éloigné de cette disposition-là ; car Donchamp, à son retour d'Amsterdam, passant par Harlem et par Leyde, disoit tout haut au milieu des entrées qui étoient faites à la Reine en ces villes-là, qu'elle feroit la trève auparavant que de partir de ce pays-là, ce que ces villes-là désiroient plus ardemment que toutes les autres. La princesse d'Orange, ou par ordre de son mari, craignant que sa demeure fût à charge aux Etats, ou pour se mettre en sa bienveillance, parla à notre ambassadeur pour écrire à la cour des intérêts de ladite dame Reine, et qu'il plût au Roi de lui envoyer quelque entretènement ; mais il refusa de se mêler d'une affaire si importante sans en avoir un ordre exprès de Sa Majesté, lequel il appartenoit à ladite dame de ménager, à quoi les siens ne voulurent pas entendre. Quelques-uns d'entre eux conseilloient d'écrire franchement au Roi une lettre d'excuse de sa sortie de France, en rejetant la cause sur le mauvais conseil qu'on lui avoit donné et qu'elle avoit suivi, et faisant rougir Saint-Germain de toutes les menteries qu'il avoit imprimées; mais d'autres n'y consentirent pas, disant que ce seroit faire une amende honorable; autres proposèrent d'autres moyens, mais il ne se conclut rien, parce que ladite dame Reine avoit peine à fléchir son humeur, et eût voulu que le Roi lui eût écrit le premier. Messieurs les Etats enfin furent priés de faire cet office, et en écrivirent à Sa Majesté le 30 août, lui mandant qu'ils reconnoissoient en elle un si sensible amour pour le Roi son fils, tant de bonne volonté pour ceux qu'il honoroit de sa confiance, et si peu de souvenir de ce qui s'étoit passé en son endroit, qu'ils avoient cru être obligés de supplier Sa Majesté d'avoir agréable qu'elle se réconciliât avec lui d'une bonne et solide réunion.

Sa Majesté, voyant par cette lettre que ces messieurs parloient de ce qu'ils ne savoient pas, ne leur fit point de réponse, mais donna charge au sieur d'Etampes, son ambassadeur en Hollande, de leur dire que Sa Majesté ne s'étoit jamais séparée d'elle, mais elle de lui, qu'il avoit toujours voulu et vouloit encore être en bonne union avec elle, pourvu qu'elle fût en lieu non suspect, comme il lui avoit fait savoir; qu'il ne la pouvoit recevoir en France, ayant les intelligences qu'elle avoit avec Espagne; que, pour la même raison, il ne devoit pas désirer sa demeure dans le pays des Etats, étant certain que, pendant que la France et eux seroient joints contre l'Espagne, ni l'un ni l'autre n'avoient besoin qu'elle fût chez eux; qu'il aimoit sa personne, mais que l'expérience lui avoit fait connoître qu'il en devoit appréhender les humeurs, et particulièrement celles des mauvais esprits qui étoient auprès d'elle. Il donna charge aussi à son ambassadeur de représenter au prince d'Orange et à tous ceux qu'il jugeroit à propos, que ces mauvais esprits qui étoient auprès d'elle vouloient essayer d'introduire quelque négociation de trêve entre lesdits Etats et l'Espagne, ou au moins en donner espérance aux Espagnols et soupçon aux Français, afin de venir par tels artifices ordinaires à telles gens à leurs fins, qui n'étoient autres que de tromper tout le monde et agir contre la France; que d'ailleurs les Espagnols vouloient faire des négociations secrètes aux mêmes fins de la trêve, et que leur prétention étoit de ravoir le Brésil, Maestricht et un passage sur le Rhin, moyennant une somme notable d'argent; mais que le Roi sachant que le prince d'Orange étoit homme de parole et de foi, et, de plus, que lui ayant déjà répondu que les Etats n'étoient pas capables d'entendre de telles conditions, Sa Majesté se tenoit assurée que les desseins des Espagnols pour ce regard ne pouvoient réussir; que ledit sieur prince devoit bien prendre garde que, par les voies indirectes que les Espagnols prendroient pour traiter avec les Etats, ils ne gagnassent quelques particuliers par argent, lesquels s'y laisseroient d'autant plus volontiers aller, qu'en ce faisant ils ne croiroient agir que contre la guerre, bien qu'ils ne pussent incliner à la trêve à de mauvaises conditions, sans faire contre leur Etat, contre le prince d'Orange et contre leur propre sûreté, étant certain que si on les détachoit une fois de la France, on les perdroit aisément quand on voudroit sous divers prétextes dont les Espagnols ne manqueroient jamais, étant destitués de protection et d'assistance; que les Espagnols pourroient aussi, par le moyen de ladite dame Reine, ou de ceux qui étoient employés dans ses affaires, dont on connoissoit l'esprit et la conduite, essayer de diminuer le crédit du prince d'Orange près des Etats et dans leurs provinces, étant capables de toutes sortes d'artifices et de méchancetés; que le Roi les avoit éprouvés, en ce que, depuis son départ, ils avoient fait diverses entreprises sur des places de son royaume, et même sur la vie du cardinal; qu'elle et eux n'avoient pu compatir avec Monsieur; que sous son nom ils avoient encore voulu, depuis peu, embarquer des premiers princes de l'Etat à servir les Espagnols contre la France; qu'après une telle conduite, il y avoit peu de lieu d'y prendre confiance, et que Sa Majesté faisoit bien au-delà de ce qu'il devoit, se portant après tant d'offenses qu'il en avoit reçues à lui faire un très-honorable traitement et proportionné à sa dignité, si elle vouloit aller en un lieu non suspect, comme il lui avoit plusieurs fois fait savoir.

Tandis que Sa Majesté donne ses ordres, ladite Reine, conseillée de regagner la princesse d'Orange, lui fait des caresses si grandes au prix de ce qu'elle lui avoit fait auparavant, qu'elle la fit entreprendre de faire trouver bon au prince d'Orange que les Etats députassent exprès sur son sujet en France. Le sieur Knut, premier représentant de la noblesse aux Etats du comté de Zélande et ami particulier du prince d'Orange, est nommé à cet office, et part, dès le 15 septembre, avec ordre de dire au Roi que la Reine sa mère leur avoit fait quelque ouverture sur le sujet de sa réconciliation avec Sa Majesté, les ayant priés de lui représenter qu'elle n'aspiroit plus au gouvernement, et ne désiroit, sinon de vivre en repos en

France, en l'une de ses maisons qu'il lui plairoit lui prescrire pour sa demeure; qu'ils avoient cru en devoir donner avis à Sa Majesté, et la supplier que, s'il ne lui plaisoit pas encore la faire venir en France, et que, pour certaines considérations, il désiroit plutôt qu'elle s'arrêtât encore en leur pays pour quelque temps, il eût agréable de lui donner le moyen d'y subsister, parce qu'ils ne l'avoient pas d'y subvenir. Ils ne donnèrent point de part de cet envoi à notre ambassadeur; la princesse d'Orange seulement lui en parla après que Knut fut parti de La Haye; et, jugeant bien des réponses dudit ambassadeur que cet envoi ne produiroit pas l'effet qu'ils en espéroient, le prince d'Orange eut quelque pensée de donner charge audit Knut de passer l'office de la conjouissance de la naissance de M. le dauphin qui étoit arrivée peu auparavant, afin que l'affaire de ladite dame Reine ne fût pas le sujet principal de son envoi, et qu'il ne tînt lieu que d'accessoire; mais ceux de la province de Hollande s'y opposèrent, prétendant que l'honneur de cette charge-là leur appartenoit. Cependant les ministres de la Reine-mère, pour rendre leur cause plus favorable, faisoient publier partout que ledit sieur Knut portoit de grandes soumissions de la part de ladite dame; ce qui étoit faux. Néanmoins, et attendant le retour dudit Knut, ils firent demander si, pendant qu'on négocieroit ce raccommodement, les Etats la pourroient secourir de quelque entretènement; à quoi la princesse d'Orange répondit qu'ils la pourroient bien défrayer six mois, mais non pas davantage. Le sieur Knut étant arrivé à Paris, et ayant exposé sa créance, Sa Majesté lui répondit qu'il n'avoit jamais manqué de respect ni d'affection pour la Reine sa mère, qu'il lui en avoit rendu tant de témoignages qu'elle n'en pouvoit douter, et qu'il s'assuroit qu'elle reconnoîtroit en sa conscience que rien n'en avoit empêché la continuation, que la mauvaise conduite que ses mauvais conseils lui avoient suggérée depuis quelques années; mais Sa Majesté, considérant que, pendant le meilleur traitement qu'elle lui faisoit, durant lequel elle croyoit être plus assurée de son amitié et de sa fidélité, elle ne laissoit pas d'avoir des pratiques contre son service dedans sa maison, dans le royaume et avec les étrangers; que même depuis qu'elle s'étoit retirée en Flandre, contre le gré et à l'insu de Sa Majesté, non-seulement les avoit-elle continuées, mais en avoit fait d'autres nouvelles, pour mettre entre les mains de ses propres ennemis les meilleures places du royaume; et que la malice de ceux qui abusoient de son nom étoit allée jusqu'à ce point, que, pour arrêter le cours de leurs attentats sur les personnes qui étoient plus chères à Sa Majesté, elle avoit été contrainte d'abandonner au cours de la justice plusieurs misérables qui, ayant été convaincus, avoient été publiquement exécutés; Sadite Majesté ne pouvoit recevoir en son royaume ladite dame Reine, comme elle témoignoit le désirer, en étant retenue par la juste crainte qu'il devoit avoir qu'on ne continuât sous son nom, et peut-être sans son su, à faire des factions et des monopoles dans son Etat, non-seulement au préjudice de la France, mais de ses alliés; cependant que s'il plaisoit à ladite dame Reine se retirer à Florence, qui étoit le lieu de sa naissance, auquel les mauvais esprits qui pourroient avoir crédit sur le sien, ne sauroient faire mal ni à ce royaume ni à ses alliés, Sa Majesté, pour témoigner son bon naturel, lui offroit, comme elle avoit déjà fait par le passé, un entretien beaucoup plus honorable et opulent que celui dont elle se contentoit en Flandre. Cette réponse détrompa plusieurs personnes à qui les gens de ladite dame Reine donnoient beaucoup de fausses impressions, et fit connoître la bonté de Sa Majesté, qui étoit toute prête de lui donner de quoi soutenir sa dignité à Florence, où le Grand-Duc la désiroit il y avoit long-temps, si elle y vouloit aller; mais cette réponse et le peu de moyens qu'elle avoit de subsister dans le pays des Etats, et la crainte qu'elle avoit que cet air grossier ne nuisît à sa santé, lui fit soudain prendre le chemin d'Angleterre, quoique l'ambassadeur (1) eût été trouver depuis peu ledit Fabroni, et lui eût dit, de la part du Roi son maître, qu'il ne pouvoit recevoir ladite dame Reine dans son royaume, et principalement ses conseillers, sans le consentement du Roi Très-Chrétien, et qu'il en avertit ladite dame, ou autrement qu'il se plaindroit de lui; ce qu'il étoit bien croyable que ledit roi d'Angleterre faisoit de crainte de la grande dépense qu'il prévoyoit que sa venue en ses Etats lui apporteroit.

Ladite dame fut fort étonnée au rapport que lui fit Fabroni de ce que ledit ambassadeur lui avoit dit, et ce d'autant plus qu'elle avoit reçu des lettres de la Reine sa fille, par lesquelles elle lui mandoit qu'elle y seroit la très-bienvenue, sans lesquelles elle dit à la princesse d'Orange qu'elle ne fût pas partie de Bruxelles. Elle avoit déjà bien pu reconnoître, il y avoit long-temps, que le roi d'Angleterre ne la désiroit pas dans ses Etats, par ce que Gerbier avoit dit à Fabroni à son départ de Bruxelles, et par le semblable discours que l'ambassadeur d'Angleterre avoit

(1) Anglais.

tenu depuis audit Fabroni, et ses serviteurs l'avoient bien pu avertir que les ambassadeurs anglais parloient conformément à cela en tous les lieux de leur résidence; mais il est croyable que, comme le roi d'Angleterre dit à notre ambassadeur, lorsqu'il eut la nouvelle qu'elle avoit dessein d'y venir, la mauvaise conduite que ses conseillers lui avoient fait prendre non-seulement à l'égard des Espagnols, mais de l'archevêque de Cologne, de la ville de Liége et de tous les autres avec lesquels ils avoient eu à traiter, ne lui laissant plus aucun lieu libre où elle pût aller, ou auquel on la voulût recevoir, la contraignoit de prendre la route d'Angleterre, n'ayant plus aucun refuge que celui-là, et ne pouvoit plus demeurer en Hollande, de crainte, comme nous avons dit ci-dessus, que l'air fût préjudiciable à sa santé, et le pays ne la voulant plus entretenir. Montaigu et la duchesse de Chevreuse (qui étoit passée d'Espagne en Angleterre, il y avoit quatre mois, dans le même esprit avec lequel elle étoit sortie de France) lui donnèrent, au déçu du roi d'Angleterre, le courage d'y venir, et lui firent écrire par la Reine sa fille des lettres pleines de paroles de civilité, dont l'intelligence pouvoit être étendue plus loin qu'elle-même ne désiroit; car elle appréhendoit sa venue, et quand elle sut qu'elle y étoit résolue, il lui échappa de dire : « Adieu ma liberté. » Le roi d'Angleterre dit à notre ambassadeur que jamais affaire ne l'avoit plus surpris que celle-là; qu'il croyoit avoir assez témoigné à elle et à ses ministres, par les réponses qu'il leur avoit faites, qu'il ne jugeoit pas à propos qu'elle le vînt trouver, et que depuis peu il lui avoit encore fait dire que, si ses affaires étoient en tel état qu'il pût s'employer à la faire retourner en France, sa retraite en Angleterre lui en ôteroit absolument le moyen, et de plus qu'elle avoit des ministres avec elle mal voulus du Roi, et dont la demeure ne lui seroit pas agréable en son pays; qu'il l'assuroit que la Reine ni lui ne désiroient point sa venue en son royaume, et qu'il étoit offensé contre Montaigu de ce qu'il ne lui avoit point donné d'avis de ce qui se traitoit à ce sujet; qu'il ne savoit qui étoient ceux qui avoient tramé cette affaire, mais qu'il le découvriroit de la bonté de la Reine mère, ou de la folie de ses ministres, et qu'ils en seroient mauvais marchands. Monsigot arriva à Londres le 11 octobre, de sa part, pour donner avis au roi d'Angleterre qu'elle étoit déjà embarquée pour le venir trouver. L'amiral et le contrôleur général, avec le comte de Salisbury, et la compagnie des gentilshommes pensionnaires, furent envoyés à Douvres pour la recevoir; la reine d'Angleterre alla à Gravesande sur la rivière, à dix lieues de Londres, pour l'amener en ladite ville. Le roi d'Angleterre alla au-devant d'elle et la mena à Londres, où il la reçut avec grande pompe, et à quelques jours de là lui ordonna 1000 liv. par jour pour la défrayer en la maison de Saint-James, qui est au bout du parc de la sienne, fort spacieuse et ornée de beaux jardins. Elle demeura sept jours sur la mer, battue de la tempête, et n'arriva qu'en novembre à Londres. Le roi d'Angleterre en fit peu après donner part au Roi par son ambassadeur résidant en la cour de Sa Majesté, qui lui dit que la principale cause qui avoit fait entreprendre ce voyage à ladite dame Reine, étoit, ce disoit-elle, que sa santé étant incommodée en Hollande à cause du climat froid et humide, bien différent de son air natal, elle étoit venue chercher en Angleterre un air plus tempéré, et qui approchoit plus de celui de la France où elle avoit vécu long-temps en prospérité; et bien que le Roi son maître n'eût pas beaucoup contribué à cette résolution, parce qu'il n'eût pas voulu inviter une princesse si délicate à passer la mer en une saison si pleine de tempêtes, dès qu'il avoit eu avis toutefois de son désir, il avoit donné ordre qu'elle fût reçue avec tout l'honneur qu'il étoit possible, et pendant qu'elle y demeureroit, il lui donneroit un entretènement convenable à la mère de Leurs deux Majestés. Le Roi ne leur répondit autre chose, sinon qu'il avoit déjà appris par ses ministres son arrivée et sa réception, qu'elle étoit accompagnée d'étranges conseillers, de Fabroni, Le Coigneux et Monsigot, qui étoient, principalement les deux derniers, de méchans esprits qui ne pouvoient vivre en paix et causeroient bientôt des brouilleries en la cour d'Angleterre, où il n'y en avoit point encore, et troubleroient l'Etat. L'ambassadeur attendoit que le Roi témoignât approuver la réception de la Reine sa mère en Angleterre; mais Sa Majesté ne jugea pas raisonnable d'en parler, attendu que, si le roi d'Angleterre eût vécu avec le Roi en la bonne intelligence qui devoit être entre eux, il eût conseillé ladite dame Reine de se retirer à Florence, suivant le désir du Roi et pour son propre bien, où elle eût reçu un magnifique entretènement de Sa Majesté, plutôt que de souffrir qu'elle vînt en Angleterre, où les intérêts d'Espagne, auxquels elle a témoigné cidevant être si unie, ne permettent pas qu'elle puisse demeurer sans soupçon. Sa Majesté donna ordre à son ambassadeur en Angleterre d'aller faire la révérence à la Reine dès qu'elle seroit arrivée, pour lui témoigner que le Roi vouloit qu'en quelque lieu qu'elle allât elle fût honorée et respectée des siens; mais qu'après ce témoignage de révérence, il n'allât plus du tout chez elle, ni n'eût aucune communication avec elle, et qu'il fît refuser sa porte à Fabroni et à tous les autres des siens qui le voudroient venir trouver, leur disant ouvertement qu'il avoit défense de les voir; et le Roi envoyant, à peu de jours de là, le sieur de La Varenne, l'un de ses ordinaires, en Angleterre, pour donner part audit Roi de la naissance de M. le dauphin, il fut trouvé bon qu'il ne la vît point, suffisant que l'ambassadeur de Sa Majesté lui eût rendu ce devoir. Dès qu'elle fut en Angleterre, madame de Chevreuse, Montaigu, et le reste de cette cabale qui l'avoit encouragée de venir, l'assurant que, pourvu qu'elle l'entreprît, le roi d'Angleterre ne lui refuseroit pas l'entrée en ses Etats, la virent tous les jours, se firent ses partisans, et par toutes sortes de moyens sollicitoient le roi et la reine d'Angleterre de demander à Sa Majesté le retour de ladite dame Reine en France, bien qu'il n'y eût nulle apparence qu'ils le dussent et pussent obtenir. Aussi étoit ladite dame de Chevreuse souvent visitée par l'ambassadeur d'Espagne, avec lequel elle s'entretenoit fort bien, et le comte Olivarez lui écrivoit souvent, la priant d'exécuter les choses dont ils étoient convenus ensemble, et témoignoit bien par son style qu'elle étoit entièrement révoltée contre le service de Sa Majesté, lui donnant même avis, du 17 mai, qu'ils attendoient dans peu de jours le duc de Modène et le prince Casimir, pour l'arrivée desquels ils feroient de grandes réjouissances, et la conjuroit de n'oublier point le duc Charles, qui étoit, à son compte, maltraité par le Roi. Montaigu avoit été jusqu'alors fort affectionné au service de Sa Majesté; mais la venue de ladite dame de Chevreuse le changea, et la passion eut plus de pouvoir sur lui que la résolution qu'il avoit prise d'entretenir une continuelle intelligence avec la France; mais, quoi qu'ils pussent faire, ils ne purent gagner l'esprit du Roi leur maître à faire qu'il voulût entreprendre le retour de ladite dame Reine en France.

Peu après la Reine-mère, arriva encore en Angleterre le duc de La Valette; car Sa Majesté, étant à bon droit très-mécontente du procédé au siège de Fontarabie, avoit fait savoir au cardinal, qui étoit lors en Picardie, qu'elle estimoit qu'il falloit mander le duc de La Valette, pour lui venir rendre compte de ses actions sur les mauvais rapports qu'on lui avoit faits de ses comportemens à l'armée, pour, après l'avoir entendu en ses justifications, prendre une résolution sur ce qui seroit à faire de lui; que s'il n'obéissoit point à cet ordre, ce seroit en quelque façon avouer sa faute, et il y auroit lieu en ce cas de procéder contre lui comme contre une personne qui auroit au moins négligé de rendre le service qu'il pouvoit, et qui, par son peu d'affection et de soin, auroit été cause en partie du malheur qui étoit arrivé à Fontarabie, et qu'elle jugeoit à propos de prendre cette occasion pour lui ôter le gouvernement de Guienne, et à M. d'Epernon même, qui étoit retourné de Plassac à Cadillac contre l'ordre de Sa Majesté. Le cardinal ayant reçu cet avis de Sa Majesté et commandement de lui envoyer le sien, il lui écrivit qu'après avoir vu la relation que M. le prince avoit envoyée du mauvais événement arrivé au siège de Fontarabie, ce qu'il soutenoit, par les lettres qu'il écrivoit sur ce sujet, être si véritable qu'il offroit de le prouver par témoins, dont la plus grande part ne pouvoient être reprochés par M. de La Valette, il étoit impossible de ne préjuger pas que ledit sieur de La Valette étoit coupable, ou d'une trahison et intelligence secrète avec les ennemis, ou d'un désir de traverser la prospérité des affaires du Roi sans leur participation, ou d'une jalousie du tout maligne qui l'avoit détourné de son devoir, ou d'une lâcheté infâme, ou d'une ignorance si grossière qu'elle étoit du tout inexcusable; que, quelque ignorance que les amis dudit sieur de La Valette pussent mettre en avant pour l'exempter de crime par la médiocrité de son esprit, elle ne sauroit l'excuser, tant parce que tous ceux en qui il pouvoit et devoit avoir confiance, l'avoient assuré que la brèche étoit raisonnable, et représenté ensuite qu'il se perdroit en ne faisant pas faire l'attaque qui étoit attendue de tout le monde, que parce aussi que, quelque manque de connoissance qu'il pût avoir, il devoit déférer au commandement qu'il avoit de M. le prince, et ne pouvoit y désobéir sans crime; qu'aussi peu sesdits amis pourroient-ils prétendre qu'il eût manqué de secourir le quartier de son général pour n'avoir pas su le devoir faire, tant parce qu'il n'y a personne qui ignore ce devoir, que pource aussi qu'il avoit ordre exprès de M. le prince, non-seulement de secourir son quartier au cas qu'il fût attaqué, mais tous les autres qui le pourroient être; d'imputer ses manquemens à lâcheté, outre que ce défaut en matière de guerre étoit punissable comme l'infidélité, particulièrement quand il cause une désobéissance notable, ou un mauvais événement, on étoit assuré qu'il ne voudroit pas s'excuser par cette voie; qu'ainsi supposant le procédé du sieur de La Valette tel que M. le prince le mettoit en avant et qu'il offroit de le prouver, il étoit indubitable que le désir de traverser les affaires du Roi, la jalousie ou la trahison, étoient cause de sa mauvaise conduite; que le dernier ne pouvoit être cru sans une conviction manifeste qu'on ne voyoit pas, et partant qu'il faudroit être aveugle pour n'attribuer pas son mauvais procédé, cause manifeste du mauvais événement du siége de Fontarabie, ou à sa mauvaise volonté à l'égard des affaires publiques, ou à la jalousie qu'il avoit eue de la gloire de M. le prince, ou de ceux qu'il croyoit devoir avoir part au bon succès de son entreprise; que s'il étoit convaincu de trahison, il n'y auroit point de supplices assez exemplaires pour son châtiment; s'il l'étoit de lâcheté, il se devroit au moins lui-même reléguer au bout du monde pour y être caché et hors du commerce de tous les gens de bien, et éviter les peines que les lois ordonnent à ceux qui, par manque de cœur, manquent à ce qu'ils doivent au public; qu'il restoit à voir ce qu'il méritoit s'il étoit coupable de manque d'affection aux prospérités de l'Etat, ou d'une jalousie maligne qui l'eût détourné de son devoir; que cette question seroit bien aisée à décider, puisque aucun ne pouvant préférer ses passions particulières aux intérêts publics sans crime, c'étoit chose certaine qu'on ne pouvoit tomber en telle faute sans mériter une sévère punition; qu'ainsi, quelque parti qu'il voulût prendre, on ne pouvoit laisser sa conduite impunie sans abandonner la cause publique, et donner lieu à tous les mauvais esprits de cet Etat d'entreprendre tout ce que leur malice leur pourroit suggérer pour en traverser les prospérités; que la faute qu'il avoit commise, il y avoit deux ans, non-seulement contre l'Etat, mais contre son propre sang et contre toutes ses obligations particulières, donnoit grand lieu à ne le juger pas innocent de celle dont son procédé l'accusoit maintenant, et que la bonté dont le Roi avoit usé en son endroit en lui pardonnant son crime, n'ayant pas été suivie de l'effet que Sa Majesté s'en devoit promettre, elle étoit obligée de tâcher de le procurer par d'autres moyens; que s'étant servi comme il avoit fait de la brèche de Fontarabie pour en faire une autre à l'Etat qui ne pourroit jamais être réparée, au lieu de s'en prévaloir pour réparer celle qu'il avoit faite à son honneur en 1636, il n'y avoit plus rien à attendre de sa bonne volonté, et la nécessité contraignoit Sa Majesté de recourir à d'autres voies; que rien ne pouvoit être mis en avant pour divertir une telle résolution que le respect du cardinal de La Valette, qui n'étoit pas considérable en cette occasion, parce qu'il étoit si zélé au service du Roi, qu'il ne voudroit pas que l'Etat pâtît par l'impunité de son frère, et si judicieux, que, sachant ce qui s'étoit passé, il croiroit devoir beaucoup à Sa Majesté si la justice dont on

useroit alloit plus à empêcher le coupable de commettre de nouvelles fautes, qu'à le châtier avec rigueur de celles qu'il avoit commises; qu'on peut procéder en cette affaire en l'une de deux façons : ou mandant simplement audit duc de La Valette qu'il vînt rendre compte au Roi de cette action, auquel cas, étant venu, Sa Majesté lui pourroit donner la première clôture du bois de Vincennes pour lieu de demeure, pendant qu'on éclairciroit son procédé en présence de Sa Majesté en un conseil de guerre; la seconde voie par laquelle on pouvoit procéder en cette affaire, étoit d'envoyer un pouvoir à M. le prince de le faire arrêter : mais outre que cela embarrasseroit M. le prince, cet expédient blesseroit aucunement le cardinal de La Valette, au lieu que quelque événement que pût avoir l'autre, il ne sauroit s'en plaindre avec raison, étant certain que si un de ceux qui étoient dans son armée lui avoit fait manquer une pareille occasion à celle de Fontarabie, il désireroit lui-même que le Roi en tirât la raison, et qu'en effet il seroit inutile de faire de grandes armées et de projeter les plus avantageux desseins qui se puissent faire, si on souffroit qu'ils vinssent à échouer par la faute de ceux qui sont destinés à leur exécution, et le public ne seroit pas satisfait du gouvernement de l'Etat, si on n'avoit un soin particulier de tirer raison de ceux qui le desservent manifestement; que, quelque résolution que le Roi prît en ce sujet, il falloit faire sortir M. d'Epernon de Guienne, ce qu'il devoit désirer lui-même, pour rendre la justification de son fils moins suspecte; étant certain que s'il demeuroit dans la province, on pourroit prétendre que les dépositions de ceux qu'il faudroit interroger ne seroient pas libres, et qu'il falloit en ce cas envoyer un pouvoir à M. le prince pour commander dans la Guienne par commission; et si M. d'Epernon représentoit que ledit sieur le prince étoit partie en cette affaire, il étoit trop vieux pour ne savoir pas qu'un général d'armée ne peut être partie contre son inférieur délinquant au fait de sa charge; ce qui se pratique non-seulement au fait de la guerre, mais en toutes autres compagnies, parce que autrement les supérieurs ne pourroient jamais maintenir ceux qui sont sous eux en leur devoir.

Sa Majesté trouva bon cet avis, et ensuite manda au duc de La Valette que les mauvais bruits qui couroient à son préjudice sur ce qui s'étoit passé pendant le siége de Fontarabie, et les protestations qu'il faisoit de son innocence, lui donnoient lieu de lui commander de le venir trouver pour justifier sa conduite et lui rendre compte de ses actions. Elle manda aussi au duc d'Epernon, le 22 septembre, qu'il eût à retourner promptement à Plassac, d'où il étoit revenu en Guienne sans le su et contre l'ordre de Sa Majesté; que ce qui s'étoit passé au siége de Fontarabie donnoit un nouveau sujet à Sa Majesté de vouloir qu'il retournât audit Plassac, afin que, n'étant pas en Guienne, l'éclaircissement que Sa Majesté pourroit prendre de la conduite du duc de La Valette son fils fût d'autant moins suspect, que ceux qui en auroient connoissance auroient plus de liberté de dire ce qu'ils en sauroient en leur conscience, et partant qu'incontinent sa lettre reçue, il eût à partir pour y aller et y demeurer jusqu'à ce qu'il eût reçu un autre ordre de sa part. Sa Majesté donna avis de ces deux lettres à M. le prince, et lui commanda de demeurer en Guienne et gouverner cette province-là, en vertu d'une commission qu'elle lui fit expédier à cette fin, et qu'il fît savoir à Sa Majesté ce qu'il savoit en sa conscience concernant la conduite du duc de La Valette au siége de Fontarabie, avec une claire justification de tout ce qu'il mettroit en avant. Le duc de La Valette, au commencement, s'étoit voulu excuser au cardinal, et lui avoit envoyé le 19 septembre un gentilhomme par lequel il offroit de se justifier, ne demandant autre protection que celle de son innocence, et le supplioit, disoit-il, en toute humilité et respect, de croire qu'il étoit prêt de porter sa vie pour répondre à tout ce qu'on lui mettroit en avant; le 22, il lui envoya un autre gentilhomme, le suppliant très-humblement de vouloir obtenir son congé pour aller rendre compte de ses actions, et faire voir au Roi et à son éminence qu'il étoit homme de bien, et qu'il attendoit avec impatience ladite permission par le retour de son courrier, qu'il eût précédé si cette permission ne lui eût été nécessaire pour partir. Le cardinal lui répondit que ses lettres lui avoient apporté de la consolation en ce qu'elles lui avoient fait connoître qu'il ne prétendoit autre protection que celle de son innocence; qu'il étoit vrai que le fait dont il s'agissoit étoit de telle nature que ledit sieur duc condamneroit lui-même tous ceux qui voudroient assister une personne qui en seroit coupable; le Roi désiroit qu'il vînt rendre compte de sa conduite en ce qui étoit de tout le siége de Fontarabie, qui étoit la même chose qu'il souhaitoit, et que ses amis pouvoient désirer pour sa justification. Quand il se vit pris au mot de venir trouver le Roi, il fut plus étonné qu'auparavant, écrivit au cardinal avec des civilités extraordinaires en son humeur, et dont il n'avoit point encore usé à son endroit, l'appelant *monseigneur*, se protestant sa créature; mandant à la duchesse d'Aiguillon qu'il alloit se jeter aux pieds de son éminence auquel il écrivoit qu'il partoit, mais qu'il lui dépêchoit encore un courrier pour recevoir ses commandemens, et savoir quels ordres il lui plairoit lui donner en arrivant à Paris, comme s'il n'eût pas été assez à temps de les recevoir à son arrivée; mais en effet c'étoit pour découvrir plus particulièrement le vent du bureau, et selon cela prendre sa résolution. Le cardinal avoit en même temps écrit au cardinal de La Valette son frère, et lui avoit envoyé une copie de la relation de M. le prince, ajoutant qu'il ne pouvoit croire que le duc son frère fût coupable en ce sujet, mais qu'il étoit au désespoir qu'il n'eût surmonté la lenteur de son naturel, pour, en réparant le cours de 1636, donner une telle connoissance de son affection et de son zèle au service du Roi, que personne n'eût lieu d'en douter; qu'en l'état qu'étoit l'affaire, ledit duc de La Valette seroit le plus perdu homme du monde s'il ne se purgeoit de ce qui lui étoit mis à sus; qu'il lui en écrivoit de la sorte, et qu'il étoit besoin qu'il vînt trouver le Roi pour cet effet, à quoi il s'étoit offert de lui-même; que s'il étoit innocent il trouveroit force amis, et qu'il l'assuroit qu'il seroit satisfait de son assistance; s'il ne l'étoit point, il ne le voudroit pas soutenir en une telle faute, dont il désiroit et ne doutoit point qu'il ne se lavât bien. Le cardinal de La Valette, après mille actions de grâces au cardinal de ce qu'il vouloit assister le duc son frère s'il ne se trouvoit point coupable, le supplia de lui mander comme il se devoit comporter en cette occasion. La réponse du cardinal fut facile et selon sa sincérité ordinaire: que ledit cardinal de La Valette ne pourroit, à son avis, faire autre chose qu'écrire au Roi que le mauvais succès de Fontarabie le combloit d'une double douleur; l'une à cause du préjudice qu'en recevoient ses affaires, et l'autre parce qu'on imputoit ce malheur à la mauvaise conduite de M. de La Valette; lequel, ainsi qu'il supplioit très-humblement Sa Majesté de le protéger s'il se trouvoit innocent, aussi ne voudroit-il pas entreprendre sa défense s'il étoit coupable; qu'il ne doutoit point que la prudence de Sa Majesté ne sût bien distinguer les vérités des calomnies qu'on lui pourroit mettre à sus, et qu'il n'eût assez de bonté pour le garantir de la mauvaise volonté de ceux qu'il prétendoit qui lui en vouloient; ce qu'il espéroit d'autant plus de sa justice, qu'en lui demandant cette grâce il ne prétendoit point intercéder pour ledit duc de La Valette s'il n'étoit pas innocent, comme il le prétendoit et le soutenoit. Le cardinal ajouta encore qu'il eût bien osé répondre que M. de La Valette ne se trouveroit point coupable du dernier genre de crime que les mauvais bruits d'un État qui perd lui mettoient à sus, mais qu'il avoit peur qu'il eût bien de la peine à se purger d'une mauvaise jalousie qui, l'ayant empêché de faire son devoir, avoit produit le même effet qu'auroit fait ce dernier degré de malice dont il le tenoit innocent jusques à présent, les circonstances de cette affaire paroissant telles, qu'il sembloit qu'un homme qui seroit en sa place ne sauroit s'exempter ou de jalousie criminelle au sens qu'il le lui représentoit, ou d'une incapacité très-grande au métier de la guerre, ou de moins de hardiesse qu'il n'étoit à désirer; qu'on verroit comme il se démêleroit de cette affaire, qui ne pouvoit être laissée en l'état auquel elle étoit sans abandonner entièrement l'État; que le Roi étoit extraordinairement indigné contre lui, mais qu'il n'avoit rien à craindre que lui-même, Sa Majesté n'ayant jamais, comme il savoit très-bien, aucune pensée qui excédât les bornes de la justice. Quant à lui, qu'il le serviroit volontiers dans l'étendue de ces termes, et non autrement, comme il le lui avoit mandé franchement.

Tout cela faisoit voir audit duc de La Valette que s'il étoit coupable il en seroit puni, sans égard à l'alliance qu'il avoit avec le cardinal, qui savoit de tout temps mettre ses intérêts sous le pied quand il y alloit de ceux de l'État. Voyant aussi qu'on avoit envoyé informer en Guienne de ses déportemens à Fontarabie, que plusieurs déposoient contre lui avec plus de liberté qu'il n'eût désiré, le duc d'Epernon son père ayant été à cet effet commandé de s'absenter de la province, il crut que le chemin le plus sûr pour lui n'étoit pas celui de la cour; et nonobstant qu'il eût offert et qu'il lui eût été commandé d'y aller, et qu'il eût mandé qu'il s'y acheminoit déjà, aimant mieux passer pour menteur et pour désobéissant en cette occasion, que d'être convaincu en sa propre présence, et ensuite recevoir le traitement que méritoit sa faute, il s'embarque le 23 octobre à Castillon, sur un vaisseau écossais, et s'en va en Angleterre, faisant publier par les siens qu'il y alloit pource que le cardinal avoit déclaré ouvertement se porter partie contre lui, et vouloir faire l'office même de procureur général en cette partie. Ainsi appeloit-il la déclaration que le cardinal avoit faite à son frère et à lui-même, qu'il le protégeroit de toute son autorité contre la calomnie, mais qu'il ne prendroit point sa défense s'il étoit criminel. Il ajoutoit que le Roi étoit si irrité contre lui qu'il n'avoit pu cacher sa colère; qu'il lui vouloit porter ce respect de ne pas paroître devant lui durant son indignation, et enfin qu'il vouloit aussi penser à sa sûreté et se mettre à l'abri de l'orage.

Il fut jeté par le temps, et aussi pour esquiver quelques vaisseaux dunkerquois, à la côte de Lelen en Cornouailles, et alla à la ville de Helston, où, pource qu'il étoit abordé hors des ports, il fût arrêté jusques à ce que l'ordre vint de la part du roi de la Grande-Bretagne de le laisser aller à Londres. Madame de Chevreuse, à laquelle il écrivit dès son arrivée à Helston, lui obtint dudit Roi la permission d'y venir, et même sa protection qu'elle lui demanda avec grande instance; mais le lendemain ledit Roi, en ayant parlé à son conseil, changea d'avis, et, ne jugeant pas à propos de s'engager tant avec lui, lui dépêcha aussitôt un courrier pour lui faire entendre que, ne sachant pas au vrai le sujet de sa sortie hors de France, il ne pouvoit rien offrir ni promettre, et ne jugeoit pas même à propos qu'il vînt en sa cour. Ensuite de quoi, aussitôt qu'il fut arrivé dans Londres, le sieur Conques, l'un des secrétaires d'État, lui alla dire la même chose, ajoutant que le Roi son maître ne pouvoit prendre connoissance qu'il fût dans Londres, et que le plus tôt qu'il pourroit passer en Hollande, ainsi qu'il avoit témoigné désirer faire, seroit le mieux. Mais cette résolution fut bientôt renversée par la Reine-mère et madame de Chevreuse, qui sollicitèrent avec tant de passion la reine de la Grande-Bretagne, qu'enfin elle obtint du Roi son mari qu'il le verroit et elle aussi, mais en particulier, afin qu'on ne s'en pût plaindre en France, quelque accusation qu'il y eût contre lui. Quant à Sa Majesté, dès qu'elle eut avis de sa fuite hors de son État, elle fit publier, en tous les quartiers et lieux de garnison de son infanterie française, une ordonnance par laquelle elle déclaroit qu'ayant été informée de sa sortie hors du royaume, au préjudice non-seulement des ordonnances, qui défendent à tous officiers, de quelque qualité qu'ils soient, d'aller aux pays étrangers sans permission de Sa Majesté, mais aussi contre la supplication qu'il avoit faite à Sadite Majesté de lui permettre de venir près d'elle pour lui rendre raison de sa conduite au siége de Fontarabie, dont elle avoit reçu diverses plaintes, et encore contre l'exprès commandement qu'elle lui avoit fait ensuite de la venir trouver, et n'étant pas raisonnable qu'après une telle faute il jouit des honneurs des charges qu'il n'étoit plus en état d'exercer, Sa Majesté vouloit et entendoit qu'il ne fût fait à l'avenir aucune mention dudit duc de La Valette, comme il avoit été fait par le passé, à cause de sa charge de colonel général de l'infanterie de France, qu'elle lui avoit ci-devant accordée à la survivance du sieur duc d'Epernon son père, tant ès commissions qui seroient expédiées pour ses troupes d'infanterie qu'ès bans, ordonnances, jugemens et actes qui seroient faits pour la police et discipline desdites troupes, mais seulement que ledit sieur duc d'Epernon y fût nommé à cause de sadite charge de colonel général. Sa retraite donna lieu à tout le monde de le blâmer, et au cardinal plus de sujet qu'à aucun autre, ayant toujours dit à tous ceux qui lui avoient parlé de sa part, ou à qui il avoit parlé de lui, que, comme il n'eût voulu pour rien au monde l'assister s'il étoit coupable de ce dont il étoit accusé, il le serviroit volontiers s'il étoit innocent, et qu'en cela il n'avoit rien à craindre.

Tandis que la guerre se continuoit à outrance entre le Roi et la maison d'Autriche, et sembloit s'allumer davantage de jour à autre, on ne laissoit pas de parler de la paix de part et d'autre, mais avec des intentions bien différentes. Les rois de Hongrie et d'Espagne continuèrent toute l'année à traiter de ladite paix, avec les mêmes ruses qu'ils avoient faites les années précédentes; ils feignirent toujours avec la même impudence désirer la paix, et que les princes confédérés n'en vouloient point, et répandoient mille faux bruits pour le faire croire : à les ouïr parler, ils étoient toujours prêts de donner les passeports nécessaires aux alliés du Roi, et n'avoient point de honte d'en assurer le Pape et de le publier par toute la chrétienté, et cependant ils ne les donnoient point, ou, quand ils feignoient les donner, c'étoit avec des clauses et conditions telles qu'il eût été inutile de les recevoir, ou, s'ils donnoient les uns, ils refusoient les autres, sachant bien qu'on ne les pouvoit accepter que tous ensemble pour ne pas s'abandonner les uns les autres, qui étoit ce qu'ils désiroient qu'on fît, et, pour ce sujet, sollicitoient tantôt les uns et tantôt les autres, pour traiter séparément, faisant entendre à chacun des confédérés en particulier que chacun des autres traitoit sans lui; mais tous leurs artifices furent vains. Sa Majesté fit représenter, dès le commencement de l'année, par son ambassadeur à Rome, à Sa Sainteté et au cardinal Barberin que Sadite Majesté s'étoit toujours montrée très-disposée à la paix, ses armes n'ayant jamais eu autre but que d'obliger ses ennemis à y entendre; qu'aussi avoit-il plu à Dieu lui donner de temps en temps de grands et avantageux succès; ce qui n'avoit pas été capable de la divertir le moins du monde du désir qu'elle avoit de voir un bon et assuré repos dans la chrétienté, dont Sa Sainteté se pouvoit bien souvenir, Sa Majesté ayant eu le soin de le lui faire savoir pour correspondre aux offices que ses nonces ordinaires et extraordinaires avoient faits sur ce sujet; qu'aussitôt que Sa Sainteté avoit fait demander à Sa Majesté ses saufs-conduits pour les députés que l'Empereur, le roi d'Espagne et leurs alliés voudroient envoyer à Cologne, Sa Majesté les avoit délivrés à son nonce, en la forme qu'il avoit désirée, il y avoit dix-huit mois; au lieu que le défunt Empereur, et depuis les rois de Hongrie et d'Espagne, avoient apporté de grandes longueurs à délivrer les saufs-conduits de leur part pour les députés de Sa Majesté, lesquelles ils continuent, savoir, le Roi de Hongrie pour les alliés de Sa Majesté en Allemagne, et le roi d'Espagne pour les sieurs États des Provinces-Unies; que les nonces de Sa Sainteté et les ambassadeurs de Venise étoient fidèles témoins du procédé de Sa Majesté, pour ce qui regardoit la paix, plein de sincérité et de franchise; qu'elle étoit toujours en la même disposition, et, pour plus grande preuve de cela, elle envoyoit de nouveau au maréchal d'Estrées, son ambassadeur, ainsi que le nonce résidant en France avoit proposé et insisté, des saufs-conduits pour les députés du roi de Hongrie, qui seroient nommés en la forme que l'on pouvoit désirer, si de leur part il étoit correspondu aux bonnes intentions de Sadite Majesté, et que l'on donnât les saufs-conduits nécessaires à ses alliés en Allemagne et auxdits sieurs les États; qu'il étoit du soin, et même du devoir paternel de Sa Sainteté, de s'interposer fortement où il s'agissoit du repos de la chrétienté, et de n'épargner aucuns offices, instances et envois de courriers, et même de nonces extraordinaires, pour une affaire de telle importance, dans laquelle elle ni les siens ne pouvoient faire paroître trop de zèle; ce que Sa Majesté lui représentoit, non par la nécessité de ses affaires, qui étoient, grâce à Dieu, en état que ses ennemis avoient plus de besoin de la paix qu'elle, mais que le seul désir qu'avoit Sa Majesté que Sa Sainteté eût l'honneur d'avoir procuré la paix de la chrétienté, avoit obligé Sadite Majesté à lui faire savoir ses sentimens pour ce regard, et d'autant plus qu'elle avoit eu avis que les Espagnols avoient quelque pensée de passer par autre médiation que par celle de Sa Sainteté.

Tandis que le Roi agissoit avec cette franchise, les rois de Hongrie et d'Espagne prenoient un chemin directement contraire. Le roi de Hongrie fit savoir par le légat que les passeports nécessaires pour les députés de la couronne de Suède et des États des Provinces-Unies étoient entre les mains du comte de Questemberg, l'un des députés dudit roi de Hongrie qui étoient à Cologne pour l'assemblée générale; mais ces passeports ne devoient et ne pouvoient être reçus qu'il n'en fit expédier pour la landgrave de Hesse, le duc de Weimar et les autres alliés de Sa Majesté, outre qu'il falloit aussi ceux d'Espagne pour les Provinces-Unies. A peu de temps de là, le nonce résidant en la cour du Roi lui dit que lesdits rois d'Espagne et de Hongrie se résoudroient plus facilement à donner tous les passeports en la forme en laquelle ils devoient être, si Sa Majesté en vouloit faire expédier pour les plénipotentiaires du roi de Hongrie avec la qualité d'Empereur, comme si cette difficulté n'eût pas été faite dès l'année précédente, et que le Roi n'y eût proposé les expédiens justes et nécessaires dont nous avons parlé en ce temps-là. Cependant ils tirent de long pour toujours prolonger la guerre, et enfin le roi de Hongrie en fait expédier un en général pour les députés de tous les alliés de Sa Majesté qui iroient à Cologne, sans nommer en particulier ni les Etats, ni le duc de Weimar, ni la landgrave de Hesse, lesquels ne pouvoient souffrir d'être traités ainsi, mais s'estimoient d'assez de condition pour être exprimés en particulier dans ledit passeport, et principalement les Etats des Provinces-Unies. Pour faciliter toutes choses, le Roi, qui sollicitoit Sa Sainteté d'obliger le duc de Bavière à presser le roi de Hongrie de lever cet empêchement, se relâcha dès le mois de mars, selon le désir dudit duc, à ce que les passeports fussent donnés formels pour ceux que la landgrave et le duc Bernard enverroient audit Cologne, lesquels néanmoins ne porteroient pas la qualité de députés, et que, quant aux autres de l'Allemagne, la déclaration générale suffiroit, pourvu qu'elle fût en bonne forme et qu'elle portât toute sûreté. Sa Majesté alla même jusque-là de se laisser entendre au nonce et à l'ambassadeur de Venise, qu'au cas que ledit roi de Hongrie fit difficulté de donner des saufs-conduits formels audit duc et à ladite landgrave, que l'on se contenteroit d'une déclaration générale, pourvu qu'ils y fussent nommés spécialement, et les autres énoncés en termes généraux; à quoi néanmoins on leur donna ordre de ne se relâcher qu'à toute extrémité. Mais tout cela fut en vain, Sa Majesté reconnoissant par expérience que lorsqu'elle se relâchoit en quelque chose, par le seul désir qu'elle avoit d'avancer la négociation de la paix, tant s'en falloit que cela produisît l'effet qu'elle en attendoit, la maison d'Autriche s'en rendoit plus difficile, croyant que c'étoit plutôt un argument de foiblesse que de sincérité et de franchise. Bien que Sa Majesté ne se repentît pas de ce qu'elle en avoit fait, elle résolut néanmoins d'éviter désormais de tomber en de pareils inconvéniens, apportant la fermeté qui étoit nécessaire, pour faire voir à ses ennemis que lorsqu'elle s'étoit rendue plus facile rien ne l'y avoit contrainte, mais y avoit été conviée par l'inclination seule qu'elle avoit au bien de la chrétienté. Outre ce manquement, qui se trouvoit dans le passeport expédié par le commandement du roi de Hongrie, que le duc de Weimar et la landgrave de Hesse n'y étoient pas exprimés, ni pas même les Etats des Provinces-Unies, ledit Roi n'avoit pas donné lui-même ledit passeport, mais seulement donnoit pouvoir à ses plénipotentiaires de Cologne de le donner en son nom, promettant que ledit passeport qu'ils donneroient seroit observé en toutes les provinces de son obéissance; ce qui étoit un procédé inusité et d'un orgueil insupportable, et ne portoit pas encore la même sûreté que s'il eût été émané de lui-même : d'abondant, il exceptoit dans ledit passeport ceux des alliés du Roi en Allemagne qui s'étoient réconciliés avec ledit roi de Hongrie, par laquelle parole il rejetoit le duc de Wurtemberg, les villes de Nuremberg, d'Augsbourg, Ulm, et autres villes et États d'Allemagne, qui avoient été forcés par la crainte, depuis la perte de la bataille de Nordlingen, d'accepter la paix de Prague, et qu'il n'étoit pas juste, s'ils avoient quelques intérêts à représenter en l'assemblée, qu'ils en fussent exclus pour avoir obéi simplement à la nécessité.

Sa Majesté fit entendre au nonce et à l'ambassadeur de Venise que, comme elle étoit prête d'envoyer ses plénipotentiaires à Cologne et à Hambourg ou à Lubeck, pourvu que les passeports convenables fussent expédiés pour tous ses alliés, ainsi n'y enverroit-elle jamais que cela ne fût, et ne sépareroit point de leurs intérêts, insistant que des passeports particuliers fussent donnés aux États de Hollande, au duc de Weimar et à la landgrave de Hesse; que l'exclusion de ceux qui par force se seroient ci-devant réconciliés à lui, fût ôtée du passeport général, attendu qu'y ayant deux sortes de réconciliations en Allemagne, les unes de bon gré, comme celle du duc de Saxe et du marquis de Brandebourg, les autres par crainte, comme celle du duc de Wurtemberg, des villes de Nuremberg, Augsbourg et Ulm, et autres semblables, ainsi qu'il n'étoit pas juste que la déclaration générale servît pour ceux qui étoient réconciliés en la première sorte, aussi étoit-il très-juste que les autres y fussent compris, pour exposer leurs intérêts dans l'assemblée; et davantage, Sa Majesté désira que le nom des électeurs fût exprimé dans ledit passeport, à cause de celui de Trèves, afin que l'on ne prétendît pas qu'il fût exclu d'envoyer son député en ladite assemblée. Mais, quelque sollicitation qu'en pût faire l'ambassadeur de la république de Venise, qui sollicitoit lesdits passeports pour l'assemblée de Cologne, ni le roi de Danemarck qui les faisoit solliciter pour celle de Lubeck, on ne put jamais tirer aucune raison dudit roi de Hongrie, qui tantôt refusoit de donner des passeports qu'à condition que la cause du palatin ne se traiteroit à Lubeck, où se devoient promptement traiter les affaires de l'Allemagne, tantôt offroit des saufs-conduits de ceux que les alliés du Roi en Allemagne enverroient en l'assemblée de Cologne, en autre forme que celle qu'il offroit aux alliés des Suédois, qui étoient les mêmes que les nôtres pour envoyer en celle de Dantzick; ce que le Roi ne pouvoit souffrir, d'autant qu'il y alloit de sa dignité que ses alliés en Allemagne, qui étoient les mêmes que ceux de Suède, fussent traités moins honorablement sous sa protection que sous celle des Suédois, outre que cela eût été cause que lesdits alliés eussent envoyé plutôt leurs députés à Lubeck qu'à Cologne. Et enfin, après plusieurs autres semblables inventions pour reculer toujours, voyant que la diète de la basse Saxe étoit prête de se tenir à Lunebourg, il envoya d'autres passeports, mais tels qu'il savoit bien encore qu'on ne les devoit recevoir non plus que le premier, d'autant qu'il n'y avoit pas ôté la clause de *réconciliés*, et qu'il y traitoit au-dessous de leur condition et honteusement le duc de Weimar et autres alliés du Roi : aussi l'envoi desdits passeports n'étoit-il qu'une surprise pour prendre occasion du refus qu'il savoit bien qu'on en feroit, d'essayer à faire croire aux Etats de ladite basse Saxe que le Roi et ses confédérés étoient ennemis de la paix et vouloient la continuation de la guerre, faisant feinte de désirer les passeports, mais en effet y apportant tous les jours de nouvelles difficultés pour ne les pas recevoir. Mais le sieur d'Avaux empêcha l'effet de leur mauvais dessein, donnant avis auxdits Etats assemblés à Lunebourg des tromperies et infidélités de la maison d'Autriche en ce sujet, et qu'elle étoit seule ennemie du repos public, et ne tendoit qu'à la désunion des princes et États confédérés d'Allemagne, pour leur imposer à tous le joug de sa servitude par les artifices ordinaires de ses traités et de ses promesses, qu'elle n'observoit jamais si la force ne l'y contraignoit, et qu'elle avoit envoyé des passeports qui n'étoient pas recevables, estimant par là de nous mettre en division les uns avec les autres, et nous obliger à des traités particuliers.

Si le roi de Hongrie employa tant de ruses sur le sujet des passeports pour dilayer et retarder la paix, le roi d'Espagne, agissant de concert, n'en faisoit pas moins de son côté, ne voulant accorder aucun passeport aux Hollandais qu'en des termes qui les blessoient si fort qu'il leur étoit impossible de le recevoir; et enfin, après avoir long-temps fait courir le bruit qu'ils l'avoient fait expédier tel qu'ils le pouvoient désirer, il en fut délivré un le 9 septembre, qui n'étoit pas de la part du roi d'Espagne, mais seulement signé du cardinal Infant en son nom et celui dudit Roi, et qui ne faisoit aucune mention des Hollandais, mais simplement donnoit sûreté aux alliés de France ou à leurs députés qu'ils enverroient en l'assemblée de Cologne. Lesdits Hollandais ne s'en contentèrent pas, représentant que, puisque le roi d'Espagne leur avoit fait délivrer des passeports en bonne forme, lorsque la trève fut traitée et conclue entre lui et eux, s'il avoit maintenant la volonté de traiter et conclure aussi la paix comme il l'avoit lors, il leur en pouvoit faire délivrer de semblables sans blesser son autorité, la chose étant réglée par cet exemple; ce que les Suédois trouvèrent si raisonnable que leur ambassadeur Salvius refusa au roi de Danemarck d'arrêter le jour auquel devoit commencer l'assemblée de Lubeck, jusqu'à ce que lesdits passeports fussent expédiés en bonne forme auxdits Hollandais; ce dont ledit roi de Danemarck fut si étonné, qu'il envoya s'en plaindre à la reine et aux Etats de Suède, qui avouèrent leur ambassadeur et lui donnèrent charge de poursuivre lesdits passeports pour lesdits Etats, bien que jusques alors ils eussent toujours fait difficulté de s'en mêler; mais c'étoit un effet du traité de Hambourg, où celui de Weimar avoit été ratifié, avec une déclaration plus ample des principaux points d'icelui, et avoit été formellement arrêté que les Suédois ne traiteroient point sans le Roi, ni l'assemblée de Lubeck ne se commenceroit que celle de Cologne ne commençât; et partant, le Roi ne voulant ni ne pouvant traiter à Cologne sans les Hollandais, il étoit absolument nécessaire que leurs passeports fussent venus en bonne forme avant que l'on pût commencer l'assemblée de Lubeck.

Cette assemblée de Lubeck étoit une invention des Impériaux, pour essayer de séparer les Suédois d'avec nous et de traiter particulièrement avec eux, bien qu'il y eût aussi quelque inclination de la part de Suède de traiter là ou à Hambourg, tant pour la proximité du lieu qu'à raison du légat du Pape, qui étoit le directeur de l'assemblée de Cologne; mais la proposition leur en avoit été faite par les Impériaux pour le dessein susdit : aussi n'y eut-il force sollicitations qu'ils ne fissent au sieur Salvius, ambassadeur de Suède, pour l'attirer à ces fins-là. Mais quand la ratification du traité de Hambourg, de la part de la reine et du royaume de Suède, fut arrivée, et celle du Roi semblablement, Salvius leur répondit déterminément qu'il ne falloit point qu'ils espérassent de traiter jamais avec eux sans le Roi; ce qui contraignit le roi de Hongrie de consentir, au moins de paroles, de traiter audit Lubeck d'une paix générale, et d'envoyer des passeports en bonne forme pour les députés que les deux couronnes et leurs confédérés en Allemagne y enverroient; ce qui, comme nous avons dit, ne fut point exécuté de sa part ni de celle du roi d'Espagne, qui ne voulut délivrer le passeport pour les Hollandais. Mais ils furent trompés en la ruse dont ils pensoient tromper le Roi et les Suédois, et les faire insensiblement entrer sans nous en traité à Lubeck; car lesdits Suédois, qui jusqu'alors ne s'étoient point voulu mêler de poursuivre les passeports pour les Hollandais à Cologne, et qui, croyant que le roi d'Espagne les leur feroit assurément délivrer sans difficulté, avoient fait dire au roi de Danemarck, qui les sollicitoit de nommer le jour auquel commenceroit l'assemblée de Lubeck, que, dès lors que le roi de Hongrie auroit fait délivrer sous son seing un sauf-conduit général pour tous les alliés de la France et de la Suède dans l'Empire, et deux particuliers pour le duc de Weimar et le landgrave de Hesse, l'ambassadeur de France et le leur nommeroient sans délai le jour auquel ladite assemblée de Lubeck devroit commencer. Quand le roi de Danemarck fit savoir à Salvius, ambassadeur de Suède, que lesdits passeports du roi de Hongrie étoient prêts, et lui demanda s'il n'étoit pas prêt, cela étant, de déterminer ledit jour, le sieur d'Avaux ayant donné avis audit Salvius du déni que le roi d'Espagne faisoit d'en donner aux Hollandais pour Cologne (1), Salvius répondit audit Roi qu'il falloit que, au préalable, ledit passeport fût expédié, et que tous les passeports que le roi de Hongrie pourroit faire délivrer ne serviroient de rien, et commença à le solliciter de moyenner que le roi d'Espagne le leur fît expédier; et, quelque sollicitation que ledit Roi lui fît depuis de renouer la négociation avec lui, pour lui persuader que le nouveau traité de renouvellement d'alliance ne lioit point les mains à la Suède, et ne l'empêchoit point que l'on ne commençât à traiter avec elle à Lubeck avant que l'assemblée de Cologne se fît, il ne le put ébranler, ni la reine de Suède même et son conseil, auxquels il envoya faire de grandes plaintes du procédé de Salvius; mais il lui fut répondu par écrit qu'il avoit fait ce qu'il devoit; que leur alliance avec Sa Majesté ne lui permettoit point de traiter sans lui, ni celle du Roi de traiter sans eux; de sorte qu'encore que seulement les affaires des communs alliés et confédérés en Allemagne doivent être traitées à Lubeck, néanmoins, ne pouvant traiter qu'avec le Roi, Salvius lui avoit bien répondu quand il lui avoit dit qu'il falloit auparavant que le passeport des Hollandais fût expédié pour Cologne, et qu'ils lui donnoient charge de le solliciter auprès de lui. Cette action du roi de Danemarck leur fut si désagréable (2), qu'ils eussent bien voulu s'exempter de sa médiation, craignant que le médiateur, qui montroit sitôt sa mauvaise volonté, leur fût plus contraire que leurs ennemis mêmes. Salvius se voulant excuser d'avoir écrit trop librement audit Roi sur ce sujet, ce qui l'avoit convié de lui écrire depuis une autre lettre plus douce, craignant qu'il se fût offensé de la première, Oxenstiern le reprit de sa seconde lettre, et lui manda que, si ledit Roi étoit si prompt à se piquer, il valoit mieux s'en éclaircir que de fermer les yeux de peur de le voir, et que si, par mépris d'eux, il disoit qu'ils devoient terminer à cause qu'ils n'avoient plus que des vieillards, des femmes et des enfans en leur Etat, ils lui montreroient encore, quand l'occasion s'en offriroit, qu'ils avoient tant d'hommes qu'il en resteroit pour leurs femmes; au reste, qu'il agît avec lui et tous autres sans insolence, mais néanmoins avec une juste et raisonnable grandeur d'esprit, et le surplus qu'il le commît à Dieu. Le Roi, sachant cette poursuite injuste, bien que jusqu'alors inutile, que faisoit ledit roi de Danemarck contre sa parole, et l'écrit qu'il avoit donné au sieur de Saint-Chamont, manda au sieur d'Avaux, son ambassadeur, de lui en faire plainte, et lui remontrer, sur ce sujet, ce qui étoit de son propre intérêt, outre qu'il étoit d'autant plus étrange qu'il fît une telle poursuite, que ses propres Etats avoient, en leur dernière assemblée tenue à Hadersleben, approuvé sa médiation entre les couronnes alliées et l'Autriche, mais à condition que ce fût une médiation amiable, et qu'il ne se laissât emporter à joindre ses armes à l'un ni à l'autre parti, mais demeurât indifférent entre les deux.

Si la maison d'Autriche sollicitoit, et par inductions et par ruses, les Suédois de faire un traité particulier, elle n'en faisoit pas moins envers les autres alliés du Roi et le Roi même. Weimar en est sollicité par l'entremise de ses frères, à la persuasion du duc de Saxe; elle n'oublie rien envers la landgrave de Hesse sur ce sujet, elle l'incite par persuasions, elle l'oblige par menaces, elle y emploie le ban impé-

(1) La phrase a commencé par lesdits Suédois et se continue ici par Salvius.

(2) Aux Suédois.

rial, et ajoute les mauvais conseils qu'elle donne à ses peuples de se révolter contre ladite landgrave, sous prétexte de se délivrer des incommodités de la guerre, mais, en effet, pour dépouiller par après plus facilement ses enfans des pays qui leur ont été laissés par ses ancêtres. Cette princesse, quoique courageuse, est étonnée, entend les propositions qui lui sont faites par les états de Hesse, qui lui donnent conseil de s'accorder avec le roi de Hongrie, fait feinte de les agréer, et, pour tenir les choses en suspens, consent de faire traiter en son conseil des conditions convenables pour accepter une paix particulière, et enfin donne son consentement à une trêve, durant laquelle elle s'assura mieux qu'elle n'étoit de quelques-unes de ses places. Les sollicitations du roi de Hongrie continuant, les importunités de ses sujets envers elle continuent aussi : ils la pressent d'accepter la paix qui lui est présentée, lui représentent le peu d'apparence qu'il y a qu'elle puisse résister à la maison d'Autriche, qu'une seule disgrâce en un combat peut ruiner de fond en comble ses affaires, et que même il est à craindre qu'une paix générale étant faite elle pût à peine obtenir les conditions portées par le traité de Prague, au lieu que maintenant on lui en offroit de plus favorables ; ce qu'arrivant, elle seroit d'autant plus blâmable qu'elle auroit été seule cause de ce désastre à la Hesse, de laquelle elle n'étoit pas princesse, mais régente seulement et tutrice de ses enfans. Ces raisons, d'une part, tenoient son esprit en suspens; la mémoire de son mari qu'elle avoit toujours vu aliéné de telle chose lui donnoit un peu de courage; les défauts qui se trouvoient en ses places, qui n'étoient pas pourvues de tout ce qui leur étoit nécessaire, lui faisoient craindre la révolte de ses sujets et le débandement de ses troupes; le nouveau traité de Hambourg, des Suédois avec le Roi, et le passage du Rhin par Weimar, et ses victoires sur les Impériaux, la tenoient en espérance. En cette incertitude elle envoya vers le Roi le sieur de Guretterod, son ambassadeur, pour le supplier de lui vouloir donner conseil de ce qu'elle a à faire, et qu'en cas que Sa Majesté ne la conseille pas de recevoir la paix particulière qu'on lui offre à conditions honorables, elle lui veuille accorder un secours plus grand tous les ans que celui de 100,000 risdales; que Sa Majesté lui promette de faire ni paix ni trêve qu'elle et ses enfans n'y soient compris à leur contentement, et que Sadite Majesté fasse par son autorité une alliance entre elle et les Provinces-Unies, et quelques autres conditions. A quoi Sa Majesté répondit avec toute la faveur que la raison pouvoit requérir; mais néanmoins, en même temps, voyant que les affaires étoient en tels termes avec cette princesse que l'on ne pouvoit juger assurément des résolutions qu'elle prendroit, étant pressée d'un côté par ses sujets de faire un accommodement particulier, et considérant de l'autre de quelle importance il lui étoit de ne se point séparer des couronnes de France et de Suède, et spécialement de la France, d'où son défunt mari et elle avoient reçu tant d'assistance dont la continuation lui étoit offerte, Sa Majesté envoya ordre au sieur de La Boderie de divertir par tous moyens possibles ladite dame de ce traité particulier; et pour l'émouvoir à donner la ratification du traité de Vesel fait avec les ministres de Sadite Majesté, elle fit remettre à Amsterdam 150,000 risdales qui, jointes avec 50,000 qui y étoient déjà, faisoient 200,000 risdales que ladite dame pouvoit toucher comptant en délivrant ladite ratification; et parce que le sieur Mélander avoit beaucoup de pouvoir auprès d'elle pour la porter à la continuation de l'alliance avec Sa Majesté, elle jugea à propos d'essayer de le gagner et le rendre affectionné à la France, donna charge de cette négociation au sieur d'Etampes, son ambassadeur en Hollande, et qu'au cas que la landgrave ne pût être divertie d'un traité particulier, il essayât de faire que Mélander vînt avec ses troupes servir le Roi en France; mais les menées secrètes des Impériaux dans les Etats de cette princesse, et les sollicitations de ses sujets vers elle furent si grandes, que, quoi que le Roi pût faire en son endroit, il ne la put divertir de signer un traité avec l'électeur de Mayence, qui l'envoya vers le roi de Hongrie pour en avoir la ratification. Le Roi, en ayant avis, envoya derechef vers elle le sieur de La Boderie pour lui représenter le tort qu'elle se faisoit, et la convier à ne pas ratifier ledit traité, et que si elle y étoit résolue, au moins ne fît-elle pas un tel préjudice à ses vrais amis que de laisser passer ses troupes au service de l'ennemi, mais que plutôt elle contribuât tout ce qui lui seroit possible à ce qu'elles prissent parti avec ceux qui travailloient pour la cause commune, et qui n'avoient autre but de leurs armes qu'une bonne et sûre paix; mais elle étoit demeurée si ferme en certaines conditions en ce traité, que, bien que ledit électeur les eût accordées au nom dudit roi de Hongrie, il ne voulut pas le ratifier; de sorte que cette année se passa en simples prolongations de trêves entre elle et ledit roi de Hongrie, qui nuisirent néanmoins beaucoup à la cause commune, d'autant que, si ses troupes qui étoient bonnes eussent été employées en cette campagne-là, elles eussent beaucoup contribué pour faire résoudre l'ennemi à venir à la paix.

Les mêmes finesses dont les ennemis se servent pour détacher cette princesse d'avec ses confédérés, sont les mêmes qu'ils employoient pour diviser les Hollandais d'avec le Roi; ils essaient, en mars, pour éviter la campagne de cette année, en laquelle ils craignoient ne faire pas leurs affaires, d'induire le Roi, par le nonce qui résidoit en sa cour et par des propositions avantageuses, à se séparer d'eux. A quoi Sa Majesté avoit fait réponse qu'il ne falloit point espérer un tel événement, que c'étoit leur procédé ordinaire, qu'ils avoient depuis six mois fait divers efforts vers les Suédois pour les séparer de la France, ce qui leur avoit été inutile; qu'ils perdroient beaucoup de temps et de peine à tâcher d'ébranler ses alliés et les porter à manquer à ce à quoi ils étoient obligés, Sa Majesté étant certaine que, comme elle étoit résolue à ne se séparer jamais de leurs intérêts, elle étoit du tout assurée qu'ils lui garderoient la foi à laquelle ils étoient obligés par leur traité. Ils vinrent à une seconde proposition, qui étoit de savoir si le Roi, ne voulant point se séparer de ses alliés, ne pourroit point porter les Hollandais à la restitution du Brésil, moyennant de grandes sommes d'argent dont on pourroit convenir et dont Sa Majesté seroit rendue arbitre. Le Roi fit réponse qu'il ne savoit point le particulier, mais qu'il ne croyoit pas que les Etats jamais en vinssent là : le nonce pressa Sa Majesté de faire pénétrer si cette affaire seroit accommodable par cette voie; mais Sa Majesté ne voulut point s'en charger, et répondit qu'elle tenoit la chose si difficile qu'elle ne vouloit point prendre une telle commission. Elle en donna néanmoins avis aux Etats et au prince d'Orange. Nonobstant ces réponses du Roi ils ne se rebutèrent point, mais lui firent faire encore la même proposition par le nonce, depuis que le siége fut levé de devant Saint-Omer, en laquelle le Roi faisant la même réponse qu'il leur avoit déjà faite, il donna à connoître que les Hollandais n'étoient pas si religieux pour la France que la France l'étoit pour eux, et qu'après la première campagne de 1635, ils ne faisoient nulle difficulté d'abandonner le Roi si les Espagnols leur eussent voulu accorder les conditions qu'ils demandoient. A quoi Sa Majesté répliqua que, quand même quelques-uns de messieurs les Etats auroient en ce temps-là voulu consentir à un tel manquement, elle étoit assurée que le corps ni le prince d'Orange ne l'auroient jamais voulu faire, et que quand même (ce qu'elle savoit bien n'être pas) ils auroient été capables de s'être laissés aller jusqu'à ce point, qu'elle mourroit plutôt que de les abandonner, protestant ne vouloir jamais entendre à aucun traité sans eux. Sa Majesté leur donna avis de toutes ces choses, qui leur étoient facilement croyables puisqu'ils étoient aussi sollicités de leur part par d'autres voies : l'effet de toutes ces sollicitations ne fut autre, sinon que les Hollandais, ne voyant autre intention que de tromperie aux Espagnols, jugèrent qu'il falloit que les confédérés s'affermissent à l'encontre, demeurant plus étroitement liés que jamais les uns aux autres, et formant des desseins de guerre plus vigoureusement pour l'année prochaine que l'on n'avoit fait pour la présente.

Je ne dirai point ici les ruses dont ils se servirent en Italie envers la princesse de Mantoue, qui fut aisée à gagner pource qu'elle étoit descendue de la maison d'Autriche, ni celles qu'ils employoient envers la douairière de Savoie, bonne princesse, mais de peu de connoissance, qui, environnée de mauvais conseillers auxquels elle eut plus de créance qu'aux bons avis du Roi, commença à mettre ses affaires en mauvais état, d'autant que nous les avons déduites au long lorsque nous avons parlé de l'Italie : seulement dirai-je qu'ils l'amusèrent d'une trève ou d'une paix particulière en Italie, et la détournèrent sur cette espérance de faire ce qu'elle devoit pour sa propre défense. Ils avoient déjà fait résoudre le Pape d'envoyer en Piémont, pour ce sujet, le cardinal Zacheti, étant bien assurés que, par ce moyen, les Piémontais, qui la désiroient fort, se soulèveroient contre elle si elle la refusoit; ce qu'elle étoit obligée de faire pource qu'elle retardoit la paix générale, à laquelle seule le Roi aspiroit pour le bien de la chrétienté, et que les Espagnols ne consentiroient jamais que par la nécessité d'une forte guerre qui leur seroit faite de tous côtés; et cette seule proposition-là, à laquelle madame de Savoie prêta l'oreille, fut cause de beaucoup de disgrâces qu'elle reçut en ses Etats, comme aussi le fut la sollicitation qu'ils lui firent d'entrer en neutralité (ce qui étoit la même chose), à laquelle le roi de Hongrie la pressa jusqu'à refuser à son fils l'investiture de ses Etats, et à elle la tutelle de ses enfans, qu'il prétendoit dépendre de lui.

Au milieu de tous les artifices dont ils usoient pour nous séparer les uns des autres, ils essayoient de nous entretenir et de ralentir nos préparatifs à la guerre, par autres diverses et continuelles propositions qu'ils nous faisoient, tantôt de paix, tantôt de trève générale, et y entremettoient tout le monde : le roi de Pologne en fait parler au Roi, dès le commencement de l'année, par le sieur Forbatz qu'il lui envoya pour ce sujet, espérant, disoit-il, que la chose réussiroit par son entremise avec plus de facilité qu'on n'eût su s'imaginer. Le Roi, pour réponse, loua fort le désir pieux que ledit Roi faisoit paroître de vouloir procurer le repos de la chrétienté, et dit que Sa Majesté avoit toujours protesté que le but de ses armes n'étoit autre que celui-là, et qu'elle embrasseroit volontiers tous les moyens justes et raisonnables qui l'y pourroient faire parvenir; ce qui étoit assez aisé à juger par la suite du procédé qu'elle avoit tenu, dont le nonce du Pape et les ambassadeurs de la république de Venise en sa cour pouvoient être bons et fidèles témoins, Sa Majesté leur ayant déclaré, dans les occasions qui s'étoient présentées, les bonnes et sincères intentions qu'elle avoit sur ce sujet, et leur ayant souvent protesté qu'elle étoit toute prête d'envoyer ses ministres à Cologne pour traiter la paix générale, lorsque le roi d'Espagne auroit accordé à messieurs les Etats des Provinces-Unies des Pays-Bas les passeports pour leurs députés en la forme qu'ils les pouvoient désirer, et que le roi de Hongrie auroit fait expédier ceux qui étoient nécessaires pour les plénipotentiaires de la couronne de Suède, et ceux que Sa Majesté avoit demandés pour les députés des ducs de Weimar et landgrave de Hesse, et les autres princes et villes, ses alliés en Allemagne; Sa Majesté persistant toujours dans la même bonne disposition, et ne doutant point que toute la chrétienté ne reconnût que le retardement qu'il y avoit eu à traiter la paix venoit des difficultés que lesdits rois d'Espagne et de Hongrie avoient apportées pour la délivrance des susdits passeports, contre toute justice et raison; et qu'enfin la connoissance qu'avoit eue Sa Majesté du peu de bonne volonté qu'ils avoient pour la tranquillité publique n'avoit en rien diminué la sienne, et qu'elle seroit toujours prête d'en donner des marques, toutes les fois qu'elle jugeroit qu'on pourroit établir une bonne paix générale conjointement avec tous ses alliés, desquels elle ne se départiroit jamais, et en sorte qu'elle pût être de longue durée. Mais cette proposition du roi de Pologne s'évanouit incontinent, comme fit aussi celle du duc de Parme qui s'en entremit semblablement; mais quand ce venoit au joindre on ne trouvoit rien de solide; leurs réponses étoient différentes de leurs propositions; le comte de Monterey s'en alla en Espagne sans lui donner une résolution précise, et don Francesco de Mellos qui vint en Italie, après beaucoup de fuites et de subterfuges, demanda que le Roi déclarât s'il vouloit déroger à la déclaration qu'il avoit faite, que tout traité seroit nul auquel les Hollandais n'interviendroient point, ou s'il persistoit en cette résolution; et ainsi ce traité en demeura là.

Parmi tant de diverses propositions de paix, ils en faisoient d'une trève générale: le Pape, qui l'avoit proposée l'année précédente, en pressa le Roi au commencement de celle-ci, et désiroit ardemment qu'il en traitât à Rome. Le Roi savoit que les Espagnols ne demandoient autre chose que de parler de la trève et de la paix, et d'éloigner toujours les affaires sans rien conclure. Néanmoins il donna avis et aux Suédois et aux Hollandais, et fit entendre à Sa Sainteté qu'il y consentoit et y avoit déjà comme disposé ses alliés; persistant en la résolution de ne point se séparer d'eux, mais de faciliter de sa part tous moyens d'avancer le repos de la chrétienté; consentant, pour elle et ses confédérés, ladite trève générale pour douze années, par laquelle toutes choses demeureroient en l'état auquel elles étoient, pourvu que Sadite Majesté eût six mois pour la faire accepter à sesdits alliés, et que tous les alliés des deux couronnes y fussent compris, non-seulement la landgrave de Hesse et le duc Bernard, mais tous autres exclus du traité de Prague, comme le prince Palatin, le duc de Wurtemberg, marquis de Bade, duc de Deux-Ponts, les comtes et ville de Hanau, les comtes de Nassau, Sarbruck et autres; qu'il fût donné aux princes, et autres qui se trouvoient dépouillés de part et d'autre, le tiers du revenu de leurs Etats ou terres par provision, sans que cela pût préjudicier à ce qui seroit conclu en faisant la paix, et que dans le tiers du revenu qui seroit donné au duc Charles, ne seroit compris le Barrois et autres terres mouvantes de Sa Majesté, puisqu'elles lui étoient acquises, non-seulement par droit de guerre, mais par la félonie commise par ledit duc, vassal de Sa Majesté; le prince Palatin, le duc de Wurtemberg, s'ils n'avoient point traité, seroient compris en cet article, ledit marquis de Bade, duc de Deux-Ponts, comte de Nassau et autres. Les Suédois demandèrent, en ce cas, à Sa Majesté, qu'attendu que, durant la trève, ils auroient à payer de grandes garnisons pour garder les places qu'ils tenoient en Allemagne, et se maintenir en état de ne donner jour à l'ennemi de les attaquer, ils seroient obligés à faire de grandes dépenses, elle eût agréable de les assister tous les ans, durant ladite trève, de quelque somme d'argent pour les soulager; ce que faisant, ils prolongeroient indéfiniment jusques à la paix le traité qu'ils avoient fait avec Sa Majesté à Hambourg; ce que Sa Majesté pour les y faire consentir agréa volontiers, mais tout cela fut en vain. Les Espagnols s'avisèrent d'une nouvelle ruse : ils firent écrire au cardinal, en juillet, par le sieur de Schwartzenberg, qui étoit à Lucerne en Suisse, qu'il avoit lettres du comte de Traumansdorf, par lesquelles il lui mandoit qu'il fît savoir au cardinal que, s'il avoit agréable d'envoyer quelqu'un secrètement à Vienne avec lequel il pût, au nom du roi de Hongrie, traiter de ladite suspension générale, ils en tomberoient bientôt d'accord, et le sceau du secret seroit si inviolablement conservé, que rien ne seroit divulgué de ce qui se traiteroit entre eux sans le consentement des deux parties. Mais le cardinal fit réponse que cette négociation secrète n'étoit pas à propos; que, si elle venoit à la connoissance des alliés du Roi, ils en pourroient justement prendre ombrage; que l'affaire étoit commune entre eux, et partant qu'il étoit expédient qu'elle fût traitée avec tous, et qu'il ne falloit que faire délivrer les passeports nécessaires pour se trouver librement en une assemblée générale, hors de laquelle une bonne et sûre paix ne pouvoit être résolue.

Cependant ils amusoient le roi d'Angleterre, qu'il ne leur étoit pas difficile d'abuser pource qu'il les y aidoit, et essayoit à se tromper soi-même, qui est la chose la plus aisée et la plus lâche du monde. Le leurre avec lequel ils le retenoient étoit le Palatinat, qu'ils lui faisoient espérer de rendre à son neveu, pourvu qu'il ne se liât point avec les deux couronnes de France et de Suède, mais demeurât en neutralité. Et, bien que le feu roi Jacques, son père, eût été autrefois honteusement trompé par tel allèchement, et qu'il l'eût été jusques alors lui-même depuis tant d'années, si est-ce que ou l'amour du repos qui éteignit en lui les semences de vertu et de courage qui y paroissoient au commencement de son règne, ou le gain qu'il faisoit durant cette neutralité, envoyant ou faisant escorter pour de l'argent, par ses vaisseaux, les gens de guerre et marchandises de contrebande qui étoient portées aux ennemis, outre que ses sujets faisoient tout le commerce de France et d'Espagne, le tinrent en telle irrésolution et incertitude, qu'il ne sut se déterminer à entrer en alliance avec nous, bien qu'il en fût fait diverses propositions dès l'année précédente et dès le commencement de celle-ci; lesquelles, ayant été concertées en France avec son ambassadeur, devoient être envoyées à Hambourg pour y être résolues avec tous les confédérés. Il proposoit une ligne offensive, en laquelle il promettoit assister la cause commune de trente vaisseaux de guerre; mais quand on vint à le presser à quoi ils devoient être employés, il prétendoit qu'ils ne le devoient être qu'à garder les côtes des deux royaumes et à s'opposer aux passages d'Espagne en Flandre. Le Roi lui donna avis dès le commencement de février, par son ambassadeur, qu'assurément cette proposition ne contentoit pas les alliés, et étoit cause du long délai des affaires commencées entre Leurs Majestés pour le rétablissement des princes Palatins ses neveux; qu'il devoit considérer qu'il étoit juste que ses vaisseaux servissent à l'attaque des places sur les côtes des ennemis, selon que les confédérés en conviendroient ensemble pour le bien commun, n'étant pas raisonnable que, tandis que Sa Majesté et ses alliés emploieroient toutes leurs forces pour contraindre les ennemis à une juste paix par l'attaque de leurs places et de leurs pays, ce qui est proprement faire la guerre offensive, les Anglais, demeurant toujours près de leurs côtes, ainsi qu'ils ont accoutumé, s'occupassent seulement à fermer le passage à quelque petit nombre de vaisseaux, qui ne laissent pas quelquefois de s'échapper et de passer à la faveur du vent et par quelque surprise, encore qu'ils soient attendus par une grande flotte. De plus, qu'il étoit encore à considérer que, quand les Espagnols auroient envoyé de bonne heure en Flandre le secours d'hommes et d'argent qu'ils avoient destiné, ce qu'ils ne manqueroient pas de faire cette année pour n'être pas surpris, et d'autant plus quand ils sauroient que ce traité seroit conclu, ce que l'on ne pourroit celer, étant fait entre tant de personnes, il seroit inutile de garder le passage. A quoi lesdits Anglais objectant qu'ils ne pouvoient s'obliger à garder leurs côtes et celles des alliés, et à fermer la mer aux Espagnols, envoyant leurs armées au loin pour attaquer des places, il leur fut répondu que toute la flotte d'Angleterre ne seroit pas nécessaire pour cet effet; mais que, selon les desseins et entreprises dont l'on demeureroit d'accord en signant le traité, l'on conviendroit du nombre des vaisseaux qui seroient requis, tant d'une part que d'autre, pour la prompte exécution desdits desseins; et qu'au cas que lesdits alliés joignissent leurs forces sur mer, celles des deux Rois seroient commandées par un chef de leur nation au nom de leurs maîtres; et quant aux Hollandais, Sa Majesté ne doutoit pas qu'ils n'obéissent aux amiraux de Leurs Majestés; que, si l'attaque se faisoit sur la côte de Flandre, les Anglais en étoient si proches qu'ils n'avoient rien à craindre pour eux, et qu'en ce cas Sa Majesté seroit contente que les places qui seroient prises fussent tenues et gouvernées en forme de république, par le commun avis des confédérés, comme sont les bailliages communs

21.

entre les Suisses, lesquelles places ne seroient rendues aux ennemis par un traité de paix que les princes Palatins ne fussent rétablis; mais ils ne voulurent se rendre à ces raisons, et aimèrent mieux remettre cette affaire à une conférence commune à Hambourg, pour être terminée par le commun avis des confédérés. Le Roi se contenta de cette réponse, bien qu'elle fût peu convenable; mais il ne vouloit pas les presser en sorte qu'ils pussent se résoudre à rompre et à se joindre au roi d'Espagne, par désespoir de pouvoir rien faire utilement avec le Roi; mais quand le sieur Roo, leur ambassadeur, en traita à Hambourg avec les Suédois, il ne put non plus convenir avec eux, vers lesquels toutefois le Roi faisoit profession de les assister. La volonté du roi d'Angleterre n'ayant jamais été d'agir, en quelque façon que ce fût, pour la cause commune, la proposition qu'il avoit faite desdits trente vaisseaux avoit été artificieuse, pour sembler faire quelque chose et ne faire rien en effet, de sorte que, lorsqu'il vit qu'on le pressoit de consentir que son armée navale rendit quelque service, comme nous avons dit ci-dessus, il changea de proposition et en fit une nouvelle, qui étoit d'être introduit au traité de paix avec la France et la Suède, de sorte qu'il y eût union avec les trois couronnes pour le traité de paix, que l'une ne le pût faire sans les autres, pour, aux dépens de l'une et de l'autre, essayer de ravoir le Palatinat ou une partie d'icelui, trouvant bon que, pour ce sujet, les Français rendissent la Lorraine et les Suédois la Poméranie; et ainsi ils n'eussent apporté que de la confusion au traité de paix, favorisant plutôt les ennemis que nous, principalement si lesdits ennemis témoignoient ne faire point de difficulté de rendre le Palatinat, pourvu que les deux couronnes voulussent rendre la Lorraine et la Poméranie; ce qu'ils eussent bien pu faire, sachant qu'elles étoient résolues de conserver ces deux provinces, et ainsi ils eussent attiré les Anglais à eux. Le Roi en donna avis au sieur d'Avaux, son ambassadeur à Hambourg, et lui donna charge de divertir et éloigner un tel traité; mais que, s'il n'en pouvoit venir à bout, et que les Suédois, gagnés par les offres d'Angleterre, se résolussent à le passer, il témoignât au sieur Salvius, ambassadeur de Suède, qu'il étoit prêt à y entrer au nom de Sa Majesté, moyennant qu'ainsi que les couronnes s'obligeroient à ne point faire la paix sans la restitution du Palatinat, les Anglais voulussent aussi se joindre de même sorte aux intérêts de France et de Suède, qui requéroient qu'elles conservassent la Poméranie et la Lorraine; mais ils ne purent rien conclure, parce que les Suédois vouloient bien consentir à cette union, sans y ajouter même que les Etats fussent tenus d'y entrer si bon ne leur sembloit; mais ils vouloient que les Anglais leur donnassent un secours d'argent par an, non tant pour les grandes sommes qu'ils en espérassent, que pour l'éclat que cela eût fait; à quoi le roi d'Angleterre ne put se résoudre, dont le Roi ne fut point marri; car, comme la restitution du Palatinat et de la dignité électorale au Palatin, que le roi d'Angleterre désiroit, rendoit la paix plus difficile, Sa Majesté ne fut pas fâchée de voir cette affaire tirer de longue, et que les difficultés qui y étoient apportées de la part des Suédois et des Hollandais, non de la sienne, en fissent différer la conclusion jusqu'à ce que l'on vît ce que l'on pouvoit espérer de la paix ou de la trève.

C'étoit une chose bien étrange de la présomption des Anglais, fondée sur le seul besoin qu'ils voyoient que l'un et l'autre parti avoient d'eux, et la crainte que nous avions qu'ils tournassent leurs armes contre nous, se joignant à nos ennemis. Le roi d'Angleterre avoit plus de sujet qu'aucun de faire la guerre à la maison d'Autriche; il y avoit moins à craindre pour lui en cette guerre, il y alloit plus de son honneur qu'à aucun. Néanmoins pour faire quelque petit gain sordide il se contentoit que l'on eût cette infâme opinion de lui, qu'il étoit capable de s'unir contre son honneur aux ennemis, afin qu'on le souffrît être neutre, et, passant plus avant, espéroit encore obtenir du Roi et de ses alliés que, pour ne le désespérer pas, ils lui laisseroient à leur propre désavantage tirer profit de la paix, sans être entré dans le péril de la guerre. Encore s'il fût demeuré dans les termes de la neutralité, eût-on moins eu sujet de se plaindre; mais tous les jours il en sortoit et favorisoit ouvertement nos ennemis, faisant lâchement, contre sa parole et sa promesse, escorter par ses vaisseaux des poudres que les Espagnols envoyoient en Flandre, dont ils étoient en extrême nécessité; et quand on lui en fit plainte, il lui sembla donner une excuse légitime quand il dit qu'il avoit, pour l'amour de nous, refusé d'en vendre auxdits Espagnols, bien qu'ils lui en offrissent plus qu'elle ne valoit, mais qu'il n'avoit pu leur refuser l'escorte de la leur jusqu'à Mimer; ce que néanmoins il savoit qui étoit faux, et que sa flotte les avoit conduits jusqu'à la rade de Dunkerque. Néanmoins le reproche qu'on lui fit sur ce sujet lui ayant fait honte, il témoigna à notre ambassadeur qu'il ne vouloit plus faire tel trafic, ni autoriser qu'on portât en Flandre des marchandises de contrebande. Sur quoi notre ambassadeur lui ayant répondu qu'afin qu'il n'en fût plus importuné à l'avenir il falloit qu'il se liât les mains par une déclaration publique, pource qu'autrement il ne pourroit pas lui-même répondre de ne pas accorder la permission à l'avenir à quelqu'un qui le presseroit avec importunité ; et pour cela lui ayant proposé de défendre le transport des marchandises de contrebande, et de ne plus escorter avec ses navires les vaisseaux marchands, et de demeurer d'accord que ceux du Roi ou de messieurs les États les rencontrant en la mer les visitassent, il rejeta cette proposition quoique très-juste, et que, lorsqu'il avoit la guerre avec l'Espagne, ses vaisseaux étoient accoutumés de visiter ceux de nos marchands et de confisquer les marchandises de contrebande qu'ils y trouvoient, et dit pour conclusion qu'il ne pouvoit faire autre chose que de défendre de transporter telles marchandises, et d'établir par tous les ports des commissaires pour voir si l'on n'en chargeoit point dans les vaisseaux marchands, et ne leur donner plus d'escorte seroit ôter à l'Angleterre le tiers de son revenu. Mais tout ce qu'il offroit étoit inutile, puisque, nonobstant sa défense et ses commissaires, toutes choses se pouvoient transporter comme auparavant en donnant de l'argent auxdits commissaires. Que si ledit Roi eût marché d'un meilleur pied et n'eût point favorisé les Espagnols, on les eût plus facilement obligés à condescendre à traiter sincèrement de la paix. Sa Majesté, cependant, se voyant avoir la guerre avec la maison d'Autriche, qui entraînoit après soi la plus grande partie de toutes les puissances de l'Europe, ayant ses Etats situés au milieu de ses ennemis, et étant défendue, contre toute pensée humaine, avec tant de bénédiction par la puissance divine, que tant s'en faut que ses ennemis pussent avoir entrée dans ses provinces, qu'au contraire elle les attaquoit dans le cœur de leurs Etats, reconnoissant ces grâces de la bonté de Dieu, et recherchant le moyen de lui rendre quelque digne témoignage de sa gratitude qui parût aux yeux de tout le monde, se résolut de consacrer à Dieu non-seulement sa personne, mais son Etat (1).

Cette prière du Roi fut bien récompensée de la divine bonté ; car au milieu des travaux et des afflictions de Sa Majesté en cette guerre, dont elle désiroit la fin pour la gloire de Dieu, le repos de la chrétienté et le soulagement de son peuple, auquel elle postposoit sa gloire et l'accroissement de sa grandeur, Dieu lui donna la consolation de voir accoucher heureusement la Reine (2), de se voir père d'un fils qui seroit un jour héritier de ses vertus et s'assiéroit après lui dans le trône de ses pères. Bien qu'on eût depuis plusieurs mois toutes les apparences que les médecins pouvoient désirer de la grossesse de la Reine, on ne s'en pouvoit clairement assurer, tant à cause qu'on le désiroit trop ardemment que pource que depuis vingt-deux ans les vœux de tout le royaume ne l'avoient pu obtenir de Dieu. Plusieurs personnes pieuses et religieuses l'avoient prédit à la Reine il y avoit long-temps, mais on interprétoit plutôt leurs paroles à un désir ardent qu'ils en avoient qu'à une lumière qu'ils en eussent reçue de Dieu. Un simple homme qui gardoit les troupeaux, nommé Pierre Roger, du village de Sainte-Geneviève-des-Bois, lui prédit qu'elle accoucheroit le 4 septembre : elle sentit les premières douleurs de l'accouchement sur les onze heures du soir ; mais elle n'accoucha que le lendemain sur les deux heures du matin, ayant été délivrée avec peu de douleur ; il fut dès l'heure même ondoyé par le premier aumônier du Roi, et mis entre les mains de la marquise douairière de Lansac, sa gouvernante. Sa Majesté, qui y étoit présente, en rendit grâces à Dieu avec une dévotion extraordinaire, selon la grandeur du bienfait qu'il lui départoit en cette occasion et à son royaume ; il en envoya incontinent donner avis par toutes ses provinces, leur mandant que, comme il avoit toujours reconnu le bonheur, les avantages et la gloire dont la France jouissoit depuis son règne pour autant d'effets de l'assistance divine, qui avoit rendu son Etat le plus florissant et le plus victorieux de la chrétienté, il reconnoissoit lors visiblement par la naissance d'un dauphin, que Dieu prenoit plaisir à combler de bénédictions sa personne et son royaume ; et, dans l'excès de sa joie de voir l'un de ses plus ardens désirs accompli, il n'y avoit rien qui le touchât davantage que l'espérance dans laquelle il étoit que cette nouvelle faveur du Ciel seroit suivie de toutes les autres qu'il pouvoit souhaiter pour une parfaite prospérité dans son royaume, et que, si les troubles du dedans ou du dehors lui avoient causé et à ses sujets quelques peines et souffrances, ce ne seroit que pour leur faire goûter avec plus de contentement le fruit de tous leurs travaux, et faire voir qu'ils n'avoient pas été moins heureusement que raisonnablement employés ; et partant qu'il les exhortoit de rendre grâces à Dieu, chanter le *Te Deum*, faire tirer le canon et rendre tous les témoignages de réjouissance qu'il leur seroit possible, conviant un chacun à prier la divine bonté

---

(1) Ici se retrouve dans le manuscrit la déclaration du vœu de Louis XIII, déjà transcrite dans ces Mémoires sous l'année 1637, et qu'il nous a semblé inutile d'imprimer deux fois.

(2) Le 5 septembre.

de conserver longuement et faire prospérer cette créature qu'elle avoit mise au monde, lui inspirer et lui donner les moyens de l'élever et l'instruire en sa crainte et pour sa gloire, et de faire que toutes ses actions, avec celles de Sa Majesté, fussent toujours conformes à ses saints commandemens et volontés.

On ne vit jamais de si grandes réjouissances en France que pour cette nouvelle grâce de Dieu : les petits et les grands, le peuple, la noblesse et le clergé, lui en rendoient tous à l'envi mille actions de grâces ; dans les villes ce n'étoient que festins aux portes des maisons, où tous venans étoient traités avec opulence : cette fête dura plusieurs jours dans celle de Paris, et il sembloit qu'un chacun, qui auparavant se plaignoit des charges que la guerre nécessairement apporte, eût trouvé son remède en la naissance de ce dauphin, qui leur sembloit à juste titre leur être donné de Dieu pour une preuve de sa bénédiction sur le Roi et ses conseils en cette guerre, puisqu'au milieu du décri que ses ennemis par leurs ruses et leurs artifices ordinaires en faisoient, Dieu avoit accompli les désirs de la France, après vingt-deux ans de vœux et de prières, en donnant au Roi et à son Etat ce contentement inespéré comme une arrhe et un gage assuré qu'il donneroit bientôt par la France, à toute la chrétienté, l'accomplissement et le comble de son bien, qui étoit la paix générale, en laquelle un chacun pût vivre avec assurance de ce qui lui appartient ; et lui sembloit à bon droit que la grandeur de ce prince avoit été présagée par les deux victoires signalées que peu de jours avant qu'il naquît Dieu avoit données aux armées navales du Roi sur les deux mers Méditerranée et Océane, par lesquelles ces deux mers sembloient avoir rendu hommage à ce dauphin royal à sa naissance.

Le cardinal, qui étoit encore en Picardie où le Roi l'avoit laissé en son absence, en ayant eu l'avis par le sieur de La Chesnaye, que Sa Majesté lui avoit envoyé, lui fit, par l'excès de la joie qu'il en reçut, un si beau présent, que le Roi le lui voulut faire garder de peur qu'il ne le perdît, disant qu'il n'en avoit jamais tant eu de son patrimoine. Dès que la Reine se put lever, elle pria l'évêque de Lisieux de dire la sainte messe en sa chambre, en laquelle après l'offerte elle vint à l'autel, se mit à genoux tenant entre ses bras les prémices de son mariage, et en fit une oblation à Dieu, afin qu'il fût à lui dès les premiers jours de sa vie par le don qu'elle lui en faisoit, lequel elle confirma par la sainte communion qu'elle reçut avec une grande profusion de larmes et d'elle et de tous ceux qui y assistoient.

Tous les rois et grands princes de la chrétienté, hormis ceux de la maison d'Autriche, envoyèrent s'en conjouir avec le Roi. Plusieurs peuples et étrangers en firent des réjouissances publiques, et rendoient grâces à Dieu ; et entre autres, la ville de Hambourg, qui, nonobstant toutes les menaces du roi de Hongrie de la mettre au ban de l'Empire, avoit conservé notre ambassadeur chez elle, fit tant de démonstrations de joie, que le sieur Kurtz, vice-chancelier dudit prétendu Empereur, leur en fit reproche et plainte. Sa Majesté prit incontinent résolution de convier le Pape d'être parrain de ce dauphin, vraiment *Dieu-donné*, et de presser, selon que la disposition en laquelle se trouveroit Sa Sainteté le permettroit, cette cérémonie, qui eût été faite bien mieux et avec plus de zèle dans la paix que dans la guerre, si ce n'eût été la passion qu'elle avoit de voir bientôt la fin de celle-ci, et l'établissement assuré de celle-là. Pour cet effet, Sa Majesté jugea que le Pape envoyant en France un légat pour tenir M. le Dauphin en son nom, il pourroit être utile à l'avancement de la paix, portant des ordres de Sa Sainteté qui pourroient faciliter les difficultés qui s'y rencontroient. Son intention n'étoit pas que Sa Sainteté prît un des cardinaux qui étoient en France pour le faire légat, ainsi que le cardinal de Joyeuse l'avoit été au baptême du Roi ; car, en ce cas, une telle résolution n'eût pu servir de rien à la paix, mais bien un Italien qui eût toutes les qualités qu'il falloit pour se mêler d'une telle négociation. Sa Majesté estimoit que le cardinal Antoine, étant neveu de Sa Sainteté, eût été le plus propre pour se bien acquitter d'une telle commission ; mais la déclaration qu'il avoit faite d'être serviteur de la France, et le peu de confiance que les Espagnols avoient en lui, sembloient être obstacles pour empêcher qu'elle n'eût tout le fruit qu'on pourroit désirer. Sa Majesté eût été bien aise que Sa Sainteté, étant conviée à être parrain, eût voulu faire le sieur Mazarin cardinal pour être légat, jugeant que son avancement eût pu être utile pour le bien de ses affaires à Rome ; mais il n'y avoit pas d'apparence que le cardinal Barberin, qui jusques alors avoit refusé la nonciature de France audit sieur Mazarin, quelque instance qu'on eût faite auprès de lui, l'eût fait faire cardinal, quelque prétexte qu'on pût prendre, Sa Majesté n'ayant pas des raisons si fortes de presser le cardinalat que la nonciature ; elle commanda à son ambassadeur de traiter cette affaire avec toute l'adresse qu'il pourroit, et essayer d'en tirer l'avantage qu'il lui seroit possible.

Nous finirons ici heureusement cette année,

nous apprêtant à dire la suite de la guerre en l'année suivante, en laquelle le Roi aura encore plusieurs avantages sur ses ennemis, que la fureur plutôt que la chaleur d'une juste colère transporte et éloigne de toutes justes conditions de paix. Je dirai seulement, avant que de finir, que le parlement de Paris, abusant et de l'état des affaires du Roi occupé à une grande guerre, et de sa bonté, se montra si peu obéissant à ses commandemens, qu'il obligea Sa Majesté à user vers eux d'une plus grande rigueur qu'il n'avoit encore fait par le passé; à quoi néanmoins elle ne se résolut que par l'avis de tout son conseil, qui lui remontra qu'il étoit besoin d'user de son autorité plus que jamais, pource que le moindre échec qui y arriveroit donneroit lieu à beaucoup d'autres d'entreprendre. Pour cet effet Sa Majesté interdit toute la troisième chambre des enquêtes (1), qui furent bien étonnés d'abord de ce commandement, mais néanmoins obéirent. Il fut aussi fait commandement à ceux d'entre eux qui s'étoient le plus échappés contre l'autorité royale de se retirer, et furent arrêtés et envoyés en divers lieux. Les principaux étoient les présidens Barillon et Champront, et les conseillers Thibeuf, Sevin et Salot. Ainsi le Roi les mit à la raison, et pourvut à l'avenir, par l'exemple de ceux-ci, à ce que les autres demeurassent dans les bornes de leur devoir.

(1) Le 31 mars.

FIN DES MÉMOIRES.

UN MOT SUR LA DERNIÈRE PARTIE

DES

MÉMOIRES DE RICHELIEU

ET SUR LA SUCCINCTE NARRATION.

Ici se termine le manuscrit des Mémoires. On voit que la distribution par année s'y continue jusqu'à la fin de l'an 1638 dont les événements sont complets, suivant l'ordre assez capricieux que le rédacteur avait adopté dès le commencement, et avec la formule de clôture ordinaire. On y annonce même, comme il se voit assez souvent en pareil lieu, quelque chose de l'année suivante, que le rédacteur se promet de raconter plus amplement. Cette continuation ne s'est pas retrouvée, et tout porte à croire qu'elle n'a pas eu lieu. Mille causes peuvent l'avoir empêchée : l'affaiblissement de la santé du cardinal de Richelieu, le nombre toujours croissant des affaires qui l'occupaient, guerres, négociations, complots, intrigues, suffisaient bien sans doute à détourner de ce soin son esprit, tout infatigable qu'il fût. Si la supposition que nous avons adoptée, et qui donne au père Joseph une grande part dans ce travail, a quelque fondement, sa mort, survenue le 7 décembre 1638, expliquerait encore mieux comment le récit s'arrête justement à cette époque. Toutefois, il faudra dire que ce religieux n'a pu lui-même achever la mise en ordre des matériaux qui composent le dernier livre. Les événements de la guerre sur les bords du Rhin y sont poussés jusqu'à la prise de Brisach qui se rendit deux jours après sa mort; et c'est une tradition consacrée, que le cardinal de Richelieu essaya de ranimer le capucin moribond en lui annonçant, comme un fait consommé, cette conquête prochaine. Dès lors il est à reconnaître qu'une autre main a dû être employée au moins à cette dernière partie des Mémoires. Du reste, la recherche la plus inutile serait celle qui aurait pour but de découvrir qui a tenu la plume pour l'assemblage de ces feuilles et de ces documents communiqués. Tout lecteur qui aura eu l'heureuse patience de les parcourir attentivement, sans être rebuté par les longueurs, les digressions, la monotonie des dépêches, la prolixité des relations, l'importance donnée à des affaires devenues pour nous sans intérêt, y aura trouvé, nous n'en doutons pas, la preuve que cette œuvre du cabinet de Richelieu porte partout l'empreinte de sa pensée toujours présente, et réfléchit constamment sa parole.

Nous allons maintenant reproduire un autre ouvrage de la même origine; c'est le morceau qui précède le projet de règlement public appelé « Testament politique du cardinal de Richelieu. » Nous avons dit déjà qu'il contenait un sommaire rapide de l'administration du cardinal, et que la participation du ministre à cet écrit y était constatée par des notes de sa main sur une des copies. La destination de ce morceau est restée incertaine; nous croyons qu'il n'était pas fait pour servir de préface au « Testament politique, » en tête duquel on l'a cousu, mais bien pour préparer quelque délibération importante du conseil, où le cardinal, suivant son usage, voulut reprendre les choses de loin. La lettre qu'on y joint ordinairement, et faite tout exprès pour annoncer le « Testament politique » nous semble également apocryphe, comme l'indique la seule signature qui n'a jamais été celle du cardinal. La « Succincte Narration » finissait, dans la première édition, à la récapitulation de l'année 1638; un manuscrit plus ample, découvert ou au moins révélé par le P. Griffet, en a donné la suite jusqu'à la fin de 1641. Le cardinal étant mort le 4 décembre 1642, on peut dire qu'une seule année de sa vie a échappé au soin qu'il voulait prendre de sa mémoire. Ce qu'on va lire résume donc d'abord ce qu'on a lu ci-devant, et le continue, quoique dans des proportions bien étroites, pendant trois années de plus. A la suite de la « Succincte Narration » nous avons cru devoir placer le testament réel du cardinal, celui qu'il a dicté à Narbonne, en vue de la mort, le 23 mai 1642.

SUCCINCTE NARRATION

DES

GRANDES ACTIONS DU ROI.

Lorsque Votre Majesté se résolut de me donner en même temps et l'entrée de ses conseils, et grande part en sa confiance pour la direction de ses affaires, je puis dire avec vérité que les huguenots partageoient l'Etat avec elle, que les grands se conduisoient comme s'ils n'eussent pas été ses sujets, et les plus puissans gouverneurs des provinces, comme s'ils eussent été souverains en leurs charges.

Je puis dire que le mauvais exemple des uns et des autres étoit si préjudiciable à ce royaume, que les compagnies les plus réglées se sentoient de leur déréglement, et diminuoient en certain cas votre légitime autorité, autant qu'il leur étoit possible, pour porter la leur au-delà des termes de la raison.

Je puis dire que chacun mesuroit son mérite par son audace; qu'au lieu d'estimer les bienfaits qu'ils recevoient de Votre Majesté, par leur propre prix, ils n'en faisoient cas qu'autant qu'ils étoient proportionnés au déréglement de leur fantaisie, et que les plus entreprenans étoient estimés les plus sages, et se trouvoient souvent les plus heureux. Je puis dire encore que les alliances étrangères étoient méprisées; les intérêts particuliers préférés aux publics; en un mot, la dignité de Votre Majesté royale tellement ravalée, et si différente de ce qu'elle devoit être, par le défaut de ceux qui avoient lors la principale conduite de vos affaires, qu'il étoit presque impossible de la reconnoître.

On ne pouvoit tolérer plus long-temps le procédé de ceux à qui Votre Majesté avoit confié le timon de l'Etat, sans tout perdre; et d'autre part on ne pouvoit aussi le changer tout d'un coup, sans violer les droits de la prudence, qui ne permet pas qu'on passe d'une extrémité à l'autre sans milieu.

Le mauvais état de vos affaires sembloit vous contraindre à des résolutions précipitées, sans élection de temps et de moyens; et cependant il falloit faire choix en tous les deux, pour tirer profit du changement que la nécessité exigeoit de votre prudence.

Les meilleurs esprits n'estimoient pas qu'on pût passer, sans naufrage, tous les écueils qui paroissoient en un temps si peu assuré; la Cour étoit pleine de gens qui blâmoient de témérité ceux qui voudroient l'entreprendre; et, tous sachant que les princes sont faciles à imputer à ceux qui sont auprès d'eux, les mauvais succès des choses qui leur ont été bien conseillées, si peu de gens se promettoient un bon événement du changement qu'on publioit que je voulois faire, que beaucoup tenoient ma chute assurée, avant même que Votre Majesté m'eût élevé.

Nonobstant toutes les difficultés que je représentai à Votre Majesté, connoissant ce que peuvent les rois lorsqu'ils usent bien de leur puissance, j'osai vous promettre sans témérité, à mon avis, que vous trouveriez remède au désordre de votre Etat, et que dans peu de temps votre prudence, votre force, et la bénédiction de Dieu, donneroient une nouvelle face à ce royaume.

Je lui promis d'employer toute mon industrie, et toute l'autorité qu'il lui plaisoit me donner, pour ruiner le parti huguenot, rabaisser l'orgueil des grands, réduire tous ses sujets en leur devoir, et relever son nom dans les nations étrangères, au point où il devoit être. Je lui représentai que pour parvenir à une si heureuse fin, sa confiance m'étoit tout-à-fait nécessaire; et que, bien que par le passé tous ceux qui l'avoient servi n'eussent point estimé de meilleur et de plus sûr moyen pour l'acquérir et pour la conserver, que d'en éloigner la Reine sa mère, je prendrois un chemin tout contraire, et n'omettrois aucune chose qui dépendît de moi, pour maintenir Votre Majesté en une étroite union, importante à leur réputation et avantageuse au bien du royaume.

Ainsi que le succès qui a suivi les bonnes intentions qu'il a plu à Dieu me donner pour le réglement de cet État justifiera aux siècles à venir la fermeté avec laquelle j'ai constamment poursuivi ce dessein, aussi Votre Majesté sera-t-elle fidèle témoin que je n'ai rien oublié de ce que j'ai pu pour empêcher que l'artifice de beaucoup de mauvais esprits ne fût assez puissant pour diviser ce qui étant uni par nature, devoit aussi l'être par la grâce. Si, après avoir heureusement résisté plusieurs années à leurs divers efforts, leur malice a enfin prévalu, ce m'est une extrême consolation qu'on ait souvent ouï sortir de la bouche de Votre Majesté, que lorsque je pensois le plus à la grandeur de la Reine sa mère, elle travailloit à ma ruine.

Je remets à éclaicir cette matière en un autre lieu, pour m'attacher présentement à mon sujet, et ne rompre pas l'ordre que je dois garder en cet ouvrage.

Les huguenots, qui n'ont jamais perdu aucune occasion d'augmenter leur parti, ayant surpris, en 1624, certains vaisseaux que le duc de Nevers préparoit contre le Turc, firent ensuite un armement très-puissant contre Votre Majesté.

Bien que le soin de la marine eût été jusqu'alors tellement abandonné qu'elle n'eût pas un seul vaisseau, elle se conduisit avec tant d'adresse et de courage, qu'avec ceux qu'elle put ramasser de ses sujets, vingt de Hollande, et sept roberges d'Angleterre, elle défit l'armée que les Rochelois avoient mise en mer. Ce qui arriva avec d'autant plus de merveille et de bonheur, qu'elle tira cet effet avantageux d'un secours qui ne lui avoit été donné que pour la servir en apparence.

Elle prit par le même moyen l'île de Rhé, dont les Rochelois s'étoient dès long-temps injustement emparés. Elle mit en déroute quatre à cinq mille hommes qu'ils y avoient fait entrer pour la défendre, et contraignit Soubise, qui en étoit le chef, de s'enfuir en Oleron, d'où ses amis ne le chassèrent pas seulement, mais même hors du royaume.

Ces heureux succès réduisirent ces âmes rebelles à une paix si glorieuse pour Votre Majesté, que les plus difficiles à contenter en furent fort satisfaits, et tous avouèrent qu'il ne s'en étoit point encore fait de pareille.

Les rois vos prédécesseurs avoient, par le passé, plutôt reçu que donné la paix à leurs sujets ; quoiqu'ils ne fussent divertis d'aucune guerre, ils perdoient en tous les traités qu'ils faisoient avec eux ; et, bien que Votre Majesté eût en ce temps-là beaucoup d'autres occupations, elle la donna lors, en se réservant le Fort-Louis, comme une citadelle à La Rochelle ; et les îles de Rhé et d'Oleron, comme deux autres places, qui n'en formoient pas une mauvaise circonvallation.

Au même temps, Votre Majesté garantit le duc de Savoie de l'oppression des Espagnols, qui l'avoient attaqué ouvertement ; et, bien qu'ils eussent une des grandes armées qu'on ait vues de long-temps en Italie, et qu'elle fût commandée par le duc de Feria, homme de tête, elle les empêcha de prendre Verue, dont vos armes, jointes avec celles du duc de Savoie, soutinrent le siége avec tant de gloire, qu'ils furent enfin contraints de le lever avec honte.

Les Espagnols s'étant peu après rendu maîtres de tous les passages des Grisons, et ayant fortifié les meilleurs postes de toutes leurs vallées, Votre Majesté ne pouvant, par une simple négociation, délivrer ses anciens alliés de cette invasion, en laquelle ces injustes usurpateurs s'affermissoient d'autant plus aisément, que le Pape les favorisoit sous la vaine espérance qu'ils lui donnoient de procurer quelques avantages à la religion, fit par la force de ses armes ce qu'elle n'avoit pu obtenir par celle de la raison. Elle eût par ce moyen affranchi pour jamais cette nation de la tyrannie de la maison d'Autriche, si Fargis, son ambassadeur en Espagne, n'eût, à la sollicitation du cardinal de Berulle, fait (ainsi qu'il l'a confessé depuis), sans votre su, et contre les ordres exprès de Votre Majesté, un traité fort désavantageux, auquel vous adhérâtes enfin pour plaire au Pape, qui prétendoit être aucunement intéressé dans cette affaire.

Le feu Roi, votre père, d'immortelle mémoire, ayant fait dessein de marier une de mesdames vos sœurs en Angleterre, les Espagnols estimèrent devoir troubler un tel projet, et se mirent en tête d'y marier une de leurs infantes. Le traité en étant conclu, le prince de Galles fut si mal conseillé, qu'il voulut bien se commettre à la discrétion d'un prince qui, étant maître de sa personne, lui pouvoit donner telle loi que bon lui sembleroit, et passa inconnu par la France pour l'aller épouser en Espagne.

Aussitôt qu'on en eut avis, on négocia de telle sorte, que, nonobstant les honneurs indicibles qui lui furent rendus en cette cour, où le Roi lui donna toujours la droite, bien qu'il n'eût pas lors la couronne sur la tête, le mariage se rompit, et peu de temps après, celui de France se traita, se conclut et s'accomplit avec des conditions trois fois plus avantageuses pour la religion que celles qu'on avoit projeté de proposer du temps du feu Roi.

Peu de temps après il se forma des cabales puissantes dans la cour ; ceux qui avoient lors la conduite de Monsieur, votre frère, l'y embarquèrent autant que son âge l'en rendoit capable. Etant contraint de dire, à mon grand regret, qu'une personne de la plus grande considération s'y trouva insensiblement engagée avec plusieurs autres, qui fomentoient et suivoient ses passions, je ne puis omettre le mérite que vous acquîtes devant Dieu et devant les hommes, en supprimant l'éclat qu'eût eu sa conduite peu prudente, si vous n'eussiez sagement dissimulé ce que vous pouviez réprimer avec autant de sûreté que de raison.

Les Anglais se portèrent aveuglément dans ces cabales; beaucoup de grands du royaume s'y mirent bien avant; le duc de Rohan et le parti huguenot devoient faire la guerre au dedans au même temps que les Anglais attaqueroient avec une puissante armée navale les îles et les côtes de cet État. La partie sembloit si bien faite, que peu croyoient qu'on pût résister à la force des conjurés. Cependant la prise du colonel d'Ornano, du duc de Vendôme et du grand prieur, le châtiment de Chalais, et l'éloignement de quelques princesses, dissipèrent en telle sorte cette cabale, que tous les desseins projetés dans la cour contre Votre Majesté furent dissipés et sans effet.

Comme ce ne fut pas sans grande bonté, et sans prudence, tout ensemble, que vous consentîtes à Nantes, au mariage de Monsieur, votre frère, la sincérité avec laquelle vos vrais serviteurs prirent la hardiesse de vous représenter auparavant les inconvéniens qui en pouvoient arriver, fut une preuve bien loyale de leur fidélité, et un témoignage bien assuré qu'ils n'avoient pas dessein de vous surprendre.

Dans tous ces embarras, qui sembloient affoiblir votre puissance, rien ne vous put empêcher d'arrêter le cours des duels, que le châtiment des sieurs Boutteville et des Chapelles. J'avoue que mon esprit ne fut jamais plus combattu qu'en cette occasion, où à peine pus-je m'empêcher de céder à la compassion universelle, que le malheur et la valeur de ces deux gentilshommes imprimoient au cœur de tout le monde, aux prières des personnes les plus qualifiées de la cour, et aux importunités de mes plus proches parens. Les larmes de sa femme me touchoient très-sensiblement; mais les ruisseaux de sang de votre noblesse, qui ne pouvoient être arrêtés que par l'effusion du leur, me donnèrent la force de résister à moi-même, et d'affermir Votre Majesté à faire exécuter, pour l'utilité de son État, ce qui étoit quasi contre le sens de tout le monde, et contre mes sentimens particuliers.

Ayant été tout-à-fait impossible d'arrêter le cours et d'empêcher l'effet des grands préparatifs que les Anglais avoient faits pour la guerre, Votre Majesté fut obligée de s'y opposer par la force. Ces anciens ennemis de l'État descendirent en Rhé, et y assiégèrent le fort Saint-Martin, au même temps que Dieu voulut affliger la France par la grande maladie dont il lui plut vous visiter à Villeroy.

Ce fâcheux accident et la mauvaise conduite que Le Coigneux et Puy-Laurens voulurent de nouveau faire prendre à Monsieur, n'empêchèrent pas qu'on ne résistât, par votre seule ombre, à tous les efforts de cette nation belliqueuse. Et Votre Majesté ne fut pas plutôt guérie, qu'elle secourut la place qu'ils avoient assiégée, qu'elle défit leur armée par un combat signalé sur terre, qu'elle chassa leurs forces navales de ses côtes, et les contraignit de regagner leurs ports.

Vous attaquâtes ensuite La Rochelle, et la prîtes après le siége d'un an de durée. Et Votre Majesté se conduisit avec tant de prudence, que, bien qu'elle sût que les Espagnols ne désiroient ni la prise particulière de cette place, ni en général la prospérité de ses affaires, jugeant que la seule apparence de leur union lui pouvoit servir dans la réputation du monde, et qu'elle ne feroit pas peu, si, par un traité, elle les empêchoit de se joindre aux Anglais, qui étoient lors ses ennemis déclarés, elle en passa un avec eux qui produisit le seul effet qu'elle s'en étoit promis.

Les Espagnols, qui n'avoient autre dessein que de vous donner de simples apparences, à l'ombre desquelles ils pussent en effet traverser les desseins de Votre Majesté et la prise de cette ville, animèrent autant qu'il leur fut possible les Anglais à la secourir. Le cardinal de La Cuéva leur promit à cette fin, en termes exprès, que son maître n'enverroit aucun secours à Votre Majesté que lorsqu'elle n'en auroit plus besoin, et qu'il se retireroit avant qu'il leur pût nuire. Ce qui fut si religieusement accompli, que don Frédéric, amiral d'Espagne, qui étoit parti de la Corogne avec quatorze vaisseaux, après avoir su la défaite des Anglais en Rhé, ne voulut jamais demeurer à La Rochelle un seul jour, sur le bruit qui couroit qu'il venoit une nouvelle flotte pour secourir cette place.

Cette assurance donna l'audace aux Anglais d'en tenter par deux fois plus hardiment le secours, et la gloire à Votre Majesté de la prendre par ses seules forces à la vue d'une puissante armée navale, qui, après deux combats inutiles, eut la honte de se voir entièrement privée de ses fins. Ainsi, en même temps, l'infidélité et les ruses de l'Espagne furent sans effet, et celles des Anglais surmontées d'un même coup.

Pendant ce siége, les Espagnols attaquèrent le duc de Mantoue en Italie; ils prirent expressément ce temps, croyant que Votre Majesté ne le pourroit secourir. Le cardinal de Berulle et le garde des sceaux de Marillac conseilloient à Votre Majesté d'abandonner ce pauvre prince à l'injustice et à l'avidité insatiable de cette nation ennemie du repos de la chrétienté, pour empêcher qu'elle ne le troublât; le reste de votre conseil fut d'avis contraire, tant parce que l'Espagne n'eût osé prendre une telle résolution incontinent après avoir fait un traité d'union avec les Anglais, que quand même elle eût pris un aussi mauvais conseil, elle n'eût su arrêter les progrès de vos desseins.

On lui représenta que c'étoit assez qu'elle ne se déclarât point pour M. le duc de Mantoue, pendant qu'elle étoit attachée à ce grand siége, et qu'elle n'eût su faire davantage sans commettre une bassesse indigne d'un grand prince, qui n'y doit jamais consentir, quelque avantage qu'il en puisse tirer d'ailleurs.

Je commettrois un crime, si je ne remarquois en cet endroit que Votre Majesté, suivant les sentiments de son cœur et sa pratique ordinaire, prit en cette occasion le meilleur et le plus honorable parti, qui fut suivi d'un succès si heureux, que peu de temps après La Rochelle fut prise, et ses armes en état de secourir ce prince injustement attaqué.

Bien que dès-lors Monsieur, votre frère, devenu veuf un an après son mariage, eût dessein d'épouser la princesse Marie, il fut si mal conseillé, qu'au lieu de favoriser le duc de Mantoue son père, il le traversa plus que ses propres ennemis en se séparant de Votre Majesté et se retirant en Lorraine, lorsqu'il devoit s'unir étroitement avec elle pour rendre sa puissance plus considérable. Cette mauvaise conduite n'empêcha pas Votre Majesté de continuer le voyage qu'elle avoit entrepris pour un si glorieux dessein, et Dieu le bénit si visiblement qu'elle ne fut pas sitôt arrivée aux Alpes, qu'elle en força les passages dans le cœur de l'hiver, battit le duc de Savoie assisté des Espagnols, fit lever le siége de Casal, et contraignit tous ses ennemis de s'accommoder avec elle.

Cette glorieuse action, qui établit la paix en Italie, ne fut pas sitôt faite, que Votre Majesté, dont l'esprit et le cœur n'ont jamais trouvé le repos que dans le travail, passa sans relâche en Languedoc, où, après avoir pris les villes de Privas et d'Alez par force, elle réduisit, par sa fermeté, le reste du parti huguenot de tout son royaume à l'obéissance, et donna par sa clémence la paix à ceux qui avoient osé lui faire la guerre, non en leur procurant des avantages préjudiciables à l'Etat, ainsi qu'on avoit fait par le passé, mais en chassant hors du royaume celui qui étoit l'unique chef d'un si malheureux parti, et qui l'avoit toujours fomenté.

Ce qui est de plus grande considération en une action si glorieuse, est que vous ruinâtes absolument ce parti, lorsque le roi d'Espagne tâchoit de le relever et de l'affermir plus que jamais. Il venoit fraîchement de faire un traité avec le duc de Rohan, pour former en cet Etat un corps de rebelles à Dieu et à Votre Majesté tout ensemble, moyennant un million qu'il lui devoit donner tous les ans, et dont, par ce moyen, il rendoit les Indes tributaires de l'enfer. Mais ces projets furent sans effet; et au même temps qu'il eut le déplaisir de savoir que celui qui, de sa part, étoit porteur d'un si glorieux établissement, étoit mort sur un échafaud par arrêt du parlement de Toulouse, Votre Majesté eut le contentement et l'avantage de pardonner à ceux qui ne se pouvoient plus défendre, d'anéantir leur faction, et de bien traiter leurs personnes, lorsqu'ils attendoient le châtiment des crimes qu'ils avoient commis.

Je sais bien que l'Espagne pense se laver d'une action si noire, par le secours que vous donniez aux Hollandais; mais cette défense est aussi mauvaise que leur cause. Le sens commun fait connoître à tout le monde qu'il y a bien de la différence entre la continuation d'un secours établi par un sujet légitime, si la défense naturelle l'est, et un nouvel établissement manifestement contraire à la religion et à la légitime autorité que les rois ont reçue du Ciel sur leurs sujets.

Le Roi votre père n'entra jamais en traité avec les Hollandais, qu'après que le roi d'Espagne eut formé une ligue en ce royaume pour usurper la couronne. Cette vérité est trop évidente pour pouvoir être révoquée en doute, et il n'y a pas de théologien au monde qui ne puisse dire, sans aller contre les principes de la lumière naturelle, qu'ainsi que la nécessité oblige celui à qui on veut ôter la vie de se servir de quelque secours que ce puisse être pour la garantir, aussi un prince a-t-il droit de faire le même pour éviter la perte de son Etat.

Ce qui est libre en son commencement devenant quelquefois nécessaire dans la suite, il n'y en a point aussi qui puissent trouver à redire à la liaison que Votre Majesté entretient avec ces peuples, non-seulement en conséquence des traités du feu Roi, mais, de plus, parce que l'Espagne ne pouvant n'être pas censée ennemie de cet Etat, tandis qu'elle lui retiendra une partie de ses anciens domaines, il est clair que la cause qui a donné lieu à ces traités n'étant pas cessée, la continuation de l'effet est aussi légitime que nécessaire. Or, tant s'en faut que les Espagnols puissent prétendre être en pareils termes, qu'au contraire leurs desseins sont d'autant plus injustes, qu'au lieu de réparer les premières injures qu'ils ont faites à ce royaume, il les augmentent tous les jours. De plus, le feu Roi ne s'est joint aux Hollandais qu'après qu'ils ont été unis en corps d'Etat, et qu'il y a été contraint par l'oppression dont il ne pouvoit se garantir entièrement; il n'a été cause ni de leur révolte, ni de l'union de leurs provinces. Et ce n'est pas assez à l'Espagne d'avoir favorisé plusieurs fois les révoltes des huguenots contre vos prédécesseurs, elle a voulu les unir en corps d'Etat dans le vôtre : un saint zèle les a portés à vouloir être auteurs d'un si bon établissement, et ce qui est à remarquer, sans nécessité, et partant sans raison, si ce n'est que la continuation de leurs anciennes usurpations et les nouvelles qu'ils ont dessein de faire, rectifient tellement leurs actions, que ce qui est défendu à tout le monde leur soit permis, à cause de leurs bonnes intentions.

Ayant traité plus au long cette matière en un autre ouvrage, je la quitte pour continuer la suite de vos actions.

La mauvaise foi des Espagnols les ayant portés à attaquer de nouveau le duc de Mantoue, au préjudice des traités qu'ils avoient faits avec Votre Majesté, elle porta pour la seconde fois ses armes en Italie, où elles furent tellement bénies de Dieu, qu'après avoir glorieusement passé une rivière dont le duc de Savoie défendoit le passage avec quatorze mille hommes de pied et quatre mille chevaux, contre la foi du traité qu'il avoit fait avec Votre Majesté l'an précédent, elles prirent Pignerol en présence des forces de l'Empereur, de celles du roi d'Espagne, et de la personne et de toute la puissance du duc de Savoie, et, ce qui rend cette action plus glorieuse, à la vue du marquis de Spinola, l'un des plus grands capitaines de son temps. Par ce moyen vous prîtes Suze, et surmontâtes en même temps les trois plus considérables puissances de l'Europe, et la peste, la famine et l'impatience des Français, de quoi l'on trouvera peu d'exemples dans l'histoire.

Ensuite vous conquîtes la Savoie, chassant devant vous une armée de dix mille hommes de pied et de quatre mille chevaux, qui avoient plus d'avantage à se défendre dans un pays de montagnes pareil à celui où ils étoient que trente mille pour les attaquer.

Les combats de Veillane, de Carignan, signalèrent peu de temps après vos armes en Piémont; et la prise de Veillane, fortifiée par le duc de Savoie pour s'opposer à vos desseins, fit connoître que rien ne peut résister aux justes armes d'un Roi aussi heureux qu'il est puissant.

Casal fut secouru non-seulement contre l'opinion commune de la plus grande partie du monde, mais encore contre la propre pensée du duc de Montmorency, qui avoit été employé à ce dessein, et contre celle de Marillac, substitué à sa place, qui publioient hautement cette entreprise tout-à-fait impossible. Le secours de cette place fut d'autant plus glorieux, qu'une armée plus forte que la vôtre, retranchée à la tête du Milanais, qui lui fournissoit toute sorte de commodités, et à l'abri des murailles de Casal, qui lui avoit été consigné entre les mains, fut contrainte de le consentir et de le quitter, et en même temps cinq autres places que les Espagnols tenoient aux environs dans l'étendue de Montferrat.

Si l'on sait qu'au plus fort de ce dessein, Votre Majesté fut à l'extrémité, et que si votre personne étoit dangereusement malade, votre cœur l'étoit davantage; si l'on considère que la Reine votre mère, à la suscitation de quelques esprits envenimés, forma lors un puissant parti qui, vous affoiblissant, fortifia beaucoup vos ennemis; si l'on se représente encore qu'ils recevoient tous les jours divers avis, que bientôt les plus fidèles serviteurs de Votre Majesté qu'ils haïssoient et craignoient tout ensemble, ne seroient plus en état de leur faire du mal, il sera impossible de ne pas reconnoître que la bonté de Dieu a plus contribué à ses bons succès, que la prudence et la force des hommes.

Ce fut lors que la Reine votre mère fit toute sorte d'efforts imaginables pour renverser le conseil de Votre Majesté et en établir un à sa fantaisie. Ce fut lors que les mauvais esprits qui possédoient celui de Monsieur, travailloient sous son nom, autant qu'il leur étoit possible, pour me perdre.

La mère et le fils avoient fait un accord plus contraire à l'Etat qu'à ceux dont ils poursuivoient ouvertement la ruine, puisqu'en l'état présent des affaires il étoit impossible d'y apporter aucun changement sans le perdre. Le fils avoit promis de n'épouser point la princesse Marie, ce que la Reine appréhendoit de telle sorte que, pour l'empêcher, elle l'avoit fait mettre en votre absence au château de Vincennes, d'où elle ne sortit que par cette convention; et la mère s'étoit obligée en échange à me faire tomber en la disgrâce de Votre Majesté et à m'éloigner d'elle. Pour rendre ces promesses plus inviolables, elles furent mises par écrit, et le duc de Bellegarde les porta long-temps entre sa peau et sa chemise, pour marque qu'elles lui touchoient au cœur, et pour assurance à ceux qui les avoient faites qu'il ne les perdroit qu'avec la vie.

Jamais faction ne fut plus forte en un Etat; il seroit plus aisé de rapporter ceux qui n'y trempoient pas, que ceux qui s'y étoient engagés. Et ce qui augmenta la merveille de votre conduite dans cette occasion, est que, recherchant moi-même mon éloignement pour plaire à la Reine qui le désiroit passionnément, Votre Majesté, pour lors destituée de tout autre conseil, étoit seule à se conseiller, et seule à résister à l'autorité d'une mère, aux artifices de tous ses adhérens, et aux prières que je lui faisois contre moi-même.

Je parle ainsi parce que le maréchal de Schomberg, qui vous étoit fidèle, n'étoit pas lors auprès de Votre Majesté, et que le garde des sceaux Marillac étoit un de ceux qui, secondant la Reine en ses desseins, la servoient contre elle-même.

Votre prudence fut telle qu'en éloignant de votre propre mouvement le garde des sceaux, vous vous délivrâtes d'un homme tellement rempli de l'opinion qu'il avoit de lui-même, qu'il n'estimoit rien de bien fait s'il ne l'étoit par son ordre, et croyoit que beaucoup de mauvais moyens lui étoient licites pour venir aux fins qui lui étoient suggérées par un zèle qu'on peut nommer indiscret. Enfin votre procédé fut si sage, que vous n'accordâtes rien à la Reine qui fût contraire à votre Etat, et ne lui refusâtes aucune chose que ce que vous n'eussiez pu lui accorder sans blesser votre conscience, et agir autant contre elle que contre vous-même.

Je pourrois m'exempter de parler de la paix qui fut conclue à Ratisbonne, entre Votre Majesté et la maison d'Autriche, parce qu'ayant été arrêtée par votre ambassadeur à des conditions dont l'Empereur même reconnut qu'il n'avoit aucun pouvoir, elle ne peut, par cette raison, être mise au nombre de vos actions; mais si l'on considère que, bien que la faute de votre ambassadeur ne vous puisse être imputée, comme il ne falloit pas peu de bonté pour la supporter, il ne fallut pas aussi peu d'adresse pour la réparer en quelque sorte, et ne se priver pas de la paix si nécessaire à cet Etat, en un temps où Votre Majesté avoit tant de traverses, cette action sera jugée une des plus grandes que vous ayez jamais faites, et telle par conséquent qu'elle ne peut être omise en ce lieu.

La raison et la conduite de l'Etat requéroient un châtiment exemplaire en celui qui avoit outre-passé vos ordres en une matière si délicate, et dans une occasion si importante; mais votre bonté lia les mains à votre justice, parce que, bien qu'il fût seul ambassadeur, il n'avoit pas agi seul en cette affaire, mais avoit un adjoint d'une condition dont le respect vous fit plutôt considérer le motif de la faute, que la faute même. Ils furent tellement surpris l'un et l'autre de l'extrême maladie dans laquelle vous tombâtes à Lyon, qu'ils agirent plutôt sur le pied de l'état auquel le royaume pouvoit être par le malheur de votre perte, que sur celui auquel il étoit, et sur les ordres qu'ils avoient reçus.

Nonobstant les mauvaises conditions de leurs traités, les Impériaux furent contraints de restituer bientôt après Mantoue; la crainte de vos armes les obligea à rendre tout ce qu'ils tenoient dans ce duché, et ce qu'ils avoient usurpé sur les Vénitiens et sur les Grisons. Et après que Votre Majesté eut laissé entrer les troupes du duc de Savoie dans Pignerol, dans le fort et dans la vallée de la Perouse, pour satisfaire au traité de Querasque, elle s'accorda si bien avec lui qu'en vertu d'un nouveau traité, ces places sont demeurées en la puissance de Votre Majesté, au contentement et à l'avantage de toute l'Italie, qui craindra d'autant moins à l'avenir une injuste oppression, qu'elle voit une porte ouverte à son secours.

En ce temps les mécontentemens que le duc de Bavière, jusqu'alors inséparablement attaché à la maison d'Autriche, avoit reçus de l'Empereur et des Espagnols, et la crainte que tous les autres électeurs catholiques et protestans avoient d'être dépouillés de leurs Etats, comme beaucoup d'autres princes l'avoient déjà été à sa sollicitation, les ayant portés à désirer secrètement votre appui, vous traitâtes avec eux si adroitement, et avec tant de succès, qu'ils empêchèrent, en la présence même de l'Empereur, l'élection d'un roi des Romains, bien que la diète de Ratisbonne eût été convoquée à cette seule fin. Ensuite, pour contenter l'avis de Bavière, satisfaire les électeurs et plusieurs autres princes, et pour les affermir tous en la résolution qu'ils avoient prise de rendre la ligue catholique indépendante, non de l'Empire, mais de l'Espagne, qui en usurpoit la direction, vos ambassadeurs se gouvernèrent avec tant de correspondances avec ces princes, qu'ils leur facilitèrent les moyens de faire déposer Walstein du commandement des armées de l'Empire, ce qui n'apporta pas peu de retardement aux affaires de son maître.

Le crédit de Votre Majesté ne fut pas moindre vers le Nord, puisque le baron de Charnacé, sans titre d'ambassadeur, procura presque en même temps la paix entre les rois de Pologne et de Suède, paix qui avoit été inutilement tentée par plusieurs autres potentats. Cette paix donna lieu à l'entreprise que le roi de Suède fit peu après, pour empêcher l'oppression des princes de l'Empire en Allemagne; et ce dessein ne vous fut pas plutôt connu que, pour prévenir le préjudice que la religion catholique en pourroit recevoir, Votre Majesté fit un traité avec lui, qui l'obligeoit à n'en point troubler l'exercice dans tous les lieux de sa conquête.

Je sais bien que nos ennemis, qui pensent justifier leurs actions en décriant les vôtres, n'ont rien oublié de ce qu'ils ont pu pour rendre cette convention odieuse; mais leur dessein ne produisit autre effet que de faire paroître leur malice. L'innocence de Votre Majesté est d'autant plus claire, que son ambassadeur n'entra jamais dans aucun traité avec ce conquérant, que six mois après qu'il fut entré en Allemagne; ce qui justifie évidemment que les conventions qui furent faites avec ce prince, furent le remède du mal dont elles ne peuvent être estimées la cause.

Les traités passés non-seulement avec ce grand Roi, mais aussi avec beaucoup d'autres princes d'Allemagne, sont d'autant plus justes qu'ils étoient absolument nécessaires pour le salut du duc de Mantoue, injustement attaqué, et pour celui de toute l'Italie, sur laquelle les Espagnols n'avoient pas moins de droit que sur les États de ce pauvre prince, puisqu'ils estimoient que leur commodité en étoit un assez légitime.

L'ébranlement que ce royaume avoit reçu par la division que les Espagnols avoient ouvertement suscitée en votre maison royale, obligèrent Votre Majesté à recourir à des expédiens qui vous donnassent lieu de le raffermir.

Monsieur étant sorti de la Cour et de la France pour la troisième fois, par divers artifices, dont on peut dire avec vérité que les Espagnols étoient les principaux auteurs, et le cardinal Infant ayant retiré la Reine votre mère en Flandre, comme il fit en ce même temps, il est aisé de juger que si ces bons voisins n'eussent eu quelque notable occupation chez eux, ils eussent poussé les affaires plus avant, et se fussent occupés à vos dépens en ce royaume.

Il falloit par nécessité détourner l'orage, et, qui plus est, se préparer à en soutenir l'effort, au cas qu'on ne pût l'éviter. En cette considération, après que Votre Majesté fut assurée d'une puissante diversion, elle fit comme ceux qui, pour prévenir la contagion dont la corruption de l'air les menace, se purgent avec d'autant plus de soin, que se nettoyer au-dedans est à leur avis le meilleur et le plus sûr moyen qu'ils aient de se garantir des injures externes.

La providence de Dieu vous fut si favorable en cette rencontre, que ceux qui, animant la Reine et Monsieur contre la France, pensoient les porter à lui procurer beaucoup de mal, ne les portèrent qu'à ce qui les rendoit incapables d'en faire; et votre conduite parut d'autant plus merveilleuse en cette occasion, qu'en rappelant l'un, et désirant le retour de l'autre, votre bonté à leur égard fut connue de tout le monde, au même temps que les effets de votre justice tombèrent sur ceux qui les avoient aidés à prendre de mauvais conseils.

Le duc de Bellegarde fut privé du gouvernement de Bourgogne, et, par conséquent, des clefs des portes qu'il avoit ouvertes à Monsieur pour le faire sortir du Royaume. Le duc d'Elbœuf fut pareillement dépouillé de celui de Picardie, que Votre Majesté lui avoit donné peu de temps auparavant. Le duc de Guise, pressé des craintes de sa conscience, s'étant retiré en Italie lorsque vous l'appelâtes à la cour pour y rendre compte de ses actions, cette retraite criminelle lui fit perdre celui de Provence dont le feu Roi votre père l'avoit honoré. Ainsi vous fûtes délivré des gouverneurs ingrats et infidèles, et la Bourgogne, la Picardie et la Provence, provinces de grande considération, demeurèrent entre vos mains, libres de ces esprits dangereux.

Vous mîtes en la première le premier prince de votre sang, qui la désiroit avec passion; et, par ce moyen, vous l'intéressâtes prudemment aux affaires du temps, et donnâtes beaucoup à penser à Monsieur, qui, avec raison, n'appréhendoit rien tant au monde, que l'établissement d'une personne qui le talonnoit de si près. Vous établîtes en la seconde le duc de Chevreuse, prince de Lorraine, pour témoigner que les fautes sont personnelles, et que votre indignation ne s'étendoit que sur ceux de cette maison qui s'étoient rendus coupables par leur mauvaise conduite. Vous gratifiâtes le maréchal de Vitry de la troisième, tant à cause de sa fidélité, que parce qu'étant maintenu par votre autorité, il étoit de son naturel capable de faire tête à celui qui en étoit sorti.

Cependant les déclarations que vous fîtes en ces occasions enregistrer en parlement, furent d'autant plus approuvées de tout le monde, qu'en condamnant les auteurs et les sectateurs de la Reine et de Monsieur, elles excusoient ces deux personnes, qui sont aussi chères que proches à Votre Majesté, bien que par le passé on en eût usé tout autrement en des faits presque semblables.

Votre Majesté éluda alors, avec beaucoup de vigilance, divers desseins et beaucoup d'entreprises méditées, et tentées sous le nom de la Reine et de Monsieur, sur diverses places du royaume; et votre patience fut telle en ces malheureuses rencontres, que je puis quasi dire que vous ne fîtes connoître que ce que vous ne pouviez dissimuler de leur mauvaise conduite. Cependant pour en arrêter le cours, et retrancher la licence avec laquelle il sembloit qu'il leur fût permis de tout entreprendre à leur ombre, vous fîtes trancher la tête au maréchal de Marillac, avec d'autant plus de raison, qu'ayant été condamné avec justice, la constitution présente de l'État requéroit un grand exemple.

Ces grandes et fâcheuses affaires ne vous empêchèrent pas de réprimer, avec autant d'autorité que de raison, certaines entreprises du parlement de Paris qui avoient été souffertes en beaucoup d'autres occasions; ce qui est plus remarquable pour avoir été fait dans la chaleur des mécontentemens de la Reine, de Monsieur et de tous leurs partisans, que pour la chose même. Ensuite Monsieur entra à main armée en France, à la suscitation des Espagnols et du duc de Lorraine, avec des troupes dont ces bons voisins avoient fourni la plus grande partie.

Il sembloit que la connoissance que votre Majesté eut aussitôt, qu'il étoit attendu en Languedoc par le duc de Montmorency, fort autorisé en cette province dont il étoit gouverneur, vous dût détourner du dessein qui vous avoit conduit en Lorraine, pour détacher ce duc du mauvais parti où il s'étoit mis; mais, achevant ce que vous aviez commencé à si bonnes fins, vous fîtes suivre Monsieur votre frère de si près, par le maréchal de Schomberg, et vous avançâtes si promptement vous-même, après avoir reçu trois places du duc de Lorraine pour gage de sa foi, que tous les efforts de ceux qui s'étoient liés contre vous demeurèrent vains.

La victoire que les armes de votre Majesté, commandées par ce maréchal, remportèrent à Castelnaudari, fut un argument aussi assuré de la bénédiction de Dieu sur votre Majesté, comme les grâces que vous accordâtes ensuite à Monsieur et aux siens, lorsque le mauvais état de ses affaires vous donnoit lieu d'en user autrement, furent un témoignage évident de votre bonté. La sincérité avec laquelle vous voulûtes observer toutes les promesses qui leur furent faites à Béziers de votre part, bien que vous sussiez assurément que Puy-Laurens n'avoit autre dessein que d'éviter, à l'ombre d'un repentir, le péril auquel il se trouvoit, dont il ne pouvoit se garantir par autre voie, fut une preuve aussi authentique du grand cœur de votre Majesté que de sa foi inviolable.

Le châtiment du duc de Montmorency, qui ne se pouvoit omettre sans ouvrir la porte à toutes sortes de rébellions dangereuses en tout temps, et particulièrement en celui auquel un héritier présomptif de la Couronne se rendoit, par mauvais conseil, chef de ceux qui se séparoient de leur devoir, fit voir à tout le monde que votre fermeté égaloit votre prudence. Cette punition fit voir aussi que vos serviteurs préféroient les intérêts publics aux leurs particuliers, puisqu'ils résistoient en cette occasion, et aux sollicitations de plusieurs personnes qui leur devoient être de grande considération, et aux menaces de Monsieur, que Puy-Laurens portoit jusqu'à ce point, qu'il leur fît dire que si M. de Montmorency mouroit, Monsieur les feroit mourir un jour eux-mêmes.

La patience avec laquelle vous avez souffert les nouveaux monopoles que Puy-Laurens fît en Flandre sous le nom de Monsieur, où il se retira pour la troisième fois, est toute semblable à celle qui porte un père à excuser les comportemens qu'on fait commettre à un de ses enfans qui est sorti de son obéissance. Celle qui vous a fait endurer, aussi long-temps que le bien de l'Etat et votre conscience l'ont pu permettre, la malice et la légèreté qui ont porté plusieurs fois le duc de Lorraine à s'armer contre vous, est une vertu qui se trouvera dans l'histoire avoir fort peu d'exemples.

La bonté avec laquelle vous avez voulu vous contenter, pour la réparation de ses secondes fautes, du dépôt de quelques-unes de ses places, capables de le contenir en son devoir, si sa folie n'eût pas égalé son manquement de parole, se trouvera peut-être d'autant plus incomparable, qu'il y a peu de princes qui perdent l'occasion de se rendre maîtres d'un Etat voisin, quand ils ont le sujet légitime, et le pouvoir tout ensemble.

Après tant de rechutes commises par ce duc votre vassal; après qu'il vous eut ravi, contre sa foi, contre le droit divin, et celui des constitutions faites par les hommes, un gage presque aussi précieux que votre Etat, la prudence avec laquelle vous le dépouillâtes, lorsque sa malice et son inconstance ne pouvoient plus avoir d'autres remèdes que ceux de l'extrémité, est d'autant plus estimable, que si vous l'eussiez fait plus tôt, on eût pu révoquer en doute votre justice. Aussi ne pouviez-vous attendre davantage sans vous faire paroître insensible, et commettre, par omission, une faute égale à celle que commettroit un prince qui, par pure violence, en dépouilleroit un autre sans raison.

Que ne doit-on pas dire du bon naturel qui vous a porté à procurer le retour de Monsieur en France pour la troisième fois, lorsqu'il sembloit qu'on ne pouvoit plus s'assurer de sa foi, à cause des diverses rechutes, et de l'extraordinaire infidélité des siens ? Beaucoup estimoient avec raison qu'il ne pouvoit revenir, sans mettre en compromis la sûreté de vos plus fidèles serviteurs; et cependant ils étoient seuls à vous solliciter de le retirer du péril où il s'étoit mis.

Cette action trouvera peu d'exemples dans l'antiquité, si l'on en considère les circonstances, et peut-être peu d'imitation à l'avenir.

Comme on ne peut, sans une extrême hardiesse, conseiller à votre Majesté de donner à Monsieur, contre vos propres sentimens, une notable augmentation d'apanage, un gouvernement de province et une place, lorsqu'il fut question de le retirer de Lorraine, la première fois qu'il sortit du royaume, on a pu aussi, sans grande fermeté, résister un an durant aux instances qu'il faisoit d'en avoir une sur la frontière, où il pût se retirer quittant la Flandre. Ce n'a pas été peu de bonheur que ces deux conseils aient si bien réussi, que la concession de la première place fût cause de son premier retour, et cause si innocente, qu'étant utile en cette occasion, on n'ait pu depuis en abuser, lorsque les siens l'ont voulu faire. Et que tant s'en faut que le refus de la seconde l'ait empêché de rentrer en son devoir, et en son pays natal, seul lieu de son salut, qu'au contraire c'est ce qui l'obligea de revenir enfin avec une intention aussi droite que lui et les siens ont depuis confessé qu'il l'avoit mauvaise, lorsque, sous prétexte de la sûreté de sa personne, il demandoit une retraite pour troubler de nouveau le repos de la France.

Les bienfaits extraordinaires que votre Majesté fit à Puy-Laurens pour l'obliger d'inspirer une bonne conduite à son maître, sont si dignes de mémoire qu'ils ne doivent pas être oubliés en cet endroit. Le châtiment qu'il reçut lorsque vous reconnûtes qu'il continuoit à abuser de vos grâces, étoit trop juste et trop nécessaire pour ne l'infliger pas ensuite.

La postérité remarquera, je m'assure, trois choses bien considérables en ce sujet : un entier détachement de tous autres intérêts que de ceux du public en vos créatures, qui, l'ayant reçu par votre exprès commandement dans leur alliance, ne laissèrent pas de vous conseiller de le faire arrêter, parce que le bien de l'État le requéroit ainsi; une grande prudence d'avoir exécuté cette action en présence de Monsieur, qui ne pouvoit qu'approuver de près un conseil qu'il eût de loin appréhendé pour lui-même, si l'expérience ne lui eût fait connoître que ce n'étoit pas à lui qu'on en vouloit; une grande hardiesse à lui laisser en même temps autant de liberté qu'il en avoit auparavant, sur ce seul fondement que ne s'étant mal conduit que par de mauvais conseils, l'effet cesseroit quand la cause seroit ôtée, et qu'il n'en seroit pas plutôt destitué qu'il suivroit, par ses propres sentimens, un chemin contraire à celui où ceux d'autrui l'avoient porté.

Cette action, et plusieurs autres arrivées pendant votre règne, feront, je m'assure, tenir pour maximes certaines, qu'il faut en certaines rencontres, où il s'agit du salut de l'État, une vertu mâle, qui passe quelquefois par dessus les règles de la prudence ordinaire, et qu'il est quelquefois impossible de se garantir de certains maux, si l'on ne commet quelque chose à la fortune, ou, pour mieux dire, à la providence de Dieu, qui ne refuse guères son secours, lorsque notre sagesse épuisée ne peut nous en donner aucun.

Au reste, votre conduite sera reconnue d'autant plus juste, que ceux qui liront votre histoire verront que votre Majesté ne fait punir personne qu'après avoir tâché, par de notables bienfaits, de le contenir en son devoir.

Le maréchal d'Ornano fut fait maréchal à cette fin. Le grand prieur étoit assuré du commandement de la mer, lorsqu'il pervertit l'esprit de son frère, et que tous deux vous donnèrent sujet de leur ôter la liberté. Le maréchal de Bassompierre ne subsistoit que par vos bienfaits, quand sa manière de parler et d'agir à la Cour vous contraignit de le resserrer à la Bastille. Le garde des sceaux de Marillac étoit d'autant plus obligé à bien faire, que le grade où sa bonne fortune l'avoit élevé ne lui laissoit pas lieu de désirer alors davantage, quelque ambition qu'il pût avoir. Le maréchal son frère, établi dans Verdun, et élevé à un office de la Couronne, avoit toutes occasions, par ces grâces, d'éviter le supplice qu'il mérita par son ingratitude et par ses mauvais déportemens. Les divers commandemens que le duc de Montmorency a eus de vos armées, bien qu'il fût encore jeune pour les mériter, la charge de maréchal de France, le libre accès que votre Majesté lui donnoit auprès de sa personne, et la familiarité qu'il avoit avec vos créatures, étoient des grâces et des priviléges assez grands pour l'empêcher de courir imprudemment à sa ruine.

Il y avoit si peu que Châteauneuf avoit été honoré des sceaux, quand on commença à découvrir son mauvais procédé, qu'il y a lieu de soupçonner qu'au commencement de sa magistrature il avoit presque les mêmes intentions que lorsqu'il la finit. Cependant cette première charge de la justice, à laquelle votre Majesté l'appela, contre son attente; cent mille écus qu'il reçut de votre libéralité en une année; le gouvernement d'une de vos provinces, qui sont des grâces assez extraordinaires pour un homme de sa profession, ne furent pas des considérations assez puissantes pour l'empêcher d'être l'artisan de sa ruine.

Les diverses et grandes grâces que Puy-Laurens reçut en peu de temps de la bonté de votre Majesté sont si extraordinaires, que ceux qui les sauront s'en étonneront peut-être davantage que

22.

de son mauvais procédé, assez ordinaire à ceux qui la fortune élève en un instant sans mérite. L'abolition de ses crimes, que votre Majesté lui accorda à son retour de Flandre, ne sera pas estimée médiocre par la postérité. Les sommes immenses qu'il reçut de vos libéralités, le gouvernement du Bourbonnais, la qualité de duc et pair, et mon alliance, étoient des liens assez forts pour contenir en son devoir toute autre personne que lui, qui n'étoit pas capable de se prescrire des bornes.

Lorsque le comte de Cramail fut mis à la Bastille, il venoit de recevoir, par son rappel à la Cour, un effet de l'oubli de ses premières fautes. Mais ce favorable traitement ne l'empêcha pas de prendre son premier train, en desservant l'état présent des affaires, et en tâchant de détourner votre Majesté de son ancienne conduite, dont les événemens justifioient le bonheur, la justice et la bénédiction de Dieu.

Le choix qu'on avoit fait du maréchal de Vitry pour la Provence, l'obligeoit de vivre avec beaucoup de règle dans un grand emploi, que son courage et sa fidélité lui avoient procuré; mais sa trop grande avidité et son humeur insolente et altière ne contribuèrent pas peu à l'en priver, pour le loger dans un gouvernement de moindre étendue.

S'il faut parler de ceux qui ont été simplement éloignés de la Cour, quelles obligations n'avoit point reçues le duc de Bellegarde de votre Majesté et de ses serviteurs! La bonté de l'une et l'adresse des autres l'avoient tiré de certains embarras de cabinet, où son extrême vanité et le déréglement de ses passions l'avoient jeté. Il étoit duc par votre grâce, et d'autant plus obligé à se bien conduire auprès de Monsieur, lorsqu'il l'aida à sortir du royaume, que vous l'aviez établi dans les premières charges de sa maison, dont il ne reçut pas peu d'utilité.

De pauvre et simple gentilhomme qu'étoit Thoiras, on le vit en un instant maréchal de France, si chargé de vos bienfaits, qu'il reçut non-seulement les plus beaux emplois et les plus grands gouvernemens du royaume, mais plus de six cent mille écus de gratification. La Fargis étoit d'autant plus obligée à bien faire, que votre Majesté, la mettant auprès de la Reine sa femme, l'avoit mise au-dessus des discours qu'on avoit faits d'elle. Les ducs de Guise et d'Elbœuf ont reçu, au vu et au su de tout le monde, des grâces indicibles de votre Majesté.

Au même temps que la princesse de Conti étoit échauffée à former des cabales dans la Cour, elle tira beaucoup de votre épargne pour la vente de Mouzon et de Chateau-Renault; mais ce n'étoit pas assez pour la contenir en son devoir.

L'éloignement du duc de La Valette, quoique volontaire et non forcé, me donnant lieu de le mettre en cette classe, je ne puis ne pas représenter que peu de temps auparavant qu'il sollicitât Monsieur, votre frère, et le comte de Soissons, de tourner vos armes, dont ils avoient pour lors le commandement, contre votre propre personne, votre Majesté l'avoit honoré de la qualité de duc et pair : je ne puis me dispenser d'ajouter que, pour le lier davantage à votre service, vous aviez trouvé bon qu'il prît liaison avec ceux qui en étoient tout-à-fait inséparables, et qu'en considération de mon alliance, vous lui aviez accordé la survivance du gouvernement de Guyenne, et augmenté sa charge de colonel d'infanterie, de trente mille livres de revenu. Je puis dire, de plus, que le pardon que votre Majesté lui accorda, par une bonté extraordinaire, d'un crime si sale et si honteux, avéré par la bouche de deux princes irréprochables en cette occasion, ne put empêcher que sa foiblesse et sa jalousie contre le prince de Condé et l'archevêque de Bordeaux, où le dessein qu'il avoit de traverser la prospérité de vos affaires, ne lui fissent perdre beaucoup d'honneur en perdant l'occasion de prendre Fontarabie, lorsque les ennemis ne pouvoient plus la défendre.

Si c'est un effet d'une prudence singulière d'avoir occupé dix ans durant toutes les forces des ennemis de votre Etat par celles de vos alliés, en mettant la main à la bourse et non aux armes; être entré en guerre ouverte lorsque vos alliés ne pouvoient plus subsister seuls, en est un autre de sagesse et de courage tout ensemble, qui justifie bien que, ménageant le repos du royaume, vous avez fait comme ces grands économes, qui, ayant été soigneux d'amasser de l'argent, savent le dépenser à propos pour se garantir de plus grande perte.

Après avoir fait en même temps diverses attaques en divers lieux, ce que ne firent jamais les Romains ni les Ottomans, semblera sans doute, à beaucoup de gens, une imprudence et une témérité bien grande; et cependant, si c'est une preuve de votre puissance, c'en est une plus forte de votre jugement, puisqu'il étoit nécessaire d'occuper tellement vos ennemis de toutes parts, qu'ils ne pussent être invincibles en aucune.

La guerre d'Allemagne étoit un peu forcée, puisque cette partie de l'Europe étoit le théâtre sur lequel, depuis long-temps, elle étoit commencée. Bien que celle de Flandre n'ait pas eu le succès qu'on en pouvoit attendre, il étoit impossible de ne la pas concevoir avantageuse en son projet. Celle des Grisons étoit nécessaire pour embarquer les princes d'Italie à prendre les armes, en leur ôtant l'appréhension des Allemands, et pour donner cœur à ceux qui les avoient en Allemagne, en leur faisant voir que l'Italie ne pouvoit secourir les ennemis qu'ils avoient en tête en leur pays. Celle d'Italie n'étoit pas moins importante, tant parce que c'étoit le vrai moyen d'engager le duc de Savoie, que parce qu'aussi le Milanais étant comme le cœur des Etats que possède l'Espagne, c'étoit cette partie qu'il falloit attaquer.

Au reste, si l'on considère que votre Majesté avoit de tous côtés des alliés qui devoient joindre leurs forces à vos armes, on trouvera que la raison vouloit que, par telle union, les Espagnols, attaqués en divers lieux, succombassent sous l'effort de votre puissance.

Ce n'est pas que, pendant le cours de cette guerre, qui a duré cinq ans, il ne vous est arrivé aucun mauvais accident, qui n'ait semblé être permis que pour votre gloire.

En 1635 l'armée que votre Majesté envoya dans les Pays-Bas, gagna, à son entrée, une célèbre bataille, auparavant qu'être jointe à celle des Etats-Généraux. Et si le prince d'Orange les commandant toutes deux, n'eut aucun succès digne de ses grandes forces et de l'attente qu'on avoit d'un capitaine de sa réputation, la faute ne peut vous en être imputée. Ayant soumis vos armes au commandement de ce prince, c'étoit à lui à poursuivre la pointe d'une armée qu'il recevoit victorieuse. Mais la lenteur d'une nation pesante ne sut profiter de l'ardeur de la vôtre, qui demande des exécutions plutôt que des conseils, et qui, ne venant pas promptement aux mains, perd l'avantage que le feu de sa nature lui donne sur toutes les autres nations du monde.

Cette même année les forces de l'Empire ayant passé le Rhin à Brisach, vinrent si près de vos frontières, que si vous ne pûtes les exempter de la peur, vous sûtes bien les garantir du mal dont vos ennemis ne furent pas exempts. On vit périr dans la Lorraine une des plus puissantes armées que l'Empereur eût de long-temps mises sur pied; et sa perte est d'autant plus considérable, que la seule patience de ceux qui commandoient vos forces en ces quartiers, en fut la cause. En même temps que le duc de Rohan, favorisé des principales têtes des Grisons, qui désiroient leur liberté, entra heureusement dans leur pays à force ouverte, se saisit des passages et des postes les plus importans, et les fortifia, nonobstant les oppositions que le voisinage du Milanais donnoit moyen aux Espagnols d'y apporter commodément, les ducs de Savoie et de Créqui, qui commandoient vos armées en Italie, prirent un fort dans le Milanais, et en bâtirent un autre sur le Pô, qui fut une fâcheuse épine aux pieds de vos ennemis.

En 1636 la lâcheté de trois gouverneurs de vos places frontières ayant donné lieu aux Espagnols de prendre pied en ce royaume, et d'y acquérir, à bon marché, un avantage très-notable, sans vous abattre le courage, lorsque chacun sembloit être perdu, vous mîtes en six semaines une si puissante armée sur pied, qu'on se pouvoit promettre la défaite entière de vos ennemis, si ceux à qui vous en commîtes le commandement l'avoient bien employée. Leurs défauts vous obligèrent vous-même à en prendre la conduite; et Dieu vous assista de telle sorte, que la même année vous reprîtes, à la vue de ceux qui n'avoient emporté ces places que parce que vous en étiez éloigné, la seule qui importoit à votre Etat. Vous surmontâtes en cette exécution beaucoup de traverses qui vous furent données par les vôtres mêmes, qui, prévenus d'ignorance ou de malice, improuvoient hautement un si haut dessein.

Si le siége de Dôle ne vous réussit pas, la raison qui oblige un chacun à courir au plus pressé, en fut la seule cause. Votre Majesté en divertit ses forces avec d'autant plus de prudence, qu'il étoit plus important de reprendre Corbie que de prendre Dôle.

Au même temps, Galas étant entré dans ce royaume, à la tête des principales forces de l'Empire, auxquelles le duc de Lorraine s'étoit joint avec les siennes, tous deux furent chassés de la Bourgogne, avec la honte de lever le siége de Saint-Jean-de-Losne, mauvaise place, et le dommage de perdre une partie de leur canon, et si grand nombre de leurs gens, que de trente mille hommes avec lesquels ils étoient entrés dans le royaume, ils n'en sortirent pas avec dix.

Le Tesin fut, dans cette même année, le témoin d'une action non moins heureuse en Italie, où les vôtres gagnèrent un célèbre et sanglant combat; et vous eûtes, dans la Valteline, des avantages d'autant plus considérables, que vos ennemis s'étant plusieurs fois résolus de venir aux mains avec vos troupes, pour les en chasser par la force, jamais ils ne tâchèrent d'effectuer leurs desseins, que combattre et être battus ne leur fût une même chose.

En 1637 vous emportâtes deux places sur vos ennemis dans la Flandre, et reprîtes une de celles qui, l'an précédent, leur avoient été livrées par la lâcheté des gouverneurs. Une troisième, assiégée dans le Luxembourg, fut prise peu après, et vos ennemis reçurent autant de dommage par l'entrée de vos armées en leurs pays, qu'ils avoient eu dessein de vous en faire par la même voie.

Si une terreur panique de celui qui commandoit vos forces dans la Valteline, et l'infidélité de quelques-uns de ceux pour la liberté desquels vous les aviez prises, vous firent perdre, et par lâcheté et par trahison tout ensemble, les avantages que vous y aviez acquis par la force et par la raison, cette année fut heureusement couronnée par la reprise des îles de Sainte-Marguerite et de Saint-Honorat, et par le secours de Leucate, assiégé par les Espagnols.

Par la première de ces deux actions, deux mille cinq cents Français descendirent en plein jour en une île gardée par autant d'Espagnols et d'Italiens, une île fortifiée par cinq forts réguliers, conjoints les uns aux autres par des lignes de communication qui l'enfermoient presque toute entière d'un bon parapet. Vos gens, à leur descente, combattirent et défirent vos ennemis, qui leur firent tête, et après avoir contraint la plus grande partie de se retirer dans leurs remparts, ils les y forcèrent, dans six semaines, pied à pied, par autant de siéges qu'ils y avoient de forts ; bien qu'il y en eût un de cinq bastions royaux, si bien muni de canons, de gens, et de toutes sortes de choses nécessaires, qu'il sembloit ne devoir pas être attaqué. Par la seconde, une armée puissante si bien retranchée, qu'il n'y avoit qu'une seule tête de mille toises par laquelle on pût l'aborder, tête si bien fortifiée, que de deux cents en deux cents pas, il y avoit des forts et redoutes garnis de canons et bordés d'infanterie, fut attaquée de nuit et forcée par une armée, qui, pour être moins nombreuse, ne laissa pas de la défaire entièrement, après plusieurs combats. Ces deux actions sont si extraordinaires, qu'on ne peut dire que ce sont des effets signalés du courage des hommes, sans ajouter qu'ils étoient secondés de la providence et de la main de Dieu, qui combattit visiblement pour vous.

En 1638, bien que le commencement de l'année vous fut malheureux en Italie, à Saint-Omer et à Fontarabie, par le mauvais sort des armes, et par l'imprudence, la lâcheté ou la malice de quelques-uns de ceux qui commandoient les vôtres, la fin couronna l'œuvre par la prise de Brisach, emportée après un long siége, deux batailles et divers combats tentés pour la secourir.

Au reste, vous ne sûtes pas plutôt le mauvais événement du siége de Saint-Omer, que votre Majesté portant sa personne au lieu où il sembloit qu'on pouvoit craindre quelques fâcheux événemens, elle arrêta le cours du malheur de ses armes, en faisant prendre et raser Renti, fort grandement incommode à la frontière. Ensuite de quoi le Catelet, la seule de vos places qui étoit entre les mains de vos ennemis, fut emportée par force à leur vue, sans qu'ils osassent s'opposer à l'effort de vos armes.

La bataille navale en laquelle quatorze galères et quatre vaisseaux dunkerquois, tous retirés dans l'anse de Gattari, sous cinq batteries de terre, pour n'oser tenir la mer devant dix-neuf des vôtres, furent tous brûlés ou coulés à fond, avec perte de plus de quatre à cinq mille hommes, de cinq cents canons, et d'une grande quantité de munitions de guerre, pour le secours de Fontarabie, sont des bons contrepoids, non des pertes que vous fîtes à Saint-Omer et à Fontarabie, qui ne furent pas grandes, mais du gain que vous manquâtes à faire par la prise de ces places.

Si l'on joint à cet avantage celui que vous eûtes auparavant, lorsque vos armes firent perdre à vos ennemis, dans le port du Passage, quatorze grands vaisseaux, grand nombre de canons, drapeaux, et toutes sortes de munitions, on trouvera que si les Espagnols marquent cette année pour leur avoir été assez favorable, ils s'estiment heureux quand leur malheur est moindre que leur crainte.

Enfin le combat des galères, peut-être le plus célèbre qui ait jamais été donné en mer, où quinze des vôtres en attaquèrent autant d'Espagne, et les combattirent avec un si grand avantage, que vos ennemis y perdirent quatre à cinq mille hommes et six galères, entre lesquelles une capitane et deux patronnes, ne signalèrent pas peu une si glorieuse action ; ce combat, dis-je, fait voir que la prudence de votre conduite n'a pas été seulement accompagnée de bonheur, mais qu'elle a été suivie de la hardiesse de ceux qui ont commandé vos armes.

Plusieurs choses sont à remarquer dans cette guerre. La première est que votre Majesté n'y est entrée que lorsqu'elle n'a pu l'éviter, et qu'elle n'en est sortie qu'alors qu'elle l'a dû faire. Cette remarque est d'autant plus glorieuse à votre Majesté, qu'étant en paix, elle a été plusieurs fois conviée par ses alliés à prendre les armes, sans le vouloir faire, et que, pendant la guerre, ses ennemis lui ont plusieurs fois proposé une paix particulière, sans qu'elle y ait jamais voulu entendre, parce qu'elle ne devoit pas se séparer des intérêts de ses alliés.

Ceux qui sauront que votre Majesté a été abandonnée de divers princes, qui avoient liaison avec elle, sans en vouloir abandonner aucun, et qu'encore que quelques-uns de ceux qui sont demeurés fermes en son parti, lui aient manqué en diverses choses importantes, ils ont toujours reçu de votre Majesté des effets conformes à ses promesses; ceux-là, dis-je, reconnoîtront que si le bonheur de votre Majesté a paru grand dans le bon succès de ses affaires, sa vertu n'est pas moindre que son bonheur. Je sais bien que si elle eût manqué à sa parole, elle eût beaucoup perdu de sa réputation, et que la moindre perte de ce genre fait qu'un grand prince n'a plus rien à perdre; mais ce n'est pas peu que d'avoir satisfait à son devoir en diverses occasions, où la vengeance et le repos, naturellement désiré après la guerre, donnoient lieu de faire le contraire.

Il n'a fallu pas moins de prudence que de force, ni moins d'effort d'esprit que d'armes, pour persister presque seul au même dessein qu'on pensoit faire réussir par l'union de plusieurs.

Saxe abandonna premièrement le roi de Suède; Brandebourg, le landgrave de Hesse; plusieurs villes anséatiques, Wirtemberg, Parme et Mantoue.

Cependant il est vrai que la défection de plusieurs princes d'Allemagne; que la retraite que le duc de Parme fut contraint de faire de votre parti, par la nécessité de ses affaires; que la mort du duc de Mantoue, et la légèreté de la douairière, mère du jeune duc, qui ne fut pas plutôt maîtresse, qu'oubliant les obligations qu'elle avoit à la France, elle se tourna contre elle ouvertement; que le décès du duc de Savoie, et l'imprudence de sa veuve, qui se perdit pour ne vouloir pas souffrir qu'on la sauvât; il est vrai, dis-je, que tous ces accidens n'ont point ébranlé la fermeté de votre Majesté, et qu'encore qu'ils altérassent ses affaires, ils ne lui firent jamais changer ses desseins.

La seconde remarque, digne de grande considération en ce sujet, est que votre Majesté n'a jamais voulu, pour se garantir du péril de la guerre, exposer la chrétienté à celui des armes ottomanes, qui lui ont souvent été offertes. Elle n'ignoroit pas qu'elle accepteroit un tel secours avec justice, et cependant cette connoissance n'a pas été assez forte pour lui faire prendre une résolution hasardeuse pour la religion, mais avantageuse pour avoir la paix. L'exemple de quelques-uns de ses prédécesseurs et de divers princes de la maison d'Autriche, qui affecte particulièrement de paroître aussi religieuse devant Dieu, qu'elle l'est en effet à ses propres intérêts, s'est trouvé trop foible pour la porter à ce que l'histoire nous apprend avoir plusieurs fois été pratiqué par d'autres.

La troisième circonstance, qui a causé de l'étonnement en cette guerre, est le grand nombre d'armées et de sommes avec lesquelles il a fallu la soutenir.

Les plus grands princes de la terre ayant toujours fait difficulté d'entreprendre deux guerres à la fois, la postérité aura de la peine à croire que ce royaume ait été capable d'entretenir séparément, à ses seuls dépens, sept armées de terre et deux navales, sans compter celles de ses alliés, à la subsistance desquelles il n'a pas peu contribué. Cependant il est vrai qu'outre une puissante armée de vingt mille hommes de pied et de six à sept mille chevaux, que vous avez toujours eue en Picardie pour attaquer vos ennemis, vous en avez eu une autre en la même province, composée de dix mille hommes de pied, et de quatre mille chevaux, pour empêcher l'entrée de cette frontière. Il est vrai, de plus, que vous en avez toujours eu une en Champagne, de même nombre que cette dernière; une en Bourgogne, de pareille force; une non moins puissante en Allemagne; une autre aussi considérable en Italie, et encore une autre à la Valteline, pendant certains temps. Et, ce qui est digne d'admiration, la plus grande part ont plutôt été destinées et employées à attaquer qu'à se défendre.

Bien que vos prédécesseurs aient méprisé la mer jusqu'à ce point que le feu Roi, votre père, n'avoit pas un seul vaisseau, votre Majesté n'a pas laissé d'en avoir en la mer Méditerranée, pendant le cours de cette guerre, vingt galères et vingt vaisseaux ronds, et plus de soixante bien équipés en l'Océan : ce qui n'a pas seulement diverti vos ennemis de divers desseins qu'ils avoient formés sur vos côtes, mais leur a fait autant de mal qu'ils pensoient vous en causer.

Vous avez de plus, tous les ans, secouru les Hollandais de douze cent mille livres, et quelquefois de davantage, et le duc de Savoie de plus d'un million; la couronne de Suède de pareille somme; le landgrave de Hesse de deux cent mille risdales, et divers autres princes de diverses autres sommes, selon que les occasions l'ont requis.

Ces charges si excessives ont fait que la dépense de chacune des cinq années que la France a supporté la guerre, a monté à plus de soixante millions; ce qui est d'autant plus admirable, qu'elle a été soutenue sans prendre les gages des officiers, sans toucher au revenu des particuliers, et même sans demander aucune aliénation du fonds du clergé : tous moyens extraordinaires auxquels vos prédécesseurs ont été souvent obligés de recourir en de moindres guerres. Ainsi soixante millions de dépense par chacune de ces cinq années, cent cinquante mille hommes de pied, tant pour les armées que pour les garnisons de vos places, et plus de trente mille chevaux, seront, à la postérité, un argument immortel de la puissance de cette Couronne, et de la bonne conduite de votre Majesté.

Si j'ajoute que les diverses occupations ne l'ont pas empêchée de fortifier en même temps si parfaitement toutes les frontières, qu'au lieu qu'elles étoient auparavant ouvertes de toutes parts à ses ennemis, ils ne peuvent maintenant les regarder qu'avec étonnement, je toucherai un nouveau point non moins considérable à la postérité, puisque, mettant pour jamais ce royaume en sûreté, elle en recevra à l'avenir autant de fruit que votre Majesté en a reçu par le passé de travaux et de peines.

Ceux à qui l'histoire apprendra les traverses que votre Majesté a rencontrées dans tous ses grands desseins, par l'envie que ses prospérités et la crainte de sa puissance lui ont attirée de divers princes étrangers, par le peu de foi de quelques-uns de ses alliés, par la perfidie de ses mauvais sujets, par un frère mal conseillé en certains temps, et par une mère toujours possédée de mauvais esprit, depuis que, s'étant voulu priver des conseils de votre Majesté, elle avoit distingué ses intérêts de ceux de son Etat; reconnoissant que tels obstacles ne relèvent pas peu votre gloire, reconnoissant aussi que les grands cœurs ayant formé de grands desseins, ne peuvent être détournés par les difficultés qui s'y rencontrent : s'ils considèrent de plus la légèreté naturelle de cette nation, l'impatience des gens de guerre peu accoutumés aux fatigues inévitables dans le cours des armes, et enfin la foiblesse des instrumens dont la nécessité vous a contraint de vous servir en ces occasions, entre lesquels je prends le premier rang, ils seront contraints d'avouer que rien n'a suppléé au défaut des outils, que l'excellence de votre Majesté qui étoit l'artisan.

Enfin, s'ils se représentent que surmontant tous les obstacles, vous êtes parvenu à la conclusion d'une paix, en laquelle les défauts de quelques-uns de vos alliés, et l'affection que vous leur avez portée, vous ont fait relâcher une partie de ce que vous aviez conquis par vos seules forces, il leur sera impossible de ne connoître pas que votre bonté est égale à votre puissance et qu'en votre conduite la prudence et la bénédiction de Dieu ont marché de même pas.

(1) Bien que l'année 1639 ait été mêlée de roses et d'épines, la postérité jugera, je m'assure, que les uns et les autres ont également contribué à votre gloire.

Vous aviez destiné trois armées pour être employées ès frontières de vos ennemis, proche de la Picardie et de la Champagne, en dessein que deux agiroient l'une auprès de l'autre, et que la troisième soutiendroit toujours celle des deux qui seroit en action.

Feuquières, qui en commandoit une, avoit ordre d'attaquer Thionville; mais il l'avoit aussi de considérer, premièrement, quelle seroit la marche de Piccolomini : son instruction portoit qu'il s'opposât à son passage en Flandre, s'il s'approchoit de lui; et, au cas qu'il s'en éloignât, qu'il attaquât la place après qu'il seroit passé.

L'ardeur de ce gentilhomme, plein de cœur et d'ambition, lui fit précipiter l'attaque de cette place, à dessein d'attirer à lui Piccolomini, et d'aller au-devant pour le combattre, avec d'autant plus d'avantage qu'il croyoit pouvoir le surprendre : mais son malheur l'empêcha d'exécuter ce qu'il avoit fort bien projeté. Au lieu de prévenir son ennemi, il en fut tellement surpris, que, ne pouvant avoir lieu de s'en défendre avec toutes ses forces, il fut contraint de combattre en divers quartiers avec grand désavantage; ce qu'il fit cependant avec tant de fermeté, que sans une lâcheté du tout inouïe de sa cavalerie, il eût apparemment évité son malheur.

Ainsi, dès l'entrée de la campagne, vous perdîtes une bataille ; mais, outre que cette victoire fut plutôt donnée aux ennemis qu'acquise par leur valeur et leur mérite, la fermeté avec laquelle vous empêchâtes que les suites d'un si funeste accident ne fussent ruineuses à votre Etat, vous est plus avantageuse que la perte du combat ne vous fut préjudiciable.

Piccolomini, enflé de sa victoire, attaqua Mouzon, ville frontière, si négligée jusqu'alors qu'à peine la mettoit-on au nombre des places qui pouvoient faire une médiocre défense. Cependant, non-seulement ne put-il la prendre, mais il y perdit la fleur de son armée. Pour l'estimer trop foible, il la trouva trop forte pour lui; et voulant emporter d'emblée, et par assaut, ce qu'il devoit attaquer par tranchée, deux mille hommes demeurèrent sur la place; et ce nombre de ses meilleurs soldats, imprudemment exposés à la boucherie, découragèrent les autres : en sorte que cette considération, et la crainte de recevoir un pareil échec à celui que le pauvre Feuquières avoit reçu, le contraignirent de lever son siège à la vue du maréchal de Châtillon, qui venoit à lui avec la troisième de vos armées, destinée à secourir les autres.

---

(1) C'est ici que commence la partie publiée pour la première fois à la suite de l'histoire de Louis XIII, par le P. Griffet, en 1758.

Vous prîtes Hesdin, surnommé le Fort, parce qu'il l'est en effet, place d'autant plus importante à votre Majesté, qu'elle en couvre beaucoup de votre frontière, et garantit la moitié de la Picardie de courses et de ravage.

Vous la prîtes à la vue du cardinal Infant et de Piccolomini, qui, après avoir expérimenté la bonne et la mauvaise fortune ; la bonne, au gain d'une bataille, et la mauvaise, au siége qu'il entreprit ensuite de cet avantage, arriva à temps pour voir si elle lui seroit favorable ou contraire en cette nouvelle occasion.

De la Picardie, vous passâtes en la Champagne, où trouvant une armée fraîche, qui attendoit l'effet de celle qui avoit attaqué Hesdin, vous prîtes Yvoy, place plus incommode à la Champagne pour sa situation que pour sa force. Cette ville ne fut pas plutôt en vos mains, qu'elle fut rasée par votre ordre, afin d'apprendre aux Espagnols à satisfaire à leurs traités, celui de (1).... les obligeant à la démolition de cette place. Hesdin étant pris, et la ville d'Yvoy rasée, vous vous avançâtes à Grenoble, pour arrêter le cours précipité de la mauvaise fortune de Madame, votre sœur, en modérant celui de son imprudence.

Pendant que vous fîtes ce voyage, le maréchal de La Meilleraye battit deux fois les ennemis avec tel avantage, qu'en l'une il enleva le quartier de leurs Croates, où plus de quatre cents des leurs demeurèrent sur la place ; et en l'autre, bien qu'il n'eût pas la moitié de ses troupes, si l'*un* de ses principaux régimens eût fait son devoir, outre qu'il demeura maître du champ de bataille, qu'il tua plus de mille hommes sur la place, et eut trois canons des ennemis, il eût défait toute leur armée.

La mauvaise conduite de Madame, votre sœur, lui ayant fait perdre, en peu de temps, l'estime et la réputation qui lui devoient être plus chères que sa propre vie, du mépris, ses sujets passèrent à la haine, et de la haine à la révolte, qui mit en trois mois, entre les mains des Espagnols, plus de deux tiers du Piémont, qu'ils n'avoient jamais su entamer par la force, pendant la vie des ducs Charles-Emmanuel et Amédée son fils, sous le gouvernement desquels ils les avoient plusieurs fois attaqués.

La propre ville de Turin, capitale de cet Etat, ne fut pas exempte du malheur de cette princesse.

Bien que la présence des souverains soit une citadelle aux lieux où ils demeurent ; bien qu'il y en eût une autre en cette place, Madame ayant

(1) C'est apparemment le traité de Cateau-Cambresis, conclu entre la France et l'Espagne en 1559.

perdu celle des cœurs, plus forte que toute autre, *encore* qu'elle eût deux mille hommes dans Turin, dont la plupart étoient Suisses et Piémontais, le prince Thomas ne laissa pas d'emporter la place avec douze cents hommes : chose inouïe, et presque incroyable à ceux même qui en étoient spectateurs ; et cette exécution fut faite en si peu de temps, qu'à peine cette infortunée princesse en eut-elle assez pour se retirer en la citadelle, où elle eût été contrainte de périr deux jours après, pour l'avoir trouvée dépourvue de toutes choses, si vos armes ne fussent venues au même temps pour la secourir, et l'en tirer.

En ce misérable état, l'accablement de ses malheurs la contraignit de mettre cette place entre vos mains, lors non-seulement qu'elle ne pouvoit la conserver, mais qu'on ne croyoit pas que vous pussiez la défendre.

Si, auparavant cette extrémité, la raison lui eût fait faire ce à quoi la nécessité la contraignoit, si elle eût voulu permettre que ses principales places eussent été gardées par vos forces, elle n'en eût perdu aucune ; mais, comme il ne fut jamais possible de lui donner de la méfiance de ses ennemis, elle ne voulut jamais se confier en votre Majesté. Elle aima mieux se voir non-seulement dépouillée d'une partie de son Etat, mais des clefs de tout le reste, par la perte de Nice et de Turin, que s'assurer le tout par le dépôt de ces deux places, qui eussent ruiné les desseins de ses ennemis, et établi la sûreté de la mère et du fils, et de leur Etat tout ensemble. L'exemple de Philibert-Emmanuel, aïeul de ses enfans, qui sauva son Etat par cette voie, lorsqu'il en avoit perdu la plus grande partie, ne put la convier à se servir de ce remède, bien qu'il fût dès-lors nécessaire à son salut. Le proposer seulement étoit un crime ; et, quelque biais qu'on pût prendre pour lui faire entendre raison en ce sujet, jamais on n'en put tirer autre profit que le dépôt de Carmagnol, Querasque et Savillan, qui, bien qu'en très-mauvais état, furent seuls sauvés, nonobstant les diverses entreprises que le prince Thomas fit pour les emporter.

Les instances redoublées que Madame, votre sœur, dépouillée du Piémont, avoit faites à votre Majesté, de s'avancer vers elle, faisoient espérer qu'elle vouloit vous donner moyen de réparer ses fautes et ses pertes. Aussitôt qu'elle fut à Grenoble, près de votre Majesté, vous tâchâtes, par toutes sortes de moyens, de la remettre dans un chemin aussi avantageux pour elle, que celui qu'elle avoit suivi jusqu'alors lui avoit été préjudiciable : mais elle fit connoître, à son dommage, que les plus foibles esprits sont les plus forts pour résister à la raison.

Vous n'oubliâtes rien de ce qui pouvoit arrêter le déréglement de son esprit, et les désordres de ceux qui contribuoient le plus à sa perte : mais, comme elle fut trop obstinée en son aveuglement, les autres furent ou trop ignorans pour reconnoître leur bien, ou trop malicieux pour s'y vouloir porter, ou trop timides pour oser l'entreprendre.

Diverses considérations vous empêchèrent de les châtier; et, bien qu'ils n'ignorassent pas le sujet et le pouvoir que vous en aviez, la connoissance qu'ils avoient de votre prudence et de votre bonté, les empêcha de craindre ce qu'ils méritoient, et leur donna lieu de continuer insolemment leur première conduite. Si l'esprit d'une femme eût été capable de conseils, les vôtres l'eussent retirée du mépris de ses sujets, auquel elle s'étoit précipitée au même temps que vos armes agissoient pour la garantir de l'injuste invasion des Espagnols, et de la mauvaise volonté de ses frères.

Il lui restoit encore un moyen de se sauver par le dépôt de la Savoie, qui eût obligé ses frères à déposer leur rage, par la crainte et la prévoyance qu'ils eussent eues, que si le petit duc fût venu à mourir, elle n'eût agi que contre eux-mêmes. Les liens du sang, votre réputation, et toutes les précautions imaginables que vous offrîtes, lui *devoient* ôter toute crainte; *mais* elle fut industrieuse à feindre d'en avoir prétexte de s'affermir dans des résolutions qui ne pouvoient avoir autre effet que sa ruine.

On lui représenta que votre Majesté et ses prédécesseurs ayant plusieurs fois restitué le Piémont, lorsqu'ils le pouvoient retenir avec justice, il falloit avoir perdu le sens et la raison pour craindre que vous eussiez dessein de vous en rendre maître, lorsque vous n'eussiez su le retenir sans perfidie.

Bien que les derniers conseils qu'elle reçut de son mari fussent de se confier en votre Majesté et en ses créatures, les premières résolutions qu'elle prit, lorsqu'il eut les yeux fermés, fut de s'en méfier entièrement.

Monot, jésuite, dont elle avoit si mauvaise opinion, qu'elle avoit craint, du temps du feu duc son mari, que les chaînes de son caractère ne fussent pas capables d'assurer sa fidélité, fut lors celui qui lui parut fidèle, parce qu'elle croyoit qu'il le fût à ceux qui avoient plus de pouvoir *sur son esprit*. Ce misérable moine lui donna du poison en guise de remède, et lui en fit tant prendre d'abord qu'il n'y eut plus d'antidotes assez puissans pour la garantir de son venin.

Ainsi votre voyage fut sans autre effet, que de sauver du débris général du Piémont, Suze, Veillane et Cahors; ce qui n'étoit pas capable d'arrêter le cours de sa perte, pendant qu'elle demeuroit dans sa mauvaise conduite.

Les extravagances de cette princesse furent telles, qu'ajoutant une nouvelle honte à sa conduite, elle vécut avec votre Majesté comme elle eût dû faire avec ses ennemis. (*Vous ne vîtes point son fils*) (1). En cette extrémité, vous agitâtes plusieurs fois si vous deviez abandonner une personne si abandonnée d'elle-même.

Il vous étoit avantageux d'en user ainsi, pour se justifier des mauvais événemens dont il sembloit impossible de se garantir : mais cette résolution étoit si préjudiciable à cette misérable femme, qui ne pouvoit être délaissée *de votre* main, sans l'être de tout le monde, que votre Majesté aima mieux laisser la réputation de sa puissance en compromis, que, voulant la sauver, avancer d'un moment la perte d'une personne que la nature avoit rendue sa sœur, bien qu'elle fût indigne de son sang.

En effet, au lieu de l'abandonner, vous fortifiâtes votre armée en Italie, et envoyâtes le comte d'Harcourt la commander, avec des ordres qui lui donnèrent lieu de clore glorieusement cette campagne.

Les déplaisirs cuisans que vous causèrent les malheurs de Madame, votre sœur, furent grandement augmentés par la mort du duc de Weymar, prince dont le mérite et la réputation rendoient quasi *sa* perte irréparable; votre Majesté sentit cet accident, comme la raison et sa vertu le requéroient.

Bien qu'après un tel malheur, tous les officiers de l'armée que commandoit le duc défunt prissent, par leur propre mouvement, résolution de servir votre Majesté, aux dépens duquel leurs troupes avoient toujours été entretenues, il se trouva néanmoins tant de difficultés dans la conclusion d'un nouveau traité, que votre Majesté ne mérite pas peu de louanges pour avoir pu les surmonter par sa dextérité, par sa prudence et par sa force. Vos ennemis déclarés et ceux qui sembloient vos amis, vous traversèrent, autant qu'ils purent, en ce sujet, mais inutilement.

La place de Brisach étoit de telle considération, qu'elle étoit enviée de tout le monde; la réputation et le bien de vos affaires requéroient qu'elle demeurât en votre disposition.

Il falloit traiter doucement les esprits auxquels vous aviez affaire, et cependant, pour empêcher qu'en s'estimant trop nécessaires, ils se rendissent trop difficiles à une bonne conclusion, il fallut agir en différentes rencontres avec grande fermeté.

(1) Ceci est de la main du cardinal, ainsi que tous les autres mots qui sont imprimés en italique.

Votre conduite fut diverse, selon que les occasions le requéroient. Enfin, vous demeurâtes beaucoup plus maître de cette armée que vous n'étiez auparavant, et la place de Brisach et plusieurs autres, dont le duc de Weymar prétendoit disposer à sa volonté, bien qu'il ne le dût pas faire, vous furent du tout assurées.

A peine les larmes que la mort de ce grand capitaine tira de vos yeux furent-elles essuyées, que celle du cardinal de La Valette les renouvela. Sa perte fut d'autant plus sensible à votre Majesté, que sa fidélité, son zèle et l'ambition qu'il avoit d'acquérir de l'honneur en bien servant, en furent la vraie cause.

L'infidélité du duc de La Valette son frère le toucha de telle sorte, qu'il n'eut jamais de joie depuis qu'il eut avéré le mauvais dessein que ce malheureux homme eut, peu de temps auparavant, de mettre Metz entre les mains des Espagnols avec sa personne; et la mauvaise conduite de Madame lui ôtant tout moyen de faire réussir vos armes, il fut tellement outré de voir périr le Piémont à sa vue, qu'encore que personne ne soit responsable des fautes d'autrui, particulièrement lorsqu'il est impossible d'en arrêter le cours, celles de cette princesse lui donnèrent le coup de la mort, au sortir d'un siége qui lui devoit donner consolation, puisqu'il y avoit battu les ennemis, et pris la place en leur présence. Les malheurs étant souvent enchaînés, ainsi que les bonnes fortunes, la perte *de* Salce, l'*un des* derniers actes de cette campagne, *suivit* ces deux fâcheux accidens. Cependant, n'y ayant personne qui ne sache que, si vous perdîtes cette place, vous l'aviez emportée, peu de *jours* auparavant, sur vos ennemis, avec d'autres circonvoisines, qui *demeurèrent* entre vos mains, on peut dire, avec vérité, qu'ès occasions qui se sont passées en Espagne, votre bonne fortune surmonta celle de vos ennemis. Si ceux qui commandoient vos armées en ces quartiers eussent eu autant d'intelligence de ce qui est de la guerre, comme leur intention étoit bonne, ils n'eussent pas perdu ce qu'ils avoient gagné; et, faisant voir qu'ils avoient plus de cœur pour faire des conquêtes que de tête pour les conserver, ils firent paroître qu'ils étoient vrais Français. On mit dans cette place ou trop de gens pour la défendre, ou trop peu de vivres pour les faire subsister. On y laissa autant de troupes qu'il en eût été besoin, si les dehors qu'on y avoit tracés eussent été défensables; mais, comme ils ne l'étoient pas, ce nombre de régimens ne servit qu'à consommer en deux mois les vivres qui eussent duré plus de quatre, si l'on n'y en eût laissé qu'autant qu'il en falloit pour la défendre.

Ainsi les assiégés, qu'on ne put emporter par la force, ne purent résister à la famine. On tenta de les secourir avec tant de négligence, que la foiblesse de l'effort qui fut fait à cette fin, étoit plus propre à avancer leur perte, en leur ôtant toute espérance, qu'à les en garantir ou la différer.

On eût pu réparer cette faute, tenant toujours votre armée proche des ennemis pour couper leurs vivres, les incommoder en diverses façons, et attaquer à temps leur circonvallation. Votre Majesté ne manqua pas à en donner ses ordres, et si vous n'en reçûtes pas les fruits que vous deviez attendre de votre prudence, la seule inexécution en fut la cause.

Ce mauvais accident fut récompensé par le gain du plus heureux et plus remarquable combat dont peut-être l'histoire ait jamais fait mention. Votre Majesté ayant commandé au comte d'Harcourt, lorsqu'il reçut vos ordres à Grenoble, d'aller prendre *le* poste de Quiers, pour empêcher que les ennemis s'en saisissent, et pussent, par ce moyen, rompre la communication de Chivas, ou de la citadelle de Turin, et ensuite l'attaquer avec avantage, après qu'il y eut demeuré autant de temps qu'il y put faire subsister son armée, étant chassé par la faim, il se résolut de repasser le Pô pour prendre ses quartiers d'hiver.

Il savoit bien que le marquis de Leganez étant logé à Poërins, proche de son chemin, avec le double de ses forces, il étoit difficile qu'il ne le trouvât en tête. Il savoit que le prince Thomas pouvoit sortir de la ville de Turin avec cinq ou six mille hommes pour s'opposer à son passage; mais la nécessité l'obligeant à quitter un poste auquel il ne pouvoit plus vivre, il n'avoit autre chose à faire qu'à tâcher de partir si secrètement du lieu où il étoit, que les ennemis ne pussent avoir le temps de lui couper chemin.

Après avoir apporté toutes les précautions qui peuvent être pratiquées pour celles de son départ, il partit à la pointe du jour, de Quiers avec ce qu'il avoit de troupes, qui n'arrivoient pas à cinq mille hommes de pied et trois mille chevaux, le reste étant du côté de Coni, pour s'opposer aux troupes du cardinal de Savoie. Si les habitans de Quiers n'eussent été autant d'espions pour les ennemis, votre armée eût pu passer sans obstacle; mais Leganez et le prince Thomas ayant été soigneusement avertis du départ du comte d'Harcourt, les premiers corps de son avant-garde ne furent pas plutôt au bord du ruisseau de la route, prêts à y faire un pont pour leur passage, que trois mille chevaux et cinq cents dragons, détachés du corps de l'armée composée de dix mille hommes de pied et de cinq mille chevaux, chargeant l'arrière-garde, commandée par La Motte-Houdancourt, lui donnèrent lieu de s'occuper à se défendre, au lieu de songer à son passage.

Au même temps le prince Thomas sortit en toute diligence de Turin avec mille chevaux et quatre mille hommes de pied, et attaqua l'avant-garde où étoit votre général, qui soutint son effort avec telle vigueur, qu'il le défit en un instant, et mit toutes ses troupes en tel désordre, que, si la nuit n'eût empêché de le reconnoître, il avoue lui-même qu'il lui eût été impossible de se sauver.

Ensuite de cet avantage, le comte d'Harcourt fit promptement dresser un pont, sur lequel il fit passer son avant-garde et tout le bagage de l'armée.

Cependant La Motte combattoit toujours en se retirant insensiblement à la faveur des ténèbres pour gagner le pont; toute la nuit se passa en continuelles escarmouches. Leganez attendoit le jour pour donner un combat général avec toutes ses forces, et son canon qui arriva la nuit. La Motte prévoyant son dessein, fit en sorte que devant que le jour commençât à poindre, toute son infanterie fût jointe au comte d'Harcourt au delà du ruisseau, qui, étant bordé d'un double rang de mousqueterie, qui tiroit sans cesse sur les ennemis, donna lieu à ce qui restoit de cavalerie et aux dragons qui demeurèrent les derniers, de faire leur passage à la faveur des mousquetades, qui empêchoient les ennemis de leur fondre sur les bras.

Cette action fut d'autant plus glorieuse que les ennemis avoient vingt mille hommes contre huit; que votre armée ne pouvoit passer sans défiler en leur présence, et qu'étant attaquée de deux côtés, elle fut victorieuse de toutes parts. En sorte que le prince Thomas, *non sans grande effusion de sang*, fut mis en déroute, *et que le* marquis de Leganez perdit *de son côté* deux mille hommes, sans que les morts et les blessés de votre part excédassent le nombre de trois cents.

Ainsi, bien que le commencement de cette campagne vous ait été malheureux, on peut dire que la fin couronna l'œuvre; et *la raison veut qu'on* la mette au nombre des plus fortunées puisque vous y prenez diverses places sur vos ennemis; qu'en arrêtant le cours de la perte de Madame, votre sœur, vous recueillez ce qu'elle a voulu souffrir qui se sauvât de son débris, et que vous profitez, par votre prudence, de la mort d'un prince, qui devoit apparemment vous être préjudiciable. Si ensuite on considère la signalée bataille navale qu'emportèrent les Hollandais sur les Espagnols aux dunes d'Angleterre, il n'y a personne qui ne reconnoisse le bonheur de cette année, et qui ne vous donne la part que vous méritez en cette dernière action, eu égard non-seulement au secours d'argent que messieurs les Etats reçoivent tous les ans de votre Majesté, mais, en outre, en considération de l'assistance particulière qu'ils reçurent, en cette occasion, du gouverneur de Calais, sans laquelle leur amiral reconnut lors ingénument que non-seulement n'eût-il su vaincre, mais qu'il n'étoit pas en état de combattre.

Les préparatifs de l'année 1640 étonneront sans doute la postérité, puisque, lorsque je les remets devant les yeux, ils font le même effet en moi, bien que, sous votre autorité, j'en aie été le principal auteur.

Toutes les dépenses de la guerre des années précédentes, qui avoient été faites par extraordinaire, furent converties cette année en ordinaires.

Toutes les troupes qui avoient été auparavant levées, sur la fin des campagnes, pour suppléer au dépérissement qui arrive toujours ès armées, après qu'elles ont été quelque temps sur pied, eurent quartier d'hiver comme les autres, pour être en état de servir au printemps. Ainsi vous eûtes, dès le commencement de l'année, cent tant de régimens d'infanterie en campagne et plus de trois cents cornettes de cavalerie.

Vous doublâtes cette année le secours que vous aviez accoutumé de donner aux Hollandais, à ce que le prince d'Orange augmentant ses troupes de dix mille hommes de pied, eût moyen d'exécuter la proposition qu'il vous avoit faite d'attaquer Dam et Bruges tout ensemble.

Bien que cette augmentation accordée aux Hollandais soit fort considérable, un mois de temps que vos armées *perdirent* vers la Meuse, pour y attirer les ennemis, et donner d'autant plus de moyen au prince d'Orange, qui vous avoit prié d'en user ainsi, de faire réussir ce dessein, que moins avoit-il de force sur les bras, l'est bien davantage.

Les intérêts de la cause commune vous furent si chers en cette occasion, que vous les préférâtes aux vôtres; et croyant que, si vos alliés faisoient un coup d'importance, vos ennemis se porteroient d'autant plus aisément à la paix, qu'ils auroient lieu de craindre de mauvaises suites, vos *troupes* surmontèrent, *en cette occasion*, un mois durant, les incommodités d'un terroir stérile, celles d'une saison non assez avancée, et d'un printemps si pluvieux, que les plus vieux de cet âge avouent n'en avoir jamais vu de pareil.

Prévoyant que les ennemis, qui, depuis le commencement de la guerre, n'avoient jamais rien pu gagner contre vos armes que par surprise et par artifice, pourroient faire, au commencement de la campagne, de grands progrès en Italie, pour la difficulté qu'il y avoit en ce temps d'y avoir un corps de troupes suffisant pour leur résister, à cause de la difficulté des passages des montagnes, et parce *aussi* que jusqu'alors Madame, votre sœur, n'avoit jamais voulu donner à vos troupes quartier d'hiver en ses Etats, vous fîtes de tels efforts, pour surmonter les difficultés de la nature, des saisons et de la malice des mauvais esprits, qui obsédoient cette princesse, qu'au seul temps auquel vos ennemis se pouvoient tenir assurés en Italie, pour l'absence de vos principales forces, il s'y en trouva assez pour donner lieu au comte d'Harcourt de secourir Cazal pour la troisième fois, et d'y punir par vos armes l'injuste entreprise de vos ennemis.

Vous aviez la première fois *secouru* cette place par votre seule ombre, *ce glorieux effet étant dû à votre personne, qui ne passa pas Suze;* la seconde par la présence de vos armes, qui étonnoient vos ennemis sans les combattre; et Dieu permit qu'elle fût délivrée la troisième *par leur effet, qui fut tel,* qu'on peut dire avec vérité *qu'il a* peu d'exemple. A peine se trouvera-t-il un capitaine qui ait mérité par une seule action tant de gloire qu'il en est dû au comte d'Harcourt pour un si généreux dessein et un succès si favorable.

Votre armée n'étoit pas composée de plus de huit mille hommes de pied et trois mille cinq cents chevaux; les ennemis la surpassoient en nombre de plus de six mille hommes; ils étoient si bien retranchés que le marquis de Legauez parloit hautement de la prise de Cazal, et en avoit assuré le Roi son maître, et se préparoit un triomphe devant la victoire. Cependant la bénédiction de Dieu, la hardiesse, l'ambition et la bonne conduite du général de vos armées en Italie, et des principaux officiers qui servoient sous sa charge, et le cœur de toute votre armée, firent valoir la justice de votre entreprise, et justifièrent à tout le monde que la victoire dépend plus du courage et de la vertu des hommes que de leur nombre. Le comte d'Harcourt attaqua les ennemis avec tant de cœur et *de* fermeté, qu'encore qu'il fut repoussé la première fois, il *les* emporta à la seconde avec tant d'avantage, qu'outre qu'ils perdirent tout *leur canon, leurs munitions et presque tout leur bagage,* beaucoup de drapeaux et de cornettes, le nombre des morts et prisonniers fut de six mille.

Le fruit de cette signalée victoire ne fut pas seulement la délivrance de Cazal, mais la prise de Turin, aussi glorieuse que cette action qui en fut la cause.

Le comte d'Harcourt, ayant pourvu Cazal de toutes choses nécessaires, alla, sans perdre temps, prendre ses quartiers devant Turin. Après les avoir fortifiés, il travailla diligemment à une entière circonvallation; *et, bien qu'auparavant qu'elle pût être* parachevée, les Espagnols, naturellement fermes en leurs desseins, et non sujets à en être divertis par les mauvais accidens qui leur arrivent, se présentassent pour en empêcher l'accomplissement, *il ne laissa pas de conduire son entreprise à une heureuse fin : ce qui donne lieu de dire avec vérité que les assiégeans avoient à se défendre de deux armées; en considération de quoi ils firent une contrevallation pour se garantir de ceux de dedans, ainsi que la circonvallation les préservoit contre ceux de dehors.*

Ce siège *fut* d'autant plus remarquable qu'il y avoit dans la place plus de cinq mille hommes de guerre, outre autant d'habitans portant les armes; en cette considération, il fut signalé de diverses sorties et de divers combats, où vos armées eurent toujours l'avantage. Les ennemis y firent entre autres une attaque générale, en laquelle, bien qu'ils *eussent* forcé le camp, ils y reçurent un si notable échec, qu'il en demeura plus de quatre mille sur la place.

Les vôtres ne se signalèrent pas seulement par leur valeur, mais, en outre, par la constance qu'ils eurent à souffrir, sans murmure, la faim durant vingt jours, que l'armée des ennemis, ayant pris deux postes qui leur coupoient absolument les vivres, ils subsistèrent cet espace de temps, en attendant le secours qui leur venoit de France. sans que les soldats eussent autre chose pour leur nourriture qu'un jour une poignée de riz, autant de pois un autre, et le troisième huit onces de pain.

Les efforts que fit votre Majesté pour donner moyen au comte d'Harcourt d'exécuter un si généreux dessein, comme *est* celui de la prise de cette place, ne sont pas croyables. Outre plus de vingt mille hommes de recrues que vous y fîtes passer, les communes et la noblesse du Dauphiné, vingt régimens d'infanterie et six de cavalerie, pris des armées que vous aviez au Languedoc, en la Provence et en la Bourgogne, rafraîchirent et fortifièrent de temps en temps si à propos vos armées en Italie, qu'enfin le prince Thomas, désespéré de ce qu'il avoit fait une dernière tentative par une grande et puissante sortie, secondé du marquis de Leganez, *avec aussi mau-*

vais succès que sous leurs premiers efforts, *après avoir défendu la ville quatre mois et demi, la rendit* avec beaucoup d'honneur, pour la grande fermeté qu'il témoigna pendant le siége, qu'il soutint long-temps, sans avoir d'autres poudres que celles que le marquis de Leganez faisoit jeter dans la ville avec des bombes (*par une invention prodigieuse pour son effet et pour sa nouveauté*) (1) ; mais avec tant de gloire pour les assiégeans, que, pour pouvoir dire qu'aucune action ne put égaler la leur, ils n'avoient qu'à se rendre maîtres de la personne du prince qui défendoit la place, comme ils firent de la place même.

Vos ordres portoient expressément que, pourvu qu'on pût avoir le prince avec la place, en prolongeant le siége d'un mois, c'étoit le parti qu'il falloit prendre, la place étant tout-à-fait dépourvue de poudres, et sans vivres que pour trois semaines. Il étoit en eux de satisfaire à vos intentions, et, s'ils ne le firent pas, leur courage et zèle, connu de tout le monde, fait qu'on ne put attribuer ce défaut à autre cause qu'à ne connoître pas de quelle importance étoit la prise de ce prince, qui ne pouvoit être privé de la liberté, sans que les Espagnols l'eussent été des moyens de faire la guerre en Piémont avec succès, ou à l'impuissance naturelle que les Français ont de se vaincre soi-même, en surmontant l'impatience naturelle qu'ils tirent du climat qui leur a donné l'être.

Pendant que vos armées agissoient si glorieusement en Italie, elles n'étoient pas oisives en Artois, où Arras fut assiégé et pris en moins de deux mois avec beaucoup de gloire. Cette entreprise fut d'autant plus glorieuse, que diverses considérations la signalèrent en son commencement, en son progrès et en sa fin.

Elle fut commencée à la vue des ennemis, qui avoient eu le temps d'assembler leurs forces, par celui que vos *armes* avoient perdu à Charlemont. En vingt jours, la circonvallation, qui avoit cinq lieues de tour, fut entièrement fermée, et en quinze autres tous les travaux furent parachevés, à tel point qu'on n'en a point vu de semblables.

Vos forces eurent toujours devant elles non-seulement une puissante armée, mais en outre la personne du cardinal Infant, celle du duc Charles de Lorraine, et Lamboy, général des troupes impériales, qui tous furent en perpétuelle action pour empêcher l'heureux succès de cette entreprise. Le combat qui fut fait à Sailly contre Lamboy, la défaite du comte de Bucquoi près de Bapaume, et la défense de la circonvallation, lorsqu'elle fut attaquée, sont des actions qui n'en relèvent pas peu l'éclat.

Si on considère que de douze convois qui ont été envoyés au camp, entre lesquels deux ont été de quatre mille chariots chacun, jamais les ennemis, quoique maîtres de la campagne, avec la plus puissante armée que les Pays-Bas aient vue depuis qu'ils sont sous l'obéissance d'Espagne, n'ont pu rencontrer qu'un seul de deux cents chariots, que le pur hasard leur fit tomber entre les mains, on jugera, je m'assure, que la prudence du Roi n'a pas été petite, et que la bénédiction de Dieu a été très-grande.

Il est impossible de savoir, qu'ainsi que le siége a commencé presque à la vue des ennemis, la capitulation a été signée, leur armée étant en bataille, à la portée du canon du camp, sans reconnoître que Dieu l'a permis pour augmenter le gloire de Sa Majesté. Au lieu que les autres années, les armées de votre Majesté avoient seulement agi aux bords du Rhin, celle-ci les a vues jusques dans le cœur de l'Allemagne, sous la conduite du duc de Longueville, sans la jonction duquel vos alliés avoueront, je m'assure, qu'ils eussent eu grande peine cette année à résister aux efforts de l'Empire. Les grands avantages que les armes de votre Majesté ont eus sur la terre, ont été suivis de celui que le marquis de Brézé remporta sur la mer près de Cadix, en rencontrant la flotte qui part tous les ans pour aller aux Indes, laquelle il étoit allé attendre sur le temps de son départ, bien qu'il n'eût que vingt vaisseaux de combat, et que les ennemis en eussent quatre-vingts, entre lesquels il y avoit douze grands galions royaux. Bien que lesdits vaisseaux surpassassent autant les vôtres en grandeur comme en nombre, il ne laissa pas de les attaquer, et de les combattre avec tant de succès, *qu'au fort du combat* deux galions périrent par le feu, et deux autres, *dont l'Amiral en étoit un*, furent si maltraités, qu'ils coulèrent bas dans la baie de Cadix, nonobstant le secours qui leur fut donné pour les garantir de se perdre. Trois considérations rendent cette victoire signalée : la première est que, bien que cette flotte eût été diverses fois attaquée des Anglais et des Hollandais, elle avoit toujours été victorieuse et jamais battue, à raison de quoi elle portoit le nom de vierge.

La seconde, est le prix de quatre vaisseaux perdus, estimés, avec leur charge, près de deux millions d'or. La troisième, qu'interrompre et faire différer le partement d'une telle flotte, c'est la mettre en hasard de se perdre, en repartant à contre-temps.

---

(1) Ceci est de la main du cardinal, et en marge dans le manuscrit.

Cette victoire eût été plus grande, si quelques-uns de ceux qui avoient commandement en cette armée, étonnés de la grandeur des vaisseaux qu'ils avoient à combattre, n'eussent plutôt agi selon la portée de ceux qu'ils commandoient, que selon la grandeur du courage qu'ils devoient avoir en vous servant.

Je ne parle point de la révolte de Catalogne, parce qu'elle arriva sans que votre Majesté y ait contribué aucune chose. Il est bien vrai que ces peuples recourant à votre protection, la guerre ouverte, en laquelle vous étiez avec l'Espagne, vous obligea d'autant plus à leur promettre l'assistance qu'ils mendioient de vous, que c'étoit un moyen très-propre à réduire vos ennemis à une bonne paix, y ayant des affaires dont il est honorable de recevoir les avantages, bien qu'il ne le soit pas de les procurer. Les plus judicieux esprits louent votre Majesté d'avoir prêté l'oreille à des peuples irrités contre ses ennemis.

C'est à mon grand regret que cette année doit faire voir à tout le monde ce qui, dès la précédente, étoit attendu des plus sages et des plus clairvoyans.

L'insolence d'un malheureux Piémontais, aussi présomptueux que lâche, n'ayant pu être réduite aux termes de son devoir, par divers avertissemens de votre part, par les prières de ses propres parens et de tous ses amis, enfin par les clameurs de tout un pays irrité contre sa mauvaise conduite, vous fûtes contraint de l'éloigner de la personne de Madame, pour la priver de ses pernicieux conseils. Les avantages que les ennemis de cette princesse tiroient de ce mauvais esprit, étoient si préjudiciables, qu'il vous fut impossible de ne vous résoudre pas à faire par la force ce à quoi il ne put jamais être disposé par la raison.

Quelques considérations vous combattirent; mais n'étant pas en la puissance des hommes de sauver les Etats du duc votre neveu sans perdre ce misérable, principal auteur de tous les conseils qui les avoient mis en compromis, le salut public attaché aux intérêts particuliers de votre sang, emporta la balance, et vous fit résoudre ce que la nécessité requéroit autant de votre sagesse comme de votre conscience.

Il y a de certaines occasions èsquelles on ne peut ne mépriser pas les larmes des femmes, sans se rendre auteur de leur perte; elles sont pour l'ordinaire si peu propres au gouvernement des Etats, que n'y suivre pas leurs sentimens, c'est souvent bonté et justice tout ensemble. Vous aviez à déplaisir d'agir en cette occasion contre les sentimens de Madame, votre sœur, mais ce vous étoit un grand contentement d'agir avec l'aveu de tout le monde, et de faire une chose qui ne lui étoit pas seulement utile, mais du tout nécessaire; et vous devez à Dieu grande reconnoissance de ce que non content qu'une telle action peut être justifiée par raison, il a voulu le faire par les bons événemens dont elle a été suivie.

Vous commençâtes l'année 1641 par un traité d'accommodement avec le prince Thomas, qui ne témoigna pas plutôt être repentant de sa mauvaise conduite, que votre Majesté fut disposée non-seulement à le lui oublier, mais à le traiter comme s'il eût toujours été attaché aux intérêts de sa maison et aux vôtres.

Il reçut votre argent, et n'exécuta le traité qu'il avoit fait avec le sieur Mazarin en aucun point qu'en cet article. Si la grâce dont votre Majesté usa en cette occasion, ne produisit pas le fruit qu'on en devoit attendre, la légèreté de ce prince en fut la seule cause. Il eut assez de lumière pour reconnoître ce qui étoit de son bien, mais non assez de fermeté pour le suivre; et son inconstance et son infidélité sont d'autant plus remarquables, qu'il prit les armes contre votre Majesté le même jour qu'il avoit promis de les prendre pour son service, et ce sans aucun prétexte de n'observer pas le traité qu'il avoit fait.

Nonobstant cet inconvénient, vos armes ne laissèrent pas, au milieu de l'hiver, de prendre Moncalve, quoique l'entreprise n'en eût été faite que sur l'assurance que ledit prince avoit donnée de la favoriser.

Au mois de février, une partie des forces navales que votre Majesté avoit dans la Méditerranée, prit cinq vaisseaux des ennemis, chargés de blé pour le Roussillon, deux galères d'Espagne, et quelques barques destinées à même fin.

Vous permîtes au duc de Lorraine de venir à Paris, après qu'il vous en eut fait diverses instances; vous lui pardonnez et lui rendez ses Etats, sans en retenir autre chose que ce que vous estimâtes être du tout nécessaire pour l'empêcher de retourner à l'avenir à ses premières fautes.

Vous secourez Barcelonne contre deux armées du roi d'Espagne, et les battez avec peu de gens.

Le sieur de La Motte, qui commandoit vos armées en Catalogne (*marquis de Lœsvelez, le prince de Nocere*) (1), renferme douze mille hommes et deux mille chevaux dans Tarragone avec huit mille combattans, et les y fait périr.

(1) Ceci est de la main du cardinal, et en marge dans le manuscrit.

Un premier secours qu'on leur envoie avec quarante galères, est combattu par votre armée navale, avec cet avantage que douze galères ennemies furent prises ou brûlées ou brisées à la côte. Si cette même armée, composée de dix-huit galères et de vingt vaisseaux de combat, et de plusieurs brûlots, ne fut pas si heureuse au second secours de cette place, que les ennemis entreprirent avec vingt-neuf galères et trente-cinq vaisseaux, la voix publique charge celui qui en avoit le commandement de ce mauvais succès, qui pourroit être attribué à l'inégalité du nombre des vaisseaux, si votre armée eût rendu le combat qu'on en devoit attendre, au lieu de chercher sa sûreté dans une prompte retraite, qui garantit bien vos vaisseaux, mais non la réputation de celui qui les commandoit.

Vous prîtes Aire, place d'autant mieux fortifiée qu'il n'y a qu'une tête à garder : vous l'emportâtes en cinquante-quatre jours, nonobstant tous les efforts du cardinal Infant, qui n'abandonna jamais la circonvallation d'une lieue. Ce siège fut d'autant plus signalé, que vous le continuâtes nonobstant la rébellion du comte de Soissons la révolte des ducs de Guise et de Bouillon, e la perte d'une bataille que ces rebelles, joint aux armes de l'Empereur, gagnèrent si absolument, plus par la mauvaise conduite des vôtres que par leur valeur, qu'encore que le nombre de leurs morts excédât celui des vôtres, tout votre infanterie fut presque dissipée ou prise.

La défection du duc de Lorraine, qui étoit obligé de grossir votre armée de ses troupes, ne fut pas une des moindres causes de cet accident, auquel cependant Dieu fit bien paroître que c'est lui qui conduit vos armes et votre fortune, puisque, dans la perte de cette bataille, il vous rend t vainqueur par la mort du comte de Soissons, qui n'étoit pas seulement chef de cette révolte, mais qui l'eût été apparemment de beaucoup d'autres, et qui étoit seul capable de se rendre auteur de tels désordres.

Votre Majesté, dont tous les intérêts de son Etat sont toujours présens à son esprit, n'eut pas plutôt connoissance de cette disgrâce, qu'elle se résolut de porter sa personne aux lieux où elle étoit arrivée pour y apporter remède. Elle n'y fut pas plutôt que les armes de l'Empereur se retirèrent, sans qu'il leur restât autres gages de l'avantage qu'ils avoient eu en votre absence que la ville de Doncheri, qu'ils ne gardèrent que trois jours devant votre armée, bien qu'ils y eussent laissé quinze cents hommes en garnison.

Cette place ne fut pas plutôt reprise, que le duc de Bouillon se mettant à la raison, Sedan, qui avoit été l'asile des mécontens, parut un lieu d'obéissance, au grand contentement des habitans, qui, pendant la défection de leur seigneur, rendirent de perpétuels témoignages de leur zèle envers la France. Le duc de Lorraine fut le seul qui ne revint pas à son devoir, quoiqu'il y fût étroitement obligé. La crainte que lui causoit son infidélité, et les pressantes sollicitations des ennemis, lui faisant oublier sa parole, sa foi, sa réputation et ses intérêts, le portèrent en Flandre pour s'unir à vos ennemis, qui en reçurent plus de préjudice que d'avantage; les inégalités et le malheur de ce prince étant tels, que ne pouvant souffrir qu'on lui fasse du bien, il n'en peut procurer à personne.

L'occupation que votre Majesté eut en Champagne, et les grandes instances que la Flandre fit au cardinal Infant de se prévaloir de cette occasion, le firent résoudre d'empêcher le ravitaillement d'Aire, et s'opposer à la retraite de l'armée qui avoit fait cette conquête, espérant par ces deux effets, ou par l'un des deux, ravoir bientôt la ville qu'il avoit perdue. Mais votre absence et tous leurs efforts ne purent empêcher que le maréchal de La Meilleraye ne laissât pour quatre mois de vivres dans la place, et se retirât glorieusement, après leur avoir présenté la bataille qu'ils évitèrent avec raison, parce que, s'ils l'eussent perdue, la perte de leur pays, auquel vos armées étoient déjà victorieuses, étoit inévitable.

La nouvelle de leur dessein ne vous empêcha pas d'envoyer six mille hommes en Lorraine, pour reprendre par force ce que vous aviez rendu volontairement au duc. Cette entreprise succéda si heureusement, qu'en six semaines vous reconquîtes tout ce que vous aviez restitué, à la réserve de La Motte, trop détachée du corps de la Lorraine, pour importer au cours présent de vos affaires.

Celles de Champagne ne furent pas plutôt déterminées, que Votre Majesté ne reprit la route de Picardie. Elle apprit en chemin que le maréchal de La Meilleraye n'ayant pu ruiner la plus grande partie de la circonvallation d'Aire, parce qu'il n'eût pu employer le temps nécessaire à un si grand travail, sans consommer les vivres qu'il devoit laisser dans la place, les ennemis l'avoient assiégé de nouveau. Elle eût tâché de les forcer dans leurs retranchemens, si la facilité qu'il y a d'ajouter à ce qui est déjà fait, et le soin qu'ils prirent d'augmenter diligemment les travaux qu'ils trouvèrent, n'eussent fait juger cette entreprise téméraire par ceux qui la pouvoient exécuter.

Leurs avis étant de penser à de puissantes

diversions, votre Majesté le résolut, et ne leur en eut pas plutôt donné le commandement, qu'étant fortifiés d'une partie des troupes que vous aviez ramenées de Champagne, ils prirent Lens, la Bassée, et ruinèrent le meilleur de leur pays.

Ils se fussent ensuite rendus maîtres de Lille, ville populeuse et opulente, si le temps qui leur fut nécessaire pour remettre ces deux places en état de n'être pas emportées d'emblée, n'en eût donné assez au cardinal Infant d'y jeter des troupes si considérables, que la raison leur fit juger qu'il leur seroit plus avantageux de porter vos armes en autres lieux.

Pour cet effet, ils retournèrent sur leurs pas; ils attaquèrent Bapaume, place plus importante pour ôter l'entrée de la France que pour en donner aux Pays-Bas, place qui tenoit en jalousie presque toute la frontière, place enfin, qui jusqu'alors avoit été tenue comme imprenable à cause du manquement d'eau. Elle fut si vivement pressée, que, bien que la fortification en fût parfaite, qu'elle eût sept bastions, une bonne contrescarpe, six demi-lunes, et une palissade dans son fossé, elle fut emportée en huit jours, quoique les assiégés ne voulussent jamais se rendre, qu'après qu'une mine eut fait sauter un de leurs bastions.

Vos armes ne furent pas seulement heureuses en Flandre, puisque celles que commandoit le comte d'Harcourt en Italie, prirent le fort de Chena, opiniâtrement défendu par les Espagnols et par les Allemands, réduisirent toutes les langues, le Mont-Cénis et les vallées voisines, à l'obéissance de madame la duchesse de Savoie et du duc son fils; prirent Coni, place très-importante pour sa situation et sa force, et la prirent avec d'autant plus de gloire, que la résistance en fut très-grande.

Les divers efforts que fit le prince Thomas par différentes diversions, pour empêcher le succès de ce siége, le rendent d'autant plus signalé qu'ils furent vains. La perte de seize cents hommes tués à l'attaque qu'il fit à Querasque, entre lesquels il se trouva grand nombre d'officiers, n'augmente pas peu le fruit de cette entreprise.

La tentative qu'il fit ensuite pour surprendre Chivas, dont il fut repoussé avec perte, en est un nouveau relief. Celle que les Espagnols firent à Rossignan, où ils furent aussi bien reçus que le prince Thomas à ces deux places, n'en relève pas peu l'éclat.

S'ils prennent Moncalve, le rasement qu'ils font ensuite de cette place montre bien que leur conquête n'est pas grande.

La reddition des places de Démont et de Revel, qui assurent toutes les vallées contiguës à la France, reddition qu'on peut dire avec vérité être une suite de la prise de Coni qui les couvroit, couronne la gloire de vos armes en Italie, et fait voir le grand gain que Madame, votre sœur, a fait en perdant les mauvais conseils dont elle s'étoit servie par le passé.

Ceux qui commandoient vos armées dans le Roussillon, y prenant diverses petites places pour empêcher le ravitaillement de Perpignan, n'oublièrent rien de ce qu'ils purent pour mettre cette place en état de tomber entre vos mains.

Si l'Allemagne, qui depuis vingt ans est le plus célèbre théâtre de la guerre, ne fournit pas à l'avantage de vos armes, et de celles de vos confédérés, cette année, tant de matière aux historiens que les précédentes, elle n'a pas laissé de leur donner lieu de laisser à la postérité le gain de deux combats notables, d'autant plus considérables, qu'ils arrivèrent au temps que vos ennemis faisoient état d'envoyer une partie de leurs forces en France, et que votre armée et celle des Suédois qui les gagna, étoient destituées de leurs généraux, du duc de Longueville par sa maladie, qui l'obligea de rechercher sa santé dans son air natal, et de Bannier qui seul avoit commandé les armées de la couronne de Suède depuis la bataille de Norlinghen, par sa mort. Ce qui devoit en cette occasion vous porter beaucoup de préjudice, ne vous fut pas peu avantageux; rien n'ayant tant porté les ennemis à en venir aux mains en ces occasions, que la créance qu'ils avoient de ne le pouvoir faire avec désavantage, à cause de celui qu'avoient les armées qu'ils avoient en tête, pour être destituées de chefs.

Le roi de Portugal, rétabli dans l'héritage de ses pères par le zèle de ses sujets, ayant supplié votre Majesté de le secourir d'une armée navale, quoique les principales de vos forces fussent occupées en la mer Méditerranée, vous ne laissâtes pas d'y en envoyer une autre, composée de trente voiles, laquelle eût fait un grand progrès, si ceux qui avoient donné parole à ce prince de suivre son exemple, lorsqu'ils le verroient en état de les maintenir par la mer, eussent été aussi religieux à exécuter leur parole, que lassés des rigueurs du gouvernement d'Espagne.

Si le changement de leur esprit priva cette armée d'une partie de la gloire qu'elle pouvoit acquérir, il n'empêcha pas que le Roi de Portugal n'en reçût un grand avantage, en ce qu'elle arriva précisément au temps où il avoit besoin de forces pour autoriser le châtiment exemplaire que la conspiration faite contre lui par des principaux de son royaume l'obligeoit à faire de ses auteurs.

Bien que ce soit chose assez connue que l'avantage de l'Espagne vient de ce que les conseils n'y changent pas comme les princes et les ministres qui en ont la direction, il n'y a personne, je m'assure, qui ne reconnoisse que la mort du cardinal Infant, arrivée à la fin de cette année, ou par le déplaisir de voir le mauvais état des affaires du roi son frère, ou par les continuels travaux qu'il a soufferts pour tâcher à les rétablir en Flandre, n'ait été permise et ordonnée de Dieu pour humilier et affoiblir l'Espagne, en la privant d'un prince dont la présence n'étoit pas peu utile à maintenir en son obéissance les peuples qu'il avoit en gouvernement.

Ici se trouvent de la main du cardinal plusieurs mots écrits dans l'ordre qu'on voit ci-contre, et qui indiquaient, comme toutes les annotations en marge remarquées plus haut, des additions ou changements à faire dans la rédaction.

Monaco
Si vous reperdez Aire
Galères d'Espagne perdues par la tempête.
Distribution de Bénéfices (1).

(1) Ces mots, écrits de la main du cardinal à la fin de la récapitulation pour l'année 1641, indiquent plusieurs faits omis qu'il voulait y faire ajouter. *Monaco* se rapporte à l'heureuse tentative faite par le prince souverain de ce pays pour se soustraire à la domination de l'Espagne, ce qui lui réussit honorablement au mois de novembre 1641. *Si vous reperdez Aire*, est le commencement d'une phrase où devait être placée la reprise d'Aire par les Espagnols, qui eut lieu le 7 décembre, et dont le cardinal voulait sans doute atténuer le mauvais effet en lui opposant quelque événement prospère, comme celui qui précède ou qui suit. *Galères d'Espagne perdues par la tempête*, est une indication qui se comprend assez; nous n'avons pu trouver la date de cet accident. *Distribution de bénéfices*, a trait au partage des bénéfices ecclésiastiques devenus vacants par la mort du comte de Soissons et la condamnation du duc de Guise.

FIN DE LA SUCCINCTE NARRATION.

TESTAMENT

DE SON ÉMINENTISSIME

ARMAND-JEAN DU PLESSIS,

CARDINAL DUC DE RICHELIEU.

Par-devant Pierre Falconis, notaire royal en la ville de Narbonne, fut présent en sa personne éminentissime Armand-Jean du Plessis, cardinal duc de Richelieu et de Fronsac, pair de France, commandeur de l'ordre du Saint-Esprit, grand-maître, chef et surintendant-général de la navigation et commerce de ce royaume, gouverneur et lieutenant général pour le Roi en Bretagne; lequel a fait entendre audit notaire l'avoir mandé en l'hôtel de la vicomté de ladite ville, où il est à présent en son lit, malade, pour recevoir son testament et ordonnance de dernière volonté, en la manière qui s'ensuit :

Je, Armand-Jean du Plessis de Richelieu, cardinal de la sainte église romaine, déclare qu'ayant plu à Dieu, dans la grande maladie en laquelle il a permis que je sois tombé, de me laisser l'esprit et le jugement aussi sains que je les ai jamais eus, je me suis résolu de faire mon testament et ordonnance de dernière volonté.

PREMIÈREMENT.

Je supplie sa divine bonté de n'entrer point en jugement avec moi, et de me pardonner mes fautes par l'application du précieux sang de Jésus-Christ son fils, mort en croix pour la rédemption des hommes, par l'intercession de la Sainte-Vierge sa mère et de tous les Saints, qui, après avoir vécu en l'église catholique et apostolique et romaine, en laquelle seule on peut faire son salut, sont maintenant glorieux en paradis.

Lorsque mon âme sera séparée de mon corps, je desire et ordonne qu'il soit enterré dans la nouvelle église de la Sorbonne de Paris, laissant aux exécuteurs de mon testament, ci-après nommés, de faire mon enterrement et funérailles ainsi qu'ils l'estimeront plus à propos.

Je veux et ordonne que tout l'or et l'argent monnoyé que je laisserai lors de mon décès, en quelque lieu qu'il puisse être, soit mis ès mains de madame la duchesse d'Aiguillon, ma nièce, et de M. de Noyers, conseiller du Roi en son conseil d'État, secrétaire de ses commandemens, fors et excepté la somme de quinze cent mille livres que j'entends et veux être mise entre les mains de Sa Majesté, incontinent après mon décès, ainsi que je l'ordonnerai ci-après.

Je prie madame la duchesse d'Aiguillon ma nièce, et M. de Noyers, aussitôt après mon décès, de payer et acquitter mes dettes, si aucunes se trouvent lors, des deniers que j'ordonne ci-dessus être mis entre leurs mains; et, mes dettes payées, sur les sommes qui resteront, faire des œuvres de piété utiles au public, ainsi que je leur ai fait entendre, et à M. Lescot nommé par Sa Majesté à l'évêché de Chartres, mon confesseur; déclarant que je ne veux qu'ils rendent aucun compte à mes héritiers, ni autres, des sommes qui leur auront été mises entre les mains, et dont ils auront disposé.

Je déclare que, par contrat du 6 juin 1636 devant Guerreau et Parque, j'ai donné à la couronne mon grand hôtel que j'ai bâti sous le nom du Palais-Cardinal, ma chapelle d'or enrichie de diamans, mon grand buffet d'argent ciselé, et un grand diamant que j'ai acheté de Lopès. Toutes lesquelles choses le Roi a eu agréable, par sa bonté, d'accepter à ma très-humble et très-instante supplication, que je lui fais encore par ce présent testament, et d'ordonner que le contrat soit exécuté dans tous ses points.

Je supplie très-humblement Sa Majesté d'avoir pour agréables huit tentures de tapisserie, et trois lits, que je prie madame la duchesse d'Aiguillon ma nièce, et M. de Noyers, de choisir entre mes meubles, pour servir à une partie des ameublemens des principaux appartemens dudit Palais-Cardinal.

Comme aussi je la supplie d'agréer la donation que je lui fais en outre de l'hôtel qui est devant le Palais-Cardinal, lequel j'ai acquis de feu M. le commandeur de Sillery, pour, au lieu d'icelui, faire une place au-devant dudit Palais-Cardinal.

Je supplie aussi très-humblement Sa Majesté de trouver bon que l'on lui mette entre les mains la somme de quinze cent mille livres, dont j'ai fait mention ci-dessus, de laquelle somme je puis dire, avec vérité, m'être servi très-utilement aux plus grandes affaires de son État, en sorte que si je n'eusse eu cet argent en ma disposition, quelques affaires qui ont bien succédé, eussent apparemment mal réussi, ce qui me donne sujet d'oser supplier Sa Majesté de destiner cette somme que je lui laisse, pour employer en diverses occasions qui ne peuvent souffrir la langueur des formes des finances.

Et pour le surplus de tous, et chacun mes biens présens et à venir, de quelque nature qu'ils soient, je veux et ordonne qu'ils soient partagés et divisés ainsi qu'il suit.

Je donne et lègue à Armand de Maillé, mon neveu et filleul, fils d'Urbain de Maillé, marquis de Brézé, maréchal de France, et de Nicole du Plessis, ma seconde sœur, et en ce, je l'institue mon héritier pour tous les droits qu'il pourroit prétendre en toutes les terres et autres biens qui se trouveront en ma succession, lors de mon décès, ce qui s'ensuit :

Premièrement, je lui donne et lègue mon duché et pairie de Fronsac, et Caumont y joint, ensemble tout ce qui en dépend, et qui sera joint et en dépendra, lorsqu'il plaira à Dieu de disposer de moi.

Plus, je lui donne la terre et marquisat de Granille, ses appartenances et dépendances.

Item, je lui donne et lègue le comté de Beaufort en Vallée.

Item, je lui donne et lègue la somme de trois cent mille livres qui est au château de Saumur, laquelle somme je veux et ordonne être employée en acquisitions de terres nobles, en titres du moins de châtellenie, pour jouir, par mondit neveu, desdites terres aux conditions d'institutions et substitutions qui seront ci-après apposées en ce mien testament.

Item, je lui donne et lègue la terre et baronnie de Fresnes, sise au pays d'Anjou, que j'ai acquise du marquis de Sezé par contrat passé par-devant Parque et Guerreau, notaires au Châtelet de Paris.

Item, je lui donne et lègue la ferme des Poids en Normandie, qui est présentement affermée à cinquante mille livres par an ou environ.

Je veux et entends que la décharge que j'ai ci-devant donnée audit sieur maréchal de Brézé par acte passé par-devant Guerreau et Parque, notaires, le 30 août 1632, et tout ce qu'il me pourra devoir lors de mon décès, ait lieu, et soit exécuté fidèlement, ne voulant pas que mondit neveu Armand de Maillé, fils dudit sieur maréchal, ses frères et autres qui auront part en ma succession, puissent lui en rien demander, tant en principal qu'arrérages de rentes et intérêts des sommes que j'ai payées aux créanciers de la maison de Brézé dont j'ai les droits cédés, voulant seulement que les biens de la maison demeurent affectés et hypothéqués au principal et arrérages desdites dettes qui sont échues et qui écherront ci-après au profit des enfans dudit sieur maréchal de Brézé et de madite sœur sa femme et de leurs descendans, ainsi qu'il est déjà porté par le susdit acte, sans que ladite affectation et retenue d'hypothèque puisse empêcher ledit sieur maréchal de Brézé de jouir desdits biens sa vie durant.

Je donne et lègue à madame la duchesse d'Aiguillon, ma nièce, fille de défunt Réné de Vignerot, et de dame Françoise du Plessis, ma sœur aînée, pour tous les droits qu'elle pourroit avoir et prétendre en tous les biens de ma succession ; outre ce, je lui ai donné par son contrat de mariage, et en ce, je l'institue mon héritière, savoir : la maison où elle loge à présent, vulgairement appelée le Petit-Luxembourg, sise au faubourg Saint-Germain, joignant le palais de la Reine, mère du Roi, ma maison et terre de Ruel, et tout le bien en fonds de terre et droits sur le Roi, que j'ai et aurai audit lieu, lors de mon décès, tant de celui que j'avois il y a quelque temps, que de tout ce que j'ai acquis par l'échange de M. l'abbé et des religieux de Saint-Denis en France, à la charge qu'après son décès, madite maison de Ruel, avec ses appartenances et lesdits droits sur le Roi, reviendront *à celui des enfans mâles de mon neveu du Pont de Courlay, qui sera mon héritier, et qui portera le nom et armes de Richelieu*, à la charge des institutions et substitutions qui seront ci-après apposées ; et quant à la maison dite vulgairement le Petit-Luxembourg, elle appartiendra, après le décès de madite nièce la duchesse d'Aiguillon, à celui qui sera duc de Fronsac, aux conditions d'institutions et substitutions qui seront ci-après apposées.

Item, je lui donne le domaine de Pontoise et autres droits que je pourrai avoir en ladite ville lors de mon décès.

Item, je lui donne la rente que j'ai à prendre sur les cinq grosses fermes de France, qui monte à soixante mille livres par an ou environ, laquelle, après le décès de madite nièce, reviendra à mondit neveu du Pont de Courlay, qui sera mon héritier, si ladite rente se trouve alors en nature ; et en cas qu'elle ait été rachetée, les deniers en provenant, ou fonds ou rentes, auxquels ils auront été employés, appartiendront à mondit neveu.

Item, je donne et lègue à madite nièce la duchesse d'Aiguillon, tous les cristaux, tableaux et autres pièces qui sont à présent ou pourront être ci-après, lors de mon décès, dans le cabinet principal de ladite maison vulgairement dite le Petit-Luxembourg, et qui y servent d'ornemens, sans y comprendre l'argenterie du buffet, dont j'ai déjà disposé, qui pourroit y être lors de mon décès.

Je lui donne aussi toutes mes bagues et pierreries, à l'exception seulement de ce que j'ai laissé ci-dessus à la couronne, ensemble un buffet d'argent vermeil doré neuf, pesant cinq cent trente-cinq marcs quatre gros, contenu en deux coffres faits exprès.

Je donne et lègue à François de Vignerot, sieur du Pont de Courlay, mon neveu, et en ce l'institue mon héritier, savoir : la somme de deux cent mille livres, qui lui seront payées par l'ordre des exécuteurs de mon testament, à la charge qu'il les employera à l'acquisition d'une terre, pour en jouir par lui sa vie durant, et, après son décès, appartenir à Armand de Vignerot, son fils aîné, ou à celui qui après lui sera duc de Richelieu, aux conditions d'institutions et substitutions ci-après déclarées.

Je donne et lègue audit Armand de Vignerot,

et en ce je l'institue mon héritier, savoir : mon duché pairie de Richelieu, ses appartenances et dépendances avec toutes les terres que j'ai fait ou pourrai faire unir à icelui avant mon décès.

Item, je lui donne la terre et baronnie de Barbezieux que j'ai acquise de M. et madame Viguier.

Item, je lui donne la terre et principauté de Mortaigne, que j'ai acquise de M. de Loménie, secrétaire d'État.

Item, je lui donne et lègue le comté de Cosnac, les baronnies de Coze, de Saugeon et d'Alvert.

Item, je lui donne et lègue la terre de La Ferté-Bernard, que j'ai acquise par décret de M. le duc de Villars.

Item, je lui donne et lègue le domaine d'Hiers-en-Brouage, dont je jouis par engagement.

Item, je lui donne et lègue l'hôtel de Richelieu, que j'ai ordonné et veux être bâti, joignant le Palais-Cardinal, aux conditions d'institutions et substitutions qui seront ci-après déclarées.

Item, je lui donne et lègue ma tapisserie de l'histoire de Lucrèce, que j'ai achetée de M. le duc de Chevreuse, ensemble toutes les figures, statues, bustes, tableaux, cristaux, cabinets, tables et autres meubles qui sont à présent dans les sept chambres de la conciergerie du Palais-Cardinal et dans la petite galerie qui en dépend, pour meubler et orner ledit hôtel de Richelieu, lorsqu'il sera bâti, voulant et entendant que toutes les choses susdites demeurent perpétuellement attachées audit hôtel de Richelieu, comme appartenances et dépendances d'icelui.

Item, je lui donne et lègue outre ce que dessus, tous mes autres biens, tant meubles qu'immeubles, droits sur le Roi, ou de ses domaines que je possède par engagement, et généralement tous les biens que j'aurai lors de mon décès, de quelque nature et qualité qu'ils puissent être, dont je n'aurai disposé par le présent testament, le tout aux conditions des institutions et substitutions qui seront ci-après apposées ; et, pour cet effet, je veux qu'après mon décès, il soit fait un inventaire par mes exécuteurs testamentaires ou par telles autres personnes qu'ils estimeroient à propos, de tous mes meubles qui se trouveront, tant en l'hôtel de Richelieu et Palais-Cardinal, qu'en ma maison de Richelieu, dont celui qui sera duc de Richelieu se chargera.

Je veux et entends que tous les legs, que j'ai ci-dessus faits audit Armand de Vignerot, mon petit-neveu, soient à la charge et condition expresse qu'il prendra *le seul nom de du Plessis de Richelieu*, et que mondit neveu ni ses descendans qui viendront à ma succession, en vertu du présent testament, ne pourront prendre et porter autre nom, ni écarteler les armes de la maison, à peine de déchéance de l'institution et substitution que fais en leur faveur.

Je veux et entends qu'Armand de Vignerot, ou celui de mes petits-neveux enfans de François de Vignerot, mon neveu, qui viendra à ma succession, en vertu de ce mien testament, donne par chacun an audit François de Vignerot, leur père, la somme de trente mille livres, sa vie durant, à prendre sur tous les biens que je leur ai ci-dessus légués, à la charge que ledit sieur François de Vignerot, sieur du Pont de Courlay, mon neveu, ne jouira desdites trente mille livres de rente, qu'aux termes et conditions ci-après déclarées, pour le temps que mes héritiers commenceront à jouir entièrement de mes biens, et que le payement desdites trente mille livres lui sera fait par l'ordre de ceux qui auront la direction desdits biens en attendant que sondit fils soit majeur, ou par l'ordre de sondit fils lorsqu'il sera en âge.

Item, je donne et lègue audit Armand de Vignerot, mon petit-neveu, aux clauses et conditions des institutions et substitutions qui seront ci-après apposées, ma bibliothèque, non-seulement en l'état auquel elle est à présent, mais en celui auquel elle sera lors de mon décès, déclarant que je veux qu'elle demeure au lieu où j'ai commencé à la faire bâtir dans l'hôtel de Richelieu joignant le Palais-Cardinal ; et, d'autant que mon dessein est de rendre ladite bibliothèque la plus accomplie que je pourrai, et la mettre en état qu'elle puisse non-seulement servir à ma famille, mais encore au public, je veux et ordonne qu'il en soit fait un inventaire général, lors de mon décès, par telles personnes que mes exécuteurs testamentaires jugeront à propos, y appelant deux docteurs de la Sorbonne, qui seront députés par leur corps pour être présens à la confection dudit inventaire ; lequel étant fait, je veux qu'il en soit mis une expédition en ma bibliothèque, signée de mes exécuteurs testamentaires et desdits docteurs de Sorbonne, et qu'une autre copie soit pareillement mise en ladite maison de Sorbonne, signée ainsi que dessus.

Et, afin que ladite bibliothèque soit conservée en son entier, je veux et ordonne que ledit inventaire soit récolé et vérifié tous les ans par deux docteurs qui seront députés de la Sorbonne, et qu'il y ait un bibliothécaire qui en ait la charge, aux gages de mille livres par chacun an, lesquels gages et appointemens je veux être pris par chacun an, par préférence à toute autre charge, de quartier en quartier et par avance, sur les revenus des maisons bâties et à bâtir à l'entour du parc du Palais-Cardinal, lesquelles ne font point partie dudit palais ; et je veux et entends que moyennant lesdites mille livres d'appointemens il soit tenu de conserver ladite bibliothèque, la tenir en bon état, et y donner l'entrée, à certaines heures du jour, aux hommes de lettres et d'érudition, pour voir les livres et en prendre communication dans le lieu de la bibliothèque, sans transporter les livres ailleurs ; et en cas qu'il n'y eût aucun bibliothécaire lors de mon décès, je veux et ordonne que la Sorbonne en nomme trois audit Armand de Vignerot et à ses successeurs, qui seront ducs de Richelieu, pour choisir celui des trois qu'ils jugeront le plus à propos ; ce qui sera toujours observé lorsqu'il sera nécessaire de mettre un nouveau bibliothécaire.

Et, d'autant que, pour la conservation du lieu et des livres de ladite bibliothèque, il sera besoin de la nettoyer souvent, j'entends qu'il soit choisi, par mondit neveu, un homme propre à cet effet, qui sera obligé de balayer tous les jours une fois ladite bibliothèque, et d'essuyer les livres ou les armoires dans lesquelles ils seront ; et, pour lui donner moyen de s'entretenir, et fournir les balais et autres choses nécessaires pour le nettoyement, je veux qu'il ait quatre cents livres de gages par an à prendre sur le même fonds que ceux du bibliothécaire, et en la même forme, ce qui sera fait, ainsi que ce qui concerne ledit bibliothécaire, par les soins et par l'autorité de mondit neveu et de ses successeurs en la possession dudit hôtel de Richelieu.

Et d'autant qu'il est nécessaire pour maintenir une bibliothèque en sa perfection, d'y mettre de temps en temps les bons livres qui seront imprimés de nouveau, ou ceux des anciens qui y peuvent manquer, je veux et ordonne qu'il soit employé la somme de mille livres par chacun an, en achat de livres, par l'avis des docteurs qui seront députés tous les ans par la Sorbonne pour faire l'inventaire de ladite bibliothèque, laquelle somme de mille livres sera pareillement prise par préférence à toutes autres charges, excepté celle des deux articles ci-dessus, sur le revenu des arrentemens des maisons qui ont été et seront bâties à l'entour dudit parc du Palais-Cardinal.

Je déclare que mon intention et volonté est, en cas que, lors de mon décès, ledit Armand de Vignerot, ou celui de ses frères à son défaut qui viendra à ma succession, en vertu de ce mien testament, ne soit encore majeur, que ma nièce, la duchesse d'Aiguillon, ait l'administration et conduite tant de sa personne que desdits biens que je lui donne, jusqu'à ce qu'il soit venu en âge de majorité, sans que madite nièce, la duchesse d'Aiguillon, soit tenue de rendre aucun compte audit Armand de Vignerot, ni à quelques autres personnes que ce soit ; et en cas que madite nièce, la duchesse d'Aiguillon, fût décédée avant moi, ou qu'elle décédât avant la majorité dudit Armand de Vignerot ou de celui de ses frères qui sera mon héritier, je veux et ordonne que lesdits biens soient administrés par mes exécuteurs testamentaires, sans qu'ils soient aussi tenus de rendre aucun compte à qui que ce soit.

Item, je donne et lègue audit Armand de Vignerot, mon petit-neveu, la somme de quatre cent quarante et tant de mille livres que j'ai prêtée, par contrat de constitution de rente, à mon neveu du Pont de Courlay son père, pour acquitter les dettes par lui contractées, ensemble tout ce que ledit sieur du Pont, mon neveu, me devra, tant à cause des arrérages desdites constitutions de rente, que pour quelque autre cause que ce soit et à quelque somme que lesdites dettes se trouveront revenir lors de mon décès, à la charge et condition néanmoins que mon petit-neveu ne pourra faire aucune demande desdites sommes, tant en principal qu'intérêt, audit sieur du Pont de Courlay son père pendant son vivant, ains se réservera à se pourvoir sur ses terres après son décès ; si ce n'est que les terres et biens dudit sieur du Pont de Courlay, mon neveu, soient, de son vivant, saisis et mis en décret, à la requête de ses créanciers, auquel cas je veux et entends que ledit Armand de Vignerot, mon petit-neveu, puisse s'opposer aux biens saisis, et même s'en rendre adjudicataire, s'il le juge ainsi à propos ; et en cas qu'il se rende adjudicataire desdits biens ou qu'étant vendus, il soit mis en ordre sur les deniers provenant de la vente d'iceux, je veux et entends que mondit neveu du Pont de Courlay jouisse sa vie durant du revenu desdits biens, dont il sera rendu adjudicataire, ou de l'intérêt des sommes dont mon petit-neveu aura été mis en ordre.

Et, d'autant qu'il a plû à Dieu bénir mes travaux et les faire considérer par le Roi mon bon maître, en les reconnoissant par sa munificence au-dessus de ce que je pouvois espérer, j'ai estimé, en faisant ma disposition présente, devoir obliger mes héritiers à conserver l'établissement que j'ai fait en ma famille, en sorte qu'elle se puisse maintenir longuement en la dignité et splendeur qu'il a plu au Roi lui donner, afin que la postérité connoisse que, si je l'ai servi fidèlement, il a sû, par une vertu toute royale, m'aimer et me combler de ses bienfaits.

Pour cet effet, je déclare et entends que tous les biens que j'ai ci-dessus légués et donnés, soient à la charge des substitutions ainsi qu'il suit.

Premièrement, je substitue à Armand de Vignerot, mon petit-neveu, fils de François Vignerot sieur du Pont de Courlay, mon neveu, en tous les biens tant meubles qu'immeubles que je lui ai ci-dessus légués, son fils aîné ; je substitue l'aîné des mâles de ladite famille, et d'aîné en aîné, gardant toujours l'ordre et prérogative d'aînesse.

Et, en cas que ledit Armand de Vignerot décède sans enfans mâles ou que la ligne masculine vienne à manquer en ses enfans, je lui substitue celui de ses frères qui sera l'aîné en la famille, ou, à son défaut, l'aîné des enfans mâles dudit frère, selon l'ordre de primogéniture, et gardant toujours la prérogative d'aînesse ; et en cas que ledit frère ou ses enfans mâles décèdent sans enfans mâles, et que la ligne masculine vienne à manquer, je lui substitue celui de ses frères ou de ses neveux qui sera l'aîné des mâles en la famille, et d'aîné en aîné, gardant toujours l'ordre de primogéniture tant que la ligne masculine de François de Vignerot sieur du Pont de Courlay durera.

Je déclare que je veux et entends que celui des enfans mâles de mon neveu du Pont de Courlay, ou de ses descendans qui sera ecclésiastique, s'il est *in sacris*, ne soit compris en l'institution et substitution ci-dessus faite, pour jouir d'icelle, encore qu'il fût plus âgé ; mais je veux et ordonne qu'en tous les degrés d'institution et substitution, celui qui se trouvera le plus âgé et aîné de la famille, après celui qui sera ecclésiastique et *in sacris* lors de l'ouverture de la substitution, jouisse en son lieu des droits d'institution et substitution selon l'ordre de primogéniture.

Et, en cas qu'il n'y eût plus aucun descendant mâle de mondit neveu du Pont de Courlay, et que la ligne masculine venant de lui, vînt à manquer en la famille, j'appelle à ladite substitution Armand de Maillé, mon neveu, ou celui de ses descendans mâles par les mâles qui sera duc de Fronsac, par augmentation des biens institués et substitués, et pour sortir même nature et aux mêmes conditions, institutions et substitutions que les autres biens que je lui ai légués, le tout à la charge que mondit neveu Armand de Maillé et ses descendans qui viendront à ladite substitution, prendront le seul nom de du Plessis de Richelieu sans adjonction d'autres.

Item, je substitue audit Armand de Maillé, en tous les biens que je lui ai ci-dessus légués, le fils aîné qui viendra de lui en loyal mariage, et audit fils aîné je substitue l'aîné des mâles issus de lui, et d'aîné en aîné à l'exclusion de ceux qui seront ecclésiastiques *in sacris*, ainsi que j'ai dit ci-dessus.

Et en cas que mondit neveu, Armand de Maillé, vînt à décéder sans enfans mâles ou qu'il n'y eût aucuns descendans mâles de lui, et que la ligne masculine venant de lui, vînt à manquer en sa famille, j'appelle à ladite substitution Armand de Vignerot, mon petit-neveu ou celui de ses descendans mâles qui sera lors duc de Richelieu ; et faute d'hors mâles de la famille de mondit sieur Armand de Vignerot, j'appelle à la substitution l'aîné des mâles de la famille de mondit neveu du Pont de Courlay, descendans de lui par les mâles selon l'ordre de primogéniture par augmentation des biens institués et substitués, et pour sortir même nature et aux mêmes conditions, institutions et substitutions que les autres biens que je leur ai légués.

Et, en cas que la ligne masculine de mondit neveu du Pont de Courlay et d'Armand de Maillé, mon neveu, vienne à manquer, en sorte qu'en toutes les deux familles il n'y ait plus aucuns enfans mâles descendans des mâles en légitime mariage pour venir à ma succession, selon l'ordre ci-dessus prescrit, j'appelle à la substitution des biens auxquels j'ai institué Armand de Vignerot, mon petit-neveu, le fils aîné de la fille aînée venant de l'aîné, ou celui qui le représentera, et puis l'aînée des filles venant des puînés, selon l'ordre de primogéniture des mâles à l'exclusion de ceux qui sont *in sacris*.

Et, en cas, ainsi qu'il est dit ci-dessus, que la ligne vienne à manquer, tant dans la famille d'Armand de Maillé, mon neveu, qu'en celle de mondit neveu du Pont de Courlay, j'appelle à la substitution des biens auxquels j'ai institué ledit Armand de Maillé, mon neveu, le fils aîné de sa fille aînée, puis des puînées ou celui des mâles qui le représentera, et de mâles en mâles, à l'exclusion de ceux qui seront constitués *in sacris*, gardant toujours, de degré en degré, la primogéniture des mâles, et aux mêmes charges, conditions, institutions et substitutions que dessus.

Et, s'il arrivoit que tous les mâles descendans des filles de mondit neveu du Pont de Courlay, décédassent sans enfans mâles, je leur substitue celui de mes successeurs qui sera duc de Fronsac, en vertu de mon testament par augmentations d'institutions et substitutions; et en cas que tous les mâles descendans des filles venant d'Armand de Maillé, mon neveu, décédassent sans enfans mâles, je leur substitue celui de mes successeurs qui possédera lors, en vertu de mon testament, le duché de Richelieu, par augmentations d'institutions ou substitutions.

Je prie ceux des familles de Vignerot et de Maillé auxquels les biens que je substitue écherront, de vouloir renouveler, en tant que besoin seroit, lesdites institutions et substitutions, selon mon intention ci-dessus, ce que je crois qu'ils feront volontairement, tant en considération des grands biens qu'ils auront reçus de moi, que pour l'honneur de leur famille.

Et, comme mon intention est que les terres des duchés et pairies de Richelieu, et de Fronsac et Caumont, leurs appartenances et dépendances soient conservées entières en ma famille, sans être divisées pour cette considération, je prohibe, autant que je le puis, à mondit petit-neveu Armand de Vignerot et Armand de Maillé, mon neveu, leurs descendans et à tous autres qui viendront à la succession desdites terres, tant par institution que substitution en vertu du présent testament, toute détraction de *quatre légitime*, douaire, ou autrement, en quelque manière que ce soit, sur lesdites terres de duchés et pairies, voulant que lesdites terres et seigneuries demeurent entières à celui qui sera substitué en son ordre, sans qu'elles puissent être démembrées, ni divisées pour quelque cause que ce soit.

Je veux et entends que mon neveu du Pont de Courlay se contente, pour tout droit qu'il pourroit prétendre en ma succession, de la somme de deux cent mille livres que je lui ai ci-dessus léguée, et des trente mille livres que je lui ai aussi léguées à prendre par chacun an sur tous les biens que j'ai légués par ce mien testament à Armand de Vignerot, mon petit-neveu, son fils, ensemble de la jouissance des sommes de deniers qu'il me doit, ainsi que j'en ai disposé ci-dessus.

Item, je déclare qu'en cas que mondit neveu François de Vignerot, sieur du Pont de Courlay, conteste cette mienne disposition, et que le duché de Richelieu lui fût adjugé pour la part et portion dont je n'avois pu disposer, en ce cas je révoque ladite donation de deux cent mille livres faite en sa faveur, et en outre je révoque toutes les institutions que j'ai faites dudit duché de Richelieu en faveur d'Armand de Vignerot, son fils, et de ceux de la famille de Vignerot, et veux et entends qu'Armand de Maillé, mon neveu, soit appelé à la substitution dudit duché après le décès dudit François de Vignerot, sieur du Pont de Courlay, mon neveu, à l'exclusion de tous les descendans de mondit neveu du Pont de Courlay, et qu'il jouisse, lors de l'ouverture de ma succession, des parts et portions dudit duché dont je puis disposer; et en tant que besoin est, au cas que ledit François de Vignerot, mon neveu, conteste ce mien testament, je donne à Armand de Maillé lesdites parts et portions dont je puis disposer avec l'hôtel de Richelieu que j'ai ordonné être bâti joignant le Palais-Cardinal, ensemble tous les meubles qui se trouveront lors de mon décès, tant en la maison de mon duché de Richelieu qu'au Palais-Cardinal et audit hôtel de Richelieu, et ce par augmentation d'institutions ou substitutions, et pour sortir même nature et aux mêmes conditions, institutions et substitutions que les autres biens à lui ci-dessus légués, et à la charge qu'il prendra le seul nom et les seules armes de la maison du Plessis de Richelieu, ainsi qu'il est dit ci-dessus.

Et, quant aux autres biens, tant meubles qu'immeubles, dont j'ai disposé ci-dessus en faveur d'Armand de Vignerot, mon petit-neveu, je veux et entends qu'il en jouisse ainsi que j'ai ordonné ci-dessus, aux conditions d'institutions et substitutions apposées ci-dessus, à la charge néanmoins que cette dernière disposition n'aura lieu qu'en cas que mondit neveu François de Vignerot, sieur du Pont de Courlay, conteste mon testament.

Et, d'autant que dans les biens dont j'ai ci-dessus disposé, il y en aura peut-être du domaine du Roi, et d'autres biens et rentes qui pourroient être rachetées, je veux et entends qu'en cas de rachat *de tout ou de partie des biens de cette nature*, soit aux institués ou substitués, le prix en provenant soit remplacé par celui auquel le rachat sera fait, en acquisition d'héritages, pour tenir lieu et place desdits biens rachetés aux mêmes conditions, institutions et substitutions auxquelles je les ai donnés et légués ci-dessus, et ce, dans six mois du jour du remboursement qui en sera fait, si l'on peut trouver à faire ledit emploi; au défaut de quoi, les deniers provenant desdits rachats et remboursemens, seront mis ès mains de personnes solvables jusqu'à ce que le remploi soit fait, avec le consentement de celui qui sera le plus proche appelé à la substitution desdites choses.

Je ne fais aucune mention en ce mien testament de ma nièce la duchesse d'Enghien, d'autant que par son contrat de mariage elle a renoncé à ma succession, moyennant ce que je lui ai donné en dot, dont je veux et ordonne qu'elle se contente.

Mon intention est que les exécuteurs de mon testament et madite nièce la duchesse d'Aiguillon, aient le maniement durant trois ans, à compter du jour qu'il aura plu à Dieu disposer de moi, des deux tiers du revenu de tout mon bien, l'autre demeurant à mesdits héritiers chacun en ce qui les concerne, pour être lesdits deux tiers employés au paiement de ce qui pourroit rester à acquitter de mes dettes, de mes legs et à la dépense des bâtimens que j'ai ordonné être faits et achevés, savoir : de l'église de la Sorbonne de Paris, ornemens et ameublemens d'icelle, de ma sépulture que je veux être faite en ladite église, suivant le dessin qui en sera arrêté par ma nièce la duchesse d'Aiguillon et M. de Noyers; du collége de Sorbonne, suivant le dessin que j'en ai arrêté avec M. de Noyers et M. Mercier, architecte, à l'achat des places nécessaires, tant pour l'édification dudit collége, que pour le jardin de la Sorbonne, suivant les prisées et estimations qui en ont été faites, comme encore à la dépense de l'hôtel de Richelieu que j'ai ordonné être fait, joignant le Palais-Cardinal, de la bibliothèque dudit hôtel dont les fondations sont jetées, laquelle je prie M. de Noyers de faire achever soigneusement suivant le dernier dessin et devis arrêtés avec Tiriot, maître maçon; et de faire acheter tous les livres qui y manqueront. Je le prie aussi de faire réparer, accommoder et orner la maison des pères de la Mission que j'ai fondée à Richelieu, et de leur faire acheter un jardin dans l'enclos de la ville de Richelieu, le plus proche de leur maison que faire se pourra, de la grandeur que j'ai ordonnée; comme aussi de faire achever les fontaines et autres accommodemens commencés, et nécessaires pour la perfection de mes bâtimens et jardins de Richelieu; le tout sur lesdits deux tiers du revenu de mondit bien, comme dit est, sans que de toutes les dépenses ci-dessus madite nièce ni M. de Noyers soient tenus de rendre compte à qui que ce soit; et, bien que j'aie déjà suffisamment fondé audit Richelieu lesdits pères de la Mission pour entretenir vingt prêtres, afin de s'employer aux missions dedans le Poitou suivant leur institut, je leur donne encore la somme de soixante mille livres, afin qu'ils aient d'autant plus de moyens de vaquer auxdites missions, et qu'ils soient obligés de prier Dieu pour le repos de mon âme, à la charge d'employer ladite somme de soixante mille livres en achat d'héritages, pour être de même nature que les autres biens de la fondation.

Je défends à mes héritiers de prendre alliance en des maisons qui ne soient pas vraiment nobles, les laissant assez à leur aise pour avoir plus d'égard à la naissance et à la vertu, qu'aux commodités et aux biens.

Et, d'autant que l'expérience nous fait connoître que les héritiers ne suivent pas toujours la trace de ceux dont ils sont successeurs, désirant avoir plus de soin de la conservation de l'honneur que je laisse aux miens, que de celle de leur bien, je recommande absolument auxdits Armand de Vignerot et Armand de Maillé, et à tous ceux qui jouiront après eux desdits duchés, pairies et biens que je leur ai ci-dessus substitués, de ne se départir jamais de l'obéissance qu'ils doivent au Roi et à ses successeurs, quelque prétexte de mécontentement qu'ils puissent prendre pour un si mauvais sujet; et déclare en ma conscience que, si je prévoyois qu'aucun d'eux dût tomber en telle faute, je ne lui laisserois aucune part en ma succession.

Je donne et lègue au sieur du Plessis de Sivray, mon cousin, la somme de soixante mille livres qui m'est due par M. le comte de Charost, capitaine des gardes-du-corps du Roi, auquel j'entends que ledit sieur du Plessis de Sivray, ni aucun de mes héritiers, ne puisse demander aucune chose pour les intérêts de ladite somme de soixante mille livres; ains seulement que ledit sieur de Sivray se puisse faire payer du principal d'icelle, dans l'an de mon décès.

Pour marque de la satisfaction que j'ai des services qui m'ont été rendus par mes domestiques et serviteurs,

Je donne au sieur Didier, mon aumônier, quinze cents livres;

Au sieur de Bar, dix mille livres;

Au sieur de Mause, six mille livres;

Au sieur de Belesbat, parce que je ne lui ai encore rien donné, dix mille livres;

A Beaugensy, trois mille livres;

A Lestoublou, trois mille livres;

Au sieur de Valvoisin, parce que je ne lui ai rien donné, douze mille livres;

A Gueille, deux mille livres;

Au sieur Citois, six mille livres;

Au sieur Renaudot, deux mille livres;

A Berthereau, six mille livres;

A Blouin, dix mille livres;

A Desbournais, mon valet de chambre, six mille livres, et je désire qu'il demeure concierge sous mon petit-neveu du Pont de Courlay dans le Palais-Cardinal;

Au Cousin, six mille livres;

A L'Espolette et à Prévost, chacun trois mille livres;

Au sieur Buzenot, mon argentier, quatre mille livres;

A mon maître d'hôtel, six mille livres;

A Picot, six mille livres;

A Robert, trois mille livres;

Aux sieurs de Grand et de Saint-Léger, mes écuyers, chacun trois mille livres, et en outre mes deux carrosses avec les deux attelages de chevaux, ma litière et les trois mulets qui y servent, pour être partagés également entre mes deux écuyers;

A Chamarante et du Plessis, chacun trois mille livres;

A Villaudry, quinze cents livres;

A Deroques, dix-huit chevaux d'école, après que les douze meilleurs de mon écurie auront été choisis pour mes parens;

Au sieur Defort, écuyer, six mille livres;

A Grandpré, capitaine de Richelieu, trois mille livres;

A La Jeunesse, concierge de Richelieu, trois mille livres;

Au petit Mulot, qui écrit sous le sieur Charpentier, mon secrétaire, quinze cents livres;

A La Garde, trois mille livres;

A mon premier crédentier, deux mille livres;

A mon premier cuisinier, deux mille livres;

A mon premier cocher, quinze cents livres;

A mon premier muletier, douze cents livres;

A chacun de mes valets de pied, six cents livres;

Et généralement à tous les autres officiers de ma maison, savoir: de la cuisine, sommellerie et écurie, chacun six années de leurs gages, outre ce qui leur sera dû au jour de mon décès.

Je ne donne rien au sieur Charpentier, mon secrétaire, parce que j'ai eu soin de lui faire du bien pendant ma vie; mais je veux rendre ce témoignage de lui, que durant le long temps qu'il m'a servi, je n'ai point connu de plus homme de bien, ni de plus loyal et sincère serviteur.

Je ne donne rien aussi au sieur Chéré, mon autre secrétaire, parce que je le laisse assez accommodé, étant néanmoins satisfait des services qu'il m'a rendus.

Je donne au baron de La Broye, héritier de feu sieur Barbin, que j'ai su être en nécessité, la somme de trente mille livres.

Je prie mon frère, le cardinal de Lyon, de donner au sieur de Sadilly le prieuré de Coussaye que je possède présentement, et lequel est à sa nomination.

Et, pour exécuter le présent testament et tout ce qui en dépend, j'ai nommé et élu M. le chancelier et messieurs Bouthillier surintendant, et de Noyers secrétaire d'Etat ou ceux d'eux qui me survivront; voulant qu'ils aient un soin particulier que rien ne soit omis de tout ce que dessus, qui est mon testament et ordonnance de ma dernière volonté, laquelle j'ai faite ainsi qu'il est dit ci-dessus, après y avoir mûrement pensé plusieurs fois, parce que la plus grande part de mon bien étant venue de gratifications que j'ai reçues de leurs Majestés, en les servant fidèlement, et de mes épargnes, il m'est libre d'en user comme bon me semble; joint que je laisse à chacun de mes héritiers légitimes beaucoup plus de bien qu'il ne leur appartiendroit de ce qui m'est arrivé de la succession de ma maison; et, afin qu'il n'y ait point de différends entre eux, et que cette mienne volonté et ordonnance dernière soit pleinement exécutée, je veux et ordonne qu'au cas que quelqu'un de mesdits héritiers ou légataires prétendît qu'il y eût de l'ambiguïté ou obscurité en ce mien présent testament, que mon frère le cardinal de Lyon et mes exécuteurs testamentaires, tous ensemble, ou ceux d'eux qui seront lors vivans, expliquent mon intention, et jugent définitivement le différend qui pourroit naître sur le sujet du présent testament; et que mesdits héritiers ou légataires soient tenus d'acquiescer à leur jugement, sur peine d'être privés de la part que je leur donne et laisse, laquelle sera en ce cas pour ceux qui obéiront au jugement donné par les dessus dits.

Je supplie très-humblement le Roi de vouloir traiter mes parens qui auront l'honneur de le servir aux occasions qui s'en présenteront, selon la grandeur de son cœur vraiment royal; et de témoigner en cela l'estime qu'il fera de la mémoire d'une créature qui n'a jamais eu rien en si singulière recommandation que son service.

Et je ne puis que je ne die pour la satisfaction de ma conscience, qu'après avoir vécu dans une santé languissante, servi heureusement dans des temps difficiles, et des affaires très-épineuses, et expérimenté la bonne et mauvaise fortune en diverses occasions, en rendant au Roi ce à quoi sa bonté et ma naissance m'ont obligé particulièrement, je n'ai jamais manqué à ce que j'ai dû à la Reine sa mère, quelques calomnies que l'on m'ait voulu imposer à ce sujet.

J'ai voulu, pour plus grande sûreté de ce mien testament, déclarer que je révoque tout autre que je pourrois avoir fait ci-devant; et ne vouloir aussi, en cas qu'il s'en trouve ci-après quelque autre de date postérieure qui révoque celui-ci, que l'on y ait aucun égard, s'il n'est tout écrit de ma main et reconnu des notaires, et, que les mots suivans : *satiabor cùm apparuerit gloria tua*, ne soient insérés à la fin et immédiatement avant mon seing; et d'autant qu'à cause de madite maladie et des abcès survenus sur mon bras droit, je ne puis écrire ni signer, j'ai fait écrire et signer mon présent testament, contenant seize feuilles, et la présente page par ledit Pierre Falconis, notaire royal, après m'en être fait faire lecture distinctement et intelligiblement.

Fait audit hôtel de la Vicomté, le vingt-trois du mois de mai l'an mil six cent quarante-deux, après midi; signé FALCONIS, avec paraphe.

L'an mil six cent quarante-deux, et le vingt-troisième jour de mai après-midi, dans l'hôtel de la Vicomté de Narbonne, régnant Sa Majesté très-chrétienne Louis XIII, roi de France et de Navarre, devant moi notaire fut présent en sa personne monseigneur Armand-Jean du Plessis, cardinal de la sainte Eglise romaine, duc de Richelieu et de Fronsac, pair de France, commandeur de l'ordre du Saint-Esprit, grand-maître, chef et surintendant général pour Sa Majesté en Bretagne, lequel, détenu de maladie et sain d'entendement, a dit et déclaré avoir fait écrire dans les seize feuilles et demie de papier écrit, fermées et cachetées du cachet de ses armes avec cire d'Espagne, par moi notaire, son testament et acte de dernière volonté, lequel moi dit notaire ai signé, mondit seigneur le cardinal n'ayant pu écrire ni signer sondit testament de sa main, à cause de sa maladie et des abcès survenus en son bras, tout le contenu auquel testament son éminence veut valoir par droit de testament, clos et solemnel, codicile, donation, à cause de mort et par toute telle autre forme que de droit pourra mieux valoir, nonobstant toutes observations de droit écrit auxquelles le lieu où se trouve présentement son éminence pourroit l'astreindre; et toutes autres lois et coutumes à ce contraires; et a prié les témoins bas nommés d'attester sondit présent testament, et moi notaire lui en donner le présent acte, concédé en présence de monseigneur l'éminentissime cardinal Mazarini, M. Lescot, nommé par Sa Majesté à l'évêché de Chartres, d'Aumont abbé d'Uzerches, de Péréfixe, maître de chambre de mondit seigneur cardinal duc, Delabarde, secrétaire du cabinet du Roi et trésorier de France à Paris, Le Roi, secrétaire de Sa Majesté, maison et couronne de France, de Rennefort, abbé de La Clarté Dieu, soussignés, et moi dit notaire avec iceux témoins, mondit seigneur cardinal duc n'ayant pu signer le présent acte, à cause de sadite maladie. Signé, le cardinal Mazarini. J. Lescot. R. d'Aumont. J. Delabarde. D. de Rennefort. Le Roi. Hardouin de Péréfixe. Falconis.

MÉMOIRES

DE MESSIRE

ROBERT ARNAULD D'ANDILLY.

NOTICE

sur

ARNAULD D'ANDILLY

et

SUR SES MÉMOIRES.

Arnauld d'Andilly a rédigé ses Mémoires pour ses petits-fils et non pour le public ; il n'a point cherché d'exemples dans l'histoire générale : c'est lui-même, ce sont les membres de sa nombreuse famille qu'il a proposés pour modèles. Cette famille produisit en peu de temps plusieurs hommes distingués, qui, au barreau comme dans l'Église, à l'armée comme dans la finance, brillèrent tous au second rang. Arnauld d'Andilly portait ses vues plus haut sans doute, car il dit : « Je « n'ai jamais eu d'ambition, parce que j'en avois « trop, ne pouvant souffrir cette dépendance qui « resserre dans des bornes si étroites les effets de « l'inclination que Dieu m'a donnée pour des choses « grandes, glorieuses à l'État..... Ainsi je n'étois « propre que pour un roi qui auroit régné par lui-« même, et qui n'auroit eu d'autre désir que de « rendre sa gloire immortelle, aussi bien dans le « ciel que sur la terre. » Ces paroles annoncent une rigidité un peu hautaine, qu'on remarque dans ses écrits aussi bien que dans sa conduite ; il la devait à la nature et à son éducation. Comme il a présenté de sa vie un tableau complet, nous nous bornerons à rappeler ici quelques particularités.

Robert Arnauld d'Andilly naquit à Paris en 1589 ; il était l'aîné des enfants d'Antoine Arnauld ; son père, qui avait acquis une grande célébrité par ses plaidoyers contre les jésuites, se trouvait en relation avec les personnages les plus marquants ; il en profita pour leur faire connaître ce fils qu'il chérissait entre tous les autres et qu'il élevait sous les yeux des soins tout particuliers. Robert étoit né avec d'excellentes inclinations, et bien lui en prit, dit l'abbé Arnauld, car, étant fort ardent en toutes choses, si ses passions s'étoient tournées au mal, il n'y auroit peut-être point eu d'homme qui s'y fût plus abandonné que lui. Marié à 24 ans à mademoiselle de la Boderie, âgée de 14 ans, il trouva en elle des qualités qui l'eussent rendu complètement heureux, s'il n'avait eu pour l'un de ses fils une prédilection trop exclusive. *Son naturel le portoit à aimer* ; mais comme *les nouvelles amitiés avoient toujours en lui quelque préférence sur les anciennes.....,* ses *enfans n'étoient pas ce qu'il aimoit le plus.* Il se passionna quelques années après son mariage pour l'abbé de Saint-Cyran, ami de Jansénius, dont il embrassa les doctrines avec toute l'ardeur de son caractère. Cependant, malgré le rigorisme de ces doctrines, Arnauld d'Andilly continua de faire assidûment la cour au roi, qu'il égayait par ses saillies vives et piquantes, à Gaston, duc d'Orléans, aux favoris et aux ministres. Il avait un emploi près du surintendant des finances ; en 1622, Louis XIII lui offrit une charge de secrétaire d'État, à condition qu'il payerait cent mille livres de récompense. C'était précisément celle qu'il ambitionnait le plus ; il en était digne assurément ; il crut peut-être qu'il en était seul digne, et qu'il lui serait plus honorable de l'obtenir sans argent : d'Andilly refusa les cent mille livres ; un autre les donna, il eut la charge.

Déçu dans son attente, il se tourna vers le frère du roi. Ce jeune prince était alors héritier présomptif de la couronne. On peut présumer, d'après le passage que nous avons cité, qu'Arnauld d'Andilly songeait à se ménager pour l'avenir une haute position sociale. Dans ses longs entretiens avec Gaston, il cherchait à le former et à lui inspirer des idées de grandeur ; mais c'était cultiver un terrain ingrat et sans fonds, où ne pouvait prospérer aucune semence généreuse. Il était probablement revenu de cette illusion, lorsque arriva sa seconde disgrâce, et qu'il répondit avec une hauteur dédaigneuse au messager du prince : *Je prie Dieu qu'il ne lui arrive pas souvent des choses aussi préjudiciables à son service que celle d'éloigner un aussi homme de bien que je suis.*

A cette époque, bien qu'Arnauld d'Andilly fût dans l'âge où l'ambition a le plus d'empire sur l'homme, on le vit se détourner des chemins qui conduisent aux honneurs, et, dans les cercles nombreux qu'il fréquentait, il montra une certaine hardiesse à censurer les actes de Richelieu. Néanmoins, en 1634, il fut nommé intendant de l'armée d'Allemagne ; il fit quelque difficulté pour en accepter les fonctions, dont il se démit après la retraite de cette armée. Il revint alors à Paris pour produire dans le monde son fils Simon Arnauld, depuis marquis de Pomponne; il désirait si passionnément son élévation, qu'il n'hésita point à lui sacrifier ses autres enfants. Sa femme essaya de le ramener à des sentiments plus équitables, mais elle mourut peu de temps après sans avoir pu rien obtenir de son inflexibilité. Arnauld d'Andilly se livra désormais à toute son amitié pour Saint-Cyran; pendant la longue détention de cet abbé, il fit en sa faveur beaucoup de démarches, et aussitôt qu'Anne d'Autriche, devenue régente, eut signé l'ordre de sa délivrance, il s'empressa de le lui porter; l'année suivante, il prit la résolution de se retirer à Port-Royal-des-Champs.

Cette retraite fit beaucoup de bruit: c'est à elle principalement qu'Arnauld d'Andilly doit sa célébrité. On ne saurait élever aucun doute sur les sentiments religieux qui l'y conduisirent; mais de la lecture de ses Mémoires, il nous est resté une impression qui ne nous permet pas de l'attribuer à ce motif seulement. Il avait manqué l'occasion d'être ministre; l'incapacité de Gaston, duc d'Orléans, avait dérangé ses vues secrètes; sous la régence, la prompte élévation de Mazarin ne lui laissait entrevoir des chances de réussite que dans un avenir fort éloigné; les idées ambitieuses auxquelles il renonçait pour lui, il les nourrissait dans son cœur pour le fils de sa prédilection. En se retirant, il ne rompit point avec le monde; au contraire, il entretint activement ses relations; malgré l'autorité absolue qu'il exerçait sur sa famille, non-seulement il souffrit que son fils Pomponne reniât les doctrines que lui-même avait adoptées et imposées aux autres, mais il s'applaudissait de la souplesse de son caractère. Dans le monde, à la cour, il était peu de chose; à Port-Royal, il était réellement le chef d'un parti. Ces considérations, qu'Arnauld d'Andilly ne s'avouait peut-être pas à lui-même, nous paraissent avoir eu quelque influence sur sa détermination.

Ses espérances se réalisèrent en 1671, après quelques vicissitudes qui semblaient devoir les détruire à jamais. A quatre-vingt-deux ans, il reparut à la cour pour remercier Louis XIV qui venait d'élever Pomponne au ministère.

L'abbé Goujet publia en 1734 les Mémoires d'Arnauld d'Andilly; il mit en tête un avis qui servira de complément à cette notice: le fond en est juste, bien qu'on y remarque un peu d'exagération

A. B.

AVIS.

Les mémoires des grands hommes sont toujours reçus favorablement, parce qu'on aime à les connoître eux-mêmes, et que l'on trouve dans l'histoire de leur vie de quoi s'instruire et augmenter ses connoissances. Ceux que nous donnons au public sont certainement de ce genre : soit que l'on considère M. Arnauld d'Andilly comme homme d'État, soit qu'on l'envisage comme citoyen, on voit partout un esprit noble, un cœur grand, des inclinations généreuses, un génie élevé, une prudence consommée. Dans sa jeunesse même il a paru digne des plus grands emplois, et il en a soutenu de très-importans avec cette capacité et cette pénétration que l'on n'attend ordinairement que de l'âge et de l'expérience. Il a vécu dans des temps difficiles avec une grande sécurité, parce qu'il n'a jamais rien fait que pour le bien public, et que les intérêts de l'État lui ont toujours été plus chers que les siens propres. Il a réuni dans sa personne tout ce que le monde admire, et il a toujours méprisé le monde. Dieu s'est d'abord rendu maître de son cœur. Il a été innocent au milieu de la cour, incorruptible dans les plus grandes occasions de s'enrichir, inébranlable parmi les attraits et les sollicitations du siècle.

Si l'on suit M. d'Andilly dans la retraite de Port-Royal, on y verra un homme que les honneurs n'ont point quitté, mais qui s'est arraché lui-même aux honneurs dès l'âge de cinquante-cinq ans, afin de ne plus vivre que pour l'éternité. Mais sa retraite même a été laborieuse ; il y a aimé le travail comme on aime dans le monde le divertissement, et il y a consacré le sien par les excellentes traductions des vies et des ouvrages des saints, qu'il a données à l'Église en se nourrissant lui-même des vérités qu'il annonçoit aux autres dans ses écrits. A l'âge de quatre-vingts ans, il a joint à la force de son esprit, qui a toujours été le même, une simplicité d'enfant, une humilité et une modestie qui mériteroient nos plus grands éloges, si ses actions ne faisoient le sien plus efficacement et avec plus de fidélité. Il seroit à souhaiter qu'on en trouvât un détail complet dans ses Mémoires, qui ont été un des fruits de sa retraite, et qu'il composa pour l'instruction de sa famille. Mais combien d'actions son humilité nous y a-t-elle cachées, excepté celles dont la plupart n'étoient point alors ignorées ! Il s'est tu sur presque tout ce qui pouvoit fixer l'attention sur lui, nous dévoiler son intérieur, nous découvrir les biens secrets dont il a comblé une infinité de personnes, mettre au jour les prodigieux effets de sa charité et de sa libéralité.

Ces Mémoires finissent en 1656, mais ils n'ont été écrits qu'en 1667. M. d'Andilly les commença à Port-Royal et les acheva à Pomponne. Il est mort le 27 septembre 1674, âgé de quatre-vingt-cinq ans.

Si ces Mémoires eussent été imprimés plus tôt, ils auroient sans doute fait supprimer à M. Bernard les calomnies qu'il a osé répandre sur la réputation de M. d'Andilly, dans ses *Nouvelles de la république des Lettres* du mois d'avril 1703, après le fameux apostat Le Vassor : messieurs Bayle et Desmaiseaux ne les eussent pas fortifiées dans leurs lettres; ce dernier n'eût pas voulu les appuyer de nouveau dans les notes dont il a d'ailleurs enrichi les lettres de Bayle. Il est certain que jamais rien ne fut plus opposé au caractère de M. d'Andilly que d'avoir eu une ame vénale, comme le président de Gramond (1) l'en a accusé le premier dans son Histoire de France, qui parut en latin en 1643, ni que d'avoir trahi son altesse royale le duc d'Orléans, le comte de Schomberg et le maréchal d'Ornano, comme le soutiennent les trois critiques dont on vient de parler, après Le Vassor et les mémoires d'un prétendu favori de Son Altesse royale. M. d'Andilly a été au contraire l'un des hommes de France qui a joui pendant toute sa vie à la cour, à Paris, et dans les provinces, d'une réputation mieux établie et plus généralement reconnue de piété et de probité; et il n'y a personne qui n'ait souscrit de bon cœur à ce qu'a écrit de lui, il y a long-temps, un auteur célèbre (2) : « Qu'il ne rougissoit point des « vertus chrétiennes, et ne tiroit point de vanité « des morales. » Aussi ne négligea-t-il point le soin de sa réputation quand il la vit attaquée ; et le président de Gramond fut obligé de désavouer ce qu'il avoit écrit, et de le retrancher de son histoire, où cette calomnie ne se trouve que dans les exemplaires qui avoient été débités avant que M. d'Andilly eût pu l'apprendre. La justification de celui-ci, publiée dès lors, a passé jusqu'à nous dans quatre de ses lettres de 1643 et de 1644, adressées à M. de Montrave, premier président au parlement de Toulouse. Si M. de Gramond, après avoir fait faire à M. d'Andilly d'humbles excuses par M. Doujat de ce qu'il avoit écrit contre lui, s'est avisé de soutenir ensuite sa calomnie dans sa lettre à Philarque, M. d'Andilly l'a convaincu de nouveau d'imposture dans la belle lettre qu'il écrivit sur ce sujet, et qui est la quatrième de celles qui forment son apologie. A l'égard de la trahison dont le prétendu favori de Son Altesse royale l'a accusé, elle se trouve réfutée si évidemment dans les mémoires que nous donnons au public, que nous sommes persuadés que ni l'autorité

(1) *Historiæ Galliæ ab excessu Henrici IV*, lib. 18.
(2) Balzac.

du prétendu favori, ni celle de messieurs Bernard, Bayle et Desmaiseaux n'en imposeront plus au public. Le dernier d'ailleurs, trop équitable pour ne se pas rendre à la vérité dès qu'il la connoît, a déjà avoué qu'il s'étoit trompé. La mort empêche les autres de se rétracter. Un habile homme qui avoit entre les mains les mémoires que nous donnons, et plusieurs autres écrits d'une égale authenticité, s'étant servi des uns et des autres en 1730 pour justifier M. d'Andilly contre les accusations du prétendu favori de son altesse royale Gaston duc d'Orléans, et ayant envoyé cette justification à M. Desmaiseaux, celui-ci en fut frappé et convaincu. « Fondé, dit-il dans la réponse qu'il a faite à cette « apologie, sur les mémoires d'un favori du duc « d'Orléans, et sur une lettre de ce prince envoyée « au parlement, j'aurois cru que la conduite de « M. Arnauld d'Andilly n'avoit pas toujours été « exempte de blâme ; mais l'auteur de cet écrit, « qui a eu en main des pièces que je n'étois pas à « portée de consulter, a généreusement entrepris « de le justifier, et de faire voir que sa vertu s'est « conservée pure et sans tache au milieu d'une cour « extrêmement corrompue. J'ai lu son mémoire « avec beaucoup de plaisir... Il me paroît d'autant « plus nécessaire de le publier, qu'on attaque la ré- « putation de M. d'Andilly dans plusieurs livres, « et que cette justification servira à détromper le « public. »

C'est ainsi que les hommes se trompent, mais que les honnêtes gens avouent qu'ils se sont trompés. La justification de M. d'Andilly par le père Bougerel, prêtre de l'Oratoire, et la réponse de M. Desmaiseaux, servent de preuve à cette maxime. Ces deux pièces ont eu l'approbation du public, qui, malgré sa malignité naturelle, souffre impatiemment que l'innocent soit calomnié. On les a imprimées l'une et l'autre, en 1730, dans le tome cinquième *de la Bibliothèque raisonnée des ouvrages des savans de l'Europe*, et il seroit à souhaiter qu'elles fussent plus répandues et plus communes. Les mémoires mêmes de M. d'Andilly y suppléeront abondamment ; et quand on n'y trouveroit que ce seul avantage, on doit nous savoir gré de les avoir publiés. Nous les donnons tels qu'ils sont sortis des mains de l'auteur. On y trouvera beaucoup d'anecdotes singulières, et il nous a paru qu'ils répandoient un grand jour sur l'histoire de France de ce temps-là, ce qui doit les faire recevoir avec plus d'avidité et de plaisir.

MÉMOIRES

D'ARNAULD D'ANDILLY.

PREMIÈRE PARTIE.

Une aussi longue vie que la mienne, et dont j'ai passé la plus grande partie à la cour, autant connu des grands et aussi libre avec eux qu'on le peut être, m'a si fortement persuadé du néant des choses du monde, que rien n'étoit plus éloigné de ma pensée que de laisser quelques mémoires touchant mes proches et ce qui me regarde en particulier. Mais, ne pouvant résister aux instances si pressantes que me fait mon fils de Pomponne d'en écrire quelque chose qui puisse servir à mes enfans, pour les exciter à la vertu par des exemples domestiques, et leur inspirer le mépris de ces faux biens dont la plupart des hommes sont si idolâtres qu'ils ne craignent point de les rechercher aux dépens de leur honneur et de leur salut, je me suis enfin résolu à lui donner cette satisfaction, et je ne rapporterai rien que je n'aie vu de mes propres yeux, ou qui ne m'ait été dit par des personnes dignes de foi.

Mon père étoit originaire d'Auvergne par une branche de ceux de notre race dont l'origine étoit de Provence, ainsi qu'on le peut voir par l'histoire de cette province, écrite par César de Notre-Dame, où, en l'année 1195, Bertrand Arnauld est nommé entre les gentilshommes qui assistèrent comme témoins à l'hommage rendu au comte de Toulouse par Guillaume comte de Forcalquier. Et quant à ceux de notre nom qui s'établirent en Auvergne, dont je suis venu de père en fils, de Gracieux Arnauld, que des registres de la grand'chambre portent s'être trouvé en 1340 en la bataille du Roi, je me contenterai de dire qu'il se voit par les papiers que j'en ai que quelques-uns ont commandé une compagnie d'hommes d'armes, et que, lorsque le connétable Charles de Bourbon, si connu dans nos histoires, quitta la France par le mécontentement que lui donna madame Louise, mère du roi François Ier, il passa chez mon bisaïeul, nommé Henri, gouverneur d'Herment, dans la haute Auvergne, l'un des gentilshommes de sa maison, fils de Michel, qui avoit vécu cent quatre ans; et il n'aida pas seulement à le sauver, mais le suivit : ce qui causa presque sa ruine entière, parce que sa maison fut prise et pillée par ceux qui avoient ordre d'arrêter ce prince.

M. DE LA MOTHE-ARNAULD, *aïeul de M. d'Andilly.*

Mon aïeul, nommé Antoine, fils de Henri de qui je viens de parler, et seigneur de La Mothe-Arnauld, qui est un château proche de Riom, dont j'ai vu les ruines, et de Villeneuve-Pollerande, fut celui qui quitta l'Auvergne pour s'établir à Paris. De la sorte que j'ai entendu parler de lui à plusieurs personnes qui l'avoient vu, c'étoit un homme d'un fort grand mérite, et si également capable de diverses professions, que, comme il vivoit dans un temps continuellement traversé de guerres civiles qui produisoient divers édits de pacification, et recommençoient ensuite, il commandoit pendant qu'elles duroient une compagnie de chevau-légers, et lorsqu'elles étoient cessées il exerçoit d'autres charges comme auparavant, dont l'une étoit de procureur général de la reine Catherine de Médicis. On pourra juger de l'estime et de l'affection dont cette grande et si habile princesse l'honoroit, par une preuve qu'elle lui en donna, et qui me paroît trop considérable pour ne la pas rapporter ici.

Le torrent du malheur du siècle, qui, par l'artifice du démon, fit tomber dans l'erreur tant de personnes même vertueuses, sous prétexte de la réformation des mœurs de l'Église, entraîna d'abord M. de La Mothe; mais il n'eut pas plutôt reconnu le venin caché sous la fausse apparence de piété de ces nouvelles opinions qu'il y renonça, et vécut toujours depuis et mourut dans la pureté de la foi catholique. Comme il ne s'étoit pas encore relevé de cette chute lorsque la Saint-Barthélemy arriva, il fut assiégé chez lui par le peuple avec cette fureur qui inonda Paris de tant de ruisseaux de sang en ce jour si remarquable; mais il se défendit si généreusement avec ses domestiques et ceux de ses enfans qui se trouvèrent auprès de lui, qu'il ne put être forcé. Cependant la Reine, sa maîtresse, se souvint de lui au milieu de tant de diverses pensées dont on peut s'imaginer que son esprit étoit alors occupé ; et, par un mouvement d'affection qui peut passer pour peu ordinaire, elle envoya le lieutenant de ses gardes avec nombre de ceux qui étoient sous sa charge, le dégager d'un si grand péril, et le mener dans la chambre des comptes pour y être en sûreté, et y demeurer, comme il fit, jusqu'à ce que ce terrible orage fût passé.

Après une telle marque de la fermeté inébranlable du courage de M. de La Mothe, on n'aura pas de peine à croire ce que j'ai entendu dire diverses fois à feu M. Le Sergent, auditeur des comptes, et beau-père de M. Le Clerc, intendant des finances, qui avoit été auprès de lui : que la Reine de qui je viens de parler ayant obtenu un don du Roi, un seigneur dont j'ai oublié le nom, et qui le portoit de même air que *M. de Grillon* (1), de qui le nom et l'humeur sont si connus, ayant obtenu le même don, M. de La Mothe s'opposa, pour l'intérêt de la Reine, à la vérification qu'il en poursuivoit à la chambre des comptes. Ce seigneur, fort en colère, lui demanda, au sortir de la chambre, sur le grand degré, s'il n'étoit pas M. de La Mothe; à quoi lui ayant répondu qu'oui, il lui dit avec emportement qu'il trouvoit étrange qu'il s'opposât à la vérification du don que le Roi lui avoit fait, et qu'il l'en feroit repentir. « Vous me prenez pour « un autre, lui répliqua M. de La Mothe. — Com- « ment! ne m'avez-vous pas dit que vous étiez « M. de La Mothe? repartit ce seigneur. — Oui, « lui répliqua-t-il ; mais j'allonge et accourcis ma « robe quand je veux, et vous n'oseriez, au bas « de ce degré, me parler comme vous faites. » Sur cela, un gentilhomme qui étoit à ce seigneur, ayant envisagé M. de La Mothe, le reconnut, et dit à son maître : « Monsieur, c'est un tel que « vous avez pu voir en telles occasions. » Et ce seigneur lui fit ensuite de grandes civilités.

Il mourut en l'année 1585, dans sa maison du faubourg Saint-Germain, que la reine Marie de Médicis acheta quarante mille écus de M. Arnauld, père de M. d'Andilly, et de madame Campsillon, l'une de ses sœurs, avec les jardins qui en étoient, pour l'enfermer dans le Luxembourg. Il est enterré dans la chapelle qu'il avoit en l'église de Saint-Sulpice. Il eut deux femmes : la première, nommée Marguerite Meunier, nièce de M. Dubourg, chancelier de France, dont il eut un fils nommé Jean ; et la seconde, nommée Anne Forget, de la maison des Forget, barons de Verêts, du Fau et de Maslers, dont il eut huit fils et quatre filles.

M. DE LA MOTHE-ARNAULD, *fils aîné de l'aïeul de M. d'Andilly.*

L'aîné de ces huit fils, nommé Jean, et qui portoit le nom de La Mothe comme son père, parce qu'il avoit hérité de la terre, étoit un homme très-bien fait, de grand esprit, qui avoit extrêmement voyagé, et particulièrement dans le Levant. Il avoit tant de cœur et de zèle pour le service du Roi, que Henri III l'ayant voulu faire secrétaire d'État à Blois après la mort de M. de Guise, il le supplia de trouver bon qu'il le servît plutôt en Auvergne, où il avoit besoin de serviteurs parce que le parti de la ligue y étoit fort.

Avant que ce parti eût éclaté, M. le comte de Rendan, de la maison de La Rochefoucault, qui avoit une amitié toute particulière pour lui, l'avoit fort exhorté d'y entrer ; mais, l'en ayant trouvé très-éloigné, ils convinrent de faire bonne guerre ; et M. de Rendan lui promit que l'on n'entreprendroit rien sur sa maison de La Mothe, qui étoit forte et bien fossoyée, pourvu qu'elle ne fît point la guerre. Sur cette assurance, M. de La Mothe y laissa tous ses meubles et ses papiers ; mais un capitaine de la ligue, nommé La Croix, l'attaqua lorsque les fossés étoient glacés, y perdit beaucoup de gens, la prit, la pilla et la brûla. M. de La Mothe pressa fort M. de Rendan de lui en faire justice, et il n'en tint compte.

Dans la suite de la guerre, M. de Rendan ayant assiégé la ville d'Issoire, M. de La Mothe s'y jeta avec cinquante maîtres de sa compagnie ; et lorsque les serviteurs du Roi s'assemblèrent pour faire lever le siége, et que la bataille fut sur le point de se donner en l'an 1590, le même jour de la bataille d'Ivry, M. de La Mothe sortit de la place avec sa compagnie, et demanda que, puisqu'il avoit aidé à soutenir le siége, on voulût bien lui donner la pointe. On la lui accorda. Il passa les ennemis, vint à M. de Rendan, lui dit qu'il falloit ce jour-là payer La Mothe, lui donna deux coups d'épée et le prit prisonnier. Sur quoi un cavalier, sans que M. de La Mothe le vît, lui tira par-dessus son épaule un coup de pistolet dont il mourut. On peut voir sur ce sujet ce que M. de Thou en dit dans son histoire. Cette action de M. de La Mothe augmenta encore de telle sorte l'estime que les serviteurs du Roi de cette province avoient pour lui, que la ville de Clermont, si passionnée pour le service de Sa Majesté, et si opposée à celle de Riom qui étoit du parti de la ligue, fit mettre contre un pilier de la

---

(1) Ou Crillon ; il était fort emporté.

grande église, que l'on m'a montré lorsque j'y étois, un tableau de M. de La Mothe, avec une inscription très-honorable, où le principal de ce que je viens de dire étoit écrit; mais M. le cardinal de La Rochefoucault, frère de M. le comte de Rendan, étant devenu depuis évêque de Clermont, fit ôter ce tableau.

M. de La Mothe ayant continué à servir le Roi dans cette guerre, il arriva que lorsqu'il étoit dans Lezoux avec M. de Chape, son allié proche, M. le comte d'Angoulême, depuis duc d'Angoulême, qui commandoit en Auvergne pour le Roi, lui ayant demandé la plus grande partie de leur garnison pour une entreprise qu'il vouloit exécuter, un prêtre de la ville, qui étoit ligueur dans son cœur, mais n'avoit osé se déclarer, et qui avoit chez lui une cave qui répondoit dans le fossé, en donna avis à M. le comte d'Estain, parent de M. de Rendan, et l'introduisit avec les siens dans la place. M. de Chape fut surpris et tué dans sa maison; et M. de La Mothe, qui faisoit alors le tour du rempart, s'étant jeté dans une tour avec vingt-deux hommes qui se rallièrent à lui, s'y défendit jusqu'à ce qu'il n'eût plus de quoi tirer; et presque tout ce qui étoit avec lui ayant été tué, et les ennemis ayant commencé à saper, et à mettre de la poudre pour faire sauter la tour, il capitula de se rendre la vie sauve: mais ce n'étoit que pour sauver ceux qui étoient avec lui, et particulièrement deux frères qu'il estimoit à cause de leur valeur; car, après qu'ils furent sortis, il déboutonna son pourpoint, il se jeta au milieu des ennemis l'épée à la main, en disant que La Mothe ne vouloit point devoir la vie à des ligueurs, et fut ainsi tué de vingt coups d'épée. Il avoit épousé la fille du baron de Saint-Georges, dont il n'eut qu'une fille. La ville de Clermont le fit enterrer magnifiquement.

M. Arnauld, père de M. d'Andilly, et second fils de M. Arnauld de La Mothe son aïeul.

Le second des huit fils de M. de La Mothe mon aïeul, et qui se nommoit Antoine comme lui, étoit feu mon père. J'en parlerai fort particulièrement, comme ayant une entière connoissance de tout ce qui le regarde.

Il succéda à la charge de procureur général de la reine Catherine de Médicis qu'avoit son père, et l'exerça jusqu'à la mort de cette princesse; mais il quitta celle d'auditeur des comptes qu'il avoit en même temps, parce qu'il se voulut donner tout entier à la profession du barreau. Il éclata bientôt de telle sorte par son rare savoir et son extraordinaire éloquence, que M. Marion, depuis président aux enquêtes, et ensuite avocat général du Roi, dont le nom est si connu dans toute la France, n'ayant qu'un fils et une fille, désira de l'avoir pour gendre. Ainsi son mariage avec ma mère se fit en l'année 1585, dans le même temps que mon aïeul paternel mourut. Et les alliances de mon père n'étant auparavant qu'en Auvergne, dont il étoit originaire, comme je l'ai dit, ce mariage lui en apporta en grand nombre, entre lesquelles les plus proches sont celles de M. Pinon, dont le père, qui étoit mon grand-oncle, est mort doyen de la grand'chambre du parlement, et messieurs de La Poterie, dont l'aîné, qui étoit mon oncle à la mode de Bretagne, est sous-doyen du conseil du Roi; et j'ai l'honneur, à cause de M. de Fontenay-Mareuil, d'être parent de M. de Montmorency et de madame la duchesse de Créqui, de madame la marquise de Gesvres, de M. le marquis de Gamache, de madame la comtesse de Vivonne, de madame de Gribeauval et de madame la vicomtesse de Meulan. Quant au bien, ma mère eut depuis en partage la terre d'Andilly, que j'ai vendue 50,000 écus, et la maison de Paris que mon fils de Pomponne a encore. La terre de Druy, qui est la première baronnie du Nivernais, fut une partie du partage de M. Marion, maître des requêtes, président au grand-conseil et contrôleur général des finances, mon oncle maternel.

La passion qu'avoit mon père pour le service du roi Henri-le-Grand et pour l'État, fit qu'il ne se présenta point de grandes occasions où il ne signalât son zèle pour l'un et pour l'autre, par des écrits si puissans et si estimés, que ceux qu'il fit avant la paix de Vervins ramenèrent des villes entières et quantité de noblesse à leur devoir.

Il fit, au plus fort de la ligue et au milieu de Paris, celui qui portait pour titre *l'Anti-Espagnol*, qui est une réponse à un manifeste de M. du Maine. Elle fit tant d'impression sur les esprits, que les chefs de la ligue, et ces factieux que l'on nommait les Seize, en furent si irrités qu'ils le firent chercher partout, et il lui en auroit sans doute coûté la vie, aussi bien qu'à M. le président Brisson, s'ils eussent pu le trouver; mais il se sauva déguisé en maçon et s'en alla à Tours, où une partie du parlement, demeurée fidèle au Roi, avoit établi son séjour. Ma mère suivit mon père, et me fit emporter avec elle que je n'avois encore que deux ans.

Il fit dans ce même temps deux autres écrits, dont l'un avoit pour titre *la Fleur de Lys*, et l'autre *la Délivrance de la Bretagne*, qui produisirent aussi de fort grands effets, en détrompant les peuples des fausses impressions que la ligue leur avoit données.

Il fit, depuis la paix de Vervins, l'écrit intitulé *Première Savoisienne*, contre Charles-Emmanuel, duc de Savoie, sur ce qu'il refusoit de rendre les places appartenantes à la France. Et lors de la majorité du roi Louis XIII, de glorieuse mémoire, il en fit un intitulé *Avis au Roi pour bien régner*, qui fut tellement estimé de tout le monde que les États-Généraux, pour lors assemblés à Paris, crurent se devoir servir de ses avis pour former une partie des demandes qu'ils firent au Roi, comme on le peut voir par un billet que M. le marquis de Sennecé, alors président de la noblesse, m'en écrivit.

Je crois devoir aussi remarquer que lors du siége d'Amiens, en l'année 1597, l'armée du Roi s'affoiblissoit d'infanterie; mon père, qui avoit pris une charge de conseiller de ville, parce qu'en de certaines occasions elle donne moyen à des personnes habiles de rendre de grands services, proposa, avec tant de force que son avis fut suivi, de faire aux dépens de la ville, sans que le Roi s'y attendît, un régiment de douze cents hommes, qui fût composé d'autant de piquiers que de mousquetaires afin qu'il parût davantage. M. le maréchal d'Estrées, que l'on nommoit alors le marquis de Cœuvres, fut choisi pour en être mestre de camp; et l'on tient que l'arrivée de ce régiment, qui étoit parfaitement beau, contribua à la reddition de la place. Le Roi en sut si bon gré à mon père, qu'étant de retour à Paris il l'envoya quérir, l'entretint fort long-temps sur des sujets importans, lui donna une pension de 400 écus, qui étoit beaucoup en ce temps-là, dont il a toujours été payé, et parloit toujours depuis de lui si avantageusement à la Reine sa femme qu'elle l'a souvent témoigné.

Lorsqu'en l'année 1600 M. le duc de Savoie, dont j'ai parlé, vint en France, le roi Henri-le-Grand voulut, pour lui faire une faveur extraordinaire, le mener en son parlement, comme dans le plus auguste sénat de l'Europe, et y faire plaider devant lui une belle cause. Il commanda à M. Robert et à mon père, qu'il choisit entre tous les autres, de s'y préparer.

Il vint ensuite dans le parlement, accompagné de M. de Savoie, et ils se mirent dans la lanterne qui est proche de la cheminée. Jamais presse ne fut plus grande dans la grand'chambre, excepté dans le parquet, d'où l'on fit sortir tout le monde; et j'y demeurai seul aux pieds de M. l'avocat général Marion, mon aïeul, n'ayant encore que onze ans. Cette célèbre cause que mon père gagna, est rapportée tout au long dans l'histoire de France de Mathieu. Je crois qu'on peut dire, sans flatterie, que nul autre de son temps n'a fait des actions publiques si éclatantes, ni fait paroître tant de force dans ce qu'on appelle déployer les maîtresses voiles de l'éloquence : j'en rapporterai ici quelques preuves.

M'étant rencontré au jubé de l'église de Saint-Paul auprès de M. Hurault, archevêque d'Aix, qui avoit été conseiller au parlement, et étoit extrêmement savant, un jour que M. de Cospean, évêque de Lizieux, prêchoit, et mon père étant en bas dans la nef de l'église, il me dit ensuite de cette prédication, qui avoit été très-belle : « Il faut avouer que voilà bien prê-
« cher; mais si M. votre père, que je vois
« là-bas, eût été à la place de M. d'Aire
« (c'est l'évêché qu'il avoit alors), il nous auroit
« tous enlevés et attirés dans sa chaire; car il
« me souvient qu'étant l'un des juges lorsqu'il
« plaida cette grande cause contre les jésuites (1),
« il nous émut tous de telle sorte que, sans sa-
« voir où nous étions, nous nous regardions les
« uns les autres avec impatience de prononcer
« ce célèbre arrêt, dont la mémoire ne mourra
« jamais dans notre histoire. » J'estime qu'il n'est pas mal à propos de remarquer, en suite des paroles de ce grand archevêque, que cette grande action de mon père a été la première cause de la haine mortelle et irréconciliable que les jésuites témoignent avoir pour notre famille.

Chacun sait que les présentations des officiers de la couronne, telles que sont celles des connétables, des amiraux, des ducs et pairs et des maréchaux de France, sont les plus grands efforts de l'éloquence, parce qu'elles sont de ce genre démonstratif et sublime qui ne doit rien avoir que d'élevé, d'illustre et de noble, et qu'ainsi pour y réussir elles doivent être des chefs-d'œuvre, comme le panégyrique de Trajan par Pline en est un, qui passe avec raison pour une merveille de l'antiquité. Or feu mon père a fait seul quatorze de ces actions extraordinaires, dont tout le reste du palais ensemble n'en a fait qu'onze ou douze. Et pour montrer de quelle manière il emportoit les esprits, je crois pouvoir dire une particularité arrivée dans celle de M. de La Trimouille, de qui Henri-le-Grand dit, après la bataille d'Ivry, qu'il avoit été ce jour-là plus vaillant que lui de la longueur de son cheval, ayant toujours combattu devant lui. Dans cette présentation mon père parlant de la bataille de Fornoue, gagnée par

(1) Voyez les Mémoires de Cayet, où se trouve l'analyse du plaidoyer d'Antoine Arnauld.

Charles VIII, en Italie, où M. de La Trimouille, si connu dans nos histoires, acquit tant d'honneur et de gloire, il toucha de telle sorte ses auditeurs, que M. le duc de Montpensier, prince du sang, qui étoit venu au parlement pour assister M. de La Trimouille en cette occasion, tira à demi son épée sans savoir ce qu'il faisoit, et dit, après l'action finie, à M. de La Trimouille : « Faites-moi, je vous prie, embrasser M. Arnauld ; il m'a enlevé de telle sorte « qu'il m'aura fait passer pour fou ; car, croyant « être au combat, et ne sachant ce que je faisois, « j'ai tiré à demi mon épée. »

Mais nulle autre action n'a jamais tant éclaté dans le parlement que cette grande cause qu'il plaida pour M. de Guise contre feu M. le prince, dont je puis parler avec certitude, comme y ayant toujours été présent. Il défendoit la garde royale, sur laquelle étoit fondé le droit de M. de Guise, contre la garde seigneuriale, sur laquelle étoit fondé le droit de M. le prince, nommées, toutes deux ordinairement, les gardes de Normandie. C'étoit au commencement de la régence de la reine Marie de Médicis, et cette cause dura sept audiences tout entières, dont mon père en tint lui seul plus de quatre. On y voyoit d'un côté M. le prince, et de l'autre madame la duchesse douairière de Guise, madame la princesse de Conti sa fille, madame la duchesse de Guise sa belle-fille, M. le duc de Guise, M. le duc de Chevreuse, M. le cardinal de Guise et M. le chevalier de Guise ses fils ; et, durant ce temps, l'entretien du Louvre et du cercle étoit de ce qui s'étoit passé le matin au parlement.

Lorsque M. de La Martelière qui plaidoit pour M. le prince voulut commencer à parler, mon père dit qu'il étoit nécessaire de donner un curateur à M. le prince parce qu'il n'étoit pas encore majeur. Cette demande surprit et fâcha extraordinairement M. le prince, derrière lequel je me rencontrai ce jour-là, parce qu'outre sa qualité de premier prince du sang il étoit encore chef du conseil. On alla aux opinions, et il fut ordonné qu'on lui donneroit un curateur. Quand la cause eut été plaidée, M. Servin, avocat général, qui parla après, conclut pour M. le prince ; et alors mon père dit que défendant comme il faisoit les droits du Roi, et M. l'avocat général ayant conclu au contraire, il demandoit la permission de répliquer. On alla aux opinions, et la réplique lui fut accordée. Il renversa ensuite tout le plaidoyer de M. Servin, et l'affaire ayant été appointée au conseil, il gagna en effet sa cause, parce que M. de Guise étoit en possession en vertu d'un arrêt provisionnel donné il y avoit long-temps.

M. le prince voulant depuis faire juger cette cause appointée, M. de Guise n'employa pour toute défense que le plaidoyer de mon père qu'il signa et fît imprimer ; et M. le prince l'ayant vu ne parla jamais plus de cette affaire. Rien n'a été plus recherché que ce plaidoyer, qui portoit pour titre : *les Gardes de Normandie* ; et, comme j'en avois plusieurs exemplaires, je ne pus en refuser à des personnes de qualité, principalement de Normandie, qui m'en demandèrent, et il m'en restoit quelques-uns dans mon cabinet à Pomponne, avec plusieurs autres pièces de feu mon père, et d'autres papiers qui furent dissipés par les soldats lors des guerres civiles de 1649 et 1652. M. Marion, mon aïeul maternel, qui mourut en l'année 1605, avoit fort pressé mon père de prendre sa charge d'avocat général, mais il ne s'y put résoudre, et comme on juge souvent des choses par les apparences, et qu'il y a peu de charges plus considérables que celle-là, je me crois obligé de justifier sa conduite par les raisons qui m'en sont connues, et que j'ai apprises de sa propre bouche.

Les seules pensions qu'il avoit de tant de princes, de princesses et de grands, dont il étoit chef du conseil, montoient plus que les gages et les appointemens attachés à la place d'avocat général, et ce qu'il avoit d'ailleurs étoit encore à beaucoup au-delà. Quand à l'honneur, la manière dont il vivoit ne lui en donnoit pas moins qu'auroit fait cette charge. Tous ces princes, ces princesses et ces grands ne tenoient jamais conseil que chez lui. Ceux qui étoient gouverneurs de province lui venoient dire adieu quand ils alloient dans leurs gouvernemens, et le venoient voir lorsqu'ils en revenoient. Les favoris en usoient de même, et j'en puis parler comme l'ayant vu diverses fois. Il me souvient qu'étant avec lui dans son cabinet à quatre heures du matin, j'y vis entrer le maréchal d'Ancre qui lui dit : « Vous ne m'attendiez pas à l'heure qu'il « est ? — Non, monsieur, lui répondit mon père ; « eh ! qui vous amène donc si matin ? — Rien « autre chose, lui repartit-il, que pour vous dire « adieu, parce que je m'en vais en Picardie. » Je les quittai, et appris depuis de mon père que M. le maréchal d'Ancre lui avoit dit quand je fus parti : « J'ai sujet de me plaindre de vous ; « j'oblige tant de personnes à qui je n'ai point « d'obligation, et je n'ai encore rien fait pour « vous à qui j'en ai tant, parce que vous ne dé- « sirez rien de moi. Dites-moi ce que vous voulez « que je fasse, et je le ferai avec joie. Voulez- « vous une place dans le conseil ? Voulez-vous « autre chose ? Que voulez-vous ? — Je ne désire, « monsieur, d'être que ce que je suis, lui repartit

« mon père, parce que je veux toujours me voir « en état de n'avoir à faire la cour à personne. »

Cette même raison lui fit refuser la place de premier président au parlement de Provence, à laquelle M. de Guise avoit passion de le porter, et étoit alors en pouvoir de le faire. Comme il avoit quitté de très-bonne heure le barreau, et ne plaidoit plus qu'en des occasions fort importantes, son grand plaisir étoit de faire des arbitrages pour mettre ainsi la paix dans les familles, et il y étoit presque toujours occupé; ce qui lui acquéroit tant d'amis, que quand il entreprit et vint à bout d'arracher d'entre les bras de M. Le Maître son gendre, maître des comptes, ses cinq fils qu'il vouloit mener à Charenton, après que pour s'assurer la protection de tout le parti huguenot, qui étoit alors fort puissant, il y étoit allé lui-même, il obtint en dix jours sept arrêts de la grand'chambre ou de la chambre de l'édit, ce qui ne s'est jamais vu. Et plusieurs des juges que j'allois solliciter avec lui, le remercioient de l'obligation qu'ils lui avoient, d'avoir, comme je viens de le dire, procuré le repos de leurs familles.

Je puis encore ajouter, pour sa justification de n'avoir point voulu être avocat général, qu'il vivoit si splendidement, et étoit si libéral, qu'ayant un aussi grand nombre d'enfans qu'il avoit, il n'auroit pu avec cette charge soutenir la dépense qu'il faisoit.

Je ne crois pas qu'il se soit jamais vu une plus forte et plus étroite amitié qu'étoit la mienne avec mon père. Il n'avoit point de secret pour moi, et je n'en avois point pour lui. Il me disoit toutes ses pensées, je lui disois toutes les miennes; et ma plus forte passion étoit de lui plaire : travaillant extrêmement comme je faisois, lorsqu'il me restoit quelques heures mon plus grand plaisir étoit de l'aller entretenir. Je le trouvois souvent qui tenoit conseil avec quelques-uns de ces grands ou de ces princes dont j'ai parlé; et ils n'avoient point désagréable la liberté qu'il prenoit de les supplier de lui pardonner s'il me parloit un peu. Il me menoit alors pour quelques momens dans son cabinet, et puis les revenoit trouver quand je m'en allois.

Les instructions qu'il me donnoit pour le réglement de ma vie et de ma conduite, et qui étoient toutes des maximes admirables pour me porter à la vertu, ont fait de telles impressions sur mon esprit, que, les ayant toujours présentes, je ne saurois trop reconnoître que si j'ai jamais fait quelque chose de bien, Dieu a voulu se servir de lui pour m'en inspirer le désir. Il mourut à l'âge de soixante ans, sur la fin de l'année 1619, avec une très-grande piété. Il fut tellement regretté, que l'on fut obligé, deux jours entiers, de lui laisser le visage découvert, parce que sa maison ne désemplissoit point de personnes de condition qui venoient lui donner de l'eau bénite, et le vouloient voir. J'en ai vu plusieurs prier Dieu long-temps au pied de son lit. Il est enterré à Saint-Mederic dans sa chapelle.

Je pense pouvoir dire sans flatterie, et sans que la passion pour la mémoire du meilleur père du monde, et que j'aimois si ardemment, doive rendre mon témoignage suspect, qu'encore que personne n'ait connu plus particulièrement que moi la plupart des grands personnages de notre siècle, je n'en ai pas vu un seul qui surpassât mon père en mérite et en vertu. Tout étoit grand dans cette ame, et je n'y ai jamais rien remarqué de bas et de foible. Il seroit inutile de parler de son esprit, toute la France l'a admiré. Mais que ne pourrois-je pas dire de sa solide piété, de la grandeur de son courage, de son extrême capacité dans les affaires d'Etat, de son parfait désintéressement, de son incroyable bonté, et, parmi tant d'excellentes qualités, de son humilité si sincère qu'il ne se prévenoit jamais, mais faisoit gloire de céder aux raisons des autres quand elles étoient bonnes; ce qui est l'une des choses du monde que j'ai remarqué être la plus rare! Ainsi je crois pouvoir dire, après des personnes très-capables d'en juger, et qui l'avoient très-particulièrement connu, que jamais homme n'eut tout ensemble en un plus haut degré toutes les parties nécessaires pour faire un grand chancelier de France. Sur quoi il me souvient que M. le maréchal de Bassompierre, au retour d'un voyage en Lorraine, durant lequel les sceaux avoient vaqué, me dit au Louvre : « On nous « avoit mandé que le Roi les avoit donnés à « M. votre père, mais j'y trouvois une difficulté, « c'est qu'il en est capable. »

Comme M. le cardinal du Perron avoit honoré la mémoire de M. l'avocat général Marion, mon aïeul, de cette épitaphe :

> Sous ce tombeau paré de mainte sorte
> D'honneurs muets gît l'éloquence morte;
> Car Marion, du sénat l'ornement,
> Et du barreau le miracle suprême,
> Ne fut le nom d'un homme seulement,
> Mais c'est le nom de l'éloquence même,

l'un des plus grands esprits de notre siècle (1) voulut aussi honorer la mémoire de mon père de cette autre épitaphe :

> Passant, du grand Arnauld respecte la mémoire.
> Ses vertus à sa race ont servi d'ornement,
> Sa plume à son pays, sa voix au parlement,
> Son esprit à son siècle, et ses faits à l'histoire.

(1) Antoine Le Maître, petit-fils et filleul d'Antoine Arnauld.

Ses discours aux héros dispensèrent la gloire,
Par lui la vérité triompha puissamment;
Des princes et des rois il fut l'étonnement,
Et les eut pour témoins d'une illustre victoire.

Contre un second Philippe (1), usurpateur des lys,
Le second Démosthène anima ses écrits,
Et contre Emmanuel (2) arma son éloquence.

Il crut basses pour lui les hautes dignités,
Et préféra le nom (3) d'Oracle de la France
A la vaine splendeur des titres empruntés.

M. Arnauld, *l'intendant, seigneur de Corbeville et de La Roche, troisième fils de M. de La Mothe-Arnauld, aïeul de M. d'Andilly.*

Le troisième des fils de mon aïeul paternel, nommé Isaac, qui m'a aimé comme son propre fils, et qui me tenoit lieu d'un second père, fut fait intendant des finances, en 1605, par le roi Henri-le-Grand, et par son seul choix. Comme personne ne l'a connu plus particulièrement que moi, je puis dire sans crainte que jamais homme n'eut tant ensemble plus de probité, de capacité, de désintéressement, de courage, de fermeté, de bonté, de douceur et de civilité. Rien n'est plus clair que son esprit, rien plus agréable que sa manière de parler et de s'expliquer; et dans l'incroyable quantité d'affaires qu'il rapportoit au conseil, où j'étois toujours présent, comme je le dirai dans la suite, je n'ai guère vu qu'elles ne passassent par son avis, tant il les rendoit intelligibles, et opinoit judicieusement, sans rien dire que de nécessaire. Aussi ce grand prince, qui l'avoit choisi par l'estime si particulière qu'il faisoit de son mérite, et la reine Marie de Médicis sa femme, qui avoit voulu qu'il fût de son conseil, avoient une si grande confiance en lui et l'honoroient d'une affection si particulière, que je crois en devoir rapporter ici des marques assez extraordinaires.

Un jour qu'il étoit à la campagne en sa maison de Corbeville, le Roi lui envoya commander de l'aller trouver à Monceaux. Lorsqu'il y fut arrivé, il lui dit en présence de toute la cour : « Pourquoi pensez-vous que je vous ai envoyé « quérir? — Je n'ai garde, Sire, de le savoir, lui « répondit-il. — Ce n'est, dit le Roi, que pour « vous entretenir; et ajouta tout haut : Je veux « bien que tout le monde sache que voilà l'un « des hommes de mon royaume que j'estime le « plus. » Sa Majesté lui parla ensuite fort longtemps; et il alla après saluer la Reine.

Comme la nuit s'approchoit, et qu'il prenoit

(1) Arnauld publia en 1692 deux philippiques contre Philippe II, roi d'Espagne.
(2) Il publia, en 1601, deux écrits intitulés *Savoisiennes*, contre Charles-Emmanuel, duc de Savoie.
(3) Il refusa la charge de secrétaire d'État, préférant rester procureur général.

congé d'elle pour se retirer, Sa Majesté lui demanda où il logeroit; il lui répondit qu'il iroit à Meaux, parce qu'il n'avoit point de logement à Monceaux. « Il ne sera pas besoin, lui dit-elle, « que vous alliez si loin. » Et en même temps elle appela madame la maréchale d'Ancre, qu'elle nommoit alors Léonora, et lui commanda de faire mettre des matelas dans son cabinet pour le coucher. Ayant donc ainsi passé la nuit, il se trouva le lendemain, à cinq heures du matin, au lever du Roi qui alloit courre le cerf. Sa Majesté, surprise de le voir si matin à cause qu'il lui avoit dit aussi qu'il alloit coucher à Meaux, lui dit : « Où avez-vous donc couché, que vous voilà « venu si matin? — Je n'oserois, Sire, vous le « dire, lui répondit-il, de peur que Votre Majesté « n'en soit jalouse. J'ai couché dans le cabinet de « la Reine. » Le Roi ne put s'empêcher d'en rire.

Voici une autre chose plus importante. Lorsque ce grand prince fut si malheureusement ravi à la France, il étoit dans la résolution de le faire surintendant des finances, et lui avoit dit ces mêmes mots : « Je vous donnerai 100,000 écus « en vous donnant cette charge, afin que vous « la puissiez soutenir, et je ne serai pas en cela « trop libéral, puisque vous m'épargnerez des « millions. » Comme jamais homme ne fut plus modeste, au lieu de se vanter d'une si grande faveur, il ne nous en parla, à M. de Feuquières son gendre et à moi, qu'un peu avant sa mort, cela étant venu à propos. Et je fus fort surpris lorsque M. de Chavigny me dit que ce grand prince, lors de sa mort, étoit résolu de lui donner cette charge. Je lui demandai d'où il le savoit; il me répondit qu'il ne pouvoit pas le mieux savoir, puisqu'il l'avoit entendu dire à la Reine-mère, c'est-à-dire à la reine Marie de Médicis.

Ce troisième de mes oncles paternels mourut le 14 octobre 1617, âgé de cinquante ans, d'une veine qui se rompit, et je ne l'ai jamais vu que triste depuis que la Reine-mère, à qui il avoit tant d'obligations, eut été reléguée à Blois.

Quatrième fils de M. de La Mothe-Arnauld, aïeul de M. d'Andilly.

Il se nommoit David, et étoit seigneur d'Estry et de Vitry, et contrôleur général des restes. Il étoit savant, éloquent, très-capable, bien fait; et je n'ai point connu d'homme qui eût plus de bon naturel, de probité et de cœur. Il eut de sa première femme un fils, conseiller au parlement de Metz, mort jeune, et une fille, morte religieuse à Port-Royal. Il n'eut point d'enfans de sa seconde femme, cousine germaine de M. le garde des sceaux Molé.

Cinquième fils de M. DE LA MOTHE-ARNAULD, *aïeul de M. d'Andilly.*

Le cinquième des huit fils de M. de La Mothe-Arnauld, mon aïeul, se nommoit Benjamin. Je ne l'ai jamais vu; mais j'ai entendu dire de lui à M. Marion, mon aïeul maternel, et à tous mes proches, des choses si extraordinaires et pour l'esprit et pour le corps, qu'ils n'en parloient qu'avec admiration. Il fut tué, en 1589, au siége de Gergeau, aux pieds et pour le service du roi Henri III.

Sixième fils de M. DE LA MOTHE-ARNAULD, *aïeul de M. d'Andilly.*

Le sixième des huit fils de M. de La Mothe-Arnauld, mon aïeul, nommé Claude, trésorier général de France à Paris, de qui je ne puis parler sans être touché de reconnoissance de l'incroyable affection qu'il avoit pour moi, étoit un homme tout extraordinaire et pour l'esprit et pour le cœur. Je n'ai vu personne dans toute la cour mieux fait que lui. Il avoit une capacité merveilleuse pour les affaires, étoit extrêmement adroit dans toutes sortes d'exercices, si laborieux qu'il se délassoit dans le travail; et quoiqu'il eût sous M. le duc de Sully le plus grand emploi que l'on puisse avoir dans les finances auprès d'un surintendant, et qu'il ne fît point profession des armes, il avoit tant d'inclination pour la guerre, qu'il commandoit une batterie au siége de Montmélian, et conduisit des gens à une attaque des plus périlleuses qui se soient faites en ce siége. Il mourut en 1602, n'étant âgé que de vingt-sept ans, lorsqu'il étoit sur le point d'être secrétaire d'État au lieu de M. de Fresne-Forget, qui, par l'estime et l'affection qu'il avoit pour lui, le préféroit à tous les autres pour cette charge, dont le roi Henri-le-Grand qui connoissoit son mérite témoignoit être très-aise qu'il traitât.

Septième fils de M. DE LA MOTHE-ARNAULD, *aïeul de M. d'Andilly.*

Le septième des huit fils de M. de La Mothe-Arnauld, mon aïeul, nommé Louis, secrétaire du Roi, contrôleur général des restes, et seigneur de Pontchevron, Montaudon et Châteaugaillard, étoit le seul de tant de frères qui n'avoit pas l'esprit fort élevé. C'étoit seulement un garçon de fort bon sens, très-officieux et très-bon ami, et qui avoit tant de probité qu'il n'a jamais profité que de ses taxations dans le maniement, durant plusieurs années, des grandes sommes employées pour les ponts et chaussées de France, qui est la plus belle commission que l'on ait vue de cette nature. Sur quoi je pense devoir rapporter une particularité qui en est la preuve.

Lorsqu'en l'année 1625 on fit une chambre de justice, on le taxa à quarante mille livres. J'en fus si touché que j'écrivis à M. le cardinal de Richelieu la lettre dont voici la copie, qui est imprimée dans un volume de mes lettres, page 62.

« Monseigneur, vous avez su par M. de Bou-
« thillier ce que la crainte de vous importuner
« m'empêcha jeudi au soir de vous dire; et main-
« tenant je prends la hardiesse de vous renou-
« veler ma très-humble supplication, afin qu'il
« vous plaise, par votre autorité, que mon oncle,
« en demeurant compris en la taxe de la cham-
« bre de justice, ne reçoive aucune injustice qui
« lui feroit plutôt choisir une prison que de souf-
« frir d'être traité de la sorte, après avoir vécu
« dans une telle probité, que si chacun lui res-
« sembloit le nom de malversation seroit encore
« inconnu dans les finances. Il me semble, mon-
« seigneur, que l'on se devroit contenter de ce
« qu'au lieu de s'enrichir avec le Roi, comme
« font tant d'autres, quatre de mes oncles ont
« perdu la vie et la plus grande partie de leur
« bien en le servant très-dignement, sans vouloir
« encore faire payer au seul qui reste de tant de
« frères une partie de ce qu'on offre pour une
« abolition à laquelle il renonce. J'avoue, mon-
« seigneur, que je ne serois pas assez sage pour
« supporter avec patience un traitement si in-
« juste en une chose qui feroit brèche à l'honneur
« du nom que je porte, et que j'ose dire être en
« quelque estime parmi ceux qui estiment la
« vertu. Ce qui vous oblige, monseigneur, à vous
« en rendre protecteur, et moi à tenir cette fa-
« veur pour la plus grande de celles qui me font
« être, etc. » Dès le lendemain, Son Éminence m'envoya un brevet de décharge de cette somme. Il fut le seul que l'on accorda.

M. ARNAULD, *mestre de camp général des carabins de France, mestre de camp du régiment de Champagne, et gouverneur du Fort-Louis.*

Le huitième et dernier des fils de M. de La Mothe-Arnauld, nommé Pierre, mestre de camp général des carabins de France, mestre de camp du régiment de Champagne, et gouverneur du Fort-Louis, a été si connu de tout le monde, que je rapporterai seulement de lui quelques particularités qui le feront encore mieux connoître.

Je crois pouvoir dire avec vérité qu'il ne s'est vu de long-temps un homme né avec une plus grande inclination ou une plus forte application, et une plus extraordinaire pénétration pour les choses de la guerre. Il en avoit tellement étudié toutes les parties, étoit si instruit, depuis les moindres jusqu'aux plus grandes, de toutes les fonctions qui en dépendent, et avoit inventé tant de nouveaux ordres également utiles et faciles à exécuter, qu'il n'y avoit rien dont toutes ces choses, jointes ensemble à une activité infatigable et une ambition démesurée, ne le rendissent capable.

Lorsqu'en l'année 1611 on crut que Genève alloit être assiégée, et que l'on y couroit de toutes parts, la ville ayant partagé en trois les grandes fortifications qu'elle entreprit pour sa défense, en donna un tiers à ce brave M. de Béthune, mestre de camp d'un régiment entretenu en Hollande, dont la réputation et le mérite étoient si grands; un autre à M. Arnauld; et j'ai oublié le nom du troisième.

Ce siège ne s'étant point fait, et n'y ayant point alors de guerre ailleurs, M. Arnauld l'alla chercher en Livonie, où Gustave-le-Grand, roi de Suède, eut pour lui une estime si particulière, que s'il eût voulu renoncer pour jamais à la France pour s'établir dans le Nord, il auroit pu y faire une très-grande fortune.

Après son retour en France, M. le marquis d'Effiat, depuis maréchal de France, et lui, firent ensemble l'une des troupes de ce célèbre carrousel fait dans la Place-Royale en 1612, en suite des mariages résolus entre la France et l'Espagne, et passèrent pour deux des plus adroits de ceux qui coururent la bague donnée par la reine Marie de Médicis, et que M. le marquis de Rouillac gagna après l'avoir disputée contre M. le duc de La Valette : ce que M. d'Epernon ne lui pardonna jamais.

M. Arnauld fut ensuite pourvu de la charge de mestre de camp général des carabins de France, qu'avoit M. d'Entragues de Gyé; et les guerres civiles étant venues, le maréchal d'Ancre (qui durant le voyage du feu Roi pour son mariage en 1615 et 1616 eut le commandement des troupes laissées aux environs de Paris, après que M. le maréchal de Bois-Dauphin s'en fut éloigné avec l'armée du Roi pour suivre celle des princes), l'ayant vu agir dans toutes les occasions qui s'en présentèrent, et particulièrement en celles des sièges de Clermont et de Soissons, conçut tant d'estime pour lui, qu'il lui avoit promis le commandement de six mille Liégeois, que l'on sait qu'il faisoit encore lever lorsqu'il fut tué en 1617.

Le feu Roi ayant, après la mort du maréchal d'Ancre, reçu en ses bonnes grâces les princes qui se trouvoient enfermés dans Soissons, la guerre cessa. Mais elle recommença en 1620, car la Reine sa mère, qui, depuis l'accommodement fait avec elle à Angoulême où M. d'Epernon l'avoit conduite après l'avoir enlevée de Blois, s'étoit retirée à Angers dont le gouvernement lui avoit été donné par ce traité, avec celui de quelques autres places de l'Anjou, forma l'un des plus grands partis qui se soient vus de notre temps, M. le duc du Maine, qui étoit l'un de tant de princes et de grands qui y entrèrent, ayant seul assemblé en Guienne, dont il étoit gouverneur, une armée de dix-neuf mille hommes, avec lesquels il seroit venu assez à temps pour empêcher la défaite du Pont-de-Cé, s'il ne se fût point amusé à pousser M. le maréchal de Thémines qu'il haïssoit.

Dans une telle surprise, le Roi, par le conseil de feu M. le prince, qui depuis sa sortie du bois de Vincennes, le 20 octobre 1619, ne s'est jamais détaché des intérêts de Sa Majesté, alla en Normandie, où M. de Longueville paroissoit être tout puissant. Sa Majesté assiégea et prit au mois de juillet le château de Caën. M. Arnauld y reçut une grande blessure qui l'empêcha de se trouver au combat du Pont-de-Cé, où sa compagnie se signala et prit M. le comte de Saint-Aignan. Cette compagnie étoit si belle, composée de soldats si choisis, et qui faisoient si admirablement l'exercice par une nouvelle manière que M. Arnauld avoit inventée, que le feu Roi, au retour du Béarn, vers la fin de la même année 1620, voulut que M. Arnauld, qui après être guéri de sa blessure s'étoit rendu auprès de Sa Majesté, lui fît faire l'exercice en sa présence. Il le fit auprès de Roquefort dans les landes de Bordeaux, et il ne se peut rien ajouter à la satisfaction que Sa Majesté et toute la cour en témoignèrent, et que je puis assurer comme l'ayant vu.

En l'année 1622 le Roi étant à Saintes, il agréa que M. Arnauld traitât avec M. le comte de Monrevert de la charge de mestre de camp du régiment de Champagne, dont plusieurs autres désiroient de traiter; et ce régiment étoit alors dans l'armée avec laquelle M. le comte de Soissons assiégeoit La Rochelle.

Il arriva, durant ce siège, qu'un vaisseau s'échoua de l'autre côté du canal. M. Arnauld supplia M. le comte de lui permettre de l'aller brûler; mais les officiers de l'artillerie prétendirent que cela regardoit leur charge. Ils en reçurent l'ordre, et le feu d'artifice qu'ils portèrent n'ayant pas bien réussi, leur dessein manqua. Un autre vaisseau s'échoua aussi, et M. Arnauld supplia encore M. le comte de lui permettre de l'aller brûler, et de lui en laisser la conduite. L'ayant obtenu, il prit quatre cents hommes de son régiment, traversa le canal dans la vase en basse marée, au même ordre que s'il eût été sur la terre ferme, et, après avoir fait mettre le feu à la paillasse de son lit qu'il avoit fait apporter, il la fit jeter dans le vaisseau, et dessus cette paille, lorsqu'elle fut tout enflammée, des feux d'artifice. Ainsi le vaisseau brûla entièrement à la vue des Rochelois. Et comme M. Arnauld ne pouvoit plus s'en revenir par où il étoit allé à cause du retour de la marée, il revint par terre, tambour battant, et se rendit dans le camp après avoir fait le tour de la ville dans un tel ordre que les Rochelois n'osèrent sortir pour l'attaquer.

Il prit un si grand soin de maintenir son régiment en bon état et de le tenir fort, que, lorsque la paix avec les huguenots se fit à Montpellier sur la fin de la même année 1622, les autres régimens de cette armée étant foibles, il se trouva encore de dix-sept cents hommes effectifs : ce qui obligea M. le comte en se retirant de devant La Rochelle de le laisser dans le Fort-Louis, qui n'étoit que commencé et presque tracé.

Rien ne paroissoit plus difficile que de continuer ce travail à l'entrée de l'hiver et de l'achever ensuite, malgré les Rochelois qui considéroient ce fort, avec raison, comme une citadelle qui, bien qu'éloignée, leur devoit être très-redoutable. Mais l'invincible constance de M. Arnauld, et la grande dépense qu'il fit en son particulier, outre l'argent du Roi, pour venir à bout de cette entreprise, surmontèrent tous les obstacles qui s'y opposoient. Il n'y avoit point de libéralités qu'il ne fît aux soldats, ni d'adresses dont il ne se servît pour les animer à ce travail, dont ils étoient d'abord entièrement découragés.

Entre plusieurs particularités que j'ai entendu rapporter sur ce sujet à des officiers de son régiment, et dont M. du Plessis-Besançon pourroit encore rendre témoignage, en voici une qui me paroît assez remarquable.

Comme c'étoient des soldats qu'il employoit à cet ouvrage, tant pour les maintenir dans le travail que pour leur en faire gagner l'argent, et à cause aussi qu'il auroit été assez difficile d'avoir assez de paysans dans un pays si opposé à ce dessein, ayant vu un valet de chambre d'un des capitaines, qui étoit un garçon bien fait et de bonne volonté, qui s'étoit mis à porter la hotte comme les soldats, quoiqu'il le connût il lui demanda qui il étoit. Ayant répondu qu'il étoit le valet de chambre d'un tel capitaine, il lui donna des coups de canne, en lui disant : « Quoi ! « vous êtes un valet de chambre, et vous êtes « assez hardi que de faire le métier des soldats, « c'est-à-dire celui des princes, puisque les sol-« dats ne font rien que les princes tiennent à honte « de faire ! » Cette action fit un tel bruit dans le régiment, et les soldats en furent si touchés, qu'il n'est pas croyable avec quelle ardeur elle fut cause qu'ils continuèrent à travailler. M. Arnauld fit donner secrètement quelques pistoles à ce valet de chambre, dont il étoit en son cœur fort satisfait ; mais il savoit qu'il n'y a rien que l'on ne doive faire pour augmenter le cœur des soldats, afin d'en pouvoir attendre des services extraordinaires.

Lorsque ce fort commençoit à être en bon état, M. Arnauld eut besoin de pieux pour le fortifier encore davantage, et il en fit venir quatre mille et quantité de bois. Les Rochelois arrêtèrent les barques qui les apportoient, et il ne l'eut pas plutôt su, qu'il détacha de son régiment plusieurs petits corps qui prirent jusque dans leurs portes un grand nombre de prisonniers, et continua à leur faire une si rude guerre, qu'ils députèrent en diligence vers le Roi pour le supplier de la faire cesser. M. d'Herbaut, secrétaire d'État, qui avoit La Rochelle en son département, me montra l'original de la lettre qu'ils écrivoient à Sa Majesté, qui portoit ces propres mots : Que M. Arnauld leur avoit fait plus de mal en trois jours, qu'ils n'en avoient souffert en tout le siége. Ainsi, après avoir payé si chèrement la joie qu'ils avoient eue d'avoir pris ces pieux et ce bois, ils se trouvèrent heureux de les lui rendre avec de grandes excuses.

Comme on ne pouvoit être plus instruit qu'il l'étoit des ordres et de la discipline des Romains, et qu'il s'étoit mis dans l'esprit de les observer à quelque prix que ce fût, il n'y eut rien qu'il ne fît à ce sujet. Mais pour adoucir par sa libéralité le travail des soldats, il ne se lassoit point de donner à ceux qui réussissoient le mieux dans tant de nouveaux exercices qu'il leur faisoit faire ; et M. de Châtelliers-Barlot, mestre de camp, m'a dit autrefois qu'il lui avoit vu dans un seul jour d'exercice faire porter un sac de trois cents écus qu'il fit distribuer tout entier. Mais ce n'étoit pas seulement par de l'argent qu'il gratifioit les soldats qui faisoient le mieux, c'étoit aussi par des présens de choses propres aux gens de guerre, comme des collets de buffle, des baudriers, des épées et autres choses semblables.

Il ne se contentoit pas de l'exercice ordinaire, il le leur faisoit faire souvent en portant, outre leurs armes et du pain de munition pour plusieurs jours, une hotte sur le dos, dans laquelle étoient un pic et une pelle pour se retrancher ; et chacun savoit tellement son rang, et qui étoient ceux qui les commandoient par files et par demi-files, et qui les précédoient et les suivoient, que, leur faisant quelquefois jeter leurs armes pêle-mêle, comme il arriveroit dans une déroute, ils reprenoient presque en un moment leur ordre et leur place.

Il leur faisoit même faire, sans parler et par de simples signes, tous les exercices; tellement que M. de Guise, père de M. de Guise le dernier mort, qui commandoit alors une armée navale, étant venu voir le Fort-Louis, et M. Arnauld étant allé au devant de lui avec une grande partie de son régiment, ce prince fut surpris de ce qu'un des siens lui ayant dit de se retourner lorsqu'il parloit à M. Arnauld, il vit ce régiment faire l'exercice sans que personne parlât.

Le feu Roi, que chacun sait avoir été l'un des princes du monde le plus savant dans les ordres de la guerre, avoit une telle estime pour ceux que M. Arnauld inventoit continuellement, qu'il commanda à M. de Pontis, le plus ancien officier d'armée qui soit aujourd'hui en France, qui est encore vivant, et qui me l'a dit, d'aller au Fort-Louis sous prétexte d'être bien aise d'y passer quelque temps, mais en effet pour remarquer très-exactement jusqu'aux moindres de tous les ordres qui s'y pratiquoient, et de le lui rapporter. M. de Pontis y demeura six mois, et au bout de ce temps alla retrouver le Roi, qui s'enferma avec lui pour voir le mémoire qu'il en avoit fait, témoigna d'en être extrêmement satisfait, le prit, et lui défendit d'en garder copie.

M. Arnauld ne se contenta pas d'avoir trouvé tant de nouveaux ordres; il crut que l'on pouvoit faire des armes pour l'infanterie beaucoup plus commodes que celles dont on se servoit, et m'en envoya les modèles pour les faire voir au Roi, et, s'il l'agréoit, le supplier d'en faire faire en Hollande du fonds des deniers revenant-bons du régiment. Je portai ces modèles au Roi dans son cabinet des armes, et Sa Majesté en fut si satisfaite, que non-seulement elle lui accorda ce qu'il désiroit, mais voulut que le régiment des Gardes en eût de semblables, et toute l'infanterie de France n'en a point aujourd'hui d'autres. En suite de cet agrément du Roi, M. Arnauld envoya en Hollande M. du Plessis-Besançon, l'un des officiers de son régiment, pour y faire faire ces nouvelles armes.

Comme il n'y avoit point de soin que M. Arnauld ne prît pour faire valoir auprès du Roi les services des officiers de son régiment, il ne pouvoit souffrir les passe-volans, parce que nul gain illégitime n'est plus préjudiciable au service. Deux des moyens dont il se servit pour l'empêcher, furent d'obtenir de Sa Majesté que les deniers revenant-bons seroient employés à des usages avantageux pour le régiment, et d'ordonner qu'en faisant la montre il y auroit de grands intervalles entre les compagnies, afin que les soldats ne pussent passer des unes dans les autres sans qu'il fût facile de s'en apercevoir. M. de La Condamine, l'un des capitaines de son régiment, contrevenant à cet ordre, il l'en reprit, et, refusant d'obéir, mit l'épée à la main contre lui. Leurs deux compagnies, les piques baissées, alloient en venir aux mains si les autres officiers du régiment ne l'eussent empêché. M. Arnauld écrivit au Roi et au duc d'Epernon, et m'envoya un courrier au siége de Montpellier, où Sa Majesté étoit attachée. Je présentai les deux lettres, et M. d'Epernon, près duquel j'étois très-bien alors, comme la suite le fera voir, en parla à Sa Majesté en la manière que je pouvois le souhaiter : ainsi elle cassa M. de La Condamine, et un si grand exemple fit l'effet que l'on peut imaginer. M. de La Condamine reconnut sa faute, et, ne pouvant avoir recours qu'à M. Arnauld pour éviter la perte de sa charge, il le pria, et le fit prier par tous les autres capitaines, de vouloir s'employer pour procurer son rétablissement. M. Arnauld m'en écrivit avec de grandes conjurations de faire tout ce que je pourrois pour tâcher d'obtenir cette grâce. Je commençai par en parler à M. d'Épernon. Il me dit que c'étoit demander l'une des choses du monde la plus difficile, que de rétablir ainsi un capitaine après l'avoir cassé, mais qu'il feroit pour l'amour de moi ce qu'il ne feroit pour nul autre. Et le Roi étant allé ce jour-là à Aigues-Mortes, il lui en parla durant son dîner, et j'entendis qu'à la fin de son discours il dit à Sa Majesté en élevant un peu sa voix : « Mais on ne peut, Sire, rien refuser à M. d'An-« dilly. » Sa Majesté eut la bonté de me dire ensuite qu'elle accordoit cette grâce à mon oncle. Ainsi je renvoyai le courrier avec l'ordre pour le rétablissement de M. de La Condamine; et il n'est pas croyable quelle autorité acquit à M. Arnauld, dans son régiment, ce crédit qu'il avoit eu d'obtenir presque en même temps deux grâces si différentes.

A quoi je dois ajouter une chose qui fit aussi une merveilleuse impression dans les esprits de tout le régiment, qui fut qu'incontinent après cette désobéissance de M. de La Condamine, et lorsque le premier courrier qu'il m'avoit envoyé n'étoit pas encore de retour, les Rochelois ayant fait une sortie, M. Arnauld commanda, pour aller à eux, qu'on lui fît venir la compagnie de La Condamine; sur quoi, étant pressé de prendre plutôt la sienne que non pas celle-là qui avoit eu la hardiesse de baisser les piques contre lui, il répondit qu'il la vouloit, et non pas la sienne ; et en allant aux ennemis : « Pourquoi « pensez-vous, lui dit-il, que je vous ai choisis « sur tout mon régiment dans cette occasion? « C'est pour vous donner moyen de me tuer dans « le combat, si vous en avez tant d'envie, sans « que l'on puisse attribuer ma mort qu'aux enne-« mis ; au lieu que si vous l'eussiez fait dans vo-« tre révolte, vous vous seriez couverts d'infa-« mie par le crime le plus honteux que des soldats « puissent commettre ; car peut-il y en avoir un « plus grand que de tourner les armes contre ce-« lui à qui l'on doit une entière obéissance? » A ces mots, toute cette compagnie mit le ventre à terre, lui demanda pardon de sa faute, et nulle autre n'a depuis témoigné plus d'affection pour lui.

Une si exacte discipline, et tant de nouveaux ordres inventés par M. Arnauld, attiroient de tous côtés au Fort-Louis de jeunes gentilshommes pour y apprendre leur métier ; et plusieurs officiers qui y alloient même par curiosité ne pouvoient assez admirer qu'il n'y eût presque point de soldats qui ne fussent capables de commander, tant cette continuelle et exacte discipline les instruisoit ; et l'on pouvoit dire avec vérité qu'entre une légion romaine et ce régiment il n'y avoit autre différence que le nombre d'hommes. Ainsi, comme il avoit été l'un des meilleurs du royaume, on l'a vu depuis se signaler en toutes rencontres dans la suite de nos longues guerres.

Chacun sait ce que disoit M. le connétable de Lesdiguières, qu'il falloit que La Rochelle prît le Fort-Louis, ou que le Fort-Louis prît La Rochelle ; et comme M. Arnauld avoit continuellement cette pensée dans l'esprit, il forma enfin le dessein de l'une des plus belles entreprises que l'on se sauroit imaginer.

Le port de La Rochelle étoit fermé par deux tours : l'une nommée la tour de la Chaîne, et l'autre la tour de Saint-Nicolas. Il y avoit un bastion qui portoit le même nom, sur lequel étoient quinze canons. Lorsque la mer se retiroit, on pouvoit aller dans la vase jusqu'au pied de cette tour de Saint-Nicolas, dont les fenêtres basses étoient grillées de barreaux de fer. M. Arnauld trouva le moyen de gagner celui qui y commandoit, convint avec lui d'une somme dont il commença par lui donner une partie du sien, envoya des sergens de son régiment à qui il se fioit le plus reconnoître toutes choses ; et la manière d'exécuter l'entreprise étoit que ce commandant limeroit les barreaux de cette fenêtre basse, et qu'à jour nommé, après que des sergens et des soldats choisis, au nombre de trente ou quarante, auroient, en basse marée, été introduits dans cette tour, M. Arnauld, ne laissant dans le fort que ce qui seroit nécessaire pour sa garde, suivroit avec le reste de son régiment, se rendroit par cette tour maître du bastion, s'y retrancheroit, tourneroit contre la ville la bouche de ses quinze canons, et avec le secours qui lui viendroit aussitôt de toutes parts, comme je le dirai dans la suite, obligeroit les Rochelois de se rendre la corde au cou, parce qu'étant ainsi maître de ce bastion il seroit déjà en effet dans la ville. La chose ainsi projetée et disposée, M. Arnauld en donna l'avis à M. de Puisieux, secrétaire d'Etat, qui étoit alors en plus grand crédit que nul autre auprès du Roi ; et Sa Majesté, connoissant l'importance de ce service, fit promettre par lui à M. Arnauld, s'il réussissoit, de le faire maréchal de France, et de lui donner, avec le gouvernement de La Rochelle, celui des îles d'Oleron et de Ré. En même temps elle envoya des ordres secrets aux gouverneurs des provinces voisines de s'assurer du plus grand nombre de noblesse qu'ils pourroient pour l'amener en personne à M. Arnauld sur le moindre avis qu'ils recevroient de lui ; et M. le maréchal de Schomberg le père, qui étoit alors retiré dans son gouvernement d'Angoulême, me dit depuis que, suivant cet ordre, il avoit huit cents gentilshommes tout prêts à mener à M. Arnauld.

Une si grande entreprise, qui auroit épargné à la France tant de sang et tant de dépense, étant sur le point de s'exécuter, M. de La Vieuville trouva moyen de gagner l'esprit du Roi, fit éloigner M. de Puisieux et M. le chancelier de Sillery son père, et ne se mit guère en peine de faire réussir un dessein auquel il n'avoit point eu de part. Ainsi l'affaire fut ruinée, et la douleur qu'en eut M. Arnauld étant telle qu'on peut se l'imaginer le pénétra si vivement, que, joignant à cela les fatigues incroyables qu'il avoit soufffertes dans le fort, dont l'air étoit extrêmement mauvais, et où il avoit passé deux étés sur un roc très-brûlant, et deux hivers sur le bord de la mer, sans autre logement que des huttes faites de planches, et sans qu'il se soit passé une seule nuit qu'il n'ait fait plusieurs rondes, il tomba malade et mourut le 14 septembre 1624. Il est enterré dans la grande église de Fontenay-le-Comte en Poitou.

Je ne ferai point ici son éloge, puisque ce peu que j'ai dit de lui suffit pour faire connoître combien grande étoit sa capacité, particulièrement dans les choses de la guerre ; mais comme je n'écris ceci que pour ma famille, je ne craindrai point de rapporter sur ce sujet une chose assez remarquable.

M. de Comminges-Guitaut, père de M. de Comminges d'aujourd'hui, mort capitaine du régiment des Gardes d'une blessure qu'il reçut en Piémont, et auparavant capitaine au régiment de Champagne, qui étoit l'un des hommes du monde le mieux fait, très-brave, et qui avoit beaucoup d'esprit, me dit un jour ces propres paroles en parlant de M. Arnauld : « Quel homme c'étoit que M. votre oncle ! Il ne se pouvoit « rien ajouter à la civilité avec laquelle il vivoit « avec tout ce que nous étions d'officiers de son « régiment, ni à sa gravité quand il la gardoit « quelquefois. Il me souvient qu'un jour qu'il « étoit assis, et que nous étions près de cinquante « officiers debout devant lui, il nous dit sur un « sujet qui vint à propos, et nous le dit avec la « même audace qu'auroit fait César : Je veux « bien que vous sachiez tous que si j'avois une « armée de vingt mille hommes bien payés et « vingt canons, et que Dieu ne s'opposât point « à mes desseins, il n'y auroit rien sous le ciel « qui me fût impossible. » Et M. de Comminges après m'avoir dit cela, ajouta ces mots : *Et il disoit vrai.*

Comme il mourut en 1624, et que M. le cardinal de Richelieu entra en cette même année dans la place de premier ministre, je puis hardiment assurer, connoissant aussi particulièrement Son Eminence que je l'ai connue, qu'il n'y avoit point de fortune à laquelle mon oncle n'eût pu prétendre sous son administration, parce qu'il ne lui manquoit aucune des qualités qui le lui pouvoient rendre agréable et considérable. Il ne faut point de meilleure preuve de l'élévation où il auroit pu arriver, que de voir quelle a été la fortune de M. de Toiras pour s'être trouvé revêtu de sa dépouille, puisque, sans faire tort à sa mémoire, on peut dire hardiment que, quelque mérite qu'il eût, il y avoit une grande différence entre l'esprit et la capacité de l'un et de l'autre, et que le gouvernement du Fort-Louis dont M. Arnauld avoit fait une partie à ses dépens, la charge de mestre de camp du régiment de Champagne que le Roi donna à M. de Toiras sans qu'il lui en coûtât rien, et la force et l'admirable discipline de ce régiment, lui acquirent la considération qui l'éleva à la charge de maréchal de France. Je parlerai dans la suite de ce que je pris la liberté de dire au feu Roi sur ce sujet. Et pour finir ce qui regarde ce dernier de mes oncles, de la vie et de la mort duquel j'ai dit le plus brièvement que j'ai pu ce que je viens de rapporter, le père Joseph, capucin, qui a été en si grand crédit, et qui savoit aussi bien que nul autre quel étoit son mérite et jusqu'où il le pouvoit porter, fit pour lui cette épitaphe :

Spargite humum gladiis, deducite turribus arma,
O socii, Arnaldus fieri sibi talia mandat;
Et tumulum facite, et tumulo superaddite carmen.
Ille Arnaldus ego Romæ qui castra severa
Invictæ erexi tumulo, tumuloque recondo.
Me romana fides, victâ morte, intulit astris.
Magnus dùm vixi, moriens Rupella triumphus
Est mihi; et ipsa meo seu vivat funere gaudens.

Après avoir parlé des huit fils de M. de La Mothe-Arnauld mon aïeul, il faut parler des enfans des quatre d'entre eux qui ont été mariés.

M. de La Mothe-Arnauld qui étoit l'aîné ne laissa qu'une fille.

Mon père qui étoit le second laissa en mourant dix enfans, restans de vingt que Dieu lui avoit donnés, dont mon frère le docteur est le dernier et moi le premier.

Entre ces dix qui lui survécurent il y avoit six filles, qui ont été toutes religieuses à Port-Royal; car ma sœur Le Maître qui étoit l'aînée, et mère de M. Le Maître et de M. de Saci, dont le mérite est trop connu et la réputation trop grande pour avoir besoin que j'en parle ici très-particulièrement, prit l'habit dans cette sainte maison aussitôt qu'elle fut veuve; et ma mère qui avoit vécu toute sa vie dans une très-grande piété, ayant fait la même chose après elle, et mes six filles ayant aussi été religieuses dans ce même monastère, elle eut cette consolation si rare qu'elle est peut-être sans exemple, de mourir au milieu de douze de ses filles ou petites-filles, toutes religieuses comme elle.

Quant aux quatre fils que mon père laissa, dont, comme je l'ai dit, j'étois l'aîné, il seroit inutile de m'étendre beaucoup sur le sujet du second, qui est évêque d'Angers, et de parler du troisième qui est docteur de Sorbonne, parce qu'ils sont assez connus par eux-mêmes. Ainsi je rapporterai seulement quelque chose de M. d'Angers avant qu'il fût évêque, après avoir dit que le quatrième, qui étoit lieutenant de la mestre de camp des carabins, très-bien fait, et qui avoit beaucoup d'esprit et de cœur, fut tué auprès de Verdun dans un combat où le désir de venger sa mort coûta cher aux ennemis, tant il étoit aimé de ceux qui le connoissoient; et mon fils aîné fut un de ceux qui s'acquitta le mieux de ce devoir.

M. L'ÉVÊQUE D'ANGERS, *frère de M. d'Andilly.*

Je viens donc maintenant à M. d'Angers. Comme il avoit déjà fait plusieurs grandes actions publiques dans le parlement lorsque mon père mourut, tous les princes et les grands dont mon père étoit chef du conseil, lui envoyèrent des brevets des mêmes pensions qu'ils donnoient à mon père. Mais, parce qu'il étoit résolu d'embrasser la profession ecclésiastique, je les leur rapportai tous. Il fit ensuite un long voyage à Rome, par l'occasion que je vais dire.

M. le cardinal Bentivoglio, qui m'honoroit d'une affection très-particulière, étant sur le point de partir après avoir reçu le chapeau dans sa nonciature de France, j'allai pour prendre congé de lui, et il me vint à l'esprit d'y mener mon frère, dans la pensée que s'il lui venoit envie de faire quelque jour le voyage d'Italie, il lui seroit avantageux d'être connu d'un cardinal d'une si grande naissance et d'un tel mérite. Son Éminence ne l'eut pas plutôt vu, qu'elle nous témoigna désirer de l'emmener avec elle; l'assura qu'elle ne mettroit point de différence entre lui et ses neveux qui l'accompagnoient à son retour, et, s'étant fait apporter le plan de son palais, lui dit avec cette civilité que je n'ai jamais vue plus grande en un autre, ni qui sentit plus son grand seigneur, de choisir dans ce palais tel appartement qu'il voudroit. Cette proposition nous surprit, parce que mon frère ne pensoit alors à rien moins qu'à faire ce voyage; mais Son Éminence nous pressa de telle sorte, qu'il nous fut impossible de nous défendre d'accepter cette faveur. Ainsi mon frère partit avec elle; et ce grand cardinal fit bien voir qu'il n'y avoit point de différence entre les effets et les promesses; car mon frère ayant demeuré cinq ans à Rome dans son palais, il le traita toujours comme s'il eût eu l'honneur d'être son neveu. Après le retour de mon frère en France, il ne s'est passé aucun ordinaire qu'il ne lui ait écrit; et depuis sa mort M. l'abbé Bentivoglio, l'un de ses neveux, que je crois être encore vivant, me parlant de l'affection qu'il avoit pour lui, me dit ces propres paroles : « Si mon oncle eût été pape, comme « chacun sait qu'il l'auroit pu être, nous nous se- « rions trouvés obligés de faire la cour à M. votre « frère, parce qu'il l'aimoit de telle sorte qu'il au- « roit pu passer pour le cardinal neveu. »

Durant ce séjour de mon frère à Rome une une chose le fit extrêmement connoître : ce fut que s'y étant rencontré dans le temps de cette grande guerre contre les huguenots, durant toute laquelle j'étois à la cour et à l'armée auprès de M. de Schomberg, je ne manquois point de lui écrire au vrai tout ce qui s'y passoit. Ainsi, comme il étoit beaucoup mieux averti du particulier que M. l'ambassadeur, et que l'on ne fut jamais plus curieux à Rome de nouvelles que dans cette guerre qui regardoit la religion, le Pape et les cardinaux avoient impatience de voir mes lettres, où je ne mettois point d'autres affaires afin qu'il les pût montrer, mais lui écrivois à part sur d'autres sujets.

Pendant ce même séjour à Rome, le Roi me donna pour lui, lors du siége de Montpellier, l'abbaye de Saint-Nicolas d'Angers, vacante par le décès de M. l'abbé Ruccelay; et Sa Majesté vouloit lui donner aussi la charge d'auditeur de rote, qui l'auroit apparemment porté au cardinalat; mais il ne put se résoudre d'abandonner pour jamais son pays et ses proches, pour qui, étant comme il est du meilleur naturel du monde, il a une tendresse extraordinaire.

Depuis son retour en France on lui donna, sans qu'il y pensât, une chanoinie à Toul, et ensuite un archidiaconé dans la même église. Il y fut résider durant quelque temps, et acquit une telle estime et une telle affection de tout ce chapitre, que le doyen étant mort en son absence, il fut d'une commune voix élu doyen; et quelques années après, l'évêque, qui étoit le frère de M. le comte de Marcheville, étant mort en 1637, ce même chapitre, qui prétendoit avoir droit de nommer un évêque, l'élut aussitôt tout d'une voix pour remplir cette dignité; et dans le même temps le Roi lui donna ce même évêché. Mais sur les contestations arrivées entre le Pape et Sa Majesté touchant le droit d'y pourvoir, il ne voulut point en prendre le nom, ni aucune part en cette affaire.

En 1644, on voulut lui donner la charge de visiteur général en Catalogne, dont l'autorité est fort grande, mais il ne l'accepta pas; et M. le cardinal Mazarin en fut assez mal satisfait. Il la fit donner à son refus à M. de Marca, depuis archevêque de Toulouse, et ensuite de Paris.

Le Roi ayant entrepris de remettre bien la maison Barberine avec le pape Innocent X, à quoi il se rencontroit de grandes difficultés, et jugeant que M. l'abbé de Saint-Nicolas, à cause de la grande connoissance qu'il avoit de la cour de Rome où il n'y avoit point alors d'ambassadeur, et de l'estime qu'il s'y étoit acquise, le serviroit utilement, Sa Majesté le fit venir d'Angers pour l'honorer d'une commission si importante. Il partit sur la fin de 1645, et mon fils aîné, qui quelque temps auparavant avoit embrassé la profession ecclésiastique, le suivit en ce voyage, et ne l'a point quitté depuis.

Il eut ordre de passer à Parme pour traiter de quelques affaires secrètes avec ce duc. Il alla de là à Modène porter le brevet de la protection de France à M. le cardinal d'Est; et, dans quelques conférences qu'il eut l'honneur d'avoir avec M. le duc de Modène, son frère, on peut dire qu'il jeta les premiers fondemens de son engagement avec la France. Il fut ensuite trouver M. le grand-duc à Livourne, selon les ordres qu'il en avoit, et de là se rendit à Rome.

La première occasion qu'il eut d'y faire paroître sa prudence et sa vigueur fut dans cette seconde affaire de l'amirante de Castille (1), qui mit Rome dans la frayeur d'être saccagée.

Il négocia ensuite avec tant d'adresse le rétablissement de la maison Barberine, et se conduisit de telle sorte dans tous les divers succès avantageux ou désavantageux qui arrivèrent touchant Orbitelle, Portolongone, Piombino et autres rencontres, que le pape Innocent X, dont chacun sait quelle étoit la capacité dans les affaires politiques, lui donnoit en toutes occasions de grandes louanges ; et j'ai su de ceux qui l'ont vu, que même les cardinaux espagnols, durant le plus fort de cette guerre, ne témoignoient pas moins d'estime pour lui que ceux qui avoient embrassé le parti de la France. Ayant reçu un ordre de se rendre à Florence en même temps que l'armée du Roi, commandée par M. le maréchal de La Meilleraye et M. le comte du Plessis-Praslin, depuis maréchal de France, arriveroit à Portolongone, il demeura toujours durant le siége auprès de M. le grand-duc, et ménagea si bien son esprit qu'il ne servit pas peu à la prise de cette importante place.

Il eut une fort grande part à ce qui se fit pour tâcher à profiter, pour le service du Roi, de ce célèbre soulèvement de Naples, dont les députés du peuple s'adressoient à lui, n'y ayant point encore à Rome d'ambassadeur de France. Et peut-être que si les ordres du Roi lui eussent été rendus, par lesquels il lui mandoit de passer à Naples auprès de M. le duc de Guise, qui y étoit alors le chef de cette république naissante, il auroit pu par ses conseils, et par la créance que ce prince avoit en lui, détourner le malheur qui lui arriva quelque temps après, et qui fit perdre à la France l'avantage que ce lui auroit été de faire perdre ce royaume à l'Espagne. Le Roi agréa tellement ses services, qu'il ne se peut rien ajouter à la satisfaction que Sa Majesté lui en témoigna par les lettres dont il lui plut de l'honorer.

Après que le Roi fut sorti de Paris, dans cette journée trop remarquable du 6 janvier 1649, M. l'abbé de Saint-Nicolas vint me trouver à Port-Royal des Champs où, durant qu'il attendoit une occasion pour se retirer à Angers, M. de Rueil, évêque d'Angers, étant mort, le Roi lui fit l'honneur de lui envoyer de Saint-Germain le brevet de nomination à cet évêché. Et c'est ici, comme je l'ai dit, que je crois devoir cesser de parler de ce qui le regarde, la manière dont Dieu lui fait la grâce de se conduire dans cette charge,

(1) Voyez, à ce sujet, les Mémoires de l'abbé Arnauld, année 1646.

dont le poids est si terrible pour ceux qui en connoissent les obligations, étant sue de tout le monde.

M. Arnauld l'intendant laissa deux fils et trois filles qui furent toutes mariées : l'aînée à M. de Pray (François Mariet, écuyer, seigneur de Pray en Vendômois), tué à Philisbourg ; la troisième à M. d'Heucour, gentilhomme des plus qualifiés en Picardie ; et la seconde à M. le marquis de Feuquières (1), gouverneur des ville et citadelle de Verdun, et lieutenant général dans les évêchés de Metz, Toul et Verdun, sur le sujet duquel il seroit inutile de m'étendre beaucoup, puisque l'on sait assez quels ont été son mérite, ses grands emplois et ses signalés services, et qu'il a laissé des fils dignes de lui, qui peuvent rendre l'honneur qui est dû à sa mémoire. J'en dirai seulement quelques particularités dans la suite, parce que je ne saurois ne point rapporter dans ces Mémoires des choses qui m'y engageront nécessairement ; et je me contenterai de dire ici qu'il témoigna tant de cœur et tant de conduite dans la bataille de Thionville, qu'il assiégeoit avec l'armée du Roi dont il étoit général, que sans une terreur panique qui prit à la plupart de ses troupes il l'auroit sans doute gagnée, et que, quelque abandonné qu'il fût, il opiniâtra tellement le combat qu'il ne cessa que lorsqu'il fut pris, après avoir eu le bras cassé de deux coups de mousquet. Mon fils aîné, qui ne l'abandonna jamais dans cette malheureuse journée, lui porta assez long-temps son bras cassé, jusqu'à ce que son chirurgien étant arrivé il lui quittât la place ; et rien ne l'empêcha d'être pris avec lui que le commandement qu'il lui fit d'aller voir en quel état étoit son pont de bateaux, que les ennemis avoient attaqué de l'autre côté de la rivière, pendant l'exécution duquel ordre M. de Feuquières fut pris. Le feu Roi fut si satisfait de lui, que ne se contentant pas de donner pour sa rançon 30,000 risdales et la liberté à M. le baron d'Eghenfort, prisonnier de guerre au bois de Vincennes, et l'un des meilleurs chefs qu'eût l'Empereur, il avoit résolu de l'honorer en même temps du commandement d'une autre armée, de la charge de maréchal de France et de celle de gouverneur de M. le Dauphin ; mais lorsqu'il étoit près de sortir de prison, et que le baron d'Eghenfort étoit déjà sorti du bois de Vincennes et logé chez moi, il mourut de ses blessures qui se rouvrirent, et l'on a cru qu'il avoit été empoisonné dans une truite qu'on lui servit.

Des deux fils que M. Arnauld l'intendant laissa, le plus jeune, qui étoit un garçon très-bien fait et très-courageux, et qui promettoit beaucoup,

(2) Manassès du Pas, marquis de Feuquières.

étant allé servir en Hollande, et s'étant jeté dans Berg-op-Zoom assiégé par les Espagnols, il y fut tué et extrêmement regretté.

M. ARNAULD, *mestre de camp général des carabins de France, lieutenant général des armées du Roi, et gouverneur du château de Dijon, de Saint-Jean-de-Losne et de Verdun-sur-Saône.*

Quant à l'aîné (1), qui étoit mestre de camp général des carabins de France, maréchal de camp et depuis lieutenant général des armées du Roi, il s'est trouvé à tant de siéges, de batailles et de combats, et a donné dans toutes ces occasions tant de preuves de son courage et de sa grande capacité dans la guerre, qu'il faudroit écrire une partie de l'histoire de ces derniers temps pour parler de tous les services qu'il a rendus. Il suffit, pour être persuadé de son mérite, de savoir l'estime particulière qu'avoit de lui M. le prince, sous lequel il a si long-temps servi en Allemagne, en Flandre et en Catalogne. C'est pourquoi je me contenterai de couvrir de confusion les auteurs de cette calomnie par laquelle on a voulu ternir sa réputation, en l'accusant très-faussement de n'avoir pas bien défendu Philisbourg dont il étoit gouverneur. Personne n'en peut parler avec plus de certitude que moi, puisque étant alors intendant de l'armée du Roi en Allemagne, qui n'en étoit éloignée que de vingt heures de chemin, et ayant vu de mes propres yeux l'état où étoit cette place, nul autre ne sait mieux la vérité de tout ce qui s'est passé sur ce sujet. Elle est très-particulièrement contenue dans une relation imprimée dont j'ai divers exemplaires que l'on pourra voir. J'en rapporterai ici en abrégé les principales choses.

Les Suédois s'étant rendus maîtres de Philisbourg au commencement de 1634, et l'électeur de Trèves, à qui cette place appartenoit, ayant fait de grandes instances au Roy pour la retirer d'entre leurs mains, M. de Feuquières, alors ambassadeur extraordinaire pour Sa Majesté en Allemagne, en fit le traité, dont l'une des conditions fut que sa garnison seroit composée de dix compagnies de cent hommes chacune, six de Français et quatre d'Allemands, toutes commandées par le gouverneur que le Roi y mettroit.

Le Roi ayant donné ensuite ce gouvernement à M. Arnauld, il en prit possession au mois d'octobre de la même année 1634; et je puis dire, comme l'ayant vu, qu'il ne se peut rien ajouter à la diligence dont il usa pour la munir de toutes choses, et à l'ordre qu'il apporta pour régler tellement les gardes et tout ce qui regardoit la conservation de la place, qu'il ne pouvoit être surpris. La peste se mit aussitôt si violente dans cette garnison qu'il mouroit dix ou douze soldats par jour; en sorte que de mille hommes dont elle étoit composée, il n'en restoit que quatre cents lorsque la place fut prise: sur quoi tout ce que M. Arnauld put faire fut d'envoyer de tous côtés aux recrues qu'il falloit faire jusques en Bourgogne, d'où l'on ne put amener en cinq semaines que soixante hommes, parce qu'outre les grandes levées qui s'étoient faites, la peste et les soldats qui quittoient avoient décrié la garnison.

A ces ravages que faisoit la maladie s'ajouta l'incommodité des glaces, qui commencèrent cette année dès le 5 novembre, et continuèrent tout l'hiver à être si extraordinaires que le Rhin gela trois fois, ce qui ne s'étoit jamais vu.

M. Arnauld se voyant en même temps environné de troupes impériales, et que l'armée du Roi, commandée par les maréchaux de La Force et de Brezé, s'étoit éloignée de Philisbourg de vingt heures de chemin, pour aller dans le Darmstadt afin de pouvoir subsister, il envoya y demander du secours. Mais, quelques instances que je fisse sur cela à M. de La Force, il envoya si tard cinq compagnies tirées des régimens de Bellenave et de Rebez, qu'elles n'arrivèrent qu'après la ruine de la place.

Pour faire connoître de quelle conséquence sont les glaces à Philisbourg, il est nécessaire d'en décrire la situation. C'est une place de sept grands bastions royaux, fort bas, non revêtus, et dont le talus est si grand à cause de la terre sablonneuse, que l'on y monte aisément partout, comme je l'ai vu. Il n'y avoit point du tout de fraises ni aucune palissade que quelques méchans pieux de sapin, et il avoit été impossible d'y en faire, pour les raisons contenues en la relation dans laquelle il est répondu très-particulièrement et selon la vérité à toutes les objections que l'on pourroit faire. Le fossé est plein d'eau jusqu'au rez-de-chaussée; et comme il n'y avoit ni contrescarpe ni dehors qu'une petite demi-lune devant l'une des portes, c'étoit en ce seul fossé que consistoit toute la force de la place; mais les glaces l'avoient rendu alors aussi mauvais qu'il est bon quand il ne gèle pas. Ainsi tout ce que M. Arnauld pouvoit faire et qu'il faisoit, étoit de fortifier ses gardes autant que la foiblesse de la garnison le permettoit, et de faire perpétuellement couper les glaces des fossés de vingt-cinq pieds de large, ce qui étoit d'un travail excessif, parce que le fossé ayant deux mille quatre cents toises de tour, il en falloit

(1) Isaac Arnauld.

couper, comme on a fait tous les jours, plus de dix milles toises.

La gelée augmentant toujours, le général Gallas commanda le baron de Fernamond, sergent-major de bataille de l'armée impériale, et le colonel Bamberg, qui avoit été vingt-quatre ans gouverneur de Philisbourg, avec six mille hommes choisis sur toutes ces troupes. Après avoir marché une nuit et un jour, ils arrivèrent, la nuit du 23 au 24 janvier 1635, à un quart de lieue de la place où ils firent halte; et à la faveur de la nuit qui étoit fort obscure, le colonel Bamberg s'avança pour remarquer les postes gardés par les Allemands; ce qui lui étoit facile à cause de la différence du langage des sentinelles qui arrêtoient les rondes. Les ennemis partagèrent ensuite leurs troupes en autant de corps qu'il y avoit de bastions, et avec quantité de ponts de trente-cinq à quarante pieds de long, faits avec des échelles et des ais attachés ensemble, qu'ils avoient apportés sur des chariots et qu'ils posèrent sur la glace coupée, ils attaquèrent tous les bastions à la fois, et principalement les deux qui se trouvoient cette nuit-là gardés par les Allemands; ce qui ne se pouvoit éviter, parce que, comme il a été dit, il n'y avoit point de dehors pour empêcher de venir sur le fossé. Toutefois, l'alarme ayant été donnée par les gardes avancées aussitôt que les ennemis parurent, toute la garnison fut incontinent sous les armes, et, chacun se rendant à son poste, le combat commença en même temps de tous les côtés. M. Arnauld, qui s'étoit toujours douté de l'infidélité de ces Allemands, envoya à l'instant M. de Pray, son beau-frère et son lieutenant au gouvernement, à l'un des deux bastions qu'ils gardoient, et ils le tuèrent aussitôt qu'il approcha. Lui cependant, s'en allant à l'autre bastion, trouva les ennemis qui montoient déjà à l'aide de ces Allemands de sa garnison, qui tuèrent aussi M. d'Idoine, l'un de ses parens; sur quoi les ayant chargés, les uns et les autres se jetèrent en bas. Ainsi il demeura maître du bastion, y laissa ce qu'il put de soldats commandés par un sergent de sa compagnie, tous les autres officiers de sa garnison étant occupés ailleurs, et s'en alla donner ordre aux autres postes, où les Français avoient déjà repoussé les ennemis. Mais enfin, après plus de trois heures de combat, environ mille d'entre eux étant montés sur le bastion où M. de Pray avoit été tué, et n'y ayant pas dans la place de quoi faire un gros de trente hommes pour les en chasser, ils se séparèrent en deux bataillons, et firent le tour du rempart à droite et à gauche, assurés de la foiblesse de la garnison; ce qui donna moyen au reste des ennemis de monter en même temps sur tous les autres bastions, où les Français se défendoient courageusement avec ce peu d'hommes, n'ayant pas de quoi border le parapet de quinze pieds en quinze pieds, bien loin d'avoir quelque corps de réserve, sans quoi il est impossible de défendre une place, principalement celles de terre.

Les ennemis, maîtres du rempart, marchèrent aussitôt vers la place d'armes pour empêcher le ralliement, ce qui ne leur fut pas difficile, parce que les Français se voyant attaqués de tous côtés, et la plupart ayant été tués ou blessés sur le rempart, le reste fut contraint de se retirer dans le palais de l'électeur de Trèves, où, bien que ce soit une maison hors de toute défense, M. Arnauld refusa par trois fois de se rendre à discrétion, quoiqu'il ne pût plus du tout tenir et qu'il fût blessé de deux mousquetades. Mais enfin se voyant sur le point d'être forcé, et le feu étant déjà à la porte du palais, il accepta l'offre que les ennemis lui firent, et à ceux qui étoient avec lui, de les envoyer à l'armée du Roi avec leurs armes.

Cette parole, quoique donnée par les principaux chefs de l'entreprise, ne fut pas tenue par le général Gallas. Il soutint que la place de Philisbourg n'étoit pas un lieu capable d'y faire aucun traité, et envoya M. Arnauld prisonnier à Eslingen, avec ce qui restoit des officiers français de la garnison et quelque cent cinquante soldats, dont la plus grande partie moururent de leurs blessures.

Environ trois mois après, bien que M. Arnauld fût assez étroitement gardé, il se sauva de prison, revint en France, et, aussitôt qu'il fut arrivé à Paris, il supplia le Roi de lui faire donner des commissaires, et de lui permettre d'entrer dans la Bastille pour se justifier et répondre sur sa tête de son action. Sa Majesté le lui ayant accordé, il n'y demeura que peu de jours, et ces ministres ayant été pleinement informés de ce qui s'étoit passé, il en sortit après avoir fait voir qu'il n'avoit manqué à rien de tout ce qu'on pouvoit attendre d'un homme de cœur et d'un très-homme de bien. Il rentra aussitôt dans l'emploi, et n'ayant jamais discontinué jusqu'à sa mort, il servit depuis presque toujours sous M. le prince dans les charges de maréchal de camp et de lieutenant général.

Voilà au vrai de quelle sorte s'est passée l'affaire de Philisbourg, et je n'ai pu m'empêcher de la rapporter si particulièrement, par l'indignation que j'ai de savoir que tant de gens qui étoient à la cour et dans Paris bien à leur aise, pendant que M. Arnauld, au milieu de la peste, ne dormoit ni jour ni nuit pour veiller à la sûreté de la place, et avoit fait tout ce qui se peut au monde de plus courageux pour la défendre, le blâmoient aussi hardiment que s'il eût été comme eux bien endormi dans son lit. A quoi je crois devoir ajouter que je sus aussitôt après d'un tambour sorti de la place, qu'il renversa d'un coup d'épée et fit tomber en bas du fossé le premier des Allemands qui vouloit monter sur le bastion où il étoit au commencement de l'attaque; ce qui n'étoit pas être trop endormi.

Mais pour faire connoître que rien n'étoit plus facile que d'emporter Philisbourg avec six mille hommes choisis, en l'état où j'ai fait voir qu'il étoit alors, en voici, ce me semble, une bonne preuve : c'est que la nouvelle de la prise ayant été apportée à notre armée dans le Darmstadt, et quelques-uns s'en étonnant, j'entendis moi-même M. le duc de Veimar s'en moquer, en disant que rien n'étoit plus facile durant les glaces; et lorsque nous eûmes repassé le Rhin à Manheim avec l'armée du Roi, Son Altesse étant demeurée derrière et une grande gelée étant revenue, dans la créance qu'il eut qu'elle continueroit, il eut dessein d'aller reprendre Philisbourg, et ne mettoit point en doute de l'emporter ; mais la gelée cessa tout d'un coup, et rompit cette entreprise si digne de ce grand prince, et qui auroit couvert de confusion ceux qui se mêlent de juger de si loin des choses de la guerre.

N'ayant rien dit sur ce sujet qui ne soit très-véritable, je pense avoir pleinement fait connoître la fausseté de ce qu'on n'a pu que par ignorance, par envie ou par malice, dire au désavantage de M. Arnaud touchant Philisbourg. Mais pour faire voir, par quelqu'une de ses actions dans la guerre, que son courage, sa conduite et son ordre le rendoient digne des plus grands emplois, je crois devoir rapporter de quelle sorte il agit dans la prise d'Ager en Catalogne durant la campagne de 1647, qu'il y servit sous M. le prince. Son Altesse ayant jugé important de reprendre cette place que les ennemis avoient prise avant avec une armée de six mille hommes et après un assez long siége, elle envoya M. Arnauld l'assiéger avec douze cents hommes seulement, mais avec assurance de le fortifier de beaucoup plus de troupes, et d'y aller même en personne s'il étoit besoin, plutôt que de manquer cette entreprise. M. Arnauld pressa de telle sorte la place, et fit mettre si promptement en batterie deux canons que l'on trouva moyen de conduire à travers les montagnes, qu'ils firent brèche, mais une brèche peu raisonnable.

Et comme il avoit disposé toutes choses pour l'exécution du dessein qu'il avoit formé de surprendre les ennemis, et qu'il n'avoit communiqué à personne, il tint conseil de guerre seulement pour la forme ; et sans faire sommer les assiégés, ni battre la moindre chamade, il fit aussitôt donner l'assaut, et emporta ainsi la place : ce qui auroit été impossible s'ils eussent été préparés à le soutenir, puisque, même dans une telle surprise, ils firent toute la résistance que l'on pouvoit attendre de gens de cœur. Dès le commencement de l'assaut, les dames qui s'étoient retirées de la campagne dans cette place, et toutes les autres principales femmes de la ville, s'étoient jetées et enfermées dans la grande église. M. Arnauld en ayant fait ouvrir les portes après la prise de la place, le curé revêtu de son étole, et tenant le Saint-Sacrement entre ses mains, se présenta suivi des autres ecclésiastiques, et toutes ces femmes étoient à genoux derrière eux en l'état que l'on peut s'imaginer. M. Arnauld les assura tous qu'ils n'auroient point de mal, leur ordonna de ne bouger de là jusqu'à ce qu'il les en allât tirer, fit refermer les portes de l'église, et mit devant un corps-de-garde. Il fit ensuite publier un ban par lequel il permettoit aux soldats de piller durant trois heures, avec défense, sur peine de la vie, de faire aucune violence à personne. Ces trois heures étant passées, il fit sortir tous ces soldats hors de la ville avec leur butin, à la réserve de ce qui étoit nécessaire pour la garde de la place, alla retirer de l'église toutes ces femmes, les renvoya dans leurs maisons, et fit ouvrir toutes les boutiques. Sur la première nouvelle qu'eut M. le prince que la place avoit été emportée d'assaut, il vint à l'heure même, trouva les soldats hors des portes, qui partageoient leur butin avec grande joie, et, étant entré dans la ville, vit les dames aux fenêtres qui crioient *Vive son Altesse !* et toutes les boutiques ouvertes comme en pleine paix, et comme s'il ne fût point arrivé de changement. Son Altesse n'en fut pas moins satisfaite que surprise; et je n'ai pas, ce me semble, eu tort de dire qu'une action de tant de courage, de conduite et d'ordre tout ensemble, ne peut partir que d'un homme dont le mérite n'est pas ordinaire.

M. Arnaud d'Andilly.

Après avoir parlé de mon aïeul paternel, de mon père, de mes sept oncles paternels, de leurs enfans et de mes frères, il faut donc maintenant parler de moi puisque l'on m'y contraint.

Il ne se peut rien ajouter aux soins que mon

père, qui étoit, comme je ne saurois me lasser de le dire, le meilleur père du monde, prit de mon éducation. Il ne voulut pas me mettre au collége, parce qu'il savoit trop combien l'on y apprend de choses que l'on seroit heureux de n'avoir point sues; mais il me choisit pour précepteur M. Lambin, fils de celui dont le nom est si célèbre parmi les savans, et qui ne cédoit point à son père dans la connoissance des belles-lettres, particulièrement dans la pureté des langues grecque et latine. Il n'y eut point d'exercices que mon père ne me fît aussi apprendre par les plus excellens maîtres.

Celui de mes oncles dont j'ai parlé, qui mourut à vingt-sept ans lorsqu'il étoit sur le point d'entrer dans la charge de secrétaire d'État, avoit une telle passion pour moi, qu'il disoit ne se vouloir point marier parce qu'il me considéroit comme son fils, et n'en désiroit point d'autre. Ainsi je ne faisois qu'entrer dans ma troisième année qu'il vouloit m'avoir auprès de lui; mais mon père ne se pouvant résoudre à consentir que je le quittasse sitôt, ils me partagèrent entre eux. Je passois toute la matinée à étudier et à faire mes exercices; à onze heures je montois à cheval et allois chez mon oncle. Il m'entretenoit de mille belles choses devant et après le dîner, et lorsqu'il sortoit pour aller trouver M. de Sully, il me laissoit dans son cabinet pour y voir les papiers de diverses affaires qui me pouvoient former l'esprit, et lui en rendre compte quand il revenoit. Le soir, il me faisoit accompagner par ses gens et remener chez mon père, ce qui continua jusqu'à sa mort, arrivée, comme je l'ai dit, en 1602.

Un peu après, et dans cette même année, M. de Sully alla ambassadeur extraordinaire en Angleterre. Je partis pour faire ce voyage, mais je demeurai à Montreuil, malade à la mort de la petite vérole, et l'extrême bonté de mon père me sauva, après Dieu, la vie; car dans le moment qu'il en reçut la nouvelle par un courrier exprès, il me vint trouver avec un excellent médecin et chirurgien, et fit en carrosse avec des chevaux qu'il relayoit partout où il en pouvoit trouver autant de diligence que la poste.

En l'année 1604, mon oncle l'intendant, qui ne m'aimoit pas moins que cet autre oncle que j'avois perdu, désira si fort de m'avoir auprès de lui, que mon père ne put le lui refuser, et en 1605 le roi Henri-le-Grand l'ayant, comme je l'ai dit, fait intendant des finances, j'exerçai dès ce jour-là sa première commission, quoique je n'eusse que seize ans.

Après la mort du roi Henri-le-Grand en 1610, M. de Sully étant sorti des finances en 1611, on établit des directeurs des finances pour faire la charge de surintendant, dont M. Arnauld l'intendant fut un de ceux qui travailloient le plus. La reine-mère Marie de Médicis, alors régente, alloit d'ordinaire au conseil des finances, et quand le feu Roi commença à croître, il y alloit aussi. Comme mon oncle étoit extrêmement considéré de la Reine et des ministres à cause de son extrême capacité, j'avois l'avantage que nul autre à l'âge que j'avois alors n'a jamais eu, d'entrer dans ce conseil, et d'y demeurer tant qu'il duroit derrière les chaises du Roi et de la Reine à voir opiner, ce qui ne me donnoit pas une petite connoissance des affaires.

Pour me former davantage l'esprit, mon oncle ne se contentoit pas de me faire faire des extraits de quelques-unes des affaires les plus importantes dont il étoit chargé; mais il me les faisoit rapporter devant les plus anciens de messieurs du conseil avec lesquels il étoit commissaire pour ces mêmes affaires, et les rapportoit lui-même ensuite dans le conseil sur mes extraits.

En 1613 mon père désira de me marier, quoique je n'eusse que vingt-quatre ans; et comme les hommes donnent beaucoup à l'espérance, et que l'on me voyoit en état de pouvoir prétendre à une assez grande fortune, je puis dire sans vanité que j'ai refusé des partis riches, parce que ce n'étoit pas le bien que je considérois principalement. Mais M. de La Boderie n'ayant qu'une fille unique, mon père et mon oncle l'intendant me proposèrent d'y songer, et il me fut bien facile de le désirer, puisqu'il n'y avoit rien dans cette alliance, tant du côté de M. que de madame de La Boderie et de mademoiselle leur fille, qui ne dût me la faire souhaiter; car M. de La Boderie étoit un homme d'un mérite si extraordinaire, que l'on n'en voyoit point en France si capable que lui de remplir dignement la place de M. de Villeroy s'il fût venu à manquer. Il avoit passé toute sa vie à la cour et dans les négociations étrangères; ses derniers emplois avoient été l'ambassade de Flandre, et les ambassades ordinaires et extraordinaires d'Angleterre; et il n'y avoit pas seulement réussi avec une entière satisfaction du roi Henri-le-Grand, mais aussi avec celle des princes près de qui il étoit envoyé, comme on le pourra voir par les particularités que je vais dire.

Après que le roi d'Angleterre Jacques, lorsque M. de La Boderie revint de sa première ambassade auprès de lui, lui eut envoyé le présent ordinaire, il lui envoya aussi un bassin et un vase d'or, et lui manda que le roi d'Angleterre avoit envoyé à l'ambassadeur de France un présent semblable à celui qu'il avoit accoutumé de faire aux autres ambassadeurs; mais que Jacques Stuart envoyoit à Antoine de La Boderie, son bon ami, cet autre présent pour marque de son affection.

Que si ce que je viens de dire témoigne assez l'estime que ce prince avoit pour lui, en voici une autre preuve beaucoup plus grande, comme aussi de la créance qu'il avoit acquise dans l'esprit de milord Cécil, grand trésorier d'Angleterre, son principal ministre. Car lorsque M. de La Boderie fut revenu en 1610 de son ambassade, le roi Henri-le-Grand, qui se préparoit à cette grande guerre que l'on sait qu'il vouloit faire, lui dit en suite de tous les témoignages de satisfaction de ses services qu'il pouvoit désirer, qu'il falloit qu'il retournât ambassadeur extraordinaire pour une très-grande affaire, qui étoit d'employer tout le crédit qu'il s'étoit acquis dans son ambassade pour porter le roi d'Angleterre à faire avec lui une ligue offensive et défensive; ce qu'il n'ignoroit pas être très-difficile d'obtenir d'un prince aussi pacifique qu'il étoit. M. de La Boderie partit, et dans la surprise que le roi d'Angleterre et le milord Cécil eurent de le voir retourner si promptement, lui ayant demandé ce qui le ramenoit si vite, et le leur ayant dit, ils en furent encore plus surpris. Le milord Cécil lui dit ensuite qu'il falloit mettre papiers sur table; et pourra-t-on croire que sa manière d'agir si prudente, si habile et si sincère tout ensemble, et qui étoit si agréable à ce prince et à ce ministre, fit qu'un traité si important et si difficile fut conclu en trois jours. M. de La Boderie dépêcha aussitôt au Roi pour lui porter cette bonne nouvelle, dont il est facile de juger quelle auroit été la satisfaction qu'il auroit eue. Mais le courrier trouva ce grand prince mort, et la France accablée de douleur de l'une des plus grandes pertes qu'elle ait jamais faites.

Quant à madame de La Boderie, fille de M. Le Prévost, seigneur de Grandville, contrôleur général des finances, et d'une tante de M. le chancelier de Sillery, qui portoit comme lui le nom de Brûlart, c'étoit une femme de si grand esprit et de si grande vertu, que son mérite lui avoit acquis en Flandre et en Angleterre, dans l'esprit de l'Infante et de la Reine, une estime toute particulière. Sa Majesté Britannique, lorsqu'elle prit congé d'elle, lui dit, entre autres témoignages de sa bienveillance, que quand il ne lui resteroit que le fil de perles qu'elle portoit, elle le partageroit avec elle. Et cette princesse lui a écrit plusieurs fois depuis son retour en France. M. de La Boderie m'a souvent dit qu'il n'est pas croyable combien les habitudes qu'elle avoit auprès de ces princesses lui servoient dans ses ambassades.

Pour le regard de mademoiselle de La Boderie, qui n'avoit alors que quatorze ans, je me contenterai de dire qu'elle avoit toutes les qualités qui peuvent rendre aimable et estimable une personne de cet âge.

Il n'y a donc pas sujet de s'étonner que je désirasse beaucoup ce mariage; mais les mêmes raisons qui m'y portoient faisoient que les plus riches de Paris et hors de Paris, des personnes de fort grande qualité y pensoient aussi; et comme ni mon père ni moi n'aurions voulu pour rien au monde prendre le hasard d'un refus, nous ne pouvions nous résoudre à en faire la proposition. Mais M. de La Boderie y donna bientôt sujet; car, me voyant tous les jours dans le conseil, il jeta les yeux sur moi pour exécuter le dessein qu'il avoit toujours eu de choisir un gendre tel qu'il le désiroit, disant qu'il aimoit beaucoup mieux que Dieu ne lui eût donné qu'une fille qu'un fils, parce que s'il n'avoit eu qu'un fils il lui auroit fallu le garder tel qu'il seroit, au lieu qu'il choisiroit pour sa fille un gendre selon son cœur. Ainsi il me dit au Louvre dans le conseil: « Je m'en vais à Pomponne pour quelques jours; « je vous prie de m'y venir voir, et de vous as- « surer que personne n'y sera si bienvenu. » Ces paroles d'un homme si sage me faisant connoître ce qu'il avoit dans l'esprit, je fus à Pomponne; et il ne se contenta pas de me recevoir, aussi bien que madame de La Boderie, avec des témoignages d'affection tout extraordinaires, mais il me dit qu'il vouloit aller à Andilly, et y mener sa fille. On peut juger quelle fut ma réponse à une civilité si obligeante. Peu de jours après je l'accompagnai à Andilly, et madame et mademoiselle de La Boderie que j'eus le loisir d'entretenir ce jour-là à mon aise, étant en carrosse auprès d'elle. Mon père et ma mère les reçurent de la manière que l'on peut s'imaginer. Jamais visite ne se passa avec plus de témoignages d'estime et d'affection de part et d'autre.

Comme madame de Mareuil, mère de M. le marquis de Fontenay, qui étoit ma parente, ne me faisoit pas moins l'honneur de m'aimer que si j'eusse eu celui d'être son propre fils, et me donnoit toujours en écrivant cette qualité, nous n'avions pu, mon père et moi, ne lui point dire la pensée que nous avions pour ce mariage, et elle l'avoit extrêmement approuvé. Ainsi je lui rendis compte de tout ce qui s'étoit passé, et alors ni elle ni mon père, ni mon oncle l'intendant, ne doutèrent plus qu'il ne fallût faire la demande. Elle voulut s'en charger, et l'ayant faite, M. de La Boderie lui répondit avec cette grâce et cette civilité que je n'ai jamais vue plus grande en nul autre, qu'elle pouvoit juger du plaisir qu'elle lui faisoit de lui demander sa fille pour moi, puisqu'il étoit prêt de me demander pour sa fille.

Ainsi le mariage étant résolu, et les articles dressés, la difficulté ne fut pas à en demeurer d'accord, mais à déclarer ce que chacun désiroit; et sur cette contestation ils furent signés en blanc de part et d'autre, dont je crois qu'il ne s'est guère vu d'exemples, et ils ne furent remplis que lorsqu'il fallut dresser le contrat, par lequel mon père me donna la terre d'Andilly, et celles de Pomponne et de La Briotte furent assurées à mademoiselle de La Boderie.

Peut-on s'étonner que Dieu ait donné sa bénédiction à un mariage fait de la sorte? et me blâmera-t-on d'avoir rapporté si au long des particularités qui peuvent faire connoître à mes enfans la différence qui se rencontre entre cette source de leur naissance et ces mariages ordinaires, dont il n'est pas étrange que la plupart aient des suites si malheureuses, puisqu'ils n'ont pour principe que des intérêts de fortune, que l'on n'y considère ni la race, ni la vertu, ni le mérite, et qu'au lieu de ne penser qu'à trouver son bonheur dans une union si sainte qu'elle représente celle de Jésus-Christ avec l'Eglise, on n'y cherche que du bien?

Nulles paroles ne peuvent exprimer la douceur dans laquelle j'ai vécu avec M. de La Boderie. Jamais père n'aima plus un fils, jamais fils n'honora plus un père, et ne s'étant jamais vu trois hommes vivre dans une plus étroite amitié que lui, mon père et mon oncle l'intendant vivoient ensemble. Nul plaisir ne peut être plus grand que celui que j'avois de voir ces trois personnes, d'une capacité tout extraordinaire, agiter dans leurs entretiens les plus grandes affaires avec une pénétration d'esprit et une force de jugement qui auroit donné de l'étonnement aux plus habiles.

Comme ce Mémoire n'est fait que pour mes enfans, je ne craindrai point d'y mettre une particularité qui n'est pas, ce me semble, une petite preuve de la manière dont il a plu à Dieu de m'unir avec M. de La Boderie. Ayant été marié, comme je l'ai dit, en 1613, le Roi fit l'année suivante le voyage de Bretagne, où le conseil des finances suivit Sa Majesté, et M. de La Boderie demeura dans le conseil resté à Paris. Quoique je n'eusse jamais alors fait de vers, mon affection pour M. de La Boderie me mit dans l'esprit d'écrire sa vie en vers. J'en fis en carrosse huit cents en huit jours que je lui envoyai de Nantes; et, dans le temps qu'il les reçut, il faisoit de son côté et moi du mien, sans que nous sussions rien du dessein l'un de l'autre, sa vie en vers pour me l'envoyer. J'ai encore écrit de sa main ce qu'il en avoit fait, et qui montre jusqu'à quel point il auroit excellé dans la poésie s'il eût continué à s'y exercer, comme il avoit commencé en sa jeunesse, en même temps que le cardinal du Perron, son intime ami. Il témoigna une grande joie de ce qu'ayant discontinué pendant tant d'années de faire des vers, et moi n'en ayant encore jamais fait, nous nous étions rencontrés dans une même pensée.

Mon bonheur de passer une vie si agréable avec un homme d'un tel mérite et d'une si rare bonté ne dura guère. Il mourut entre mes bras sur la fin de l'année 1615, n'étant âgé que de soixante ans; et l'on peut juger combien une telle perte me fut sensible.

Le Roi étoit en ce même temps dans le voyage pour son mariage, dont il ne revint à Paris que le 16 mai 1616; et lorsqu'il en étoit parti, le 17 août 1615, pour le commencer, le trouble étoit si grand dans l'Etat qu'il y avoit tout à craindre, même pour Paris, parce que les troupes des princes qui avoient formé un grand parti, s'assembloient déjà assez proche de cette capitale du royaume; et néanmoins la reine-mère Marie de Médicis ne put se résoudre à différer ce voyage.

On ne peut témoigner plus d'estime et de confiance que Sa Majesté fit connoître dans cette rencontre en avoir pour M. Arnauld l'intendant, puisque ce fut en effet sur lui qu'elle se reposa de la principale conduite des affaires dans Paris, et du soin de pourvoir à tant de dépenses qui pressoient de tous côtés, et particulièrement pour l'armée du Roi commandée par M. le maréchal de Bois-Dauphin : elle lui laissa pour ce sujet la disposition des 1,300,000 livres qui restoient dans la Bastille des 5,000,000 que le roi Henri-le-Grand y avoit mis.

M. Arnauld étant donc demeuré avec ce pouvoir, il fit tout ce qu'il put pour faire que M. de Liancourt, gouverneur de Paris, et M. de Verdun, premier président du parlement, vécussent en bonne intelligence; et cela lui réussit durant quelques jours : mais ils se rebrouillèrent aussitôt; et ainsi nul d'eux ne pouvant aller chez l'autre, ni demeurer d'accord du rang de leurs signatures, il fallut faire toutes les expéditions doubles, et il les signoit avec eux. Feu M. le cardinal de Retz, qui n'étoit alors qu'évêque de Paris, étoit de ce petit conseil, comme aussi M. Molé, procureur général, et depuis garde des sceaux; et M. le président de Chavry, intendant des finances, en fut aussi durant quelques jours, après lesquels il alla au voyage.

Je faisois en leur présence, sur le bout de la table, toutes ces lettres et ces expéditions, dont le nombre étoit presque incroyable, parce qu'une partie des villes d'alentour de Paris étant menacées et dépourvues de toutes les choses nécessaires pour leur défense, et l'armée des princes étant venue jusqu'à Dammartin, on avoit recours de toutes parts à ce petit conseil, qui étoit aussi obligé de pourvoir en même temps à plusieurs choses nécessaires pour l'armée du Roi.

La Reine-mère, ayant été informée de la manière dont j'avois servi, me fit l'honneur de m'envoyer, lorsqu'elle étoit encore dans son voyage, un brevet de la première pension que j'aie eue du Roi. Je lui en rendis mes très-humbles remercîmens à Etampes, où je fus avec mon oncle l'intendant la trouver à son retour.

Il ne se peut rien ajouter à la satisfaction qu'elle témoigna avoir de ces services, non plus qu'à la bonté avec laquelle elle reçut mes remercîmens.

J'avois alors un si grand accès auprès du feu Roi, que, dès long-temps avant, Sa Majesté me chargeoit de solliciter les expéditions des gratifications qu'elle désiroit pour les personnes qu'elle affectionnoit; et comme mon oncle l'intendant étoit extrêmement prévoyant, et qu'il jugeoit que l'inclination qu'il témoignoit pour messieurs de Luynes les pourroit porter un jour à une grande faveur, il m'avoit conseillé de faire amitié avec eux, et je n'y avois pas eu grande peine, parce qu'ils furent bien aises d'avoir quelqu'un qui les pût servir comme je faisois de tout mon pouvoir. Ainsi j'étois en ce temps-là leur meilleur ami, et ce fut moi qui dans la suite leur donnai M. Deageant, qu'ils ne connoissoient point du tout, pour prendre soin de leurs affaires; ce qui a fait toute sa fortune, et dont il m'a été très-ingrat.

Quant à messieurs de Luynes, je pense devoir, avant que de passer outre, dire de quelle sorte ils ont répondu à cette grande amitié qu'ils m'avoient promise. M. de Luynes, depuis connétable, qui étoit l'aîné, ne s'en souvint plus dès le moment qu'après la mort de M. le maréchal d'Ancre il se trouva élevé à une si grande faveur. M. de Cadenet, depuis duc de Chaulnes, m'a toujours payé de belles paroles; et M. de Brantes, depuis duc de Luxembourg, qui avoit beaucoup de cœur, m'a aimé tendrement et constamment jusqu'à sa mort.

Sur la fin de 1616, mon oncle l'intendant, qui, comme je l'ai dit ailleurs, ne m'aimoit pas moins que si j'eusse été son propre fils, résolut de me donner sa charge d'intendant des finances, et m'en passa une démission par devant notaires, qu'il me mit entre les mains, voulant se réserver seulement une place au conseil, dans lequel sa grande capacité le rendoit si considérable, qu'une charge particulière ne lui étoit point nécessaire pour y demeurer avec beaucoup d'honneur. Et la veille de sa mort, dont je parlerai dans la suite, il me mena au sortir du conseil sur le quai du Louvre, où il me témoigna l'impatience qu'il avoit d'exécuter ce dessein, et de me voir dans l'exercice de sa charge.

Cependant le maréchal et la maréchale d'Ancre avoient si bien mis M. Barbin dans l'esprit de la Reine-mère, que, sur la fin de 1616, il n'exerçoit pas seulement la charge de surintendant des finances sous le nom de contrôleur général, mais étoit plus puissant que nul autre dans les affaires. Il n'avoit point d'acquis; mais c'étoit un homme d'un très-grand sens et très-judicieux, qui avoit les mains très-nettes, et qui ne se prévenoit point; ce qui est une qualité si rare que je l'ai remarquée en peu de personnes. Comme il étoit nouveau dans la conduite des finances, il supplia la Reine-mère de commander à M. Arnauld l'intendant de l'y assister, et tous deux ensemble me chargèrent de travailler non-seulement à l'état général des finances pour 1617, mais aussi à tous les états qui en dépendent, et que l'on nomme les états de l'épargne, tels que sont les états des maisons royales, des fermes et généralement tous les autres, n'y ayant point d'article de l'état général des finances qui ne soit matière d'un état particulier; ainsi le nombre en étant si grand, on étoit souvent fort avant dans l'année courante avant que tous ces états de la même année fussent dressés. Mais lorsque j'eus reçu cet ordre, je m'en allai chez M. de Beaumarchais, trésorier de l'épargne, qui entroit en charge en l'année suivante, et y travaillai de telle sorte avec lui et M. Barbin son premier commis, que, le premier jour de janvier 1617, je portai à M. Barbin tous ces états au net.

Au commencement de cette même année 1617, la Reine-mère étant pressée par les Suisses de leur faire payer les sommes accoutumées sur ce qui leur étoit dû à cause de leurs services passés, et les finances étant alors très-épuisées, pour y satisfaire elle demanda à M. de Bassompierre, colonel général des Suisses, et à M. Arnauld ce que l'on pouvoit ménager sur cela, et leur dit qu'on lui avoit donné avis que l'on en pouvoit tirer quelques lumières par la vérification du compte de 1608, que M. Chomel, trésorier des ligues suisses, avoit à rendre. En suite de cet ordre,

M. de Bassompierre et M. Arnauld l'intendant me dirent de travailler à la vérification de cet état, qui n'étoit pas une chose qu'ils pussent faire parce qu'il falloit trop de temps pour s'y employer avec exactitude, y ayant tel article qui obligeoit seul à voir six mille quittances pour en pénétrer le fond. J'y travaillai en sorte que je fis voir clairement le moyen d'épargner au Roi près de 100,000 écus par an, sans donner aucun mécontentement aux Suisses. En quoi je puis protester avec vérité n'avoir eu dessein de nuire à personne, mais seulement d'agir selon ma conscience, dans cette occasion comme en toutes les autres. Cela m'attira néanmoins la haine de M. de Castille, gendre de M. le président Jeannin, alors de retour de son ambassade de Suisse, en la présence duquel et de M. le président Miron, nommé pour lui succéder à cette ambassade, cet état fut rapporté dans un conseil tenu chez M. Barbin, et copie de mes mémoires donnée à M. Miron pour l'informer de la manière dont on pourroit ménager l'argent du Roi.

Le 24 avril 1617, le Roi ayant fait tuer le maréchal d'Ancre, et envoyé ensuite la Reine-mère à Blois, il rappela M. le chancelier de Sillery pour chef du conseil, rendit les sceaux à M. du Vair, appela aussi M. de Villeroy, relégua en Avignon M. de Richelieu, lors évêque de Luçon et secrétaire d'Etat, depuis cardinal, et envoya M. Barbin prisonnier au Fort-l'Evêque, d'où il fut transféré à la Bastille; et toute la faveur et le crédit passèrent en un moment à M. de Luynes, qui avoit eu la principale part dans le dessein de la mort du maréchal d'Ancre; car M. de Vitry, qui fut ensuite maréchal de France, n'y avoit eu que celle qu'il lui avoit donnée; et M. de Modène, parent de M. de Luynes, M. Deageant, dont j'ai ci-devant parlé, et M. Tronçon, étoient ceux qui avoient principalement été informés du secret; mais nul autre, pour ce qui étoit de mettre la main à la plume, n'y avoit tant travaillé que M. Deageant; et c'est ce qui fit sa fortune, et lui donna tant de part dans les affaires, qu'il fut non-seulement ministre, sans en porter le nom, mais celui de tous qui agissoit davantage, sa faveur étoit si grande, que les ambassadeurs ne se contentoient pas de traiter avec lui; ils rendoient même des visites à sa femme, quoiqu'elle fût si peu habile, que l'ambassadeur de Venise lui parlant un jour de la grandeur de la République, elle lui dit, dans la créance que c'étoit une femme, *qu'il faudroit en faire le mariage avec M. le duc d'Orléans.*

Le 14 octobre de la même année 1617, M. Arnauld l'intendant étant mort subitement d'une veine qui se rompit, M. le chancelier de Sillery, M. de Villeroy et M. le président Jeannin dirent au Roi, ce dernier portant la parole, qu'ils croyoient que Sa Majesté ne pouvoit mieux faire que de me donner la charge de mon oncle; et comme j'ai cette obligation à la mémoire du feu Roi qu'on ne lui a jamais rien proposé pour moi qu'il n'ait agréé, Sa Majesté n'eut point de peine à l'accorder, et M. de Luynes qui me témoignoit avant tant d'amitié eut honte de s'y opposer, quoique, comme je l'ai dit, il eût bientôt oublié toute celle qu'il m'avoit promise. Ainsi la chose passa pour faite; mais elle ne tarda guère à être traversée d'un côté auprès de M. de Luynes par une infinité de personnes qui lui dirent que ses intérêts ne s'accordoient pas à mettre dans les finances un homme aussi scrupuleux que je l'étois, et d'autre côté, par M. et madame de Castille auprès de M. le président Jeannin par la raison que j'ai dite; en quoi ils eurent de la peine, parce que M. le président Jeannin, qui étoit un homme de très-grand mérite, et si désintéressé qu'il n'a seulement jamais pensé à s'enrichir dans les finances, aimoit les gens de bien, avoit été fort ami de M. de La Boderie, à cause de la correspondance qu'ils avoient eue durant leurs grandes négociations pour le service du Roi, et parce qu'il avoit été aussi fort ami de mon oncle l'intendant, et m'avoit toujours témoigné beaucoup d'affection: mais enfin on lui dit tant de choses contraires à la vérité sur mon sujet, qu'il a paru depuis sa mort par ses mémoires imprimés qu'il s'étoit laissé persuader que j'avois rendu de mauvais offices auprès du feu Roi à M. de Castille pour avoir sa charge: ce qui est la plus grande fausseté du monde et la plus évidente; puisque, d'un côté, je puis protester de n'avoir de ma vie parlé de M. de Castille au feu Roi, et que, de l'autre, pouvant si justement prétendre à la charge de mon oncle, je n'avois nul besoin de penser à celle de M. de Castille, quand même je ne serois pas incapable, comme je suis, d'agir d'une manière si basse. Je n'eus pas plutôt vu ces mémoires que je m'en plaignis hautement. Messieurs ses petits-fils, fils de M. de Castille, firent refaire cette feuille; et M. Jeannin, trésorier de l'épargne, que j'estime et honore sans l'avoir jamais vu, est extrêmement ami de mon fils de Pomponne, et parent de ma belle-fille.

M. de Luynes m'étant donc contraire, au lieu qu'il n'y avoit rien que je ne dusse attendre de lui, il me payoit toujours de belles paroles, et crut enfin avoir trouvé un moyen de ruiner mon affaire sans qu'il parût en être la cause. Ce fut que sur la fin de la même année 1617, le Roi allant tenir à Rouen une assemblée de notables dont l'ouverture se fit le 4 décembre, dans laquelle l'ordre étoit que le Roi leur faisoit des propositions sur lesquelles ils lui donnoient leurs avis, et la suppression de plusieurs charges étant l'une des propositions, il crut qu'il lui seroit facile par ce moyen de faire que l'assemblée demanderoit la suppression de la charge de mon oncle; mais la chose réussit au contraire, car comme j'étois très-particulièrement connu de la plupart de ces députés, et qu'ils avoient une très-grande estime pour la mémoire de feu mon oncle et pour le mérite de mon père, M. le cardinal du Perron, président de l'assemblée, et quatre autres, résolurent chacun en particulier, sans s'en être communiqué, de proposer dans l'assemblée de supplier le Roi de me donner cette charge, et de fonder leur demande sur ce que le rétablissement de l'ordre dans les finances étant l'un des principaux fruits que l'on devoit espérer de l'assemblée, on feroit en vain des réglements sur ce sujet, si l'on ne choisissoit des personnes d'une capacité et d'une probité éprouvées pour les faire observer, et qu'ainsi Sa Majesté ne pouvoit jeter les yeux sur nul autre dont elle pût s'assurer davantage que de moi d'être bien servie dans un tel emploi. Ce que je viens de dire se devant exécuter l'après-dînée du même jour que mes ennemis en eurent avis, ils n'en prirent pas seulement l'alarme, mais la donnèrent de telle sorte à M. de Luynes, qu'il envoya à l'instant M. de Modène me conjurer avec toutes les instances imaginables de prier ceux qui devoient faire cette proposition de ne la point faire, sur la parole qu'il me donnoit de me faire expédier dès le soir même un brevet d'assurance de la charge; en quoi je rendrois un grand service à Sa Majesté, parce que l'ordre de l'assemblée étant seulement qu'elle répondoit aux propositions de Sa Majesté, ce seroit renverser cet ordre si l'assemblée, au lieu de répondre sur ces propositions, en faisoit elle-même à Sa Majesté. M. de Modène me rencontra avec M. le colonel d'Ornano, depuis maréchal de France, qui étoit l'un des hommes du monde qui m'a le plus véritablement aimé; et sur la difficulté que je faisois d'empêcher moi-même une chose qui m'étoit si honorable, il pressa de telle sorte M. le colonel, qui ne s'intéressoit pas moins que moi-même dans ce qui me regardoit, qu'il me conseilla de le faire. Je fis ce que l'on désiroit de moi, et y ai depuis eu grand regret, rien ne me pouvant être plus glorieux que cette proposition, quand même l'injustice de M. de Luynes en auroit empêché l'effet. Le soir qu'il me devoit donner ce brevet, il me remit au lendemain, et du lendemain au lendemain durant ce peu de jours que dura encore cette assemblée, et me dit enfin que cela se feroit à Gaillon au retour du Roi; mais il me manqua à Gaillon, de même qu'il avoit fait à Rouen, et tira toujours ainsi de long en me repaissant de belles paroles et de belles espérances.

Au mois de mars de l'année suivante, 1618, on découvrit une entreprise que M. Barbin, prisonnier à la Bastille, avoit faite pour sortir la Reine-mère de Blois, où elle étoit comme prisonnière. Cette affaire étant très-importante à cause des personnes de qualité qui s'y trouvoient mêlées, on choisit trois conseillers d'État pour en instruire le procès. Ce furent M. le président de Bailleul, M. l'Avocat et moi; et parce qu'on ne voulut pas se confier à un greffier, et qu'ainsi il falloit que ce fût l'un des commissaires mêmes qui tînt la plume, ce fut à moi à la prendre étant le plus jeune. A mesure que nous avancions dans cette affaire, nous en faisions le rapport au ministre chez M. le chancelier, où M. de Luynes se trouvoit, puis on la rapporta devant le Roi. Elle fut ensuite envoyée au grand-conseil pour la juger, comme il fit, et cette compagnie témoigna n'avoir point vu de procès mieux instruit.

J'estime devoir marquer sur ce sujet une particularité que les gens de bien n'auront pas désagréable. L'un des principaux chefs contre M. Barbin étoit que des mémoires écrits de sa main portoient ce que l'on devoit faire si le Roi tomboit malade, parce que *inquirere in vitam principis* passe pour un crime : mais il avoit ajouté par parenthèse : *Ce qu'à Dieu ne plaise*; et ces mots étoient sans doute pour lui une grande justification. Néanmoins lorsque je l'interrogeois, ce que ces messieurs me laissoient le plus souvent faire, à cause que tenant la plume j'avois la mémoire plus fraîche des interrogatoires et des réponses, M. Barbin reconnut qu'il avoit écrit ces mots : *Si le Roi tombe malade*; mais il oublia d'ajouter ces mots : *Ce que Dieu ne veuille*, quoiqu'ils fussent écrits de sa main, comme le reste, dans la pièce originale que j'avois entre les mains. Sur quoi jugeant combien cette omission pouvoit être préjudiciable, à cause que cet interrogatoire devant être lu devant le Roi, ces mots qui parloient de sa maladie n'étant point adoucis par une parenthèse si importante pourroient frapper son esprit, je crus être obligé en conscience de les y ajouter, et le fis, parce que la justice veut que des commissaires soient aussi exacts à rapporter ce qui est à la décharge qu'à la charge des accusés.

Il faut maintenant passer à une autre affaire assez importante. Chacun sait que M. le maréchal de Bouillon, père de M. de Turenne, qui étoit l'un des plus grands capitaines et des plus habiles hommes de son temps, avoit plus contribué que nul autre à faire le prince Palatin roi de Bohême; et cette grande affaire, qui fut depuis terminée par la bataille de Prague, faisoit alors un grand mouvement dans l'Empire. En ce même temps, M. d'Epernon étant à Metz, le Roi fut averti qu'il se passoit un grand commerce entre M. de Bouillon et lui; et d'un autre côté, les huguenots remuoient fort dans le Béarn, ce que l'on croyoit fomenté par M. de Bouillon, que tout le monde considéroit comme l'homme du royaume le plus capable de former, de conduire et de soutenir un grand parti. Car, jusqu'alors, M. le duc de Rohan, qui fut depuis chef et un si habile chef du plus grand parti et du plus difficile à étouffer qui se soit vu de nos jours, n'avoit point encore donné sujet de penser qu'il eût ce dessein, mais étant à la cour, et paroissant être bien avec M. de Luynes, qui s'étoit allié dans sa maison en épousant la fille de M. le duc de Montbazon.

Les choses étant en cet état, M. de Bouillon écrivit une grande lettre à M. Deageant, qui, comme je l'ai dit, avoit alors plus de part que nul autre dans les affaires et faisoit toutes les fonctions de ministre. Cette lettre, qui étoit un véritable manifeste, remplie de beaucoup de plaintes, et par laquelle il témoignoit ouvertement un grand mécontentement, ayant été lue dans le conseil d'en-haut, on la trouva si importante que l'on jugea à propos que ce fût le Roi lui-même qui y fît réponse, et non pas M. Deageant. Comme personne n'ignoroit que j'avois été cause de la fortune de M. Deageant, par la connoissance que j'avois donnée de lui à M. de Luynes, et qu'ainsi il lui importoit de cacher les sujets qu'il me donnoit d'être mécontent de lui, et que d'ailleurs il désiroit fort que je le soulageasse en plusieurs rencontres, il n'y avoit point de soins qu'il ne prît pour conserver les apparences de l'amitié qu'il auroit dû avoir pour moi : ce qui faisoit paroître aux yeux du monde que je pouvois beaucoup auprès de lui, nul autre n'y ayant un si grand accès : il me pria de faire cette réponse du Roi à M. de Bouillon dont il avoit été chargé. Je la fis, et tâchai de faire parler le Roi en roi, comme j'ai toujours fait dans tant de dépêches importantes auxquelles je me suis trouvé obligé de travailler en diverses occasions et par divers engagemens, parce qu'il n'y a point en cela de plus grand défaut que de manquer à *induere personam principis*. M. Deageant lut au Roi cette réponse, comme l'ayant faite, en présence de tous les ministres. On n'y changea pas un seul mot. Elle fut envoyée, et M. de Bouillon y fit une réponse la plus soumise du monde. Il me souvient qu'il y avoit entre autres choses ces mêmes paroles : *Quand mon maître parle il lui suffit de dire : Je le veux*. On trouvera parmi mes papiers la copie de toutes ces lettres.

Quelque temps après, un gentilhomme huguenot, nommé M. de Chandion, homme de grande négociation, revenant de Sedan, dit au Roi que M. de Bouillon lui avoit dit que s'il plaisoit à Sa Majesté de lui envoyer quelque personne de confiance, il pourroit lui faire savoir beaucoup de choses importantes à son service. Le Roi et les ministres ayant cru cette occasion avantageuse pour reconnoître en quelle assiette étoit l'esprit de M. de Bouillon, dont il étoit à désirer de savoir les sentimens dans la conjoncture présente des affaires, Sa Majesté résolut d'envoyer vers lui; et lorsqu'il s'agit du choix de la personne qui y seroit propre, M. le chancelier de Sillery dit qu'il croyoit que nul autre ne pouvoit mieux que moi s'acquitter de cette commission. Ainsi le Roi écrivit de sa main à M. de Bouillon que sur ce que lui avoit dit M. de Chandion il m'envoyoit le trouver, et qu'il pouvoit prendre une entière créance en moi. Je partis en poste le 8 septembre 1618; et M. de Bouillon, avant que d'avoir ouvert la lettre que je lui présentai, témoigna de la joie de mon arrivée; mais, après l'avoir lue, il demeura extrêmement surpris et me dit : « Monsieur, je n'ai point chargé « M. de Chandion de faire une telle proposition « au Roi; et, s'il soutient le contraire, il est « gentilhomme, je me couperai la gorge avec « lui. » Comme je n'eus pas peine à juger que ce qui faisoit parler M. de Bouillon de la sorte étoit la crainte de se trouver engagé à dire beaucoup de choses sur lesquelles il n'avoit pas envie de s'ouvrir, et qu'ainsi il vouloit éviter d'entrer dans une conférence qui l'embarrassoit, je lui répondis que je m'estimerois heureux d'avoir rencontré une occasion qui m'eût procuré l'honneur de le voir, mais bien malheureux d'avoir fait un voyage dont le Roi recevroit si peu de satisfaction; que mes chevaux n'étoient pas encore débridés, et que, s'il lui plaisoit m'honorer de ses commandemens, je m'en allois partir à l'heure même. Cette réponse l'embarrassa encore davantage. Il fit de grandes instances pour m'arrêter, me dit que je ne lui ferois pas ce tort que d'être venu à Sedan sans daigner voir la place et sans y passer au moins une nuit. Mais lorsqu'il vit que j'insistois à ne demeurer pas un moment davantage, afin de le mettre dans la nécessité, ou d'entrer en discours, ou de renvoyer si brusquement un homme venu de la part du Roi, il me dit : « Mon« sieur, si vous voulez vous asseoir, je vous dirai « ce qui se passa entre M. de Chandion et moi. » Ces paroles me faisant connoître qu'il s'étoit enfin

résolu d'entrer en conférence plutôt que de souffrir que je partisse d'une manière si précipitée, je n'eus pas peine à faire ce qu'il me témoignoit désirer. Ainsi le discours s'engagea, et je n'ai jamais vu personne parler d'affaires plus fortement et plus agréablement tout ensemble. Le premier entretien fut de plus de cinq ou six heures de suite. Il n'y eut point d'affaires du dedans et du dehors du royaume qui n'y fussent agitées; et comme j'en étois fort instruit, et que particulièrement en tout ce qui regardoit la France j'avois l'avantage de soutenir les intérêts du Roi, il ne me fut pas difficile de répondre par de puissantes raisons à celles qu'il m'opposoit. Il arriva dans ce discours, par une rencontre assez remarquable, que M. de Bouillon, après avoir fait de grandes plaintes de la dureté avec laquelle on l'avoit traité, me dit : « Mais depuis quelque
« temps ayant écrit à M. Deageant une grande
« lettre sur ce sujet, à laquelle le Roi a voulu
« répondre lui-même, j'en ai reçu une de Sa Ma-
« jesté par laquelle il est vrai qu'il me parle bien
« tout-à-fait en maître, mais il me parle aussi en
« père, et même touchant ma religion, d'une
« manière si pleine de bonté que je ne saurois
« ne lui être point obligé du désir qu'il me té-
« moigne avoir que je changeasse. » Ainsi j'eus sujet de louer Dieu dans dans mon cœur de voir que cette lettre que j'avois faite n'avoit pas mal réussi. Il arriva aussi que dans le milieu de ce discours M. de Turenne, qui n'étoit alors qu'un enfant âgé d'environ dix ans, qu'il me souvient que M. son père appeloit Henri, et pour lequel il témoignoit beaucoup de tendresse, lui apporta un paquet, en lui disant que c'étoit un paquet du roi de Bohême. M. de Bouillon rougit, et résolut en même temps d'ouvrir le paquet devant moi et de me faire lire les lettres, quoique je m'en excusasse. Il se trouva qu'il n'y avoit rien de fort important.

Ce long entretien étant fini, il fallut souper, et le reste du jour on ne parla que de choses indifférentes. Le lendemain au matin j'eus encore un très-long entretien avec M. de Bouillon. Il me montra la réponse qu'il avoit rendue au Roi : elle ne pouvoit être plus soumise ni plus agréable à Sa Majesté; et il me fit l'honneur de me dire que si je ne la trouvois pas bien ainsi, il la changeroit comme je le désirerois. Il écrivit aussi une lettre trop obligeante sur mon sujet à mon père, pour qui il avoit une estime très-particulière.

Je revins trouver le Roi à Monceaux, et rendis compte de mon voyage à M. de Luynes, qui témoigna en être fort satisfait. M. Deageant seul étant présent. Ce même jour, comme je me croyois quitte de ma commission, M. de Sauveterre, premier valet de chambre, me vint dire que le Roi me demandoit. J'entrai dans la grande salle. Sa Majesté étoit assise, et à l'entour d'elle étoient debout M. le chancelier de Sillery, M. du Vair, garde des sceaux, M. le président Jeannin, M. de Luynes, messieurs les secrétaires d'État, et M. Deageant. Elle me commanda de lui rendre compte de mon voyage, et enfonça son chapeau pour m'écouter avec une très-grande attention.

Je parlai plus d'une heure et demie, et M. le chancelier de Sillery dit en de certaines rencontres : « Il faut avouer que l'on ne pouvoit mieux
« répondre. » Un de ceux qui étoient présens me dit au sortir de là : « Cette action vous a trop
« bien réussi pour ne vous pas nuire, par l'envie
« que quelques-uns en concevront. » Et il est vrai que Dieu m'assista de telle sorte dans cette petite négociation, que, durant plus de deux ou trois ans après, M. de Bouillon ne fit rien dans les affaires importantes que j'avois agitées avec lui et auxquelles il avoit part, que je n'eusse dit au Roi ce que je croyois qu'il feroit, tant toutes ces matières avoient été approfondies dans les entretiens que nous avions eus.

Ce que je viens de rapporter me devoit faire croire que M. de Luynes se lasseroit enfin de manquer à la parole si précise qu'il m'avoit fait donner à Rouen par M. de Modène, et qu'il m'avoit renouvelée lui-même à Paris. Mais, voyant qu'il continuoit toujours à ne rien tenir de ce qu'il m'avoit promis, je me résolus, la cour étant alors à Soissons au mois d'octobre de la même année 1618, de m'éclaircir entièrement une fois pour toutes de ce qu'il avoit dans l'esprit sur mon sujet; et parce qu'il évitoit de me parler à cause qu'il ne savoit que trop le sujet que j'avois d'être mécontent de lui, je priai madame sa femme, depuis duchesse de Chevreuse, de me donner moyen de lui parler. Elle me le promit, et me dit de venir le soir à son coucher, et de ne point sortir lorsque tout le monde sortiroit. Je le fis, et, n'y ayant que lui et elle, je lui parlai avec toute la force que l'on se sauroit imaginer; et, sans me payer de tout ce qu'il me put dire pour continuer à m'amuser, je finis par dire à madame sa femme, devant lui, que je lui serois toute ma vie très-obligé du moyen qu'elle m'avoit donné de connoître que je ne devois rien attendre de lui, et me retirai de la sorte.

Je ne doute point que, dans la lâcheté du siècle, plusieurs ne trouvent qu'il y eût de l'imprudence de rompre d'une telle manière avec un favori, sans considérer qu'il est aussi difficile à ceux à qui Dieu a donné beaucoup de cœur d'agir foiblement, qu'il est impossible à ceux qui en ont peu d'agir avec force, et je ne saurois croire avoir failli en cela, puisque feu mon père, ainsi que je le dirai dans la suite, l'approuva entièrement, et que M. Zamet, mon intime ami, qui étoit un homme extraordinaire, comme il sera facile de le juger par ce que je rapporterai de lui quand je parlerai de sa mort, m'embrassa diverses fois lorsque je le lui racontai le lendemain. Il fit beaucoup plus, car le Roi partant ce jour-là pour aller coucher à Villers-Coterets, et Sa Majesté et toute sa cour allant à cheval à cause qu'il faisoit le plus beau temps du monde, il me dit : « Après avoir rompu aussi généreuse- « ment que vous avez fait avec le favori, l'on ne « me verra d'aujourd'hui séparé de vous. » Ainsi, nous nous entretînmes durant tout le chemin jusqu'à Villers-Coterets, et là je dis à M. de Luxembourg, qui, comme je l'ai remarqué, m'a toujours constamment témoigné de l'amitié, le sujet que j'avois de me plaindre de M. de Luynes. Le lendemain que l'on vint coucher à Nanteuil, je fis presque tout ce chemin à cheval avec lui, et il me fit voir que M. de Luynes lui avoit rapporté entièrement tout le discours que j'avois eu avec lui, quoiqu'il eût été de près d'une heure, et lui avoit dit que je lui faisois grand tort de douter de son affection, puisqu'il ne pensoit pas seulement pour moi à la charge d'intendant, mais à celle de secrétaire d'État, et qu'il ne pouvoit attribuer la manière dont je lui avois parlé qu'à une querelle d'Allemand pour rompre avec lui. Je lui répondis que je ne voyois pas quelle apparence il pouvoit y avoir qu'il pensât pour moi à la charge de secrétaire d'État, dans le même temps qu'il remettoit toujours à me faire justice touchant celle d'intendant, et que, quant à cette querelle d'Allemand, il faudroit que j'eusse perdu l'esprit pour avoir fait profession avec lui d'amitié avant sa bonne fortune, et vouloir la rompre lorsqu'il se trouvoit élevé dans une si grande faveur.

Le jour d'après, étant arrivé à Paris, je rendis compte à mon père de ce qui s'étoit passé : il m'embrassa, comme avoit fait M. Zamet, approuva tout ce que j'avois dit, et me parla avec une générosité qui auroit dû me confondre si j'en avois manqué dans cette rencontre.

Le lendemain matin, M. le colonel d'Ornano nous vint trouver, mon père et moi, et nous dit que M. de Luxembourg l'avoit prié de nous venir dire qu'il n'y avoit rien que M. de Luynes ne voulût faire pour nous contenter, que M. de Luxembourg m'attendoit au Louvre dans sa chambre, et me pria d'y aller à l'heure même, afin qu'il me menât chez M. de Luynes, qui me confirme- roit cette parole. Nous nous regardâmes, mon père et moi; et, comme il savoit jusqu'à quel point M. le colonel me faisoit l'honneur de m'aimer, il le supplia de lui dire ce qu'il estimoit que nous devions faire. « Je ne vois pas, lui ré- « pondit-il, qu'après que M. d'Andilly a parlé à « M. de Luynes d'une manière dont nul autre « peut-être n'a jamais parlé à un favori, et que « M. de Luynes ne laisse pas de vous rechercher, « il y ait lieu de délibérer d'aller trouver M. de « Luxembourg, qui, étant tout-à-fait ami de « M. d'Andilly, agit avec toute l'affection que « vous sauriez désirer. » Ainsi, ne pouvant pas ne point suivre cet avis, je m'en allai avec M. le colonel trouver M. de Luxembourg, auquel je dis que, ne croyant pas avoir tort, je ne pouvois faire des excuses à M. de Luynes de la manière dont je lui avois parlé. Il me répondit qu'il ne m'en demandoit point, et me mena aussitôt le trouver. Je lui dis la même chose en différens termes en présence de madame sa femme; à quoi j'ajoutai que, s'il lui plaisoit me donner les preuves de ce que je devois attendre de l'honneur de son amitié, je serois autant son serviteur que je l'avois jamais été; et il n'y eut point sur cela de promesses qu'il ne me fît. Quelques jours après, il envoya M. Moussigol, son secrétaire, nous offrir, à mon père et moi, la charge de secrétaire du cabinet, en attendant que l'on me donnât celle d'intendant; mais nous la refusâmes.

Je remarquerai ici, pour faire connoître le peu de gratitude de M. Deageant, que, ne s'étant guère mis en peine de ma rupture avec M. de Luynes, et s'étant trouvé dans sa chambre lorsque M. de Luxembourg m'y mena, comme je viens de le rapporter, je n'ai jamais vu un homme plus surpris qu'il le fut.

En l'année suivante, 1619, M. le duc d'Epernon ayant enlevé la Reine-mère de Blois, et l'ayant menée à Angoulême, chacun sait qu'il se passa une longue négociation, dont M. de Bérulle, qui ne fut cardinal que long-temps après, faisoit toutes les allées et venues. Le Roi, pour presser davantage l'effet de cette négociation en s'approchant d'Angoulême, partit de Saint-Germain le 7 mai, et alla à Tours où il demeura jusqu'à ce qu'elle fût terminée, et n'en partit, pour revenir à Paris, que le 19 septembre.

Comme j'avois deux mille écus de pension du Roi, outre mes gages du conseil, et que je ne devois pas renoncer à voir l'effet des promesses de M. de Luynes, je fis ce voyage; et, m'étant trouvé logé à Tours près de M. le maréchal de Bassompierre, qui tenoit une table que l'on pouvoit dire être l'une des plus grands seigneurs de la cour, puisqu'elle en étoit toujours pleine, il me fit l'honneur de me venir prier d'y aller toujours, et m'en pressa de telle sorte que, n'y ayant pas un de ces grands que je ne connusse si particulièrement, que je crois pouvoir dire qu'il n'y a personne en France de ma condition qui ait eu tant d'habitude et de familiarité avec eux, je ne pus refuser une civilité si obligeante. C'étoient, outre leur qualité, des personnes d'un si grand mérite, que les uns remplissoient déjà et les autres ont rempli depuis les plus grandes charges de l'État et commandé les armées. Ainsi il y avoit beaucoup à apprendre dans leur conversation, et rien n'est plus agréable que l'honnête liberté avec laquelle ils vivoient ensemble. On ne savoit là ce que c'étoit que cérémonie, dont la contrainte est insupportable à ceux qui sont nourris dans l'air du grand monde. Chacun se plaçoit où il se rencontroit; ceux qui venoient le plus tard ne laissoient pas de se mettre à table, encore qu'il y eût déjà long-temps que les autres y fussent. Quelque grande que fût cette bonne chère, on n'y parloit jamais de manger. De même que l'on étoit venu sans se dire bonjour, on s'en alloit sans se dire adieu, les uns tôt, les autres tard, selon leurs affaires, et on s'entretenoit sur toutes sortes de sujets, non-seulement agréablement, mais utilement.

Comme il n'y avoit point d'homme en France qui ait servi le roi Henri-le-Grand dans toutes ses guerres, et continué de servir Sa Majesté avec plus de valeur, de fidélité et de zèle que M. le marquis de Praslin, Sa Majesté crut ne devoir pas différer davantage à rendre justice à son mérite. Ainsi, durant le séjour qu'elle fit à Tours, elle l'honora de la charge de maréchal de France, dans laquelle il a continué jusqu'à sa mort de la servir de telle sorte et avec un tel désintéressement, dans tant de guerres auxquelles les différens partis formés dans un État, et particulièrement celui des huguenots, ont donné sujet, que nul autre ne doit plus que lui être proposé pour exemple d'un homme véritablement passionné pour son prince et pour sa patrie.

J'estime qu'avant de passer outre dans la suite de cette narration, il ne sera pas mal à propos que je rapporte une chose assez remarquable, pour faire voir combien il importe que tout ce qui part de la main du Roi soit digne de lui. M. de Bérulle, comme je l'ai dit, étoit celui qui négocioit de la part de Sa Majesté auprès de la Reine mère; et lorsqu'un jour que le Roi étoit encore à Saint-Germain, il étoit près de partir pour Angoulême, M. Deageant me pria de faire la lettre que Sa Majesté devoit copier de sa main pour écrire à la Reine-mère. Je la fis; et comme M. de Bérulle m'aimoit très-particulièrement, et avoit une entière confiance en moi, lorsque, dans ce séjour de Tours, il me parloit de sa négociation qui duroit encore, il me dit qu'ayant présenté à la Reine-mère l'une des dernières lettres que Sa Majesté lui avoit écrites de Saint-Germain, elle pleura après l'avoir lue, dont étant fort surpris, il avoit demandé à Sa Majesté s'il avoit été assez malheureux pour lui apporter une lettre qui l'eût tellement touchée. A quoi elle lui avoit répondu : « C'est tout le contraire, « car c'est de joie, et non pas de douleur que je « pleure, parce qu'ayant, depuis mon éloigne- « ment, reçu tant de lettres du Roi, voici la « première que j'ai reçue de mon fils. » Comme je n'avois pas oublié ce que portoit cette lettre, je demandai à M. de Bérulle si elle ne commençoit pas par *Ainsi*. Il demeura fort étonné, et me dit : « Oui; mais comment le pouvez-vous « savoir? — Je le puis bien savoir, lui répondis- « je, puisque je l'ai faite. » Et sur cela il m'embrassa.

Il faut maintenant venir à M. Deageant, qui s'étoit vu en si grand crédit qu'il sembloit n'avoir rien à craindre. Mais messieurs de Chaulnes et de Luxembourg étant mal satisfaits de lui, dans la créance qu'il n'entroit pas assez dans leurs intérêts, et M. de Modène les fortifiant dans ce sentiment, ils pressèrent de telle sorte M. de Luynes de l'éloigner qu'enfin ils le lui persuadèrent. Sa résolution étant prise, M. de Luxembourg me dit au Plessis près de Tours, où le Roi logeoit, que M. de Luynes m'attendoit dans la galerie pour me parler. J'y allai, et, étant seul avec lui, il me fit un discours de plus d'une heure, dont la substance étoit que je savois qu'il n'avoit connu que par moi M. Deageant, qu'il n'ignoroit pas que, outre cette obligation qu'il m'avoit d'avoir été ainsi cause de sa fortune, il m'avoit encore celle d'avoir fait par affection pour lui les dépêches importantes qui lui avoient acquis le plus de réputation; qu'il n'en avoit pas eu néanmoins la reconnoissance qu'il devoit, n'ayant pensé qu'à son établissement et non pas au mien; que je n'étois pas le seul qui avoit sujet d'être mécontent de lui, puisqu'il avoit si mal vécu avec tous ses proches, que ne pouvant résister davantage aux plaintes qu'ils lui en faisoient, et pour avoir la paix dans sa famille, il se trouvoit obligé de l'éloigner; qu'il me prioit de le lui dire; et il m'assura que s'il n'avoit pas fait jusqu'alors tout ce que je devois attendre de notre ancienne amitié, j'en ressentirois des effets à l'avenir. A quoi il ajouta toutes sortes de témoignages d'estime pour moi.

L'on a pu voir par ce que j'ai rapporté ci-dessus de M. Deageant jusqu'à quel point j'étois mécontent de lui ; mais ne trouvant rien de plus lâche que de le témoigner dans sa disgrâce, et ayant toujours eu pour maxime qu'il faut même respecter les ombres de l'amitié, je me résolus d'ensevelir cela avec honneur. Ainsi, au lieu de vouloir tirer avantage de ce discours de M. de Luynes qui m'étoit si favorable, et quoique ce qu'il m'avoit dit touchant ces dépêches, dont j'avois soulagé M. Deageant, fût véritable, je lui répondis que M. Deageant ne m'avoit d'autre obligation que celle de le lui avoir fait connoître; je lui représentai les services qu'il lui avoit rendus, et n'oubliai rien pour lui faire voir combien il lui importoit de le traiter favorablement. Ne pouvant donc le détourner de la résolution qu'il avoit prise de l'éloigner, je plaidai tellement sa cause que je tirai parole de M. de Luynes de lui faire conserver 15,000 livres par an de gratification du Roi; sur quoi M. de Luxembourg me dit après que M. de Luynes ne pouvoit assez admirer la générosité avec laquelle j'avois agi en cette rencontre, sachant, comme il le savoit, les mécontentemens que j'avois de M. Deageant.

Il parut bien que M. Deageant n'avoit guères songé durant sa faveur à faire des amis; car je ne crois pas que jamais homme se soit vu plus abandonné dans sa disgrâce, et je ne me souviens point qu'excepté moi il se soit vu assisté de qui que ce fût : son abattement fut extrême lorsque je lui portai cette nouvelle; et il se retira ensuite en Dauphiné d'où il étoit originaire, pour y exercer la charge de premier président en la chambre des comptes de Grenoble, dont il avoit été pourvu durant sa faveur, et qu'il a gardée jusqu'à sa mort.

Dans la suite de ce même séjour du Roi a Tours, étant un matin à son lever pour faire ma cour, en quoi j'avois d'autant plus de facilité que j'ai cette obligation à la mémoire de Sa Majesté, que je ne me suis jamais présenté à la porte de sa chambre ou de son cabinet qu'elle ne m'ait été ouverte, M. de Luxembourg me vint dire : « Je vous apprends une nouvelle, c'est que
« M. le comte de Schomberg est surintendant
« des finances, au lieu de M. le président Jean-
« nin; mais j'ai sur cela une autre chose à vous
« dire, c'est qu'il a une telle estime pour vous,
« qu'il désire avec passion que vous vouliez bien
« accepter le principal emploi auprès de lui pour
« le soulager en cette charge, dans laquelle il
« veut prendre une entière confiance en vous, et
« M. de Luynes vous en prie. »

Comme ce traité avoit été extrêmement secret, et qu'ainsi je n'en avois rien su, je répondis à M. de Luxembourg : « Monsieur, vous me sur-
« prenez, je n'ai jamais eu la pensée de m'atta-
« cher auprès de personne, mais seulement de
« servir le Roi dans les charges dont il me ju-
« geroit capable. — Au nom de Dieu, repartit
« M. de Luxembourg, ne refusez pas cet emploi,
« qui vous est offert d'une manière si honorable,
« et qui ne sauroit ne vous point servir dans vos
« justes prétentions. Vous désobligeriez M. de
« Luynes, et M. de Schomberg vous attend dans
« sa chambre avec impatience que vous vous ré-
« solviez d'accepter ce qu'il vous offre. » Ne voyant plus alors apparence de résister à une instance si pressante, je dis à M. de Luxembourg que je ferois tout ce qu'il voudroit. Il me mena à l'instant à la chambre de M. de Luynes qui étoit tout contre celle du Roi, où M. de Schomberg me parla d'une manière si obligeante que je n'eus qu'à le remercier de l'opinion trop avantageuse qu'il avoit de moi. Mais, après l'avoir quitté, je retournai aussitôt lui dire ces mêmes mots : « Monsieur, notre marché a été bientôt
« fait ; mais permettez-moi, s'il vous plaît, de
« vous dire que si vous n'êtes pas résolu de vivre
« dans cette charge avec un entier désintéresse-
« ment, nous ne nous sommes pas propres. — Je
« vous promets, me répondit-il, qu'avec la grâce
« de Dieu, si un ange étoit en ma place, il ne se
« conserveroit pas les mains plus pures que se-
« ront les miennes, et que je n'ai point d'autre
« passion que de servir très fidèlement le Roi et
« l'Etat. » En quoi il m'a tenu parole, comme toute la France le sait.

M. d'Effiat étant celui qui avoit négocié la démission de M. le président Jeannin de la surintendance entre les mains de M. de Schomberg, lorsqu'il sut qu'il m'avoit choisi de la sorte que je viens de dire pour servir le Roi auprès de lui, il lui dit qu'il croyoit qu'il trouveroit à propos de nous remettre bien, M. de Castille et moi. M. de Schomberg nous en parla ensuite à tous deux, et nous avons depuis vécu ensemble fort civilement.

Incontinent après, M. le colonel d'Ornano crut avoir tant de sujets d'être mécontent de M. de Luynes, qu'il partit de Tours et s'en alla à Paris mal satisfait de M. de Luynes, qui jugeant que cela lui étoit désavantageux parce qu'il lui avoit de l'obligation, il m'envoya dire par M. de Modène que, comme il savoit que j'avois plus de pouvoir sur lui que qui que ce fût, il me prioit de lui écrire pour lui persuader de revenir à la cour. Je répondis que je ne le pouvois, parce que je savois les sujets de mécontentement qu'il avoit, et qu'il étoit juste que ce fût par des effets plutôt que par des paroles que M. de Luynes lui témoignât son affection. M. de

Luynes connut par cette réponse qu'il devoit se résoudre ou à rompre entièrement avec M. le colonel, ou à lui donner des marques effectives de son amitié.

La cour étant partie ensuite de Tours pour revenir à Paris, après le traité d'Angoulême achevé, et l'entrevue du Roi et de la Reine à Cousiers, le Roi reçut en chemin la nouvelle de la mort de M. le comte du Lude, gouverneur de Monsieur. Je pris ce temps pour faire instance sur le sujet de M. le colonel, et lui écrivis, sans dire pourquoi, de se hâter de revenir. Il partit à l'instant, et cependant le Roi lui donna cette charge. J'en dressai moi-même les provisions, le Roi étant à Chartres, en des termes très-honorables pour M. le colonel ; je les laissai à M. de Modène pour les sceller, et, ayant pris la poste pour m'en venir à Paris, je rencontrai en chemin M. le colonel, et le saluai en qualité de gouverneur de Monsieur, dont il ne fut pas peu surpris.

M. le prince sortit le 20 octobre de la même année de sa prison du bois de Vincennes, et s'attacha entièrement aux intérêts de M. de Luynes.

En l'année suivante, 1620, s'éleva ce grand parti de la Reine-mère dont j'ai parlé, et dans lequel M. le comte de Soissons, prince du sang, et tant d'autres princes et de grands entrèrent, par la haine que l'on portoit à M. de Luynes, que le Roi ne savoit de quel côté il devoit le plutôt marcher. Enfin il résolut, comme je l'ai dit, d'aller en Normandie, où sa présence fit que M. de Longueville se trouva abandonné de quantité de noblesse qu'il avoit déjà assemblée ; et, ayant ensuite pris le château de Caën le 17 juillet, et dissipé au Pont-de-Cé le 7 d'août ce que la Reine-mère avoit de troupes auprès d'elle, la paix se fit deux jours après. Leurs Majestés se virent à Brissac le 13 de ce mois, et le Roi alla de là à Poitiers.

Je ne puis passer plus avant sans parler de l'une des plus heureuses rencontres de ma vie. M. l'évêque d'Aire, frère de M. de Bouthillier, homme de très-grande vertu, de très-grand mérite, et qui étoit mon ami à un tel point que je crois pouvoir dire avec vérité qu'il n'aimoit personne plus que moi, m'avoit souvent dit que si M. de Saint-Cyran et moi, nous nous trouvions jamais en même lieu, il me feroit un présent sans prix en me le donnant pour ami. Cette occasion se rencontra à Poitiers où M. de Saint-Cyran étoit alors. M. d'Aire nous prit tous deux par la main, dit à M. de Saint-Cyran, à qui il avoit souvent parlé de moi : « Voilà M. d'An-« dilly ; voilà M. de Saint-Cyran, me dit-il aussi. » Il s'en alla ensuite pour nous laisser seuls ; et ce peu de paroles suffisant pour nous unir, notre amitié commença dès ce moment, et a continué jusqu'à sa mort d'être si parfaite qu'il ne peut y en avoir une plus grande dans le monde. Il seroit inutile d'ajouter quelle étoit l'éminence de l'esprit et de la piété de ce grand personnage, que l'on peut nommer sans flatterie l'une des plus brillantes lumières qui, depuis plusieurs siècles, aient éclairé l'Eglise, par le zèle si ardent qu'il avoit pour elle et par ses admirables écrits, qui font voir qu'il s'étoit tellement nourri de la doctrine et des maximes tout évangéliques des saints pères, qu'elles lui étoient devenues comme naturelles.

De Poitiers, le Roi alla à Bordeaux et ensuite en Béarn, où M. de La Salle, gouverneur de Navarreins, qui est la seule place forte de cette province, et qui avoit toujours été jusqu'alors entre les mains des huguenots, la remit en celles du Roi. Sa Majesté y alla et en donna le gouvernement à M. le marquis de Poyanne, gouverneur d'Acqs, qui étoit un homme de grand mérite, fort de mes amis, et dont l'estime étoit si générale que les principaux de la cour qui avoient accompagné le Roi, étant dans l'attente du choix que feroit Sa Majesté, lui donnoient leurs voix, et M. le cardinal de La Valette dit fort agréablement qu'il eût voulu avoir celle de M. d'Espesse, afin de lui en donner plusieurs, parce que M. d'Espesse avoit divers tons de voix.

Le Roi revint à Paris, y arriva en poste le 7 novembre de cette année 1620, et y trouva la Reine-mère.

En l'année suivante, 1621, le Roi sachant que les huguenots se fortifioient extrêmement de tous côtés, et particulièrement en Guienne et en Languedoc, il résolut, principalement par l'avis de M. le prince, de M. le cardinal de Retz et de M. l'archevêque de Sens, frère de M. le cardinal du Perron, d'employer toutes ses forces pour attaquer un parti si redoutable qu'il partageoit avec lui une grande partie de ses provinces ; et M. le prince persuada au Roi de faire M. de Luynes connétable. Ainsi Sa Majesté partit de Paris sur la fin d'avril, et alla à Tours où elle arriva le 8 mai, dans le dessein de tâcher de tirer Saumur d'entre les mains de M. du Plessis-Mornay qui en étoit gouverneur, quoique l'on ne crût pas qu'il se pût résoudre à le rendre. Il le fit néanmoins, et ce premier coup de bonheur fit bien espérer des suites. Le 31 mai, le Roi assiégea Saint-Jean-d'Angely, qui se rendit le 26 juin, et marcha ensuite vers la Guienne.

Il me seroit facile de m'étendre beaucoup davantage sur l'histoire de ce temps-là, parce que j'ai un journal très-exact que j'ai fait de tout ce qui en est venu à ma connoissance. Mais comme je n'ai autre dessein dans ce Mémoire que ce qui me regarde et ma famille, je me contente de ce qui peut servir à mieux faire comprendre les choses que j'en rapporte. Ainsi, parce que l'on verra dans la suite la considération que M. le duc d'Epernon témoigna en de certains temps d'avoir pour moi, je me trouve obligé de dire de quelle sorte cela arriva.

Le Roi venant de partir de Cognac, qui étoit du gouvernement de M. d'Epernon, lorsque j'allois monter à cheval, M. de Huron, qui étoit fort serviteur de M. d'Epernon, me vint trouver, et me dit de ne partir pas encore, parce que M. d'Epernon vouloit me venir voir aussitôt qu'il auroit dîné, sur ce que M. l'archevêque de Sens, qui étoit son ami très-particulier, lui avoit parlé de moi d'une telle sorte qu'il vouloit être de mes amis : je m'en allai aussitôt avec M. de Huron chez M. d'Epernon qui dînoit en très-grande compagnie; et dès qu'il me vit entrer, il se leva de table, et me dit en des termes les plus obligeans du monde qu'il désiroit que je fusse de ses amis. Il continua à me traiter de la même manière, comme on le verra dans la suite, jusqu'au voyage qu'il fit à la cour après la disgrâce de M. de Schomberg, dont je parlerai en son lieu.

De Cognac, le Roi continuant son chemin arriva en Guienne, alla à Tonneins dont on lui avoit apporté les clefs, envoya reconnoître Clérac par M. le maréchal de Lesdiguières, et commanda à M. de Schomberg de faire la charge de grand-maître de l'artillerie, en l'absence de M. le marquis de Rosny. La Reine régnante vint de Bordeaux à Tonneins, et eut le plaisir avec toute la cour de voir de dessus une colline tirer en un seul jour contre Clérac neuf mille coups de canon de batterie. Cette place, après s'être bien défendue et en suite de douze jours de siége, se rendit le 5 août; et l'on croit que l'on y auroit trouvé les clefs de plusieurs autres, et même de Montauban, si la capitulation eût été religieusement observée; mais M. de Luynes souffrit devant ses yeux qu'on la violât, sans en faire faire la justice que méritoit une si mauvaise action : ce qui fit résoudre les autres places à tenir jusqu'à l'extrémité.

Le Roi se rendit ensuite maître de quelques-unes moins considérables, et résolut après d'attaquer Montauban, où M. de La Force s'étoit enfermé avec ses enfans. Ce siége, qui commença le 17 août et fut levé le 17 novembre de cette année 1621, est si fameux que personne n'en ignore les principaux événemens, tels que sont ceux de cette célèbre attaque de Ville-Bourbon, où tant de gens de qualité furent tués; le secours amené par Beaufort, dont une partie entra dans la place, et lui fut pris avec le reste; et la mort de M. du Maine tué d'une mousquetade, dont le coup, après avoir percé le chapeau de M. de Schomberg qui parloit à lui, lui donna dans la tête.

La charge de grand-maître de l'artillerie obligeant pendant ce siége M. de Schomberg à ne bouger du camp, il m'avoit laissé au chateau de Piquecos auprès du Roi, où j'ouvrois les dépêches qui lui étoient adressées touchant les finances, faisois rapport de quelques-unes au conseil, et lui en allois rendre compte dans le camp.

Comme tous les officiers de la maison du Roi m'aimoient fort, un fourrier du corps trouva moyen de me loger dans ce château de Piquecos où logeoit le Roi. Ainsi, n'ayant point de peine à me retirer le soir de même que tous ceux de la cour qui étoient logés dans de méchans hameaux environnés de tant de malades, et en si mauvais air que plusieurs y moururent, entre lesquels furent M. l'archevêque de Sens, messieurs de Sceaux et de Pontchartrain, j'étois tous les jours fort tard chez le Roi; et un soir entre autres, sur le minuit, n'y ayant plus, excepté les domestiques, personne dans la chambre de M. de Luynes que M. le cardinal de Retz qui logeoit dans le château, M. de Luynes voulut jouer un tour ou deux de trictrac avec lui; et comme il eut pris le cornet pour jeter le dé et que je m'en allois, il se tourna vers moi et me dit : « Monsieur d'Andilly, que diriez-vous de ce qu'un « homme de qualité m'a dit aujourd'hui que vous « n'étiez point de mes amis? » Ce discours d'un favori aussi puissant qu'il étoit, sembloit assez embarrassant; mais il en fut par la suite aussi embarrassé que moi; car je lui repartis : « Monseigneur, que lui avez-vous répondu? » Cette parole le surprit, et il répliqua : « Que lui aurois-je répondu? — Vous pouviez, monseigneur, lui répondre que si vous aviez fait un « mémoire de vos amis et de vos serviteurs, je « m'y serois trouvé en tête, et que tant de personnes qui ont passé devant moi seroient demeurées derrière. » Il demeura si surpris de cette réponse qu'il ne dit plus un seul mot, jeta le dé et baissa son chapeau. M. le cardinal de Retz, qui me faisoit l'honneur de m'aimer extrêmement, baissa aussi le sien, pour ne pas laisser voir sur son visage combien ma réponse lui avoit plu. Je m'en allai, et n'ai jamais vu depuis M. de Luynes, parce que je tombai aussitôt malade à la mort de ces maladies de pourpre dont tant d'autres moururent, et que lui-même mourut peu de temps après, comme je le dirai dans la suite.

Puisque ce Mémoire tend principalement à donner quelques exemples et quelques instructions à mes petits-enfans, je crois devoir marquer ici une chose qui prouvera combien il importe de faire des amis de toutes sortes de conditions: J'ai déjà dit comme l'affection que ce fourrier du corps avoit pour moi fut cause qu'étant logé dans le château où étoit le Roi, je me trouvai dans un air beaucoup moins corrompu que les autres; mais j'avois besoin d'un excellent médecin dans une si extrême maladie, et le grand nombre de personnes de qualité qui étoient malades faisoit qu'il étoit très-difficile d'en avoir. Me trouvant en cet état, un médecin du Roi, nommé Le Mire, s'enferma dans ma chambre, sans que qui que ce soit eût le crédit de l'en tirer, quelque instance qu'on lui fît. Il ne se contenta pas de ne me point quitter jusqu'à ce que je fusse hors de péril, mais, après le siège de Montauban levé, il me conduisit à Toulouse, et continua toujours de demeurer auprès de moi jusqu'à ce que je n'eusse plus du tout besoin de son assistance. En quoi il fit bien voir que c'étoit par pure amitié et par pure générosité, puisqu'il fut hors de mon pouvoir, quelque instance que je lui en fisse, de lui faire recevoir aucun présent. Il ne vécut pas plus de deux ans après; et tout ce que je puis pour me ressentir d'une telle obligation est de la publier, et de prier Dieu qu'il l'en récompense dans le ciel.

Il y avoit déjà alors quelque temps que M. le cardinal de La Valette commençoit à avoir pour moi l'amitié dont il m'a si constamment honoré jusqu'à la mort. Il voulut dans cette maladie m'en donner une preuve si particulière, que je ne pourrois sans ingratitude ne point témoigner combien j'en conserve le ressentiment; car, sachant que j'avois le pourpre, il dit : « Je veux « faire voir à M. d'Andilly combien je l'aime. » Il me vint visiter ensuite, et m'embrassa d'une manière qui m'est toujours depuis demeurée dans l'esprit.

Le Roi, étant parti de Toulouse pour reprendre le chemin de Paris, fit en s'en retournant le siége de Monheur où M. le connétable de Luynes mourut. Que s'il ne m'a pas donné sujet de me louer de lui, je ne saurois au contraire trop me louer de l'affection si obligeante dont M. de Luynes son fils m'honore.

Sa Majesté étant à Poitiers arrêta l'état des pensions, n'y ayant que M. de Schomberg et moi avec elle dans son cabinet. Je connus alors combien il seroit à désirer que ceux qui approchent les rois prissent soin de rendre office aux personnes de mérite; car, comme Sa Majesté rayoit volontiers plusieurs de ces pensions, je fus cause qu'elle en conserva un assez grand nombre qu'elle auroit rayé, en lui représentant les services de ceux qui les avoient. Sur quoi M. de Schomberg eut la bonté de lui dire : « Il les con« noît, Sire, mieux que moi. » Et Sa Majesté me fit l'honneur de n'en pas retrancher une seule de toutes celles dont je lui rendis témoignage.

Elle y ajouta même en diverses rencontres celui d'en accorder de nouvelles à des personnes dont je prenois la liberté de lui dire le mérite. Et je puis en passant remarquer sur ce sujet que, durant les trois années 1620, 1621 et 1622, que commença et dura cette grande guerre contre les huguenots, et que le Roi fut continuellement en campagne, mon plus grand plaisir étoit de tirer de bonnes assignations pour le paiement des pensions de personnes de mérite que je connoissois très-particulièrement, et de les leur envoyer par la poste jusque chez eux lorsqu'ils y pensoient le moins; n'y ayant rien, ce me semble, plus agréable que de traiter ainsi les autres comme on voudroit l'être soi-même; et je n'ai jamais manqué, grâce à Dieu, de servir de même mes amis dans toutes les occasions que j'en ai pu rencontrer.

Le Roi ne fut de retour à Paris que le 28 janvier de l'année suivante, 1622.

La première chose remarquable de la longue campagne de cette année 1622, qui ne finit que dans le commencement de l'année suivante 1623, fut la défaite à Riez des troupes de M. de Soubise, frère de M. de Rohan, le 16 avril, où plus de quatre mille hommes du parti huguenot furent tués ou faits prisonniers, et où le feu Roi témoigna tant de résolution, que pour les aller attaquer il passa un bras de mer à basse marée qu'il ne pouvoit plus repasser quand la marée fut revenue, et qui le mit en nécessité de mourir ou de vaincre. M. Arnauld, depuis gouverneur du Fort-Louis, étoit l'un de ceux que dans cette occasion Sa Majesté fit l'honneur de choisir pour combattre auprès d'elle.

En suite de la défaite de Riez, le Roi assiégea et prit Royan, où M. le marquis de Senecay reçut, en faisant la charge de maréchal de camp, cette blessure à la cuisse dont il est mort, comme je le dirai en son lieu.

De Royan le Roi alla à Sainte-Foy, où M. de La Force fit son traité avec Sa Majesté, lui remit cette place entre les mains avec Montflanquin et Tournon, et fut fait maréchal de France.

Sa Majesté prit ensuite Negrepelisse et Saint-Antonin, et, après avoir été à Toulouse et Narbonne, se rendit à Béziers, où elle demeura depuis le 18 juillet jusqu'au 11 d'août.

J'y trouvai de mes parens proches qui y étoient en fort grande considération; car M. Marion, puîné de M. l'avocat général Marion mon aïeul, s'étant établi en Languedoc, y avoit épousé une femme de fort bonne maison qui vivoit encore, et sentoit bien le lieu d'où elle venoit. Il avoit laissé à son fils aîné, outre la baronnie de Praignes et autres belles terres, la charge de président des trésoriers de France de cette province, et avoit marié ses filles à des personnes de qualité. Ils ne témoignèrent pas peu de joie de me voir.

Sa Majesté étant audit Béziers y résolut le siége de Montpellier, et dès le 16 juillet elle avoit envoyé l'ordre du Saint-Esprit à M. le maréchal de Lesdiguières qui s'étoit fait catholique, et les provisions de la charge de connétable, dont étant venu trouver le Roi il fit le serment entre ses mains le 28 août 1622. Durant ce séjour de Sa Majesté à Béziers elle me fit l'honneur de me faire dire par le père Segueran, son confesseur, qu'elle avoit jeté les yeux sur moi pour la charge de secrétaire d'Etat qu'avoit eue M. de Sceaux, en donnant 100,000 livres de récompense à ses héritiers. Sur quoi, bien que ce soit la seule chose que j'aie jamais désirée, celle des finances étant éloignée de mon humeur, et ayant, je puis dire, fait de grands travaux pour m'en rendre capable, néanmoins, considérant que c'étoit une si grande somme qu'elle pouvoit ruiner ma famille si je venois à mourir, comme je m'en étois vu si proche l'année précédente, je répondis au père Segueran que le Roi me faisoit un grand honneur, mais que ses affaires ne lui permettant pas de me donner purement cette charge, je ne pouvois me résoudre à l'acheter si chèrement. M. d'Ecquerain, cousin germain de M. de Sceaux, en fut depuis pourvu le 12 septembre, durant le siége de Montpellier.

Les suites ont fait voir que je fis une grande faute; mais on la doit pardonner en ce qu'étant venu à la cour sous le règne de Henri-le-Grand, j'avois été nourri dans la créance qu'il suffisoit de travailler à se rendre digne des charges pour espérer, comme autrefois, de les obtenir sans argent.

Il n'y a pas sujet de s'étonner que le Roi me fit l'honneur d'avoir pour moi une pensée si favorable. Il me connoissoit dès son enfance, ne pouvoit douter de ma fidélité, étoit demeuré satisfait de moi dans les emplois que j'avois eus, et étoit persuadé que je n'étois pas incapable de servir dans cette charge. D'ailleurs M. le prince me témoignoit alors toute la bonne volonté du monde, et faisoit connoître publiquement avoir plus d'estime de moi que je ne méritois. M. le cardinal de Retz, qui étoit alors après lui la première personne du conseil, et qui m'honoroit, comme je l'ai dit, d'une amitié très-particulière, me rendoit auprès de Sa Majesté toutes sortes de bons offices. M. de Vic, qui avoit succédé à M. du Vair en la charge de garde des sceaux, m'aimoit beaucoup. Il étoit de l'avantage de M. de Schomberg d'avoir en cette place une personne qui lui fût aussi acquise que je l'étois. M. de Puisieux, premier secrétaire d'Etat, avoit, outre l'alliance, une amitié pour moi qu'il a conservée jusqu'à sa mort, et je n'avois plus pour obstacle M. le connétable de Luynes, qui avoit toujours reculé ma fortune, quelque sujet qu'il eût du contraire, dont je ne pouvois attribuer la cause qu'à ce que mon humeur ne lui étoit pas propre, parce que les favoris ne veulent pour la plupart que des esclaves qui embrassent aveuglément leurs intérêts, si contraires le plus souvent à ceux de leurs maîtres, qui sont ceux que les gens de bien et de cœur ont continuellement devant les yeux.

Je crois devoir remarquer ici, parce qu'il importe pour la suite, une chose qui se passa durant le séjour du Roi à Béziers. Comme il faisoit une extrême chaleur et que tout le monde se baignoit, un soir que je me rhabillois au sortir de l'eau, M. le cardinal de Retz et M. de Schomberg, qui, outre l'alliance, avoient beaucoup d'amitié l'un pour l'autre, se promenant ensemble à cheval, vinrent à moi, et M. de Schomberg dit à M. le cardinal de Retz : « Monsieur, « prêtez-moi, s'il vous plaît, M. d'Andilly, afin « que je l'entretienne, mes occupations, quand « je suis dans le cabinet, ne m'en donnant pas le « loisir. »

M. le cardinal de Retz s'en alla d'un autre côté, et je me promenai long-temps à cheval avec M. de Schomberg. Dans cet entretien, où il me parla de plusieurs choses importantes, je lui dis que je le suppliois de me permettre de lui demander comment il ne pensoit point davantage qu'il ne faisoit à s'acquérir des amis. « Et com- « ment, me répondit-il, en pourrois-je faire, ne « songeant, comme vous le savez, qu'à servir le « Roi, et ne voulant obliger personne à ses dé- « pens? — Vous pourriez au contraire, ce me « semble, monsieur, servir très-bien le Roi, et « tout ensemble vous faire grand nombre d'amis. « — Et de quelle sorte, me répliqua-t-il, cela se « pourroit-il faire? — Vous n'avez, monsieur, lui « dis-je, qu'à remarquer sur l'état des pensions « qui sont les hommes de tout le royaume qui « ont le plus de mérite, et qui peuvent, par leurs « charges dans les provinces, ou par leurs emplois « dans les armées, le plus utilement servir le Roi; « et en prenant soin de les faire bien payer de « leurs pensions et de leurs appointemens, sans « qu'ils aient besoin de vous en solliciter, et en

« leur rendant de bons offices auprès de Sa Ma-
« jesté dans les occasions, vous ne vous les ac-
« querrez pas seulement pour amis, mais vous
« servirez très-utilement le Roi, parce que vous
« leur augmenterez par ce moyen l'affection et le
« désir de le bien servir : et pour vous faire voir,
« monsieur, que cela vous est très-aisé, c'est que,
« ne pouvant rien en comparaison de vous, je
« m'acquiers quantité d'amis qu'il vous seroit
« très-facile de rendre les vôtres. » M. de Schomberg reçut très-bien cet avis, mais il n'en fit
pas l'usage qu'il auroit pu faire, comme ce Mémoire fera voir qu'il l'a reconnu trop tard.

Peu de jours après ce que je viens de rapporter, M. le cardinal de Retz tomba malade, et
mourut en ce même lieu de Béziers le 13 août.
Il fut regretté avec sujet généralement de tout
le monde, et j'y perdis beaucoup en mon particulier. C'étoit un homme très-sage, très judicieux, très-désintéressé, très-zélé pour la religion,
pour le service du Roi et pour l'État, très-
modéré, très-doux, très-civil, de très-facile accès, et si bienfaisant, que, ne faisant jamais de
mal à personne, il rendoit toutes sortes de bons
offices aux gens de mérite, et étoit en tout ce
qui dépendoit de lui la consolation de ceux qui
avoient sujet de se plaindre de leur mauvaise
fortune, principalement durant la vie de M. le
connétable de Luynes.

Le Roi s'attacha ensuite au siége de Montpellier, dont chacun sait quelles furent les difficultés, et qui ne fut maître de cette place que
par la paix faite avec les huguenots, dont M. le
duc de Rohan étoit le chef.

J'étois alors si bien dans l'esprit de sa Majesté,
que M. le prince et M. de Schomberg me chargeoient de lui parler comme de moi-même sur
des sujets très-importans, et elle le recevoit si
bien qu'ils me témoignoient être satisfaits de ma
conduite.

M. le garde des sceaux de Vic étant mort à
Pignan le premier septembre, le Roi donna les
sceaux à M. de Caumartin; et j'ai cette obligation à sa mémoire, qu'aussitôt qu'il fut en charge
il dit au Roi qu'il n'appréhendoit point d'être
surpris en ce qui regardoit les finances, parce
que, dans l'entière confiance qu'il pouvoit prendre en moi, il ne scelleroit rien d'important sur
ce sujet sans me demander avant s'il n'y avoit
point de difficulté; et il est certain que l'on ne
peut être guère mieux à la cour que j'y étois ;
mais j'en étois, grâces à Dieu, fort peu touché.

Ce fut principalement M. de Bassompierre et
M. de Puisieux qui travaillèrent à faire M. de
Caumartin garde des sceaux ; car M. le prince
et M. de Schomberg désiroient M. d'Aligre : sur

quoi je pourrois, en cet endroit comme en plusieurs autres, rapporter plusieurs choses particulières dont j'ai eu connoissance, si je n'avois
résolu de ne parler dans ce Mémoire que de
celles qui sont relatives à ce qui me touche.

Je fis alors deux grandes pertes, dont la première fut M. Zamet (1); et comme sa mémoire
m'est toujours présente et me le sera jusqu'à la
mort, je ne saurois ne point parler de lui plus au
long que ce Mémoire ne semble le désirer.

Personne ne l'ayant plus connu que moi, je
puis dire sans crainte que c'étoit un homme si
extraordinaire, qu'il n'y avoit point d'emplois et
de charges dont il ne pût être honoré avec le
temps, si l'on eût rendu justice à son mérite. On
voit beaucoup de gens qui ont de l'esprit ; on en
voit beaucoup plus qui ont du cœur, et il s'en
rencontre assez qui ont beaucoup d'esprit et de
cœur tout ensemble ; mais quoique, durant le
long temps que j'ai passé dans le monde et à la
cour, il n'y ait guère eu de personnes éminentes
en mérite que je n'aie connues, je n'ai rien vu de
plus rare que d'en trouver qui eussent, outre
l'esprit et le cœur, cette grandeur d'ame qui s'é-
tend à tout, qui fait qu'on s'élève au-dessus des
intérêts qui aveuglent presque tous les hommes,
que l'on ne pense qu'à remplir tous ses devoirs
envers Dieu, son prince, sa patrie, ses amis ; que
l'on triomphe également de la bonne et de la
mauvaise fortune, en ne se laissant ni éblouir
par l'une, ni abattre par l'autre, et enfin que
l'on ne se propose jamais rien que de louable et
de juste et de noble. Cet assemblage de tant de
rares qualités est, à mon avis, ce que l'on peut
appeler une grande ame ; et c'est ce que j'ai remarqué dans M. Zamet. Sa piété envers Dieu,
son courage dans les périls, et sa capacité dans
la guerre et dans les affaires, l'avoient mis dans
une assiette d'esprit que rien n'étoit capable d'é-
branler; et, quelque grande que fût son ambition, elle étoit soutenue par tant de vertus, et se
proposoit une fin si glorieuse autant selon Dieu
que selon les hommes, que l'on ne pouvoit y rien
trouver à redire. Il avoit été mestre de camp du
régiment de Picardie, qui est le premier après
celui des Gardes ; il avoit reçu une grande blessure au siége de Montauban, où il avoit admirablement bien servi. Le Roi l'avoit ensuite fait
maréchal de camp, qui étoit alors une charge si
considérable qu'elle mettoit en état de prétendre
à celle de maréchal de France. Lorsque Sa Majesté eut pris la résolution d'assiéger Montpellier,
elle l'envoya devant avec un corps de cavalerie
de ses meilleures troupes : il marcha avec une

(1) Pontis, dans ses Mémoires, donne sur Zamet beaucoup de détails.

telle discipline qu'on le recevoit comme en triomphe dans toutes les villes; et dans un combat qu'il fit à une lieue de Montpellier, ayant attaqué avec trois cents chevaux un régiment de cinq cents hommes, il en tua plus de trois cents, et fit des prisonniers. Mais une violente maladie le mit ensuite en tel état, que le Roi arrivant à Pésenas, lorsqu'à peine il se pouvoit encore soutenir, lui dit de se retirer dans quelque grande ville pour se guérir et revenir ensuite au siége : il supplia Sa Majesté de l'en dispenser, ne bougea du camp et ne perdit pas un moment dans ce grand siége, aussitôt qu'il se trouva en état de le pouvoir faire. Et sur ce que le Roi avoit eu la bonté de lui dire ce que je viens d'en rapporter, il me dit en confiance : « C'est pas ici une « occasion qui permette de s'aller rafraîchir. « C'est une guerre de religion qui regarde Dieu, « et dans laquelle je m'estimerai trop heureux de « pouvoir laver mes péchés dans mon sang. » Cette parole, également chrétienne et généreuse, fut accomplie; il fut blessé à la cuisse d'un coup de pièce de cinq livres de balles, dont l'ouverture étoit telle qu'il ne resta aucune apparence qu'il en pût guérir. Il regarda cette horrible plaie sans s'émouvoir, et vécut seulement cinq jours depuis, avec de tels sentimens de piété et une telle tranquillité d'esprit, que j'eus la consolation de ne pouvoir douter que Dieu ne lui fît miséricorde. Je passois auprès de lui tout le temps que je pouvois dérober à mes occupations indispensables, et il n'y eut point de jour qu'il ne me dît en m'embrassant et en me témoignant sa joie de me voir auprès de lui : *Quel trésor c'est qu'un bon ami!* Il me donna par son testament, pour gage de son amitié, un grand tableau de saint Jean dans le désert, que j'ai donné à Port-Royal des Champs où il est encore, comme ne pouvant le mettre en un lieu plus digne de le conserver.

Quelque temps après et durant ce même siége, M. de Schomberg fut malade à l'extrémité. Comme il croyoit mourir, il nous nomma, M. de Contades et moi, exécuteurs de son testament, nous mit entre les mains les clefs de ses cassettes, et m'envoya dire au Roi que le plus grand service qu'il lui pouvoit rendre en mourant, étoit de lui nommer M. le marquis de Seneçay pour son successeur : ce qui fut sans doute une action fort honorable à sa mémoire; mais Dieu lui conserva la vie, et M. le marquis de Seneçay la perdit en même temps en la manière que je le dirai. Ce fut pour moi une nouvelle douleur qui me perça encore le cœur, parce qu'il me faisoit l'honneur de m'aimer parfaitement, et que c'étoit aussi, comme je l'ai dit de M. Zamet, un homme d'un mérite si extraordinaire qu'il n'y avoit point de charge dans l'Etat qu'il ne pût remplir très-dignement, tant il avoit de piété, de courage, de capacité et de fidélité. Il avoit été blessé à Royan, comme je l'ai dit, dans un logement fait en suite d'une mine; et les ennemis faisant des efforts extraordinaires pour le reprendre, il s'opiniâtra d'y demeurer afin de le conserver. Ainsi il ne fut pas pansé aussitôt qu'il l'auroit fallu, et le siége de Saint-Antonin s'étant fait ensuite il voulut s'y trouver, et y agit tellement, quoiqu'il ne fût pas encore guéri, que sa plaie s'irrita, et le mit en tel état qu'il fut contraint de quitter l'armée, et d'aller chez lui en Bourgogne. Le mal continuant toujours à être fort grand, il vint à Lyon pour s'y faire visiter, et son impatience de se trouver au siége de Montpellier fit qu'il voulut qu'on mît le feu à la plaie, dans la créance d'en guérir plus tôt. Mais ce remède ne fit qu'avancer sa mort. J'ai parmi mes papiers une relation de ce qui se passa, et qui fait voir quelle étoit son insigne piété. Je puis dire de lui sans flatterie que nul autre de son temps n'avoit tout ensemble plus de vertus, et que je n'y ai remarqué aucun défaut.

M. de Schomberg ne faisoit que commencer à guérir de sa maladie, et ne sortoit point encore, lorsque cette nouvelle arriva à l'armée; et sur les instances de M. le marquis de Ragny, il me chargea d'aller trouver le Roi, pour le supplier de lui accorder par commission l'exercice des charges de son lieutenant en Bourgogne et de gouverneur d'Auxonne, pendant le bas âge des enfans de M. de Seneçay, auxquels il ne doutoit point que Sa Majesté ne les conservât. Je demandai à M. de Schomberg si madame la marquise de Seneçay y consentoit, et il me dit qu'on l'avoit assuré qu'oui. Je fus ensuite trouver le Roi, et, en lui demandant cette grâce pour M. le marquis de Ragny par l'ordre de M. de Schomberg, je lui dis en termes précis qu'on l'avoit assuré que madame de Seneçay le désiroit. Sa Majesté l'accorda sans difficulté, et les commissions en furent expédiées.

Le siége de Montpellier, pendant lequel M. de Châtillon, qui avoit remis Aigues-Mortes entre les mains du Roi, et M. de Bassompierre furent faits maréchaux de France, ayant duré depuis le premier septembre de ladite année 1622 jusqu'au 18 octobre, la paix se fit, et M. de Rohan vint trouver le Roi au camp ce jour-là. Sa Majesté fit son entrée à Montpellier le 20 de ce même mois, et en partit le 27. M. le prince, qui n'étoit point content de la paix, étoit parti le 27 du même mois pour aller à Notre-Dame de Lorette.

M. de Châteauneuf, depuis garde des sceaux, fut choisi par le Roi pour porter à Toulouse l'édit de la paix, afin de le faire enregistrer. Comme il savoit que ce parlement se rendroit très-difficilement en tout ce qui regardoit les huguenots, à cause de la haine que l'on y avoit pour eux, il me vint trouver, et me dit qu'ayant appris que j'avois contracté une grande amitié avec M. de Bertier de Montrave, depuis premier président en ce parlement, et qui, bien que n'étant alors que second président, avoit beaucoup plus de crédit que nul autre en sa compagnie, il me prioit de lui écrire très-fortement, pour l'assurer que dans l'état où étoient alors les affaires, et dans l'impossibilité de prendre Montpellier de force, on n'avoit pu rien faire de plus avantageux pour la religion que ce traité de paix ; à quoi il ajouta que rien ne lui pourroit davantage servir dans le voyage que ma lettre, puisque M. de Montrave y ajouteroit une entière foi. Je fis ce qu'il désiroit, et il me dit à son retour que cela avoit réussi comme il le l'étoit promis.

Le Roi, au sortir de Montpellier, alla en Provence, et lorsque, revenant de là à Paris, il arriva à Lyon, la première chose que je fis fut de m'enquérir de madame la marquise de Seneçay (1) que je n'avois encore jamais vue ; j'appris qu'elle y étoit. Je la fus voir aussitôt. Comme elle avoit su de M. son mari jusqu'à quel point il me faisoit l'honneur de m'aimer, et que son affliction étoit aussi grande qu'elle pouvoit être, quels cris ne fit-elle pas en me voyant ! et lorsqu'en suite de beaucoup de pleurs je vins à lui parler de ses affaires, elle me dit qu'elles ne pouvoient être en plus mauvais état, parce que M. le marquis de Ragny ayant obtenu des commissions pour exercer les charges de lieutenant de Roi en Bourgogne et de gouverneur d'Auxonne, il lui seroit facile de se les approprier à cause du bas âge de ses enfans ; ce qui leur feroit perdre la considération qu'elles pourroient leur donner dans la province où étoit tout le bien de M. de Seneçay. Jamais surprise ne fut plus grande que la mienne. Je lui dis de quelle sorte la chose s'étoit passée, et allai en même temps supplier M. de Schomberg de faire que M. le marquis de Ragny voulût bien remettre ses commissions entre les mains de madame de Seneçay. Il lui en parla ; mais M. le marquis de Ragny lui dit que c'étoit une chose à quoi il ne se pouvoit résoudre, et que madame de Seneçay n'avoit rien à craindre, puisque nul autre ne conserveroit mieux que lui ces charges à ses enfans. L'affaire étant en ces termes, et madame de Seneçay étant dans la douleur de voir ces charges dans des

(1) Depuis dame d'honneur d'Anne d'Autriche.

mains dont elle croyoit ne pouvoir jamais les retirer, je rencontrai en allant chez M. de Schomberg M. le marquis de Ragny qui en sortoit ; je lui parlai de l'affaire, et m'ayant fait la même réponse qu'il avoit faite à M. de Schomberg, je lui dis : « Monsieur, je suis bien malheureux d'« avoir été celui qui a parlé au Roi pour vous ac« corder ces commissions, dans la créance que « madame la marquise de Seneçay le désiroit, « et de voir que vous voulez aujourd'hui les re« tenir contre son gré. Sur quoi tout ce que je « vous puis dire, est que je pense avoir autant d'a« mis qu'homme de France, et que je les renon« cerai tous pour amis s'ils ne deviennent vos « ennemis. — Quoi ! me répondit le marquis de « Ragny, vous intéressez-vous jusqu'à ce point « dans cette affaire ? — Oui, monsieur, lui re« partis-je, parce que M. le marquis de Seneçay « étoit un homme d'un mérite extraordinaire et « mon intime ami. — Puisque cela est, me ré« pondit-il, et que je ne veux nullement vous avoir « pour ennemi, je rapporterai dès aujourd'hui « mes commissions à madame de Seneçay. » Et il le fit.

Cette affaire achevée, il en restoit une autre, qui étoit la pension de deux mille écus qu'avoit M. de Seneçay. Je priai M. le maréchal de Bassompierre de supplier le Roi de la conserver à messieurs ses enfans. Il lui en parla, et Sa Majesté lui répondit qu'elle ne le pouvoit à cause de la conséquence. Ainsi ne voyant plus rien qui dût m'arrêter à Lyon pour les affaires de madame de Seneçay, où elles m'avoient seules retenu neuf jours, quoique après un voyage de dix mois j'eusse eu la permission de retourner à Paris voir ma famille, j'allai prendre congé du Roi, et lui dis : « Sire, Votre Majesté me per« mettra-t-elle de lui demander d'où vient qu'elle « a refusé à M. le maréchal de Bassompierre de « conserver aux enfans de M. le marquis de Se« neçay la pension qu'elle lui donnoit ? — C'est, « me dit le Roi, à cause de la conséquence. — « Plût à Dieu, Sire, lui repartis-je, qu'il y eût « de la conséquence ! Votre Majesté seroit heu« reuse, puisqu'elle auroit beaucoup d'hommes « du mérite de M. de Seneçay ; mais le mal est, « Sire, qu'il n'y en a guère. » Le Roi sourit, et comme c'étoit chez la Reine sa mère que je lui parlois, et qu'elle entendit ce que je lui dis de la porte de son cabinet, élevé de trois ou quatre degrés, où elle étoit venue au-devant de lui et dans lequel il alloit tenir conseil, elle sourit aussi. Je me retirai, et étant près de prendre congé, j'allai quelques heures après prendre congé de M. le garde des sceaux de Caumartin, parce qu'il me témoignoit beaucoup d'amitié, et ne fus pas moins aise que surpris de ce qu'il me dit : « Vous avez plaisamment fait accorder « deux mille écus de pension aux enfans de M. le « marquis de Seneçay. — Comment, monsieur, « lui répondis-je? — Parce, me répondit-il, que « le Roi et la Reine sont tous deux entrés dans le « conseil en riant de ce que vous aviez dit au « Roi ; et Sa Majesté a dit ensuite qu'il n'y avoit « pas moyen de refuser cette pension à une ré- « ponse telle que celle que vous lui aviez « faite sur la difficulté qu'il y trouvoit *à cause* « *de la conséquence.* » Cette seconde affaire de madame de Seneçay s'étant terminée de la sorte, je partis, et jamais amitié ne parut plus grande que celle qu'elle m'a témoignée ensuite durant plusieurs années; mais le fantôme du jansénisme l'a depuis tellement effrayée, et a si fort effacé de son esprit et de son cœur le souvenir et le ressentiment de tout le passé, que je crois qu'à peine peut-elle m'entendre nommer. Sur quoi je laisse à juger à ceux qui liront ceci si elle a raison, et je doute qu'elle en voulût prendre pour juges M. et madame la duchesse de Liancourt, qui n'ignorent rien de ce que je viens de rapporter, quoique leur vertu soit si connue de tout le monde qu'il ne lui seroit pas avantageux de les récuser.

Durant ce séjour du Roi à Lyon, M. le cardinal de Savoie vint trouver Sa Majesté. M. l'évêque de Genève, depuis canonisé sous le nom de saint François de Sales, l'y accompagna; et le jour de Noël, madame la marquise de Seneçay et moi étant allés à l'église, il se rencontra que c'étoit lui qui disoit la messe. Comme ce grand évêque étoit intime ami de mon père, qu'il n'aimoit, après la mère de Chantal, nulle autre religieuse plus que la mère Angélique ma sœur, et qu'il m'affectionnoit très-particulièrement, l'ayant fort connu en d'autres voyages qu'il avoit faits en France, jamais rencontre ne me fut plus agréable que celle-là. Il nous communia, madame de Seneçay et moi, comme les autres, et j'allai après la messe dans la sacristie pour le voir. Il n'est pas croyable avec quelle joie il me reçut, et il me dit en m'embrassant ces propres paroles : « Ah! mon fils, je vous ai reconnu *in frac-* « *tione panis.* » Il ne vécut depuis que trois jours, étant mort, comme chacun sait, le 28 décembre.

Avant d'aller à Paris j'allai à Fontainebleau voir madame Zamet, que je n'avois avant jamais vue, non plus que madame de Seneçay; et comme elle n'ignoroit pas l'extrême amitié que M. son mari avoit eue pour moi, je n'ai jamais rien vu de plus pitoyable que l'excès de la douleur qu'elle témoigna à mon arrivée.

SECONDE PARTIE.

Le Roi arriva à Paris le 10 janvier 1623; et M. de La Vieuville, qui s'étoit instruit depuis longtemps dans les finances chez M. de Beaumarchais son père, réussit enfin dans le dessein qu'il avoit formé d'arriver, à quelque prix que ce fût, à la charge de surintendant. Ainsi le 21 du même mois M. de Schomberg m'envoya querir. Je le trouvai seul dans son grand cabinet, et il me dit : « Me voilà bien récompensé de « tous mes services; le Roi vient de m'envoyer « par M. Tronçon un ordre de me retirer à Nan- « teuil, et de vous remettre entre les mains tous « mes papiers. Je suis fort aise de ce dernier « ordre, parce que je ne saurois les donner à « personne en qui j'aie plus de confiance qu'en « vous, ni qui puisse mieux s'en servir pour ma « justification. » Je lui répondis ce que l'on peut s'imaginer; et sur cela M. le marquis de Meguelai, madame la duchesse d'Halluin sa fille, belle-fille de M. de Schomberg, et madame de Liancourt arrivèrent. Il les mena, et moi avec elles, dans son petit cabinet, ferma la porte, et leur déchargea son cœur sur l'injustice du traitement qu'il recevoit. Il finit en leur disant : « Dieu sait que j'ai servi le Roi avec tant de « zèle, de fidélité et de désintéressement, que « je n'ai sur cela rien à me reprocher. Le seul « regret qui me reste est de n'avoir pas cru « M. d'Andilly lorsqu'il me conseilloit de faire « des amis; mais j'étois si occupé de ma passion « pour le service, que je ne pensois à autre « chose. » Il partit le soir même pour se retirer à sa maison de Nanteuil, d'où il ne se passoit presque point de jour qu'il ne me fît l'honneur de m'écrire, et je lui écrivois de Paris tout ce qui le regardoit.

Cependant M. de Puisieux qui m'aimoit fort, comme je l'ai dit, et qui étoit alors en grande faveur, m'envoya dire que le Roi vouloit me rendre justice, et me donner la charge d'intendant des finances, qui m'étoit si justement due. Je répondis que l'éloignement de M. de Schomberg n'étoit pas un temps propre à recevoir des grâces; et tant que M. de Schomberg a vécu, je n'ai point vu M. de Puisieux, parce que l'on croyoit qu'étant d'un parti contraire il avoit contribué à sa disgrâce. Mais après la mort de M. de Schomberg il me fit l'honneur de me venir voir, et m'a toujours témoigné jusqu'à la fin de sa vie une amitié particulière.

C'est une chose incroyable que la quantité de visites que je recevois continuellement durant plusieurs jours après cet éloignement de M. de Schomberg, quoique chacun sût que je ne prétendois alors à aucun emploi. Ainsi, un jour que mon cabinet étoit plein de personnes de qualité, M. Tronçon, qui portoit tous les ordres du Roi, entra, et me dit que le Roi me commandoit de remettre entre les mains de M. de Beaumarchais, trésorier de l'épargne qui entroit en exercice, tous les papiers que M. de Schomberg m'avoit laissés. Je lui répondis que le Roi étoit trop juste pour me faire un tel commandement, s'il eût été informé du particulier, que ces papiers étoient nécessaires pour la décharge de M. de Schomberg de plusieurs millions employés dans une si grande guerre; mais que, retenant les originaux pour sa justification, j'en ferois faire des copies collationnées qui suffiroient à M. de Beaumarchais, et irois en rendre compte au Roi. Le jour même j'allai trouver Sa Majesté, et après lui avoir dit ce que j'avois répondu à M. Tronçon, j'ajoutai que ma conscience m'obligeoit à lui témoigner qu'il étoit impossible de le servir avec plus de passion, de fidélité et de désintéressement qu'avoit fait M. de Schomberg; et que, comme je n'étois point à M. de Schomberg, mais à Sa Majesté auprès de lui, s'il avoit donné sujet aux mauvais offices qu'on lui avoit rendus, elle l'auroit connu, non pas par mon rapport, à quoi j'aurois eu mauvaise grâce, mais par ma retraite d'auprès de lui. « Mais peut-on dire, me répliqua « le Roi, qu'il n'y ait point eu de malversation « dans mes finances? — S'il y en a eu, Sire, « repartis-je, ce n'est pas à M. de Schomberg « que Votre Majesté s'en doit prendre, mais à « elle-même. — Et pourquoi cela, me dit alors « le Roi? — Parce que, Sire, lui répondis-je, si « Votre Majesté, en établissant M. de Schomberg « surintendant des finances, lui eût en même « temps donné le pouvoir de nommer à toutes « les charges qui en dépendent, il auroit été « responsable à Votre Majesté des personnes « qu'il y auroit mises; mais Votre Majesté ven- « dant ces charges aux personnes qui lui en « donnent davantage, il n'y entre que ceux qui « ont le plus de passion de s'enrichir. » Le Roi ne me répondit rien, et je me retirai après m'être acquitté de ce témoignage que je m'étois cru obligé de rendre à la probité de M. de Schomberg.

Quelques jours après, M. de Schomberg, qui regardoit le gouvernement d'Angoumois comme le lieu de sa retraite, et qui avoit négligé durant sa faveur de donner ordre à munir la citadelle d'Angoulême, écrivit à M. le maréchal de Bassompierre pour le prier de lui faire avoir de la poudre, des boulets et autres munitions; il m'envoya sa lettre pour la lui rendre. Il passoit dans ce nouveau changement pour avoir beaucoup de crédit, parce qu'il étoit fort uni avec M. de Puisieux. Je le trouvai qui reconduisoit des dames, et sa maison étoit pleine de gens qui lui faisoient la cour. Ainsi, dans la crainte que l'on ne me prît pour être de ce nombre, je lui dis tout haut, en tenant la lettre : « Monsieur, voici une « lettre de M. le comte de Schomberg qui me « servira de passeport, car sans cela je ne vien- « drois pas dans un tel temps rendre des devoirs « à un homme qui est dans une aussi grande « faveur que vous. » Il me fit de grandes civilités, me mena dans la salle, et, après avoir vu la lettre et promis de servir M. de Schomberg, il me dit : « Voici une étrange affaire, car le « Roi m'a dit qu'il y avoit de quoi faire couper « plus de douze têtes. » Ces paroles, qui blessoient de telle sorte l'honneur de M. de Schomberg, me touchèrent si sensiblement, que je lui répondis : « Le Roi n'a jamais dit, monsieur, de « paroles plus véritables; car, pour faire qu'il « ait conçu une mauvaise opinion d'un homme « qui l'a aussi fidèlement et aussi dignement « servi qu'a fait M. de Schomberg, il faut que « plus de douze personnes lui aient dit plus de « mille faussetés contre lui, et il n'y a pas un « seul de tous ceux-là qui ne méritât qu'on lui « coupât la tête. » Cette réponse le surprit, et, sans me rien répliquer, il continua à m'assurer qu'il feroit ce qu'il pourroit pour servir M. de Schomberg.

M'étant engagé à parler du changement de M. d'Epernon, je ne saurois trouver dans ces Mémoires un lieu qui y soit plus propre. M. d'Epernon étant alors revenu à la cour, quoique dans cet éloignement de M. de Schomberg je ne fisse aucune visite, je crus que l'affection qu'il m'avoit fait l'honneur de me témoigner m'obligeoit à lui rendre mes devoirs, j'allai le voir. Il y avoit une très-grande quantité de monde, et il ne fit pas presque semblant de me connoître. Quelques jours après, ayant rencontré M. du Plessis, sergent de bataille, qui étoit un très-honnête gentilhomme, et entièrement attaché à lui depuis longtemps, je lui dis que si j'avois cru que M. d'Epernon m'eût traité de la sorte, je n'aurois pas reçu de lui cette marque de froideur, si différente de la manière dont il me traitoit autrefois. Il me répondit qu'il falloit qu'il ne m'eût pas reconnu dans une si grande presse, et que si je voulois y retourner, il s'assuroit que je serois content de lui. J'y allai, et sachant qu'il étoit renfermé avec M. d'Herbaut, secrétaire d'État, je ne demandai point à le voir. Quelques jours après, la gelée étant si grande que tout le monde alloit à pied, allant au Louvre avec un de mes amis, je rencontrai dans la rue Saint-

Thomas du Louvre M. d'Épernon qui en revenoit fort accompagné. Je lui dis que j'avois été pour avoir l'honneur de le voir, mais que je l'avois trouvé empêché. Il me répondit du ton que chacun sait qu'il parloit : *Monsieur, désirez-vous quelque service de moi ?* Il n'eut pas plutôt achevé ces paroles que je lui dis : *Monsieur, je suis votre très-humble serviteur,* mis mon chapeau, passai outre, et ne l'ai jamais vu depuis. M. le colonel d'Ornano, qui étoit très-sensible à tout ce qui me regardoit, lui parla ensuite sur ce sujet d'une manière qui ne put pas ne lui point faire voir qu'il auroit été plus honnête à lui d'en agir d'une autre sorte.

J'ai cru devoir rapporter ceci pour faire connoître qu'il y a peu de gens en l'affection desquels on puisse prendre grande confiance ; et il auroit été sans doute plus digne de la qualité de M. d'Épernon, ou de ne me point témoigner tant d'amitié s'il n'avoit point d'estime pour moi, ou, s'il en avoit, de me la continuer, puisque j'étois le même dans les deux temps auxquels il m'a traité d'une manière si différente, et que c'étoit une chose au-dessous de lui de ne me considérer que par un emploi qui me donnoit quelques moyens de le servir, ainsi que j'avois fait dans les occasions qui s'en étoient présentées, et particulièrement touchant M. le chevalier de La Valette son fils naturel, que chacun sait qu'il aimoit extrêmement : mais si M. d'Épernon s'est conduit ainsi envers moi, M. le cardinal de La Valette son fils en a usé tout au contraire, comme la suite le fera voir.

M. de La Vieuville ayant au mois de février 1624 trouvé le moyen de faire éloigner M. le chancelier de Sillery et M. de Puisieux son fils, comme il avoit avant fait éloigner M. de Schomberg, résolut aussi de perdre M. le colonel d'Ornano, gouverneur de Monsieur. Ainsi il fit encore que le Roi, après l'avoir ôté d'auprès de Monsieur, sous prétexte qu'il ne lui falloit plus de gouverneur, lui fit commander de se retirer dans son gouvernement du Pont-Saint-Esprit.

Pour bien démêler la suite de cette affaire, et la faire mieux entendre à mon égard à cause de la part que j'y ai eue, il faut reprendre les choses de plus haut. Aussitôt que M. le colonel d'Ornano entra dans la charge de gouverneur de Monsieur, il me fit connoître particulièrement à Son Altesse Royale, qui m'a fait l'honneur de me dire depuis que, dès le premier moment qu'il m'avoit vu, il m'avoit pris en affection. J'étois fort bien dès lors avec M. le cardinal de Richelieu, qui étoit entré dans le ministère le 30 du mois d'avril précédent ; et il n'eut pas peine à me mettre bien dans l'esprit de la Reine-mère de qui j'avois l'honneur d'être déjà connu, et qui avoit honoré mon oncle l'intendant d'une bienveillance si particulière.

La Reine-mère, comme chacun le sait, aimoit fort Monsieur. M. le cardinal étoit bien aise de le servir ; et ainsi, comme il savoit que Monsieur affectionnoit beaucoup M. le cardinal d'Ornano, il ne put pas ne le point considérer, quoique naturellement ils n'eussent point d'inclination l'un pour l'autre.

Les choses étant dans cet état lorsque M. de La Vieuville entreprit de ruiner M. le colonel, il étoit facile de juger que s'il étoit une fois éloigné, il ne reviendroit jamais à la cour avec considération, parce que l'on mettroit auprès de Monsieur des personnes qui n'oublieroient rien pour tâcher de le lui faire oublier, quand même l'absence ne seroit pas seule capable de refroidir peu à peu son affection. Ces raisons me firent dire à M. le colonel que je ne voyois point de différence entre cet éloignement et la ruine entière de sa fortune ; mais qu'étant indubitable que le refus d'obéir seroit suivi d'une prison, c'étoit à lui de se sonder lui-même pour voir s'il s'y pourroit résoudre. Comme il avoit un très-grand cœur, il n'eut point de peine à prendre ce parti ; et madame sa femme, qui n'avoit point alors moins de confiance en moi que lui, et qui avoit de l'esprit, du courage, et plus d'ambition que je n'en ai jamais vu en aucune femme, y consentit aussi.

Il écrivit ensuite une lettre au Roi pour lui représenter les raisons qui l'empêchoient d'obéir à ce commandement, et le supplier de trouver bon qu'il entrât plutôt dans la Bastille pour rendre compte de ses actions et justifier son innocence.

Je fis imprimer cette lettre, dont j'ai encore quelques exemplaires ; et M. le colonel demeurant ferme dans sa résolution et préparé à tout, M. de Boislouet, exempt des gardes du corps, vint lui dire que le Roi lui commandoit pour la dernière fois de se retirer au Pont-Saint-Esprit. M. le colonel lui ayant répondu qu'il ne le pouvoit pour les raisons qu'il avoit eu l'honneur d'écrire à Sa Majesté, M. de Boislouet lui dit : « Monsieur, j'ai ordre, si vous n'obéissez, de vous « conduire présentement à la Bastille. » M. le colonel demanda aussitôt son manteau, et alla avec lui à la Bastille avec une fermeté admirable.

Rien ne peut être plus généreux que fut en cette occasion toute sa conduite, et particulièrement la manière dont il parla au Roi dans un fort long discours qu'il eut avec lui en présence de la Reine-mère, qui est rapporté mot à mot dans mon journal, aussi bien que les incroyables témoignages que Monsieur donna de son extrême affection pour lui.

La cour étoit alors à Compiègne, et M. de La Vieuville proposa au Roi de m'envoyer aussi à la Bastille, comme étant, à ce qu'il disoit, cause de sa résistance, et ayant sans doute fait la lettre qu'il avoit écrite à Sa Majesté. M. de Feuquières en eut avis; il me le manda, et je partis à l'instant pour aller à Pomponne préparer madame de La Boderie ma belle-mère et ma femme à l'exécution de cet ordre, et revins aussitôt à Paris pour l'y attendre; mais l'injustice de cette proposition parut si grande qu'elle demeura sans effet.

Je travaillai alors de tout mon pouvoir à entretenir dans l'esprit de Monsieur, qui me faisoit l'honneur d'avoir une entière confiance en moi, l'affection qu'il avoit pour M. le colonel, et n'oubliois rien aussi de tout ce qui pouvoit conserver la bonne volonté de la Reine-mère, et l'amitié de M. le cardinal de Richelieu.

Lorsque M. de La Vieuville vit que l'affection de Monsieur pour M. le colonel ne diminuoit point, il fit qu'on le transféra de la Bastille au château de Caen; mais cela ne put empêcher que Monsieur, que je voyois continuellement, ne demeurât toujours aussi ferme que jamais dans son affection pour lui.

Le 12 août de la même année 1624, la cour étant à Saint-Germain, et le Roi se dégoûtant alors de M. de La Vieuville, Monsieur lui fit faire ce grand charivari que chacun a su, et qui fut suivi de sa chute; car il le fut dès le lendemain envoyé prisonnier à Amboise.

Le Roi dépêcha en même temps vers M. de Schomberg qui étoit à sa maison de Duretal, pour le faire revenir à la cour en qualité de ministre, et avec des témoignages d'une très-grande impatience de le revoir. Il envoya aussi retirer du château de Caen M. le colonel pour le remettre auprès de Monsieur, et le rétablir dans toutes ses charges, excepté celle de gouverneur, à cause que Son Altesse Royale n'étoit plus en âge d'en avoir. J'allai au-devant de M. de Schomberg, et, quand il arriva à Saint-Germain, le Roi étant chez la Reine dans le château neuf, lorsqu'on en sortit je sentis quelqu'un qui m'embrassoit au milieu de cette grande foule, et trouvai en me retournant que c'étoit Monsieur, qui, dans le transport de sa joie du retour de M. le colonel, m'en donnoit une marque si obligeante.

M. le cardinal de Richelieu me prit par la main, me la serra, et me dit : « Hé bien! suis-je « un homme de parole? » entendant aussi par ces mots parler du retour de M. le colonel.

J'allai ensuite au-devant de lui pour l'informer si exactement de l'état de toutes les choses de la cour, que sa prison ne pût empêcher qu'il n'en connût la suite, et qu'il ne sût qui étoient ceux qui avoient fait voir, durant sa disgrâce, qu'ils étoient véritablement de ses amis ou n'en étoient pas, afin qu'il pût témoigner sa reconnoissance aux uns, et ne pas se confier aux autres.

Il fut reçu à la cour comme en triomphe, parce qu'on vit les preuves extraordinaires que Monsieur lui avoient données d'une amitié si constante. On considéroit qu'il rentroit glorieusement dans ses charges auprès d'un prince dont il étoit tant aimé, et que chacun regardoit alors comme l'héritier présomptif de la couronne; joint que la générosité avec laquelle il avoit préféré la perte de sa liberté à une retraite qui lui auroit ôté l'espérance de se rapprocher de Monsieur, lui avoit acquis une grande réputation.

Il seroit inutile de dire quelle fut ma joie de voir revenir à la cour M. de Schomberg et M. d'Ornano d'une manière si glorieuse; mais, quelque temps après, la mort de mon oncle, gouverneur du Fort-Louis, me donna le déplaisir que l'on peut penser. J'étois venu de Saint-Germain à Pomponne lorsque la nouvelle en arriva : et M. de Toiras, qui étoit du petit coucher, et l'un de ceux qui avoient le plus de part dans toutes les affaires du Roi, fit si bien sa partie, que Sa Majesté lui donna le régiment de Champagne et le gouvernement du Fort-Louis. J'en eus avis et je m'en allai aussitôt à Saint-Germain, où étant arrivé le soir, et voulant parler au Roi, Sa Majesté, qui n'eut pas peine à juger de ce qui m'amenoit, me dit : « Il est trop tard « pour vous parler; mais j'irai demain matin à « la chasse; trouvez-vous à cinq heures à mon « lever. » Je m'y rendis, et le suppliai de donner les charges de mon oncle à M. de Feuquières qui avoit épousé une de ses nièces, et que je lui proposois comme l'un de tous ceux qu'il pouvoit choisir des plus capables de le bien servir. Il me répondit : « Je les ai données à M. de Toiras. — « Votre Majesté, lui répliquai-je, voudroit-elle « bien, après les services que mon oncle lui a « rendus, préférer pour lui succéder une per- « sonne qui lui étoit étrangère, à un de ses pro- « ches si capable de la servir? — Je ne saurois, « répondit le Roi, changer la résolution que j'ai « prise, parce que c'est une chose faite; mais « je vous ferai donner dix mille écus. — Dix « mille écus, Sire! il en faudroit plus de soixante « et dix pour payer ce que mon oncle a employé « de son bien en sa charge et au Fort-Louis au « service de Votre Majesté; mais je ne demande « point d'argent, Sire, je suis d'une race accou-

« tumée à préférer le service de Votre Majesté à « tout intérêt. Je vous demande seulement de « donner ces charges à l'un des plus braves gen- « tilshommes de votre royaume, et qui peut aussi « dignement vous y servir. » Le Roi me répondant toujours qu'il étoit engagé, je me sentis percé d'une si vive douleur de voir tant de services si mal reconnus, que je lui dis : « Je vois « bien, Sire, d'où vient notre malheur, c'est que « mon oncle est né votre sujet ; car s'il étoit né « sujet du roi d'Espagne, et que, l'ayant servi « comme il a servi Votre Majesté, il fût mort « sans héritiers, on en auroit supposé, Sire, « plutôt que de laisser de tels services sans ré- « compense. » Je me retirai ensuite sans que le Roi me répondît rien ; mais deux heures après, M. de Schomberg me dit que le Roi venoit de lui dire tout ce je viens de rapporter, et avoit ajouté que jamais personne ne lui avoit parlé de la sorte. Il faut néanmoins que Sa Majesté m'ait fait la justice dans son cœur de ne me pas trop condamner, puisqu'elle ne m'a jamais témoigné depuis le moindre refroidissement, et que connoissant ma fidélité et mon zèle, ma liberté à lui parler, quelque grande qu'elle ait été, ne lui a pas sans doute été fort désagréable. Pour en donner une preuve, je crois qu'il ne sera pas mal à propos de rapporter ici une autre chose aussi libre que je dis à Sa Majesté, quoique ce ne fût qu'un an après.

M'étant venu en l'esprit de lui parler sur quatre sujets très-importans, dont celui des duels étoit un, je lui demandai durant son dîner s'il auroit agréable de me donner audience. Il me répondit : *Oui, dès que j'aurai dîné.* Dès qu'il fut levé de table, il me mena à la fenêtre de son cabinet des oiseaux qui regarde sur la rivière, où, étant seul avec lui, je lui parlai à loisir de ces quatre affaires, dont je rapporterai seulement ici ce qui regarde les duels, à cause que ce fut sur le sujet de celle-là que, pour le porter à se résoudre absolument à remédier à un si grand mal, je lui dis cette parole si hardie, qui fut qu'après lui avoir représenté tout ce que je croyois plus capable de faire impression sur son esprit, je finis en lui disant : « Pardonnez-moi, Sire, si « j'ose ajouter que le Roi votre père, ce grand « prince, ayant permis que le sang de sa noblesse « ait été répandu par les duels, Dieu a permis « que le sien l'a été. » Ces paroles le touchèrent « extrêmement, et il me dit : « Mais tels et tels « (qu'il me nomma) s'étant battus il y a quelque « temps, ne les fis-je pas prendre pour leur faire « leur procès ? — Oui, Sire, lui répondis-je ; et « qu'en arriva-t-il ? Tout votre parlement en corps « vint alors vous faire des remerciemens de cette « action de justice. Et Votre Majesté peut juger « par là quelle gloire ce lui sera devant Dieu et « devant les hommes, si elle demeure inflexible « dans la résolution de s'acquitter de ce qu'elle « doit à Dieu, à son royaume et à elle-même, « pour exterminer un monstre tel que celui des « duels. » Sur la fin de cet entretien qui fut fort long, le Roi eut la bonté de me dire : « Toutes « les fois que vous voudrez me parler, je vous « donnerai tant d'audiences que vous voudrez. »

Ce que je viens de rapporter ne fait-il pas voir combien ceux qui n'approchent des princes que pour les flatter sont coupables, et combien eux-mêmes sont à plaindre de ce qu'on ne leur dit point la vérité, puisqu'ils pourroient, s'ils la connoissoient, faire tant de bien qu'ils ne font pas, et empêcher tant de maux qui se font, manque d'employer leur autorité pour les réprimer ? Mais faut-il s'étonner que cet amour pour le bien public, qui a élevé les monarchies à la grandeur où on les voit, étant mort aujourd'hui presque en tous les hommes, chacun ne pense à la cour qu'à son intérêt et à sa fortune ?

Voilà de quelle sorte nous perdîmes avec les charges de mon oncle, et le bien qu'il avoit dépensé dans son emploi si important, et la récompense que nous devions avec raison attendre de ses services. Mais au moins ne sauroit-on ravir à notre famille l'honneur d'avoir porté un homme à qui on peut dire sans flatterie que la gloire est due d'avoir mis le Fort-Louis en un état sans lequel on n'auroit osé former le dessein de prendre La Rochelle, tant il auroit paru impossible d'y réussir, et que notre nom vivra malgré l'envie dans l'histoire autant que le souvenir de cette place, si redoutable qu'elle pouvoit passer pour une république qui avoit secoué le joug de la monarchie.

Pour bien faire comprendre la suite de ce qui me regarde, je suis obligé de dire dans quelle assiette d'esprit étoient pour moi le Roi et la Reine sa mère, M. le cardinal de Richelieu et M. le colonel d'Ornano. Le Roi me considéroit toujours comme un serviteur fidèle qu'il connoissoit dès son enfance, de la probité duquel il étoit assuré, et en qui il pouvoit prendre confiance. La Reine mère n'avoit pas des sentimens moins favorables pour moi. Monsieur me faisoit l'honneur de joindre à cela une inclination si particulière qu'il ne se pouvoit rien ajouter aux marques continuelles qu'il m'en donnoit, comme la suite le fera voir. M. le cardinal de Richelieu me témoignoit tant d'affection, que, dans le séjour de la cour à Saint-Germain, il m'enfermoit quelquefois dans son cabinet lorsqu'il alloit au conseil, pour des choses qu'il me commandoit d'écrire, et dont il me témoignoit à son retour être plus satisfait que je ne pouvois le désirer. Il me faisoit même diverses fois souper seul dans son cabinet, avec ordre à ses domestiques de dire à qui que ce fût qu'on ne le pouvoit voir, si ce n'étoit de la part du Roi ou de la Reine. Alors il me parloit de toutes choses jusqu'à ce que le sommeil le prît, et commençoit même à se déshabiller avant que de me permettre d'appeler ses valets de chambre; et pour le regard de M. le colonel d'Ornano, il seroit inutile d'en rien dire, puisqu'on en peut juger par ce que j'ai rapporté de lui jusqu'ici.

Quant à ce qui étoit de toutes ces personnes dont je viens de parler, il est nécessaire de savoir dans quelles dispositions elles étoient entre elles. Le Roi n'étoit pas sans quelque petite jalousie de l'inclination particulière que chacun remarquoit que la Reine-mère avoit pour Monsieur. La Reine-mère de son côté vouloit s'assurer de plus en plus de la reconnoissance que Monsieur devoit à son affection. Monsieur, qui étoit encore jeune, ne se contraignoit pas assez pour plaire au Roi, et pour rendre à la Reine sa mère tous les soins qu'il auroit été à désirer. M. le cardinal de Richelieu avoit peine à se confier à M. le colonel d'Ornano, et M. le colonel d'Ornano n'en avoit pas moins à se fier à lui. Sur quoi il survint encore une affaire capable de les diviser : c'étoit la pensée du mariage de Monsieur avec mademoiselle de Montpensier, que la Reine-mère et M. le cardinal désiroient extrêmement, mais pour lequel Monsieur n'avoit point d'inclination, et M. le colonel encore moins.

Toutes ces personnes, sans parler du Roi, avec qui il n'y avoit rien à traiter, convinrent pour s'assurer les uns des autres de me rendre dépositaire des promesses qu'ils se firent de vivre en bonne intelligence, mais telle que quand le Roi l'auroit sue il auroit dû en être très-satisfait. Ainsi je me vis honoré de leur confiance à tous. Dieu sait que je n'ai point abusé d'une si grande faveur. Je ne pensois qu'à porter Monsieur à rendre tant de devoirs au Roi et à la Reine sa mère qu'ils eussent sujet d'être pleinement contens de lui, et à faire que Monsieur aimât véritablement M. le cardinal de Richelieu. Et d'un autre côté, il n'y avoit rien que je ne fisse pour maintenir M. le cardinal et M. le colonel dans une sincère union; ce qui n'étoit pas peu difficile, parce que cet éloignement qu'ils avoient l'un pour l'autre donnoit souvent sujet à des défiances, et particulièrement à M. le cardinal, auprès duquel il me falloit sans cesse soutenir des assauts pour M. le colonel. Et une fois entre autres, lorsqu'il étoit à Coutances, et qu'il s'emportoit sur ce sujet plus qu'à l'ordinaire, je lui parlai avec tant de force que je le ramenai entièrement; et M. Bouthillier qui en entendit une partie me dit au sortir de là : « Il n'y « a que vous au monde qui osiez lui dire ce qu'il « ne nous est permis que de penser. » La même chose m'est arrivée en plusieurs rencontres, et j'eus d'ailleurs beaucoup à travailler pour faire connoître à Monsieur et à M. le colonel qu'il n'y avoit point de raison qui dût éloigner le mariage de mademoiselle de Montpensier. J'avois pour cela l'avantage d'entretenir Monsieur en particulier tant que je voulois; car il y prenoit un tel plaisir, que, durant la plus grande partie de l'hiver de cette année 1624, il s'enfermoit après son souper dans le cabinet de M. le colonel, où lui seul et moi étions avec lui, et où M. le colonel me laissoit souvent seul avec Son Altesse Royale; et là, elle me retenoit jusqu'à deux heures après minuit, que l'on fermoit les portes du Louvre. Ces entretiens étoient pour la plus grande partie des choses les plus importantes, dont j'avois eu connoissance, et dignes d'être sues d'un prince que tout le monde regardoit comme pouvant un jour monter sur le trône, le Roi n'ayant pas encore d'enfans. Et comme j'avois été nourri dans la conversation des personnes du siècle les plus habiles, et que je n'avois point d'autre intérêt que celui de sa grandeur et de sa gloire, il ne m'étoit pas difficile de l'informer de plusieurs choses qu'il n'auroit pu apprendre que par une longue expérience, et que la dissimulation et la flatterie qui régnoient dans la cour des grands auroient pu même l'empêcher d'apprendre jamais. Les désordres que le temps fait insensiblement glisser dans les États, et les remèdes qu'on y pouvoit apporter, n'y étoient pas oubliés; et comme j'avois pris soin toute ma vie de m'informer des actions et des services des personnes les plus considérables, et que je connoissois très-particulièrement toute la cour, je l'informois des emplois qu'ils avoient eus, des occasions où ils s'étoient signalés dans la guerre, de leurs bonnes qualités, et de l'estime qu'il devoit faire de leur mérite; ce qui étoit, à proprement parler, l'histoire du temps. Il s'y joignoit aussi des histoires anciennes, et Son Altesse Royale me commandoit même de lui dire des choses qu'elle prenoit plaisir d'entendre. Cela ayant encore continué l'année d'après, comme je le dirai en son lieu, on verra dans la suite l'effet que produisoient de tels entretiens.

L'affection et la confiance dont Monsieur m'honoroit augmentant toujours, il voulut absolument me donner une charge dans sa maison, afin de m'attacher entièrement près de sa personne. Ainsi il fit supplier le Roi par M. le colonel d'Ornano de trouver bon qu'il m'en donnât une d'intendant général de sa maison, semblable à celle qu'avoit M. de Villemareuil (Castille). Sur quoi Sa Majesté fit connoître sa bonne volonté pour moi; car, ne prenant nul plaisir à multiplier les charges de la maison de Monsieur, elle répondit néanmoins qu'elle vouloit avec joie qu'il approchât de sa personne un aussi honnête homme que moi, et ordonna en même temps que l'on augmentât de huit mille livres par an le fonds de la dépense de la maison de Monsieur pour les appointemens attribués à cette charge; et quand j'allai faire au Roi mes très-humbles remercîmens, il ne se peut rien ajouter à la bonté avec laquelle il les reçut, et à la manière dont il me parla. Lorsque je fis le serment de cette charge entre les mains de Monsieur, il fit paroître tant de joie qu'il me dit en me serrant les mains: « C'est maintenant « que vous êtes tout-à-fait à moi. » Le lendemain il partit pour aller à Chantilly, me mena dans son carrosse, et me donna dans le voyage plusieurs marques si particulières de son affection, qui seroient trop longues à raconter, qu'elles produisirent d'étranges effets, comme on le verra dans la suite; car madame la marquise de Montlaur (c'étoit le nom que prenoit madame d'Ornano avant que le colonel fût maréchal de France), qui me faisoit autrefois l'honneur de me tant aimer, mais qui étoit, ainsi que je l'ai dit, la plus ambitieuse femme que je vis jamais, et qui prétendoit avoir plus de pouvoir sur l'esprit de Monsieur que qui que ce fût, sans en excepter même son mari, ne put souffrir de me voir si bien auprès de Son Altesse Royale. Cette jalousie fut encore infiniment fomentée et fortifiée par M. le président Le Coigneux, chancelier de Monsieur. Il travailla de telle sorte à gagner son esprit en la flattant dans sa passion, et en lui persuadant qu'elle devoit empêcher que personne n'eût autant de part qu'elle dans la confiance de Monsieur, qu'il la porta jusqu'à témoigner à Son Altesse Royale sa jalousie de l'entière confiance qu'il avoit en M. le colonel et en moi, et à lui insinuer en même temps qu'il pouvoit se confier au président Le Coigneux. Ce qui paroit si incroyable que je ne serois pas si hardi pour le rapporter s'il m'étoit permis d'en douter, après que Monsieur lui-même nous le dit, à M. le colonel et à moi, à l'entrée de la grande galerie du Louvre, et nous le dit en riant d'un si étrange discours de madame la marquise, qui alloit à faire qu'il prît créance en M. le président Le Coigneux, au préjudice même de M. son mari.

D'un autre côté, M. de Chaudebonne, qui étoit un très-brave gentilhomme, très-homme d'honneur, extrêmement mon ami, et qui l'a été jusqu'à la mort, mais qui, étant ami avant moi de M. le colonel, ne pouvoit voir sans peine qu'il n'eût pas toute sa confiance, et grande part à celle de Monsieur, à quoi ni M. le colonel ni moi ne pouvions remédier, à cause de l'inviolable secret entre la Reine-mère, Monsieur, M. le cardinal de Richelieu, M. le colonel et moi, auquel nous étions engagés, et dont nous ne pouvions nous dispenser; M. de Chaudebonne, dis-je, non pas par mauvaise volonté pour moi, mais parce qu'il le croyoit juste pour son propre intérêt, entra, à mon préjudice, dans la confiance de madame la marquise de Montlaur, et il n'y eut rien qu'elle ne fît pour donner de la jalousie de moi à M. son mari. Comme il m'aimoit extrêmement, il y résista fort long-temps; mais enfin, ne pouvant plus tenir ferme contre des instances si continuelles et si pressantes, il alla trouver M. l'abbé de Saint-Cyran qui étoit un autre moi-même, et par conséquent fort de ses amis. Après lui avoir protesté que son amitié et sa tendresse pour moi étoient toujours les mêmes, il lui dit que cette inclination et cette confiance de Monsieur pour moi éclatoient de telle sorte, qu'il seroit bon que, pour empêcher qu'elles ne parussent tant, j'évitasse une partie des occasions dans lesquelles Monsieur me les témoignoit. Nul autre n'ayant l'esprit plus pénétrant que M. de Saint-Cyran, ni ne connoissant mieux celui de M. le colonel, dont il étoit aussi extrêmement connu, ainsi qu'on le pourra voir dans un Mémoire particulier signé de ma main, que j'ai fait il y a long-temps de tout ce qui le regarde; sachant aussi que Son Éminence ne se confioit que par moi à M. le colonel, et n'ignorant pas quelle étoit l'ambition de madame la marquise, et sa passion de gouverner Monsieur, il n'eut pas peine à juger que ce discours étoit un effet de la jalousie. Ainsi il répondit à M. le colonel que ce qu'il venoit de lui dire lui faisoit connoître qu'il falloit nécessairement qu'il y eût comme un cercle de diverses personnes, dont la dernière étoit toujours proche de son oreille, signifiant par ce mot madame sa femme, qui s'accordoient ensemble pour lui donner cette pensée de me reculer de la confiance de Monsieur, mais que la connoissance qu'il avoit de ma parfaite amitié pour lui, et de ma manière d'agir, l'obligeoit à lui dire qu'il avoit plus d'intérêt que moi à me conserver cette entière confiance de Son Altesse Royale.

Le colonel, ainsi que je l'ai dit, n'agissant

point en cela par son propre mouvement, mais par contrainte, ces paroles le touchèrent; et néanmoins, étant toujours combattu par la presse que lui faisoit madame sa femme, il ne put s'empêcher de me dire qu'il me prioit d'aller voir M. de Saint-Cyran touchant quelque chose qu'il avoit à me communiquer. Comme il ne m'auroit jamais pu venir dans l'esprit rien de semblable, parce que Dieu m'est témoin que je ne me servois que pour son avantage, et pour ce qui regardoit les intérêts de Son Altesse Royale, de la confiance dont elle m'honoroit, sans lui avoir de ma vie demandé chose quelconque pour moi, je le pressai en riant de me dire quel étoit ce secret dont M. de Saint-Cyran devoit me parler, mais il s'en défendit toujours. J'allai voir M. de Saint-Cyran, et nulles paroles ne peuvent exprimer jusqu'à quel point je fus surpris, et sentis mon cœur blessé de ce que j'appris de lui. A mon retour, étant seul avec M. le colonel dans son cabinet, il me demanda si j'avois vu M. de Saint-Cyran. « Oui, monsieur, lui répondis-je, et je voudrois « être mort avant de l'avoir vu, parce que jus- « qu'alors notre amitié étoit vierge, et que ce « qu'il m'a dit m'a fait connoître que vous l'avez « violée. » Ce furent mes propres paroles; et parce qu'il m'aimoit très-véritablement, et qu'il étoit d'un naturel très-tendre, elles le touchèrent de telle sorte qu'elles lui firent répandre quelques larmes. Il voulut me parler pour dissiper à l'heure même ce nuage qui étoit le seul qui eût encore apporté de l'obscurcissement à notre amitié; mais comme la cour étoit sur le point de partir pour Fontainebleau, où madame sa femme ne devoit point aller, je le suppliai d'attendre que nous y fussions. Monsieur y alla à cheval, et M. le colonel et moi dans le carrosse de Son Altesse Royale. Nous nous y entretînmes durant le chemin de choses indifférentes, et il étoit fort triste. Aussitôt que nous arrivâmes dans le bourg de Fontainebleau il me dit : « Nous voici à Fon- « tainebleau. — Il est vrai, monsieur, lui répon- « dis-je; mais le temps n'est pas propre à s'en- « tretenir. — Ce sera donc, dit-il, demain au « matin à sept heures, et je ne sortirai point du « lit qu'après que nous aurons parlé tout à loisir, « afin que personne ne nous interrompe. » Notre éclaircissement se fit donc le lendemain, et je ne pense pas qu'il se soit jamais vu plus de témoignages d'amitié et de tendresse de part et d'autre. Il m'ouvrit son cœur, je lui ouvris le mien. Il me témoigna vouloir prendre en moi plus de confiance que jamais. Pour m'en donner des preuves, il affectoit de me laisser seul des après-dinées entières avec Monsieur dans son cabinet, où Son Altesse Royale aimoit mieux demeurer que dans le sien, afin de n'être point importunée; et il s'en alloit cependant faire quelques visites dans le château, particulièrement chez M. de Bassompierre, où étoit le rendez-vous de tout le monde.

Ces entretiens étoient semblables à ceux de l'hiver précédent dont j'ai parlé, et Monsieur s'en servoit admirablement. Les personnes de mérite étoient ravies de voir qu'il ne prenoit pas seulement plaisir à les entretenir, mais leur témoignoit de savoir les bonnes actions qu'ils avoient faites. Les dames n'étoient pas moins contentes de sa civilité, et il agissoit en toutes choses avec tant de noblesse et tant d'esprit, qu'il gagnoit le cœur de tout le monde. Le bruit s'en répandit de telle sorte par toute la France, que l'on ne parloit d'autre chose, et il y avoit presse à obtenir des charges dans sa maison. Mais en même temps il redoubloit avec tant de soin ses devoirs auprès du Roi pour lui ôter tout sujet de jalousie, que la Reine sa mère et M. le cardinal de Richelieu ne pouvoient se lasser de témoigner de la satisfaction de sa conduite.

En ce même temps M. de Champigny, contrôleur général des finances, et depuis premier président du parlement, me fit offrir fort obligeamment de se défaire entre mes mains de sa charge de contrôleur général pour cent mille livres de récompense dont le Roi me donneroit un brevet d'assurance. Comme je n'étois pas en état d'entendre à aucune proposition sans l'agrément de Monsieur, je lui rendis compte de cette affaire pour savoir sa volonté. Il me répondit ces mêmes mots : « Si je vous aimois moins que je fais, ou « si j'étois moins honnête homme que je suis, « vous auriez tort de ne pas accepter cette offre; « mais je ne puis rien approuver qui vous éloigne « d'auprès de moi. » Cette affaire ne put donc réussir; et comme le Roi avoit agréé la proposition que lui avoit faite M. de Champigny en ma faveur, et su que je ne l'avois pas acceptée, M. de Bouthillier me dit de la part de M. le cardinal que l'on feroit entrer au lieu de moi dans cette charge telle personne que je voudrois. Elle fut donnée, en ma seule considération, à M. Marion, président au grand-conseil, mon oncle maternel, quoiqu'il y eût dix-huit prétendans, et il l'a possédée jusqu'à sa mort.

Plus les choses alloient en avant, plus M. le cardinal témoignoit être satisfait de moi; et peut-être ne sera-t-il pas mal à propos de rapporter sur cela les paroles qu'il me dit un jour. M. le cardinal Barberin étant venu légat en France en cette année 1625, je faisois toutes les allées et venues pour régler la manière dont Monsieur devoit vivre avec lui. Une fois entre autres, étant allé trouver M. le cardinal de Richelieu au petit Luxembourg, il me dit en suite de cet entretien : « M. de Bérulle, qui me dit continuellement du « bien de vous, vouloit m'en parler encore ce « matin ; mais je lui ai fermé la bouche en lui di-« sant que cela étoit fort inutile, parce que je « vous connoissois encore mieux qu'il ne vous « connoissoit, et que, pour le lui témoigner, je « lui déclarois que je vous aimois comme mon « ame. Or, ajouta-t-il, je ne la veux pas perdre. »

Son Éminence témoignant donc avoir tant de satisfaction de moi, il se mit dans l'esprit de me faire secrétaire d'État, et me disoit souvent sur ce sujet : « Je me regarde en cela autant que « vous, parce que j'y trouverai mon soulage-« ment. » Il en parla à M. Bouthillier, alors secrétaire des commandemens de la Reine-mère, qui m'en parla ensuite diverses fois, en me disant que M. le cardinal avoit cela tout-à-fait à cœur, et qu'il trouvoit qu'il avoit raison ; qu'ainsi, quoiqu'il fût vrai qu'il souhaiteroit fort une telle charge, il consentoit volontiers que je passasse devant lui, et qu'après il penseroit à un autre.

Je ne puis sur ce sujet, avant de passer outre, ne point dire qu'il ne peut y avoir une amitié plus constante et plus obligeante que celle que M. Bouthillier m'a témoignée jusqu'à sa mort. Quatre jours avant, il me fit écrire par M. de Chavigny son fils à Port-Royal des Champs, où j'étois retiré il y avoit déjà long-temps, qu'il me prioit de lui donner la consolation de me pouvoir embrasser avant de mourir. Je partis à l'instant, et sa joie de me voir fut si grande qu'on l'auroit prise pour une guérison. Je dois rendre cet honneur à sa mémoire, que je n'ai jamais vu d'homme plus égal dans la bonne et dans la mauvaise fortune. Il ne s'élevoit point dans l'une, et ne s'abattoit point dans l'autre. Je n'ai remarqué en lui aucune bassesse, et il avoit naturellement beaucoup d'amour pour la justice. Madame sa femme m'a toujours aussi fait l'honneur de me témoigner, et me témoigne encore la même affection.

Voilà de quelle sorte tout m'étoit favorable dans le voyage de Fontainebleau de 1625, durant lequel M. de Schomberg fut le 17 juin fait maréchal de France. Mais après le retour de la cour à Paris, madame de Montlaur, qui, comme je l'ai dit, n'avoit point été à Fontainebleau, recommença ses batteries pour m'éloigner de la confiance de Monsieur et de celle de M. son mari, dont elle aigrit l'esprit contre M. le cardinal, sur ce qu'il différoit trop à lui procurer la charge de maréchal de France qu'il lui avoit fait espérer par moi. Ainsi M. le colonel ne pouvant plus résister à cette tentation domestique fortifiée par M. de Chaudebonne qui, bien que mon ami, comme je l'ai dit, désiroit d'avoir part à la confiance de Monsieur ; et M. le président Le Coigneux faisant jouer toute sorte de ressorts pour venir à ses fins, il changea tout d'un coup de conduite à mon égard. Il cessa et fit que Monsieur cessa aussi d'avoir confiance en moi. Il ne me parloit plus que de choses indifférentes, ne prenoit plus soin de conserver l'amitié de M. le cardinal, et alloit très-souvent le soir chez la Reine régnante, comme s'il eût pris plaisir à donner du soupçon de lui à M. le cardinal pour se faire considérer davantage d'elle ; ce qui étoit au contraire le vrai moyen de se perdre, ainsi que la suite le fit voir.

Ce changement de Monsieur et de M. le colonel pour moi étant si visible que personne ne l'ignoroit, mes amis me conseilloient de profiter de la créance que j'avois dans l'esprit de Son Altesse Royale pour regagner sa confiance ; mais, par une générosité qui ne sera peut-être approuvée de guère de gens, et à laquelle je n'ai nul regret, je ne le voulus point faire, à cause que je ne l'aurois pu sans me plaindre de M. le colonel, et que je ne pouvois me résoudre d'employer contre lui-même la confiance qu'il m'avoit procurée auprès de Monsieur. Je lui dis seulement en présence de Son Altesse Royale, dès qu'il commença d'aller chez la Reine, que je croyois que cela lui pourroit beaucoup nuire par l'ombrage qu'en prendroit M. le cardinal. Sur quoi ayant voulu s'excuser, Monsieur, qui n'étoit pas encore désaccoutumé de me parler confidemment, me dit devant lui : *Il vous trompe, car il y va très-souvent.* Madame sa femme en étoit si aveuglée qu'elle en étoit bien aise, sans considérer combien cela lui pourroit nuire, aussi bien que du refroidissement qu'on remarqua dans l'esprit de Monsieur pour le mariage de mademoiselle de Montpensier.

M. le cardinal de Richelieu, qui, comme je l'ai dit, n'avoit pris confiance que par moi à M. le colonel, ne pouvant ignorer une chose aussi publique qu'étoit celle de son changement envers moi, et par lui de celui de Monsieur, le considéra dès lors plutôt comme son ennemi que comme son ami. Mais sachant quelle étoit mon affection pour M. le colonel, il ne m'en témoigna rien, ni ne m'en fit jamais témoigner la moindre chose ; et rien n'étant capable de m'empêcher de servir de tout mon pouvoir M. le colonel, je continuai avec la même ardeur qu'avant de solliciter M. le cardinal touchant la charge de maréchal de France, et l'en pressai de telle sorte, qu'enfin il me donna parole qu'il le seroit dans trois jours. Je l'allai dire à M. le colonel, qui en demeura fort surpris, et madame sa femme aussi, parce qu'ils ne s'y attendoient plus; et cette parole fut suivie de l'effet le 8 janvier 1626.

M. le cardinal continuant toujours dans son dessein de me faire secrétaire d'Etat, il m'avoit donné vers la fin de 1625 toutes les instructions et les pièces qu'il avoit touchant les affaires étrangères qui regardoient cette charge, et m'avoit dit de les mettre en tel ordre que je le jugerois le meilleur, et d'y changer et ajouter ce que je voudrois. En 1626, la cour étant à Fontainebleau, je lui en portai plusieurs volumes très-bien écrits; sur quoi il me dit en riant : « Pensez-vous que je vous en sache gré? c'est « pour vous-même que je vous ai engagé à ce « travail, et non pas pour moi, qui n'en ai plus « besoin; mais n'en avez-vous pas gardé une « copie ? — Oui, monsieur, lui répondis-je. — « Voilà qui est bien, me repartit-il, et je serai « fort aise d'avoir ceux-ci. » M. de Bérulle étant alors à Fontainebleau, et son Eminence sachant combien il m'aimoit, elle lui montra ces recueils, et lui parla du dessein qu'elle avoit de me faire secrétaire d'Etat.

Cependant ces fréquentes visites de M. le maréchal d'Ornano chez la Reine régnante augmentèrent de telle sorte les défiances de M. le cardinal, qu'il demeura persuadé, comme je l'ai su depuis, que c'étoit à dessein de former une grande cabale de la Reine, de Monsieur et de quelques grands; ce que je ne saurois croire qui fût véritable, tant j'ai reconnu en M. le maréchal d'Ornano des sentimens pour le service du Roi et pour l'Etat dignes du nom qu'il portoit; mais je pense qu'il y avoit en cela plus de bagatelle et d'amusement que de dessein. Ainsi personne ne fut jamais plus surpris que je le fus lorsque, le 4 mai, dans ce même séjour de Fontainebleau, étant avec madame la marquise de Seneçay, alors dame d'atour de la Reine, auprès de laquelle je lui avois fait rendre des offices qui ne lui avoient pas été inutiles, on vint lui dire que M. le maréchal d'Ornano étoit arrêté. Je courus chez le Roi, et ne pus passer plus avant que la salle des Gardes, parce que personne n'entroit. M. Bouthillier sortit pour me venir chercher, et me trouva là. Il me dit que le Roi s'étoit cru obligé de faire arrêter M. le maréchal d'Ornano; que Sa Majesté n'ignoroit pas que depuis long-temps il n'avoit plus nulle confiance en moi, et qu'il m'avoit fait perdre celle de Monsieur; qu'elle désiroit que j'y rentrasse, et que je n'avois qu'à dire qui étoient ceux auprès de Monsieur qui n'étoient pas de mes amis, et qui me pouvoient traverser, et qu'on les éloigneroit à l'heure même. On pourra juger par ma réponse si je suis fort violent. Je dis à M. Bouthillier, après lui avoir témoigné mon extrême douleur de la détention de M. le maréchal, que n'ayant servi dans la maison de Monsieur tous ceux que j'avois pu, ni fait de mal à personne, je ne croyois pas y avoir des ennemis. Mais les suites firent voir qu'il suffit d'être bien dans l'esprit d'un prince pour avoir pour ennemis ceux qui prétendent à la même chose.

En même temps que M. le maréchal d'Ornano fut arrêté chez le Roi, on arrêta aussi M. de Chaudebonne qui n'y étoit pas. Le premier fut conduit au bois de Vincennes, où il mourut le 4 septembre de la même année, et M. de Chaudebonne fut mené à la Bastille.

Un peu après que M. Bouthillier m'eut quitté, Monsieur sortit de chez le Roi, où cette nouvelle l'avoit fait aller aussitôt qu'il l'eut apprise, et me trouvant dans cette salle des Gardes, il me mena dans son cabinet, ferma la porte, et me parla avec une entière confiance, et avec des témoignages d'une si sensible douleur de la détention de M. le maréchal, qu'encore qu'il fût plus de minuit, il me commanda d'aller trouver à l'heure même M. le cardinal, pour faire de sa part auprès de lui toutes les instances imaginables en faveur de M. le maréchal d'Ornano; et comme il est impossible d'être plus touché que je l'étois de son malheur, il ne me fut pas difficile de m'acquitter de cette commission avec toute l'affection imaginable. M. le cardinal me fit la réponse que l'on peut juger, c'est-à-dire de grands témoignages de respect pour Monsieur, qu'il feroit ce qu'il pourroit, et autres paroles générales.

Ayant appris que ceux qui m'avoient vu entrer si tard chez M. le cardinal aussitôt après la détention de M. le maréchal d'Ornano, sans savoir que c'étoit Monsieur qui m'y envoyoit, joignant à cela le refroidissement que M. le maréchal d'Ornano avoit eu pour moi, s'imaginoient que j'avois su le dessein de l'arrêter; et il y en avoit même quelques-uns qui disoient qu'il y avoit grande apparence que je ne lui avois pas rendu de fort bons offices. J'étouffai ces discours, et leur fermai la bouche, en disant hautement et publiquement que, pendant que j'avois été dans l'entière confiance de M. le maréchal d'Ornano, je répondrois de ma vie qu'il n'avoit point d'autres sentimens que ceux qu'on pourroit désirer d'un parfaitement homme de bien et très-fidèle serviteur du Roi; et que si, depuis cela, j'avois dit quelque chose à son désavantage, il faudroit que je l'eusse inventé, puisqu'il y avoit plus de six mois qu'il ne vivoit plus que civilement avec moi, et ne me parloit que de choses indifférentes,

Cependant M. le président Le Coigneux ne s'endormoit pas, ni M. de Puylaurens, pour qui Monsieur avoit témoigné avant avoir quelque inclination, mais qui n'alloit pas jusqu'à le fort considérer, avant la détention de M. le maréchal d'Ornano, ni M. du Bois d'Annemets (Daniel Normand), qui avoit eu fort envie d'avoir un peu de crédit. Ils faisoient, comme je l'ai su depuis, tout ce qu'ils pouvoient contre moi, afin de faire croire à Monsieur que j'étois d'intelligence avec M. le cardinal, et que mon ressentiment d'avoir été éloigné de sa confiance par M. le maréchal d'Ornano m'avoit porté à lui rendre de mauvais offices. Et en même temps que M. de Puylaurens et M. du Bois d'Annemets agissoient de la sorte, et que je n'aurois eu qu'à dire une parole pour les faire éloigner d'auprès de Monsieur, ils me faisoient faire de très-grandes protestations d'amitié par M. Passard, aumônier de Son Altesse Royale, qui étoit un fort homme de bien et de mes amis. D'un autre côté, madame la maréchale d'Ornano m'ayant écrit pour me prier de m'employer pour la liberté de M. son mari, et de répondre de ses actions, je lui répondis, comme il étoit très-véritable, que je le servirois avec la même passion que s'il y alloit de ma vie, et que je souhaiterois que tout le monde fût aussi persuadé que je l'étois de la sincérité de ses actions; mais que j'appréhendois qu'on n'ajoutât pas autant de foi aux témoignages que j'en rendrois qu'on auroit fait avant, à cause que l'on savoit que depuis quelque temps il ne me confioit plus chose quelconque. Cette réponse si sincère et si raisonnable, au lieu de contenter madame la maréchale d'Ornano, l'anima contre moi. Comme elle savoit en sa conscience qu'elle seule avoit porté son mari à s'éloigner de moi, elle s'imagina sans doute que j'avois voulu m'en ressentir; en quoi Dieu, qui voit le fond de mon cœur, sait qu'elle m'a fait la plus grande de toutes les injustices, et la plus inexcusable, après tant de preuves qu'elle avoit eues de ma parfaite amitié pour son mari, de ma passion à le servir, et de mon entier désintéressement. Ainsi, y étant encore poussée par ceux qui vouloient prendre ma place dans l'esprit de Monsieur, elle me rendit auprès de lui par les personnes qui lui étoient confidentes, comme je l'ai su depuis, toutes sortes de mauvais offices, et particulièrement par M. le président Le Coigneux, qui avoit de tout temps, ainsi qu'on l'a pu voir par ce que j'ai ci-devant rapporté, travaillé à gagner son esprit pour se mettre bien auprès de Son Altesse Royale.

Que si madame la maréchale d'Ornano s'est montrée si extrêmement injuste envers moi, M. de Moisergues, M. d'Ornano, grand-maître de la garde-robe de Monsieur, et M. de Sainte-Croix, frères de M. le maréchal d'Ornano, n'en ont pas usé de la même sorte. Ils m'ont fait l'honneur et la justice de me témoigner toujours la même amitié; et nous avons souvent mêlé nos larmes ensemble dans une perte aussi déplorable, pour eux et pour moi, que celle d'une personne à qui, outre leur proximité, ils avoient toutes les obligations que l'on peut avoir, et moi celle de n'avoir pas été moins aimé de lui que si j'eusse eu l'honneur de lui être aussi proche qu'eux.

Ainsi madame la maréchale d'Ornano, en agissant contre moi, agit en effet contre elle-même, puisque, dans le désir que M. le cardinal me témoignoit qu'auroit le Roi que je fusse mieux que nul autre auprès de Monsieur, afin de le porter à s'attacher entièrement à Sa Majesté, et dans la satisfaction que j'aurois eu sujet d'espérer que Dieu m'auroit fait la grâce de donner de moi à l'un et à l'autre par la fidélité avec laquelle je les aurois servis, il n'y auroit rien que je ne me fusse efforcé de faire auprès de Sa Majesté et de M. le cardinal, pour servir M. le maréchal d'Ornano, que j'ai toujours constamment aimé, et que j'aimerai jusqu'à la mort de toute la plénitude de mon cœur, dans la certitude que j'ai qu'il m'a aimé de la même sorte, et que jamais violence n'a été plus forte que celle que l'on a faite sur son esprit pour l'empêcher malgré lui de me donner son entière confiance.

A cette conjuration domestique formée contre moi auprès de Monsieur, il s'en joignit une étrangère; car M. le comte de Soissons et M. le grand-prieur, frère de M. de Vendôme, qui étoit bien avec Monsieur, employoient aussi tous leurs efforts pour le porter m'éloigner. Je ne saurois le mieux savoir. Voici comme je l'ai appris : M. le grand-prieur ayant l'année suivante été mis au bois de Vincennes, il manda au Roi, durant sa prison, que, s'il lui plaisoit de lui envoyer quelque personne de confiance, il l'informeroit sincèrement de ses actions.

Le Roi lui envoya M. le marquis de Fossé, qui, étant extrêmement mon ami, me dit que M. le grand-prieur l'avoit prié de protester à Sa Majesté, en son nom, qu'il n'avoit jamais eu aucune mauvaise intention contre son service; mais qu'il étoit vrai que dans le désir d'être bien avec Monsieur, il n'y avoit rien que lui et d'autres n'eussent fait pour le porter à m'éloigner, à cause qu'il étoit impossible de me gagner. M. de Fossé ajouta qu'ayant trouvé à son retour du bois de Vincennes le Roi auprès de la

29.

Reine sa mère, il leur avoit rapporté cela à tous deux.

Il faut revenir maintenant à la suite que cet incident m'a fait interrompre. J'étois si bien durant les premiers jours auprès de Monsieur, qu'il demanda au Roi et obtint de lui, pour les personnes que je lui proposai sans nul intérêt, des charges fort considérables, et je ne pensois qu'à travailler à le servir et à lui acquérir des serviteurs; mais, pendant que j'agissois ainsi, les personnes dont j'ai parlé agissoient sans cesse contre moi, comme je l'ai appris depuis, et disoient entre autres choses que j'avois des entretiens secrets avec le Roi dans un lieu du château qu'ils lui marquoient, et où je ne fus de ma vie, et que je me trouvois les soirs sur le minuit dans la cour du Cheval blanc avec diverses personnes; ce qui étoit aussi faux que le reste.

Quelques jours se passèrent de la sorte, et M. le cardinal étant allé à Limours, tous ceux qui s'accordoient contre moi prirent ce temps pour redoubler leurs instances auprès de Monsieur, afin de le porter à m'éloigner; et, quelque peine qu'il eût à s'y résoudre, ils le pressèrent tant qu'enfin il leur promit. Il ne l'exécuta pas néanmoins, mais différoit toujours, jusqu'à ce que, vaincu par leurs importunités, il s'y résolut.

Ainsi, étant allé un matin chez la Reine sa mère, et ne l'ayant pas trouvée éveillée, il passa dans la grande galerie du Cheval blanc, et il n'y eut que M. d'Ouailly, capitaine de ses gardes, M. Goulas, secrétaire de ses commandemens, et moi qui le suivîmes. Il mena M. d'Ouailly à une fenêtre de cette galerie, et lui parla assez long-temps. Après être retourné chez la Reine sa mère, il s'en alla chez la Reine régnante, et je m'arrêtai quelque temps dans la chambre de la Reine-mère à parler à madame la duchesse d'Aiguillon, qui m'a toujours honoré d'une amitié et d'une confiance égale dans tous les temps, et à qui j'ai des obligations si particulières que je ne saurois trop les reconnoître.

L'heure du dîner approchant, comme je m'en allois à la Conciergerie, où madame Zamet, à qui le Roi en avoit conservé la capitainerie, avoit toujours voulu me loger, je rencontrai Monsieur qui sortoit de chez la Reine avec un visage extrêmement triste, et il m'ôta son chapeau si bas que j'en fus étonné. En arrivant à la Conciergerie, je trouvai M. d'Ouailly qui m'y attendoit; il me dit que c'étoit avec un très-grand regret qu'il m'apportoit un ordre de Monsieur de me retirer ce jour-là, et de m'en aller à Paris. Je lui répondis ces mêmes mots : « J'a« voue, monsieur, que ce commandement me « surprend extrêmement, parce qu'ayant servi « Monsieur avec autant de passion et de fidélité « que j'ai fait, et un tel désintéressement qu'il « sait que je ne lui ai de ma vie rien demandé « pour moi, je n'aurois jamais pu m'imaginer « qu'il voulût m'éloigner d'auprès de lui. Mais, « monsieur, vous êtes homme bon et homme « d'honneur, et cela me fait vous supplier de « me promettre de lui dire que je prie Dieu « qu'il ne lui arrive pas souvent des choses aussi « préjudiciables à son service qu'est celle d'éloi« gner un aussi homme de bien que je suis. — « Je vous le promets, » me répondit M. d'Ouailly, extrêmement touché et ayant presque les larmes aux yeux; et comme c'étoit un très-brave gentilhomme, et très-homme d'honneur, il s'acquitta de sa promesse, ainsi que je l'ai su long-temps après de la bouche de Monsieur, qui me le dit dans un grand entretien que j'eus seul avec lui à Saint-Germain le lendemain de la naissance du Roi, dans lequel il parut bien qu'il a toujours conservé dans son cœur de l'affection pour moi; car il me dit ces mêmes paroles : « Ne m'aime« rez-vous donc plus à cette heure qu'il y a « un dauphin en France ? » On peut juger ce que je lui répondis; et ayant pris ensuite la liberté de lui demander comment il avoit pu se résoudre à m'éloigner, il me dit : « C'est que j'étois « encore bien jeune. » Sur quoi je pense avoir sujet de croire que jamais personne n'a eu tant de pouvoir sur son esprit que j'y en ai eu, puisqu'il n'est pas étrange que ceux qui flattent les princes, et entrent dans toutes leurs passions, aient du crédit auprès d'eux; mais de leur être agréable, et d'avoir toute leur confiance, lorsque l'on combat leurs mauvaises inclinations, et qu'on les porte à se faire violence pour embrasser la vertu dans un siècle aussi corrompu qu'est le nôtre, et faire qu'enfin ils y prennent plaisir, c'est, ce me semble, ce que l'on peut appeler avoir quelque pouvoir sur leur esprit; et c'est l'état où je me suis trouvé avec Monsieur, qui étoit l'un des princes du monde qui avoit le plus besoin d'avoir des gens de bien auprès de lui, parce qu'étant bon et facile, il se portoit aisément du côté où ceux en qui il avoit confiance le portoient; et ceux qui abusoient de l'honneur de ses bonnes grâces étoient d'autant plus coupables, que, comme je le lui ai dit à lui-même, il faisoit le bien avec joie.

Quelques-uns m'ont dit que dès le jour même qu'il m'eut envoyé l'ordre de me retirer il y eut regret, et que si je ne fusse parti que le lendemain il m'auroit rappelé auprès de lui; mais je ne suis point assuré de cela comme du reste. Le Roi témoigna être fort mal satisfait de cette action de Monsieur, et la Reine-mère en fut si mécontente, qu'elle me fît l'honneur de dire plusieurs fois tout en colère ces propres paroles : « Pourquoi pensez-vous qu'il ait éloigné un tel? « c'est parce qu'il est de mes amis. »

M. le maréchal de Brezé m'a dit que Sa Majesté l'avoit envoyé en très-grande diligence à Limours donner avis à M. le cardinal de ce qui s'étoit passé, et qu'il lui avoit témoigné d'en être extrêmement touché, et résolu de travailler de tout son pouvoir à mon rétablissement. Son Éminence me fit ensuite donner les mêmes assurances, sans que je l'en aie de ma vie importunée ; mais les belles promesses que lui fit M. le président Le Coigneux de ne vouloir dépendre que de lui auprès de Monsieur, le mariage de Son Altesse Royale avec mademoiselle de Montpensier, le voyage de Bretagne, l'affaire de M. de Chalais, et tant d'autres choses qui arrivèrent ensuite, l'empêchèrent de donner son application à ce qui me regardoit.

Les effets ont fait voir que ce que j'avois prié M. d'Ouailly de dire à Monsieur, et qu'il lui dit, n'étoit que trop véritable, puisque s'il eût continué à m'honorer de sa confiance, je ne m'en serois servi que pour l'exhorter à vivre dans une telle union avec le Roi et la Reine-mère, qu'il y a sujet de croire qu'il ne seroit point tombé dans les malheurs qui lui sont arrivés, qui l'ont éloigné durant tant d'années, non-seulement de la cour, mais de la France, et qui lui donnèrent enfin le déplaisir, dans cette funeste journée de Castelnaudary, d'être cause de la mort d'un prince aussi bien fait qu'étoit M. le comte de Moret, et de la prison et de la mort de M. de Montmorency, dont toute la France a pleuré la perte.

Comme ce dernier m'honoroit d'une affection très-particulière, comment pourrois-je ne point rapporter sur son sujet la dernière preuve qu'il m'en a donnée, puisqu'elle est si avant gravée dans mon cœur, qu'elle ne sauroit s'effacer de ma mémoire. M. le maréchal de Brezé l'ayant conduit à Lectoure, où il demeura pendant quelque temps avant qu'on le menât à Toulouse pour lui faire son procès, et M. Arnauld mon cousin, mestre de camp général des carabins de France, et mon jeune frère qui étoit son lieutenant, l'y ayant accompagné avec les compagnies qu'ils commandoient, après qu'ils eurent comme les autres pris congé de M. de Montmorency, il les renvoya quérir, et leur dit :
« Je vous prie d'écrire à M. d'Andilly que si je « le pouvois aimer plus que je l'aime je le ferois ; « mais cela est impossible. Je le prie de n'être « point en peine de moi parce que j'espère qu'en « cette occasion Dieu me fera la grâce de m'as- « sister de telle sorte que je ne ferai rien d'indi- « gne de son amitié. »

Les guerres que le Roi fit ensuite, tant pour se rendre maître de La Rochelle que pour achever d'abattre le parti huguenot, et contre M. de Savoie, tinrent durant plusieurs années la cour presque toujours hors de Paris ; et, lorsqu'elle y revenoit, il fut facile à M. de Richelieu, dans un aussi grand accablement d'affaires qu'étoit le sien, d'oublier un homme comme moi, qui ne s'aidoit point pour le faire souvenir de lui. Ainsi il ne faut pas s'étonner si Son Éminence ne pensa sérieusement à moi que lorsqu'elle crut que je pouvois servir utilement dans une occasion qu'elle avoit extrêmement à cœur : et voici de quelle sorte cela arriva.

En 1634 le Roi fit avancer vers le Rhin ses principales forces commandées par M. le maréchal de La Force, et résolut d'envoyer M. le maréchal de Brezé pour les commander conjointement avec lui. J'étois alors à Pomponne, où je passois avec ma famille et avec mes livres une partie de l'année dans une grande tranquillité d'esprit ; et ce fut là que je reçus une lettre de M. Servien, écrite de sa main, ce qu'il faisoit rarement à cause de l'incommodité de son œil, par laquelle il me mandoit que le Roi m'avoit choisi pour m'envoyer intendant dans cette armée, et qu'encore que ce ne fût pas un emploi tel que je le pouvois espérer, je devois compter pour beaucoup de ce qu'on m'envoyoit chercher dans ma maison, comme autrefois les dictateurs à la charrue, et qu'il avoit ordre de me mander de venir très-promptement. J'allai à Paris, et le trouvai chez M. le cardinal ; et sur ce qu'après qu'il m'eut parlé, je lui répondis que je ne voyois pas que cet emploi me fût fort avantageux, parce qu'après qu'il seroit fini je me trouverois au même état qu'avant, et qu'ainsi je serois bien aise de m'en excuser, il me dit que je m'en gardasse bien, puisque si je le refusois on n'oseroit seulement me nommer à M. le cardinal, tant il s'en tiendroit offensé, parce que cette armée étant la plus belle que le Roi eût jamais eue, il avoit tant de passion de m'y envoyer, et avoit parlé de moi au Roi d'une manière si avantageuse, que son carrosse étoit dans la cour de Son Éminence pour aller dire à Sa Majesté, à Versailles, comme une chose qu'il savoit qui lui seroit fort agréable, que j'étois arrivé, et que je ferois toute la diligence qu'il se pourroit pour partir bientôt.

Le père Joseph, dont chacun sait quel étoit le crédit auprès de M. le cardinal, vint sur cela, et me dit les mêmes choses que M. Servien, pour me faire connoître qu'il n'y avoit pas lieu de délibérer. Ainsi j'entrai dans la chambre de

M. le cardinal, qui me parla de la manière du monde la plus obligeante, et me dit entre autres choses qu'il me prioit de bien vivre avec M. le maréchal de Brezé, et qu'il lui recommanderoit d'en user de même à mon égard. J'allai ensuite trouver le Roi à Saint-Germain, et Sa Majesté me dit ensuite que c'étoit avec joie qu'elle me donnoit cet emploi dans une armée qui lui étoit si considérable, parce qu'elle étoit assurée que je l'y servirois utilement. Je pris aussi congé de la Reine, qui dès lors me faisoit l'honneur de me témoigner beaucoup d'affection.

Dans le mémoire en forme d'instruction que je dressai pour moi-même, et que messieurs de Bullion et Bouthillier, surintendans des finances, signèrent, il y avoit un article qui me donnoit pouvoir de disposer de dix mille livres par mois pour les dépenses que je jugerois nécessaires, sans être obligé d'en donner aucune connoissance à messieurs les généraux; ce que je ne sais point avoir été accordé à aucun autre intendant des armées du Roi. Rien n'est néanmoins plus utile pour le service, lorsque l'on en use comme l'on doit, n'étant pas croyable combien de petites sommes employées à propos produisent des effets excellens, ainsi que la suite le fera voir, parce que les armées sont comme ces grands corps dont de petites machines, qui ne paroissent rien, facilitent extrêmement le mouvement en plusieurs rencontres.

Je partis le 2 novembre de cette année 1634, et arrivai à Châlons-sur-Marne, qui est une des villes de France où il se trouve le plus de blé : j'y demeurai un jour pour y faire marché, sous le bon plaisir de messieurs les surintendans, de quantité de blé et du prix des voitures. Je pris ensuite un setier de blé, le fis moudre, pétrir, cuire, et peser devant moi le nombre des rations qu'il rendit, et envoyai un mémoire très-particulier à messieurs les surintendans, dans lequel je faisois voir que l'on pouvoit, par le moyen de ces achats et de ce ménage, gagner deux cent mille écus au profit du Roi, sur le prix que l'on donnoit aux munitionnaires pour le pain de munition. Sur quoi, bien que M. de Bullion ne m'aimât point, il ne put s'empêcher de m'écrire que l'on ne pouvoit trop me louer d'avoir, même en chemin faisant, travaillé avec tant de soin pour cette affaire. Cela ne s'exécuta pas néanmoins, et je veux croire qu'il y eut de bonnes raisons qui l'empêchèrent.

Je joignis M. le maréchal de Brezé à Nancy, et l'accompagnai le lendemain à Lunéville. Il avoit beaucoup d'esprit, et même extrêmement d'acquis, écrivoit bien, faisoit une grande distinction des personnes, traitant aussi civilement ceux qu'il estimoit, que fièrement ceux qu'il n'estimoit point, ne s'accommodoit pas de tout le monde, étoit bon ami et fort dangereux ennemi. Quoique je fusse trop de la cour pour ne l'avoir pas vu et parlé à lui diverses fois, je n'avois pas néanmoins d'habitude particulière avec lui, et l'on avoit voulu me faire peur de son humeur, de même que ce que je vais dire fera voir qu'on avoit voulu lui faire appréhender la mienne. Etant donc à Lunéville, lorsqu'après souper il eut donné le bonsoir à tout le monde, il me retint seul dans sa chambre, et me dit ces mêmes paroles : « Plusieurs personnes m'ont voulu faire « appréhender votre humeur, et quelques-uns « même ont passé jusqu'à me dire que j'aurois « mieux fait de refuser l'emploi dont le Roi m'a « honoré, que de l'accepter dans le même temps « qu'il vous a donné l'intendance de cette armée, « parce que vous voudriez y agir avec tant d'au- « torité que je ne pourrois en recevoir que du « mécontentement. Je leur ai répondu que j'a- « vois peine à concevoir cette opinion de vous, « et que je ne l'avois pas si mauvaise de moi, « que de me croire assez foible pour souffrir que « l'on entreprît quelque chose dont j'eusse sujet « de me plaindre. Mais ce que j'ai maintenant à « vous dire, monsieur, c'est que j'ai de grands « avantages sur vous, et que vous en avez de « grands sur moi. Ceux que j'ai sur vous sont « que je suis maréchal de France, général d'ar- « mée, et beau-frère de M. le cardinal; et ceux « que vous avez sur moi sont.... (Je ne puis achever ceci, parce que ce sont des louanges que je ne mérite point, et dont je ne saurois me souvenir sans rougir.) Oubliez, je vous prie, « tous ces avantages que vous avez sur moi, « comme je veux oublier tous ceux que j'ai sur « vous, et vivons dans une entière intelligence « et une parfaite amitié. » Il seroit inutile de rapporter ici quelle fut ma réponse à un discours si obligeant, et il me suffit de dire que M. le maréchal de Brezé m'a témoigné depuis ce jour jusques à sa mort une si extrême confiance et une si grande amitié, que tous ceux qui l'ont connu plus particulièrement savent qu'il n'en a jamais tant fait paroître pour personne, sans que durant tout le long temps que cette affection a duré, elle ait jamais été obscurcie du moindre nuage; et entre ce grand nombre de lettres que j'ai reçues de lui, également belles et obligeantes, il y en a sur un sujet fort important, par lesquelles il me marque avoir éprouvé en cette occasion que j'avois plus de pouvoir sur lui qu'il n'en avoit lui-même, et l'une de ces lettres commence par ce vers du Tasse :

A tanto intercessor nulla.

J'arrivai avec lui à l'armée, qui étoit de dix-neuf mille hommes de pied et de cinq mille chevaux effectifs, des plus belles troupes qui se soient jamais vues en France, parce que tous les vieux régimens faisoient partie de l'infanterie, et que la cavalerie, outre les vieilles troupes entretenues, étoit composée de compagnies de cent hommes chacune, commandées par des personnes de grande qualité qui ont depuis rempli les principales charges, et qui s'efforçoient à l'envi de rendre leurs compagnies très-belles.

Comme c'étoit sur la fin de l'année, je trouvai qu'il n'y avoit plus de fonds pour le pain de munition nécessaire à la subsistance de l'infanterie ; mais ces messieurs qui commandoient la cavalerie, que je connoissois presque tous fort particulièrement, et qui témoignoient de la joie de mon arrivée, me présentèrent sur ma simple parole quarante mille livres pour cette dépense, et m'en offrirent encore davantage en attendant l'arrivée de la voiture.

Ce mémoire n'étant que pour rapporter ce qui me regarde en particulier, je me contenterai seulement de toucher en peu de mots ce que fit cette armée. Elle s'avança sur le bord du Rhin au-delà de Manheim, que le grand Gustave, roi de Suède, avoit fait fortifier, à l'embouchure où le Necker entre dans le Rhin ; et comme Philisbourg en étoit proche, ce fut alors que je pris le temps d'y aller.

M. de Gassion, depuis maréchal de France, qui servoit en Allemagne, étant venu donner avis à messieurs les généraux qu'Heidelberg, qui est la capitale du Palatinat, et assise sur le Necker, étoit sur le point d'être prise par les troupes de l'Empereur si on ne la secouroit promptement, on résolut de passer le Rhin pour conserver cette place à l'un des alliés de la France. Ainsi, après avoir fait un pont de bateaux vis-à-vis de Manheim, l'armée s'y rendit de tous les quartiers qui en étoient assez éloignés, passa le Rhin, et le même jour, qui étoit le 22 décembre, et par conséquent le plus court de l'année, elle marcha jusqu'à Heidelberg, qui en est éloigné de quatre ou cinq lieues de France ; et les Impériaux n'ayant osé l'attendre levèrent le siége. Messieurs les généraux me laissèrent à Manheim pour donner ordre à beaucoup de choses ; et j'avois au chevet de mon lit les drapeaux de tous les vieux régimens qui les avoient laissés, à l'exception d'un seul pour chacun.

L'armée passa ensuite le Necker pour prendre des quartiers dans le Bergstrass, et M. le duc de Weimar et M. le grand-chancelier Oxenstiern se rendirent à Besigheim pour conférer avec messieurs les maréchaux de France sur ce qu'il y avoit à faire, et j'assistois à tous ces conseils.

Après leur séparation, étant venu nouvelle que les ennemis s'avançoient à Aschaffembourg, qui est au-dessus de Francfort sur le Mein, M. le duc de Weimar demanda d'être fortifié de cinq régimens de notre infanterie pour aller vers eux. On les lui donna, et nos généraux, pour s'approcher plus près de lui, allèrent dans le Darmstadt, et logèrent dans le palais du landgrave, qui n'y étoit point, et dont ils n'étoient pas satisfaits. Ce fut là qu'ils eurent avis de la prise de Philisbourg, qui me donna tant de sujet de me plaindre de M. le marquis de La Force, que je ne voulus point l'année suivante servir auprès de lui, comme on le verra dans la suite, parce que l'ayant avant pressé diverses fois d'envoyer des troupes à Philisbourg pour renforcer la garnison que la peste avoit réduite en l'état que j'ai dit ailleurs, il avoit toujours différé, et n'y avoit envoyé que cinq compagnies qui n'arrivèrent qu'après la prise de la place.

Il faut revenir maintenant à ce qui regarde ma charge. Comme j'étois persuadé que le plus grand service que je pouvois rendre étoit de travailler de tout mon pouvoir à la subsistance de l'armée, j'avois, dès que j'y fus arrivé, commencé et continué toujours depuis à mettre un prix à toutes choses que je faisois observer à toute rigueur, et pris un soin très-particulier de l'hôpital ; ce qui fut d'autant plus utile qu'un hiver aussi extraordinaire que fut celui-là, joint aux maladies ordinaires dans les armées, fit qu'il alla successivement plus de six mille soldats à l'hôpital, où ils furent traités avec tant de soin qu'il n'en mourut presque point.

Il n'est pas croyable quelle affection pour le service cela donna aux soldats, et combien grande fut celle qu'ils témoignoient avoir pour moi. On en verra des preuves dans la suite ; et j'avoue ne comprendre pas comment des hommes dont la profession est d'exposer continuellement leur vie, peuvent le faire de bon cœur lorsqu'ils voient que dans leurs maladies et dans leurs blessures on a moins soin d'eux que l'on n'en a des chevaux, que l'on fait panser soigneusement, à cause qu'on ne les peut perdre sans qu'il en coûte de l'argent pour en avoir d'autres.

M. le cardinal de Richelieu fut si content de ma conduite, qu'il voulut m'en donner une marque par une lettre que l'on trouvera dans mes papiers, dont la substance étoit qu'encore qu'il laissât à messieurs les secrétaires d'Etat le soin d'écrire à ceux qui étoient dans des emplois semblables au mien, la manière dont je servois l'obligeoit à me témoigner sa joie de la satisfaction que le Roi en avoit. Son Eminence écrivit en même temps à M. le maréchal de La Force, et par une méprise on changea la suscription de ces deux lettres; de sorte qu'il reçut celle qui étoit pour moi, et je reçus celle qui étoit pour lui. Ainsi il vit ce que M. le cardinal me mandoit, et trouva que cette lettre étoit plus obligeante pour moi que celle qui étoit pour lui ne l'étoit à son égard.

Ces cinq régimens que l'on avoit prêtés à M. de Weimar étant les premiers qui aient servi avec les Suédois, et les Français n'étant pas aussi accoutumés que ceux de cette nation à des fatigues tout-à-fait extraordinaires, je n'eus pas de peine à juger qu'ils seroient à leur retour en un tel état que les officiers ne manqueroient pas de demander quelques grâces que l'on auroit peine à leur accorder. Ainsi, je m'avisai d'envoyer des commissaires des guerres au-devant d'eux, avec ordre de dresser un rôle du nombre des soldats dans le défilé qu'ils jugeroient le plus commode pour cela, et de m'en rapporter les extraits sur lesquels ils devoient être payés à la prochaine montre.

Et comme je ne doutois point que tous les officiers ne fussent très-malcontens, et n'alléguassent pour appuyer la justice de leurs plaintes le nombre des malades et des blessés demeurés derrière, je dis aux mêmes commissaires de prendre garde, sans en faire semblant, au nombre de ces malades et de ces blessés, qui n'ayant pu suivre les autres viendroient après eux, et de m'en rapporter des mémoires très-exacts. Ils l'exécutèrent ponctuellement, et ce que j'avois prévu arriva; car les mestres de camp et les capitaines me firent d'étranges plaintes; et leur ayant répondu fort civilement qu'ils savoient que je ne pouvois faire payer les montres que sur les extraits des revues, ils me conjurèrent de considérer qu'il n'y auroit point de justice de les traiter avec une si extrême rigueur. Chacun me donna un mémoire du nombre des malades de sa compagnie qui étoient demeurés derrière, et je trouvai que ces mémoires se rapportoient à ceux que les commissaires m'avoient mis entre les mains. Alors je leur dis que s'ils vouloient me promettre sincèrement de ne point mettre de passe-volans dans les montres suivantes, je prendrais le hasard du blâme que l'on pourroit me donner de passer par-dessus les règles, en les faisant payer sur le pied de leurs mémoires, outre ce qui étoit porté par leur extrait. Ils me le promirent solennellement, et me le tinrent; car après que l'armée eut repassé le Rhin pour tourner tête vers la France, et qu'elle eût fait montre, ces cinq régimens, qui avoient encore rejoint M. de Weimar, et qui étoient demeurés derrière, étant revenus dans l'armée, on leur fit aussi faire montre, et les commissaires des guerres me vinrent dire qu'il ne s'étoit jamais rien vu de semblable à ce qui s'y étoit passé, parce que les soldats des autres régimens qui avoient déjà fait montre s'offrant de tous côtés pour grossir le nombre de ceux-ci, les capitaines dirent qu'ils n'en souffriroient pas un seul, parce qu'ils m'en avoient donné parole et qu'ils vouloient me la tenir. Ainsi cette revue s'étoit trouvée moindre que la précédente de plus de trois cents hommes, dont la solde fut autant de deniers revenant-bons au profit du Roi.

Après que l'armée eut, comme je viens de dire, repassé le Rhin, sur ce que l'on apprit que les Impériaux avoient jeté dans Spire plus de trois cents hommes de leurs meilleures troupes, et qu'ils étoient avec de grandes forces de l'autre côté du Rhin dans le dessein de le passer sur un pont de bateaux, à la faveur de cette place et d'un fort qu'ils avoient fait sur les bords du fleuve du côté de la ville, messieurs les maréchaux de La Force et de Brezé résolurent d'attaquer cette place, quoique la rigueur du froid fût encore extrême et qu'à peine les soldats eussent de quoi se couvrir. Je demeurai à Landau, qui n'en est éloigné que d'environ trois lieues, pour donner ordre aux choses nécessaires pour la subsistance de l'armée, et envoyai, outre toutes sortes de provisions, tous les médicamens pour les malades et les blessés que je pus trouver, avec quantité de vin pour distribuer gratuitement aux soldats. Ces rafraîchissemens firent un tel effet que ceux qui étoient à ce siége, et qui restent encore en vie, peuvent témoigner que jamais gens n'ont fait paroître plus de vigueur, ni été plus gaiement au péril qu'ils firent, ayant, entre autres actions, emporté ce fort, et taillé en pièces tout ce qui étoit dedans, après y être montés sur les pointes des hallebardes. Ainsi les Impériaux, qui étoient delà le Rhin, virent en peu de jours prendre la place.

Le siége fini, je fis apporter à Landau sur des échelles tous les blessés, qui trouvèrent toutes choses préparées pour les recevoir dans des cloîtres de monastères, où ils furent traités comme dans Paris; et, avant de partir dudit Landau, je donnai de ma main, au nom du Roi, trois pistoles à chacun de ceux qui étoient considérablement blessés, dont le nombre étoit de plus de deux cents. Ce fut alors que l'on connut l'effet que de petites récompenses peuvent produire dans le cœur des soldats; car, non-seulement ceux-là, mais tous les autres, dans l'espérance d'être traités de même s'ils se trouvoient au même état, s'animèrent de telle sorte à bien servir, que les mestres de camp et les capitaines me firent de grands remercîmens de ce qu'un seul de leurs soldats ne leur demandoit plus congé comme autrefois, quelque grande qu'eût été la fatigue de ce siége, mais qu'il n'y avoit rien au contraire qu'ils ne fussent capables d'entreprendre dans la disposition où ils les voyoient.

En ce même temps M. le marquis, maintenant duc de La Force, fils de M. le maréchal, partit avec un corps de cavalerie pour aller favoriser le passage de M. le duc de Rohan de la Valteline, et messieurs les généraux se séparèrent. M. le maréchal de La Force demeura dans l'Alsace avec une partie des troupes, et M. le maréchal de Brezé vint en Lorraine avec le reste.

Comme ce Mémoire m'est particulier, je crois y pouvoir rapporter deux choses qui confirment ce que j'ai dit de l'affection des soldats pour moi, et de celle dont M. le maréchal de Brezé m'honoroit.

Ne s'étant jamais vu de plus mauvais chemins que ceux qui se rencontrèrent durant cette marche dans une fin d'hiver, et dans d'aussi bonnes terres que sont celles d'Alsace, une de mes charrettes sur laquelle étoit ma vaisselle d'argent et des papiers fut perdue pendant trois jours sans espérance de la recouvrer, quelque soin que l'on prit, et auroit sans doute été pillée si les soldats m'eussent moins aimé ; mais, ayant su qu'elle étoit à moi, un sergent dit qu'il me la ramèneroit à quelque prix et en quelque lieu que ce fût ; et ainsi, lorsque nous étions à Saverne, on le vit arriver avec vingt soldats qu'il avoit pris pour l'escorter. M. le maréchal de Brezé n'en témoigna pas moins de joie que moi, et ce fut en ce même lieu qu'il me donna, d'une manière également surprenante et obligeante, une marque de son affection que je crois devoir rapporter.

Un gentilhomme qui commandoit une des compagnies qui étoient en garnison dans cette place, me pria, avec grande instance, de lui demander la permission d'aller chez lui pour donner ordre à ses affaires, à cause que sa maison avoit été brûlée. Je lui en parlai tout bas, et il me dit tout haut, en la présence de la plupart des officiers de l'armée et de cette garnison : « Monsieur, que lui avez-vous répondu ? » Je demeurai assez surpris, et lui repartis : « Je lui ai « répondu, monsieur, que je vous en parlerois. « —Vous lui avez fort mal répondu, » me dit-il alors. Ce qui me surprit encore davantage : « Parce, ajouta-t-il, que vous n'avez pas besoin « de me parler pour disposer de tout ce qui peut « dépendre de moi. »

Lorsque nous fûmes à Rambervillers, il reçut des dépêches de la cour, qui portoient que le Roi l'avoit choisi avec M. le maréchal de Châtillon pour passer en Flandre avec l'armée qui se devoit joindre à celle de messieurs les Etats commandée par M. le prince d'Orange, et que Sa Majesté avoit extrêmement à cœur que ces troupes fussent parfaitement belles. M. le maréchal de Brezé ayant fait voir ces dépêches à ces personnes de qualité qui commandoient ces compagnies de chevau-légers, plus belles et plus fortes que n'ont été depuis plusieurs régimens, leur désir de paroître dans une telle occasion les fit venir pour me dire que je savois la fatigue qu'elles avoient eue durant un hiver si rude, et particulièrement celles qui étoint revenues de favoriser le passage de M. de Rohan ; mais que si je voulois les faire payer comme complètes, ils me donnoient leur parole de mettre chacun deux mille écus du leur pour les mettre en tel état qu'il ne se seroit jamais vu de plus belles troupes.

Je n'eus pas peine à juger que cette proposition étoit avantageuse au service du Roi ; mais, ayant dans l'esprit le dessein que l'on verra par la suite, je leur répondis qu'il n'y avoit rien que je ne désirasse de faire pour les servir, mais que je les priois de considérer que cela passoit mon pouvoir, que j'avois les mains liées, et qu'il ne m'étoit libre de faire payer que le nombre porté par les extraits de revue ; ensuite ils furent trouver le maréchal de Brezé pour le conjurer de me faire résoudre à leur accorder cette demande. Il vint aussitôt me voir, accompagné d'eux tous, et me dit qu'il venoit joindre ses prières aux leurs. Je lui répondis que je le suppliois de trouver bon qu'avant que de lui répondre je lui disse un mot en particulier. Alors je lui dis, dans la ruelle de mon lit, que je croyois cette proposition si avantageuse pour le service du Roi, qu'encore que rien ne soit plus extraordinaire que de faire payer plus d'hommes que ne portent les extraits de revue, j'appréhendois si peu que l'on m'accusât de le faire par aucun autre intérêt que celui du service, que je ne craindrois point de l'entreprendre ; mais que désirant que ce fût à lui seul et non pas à moi que ces messieurs en eussent l'obligation, parce que devant servir sous ses ordres ils ne pouvoient lui être trop affectionnés, je m'étois excusé de consentir à ce qu'ils désiroient, afin qu'ils le tinssent purement de lui. Je n'ai jamais vu personne plus touché que M. le maréchal de Brezé le fut de cette réponse, et nulle parole ne peut exprimer le gré qu'il m'en témoigna. Il revint à ces messieurs, leur dit que je m'étois résolu de faire pour l'amour de lui tout ce qu'ils désiroient, quoique ce fût la chose du monde la plus extraordinaire : à quoi il ajouta qu'il falloit avoir une réputation de probité aussi bien établie et aussi hors d'atteinte qu'étoit la mienne pour oser l'entreprendre. Il seroit inutile de dire quelle fut la joie que témoignèrent tous ces messieurs, non plus que les remercîmens qu'ils firent à M. le maréchal. Ils renouvelèrent les assurances qu'ils m'avoient données, et les exécutèrent de telle sorte que chacun sait qu'il ne s'est jamais vu de plus belles troupes que furent celles qu'ils menèrent en Flandre, et qui eurent tant de part au gain de cette fameuse bataille d'Avein, qui, pour avoir acquis tant de gloire aux armes du Roi, donna une jalousie à M. le prince d'Orange qui produisit des effets si contraires à ceux que l'on devoit attendre d'une campagne ouverte par une si belle victoire.

Je veux croire que l'on ne jugera pas mal à propos que je remarque dans cet endroit combien il importe pour le service du Roi que ceux qui sont dans les charges aient une probité à l'épreuve pour ne point appréhender dans une rencontre singulière, telle qu'étoit celle-là, de faire une chose aussi extraordinaire que de faire payer une montre à des troupes sans s'arrêter aux extraits des revues.

M. le maréchal de Brezé partit ensuite pour aller à la cour, et comme j'étois destiné pour aller dans cette armée qui devoit passer en Flandre, j'allai trouver M. le maréchal de Châtillon pour me rendre avec lui à Mézières, où l'on devoit résoudre toutes choses avant que de se mettre en marche. Ce fut sur ce chemin que parut encore l'affection du soldat pour moi, outre tant d'autres marques que j'en avois déjà reçues et que je n'ai pas rapportées : car, comme j'étois en carrosse avec M. le maréchal de Châtillon, les régimens de Piémont et de Rambures, qui revenoient de notre armée d'Allemagne pour aller en Flandre, étant venus à passer, ils ne m'eurent pas plutôt aperçu que les soldats commencèrent à s'écrier : « Courage, voilà M. d'Andilly, « soyons malades, soyons blessés, il n'importe ! » Cela toucha extrêmement M. le maréchal de Châtillon, et j'ai su depuis que dans cette guerre faite en Flandre les soldats de ces régimens, et des autres qui avoient servi comme eux de mon temps, s'imaginoient, quoique peut-être sans sujet, que dans les maux qu'ils souffroient j'aurois pu les soulager s'ils m'eussent eu encore avec eux.

M. le maréchal de Brezé étant arrivé à la cour trouva que le Roi vouloit s'avancer vers Langres, sur la frontière, avec une armée, en même temps qu'il faisoit passer en Flandre celle dont je viens de parler ; et sur ce qu'il parla à M. le cardinal de Richelieu comme ne mettant point en doute que je ne servisse dans celle de Flandre, et que Son Eminence lui dit que le Roi me destinoit pour servir dans son armée, il insista de telle sorte pour m'avoir, que M. le cardinal s'en fâcha et lui dit ces mêmes mots : « S'il y a « un bon officier vous voulez l'avoir. » Ainsi il lui fallut céder, et il en témoigna plus de déplaisir que je ne méritois.

Je reçus aussitôt après à Mézières un ordre de me rendre à la cour, qui étoit alors en Picardie. Je vins en poste à Paris, où j'allai trouver M. de Bullion qui y étoit demeuré, n'y ayant que M. Bouthillier, son collègue en la surintendance, qui eût suivi le Roi. Je ne fus pas peu surpris qu'au lieu des témoignages de satisfaction que je croyois avoir sujet d'attendre de lui, il commença par me quereller, en me disant que j'avois fait payer des troupes au-delà de ce que portoient les extraits des revues : « Oui, mon- « sieur, lui répondis-je, et je crois en cela avoir « fort utilement servi le Roi. Il me semble qu'on « doit être content des grandes sommes qu'il y a « eues des deniers revenant-bons. — Bien, bien, « me dit-il alors, vous vous justifierez devant le « Roi, papiers sur table. — Oui, oui, lui répon- « dis-je en le quittant, et très-bien. »

J'allai ensuite trouver le Roi à Saint-Quentin, et fus parfaitement bien reçu de Sa Majesté et de M. le cardinal. La première parole que Son Eminence me dit, fut : « Vous avez charmé le « maréchal de Brezé. — Ce n'est pas moi, mon- « sieur, lui répondis-je, mais c'est votre Emi- « nence qui l'a charmé, en lui témoignant qu'elle « seroit bien aise qu'il me fît l'honneur de m'ai- « mer. » Comme il y avoit quantité de monde, il me remit au lendemain pour m'entretenir. Je l'allai trouver dans un pré où il se promenoit avec messieurs de Longueville et Servien. Aussitôt que M. de Longueville l'eut quitté, je m'approchai, et M. Servien se recula. Je lui dis que j'avois grand sujet de me plaindre de M. de Bullion, de ce qu'au lieu de me témoigner de la satisfaction de la manière dont j'avois servi, il m'avoit querellé. Il me répondit : « Ne connoissez- « vous pas son humeur ? » Je lui repartis : « Sa « mauvaise humeur le devoit-elle porter jusqu'à « me dire que je me justifierois devant le Roi, « papiers sur table ? Voici, ajoutai-je, en tirant « une liasse de ma poche, ma justification tout « entière, et dont j'espère que votre Eminence « sera satisfaite s'il lui plaît de jeter les yeux des- « sus. » Sur cela M. le cardinal appela M. Servien et lui dit : « Voilà une chose insupportable « de M. de Bullion, d'avoir dit à M. d'Andilly « qu'il se justifieroit devant le Roi, papiers sur « table. » Il n'y eut rien ensuite d'obligeant que M. le cardinal ne me dît ; et ni lui, ni M. Bouthillier, ni M. Servien ne voulurent jamais voir cette liasse, que je puis assurer hardiment qui contenoit le compte le plus exact que l'on puisse rendre d'un tel emploi.

M. Bouthillier et M. Servien furent étonnés quand je leur dis qu'au lieu de dix mille francs par mois dont j'avois pu disposer absolument, je n'en avois pas employé la moitié, quoique toute la dépense de l'hôpital y fût comprise, aussi bien que cette gratification faite aux soldats blessés au siége de Spire, et plusieurs autres dépenses qui n'étoient pas moins utiles. Néanmoins M. de Bullion fut si juste et si raisonnable qu'à mon retour du second voyage d'Allemagne dont je parlerai ensuite, après n'avoir employé dans tous les deux voyages que vingt-trois mille livres au lieu de soixante-dix mille dont j'avois pu disposer durant les sept mois que les armées avoient agi, et rapporté au profit du Roi quarante-sept mille livres restant, il disoit qu'il falloit que je payasse du mien les vingt-trois mille que j'avois employés; sur quoi je laisse à juger si des ministres de cette humeur, et qui ne sont pas du tout si sévères envers eux-mêmes, sont propres à animer les gens de bien à bien servir, et je suis fort trompé si ç'a été par de semblables moyens que, dans les Etats les mieux réglés, on a porté les hommes à se distinguer par leur zèle et par leur fidélité.

Le Roi étant tombé malade auprès de Reims, il me commanda d'aller vers Langres, où les troupes s'assembloient dans le même temps que M. le maréchal de La Force étoit venu avec son armée en Lorraine, où feu M. le prince commandoit alors. Je m'arrêtai à Chaumont, et ce fut là que je fis connoissance avec madame de Saint-Ange, fille de M. de Boulogne qui étoit fort de mes amis et que j'étois allé voir, ayant su par un compliment qu'il m'avoit envoyé faire qu'il étoit à Chaumont avec la goutte.

Comme ce Mémoire me regarde plus que nul autre, je ne saurois ne point dire quelque chose de l'étroite amitié dont il a plu à Dieu de m'unir avec madame de Saint-Ange, puisqu'elle est telle que j'ose assurer qu'il n'y en eut jamais une plus grande. C'est une femme admirable, et de qui l'on ne sauroit dire quand la vertu a commencé, parce que Dieu lui a fait tant de grâces qu'elle a paru en elle dès son enfance. Aussitôt qu'après être veuve elle eut donné ordre aux affaires de sa famille, elle se fit religieuse à Port-Royal où elle est encore; et je crois ne pouvoir alléguer une meilleure preuve de son extraordinaire piété, que ce que la mère Angélique et la mère Agnès, que l'on sait qui n'étoient pas prodigues de louanges sur un semblable sujet, me dirent un jour. Je partois de Paris pour m'en retourner à Port-Royal des Champs, et lorsque je disois adieu à la mère Angélique, étant venus à parler de madame de Saint-Ange, je lui demandai si l'on n'étoit pas toujours fort satisfait d'elle dans la maison. « On peut bien l'être, me dit-elle, puis-« que depuis qu'elle y est nous n'avons pas remar-« qué en elle la moindre imperfection. » La mère Angélique étant sortie, et la mère Agnès étant venue me dire adieu, je lui témoignai la joie que j'avois de ce que la mère Angélique venoit de me dire. Elle me répondit : « Elle pouvoit, mon « frère, passer plus avant, en ajoutant, comme « il est vrai, que ma sœur Anne de Sainte-Eu-« génie croit toujours de vertu en vertu. »

Pour revenir à la suite de ma narration, m'étant rendu à Clermont où ces troupes assemblées auprès de Langres, au nombre de huit ou neuf mille hommes, étoient commandées par M. de Bellefond, maréchal de camp, on eut avis que M. de Lorraine venait pour les combattre; mais il n'osa l'entreprendre, et nous allâmes assiéger Arnay, que l'on prit sans qu'il le secourût. M. le prince me manda de l'aller trouver à Épinal; j'y fus, et après qu'il eut tenu conseil sur tout ce qu'il avoit à faire, je m'en retournai. Son Altesse m'écrivit ensuite qu'elle jugeoit à propos que j'allasse servir dans l'armée de M. le maréchal de La Force, que ces troupes commandées par M. de Bellefond étoient allées joindre; mais, ne pouvant m'y résoudre pour les raisons que j'en ai dites, je m'en retournai à Chaumont, d'où j'écrivis à la cour pour demander mon congé. Lorsque je l'y attendois, M. le cardinal de La Valette, accompagné de M. de Turenne et de M. le comte de Guiche, maintenant duc de Grammont et maréchal de France, qui revenoient de l'armée de M. le maréchal de La Force et s'en alloient à la cour, vinrent à Chaumont, où M. le cardinal de La Valette témoigna beaucoup de joie de me trouver.

Mon congé ne venant point, et étant obligé de l'attendre, M. le cardinal de La Valette revint de la cour où le Roi lui avoit donné le commandement d'une armée, et pour maréchaux de camp M. de Turenne, M. le comte de Guiche et M. le colonel Hebron; et il m'apporta un ordre de Sa Majesté pour servir dans cette armée, composée entre autres troupes de dix compagnies du régiment des Gardes les plus belles du monde.

Lorsqu'il fut assez avancé dans sa marche, M. le duc de Weimar le joignit avec son armée, dont M. de Feuquières étoit lieutenant-général, parce qu'il l'avoit fortifiée d'un corps de troupes allemandes levées par le Roi, dont il avoit été fait général.

Comme l'on sait jusqu'à quel point M. le cardinal de Richelieu portoit la dignité de cardinal, et que ce prince alloit au solide, il demeura d'accord de céder le rang à M. le cardinal de La Valette. Mais ce dernier, qui étoit l'un des hommes du monde le plus civils, en usoit si discrètement qu'au lieu d'affecter de passer devant lui, il sortoit d'ordinaire du lieu où ils étoient assemblés, ou y entroit en faisant semblant de parler à quelqu'un.

Sur quoi, encore que la réputation que ce prince a laissée soit si grande qu'il n'y a personne qui n'ait entendu parler de lui, je crois devoir dire quelque chose de ce que j'y ai remarqué. Il seroit inutile de m'étendre sur le sujet de sa valeur et de sa science dans les hommes, puisque, sans parler de tant d'autres actions, et de la bataille de Lutzen dont il remporta tout l'honneur, le Roi de Suède ayant d'abord été tué, rien n'a jamais été plus glorieux que l'état où il s'étoit mis par sa seule vertu, en se rendant maître de Brisach après avoir gagné trois batailles dans une même campagne, et commencé pour en venir là par faire passer des hommes au-delà du Rhin dans des bateaux de pêcheurs. Mais ce que j'ai reconnu en lui, outre son extrême vigilance, sa prévoyance et son ordre, c'étoit une sagesse et une civilité qui l'auroit plutôt fait prendre pour un Italien que pour un Allemand; et ce qui étoit encore incomparablement plus estimable, mais qui donne tant de sujet de déplorer som malheur d'avoir vécu et d'être mort dans une fausse religion, c'est qu'il témoignoit un tel respect pour Dieu qu'il ne manquoit jamais d'attribuer à lui seul tous ses bons succès. J'ai l'obligation à sa mémoire de m'avoir donné plusieurs marques de sa bonté et de sa confiance. J'avois commencé, comme je l'ai dit, d'être connu de ce prince après le premier passage de l'armée du Roi au-delà du Rhin; et, lors de sa jonction avec M. le cardinal de La Valette dont je viens de parler, il le pressa fort de lui faire donner sur ce qui lui étoit dû deux mille écus dont il disoit avoir incessamment besoin. Son Eminence se défendit de toucher au fonds nécessaire pour le paiement de ses troupes, mais enfin elle crut ne le pouvoir pas mécontenter, et m'envoya lui dire qu'on lui donneroit cet argent quand il lui plairoit. Voyant ensuite que plusieurs jours se passoient sans qu'il en parlât, je lui dis que je m'étonnois que Son Altesse ayant tant pressé pour avoir cet argent, elle n'en parloit plus. Il me répondit : *Ne l'ai-je pas, puisque j'ai votre parole?*

Dans un voyage qu'il fit long-temps après en France, étant allé lui rendre mes devoirs, il me reçut avec tous les témoignages d'affection imaginables, et me raconta tout ce qui lui étoit arrivé d'important depuis que je n'avois eu l'honneur de le voir. Le jour qu'il entra dans Brisach, que l'on peut dire avoir été le plus illustre de sa vie et comme le jour de son triomphe, il me fit l'honneur de m'écrire la lettre du monde la plus obligeante; et la manière dont il y parle est une preuve de ce que j'ai dit qu'il référoit à Dieu tous ses bons succès.

M. le cardinal de La Valette et ce prince ayant eu avis que Mayence, assiégée par une partie des troupes impériales, étoit à l'extrémité, et que le général Gallas s'avançoit vers eux avec une grande armée, ils résolurent de le combattre, marchèrent contre lui, et l'on ne doutoit pas que l'on ne dût le lendemain donner bataille. M'étant avancé à la tête de l'armée avec ces deux généraux, M. le duc de Weimar, dont toute la cavalerie marchoit dans un tel ordre que je n'ai jamais rien vu de plus beau, la tête d'un cheval ne passant pas l'autre, dit à M. le cardinal de La Valette qu'il importoit du tout de ne se pas écarter ni s'amuser au pillage après avoir rompu les ennemis, mais qu'il falloit demeurer serré et en ordre pour pousser toujours sa victoire, parce qu'autrement les ennemis, qui étoient accoutumés à se rallier, regagneroient aisément l'avantage qu'ils auroient perdu, n'ayant affaire qu'à des troupes écartées.

Je crus qu'il étoit très-important d'informer les nôtres de cet ordre qu'ils devoient tenir dans le combat; mais, parce qu'il ne m'appartenoit pas de leur en parler comme de moi-même, je quittai Son Éminence et Son Altesse, et, sous prétexte de chercher M. de Turenne et lui porter cet ordre de la part de M. le cardinal de La Valette, je parlai à toutes les troupes les unes après les autres, y ajoutai tout ce que je crus pouvoir les animer davantage au combat et leur augmenter l'espérance de la victoire, fis distribuer aux régiments qui m'en demandèrent, poudre, plomb, mèche, ce qu'ils en avoient besoin, et après les avoir laissés dans une telle ardeur d'aller au combat que la plupart sautoient de joie, et particulièrement les cadets de ces belles compagnies des Gardes, je m'en retournai aussitôt trouver les généraux.

Mais cette espérance de donner bataille s'évanouit, lorsque M. de Feuquières, qu'ils avoient envoyé reconnoître les ennemis, trouva que Gallas s'étoit retiré par le détroit de Landstel, dans un fort qui auroit dû les empêcher d'y passer, qui lui avoit été remis entre les mains par un Allemand de qui l'on se croyoit assuré, et que ce général y avoit laissé des troupes qui nous fermoient le passage.

Il fallut donc retourner sur nos pas et camper dans un bois où l'armée souffrit extrêmement par le défaut de vivres, auquel il avoit été impossible de pourvoir dans une marche aussi prompte et dans un tel pays. Et lorsqu'on agita dans le conseil des moyens d'y remédier, étant aussi pressé de marcher qu'on étoit pour secourir Mayence, M. le duc de Weimar dit qu'il n'y en avoit point d'autre que de gagner du pain à coups d'épée, en s'avançant toujours et faisant reculer l'ennemi. Cela fut exécuté; car les Impériaux n'osant nous attendre, et la moisson étant prête à se faire, nous trouvâmes des blés sur la terre à l'entrée de Kreutznach. Nous assiégeâmes ensuite et prîmes Bingen, qui est une place sur le Rhin au-dessous de Mayence, dont les ennemis nous voyant si proches se retirèrent.

Ayant donc ainsi, en sauvant Mayence, sauvé une ville si considérable, nous y allâmes; et mon fils aîné qui, au sortir de l'académie, avoit pris la poste pour se rendre à cette armée, y arriva, et prit un mousquet dans le régiment des Gardes, en la compagnie de M. de Vaines, qui étoit fort de mes amis.

Après que nous eûmes fait un pont de bateaux, nos deux armées passèrent le Rhin et se campèrent de l'autre côté, dans la créance que quelques princes d'Allemagne se joindroient à nous, comme ils l'avoient fait espérer; mais les Impériaux ayant fait des efforts extraordinaires pour assembler des forces de toutes parts, et l'armée de Gallas, qui avoit pris son poste à Worms, étant de trente-cinq mille hommes, ces princes n'osèrent se déclarer, de peur d'avoir toutes les forces de l'Empereur sur les bras lorsque nous aurions repassé le Rhin pour tourner tête vers la France. Le landgrave de Hesse entre autres envoya faire ses excuses par M. de La Boderie, neveu de mon beau-père. Il servoit le Roi près du landgrave, et étoit colonel d'un régiment de cavalerie allemand.

Ainsi notre séjour au-delà de ce fleuve, qui est comme la barrière des deux empires, ne pouvant plus produire aucun effet, on résolut de le repasser, et Gallas, qui tenoit le dessus du Rhin, fit, pour tâcher à nous en ôter le moyen, côtoyer le long de ce fleuve des bateaux pleins d'artifices pour brûler notre pont. Le feu commença à s'y mettre, et on dut principalement à M. de Feuquières de l'avoir garanti, par le soin extraordinaire qu'il prit et le péril où il s'exposa pour l'empêcher d'être brûlé.

Aussitôt après on eut avis que le colonel Schemideberg, que Gallas avoit assiégé dans Manheim, étoit près de se rendre faute de vivres. Sur le minuit, M. de Feuquières vint me trouver dans ma tente, où j'étois malade et avois ce jour-là été saigné des deux bras; il me dit que l'on venoit de résoudre dans le conseil, sur la proposition que M. le colonel Hebron en avoit faite, et dont lui qui me parloit avoit été chargé de l'exécution, que l'on prendroit cinq mille chevaux, dont chaque cavalier porteroit en croupe un sac de blé qu'il iroit décharger vis-à-vis de Manheim, sur le bord du Rhin, du côté de l'Alsace, où le colonel Schemideberg les enverroit prendre avec des bateaux, et qu'ainsi il falloit que je donnasse promptement ordre aux munitionnaires de préparer ce blé et ces sacs. L'impossibilité évidente de tirer un bon effet de cette résolution me frappa tellement l'esprit, que je lui dis que je ne comprenois pas qu'on eût pu seulement penser à la prendre; que Gallas étoit à Worms avec toute son armée, et par conséquent entre nous et Manheim; que nos cinq mille chevaux ne seroient pas plus tôt en marche dans ce long espace de chemin, depuis Mayence jusqu'à Worms, qui n'est pas moins que de vingt lieues de France, qu'il en auroit avis par des Croates qui battoient continuellement la campagne, et qu'il leur tomberoit sur les bras avec toutes ses forces; qu'aussitôt qu'ils se verroient attaqués, on ne pouvoit douter qu'ils ne jetassent leurs sacs, pour penser plutôt à se défendre qu'à les sauver; mais que quand même ils pourroient arriver sans perte jusque sur les bords du Rhin, à l'opposite de Manheim, et décharger leurs blés, quel moyen de revenir sans être entièrement défaits, puisque Manheim étant plus éloigné de Mayence que Worms, il faudroit qu'ils repassassent à travers les quartiers de l'armée de Gallas toute campée à l'entour de Worms; que quand même les Croates n'auroient point dès avant donné avis de leur marche, ils ne pourroient pas alors l'ignorer; et qu'ainsi la perte d'un corps aussi considérable que cinq mille chevaux seroit inévitable, et celle de toute notre armée par une si grande diminution de ses meilleures troupes, par la terreur que cela jetteroient dans l'esprit des autres, et par la manière dont le succès enfleroit ce cœur des ennemis. « Je demeure d'accord de tout ce que vous me « dites, me répondit M. de Feuquières; mais « pouvois-je représenter ces difficultés, puisqu'en « même temps que la proposition en a été faite on « m'a choisi pour l'exécuter? — Si cette raison « vous a retenu, lui repartis-je, et que vous « n'ayez pas pu ne vous y point rendre, je ne « l'ai pas, et puis ainsi être plus hardi que vous. « C'est pourquoi je vous déclare que je n'exé- « cuterai point cet ordre, et que l'état où vous « voyez que je suis ne m'empêchera pas de me

« lever pour l'aller dire à M. le cardinal. » Aussitôt je m'habillai, m'en allai dans la tente de Son Éminence, la fis éveiller, et lui dis tout ce que je viens de rapporter. Il me répondit : « Vos « raisons sont excellentes; mais que vouliez-vous « que je fisse ? M. le colonel Hebron a proposé « cela d'une manière qu'il sembloit qu'il y au- « roit quelque lâcheté à ne l'oser entreprendre. « — Et pourquoi, monsieur, lui dis-je, êtes-vous « général, si ce n'est pour décider absolument « ce que vous jugez être le plus utile ? — N'en « parlons donc plus, me dit M. le cardinal, il n'y « faut pas penser davantage. » Ainsi ce dessein fut rompu; et l'événement fit voir que je puis dire avec vérité que Dieu m'a fait la grâce, en cette occasion, d'avoir rendu au Roi et à la France un aussi grand service que d'empêcher la perte d'une partie si considérable de cette armée, et qui auroit indubitablement attiré celle de tout le reste : car, sans parler de ce qu'il se trouva que Manheim s'étoit déjà rendu, comment ces cinq mille chevaux auroient-ils pu n'être point taillés en pièces, puisque nous eûmes aussitôt après sur les bras toute l'armée de Gallas qui seroit fondue sur eux, et les auroit enveloppés de toutes parts ?

Dès le moment que ce dessein fut rompu, l'on ne pensa plus qu'à repasser le Rhin le plus promptement qu'il se pourroit; et pour en cacher la résolution aux ennemis M. de Feuquières proposa d'aller avec quatre ou cinq mille chevaux donner jusque dans les barrières de Francfort, où il y avoit de leurs troupes. On l'approuva, et on le chargea de l'exécution. Il s'en acquitta avec tant de conduite et de jugement que cette action éclata fort, comme on en pourra voir le particulier, ainsi que de plusieurs autres choses que je ne rapporterai pas ici, dans la relation que je fis de cette campagne par l'ordre de M. le cardinal de Richelieu dont je parlerai ensuite. Je dirai seulement ici, en passant, que ce fut à cette occasion que M. de Thou, qui étoit naturellement si vaillant qu'il ne pouvoit s'empêcher d'aller au péril où sa profession ne l'engageoit pas, reçut une mousquetade au bras droit, dont, au lieu de tirer vanité, il témoignoit quelque honte. Il étoit si homme d'honneur, si généreux et si bon ami, que nul autre n'a moins mérité que lui de finir sa vie (1) d'une manière qui a tiré des larmes de tant de personnes de qualité, que je crois pouvoir dire que jamais particulier n'a été plus généralement regretté, ni avec plus de sujet; et ce seroit me rendre indigne de l'a-

(1) Il fut exécuté le 12 septembre 1642, pour n'avoir pas dénoncé la conspiration de Cinq-Mars, dont il avait eu connaissance.

mitié qu'il me portoit, que de ne pas rendre ce témoignage à sa mémoire.

Aussitôt après le combat fait jusque dans les portes de Francfort nous repassâmes le Rhin; et on ne put plus douter alors qu'il n'y avoit point de temps à perdre, puisque Gallas venoit déjà à nous avec toute son armée et nous avoit fermé le chemin par lequel nous devions retourner en France, et sur la route duquel étoient tous les blés que j'avois fait assembler et mettre en divers entrepôts pour la subsistance de notre armée. Ainsi l'on se trouva réduit à chercher un autre passage par des pays qui peuvent passer pour des déserts, tant ils sont peu habités; et je ne pourrois, sans faire tort à la vérité, ne point dire que l'honneur de cette célèbre retraite qui porte le nom de la retraite de Mayence, et qui passe avec raison pour l'une des plus illustres actions de nos longues guerres, fut principalement dû à M. le duc de Weimar et à M. de Feuquières son lieutenant-général, qui, commandant les troupes allemandes et suédoises, pouvoient par elles faire des choses que les Français n'auroient pu faire dans un tel pays.

Cette si longue retraite qui dura onze jours me faisoit souvenir des Israélites dans le désert, lorsque dans l'extrême nécessité de vivres et le peu d'eau que nous rencontrions, continuellement poursuivis par une si puissante armée, des pommes sauvages et quelques petites fontaines étoient toute notre nourriture le jour, et la lune, alors dans son plein, notre lumière durant la nuit. Mais qui peut mieux faire connoître quelle étoit notre nécessité, que de dire que, encore que ma charge me donnât un entier pouvoir sur les officiers des vivres, à peine pouvois-je, tout malade que j'étois, avoir du pain et de l'eau !

La vigilance de M. le duc de Weimar étoit incroyable. Il mettoit chaque jour à bout plusieurs chevaux, étoit partout, donnoit ordre à tout; et pour pouvoir recouvrer des guides il employoit jusqu'à cinq cents chevaux pour en prendre dans les bois où les paysans s'enfuyoient dans ce pays si sauvage : car rien n'étoit plus important, parce que, pour favoriser notre retraite, il falloit faire marcher les troupes, l'artillerie et le bagage par trois chemins différens, afin d'éviter l'embarras; et la difficulté étoit de pouvoir découvrir tous les chemins. Je courus grande fortune de n'en jamais revenir, parce que mon carrosse ayant rencontré dans une descente de montagne une pierre, les Allemands, qui ne pouvoient rien souffrir qui les retardât, crioient d'en haut à d'autres Allemands de le jeter en bas; et ils étoient près de le faire, lorsque par bonheur il sortit de ce mauvais pas. Je crois qu'il ne se passa point de jour que Son Altesse n'eût la bonté de me venir demander comment je me portois.

M. de Feuquières secondoit sa vigilance ; il demeura entre autres quarante heures de suite sans descendre de cheval, et pensa mourir après à Metz d'une maladie que de si grandes fatigues lui causèrent.

Que si tant de difficultés qui se rencontrèrent dans cette retraite la rendent célèbre, elle ne l'est pas moins par l'extrême valeur que les nôtres y firent paroître : car dans le milieu de notre marche une partie des ennemis nous ayant joints, il se donna un combat où après qu'on leur eut défait quatre mille chevaux ils furent contraints d'abandonner douze pièces de campagne ; et lorsque notre armée eut passé la Sarre à Vaudrevange, où M. de Netz, qui servit très-bien, commandoit pour le Roi, toute celle de Gallas étant arrivée de l'autre côté de la rivière, il s'engagea ensuite à Boulay un second combat dans lequel on leur défit huit mille chevaux ; et ce fut là que M. de La Meilleraye de Normandie, M. de Londigny et M. de Cahusac furent tués.

Quand je fus arrivé à Metz, ne pouvant guérir, à cause qu'en quelque état que je fusse on me parloit continuellement de tant d'affaires que je n'avois pas le moindre repos, parce que dans une charge unique comme celle d'intendant d'une armée on ne sauroit être soulagé de personne, je résolus de m'en revenir, et suppliai M. le cardinal de La Valette de mander à la cour que M. de Thou, alors guéri de sa blessure, et qui n'étoit venu à l'armée que pour son plaisir et par l'affection qu'il avoit pour lui, pourroit prendre ma place. Son Eminence le fit, et j'écrivis sur le même sujet à M. Servien. Le Roi l'agréa, et ainsi je remis la charge entre les mains de M. de Thou. Mais, afin que Sa Majesté ne pût trouver mauvais que j'eusse demandé mon congé, j'allai la trouver à Bar, où elle s'étoit rendue pour s'opposer aux progrès que Gallas prétendoit faire. Sa Majesté, surprise de me voir avec un si mauvais visage qu'à peine étois-je reconnoissable, me dit d'abord : « Il fait bien meilleur à Pom« ponne que delà le Rhin ; » et ce qui la faisoit parler de la sorte, c'est qu'étant passée par Pomponne le jour d'une foire qui s'y tient tous les ans, elle avoit entendu que les paysans la nommoient ainsi. Elle me fit l'honneur de me témoigner ensuite être fort contente de mes services.

Après avoir pris congé de Sa Majesté je m'en allai à Paris, et fus trouver à Chilly M. le cardinal de Richelieu. Il me reçut très-bien ; et dans le compte que je lui rendis de tout ce qui s'étoit passé dans cette campagne jusqu'au retour de l'armée à Metz, lui ayant dit particulièrement, et selon la vérité, de quelle manière M. de Feuquières avoit servi, il me dit qu'apprenant par là beaucoup de choses qu'il ne savoit pas, il seroit bien aise d'avoir une relation exacte de cette campagne. Je la fis, et la lui portai à son retour à Paris. J'en gardai une copie qui doit être parmi mes papiers.

Après être sorti de la chambre de M. le cardinal à Chilly, j'allai voir M. Bouthillier ; M. Mazarin, depuis cardinal, y vint quelque temps après, et lui dit en ma présence : « M. de Cha« vigny vient de me dire que M. d'Andilly a « parlé de M. de Feuquières à M. le cardinal « d'une manière qui a fait aujourd'hui sa fortune, « parce que, encore que Son Eminence croie qu'il « y entre de cette chaleur que chacun sait que « M. d'Andilly a pour ses amis, ce discours a fait « une telle impression sur son esprit, qu'il est « impossible que M. de Feuquières n'en ressente « des effets. »

Voilà de quelle sorte se passèrent mes emplois dans ces armées, qui furent les premières qui depuis tant de siècles firent voir aux Allemands les Français traverser le Rhin pour porter la guerre dans leur pays, malgré cette forte barrière qui faisoit dire autrefois que ce fleuve étoit la borne fatale qui empêchoit l'Empire romain de s'étendre plus avant.

Ce fut dans ce dernier voyage que je fis une amitié si étroite avec M. de Fabert, et dont il m'a donné des preuves si particulières, comme plus de deux cents lettres que j'ai de lui le témoignent, que je ne pourrois, sans manquer de reconnoissance, ne point parler de lui dans ces Mémoires. Mais, parce que personne n'ignore combien c'étoit un homme admirable, je me contenterai de dire que nul autre n'a mieux fait connoître la vérité de cette belle parole d'un ancien : Qu'il y a un certain degré de mérite si élevé, que l'envie même la plus furieuse n'ose entreprendre d'y donner atteinte ; puisque, lorsque le Roi l'honora de la charge de maréchal de France, il ne se trouva personne assez hardi pour dire qu'il y eût dans cette action plus de faveur que de justice, et que d'un autre côté jamais homme, en s'abaissant, ne s'est tant rehaussé que lui, lorsque l'incroyable modestie qui le porta à refuser l'honneur d'être chevalier de l'ordre du Saint-Esprit lui en acquit un encore plus grand.

Le 25 novembre de cette même année 1635, peu après mon retour, madame de La Boderie, ma belle-mère, mourut à Pomponne. Je ne la pus trop regretter pour son mérite et sa vertu.

Deux ans n'étoient pas encore passés depuis cette mort, que le 23 août 1637 Dieu retira aussi à lui ma femme. Comme nulles paroles ne peuvent exprimer quelle fut ma douleur d'une si cruelle séparation, je me contenterai de dire que les sentimens que j'eus de cette perte sont inconcevables ; et si Dieu ne m'avoit préparé la consolation d'un ami tel que M. l'abbé de Saint-Cyran, je ne sais ce que je serois devenu. Il l'assista à la mort, et moi après sa mort, d'une manière si également sainte et extraordinaire, que Dieu, qui sembloit parler par sa bouche, ne sauroit ne lui avoir point tenu compte des preuves qu'il nous donna à l'un et à l'autre de son ardente charité et de cette parfaite amitié chrétienne qu'il nommoit, après les saints Péres, le rehaussement de la charité. Que si Dieu ne se fût servi de lui pour me fortifier contre les plus grandes afflictions que l'on puisse recevoir en cette vie, comment aurois-je pu, ensuite d'une telle perte que celle que je venois de faire, résister encore à cet autre accablement de douleur, de le voir lui-même un peu après mené au bois de Vincennes où il demeura cinq ans, et n'en sortit qu'après la mort du cardinal de Richelieu ! Je ne parlerai point des divers intérêts qui contribuèrent à son emprisonnement si injuste, ni de ce qui se passa dans cette partie la plus éclatante de la vie de ce grand personnage, tant par l'incroyable vertu avec laquelle il supporta cette prison, que par les admirables écrits qu'il y fit et la manière si glorieuse dont il en sortit, d'autant que j'en ai fait un mémoire très-particulier, signé de ma main, qui se trouvera entre mes papiers. Je dirai seulement ici que Dieu voulut que, par une rencontre étrange, je le vis entrer en prison, et que ce fut moi qui l'en allai retirer ; à quoi j'ajouterai que la feue Reine-mère eut la bonté de m'envoyer témoigner par M. le comte de Maure la part qu'elle prenoit à ma joie de sa liberté.

Il faut revenir à la suite des choses que j'ai rapportées dans ce Mémoire, et que je me suis trouvé obligé d'interrompre.

Après que Monsieur fut de retour en France, il m'envoya par M. Goulas, secrétaire de ses commandemens, un brevet de mille écus de pension, de même que la Reine sa mère, quelques années avant, m'en avoit envoyé un tout semblable par M. Desroches ; et la feue Reine-mère m'en envoya un tout pareil par M. Le Gras, secrétaire de ses commandemens, aussitôt qu'elle fut régente, sans que j'aie seulement pensé à solliciter aucun de ces brevets ; et Sa Majesté ne se contenta pas de me donner cette pension, comme elle en donna quelques autres durant sa régence qui n'ont pas subsisté depuis, mais elle voulut qu'elle fût employée sur l'état de sa maison, afin que je n'eusse pas besoin d'ordonnance pour en être payé, comme je l'ai toujours été jusqu'à sa mort.

Monsieur m'a fait l'honneur de me témoigner toujours beaucoup de bonne volonté, et de recevoir très-bien les devoirs que je lui rendois de temps en temps jusqu'au jour de ma retraite, lors de laquelle Son Altesse royale eut la bonté de conserver à mon fils de Pomponne cette pension de mille écus qu'elle me donnoit, et il en a toujours été payé jusqu'à la mort de ce prince.

Pour ce qui est de la feue Reine-mère, on sait assez quelle étoit la bonté dont elle m'honoroit ; mais il n'y a que quelques personnes, dont M. de Bartillac, mon intime ami, à qui j'ai de très-grandes obligations, est l'une, et madame de Saint-Ange, religieuse à Port-Royal, est l'autre, comme en ayant eu connoissance par feu M. de Saint-Ange son mari, premier maître-d'hôtel de Sa Majesté, en la fidélité duquel elle avoit une entière confiance, qui sachent que j'ai été assez heureux pour servir Sa Majesté en des occasions si importantes qu'elles ne pouvoient l'être davantage. Mais quelle preuve de l'extrême confiance dont elle m'honora peut être plus grande que ce qu'elle me dit à Saint-Germain durant le dernier voyage du Roi, que l'une des choses du monde qu'elle désiroit le plus étoit, si cela dépendoit d'elle, de me mettre M. le Dauphin entre les mains pour l'élever comme je voudrois ? « Car, ajouta-t-elle, que pourrois-je faire de « mieux que de mettre le Roi entre les mains « d'un homme à qui Dieu a donné le cœur d'un « roi ? » Ce furent ses propres paroles, et elles étoient trop obligeantes pour moi pour pouvoir jamais en perdre le souvenir. Elle parla de ce dessein qu'elle avoit à feu madame la princesse et à madame la princesse de Guéménée, qu'elle savoit qui me faisoient toutes deux l'honneur de m'aimer. Sa Majesté témoigna depuis que le jansénisme, ce vain fantôme dont on lui a toujours fait tant de peur, et qui lui a fait faire depuis tant de choses si contraires à son humeur, lui donnoit peine sur mon sujet, sans qu'elle ait cessé néanmoins de m'honorer de témoignages d'une affection dont je ne saurois conserver une trop grande reconnoissance. Mais quand ce fantôme n'auroit point été un obstacle dans son esprit qui l'auroit empêchée de continuer dans ce dessein qu'elle avoit de se reposer sur moi d'un emploi qui lui étoit d'une si extrême importance, M. le cardinal Mazarin auroit-il pu y consentir ?

Ceux à qui Dieu fait la grâce de mépriser tout ce qui les regarde en particulier pour ne considérer que lui seul, et ne penser qu'à s'acquitter de leurs devoirs, ne sont pas propres à des favoris. Leur intérêt va à s'élever toujours de plus en plus, à affermir leur autorité, à obscurcir le mérite des autres, à s'attribuer la cause des bons succès, à rejeter sur autrui celle des mauvais, à se rendre les distributeurs, des grâces et des faveurs, et à faire que leurs maîtres ne voient que par leurs yeux afin de leur être nécessaires. L'intérêt des rois au contraire va à connoître le mérite des personnes de toutes conditions les plus capables de les bien servir, à se faire entretenir de leurs bonnes actions, à leur témoigner le gré qu'ils leur en savent, et à les louer en ces rencontres en présence de tout le monde pour exciter entre eux cette généreuse émulation qui fait que rien ne leur paroît impossible pour se rendre dignes d'un si grand honneur. L'intérêt des rois va à leur demander en diverses rencontres leur sentiment, à s'enquérir d'eux de l'état des provinces, des abus qui s'y commettent, et des remèdes qu'on y peut apporter, pour voir si cela se rapporte à ce dont leurs ministres les informent. L'intérêt des rois va à ne se contenter pas de remarquer les signalés services et desservices qu'on leur rend, mais à les faire écrire dans des registres pour se les faire lire de temps en temps afin de reconnoître les uns et se ressouvenir que les autres ne méritent pas de recevoir un semblable traitement ; ce qui retiendroit tout le monde dans le devoir, rien n'étant plus véritable que cette parole dite il y a tant de siècles : *Que la récompense et la peine sont les deux vrais démons des empires*. Et enfin l'intérêt des rois va à faire monter avec eux sur le trône la piété, la vertu et le mérite, pour régner par eux et avec eux d'une manière si chrétienne, si généreuse et si noble, qu'après avoir été durant leur vie l'objet des faveurs de Dieu, de l'amour de leurs peuples, et de l'admiration des étrangers, ils vivent encore après leur mort non-seulement pour un temps sur la terre dans la mémoire des hommes, ce qui est commun aux bons et aux méchans princes, mais éternellement dans le ciel.

Après la mort du feu Roi, le jour même que la Reine fut déclarée régente, elle me fit l'honneur de me parler de choses fort importantes avant que d'aller au parlement, et encore après en être revenue et s'être mise dans le lit à cause qu'elle étoit fort lasse : ce qui fut tellement remarqué que feu monsieur le prince me pressa de lui dire de quoi je l'avois donc tant entretenue ; mais je m'en excusai, parce que ce n'étoient pas des choses que je pusse dire à d'autres qu'à Sa Majesté même.

M. Servien étoit alors encore exilé en Anjou, et faisoit une étroite profession d'amitié avec mon frère l'abbé de Saint-Nicolas, à présent évêque d'Angers. Je suppliai la Reine, auprès de laquelle je lui avois déjà rendu de grands offices, d'avoir agréable qu'il revînt à la cour. Elle me l'accorda, et ainsi on le vit dans le Louvre sans que personne sût qu'il eût permission de revenir. Il étoit, en arrivant, venu descendre à mon logis pour être informé de l'état de toutes choses avant de voir personne. Je lui rendis encore d'autres offices fort importans dont je ne parlerai point ici, et dont j'aurois dû être pleinement satisfait de son amitié et de sa confiance si elles eussent répondu aux protestations qu'il m'en faisoit, puisqu'il ne s'y pouvoit rien ajouter. Mais, en rentrant dans les emplois et dans la faveur, je le trouvai dans sa bonne fortune si différent de lui-même lorsqu'elle étoit mauvaise, que je renonçai de bon cœur à ce que je devois attendre de sa reconnoissance.

M. l'abbé de Saint-Cyran, dont l'amitié m'étoit un trésor sans prix, étant mort au mois d'octobre de cette même année 1643, lorsque j'étois à Pomponne, d'une apoplexie qui ne lui donna que le temps de recevoir ses sacremens, madame la princesse de Guémené demanda et obtint de la Reine son abbaye pour M. de Barcos, dont je ne puis mieux témoigner quel est le mérite qu'en disant qu'il est un digne neveu d'un tel oncle. Comme les jésuites n'ont jamais plus haï personne que feu M. de Saint-Cyran, parce que, encore qu'il n'ait point mis son nom à ses ouvrages, ils savent qu'il est l'auteur de cette réponse à la Somme théologique du père Garasse, l'un de leurs confrères, qui a fait voir dans ce livre tant d'erreurs et tant d'hérésies, et de cette autre admirable ouvrage de *Petrus Aurelius* pour la défense de la hiérarchie, dont tout le clergé de France s'est tenu si obligé qu'il ne s'est pas contenté d'employer toutes sortes de moyens pour l'engager à s'en déclarer l'auteur, afin de lui en témoigner sa reconnoissance par des gratifications proportionnées à la grandeur du service qu'il lui avoit rendu, mais a fait imprimer deux fois à ses dépens cet excellent ouvrage avec un éloge à la tête, qui conservera pour jamais dans les archives de l'Eglise l'honneur qui est dû à sa mémoire. Il n'y eut point d'effort que cette compagnie ne fît pour obliger la Reine à révoquer la grâce qu'elle venoit d'accorder à ce successeur de la science et de la vertu de M. de Saint-Cyran, parce que chacun sait que leur haine ne meurt point avec ceux qui osent combattre les erreurs et les dangereuses maximes de leur compagnie. Mais Sa Majesté demeura ferme, et me fit l'honneur de répondre : « Que « diroit M. d'Andilly si je refusois cette grâce au « neveu d'un homme qu'il a tant aimé ? »

Je revins aussitôt de Pomponne pour aller rendre mes remercîmens à Sa Majesté; et sur ce qu'elle me dit : « Vous aimiez donc bien M. de « Saint-Cyran? » et que je lui repartis : « Je lui « avois, madame, de si grandes obligations que « je l'aimois plus que ma vie ; il y a même ajouté « celle de me donner son cœur par son testament; « et j'estime plus *cela*.... » Sur ce mot de *cela*, Sa Majesté, par une présence d'esprit admirable, me répondit en serrant le bras du Roi qu'elle menoit par la main dans la galerie du Palais-Royal, *Que d'être cela*.

L'un des premiers soins que cette grande princesse se crut obligée de prendre pour attirer les bénédictions de Dieu sur sa régence fut d'empêcher les duels. Elle en parla à monsieur le chancelier, et il lui dit que M. le cardinal de Richelieu ayant voulu, un peu avant sa mort, remédier à un si grand mal par l'édit le plus solennel qui se fût encore fait, il m'avoit prié d'y travailler, que je l'avois fait, et que je devois l'avoir entre les mains. Sa Majesté en témoigna beaucoup de joie, et me commanda ensuite de mettre cet édit entre les mains de M. le chancelier. Ainsi je le lui donnai; et quelque temps après ayant rencontré M. le duc de Bellegarde chez M. de Chavigny, il me dit : « Il y a huit « jours que tout ce que nous sommes d'offi- « ciers de la Couronne sommes assemblés pour « examiner l'édit des duels que vous avez dressé, « sans avoir pu trouver un seul mot à y changer. » Ainsi il fut expédié aux mois de juillet de cette même année 1643, et vérifié au parlement le 11 août sans aucune modification. Voyez la page 152 du Recueil imprimé par Cramoisy, en 1660, de tout ce qui regarde les duels.

Comme Dieu m'a fait la grâce, dont je ne puis assez le remercier, de connoître depuis longtemps le néant des choses de la terre, et que je suis persuadé que nulle autre fortune ne peut rendre un homme véritablement heureux selon le monde que celle des souverains, par le moyen qu'elle leur donne de faire des biens infinis, au lieu que même les plus élevées de toutes les autres conditions sont renfermées dans une dépendance qui rend tous leurs bons désirs inutiles, quelque grand que soit leur amour pour le public et l'entier désintéressement qu'il demande : je n'eus pas plus tôt perdu ma femme que je pensai à me retirer, en conservant toujours cette inclination dans mon cœur. La perte d'un ami tel que M. de Saint-Cyran me fit, avec l'assistance de Dieu, m'y déterminer entièrement. Ainsi, peu de jours après sa mort, j'en pris la résolution ; mais, parce qu'ayant une si grande famille je ne devois rien faire inconsidérément, je voulus pourvoir avant à toutes choses, et crus avoir pour cela besoin de deux ans. Mais j'avançai ce terme de six mois.

Toutes les pensions ayant été diminuées d'un tiers, celle de six mille livres que le Roi me donnoit étoit réduite à quatre mille ; je désirai la laisser à mon fils de Pomponne pour en jouir, outre ses gages du conseil : et il m'en fut expédié des lettres-patentes. M. Almeras, maître des comptes, très-considéré dans sa compagnie, en fut rapporteur, et m'a dit que la chambre avoit considéré comme une chose sans exemple qu'une pension passât d'un père à un fils, parce que cela seroit d'une trop dangereuse conséquence ; mais que l'affaire avoit néanmoins passé tout d'une voix en ma faveur, chacun disant que l'on ne pouvoit refuser à mes services et à la manière dont j'avois vécu de m'excepter de cette règle générale : ce qui est une trop grande obligation que j'ai à cette compagnie, pour n'en conserver pas aussi bien le souvenir dans ce Mémoire que le ressentiment de mon cœur.

N'y ayant plus alors de religieuses à Port-Royal des Champs, M. Le Maître mon neveu, dont j'ai parlé, s'y étoit retiré avec un de ses frères, et le troisième de mes fils qui avoit été nourri page de M. le cardinal de Richelieu, et que Dieu avoit touché ensuite d'une grande maladie qu'il avoit eue au retour de l'armée. Il s'y étoit aussi retiré avec eux. Je crus que nulle autre solitude ne m'étoit plus propre, et que je ne pouvois en lieu du monde finir mes jours plus tranquillement que dans ce désert : mais, comme j'avois plusieurs amis à qui je me trouvois obligé de rendre compte de ma conduite, je n'estimai pas leur devoir cacher mon dessein, ni même partir sans prendre congé de la Reine. Ainsi j'en parlai à Sa Majesté qui me témoigna en être touchée, et me fit l'honneur de me dire qu'elle vouloit avant me parler à loisir. Sa Majesté me donna le lendemain au matin une audience si favorable qu'elle défendit de laisser entrer aucun autre que moi. Les dernières paroles que je lui dis furent : « Que quand elle n'auroit point de cou- « ronne sur la tête, je la supplois très-humble- « ment de croire que je ne l'honorerois pas moins, « et, si elle me permettoit de le dire, que je ne « l'aimerois pas moins que je faisois. » A quoi elle me répondit ces mêmes mots : *C'est cela qui est obligeant*.

M. le cardinal Mazarin, à qui j'avois à parler touchant le bruit que faisoit le livre de la Fréquente Communion, et dont l'affaire étoit encore dans sa chaleur, me donna aussi une audience si favorable qu'ayant commandé que sa porte fût fermée ce matin-là à tout le monde, excepté moi, et M. le prince étant venu, M. l'abbé Auvry, maître de chambre de Son Éminence, et depuis évêque de Coutances, lui dit : « Monseigneur, il « faut être monsieur le prince pour voir ce ma- « tin monsieur le cardinal. — Et pourquoi, lui « répondit Son Altesse? — Parce que, lui répli- « qua-t-il, il est enfermé avec M. d'Andilly, qui « vient prendre congé de lui. — Où va-t-il, lui « demanda monsieur le prince? » M. l'abbé Auvry le lui dit, et il répondit : « Voilà ce qui s'ap- « pelle une belle retraite. » M. le prince entra ensuite dans la chambre, mais il ne voulut jamais parler à M. le cardinal que je n'eusse achevé ce que j'avois à lui dire, et s'entretint cependant avec M. l'abbé Auvry. Cette faveur m'obligea d'aller prendre congé de Son Altesse; et la sorte dont elle me reçut, l'entretien que j'eus avec elle, et la manière dont elle me témoigna en être touchée, seroient le sujet d'un trop long discours.

Je partis aussitôt après. Je fus obligé, avant, de faire imprimer un volume de mes lettres par l'occasion que je vais dire.

M. le président de Gramond, du parlement de Toulouse, que je ne connoissois non plus qu'il ne me connoissoit, ayant fait une histoire dans laquelle il parloit de moi comme d'un homme qui par intérêt s'étoit rendu esclave du cardinal de Richelieu, j'écrivis sur ce sujet une lettre à M. de Montrave, premier président au même parlement, laquelle faisoit retomber sur M. de Gramond la confusion que j'aurois dû recevoir, si ce qu'il disoit étoit aussi véritable qu'il étoit faux ; et je fis imprimer cette lettre. M. de Gramond, ne pouvant alors ne pas reconnoître le tort qu'il avoit, me manda par un nommé Doujat qu'il avoit fait refaire cette feuille de son ouvrage, après en avoir retranché ces paroles qui me blessoient, et qu'il me prioit de supprimer aussi ma lettre. Je lui répondis que je ne le pouvois, parce que des exemplaires de son histoire étant déjà entre les mains de tout le monde, il étoit raisonnable que ma justification fût aussi publique que son livre. Cette réponse n'ayant pas plu à M. de Gramond, il fit imprimer une lettre adressée à Philarque, qui se trouvera parmi mes papiers, par laquelle il tâchoit à défendre ce qu'il avoit fait. J'écrivis sur cela une autre lettre à M. de Montrave qui réduisit M. de Gramond au silence. Ainsi l'affaire en demeura là. Mais comme ce mémoire fît voir que l'honneur a été le seul bien que mes proches et moi avons recherché, et qu'ainsi l'on ne doit pas trouver étrange que je veuille au moins laisser à mes enfans une réputation sans tache, je crus que des feuilles volantes, qui se perdent aisément, ne suffiroient pas pour détruire ce qui se trouve écrit dans un gros livre qui se trouve dans quelques bibliothèques. Ainsi je résolus de rassembler plusieurs de mes lettres qui pussent faire corps avec celle-là, afin de former un juste volume d'une grosseur assez raisonnable : et sans cette considération je n'aurois point fait imprimer ces lettres, parce qu'elles ont cela de fâcheux, que les personnes à qui l'on écrit n'étant pas toutes incapables de changer, on est sujet de dire d'elles en un temps ce qu'on n'en diroit pas en un autre.

Cette même raison m'a empêché de permettre qu'on réimprimât ces lettres : mais elles le sont en Hollande et à Lyon sans date ; ce qui est un grand défaut, parce qu'elles servent beaucoup pour l'éclaircissement des sujets dont on y parle.

Étant arrivé dans cette sainte solitude que j'avois choisie pour ma retraite, j'y ai passé près de vingt années, et le repos dont j'y jouissois étoit trop grand pour durer toujours. Mais le fantôme du jansénisme, à qui rien n'est impénétrable, qui court toutes les provinces, qui passe et repasse si souvent les Alpes, et qui ne se lasse point de troubler l'Église, ne manqua pas de le traverser. Ce n'est pas ici le lieu de rapporter en particulier tous les maux qu'il a causés. De plus habiles que moi ont commencé et pourront continuer à en écrire l'histoire : mais plus elle est véritable, plus la postérité aura de peine à la croire ; tant il est difficile de se persuader que les jésuites aient pu par leurs cabales et leurs artifices faire jouer tant de ressorts et élever de si grandes machines sur un fondement imaginaire. Ainsi je me contenterai de dire sur ce sujet quelques-unes des choses qui ont de la liaison avec ce qui me touche.

Lorsqu'en 1654 on tint au Louvre, chez M. le cardinal Mazarin, cette assemblée d'évêques, et que mon frère le docteur répondit par quatre écrits à tout ce qu'alléguoit le père Annat, jésuite, confesseur du Roi, j'en envoyois toutes les feuilles à Son Éminence avant qu'elles fussent imprimées, n'y ayant rien de tout ce qui peut dépendre de moi que je ne voulusse faire pour ce qui regarde la paix de l'Église. Ainsi, après cette assemblée du Louvre, M. le cardinal m'ayant fait témoigner par M. l'évêque de Coutances, qui lui rendoit mes lettres, qu'il désiroit extrême-

30.

ment que l'on n'écrivît plus, je dis à mon frère, et à ceux des mes amis qui avoient le plus de part dans cette affaire, qu'après avoir fait tout ce qu'ils avoient pu pour éclaircir et pour défendre les vérités qu'ils soutenoient, il me sembloit qu'ils devoient en demeurer là, pourvu que les jésuites de leur côté n'écrivissent plus aussi. Ils l'approuvèrent; mais comme je n'ai jamais donné de parole que je n'aie tenue, et qu'ainsi, avant que de m'engager, je voulois qu'on ne pût douter de la leur, je les obligeai de signer ce qu'ils me promettoient. J'écrivis ensuite à M. le cardinal ce que j'avois fait. Il en fut si content qu'il porta à l'instant ma lettre à la Reine, et Sa Majesté me fit l'honneur de lui dire ce que M. de Coutances m'a rapporté : « Que puisque j'avois « donné ma parole, on ne pouvoit plus mettre « la chose en doute. »

Qui n'auroit cru qu'après cela l'affaire demeureroit assoupie? Mais les jésuites ne savent point quitter prise, lorsqu'ils ont une fois conspiré la ruine de ceux qui ont commis un aussi grand crime qu'est dans leur esprit celui d'oser choquer leur société. Ainsi, sans se soucier de la parole formelle qu'ils ne pouvoient ignorer que Son Eminence m'avoit donnée, et qu'il avoit sans doute aussi tirée d'eux de demeurer dans le silence, ils firent une lettre circulaire pleine d'erreurs et d'hérésies qu'ils supposèrent avoir été écrite et envoyée de tous côtés par les disciples de saint Augustin. Une copie m'en étant tombée entre les mains, mon frère le docteur cota de sa main à la marge ces erreurs et ces hérésies, et je l'envoyai à M. de Coutances, pour faire voir à M. le cardinal de quelle sorte les jésuites lui tenoient parole. L'on me manda que Son Eminence en étoit très-mal satisfaite, qu'elle y donneroit ordre, et que cependant elle me prioit que l'on continuât à demeurer dans le silence. On le fit; mais bientôt après il parut des vers latins imprimés, dont j'ai encore des exemplaires, par lesquels les jésuites représentoient Port-Royal des Champs comme un enfer, y marquoient en particulier toutes les peines des damnés, et finissoient cette charitable pièce par une fervente prière à Dieu de nous préciter tous dans cet abîme. J'envoyai ces vers à M. le cardinal, et lui renouvelai mes plaintes. Il me manda qu'il s'en étoit mis en grande colère, et que si je pouvois en découvrir l'auteur il le feroit châtier sévèrement. Je n'y eus pas grande peine, parce qu'ils se distribuoient publiquement par les jésuites dans leur collége de Clermont, où ils avoient été faits; et il se rencontra que celui qui en étoit l'auteur avoit durant les guerres civiles fait aussi des vers les plus sanglans du monde contre Son Eminence. Je le lui fis savoir, lui dis son nom; et, voyant qu'il n'y mettoit aucun ordre, je retirai ma parole.

Ainsi l'on recommença à écrire; et les jésuites n'y trouvant pas leur compte, ils eurent recours à leurs armes ordinaires, dont ils ont un arsenal inépuisable, qui sont les impostures et les calomnies.

On élevoit à Port-Royal des Champs dans la piété et dans les sciences, avec un soin extraordinaire, un très-petit nombre de jeunes enfans; et une éducation si chrétienne, qui pouvoit leur faire faire également tant de progrès dans la vertu et dans les lettres, fut insupportable aux jésuites. Ils résolurent d'employer tous leurs efforts pour détruire cette bonne œuvre, et ils en vinrent à bout; car ils assurèrent si hardiment que le nombre de ces enfans étoit fort grand, et que c'étoit un véritable séminaire où on leur enseignoit ce qu'ils nommoient les maximes du jansénisme, sans pouvoir dire ce que c'est, non plus que ce prétendu jansénisme, que les parens furent obligés de retirer leurs enfans, avec la douleur de les voir privés d'une instruction que les seuls commencemens ont fait connoître être si bonne que la plupart ont parfaitement bien réussi.

Les jésuites n'en demeurèrent pas là. C'étoit trop peu pour eux de n'avoir fait sentir qu'à des enfans les effets de leur animosité : elle n'épargna personne; et, avec la même hardiesse qu'ils avoient dit faussement qu'il y avoit tant d'enfans, ils assurèrent à la cour qu'il y avoit un très-grand nombre de gens qui s'étoient retirés dans cette maison, et que celui des seuls ecclésiastiques n'étoit pas moindre que quarante, quoiqu'il n'y en ait jamais eu au plus que trois ou quatre.

La résolution fut donc prise d'envoyer le lieutenant civil pour faire sortir les personnes qui s'étoient retirées dans cette maison; et ce fut à cette occasion, comme en tant d'autres, que la Reine-mère me donna une preuve très-particulière de la bonté dont elle m'honoroit; car elle me fit écrire par M. de Bartillac ce qui avoit été résolu, et qu'elle avoit bien voulu m'en donner avis, afin que je n'en fusse point surpris.

Après avoir rendu à Sa Majesté de très-humbles remercîmens de l'honneur qu'elle m'avoit fait, j'écrivis à M. le cardinal qu'il n'y avoit rien de plus éloigné de la vérité que ce grand nombre de personnes dont on lui avoit parlé, qu'il étoit au contraire très-petit, et qu'encore qu'il fût bien rude de faire sortir d'une maison consacrée à Dieu ceux qui ne s'y étoient retirés que pour travailler à leur salut, néanmoins, si le Roi le vouloit, il falloit obéir; mais qu'il n'étoit point nécessaire pour cela de M. le lieutenant civil, ni de faire un si grand éclat : puisque, si Sa Majesté continuoit dans ce dessein, je ne demandois que huit jours pour l'exécuter. M. le cardinal ayant montré ma lettre à la Reine, Sa Majesté lui dit que l'on pouvoit sur ma parole tenir la chose pour faite, et commanda en même temps à M. Le Tellier de révoquer l'ordre donné à M. le lieutenant civil.

Quelques jours après j'écrivis à M. le cardinal que je lui avois demandé huit jours, qu'il n'y en avoit que quatre de passés, et qu'il pouvoit, quand il lui plairoit, envoyer voir si le Roi n'avoit pas été obéi. Sur cela, Son Éminence m'écrivit la lettre suivante, pour me faire connoître d'une manière si civile que je devois aussi me retirer.

« Monsieur,

« J'ai reçu la lettre que vous avez pris la
« peine de m'écrire; et quoique M. l'évêque de
« Coutances vous ait déjà mandé les intentions
« du Roi et informé de toutes choses, je ne lais-
« serai pas de vous dire que j'ai fait valoir, avec
« le soin que vous pouviez désirer, votre sou-
« mission entière aux volontés de Sa Majesté ;
« mais je vous prie d'achever comme vous avez
« commencé : car, laissant cette affaire entre les
« mains de la Reine, il est bien malaisé que,
« dans l'estime et l'affection qu'elle a pour vous,
« la chose ne réussisse à votre contentement. Je
« suis, monsieur, votre très-affectionné servi-
« teur, le cardinal de   « Mazarin. »

A Paris, ce 24 mars 1656.

En même temps, la Reine me fit dire qu'elle me promettoit de me faire retourner dans un mois. Il fallut donc me résoudre à quitter ma solitude, avec cette consolation néanmoins, dans mon déplaisir, de ne pouvoir douter que la parole d'une si grande Reine ne fût suivie de l'effet; et je m'en vins à Pomponne, après avoir rendu cette réponse à Son Éminence :

« Monseigneur,

« Si quelque chose étoit capable d'adoucir
« mon incroyable douleur d'être contraint de
« sortir de ma solitude, la manière dont votre
« Éminence m'a fait l'honneur de m'écrire l'au-
« roit adoucie. J'avoue, avec toute la reconnois-
« sance imaginable, que jamais commandement
« ne fut fait en des termes plus obligeans, et je
« ne saurois assez admirer que votre Éminence
« ait pu trouver des paroles qui expriment
« d'une manière si douce et si favorable un or-
« dre qui m'est si rude et si sensible. Mais,
« monseigneur, cette pénétration d'esprit de vo-
« tre Éminence, qui, jointe à sa bonté, lui auroit

« fait trouver le moyen de guérir la plaie que ce
« commandement fait dans mon cœur, si elle n'é-
« toit point incurable, fera, comme je l'espère,
« que, connoissant encore mieux par votre dis-
« cernement les sujets de mon déplaisir que je
« n'ai pu les lui exprimer par mes lettres, elle ne
« le jugera pas excessif, quoiqu'il soit aussi grand
« qu'il puisse être. Après cela je ne dirai point à
« votre Éminence que j'obéirai, mais je lui dirai
« que j'ai déjà commencé d'obéir, en quittant la
« sainte maison où Dieu par sa miséricorde m'a
« donné le dessein de finir mes jours : et je con-
« tinuerai d'obéir, en m'en allant demain à Pom-
« ponne, que je ne regarde plus comme ma mai-
« son, quoique je l'aie fort aimée, mais comme le
« lieu de mon exil, et d'un exil si douloureux que
« rien ne m'y peut faire vivre que ma confiance
« en la bonté dont la Reine et votre Éminence
« m'honorent. Ainsi, mon prompt retour dans
« mon heureuse retraite n'étant pas une simple
« grâce que je demande à votre Éminence, mais
« une grâce qui m'importe de tout, je la supplie
« de considérer les jours de mon bannissement
« comme elle feroit les années pour d'autres, et
« de croire que les faveurs qu'elle accorde à
« ceux qui établissent leur bonheur dans les
« avantages de la fortune ne leur sauroient être
« plus sensibles que me sera celle-là ; parce
« qu'elle peut contribuer à m'acquérir un bon-
« heur en comparaison duquel toutes les for-
« tunes de la terre ne sont qu'un néant. J'en
« aurai tant de reconnoissance que votre Émi-
« nence peut juger par là avec combien de pas-
« sion et de respect je serai toute ma vie, etc. »

De Paris, ce 30 mars 1656.

A peine étois-je arrivé à Pomponne que madame du Plessis vint m'y prendre, et me mena en sa maison de Fresne qui en est proche, sans que monsieur son mari ni elle aient jamais voulu m'en laisser partir tant que cet exil dura.

Il faudroit être bien méconnoissant et bien insensible pour ne point parler ici de l'extrême bonté pour moi de M. du Plessis qui est l'un des hommes du monde en qui j'en ai le plus remarqué, et des obligations incroyables que j'ai à madame sa femme. Notre amitié d'elle et de moi commença lors des guerres de Paris, où, nous trouvant ensemble à Port-Royal aux sermons de M. Singlin, nous parlions aussi hautement pour le service du Roi que l'on pourroit faire aujourd'hui. L'affection et la confiance s'augmentèrent depuis de telle sorte, qu'étant aussi savant en amitié que tous ceux qui me connoissent savent que je le suis, je puis dire sans crainte qu'il n'y en sauroit avoir une plus grande. J'ai trouvé en madame du Plessis tout ce que l'on peut souhaiter pour rendre une amitié parfaite. Son esprit, son cœur, sa vertu semblent disputer à qui doit avoir l'avantage. Son esprit est capable de tout, sans que son application aux plus grandes choses l'empêche d'en avoir en même temps pour les moindres. Son cœur lui auroit, dans un autre sexe, fait faire des actions de courage tout héroïques ; et sa vertu est si élevée au-dessus de la bonne et de la mauvaise fortune, que ce ne seroit pas la connoître que de la croire capable de se laisser éblouir par l'une et abattre par l'autre ; enfin, pour le dire en un mot, c'est l'une de ces grandes ames dont j'ai parlé dans un autre endroit de ces Mémoires. Je dois principalement à son amitié le bonheur sans prix de posséder en pareil degré celui de M. l'évêque de Cominges, son cousin germain par la naissance, et son véritable frère par la manière dont il a plu à Dieu de les unir. Je n'ai, pour faire connoître ses admirables qualités, qu'à dire de lui ce que je viens de dire d'elle, en y ajoutant que sa science, son zèle, et la sainteté de sa conduite dans les fonctions de son ministère, font voir dans ce grand évêque un véritable successeur des apôtres ; et qu'il a tant d'humilité, de douceur et de modestie, qu'il semble que ce soient comme autant de voiles dont il se sert pour cacher l'éclat de tant de vertus.

Le mois que la Reine-mère m'avoit fait dire que dureroit mon éloignement étant fini, Sa Majesté me fit mander que je pouvois, quand je voudrois, retourner à Port-Royal. Je me donnai l'honneur de lui écrire pour lui en rendre mes très-humbles remercîmens, et j'écrivis aussi à M. le cardinal, qui me fit cette réponse :

« Monsieur,

« Je suis ravi de la satisfaction que vous avez
« de retourner dans votre solitude, et je ne m'es-
« time pas malheureux d'avoir eu le bonheur
« d'y contribuer quelque chose. Je ne doute pas,
« dans le repos et la tranquillité dont vous joui-
« rez, que vous ne conserviez toujours le même
« zèle pour le service du Roi ; et j'espère bien
« aussi que vous n'oublierez pas dans vos prières
« celui qui est votre très-affectionné serviteur.

« Le cardinal Mazarin. »

A Paris, ce 5 mai 1656.

Un peu avant, et dès le 24 mars de la même année 1656, Dieu fit à Port-Royal de Paris, par la sainte épine, un miracle qui fut suivi de tant d'autres (1). Tous ces miracles étant comme la voix du Ciel, par laquelle Dieu se déclaroit en faveur de l'innocence de ces bonnes religieuses,

(1) On sait maintenant à quoi s'en tenir sur ces prétendus miracles.

consolèrent leurs amis, et étonnèrent d'abord leurs ennemis. Mais rien n'étant capable d'ouvrir les yeux des aveugles volontaires, les jésuites n'eurent pas de honte de s'efforcer de ravir à l'Eglise la joie de voir que Dieu continue à lui être si libéral de ses grâces. Ils tâchèrent de faire croire par des écrits publics et scandaleux que ces miracles étoient supposés ; mais y en ayant eu de vérifiés dans les formes les plus authentiques qui se puissent pratiquer dans l'Eglise, il ne leur resta plus que d'avoir recours à leurs calomnies ordinaires ; et ils ont fait jouer tant de ressorts sous prétexte de la signature du formulaire, qu'ils ont enfin réussi dans leur malheureux dessein de réduire l'un des plus saints monastères qui soient en France dans l'état où on le voit aujourd'hui, et qui fait gémir les gens de bien.

Ces déplorables effets de l'animosité, ou, pour mieux dire, de la fureur des jésuites, passeroient un jour pour incroyables, si les écrits faits sur ce sujet, auxquels ils n'ont pu répondre sans faire connoître leur mauvaise foi, et se couvrir eux-mêmes de confusion, n'en étoient des preuves incontestables. Ainsi cette lamentable histoire ne pouvoit être plus particulièrement et plus fidèlement rapportée qu'elle l'est dans ces écrits qui sont entre les mains de tout le monde. Je dirai seulement en peu de paroles, pour venir à ce qui me regarde en particulier, qu'après que l'on eut arraché d'entre les bras de ces véritables religieuses ce grand nombre de pensionnaires qu'elles élevoient dans la piété d'une manière si chrétienne, et du pied de l'autel ces novices consacrées à Dieu, dont la constante résolution de mourir plutôt que de quitter le voile qu'elles avoient reçu à la face de l'Eglise fit voir combien leur vocation étoit sainte ; enfin que l'on en vint à cette dernière extrémité, dont l'impression qui a passé de mes yeux dans mon esprit fait que je ne saurois en parler sans horreur, d'enlever, le 26 août 1664, douze religieuses de cette sainte maison, du nombre desquelles étoient l'abbesse, la prieure, la mère Agnès ma sœur, madame de Saint-Ange et mes trois filles, pour les envoyer prisonnières dans d'autres couvens. Que si cette action fut terrible en elle-même, la manière dont elle s'exécuta ne le fut pas moins ; et il n'y eut personne qui ne crût, en voyant l'appareil avec lequel M. l'archevêque de Paris arriva dans ce monastère, qu'on alloit prendre de force une place où de grands criminels s'étoient retirés, dans la résolution de se bien défendre. Il commença par faire saisir toutes les portes, et environner toute la clôture de cette maison par deux cents archers, et entra ensuite accompagné de M. le lieutenant civil avec nombre de commissaires, de M. le chevalier du guet, du prévôt de l'Isle et de tous leurs exempts. Je n'avois point vu M. de Paris depuis le temps qu'il étoit maître de la chambre de M. le cardinal de Richelieu; et lorsqu'il fut sorti de son carrosse, je lui dis ces mêmes mots : « Je suis bien « malheureux, monsieur, d'avoir vécu jusqu'à « soixante et seize ans pour voir ce que je vois « aujourd'hui. » Il parut surpris, et me répondit : « Que puis-je faire autre chose dans cette déso- « béissance ? — Ce ne peut, monsieur, lui re- « partis-je, être tout au plus qu'un scrupule qui « empêche ces religieuses de vous obéir; mais un « scrupule n'est pas un crime, et je pense que « vous auriez peine à trouver dans toute l'his- « toire de l'Eglise un exemple de rien de sem- « blable à ce que vous vous préparez de faire. » Sur cette réponse il mit son bonnet, entra dans l'église, et j'y demeurai toujours jusqu'à la fin de cette action qui tira les larmes des yeux de plusieurs assistans, et même de quelques-uns de ces exempts, qui ne purent, sans être touchés, voir, entre autres choses si pleines de compassion, trois de ces religieuses se jeter à genoux devant moi pour me demander ma bénédiction, parce que c'étoient mes filles. Je les conduisis toutes douze dans le carrosse préparé pour les mener dans ces diverses prisons.

Voyant alors qu'il n'y avoit plus de Port-Royal de Paris pour moi, je ne différai pas d'un moment à me préparer à en sortir pour me retirer à Port-Royal des Champs. J'y retournai quatre jours après, croyant qu'on me laisseroit en repos dans une maison que chacun sait n'être devenue habitable que par la dépense que j'y ai faite pour remédier à ce qui la rendoit si malsaine que les religieuses avoient été contraintes de l'abandonner pour se retirer à Paris. Mais M. l'archevêque ne m'y pouvant souffrir, dans le dessein qu'il avoit de ne pas mieux traiter ce monastère que celui de Paris, il eut la bonté de dire au Roi que le jour qu'il avoit fait sortir ces douze religieuses de leur maison de Paris, j'avois voulu exciter une sédition. Sur quoi j'ai cette obligation, avec tant d'autres, à la mémoire de la Reine-mère d'avoir assuré le Roi qu'il étoit impossible que cela fût, puisqu'il n'y avoit point d'homme au monde plus éloigné que je l'étois d'en avoir seulement eu la pensée.

A peine étois-je retiré à Port-Royal des Champs, que, le 2 de septembre, un lieutenant de M. le chevalier du guet m'apporta un ordre du Roi pour me retirer à Pomponne, et j'écrivis au dos ces mêmes mots : « J'ai reçu le présent « ordre du Roi par M. Dubois, lieutenant de « M. le chevalier du guet, et j'y obéirai avec le « même respect que j'ai toujours obéi aux com- « mandemens du feu Roi en des occasions fort « différentes. » Trois jours après, mon fils de Luzancy reçut un ordre tout semblable; et le 9 septembre nous nous retirâmes à Pomponne, où j'attends avec une entière soumission aux ordres de Dieu s'il lui plaira, de mon vivant, calmer cette grande tempête qu'il a permis, pour des causes qui nous sont inconnues, s'être élevée contre une maison si particulièrement consacrée à son service, et me faire la grâce de finir mes jours dans cette sainte solitude, où je m'estimois si heureux d'être que je soupire toujours dans le désir d'y retourner.

Après avoir rapporté, le plus brièvement que j'ai pu, une grande partie des choses les plus remarquables dans ma vie, ce seroit ici le lieu de parler de mes enfans. Mais comme mon fils de Pomponne a désiré de moi ce Mémoire, pour donner aux siens la connoissance de ce qu'il ne peut savoir sur ce sujet, et des actions de leurs proches dont j'ai parlé, je me remets à lui de faire la même chose pour ce qui le regarde.

Les emplois qu'il a eus, qu'il a encore, et qu'il peut avoir à l'avenir lui fourniront assez de sujets. Je ne doute point que, s'il rencontroit des occasions aussi favorables pour sa fortune que celles que j'ai eues, il ne s'en servît plus avantageusement que je n'ai fait; mais il faut que chacun combatte dans ses armes. Personne n'a plus que lui de cette ambition qui ne néglige rien pour s'élever sans bassesse par tous les moyens légitimes, ni ne s'accommode plus de toutes sortes d'humeurs : ce qui lui donne l'avantage d'avoir, outre mes amis, quantité d'autres, et une approbation générale. Je n'ai jamais eu au contraire aucune ambition, parce que j'en avois trop, ne pouvant souffrir cette dépendance qui resserre dans des bornes si étroites les effets de l'inclination que Dieu m'a donnée pour des choses grandes, glorieuses à l'Etat, et qui peuvent procurer la félicité des peuples, sans qu'il m'ait été possible d'envisager en tout cela mes intérêts particuliers, comme je l'ai assez fait voir lorsque m'étant vu aussi bien dans l'esprit de Monsieur qu'on le peut être, dans un temps auquel on n'auroit pu s'imaginer qu'il ne seroit point arrivé, il ne m'est jamais venu la moindre pensée d'en tirer autre avantage que la satisfaction d'être assez heureux pour contribuer avec la grâce de Dieu à le rendre l'un des plus grands princes qui ait jamais gouverné cette monarchie. Ainsi je n'étois propre que pour un roi qui auroit régné par lui-même, et qui n'auroit eu d'autre désir que de rendre sa gloire immortelle aussi bien dans le ciel que sur la terre. Tout le reste me paroît si méprisable que je ne comprends pas comment un cœur formé de la main de Dieu pour le posséder lui-même est capable de s'y attacher; car est-ce connoître son infinie et éternelle grandeur, que de se laisser éblouir par le faux éclat de ces grandeurs passagères et périssables dont presque tout le monde est idolâtre? Et quelles réflexions ne pourrois-je point faire sur le grand nombre de celles que j'ai vues commencer et finir durant le long cours de ma vie? Mais sans aller chercher dans les maisons des rois, des princes, des grands et des favoris, des exemples du peu de fondement que l'on peut faire sur ce qui dépend de la fortune, ce Mémoire, fait pour mes enfans, ne peut-il pas le leur faire voir par ce que j'ai rapporté de notre famille? Car à quoi se sont terminées tant d'espérances qu'il y avoit sujet d'avoir qu'elle pourroit s'élever dans une assez grande considération pour donner de l'envie à beaucoup d'autres? Mais, à juger des choses solidement, et non pas sur de vaines apparences, je ne saurois au contraire rendre trop de grâces à Dieu d'avoir exaucé la prière que ma mère, qui étoit une femme véritablement chrétienne, lui faisoit sans cesse de renverser la fortune temporelle de ses enfans pour établir sur ses ruines une fortune éternelle, puisqu'à considérer les choses selon la foi, quelle autre famille est plus heureuse! De vingt enfans que mon père a eus de cette vertueuse femme, dix sont morts en âge d'innocence, et par conséquent éternellement heureux. Des dix autres, six filles ont fini ou finiront leurs jours dans la sainte maison de Port-Royal; et de quatre frères que nous étions, mon frère l'évêque d'Angers et mon frère le docteur de Sorbonne, marchant comme ils font dans la voie étroite, et combattant le bon combat, se mettent par l'assistance de Dieu en état d'être couronnés un jour de sa main. J'ai sujet d'espérer que Dieu aura fait miséricorde au troisième qui fut tué auprès de Verdun; et, quelque grand pécheur que je sois, son infinie bonté me fait attendre de lui la même grâce, par le mérite du sang répandu par mon Sauveur sur la croix.

Quant à mes enfans, de quinze que Dieu m'a donnés, cinq sont morts en âge d'innocence, trois des six de mes filles religieuses à Port-Royal sont mortes saintement, et je ne saurois trop louer Dieu de ce que les trois autres marchent sur leurs pas. Le dernier de mes quatre fils, mort jeune à l'armée, avoit été élevé d'une manière si chrétienne, et M. le maréchal Fabert, qui m'avoit fait l'honneur d'en vouloir prendre autant de soin que s'il eût été son fils, l'avoit confirmé de telle sorte dans ses bons sentimens, que j'ai sujet de croire que Dieu l'a retiré du monde pour ne l'y pas laisser corrompre.

Celui qui est compagnon de ma solitude avoit, comme je l'ai dit, renoncé au siècle avant moi, par l'espérance du siècle à venir; et Dieu fera, s'il lui plaît, la grâce aux deux autres de ne pas souffrir que leurs puînés soient plus avantagés qu'eux dans le partage de cet héritage céleste auquel nous devons sans cesse aspirer. C'est ce bien véritable que je leur souhaite avec ardeur, et non pas ces faux biens qu'il m'auroit été facile de leur amasser lors de mes emplois dans les finances, si Dieu, par une faveur que je ne saurois assez reconnoître, ne m'avoit donné de l'horreur pour tout ce qui s'acquiert par des voies illégitimes. Je le prie d'en graver si fortement une semblable dans le cœur de mes petits-fils, qu'ils considèrent la vertu comme le plus grand de tous les trésors, et se mettent continuellement devant les yeux cette merveilleuse parole sortie de la propre bouche de Jésus-Christ : QUE SERVIROIT A L'HOMME DE GAGNER TOUT LE MONDE, S'IL PERDOIT SON AME? Et cette autre parole du grand apôtre : LA FIGURE DE CE MONDE PASSE, pour faire voir par une telle expression que ce monde est si méprisable, que, ne méritant pas d'être considéré comme quelque chose de réel, il ne peut passer que pour une figure, c'est-à-dire, pour une chimère et pour un néant.

Je ne saurois ne point espérer de l'infinie bonté de Dieu qu'il répandra ses saintes bénédictions sur ces enfans, lorsque je considère de quelle sorte il lui a plu de bénir le mariage dont ils sont nés : car je ne crois pas qu'il s'en puisse voir un plus heureux; et pour faire connoître combien je suis content de leur mère, et quelle est mon estime pour elle, il me suffit de dire qu'il ne lui manque aucune des qualités que je pouvois désirer pour avoir sujet de l'aimer parfaitement; et que je ne la regarde pas seulement comme ma belle-fille, mais comme ma propre fille.

Je pense m'être acquitté de ce que mon fils de Pomponne a désiré de moi; et j'y ajouterai seulement que ma plus grande passion, après mon salut, ayant été d'avoir pour amis les personnes que j'ai connues être les plus dignes d'estime, je crois que nul autre n'en a eu tant que moi de véritables, et dont le mérite et la vertu doivent faire réputer à grand honneur d'être aimé. Que si je ne les ai pas tous nommés dans ces Mémoires, c'est qu'il m'a semblé ne devoir parler que de ceux qui se rencontrent avoir part aux choses que j'ai rapportées.

Néanmoins comme les morts doivent avoir

en cela quelque privilége, je veux croire qu'en demeurant dans le silence pour les vivans dont j'aurois souhaité de pouvoir parler sans affectation, on ne trouvera pas étrange que je dise quelque chose de quatre personnes, dont deux qui ont fait honneur à leur sexe et à leur siècle n'ont honoré nul autre plus que moi de leur amitié; et les deux autres, qui étoient des hommes d'un rare mérite, étoient mes amis très-intimes.

De ces deux dames, l'une étoit madame la marquise de Maignelai, qui peut passer pour la sainte Paule de nos jours, tant on a vu paroître en elle avec éminence toutes les vertus qui peuvent faire admirer les grâces de Dieu dans une veuve véritablement chrétienne, telle que le grand apôtre la représente; l'autre étoit madame la marquise de Rambouillet (1), que je ne saurois louer davantage qu'en disant : qu'encore que l'on n'ait de notre temps vu personne à qui l'on ait donné plus de louanges, elle les méritoit toutes; et il n'y avoit autre différence entre elle et ces anciennes Romaines, de qui elle titoit en partie son origine, que l'avantage incomparable qu'elle avoit par-dessus elles de pouvoir, par une foi et des vertus aussi véritables que les leurs étoient fausses, espérer de la miséricorde de Dieu de le voir éternellement dans un autre monde.

Les deux hommes étoient M. le président Barillon et M. Briquet, avocat-général, si connus par la réputation qu'ils ont laissée, que je me contenterai d'en rapporter seulement quelques particularités qui me regardent. Je commencerai par M. le président Barillon. Comme l'amitié ne sauroit être plus grande entre deux frères que celle qui étoit entre lui et moi, et qu'ainsi le fond de son cœur ne m'étoit pas moins connu que le mien, je dois rendre cet honneur à sa mémoire, que l'ambition ni la vanité n'avoient point de part à cette fermeté inflexible qui lui a coûté divers exils, diverses prisons, et enfin la vie. Sa liberté à dire son sentiment sur les affaires publiques ne procédoit que de ce qu'il étoit persuadé que sa conscience l'y obligeoit; et, un peu avant qu'on l'envoyât à Pignerol, il me dit dans notre entière confiance que, ne pouvant changer de conduite dans l'exercice de sa charge sans trahir ses sentimens, son dessein étoit de la quitter, et de se retirer dans une de ses terres pour y passer avec ses livres et quelques-uns de ses amis une vie tranquille, et penser sérieusement à son salut. On ne pouvoit voir sans étonnement qu'il n'étoit pas plus tôt exilé ou prisonnier dans quelque province du royaume, qu'il sembloit qu'il n'y fût allé que pour prendre possession de quelque grande charge, tant il s'y acquéroit d'autorité; et il n'y avoit pas sujet de s'en étonner, parce que sa grande capacité, son humeur franche, libre, civile et obligeante, charitable et libérale, lui gagnoient le cœur de tout le monde. Il terminoit plus de procès par des arbitrages et des accommodemens qu'il n'en auroit jugé dans le parlement; il réunissoit les familles divisées, avoit toujours les mains ouvertes aux besoins des pauvres, et conservoit son esprit dans un tel calme, que ceux qui le voyoient si tranquille avoient peine à ajouter foi à leurs propres yeux pour le croire exilé ou prisonnier. Tant de lettres que j'ai de lui lorsqu'il étoit en cet état, et dont on peut voir quelques-unes des réponses dans les miennes imprimées, ne peuvent permettre de douter de la vérité de ce que je dis; et il me souvient sur ce sujet que M. le chancelier, me parlant un jour du dessein que l'on avoit de le reléguer encore à cause qu'on le rencontroit toujours pour obstacle dans le parlement, me dit : « Nous ne savons plus où l'envoyer, parce « qu'en quelque lieu qu'il aille il y est reçu « comme en triomphe. » Je n'ai point vu d'homme qui eût l'ame plus élevée au-dessus de l'argent; et il me dit un jour qu'il donneroit de bon cœur cent mille livres de la charge de lieutenant civil, à condition qu'elle ne lui vaudroit comme autrefois que trois mille livres par an; mais qu'il croiroit son argent bien employé, puisqu'il lui donneroit la satisfaction d'établir une telle police dans Paris, que nulle autre ville du monde ne pourroit être mieux réglée.

Dans le même temps que je le perdis, je perdis M. Briquet, qui étoit aussi l'un des hommes de sa profession du plus grand mérite et de la plus solide vertu. Il avoit l'esprit si beau, si élevé, si capable, qu'étant passé de la charge de conseiller au parlement à celle d'avocat-général, qu'avoit M. Bignon son beau-père, dont le nom est si célèbre, sans avoir avant parlé en public, il soutint d'une telle sorte la dignité d'une charge si difficile, que son savoir, son jugement et son éloquence étonnèrent cette grande compagnie, et le firent admirer de toute la France. Mais on peut dire avec vérité qu'il lui en coûta la vie, parce que son extrême travail joint aux efforts sans lesquels ces grandes actions ne se peuvent faire lui causèrent un crachement de sang, qui l'emporta dans un âge où il avoit acquis en peu d'années une réputation

---

(1) Catherine de Vivonne, femme de Charles d'Angennes, marquis de Rambouillet. Les brillantes réunions qui se faisaient à son hôtel avaient alors beaucoup de vogue.

extraordinaire. Et, pour faire voir jusqu'où alloit l'extrême amitié qu'il avoit pour moi, il me suffit, ce me semble, de dire, entre tant d'autres choses que j'en pourrois rapporter, qu'après avoir fait quelqu'une de ses principales actions publiques, il venoit me les dire en particulier de vive voix dans mon cabinet, jusqu'à parler quelquefois trois heures de suite. Aussi l'on peut juger quelle douleur ce fut pour moi de perdre en même temps deux tels amis.

Fait à Pomponne, le 25ᵉ jour de juin 1667.

ARNAULD D'ANDILLY.

FIN DES MÉMOIRES D'ARNAULD D'ANDILLY.

MÉMOIRES

DE L'ABBÉ ARNAULD,

CONTENANT QUELQUES ANECDOTES DE LA COUR DE FRANCE, DEPUIS 1634 JUSQU'A 1675.

NOTICE

SUR

L'ABBÉ ARNAULD

ET

SUR SES MÉMOIRES.

Antoine Arnauld était le fils aîné d'Arnauld d'Andilly; né en 1616, il eut d'abord pour précepteur Barcos, neveu de l'abbé de Saint-Cyran; il fut ensuite envoyé au collége de Lisieux pour finir ses études. A juger de lui par sa conduite et par ses Mémoires, c'était un homme d'un caractère doux et facile qui ne manquait pas de mérite; cependant il ne put se concilier l'affection de son père, qui, fondant de grandes espérances sur un autre de ses fils, avait résolu de sacrifier à celui-ci le reste de sa famille. Cette injustice ne mit point la division entre les deux frères; Antoine Arnauld témoigna toujours à Simon, depuis marquis de Pomponne, le même attachement; mais il ne put d'abord se résoudre à prendre l'habit ecclésiastique: il débuta dans la carrière des armes contre le gré d'Andilly, qui ne fit rien pour son avancement.

Pendant ses campagnes, il se conduisit avec courage et sang-froid; néanmoins on verra dans ses Mémoires que les chances ne furent pas heureuses pour lui. En 1643, voulant servir sous les ordres de l'un de ses oncles, il sollicita un brevet d'aide de camp; il croyait avoir mérité cette faveur; le refus qu'il essuya lui fit prendre le parti de déposer l'épée; il se soumit à la volonté de son père, mais il n'en fut pas mieux traité. Privé de son appui, il se tourna vers son oncle, Henri Arnauld, abbé de Saint-Nicolas. Il le suivit à Rome, où cet abbé fut envoyé en 1645, comme chargé des affaires de France; ils y restèrent l'un et l'autre jusqu'en 1648, époque à laquelle ils rejoignirent à Port-Royal des Champs, d'Andilly qui s'y était retiré depuis quelques années. Peu de temps après, l'abbé de Saint-Nicolas fut nommé évêque d'Angers; son neveu lui fut constamment attaché, et montra fort peu d'ambition lorsque Pomponne parvint au ministère. Il obtint l'abbaye de Chaumes; cette abbaye était à sa convenance, parce qu'elle se trouvait dans le voisinage des propriétés de sa famille. Lors de la disgrâce de son frère, il se retira près de l'évêque d'Angers, qui lui confia l'administration de son temporel. Après la mort de cet évêque il vécut paisible; et jusqu'à la fin de son existence, en 1698, il continua de se dédommager de la contrainte qu'il s'était imposée, en s'abandonnant au charme de la société.

Ses Mémoires sont d'une lecture agréable; on y trouve des portraits bien tracés, des particularités peu connues sur la fin de Louis XIII et sur le commencement de Louis XIV. Entre le style de son père et le sien il y a la même différence qu'entre leurs caractères: l'un est plus élevé, mais plus roide; l'autre est plus simple, mais plus facile; parfois il a quelque chose de poétique; nous citerons pour exemple le passage où il raconte l'impression que fit sur lui madame de Sévigné: « Il « me semble que je la vois encore telle qu'elle me « parut la première fois que j'eus l'honneur de la « voir, arrivant dans le fond de son carrosse tout « ouvert, au milieu de M. son fils et de mademoi- « selle sa fille: tous trois tels que les poëtes repré- « sentent Latone au milieu du jeune Apollon et de « la petite Diane, tant il éclatoit d'agrément et de « beauté dans la mère et dans les enfans! Elle me « fit l'honneur de me promettre de l'amitié, et je « me tiens fort glorieux d'avoir conservé jusqu'à « ce jour un don si cher et si précieux. »

La première édition des Mémoires d'Antoine Arnauld est de 1756 (Amsterdam, Jean Néaulme et Compagnie, in-12). On la doit au génovefain Pingré; il l'a fait précéder d'un avis que nous avons conservé. A. B.

AVIS DES EDITEURS.

Monsieur l'abbé Arnauld, né en 1616, étoit l'aîné des fils du célèbre M. Arnauld d'Andilly. Il entra au service à l'âge de dix-neuf ans : il servit d'abord environ un an dans le régiment des Gardes; il en sortit en 1636, pour se mettre en qualité de volontaire dans le corps des carabins de France, sous Isaac Arnauld, cousin germain de son père, et mestre de camp général de la compagnie. Dès la fin de la même année il devint capitaine d'infanterie sous M. le comte de Pas-Feuquières, son cousin issu de germain. En 1639 M. Arnauld lui donna la cornette des carabins ; mais il ne se défit pas pour cela de sa compagnie d'infanterie : il servit sous l'un et l'autre titre jusqu'en 1643. En cette année, dégoûté du monde, il embrassa l'état ecclésiastique, accompagna Henri Arnauld, son oncle, à Rome, et se retira auprès de lui à Angers, lorsque ce grand homme en fut consacré évêque en 1650. Depuis ce temps il mena une vie assez retirée ; le Roi le gratifia en 1674 de l'abbaye de Chaumes en Brie. Il mourut dans sa quatre-vingt-deuxième année, au mois de février 1698.

M. l'abbé de Chaumes avoit deux frères, Simon Arnauld, marquis de Pomponne, et Henri Arnauld, sieur de Lusanci. Celui-ci passa sa vie dans la solitude : le premier fut deux fois ambassadeur en Suède et une fois en Hollande, et ensuite ministre et secrétaire d'État. Il a laissé sur ses négociations des Mémoires qui doivent être très-curieux et très-instructifs, qu'il ne seroit pas impossible de donner au public, s'il paroissoit les désirer.

Quant à ceux que nous donnons maintenant, nous croyons que le public nous aura obligation de les avoir fait imprimer. Ce n'est que depuis peu de temps qu'ils sont parvenus entre nos mains. Terminés en 1677, ils avoient été conservés précieusement depuis la mort de l'auteur dans un dépôt authentique. Nous les avons communiqués à d'habiles connoisseurs : ceux-ci ont jugé qu'ils pouvoient être utiles. En effet, on y trouvera des anecdotes curieuses qui pourront contribuer à éclaircir plusieurs points importans de l'histoire de France, ou à faire connoître ceux qui étoient alors lors à la tête des affaires. Ils en contiennent d'autres plus amusantes qu'instructives, mais qui par cela même plairont peut-être davantage à ceux qui ne liront ces Mémoires que pour se délasser d'occupations plus sérieuses.

Quant à la certitude des faits qui sont ici rapportés, il seroit difficile de la révoquer en doute. M. l'abbé Arnauld parle toujours comme témoin oculaire : quand il ne l'est pas, il cite des garans dignes de foi. Sa narration porte d'ailleurs partout le sceau de la simplicité, de l'ingénuité, de la vérité. C'est pour ne point altérer ces caractères que nous n'avons pas cru devoir supprimer des faits et des éloges qui paroîtront très-peu intéressans à la plupart des lecteurs. Nous avons respecté jusqu'à son style, qui pourroit cependant être susceptible de quelque réforme. L'unique que nous nous soyons permise a été d'éclaircir souvent la narration, que des phrases trop longues et un mauvais usage des particules relatives rendoient trop obscure. Mais les changemens que nous avons faits à cet égard sont très-légers; et nous pouvons assurer que nous offrons ici, non-seulement les pensées, mais même le style et les expressions de l'auteur.

A Leipsick, le 31 mai 1756.

LETTRE
DE MADAME DE BRISSAC A M. L'ABBÉ ARNAULD,
SUR SES MÉMOIRES.

Le peu de temps que j'ai employé à lire vos Mémoires vous prouvera aisément qu'ils m'ont donné beaucoup de plaisir. Je vous assure, monsieur, que je les ai trouvés si agréables et si bien écrits, que j'ai souhaité plus d'une fois que vous voulussiez les faire imprimer, et cela sans songer à l'intérêt que certains endroits m'y pourroient donner. Je prie le Seigneur qu'il augmente les honneurs de votre maison, afin que vous ayez de quoi augmenter vos Mémoires, et qu'ils ne finissent que lorsque vos petits-neveux seront officiers de la Couronne. Il ne faut pas pour cela vivre jusqu'au siècle à venir ; ce ne doit pas être une affaire pour vous, qui portez un nom auquel Dieu a marqué de si longs jours et de si illustres.

Le 24 avril 1677.

AVERTISSEMENT.

Je n'entreprends point de justifier le titre que je donne à cet ouvrage, quoique je n'ignore pas qu'il y a des gens qui croient qu'on ne doit nommer Mémoires que ce qui peut servir à l'histoire générale, ou ce qui regarde la vie des personnes si éminentes en naissance ou en dignité, qu'elle fait elle-même une partie de cette histoire. Par cette raison j'en ai vu qui n'approuvoient pas les Mémoires de M. de Pontis, qui ont paru depuis quelque temps. « Il ne parle que de lui, disoient-ils, et qu'avons-« nous affaire de savoir ce qui le regarde ? » Mais je leur demanderois volontiers de qui ils veulent que parle un homme qui ne prétend écrire que ses

Mémoires et non ceux des autres ; quoique, si on vouloit rendre justice à cet auteur, on ne laisseroit pas d'avouer qu'on trouve dans ses ouvrages beaucoup de particularités agréables, et des traits même de l'histoire de son temps, soit par rapport aux faits auxquels il a eu part, soit par rapport à ceux qu'il rapporte des autres, selon les connoissances qu'il en a eues. Ce n'est pas mon dessein de faire ici l'apologie de M. de Pontis ; mais j'avouerai ingénûment qu'ayant lu ses Mémoires avec plaisir, j'en ai conçu la pensée de faire ceux-ci dans un temps où, après une maladie de quelques mois (1), je ne me trouvois pas capable d'une plus grande application. Comme je n'y ai point eu d'autre but que celui de me divertir dans une espèce de solitude où je passe la meilleure partie de ma vie, j'aurois gagné au-delà de mes souhaits s'ils en pouvoient divertir d'autres. Je n'ai point intention de les rendre publics ; s'ils le deviennent par hasard, je veux avertir de bonne foi les lecteurs de ce qu'ils en doivent attendre. Ce n'est point ici une histoire ni une pièce d'érudition ou de littérature : j'ai trop tôt quitté l'étude et embrassé le parti des armes pour me pouvoir piquer d'être savant, et j'ai trop tard recommencé à aimer mon cabinet pour avoir pu réparer la perte que j'avois faite dans ma jeunesse, principalement avec le peu de mémoire qui m'est resté de celle que j'ai eue autrefois. Ce ne sont donc que des Mémoires de certaines circonstances de ma vie, ou de choses qui ont fait une assez forte impression dans mon esprit pour m'en pouvoir ressouvenir ; et je veux bien demeurer d'accord que ce ne sont pas peut-être celles-là qui auroient dû s'y attacher le plus fortement. Mais qui est celui qui se puisse vanter de commander à son esprit ? Dans les plus sérieuses occupations, dans la méditation même et dans la prière, nous n'en sommes pas les maîtres : il va se promener comme il lui plaît, sans nous en demander la permission, et s'arrête souvent à des bagatelles qui ont fait rougir les philosophes et gémir les plus grands saints. Cependant, si les choses dont je parle ne sont pas absolument élevées, j'espère qu'on n'y en trouvera point aussi d'absolument rampantes. On peut ne pas traiter toujours des royaumes et des empires ; et même, dans une histoire parfaite, des bergers trouvent agréablement leur place parmi de grands seigneurs et des princes. Pour le style, je ne me flatte point qu'il soit sans défaut ; il est sans étude et sans art, ne m'étant jamais appliqué aux règles. Je parle ma langue naturelle telle que je l'ai apprise

(1) En novembre 1676.

dès le berceau ; et s'il arrive que ces Mémoires passent pour n'être pas mal écrits, on ne devra pas m'en estimer davantage. On pourroit dire seulement ce que mon père dit autrefois assez agréablement, quoiqu'avec un peu de vanité, à propos du livre de la Fréquente Communion, de M. Arnauld son frère ; car comme on lui témoignoit de l'admiration qu'un jeune homme qui ne faisoit qu'à peine de sortir des écoles, sans aucun usage du monde, eût pu écrire si bien et si poliment, il répondit qu'il n'y avoit pas lieu de s'en étonner, et qu'il parloit simplement la langue de sa maison. Ceci me fait souvenir d'un certain valet que son maître avoit emmené tout neuf de Paris à Turin, et qui lui vint dire comme une grande merveille qu'il venoit de voir un enfant de quatre ans qui parloit italien. Au reste, comme je ne prie personne de lire ces Mémoires, que personne ne se plaigne de moi, ni du temps qu'il aura perdu à les lire. J'aurois pu les grossir, comme beaucoup d'autres, de force généalogies, dater les temps et coter les lieux où chaque chose est arrivée : on trouve aisément tout cela avec un peu de soin et de peine ; mais je n'aurois pu m'y appliquer sans manquer au but que je me suis proposé, qui n'a été, comme je l'ai dit, que de me divertir, sans penser à ce que pourroient désirer les autres. Tout ce que je dois ajouter ici est qu'on n'y trouvera rien que d'exactement véritable, ayant toute ma vie été ennemi du mensonge jusqu'au scrupule, même dans les moindres choses. Je n'y rapporte rien que je n'aie vu ou connu par moi-même, ou que je n'aie appris de gens qui se piquoient de la même fidélité. Je ne prétends pas y avoir dit toutes les vérités que je sais, car toutes ne sont pas bonnes à dire : mais on peut au moins s'assurer que si j'y trompe quelqu'un, je le trompe de bonne foi, ayant moi-même été trompé le premier. On y pourra trouver en certains endroits quelques obscurités sur les choses qui me regardent. J'aurois bien pu les éclaircir si j'avois voulu ; mais, par de bonnes considérations, j'ai cru avoir des raisons pour ne le pas faire.

Il m'est arrivé deux ou trois fois d'user du mot de *sien* et de *sienne*, en une manière que je sais bien n'être plus guère en usage. Qu'on ne croie donc pas que cela me soit échappé faute de connoissance ou par mégarde : je l'ai fait à dessein, parce qu'il me semble qu'on pourroit encore fort bien se servir de ces expressions en des rencontres semblables à celles dans lesquelles je les ai employées ; et je crois même qu'il y en a d'autres où il seroit comme nécessaire de le faire.

MÉMOIRES

DE L'ABBÉ ARNAULD.

PREMIERE PARTIE.

Il est inutile que je dise de qui je tiens ma naissance ; ceux qui liront ces Mémoires, et qui m'auront connu, le sauront assez, et il importe peu aux autres de le savoir. Je puis dire pourtant que mon père a eu une assez belle réputation dans le monde pour être regardé comme un homme extraordinaire. Il étoit né avec d'excellentes inclinations, et bien lui en prit ; car, étant fort ardent en toutes choses, si ses passions s'étoient tournées au mal, il n'y auroit peut-être point eu d'homme qui s'y fût plus abandonné que lui. Son naturel le portoit à aimer ; et l'amour nous étant si particulièrement recommandé dans la loi nouvelle, il se laissoit aller agréablement à une passion qui n'avoit rien en lui de ce feu impur qui nous la doit faire craindre. Il aimoit extrêmement ses amis ; mais on peut dire que les nouvelles amitiés avoient toujours en lui quelque préférence sur les anciennes. Il est aisé de juger par là que ses enfans n'étoient pas ce qu'il aimoit le plus, et je crois qu'on en sera convaincu par la suite de ces Mémoires. La plus grande obligation que je lui aie eue a été celle de l'éducation. Il étoit extrêmement ami de feu M. l'abbé de Saint-Cyran, dont le nom et les ouvrages sont assez célèbres pour que je n'aie pas besoin de m'étendre sur le mérite de ce grand homme. Comme nous commencions à croître, mon frère et moi, et que nous étions en cet âge où il est si important à des enfans d'avoir un sage précepteur pour régler leur esprit et leurs mœurs, mon père pria M. de Saint-Cyran de lui en donner un ; et lui, par un effet aussi rare de son amitié pour mon père qu'il étoit avantageux pour nous, lui donna son propre neveu M. de Barcos, qui a succédé depuis à son oncle dans son abbaye de Saint-Cyran, et encore plus à sa vertu et à son mérite. Si nous avons valu quelque chose, nous pouvons dire que nous le devons à sa grande application et à sa sage conduite. Elle étoit bien nécessaire pour tempérer un peu l'humeur ardente de mon père, qui, pour vouloir nous rendre trop savans en nous tenant continuellement attachés à l'étude, nous en auroit bien pu rebuter. Quelques années après, M. de Barcos se retira, et on nous mit au collége de Lizieux. Mon frère y eut la petite vérole ; et d'abord notre maître en fut si alarmé, sans savoir encore ce que c'étoit, qu'il nous fit déloger à neuf heures du soir tout ce que nous étions de pensionnaires. Je me retirai chez mon père. Mon frère guérit, et il y avoit déjà plus de quinze jours qu'il sortoit quand il crut qu'il n'y avoit plus de danger de me venir voir. Il y vint donc, et dès le soir même je ne manquai point d'être pris, tant la force du sang est grande pour communiquer cette maladie. J'en fus extrêmement malade. Durant le cours de ma maladie ma mère ne me vit point, parce que mon père le lui avoit défendu ; mais je reçus tant de marques d'amitié de sa part, qu'elles ne pouvoient partir que d'une tendresse aussi grande que celle qu'elle a toujours eue pour moi. Elle la fit bien paroître par la surprise et l'affliction qu'elle témoigna la première fois qu'elle me vit après que je fus guéri. Elle me trouva extrêmement changé de ce que j'étois auparavant : et assurément la perte que j'y avois faite lui fut beaucoup plus sensible qu'à moi. Je ne dirai plus rien de ce qui se passa durant le temps que nous fûmes au collége ; je me contenterai seulement de rapporter un accident assez fâcheux qui pensa arriver à mon frère, et dont je fus assez heureux pour le sauver. Nous étions venus passer les vacances à Pomponne ; et, comme le mois de septembre fut fort chaud cette année-là, nous nous dérobions souvent pour nous baigner où nous pouvions. Un jour nous fûmes assez hardis, mon frère, un autre écolier et moi, pour nous aller baigner dans la rivière de Marne entre des îles où nous ne pouvions être vus ; et comme cette rivière est fort dangereuse, et que nous ne savions point nager, il arriva que mon frère, voulant aller un peu plus haut que nous, tomba malheureusement dans une fosse. Nous le perdîmes tout d'un coup de vue; il perdit lui-même l'usage des sens et de la raison. Je m'avançai pour le secourir, et je le tirai heureusement du courant qui commençoit à l'emporter. Quelques années auparavant je l'avois tiré d'un péril presque pareil : il étoit tombé la tête la première dans le bassin de la fontaine de Pomponne, et, le fond en étant fort glissant, il ne pouvoit se relever. Dieu le préserva de ces périls pour le réserver à une meilleure fortune. Je ne puis bien dire si ce fut en cette même année que le grand M. de Rohan passant par Pomponne s'y arrêta pour voir mon père; mais je me souviens bien que nous étant rencontrés, mon frère et moi, au passage d'une allée où ils se promenoient, mon père nous appela pour le saluer, et que nous ayant vus assez poudreux et malpropres, parce que nous venions de la chasse, il lui en fit des excuses; sur quoi ce grand homme lui répondit agréablement par ce vers d'Horace :

Non indecoro pulvere sordidos;]

vers que je n'aurois jamais si bien retenu de toutes les leçons qu'on m'avoit faites.

En l'année 1634 le gouvernement de Philisbourg fut donné à M. Arnauld, mestre de camp général des carabins de France. Il étoit cousin germain de mon père, mais encore beaucoup plus uni à lui par l'amitié que par le sang. Dès qu'il se vit en ce poste, il pensa à lui offrir de l'emploi pour moi. Mon père avoit eu jusque-là des pensées bien différentes sur mon sujet, car comme il étoit dans une dévotion fort solide (quoiqu'il ne fût point de ces dévots de profession tels que ceux que nous voyons aujourd'hui sembler faire une cabale), il m'avoit destiné à l'Eglise, croyant peut-être par là faire un sacrifice agréable à Dieu en lui donnant son premier né, comme il étoit ordonné dans l'ancienne loi. Le respect que j'avois pour lui, et que j'ai eu toute ma vie, même au préjudice de mes intérêts, me faisoit consentir sans résistance à ce qu'il souhaitoit de moi. J'aurois pourtant bien plus volontiers suivi les sentimens de ma mère, à qui cette destination ne plaisoit pas. Je ne saurois dire par quel motif il changea d'avis; mais enfin quand M. Arnauld lui eut fait la proposition dont je viens de parler, cédant aux désirs de ma mère, il me donna le choix de la profession que je voudrois suivre. Il étoit en ce temps-là en Allemagne intendant de l'armée du Roi commandée par M. le maréchal de Brézé, son ami intime; et c'étoit, je crois, en sa considération que l'année précédente M. le cardinal de Richelieu l'avoit envoyé chercher à Pomponne pour lui donner cet emploi, lorsqu'il ne pensoit plus qu'à jouir du repos où on l'avoit laissé depuis plusieurs années. Il eut même de la peine à quitter ce repos; il fallut lui alléguer les raisons les plus fortes, et lui représenter ce qu'il devoit à sa famille, pour vaincre la répugnance qu'il avoit à accepter cet emploi; aussi peut-on dire que jamais homme ne mena une vie plus douce et plus heureuse que la sienne. Il avoit dans sa parenté assez d'honnêtes gens qui se rassembloient d'ordinaire chez lui, pour n'avoir pas besoin d'aller chercher ailleurs une compagnie plus agréable. Il s'y mêloit beaucoup de ses amis, tous gens d'esprit et de bon commerce : et surtout l'hôtel de Rambouillet (qu'il suffit de nommer pour désigner tout ce qu'il y avoit alors en France de plus spirituel et de plus galant, et où il étoit fort aimé) lui fournissoit des plaisirs si purs, qu'il eût été fort difficile d'en trouver de plus grands, en quelque condition qu'il eût pu être. Ce n'étoit tous les jours que jeux d'esprit et parties galantes; et je crois, à propos de cela, pouvoir en rapporter une qui lui donna d'abord un peu de chagrin, mais qui finit en plaisanterie. Un jour que nous étions à Pomponne, madame la marquise de Rambouillet, avec une troupe choisie, résolut de l'y venir surprendre : M. Godeau en étoit; il ne pensoit point en ce temps là à devenir prince de l'Eglise, comme il le fut quelques années après, ayant été fait évêque de Grasse et puis de Vence. Ceux qui l'ont connu savent qu'il étoit fort petit, et à l'hôtel de Rambouillet on l'appeloit pour cette raison le nain de la princesse Julie (1). Ils partirent de Paris en deux carrosses, et sur les cinq heures du soir deux ou trois cavaliers viennent à Pomponne comme s'ils eussent été des maréchaux des logis d'une compagnie de cavalerie, et demandent à faire le logement. Aussitôt on court au château en avertir M. d'Andilly, qui, n'étant pas accoutumé à recevoir de ces sortes d'hôtes, vient fort échauffé trouver ces messieurs, les interroge de leur ordre, s'étonne qu'on lui ait voulu causer ce déplaisir, et les prie de ne rien faire qu'il n'ait parlé à leurs officiers. Pendant qu'il raisonne avec eux, on entend sonner la trompette : il s'avance croyant que ce fût la compagnie; mais il fut étrangement surpris de voir le nain de la princesse Julie, lequel, armé à l'antique et monté sur un grand coursier, sans lui donner le loisir de le reconnoître, pousse sur lui à toute bride, et lui rompt au milieu de l'es-

(1) Julie d'Angennes, fille de la marquise de Rambouillet. Elle avait infiniment d'esprit: presque tous les poëtes du temps rivalisèrent à qui ferait pour elle les plus jolies pièces de vers; elles furent réunies dans un superbe manuscrit qu'on appela la *Guirlande de Julie*.

tomac une lance de paille qu'il avoit mise en arrêt, lui jetant en même temps un cartel de défi en vers fort galans. Il ne fut pas long-temps à revenir de l'étonnement où cette surprise l'avoit jeté, car les deux carrosses parurent aussitôt, et les éclats de rire lui firent perdre sa mauvaise humeur. Il reçut cette agréable compagnie de meilleur cœur qu'il n'auroit fait l'autre, mais ce ne fut pas sans avoir puni par quelques soufflets ce petit nain audacieux de sa téméraire entreprise.

Pour revenir à ce qui me regarde, ma mère ayant reçu de mon père la commission de me parler me fit appeler dans son cabinet, et me dit à peu près ces paroles : « Mon fils, vous savez les « pensées que votre père a toujours eues sur vous, « et qu'il ne désespéreroit pas de vous obtenir « quelque abbaye ; vous n'ignorez pas peut-être « aussi les miennes : je n'ai osé les faire paroître « tant que j'ai cru votre père arrêté en sa pre- « mière résolution, et que je ne vous y ai point vu « résister ; mais aujourd'hui qu'il vous laisse le « choix de la profession que vous voudrez em- « brasser, c'est à vous à voir ce que vous avez à « faire. M. Arnauld vous offre une compagnie « dans Philisbourg ; il est assez de nos amis pour « croire qu'il fera pour vous tout ce que nous « pourrons souhaiter. » Ce discours, auquel je ne m'étois point attendu, me surprit un peu, mais je ne fus pas long-temps à délibérer. Je commençai dès ce moment à goûter le plaisir de la liberté dont j'avois été comme privé jusqu'alors. Ainsi je lui répondis d'un air gai : que, puisque le consentement de mon père me déchargeoit d'une obéissance que je ne lui aurois pas rendue sans beaucoup de peine, j'avois une extrême joie de pouvoir faire quelque chose qui pût plaire à la meilleure mère du monde en suivant aussi mon inclination. Elle fut très-satisfaite de ma réponse. Dès là on ne pensa plus qu'à me faire quitter le collége et à me mettre à l'académie pour m'envoyer au printemps à Philisbourg. Nous achevâmes le mois de septembre à Pomponne ; mais ce ne fut pas sans douleur qu'étant de retour à Paris il fallut me résoudre à être séparé de mon frère. Nous avions toujours été élevés ensemble, et, comme je n'avois que deux ans plus que lui, nous avions presque toujours été capables des mêmes exercices et des mêmes divertissemens : ce qui avoit fait une union entre nous telle qu'elle devroit toujours être entre des frères, quoiqu'on l'y voie assez rarement. Je puis dire que de mon côté je n'ai point manqué à l'amitié que j'avois pour lui. On verra dans la suite les marques que je lui en ai données, et s'il y a répondu comme il devoit.

J'entrai à l'académie chez M. de Benjamin. Il étoit ami particulier de mon père ; et, comme je n'y devois être que six mois, il s'appliqua avec toute l'affection possible à me faire si bien employer ce temps que je n'en susse pas moins en sortant de chez lui que ceux qui y passoient des années entières.

[1635] Il arriva pendant cet hiver bien du changement en tous mes projets. Philisbourg fut pris sur M. Arnauld par les troupes de l'Empereur ; et lui, avec tout ce qui échappa de la garnison, fut emmené prisonnier dans diverses villes d'Allemagne. Comme la vertu est ordinairement en butte à l'envie, et qu'on peut dire de M. Arnauld qu'il n'y avoit guère d'homme en France qui eût plus de mérite que lui, soit pour l'esprit, soit pour le cœur, et une plus parfaite connoissance de la guerre, il ne manqua pas de gens en ce temps-là qui voulurent blâmer sa conduite, en l'accusant de nous avoir fait perdre par sa négligence une si importante place. Il est certain toutefois qu'il n'oublia rien pour la conserver. Il donna au maréchal de La Force, qui commandoit alors l'armée du Roi, divers avis du mauvais état de la garnison que la peste avoit extrêmement diminuée, afin qu'il lui envoyât quelque renfort. Il se trouva que cet hiver fut un des plus rudes qu'on eût éprouvés depuis très-long-temps en Allemagne, en sorte qu'on passa deux fois le Rhin sur la glace. Il n'y avoit à Philisbourg que des fortifications de terre, avec un fort grand talus où l'on pouvoit monter aisément ; toute sa force étoit en son fossé plein d'eau, d'une fort grande largeur, mais qui se trouvoit alors à sec par la force de la gelée, quelque soin qu'on eût de casser la glace de trois heures en trois heures. Ainsi il ne fut pas difficile aux ennemis, bien avertis de toutes ces choses, de former leur entreprise et de l'exécuter. Ils trouvèrent la garnison sous les armes, mais trop foible pour pouvoir soutenir un assaut général. Toute la conduite et toute la valeur du gouverneur ne purent lui servir qu'à se bien défendre, et à vendre chèrement sa liberté, après que presque toute sa garnison eut été passée au fil de l'épée. Il n'ignora pas dans sa prison les bruits qui couroient de lui à la cour, et il ne pensa plus dès lors qu'à trouver les moyens de se sauver pour les venir détruire par sa présence : ce fut dans cette vue qu'il refusa d'être prisonnier sur sa parole. L'entreprise n'étoit pas aisée, étant gardé par des soldats qui l'accompagnoient le soir quand on le menoit prendre l'air, et qui couchoient dans son logis à la porte de sa chambre. Il ne laissa pas néanmoins d'y réussir. Il observa la hauteur de sa fenêtre qui regardoit dans le fossé de la ville où il étoit (1), et il ne douta point que s'il y pouvoit descendre il ne pût se remettre en liberté. Il avoit fait pratiquer quelques cavaliers français qui étoient au service de l'Empereur, sous l'espérance de leur donner de l'emploi dans son régiment de carabins, et il leur tint en effet parole lorsqu'il fut de retour en France. La difficulté étoit donc d'avoir des cordes pour descendre dans le fossé de la ville, qui, pour être bien avant en Allemagne et hors d'insulte, n'étoit point gardée régulièrement. Pour cela il s'avisa, toutes les fois qu'on le menoit promener, de faire jouer ses gardes à divers jeux, sous prétexte de se divertir ; et comme il leur donnoit pour boire, et qu'ils s'y divertissoient eux-mêmes, ils étoient les premiers à le proposer. Parmi ces jeux il y en avoit un qu'ils appeloient de *sangler l'âne*. Celui-ci lui parut bien propre à son dessein ; car, comme il falloit une brasse de corde pour lier un de ceux qui y jouoient, il jetoit une pièce d'argent au premier venu pour en aller acheter, et ne se faisoit point rendre son reste. Si peu de corde ne pouvoit donner aucun soupçon, et n'étoit propre à aucun usage : ainsi on la jetoit d'ordinaire quand le jeu étoit fini ; mais quelqu'un de ceux qui étoient à lui avoit soin de la ramasser sans faire semblant de rien et en badinant. Quand il s'en vit assez pour son dessein, il donna jour à ces cavaliers dont j'ai parlé, et se sauva heureusement avec eux. Il est aisé de croire qu'ils firent diligence : ainsi ce fut M. Arnauld le premier qui nous en apprit la nouvelle. Il vint descendre à Paris chez mon père, qui étoit encore intendant de l'armée en Allemagne. Il y trouva ma mère et M. l'abbé de Saint-Nicolas (2), mon oncle. S'ils furent surpris de sa venue, ils le furent encore plus de sa résolution, qui fut de se mettre à la Bastille, et de demander qu'on examinât son affaire. Il y fut quelques mois, après lesquels il en sortit bien justifié. Il ne sera peut-être pas hors de propos de rapporter ici une chose que je lui ai ouï dire cent fois, pour détruire l'opinion de quelques gens qui, sans l'avoir jamais éprouvé, traitent de bagatelle d'être en prison. Il n'y en pouvoit avoir assurément une plus douce que celle de M. Arnauld. Il s'y étoit mis volontairement ; son innocence lui ôtoit toute crainte. Il y avoit pour compagnons des plus honnêtes gens de France, tels que les maréchaux de Bassompierre et de Vitry, le comte de Cramail, l'abbé de Foix, et tant d'autres illustres malheureux que la dureté du ministère plutôt que de véritables crimes avoit condamnés à ce châtiment. Il y jouissoit de toute la liberté qu'on y peut avoir, et étoit entre les mains de M. du Tremblai, gouverneur de la Bastille, son ami particulier, et en quelque façon son allié. Cependant toutes les fois qu'après être rentré le soir dans sa chambre il entendoit fermer les verroux sur lui, il avouoit de bonne foi qu'il lui prenoit une inquiétude dont il ne pouvoit être le maître, et qui l'empêchoit de dormir toute la nuit.

Après cette digression que je n'ai pu m'empêcher de faire pour la justification d'un homme d'honneur auquel j'avois mille obligations, je dirai que tout ce changement arrivé en sa fortune changea aussi le plan de la mienne : au lieu que je devois être capitaine dans Philisbourg, il fallut se résoudre à commencer comme les autres par porter le mousquet. J'entrai au régiment des Gardes, dans la compagnie de M. de Rambures qui en étoit mestre de camp ; et M. le baron de Monrevert, son lieutenant, m'y reçut, lui ayant été présenté par M. l'abbé de Saint-Nicolas, mon oncle. Mais je ne dois pas oublier de dire auparavant qu'en sortant de l'académie je reçus de M. de Benjamin des témoignages d'une amitié vraiment paternelle, et des avis pour ma conduite dont je lui serai éternellement obligé. C'étoit un homme extraordinaire dans sa profession ; et, quoiqu'il fût fort exact à faire faire tous les exercices, on peut dire que c'étoit la moindre chose qu'on apprît chez lui. Il s'appliquoit particulièrement à régler les mœurs : et jamais personne ne fut plus propre à former les jeunes gens à la vertu, soit en louant à propos ceux qui faisoient bien, soit en reprenant fortement les autres, et imprimant en tous un respect dont on ne pouvoit se défendre, tant il savoit tempérer sagement la bonté qui lui étoit naturelle par une sévérité nécessaire.

Quelques jours avant que je sortisse de chez lui, M. de Cinq-Mars y entra. A sa physionomie, qui sembloit lui promettre toute la grandeur à laquelle il fut élevé quelque temps après par sa faveur auprès du Roi, on n'auroit pas jugé qu'il dût un jour finir sa vie par une mort aussi funeste que la sienne.

M. le duc d'Enghien, qui sous un nom si glorieux, et ensuite sous celui de prince de Condé, s'est acquis la réputation du plus grand capitaine du siècle, entra aussi quelques jours après chez M. de Benjamin ; et c'est, je crois, la plus forte preuve qu'on puisse donner de l'estime dans laquelle étoit cet excellent maître, qu'on l'ait jugé digne de former un si grand disciple. Telle fut la gloire du sage Chiron, quand on lui confia la conduite du jeune Achille.

(1) Eslinghen.
(2) Henri Arnauld, depuis évêque d'Angers.

Je ne fus pas long-temps dans la compagnie de M. de Rambures, où je m'ennuyois assez de n'avoir autre chose à faire que d'aller en garde à Fontainebleau, la cour y étant pour lors. Mon père, qui étoit toujours en Allemagne où il y avoit douze compagnies des Gardes, laissa à mon choix de demeurer dans celle où j'étois, ou de passer dans une de celles qui étoient à l'armée. Je pris le dernier parti sans balancer; et ainsi je m'acheminai à Metz où M. de Feuquières, qui en étoit lieutenant de roi, avoit madame sa femme, cousine germaine de mon père et sœur de M. Arnauld dont j'ai parlé. Outre une famille assez nombreuse qu'elle avoit, elle tenoit encore auprès d'elle deux de ses nièces, dont l'une étoit d'un esprit vif et agréable qui lui acquéroit bien des serviteurs. Je ne la connoissois point encore, mais j'avois vu quelquefois sa sœur qui n'étoit sortie de Paris que depuis quelques mois. En arrivant à Metz, je fus à la messe en l'église de Saint-Arnauld, où ces deux sœurs se rencontrèrent par hasard. Je ne les connus point, parce qu'elles avoient leurs coiffes à demi baissées; mais il me sembloit bien qu'elles se parloient bas en me regardant. En effet, comme elles me le dirent après, la plus jeune disoit à sa sœur : « Si « je savois que mon cousin d'Andilly dût venir « ici, je croirois que ce seroit là; mais il n'y « a point d'apparence, car nous en saurions quel- « que chose. » Je les laissai dans leur erreur, mais je les en retirai bientôt, ayant été presque aussitôt qu'elles chez madame de Feuquières qui me reçut comme elle auroit pu faire un de ses enfans, et comme je le pouvois attendre de l'étroite union qui a toujours été entre nos familles. Ce fut alors que mesdemoiselles de Pré, ses nièces, m'apprirent la distraction que je leur avois causée à l'église. Nous eûmes bientôt fait connoissance, et je me trouvai aussi sensible que beaucoup d'autres au mérite de l'aînée. Elle avoit institué un ordre de chevalerie qu'elle avoit nommé l'*Ordre des Égyptiens*, parce qu'on n'y pouvoit être admis qu'on n'eût fait quelque larcin galant. Elle s'en étoit fait la reine, sous le nom d'Epicharis; et tous ses chevaliers portoient avec un ruban gris-de-lin et vert une griffe d'or avec ces mots: *Rien ne m'échappe*. Beaucoup d'officiers de l'armée et du parlement qui étoit à Metz avoient été enrôlés dans cet ordre, qui étoit alors fort à la mode; car il falloit avoir quelque esprit pour y être admis, puisqu'on ne le pouvoit être qu'en présentant une requête en vers à la reine Epicharis. Et je me souviens à propos de cela d'un fort honnête homme, M. de Vivans, qui étoit chambellan de feu M. le duc d'Orléans et capitaine de cavalerie, lequel voulant être aussi de cet ordre, et n'ayant pu obtenir de dispense de la requête en vers, comme il n'étoit pas né poète, quoique Gascon, fit enfin celle-ci, qui donna plus de plaisir qu'une meilleure:

> Princesse, recevez Vivans :
> Tout le monde vous y condamne;
> Je reconnois qu'il a dessein
> De vous servir, ou Dieu me damne.

Il ne faut pas demander si je voulus aussi être admis au nombre des chevaliers d'Epicharis. J'étois jeune et de bonne humeur, et je faisois des vers passablement. C'étoit assez la mode en ce temps-là; et je veux raconter une aventure qui étoit arrivée peu auparavant, pour apprendre à quelques gens qui se piquent d'esprit à ne se point parer de celui des autres. On avoit fait des vers sur toutes les dames de Metz qui étoient assurément fort jolies; mais comme l'auteur n'étoit pas ami de toutes, il y en avoit quelques-unes d'assez maltraitées. On eut beau chercher et deviner qui il étoit, il se tint toujours fort caché. Quelquefois on en faisoit la guerre à Mercure, qui étoit un de ces hommes qui se piquent de bel esprit; et parce que ces vers étoient beaux, il s'en défendoit d'une telle manière, que, sans que le véritable auteur le pût accuser de se les approprier, il n'étoit pas fâché de donner lieu à croire qu'il les avoit faits: mais cette sotte vanité reçut une punition assez rude, par quelques coups de bâton que lui fit donner, à ce qu'on crut, un gentilhomme dont la sœur n'y avoit pas été traitée favorablement.

Je fus quelques jours à Metz, en attendant un convoi pour passer à l'armée. Enfin M. le prince de Deux-Ponts devant y aller, je fus averti par M. de Bonica, gentilhomme allemand, fort honnête homme, auquel mon père m'avoit recommandé comme à un de ses amis particuliers, de me tenir prêt pour partir la nuit avec ce prince qu'il accompagnoit aussi. Je fis mes adieux si longs chez madame de Feuquières, que je ne me couchai point jusqu'à la pointe du jour que nous partîmes : et cela me pensa causer un grand accident dont je fus quitte à bon marché; car comme j'étois accablé de sommeil, mon cheval me porta si près de quelques chevaux de main du prince de Deux-Ponts, qu'il s'en fallut fort peu que l'un d'eux ne me cassât la jambe d'un coup de pied, dont je ne fus pourtant qu'un peu meurtri.

Nous arrivâmes à Deux-Ponts, d'où notre armée avoit quelques jours auparavant fait lever le siège aux ennemis; nous y demeurâmes onze jours avant que de pouvoir passer à l'armée; et quoique je fusse logé dans le château du duc qui étoit demeuré à Metz, et fort bien traité du prince son fils qui voulut que je mengeasse toujours à sa table, je puis dire que je ne me suis jamais tant ennuyé, étant parmi des gens dont je n'entendois point la langue, et ne pouvant encore m'accommoder de leurs longs et ennuyeux repas. Dès que je me pouvois dérober, je me retirois dans ma chambre, bien heureux d'avoir quelques livres pour me servir de compagnie. Le château est beau, la ville petite et assez jolie; mais elle étoit alors fort délabrée et en fort mauvais état, par l'attaque qu'elle venoit de soutenir. Enfin Dieu nous fit la grâce d'en partir, et nous arrivâmes quelques journées après à Bingen sur le Rhin.

On voit dans une île de cette rivière, presque vis-à-vis de Bingen, une tour qu'on appelle la Tour aux rats. La tradition du pays est qu'elle y fut bâtie par un évêque de Mayence, pour s'y sauver des rats qui le persécutoient par une punition de Dieu, punition qu'il ne put cependant éviter, y ayant été poursuivi et mangé par ces cruels exécuteurs de la vengeance divine.

Le lendemain je passai le Rhin à Mayence, et me rendis auprès de mon père, qui avoit son logement dans un village auprès duquel toute l'armée étoit campée. Elle étoit commandée par M. le cardinal de La Valette: M. le comte de Guiche, aujourd'hui M. le maréchal de Gramont, et le grand M. de Turenne y faisoient pour la première fois la fonction de maréchaux de camp. M. le duc Bernard de Weimar avoit son corps séparé; M. de Feuquières étoit son lieutenant général.

On avoit de grands desseins en Allemagne, on attendoit la jonction de quelques alliés: ce qui nous fit demeurer assez long-temps dans nos mêmes postes. Cependant mon père me fit entrer dans la compagnie de M. de Vesnes, capitaine au régiment des Gardes, qui étoit fort son ami. Dans cette compagnie il n'y avoit de cadets que le marquis de Birague et moi. Il ne se passa rien de considérable pendant ce temps qu'une entreprise que firent les ennemis pour brûler notre pont; mais elle fut rendue inutile, principalement par les soins de M. de Feuquières. Un de nos partis de cavalerie fit aussi une course jusqu'aux portes de Francfort. Tout ce qu'il y avoit de volontaires à l'armée voulurent en être : et M. de Thou, maître des requêtes, qui étoit venu voir M. le cardinal de La Valette, se piquant de bravoure comme les autres, y attrapa un coup de mousquet dont il eut le bras cassé; et pour récompense, au lieu de le plaindre, on disoit : Qu'alloit-il faire là? Belle leçon pour avertir que chacun fasse son métier, sans vouloir faire celui des autres. C'étoit un homme d'un grand mérite et d'une probité à toute épreuve. Il en rendit quelques années après un illustre et malheureux témoignage, ayant mieux aimé hasarder sa vie que de manquer de fidélité à ses amis; et l'ayant perdue en effet, sans être coupable d'autre crime que d'avoir su leurs mauvais desseins, et de ne les avoir pas révélés.

Après un assez long séjour dans ce camp près de Mayence, M. de La Boderie, cousin germain de ma mère, qui étoit résident auprès de M. le landgrave de Hesse-Cassel, et colonel d'un régiment de cavalerie dans ses troupes, vint trouver de la part de ce prince M. le cardinal de La Valette, pour lui représenter les raisons qui l'empêchoient de le pouvoir joindre. Cette nouvelle déconcerta tous nos desseins; et comme on étoit bien averti de la marche des ennemis qui s'avançoient avec des forces beaucoup supérieures aux nôtres, on ne songea plus qu'à se retirer et à ramener l'armée du Roi en Lorraine, pour défendre notre frontière de cette inondation d'Allemands dont elle étoit menacée. C'est ici que se fit cette célèbre et glorieuse retraite de Mayence, qu'on peut dire sans flatterie ne le céder en rien aux plus illustres de celles qui sont marquées dans l'antiquité, puisque, pendant onze jours et onze nuits qu'elle dura, quoique plus foibles de moitié que les ennemis que nous avions toujours en queue et souvent en tête, non-seulement nous ne fûmes jamais battus, mais nous les battîmes toutes les fois qu'ils voulurent s'opposer à notre passage. La gloire en fut due principalement au grand duc de Weimar et à M. de Feuquières; car, à moins d'avoir eu d'aussi bons guides qu'ils étoient, il eût été difficile d'éviter les passages que nous fermoient continuellement les ennemis, et encore plus difficile de les forcer. Les Allemands n'étoient pas les seuls ennemis que nous eussions à combattre: les pluies et le manquement de pain nous faisoient une plus cruelle guerre; et c'est une espèce de miracle que l'on ait pu résister à tant de misères. Je me souviens qu'au deuxième jour de notre marche, après cette rude journée qui nous obligea d'abandonner dans les bois quelques pièces de canon qu'on ne pouvoit plus traîner, tant les chemins étoient devenus mauvais, l'armée ayant fait une petite halte auprès de Kreutznach, M. de Feuquières vint dans son carrosse voir mon père qui y étoit malade : et après avoir fort raisonné ensemble sur la conjoncture présente des affaires, qu'ils jugeoient aux plus mauvais termes où elles pussent être, ils se dirent adieu avec fermeté et avec courage, comme deux hommes qui ne devoient peut-être jamais se revoir. Je pris aussi congé de mon père dans cette pensée, en me rendant à la compagnie où mon devoir m'appeloit. Il courut un fort grand hasard quelques jours après : son carrosse s'étant trouvé accroché dans un chemin étroit sur le bord d'un précipice, arrêtoit tous les bagages qui le suivoient; quelques Allemands craignant pour les leurs crièrent qu'il falloit jeter le carrosse dans le bas, et ils l'auroient peut-être exécuté, si le cocher dans ce moment, se servant adroitement de son cric, ne se fût tiré de cette mauvaise affaire. M. de Baradas, qui avoit été peu auparavant favori du Roi, se trouva aussi malade pendant la retraite. C'étoit un homme qui avoit d'excellentes qualités, et qu'on peut dire que la disgrâce avoit achevé de perfectionner, l'ayant rendu civil et honnête, d'orgueilleux et peu caressant qu'il étoit pendant sa faveur. Lorsqu'il se vit disgracié, il ne demeura point fainéant chez lui comme beaucoup d'autres. Mais, ayant levé un fort beau régiment d'infanterie, il fit gloire de le commander lui-même, et de faire voir au Roi que, tout malheureux qu'il étoit, rien ne le pouvoit empêcher de le servir avec une entière soumission; soumission dont il faisoit même profession jusque sur ses drapeaux, n'y ayant fait mettre que ces mots pour toute devise : *Fiat voluntas tua.* Nous battîmes le général Colloredo qui nous avoit coupé le chemin, et lui prîmes quelques petites pièces de canon. Enfin, après des fatigues incroyables, nous arrivâmes à Vaudrevange, où nous commençâmes à respirer. Nous ne nous y arrêtâmes pourtant qu'un jour ; et nous n'eussions pas encore été au bout de nos peines, sans la valeur du gouverneur, M. de Netz, qui, dans cette méchante place, et avec une assez foible garnison, arrêta toute l'armée ennemie. On peut dire qu'il rendit un très-grand service, en donnant le temps à nos troupes harassées de se mettre à couvert sous les murs de Metz. Sa place fut emportée d'assaut; il fut fait prisonnier, et, ce qu'il y a de plus étrange, il mourut de misère dans sa prison, sans que M. l'évêque d'Orléans son frère, ni ceux qui gouvernoient à la cour, se missent en peine de le retirer.

Nous arrivâmes ainsi à Metz heureusement, après avoir encore battu les ennemis au combat de Boulay, où MM. de Mouy et de Cahusac furent tués. Mais ceux qui avoient échappé aux ennemis n'échappèrent pas aux maladies qui accablèrent presque tout le monde ; M. de Feuquières en pensa mourir. Mon père qui avoit été malade pendant toute la retraite, se sentant un peu soulagé par ce repos, sans attendre son congé (1) de la cour, ne songea plus qu'à gagner Paris pour se remettre entièrement. Pour moi je ne fus point malade, mais il m'arriva une chose assez plaisante le lendemain que je fus à Metz. Après avoir fort bien dîné, comme j'étois accablé de sommeil, je me mis au lit, et dis qu'on ne m'éveillât que pour le souper. Quand l'heure en fut venue, on me vit dans un si grand repos, qu'on eût eu conscience de le troubler. Je ne me réveillai que le lendemain à midi ; et ayant demandé si on souperoit bientôt, je fus bien étonné de me voir près de dîner, après avoir ainsi dormi près de vingt-quatre heures sans m'éveiller. Mon père s'en alla, comme j'ai dit, et je restai dans la compagnie de Vesnes.

Gallas étoit cependant entré en Lorraine avec une armée de quarante mille hommes; et la nôtre s'étant un peu rafraîchie et fortifiée de nouvelles troupes et des arrière-bans de France, marcha vers Nancy pour s'y opposer. Il ne se passa rien de considérable, nonobstant le voisinage de tant de troupes ; et, comme la saison commençoit à être avancée, on pensa de part et d'autre à prendre des quartiers de rafraîchissement.

Ce fut en ce temps-là que je reçus la première marque du peu d'amitié que mon père avoit pour moi, ou du moins du peu de soin qu'il avoit de mon établissement et de ma fortune. L'enseigne de M. de Vesnes avoit vaqué par la mort de son lieutenant. L'enseigne étant monté à la lieutenance, tout ce qu'il y avoit d'officiers des Gardes à l'armée me regardèrent comme devant m'accommoder de cette charge avec M. de Vesnes qui me la laissoit à dix mille livres, et plusieurs m'en parlèrent, me témoignant même qu'ils le souhaitoient : ce qui fit que j'en écrivis à mon père, espérant qu'il ne me refuseroit point une chose qui m'étoit si avantageuse, et qui n'étoit point au-dessus de ses forces; mais je fus étrangement surpris quand je vis par sa réponse que je ne devois rien attendre de lui. Le chagrin que j'en eus, joint à toutes les fatigues de cette campagne, me donna tellement dans la tête que je tombai malade à Château-Salins où notre compagnie étoit. Je prévis bien d'abord que le mal seroit grand ; ainsi je demandai congé à M. de Vesnes pour m'aller faire traiter à Metz. J'y arrivai sur le point que M. et madame de Feuquières en dévoient partir pour Paris, et M. Arnauld, conseiller au parlement de Metz, avec eux. Il me reçut chez lui et me laissa sa maison. Je fus deux ou trois jours à traîner, et il eut l'honnêteté de vouloir demeurer à cause de moi ; mais comme il avoit déjà pris toutes ses mesures pour son voyage,

(1) On lit le contraire dans les Mémoires de d'Andilly.

je le priai de ne le point rompre en ma considération. Il sembloit que je n'attendisse que d'être abandonné à moi-même pour tomber entièrement : car, dès qu'ils furent tous partis, mon mal augmenta de telle sorte que je fus enfin contraint de me mettre au lit pour n'en relever de long-temps après. Dieu, qui m'a toujours fait plus de grâces que je ne mérite, me fit alors celle de m'inspirer le dessein de me confesser, et il étoit temps : car, aussitôt après que j'eus satisfait à ce devoir, ma fièvre redoublant avec une extrême furie, le transport se fit au cerveau, et je demeurai vingt-deux jours sans connoissance. Ce ne fut pourtant pas mon plus grand mal, puisque je ne le sentois par pour lors ; mais quand la raison me fut revenue, et que je me trouvai aveugle, j'avoue que je sentis une douleur que je n'entreprends point d'exprimer : il faut avoir passé par là pour comprendre quel désespoir c'est de se voir, dans la fleur de sa jeunesse, condamné à passer sa vie dans des ténèbres éternelles. Dieu eut enfin pitié de moi, et, après m'avoir laissé quelques jours dans cet état déplorable, il me fit revoir la lumière. Ma vue revint peu à peu, mais très-foiblement, et elle s'est toujours ressentie depuis de cette cruelle maladie. La jeunesse et le mauvais régime me redonnant bientôt plus de force que n'auroit pu faire un meilleur, je fus sur pied en peu de temps. Comme je n'avois personne qui me gouvernât, je vécus à ma mode et ne refusai rien à mon appétit qui étoit fort désordonné, comme il arrive d'ordinaire après une grande maladie. Dès que je fus en état de monter à cheval, je pris le chemin de Paris, voyant encore à peine à me conduire. Mais, étant arrivé chez mon père, je trouvai tout le monde en garde pour empêcher que ma mère qui étoit en couche ne fût surprise de ma venue. Elle m'avoit pleuré comme mort, avec toute la douleur d'une mère aussi tendre qu'elle l'étoit pour moi. Dans l'état où elle étoit alors, un excès de joie n'étoit pas moins à craindre pour elle que ne l'avoit été son affliction, laquelle l'avoit mise en un grand péril. Il fallut donc prendre bien des détours pour la préparer à me recevoir. On lui dit un jour que j'étois en chemin, un autre que j'arriverois dans deux jours, enfin que j'étois arrivé ; et, en vérité, je m'aperçus bien que ce n'avoit pas été sans sujet qu'on avoit pris ces précautions. On a raison de dire qu'il n'y a rien de comparable à la tendresse d'une bonne mère. Elle me reçut entre ses bras avec des transports que je ne puis dire, et je me vis presque autant en hasard de ma vie par son amitié, que j'y avois été pendant la campagne, tant je fus près d'être étouffé par ses embrassemens continués. J'eus pourtant sujet de m'étonner quelque temps après qu'elle entrât si aisément dans les sentimens de mon père qui me gourmanda fort sur la dépense que j'avois faite à Metz, un peu plus grande qu'il n'eût voulu, quoique assurément un autre que lui n'y eût guère trouvé à redire. Ce n'étoit pas qu'il fût avare : on pouvoit l'accuser au contraire d'être libéral et même prodigue ; mais, par malheur pour ses enfans, il ne l'étoit que pour lui-même et pour ses nouvelles amitiés, qu'en un autre homme que lui on auroit pu nommer amours avec assez de raison.

En cette année 1636, les Espagnols ayant formé une puissante armée sur la frontière de Picardie, M. Arnauld fut envoyé reconnoître l'état de nos places qui pouvoient être attaquées. Il les trouva en assez bon état pour rompre les desseins des ennemis, si les gouverneurs eussent aussi bien fait leur devoir qu'ils le firent mal. Le marquis du Bec qui l'étoit de La Capelle, homme d'esprit et de qualité, mais qui n'avoit jamais vu de guerre, y reçut M. Arnauld agréablement, lui fit faire le tour de la place en dedans et en dehors, lui en fit remarquer le fort et le foible, discourant avec tant de lumière et de bon sens de ce que pouvoient entreprendre les ennemis s'ils l'assiégeoient, et de ce qu'il leur opposeroit pour sa défense, que César lui-même, à ce que disoit M. Arnauld, n'auroit pas pu en parler plus pertinemment. Cependant cet homme si habile et si brave dans son cabinet perdit l'esprit et le cœur à la vue des ennemis, et rendit sa place de la manière qu'on a su : tant il est rare que dans un métier si périlleux la spéculation toute seule puisse former un bon officier.

Notre armée que commandoit M. le comte ayant ensuite été forcée au passage de Bray sur la Somme, les ennemis entrèrent dans la Picardie, et y firent d'extrêmes ravages. L'alarme fut grande à Paris : tout ce qu'il y avoit de gens d'épée se rendirent aussitôt à l'armée. J'avois quitté le régiment des Gardes ; et, comme je n'avois point d'emploi, je fus servir en qualité de volontaire auprès de M. Arnauld, qui se trouva cette année avoir un commandement considérable par sa charge de mestre de camp général des carabins, car on en mit sur pied plusieurs compagnies nouvelles des levées qu'on fit à Paris ; et je me souviens que M. le marquis de Palluau, qui a depuis été M. le maréchal de Clérembault, fut obligé par M. le cardinal d'en prendre une, quoiqu'il fût déjà capitaine de chevau-légers en Italie, et qu'il ne se trouvât à Paris que pour y avoir apporté la nouvelle du combat du Tésin, où M. le duc de Savoie avec le maréchal de Créqui avoit battu les ennemis. On ne connut jamais si bien les ressources de la France et la force du génie de M. le cardinal de Richelieu qu'en cette occasion. Il parut toujours intrépide dans Paris lorsqu'il sembloit avoir tout à craindre dans la consternation où étoit le peuple. On ne se croyoit pas en sûreté dans cette capitale du royaume ; on en fortifioit les avenues ; et M. de Feuquières, à peine revenu de sa grande maladie, eut ordre de faire des retranchemens au Pont-Yblon. Force familles se retiroient du côté de la rivière de Loire, ne se trouvant pas assurées si elles ne mettoient plusieurs rivières entre les ennemis et elles. Cependant ce torrent si impétueux passa sans avoir fait d'autre mal que de s'emparer de quelques bicoques, brûler des villages et prendre Corbie ; encore ne prirent-ils cette place que par la faute du gouverneur qui se voulut rendre, quelque résistance qu'y pût apporter le brave Saint-Preuil, qui y étoit entré dès le commencement du siége, ayant passé au travers de l'armée ennemie, et s'étant jeté à la nage dans le fossé : ce qui le remit en grâce à la cour, car il y étoit mal auparavant pour quelque combat qu'il avoit fait.

Les ennemis ne jouirent pas long-temps de leur conquête. L'armée du Roi, fortifiée des nouvelles levées qui furent faites à Paris avec une diligence presque incroyable, et commandée par M. le duc d'Orléans, ayant marché à eux, ils se retirèrent. Son Altesse Royale fit le siége de Roye, qui se rendit en peu de jours. Je n'oublierai jamais la rodomontade d'un Espagnol qui nous fit assez rire. Comme la garnison sortoit de la place, nos soldats ayant vu ce misérable, qui n'étoit apparemment qu'un valet, grimpé sur le haut d'une charrette de bagage dans une posture aussi fière que s'il eût été sur un char de triomphe, s'écrièrent assez haut : « Ah ! voilà un Espagnol ! » Alors cet homme, sans s'étonner, avec un branlement de tête, leur dit d'un ton grave et un peu moqueur : *Senores, yo era solo* ; comme voulant dire : S'il y en avoit eu beaucoup comme moi, vous ne seriez pas encore dans la place.

Les deux armées furent long-temps assez proches ; et comme les carabins avoient toujours le poste avancé, nous ne dormions pas fort tranquillement. Jean de Verth, ce fameux enleveur de quartiers, vint une nuit pour forcer le nôtre ; mais il nous trouva faisant si bonne garde, que ce fut à lui à se retirer. Cela pensa pourtant causer du désordre entre M. Arnauld et M. le colonel Gassion, qui étoit venu depuis peu au service du Roi. Il étoit logé avec son régiment dans notre même quartier ; et les ennemis ayant donné de son côté lui enlevèrent quelques cavaliers ; il en voulut jeter la faute sur les carabins, qui n'avoient pas fait bonne garde. Les choses allèrent si avant que M. Arnauld le fit appeler par le marquis de Palluau ; mais M. de Gassion ne trouva pas à propos de se battre, et ils furent ensuite accommodés.

La campagne se passa de cette sorte jusqu'après la retraite des ennemis, et pour lors on forma le siége de Corbie. Mais je ne dois pas oublier le bonheur que j'eus cette année d'acquérir un illustre ami qui m'a toujours conservé depuis l'honneur de son amitié (c'est M. Daurat, conseiller de la grand'chambre, dont j'entends parler), et que ses belles qualités, sa fermeté et son éloquence ont rendu célèbre dans le parlement. Il avoit eu quelque démêlé avec son père, qui étoit un homme de grande vertu, mais de ces gens austères et sérieux qui ne peuvent rien pardonner à la jeunesse ; et comme il n'osoit alors se présenter devant lui, il vint faire la campagne avec nous jusqu'à ce qu'il eût fait sa paix.

Pendant le siége de Corbie, qui se faisoit avec assez de langueur, nos compagnies de carabins étoient logées à Feuquières, à quatre lieues du camp où nous allions tous les huit ou dix jours relever la garde de cavalerie. Ce peu d'occupation que nous avions fit naître la pensée à M. Arnauld de nous dérober dans l'intervalle d'une de nos gardes, et d'aller faire une visite à madame la marquise de Rambouillet, qui étoit alors à Rambouillet avec toute son illustre famille, et avec madame et mesdemoiselles de Clermont ses amies particulières. Ces deux demoiselles sont aujourd'hui mesdames d'Avaucourt et de Marsin. Nous partîmes trois jours avant la Toussaint, M. Arnauld, un de mes oncles qui étoit son lieutenant, et moi. Un de ses capitaines de carabins, nommé Montarbaut, qui avoit sa maison dans la vallée de Montfort, le pria de lui permettre de l'accompagner jusque-là, par une impatience de mari, et peut-être d'un mari un peu jaloux. Cet homme nous divertit beaucoup pendant le voyage par les contes qu'il nous faisoit de sa femme : c'étoit, à l'entendre parler, une merveille accomplie, qui ne lui demandoit, quand il étoit obligé de la quitter, que du papier et de l'encre pour lui écrire en prose et en vers. Comme nous fûmes arrivés sur des hauteurs d'où l'on découvre toute la vallée de Montfort, il nous montra sa maison qui se remarquoit assez par une grande fumée dans les cheminées. « Oh ! nous dit-il, on fait là « beau feu ; vous verrez que nous y trouverons « bonne compagnie. Si M...., maître des comptes, « y est, vous aurez du plaisir de le voir danser « avec ma femme, car c'est une chose fort agréa-

« ble ; » et en nous disant cela, on remarquoit sur son visage une certaine inquiétude qu'il avoit bien de la peine à dissimuler. Il nous obligea de coucher chez lui cette nuit-là. En y arrivant, la dame qui avoit été avertie vint au-devant de nous menée par le maître des comptes dont le mari nous avoit parlé. Elle étoit dans un déshabillé de taffetas bleu, avec la gorge fort découverte malgré la saison. Parmi beaucoup de blanc et de rouge qui éclatoient sur son visage, nous cherchions la beauté dont on nous avoit donné une si grande idée. En saluant M. Arnauld et mon oncle, je remarquai quelque surprise en elle et en eux ; et je compris par les signes qu'ils se firent que ce n'étoit pas là la première fois qu'ils s'étoient vus. Pour moi, comme ce n'étoit pas de mon temps, je me contentai d'observer les choses ; et quand nous fûmes retirés, j'en appris toute l'histoire. Le lendemain nos hôtes firent ce qu'il leur fut possible pour nous retenir ; mais comme nos jours étoient comptés, nous allâmes dîner à Rambouillet. Jamais visite ne fut plus surprenante que la nôtre, et visite ne fut aussi jamais mieux reçue. Le marquis de Pisany ne pouvoit se lasser de s'écrier : « Il n'y a que messieurs Ar- « nauld au monde qui soient capables de faire de « ces tours-là pour leurs amis. » Il est bon de savoir ce que c'étoit que le marquis de Pisany : il étoit fils de madame de Rambouillet, c'est assez dire pour faire croire qu'il avoit beaucoup d'esprit ; mais il avoit été mal partagé des grâces du corps, étant petit et laid, et d'une taille fort contrefaite. La peur qu'il avoit eue que pour ces défauts on ne le voulût obliger à être d'église avoit fait qu'il n'avoit jamais voulu étudier, et il se piquoit d'ignorance comme un autre feroit de savoir beaucoup. Cependant il avoit un tour plaisant dans l'esprit qui le rendoit fort agréable, et, selon l'ordinaire des bossus, il étoit fort sur la raillerie ; témoin ce qu'il dit un jour sur la marquise de Sablé qui avoit toujours aimé la bonne chère, et qui s'étoit mise depuis peu dans la dévotion : qu'elle avoit beau faire, qu'elle ne chasseroit point le diable de chez elle, et qu'il s'étoit retranché dans la cuisine. Comme nous n'avions que trois jours à être à Rambouillet, et qu'on les vouloit employer agréablement, on proposa de jouer une comédie. Celle qui étoit alors le plus en vogue étoit la Sophonisbe de Mairet (1). On distribua les personnages ; mais parce qu'il étoit difficile d'apprendre tous ces vers en si peu de temps, on multiplia les acteurs ; et c'étoit une chose assez plaisante de voir une Sophonisbe aux trois premiers actes et une autre aux deux derniers. C'étoit mademoiselle de Rambouillet et mademoiselle de Clermont qui jouoient ce personnage. Les autres furent partagés de même. Cette représentation étant en tout extraordinaire, on ne faisoit point de difficulté d'avoir son rôle dans la main pour y avoir recours quand la mémoire s'égaroit. Il n'y eut que mon oncle et moi qui, par une hardiesse un peu téméraire, entreprîmes de savoir nos vers ; nous en sortîmes pourtant à notre honneur. Il faisoit le personnage de Massinisse, et moi celui de Scipion ; et comme ce général des Romains étoit fort jeune quand il fit l'expédition d'Afrique, et que je l'étois pareillement alors, ayant de plus les cheveux courts, parce qu'ils ne m'étoient pas encore bien revenus depuis ma grande maladie, madame de Rambouillet disoit avec sa douceur obligeante que j'étois tel qu'étoit Scipion, ou que Scipion devoit être tel que j'étois : ce qui fit que pendant quelque temps on m'appela de ce nom-là à l'hôtel de Rambouillet. Après plusieurs répétitions de notre comédie, qui étoient plus agréables que la pièce même, le théâtre, du soin duquel madame de Rambouillet s'étoit chargée, se trouvant prêt et parfaitement bien éclairé, tous les acteurs richement habillés d'habits que nous avions choisis parmi un grand nombre de ceux du Roi et de ses ballets, dont M. le marquis de Rambouillet avoit des coffres pleins du temps qu'il étoit grand-maître de la garde-robe, nous représentâmes notre pièce avec tout l'appareil qu'on auroit pu faire pour une grande assemblée ; cependant tous nos spectateurs étoient réduits à M. et madame de Rambouillet, la bonne femme madame de Clermont, le marquis de Pisany et M. Arnauld, tout le reste de la compagnie étant des acteurs de la pièce. Mademoiselle Paulet (1) habillée en nymphe chantoit avec son théorbe entre les actes ; et cette voix admirable dont on a assez oui parler sous le nom d'Agélique ne nous faisoit point regretter la meilleure bande de violons qu'on emploie d'ordinaire en ces intermèdes. La pièce fut fort bien représentée, et les acteurs et les spectateurs en furent également satisfaits.

Cette petite partie de plaisir nous fit achever notre siége plus gaiement que nous n'eussions fait, et ensuite tout le monde reprit le chemin de Paris. Mais il faut que je rapporte une aventure assez singulière qui nous arriva une nuit que nous allions relever la garde à Corbie, et qui nous donna beaucoup de chagrin. Le

---

(1) Représentée pour la première fois en 1629, et imprimée en 1635.

(2) C'était une des personnes qui faisaient le charme des réunions de l'hôtel de Rambouillet. Voyez *Tallemant des Réaux, Historiettes*.

temps étoit fort pluvieux, la nuit fort noire et déjà longue comme elle l'est après la Toussaint; M. Arnauld, craignant de s'égarer, prit pour guide le jardinier de Feuquières qui savoit parfaitement bien le pays. Nous marchâmes toute la nuit sous sa conduite, et jamais chemin ne nous sembla si long. Enfin cela commença à inquiéter M. Arnauld, qui, par le temps que nous avions mis, comptoit que nous devions être arrivés, il appela son guide, et lui demanda où nous étions: il avoua qu'il s'étoit un peu égaré, mais il ajouta que ce n'étoit rien, et nous aperçûmes en même temps quelque lumière à un village: nous y allâmes pour prendre langue. Notre guide, qui connut son erreur, se sauva, et il fit bien; car, dans la colère où étoit M. Arnauld, je crois qu'il l'auroit tué, quand étant allés à ce village nous trouvâmes que c'étoit celui même d'Arbonnières d'où nous étions partis et où nous étions retournés, après avoir marché cinq heures par un temps et des chemins très-fâcheux. De pareils accidens à la guerre ont quelquefois fait manquer des entreprises d'importance; mais, par bonheur pour nous, celui-là ne fut qu'un sujet de rire.

Au retour de cette campagne, le Roi donna le gouvernement de Verdun à M. de Feuquières, et un régiment d'infanterie au comte de Pas son fils aîné, pour l'y mettre en garnison. J'y eus une des premières compagnies, et je m'y rendis ce même hiver de l'année 1637. Mon père me recommanda fort d'y voir souvent une supérieure des carmélites qu'il avoit connue à Metz, et qui étoit fort de ses amies. C'étoit une personne de beaucoup d'esprit, et qui, quoique fort exacte dans l'observance de sa règle, n'avoit pas tout-à-fait perdu l'agrément qu'elle avoit eu dans le monde. Elle étoit d'une bonne maison de Normandie; elle avoit été belle et galante en son temps, ayant été aimée et ayant aimé. Sa retraite fut la suite d'une intrigue qui dura long-temps entre un sien cousin et elle avec autant de tendresse que de vertu, mais avec assez de malheur pour ne pouvoir jamais parvenir au mariage qu'ils souhaitoient passionnément l'un et l'autre: ce qui les fit résoudre enfin, lui à se faire chartreux, et elle carmélite. Cette histoire qu'elle me conta, l'agrément qu'elle avoit dans son entretien, et le son de voix le plus beau du monde et le plus charmant, m'avoient donné une forte curiosité de voir son visage. J'en fus bientôt puni; elle s'en étoit longtemps défendue: enfin elle me l'accorda aux conditions des carmélites, qui est de ne point parler pendant qu'elles sont dévoilées. Je ne tardai guère à me repentir de l'empressement que j'avois eu pour cela: je ne vis plus en elle aucune beauté; et peu s'en fallut que je ne lui disse: «C'est assez, madame; je vous « prie que je vous entende toujours et que je ne « vous voie jamais. » Ceci peut servir d'avertissement contre les curiosités défendues; car enfin que me pouvoit-il revenir de la mienne?

Je passai tout l'hiver à Verdun; et il faut que je dise ici que je ne me vis jamais si embarrassé qu'au premier conseil de guerre où je me trouvai, et dans lequel il étoit question de juger des déserteurs; car, encore que l'ordonnance soit formelle pour les condamner, j'avois une peine étrange à me résoudre d'opiner à punir de mort un crime qui paroît si peu de chose. Nous étions la plupart de jeunes officiers qui n'étions pas encore accoutumés au style des ordonnances militaires, qu'on dit être écrites en caractères de sang. Mais M. de Feuquières ne nous laissa pas long-temps dans nos doutes; car, quoique ce fût l'homme du monde le plus doux, il étoit pourtant sévère pour la discipline; et, par des railleries piquantes qu'il nous fit de notre douceur, il nous apprit à la garder pour des occasions plus raisonnables.

Au printemps M. de Feuquières ayant été nommé lieutenant général de l'armée de M. le maréchal de Châtillon, il eut agréable que je le suivisse en cette campagne avec le comte de Pas son fils, avec lequel j'avois une liaison particulière d'amitié, ayant été ensemble à l'académie. Nous fîmes quelques petits sièges, entre autres celui d'Yvoy, où, dans une sortie, un capitaine du régiment de la Bloquerie reçut le plus étrange coup de mousquet dont on ait peut-être jamais ouï parler, puisque, sans lui ôter la vie, il le rendit aveugle et sourd, c'est-à-dire beaucoup plus malheureux que s'il fût mort.

Je me souviendrai toute ma vie d'un entretien que j'eus pendant ce siège avec M. de Feuquières, que je puis dire qui me faisoit l'honneur de m'aimer comme un de ses enfans. C'étoit un jour de Saint-Louis: on avoit mis l'armée en bataille sur le soir, pour solemniser par les salves la fête du Roi; nous avions mis pied à terre en attendant que tout fût prêt, et M. de Feuquières s'appuyant sur moi et me parlant de beaucoup de choses, vint à tomber sur mon père et sur le peu qu'il faisoit pour moi; il blâmoit en cela sa conduite, et me dit ces paroles: « Pour moi, je ne prétends point « agir ainsi avec mes enfans; et je crois faire « plus pour eux de les pousser pendant ma vie « et de les mettre en état de faire quelque chose « d'eux-mêmes, que si je leur laissois un peu « plus de bien après ma mort. Pour votre cou- « sin, ajouta-t-il en parlant du comte de Pas,

« je n'en suis point en peine : il me semble qu'il « est né heureux ; mais il faut penser à ces pau-« vres cadets. » Si Dieu n'eût point ravi sitôt ce tendre père à sa famille (comme nous le dirons en son lieu), il eût été en état de l'établir glorieusement ; et j'ai assez reçu de marques de son amitié, pour me flatter qu'il m'auroit donné quelque part à sa fortune.

Après la prise d'Yvoy, on résolut le siége de Damvilliers ; je crois que M. de Feuquières eut beaucoup de part à ce dessein, pour mettre son gouvernement à couvert des courses de cette garnison, qui, n'étant qu'à quatre lieues de Verdun, étoit continuellement à nos portes. Comme je n'entreprends pas d'écrire une histoire, je ne ferai la description ni de la place, ni de la circonvallation, ni des tranchées. Je dirai seulement ce qui me regarde, et ce qui n'a peut-être pas été remarqué par d'autres. Ce siége traîna assez long-temps par la fantaisie du maréchal de Châtillon, qui se mit en tête d'attaquer cette place à la hollandaise. Je ne sais si ce fut pour l'instruction de messieurs de Coligny et d'Andelot ses enfans, qui étoient auprès de lui ; mais je sais bien qu'on perdit tant de temps à faire la descente dans le fossé en forme d'une galerie souterraine qu'on fit à la sape, sans perdre un seul homme, que cela pensa faire manquer notre entreprise ; car les ennemis eurent le loisir de tenter le secours : et en effet ils auroient secouru la place, ayant forcé la nuit un de nos quartiers, et plus de cinq cents hommes y fussent entrés si le gouverneur, qui avoit signé la capitulation le jour précédent, n'eût été d'assez bonne foi pour les refuser ; ainsi il furent tous faits prisonniers de guerre dans la contre-escarpe. Cette action du gouverneur fut diversement expliquée. Ce qui est certain, c'est qu'il nous fit fort grand plaisir ; car, avec ce nouveau secours, il auroit encore pu tenir quelque temps ; et comme la saison étoit avancée, les pluies dans ce pays marécageux nous auroient pu faire de la peine. La plus belle occasion de ce siége, et presque la seule, fut l'attaque de la demi-lune, où je me trouvai heureusement avec le comte de Pas et un gentilhomme de M. de Feuquières, nommé Persode. Nous ne manquions point toutes les nuits d'aller visiter les quartiers qui étoient depuis celui de M. de Feuquières jusqu'à la rivière : ce qui faisoit environ la moitié de la circonvallation ; et nous finissions d'ordinaire par la tranchée, où nous demeurions jusqu'au jour. Y étant donc arrivés comme on alloit donner à la demi-lune, nous suivîmes les gens détachés ; et, malgré la grande résistance des ennemis et le feu continuel de la place, nous nous en rendîmes maîtres. Jamais il ne fut peut-être plus tiré de coups de canon en une seule attaque ; nous y perdîmes aussi assez de monde ; et nous fûmes comme miraculeusement préservés, le comte de Pas et moi, d'un coup de pièce qui emporta tout une file où nous touchions. Je fus tout couvert du sang et des entrailles d'un gentilhomme de Normandie, nommé Saint-Michel, que la cuirasse dont il étoit armé ne garantit pas de ce coup de foudre ; ce qui vérifie bien ce qu'avoit coutume de dire le feu colonel Hebron, Ecossais, qui est mort depuis maréchal-de-camp des armées du Roi au siége de Saverne : que chaque balle avoit sa commission. Le pauvre Persode dont j'ai parlé eut le bras droit emporté de ce même coup, et c'est peut-être le seul homme en France que deux coups de canon n'aient pu tuer ; car, deux ans après, il en reçut un autre dans l'autre bras à la bataille de Thionville, et il a encore vécu long-temps depuis. Il faut que je rapporte ici une chose assez agréable d'un officier du régiment de Turenne dont j'ai oublié le nom. Nous avions pour un de nos maréchaux-de-camp M. de Sauvebeuf ; et je ne sais par quel malheur il n'étoit pas extrêmement estimé dans notre armée. Une nuit qu'il étoit de garde à la tranchée, et qu'on devoit faire un logement, il commanda cet officier avec cinquante hommes, et lui dit : « Quand « vous aurez besoin de dix hommes, vous crie-« rez : *Sauvebeuf! à moi*. Si vous en voulez « vingt, vous direz : *Sauvebeuf! Sauvebeuf! à « moi*. Enfin autant de fois que vous répéterez « mon nom , ce sera autant de dix hommes que « je vous enverrai. » Cet officier, qui étoit de ces hommes froids qui n'en disent que plus plaisamment les choses, l'écouta fort tranquillement, puis avec un grand sérieux lui répondit : « Mon-« sieur, voilà le plus bel ordre du monde ; mais « je crains une chose. Vous savez qu'en ces sortes « d'occasions les soldats ne demandent pas mieux « quelquefois que d'avoir un prétexte pour recu-« ler ; ainsi j'ai peur qu'en répétant si souvent « Sauvebeuf ils n'entendent : *Sauve qui peut !* « et qu'ils ne m'abandonnent ; s'il vous plaisoit, « monsieur, nous donner le nom de quelque « autre de vos terres. »

Je reçus pendant ce siége la plus mauvaise nouvelle que je pusse recevoir : ce fut celle de la mort de ma mère. Il ne pouvoit rien m'arriver de pis ; et je puis dire que je perdis tout en la perdant : c'étoit toujours une médiatrice puissante auprès de mon père. Cette légère froideur qu'elle avoit eue pour moi, par complaisance pour lui, s'étoit bientôt évanouie, ainsi qu'elle me l'avoit témoigné par des lettres les plus affectionnées qu'il fût possible. Je la pleurai avec toutes les larmes qu'une véritable et juste douleur peut arracher ; et j'aurois, ce me semble, reçu de bon cœur une mort qui m'eût pu rejoindre à elle. Je ne fus pas long-temps sans ressentir les effets de sa perte. Je ne pus tirer aucun secours de mon père, et on aura peut-être de la peine à croire que, pendant tout le temps que j'ai servi, il ne m'a jamais donné que deux cents écus par an.

Il me fallut passer à Verdun toute l'année 1638, sans pouvoir suivre M. de Feuquières à l'armée en Franche-Comté, où il fut lieutenant général sous M. le duc de Longueville. J'en fus d'autant plus touché qu'il s'y passa des occasions assez glorieuses pour lui, entre autres le combat de Poligny où il obligea M. de Lorraine à se retirer, et la défaite du prince Savelli qui y perdit ses meilleures troupes et tout son bagage. L'action d'un officier lorrain ne doit pas être oubliée ici ; ce fut au commencement de cette campagne. C'étoit un soldat de fortune qu'on avoit mis dans une de ces sortes de châteaux (1) qui semblent faits pour faire pendre leurs commandans, soit qu'ils ne se défendent pas, soit qu'ils se défendent. L'armée étant arrivée, on le fit sommer inutilement : on le força dans une espèce de basse-cour ; il se retira dans le château, et commanda à ses soldats de ne tirer qu'aux officiers. En effet, ils en mirent cinq ou six sur le carreau. On le somma encore, et il s'en moqua. Enfin on fit jouer un fourneau sous une tour où il s'étoit retranché ; il tomba sous les ruines, enterré jusqu'à la moitié du corps ; et encore en cet état il tira un coup de pistolet à un soldat qui le voulut prendre. Une hardiesse si extraordinaire donna de l'admiration à tout le monde. Cependant ayant été amené devant M. de Longueville, on lui demanda s'il ne savoit pas ce qu'il méritoit d'avoir osé arrêter une armée royale devant une si méchante place. Il répondit sans s'étonner qu'il le savoit bien, mais qu'avec cela il espéroit que, quand les raisons de sa conduite seroient connues, on lui pourroit faire quelque grâce. Et en effet il montra une lettre de M. de Lorraine qui lui promettoit de le secourir, s'il pouvoit tenir jusqu'au jour qu'il fut pris. M. de Longueville parut fort porté à lui pardonner, mais l'avis plus sévère prévalut par les raisons de la conséquence ; et ce brave homme, toujours également intrépide, fut pendu aux fenêtres de son château, admiré de ceux mêmes qui le condamnoient, et digne assurément d'une meilleure fortune. Aussi sembla-t-il que la Providence lui voulût faire plus de justice

(1) Fontenai.

que les hommes ; car, la corde ayant rompu, il fut tué d'un coup de mousquet, trouvant une mort honorable, au lieu de l'infâme qu'on lui avoit destinée.

Cette année fut heureuse à la France en toute manière, mais particulièrement par la naissance du Roi, qui, étant venu au monde comme par miracle, a été lui-même un miracle continuel dans la suite de sa vie. Je n'ai garde d'oublier de quelle manière j'appris cette agréable nouvelle. Nous étions sortis de Verdun deux cents hommes de pied, et quelque cavalerie d'officiers et de volontaires, pour attaquer un parti des ennemis qui étoit venu enlever nos bestiaux. Nous les avions poursuivis jusqu'au soir, après leur avoir fait quitter leur butin : et alors M. le comte de Pas, qui nous commandoit, me donnant la moitié de l'infanterie pour battre encore quelques bois, s'en retourna à Verdun avec le reste. Après avoir exécuté ma commission, comme je m'en revenois, sur le minuit, j'entendis des coups de canon à Verdun : ce qui me donna de l'inquiétude. Je doublai le pas, et étant arrivé sur les hauteurs d'où l'on découvre cette place, je la vis tout en feu ; et j'entendois une salve presque continuelle de coups de canon et de mousquet, comme si on eût eu à soutenir une forte et vigoureuse attaque. J'avoue que de ma vie je ne fus plus embarrassé ; enfin je pris ma résolution de rentrer dans la place à quelque prix que ce fût. Je détachai un sergent avec dix hommes pour aller reconnoître dans le faubourg ; je le fis soutenir par un lieutenant avec trente, et je les suivis avec le reste de ma troupe ; mais nous fûmes agréablement surpris de connoître que ce que nous avions pris pour l'effet d'une insulte des ennemis n'étoit que des marques de la réjouissance publique, qui leur devoit faire plus de peur qu'à nous.

Il se passoit souvent de petites occasions entre les partis de notre garnison et ceux des garnisons ennemies. Je ne devrois pas en parler, puisqu'elles n'étoient pas assez considérables. J'y courus pourtant une fois un assez grand péril par un accident un peu singulier ; et on auroit de la peine à croire que des bêtes d'une même espèce fussent capables d'aussi grandes aversions que celles qui le causèrent. Nous étions allés la nuit pour enlever un parti dans un village où l'on nous avoit dit qu'il étoit. Pendant que nous avions envoyé le reconnoître, nous faisions halte à cinq cents pas, par le plus beau clair de lune du monde. Le vicomte de Courval, capitaine d'une compagnie de notre régiment et d'une compagnie de carabins, étoit monté sur un cheval alezan qui avoit une haine mortelle pour celui que je montois et qui étoit à M. de Feuquières. Nous étions assez éloignés l'un de l'autre, ne pensant nullement à ce qui se passoit dans la tête de ces animaux, quand tout d'un coup s'élevant sous nous et s'abordant à demi-cabrés, et la bouche ouverte comme pour se dévorer, nous ne pûmes si bien les retenir que le mien, qui se trouva le plus foible, ne se renversât sur moi, étant poussé des pieds de devant de l'autre. J'en fus quitte pour quelques contusions, mais je devois me tuer. Beau sujet pour exercer le raisonnement des philosophes sur l'ame des bêtes.

Je rapporterai encore un autre fait d'une autre nature qui n'est pas moins extraordinaire, et qui mérite bien d'être su. Il y avoit un célèbre cravate de bois (c'est ainsi qu'on appeloit certains petits partisans avoués de quelque garnison du Luxembourg) qui nous incommodoit assez; et le bruit étoit qu'il étoit charmé, et nous nous en moquions. Cependant, ayant un jour été arrêté par un de nos partis, il vérifia bien ce qu'on en disoit; car, comme on ne faisoit point de quartier à ces sortes de gens qu'on considéroit plutôt comme voleurs que comme soldats, on lui donna plusieurs coups d'épée, on lui tira des coups de mousquet à bout portant, sans pouvoir jamais le blesser; et nos soldats furent contraints pour s'en défaire de l'assommer à coups de crosse de mousquet.

Ce fut cette année, si je ne me trompe, que j'eus l'honneur de connoître cette amazone de nos jours, madame la comtesse de Saint-Balmont, dont la vie a été un vrai prodige de valeur et de vertu, ayant rassemblé en sa personne toute la fierté d'un soldat déterminé et toute la modestie d'une femme véritablement chrétienne. La moitié de ce témoignage lui fut rendue en ma présence par quelques soldats espagnols qu'elle avoit pris à la guerre et qu'elle avoit envoyés à Verdun à M. de Feuquières, lequel leur ayant demandé en riant s'il avoient en leur pays des femmes aussi vaillantes que celle-là, l'un d'eux prit la parole et lui répondit sérieusement qu'il ne la prendroit jamais pour une femme, et qu'il lui avoit vu faire des actions d'un soldat furieux. Ceux qui liront ces Mémoires ne seront peut-être pas fâchés de savoir un peu plus particulièrement des nouvelles d'une femme si extraordinaire. Elle étoit d'une très-bonne maison de Lorraine, et née avec des inclinations dignes de sa naissance. La beauté de son visage répondoit à celle de son ame, mais sa taille ne répondoit pas à sa beauté, étant petite et un peu grossière. Dieu, qui la destinoit à une vie plus laborieuse que celle des femmes ordinaires, la rendit ainsi plus robuste et plus propre aux fatigues du corps; il lui donna aussi un si grand mépris pour la beauté, qu'ayant eu la petite vérole elle se réjouissoit d'en être marquée, comme les autres ont accoutumé de s'en affliger, disant qu'elle en seroit plus semblable à un homme. Elle épousa le comte de Saint-Balmont, qui ne lui cédoit ni en naissance ni en mérite. Ils vécurent ensemble dans une parfaite union; mais les troubles qui arrivèrent en Lorraine les contraignirent de se séparer. Le comte occupa, à la suite du duc son maître, des emplois dignes de lui, si on en excepte le commandement qu'on lui donna d'un méchant château où il eut l'assurance de résister à l'armée du Roi pendant quelques jours, au hasard de subir la sévérité des lois de la guerre qui menacent ces commandans téméraires d'un supplice infâme. Il fit même davantage; et on peut dire qu'il ajouta l'insolence à la témérité, puisque à chaque coup de canon qu'on lui tiroit il paroissoit aux fenêtres avec des violons qui jouoient à ses côtés. Cette folie (car on ne peut pas l'appeler autrement) pensa lui coûter cher. Il fut agité dans le conseil de guerre, quand il fut pris, si on ne le feroit point servir d'exemple. Il est sans doute qu'il le méritoit; mais on eut du respect pour sa naissance et peut-être aussi pour sa bravoure, quoique indiscrète. Madame de Saint-Balmont demeura dans ses maisons pour les conserver. Jusque-là elle n'avoit exercé son humeur guerrière qu'à la chasse, qui est une espèce de guerre; mais l'occasion se présenta bientôt de l'exercer véritablement: elle fut telle. Un officier de cavalerie vint faire un logement sur ses terres, et y vécut avec assez de désordre. Madame de Saint-Balmont, avec beaucoup d'honnêteté, lui envoya faire des plaintes qu'il reçut fort mal; ce qui l'ayant piquée, elle résolut d'en tirer raison elle-même: et ne consultant que son cœur, elle lui écrivit un billet qu'elle signa, *le chevalier de Saint-Balmont*. Dans ce billet elle lui marquoit le mauvais traitement qu'il avoit fait à sa belle-sœur l'obligeoit à s'en ressentir, et qu'il le vouloit voir l'épée à la main. Le capitaine accepta le défi, et se rendit au lieu qui lui avoit été marqué. Là, madame de Saint-Balmont l'attendoit en habit d'homme. Ils se battirent: elle eut avantage sur lui; et, après l'avoir désarmé, elle lui dit galamment: « Vous « avez cru, monsieur, vous battre contre le che- « valier de Saint-Balmont; mais c'est madame « de Saint-Balmont qui vous rend votre épée, « et qui vous prie à l'avenir d'avoir plus de con- « sidération pour les prières des dames. » Elle le quitta, après ces mots, rempli de confusion et de honte; et l'histoire ajoute qu'il s'absenta aussitôt, et qu'on ne l'a jamais vu depuis. Pour elle, cette occasion n'ayant servi qu'à lui enfler le courage, elle ne se contenta plus de conserver seulement ses biens en repoussant la force par la force, mais elle donna protection à quantité de gentilshommes ses voisins, qui ne firent point de difficulté de se réfugier dans son bourg, et de se ranger sous ses ordres quand elle alloit à la guerre, d'où elle revenoit toujours avec avantage, exécutant ses entreprises avec autant de prudence que de valeur. Je l'ai vue diverses fois chez madame de Feuquières à Verdun ; et c'étoit une chose assez plaisante de voir combien elle étoit embarrassée en habit de femme, et avec quelle liberté et quelle vigueur, après l'avoir quitté hors de la ville, elle montoit à cheval, et servoit elle-même d'escorte aux dames qui l'accompagnoient et qu'elle avoit laissées dans son carrosse. Cependant cette vie si éloignée de celle d'une femme, et qui, dans d'autres qui s'en sont mêlées, a presque toujours été accompagnée de libertinage, n'avoit rien d'approchant en celle-ci. Quand elle étoit en repos chez elle, toute sa journée étoit employée en offices de piété, en prières, en saintes lectures, en visites des malades de sa paroisse, qu'elle assistoit avec une charité admirable : ce qui, lui attirant l'estime et l'admiration de tout le monde, lui faisoit aussi porter un respect qui n'auroit pu être plus grand pour une reine.

Je passai l'hiver de l'année 1639 à Verdun où étoit demeurée madame de Feuquières avec toute sa famille, monsieur son mari étant allé à la cour. Comme je me retirois un soir de chez elle, il pensa m'arriver une assez méchante rencontre. J'étois de garde, et je m'en allois faire ma ronde, ayant seulement un laquais qui portoit un flambeau devant moi. En passant devant un cabaret j'entendis un assez grand bruit, comme de gens qui se battoient. Je crus qu'il étoit de mon devoir d'y donner ordre, et qu'il suffisoit de paroître avec mon hausse-col, comme le capitaine de garde, pour me faire porter du respect ; mais, étant monté dans une chambre où se faisoit tout ce vacarme, je vis bien que le vin ne connoissoit personne. Je trouvai cinq ou six hommes ivres, ou peu s'en falloit, l'épée à la main les uns contre les autres. Sans écouter mes remontrances, ils me parlèrent insolemment : un entre autres qui faisoit le fier-à-bras m'insulta tellement que je fus obligé de le charger, et je le fis de telle sorte qu'il eut sujet de s'en repentir. Les autres se jetèrent sur moi ; et si la chambre ne se fût trouvée si pleine de monde qui étoit accouru au bruit, qu'ils n'avoient pas toute la liberté de se servir de leurs épées, j'aurois été assez empêché à me défendre de cinq ou six ivrognes enragés. Je fis si bien pourtant que j'attendis le secours que mon laquais étoit allé querir au corps de garde. Des soldats étant arrivés, mes ivrognes mirent les armes bas et je les envoyai en prison cuver leur vin ; mais celui que j'avois blessé ne faisoit pas de petites menaces, et je ne devois jamais mourir que de sa main. Comme ce n'étoient pas des gens de la ville, je les fis mettre le lendemain en liberté, et je n'en ai pas ouï parler depuis.

Nous essuyâmes pendant cet hiver deux grands accidens, l'un du feu, l'autre de l'eau, et cela à si peu de jours de distance qu'on en pouvoit faire aisément la comparaison. Quelques maisons d'une rue proche la rivière périrent par l'embrasement ; et il faut avouer qu'il n'y a rien de plus horrible que ce qui paroît en ces rencontres, où tous les objets sont affreux et propres à donner de l'effroi ; mais le remède qu'on y peut donner en diminue la crainte en quelque sorte. Il n'en est pas de même de l'eau, qui, sans montrer toutes ces horreurs, fait des ravages inévitables, sans qu'il reste aucune espérance de s'opposer à sa furie. Nous l'éprouvâmes bien en cette rencontre, puisqu'en moins de six heures une effroyable inondation de la Meuse emporta presque tous les ponts de la ville et une grande partie des maisons de cette même rue qui, quelques jours auparavant, avoit été sauvée du feu. A propos de cet embrasement, je crois pouvoir dire qu'on y vit un effet sensible de la puissance du Saint-Sacrement ; car, comme les flammes étoient les plus grandes, et poussées avec violence par un vent impétueux vers le quartier de la ville le plus peuplé, les augustins ayant apporté cette sainte hostie pour l'opposer comme une digue à ce déluge de feu, par un miracle visible le vent se tourna en un moment, et porta ces flammes menaçantes du côté de la rivière où elles ne pouvoient plus faire de mal.

Madame de Feuquières, qui m'étoit comme une seconde mère, pensa en ce temps-là à un mariage pour moi. C'étoit avec la fille d'un trésorier de France, fort jeune et assez bien faite, à laquelle on donnoit cinquante mille écus. Ce m'eût été assurément un assez grand avantage en l'état où étoient mes affaires ; et madame de Feuquières se promettoit de disposer mon père à consentir à cet établissement. Mais elle ne savoit pas encore que mon consentement pour cela étoit plus difficile à obtenir que le sien ; parce que, quelque jeune que j'aie été, je n'ai jamais pu comprendre qu'on prît la résolution de se marier sans aimer la personne qu'on épouse. Je sais bien que c'est un sentiment assez particulier en ce temps-ci, et qui peut être traité de ridicule par ceux qui ne cherchent que de l'argent; mais je sais bien aussi que ceux-ci s'exposent souvent à quelque chose de pis que le ridicule. Quoi qu'il en soit, par cette raison je remerciai très-humblement madame de Feuquières de sa bonne volonté; et je suis toujours demeuré constant dans mes maximes, dont je ne me suis jamais repenti. Ce n'est pas que j'eusse aversion pour le mariage : au contraire j'ai toujours cru que, s'il y avoit une vie heureuse sur la terre, ce doit être celle de deux personnes qu'un parfait rapport d'esprit et d'humeur unit pour toute la vie par ce saint lien. Mais enfin je ne devois pas être de ces heureux. Je me suis toujours souvenu de ce que me dit un jour M. de La Grange-aux-Ormes, homme très-savant dans la science de deviner. Par l'inspection de ma main (1), il me prédit que je ne serois jamais marié et que je changerois de profession, et cela dans un temps où selon le cours ordinaire des choses, et même selon mon inclination, il y avoit toute apparence du contraire. Il n'a tenu qu'à moi qu'il ne m'en apprît davantage sur mon avenir; mais c'est une curiosité que j'ai toute ma vie rejetée. En effet, si on n'y ajoute point de foi, elle est tout-à-fait inutile; et si on y croit, comme il est assez difficile de s'en garantir entièrement, on s'expose à bien des inquiétudes et à bien des chagrins, dans l'attente des biens qu'on espère avec une impatience qui dévore, ou dans la crainte des malheurs qu'on est persuadé de ne pouvoir éviter : car, si on croyoit pouvoir les détourner, on seroit convaincu de la fausseté de la science qui annonceroit des choses qui en effet n'arriveroient point. Cependant il est certain qu'on voit quelquefois des effets étonnans de ces prédictions, et même M. de La Grange m'en fournit un exemple remarquable que je crois pouvoir proposer ici comme une chose extraordinaire. Au reste, ce n'étoit point un homme du commun, ni qui tirât du profit de cette science; il étoit fort bien en ses affaires, et avoit été long-temps résident pour le Roi auprès des princes d'Allemagne. Ce fut pendant le temps de ses emplois qu'étant à Francfort-sur-le-Mein, il donna de son savoir la preuve que je m'en vais rapporter. Il avoit un frère capitaine de carabiniers; celui-ci avoit été prié par Saint-André (ce grand pétardeur de places en son temps) de le servir à enlever une fille qu'il vouloit épouser. Ils exécutèrent leur entreprise; mais, ayant été poursuivis, il y eut un rude combat où le frère de La Grange fut laissé pour mort sur la place. Un de ses gens, échappé de la mêlée, vint à toute bride à Francfort en apporter la nouvelle. M. de La Grange le crut d'abord, car le moyen de ne pas croire un homme qui avoit vu la chose? Puis s'étant mis à se promener à grands pas, et rêvant profondément, comme pour rappeler en sa mémoire les anciennes idées de ce qu'il avoit autrefois remarqué en son frère, il s'écria tout d'un coup, mais avec autant de certitude que s'il en eût cru ses yeux : « Non, dit-il, mon frère n'est point mort, mais « il faut qu'il soit blessé aux cuisses. » En effet, étant monté à cheval aussitôt, il trouva qu'on le rapportoit en l'état qu'il avoit dit. Quand il vouloit faire quelque prédiction bien certaine, il examinoit non-seulement le front et les mains, mais encore les pieds et la poitrine; et prétendoit que Dieu avoit mis en toutes les parties de notre corps des marques et des signes de l'avenir, qui s'éclaircissoient les uns par les autres. Il est certain qu'il a prédit des choses surprenantes en beaucoup de rencontres, et telles que, comme ce n'étoit pas un homme qui eût beaucoup de religion, on le soupçonnoit d'employer dans sa science quelque chose de plus que la chiromancie ou l'astrologie judiciaire.

Quand le temps de la campagne approcha, on donna une armée à M. de Feuquières pour la commander en chef, et on le renvoya en son gouvernement, aux environs duquel elle se devoit assembler. Il avoit pour maréchaux de camp M. de Saint-Paul, très-brave gentilhomme de Dauphiné, M. de Grancey, à présent maréchal de France, et le marquis de Praslin, qui étoit mestre de camp général de la cavalerie légère; et La Becherelle pour aide de camp. M. Arnauld devoit aussi servir dans cette armée avec son corps de carabiniers. Je fus à Paris sur cette nouvelle pour obtenir de mon père quelque secours, ne pouvant pas honnêtement ne point suivre M. de Feuquières en cette occasion; et, ayant acheté des chevaux, je le fus rejoindre à Vitry. Il en partit deux jours après pour Sainte-Menehould; et il nous arriva une assez plaisante aventure à sept ou huit que nous étions. Il faisoit un temps fort fâcheux, et nous avions la pluie et le vent au nez. Étant à une croisée de chemins, comme si c'avoit été de concert, sans qu'aucun de nous hésitât le moins du monde, nous enfilâmes celui qui alloit à droite, sans faire seulement réflexion si c'étoit celui que nous devions suivre, et si ce n'étoit pour nous mettre le vent à côté que nous le prenions, par une inclination naturelle à se garantir de ce qui incommode. Nous marchâmes jusque vers le soir sans nous défier de n'aller pas bien, quoique le chemin nous parût extrêmement long. Enfin étant

---

(1) A cette époque, cette sorte de crédulité n'était pas rare, même dans les hautes classes.

arrivés sur un étang où j'avois passé autrefois, je commençai à me reconnoître. Nous fûmes à un village que nous voyions au bout de l'étang : il s'appeloit Nétancour. Ayant demandé à quelques femmes qui se cachoient si nous étions encore loin de Sainte-Menehould, elles nous dirent que nous étions à trois lieues de Bar-le-Duc. Il fallut retourner sur nos pas ; et, ayant pris un guide, nous arrivâmes après minuit à Sainte-Menehould où nous couchâmes fort mal dans le faubourg, les portes de la ville étant fermées. Cependant M. de Feuquières étoit fort en peine de nous, ce pays-là n'étant pas fort sûr. Je fus le lendemain à son lever, et d'aussi loin qu'il m'aperçut : « Et d'où diantre viens-tu, me « cria-t-il ? — je viens de Bar, monsieur, lui répon- « dis-je. — Comment de Bar ? — Oui, monsieur, « de Bar. » Et je lui contai notre bévue qui le fit bien rire.

De là étant allé à Verdun, il reçut courrier sur courrier pour mettre en campagne sans retardement, quoiqu'il n'eût pas encore la moitié de ses troupes ensemble. Cela l'obligea de me dépêcher à M. des Noyers qui étoit fort son ami, aussi bien que de mon père. J'étois chargé de lui représenter l'impossibilité qu'il y avoit à exécuter les ordres qu'il lui envoyoit. Je me rendis donc en poste à la cour ; et, ayant donné ma dépêche à M. des Noyers, je trouvai un homme qui n'écoutoit aucune raison, et qui, dans la crainte qu'il eut que je ne retournasse pas avec assez de diligence, dépêcha aussitôt sans que je le susse un autre courrier à M. de Feuquières, avec nouvel ordre de faire marcher l'armée en quelque état qu'elle fût, et d'assiéger une place considérable. Quelques jours après il me renvoya après m'avoir donné une ordonnance pour mon voyage, que M. Bouthillier surintendant me fit payer grassement par M. Ficubet, tous deux étant amis de mon père. Je retournai donc à Verdun où je ne trouvai plus M. de Feuquières : il en étoit parti la veille. Je le fus trouver à Consenvoye, grand village sur la Meuse, où s'étoit rendu ce qu'il avoit pu rassembler de troupes qui n'alloient pas à douze mille hommes. Il me dit d'abord : « Tu vois la hâte qu'ils ont « de nous faire partir ; va donner ordre à tes af- « faires, et tu me reviendras joindre avec M. de « Choisy » (lequel devoit être intendant de notre armée). Je ne m'arrêtai que trois ou quatre jours à Verdun, d'où je me rendis à Metz ; et là j'appris que M. de Feuquières étoit devant Thionville. Il avoit déjà pris ses quartiers ; et, lorsque j'arrivai auprès de lui, il étoit appuyé sur une fenêtre d'où l'on découvroit la place et tous les environs. Il me dit en me la montrant : « Voilà notre mai-

« tresse ; elle est belle, mais elle sera un peu dif- « ficile à réduire. » Je lui répondis qu'il n'en auroit que plus de gloire. Il me parla ensuite du grand empressement que l'on avoit eu à le faire partir ainsi, n'ayant à peine que la moitié de ses troupes, et manquant de beaucoup de choses nécessaires : « Mais au moins, ajouta-t-il, ils seront « contens de notre obéissance, et ne se plaindront « pas que la place que j'attaque ne soit pas pro- « pre à faire l'effet qu'ils souhaitent. » Il faut savoir, pour l'explication de ces paroles, que le marquis de La Meilleraye, grand-maître de l'artillerie, avoit mis le siége devant Hesdin avec la grande armée qu'il commandoit toujours ; c'étoit celui qui possédoit toute la faveur du cardinal de Richelieu, et il ne falloit pas qu'il manquât aucune de ses entreprises. La prise de cette place lui devoit valoir le bâton de maréchal de France, comme en effet il le reçut ensuite sur la brèche. On étoit averti que les ennemis se préparoient à la secourir. Il falloit donc faire quelque diversion puissante pour lui laisser achever son siége en liberté. Voilà le mystère de toute cette précipitation, et de ce commandement absolu qu'eut M. de Feuquières d'attaquer un place considérable. La chose réussit comme on l'avoit cru. Les ennemis, connoissant l'importance de Thionville, ne pensèrent plus à Hesdin, et tournèrent tous leurs efforts contre nous. Cependant M. de Feuquières faisoit travailler avec une application incroyable à la circonvallation. Il s'étoit logé à une portée de canon au-dessus de la place, dans un petit village peu éloigné de la rivière, auprès duquel il avoit dressé un pont de bateaux. Il étoit couvert d'un ruisseau dont les bords étoient assez relevés, qui couloit entre la ville et son quartier, et qui n'étoit guéable qu'en un ou deux endroits. Sur la gauche, un peu loin de son quartier, il avoit placé le parc de l'artillerie, qui étoit aussi couvert du même ruisseau. Ensuite étoit le quartier de M. de Saint-Paul, maréchal de camp, où le terrain commençoit à s'élever ; et de là, en continuant sur la montagne, le quartier de Bussy-Rabutin avec d'autres régimens. Cette montagne, couverte de bois sur la hauteur, et de vignes sur son penchant vers la ville, s'étendoit alentour de la place et venoit finir au quartier du régiment de Navarre, laissant une petite prairie entre le pied de la montagne et la rivière. Derrière le quartier de Navarre, dans un assez grand village, étoit le quartier général de la cavalerie, au milieu des prairies qui entourent la place de tous côtés. Les lignes de circonvallation enfermoient tous ces quartiers ; et si les ennemis nous eussent donné encore deux ou trois jours, elles eussent été en état de défense, et ils eussent peut-être pensé deux fois à les attaquer. Ce n'est pas qu'à bien considérer ce qui causa notre disgrâce, on ne puisse croire que rien n'étoit capable de nous en garantir; tout sembla y contribuer : la foiblesse de notre armée, comme je l'ai dit, le manquement de beaucoup de choses, l'absence de quelques officiers principaux, mais surtout la terreur panique de toute notre cavalerie, et peut-être la trahison du colonel Streff, Allemand, qui, ayant été commandé d'envoyer des partis de son régiment à la guerre pour prendre langue des ennemis, ne donna aucun avis de leur marche. Ce colonel, quelques jours auparavant, avoit eu un furieux démêlé avec M. de Feuquières, qui, étant ennemi de tous les désordres, le reprit sévèrement, à la tête de beaucoup d'officiers, de ceux que faisoit son régiment. Streff lui fit quelque réponse insolente qui obligea M. de Feuquières à mettre la main au pistolet, et si on ne se fût mis entre deux il en eût fait peut-être un exemple. Les amis de Streff l'obligèrent de se retirer, et ensuite à leur prière M. de Feuquières lui pardonna; mais on a pourtant su depuis que ce colonel avoit toujours gardé du ressentiment de l'injure qu'il croyoit avoir reçue. Quoi qu'il en soit, il est certain que ses partis, sur lesquels on se reposoit, ne donnèrent aucun avis des ennemis, et que M. de Feuquières ne fut averti qu'ils marchoient à lui que par une lettre de madame de Feuquières qui, étant à Verdun, avoit soin d'envoyer aux nouvelles, et reçut un avis certain par un parti de sa garnison. Aussitôt que M. de Feuquières eut lu la lettre, il tint conseil avec les officiers généraux le soir du sixième de juin, qui étoit, si je ne me trompe, le dixième jour du siège. On avertit en même temps tous les quartiers, et le lendemain, à la pointe du jour, M. de Feuquières se rendit à celui de Navarre pour faire promptement achever un pont de chevalets qu'il faisoit faire au-dessous de la place, comme il y en avoit un de bateaux au-dessus, pour avoir la communication libre avec le quartier des carabins, qui étoit seul au-delà de la rivière.

Sur les sept heures, Chambord, capitaine de cavalerie, le vint avertir qu'il paroissoit quelques cravates à la tête de notre grand'garde, au-delà des bois. On envoya ordre aussitôt à toute la cavalerie de monter à cheval et de se mettre en bataille dans ce pré qui étoit à la tête du quartier de Navarre, et nous poussâmes au galop jusqu'à la garde avancée que nous trouvâmes escarmouchant déjà avec des cravates. En moins de rien nous vîmes paroître plusieurs escadrons; en sorte que, ne doutant plus que ce ne fût au moins l'avant-garde des ennemis, M. de Feuquières retourna pour mettre l'armée en bataille, espérant bien que notre cavalerie qu'il trouva toute au meilleur ordre du monde, soutenue du régiment de Navarre, lui en donneroit le loisir. Mais il fut bien trompé dans son attente; car à peine fûmes-nous hors du quartier de Navarre pour gagner celui de Bussy par le haut de la montagne, qu'à la vue des premiers escadrons ennemis notre cavalerie fut saisie d'une telle épouvante que, sans tirer un coup de pistolet, elle se précipita dans la rivière et la passa à la nage, comme si elle eût été poursuivie par toute leur armée. On dit que le marquis de Praslin se voyant sur l'autre bord, revenant à lui comme d'un songe qu'il auroit eu, dit à tous ceux qui se trouvèrent à l'entour de lui : « Ah ! messieurs, qu'avons-nous fait ? Il n'y a « pas un de nous qui ne mérite qu'on lui fasse « couper le cou. » Cependant les ennemis, sans perdre temps, enfoncèrent le régiment de Navarre, qui, abandonné comme il étoit, se défendit vigoureusement et se retira en bataille jusqu'au poste du régiment de Beauce, qui travailloit aux lignes sur le haut de la montagne dans le bois. Il étoit commandé par le comte de Donzin qui soutint bravement Navarre. Le combat fut rude en cet endroit, et le comte y fut tué. Tout cela se fit en si peu de temps, que nous n'étions pas arrivés au quartier de Bussy lorsque nous nous trouvâmes parmi ces deux régimens qui se retiroient encore en assez bon ordre; mais, ayant été coupés par deux escadrons de cuirassiers qui avoient pris par le bas de la montagne auprès de la ville, nous entrâmes tous pêle-mêle dans le quartier de Bussy; et tout ce que nous pûmes faire fut de gagner celui de Saint-Paul, d'où, ayant rassemblé notre débris, nous passâmes au quartier du Roi. Notre cavalerie qui avoit fui s'y rendit aussi, ayant repassé la rivière sur notre pont de bateaux. M. de Feuquières, tout désespéré qu'il étoit de ce mauvais succès du matin, ne laissa pas de faire tout ce qu'on pouvoit attendre de sa prudence et de son courage. Il n'y avoit plus de parti à prendre que de se retirer à Metz, la place étant secourue et une grande partie de ses troupes défaite : mais de se retirer en plein jour devant une armée victorieuse, et plus forte que la sienne de la moitié, c'étoit s'exposer à une perte certaine; d'abandonner son canon, il ne pouvoit s'y résoudre. Cependant tous les chevaux de l'artillerie se trouvoient à Metz, où ils étoient allés la veille pour prendre des munitions. Il fit donc partir promptement des courriers pour les faire revenir, et mit son armée en bataille depuis le parc de l'artillerie jusqu'à son quartier, derrière le ruisseau dont j'ai parlé, lequel il borda d'infanterie qui se trouvoit ainsi comme à couvert d'un parapet, derrière les bords assez relevés du ruisseau. En cet état il fit bonne mine, résolu, dès que la nuit seroit venue, de faire sa retraite. Mais il avoit affaire à un trop habile général pour qu'il le laissât ainsi échapper. Piccolomini, qui étoit arrivé à Thionville avec toutes ses troupes et son canon, les mit en bataille à notre vue, et commença à nous canonner sur les cinq heures du soir. On vit bientôt que notre cavalerie n'étoit pas encore rassurée de sa frayeur du matin, car elle s'ébranloit fort aux coups de canon. Les ennemis qui s'en aperçurent marchèrent tout d'un temps sur une ligne jusqu'à cent pas du ruisseau; mais ils furent si bien reçus de notre infanterie qui le bordoit, et surtout du régiment de Collas, Allemand, qu'ils reculèrent de quelques pas. M. de Feuquières, voulant profiter de ce mouvement qu'il leur vit faire, commanda à un escadron de passer le gué pour les charger, et m'envoya faire avancer le régiment de Picardie pour le soutenir; mais, comme celui qui commandoit l'escadron ne se pressa pas beaucoup d'obéir, les ennemis se mirent en devoir de faire ce qu'il n'avoit osé entreprendre. M. de Feuquières voulut s'opposer à leur dessein avec quinze ou vingt gentilshommes ou gardes qui se trouvèrent auprès de lui; mais dans le même temps il reçut deux coups de mousquet qui lui cassèrent le bras droit en deux endroits. Comme je revenois le joindre, après avoir exécuté l'ordre qu'il m'avoit donné, je trouvai qu'on le ramenoit soutenu sur son cheval par l'enseigne de ses gardes. Je le pris de l'autre côté par son bras blessé; il me dit d'abord : « Mon ami, « j'ai ce que j'avois demandé : il n'y avoit pas « moyen de survivre au malheur de cette jour-« née. » Dans ce moment il vit quelques cavaliers qui commençoient déjà à fuir; il se tourna vers eux, et leur dit avec toute la force qui lui restoit : « Eh! messieurs, vous fuyez et on ne « vous suit pas; voulez-vous ternir ma mémoire « par la perte d'une bataille? » Son chirurgien étant arrivé dans ce temps-là, je lui quittai ma place pour qu'il pût mieux secourir son maître qui perdoit beaucoup de sang. M. de Feuquières me dit qu'il alloit se faire panser dans le fossé des lignes, et que j'allasse voir à notre pont s'il n'y auroit point quelque bateau qui le pût porter à Metz. J'ai sujet de croire qu'il me dit cela pour ne me point envelopper dans sa perte; car, par le chemin qu'il prit, il s'éloigna beaucoup du lieu où il m'avoit dit que je le retrouverois. Cependant, sans pénétrer son dessein, je fus au pont, que je trouvai en feu et au pouvoir des ennemis. Revenant le long des lignes où je croyois rejoindre M. de Feuquières, je me trouvai enveloppé dans la foule et la confusion de toute notre cavalerie qui fuyoit à toute bride, et je fus emporté par ce torrent qu'il me fut impossible de traverser. Les ennemis étoient déjà mêlés parmi nous; et, sans la bonté et la vitesse de mon cheval, il étoit difficile que j'évitasse au moins d'être pris. A demi-lieue du camp je trouvai le pauvre La Becherelle qui se retiroit blessé. Nous tâchâmes d'obliger nos fuyards de faire ferme à un pont qui étoit à moitié chemin de Metz; et en effet quelques-uns s'y étant ralliés, les ennemis cessèrent de nous poursuivre. Je n'arrivai qu'à la nuit à Metz où beaucoup de gens étoient déjà entrés. J'en trouvai les portes fermées; et je passai la nuit avec deux ou trois officiers dans un méchant village abandonné, une lieue au-dessus de Metz. Y ayant passé la rivière, j'entrai dans la ville à porte ouvrante; c'étoit une chose pitoyable d'y voir la consternation de tout le monde. J'y trouvai les deux jeunes fils de M. de Feuquières; ils y étoient arrivés dès le soir : l'un est l'abbé de Feuquières, et l'autre est mort mestre de camp d'un régiment de cavalerie. Ils étoient affligés autant qu'on le peut croire, et je ne l'étois pas moins qu'eux. Je leur appris les dernières nouvelles de monsieur leur père, personne de connoissance ne l'ayant vu depuis moi. Nous sûmes ce jour-là qu'il avoit été fait prisonnier et mené dans Thionville. Piccolomini le vint voir, et abusant un peu de sa bonne fortune, il s'emporta en des vanteries indignes d'un homme tel que lui. M. de Feuquières y répondit seulement : « Douleur au « vaincu ! » Mais quand il l'entendit parler des grandes entreprises qu'il alloit faire, la patience lui échappant, il lui dit : « Vous n'oseriez aller « à Metz; si vous voulez aller à Verdun, vous y « serez battu : vous irez peut-être à Mouzon, et « encore pourrez-vous bien y échouer. » On peut voir par là qu'il fut traité dans sa prison assez incivilement, mais surtout par le général Bec, qui, malgré la grande fortune qu'il avoit faite, se ressentoit toujours de la bassesse de son origine. Ce n'est pas qu'il n'eût le cœur grand, mais il étoit brutal. Il ne manquoit pas aussi d'esprit, témoin la réponse qu'il fit un jour à Piccolomini, ce me semble. Celui-ci lui reprochoit qu'il avoit été messager à pied de Luxembourg. « Il est vrai, dit Bec, je l'ai été; mais la « différence qu'il y a entre vous et moi, c'est que « je ne le suis plus; et si vous l'aviez été vous le « seriez encore. »

Je me suis un peu étendu en cette relation de la bataille de Thionville; et on me le doit pardonner, puisque, outre l'attachement que j'avois à la personne et aux intérêts de M. de Feuquières, je n'ai point vu que dans nos histoires on ait parlé de cette action selon la vérité et la justice qu'on lui devoit.

Pour reprendre la suite de mon discours, ayant délibéré avec messieurs de Feuquières sur ce que nous avions à faire, nous résolûmes de nous rendre à Verdun en toute diligence, n'étant pas hors d'apparence que les ennemis en pourroient entreprendre le siège. Nous partîmes donc le soir avec toute la cavalerie qu'on avoit rassemblée à Metz, et qu'on envoyoit à Pont-à-Mousson pour l'éloigner des ennemis, dont le nom seul étoit capable de la dissiper. Nous marchâmes toute la nuit; et on ne croiroit peut-être pas ce que la peur est capable de faire faire : vingt fois ces troupes effrayées prirent l'alarme sur des ombres vaines, et se débandoient comme si elles eussent eu tous les cravattes du monde à leurs trousses.

De Pont-à-Mousson nous prîmes des chemins détournés par les bois, et arrivâmes heureusement à Verdun. Dieu sait quel renouvellement de douleur me causa la vue de madame de Feuquières et de toute sa famille inconsolable! Deux ou trois jours après, M. Arnauld et le comte de Pas, qui avoient été retenus à Paris par quelque indisposition, arrivèrent. On pensa tout de bon à se préparer à être assiégés; et, comme on nous avoit envoyé deux régiments dans la ville, le nôtre entra dans la citadelle. Nous priâmes tous madame de Feuquières de vouloir se retirer, des femmes n'étant guère bien dans une place assiégée. Son grand cœur avoit peine à y consentir, et elle nous disoit quelquefois : « Si vous voyez que « j'aie peur, liez-moi et me mettez au fond d'une « cave. » Mais enfin, vaincue par les raisons qu'on lui alléguoit, elle s'y rendit. Je fus choisi pour l'escorter, avec cent mousquetaires, jusques auprès de Sainte-Menehould. Je prenois congé d'elle lorsque je vis arriver M. Arnauld mon oncle, duquel j'ai déjà parlé, qui, sur la nouvelle de la défaite de M. de Feuquières, avoit pris la poste pour se rendre à Verdun bien malheureusement pour lui, puisqu'il y perdit la vie. Il avoit aussi une compagnie dans notre régiment, mais il n'y avoit jamais servi; et, par beaucoup de raisons de chagrin qu'il avoit, il étoit sur le point de partir pour s'en aller en Hollande, quand cette malheureuse nouvelle lui fit changer de dessein. Nous reprîmes ensemble le chemin de Verdun; à deux ou trois lieues de là je vis paroître quelques cavaliers qui venoient vers nous. Comme tout étoit suspect, et que je n'avois personne à cheval pour les envoyer reconnoître, n'ayant que des officiers sur des bidets, je priai mon oncle de demeurer à la tête de nos mousquetaires, en côtoyant un bois que nous avions sur notre droite; et moi étant monté sur mon bon cheval que j'avois eu à la bataille de Thionville, avec lequel j'espérois bien prendre tel parti que je voudrois, je fus à cette troupe de cavalerie que je reconnus être de Verdun, et que M. le comte de Pas avoit envoyé au devant de moi, sur quelque avis qu'il avoit eu que les ennemis devoient investir la place. Cela nous donna une autre alarme; car, en approchant, nous vîmes quelques maisons des faubourgs en feu : ce qui nous fit croire que la ville étoit effectivement investie; mais, ayant envoyé reconnoître, il se trouva qu'on avoit pris cette occasion pour brûler deux ou trois granges proches des murailles, qui auroient pu incommoder en cas de siège.

Nous fûmes quinze jours ou trois semaines dans l'incertitude si nous serions assiégés. Durant ce temps-là nous voyions souvent les ennemis à nos portes. Nous avions été renforcés de quelques régimens d'infanterie, et entre autres de celui de M. le comte de Noailles, qui le commandoit en personne, mais qui étoit alors fort peu en état d'agir, ayant été extrêmement blessé à une épaule d'un coup de mousquet qu'il avoit reçu en voulant loger dans un bourg de la présidente de Mesmes, dont les paysans lui disputèrent l'entrée. J'avois eu l'honneur de le connoître dès le siège de Damvilliers, où il étoit lieutenant de la compagnie de chevau-légers du comte d'Ayen son frère, qui étoit mort depuis. Mais, dans le séjour qu'il fit à Verdun, j'acquis quelque part en son amitié; et, quoique les malheurs de ma vie m'aient toujours éloigné depuis des lieux où je le pouvois revoir, je n'ai pas laissé d'éprouver, après beaucoup d'années, qu'il ne m'avoit pas entièrement oublié.

Un jour les ennemis, étant venus en assez grand nombre à nos portes, enlevèrent nos bestiaux qui paissoient dans la prairie. L'alarme ayant en même temps sonné fort chaude, je montai à cheval comme beaucoup d'autres officiers volontaires pour sortir avec le comte de Pas. Je passai à mon logis de la ville, que j'avois abandonné à mon oncle. Il eût bien voulu venir avec moi; mais, n'ayant point de cheval, il sortit avec l'infanterie qui nous suivoit. Le malheur qui l'avoit toujours persécuté parut bien en cette rencontre; car, comme il étoit en cet état, il rencontra un palefrenier qui menoit un cheval en main; il se jeta dessus, et nous joignit dans le temps que nous chargions avec notre petit escadron, qui n'étoit que de trente ou trente-cinq maîtres, un gros escadron de cuirassiers qui étoit soutenu d'un autre. Ils nous firent leur décharge des mousquetons qu'ils avoient au premier rang, mais nous les chargeâmes sans marchander ; ils plièrent et se mirent en fuite. Mon oncle, qui avoit vu un cavalier se détacher du gros, fut à lui ; et cet homme, l'attendant à couvert d'un arbre, lui donna de deux balles de son mousqueton dans le corps. Mon oncle tomba mort du coup. Comme ce fut dans le temps que nous chargions, je ne vis rien de cela ; et on ne m'apprit cette cruelle nouvelle qu'après que nous eûmes cessé de poursuivre les ennemis. Nous les poussâmes quatre lieues durant ; il y en eut beaucoup de tués, et je vengeai sans le savoir une personne qui m'étoit si chère. On me voulut même faire croire, peut-être pour me consoler, que je l'avois vengée sur celui même qui lui avoit ôté la vie. Cette action assurément fut des plus vigoureuses qu'il se pouvoit, et peut-être un peu trop, car il semble que la prudence demandoit autre chose de nous ; le bon succès pourtant la rendit belle. Il n'y eut autre perte que celle que j'y fis, et personne de blessé qu'un officier du régiment de Noailles. On rendit les honneurs funèbres à M. Arnauld avec toute la pompe militaire qui se pratique en ces rencontres ; et messieurs les chanoines de Verdun lui firent l'honneur de l'enterrer dans l'église cathédrale. Je puis dire, sans le flatter, qu'il n'étoit pas indigne de ces témoignages d'estime qu'on lui rendit. Il étoit né avec beaucoup de bonnes qualités, sans aucun vice considérable : bien fait de sa personne, d'une humeur douce et complaisante, agréable parmi les dames, fier quand il le falloit être parmi les hommes ; et, sans l'étoile dominante et malheureuse de notre maison, il auroit dû être élevé à des emplois plus considérables que ceux dans lesquels il a passé sa vie.

Les ennemis s'étant ensuite éloignés de Verdun, on retira une partie des troupes qu'on y avoit jetées. Elles furent joindre M. le maréchal de Châtillon vers Stenay, où il commandoit un corps d'armée composé de quelques régimens frais et des restes de la bataille de Thionville. Il ne s'y passa rien de considérable.

Pour nous, nous demeurâmes à Verdun où madame de Feuquières revint bientôt ; et comme elle avoit d'assez bonnes nouvelles de la santé de monsieur son mari, et qu'elle étoit assurée que son malheur ne lui avoit point nui à la cour, le calme commença à se remettre dans son esprit ; sa maison fut ouverte comme auparavant, et devint le rendez-vous des honnêtes gens qui restoient encore dans la ville. Nous y avions, outre M. de Noailles dont j'ai déjà parlé, messieurs de Clanleu et du Plessis-Bellière, et M. le comte de Saint-Aignan qui, ayant toujours eu l'esprit galant, étoit alors passionné pour le vieux gaulois et pour les rébus qui étoient à la mode en ce temps-là. Ce n'étoit tous les jours que billets en langage d'Amadis et qu'énigmes de cette sorte ; et les laquais avoient assez d'affaires d'aller et venir de chez lui au logis du Roi, où nous tâchions de lui répondre. Madame de Langlée, jeune mariée et belle, se trouvant aussi alors à Verdun, en augmentoit la bonne compagnie ; et ces messieurs que j'ai nommés dansèrent un ballet chez elle.

Sur la fin de la campagne, M. de La Ferté-Imbaut, depuis le maréchal d'Etampes, demeura à Châlons pour commander les troupes qui étoient logées aux environs. M. Arnauld m'avoit donné la cornette de sa compagnie, celui qui l'avoit étant monté à la lieutenance que mon oncle avoit fait vaquer par sa mort ; et j'avois quitté Verdun avec lui pour le suivre au régiment. Etant venu à Châlons, j'y renouvelai connoissance avec le marquis de Mauny, fils de M. de La Ferté. Nous avions été à l'académie ensemble. Il étoit pour lors amoureux d'une dame de Châlons assez bien faite, et fort jaloux de Bussy-Rabutin (1) qui y étoit bien mieux reçu que lui. Un soir que j'avois soupé chez monsieur son père, il me dit tout bas qu'il avoit besoin de moi, et que nous sortissions. Je le suivis, et, comme nous fûmes dans la rue, il me dit : « Allons chez madame de...; Bussy-« Rabutin y sera sans doute : je lui veux faire « quitter la place. » Je fis ce que je pus pour lui ôter ce dessein, étant fort contre mon inclination d'aller faire un vacarme chez une femme ; mais enfin, n'en pouvant venir à bout, je résolus au moins de modérer sa fougue autant qu'il me seroit possible. On nous dit à la porte que madame n'y étoit pas ; mais, sans vouloir arrêter à cela, nous montâmes droit à la chambre, où nous trouvâmes en effet Bussy-Rabutin avec elle. Il est aisé de juger de l'embarras où nous les mîmes. Mais Bussy avec son esprit adroit s'en démêla galamment, et, se tournant vers elle, lui dit : « Il y a apparence, madame, que vous at-« tendiez ces messieurs, et j'aurois mauvaise « grâce de vouloir entrer dans les secrets du fils « de mon général. » En achevant ces paroles, il fit une grande révérence, et sans attendre de réponse il sortit. Nous ne profitâmes guère de son absence ; car, comme cette dame étoit piquée par plus d'une raison, il se fit, entre le marquis de Mauny et elle, une petite conversation de picoterie qui auroit pu devenir fort aigre si je n'avois rabattu les coups. Cependant, comme il n'y avoit pas beaucoup de plaisir pour aucun de la compagnie, nous ne la poussâmes pas bien

(1) Bussy-Rabutin ne fait pas mention de cette aventure.

loin, et nous nous retirâmes, lui fort content de ce qu'il venoit de faire, et moi fort chagrin de m'être trouvé engagé à contribuer au déplaisir de deux personnes qui ne m'en avoient jamais fait. On sut cela le lendemain par la ville, et on en parla diversement. On admira la grande prudence de Bussy, et on renouvela les railleries qu'on avoit déjà faites sur son sujet, lui faisant dire à cette dame (à son retour de Châlons, après la bataille de Thionville) : qu'il n'avoit jamais cru avoir autant d'amour pour elle qu'il en avoit, et qu'il falloit que sa passion fût bien forte pour lui avoir fait oublier son honneur et son devoir en cette journée, par le désir qu'il avoit eu de se conserver pour elle. Pour moi, je ne crois pas que ces reproches lui fussent dus. Il a eu depuis des emplois considérables dans lesquels il a fait son devoir; mais il y avoit peut-être quelque justice qu'un homme qui devoit déchirer la réputation de tout le monde par ses médisances (1), ne fût pas exempt de celles des autres.

[1640] Les troupes ayant été mises en quartier d'hiver, je m'en allai à Paris avec M. Arnauld. Nous passâmes par Bayes, maison de madame de Lorme, où nous nous arrêtâmes un jour, en fort bonne compagnie, dont la célèbre Marion de Lorme n'étoit pas ce qu'il y avoit de moins agréable. Elle étoit alors dans sa grande beauté; mais tous ses charmes ne la mirent pas à couvert de la fureur du maréchal de La Meilleraye dont elle me conta l'histoire, en nous promenant le long du canal de Bayes. Si elle avoit été aussi sage que sa sœur (madame de Maugerou) le fut à l'égard de ce maréchal, à la ruine de toute sa famille, elle auroit laissé d'elle une plus belle réputation.

Dès que nous fûmes à Paris, M. Arnauld commença à s'employer fortement pour la liberté de M. de Feuquières auprès du père Joseph et de M. des Noyers, tous deux ses amis. La chose parloit d'elle-même. On savoit assez qu'on l'avoit précipité dans le malheur qui lui étoit arrivé; et comme M. le cardinal de Richelieu, qu'on peut dire avoir été le meilleur maître du monde à ceux qui le servoient, le regardoit comme sa victime, on n'eut pas de peine à le résoudre de le tirer de sa prison, et de lui faire oublier par des récompenses la douleur de sa défaite. Cependant, comme il y avoit diverses choses à ajuster pour cela, cette négociation dura tout l'hiver. Le Roi avoit alors à Vincennes deux prisonniers de guerre de conséquence, le fameux Jean de Verth et le général Ekenfort. On résolut de faire l'échange de ce dernier avec M. de Feuquières; et les choses furent conduites au point qu'on étoit convenu des conditions avec les ennemis, auxquels on devoit encore payer une somme considérable. M. Arnauld, ayant reçu toutes les expéditions nécessaires pour cela, avoit déjà, par ordre du Roi, tiré M. d'Ekenfort du bois de Vincennes, et l'avoit amené coucher chez mon père, auquel ce généreux Allemand avoit bien voulu donner cette marque de son amitié. Ils avoient fait connoissance dans sa prison, où mon père alloit assez souvent voir M. l'abbé de Saint-Cyran son intime ami, qui, par des intrigues qu'on sait assez, y avoit été mis depuis quelque temps. M. d'Ekenfort, qui avoit beaucoup de mérite, reconnut bientôt celui de cet homme illustre. Il fut d'abord admirateur de sa vertu, que toute la modestie dont il la cachoit ne pouvoit pas empêcher d'éclater; et il força en quelque façon sa grande retraite, en l'obligeant par charité de ne lui pas refuser dans ses chagrins les consolations dont il avoit besoin, et qu'il trouva dans ses discours si sages et si remplis de l'esprit de Dieu. Mon père, qui les trouvoit souvent ensemble, goûta fort M. d'Ekenfort; M. d'Ekenfort de son côté, goûta fort l'esprit de mon père : en sorte qu'il ne fut pas difficile à M. de Saint-Cyran de lier entre eux une amitié dont il fut lui-même le nœud, et qui, n'étant fondée que sur la vertu, a duré autant que leur vie.

M. d'Ekenfort donc avoit couché chez mon père, et nous étions près de partir avec d'assez bonnes nouvelles pour consoler M. de Feuquières de tous ses malheurs, puisqu'on lui promettoit de le faire maréchal de France et gouverneur de monseigneur le Dauphin. C'étoit assurément un choix digne du discernement de celui qui l'avoit fait, n'y ayant peut-être personne en France qui fût plus capable que lui de cet important emploi. Mais, comme nous étions près de monter sur nos chevaux de poste qui nous attendoient dans la cour, nous vîmes arriver l'abbé de Feuquières, qui n'étoit pas encore ecclésiastique, avec un autre de ses frères, qui, nous apprenant la triste nouvelle de la mort de monsieur leur père, nous précipitèrent, pour ainsi dire, du comble de la joie dans le plus profond abyme de la douleur. Nous demeurâmes sans parole et sans mouvement, comme des gens qui auroient été frappés de la foudre. M. d'Ekenfort lui-même en parut étonné comme nous, quoiqu'il vît en ce cruel contre-temps la ruine de ses espérances et un grand éloignement à sa liberté, dont il avoit commencé de goûter la douceur. Il surmonta, par grandeur d'âme, sa propre douleur pour soulager celle de ses amis, et s'employa à notre consolation comme s'il n'en eût pas eu besoin

(1) Dans l'Histoire amoureuse des Gaules.

pour lui-même. On le ramena le soir au bois de Vincennes avec autant de tristesse qu'on avoit eu de joie la veille à l'en retirer. Nous apprîmes après à loisir les particularités de cette mort, et avec d'autant plus de douleur qu'elle n'avoit pas été toute naturelle ni sans soupçon de poison. Il étoit guéri de ses blessures, et il y avoit déjà quelque temps qu'il avoit quitté le régime d'un malade. Un jour maigre, on lui servit une fort belle truite dont il mangea assez, quoique sans excès. Peu de temps après il sentit d'extrêmes douleurs qui devinrent si violentes que, dans l'agitation qu'elles lui causèrent, toutes ses plaies se rouvrirent, la fièvre lui prit, et en peu d'heures il fut contraint de succomber à la violence du mal. Ainsi finit Manassé de Pas, marquis de Feuquières, grand en toutes choses, hormis en fortune. Il avoit servi le Roi dans ses armées depuis sa jeunesse, et avec tant de bonheur qu'il n'avoit jamais été blessé. Il avoit passé par tous les degrés jusqu'aux premières charges de la guerre ; il fut employé en diverses négociations et ambassades, et il s'acquitta de tous ces emplois avec une réputation particulière de valeur et de prudence. Il étoit d'un naturel doux, quoiqu'un peu prompt ; affable et gai, quoique sérieux ; fier et sévère quand il le falloit être, mais sans orgueil et sans dureté : surtout il étoit agréable et commode dans sa famille, également éloigné de cette austérité chagrine de quelques pères qui les fait régner sur leurs enfans avec une espèce de tyrannie, et de cette trop grande indulgence de quelques autres, par laquelle ils en font souvent des insolens et des libertins. Il avoit une fermeté d'ame à l'épreuve des plus grands périls, et dans l'occasion un sang-froid dont fort peu de gens sont capables. Cependant je dirai ici (parce que c'est une chose assez remarquable) qu'il avoit eu toute sa vie, aussi bien que quelques autres, une espèce de petite superstition qui consistoit à ne point commencer par le vendredi quelque voyage considérable ; il s'en moquoit lui-même comme d'une chose vaine, et à laquelle on ne devoit point s'arrêter : et en effet il ne s'y arrêta pas, puisque, pressé par les instances réitérées de la cour, il partit le vendredi de Verdun pour se rendre à son armée. Cependant on a pu voir, par ce que j'ai rapporté de ce malheureux voyage, que ce que l'on peut regarder dans les autres comme une foiblesse étoit en lui une espèce de pressentiment, tel que nous lisons qu'en ont eu la plupart des hommes extraordinaires.

Je me suis peut-être un peu étendu sur cette matière, mais on le doit pardonner à une juste reconnoissance qui ne me permet pas de céler des vérités dont je suis encore plus persuadé que je n'ai dessein d'en persuader les autres. Je perdis tout en le perdant. Cette mort si surprenante, à la veille d'une si grande fortune, me fit faire des réflexions auxquelles je n'avois encore jamais pensé ; et si je ne renonçai pas dès lors à l'ambition et aux vaines espérances du siècle, c'est que j'étois encore trop foible pour former une si grande résolution.

Le Roi conserva le gouvernement de Verdun au marquis de Feuquières d'aujourd'hui, et donna l'abbaye de Beaulieu à son frère, qu'on prétendoit vacante par la félonie de M. l'évêque de Verdun, prince de la maison de Lorraine, qui la possédoit, et qui, ayant suivi le parti du duc Charles, faisoit la guerre à Sa Majesté.

Je servis cette campagne à ma cornette. D'abord nous fûmes de l'armée de M. le maréchal de Grammont, qui n'étoit encore que comte de Guiche, avec laquelle il fit mine de vouloir assiéger Charlemont. Nous campâmes quinze jours ou trois semaines devant cette place, où il se passa seulement quelques légères escarmouches. Ce fut là les premières armes de M. le duc d'Enghien, qui étoit venu sous le titre de volontaire dans cette armée ; mais, comme il eut reçu la nouvelle qu'on avoit formé le siége d'Arras, il nous quitta, et alla chercher dans une si grande occasion à donner des preuves de son courage et de cette valeur héroïque qui lui a depuis acquis tant de gloire. Nous demeurâmes encore quelque temps dans notre camp après son départ. N'ayant pas grande occupation, on passoit les jours à jouer ; et cela me fait souvenir de deux assez plaisantes choses à propos du jeu. M. le comte de Guiche, jouant à grande prime avec M. Arnauld et quelque autre, s'emporta fort sur un coup qui vint en dispute, jurant et tempêtant comme il lui étoit assez ordinaire. Le jeu fini, et lorsqu'on lui eut laissé tout le temps de se refroidir et de redevenir de bonne humeur, M. Arnauld lui dit en riant : « Eh bien, monsieur, « vous nous avez fait tantôt une belle vie. — Il « est vrai, répondit-il avec quelque chagrin ; « mais c'est que je n'ai pas un ami qui quand je « m'emporte ainsi mal à propos me donne un « grand soufflet pour m'en corriger. » Et il assuroit sérieusement qu'on lui feroit le plus grand plaisir du monde d'en user ainsi. « Je le crois, « monsieur, lui dit M. Arnauld ; mais, à tout « hasard, je ne voudrois pas être cet ami. » L'autre histoire du jeu est plus extraordinaire. M. de Saint-Aignan, toujours plein d'inventions nouvelles, comme chacun sait, avoit inventé un nouveau jeu de cartes, auquel il jouoit un jour dans sa tente avec M. de Roquelaure (ils étoient alors tous deux capitaines de chevau-légers); il y eut difficulté pour un coup. M. de Roquelaure, qui a plus l'esprit du jeu que personne, assuroit que, par toutes les raisons du jeu, le coup devoit passer comme il disoit; M. de Saint-Aignan soutenoit le contraire, et se fondoit sur une assez bonne raison, ce lui sembloit, qui est qu'ayant fait lui-même le jeu il l'avoit fait ainsi, quand même ce seroit contre les raisons du jeu. Cependant, comme la dispute s'échauffoit, il fallut prendre des juges qui condamnèrent M. de Saint-Aignan, assurant qu'il n'avoit pas pu faire en son jeu une faute contre les règles. Il fallut en passer par là, quoiqu'il ne pût pas bien comprendre qu'il ne fût pas permis à un homme qui invente un jeu de l'assujettir aux règles qu'il lui plait. Cela donna matière de rire aux assistans, et en effet la chose le méritoit bien.

Quelques jours s'étant passés ainsi, M. le comte de Guiche eut ordre de mener une partie de ses troupes au siége d'Arras, et de laisser l'autre sur la Meuse. Nos carabins furent de ceux-ci. Vers la fin du siége, comme les convois se rendoient difficiles par l'approche de l'armée ennemie, M. du Hallier, qui depuis a été M. le maréchal de L'Hôpital, eut ordre de se mettre à la tête de nos troupes pour escorter les convois. Il n'y eut jamais, je crois, de telles fatigues que celles que nous eûmes en ce bel emploi : nous n'étions pas plus tôt revenus d'un convoi qu'il falloit repartir pour un autre. Cependant c'étoit une chose nécessaire; et sans notre petite armée la grande seroit morte de faim et la conquête d'Arras manquée. Le dernier que nous y menâmes devoit, selon toute apparence, donner lieu à une bataille : aussi tout ce qu'il y avoit de gens à la cour voulurent être de la partie; et le Roi, qui étoit alors à Amiens, ordonna que tous ces volontaires fussent commandés par M. de Cinq-Mars qui étoit alors son favori. Je ne sais si c'est à cause qu'il avoit été malade, mais, quoique beau et de bonne mine ailleurs, et extrêmement paré ce jour-là, il ne paroissoit pas à la tête de son escadron avec cette noble fierté qui sied si bien à un homme de guerre. Messieurs de Mercœur et de Beaufort, qui ne pouvoient se résoudre à lui obéir, firent l'honneur à M. Arnauld de vouloir combattre à notre tête, c'est-à-dire, au poste avancé; car en ce temps-là les carabins étoient en possession de l'avoir toujours. Nous marchâmes en bon ordre jusqu'à deux lieues du camp, ne doutant point de rencontrer les ennemis; et M. le maréchal de La Meilleraye, sur cette même opinion, en sortit avec quelque cavalerie pour venir au devant de nous. Nos coureurs crurent d'abord que c'étoit l'avant-garde ennemie. Il ne nous eut pas plus tôt joint qu'un officier dépêché par messieurs les maréchaux de Chaulnes et de Châtillon, ses collègues en ce siége, le vint avertir que les ennemis avoient attaqué les lignes. Ils avoient pris ce parti-là plutôt que de venir à notre rencontre. M. le maréchal de La Meilleraye repartit en même temps à toute bride, et nous le suivîmes avec toute la diligence qui nous fut possible. Il trouva le combat fort échauffé. On repoussa les ennemis, mais ils demeurèrent maîtres du fort de Rantzau qu'ils avoient pris. Nous arrivâmes dans ce temps-là dans les lignes; nous croyions camper au camp de César, qui est un ancien retranchement qui porte ce nom, et nous avions grand besoin de repos, nos chevaux étant sur les dents. Cependant on nous commanda pour soutenir les troupes destinées à reprendre ce fort de Rantzau. Nous fûmes long-temps exposés au canon des ennemis; et pour nous rafraîchir après la reprise de ce fort, on nous y envoya passer la nuit. Si nous eussions su nous repaître de chair humaine, nous étions en lieu de faire bonne chère, car nous y trouvâmes beaucoup de morts.

Peu de jours après, la place n'espérant plus de secours, se rendit à composition. M. le comte de Guiche y entra à la tête du régiment des Gardes dont il étoit mestre de camp; et, m'ayant rencontré dans la ville sur son passage, il me fit des reproches obligeans de ce que je ne l'avois point encore vu. Je me promenai par toute cette grande ville et visitai les belles églises; et tant les bourgeois que les moines se tuoient de nous faire remarquer partout les fleurs de lis, comme autant de témoignages de ce qu'ils avoient été autrefois sujets de la France.

Etant revenu à Amiens, j'y tombai malade d'une fièvre double-tierce qui me traita d'abord assez mal. Madame de Feuquières l'ayant appris m'envoya enlever, et me fit venir à Feuquières où elle étoit depuis quelques mois. J'y passai douze ou quinze jours sans que la fièvre me quittât. Enfin, ennuyé de cette longueur et de l'incommodité qu'il me sembloit que je causois à tant de personnes obligeantes qui n'omettoient rien pour me soulager, je résolus de regagner Paris, quelque résistance qu'y pût apporter madame de Feuquières qui ne pouvoit se résoudre à me laisser partir en cet état. La fièvre me quitta dès la seconde journée, et j'arrivai à Pomponne auprès de mon père vers le commencement d'octobre.

[1641] Je reçus, peu de mois après, une nouvelle douleur bien sensible par la mort de madame de Feuquières qui étoit revenue à Paris. Depuis celle de monsieur son mari, elle n'avoit fait que languir, et elle auroit assurément quitté la vie sans aucun regret, si elle n'eût pas laissé beaucoup d'enfans qui avoient encore grand besoin d'elle. C'étoit une femme d'un mérite extraordinaire, et tout-à-fait digne du mari que Dieu lui avoit donné, si elle avoit su, comme lui, renoncer à la fausse religion dans laquelle ils étoient nés.

Je passai tout l'hiver à Paris; on y fit le mariage de M. le duc d'Enghien avec mademoiselle de Brezé, fille du maréchal de ce nom et nièce de M. le cardinal, qui fit les noces avec beaucoup de magnificence. On y représenta sur le théâtre de son palais la comédie de Mirame, dont Son Éminence elle-même avoit donné le dessein au sieur Desmarets. Elle fut jouée en présence de la Reine. J'eus ma part de ce spectacle, et m'étonnai comme beaucoup d'autres qu'on eût eu l'audace d'inviter Sa Majesté à être spectatrice d'une intrigue qui sans doute ne devoit pas lui plaire (1), et que par respect je n'expliquerai point. Mais il lui fallut souffrir cette injure, qu'on dit qu'elle s'étoit attirée par le mépris qu'elle avoit fait des recherches du cardinal. Elle en fut un peu vengée par le peu d'estime qu'on fit de cette pièce : ce dont le cardinal fut assez mortifié. On ne pouvoit alors avoir d'autre satisfaction des offenses d'un homme qui étoit maître de tout et redoutable à tout le monde, quelque indignation qu'on eût contre lui d'un pareil procédé.

Je pensai être embarrassé quelque temps après dans une assez méchante affaire. Mademoiselle Paulet, dont j'ai déjà parlé, avoit un de ses parens (l'abbé de Croizilles) prisonnier à l'officialité de Paris. On l'accusoit seulement d'avoir abusé d'une fille en lui faisant croire qu'il étoit un conseiller d'État, et de l'avoir épousée, quoiqu'il fût prêtre, par le ministère d'un valet qu'il avoit supposé être le vicaire de Linas où ce beau mariage s'étoit fait. Son affaire étoit en assez mauvais état, et on avoit sujet de craindre qu'il n'en sortît mal. Mademoiselle Paulet qui avoit du cœur en étoit dans une fort grande inquiétude; et comme M. Arnauld avoit beaucoup d'amitié pour elle, il entreprit de tirer M. de Croizilles de sa prison. La chose étoit un peu délicate; mais que ne fait-on point pour ses amis? Il prétendoit aller voir M. de Croizilles à l'officialité : celui-ci l'auroit reconduit près de la porte; M. Arnauld se seroit saisi du geôlier, et auroit fait sortir l'abbé. Je devois, avec dix carabins qui auroient attendu dans un cabaret voisin, me

(1) Il courait alors contre la reine Anne d'Autriche beaucoup de bruits injurieux; Richelieu, qui était mal avec elle, mit ou fit mettre dans cette pièce des vers qui tendaient à donner de la consistance à ces bruits.

rendre maître de la porte du cloître Notre-Dame et assurer la retraite : ce pouvoit être un assez mauvais emploi. Toutes choses étoient disposées, et nous attendions chez madame de Clermont, avec laquelle demeuroit Mademoiselle Paulet, des nouvelles de M. le comte de Guiche qu'on avoit prié de pressentir comment cette entreprise pourroit être prise par M. le cardinal de Richelieu, qu'on ne croyoit pas s'y devoir beaucoup intéresser. Cependant ce fut tout le contraire, et M. le comte de Guiche écrivit un billet à M. Arnauld par lequel il lui mandoit qu'il prît bien garde d'exécuter ce projet, et qu'il se perdroit infailliblement s'il le faisoit. Cela fit juger à toute la compagnie et à mademoiselle Paulet elle-même qu'il n'y avoit nulle apparence à persister en ce dessein : ainsi tout ce beau projet s'évanouit. Mais je n'en fus pas quitte comme les autres; j'en eus une grosse querelle avec une femme qui fut long-temps à me pardonner que je me fusse exposé sans sa permission à un péril qu'elle jugeoit plus grand qu'il n'étoit peut-être en effet.

Comme je ne tirois pas aisément de l'argent de mon père, et que je n'ai jamais pu me résoudre à subsister aux dépens du paysan et des pauvres, ainsi que beaucoup de gens du métier, je ne me trouvai pas en état de faire la campagne de 1641, et je m'en allai à Verdun à ma compagnie. M. le marquis de Feuquières d'à présent, aujourd'hui ambassadeur auprès du roi de Suède, avoit succédé au gouvernement de monsieur son père, et y étoit avec toute sa famille. Comme nous étions parens et bons amis, et que depuis l'académie où nous avions été ensemble nous n'avions guère été séparés, je passois très-doucement auprès de lui le temps que j'étois forcé de demeurer dans la garnison, et nous ne nous quittions presque point. Cela fit que je me trouvai un jour présent à une petite rencontre assez plaisante, et que je rapporterai sous le bon plaisir des dames, protestant que je n'ai jamais rien eu dans l'esprit de ce qui les y pourroit choquer. M. de Feuquières avoit envoyé quérir un bourgeois de la ville, sur les plaintes qu'on lui avoit faites qu'il maltraitoit extrêmement sa femme qui étoit assez jolie. Il lui disoit force choses pour lui faire voir le tort qu'il avoit; il y ajoutoit des menaces. Le mari se défendoit le mieux qu'il pouvoit; et comme il disoit avec emportement à M. de Feuquières que s'il savoit la méchante femme que c'étoit il ne le blâmeroit pas, un sien compère qu'il avoit amené avec lui lui dit doucement par-dessus l'épaule : « Compère, « il y a raison partout; on sait bien qu'il faut « battre une femme, mais il ne la faut pas as-

« sommer. » Cette belle maxime nous fit fort rire. On loua le compère de son bon jugement, et on renvoya le mari, à la charge d'être plus sage.

Un jour que j'étois de garde à la porte qu'on nomme *la Porte à chaussée*, il y arriva deux cavaliers qui nous donnèrent les premières nouvelles de la bataille de Sedan. Tout le monde a su ce qui s'y passa, et que M. le cardinal fut consolé de la perte que nous y fîmes quand il sut que M. le comte y avoit été tué; mais je n'ai vu personne qui sût une particularité que je vais dire, et qui peut occasioner des réflexions touchant la mort de M. le comte, de laquelle on a parlé si diversement et avec tant d'incertitude. Un de ces commis que M. des Noyers employoit en diverses sortes de commissions, et qui nous apportoit quelquefois de l'argent à Verdun pour payer notre régiment, me dit un jour : que deux ou trois mois après la perte de cette bataille M. des Noyers l'avoit envoyé querir, et lui avoit dit de se rendre au jour et à l'heure qu'il lui marqua avec une assez grande somme d'argent en or et des lettres de change pour beaucoup plus sur la montagne de Donchery, au pied d'une croix d'où l'on découvre toute la ville; qu'il en verroit sortir un homme en deuil sur un cheval noir; que cet homme le viendroit aborder, et qu'il lui donnât tout l'argent qu'il lui demanderoit. Le commis s'y fut; l'homme qu'on lui avoit désigné ne manqua pas de s'y rendre. Il lui demanda s'il n'avoit pas ordre de lui donner de l'argent : il répondit que oui, et lui demanda s'il seroit content de tant (je ne me souviens pas précisément de la somme). Le cavalier lui dit que ce n'étoit pas assez, et qu'il lui falloit encore tant. Le commis lui donna ce qu'il demandoit; ils se séparèrent, et jamais depuis il n'en a entendu parler. Cette aventure, à mon avis, peut faire penser et deviner bien des choses, et une si grande récompense ne pouvoit être que pour un service important.

Je passai toute cette année à Verdun, et il me semble que ce fut celle en laquelle M. le duc de Lorraine ayant fait son accommodement avec le Roi fut remis en possession de ses Etats. M. de Feuquières crut être obligé de lui envoyer faire ses complimens, et me choisit pour cette commission. Je trouvai ce prince à Pont-à-Mousson avec toute sa cour. La princesse de Cantecroix, sa prétendue femme (1), et la petite princesse sa fille y paroissoient avec tout l'éclat de la souveraineté. On voit peu de plus grandes beautés que celles qui brilloient en elle en ce temps-là. Je trouvai par bonheur le duc dans la meilleure humeur du monde; il me fit demeurer seul avec lui dans sa chambre où, après m'avoir interrogé sur beaucoup de choses, et m'avoir parlé fort avantageusement de feu M. de Feuquières, il me demanda si j'avois été avec lui au combat de Poligny. Je lui dis que non, mais que j'avois appris de lui toutes les belles actions de conduite et de valeur qu'y avoit faites Son Altesse. « Il est « vrai, me dit-il, que j'y fis mon devoir; mais « M. de Feuquières n'a pas su peut-être que je « ne fus forcé de me retirer que par faute de mu- « nitions, et après avoir fait tirer dans les mous- « quets jusqu'au dernier bouton d'argent de mon « justaucorps. » Je ris un peu en moi-même de cette gasconnade en un Lorrain, mais j'y applaudis pourtant comme je devois. En sortant dans son antichambre qui étoit pleine de colonels et d'autres officiers, il vit un cavalier qui s'approchoit pour lui parler; et le prévenant il lui dit : « Eh bien ! vous me venez encore deman- « der de l'argent, n'est-il pas vrai ? » Puis, se tournant vers ceux qui étoient autour de lui : « C'est une chose étrange, dit-il, je n'ai dans « mes troupes que ce seul Français que M. de « Souvrai m'a donné, et il est sans cesse à me « demander de l'argent, comme si j'en donnois « à mes troupes. N'est-il pas vrai, messieurs, « continua-t-il en parlant à ses officiers, que j'ai « bien accoutumé de vous en donner ? » Il passa ainsi, laissant ce pauvre homme dans la dernière confusion. Il ordonna au marquis de Blinville, un des plus qualifiés de sa cour, d'avoir soin de moi. C'étoit un parfaitement honnête homme : il connoissoit toute notre cour, y ayant même pris alliance. Il me mena dîner chez lui, et, en nous entretenant; il me conta une aventure de sa vie assez singulière. Au commencement du séjour qu'il fit à Bruxelles avec le duc, il devint fort amoureux de la comtesse de Cantecroix, et fut assez heureux pour n'en être pas haï. Cela dura quelque temps avec toute la satisfaction pour lui qu'on peut aisément s'imaginer; mais il fut étrangement surpris un peu après lorsque, sans lui en avoir donné aucun sujet, il la vit se refroidir pour lui. Il lui en demanda la cause plusieurs fois sans qu'elle la lui voulût dire. Enfin un jour, forcée par les instances qu'il lui en faisoit : « Je vous satisferai, « dit-elle, mais vous ne le saurez pas de moi. » Elle lui dit ensuite de venir seul chez elle le soir, et qu'il trouveroit une personne qui le conduiroit en lieu où il seroit éclairci de ce qu'il cherchoit. Il s'y rendit dans le plus grand embarras du monde, ne sachant quelle explication donner à tout ce qu'elle lui avoit dit. Il fut con-

(1) Charles III avait répudié Nicole de Lorraine pour épouser Béatrix, princesse de Cantecroix. Ce mariage fut cassé par le pape.

duit dans un cabinet qui répondoit à la ruelle du lit de cette comtesse. De là il pouvoit aisément entendre ce qu'on y disoit. Il n'y avoit pas long-temps qu'il attendoit lorsqu'il y vit venir le duc de Lorraine avec cette dame, lequel, après mille protestations d'un amant très-passionné, la pressoit extrêmement de consentir à l'épouser. Qui eût voulu être à cent lieues de là? c'étoit le marquis de Blinville. Le reste de la conversation lui dura une année : enfin elle finit, et la comtesse ayant reconduit le duc revint trouver son prisonnier qui, se jetant à ses pieds, lui demanda mille pardons de l'audace qu'il avoit eue, et ne la regarda plus après cela que comme la femme de son maître. En effet ce beau mariage s'accomplit peu de temps après. On peut voir dans l'histoire quelles en ont été les suites; mais je dirai à propos de cela une plaisanterie de M. de Lorraine qui fera voir le caractère de son esprit, et le cas qu'il faisoit de l'excommunication dont le Pape l'avoit frappé. Il ne fut pas long-temps bien avec le Roi. Il sembloit qu'il ne se fût raccommodé que pour achever de piller tout ce qui restoit de biens dans son pays. Les peuples qui ont toujours eu pour lui une affection extraordinaire et en quelque façon aveugle, malgré tous les maux qu'il leur a causés, se saignèrent encore alors pour lui en donner des marques, espérant qu'à l'avenir ils alloient se remettre de toutes leurs pertes par la paix. Mais ce duc avoit bien d'autres desseins : il ne pensoit qu'à refaire ses troupes, et il s'avisa d'un plaisant moyen pour remonter sa cavalerie. Il assembla tous ses curés, sous prétexte de délibérer des choses qui regardoient leurs églises; et, pendant qu'on les amusoit, il fit prendre tous leurs chevaux, qu'il fit ensuite distribuer dans ses régimens, disant qu'il n'étoit pas raisonnable que des prêtres allassent à cheval, et que tant de braves cavaliers fussent à pied. Il ne tarda guère après cela à en venir à une nouvelle rupture avec nous. Il battit M. du Hallier à Lifou, et lui prit tout son bagage. On trouva dans ses coffres une croix du Saint-Esprit qu'on apporta à M. de Lorraine, qui, la prenant par le cordon bleu, et la montrant aux soldats : « Eh bien, « mes compagnons, leur dit-il, on dit que nous « sommes excommuniés; voyez, voilà le Saint-« Esprit qui se range de notre parti. » C'est assez parler de M. de Lorraine.

Pendant le séjour que je fis à Verdun, nous ne fûmes pas toujours inutiles; il ne se passoit guère de semaine que nous ne vissions les ennemis : mais comme ce n'étoient que des rencontres de partis de garnison à garnison, je ne grossirai pas ces Mémoires de ces petits combats, dont il y en eut pourtant d'assez beaux. J'eus bien une autre affaire en ces temps-là avec un conseiller du parlement de Metz qui, s'étant rencontré à Verdun en un temps où, par l'absence de M. de Feuquières et du lieutenant de roi, je me trouvois commandant dans la place, voulut entreprendre de marcher devant moi à la procession du jour de l'Assomption qu'on fait tous les ans par ordre du Roi. Il s'imaginoit, quoique seul, devoir représenter tout le parlement. J'étois d'une opinion différente; et en effet, quand il voulut sortir de l'église devant moi, je le mis derrière un peu rudement. Il fit de grands procès-verbaux contre moi, et il ne me menaçoit pas moins que de me faire couper le cou. Je ne m'en mis pas beaucoup en peine; en effet, il ne m'a point fait de mal.

Vers l'automne de 1642 on donna un corps de troupes à M. Arnauld avec lesquelles il eut ordre de bloquer La Motte, la meilleure place qui restât à M. de Lorraine, et dont la garnison incommodoit fort par ses courses toutes les provinces voisines. Il m'écrivit à Verdun, me proposant fort honnêtement de venir servir auprès de lui en une occasion où il avoit besoin de personnes de confiance. Je le fus trouver aussitôt; et comme j'avois appris que mon père avoit vendu sa terre d'Andilly, ce qui étoit le plus grand tort qu'il pût me faire, je priai M. Arnauld de lui représenter mes intérêts : à quoi il reçut pour réponse qu'il me dédommageroit d'ailleurs. Sur cette parole, qu'il ne m'a pourtant pas tenue, je fus le trouver à Paris; il me confirma les mêmes promesses, et m'obligea de ratifier le contrat auquel mon consentement étoit nécessaire. Il me donna cent pistoles, et je n'en ai jamais eu davantage. Avec cela je me rendis auprès de M. Arnauld, qui assembloit ses troupes dans le Bassigny. Peu de temps après il prit ses quartiers à l'entour de La Motte, et la bloqua si bien tout l'hiver qu'on ne fut plus incommodé des courses de sa garnison, et qu'elle-même le fut beaucoup. Ce ne fut pas sans d'extrêmes fatigues de notre part. Nous étions presque continuellement à cheval, par les neiges et un froid extrême; mais il est vrai que ces peines étoient adoucies par la bonne compagnie que nous trouvions en ce pays-là à la campagne et à Chaumont, y ayant alors de fort jolies femmes.

Madame la marquise d'Eseau, sœur du marquis de Nangis, étoit une des plus considérables; elle avoit avec elle une de ses parentes religieuse, mais qui n'en portoit guère l'habit, n'en ayant qu'une espèce de coiffure, et une petite guimpe fort claire et fort courte; elle eût été bien fâchée que cette guimpe eût caché sa gorge, qui étoit fort blanche et fort bien faite. On me faisoit un peu la guerre au sujet de cette dame, mais, je puis le dire, fort injustement ; car, quoique je la trouvasse belle, qu'elle le fût en effet, et que je ne fusse pas alors fort scrupuleux, il est vrai pourtant que je n'ai jamais été assez abandonné pour n'avoir point d'horreur des sacriléges. Ainsi je n'avois pour elle que du respect, et plus peut-être qu'elle n'en auroit souhaité ; car elle se croyoit si peu religieuse, qu'elle pensoit dès lors à se faire absoudre de ses vœux : et en effet elle se maria depuis. J'aurois été bien plus sensible aux manières douces et enjouées de mademoiselle de Créange, que nous voyions souvent à Chaumont avec madame la comtesse de Créange sa mère, fille de M. d'Andelot, de l'illustre maison de Coligny. C'étoit une femme encore bien faite et de bonne humeur, quoiqu'elle ne fût plus dans une grande jeunesse, et qui pouvoit se vanter d'avoir les plus belles mains du monde. Elle se vantoit d'une autre chose moins agréable assurément : c'étoit de n'avoir jamais couché avec son mari qu'il ne fût ivre. Sa fille n'avoit pas tant de beauté qu'elle, mais elle étoit jeune et plus agréable. Cependant toute la bonne intelligence qui fut entre nous aboutit à me faire son ennemi, et elle mon ennemie (au moins c'étoit ainsi que nous nous appellions) ; mais cette inimitié ne m'empêcha pas, quelques années après, de me réjouir de son mariage avec le comte de Lignon, et de m'affliger de sa mort, que lui causa sa première couche.

Parmi beaucoup d'officiers et de jolies femmes, il étoit difficile qu'il n'y eût un peu de galanterie. On fit des vers, on érigea des ordres de chevalerie bons ou mauvais ; mais quelque dame de notre cabale, pour s'en moquer, en fit un assez joli, quoiqu'elle le traitât elle-même de ridicule, en le nommant l'ordre des *Allumettes*. On en portoit une d'argent attachée à un ruban jaune et gris-de-lin, avec ce vers :

Nous ne brûlons que pour brûler les autres.

[1643] Sur la fin de l'hiver, M. Arnauld me dépêcha à la cour pour divers besoins de ses troupes. Je fus obligé de laisser mes chevaux à Troyes ; et, pendant qu'on m'en cherchoit, j'eus le loisir de m'éclaircir de ce que j'avois ouï dire de la grande aversion de ce peuple pour les jésuites. C'est, je crois, la seule ville en France où ces pères aient voulu s'établir sans le pouvoir faire. Il n'y a sorte d'extrémités qu'elle n'ait soufferte pour s'en garantir, jusqu'à être accablée de quartiers d'hiver et de taxes, par le ressentiment de M. des Noyers, secrétaire d'Etat, qui, étant leur ami et leur protecteur, tenta toutes sortes de voies pour les y faire recevoir. Il les y établit même une fois par une lettre de cachet, et ils se vinrent planter dans une maison qu'ils avoient achetée secrètement. Mais la ville ayant député à la cour pour faire ses remontrances là-dessus, les députés s'adressèrent à M. le cardinal de Richelieu. Le père Joseph, capucin, étoit présent : il n'aimoit pas les jésuites ; et, en badinant avec sa corde, il disoit tout bas entre ses dents, en sorte qu'un de ces députés le pût entendre : « Ne sauriez-vous vous en défaire ? » Ce fut assez dit : le député ne poursuivit point la réponse ; mais étant de retour à Troyes, et ayant fait son rapport, messieurs de la ville firent prendre un bâton d'exempt à un inconnu, qui s'en alla à la maison des bons pères, et comme en ayant l'ordre du Roi ; il les fit monter dans un carrosse qu'il leur avoit amené, et les conduisit hors de la ville, où ils ne sont point rentrés depuis. Le tour étoit un peu délicat ; mais sur l'assurance du père Joseph, qui pouvoit tout auprès de M. le cardinal, ils ne craignirent point de se commettre, et la chose leur réussit. Ce père étoit un homme hardi et peu scrupuleux : témoin la réponse qu'il fit à un officier qui étant venu prendre ses ordres pour quelque entreprise en Allemagne, ayant pris congé de lui, se souvint qu'il avoit oublié de lui demander quelque chose. Étant donc revenu sur ses pas, il le trouva disant la messe. Il s'approcha et lui dit tout bas : « Mais, mon père, si ces gens-là se défendent ? » « —Qu'on tue tout, » lui répondit le père ; et il poursuivit sa messe sans s'en embarrasser autrement.

J'eus bien à souffrir en ce voyage à la cour des longueurs et des rigueurs de M. des Noyers, qui, bien qu'ami de mon père, exerça fort ma patience. J'avois beau le presser de m'expédier, à peine m'écoutoit-il, tant il étoit accablé de monde lorsqu'il donnoit ses audiences. Enfin je me résolus de tenter de le prendre à une heure extraordinaire à Saint-Germain. Ce fut au sortir de la messe, qu'il entendoit de grand matin tous les jours. Je le suivis, sans qu'il m'aperçût, jusque dans sa chambre. Je pensois bien avoir tout gagné ; mais dès que je me fus fait voir à lui, il me dit seulement : « Ce n'est pas l'heure, ce n'est pas l'heure. » J'eus beau lui dire qu'il y avoit quinze jours que j'avois cherché toutes les heures inutilement, et qu'enfin s'il lui plaisoit de m'écouter il le pourroit faire sans conséquence, puisqu'il n'y avoit encore personne à la porte : il ne me répondit jamais que la même chose. Cependant, voyant bien que je n'étois pas content, il me dit cette petite flatterie pour m'adoucir :

« Vous êtes savant aussi bien que vaillant ; sou-
« venez-vous de ce vers de Virgile :

> . . . . . . *Molles aditus et tempora nosce.*

Je lui dis que c'étoit ce que j'avois cru faire en le prenant à cette heure. Enfin il fallut sortir sans rien obtenir pour lors ; mais sur le midi il me fit rappeler et m'expédia.

Nous achevâmes l'hiver comme nous l'avions commencé, allant de quartier en quartier visiter tous les postes que nous occupions. En l'un d'eux je vis une chose qui paroîtroit presque incroyable, et qui m'a bien persuadé de la force et de l'agilité des Irlandais. Nous en avions deux régimens dans nos troupes, un commandé par Duval, et l'autre par Fischwilain. Ce colonel étoit un jour avec M. Arnauld devant un château dont celui-ci avoit fait réparer une brèche avec des poutres plantées en terre comme des pieux, et qui se joignant faisoient une espèce de muraille presque droite, de plus de vingt pieds de haut, qui se terminoit à une fraise, le derrière étant plein de terre. M. Arnauld lui dit : « Eh bien, monsieur le colonel, croyez-vous que « les ennemis nous prennent par là ? — Cela est « fort bien réparé, monsieur, lui répondit-il ; « mais, avec tout cela, j'ai cent soldats dans mon « régiment qui vont monter sur cette brèche « comme s'ils avoient des échelles. — Ah ! lui dit « en riant M. Arnauld, je donne une pistole à « tous ceux qui y monteront. — Non, non, mon- « sieur, reprit le colonel, ne vous engagez pas à « cela ; donnez-en seulement une au premier que « je nommerai. » Et en même temps ayant appelé un de ses soldats qui se trouva là, il lui dit : « Eh bien, mon compagnon, ne monterois-tu pas « bien à cette fraise ? — Il faut voir, monsieur, « lui répondit-il en son langage. » En même temps, quittant son épée et sa bandoulière, il prit sa course, et s'étant élancé et donnant du pied contre la brèche, nous fûmes tout étonnés de le voir en un instant attaché à la fraise. Il eut la récompense qu'on lui avoit promise ; et il eût pu la partager avec dix autres auxquels nous vîmes faire la même chose. Ce colonel nous assura qu'il avoit eu un laquais, de sa nation, qui l'avoit suivi à pied de Châlons à Paris. Il couroit la poste, et ce laquais lui tenoit toujours l'étrier quand il changeoit de cheval.

Au mois de mai suivant le Roi mourut, et fit voir, avec l'étonnement de tout le monde, autant de fermeté dans sa mort qu'il avoit montré de foiblesse pendant sa vie. Toute la face de la cour fut changée. La Reine, qui avoit toujours été sans crédit, devint toute puissante. Chacun s'empressoit auprès d'elle, ou pour conserver ses emplois, ou pour en obtenir de nouveaux. Elle témoigna d'abord de la reconnoissance pour ceux qui l'avoient servie pendant ses disgrâces. Elle fit M. l'évêque de Beauvais son premier ministre ; mais le peu de capacité qu'elle y reconnut lui fit bientôt changer ce choix en faveur de M. le cardinal Mazarin, qu'elle crut plus capable qu'aucun autre de la soulager du poids des affaires. Il sut ensuite, avec son esprit adroit et insinuant, ménager si bien celui de la Reine, qu'il l'engagea dès lors à lui donner cette puissante protection qu'elle lui continua toujours depuis, même dans les temps les plus difficiles, et qui a vérifié ce qu'elle dit un jour en regardant un portrait de M. le cardinal de Richelieu à Ruel, se tournant vers ceux qui étoient auprès d'elle. « Si cet homme, leur dit-elle, avoit « vécu jusqu'à cette heure, il auroit été plus « puissant que jamais. » Faisant bien voir que, malgré les grands démêlés qui avoient été entre eux, elle auroit préféré à ses ressentimens le bien de l'État, en continuant de se servir des conseils de ce grand génie. Mon père, qui avoit toujours eu un attachement fort particulier pour elle, reçut alors de Sa Majesté beaucoup de marques de confiance, et donna quelque petite jalousie à des gens qui avoient plus d'ambition que lui ; mais il borna toutes ses demandes à celle de la liberté de M. l'abbé de Saint-Cyran, qui étoit depuis si long-temps au bois de Vincennes. Il l'obtint de la bonté de la Reine, et fut beaucoup plus sensible à cette grâce qu'à celle d'une pension qu'elle lui donna de son propre mouvement. Il ne jouit pas long-temps de la joie d'avoir délivré son illustre ami, car ce grand personnage mourut d'apoplexie l'année suivante.

Le commencement du nouveau règne se fit estimer par des actions de clémence et de justice. La Bastille, qui avoit été remplie de prisonniers sous Louis XIII, en fut vidée sous le Roi son fils. Parmi tous ceux qui en sortirent, on remarqua particulièrement la différence des humeurs des maréchaux de Vitry et de Bassompierre ; car le premier ne perdit pas un moment à sortir dès que la porte lui fut ouverte : il ne capitula point, et s'en alla sans marchander à sa terre de Châteauvillain où on l'envoyoit ; au lieu que l'autre s'en fit beaucoup prier, voulant avant toutes choses qu'on le rétablît dans sa charge de colonel-général des Suisses. A la fin pourtant, à la prière de ses amis, il entendit raison, et se retira pour quelque temps où on l'avoit relégué. Il disoit que tout le changement qu'il avoit trouvé dans le monde depuis douze ans de prison qu'il n'y avoit vu, c'étoit que les hommes n'avoient plus de barbe, et les chevaux plus de queue. Mais on remarquoit en lui bien un autre changement ; car cet homme si galant autrefois, et qui avoit passé pour la merveille de la vieille cour, paroissoit alors comme un Allemand, tant son air et ses manières avoient changé depuis qu'il ne l'avoit plus pratiquée. Ce qui fait bien voir que l'air de la cour est quelque chose qui ne se conserve que là, et qu'on a beau être bien fait et avoir de l'esprit, si on n'a pas ce je ne sais quoi qui ne s'acquiert que par l'usage et encore par un continuel usage, on ne réussira point à y être regardé comme de mise.

Dans ce changement de gouvernement, M. Arnauld me renvoya à la cour avec des lettres pour la Reine et pour les nouveaux ministres. En arrivant à Châlons, j'appris à la poste qu'il venoit d'y passer un courrier de M. le duc d'Enghien, portant la nouvelle de la fameuse victoire de Rocroi, qui fut comme le premier degré par lequel cet excellent prince monta au comble de la gloire où l'ont placé depuis tant d'actions extraordinaires. Cette bataille est assez marquée dans nos histoires pour qu'il ne soit pas nécessaire d'en parler ici. Mais je dirai en passant l'action remarquable qu'y fit le baron de Sirot, gentilhomme bourguignon que feu M. de Feuquières avoit tiré du service d'Allemagne pour le rendre à son prince naturel. Il commandoit le corps de réserve ; et comme l'aile droite des ennemis avoit enfoncé et mis en désordre notre aile gauche, pendant que M. le prince poussoit de son côté tout ce qui étoit devant lui, un officier major croyant la bataille perdue vint porter l'ordre au baron de Sirot de se retirer avec son gros ; mais lui, qu'une longue expérience avoit rendu plus clairvoyant dans les combats, lui répondit sans s'étonner : « Je vois « bien, monsieur, que vous ne savez pas com-« ment on gagne des batailles ; pour moi, je veux « gagner celle-ci. » Et marchant en même temps contre les ennemis à demi rompus de la charge qu'ils nous avoient faite, non-seulement il les arrêta, mais il les fit fuir à leur tour, et donna le loisir à M. le prince de rallier nos troupes étonnées, de les ramener au combat, et de se frayer le chemin à une des plus entières victoires qui se soit peut-être vue de nos jours. Cet officier, qui y eut une si bonne part, se vantoit d'une chose fort singulière et fort glorieuse : de s'être trouvé dans trois batailles rangées, d'y avoir combattu main à main contre trois rois, savoir les rois de Pologne, de Suède et de Danemarck, et d'avoir remporté des marques de les avoir vus de si près, leur ayant enlevé, à l'un son bonnet, à l'autre son écharpe, et à l'autre un de ses pistolets.

Je trouvai la cour dans la joie qu'on peut s'imaginer après une si bonne nouvelle. La Reine reçut avec beaucoup de bonté ce que j'étois chargé de lui dire de la part de M. Arnauld, et me renvoya à M. Le Tellier, qui avoit été mis en la place de M. des Noyers, pour me donner les ordres nécessaires à la continuation de notre blocus. J'avoue que je fus agréablement surpris de trouver en ce nouveau ministre autant d'honnêteté et de douceur que j'avois éprouvé en son prédécesseur de rudesse et d'austérité. Il ne me fit point languir après mes expéditions, et au bout de quinze jours je fus de retour auprès de M. Arnauld, avec le plaisir de lui apporter satisfaction sur toutes les choses qu'il avoit demandées.

Il fut rendre une visite de devoir et de bienséance à M. le maréchal de Vitry, qui étoit dans son voisinage à Châteauvillain ; je l'y accompagnai, et nous fûmes bien étonnés que personne ne voulût nous loger dans cette petite ville, M. le maréchal l'ayant défendu, parce qu'il vouloit recevoir chez lui tous ceux qui le venoient visiter : par un esprit bien différent de celui de beaucoup de gens d'aujourd'hui, qui ont fait venir la mode d'envoyer à l'hôtellerie tous les équipages de leurs amis, quelques-uns par vanité, pensant faire par là les grands seigneurs, mais beaucoup plus par une véritable avarice déguisée sous le nom de liberté.

La saison commençant à s'avancer, M. Arnauld rapprocha ses quartiers à la portée du canon de La Motte, pour la serrer de plus près ; quelques jours après nous devions commencer à faire le dégât de la plus belle moisson du monde, à l'entour et sur la montagne où elle étoit située. Mais M. Arnauld reçut ordre de mener les troupes qu'il commandoit à M. le prince, qui avoit assiégé Thionville. Ce lui fut un grand chagrin de se voir ainsi enlever le fruit de ses travaux et la récompense qu'il eût eu raison d'espérer, s'il eût réduit à l'obéissance du Roi une place si importante ; ce qu'il auroit fait infailliblement ; mais enfin il fallut obéir. Nous trouvâmes M. le prince bien avancé dans son siége ; et, comme notre renfort lui venoit fort à propos, nous en fûmes fort bien reçus. J'eus la curiosité de vouloir faire le tour des lignes en dehors, pour voir s'il y auroit bien de la différence de celles que nous y avions faites quatre ans auparavant. Je n'y en trouvai presque point en ce qui étoit du côté de la place ; mais, au-delà de la rivière, M. le prince avoit étendu ses quartiers bien plus loin que nous : aussi avoit-il beaucoup plus de troupes.

En achevant de visiter ces postes, deux cavaliers me soupçonnant peut-être de quelque mauvais dessein, m'arrêtèrent sans aucune résistance de ma part, me voulant mener, disoient-ils, à M. le prince. Je leur dis qu'ils ne lui feroient rien voir de nouveau, et que j'avois déjà eu l'honneur de le saluer, étant officier dans les troupes que lui avoit amenées M. Arnauld. Je marchois si tranquillement en m'entretenant avec eux, qu'ils virent bien qu'ils s'étoient mépris; ils me quittèrent avec des excuses que je reçus comme je devois, puisqu'en effet ils n'avoient fait que leur devoir. Nous fûmes quatre ou cinq jours dans le camp, pendant lesquels M. Arnauld ayant reçu un appel du chevalier de Bourlemont, pour quelque logement qu'il avoit fait sur les terres du marquis de Cy son frère, ils se battirent avec des seconds; M. Arnauld y fut blessé à la main, et ils furent ensuite séparés. On ne le pansa qu'avec la poudre de sympathie qui commençoit à être en vogue cette année, et il en fut guéri en fort peu de temps. Je le trouvai au lit en revenant de la promenade dont je viens de parler; et, quelque touché que je fusse de son mal, je ne pus m'empêcher de me plaindre à lui avec beaucoup d'émotion de ce qu'il ne m'avoit pas fait l'honneur de se servir de moi en cette rencontre. Il m'en fit des excuses avec beaucoup de bonté, et me dit enfin qu'il n'auroit jamais osé revoir mon père, s'il m'avoit employé en une occasion de cette nature. J'avois bien de la peine à me payer de cette raison, et je ne laissois pas d'avoir un dépit secret qui m'empêcha de dormir toute la nuit. Dieu se servit de ce moyen pour me faire penser à moi, et je me dis enfin en moi-même : « Ne suis-je pas bien malheureux, et dans une « étrange condition, qu'il faille être ainsi affligé « de n'avoir pas commis un crime! » Cette pensée, qui arrêta tout mon esprit, modéra le chagrin où j'étois; et je fis dès lors des souhaits, si je n'en pris pas encore la résolution, de quitter une profession où l'on étoit toujours dans des dispositions si contraires à son salut.

Grâce à la piété du Roi et à sa fermeté inébranlable pour abolir l'usage des duels, ceux qui prennent les armes pour son service ne doivent plus être tourmentés de ces scrupules. Rien ne les peut plus empêcher d'embrasser la plus honorable des professions, qui assure le repos de l'Etat et fait régner le prince avec gloire. Je revins à Pomponne dans ces pensées. M. Arnauld m'y laissa avec mon père; pour lui, il s'en alla à la cour bien assuré d'avoir de l'emploi, et m'ayant promis de demander pour moi un brevet d'aide de camp pour servir avec lui. Il fut quelques jours sans me donner de ses nouvelles : enfin je sus qu'il n'avoit pu obtenir pour moi une grâce dont je ne me croyois pas tout-à-fait indigne. Dieu le permit sans doute pour m'humilier, et pour achever de me dégoûter de la vie que j'avois menée jusqu'alors. Enfin je pris ma résolution, je la dis à mon père qui en fut ravi de joie, cela s'accordant aux sentimens de piété qu'il a toujours eus, et à la destination qu'il avoit faite de moi dans mes jeunes années comme par un esprit prophétique, quoique j'y eusse alors si mal répondu. M. Arnauld fut surpris de mon changement et en fut affligé; il me représenta tout ce qu'on peut s'imaginer pour m'en dissuader; mais enfin, m'y voyant ferme, il me dit que j'avois raison. Son propre malheur, qui depuis tant d'années de service le tenoit encore fort éloigné des récompenses qu'il méritoit, le convainquoit assez du peu de fonds qu'on devoit faire sur tant de vaines espérances; et enfin il cessa de s'opposer à une résolution qu'il se seroit estimé heureux de pouvoir prendre lui-même.

SECONDE PARTIE.

Un changement de profession, principalement de l'épée à l'Eglise, ne se fait pas si aisément qu'on n'ait besoin de quelque séparation pour y accoutumer le monde et pour s'y accoutumer soi-même. Je passai le reste de cette année 1643 et presque toute la suivante à Pomponne dans une assez grande retraite; mais j'y goûtois un repos que je n'avois pas encore connu, et je crois que j'aurois continué à en jouir si mon père m'eût tenu ce qu'il m'avoit promis. Il avoit pris la résolution de se retirer tout-à-fait du monde dans la solitude de Port-Royal : et comme il n'avoit plus lieu de faire de la dépense, il m'avoit laissé de quoi subsister honnêtement; mais cela ne dura qu'une année. Son humeur plus que libérale ne le quitta point dans le désert. Il eut besoin de tout ce qu'il avoit quitté pour la satisfaire, et ce fut à moi à me réduire. Ce n'auroit pas été sans beaucoup de peine sans la favorable occasion qui se présenta de suivre M. l'abbé de Saint-Nicolas, mon oncle, dans son voyage d'Italie. Il étoit retiré depuis deux ans en son abbaye d'Angers, et je l'y étois allé voir au mois d'août de l'année 1645. Il sortoit d'une assez longue maladie. Nous y passions une vie fort douce, sans penser que nous la dussions quitter sitôt; mais, sur la fin de l'automne, il reçut une lettre de M. de Lyonne, son ami très-particulier, qui lui mandoit de venir à Paris, et que M. le cardinal Mazarin l'avoit choisi pour aller à Rome prendre le soin des affaires de France, n'y ayant point alors d'ambassadeur. L'emploi étoit beau et honorable; cependant M. de Saint-Nicolas avoit de la peine à l'accepter, et il fallut que sa famille l'y déterminât. Ce lui étoit un grand honneur qu'on le vînt chercher dans sa retraite pour lui donner une commission importante que beaucoup de gens auroient briguée; mais on peut dire aussi qu'il en étoit digne, personne n'ayant jamais eu un esprit plus propre aux négociations que le sien, ayant joint à une fort grande patience et un secret impénétrable une parfaite connoissance de l'histoire et des généalogies des princes qui sont comme les sources de leurs intérêts. Il fit bien voir un jour à quel point il possédoit cette science. Il étoit à l'hôtel de Rambouillet où le bonhomme comte de Brienne arriva, encore tout fatigué de la longue application qu'il avoit apportée, disoit-il, à rechercher tous les degrés de parenté qui se trouvoient entre M. de Longueville et mademoiselle de Bourbon dont on faisoit alors le mariage. Il venoit de dépêcher un courrier à Rome pour les dispenses; et s'étant mis à faire l'énumération de toutes ces parentés, M. de Saint-Nicolas remarqua aussitôt qu'il en oublioit une : il le lui dit doucement. M. de Brienne voulut un peu contester; mais enfin, ayant fait venir les livres de messieurs de Sainte-Marthe, il passa condamnation, et il n'eut d'autre parti à prendre que celui de renvoyer promptement après son courrier, et de faire une nouvelle dépêche.

Nous partîmes d'Angers au mois d'octobre, et de Paris seulement le 17 de décembre. La commission de M. de Saint-Nicolas étoit de passer chez plusieurs princes d'Italie, et de là de se rendre à Rome, pour ménager auprès du pape Innocent X, depuis peu élevé au pontificat, les intérêts des Barberins, dont le Roi avoit pris la protection contre les persécutions de ce Pape. On les accusoit de beaucoup de choses qu'il étoit fort difficile de prouver; mais le plus grand de leurs crimes étoit d'avoir amassé beaucoup de biens sous le long pontificat de leur oncle Urbain VIII : ce qui avoit excité l'envie et l'avidité insatiable de dona Olympia, belle-sœur du Pape et toute puissante sur son esprit. Le cardinal Antoine, qui paroissoit être le plus en butte, s'étoit déjà sauvé en France, et toute la prudence et la sagesse du cardinal François Barberin ne le purent si bien assurer qu'il ne fût contraint quelque temps après de fuir avec toute sa famille le même péril et de chercher le même asyle.

Nous arrivâmes à Lyon le 28 de décembre 1645, et descendîmes sur le Rhône jusqu'à Avignon, d'où nous nous rendîmes à Aix. Toute la prévoyante précaution de M. l'abbé de Saint-Nicolas ne le put garantir de l'indiscrète civilité de M. l'archevêque d'Aix, frère de M. le cardinal Mazarin. Nous étions exprès arrrivés de nuit, et étions allés descendre à une maison où on n'avoit pas accoutumé de loger, M. de Saint-Nicolas, qui ne se portoit pas trop bien, désirant d'avoir au moins la nuit pour se reposer. Mais cet archevêque, qui avoit eu avis qu'il devoit arriver, avoit mis tant d'espions en campagne qu'enfin il découvrit notre logis; et lui-même, à dix heures du soir, vint éveiller M. de Saint-Nicolas qui étoit couché; et quelques prières qu'il lui pût faire de le laisser là pour cette nuit, il fallut qu'il se relevât et qu'il allât coucher à l'archevêché. A qui aura connu le naturel chaud et turbulent de cet homme, cela ne paroîtra pas fort étrange; cependant on peut dire qu'il y a bien peu de différence entre une véritable incivilité et une civilité si à contre-temps. Nous passâmes deux jours à Aix, pendant lesquels nous fûmes priés avec lui à un grand dîner qu'on lui donnoit. Nous ne fûmes pas peu surpris d'y voir au milieu de l'hiver toutes les fleurs du printemps, et tous les fruits de l'été et de l'automne.

Nous allâmes nous embarquer à Marseille sur la galère de Boyer Bandol, qui alloit prendre à Menton, petit port de l'Etat de Monaco, un corps de galère neuf qu'on y avoit bâti pour le Roi.

Nous nous arrêtâmes quelques jours à Toulon par le mauvais temps, et nous y fûmes régalés par le chevalier Paul dans sa bastide, qui étoit fort propre et fort agréable. Ç'a été un homme célèbre, qui d'une naissance fort médiocre (1) s'est élevé par son mérite et par ses services jusqu'à être fait chevalier de grâce à Malte, et à devenir un des plus considérables chefs de l'armée navale du Roi. Je lui ai ouï dire qu'ayant été une fois attaqué par deux vaisseaux turcs chacun plus fort que le sien, après un combat fort opiniâtre où il avoit perdu presque tout son monde, ne pouvant plus empêcher les ennemis de se jeter sur son bord, il se retira sous son premier pont qu'il fît sauter avec tous les Turcs qui se croyoient maîtres de son vaisseau; et que, s'étant ainsi dégagé, il se sauva dans le port de Gênes, sans mâts et sans voiles, à demi brûlé, avec l'étonnement de tous ceux qui le virent arriver en cet équipage. Action aussi grande et aussi belle qu'il s'en lise dans l'antiquité.

Étant arrivés aux îles de Sainte-Marguerite, nous apprîmes que le cardinal Barberin étoit à Cannes avec le prince préfet son frère dom Thadée : ce qui obligea M. de Saint-Nicolas de les y aller trouver la nuit. Il apprit d'eux de quelle manière ils avoient été contraints de se sauver,

(1) Ce célèbre marin, né dans un bateau, d'une lavandière, en 1597, mourut vice-amiral en 1667.

et beaucoup de choses qu'il étoit important qu'il sût dans la négociation qu'il alloit faire pour leurs intérêts.

Le lendemain nous arrivâmes à Monaco, où le prince, qui depuis quelques années s'étoit donné à la France après s'être délivré l'épée à la main de l'esclavage des Espagnols, nous logea magnifiquement en son palais qui est fort beau. Je ne fus de ma vie couché si délicieusement, dans des draps aussi lisses que du satin, et tout parfumés de jasmin et de fleurs d'orange.

Nous en partîmes le 25 de janvier, jour de la conversion de saint Paul, que les mariniers disent être une forte étoile, et avec beaucoup de raison, à ce qui nous parut ; car ayant fait quelques milles dans une felouque fort bien armée, par un vent frais mais assez bon, il se renforça tellement sur le midi, que jusqu'au soir nous fûmes toujours en danger de faire naufrage. Nous eussions bien pu relâcher à la côte ; mais M. de Saint-Nicolas ne le vouloit pas, de peur qu'étant près de Final, place des Espagnols, on ne lui dressât quelque embuscade. Enfin, après avoir bien lutté contre la tempête, il fallut pourtant prendre le parti de relâcher à La Pria, petite place de la république de Gênes, à trois ou quatre milles de Final, résolus d'y attendre la galère de Gênes qui y vient toutes les semaines. Mais, par un effet ordinaire de l'inconstance de la mer, à peine fûmes-nous au rivage que le vent cessa, et qu'elle fut calme. La lune se leva dans le même temps : ce qui nous fit résoudre d'aller terre à terre jusqu'auprès de Final où nous prîmes le large ; et sans aucune mauvaise rencontre nous arrivâmes à Noli en sûreté, ravis de nous voir à terre, après nous être vus en état de ne la revoir jamais.

Le lendemain, par le plus beau calme du monde, nous nous rendîmes à Gênes. Il ne se peut rien voir de plus agréable et de plus magnifique tout ensemble que l'aspect de cette superbe ville, quand on arrive dans son port. Les plus belles décorations de théâtre n'approchent point de cet amphithéâtre naturel qui s'élève le long de la montagne en demi-cercle, qu'on voit couvert comme par degrés de palais ou d'églises de marbre, et d'une infinité de maisons d'une très-belle architecture, ou véritable, ou feinte par d'excellens peintres dans toutes les règles de la perspective.

Nous passâmes trois jours en cette ville, régalés par le marquis Giustiniani, partisan de France, et par beaucoup d'autres gentilshommes de la république. Nous y laissâmes le père Serroni, jacobin qui devoit y prêcher le carême, et qui avoit pris l'occasion de passer avec nous.

Il avoit été compagnon de l'archevêque d'Aix lorsqu'il étoit encore religieux, et ne s'en étoit point séparé depuis qu'il avoit été élevé à l'épiscopat. Son esprit vif et pénétrant lui fit comprendre dès lors l'avantage qu'il pourroit espérer en s'attachant au service de la France, et l'événement a bien fait voir qu'il avoit assez bien pris ses mesures, puisqu'ayant été fait premièrement évêque d'Orange, puis de Mende, il est aujourd'hui archevêque d'Albi et un des plus accommodés prélats du royaume.

Nous étions tellement rebutés de la mer que nous résolûmes de prendre le chemin des montagnes, très-difficile et très-incommode en cette saison, surtout à cause des neiges. Nous passâmes la montagne de Sainte-Croix qui est très-fâcheuse, et traversâmes plusieurs fois la rivière du Taro, non sans danger, parce que cette rivière est une espèce de torrent où je pensai me noyer. Enfin nous arrivâmes à Fornoue, lieu célèbre par la victoire d'un de nos rois (1). Nous y trouvâmes un carrosse du duc de Parme, qui avoit été instruit de notre arrivée. Nous fûmes conduits premièrement à Parme, puis à Plaisance où étoit le duc, avec lequel M. de Saint-Nicolas avoit à négocier. Nous le vîmes passer en traîneau avec le marquis Gaufredy son favori, que tout le monde jugeoit assez indigne de sa faveur, et qui en convainquit enfin son maître, puisque quelque temps après ce prince la condamna au dernier supplice. Pendant notre séjour à Plaisance, nous eûmes le divertissement d'une fête que le duc donna aux dames. A moins d'aimer extrêmement la musique, c'étoit une chose assez ennuyeuse. Toutes les femmes y étoient assises comme au sermon ; chacune y apportoit son petit coffret sous le bras, les unes d'ébène, les autres de cèdre ou de quelque autre bois fort propre. J'aurois eu peine à deviner ce que cela vouloit dire, si enfin les leur voyant mettre sous leurs pieds je n'eusse compris que c'étoit des chauffoirs pour se garantir du froid qui étoit alors fort grand. On étoit là dans un grand silence, occupé à écouter toutes sortes de musiciens et d'instrumens, qui auroient assurément donné plus de plaisir à l'assemblée si l'honnête liberté des hommes avec les femmes y eût mêlé quelque conversation.

Après avoir passé trois ou quatre jours en cette cour, nous prîmes le chemin de Modène. Nous trouvâmes aussi à Reggio un carrosse du duc de Modène. Si nous avions été bien reçus dans les autres cours, nous le fûmes encore mieux en celle-ci, d'autant plus que M. de Saint-Nicolas portoit au cardinal d'Est le brevet du Roi pour la

(1) Charles VIII.

protection de France à Rome. C'étoit un prince d'un fort grand mérite et bien digne du nom *della casa d'Este*, si célébrée par tout ce qu'il y a eu de plus beaux esprits en Italie. Le duc son frère ne lui cédoit en rien ; et quoiqu'il fût encore alors dans les intérêts d'Espagne, par son procédé honnête avec nous il témoignoit déjà assez son inclination pour la France. Il s'en présenta même une occasion quelques jours après. On célébroit une fête pour le jour de la naissance de la duchesse. Le prince voulut qu'on donnât le bal à la française. Ce ne fut pourtant pas de telle façon qu'on n'y retint beaucoup des cérémonies d'Italie. En effet, toutes les femmes étoient séparées des hommes : elles étoient assises sur une estrade qui faisoit un demi-cercle au bout de la salle. La duchesse étoit au fond, et toutes les dames à droite et à gauche le long des murailles. Les hommes étoient confusément dans la salle, laissant un grand espace vide au milieu. Un maître des cérémonies alloit quérir celui ou celle qu'on vouloit prendre pour danser. M. l'abbé de Saint-Nicolas fut invité à voir la compagnie, et on le plaça pour cela dans une chambre dont, la porte étant ouverte, on voyoit fort commodément tout ce qui se passoit dans la salle. Je ne fus de ma vie plus surpris que je le fus lorsque, le bal étant commencé, je vis venir à moi le maître des cérémonies me prier de danser de la part de la marquise Calcagnini, dont le mari étoit favori du duc. Il ne me sembloit pas qu'étant en habit noir tout uni, avec des cheveux courts en abbé, je dusse craindre qu'on me prît pour avoir part à cette fête. Cependant de refuser cette dame ç'auroit été lui faire affront, en l'accusant tout au moins de peu de jugement dans son choix. Ainsi, après un moment de délibération dont on ne s'aperçut point toutefois, je suivis le maître des cérémonies, et me revis sans y penser dans un exercice que je croyois avoir quitté pour toute ma vie. Il est vrai qu'à proprement parler on ne dansoit pas, mais plutôt on marchoit en cadence, sans même quitter le manteau : ce qui étoit la mode du pays. Au reste, il ne se faut pas étonner qu'ils le gardent en dansant, puisqu'ils l'ont même en courant la bague : c'est ce que nous vîmes le lendemain et qui me parut assez ridicule. Ils ont une autre cérémonie, un peu étrange à mon avis pour des gens qu'on accuse d'être jaloux : c'est qu'on ôte ses gants en dansant, et qu'on tient nue la main de celle qu'on mène. Je reçus beaucoup de compliments sur ma belle danse. Il me sembloit que je ne les méritois guère ; mais, parmi de méchans danseurs, un médiocre pouvoit passer.

M. l'abbé de Saint-Nicolas eut diverses conférences avec le duc ; et on peut croire qu'il jeta dès lors les fondemens de l'engagement que ce prince contracta avec nous, et qui éclata quelques années après. Nous fûmes privés de la satisfaction de voir l'illustre Fulvio Testi, si célèbre par ses beaux vers et encore plus par son malheur. Il avoit possédé long-temps la plus haute faveur de son maître, mais il étoit alors prisonnier dans la citadelle de Modène. Il n'en sortit quelques mois après que pour finir ses jours par une mort tragique. On l'accusoit d'avoir révélé les secrets du prince aux Espagnols, auxquels, contre son devoir, il se trouva trop attaché. Ce que nous vîmes de plus curieux à Modène, où il y a de beaux tableaux et d'autres choses rares, fut le fameux seau qui causa la sanglante guerre entre les Modénois et les Bolonais, et que le Tassoni a immortalisée dans son agréable poëme de *la Secchia rapita*. Cette glorieuse conquête est conservée dans la tour du dôme ou de la grande église de Modène, au même lieu où l'on garde les saintes reliques ; elle est pendue au haut de la voûte, et elle y est en si grande considération que celui qui la reçoit en garde donne caution de sept mille écus.

De Modène nous passâmes à Bologne. On y voit dans l'église de Saint-Dominique le tombeau du roi Entius de Sardaigne, fils de l'empereur Frédéric II. Ce prince, étant venu au secours des Modénois dans cette guerre de la Secchia, fut fait prisonnier par ceux de Bologne, qui ne le voulurent jamais rendre ; mais, si l'on en croit la tradition, lui-même consentit à cette prison pour ne vouloir point sortir de celle d'une belle Bolonaise dont il étoit devenu passionnément amoureux, et qui donna depuis le nom à la célèbre maison des Bentivoglio ; car, comme ce prince ne parloit qu'allemand, l'amour lui apprit bientôt ces trois mots dont il se servoit pour exprimer sa passion à sa maîtresse, en lui disant continuellement : *Ben ti voglio*.

De Bologne nous fûmes à Florence ; mais, n'y ayant pas trouvé le grand-duc, nous le fûmes chercher à Livourne dans des carrosses de Son Altesse, avec un gentilhomme nommé Dragomanni, qu'il avoit laissé à Florence pour nous recevoir. M. de Saint-Nicolas fut fort bien reçu de ce prince, et demeura deux jours auprès de lui. Nous prîmes ensuite la route de Rome.

Nous nous arrêtâmes un jour à Pise, république autrefois célèbre, et particulièrement par son port ; mais qui, par la vicissitude des choses du monde, a perdu son port et sa liberté, la mer s'étant retirée à plusieurs milles de la ville, et la ville elle-même s'étant vue assujettie par le grand Côme de

Médicis. Il y reste encore de grands et beaux bâtimens qui rendent témoignage de son ancienne gloire ; mais tout cela paroît si abandonné et si peu peuplé, qu'on ne le peut voir sans compassion. Pendant que M. de Saint-Nicolas s'occupoit à faire ses dépêches à la cour le jour qu'il demeura à Pise, j'allai à Lucques. C'est une ville bien fortifiée, et qui, par un assez grand bonheur, s'est maintenue jusqu'ici, quoique cette petite république soit bien plus foible qu'aucune des trois qui composent l'État du grand-duc, et qu'elle ne fût pas moins à sa bienséance. La place est fortifiée régulièrement de onze bastions avec un bon fossé sec, au milieu duquel passe un ruisseau d'environ dix pieds de large. Il y a dans l'arsenal de quoi armer quarante mille hommes. La république est gouvernée par un gonfalonnier et neuf anciens que l'on élit tous les deux mois. Il y a outre cela le grand conseil de la république, dans lequel réside toute l'autorité. Ces messieurs demeurent dans le palais dans une espèce de dortoir, et n'en peuvent sortir plus de trois à la fois, et encore après avoir demandé permission aux autres. La république peut avoir cent cinquante mille écus de rentes. Il y a quatre sortes de noblesse : les gonfalonniers sont tirés seulement de la première, les anciens de la seconde, le reste du conseil de la troisième, et la quatrième est des nouveaux nobles ; mais, selon les services qu'ils rendent, ceux d'une noblesse peuvent monter à celle d'au-dessus. Quand les gonfalonniers et les anciens sont hors de charge, ils demeurent simples citoyens comme auparavant. Il y a des tours dans la campagne, tout à l'entour de la place ; elles servent à donner le signal quand il y a quelque soupçon, et alors tous les habitans du pays sont obligés de se rendre à la ville. Ils peuvent faire environ vingt mille hommes. Le peuple ne paie quoi que ce soit. Il peut y avoir dans la ville vingt-huit mille ames.

De Pise nous passâmes à Sienne ; c'est la dernière des trois républiques dont j'ai parlé, et qui composent l'État du grand-duc. On s'y souviendra toujours du fameux siége qu'y soutint le célèbre Blaise de Montluc, maréchal de France.

Enfin nous arrivâmes à Rome le dix-septième du mois de mars. Il n'y eut pas moyen de s'exempter d'aller descendre au palais du cardinal d'Est, qui avoit ordonné à un gentilhomme de sa maison, nommé le comte de Calcagni, d'aller au-devant de nous, et de nous loger et défrayer jusqu'à ce que M. de Saint-Nicolas eût pris un palais. Ce comte seconda parfaitement bien les généreuses intentions de son maître. Il étoit très-assidu auprès de M. de Saint-Nicolas, l'accompagnant partout dans ses visites, et, aux heures qu'il étoit retiré, nous ménageant des plaisirs de Rome ceux qu'on trouve chez les peintres, les musiciens et les chanteuses, qui en font une des plus saines parties. Il en étoit fort charmé lui-même, et ne nous entretenoit presque d'autre chose. Quoiqu'il portât l'habit long, ses habits de dessous (ce qui est fort ordinaire à Rome) étoient d'écarlate. Il portoit un collet de buffle galonné d'or : nous ne l'aurions jamais pris pour autre que pour un cavalier fort mondain. Il étoit prêtre toutefois ; et j'avoue que je ne fus jamais plus surpris que quand, étant allés tous ensemble à Saint-Louis le jour de Pâques pour faire nos dévotions, je le vis sortir de la sacristie, revêtu d'une chasuble, et le calice à la main pour aller dire la messe. J'ai reconnu depuis que ces sortes de choses étoient assez ordinaires à Rome ; et l'on peut juger par là du véritable respect que l'on y a pour la religion.

Nous employâmes les premiers jours que nous y fûmes à voir la ville et ce qu'il y avoit de plus curieux. La maison du Jésus, qui est un collége de jésuites, est une des plus dignes d'être vues ; elle est bâtie sur une petite place où l'on remarque qu'en tout temps il y a du vent : ce qui la rend extrêmement fraîche en été. Sur quoi M. de Saint-Nicolas nous disoit un jour que, dans son premier voyage d'Italie, s'étant trouvé à la promenade avec le commandeur de Sillery, alors ambassadeur de France, et avec l'ambassadeur de Venise, comme ils furent en cette place du Jésus, le commandeur de Sillery dit : « C'est une chose étrange qu'on trouve tou-
« jours du vent ici. — N'en savez-vous pas la
« raison, reprit l'ambassadeur de Venise ? —
« Non, répliqua le commandeur, et vous nous
« ferez plaisir de nous l'apprendre. — Je le veux,
« répliqua plaisamment le Vénitien. Sachez donc,
« monsieur, que, selon une ancienne tradition,
« le diable et le vent se promenoient un jour
« ensemble par Rome, et qu'étant enfin arrivés
« devant cette maison des jésuites, le diable
« dit au vent : Attends-moi ici, j'ai un mot à
« dire là-dedans. Il y entra et n'en est point sorti ;
« et le vent l'attend toujours à la porte. » Cette historiette étoit digne d'un Vénitien, avant que les bons pères eussent profité des besoins pressans de la république pour être rétablis à Venise moyennant des sommes considérables.

Nous trouvâmes à Rome le parti de France fort abattu, le palais tout-à-fait contraire, peu de partisans déclarés, point d'ambassadeur depuis fort long-temps. Le dernier qui l'avoit été étoit le maréchal d'Estrées : mais il y avoit perdu une partie de la réputation qu'il avoit acquise dans sa première ambassade, ayant souffert en cette dernière (sans en avoir eu aucune satisfaction) un insigne affront, sur la fin du pontificat du pape Urbain. On avoit mis à prix la tête du sieur de Rouvroi son écuyer, et à ce qu'on disoit son parent; et des bandits l'avoient assassiné à Frascati, au travers d'une palissade de jardin. Ces scélérats lui ayant coupé la tête, elle fut exposée publiquement au bout du pont Saint-Ange, avec cette inscription : *C'est la tête de l'écuyer de l'ambassadeur de France.* La patience que l'ambassadeur eut en cette occasion rappela, dans la mémoire de plusieurs, les actions de vigueur si différentes de beaucoup de nos ambassadeurs précédens. On se souvenoit encore de celle du marquis de Pisani, père de feu madame la marquise de Rambouillet. Celui-ci, sans s'arrêter aux prières ni aux menaces de Sixte V, ce pape si terrible, crut ne pouvoir s'abstenir de se trouver à la cérémonie de la canonisation de saint Didace, Espagnol. Le roi d'Espagne en faisoit les frais : ce qui avoit obligé son ambassadeur (afin d'y avoir les honneurs) de supplier Sa Sainteté de faire en sorte que l'ambassadeur de France ne s'y trouvât point. Le Pape en ayant fait parler au marquis de Pisani, il répondit qu'il ne pouvoit se dispenser d'y aller, la dignité de son maître exigeant qu'il tînt son rang en une action si éclatante. Sa Sainteté, irritée de son refus, ayant dit en colère qu'elle l'empêcheroit bien d'y venir, et ayant même disposé des gardes sur les ponts Sixte et Saint-Ange pour s'opposer à son passage, le marquis de Pisani choisit, parmi tous les Français qui étoient à Rome, vingt-cinq ou trente gentilshommes hardis et déterminés, résolu de se mettre à leur tête, d'entrer dans Saint-Pierre à quelque prix que ce fût, et d'y prendre sa place au-dessus de l'ambassadeur d'Espagne. Mais il n'en fut pas en la peine; car le Pape, ayant été averti de cette terrible résolution, prit le parti le plus sage. En effet l'ambassadeur d'Espagne ne parut pas à la cérémonie, et le nôtre y fut à son ordinaire avec un nombreux cortège.

Sous le pontificat de Clément VIII, quelques Français qui étoient à Rome, et dont le comte des Chapelles (qui depuis fut le cardinal de Sourdis) étoit le chef, firent une action encore plus hardie; car ayant vu l'église de Saint-Jacques des Espagnols, le jour de la fête, tendue d'une fort belle tapisserie qui représentoit la vie de Charles-Quint, et sur une des pièces de laquelle étoit représentée la prise de François Ier à la bataille de Pavie, ne pouvant souffrir une chose qui leur sembloit une insulte à la nation, ils arrachèrent cette pièce du lieu où elle étoit, et la furent brûler au même temps au milieu de la place Navonne. L'ambassadeur d'Espagne s'en plaignit au Saint-Père; mais ce sage Pape lui répondit : « Pourquoi renouvelez-vous la « mémoire d'une histoire comme celle-là? » Et il n'en fut autre chose.

On pourroit citer beaucoup d'autres exemples semblables, mais je ne veux plus alléguer que celui du commandeur de Sillery, frère de M. le chancelier; parce qu'ayant l'honneur de lui appartenir à titre de parenté, j'y dois prendre plus d'intérêt qu'aux autres, et que j'ai appris cette histoire de M. d'Angers qui en a été témoin oculaire. Elle arriva en l'année 1624, sous le pape Grégoire XV. Le commandeur, qui étoit ambassadeur de France auprès de lui, avoit envoyé demander audience à la duchesse de Fiano, belle-sœur du Pape; et on la lui avoit accordée sur le soir, parce que ce que l'ambassadeur d'Espagne, qui l'avoit aussi envoyé demander le premier, devoit avoir la sienne de bonne heure après dîné. On supposoit, et avec raison, que sa visite seroit faite bien auparavant l'heure qu'on avoit marquée au commandeur. Cependant, comme ces messieurs les Espagnols croient devoir faire toutes choses avec gravité, l'ambassadeur d'Espagne alla si tard chez cette princesse, qu'il y étoit encore quand le commandeur de Sillery y arriva, précisément à l'heure qu'on lui avoit donnée. On lui dit que l'ambassadeur d'Espagne étoit avec madame la duchesse de Fiano : il répondit qu'il n'importoit pas, et qu'il n'y monteroit pas moins. Il demanda son épée à son écuyer, et dit à Luzarche, son maître de chambre, de prendre garde à bien placer son fauteuil où il devoit être, et du reste qu'on le laissât faire, qu'il s'en démêleroit bien. Cependant les gens de la duchesse de Fiano lui étant allé dire que l'ambassadeur de France montoit, cette princesse, voyant bien qu'il pourroit arriver du vacarme, pria celui d'Espagne de se retirer, et de considérer que c'étoit lui qui avoit causé cet embarras par le retardement de sa visite. Il sortit tout bouffi de colère de ce qu'il lui falloit céder la place; mais il n'en fit pas moins les cérémonies ordinaires qui se passent entre les ambassadeurs quand ils se rencontrent dans la salle.

Revenons à l'état de nos affaires à Rome quand nous y arrivâmes. Le seul cardinal Grimaldi en prenoit le soin, et on peut dire qu'il les soutenoit avec une fermeté admirable. Nous avions bien un autre cardinal français, savoir le cardinal de Valençay; mais il n'étoit raccommodé que depuis fort peu de temps avec la cour, à laquelle il s'étoit mis mal, parce qu'il s'étoit fait cardinal sans sa participation. On peut bien dire qu'il s'étoit fait lui-même cardinal : et il le fit d'une manière assez adroite qu'on sera peut-être bien aise de savoir. Dans la guerre que le pape Urbain avoit eue avec le duc de Parme pour la principauté de Castro, le bailli de Valençay, qui avoit eu un commandement considérable dans les armées de l'Église, y avoit servi utilement Sa Sainteté. Il en méritoit récompense; et le Pape, qui se piquoit d'être généreux, ne vouloit pas qu'on lui pût reprocher d'avoir manqué à lui en donner des marques. On lui en proposa plusieurs qu'il refusa toutes : on lui voulut donner de l'argent, on le tenta par des présens; il demeura ferme dans ses refus, étant trop payé, disoit-il, des services qu'il avoit été assez heureux de rendre à la sainte Église par les bonnes grâces du Pape, dont il ne prétendoit rien de plus. Cela donnoit du chagrin à Sa Sainteté, qui ayant enfin dit un jour en présence de quelques-uns de ses confidens: « Mais que ferons-nous donc enfin du bailli de « Valençay ? Faut-il que nous demeurions ingrats « envers lui ? » Un de ceux qui l'écoutoient, peut-être instruit de ce qu'il devoit dire : « Votre Sain-« teté est bien embarrassée, lui dit-il; qu'elle le « fasse cardinal. —Vraiment vous avez raison, » répondit le Pape. Et la chose s'exécuta ainsi. Ce nouveau cardinal revint quelque temps après en France; mais le Roi, qui n'étoit pas content de sa conduite, envoya M. de... lui défendre de venir à la cour et lui ordonner de sortir en vingt-quatre heures de Paris, et dans huit jours de ses États. Ce seigneur, par méprise ou autrement, fit une transposition un peu ridicule de ces huit jours et de ces vingt-quatre heures; ce qui donna occasion à ce mot piquant du cardinal, et fort conforme à son génie qui n'épargnoit personne : qu'il ne pouvoit pas douter que Sa Majesté ne voulût qu'il s'en retournât en diligence, puisqu'il lui avoit envoyé pour cela le meilleur cheval de son royaume.

D'abord que M. de Saint-Nicolas fut arrivé, il fut voir le cardinal Grimaldi, et ensuite le cardinal de Valençay; et ils résolurent entre eux qu'il ne témoigneroit aucun empressement de voir le Pape.

Les choses étoient en cet état quand M. le cardinal d'Est revint de Modène avec un train conforme à un prince de la maison d'Est, et de plus protecteur de la France. Les Espagnols virent avec beaucoup de chagrin ôter les armes d'Espagne de dessus la porte de son palais, pour mettre celles de France en leur place; et croyant qu'il y alloit de l'honneur de leur Roi et de l'Empereur que ce prince avoit autrefois servi dans la guerre, ils résolurent de lui donner avec éclat des marques de leur ressentiment. L'occasion s'en présenta tout à propos, par l'arrivée de l'amirante de Castille, qui sortoit de la vice-royauté de Naples. Il fut résolu entre les ministres espagnols qu'il ne visiteroit point le cardinal d'Est, et même qu'il ne feroit point arrêter son carrosse devant lui s'il le rencontroit par les rues : ce qui est un affront insigne en ce pays-là. Le cardinal en étant averti résolut de son côté de se faire rendre ce qui lui étoit dû. L'honneur de la France se trouvoit aussi intéressé en ce sien; de sorte qu'on vit tout ce qu'il y avoit de Français dans Rome se rendre auprès de cette Eminence, et en peu de temps tout le monde prendre parti dans cette fameuse querelle. Les Espagnols firent venir des soldats du royaume de Naples. Le cardinal en fit venir de Modène; et il se trouva que ces deux partis étoient plus puissans dans Rome que le Pape même, qui, comme dans une espèce de léthargie, regardoit tout cela sans y prendre part, parce qu'il espéroit peut-être que notre parti, comme le plus foible, pourroit être accablé par le nombre. Mais il en alla autrement; car, après force allées et venues de quelques médiateurs officieux qui ne produisirent rien, le cardinal d'Est résolut enfin d'aller chercher l'amirante, et de l'obliger de s'arrêter devant lui en quelque manière que ce fût. C'est pourquoi, ayant été averti par ses espions qu'il étoit parti de son palais pour aller faire quelques visites, il monta dans son carrosse avec les cardinaux Grimaldi et de Valençay, et l'abbé de Saint-Nicolas. Ce qu'il y avoit de Français un peu considérables le suivoient dans d'autres carrosses; et tout cela étoit précédé et suivi de deux ou trois cents estafiers en deuil : car le cardinal le portoit alors. C'étoit plutôt autant de soldats armés de mousquetons et de pistolets sous leurs manteaux. On menoit un cheval de main du cardinal de Valençay derrière le carrosse : ce qui faisoit bien parler les Romains, qui sont en possession, comme chacun sait, de raisonner sur toutes choses. On avoit quelques gens devant à la découverte. Nous marchâmes ainsi en bon ordre droit à la rencontre de l'amirante; mais il ne nous donna pas la peine de le défaire, ses gens s'étant défaits eux-mêmes. Sur l'avis qu'ils eurent que nous étions proches, une si grande terreur les saisit que, jetant leurs armes dans les rues et par les soupiraux des caves, ils s'enfuirent honteusement, abandonnant les ministres espagnols, qui ne délibérèrent pas à regagner leur logis un peu plus vite qu'il ne convenoit à la gravité de la nation. Pour nous, nous fîmes notre tour fort paisiblement, avec les applaudissemens qu'on donne aux vainqueurs. On ne parloit d'autre chose dans Rome que de la fermeté du cardinal d'Est et de la foiblesse de l'amirante; et il y eut des Italiens qui dirent à des Espagnols, les accusant de s'être commis mal à propos : *Non sapete voi ch'i Francesi vanno a la morte come s'havessero da resuscitare l'altro giorno* (1)? Cependant le grand bruit de cet incident réveilla le Pape, malgré qu'il en eût. Le marquis del Buffalo, capitaine de ses cuirassiers, fit des propositions d'accommodement de la part de Sa Sainteté. Enfin la chose fut ajustée par les soins du prince Gallicano, et les conditions furent : que le Pape accommoderoit lui-même les parties, que l'amirante déclareroit n'avoir jamais eu intention de faire injure au cardinal d'Est; qu'ensuite il l'iroit visiter, lui envoyant demander audience selon la coutume; que le cardinal lui rendroit sa visite, et que dans les devoirs de civilité on observeroit ce qui a coutume de les accompagner. La chose fut ainsi exécutée, et il faisoit beau voir assurément la manière dont se fit cette première visite. L'amirante monta l'escalier au milieu d'une double haie de ces estafiers dont j'ai parlé, que l'on appeloit les *bandes noires*. Il fut conduit ensuite, par quatre ou cinq salles ou chambres pleines de monde, à l'appartement du cardinal d'Est. L'entrevue se fit avec des visages bien différens, le cardinal y faisant éclater une certaine sérénité accompagnée d'honnêteté et de modestie, l'amirante ayant une mine triste et abattue qui en vérité faisoit pitié.

M. de Saint-Nicolas fut quelques mois sans aller à l'audience du Pape, qui paroissoit toujours fort contraire à ce que nous souhaitions de lui. On eut même un avis que Sa Sainteté, continuant dans son aversion pour les Barberins, avoit résolu de se saisir du palais du cardinal Antoine aux Quatre-Fontaines : ce qui fit résoudre que les ministres de France iroient s'y loger; et en effet le cardinal Grimaldi, l'abbé de Saint-Nicolas et le bonhomme M. Gueffier, résident perpétuel, s'y établirent : ce qui rompit les mesures des conseillers du Pape.

Enfin notre armée navale paroissant dans les mers d'Italie, ayant pris Piombino et s'étant attachée au siège d'Orbitello, Sa Sainteté parut un peu plus traitable; et M. de Saint-Nicolas commença à trouver moins de difficultés dans la négociation qu'il avoit entamée avec elle, quelques jours auparavant, par l'entremise des ambassadeurs de Venise.

Quelque temps après il fut résolu qu'il se ren-

(1) « Ne savez-vous pas que les Français vont à la mort comme s'ils devaient ressusciter le lendemain? »

droit auprès du prince Thomas, qui avoit levé le siége devant Orbitello; c'étoit dans les plus grandes chaleurs de l'été, que les Italiens croient mortelles à ceux qui sortent de Rome pour y revenir dans cette saison. Nous allâmes, ne marchant que de nuit, jusqu'à Valentana dans l'état de Castro. Nous y trouvâmes un frère du cardinal Grimaldi malade, et revenant de ce malheureux siége; nous y apprîmes que le prince Thomas s'étoit rembarqué. Le duc de Brezé, qui comme amiral commandoit notre armée navale, fut emporté d'un coup de canon sur son bord pendant cette expédition. C'étoit un jeune homme de grande espérance et d'un grand mérite : il avoit toutes les bonnes qualités du maréchal de Brezé son père, sans en avoir les défauts. Sa mort fut alors regardée comme une grande perte; mais ce fut peut-être un coup de la Providence qui veilloit au salut de l'État : car, étant beau-frère de M. le prince, il auroit pu faire beaucoup de mal s'il avoit suivi son parti dans la guerre civile, comme il y a toute apparence qu'il l'auroit fait.

Nous retournâmes donc à Rome avec un peu de mortification de ce qui réjouissoit les Espagnols et le palais. Mais nous ne fûmes pas longtemps dans ce chagrin. Les maréchaux de La Meilleraye et du Plessis ayant été renvoyés avec l'armée navale pour former quelque nouvelle entreprise, ils descendirent en l'île d'Elbe, et firent le siége de Porto-Longone. Le maréchal de La Meilleraye voulut lui-même reconnoître la place : et, comme il étoit fort tourmenté de la goutte, il se fit mettre sur un bidet pour faire le tour de la place; mais ne pouvant ainsi approcher assez près à son gré à cause des rochers, il mit pied à terre; et, oubliant l'état ou il étoit, il se traîna au commencement, et enfin s'en revint marchant fort bien : tant la passion pour les choses que nous poursuivons a de force, et se rend maîtresse des plus grands obstacles.

Comme il étoit nécessaire de ménager l'esprit du grand-duc dans cette conjoncture, on manda à M. de Saint-Nicolas de se rendre auprès de lui, mais de n'y arriver que quand l'armée seroit devant Porto-Longone. Il prit congé du Pape, sous prétexte de quelque incommodité qui l'obligeoit d'aller chercher du soulagement aux bains de Saint-Cachan, sur les frontières des états de Florence. Nous nous arrêtâmes à Radicofani, et fûmes onze jours à y observer les vents, qui étoient toujours contraires à notre flotte. Radicofani est une montagne fort haute sur les confins des États du grand-duc, qui a une forteresse avec un assez gros bourg. Un peu plus bas sur le grand chemin il y a une fort belle hôtellerie, et vis-à-vis une fontaine que le grand-duc a fait bâtir pour la commodité des voyageurs, et dont il tire un assez bon revenu. On peut s'imaginer avec quel plaisir nous fûmes si longtemps en un lieu dont on pouvoit être ennuyé au bout d'un quart-d'heure. Si nous eussions été d'humeur à nous appliquer aux secrets de la nature, nous eussions pu examiner à notre aise de quelle manière se forment les brouillards que nous voyions dix fois par jour s'élever de la vallée jusqu'à nous, et ensuite se perdre en l'air en montant au-dessus de nous. D'autres gens, peut-être aussi oisifs que nous en ce beau séjour, ayant fait la même observation, avoient écrit sur une muraille de cette maison ces vers, que je trouvai assez raisonnables :

Sapete, ser Christophano,
Perche dell' alto monte
Chiamato il Radicofano
Spesso nebia fumosa arma la fronte?
La causa è manifesta:
Chi sta sù le grandezze, ha fumo in testa (1).

Le plus grand divertissement que j'y eus fut celui d'entendre un dialogue d'un voiturin avec le bonhomme Luzarche qui étoit le maître de chambre ordinaire de tous nos ambassadeurs à Rome, et qui faisoit la même fonction auprès de M. l'abbé de Saint-Nicolas. Comme il étoit assis à la porte du logis, il vit venir ce voiturin avec son âne qu'il avoit entrepris de faire boire à la fontaine : mais l'âne n'y vouloit point entendre; ce qui fit une grande contestation entre eux. Enfin Luzarche en riant demanda à cet homme s'il ne savoit pas encore qu'on ne peut faire boire un âne s'il n'a soif? *Ah! signor*, répondit-il, *bisogna ben che beva, perche se non beve qui, non bevera sin à domattina.* « Il faut bien qu'il « boive, car autrement il ne boira pas jusqu'à « demain matin. » C'est un grand malheur qu'un âne ne veuille point entendre raison; mais il y en a bien d'autres que celui-là par le monde.

Pendant notre séjour à Radicofani, nous fûmes en poste à Saint-Cachan, qui n'en est qu'à quatre ou cinq lieues, voir le prince Casimir de Pologne (2), qui de jésuite avoit été fait cardinal depuis quelque temps. Nous le trouvâmes dans un assez plaisant habit pour un jésuite et un cardinal: il étoit en justaucorps noir, avec un chapeau gris et des plumes noires. Cela nous surprit d'autant plus que nous n'avions pas encore perdu l'idée de sa robe de jésuite dans laquelle nous l'avions vu peu auparavant à Frascati, où M. de Saint-Nicolas l'étoit allé trouver le jour même qu'il fut fait cardinal, et lui avoit présenté de la part du Roi un carrosse à six chevaux pour premier meuble de son équipage. Ce fut dans ce même temps qu'il lui proposa M. Bartet pour secrétaire français; et on peut dire que par là il fut l'auteur de sa fortune. La France ne tira pas grand avantage d'avoir ce prince de son parti ; car comme il vouloit être traité d'Altesse au lieu d'Eminence, et qu'il ne le put obtenir, il prit bientôt après le chemin de Pologne, où une plus grande fortune l'attendoit.

Enfin les vents s'étant rendus favorables nous tirèrent de notre ennuyeuse montagne, et nous poussèrent à Florence, en même temps que notre flotte à Porto-Longone. Nous y demeurâmes pendant tout le siége avec beaucoup de satisfaction. On ne peut rien imaginer de plus honnête et de plus commode que la manière dont le grand-duc et les princes ses frères en usoient avec nous. Je parle des princes Matthias et Léopold ; car, pour le cardinal Jean Carle, comme il étoit général des galères d'Espagne, il n'étoit pas alors en cette cour. Ce fut un avantage pour nous ; car il étoit tout puissant sur l'esprit du duc son frère, jusque-là qu'on disoit que pour ses intérêts particuliers il lui avoit mis dans l'esprit qu'il y alloit de sa vie s'il couchoit avec madame la grand'-duchesse, dont il n'avoit qu'un fils unique qui est le grand-duc d'aujourd'hui. C'étoit une fort belle princesse, héritière du dernier duc d'Urbain, et qui aimoit notre nation. Elle avoit conservé une grande correspondance avec mademoiselle de Guise, depuis le séjour que celle-ci avoit fait à Florence; et elle étoit le plus souvent habillée à la française, selon les modes que cette princesse avoit soin de lui envoyer de Paris. Le grand-duc connoissoit son mérite et avoit beaucoup d'amour pour elle ; mais, craignant encore plus pour sa santé, il évitoit qu'on les laissât seuls, témoignant une égale foiblesse pour sa santé et pour son amour. Mais on peut dire qu'il étoit esclave de la première. Je l'ai vu se promener dans sa chambre au milieu de deux grands thermomètres sur lesquels il avoit continuellement les yeux attachés, et s'ôter, se remettre des calottes, dont il avoit toujours cinq ou six à la main, selon les degrés de froid ou de chaud que ces machines lui marquoient. C'étoit une chose assez plaisante à voir ; il n'y a point de joueur de gobelets qui soit plus adroit à les manier que ce prince l'étoit à changer ses calottes.

Cependant le siége de Porto-Longone se continuoit avec succès; et par notre bonne intelligence avec le grand-duc, nous tirions toutes

---

(1) Savez-vous pourquoi la cime de cette montagne est si souvent couverte d'un brouillard épais et fumant ? La cause en est manifeste : quiconque est placé au faîte de la grandeur a la tête remplie de fumée.

(2) Jean Casimir.

sortes de rafraîchissemens de ses États. Après que la place fut prise, M. le maréchal de La Meilleraye lui fit un présent de chevaux, auquel Son Altesse répondit avec la même libéralité.

Mon frère (1), qui étoit arrivé à Rome la veille que nous en étions partis, nous vint retrouver à Florence. Il passa quelques jours avec nous, puis il s'en retourna à Casal où il étoit intendant depuis trois ou quatre ans.

Pour nous, nous reprîmes le chemin de Rome, où toutes choses commencèrent à nous être plus favorables. Le Pape s'étoit radouci pour les Barberins, et pendant notre séjour à Florence on avoit obtenu de lui leur grâce, leur rétablissement et leur retour; ce qui s'exécuta quelques mois après. Sa Sainteté eut cette bonté pour M. de Saint-Nicolas, de témoigner de la peine de ce que son absence l'avoit empêchée de terminer avec lui cette négociation. Il l'avoit toujours fort bien traité dans les audiences qu'il lui avoit données, et quoiqu'ils ne fussent pas toujours d'accord, il prenoit plaisir de s'entretenir avec lui. Il ne lui disoit jamais rien de fâcheux; mais comme c'étoit un esprit extrêmement adroit, lorsqu'il se voyoit quelquefois pressé sur des choses qu'il n'avoit pas envie de faire, il détournoit la conversation, en lui contant quelques histoires qu'il faisoit venir à propos, et qui faisoient insensiblement passer le reste du temps de l'audience. Il lui disoit souvent qu'il ne falloit jamais rien précipiter : et ce fut à cette occasion qu'il lui apprit un jour une particularité considérable de la conduite du pape Clément VIII, au sujet de l'absolution de Henri IV. Cette particularité est sue de peu de personnes, et mérite bien pourtant d'être conservée dans l'histoire; car, comme ce Pape étoit dans une grande irrésolution de ce qu'il devoit faire dans une affaire si importante, craignant d'un côté de perdre la France, et de l'autre d'irriter les Espagnols, il eut recours à l'artifice pour découvrir les sentimens de ceux-ci. Il se servit pour cela du cardinal Tolet, qui, quoique Espagnol, n'avoit que de bonnes intentions pour la paix. Ce cardinal allant donc un jour voir la comtesse de Bénévent, ambassadrice d'Espagne, lui dit sous le dernier secret, et comme par une confidence tout extraordinaire, que le Pape étoit enfin résolu de donner l'absolution au roi de France. Il ne douta point que cette femme ne révélât le secret à son mari, et que l'ambassadeur ne dépêchât aussitôt en Espagne. Il attendit tout le temps qui lui parut être nécessaire pour le voyage du courrier et pour son retour; et enfin quand il vit qu'il n'entendoit parler de

(1) Simon Arnauld, depuis marquis de Pomponne.

rien, rassuré sur le courroux et les ressentimens des Espagnols, il fit la chose et la déclara. Action autant remplie de prudence que d'adresse, et qu'on peut donner pour un exemple à suivre dans de semblables occasions.

Nous vîmes à Rome, cette même année 1646, madame la maréchale de Guébriant, qui y arriva le 28 de juin; elle revenoit de Pologne, où elle avoit été conduire par ordre du Roi la reine de Pologne (Marie de Gonzague de Mantoue), avec la qualité d'ambassadrice : ce qui est un exemple assez rare pour une femme. Elle avoit avec elle mademoiselle de Guébriant sa nièce, fille de la Reine : c'étoit une des beautés de notre cour. Elle fut logée au palais des Quatre-Fontaines, où toutes les dames de Rome la visitèrent : et je me souviens d'une petite conversation qui se passa entre mademoiselle de Guébriant et la signora dona Portia Ursini, femme del signor Pietro Mazarini, père de M. le cardinal; conversation qui, à mon avis, ne servit pas à diminuer les chagrins de cette dame. Elle entendoit avec plaisir parler de la liberté que les femmes ont en France, et elle ne pouvoit assez s'étonner qu'elles s'en servissent si peu à certains usages dont les dames italiennes auroient bien mieux su profiter. Elle soupiroit en y pensant, se rappelant surtout d'avoir été trompée dans l'espérance qu'elle avoit eue d'y devoir un jour avoir part : car elle ne s'étoit résolue, jeune, bien faite et de grande naissance comme elle étoit, à épouser son vieux mari que dans la vue de venir en France et de tirer de grands avantages de la fortune de son beau-fils; ou du moins, si elle demeuroit à Rome, d'y être dans une grande considération par la part que son mari auroit aux affaires, dont il étoit fort capable. Cependant elle n'avoit rien de tout cela, et le signor Pietro n'y paroissoit que comme un simple gentilhomme romain; tout le monde étoit assez étonné que M. le cardinal témoignât en faire si peu de cas. M. Mancini son beau-frère et mesdames ses sœurs n'y faisoient pas une meilleure figure, toute la participation de cette grande fortune du cardinal sembloit être réservée pour ses nièces et pour ses neveux.

L'année suivante 1647 fit voir cette grande révolution de Naples, qui, ayant commencé au mois de juillet par des enfans pour des fruits, finit par la prison de M. de Guise. Je n'entreprends point d'en faire une relation particulière; il y en a eu assez d'écrites. Je dirai seulement qu'avant le commencement de ces mouvemens, quelques Napolitains, et Tonti entre autres, venoient traiter secrètement avec M. l'abbé de Saint-Nicolas, et leurs propositions alloient à démander M. le prince pour leur roi. C'eût été le plus grand avantage que la France eût pu recevoir ; et ce sera toujours une tache dans le ministère du cardinal Mazarin d'avoir négligé de rendre un si grand service à l'État, pour satisfaire la folle ambition du cardinal de Sainte-Cécile son frère, qui s'étoit mis dans la tête de vouloir être vice-roi de ce riche et agréable royaume. Ceux qui ont connu ces deux frères savent assez le pouvoir qu'avoit le cadet de faire faire ce qu'il lui plaisoit à son aîné, non pas par l'estime que celui-ci eût pour lui, mais parce que, le connoissant d'un naturel violent et emporté, il évitoit les occasions de lui faire faire quelque éclat extravagant, s'il lui eût refusé ce qu'il vouloit. C'étoit peut-être une prudence, mais le cardinal de Sainte-Cécile ne l'interprétoit qu'à foiblesse : témoin ce qu'il disoit à des officiers de l'armée de Catalogne lorsqu'il y étoit intendant. Ceux-ci se plaignant un jour du mauvais traitement des troupes, il leur dit : *Signori, fate rumore, perche mio fratello è un coglione* (1). Cet homme donc, si indigne de l'emploi qu'il prétendoit, fit obstacle à la juste récompense que la fortune sembloit offrir aux grands services de M. le prince, et fut la cause, bien qu'éloignée, des malheurs dont la France fut affligée quelques années après, par les funestes dissensions qui causèrent la guerre civile.

Avant que les choses s'échauffassent à Naples et se traitassent secrètement à Rome, M. de Guise y étoit arrivé en décembre 1646 ; il étoit encore alors si amoureux de mademoiselle de Pons, fille de la Reine, que, dans le dessein de l'épouser, il entreprit de venir lui-même solliciter la cassation de son mariage avec la comtesse de Bossu, qu'il avoit épousée en Flandre. Mais ce voyage, qui avoit commencé par l'amour, devoit se terminer par la guerre, comme on verra dans la suite. Ce prince vint loger dans le même palais du cardinal Antoine, dans lequel nous étions ; et il faut dire à son honneur qu'en peu de temps il gagna les cœurs de tout le monde par ses manières douces et obligeantes. Il témoigna beaucoup de confiance et d'amitié à M. de Saint-Nicolas, et me fit l'honneur de me considérer plus que je ne méritois. Je ne me défendrai pas d'en avoir été touché au delà de ce que je croyois le pouvoir être, dans la considération des intérêts de sa maison si opposés à ceux de M. le prince, auquel M. Arnauld et notre famille étoient particulièrement attachés ; mais c'étoit, ce me semble, une juste reconnoissance qu'on ne pouvoit refuser à son mérite et à ses honnêtetés. Cela ne m'empêcha pas toutefois de ressentir avec chagrin la maligne joie qu'il eut, et qu'il ne put assez dissimuler, quand on reçut à Rome la nouvelle de la retraite de M. le prince de devant Lérida, laquelle il ne faisoit envisager que par ce qu'il y a de fâcheux dans tout ce qui a le nom de retraite, quoiqu'on puisse dire que cette action ne fut pas moins glorieuse à M. le prince que les batailles qu'il avoit gagnées, étant plus rare de trouver de la prudence que de la valeur dans l'ame d'un jeune héros.

Il arriva en ce temps-là à Rome un certain homme nommé Maison-Blanche, qui venoit de Constantinople où il avoit été long-temps secrétaire de M. des Hayes, notre ambassadeur à la Porte. Je me suis étonné cent fois que le secret d'une ambassade eût pu être confié à un tel homme, et encore autant de ce que, dans les lettres de Voiture, il y en ait d'adressées à lui, comme si ce poète en eût fait quelque cas ; car tout ce qui nous a paru de lui a été marqué au sceau de l'extravagance et de la folie. En ses habits, qu'il ne manquoit point d'étaler en toutes les fêtes publiques, on l'eût pris pour un charlatan ou pour un arracheur de dents ; en ses passions, il étoit vain jusqu'à être ridicule. Il crut par là qu'il lui seroit beau d'être rival de M. de Guise, qui voyoit alors la Nina Barcarola, une des plus fameuses courtisanes de Rome, mais qui étoit aussi honnête qu'on le peut être en ce métier-là. Aussi ne l'exerçoit-elle que pour quelques amis particuliers, et sa maison étoit ouverte à tous les honnêtes gens, qui y alloient seulement chercher la musique, parce qu'elle chantoit admirablement. Ce galant homme entreprit donc de lui plaire, et fit mille folies pour y parvenir. La Nina s'en divertissoit avec M. de Guise, qui enfin voulut en avoir le plaisir tout entier. Il lui fit donner une assignation par cette femme, mais avec toutes les cérémonies d'une véritable bonne fortune ; elle lui marquoit les difficultés qu'elle auroit à se dérober à M. de Guise pour le satisfaire, et pour conclusion elle lui disoit de se trouver en un certain lieu, qu'elle lui enverroit une de ses femmes pour le conduire où elle l'attendroit, sans autre lumière que celle de leurs feux, pour tromper les yeux de ses argus. Le soir venu, toutes choses s'exécutent comme elles avoient été projetées. Maison-Blanche se couche auprès de sa belle ; mais à peine y étoit-il, que M. de Guise, avec la Nina fort parée, entre dans la chambre, deux pages marchant devant lui avec des flambeaux ; et, tirant les rideaux du lit, on vit le plus ridicule spectacle du monde : Maison-Blanche entre les bras d'une des plus hi-

(1) Messieurs, faites bien du bruit, vous intimiderez mon poltron de frère.

deuses vieilles qu'on eût pu choisir dans Rome, qui abonde en ces sortes de créatures. Si les ris furent grands d'un côté, la confusion le fut de l'autre autant qu'on se le peut imaginer. Enfin cet Adonis, s'étant démêlé avec peine des embrassemens de sa déesse, s'enfuit tout nu de cette maison, comme s'il eût eu le diable à ses trousses. Cet acte de comédie fut bientôt suivi d'un autre qui ne fut guère moins plaisant. Comme cette pièce fut sue de tout le monde, chacun prit la liberté de s'en divertir, entre autres un certain Gascon nommé Saint-Amant, qui avoit une antipathie mortelle contre Maison-Blanche. Celui-ci donc, enragé des railleries qu'on lui faisoit sur son aventure, résolut de décharger sa colère sur Saint-Amant, et il lui fit dire qu'il le vouloit voir l'épée à la main. Ils choisirent pour champ de bataille *la strada dè Condotti*. C'est une rue qui vient de la rue du Cours, et se termine à la place d'Espagne, n'ayant de longueur que celle d'une juste carrière. Jamais combat ne fut plus burlesque ni moins sanglant; les deux champions mirent l'épée à la main, chacun à un bout de la rue, et s'avancèrent au petit pas l'un contre l'autre avec des cris menaçans, mais qui ne produisirent autre chose que de réveiller les bourgeois, qui, sortant des boutiques avec ce que chacun trouva sous sa main, séparèrent les combattans à grands coups de gaules, et mirent fin à la bataille avant qu'elle eût été commencée. Ce conte, qui est pourtant véritable, pourra servir à délasser l'esprit, qu'une lecture toujours sérieuse pourroit à la fin fatiguer.

Mais revenons à l'histoire; et avant de rentrer dans la suite de celle de Naples dont nous avions à parler, rapportons un trait assez curieux de celle du dernier siècle, que j'ai appris à Rome de M. de Guise même. Comme il ne se lit, que je sache, en aucun de nos historiens, il y a assez d'apparence que c'est une de ces traditions qui se conservent dans les familles. Ce fut en une promenade où M. de Guise m'avoit fait l'honneur de vouloir que je l'accompagnasse, que, la conversation s'étant tournée sur les extrêmes résolutions qu'on est obligé de prendre en certaines rencontres inopinées, il me conta que monsieur son grand-père Henri de Lorraine, ce grand et infortuné duc de Guise, étant un jour au bal chez la Reine, et dansant avec une dame de la cour avec laquelle il n'étoit pas mal, elle lui dit sans qu'on s'en aperçût : « Vraiment, il « vous fait beau voir vous amuser ici à danser « pendant qu'on vous enlève Meaux. » Il sut d'elle en peu de paroles l'entreprise qu'on faisoit contre lui; et, sans faire semblant de rien, il commanda à son écuyer d'aller à l'hôtel de Guise, et de l'attendre avec un cheval turc capable de faire une grande diligence. Il acheva le bal comme si de rien n'eût été; et, après s'être mis au lit et avoir congédié tout le monde, il se rhabilla aussitôt, et, sortant par un escalier dérobé, il se rendit à la petite porte de l'hôtel de Guise, où son écuyer l'attendoit. Il partit avec lui seul, et fit une telle diligence qu'il arriva à Meaux à porte ouvrante. Il pousse d'abord dans la barrière ; et ne voyant plus de ses gens au corps-de-garde, il demanda audacieusement où étoient tels ou tels officiers, et commanda qu'on les lui amène. Il s'élève un murmure confus parmi ces soldats : le bourgeois, entendant dire que M. de Guise étoit arrivé, le suit en foule jusqu'à la grande place, où s'étant arrêté il harangue le peuple. Il fait mettre les armes bas à ceux qui les avoient prises contre lui ; il rétablit ceux de son parti qu'on avoit emprisonnés; et enfin il parla et il menaça avec tant de fierté, qu'il jeta l'épouvante dans tous les esprits : et après avoir remis toutes choses au premier état, avec la même diligence qu'il avoit faite il se trouva le même jour au dîner du Roi, comme s'il n'eût bougé de Paris. On ne verra peut-être en aucune histoire ni une résolution plus hardie, ni une exécution plus heureuse, ni une audace plus achevée.

M. le marquis de Fontenay-Mareuil fut, dans cette même année 1647, renvoyé à Rome pour la seconde fois en qualité d'ambassadeur extraordinaire, et y arriva au mois de mai. M. l'abbé de Saint-Nicolas n'auroit pas pu en souhaiter un autre, quand on lui en auroit donné le choix, puisque, outre la parenté assez proche qui étoit entre eux, il étoit son ami de longue main. Leur intelligence parut la plus grande du monde au commencement. M. de Saint-Nicolas ne lui céla rien de tout ce qu'il avoit négocié jusqu'alors. Cependant comme M. de Fontenay vit que ceux qui avoient accoutumé de traiter avec lui continuoient de s'y adresser, et que du côté de la cour M. de Saint-Nicolas avoit ordre d'entretenir les mêmes commerces, il en conçut une si furieuse jalousie qu'il s'éloigna peu à peu de lui, et vint ensuite à lui rendre tous les mauvais offices qu'il lui fut possible ; à quoi pourtant il ne réussit pas, la conduite de M. de Saint-Nicolas ayant toujours été approuvée.

Cependant les Napolitains, qui, après la mort de Mazaniello, le premier chef de la révolte, avoient donné le commandement à Gennaro-Annèse, qui n'étoit qu'un simple armurier, prévoyant bien que leur parti ne pourroit pas subsister s'ils n'avoient quelque puissant appui, renouveloient sans cesse leurs instances auprès du

Roi pour qu'il les prît en sa protection et qu'il donnât un chef à leur nouvelle république. Enfin, voyant qu'on ne se déterminoit point à la cour, et trouvant sur les lieux M. de Guise, qui d'ailleurs ne manqua pas de s'aider, ils le demandèrent avec empressement : et on le leur accorda.

La conjoncture des affaires ne demandoit pas de retardement. Ce prince, que son ambition pressoit encore davantage, fut bientôt prêt à partir avec quelques gentilshommes de sa maison, du nombre desquels étoit M. le chevalier de Forbin, et avec quelques autres Français qui furent bien aises d'aller chercher fortune avec lui.

Parmi ceux-ci étoit M. de Cérisantes (1), homme d'esprit et de belles-lettres, qui, n'étant fils que d'un médecin de Saumur, s'étoit élevé jusqu'à être résident auprès de la reine Christine de Suède. Il est vrai qu'il se piquoit de grande noblesse, et que, portant le nom de Duncan, il se faisoit descendre d'une illustre maison d'Ecosse. Soit que cela fût vrai ou qu'il ne le fût pas, il étoit aussi audacieux que s'il eût été ce qu'il se disoit être; et il le fut au point qu'étant résident de Suède en France, il fit appeler M. de Candale sur quelque différend qu'il eut avec lui. Cette affaire et quelques autres aussi mauvaises l'ayant depuis mis en état de ne savoir plus où donner de la tête, il étoit venu à Rome comme par une espèce de désespoir ; et cette occasion de Naples étant fort bonne pour un homme ruiné, et qui de plus avoit une ambition démesurée avec une fort bonne opinion de lui-même, il offrit son service à M. de Guise, qui n'en refusoit de personne.

Celui qui le gouvernoit alors, et qui avoit tout pouvoir sur sa maison, étoit le baron de Modène (2), homme de mérite assurément, s'il n'eût point corrompu par ses débauches les belles qualités de son esprit. Il faisoit d'aussi beaux vers qu'homme de France, et il me montra un jour quelque chose d'une ode où il faisoit voir la différence de l'ancienne Rome avec la moderne. Cette ode méritoit bien, selon moi, l'estime publique ; on en jugera par cette stance qui m'est demeurée imprimée dans la mémoire :

> Rome n'a plus cette beauté
> Qui charma César et Pompée,
> Et qui leur fit tirer l'épée
> Pour captiver sa liberté :
> Elle n'a plus cette fortune
> Qu'elle avoit au temps que Neptune
> A son Tibre faisoit la cour,

(1) Marc Duncan de Cérisantes.
(2) Esprit de Raymond de Mormoiron, depuis comte de Modène.

> Et que cette reine féconde,
> En mettant mille enfans au jour,
> Donnoit mille maîtres au monde.

Cet homme eut les premiers emplois à Naples auprès de M. de Guise ; mais il fut bientôt disgracié pour des causes qu'on n'a pas bien sues. Il a tâché de se justifier dans des Mémoires (*des Troubles de Naples*) qu'il a fait imprimer étant en France, où il revint après beaucoup de misères, et où, par une continuation des désordres de sa vie, il épousa en secondes noces la sœur de la Béjart, fameuse comédienne. Il avoit été marié, étant encore jeune, à la douairière de Lavardin, mère de feu M. l'évêque du Mans. Il en avoit eu un fils, qui est mort aussi bien que le père.

Le jour du départ de M. de Guise étant pris, M. de Fontenay et M. de Saint-Nicolas, qui n'étoient pas encore brouillés, le conduisirent à quelques milles de Rome. Il étoit dans la meilleure humeur du monde, raillant avec ces messieurs des grands exploits qu'il alloit faire. « Car enfin, messieurs, « leur dit-il, tout est romain en cette expédition, « jusqu'au nom de Cérisantes. »

On voit dans ses Mémoires une très-belle relation de ce qu'il fit à Naples ; et bien que son passage dans des felouques, au travers de l'armée d'Espagne, semble quelque chose de fabuleux, on peut dire que ses Mémoires seroient exactement véritables si toutes les choses qu'il rapporte l'étoient autant que cette action. Il fut reçu à Naples comme un dieu échappé des flots, ou plutôt comme vainqueur des vents et de la mer, qui sembloient avoir conspiré d'abymer sa petite flotte. Il sut parfaitement ménager l'esprit de ce peuple ; il s'accommoda à leur langue et à leurs coutumes, et il est certain qu'il se seroit établi en ce royaume, si, content d'en être vice-roi pour la France, son ambition ne l'eût point porté à s'en vouloir faire roi. Il fut quelque temps sans rien témoigner de ses desseins; mais quand, après quelques heureux succès, il crut ses affaires affermies, il commença à dévoiler ses projets. Il écrivit à la Reine en Napolitain ; il prit la couronne fleurdelisée sur ses armes, telle que l'avoient portée autrefois les anciens rois de Sicile ; il fit de grandes demandes d'un ton un peu haut ; enfin il donna des soupçons qui mirent la cour en inquiétude : ce qui fut cause qu'on ne se hâta point de lui envoyer les secours qu'il demandoit.

Comme on n'avoit personne de confiance auprès de lui, on résolut d'y envoyer M. de Saint-Nicolas, auquel il sembloit qu'il eût quelque croyance. Les ordres pour cette commission furent adressés à M. de Fontenay. Mais cette jalousie dont j'ai parlé, et qui l'avoit dès lors tout-à-fait éloigné de lui, prenant sujet de s'irriter par cette marque de confiance de la cour, lui fit faire une chose bien hardie, et qui auroit peut-être mérité punition dans un autre temps. Il retint les lettres du Roi sans en donner aucune connoissance à M. de Saint-Nicolas. Il récrivit à la cour, alléguant les raisons qu'il lui plut pour faire honorer un autre de cet emploi. Il croyoit sans doute par là satisfaire son injuste haine, mais il obligeoit, sans y penser, celui qu'il pensoit desservir; car il le sauva pour le moins de la prison d'Espagne où il auroit apparemment tenu compagnie à M. de Guise, si cependant ceux qui ont connu M. de Saint-Nicolas ne pensent pas que ce ministre auroit pu par son adresse et ses sages avis retenir M. de Guise dans les bornes de son devoir : ce qui lui auroit pu faire éviter le malheur qui le priva de sa liberté, et la France des avantages qu'elle avoit droit d'espérer de la conquête de Naples.

[1648] Mais ce prince, par un malheur fort ordinaire à ceux de cette condition, n'avoit auprès de lui que des flatteurs ou des gens intéressés qui ne pensoient qu'à faire leurs affaires. S'affermissant donc par leurs conseils dans la résolution de se rendre maître d'un peuple qui ne l'avoit reçu que comme chef, sous la protection de la France, il donna tant de soupçons de ses desseins qu'enfin les plus intéressés commencèrent à y faire réflexion. Il s'étoit déjà brouillé avec Gennaro-Annèse, qui avoit encore sa cabale parmi le peuple. Cet homme, offensé du mépris de M. de Guise, et voyant bien que de la manière dont il s'y prenoit il seroit abandonné de la France, qu'ainsi les affaires iroient en désordre, et qu'il faudroit retomber entre les mains des Espagnols qui étoient sans miséricorde pour ceux qui s'étoient une fois révoltés, pensa à se tirer de ce danger, et à mériter son pardon en ramenant à l'obéissance ceux qui en avoient secoué le joug. Il voyoit bien que ce n'étoit pas une chose tout-à-fait sûre pour lui; mais enfin le désir de se venger de M. de Guise se mettant de la partie, il ferma les yeux à toutes les autres considérations, et ménagea si bien toutes choses que les Espagnols reprirent le dessus, et défirent enfin M. de Guise, qu'ils envoyèrent prisonnier en Espagne.

Ces choses se passèrent dans cet entre-temps que M. de Fontenay avoit renvoyé à la cour les dépêches dont j'ai parlé. M. l'abbé de Saint-Nicolas eut la satisfaction de voir qu'on n'y avoit rien changé, malgré les remontrances de l'ambassadeur.

Il reçut son ordre de se rendre à Naples. Filippo-Valenti, banquier qui fournissoit à Rome l'argent de France, lui étoit déjà venu offrir vingt mille écus pour ce voyage, et il se disposoit à partir le lendemain, quand on reçut la nouvelle de la défaite de M. de Guise.

J'ai raconté le succès tout de suite; mais avant et pendant tout cela il s'étoit fait d'autres négociations, entre autres celle du retour en France de M. le duc de Bouillon (1). Il avoit passé quelques années à Rome depuis sa disgrâce : il y étoit quand nous y arrivâmes; mais nous y fûmes assez long-temps avant que d'obtenir de la cour la permission de communiquer avec lui. M. le cardinal de Valençay, qui étoit de ses amis, avoit souvent témoigné à M. de Saint-Nicolas l'envie que le duc avoit de le voir; mais comme les défenses de la cour étoient trop positives pour qu'on pût y contrevenir, cette Eminence résolut d'obtenir par supercherie ce qu'elle n'avoit pu par la persuasion. Ainsi M. de Saint-Nicolas étant venu un jour chez elle, M. de Bouillon, qui en avoit été averti, sortit tout d'un coup d'un cabinet, et lui dit fort obligeamment que, puisqu'il ne vouloit point le voir, il lui devoit pardonner la tromperie qu'il lui avoit faite. M. de Saint-Nicolas lui repartit comme un homme qui obéissoit à regret aux ordres qu'il avoit, et voulut se retirer; mais le cardinal s'y opposa, et lui dit que cette visite ne tireroit à aucune conséquence, et qu'elle ne seroit pas même sue. Il demeura donc, et ils se séparèrent fort satisfaits l'un de l'autre. Cependant M. de Saint-Nicolas ayant jugé à propos d'informer M. le cardinal Mazarin de cet incident, et en ayant pris occasion de rendre office à M. de Bouillon, on lui permit de le voir.

M. de Bouillon avoit avec lui madame sa femme et tous messieurs ses enfans encore fort jeunes : il étoit incognito à Rome avec un train honnête, mais fort modeste. Sa maison étoit un exemple de vertu peu connue dans cette grande ville, où l'on peut dire que la piété ne gît que dans de vaines apparences : il y vivoit dans une assez grande retraite, faisant peu de visites et en recevant peu. Mais depuis que nous en eûmes reçu la permission, nous avions souvent l'honneur de le voir, et je puis dire n'avoir jamais vu plus de modération et plus de vertu qu'en ces deux illustres personnes, si dignes l'une de l'autre; ce qui est, je crois, le plus grand éloge qu'on en puisse faire.

M. de Saint-Nicolas s'appliqua, avec toute l'affection qu'il leur devoit, à continuer de leur rendre de bons offices à la cour : et il eut la satisfaction d'y réussir pour leur raccommodement. Nous les vîmes partir avec joie, par la part que nous prenions en leurs intérêts, et en même

(1) Frédéric-Maurice de La Tour-d'Auvergne, frère aîné de Turenne.

temps avec douleur de perdre une si désirable compagnie.

À propos de M. de Bouillon, on ne sera peut-être pas fâché de savoir quelques particularités de son emprisonnement à Casal : je les ai apprises de témoins oculaires qui furent même chargés en partie de le conduire à Lyon en l'année 1642. Il commandoit l'armée du Roi en Piémont, en suite de son accommodement avec la cour, après la bataille de Sedan et la mort de M. le comte. Il avoit pour maréchaux de camp MM. du Plessis-Praslin, de Castellans et le colonel Salis, Suisse, sans aucun lieutenant général. M. de Castellans apporta de la cour l'ordre de l'arrêter. Il conféra des moyens avec ses deux collègues. Il fut résolu que le régiment de Normandie, qui étoit le premier régiment de l'armée, iroit se saisir de toutes les avenues d'un petit château où étoit logé M. de Bouillon, à trois lieues de Casal. La chose se devoit exécuter le lendemain; mais le hasard, qui a grande part en presque toutes les affaires du monde, fit manquer celle-ci lorsqu'on s'y attendoit le moins. Les ennemis, comme d'intelligence en sa faveur, attaquèrent un de nos quartiers. M. de Bouillon y courut, et rencontra le régiment de Normandie qui marchoit. C'auroit été assez pour lui donner quelque soupçon, puisqu'il ne lui en avoit point envoyé l'ordre; mais, sans y faire de réflexion, il crut qu'il marchoit à l'alarme. Cependant les maréchaux de camp ayant manqué leur coup crurent ne le devoir pas hasarder une seconde fois à l'armée; ils changèrent de dessein, et résolurent pour cela de tâcher d'attirer M. de Bouillon dans Casal, où la chose se pourroit exécuter plus sûrement. Ils firent proposer, dans un conseil de guerre qui se tint avec lui, plusieurs entreprises que pouvoit faire l'armée, et tournèrent si bien l'affaire qu'on y résolut le siége de Pont-d'Esture. Pour cela il falloit passer le Pô, et on ne le pouvoit faire commodément qu'à Casal. Ils ne doutèrent point que M. de Bouillon, qui n'avoit point encore vu cette place, n'y entrât. La chose réussit comme ils l'avoient espéré. Quand M. de Bouillon fut à Casal, M. de Castellans tira à part M. de Couvonges, gouverneur de la place, et lui montra l'ordre du Roi, le chargeant de l'exécuter. M. de Couvonges mit ordre à toutes choses; et sur le soir, après avoir promené partout M. de Bouillon, l'ayant fait entrer dans son cabinet, il lui témoigna avec les plus belles paroles le déplaisir qu'il ressentoit de l'ordre qu'il avoit reçu de l'arrêter. M. de Bouillon sans s'étonner lui dit que cela ne pouvoit être, qu'il n'avoit rien fait qui eût pu lui attirer la colère du Roi, et lui demanda de voir son ordre. M. de Couvonges, qui ne l'avoit pas, se trouva fort embarrassé; et, par une seconde imprudence plus grande que celle qu'il avoit eue en ne retirant point l'ordre des mains de M. de Castellans, il sortit promptement pour l'aller chercher, mais avec si peu de précaution que M. de Bouillon, se servant de l'obscurité, trouva moyen de sortir; et allant de rue en rue il se sauva enfin dans un grenier rempli de foin. Il est aisé de s'imaginer le désespoir où entra M. de Couvonges lorsqu'il s'aperçut de la faute qu'il avoit faite. Il fit donner l'alarme par toute la ville; il fit border tous les remparts par les soldats de sa garnison; il fit faire une recherche si exacte qu'enfin on trouva le matin M. de Bouillon. On le conduisit à Pignerol avec toute l'armée. Il y fut environ deux mois, après quoi on eut ordre de le mener à Lyon. On choisit pour cela la compagnie de gendarmes de Lesdiguières, et le régiment de dragons d'Arzilliers. Trois colonels, dont Arzilliers étoit un, avec Montpezat et La Cassagne, furent commis pour cette escorte que commandoit M. de Castellans, avec vingt-quatre capitaines d'infanterie qui marchoient devant et après la litière où étoit M. de Bouillon avec son médecin. Les vingt-quatre capitaines le gardoient à vue, y en ayant toujours huit avec un colonel qui veilloient dans sa chambre quand il étoit couché. Une brigade de gendarmes étoit à la porte de sa chambre : M. de Castellans couchoit dans une autre, et voyoit cette même porte de son lit : une autre brigade de dragons entouroit le logis et faisoit la garde. Il fit fort bonne mine les premiers jours, et s'entretenoit avec ses gardes avec assez de gaîté; mais depuis qu'il eut rencontré à Sorges M. de Longueville qui alloit prendre le commandement de l'armée, et avec lequel on lui permit de s'entretenir, il parut triste et fort chagrin. M. le cardinal Mazarin se trouva à Lyon à son arrivée, y ayant été envoyé par M. le cardinal de Richelieu. Il flatta fort tous les officiers qui avoient été employés à cette conduite, et leur fit espérer bien des récompenses qui furent cependant réduites à huit pistoles qu'il fit donner à chaque capitaine pour retourner rejoindre l'armée. On sait assez quel fut le sujet de cette prison, quelle en fut la suite, et en quelles extrémités se trouva madame de Bouillon, entre la nécessité de rendre Sedan et la crainte de perdre monsieur son mari. Enfin l'amour l'emporta sur l'ambition, et elle donna lieu à cette fameuse date pour cette année 1642 qu'on lit dans une épître du petit Scarron :

L'an que l'on prit le fameux Perpignan,
Et sans canon la ville de Sedan.

Après que M. de Bouillon fut parti de Rome,

au mois de mai 1647, M. l'abbé de Saint-Nicolas prit le palais qu'il quittoit. Il est un des plus agréables de la ville et des mieux placés, faisant un des coins des Quatre-Fontaines. Nous y fûmes plus d'un an, pendant lequel temps je voyois souvent M. le chevalier del Pozzo, dont le nom vivra éternellement parmi les curieux. Son cabinet étoit toujours ouvert aux honnêtes gens et aux étrangers, qui y trouvoient en raccourci tout ce qu'il y avoit de plus beau à Rome et dans toute l'Italie. On y voyoit entre autres choses un recueil qu'il avoit fait faire de toutes les espèces de citrons et d'oranges que les Italiens comprennent sous le nom d'*agrum*. Il les avoit fait peindre en mignature au naturel avec beaucoup de dépense et de soin; et on auroit peine à s'imaginer qu'il y en a d'autant d'espèces que nous en avons de poires et de pommes. J'y en ai vu une bien bizarre : c'est un citron dans un citron. Il étoit fort gros; et quand on l'avoit coupé tout à l'entour d'un pouce d'épais au-dessous de la chair et du jus que l'on trouvoit comme aux citrons ordinaires, il se présentoit un autre citron tout entier couvert d'une nouvelle écorce, et, par rapport au dedans, absolument semblable au premier. Cet homme, si digne d'être estimé, avoit été maître de chambre du pape Urbain VIII; et la voix publique faisoit un reproche public à ce Pape de n'avoir pas fait cardinal un sujet d'un mérite si distingué, et par les lumières de son esprit et par l'innocence de ses mœurs, et par cette civilité engageante qui gagnoit le cœur de tout le monde. Il me détrompa de l'opinion que j'avois qu'un étranger pût apprendre l'italien à un point de ne pouvoir être distingué d'un naturel du pays ; car lui alléguant un jour qu'un certain jacobin français, grand prédicateur en italien, se vantoit d'avoir acquis cette perfection, il me dit avec sa sincérité ordinaire qu'il le pourroit faire accroire à des étrangers comme lui, mais non pas aux Italiens : ce qui me rebuta de m'appliquer davantage à apprendre cette langue, me bornant à l'entendre bien et à m'expliquer facilement, sans prétendre à y exceller.

Je voyois aussi souvent le célèbre peintre M. Poussin, qu'on ne se pouvoit lasser d'entendre raisonner sur son art, dont on peut dire qu'il avoit atteint la perfection; et l'illustre M. Mignard, qu'on jugeoit bien dès lors ne devoir céder en rien au premier, et que nous voyons aujourd'hui exceller dans toutes les parties de la peinture, faisant également admirer dans ses tableaux et dans ses portraits tout le dessin de Raphaël et tout le coloris du Corrège.

Enfin, après bien des instances que fit M. de Saint-Nicolas à la cour pour obtenir son congé, il reçut une lettre du Roi, par laquelle Sa Majesté lui accordoit la permission de retourner en France, ou de demeurer à Rome pour continuer à la servir dans ses affaires avec M. de Fontenay, lequel, en ce cas, auroit ordre de lui communiquer toutes ses dépêches. Son humeur douce et ennemie des querelles lui fit prendre le parti du retour ; et, dans la crainte qu'il eut de recevoir quelque contre-ordre, il se mit bientôt en état de partir dans fort peu de jours. J'en aurois eu plus de joie quelques années auparavant que je n'en eus alors; car il est certain qu'au commencement du séjour que je fis à Rome je m'y ennuyai cruellement, après que j'eus employé les premiers jours à satisfaire ma curiosité sur toutes les belles choses qu'il y a à voir. Mais ayant contracté depuis des habitudes avec des Romains, je trouvois alors la vie de Rome assez douce. Je voyois souvent M. l'abbé de La Roche-Pozai qui étoit presque tout Romain, tant il s'étoit fait aux usages et aux coutumes du pays. M. le chevalier Digby, dont le mérite a été assez connu en France dans le long séjour qu'il y a fait à cause de la religion catholique qui l'avoit fait chasser de son pays, et qui étoit alors ambassadeur à Rome pour la reine d'Angleterre, contribuoit fort à la satisfaction que je trouvois dans cette ville, par le plaisir qu'il y avoit de l'entendre discourir de toutes choses avec une capacité et une lumière admirables. Mais l'amitié que j'avois faite avec M. l'abbé Capponi, neveu du cardinal du même nom, m'y faisoit passer d'agréables heures : c'étoit un homme de beaucoup d'esprit, plus sage qu'on ne l'auroit dû attendre de son âge et de la corruption de l'Italie ; et ses procédés tout-à-fait honnêtes étoient accompagnés de manières douces et engageantes. On en jugera par ce que je vais dire.

J'étois allé prendre congé de lui le jour qui précéda notre départ. Etant entré dans la salle, je m'arrêtai à regarder attentivement un grand tableau d'une Madeleine, qui me frappa les yeux par l'éclat d'un coloris fort beau et fort tendre. Il me trouva dans cette posture, et me demanda doucement si je le trouvois beau. Je lui dis qu'il pouvoit s'en être aperçu par l'attention où il m'avoit vu en le regardant. Il ne me dit rien davantage ; mais je fus bien étonné qu'étant revenu le soir au logis, je trouvai ce même tableau sur la table de ma chambre, avec un billet par lequel il me prioit de l'accepter. J'eusse bien voulu m'en défendre ; mais on m'assura si sérieusement que je ne le pourrois faire sans l'offenser en quelque façon, qu'il me fallut le recevoir et lui en faire mes remercîmens par lettre, parce que nous partions le lendemain. Ce fut au printemps de l'année 1648.

Nous prîmes notre chemin par Lorette ; et je dirai en passant que j'y éprouvai en ma personne ce que j'avois bien ouï dire à d'autres, mais sans y avoir ajouté beaucoup de foi, qu'on ne sauroit entrer dans cette sainte maison où a commencé le mystère adorable de notre salut, sans être saisi d'une sainte horreur qui donne des mouvemens tout extraordinaires. J'y fus à confesse à un révérend père jésuite français, et il me souviendra toute ma vie du zèle de ce bon père contre les méchans ; car, m'étant accusé d'avoir battu un voiturin : « Passez, passez, me « dit-il, il n'y a pas grand mal à cela ; ce sont « les plus méchans coquins du monde. » Je ne sais si, sans faire un jugement téméraire, on ne pourroit point croire que ce bon père avoit reçu quelque déplaisir de ces sortes de gens. Il arriva un accident à M. de Saint-Nicolas qui nous fit demeurer à Lorette un jour de plus que nous n'avions résolu ; car comme il vouloit monter à cheval pour partir, ayant le pied dans l'étrier, son cheval s'écarta et le fit tomber à la renverse sur des marches de pierre où sa tête porta, sans que rien le soutînt. Il se la devoit casser en mille pièces, ne se pouvant imaginer une chute plus grande, ni un plus grand coup. Nous le fîmes saigner, et il garda le lit ce jour-là ; le lendemain il dit la messe, et nous partîmes par une extrême chaleur sans qu'il s'en soit jamais ressenti, mais étant fort persuadé d'avoir reçu de la sainte Vierge le secours qu'il lui avoit demandé dans le moment de cet accident. Pour moi, qui n'étois pas si bon que lui, je n'en reçus point de soulagement à une méchante toux qui me travailloit depuis quelques mois, et qui, nonobstant l'extrême envie que j'en avois, me priva de faire le voyage de Venise, parce qu'il me eût fallu faire en poste pour pouvoir rejoindre M. de Saint-Nicolas à Florence, où il avoit ordre de repasser.

Il y fut reçu de M. le grand-duc avec la même bonté que ce prince lui avoit toujours témoignée. Ce fut alors, ce me semble, qu'il nous fit voir ce diamant sans prix qu'on croit le plus beau de l'Europe, et on pourroit dire du monde, si le Mogol n'en avoit un qui le surpasse encore en grosseur et en beauté. Le grand-duc tient le sien enfermé sous la clef, dans une petite fenêtre de fer enchâssée dans le mur auprès de son lit. On en montre le modèle aux étrangers par un cristal de même grosseur et figure, et taillé aux mêmes facettes ; mais peu se peuvent vanter d'avoir vu l'original. L'aventure de ce diamant est assez extraordinaire ; car on peut dire qu'il n'a rien coûté au grand-duc, qui l'acheta brut au hasard. Après qu'on l'eut taillé, il se trouva tel qu'il est, et le déchet en fournit assez d'autres moindres pour en payer le premier achat et les façons. Ces pierres si belles et extraordinaires me font souvenir d'une chose que j'ai ouï dire autrefois à feu ma mère. Elle avoit été élevée en Angleterre, pendant que son père, M. de La Boderie, y étoit ambassadeur de France auprès du roi Jacques. Elle étoit souvent auprès de la Reine qui étoit de Danemarck, et elle nous disoit lui avoir vu une bague qui étoit toute d'une seule perle qu'on avoit creusée et percée pour en faire un anneau assez large, de la même façon que nous voyons ces joncs de jais que les femmes portent quelquefois. Si la fameuse perle que la reine Cléopâtre fit distiller pour Antoine a bien trouvé place dans l'histoire, il me semble que celle de la reine d'Angleterre peut bien trouver la sienne dans ces Mémoires. Cette princesse avoit une autre bague que l'art ne rendoit guère moins recommandable que la nature avoit fait l'autre, puisque, dans un cristal d'une grosseur ordinaire, au lieu de pierre on voyoit une montre avec toutes ses roues, sonnant les heures, non pas à la vérité sur un timbre, mais sur le doigt, que le marteau frappoit doucement par de légères piqûres. Pendant que nous sommes sur cette vieille cour d'Angleterre, je rapporterai encore une chose remarquable que ma mère disoit avoir vue. Toute la cour étoit un jour à voir un combat de dogues contre des lions : ce qui n'est pas extraordinaire en ce pays-là. Une fille de la Reine étoit servie de l'un des plus honnêtes hommes de la cour, mais avec peu de reconnoissance pour lui. Soit pour l'éprouver ou pour s'en défaire, elle laissa tomber un de ses gants dans la place du combat ; et regardant ce gentilhomme, elle fit fort l'affligée de cette perte. Il entendit bien ce que cela vouloit dire : il descendit froidement ; et étant entré dans la place l'épée à la main, et son bras gauche entortillé de son manteau, il fut relever le gant qui l'exposoit à une si dangereuse aventure. Par bonheur le lion se trouva assez occupé pour ne point penser à venir à lui ; ainsi il revint glorieux avec la même froideur qu'il étoit allé. Mais s'étant approché de la demoiselle, et lui donnant doucement de ce gant sur la joue : « Tenez, lui dit-il, made« moiselle, voilà votre gant ; mais vous ne mé« ritez pas d'être servie par un homme comme « moi. » En effet il la quitta. Son action fut louée de toute la cour, et la demoiselle couverte de honte.

Pour revenir à notre voyage, nous reprîmes le chemin de Gênes par Massa et Carrara, d'où se tirent les beaux marbres blancs d'Italie. On nous fit remarquer de loin le château des marquis Mallespini, où on dit que, par un privilége particulier qu'ils ont obtenu de Dieu par les prières de saint François de Paule qui passa par là en venant en France, toutes les fois qu'il doit mourir quelqu'un de cette famille il paroît quelques jours auparavant comme un flambeau allumé sur une des principales tours du château.

J'aurois bien souhaité de pouvoir passer par Lucques, pour y voir un prodige de nos jours, le fameux sculpteur... qui, ayant excellé dans son art et étant devenu aveugle, ne laissoit pas encore de travailler sur le marbre, et même de faire des portraits ressemblans en tâtant le visage des personnes. On en conte une chose étonnante.

La princesse de Palestrine (dona Anna Colonna), femme du prince préfet Barberin, ayant passé à Lucques en venant en France, voulut voir cet homme extraordinaire, qu'elle avoit connu à la cour du pape Urbain avant qu'il eût perdu la vue. Pour éprouver la vérité des choses qu'elle en avoit ouï dire, elle lui présenta une médaille qu'elle lui dit être la tête du prince préfet, et lui en demanda son avis ; mais cet homme, après l'avoir un peu maniée, commença à la baiser avec respect en lui disant : « Madame, vous « ne me tromperez pas ainsi ; je connois trop bien « que c'est le visage de mon bon maître le pape « Urbain : » comme s'il avoit eu des yeux au bout des doigts pour discerner une chose aussi peu sensible à l'attouchement que le bas-relief d'une médaille.

La république de Gênes nous donna une galère pour nous porter à Toulon ; mais dans l'appréhension qu'eut M. de Saint-Nicolas d'y trouver de nouveaux ordres de retourner à Rome, il débarqua à Antibes, d'où nous prîmes le chemin de Grasse pour y voir M. l'évêque (l'illustre M. Godeau), qui a rendu ce petit coin de terre si célèbre par ses beaux vers, mais plus encore par le bon exemple de sa vie. Il nous y reçut avec toute la joie et l'affection d'un ancien ami qui n'étoit pas accoutumé à y en voir de ceux qu'il avoit laissés à Paris. Nous nous y délassâmes trois ou quatre jours avec toute la satisfaction possible. De là nous gagnâmes Lyon, et vînmes nous embarquer à Rouanne sur la rivière de Loire. Nous trouvâmes à Dezize un carrosse du comte de Druy qui nous mena chez lui à quelques lieues de là. C'est une belle baronnie dont il porte le nom, et qui nous est substituée ; mais parce que nous ne sommes pas heureux en successions, celle-là nous est échappée comme par miracle. Le comte de Druy dont je parle étoit fils de M. de Druy, président au grand conseil et contrôleur général des finances, fils, aussi-bien que ma grand'mère, du fameux M. Marion, avocat général. Il étoit cadet, et porta d'abord les armes ; ensuite, par un mouvement de dévotion, il entra chez les pères de l'Oratoire, et y fut fait diacre. Son frère aîné étant mort sans enfans d'une manière un peu suspecte, il plaida contre la veuve ; et par accommodement il l'obligea à renoncer à son douaire. Il se retira ensuite en sa terre de Druy, où, par l'occasion du voisinage, il devint amoureux d'une sœur du comte d'Anlezy, et se mit en tête de l'épouser. Tout le monde traitoit sa prétention de chimère. Cependant il fit si bien qu'étant allé lui-même à Rome solliciter sa dispense, il l'obtint, et se maria avec cette demoiselle dont il a eu plusieurs enfans. Son fils aîné a épousé une fille du comte de Montal, lieutenant général des armées du Roi.

Nous passâmes deux jours à Druy, d'où nous nous rendîmes à Port-Royal vers la Saint-Jean, auprès de mon père. Nous l'y avions laissé trois ans auparavant dans une vraie solitude ; mais, par la dépense qu'il y avoit faite à sécher un marais et à planter des jardins, il avoit tellement changé ce lieu que les religieuses de Paris, qui se trouvoient logées à l'étroit, y avoient envoyé une partie des sœurs, n'ayant plus de peur du mauvais air qui les en avoit autrefois chassées. Après y avoir passé quelques jours, nous allâmes à Paris loger chez M. de Saint-Ange, premier maître-d'hôtel de la Reine, et tellement de nos amis, aussi bien que madame sa femme, que mon père avoit mis auprès d'elle une de mes sœurs qui avoit voulu sortir de Port-Royal, où elle avoit été élevée et où elle s'est depuis faite religieuse, comme madame de Saint-Ange elle-même, qui y a fini saintement ses jours dans le fort de la persécution que cette sainte maison a soufferte.

Sur la fin de l'été je fus à Saint-Ange avec mon père ; nous y trouvâmes madame de Servien, l'ambassadrice de Piémont, qui avoit depuis peu marié sa fille avec le fils de M. de Saint-Ange. Nous apprîmes en revenant l'issue de la journée des barricades de Paris, sur le sujet de M. de Broussel. Toutes les choses qui suivirent ce malheureux événement ne sont que trop marquées dans l'histoire. On y verra toujours avec horreur jusqu'où l'insolence de quelques esprits intéressés peut aller, ainsi que la folie d'un peuple infatué d'une fausse apparence de vertu masquée sous le fantôme d'un homme de bien. De là naquirent tous nos malheurs. On perdit le fruit de cette fameuse victoire de Lens que M. le prince venoit de remporter sur les Espagnols, et qu'on peut regarder comme une des plus belles actions de sa vie; car, après que la première ligne qui faisoit la retraite eut été battue, il se mit à la tête de la seconde; et, ayant laissé passer les fuyards par les intervalles sans s'ébranler, il retourna si à propos au combat qu'il vainquit les victorieux, leur défit leurs meilleures troupes, et fit leurs principaux chefs prisonniers. Mais, pour le malheur de la France, n'y ayant plus d'ennemis étrangers à craindre, les domestiques en prirent la place, et firent tant par leurs excès, qu'après avoir tenu le Roi assiégé dans le Palais-Royal ils l'obligèrent enfin, pour se tirer de leurs mains, de sortir de Paris la nuit de la fête des Rois de l'année 1649, et d'assiéger ensuite cette grande ville qui avoit levé l'étendard de la sédition et de la révolte.

Cette guerre effective et sanglante fut précédée d'une autre guerre qui divisa les esprits (1), au sujet des deux fameux sonnets de Job et d'Uranie, celui-ci de Voiture et l'autre de Benserade; guerre plus douce à la vérité, mais qui sembla être le présage ou le prélude des troubles véritables qui la suivirent de près. Ainsi nous lisons dans l'Ecriture sainte qu'avant cette cruelle guerre des Machabées qui affligea le peuple de Dieu, les habitans de Jérusalem virent paroître en l'air pendant plusieurs jours comme des armées en bataille qui, par leurs divers mouvemens, le choc des armes et des chevaux, représentoient au naturel de véritables combats. Cette image de guerre dont je parle eut quelque chose de plus réel : elle partagea toute la cour et la ville; on en étoit au *qui-vive* dans les compagnies; chacun soutenoit son parti avec chaleur, et jamais les gibelins et les guelfes ne firent peut-être plus de bruit qu'en firent alors les jobelins et les uranins. Madame de Longueville s'étoit déclarée chef de ces derniers; ce qui fit faire à mademoiselle de Scudéri ce quatrain si digne d'elle :

> A vous dire la vérité,
> Le destin de Job est étrange,
> D'être toujours persécuté,
> Tantôt par un démon, et tantôt par un ange.

Le parti d'Uranie ne fut pourtant pas le plus fort. Il en arriva comme il a coutume d'arriver des beautés : les plus régulièrement belles ne sont pas toujours celles qui plaisent le plus. Ce fut ainsi que se passa la fin de l'année 1648, et je ne sais si on ne pourroit point dire que cette impression de chaleur qu'avoit laissée dans les esprits cette contestation galante fut une disposition malheureuse à allumer le feu violent qui, comme une fièvre frénétique, embrasa le corps de l'État, et le mit à deux doigts de sa ruine.

Comme ceux qui n'étoient point frondeurs (c'étoit le nom qu'on donnoit aux révoltés, au lieu que ceux du bon parti étoient appelés mazarins); comme, dis-je, ceux-ci n'étoient point en sûreté à Paris, nous en sortîmes avec assez de peine, M. de Saint-Nicolas, mon frère et moi, et nous nous retirâmes à Port-Royal des Champs, où il y avoit alors un assez bon nombre de personnes de piété qui s'étoient retirées du monde pour y faire pénitence. Chacun se crut alors obligé de prendre les armes pour garantir ces bonnes religieuses des insultes des soldats insolens qui vivoient avec toute sorte de licence; mais les prières de ces saintes filles étoient leur défense la plus forte.

M. le duc de Luynes étoit alors aussi comme retiré à Port-Royal. On auroit eu de la peine à croire qu'une vertu solide, telle que paroissoit la sienne, eût dû être ébranlée quelques années après, jusqu'à lui laisser prendre une résolution aussi étrange que celle d'épouser mademoiselle de Monbazon sa tante, et si jeune au prix de lui. Ç'a été un grand et terrible exemple de la force de l'amour. Mais si cette passion pouvoit être excusée par une grande beauté, la sienne le pouvoit être, n'y ayant rien de plus beau alors que cette jeune personne. Je me souviens de l'avoir vue à Coupvrai : elle n'avoit que dix ans, quoiqu'on lui en eût pu donner quatorze, tant elle étoit grande et bien formée ; et M. le prince de Guémené, son frère, nous disoit un jour en nous la montrant : « Des rois ne devroient-ils pas « choisir quelque personne comme celle-là parmi « leurs sujettes pour en faire une reine, plutôt « que d'aller chercher chez les étrangers quelque « princesse mal bâtie, qui les fait souvent en- « rager ? »

Pendant le séjour que nous fîmes à Port-Royal, l'évêché d'Angers ayant vaqué, fut donné à M. l'abbé de Saint-Nicolas avec tout l'agrément possible; car la Reine ayant demandé en riant à M. de Nogent à qui on pensoit que le Roi donneroit cet évêché, il répondit, un peu embarrassé, qu'on croyoit que ce seroit a l'abbé de Saint-Nicolas. « On nous feroit tort, reprit « obligeamment Sa Majesté, si on avoit une autre « opinion de nous. »

M. l'abbé de La Rivière en usa bien honnêtement pour lui, quoiqu'il n'y eût eu entre eux qu'une simple connoissance. Il étoit alors en traité de l'archevêché de Reims avec M. de Va-

(1) En 1647.

lençay, qui en étoit alors archevêque. Une des conditions du traité étoit qu'on donneroit un évêché à M. l'abbé de Sillery son neveu. Madame de Puyzieux, mère de cet abbé, ne manqua pas de demander celui d'Angers, quoiqu'elle fût d'ailleurs bonne amie de M. de Saint-Nicolas, et que M. de Puyzieux son mari fût cousin issu de germain de ma mère. Mais M. l'abbé de La Rivière s'y opposa; et sans considérer son intérêt, ce qui est fort rare, il dit qu'il aimeroit mieux n'avoir jamais d'évêché que d'ôter celui-là à une personne du mérite de M. l'abbé de Saint-Nicolas.

En ce même temps M. de Pomponne, mon oncle maternel, mourut à Pomponne, dont il étoit usufruitier. Comme cette terre m'appartenoit à cause de ma mère, il fallut penser à l'aller conserver, tout étant presque au pillage dans ce misérable temps. Je fus à Saint-Denis, où M. le comte du Plessis-Praslin me donna dix cavaliers d'escorte pour passer à Pomponne. Nous rencontrâmes sur notre chemin un parti de Paris de vingt ou trente maîtres que mes cavaliers voulurent pousser à toute force, tant ils méprisoient ces troupes rebelles; et ce n'étoit pas sans raison, car nous n'eûmes pas sitôt fait mine d'aller à eux qu'ils enfilèrent à toute bride le grand chemin de Paris.

Je fus à Pomponne jusqu'à la paix, et j'y passai l'été avec mon père, qui y vint travailler aux affaires que la mort de M. de Pomponne lui avoit laissées. J'y tombai malade sur la fin de l'automne, et fus un an dans une langueur mortelle, beaucoup plus insupportable que la fièvre.

Je revins passer l'hiver à Paris auprès de M. l'évêque d'Angers qui n'étoit pas encore sacré, et qui revenoit d'Angers, où il avoit fait un petit voyage fort à propos pour cette ville. Elle se voyoit exposée à la fureur du maréchal de Brezé son gouverneur, qui venoit avec des troupes le fer et le feu à la main, ainsi qu'il disoit lui-même, pour punir leur rebellion, et se venger de l'affront que ce peuple lui avoit fait en appelant M. de La Trémouille, et se soumettant à lui pour les intérêts du parlement. M. d'Angers, comme un ange de paix, alla au devant de lui, et fit tant par ses prières et par la force de ses raisons, qu'il conjura cette tempête, et vit rétablir le calme dans sa ville avant que de la quitter. Mais ce ne fut pas pour long-temps, ainsi que l'on verra dans la suite.

[1650] Le maréchal de Brezé vendit son gouvernement à M. le duc de Rohan-Chabot, se réservant seulement celui de Saumur. Il mourut peu de temps après. C'étoit un homme fort emporté dans ses passions, aimant ses plaisirs et sa liberté plus que toutes choses, ennemi du gouvernement dans le temps même qu'il étoit entre les mains de son beau-frère (le cardinal de Richelieu), et qu'il eût pu espérer d'être élevé aux plus hautes charges de l'Etat, s'il eût pu se réduire à avoir pour ce cardinal quelque légère complaisance. Mais parmi ses défauts on trouvoit en lui d'excellentes qualités. Il avoit beaucoup d'esprit, une assez grande connoissance des langues et des belles-lettres; il parloit et écrivoit aussi bien qu'homme de France; il aimoit excessivement ses amis et haïssoit de même ses ennemis, sans pourtant que sa haine l'emportât jamais sur sa générosité. Il en donna une preuve bien remarquable après avoir gagné la bataille d'Avein, qui suivit de si près la déclaration de la guerre en 1635; car, rendant compte à la cour de cette grande action, et faisant valoir les services de ceux qui s'y étoient signalés, il rendit la même justice à un officier qu'il n'aimoit pas et qui ne le voyoit point. Des amis de cet officier, qui étoient à Paris, lui mandèrent l'obligation qu'il avoit à ce généreux ennemi, et lui conseillèrent de lui en aller témoigner sa reconnoissance. Il y fut, touché d'un véritable repentir, et lui demanda pardon de l'avoir si mal connu jusqu'alors. Le maréchal le reçut avec la même fierté qu'il avoit eue pour lui, et lui dit qu'il ne lui avoit pas l'obligation qu'il croyoit; que s'il avoit dit du bien de lui ce n'avoit pas été pour l'obliger, mais parce qu'il devoit ce témoignage à la vérité; qu'au reste il ne s'imaginât pas pour cela être raccommodé avec lui. La chose n'alla pourtant pas ainsi; car cet officier, charmé de plus en plus de ce généreux procédé, lui fit tant de soumissions et de protestations d'être toute sa vie son serviteur, quand même il ne le voudroit pas, qu'enfin il désarma son ressentiment, et fut depuis fort bien avec lui.

La paix de Paris s'étant faite, on sait assez par quelles intrigues M. le prince fut mis en prison, par quelles autres il en fut délivré, et comment enfin s'alluma la guerre civile.

Les engagemens qu'avoit avec lui M. de Rohan, qui lui étoit redevable de son mariage et de tout son établissement, le précipitèrent quelque temps après dans le parti de ce prince, mais avec peu d'honneur pour lui et encore moins d'avantage; car, après avoir jeté la ville d'Angers dans une seconde rebellion, et l'avoir assez mal défendue, il ne remporta de toutes ses fatigues, fort peu conformes à son caractère porté au repos et aux plaisirs, que la perte de son gouvernement et de sa santé, on peut dire même de sa vie.

Il ne fut pas le seul que le malheur du temps emporta, contre son inclination, dans ce malheureux parti. Nous en eûmes un exemple domestique dans notre famille en la personne de M. Arnauld, qui, s'étant attaché à M. le prince dans le temps qu'il étoit le soutien de l'Etat, se trouva engagé d'honneur à le suivre, après qu'il en eut été déclaré l'ennemi, ou plutôt après qu'il se fut rendu, comme par force, aux importunes sollicitations de ceux qui par des intérêts particuliers ne trouvoient leur compte que dans le trouble. Mais ce n'est pas encore le lieu de parler de ces choses.

La prison de M. le prince, qui les précéda et qui les causa, doit être auparavant mentionnée. Sur quoi il ne sera peut-être pas hors de propos de rapporter un fait qui, quoique peu solide en soi, ne laisse pas pourtant d'avoir eu quelque chose d'assez remarquable.

Je parle d'une espèce de prédiction que fit M. Arnauld quelques mois auparavant l'emprisonnement des princes. Il s'amusoit quelquefois en badinant à l'astrologie judiciaire, et se servoit entre autres moyens d'une certaine pirouette où étoient marquées les constellations célestes. Il la prenoit à pleine main quand elle tournoit ; et remarquant les figures qui se rencontroient sous ses doigts, il en tiroit des conséquences. Un jour donc messieurs les princes étoient à Chaillot, dans la maison du maréchal de Bassompierre ; ils s'y étoient retirés sur le mécontentement qu'ils témoignoient avoir au sujet du gouvernement du Pont-de-l'Arche qui avoit été refusé à M. de Longueville : et l'on peut dire que ce fut là la première étincelle du feu qui embrasa la France. M. le prince se trouvant en assez bonne humeur dit en riant à M. Arnauld : « Eh bien, ne pour-« riez-vous point, avec votre pirouette, nous dire « ce que deviendra tout ceci ? — Oui dà, mon-« sieur, » lui répondit M. Arnauld avec le même enjouement ; et ayant fait ensuite plusieurs figures : « Ma foi, dit-il, je ne sais ce que tout cela « veut dire, mais je ne trouve ici qu'une prison. » On n'y fit pas grande réflexion alors ; mais l'événement ne tarda guère à justifier sa prédiction. Ce n'étoit pas là la seule qu'il eût faite : il y rencontroit souvent assez juste ; et un jour entre autres que mon père se moquoit de lui, sur ce qu'il s'amusoit à une chose si vaine : « Eh bien ! « lui dit-il, voulez-vous que je vous dise ce qui « vous doit arriver demain ? » Et, après avoir fait ses observations, il lui prédit trois choses : l'une, que sa maison courroit fortune d'être brûlée, ce qui arriva ; une autre dont je ne me souviens pas, et qui arriva aussi ; et la troisième, qu'il ne dîneroit pas chez lui le lendemain. « Ah ! pour celle-« là, lui dit mon père, je vous attraperai bien, « car je ne sortirai point de chez moi. » En effet il n'en sortit point tout le matin ; mais, comme il s'alloit mettre à table, il vint un laquais de M. de Carbon, son ami intime (c'étoit le père de M. l'archevêque de Sens d'aujourd'hui). Ce laquais lui apportoit un billet par lequel on lui donnoit avis que M. de Carbon venoit d'être mis en prison pour quelque dette. Cette nouvelle lui fit oublier toute autre chose ; et, sans songer à son dîné ni à la prédiction de M. Arnauld, il courut dans le même instant au secours de son ami. Mais il ne se trouva pas peu étonné de voir, quand il fut de retour, qu'il avoit ainsi accompli la prédiction.

Revenons à la prison de M. le prince. C'est une date trop funeste à ceux qui ont la passion de l'Etat pour en pouvoir perdre le souvenir. Ce fut la nuit du 18 janvier 1650 qu'on paya les services de ce grand prince, qui venoit de conserver au Roi sa couronne, par la plus injuste prison qui fut jamais. On arrêta en même temps tous ceux qu'on croyoit être le mieux avec lui, et M. Arnauld ne s'en sauva que par le plus grand hasard du monde. Mais en évitant un malheur il tomboit dans un autre peut-être aussi grand ; car, à l'heure même qu'on envoya chez lui pour l'arrêter, il épousoit à Saint-Sulpice madame la présidente de La Barre. Ce mariage est peut-être la seule faute importante qu'on puisse lui reprocher en toute sa vie, et je ne sais si elle peut être excusée par la nécessité d'un homme qui avoit mangé tout son bien en servant le Roi, et qui trouvoit quelque ressource dans celui de cette femme. Quoi qu'il en soit, cette rencontre lui conserva alors la liberté pour pouvoir encore servir M. le prince dans son malheur, et mériter de plus en plus la confiance et l'amitié dont il l'honoroit. Comme il avoit grand intérêt à se bien cacher, il changeoit presque tous les jours de logis, sa femme le suivant partout ; et ce fut un petit miracle qu'elle ne le fit pas vingt fois découvrir par son imprudence. Il trouva bientôt le moyen de faire tenir de ses lettres à M. le prince, et d'en recevoir de lui. Il couroit toute la nuit pour ses intérêts, et il eut même l'adresse de lui faire tenir une épée dans sa prison. L'invention en fut assez bien imaginée pour trouver place dans ces Mémoires. M. le prince de Conti, qui se trouvoit incommodé, avoit demandé un bâton en béquille et un lit de camp. On sait que les colonnes de ces sortes de lits sont brisées, et qu'une des moitiés se joint à l'autre par un tourillon qui entre dans un trou de l'autre moitié. M. Arnauld fit faire une de ces moitiés de colonnes toute creuse, et logea dedans un bâton dans lequel étoit une épée. Ce bâton étoit tout-à-fait semblable à la béquille qu'on envoyoit à

34.

M. le prince de Conti : de manière que le manche de la béquille se pouvoit ajuster sur ce bâton mystérieux. Quand le lit fut tendu, et que les princes furent seuls la nuit dans leur chambre, comme ils étoient avertis du secret, ils tirèrent le bâton de son lieu, et remirent celui de la béquille en la place. Mais comme la pesanteur du fer eût pu découvrir le mystère si quelqu'un y eût touché, ils firent si bien que, sans qu'on y pût faire de réflexion, cette béquille étoit toujours tenue par quelqu'un des trois. Une épée entre les mains d'un homme qui s'en savoit aussi bien servir que M. le prince pouvoit beaucoup contribuer à l'exécution des entreprises qu'on formoit pour leur liberté. Elles ne purent réussir pendant qu'ils furent à Vincennes; mais dans le petit séjour qu'ils firent à Marcoussis lorsqu'on les transféroit au Hâvre-de-Grâce, M. Arnauld en forma une dont il s'en fallut peu qu'on ne vît l'effet. Il devoit mettre la nuit sur l'étang un bateau de cuir bouilli qu'on avoit apporté sur des chevaux, et l'amener sans bruit au pied de la fenêtre où les princes étoient gardés; un soldat qui étoit du secret, et qui devoit être de garde cette nuit, devoit, avec l'aide du prince, égorger ses compagnons et descendre avec les princes dans le bateau qui les attendoit, et qui les eût rendus au bout de l'étang. Là un gros de cavalerie se tenoit prêt à les recevoir. Toutes choses étoient disposées le mieux du monde pour ce dessein; mais la fortune, qui avoit commencé à tourner le dos à M. le prince, fut encore constante dans sa haine, et fit que le soldat affidé ne fut point de garde cette nuit-là.

Je ne dirai point comment les princes furent conduits au Hâvre, et par quelles intrigues ils en furent tirés : c'est un point d'histoire qu'il faut laisser à ceux qui font profession de l'écrire. Je ne m'étendrai point non plus sur toutes les machines qu'on fit jouer pour obliger M. le prince, contre son inclination, à prendre les armes contre le Roi ; je dirai seulement que M. Arnauld combattit de toutes ses forces cette pernicieuse résolution, et qu'il eut quelquefois espérance de la lui voir abandonner ; mais enfin le ressentiment, l'intérêt et l'importunité des personnes qui étoient les plus chères à ce prince l'emportèrent sur les plus sages conseils; et vaincu plutôt que persuadé : « Eh bien ! leur dit-« il, vous voulez la guerre, il la faut faire ; mais « je vous y mettrai si avant, que vous n'en sor-« tirez pas quand vous voudrez. » Il ne fut que trop véritable en ses promesses. M. Arnauld, voyant toutes choses désespérées, se rendit à Dijon par ordre de M. le prince qui lui en avoit donné le gouvernement, mais avec un chagrin mortel d'être le premier de sa maison qui eût jamais servi contre l'Etat. Un faux honneur pourtant l'engageant avec un prince qui l'estimoit et qui l'honoroit de sa confiance, il employa tous ses soins pour ses intérêts, et ménagea si adroitement les esprits du parlement de Dijon, que, pendant qu'il vécut, on n'y prit aucune résolution préjudiciable à M. le prince. Enfin, rongé d'un chagrin secret dont il ne put être le maître, il tomba dans une jaunisse qui peu après lui causa la mort. Il mourut dans le château de Dijon, et fut regretté de tout le monde. C'étoit un homme extraordinaire, d'un esprit vaste et étendu, capable également des plus grandes affaires, et de ces agréables bagatelles qui ont tant de part en la composition d'un honnête homme. Il écrivoit en prose et en vers aussi bien qu'il se pouvoit : j'ai vu des pièces de lui qui méritoient bien d'être conservées, et qui ne le cédoient point à celles de Voiture pour la grâce, pour l'enjouement, et pour ce tour aisé et naturel qu'on admire dans les ouvrages de cet auteur. Une célèbre plume de ce temps a été plus loin dans le portrait qu'elle a fait de M. Arnauld sous le nom de ......, en disant qu'on trouvoit en lui deux ou trois fort honnêtes hommes à la fois. En effet il est étrange que n'étant déjà plus jeune, et ayant un esprit solide et posé, il ne laissât pas d'être capable de tous les divertissemens des jeunes gens; et en effet M. le prince l'y appeloit quand il s'y occupoit avec les petits-maîtres : c'est ainsi qu'on appeloit alors messieurs de Châtillon, Tournon, Toulongeon, La Maussaye, et quelques autres seigneurs de la cour qui étoient de l'âge et des plaisirs du prince. M. Arnauld avoit servi toute sa vie sans discontinuation, et il étoit monté par degrés jusqu'à être lieutenant général des armées du Roi. Depuis qu'il s'attacha à M. le prince après la prise de Thionville, il le servit dans tous ses sièges et dans toutes ses batailles, et y acquit assez d'honneur pour mériter la part que lui donna Son Altesse en ses bonnes grâces et en ses conseils. Cependant il n'en a pas été plus heureux; et l'on peut dire que, hors l'estime de ses amis, et particulièrement de ce grand prince, estime qui n'étoit cependant pas un don de la fortune, il n'eut jamais de cette aveugle déesse que des rebuts et des contre-temps capables de désespérer tout courage qui n'eût pas été si grand que le sien.

TROISIÈME PARTIE.

Au mois de juin 1650, M. d'Angers fut sacré à Paris par M. l'archevêque de Tours, assisté de messieurs les évêques d'Albi et de Chartres. Au mois de novembre suivant, s'étant rendu à Angers, il prit possession de son évêché ; et, par une assiduité qui a peu d'exemples, il n'est pas sorti depuis de son diocèse. Il y fut reçu avec tout l'applaudissement qu'il devoit attendre d'un peuple qui l'avoit considéré depuis plusieurs années avec joie comme devant quelque jour être son évêque, et qui lui avoit l'obligation de l'avoir sauvé depuis un an de la fureur du maréchal de Brezé, comme nous avons dit ci-dessus.

M. de Rohan, gouverneur d'Anjou, se trouvoit alors à Angers avec madame sa femme. Il étoit d'une humeur douce et civile; et quoique madame de Rohan fût fort fière, on pouvoit espérer sous leur gouvernement une vie tranquille et heureuse. Mais, dans la guerre civile qui se ralluma, M. de Rohan se croyant obligé de suivre le parti de M. le prince, toutes ces bonnes dispositions furent changées, et il attira les armes du Roi dans l'Anjou, au grand malheur de la province et de lui-même, comme je le dirai dans la suite. Il vivoit en fort bonne intelligence avec M. d'Angers ; et étant revenu de Bretagne, où il avoit laissé madame de Rohan, pour se trouver à l'assemblée qui se devoit tenir à Angers pour députer aux Etats-généraux, il fut huit jours à n'avoir point d'autre table que celle de ce prélat.

Sur la fin de 1651, il eut ce grand démêlé avec le maréchal de La Meilleraye qui vouloit l'empêcher de présider aux états de Bretagne, pour mettre en sa place M. de Vendôme. M. de Rohan croyoit avoir si bien fait sa partie, qu'il ne craignit point de venir à Nantes où se devoient tenir les Etats. Madame de Rohan étoit avec lui, et cinq ou six cents gentilshommes se promettoient bien de lui faire avoir satisfaction. Mais le maréchal, qui n'étoit pas accoutumé à se laisser faire la loi, disposa si bien toutes choses, ayant placé ses gardes et ses soldats sur les avenues, et sur les remparts du château quelques pièces de canon qui enfiloient la rue par laquelle cette noblesse devoit venir, qu'il leur eût été impossible d'y paroître sans se faire tous écraser. Comme ils témoignoient pourtant être résolus de tenter l'entreprise, le maréchal envoya son capitaine des gardes à M. de Rohan pour le prier de s'en désister, et lui représenter qu'il ne lui étoit pas possible d'en venir à bout. Cet officier fut reçu et renvoyé avec mépris, et même il lui fut fait quelque insulte par les laquais de cette noblesse. Cela lui fit faire son rapport à son maître avec colère; il l'assura même qu'ils étoient en marche. Cette colère n'eut pas de peine à allumer celle du maréchal, qui étoit toujours assez prête à s'enflammer. Cependant il avoit la goutte. Il se fit mettre sur un bidet, résolu d'aller à leur rencontre et de les charger. Le président de Chalins voulant prévenir un si grand désordre, et jaloux aussi peut-être de l'autorité de sa compagnie qui avoit donné un arrêt en faveur de M. de Rohan, se mit au devant du maréchal, et lui dit tout ce qu'il put penser de plus fort pour lui faire épargner le sang de toute la noblesse de Bretagne; mais voyant qu'il passoit outre sans le vouloir écouter, il saisit la bride de son cheval, qui, sentant la saccade, pensa se cabrer. On vit en cet instant une scène assez ridicule, et qui calma la colère du maréchal par des éclats de rire qu'il ne put retenir. M. l'évêque de Nantes, revêtu de ses habits de cérémonie pour présider aux Etats, s'avança, les poings fermés, contre le président de Chalins, et, avec de grosses paroles mêlées de menaces et de juremens qui lui étoient assez familiers, il le fit bientôt repentir de son audace. Ce président retourna vers M. de Rohan, qui comprit enfin que ce seroit une témérité inutile d'entreprendre de forcer le maréchal de La Meilleraye. Madame de Rohan cependant tâcha de faire soulever la populace ; mais le maréchal ayant fait prendre les armes aux bourgeois rompit encore ses mesures, et renvoya faire commandement à M. de Rohan et à tous ceux qui l'accompagnoient de sortir de la ville; et il fallut obéir. Madame de Rohan voulut avoir la satisfaction de décharger sa bile contre le maréchal : elle se fit accompagner au château par le marquis de Molac et le comte de Carnay. Elle le traita de tyran qui, pour satisfaire sa haine, avoit voulu faire couper la gorge à toute la noblesse de Bretagne ; et, continuant dans son emportement, elle lui dit que s'il vouloit sortir de la ville il pourroit vider sa querelle avec M. de Rohan plus honorablement que sous le canon de son château. M. le maréchal ne s'emporta point, et lui répondit en riant qu'il s'étonnoit qu'elle voulût faire battre M. de Rohan, et qu'elle ne l'avoit pas épousé pour cela. Le marquis de Molac s'étant voulu mêler de parler, et ayant dit entre autres choses que s'il n'étoit maréchal de France il étoit du bois dont on les faisoit. « Il est vrai, « reprit M. le maréchal ; quand on en fera de « bois, vous le pourrez être. » Le comte de Carnay eut aussi son fait. « Vous croyez, lui dit le « maréchal, parce que vous êtes un grand gladia-« teur, que personne n'oseroit vous résister ; mais « cela vous est inutile contre moi, car je suis un « pauvre goutteux qui ne me bats point. » Enfin après les avoir traités fort civilement, ne payant leurs injures que de railleries, il conduisit madame de Rohan hors du château, et la fit après sortir de la ville.

[1652] M. de Rohan revint à Angers dans cette mauvaise humeur, et ce fut alors qu'on commença à s'apercevoir des desseins qu'il avoit contre le service du Roi. Il prit l'occasion du passage du régiment de Picardie, qui alloit joindre Sa Majesté en Poitou, pour s'emparer du Pont-de-Cé : bien heureux de ce que l'avis de Poillac, qui commandoit ce régiment, ne fût pas suivi. Celui-ci, jugeant bien où cela alloit, proposa de se saisir de sa personne, et de le mener à la cour. Ç'auroit été un très-grand service qu'il auroit rendu à l'Etat; mais comme c'étoit une chose assez délicate d'arrêter un gouverneur de province dans son gouvernement sans en avoir d'ordres, les autres capitaines ne jugèrent pas à propos de l'exécuter. Après qu'il fut maître du Pont-de-Cé, il commença à parler plus hardiment ; il fit entrer quelques troupes dans Angers : et comme il n'y avoit point d'homme plus propre que lui à gagner les esprits d'un peuple, il ne lui fut pas difficile d'engager celui d'Angers dans ses intérêts, d'autant plus que ce peuple étoit d'ailleurs assez porté à des remuemens par sa légèreté naturelle.

Il arriva dans ces entrefaites que M. Servien, qui étoit retiré chez lui en Poitou, perdit madame sa femme ; il étoit fort ami de M. d'Angers, et il lui fit témoigner qu'il auroit une grande consolation dans son extrême douleur s'il le pouvoit voir. Ce fut un étrange embarras pour M. d'Angers ; il voyoit bien que son absence pourroit encore donner à M. de Rohan plus de hardiesse pour exécuter ses mauvais desseins; mais aussi il n'étoit pas possible de refuser à un ami du poids de M. Servien, dans une occasion de cette nature, le service qu'il attendoit de lui. M. d'Angers partit donc, faisant état de n'être que trois ou quatre jours en son voyage. M. de Rohan étoit trop habile pour s'oublier en cette rencontre : il voyoit bien que M. d'Angers, dans Angers, lui auroit toujours été un grand obstacle ; ce qu'il y avoit de serviteurs du Roi dans la ville auroient toujours eu auprès de lui où se rassembler. De l'arrêter dans son palais épiscopal ou de le chasser de la ville, cela auroit pu faire du désordre ; il étoit bien plus aisé de l'empêcher d'y rentrer, puisqu'il en étoit sorti. Aussi prit-il ce parti ; et comme il sut qu'il revenoit, il envoya son capitaine des gardes au Pont-de-Cé pour le persuader par de belles raisons, et par la vue même de sa sûreté, de ne point revenir à Angers. Mais comme cet officier vit que nonobstant tout cela il marchoit toujours pour y retourner, il lui fit voir qu'on n'étoit pas d'humeur à le souffrir. On lui fit presque violence pour l'empêcher de passer outre, et il fut contraint de se retirer cette nuit à Brissac.

Il est aisé de concevoir quel bruit cette action fit dans la ville. Je fus en même temps trouver M. de Rohan ; je le rencontrai au milieu de force bourgeois révoltés, qui étoient presque aussi grands maîtres que lui. Je lui fis, avec toute la modération possible, mes plaintes de l'indigne traitement qu'il faisoit à un homme qui, ce semble, devoit attendre toute autre chose de son amitié. Il me répondit qu'il ne manqueroit jamais à celle qu'il lui avoit promise ; mais que, dans la conjoncture des affaires, il n'avoit pas pu se dispenser de s'opposer à son retour, sachant qu'il pourroit traverser ses desseins; qu'il ne tiendroit qu'à lui de revenir, et qu'il n'avoit pour cela qu'à lui promettre de faire simplement sa charge d'évêque, sans se mêler de la sienne de gouverneur. Je lui dis que je ne croyois pas qu'il eût dessein d'entreprendre sur son autorité, et même qu'il n'étoit guère en pouvoir de le faire. Ensuite je le priai de me permettre de l'aller trouver pour lui dire ses intentions. Il me dit qu'il le vouloit bien, et même qu'il me seroit obligé si je pouvois le ramener. Il me reconduisit quand je pris congé de lui ; et comme je lui en faisois des reproches parce qu'il avoit voulu que nous vécussions sans cérémonie, et que je lui disois que c'étoit déjà me traiter en ennemi, il me dit tout bas : « Monsieur l'abbé, je ne puis pas vous dire tout ce que je voudrois devant ces gens-ci ; mais si vous saviez les raisons que j'ai de faire ce que je fais, vous ne blâmeriez peut-être pas ma conduite. » Je passai dans la chambre de madame de Rohan pour prendre congé d'elle ; et comme elle faisoit profession d'être fort amie de M. d'Angers, elle me pria de lui témoigner le déplaisir qu'elle avoit de tout ceci, et de ce qu'elle n'avoit pas assez de pouvoir pour y remédier.

Je partis le lendemain matin avec un passeport, et fus trouver M. d'Angers à Brissac : je lui exposai ma commission, mais je le trouvai très-ferme à ne vouloir donner aucune parole pour son retour, ne pouvant manquer au service qu'il devoit au Roi, et ne voulant pas que M. de Rohan lui pût imputer d'avoir manqué à ce qu'il lui auroit promis. Je m'étois bien douté qu'il me feroit cette réponse : aussi étois-je parti d'Angers en intention de n'y revenir qu'avec lui ; mais il voulut que j'y retournasse, jugeant que j'y pourrois être plus utile pour lui donner avis de toutes choses. Je trouvai au Pont-de-Cé M. de Martigny, conseiller au parlement, qui m'y attendoit. Je lui donnai une grande lettre de

M. d'Angers; c'étoit une espèce de manifeste. Je fus avec lui chez M. de Rohan, qui étoit avec madame sa femme et tout ce qu'il y avoit de gens plus considérables de son parti. Je lui dis d'abord que ma négociation avoit mal réussi; que M. d'Angers ne pouvoit lui donner aucune parole contre son devoir; et qu'enfin, s'il le chassoit de son siége, il espéroit y être bientôt rétabli par une main plus puissante que la sienne. M. de Rohan, qui ne s'attendoit pas à un pareil compliment, en fut tout surpris, et marmotta entre ses dents quelques paroles que je n'entendis pas; car m'étant tourné en même temps vers madame de Rohan, je lui dis que M. d'Angers la remercioit très-humblement des sentimens qu'elle lui faisoit l'honneur d'avoir pour lui, et qu'il ne les pouvoit mieux reconnoître qu'en lui témoignant combien il la plaignoit d'avoir si peu de crédit auprès de M. de Rohan, lui semblant que par beaucoup de raisons elle en devoit avoir davantage. Comme je n'avois nulle bonne réponse à attendre, sans lui laisser le loisir de la faire, je lui fis une profonde révérence et me retirai. J'ai su depuis qu'après que je fus sorti M. de Rohan avoit dit que je lui avois parlé d'un ton bien hautain, et comme si j'avois eu dix mille hommes après moi; à quoi quelqu'un qui se trouva là, et qui étoit de mes amis, lui dit assez agréablement qu'il ne s'en devoit point étonner, que c'étoit le ton de la famille, et que si j'avois une maîtresse je lui parlerois sur le même ton.

Ce fut la dernière fois que je vis M. de Rohan. M. d'Angers tenta tous les moyens qu'il se peut imaginer pour rentrer secrètement dans la ville, mais aucun ne put réussir. Enfin sachant que le Roi devoit arriver à Saumur, il s'y rendit quelques jours auparavant. Il y trouva M. de Servien, qui fut bientôt après remis dans l'emploi. M. d'Angers salua Sa Majesté; il en fut reçu comme un homme persécuté pour son service. Il se trouva ainsi à la cour sans y penser, mais avec quelque honte d'y être; et je lui ai ouï dire bien des fois qu'entendant un jour des soldats qui disoient, en le voyant passer avec quelques autres évêques de cour : «Ne verrons-nous ja- « mais ici que des évêques? » il se sentit piqué de ce reproche comme si cela l'avoit regardé. Je dirai en passant une autre chose qui lui arriva alors, et qui est bonne à savoir, parce qu'elle détruit une erreur dont toute la cour est prévenue touchant l'autorité comme épiscopale qu'y prétend le grand aumônier de France. M. d'Angers étant un jour chez la Reine, Sa Majesté lui dit qu'elle lui enverroit les officiers de la maison du Roi pour résoudre avec lui s'il fau- droit donner dispense de manger des œufs pendant le carême. Là-dessus M. le garde des sceaux (Molé) prit la parole et lui dit : » Madame, c'est « à M. le grand aumônier qu'il appartient de « donner ces dispenses pour la cour. — Cela « n'est pas vrai, monsieur le garde des sceaux, « répliqua la Reine; car j'ai ouï dire au bon- « homme cardinal de La Rochefoucauld, qui sa- « voit bien les droits de sa charge, que cela ap- « partient à l'évêque diocésain. »

Ce fut en ce temps-là qu'on sut à la cour la promotion de M. le cardinal de Retz au cardinalat. M. d'Angers en reçut le premier la nouvelle, et l'apprit à M. Servien, lequel la fut porter à l'heure même à M. le cardinal.

L'approche du Roi donna un peu à penser à M. de Rohan, et ranima ceux du bon parti. On fit quelque entreprise pour se saisir d'une des portes de la ville, et pour la livrer aux troupes de Sa Majesté; mais le défaut d'un chef qui eût de l'autorité fit manquer tous ces desseins. M. de Rohan ne laissoit pas pendant tout cela d'entretenir quelques négociations à la cour; et il y avoit alors auprès de lui un exempt des gardes, nommé Lignerolles, qu'on y avoit envoyé. Nous nous voyions souvent en quelques maisons de la ville, cet exempt et moi, comme étant de même parti. Un matin, prêt à s'en retourner, il m'écrivit un billet par une femme qui me trouva encore au lit, m'étant presque démis un pied quelques jours auparavant. Il me donnoit avis que la veille au soir on avoit intercepté une lettre chiffrée que M. d'Angers m'écrivoit; que M. de Rohan ni tout son conseil n'avoient pu venir à bout de la déchiffrer; et qu'enfin on avoit résolu de m'arrêter et de me mettre dans le château. Je ne délibérai pas long-temps sur ce que j'avois à faire, n'ayant plus à demeurer dans la ville puisque je n'y pourrois plus servir de rien. J'envoyai prier M. de Varennes, ordinaire de chez le Roi, et qui n'étoit demeuré à Angers que par maladie, d'exécuter une partie de promenade que nous avions faite d'aller dîner à La Perrière : c'est une fort agréable maison qu'il a à une lieue d'Angers. Il envoya en même temps prier le marquis de Clérambaut de demander pour lui un passe-port, et dès qu'il l'eut nous montâmes en carrosse, en équipage de gens qui vont seulement se promener. Comme nous fûmes hors des barrières, des soldats des corps-de-garde coururent après nous. Je crus bien alors que j'étois découvert; mais dès qu'ils eurent vu le passe-port, ils nous laissèrent aller. J'avois donné rendez-vous à mes gens à La Perrière; et dès qu'ils furent arrivés, coupant ce dîné au peu court, je montai sur un cheval qu'on me prêta, et par des chemins détournés je me rendis à Sautray chez un gentilhomme de mes amis, dont le château étoit assez fort pour ne craindre pas les insultes de la milice d'Angers. Mes précautions ne furent pas inutiles ; car à peine étois-je parti de La Perrière, que l'enseigne des gardes de M. de Rohan y arriva avec dix de ses compagnons. Il visita toute la maison ; il alla jusqu'à un bac que je devois avoir passé si j'avois été par le droit chemin ; enfin, après une recherche vaine, il retourna à La Perrière, où il fit force menaces à M. de Varennes, qui ne s'en retourna pas moins à Angers. On me manda que M. de Rohan avoit eu pensée de le mettre au château au lieu de moi ; c'étoit assurément le moyen de me ravoir, car j'étois fort résolu de m'aller remettre entre ses mains plutôt que de voir mon ami en peine pour m'avoir rendu service. Mais il arriva ce que j'avois bien prévu, que madame de La Troche sa nièce auroit assez de crédit auprès de M. et de madame de Rohan pour le tirer de cette affaire.

Je demeurai à Sautray pendant que dura le siége d'Angers. M. le maréchal d'Hocquincourt le forma avec peu de troupes, et ces troupes encore manquoient de toutes choses. Il s'empara d'abord des faubourgs, qui ne lui furent point disputés. Les soldats y trouvèrent tant de vin, qu'étant la plupart ivres ils coururent fortune la première nuit d'être égorgés, si les assiégés eussent eu le cœur de sortir.

Le canon et les poudres que M. le maréchal de La Meilleraye envoya de Nantes étant arrivés, on en tira quelques volées : ce qui mit une si grande terreur dans la ville, que, dans l'appréhension qu'elle ne fût prise d'assaut, M. de Rohan trouva à propos de la rendre. Il se croyoit dégagé de sa parole, ayant tenu plus long-temps qu'il n'avoit promis, et ne considéra pas beaucoup l'avantage de son parti ; car il est certain que, s'il se fût retiré dans le château, il auroit donné le temps à M. de Nemours de le secourir. Ce prince, agissant de bonne foi pour les intérêts de M. le prince, marchoit à grandes journées au secours d'une place si importante au bien de leurs affaires, ne faisant pas comme M. de Beaufort, qui y seroit bien arrivé à temps s'il eût voulu.

Ce fut pendant le temps que je passai chez M. de Sautray que j'eus le bonheur de faire connoissance avec ses aimables nièces (madame la comtesse de Marans et mademoiselle de Montalais), qui étoient encore fort jeunes, et qui m'ont toujours honoré depuis de leur amitié. On peut dire de ces deux sœurs qu'avec un égal mérite pour l'esprit, elles ont des caractères fort différens. L'aînée est d'une humeur plus douce, mais aussi plus indifférente dans ses amitiés, quoique quand la passion s'en mêle elle puisse faire bien du chemin. On a vu dans son mariage un exemple de la vengeance de l'amour ; car ayant épousé son cousin germain avec beaucoup de répugnance, quoiqu'elle en fût ardemment aimée, elle vint ensuite à l'aimer si violemment qu'on eût dit qu'elle lui avoit enlevé toute sa passion, tant il devint indifférent pour elle. Mais on vit bientôt un autre changement aussi étrange : elle se trouva enfin rebutée, et son cœur s'éloignant de son mari ingrat sembla lui redonner l'amour qu'elle lui avoit ôté en l'aimant trop ; faisant voir par un bizarre renversement qu'il suffisoit à l'un des deux d'aimer pour ne l'être point : heureux s'ils eussent fait de leur passion un partage raisonnable, sans laisser ainsi tout d'un côté. Pour mademoiselle de Montalais, elle a donné tant de preuves d'une amitié ardente et généreuse, qu'encore qu'on puisse reprendre en elle quelque sorte d'emportement, on peut dire néanmoins que le bien y passe le mal de bien loin. Elle a un esprit vif et expédient ; et si elle est capable d'intrigues, elle l'est encore plus de les écrire avec beaucoup d'agrément et de politesse. Il ne tiendra qu'à elle de donner à ses amis des Mémoires de sa vie. Ils ne le céderoient à aucun de ceux qui ont été publiés jusqu'ici, soit pour la beauté du style, soit pour la curiosité de la matière. Les personnes de la première qualité du royaume y joueroient un des plus beaux rôles ; et l'on y verroit entre autres choses les motifs de cette amitié de reconnoissance que M. le maréchal de Grammont a toujours pour elle. Elle m'a autrefois promis d'y travailler ; mais jusqu'ici je n'ai vu aucun effet de ses promesses.

Je me rendis à Angers le même jour que M. de Rohan en étoit sorti, et je saluai M. le maréchal d'Hocquincourt chez M. de Varennes où il avoit dîné. Il s'y entretint avec les dames jusque sur les trois heures : pour lors il prit congé d'elles, leur disant qu'il étoit obligé de les quitter, ayant à prendre ce jour-là le Pont-de-Cé. Un nommé Alexandre, qui le tenoit pour M. de Rohan, s'étoit vanté qu'il n'y craignoit que le feu du ciel ; mais il n'en fut pas moins forcé en deux heures. Ce qui fut une assez fâcheuse nouvelle pour M. de Rohan, qui la sut dès le lendemain.

Ainsi finit la guerre d'Angers, qui pouvoit devenir très-considérable si tous ceux qui avoient intérêt de la soutenir y eussent fait leur devoir. On eût pu réduire M. de Rohan à meilleur marché, et ne point détourner l'armée du Roi qui étoit assez nécessaire ailleurs, si on eût voulu accorder au maréchal de La Meilleraye la permission qu'il demandoit de faire ce siége à ses dépens, autant pour satisfaire sa haine contre M. de Rohan que pour s'acquérir de la gloire; mais les amis que celui-ci avoit à la cour détournèrent adroitement le malheur qui le menaçoit : tant un petit intérêt particulier prévaut souvent sur les plus grands de l'État.

Le Roi partit de Saumur aussitôt après la réduction d'Angers, et donna le gouvernement de la ville et du château à M. de Fourilles, lieutenant colonel du régiment des Gardes. Je fus assez heureux pour lier avec lui une amitié très-sincère qui a duré autant que sa vie, et dont je chérirai toujours le souvenir tant que durera la mienne. Madame sa femme l'y vint trouver peu de temps après avec une sœur qu'elle avoit; toutes deux se faisoient estimer par beaucoup d'esprit, et par une humeur très-civile et très-agréable. Je compterai toujours pour un des plus heureux temps de ma vie les deux années que cette aimable compagnie passa à Angers; elles y attiroient beaucoup d'autres dames, dont madame la marquise de La Porte, sœur du dernier duc de Brissac, étoit la plus considérable par sa qualité, mais à laquelle quelques autres ne cédoient en rien pour le mérite. On n'aura pas de peine à me croire, quand je compterai dans ce nombre madame la comtesse de La Fayette, qui, n'étant encore que mademoiselle de La Verne, avoit déjà tous ces talens acquis et naturels qui la distinguent si bien aujourd'hui parmi toutes les personnes de son sexe. Elle étoit avec madame sa mère, qui avoit épousé depuis peu M. de Sévigné, auparavant chevalier de Malte. Il étoit parent de M. le cardinal de Retz, et fort attaché à sa fortune : ce qui l'avoit obligé pendant sa disgrâce de se retirer avec sa famille à une terre qu'il avoit en Anjou. Il ne faut pas oublier mesdames de La Troche et de Bobigné, dont la réputation est assez bien établie dans le monde pour l'esprit et pour la vertu; et je pourrois dire pour la beauté, si une chose si fragile n'étoit bien au-dessous des autres éloges qu'elles méritent, et si l'amitié qui a toujours été depuis entre nous n'avoit des fondemens plus solides.

Peu de jours après la réduction d'Angers, M. le maréchal de La Meilleraye eut ordre du Roi d'y venir. On avoit besoin d'une personne comme lui pour rétablir l'autorité que les factieux avoient comme anéantie. M. d'Angers le logea chez lui; dès le second jour qu'il y fut, il y eut la nuit une espèce de sédition où un de ses gardes fut tué. Ceux qui ont connu l'humeur violente de ce maréchal n'auront pas de peine à s'imaginer la colère où cela le mit. Il est certain que sans M. d'Angers, qui intercéda auprès de lui, il auroit poussé son ressentiment bien loin contre cette ville si mutine. Les choses étoient en cet état quand M. d'Angers reçut une lettre de M. Servien qui, étant demeuré à Saumur après le Roi, vouloit y faire un service solennel pour feu madame sa femme. Par cette lettre, on le sommoit de la parole qu'il avoit donnée d'y officier. Il n'y avoit pas moyen de s'en dédire; cependant il lui fâchoit fort de quitter la ville dans un temps où l'on pouvoit craindre quelque désordre, et de la mauvaise humeur du maréchal, et de la chaleur des esprits encore bouillans et mal disposés. Il résolut donc de partir, mais de revenir dès le lendemain. Il se rendit à Saumur de bonne heure : on disposa toutes choses dès le soir pour le service du jour suivant. Un vénérable père récolet fit l'oraison funèbre; et ce fut avec tant de jugement, qu'oubliant que M. Servien n'avoit qu'un œil, il appliqua ce beau passage à la défunte : *Erat oculus cœco et pes claudo;* ce qui fit un peu rire la compagnie. Le repas que M. Servien donna ensuite fut magnifique : ce fut dans une salle des pères de l'Oratoire. Il y avoit trois longues tables parfaitement bien servies en poisson; mais feu madame la duchesse de Brissac troubla un peu la fête : elle avoit pour le saumon de ces aversions naturelles dont on ne sauroit rendre de raison. On n'en avoit point servi pour cela à la table où elle étoit; mais en ayant été mis sur une autre assez éloignée, soit qu'elle le sentît ou autrement, elle se trouva si mal tout à coup qu'il fallut l'emporter dans une chambre voisine. Dès que le repas fut fini, M. d'Angers, que son inquiétude pressoit, prit congé de M. Servien, qui lui donna un carrosse et des chevaux pour aller rejoindre les siens, qu'il avoit envoyés le matin à moitié chemin. Il étoit nuit quand nous arrivâmes à notre relais. Comme le temps étoit fort mauvais, et qu'il faisoit beaucoup de vent et de pluie, nous n'arrivâmes au port de Sorge qu'à dix heures du soir. Nous ne trouvâmes point de bateliers au bac pour le servir : M. d'Angers vouloit à toute force que ses gens le passassent; mais comme le vent étoit fort grand et les eaux extrêmement débordées, nous lui fîmes enfin entendre raison. Nous retournâmes à La Daguenière, dans l'intention d'y passer la nuit; et nous l'aurions fait, si malheureusement nous n'eussions trouvé sur notre chemin les bateliers du bac que M. d'Angers ramena aussitôt, résolu de passer à quelque prix que ce fût. Le maître avoit pris un peu plus de vin qu'il n'eût été à souhaiter; ainsi, dès en démarrant du bord, il manqua la corde, et nous fûmes emportés par le courant. Ce que purent faire nos bateliers fut de s'aider de quelque méchante planche comme d'aviron. Il n'y eut personne de la compagnie qui n'eût voulu pour beaucoup être encore à La Daguenière, quelque méchant que fût le gîte. Enfin le vent qui nous faisoit peur nous sauva; car, nous poussant de côté, nous nous trouvâmes sur la prairie inondée, où nos bateliers se pouvoient servir de leurs perches pour gagner le bord. Cependant il en coûta la vie au maître : sa perche l'emporta dans l'eau, et le vent poussa le bateau sur lui. Nous le vîmes paroître une fois, autant que l'obscurité de la nuit le pouvoit permettre ; on lui tendit une autre perche qui nous restoit, mais inutilement. Nous le perdîmes bientôt de vue, et le malheureux se noya sans que nous le pussions secourir. Ses compagnons au désespoir, s'abandonnant aux pleurs et aux plaintes, sembloient s'être oubliés eux-mêmes aussi bien que nous, et nous nous vîmes une seconde fois exposés au péril d'être emportés par le torrent. On avoit beau commander à ces pauvres gens de faire leur devoir, ils étoient sourds à nos paroles, comme s'ils eussent eu dessein de suivre le destin de leur compagnon. Enfin, m'ennuyant de leur étourdissement, je pris l'épée d'un de nos gens, et les menaçai de les tuer s'ils ne reprenoient le soin de la barque. Ce n'étoit guère mon intention de le faire, mais la peur d'un péril plus présent fit l'effet que j'avois espéré. Ils s'aidèrent le mieux qu'ils purent; et enfin, avec le secours du vent qui nous poussoit aussi, nous arrivâmes au pied d'une chaussée, où avec un peu de peine nous mîmes pied à terre. Je crois que M. d'Angers ne se consolera jamais de la mort de ce pauvre homme. Il envoya de l'argent à sa veuve, et on a cru qu'il n'avoit depuis peu entrepris beaucoup de voyages à pied à Notre-Dame des Ardiliers que pour obtenir au mort la miséricorde du Fils, par la sainte intercession de la Mère.

Nous trouvâmes les choses à Angers plus tranquilles que nous n'avions cru : on en chassa les plus factieux par ordre du Roi; et le docteur Voisin, fameux boutefeu, fut relégué à Perpignan, où il eût pu finir ses jours dans l'exil, la plus légère peine de celles qu'il avoit si bien méritées, si M. d'Angers, par une bonté dont il a été si mal payé depuis, n'avoit intercédé pour son retour : Dieu, qui exerce les siens en mille manières, destinant dès lors l'ingratitude de ce furieux pour donner la dernière épreuve à la vertu de ce prélat, et pour couronner sa patience.

Après que M. le maréchal de La Meilleraye eût réglé toutes choses, et rétabli l'ordre et l'autorité du Roi dans la ville, il nous laissa sous la conduite de M. de Fourilles, qui nous fit jouir d'un fort grand repos pendant toutes les tempêtes de la guerre civile qui agitoient encore le royaume. C'étoit un homme de beaucoup de mérite, quoiqu'il ne fût pas agréable à tout le monde, et auquel la longue expérience qu'il avoit de la cour avoit donné un fort grand discernement. Je dirai sur cela, à sa louange, qu'il est le premier qui en ce temps-là ait reconnu, au travers des ombres de la plus méchante éducation du monde, les excellentes qualités de Sa Majesté. « Monsieur l'abbé, me disoit-il quelque« fois, on ne connoît point le Roi; on croit qu'il « n'est capable de rien et qu'il ne pense à rien. « Mais souvenez-vous de ce que je vous dis au« jourd'hui : il fera voir dans son temps qu'il ne « le cède point en esprit et en courage aux plus « grands des rois ses prédécesseurs. » Je m'en suis souvenu comme il me l'avoit dit; et toute la terre connoît à cette heure la vérité de cette prédiction. M. de Fourilles donna quelques années après une autre preuve de sa pénétration dans les affaires, lorsque le Roi fit arrêter à Nantes le malheureux M. Fouquet. Sa Majesté avoit fait mettre son régiment des Gardes en bataille dans la prairie, comme voulant en faire la revue en allant à la chasse. M. le maréchal de Grammont et M. de Fourilles s'entretenoient à la tête du bataillon, quand un gentilhomme dépêché à M. le maréchal lui vint dire que le Roi le demandoit, et lui témoigna qu'il se passoit assurément quelque chose de conséquence au château. Pendant qu'on lui amenoit ses chevaux, il commença à raisonner avec M. de Fourilles sur ce que ce pouvoit être : il crut qu'on auroit pu arrêter M. le maréchal de La Meilleraye, et devina encore quelques autres choses semblables, sans aller à la vérité. Enfin M. de Fourilles lui dit : « Pour moi, monsieur, si j'ose vous dire ma « pensée, je crois qu'on en veut à M. Fouquet. » Le maréchal rejeta cela comme une chimère; et s'en étant allé au château, il revint peu de temps après, et dit à M. de Fourilles : « Vous êtes un « diable; comment est-il possible que vous ayez « deviné si juste? — Je ne suis point un diable, « monsieur, lui répliqua-t-il; mais il y a long« temps que j'avois remarqué certaines choses « qui m'ont fait former ce jugement. » On le détacha à l'heure même, avec quelques compagnies du régiment, pour s'aller rendre maître de Belle-Isle. Ce fut au mois de septembre de l'année 1661.

Pour revenir à l'année 1652, que j'ai interrompue par cette digression, vers l'automne de cette même année mon frère, qui depuis un an étoit revenu de son intendance de l'armée de Catalogne, vint passer deux ou trois mois avec nous. Je lui rendis cette visite deux ans après à Paris; M. de Fourilles y étoit retourné peu auparavant, et ce fut lui qui m'apprit l'évasion de M. le cardinal de Retz du château de Nantes : ce qui fit qu'on le renvoya promptement à Angers.

Cet incident est trop remarquable pour n'en pas rapporter quelques particularités que j'ai sues de deux ou trois personnes qui y eurent part. Je n'examinerai point par quels motifs M. le maréchal de La Meilleraye se chargea de la conduite de ce cardinal du château de Vincennes en celui de Nantes, où il s'engagea de le garder, et où il lui donnoit toute liberté de voir ses amis, même en particulier; et cela, sur les paroles qu'ils s'étoient respectivement données, l'un de ne point penser à se sauver, l'autre de ne point souffrir qu'on le transférât ailleurs. Cependant comme le Pape se rendoit difficile à consentir à la démission que cette Eminence avoit faite de son archevêché de Paris, condition à laquelle on avoit attaché sa liberté, et qu'on s'imagina à la cour que lui-même par ses intrigues faisoit naître ces difficultés, on manda au maréchal de le resserrer : ce qu'il ne fit pourtant pas; mais il lui donna à entendre que s'il venoit des ordres précis de le remettre entre les mains du cardinal Mazarin, il n'étoit pas d'humeur de faire la guerre au Roi pour tenir sa parole. C'en fut assez au cardinal de Retz pour se croire dégagé de la sienne. Ainsi, en ayant conféré avec feu M. le duc de Brissac, madame la duchesse de Retz, M. de Sévigné et ses autres amis, il ne pensa plus qu'aux moyens de se sauver; et il le fit en effet quelques jours après, de la manière que tout le monde a sue. Ce fut l'abbé Rousseau, qui étoit à lui, qui lui porta sous sa soutane une corde, à l'aide de laquelle il le descendit de dessus une terrasse où il s'étoit allé promener. C'étoit un homme fort et résolu qui ne craignoit point de s'exposer ; car il n'y avoit guère d'apparence qu'il se pût sauver après lui. Cependant la chose s'exécuta si heureusement que, devant qu'on s'en fût aperçu, le cardinal eut le temps de sortir du château, et même de Nantes ; et, s'étant fait conduire à pied par des bois et des chemins détournés, il évita toutes les recherches du maréchal de La Meilleraye, qui, enragé de l'évasion de son prisonnier, mit tout ce qu'il put en campagne pour essayer de le reprendre. La fortune, qui voulut favoriser le cardinal, fit que, justement dans le temps qu'on le descendoit par la muraille, un malheureux jacobin se noyoit dans la rivière. Tout le monde étoit attentif à ce spectacle ; et quoique quelques gens criassent, en parlant du cardinal : *Il se sauve! il se sauve !* on crut que cela se rapportoit au jacobin. Le dessein de cette Eminence étoit de s'en aller droit à Paris, et il y avoit des relais disposés pour cela. Il espéroit bien de ranimer sa cabale par sa présence, en profitant des mauvaises dispositions des Parisiens contre le cardinal Mazarin. On l'accusoit d'avoir embarrassé le Roi mal à propos à faire le siége de Stenay, pendant que l'archiduc et M. le prince, avec plus de trente mille hommes, poussoient vivement celui d'Arras, avec beaucoup d'apparence de se rendre bientôt maîtres de cette importante place. Mais tous les beaux projets du cardinal de Retz s'évanouirent par l'accident qui lui arriva; car abandonnant avec peu d'adresse un excellent cheval qu'il montoit sur un pavé sec et glissant, les quatre pieds lui manquèrent, et la chute fut si grande que le cardinal se démit une épaule. On eut bien de la peine à le remettre à cheval, et il vérifia la prédiction du duc de Brissac, qui, l'attendant à une lieue de Nantes avec M. de Sévigné et d'autres gentilshommes, avoit dit à ces messieurs, en parlant du cardinal : « Vous verrez que notre homme sera encore si « maladroit qu'on nous le ramenera estropié. » Il fallut donc prendre d'autres mesures, qui furent d'aller à Machecoul chez M. le duc de Retz, et de passer ensuite à Belle-Isle, d'où quelques jours après il s'embarqua pour Saint-Sébastien ; et avec des passe-ports d'Espagne il se rendit enfin à Rome.

Je revins à Angers sur la fin de l'automne de cette même année 1654. En 1656, dans la même saison, étant allé au Château-Gontier, où nous étions allés voir M. le président de Bailleul et madame sa femme, nous y reçûmes la nouvelle d'une grande sédition qui s'étoit élevée à Angers. Les choses allèrent si loin, que pour en faire punition le Roi envoya peu de temps après quelques compagnies du régiment des Gardes, sous le commandement de M. de Fourilles, avec M. de Fontenay-Hotman, intendant de la province, qui fit faire une justice exemplaire des séditieux. On connoît assez le mérite et l'activité infatigable de M. de Fontenay dans les divers emplois qu'il a eus, pour que je n'aie pas besoin de faire ici son portrait. Je dirai seulement que je fus assez heureux pour obtenir quelque part en l'honneur de ses bonnes grâces, et j'en ai toujours reçu des marques dans les occasions qui s'en sont offertes.

Je le laissai encore à Angers avec les troupes au commencement de 1657, lorsqu'un procès m'obligea d'aller à Paris. Ce fut en ce voyage que M. de Sévigné me fit faire connoissance avec l'illustre marquise de Sévigné sa nièce, dont le nom seul vaut un éloge à ceux qui savent estimer l'esprit, l'agrément et la vertu. On peut dire d'elle une chose fort avantageuse et fort singulière : qu'une des plus dangereuses plumes de France (1) ayant entrepris de médire d'elle comme de beaucoup d'autres, a été contrainte par la force de la vérité de lui feindre des défauts purement imaginaires, ne lui en ayant pu trouver de réels. Il me semble que je la vois encore telle qu'elle me parut la première fois que j'eus l'honneur de la voir, arrivant dans le fond de son carrosse tout ouvert, au milieu de monsieur son fils et de mademoiselle sa fille ; tous trois tels que les poètes représentent Latone au milieu du jeune Apollon et de la petite Diane : tant il éclatoit d'agrément et de beauté dans la mère et dans les enfans. Elle me fit l'honneur dès lors de me promettre de l'amitié ; et je me tiens fort glorieux d'avoir conservé jusqu'à cette heure un don si cher et si précieux. Mais aussi je dois dire, à la louange du sexe, que j'ai trouvé beaucoup plus de fidélité dans mes amies que dans mes amis, ayant été souvent trompé par ceux-ci, et ne l'ayant jamais été par les premières. C'est même ce qui m'obligera de passer légèrement sur ce que j'aurois encore à dire de ce qui me regarde, ne pouvant me ressouvenir, sans un renouvellement de douleur, des mortels déplaisirs que j'ai reçus de quelques-uns dont je le devois le moins attendre, et qui, m'ayant gâté l'esprit et l'humeur, m'ont rendu vieux avant le temps, malgré un assez heureux tempérament qui sembloit me promettre toute autre chose.

Il n'est pas nécessaire de fatiguer mes lecteurs par le reste d'une vie malheureuse, traversée de mille ennuis secrets que de justes considérations m'obligent plutôt de taire que de publier, et que Dieu a sans doute permis pour me détacher des amitiés du monde, auxquelles, par mon inclination naturelle, je ne m'attachois que trop fortement. J'en ai donné assez de preuves en ma vie, et à mon frère plus qu'à personne, en lui donnant presque tout mon bien pour le marier. M. Fouquet, procureur général et surintendant dont il étoit ami, avoit bien proposé son mariage à M. Ladvocat, maître des comptes, lui témoignant même qu'il le souhaitoit. Mais ce n'étoit pas assez pour un homme qui pouvoit raisonnablement aspirer à de meilleurs partis pour mademoiselle sa fille, si je n'eusse assuré à mon frère ce qu'on ne lui voyoit encore qu'en espérance. Je ne me repens point de ce que j'ai fait ; mais je ne le conseillerai ja-

(1) Allusion à l'Histoire amoureuse des Gaules.

mais à personne. C'est un grand hasard de trouver une femme comme la sienne qui ait d'aussi bonnes qualités, et qui entre avec autant d'amitié dans les intérêts de la famille de son mari.

Ce mariage se fit au mois de mai de l'année 1660, date assez remarquable, puisque ce fut presque au même temps que se fit celui du Roi, qui mit le comble au bonheur de la France et à la gloire de M. le cardinal Mazarin : au moins si on peut croire que la seule vue du bien de l'État, et sa reconnoissance pour la Reine-mère sa bienfaitrice, lui fit négliger d'élever sur le trône mademoiselle Marie Mancini sa nièce, et que ce ne fut point plutôt par foiblesse qu'il s'opposa à l'amour du Roi, la grandeur de l'entreprise l'ayant étonné ; ou, comme quelques-uns l'ont cru, qu'il eut peur de l'esprit hardi de cette fille, qui, maîtresse de celui du Roi, auroit voulu le gouverner sans partage, indépendamment des conseils de Son Eminence. Quoi qu'il en soit, le monde a été persuadé qu'il avoit eu entre ses mains la plus haute fortune où un particulier osât prétendre, en devenant oncle du Roi. Et comme il faut juger des choses en bonne part, on peut croire qu'il n'a pas voulu imprimer cette tache à la vie toute belle de Sa Majesté, ni abuser pour ses intérêts d'une passion aveugle et d'un âge où la raison n'est pas encore assez forte pour la combattre, ni s'attirer un reproche éternel d'avoir mal usé du pouvoir que lui donnoit sur ce jeune prince le soin de son éducation, qui lui avoit été confiée.

Sur la fin du mois d'août de l'année suivante 1661, mon frère et ma belle-sœur nous vinrent voir à Angers. Ils n'eurent pas dans ce voyage toute la joie qu'ils avoient espérée ; car ce fut dans ce même temps que le Roi vint à Nantes, voyage qui donna tant à deviner, et qui fut enfin fatal à M. Fouquet. Le Roi le fit avec une grande précipitation, en poste et en relais de carrosse. M. d'Angers lui donna le sien, et M. le duc de Beaufort, qui se mit en la place du cocher, eut l'honneur de verser Sa Majesté. La plupart des grands de la cour avoient pris les devants, et M. le surintendant lui-même, qui y avoit plus de part qu'il ne croyoit. Mon frère, qui n'étoit arrivé à Angers que depuis le passage de M. Fouquet, prit un bateau pour se rendre à Nantes, et il y arriva justement dans l'instant qu'on venoit de l'arrêter. Ce fut pour lui un coup de tonnerre qui renversoit toutes ses espérances ; mais il dut être bien plus grand pour celui sur lequel il les appuyoit. Nous l'avions vu passer à Angers quelques jours auparavant dans un état de gloire si haut que, du comble où il étoit élevé, il sembloit voir les autres si bas qu'il ne les pouvoit reconnoître. M. d'Angers fut le saluer, et j'y fus avec lui ; à peine nous regarda-t-il : et madame sa femme ne nous parut ni moins froide ni plus civile. Il eût été difficile de juger alors qu'ils dussent être sitôt humiliés, et condamnés à en faire une pénitence si longue et si rude. Mais on peut dire à leur louange que leur malheur n'a servi qu'à développer leur vertu, qui étoit comme étouffée sous le poids des richesses et des grandeurs : tant ils ont donné depuis de marques éclatantes d'intégrité et de courage, de patience et de charité, lui dans son procès et dans sa prison, elle dans ses souffrances et dans son exil.

Le coup qui accabla M. Fouquet en étonna beaucoup d'autres. Nous vîmes revenir M. de Lionne qui avoit fait le voyage avec lui : il étoit dans une assez grande inquiétude ; mais son mérite et le besoin qu'on eut de lui, puisqu'il étoit presque le seul qui eût connoissance des affaires étrangères, l'affermirent au lieu de l'ébranler ; et il fut bientôt après élevé à la charge de ministre et de secrétaire d'État.

M. Colbert marchoit avec plus d'assurance, comme ayant eu part, à ce qu'on croyoit, au dessein qui venoit d'éclater ; et avec sa civilité ordinaire, dans la visite que lui fit M. d'Angers, il lui présenta messieurs ses enfans qui étoient encore fort jeunes, et qui, quoique dès lors destinés à une grande fortune, se seroient peut-être contentés d'une moindre que celle qu'ils possèdent aujourd'hui.

Mon frère eut sa part à la disgrâce de M. Fouquet ; il fut relégué à Verdun. Y ayant été un an, il eut permission de se rapprocher jusqu'à La Ferté-sous-Jouarre, pour pouvoir conférer avec la famille de sa femme sur les affaires que la mort de M. Ladvocat son beau-père leur avoit laissées. Il y fut encore dix-huit mois, au bout desquels il obtint la liberté de demeurer à Pomponne. Il y avoit six mois qu'il y étoit, ne pensant plus qu'à couler doucement ce temps de disgrâce, quand M. de Lionne, qui en toutes occasions s'est montré de nos amis, lui écrivit de venir à Paris [1665], et d'en y voir personne qu'il ne l'eût vu. D'abord que mon frère entra, il lui dit d'un air gai : « Eh bien, monsieur, avez-vous des « bottes bien graissées ? Pourrez-vous encore « courir la poste ? — Il y a long-temps, monsieur, « lui repartit mon frère, que j'en ai perdu l'habi-« tude ; mais s'il y va du service du Roi ou du « vôtre, je me sens encore en état de tout entre-« prendre. — Puisque cela est, reprit M. de Lionne « en l'embrassant, je vous salue donc M. l'am-« bassadeur de Suède. » Si mon frère fut surpris, il ne le faut pas demander. Il crut d'abord que c'étoit une raillerie de ce ministre ; mais enfin, ayant été informé de la manière dont la chose s'étoit passée, il n'eut plus qu'à lui rendre tous les remercîmens qu'il lui devoit du service qu'il lui avoit rendu : service qui ne pouvoit être plus important dans ce malheureux état de ses affaires. En effet il falloit être autant ami que M. de Lionne et aussi généreux que lui pour oser proposer au Roi, pour un des plus importans emplois qui fussent alors, un misérable exilé qui souffroit encore actuellement les effets de sa colère. Mais il surmonta les craintes qu'un autre auroit pu avoir dans cette rencontre, ne considérant que l'intérêt de son ami et celui du Roi, qu'il crut que mon frère pourroit servir utilement. Après qu'on eut assez long-temps agité dans le conseil qui seroit propre à être envoyé en Suède, M. de Lionne dit hardiment : « Sire, si « j'osois, je proposerois à Votre Majesté un « homme qui a toutes les qualités nécessaires. » Le Roi lui ayant commandé de le nommer : « C'est « M. de Pomponne, Sire, lui dit-il. » En même temps M. Le Tellier, qui a toujours fait l'honneur à mon frère de lui témoigner de l'amitié, ajouta que Sa Majesté ne pouvoit faire un meilleur choix, et qu'il ne savoit pas comment la pensée ne lui étoit pas venue de le proposer aussi bien que M. de Lionne. Ainsi la chose fut résolue. Il falloit partir en diligence ; l'emploi étoit rude et ruineux ; mais c'étoit un si grand bonheur et si inespéré de se voir rappelé dans les affaires, qu'on auroit accepté pour cela des choses bien plus difficiles. Ainsi M. de Pomponne fut bientôt en état de partir ; le Roi lui parla fort honnêtement à son ordinaire, et lui fit connoître qu'il avoit oublié tous ses soupçons : ce qui le consola extrêmement. Mais M. de Lionne acheva de lui mettre l'esprit en repos ; car, comme il prit congé de lui, il lui dit le plus obligeamment du monde : « Je ne crains point d'avoir des reproches de « vous avoir nommé à Sa Majesté, ni que vous « manquiez d'emploi dorénavant : je ne suis en « peine que de vous y faire subsister ; mais je « vous promets que j'y apporterai tous mes soins. » Et il le fit en effet.

Je ne dirai rien des négociations de M. de Pomponne ; il en a fait une fort belle relation qui verra peut-être le jour en son temps : il suffit que son maître en a été satisfait, ainsi qu'il a paru depuis par les glorieuses récompenses qu'il en a reçues.

Je ne bougeai d'Angers pendant tout le temps de la disgrâce de mon frère, ayant, outre mes chagrins particuliers, la peine qu'on peut s'imaginer de voir toutes les espérances de notre maison renversées. M. d'Angers de son côté souffroit une horrible persécution, sous le fantôme du jansénisme; et les choses vinrent à une telle extrémité, que le Roi nomma des commissaires pour faire le procès aux quatre évêques, du nombre desquels il avoit l'honneur d'être. Cette commission fut regardée de diverses manières; on s'étonna que quelques-uns de messieurs les évêques nommés l'eussent acceptée. M. de Villemonté, évêque de Saint-Malo, en étoit; et quelqu'un de messieurs ses confrères lui dit assez agréablement qu'il ne croiroit jamais qu'un homme qui n'avoit pas voulu condamner M. le maréchal de Marillac (car il étoit du nombre de ses juges) pût se résoudre à condamner M. d'Angers et M. d'Aleth.

Tout le monde connoît assez la vertu exemplaire de ce dernier; mais tout le monde ne sait pas qu'il doit en quelque façon à mon père d'avoir été fait évêque d'Aleth: ce dont je suis fort persuadé qu'il ne lui a pas grande obligation, tant ce ministère paroît pénible et redoutable pour un homme qui en connoît tout le poids.

Mon père étoit un jour entré par hasard dans l'église de Sainte-Croix à Paris pendant le carême; M. d'Aleth y prêchoit, n'étant alors que M. Pavillon, simple prêtre, et fort peu connu. Mon père fut ravi de sa manière de prêcher toute morale et apostolique. Il y retourna; et s'étant confirmé dans le jugement qu'il en avoit porté, comme madame la duchesse d'Aiguillon étoit fort de ses amies, il lui en parla avec cette chaleur que tout le monde a connue en lui. Il la mena même aux sermons de M. Pavillon; et elle en fut si satisfaite, qu'en ayant fait récit à M. le cardinal de Richelieu auprès duquel elle étoit toute puissante, elle persuada Son Eminence, qui d'ailleurs prenoit plaisir à remplir de bons sujets les évêchés vacans, de lui donner celui d'Aleth qui vaqua bientôt après.

Il faut rendre cet honneur à M. d'Angers, que toute cette tempête ne l'étonna point; il demeura toujours tranquille dans sa foi, pendant que tout le monde trembloit pour lui. Il s'affermit dans l'espérance contre l'espérance, et Dieu récompensa sa foi et son espérance par un effet assez surprenant; il n'appartient qu'à lui de faire de tels miracles, de changer le cœur des rois quand il lui plaît, et de donner des chefs à son Église qui, agissant par son esprit, réparent les fautes de leurs prédécesseurs, pour rendre le calme et la paix à cette sainte mère des fidèles. Tout cela s'est vu dans la manière dont fut enfin terminée, en 1668, cette fameuse querelle qui avoit agité si long-temps et comme divisé l'Eglise de France.

Ce fut pendant ces années-là que madame ... d'aujourd'hui vint en Anjou avec M.... qui l'avoit épousée, en quelque façon contre le gré de madame...sa mère : tant étoit forte l'estime et la passion qu'il avoit conçue pour elle, mais qui dégénéra bientôt en indifférence et puis en haine. J'avois été deux ou trois fois à... en la compagnie de M. d'Angers pour lui rendre mes devoirs; et l'ayant toujours trouvée au lit au milieu de beaucoup de monde, je pouvois dire que je ne la connoissois presque point, et je ne croyois pas être plus connu d'elle : ce qui fit que je fus assez surpris quelque temps après lorsque, étant venue à Angers pour voir M. l'évêque qu'elle ne trouva point, elle me fit l'honneur de me demander. On lui dit qu'on m'avertît, mais elle ne voulut pas qu'on m'avertît, mais elle me fit dire qu'elle reviendroit dans une demi-heure; elle n'y manqua pas. Elle étoit menée par M. le comte de Coetlogon, et accompagnée de madame la marquise de La Guerche. Après qu'on se fut assis, comme j'étois assez éloigné, elle les pria de s'entretenir pendant qu'elle me parleroit, parce qu'elle étoit venue pour cela; et, étant entrée dans la ruelle, elle me dit que je serois peut-être surpris que, ne me connoissant point, elle commençât par me faire une confidence; mais qu'enfin elle étoit si assurée de ma probité, qu'elle ne craignoit point d'avoir lieu de s'en repentir. Me disant ensuite mille honnêtetés dont en vérité je fus confus, mais qui ne m'empêchèrent pas pourtant de lui témoigner ma reconnoissance de l'honneur qu'elle me faisoit, elle me parla à cœur ouvert des mécontentemens qu'elle recevoit tous les jours de M....., et des violens soupçons qu'elle avoit qu'il ne lui voulût faire un méchant parti. Je fus surpris au dernier point de ce discours, car jusqu'alors nous l'avions cru un béat, tant il en faisoit les mines; et comme je rejetois par cette raison les pensées qu'elle avoit de lui : « Je « vois bien, monsieur, me dit-elle, que vous « croyez tous que M.... est un dévot, mais assu-« rez-vous qu'il ne l'est point : et plût à Dieu, « ajouta-t-elle, qu'il le fût! car je ne vois rien « de plus estimable qu'une véritable dévotion. » Nous avons reconnu depuis qu'elle le connoissoit mieux que nous. La conversation fut assez longue, et il étoit aisé de voir qu'elle se déchargeoit avec plaisir du mal dont elle étoit oppressée, et qu'elle m'avoit peut-être choisi pour cette confidence pour l'aider à mettre M. d'Angers dans son parti. En sortant, elle me recommanda les intérêts de M. de Coetlogon qui étoit embarqué à la recherche de madame sa femme, dont il avoit toute la famille contre lui. Je m'engageai de bon cœur à le servir par le commandement que j'en recevois; mais son propre mérite suffisoit pour obtenir de moi tout ce que je tâchai de faire en sa faveur. Ce fut peu de chose ; et cependant, par l'humeur généreuse de sa maison, j'ai acquis l'amitié de messieurs ses frères et la sienne, que je compte pour un fort grand bien.

Je rendis compte à M. d'Angers de cette visite de madame.... Il fut aussi étonné que moi de ses soupçons et du procédé de monsieur son mari, et s'entremit plus d'une fois pour les raccommoder. Mais les sujets de plaintes augmentant toujours, elle obtint la permission d'aller à.... pour quelque temps auprès de M..... son père. Son absence ne fit qu'augmenter ses maux. Ses ennemis ne manquèrent pas de profiter de l'humeur facile de M....., qui commença dès lors à travailler à la ruine de sa maison, comme les autres font à l'établissement de la leur. A son retour de..., madame.... trouva ces nouveaux sujets de chagrin : et les choses furent si avant, qu'après un certain bouillon qu'on lui donna elle crut avoir besoin d'orviétan ; elle en prit même une si forte dose, qu'elle en fut plus malade qu'elle ne l'auroit peut-être été du bouillon même. Un valet de chambre que M.... chassa peu après, et qui n'a point paru depuis, lui donna encore, en se retirant, certains avis qui augmentèrent ses frayeurs. Cependant on pensa à retourner à Paris, où se fit enfin ce grand éclat qui a été su de tout le monde, un gentilhomme de M..... ayant révélé à madame sa femme un dessein diabolique s'il étoit vrai, et ayant offert à M. le prince, à qui il le dit aussi, de se mettre à la Bastille jusqu'à ce qu'il en eût prouvé la vérité. Je fus informé de ces particularités par un gentilhomme de M. le prince, qui, s'en revenant en Anjou, eut ordre de madame.... de m'en apprendre le détail. Cela aboutit à une séparation à laquelle M.... consentit, tout le monde s'étonnant assez qu'il souffrît si tranquillement une accusation de cette nature sans faire pendre le calomniateur, et que par une force d'esprit qui a peu d'exemples il crût acheter encore trop peu, à ce qu'il disoit, par tout ce qu'on pourroit croire de lui, le bonheur d'être délivré de madame sa femme. Comme il y a de certaines affaires qu'il n'est point bon d'approfondir, celle-là en demeura là ; et, soit par envie ou autrement, il ne manqua pas de gens qui voulurent faire croire dans le monde que c'étoit une vision et un artifice de madame.... pour parvenir à ses fins. Mais l'histoire du laquais, qui fut retiré quelques mois après d'une perrière du parc de ..., où, après l'avoir égorgé, on avoit jeté son corps, la justifia assez de ce soupçon, et fit voir au moins qu'il y avoit quelque chose de réel dans ce qu'on traitoit de vision et de chimère. C'étoit un laquais de M.... qui étoit bien auprès de son maître, lequel, lui ayant donné quelque commission, témoigna quelque temps après d'être en peine de ce qu'il ne revenoit point. Au bout de trois ou quatre mois, des gens voulant pêcher dans cette perrière dont j'ai parlé et où il y avoit ordinairement du poisson, du premier coup de filet qu'ils donnèrent ils attirèrent ce pauvre misérable à qui on trouva la gorge coupée, les mains liées et toutes ses poches pleines de pierres, avec sa tasse d'argent où son nom étoit écrit, et quelques pièces de monnoie. Les officiers de la justice de... en dressèrent leur procès-verbal et le firent enterrer ; mais comme un événement si surprenant fit d'abord beaucoup de bruit, les juges d'Angers crurent qu'il étoit de leur devoir d'aller en informer sur les lieux ; et l'un d'eux m'a dit qu'après qu'on eut déterré ce corps, il avoit vu encore saigner la plaie comme si elle eût été fraîchement faite. Je ne me mêle point de juger de cette affaire ; chacun le pourra faire comme il lui plaira ; quoi qu'il en soit, elle fut étouffée, et fort prudemment à mon avis. Cela n'a pas pourtant empêché que M.... n'en ait quelquefois essuyé des railleries piquantes, témoin celle que lui fit un jour M. le prince de Guéménée, qui, parlant de l'aller voir à..., ajouta : « Mais à condition qu'on fera l'essai. » A quoi M... repartit fort spirituellement, sans témoigner même entrer dans ce qu'il disoit, mais au contraire en raillant de la grande opinion qu'il avoit de sa maison de Rohan, qu'ils prétendent venir des rois de Bretagne : « Vous auriez « assez de vanité pour cela. » Ce prince étoit en possession de dire aux autres ce qu'il lui plaisoit, parce qu'il se railloit lui-même le premier. Il eût bien voulu qu'on l'eût traité d'Altesse, et se moquoit pourtant de ceux qui prenoient ce titre, et entre autres de M. de Candale : sur quoi il nous conta un jour une assez plaisante naïveté d'un vieux valet de chambre qu'il avoit, qui prenoit souvent la liberté de lui dire ses vérités. Ce valet lui vint dire un matin, comme il s'habilloit, qu'il y avoit à la porte un valet de chambre de M. de Candale qui venoit de la part de Son Altesse savoir comment il se portoit. Le prince lui dit : « Hé bien ! allez lui dire qu'il dise à son « maître que Son Altesse le remercie de l'hon- « neur de son souvenir. » Son valet le regarda fixement, et lui dit : « Moi, monsieur, que je lui « aille dire, en parlant de vous, que Votre Al- « tesse le remercie ! Je me garderai bien de cela. « —Et pourquoi, lui dit le prince ?—Parce que, « reprit-il, il se moqueroit de moi. Si vous vou- » lez être Altesse, vivez donc en Altesse. » Il m'écrivoit, un jour que j'étois à Angers, pour me demander des nouvelles. Je ne crus pas Son Altesse encore assez bien établie pour lui en donner dans ma réponse; mais, à cela près, je n'y avois rien oublié pour marquer mon respect. Il la fit voir à quelqu'un qui étoit auprès de lui, en lui disant : « Il n'y a pas d'Altesse; mais « voyez, » ajouta-t-il en lui montrant un grand espace blanc entre le monseigneur et le commencement de la lettre, « cela vaut de l'Altesse. »

Pour revenir à madame....., j'ajouterai que sa bonne conduite depuis sa séparation l'a entièrement justifiée dans l'esprit des gens non prévenus, et que si son mérite lui a acquis des adorateurs, sa sagesse et sa retenue ont tout-à-fait assuré son innocence. Il suffit de dire, pour en convaincre les plus incrédules, qu'elle a été long-temps auprès de madame la princesse de Conti, dont la vie et la mort ont été si saintes, et qu'elle n'en a été séparée que par le coup fatal qui ôta du monde cette vertueuse princesse, parce qu'il n'étoit pas digne de la posséder.

Je me suis un peu étendu sur ce sujet, mais j'espère qu'on me le pardonnera, puisque c'est le moins que je puisse faire pour reconnoître l'honneur que m'a fait madame.... de vouloir que je fusse de ses amis.

Au commencement de septembre de l'année 1668, je fis un voyage à Paris, après avoir été onze ans sans y aller. Il y avoit long-temps qu'on me gardoit une de mes nièces, pour la nommer sur les fonts avec madame Hebert, sœur de madame de Pomponne. Je partis avec assez de joie, laissant M. d'Angers hors d'embarras; car il avoit reçu des nouvelles de la conclusion de la négociation qui s'étoit faite fort secrètement pour la paix de l'Eglise entre le Roi et le Pape, par l'entremise de quelques évêques, mais particulièrement de M. l'évêque de Châlons-sur-Marne et de M. de Lionne, qui traita l'affaire avec M. le nonce avec toute l'application et toute l'affection possible; se cachant surtout de M. l'archevêque de Paris (de Péréfixe) et du père Annat, qui n'auroient rien oublié pour la traverser. Cette histoire est trop importante et a trop fait de bruit, pour douter qu'elle ne soit écrite quelque jour par quelque plume exacte et éloquente, digne de la transmettre à la postérité. On y verra des choses extraordinaires et presque incroyables : une hérésie imaginaire, sous le nom de *jansénisme*, poursuivie avec les dernières violences comme quelque chose de fort réel; un grand évêque, mort en opinion de sainteté, condamné comme un hérétique, quoiqu'il eût soumis son livre à l'Eglise; un formulaire obligeant de signer des choses qui ne pouvoient appartenir à la foi; une infinité de bons ecclésiastiques persécutés pour ne vouloir pas signer contre leur conscience; et jusqu'aux religieuses mêmes, contraintes par toutes sortes de rigueurs de porter un jugement de choses tout-à-fait hors de leur portée et de leurs obligations. Mais on y verra en même temps les quatre évêques, si célèbres par leur intrépide fermeté, s'opposer comme un mur d'airain à ce torrent d'injustices, au péril de leurs biens et de leurs vies; et une sainte maison de vierges consacrées à Dieu donner un exemple admirable de force et de fidélité, en souffrant avec une patience invincible les exils, les prisons, la dissipation de leur maison, et même la privation des sacremens à la mort, plutôt que de blesser leur conscience par un mensonge ou par un jugement téméraire. Voilà une petite image des maux dont étoit affligée l'Eglise de France, et dont elle a été retirée par la prudente conduite de Louis-le-Grand et le zèle éclairé du saint pape Clément IX. Mais j'oublie que je n'écris que des Mémoires; revenons donc à mon voyage de Paris, d'où cette digression m'a éloigné.

Je n'y trouvai point mon frère : il n'étoit point encore de retour de son ambassade de Suède; mais j'y trouvai un monde nouveau pour moi, deux neveux et deux nièces que je ne connoissois point, et toute la famille de ma belle-sœur dont j'eus tout sujet de me louer: Mademoiselle Ladvocat entre autres me surprit agréablement; je l'avois vue à Angers avec sa sœur : c'étoit une fort jolie petite fille et fort éveillée; je la retrouvai grande et belle, et plus sérieuse qu'on ne l'est d'ordinaire dans un âge si peu avancé. Elle me fut donnée pour commère, en la place de madame Hebert sa sœur, qui étoit pour lors en Champagne. Je ne perdis pas au change assurément. Notre baptême se fit à Pomponne : ce fut là que commença notre amitié, mais elle ne fut bien établie que quatre ans après.

Cependant mon frère, étant revenu de Suède, fut reçu du Roi fort gracieusement; et je me souviens qu'après une assez longue audience qu'il en eut en particulier il nous disoit avec admiration et une espèce de ravissement : qu'il étoit impossible de s'imaginer la grandeur, la pénétration et les lumières de son esprit, et avec quelle justesse il disoit les choses, avec quelle douceur charmante dans ses yeux, et quel agrément dans toute sa personne, quand il se défaisoit de la majesté et de cette mine haute et fière dont il se revêtoit dans le public. En sortant de cette audience il rencontra M. l'évêque de Béziers, aujourd'hui M. le cardinal de Bonzi, qui depuis quelques mois étoit de retour de Pologne où il avoit été ambassadeur, et il lui dit tout transporté : « Vous me disiez l'autre jour, mon- « sieur, que le Roi ne s'étoit sans doute appliqué « qu'aux affaires de Pologne, tant vous l'y aviez « trouvé savant; et moi je vous dis aujourd'hui, « par ce que je viens de connoître, qu'il faut « qu'il n'ait eu dans l'esprit que celles de Suède, « en étant beaucoup mieux instruit que moi qui « m'y suis appliqué trois ans durant avec quel- « que soin. » Ce qui redoubla à tous deux leur étonnement, et leur fit admirer de plus en plus les incomparables talens dont Dieu a partagé ce grand prince.

A propos de M. le cardinal de Bonzi, tout le monde a vu avec quelque admiration la grande fortune qu'il a faite en si peu de temps. Il faut demeurer d'accord qu'il en doit la meilleure partie à son grand mérite; mais on sera peut-être étonné de savoir qu'il en soit principalement redevable à madame de Choisy de Can. Ceux qui ont connu cette dame savent qu'elle avoit un esprit hardi qui lui faisoit dire ses pensées avec beaucoup de liberté, et personne ne le trou- voit mauvais; car si elle disoit aux autres leurs vérités, elle ne s'épargnoit pas elle-même. Je lui ai ouï dire une fois qu'elle demeuroit d'accord qu'elle étoit coquette, mais qu'elle ne croyoit pas que ce fût une qualité incompatible avec celle d'une honnête femme. M. de Bonzi donc, étant venu jeune à la cour, la voyoit assez sou- vent. Il portoit l'épée; il étoit propre et galant parmi les dames. Madame de Choisy, qui avoit le goût fort bon, en faisoit cas, et jugea bien qu'il étoit capable de quelque chose de meilleur que ce qu'il faisoit. Ainsi, avec sa liberté ordinaire, elle lui dit un jour qu'elle ne pouvoit plus souf- frir qu'il perdît son temps en des bagatelles; qu'il avoit de l'esprit, qu'il étoit propre à tout; qu'il avoit son oncle évêque de Béziers; qu'il feroit bien mieux de s'attacher à lui, et de son- ger à conserver dans sa famille cet évêché que cinq de son nom avoient jusqu'alors possédé, depuis que le premier étoit venu en France avec la reine Catherine de Médicis; qu'enfin elle lui défendoit de la venir revoir qu'en habit d'abbé. Il prit d'abord la chose comme une raillerie; mais enfin y ayant fait une plus sérieuse ré- flexion, il trouva qu'elle avoit raison. Il suivit son conseil, et l'événement a fait voir qu'il n'en pouvoit prendre un meilleur.

Je fus jusqu'à la Toussaint à Paris, et j'eus le plaisir, avant que d'en partir, de voir la paix de l'Eglise publiée. Je vis aussi sortir de la Bastille le savant M. de Saci, qui avoit été une des vic- times sacrifiée à la passion des persécuteurs du prétendu jansénisme. Sa vertu et sa doctrine sont assez connues de ceux qui le voient ou qui lisent ses excellens ouvrages; mais il faut l'avoir vu libre et prisonnier dans la Bastille pour ad- mirer autant qu'elle doit l'être la tranquillité de son esprit, sa douceur, sa modération, et son égalité sans pareille dans l'une et dans l'autre fortune. Nous fûmes, mon frère, ma belle-sœur et moi, lui porter l'ordre pour sa liberté, dont on lui avoit déjà donné quelque espérance; mais nous voulûmes le tromper, et nous lui fîmes ac- croire que cela étoit retardé pour quelques jours. Il nous en parut si peu ému, que nous crûmes qu'il étoit inutile de feindre plus long-temps. Ainsi mon frère lui présenta l'ordre du Roi : il le lut sans changer de visage, aussi peu altéré par la joie qu'il l'avoit été un moment aupara- vant par l'éloignement de sa délivrance. Cet homme, qu'on ne sauroit assez estimer pour sa piété, pour la beauté de son esprit, pour la dou- ceur de son humeur et pour l'innocence de ses mœurs, étoit fils de madame Le Maître, sœur de mon père, laquelle est morte religieuse à Port- Royal, et frère de ce fameux M. Le Maître qui, ayant méprisé tout ce que son éloquence lui avoit acquis de gloire dans le barreau, est allé finir ses jours saintement dans cette même soli- tude. A propos de cette sainte maison, je remar- querai une chose assez singulière : c'est que ma grand'mère y est morte, après y avoir été reli- gieuse avec six de ses filles et six de ses petites- filles, filles de son fils qui étoit mon père, lequel y est mort aussi depuis deux ans.

Je partis de Paris le jour de la Toussaint pour m'en retourner en Anjou, et je fis une partie du chemin avec M. Le Clerc de Courcelle, conseil- ler de la grand'chambre, qui depuis m'a toujours honoré de son amitié jusqu'à sa mort. Je trou- vai à Tours M. Ribeyre, intendant de la pro- vince, avec M. le président de Novion son beau- père, M. de Vaurouys, conseiller de la cour, son beau-frère, et les dames. Je n'étois pas étran- ger dans cette famille, M. Ribeyre et moi étant parens : ainsi j'y fus reçu avec tout l'agrément que j'eusse pu souhaiter; et il s'établit dès lors entre nous une amitié très-sincère qui, à ce que j'espère, ne finira qu'avec nous. Il faut dire, à la louange de M. de Ribeyre, que jamais personne en cette place n'a gagné les cœurs comme lui, par ses manières douces et honnêtes. On le regrette encore tous les jours dans la province; et on peut dire qu'innocemment il fait quelque tort à M. Tubeuf son beau-frère, qui lui a suc- cédé dans son emploi. Celui-ci, quoique parfaite- ment honnête homme, étant d'un naturel moins doux, traite les choses d'un air plus haut et moins engageant.

On ne laissa guère mon frère à Paris : il fut renvoyé ambassadeur en Hollande, où étoit alors le fort des affaires. Sa femme l'y suivit avec mademoiselle Ladvocat, qui aima mieux satisfaire son amitié pour sa sœur et sa curiosité naturelle, au hasard d'en être un peu plus tard mariée.

En 1671 le Roi étant venu à Dunkerque, mon frère y vint faire sa cour. Comme il étoit presque au bout des trois ans de son ambassade, il espéroit d'obtenir d'être rappelé de son emploi qui commençoit à lui devenir ennuyeux, par le peu d'apparence qu'il voyoit de pouvoir retenir messieurs les Etats, qui s'aliénoient tous les jours de nous de plus en plus. Mais on ne lui donna pas le loisir de faire cette demande qui auroit peut-être déplu ; sur quoi on peut faire cette réflexion en passant : que le hasard a souvent autant de part que toute autre chose en l'établissement des grandes fortunes.

Le Roi, qui dès lors prenoit ses mesures pour ces grands desseins qui devoient éclore l'année suivante, lui dit d'abord qu'il falloit qu'il retournât en Suède, lui témoignant obligeamment que personne n'étoit plus propre que lui à lui rendre le service qu'il en attendoit, par l'estime qu'il avoit laissée de lui en cette cour. Sa Majesté ajouta qu'elle ne l'y laisseroit pas long-temps ; et elle l'envoya ensuite à M. de Lyonne pour recevoir son instruction.

On sait que ce ministre aimoit un peu ses plaisirs, et qu'il leur donnoit tout le temps qu'il pouvoit dérober aux affaires sans préjudicier au service de l'Etat. Ainsi, croyant se pouvoir décharger sur mon frère de la peine de faire cette instruction, après l'avoir entretenu du sujet de son voyage et de ce qu'il auroit à négocier, il lui dit de la faire lui-même : ce que mon frère exécuta, après s'en être excusé autant qu'il put. C'est ici un des plus beaux endroits de la vie de M. de Lyonne. Des gens reconnoissans ne sauroient assez le publier pour en conserver la mémoire. Il porta au Roi cette instruction sans y rien changer. Sa Majesté la goûta ; et ayant dit à M. de Lyonne, en la louant, qu'il s'étoit surpassé lui-même cette fois, un discours si surprenant pour une ame moins bien faite que la sienne, et qui l'auroit pu piquer de dépit ou de jalousie, n'ébranla point dans son cœur la justice qu'il devoit à son ami, qui n'y avoit travaillé que par ses ordres. Sans hésiter un moment : « Il ne faut « point, Sire, lui dit-il, imposer à Votre Majesté ; « c'est M. de Pomponne qui l'a faite. — Je suis « bien aise, lui dit le Roi, que vous me l'ayez « fait connoître ; c'est un homme dont on pourra « se servir dans l'occasion. » Nous avons cru, et avec beaucoup d'apparence, que ce fut là le premier fondement de la fortune de mon frère : il en sera éternellement redevable à ce généreux ami qui, par une vertu peu commune, ne voulut point se parer du bien d'autrui ; ce que beaucoup d'autres en sa place auroient pu faire. Il aima mieux risquer de perdre quelque chose de son estime dans l'esprit du Roi, que de ne pas rendre témoignage à la vérité. Ce grand homme ne jouit pas long-temps de la satisfaction qu'il devoit avoir en lui-même d'une si belle action. Il mourut au mois d'août suivant d'une manière assez surprenante, et acheva, sans y penser, l'établissement de mon frère.

Le Roi jeta les yeux sur lui pour remplir l'importante charge que M. de Lyonne laissoit vacante, après que M. le marquis de Berni son fils, qui y étoit reçu en survivance, eut supplié Sa Majesté de recevoir sa démission. Il eût été difficile de deviner qu'un homme relégué, pour ainsi dire, dans le fond du Nord, sans appui particulier à la cour, et pour qui personne ne s'intéressoit, eût pu être préféré à beaucoup de dignes sujets qui étoient présens, et qui ne manquoient point d'adresse ni d'empressement pour réussir. Ce n'est pas que la voix publique n'eût mis aussi M. de Pomponne au rang de ceux qui y pouvoient prétendre ; mais quoique quelques politiques aient voulu croire que par des raisons d'intérêt les autres ministres eussent déterminé le Roi à ce choix, il faut reconnoître, parce que cela est vrai, que cette nomination fut un pur effet de la volonté de Sa Majesté, qui, de son propre mouvement, fit ce qu'elle crut devoir faire pour le bien de son service. Il est vrai néanmoins qu'après avoir nommé M. de Pomponne elle parut un peu embarrassée de ce qu'il n'avoit pas assez de bien pour acquitter cette charge ; sur quoi M. de Louvois proposa l'expédient de lui donner à vendre la charge de premier écuyer de la grande écurie qui étoit alors vacante, avec un brevet de retenue de quatre cent mille livres : ce qui fut ainsi exécuté. Comme il n'y a personne au monde qui fasse mieux les choses que le Roi, ni qui possède si excellemment l'art de donner de bonne grâce, il accompagna celle-ci de tous les agrémens possibles. Il écrivit une lettre (1) de sa main à M. de Pomponne : elle étoit conçue dans des termes si propres et si obligeans, qu'on peut dire qu'elle étoit encore plus estimable que son présent, quelque considérable qu'il fût. Sa Majesté avoit la bonté de l'assurer par cette lettre qu'elle ne le laisseroit pas long-temps endetté. Elle en chargea M. de La Gilbertie, un de ses gentils-

---

(1) M. de Monmerqué a publié cette lettre à la suite des Mémoires de Coulanges.

hommes ordinaires, et le dépêcha en Suède, lui recommandant de faire diligence; ensuite elle publia la chose, et écrivit à M. Colbert, qui étoit à Paris, d'en porter la nouvelle à madame de Pomponne, qui y étoit arrivée de Hollande sur la fin du mois de juillet. Elle ne l'apprit pourtant pas de lui; le comte de Grammont lui avoit dépêché un page de Versailles, et madame du Plessis-Bellière lui avoit envoyé un billet qu'elle venoit de recevoir sur cela de M. le maréchal de Créqui. Sur les six heures du soir M. Colbert arriva chez elle : il lui lut l'article de la lettre du Roi qui la concernoit; ce ne fut pas de trop bon cœur, si on en veut croire l'opinion commune. M. Courtin qui avoit été un des prétendans à la charge, et avec beaucoup de raison, puisqu'il n'y avoit guère d'homme en France qui en fût plus capable que lui, vint des premiers s'en réjouir avec ma belle-sœur. Il étoit de longue main ami de mon frère; et il dit fort librement à madame de Pomponne, avec cette manière enjouée qui lui est propre, qu'il auroit bien voulu la charge pour lui-même; mais que, puisqu'un autre devoit l'avoir, il n'y avoit personne entre les mains de qui il l'aimât mieux qu'entre celles de monsieur son mari. Madame de Pomponne fut à Versailles remercier le Roi. Ce prince la reçut fort honnêtement, et lui dit galamment qu'il lui demandoit une grâce, qui étoit que le courrier qu'elle dépêcheroit en Suède ne devançât pas le sien.

On crut qu'il étoit à propos que mon père allât aussi faire ses remercîmens à Sa Majesté. Il y avoit si long-temps qu'il avoit quitté la cour et le monde, qu'il eût bien voulu se dispenser de les revoir à l'âge de quatre-vingt-quatre ans (1); mais il se rendit aux raisons qu'on lui allégua. M. de Bartillac, son ancien ami, le mena à Versailles. Le Roi reçut son compliment le plus obligeamment du monde, et lui répondit qu'il se tenoit trop payé de ce qu'il avoit fait pour son fils, par l'approbation qu'il voyoit que tout le monde donnoit à son choix. S'étant mis ensuite à louer sa vertu et les ouvrages qu'il avoit donnés au public, il lui dit d'un air agréable : « Je crois « pourtant que vous avez un péché sur votre « conscience dont vous ne vous êtes pas repenti. » Mon père lui dit en riant que s'il plaisoit à Sa Majesté de le lui découvrir, il tâcheroit de l'effacer, soit en s'en corrigeant, soit par la pénitence qu'il en feroit. « C'est, lui dit le Roi, d'avoir mis « dans votre belle préface sur Josephe que vous « aviez fait cet ouvrage à quatre-vingts ans; car « il est bien difficile que vous n'ayez pas eu une

(1) Arnauld d'Andilly étant né en 1589, n'avait que 82 ans en 1671.

« grande complaisance pour vous-même, de vous « voir encore à cet âge capable d'un ouvrage si « beau et si estimé. » Une raillerie si fine et si obligeante fut reçue avec tous les respects qu'elle méritoit. Le Roi alla ensuite se promener (2), et recommanda à M. Bontems de prendre soin de mon père, et de lui faire voir toutes les beautés de Versailles.

Il n'y eut personne en ce temps-là qui ne crût que M. de Pomponne alloit entrer dans une grande faveur. Ceux qui ne cherchent que la fortune se manifestèrent à leur ordinaire : nous fûmes accablés de toutes parts de lettres et de complimens; on fit des vers et des éloges où le grand Pomponne étoit élevé jusqu'aux cieux. Mais je puis dire que parmi tout cela la tête ne me tourna point, soit que je trouvasse que cette fortune venoit trop tard pour y être encore sensible, soit que je prévisse dès lors que mon frère ne la pousseroit point comme un autre en sa place auroit pu faire, et qu'il croiroit avoir beaucoup fait de se résoudre à payer quatre cent mille livres pour être secrétaire d'État, quoiqu'avec un brevet de retenue de pareille somme, mon père ayant refusé en son temps de l'être pour cent mille écus : en quoi il n'a été loué de personne de ses amis.

Je dirai, à propos de cela, qu'il sembloit que mon frère fût destiné à cette charge; car, quelques années auparavant, feu M. le comte de Brienne qui étoit de ses amis, voyant son fils reçu en survivance, mais peu capable de l'exercer, jeta les yeux sur mon frère pour la lui faire faire par commission jusqu'à ce que son fils pût entrer en exercice. Il en avoit même parlé à mon frère : mais s'en étant ouvert à quelqu'un de ses amis sans doute plus prudent que lui, cet homme lui dit qu'il n'y pensoit pas; que c'étoit justement là le moyen d'ôter cette charge de sa maison; que si on étoit une fois accoutumé à M. de Pomponne, qui assurément s'en acquitteroit fort bien, il y avoit toute apparence qu'on ne l'ôteroit jamais de cette place. M. de Brienne goûta cette raison : ainsi il n'en fut plus parlé.

M. l'abbé de Vassé, un de mes meilleurs amis, me fit une espèce de prédiction de cette élévation de mon frère; car, m'étant venu voir à Angers un peu avant la mort de M. de Lyonne, il me voulut persuader par beaucoup de bonnes raisons que M. de Pomponne pourroit bien lui succéder : ce que je ne pris alors que pour une agréable illusion de son amitié. Mais je le devois mieux connoître, et je l'ai mieux connu depuis. C'est en effet un homme d'un esprit adroit et péné-

(2) La relation de cette audience se trouve à la suite des Mémoires de Coulanges, publiés par M. de Monmerqué.

trant, qui a une infinité d'amis, qui est aussi bien averti qu'on le puisse être, et qui juge parfaitement bien de tout. Il est soigneux, exact, commode et fidèle : en un mot, du meilleur commerce du monde; et je m'estime fort heureux de celui qu'il veut bien entretenir avec moi. Je n'ai guère moins de plaisir à recevoir ses belles et agréables lettres qu'à jouir de la douceur de sa conversation, qui, parmi les bagatelles du monde qui font l'entretien des honnêtes gens, ne laisse pas d'être toujours accompagnée de solidité et de sagesse.

Cependant M. de La Gilbertie arriva à Stockholm, et rendit la dépêche du Roi à M. de Pomponne, qui la lut avec toute la surprise qu'on se peut imaginer. Sa Majesté lui ordonnoit de se rendre au plus tôt auprès d'elle; mais il crut devoir au moins reconnoître la grâce qu'elle lui faisoit l'honneur de lui faire, en lui portant la conclusion du traité qui se négocioit depuis si long-temps avec la Suède. En effet, il le pressa avec tant d'application et tant de bonheur qu'enfin il en vint à bout. Il faut cependant avouer que depuis son départ il y survint de nouvelles difficultés qui obligèrent d'y renvoyer M. Courtin, et encore depuis lui M. de Feuquières, lequel a eu l'honneur, après bien des peines, non-seulement de conclure le traité, mais même de le faire exécuter, par l'entrée des Suédois en Allemagne dans un temps où nous avions bon besoin de cette puissante diversion.

M. de Feuquières fut encore plus heureux : car ces peuples, autrefois la terreur de l'Empire, avoient comme dégénéré de la vertu de leurs ancêtres, par les douceurs d'une longue paix, et par la foiblesse des conseils pendant la minorité de leur roi; ils ne s'étoient montrés à l'Allemagne que pour l'enrichir de leurs pertes. M. de Feuquières fut comme le ministre destiné de Dieu pour relever ces courages abattus, et pour rétablir leurs affaires par le gain de la bataille d'Helmstadt, dont le jeune roi de Suède voulut bien lui confier la conduite. Il rompit ainsi le charme qui sembloit retenir les bras de cette belliqueuse nation, et réveilla dans leurs cœurs cette noble ardeur qui leur a fait remporter depuis la glorieuse victoire de Lunden, où l'on a vu les deux rois du Nord en personne combattre avec la même valeur, mais avec une grande disparité de fortune.

M. de Pomponne entra dans l'exercice de sa charge de secrétaire d'Etat vers le commencement de l'année 1672, célèbre par la déclaration de la guerre contre la Hollande, et plus encore par les progrès prodigieux des armes du Roi, qui, commandant son armée en personne, mit cette puissante république, en moins de deux mois, à deux doigts de sa ruine. Je me rendis à Saint-Germain deux jours avant le départ du Roi; et j'eus le loisir d'entretenir mon frère durant deux jours que nous passâmes à Pomponne. Je reconnus en lui ce que je m'y étois bien imaginé, un homme simplement appliqué à faire sa charge, sans porter ses prétentions plus haut.

J'obtins par son moyen des lettres patentes en faveur de M. d'Angers, pour introduire dans son abbaye de Saint-Nicolas les pères de la congrégation de Saint-Maur; et j'eus le plaisir de les faire vérifier au parlement, en dépit de la cabale d'Angers qui s'y opposoit. Je puis dire que j'eus la principale obligation de ce succès à mon ancien ami M. Daurat, qui par le moyen de Basville, son confrère en la troisième chambre des enquêtes, dont il me donna la connoissance, me procura l'appui de M. le premier président. Il me donna encore M. Tambonneau pour rapporteur, et celui-ci se porta en cette affaire avec toute l'affection possible.

Je demeurai tout l'été à Paris et à Pomponne où étoit mon père, prenant part aux bonnes nouvelles qu'on y recevoit par tous les courriers. On n'entendoit parler que de trois ou quatre places prises à la fois. Le Rhin, l'Yssel, la Meuse, le Waal ne purent arrêter l'ardeur de nos troupes; et sans la malheureuse blessure de M. le prince à Tholluys, Amsterdam, cette capitale des Etats, n'auroit pas pu résister à la rapidité du torrent qui avoit déjà inondé toutes ces provinces. Mais le cours en ayant été ralenti par ce malheur, cette ville eut le temps de pourvoir à sa sûreté par une autre inondation, en mettant effectivement sous l'eau le pays qu'elle ne pouvoit plus défendre autrement. Les historiens modernes ont assez parlé de tous ces faits; ce n'est pas mon dessein de redire ce qui est su de tout le monde : mais on peut ici faire une réflexion sur ce que des causes éloignées produisent assez souvent des effets auxquels elles sembloient n'avoir aucun rapport. En effet, qui auroit pu croire que la disgrâce des maréchaux de Bellefond, de Créqui et d'Humières, occasionnée par le refus d'obéir à M. de Turenne, dût apporter un si grand obstacle à l'achèvement de la conquête de la Hollande? Cependant M. le prince a rendu ce témoignage si glorieux à M. le maréchal de Créqui : que, s'il avoit été dans l'armée, il ne se seroit point exposé à passer le Rhin; mais que, n'ayant personne sur qui il pût se reposer d'une si importante action, il avoit été contraint de l'exécuter lui-même. Il avouoit pourtant de bonne foi que le péril où il avoit vu M. le duc lui avoit fait oublier qu'il étoit général, pour penser seulement qu'il étoit père. L'infirmité humaine est trop grande pour pouvoir toujours se défendre de ces sortes de surprises, où la nature se rend maîtresse de la prudence la plus consommée.

L'impétuosité de la jeunesse ne se retient pas aussi toujours par la raison; et cette même occasion en donna un assez malheureux exemple, puisqu'il en coûta la vie à M. le duc de Longueville, jeune prince dont les excellentes qualités lui avoient acquis l'estime non-seulement de toute la France, mais encore des nations étrangères, et qui étoit comme assuré, lorsqu'il mourut, d'être bientôt élevé sur le trône de Pologne. Jamais mort n'a peut-être tant fait verser de larmes, et de belles larmes, que celle-là. Tout ce qu'il y a de dames spirituelles ou galantes à la cour le pleurèrent beaucoup, par un effet du véritable attachement qu'elles avoient pour ce prince, beaucoup aussi par point d'honneur, pour donner à entendre que ce prince en avoit pu avoir pour elles. Mais toutes, soit en se cachant, soit en faisant semblant de s'en cacher, se faisoient également soupçonner, ou d'une véritable passion, ou d'une folle vanité.

Je dirai à propos de cela ce qui m'arriva sur la fin de cet été avec madame la duchesse de Brissac. J'étois allé voir M. le duc de La Rochefoucauld à l'hôtel de Liancourt; il me dit qu'il venoit de sortir une dame qui se plaignoit fort de moi, sur ce que j'étois à Paris et que je ne l'avois point encore vue. Je lui demandai qui c'étoit: il me nomma madame de Brissac; mais il m'ajouta qu'elle alloit revenir. En effet, elle rentra presque aussitôt; mais comme je me fus avancé vers elle pour lui faire mes complimens et mes excuses sur ce que je n'avois point su son retour de la campagne, je vis que presque sans me regarder et sans m'écouter, après avoir demeuré un moment comme immobile, elle fit une petite révérence à la compagnie, et sans dire une parole elle sortit de la chambre, gagna son carrosse et se retira. Si je fus surpris de cette réception d'une dame qui ne revenoit là que pour moi, à ce qu'on venoit de me dire, je le laisse à penser. M. de La Rochefoucauld ne le parut guère moins que moi; je ne lui témoignai rien pourtant de ce que je pensois; et ayant achevé ma visite, je me retirai. Deux jours après je fus voir madame de Brissac, et je la trouvai seule. Après que nous fûmes assis: « Vous dûtes « être bien surpris l'autre jour, me dit-elle, de « l'étrange tour que je vous fis, et vous me de- « vriez croire bien impertinente; mais l'estime « que vous savez que j'ai toujours eue pour vous « me rassure: je me flatte que vous aurez sus- « pendu votre jugement jusqu'à ce que vous en « sachiez la cause. Je veux bien vous la dire, « continua-t-elle, et j'espère que vous n'en aurez « pas plus mauvaise opinion de moi. » Je l'assurai fort qu'il faudroit d'étranges raisons pour me faire perdre les sentimens d'estime et de respect que j'avois pour elle. « Puisque cela est, reprit- « elle, je vous avouerai sans façon que j'avois « une amitié fort tendre pour le pauvre M. de « Longueville; je ne m'en cache point, parce « qu'il n'y a jamais rien eu de particulier entre « nous. Nous avions presque toujours été élevés « ensemble, je le regardois comme s'il eût été « mon frère; notre amitié avoit crû avec nous, « et elle s'étoit encore augmentée par l'assiduité « qu'il fit paroître auprès de madame la princesse « de Conti dans sa dernière maladie, et par la « part qu'il me témoigna prendre à mon extrême « douleur pour la perte de cette vertueuse prin- « cesse, à laquelle j'avois mille obligations. Étant « en ces termes avec lui, il est aisé de juger « combien j'ai été frappée de sa mort. Mais pour « revenir à ce qui vous regarde, continua-t-elle, « comme je rentrois pour vous voir dans la cham- « bre de M. de La Rochefoucauld, par une porte « opposée à celle par laquelle j'étois entrée la « première fois, je jetai les yeux par hasard sur « un portrait de M. de Longueville, qui étoit « au-dessus de cette dernière porte; et comme « depuis son malheur c'étoit le premier objet qui « pût me le rappeler, cette vue me frappa l'esprit « d'une telle sorte que, ne me trouvant plus « maîtresse de ma douleur, je ne pus que me re- « tirer. J'espère que vous excuserez ma foiblesse, « puisque vous avez connu sans doute par vous- « même le mérite de M. de Longueville. »

Sur ce que je lui dis que je n'avois point eu cet honneur: « Ah! que vous êtes heureux, me « dit-elle, de ne l'avoir point connu! vous seriez « assurément à cette heure aussi affligé que nous « de sa perte. » Je la consolai autant qu'il me fut possible, et je lui fis connoître que l'aveu sincère qu'elle m'avoit fait m'assuroit bien mieux de sa vertu que les déguisemens de tant d'autres ne me persuadoient de celle qu'elles vouloient affecter.

On vit encore des afflictions plus touchantes pour cet illustre mort: on remarqua assez longtemps une dame très-bien faite qui venoit tous les jours en deuil pleurer aux Célestins sur son tombeau; on eut la curiosité de la faire suivre, et l'on observa qu'elle laissoit d'ordinaire son carrosse auprès de Saint-Paul. Elle s'en aperçut, et cela fit cesser cette lugubre aventure.

Je connois une autre dame de mes amies à qui cette mort a servi d'un puissant motif pour quitter le monde : tant il est vrai que ce jeune prince avoit fait naître pour lui de grandes et belles passions. Il a laissé un fils naturel qui a été reconnu sans nommer sa mère (1), que tout le monde cependant connoît assez; et soit que ce fût un effet du hasard ou autrement, elle se trouva au palais dans le temps que le parlement faisoit cette reconnoissance.

Après cette digression qui ne sera peut-être pas désagréable, je reviens à la guerre de Hollande. Les ennemis, par l'inondation de leur pays, avoient empêché les troupes du Roi de pénétrer plus avant dans leurs provinces; on entendit à quelque négociation, et tout le monde demeura d'accord que c'étoit le temps de faire une paix honorable et avantageuse. Hors l'entière destruction de leur république, il n'y avoit point de parti que les Etats n'eussent accepté. On auroit rétabli glorieusement la religion catholique dans tant de provinces d'où elle étoit bannie depuis un siècle; on auroit rendu comme tributaires ces peuples dont la fierté méprisoit les rois, et on auroit fait servir à notre commerce ceux qui s'en prétendoient les maîtres. Tout le monde fait l'honneur à M. de Pomponne de croire que son avis étoit pour la paix; mais l'avis contraire prévalut, et il faut croire qu'il étoit bon, puisque le Roi s'en laissa persuader. En effet, il y avoit quelque chose de bien charmant pour un prince qui aime la gloire de se voir à la tête d'une armée victorieuse, en état de pousser ses conquêtes où il lui plairoit; et il auroit pu exécuter tous ses grands desseins si l'Angleterre ne lui eût point manqué, et si une petite impatience de revoir Versailles n'eût point ralenti l'ardeur de ses troupes, en les privant de sa présence. Il faut aussi demeurer d'accord que la continuation de la guerre a mieux fait connoître sa grandeur, puisqu'on n'auroit jamais pu croire qu'avec ses seules forces il eût non-seulement résisté à toutes les puissances de l'Empire, de l'Espagne et des Provinces-Unies, mais même remporté tous les ans sur elles des avantages considérables. Ce sont de grandes raisons assurément pour autoriser les résolutions qu'on prit alors. Mais si on considère d'autre côté combien de sang et de millions nous a coûté cette gloire, il y aura peut-être peu de gens qui ne la trouvent achetée bien cher, particulièrement si nous faisons réflexion aux périls où le Roi s'expose sans cesse, qui font trembler tous ses bons sujets et tous ceux qui aiment l'Etat, dont le salut est attaché à la vie de ce grand prince; et ne doit-on pas avoir d'autant plus de soin de cette vie précieuse, que lui-même semble la mépriser davantage?

Je rapporterai à propos de cela une petite histoire que m'apprit cette même année M. du Fresne qui avoit été autrefois secrétaire de feu M. de Feuquières, et qui, ayant été connu de feu M. l'électeur de Mayence, devint son agent en notre cour. Cet emploi lui donnoit occasion d'avoir quelquefois des audiences secrètes du Roi. Il me conta qu'en ayant un jour eu une, après qu'ils eurent cessé de parler d'affaires, Sa Majesté lui commanda de lui dire ce qu'il savoit de certaines lettres de M. l'électeur palatin, avec lesquelles on accusoit cet électeur d'avoir voulu empoisonner M. de Mayence. M. du Fresne conta la chose; et le fait étoit que M. le palatin avoit chargé un de ses gardes de cette lettre, avec commandement exprès de ne la donner qu'en main propre. Le garde vint à Mayence, et n'y trouva point M. l'électeur. On le mena à son grand-vicaire, qui avoit ordre en son absence d'ouvrir toutes les lettres qu'on lui adresseroit; mais le garde s'étant défendu de donner la sienne sur le commandement qu'il avoit, comme ces princes n'étoient pas bien ensemble, cela donna quelque soupçon. Ainsi le grand-vicaire le fit conduire où étoit M. l'électeur, lui donnant avis en même temps de prendre garde à lui. M. de Mayence prit la lettre et la donna à ouvrir à un secrétaire, qui n'eut pas plutôt rompu le paquet qu'il tomba comme mort sur le carreau; et s'il n'eût été promptement secouru, il en auroit perdu la vie selon toute sorte d'apparence.

Ensuite de ce petit récit, M. du Fresne prit occasion de dire au Roi que s'il osoit donner un avis à Sa Majesté, il lui sembloit qu'elle permettoit un trop libre accès à toutes sortes de gens pour lui parler; que particulièrement, dans la conjoncture présente des affaires, il croyoit qu'elle ne pouvoit prendre trop de précautions, ayant des ennemis enragés et capables de tout entreprendre. A quoi le Roi répondit : « On m'a « déjà donné beaucoup de pareils avis; mais en-« fin si j'étois capable de ces craintes je ne vi-« vrois pas. Il en sera tout ce qu'il plaira à Dieu : « je ne prétends pas pour cela devoir rien « changer en ma conduite. » Grande marque de la fermeté d'âme de cet invincible monarque.

Je revis encore mon frère au retour du voyage; mais comme il étoit presque toujours à Versailles, et que l'air de la cour n'étoit plus à mon usage, m'étant accoutumé depuis si long-temps à vivre plus libre et plus en repos, je ne songeai plus qu'à mon retour en Anjou. J'allai lui dire adieu à Versailles, à la ménagerie où il étoit

(1) C'était la maréchale de la Ferté.

logé : j'y fus deux jours. J'eus l'honneur de saluer le Roi, et je renouvelai connoissance avec messieurs les ducs de Noailles et de Montausier, qui tous deux, après tant d'années, me firent voir qu'ils ne m'avoient pas oublié. Le dernier particulièrement m'a fait l'honneur en toutes les occasions de m'en donner d'obligeantes marques. C'est une de mes plus anciennes connoissances, vu qu'il étoit de l'hôtel de Rambouillet, où je l'ai toujours vu lorsqu'il n'étoit encore que M. de Sales. Il étoit alors amoureux de l'illustre mademoiselle de Rambouillet (Julie d'Angennes), qui est morte duchesse de Montausier, gouvernante des enfans de France et dame d'honneur de la Reine. M. de Montausier fut long-temps sans oser prétendre à sa possession : il ne l'obtint que lorsque, par la mort du marquis de Montausier son frère, il fut devenu héritier de son nom et de ses biens, et que, par un heureux changement, il eut abandonné la fausse religion dans laquelle il avoit été nourri pour embrasser la véritable. Il y auroit mille choses à dire de cet homme illustre, soit qu'on voulût s'appliquer aux qualités de son esprit, orné de toutes les belles connoissances et soutenu d'un génie particulier pour faire les plus beaux vers du monde, soit qu'on examinât son ame remplie de toutes les vertus morales et chrétiennes, soit enfin que s'arrêtant à son cœur on voulût décrire cette fidélité, cette intrépidité dont il a donné tant de marques en servant le Roi, et dont les glorieuses blessures qu'il porte sont des preuves irréprochables. Mais il suffit pour faire son éloge de dire que le plus grand roi du monde et le plus éclairé l'a seul jugé digne d'être gouverneur de monseigneur le Dauphin, et qu'il a parfaitement bien rempli tous les devoirs de cette importante charge.

Enfin je me séparai avec douleur de la chère compagnie que je laissois à Versailles. Mademoiselle Ladvocat, qui étoit devenue fort de mes amies, me promit de me donner souvent de ses nouvelles, et elle m'a tenu parole avec beaucoup d'exactitude. On doit faire cas d'une amitié comme la sienne. Ce qu'on voit d'aimable dans son esprit et en sa personne n'est pas ce qu'on doit le plus estimer. Elle n'aime pas tout le monde, et ne se soucie pas d'en être aimée : mais elle est sincère et généreuse, et on se peut fier en ses promesses. Son esprit est grand et capable de tout, et son cœur est encore plus grand que son esprit. L'ambition, sa passion dominante, paroît le remplir tout entier; mais comme elle n'a pas autant de bonheur que de mérite, il semble qu'on puisse espérer qu'elle cherchera à se satisfaire par des biens qu'elle se pourra donner elle-même. On a déjà remarqué en elle plus de tendresse qu'on ne croyoit qu'elle en pût avoir; et quoique ce n'ait été jusqu'à cette heure que pour la belle madame de Grignan, qui a des avantages tout particuliers, il pourroit peut-être arriver qu'une si douce passion lui feroit enfin abandonner les ronces et les épines de l'autre, qui sous de belles apparences ne laisse pas de déchirer ceux mêmes qu'elle semble traiter le mieux.

Je partis de Paris au commencement d'octobre, et ne fus le premier jour coucher qu'à Chartres. J'étois prêt à me mettre au lit quand l'abbé de Feuquières, mon cousin et mon bon ami, arriva avec une calèche de M. de Basville, et me dit que M. le premier président l'avoit chargé de m'emmener à Basville; que M. de Basville même me seroit venu chercher, s'il ne lui avoit répondu de mon obéissance à ses ordres. Je me défendis long-temps de cette visite; mais enfin il m'assura si sérieusement que je désobligerois ces messieurs si je les refusois, que je me laissai conduire, étant aussi sensible que je devois l'être à l'honneur qu'ils me faisoient. J'arrivai à dix heures du soir; ils étoient près de se mettre à table. Après le souper on se mit à jouer; mais M. le premier président n'étant point du jeu, j'eus l'honneur de m'entretenir avec lui. Sa conversation me semble en vérité préférable à tous les plaisirs après lesquels on court dans le monde, tant on y trouve à la fois de douceur et d'honnêteté, de brillant et de savoir. C'est à Basville qu'il le faut voir pour le bien connoître : c'est là qu'il sait se proportionner à tous ceux qui l'y visitent, et que, se dépouillant de la gravité qui convient au chef du premier parlement de France, et dont pourtant personne n'a jamais usé avec une plus grande modération que lui, il descend dans tous les devoirs d'un homme privé, faisant aussi bien que personne les honneurs de sa maison. Il se tient même obligé de l'honneur qu'il fait à ses amis de les y recevoir; et, par l'honnête liberté qu'il y donne, il y invite beaucoup plus qu'il ne pourroit faire par des paroles. Messieurs de Lamoignon et de Basville, dignes fils d'un père si aimable, marchent sur les mêmes pas que lui. En vérité, et sans flatterie, on auroit peine à trouver en France tant de mérite et de vertu dans une seule famille. Vouloir faire l'éloge du père, ce seroit une entreprise bien au-dessus de mes forces; elle ne le seroit guère moins si on vouloit dire tout le bien qui se trouve en messieurs ses fils : on en peut assez juger par les beaux traits d'esprit et d'éloquence que le parlement admire tous les jours dans les plaidoyers de M. l'avocat général de Lamoignon, et par le choix qu'a fait le Roi de M de Basville pour assister aux conférences de Cologne pour la paix, quoiqu'il fût encore dans un âge si tendre que, s'il ne l'avoit point devancé par les lumières de son esprit et de son jugement, il n'auroit pu encore être reçu dans une charge de conseiller de la cour. Ces messieurs vouloient me retenir tout le lendemain; mais j'obtins mon congé pour l'après-dînée. Ils me donnèrent un carrosse jusques à Etampes où j'avois envoyé le mien. L'abbé de Feuquières me reconduisit jusque là, et le lendemain nous nous séparâmes.

J'eus toutes sortes de malheurs en mon équipage, et j'arrivai à Tours avec bien de la peine, ayant tous mes chevaux estropiés. J'y trouvai M. le marquis de Dangeau qui étoit depuis peu revenu d'Anjou, où le Roi l'avoit envoyé commander par commission pendant la campagne.

C'étoit assurément un commandement fort peu nécessaire, M. d'Autichamp, lieutenant de roi de la ville et du château, étant plus que suffisant pour y contenir tout le monde dans le devoir, non-seulement par l'autorité de sa charge que personne n'a jamais portée plus haut que lui, mais encore par l'affection et le respect que tout le monde croit devoir à sa douce manière de gouverner. C'est un gentilhomme d'un fort grand mérite, et qui a toute sa vie servi avec honneur et distinction : il est de la maison de Beaumont, une des meilleures du Dauphiné, et qui devoit être déjà considérable en 1349, quand Humbert Dauphin donna cette province au roi Philippe de Valois, puisqu'un gentilhomme de son nom a signé dans l'acte de la donation qui en fut faite.

Je trouvai aussi à Tours M. Tubeuf, intendant de la province, dont je reçus toutes les marques d'amitié que je pouvois attendre de la parenté qui est entre nous à cause de madame sa mère. J'en partis le lendemain avec M. le marquis de Vassé, et M. de Valentiné qui nous mena en sa belle maison d'Ussé, où je passai deux jours avec la bonne compagnie qu'on y trouve d'ordinaire, mais dont madame de Valentiné fait toujours la meilleure partie. Elle y étoit avec sa bonne amie madame de Bobigné, à qui on peut dire qu'il ne manque que de la santé pour être une femme toute parfaite. Ce défaut lui fait préférer son couvent d'Angers à toute la satisfaction de Paris; et pour moi je n'oserois m'en plaindre, puisque sans son agréable compagnie le long séjour que je fais dans la province ne me seroit pas si supportable.

J'y passai l'année 1673 et une grande partie de 1674. En cette dernière, au mois de septembre, je fus à Bourbon. Ce fut un assez malheureux voyage pour moi; car, outre que je n'eus point de soulagement aux incommodités qui m'y avoient mené, j'y en trouvai de nouvelles par une mauvaise saignée qu'on m'y fit : de manière qu'après plus de deux ans je n'en suis pas encore tout-à-fait guéri. J'y reçus aussi la nouvelle de l'extrême maladie de mon père; elle me troubla tellement que je ne pus achever mes remèdes. J'en appris la mort en arrivant à Angers : il avoit quatre-vingt-six ans, et, à un peu de surdité près, il ne se ressentoit d'aucune incommodité de la vieillesse. Je ne laisserai pas de me louer toute ma vie de ce voyage de Bourbon, puisqu'il me procura la connoissance de M. le maréchal de La Ferté-Seneterre, et l'amitié de M. le comte de Bouligneux, dans la conversation duquel je passai de si douces heures. Ces deux messieurs ne se pouvoient pas louer également de la cour. Le premier en a obtenu des récompenses dignes de ses grands services, et de la gloire dont il se vantoit un jour en présence de M. de Turenne et de quelques autres qui n'avoient pas toujours été dans le bon parti; il n'avoit jamais, disoit-il, fait chanter le coq, c'est-à-dire qu'il n'avoit jamais renié son maître. L'autre, après avoir passé sa jeunesse à la cour et y avoir dépensé une grande partie de son bien en servant, a perdu par la mort de la Reine-mère la charge de lieutenant de ses gendarmes qu'il avoit achetée par son commandement exprès et avec la permission du Roi, et n'a pas même pu conserver le régiment de Normandie, en se réduisant à y servir, quoiqu'il l'eût payé pour le comte de Meilly son frère, qui fut tué en le commandant à l'attaque de Voerden en Hollande. Ce qui fait bien voir que la fortune ne traite pas toujours également les gens de mérite.

Pendant que j'étois à Bourbon, mademoiselle de Montalais m'adressa à une de ses amies, madame de La Houssaye, sœur de M. de Sainte-Foi, maître des requêtes. Cette dame me conta par quelle aventure elle avoit trouvé cette belle Anglaise madame Stuart, dont la beauté fit beaucoup de bruit dès qu'elle parut à la cour. Elles venoient toutes deux à Paris dans les carrosses de Rouen : et, s'étant rencontrées à la dînée, il parut à madame de La Houssaye qu'une jeune fille, si belle d'ailleurs et étrangère, n'étoit pas trop bien accompagnée de deux ou trois jeunes conseillers de Rouen qui se tenoient fort près d'elle. Elle lui en parla charitablement, lui demanda où elle comptoit loger à Paris, et lui proposa de passer dans son carrosse, où elle seroit avec plus de bienséance. L'ayant trouvée fort docile à ses avis, elle lui dit qu'elle la vouloit loger à Paris avec une demoiselle de ses amies qui avoit une inclination particulière pour l'Angleterre. Madame Stuart lui témoigna qu'elle lui en seroit fort obligée; ainsi elle la mena à mademoiselle Montalais qui la reçut agréablement, et elles se sont tellement attachées depuis l'une à l'autre qu'elles paroissent inséparables. On a parlé diversement des causes de son départ d'Angleterre : on a même cru qu'elle fuyoit une cour où elle craignoit que le Roi ne la trouvât trop à son gré; mais quoi-qu'il en soit elle a toujours paru très-sage en la nôtre, et ne s'y est même guère montrée, quoique sa beauté et sa naissance l'y eussent fait considérer selon son mérite. Son esprit s'est porté à des prétentions plus solides; et depuis que Dieu lui a fait la grâce d'embrasser notre religion, c'est un exemple de vertu qu'on ne sauroit assez louer.

Au mois de novembre de cette même année, le Roi me fit l'honneur de me donner l'abbaye de Chaumes, plus considérable par le voisinage de Pomponne que par son revenu, et célèbre d'ailleurs par la vie et par la mort de feu M. Henri de Gondrin, ce grand archevêque de Sens, qui en faisoit ses chastes délices et qui y a fini saintement ses jours. On se souviendra éternellement dans l'Eglise de la force et de l'éloquence avec laquelle il a soutenu ses droits et sa discipline, et défendu la justice et la vérité contre la puissante cabale qui avoit entrepris de les opprimer.

L'incommodité qui m'affligeoit m'empêcha pendant l'hiver d'aller remercier le Roi ; j'y fus au printemps [1675], quelques jours avant que Sa Majesté partît pour l'armée. Mon frère me présenta à lui : il reçut mes très-humbles actions de grâces avec cette bonté charmante qui lui est toute particulière, et qui le fait régner sur les cœurs avec encore plus de pouvoir que son sceptre ne lui en donne sur tant de millions d'hommes que Dieu lui a donnés pour sujets.

Je passai l'été à Paris où j'avois quelques affaires ; je n'y trouvai plus mademoiselle Ladvocat : elle avoit été mariée l'année précédente ; mais je trouvai en sa place madame la marquise de Vins, qui, quoique femme d'un homme de qualité et de mérite, pouvoit néanmoins, sans trop se flatter, aspirer à une plus grande fortune. Elle étoit encore tous les jours chez sa sœur comme avant son mariage; et si elle avoit voulu cacher un fils dont elle étoit déjà mère, on l'auroit encore pu prendre pour fille. Nous fîmes plusieurs petits voyages à Pomponne pendant l'absence du Roi ; mais depuis qu'il fut revenu je fus fort attaché à Paris par la maladie de l'abbé de Feuquières, qui pensa mourir. Il avoit extrêmement fatigué pendant la campagne ; il vouloit être partout de jour et de nuit ; il avoit encore accompagné le Roi à son retour, et il avoit fait sans obligation et sans intérêt les fonctions d'aumônier de Sa Majesté pour ceux que leurs charges y obligeoient et qui étoient absens. Enfin, après avoir traîné quelque temps, il fallit succomber au mal; et sans M. et madame de Pomponne, qui usèrent d'autorité pour chasser un misérable empirique entre les mains duquel il s'étoit mis, on auroit eu de la peine à le sauver. C'eût été pour moi une très-grande affliction, ayant pour lui autant d'amitié que je sais qu'il en a pour moi. Il a beaucoup de bonnes qualités, et les défauts qu'on lui peut reprocher ne seroient peut-être pas des défauts dans des personnes d'une autre profession que la sienne. Il aime un peu trop la guerre pour un abbé, et il devroit déférer davantage aux avis qu'on lui donne là-dessus; mais il est généreux et bon ami : et quoiqu'il ne soit peut-être pas fort soigneux dans les petites choses, on se peut assurer sur lui dans les grandes. Il a fait une fois en sa vie une action si extraordinaire, qu'on peut juger aisément de ce qu'il seroit capable de faire s'il trouvoit souvent des occasions semblables ; elle est trop belle pour en laisser perdre le souvenir, et il est de la justice de conserver, autant qu'il est en nous, les choses qui sont dignes de louanges. Il avoit gagné au jeu une somme considérable à M. le duc de Mazarin ; celui-ci, par un esprit bien différent du sien, le paya en un billet de dix mille livres que lui devoit M. de Feuquières son frère. L'abbé le prit en paiement, quoiqu'il eût bien pu le refuser, et l'apporta à son frère qui lui demanda avec un peu de chagrin pourquoi il l'avoit pris, et ce qu'il prétendoit en faire. « Ce que j'en prétends faire, lui dit « l'abbé ? ce que vous voyez; » et en même temps il le jeta dans le feu. Je crois qu'on trouveroit peu d'exemples d'une pareille générosité, car il y a peu d'hommes à l'épreuve de l'argent. Si l'abbé de Feuquières avoit connoissance que son frère n'étoit pas assez bien dans ses affaires pour acquitter cette dette, il connoissoit encore mieux les siennes, et savoit que leur état n'auroit pas donné envie à un autre de faire une telle libéralité. Il est le second fils de feu M. de Feuquières, qui mourut à Thionville général de l'armée du Roi. Le troisième est mort dans le service, mestre de camp d'un régiment de cavalerie. Le quatrième est gouverneur de Toul; et, par une aventure assez extraordinaire, il est devenu plus riche que ses frères, ayant épousé une fille de qualité des Pays-Bas, nièce et héritière en partie du feu comte Henri de Bergue. Le cas est assez singulier pour en faire le récit. Cette demoiselle avoit lié amitié en Flandre avec une religieuse qui, étant venue ensuite demeurer à Toul, entretenoit commerce avec elle. Il s'étoit formé dans son esprit une telle horreur de l'ivrognerie, par le malheur d'une sienne sœur dont le mari étoit toujours ivre, que toutes ses lettres étoient pleines de témoignages de l'aversion qu'elle avoit à se marier en son pays, où ce vice étoit si commun. Enfin elle déclaroit qu'elle préféreroit un homme sans bien, pourvu qu'il eût de la qualité et qu'il fût sobre, aux plus grands partis des Pays-Bas qui pourroient penser à la recKercher. Ces discours souvent répétés firent naître à la religieuse la pensée de procurer cet avantage au comte de Pas ; elle lui conseilla d'y penser. Elle écrivit aussi à la demoiselle qu'elle avoit trouvé ce qu'elle cherchoit, et lui fit un portrait avantageux du comte de Pas. Il ne manquoit plus que de se voir : il fut en Flandre, ils convinrent de leurs faits, et enfin ils se marièrent.

Le cinquième fils de feu M. de Feuquières avoit été guidon des gendarmes de feu M. le prince de Conti, et est mort en sa maison un peu trop tôt pour ses enfans. Il y a de certaines familles privilégiées où on ne trouve presque jamais de rebut : celle de Pas-Feuquières peut passer pour être de ce nombre. Tous ceux que j'ai connus de ce nom ont eu un talent particulier pour la guerre, et c'est proprement le caractère de cette maison. Le marquis de Feuquières, fils aîné de l'ambassadeur de Suède, soutient déjà dignement son nom, s'étant fait distinguer dans les divers commandemens qu'il a eus, jusqu'à être choisi par le Roi pour être à la tête du régiment de Rambures, le premier des petits vieux corps. Il étoit fort estimé de M. de Turenne, qui certainement se connoissoit en gens ; mais ce puissant appui lui manqua, comme à toute la France, par le malheur qui nous enleva ce grand capitaine. Ce fut en cette même année 1675. On ne sauroit s'imaginer quelle consternation cette mort jeta dans tous les esprits. Je me trouvai au palais quand elle commença à être sue. Ce n'étoit que murmures et que plaintes : on passoit jusques à la frayeur ; et, comme si les ennemis eussent déjà été à nos portes, on voyoit les plus timides songer aux moyens de se mettre en sûreté par la fuite ; d'autres, comme dépourvus de tout conseil, ne savoir à quoi se résoudre ; et les plus généreux enfin s'exhorter les uns les autres à se réunir et à demeurer fermes pour le service du Roi et de la patrie. Mais on ne fut pas long-temps dans ces alarmes ; la prudence de Sa Majesté y remédia aussitôt, en envoyant M. le prince prendre la conduite de l'armée que M. de Lorges avoit ramenée en Alsace. Ce nom terrible aux Allemands abattit d'abord leurs espérances ; et ce déluge dont nos provinces étoient menacées fut heureusement arrêté par la valeur de ce grand prince, qui, comme une digue impénétrable, rendit tous leurs efforts inutiles.

Qui voudra savoir la grandeur de la perte que nous fîmes en la mort de M. de Turenne n'a qu'à voir la belle et éloquente oraison funèbre que prononça M. l'évêque de Tulle en l'honneur de ce grand homme. On ne sauroit porter son mérite plus haut, ni mieux accorder l'exagération et la vérité ; l'esprit demeure rempli, en la lisant, de grandes et de nobles idées que ne laissent pas d'autres pièces qu'on a voulu lui comparer. On prétendra peut-être que celles-ci sont plus dans les règles de l'art, et que toutes les parties de la rhétorique y sont mieux observées ; mais, s'il est permis de le dire, je crois voir des disciples qui s'assujettissent servilement aux règles : au lieu que l'autre, comme un maître, s'élève au-dessus des préceptes, se donnant lui-même pour règle à ceux qui seront capables de le suivre. Ce n'est pas la première fois que ces sortes de comparaisons ont été avantageuses à M. de Tulle. Je me souviens d'une Passion qu'il prêcha lorsqu'il n'étoit encore que le père Mascaron ; elle donna tant de jalousie à M. l'évêque de Périgueux, qu'il entreprit de faire voir que ce n'étoit qu'un larcin qui lui avoit été fait d'une qu'il avoit prêchée quelques années auparavant. Elles coururent toutes deux, de manière qu'on put en voir la différence : et le jugement qu'on en fit ne fut point désavantageux à M. de Tulle. On trouva même assez étrange que M. de Périgueux, qui avoit aussi fleuri dans l'Oratoire sous le nom du *père Le Boue*, dont la réputation étoit établie, et qui étoit déjà évêque, eût pris à tâche de décrier un jeune prédicateur son confrère, et de faire tort à sa fortune ; ce qui fit dire un assez plaisant mot à un père de l'Oratoire qui, s'étant arrêté avec quelques autres à regarder un carrosse de M. de Périgueux sur lequel ce prélat avoit fait peindre ses armes, ce qui paroissoit peu conforme à la modestie de la congrégation : « Au moins, dit-il à ses confrères « en leur montrant une tête de levrette de gueu- « les qui se voyoit en la pointe de l'écu, au moins, « mes pères, remarquez qu'il a une chienne de « gueule. »

Puisque nous en sommes sur les pères de l'Oratoire, je ne puis oublier ici un trait agréable du père d'Urfé, frère de M. l'évêque de Li-

moges, mais qui n'est pas dans les mêmes sentimens que ce prélat. Celui-ci se plaignoit un jour à lui dans l'amertume de son cœur de ce que le nom d'Urfé sembloit ne devoir être connu que par l'Astrée. « C'est une étrange chose, lui di-
« soit-il, qu'il faille que ce méchant livre désho-
« nore d'autant plus notre nom, qu'il est entre
« les mains de tout le monde. Pour moi, je vou-
« drois que quelqu'un de nous s'appliquât à faire
« quelque bon ouvrage qui effaçât la mémoire
« de celui-là, et qui empêchât de le lire ; et,
« comme vous avez de l'esprit et du loisir, il me
« semble que vous devriez vous y employer. » Le père d'Urfé ayant fort loué le zèle de son frère : « Je sais bien un meilleur moyen, lui dit-il, pour
« qu'on ne lise plus l'Astrée. — Et quel est-il ?
« reprit avec chaleur M. de Limoges. — C'est,
« répondit le père d'Urfé, de publier et d'assurer
« que les cinq propositions sont dans ce livre ; il
« ne faut point douter après cela qu'il ne soit
« bientôt défendu et condamné à l'oubli éternel.»

Je ne crois pas avoir besoin d'expliquer ce que c'est que ces cinq propositions ; elles ont fait et font encore trop de bruit pour n'être pas connues de tout le monde. Je crois qu'il est encore moins nécessaire de dire de quel sentiment étoient ces deux frères sur cette matière.

La mort de M. de Turenne ne fut pas le seul malheur qui nous arriva en cette année 1675 : le Roi eut encore une autre disgrâce par la défaite de M. le maréchal de Créqui auprès de Trèves ; mais sa bonne fortune ordinaire empêcha les ennemis d'en tirer tout l'avantage qu'ils auroient pu. Le duc de Zell, qui commandoit leur armée, rejeta le conseil du vieux duc de Lorraine qui vouloit qu'on allât droit à Metz, et se contenta de prendre Trèves ; mais il trouva plus de difficulté qu'il n'avoit cru par la vigoureuse résistance du maréchal de Créqui, qui s'étoit jeté dedans après sa défaite. Il fit en cela justement ce que le Roi avoit deviné qu'il feroit ; car, comme on fut quelques jours à la cour sans savoir ce qu'il étoit devenu, Sa Majesté dit : « Il
« doit s'être jeté dans Trèves. » C'est peut-être ce qui a fait que son malheur ne lui a pas nui comme on auroit cru.

Sur la fin du mois d'août je fus passer huit jours à Chaume, où je n'avois point encore été. Mon frère, ma belle-sœur et madame de Vins y vinrent, en allant de Pomponne à Fontainebleau où étoit la cour ; je les y accompagnai : après y avoir passé un jour, je pris la route de Bourbon, où j'étois obligé de retourner pour ma santé. Je fis une grande partie du chemin avec M. le président de Champlâtreux qui s'en alloit aux eaux de Vichy, et j'en reçus mille honnêtetés. Je retrouvai à Bourbon M. le maréchal de La Ferté, qui ne manque point d'y être tous les ans : et on peut dire que ces eaux sont pour lui la fontaine de Jouvence. Il y vient toujours estropié, et il s'en retourne guéri. Je me souviens qu'un jour qu'il se promenoit dans mon jardin, après avoir reçu des nouvelles de Lorraine où l'alarme étoit grande, il me dit avec chagrin : « Monsieur l'abbé, ce n'est pas tout ; mais c'est
« que si les ennemis vont à Metz, il n'y a pas
« dans la citadelle de quoi tirer six coups de ca-
« non. » Il étoit résolu, de quelque manière que ce fût, de s'aller jeter dans cette place dont il étoit gouverneur. Mais les premières nouvelles que nous eûmes dissipèrent nos craintes, la seule présence de M. le prince que le Roi avoit envoyé en Alsace, comme je l'ai déjà dit, ayant fait avorter tous les grands desseins des Allemands.

Je trouvai aussi à Bourbon madame l'abbesse de Notre-Dame de Soissons, fille de feu M. le comte d'Harcourt, cet homme si glorieusement connu dans nos histoires. Elle se déclaroit hautement pour aimer tout ce qui portoit le nom d'Arnauld, ne craignant point qu'on la soupçonnât d'être janséniste. Ainsi elle me fit l'honneur de me commander de la voir souvent : à quoi j'obéis avec beaucoup de respect et de plaisir tout ensemble ; car j'avoue que je n'ai jamais connu un esprit plus beau ou plus éclairé, joint à une plus grande modestie ; plus de douceur avec plus de force, un plus juste tempérament de l'humilité religieuse et des sentimens de noblesse que devoit inspirer la grandeur de la maison de Lorraine. Je ne m'étonnai plus après cela de ce que j'avois vu peu de mois auparavant en mademoiselle d'Armagnac sa nièce, qu'elle avoit élevée dès l'enfance, et qui étoit aussi faite à douze ans qu'une autre auroit pu l'être à dix-huit. M. Le Grand son père, à qui j'étois allé rendre mes devoirs à Paris, me la fit saluer avec madame d'Armagnac. Elle n'étoit pas encore duchesse de Cadaval, mais elle étoit sur le point de l'être ; sa beauté et sa bonne grâce la faisoient paroître très-digne du rang qu'elle alloit occuper en Portugal, et ce rang sembloit ne lui causer aucun embarras. Je suis persuadé qu'elle porteroit avec autant de dignité la couronne de ce royaume, qui la regarde d'assez près.

Nous avions encore à Bourbon beaucoup de personnes considérables, entre autres madame de Novion et madame la marquise de Béthune qui se mesuroient. L'une étoit fière de sa beauté et du mortier qu'elle espéroit voir quelque jour sur la tête de monsieur son mari ; l'autre ne l'étoit pas moins du rang qu'elle tenoit à la cour, mais principalement encore de la gloire d'avoir une sœur reine de Pologne, et femme de ce grand maréchal Sobieski que sa vertu et sa valeur, par des exploits presque incroyables, ont élevé à la plus haute fortune où un particulier puisse arriver dans le monde. Je me trouvai logé en même maison avec un abbé polonais, fort honnête homme et de grande piété, qui m'entretenoit assez souvent des merveilles de la vie de ce grand prince; il en avoit un portrait fort ressemblant à ce qu'il assuroit, et tout ce qu'on voyoit en son air et en son visage convenoit parfaitement bien aux grandes idées qu'on s'étoit formées de lui. On en concluoit aisément que le plus grand bonheur de la Reine sa femme n'étoit pas de porter la couronne, mais de posséder le cœur d'un prince si grand et si aimable.

Toute cette bonne compagnie de Bourbon, à laquelle je pourrois ajouter les noms de beaucoup d'autres personnes de mérite et de qualité, n'a jamais le pouvoir d'y retenir personne dès qu'on a achevé ses remèdes. J'en partis les derniers jours de septembre, me séparant avec regret de M. le comte de Bouligneux, qui n'y étoit arrivé que depuis huit jours. Madame de Boufflers en étoit partie quelque temps auparavant, faisant voir en sa personne un effet comme miraculeux de ces eaux. Elle y étoit arrivée aveugle et paralytique, et elle s'en retournoit parfaitement guérie. Dieu voulut donner au moins cette consolation à M. et madame du Plessis-Génégaud, ses père et mère, dont il exerçoit déjà la vertu par tant et de si rudes épreuves. Jamais peut-être il ne s'est vu de personnes faire de si grandes pertes en si peu de temps. On sait comment la charge de secrétaire d'État leur fut ôtée; avec quelle rigueur ils ont été traités dans leurs biens par la chambre de justice; et enfin de quelle manière ils ont vu périr presque tous messieurs leurs enfans. M. du Plessis, dont la patience a paru extraordinaire dans tous ces malheurs, y a enfin succombé; et il falloit, pour couronner la vertu de madame du Plessis, qu'elle eût encore le chagrin de perdre un vertueux mari qui l'aidoit à soutenir le poids si pesant de tant d'infortunes. On la pourra toujours regarder comme un grand exemple de l'instabilité des choses humaines, et comme un modèle à imiter dans la bonne et dans la mauvaise fortune. Dans l'une, sa modération fit qu'elle ne s'éleva point; et les honnêtes plaisirs que trouvoit chez elle une troupe choisie d'hommes et de femmes d'esprit étoient de nature à ne pas effaroucher la vertu même la plus scrupuleuse. Dans l'autre, sa patience a même surpassé ce qu'on pouvoit attendre d'elle; et c'est dire en deux mots tout ce qui se peut concevoir de la plus parfaite résignation aux volontés du souverain maître.

Il est temps de finir ces Mémoires: et je ne le puis à mon avis plus utilement qu'en recueillant mon esprit de la dissipation où l'ont jeté tant de choses qui y sont écrites, pour l'appliquer au seul point nécessaire que nous ne saurions assez méditer.

(En janvier 1677).

FIN DES MÉMOIRES DE L'ABBÉ ARNAULD.

MÉMOIRES

DE

GASTON, DUC D'ORLÉANS,

CONTENANT CE QUI S'EST PASSÉ EN FRANCE DE PLUS CONSIDÉRABLE DEPUIS L'AN 1608 JUSQU'EN L'ANNÉE 1636.

NOTICE
SUR
GASTON, DUC D'ORLÉANS,
ET
SUR SES MÉMOIRES.

Les Mémoires qui portent le nom de Gaston, duc d'Orléans, sont attribués à Algay de Martignac. Quel que soit l'auteur, il paraît bien informé; il nous a laissé sur les vingt-sept premières années de ce prince une relation un peu lourdement écrite, mais exacte et circonstanciée. On y trouve des détails curieux sur la manière dont les princes étaient alors élevés. Marie de Médicis avait choisi pour gouverneur de son fils un homme très-recommandable; le prince, à sept ans, passa des mains de Madame de Montglat sous la direction de François de Savary, seigneur de Brèves. Ce sage gouverneur, comme on le voit dans ces mémoires et ceux de l'abbé d'Artigny, avait conçu un plan d'éducation excellent pour développer les facultés intellectuelles de son élève, et pour corriger ses défauts naissants, car dès lors on remarquait dans ses goûts et dans son caractère une fâcheuse instabilité. De Brèves commençait à recueillir le fruit de ses soins et de sa vigilance, lorsqu'à la mort du maréchal d'Ancre, ceux qui approchaient du roi lui donnèrent *jalousie de ce que Monsieur* (son frère) *avoit été beaucoup mieux institué, et étoit en estime d'avoir plus d'esprit.* L'homme de bien et de mérite fut en conséquence remplacé par un vieux courtisan, chargé probablement de détruire ce qu'avait fait son prédécesseur. Le comte de Lude, avant de mourir, s'acquitta merveilleusement de cette tâche. Aussi son successeur le colonel d'Ornano eut peine à faire reprendre au prince le cours de ses études; comme son but principal était d'acquérir de l'ascendant sur l'esprit de Gaston, et de parvenir aux honneurs en faisant jouer un rôle à son élève, il ne chercha nullement à fortifier son caractère et à détourner de lui les idées ambitieuses. A seize ans le duc d'Orléans demanda entrée au conseil; Louis XIII, dont la jalousie était entretenue par la Vieuville, ne se borna pas à un refus, il fit arrêter d'Ornano, et le remplaça par son ancien sous-gouverneur, homme sans consistance.

Cette disgrâce de d'Ornano ne fut pas de longue durée; le cardinal de Richelieu, ayant supplanté la Vieuville, voulut gagner l'héritier du trône en lui rendant un gouverneur qui lui était agréable. Il crut qu'il s'attacherait le colonel par des faveurs: la dignité de maréchal de France fut le prix des services qu'il en attendait. Mais son attente fut trompée; d'Ornano prit parti pour la reine mère qui avait recouvré son crédit auprès du roi. Marie de Médicis, affligée de voir Louis XIII sans enfants, après plus de dix ans d'une union qui semblait menacée de stérilité, voulait marier Gaston : toute la cour fut partagée sur le choix de l'épouse. Richelieu proposa mademoiselle de Montpensier; d'Ornano et le prince lui-même, afin d'échapper à une dépendance qui leur semblait insupportable, préféraient une princesse étrangère. Cette dissension conduisit à un complot contre le ministre, que Gaston fit manquer par son indécision. D'Ornano fut enfermé à Vincennes où il termina ses jours; des princes de Vendôme, l'un mourut en prison, l'autre, subit une longue captivité; Chalais, favori du roi, périt sur l'échafaud. Cependant Gaston, principale cause de ces événements, épousa presque aussitôt mademoiselle de Montpensier, et prit part aux fêtes de son mariage avec une insouciante gaieté. Ce mariage, conclu sous de tristes auspices, ne fut pas heureux; la duchesse d'Orléans mourut cinq jours après être accouchée d'une fille qui, durant le règne de Louis XIV, devint célèbre sous le nom de *Mademoiselle*.

Le duc parut vivement frappé de cette perte; mais bientôt la passion du jeu, à laquelle il s'était abandonné, et la société de quelques jeunes seigneurs, à la tête desquels se trouvait Puylaurens son favori, le jetèrent dans une extrême dissipation. Il en sortit un moment pour aller repousser les Anglais qui avaient fait une descente dans l'île de Ré. Mais le roi, qui était alors malade, dans la crainte que son frère ne se signalât, n'attendit pas sa guérison : à peine convalescent, il courut se mettre lui-même à la tête des troupes. Le prince, sous prétexte qu'il n'était pas convenable qu'il fût en sous-ordre dans une armée qu'il avait commandée en chef, revint à Paris où le rappelait la frivolité de ses goûts. Il passa dans de scandaleuses débauches les années 1628 et 1629. La nuit, à pied et presque seul, il parcourait les rues, entrait dans les maisons, jetait le trouble dans les familles, et s'attaquait à toutes les femmes. La reine sa mère, informée de ces excès, en redoutait les suites; pour le retirer de cet abîme, elle en était réduite à souhaiter qu'il se prît d'une véritable passion, dût cette passion le conduire à un mariage disproportionné. Deux personnes firent quelque impression sur le prince; l'une, la duchesse de Chevreuse, usa de son influence passagère pour l'entraîner dans des intrigues politiques; l'autre, Marie de Gonzagues, appartenait à une famille odieuse à la reine mère. Marie fut arrêtée et conduite à Vincennes; Gaston jura, s'il le fallait, d'employer la force pour la délivrer, mais cette intrigue finit par une indifférence réciproque. Le prince ne voulant suivre le roi en Italie, alla chercher en Lorraine d'autres distractions.

La cour de Lorraine, dont les sœurs du duc faisaient l'ornement; était élégante; l'étiquette n'y imposait pas autant de gêne qu'en France. Gaston s'y plut; Marguerite, la plus jeune des princesses, prit sur lui un grand ascendant. Leur mariage fut projeté, mais secrètement, car Louis XIII avait eu la petitesse de se prononcer contre toute proposition de cette nature. Le prince, rappelé en France, se trouva bientôt mêlé dans les querelles de la reine mère avec Richelieu. Marie de Médicis avait obtenu du roi, malade à Lyon, qu'il disgracierait le cardinal après la campagne d'Italie; mais la *journée des Dupes* prouva que cet habile ministre avait pris assez d'empire sur le faible monarque pour le décider à lui sacrifier sa mère, son frère, et un peu plus tard jusqu'à son épouse.

Marie de Médicis, outrée d'indignation, alla chercher un refuge à Bruxelles, et Gaston, après avoir fait à Richelieu un affront sanglant, retourna en Lorraine; il y épousa Marguerite avec le plus grand mystère, et, dans la crainte d'être assiégé à Nancy par l'armée royale, il partit aussitôt pour aller rejoindre la reine mère. Cette reine et son fils, aveuglés par leur ressentiment, au lieu de l'immoler au bien public, réunirent leurs efforts pour exciter la guerre civile. Après avoir gagné le duc de Montmorency, gouverneur de Languedoc, Gaston pénétra en France par la Bourgogne, persuadé qu'il serait reçu comme un libérateur, et que les peuples en le voyant se soulèveraient contre Richelieu. Le prince, en traversant les deux tiers de la France, eut lieu de s'apercevoir que des intrigues de cour ne suffisaient pas pour émouvoir les masses, et Richelieu reconnut que, sans crainte de les mécontenter, il pouvait frapper sur les grands. Gaston, qui s'était mis en campagne plus tôt qu'il n'avait été convenu, n'avait pas laissé à Montmorency le temps d'achever ses préparatifs. Le 17 septembre 1632, leurs troupes réunies se trouvèrent près de Castelnaudary, en présence de l'armée royale commandée par Schomberg. Montmorency, emporté par trop d'ardeur, fut fait prisonnier dans une reconnaissance; cet accident mit le désordre parmi ses soldats qui se dispersèrent; le prince n'eut ni le talent ni le courage de les rallier et de tenter le sort des armes. Certain de sauver sa tête, il s'en remit à la clémence du roi, abandonnant ses partisans à la vengeance du ministre. Plusieurs périrent sur l'échafaud, entre autres le duc de Montmorency. Puylaurens, qui craignait d'éprouver le même sort, décida le prince, que Louis XIII avait fait conduire à Tours, à chercher de nouveau un asile à Bruxelles. Son épouse, pour prévenir les mesures de Richelieu, tendant à faire casser son mariage, vint le rejoindre; elle voulut qu'il fût une seconde fois célébré en grande pompe. Cependant des intrigues politiques et galantes avaient divisé les réfugiés: Puylaurens faillit périr assassiné. Le péril auquel il venait d'échapper lui inspira le désir de retourner en France; il fit sonder secrètement Richelieu et disposa Gaston à un accommodement. Ce prince, abandonnant son épouse et sa mère, revint à Paris orner le triomphe du cardinal. Le ministre récompensa généreusement Puylaurens; il lui donna en mariage une de ses parentes, mademoiselle de Pont-Château, le fit créer duc et pair. Ce favori, ébloui par cette rapide fortune, ne s'aperçut pas qu'il la devait moins aux services passés qu'à ceux qu'il pouvait rendre. Comme Puylaurens était tout puissant sur l'esprit du prince, Richelieu voulut sur lui des vues secrètes; Puylaurens fit le réservé, se mêla encore d'intrigues, et peu de temps après il mourut au donjon de Vincennes. Quant à Gaston, exilé à Blois, il oubliait au milieu des plaisirs ceux dont il avait causé la mort ou la ruine.

Ici finissent les mémoires: en continuant, nous n'aurons encore à rapporter que des intrigues et des malheurs.

Richelieu, qui venait de sauver la France d'un grand désastre, manqua d'être victime d'un lâche attentat. Les Espagnols avaient pris Corbie, et leurs éclaireurs répandaient l'épouvante jusque dans les environs de la capitale. Jamais ce grand ministre ne fut plus admirable que dans cette circonstance; ses mesures promptes et rigoureuses rassurèrent la population, et bientôt cinquante mille hommes, à la tête desquels il marcha accompagnant le roi, reprirent la ville et repoussèrent les ennemis; mais Gaston et le comte de Soissons qu'il avait fait venir au quartier général, pour avoir l'œil sur eux, troublèrent la joie du triomphe par un complot. Au moment de l'exécution le cœur faillit à Gaston, qui alla se confiner à Blois, où sa nullité désarma la vengeance de Richelieu. Pour le comte de Soissons, il se réfugia dans Sedan. De là ce comte entretint longtemps de secrètes intelligences avec le frère du roi, et de son aveu conclut un traité avec l'Espagne; ensuite il fit une invasion en France avec une armée étrangère. A la bataille de la Marfée il périt d'un coup de feu, après avoir défait le maréchal de Châtillon. Son armée n'ayant plus de chef se retira, quoique victorieuse, comme si elle avait été vaincue. Gaston et le duc de Bouillon feignirent alors de se réconcilier avec le cardinal. Saint-Mars, jeune favori du roi, aussi imprudent que Chalais, entraîné par eux, fit la même folie et subit le même sort. De Thou, fils de l'historien, avoit eu malheureusement connaissance de cette conspiration: il fut exécuté pour n'avoir pas voulu jouer le rôle de dénonciateur. Suivant son habitude, Gaston acheta sa grâce en déposant contre eux. Quant au duc de Bouillon, il n'aurait pas obtenu la sienne, même par l'abandon de Sedan, si, comme on le voit dans la notice sur les mémoires de Turenne, le cardinal n'avait eu besoin pour se maintenir, de l'appui de son neveu le prince de Nassau.

Gaston, toujours retiré à Blois, y apprit enfin que Richelieu avait rendu le dernier soupir. Le roi, sur le bord de la tombe, reconnut son mariage, à condition qu'il serait célébré de nouveau; cette cérémonie eut lieu pour la troisième fois quelques jours avant sa mort, le 25 avril 1643.

Anne d'Autriche fut nommée régente et Gaston lieutenant général du royaume. Il fit avec succès les campagnes de 1644 : de 1645 et de 1646 : ce furent les trois plus belles années de sa vie : peu de temps après, entraîné dans le tourbillon de la Fronde, il ne sut s'arrêter à aucun parti; tantôt pour la cour, tantôt contre elle, jaloux de jouer un rôle et incapable de le soutenir, par sa continuelle irrésolution il perdit de nouveau ceux qui s'attachèrent à lui, et se perdit lui-même.

En 1648, lorsque le parlement de Paris se déclara contre le ministère, il agit en médiateur. Une tranquillité passagère fut rétablie par l'arrangement du 4 octobre ; mais les concessions consenties par la cour augmentèrent l'audace des frondeurs. L'année suivante, les troubles prirent un caractère plus grave. Condé, déjà célèbre par les victoires de Rocroi et de Lens, se faisait fort d'assurer le repos public par un coup d'État frappé hardiment et soutenu par ses armes; Gaston, qui n'aimait rien de décisif, et qui peut-être était mû par la jalousie, fit rejeter cette proposition. Bientôt la cour fut obligée de se retirer nuitamment à Saint-Germain; elle voulait bloquer Paris, mais Condé n'avait pas assez de troupes, et malgré les talents de cet intrépide guerrier, les avantages se balançaient. Gaston, voyant les deux partis fatigués également d'une lutte sans résultat, eut beaucoup de part à la fausse paix qui fut signée le 11 mars. Le jeune vainqueur de Rocroi, fier de ses nouveaux services, manqua de prudence et de modération. Il affecta le même mépris pour le ministre qu'il avait soutenu, et pour ceux qui n'avaient pu le renverser. Sa hauteur et son exigence rapprochèrent des personnes dont l'inimitié paraissait irréconciliable, c'est-à-dire Mazarin, le coadjuteur depuis cardinal de Retz, et Gaston, qui supportait aussi impatiemment que la reine le joug de Condé. Ce prince, Conti son frère, et son beau-frère le duc de Longueville, furent arrêtés au Palais-Royal le 18 janvier 1650. Cet acte d'autorité pouvait bien procurer un moment de calme, mais non changer la disposition des esprits. Mazarin ne se pressait pas de tenir les promesses qu'il avait faites aux chefs de la Fronde; ceux-ci, déterminés à le perdre à tout prix, relevèrent un parti qu'ils venaient d'abattre, et, entraînant Gaston, ils lui firent réclamer la délivrance des trois princes; le ministre, obligé de céder aux circonstances, alla les mettre lui-même en liberté, ensuite il partit pour Cologne.

Gaston, maître absolu, ne s'éleva point à la hauteur de sa position. A sa place un homme ferme et prudent eût dicté la loi et maintenu la tranquillité; il compromit tout, et lui-même et l'État. Il retint la régente et le roi prisonniers dans le Palais-Royal, il reçut les princes comme s'il était certain de leurs bonnes intentions. Cependant la captivité n'avait inspiré à Condé ni plus de modération ni plus de prudence. Il avait été prodigue de promesses tant qu'il fut en prison; dehors, il les oublia toutes. La régente et les frondeurs, également indignés, s'accordèrent de nouveau. Le prince n'avait pour lui que son audace et le sentiment de sa valeur; la cour n'avait pour elle que le prestige qui l'environne; la force et l'autorité étaient entre les mains de Gaston. Pendant que celui-ci flottait indécis, Condé leva des troupes dans la Guienne, et vers l'époque où l'on déclara la majorité de Louis XIV, il partit. Pour observer ses mouvements, la cour se rendit à Poitiers. Mazarin, qui du fond de sa retraite lui avait toujours servi de conseil, jugea que les partis, engagés dans une fausse voie, ne pouvaient plus s'opposer à son retour; et il vint rejoindre la régente à la tête d'une petite armée. Gaston pouvait faire pencher la balance à son gré, mais, partagé entre sa haine pour le ministre et son ressentiment contre le prince, il hésita. Le coadjuteur, à qui le chapeau de cardinal avait déjà échappé une fois, saisit avec habileté cette occasion de l'enlever.

Cependant la guerre civile était allumée. Condé, battu par le comte d'Harcourt, inspirait moins de crainte, et l'armée royale marchait sur Orléans, principale ville de l'apanage de Gaston. A cette nouvelle le duc se réveille; il aurait bien voulu conserver cette ville dont les frondeurs lui faisaient sentir l'importance; mais prendre un parti et se montrer en personne, c'était pour lui un effort trop grand; sa fille, *Mademoiselle*, lui épargna cette peine; elle s'enferma hardiment dans la place; le roi n'y put entrer.

Le théâtre de la guerre était changé; Condé, jugeant sa présence peu nécessaire en Guienne, en partit presque seul, et parut tout à coup à la tête d'une petite armée que les ducs de Beaufort et de Nemours avaient rassemblée aux environs d'Orléans. Elle était inférieure sous tous les rapports aux troupes royales commandées par Turenne ; cependant à Blenau le prince soutint sans désavantage une rencontre sanglante, et vint camper à Saint-Cloud. Il espérait trouver de puissants secours parmi les habitants de Paris, que le retour de Mazarin avait poussés à l'insurrection ; mais Gaston, ne voulant se déclarer ni pour ni contre lui, refusa de recevoir ses troupes dans la ville. Condé, poursuivi par Turenne, opéra sa fameuse retraite sur Charenton. Arrivé auprès du faubourg Saint-Antoine, il eût été écrasé par la supériorité du nombre, si *Mademoiselle*, plus déterminée que son père, n'eût fait ouvrir les portes et tirer le canon de la Bastille.

Gaston, qui n'avait su ni secourir à temps le prince de Condé, ni défendre à sa fille une action téméraire, se trouva engagé dans le moment le plus défavorable. Les princes, forcément unis, essayèrent en vain d'organiser la révolte; ils reconnurent à l'assemblée tenue à l'hôtel de ville que si le bas peuple était encore animé contre Mazarin, les classes riches et influentes étaient fatiguées de ces troubles. Condé, voyant qu'il n'y avait point à compter sur leur assistance et sur aucune autre ressource, prit son parti, il alla commander l'armée espagnole : Gaston n'en prit aucun, pas même celui de la résignation. Le roi, avant de rentrer à Paris, lui désigna Blois pour le lieu de son exil. Dans cette retraite, il aurait pu jouir avec quelque dignité du repos qu'on lui laissait et de son immense fortune; mais, tourmenté par son humeur inquiète, il ne trouva de distraction que dans l'exercice de la chasse et dans ses démêlés avec sa fille, *Mademoiselle,* dont il prétendait conserver les biens. Il mourut sept ans après sa disgrâce, le 2 février 1660, à l'âge de cinquante-deux ans.

Entre ce prince et le duc d'Alençon, frère de Henri III, le parallèle est assez remarquable : même position, même caractère; tous deux faibles et inquiets, toujours mécontents, toujours prompts à former des entreprises, et encore plus prompts à s'en retirer aux dépens de ceux qui, par ambition ou par entraînement, s'attachèrent à leur fortune; jaloux du pouvoir et manquant toutes les occasions de s'en emparer; avides d'honneurs, dévorés du désir de briller, et finissant leurs jours dans l'obscurité. On dirait que c'est pour donner un exemple éclatant de tous les maux qu'entraînent la faiblesse et l'indécision, qu'ils sont montés sur la première marche du trône. Heureuse la France de ce que l'un, par sa mort prématurée, en a rapproché Henri IV, et que l'autre en a été écarté par la naissance de Louis XIV!

Nous avons préféré les Mémoires que nous donnons à ceux d'un *favori de S. A. R. monseigneur le duc d'Orléans*, publiés à Leyde en 1660. Ces derniers s'arrêtent à la mort de Chalais; ils sont donc moins complets et ne contiennent rien qui puisse nous engager à les reproduire. Pour faire connaître la vie d'un prince qui exerça sur les événements auxquels il prit part, la plus funeste influence, il suffit de l'un de ces deux mémoires. Ceux qui suivent ont paru pour la première fois à Amsterdam, in-12, 1683. Nous conservons l'avertissement du premier éditeur. A. B.

AVERTISSEMENT.

Comme ces Mémoires viennent d'un homme qui est long-temps entré dans la plus secrète confidence de feu M. le duc d'Orléans, il y a lieu de croire qu'ils ne seront pas inutiles au public, puisqu'ils contiennent plusieurs faits et beaucoup de circonstances qui peuvent donner un grand éclaircissement touchant les affaires importantes du règne de Louis XIII. On verra dans ces écrits la candeur et la sincérité, qui sont les parties essentielles d'un historien, et que l'on rencontre rarement parmi les anciens et les modernes. Le fameux Montagne loue avec raison Philippe de Comines d'avoir raconté naïvement ce qu'il avoit vu; nous pouvons donner la même louange à l'auteur de ces Mémoires, car il ne s'attache qu'à rapporter les choses comme elles se sont passées, sans les avoir embellies des ornemens du langage. Ainsi nous avons laissé ces écrits dans leur style simple et négligé, pour ne rien ôter à l'original. Il arrive bien souvent que la vérité toute nue a plus de force d'agrément que si l'on prenoit soin de l'accompagner d'un discours poli.

MÉMOIRES
DE
GASTON, DUC D'ORLÉANS.

Monseigneur le duc d'Anjou, troisième fils de Henri IV et de Marie de Médicis, naquit le jour de Saint-Marc 1608, et fut nommé par le cardinal de Joyeuse et la reine Marguerite, le 5 juin 1614, Gaston Jean-Baptiste. La mort de M. le duc d'Orléans étant arrivée, il prit, avec la qualité de fils de France, celle de frère unique du Roi; et lorsqu'il fut marié à Nantes à mademoiselle de Bourbon, duchesse de Montpensier, le duché d'Orléans lui ayant été donné en apanage, il lui fut permis de prendre le nom et la brisure de duc d'Orléans, appartenans au second fils de France, et de quitter celle d'Anjou, qu'il avoit prise auparavant comme troisième fils de France. Ainsi il prit depuis le titre de Gaston fils de France, frère unique du Roi, duc d'Orléans, etc.

Ceux qui firent l'horoscope du Roi et de Monsieur, trouvèrent que le Roi devoit être le plus heureux et le plus redouté prince de l'Europe; celui de Monsieur, au contraire, ne lui prédisoit que disgrâces, malheurs et désastres jusques à un temps.

En l'année 1615 il est tiré des mains de madame de Monglat, gouvernante des enfans de France, et on lui donne pour gouverneur M. de Brèves, gentilhomme de Nivernais, duquel je crois être obligé de dire en passant les qualités et mérites, avec les autres considérations qui portèrent la Reine à lui confier la personne de Monsieur.

Le sieur de Brèves avoit servi le Roi et l'État l'espace de trente ans et plus en Levant, où il fut honoré de la qualité d'ambassadeur en l'année 1592. Il se maria, à son retour en France, avec une fille de la maison de Thou, qui étoit alliée du sieur de Villeroy, par la faveur duquel il obtint presqu'en même temps l'ambassade de Rome. Quelque adresse qu'il eût au seigneur Conchine et à sa femme, lui ayant donné leur connoissance, il eut grand soin de l'entretenir, et s'insinua si avant dans leur confiance, qu'il passa depuis dans leur esprit pour l'une de leurs plus affidées créatures. Pendant qu'il fut à Rome il se rendit comme solliciteur des affaires qu'ils avoient en cette cour, pour eux ou pour leurs amis, allant au-devant de celles qu'il croyoit leur être agréables, et ne faisoit rien dont il ne leur rendit compte, et n'essayât de découvrir quel intérêt ils y prenoient, afin de se conformer entièrement à leurs volontés.

Tous ces devoirs, joints aux longs et recommandables services du sieur de Brèves, et à l'alliance du sieur de Villeroy, le mirent en telle considération à la cour, qu'ayant depuis fait instance pour la charge de gouverneur de Monsieur, il trouva les puissances très-disposées à la lui accorder, et en obtint dès lors le brevet de retenue. M. le duc d'Orléans étant décédé quelque temps auparavant, le sieur de Béthune, qui avoit été retenu son gouverneur par le feu Roi, prétendit la même charge près M. le duc d'Anou; mais il trouva le sieur de Brèves tellement appuyé près de la Reine, qu'il n'en put venir à bout.

Le sieur de Brèves, avec la qualité de gouverneur, eut encore celle de surintendant de la maison, de premier gentilhomme de la chambre, et de capitaine-lieutenant de la compagnie de deux cents hommes d'armes de Monsieur, toutes insérées dans son pouvoir.

La cour étant résolue de partir pour le mariage du Roi, et la Reine conseillée de laisser Monsieur à Paris, Sa Majesté ne fit point de difficulté, sur la parole du seigneur Conchine qui fut depuis appelé maréchal d'Ancre, et de sa femme, de le laisser entre les mains du sieur de Brèves.

Avant le départ de Leurs Majestés, ayant fait le serment et pris possession de toutes ces charges, le sieur de Brèves fit régler par la Reine le temps des exercices de Monsieur, sa façon de vivre, les termes avec lesquels il avoit à traiter avec le Roi, les Reines, Mesdames, et avec les princes, princesses et principales personnes de l'État, lorsqu'il les verroit ou leur écriroit, et fit entendre à la Reine l'ordre qu'il prétendoit tenir en l'éducation de Monsieur, tel qu'il sera décrit ci-après, qui fut grandement approuvé de Sa Majesté.

Il fut depuis dressé un petit état des officiers les plus nécessaires au service de Monsieur, dont les gages avec les autres dépenses ne se montoient au commencement qu'à deux cents et tant de mille livres; mais il augmenta depuis de jour en jour. Pendant le voyage de Leurs Majestés, Monsieur alla demeurer à l'Arsenal, où M. de Mets (qui est mort duc de Verneuil) eut aussi son logement, afin de lui tenir compagnie.

On donna pour sous-gouverneurs à Monsieur le sieur de Mansan, capitaine au régiment des Gardes, et le sieur de Puylaurens, le premier mis de la main du maréchal d'Ancre, à la prière du sieur d'Épernon, l'autre cousin du sieur de Brèves, qui n'étoient pas en estime de grands personnages, mais c'étoient gens dont on étoit bien assuré, et auxquels le gouverneur laisseroit peu de chose à faire auprès de son maître. Ils furent couchés et employés dans l'état, comme furent pareillement le sieur de Wailly en qualité de capitaine des Gardes, le sieur marquis de Cœuvres en qualité de maître de la garde-robe, dont il tira depuis 100,000 livres de récompense du fils aîné du sieur de Brèves; le sieur de Monglat premier écuyer, en considération des services de madame sa mère; le sieur d'Escures premier maître d'hôtel; le sieur de Castille Vilemareuil intendant de la maison, à la recommandation du président Jeannin; le sieur Le Royer secrétaire des commandemens, à la recommandation du sieur de Villeroy; le sieur de Loménie trésorier, par la faveur du sieur de Loménie, secrétaire d'État, son oncle; le sieur de Voiture (1) contrôleur général de la maison, moyennant 20,000 écus de récompense au commandeur de Sillery, à qui la charge avoit été donnée. Il fut ainsi pourvu aux autres charges de personnes qui étoient recommandées par les principaux de la cour, ou bien par leurs services particuliers.

Pour le regard de ceux qui devoient approcher Monsieur de plus près, et être dans son entretien ordinaire et familier, la Reine en remit le choix audit sieur de Brèves. Le sieur de Guitault Cominges avoit déjà été retenu pour être de ce nombre en qualité d'écuyer ordinaire,

(1) Ce contrôleur ne peut être le même que le poëte Voiture, alors âgé de 17 ans.

étant aimé du maréchal, outre qu'il étoit cavalier de mérite, bien fait de sa personne, et qui parloit agréablement de toutes choses. La Reine avoit aussi arrêté le sieur du Pont pour la charge de précepteur, lui ayant été recommandé, tant pour les mœurs qui étoient sans reproche, que pour la méthode d'enseigner qui étoit bonne et fort accommodante aux humeurs du prince, outre que son esprit doux et gracieux revenoit fort à Sa Majesté.

Comme le sieur de Brèves connoissoit Monsieur d'un esprit prompt, actif, et qui prenoit plaisir à l'entretien des habiles gens sur toutes sortes de sujets qui se pouvoient présenter, il eut un soin particulier de lui trouver des personnes qui pussent satisfaire à cette louable curiosité, et lui remplissent en même temps l'esprit de choses bonnes et dignes d'un grand prince.

Il commença par la charge d'aumônier ordinaire, de laquelle il fit pourvoir le sieur de Passart, gentilhomme de Picardie, très-savant, et d'une conversation très-divertissante, homme de bien, et qui avoit de bons sentimens de la religion. Sitôt que Monsieur étoit éveillé, c'étoit lui qui commençoit de l'entretenir, selon que l'occasion s'en offroit, et ne manquoit pas de faire toujours tomber le discours sur quelque moralité tirée de l'Ecriture-Sainte, ou de quelque autre bon livre, et cela avec tant d'adresse qu'il ne se rendoit jamais ennuyeux.

Le sieur de Brèves donna en même temps quatre gentilshommes ordinaires de sa main, qu'il avoit choisis pour être toujours près de la personne de Monsieur, savoir: le sieur de Machault, le sieur de Poysieux, le sieur Gedoyn et le sieur du Plessis de Bièvre. Le sieur de Machault étoit de Paris, fort universel en toutes sortes de sciences, surtout à la carte et aux mathématiques, qui s'en savoit servir à propos et avec jugement, personnage, au reste, fort sage et fort civil. Le sieur de Poysieux, dauphinois, n'étoit pas de cette force d'esprit, mais fort sensé, et d'une humeur un peu retenue. Le sieur Gedoyn avoit beaucoup d'esprit et grande connoissance des choses du monde; bien qu'il fût en estime d'être un peu libertin, il ne le faisoit pas paroître, et sa façon d'agir et de parler étoit toujours fort composée et fort accorte, s'accommodant au goût de ceux avec lesquels il s'entretenoit. Le sieur du Plessis de Bièvre étoit d'une humeur joviale, qui avoit toujours mille contes à faire, et rencontroit heureusement de quoi que ce soit que l'on parlât; mais avec cela ses discours n'avoient rien de bas, ni de mauvais exemple. Ils se rendoient tous assidus aux heures qui leur étoient ordonnées, et, connoissant que leur maître se plaisoit à leur entretien, ils ne recevoient pas moins de satisfaction de le voir avancer de jour en jour, et parler pertinemment de toutes choses en l'âge où il étoit.

Le sieur de Brèves, avec sa prestance, tenoit bien sa partie parmi ce monde-là, et ne manquoit pas de marquer à Monsieur toutes les choses qui pouvoient servir à son instruction. Il avoit accoutumé d'attacher des verges à sa ceinture, mais ce n'étoit pas pour s'en servir que très-rarement, et le ramenoit le plus souvent par quelque signe des yeux, ou par la force de la raison, quand il étoit tombé en quelque faute, plutôt que par aucun châtiment de sa personne; de quoi je me contenterai de rapporter ici un exemple. Monsieur ayant dit un jour, sans y penser, quelque parole fâcheuse à l'un de ses gentilshommes qui le servoient à table, le sieur de Brèves ne lui en voulut pas faire sur-le-champ la réprimande telle qu'il le méritoit, et se contenta de lui marquer la chasse, comme l'on dit; mais le temps de souper étant venu, le sieur de Brèves fait venir les galopins de cuisine pour le servir; de quoi Monsieur se trouva surpris, et voulut en savoir la raison. Le sieur de Brèves lui dit que, puisqu'il traitoit mal les gentilshommes, il ne lui falloit que ces sortes de gens pour le servir; ce qui lui fut une correction bien douce en apparence, mais qui ne laissoit pas de le toucher sensiblement, et lui fit comprendre le cas qu'il devoit faire de la noblesse.

Le sieur de Brèves lui recommandoit sur toutes choses l'obéissance qui étoit due au Roi, tant parce que Dieu l'ordonne, que parce qu'il devoit attendre de la pure grâce de Sa Majesté tout le bien qu'il pouvoit jamais posséder, et qu'il dépendoit d'elle, quand il lui plairoit, et que Monsieur lui en donneroit sujet, de le rendre aussi pauvre que le moindre gentilhomme du royaume, puisque le Roi étoit maître de l'État, et que, selon les lois, Monsieur n'y pouvoit rien prétendre qu'avec le gré et sous le bon plaisir de Sa Majesté.

Le sieur de Brèves ayant établi cet ordre, il se rendoit si assidu à le faire observer, qu'il sembloit n'avoir de plaisir ni de passion pour aucune autre chose qu'à faire dignement cette charge; et il y réussit si heureusement pendant deux ans qu'il l'exerça, que ceux qui voyoient ce prince demeuroient autant étonnés de l'excellence de son esprit et de sa gentillesse en tous ses discours et reparties, qu'ils s'en retournoient contens de la façon libre et gracieuse avec laquelle il recevoit un chacun, n'y ayant jamais eu de prince de cet âge de qui l'on ait tant espéré que l'on faisoit de celui-ci; mais comme la grande vertu est d'ordinaire plus inutile aux courtisans qu'elle ne sert à avancer leur fortune, ce qui devoit principalement maintenir le sieur de Brèves fut la cause de son éloignement d'auprès de Monsieur, incontinent après la mort du maréchal d'Ancre, arrivée le 24 avril 1617. Ceux qui approchoient le Roi lui ayant donné jalousie de ce que Monsieur avoit été beaucoup mieux institué, et étoit en estime d'avoir plus d'esprit, il fut résolu, dans le conseil étroit, de donner un autre gouverneur à Monsieur, qui le servît au goût de Sa Majesté, et qui fût plus dépendant du sieur de Luynes que n'étoit le sieur de Brèves. Il fut mandé un jour au conseil, qui se tenoit exprès au logis de M. le chancelier de Sillery, où il n'assista que le garde des sceaux du Vair, Villeroy et le président Jeannin, avec le sieur chancelier; et au lieu de lui reprocher aucun manquement en l'éducation de Monsieur, ils lui donnèrent des éloges du bon devoir qu'il y avoit apporté, sans s'expliquer toutefois des motifs que le Roi avoit eus à faire ce changement, sinon qu'il ne s'en devoit mettre en peine, étant assez de lui dire que Sa Majesté avoit une entière satisfaction de ses services; que non-seulement elle leur avoit commandé de l'en assurer par la bouche de M. le chancelier, elle avoit voulu encore lui en donner des effets par la récompense de 50,000 écus, que Sa Majesté lui avoit ordonnée, à prendre en trois années sur le fonds de l'épargne. Le sieur de Brèves reçut ce commandement avec grand respect, et usa de telle modération en sa réponse, qu'il sembloit avoir moins de regret de sa destitution qu'il ne ressentoit de contentement des bonnes paroles qu'il venoit de recevoir. Le Roi trouva bon aussi qu'il rendît quelquefois ses respects à Sa Majesté, et outre cela lui fit expédier un brevet de 6,000 livres de pension. Après que la Reine-mère fut de retour d'Angers, et la bonne intelligence rétablie entre Leurs Majestés, le sieur de Brèves s'attacha entièrement à elle, et eut la charge de son premier écuyer. Le sieur Le Royer fut aussi obligé de se défaire de celle de secrétaire des commandemens de Son Altesse Royale, que le sieur de Luynes fit donner au sieur de Chazan, pour reconnoître le service qu'il en avoit reçu en ses amourettes avec La Clinchamp.

[1618] Le sieur de Luynes voulant s'assurer de bonne heure de l'esprit de Monsieur, et le mettre entre les mains d'une personne de ses amis, il fait choix pour ce sujet du comte du Lude. Ce nouveau gouverneur renverse d'abord toutes les manières de son devancier, donne pour sous-gouverneur à Monsieur, en la place du sieur de Puylaurens, un nommé Contade, qui étoit homme de peu, rustique et grossier en toutes ses façons de faire. Comme le comte du Lude étoit sujet à ses plaisirs, et ne se pouvoit captiver, il se reposoit le plus souvent de la conduite de ce prince sur Contade, qui effaça bientôt les bonnes impressions données à Monsieur, et lui communiqua ce qu'il avoit de vicieux, qui étoit le jurement.

Le comte du Lude étant venu à mourir à la fin de l'année 1619, Le Roi jeta les yeux pour cette charge sur la personne du sieur d'Ornano, colonel des bandes corses, gouverneur du Pont-Saint-Esprit, et lieutenant général pour le Roi en Normandie, seigneur de mérite et recommandable par plusieurs belles qualités. Au commencement il eut un peu de peine à ôter à Monsieur beaucoup de mauvaises habitudes qu'il avoit prises sous son dernier gouverneur. Pour y parvenir et ne point rebuter cet esprit déjà accoutumé à ses plaisirs, il fut besoin d'user d'adresse; et celle dont se servit le sieur colonel ne fut pas mauvaise, qui fut de faire le sévère et de montrer quelquefois les verges, pendant que madame la colonelle, sa femme, d'autre côté, essaieroit de l'adoucir, et empêcheroit le châtiment que son mari feignoit de vouloir faire. Par ce moyen ils remirent Monsieur dans le bon train, et peu à peu le rendirent susceptible à l'ordre que le colonel tint depuis pour la conduite de Son Altesse.

[1624] Le colonel, qui se voyoit applaudi de toutes parts de cette éducation et des grandes espérances que son maître continuoit à donner de son esprit, ainsi que de ses généreuses inclinations, à mesure qu'il s'avançoit en âge, s'avise de le porter incontinent aux choses qu'il croit être dues à la qualité de Monsieur, et lui devoir être d'autant moins refusées que le Roi se trouvoit lors sans enfans. La principale fut de lui faire demander l'entrée aux conseils, à dessein de pousser aussi sa fortune particulière, et de prendre part aux plus importantes affaires de l'État sous le nom et l'autorité de son maître. Il commence de se rendre plus indulgent que de coutume envers lui, afin de se le concilier davantage, et de l'avoir entièrement à sa dévotion.

Le marquis de La Vieuville, qui avoit lors la principale confiance et gouvernoit toutes choses auprès du Roi, ayant connu les desseins du colonel, qui ne pouvoient être que très-préjudiciables à sa fortune particulière, ne fut pas de cet avis, et trouva le Roi pareillement disposé à en empêcher l'effet, l'ayant fait arrêter, et depuis envoyé prisonnier au château de Caen. Monsieur se tient offensé de ce traitement fait à son gouverneur, en fait ses plaintes au Roi, et s'intéresse hautement pour sa liberté. M. le duc d'Elbeuf l'y pousse aussi tant qu'il peut, comme ami du colonel. Le Roi remplit à l'heure même cette place du bonhomme le sieur de Préaux, qui avoit été autrefois sous-gouverneur du Roi étant dauphin. C'étoit un vieux Gaulois que le Roi avoit choisi exprès pour n'avoir autre dépendance que de Sa Majesté; mais ce ne fut pas pour longtemps. Le marquis de La Vieuville venant à déchoir de faveur, on fut bien aise de contenter Monsieur, et de charger ce marquis de toute la haine de cette action. Trois jours avant sa disgrâce, Monsieur, en ayant eu quelque pressentiment, lui fit faire un charivari par les officiers de sa cuisine, la cour étant à Saint-Germain-en-Laye.

Le colonel se voyant en liberté, et sachant en avoir l'obligation aux instantes prières et poursuites de son maître, il ne pensa plus dès lors à faire l'office de gouverneur de Monsieur, de peur que ce nom commençât d'être odieux à Son Altesse, mais bien de son principal ministre et confident. Le sieur de Raré, qui étoit devenu favori de monsieur pendant la prison du colonel, fut depuis disgracié sur quelque avis qu'il eut de l'obstacle que ledit Raré avoit suscité sous main à sa sortie, au lieu d'en être servi comme il s'étoit promis. Le sieur Quenault, étant tombé dans le même soupçon du colonel, demanda lui-même à se retirer, ne pouvant pas souffrir d'être regardé de travers. Il eut quarante-cinq mille écus de récompense de sa charge de secrétaire des commandemens, qu'il avoit eue par le décès du sieur de Chazan, que le sieur de Goulas lui donna de ses deniers.

Monsieur, tout glorieux d'avoir obtenu la liberté du colonel, croit être hors de page, comme il le dit, et qu'il peut bien faire d'autres demandes sans craindre d'être refusé ayant fait instance. A même temps il demanda le bâton de maréchal de France, qui lui est accordé aussitôt pour le colonel. Mais il ne se contenta pas [1626] de cet honneur, prétendant le faire entrer avec lui au conseil, suivant la parole qu'il en avoit eue autrefois à la recommandation du sieur de Luynes, ce qui fut cause de sa perte. Le cardinal de Richelieu ayant de là pris sujet de le rendre suspect au Roi pour sa trop grande ambition, et de le faire arrêter pour une seconde fois, la cour étant à Fontainebleau, Monsieur se persuade qu'il n'y a point de meilleur expédient pour obtenir de rechef la liberté de son serviteur que de faire le fâché, et fut trouver Leurs Majestés pour leur faire ses plaintes; et comme il le rencontra en son chemin M. le chancelier d'Aligre, auquel il les adressa en premier lieu, comme au chef du conseil, lui demandant la cause de cet arrêt, ce bon seigneur s'étant dispensé de lui en rien dire, pour n'avoir point été du conseil, ni avoir eu aucune part à cette résolution, l'on trouva qu'il n'avoit pas répondu en chancelier, qui doit appuyer tout ce que le maître fait et ordonne, encore que ce soit à son insu, mais en personne privée qui eut peur de se mettre Monsieur sur les bras dans la colère où il étoit, et ne pensoit qu'à se retirer de la presse. Aussi eut-il bien de la peine à s'excuser de cette foiblesse envers ceux-là mêmes qui faisoient profession d'amitié avec lui ; et Leurs Majestés prirent de là sujet de lui ôter les sceaux peu de jours après, et de les mettre entre les mains du sieur de Marillac, surintendant des finances, homme ferme et résolu, le jugeant plus propre à soutenir le poids de cette importante charge. Monsieur passe de là chez le Roi, et lui en fait ses plaintes en des termes pleins d'aigreur et de ressentiment contre le cardinal de Richelieu, comme l'auteur de ce conseil, avec menaces de l'aller trouver le lendemain à Fleury pour en tirer raison sur-le-champ, et de le traiter de sorte qu'il ne pût jamais plus lui faire aucun déplaisir, si on ne lui accordoit la liberté du maréchal. De quoi le Roi et la Reine-mère eurent soin de l'avertir aussitôt, l'assurant de leur protection afin qu'il n'eût rien à craindre. Mais tant s'en faut qu'il redoutât l'abord de Monsieur, que dès les premiers avis qu'il en avoit déjà reçus d'ailleurs il prévient Son Altesse ; et l'étant allé trouver de grand matin à son lever audit Fontainebleau, sous prétexte de lui offrir son logement en sa maison de Fleury, où Son Altesse étoit allée plusieurs fois se divertir, témoignant que ce lieu-là et les promenades lui étoient bien agréables, il rompt adroitement le coup, sans lui parler d'autre chose ; tellement que Son Altesse ne pensa plus d'en venir à la voie de fait, et reconnaissant en cette action, comme en beaucoup d'autres, que la plupart des siens sont gagnés, et qu'il ne dit ni fait chose quelconque que le cardinal ne sache à l'heure même, il ne sait en qui se fier. Il dépêcha dès l'instant le sieur Capestan, lieutenant d'une des compagnies corses entretenues dans la garnison du Pont-Saint-Esprit, et qui avoit été nourri page dudit maréchal, colonel des bandes corses, et gouverneur de cette place, avec lettre de créance à la maréchale qui étoit à Paris, l'assurer que Monsieur s'intéressoit de telle façon à tout ce qui regardoit la liberté de son mari et sa satisfaction, qu'il étoit résolu d'employer tout son crédit pour les tirer d'oppression, et n'auroit jamais de repos qu'il ne l'eût obtenu. Le Roi ayant eu avis de cette dépêche, plusieurs gardes furent mis aussitôt, par ordre de Sa Majesté, sur les passages de la forêt pour arrêter Capestan, et se saisir de sa dépêche ; mais il eut tant de bonheur qu'avec la résolution qu'il avoit prise de mourir plutôt que de manquer à faire ce qui lui avoit été ordonné, il força les gardes après en avoir blessé deux ou trois, et par ce moyen s'acquitta dignement de sa commission avec beaucoup de courage et de fidélité. Monsieur ayant mandé par cette lettre à la maréchale qu'il ne vouloit agir ni prendre aucune résolution en ce rencontre, que ce ne fût par ses avis et de concert avec elle, pour lui témoigner d'autant plus sa bonne volonté et la bonne correspondance qu'il vouloit tenir avec elle, la maréchale eut grand soin d'y faire réponse sur-le-champ par un homme déguisé en laquais, afin que l'on n'eût aucun soupçon du sujet de son envoi, ayant eu son adresse à l'un des principaux officiers de Son Altesse, avec ordre de ne le point abandonner qu'il ne lui eût vu rendre la lettre en main propre à Son Altesse, qui fut bien surprise deux heures après de voir cet officier jouer à l'ébahi sur le grand degré de Fontainebleau, disant ne savoir ce que la lettre étoit devenue, et qu'il falloit qu'elle lui fût tombée de la pochette ; mais elle se retrouva bientôt après, car l'homme qui l'avoit portée la rapporta après l'avoir fait voir au cardinal. Comme Monsieur pensa parler de ce dont il étoit supplié par la maréchale, il trouva Leurs Majestés si bien averties et préparées au refus sur le contenu en ladite lettre, que non-seulement il fut frustré de ses demandes, on lui fit appréhender une plus fâcheuse suite de l'affaire du maréchal s'il insistoit davantage pour sa liberté ; ce qui fit connoître de plus en plus à la maréchale le peu de fondement qu'il y avoit à faire en la plupart de ceux qui approchoient Son Altesse. De sorte que comme elle reconnut ne pouvoir plus traiter d'aucune affaire avec Monsieur, ni par écrit ni par envois de personne, elle se vit contrainte de se servir de Delfin, gentilhomme corse de nation, ancien domestique du maréchal, qui l'avoit depuis introduit près de Son Altesse pour servir à ses plaisirs et aux ballets, où il savoit bien tenir sa place, comme d'un organe le plus assuré qu'elle eût lors pour s'expliquer et faire entendre à Monsieur ce qu'elle croyoit être à propos de dire et faire pour les intérêts du maréchal. Cet ordre ayant donc ainsi été établi et approuvé de Son Altesse, la première chose que fit la maréchale fut de faire supplier Son Altesse par Delfin qu'il lui plût transférer la confiance qu'il avoit eue auparavant au maréchal et à elle, en quelque personne qui lui fût fidèle et affectionnée, et lui nomma le jeune Puylaurens, qui avoit été nourri enfant d'honneur de Son Altesse, et étoit neveu de madame de Verderonne, bonne amie du maréchal et de la maréchale; ce Puylaurens leur ayant été fort recommandé de cette part, s'étant mis depuis entièrement dans leurs intérêts, la maréchale le fit substituer en la place que Raré tenoit auparavant de confident principal de Monsieur, et pria Son Altesse de n'ajouter foi à qui que ce fût pour tout ce qui regardoit le maréchal, qu'à ce qui lui en seroit représenté par ledit Puylaurens.

Delfin ayant dessein d'obliger le président Le Coigneux son ami, qui étoit déjà chancelier de Monsieur, et président à la chambre des comptes de Paris, donne à entendre à la maréchale que Puylaurens étoit encore bien jeune pour ménager seul les intérêts du maréchal avec toute la prudence et la circonspection qui seroit nécessaire; que Monsieur même ne se pouvoit passer d'un homme de conseil et qui eût de l'expérience pour la conduite de ses affaires, propose le président Le Coigneux pour remplir cette place, comme une personne qui avoit déjà passé par plusieurs charges où il s'étoit signalé en diverses occasions, et fait en sorte envers la maréchale qu'elle se résout de nommer ce président à Monsieur, pour partager sa confiance avec Puylaurens et lui servir de second, sur l'assurance que Le Coigneux tiendroit lieu aussi d'une seconde créature à la maréchale près de Monsieur, et qu'il la serviroit avec toute sorte d'affection et de fidélité. Delfin n'eut pas grande peine aussi à persuader Monsieur qu'il lui falloit un homme d'affaires sur les soins duquel il pût se reposer des siennes; et comme Son Altesse étoit d'humeur à se plaire surtout aux divertissemens que Paris et la cour lui fournissoient à tous momens, elle ne demandoit pas mieux que de se décharger sur quelqu'un de ce qui l'en pouvoit distraire; et il ne fut pas difficile non plus de lui faire agréer le choix d'une personne qui étoit dans l'approbation de la maréchale, et lequel, comme chancelier de Monsieur, avoit déjà pris habitude avec le maître, et parmi les principaux officiers de sa maison; étant outre cela homme de plaisir et de dépense, c'étoit le moyen d'être d'autant plus le bienvenu auprès d'un jeune prince. Après quoi, ce qui acheva de l'insinuer dans l'esprit et dans le secret de Monsieur, fut l'assistance que lui rendit Puylaurens de son chef, étant bien aise d'avoir un homme de robe pour compagnon de fortune, afin d'éviter l'émulation qui eût pu naître plus facilement entre lui et un autre qui auroit été de profession semblable à la sienne; outre que Le Coigneux l'ayant assisté de conseil et même de sa bourse en diverses rencontres où il en avoit eu besoin, Puylaurens voulut faire paroître qu'il n'en étoit pas méconnoissant, et savoit aussi faire à propos l'affaire d'ami. Le sieur de Boisdanemets, gentilhomme normand, pour qui Monsieur avoit eu de la bonne volonté, ayant pressenti l'établissement que Son Altesse vouloit faire dans sa maison, fit effort pour n'être pas exclu du secret des affaires, dont il étoit déjà entré en quelque part avec Puylaurens; mais il y avoit beaucoup de vanité et de présomption en son fait, et il étoit malaisé que des jeunes gens pussent se modérer de telle sorte que chacun n'essayât d'emporter la faveur du maître par dessus son compagnon. En quoi l'avantage tourna du côté de Puylaurens, qui étoit d'un esprit plus traitable et accommodant; outre que la recommandation de la maréchale avoit suppléé à ce qui manquoit d'ailleurs à Puylaurens pour remplir cette place. Et le président Le Coigneux, ayant cru par toutes ces raisons devoir mieux trouver son compte avec ce dernier, s'étoit déjà accorporté avec lui, et tous deux travaillèrent depuis de concert à persuader leur maître qu'il n'étoit pas du bien de son service que tant de monde se mêlât de ses affaires. A quoi Son Altesse s'accorda volontiers, et résolut qu'elles passeroient par la direction de ces deux personnes seulement. Boisdanemets, se voyant ainsi exclu de sa prétention, joua un mauvais personnage, et, ne pouvant souffrir de la diminution en sa fortune, fit tôt après retraite, ayant été quelques jours auparavant le jouet du maître et des principaux de la maison.

Puylaurens ne pouvant non plus souffrir que Delfin continuât d'entrer aux conseils, et qu'il eût part aux affaires, Le Coigneux ne se mit pas beaucoup en devoir de l'y maintenir, pour ne pas choquer Puylaurens; et ce n'étoit pas seulement du côté de Monsieur que l'on vit concourir toutes choses au dessein du président Le Coigneux : son bonheur voulut que les dispositions ne s'y rencontrassent pas moins favorables auprès de Leurs Majestés, ayant considéré qu'un seigneur qui entreroit en cette place, quelque sage et modéré qu'il fût, n'y auroit de long-temps acquis assez de créance pour pouvoir porter Monsieur à ce qu'on désireroit de lui, ou que, se voyant au contraire bien voulu et appuyé de Son Altesse, il se laisseroit incontinent emporter à l'ambition, et croiroit se faire tort de ne pas prétendre aux mêmes honneurs auxquels le maréchal d'Ornano avoit aspiré; ne voulant pas d'ailleurs que Son Altesse s'acquît plus d'autorité, mais bien au contraire de le remettre, s'il le pouvoit, sous la discipline d'un gouverneur : ce qui sembloit du tout impossible, ce seul nom lui faisant de l'horreur, pour avoir même secoué ce joug long-temps avant la disgrâce du maréchal d'Ornano. Ils jugèrent par toutes ces considérations qu'un homme de robe seroit beaucoup plus commode aux intérêts de l'État, et plus sortable à leurs intentions ; et il leur sembla aussi qu'il n'étoit pas besoin d'en chercher d'autre que le président Le Coigneux, autant soumis et traitable qu'on pouvoit désirer ; et l'on voyoit d'ailleurs qu'il n'étoit pas d'un si grand mérite qu'il ne fût aisé de régler ses prétentions, comme il seroit facile par la même raison de s'en défaire, en cas que Leurs Majestés ne reçussent la satisfaction qu'elles se promettoient, et qu'il leur avoit fait espérer de sa conduite. Et ce lui fut encore un avantage très-considérable envers Leurs Majestés de ce qu'il étoit déjà chancelier de Monsieur, présupposant que cela le feroit d'autant plutôt agréer de Son Altesse que toute autre personne qu'on y pourroit établir de nouveau, joint que le changement ne paroîtroit pas si extraordinaire dans sa maison, quand on verroit un officier de cette qualité avoir la principale direction des affaires ; et il servit beaucoup encore au président Le Coigneux que le maréchal d'Ornano lui eût souvent fait refuser l'entrée du cabinet et même de la chambre de Son Altesse, et qu'il en eût fait souvent ses plaintes à plusieurs personnes de la cour ; mais il fallut, pour rendre toutes ces raisons efficaces, que le cardinal de Richelieu prévînt Leurs Majestés en sa faveur, et que le président l'eût gagné et engagé à l'assister de son entremise pour avoir leur agrément ; ce qui ne se fût pas fait si le cardinal de Richelieu n'eût déjà su ce que Delfin avoit négocié pour cela, et par son approbation. Mais ce qui se passa ensuite ne permit pas de douter que ces deux personnages ne fussent d'intelligence avec le cardinal de Richelieu, qui faisoit déjà la charge de ministre principal des affaires de l'État sous l'autorité de la Reine-mère, voyant Monsieur se détacher tout à coup de cette grande confiance et affection qu'il avoit au maréchal d'Ornano, abandonner messieurs de Vendôme, qui avoient été arrêtés à Blois, souffrir que l'on coupât le cou à Chalais (1), l'un de ses plus familiers serviteurs, et donner sitôt les mains au mariage de mademoiselle de Montpensier, pour lequel le maréchal lui avoit fait avoir tant d'aversion.

La Reine-mère, ayant de longue main projeté ce mariage qui lui étoit fort à cœur, se persuade, après la prison du maréchal, qu'elle étoit venue à bout de tous les obstacles qui s'y pouvoient rencontrer ; mais elle se trouve bien éloignée de son compte, et eut encore de grands combats à rendre, à quoi elle ne s'attendoit pas Tronson, secrétaire du cabinet, et quelques autres serviteurs particuliers du Roi, qui regardoient seulement l'intérêt de sa personne royale, et non celui de l'État, ayant représenté au Roi de quelle importance il lui étoit de marier Monsieur, son frère, à une riche héritière, alliée comme celle-là à la maison de Guise, qui avoit autrefois voulu envahir la couronne, et avec un tel apanage qu'on lui donnoit, que Sa Majesté n'ayant point d'enfans, il ne seroit plus considéré que comme un roi languissant, et que toute la cour, qui ne se conduit que par intérêt, l'abandonneroit pour aller à Monsieur, comme à un prince vigoureux qui promettoit bientôt lignée, sur laquelle chacun fonderoit ses espérances, et feroit des desseins qui ne pourroient être qu'au préjudice de sa royale personne, Sa Majesté en fut tellement touchée de jalousie, que le père Souffran (2), son confesseur, l'étant venu trouver un matin dans son cabinet, Sa Majesté ne faisant que sortir du lit, elle se jeta à son cou tout éploré, dit qu'il connoissoit par effet que la Reine sa mère se souviendroit toute sa vie de ce qui s'étoit passé à la mort du maréchal d'Ancre, et que les avantages qu'elle procuroit à Monsieur ne permettoient pas de douter qu'elle ne l'aimât plus que lui. Le père, bien étonné de ce discours, essaie d'effacer doucement ces défiances de l'esprit du Roi, l'assure au contraire que, comme l'aîné et comme son roi, il tenoit aussi la première place dans le cœur de la Reine sa mère ; que, faisant ce mariage, elle croyoit faire chose nécessaire à l'État et au service même de Sa Majesté, tant s'en faut que ce fût pour lui causer du préjudice, ainsi que le temps lui feroit assez connoître. Cependant la Reine-mère se trouve fort surprise de ces impressions données au Roi ; et le cardinal de Richelieu, qui conduisoit l'affaire dudit mariage, n'attendoit que l'heure qu'on lui commandât d'aller prêter l'obéidience au Pape, comme le plus honnête prétexte pour l'éloigner de la cour. Huit jours se passent dans cette inquiétude, sans que l'on en puisse découvrir l'auteur ; mais les larmes de la Reine-mère avoient encore beaucoup de pouvoir sur le cœur du Roi. L'intérêt de l'État lui fut aussi en grande considération, et les ombrages causés par M. le comte, que l'on disoit vouloir enlever mademoiselle de Montpensier, fut encore une forte raison pour faire consentir le Roi à ce mariage, ainsi qu'à l'éloignement de Tronson, que l'on sut avoir été la cause de ce martel. Marsillac, qui avoit eu part à l'affaire, fut envoyé prisonnier au château d'Ancenis, et Sauveterre, premier

---

(1) Le 26 août 1626.

(2) Le père Suffren.

valet de chambre, chassé de la cour; et pour Baradas, qui possédoit lors les bonnes grâces du Roi, bien qu'il eût été de tous les conseils tenus contre le mariage, Sa Majesté ne le voulut pas découvrir, et le sauva pour cette fois de la disgrâce.

Le mariage se fit à Nantes, au mois d'août 1626. Le Roi donna à Monsieur les duchés d'Orléans, de Chartres, avec le comté de Blois en apanage. La seigneurie de Montargis y fut depuis ajoutée par lettres séparées, pour jouir de tout jusques à la concurrence de 100,000 livres en revenu ordinaire, toutes charges payées. Outre cela il lui fut donné par brevet 560,000 livres de pension à prendre sur l'épargne, et 100,000 livres de pension viagère sur la recette générale des finances d'Orléans. Les parties casuelles pour la nomination aux offices de son apanage montoient encore à 120 ou 140,000 livres par an; et de plus avoit-on commencé à lui donner un acquit patent de 50,000 écus pour les passes de sa maison, qu'on promettoit de continuer en fin de chaque année. Ainsi pouvoit-il faire état d'un million de livres pour son entretènement.

Madame lui porta de son chef la souveraineté de Dombes, la principauté de la Roche-sur-Yon, les duchés de Montpensier, de Chatellerault et de Saint-Fargeau, avec plusieurs autres belles terres portant titres de marquisats, comtés, vicomtés et baronnies, et quelques rentes constituées sur le Roi et sur plusieurs particuliers, le tout faisant 330,000 livres de rente; et outre cela, madame de Guise la mère donna à Madame son beau diamant, estimé 80,000 écus. Le cardinal de Richelieu eut pour sa livrée, et en présent de noces, la terre de Champvaut, dont il avoit auparavant eu grande envie de s'accommoder, étant proche et à la bienséance de sa maison de Richelieu.

Après la disgrâce du maréchal d'Ornano, le sieur duc de Bellegarde fut donné par le Roi à Monsieur, pour tenir la place de surintendant de sa maison, et premier gentilhomme de sa chambre. La duchesse de Bellegarde fut aussi dame d'honneur de Madame, et tous deux tiroient 50,000 livres par an en gages, livrées et appointemens de leurs charges; et pour la lieutenance de la compagnie de gendarmes de Monsieur, ce maréchal en avoit auparavant traité avec le sieur de La Ferté-Imbault d'Etampes.

Monsieur commanda que l'on travaillât à même temps au grand état de sa maison, qui fut faite approchante de celle du Roi, et par la qualité et par le nombre d'officiers, avec cette différence toutefois qu'aucune des principales charges de sa maison ne porteroit le titre de grand comme chez le Roi, mais celui simplement de premier. Il fut dressé des états pour chaque dépense de sa maison, ainsi qu'en celle du Roi, savoir: l'état des officiers domestiques et commensaux, un état particulier des officiers de l'écurie, un autre pour l'entretènement de ses gardes-françaises, et un autre pour les gardes-suisses, un autre pour la dépense des tables, cuisines, paneterie, échansonnerie, gobelet et fourrière, le tout compris sous le nom de la chambre aux deniers; un autre état pour la dépense des écuries, un autre pour la vénerie, un autre pour la fauconnerie, un autre pour la musique de la chapelle, un autre pour les bâtimens. On fit aussi la maison de Madame, dont la dépense ordinaire devoit monter à quatre cent tant de mille livres. Monsieur eut quatre-vingts gardes françois portant casaques et bandoulières de velours de ses livrées, leurs casaques chargées devant et derrière de ses chiffres en broderie rehaussée d'or.

Il eut aussi vingt-quatre suisses qui marchoient devant lui les dimanches et autres jours de fêtes, tambour battant, encore que le Roi fût à Paris; mais il ne se trouvoit pas aux lieux où étoit Sa Majesté.

Au retour de Nantes, le cardinal de Richelieu reçut Leurs Majestés à sa maison de Limours, où Monsieur vint trouver Madame, qui avoit accompagné la Reine-mère durant le voyage, et crut-on que ce fut là que Madame devint grosse. De là à quelques jours Monsieur la mène à Chantilly, où elle eut le plaisir de toutes sortes de chasses, comme de toutes sortes de voleries d'oiseaux, et sans incommodité, puisque c'étoit des fenêtres de sa chambre qu'elle en avoit la vue. Les comédiens ayant été mandés avec la musique et les violons, ce petit voyage fut fort divertissant, et Madame s'en retourna bien satisfaite à Paris, vers la mi-octobre 1626.

Le bruit qui avoit déjà couru de sa grossesse, se trouva véritable par la déclaration qu'elle en fit elle-même après son retour; et bien que cette princesse n'eût pas moins de pudeur que les autres mariées qui ont accoutumé de céler leur grossesse le plus long-temps qu'elles peuvent, la considération de son état, tel qu'il pouvoit même être envié de la Reine, ne vouloit pas qu'elle prit aucun délai pour publier un bien si désiré de toute la France, et on la vit peu de jours après faire parade de son ventre dans le Louvre, croyant déjà d'avoir un fils lequel dût tenir la place d'un dauphin. Chacun lui porte ses vœux et ses acclamations, et tout le monde va à Monsieur comme au soleil levant.

Dans ce haut point de félicité où Monsieur se trouvoit, on eut peine de s'imaginer qu'il se rencontrât quelqu'un si osé que de venir troubler la fête : et néanmoins un certain gentilhomme normand, nommé Montpinson, de la maison de Basqueville, s'étant introduit auprès de Monsieur, le voulut persuader de se ressentir du traitement fait à messieurs de Vendôme, à Chalais et au maréchal d'Ornano, qui étoit décédé quelques jours auparavant dans le bois de Vincennes, lui proposant de se faire chef de parti, et l'assurant, s'il y veut entendre, que plusieurs princes et seigneurs de la cour seront de la partie, et que le secours étranger ne lui manquera pas. Monsieur rejette ces belles propositions, dont le Roi lui sait gré ; et, à la considération de Son Altesse, qui lui en donna l'avis aussitôt, se contenta d'envoyer ce Montpinson pour quelques mois à la Bastille, Sa Majesté ayant été priée de ne lui pas faire recevoir un plus rude châtiment. Monsieur avoit grande raison de fuir l'embarras, ne pouvant espérer hors de la cour une condition meilleure que celle où il se trouvoit, demeurant près de Leurs Majestés : c'étoit le moyen de conserver ses avantages et d'y avancer ses affaires par le crédit et l'autorité de la Reine sa mère, qui étoit lors toute puissante. Ses plaisirs d'ailleurs s'y rencontroient ; aimant le jeu comme il faisoit, c'étoit le lieu pour trouver des joueurs et de quoi jouer. Madame, reconnoissant que c'étoit l'une de ses plus fortes passions, tâche de s'y rendre complaisante ; et comme Monsieur revenoit souvent de mauvaise humeur, tout transporté de déplaisir d'avoir perdu son argent, elle croit que ce lui seroit une belle occasion de se rendre plus familier et plus libre, si elle avoit quelque somme entre ses mains pour lui donner quand il se trouveroit en ces accessoires.

Sachant que ses gens d'affaires avoient fait un fonds de réserve pour les parties inopinées de sa maison, et qui pourroient survenir lorsqu'elle seroit mariée, elle se le fait apporter et départir en plusieurs bourses, qu'elle distribue de fois à autres à Monsieur, se persuadant que cet argent ne pourroit être employé à meilleur usage, quoique les joueurs en eussent le plus souvent tout le profit et tout le plaisir, pour n'être pas heureux au jeu.

Monsieur avoit d'autres sortes de divertissemens qui étoient d'un homme d'esprit et qui demandoit d'être occupé. Il faisoit venir une fois ou deux la semaine quelques-uns de ses principaux officiers et gentilshommes dans son cabinet, où l'on mettoit sur le tapis quelque question morale ou politique, dont chacun devoit dire son avis à l'assemblée suivante ; et c'étoit là que Son Altesse faisoit paroître la gentillesse de son esprit. Il n'y en avoit aucun qui sût mieux résoudre le problème, ni qui fût plus assuré de prendre le bon parti. Il y avoit une autre assemblée à certains jours, où il se traitoit de choses plus libres, et pour cela on l'appeloit conseil de Vauriennerie : Son Altesse, s'étant figuré un royaume imaginaire du nom de ***, prenoit plaisir d'en faire la carte et à donner des noms qui fussent convenables et de rapport aux provinces, aux villes, fleuves, passages et autres choses dépendantes de ce royaume, ainsi qu'aux officiers principaux, auxquels il faisoit fort souvent des dépêches de sa propre main, et ce à l'exemple, disoit-il, du royaume de Narsingue, dont les courtisans avoient accoutumé de ne dire que des sottises. Le comte de Moret, qui étoit de toutes ces parties, fut déclaré grand-prieur de ce royaume de ***, l'abbé de La Rivière (1) le grand monacal, et Patris l'un de ses grands vicaires.

Son Altesse étoit fort curieuse de tableaux des meilleurs maîtres, comme aussi des antiques et autres raretés dont il avoit fait un beau cabinet, et s'appliquoit particulièrement à la médaille, à quoi il réussissoit, comme il fit ensuite à la recherche des simples qu'il avoit, ayant un soin particulier de les faire représenter au naturel, et d'insérer leurs noms dans un gros volume par le sieur Jules Donnabella, son peintre, et il alloit souvent herboriser lui-même ; et comme il avoit la mémoire très-heureuse, il s'en trouvoit peu dont il ne sût dire les noms et la vertu, comme eût pu faire le plus habile médecin de la Faculté. Avec cela il prenoit parfois le plaisir de la chasse, et néanmoins ce n'étoit pas un exercice qu'il prît par excès, comme faisoit le Roi son frère. Il prenoit plaisir outre cela de passer souvent la nuit à se promener dans les rues de Paris, et ce sans autre dessein que de suivre son inclination naturelle qui ne lui permettoit pas de demeurer long-temps en place ; c'étoit encore pour avoir tous les jours quelque nouvelle aventure à conter au Roi et à la Reine sa mère, surtout aux temps des bals et assemblées qui se faisoient, où il entroit à d'aucuns, et aux autres il y envoyoit de ses gens reconnoître le monde qui s'y trouvoit pour lui en faire le rapport, dont Madame ne prenoit point de jalousie, et rien ne l'inquiétoit que la crainte de quelque mauvaise rencontre qui pouvoit arriver à Son Altesse, ou que la peine qu'il prenoit d'aller à pied ne le fît tomber malade, ne pouvant pas douter qu'il ne lui fût bon mari.

Monsieur passoit ainsi son temps avec un

(1) Louis Barbier de La Rivière.

grand repos et beaucoup de douceur, attendant l'heure que Madame dût accoucher. La princesse qui vint à naître ensuite lui promettoit bientôt un fils, et les vœux de tous les bons Français en général eussent été enfin pleinement accomplis par la naissance de plusieurs princes au présomptif héritier de la couronne, si Dieu, par des raisons qu'il n'est pas permis de pénétrer, n'eût retiré Madame de ce monde : mais sa mort survenue trois jours après convertit toutes ces espérances en deuil, et fut un présage trop certain à Monsieur de toutes les disgrâces qui lui arrivèrent depuis. Aussi parut-il autant affligé et touché de douleur qu'il pouvoit être par effet en une triste rencontre de la perte qu'il faisoit ; néanmoins, parmi tous ces sanglots, il eut des sentimens d'une ame vraiment chrétienne, par la reconnoissance publique qu'il fit de ne mériter pas une si vertueuse princesse, et que Dieu la lui avoit voulu ôter pour le punir de ses légèretés ordinaires, dont il promit de se corriger : ce qui apporta beaucoup de consolation à Leurs Majestés, et fut aussi de grande édification à toute la cour, selon la part et l'intérêt que chacun pouvoit prendre en son particulier dans une si funeste occasion.

Madame fut enterrée à St.-Denis, où est le sépulcre des rois, et la pompe funèbre ressentoit plutôt celle d'une reine que de la belle-sœur du Roi, tant elle fut magnifique. La Reine-mère prit beaucoup de part à l'affliction de Monsieur, se voyant frustrée des espérances qu'elle avoit conçues de ce mariage qui lui avoit coûté tant d'inquiétudes et tant de peines. Mais madame de Guise étoit inconsolable d'avoir perdu une fille qui lui avoit toujours été si obéissante, et qu'il lui fallût renoncer par un événement si soudain aux grands avantages qu'elle et sa maison avoient déjà reçus, et prétendoient encore de tirer à l'avenir d'une telle alliance.

Encore que le Roi trouvât son compte dans cette perte, et qu'apparemment il en dût être le moins fâché par raison de la jalousie qu'il avoit eue de ce mariage, que la grossesse de Madame lui avoit depuis donnée beaucoup plus grande, se trouvant libre de toutes ces craintes, Sa Majesté ne laissa pas de témoigner un extrême déplaisir pour avoir eu toujours en grande estime la vertu de cette princesse : mais il ne fut pas marri qu'elle n'eût laissé qu'une fille.

Le président Le Coigneux et Puylaurens furent les plus aisés à consoler de cette mort, par la crainte qu'ils avoient déjà eue que Madame ne prît enfin toute autorité auprès de leur maître, ayant reconnu que c'étoit le dessein de la maison de Guise, et que l'abbé de Foix leur créature lui donnoit tous les jours de la tablature pour cela ; et il fut remarqué en même temps de plusieurs qu'encore que Monsieur aimât beaucoup Madame, il vivoit néanmoins un peu réservé avec elle, comme s'il eût appréhendé qu'elle voulût trop faire la maîtresse à la maison.

Monsieur s'étant retiré, dès le même jour de cette mort, à la maison du président Le Coigneux à Saint-Cloud, tant s'en faut qu'il y trouvât de l'allégement à sa douleur, il y reçut un grand surcroît de douleur par l'accident survenu au sieur de Boutteville-Montmorency (1), lequel s'étoit battu en duel quelques jours auparavant, ayant le comte des Chapelles pour second, contre le jeune marquis de Beuvron et Bussy-d'Amboise, le combat s'étant terminé par la mort du dernier. Le Roi en fut d'autant plus irrité, que Sa Majesté avoit souvent fait grâce audit Boutteville pour de semblables fautes esquelles il étoit tombé ; outre qu'ayant pris la place Royale pour le champ du combat, il sembloit que c'eût été pour un plus grand mépris des édits de Sa Majesté. Ces illustres gladiateurs s'étant séparés de cette sorte, pensèrent à se retirer de bonne heure en lieu de sûreté pour laisser passer la colère du Roi ; le marquis de Beuvron prit la route d'Italie, où il passa heureusement, et se signala depuis, comme l'on voit dans l'histoire, par la courageuse défense de Casal contre don Gonzale de Cordoue. Le duc de Mantoue reconnoissant devoir le salut de cette importante place à ce généreux cavalier, ne sait point de meilleur moyen de s'en ressentir, que d'employer son crédit et ses prières pour le pardon du marquis, qui lui fut accordé par le Roi ; mais la mort, survenue presque en même temps par ses blessures, ne lui permit pas de recevoir les autres reconnoissances qui étoient dues à sa valeur.

Pour Boutteville et le comte des Chapelles, qui avoient dessein de passer en Lorraine, encore qu'ils fussent déjà bien avancés vers cette frontière, leur voyage eut un succès tout différent ; car, outre qu'il falloit employer quelque temps à mesurer les épées et s'entrevisiter de part et d'autre, en mettant pourpoint bas, et même en l'action du combat où ledit sieur de Bussy fut tué, et depuis encore à changer d'habits, prendre des bottes et d'autres mesures pour leur voyage ; tout cela ne se put faire plus tôt qu'en trois heures, non sans beaucoup de chaleur, et avec une telle dissipation d'esprit devant que de monter à cheval, qu'ils furent obligés de faire plusieurs pauses sur le chemin pour prendre haleine à tous momens, et un peu de repos leur fût

(1) François, comte de Boutteville.

venu bien à point pour pouvoir reprendre vigueur ; mais ils jugèrent d'ailleurs qu'il leur importoit surtout de poursuivre la carrière et sans aucune intermission, afin d'arriver à temps au port ; et quelque diligence qu'ils fissent pour cela, il fallut de nécessité qu'ils s'arrêtassent à Vitry en Perthois, n'en pouvant plus de foiblesse et de lassitude, s'imaginant pouvoir trois ou quatre heures après remonter à cheval ; joint qu'ils ne pouvoient croire que personne sût au vrai la route qu'ils avoient prise, ni qu'on eût pu sitôt et à point nommé envoyer du monde suffisamment pour leur couper chemin et les mettre en arrêt, et qu'ainsi pourroient-ils avoir du temps pour achever le voyage et se mettre en lieu de sûreté. Cependant, dès que l'on sut à la cour le succès de ce combat, le Roi donna ordre aussitôt que l'on courût après, et ordonna nombre suffisant de ses gardes pour les arrêter, ou recevoir des mains des magistrats et autres officiers de justice des villes qui auroient déjà pu s'assurer de leurs personnes ; et le président de Mesmes, beau-père de Bussy, qui étoit allé prier le Roi de vouloir employer son autorité pour cet effet, arriva tout à propos pour recevoir l'ordonnance qu'on avoit expédiée, et dont Sa Majesté trouva bon qu'il se chargeât pour en poursuivre l'exécution : comme il fit avec grand soin et sans y perdre temps, en mettant aux trousses de ces deux fugitifs des courriers assez diligens pour les devancer de beaucoup, et eurent encore tout le loisir de rendre ladite ordonnance aux magistrats et officiers de justice de ladite ville, qui n'eurent pas de peine, et trouvèrent assez de gens parmi eux pour exécuter les ordres de Sa Majesté par eux-mêmes, sans qu'il fût nécessaire de demander main forte aux gouverneurs particuliers, ainsi qu'il leur étoit enjoint en cas qu'ils en fussent requis. Et comme ces gardes furent arrivés, les prisonniers leur furent à l'heure même remis entre les mains par les magistrats et officiers de la ville, pour faire ce qui leur auroit été prescrit. La nouvelle de cette prise venue à la cour, il n'y eut personne qui ne tint leur perte tout assurée. Monsieur jugea bien aussi qu'il n'y avoit point de salut pour eux qu'en les faisant recouvrer par les chemins. Il en donne aussitôt la commission à des gens de main, considérant combien il lui importoit de se conserver deux serviteurs de cette qualité et de ce mérite, surtout le sieur de Boutteville qui avoit toujours été dans ses intérêts, et lequel s'étoit outre cela tellement signalé par une infinité de combats, dont il avoit presque toujours remporté l'avantage, qu'il passoit pour le plus fameux et redoutable duelliste de la cour : mais la chose ne put être tenue si secrète que le Roi n'en eût l'avis, qui donna ordre à l'heure même au renforcement de l'escorte, et fit amener les prisonniers avec sûre garde à Paris dans les prisons du parlement ; de sorte que Son Altesse, voyant n'avoir plus que les très-humbles prières et supplications, fit tout ce qu'il put envers le Roi et la Reine sa mère pour tâcher de les sauver, ayant même ajouté les prières au cardinal de Richelieu, afin qu'il aidât à y disposer Leurs Majestés. Et à l'égard de M. le prince, il fit une lettre fort soumise et respectueuse au Roi, représentant les grands et considérables services rendus aux rois et à l'État par la maison de Montmorency, dont Boutteville avoit pris naissance, au moyen de quoi il touchoit d'alliance et de parenté fort proche à madame la princesse, et ce, plus pour rendre les offices de bon parent au sieur de Boutteville, que par espérance qu'il eût de pouvoir obtenir son pardon : ce qui n'empêcha pas aussi le parlement de travailler sans cesse au procès ; d'où s'ensuivit de là à peu de jours l'arrêt de mort. Le cardinal de La Valette et le duc de Bellegarde réitérèrent les prières et instances de Son Altesse avec toute la chaleur qui se pouvoit, proposant de faire changer la peine de sang en une prison perpétuelle, et le comte de Brion fit plusieurs allées et venues de Saint-Cloud à Paris, à même fin, depuis la prononciation de l'arrêt ; mais pour tout cela le Roi ne put en rien être fléchi, et tant s'en faut que l'on eût égard aux prières et soumissions de Son Altesse, qu'on lui fit sentir que c'étoit la raison pour laquelle le Roi étoit le moins porté au pardon des criminels, et il falloit donc que Son Altesse se résolût de boire ce nouveau calice d'amertume. A quoi elle eut d'autant plus de peine après l'exécution de Chalais, la prison de messieurs de Vendôme et celle du maréchal d'Ornano dans le bois de Vincennes, où il étoit décédé, non sans soupçon de mort violente, dont Son Altesse avoit encore la mémoire toute fraîche, et d'autant plus ulcérée qu'il falloit outre cela paroître sans ressentiment de tous ces mépris qu'on faisoit de lui. Mais le président Le Coigneux lui représentoit que d'en user autrement ce seroit offenser le Roi ; que c'étoit prudence de dissimuler et céder à l'autorité souveraine, lors même que l'on ne pouvoit en tirer raison par autre voie ; que ce seroit le moyen de trouver plus avantageusement son compte en d'autres rencontres, pourvu qu'il ne se brouillât point à la cour, ce qu'il falloit éviter autant qu'il seroit possible : cependant qu'il devoit avoir cette satisfaction d'avoir fait tout ce que l'on pouvoit raisonnablement désirer de lui pour sauver la vie à Boutteville et au comte des Chapelles, et que toute la cour eût connoissance du devoir où il s'étoit mis pour cela.

Il ne fut pas malaisé de rendre Monsieur capable d'un conseil qu'il avoit déjà commencé de pratiquer pour de semblables sujets ; tellement qu'il demeura pleinement persuadé des raisons du président Le Coigneux : et croyant que c'étoit assez pour lors de faire le fâché, au défaut de pouvoir mieux, il se promettoit, pour sa consolation, d'être plus heureux une autre fois à protéger ses serviteurs.

Il revint incontinent à Paris trouver Leurs Majestés, et n'ayant pas voulu reprendre son logement au Louvre à cause que Madame y étoit morte, il alla demeurer pour quelque temps à l'hôtel de Montmorency, et continua dans sa façon de vivre ordinaire avec le Roi, sans faire paroître qu'il lui restât rien sur le cœur des choses passées : ce qui lui fit recevoir aussi un bon accueil du Roi, Sa Majesté lui témoignant en toutes occasions n'avoir point plus grande joie que quand il le voyoit. Mais elle avoit trouvé plusieurs fois à redire aux visites de Monsieur, qu'il se séparât aussitôt d'elle pour s'aller entretenir avec d'autres, lui tournant même le plus souvent le dos, et ne s'abstenant non plus devant elle qu'il faisoit en tout autre lieu de faire paroître ses chagrins à tous momens. Si Son Altesse eût voulu croire le duc de Bellegarde, il se seroit rendu non-seulement plus complaisant au Roi, mais auroit perdu, dès le commencement que Leurs Majestés l'avoient mis auprès de Son Altesse, ces habitudes si messéantes à un grand prince, dont il a bien eu de la peine depuis à se défaire.

Encore que le Roi fît paroître beaucoup d'affection pour Monsieur, et eût accoutumé de dire qu'il le considéroit comme son fils, il ne voulut pourtant pas ouïr de long-temps parler de mariage pour Son Altesse, ayant même prié la Reine sa mère de n'y point penser. Et le conseil de Monsieur fut pareillement informé de l'intention du Roi, et il ne manqua pas de faire comprendre à Son Altesse comme il devoit, pour la satisfaction de Sa Majesté, rejeter toutes les propositions qu'on lui en pourroit faire. Et afin que Son Altesse eût moins de peine à demeurer dans la viduité, le Roi lui fit proposer toutes sortes d'exercices honnêtes, principalement celui de la chasse, où il ne se passoit guère de jour que Sa Majesté ne s'allât divertir, s'imaginant que Monsieur y dût prendre le même plaisir. Sa Majesté commanda aussi de ne plus tant blâmer la passion que Monsieur avoit pour le jeu, trouvant bon qu'il s'y entretînt, et même qu'il lui fût donné argent pour cela. Et d'autant que Monsieur n'avoit aucune maison proche de Paris pour y aller quelquefois prendre l'air, Sa Majesté eut bien agréable de lui donner celle de Limours appartenant au cardinal de Richelieu, et d'en gratifier Son Altesse dans la créance qu'il lui prendroit envie de l'enjoliver, ou bien d'entreprendre quelque nouveau dessein qui occuperoit l'esprit et feroit passer le temps à Son Altesse. Le remboursement s'en fit au même prix de l'acquisition, qui se montoit à 400 tant de mille livres y compris le domaine de Montlhéry, et depuis il fut encore payé 300,000 liv. au cardinal de Richelieu, tant pour les meubles qu'impenses et améliorations qu'il y avoit faites. Le cardinal étoit fort dégoûté de cette maison, la trouvant aussi déplaisante que malsaine pour sa situation, qui est en bas lieu, avec ce qu'il n'y avoit point de fontaine ni d'autre eau, et que beaucoup d'autres choses y manquoient, et il fut bien heureux de trouver une si belle occasion pour s'en défaire, et d'y trouver largement son compte : ce qu'il n'eût pas dû attendre avec toute autre personne, et son intérêt fut ce qui fit résoudre le Roi plus facilement, à la persuasion de la Reine-mère, à gratifier le cardinal sa créature, en qui elle avoit alors toute confiance. Ensuite de quoi Sa Majesté ordonna que l'un et l'autre comté sortiroient même nature que les autres terres de l'apanage de Monsieur, mais qu'elles seroient désormais de la mouvance du duché de Chartres, au lieu qu'ils relevoient auparavant de la tour du Louvre.

Toutes ces prévoyances étoient dignes de la piété du Roi ; mais elles n'étoient pas beaucoup nécessaires pour dégoûter Monsieur du mariage, outre qu'il étoit d'âge à aimer sa liberté. Le président Le Coigneux et Puylaurens ne demandoient pas mieux que de gouverner seuls leur maître, et l'entretenoient volontiers dans cette aversion, afin d'avoir plus de sujet de se faire rechercher et de mériter de nouvelles gratifications en faisant condescendre leur maître aux volontés de Leurs Majestés, lorsqu'elles penseroient à le remarier, ne doutant pas qu'elles n'y fussent bientôt obligées par les raisons d'Etat. Mais il étoit malaisé, du tempérament qu'étoit Monsieur, et dans les plaisirs de la cour où il étoit incessamment, que Son Altesse pût garder la continence ; joint que, comme les grands prennent plaisir d'être flattés dans leurs passions, il ne manquoit pas de gens à la cour qui, pour gagner les bonnes grâces de Son Altesse, lui insinuoient à tous momens que c'étoit assez d'avoir satisfait au désir du Roi, en perdant pour un si long temps les pensées du mariage ; que non-seulement il lui devoit être permis de suivre l'inclination naturelle qu'il avoit pour les dames, qu'il y auroit même de l'injustice de l'en vouloir empêcher. De quoi Monsieur savoit bien se prévaloir pour s'excuser envers Leurs Majestés lorsqu'elles lui reprochoient ses excès; et c'étoit ce qui les rendoit aussi plus indulgentes et plus empêchées d'ailleurs à en arrêter le cours. Le père Souffran lui faisoit souvent des exhortations à même fin, et lui proposoit toujours l'exemple du Roi pour imiter Sa Majesté en l'aversion qu'il avoit pour ces désordres. Mais les raisons de conscience, non plus que celles de l'Etat, ne faisoient pas grand effet sur l'esprit de Son Altesse; et s'il y avoit de la différence d'humeur des deux frères, elle étoit encore plus grande dans leurs sentimens, et il sembloit que Monsieur affectoit de passer pour galant, plutôt que pour pieux et tempéré comme le Roi.

Le plus grand plaisir de Monsieur étoit la diversité des femmes, et avoit un soin particulier de savoir le nom de celles qui passoient leur temps, pour en faire des contes à rire parmi ses plus familiers; et ce qui étoit de fâcheux, c'étoit que la qualité de Monsieur ne le rendoit pas exempt des accidens auxquels les autres sont sujets : de quoi la Reine sa mère prenoit l'alarme d'autant plus grande, qu'elle appréhendoit que le Roi ne fût pas capable de donner des héritiers à la couronne, et que si on laissoit Monsieur plus long-temps dans ce désordre, il s'y rendroit pareillement inhabile par cette autre voie. Il n'y avoit que le mariage qui pût y apporter remède. La Reine-mère n'en trouvoit point aussi de meilleur ni de plus certain; mais le Roi étoit toujours résolu à ne le point permettre, et elle considéroit que de vouloir rompre sitôt cette glace, ce seroit choquer inutilement le Roi, à qui l'intérêt particulier de sa personne touchoit beaucoup plus en cette occasion que celui de l'Etat, et croyoit au contraire qu'il lui faudroit renoncer à l'Etat si Monsieur se marioit et avoit des enfans. Voyant donc que ce n'étoit pas une affaire pour laquelle il fallût presser le Roi, elle ne pensa plus sinon de la recommander à Dieu, avec cette confiance que, comme il tient en sa main le cœur des rois, il feroit enfin incliner celui du Roi son fils à ce qu'elle désiroit, et susciteroit quelque autre moyen pour la tirer de perplexité.

Monsieur cependant ne pouvoit non plus être persuadé à changer de vie, ne demandant pas mieux qu'on le laissât comme il étoit pour le pouvoir continuer, et ne tenant pas plus de compte des remontrances de Leurs Majestés, qu'il faisoit des prières que ses bons serviteurs lui faisoient tous les jours à ce sujet. Ainsi cette grande Reine se trouvoit également impuissante envers ses enfans, et l'on ne pouvoit pas dire lequel des deux lui donnoit plus de mortifications. Elle ne laissa pas comme une bonne mère de veiller incessamment au bien de Monsieur, et comme elle jugeoit impossible d'empêcher qu'il ne vît point de femmes, et lui faisoit recommander de s'abstenir pour le moins de celles où il y auroit à craindre pour sa personne, et fît connoître à ceux qui avoient plus de privauté avec Son Altesse que le Roi ni elle ne trouveroient pas mauvais qu'ils le portassent à mettre ses affections en quelque personne de mérite qui pût l'empêcher d'avoir plus de commerce avec celles qui pouvoient être dans la prostitution; un des principaux officiers de Monsieur, croyant faire le service de Leurs Majestés, et se rendre par même moyen plus agréable à son maître, accepte volontiers la commission, et, durant le Carnaval, donna souvent la comédie, et fit plusieurs assemblées chez lui, où se trouvoient les plus belles femmes de Paris, à dessein que quelqu'une donnât dans la vue à son maître, et qu'il en fît sa maîtresse. A quoi il n'employa pas seulement les discours, mais lui en donna encore l'exemple depuis la mort de sa seconde femme, et Monsieur l'en railloit souvent dans le particulier.

La nouvelle étant venue de la descente de Buckingham dans l'île de Ré, le Roi tomba grièvement malade à Villeroy, et au défaut de se pouvoir transporter en personne aux côtes de Poitou, comme c'étoit le dessein de Sa Majesté, il fut conseillé d'y envoyer Monsieur pour son lieutenant général, afin de pourvoir en toute diligence au secours de la citadelle de Saint-Martin de Ré, que les Anglais avoient commencé d'assiéger. Monsieur part à l'heure même, prenant le chemin de Saumur, d'où il dépêcha le sieur de Saint-Florent, l'un de ses gentilshommes ordinaires, au comte de Grammont, gouverneur de Bayonne, le prier de lui envoyer bon nombre de pinasses et autres vaisseaux sous la conduite de quelque habile pilote, pour essayer de les jeter dans la place avec un secours de vivres et de munitions de guerre. Son Altesse entrant dans le Poitou, le duc de La Rochefoucauld, qui en étoit gouverneur, vint au devant de lui avec cinq ou six cents gentilshommes de ses amis, pour lui rendre ses honneurs. Monsieur se rendit tôt après au camp d'Aytré, et voulut d'abord faire savoir sa venue aux Rochelois. S'étant avancé avec la noblesse et autres volontaires soutenus du régiment de Piémont et de quelques troupes de cavalerie, jusques au fort de Bonnegreve, d'où il reçut le salut par plusieurs volées de canon tirées des remparts de la ville, ceux dudit fort firent en même temps une rude escarmouche sur les nôtres, lesquels, n'ayant eu autre dessein que de reconnoître l'ennemi et de faire voir leur bonne volonté, pensèrent incontinent à la retraite. Le sieur de Nantes, premier capitaine du régiment de Piémont, et le sieur de Maricourt, y furent tués avec quarante ou cinquante soldats. Ce fut là que le duc de Bellegarde fit l'office, non-seulement de lieutenant général de Son Altesse dans ladite armée, mais de simple soldat, ayant été des premiers à tirer le coup de pistolet et le dernier à la retraite. Le Roi blâma grandement cette entreprise, et en écrivit une lettre à Monsieur, pleine de ressentiment de ce qu'il avoit si légèrement exposé les troupes, sans qu'il en fût besoin, et contre les ordres exprès de Sa Majesté, qui étoient de tenir seulement les choses en état et de ne rien hasarder jusqu'à son arrivée. Peut-être auroit-on trouvé encore plus mauvais que Monsieur eût réussi à ses premières armes, et l'on croit que cette crainte fut ce qui fit devancer au Roi le temps de sa parfaite convalescence, afin de pouvoir au plus tôt se rendre à son camp.

Le sieur de Saint-Florent fit telle diligence, et s'acquitta si bien de sa commission, qu'en moins de trois semaines trente pinasses vinrent prendre bord au fort de Lacquilon, conduites par le sieur d'Andouins. L'ordre ayant déjà été donné pour les vivres aux Sables-d'Olonne et autres lieux de la côte, Monsieur eut le soin de les aller lui-même faire charger dans lesdites pinasses et autres vaisseaux que l'évêque de Mende avoit arrêtés, et tous étoient près de faire voile, sans qu'ils eurent un mois durant le vent contraire. Le sieur de Valins, l'un des plus hardis capitaines de mer, avoit déjà montré le chemin et jeté du secours dans la place, qui l'avoit fait subsister durant quelques jours; mais les vivres étoient consumés, et les nécessités devenues plus grandes qu'auparavant, tellement qu'il falloit pourvoir à y en mettre d'autres, ou bien se résoudre à capituler. Le sieur de Saint-Preuil, qui étoit dans la place comme simple volontaire, et ami intime du sieur de Toiras, s'offre de passer à la terre pour aller rendre compte au Roi de l'état où se trouvoient les assiégés, et pour hâter le secours. M. de Toiras trouve l'entreprise fort hardie et périlleuse, et appréhende pour son ami; néanmoins il ne l'en dissuade pas. Le sieur de Saint-Preuil passe heureusement et retourne de même à la citadelle; ce qui ne fut pas sans essuyer plusieurs coups de canon et mousquetades des vaisseaux et chaloupes ennemis qui le suivirent. Le sieur de Toiras le reçoit à bras ouverts, admirant son courage et sa résolution, qui n'étoit pas à la vérité commune à beaucoup d'autres. Il apprend du sieur de Saint-Preuil que le secours étoit prêt, qu'il n'étoit besoin que de vent et de patience. Les Anglais, ayant su le passage du sieur de Saint-Preuil, serrent le port avec plus d'observation qu'auparavant, pour empêcher qu'aucun autre ne puisse plus aller ni venir; si bien que les assiégés ne pouvoient plus envoyer de chaloupes à la terre pour faire savoir de leurs nouvelles. A ce défaut il se présente deux soldats qui entreprennent de passer à la nage, moyennant une bonne somme. Ils prennent le temps que la marée étoit basse et la nuit fort obscure, se sauvent tout le long de la côte, ayant l'eau jusqu'à la ceinture, et esquivent par ce moyen, et les chaloupes et les sentinelles des lignes ennemies. Comme ils se voient assez éloignés du camp des Anglais pour ne pouvoir être pris, tous deux se mettent à la nage; mais il y en eut un à qui le cœur manqua, et fut contraint de tourner visage. L'autre, qui étoit un puissant garçon, continua sa route avec beaucoup de péril, ayant été obligé de faire souvent le plongeon pour se sauver de plusieurs chaloupes qui se mirent à le suivre. Il disoit avoir eu encore plus de peine à se défendre des poissons, qui se colloient à tous momens à son estomac et à ses cuisses, ayant les mains continuellement occupées à les arracher. Mais tous ces obstacles ne lui font point perdre courage, et il fait si bien qu'il aborde sain et sauf près du moulin de Laleu, d'où ayant été amené dans le camp, on lui trouva une lettre en chiffres, enfermée dans une balle de plomb qui étoit attachée à son cou. On apprend par cette lettre les assiégés ne pouvoient pas tenir plus de cinq jours s'ils n'étoient secourus. Le Roi le fit appointer dans l'état de son régiment des Gardes à raison de vingt écus par mois, sa vie durant, pour récompense de ce service. Enfin le temps ayant changé tout à coup sur le point que le sieur de Toiras alloit capituler par la presse et importunité de sa garnison, le bonheur du Roi voulut que vingt-sept pinasses et quelque cinq ou six autres vaisseaux, chargés de vivres, entrèrent dans la place. Ayant été mis en délibération parmi les matelots si l'on iroit du côté de la mer Sauvage, ou par quel autre endroit l'on auroit à passer, ou bien si l'on prendroit la droite route, le sieur d'Andouins fut de ce dernier avis, et sa raison étoit que toutes les chaloupes anglaises devoient vraisemblablement tenir le large et être départies à tous les autres endroits, et que les ennemis ne se pourroient jamais imaginer que l'on dût aller donner dans le corps de leur flotte, où leurs ramberges et autres gros vaisseaux étoient plus que suffisans pour empêcher le passage à une armée tout entière. Le sieur d'Andouins soutenoit, au contraire, qu'il lui seroit beaucoup plus facile de s'en débarrasser que non pas de ces chaloupes armées, lesquelles étant plus fortes en nombre les auroient aussitôt accrochés et coulés à fond, au lieu que les canonnades des gros vaisseaux n'étoient pas tant à craindre pour les pinasses, à cause de leur petitesse, qui donnoit moins de prise sur elles. On reconnut depuis par l'événement que ce conseil avoit été le meilleur, les Anglais n'ayant pu empêcher que la noblesse qui s'étoit mise sur ces pinasses ne rompît les estacades de leurs vaisseaux, et ne se fît passage malgré leurs canonnades et feux d'artifice. Le sieur Desplan acquit beaucoup d'honneur en cette occasion, pour y avoir rendu de grandes preuves de son courage. Le secours donné si à propos à la citadelle de Saint-Martin fut cause du salut de toute l'île, dont on doit savoir le principal gré à Monsieur, ayant donné temps au Roi de faire de nouveaux préparatifs pour la descente de ses troupes et de sa noblesse, qui obligèrent ensuite le duc de Buckingham de se retirer avec honte et grande perte de ses gens.

Les Rochelois ne reçurent pas moins de confusion pour avoir consumé la plus grande partie de leurs vivres à la nourriture de l'armée anglaise, sur l'assurance qu'elle prendroit l'île, et qu'il leur seroit aisé d'avoir d'autres provisions pour remplacer celles qui avoient été tirées de leurs magasins : ce qui convia le Roi à former, dès l'heure même, le siège de La Rochelle, et en facilita depuis la réduction, qui auroit autrement été du tout impossible.

Sa Majesté s'étant rendue au mois d'octobre 1627 dans son camp d'Aytré, devant La Rochelle, fit travailler aussitôt à la circonvallation, résolue de n'en point partir que la place ne fût prise. Monsieur s'en retourne à Paris, avec un peu de dégoût de voir que le Roi lui ôtât le commandement des armées pour le donner au cardinal de Richelieu, encore qu'en apparence le Roi se le fût réservé. Mais Son Altesse trouve d'autres divertissemens à Paris, qui lui font oublier ceux de la guerre. Il se fit plusieurs festins et assemblées où il étoit soigneux d'assister, principalement en celles auxquelles il croyoit que madame la princesse Marie de Mantoue dût aller, voulant faire croire qu'il en étoit fort amoureux. La plupart du monde louoit son dessein, et donnoit ses vœux pour le mariage de Monsieur avec cette princesse qui étoit de naissance et d'un âge sortable, outre qu'elle étoit belle, vertueuse et fort spirituelle. Pour tout cela la Reine-mère n'y pouvoit consentir, se souvenant toujours de l'offense qu'elle prétendoit avoir reçue du duc de Mantoue lorsqu'il n'étoit que duc de Nevers. Elle étouffa tant qu'elle put les bruits qui s'en publioient, faisant mettre en avant celui de la princesse de Florence sa parente; et, afin que le Roi y consentît plus facilement, lui fait entendre sous main qu'elle étoit laide, contrefaite et incapable d'avoir de long-temps des enfans. Et pour se justifier dans le monde de l'opposition qu'elle formoit au mariage de la princesse Marie envers ceux qui le souhaitoient, elle faisoit en même temps dire partout que la princesse Marie étoit devenue impuissante par les remèdes que Sevirni, médecin chimique, lui avoit donnés pour la guérir de la grande maladie dont elle étoit relevée peu de temps auparavant. Mais le Roi ne vouloit en façon quelconque ouïr parler de mariage pour Monsieur, et par ce moyen mit d'accord ceux qui s'intéressoient à l'un et à l'autre de ces deux partis.

Le marquis de Spinola, passant de Flandre en Espagne, voulut avoir l'honneur d'aller saluer le Roi, et voir ce qui se passoit au siége de La Rochelle. Il salua auparavant Monsieur, qui étoit logé à l'hôtel de Montmorenci, et, après lui avoir rendu ses devoirs, Son Altesse l'entretint si pertinemment des siéges et expéditions de guerre qui s'étoient faites en Flandre pendant que ce marquis y commandoit les armées d'Espagne, qu'il fut ravi de l'esprit de ce prince, et tout glorieux des louanges qu'il lui donnoit, remportant une estime de Son Altesse plus grande que de tous les princes de son âge qu'il eût jamais vus.

Monsieur faisoit tous les jours sa cour aux Reines, qui étoient demeurées à Paris durant le siége de La Rochelle, et c'étoit avec beaucoup de franchise, même avec la Reine régnante, avec laquelle il avoit toujours été en bonne intelligence, et n'observoit pas trop de cérémonie. Dès qu'elle vint en France elle le traita de *Monsieur,* en parlant à lui et de lui, et a toujours continué. A quoi quelques-uns ont trouvé à redire, attendu qu'en lui écrivant elle ne le traitoit que de *mon frère.* Pendant le petit voyage que le Roi vint faire à Paris, Monsieur ayant rencontré la Reine une fois qu'elle venoit de faire une neuvaine pour avoir des enfans, il lui dit en raillant : *Madame, vous venez de solliciter vos juges contre moi ; je consens que vous gagniez le procès si le Roi a assez de crédit pour cela.*

Il y avoit déjà eu du malentendu entre la Reine-mère et le cardinal de Richelieu, que le Roi avoit rajusté par diverses fois, de lui-même et par l'entremise du père Souffran, confesseur de

Leurs Majestés ; mais pour cela il ne laissoit pas de rester toujours autant d'aigreur dans l'esprit de la Reine-mère que de défiance dans celui du cardinal. Néanmoins, pour faire paroître à la Reine son entière dépendance de ses volontés, voyant qu'elle avoit à cœur la promotion du père Bérule au cardinalat, pour lequel elle avoit fait instance avant le voyage de La Rochelle, le cardinal appuie l'affaire auprès du Roi, et, après avoir reçu les ordres de Sa Majesté, la recommande de la bonne sorte au cardinal Spada, auparavant nonce du Pape, croyant que cette promotion dût tirer de longue, et que le temps lui fourniroit assez de moyens de l'éluder, s'il vouloit et le jugeoit à propos.

Contre la créance du cardinal de Richelieu, qui se fioit aux longueurs ordinaires de la cour de Rome, le Pape fait promotion dans les trois mois, qui fut aux Quatre-Temps de septembre 1627, dans laquelle le père Bérule est compris. La nouvelle en étant venue au camp d'Aytré, le cardinal de Richelieu pensa se désespérer de se voir jouer de cette sorte, ne pouvant comprendre que le Pape eût précipité si fort la promotion dudit père, s'il n'y eût eu complot des Marillac avec le cardinal Spada ; et, jugeant que cela tendoit à sa destruction auprès de la Reine-mère sa maîtresse, il pense de bonne heure à faire sa contre-batterie du côté du Roi, et croit n'en pouvoir trouver de meilleur moyen que de réveiller les jalousies qu'on avoit eues à Nantes de l'étroite union et intelligence de la Reine-mère avec Monsieur, donnant à entendre au Roi qu'elle avoit retiré ses tendresses et affections de Sa Majesté, pour les donner toutes à Monsieur, qui avoit toujours été le fils bien-aimé depuis l'exécution du maréchal d'Ancre, dont elle ne pouvoit perdre la mémoire.

Le Roi ayant laissé pour quelques jours le siège de La Rochelle à la conduite du cardinal de Richelieu, pour venir prendre le divertissement de la chasse de Saint-Germain-en-Laye et à Versailles, la Reine-mère connut aussitôt qu'il y avoit du changement en l'esprit de Sa Majesté, ne lui témoignant pas la confiance qu'il avoit accoutumé ; et, l'ayant depuis entretenu, elle en apprit la cause par la bouche même de Sa Majesté.

Pour rompre ce coup et faire voir au Roi que tant s'en faut qu'il y eût une liaison d'amitié et d'intérêt si étroite entre elle et Monsieur qu'on lui avoit voulu persuader, qu'il y avoit une antipathie, la plus grande qui pouvoit jamais être, entre eux, et que le sujet de leur brouillerie étoit toute confiance de part et d'autre, il fut convenu entre la Reine-mère et Monsieur d'user de ce stratagème, qui étoit que Monsieur visiteroit souvent la princesse Marie, et qu'il en feroit l'amoureux passionné, que la Reine-mère d'autre côté feroit la fâchée et s'opposeroit ouvertement à ce mariage.

La Rochelle s'étant réduite, le jour de la Toussaint 1628, à l'obéissance du Roi, Sa Majesté n'est pas sitôt de retour à Paris, que, nonobstant la mauvaise saison, il s'achemine vers la Savoie pour le secours de Casal. Monsieur part, sur la fin de janvier 1629, pour suivre Sa Majesté en ce voyage, et, étant déjà bien avant dans le Dauphiné, il a avis que l'on pressoit le départ de la princesse Marie pour Mantoue ; il rebrousse sur ses pas, et comme il arrive à Fontainebleau, il apprend que la Reine-mère a fait mettre la princesse dans le bois de Vincennes. Le sieur de Marillac va au-devant de Monsieur pour excuser l'action et lui en dire les motifs. Chacun blâme le conseil de la Reine-mère, et il y en avoit beaucoup qui croyoient que Monsieur dût faire un mauvais parti au maréchal ; mais ils ne savoient pas le secret (1). Monsieur s'en va à Orléans, où il fait le fâché, et dépêche d'Ormoy, l'un de ses gentilshommes ordinaires, à la cour pour faire plainte de cet emprisonnement, demande la liberté de la princesse, et surséance à son départ. L'intrigue n'étant pas encore découverte à la cour, comme elle fut tôt après, il sembloit que l'on n'eût pas été marri que Monsieur eût passé outre à ce mariage, par la seule considération du sanglant déplaisir que la Reine-mère en eût reçu. Enfin l'ordre venu pour la liberté de la princesse, à condition que Monsieur ne précipiteroit rien pour ce mariage, ni pour aucun autre, à quoi le Roi n'avoit encore voulu donner son consentement, la Reine-mère retira la princesse auprès d'elle dans le Louvre. Monsieur ne laissa pas depuis de faire paroître toujours beaucoup de passion. Etant venu un jour en poste trouver la princesse Marie pour se réjouir de sa liberté, la Reine-mère fait l'étonnée, et semble avoir beaucoup d'inquiétude de cette venue si soudaine. Mais le duc de Bellegarde, qui n'avoit pas la clef du chiffre, et que Monsieur avoit envoyé à la Reine-mère avec des paroles de créance, fut bien surpris en effet quand il vit Monsieur faire le contraire de ce qu'il lui avoit donné charge de dire.

Après cette cavalcade Monsieur va à Montargis, où le sieur de Monsigot fut appelé à la charge de secrétaire des commandemens de Son Altesse,

(1) Richelieu parle beaucoup de cette intrigue dans ses Mémoires, mais il ne dit rien qui autorise à croire qu'il la regardait comme une feinte, ainsi que l'auteur le dit plus loin.

comme une personne recommandable par son esprit et par sa fidélité, ayant outre cela grande connoissance des affaires du monde. Il avoit été autrefois secrétaire du connétable de Luynes, et étoit intime ami du président le Coigneux, lequel avoit dit auparavant à Monsieur ne pouvoir pas bien faire son service dans la place qu'il tenoit près de Son Altesse, s'il n'y avoit une parfaite intelligence entre celui qui tiendroit la plume et lui. Le sieur de Monsigot eut la moitié de la charge du sieur de Goulas, auquel on donna 70,000 livres de récompense, qui furent tirées des coffres de Monsieur, qui s'en va de là à Saint-Dizier, où il fait quelque séjour, feignant toujours d'être mal satisfait de la répugnance que la Reine-mère apportoit à son mariage avec la princesse Marie.

Se trouvant si proche de Nancy, il envoya le sieur de Mouy-Mailleraye complimenter le duc de Lorraine, qui lui rendit quelques jours après les civilités par une ambassade magnifique du marquis d'Ermanville, qui l'assura que, s'il daignoit l'honorer de sa venue, il seroit le maître de la maison. Monsieur accepte l'offre, et va à Nancy au commencement de septembre 1629. La bourgeoisie de la ville se met sous les armes pour aller au-devant de Son Altesse. Le duc avec toute sa cour le va recevoir à deux lieues de la ville, et à l'entrée fait faire une salve de toute l'artillerie qui étoit sur les remparts; delà le mène loger au principal appartement de son palais, ne se présente jamais à Monsieur que le chapeau à la main, se laisse presser plusieurs fois avant que le mettre sur sa tête, et ne manque d'ailleurs aux autres civilités qui étoient dues à un fils de France, et à la qualité qu'il avoit lors d'héritier présomptif de la couronne.

Si Monsieur trouva de la satisfaction dans tous ces honneurs et dans les divertissemens que l'on essayoit de lui donner, les princes et princesses n'en recevoient pas moins de sa manière de traiter avec eux, qui étoit obligeante et pleine de bonne volonté. Sa cour étant fort leste, la noblesse et ses officiers bien payés de leurs gages et pensions, les bourgeois et artisans de Nancy n'étoient pas fâchés non plus du long séjour de Monsieur, pour le profit qu'ils en tiroient. L'on commença dès lors à jeter quelques paroles du mariage de Monsieur avec madame la princesse Marguerite, sœur puînée dudit duc de Lorraine. Le sieur de Puylaurens étant devenu amoureux de la princesse de Phalsbourg, sœur aînée de la princesse Marguerite, il étoit bien aise de l'entretenir dans cette espérance, afin de se mettre d'autant plus en considération auprès d'elle.

Sur la fin de l'année 1629, le maréchal de Marillac et le sieur Bouthillier, secrétaire d'Etat, vinrent solliciter Monsieur de son retour. Entre plusieurs grâces qu'ils lui promirent de la part du Roi, ils l'assurèrent du duché de Valois pour augmentation d'apanage, du gouvernement d'Amboise et de quelque argent, lui faisant espérer, au reste, toute sorte de bons traitemens de Sa Majesté. Après quoi Monsieur se licencie de la cour de Lorraine, et revient en France au mois de février 1630, voit le Roi en passant à Troyes, où il se fit un éclaircissement de plusieurs choses. Le cardinal de Richelieu ayant découvert auparavant que l'amour de Monsieur pour la princesse Marie n'étoit qu'une feinte à dessein de l'abuser, aussi bien que plusieurs autres, il s'en tient encore plus assuré, et la garde bonne à ceux qui en avoient été les artisans. Monsieur se rend à Orléans vers la mi-mars, et retourna à Paris à la fin d'avril pour y être lieutenant général, représentant la personne du Roi pendant le voyage de Sa Majesté à Lyon, où les Reines l'avoient suivie.

La maladie survenue au Roi vers l'automne fut fort périlleuse, et donna grande alarme à tous les bons Français. Plusieurs personnes, et surtout les courtisans, regardoient déjà Monsieur comme devant monter au premier jour sur le trône. Madame du Fargis, prévoyant le mauvais état où se trouvoit la Reine sa maîtresse, fit sonder adroitement Monsieur sur le fait du mariage en cas qu'il arrivât faute du Roi, ce que l'on ne pouvoit croire qu'elle eût entrepris sans ordre bien exprès de sa maîtresse : à quoi il fut répondu en termes fort civils et obligeans ; mais la négociation ne passa pas plus avant, le Roi étant revenu aussitôt en convalescence.

Sa Majesté fut long-temps avec une santé fort frêle et altérée par les remèdes ; et les médecins, non plus que les astrologues, ne croyoient pas qu'il la dût faire longue. Duval, entre autres, voyant que Monsieur s'aheurtoit à faire donner l'évêché d'Orléans, dont le Roi s'étoit réservé la nomination par l'apanage, à l'évêque de Madaure, suffragant à l'évêché de Metz, dit à l'un des principaux officiers de Monsieur que Son Altesse se donnoit de la peine bien inutilement, puisqu'il seroit bientôt en état de conférer, de plein droit, tous les bénéfices qui vaqueroient dans le royaume, ajoutant que, par l'horoscope du Roi, il trouvoit *Sol cancrum non peragrabit, quin valedicat.*

Il s'étoit passé beaucoup de choses pendant le séjour de Lyon, dont la Reine-mère se tenoit offensée contre le cardinal de Richelieu, et avoit résolu d'en tirer raison sur-le-champ, si les affaires d'Italie ne lui eussent fait remettre la partie à une autre fois, ne doutant point aussi qu'il ne fût en son pouvoir de s'en défaire quand elle voudroit l'entreprendre.

Le Roi étant venu tenir conseil chez la Reine en son hôtel de Luxembourg le jour de la Saint-Martin, soudain qu'il fut entré elle commanda à l'huissier de sortir, et de ne laisser entrer personne. Elle venoit auparavant de dire au cardinal de Richelieu qu'il eût à se retirer, et à ne se plus mêler de ses affaires, ayant trop long-temps souffert ses ingratitudes et ses infidélités, dont elle fit ensuite ses plaintes au Roi avec tant de chaleur, que beaucoup de gens parièrent d'abord sa perte, voyant même plier bagage à madame de Combalet sa nièce, et à toutes leurs créatures de la maison qu'ils entretenoient aux dépens de la Reine-mère, auxquelles elle avoit fait donner le même ordre. Mais à peine avoit-elle commencé de faire ses plaintes au Roi, qu'elle fut interrompue par le cardinal, lequel, contre les défenses de la Reine, avoit forcé l'huissier de lui ouvrir la porte; ce qui la mit en tel désordre qu'elle ne put achever son discours, et moins encore exécuter son dessein, qui étoit de faire commander au capitaine des gardes qu'il eût à l'heure même à mettre le cardinal en arrêt : et le Roi s'étant retiré pour éviter l'embarras, il y eut bien du monde trompé quand l'on vit le Roi sortir aussitôt, et se retirer à Versailles, où le cardinal se rendit à l'instant, ayant cru ne devoir pas quitter la partie sans entrer en quelque justification envers le Roi de tout le mal dont il avoit été chargé par la Reine sa maîtresse, fortifié qu'il fut en cela de l'avis et du conseil du cardinal de La Valette, et du sieur de Châteauneuf qui en fut fait garde des sceaux. Dès le lendemain le cardinal ayant été en effet fort bien reçu du Roi, jusqu'à lui témoigner de vouloir déférer autant ou plus qu'il n'avoit point encore fait à ses sentimens et à ses conseils, qui furent de faire reléguer sur-le-champ le garde des sceaux de Marillac en une maison de sa femme, et de faire dépêcher un courrier exprès à l'armée d'Italie, avec ordre aux principaux officiers de faire mettre en arrêt le maréchal de Marillac son frère, l'un des généraux de l'armée, à dessein de le faire périr, comme il arriva depuis, s'étant imaginé que c'étoient eux avec la princesse de Conti qui avoient le plus travaillé à le ruiner dans l'esprit de la Reine-mère sa maîtresse, ce qui étant arrivé le jour de la Saint-Martin, on prit de là sujet de l'appeler *la journée des dupes*. La Reine-mère se trouva bien éloignée de son compte, quand elle sut que Sa Majesté n'avoit pas laissé de voir le cardinal à Versailles. Je lui ai entendu dire souvent, quand on parloit de ce voyage et de la faute qu'elle avoit faite d'abandonner le Roi, et de ne le suivre pas pour achever de mettre à fin ce qu'elle avoit commencé, qu'elle ne se repentoit d'autre chose sinon d'avoir oublié à pousser le verrou de la porte du cabinet, et que si elle l'eût fermée à double tour, elle ne faisoit nul doute que le cardinal n'eût été perdu, présupposant que le Roi se seroit rendu à ses raisons et prières. Mais l'opinion commune étoit que le cardinal s'étoit assuré du Roi dès Lyon, et que tous deux jouoient cette bonne princesse : ce qui a été assez confirmé par la suite que prit cette affaire, le contre-coup en étant tombé aussitôt sur elle. Monsieur, qui avoit toujours été dans le même sentiment que la Reine sa mère pouvoit ruiner le cardinal quand elle voudroit, ne fut pas moins surpris de voir que le serviteur eût prévalu contre sa maîtresse et sa bienfaitrice, qu'une grande reine se trouvât opprimée par un ver de terre, et que l'ordre des choses eût été ainsi renversé. Il faut voir maintenant quelle résolution il prendra.

Comme les sentimens de fils et son honneur propre le portoient d'un côté à prendre les intérêts de la Reine sa mère, et à la venger de son valet, il étoit d'ailleurs retenu d'en venir à cette extrémité par la considération du Roi, voyant que ce ne seroit plus au cardinal à qui il auroit affaire, mais à Sa Majesté, qui avoit fait sa cause propre de cette querelle. Il est donc conseillé de céder à la nécessité des affaires, de remettre ses ressentimens à une autre saison, et de s'accommoder aux volontés du Roi. La chose ainsi résolue, il fait sa déclaration à Sa Majesté, qui étoit en substance qu'encore qu'il fût obligé de la vie à la Reine sa mère, et tout près de la perdre pour son service, il ne pouvoit pourtant et ne vouloit rien faire contre le gré et le respect qu'il devoit au Roi, son seigneur et son souverain, sachant bien que la qualité de fils ne le pouvoit pas dispenser des lois auxquelles la Reine-mère étoit elle-même sujette; qu'il souhaitoit passionnément une parfaite réconciliation entre Leurs Majestés ; mais, quoi qu'il arrivât, il ne savoit ce que c'est de prendre jamais autre parti que celui du Roi; supplie Sa Majesté l'honorer de ses bonnes grâces, et croire qu'il vouloit demeurer toute sa vie inséparablement attaché à ses intérêts et à ceux de l'Etat ; ajoutant qu'il aimeroit le cardinal, puisque Sa Majesté le désiroit ainsi, et comme une personne que Son Altesse reconnoissoit par effet être très-utile au service de Sa Majesté et au bien de son Etat.

Ce discours fut fort bien reçu du Roi, et le cardinal de Richelieu témoigna aux ministres de Monsieur de s'en sentir fort obligé. Le Coigneux eut une charge de président à mortier, avec parole qu'on lui feroit avoir un chapeau de cardinal pour sa récompence ; et l'on donna trois cent mille livres à Puylaurens pour mettre en une terre qui devoit être érigée en duché, outre cent mille livres que Le Coigneux suppléa de son argent, afin que la récompence fût égale de part et d'autre, sur le pied de cinq cent mille livres que la charge de président fut évaluée. Ce qui fit dire par grande merveille qu'un homme avoit été vendu huit cent mille livres. Ainsi Monsieur se tira heureusement de ce premier pas, et eut loisir durant quelques jours de penser plus mûrement à ce qu'il avoit à faire dans une conjoncture si délicate.

Mais, comme il étoit bien difficile de demeurer long-temps dans la tempête sans avoir part à ses agitations continuelles, les choses s'aigrissant de jour en jour contre la Reine-mère, on prenoit de nouvelles jalousies contre Monsieur et ses ministres ; tellement que le cardinal de Richelieu fit dire un jour au président que le Roi désiroit qu'il s'éloignât, ne pouvant s'assurer de son maître tant qu'il seroit auprès de lui. Il fit tenter aussi Puylaurens, croyant faire ce qu'il voudroit de son esprit ; et à défaut de le pouvoir gagner, son dessein étoit de mettre d'autres personnes près de Monsieur, en qui le Roi se pût fier. Le Coigneux et Puylaurens ne pouvant donc plus douter que l'on ne veuille jouer au boutehors, jugent qu'il est temps de penser au salut de leur maître, et au leur particulier, disposant Monsieur à s'éloigner de la cour ; mais il falloit auparavant retirer la parole qu'il avoit donnée au cardinal d'être son ami, et user même de menaces, s'il continuoit ses persécutions contre la Reine sa mère et contre lui.

Ce fut le 31 janvier 1631 au soir que cette résolution fut prise, qui devoit être exécutée le lendemain. Le Coigneux cependant mande ses amis particuliers, Monsigot entre autres, et le père Murice, cordelier, évêque de Madaure, suffragant de Metz, pour mettre derechef l'affaire sur le tapis et en délibérer. Cet évêque ne peut approuver ce conseil, et qu'on ne fasse autre chose en cette visite que d'user de menaces ; qu'il croyoit même que Son Altesse feroit mieux de ne rien précipiter et de ne point quitter la cour, où sa présence pouvoit mieux parer aux coups contre les mauvais offices que ses ennemis lui voudroient rendre auprès du Roi, qu'il ne feroit en s'éloignant ; qu'il avoit d'ailleurs assez d'amis et de serviteurs pour en être servi et assisté au besoin, en cas qu'on voulût entreprendre sur sa liberté, et que c'étoit en une telle conjoncture qu'il falloit témoigner plus de vigueur. Monsigot insista au contraire qu'il falloit partir dès le lendemain, et sans plus attendre, sur les avis qui lui vinrent de toutes parts que l'on pensoit à s'assurer, en quelque façon que ce fût, de la personne de Monsieur, et d'arrêter ses ministres en même temps.

Le président Le Coigneux se trouvant combattu de cette contrariété de pouvoir dépêcher l'un de ses gens à l'hôtel de Bellegarde, pour dire à Puylaurens, qui logeoit près de Son Altesse, qu'il le prioit de faire surseoir l'affaire dont on étoit demeuré d'accord, pour des raisons qu'il lui diroit ; sur ces entrefaites le président donna ordre à ses domestiques de se tenir prêts à partir et faire marcher son train dès qu'ils auroient reçu de ses nouvelles, et lui se mit en carrosse pour se rendre auprès de Monsieur : mais il crut devoir passer en premier lieu au logis du maréchal d'Effiat, assez proche de celui du cardinal, pour le prier de vouloir donner les assignations au trésorier de Monsieur lorsqu'il l'en iroit prier, celles particulièrement sur la recette générale d'Orléans, pour fournir à la dépense journalière de la maison, comme l'argent le plus présent qu'il y eût, lui disant adieu après cela, que Son Altesse partoit à l'heure même pour se retirer dans ses apanages. Le maréchal surpris d'une telle résolution, qui marquoit de plus en plus la mésintelligence et le divorce qui avoit déjà commencé d'éclater dans la famille royale, dit au président, la larme à l'œil, qu'il étoit au désespoir de voir les choses réduites à cette extrémité, dont le service du Roi et l'État auroient beaucoup à souffrir ; mais, quoi qu'il pût arriver, il ne manqueroit jamais de rendre à la Reine-mère et à Monsieur les respects et très-humbles services qu'il leur devoit, non plus qu'à l'amitié qu'il avoit promise au président. Et s'étant séparés de la sorte, le président sut que Monsieur sortit de l'hôtel de Bellegarde, suivi et accompagné de douze ou quinze de ses gentilshommes, pour aller chez le cardinal, qui s'y trouva. Il lui dit qu'il venoit rétracter la parole qu'il lui avoit donnée peu de jours auparavant d'être son ami, lui déclarer au contraire qu'il n'étoit pas pour demeurer sans ressentiment qu'un homme de sa sorte se fût tant oublié que de mettre toute la famille royale en combustion ; que devant sa fortune et toute son élévation à la Reine sa bienfaitrice, au lieu de lui en témoigner sa gratitude, ce qu'un homme sage et un fidèle serviteur eût fait, il fût devenu au contraire son plus grand persécuteur, continuant par ses artifices ordinaires à la noircir dans l'esprit du Roi : et comme à son égard, tant s'en faut qu'il lui eût non plus gardé le respect, qu'il en eût usé encore avec plus d'insolence, qu'aussi n'auroit-il pas tant attendu de l'en réprimer s'il n'en eût été retenu par la qualité de prêtre, mais qui ne le garantira pas à l'avenir d'un traitement tout extraordinaire et tel que la griéveté des injures et des offenses faites à des personnes de cette dignité le requerra. Ce discours fut poussé avec tant de chaleur et de menaces des gestes des mains et du mouvement des yeux, que le cardinal fut sans réplique, ne sachant si c'étoit tout de bon ou seulement pour lui faire peur, lui semblant même à la mine des gens de Son Altesse qu'ils n'attendissent que l'heure qu'ils fussent hors de la chambre pour faire ce qui leur avoit été commandé; et comme en sortant sa mauvaise humeur ne l'avoit point encore quitté, n'ayant fait que pester et user de menaces jusqu'à ce qu'il fût monté en carrosse, le cardinal, qui l'avoit toujours accompagné, n'osant pas lui répondre de peur de l'irriter encore davantage, il n'eut pas peu de peine à composer son visage et sa contenance, et même ne put pas se rassurer entièrement que Monsieur et ses gens ne fussent sortis de chez lui. Mais il fut bientôt délivré de toutes ces frayeurs, et se vit un quart d'heure après en état de pouvoir donner bien plus de terreur à ses ennemis; car le Roi, qui étoit parti dès le premier avis qu'il eut du dessein de Monsieur, vint à toute bride descendre au logis du cardinal, pour lui dire qu'il seroit son second et le protégeroit hautement envers et contre tous sans exception, fût-ce même contre Monsieur, son propre frère, qui avoit déjà pris la route d'Orléans pour y faire sa retraite après avoir exécuté son intention, qui n'étoit que de faire peur au cardinal.

Encore que cette action fût condamnée de la plupart des gens de la cour, il y en eut d'aucuns qui voulurent néanmoins l'excuser, disant que Monsieur au contraire avoit bien fait de se tirer d'un lieu où, après la disgrâce de la Reine sa mère, il ne pouvoit subsister avec honneur ni même avec sûreté, puisque comme c'étoit par elle que lui venoient auparavant les grâces, et qu'elle avoit eu déjà assez de peine à détourner le mal qu'on lui avoit souvent voulu faire pendant qu'elle étoit en quelque considération auprès du Roi, et qu'à présent qu'elle-même se voyoit comme réduite à la discrétion de son ennemi qui disposoit absolument de l'autorité royale, et Monsieur se trouvant dénué de ce support, il seroit plus que jamais exposé à la haine et aux outrages du ministre; et tant s'en faut qu'il fût au pouvoir de Monsieur de le ruiner, demeurant à la cour, comme d'aucuns le vouloient persuader, il seroit même assez empêché à se sauver des piéges qu'il lui tendroit tous les jours, et qu'au moindre soupçon que l'on prendroit de Son Altesse, il seroit facile au cardinal d'attenter à sa liberté, comme il fut fait autrefois en la personne du duc d'Alençon.

Mais il n'y eut personne qui approuvât que Monsieur fût allé trouver le cardinal pour user seulement de menaces, qui ne pouvoient faire autre effet, sinon d'engager le Roi de plus en plus à sa protection, et le rendre plus puissant à mal faire.

Les plus passionnés soutenoient qu'il n'y avoit point de créature, ni de prêtre ni de cardinal, qui pût retenir Monsieur de se défaire d'un homme lequel, après avoir désuni la Reine-mère, sa maîtresse et sa bienfaitrice, d'avec le Roi son fils par des moyens et calomnies détestables, rendu l'héritier présomptif de la couronne odieux à Sa Majesté par les mêmes voies, et mis toutes choses en confusion au dedans et au dehors du royaume, ne pensait plus qu'à se rendre maître de la personne du Roi et de l'État; que pour prévenir des maux de telle conséquence, tant s'en faut qu'il y eût du crime d'en venir à la voie de fait, que toutes sortes de moyens par lesquels on peut assurer le repos et la tranquillité publique, doivent être permis et trouvés légitimes, et même en la personne de Monsieur, lequel après le Roi y avoit le principal intérêt; et qu'il demeureroit au contraire coupable envers Dieu et envers l'État de ne s'en être pas voulu servir : alléguant à ce propos l'exemple du cardinal Georges (1), que l'empereur Ferdinand fit mourir, et celui du cardinal de Guise tué à Blois; desquels la fin tragique ayant sinon éteint du moins ralenti beaucoup de maux que chacun d'eux avoit préparés à sa patrie, fut non-seulement exécutée, mais approuvée depuis de tout le monde, comme l'unique remède que l'un et l'autre État pouvoit lors attendre pour son salut.

Ceux qui parloient avec plus de modération trouvoient grandement à redire, puisque Monsieur avoit si fort en horreur le sang d'un homme de cette profession, qu'il ne se fût du moins servi de l'expédient des deux archiducs de l'empereur Mathias à l'endroit du cardinal Gleyssel (2) leur ennemi commun, qu'ils firent arrêter un jour, de leur autorité privée, dans le palais même de l'Empereur qui étoit encore au lit, et le firent conduire à l'instant au château de Prague, d'où il fut depuis traduit à Inspruck,

(1) George Minutius, assassiné le 19 décembre 1551, par ordre de Ferdinand Ier, roi de Hongrie, depuis empereur.
(2) Klessel ne mourut pas en prison; il fut mis en liberté en 1623. Les archiducs Maximilien et Ferdinand l'avaient fait arrêter en 1618.

où il finit ses jours. Après quoi, au lieu de s'absenter comme Monsieur avoit fait, ce fut eux qui en dirent les premières nouvelles à l'Empereur long-temps après qu'il fût levé, afin que ceux qui étoient ordonnés pour la conduite dudit cardinal eussent tant plus de loisir de le rendre audit lieu de Prague, devant que l'on eût pu le recourre par les chemins; et cette résolution qu'ils témoignèrent après le coup fit l'effet qu'ils s'étoient promis : en sorte que ce qui eût été pris autrement pour un attentat à l'autorité impériale, fut approuvé comme un service signalé fait à l'Empire et à l'Empereur, qui reçut leurs soumissions, à raison de leur entreprise, en bonne part, et les remit à l'heure même en ses bonnes grâces. « Pourquoi, disoit-on, Monsieur n'a-t-il fait enlever le cardinal quand il est allé à son logis, et l'amener avec sûre garde en son château d'Amboise? Qu'y avoit-il à craindre pour Son Altesse quand il seroit venu trouver le Roi, et auroit demeuré à la cour, ou bien s'il avoit voulu se retirer en quelque lieu de ses apanages? Qui eût été si osé de soutenir la cause du cardinal, et porter le Roi à des conseils violents contre Monsieur? Ceux qui fussent entrés dans les affaires en eussent été retirés par la crainte d'un semblable traitement; ses ressentiments étoient trop justes, et, s'il eût témoigné la fermeté qu'il devoit en ce rencontre, il auroit non-seulement eu toute la cour de son côté, mais le Roi même auroit volontiers acquiescé à leurs sentiments et approuvé l'action de Monsieur, son frère. » C'est ainsi que chacun en discouroit parmi le monde. Il faut voir maintenant les raisons avec lesquelles le président essayoit de l'excuser.

Il disoit en premier lieu que Monsieur n'avoit eu autre dessein en se retirant de la cour que de mettre sa personne en assurance; que c'étoit assez qu'en partant il eût montré les verges au cardinal, pour le rendre plus retenu et moins entreprenant; qu'il n'y avoit pas d'apparence qu'il osât s'attirer tout à la fois deux si puissans ennemis sur les bras; que le Roi même ne seroit pas conseillé d'entreprendre sa défense à force ouverte, pour ne pas courir le hasard d'une guerre civile pour la querelle d'un serviteur contre la Reine sa mère et contre Monsieur son frère; partant qu'il falloit de nécessité que le cardinal se modérât et en vînt à quelque traité avec l'un ou avec l'autre, dans lequel il ne se pouvoit que tous deux ne trouvassent leur commune satisfaction, et que le cardinal se sentiroit encore trop heureux qu'on le souffrît après cela en quelque autorité auprès du Roi; que la voie de douceur étoit la meilleure et la plus certaine pour éviter de plus grands maux que l'État pourroit ressentir de la continuation de telles brouilleries, avec ce qu'elle se trouve la plus conforme au naturel de Monsieur, prince fort humain et ennemi de toutes cruautés; qu'ainsi seroit-elle par toutes sortes de raisons louée et approuvée des personnes les plus sages et les plus affectionnées au bien de l'État.

Mais la plus commune opinion après tout, étoit que Monsieur et ses principaux ministres ne voyant pas que le Roi fût encore bien remis de sa grande maladie de Lyon, bien que la cause en eût cessé par l'évacuation de l'abcès qu'il avoit au mésentère, dont il se sentit dès l'heure même entièrement soulagé, que sa santé néanmoins étoit encore si frêle et peu affermie, qu'il étoit à craindre qu'il s'en fût formé quelque autre, et s'arrêtant peut-être trop long-temps aux discours qui s'en faisoient dans le monde, ensuite du papier trouvé dans le cabinet du médecin Duval, qui portoit que *Sol cancrum non peragrabit, quin valedicat*, et pour lequel il fut mis à la Bastille et de là envoyé quelques jours après en galères, ils ne pensèrent plus à d'autres choses qu'à pourvoir sérieusement à leur salut, en s'assurant de quelque lieu hors du royaume, où la personne de leur maître et eux-mêmes pussent attendre en repos et en toute sûreté l'événement des affaires de la cour, lesquelles selon toute apparence se trouvoient en une assiette de n'y pouvoir pas long-temps subsister sans qu'il arrivât quelque changement notable, lequel, bien qu'on ne dût pas s'assurer qu'il tournât entièrement au bénéfice de Monsieur, que sa condition du moins n'en pouvoit-elle pas beaucoup empirer pour raison de sa qualité d'héritier présomptif du royaume, et qu'ainsi n'avoit-il besoin que d'un peu de temps et de patience pour voir succéder enfin les choses au point qu'il pouvoit désirer.

Cependant, comme Son Altesse fut outrée de douleur dans la conduite qu'il avoit tenue, d'avoir voulu témoigner au cardinal qu'il ne pouvoit jamais être son ami après toutes les offenses qu'il en avoit reçues, et dont il avoit un juste sujet de s'en ressentir, tant s'en faut que le Roi eût pris les intérêts de Monsieur en une cause de cette nature, qu'oubliant même la bonté avec laquelle Sa Majesté lui avoit souvent dit qu'elle l'aimoit, non-seulement comme son frère unique, mais comme s'il étoit son propre fils, Sa Majesté, au contraire, se fût déclarée si ouvertement en faveur de son ennemi que de l'assurer de sa protection royale contre son propre sang; Son Altesse ne pouvant pas douter après cela que le cardinal ne sût bien se prévaloir d'un tel avantage pour se rendre enfin maître de l'État, le Roi se remettant tout-à-fait à sa conduite pour toutes sortes d'affaires, et que, se voyant ainsi absolu, il ne se vengeât encore avec plus d'audace de ceux qu'il avoit déjà offensés, et qu'il croyoit lui devoir faire le plus d'obstacle dans l'exécution de ses pernicieux desseins; qu'ainsi, ne pouvant plus y avoir de sûreté à la cour pour Son Altesse, ils se confirmeroient de plus en plus dans leurs premiers sentimens, que le meilleur conseil qu'ils pussent prendre en une telle conjoncture seroit d'abandonner le royaume, pour se mettre au plus tôt en état de n'avoir plus à dépendre des caprices d'un ministre insolent comme celui-là.

Mais avant que d'entreprendre un voyage qui seroit de longue course, et pourroit recevoir beaucoup d'oppositions, traverses et difficultés, il falloit donner ordre à beaucoup de choses qui ne se pouvoient exécuter qu'avec un peu de temps. A quoi Son Altesse avoit déjà commencé de travailler dès son arrivée à Orléans, où les corps de la maison-de-ville et du présidial ayant été mandés, et après que Monsieur leur eût dit qu'il ne pouvoit plus demeurer à la cour avec honneur et sûreté, il étoit venu chercher parmi ses bons et fidèles officiers et sujets, desquels il avoit su gagner les cœurs et les affections de telle sorte qu'il n'avoit pas eu de peine de les disposer à faire la garde aux portes de la ville, non pour autre fin que pour maintenir et conserver la ville dans l'obéissance et la fidélité qu'ils devoient au Roi en premier lieu, et à Son Altesse ensuite, contre toutes les pratiques, factions et entreprises des personnes malintentionnées et ennemies de l'État, qui voudroient troubler le repos et la tranquillité publique; se promettant de leur fidélité, zèle et affection au bien et au service du Roi et de Son Altesse, qu'ils y tiendroient volontiers la main, comme ils firent. Et quoique Son Altesse se trouvât en un poste assez fort pour qu'il n'y eût rien à craindre, elle jugea néanmoins qu'il étoit bon d'user de prévoyance, et de s'assurer de bonne heure de tel nombre de gens qu'il lui seroit besoin lorsqu'il sortiroit de leur ville, afin de pouvoir tenir la campagne contre ceux qui se voudroient opposer. Ils parurent après tellement soumis et obéissans aux volontés de Son Altesse, de ne trouver rien à redire au rendez-vous qu'il avoit fait donner aux troupes, tant cavalerie qu'infanterie, levées partout aux environs, ainsi qu'en Poitou et au Limousin, où Puylaurens avoit ses habitudes particulières, pour être de ce pays-là, y en ayant déjà quantité d'armés à Orléans, depuis que le comte de Moret, le duc de Roannez, et quelques autres gens de la noblesse plus qualifiée, mal satisfaite du gouvernement présent, s'etoient rendus près de Son Altesse pour suivre son parti, et qu'il avoit reçus à bras ouverts, étant bien avertis d'ailleurs des courriers que Monsieur dépêchoit tous les jours à Besançon, en la Franche-Comté, en Lorraine, pour s'y assurer des retraites, que Son Altesse même se disposoit de partir au plus tôt pour se rendre en Bourgogne, et y passer quelques jours dans les maisons du duc de Bellegarde, qui l'en avoit invité.

Mais comme ce n'étoit pas encore assez que d'avoir travaillé à se tenir les chemins et les passages libres partout, si l'on n'avoit de quoi soutenir et faire subsister la maison de Monsieur durant tout le voyage, le président Le Coigneux, qui avoit le faix de tout, considérant qu'on ne devoit point faire état de l'argent que Monsieur avoit à prendre à l'épargne, qui étoit ordinairement sujet à un trait de plume, et qu'il lui seroit refusé dès qu'il seroit hors du royaume; aussi sut-il si bien ménager le crédit de son maître et le sien, avant que de sortir de Paris, avec les sieurs de Montmort, Habert et Choisy de Caen, réputés parmi les gens d'affaires pour les plus riches et pécunieux de la place, qu'il se tint tout assuré que rien ne lui manqueroit de tout ce qu'il pourroit désirer, selon la parole qu'ils lui en donnèrent, pourvu qu'il leur donnât un peu de temps pour fournir l'argent de fois à d'autres, et non tout à coup; et d'autant qu'un plus long séjour de Monsieur étoit bien nécessaire pour qu'ils pussent s'acquitter ponctuellement de leur promesse, le cardinal de La Valette arriva tout à propos à ce dessein, ayant été dépêché exprès pour convier Son Altesse de s'en retourner prendre sa place auprès du Roi, sur lequel effet il fut depuis dépêché plusieurs courriers de part et d'autre, et le président eut le moyen de tirer des sommes notables pendant tout ce temps-là, et ne partit point d'Orléans que la main bien garnie.

L'ordre du Roi étoit exprès pour que ledit cardinal témoignât d'abord, et avec ces propres termes, à Monsieur le déplaisir que Sa Majesté avoit reçu de ses menaces et emportemens contre le cardinal de Richelieu, ayant encore trouvé fort mauvais qu'il fût sorti de la cour sans sa permission; mais comme Sa Majesté avoit toujours eu beaucoup d'affection et de tendresse pour Monsieur, que Sa Majesté ne pouvoit pas lui en donner des marques plus certaines et plus essentielles que celle de l'inviter et exhorter, comme il faisoit par l'envoi de ce cardinal, de rentrer au plus tôt en son devoir, en venant reprendre sa place auprès du Roi; et cela étant, que Sa Majesté oublieroit volontiers sa faute, et pardonneroit de plus, pour l'amour de lui, à ceux qui lui avoient donné ce mauvais conseil; ajoutant que ce ne seroit pas en cela seulement qu'il trouveroit sa satisfaction; qu'il devoit attendre toutes sortes de faveurs et de bons traitemens de Sa Majesté; et qu'afin que Monsieur n'eût plus rien à désirer pour être parfaitement content, comme il savoit que Son Altesse avoit fait paroître autrefois beaucoup d'inclination pour la princesse Marie de Mantoue, le cardinal avoit charge de dire et donner parole à Monsieur que Sa Majesté consentiroit qu'il se mariât sans plus de remise avec elle. Monsieur sut bien que repartir à une offre si spécieuse, en disant qu'il se sentoit infiniment obligé à la bonté du Roi de la pensée qu'il avoit pour lors de le remarier; que volontiers accepteroit-il le parti pour l'exécuter en même temps, mais bien souhaiteroit-il que ce fût de l'avis et avec l'agrément de la Reine sa mère, à laquelle il se sentoit d'autant plus obligé de rendre ce respect, qu'il s'étoit engagé de parole de ne penser point du tout au mariage que ce ne fût de son consentement, soit avec cette princesse, ou avec tel autre parti qu'il plairoit à Leurs Majestés. Et quoique l'excuse fût bien prétextée, on ne laissa pas de la prendre pour un honnête refus; et à l'égard des autres grâces qu'on lui promettoit, sans s'expliquer autrement, Son Altesse n'y répondit qu'en termes généraux, et par un très-humble remercîment de toutes les bontés de Sa Majesté, et fit assez connoître qu'il ne prétendoit plus rien de la cour. Il ne pensa donc plus sinon à exécuter ce qu'il avoit projeté de longue main, qui étoit d'aller chercher chez les étrangers le repos qu'il ne pouvoit plus trouver en France, s'en étant expliqué de la sorte avec le cardinal de La Valette, ainsi que du voyage qu'il méditoit de faire en Bourgogne, où le duc de Bellegarde, qui en étoit gouverneur, et de plus comme principal officier domestique de Son Altesse, lui avoit offert ses maisons pour y faire sa demeure tant qu'il lui plairoit, attendant qu'il pût prendre d'autres mesures. Monsieur ne put pas céler non plus au cardinal les choses qui se passoient tous les jours à sa vue, tant à l'égard des gens de guerre qu'il avoit fait venir à Orléans, où le comte de Moret, frère naturel du Roi, et quelques seigneurs, s'étoient déjà rendus pour accompagner Son Altesse en ce voyage et s'attacher à lui, que des courriers qui avoient été dépêchés à Besançon et autres lieux de la Franche-Comté, pour de là passer en Lorraine, n'attendant plus que le jour qu'on s'étoit proposé pour le départ. A quoi les deux ministres de Son Altesse inclinoient d'autant plus, que tant s'en faut que l'on fît instance pour le chapeau de cardinal, on suscitoit des difficultés auprès du Pape pour empêcher la promotion du président Le Coigneux, et l'on ne parloit pas non plus de faire expédier des lettres de duc et pair au sieur de Puylaurens, dont on l'avoit leurré en même temps que l'on menaçoit hautement Le Coigneux, comme celui qui menoit toute l'affaire, et à qui tout le mal étoit imputé. Et comme le cardinal ne put pas s'empêcher de leur dire que dès que Monsieur auroit levé le piquet, le dessein du Roi étoit de suivre Monsieur partout jusque sur la frontière, jugeant par là qu'on pourroit leur tendre des pièges pour les surprendre s'ils demeuroient plus long-temps si proche de la cour, et qu'il n'y avoit plus de temps à perdre pour se libérer de toutes ces craintes, cela les fit résoudre à partir d'Orléans le 13 mars 1631. Cependant, sur ces entrefaites, le duc de Bellegarde, qui s'étoit retiré en son gouvernement de Bourgogne, ne trouvant pas ses sûretés à la cour, pour être soupçonné de la cabale des conjurés de Lyon, jugeant assez par les avis qu'il recevoit à toute heure de la cour que sa condition n'étoit pas pour y devenir de long-temps meilleure, cela fit qu'il s'attacha plus fortement qu'il n'avoit point fait encore à la fortune de Monsieur, lui ayant dépêché souvent des courriers pour l'attirer en son gouvernement, où il ne pourroit qu'il ne se rendît nécessaire à Son Altesse et à ses ministres, avec lesquels il n'avoit pas été en trop bon ménage; se persuadant même qu'il pourroit dans peu de jours s'acquérir assez de créance près de Son Altesse, pour qu'il eût part aux conseils et délibérations qui se tiendroient pour le service et les affaires de Monsieur, de même que les deux ministres. Et comme il arrive d'ordinaire à ceux qui ont été autrefois en froideur, que leur commune disgrâce est un bon moyen pour les réunir contre une puissance qui leur est également contraire, cela feroit aussi qu'ils en deviendroient meilleurs amis, et qu'il y auroit après une confiance tout entière entre eux; et c'étoit encore dans la pensée qu'il dût enfin arriver bientôt telle conjoncture qu'on pourroit avoir besoin de lui à la cour, pour s'en servir d'entremetteur entre le Roi et Monsieur, comme il étoit arrivé souvent entre le Roi et la Reine sa mère, et pour trouver, ce faisant, quelque moyen de se raccrocher à la cour, hors de laquelle il sembloit n'y avoir point de demeure agréable pour lui. Et à l'égard du président Le Coigneux, trouvant ce poste de la Bourgogne, éloigné de la cour et proche de la Franche-Comté, beaucoup plus sûr et commode pour une négociation, que ne seroit désormais la ville d'Orléans pour être trop près de Paris, il s'y accorda tant plus facilement, qu'à défaut de pouvoir porter le Roi à quelque accommodement, et dont il étoit d'avis de faire une dernière tentative avant que de franchir la carrière, Monsieur auroit le passage libre par la Franche-Comté dans la Lorraine, où il méditoit sa retraite; tellement que Son Altesse fut fort exacte à partir d'Orléans le jour qu'il avoit résolu, qui fut le 13 mars 1631, qui ne fut pas sans un peu d'inquiétude, sur ce que le cardinal de La Valette fit entendre, à son dernier abouchement avec Son Altesse, que le Roi étoit résolu de partir le même jour pour suivre Son Altesse partout, jusque sur la frontière du royaume. Mais il ne parut rien dans toute la marche dont on dût prendre l'alarme. Monsieur étant bien avancé sur le chemin de Dijon, dépêcha le sieur de Manzay, vieux gentilhomme du pays, de l'avis du duc de Bellegarde, faire quelques propositions au Roi. A quoi il ne rapporta point d'autre réponse, sinon que Sa Majesté étoit résolue de suivre Monsieur partout, jusqu'à l'extrémité du royaume, et d'attendre qu'il recourût à sa bonté, sans qu'on se fût expliqué d'aucune autre chose. Ce fut à Seurre, maison du duc de Bellegarde, où cette réponse arriva; et Monsieur ayant appris en même temps que le Roi étoit à Dijon, Son Altesse se résolut d'aller en Lorraine et de passer par Besançon, et après avoir dépêché en l'un et l'autre lieu pour être assuré d'y être reçu, il partit le 26 mars 1631 de Bellegarde, et alla coucher à un quart de lieu de Dôle. Il y avoit déjà quelque temps que le duc d'Elbeuf s'étoit retiré à Pagny, maison de madame sa mère, en Bourgogne, pour n'être pas bien en cour. Il vint trouver Monsieur à Bellegarde pour suivre sa fortune, dont Son Altesse témoigna lui savoir gré, encore qu'elle eût été auparavant mal satisfaite de ce duc. M. et madame du Fargis se réfugièrent aussi près de Monsieur pour éviter la persécution du cardinal, qui avoit fait chasser madame du Fargis d'auprès de la Reine, à cause qu'il la soupçonnoit être de la faveur des Marillac, qu'il tenoit pour ses ennemis.

Ceux de Besançon promettoient de le recevoir dans leur ville, mais ce ne fut que pour peu de jours, crainte de fâcher le Roi, et reçurent Son Altesse d'assez mauvaise grâce, ayant tenu grande rigueur à toute sa cour, tant pour les logemens que pour les vivres, qu'ils mettoient à un prix excessif. Le premier jour d'avril 1631, le comte de Briançon fut dépêché au Roi avec une lettre pleine d'exclamations, non tant sur le mauvais traitement fait à Son Altesse, que sur la détention de la Reine-mère à Compiègne; dont le Roi se sentit fort offensé, et fit arrêter le comte de Briançon, qui fut peu de jours après mis en liberté à la recommandation du sieur de Schomberg, son allié. Monsigot avoit été dépêché en même temps vers le duc de Lorraine, lui dire que Monsieur ne pouvant plus demeurer à la cour avec honneur et sûreté, depuis l'injure et l'attentat contre la personne de la Reine sa mère, Son Altesse s'étoit retirée à Orléans, principale ville de ses apanages, pour éviter la persécution du cardinal de Richelieu, leur ennemi commun, qui s'étoit emparé de l'esprit et de l'autorité du Roi; que le cardinal ne l'ayant pu non plus souffrir en ce lieu-là, il avoit été contraint d'en partir et de prendre le chemin de la Bourgogne, gouvernement du duc de Bellegarde, son domestique et principal officier, où le Roi l'avoit suivi à main armée, et contraint de sortir du royaume comme un ennemi de l'Etat; que, se trouvant réduit à cette extrémité de chercher retraite ailleurs, il s'adressoit pour cela à ce duc, avec toute sorte de franchise, comme à l'un de ses meilleurs amis, s'assurant que ce ne seroit pas en cette occasion qu'il voudroit cesser d'être généreux envers lui; que Monsieur allant en ses Etats, c'étoit à dessein d'entrer en son alliance, et d'étreindre plus fortement par ce nouveau lien l'amitié qui avoit toujours été entre eux, ayant donné charge expresse audit Monsigot de lui en faire la proposition, et de lui mander au plutôt la réponse du duc.

Monsigot ne manqua pas ensuite de lui renouveler la mémoire de l'affront qui lui avoit été fait en la personne de milord Montaigu (1), arrêté quelque temps auparavant dans les États de la Lorraine, par l'ordre du cardinal de Richelieu, lors du siége de La Rochelle, comme aussi des chicaneries que ce cardinal lui avoit depuis suscitées pour raison des limites et enclaves de ses Etats dans les Trois-Evêchés; que la Reine-mère et Monsieur avoient beaucoup de serviteurs et de partisans parmi les princes et seigneurs du royaume; qu'ils étoient déjà assurés de plusieurs bonnes places, entre lesquelles l'on comptoit Sedan, Calais, La Capelle et la citadelle de Verdun, et que Monsieur n'auroit pas plus tôt une armée en campagne, qu'il n'y eût des provinces entières qui se déclareroient pour lui; que, comme il ne se pouvoit faire que ce duc n'eût du ressentiment des injures qu'il avoit reçues en son particulier, ce lui seroit un beau moyen d'en tirer raison s'il vouloit s'intéresser à la cause de la Reine-mère et de Monsieur, et entrer à cette fin en ligue avec eux contre le cardinal.

Le duc dit à Monsigot qu'il étoit très-humble serviteur de Monsieur, qu'il recevoit à grand

(1) Agent secret de Charles Ier, roi d'Angleterre, près du duc de Savoie.

honneur qu'il lui plût venir dans ses Etats, et lui rendroit toujours ses services avec passion ; mais qu'il avoit à craindre que le Roi n'en prît ombrage et ne lui vînt fondre sur les bras, attendu même qu'il lui avoit su mauvais gré du premier voyage de Monsieur à Nancy. Pour ce qui est du mariage de Monsieur avec la princesse Marguerite, il témoigna grand ressentiment de l'honneur que Monsieur lui faisoit de le vouloir non-seulement recevoir en ligue avec lui, mais encore dans son alliance si proche ; mais ce ne fut que par cérémonie et avec assez d'indifférence, se défiant que ce fût une ruse du Coigneux qui gouvernoit Monsieur, lequel, n'étant pas d'humeur ni de profession à vouloir la guerre, se contenteroit d'en faire les mines pour obliger le cardinal d'en venir à un traité avec Monsieur, lequel, y trouvant son compte, seroit conseillé à l'heure même d'abandonner le duc, et ne penseroit plus à la ligue ni au mariage proposé, et ce faisant que le duc demeureroit chargé de toute la haine du Roi.

N'ayant point fait de réponse précise pour la retraite de Monsieur, qui étoit le principal sujet de l'envoi de Monsigot, comme celui qui pressoit le plus, le duc s'étant plaint au contraire du trop de liberté qu'aucuns de la noblesse de Monsieur avoient pris à sa cour, et de quelques discours impertinens qui s'en étoient faits, ne dit autre chose sinon qu'il y aviseroit. Monsigot en donne avis par courrier exprès qui fut dépêché à l'heure même, avec ordre de protester et assurer de nouveau de la sincérité avec laquelle Monsieur désiroit effectuer toutes les choses qu'il lui avoit fait proposer, sans aucun délai ni tergiversation. Après quoi le duc ne fit plus de difficulté, donna parole que Monsieur seroit le bienvenu, quand il lui plairoit, dans ses Etats, dont il pouvoit disposer ainsi que de sa personne. Monsieur, en ayant avis, partit aussitôt de Besançon, passa par Vesoul et Luxeuil, qui sont petites villes de la Franche-Comté, arriva le troisième jour à Remiremont en Lorraine, et le lendemain à Epinal, où le duc n'ayant pu se rendre que quelques heures après, Monsieur lui fut deux ou trois cents pas au-devant.

Le duc mit pied à terre le premier, de tant loin qu'il l'aperçut, et dit que Monsieur savoit bien qu'il étoit maître de la maison, et qu'il en avoit voulu faire les honneurs. L'on alloit entrer dans la semaine sainte, si bien qu'il fallut passer les fêtes de Pâques en ce lieu-là ; mais les dévotions n'empêchèrent pas que l'on ne parlât bien fort de guerre et de mariage. A la fin d'avril Monsieur s'en alla, avec toute sa cour, à Nancy saluer les duchesses et les princesses ; et y ayant passé le mois de mai, la contagion étant survenue nous fît retourner à Epinal. Peu de jours après, la nouvelle arriva que la Reine-mère s'étoit sauvée de Compiègne et depuis refugiée en Flandre, les portes de La Capelle lui ayant été refusées par le sieur de Vardes père qui en étoit gouverneur, encore que le marquis son fils eût donné parole de l'y recevoir, et qu'elle eût résolu d'attendre des nouvelles du Roi en ce lieu-là, avant que de passer plus avant ; en quoi cette bonne princesse fut mal servie. Le sieur de Besançon, qui avoit été le négociateur de cette retraite, fut soupçonné d'avoir joué le double en avertissant à l'heure même le cardinal de Richelieu, lequel fut bien aise, en pourvoyant secrètement à la sûreté de la place, de voir cette Reine nécessitée par ce refus à sortir du royaume et de se jeter entre les bras des Espagnols, qui étoit ce qu'il demandoit. Elle dépêcha aussitôt le sieur de La Mazure à Monsieur, pour lui donner part de son évasion et de sa santé ; et comme elle avoit déjà su les termes où il en étoit pour son mariage avec la princesse Marguerite, non-seulement elle y donna son approbation, mais fut d'avis que l'on dépêchât l'affaire le plus tôt qu'il se pourroit, pour diverses raisons : la première, afin que Monsieur pût avoir des enfans ; secondement, pour empêcher qu'on le mariât à la princesse Marie, ou à quelque autre parti qui ne lui fût pas agréable ; en troisième lieu, pour engager Monsieur tout-à-fait dans les intérêts de la maison de Lorraine, qu'elle affectionnoit, et par le moyen de laquelle elle espéroit quelque ressource en ses affaires et en celles de Monsieur. Le père Chanteloup (1), principal confident de la Reine-mère, avoit suivi Monsieur en Lorraine, auquel elle envoya pouvoir de consentir en son nom au mariage avec la princesse Marguerite. On fut d'accord aussitôt des articles, mais l'exécution en fut remise après la campagne, durant laquelle Monsieur devoit entrer en France avec une puissante armée, qui nécessiteroit le Roi de donner son consentement.

Le Coigneux étoit bien d'avis aussi de ne rien précipiter en une affaire de cette importance, qui rendoit son maître à jamais irréconciliable avec le Roi s'il la faisoit contre son gré, étant bien aise d'avoir la porte toujours ouverte à son commandement, et s'imaginant que le temps feroit enfin naître quelque rencontre qui donneroit moyen à Monsieur de se pouvoir honnêtement dégager de sa parole envers ledit duc. La Rivière et Goulas, qui le connoissoient et n'étoient pas de ses amis, le décrioient partout comme un homme qui bernoit le monde avec ses belles

(1) Chanteloube.

propositions de guerre et de mariage, encore qu'il eût aussi peu de dessein pour l'un que pour l'autre, s'étonnant que le duc fût si dupe que d'y faire aucun fondement : ce qui fut cause que Monsieur les chassa, et obligea aussi Le Coigneux de publier ce grand manifeste contre le cardinal de Richelieu, qui fut présenté au parlement par le sieur de Saunes. C'étoit encore à dessein de faire perdre l'opinion à plusieurs que Le Coigneux s'entendit avec le cardinal; et pour cet effet il fut depuis présenté une requête au parlement signée du sieur Roger, procureur général de Son Altesse, tendante à être reçu partie formelle contre le cardinal comme usurpateur de l'Etat et autorité royale.

Il fut donné en mariage à Monsieur cent mille pistoles de Lorraine, dont la plupart fut employée à lever des troupes; et en moins de six semaines le duc avoit mis sur pied dix à douze mille piétons et quatre à cinq mille chevaux fort lestes. Il n'étoit plus question que de les mettre en besogne et d'entrer en France : mais il fallut être auparavant assuré de quelque retraite, afin que les serviteurs de Monsieur pussent en même temps se déclarer sans crainte. M. de Bouillon s'excuse pour Sedan, et le sieur de Valençay est dépossédé de Calais, sur un soupçon qu'eut le cardinal que c'étoit de lui que Puylaurens avoit entendu parler dans une sienne lettre interceptée, écrite à la princesse de Phalsbourg, qui portoit qu'ils n'attendoient sinon que La Cave fût retournée à son lit, pour faire ce dont on les sollicitoit; joint que le sieur de Valençay se trouvoit lors absent de sa place. Il y avoit eu aussi quelque intelligence sur la citadelle de Verdun, laquelle fut découverte, et l'entrepreneur pendu. Le sieur de Mouy de La Meilleraye s'étoit séparé mal content de Monsieur dès le précédent voyage de Lorraine, à cause qu'on lui avoit refusé un brevet de retenue de la charge de chevalier d'honneur de Madame. Il prit le prétexte de quelques affaires particulières qui l'appeloient à sa maison. Sur quoi Monsieur lui demandant quand il reviendroit, il dit que ce seroit lorsque Son Altesse feroit cas des gens de bien; et Son Altesse lui répliqua que les gens de bien et ses bons serviteurs ne le quittoient pas en l'état où il étoit. Le sieur de Mouy, ayant depuis nouvelles de l'armement que Monsieur faisoit pour entrer en France, voulut faire paroître qu'il étoit homme à préférer les occasions d'honneur et qui regardoient le service de Son Altesse à son intérêt particulier, et lui offrit, par un gentilhomme dépêché exprès, de le venir servir de sa personne avec deux cents maîtres, si Son Altesse l'avoit agréable, sans autre condition sinon qu'il lui plût oublier ce qui s'étoit passé à sa séparation d'auprès de Son Altesse, et de le croire son très-humble serviteur. Monsieur, prévoyant qu'il ne s'accorderoit pas mieux avec ses ministres qu'il n'avoit fait par le passé, ne le voulut recevoir, et se priva de son secours, assez considérable dans le dessein qu'avoit lors Son Altesse; ce qui donna occasion au sieur de Mouy de prendre parti ailleurs, comme il fit depuis avec le cardinal de Richelieu, qui lui donna la charge de capitaine lieutenant de sa compagnie de gendarmes, et l'eût poussé ensuite à des emplois plus dignes de sa naissance et de son courage, sans la blessure mortelle qu'il reçut à la retraite de M. le cardinal de La Valette devant l'armée de Gallas.

Monsieur dépêcha Monsigot à Bruxelles, où la Reine-mère avoit été reçue honorablement par l'Infante, pour leur rendre compte de tout ce qui se passoit en Lorraine, et pour demander du secours à l'Infante pour les frais de cette guerre, qui se faisoit de concert avec elle et les ministres d'Espagne; desquels il reçut à diverses fois jusques à la somme de cinq cent vingt-cinq mille florins, que l'on employa, partie à la subsistance de la maison, l'autre à la levée de quelques troupes de cavalerie que Monsieur avoit fait faire en France. Le duc de Bellegarde, voyant qu'il n'étoit pas de tous les conseils, et ne pouvant souffrir le peu de compte que l'on faisoit de lui, se résout de retourner en France prendre congé de Monsieur, et s'avance une lieue ou deux dans le Bassigny, d'où il dépêche en cour pour avoir un sauf-conduit du Roi, donnant avis en même temps au sieur du Châtelet qui étoit intendant de cette province, lequel promet d'écrire en cour à ce sujet. De là à quelques jours il donne rendez-vous pour voir le duc de Bellegarde, lequel s'y devoit trouver : mais l'avis qu'il eut, que l'on croit lui avoir été donné sous main par le sieur du Châtelet, qu'il n'y faisoit pas bon pour lui, et qu'il y avoit de la cavalerie sur son chemin pour l'arrêter, lui fit éviter l'embuscade, et il partit si à propos du lieu où il étoit, que s'il eût tardé encore un quart-d'heure il étoit enveloppé de cette troupe; tellement qu'il fut trop heureux de revenir prendre son logis à Epinal, où la demeure étoit encore plus douce qu'à la Bastille, quoiqu'il ne reçût pas plus de satisfaction des ministres de Monsieur que par le passé. Monsieur dépêcha aussi l'abbé d'Obazine au Pape pour lui donner part de son mariage, jugeant bien que cette affaire recevroit de grandes difficultés, et que la faveur de Sa Sainteté lui seroit nécessaire pour les surmonter.

Cependant le Roi envoie au duc de Lorraine

demander le sujet de cet armement, et ce qui étoit de ce mariage de Monsieur, son frère, avec la princesse Marguerite, dont le bruit étoit tout commun. Il désavoue le mariage, et dit que son armée étoit pour servir l'Empereur contre le roi de Suède. Il est sommé de là à peu de jours de lui faire passer le Rhin; qu'autrement le Roi iroit à lui avec toutes ses forces pour être de la noce.

Le duc voyant que l'orage alloit fondre sur lui s'il retenoit plus long-temps cette armée dans son pays, et que Monsieur se trouvoit court pour toutes les choses qu'il lui avoit promises, sur lesquelles on s'étoit engagé à cette guerre, il fut résolu entre eux que l'armée passeroit en Allemagne; et le duc voulut l'aller commander en personne. Le prince de Phalsbourg y alla aussi pour ne laisser passer aucune occasion d'acquérir de l'honneur. Il étoit d'ailleurs piqué jusques au vif de voir tous les jours Puylaurens cajoler sa femme, et de n'en oser faire ses plaintes, lui disant, pour les prévenir, qu'elle ne recevoit ses visites et ses soins qu'à dessein qu'il portât son maître à l'accomplissement du mariage, qui avoit bien été résolu, mais dont il étoit à craindre que Monsieur se dédît et ne changeât de volonté, attendu que l'armée de M. de Lorraine n'avoit pas fait l'effet principal qu'on s'étoit proposé, qui étoit de faire autoriser par le Roi ce mariage; ce qui ne se pouvoit que par la force des armes et avec un long temps, qui ruineroit l'affaire et donneroit lieu à Monsieur d'éluder, s'il n'étoit convié d'ailleurs de la mettre présentement à sa perfection, qui devoit être leur but principal, et à quoi Puylaurens seul le pouvoit disposer; que c'étoit pour la seule raison de l'avantage qu'elle et sa maison pouvoient espérer de cette alliance, qu'elle s'entretenoit civilement avec Puylaurens, sachant assez au reste la différence de condition de l'un à l'autre, pour avoir souffert sans cela une seule de ses visites. Cette princesse s'imaginoit en effet que madame sa sœur étant mariée dût être reine le lendemain, et elle de gouverner toutes les affaires du royaume par le moyen et sous la faveur de Puylaurens. Le prince de Phalsbourg trouva en ce voyage ce qu'il avoit témoigné tant désirer en partant, qui étoit la mort, étant trop généreux pour vouloir vivre davantage avec quelque sorte de déshonneur. Plusieurs crurent que Puylaurens épouseroit la princesse de Phalsbourg, ayant l'exemple du duc de Joyeuse, qui fut marié à la sœur de la reine Louise, femme de Henri III son maître; mais le temps fit bientôt naître d'autres pensées à l'un et à l'autre.

Toutes les espérances de Monsieur lui ayant manqué du côté de France, il pensa à prendre d'autres mesures avec les étrangers; et comme il jugeoit bien ne pouvoir trouver de ressource ailleurs en ses affaires, au dessein qu'il avoit, qu'avec les Espagnols, il dépêcha Puylaurens à Bruxelles, afin de négocier un nouveau projet de guerre avec les ministres espagnols pour la campagne suivante, et ménager cependant la retraite de Monsieur en cette cour, en cas qu'il se vît pressé de quitter la Lorraine. Monsieur s'approcha du Luxembourg, et alla attendre le retour de Puylaurens à Vaudrevange, pour être plus tôt informé du succès de son voyage, et sur la fin de l'automne il s'en retourna à Nancy. Ce fut là que l'on vit éclater la brouillerie de Coigneux avec Puylaurens, le premier n'étant point d'avis que l'on passât outre au mariage sans le consentement du Roi, mais bien d'entendre à l'accommodement que l'on avoit de nouveau proposé à Monsieur. A quoi le duc de Bellegarde inclinoit, et plusieurs officiers principaux de Son Altesse, pour les raisons qui ont déjà été déduites.

Puylaurens au contraire dit qu'il iroit trop de l'honneur de son maître, s'il retournoit en France sans tirer aucune raison de tant d'injures reçues du cardinal de Richelieu; et, quoi qu'il arrivât, il lui seroit plus glorieux de périr les armes à la main que par celles du cardinal en se soumettant de nouveau à sa tyrannie; qu'outre qu'il n'y auroit plus de sûreté pour Son Altesse à la cour, il seroit en mépris à toute la terre, et se ruineroit tellement de crédit, que personne ne voudroit jamais plus le suivre ni s'attacher à sa fortune; que sa réputation et sa conscience d'autre côté ne lui permettoient pas de rétracter sa parole, si sainement donnée pour son mariage avec une princesse de vertu et de naissance comme étoit la princesse Marguerite; que bien loin de le remettre à un autre temps, comme c'étoit l'avis de quelques-uns, c'étoit par là qu'on devoit commencer, afin que le duc et ses amis étant entièrement assurés de la foi de son maître, il pût tirer d'eux plus aisément les assistances nécessaires pour faire réussir ses desseins; qu'il n'étoit pas encore si désespéré du côté de la France, qu'il n'y eût beaucoup de princes, seigneurs, et même des provinces entières qui lui tendoient les bras, ne doutant point que les autres ne fissent le semblable quand on le verroit à cheval, les armes à la main; que non-seulement il espéroit, en ce faisant, de faire approuver au Roi son mariage, mais bien d'autres avantages pour lui et pour les siens; qu'il étoit malséant à un grand prince qui étoit dans la vigueur de son âge comme Monsieur, de faire à tous momens le fâché et ne jamais tirer l'épée ; qu'il devoit pour le moins une fois tenter la fortune, et ne plus faire de traités qu'il n'y trouvât son honneur et sa sûreté tout entière.

Ces sentimens de générosité étoient fort au goût de la princesse de Phalsbourg et du duc d'Elbeuf, qui ne manquoient pas de le piquer d'honneur. Il faut ajouter que son principal motif étoit l'espérance de devenir beau-frère de son maître, et peut-être quelque jour de son roi ; lui disant qu'il entreroit en part à toute la gloire que son maître recevroit d'une si généreuse entreprise, et que jamais le brave Bussy (1) n'a tant acquis d'estime et de louanges sous le feu duc d'Anjou son maître, que celui-ci en remporteroit. Et comme Puylaurens tenoit la première place dans la confiance de son maître, il n'eut pas de peine à le rendre capable de ses raisons, ni à renverser celles de Coigneux et de ses partisans. L'on n'attendoit donc plus pour mettre fin au mariage, sinon que le duc de Lorraine fût de retour d'Allemagne, d'où il ramena son armée en piteux état. Il fut avisé que peu de gens assisteroient à la fête, pour ne la pas divulguer, d'autant que le Roi se trouvoit lors à Metz pour le siège de Moyenvic, et que Sa Majesté seroit possible venue à lui, si la chose eût été avérée, pour en tirer dès lors sa raison. Aussi le duc étant allé saluer le Roi assura Sa Majesté qu'il n'étoit rien de tous les bruits qui s'en étoient publiés.

[1632] Le Roi ayant témoigné au duc ne trouver pas bon le plus long séjour de Monsieur, son frère, dans ses Etats, il fallut partir le même jour aux flambeaux, et que les nouveaux mariés se séparassent et tinssent leurs amours secrètes, attendant une autre saison pour les déclarer. Madame de Verderonne ayant dépêché le sieur de Malvoisine à Puylaurens son neveu, pour essayer de rompre ce mariage, ayant toujours eu beaucoup plus d'inclination pour celui de la princesse Marie, comme elle apprend que l'affaire s'échauffe, elle lui envoie un nouveau courrier, de l'avis et par l'ordre du garde des sceaux de Châteauneuf, pour même effet : mais le mariage étoit consommé huit jours auparavant, et Monsieur étoit déjà sur le chemin de Luxembourg, où Son Altesse ayant fait rencontre d'une voiture de cinq cents et tant de mille livres que le Roi envoyoit aux troupes qu'il tenoit en cette frontière, elle fut tentée de l'arrêter et se l'imputer sur ce qui lui étoit dû de ses pensions et apanages ; mais il craignit une représaille sur M. de Lorraine, contre qui Sa Majesté n'étoit déjà que trop irritée pour la retraite donnée à Monsieur dans ses Etats.

Monsieur étoit déjà assuré de sa retraite à Bruxelles, où la Reine sa mère et l'Infante l'attendoient en bonne dévotion. Il fit quelque pause à Longwy pour donner temps à son bagage de le joindre, ayant eu beaucoup de peine à se tirer des chemins : il traversa le Luxembourg avec sa maison, non sans beaucoup d'incommodité, à cause des mauvais logemens des Ardennes, et se rendit à Bruxelles sur la fin de janvier 1632. Le duc de Bellegarde s'excusa du voyage pour avoir été d'avis contraire, ne voulant pas qu'il lui fût reproché d'avoir eu aucun commerce avec les Espagnols. Il prit de là sujet de quereller Puylaurens, et de le faire appeler par le marquis de Montespan son neveu ; mais Monsieur les accommoda aussitôt. A quoi le comte de Moret contribua beaucoup, comme ami du duc de Bellegarde et du duc d'Elbeuf, qui s'intéressoit lors pour Puylaurens. Il y eut encore brouillerie pour même sujet entre ledit sieur de Montespan et de La Vaupot, qui fut aussi accordée. Les sieurs Le Coigneux et Monsigot eurent en même temps leur congé, avec parole toutefois d'être établis quand on seroit en France. Le sieur de Lasseré, conseiller au conseil de Son Altesse et l'un des secrétaires ordinaires de sa maison, fut choisi par Monsieur pour faire la charge de secrétaire de ses commandemens, et eut ordre de retirer les sceaux du sieur Le Coigneux, qui refusa de les donner ; à défaut de quoi on se servit du grand placard pour les expéditions.

Monsieur arrivant à Bruxelles, l'Infante fit sortir toute sa cour pour aller au devant. Le marquis d'Aytone, don Gonzalès de Cordoue, le duc de Veraguaz, et les autres principaux officiers de la guerre, lui allèrent aussi rendre leurs honneurs. On le logea dans le principal appartement du palais, où il y avoit des tables préparées pour sa personne et pour toute sa cour. Outre celle de Monsieur, le sieur de Puylaurens en tenoit une qui étoit de quinze couverts. Les maîtres d'hôtel, contrôleurs généraux, gentilshommes ordinaires et autres appointés, avoient la leur, qui étoit pour vingt personnes. Il y en avoit encore une autre de trente couverts pour la noblesse qui avoit suivi Monsieur, et n'étoit pas à ses gages. Les officiers de la chambre et de la garde-robe avoient aussi la leur à part, et il y avoit encore une particulière pour les menus officiers ; toutes ces tables servies de la viande, et par les officiers du palais, durant le séjour que Monsieur fit en Flandre, qui fut depuis le 28 janvier 1632 jusques au 18 mai ensuivant. On travailloit à Ruel au procès du maré-

---

(1) Louis de Clermont de Bussy-d'Amboise, favori du duc d'Alençon, frère de Charles IX et de Henri III.

chal de Marillac, que le cardinal de Richelieu avoit fait arrêter en Piémont, et auquel il avoit fait donner des commissaires à sa dévotion. La Reine-mère ayant protesté aux juges de les prendre à partie en leurs propres et privés noms, s'ils venoient à le faire mourir, Monsieur usa des mêmes menaces, qui ne servirent qu'à avancer l'exécution du prisonnier. Soudain que Monsieur fut arrivé à Bruxelles, il ne perdit aucun temps de pourvoir à ses affaires : encore qu'il fût assuré de sa subsistance de la part des Espagnols, il ne laissa pas d'aviser avec la Reine sa mère aux autres moyens de pouvoir faire de l'argent, jugeant qu'ils n'en pouvoient avoir en trop grande quantité pour subvenir à une telle entreprise. Tous deux dépêchèrent à Amsterdam pour engager leurs pierreries, dont ils donnèrent la commission au sieur de Dourchant, lui ayant envoyé lettres à M. le prince d'Orange et à M. de Bouillon qui étoit lors en grand crédit auprès de messieurs les États, pour les prier de vouloir favoriser le sieur de Dourchant de leur crédit et autorité. Le sieur d'Estissac fut depuis dépêché à même effet, sur un passeport que le sieur de Dourchant avoit de messieurs les États, lequel étoit venu trouver la Reine-mère et Monsieur à Bruxelles.

La venue de Monsieur donna de la joie aux Espagnols et les remplit de grandes espérances, présupposant que la guerre qu'il alloit faire en France feroit une diversion fort considérable aux forces du Roi, et qu'ayant affaire chez lui, il ne pourroit plus continuer des secours si puissans aux rebelles et ennemis de la maison d'Autriche ; de quoi il ne se pourroit que leurs affaires de Flandre ne reçussent un notable avantage.

Le projet de cette guerre étoit fondé sur deux principes : le premier, sur le secours étranger que les Espagnols avoient promis ; l'autre, sur la parole que M. de Montmorency avoit donnée à Monsieur de le servir et recevoir en son gouvernement de Languedoc, qui fut une négociation de l'évêque d'Alby et des Delbenne ses neveux.

M. de Montmorency, ayant porté hautement les intérêts du cardinal de Richelieu contre la Reine-mère pendant leur brouillerie de Lyon, pensoit que la récompense dût suivre immédiatement un service si signalé, et qu'on lui donneroit pour cela la citadelle de Montpellier, pour laquelle il avoit eu long-temps auparavant une grande passion : comme il se vit frustré de son espérance, et qu'on ne lui parloit de rien, il ne put supporter qu'on se soit moqué de lui, et dans le désir qu'il a de s'en ressentir, madame sa femme (1), qui l'avoit sollicité dès Lyon et depuis encore de prendre le parti de la Reine-mère, trouve en lui grande disposition à la contenter sur ce sujet. L'évêque d'Alby, voyant une conjoncture si favorable au dessein de Monsieur, pousse à la roue de son côté, représente à ce duc la gloire que ce lui sera d'avoir servi de restaurateur à des personnes de cette haute dignité, qui n'attendent leur rétablissement que de lui seul : ajoutant que ce n'étoit chose qui fût sans exemple ; qu'il savoit et se pouvoit souvenir du service signalé que M. d'Epernon rendit à la même Reine, lors de la faveur des Luynes, qui la tenoient comme captive dans le château de Blois ; qu'il entreprit de la délivrer de cette oppression, comme il fit fort heureusement, étant parti de la ville de Metz avec deux cents gentilshommes, capitaines ou officiers d'infanterie, étant sous la charge du colonel général, pour la venir recevoir à Loches, assisté de l'archevêque de Toulouse, son fils, qui a été depuis cardinal de La Valette, d'où ils la conduisirent ensuite comme en triomphe en son gouvernement d'Angoulême ; que de là ayant fait entendre au Roi les justes plaintes d'un traitement si injurieux qui lui avoit été fait par les Luynes, le Roi oublia bien volontiers en sa considération tout ce qui se passa depuis en la guerre du Pont-de-Cé, que l'évêque de Luçon avoit suscitée exprès sous main pour se frayer plus facilement le chemin au cardinalat, à quoi il aspiroit long-temps auparavant, et pour lequel effet il avoit fait plusieurs intrigues et libelles diffamatoires contre les vieux ministres, pour parvenir ensuite au gouvernement de l'État ; que le Roi reçut, non-seulement la Reine sa mère en ses bonnes grâces, la remettant même en autorité, et avec la part qu'elle avoit auparavant en sa confiance et aux affaires de l'Etat, mais encore obtint du Roi que le duc d'Epernon fût déclaré absous de l'attentat prétendu en la délivrance de la dame du château de Blois, à main armée et contre l'autorité de Sa Majesté, reconnoissant même par ladite déclaration que ce qui s'étoit passé à ce sujet n'avoit été que pour le service de Sa Majesté et le bien de son Etat. Partant que M. de Montmorency, étant de la première qualité, et de la plus illustre et ancienne maison du royaume, pouvoit avec son crédit, et l'affection qu'il s'étoit acquise non-seulement parmi la noblesse, mais parmi tous les peuples du Languedoc, venir facilement à bout d'un pareil dessein, dont le succès lui tourneroit d'autant plus de gloire qu'il auroit vengé en même temps la mère et le fils de l'oppression d'un ministre, reconnu de tout le monde le plus ingrat et le plus méchant qui eût jamais été, appuyé qu'il étoit de l'autorité du

---

(1) Marie-Félicie des Ursins, parente de la reine-mère.

Roi; mais que pour lever les difficultés que le duc prévoyoit à l'exécution de l'entreprise, qui lui furent souvent représentées par Soudeille son domestique, gentilhomme limosin, son confident, qui ne le faisoit néanmoins que par pure affection au service de son maître, l'évêque d'Alby et ses neveux exagéroient en même temps les forces que Monsieur devoit amener avec lui, le crédit que le duc de Montmorency avoit dans son gouvernement, avec les bonnes volontés de toute la France pour son nom et pour sa personne ; qu'il ne devoit au reste moins espérer que d'être le troisième connétable de sa maison, et d'y rendre cette épée comme héréditaire ; que tout ce qu'il pourroit d'ailleurs désirer, soit au Languedoc, soit à la cour, ne lui pourroit non plus être refusé. Ces considérations, jointes aux ressentimens particuliers du duc, le portèrent enfin à franchir le saut auquel il avoit un peu hésité, et accorda enfin la demande de l'évêque, et de bouche et par écrit, qui fut envoyée à Monsieur à condition qu'il ne partiroit de Bruxelles qu'à la fin d'août, pour donner loisir aux Etats du pays de résoudre le secours d'argent qu'ils devoient donner au Roi, duquel il prétendoit se servir au dessein de Monsieur, l'assemblée ne pouvant finir avant le mois de septembre. Il recommanda aussi le secret, et pria Monsieur de ne pas trouver mauvais s'il mandoit le contraire à la cour, puisque ce ne seroit que pour mieux couvrir le jeu et pour avoir plus de moyen de servir Son Altesse, joint que l'on devroit se fier à sa parole. On lui avoit aussi autrefois ouï dire à Monsieur, sur d'autres rencontres, qu'il vouloit lui faire un jour quelque signalé service, et ne mourroit jamais content qu'il n'eût accompli sa promesse. Monsieur eût bien voulu demeurer dans ces termes et ne point devancer son départ ; mais il ne put dénier aux instances du duc de Lorraine de faire son irruption avant le temps, pour tâcher à détourner les forces du Roi qui menaçoient la Lorraine ; ce qui ne fit pourtant pas l'effet que le duc s'étoit promis, le Roi n'ayant pas laissé d'envoyer de ce côté-là ce qu'il avoit lors de troupes, qui prirent le duc au dépourvu, et le réduisirent à un traité pour Clermont et Stenay, auquel il auroit eu peine autrement de consentir.

Il étoit déjà le 18 mai, et le duc de Lorraine continuoit à presser Monsieur de son départ. Trèves étoit le rendez-vous des troupes, qui faisoient quatre à cinq mille chevaux, et consistoient en dix régimens de cavalerie allemande, liégeoise et napolitaine, dont il y en avoit trois ou quatre assez bons, entre autres celui de Desgranges, liégeois ; le reste étoient voleurs et le rebut de l'armée espagnole, don Gonzalez les ayant livrés à Monsieur suivant l'ordre qu'il en avoit d'Espagne. Son Altesse y joignit encore des troupes de cavalerie françaises, outre lesquelles étoient les compagnies de gendarmes et de chevau-légers, qui faisoient mille à douze cents chevaux, et donna la lieutenance générale de son armée à M. le duc d'Elbeuf.

Mais avant que de passer en France, il faut dire adieu à la cour de Bruxelles jusques à ce que la mauvaise fortune de Monsieur l'y ramène une seconde fois. L'Infante ne se contenta pas d'avoir si bien fait l'honneur de sa maison durant quatre mois, elle voulut continuer à Monsieur et aux siens les effets de sa générosité et de sa magnificence jusques à son départ. Il n'y eut prince, seigneur, ni aucun officier principal qui ne reçût son présent, ou de pierreries, ou de chaînes d'or, avec la médaille du roi d'Espagne. Elle eut le soin de faire remplir plusieurs coffres d'habits de guerre, linge et autres hardes pour l'usage de Monsieur, et lui fit compter par son pagador 100,000 patagons pour les frais de son voyage ; et comme elle prévoyoit que les gens de Monsieur auroient besoin de leur argent pour leur voyage, elle eut la bonté de défendre bien expressément à tous les officiers du palais de leur demander ni recevoir aucune chose pour les services qu'ils leur avoient rendus, à peine d'être cassés de son service, se réservant de les récompenser elle-même. Ainsi Monsieur se sépare avec beaucoup de satisfaction et de ressentiment des faveurs et bons traitemens de cette princesse, après avoir même pris congé de la Reine sa mère, et reçu de toutes deux les souhaits d'un heureux voyage. Il fallut aussi dire adieu à dona Bianca, fille de don Carlos Colonia, qui étoit l'une des filles de l'Infante, de laquelle Monsieur s'étoit déclaré galant, pour l'assurer que sa passion ne le quitteroit point, encore qu'il fût contraint de se séparer d'elle. Les autres filles du palais eurent aussi chacune leur galant français, de qui elles recevoient tous les jours les soins, mais c'étoit à l'espagnole, ne se voyant que par une jalousie fort haute d'où il étoit très-difficile de se faire entendre, et n'y avoit qu'aux jours d'audience qu'il étoit permis aux cavaliers d'entretenir leurs dames à la vue de l'Infante et de toute sa cour. Le comte de Buquoy s'étoit déjà déclaré serviteur de mademoiselle de Bergues ; mais sa beauté avec sa bonne grâce méritoient bien qu'elle eût plusieurs adorateurs. Le comte de Brion fut l'un des premiers, lequel, d'ami qu'il étoit du comte de Buquoy, ne put s'empêcher de devenir son rival et de se brouiller avec lui ; ce qui les auroit obligés d'en venir aux mains si leurs soins n'eussent été reçus de leur dame avec une pareille indifférence. Elle étoit déjà en pourparler de mariage avec le duc de Bouillon, auquel elle réservoit toutes ses faveurs, s'étant congédiée aussitôt de la cour de Bruxelles pour aller terminer cette affaire. Ces deux cavaliers furent également frustrés de leur attente, et se séparèrent depuis en aussi bonne intelligence qu'ils étoient auparavant. Il y eut plusieurs querelles et quelques combats entre les principaux de la cour de Monsieur, lesquelles furent accommodées par les soins de Son Altesse; mais ce ne put être sans la perte du baron de Vaucelas, qui servoit de second à Rochebonne, lequel après avoir été grièvement blessé mourut de là à quelques jours, fort regretté pour être généreux cavalier et bien fait de sa personne.

Monsieur ayant passé quinze jours à Trèves et reçu les troupes des Espagnols, il ne peut plus se dédire d'entrer en France. Son Altesse se trouve néanmoins combattue des raisons de M. de Montmorency, en jugeant bien la conséquence; mais comme elle a grand chemin à faire, et que de long-temps l'on ne pourra savoir de quel côté elle aura à tourner, du Poitou, de la Guienne ou du Languedoc, donnant jalousie en même temps à toutes ces provinces, ainsi qu'à plusieurs autres, elle croit que son dessein pourra demeurer caché, et donne assez de loisir, par sa longue marche, à M. de Montmorency de mettre ordre à toutes choses pour sa venue.

Le cardinal de Richelieu est averti de toutes parts que Monsieur prend la route du Languedoc, mais il ne peut s'imaginer qu'il y soit appelé par M. de Montmorency, outre qu'il avoit été son meilleur ami pendant le voyage de Lyon, et ne croyoit pas lui avoir depuis donné sujet de changer cette bonne volonté. Le cardinal ne voit point quel avantage M. de Montmorency peut espérer en ce parti, mais bien sa ruine toute certaine. Les protestations qu'il avoit faites, par plusieurs de ses lettres, de sa fidélité inviolable au service du Roi, ne permettoient pas non plus à Sa Majesté d'ajouter foi à ce qui s'en publioit au contraire.

Monsieur, étant parti de Trèves le 4 juin 1632, prend le chemin de Lorraine pour aller voir madame sa femme à Nancy en passant et à la dérobée, n'ayant même que fort peu de monde, où, après avoir demeuré un jour seulement, et assuré de lui être toute sa vie bon et fidèle mari, il lui dit adieu, et retourna à son armée pour continuer son voyage par le Barrois, et faire son entrée en France par le Bassigny. La Rivière et Goulas furent remis en grâce par la princesse de Phalsbourg, à condition qu'ils prendroient les intérêts de la maison de Lorraine, et ne feroient rien contre le mariage; ce qu'ils promirent avec serment et protestation de mieux faire encore s'ils pouvoient. Au seul bruit de la venue de Monsieur, chacun abandonne la campagne et se retire aux villes. L'armée trouve les villages et les maisons désertes à la campagne, sans vivres et sans meubles. On ne laissoit pas de faire subsister les troupes, ayant leurs coudées franches et la liberté d'élargir leurs quartiers, sans craindre d'être chargées, pour n'avoir point encore d'ennemis en tête. Ceux des villes qui avoient des maisons aux champs, craignant qu'on les démolit, se rachetoient par argent, ou bien par des rafraîchissemens qu'ils envoyoient; et par ce moyen l'armée n'eut pas beaucoup à souffrir, joint que c'étoit la saison des fruits et des fourrages, qui étoient partout en grande abondance. Les Allemands, Croates et Napolitains faisoient de grands désordres, et le plus souvent dévalisoient les gens mêmes de Monsieur, allant et venant à la provision. L'ordre n'étoit guère mieux observé par les Français.

Langres nous refuse ses portes, et n'y a que les bicoques qui soient ouvertes. Au sortir du Bassigny nous entrons dans la Bourgogne. Monsieur avoit quelque intelligence dans Dijon, et prétendoit y être reçu; mais ceux de Langres leur ayant donné l'exemple, ce n'étoit pas chose que l'on dût se promettre de la capitale d'une grande province où il y a un parlement. Monsieur ne laisse pas d'y dépêcher le sieur de Valbelle, l'un de ses gentilshommes ordinaires, qui étoit enfant de la ville, pour les y obliger par les menaces en cas qu'ils ne le voulussent de bon gré; ce qui ne servit qu'à les irriter davantage et à les maintenir plus fortement dans le service du Roi, ayant tiré plusieurs volées de canon sur notre passage, dont la personne même de Monsieur courut le hasard. Cela fut cause de quelque désordre qui se fit aux environs de la ville, particulièrement en la maison de l'un des juges du maréchal de Marillac.

Nous traversons la Bourgogne et le comté de Charollais, et venons passer la Loire à Digoin : étant entrés dans le Bourbonnais, on a nouvelle que M. de Montmorency se plaint de la précipitation de Monsieur, et dit qu'il lui ôte le moyen de le servir, supplie Son Altesse de voir si elle ne pourra point mieux faire ses affaires en une autre province; mais qu'à ce défaut il est résolu de mettre le tout pour le tout, et de faire du mieux qu'il pourra pour son service. Nous continuons le voyage, et passons l'Allier au pont de Vichy pour entrer dans l'Auvergne, après avoir été salués de plusieurs canonnades sur le chemin de Cusset, où étoit le baron de Saligny. Encore que l'armée ne fît que de fort petites traites, elle ne laissoit de se plaindre d'une marche si continue, principalement les étrangers; ce qui obligea Monsieur de faire une pause durant quelques jours au même lieu de Vichy. On ne faisoit point de gîte qu'ils ne demandassent de l'argent, et bien que l'on ne leur en donnât jamais, M. d'Elbeuf savoit si bien les amadouer, qu'ils s'en retournoient toujours contens, les payant d'espérance et de belles paroles, dont il étoit fort libéral. Nous entrâmes bientôt après dans la Limagne, qu'il faisoit beau voir en cette saison des fruits, si la licence des gens de guerre ne lui eût en un moment fait changer de face. De là nous suivîmes la route du Rouergue; et quoique nous eussions déjà traversé plus des deux tiers du royaume, nous n'avions vu encore ni ville ni communauté, ni même aucun gentilhomme se déclarer pour Monsieur, ainsi que l'on s'étoit promis dès lors qu'il seroit entré, vu le grand nombre de mécontens qu'il y avoit en France : et c'est ce dont Monsieur se plaignoit souvent et sur quoi il s'excusoit depuis lorsqu'on vouloit l'engager à prendre les armes pour le bien public et pour le soulagement des peuples. Le sieur de Chavagnac avec quelque noblesse de ses amis furent les premiers qui vinrent trouver Monsieur, pour le servir et suivre durant le voyage, que nous continuâmes sans autre plus grande incommodité que celle que recevoient nos chariots au passage des montagnes de l'Escarpolette et de Milan (1), d'où nous ne laissâmes pas de les tirer, et d'arriver enfin à Lodève, première ville pour entrer de ce côté-là dans le gouvernement de M. de Montmorency, qui fut au commencement du mois d'août. Nous y passâmes trois jours pour nous rafraîchir. De là nous allâmes coucher à Pésenas, où M. de Montmorency vint trouver Monsieur, et le lendemain nous nous rendîmes à Béziers. Ce fut là que l'on s'arrêta quelques jours pour laisser reposer nos troupes, et donner loisir aux levées d'infanterie qui avoient été ordonnées au Languedoc de les venir joindre. Il falloit aussi pourvoir à beaucoup d'autres choses qui regardoient l'établissement de Monsieur en cette province, et les moyens de faire réussir son entreprise, sans y perdre temps, pour n'être prévenu des forces du Roi. Les Etats du pays ne faisoient que de se séparer, où M. de Montmorency ne fit pas ce qu'il avoit projeté, et eut le sieur d'Emery en tête, qui y assistoit avec le sieur de Verderonne en qualité de conseillers d'État et intendans de la part du Roi, qui lui ôtèrent la disposition de l'argent accordé par lesdits

(1) Milhaud.

États, suivant l'ordre exprès qu'ils en avoient de la cour. Le Roi, ayant été déjà assuré de la défection de M. de Montmorency, fit publier une déclaration contre lui et contre ceux qui suivroient le parti de Monsieur. Le maréchal d'Effiat mourut en ce temps-là, commandant l'armée d'Allemagne, et le cardinal de Richelieu, qui l'aimoit et estimoit beaucoup, en ayant eu la nouvelle, dit qu'il ne savoit laquelle des deux lui avoit apporté plus de déplaisir, ou de l'infidélité de l'un de ses amis, ou de la mort de l'autre. Il fut résolu au conseil de Sa Majesté de faire deux corps d'armée, l'un sous le maréchal de La Force, qui devoit entrer par le bas Languedoc, l'autre par le maréchal de Schomberg, qui iroit droit au lieu où seroit Monsieur.

M. de Montmorency d'autre côté persuade Monsieur d'aller à Beaucaire, pour tâcher de s'assurer de la ville comme on l'étoit du château, dont le sieur de Perolz, sa créature, étoit gouverneur. Monsieur s'y achemine dans la créance que les habitans se rendroient à son approche. Sur le refus qu'ils en font, il fut résolu de leur donner l'assaut, encore que l'on n'eût pas eu le temps de préparer les choses qui étoient nécessaires pour cela, et que Monsieur n'eût lors auprès de lui que les volontaires et les gentilshommes de sa maison, qui ne pouvoient faire en tout que cinq ou six cents hommes. Monsieur les ayant fait départir en deux troupes, l'une sous le duc d'Elbeuf, l'autre sous le duc de Montmorency, l'on étoit sur le point de faire la tentative, n'eût été que l'on vit au même instant passer le Rhône à cinq cents soldats que le maréchal de Vitry qui avoit accouru à Tarascon envoyoit au secours des habitans de Beaucaire. Pour tout cela nos chefs ne changeoient point d'avis, croyant qu'il y fût allé de leur honneur s'ils eussent décliné cette occasion : mais ce fut un grand bien pour tous que Chaudebonne entreprit de faire la charge de généralissime, et représentât hautement l'impossibilité de ce dessein, puisque vraisemblablement toute cette noblesse y devoit faire naufrage, comme chacun depuis en demeura d'accord. Au sortir de là M. de Montmorency dit au sieur de Puylaurens : « Quand nous aurons battu M. de Schomberg nous ne manquerons pas de villes; allons à lui, et si le bonheur ne nous en dit pas davantage, il faudra aller faire sa cour à Bruxelles. »

Monsieur ayant été obligé de se retirer après avoir manqué son coup, il s'avisa de partager son armée en deux, et d'en laisser une partie au duc d'Elbeuf pour faire tête au maréchal de La Force; et Son Altesse s'en retourna avec l'autre du côté de Béziers, marchant en ordre de bataille.

L'on eut nouvelles que le maréchal de Schomberg, qui avoit pris la route du Limosin, s'étoit déjà avancé jusques à Saint-Félix, petite ville située à trois lieues de Castelnaudary, ayant les gendarmes et les chevau-légers de la garde du Roi, et d'autres compagnies d'ordonnance, qui faisoient trois mille chevaux, et outre ce quinze cents mousquetaires d'élite, tirés du régiment des Gardes, que l'on avoit montés à cheval pour faire plus de diligence. M. de Montmorency fait hâter l'infanterie, et donne ordre à l'attirail du canon, afin que tout fût prêt quand Monsieur voudroit marcher, qui fut presque au même temps de son retour à Béziers, sur l'avis qu'on eut du siége de Saint-Félix, que M. de Montmorency désiroit secourir afin de donner réputation aux armes de Son Altesse.

Nous partons de Béziers vers la fin d'août, et le premier septembre, ayant quitté le quartier de Villepinte, l'on tire dès l'aube du jour vers Castelnaudary, afin de s'emparer de ce poste avant l'arrivée du maréchal de Schomberg, que l'on croyoit encore occupé au siége de Saint-Félix; mais il s'en étoit déjà assuré par le moyen d'une capitulation avantageuse à ceux qui étoient dans la place, ayant le même dessein pour Castelnaudary où il s'étoit depuis acheminé, et avoit pris ses mesures si justes, que nous le vîmes paroître presque à égale distance que nous étions de cette ville.

L'armée de Monsieur étoit sur une éminence, ayant la ville à la gauche, et n'en étant qu'à un quart de lieue. Le maréchal de Schomberg étant sorti d'un petit bois, passe au travers d'une prairie en fort bel ordre, à dessein de se mettre entre nous et la ville; ce qui lui fut aisé, Monsieur ayant un petit point à passer avant que se pouvoir mettre en ordre de bataille pour aller à lui, et la plupart de son infanterie avec l'artillerie étoit encore à une grande lieue. Cependant le maréchal de Schomberg s'empare d'un poste fort avantageux, dont plusieurs fossés et chemins creux rendoient les avenues très-difficiles. M. de Montmorency voulut aussitôt aller reconnoître l'ennemi lui seul avec son écuyer, et en demande la permission à Monsieur, lequel, se doutant qu'il en viendroit aux mains et voudroit tirer le coup de pistolet avant que de revenir, lui représente, pour l'en dissuader, qu'il a la fortune de la Reine sa mère et la sienne entre ses mains, le prie et lui ordonne de ne s'engager que bien à propos; commande, outre cela, au comte de Rieux de le suivre partout où il ira, et le faire souvenir de la parole qu'il avoit donnée à Son Altesse, qui étoit de retourner sur ses pas et de venir recevoir ses ordres pour le combat. Comme l'on en étoit en ces termes, il fut fait quelque proposition d'accommodement de la part du Roi par le sieur de Cavois, à laquelle on remit de faire réponse après que le combat seroit donné, l'honneur de Monsieur ne lui permettant pas d'y entendre sur le point qu'il avoit déjà l'épée hors du fourreau, prêt à décider la querelle par la voie des armes; mais il n'y avoit plus lieu aussi d'espérer aucune grâce après le malheur qui survint tôt après, sinon de la pure bonté du Roi.

Le comte de Moret avoit son poste à la gauche, et M. de Montmorency à la droite; mais l'ordre étoit que les uns et les autres ne feroient point leurs attaques que toute l'infanterie et l'artillerie n'eussent joint, et qu'il n'eût été tenu auparavant conseil de guerre. Il arriva que le comte de Moret, qui brûloit d'envie d'acquérir de l'honneur à ses premières armes, voyant une compagnie de cavalerie proche de lui, ne put s'empêcher de l'aller affronter, et de tirer le coup de pistolet. Le capitaine, qui s'appeloit Bideran, l'attend de pied ferme, et lui lâche le sien dans le petit ventre, dont il mourut (1) deux heures après. Pesché, son écuyer, fut tué sur la place, et l'un de ses gens blessé. M. de Montmorency entend ce bruit, et quelqu'un lui dit que le comte de Moret avoit commencé l'attaque. Il se tient offensé que l'on ait entrepris sur sa charge et sur son honneur : la colère et la jalousie lui font oublier ce qu'il est, et la parole qu'il avoit donnée à Monsieur. Il franchit plusieurs fossés, et s'en va à la désespérée se précipiter parmi les royaux, comme s'il eût été en pouvoir de les défaire tout seul. Son écuyer eut son cheval tué sous lui, et un bras cassé. Le comte de Rieux, voulant tenter pour une seconde fois le passage d'un fossé, reçut une mousquetade au milieu du ventre, qui le porta mort par terre.

L'on ne devoit pas attendre une meilleure fortune, le duc de Montmorency s'étant porté encore plus avant dans le péril, et néanmoins dix ou douze blessures qu'il reçut n'étoient pas mortelles, et même ne l'eussent pas mis hors de combat si son cheval ne fût tombé mort entre ses jambes. Étant à terre, sans cheval et grandement affoibli du sang qu'il perdoit par ses plaies, il s'appuie contre le talus d'un fossé, attendant que quelqu'un vienne à son secours. Saint-Preuil, qui faisoit la charge de sergent de bataille en l'armée du Roi, l'entendit plusieurs fois ainsi qu'il crioit *à moi, Montmorency!* à quoi il fit la sourde oreille pour donner temps aux siens de le recouvrer; mais un sergent des gardes n'eut pas le même respect, l'ayant pris et amené audit

(1) Antoine de Bourbon, comte de Moret, fils de Henri IV et de Jacqueline de Beuil.

sieur de Saint-Preuil, qui le reçut son prisonnier. Les autres seigneurs et volontaires de l'armée de Monsieur, qui étoient attendant les ordres de M. de Montmorency pour le soutenir en cas de besoin, ayant su qu'il étoit pris, se mirent en devoir de le dégager; mais il n'étoit plus temps, d'autant qu'il avoit déjà été envoyé à Castelnaudary. Le comte de La Feuillade, le chevalier de La Frette, le baron de Congis, le sieur de Lordoys, le sieur de Villeneuve et le sieur de La Forêt y furent tués; le sieur de Monymes et le sieur de Monthedon blessés, le premier grièvement; le chevalier de Bueil et le sieur de Saint-Florent prisonniers. La prise de M. de Montmorency renversa en un moment toutes les espérances de Monsieur; et comme ce parti ne subsistoit dans cette province que par le crédit du duc de Montmorency qui en étoit gouverneur, et où il avoit beaucoup de crédit, on en vit à l'heure même la ruine tout entière. Les troupes que l'on avoit levées en Languedoc se débandèrent sur-le-champ; et ce qui acheva d'ôter le courage aux autres, fut le triste spectacle des corps morts qui furent exposés au passage du pont. M. de La Ferté-Imbault sollicite tant qu'il peut les gendarmes de Monsieur d'aller au combat; l'épouvante est trop grande et il n'y a pas moyen de les y faire résoudre. On ne voit de tous côtés que des compagnies tout entières se sauver à course de cheval. Le sieur d'Elbène l'oncle va au devant pour ramener les fuyards; mais il n'en peut venir à bout; et si le maréchal de Schomberg eût envoyé deux cents chevaux sur le passage, il prenoit Monsieur et tous ceux qui restoient avec lui, tant le désordre et la consternation étoient grands. Je puis dire avec vérité, pour m'être lors trouvé auprès de Son Altesse et l'avoir observé assez soigneusement, que non-seulement il parut sans appréhension du péril où il étoit, mais il ne tint pas à lui qu'il n'allât par diverses fois tête baissée aux ennemis avec ce peu qui lui restoit de monde, s'il n'en eût été empêché par ses principaux serviteurs et conseillers, qui jugeoient bien que c'eût été pour n'en pas revenir. Il assemble son conseil de guerre, et voyant son malheur sans remède, et qu'il n'y avoit plus autre chose à faire, sinon de penser à sauver sa personne, et d'apporter le meilleur ordre qu'il se pourroit pour la retraite, l'on se résolut de la faire à l'entrée de la nuit, et d'aller reprendre le logement de Villepinte, d'où nous étions partis le matin. Le lendemain on alla à Montréal. Trois jours après, Monsieur, ayant repris ses esprits, fut conseillé par les siens de la nécessité de ses affaires de recourir à la bonté du Roi. A quoi madame de Montmorency, qui l'étoit déjà venue trouver, joignit ses prières, croyant que Monsieur obtiendroit bien plutôt la liberté du duc son mari par la voie des soumissions qu'en se retirant au comté de Roussillon, comme c'étoit l'avis d'aucuns; d'autant plus que le sieur du Fargis (que Monsieur avoit envoyé en Espagne dès son entrée en Languedoc), étant arrivé au même temps, portoit assurance d'hommes et d'argent que le roi d'Espagne lui devoit envoyer au premier jour, avec quoi Monsieur pourroit se remettre en état de revenir les armes à la main, et de pouvoir délivrer M. de Montmorency : mais ce secours étoit imaginaire, et il étoit besoin d'effets plus prompts pour un mal si pressant.

Monsieur envoie le sieur de Chaudebonne au Roi, et le sieur d'Aiguebonne son frère fut en même temps dépêché de la cour, pour dire à Monsieur que Sa Majesté avoit toujours les bras ouverts pour le recevoir en grâce, pourvu qu'il retournât à son devoir avec une ferme résolution de ne plus tomber en pareille faute. Son Altesse va à Béziers attendre les nouvelles de la cour, et pour s'assurer aussi de la ville qui faisait mine de lui vouloir refuser les portes. Au premier avis que le duc d'Elbeuf reçut de cette déroute, il s'en vint trouver Monsieur avec ses troupes pour voir ce qui se passoit au traité, n'étant pas sans appréhension que Monsieur ne fût contraint de consentir à l'annulation de son mariage, pour lequel toute la maison de Lorraine, et lui particulièrement, avoient tant pris de peine.

Les sieurs de Bullion et marquis des Fossés vinrent apporter les volontés du Roi, auxquelles il fallut que Monsieur s'accommodât; elles étoient : 1° de renoncer à toute intelligence avec l'Espagne, la Lorraine et la Reine-mère; 2° de demeurer en tel lieu que le Roi auroit agréable; 3° de ne se point intéresser au châtiment que le Roi feroit de ceux qui l'auroient suivi, à la réserve de ses domestiques étant lors près de lui; 4° que les étrangers se retireroient six jours après dans le Roussillon; 5° qu'il ne recevroit aux principales charges de sa maison que des personnes agréables et nommées par Sa Majesté; 6° que Monsieur éloigneroit ceux qui seroient désagréables au Roi; 7° que le sieur de Puylaurens avertiroit le Roi de tout ce qui avoit été traité avec les étrangers contre le service du Roi et le bien de l'Etat, et contre les personnes principales qui servoient Sa Majesté en ses affaires, à peine d'être déchu de sa grâce; 8° et que Monsieur commanderoit à tous les siens d'avertir le Roi de tout ce qu'ils connoissoient se passer au contraire, et que ceux que Sa Majesté désireroit en feroient le serment. Moyennant ce que dessus, à quoi Son Altesse souscrivit, il fut remis aux bonnes grâces de Sa Majesté, rétabli en ses biens, et lui fut permis d'aller à Tours ou à Champigny, maison de feu Madame, avec ses domestiques, auxquels le pardon étoit pareillement accordé avec le rétablissement en leurs biens; de quoi il devoit être expédié des lettres particulières, à la réserve du duc de Bellegarde, du président Le Coigneux et du sieur de Monsigot, qui étoient demeurés en Lorraine et en Flandre. Le Roi pardonna aussi au duc d'Elbeuf, le remit en ses biens, et permit qu'il allât en l'une de ses maisons; ce qui ne fut qu'après plusieurs contestations que Monsieur eut pour cela avec les commissaires du Roi. Ils sondèrent Monsieur plusieurs fois sur le fait de son mariage, et le sieur de Puylaurens aussi, pour savoir ce qui en étoit; à quoi il fut répondu par Son Altesse qu'il y avoit bien eu des paroles données, mais que l'exécution en avoit été remise au retour de ce voyage. Monsieur congédia ses troupes étrangères, et, n'ayant point d'argent, fit mettre sa vaisselle d'argent en gage pour avoir de quoi les renvoyer; pour les autres troupes, elles étoient déjà débandées d'elles-mêmes, sans attendre l'ordre de Son Altesse, qui partit de Béziers le premier jour d'octobre pour prendre le chemin de Tours, l'entrevue de Sa Majesté et de Monsieur ayant été remise à une autre fois. Le comte d'Alais, comme colonel général de la cavalerie, eut ordre d'accompagner Son Altesse par les chemins, pour la faire recevoir par les villes où il passeroit; et l'on ne fut pas sans soupçon que ce ne fût pour l'observer et empêcher qu'il s'évadât encore une fois : mais l'on connut depuis que c'avoit été pour éloigner ce comte de la cour, pendant que l'on travailleroit au procès de M. de Montmorency son oncle.

Le Roi ayant eu à Lyon les nouvelles de la déroute de Monsieur, et qu'il n'y avoit aucun prisonnier de sa part, voulut faire exemple, partout où il passeroit, de ceux du parti de Son Altesse qui auroient été mis en arrêt, et commença par le sieur de Cabestan, qui fut exécuté ainsi que Sa Majesté partoit de Lyon. En passant au Pont-Saint-Esprit, le vicomte de L'Estrange, qui avoit pris les armes pour Monsieur, reçut le même traitement; et le sieur des Hayes, qui avoit été arrêté en Allemagne, allant négocier avec l'Empereur et avec le duc de Bavière de la part de la Reine-mère et de Son Altesse, fut amené à Béziers où il ne trouva pas une plus heureuse fin. Mais ce n'étoit pas assez de ces trois têtes, il en falloit une plus illustre pour satisfaire pleinement à la justice du Roi, et celle du duc de Montmorency, comme chef de la révolte de Languedoc, finit la catastrophe de cette sanglante tragédie dans la capitale de son gouvernement, qui fut le dernier jour d'octobre 1632. La France, qui savoit les grands services que les ancêtres de ce seigneur et lui-même avoient rendus à cet Etat, ne put s'empêcher de pleurer son malheur. L'affliction fut encore plus grande au Languedoc, où il avoit tellement gagné le cœur des peuples par sa courtoisie et par sa générosité, que dès lors qu'on sut sa détention il fut fait des prières publiques pour sa liberté.

Mais Monsieur fut le plus outré de douleur, quand il sut que le Roi n'avoit considéré en aucune façon les prières et les très-humbles remontrances que le sieur de La Vaupot lui fit de sa part pour la vie de M. de Montmorency, et qu'on n'avoit pas laissé de passer outre à l'exécution. Se voyant réduit à ce piteux état, et prévoyant que son mariage, que tout le monde tenoit pour certain, ne fût un nouveau sujet à la cour de le quereller et les siens, pour se délivrer de toutes ses craintes il se résolut de retourner en Flandre, et, en passant par Montereau-Faut-Yonne, écrivit au Roi que ne pouvant plus demeurer en France avec honneur après la mort de M. de Montmorency, auquel le sieur de Bullion lui avoit promis que le Roi feroit grâce; ne pouvant non plus après cela trouver de sûreté en France, il étoit contraint de quitter le royaume, et d'aller chercher du repos parmi les étrangers. Il passe par la Lorraine sans s'y arrêter, pour ne pas irriter le Roi davantage contre le duc; de là traverse le Luxembourg, et arrive sur la fin de janvier à Bruxelles.

Bien que les Espagnols, qui avoient fourni aux frais de la guerre de Monsieur, n'en eussent pas tiré l'avantage qu'ils s'étoient promis, ils ne laissèrent pas de le bien recevoir, et de lui faire tout le bon traitement que leurs affaires pouvoient permettre. L'Infante lui laissa le même appartement qu'il avoit déjà eu au palais, et les Espagnols lui donnèrent 30,000 florins par mois pour entretenir sa maison.

[1633] La Reine-mère avoit pris grande part à la disgrâce que Monsieur venoit de recevoir au Languedoc, en ayant eu avis par le sieur de Biscarat qu'elle tenoit auprès de Son Altesse; mais ce qui accrut son déplaisir fut d'apprendre que Monsieur l'eût abandonnée par le traité, et ne put s'empêcher d'en faire de grandes plaintes à la cour de Bruxelles, ne considérant pas, comme elle fit depuis, que c'étoit un effet de la mauvaise fortune de Monsieur, plutôt que manque de respect et d'affection pour Sa Majesté, et que la nécessité de ses affaires le devoit mettre à couvert de tout blâme pour cela envers elle. Aussi la trouva-t-il toute consolée de le voir retourner sain et sauf auprès d'elle et hors des mains de leur ennemi commun; et c'étoit aussi sur l'espérance qu'étant en même lieu et agissant de concert, comme elle se proposoit de faire, leurs affaires en iroient beaucoup mieux, et qu'on les considéreroit davantage aux rencontres que le temps pourroit faire naître. Après avoir protesté souvent d'une union réciproque de volontés et d'intérêts, l'intelligence fut, durant quelque temps, aussi bonne entre eux qu'il se pouvoit désirer entre des personnes si proches, qui se trouvèrent embarquées en même vaisseau et pour une même cause : et il est certain que, si les ministres de l'un et de l'autre se fussent mieux accordés, ils n'eussent pas été si fort agités de la tempête, et seroient possible plutôt et plus heureusement parvenus au port; mais l'on vit bientôt la défiance se mettre parmi eux, et chacun ne penser qu'à son fait particulier, comme il sera dit en son lieu. Cependant Monsieur ayant donné charge au sieur d'Elbène de déclarer son mariage au Roi, Sa Majesté le reçoit à injure d'autant plus grande, que c'a été contre les défenses expresses qu'elle en avoit faites au duc de Lorraine, et contre la parole que ce duc lui avoit donnée de l'empêcher. Son honneur ne lui permettant pas de laisser un tel attentat impuni, Sa Majesté résout d'aller en Lorraine et d'assiéger Nancy pour en tirer raison. Le duc connoît sa faute, mais il est malaisé de la réparer. Il sait que la place n'est pas trop bien pourvue, et qu'il court fortune de la perdre. Il fait faire divers voyages au cardinal de Lorraine son frère vers le Roi. Ce sont de grandes soumissions et protestations de service qu'il fait au commencement de la part du duc son frère, qui offre même l'investiture du duché de Lorraine en faveur dudit cardinal de Lorraine, et en fait expédier sa renonciation. Enfin comme il voit Nancy en péril évident, il en accorde la reddition à telles conditions qu'il plaira à Sa Majesté, si dans dix jours la place n'est secourue; offre même de faire mettre entre les mains de Sa Majesté la princesse Marguerite sa sœur. Le cardinal de Lorraine demande ensuite un passeport pour faire sortir son équipage, qui lui est accordé. A la faveur de ce passeport il fait évader la princesse Marguerite sa sœur, en habit déguisé, qui alla trouver Monsieur en Flandre. Nancy se trouvant pressé, et le duc de Feria, qui venoit à son secours, encore bien éloigné; le duc de Lorraine d'ailleurs n'ayant pu consentir qu'il fût consigné entre les mains des Espagnols en cas qu'ils fissent lever le siége, comme le duc de Feria lui avoit envoyé proposer par un homme exprès, aima mieux qu'un seul des deux Rois tînt tout son pays que non pas de le voir partager entre les deux, croyant qu'il en auroit plus facilement la restitution, joint qu'il ne désespéroit pas de son chef secourir Nancy. Il juge qu'il est besoin pour cela d'en aller lui-même faire l'essai, et n'en trouve pas de meilleur moyen que de se jeter dans la place. Pour cet effet, il feint de vouloir tenir le traité fait par le cardinal de Lorraine son frère, mais qu'il désiroit s'aboucher auparavant avec le cardinal de Richelieu, et de rendre ses devoirs au Roi, et fait prier Sa Majesté de lui accorder un sauf-conduit, s'imaginant qu'il lui seroit facile d'exécuter son dessein quand il seroit au quartier du Roi; mais il fut donné si bon ordre pour observer le duc, qu'il lui fut impossible de s'échapper, et il fut contraint de consentir la reddition de la place entre les mains du Roi le 24 septembre 1633.

Madame, s'étant sauvée de cette façon, fit grande diligence pour se rendre à Thionville, dont elle fut extraordinairement fatiguée. Soudain qu'elle eut dit son nom et sa qualité au comte de Vilthz, gouverneur, et à sa femme, et qu'ils surent son aventure, ils la reçurent avec honneur, et lui donnèrent asile, où elle demeura quelques jours, tant pour se délasser que pour attendre ses hardes et un équipage plus convenable et plus commode pour continuer son voyage. Le comte et la comtesse d'Emden lui rendirent aussi leurs honneurs et respects à son passage par le Luxembourg, et Madame se loua fort depuis de leurs bonnes volontés. Monsieur, ayant été averti par courrier exprès de son heureuse évasion, et des journées qu'elle devoit faire, l'alla trouver à Namur, où l'un et l'autre ne reçurent pas peu de joie de se voir réunis après plusieurs périls que chacun d'eux avoit courus en son particulier; et, sachant combien Madame étoit désirée de la Reine-mère et de l'Infante, il la mena dès le lendemain à Bruxelles. Ce fut à l'envi de ces deux princesses qui la chériroit le plus, et qui témoigneroit plus de contentement de sa vue; mais étant logées au palais, et recevant à toute heure les soins et les libéralités de l'Infante, on l'eût prise plutôt pour la belle-mère que la Reine, qui avoit un autre logement, et se trouvoit en état de recevoir plutôt que de faire des présens. Les Espagnols augmentèrent la pension de Monsieur de 15,000 livres par mois pour l'entretien de Madame, et toute la cour la vint féliciter de son heureuse arrivée.

La Reine-mère tomba malade, de là à quelque temps, d'une fièvre double-tierce dans la ville de Gand, que le Roi envoya visiter par le sieur de Roches; et l'ayant fait pressentir si elle auroit agréable les respects du cardinal de Richelieu, qu'il avoit ordre en ce cas de lui rendre, elle dit que ses persécutions lui étoient plus agréables que ses complimens; et par ce refus se donna depuis l'exclusion pour son retour en France. Le Roi ne laissa pas de lui faire dépêcher les sieurs Pietre et Riolan, fameux médecins de la faculté de Paris, pour l'assister en sa maladie.

Le duc de Marse, de la maison de Colonne, qui commandoit un régiment de cavalerie en l'armée de Flandre, se trouvant un jour chez la Reine-mère ainsi que Monsieur y étoit, et que l'on s'entretenoit des affaires du temps, leur dit qu'il savoit un bon moyen de les tirer l'un et l'autre de peine et pour peu de chose, qui étoit d'assigner une somme de deux mille pistoles à celui de ses compagnons qui tueroit le cardinal de Richelieu, et en cas de mort à sa veuve ou héritiers, s'assurant qu'il n'y en auroit pas un qui ne prît volontiers ce hasard, en donnant cinquante pistoles d'entrée à chacun de ceux que l'on voudroit mettre en besogne pour les frais du voyage. La Reine-mère et Monsieur furent sans repartie, et toute la compagnie auroit été grandement surprise et scandalisée d'une semblable proposition faite à des personnes de cette dignité et piété, n'eût été que le duc venoit de dîner en débauche, où il avoit bu plusieurs santés. L'on croit que le père Chanteloube avoit déjà fait son profit par une pareille entreprise qui devoit être exécutée par Alfeston, lequel ayant été découvert et mis ès mains du nouveau parlement de Metz, fut le premier criminel contre lequel il donna arrêt de mort.

Sur la fin de l'année 1633 l'Infante mourut d'une fièvre continue, dans l'estime d'une princesse des plus accomplies du siècle. Elle ne fut pas seulement regrettée en Flandre et en Espagne; ses propres ennemis la trouvèrent à redire, comme si le génie de la paix se fût retiré avec elle. Monsieur et Madame en furent d'autant plus affligés, que c'étoit d'elle qu'ils tiroient leur principale consolation dans leur mauvaise fortune.

[1634] Les visites que le sieur de Puylaurens avoit faites chez la princesse de Chimay depuis le retour de Monsieur à Bruxelles, avec la beauté de la personne, l'avoient rendu tellement amoureux de mademoiselle de Chimay la fille, qu'il avoit oublié ses amours de Lorraine, et quitté la marque de chevalerie que madame la princesse de Phalsbourg lui avoit donnée en partant de Nancy, qui étoit un nœud bleu, traversé par le milieu d'une petite épée, avec cette inscription : *Fidélité au bleu mourant,* que Puylaurens avoit accoutumé de porter du côté du cœur, pour prendre au lieu le galant vert qui étoit la couleur de la demoiselle de Chimay. La princesse de Phalsbourg ayant su ce changement, ne peut souffrir d'être ainsi méprisée, et conçoit une haine mortelle contre Puylaurens. La passion qu'elle a d'en venir elle-même tirer raison sur le lieu, lui fait trouver moyen de se sauver des mains du sieur de Brassac, gouverneur de Nancy, prenant l'occasion du carrosse dans lequel le colonel Brono alloit et venoit tous les jours dans la ville avec ses hardes, sans être visité ni fouillé aux portes, et s'étant enveloppée dans une robe de chambre, trouva facilité à faire réussir son entreprise, et se rendit à Bruxelles au mois de mars 1634. On lui donna son logement au palais proche celui de Madame.

Le bruit ayant été commun partout que le cardinal de Richelieu avoit entrepris de faire déclarer nul le mariage, comme il fut depuis, et de donner à Monsieur la duchesse d'Aiguillon sa nièce, toute la maison de Lorraine, et particulièrement la princesse de Phalsbourg prit l'alarme, et elle ne fut pas plutôt arrivée en Flandre, qu'elle pourvut autant qu'il lui fut possible à maintenir ce qui avoit été fait, et empêcher qu'il ne pût être donné atteinte à ce mariage. Pour cela elle crut n'avoir que trois choses à faire : la première, puisque Monsieur savoit en son ame avoir bien et valablement contracté son mariage, faire instance à Son Altesse qu'il lui plût le répéter solennellement pour plus grande sûreté; la seconde, de le faire confirmer et approuver par les docteurs de la faculté de Louvain; la troisième, d'écrire une lettre bien expresse au Pape, par laquelle Monsieur déclareroit qu'il tient en son ame son mariage bon et valable, et que ce qu'il lui en écriroit étoit la pure vérité, se trouvant lors en lieu où il étoit maître de ses actions et de ses volontés, suppliant Sa Sainteté n'ajouter aucune foi à d'autres lettres ni actes qu'il pourroit faire ci-après, soit en public ou en particulier, au préjudice de la déclaration qu'il en faisoit lors à Sa Sainteté, et de s'assurer qu'à moins que d'y être forcé par une puissance supérieure, il ne peut jamais être démû d'une si sainte résolution, en quelque façon que ce puisse être.

Monsieur lui accorda de bonne grâce tout ce qu'elle demandoit, comme un homme qui étoit dans la bonne foi, et vouloit tenir religieusement sa parole. L'archevêque de Malines fut mandé à l'heure même, entre les mains duquel Monsieur et Madame se promirent de nouveau la foi conjugale l'un à l'autre, en présence du duc d'Elbeuf et de tous les principaux officiers de Leurs Altesses.

Les mémoires concernant le mariage furent envoyés aux docteurs de Louvain, qui en firent deux consultes séparés en latin, l'un suivant le droit canon, l'autre suivant le droit civil, et au bas de chacun déclarèrent le mariage bien et valablement contracté, avec cette clause même que, encore que par une force majeure quelque mariage que ce fût vînt à être déclaré nul, en sorte qu'il intervînt un décret du Pape confirmatif de la sentence, et portât peine d'excommunication, celui qui auroit contracté le mariage étoit tenu en conscience de subir l'excommunication plutôt que de rompre ce mariage, sachant en son ame l'avoir bien et valablement contracté, et ce conformément à l'opinion de Sanchez et autres casuistes. La lettre pour le Pape fut aussi expédiée dans les termes que la princesse avoit désiré, et fut avisé, pour donner plus de poids au sujet pour lequel elle étoit écrite, d'envoyer personne expresse au Pape. Le sieur Passart, contrôleur général des finances de Monsieur, fut choisi pour cela, lequel, s'étant mis en chemin pour s'acquitter de sa commission, fut arrêté dès la frontière, et envoyé à la Bastille. On fut fort offensé à la cour de cette dépêche, dont Monsieur ne laissa pas depuis d'envoyer un *duplicata* par autre voie à Sa Sainteté.

La princesse de Phalsbourg, ayant obtenu ce qu'elle désiroit pour le mariage de Monsieur et de madame sa sœur, il lui restoit une autre chose à faire qui ne lui tenoit guère moins au cœur, qui étoit de réduire Puylaurens à lui faire réparation de l'injure qu'elle prétendoit en avoir reçue. Peu de jours après la mort de l'Infante, le marquis d'Aillon fit arrêter le prince de Barbançon, et avoit ordre de faire le semblable du comte d'Egmont, du prince d'Espinoy et du duc de Bournonville, qui avoient traité avec le Roi pour la conservation de leurs priviléges; mais les trois derniers en ayant eu avis se sauvèrent en France, et le duc d'Arscot, qui s'étoit acheminé à la cour d'Espagne, y fut arrêté prisonnier comme chef de cette ligue. Le sieur de La Vieuville fut relégué à Oudenarde, soupçonné d'avoir eu part à cette pratique, y ayant grande familiarité entre lui et le duc d'Arscot qui le chargea depuis par sa déposition.

La princesse de Phalsbourg trouva les affaires fort disposées à Bruxelles pour l'exécution de son dessein contre Puylaurens, et prit incontinent le parti de la Reine-mère qui étoit fort mal satisfaite de lui. Il y avoit long-temps qu'il ne voyoit point le père Chanteloube, et celui-ci n'alloit pas non plus chez Monsieur. Il sembloit aussi que Son Altesse n'allât pas tant chez la Reine pour s'acquitter de ses devoirs que pour lui faire bravade, et même que Son Altesse trouvât à redire que Madame eût des conférences si fréquentes et si particulières avec elle.

Le père Chanteloube, qui prétendoit avoir la surintendance de toutes ses affaires comme principal conseiller de la Reine-mère, lui faisoit entendre que Monsieur ne se devoit conduire que par ses avis, et que c'étoit elle, comme mère et comme reine, qui devoit avoir la principale autorité aux choses qui regardoient leur commun intérêt. Puylaurens, d'autre côté, vouloit bien que l'on sût le peu de considération où se trouveroit la Reine-mère, tant au dedans que hors du royaume, si elle étoit désunie d'avec Monsieur, qu'il importoit peu à la France qu'elle y retournât ou non; mais que c'étoit la personne de son maître qui y étoit désirée, comme le plus nécessaire, et sans lequel elle ne se pouvoit remettre en crédit; que comme Monsieur ne pouvoit espérer aucun avantage de la Reine sa mère, mais bien un obstacle perpétuel à ses affaires particulières tant qu'il se tiendroit joint à elle, sa mère et son conseil n'auroient pas raison de vouloir que Son Altesse dépendît si absolument de ses volontés; qu'il tenoit la loi du père Chanteloube, qui étoit un pauvre prêtre à qui les douleurs de la goutte avoient estropié l'esprit aussi bien que le corps.

Cette brouillerie de Monsieur avec la Reine-mère engendra plusieurs querelles parmi leurs gens. Le Sec, qui tenoit le parti du père Chanteloube, se sentit offensé de quelque action de mépris que le comte de La Rochepot, fils de du Fargis, avoit faite de lui à la messe aux Jésuites; et d'autant que ce comte étoit jeune, il prétend que le sieur du Fargis son père en doit faire la raison. Heurtaut va trouver le sieur du Fargis à ce sujet, lequel ayant répondu en riant à Heurtaut : « Quoi ! ce méchant homme voudroit-il bien mettre l'épée à la main contre moi ? » Heurtaut lui donna le démenti, disant que Le Sec étoit homme de bien, tira l'épée en même temps, et blessa dangereusement le sieur du Fargis qui n'avoit pu encore se débarrasser de sa casaque, lui ayant percé le poumon à côté, dont il fut quatre mois à guérir. De cette querelle il en naquit de là à quelques jours une autre entre le même Heurtaut et un gentilhomme allié du sieur du Fargis, nommé Fontaine, qui fut tué sur la place après avoir bien fait de la peine à Heurtaut. Il y en eut beaucoup d'autres entre divers particuliers et pour différens sujets qu'il seroit trop long de raconter. Le marquis d'Aytone n'avoit la tête rompue d'autre chose, et disoit que les gens de la Reine-mère et de Monsieur lui faisoient plus de peine qu'il n'en avoit à gouverner tous les sujets du Roi son maître en Flandre.

Monsieur ayant reçu quelques ouvertures d'accommodement de la part du Roi, il en donne part aux ministres d'Espagne afin de leur faire voir sa franchise, et déclare qu'il ne veut rien faire sans eux, leur étant trop obligé pour en user d'autre façon. De leur avis, Monsieur demanda Châlons-sur-Saône pour retraite, ou que l'on consente à son mariage. L'un et l'autre lui ayant été refusés, le traité se tourne en fumée. Pour tout cela les soupçons ne laissent pas de continuer dans l'esprit de la Reine-mère, parmi les Espagnols et les Lorrains, que Puylaurens entretient toujours commerce avec le cardinal de Richelieu, pour soustraire Monsieur au premier jour de leurs mains, et lui faire abandonner sa mère, sa femme, et payer d'ingratitude ceux auxquels il est d'ailleurs obligé pour tant de bons traitements reçus en sa mauvaise fortune. La princesse de Phalsbourg et le duc d'Elbeuf fomentent de plus en plus ces jalousies, sur les avis qu'ils ont de la cour que le traité continue, voyant aussi qu'il y avoit tous les jours des courriers en campagne dépêchés par les d'Elbène, qui en étoient les négociateurs à cause de quelque habitude que l'abbé d'Elbène avoit avec le sieur de Chavigny, fils du sieur Bouthillier, qui étoit le principal confident du cardinal de Richelieu.

Son Altesse avoit promis au sieur Le Coigneux, lorsqu'elle lui donna son congé, de le remettre bientôt dans l'exercice de sa charge de chancelier, comme j'ai déjà dit. Il passa néanmoins deux années et plus dans cet exil avec beaucoup d'incommodité, ne lui étant pas seulement défendu de retourner en France où son procès étoit fait, mais trouvant encore beaucoup de difficulté d'en tirer de quoi subvenir à ses besoins : et ce qui rendoit sa condition plus malheureuse, c'étoit que Monsieur ne pensoit nullement de le rappeler auprès de lui tant qu'il seroit hors de France. Cependant il étoit averti des grabuges d'entre la Reine-mère et Monsieur, de la haine que la princesse de Phalsbourg et toute la maison de Lorraine portoient à Puylaurens, et croyoit que tout cela dût faire pour lui, avec le mécontentement presque général de ceux de la cour de Son Altesse, qui se lassoient d'un si long exil et portoient envie à la faveur de Puylaurens.

Le Coigneux savoit aussi la négociation des d'Elbène, et ne doutoit point que Monsieur ne fût en velonté de se tirer au plus tôt de tous ces embarras, et que l'accommodement de Son Altesse avec le Roi ne pouvoit pas souffrir davantage de remise ; mais il craignoit d'être exclus de ce traité, ainsi qu'il l'avoit été de celui de Béziers, s'il ne se trouvoit en meilleure posture auprès de son maître. Il y avoit déjà quelque temps que ses amis le sollicitoient de venir, l'assurant que s'il pouvoit s'aboucher avec Son Altesse seul à seul l'espace d'une demi-heure, non-seulement il seroit rétabli aussitôt dans sa place, mais qu'il pourroit donner à son tour la chasse à Puylaurens, et s'imaginoient que Monsieur étoit autant las qu'eux de la conduite de celui-ci. Le Coigneux se flatte d'espérance, et se laisse aisément persuader à faire cette tentative, après s'être assuré de la protection de la Reine-mère par l'entremise du duc d'Elbeuf, avec lequel il étoit lors en bonne intelligence. Il entreprend le voyage, et surprend Monsieur un jour que Son Altesse étoit seule dans son cabinet. Elle le reçut fort humainement, mais elle lui sut mauvais gré de ce qu'il étoit venu contre ses défenses, l'interrompit souvent en son discours, et le laissa incontinent sans lui avoir fait autre réponse, sinon qu'il penseroit à le tirer au plus tôt d'affaire. Puylaurens étoit lors chez la princesse de Chimay, qui ne se mit pas beaucoup en peine quand il eut avis de cette venue, tant il se tenoit assuré de l'esprit de son maître.

Au commencement du mois de mai 1634, Puylaurens reçut un coup de carabine, montant le grand escalier du palais pour aller souper à son appartement ; la carabine étoit courte et de gros calibre, qui fut tirée de l'autre côté de l'escalier. Les sieurs de La Vaupot et Roussillon-Daradous, qui étoient avec lui, furent blessés, le premier à la mâchoire, et l'autre à la tête. Pour Puylaurens, il n'eut que la peau de la joue un peu effleurée, et les autres balles furent arrêtées par la touffe de ses cheveux, sans lui faire d'autre mal. L'assassin se sauva par un petit degré qui étoit à l'un des côtés de ce grand escalier ayant issue à une rue fort basse, après avoir laissé son manteau et sa carabine dans la cour du palais. Monsieur et toute sa cour accoururent incontinent au bruit. Son Altesse commande au sieur de Lasseré d'aller demander justice au marquis d'Aytone ; le juge criminel est mandé et l'ordre donné sur-le-champ pour faire exacte recherche de l'assassin et de ses complices et en faire le châtiment. Deux soldats étant à la suite du père de Chanteloube sont pris et interrogés en présence dudit Lasseré ; et l'on eût pu tirer lumière de l'affaire par la suite de leurs dépositions, si le marquis d'Aytone n'eût dit à Monsieur qu'il n'étoit pas besoin de s'en mettre davantage en peine, qu'il savoit bien celui qui avoit entrepris de faire le coup, et le déclareroit à Son Altesse quand il en seroit temps, mais qu'il ne le pouvoit faire encore, pour ne point choquer des personnes très-puissantes, et supplioit Son Altesse pour cette raison de l'en vouloir dispenser. Le soupçon tomba sur Clausel, à cause qu'il étoit de la faction du père Chanteloube et du duc d'Elbeuf; mais on en eut un plus fort indice sur ce que la casaque ou manteau se trouva toute parfumée, et que Clausel avoit accoutumé de mettre des senteurs à ses cheveux; ce qui fut confirmé depuis par le marquis d'Aytone, après que ledit Clausel fut sorti de Bruxelles.

Monsieur avoit déjà fait ce jugement de Clausel, qu'il croyoit avoir été mis en besogne par le père Chanteloube, et à toutes les fois qu'il parloit de l'action, il l'appeloit du nom de Chanteloubade. Puylaurens disoit aussi avoir de l'obligation à la princesse de Phalsbourg, de ce qu'elle ne l'avoit pas voulu faire saluer d'une balle seule, et qu'elle en eût fait mettre vingt dans la carabine, qui furent ramassées sur les marches du grand escalier. L'on jugea bien en effet que cette action n'étoit pas d'un homme seul, et que d'autres lui avoient aidé à charger la carabine. L'on ne put pas croire non plus que l'entreprise fût faite à l'insu des Espagnols. Madame du Fargis avoit déjà dit au sieur de Puylaurens les plaintes qu'ils faisoient du peu de sûreté qu'il y avoit en ses paroles. Elle lui fait appréhender un second arquebusier qui soit plus adroit que le précédent, et que les Espagnols ne se mettent pas plus en peine de les avertir qu'à la première fois. Ayant donc considéré que sans leur protection il lui étoit impossible de résister à tant de puissances qui avoient conjuré sa ruine, il entend aux expédiens qui lui furent donnés par madame du Fargis, qui étoient de faire une liaison plus étroite que jamais avec les Espagnols, et d'en faire passer un écrit authentique par Son Altesse, ce qui fut fait. Ensuite de quoi ils promirent une armée à Monsieur; et Puylaurens fut depuis en assurance, ayant aussitôt commencé à sortir du palais, ce qu'il n'avoit osé faire auparavant; mais il étoit toujours fort accompagné, rendant ses soins ordinaires à la princesse de Chimay la fille. L'amour qu'il avoit pour elle ne déplaisoit pas aux Espagnols; le marquis d'Aytone lui promit de la part du roi d'Espagne un honnête établissement dans le pays s'il vouloit entendre à ce mariage. Puylaurens témoigne se sentir obligé de cette bonne volonté; et, après lui avoir avoué sa passion, lui dit qu'il souhaiteroit pouvoir dès l'heure même exécuter ce qu'il lui faisoit l'honneur de lui proposer, puisqu'il l'assuroit de l'agrément de Sa Majesté Catholique; mais qu'il falloit que la fortune de son maître fût plus certaine et arrêtée avant que de penser à établir la sienne particulière.

De là à quelques jours, Monsieur se rendit à l'armée des Espagnols, qui étoit lors au pays de la Campine, aux environs de Maestricht. Le duc de Lerme reçut Monsieur à son quartier, et voulut faire paroître la magnificence espagnole, ayant traité trois jours durant Son Altesse et toute la noblesse qui étoit du voyage, avec grand apparat. Les mets étoient accommodés à la française; et, à la fin des repas, il faisoit apporter deux sacs, chacun de mille pistoles, au bout de la table pour ceux qui voudroient jouer, sans autre condition sinon qu'ils rendroient l'argent s'ils vouloient, ou quand ils en auroient la commodité. Son Altesse s'en retourna incontinent à Bruxelles, disant au marquis d'Aytone qu'il s'en alloit donner ordre à son armement, ayant dépêché auparavant Le Coudray-Montpensier à l'Empereur, duquel devoient venir les principales forces de cette armée. Monsieur se moquoit en lui-même de ce beau dessein de guerre dont ils pensoient l'amuser, connoissant leur impuissance: néanmoins il ne leur faisoit point paroître de s'en apercevoir, et jouoit fort bien son personnage. Il arriva en ce temps-là un accident à sa cour, qui causa grande rumeur et faillit à faire couper la gorge à plusieurs gentilshommes français. Vieuxpont discourant un jour dans la chambre de Monsieur avec un gentilhomme de Champagne nommé Brantigny, et ayant tenu un discours injurieux à la personne du Roi, Brantigny releva la parole et dit qu'il parloit mal. Vieuxpont reconnut sa faute, et tâcha de la réparer sur-le-champ le mieux qu'il put, priant Brantigny de n'en pas faire plus de bruit; mais il n'y eut pas moyen de tenir la chose secrète. Besançon, qui étoit proche d'eux, avoit entendu le dialogue, et, comme il cherchoit quelque occasion de se tirer de la misère où il étoit et de se raccommoder à la cour, crut que celle-ci se présentoit favorable à son dessein, s'il faisoit le zélé pour l'honneur et pour la réputation du Roi. Il en fait grand éclat, et tâche d'intéresser tout ce qu'il y avoit de Français à la cour de Son Altesse. Vieuxpont, ayant avis qu'il vouloit faire le bon Français à ses dépens, lui voulut faire mettre l'épée à la main, l'ayant vu passer dans la rue, ce que Besançon tâcha d'esquiver, voyant Senantes venir en même temps à lui, et croyant que ce fût une partie faite pour l'assassiner. Il rencontra quelque embarras qui l'empêcha de gagner son logis, et le fit tomber à terre, où Vieuxpont le blessa de plusieurs coups. Brantigny et Jacquinot le firent depuis appeler en duel avec Senantes, où le premier fut tué sur la place. Besançon s'adresse au secrétaire d'Amontot, étant lors pour le service du Roi à Bruxelles, pour avoir la protection du Roi, puisque c'est pour son service qu'il avoit souffert injure d'Amontot, et demande réparation à Monsieur; mais Vieuxpont et Senantes s'étoient déjà évadés, et Besançon eut ordre du conseil d'Espagne de sortir du pays dans deux fois vingt-quatre heures.

Le retour de Monsieur si prompt de l'armée espagnole, étoit pour voir ce qui se passoit en la négociation des d'Elbène qui avoit eu quelque intervalle depuis l'écrit donné aux ministres d'Espagne; mais elle n'avoit pas été entièrement rompue, et s'étoit de nouveau réchauffée, encore que ce fût plus secrètement que par le passé.

Les négociateurs ayant été rebutés plusieurs fois, trouvèrent enfin disposition de part et d'autre à l'accord projeté de si longue main.

Les États de Hollande pressoient le Roi d'en venir à une rupture ouverte avec l'Espagne, autrement ils menaçoient Sa Majesté de faire la paix avec le roi d'Espagne, ou du moins une trève à longues années. Le cardinal de Richelieu désiroit non-seulement les contenter pour le premier chef, mais encore les obliger d'entrer de nouveau en ligue avec le Roi, jugeant bien ne pouvoir pas faire grands progrès du côté de Flandre s'ils n'étoient de la partie. La personne de Monsieur étoit nécessaire sur toute autre chose à son dessein, vu que ces Etats et autres alliés, qui voyoient le Roi sans enfans, et sa santé fort douteuse, faisoient grand scrupule d'entrer en cette nouvelle ligue, tant qu'ils verroient l'héritier présomptif de la couronne entre les mains des Espagnols.

D'autre côté, Monsieur s'ennuyoit d'une si longue demeure aux pays étrangers, faisant réflexion sur ses malheurs passés, et en appréhendant encore de plus grands s'il tentoit derechef la voie des armes pour se rétablir en France, ne voyant pas aussi les Espagnols en état de lui pouvoir donner les choses nécessaires pour cela. Les brouilleries continuelles de sa maison lui faisoient aussi beaucoup de peine, et outre cela ayant eu nouvelle de la bataille de Nordlingen, il appréhendoit la venue du cardinal Infant, auquel il falloit quitter le logement du palais, ne sachant d'ailleurs comment ils se pourroient accommoder ni de quelle façon ils auroient à traiter l'un avec l'autre. Puylaurens se voyoit menacé de la venue du duc de Lorraine à la cour de Bruxelles; et bien que, laissant l'affaire du mariage de Monsieur indécise, comme il s'y voyoit contraint, il prévit beaucoup de péril en France, il trouve encore moins de sûreté pour lui à Bruxelles, et se résout en premier lieu de parer au coup qui lui pendoit sur la tête, espérant qu'il trouveroit quelque moyen d'esquiver avec le temps le mal qui étoit le plus éloigné.

Monsieur tenoit son traité fort secret, particulièrement à Madame, de peur qu'elle n'en donnât avis à la princesse de Phalsbourg sa sœur, s'étant même abstenu près de six semaines de coucher avec elle. Il garda le même secret envers le sieur du Fargis et sa femme, à cause de l'attachement qu'ils témoignèrent d'avoir aux Espagnols en toutes sortes de rencontres, joint que, lors de l'écrit que Monsieur signa aux Espagnols, la dame du Fargis leur avoit été comme garante de la parole de Son Altesse et de celle de Puylaurens, qui étoit de n'entendre jamais aucun traité avec le Roi que ce ne fût avec leur participation; et jusqu'au jour que Monsieur partit de Bruxelles, il continua à se servir du sieur du Fargis pour maintenir la bonne intelligence entre Son Altesse et les Espagnols, et pour leur ôter les ombrages que la Reine-mère et les Lorrains leur donnoient à tous momens de son traité.

Mais, quelque soin que Monsieur apportât pour le tenir caché, il ne se put faire que l'on n'en eût le vent à Bruxelles. La princesse de Phalsbourg et le duc d'Elbeuf dépêchent au marquis d'Aytone qui étoit encore à l'armée, pour lui en faire part, et lui demandent la raison de la perfidie de Puylaurens, auquel il avoit naguère donné protection. Monsieur s'en va à Namur, sous prétexte de se vouloir justifier au marquis d'Aytone sur tous les bruits que l'on avoit publiés de ce traité; mais c'étoit en effet pour en aller attendre la dépêche à Dinant au Liége, où l'ordre avoit été donné qu'on lui en enverroit un *duplicata*, et un autre à Bruxelles par la voie du messager ordinaire, croyant de là continuer son voyage en France. Il fut bien surpris quand il sut que le marquis étoit à Namur : il le va trouver, et lui fait ses plaintes de quelques mauvais esprits qui tâchoient à les brouiller, protestant qu'il vouloit demeurer dans les termes de son écrit. Le marquis lui dit qu'il savoit de bon lieu que son accommodement étoit fait avec le Roi, et s'en réjouissoit comme serviteur de Son Altesse; qu'il n'avoit rien à lui dire là-dessus que ce qu'il lui avoit souvent déclaré de la part du Roi son maître, que tant qu'il plairoit à Son Altesse demeurer dans les États de Sa Majesté Catholique, Monsieur y seroit toujours le maître; mais quand Son Altesse trouveroit sa sûreté et sa satisfaction en France, bien loin que Sa Majesté Catholique se voulût opposer à son retour, elle seroit la première à le lui conseiller, lui faisant excuse de ce que les affaires du pays ne lui avoient pas permis de le traiter avec plus de dignité, et suppliant Son Altesse de le faire avertir de son départ, afin qu'il pût lui rendre les honneurs qui étoient dus à un si grand prince, en le conduisant jusqu'à la frontière.

Monsieur ne voulut pas avouer le traité, mais il ne s'en défendit pas trop bien, et parut un peu embarrassé. Le comte de Salazar s'en étant aperçu, demanda au marquis pourquoi Monsieur ne lui tenoit pas grand discours contre sa coutume. Il lui répondit : *Su Alteza quiere scapar*. Bien que son jeu fût découvert, il ne laissa pas de faire la meilleure mine qu'il put, et s'en retourna à Bruxelles attendre la venue du messager ordinaire. Les ennemis de Puylaurens, ne doutant plus de ce traité, conspirèrent ouvertement sa ruine, et résolurent de l'attaquer en quelque lieu qu'ils le rencontreroient, quand ce devroit être dans les bals de Bruxelles, et de faire main basse sur tout ce qui seroit dans son carrosse plutôt que de le manquer. Le jour étoit pris au 9 octobre, auquel se devoient faire les feux de joie de la victoire remportée à Nordlingen par le cardinal Infant ; mais dès le jour précédent la partie fut rompue.

Monsieur étant sorti de grand matin, sous prétexte d'aller à la chasse du renard, prit la route de La Capelle où il arriva dès le soir même. Il emmena Puylaurens et quelques autres avec lui ; et, prévoyant les reproches que les Espagnols feroient au sieur du Fargis de ce départ si précipité, encore qu'il se fît à son insu, il eut soin aussi de l'emmener, après l'avoir envoyé quérir par trois fois en son logis, afin de l'ôter des mains des Espagnols, qui adressèrent leurs plaintes à madame sa femme, et la reléguèrent à Gand ; mais ayant été depuis assurés qu'elle n'avoit eu non plus aucune connoissance du traité de Monsieur, ils la laissèrent retourner à Bruxelles, et lui continuèrent son entretènement à raison de 600 livres par mois, sans ce qu'elle tiroit de la charge de dame d'honneur de Madame, qui montoit à pareille somme.

La première chose que fit Monsieur étant en France, fut de dépêcher le sieur de Saint-Quentin à Madame, et l'assurer qu'il lui seroit partout bon et inviolable mari. Il envoya ordre par écrit au sieur de Chaudebonne, chevalier d'honneur de Madame, et au sieur de Lasseré, secrétaire des commandemens, de demeurer auprès d'elle pour lui continuer leurs services. Outre cela il laissa les officiers de sa maison qui avoient accoutumé de la servir, étant au nombre de soixante et quinze, entre lesquels il y avoit des suisses, pages, valets de pied et des cochers, vêtus des livrées de Son Altesse, et fit faire fonds de 15,000 livres par mois pour toute la dépense de la maison de Madame. Le sieur de Chaudebonne eut depuis ordre des Espagnols de se retirer, et le sieur Goulas aussi, qui étoit resté pour faire partir la maison, sachant qu'ils avoient contribué à la négociation des d'Elbène.

Le sieur Bouthillier, surintendant des finances, étoit venu au-devant de Monsieur à Soissons avec 45,000 écus en lettres de change, qui le firent d'autant mieux recevoir de Son Altesse. Elles furent aussitôt envoyées à Bruxelles, et servirent à dégager la maison de Son Altesse. Bautru avoit aussi été envoyé à Monsieur pour se réjouir de son retour de la part du cardinal de Richelieu, auquel Son Altesse fit pareillement de grandes caresses. Il s'entretint en particulier avec le sieur de Puylaurens sur le fait du mariage de Monsieur ; et lui ayant demandé l'état auquel étoit demeurée cette affaire, Puylaurens lui dit que la décision en étoit remise à Paris, et ne croyoit pas que l'on désirât rien de son maître qui fût contre sa conscience ; à quoi Bautru répondit qu'il voudroit comme son ami qu'il fût encore en Flandre, puisque Monsieur et lui n'avoient point résolu de consentir à la nullité du mariage. C'étoit bien aussi le sentiment d'aucuns, particulièrement de Son Altesse et de madame du Fargis, qu'il ne falloit point penser de retourner en France que ne l'on fût déchargé de ce fardeau et vidé la question.

Mais M. de Puylaurens fut pressé d'ailleurs, comme il a été dit, et n'eut pas le temps de faire tout ce qu'il eût bien voulu pour sa propre sûreté. Il fut encore blâmé de ses proches et de ses amis, que pour faire ce traité qui lui étoit de si grande importance, il se fût servi des d'Elbène, qui ne lui étoient ni obligés ni assez confidens, ayant même à considérer l'intérêt qu'ils avoient à se faire dédommager de l'évêché d'Alby qu'on leur avoit ôté, et que pour faire leur condition meilleure, ils n'auroient possible point fait scrupule de le sacrifier en lui célant le péril visible où il s'alloit jeter. Le Coudray-Montpensier eut peine de consentir à ce traité ; mais ce fut parce que son intérêt ne s'y trouva pas dès le commencement ; et soudain que d'Elbène lui eut porté parole de 50,000 livres, il fut le premier à y donner les mains.

Monsieur vint saluer le Roi à Saint-Germain-en-Laye, qui témoigna beaucoup de joie de sa venue, et le fit souper avec lui. Le cardinal de Richelieu le traita aussi, et c'étoit de grandes acclamations de toute la cour de la réconciliation de Monsieur avec Sa Majesté.

Peu de jours après, il se fit trois mariages à la cour, des filles du baron de Pont-Château et de celle de du Plessis de Chivray, toutes trois cousines du cardinal de Richelieu. L'aînée Pont-Château fut mariée au duc de La Valette; la seconde au sieur de Puylaurens; mademoiselle du Plessis de Chivray au comte de Guiche, fils du comte de Grammont. En faveur de ce mariage, le sieur de Puylaurens fut fait duc et pair, et la terre d'Aiguillon, qu'il avoit acquise auparavant, devoit porter le nom et titre de duché de Puylaurens; mais il fut tellement aveuglé de sa faveur et de tous ces honneurs qu'on lui faisoit avec tant de précipitation et quasi avant qu'il les eût demandés, qu'il ne considéra pas que c'étoit à dessein qu'il en seroit reconnoissant, et feroit de même les choses qu'on désireroit de lui, sans attendre qu'on s'en expliquât davantage; et comme le cardinal de Richelieu le trouva ferme sur le fait du mariage de son maître, et qu'il n'en pouvoit rien tirer de précis non plus qu'au premier jour, il conseilla au Roi de s'en défaire. Incontinent après que Puylaurens eut été complimenté de toute la cour sur son mariage et sa nouvelle dignité, Sa Majesté l'ayant fait arrêter et mener au bois de Vincennes le 14 février 1635, les sieurs du Fargis et Coudray-Montpensier furent envoyés en même temps à la Bastille.

Le marquis de Celade, s'en allant de Flandre en Espagne sur la fin de décembre 1634, avoit salué Monsieur en passant à Blois, et pressenti que Son Altesse commençoit d'avoir quelque dégoût de la cour, qui l'obligeoit de s'en éloigner et de se tenir à Blois. Il en donne avis aussitôt au marquis d'Aytone en Flandre, lequel, sachant la confiance que Monsieur et le sieur de Puylaurens avoient au sieur de Lasseré, qui étoit demeuré près de Madame à Bruxelles, vint avec le duc de Lerme et le président Rose au logis de la princesse de Chimay, où était madame du Fargis, et mandèrent ledit Lasseré pour faire savoir par lui à Monsieur qu'ils étoient bien informés du peu de satisfaction que Son Altesse avoit depuis son retour en France; qu'encore qu'il ne se fût pas bien séparé d'eux, ils ne laissoient pas d'avoir toujours grand respect pour sa personne, et la même passion de le servir; qu'ils lui offroient de nouveau la retraite dans les États du Roi leur maître, et que Son Altesse pouvoit s'assurer d'y trouver la même liberté et sûreté qu'il avoit toujours fait, et même qu'ils essaieroient de le traiter avec plus de dignité qu'auparavant. Ils furent d'avis d'abord qu'il dépêchât courrier exprès à Son Altesse, mais sous autre prétexte; de quoi il se défendit, disant qu'il n'avoit ordre d'écrire que par la voie du courrier ordinaire, par lequel l'avis pourroit arriver aussitôt et sans soupçon; ce qu'ils approuvèrent depuis, et firent prier Lasseré, par madame du Fargis, leur faire savoir sa réponse sitôt qu'il l'auroit reçue. Lasseré ne manqua pas d'avertir Monsieur et le sieur de Puylaurens de ce nouvel office que lui faisoient les Espagnols; et bien que ce fût avec tout le secret et la fidélité de sa part que l'on pouvoit désirer, il ne put si bien faire que le cardinal de Richelieu n'en eût l'avis d'ailleurs et que la dépêche ne tombât entre les mains du cardinal; ce qui fit encore hâter l'arrêt du sieur de Puylaurens.

Le cardinal Infant étoit arrivé à Bruxelles dès le 2 novembre 1634, et, afin de rendre son entrée plus célèbre, s'étoit fait accompagner par dix mille chevaux armés de toutes pièces, tant de l'armée de Flandre que de ceux qu'il avoit amenés d'Allemagne. Il avoit cent gardes tudesques vêtus de ses livrées, qui étoient moitié de velours et moitié de taffetas jaune, à bandes garnies de passement, houppées de cette couleur, mêlée de tané et ginjolin, et marchoient au devant de lui avec leurs timbales. Il étoit vêtu en cavalier à la française, portant le même habit qu'il avoit à la bataille de Nordlingen. On dressa depuis quantité d'arcs de triomphe à Bruxelles et à Anvers, et fut reçu par tout le pays avec des joies et acclamations nompareilles, comme leur restaurateur. Il vint descendre au logis de la Reine-mère, et alla de là à quelques jours visiter Madame, qu'il traita de *Votre Altesse*. La Reine-mère fut d'avis que Madame le traitât de la même façon, encore que tous les princes et états d'Italie l'eussent traité d'Altesse royale. On commença dès lors en France de traiter aussi Monsieur d'Altesse royale. Les Français qui étoient restés à Bruxelles eurent un peu à souffrir depuis le départ de Monsieur; les Espagnols leur donnoient souvent des nazardes par les rues, et reprochoient leur ingratitude. Ils se vengèrent aussi sur un portrait de Monsieur qui servoit d'enseigne à la boutique de son cordonnier, l'ayant abattu et mis en pièces.

[1635] Le Roi, ayant résolu de déclarer la guerre au roi d'Espagne, envoya l'un de ses hérauts à Bruxelles au cardinal Infant, qui refusa de le voir, après l'avoir fait attendre au logis du major de la ville depuis dix heures du matin jusqu'à six heures du soir du 19 mai 1635. Personne ne se voulut non plus charger de son exploit, tellement qu'il fut contraint de le laisser dans la place du Sablon et de s'en retourner, après avoir fait les chamades accoutumées à l'entrée et à la sortie de la ville. L'on eut avis presque en même temps de la défaite du prince Thomas à Avein, qui causa une grande consternation à tout le pays. L'armée française s'étant depuis avancée jusqu'aux portes de Bruxelles, il ne s'est jamais vu une telle épouvante parmi ces peuples. Le cardinal Infant avoit déjà fait transporter les plus précieux meubles du palais à Anvers et border le canal de toute son armée, résolu d'abandonner Bruxelles si la faim et Piccolomini, qui arriva avec le secours d'Allemagne, n'eussent contraint nos gens de se retirer. On disoit aussi que le prince d'Orange n'étoit pas trop aise de les voir si avancés dans le pays.

La Reine-mère et Madame s'étoient déjà réfugiées à Anvers, où leurs officiers furent contraints de se tenir cachés assez long-temps pour éviter la fureur du peuple, qui avoit la nation française en horreur depuis le saccagement de Tirlemont. Le Roi avoit permis à Monsieur d'envoyer la subsistance à Madame durant dix-huit mois. Sur le refus que Sa Majesté fit depuis de la continuer plus long-temps, Madame fut obligée, par la permission de Monsieur, de la demander aux Espagnols, et de congédier les officiers que Monsieur lui avoit laissés, qui fut à la fin de janvier 1636.

FIN DES MÉMOIRES DE GASTON, DUC D'ORLÉANS.

MÉMOIRES

DE

LA DUCHESSE DE NEMOURS,

CONTENANT CE QUI S'EST PASSÉ DE PLUS PARTICULIER EN FRANCE PENDANT LA GUERRE
DE PARIS JUSQU'A LA PRISON DU CARDINAL DE RETZ EN 1652, AVEC LES
DIFFÉRENTS CARACTÈRES DES PERSONNES DE LA COUR.

NOTICE

SUR

LA DUCHESSE DE NEMOURS

ET

SUR SES MÉMOIRES.

Marie d'Orléans, fille de Henri, duc de Longueville, et de Louise de Bourbon-Soissons, naquit en 1625; à douze ans elle perdit sa mère. Son éducation, commencée avec beaucoup de soin, fut continuée avec succès par une habile gouvernante. Elle était naturellement disposée aux études sérieuses ; aussi elle acquit promptement des connaissances assez solides pour la préserver de l'esprit de frivolité et de vertige dont sa belle-mère offrit l'exemple le plus éclatant. Son père épousa en secondes noces Anne Geneviève de Bourbon, sœur du duc d'Enghien, lequel devint si célèbre sous le nom de Condé; mademoiselle de Longueville avait alors dix-sept ans, six ans de moins que la duchesse. Une parfaite harmonie ne pouvait exister longtemps entre deux personnes dont les goûts et le caractère étaient si fort opposés. La belle-fille tenait une conduite pleine de réserve et de sagesse, qui contrastait avec celle de la duchesse, vive, légère, galante et toujours prête à se lancer dans toutes les intrigues qui troublèrent la régence d'Anne d'Autriche.

Mademoiselle de Longueville accompagna son père, lorsqu'il fut envoyé aux conférences qui se tenaient pour le traité de Westphalie; Servien et d'Avaux avaient seuls le secret de cette négociation; elle s'en aperçut, et pensant que c'était une inconvenance, elle conçut pour Mazarin une espèce d'aversion ; cependant ce sentiment ne l'empêcha pas de persévérer dans ses paisibles habitudes. Ce fut donc malgré elle qu'elle figura dans une faction à l'époque où sa belle-mère devint l'idole des Frondeurs. Quand son père fut arrêté avec les deux autres princes, elle suivit en Normandie madame de Longueville, qui voyait déjà dans son imagination toute la province armée pour sa défense. L'approche de la cour la réduisit bientôt à prendre le parti de se soumettre ou de sortir de France. C'est à cette occasion que mademoiselle de Longueville s'est peinte elle-même en raillant la duchesse sur ses illusions. « Sa belle-fille, dit-elle, qui n'étoit « pas tout à fait si préoccupée qu'elle de sa grande « puissance, et qui d'ailleurs ne trouvoit pas qu'il « fût de la dignité d'une personne de son rang de « courir le monde, quand même elle n'auroit pas « aimé son repos autant qu'elle l'aimoit, et qui par- « dessus tout cela encore, étoit persuadée que sa « présence ne pouvoit être d'aucune utilité à mon- « sieur son père, demanda permission à madame « sa belle-mère de s'en revenir à Paris ; ce qu'elle « ne lui accorda qu'à regret. Mais comme elle n'é- « toit pas en état de se servir de son autorité, elle « n'osa lui refuser cette permission; et mademoi- « selle de Longueville la quitta de cette manière, « assez médiocrement touchée de la peine que son « départ lui causoit. »

Après s'être séparée de sa belle-mère, mademoiselle de Longueville revint à Paris ; et comme cette ville était le centre des cabales, elle préféra pour son séjour la résidence de Coulommiers. Là, pendant que partout ailleurs des passions désordonnées animaient les partis, elle, modèle de bonté, s'occupait à soulager les misères dont le nombre croissait avec les troubles. On trouve dans les Mémoires de madame de Motteville une curieuse appréciation de cette princesse; nous citerons ce passage comme un précieux témoignage contemporain : « Mademoiselle « de Longueville quitta madame sa belle-mère, et « avec la permission de la reine elle s'en alla à Cou- « lommiers, pour y passer les premiers mois de la « prison du duc de Longueville son père. Elle avoit « beaucoup d'esprit et de mérite. Sa vertu et la « tranquillité de sa vie la mirent à couvert des « orages de la cour ; et quoique cette princesse ait « porté le nom de Frondeuse, la Reine, qui savoit « le peu de liaison qui étoit entre elle et madame « sa belle-mère, trouva qu'il étoit juste de la laisser « en repos jouir de ses plus grands plaisirs, qui « étoient renfermés dans les livres et dans l'aise « d'une innocente paresse. Par toutes ces raisons « sa retraite fut estimée de tous, et lui fut à elle « fort commode. »

Peu de temps après, son père fut remis en liberté, les circonstances redevinrent aussi critiques qu'auparavant; la cour, dans la crainte que le prince de Condé n'entraînât de nouveau le duc de Longueville, chargea sa fille de l'éclairer sur ses véritables intérêts. Elle réussit à le détourner des factions malgré les menaces de sa belle-mère, mais, disait-elle, *je ne craignois guères ce que je n'aimois pas.*

Mademoiselle de Longueville paraissait décidée à ne se point marier; elle vit sans regret la régente refuser pour elle le duc d'York, frère de Charles II, par des raisons politiques; elle ne voulut point s'unir au duc de Mantoue. En 1652, le duc de Nemours de la maison de Savoie, qui avait eu de vives altercations avec le duc de Beaufort, son beau-frère, se battit contre lui; il fut tué. Son frère Henri, quoique nommé à l'archevêché de Reims, n'avait pas reçu les ordres sacrés. Ce jeune prince, d'une faible santé, était aimable et avait les mêmes goûts que mademoiselle de Longueville. Le duc et la princesse se voyaient presque tous les jours, s'entretenaient de littérature au milieu d'une société choisie, soupaient ensemble; ils songèrent à s'épouser. Lorsque tout fut prêt, ils se rendirent au château d'Ivry pour y célébrer leur mariage; on fut fort surpris de voir la cérémonie différée. De toutes les conjectures qui se firent, la plus probable est que Charles II, roi d'Angleterre, alors dépossédé, avait demandé la main de mademoiselle de Longueville, que son père avait donné son agrément et n'avait pu obtenir celui de la cour. Après trois semaines de délai, mademoiselle de Longueville fut unie au duc de Nemours. Suivant les contemporains, la princesse pleura beaucoup pendant la célébration; mais ce qui est incontestable, c'est que le duc, immédiatement après, fut pris d'un si violent saisissement, qu'il tomba malade, ne put jamais se rétablir, et mourut le 2 janvier 1659.

Sa veuve, quoique jeune encore, resta fidèle à sa mémoire. Soit qu'elle habitât ses terres ou la capitale, son existence fut plus retirée qu'auparavant; on ne la vit jamais se mêler à aucune intrigue. Son temps était partagé entre la culture des lettres et la gestion de sa grande fortune. Comme elle exigeait des comptes et qu'elle s'assurait elle-même de leur exactitude, on voulut faire passer pour avarice une économie sage et bien entendue, qui lui permettait de tenir son rang et de faire tout le bien qu'elle voulait. En 1694, elle fut reconnue souveraine de Neufchatel en Suisse; mais Frédéric, premier roi de Prusse, lui enleva cette principauté. Elle était déjà fort agée, et voyait avec peine que de son vivant on se partageait son immense succession. On raconte à ce sujet une anecdote assez plaisante, mais peu vraisemblable. Un jour, dit-on, que cette idée la tourmentait, elle alla se confesser à un ecclésiastique qui ne la connaissait pas. Celui-ci, pour calmer son irritation, essaya par ses exhortations de la disposer au pardon des injures : *Non, mon père, répondit-elle, je ne pardonnerai jamais à mes trois ennemis. — Quels sont-ils ? — Le roi de France, le duc de Savoie et le roi de Prusse.* Le confesseur la prit pour une folle. Cette vertueuse princesse termina ses jours le 16 juin 1707, à l'âge de 82 ans.

La duchesse de Nemours avait confié le manuscrit de ses Mémoires à mademoiselle l'Héritier de Villaudon, qui les publia en un volume in-12, Cologne 1709; depuis ils ont été plusieurs fois réimprimés à la suite des Mémoires du cardinal de Retz. Ce prélat et la plupart des écrivains de cette époque rapportent en détail les événements; madame de Nemours en présente l'ensemble. La malignité a quelquefois guidé ses pinceaux, mais, en général, les portraits qu'elle nous a laissés sont frappants de ressemblance. Comme on aime à connaître les hommes dont on va lire les actions, nous avons cru que la véritable place de cet ouvrage était avant plutôt qu'après les nombreux mémoires que nous possédons sur la Fronde. La duchesse de Nemours a peut-être un peu abusé de la finesse et de la pénétration dont elle était douée : à force de scruter les intentions, elle tombe dans des conjectures hasardées; mais ce léger défaut est racheté par l'intérêt et la rapidité de son récit. L'auteur a su, par de piquantes réflexions, par des peintures de mœurs et de caractères, rendre instructive et agréable la lecture de ses Mémoires. A. B.

AVERTISSEMENT

DE L'ÉDITEUR DE LA PREMIÈRE ÉDITION.

La plupart de ceux qui ont écrit des Mémoires y ont été portés ou par le dessein de faire leur apologie, ou par l'envie d'apprendre à la postérité la part qu'ils ont eue dans de grandes et importantes affaires. Ce n'est ni l'un ni l'autre de ces motifs qui ont engagé à écrire l'illustre personne dont on donne ici les Mémoires. Elle n'a uniquement pensé qu'à peindre la vérité, sans qu'aucun rapport ni à ses intérêts ni à sa gloire ait eu la moindre part dans ses portraits.

La droiture de son ame, l'innocence de ses mœurs, et la noble simplicité de sa conduite, qui l'avoient toujours mise au-dessus des atteintes de la médisance, l'avoient exemptée du besoin des apologies ; et l'amour qu'elle avoit pour le repos et la vie unie l'avoit empêchée d'entrer jamais dans nulles autres affaires que celles où l'engageoient les obligations de son état. Née d'un sang des plus illustres, placée dans un rang des plus éclatans, elle en avoit toujours rempli tous les devoirs avec une modeste grandeur, autant ennemie de la frivole inquiétude que de la vaine ostentation ; et, contente de s'être acquis beaucoup d'habileté, elle n'avoit jamais cherché à la faire briller. Ainsi dans les temps tumultueux où la France fut si violemment agitée, et où presque tout ce qu'il y avoit dans ce royaume de plus élevé dans l'un et l'autre sexe entroit indiscrètement dans des partis et dans des cabales, elle sut avec une judicieuse prudence se garantir de ce dangereux torrent. Mais elle eut la douleur de voir que ce torrent funeste entraîna à ses yeux, malgré tous ses soins, un homme illustre, à qui le sang l'unissoit du lien le plus étroit.

Elle réitéra mille fois ses efforts pour ôter cet homme illustre à un parti qui lui fut si fatal dans la suite. Mais, n'ayant pu réussir dans ses desseins, elle sut parfaitement accorder ses devoirs de fille et de sujette ; et en conservant tous les sentimens de respect et d'attachement qu'elle devoit à son père, elle n'en conserva pas moins le zèle et la fidélité qu'elle devoit à son roi, pour qui naturellement elle avoit une vénération extrême, qui ne fit qu'augmenter sans cesse par les grandes qualités qu'elle voyoit briller dans ce sage monarque.

Enfin elle eut la joie de voir l'auteur de sa naissance sortir entièrement de ces malheureuses factions qui troubloient la France ; et elle en fut alors bien plus tranquille spectatrice, quoique l'amour qu'elle avoit pour sa patrie lui fît toujours voir avec beaucoup de douleur les mouvemens fâcheux qui l'agitoient, et que la charité dont cette pieuse héroïne a été depuis si vivement animée la portât dès lors avec ardeur à soulager tous les malheureux dont la misère venoit à sa connoissance.

C'étoit là ce qui faisoit ses principales occupations pendant ces temps de discorde ; car, ainsi qu'on l'a déjà remarqué, elle n'entra jamais dans aucun parti, elle ne fut jamais d'aucune cabale. Mais si son bon esprit l'empêcha de s'embarrasser dans ces dangereuses liaisons, sa pénétration fit qu'elle en sut en détail et à fond tous les divers intérêts et toutes les intrigues ; et comme elle avoit un discernement plein de justesse, elle sut démêler admirablement les différens caractères de tous ceux qui figuroient dans ces partis, ou qui en faisoient mouvoir les ressorts sans y paroître. Il n'y a donc jamais eu de main plus propre à écrire les Mémoires de son temps que celle de la personne éclairée qui a composé ceux qu'on donne ici, puisqu'elle étoit parfaitement instruite de toutes les choses dont elle parle, et qu'elle n'a écrit que par l'amour qu'elle avoit pour la vérité.

Au reste, qu'on ne soit pas surpris si l'on trouve dans ces Mémoires la peinture de quelques foiblesses dans de fort grands hommes de divers caractères. Il n'y a point de si beau tableau qui n'ait ses ombres : aussi n'est-il guère de vertus qui soient tout-à-fait exemptes de quelque tache. C'est pourquoi il n'est point étonnant que, parmi les plus grands hommes qui se sont distingués de nos jours dans les armes et dans la politique, il y en ait eu qui ont été quelquefois la victime de leurs passions. L'oubli de la religion, où étoient quelques-uns d'eux dans ce temps fatal, les assoupissoit, et les empêchoit de voir tout le danger de leurs égaremens. Mais lorsque, par un effet de la grâce, leurs cœurs furent retirés de leur assoupissement, le fonds de droiture et la justice qu'ils avoient les rendant propres à être des modèles dans le christianisme, ainsi qu'ils l'avoient été dans la guerre et dans la politique, le triomphe de la grâce parut en eux dans tout son éclat ; et ils édifièrent autant par leurs vertus solides et par leur piété reconnue, qu'ils avoient charmé par la vaste étendue de leur esprit, et par leur intrépidité dans les plus grands périls. Ce que l'histoire rapporte de quelques fausses démarches de leur jeunesse ne peut donc pas obscurcir leur gloire. C'est dans cette persuasion que l'illustre personne qui écrit ces Mémoires a cru ne devoir rien omettre de ce que demandoit l'exactitude de l'histoire, ne croyant point par là faire tort à ces grands hommes, pour qui d'ailleurs elle avoit une estime infinie.

MÉMOIRES

DE

LA DUCHESSE DE NEMOURS.

En voyant aujourd'hui la France si calme, si triomphante et gouvernée avec tant de sagesse et avec une puissance si absolue, on se persuaderoit aisément qu'elle a toujours été gouvernée de même; et on a peine à s'imaginer qu'elle ait été réduite au point où nous l'avons vue au temps de la régence d'Anne d'Autriche, mère du Roi.

Il est pourtant certain que le ministère du cardinal Mazarin se rendit quelque temps si odieux pendant cette régence, dont ce ministre exerçoit tout le pouvoir sous l'autorité de cette princesse, que les personnes mêmes qui passoient pour les plus sages se trouvèrent comme forcées à se révolter contre la puissance légitime, pour s'affranchir de celle qui leur paroissoit une véritable oppression. Et afin de pouvoir anéantir cette puissance injuste, ceux à qui le gouvernement étoit insupportable excitèrent tant de troubles et formèrent tant de factions, que la minorité du Roi en auroit été infailliblement accablée, si le ciel, qui prenoit soin de ce prince, ne l'eût comblé dès lors du même bonheur qui l'a toujours accompagné depuis pendant sa majorité. Il falloit sans doute que l'animosité où ils étoient contre le ministère leur eût fait oublier que c'étoit Dieu qui leur avoit donné ce Roi, et que, l'ayant destiné pour donner la loi à l'Europe, personne ne pouvoit avoir d'empire sur lui que lui-même.

Ce prince étoit né à Saint-Germain le 5 septembre de l'année 1638. Il étoit parvenu à la couronne le 14 mai 1643, et, le cinquième jour de son règne, M. le duc d'Enghien gagna la bataille de Rocroy sur les Espagnols : ce qui fut un présage de la gloire et de la félicité du règne de Louis XIV, et le plus heureux augure pour la régence de la Reine sa mère.

Cette régence eut en effet les commencemens les plus favorables, et pendant plusieurs années les armes du jeune Roi eurent les succès les plus éclatans. Ce fut donc comme autant de présages certains de tous ces événemens si grands et si extraordinaires qui lui ont acquis tant de gloire, et qui ont donné depuis sa majorité des bornes si vastes à son empire.

Ce fut par les influences de l'étoile qui présidoit à la naissance de ce prince que, tout enfant qu'il étoit, il sut détruire toutes les factions qu'avoit produites la haine qu'on avoit conçue contre le cardinal Mazarin; qu'il sut calmer tous les troubles qu'elle avoit excités; qu'il sut forcer tous ses sujets à sacrifier la haine qu'ils avoient pour le ministre à la fidélité qu'ils dévoient à leur Roi. Enfin ce furent là les essais par où ce nouveau César, en commençant à régner dans les Gaules, y commença dès l'entrée de sa majorité un règne encore plus glorieux que ceux des premiers Césars qui y ont régné avant lui.

Mon dessein, en donnant ces Mémoires, n'est que de rapporter simplement et autant que je pourrai m'en souvenir, ce qui s'est passé à ma connoissance de plus particulier pendant la minorité du Roi; car je ne suis point assez habile pour pouvoir écrire avec toute la dignité qu'il conviendroit les grandes actions qu'il a faites depuis. Ainsi je ne parlerai que de l'état malheureux où la France se vit réduite par la haine implacable qu'on y avoit pour le cardinal Mazarin, laquelle ne commença pourtant qu'après qu'il eut mal à propos refusé la paix avantageuse que les Espagnols nous offroient à Munster, en consentant, comme ils faisoient, que nos conquêtes nous demeurassent.

Ce refus donna lieu à de nouveaux impôts, et fit juger que, pour avoir un prétexte de les perpétuer, ce ministre avoit dessein d'éterniser la guerre.

Après avoir donné une idée des désordres et des troubles qui agitèrent la France tant que notre nouvel Auguste n'y régna que par ses ministres, à peu près comme les rois de la première race y régnèrent par leurs maires du palais, je ferai connoître les motifs secrets, et je rapporterai les différens caractères des principaux acteurs qui composoient alors le parti attaché à la cour, et celui qui étoit attaché au parlement, qu'on nommoit la Fronde, dans lequel ceux de cette faction entrèrent presque tous, sur le prétexte du bien public et de la défense du peuple.

Mais, avant que d'entrer plus avant dans le détail de ces Mémoires, il est à propos que je remarque quel fut le sujet du premier mécontentement de la cour contre le parlement avant la Fronde, et que je n'attende pas à dire dans un autre endroit que le Roi étant tombé dangereusement malade de la petite vérole (1), la Reine, M. le duc d'Orléans et M. le prince recherchèrent messieurs du parlement, et eurent pour eux de très-grands ménagemens, dans la vue que si le Roi venoit à mourir, ils pourroient avoir besoin d'eux pour une nouvelle régence. De sorte que ces démarches les avoient tellement gâtés et accoutumés à une si grande considération, que le Roi ne pouvoit prendre de conjonctures moins propres à se faire obéir que celle qu'il prit d'aller au Palais sitôt qu'il fut guéri, pour y porter plusieurs édits, dont il y en avoit quelques-uns qui étoient fort à la charge du peuple; d'autres qui portoient suppression des gages des officiers; d'autres, la création de quantité de charges de maîtres des requêtes; d'autres encore qui contenoient un réglement par lequel celles des officiers qui viendroient à mourir seroient remises aux coffres du Roi, pour être vendues à qui bon lui sembleroit, et qui par conséquent devoient être perdues pour leurs familles.

[1648] Messieurs du parlement, quoique très-mécontens de ces édits, ne le parurent pourtant pas trop lorsqu'on les leur porta. Mais comme ce n'est point en la présence du Roi que se font les difficultés, ils résolurent ensuite de députer à la Reine pour lui faire de très-humbles remontrances, et lui représenter que ces édits ne pouvoient être vérifiés. Or cela n'étoit point contre la coutume de faire de ces sortes de remontrances, non plus que de ne pas vérifier tous les édits que l'on proposoit: au contraire, cela se pratiquoit même assez souvent sans que la cour y trouvât à redire. Mais pour ceux-ci ce ne fut pas la même chose : non-seulement elle ne voulut pas consentir qu'ils pussent être mis en délibération, elle ne voulut pas même écouter les députés du parlement là-dessus.

Les maîtres des requêtes firent une députation en leur particulier, de laquelle on ne fit pas plus de cas. Mais comme ils y étoient les plus intéressés, parce que la perte de leurs charges ruinoit entièrement leurs familles, ils firent d'abord bien plus de bruit que tous les autres officiers, et animèrent encore ceux du parlement, quoiqu'ils fussent déjà assez animés. Ceux-ci prirent une conduite plus sage et plus habile; car, au lieu de parler de leurs intérêts, ils ne parlèrent que de celui du public, et déclarèrent qu'ils ne vouloient plus vérifier d'édits contre le peuple, qui n'étoit déjà que trop misérable. Cette déclaration, qu'ils prirent grand soin de répandre dans la ville, eut un tel succès que le peuple en vint jusqu'à l'adoration pour eux, et leur fit juger, par ses emportemens déréglés d'applaudissement et de reconnoissance, qu'il étoit prêt à sacrifier toutes choses pour leur défense.

Le parlement, se voyant si bien soutenu, en devint beaucoup plus fier et beaucoup plus redoutable. Toutes les compagnies souveraines, jointes au corps de ville, demandèrent l'union pour mieux défendre leurs communs intérêts. Le cardinal, ayant été averti de cette proposition, envoya querir les députés de toutes les compagnies souveraines, pour leur déclarer qu'absolument la Reine ne vouloit point de ces arrêts d'union. Sur quoi ces messieurs ayant répondu qu'ils n'étoient point contre le service du Roi, il leur répliqua que c'étoit assez que la Reine ne l'eût pas agréable : et que si le Roi ne vouloit pas qu'on portât des glands à son collet, il n'en faudroit point porter, parce que ce n'étoit pas tant la chose défendue que la défense qui en faisoit le crime. Cela n'empêcha pas que ces députés, en le quittant, n'allassent faire le rapport à leurs chambres de ce qui s'étoit passé, et qu'ils ne commençassent ce rapport par une plaisanterie, en faisant des dérisions extraordinaires du cardinal sur sa comparaison des glands, laquelle ils tournèrent dans un très-grand ridicule, et dont on composa pour lors force ouvrages burlesques de toutes sortes d'espèces, en vers et en prose. Ils se moquèrent encore beaucoup de lui sur ce qu'au lieu de dire l'arrêt d'union, il avoit dit l'arrêt d'oignon, par la difficulté qu'il avoit à parler bon français.

Enfin, après bien des railleries, ils résolurent de donner cet arrêt dès le lendemain (2), malgré les défenses que la Reine leur envoya faire le matin, qui ne les empêchèrent pas de passer outre : tant ils étoient enorgueillis et devenus fiers des recherches et des honneurs qu'on leur avoit faits pendant la maladie du Roi, comme je l'ai déjà dit. Ils ajoutèrent encore à cela qu'il falloit écrire aux autres parlemens pour les solliciter à la même union. Et comme ce fut par là que commencèrent la révolte et la désobéissance, c'est à cela aussi que l'on attribue le commencement de ce qu'on a nommé Fronde, dont la

---

(1) Le 10 novembre 1647. Voyez les Mémoires de madame de Motteville.

(2) L'arrêt d'union est du 13 mai 1648.

principale source vint du mépris qu'on avoit pour le cardinal, fondé particulièrement sur son humeur foible et craintive, que l'on commença de connoître et de découvrir dès le commencement de la régence, par la foiblesse qu'il eut de consentir à la déposition d'un homme que la Reine avoit pourvu de la cure de Saint-Eustache, pour y mettre en sa place le neveu de celui qui y étoit avant lui, lequel, par de très-grandes aumônes et par une vie toute pleine de piété, avoit tellement gagné le cœur de tous ses paroissiens que, dès qu'il fut mort, tout le peuple des halles, jusqu'aux harangères, alla en foule et en tumulte faire entendre à la Reine et au cardinal qu'ils vouloient avoir son neveu pour leur curé, et qu'ils étoient résolus de n'en point souffrir d'autre. La Reine et le cardinal eurent assez de foiblesse pour consentir à ce qu'ils demandoient avec tant d'insolence : ce qui fit dire en ce temps-là à bien des gens de bon esprit que cet exemple de la foiblesse du cardinal seroit d'une pernicieuse conséquence, comme on ne l'éprouva que trop dans la suite.

Cette foiblesse du cardinal, jointe à la certitude avec laquelle ceux du parlement comptoient sur les suffrages du peuple, par le soin qu'eux-mêmes prenoient de lui persuader l'attachement qu'ils avoient à ses intérêts, contribua encore beaucoup à les rendre si insolens. Ils savoient que, pour pouvoir déterminer le cardinal à ce qu'on désiroit de lui, il falloit que le maltraiter et le menacer ; que, d'ailleurs, il n'étoit sensible ni aux offenses ni aux services ; qu'il n'étoit ni cruel ni méchant ; que par-dessus tout cela, également avare et foible, il ne pouvoit se résoudre à faire du bien qu'à ceux qui lui avoient fait ou lui pouvoient faire du mal ; qu'enfin, pour pouvoir obtenir quelque chose de lui, il falloit s'en faire craindre, puisqu'on le menaçoit rarement sans succès. Et c'est ce qui en donna tant aux premières guerres de la Fronde que l'on fit contre lui, et ce qui fit trouver tant de facilité à l'amener à ce qu'on en désiroit.

Le peu de respect du parlement pour la cour venoit encore de ce grand mépris pour le ministre, dont ils le connoissoient si digne ; et ce mépris pour lui devint si outré que la Reine, ne le pouvant plus souffrir, voulut prendre des hauteurs extraordinaires avec ces messieurs. Mais elle s'y prit si tard qu'elles lui furent inutiles ; et cela ne lui parut que trop, lorsque, ayant envoyé le chancelier pour les interdire, le peuple en devint si furieux qu'avant que le chancelier pût être arrivé au Palais il l'auroit mis en pièces, si, en se cachant, il ne se fût dérobé à sa fureur ; et le maréchal de La Meilleraye, que la Reine y envoya avec tout le régiment des Gardes pour le dégager, ne put le ramener au Palais-Royal qu'avec beaucoup de risque.

Ceux qui contribuèrent le plus à tous ces troubles et à toutes ces révoltes, tant du parlement que du peuple, furent Broussel et Blancménil, lesquels furent aussi ceux qui parlèrent le plus insolemment contre les édits que le Roi avoit portés au Palais, et qui même s'opposèrent avec tant d'opiniâtreté à leur vérification, que la Reine se trouva comme forcée de les faire arrêter tous deux. Ce fut le 26 août 1648 que cette princesse fut obligée d'en venir à cet éclat, jour auquel on avoit chanté le *Te Deum* pour remercier Dieu de la victoire remportée à Lens sur les Espagnols. La détention de Broussel et de Blancménil porta les plus mutins des autres séditieux à ordonner des barricades dans toutes les rues de Paris, dans le dessein de se rendre maîtres de la personne du Roi, de chasser le cardinal Mazarin, et d'augmenter le nombre de ceux qui gouvernoient l'État sous l'autorité de la Reine.

Il n'y avoit personne de tous ceux qui se déclarèrent contre la cour, jusqu'aux officiers des cours souveraines, qui n'eût ou du moins ne crût avoir ses raisons particulières, et qui ne voulût persuader qu'il n'y avoit que l'intérêt du peuple et du bien public qui l'y engageoit.

Cependant il est certain que leur intérêt particulier y avoit beaucoup plus de part que celui des autres. Et pour commencer par Broussel et Blancménil, qui parurent les plus zélés, et que la Reine fit arrêter seuls par cette raison, ce qui les anima l'un et l'autre fut, à l'égard du premier, le refus qu'on lui fit d'une compagnie aux Gardes pour son fils, et à l'égard de l'autre l'alliance qui étoit entre lui et l'évêque de Beauvais (1), que Mazarin avoit fait exiler parce qu'il lui paroissoit dans une trop grande faveur, et qu'il aspiroit au ministère.

Longueil fut le troisième du parlement qui se déclara contre la cour, et dont la raison particulière, outre le prétexte général des autres, fut qu'on ne voulut point lui accorder l'agrément de la charge de chancelier de la Reine.

Le reste du parlement avoit suivi l'exemple de ceux-ci. Ainsi ils se déclarèrent tous les uns après les autres, moins par l'intérêt du public, quoique ce fût là toujours le prétexte, que par leurs intérêts particuliers.

Pendant les barricades, par le moyen desquelles la Reine se trouva forcée de rendre les prisonniers afin d'apaiser la populace, il se passa bien des choses, quoiqu'elles ne durassent que peu de jours. Mais je n'en dirai rien ici, tant

(1) Augustin Potier, oncle de Blancménil.

parce que d'autres les ont déjà écrites, que parce que j'ai résolu de ne rapporter seulement que ce qu'ils ont pu omettre de certaines particularités, qui ne regardent que quelques circonstances des motifs et des caractères de ceux dont les rôles ont été déjà amplement représentés.

La cour sortit de Paris (1) quelque temps après les barricades, et elle n'y revint qu'après un accommodement que le parlement fit avec la Reine-mère, mais véritablement qu'il fit de la manière qu'il voulut : ce qui impatienta fort le ministre, et la Reine encore davantage. Aussi dès que le parlement se rassembla, ce qui fut vers la Saint-Martin, les cabales recommencèrent, et plus fortement et en plus grand nombre que jamais : sur quoi la cour prit la résolution de bloquer Paris. Mais, avant que de parler de ce blocus, je veux rapporter les noms des grands seigneurs qui vinrent s'offrir au parlement, et dire en même temps quelque chose de leurs motifs et de leurs caractères.

[1649] L'on s'étonnera sans doute que madame de Longueville ait été une des premières, elle qui n'avoit rien à espérer de ce côté-là ni rien à craindre, et qui n'avoit aucun sujet de se plaindre de la cour.

Pour ce qui est de M. le prince, quoiqu'il eût paru prendre quelque sorte d'arrangement avec le parlement, et qu'il eût même consenti à une espèce de négociation qui fut traitée pour lui par M. de Châtillon, et pour le parlement par le président Viole, ce fut pourtant toujours sans dessein de prendre d'autre parti que celui de la cour. Tout ce qu'il parut faire contre elle ne fut d'abord que pour se venger du cardinal Mazarin, qui l'avoit engagé au siége de Lerida, sur la parole qu'il lui avoit donnée de lui fournir beaucoup plus de troupes et de munitions qu'il ne lui en envoya, et qui, par son manquement de parole, le força à lever ce siége, n'ayant ni assez de monde ni assez de vivres pour prendre cette place. Et dans la suite il ne feignit prendre le parti du parlement que par la seule espérance d'en faire mieux ses affaires avec le ministre, duquel il ne vouloit seulement que diminuer l'autorité, afin de le pouvoir réduire plus aisément à ce qu'il désiroit de lui. Ainsi ce prince vouloit moins servir la Fronde que l'endormir, pour tâcher par là d'obtenir de la cour ce qu'il souhaitoit.

Ce furent là les seules raisons qui engagèrent M. le prince à faire comme s'il avoit envie de prendre le parti du parlement, et à consentir à cette négociation dont je viens de parler ; mais à la vérité sa politique là-dessus ne dura guère. La

(1) Le 7 septembre ; l'accommodement est du 4 octobre.

première chose qui l'obligea à la rompre, pour suivre son penchant naturel aussi bien que son devoir, fut que s'étant trouvé un peu avant la guerre de Paris dans une des assemblées du parlement, et Coulon, grand frondeur, y ayant remonté avec beaucoup de véhémence que, pendant qu'on les amusoit, on faisoit venir des troupes auprès de la ville, ce prince lui demanda d'un air assez fier qui les commandoit ; et Coulon lui ayant répondu que c'étoit le colonel David, il répliqua qu'il y avoit long-temps qu'il commandoit les armées du Roi sans avoir ouï parler d'aucun colonel de ce nom. Après, il sut donner un si grand ridicule et à Coulon et à son colonel inconnu, que dans l'assemblée on y traita Coulon de visionnaire, et on prit pour une fable l'approche des troupes de son prétendu colonel, quoiqu'il n'y eût rien pourtant de moins fabuleux. Mais cette mortification de Coulon ayant porté M. le prince à rehausser sa voix et à redoubler cette hauteur qui lui étoit si naturelle, le parlement ne l'ayant pu souffrir le prit encore plus haut que lui : ce que ce prince souffrit à son tour si impatiemment qu'il fit un signe de main en forme de menace à un de ces messieurs qui se nommoit Quatre-Sous. Sur quoi ce conseiller s'écria que M. le prince venoit de le menacer : ce qui fit murmurer le parlement, à qui Quatre-Sous en demanda justice. Mais ceux qui étoient les plus attachés à M. le prince dirent, pour l'excuser, que c'étoit son geste ordinaire, et non pas une menace. A quoi Quatre-Sous répondit d'un air insolent que si c'étoit son geste il devoit s'en corriger comme d'un fort vilain geste : dont M. le prince fut si offensé qu'il fit sa propre querelle de celle du cardinal Mazarin avec le parlement.

M. de Bouillon s'engagea dans les intérêts du parlement, sur le prétexte que la cour ne l'avoit point dédommagé de la souveraineté de Sedan, dont il prétendoit avoir été dépouillé par le feu Roi ; quoique bien des gens aient assuré que son père l'avoit usurpée par artifice, ne s'en étant fait faire la donation par celle qui en étoit la vraie héritière qu'en lui tenant la main après sa mort, et en lui faisant signer cette donation comme si elle avoit été encore en vie. Au moins voilà ce qu'on en disoit en ce temps-là : du reste, je ne voudrois pas l'avoir assuré.

Mais pour continuer de rapporter ici les motifs qui engagèrent M. de Bouillon à se déclarer contre la cour, ce duc prétendoit, en se mettant à la tête d'un parti considérable qu'il croyoit commander en chef, pouvoir plus facilement se faire faire justice de ses droits. D'autres ont cru que, de concert avec M. de Turenne son frère, il avoit dessein de faire de la France ce que le prince Maurice de Nassau avoit fait de la Hollande. Mais il n'y a guère d'apparence qu'un dessein si vague, si extravagant et d'une exécution si difficile, ait pu entrer en d'aussi bonnes têtes que celles de MM. de Bouillon et de Turenne.

Il est bien plus vraisemblable que M. de Bouillon prit le parti de Paris, persuadé qu'il y feroit le principal personnage; mais, s'étant vu privé de cette espérance, il feignit d'avoir la goutte dans toutes les occasions où l'on avoit besoin de lui. Il s'aperçut donc qu'il étoit moins considéré dans son parti que ne lui avoit fait espérer le poste où il voyoit M. de Turenne son frère, lequel commandoit cette grande armée qu'Hervart avoit gagnée pour la cour à force d'argent. Mais ce qui augmenta encore son dégoût pour le parti du parlement fut de se voir en concurrence avec MM. d'Elbœuf, de Beaufort et le maréchal de La Mothe, sans compter M. le prince de Conti, qui étoit encore au-dessus de tous ces chefs.

Cette concurrence entre tant de commandans fut un effet de la politique du parlement. Selon quelques-uns, il vouloit faire croire à chacun des prétendans qu'il étoit le premier, afin d'engager un plus grand nombre de personnes du premier rang; et selon d'autres, c'est que plusieurs particuliers faisoient chacun à part leurs négociations sans en donner connoissance aux autres.

L'on crut que ce qui pourroit consoler M. de Bouillon de la ruine de ses projets étoit que lui et madame sa femme aimoient passionnément tous les partis qui se faisoient contre la France, et dans lesquels on pouvoit avoir le moindre commerce avec l'Espagne.

M. d'Elbœuf voulut s'engager dans ce parti, persuadé tout de même, comme je l'ai déjà dit, qu'il y commanderoit seul.

Le maréchal de La Mothe, par l'amitié qu'il avoit pour M. de Longueville, comme aussi pour se venger de quatre années de prison (1) où l'avoit détenu la cour.

Enfin M. de Beaufort (2), par la prison qu'il avoit soufferte depuis la régence, pendant laquelle on avoit même commencé à lui faire son procès, sur le soupçon qu'il avoit voulu attenter à la vie du cardinal Mazarin; il s'étoit sauvé au commencement de l'été, et depuis sa sortie il avoit toujours été caché.

Aux premières brouilleries du parlement, madame de Vendôme sa mère y présenta requête pour la justification de son fils; et quoiqu'elle y eût été parfaitement bien reçue, l'affaire en demeura pourtant là. M. de Beaufort vint donc s'offrir au parlement (3), tant comme ennemi du cardinal que pour se justifier de cette calomnie, et se mettre par là en lieu de sûreté.

Ce prince parut d'abord extraordinaire en toutes choses; il formoit un certain jargon de mots si populaires et si mal placés, que cela le rendoit ridicule à tout le monde, quoique ces mots, qu'il plaçoit si mal, n'eussent peut-être pas laissé de paroître fort bons s'il avoit su les placer mieux, n'étant mauvais seulement que dans les endroits où il les mettoit. Cependant cela ne le put empêcher de se rendre et de se trouver à la fin le maître de Paris: ce qui donna lieu de dire, pour l'excuser de ce qu'il parloit avec tant de dérangement et si grossièrement, qu'il falloit bien qu'un roi parlât la langue de ses sujets; car son grand pouvoir parmi le peuple lui avoit acquis le titre de roi des halles.

Madame de Longueville et lui avoient été dans la cabale opposée à celle de la régence; et, quoiqu'ils ne témoignassent point se haïr, il étoit pourtant toujours resté un peu d'aversion entre eux: ce qui fut cause qu'il prit des mesures avec le coadjuteur, plutôt qu'avec M. le prince de Conti et elle.

Le coadjuteur sut si bien le faire valoir, en insinuant qu'il étoit irréconciliable avec le cardinal Mazarin, et incapable par conséquent de les tromper, que le peuple de Paris joignit l'adoration pour ainsi dire à la tendresse qu'il avoit pour lui. Il n'avoit point d'esprit; mais il avoit si bonne opinion de lui-même, qu'il l'insinuoit facilement aux personnes simples. Il affectoit même plus d'ingénuité qu'il n'en avoit, et par cette manière moitié vraie, moitié artificieuse, il témoignoit aussi plus de sincérité que ne lui en remarquoient les plus habiles: ce qui portoit les autres à compter entièrement sur sa bonne foi.

Comme madame de Longueville avoit caché avec beaucoup d'art la brouillerie qu'elle avoit avec M. le prince son frère, personne ne la crut véritable, lorsqu'en jugeant qu'il étoit de son intérêt de la faire connoître, elle consentit qu'on la publiât. Ce qui fut cause que les Parisiens ne prirent aucune confiance ni au prince de Conti ni à elle, et ce qui donna aussi tant d'avantage à l'autre parti qui se trouva dans la ville et qui leur étoit opposé.

M. le prince avoit pour madame sa sœur une extrême tendresse. Elle, de son côté, le ménageoit, moins par intérêt que pour l'estime particulière et la tendre amitié qu'elle avoit pour lui.

En ce temps-là, ni son esprit ni celui de toute

---

(1) Pour avoir laissé prendre Lérida en 1644.
(2) Arrêté le 2 septembre 1643, comme chef de la cabale des *importants*.
(3) Le 14 janvier 1649, sept jours après le départ de la cour.

la cabale n'étoient point d'avoir des desseins ni de l'habileté ; et quoiqu'ils eussent pourtant tous beaucoup d'esprit, ils ne l'employoient que dans les conversations galantes et enjouées, qu'à commenter et raffiner sur la délicatesse du cœur et des sentimens. Ils faisoient consister tout l'esprit et tout le mérite d'une personne à faire des distinctions subtiles, et des représentations quelquefois peu naturelles là-dessus. Ceux qui y brilloient donc le plus étoient les plus honnêtes gens selon eux, et les plus habiles ; et ils traitoient au contraire de ridicule et de grossier tout ce qui avoit le moindre air de conversation solide.

Madame de Longueville savoit très-mal ce que c'étoit de politique : aussi en avoit-elle si peu que, quelques années avant le temps dont je parle, elle avoit vu sans chagrin comme sans conséquence l'amour et l'attachement extrême de M. le prince et de mademoiselle Du Vigean, de laquelle elle avoit fait son intime amie, jusqu'à entrer même dans cette confidence. Mademoiselle Du Vigean, de même caractère que madame de Longueville, avoit vu avec aussi peu d'inquiétude l'extrême tendresse de M. le prince pour madame sa sœur. Il est vrai que lorsque leur expérience leur en eut appris davantage à toutes deux, en devenant plus politiques elles se devinrent insupportables l'une à l'autre. Chabot, par la confiance et par l'amitié que M. le prince avoit pour lui, étant devenu le chef du conseil de mademoiselle Du Vigean, lui fit comprendre qu'il étoit de son intérêt d'avoir seule la confiance de M. le prince : à quoi elle réussit parfaitement bien.

Le maréchal d'Albert, et ensuite La Rochefoucauld, plus politique encore que ce maréchal, firent alors si bien connoître à madame de Longueville le préjudice que cela lui feroit qu'une autre partageât avec elle le crédit qu'elle avoit sur M. le prince, qui se voyoit comme le maître du royaume dans la conjoncture des choses, qu'elle se résolut de rompre la grande intelligence qui étoit entre lui et mademoiselle Du Vigean ; et, pour y mieux réussir, elle commença à en donner avis à mademoiselle Du Vigean, qui en fit grand bruit. Ensuite elle détacha le marquis d'Albret pour en faire le galant de cette demoiselle, afin d'en dégoûter M. le prince ; mais Chabot, qui avertit ce prince que ce stratagème ne venoit que de madame de Longueville, fut cause qu'il ne tourna sa colère que contre elle, que cette intelligence de M. le prince et de mademoiselle Du Vigean n'en fut encore qu'un peu plus forte, et qu'enfin il n'eut plus pour madame de Longueville qu'une extrême froideur. Mais ce qui augmenta beaucoup cette froideur, c'est que la passion de M. le prince pour sa maîtresse devint si violente, qu'ayant toujours eu dessein de se démarier depuis la mort du cardinal de Richelieu, comme prétendant avoir été marié par force, il fit dessein de l'épouser et en fit même parler à madame sa mère, laquelle, voulant avoir du crédit auprès de son fils à quelque prix que ce fût, lui témoigna approuver extrêmement son choix, en lui disant mille biens de cette personne, et en lui marquant beaucoup d'estime pour elle.

Mademoiselle Du Vigean osa bien parler elle-même à madame de Longueville ; et cette dame, sans en témoigner aucun mécontentement, en avertit M. le prince son père, avec lequel elle se raccommoda exprès pour le pouvoir animer davantage contre son fils. Aussi en fit-il un éclat épouvantable, et dit mille choses cruelles de l'amant et de la maîtresse.

M. le prince, de son côté, fort irrité contre madame sa sœur, se résolut de pousser son ressentiment contre elle tout aussi loin qu'il pourroit aller ; et pour cela il dit à M. de Longueville, son mari, tout ce qu'il crut le plus nuire à cette dame, après lui avoir même conseillé de la faire enfermer dans une de ses maisons.

M. de Longueville, qui en savoit déjà assez, n'eut pas de peine à croire tout ce que son beau-frère lui voulut persuader de sa femme ; mais il n'en fut que cela, et il en demeura là tout court. Outre que naturellement il n'étoit pas sensible, il étoit incapable d'une violence. Mais ce qui paroîtra tout-à-fait bizarre, c'est que M. le prince, qui venoit de témoigner tant de ressentiment contre madame de Longueville, par un excès de l'amour qu'il avoit pour mademoiselle Du Vigean, devint en fort peu de temps, après une maladie qu'il eut depuis la bataille de Nordlingue (1), aussi indifférent pour ce qu'il avoit tant aimé que s'il n'en avoit jamais ouï parler.

Cependant, quoiqu'il ne fût plus du tout question de mademoiselle Du Vigean, le frère et la sœur n'en furent pas mieux ensemble. M. le prince demeura avec bien du mépris pour madame de Longueville, et madame de Longueville avec bien de l'aversion pour lui. Mais comme elle avoit pris goût à cette recherche générale, et à la grande considération qu'il lui avoit procurée, elle voulut suppléer par ses intrigues à ce qu'elle ne pouvoit plus conserver par son frère ; et cela lui fut d'autant plus aisé, que ceux dont elle se servoit pour y parvenir, voulant se servir d'elle à leur tour pour parvenir aussi à leurs fins, n'oublièrent rien pour lui mettre dans la

(1) Gagnée le 3 août 1645. Voyez les Mémoires de Turenne.

tête combien il étoit grand et beau à une femme de se voir dans les grandes affaires, et combien cela la feroit distinguer et considérer, outre le plaisir qu'elle concevoit encore d'être dans un parti opposé à celui de son frère. Car, quoiqu'il y eût quelque apparence qu'il voulût entrer dans celui qu'elle avoit pris, elle le connoissoit trop bien pour l'en croire capable, sachant d'ailleurs combien il haïssoit tous les partis.

Mais la plus forte raison qui la détermina, et qui étoit aussi celle qui la touchoit le plus, fut qu'en se mettant ainsi dans de grands partis elle crut qu'elle passeroit pour en avoir beaucoup plus d'esprit : qualité qui faisoit sa passion dominante, et l'objet de ses désirs les plus pressants et les plus chers. En un mot, tout ce qu'elle croyoit le plus propre à établir son mérite personnel prévaloit toujours en elle sur toute autre considération.

C'est aussi ce qui faisoit que les grandes choses dépendoient presque toujours chez elle des petites ; et qui auroit voulu chercher des motifs bien solides de sa conduite s'y seroit assurément trompé, puisqu'elle sacrifioit ordinairement à sa gloire et sa fortune et son repos. Mais comme elle mettoit presque toujours cette gloire où elle n'étoit point, il ne lui en restoit presque jamais que la vaine imagination de l'avoir cherchée où elle étoit.

Ce fut La Rochefoucauld qui insinua à cette princesse tant de sentiments si creux et si faux. Comme il avoit un pouvoir fort grand sur elle, et que d'ailleurs il ne pensoit guère qu'à lui, il ne la fit entrer dans toutes les intrigues où elle se mit que pour pouvoir se mettre en état de faire ses affaires par ce moyen.

Pour M. de Longueville, quoiqu'il eût dû être mal content de n'avoir point eu de part au secret des négociations qui s'étoient faites à Munster entre les plénipotentiaires pour la France, où il avoit été aussi en qualité de plénipotentiaire lui-même, cela ne l'avoit pourtant point fâché. Ce ne fut donc pas ce qui l'obligea à se déclarer contre la cour ; mais le cardinal, qui ne le connoissoit point assez pour ne pas craindre qu'il n'eût là-dessus tous les sentimens qu'il devoit avoir, et que pour se venger de lui il ne publiât qu'il avoit empêché la paix, trouva sans y penser, en voulant l'apaiser sur ce qu'il ne sentoit point, le secret de le fâcher véritablement.

Il savoit qu'il désiroit sur toutes choses le gouvernement du Havre, qui étoit la seule place importante qu'il n'eût point en Normandie, et qui pouvoit le rendre maître absolu de toute cette province. Il lui fit donc espérer cette place par le nommé Priolo, mais sans avoir pourtant aucun dessein de la lui donner, ne pensant à autre chose qu'à en faire durer davantage la négociation par cette espérance, de laquelle il ne vouloit simplement que l'amuser et l'éblouir. Et comme la chose touchoit trop vivement M. de Longueville pour la pouvoir négliger, il la pressa tant que Priolo le vint assurer de la part du cardinal qu'il la lui donneroit ; mais enfin son impatience força le cardinal à se découvrir entièrement, et à lui déclarer tout net qu'il ne la lui avoit jamais promise.

Le ministre ne passoit pas pour avoir une fort grande délicatesse sur l'exécution de ses promesses, et Priolo étoit un fort grand menteur. Ainsi on n'a jamais pu savoir au vrai lequel des deux avoit menti ; mais ce qu'on a cru de plus vraisemblable sur cela, c'est que le cardinal en avoit peut-être moins promis que Priolo n'en avoit avancé, et plus fait espérer que n'en avoua ce ministre.

M. de Longueville, dans cette occasion, ajouta cependant plus de foi à son secrétaire qu'au cardinal : ce qui causa une si grande animosité entre eux, qu'étant devenue publique, mille gens contribuèrent encore à l'augmenter, aussi bien qu'à rendre ce ministre plus odieux, et cela d'autant plus facilement qu'il étoit devenu dans ce temps-là le mépris et la haine de presque tout le monde.

Dans cette conjoncture de l'aigreur de M. de Longueville contre le cardinal, madame de Longueville revint de Normandie ; et, comme elle étoit grosse, elle emprunta Noisi, qui étoit à M. l'archevêque de Paris, afin de pouvoir faire sa cour plus commodément. M. de Longueville la venoit voir très-souvent. Le coadjuteur, sous prétexte de faire les honneurs de la maison de son oncle, y alloit aussi fort souvent pour négocier ; et il fit tant de propositions, et marqua tant d'empressement à M. de Longueville, qu'il lui fit promettre de servir la France et le parlement. Mais ce prince ne prétendit jamais que ce fût ailleurs que dans le conseil du Roi, où il étoit entré depuis la régence, ne s'étant pas mis dans la tête qu'il dût y avoir de guerre. Aussi ne vouloit-il point venir à Paris au blocus, parce qu'il ne croyoit point s'y être engagé ; et il n'y fût point venu du tout si on ne l'y eût entraîné. Ainsi, comme il n'avoit point de dessein d'y demeurer, et que d'ailleurs il n'y voyoit point de poste qui lui fût convenable, il ne tarda guère à s'en retourner en Normandie où le duc de Retz le suivit, lequel, selon Saint-Evremont, n'y fit rien autre chose que la charge de duc et pair.

Sitôt que M. de Longueville fut arrivé en Normandie, toute la province se déclara pour lui ; et dans le même instant l'on renvoya le comte d'Harcourt, que la cour y avoit envoyé pour y commander.

Mais pour dire ici quelque chose du caractère de M. de Longueville, après avoir parlé si longtemps des motifs qui le faisoient agir, ce prince étoit entré dans bien des affaires par le même esprit qu'il étoit entré dans celle-ci, c'est-à-dire toujours sans en avoir le dessein. Naturellement il n'aimoit point à contredire : il le faisoit encore moins pour une chose éloignée, et dont l'exécution lui paroissoit ou douteuse ou sans apparence. Ainsi, lorsqu'elle se tournoit autrement qu'il ne l'avoit conçue, il se trouvoit presque toujours engagé et contre son attente et contre sa volonté.

Quant au coadjuteur, quoiqu'il parût et si empressé et si zélé pour grossir le parti du parlement, et quoiqu'il en fût entêté, il n'avoit jamais eu aucun sujet de se plaindre de la cour : au contraire, il devoit à la Reine sa coadjutorerie de Paris. Mais il avoit une ambition sans bornes, et à quelque prix que ce fût il vouloit être cardinal, comme l'avoient été deux évêques de Paris de son nom. Un homme de bon sens, d'un cœur droit et d'une conduite régulière, auroit dû croire que la voie la plus sûre, la plus courte, la plus honnête et la plus juste pour parvenir à ses desseins auprès du prince, étoit sa fidélité; il en auroit fait ses principaux moyens, il n'auroit cherché à établir sa grandeur et sa gloire que dans ses devoirs seuls; et enfin ses devoirs et sa fidélité pour son prince lui auroient tenu lieu de toutes choses. Mais comme le coadjuteur ne pouvoit trouver que dans les aventures extraordinaires de quoi remplir ses idées vastes, et satisfaire toute l'étendue de son imagination, il crut au contraire qu'il trouveroit beaucoup mieux son compte dans les partis et dans les troubles. Outre qu'ils flattoient bien davantage son inclination, il en avoit tant pour toutes les choses extraordinaires, qu'il en auroit préféré une de cette nature qui auroit été médiocre ou mauvaise, à une qui auroit été bonne et solide, s'il n'avoit pu y parvenir que par des voies ordinaires. Son esprit, quoique pénétrant et d'une étendue assez vaste, étoit cependant sujet à de si grandes traverses, qu'il se piquoit généralement de tout ce qui ne lui pouvoit convenir, jusqu'à se piquer de galanterie, quoique assez mal fait, et de valeur quoiqu'il fût prêtre.

Il avoit encore bien d'autres foiblesses, qui furent la cause de tous les malheurs qu'il attira à la France. Mais on auroit assez de peine sans doute à s'imaginer ce qui a commencé à lui remplir l'esprit de toutes les chimères dont il étoit plein, et à concevoir qu'un homme de son caractère et de ses lumières ait pu se trouver susceptible d'une raison aussi creuse que celle qui a donné lieu à tous ses mouvemens, et si vifs et si impétueux pour la Fronde et pour le parlement.

Etant en Italie, le livre de la Conjuration de Louis de Fiesque lui tomba malheureusement entre les mains ; et comme la lecture des romans gâte ordinairement l'esprit des jeunes personnes disposées à l'amour, la lecture de ce livre tourna si fort la tête ambitieuse de ce coadjuteur, qu'il osa même entreprendre de justifier dans ce nouveau Catilina ce que l'auteur qui a écrit contre lui y a si justement et si sagement condamné. Et il ne faut que lire le livre qu'il n'a fait là-dessus qu'en feignant seulement de traduire celui de la Conjuration, pour voir combien il étoit charmé et des révoltés et des révoltes, puisqu'il paroît ne l'avoir traduit et commenté que pour justifier la conduite et le dessein du comte de La Vagne. Il se faisoit même plus d'honneur et plus de plaisir du nom de petit Catilina qu'on lui donnoit quelquefois, qu'il ne s'en promettoit du chapeau de cardinal que son ambition lui faisoit désirer à quelque prix que ce fût, et que sa vanité lui faisoit espérer avec tant de confiance.

De la lecture du livre de cette conjuration, il lui resta donc un si grand goût pour les intrigues parmi les bourgeois de Paris, que depuis cela il avoit toujours ménagé le peuple de cette grande ville avec une attention extrême, persuadé sans doute que l'archevêché de Paris n'étoit propre à rien de si bon qu'à faire des intrigues considérables, qu'à fomenter des séditions et qu'à exciter des révoltes.

Mais il ne faut pas que j'oublie de rapporter ici qu'aux premières barricades du parlement il fut si transporté de joie de trouver un moyen de pouvoir entrer dans les intrigues, qu'il sortit en rochet et en camail pour faire croire, en donnant des bénédictions, qu'il vouloit faire cesser la rumeur. Après quoi il vint avec empressement donner ses avis au cardinal sur ce qui se passoit, lequel n'en fit pas grand cas, sachant peut-être bien qu'il y avoit contribué ; car, après qu'il fut parti, lui et la Reine ne firent que se moquer de lui.

Ce fut donc de cette manière froide et méprisante avec laquelle le cardinal reçut les offres du coadjuteur, dont ce coadjuteur fit son prétexte pour se mettre dans le parti de la Fronde.

Les ducs de Brissac, de Luynes, de Noirmoutier et de Vitry entrèrent aussi tous quatre dans le même parti, et ils y furent faits lieutenans généraux sous le commandement des ducs d'Elbeuf et de Beaufort, et du maréchal de La

Mothe, au-dessus desquels M. le prince de Conti étoit encore en qualité de généralissime, comme je l'ai déjà dit dans un autre endroit.

Le duc de Brissac entra dans ce parti à cause de l'alliance qui étoit entre le coadjuteur et lui;

Le duc de Luynes, par une dévotion de jansénisme assez mal entendue;

Noirmoutier, par la seule haine qu'il avoit pour M. le prince, à cause de quelque chose qui s'étoit passé à la bataille de Lens, dont il n'a jamais perdu le souvenir;

Et Vitry, par le mécontentement de ce qu'on lui avoit refusé le brevet de son père.

Je ne veux pas encore oublier ici que Laigues entra dans le parti du parlement comme ami du coadjuteur, aussi bien que par la haine qu'il portoit à M. le prince, qui lui avoit donné quelque chagrin au jeu. Avant cela, Laigues étoit un homme peu connu et peu considéré.

La Boulaye, qui étoit entré dans ce parti avant lui, et qui étoit encore moins dans le monde, y entra à cause du mécontentement qu'il eut de n'avoir pu obtenir la survivance de la charge de colonel des Cent-Suisses, que le duc de Bouillon La Marck son beau-père avoit possédée.

Le prince de Tarente prit encore le même parti, à la persuasion de madame de La Trimouille sa mère, qui l'en sollicita fort, parce qu'elle aimoit les procès, et qu'elle en avoit beaucoup.

Le comte de Maure, qui avoit toujours passé pour un fort honnête homme, s'avisa par malheur pour lui de se faire frondeur; car il en acquit un si grand ridicule qu'il n'en est jamais revenu.

Tancrède (1) voulut être encore de ce nombre, malgré tous les sujets qu'il avoit de se plaindre du parlement, qui lui avoit fait perdre son procès contre Chabot; mais, comme il étoit mineur, l'espérance de revenir contre son arrêt l'avoit obligé à prendre leur parti. Sa mort cependant rendit tous ses desseins fort inutiles, et pour le parlement et pour lui : elle acheva d'assurer à son beau-frère toute cette grosse succession de la maison de Rohan.

Lorsque Tancrède mourut, on fit quelques vers sur sa mort au service du parlement; mais je ne me souviens que de ces deux-ci:

> Il a tout fait pour la justice,
> Et la justice rien pour lui.

Mata se vint ranger du côté du parlement, mais il n'y fit pas une figure fort considérable.

(1) La duchesse de Rohan le reconnaissait pour son fils; Chabot, son gendre, soutint que c'était un enfant supposé, et gagna son procès.

Je n'ai pas même ouï dire qu'il en ait fait d'autre que celle de général des postes, qu'avoit Nouveau son beau-frère.

Fosseuse, Dallui, Sévigné et plusieurs autres de cette même volée, vinrent tous s'offrir au parlement presque en même temps que Mata; mais ils y firent si peu de chose que je n'ai rien à en dire.

M. d'Elbœuf avoit fait son traité avec le parlement par le nommé Deslandes-Payen, qui l'avoit assuré de la part de tous ces messieurs qu'il auroit le principal commandement. Ce Deslandes étoit conseiller, et avoit connu M. d'Elbœuf en Flandre, où ils avoient été tous deux en exil.

Ce conseiller avoit de très-grandes obligations à M. d'Elbœuf, qui lui avoit fait gagner un procès dans lequel il s'agissoit d'un bénéfice considérable. Ce fut aussi par le moyen de ce Deslandes, qui avoit un grand crédit au parlement parce qu'il n'y avoit que lui qui entendît la guerre, que ce prince fut reçu d'abord comme général. Il est vrai encore que, pendant l'espace de deux jours seulement, il fut le maître de Paris, les délices du peuple et l'espérance du parlement; mais sitôt que M. de Conti et madame de Longueville furent arrivés, cette grande considération qu'on avoit eue pour lui s'évanouit, et cessa si bien que depuis cela on ne savoit plus qu'il y fût, que par les chansons burlesques qu'on fit contre lui. Ce qui fut cause que la Fronde se détermina à y faire venir M. le prince de Conti et madame de Longueville; car ceux qui négocioient avec lui pour Paris n'avoient pas dessein de les faire venir, qu'on n'eût vu auparavant comme les choses tourneroient. Mais comme ils virent que le duc d'Elbœuf, qui s'offrit dans ce temps-là au parlement, y étoit si puissant, ils crurent bien qu'il n'y avoit plus de temps à perdre, et que cela pourroit traverser leurs desseins. Les assiégeans et les assiégés se trouvoient également trompés dans leurs mesures; car, comme tout le monde a des procès ou craint d'en avoir, il y eut peu de gens qui n'en prissent quelques-unes avec le parlement, ou tout au moins qui ne frondassent avec lui le ministre et le ministère, et qui n'applaudissent à ce qu'ils paroissoient faire pour le peuple. Mais comme les paroles ne coûtent rien, sitôt que la guerre fut déclarée, tel qui leur avoit fait de grandes protestations, se trouvant plus engagé à la cour qu'à eux, favorisoit lui-même le blocus; et ceux qui y venoient servir se rendoient et se trouvoient à la fin leurs maîtres. Ce qui dégoûta si fort de la guerre messieurs du parlement, que, sans se mettre beaucoup en peine de ceux qui s'étoient joints à eux, ils délibérèrent de penser à quelque accommodement avec la cour : et cela d'autant plus volontiers que ces trois ou quatre cent mille hommes qu'ils s'étoient flattés de lever à Paris étant tous gens de métier, et aucun ne voulant quitter sa maison qu'on ne lui donnât de l'argent, dont on n'avoit guère, ils se trouvèrent presque réduits à rien. Ainsi on leva peu de monde, et encore de si mauvaises troupes, qu'elles prenoient toutes la fuite à la première occasion. Du côté de la cour, on n'étoit pas moins trompé ; les troupes dont on avoit formé le blocus de Paris pour affamer la ville ne servirent qu'à la nourrir. Les vivres y étoient devenus si chers par la difficulté qu'il y avoit d'y en faire venir, que les officiers, qui en faisoient entrer par charrois, y trouvèrent un profit très-considérable ; et tout le monde par ce même intérêt y en apportoit.

Cependant, quoique chaque général y en fît entrer les jours qu'il étoit de commandement, le peuple ne voulut point croire que d'autres y en fissent entrer que M. de Beaufort et M. de La Boulaye.

Enfin, Paris prit une face si différente de ce qu'il avoit été qu'on auroit eu peine à s'imaginer que les mêmes gens eussent pu devenir en si peu de temps si dissemblables d'eux-mêmes. On ne s'y entretenoit plus que de la guerre, du prix de la farine et de l'édit de 1617, qui excluoit du gouvernement tous les étrangers ; on n'y parloit plus que d'affaires d'État, de quelque âge et de quelque sexe que l'on fût. Plus on avoit d'ignorance, plus on décidoit hardiment. Mais dans ce caprice général où l'on étoit de ne parler que de choses sérieuses, importantes et solides, on y avoit pourtant si peu de solidité dans l'exécution, que presque personne ne s'avisa de traiter de chose importante la témérité qu'il y avoit d'oser soutenir la guerre contre l'autorité royale.

Ce qui fit dire à M. le prince que cette guerre ne pouvoit être bien décrite qu'en vers burlesques, parce qu'on y passoit les jours entiers à se moquer les uns des autres.

Dans le parlement, on n'y traitoit point les affaires avec plus de dignité ni avec plus de gravité. Lorsqu'on y proposoit un avis pour la cour, au lieu de tâcher d'y répondre avec de meilleures raisons que celles qu'on proposoit, on n'y répondoit jamais que par de longues huées semblables à peu près à celles que font les laquais à la porte du Cours ou de la comédie ; et c'étoit là proprement ce que l'on appeloit *fronder*.

Ce mot a eu cependant une autre origine, qui étoit celle de la guerre que la canaille s'entrefaisoit à coups de pierre dans les faubourgs et dans les fossés de Paris avec des frondes, à laquelle on comparoit celle de Paris, qui se faisoit par des bourgeois qui n'en connoissoient point d'autres. Et l'on commença à mettre le mot de fronde en usage, après que Bachaumont (1), en faisant comme les autres de ces huées ordinaires, eut dit qu'il alloit fronder l'avis de son père, qui étoit le président Le Coigneux, père du dernier mort.

On avoit mené le Roi à Saint-Germain le 6 janvier de cette année, lorsqu'on y sut que M. le prince de Conti et madame de Longueville étoient arrivés à Paris le 10, et que M. le prince, soupçonné d'y avoir fait venir son frère, étoit à un de ses quartiers, qui n'étoit éloigné que d'un quart de lieue de la ville. Cela fit croire qu'il s'y alloit jeter lui-même : ce qui mit la Reine et M. le cardinal dans une appréhension mortelle ; mais cette crainte fut bientôt dissipée par son retour.

M. le prince, soit pour ôter les soupçons qu'on pouvoit avoir eus de lui là-dessus, ou bien pour suivre les mouvemens de la colère où il étoit de voir qu'on s'opposoit à la réduction de Paris qu'il avoit entreprise, dit des choses si terribles de son frère et de sa sœur, qu'il ne falloit être guère éclairé pour pouvoir croire que ce fût un jeu joué entre eux. Il devint si furieux d'abord que personne n'osoit l'aborder, et puis tout d'un coup il revint chez la Reine avec un certain air libre, comme s'il n'avoit jamais été fâché ; et tenant par la main un petit bossu (2) qu'il lui menoit, paré d'une casaque dorée : « Voilà, lui « dit-il, madame, en faisant de grands éclats de « rire, le généralissime de Paris. » Il est vrai que le prince de Conti ne répondit pas à l'espérance que l'on avoit conçue de son esprit. Madame sa sœur elle-même, qui l'obsédoit et qui gouvernoit en ce temps-là, étoit bien aise qu'on n'eût pas meilleure opinion de lui, afin que tout lui fût attribué.

Marsillac (3) qui la gouvernoit absolument et qui ne vouloit pas que d'autres eussent le moindre crédit auprès d'elle, ni même qu'ils parussent y en avoir, l'éloigna fort du coadjuteur, qui n'auroit pas été fâché de la gouverner aussi, et qui l'étoit beaucoup que cela ne fût pas.

Cet éloignement de madame de Longueville fit insensiblement deux partis dans la ville.

On s'y étoit toujours défié d'elle, à cause de M. le prince. D'ailleurs on n'y avoit pas une fort

---

(1) François Le Coigneux, alors conseiller-clerc au parlement de Paris, auteur d'un Voyage mêlé de prose et de vers, qu'il fit avec Chapelle.

(2) Le prince de Conti, généralissime de la Fronde, était contrefait.

(3) François de la Rochefoucauld.

grande opinion de sa bonne foi, et encore une plus mauvaise de Marsillac qui la gouvernoit ; et on savoit même qu'elle ne pouvoit être fâchée qu'on doutât de sa sincérité, parce qu'elle s'imaginoit qu'on l'en croyoit plus fine et plus habile : jusque-là que la crainte qu'on ne la crût capable de se plaire avec les esprits vulgaires, ou qui n'étoient pas dans une grande réputation, faisoit qu'elle n'osoit presque paroître honnête avec personne.

Le coadjuteur, de son côté, outre qu'il étoit fort caressant avec tout le monde, se piquoit d'une probité à l'épreuve et au-dessus de toutes sortes d'intérêts. En effet, il n'en avoit point de médiocres : il ne trempoit jamais que dans les occasions qui lui pouvoient être d'une grande utilité ; et comme il avoit assez d'esprit pour connoître qu'il n'y en pouvoit avoir aucune pour lui dans la conjoncture présente, il n'eut pas de peine à réussir par là dans le dessein qu'il avoit de s'attirer tout le crédit.

M. de Beaufort, uni avec le coadjuteur, eut la même politique ; il avoit pourtant plus de probité que lui. Car, où il avoit une fois connu à quoi l'honneur l'avoit engagé, pour rien au monde il n'y auroit voulu manquer ; mais comme ses connoissances étoient fort bornées, il avoit le malheur de connoître rarement ses devoirs. Il ne faut pas s'étonner après cela si toutes ces conduites si opposées produisirent l'effet qu'elles devoient avoir du côté de ces deux hommes.

Sur la fin du blocus de Paris, le coadjuteur ôtoit tout le crédit à M. le prince de Conti et à madame de Longueville, comme ceux-ci l'avoient ôté auparavant à M. d'Elbœuf. Mais, par malheur pour lui, il s'avisa de prêcher publiquement pour son parti contre celui du cardinal Mazarin et contre la personne de ce ministre, dans la créance que le peuple en seroit encore plus animé contre lui, parce qu'il avoit ouï dire que cela avoit beaucoup contribué autrefois à soutenir la Ligue : sans penser que la guerre de la Ligue étoit une guerre de religion toute différente de celle-ci. Aussi cela fit-il un effet tout contraire. On eut tant d'horreur qu'on osât, en chaire, louer une faction dans un État faite par des sujets contre leur prince légitime, et y prêcher la division comme une chose juste et raisonnable, que, s'en étant aperçu lui-même, il feignit de se trouver mal, afin de finir plus tôt. D'un autre côté, la défiance que l'on avoit de madame de Longueville étoit si grande qu'on crut qu'elle s'étoit enfuie de Paris, et que c'étoit Le Ferron, alors prévôt des marchands, de qui l'on se défioit aussi bien que d'elle, qui l'avoit fait sortir : ce qui obligea même Le Ferron de se cacher dans un cloître, et madame de Longueville de se faire voir, quoiqu'il n'y eût pas longtemps qu'elle fût accouchée.

Tout cela joint au chagrin qu'avoit le parlement de voir employer mal à propos son argent dans le luxe et dans la magnificence, au lieu des troupes où il l'avoit destiné, lui donna d'abord quelque envie de faire la paix. Mais les malintentionnés et les frondeurs les plus entêtés, qui ne vouloient point qu'on traitât, firent changer cette pensée ; et, voyant que leur puissance ne répondoit pas aux espérances qu'on en avoit conçues, ils se trouvèrent forcés d'avoir recours aux ennemis de l'État, et d'envoyer chercher du secours chez les Espagnols, à qui Noirmoutier et Laigues, amis intimes du coadjuteur, en allèrent demander ; et ce fut dans ce voyage que se fit la connoissance de Laigues avec madame de Chevreuse.

La cour, sur cette nouvelle, et d'ailleurs voyant que la Normandie, la Provence, la Guienne et Reims, s'étoient déjà déclarées pour Paris, la Provence sous le commandement du comte de Carce qui avoit un fort grand crédit dans cette province, et le parlement de Guienne sous le commandement de Sauvebeuf et de Lusignan ; la cour, dis-je, informée de tous ces mouvemens contre elle, commença à faire des propositions et des offres aux particuliers, pour les détacher des intérêts du parlement. Marsillac, par son intérêt seul, fit voir à madame de Longueville que l'extrême défiance qu'on avoit d'elle faisant diminuer son crédit tous les jours, elle en auroit encore moins à l'avenir ; et, comme elle se servoit moins de son esprit que de celui des autres, il lui persuada facilement d'entendre aux offres et aux propositions de la cour.

L'on ne fut pas long-temps à s'apercevoir de cette négociation : ce qui fit que chacun voulut traiter séparément. Ceux mêmes qui y étoient les plus engagés étoient fâchés que les autres s'engageassent à faire comme eux ; ils vouloient être les premiers, afin de rendre leur parti meilleur. On proposa donc publiquement, du côté de la cour, une conférence à Ruel qu'on jugea bien devoir réussir, parce que beaucoup de gens étoient déjà d'accord : et on ne faisoit même cette proposition que pour la forme. Le duc de Beaufort et le coadjuteur ne voulurent jamais entendre à aucun traité : ce qui leur donna beaucoup de réputation et les fit demeurer à la tête d'un gros parti, duquel ils furent pendant plusieurs années comme les maîtres.

Madame de Longueville manda à son mari que tout le monde traitoit, qu'il y devoit penser aussi ; et puis elle se plaignit de ce qu'il l'avoit fait avant elle.

Par le traité qu'on fit, on donna au prince de Conti Damvilliers, où Marsillac devoit commander sous lui, et dont il devoit même avoir les appointemens. Car, en ce temps-là, les personnes du rang de M. le prince de Conti les laissoient toujours toucher à leurs lieutenans dans leurs gouvernemens.

Sitôt que Marsillac, qui ne se hâtoit et ne pressoit tant madame de Longueville que pour en avoir plus tôt ce qu'on lui avoit promis du côté de la cour, en eut obtenu ce qu'il prétendoit, il ne pensa plus guère aux intérêts des autres. Il trouva dans les siens tout ce qu'il cherchoit, et son compte lui tenoit d'ordinaire toujours lieu de tout. Il fit même trouver bon à madame de Longueville qu'on n'eût point pensé à elle, quoique le prince de Conti et elle n'eussent pressé cette paix de leur côté que dans l'espérance de faire leurs conditions meilleures, et dans la crainte de n'en être plus les maîtres s'ils tardoient trop ; parce qu'ils s'apercevoient bien que leur crédit diminuoit tous les jours de plus en plus.

A l'égard de M. de Longueville, à la réserve seulement de la survivance de ses gouvernemens qu'on lui accorda pour ses enfans et qu'on ne refusoit à personne en ce temps-là, on ne lui donna rien. C'est ce qui fit qu'il s'opiniâtra si long-temps à ne vouloir consentir à aucun accommodement, à moins qu'il n'eût le Pont-de-l'Arche, que la cour ne vouloit point aussi lui donner, parce que, n'ayant que trop connu et senti le grand crédit qu'il avoit en Normandie, elle n'avoit garde de l'augmenter en lui donnant cette place. Mais M. le prince, voyant cette difficulté, assura M. de Longueville qu'il la leveroit, et qu'il auroit ce qu'il désiroit ; que même, en faveur de la paix, il vouloit bien lui en donner sa parole et s'en faire fort, sans se mettre beaucoup en peine s'il pourroit la lui tenir ; car il ne se faisoit pas une affaire de manquer à ce qu'il promettoit.

Le coadjuteur fit humainement tout ce qu'il put pour s'opposer à cette paix, quoique M. le prince de Conti témoignât la souhaiter avec tant de passion.

M. de Beaufort, de son côté, qui n'en faisoit pas moins que le coadjuteur, et qui cherchoit tous les moyens imaginables de l'empêcher, crut en avoir trouvé un infaillible qu'il proposa à M. de Bellièvre, en lui demandant par manière d'avis si, en donnant un soufflet à M. d'Elbœuf, il ne changeroit point la face des affaires : à quoi M. de Bellièvre répondit, d'un sang-froid plus digne de sa gravité que de la question, qu'il ne croyoit pas que cela pût changer autre chose que la face de M. d'Elbœuf. Cela réjouit, et fit beaucoup rire tous ceux qui entendirent cette conversation, et ne fit qu'augmenter les bons contes qu'on faisoit les uns des autres, et surtout de M. de Beaufort.

Ainsi finit la première guerre de Paris (1), où l'on déchira d'une manière épouvantable M. le prince de Conti et madame de Longueville : ce qui leur donna une si cruelle aversion pour la Fronde et pour le parlement, qu'ils l'ont toujours conservée depuis ; et il arriva même parmi les frondeurs, qu'on fit plus d'une fois à M. de Marsillac de ces sortes de menaces, qui ne se font guère à des gens de sa qualité.

Après que la plupart du parti fut d'accord que, pour la bienséance et pour contenter le peuple, on demanderoit que le cardinal Mazarin sortît hors de France, comme personne ne se vouloit charger de cette commission, ce qui n'étoit pourtant qu'une pure comédie pour leurrer le peuple, le comte de Maure s'en chargea, croyant que tout cela se faisoit de bonne foi ; mais ce bel emploi qu'il prit acheva de le tourner en ridicule.

Dans cette paix, tout le monde fit réflexion que pendant la guerre on en avoit assez fait pour fâcher le cardinal, mais qu'on n'en avoit point fait assez pour se mettre à couvert de son ressentiment : et c'est par cette réflexion qu'on blâma si fort messieurs du parlement d'avoir fait la paix dans la conjoncture où ils la firent, et de ne l'avoir pas faite ou plus tôt ou plus tard. Car il est certain que, s'ils avoient pris le temps qu'ils avoient tant de postes considérables auprès de Paris, ces postes la leur auroient fait faire plus avantageuse : ou ils devoient du moins attendre encore quelque temps, puisque Paris ne pouvoit plus être affamé, que plusieurs provinces étoient sur le point de se joindre à celles qui s'étoient déclarées pour eux, et qu'enfin la saison forçant la cour de retirer ses troupes pour les renvoyer sur la frontière contre les Espagnols, elle se seroit trouvée dans la nécessité de traiter avec eux aux conditions qu'ils auroient voulu : au lieu que, pour avoir si mal pris leur temps, il en arriva tout autrement. De cette paix, dont aucun des partis ni de tous les gens qui y entrèrent ne fut content, on peut encore faire cette réflexion, qui est que si rien ne flatte et ne séduit tant que les commencemens de ces sortes d'intrigues où l'on entre, rien aussi n'en désabuse tant que leurs fins, par l'expérience qu'elles donnent du contraire de tout ce qu'on s'y étoit pro-

(1) Traité du 11 mars 1649.

posé en y entrant. La paix du parlement ainsi faite et conclue, madame de Longueville alla à la cour, persuadée qu'ayant été la seule cause de de la paix, elle y seroit parfaitement bien reçue; mais elle trouva, au contraire, qu'on ne s'y souvint que de la guerre qu'elle avoit suscitée et entretenue.

La Reine la reçut donc assez froidement; et le cardinal ne la fut voir que pour la remercier tout haut de lui avoir été toujours plus favorable que tous les autres qui avoient été comme elle opposés à son parti, croyant bien qu'il la décréditeroit dans le sien en lui parlant ainsi. Tout le monde en jugea de même en lui entendant faire un pareil compliment.

M. le prince ne vint ni la voir ni la présenter, comme on pensoit qu'il l'avoit promis, s'excusant sur ce qu'il étoit malade : ce qui fit croire à madame de Longueville que c'étoit une mauvaise excuse. Elle en fit tant de plaintes qu'il fut obligé d'aller chez elle la bouche et les joues si enflées, qu'on vit bien que ses raisons n'étoient que trop bonnes.

M. le prince, depuis la guerre de Paris, voyant que madame de Longueville gouvernoit M. le prince de Conti, qu'elle avoit du crédit auprès de monsieur son mari, et qu'elle étoit comme à la tête d'un gros parti, jugea qu'elle lui pourroit être utile, et avec la même facilité se porta à un accommodement avec cette princesse, pour qui il parut toujours depuis avoir bien de la considération. Il la fit entrer dans toutes les affaires les plus importantes, et ils n'agirent plus tous deux que de concert.

M. le prince étoit charmé de la haine qu'on avoit pour lui à Paris, et de ce qu'il avoit fait accroire à des bourgeois de la ville qui étoient venus à Saint-Germain, qu'il se nourrissoit que d'oreilles de bourgeois de Paris. Il se piquoit de craindre si peu Paris, qu'il y vouloit aller seul avant la cour.

Cette haine dont il s'étoit tant moqué ne laissoit pas que de l'embarrasser; il trouva l'invention, pour y être en sûreté, de faire courir sourdement le bruit qu'il étoit mal avec le cardinal, et, avant que d'y aller, de proposer des conférences avec M. de Beaufort et le coadjuteur : sur quoi il les fit donner dans le panneau. Il vint donc à Paris, et il les vit tous deux comme il avoit été proposé; mais sitôt qu'il fut parti, il ne fut plus question ni de son accommodement, ni de sa brouillerie avec M. le cardinal.

Le parlement, que ce prince avoit voulu perdre, et qui s'étoit déclaré si hautement son ennemi, eut la lâcheté de lui faire une députation dès qu'il fut arrivé : ce qui donna lieu à bien des écrits pour le blâmer de cette démarche, parce qu'ils n'étoient pas tous de cette opinion; mais comme c'étoit à la pluralité des voix que cela se décidoit, il fallut bien que le moindre nombre cédât au plus grand.

Un peu après, madame de Chevreuse revint en France avec autant de diligence que de secret, et sans la participation de la cour. Sitôt qu'elle y fut arrivée, le cardinal, s'imaginant qu'elle pouvoit lui être utile dans la conjoncture des affaires présentes, lui manda que la Reine vouloit bien qu'elle vînt à la cour, où elle fut parfaitement bien reçue, et où même on lui fit donner de l'argent.

Il y avoit quatorze ou quinze ans qu'elle n'avoit été en France, hors deux ou trois mois seulement au commencement de la régence : ce qui étoit cause qu'elle n'y avoit plus d'habitude; mais elle avoit tant d'art et de savoir faire pour les intrigues, qu'elle n'y fut pas long-temps sans y être dans une très-grande considération, et sans y avoir un très-grand nombre d'amis importans qui avoient tous une confiance entière à elle.

M. le prince crut qu'il y alloit de sa gloire de ramener le Roi et la Reine à Paris, et M. le cardinal crut aussi qu'il étoit de l'intérêt de la régence d'y revenir. Mais il étoit resté une certaine cabale de frondeurs, qui se trouvoit dans un crédit absolu parmi le peuple et la Fronde. Ainsi il étoit assez difficile de pouvoir être en sûreté sans négocier avec cette cabale.

M. Servien vint donc à Paris auparavant, et il s'adressa d'abord à M. de Beaufort, persuadé, à la peinture qu'on lui en avoit faite, que ce n'étoit pas une affaire de réduire à ce qu'il voudroit. Cependant, contre son attente, il ne laissa pas de résister quelque temps; mais enfin il se rendit, et consentit à tout ce qu'on vouloit de lui : qui étoit seulement qu'il ne feroit plus rien contre le cardinal, et qu'il ne s'opposeroit plus à rien de tout ce que l'on témoigneroit désirer, sans qu'on lui promît autre chose, pour une si grande docilité, sinon que le Roi et la Reine le recevroient fort bien : ce qui fit dire en ce temps-là que le coadjuteur, qui gouvernoit M. de Beaufort comme l'on gouverne une pendule, ne l'avoit montée que pour deux heures, parce qu'il n'avoit pas résisté davantage.

Quant au coadjuteur, il ne voulut rien écouter; mais voyant qu'il lui seroit presque impossible d'empêcher le retour de la cour à Paris, il se contenta de laisser croire qu'il n'y mettroit aucun obstacle. Le Roi et la Reine revinrent donc à Paris le 18 du mois d'août 1649. Après la paix de Paris, il falloit songer à celle des provinces. Celle de Rouen avoit été faite en même temps que celle de Paris; et M. de Longueville avoit obtenu qu'on ôteroit le semestre de ce parlement, qui avoit été établi depuis peu d'années.

M. le cardinal vouloit qu'en Provence le parlement traitât à de meilleures conditions que le gouverneur, quoique celui-ci eût été pour la cour. Sa raison étoit de vouloir lui donner des dégoûts assez grands pour le forcer à lui rendre ce gouvernement qui étoit sur le chemin d'Italie, et il vouloit faire plaisir au parlement, afin de s'en pouvoir faire aimer quand il seroit leur gouverneur; mais M. le prince, qui vouloit favoriser le comte d'Alais son cousin germain, força le cardinal à faire tout le contraire de ce qu'il vouloit.

En Guienne, l'affaire se passa tout d'une autre sorte. M. le cardinal voulut favoriser M. le duc d'Épernon qui en étoit gouverneur, et il le faisoit dans la vue qu'une de ses nièces épouseroit M. de Candale; mais M. le prince encore une fois fit échouer par force les desseins du cardinal Mazarin, et l'on favorisa le parlement au préjudice du gouverneur.

Le cardinal, outré de ce que M. le prince le maîtrisoit et le contrarioit partout, ne lui vouloit guère moins de mal que ceux à qui ce prince faisoit la guerre, et qu'à ceux qui la faisoient à ce ministre.

Un peu après la paix de Paris, M. de Vendôme proposa au cardinal Mazarin le mariage de son fils de Mercœur à une de ses nièces, en lui faisant donner l'amirauté. Mais M. de Beaufort fit tant de bruit de ce mariage, dans la crainte qu'il ne lui fît perdre son crédit parmi le peuple, qu'il le fit rompre sur l'heure, étant si puissant qu'on ne l'osoit fâcher. Mais au mois de septembre, soit que M. de Beaufort eût consenti au mariage, soit qu'on le considérât moins à cause que le crédit des frondeurs diminuoit beaucoup, on recommença à parler de ce mariage : et même il fut si avancé qu'on pria pour les fiançailles.

Le dernier qui avoit été amiral étoit le duc de Brezé (1), beau-frère de M. le prince, qui avoit demandé l'amirauté, et à qui on l'avoit refusée; mais il avoit tant pressé, qu'au lieu de cette charge on lui avoit donné le gouvernement de Stenay, en spécifiant même que c'étoit pour récompense de l'amirauté. Il est vrai que M. le prince se voyant un pouvoir sans bornes ne laissa pas d'y prétendre, toujours persuadé qu'on

(1) Urbain de Maillé, neveu du cardinal de Richelieu, frère de la princesse de Condé, tué au siége d'Orbitello, en 1646.

n'oseroit lui rien refuser de tout ce qu'il voudroit demander fortement.

Cette charge avoit toujours été vacante depuis la mort du duc de Brezé : et quand M. le prince sut qu'on alloit la donner à M. de Mercœur, il devint si furieux qu'il se résolut de l'empêcher à quelque prix que ce fût; et le prétexte de la querelle qu'il fit à M. le cardinal làdessus fut qu'on n'avoit point donné le Pontde-l'Arche à M. de Longueville, quoiqu'il ne s'en souciât guère auparavant.

M. le cardinal répondit à cette plainte : qu'il ne savoit pas pourquoi il lui alléguoit qu'il s'y étoit engagé avec M. de Longueville, puisque la Reine ne lui en avoit jamais donné aucun ordre. Sur cette réponse, M. le prince lui manda tout net qu'étant las de porter la haine publique pour lui, il vouloit qu'il s'en allât, et qu'il quittât le royaume.

Toute la France s'offrit au même instant à M. le prince, à la réserve de M. de Vendôme et du duc d'Epernon. Le président de Bellièvre vint lui offrir toute la Fronde. Tous les frondeurs le virent en particulier, et l'on dit qu'il promit à chacun d'eux de se joindre à eux tous pour chasser le cardinal, qu'il affectoit de tourner en ridicule sur toutes sortes de choses; et, pour lui reprocher sa poltronnerie, il lui cria d'un ton et d'un air moqueur chez la Reine : *Adieu, Mars*, avec mille autres choses outrageantes qu'il lui disoit et qu'il lui faisoit en toutes occasions.

Le cardinal, se voyant presque seul de son parti, haï de tout le royaume, et prévoyant bien qu'il étoit perdu s'il ne s'accommodoit avec M. le prince, commença à entrer en négociation.

Madame de Longueville, qui haïssoit mortellement la Fronde depuis la guerre de Paris, s'entremit avec plaisir de cet accommodement; et on prétend même que Marsillac en eut de l'argent. Le duc de Rohan-Chabot l'acheva ; et les conditions furent que l'on donneroit le Pont-del'Arche à M. de Longueville; que l'on romproit le mariage de la nièce du cardinal avec M. de Mercœur; que celle-là, non plus que toutes les autres nièces, ne se marieroient point sans le consentement de M. le prince; que l'amirauté demeureroit encore vacante; que l'on ne donneroit aucune charge, aucun gouvernement ni aucun bénéfice considérable sans sa participation, et qu'on ne feroit point commander d'armées à personne qu'il n'en approuvât le choix, jusques aux moindres officiers. On fit deux doubles de ce traité qui furent signés de la Reine, de M. le prince et de M. le cardinal, dont l'un fut donné à

M. le prince, et l'autre demeura à M. le cardinal.

Dans le temps que ce traité fut près d'être réglé, M. le prince, pour avoir un prétexte spécieux de rompre avec la Fronde, envoya querir le président de Bellièvre avec lequel il dit qu'il vouloit être éclairci d'une chose touchant les frondeurs, savoir : qu'au cas qu'il vînt à se brouiller avec M. le duc d'Orléans, s'ils ne se déclareroient pas pour lui. Sur quoi le président repartit qu'ils étoient parens si proches, qu'il ne pouvoit pas supposer que jamais ils se pussent brouiller. Mais M. le prince persistant là-dessus à vouloir une parole décisive, Bellièvre dit qu'en ayant porté une de la part de toute la Fronde, il ne pouvoit décider sur ce qu'il lui demandoit ; qu'il alloit leur en parler à tous, et revenir sur ses pas lui en rapporter la réponse.

Les frondeurs, après s'être bien consultés, connoissant d'ailleurs le penchant qu'avoit M. le prince de se raccommoder avec le cardinal sur le moindre avantage, et se souvenant encore combien il les avoit trompés de fois : toutes ces considérations leur donnèrent lieu de croire que cette proposition n'étoit faite que pour les mettre mal avec M. le duc d'Orléans, avec qui ils étoient fort bien. Ainsi ils résolurent de ne le point sacrifier à M. le prince, mais seulement de lui faire une réponse la plus douce et pourtant la plus indécise qu'ils pourroient : qui fut que tous les frondeurs étoient de l'opinion de M. de Bellièvre ; qu'ils ne pouvoient s'imaginer, non plus que lui, que deux princes d'un même sang, si proches parens, et qui par-dessus tout cela avoient tous deux de si bonnes intentions pour l'État, pussent jamais se voir brouiller l'un avec l'autre ; que, pour eux, ils contribueroient toujours de leur mieux à entretenir cette intelligence si nécessaire au bien public. M. le prince parut si mécontent de cette réponse que, sans avoir les moindres égards, ni même vouloir paroître garder les moindres mesures, il se raccommoda publiquement avec le cardinal Mazarin, en déclarant qu'il ne pouvoit pas s'assurer sur des gens qui lui avoient assez fait entendre qu'ils ne seroient pas pour lui contre M. le duc d'Orléans ; et sans autres formalités il rompit avec eux.

Lorsque l'on vit que M. le prince sacrifioit tout au cardinal Mazarin après l'avoir tant outragé, il n'y eut personne, jusques aux moins éclairés, qui ne vît bien que ce prince étoit perdu. Il fut le seul qui ne s'en douta point, quoique par l'écrit fait double dont je viens de parler, et qui étoit demeuré secret entre lui, la Reine et le cardinal, il en dût encore plus savoir que les autres sur les outrages qu'il avoit faits à ce ministre.

Un peu après le raccommodement de M. le prince avec le cardinal, la Reine donna le tabouret à la comtesse de Fleix, fille de madame de Senecey sa dame d'honneur ; sur quoi M. le prince de Conti le demanda aussi pour madame de Marsillac, et M. le duc d'Orléans pour madame de Pons, depuis duchesse de Richelieu. Et comme dans ce temps-là tout faisoit de l'émotion, ces nouvelles prétentions en firent tant, que cela alla jusqu'à faire des assemblées de noblesse pour en empêcher l'exécution : à quoi le cardinal contribuoit sous main, dans la pensée qu'elles ne pouvoient être que contre le duc d'Orléans et le prince de Conti. Mais il en arriva tout autrement : car dès qu'ils furent assemblés, sans se souvenir de ce qui les y avoit obligés, ils se mirent à fronder contre la cour et contre le cardinal ; ce qui fut cause qu'il prit encore un peu plus de soin de rompre ces assemblées, qu'il n'en avoit pris de les faire : et on ne parla plus des tabourets.

Ces assemblées finies, il parut une manière de calme dans le royaume, dont peu de gens étoient contens ; et insensiblement toute l'aversion qu'on avoit eue pour le cardinal se tourna contre M. le prince et contre toute sa maison, à laquelle ils contribuoient plus que tous leurs ennemis : car enfin ils trouvoient que c'étoit se donner un ridicule que de témoigner quelque attention à se faire aimer. Aussi est-il certain que, dans ce temps-là, M. le prince aimoit mieux gagner des batailles que des cœurs.

Dans les choses de conséquence ils s'attachoient à fâcher les gens, et dans la vie ordinaire ils étoient si impraticables qu'on n'y pouvoit pas tenir. Ils avoient des airs si moqueurs, et disoient des choses si offensantes, que personne ne les pouvoit souffrir. Dans les visites qu'on leur rendoit, ils faisoient paroître un ennui si dédaigneux, et ils témoignoient si ouvertement qu'on les importunoit, qu'il n'étoit pas malaisé de juger qu'ils faisoient tout ce qu'ils pouvoient pour se défaire de la compagnie. De quelque qualité qu'on fût, on attendoit des temps infinis dans l'antichambre de M. le prince ; et fort souvent, après avoir bien attendu, il renvoyoit tout le monde, sans que personne eût pu le voir. Quand on leur déplaisoit, ils poussoient les gens à la dernière extrémité, et ils n'étoient capables d'aucune reconnoissance pour les services qu'on leur avoit rendus. Aussi étoient-ils également haïs de la cour, de la Fronde et du peuple, et personne ne pouvoit vivre avec eux. Toute la France souffroit impatiemment ces mauvais procédés, et surtout leur orgueil qui étoit excessif.

Mais si l'aversion qu'on avoit pour eux étoit grande, la crainte l'étoit encore davantage. Elle l'étoit même à un point que, pour la pouvoir imaginer, il faudroit l'avoir vue. Tout le monde auroit bien voulu être délivré d'eux, mais personne n'avoit assez de courage pour oser y travailler.

D'ailleurs les chefs de la Fronde, que la persécution ni le blocus n'avoient pu abaisser, s'abaissèrent d'eux-mêmes lorsqu'on les laissa en repos, tant par la présence du Roi que parce que le peuple les oublioit. Ainsi, jugeant entre eux qu'il falloit quelque nouveauté pour les ranimer, ils s'avisèrent d'envoyer La Boulaye pour publier par tout Paris qu'on vouloit assassiner M. de Beaufort, et puis pour faire crier aux armes dans toutes les rues. Mais cela n'émut et n'anima personne : et il n'en arriva autre chose sinon un décret contre La Boulaye, qui se trouva dans l'obligation de se cacher pour éviter la prison; et voyant que cette tentative n'avoit pas réussi, ils voulurent en éprouver une autre.

Joli, créature du coadjuteur, qui étoit syndic des rentiers de la ville, fit sa plainte au parlement qu'on avoit voulu l'assassiner, qu'il étoit fort blessé, et qu'on ne lui en vouloit que parce qu'il soutenoit ceux à qui on vouloit faire perdre leurs rentes. Comme on jugea qu'il ne disoit pas vrai, ceux du parlement qui étoient pour la cour firent en sorte qu'on ordonna que quelques-uns de ces messieurs seroient députés pour visiter ses blessures. Mais lorsque le député y fut arrivé, Joli dit qu'il étoit pansé, et il ne voulut jamais les lui faire voir : ce qui en découvrit la fausseté.

Aussitôt après ce bruit, il en arriva un autre bien plus grand et qui eut aussi de plus grandes suites. M. le prince allant au Palais-Royal, comme il faisoit tous les soirs, M. le cardinal lui dit qu'il avoit eu avis que M. de Beaufort et le coadjuteur faisoient tenir des gens à la place Dauphine pour l'assassiner lorsqu'il s'en retourneroit à l'hôtel de Condé. M. Servien vint ensuite qui lui donna le même avis, comme s'il n'eût point su que le cardinal le lui eût donné. Tous deux conseillèrent à M. le prince de renvoyer son carrosse avec quelqu'un dedans afin de savoir si l'avis étoit bon, et que cependant il demeureroit au Palais-Royal pour savoir ce qui en seroit arrivé. On fit donc mettre un laquais de Duras dans le carrosse, et on prétend que de la place Dauphine on tira un coup dont ce laquais fut tué.

Les frondeurs ont toujours soutenu qu'il s'en portoit fort bien, et qu'on l'avoit fait cacher. Comme on n'a jamais bien su la vérité de cette affaire, et qu'elle est toujours demeurée douteuse, je dirai seulement ici ce qui s'en est publié, sans rien décider, et je laisserai la liberté de juger tout ce qu'on en trouvera de plus apparent. La plus commune opinion étoit alors que M. le prince avoit supposé cet assassinat pour faire sortir de Paris les chefs de la Fronde, et s'en faire chef lui-même. Ce qui faisoit croire que ce n'étoit pas les frondeurs, c'est que six hommes à cheval avoient paru à la place Dauphine dès les trois ou quatre heures après midi; et quand on leur demanda ce qu'ils faisoient là, ils répondirent que c'étoit M. de Beaufort qui les y avoit envoyés. Aussi paroissoit-il qu'ils se vouloient montrer; car il n'étoit pas besoin qu'ils vinssent là de si bonne heure pour tuer M. le prince, qui ne s'en retournoit jamais qu'à deux heures après minuit.

D'un autre côté, ce qui faisoit contre les frondeurs étoit que, bien qu'on ne crût pas M. de Beaufort capable d'un assassinat de cette nature, on n'avoit pas la même opinion du coadjuteur qui ne lui disoit pas tous ses desseins, et aussi de ce qu'on avoit vu plusieurs mouvemens de la part des frondeurs, comme ceux de Joli et de La Boulaye : et l'on accusoit même le dernier d'avoir tiré le coup qui tua le laquais de Duras. On avoit peine à croire que ce fût le cardinal qui eût voulu faire assassiner M. le prince, puisque c'étoit lui qui en avoit donné l'avis : outre qu'il n'étoit point de l'humeur dont on soupçonne quelques gens de son pays, ni pour la vengeance, ni pour le meurtre, ni pour le poison. Ce qui se disoit encore là-dessus, et dont on a été le plus persuadé dans la suite, c'est ce cardinal avoit voulu faire croire cet assassinat à M. le prince pour le rendre irréconciliable avec les frondeurs et le perdre plus aisément, comme il fit.

M. de Beaufort et le coadjuteur allèrent faire compliment à M. le prince sur son prétendu assassinat, sans témoigner savoir qu'on les en accusât. Mais sitôt qu'il sut qu'ils montoient son escalier, il quitta brusquement la compagnie, et alla s'enfermer dans son cabinet; et, après les avoir fait attendre long-temps, il leur manda qu'il ne pouvoit les voir. Ensuite de quoi il fit publiquement des plaintes contre eux au parlement. Les frondeurs, assez embarrassés de se voir ainsi poussés, et d'ailleurs se sentant fort mal à la cour, firent entremettre des gens pour négocier avec M. le prince; mais ils n'en reçurent que des réponses fières, qui concluoient toutes qu'il vouloit absolument qu'ils sortissent de Paris.

Les frondeurs lui firent représenter qu'il n'étoit pas de sa grandeur de soutenir qu'ils l'eussent voulu faire assassiner, puisqu'ils pouvoient aisément prouver leur innocence, et que La Boulaye étoit bien loin du Pont-Neuf quand le coup fut tiré. M. le prince, avec sa hauteur ordinaire, ne répondit autre chose sinon que pareils éclaircissements étoient inutiles, parce qu'innocents ou coupables il vouloit qu'ils sortissent de Paris, et qu'il les trouvoit bien plaisants de ne pas obéir quand il le commandoit. Il étoit ravi qu'on pût croire que la Reine n'eût pu les obliger à sortir de Paris, quoiqu'ils fussent mal auprès d'elle, et que, pour n'être pas bien avec lui, ils en sortissent.

Ils envoyèrent encore Noirmoutier et Fosseuse à madame la princesse, de laquelle ils avoient l'honneur d'être parents, pensant que cette considération gagneroit quelque chose sur elle, et qu'ils l'en fléchiroient plus tôt. Mais ils n'y gagnèrent pas davantage que les autres : et, du même ton, elle répondit que M. de Beaufort et le coadjuteur étoient bien insolents de vouloir demeurer à Paris lorsque son fils vouloit qu'ils en sortissent. Ces messieurs lui répondirent qu'il n'y avoit que le Roi qui eût assez d'autorité pour chasser de Paris des gens de plein droit, et surtout des gens du caractère et de la qualité de ceux dont il étoit question, et qu'enfin la Reine elle-même les y avoit bien laissés. Ce qui la mit dans une si grande colère qu'elle dit qu'il y avoit de la différence entre son fils et le Mazarin; et que si d'autres princes du sang avoient bien voulu négliger de se faire obéir, son fils n'étoit point de cette humeur.

Ils firent encore dire à M. le prince qu'ils ne feroient aucune difficulté de lui obéir, sans qu'il y allât de leur honneur de se faire justifier auparavant. Mais ils n'eurent plus de réponse; et M. le prince, sans aucun ménagement, poussa l'affaire au parlement contre les frondeurs.

Madame de Longueville et Marsillac étoient ravis de l'extrémité où se trouvoient les frondeurs; mais M. de Longueville étoit d'un sentiment opposé, et il n'y avoit rien qu'il ne fît auprès de M. le prince pour l'empêcher de les pousser, parce que le coadjuteur l'avoit fort ménagé depuis que M. le prince avoit rompu avec eux pour se raccommoder avec la cour. Et ce qui y contribua le plus, c'est qu'il étoit fort mal avec sa femme : à quoi le coadjuteur ne s'opposa point ; mais, quoiqu'il la haït beaucoup, elle ne laissoit pourtant pas que d'avoir assez de crédit auprès de lui.

Madame de Chevreuse depuis son retour avoit pris de fort grandes liaisons et fait de grandes habitudes avec les frondeurs; et cela parce que naturellement les gens d'intrigues se cherchent. C'étoit par le moyen de Laigues et de Noirmoutier qu'elle connoissoit de Flandre, et aussi parce que le coadjuteur étoit devenu amoureux de sa fille. Elle commença donc à penser sérieusement à ce qu'elle avoit projeté depuis qu'elle étoit en France, qui étoit de raccommoder les frondeurs avec la cour contre M. le prince, qu'elle voyoit bien que M. le cardinal ne pouvoit jamais aimer. Quoique M. le prince fût assez puissant, il ne l'étoit pourtant point autant qu'on se le figuroit. Il y avoit assurément beaucoup d'imagination à le croire si redoutable, et beaucoup de foiblesse et d'ignorance à le craindre tant.

Madame de Chevreuse, qui revenoit de Flandre, n'étant point préoccupée de cette crainte et de cette créance universelle, comme ceux qui étoient demeurés dans le royaume, en jugea plus sainement. C'est aussi ce qui la rendit plus hardie à agir contre lui et à proposer sa prison.

[1650] Après les premiers pas de cette dame, le coadjuteur vint en habit déguisé voir le cardinal Mazarin. M. le prince qui sut cette visite en parla au cardinal, lequel sut lui tourner fort ridiculement et le coadjuteur, et son habit de cavalier, et ses plumes blanches, et ses jambes tortues; et il ajouta encore, à tout le ridicule qu'il lui donna, que s'il revenoit une seconde fois déguisé il l'en avertiroit, afin qu'il se cachât pour le voir, et que cela le feroit rire. En trompant ainsi M. le prince, il sut lui ôter si bien jusqu'aux moindres soupçons de la vérité, que ce prince continua toujours son procès criminel contre les frondeurs sans aucune appréhension.

Mais ce qu'il y avoit de plus embarrassant pour l'exécution de ce qu'on machinoit contre M. le prince, c'est qu'il étoit absolument nécessaire que M. le duc d'Orléans donnât son consentement, comme lieutenant général de la régence : et ce duc étoit entièrement gouverné par l'abbé de La Rivière, qui ne paroissoit pas moins dépendant de M. le prince que s'il eût été son propre domestique, et cela par les raisons que je vais dire.

Le cardinal Mazarin ayant promis à La Rivière de le faire cardinal, quoiqu'il n'en eût aucune envie, et ne sachant comment se tirer de là, il fit en sorte que M. le prince demanda le chapeau pour M. le prince de Conti. Le cardinal croyoit encore que cela mettroit une grande désunion entre M. le duc d'Orléans et M. le prince : mais cette mauvaise finesse ne tourna que contre lui.

M. le prince fit savoir à La Rivière que ce dessein lui avoit été inspiré par le cardinal, qui le trompoit ; qu'il ne se soucioit point du chapeau pour son frère, et qu'il le lui disputeroit ou lui céderoit, selon que M. le duc d'Orléans en useroit avec lui : et comme c'étoit une grande élévation pour La Rivière, il porta toujours son maître, depuis ce temps-là, à suivre aveuglément les sentiments et les intérêts de M. le prince.

Il falloit donc, pour exécuter les résolutions qu'on avoit prises contre ce prince, détruire le favori ; ce qui paroissoit impossible, à cause du temps qu'il y avoit que sa faveur étoit rétablie, et que depuis ce temps-là rien ne se faisoit que par ses conseils.

Madame de Chevreuse ne se rebuta pas pour tous ces obstacles. Elle commença par encourager Madame à parler contre cet abbé, qu'elle n'aimoit pas. Quelque crédit qu'eût le cardinal, il n'osoit pourtant rien entreprendre là-dessus ; et je ne sais même si avec toute leur industrie à tous ils auroient pu réussir sans M. le prince lui-même, qui, selon sa conduite ordinaire, gâtoit plus ses affaires que ses ennemis.

Le duc de Richelieu devint amoureux de madame de Pons, quoique assez laide et assez vieille. Elle fut si bien instruite par la maison de Condé, à qui elle en fit confidence, qu'elle engagea ce duc à l'épouser. Ils l'amenèrent à Trie pour faire son mariage, et ils envoyèrent ensuite au Havre pour s'en saisir au nom de M. de Richelieu : car madame d'Aiguillon tenoit encore cette place entre ses mains, comme tutrice de son neveu.

Cet événement fit un furieux bruit à la cour, mais bien moins pour le mariage que pour le Havre, parce que l'un paroissoit bien plus important que l'autre. Sur cette nouvelle on affecta de publier que M. de Longueville étoit le maître absolu de la Normandie, qu'il alloit s'en faire le souverain, et qu'il y avoit long-temps qu'il avoit cette pensée, quoiqu'il ne l'eût jamais eue. On ajouta encore à cela que M. le prince se cantonnoit dans la Bourgogne, et qu'il y avoit peu d'endroits dans le royaume où il n'eût du pouvoir et dont il ne pût se rendre le maître.

Quoique M. le duc d'Orléans se laissât extrêmement gouverner, il ne laissoit pas pourtant d'avoir bien de l'esprit ; ainsi il comprit que si tout ce qu'on publioit n'étoit pas vrai, il pouvoit toujours y en avoir assez pour lui nuire. On lui découvrit ensuite que ce qui rendoit M. le prince si hardi à entreprendre étoit qu'il se tenoit sûr que La Rivière lui feroit trouver tout bon ; et comme on s'aperçut que tous ces discours commençoient à le dégoûter de son favori, on continua à lui en dire tant qu'enfin on par-vint à le perdre. Après cela on fit voir à M. le duc d'Orléans l'écrit qui contenoit le dernier accommodement de la cour avec M. le prince, lequel avoit comme forcé le cardinal à le faire, et qui étoit entièrement opposé aux droits et à l'autorité de la charge de lieutenant général du royaume : ce qui acheva de déterminer le duc d'Orléans à conclure la prison de M. le prince.

Madame d'Aiguillon fut la première qui eut la hardiesse de la proposer ; et le coadjuteur la négocia après avec madame de Chevreuse, sans en donner aucune part à madame d'Aiguillon.

La Reine et M. le cardinal parurent avoir toujours fort sur le cœur le prétendu assassinat de M. le prince, et vouloir lui aider à s'en venger ; mais M. le duc d'Orléans, bien loin d'en faire de même, et de continuer d'aller au Palais comme il avoit commencé, après avoir monté les degrés jusqu'à la Sainte Chapelle, feignit de se trouver mal, et s'en retourna. Le lendemain il manda qu'on ne l'attendît plus pour les assemblées, parce qu'il étoit encore malade. M. le prince, voyant ce changement, en fit des reproches à La Rivière, qui lui donna les meilleures excuses qu'il put, sans lui vouloir avouer qu'il n'étoit plus bien auprès de son maître.

M. le prince, croyant avoir rendu le Mazarin tout-à-fait méprisable, voulut aussi rendre la Reine ridicule, dans la créance que tout le monde l'abandonneroit ; et pour cela il persuada à Jarzay qu'elle avoit de la bonne volonté pour lui, qu'il devoit pousser sa bonne fortune ; et enfin il lui en dit tant qu'il l'engagea à parler d'amour à cette princesse dans une lettre que, de concert avec madame de Beauvais, il mit sur la toilette de la Reine. Il est certain qu'il ne pouvoit y avoir qu'un homme aussi entêté de son mérite et de sa bonne mine, et aussi animé de l'envie de plaire à M. le prince, qui eût pu se trouver capable de prendre une telle commission, que la bonne opinion seule qu'il avoit naturellement de lui-même, jointe à l'aveuglement qu'il avoit pour M. le prince, lui firent croire possible ; car, d'ailleurs, il avoit beaucoup d'esprit et de mérite. Mais on peut dire que M. le prince se servit dans cette occasion du foible qu'avoit Jarzay pour lui, afin d'en faire sa victime, et que la vanité de Jarzay l'empêcha de s'apercevoir du dessein et de l'artifice de M. le prince.

La Reine, en recevant la lettre de Jarzay, crut que cette extravagance ne venoit que de lui, et qu'il étoit plus à propos de l'éloigner sur un autre prétexte que d'en faire du bruit. Mais lorsqu'elle sut que cela venoit de M. le prince, et qu'il en faisoit des contes partout, jusqu'à les tourner même en propos de table dans ses débauches, elle s'en mit dans une si grande colère, qu'elle fit défendre publiquement à Jarzay de se présenter jamais devant elle.

M. le prince, avec cette hauteur de laquelle il ne pouvoit jamais rien rabattre avec qui que ce fût, vint trouver le cardinal, et lui dit qu'il vouloit que la Reine vît Jarzay dès le même jour. Le cardinal eut beau lui représenter qu'après une pareille impudence il n'y avoit personne qui y pût obliger la moindre femme du monde, il ne répondit autre chose, selon sa coutume de ce temps-là, sinon qu'il le falloit pourtant bien, parce qu'il le vouloit. La Reine se trouva donc forcée à le voir; mais l'audace de ce prince ne servit qu'à en avancer un peu davantage sa prison, la cour en ayant été plus irritée que de tout ce qu'il avoit osé faire et entreprendre auparavant.

M. le prince continuant à son ordinaire d'outrager la Reine, d'insulter le cardinal et de pousser à bout les frondeurs, agissoit pourtant et vivoit avec autant de confiance que s'il avoit vécu d'une manière à ne se point faire d'ennemis, et comme s'il n'avoit eu rien à craindre. Ce qui fait bien voir que presque tous les grands princes, et même ceux qui deviennent des plus modérés et des plus judicieux dans la suite de leur vie, sont dans leur jeunesse aussi persuadés qu'on les craint, que les belles femmes ou celles qui se piquent de l'être sont persuadées qu'on les aime; et qu'il n'est pas plus aisé de détromper celles-ci des effets de leurs charmes, qu'il est facile de persuader les autres de la terreur que cause leur nom.

Ce qui devoit plus contribuer à donner du soupçon à M. le prince, c'est que le bonhomme Broussel se trouva accusé de son assassinat; et comme il n'étoit pas même capable de s'en faire soupçonner, on n'eut pas de peine à comprendre qu'il n'avoit été mis dans ce procès que pour achever de mettre mal M. le prince avec le peuple, lequel adoroit encore ce vieillard.

Toutes ces particularités firent tant de peur à ceux qui étoient attachés à la maison de ce prince, que beaucoup de gens lui donnèrent des avis là-dessus. Mais véritablement il les reçut si mal, qu'au dix-septième qu'on lui donna il dit que c'étoit la dix-septième folie qu'on lui avoit dite ce jour-là sur un même sujet. Un autre que lui, moins persuadé de son pouvoir, auroit pu croire que ce pouvoir bien n'être pas une sottise, puisqu'elle lui avoit été répétée tant de fois, et y auroit peut-être fait assez de réflexion pour en pouvoir profiter.

On avoit pris hors de Paris un nommé des Coutures, qu'on prétendoit être un témoin de l'assassinat de M. le prince; et il devoit arriver par la porte de Richelieu. M. le cardinal dit à M. le prince qu'on l'avoit averti que les frondeurs le vouloient enlever, de peur qu'il ne témoignât contre lui; qu'il falloit donc des troupes à cette porte pour les en empêcher; et que, puisque c'étoit son affaire, il étoit à propos que ce fût des siennes, la Reine ne pouvant pas toujours paroître pour le défendre. M. le prince donna dans ce piége; et croyant en être mieux soutenu, il dit qu'il falloit que ce fussent des troupes du Roi. Sur quoi le cardinal répondit qu'il falloit donc que ce fût lui qui leur donnât l'ordre de faire ce qui leur seroit commandé : à quoi M. le prince acquiesça, et ce qu'il n'exécuta que trop exactement pour lui; car l'ordre qu'on leur donna fut de le mener prisonnier au bois de Vincennes. Mais comme on ne pouvoit l'arrêter sans le consentement des frondeurs, la cour se trouva forcée de traiter avec eux, avant que de pouvoir exécuter la résolution qu'on avoit prise. Quoique embarrassés dans leur procès criminel, ils ne laissèrent pas de se faire acheter par M. le cardinal.

Quant au coadjuteur, plus il avoit d'intérêt et moins il vouloit paroître en avoir. Cependant il ne laissa pas de trouver bon qu'on lui promît deux gouvernemens pour ses amis, qui devoient servir à établir la sûreté du parti. On promit à Laigues une charge dans la maison de M. le duc d'Anjou (1) quand elle seroit faite, les sceaux à M. de Châteauneuf, et un brevet à quelqu'un de la Fronde dont on conviendroit.

On ne vouloit pas se fier à un homme de l'esprit de M. de Beaufort d'un secret de cette importance, outre qu'on avoit peur qu'il ne le révélât à des femmes : mais, comme on avoit besoin de lui, le coadjuteur dit qu'il falloit lui confier la chose, et qu'il trouveroit l'invention de la lui dire sans aucun péril. On ne laissa pas cependant, par cette même raison du besoin qu'on en avoit, de stipuler pour lui la survivance de l'amirauté, avec une grosse pension sur cette survivance, en attendant qu'il fût pourvu de cette charge, c'est-à-dire après la mort de son frère, à qui on la donna. Le coadjuteur lui fit voir en détail l'étrange état où ils se trouvoient tous réduits, par les rigueurs et par les violences de M. le prince. Il lui dit ensuite qu'il lui étoit tombé dans l'esprit de proposer à M. le cardinal de le faire arrêter, parce qu'il ne l'aimoit pas; mais il lui fit connoître en même temps qu'il ne croiroit cette pensée bonne que lorsqu'il lui auroit témoigné l'approuver, en suivant son pro-

(1) Philippe de France, frère du roi.

cédé ordinaire avec lui, qui étoit de lui faire toujours croire qu'il ne se gouvernoit que par ses conseils, quoiqu'en effet il eût accoutumé de le mener toujours lui-même comme un enfant.

M. de Beaufort marqua approuver ce dessein ; sur quoi le coadjuteur, feignant de ne s'y être déterminé que parce qu'il le trouvoit à propos, l'assura qu'il y alloit travailler. On avoit affecté de ne lui parler de cette affaire qu'en carrosse ; et on y laissa même toujours Laigues avec lui qui ne le quittoit point, et qui le promenoit dans les rues sans souffrir qu'il en descendît pour entrer dans aucune maison, de peur qu'il ne parlât de cette négociation à quelqu'un ; tant on le croyoit incapable de garder le moindre secret.

Le coadjuteur lui vint rendre réponse ; il l'assura que sur ses avis il avoit si bien négocié, qu'en moins d'une heure les princes alloient être arrêtés, et qu'ensuite il falloit qu'il parût dans les rues pour y assurer le peuple.

Quoique cette négociation fût bien prompte pour une affaire de cette importance, il ne laissa pas de le croire bonnement, parce qu'on le lui disoit, et qu'il n'étoit point d'un esprit à tant raisonner sur les choses. Mais lorsque le bruit commun lui apprit comment le traité s'étoit fait, il ne put souffrir d'avoir été pris pour dupe : et comme il étoit plus vain qu'intéressé, l'amirauté ne le put apaiser. Depuis cela il eut toujours beaucoup de refroidissement pour le coadjuteur, lequel de son côté ne se soucioit plus aussi guère de lui, et qui l'abandonna même, dans la créance que la cour étoit irréconciliable pour lui. A son égard, croyant y être bien raccommodé, il s'imagina n'avoir plus besoin du peuple ; et sur ce fondement, sans se mettre davantage en peine de se rendre ni de paroître populaire, il ne songea plus qu'à devenir un bon courtisan : et on commença de s'apercevoir que sa sincérité et sa probité n'étoient pas tout-à-fait si bien fondées ni établies qu'il avoit voulu le persuader.

Mais, pour en revenir à la prison des princes, ils furent tous trois au conseil comme ils avoient accoutumé ; et afin que M. de Longueville ne manquât pas de s'y rencontrer aussi, et qu'on pût le mener prisonnier avec les deux autres, on l'assura, pour le leurrer, qu'on lui accorderoit la survivance de la lieutenance de roi de la haute Normandie, qu'il sollicitoit depuis long-temps pour le fils de Beuvron.

Bien des gens leur avoient conseillé de n'aller jamais tous trois ensemble au conseil ; mais ils méprisèrent cet avis, comme beaucoup d'autres de cette nature qu'on leur avoit donnés, et avant leur prison et sur leur prison.

La Reine les obligea d'aller ce jour-là au conseil avant elle ; et comme ils entrèrent dans la galerie où on le tenoit, ils y furent arrêtés (1). On les fit descendre ensuite par le petit escalier : on les fit monter dans le carrosse de Guitaut ; et Miossens les conduisit au château de Vincennes.

Cet événement causa une joie si grande et si générale à toute la France, où la nouvelle en fut bientôt répandue, qu'il n'y eut pas jusqu'au moindre petit bourgeois qui n'en fît un feu de joie devant sa porte ; outre ceux qu'on en fit publiquement partout Paris.

Madame de Longueville, qu'on voulut arrêter dans le même temps que les princes furent arrêtés, s'enfuit en Normandie, et mademoiselle de Longueville avec elle, pour voir si elles ne pourroient rien faire pour leurs prisonniers. Mais, au lieu de cela, tous ceux de cette province qui, l'année d'auparavant, s'étoient déclarés pour M. de Longueville sitôt qu'il y avoit paru, reçurent madame et mademoiselle de Longueville comme s'ils n'avoient jamais entendu parler d'elles. De sorte que ces deux princesses, voyant qu'il n'y avoit rien à faire à Rouen où elles étoient, allèrent à Dieppe, où madame de Longueville s'opiniâtra de demeurer, quoiqu'on l'eût assurée que la cour y venoit, croyant toujours que ce n'étoit que pour lui faire peur et pour la faire partir : cette imagination du grand crédit qu'elle y avoit eu lui étant toujours si présente qu'elle ne pouvoit sortir de son esprit.

Sa belle-fille, qui n'étoit pas tout-à-fait si préoccupée qu'elle de sa grande puissance, et qui d'ailleurs ne trouvoit pas qu'il fût de la dignité d'une personne de son rang de courir le monde, quand même elle l'auroit pas aimé son repos autant qu'elle l'aimoit, et qui par-dessus tout cela encore étoit persuadée que sa présence ne pouvoit être d'aucune utilité à monsieur son père, demanda permission à madame sa belle-mère de s'en revenir à Paris : ce qu'elle ne lui accorda qu'à regret. Mais comme elle n'étoit pas en état de se servir de son autorité, elle n'osa lui refuser cette permission ; et mademoiselle de Longueville la quitta de cette manière, assez médiocrement touchée de la peine que son départ lui causoit.

La Reine vint donc en Normandie, contre l'attente de madame de Longueville : ce qui obligea cette princesse à se sauver comme elle put.

Elle avoit fait son projet que ce fût par mer. Mais le vent ne s'étant pas trouvé propre, elle se pensa noyer : sans compter que ceux de Dieppe, qui ont de très-grands priviléges qu'ils crai-

(1) 18 janvier 1650.

gnoient de perdre, la voulurent encore faire jeter dans la mer (1) par leurs matelots.

On dit que ceux qui la conseilloient ne la firent tant rester à Dieppe que pour la tromper. Elle se trouva forcée à demeurer quelque temps errante et déguisée dans la province, avant que de pouvoir s'embarquer; et puis elle alla en Hollande, d'où elle revint à Stenay, dont M. le prince étoit gouverneur. M. de Turenne s'y sauva aussi, La Moussaye avec lui, et plusieurs autres attachés aux princes.

Madame la princesse la mère fut exilée à Chantilly, et sa belle-fille avec elle; mais celle-ci n'y demeura guère. Les partisans de M. le prince, après que le Roi eut été en Normandie et en Bourgogne, la firent aller en Guienne, où M. son fils, M. de Bouillon et La Rochefoucauld (2) l'accompagnèrent; et où, d'abord qu'elle fut arrivée, cette province se déclara pour les princes. Mais en Normandie, sitôt que la cour y fut arrivée, toutes les places de M. de Longueville se rendirent, et M. de Richelieu mit le Havre entre les mains de madame d'Aiguillon sa tante.

La cour alla en Bourgogne après cela, où les places de M. le prince, quoique avec un peu plus de résistance, se rendirent tout de même. La cour alla en Guienne, où elle en trouva encore moins qu'en Bourgogne. Le parlement s'accommoda avec elle. Madame la princesse, accompagnée de monsieur son fils, et tous ceux qui l'avoient suivie, eurent la permission de se retirer chez eux.

Madame la princesse la mère fut conseillée de se trouver à la mercuriale du parlement, pour voir si là elle ne pourroit point l'animer en faveur des princes; et elle y oublia si fort et son rang et sa fierté ordinaire, et elle passa dans un autre excès si grand, qu'elle descendit jusqu'à dire au coadjuteur et au duc de Beaufort, qui se trouvoient presque toujours à ces sortes de mercuriales, que, puisqu'ils faisoient l'honneur à ses enfans de les avouer pour leurs parens, ils eussent pitié d'eux. Mais ces messieurs n'en furent point touchés; et bien loin de lui être obligés d'une bassesse si outrée, cette bassesse ne servit qu'à leur faire mal au cœur, aussi bien qu'à tous ceux qui en furent les témoins.

Si cette princesse étoit venue quelques mois plus tard, elle auroit peut-être trouvé de meilleures dispositions pour ses enfans; mais elle vint dans le temps qu'on étoit le plus animé contre les princes. Ce contre-temps fut cause aussi qu'elle réussit si mal, et qu'elle reçut un nouvel ordre de s'en retourner à Chantilly.

Peu de jours après la prison de M. le prince, tous les frondeurs, qui étoient accusés de l'avoir voulu assassiner, furent justifiés au parlement. Il parut que c'étoit, et parce qu'ils n'étoient pas coupables, et aussi par les ordres de la Reine.

Le premier président Molé, qui ne les aimoit pas, ne put s'empêcher de leur dire que la prison des princes étoit une bonne pièce pour prouver leur innocence. Le coadjuteur, ayant été aussi bien avec M. de Longueville qu'il y avoit été, et lui ayant de si grandes obligations, étoit si honteux d'avoir contribué à sa prison, qu'il publioit partout n'en avoir rien su; et lorsque mademoiselle de Longueville repassa à Paris pour aller au lieu de son exil (3), il la vint voir pour l'assurer que M. le cardinal l'avoit trompé là-dessus, lui ayant donné parole positive que son père ne seroit arrêté que quelques jours seulement, après lesquels il sortiroit sur sa caution.

Pendant qu'il tenoit ces sortes de discours, on en faisoit un autre à la cour qui leur étoit bien opposé. On soutenoit qu'on n'avoit point pensé d'abord à arrêter M. de Longueville, mais que le coadjuteur avoit représenté que ce prince étoit déshonoré si on ne l'arrêtoit pas avec ses beaux-frères; qu'il avoit même témoigné de l'empressement sur cela, en disant qu'il lui falloit sauver l'honneur; et que c'étoit à cela où il avoit mis toute l'amitié qu'il avoit pour lui.

Le cardinal Mazarin, qui n'étoit bienfaisant que lorsqu'il avoit peur, se voyant rassuré par la soumission de trois provinces où la cour avoit été, commença à ne se plus contraindre pour les frondeurs. Le premier qui avoit été négligé étoit M. de Beaufort, lequel fut aussi le premier à écouter les propositions de son accommodement avec les princes.

De leur part on lui demandoit pourquoi il vouloit avoir contribué à leur prison, puisque c'étoit une chose publique qu'il n'en avoit rien su.

On lui tenoit ces discours à deux intentions : l'une pour achever de l'aigrir contre les autres de s'être si peu fiés en lui, et l'autre pour lui faire connoître que les princes ne pouvoient lui en vouloir du mal.

Dans ce temps-là, madame de Longueville, qui étoit à Stenay où étoit M. de Turenne, fit un traité avec les Espagnols, qui devoient donner à M. de Turenne des troupes à commander pour le parti des princes : moyennant quoi on

(1) L'auteur attribue à une intention coupable un simple accident. La barque qui attendait madame de Longueville, tirant trop d'eau pour approcher du rivage, la duchesse y fut portée par un matelot, qui la laissa tomber dans la mer.

(2) Marsillac prit ce nom après la mort de son père.

(3) A Coulommiers, où elle se retira pendant les troubles.

leur donnoit la ville de Stenay, et l'on ne gardoit que la citadelle.

L'on avoit dessein aussi de faire venir des troupes en Normandie, que le maréchal de La Mothe devoit commander. Mais, après que les partisans de M. le prince y eurent bien pensé, ils ne voulurent point qu'il y en vînt, dans la crainte que ces mouvemens ne fissent sortir que M. de Longueville seulement, pour lequel l'on commença à se réchauffer, et que cela ne fît tort aux autres. L'on avoit trouvé à propos que, sitôt que les troupes paroîtroient en Normandie, l'on enlevât le comte d'Harcourt, qui en étoit comme gouverneur, afin de donner plus d'épouvante. Madame de Longueville et la marquise de Flavacourt avoient négocié cette entreprise, dont le comte d'Harcourt ayant eu quelque avis, il s'en plaignit beaucoup; mais ces dames tournèrent cela tellement en ridicule, que tout le monde l'ayant traité de même, il n'osa plus en rien dire, quoiqu'il ne laissât pas d'en être toujours persuadé.

Le coadjuteur connut trop tard qu'il n'y avoit point pour lui de raccommodement à la cour. On lui manquoit à la plupart des articles qu'on lui avoit promis par son traité. Noirmoutier avoit bien eu le gouvernement du mont Olympe; mais on ne parloit plus du second gouvernement qu'on lui avoit promis, ni du brevet de duc pour un de ses amis, quoique le peuple de Paris eût approuvé le raccommodement de ce coadjuteur avec le Mazarin, parce qu'il se voyoit défait par là de M. le prince, qu'il haïssoit alors encore davantage que le cardinal.

Mais, comme le peuple est très-inconstant dans ses sentimens, celui de Paris, après avoir approuvé le raccommodement du coadjuteur et du Mazarin, prit beaucoup de dégoût dans la suite pour l'intelligence de ces deux hommes; et l'aversion pour le ministre revint plus que jamais, et celle qu'on avoit pour M. le prince diminua beaucoup par la pitié que faisoit sa détention.

Le coadjuteur se trouva donc non-seulement très-éloigné d'obtenir rien du cardinal, mais encore n'ayant plus d'assurance pour sa personne que par la faveur de M. le duc d'Orléans, qui étoit devenue fort grande depuis la disgrâce de La Rivière.

Il employa tout son savoir faire à rendre cette faveur encore plus grande; et comme il ne pouvoit avoir de considération que pour M. le duc d'Orléans, il étoit de son intérêt que ce prince en eût beaucoup dans son parti. Il lui mit donc dans l'esprit de se rendre maître des trois princes, et de les faire venir à la Bastille.

La cour ayant prévu ce coup avant que d'aller en Guienne, et les trouvant trop près au bois de Vincennes, elle l'avoit déjà fait consentir qu'ils fussent transférés à Marcoussis, qui étoit plus éloigné; et cela sur le prétexte que M. de Turenne avançoit beaucoup, Monsieur ne pouvant pas les retirer si aisément de Marcoussis, quoique, s'il l'eût voulu bien fortement, la chose ne lui auroit pas été fort difficile, particulièrement dans l'absence du Roi. Mais il aima mieux le demander à la cour, et trouva plus à propos qu'ils ne fussent transférés à la Bastille que par son consentement.

Sur cette proposition, et la cour et le ministre furent fort troublés, et l'on fit tout ce que l'on put pour lui ôter cette pensée, tant par les ministres qui étoient demeurés à Paris, que par des lettres. Mais on n'en put jamais venir à bout. Madame de Chevreuse, qui paroissoit être entièrement dévouée à la cour et qui avoit du crédit auprès de Monsieur, s'entremit aussi pour lui persuader de satisfaire la Reine là-dessus; mais ce fut inutilement.

Les amis des princes ne s'endormoient pas dans cette conjoncture, et recommençoient leurs négociations, tant du côté de la cour que du côté de la Fronde; et, voyant que ces deux partis commençoient à se brouiller, ils eussent bien mieux aimé réussir par le moyen de la cour. Mais, après y avoir fait tout leur possible, jusqu'à proposer le mariage du prince de Conti avec la nièce du cardinal, ils virent à leur grand regret qu'il n'y avoit plus rien à faire de ce côté-là. On tourna donc toute la négociation du côté de la Fronde, et ce fut aussi avec plus de succès.

Madame de Chevreuse écouta avec plaisir la proposition qu'on lui fit du mariage du prince de Conti avec sa fille. Ce fut madame de Rhodes qui la première l'engagea dans les intérêts de M. le prince, par l'espérance qu'elle lui fit concevoir de ce mariage, fondée sur l'avantage que ce prince y trouveroit lui-même; et ce fut sur ce fondement qu'elle la rassura contre le peu de sûreté qu'il y avoit avec lui, en lui remontrant que, si elle ne pouvoit se fier en sa parole, au moins devoit-elle prendre confiance au soin particulier qu'il prenoit de ses propres intérêts.

Dès que les princes avoient été pris, madame de Rhodes avoit été trouver la princesse, et lui avoit promis de rendre des services considérables à messieurs ses fils : ce qui lui étoit aisé, parce que M. de Châteauneuf étoit amoureux d'elle; et, comme fille naturelle du cardinal de Lorraine, elle étoit nièce de madame de Chevreuse, auprès de laquelle elle avoit de très-grandes habitudes. M. de Rhodes, dont elle étoit veuve, avoit été fort attaché à la maison de

Condé ; mais, outre cela, elle avoit pris un si grand goût aux intrigues qu'elle s'y jetoit à corps perdu, sans se mettre en peine de quoi il étoit question, sans compter encore l'attachement qu'elle avoit elle-même pour cette maison de Condé. Par toutes ces raisons, il est facile de juger qu'elle chercha avec empressement à s'acquitter de ce qu'elle avoit promis à madame la princesse. Le coadjuteur, qui ne savoit ce qu'il deviendroit au retour de la cour, entra volontiers aussi en négociation.

Cependant la cour revint à Fontainebleau, et M. le duc d'Orléans alla au devant d'elle. Quelque chose qu'il eût promis avant que de partir, et quoiqu'il eût paru fort entêté d'avoir les princes entre ses mains, dès que la Reine lui eut parlé, il consentit, par sa foiblesse ordinaire, qu'on les menât au Havre.

On disoit tout haut à la cour qu'au retour de la Reine à Paris il lui seroit aisé d'arrêter les frondeurs, même au milieu des halles.

Quand on sut que les princes alloient au Havre, leur marche mit bien des gens en peine. Ceux du parti des princes étoient dans le dernier désespoir, ne trouvant point qu'il y eût la moindre espérance pour leur sortie ; et les frondeurs de leur côté, voyant la puissance du Mazarin augmentée, tant par la détention des princes dont il étoit devenu le maître absolu, que par le peu de fondement qu'il y avoit à faire sur M. le duc d'Orléans qui étoit leur seul appui, ils se crurent entièrement perdus ; et ayant su qu'à la cour on disoit qu'on les pouvoit arrêter, même dans les halles, ils se hâtèrent de signer le traité avec les princes.

Comme ceux qui traitoient pour ces princes n'étoient pas fort scrupuleux, ils ne firent point de difficulté d'offrir à madame de Montbazon, de laquelle M. de Beaufort étoit amoureux et qu'elle gouvernoit, M. le prince de Conti pour sa fille, quoiqu'elle fût promise à un autre, et qu'on eût aussi promis ce prince à mademoiselle de Chevreuse. Mais madame de Montbazon ne voulut point donner dans cette proposition ; et l'on en trouva une autre qui lui fut plus agréable, qui étoit de lui faire avoir cent mille écus, dont il y en avoit quatre-vingts qu'on se faisoit fort de lui faire payer par la cour qui les lui devoit pour les appointemens de son mari, et le reste lui devoit être payé par les princes.

Cet article fut arrêté et signé par un traité particulier, parce qu'elle ne voulut pas que le reste de la Fronde le sût ; et ce traité fut fait quelques mois avant celui où madame de Montbazon ne signa point.

Quoique M. de Beaufort et le coadjuteur ne s'aimassent guère, la nécessité où ils étoient d'être bien ensemble fit qu'ils se raccommodèrent, parce qu'ils n'avoient aucun crédit tous deux quand ils étoient désunis.

Les princes furent parfaitement bien servis dans cette occasion ; rien ne fut oublié pour leur liberté, quoiqu'on n'en espérât pas un fort grand succès.

La principale personne qui se mêla de cette négociation fut la princesse palatine, femme du prince Édouard palatin, laquelle avant cela n'avoit pas trop paru dans le monde. Il lui étoit même arrivé des affaires assez désagréables ; mais on lui reconnut tant d'esprit et un talent si particulier pour les affaires, que personne au monde n'y avoit si bien réussi qu'elle.

M. de Nemours (1) s'en mêla aussi, mais il avoit plus d'honneur, de politesse et d'agrément que d'habileté. Il étoit pour les princes, parce qu'un peu avant leur prison, étant mal satisfait du cardinal, il l'avoit querellé jusqu'à lui dire des choses très-dures : sur quoi on lui dit qu'il étoit bien malheureux de n'en avoir point reçu de grâces après cela, et qu'il étoit le seul qui l'eût offensé sans récompense.

La Rochefoucauld vint aussi à son grand regret négocier avec les frondeurs ; mais il falloit bien suivre le torrent. Le traité des princes et de la Fronde fut un grand secret ; et plus grand encore fut celui du mariage de mademoiselle de Chevreuse avec le prince de Conti. On ne voulut point surtout que M. de Beaufort le sût, suivant sa destinée ordinaire dans toutes les affaires où il étoit.

Pour en venir à bout, on résolut que M. de Nemours son beau-frère liroit ce traité tout haut, et qu'on marqueroit avec un crayon ce qu'il en falloit passer pour ne le pas lire, afin que M. de Beaufort ne l'entendît pas : ce qui commença à donner lieu au malheur qui arriva entre eux, et qu'on verra dans la suite.

M. le duc d'Orléans entra dans ce traité, où mademoiselle de Valois (2) sa troisième fille fut accordée avec le duc d'Enghien. Le coadjuteur demanda que M. le prince contribuât à le faire cardinal ; car tout le monde traitoit avec ce prince comme s'il eût dû être roi de France, persuadé qu'il ne pouvoit pas sortir de prison sans devenir le maître absolu du royaume : et personne ne traita avec lui que sur ce pied-là.

Enfin de ces deux partis entièrement abattus, et des princes et de la Fronde, il s'en fit un qui

---

(1) Charles de Savoie. C'est son frère qu'épousa mademoiselle de Longueville.
(2) Françoise-Madelaine, mariée depuis à Emmanuel II, duc de Savoie.

devint si puissant qu'il le fut même plus que celui de la cour.

Ce qui contribua à un changement si peu attendu et si extraordinaire, c'est qu'on vit que la cour n'avoit rien pardonné; et que si elle avoit paru dans quelque occasion le vouloir faire, ce n'avoit été seulement que par l'embarras où elle s'étoit trouvée, parce qu'aussi le ministre n'étoit pas moins abattu dans la mauvaise fortune que fier et hautain dans la bonne.

Le parlement jugea donc pour sa sûreté qu'il falloit donner de nouvelles affaires à ce ministre, et ne le laisser jamais sans en avoir. Ses créatures même furent bien aises qu'il en eût, tirant beaucoup plus de bienfaits de lui lorsqu'il se trouvoit dans de grands embarras. Mais ce qui fit tout de nouveau ce qu'on appeloit en ce temps-là *claqueter* la Fronde fut que beaucoup de gens du parti des princes, aussi bien que de celui des frondeurs, soutinrent fort ces messieurs. Et ce qu'on n'a guère su, quoique pourtant très-vrai, c'est qu'un grand nombre de gens considérables entrèrent dans le parti de M. le prince quand ils crurent que cela lui étoit inutile, comme M. le duc d'Orléans et les anciens frondeurs du parlement, qui trouvèrent fort commode de se servir de son parti sans qu'il y fût.

Cependant les princes, ainsi que je l'ai dit, ne laissèrent pas d'être extrêmement bien servis : leurs amis n'oublièrent rien de tout ce qui leur pouvoit être utile et dans la Fronde et dans le parlement, où ils faisoient de grandes brigues.

Le parlement qui jugeoit bien que le Mazarin lui vouloit peu de bien, et ce cardinal paroissant à ces messieurs avoir assez d'avantage sur ses ennemis pour se voir en état de prendre quelque résolution contre eux, ils crurent qu'il falloit travailler tout de nouveau à lui donner des affaires. Si bien qu'ils se réunirent aux autres partis : ce qui fit que la Reine ne trouva pas à Paris ce qu'elle avoit pensé.

Madame de Longueville étoit allée à Stenay avec M. de Turenne, où, comme je l'ai déjà dit, elle fit un traité avec les Espagnols, qui portoit qu'on leur livreroit la ville de Stenay, et qu'on ne garderoit que la citadelle : moyennant quoi les Espagnols donneroient des troupes que M. de Turenne devoit commander pour entrer en France; et même ces troupes avoient déjà pris Rethel, que l'armée du Roi songea à reprendre peu de temps après.

Dès que le cardinal fut à Paris, il en repartit aussitôt pour se rendre sur cette frontière, où tout alla si avantageusement pour lui que Rethel fut repris, et que le maréchal du Plessis-Praslin gagna une bataille contre M. de Turenne. Mais ce qu'il y eut de bizarre pour le ministre, c'est que ses affaires non-seulement n'en allèrent pas mieux à Paris, mais qu'au contraire elles en allèrent encore beaucoup plus mal, et que l'appréhension de le voir devenir trop puissant fit que l'on s'acharna plus que jamais contre lui.

[1651] La cour dans cette conjoncture étoit à Paris, où elle se croyoit triomphante et au-dessus de toutes sortes de craintes et même de précautions; et quoiqu'elle fût bien éloignée de tout ce qu'elle pensoit là-dessus, cette assurance et cette prévention de la Reine firent qu'on ne put lui persuader d'aller au Louvre d'où elle eût pu sortir de la ville dès qu'elle en auroit eu envie : au lieu qu'étant au Palais-Royal, elle se trouvoit obsédée et enfermée par tout le peuple, et même encore proche des halles, d'où la plus tumultueuse sédition venoit d'ordinaire. L'envie d'avoir des appartemens plus beaux et plus commodes contribua peut-être aussi un peu à son entêtement là-dessus, quoiqu'elle n'eût pas dû oublier qu'au temps des Barricades ce même logement l'avoit forcée à rendre Broussel et Blancménil.

Ce qui commença à lui faire connoître que la crainte qu'on avoit d'elle et du cardinal n'étoit pas si grande à Paris qu'ils se l'étoient imaginé tous deux, c'est qu'un matin on y trouva le portrait de ce ministre avec une corde passée dans la toile qui représentoit son effigie : et c'est aussi ce qui commença à l'intimider, et à diminuer de beaucoup cette grande assurance qu'il avoit auparavant.

Pendant cela, M. de Beaufort allant un soir par la ville, quelques hommes s'approchèrent de son carrosse, et en tuèrent un qui étoit dedans à la portière. Cette aventure fit assez de bruit pour réveiller l'animosité du peuple. Tout le monde dit qu'on en vouloit au maître, et que comme ce mort étoit fort blond on l'avoit pris pour lui.

Du côté de la cour, on y tenoit un langage bien différent. On y soutenoit que le mort n'avoit pu être pris pour M. de Beaufort, parce qu'il avoit les cheveux noirs. Si bien que Saint-Eglan (c'étoit le nom du mort) avoit des cheveux selon le parti qu'on embrassoit; et d'ailleurs c'étoit un homme si peu connu, qu'il n'étoit pas malaisé de le peindre des couleurs qu'on vouloit lui donner.

Après cela, on publia à la cour que cet assassinat venoit du parti des princes. On disoit aussi que cette mort étoit une *Joliade* renforcée, et que la feinte de la blessure de *Joli*, que l'on avoit déjà supposée avant la prison des princes pour échauffer le peuple, n'ayant pas eu le succès qu'on désiroit, on avoit voulu cette fois sacrifier un homme tout de bon, pour voir si cela réussiroit mieux. Mais ce qui dénoua entièrement toute cette intrigue fut une capture de voleurs qui fut faite dans ce temps-là, et parmi lesquels on trouva ceux qui avoient fait le coup. Ces misérables avouèrent ce meurtre, et dirent qu'ayant vu dans le carrosse du duc de Beaufort plus de monde qu'ils n'y en croyoient, ils avoient quitté la partie et abandonné le dessein de le voler.

Ce dénouement fut cause que depuis cela on ne se soucia plus guère de quelle couleur pouvoient être les cheveux du mort en question, et qu'enfin on voulut bien leur laisser celle qu'ils avoient dans le temps qu'il étoit en vie.

Pendant ces petits mouvements dans Paris, on en faisoit renaître de plus considérables : on recommençoit à y parler des désordres de la France, et à dire que les finances y étoient mal gouvernées. Mais ce qui empira beaucoup l'affaire contre le cardinal fut la mauvaise finesse qu'il fit de feindre de vouloir faire sortir les princes.

Comme on crut voir revenir bientôt M. le prince, tout le monde voulut avoir part au changement de son sort; et l'on commença à parler publiquement de l'élargissement des princes, et à dire qu'il falloit nécessairement qu'ils sortissent de prison, et qu'il n'y avoit uniquement que ce remède aux désordres et aux malheurs de l'État.

M. le duc d'Orléans étoit toujours pour les frondeurs quand il étoit avec eux : mais dès qu'il parloit à la Reine, ce n'étoit plus cela; et il changeoit si fort qu'il étoit presque impossible qu'aucun des partis pût faire un fond certain sur lui.

Madame de Chevreuse persuadoit à la Reine qu'elle travailloit de tout son pouvoir pour engager ce prince à faire tout ce qu'elle souhaitoit ; et même elle sembloit quelquefois y avoir assez bien réussi. Mais enfin un jour que Monsieur étoit au Palais-Royal, le cardinal dit au Roi que le duc de Beaufort et le coadjuteur étoient comme autant de *Fairfax* et de *Cromwels;* que le parlement étoit comme celui d'Angleterre, et que si on les laissoit faire ils feroient en France tout ce qui avoit été fait en Angleterre.

Sur ce discours, Monsieur, qui ne cherchoit peut-être qu'un prétexte pour rompre, répondit qu'ayant l'honneur d'être parent si proche du Roi, il ne pouvoit pas souffrir qu'on lui donnât des impressions si étranges, et qu'il étoit de son devoir de lui en représenter l'injustice et la conséquence; et qu'il n'entreroit plus chez le Roi que ceux qui lui donnoient de pareilles défiances de ses meilleurs sujets n'en fussent dehors : ensuite de quoi il se retira sans prendre congé.

On courut après lui, mais inutilement : il manda à la Reine qu'il ne retourneroit plus au Palais-Royal que le Mazarin ne fût parti, et qu'il n'en avoit que trop souffert.

Le lendemain le coadjuteur fut au parlement, où il déclara qu'il avoit ordre de M. le duc d'Orléans de leur faire connoître qu'il trouvoit à propos que les princes sortissent, et qu'il avoit protesté à la Reine qu'il n'iroit plus chez elle tant que le cardinal y seroit. Il leur apprit ensuite tout ce qui s'étoit passé. Le coadjuteur a dit depuis, peut-être pour faire sa cour à M. le prince, et peut-être aussi parce que c'étoit la vérité, qu'il avoit fait cette déclaration au parlement, sans que Monsieur le lui eût commandé, dans la crainte que ce prince ne changeât la résolution qu'il en avoit prise : mais que, comme on l'avoit proposé et résolu dans son conseil, il avoit dû croire qu'il le trouveroit bon, comme il fit aussi, parce qu'il étoit encore fort animé contre la cour. Tout cela intriguoit fort la Reine, et lui donnoit de grandes inquiétudes.

Les ministres vinrent trouver plusieurs fois de sa part M. le duc d'Orléans, sans y rien gagner. Elle lui manda même que, s'il l'avoit agréable, elle l'iroit voir : sur quoi il lui fit dire que s'il la voyoit entrer par une porte, elle le verroit sortir par l'autre.

La reine d'Angleterre le fut encore trouver de la part de cette princesse, mais elle ne fut pas mieux reçue que les autres; au contraire, après avoir employé ses discours inutilement, comme elle sortoit, des insolens lui crièrent sur les degrés : *A la Mazarine !* Ce qui la fâcha si fort qu'elle rentra dans la chambre de Monsieur, son frère, pour lui dire qu'elle ne le verroit jamais, s'il ne l'assuroit qu'on la respecteroit chez lui comme on devoit.

Madame de Chevreuse, de son côté, après avoir bien fait des voyages du Palais-Royal au palais d'Orléans pour tâcher à persuader Monsieur, vint dire enfin à la Reine qu'il étoit si entêté qu'assurément personne ne pouvoit rien gagner sur son esprit; qu'il n'y avoit qu'elle seule qui en pourroit venir à bout; qu'elle avoit un tel ascendant sur son esprit, et une adresse si grande à le persuader, que si elle le voyoit elle le radouciroit sans doute beaucoup, et qu'elle détruiroit infailliblement tout ce que les frondeurs avoient gagné sur lui, lesquels appréhendoient fort cette entrevue; qu'enfin, pour contenter Monsieur, il falloit faire aller le cardinal seulement à Saint-Germain, parce qu'absolument il s'étoit engagé à ne point aller au Palais-Royal tant que ce ministre y seroit ; et que, quand elle y tiendroit une fois Monsieur, elle en feroit après cela tout ce qu'elle voudroit : tant son esprit avoit de pouvoir sur celui de ce prince.

Le cardinal donna dans ce piége, soit parce qu'il pouvoit y avoir quelque vraisemblance, soit parce qu'il avoit une créance entière en madame de Chevreuse, laquelle il croyoit habile, et ne pouvoir être que dans ses intérêts, à cause de Laigues qui la gouvernoit, lequel il savoit ne pouvoir jamais se raccommoder avec M. le prince. Mais ce qu'il ne savoit pas encore assez bien, c'est que madame de Chevreuse avoit gouverné Laigues en cette occasion.

M. le cardinal partit donc pour Saint-Germain la nuit d'après ; et ils demeurèrent d'accord, la Reine et lui, que les princes ne sortiroient point sans la participation l'un de l'autre. Ils se firent ces promesses réciproques, sans croire pourtant que le temps de leur séparation dût être fort considérable.

La Reine manda dès le lendemain à Monsieur que, pour le satisfaire, elle avoit fait partir le cardinal ; et qu'ainsi il pouvoit venir voir le Roi et elle quand il lui plairoit. A quoi Monsieur répondit que ce ministre n'étant qu'à cinq lieues de Paris, où il pourroit revenir par conséquent quand il voudroit, il souhaitoit qu'il fût hors du royaume avant que de retourner au Palais-Royal : et dans l'instant même il alla au parlement pour faire bannir de France le Mazarin, le déclarer *perturbateur du repos public*, et ordonner à tout le monde de *lui courre sus*. Ce qu'il n'eut pas beaucoup de peine à obtenir, parce que le départ du cardinal, qui paroissoit une fuite, avoit fait reprendre cœur au parlement, et l'avoit fait perdre aux créatures de ce ministre.

Ensuite de cela il vint un grand bruit que la cour se vouloit retirer secrètement de Paris. Je ne sais s'il étoit bien fondé ; mais M. le duc d'Orléans le crut si vrai qu'il envoya querir le prévôt des marchands et les échevins, pour leur dire qu'il avoit de bons avis que les créatures de Mazarin vouloient enlever le Roi, et que, comme cet événement pouvoit causer de très-grands désordres, il étoit à propos, pour les prévenir, que les bourgeois gardassent et les portes du Palais-Royal et les portes de la ville : ce qui fut aussitôt exécuté qu'ordonné. Et la Régente, afin d'empêcher que l'autorité royale ne fût blessée par ce commandement, envoya aussi querir le prévôt des marchands pour lui donner le même ordre.

Il ne se passoit point de nuit que M. le duc d'Orléans n'envoyât réveiller la Reine deux ou trois fois pour savoir des nouvelles du Roi : ce qu'elle supportoit très-impatiemment, et encore plus de ne se pas voir dans une fort grande sûreté de sa personne, par l'animosité qu'elle savoit être et contre elle et contre le Mazarin.

Madame de Chevreuse avoit toujours soutenu dans le conseil de la Fronde qu'il n'y avoit qu'à éloigner le cardinal de la Reine ; et que, la connoissant comme elle faisoit, elle étoit assurée que sitôt qu'elle ne le verroit plus elle l'oublieroit : ce qui arriva ainsi qu'elle l'avoit prédit, comme on le va voir dans la suite.

Tout le monde croit pourtant encore que cette autorité absolue que la Reine laissoit prendre au cardinal sur elle venoit d'une amitié bien particulière. Cependant la vérité est que ce n'étoit qu'un effet du peu de goût qu'elle avoit pour les affaires, et une suite de la mauvaise opinion qu'elle avoit sur sa capacité à cet égard. En quoi l'on peut dire qu'elle se trompoit fort, car il est certain que cette princesse avoit un très-bon sens en toutes choses, et que dans les conseils elle prenoit toujours le bon parti. Si elle eût voulu s'appliquer, elle se seroit rendue habile dans les affaires ; mais, avec un bon esprit, elle ne laissoit pas d'avoir en un certain caractère qui lui donnoit une haine mortelle pour tout ce qui se peut appeler travail et occupation. Ainsi, par l'envie d'être déchargée de toutes sortes de soins, de n'entrer jamais dans aucun détail ennuyeux, elle donnoit une autorité sans bornes à ceux en qui elle plaçoit sa confiance ; et comme, avec l'aversion qu'elle avoit pour le travail d'esprit, elle avoit aussi une défiance outrée d'elle-même qui la faisoit se juger incapable de décider sur rien d'important, elle avoit une déférence aveugle aux conseils et, si on l'ose dire, aux volontés de ces mêmes personnes en qui elle se confioit fortement. Docilité fatale qui a plusieurs fois attiré des chagrins à cette princesse, qui d'ailleurs avoit mille aimables vertus et mille grandes qualités d'ame, dont beaucoup d'esprits du vulgaire n'ont jamais connu le prix en aucune façon, ignorant à tous égards le caractère de cette Reine.

Je sais donc qu'une chose que je vais dire là-dessus est contre l'opinion générale. Cependant je la sais si certainement que je ne puis m'en douter, ni même m'empêcher de la rapporter : car il me semble que les vérités les plus ignorées sont dignes d'une plus grande curiosité ; et ce que j'ai à dire de si inconnu, c'est que, depuis que le cardinal fut parti, la Reine et lui agirent peu de concert, et furent souvent peu satisfaits l'un de l'autre.

La Reine, par cette même prévention de ne se croire jamais sur rien, eut donc la même créance aux autres ministres, sitôt que le cardinal fut parti; et comme ils lui conseillèrent tous de faire sortir les princes, elle y consentit volontiers, sans même se souvenir qu'elle s'étoit engagée avec Mazarin de n'y consentir jamais sans sa participation.

Il est vrai qu'elle auroit eu assez de peine à s'en dispenser, le Roi et elle se voyant comme prisonniers dans le Palais-Royal. Les ministres, avec le premier président Molé et les amis des princes, négocièrent les conditions de leur sortie; et le maréchal de Gramont devoit en être le porteur.

Lorsque le cardinal sut cette nouvelle, et le peu d'égards que la Reine avoit eu pour lui dans cette occasion, il n'en fut pas moins touché que surpris. Mais les amis qui lui étoient restés à la cour, en lui donnant cet avis, lui mandèrent qu'il falloit qu'il s'en fît honneur, et qu'il allât lui-même délivrer les princes : ce qu'il fit, et même à de meilleures conditions pour eux que celles que le maréchal de Gramont leur devoit porter, qui devinrent inutiles parce que ce maréchal n'arriva au Havre qu'après le cardinal, qui les avoit déjà fait sortir de leur prison.

On étoit si préoccupé que la Reine ne se gouvernoit que par le cardinal Mazarin, que personne ne s'aperçut du peu de correspondance qui étoit entre eux, non plus qu'on n'a point fait attention dans la suite à diverses mésintelligences qui y ont toujours été depuis; car il est certain que, du côté de la confiance, ils n'ont jamais vécu ensemble, depuis ce départ, comme ils y vivoient auparavant.

La Reine cependant se trouvant toujours enfermée par la continuation de la garde des bourgeois qu'on n'avoit point encore levée depuis l'ordre donné pour la sortie des princes, auquel elle avoit consenti, les amis du Mazarin dépêchèrent M. de Navailles à ce cardinal, pour lui dire de ne le pas faire exécuter sitôt, et de mander à Paris qu'on n'en verroit l'effet que lorsque le Roi et la Reine seroient en pleine liberté. Mais M. de Navailles arriva trop tard, et les princes étoient déjà sortis du Havre lorsqu'il y entra.

M. le prince se trouva surpris et embarrassé lorsqu'il vit le cardinal, dans l'incertitude s'il étoit puissant ou malheureux. Cependant il prit le parti de le bien recevoir et de lui faire bon visage dans la prison, avant même qu'il sût rien de ce qui l'amenoit. Ensuite de quoi lui et le Mazarin prirent ensemble de grandes mesures. Mais, entre eux, les mesures ne les contraignoient guère; et même on remarqua que sitôt que M. le prince fut sorti, à peine faisoit-il semblant de regarder ce ministre.

J'avois oublié de dire qu'aussitôt que la princesse palatine sut les princes hors de prison, elle alla trouver madame de Montbazon; et, en lui témoignant toutes les amitiés qu'on peut s'imaginer, elle lui dit qu'elle avoit grande impatience de lui faire payer l'argent que les princes lui avoient promis; qu'elle lui donnât son titre pour le lui faire payer au plus tôt, et qu'elle en prendroit tous les soins du monde.

Madame de Montbazon, abusée par de si belles paroles sans songer à l'inconvénient qui en pourroit arriver, quoique fort intéressée, lui donna sa promesse; mais après cela elle n'en entendit plus parler. Sur quoi elle pressa madame la palatine de conclure son affaire, ou de lui rendre son papier : à quoi cette princesse répondit que, l'ayant donné à M. le prince de Condé, elle n'en pouvoit plus disposer.

Sur cette réponse-là, madame de Montbazon fit demander son paiement à M. le prince, qui, pour toute réponse, se contenta de tourner l'affaire en plaisanterie, et la dame en ridicule. Cette dame, voyant que sa perte étoit sans remède, n'en parla plus, soit pour l'inutilité qu'elle y trouvoit, soit pour ne point faire connoître jusqu'à quel point elle avoit été dupée. Je rapporte tout ce qui regarde cette affaire en un seul article, quoique cela soit arrivé en divers temps; mais c'est pour ne point interrompre dans la suite le fil de ma narration.

Avant le retour des princes à Paris, M. le duc d'Orléans envoya à mademoiselle de Longueville, depuis duchesse de Nemours, une requête toute dressée, pour demander au parlement de Normandie de passer l'arrêt contre le cardinal Mazarin, dont elle étoit alors la seule partie, à cause des princes; parce qu'il n'y avoit personne en ce temps-là qui les pût représenter par la proximité. Il falloit donc que ce fût en son nom que cette requête fût envoyée. Cependant on n'en a pas entendu parler depuis, et l'on ne sait quel usage on en fit.

On attendoit M. le prince à Paris, comme s'il eût dû en venir prendre possession, et en devenir le maître absolu. On jugeoit que, puisque tout prisonnier qu'il étoit son parti osoit et pouvoit bien tenir le Roi assiégé, il n'y avoit rien qu'il n'osât entreprendre, et qu'il ne pût exécuter quand il se trouveroit à leur tête. On présumoit qu'il falloit de toute nécessité qu'il eût une puissance absolue et sans bornes, et qu'elle fût capable de tout surmonter.

Ses amis et ses créatures ne pensoient déjà plus qu'à choisir toutes les charges et tous les gouvernemens du royaume; et ses ennemis étoient dans des alarmes mortelles. La Reine et les ministres vivoient dans de pareilles inquiétudes, abandonnés de tout le monde et sans savoir à quoi se déterminer. En un mot, toutes sortes de gens de la cour et de Paris étoient dans un état pitoyable; il n'y avoit de tranquilles que ceux qui avoient pris quelques liaisons avec M. le prince.

On publioit qu'en arrivant il commenceroit par faire tuer le vieux M. de Guitaut, pour avoir eu la hardiesse de l'arrêter; qu'ensuite de cela il feroit prendre la Reine pour la mettre dans un couvent; et qu'enfin il se feroit déclarer Régent conjointement avec Monsieur, dans l'association duquel on jugeoit bien qu'il auroit tout le pouvoir de la régence; et l'on ajoutoit encore à tout cela que comme aux anciennes régences on avoit avancé la majorité à treize ans, on pouvoit la remettre à dix-sept, comme elle avoit été auparavant.

Il est certain qu'on ne craignoit et qu'on ne prévoyoit rien là-dessus, quelque extraordinaire que cela parût, qui ne pût bien arriver; et que M. le prince le pouvoit entreprendre et exécuter facilement, dans la terreur et dans la consternation qu'il avoit donnée à toute la France. Aussi peut-on dire que l'aveuglement qui le retint et qu'il eut dans cette occasion, malgré tout son esprit et toute sa hauteur, ne se peut attribuer qu'au bonheur du Roi (qu'attendoient de si grandes destinées), et à la volonté de Dieu, qui ne vouloit ni permettre la perte du royaume, ni que la France reçût les lois d'un prince moins digne de lui commander que celui qu'il lui avoit donné lui-même pour la conserver.

La première démarche que fit M. le prince en revenant de prison fut qu'en passant à Rouen il ne fit point donner par le parlement de cette ville l'arrêt qu'on avoit résolu contre le cardinal, et qu'il n'en parla même pas. Ce qui fut extrêmement remarqué, sans que personne pût pénétrer dans ses intentions, quoiqu'on ne laissât pas de raisonner long-temps là-dessus.

La Reine, qui ne parloit plus avec autorité, pria le maréchal d'Aumont (1) de vouloir bien prendre lui-même le bâton de capitaine des gardes, et de ne le point confier à son fils, qui n'étoit encore qu'un jeune homme, quoiqu'elle n'ignorât point qu'ayant l'honneur d'être maréchal de France, cet emploi ne fût au-dessous de lui. Sur quoi ce maréchal lui répondit que ce lui étoit un si grand avantage de servir le Roi, qu'en quelque qualité que ce pût être il s'en feroit toujours beaucoup de gloire; mais que, comme il en vouloit sortir à son honneur, il ne se chargeroit point du bâton qu'elle ne lui promît que le Roi

(1) Antoine, duc d'Aumont.

ne marcheroit point trop loin de lui, afin qu'il pût mieux répondre de sa personne, et que l'huissier eût ordre de laisser entrer tous ceux qu'il présenteroit. Il ajouta qu'il avoit quantité d'officiers et de cavaliers réformés dont il répondoit, et dont il vouloit faire remplir son appartement lorsque les princes viendroient, afin qu'elle pût être la maîtresse. Ce que la Reine approuva et trouva fort à propos.

Ceux qui virent cette quantité de gens inconnus crurent que le hasard et la curiosité seulement de voir une entrevue aussi considérable que celle de M. le prince avec la Reine en avoient formé la foule.

Le jeudi gras que les trois princes arrivèrent à Paris, on y fit des feux de joie de leur élargissement, comme on avoit fait auparavant de leur prison. Mais, à dire la vérité, les derniers ne se firent ni d'un si bon cœur ni avec tant de gaieté que les premiers: car le peuple est bien étrange dans ses divers mouvemens, et il en avoit donné plusieurs marques au sujet de ces trois princes.

M. le duc d'Orléans alla au devant d'eux dans son carrosse, où le duc de Beaufort et le coadjuteur eurent l'honneur de l'accompagner. Ce furent de grands embrassemens et de grands complimens de part et d'autre; mais voilà à quoi se borna entre eux toute la reconnoissance, aussi bien que toute l'amitié.

Monsieur, qui n'avoit point vu la Reine depuis leur brouillerie, vint lui présenter les trois princes; et de là il les mena souper au palais d'Orléans. Cette visite fut assez froide, le repas ne fut guère plus échauffé; et comme il n'y arriva rien de plus remarquable, on commença dès lors à se remettre de ce qu'on avoit tant appréhendé de ce retour de M. le prince.

On jugea facilement, par cette retenue qu'on n'attendoit point de lui, qu'il n'avoit ni de si grands ni de si violens desseins qu'on se les étoit figurés; et, par un commencement si modéré et si peu prévu, on jugea même encore de toute la suite de ses démarches.

Mais pour savoir de quelle manière toute cette grande puissance et de M. le prince et de la Fronde se dissipa; pour concevoir comment tant de prétextes si spécieux s'évanouirent, comment tant de projets si terribles se trouvèrent détruits sans efforts et en si peu de temps, et enfin comment tant de si grandes liaisons et de traités parurent sitôt rompus, il est nécessaire, pour le pouvoir mieux faire comprendre, d'en dire tous les sujets; et pour cela il faut reprendre la chose de plus haut.

Comme les amis de M. le prince étoient parfaitement bien informés que les deux partis qui composoient la Fronde se haïssoient à la mort, ils avoient eu l'adresse de faire croire à chacun des deux que le sien étoit le seul que M. le prince considérât. M. de Beaufort étoit entêté au dernier point de cette prédilection en sa faveur; et on lui avoit tout-à-fait bien persuadé que, de l'autre côté, ce n'étoit qu'un raccommodement plâtré : mais que, pour avec lui, il étoit de la plus parfaite sincérité. On ajoutoit qu'avec le mérite de la sortie des princes qu'il falloit lui attribuer, la cause de leur détention ne pouvoit pas lui être imputée, puisqu'il étoit de notoriété qu'il ne l'avoit pas sue; qu'ainsi ils ne pouvoient ni lui en savoir mauvais gré, ni rien conserver dans le cœur pour lui, dont il ne dût être content : outre qu'il avoit été le premier encore à traiter de leur côté. M. de Beaufort donnoit à pleines voiles dans tout ce qu'on lui débitoit sur ce ton-là; et à tout ce qu'on pouvoit lui dire de plus flatteur, il ajoutoit encore mille particularités à son avantage.

Ceux qui traitoient pour les princes feignoient de croire ce qu'il disoit, et marquoient ne pas douter que ce ne fût lui qui avoit tourné le coadjuteur pour les mêmes princes. De plus, on l'exaltoit extrêmement de n'avoir rien demandé ; mais on pensoit bien en même temps qu'il n'avoit affecté ce faux désintéressement que pour en avoir davantage.

Cependant, comme il présumoit facilement et beaucoup, tant de sa bonne fortune que de son intrigue, il croyoit non-seulement avoir persuadé par l'une ce qu'il avoit voulu faire croire de l'obligation que lui avoient les princes, mais encore avoir acquis par l'autre une fort grande part dans les affaires, et comme ami principal et comme favori de celui qui gouvernoit.

Il étoit donc si bien infatué de cette opinion, que lorsqu'il apprit le projet du mariage de mademoiselle de Chevreuse, il entra dans une si violente colère et dans un chagrin si mortel qu'il en fut long-temps comme absorbé, jugeant bien que cette union donneroit à l'autre parti de la Fronde de grands avantages sur lui auprès de M. le prince, par les grandes liaisons que ce mariage donneroit à cet autre parti auprès de ce prince; et que la place qu'il y tiendroit seroit bien différente, par conséquent, de celle dont il s'étoit flatté.

Voilà donc ce qui faisoit sa douleur. Mais ce qui lui causoit tant de colère étoit d'avoir été pris pour dupe dans ce traité, et de n'avoir pas su ce désespérant mariage, quoique l'extrême habitude qu'il avoit à ces sortes de réserves qu'on avoit à son égard, et au peu de confiance qu'on lui marquoit ordinairement dans de pareilles occasions, eussent dû l'y rendre moins sensible.

De cette dernière réserve qu'on eut avec lui, il en voulut tant de mal à M. de Nemours son beau-frère, et il en conçut tant d'aigreur contre lui, qu'on croit qu'elle fut cause enfin qu'ils se battirent l'un contre l'autre : et ce fut dans ce combat (1) que M. de Nemours fut tué par M. de Beaufort. Cela, joint au manque de parole de M. le prince pour madame de Montbazon, sur ce billet qu'il lui devoit payer, obligea M. de Beaufort à traiter avec la cour, dont M. le prince ne se soucia pas beaucoup.

Le lendemain que ce prince fut arrivé, il alla fort exactement chez madame de Chevreuse, exprès pour lui faire de très-grands remercîmens de tout ce qu'elle avoit fait pour lui, en l'assurant qu'il lui étoit uniquement redevable de sa liberté; et, suivant la parole qu'il en avoit donnée, il ne manqua pas de lui faire la demande de mademoiselle sa fille pour le prince de Conti, lequel, s'étant trouvé présent à cette demande, fit aussi, en la confirmant, ses offres de service à mademoiselle de Chevreuse. Madame de Chevreuse répondit que, quelque grand que fût l'honneur qu'ils fissent l'un et l'autre à sa fille, elle ne le pouvoit cependant souhaiter, si M. le prince y avoit la répugnance que bien des gens croyoient qu'il y eût, et qu'elle aimoit mieux le voir satisfait qu'elle n'aimoit la fortune de sa fille; qu'à l'égard de la parole qu'il lui avoit donnée, elle savoit fort bien que celles qu'on donne en prison n'engagent point; qu'ainsi elle lui remettoit volontiers la sienne, pour n'en faire que ce qu'il lui plairoit; que, pour elle, ce lui seroit toujours beaucoup d'avantage d'avoir pu servir une personne de son rang et de son mérite, et que quand elle ne recevroit pas l'honneur qu'il lui proposoit, elle n'en demeureroit pas moins attachée à ses intérêts. Mais M. le prince, pour tout ce que madame de Chevreuse lui venoit de dire, ne se rengagea qu'un peu davantage encore à ce mariage en question, et même avec de nouvelles protestations si fortes qu'elle les crut sincères, quoique pourtant il n'eût aucun dessein de les exécuter. Car enfin il ne comptoit pas pour beaucoup un semblable manquement de parole, et il ne témoignoit souhaiter cette alliance avec tant de passion que parce qu'il savoit qu'on l'appréhendoit à la cour, laquelle il vouloit engager à le prier de la rompre, afin de lui en faire acheter la rupture bien cher.

Madame de Chevreuse de son côté n'avoit témoigné tant d'indifférence là-dessus que parce

---

(1) L'auteur parle de ce duel par anticipation; il eut lieu l'année suivante.

qu'elle savoit bien que M. le prince ne pouvoit pas encore avoir eu le loisir de s'accommoder avec la cour; et qu'en s'engageant de nouveau avec elle après tout ce qu'elle lui avoit dit, il se mettoit tellement dans son tort qu'il lui seroit extrêmement difficile de se dégager.

Le bruit du prochain accomplissement de ce mariage ayant éclaté, la Reine connut alors clairement que madame de Chevreuse l'avoit toujours trompée, et elle n'en fut pas fort surprise : car elle s'étoit depuis long-temps défiée de cette princesse, jusqu'à avoir mandé même au cardinal ce qu'elle pensoit de son infidélité. Ce ministre n'en avoit aucun soupçon, et ne pouvoit se résoudre à le croire; mais lorsqu'il s'en vit tout-à-fait convaincu, il jura qu'il ne se fieroit jamais à une femme de sa sorte. Il fit ce serment en se servant d'un nom tout-à-fait injurieux qu'il lui donna, pour s'expliquer mieux sur ce qu'il pensoit d'elle.

Madame de Chevreuse, par sa dangereuse habileté et par toute sa conduite, avoit si bien fait connoître à la cour ce que ce seroit qu'une femme de son caractère et de son esprit dans la maison du prince de Condé, laquelle maison, pour son utilité propre et pour celle de madame de Chevreuse elle-même, ne pouvoit avoir d'autres intérêts que ceux de ce prince; la cour, dis-je, avoit si bien connu de quoi seroit capable cette princesse dans la maison de Condé, que les ministres n'oublièrent rien pour l'empêcher d'y entrer; et ils jugèrent aussi que M. le prince rompant avec elle, ce seroit rompre avec toute la Fronde : ce qui seroit un grand désavantage pour lui. De sorte donc que, pour y parvenir, on commença à négocier; et ce furent MM. de Lyonne et Servien, qui lui étoient plus agréables que M. Le Tellier, qui se mêlèrent de cette négociation, où M. le prince entra dans l'instant même, sans faire la moindre réflexion à toutes les protestations de ses nouveaux engagemens avec madame de Chevreuse.

Du côté de la cour, on résolut de lui sacrifier le gouvernement de Guienne, et de lui faire espérer celui de Provence pour le prince de Conti, quoiqu'on n'eût aucune envie de remplir cette espérance.

La princesse palatine s'offrit à la Reine pour travailler à cette négociation. M. de La Rochefoucauld y entra tout de même, et de tout son cœur, parce qu'il haïssoit la Fronde au dernier point. Ainsi, dans le même temps que de la part de la cour on négocioit avec M. le prince, on traitoit secrètement aussi avec tous ceux de son parti pour les en détacher.

Madame de Longueville de son côté, étant encore à Stenay pour achever de régler quelques intérêts avec les Espagnols, y apprit avec une douleur sensible la nouvelle du prochain mariage de monsieur son frère avec mademoiselle de Chevreuse, dans la crainte que la mère et la fille ne lui fissent perdre le crédit qu'elle avoit sur ce frère, lequel étoit le seul de sa famille sur qui elle en eût un véritable. Mais ce qui la touchoit encore bien davantage étoit de voir entrer dans cette famille une personne et plus belle et plus jeune qu'elle.

Quoique de si loin cette princesse ne pût pas savoir bien précisément en quel état étoit cette négociation, ni s'il étoit à propos de faire connoître sitôt le dessein de M. le prince et le sien, elle ne laissa pas cependant, pour faire croire qu'elle étoit assez habile pour réussir à tout ce qu'elle entreprendroit, de vouloir bien se hasarder d'écrire à Fuensaldague (1) qu'elle alloit à Paris pour rompre ce mariage du prince de Conti avec mademoiselle de Chevreuse.

M. de Noirmoutier, qui connoissoit mieux M. le prince que les autres, n'avoit jamais voulu entrer dans la négociation de ce prince avec la Fronde, ni même revenir à Paris pendant tout le temps qu'on en parla : c'est pourquoi il manda aux frondeurs que, ne prétendant rien aux grands avantages et aux grandes félicités qu'ils alloient recevoir par le moyen de leur raccommodement avec M. le prince, il ne vouloit point aussi entrer en leur parti dans cette nouvelle liaison; mais qu'il ne laisseroit pourtant pas de demeurer toujours uni avec eux, si dans la suite ils ne trouvoient pas dans cette liaison si éblouissante tout ce qu'ils en espéroient. Il les avertit en même temps de ce que madame de Longueville avoit écrit à Fuensaldague, qu'il avoit su par certaines femmes de ce pays-là avec lesquelles il avoit eu en diverses occasions quelque sorte d'habitude.

Les frondeurs prirent quelques soupçons, et de cet avis que leur donna M. de Noirmoutier, et de ce qu'ils avoient vu qu'on avoit différé le plus qu'on avoit pu d'envoyer querir la dispense: joint à cela que madame de Chevreuse étant allée attendre madame de Longueville chez elle le jour qu'elle revint de Stenay, afin de lui marquer plus d'empressement, et afin aussi de la voir plus en particulier, madame de Longueville, bien loin de lui faire le moindre compliment sur le mariage de sa fille avec son frère, affecta même de ne lui en pas parler.

Ils jugèrent donc dans le conseil des frondeurs que non-seulement M. le prince pourroit bien avoir le dessein de rompre ce mariage, mais encore que, quand il l'auroit, ils ne pourroient

(1) Gouverneur des Pays-Bas.

pas l'empêcher de l'exécuter; que c'étoit peut-être même la seule raison qui l'obligeoit à se détacher de la Fronde; et que, pour ne pas tout perdre, ils devoient s'offrir des premiers à favoriser ce dessein, au cas qu'il l'eût. Sur quoi le coadjuteur vint trouver M. le prince, et lui dit que, pour peu qu'il eût de répugnance au mariage de monsieur son frère, il le romproit; qu'il se faisoit fort même que madame de Chevreuse n'en seroit point fâchée, et qu'enfin il le prenoit sur lui.

Le prince de Condé négligea cette occasion de rompre de bonne grâce le mariage de son frère, soit que son traité avec la cour fût fait ou qu'il ne fût pas encore conclu, soit qu'il ne crût pas ce qu'on disoit. Enfin, par une mauvaise finesse, il n'accepta pas le parti qu'on lui proposa : outre que d'ailleurs il négligeoit tellement la Fronde, que lorsqu'elle témoigna tant d'empressement pour faire donner un arrêt au parlement qui donnoit l'exclusion aux cardinaux étrangers d'être premiers ministres, et que la cour, d'un autre côté, pour embarrasser le coadjuteur, fit ajouter à cet arrêt que les cardinaux français en seroient également exclus, il parut s'intéresser très-peu et au dessein de la Fronde et à l'opposition du coadjuteur à cette addition de la cour contre lui, lequel, ayant fait connoître par tous ses mouvements qu'il prétendoit être et cardinal et premier ministre, mit bien des gens contre lui. Car enfin, quelque haine qu'on portât au Mazarin, on appréhendoit encore davantage de voir le coadjuteur dans le ministère, que d'y voir ce cardinal : et ce fut dans les instances pressantes que fit le coadjuteur à M. le prince pour l'obliger à le favoriser, qu'on remarqua, par la foiblesse et par la négligence avec lesquelles ce prince s'y employa, qu'il ne le faisoit que par politique, et qu'il ne s'en mettoit guère en peine.

M. le prince et madame de Longueville revinrent avec cette même humeur et ces mêmes manières qui les avoient décriés et perdus, sans s'apercevoir et sans se douter en aucune façon qu'elles leur pussent faire le moindre tort : surtout madame de Longueville; et quoiqu'elle eût plus d'envie que personne de se raccommoder avec la Reine, elle vouloit pourtant que ce fût sans en rabattre de sa hauteur, et que sa fierté allât même jusqu'à cette princesse.

Elle lui fit donc dire, comme l'auroit fait une reine étrangère, le temps qu'elle iroit chez elle; et, pour comble d'orgueil, elle se fit attendre deux ou trois heures, dont M. le prince fut très-fâché. Mais il est vrai que jamais fierté ne fut si mal soutenue; car enfin, dès qu'elle fut devant la Reine, il lui prit un tremblement si grand qu'on eût pu croire qu'elle avoit la fièvre, et elle n'eut pas la force d'ouvrir la bouche pour parler, au moins pour dire deux mots de suite; de sorte qu'il fallut que la Reine elle-même la rassurât, dont cette princesse ne laissa pas de rire beaucoup après.

La Rochefoucauld, qui étoit d'un meilleur sens que madame de Longueville, ne jugeant pas qu'elle dût être si puissante qu'elle se le figuroit, lui conseilla de se faire valoir auprès de son frère du crédit qu'elle avoit auprès de son mari, et de celui qu'elle avoit auprès de son frère; de négocier entre eux, et enfin de faire si bien sa manœuvre, qu'ils ne parlassent que rarement et très-peu de temps ensemble, de peur qu'ils ne découvrissent son artifice, parce qu'en effet elle n'étoit bien ni avec l'un ni avec l'autre : et il lui étoit important qu'ils ne le connussent pas. Mais insensiblement elle fit tout le contraire de ce qu'elle devoit pour faire réussir le conseil que lui avoit donné M. de La Rochefoucauld; et elle le voulut prendre d'un ton si haut avec son mari, qu'elle ne le put soutenir sans son frère : dont elle se trouva fort mal, comme on le verra par la suite.

M. le prince faisoit un grand secret de sa négociation avec la cour; mais la cour étoit bien aise de la laisser plus qu'entrevoir, afin de le décréditer parmi la Fronde. Les ministres tiroient ce traité en longueur, parce que M. le prince demandoit des choses exorbitantes; et avant que d'y répondre ils vouloient affoiblir son parti, afin qu'il ne fût pas en état de se rendre si difficile sur les conditions.

MM. de Bouillon et de Turenne abandonnèrent M. le prince sur de foibles prétextes, et ils se raccommodèrent avec la cour à des conditions qui leur paroissoient meilleures et plus sûres que celles que M. le prince leur pouvoit faire pour les arrêter : ce qui fut cause qu'ils le quittèrent, étant d'ailleurs très-mal satisfaits des manières qu'il avoit eues à leur égard en diverses occasions.

M. de La Rochefoucauld, qui avoit trouvé que mademoiselle de Longueville pouvoit faire quelque obstacle à sa belle-mère, avoit aussi trouvé à propos de la ménager. Même avant le retour de madame de Longueville, il avoit déjà commencé à la voir plusieurs fois et à lui rendre compte de tout ce qui se passoit, en lui insinuant, toutes les fois qu'il la voyoit, qu'il falloit qu'elle fût bien avec madame sa belle-mère, et en l'assurant qu'il se chargeoit non-seulement de cet accommodement, mais encore de le maintenir et de l'entretenir.

Il conseilla la même chose à madame de Longueville; mais comme elle ne croyoit que son orgueil, et qu'elle s'imaginoit être parvenue au suprême degré de la grandeur et de la puissance, elle n'en voulut point croire M. de La Rochefoucauld : outre que le long temps qu'elle avoit été sans le voir l'avoit si fort décrédité auprès d'elle, qu'elle commença même un peu à s'en dégoûter. De sorte qu'au lieu de bien recevoir sa belle-fille lorsqu'elle l'alla voir, elle ne la regarda que comme une personne contre qui elle étoit en colère, sans que mademoiselle de Longueville lui eût pourtant rien fait autre chose, sinon qu'elle avoit toujours marqué beaucoup de respect pour le Roi et pour la Reine. Car, pour ce qui est des divers efforts indirects que cette princesse avoit tentés auprès de monsieur son père pour le détacher des partis opposés à la cour, madame de Longueville ne pouvoit lui en vouloir de mal, car elle n'en avoit jamais rien su. Mais la principale raison qui lui faisoit recevoir sa belle-fille avec tant de dédain et d'aigreur, c'est qu'elle n'étoit pas si puissante qu'elle. Ce commencement des airs insultans qu'on prenoit avec cette princesse lui faisant juger des mauvais traitemens qu'elle pouvoit éprouver dans la suite, contribua beaucoup à la faire entrer dans une affaire que je vais dire ; joint aussi qu'elle étoit persuadée que la fin qu'elle s'y proposoit étoit le véritable intérêt de monsieur son père, et qu'elle n'avoit pu jusque là, ainsi que je l'ai déjà dit, lui faire bien envisager.

M. de Longueville, avec ces places qu'on lui avoit rendues en Normandie, avoit repris dans cette province presque tout le crédit qu'il y avoit avant sa prison : crédit qui le rendoit alors fort considérable, et qui fit juger à la cour qu'il étoit important pour elle de le désunir d'avec M. le prince. Mais on ne savoit comment s'y prendre, parce qu'on le croyoit absolument obsédé et entraîné par la maison de Condé ; et l'on craignoit fort que cette maison ne le retînt toujours attaché à elle, dans la persuasion où l'on étoit de l'extrême pouvoir que madame sa femme avoit sur lui, quels que fussent les incidens qui les brouilloient quelquefois.

Ce prince avoit eu dans ses affaires un homme qui étoit dévoué à la cour ; mais il l'avoit chassé de son service ; et il en avoit un autre à sa femme, qui étoit ce même Priolo qui, par ses rapports, l'avoit jeté dans le parti de la Fronde. On ne savoit donc à qui s'adresser ; et d'un autre côté M. le prince avoit donné tant de terreur à tout le monde, que la peur de le fâcher, qu'avoient presque tous les esprits, faisoit qu'on appréhendoit que, le parti de la cour étant si bas et si décrédité, il n'y eût sujet de craindre que personne ne se voulût charger de cette commission ; ou bien que ceux qui s'en chargeroient ne trompassent la cour ensuite. Enfin M. Servien s'avisa de penser à mademoiselle de Longueville, qu'il savoit n'aimer pas beaucoup sa belle-mère.

Ce ministre étoit de ses amis depuis le voyage qu'elle avoit fait à Munster ; et, sur le prétexte de cette connoissance, il l'alla voir à la sortie de prison des princes. Il lui proposa de travailler auprès de monsieur son père, pour l'engager de se raccommoder de si bonne foi avec la Reine, que rien ne fût plus capable de les désunir.

Elle se chargea volontiers de cette commission ; et les mesures qu'ils prirent là-dessus allèrent même bien plus loin que l'on n'eût osé l'espérer. Mais mademoiselle de Longueville recommanda à M. Servien de n'en point parler à son père que cette grande prévention de la puissance de M. le prince ne fût un peu passée, sur l'espérance qu'elle avoit que pendant ce temps-là elle prépareroit cette négociation, et qu'elle lui feroit savoir quand il seroit à propos de la commencer.

Au milieu de toute la puissance que pouvoit avoir M. de Longueville, il se trouvoit accablé de ses beaux-frères, qui se vouloient servir de ses établissemens pour mieux affermir leurs affaires, sans que l'appui et l'utilité qu'il apportoit à leur parti le fissent considérer davantage d'eux ; et c'étoit là leur procédé ordinaire avec tous ceux qui vouloient bien le souffrir.

Madame de Longueville de son côté étoit dans un tel enthousiasme de sa prospérité, qu'elle ne se connoissoit plus elle-même. D'abord elle crut si fortement qu'elle auroit plus de considération que M. le prince, qu'elle ne pouvoit pas s'imaginer pourquoi il auroit pu en avoir plus qu'elle. Cependant un peu après elle rabattit quelque chose de cette opinion ; mais cette modestie n'alla pas jusqu'à son mari, car elle lui fit dire que, s'il s'avisoit de trouver à redire à sa conduite, elle le rendroit le plus malheureux de tous les hommes.

Comme on s'étoit persuadé qu'il ne feroit jamais d'autre figure que celle de suivre le parti de M. le prince, et que d'ailleurs c'étoit un crime capital auprès de sa femme et de son beau-frère que de le ménager, les frondeurs ne le considéroient guère ; et ils n'avoient même avec lui que très-peu de commerce, surtout le coadjuteur, tant par les raisons que j'en viens de dire que par la honte qu'il avoit de l'avoir fait prendre prisonnier, après en avoir été et tant aimé et tant protégé. Il lui disoit toujours pourtant qu'il vouloit avoir un long entretien avec lui ; mais cet entretien ne venoit jamais.

M. de Longueville étoit donc dans cet état,

lorsque mademoiselle sa fille entreprit de l'engager dans le parti de la cour; et comme cette princesse ne craignoit guère ceux qu'elle n'aimoit pas, elle n'eut aucune appréhension des Condé, quoiqu'elle eût grande part aux menaces de sa belle-mère. Ce qui lui donna encore le plus de hardiesse, c'est qu'elle ne demeuroit plus avec elle, parce qu'elle étoit revenue à son logis particulier avant que madame de Longueville fût arrivée à Paris, et qu'elle y étoit toujours demeurée depuis.

Elle commença d'abord la négociation qu'elle avoit à faire avec monsieur son père par le flatter beaucoup, par s'ingérer ensuite de lui parler de ses affaires les plus importantes, et par décider hardiment de tout ce qu'elle savoit qui pouvoit le plus réussir auprès de lui. Mais, pour mieux disposer sa matière, elle voulut commencer par le rassurer contre la maison de Condé, en plaignant M. le prince d'être seul à ne pas prévoir les périls où il alloit se précipiter, et en lui faisant voir qu'ils présumoient bien souvent de leur puissance sans aucun fondement; que leur prison en étoit une preuve convaincante, et que, lors même qu'ils en présumoient le moins, ils ne laissoient pas de faire encore toute la même contenance, dans la vue d'étourdir le public par cet artifice.

Elle ajouta qu'ils couroient d'ordinaire à leur perte par leur manque de foi à l'égard de tous ceux qui les avoient servis, parce que, malheureusement pour M. le prince et pour tous les gens qui avoient à traiter de quelque chose avec lui, il ne faisoit consister l'honneur qu'à être brave et intrépide, et nullement à être homme de parole et de probité; que personne n'osoit ni lui faire de reproche là-dessus, ni l'avertir que c'étoit la cause de ce que tout le monde l'abandonnoit; qu'ainsi il n'étoit guère possible qu'il pût changer de conduite; enfin qu'il n'y avoit que lui qui ne s'aperçût pas des dangereux effets qu'il en devoit attendre, et qui même lui en étoient déjà arrivés, parce qu'il n'y avoit que lui qui en ignorât la cause, à laquelle il ne pouvoit rien attribuer par conséquent de tout ce qui lui arrivoit; qu'il seroit donc plus honorable de se raccommoder avec la cour, lorsque ce prince paroissoit encore être en état de se soutenir, que lorsque sa fortune deviendroit dans son déclin; que, comme il avoit toujours accoutumé de faire ses traités sans lui en parler, il pouvoit lui rendre la pareille; et que pour lui, s'il cessoit d'être en considération, ce ne seroit que parce qu'il le voudroit bien; qu'il ne pouvoit se voir hors de prison sans se voir en même temps maître de la Normandie; qu'un homme comme lui n'en

pouvoit avoir d'autre que le Roi; qu'il feroit une figure fort désagréable dans un parti où il ne pouvoit être que le quatrième tout au plus; que même le duc de Beaufort et le coadjuteur auroient encore plus de crédit à Paris que lui; et qu'en demeurant comme il étoit, il s'alloit embarrasser immanquablement avec bien des gens qui ne pouvoient pas compatir ensemble.

Par de semblables discours, ou pour mieux dire par les dispositions des affaires, ou si l'on veut encore par la manière dont avoit été traité M. de Longueville, il devint si différent de ce qu'on l'avoit toujours vu, qu'on ne le connoissoit plus. Il résistoit à tous les gens qui l'avoient voulu soumettre, et il le prenoit au-dessus de tous ceux qui mal à propos l'avoient pris sur lui.

Ensuite de toute cette conversation que mademoiselle de Longueville eut avec monsieur son père, elle avertit M. Servien qu'il étoit temps de parler de la négociation qui avoit été proposée entre eux, et qu'elle venoit de la disposer: ce que ce ministre ayant appris, il sut si bien profiter de cette disposition, qu'il ne tarda guère à en tirer tout l'avantage qu'on en désiroit. Mais il fit connoître à M. de Longueville que la Reine auroit peine à avoir une confiance entière en lui, tant que son fils seroit à Montrond entre les mains de M. le prince. Il pressa même sa fille de lui en parler fortement; et mademoiselle de Longueville le fit avec tant d'adresse et de succès, que, malgré tous les efforts de madame de Longueville pour empêcher que son fils ne sortît de Montrond d'auprès du prince de Condé, M. de Longueville s'opiniâtra tant de le retirer d'auprès de ce prince, qu'on fut contraint de le lui rendre.

Comme le procédé de M. de Longueville avoit plus de rapport en ce temps-là avec le caractère d'esprit de sa fille qu'avec le sien propre, madame de Longueville se prenoit à elle de tout ce que faisoit ce prince : et c'est ce qui lui donnoit une si grande haine contre mademoiselle de Longueville, sans songer qu'elle-même étoit la seule cause de tout ce qui lui arrivoit de fâcheux, et qu'elle se l'attiroit, tant par les manières dont elle avoit vécu avec M. de Longueville, que par toutes les hauteurs et toutes les bizarreries qui l'avoient fait haïr presque de tout le monde, et qui avoient obligé mille gens à parler contre elle à son mari.

La cour, qui ne négligeoit rien, sachant cette aversion de madame de Longueville pour sa belle-fille, quoique assez mal fondée, s'en servit pour la faire tomber dans un piége dont elle ne se douta jamais, quoiqu'il fût cependant fort aisé à connoître.

Comme tout ce qui lui venoit de sa belle-fille lui étoit odieux, on lui persuada qu'elle mettoit dans la tête de son père de l'emmener en Normandie avec lui, et de la faire enlever au cas qu'elle n'y voulût pas consentir. Elle fut fort effrayée de cet avis, contre lequel voulant se précautionner, elle se fît garder avec un grand soin; et, dans l'alarme où elle étoit, elle se trouva forcée d'employer M. le prince auprès de son mari, pour l'empêcher de l'emmener avec lui.

Si elle avoit été mieux informée de la vérité, elle auroit connu qu'il étoit aisé de réussir sans tant de peine à ce qu'elle désiroit avec tant de passion; parce que son mari ne songeoit à rien moins qu'à l'emmener, et que mademoiselle de Longueville, avec tout le reste des personnes qui lui étoient contraires, en avoient encore plus de peur qu'elle-même, dans la crainte que si elle suivoit son mari elle ne reprît du crédit auprès de lui, et qu'elle ne le remît encore dans de nouvelles affaires fatales à sa gloire et à son repos.

M. le prince, sollicité par madame de Longueville, se chargea donc de parler à M. de Longueville. Mais comme il lui étoit plus utile que sa sœur, il la lui sacrifia, en ce qu'ayant obtenu qu'elle n'iroit point en Normandie, chose qui lui fut peu disputée, il accorda à son beau-frère qu'elle iroit à Bourges, après être convenus l'un et l'autre qu'elle n'étoit pas d'une conduite qui permît de la laisser demeurer à Paris. Mais comme le jour n'étoit pas pris pour la conduire à Bourges, où il étoit bien plus honteux pour elle d'aller que si elle n'eût fait qu'un même voyage avec son mari, il lui resta quelque espérance que les affaires pourroient changer.

Sitôt qu'il eut été résolu que madame de Longueville n'iroit point en Normandie, mademoiselle de Longueville, fortement excitée par la cour, pressa monsieur son père de hâter son voyage: ce qu'il fît aussitôt à sa persuasion; et, dès l'instant qu'il fut arrivé dans cette province, il s'y trouva plus puissant qu'il n'y avoit jamais été.

Pendant tous ces petits mouvemens, il se passoit peu de jours que quelques-uns des amis de M. le prince ne le quittassent; mais on ne pouvoit être content à la cour que M. le duc d'Orléans ne l'eût abandonné, parce que sans lui la retraite de tous les autres ne pouvoit être pour elle d'une grande conséquence.

Les ministres qui étoient demeurés auprès de la Reine s'avisèrent d'une intrigue qui fît réussir ce dessein. Le stratagème qu'ils mirent en usage fut la pomme de discorde entre toutes les parties, et fît échouer le traité que M. le prince projetoit avec la Reine. Enfin ce tour imprévu jeta ce prince dans des labyrinthes dangereux, dont il n'est jamais bien revenu. Voici ce que c'étoit.

M. Servien dit à M. le prince que comme il se défioit des promesses de la Reine et du cardinal, et qu'ils avoient envie de lui faire connoître toute la bonne foi avec laquelle ils désiroient se réconcilier avec lui, il avoit dessein de le lui persuader de leur part, et non par des paroles simplement; qu'il s'apercevroit de la considération qu'ils avoient non-seulement pour lui, mais encore pour ceux qu'il affectionnoit. M. le prince parut fort satisfait de ce qu'on lui promettoit, sans s'en éclaircir plus particulièrement.

Un mercredi de la Passion, qui étoit un jour de conseil, M. le duc d'Orléans s'y étant trouvé pour y assister, on vit venir le chancelier Seguier que l'on croyoit exilé, le premier président Molé que l'on croyoit au Palais, et Chavigni, tous trois connus pour être amis intimes du prince de Condé, particulièrement le dernier, qui lui étoit entièrement dévoué. Mais on leur avoit fait signer à tous trois, avant que de les admettre au ministère, qu'ils seroient dans les intérêts de la Reine et du cardinal, préférablement à tous autres.

La Reine dit à M. le duc d'Orléans qu'elle les avoit mis dans le conseil, et qu'elle avoit ôté les sceaux à Châteauneuf pour les donner au premier président : dont M. le duc d'Orléans se mit dans une grande colère, et dit qu'ayant l'honneur d'être oncle du Roi et lieutenant général de la régence, on n'avoit point dû faire un changement de cette nature au conseil sans sa participation; et qu'il n'y reviendroit plus qu'on n'y eût donné ordre.

M. le prince de son côté demeura tout étourdi, ne sachant si ce qu'il voyoit lui étoit bon ou mauvais. Cependant il ne laissa pas de se retirer avec M. le duc d'Orléans, en déclarant qu'il ne pouvoit être content que Monsieur ne le fût; mais quand il eut fait un peu de réflexion et pris conseil, il comprit que ces nouveautés lui étoient préjudiciables, et que c'étoit pour le rendre suspect. Aussi voulut-il s'en justifier : et étant allé chez madame de Chevreuse, il y fît des sermens terribles qu'il n'avoit rien su de ces nouveaux changemens. Mais il n'en fut pas mieux cru, et ses sermens ne servirent qu'à donner de l'horreur pour lui, parce qu'on les croyoit tous faux : ce qui cependant, en cette occasion, étoit une grande injustice.

M. le duc d'Orléans, la Fronde et le public ne faisoient aucun doute que M. le prince n'eût part à ce qui étoit arrivé, n'y ayant, à ce qu'il leur sembloit, nulle apparence que la Reine, toute prisonnière qu'elle étoit au Palais-Royal, eût osé une pareille chose sans l'avoir concertée avec M. le prince.

Il y eut ensuite un conseil au palais d'Orléans sur le mécontentement de Monsieur à l'égard de la Reine. M. de Beaufort y parla fort mal à son ordinaire; le coadjuteur y donna des avis fort violens, et entre autres de jeter des pierres contre le Palais-Royal. Sur quoi M. le prince, lorsqu'on lui demanda le sien, en se moquant visiblement d'eux répondit qu'il ne savoit point la guerre des cailloux, et qu'il falloit demander à ces messieurs comment elle se pratiquoit : ce qui augmenta encore la défiance qu'on avoit de lui.

Les ministres qui traitoient avec ce prince ne lui parlèrent plus du gouvernement de Provence pour son frère; et il fallut qu'il abandonnât avec ce gouvernement toutes ses autres prétentions, parce qu'étant devenu suspect au parti opposé, il se trouva forcé de se contenter de ce qu'on lui voulut donner.

On négocia ensuite avec M. le duc d'Orléans pour l'apaiser, et on lui fit trouver bon que ces messieurs demeurassent au conseil, pourvu qu'on rendît les sceaux à M. de Châteauneuf, et qu'il demeurât ministre. On dit à la cour que c'étoit à la considération de M. le prince qu'on ôtoit les sceaux à M. Molé : ce qui, selon l'intention que l'on en avoit, de zélé et fidèle ami que ce premier président étoit de M. le prince, le fit devenir son plus grand ennemi; et ce qui fut dans la suite d'un préjudice extrême pour ce prince, par la grande considération où étoit alors le premier président.

Après cela, on proposa à M. le duc d'Orléans d'agréer que le mariage de mademoiselle de Chevreuse fût rompu : à quoi il consentit aisément; et l'on croit que ce qui en fut cause, c'est qu'on lui fit craindre que la maison de Condé ne devînt trop puissante si ce mariage s'accomplissoit.

Dès la semaine sainte, Monsieur revint chez la Reine au Palais-Royal, où elle fit venir le prince de Conti, pour lui dire de ne pas conclure sitôt son mariage avec mademoiselle de Chevreuse.

Monsieur le prince et madame de Longueville ne s'étoient point fiés en lui du dessein qu'ils avoient de le rompre, car ce prince étoit devenu fort amoureux de sa maîtresse; mais ils lui dirent de si terribles choses d'elle, qu'il eut autant d'impatience d'avoir des défenses de la Reine sur ce sujet qu'il en avoit eu d'épouser cette jeune princesse.

Cette excuse des défenses de la Reine parut très-mauvaise, parce qu'elle n'avoit aucun pouvoir en ce temps-là; et dans la situation où étoient les choses, comme cette alliance s'étoit projetée et proposée non-seulement sans l'aveu de cette princesse, mais encore contre ses sentimens, elle pouvoit bien s'exécuter tout de même.

M. le prince envoya le président Viole à madame de Chevreuse, pour lui rendre compte des ordres de la Reine, et pour l'assurer cependant que, malgré cela, c'étoit une affaire qui n'étoit que différée sans être rompue; qu'ils iroient, son frère et lui, la voir pour s'en expliquer mieux avec elle. Mais en prenant des mesures pour exécuter ce qu'il lui avoient promis par le président Viole, M. le prince dit à son frère que lui seul étoit en obligation de faire cette démarche, comme la partie la plus intéressée; et que pour lui il ne pouvoit plus voir madame ni mademoiselle de Chevreuse, par l'embarras que cela lui feroit.

Le prince de Conti, pour s'en défendre, lui dit qu'étant son aîné, la chose le regardoit plus que lui du côté de ces sortes de ménagemens; qu'à l'égard de l'embarras qu'il en appréhendoit, il seroit encore plus grand pour lui, par la raison qu'étant le plus intéressé il étoit par conséquent le plus engagé; et la fin de toute cette conversation entre ces deux princes fut qu'ayant tourné la chose en complimens, et puis les complimens en raillerie et en plaisanterie, ils ne firent qu'en rire; et enfin, quoiqu'ils eussent mandé à madame de Chevreuse qu'ils iroient la trouver, ils n'y allèrent ni l'un ni l'autre, et ils ne la virent plus depuis.

Alors des deux partis ce fut à qui se hâteroit le plus de faire ôter la garde des bourgeois, qui tenoient le Roi et la Reine comme prisonniers dans le Palais-Royal.

Ainsi donc M. le prince rompit entièrement avec les frondeurs, et il y rompit même avec une très-grande tranquillité, par le mépris qu'il avoit pour eux : il les comptoit comme les derniers hommes du monde, et incapables par conséquent de pouvoir la moindre chose contre lui. Mais ce qu'il y a de très-surprenant en cela, et même de presque incroyable d'un esprit tel que le sien, c'est que ces mêmes gens de qui il témoignoit faire si peu de cas lui parurent dans la même semaine si redoutables, sans qu'il fût pourtant rien arrivé depuis; et ils lui devinrent si considérables, que, mal avec eux, il ne se crut plus en sûreté en aucun lieu du monde.

M. le prince parut de bien meilleur sens en craignant les frondeurs qu'en les négligeant. Car aussitôt qu'il eut rompu avec eux, il arriva ce que tout le monde avoit prévu, et dont il ne s'étoit point douté, quoique cela n'eût pas dû cependant lui être difficile ; il arriva, dis-je, ainsi qu'on l'avoit prédit, que les frondeurs se raccommodèrent avec la cour contre lui : à quoi ils n'eurent pas beaucoup de peine, parce que la Reine avoit bien plus d'envie de se voir défaite de ce prince que d'eux.

La haine que les frondeurs, et particulièrement le coadjuteur et madame de Chevreuse, avoient pour M. le prince et pour madame de Longueville alloit si loin, qu'elle leur avoit fait oublier toutes les autres haines, jusqu'à celle qu'ils avoient pour le Mazarin avec lequel ils traitèrent tout de nouveau, sans paroître rebutés par les autres traités qui leur avoient si peu servi. Mais véritablement dans celui-ci il y avoit une clause si extraordinaire qu'elle mérite bien qu'on en fasse mention, qui est que le coadjuteur diroit toujours du mal du cardinal Mazarin afin de conserver toujours le crédit qu'il avoit parmi le peuple, et que par ce moyen il demeurât en état de l'y mieux servir.

Par ce nouveau traité, il fut résolu pour la seconde fois de reprendre M. le prince prisonnier. Comme il n'alloit plus au Palais-Royal par la défiance où il étoit, on ne put point aussi prendre de mesures pour l'y arrêter.

La Reine, qui ne se fioit pas trop aux gens de cette cabale, leur dit qu'elle ne vouloit pas le faire prendre à l'hôtel de Condé, de peur que sa prise ne fît trop de bruit à Paris, et qu'elle n'y causât même de grands meurtres. Cependant on faisoit défiler des troupes du côté du faubourg Saint-Germain.

M. le prince, qui étoit toujours sur ses gardes, se retira la nuit à Saint-Maur ; et il parut n'avoir profité de ses prisons que pour en être plus défiant, parce qu'elles lui avoient laissé toutes ses autres humeurs.

Il envoya Vigneul à madame de Longueville pour lui apprendre sa retraite et pour lui dire qu'elle n'avoit que faire de l'y aller trouver ; mais malgré cette précaution, et quoiqu'elle eût même une joue fort enflée, elle ne laissa pourtant pas de partir aussitôt, afin seulement de conserver la réputation qu'elle avoit d'être bien avec son frère. Elle se plaignoit après cela que, toute malade qu'elle étoit, elle avoit été obligée de partir par les grands empressemens de ce prince, afin de persuader mieux la confiance qu'il avoit en elle.

Le départ de M. le prince (1) fit un fort grand bruit ; et l'on fut s'offrir au Palais-Royal et à Saint-Maur, tout comme des particuliers au-

(1) Dans la nuit du 6 au 7 juillet 1651.

roient fait dans des querelles particulières : et ceux qui alloient d'un côté n'alloient plus de l'autre. Mais on remarqua que peu de gens allèrent à Saint-Maur, dont M. le prince eut beaucoup de chagrin ; et, par la réflexion que trois mois auparavant toute la France avoit été pour lui, il en demeura fort surpris.

La crainte qu'on avoit eue un temps de M. le prince étoit entièrement dissipée. C'étoit une des plus grandes pertes qu'il eût faites à sa prison ; et, à la réserve des huit premiers jours qui suivirent sa sortie, on ne revint jamais à cette grande terreur qu'il avoit autrefois donnée, quoi qu'il pût faire après cela.

Le lendemain que M. le prince de Condé fut à Saint-Maur, M. le prince de Conti alla au parlement, où il dit qu'il venoit de la part de monsieur son frère leur rendre compte de sa sortie de Paris, et que si elle n'avoit pas été si prompte il auroit été arrêté tout de nouveau ; que c'étoient les effets de l'ancienne haine de Mazarin, parce qu'il s'étoit opposé à son retour ; et que certainement, quoique le ministre fût loin de la cour, son esprit y régnoit toujours par Le Tellier, Servien et Lyonne, qui étoient ses créatures ; que monsieur son frère ne pouvoit plus ni se fier à la Reine ni aller au Palais-Royal tant qu'ils y seroient, et qu'il falloit les en chasser aussi bien que le cardinal.

Le parlement ne prit pas cela tout-à-fait comme se l'étoit imaginé M. le prince. Cependant le prince de Conti ne laissa pas d'y retourner plusieurs fois, et d'y tenir toujours à peu près le même discours.

Le maréchal de Gramont fut trouver le prince de Condé de la part de la Reine, pour savoir le sujet de son mécontentement. Ce prince se plaignit qu'on l'avoit voulu arrêter, dit qu'il ne pouvoit être en sûreté que les trois ministres ne fussent partis, et que sitôt qu'ils le seroient il rendroit ses devoirs au Roi et à la Régente.

La Reine, de son côté, disoit que M. le prince ne faisoit tant de bruit que pour avoir encore quelques nouveaux avantages ; qu'il étoit insatiable, et que plus on lui donnoit et plus il vouloit avoir ; que l'on venoit de lui donner la Guienne, et qu'il vouloit encore avoir autre chose ; mais qu'elle étoit résolue de n'en être plus la dupe, quoi qu'il pût faire. Et comme elle ne croyoit pas devoir alors éloigner ses ministres, elle dit aussi que, pour les caprices de M. le prince, elle n'ôteroit pas ceux qui étoient de son conseil ; que ce n'étoit qu'un prétexte, et que s'ils n'y étoient plus, ce prince trouveroit de nouveaux sujets de se plaindre.

Quoique M. le cardinal ne fût pas toujours cru

lorsqu'il étoit loin, il ne laissoit pourtant pas de conserver une très-grande autorité ; et comme on s'adressoit toujours à lui pour toutes les grâces et pour toutes les affaires d'importance, on ne manqua pas de lui donner avis de celle-ci : sur laquelle il manda qu'il falloit absolument faire retirer les trois ministres, afin d'ôter à M. le prince tout sujet de plainte, et de le mettre entièrement dans son tort, en faisant voir que son dessein n'étoit que de brouiller. Si bien que, lorsqu'on s'y attendoit le moins, la Reine relégua ces trois ministres dans leurs maisons ; ensuite de quoi elle manda à M. le prince qu'elle avoit bien voulu encore le satisfaire en cela, et s'il ne vouloit pas au moins faire quelques pas pour elle, après qu'elle en avoit tant fait pour lui.

M. le prince, qui ne s'étoit jamais figuré qu'on dût ôter ces trois ministres, n'avoit point aussi pensé à ce qu'il diroit si on le satisfaisoit là-dessus : de sorte qu'il ne put jamais ni rien trouver ni rien alléguer pour prétexte de son mécontentement. On crut alors que le cardinal n'avoit cette complaisance que pour rendre M. le prince encore plus criminel s'il n'y répondoit pas. Mais ce n'étoit point là du tout la principale raison de ce ministre : il en avoit d'autres fort essentielles pour lui qui l'avoient engagé à agir comme il avoit fait.

La Reine lui avoit mandé que M. Servien s'étoit trop avancé avec M. le prince, et qu'on auroit fort bien pu se défendre de lui donner le gouvernement de Guienne ; et M. de Lyonne, neveu de M. Servien, ayant su que le Mazarin avoit cette pensée de son oncle, et croyant peut-être qu'elle lui avoit été inspirée par M. Le Tellier, il lui manda que ce ministre prenoit un trop grand ascendant sur l'esprit de la Reine : ce qui fit faire plusieurs réflexions au cardinal ; outre qu'il n'étoit pas content que, dans son absence, on eût fait tant de choses sans sa participation.

D'un autre côté, madame de Chevreuse, le coadjuteur et les autres frondeurs surent peindre avec de si étranges couleurs l'ingratitude de M. le prince pour eux, son manquement de foi sur le mariage de son frère, et généralement sur tous les autres articles qu'il leur avoit promis, qu'ils le décrièrent à un point que cela ne se peut comprendre.

Il étoit abandonné de tout le monde : on n'avoit pas la moindre confiance en lui ; il n'eut dans ses intérêts que ceux qui ne pouvoient s'en dégager avec honneur. Si bien qu'il connut trop tard que ses manquemens n'étoient pas d'une nature à pouvoir être tournés en plaisanterie, comme il se l'étoit imaginé. Car il n'avoit point fait jusqu'alors aucune de ces réflexions utiles qu'il fit depuis si heureusement, et qui le portèrent à pratiquer avec tant d'exactitude des vertus solides, dont il ignoroit même le nom en ce temps-là.

Ce prince, sachant comme les frondeurs le déchiroient, ne les épargnoit pas aussi, et dit que madame de Chevreuse lui avoit proposé de prendre la régence. Quoiqu'elle assurât que cette proposition venoit de lui, tout le monde crut M. le prince : car, comme il étoit plus puissant qu'elle, il lui eût été fort aisé d'avoir la régence s'il l'avoit voulu ; et, comme elle étoit plus habile aux affaires que lui, il y avoit bien de l'apparence qu'elle lui avoit donné ce conseil. On ne sait même ce qui put l'empêcher de le suivre ; car on ne lui pouvoit rien donner par un accommodement, qui ne fût beaucoup moindre que ce qu'il auroit pu prendre dans l'administration de la régence. Mais ce prince marqua si peu de prévoyance sur ce qui le regardoit, par le trouble où il se trouva et par la trop grande assurance qu'il avoit de lui-même, qu'il oublia, après sa retraite à Saint-Maur, de s'assurer du comte de Carces, qui étoit maître de la Provence, dans le temps qu'il le pouvoit le plus utilement ; et il ne s'en souvint que deux jours après que Carces fut engagé avec la cour. Mais, ainsi qu'on l'a déjà remarqué, il sembla que, pour le bonheur de la France, le ciel, favorable au Roi et à la Reine régente, aveuglât toujours ce prince sur ses propres intérêts, tant qu'ils furent opposés à son devoir.

Cependant M. le duc d'Orléans continuoit toujours à être irrité. Il étoit ennemi déclaré du cardinal, et mal satisfait de la Reine et de M. le prince, depuis que ces nouveaux ministres étoient entrés dans le conseil sans sa participation. Dans cet esprit d'aigreur, il sut tellement balancer les deux partis par son mécontentement joint à son incertitude ordinaire, aussi bien qu'à celle du parlement, qu'il leur ôta tout leur crédit à tous, sans même en conserver beaucoup pour lui ; et l'on demanda en ce temps-là qu'étoit devenue l'autorité royale, puisque, la régente l'ayant perdue, elle ne paroissoit passée à aucun autre.

Ensuite de cela M. le prince vint plusieurs fois lui-même au parlement, où il fit venir beaucoup de gens armés dans la grand'salle ; et la Reine y envoya des compagnies tout entières pour y garder le coadjuteur, tant les intérêts étoient changés.

Dans une de ces assemblées, où il y avoit plus de gens de guerre qu'à l'ordinaire, le premier président Molé dit qu'il étoit étrange que le lieu destiné à rendre la justice fût devenu une place d'armes; et ajouta que, pour rétablir les choses dans l'ordre et dans la tranquillité où elles devoient être, et faire disparoître ces gens armés, il falloit que chacun fît retirer ceux qu'il connoissoit.

Le coadjuteur fut au passage des huissiers pour dire aux gens de guerre qu'ils se retirassent, afin de satisfaire le premier président; et M. de La Rochefoucauld se leva aussi, comme s'il avoit eu la même envie de faire retirer les gens du parti de M. le prince. Mais ce ne fut que pour fermer la porte au coadjuteur qui étoit sorti, et qui fut dans un très-grand péril par les gens de guerre qui y étoient, et plus encore par le peuple qui étoit fort animé contre lui, parce qu'ils le croyoient Mazarin.

M. de Brissac, qui s'aperçut de ce qui s'étoit passé, se leva de sa place pour ouvrir la porte au coadjuteur et pour le faire rentrer; et il dit à M. de La Rochefoucauld que, s'ils étoient dans un autre lieu, il lui donneroit cent coups d'éperons, parce qu'il ne valoit pas la peine qu'on se battît contre lui : ensuite de quoi ils revinrent dans leur place; et M. de La Rochefoucauld, en serrant la main du coadjuteur et celle du duc de Brissac, leur dit à demi bas : « Je voudrois vous « avoir étranglés. » Sur quoi le coadjuteur lui repartit, en l'appelant du nom que la Fronde lui avoit donné: « Ne vous émouvez point tant, ca- « marade La Franchise, il ne peut rien arriver « entre vous et moi, car vous êtes un poltron, et « je suis un prêtre. » Ceux qui étoient présens à cette conversation tâchèrent de l'adoucir; mais tout ce qu'ils purent faire fut de la rompre.

Avec tout l'esprit qu'avoit M. le prince, il se tiroit toujours assez mal des assemblées du parlement; et le premier président, qui ne l'aimoit plus, lui rompoit toujours en visière. Il lui demandoit pourquoi il ne voyoit pas la Reine, et si c'étoit qu'il voulût élever autel contre autel.

Durant toutes ces assemblées du parlement, on ne laissoit pas de négocier toujours entre la Reine et M. le prince; mais on lui offroit peu de chose. C'étoit l'esprit de la cour de ce temps-là de réduire tout en négociation.

M. le prince, de son côté, souhaitoit beaucoup l'accommodement. Il haïssoit les partis, et il savoit bien qu'il n'y étoit pas propre. Mais madame de Longueville, qui voyoit bien qu'elle alloit être reléguée à Bourges, comme on l'avoit promis à son mari, vouloit la guerre, afin que M. le prince pût aller à son gouvernement, dans l'espérance qu'elle lui pourroit être plus utile dans la guerre que dans la paix; et que M. de Longueville ne le suivant point en Guienne, il ne seroit plus si considéré de M. le prince à son préjudice.

Le duc de La Rochefoucauld étoit de même sentiment, parce qu'il vouloit s'éloigner de Paris à quelque prix que ce fût, ayant peur qu'un prince, dont il connoissoit bien mal le caractère, ne l'y fît tuer, ou que les frondeurs ne l'y fissent battre. De sorte que madame de Longueville et La Rochefoucauld obsédoient si bien M. le prince, qu'ils le portèrent à faire tout ce qu'ils voulurent, quoiqu'il n'eût ni estime, ni amitié pour aucun des deux.

Comme ils le connoissoient à fond, ils se servirent de ses deux principaux foibles, dont l'un étoit l'intérêt, et l'autre la vanité de croire qu'on le craignoit toujours beaucoup, et que l'on ne se pouvoit passer de lui. Ils lui insinuèrent donc que la Reine appréhendoit fort qu'il ne formât un parti; et que s'il faisoit la moindre démarche pour le faire croire, ou bien qu'il feignît de tourner ses pas du côté de la Guienne, on lui enverroit offrir tout ce qu'il pourroit souhaiter. De sorte qu'il n'eut pas de peine à se laisser persuader là-dessus.

Il se disposa donc pour partir, et il envoya auparavant sa sœur à Bourges, comme il avoit promis à son mari.

Mademoiselle de Longueville avoit été fort maltraitée de madame sa belle-mère et de M. le prince, lorsqu'elle n'avoit rien fait contre eux; et quand elle parut entièrement pour la cour, et qu'elle fut une des premières à aller chez la Reine, M. le prince la vint voir : il lui rendit compte de toutes ses affaires, et par mille complaisances il fit tout ce qu'il put pour la ménager. Ce qui fait voir, aussi bien que des actions plus importantes, que, dans ces temps, moins on étoit soumis à ceux de la maison de Condé, et plus on en étoit considéré.

Les flatteries intéressées et hors de saison que prodigua ce prince n'eurent pas un fort grand succès pour lui auprès de mademoiselle de Longueville. Sa conscience, ses connoissances et les intérêts de son père ne lui pouvoient pas permettre d'en être ni surprise, ni séduite, ni corrompue.

Comme en ce temps-là toutes les affaires se faisoient au palais, et que tout étoit réglé par les délibérations du parlement, les princes, et tous ceux qui y avoient intérêt, ne manquoient pas aussi de se trouver à toutes les assemblées qui s'y faisoient. M. le duc d'Orléans, qui parloit admirablement bien, y paroissoit beaucoup. M. le prince, qui parloit fort mal en public, et qui de plus étoit très-étourdi des orages qu'il prévoyoit, n'y brilloit pas tant; et il ne réussissoit seulement qu'aux répliques, sur ce qu'on lui disoit d'offensant.

La Reine cependant voyoit avec assez de tranquillité le peu de crédit qu'elle avoit, dans la pensée que la majorité du Roi approchoit, et que dans cette majorité elle trouveroit la fin de ses peines avec l'abaissement de ses ennemis. Depuis que MM. Le Tellier, Servien et de Lyonne furent partis, MM. de Châteauneuf et de Villeroy (1) la gouvernèrent tout comme les autres avoient fait, quoiqu'ils l'eussent trahie de concert avec madame de Chevreuse.

Dès qu'ils furent seuls au conseil, ils lui firent donner une déclaration par laquelle elle s'engageoit de ne faire jamais revenir le cardinal, sans s'apercevoir du tort que lui pouvoit faire une pareille déclaration. Il est vrai que l'on crut que la Reine l'avoit faite avec la participation de ce cardinal. Mais on a vu depuis une lettre de lui, écrite à M. de Brienne, où il s'en plaint extrêmement, et où il en paroît fort offensé.

Le coadjuteur ne sachant plus que faire, et voyant qu'il avoit peu d'agrément dans les deux partis, s'avisa de prendre un nouveau ton. Il dit que, pour ne se plus mêler de rien, il vouloit se retirer, et ne se divertir plus que de ses oiseaux. Il ne prétendoit pas cependant qu'on le crût; et au contraire il vouloit faire imaginer par cet art de fort grands mystères.

Mais, comme la vérité se fait toujours connoître, on jugea aisément que ce qu'il disoit sans le vouloir persuader le faisoit paroître encore plus véritable qu'il ne pensoit et qu'il n'eût voulu.

La majorité du Roi étant sur le point d'arriver, M. le prince vit bien qu'il seroit encore moins en sûreté qu'il n'y étoit auparavant; mais, entêté toujours de la peur que son départ donneroit, il se détermina enfin de partir pour la Guienne le plus tôt qu'il lui seroit possible.

Il résolut donc de ne se point trouver à la cérémonie de la majorité, et alla sur le chemin de Normandie à un rendez-vous qu'il y avoit donné à M. de Longueville, pour savoir s'il n'y avoit rien à faire avec lui.

Mais voyant que sa peine étoit inutile, et que son beau-frère vouloit être toujours inviolablement attaché au Roi et soumis à tous ses ordres, sans se rapprocher de Paris il se mit en route pour aller droit à son gouvernement.

Ce prince étoit si persuadé qu'aux premiers pas qu'il feroit on lui offriroit tout, qu'il attendoit des courriers dans bien des lieux où il passa, et où il séjourna même pour les y attendre. Mais n'en voyant point venir, la colère le prit contre ceux qui l'avoient embarqué à ce voyage; et, en disant des choses horribles à M. le prince de Conti, à madame de Longueville et à La Rochefoucauld, il leur reprocha qu'ils l'avoient engagé dans un étrange parti, mais qu'ils en seroient plus tôt las que lui, et qu'ils l'abandonneroient.

Le Roi ayant eu treize ans accomplis le 5 de septembre, il choisit le 7 du même mois pour faire la cérémonie de sa majorité; et il fut au parlement, selon la coutume, pour se faire déclarer majeur. Là, il fit un remerciment à la Reine sa mère des soins qu'elle avoit pris pendant sa régence, et il n'en fit point au duc d'Orléans qui y avoit eu part comme lieutenant général: ce qui l'offensa beaucoup. Mais on feignit à la cour de ne savoir rien de son mécontentement, que bien des gens prirent grand soin d'augmenter.

Un peu avant la fin de la régence on avoit ôté les sceaux à Châteauneuf, pour les donner au premier président Molé. Mais comme dans cette rencontre il falloit deux personnes différentes, parce qu'il n'étoit pas possible que le même homme fît les deux charges, celle de chancelier, et celle de premier président, on laissa les sceaux au chancelier pour quelques jours seulement. On ôta de même les finances au président de Maisons, pour les donner à La Vieuville.

On prit à la cour les premières démarches que fit M. le prince pour des actes d'hostilité; et l'on fit une déclaration contre lui, laquelle fut communiquée à M. le duc d'Orléans, pour savoir s'il n'y trouveroit rien à redire. Il y fit seulement changer deux lignes: ce qui fit croire qu'il approuvoit le reste dont il n'avoit point parlé. Cependant quand on porta cette déclaration au parlement, il s'y opposa de la plus grande force du monde, dont la Reine et les ministres furent extrêmement surpris; mais il fallut pourtant le souffrir, comme beaucoup d'autres choses.

Le coadjuteur fut nommé au cardinalat; mais on ne crut pas trop que cela pût réussir: car il étoit assez facile à juger, après tout ce qui s'étoit passé, que la cour ne vouloit seulement que l'éblouir.

Aussitôt que M. le prince fut parti, la cour prit résolution de le suivre, afin de ne lui pas donner le loisir de mettre ordre à ses affaires. La Reine fut bien aise aussi de tirer le Roi hors de Paris, où ils avoient été l'un et l'autre long-temps prisonniers, et où ils n'avoient pu être sûrement depuis le commencement des cabales de la Fronde.

M. le prince passa par le Berry, qu'il fit déclarer en sa faveur, et la Guienne ensuite. Mais dès que le Roi approcha, ces provinces furent encore plus promptes à rentrer dans leur devoir qu'elles ne l'avoient été à se mettre dans l'autre parti. M. de Rohan-Chabot fit déclarer pour la

---

(1) Nicolas de Neufville, duc et pair, maréchal de France.

cour Angers, dont il étoit gouverneur pour M. le prince ; et M. Du Dognon fit déclarer Brouage et La Rochelle, à cause, disoit-il, des obligations qu'il avoit eues à M. le duc de Brezé.

A l'égard de Du Dognon, ce ne fut seulement que pour les formes qu'on l'attaqua : car il ne fit aucune résistance. On croit qu'avant de partir de Paris il avoit fait son accommodement, par lequel on lui donnoit un bâton de maréchal de France pour ses gouvernemens.

M. de Nemours suivit M. le prince par la seule raison qu'il s'étoit embarqué dans ses intérêts, n'étant pas d'ailleurs fort satisfait de lui.

Le prince de Tarente, sans savoir trop bien pourquoi, s'en alla le trouver lorsque tout le monde le quittoit. Mais comme la reconnoissance n'étoit pas la vertu chérie de la maison de Condé, l'on n'en eut guère pour un homme qui venoit sans avoir ni troupes ni places qui pussent servir à son parti. Tout ce que M. le prince dit lorsqu'il sut qu'il venoit fut : « Hé ! qu'est-ce que « nous ferons de Tarente, et qui peut nous « l'avoir envoyé ? »

Ce M. de Tarente ne fut pas mieux traité dans la suite. Car comme lui et M. de La Rochefoucauld eurent assiégé Cognac, et qu'une partie de leurs troupes ayant passé, le pont se rompit, ils ne purent empêcher les troupes du Roi de le secourir, et de défaire toutes celles des leurs qui avoient passé.

M. le prince vint tout furieux leur faire mille reproches, et leur dit entre autres choses qu'ils n'avoient pu prendre Cognac, et qu'en un instant l'ombre et la botte de Marsin l'auroient pris. Ce qui rendoit ce prince si chagrin d'avoir manqué cette place, c'est qu'il avoit compté qu'elle lui devoit servir de passage pour sortir de la province ; et que, de plus, il s'étoit engagé qu'en s'en rendant le maître il porteroit la guerre ailleurs : et par ce mauvais succès il se voyoit hors d'état de pouvoir exécuter ce qu'il avoit promis.

D'ailleurs le Roi avançoit en Guienne : ce qui faisoit perdre à ce prince beaucoup de son crédit, et ce qui dégoûtoit même extrêmement tous ceux de son parti : outre qu'il fut très-mal servi par les gens qui avoient reçu ses ordres et son argent pour lui lever des troupes, et qui n'en levèrent pas la dixième partie de celles qu'il pouvoit attendre, et qu'on lui avoit fait espérer. Aussi auroit-il été entièrement perdu dès ce moment-là, sans la résolution que prit le cardinal, par laquelle il rétablit lui-même les affaires de ce prince : ce qui donna lieu en ce temps-là de dire que les chefs de parti ne se maintenoient pas si bien par leur habileté que par les fautes de leurs ennemis. Cette résolution du cardinal fut de revenir à la cour ; et je vais instruire des raisons qui lui en donnèrent envie.

Le public étoit persuadé que Mazarin étoit toujours dans une grande faveur auprès de la Reine, et que pour le faire revenir elle seroit capable de renverser tout le royaume ; mais, pour ce cardinal, il s'apercevoit qu'elle étoit fort accoutumée à se passer de lui. Les ministres s'en apercevoient encore mieux. Mais comme Châteauneuf et Villeroy auroient eu peine à lui devenir assez agréables par eux-mêmes pour s'emparer de toute la faveur, et qu'ils ne vouloient point que les desseins qu'ils avoient d'être seuls les maîtres du ministère parussent d'abord, connoissant le penchant que cette princesse avoit pour ses parens et pour les étrangers, ils introduisirent le prince Thomas de Savoie, son cousin germain (1), dans la place du cardinal Mazarin.

Ce prince étoit un homme assez pesant, lequel avoit néanmoins de très-bonnes intentions, et qui savoit la guerre, quoiqu'il y eût toujours été malheureux. D'ailleurs, lorsqu'on pouvoit s'apercevoir qu'il avoit du sens, on trouvoit qu'il étoit bon ; mais on ne s'en apercevoit pas souvent, parce qu'il étoit bègue, qu'il parloit tout gras et un mauvais français, et qu'avec tout cela il étoit encore sourd. On faisoit toutes les dépêches en sa présence, et la Reine prenoit une grande confiance en lui. Mais, ce qui est rare, c'est qu'il fut favori et presque premier ministre, sans qu'il en eût seulement le moindre soupçon.

Le cardinal, qui en savoit plus de nouvelles que lui-même, étoit fort mécontent de tout ce qui se passoit à la cour ; et il avoit peur que, s'il en demeuroit plus long-temps éloigné, il n'eût peine à y revenir. Madame de Navailles, femme d'un homme attaché à lui, pressant un jour son retour auprès de la Reine, cette princesse lui dit ces mêmes mots : « Ma pauvre fem« me, vous pouvez juger que personne ne sou« haite tant que moi qu'il revienne ; mais le « pauvre homme est malheureux : les affaires « vont fort bien entre les mains de ces gens-ci, « et il faut qu'avant son retour on ait poussé « M. le prince. »

Ce que la Reine dit à cette dame, et ce que le cardinal apprit encore de plusieurs autres endroits, le pressa de revenir à quelque prix que ce fût, et lui fit croire qu'il étoit perdu s'il tardoit davantage.

Comme il avoit conservé un grand ascendant sur l'esprit de la Reine et sur les ministres, dès l'instant qu'il manda qu'il falloit qu'il revînt, et qu'il étoit à propos que le Roi lui écrivît pour le

(1) Il avait pour belle-sœur la duchesse de Savoie, sœur de Louis XIII.

lui commander, on n'osa s'y opposer, quoiqu'à regret; et le prince Thomas seul souhaitoit son retour de bon cœur, parce qu'il ne prévoyoit pas qu'il en perdroit sa place.

Châteauneuf et Villeroy, sans paroître vouloir contredire à ce qui se proposoit, firent écrire par un nommé Bartet, secrétaire du cabinet, la lettre que le cardinal avoit demandée au Roi : et ils se servirent de ce Bartet, parce qu'ils le savoient dévoué au coadjuteur, à qui ce secrétaire du cabinet ne manqueroit pas de l'apprendre; et ils ne furent point trompés dans leur attente. Bartet en donna avis aussitôt au coadjuteur qui avoit eu un nouveau mécontentement de la cour, en ce qu'il s'étoit fait de nouveaux cardinaux et qu'il ne l'avoit pas été.

Aussitôt que le coadjuteur sut la lettre dont il s'agissoit écrite, il alla apprendre cette nouveauté à M. le duc d'Orléans qui étoit demeuré à Paris. Cette nouvelle l'irrita fort : il en fit part au parlement, et n'oublia rien pour l'animer là-dessus; à quoi il n'eut pas beaucoup de peine à réussir, parce que ces messieurs y avoient déjà tous assez de disposition. Il fut délibéré que l'on enverroit sur la frontière deux conseillers au cardinal, pour lui signifier de ne point rentrer dans le royaume.

La Fronde, sur cette nouvelle, se ranima plus que jamais contre la cour. L'animosité devint même si grande qu'elle porta la guerre et le feu dans bien des lieux du royaume; et la cour se trouva forcée de laisser là M. le prince jusqu'à un autre temps pour se rapprocher de Paris. Mais, avant que d'en être bien proche, on attendit le retour du cardinal Mazarin, que le maréchal d'Hocquincourt ramena.

[1652] Ce cardinal mit son prétexte de revenir sur ce que, sachant que le Roi avoit la guerre contre M. le prince, il lui amenoit des troupes pour le secourir; mais ce fut un secours bien malheureux, qui fit perdre bien des places à la France, qui causa la mort à bien des gens, et qui fit bien plus d'ennemis à la Reine que ces troupes n'en pouvoient détruire.

Le prince Thomas étoit ravi de tous ces mouvemens, parce qu'il étoit persuadé que les avantages qui lui en revenoient, lui étant procurés par le cardinal, s'augmenteroient à son retour; et il ne se défioit que de ceux qui l'avoient véritablement favorisé. Mais il fut bien surpris ensuite de voir son crédit si diminué au retour de ce ministre, qu'on le réduisit à ne se plus mêler de rien.

La Reine cependant ne laissa pas pour cela de l'aimer toujours; mais il n'en fut qu'un peu plus malheureux encore : car le cardinal, qui ne le croyoit pas si simple qu'il étoit, le regarda toujours depuis comme un homme qui avoit voulu prendre sa place.

Châteauneuf fut chassé de la cour, et Villeroy ne demeura que par sa grande adresse et son extrême soumission. La Reine étoit dans le plus malheureux état du monde : toute la France ne lui pouvoit pardonner qu'elle s'opiniâtrât à maintenir toujours ce ministre dans les affaires, malgré tout ce qui en pouvoit arriver; et ce ministre ne lui vouloit guère moins de mal, de ce qu'il avoit connu qu'elle ne vouloit pas qu'il revînt. Il résolut donc à son retour, voyant le Roi majeur, de se conserver bien auprès de lui, indépendamment de la Reine, et même d'éloigner cette princesse des affaires aussi bien que des bonnes grâces du Roi : à quoi il a toujours travaillé depuis, ainsi qu'en portent témoignage ceux qui sont bien instruits de tout ce qui se passa de plus secret sous la régence.

On étoit donc agité par divers intérêts et par diverses inquiétudes à la cour, lorsqu'enfin le cardinal y arriva avec le maréchal d'Hocquincourt, qui commandoit son escorte. On crut y revoir ce ministre dans la même puissance qu'il avoit toujours eue : et la Reine affecta d'être transportée de joie de son retour, quoique l'on ait bien su depuis qu'elle n'en eut pas tant.

Il est vrai néanmoins que d'abord elle se trouva soulagée d'avoir quelqu'un sur qui elle pût se reposer, et qui la déchargeât de l'embarras de toutes les affaires; mais cela ne dura pas long-temps, et elle auroit bien voulu dans la suite avoir moins de loisir et plus de peine, et avoir conservé toute son autorité. Mazarin ne lui parloit plus de rien, et il ne témoignoit pas même avoir pour elle toute la déférence qu'il lui devoit : ce qui parut fort étrange à la Reine, parce que, dans l'absence du cardinal, les ministres l'avoient accoutumée à recevoir d'eux des marques qu'ils avoient pour elle les égards les plus soumis, et qu'ils se comptoient dans la plus étroite dépendance. Enfin ils avoient toujours agi avec elle comme on agit avec sa souveraine. Mais, depuis l'arrivée du cardinal Mazarin, le ministère et la cour changèrent entièrement de face.

Du côté de Paris on ne parloit que de guerre; et le duc d'Orléans déclara vouloir prendre les armes, afin d'empêcher le cardinal de demeurer dans le royaume.

Bien des gens prirent des commissions pour lever des troupes, qu'on destinoit à l'exécution de ce dessein. Le parlement parut disposé à suivre de pareils sentimens. Mais quoique ces messieurs allassent plus loin, et contre la cour et contre le ministre, qu'ils n'eussent encore fait, comme on le verra dans la suite, ils ne voulurent pourtant jamais donner l'arrêt d'union avec M. le duc d'Orléans, qu'ils avoient donné si librement à la première guerre de Paris.

M. de Nemours alla en Flandre y lever des troupes espagnoles pour secourir M. le prince, et il en revint avec une armée très-considérable. Cependant M. de Longueville étoit en Normandie avec une puissance si grande, que jamais sujet n'en a eu une pareille. Toute la province étoit résolue à suivre aveuglément toutes ses volontés, telles qu'elles pussent être, et d'entrer dans le parti où il les voudroit mettre.

Ce pays-là est dans une situation importante pour Paris, à cause de la rivière : ce qui fit extrêmement rechercher M. de Longueville par tous les partis ; et quoiqu'il fût constant que M. le prince eût traité avec la cour sans lui lorsqu'il sortit de prison, il avoit peine encore à lui avouer qu'il y eût pris des mesures : joint à ce que M. de Longueville n'aimoit pas à refuser ce qu'on lui demandoit. Si bien qu'il ne pouvoit se résoudre à le rebuter absolument, non plus que M. le duc d'Orléans, quoiqu'il ne laissât pas de faire toujours tenir au Roi tout l'argent de la province.

Saint-Ibal vint vers lui de la part de M. le duc d'Orléans ; et il y vint, de la part de M. le prince, le marquis de Montataire, capitaine lieutenant des chevau-légers de Bourgogne, et maréchal de camp dans son armée, quoique très-jeune encore. Tous deux n'oublièrent rien pour engager M. de Longueville dans le parti de la Fronde.

M. de Beaufort lui-même, qui avoit été le premier à vouloir engager M. de Longueville dans le parti de la cour, ne laissa pas d'envoyer aussi en Normandie, pour l'obliger à prendre celui de la Fronde ; et cela seulement par son inquiétude naturelle de changer de parti, et aussi parce qu'il ne trouvoit jamais que personne rendît assez de justice à son mérite.

D'un autre côté, mademoiselle de Longueville, le premier président de Rouen, et les Mazarins, le pressoient encore davantage pour le porter à entrer dans le parti de la cour ; enfin jamais personne ne fut tant tourmenté.

S'il avoit voulu parler un peu plus intelligiblement, on lui auroit moins fait la cour, à la vérité ; mais en récompense il auroit évité bien des importunités. Car enfin on ne lui donnoit point de repos, et un parti ne l'avoit pas plutôt quitté que l'autre le reprenoit. Il est cependant vrai que sa manière d'agir ne laissa pas de réussir ; car il fit si bien avec toutes ses incertitudes, qu'il empêcha qu'il n'y eût des gens de guerre dans toute la Normandie, qu'elle demeura paisible dans un temps où tout le reste du royaume étoit au pillage et en feu par les soldats : ce qui charmoit les Normands, qui sont naturellement assez intéressés, et ce qui leur a rendu long-temps la mémoire de ce prince très-chère.

Pour remédier aux desseins et aux entreprises de la Fronde, la cour fit rapprocher non-seulement les troupes qui étoient destinées pour la guerre contre M. le prince, mais encore celles des frontières : ce qui fut cause que dans cette campagne les Espagnols prirent Dunkerque, Gravelines, Barcelone et Casal. Peu s'en fallut même que la France ne perdît l'Alsace, par la rencontre que je vais dire ; mais pour la bien expliquer il faut prendre la chose de plus loin.

Après la mort d'Erlac, qui étoit gouverneur de Brisach, un nommé Charlevoi s'en trouva le maître absolu, par le grand crédit qu'il avoit dans la garnison. Comme c'étoit un temps de troubles, on craignoit qu'il ne voulût se faire trop acheter, ou plutôt qu'il ne voulût point se faire acheter du tout, et qu'il ne traitât avec l'Empereur pour garder cette place en propre, en relevant seulement de ce prince.

Comme Charlevoi dans tous les temps avoit été fort attaché au maréchal de Guébriant, la maréchale son épouse (1), qui le connoissoit beaucoup et qui savoit de quoi il étoit capable, se chargea à la cour d'aller négocier avec cet homme. Mais elle y réussit par des moyens si extraordinaires, au moins si l'on en veut croire ce qu'on en disoit en ce temps-là, que je ne sais si une autre auroit voulu et rendre et recevoir un service à de pareilles conditions.

Voici donc comme on racontoit la chose. La maréchale, disoit-on, savoit que les femmes avoient un grand ascendant sur Charlevoi, et qu'il avoit un grand foible pour elles. Ce qui l'obligea à prendre pour l'accompagner une demoiselle des mieux faites, et de facile composition, pour imposer à Charlevoi celles qu'elle désireroit : ainsi elle n'eut qu'à lui prescrire la manière dont elle vouloit qu'elle se conduisît.

La maréchale arriva accompagnée de cette demoiselle pour négocier avec lui ; et, en allant voir les raretés de Brisach, elle donnoit tout le temps à Charlevoi de voir et d'entretenir cette personne. Comme elle étoit belle et coquette, elle n'eut pas de peine à donner dans la vue à Charlevoi, lequel s'attacha beaucoup à lui faire sa cour, parce qu'il la croyoit une bonne fortune. Elle de son côté, dont le métier n'étoit que d'engager, et non pas d'être cruelle, ne le parut

(1) Renée du Bec.

à Charlevoi qu'autant qu'elle le jugea à propos pour le succès des desseins de la maréchale de Guébriant, laquelle, voyant leur intelligence assez bien établie pour pouvoir exécuter ce qu'elle en vouloit faire, sortit de Brisach pour aller dans une maison à quelques heures de la ville, où elle avoit accoutumé d'aller de temps en temps. Elle feignit d'y être malade pour n'aller point à Brisach : elle obligea cette étrange demoiselle à donner dans cette maison un rendez-vous à Charlevoi, qu'on ne pouvoit tirer de Brisach sans quelque artifice de cette nature ; et on l'arrêta là, d'où il fut mené prisonnier à Philisbourg.

Quelque temps auparavant, M. le comte d'Harcourt avoit été fait gouverneur de Brisach, pour récompense d'avoir mené les princes au Havre, parce que c'étoit la coutume de ce temps-là de se faire payer bien cher les services que l'on rendoit.

Le comte d'Harcourt ayant donc Charlevoi en son pouvoir, et la garnison de Brisach n'ayant point été changée, il fit proposer à son prisonnier de le délivrer, pourvu qu'il rendît maître de cette place : ce que Charlevoi exécuta.

Par ce moyen le comte d'Harcourt se trouva le maître des deux principales places de l'Alsace ; et avec ce qu'il y avoit de troupes il assiégea Béfort, sur le prétexte que le comte de La Suze, qui y commandoit, étoit dans les intérêts de M. le prince. On apprit tout cela à la cour avec bien du chagrin ; mais on ne pouvoit y apporter de remède.

Quoique le Roi fût majeur, M. le duc d'Orléans ne laissa pas de se faire déclarer à Paris lieutenant général du royaume. On passa encore plus avant : on y mit à prix la tête de Mazarin, quoiqu'il ne fût pas justiciable du parlement, étant cardinal.

Monsieur sachant que le Roi tournoit du côté de l'Ile de France, et craignant qu'il ne se rendît maître d'Orléans, y envoya mademoiselle sa fille, laquelle trouvant la porte fermée y entra par une fenêtre (1) ; et, y étant entrée, elle fit déclarer la ville pour monsieur son père, et obligea le Roi, qui y venoit le lendemain, à prendre une autre route.

M. de Beaufort qui commandoit l'armée de M. le duc d'Orléans, et M. de Nemours celle de M. le prince, se joignirent. M. de Nemours avoit un ordre secret de M. le prince de s'avancer vers la Guienne, et M. de Beaufort avoit d'autres ordres de M. le duc d'Orléans de ne point s'éloigner de Paris. Comme ils ne pouvoient se confier les uns aux autres, et qu'ils se trouvoient de sentimens fort opposés, cela, joint avec l'aigreur qui étoit déjà entre eux depuis assez long-temps, ne manqua pas aussi de faire le sujet d'une grande querelle entre ces deux princes, dont il seroit arrivé du malheur dès lors, sans que Mademoiselle, qui revenoit d'Orléans, les accommoda en passant.

Ensuite de cela, M. le prince, qui ne se trouvoit pas bien en Guienne, y laissa M. le prince de Conti et madame de Longueville, et, ayant traversé toute la France en habit déguisé, vint se jeter dans l'armée de M. de Beaufort et de M. de Nemours ; et étant joints ensemble, ils donnèrent le combat de Gergeau contre le maréchal d'Hocquincourt, qu'ils défirent.

On n'avoit nommé le coadjuteur au cardinalat que pour le tromper : aussi ne fit-on pas grand scrupule d'envoyer quelque temps après un courrier pour révoquer la nomination, pendant lequel temps le bailli de Gondi, averti par un autre courrier du coadjuteur, amusa celui de la cour, et le retarda sur le prétexte de le bien régaler. Pendant ces momens il dépêcha en diligence vers le pape Innocent X, qu'il savoit haïr beaucoup le cardinal Mazarin ; et il manda à ce pontife que, s'il vouloit faire le coadjuteur cardinal, il n'avoit plus de temps à perdre, parce qu'il y avoit un courrier à Florence qui alloit à Rome pour y révoquer sa nomination.

Le Pape, qui considéroit le coadjuteur plus comme ennemi du Mazarin que par aucune autre raison, se hâta de lui donner le chapeau avant qu'on pût croire qu'il eût reçu les lettres du Roi qui en nommoit un autre, lequel étoit l'abbé de La Rivière ; et ce fut de cette façon qu'il fit le coadjuteur cardinal : ce qui surprit et fâcha extrêmement la cour.

Du côté de la Guienne, voici comme les choses se passèrent dans la seconde guerre de Paris ; et, pour en donner une plus grande intelligence, je crois qu'il est à propos d'en reprendre le récit dès le commencement que M. le prince y alla.

Un secrétaire du prince de Conti (2) se mit en tête de gouverner madame de Longueville. Il fit comprendre à mademoiselle de Verpillière, qui étoit une de ses filles d'honneur, et qui avoit un fort grand crédit auprès d'elle, que tant que M. de La Rochefoucauld la gouverneroit, comme il étoit fort habile, et que cette princesse n'en étoit que trop persuadée, elle ne suivroit jamais que ses conseils, et que ceux des autres personnes n'en seroient guère considérés ; qu'ainsi, pour les lui rendre plus considérables, il lui falloit donner quelque ami jeune, bien fait, qui ne fût point

(1) Mademoiselle entra par une ouverture qu'on fit à une porte condamnée.

(2) Le poëte Sarrazin.

propre aux affaires, et qui ne pût que lui plaire et l'amuser. Ils exécutèrent donc ce dessein; et, pour le faire mieux réussir, ils introduisirent M. de Nemours, quoique autrefois il ne lui eût pas trop plu, et que, malgré tout l'attachement qu'il paroissoit avoir pour elle, aussi bien que tout ce qu'il avoit de bonnes qualités et de grands airs, elle n'ait jamais rien pu trouver en lui de charmant que le plaisir qu'il témoignoit lui vouloir faire de quitter madame de Châtillon pour elle, et celui qu'elle eut d'ôter à une femme qu'elle n'aimoit pas un ami de cette conséquence.

Cette intelligence la brouilla absolument avec La Rochefoucauld, lequel, depuis assez long-temps ayant envie de la quitter, prit cette occasion avec joie.

Depuis qu'il cessa de la conseiller, elle parut ne savoir plus ce qu'elle faisoit; et elle prit à Bordeaux des airs si extraordinaires et si bizarres, qu'on n'en avoit jamais vu de pareils à une personne de son rang.

M. le prince s'étant cru obligé, pour le bien de ses affaires, de quitter la Guienne, sembloit y avoir laissé son frère et sa sœur pour y commander en son absence; mais le véritable pouvoir étoit demeuré à Marsin et à Lenet, qui avoient son secret et ses ordres. Ce prince, au retour de Bordeaux, envoya secourir Montrond.

Mais, pour revenir à ce qui se passoit pendant ce temps-là et à la cour et à Paris, et pour en achever le récit, je continuerai par dire que M. le prince, à son arrivée de Guienne et de l'armée, se crut assez bien avec M. le duc d'Orléans, qui le traitoit agréablement; mais dès qu'il savoit que le cardinal de Retz lui avoit parlé quelque temps, ou bien qu'il étoit venu comme en cachette par le petit escalier, ce prince en paroissoit tout hors de lui, et il ne savoit plus quelles mesures prendre, tant il en étoit troublé.

D'un autre côté, M. de Bouillon s'aperçut, aussi bien que quelques autres qui étoient dans le secret de la cour, que ce n'étoit pas une chose impossible d'avoir part à la confiance de la Reine, ni même d'être mieux auprès d'elle que le cardinal, puisque elle-même s'étoit plainte quelquefois assez ouvertement qu'elle n'avoit jamais eu une belle parole de ce ministre.

Comme le duc de Bouillon étoit bien plus habile et bien plus clairvoyant que le prince Thomas, il ménagea aussi bien mieux que lui le crédit qu'il sut s'acquérir auprès de la Reine. Même, le cardinal présent, il obtint d'elle que sa maison auroit les honneurs des princes; et le cardinal, qui ne le put empêcher, afin qu'on ne s'aperçût pas de cette faveur du duc de Bouillon, fit obtenir la même grâce à la maison de Rohan.

La Reine fit dans ce temps-là M. de Créqui duc; et, pour empêcher qu'on ne crût tout de même que la Reine fît des grâces de son chef, le Mazarin fît donner la même dignité à M. de Roquelaure. Mais ce ministre ne put trouver de remède contre la résolution qu'on prit de donner ensuite la surintendance des finances à M. de Bouillon.

On dit qu'il étoit à propos que le cardinal s'éloignât pour quelque temps, afin d'apaiser Paris et les autres lieux du royaume, qui se plaignoient tous de son retour. On croyoit fortement dans le public que cet avis venoit du cardinal lui-même, qui vouloit leur donner cette satisfaction à tous. Mais un jour que Froullé lui demanda quand il partiroit, il trouva ce discours si mauvais, et il y répondit si durement, qu'il fit bien voir que cette résolution ne lui étoit pas agréable.

Cependant il ne laissa pas que de partir peu après. Mais comme son bonheur étoit au-dessus de tout ce qu'on pouvoit faire contre lui, M. de Bouillon mourut de la pourpre à Pontoise. Le duc eût été le plus dangereux ennemi qu'il eût jamais eu, tant par le crédit qu'il avoit personnellement auprès de la Reine-mère, que par celui que lui auroient donné les finances qu'il eût gouvernées; et encore, avec cela, par l'autorité que le maréchal de Turenne son frère avoit dans l'armée.

La cour s'avança fort près de Paris, et même les troupes du Roi attaquèrent le faubourg Saint-Antoine (1). Elles ne le forcèrent pas comme elles le prétendoient; mais aussi ne furent-elles pas tout-à-fait repoussées : ce qui rendit l'avantage à peu près égal.

Du côté de la cour, Manchini, Saint-Maigrin, le chevalier de La Vieuville et Nantouillet furent tués; et du côté de la Fronde, Flamarin, La Roche-Giffard et le baron de Castries. M. de Nemours fut blessé à la main, et M. de La Rochefoucauld eut une grande blessure à l'œil.

Quoique les troupes du parti de la cour ne fussent point entrées dans Paris, c'étoit pourtant une grande affaire à M. le prince d'y faire entrer les siennes; et elles n'étoient venues dans ce faubourg qu'en tournant par dehors autour de la ville.

Le peuple n'étoit plus affectionné à la Fronde dans cette seconde guerre comme il l'avoit été dans la première, et les bourgeois fermoient déjà leurs portes. Mais Mademoiselle, qui dans ce temps-là avoit beaucoup de crédit parmi le peuple, leur persuada de laisser passer les troupes

(1) Voici les dates que le récit semble intervertir. Le combat du faubourg Saint-Antoine fut livré le 2 juillet 1652; Bouillon mourut le 9 août; Mazarin ne partit qu'après sa mort.

de M. le prince au travers de la ville. En quoi elle lui rendit un si grand service, que sans elle il couroit risque de sa vie.

Ensuite de cela, Monsieur envoya demander du secours aux Espagnols et à M. de Lorraine. Ce dernier vint lui amener ses troupes lui-même; et ce qui parut fort étrange et fort surprenant, c'est que M. Seguier, chancelier de France, qui étoit dans le parti de Paris, obligea son beau-fils le duc de Sully à donner passage aux Espagnols par Mantes, dont il étoit gouverneur.

Si M. de Lorraine parut empressé à venir secourir Monsieur, de qui il avoit l'honneur d'être beau-frère, il ne le parut pas moins à s'en retourner; et le roi d'Angleterre (1) négocia avec lui, en lui offrant de la part de la cour de l'argent qu'il accepta, sans paroître se mettre beaucoup en peine du parti qu'il avoit pris et qu'il abandonnoit. Madame (2) en pensa mourir de chagrin, et cela n'en inquiéta pas davantage le duc son frère.

M. de Nemours et M. de Beaufort, qui étoient en froideur il y avoit long-temps, se raccommodèrent au combat de Saint-Antoine; mais leur intelligence ne dura guère. Monsieur forma un conseil dans Paris, dont ils furent tous deux; et la dispute de rang ayant rappelé leur ancienne jalousie, M. de Nemours fit appeler M. de Beaufort, qui le tua de deux balles dans le cœur. Le combat fut de cinq contre cinq, dont il y en eut encore deux qui furent tués.

Peu de temps après cela, le peuple s'avisa d'une espèce de manie qui parut tout d'un coup, sans qu'on ait su qui la commença. C'étoit que, pour marquer qu'on étoit bon frondeur et zélé pour le parti, il falloit avoir de la paille sur soi. Cette manie alla si loin que ceux qui n'en avoient pas étoient réputés Mazarins, et fort en péril de leur vie; en sorte que tout le monde, sans exception, étoit obligé de porter cette marque du parti qu'il y tenoit, jusque-là même que l'on vit des religieux avoir de grands bouquets de paille sur leur froc.

M. le duc d'Orléans et M. le prince vouloient que la ville demandât l'union avec le parlement et les princes, et qu'elle confirmât la lieutenance générale de Monsieur, laquelle avoit déjà passé au parlement.

Pour cet effet, on tint une grande assemblée dans la maison de ville, où non-seulement se trouvèrent les échevins et les conseillers de ville, mais encore beaucoup d'officiers des cours souveraines qui y étoient comme colonels de leurs quartiers, et le maréchal de L'Hôpital comme gouverneur de la ville.

Aussitôt qu'ils furent assemblés, on vit toute la Grève remplie de gens qui ne paroissoient être que du peuple; mais, par ce qu'ils firent, ils prouvèrent bien qu'ils n'étoient rien moins que ce qu'ils paroissoient.

Ils commencèrent donc par menacer tous ceux de cette assemblée de les tuer et de les brûler, s'ils ne consentoient à tout ce qu'on désiroit d'eux; et, sans savoir ce qui s'y passoit, ils se mirent à tirer et à vouloir monter aux fenêtres de l'hôtel-de-ville, d'où, pour repousser l'injure, on voulut tirer aussi. Et ce qui fit bien connoître que ceux qui attaquoient étoient des gens de guerre, c'est que, bien loin de s'effrayer des coups qu'on leur tiroit, ils continuèrent à s'approcher. On dit même qu'on avoit entendu qu'ils se disoient : «À moi, Bourgogne! à moi, Condé!» qui étoient les noms des régimens de M. le prince.

Le désordre alla encore plus loin; et ceux qui le faisoient poussèrent leur insolence jusqu'à faire approcher auprès de la porte des fagots, où ils mirent le feu. Ceux qui étoient dans la maison de ville, qui voyoient qu'on les alloit brûler, que la porte étoit déjà enflammée et que la fumée les étouffoit, se hasardèrent de sortir; mais ils n'en rendirent pas leur condition meilleure. Il y en eut un très-grand nombre de tués (3), et l'on remarqua que le malheur tomba principalement sur les plus grands frondeurs, parmi lesquels périrent Miron et Janvry.

Le maréchal de l'Hôpital, gouverneur de la ville, à qui on en vouloit particulièrement, se trouva fort embarrassé. Il cacha son cordon bleu, et il se déguisa si bien et si heureusement qu'il échappa de leurs mains comme par miracle, et qu'il sortit de Paris.

On ne sait point au vrai qui fut la cause d'un si grand désordre. Tout le monde le désavoua. Mais ce qui a passé pour être le plus constant, c'est que M. le prince ne voulant seulement que faire peur à l'assemblée de l'hôtel-de-ville, pour empêcher qu'on n'y délibérât rien que ce qu'il vouloit, les soldats allèrent plus loin que leurs ordres. On dit qu'un homme de grande distinction, qui paroissoit cependant fort attaché à la cour, avoit mandé à M. le prince qu'il falloit faire quelque action d'autorité qui marquât avec éclat son pouvoir, pour rendre son accommodement plus avantageux.

Il y a eu même des politiques qui ont pensé que des gens dévoués à la cour poussèrent ces troupes à de grandes violences, exprès pour dégoûter les peuples des princes.

Enfin, je ne sais ni quelle en fut l'intention, ni qui en furent les auteurs; mais ils demeurèrent entièrement décrédités parmi le peuple, qui commençoit à s'ennuyer beaucoup de la guerre, et

(1) Charles II. —(2) Sœur du duc de Lorraine.

(3) Le 4 juillet 1652.

qui perdit tout le goût qu'il avoit eu pour la Fronde.

M. le duc d'Orléans, qu'on connoissoit incapable de ces violences, n'en fut point accusé : aussi vint-on en grande hâte l'en avertir. Et Mademoiselle et M. de Beaufort étant chez lui, il les y envoya pour apaiser le peuple, et pour faire sortir avec sûreté ceux qui étoient investis dans la maison de ville.

Cette princesse et ce prince furent donc envoyés par Monsieur à l'hôtel-de-ville pour en apaiser le désordre. Mais, au lieu de se hâter, ils s'amusèrent à disputer en chemin qui d'eux avoit plus de crédit parmi le peuple. Mademoiselle soutenoit au duc de Beaufort qu'il ne seroit pas en sûreté sans elle; et lui, qui se piquoit de l'amitié du peuple plus que de toutes choses, l'assuroit au contraire que c'étoit lui qui lui procuroit cette sûreté. Mais enfin on leur fit apercevoir que leur contestation étoit fort inutile et même dangereuse, parce que le mal pressoit beaucoup : ce qui les obligea à ne penser plus qu'à s'avancer dans la plus grande diligence qu'il leur fut possible pour faire cesser le désordre, lequel finit cependant encore plus par les ordres secrets de M. le prince que par leurs présences.

Madame de Rhodes, qui étoit allée faire quelques négociations avec M. le cardinal, lui parloit chez la princesse palatine, lorsque les nouvelles lui vinrent du feu et du carnage de l'hôtel-de-ville : et comme le maréchal étoit son beau-père et qu'elle l'aimoit fort, elle s'évanouit d'effroi pour lui.

Le cardinal, jugeant bien de l'avantage qui lui reviendroit de cette violence dont on lui apprenoit la nouvelle, et présumant qu'il n'avoit plus besoin de personne, se soucia peu de ce que madame de Rhodes lui vouloit dire, et la quitta brusquement pendant qu'elle étoit évanouie. Quand elle revint de son évanouissement, elle fut si outrée du peu de cas qu'il avoit fait et d'elle et de ses négociations, qu'elle mourut en moins de quatre jours après; et ce qui y contribua encore fut le grand chemin qu'elle fut obligée de faire à pied pour rentrer dans la ville sans être connue.

Tout le monde, au lieu de la plaindre, se moqua d'elle d'être morte, comme si elle avoit fait une action fort ridicule; et afin qu'elle le parût encore un peu davantage, on ajouta qu'elle avoit été déguisée en cordelier dans la conférence qu'elle eut avec M. le cardinal, et que l'on avoit trouvé dans sa garde-robe des habits de carmes, de minimes, d'augustins, enfin de toutes sortes d'ordres de religieux.

On fit M. de Beaufort gouverneur de Paris en la place du maréchal de l'Hôpital, et Broussel prévôt des marchands. Il ne faut pas oublier de faire remarquer ici que M. le prince avoit tellement perdu la tramontane, et étoit si fort dérouté en tout ce qui regardoit sa conduite, qu'il n'envoya des troupes pour secourir Saint-Maur que lorsqu'il fut pris.

Cependant, malgré tout ce dérangement dans la conduite de ce prince, M. d'Orléans et lui députèrent vers l'archiduc pour en avoir du secours. Il envoya pour la seconde fois M. le duc de Lorraine en France, mais avec un ordre si précis d'y demeurer tant qu'ils auroient besoin de lui, qu'il en devint aussi attaché à leur parti qu'il l'avoit peu été la première fois.

M. de Chavigny, qui avoit tant fait de choses pour rendre celui de la Fronde considérable, n'en fit pas moins pour le détruire, dans la vue de s'en faire un mérite près de la cour. Il commença donc premièrement à vouloir faire l'accommodement de Monsieur et de M. le prince tout à la fois. Après cela, il travailla à celui de M. le prince de Condé séparément de celui de M. le duc d'Orléans; et, voyant qu'il n'y pouvoit réussir, il voulut changer de batterie, et faire celui de M. le duc d'Orléans séparément de celui de M. le prince.

Il alloit la nuit à la cour pour ses négociations, sans la participation ni de l'un ni de l'autre. De sorte qu'on auroit pu ignorer ses démarches encore quelque temps, si des coureurs de M. le prince n'avoient pris un homme chargé de lettres, par lesquelles on découvrit toute cette intrigue. Et comme ensuite de cela M. de Chavigny, qui ignoroit qu'on eût fait cette découverte, alla voir le prince de Condé qui étoit malade, ce prince, en lui montrant ses lettres, le traita si outrageusement que la fièvre l'en prit et qu'il en mourut, tant il fut pénétré de douleur et de chagrin.

Ensuite de cela, le Roi ordonna au parlement de Paris de se transférer à Pontoise : à quoi cette compagnie ne voulut point obéir; et à l'exception du président de Novion et de sept ou huit conseillers, le reste demeura à Paris.

Tout le monde étoit si rebuté des chefs de parti qui étoient sur la scène, que s'il fût venu quelque homme dont on n'eût jamais entendu parler, il eût été celui que l'on eût choisi pour l'être, et dont le parti eût été le plus considérable.

Il est cependant vrai que si l'on étoit dégoûté de la cour, on l'étoit beaucoup plus encore à Paris les uns des autres. Les parlementaires s'accommodoient mal entre eux; et ils s'accommodoient encore plus mal avec les princes. Les princes eux-mêmes n'étoient pas trop bien ensemble, et ils ne comptoient plus sur le parlement. Le peuple, de son côté, n'aimoit plus ni les frondeurs d'épée ni ceux de robe.

La cour, informée de tous ces mouvemens et de tous ces désordres, résolut de revenir à Paris sans traiter avec personne, mais seulement d'envoyer des gens parmi le peuple sonder leurs dispositions, et ménager les colonels et capitaines des quartiers.

L'abbé Fouquet y vint en cachette avec le duc de Bournonville, qui étoit un Flamand dont on n'avoit guère entendu parler avant cela. Ils se firent beaucoup de fête d'avoir réussi à cet emploi, quoique la chose fût faite ou du moins fort préparée par la disposition où la violence de l'hôtel-de-ville avoit mis les esprits.

On commença à faire quelques assemblées au Palais-Royal, dans lesquelles, pour marquer la différence des frondeurs d'avec les royalistes, ceux-ci mettoient du papier à leurs chapeaux, pour opposer à la paille qui étoit la marque de la Fronde.

Les Parisiens souffrirent ces assemblées et ces distinctions sans en paroître émus. Et, pour le jour de la naissance du Roi, on fit de grands feux devant le Palais-Royal, et même encore au-delà. Les bourgeois, à cette imitation, en firent de leur côté. Ceux des environs du Palais-Royal commencèrent, et leur exemple fut suivi presque dans tous les quartiers de Paris, où les bourgeois burent tous solennellement à la santé du Roi.

Le cardinal de Retz, étant informé des brigues qui se faisoient sourdement à Paris pour la cour, offrit de s'en mêler, et promit de les faire réussir. La cour l'en remercia comme lui en sachant gré; mais on défendit en même temps à ceux qui conduisoient ces intrigues de souffrir qu'il y entrât, et de s'en fier à lui d'aucune. Cependant il ne laissa pas d'en vouloir être.

M. le prince voyant bien qu'il n'y avoit plus rien à faire pour lui, et qu'on ne pouvoit empêcher la ville de faire son accommodement, s'en alla en Flandre avec le duc de Lorraine, qui, par la même raison, s'y en retourna aussi.

Depuis cela on commença à dire à la cour ouvertement que le Roi et la Reine venoient dans peu à Paris : ce qui donna aux Mazarins un nouveau courage, et ce qui acheva d'abattre celui de la Fronde. Le prévôt des marchands alla de la part de la ville et de tous ses habitans supplier le Roi de leur faire l'honneur d'y revenir.

Ensuite de quoi, et avant que d'y rentrer, le Roi envoya ordre à M. le duc d'Orléans de s'en aller à Blois, et à mademoiselle sa fille à Bois-le-Vicomte; mais elle ne s'en tint pas là, et elle voulut aller jusqu'à Saint-Fargeau. On chassa même et le duc de Beaufort et Broussel, sans que le peuple s'en émût non plus que s'il n'avoit jamais entendu parler d'eux.

Il y eut encore quelques particuliers du parlement de chassés, sans compter madame de Montbazon, madame de Châtillon, et même quelques-uns des plus mutins de la halle, sans qu'il parût que personne y songeât.

On fit dans une galerie de Louvre des bancs et un lit de justice comme au palais, et le Roi envoya querir les officiers pour tenir le parlement. Mais comme le Roi ne prétendoit pas que ce parlement fût en corps, parce qu'il l'avoit transféré ailleurs, au lieu d'envoyer dans la grand'chambre le maître des cérémonies pour les y convier selon la coutume ordinaire, on leur envoya des lettres de cachet à chacun en leur particulier, et ils vinrent tenir le parlement au Louvre, où se joignirent ceux qui composoient le parlement de Pontoise. Et le Roi déclara ensuite valables tous les arrêts qu'on avoit donnés à Paris pour les particuliers.

Cette hauteur avec laquelle la cour étoit revenue faisoit juger que de meilleures têtes que celles du temps de la régence se mêloient des affaires : ce qui a souvent fait soupçonner que c'étoient les conseils de M. Le Tellier qui faisoient agir.

Dès le lendemain que le Roi fut à Paris, tout y parut aussi paisible que si jamais il n'y avoit eu de Fronde, et l'autorité royale aussi bien établie qu'avant les troubles.

Cependant le cardinal Mazarin ne revenant point, on voyoit bien qu'il y avoit quelque raison secrète qui l'en empêchoit, n'y ayant plus rien à la cour ni parmi le peuple qui résistât à sa puissance; mais on ne jugeoit point quelle pouvoit être cette raison.

D'un autre côté le cardinal de Retz étoit fort inquiet. Quoique l'on eût reçu ses offres et ses services, quoiqu'on l'eût même employé, quoiqu'il se fût trouvé au Louvre à l'arrivée du Roi, et enfin quoiqu'il eût prêché devant leurs Majestés, il sentoit bien néanmoins ce qu'il méritoit, et il parut être dans une grande défiance. Il ne vouloit plus même aller au Louvre; mais on lui fit si bien comprendre qu'il étoit impossible qu'il pût demeurer dans cet état avec la cour, qu'il se trouva forcé d'y retourner, après avoir pourtant bien balancé et bien retardé. Il y fut convaincu que ses alarmes n'étoient que trop bien fondées, car il y fut arrêté prisonnier (1) : ce qui mit la dernière fin aux troubles, dont il n'y eut plus que les suites, qui furent des accommodemens.

[1653] Peu de temps après que le cardinal de Retz eut perdu la liberté, le cardinal Mazarin revint à Paris (2), où le peuple parut ne se soucier

(1) Le 19 décembre 1652. — (2) Le 9 février 1653.

pas davantage de la haine qu'il avoit eue pour lui, que de l'amitié qu'il avoit eue pour les frondeurs.

On jugea que le Mazarin n'avoit ainsi remis son retour après la prison du cardinal de Retz, que pour être en pouvoir de mander et persuader à Rome que les ministres l'avoient résolue et arrêtée sans sa participation, afin que la captivité d'un de ses confrères ne lui fût point imputée.

M. le prince de Conti et madame de Longueville étoient si occupés du soin de reprendre du crédit dans Bordeaux et dans la province, qu'ils ne songèrent en façon du monde qu'ils avoient affaire contre la cour; et ils croyoient n'avoir d'ennemis que ces deux hommes de confiance que M. le prince avoit laissés : ce qui n'avançoit pas leurs affaires ni celles de son parti.

Il y eut auprès de Bordeaux une assemblée des plus mutins, qui n'étoient que du menu peuples, lesquels s'assemblèrent la première fois dans une maison qu'on nommoit l'Ormée, ce qui fit que l'assemblée se nomma de ce nom.

Le prince de Conti et madame de Longueville y prirent du crédit : ils y mirent des gens fort à eux; et comme cette mutinerie s'augmentoit insensiblement et naturellement, sans le secours même des soins qu'ils y prenoient, ce prince et cette princesse voyant que le parlement, très-bien informé des intentions de M. le prince, ne considéroit que Marsin et Lenet, ils mirent dans la tête des plus mutins de l'Ormée que le parlement devenoit mazarin, et qu'il n'étoit plus dans les intérêts de M. le prince : ce qui les obligea à le pousser si violemment, qu'il fut contraint de sortir de la ville, quoique M. le prince lui eût l'obligation d'avoir été reçu dans la province. Aussi les affaires allèrent-elles toujours en empirant, depuis que M. le prince de Conti et madame de Longueville eurent préféré une assemblée de mutins au parlement : cette assemblée de canaille n'étant pas un appui pour M. le prince aussi solide qu'un corps de cette considération.

Ce même secrétaire du prince de Conti, qui, pour gouverner madame de Longueville, avoit voulu brouiller M. de La Rochefoucauld avec elle; ce même secrétaire, dis-je, trouva que le ministère de cette princesse lui étoit peu utile, et conclut qu'il lui étoit plus avantageux d'avoir du crédit auprès de son maître par son maître même, que par madame de Longueville. De sorte qu'il trouva encore moyen de la brouiller avec lui : ce qui causa un nouveau désordre dans Bordeaux, et ce qui y fit aller les affaires de M. le prince absolument de travers.

Un nommé Guyonnet, conseiller du parlement de Bordeaux, qui étoit un des hommes du monde qui avoit le plus d'esprit, fit son accommodement avec la cour et celui de toute sa compagnie.

M. le prince, informé de tout cela par Marsin et par Lenet, en eut un chagrin mortel; et cela augmentoit bien encore le mépris qu'il avoit déjà pour son frère et pour sa sœur. Enfin tous ces mécontentemens vinrent à un point à Bordeaux qu'ils ne pensèrent plus qu'à leurs brouilleries particulières, et point du tout aux affaires de M. le prince.

Dès que le Roi y envoya, qui fut presque aussitôt après son retour à Paris, M. le prince de Conti et madame de Longueville s'accommodèrent sur la première proposition qu'on leur en fit. Ils obligèrent la ville à s'accommoder aussi; et ce que ce prince et cette princesse en trouvèrent de plus satisfaisant, c'est qu'ils se trompèrent l'un l'autre.

M. le prince de Conti traita donc sans la participation de sa sœur avec M. de Candale, où son mariage fut conclu et résolu avec mademoiselle Martinozzi, nièce du cardinal Mazarin.

Madame de Longueville, tout de même, traita de son côté, sans lui en parler, avec M. de Vendôme, qui étoit venu à Bordeaux avec les vaisseaux comme amiral.

Une des conditions du traité de M. le prince de Conti fut que son frère et sa sœur ne reviendroient jamais à Paris; et une de celui de madame de Longueville fut qu'on travailleroit à la raccommoder avec son mari.

Après ces accommodemens, il ne parut presque plus de restes de troubles dans le royaume, et le peu qu'il en restoit fut bientôt entièrement dissipé. Mais depuis cela il n'a plus paru dans le règne du Roi qu'une suite perpétuelle et miraculeuse d'actions extraordinaires, dignes d'une mémoire et d'une admiration éternelle, et dont la cause se doit moins attribuer à la grande fortune de ce prince qu'à ses grandes qualités, qui lui ont fait entreprendre et exécuter tant de choses si incroyables qu'elles feront croire un jour notre histoire fabuleuse, par le peu de vraisemblance qu'elles porteront dans les siècles à venir sur tout ce qu'elles leur en apprendront, et sur tout ce que nous en admirons dans le nôtre.

FIN DES MÉMOIRES DE LA DUCHESSE DE NEMOURS ET DU TOME IX.

Erratum. La feuille 26 fait suite à la feuille 23. Il n'y a eu d'erreur que dans la signature et dans la pagination.

www.ingramcontent.com/pod-product-compliance
Lightning Source LLC
Chambersburg PA
CBHW051325230426
43668CB00010B/1144